이 서 현

서울대 경영학과 2021년 입학
서울 현대고 졸

Xi story Honors
[자이스토리상 수상]

"대립하는 두 범주로 시어와 구절을 분류해 추상적으로 특성을 파악하는 것이 정답을 맞히는 지름길"

■ 기출만으로는 부족한 1등급 다지기, 고난도 문제로 해결하자!

수능 문제를 출제하는 평가원의 기준을 파악하기 위해 가장 먼저는 평가원 기출을 공부했어. 그런데 기출의 양이 한정되어 있다 보니 새로운 문제나 고난도 문제가 부족하다는 것을 느꼈지. 〈자이스토리 고난도 국어 문학〉은 사관학교와 경찰대 기출, 고난도 예상 문제까지 까다로우면서도 새로운 문제들을 수록하고 있어서 국어 1등급을 확실히 다지는 데 도움이 됐어.

그리고 새로운 문제를 공부할 때는 해설이 부실하면 정말 난감한데, 자이스토리 해설은 모든 지문을 꼼꼼히 분석하고, 모든 선택지를 상세히 풀이해 줘서 혼자서도 고난도 문제를 충분히 공부할 수 있었어.

■ 대립적 범주를 나누어 시를 추상적으로 이해하자!

평가원 모의고사와 수능의 선택지는 항상 정답과 오답의 근거가 확실해. 애매하거나 논란이 될 만한 요소는 최대한 배제하지. 따라서 우리는 공부할 때 화자가 시적 상황을 '냉소'하는 것과 '비판'하는 것의 차이를 굳이 구분할 필요가 없어. 선택지에 언급된 시어나 구절을 깊게 파고들기보다는 어느 정도 추상적으로 받아들이는 것이 정답을 맞히는 지름길이 되기도 해. '긍정-부정'이나, '과거-현재'와 같이 대립하는 두 가지 범주를 나눈 후, 시어나 구절을 각각의 범주로 분류하여 추상적으로 특성을 파악하는 거지. 그러면 대부분의 선택지는 정오를 쉽게 판단할 수 있어.

고전 시가에서 특히 유용한 대립적 범주는 '속세-자연'이야. 예를 들어 '풍진(세상의 먼지)에 절교하고 백운(흰 구름)으로 친구 삼아'라는 구절을 이해할 때 '풍진'이나 '백운'의 구체적 의미를 몰라도 '풍진'을 속세의 범주로, '백운'을 자연의 범주로 분류하고 이 구절을 '자연을 지향한다!' 정도의 추상적인 의미로 받아들이면 돼. 그러면 다른 시어들도 화자가 지향하는 것은 자연의 범주로, 멀리하는 것은 속세의 범주로 쉽게 분류할 수 있어.

■ 문학 공부의 바탕이 되는 기본 개념을 정복해야 해.

문학 공부에서 제일 중요한 것은 '기본 개념'이야. 기본 개념을 모르면 시의 표현법이나 소설의 구성 방식을 묻는 문제를 풀 수 없어. 나는 모의고사에서 '병렬적 서술'이 어떤 서술 방식을 의미하는지 몰라서 당황했던 기억이 있어. 그래서 기본 개념을 확실히 익히는 것에 시간을 더 투자했지.

우선 문제를 풀다가 모르는 개념이 나오면 해설을 참고하여 뜻을 필기해 두었어. 그리고 복습할 때 개념의 뜻과 지문에서 그 내용이 나타난 부분을 노트에 옮겨 적고 틈날 때마다 외웠지. 그랬더니 다음에 그 개념을 다시 마주쳤을 때는 뜻과 예문이 함께 머릿속에 떠올라서 수월하게 문제를 풀 수 있었어. 이런 방식으로 공부할 때 자이스토리 해설에 있는 선택지 개념 풀이가 큰 도움이 되었어.

■ 나만의 규칙과 순서를 만들어 꾸준히 연습하자!

모의고사를 볼 때는 안 풀리는 문제가 있더라도 가볍게 넘어갈 수 있지만, 수능 시험을 볼 때는 심리적으로 흔들리게 돼. 그래서 나는 수능 때 못 푸는 문제가 없도록 취약한 문제 유형과 접근법을 철저히 숙지했어. 평소에 틀린 문제는 꼭 다시 풀어 보면서 스스로 정답을 찾아가는 과정을 익히려고 노력했지.

시험 전과 시험 중 나만의 규칙을 설정하고 이에 따라 꾸준히 연습하는 것도 좋아. 나는 시험 전 쉬는 시간에는 화법과 작문 문제를 풀면서 두뇌를 가볍게 예열시키자는 규칙을 세웠어. 그리고 시험 중에는 화법과 작문, 독서, 문학 순으로 문제를 풀고, 모든 선택지를 체크하되 막히는 것이 있으면 별표를 쳐 두고 넘어갔어. 시험 시간이 20분 남았을 때는 마킹을 하고, 남은 문제와 별표 친 문제를 다시 풀었지. 이렇게 규칙(순서)을 정해 두고 모의고사 때마다 이를 반복하다 보니 수능 때도 갈팡질팡하지 않고 차분하게 시험을 치를 수 있었어.

My Story Xi Story [고난도 국어 문학]

DREAMS COME TRUE

물이 강줄기를 따라 흐르는 것은
그것이 물의 흐름을 가장 쉽게 하는 자연의 순리이기 때문입니다.
최소 저항의 길이라는 이 길을
우리는 세상을 살아가면서 끊임없이 부딪히고, 또 이쪽저쪽 재며 갈등합니다.
순리대로 힘들이지 않고 가면 되는 길인 것 같지만 꼭 그렇지만은 않은가 봅니다.
모두가 으레 밟고 지나가는 이 길이 때로는 버거운 짐이라 느껴져
어떻게든 거슬러 보려고 하지만 바로 이 길만이 최소 저항의 길인 것입니다.

가장 자유로워야 할, 그리고 무한한 가능성을 알맞게 빚어나가야 할 나이에
여러 가지 족쇄에 얽매여 날개를 움츠러뜨린
이 땅의 수많은 수험생들 여러분,
내 앞에 놓인 이 길을 어차피 지나가야 하는 거라면
저 멀고 높은 곳을 목표로 삼아 한 번 멋지게 이뤄보는 것은 어떤가요?
현재가 불안한 사람일수록 앞날을 알고 싶어합니다.
그러나 미래를 아는 사람은 이 세상에 단 한 사람도 없습니다.
그런데 100%는 아니지만 조금이나마
미래를 알 수 있는 방법이 하나 있습니다.

그것은 자신의 현재를 살펴보는 것입니다.
현재에 충실한 것이 곧 내가 꿈꾸는 미래를 만들어 가는 것입니다.
내일을 염려하지 말고 오늘에 충실하면 됩니다.
스스로를 신뢰하고 긍정적인 사고로 전환하면 꿈꾸던 미래가 현실이 됩니다.
더 나은 내일을 위해 고전 분투하는 수험생들을 위해
오늘날의 교육 환경 모두를 개선하는 것은 역부족이지만,
뜻을 모으고, 머리를 맞대고, 마음의 정성을 쏟아
오로지 공부만을 위한 공부가 아닌 편안한 마음으로 볼 수 있는 교재,
노력한 만큼 뿌듯한 결과를 안겨줄 수 있는 교재를
만들어 드리기 위해 꾸준히 노력하겠습니다.

이 땅의 수험생 여러분께 진심으로 경의를 표합니다!!

수경출판사 올림

수능 국어 문학은 난해합니다.

국어 1등급에 자신감을 갖고 있는 학생이라도
지문의 길이가 길어지고, 낯선 작품들이 출제되는 경향에 따라
정해진 시간 내에 모든 작품을 제대로 분석하고, 모든 문제를 실수 없이 풀어서
1등급을 받는 것이 어려워졌습니다.

그래서 〈자이스토리 고난도 국어 문학〉은
낯선 작품과 고난도 문제 유형에 대비할 수 있도록
사관학교, 경찰대 기출 지문과 문제를 심층 분석해 수록하였고
고난도 예상 문제도 출제하였습니다.

그래서 자이스토리는 학생들이 어려워하는 낯선 작품과 어려운 작품,
고난도 문제를 단계별로 집중 훈련할 수 있게 했습니다.
또, 서로 다른 갈래의 복합 지문이 고난도로 출제되는 경향에 따라
다양한 갈래가 복합된 지문과 문제를 충분히 수록하여 학습할 수 있게 했습니다.

처음에는 낯선 작품과 어려운 문제 유형 때문에 다소 어려움을 겪을 수도 있습니다.
어렵다고 포기하지 말고 한 문제씩 〈자이스토리 고난도 국어 문학〉과 함께 꾸준히 풀어 가십시오.

이 책의 마지막 페이지에 도달할 때쯤
아무리 어려운 지문과 문제도 술술 풀어 나가는 것을 경험할 수 있을 것입니다.

- 대한민국 No.1 수능 문제집 자이스토리 -

🍀 수능 **1등급** 완성 학습 계획표 [24일]

Day	문항 번호	틀린 문제 / 헷갈리는 문제 번호 적기	날짜		복습 날짜	
1	**A** 01~15		월	일	월	일
2	16~28		월	일	월	일
3	29~43		월	일	월	일
4	**B** 01~13		월	일	월	일
5	14~25		월	일	월	일
6	26~37		월	일	월	일
7	38~51		월	일	월	일
8	**C** 01~15		월	일	월	일
9	16~30		월	일	월	일
10	31~45		월	일	월	일
11	**D** 01~11		월	일	월	일
12	12~23		월	일	월	일
13	24~37		월	일	월	일
14	38~52		월	일	월	일
15	**E** 01~12		월	일	월	일
16	13~24		월	일	월	일
17	**F** 01~08		월	일	월	일
18	09~18		월	일	월	일
19	19~26		월	일	월	일
20	**G** 01~09		월	일	월	일
21	10~20		월	일	월	일
22	21~28		월	일	월	일
23	모의 1회 01~17		월	일	월	일
24	모의 2회 01~17		월	일	월	일

🍀 차 례

I 시

독해 공식＋문제 풀이 꿀팁 8

A 현대시 14
왕십리(김소월), 머나먼 곳 스와니 I (김명인), 바다 2(정지용),
사평역에서(곽재구), 단단한 고요(김선우), 간(윤동주),
수의 비밀(한용운), 사랑(전봉건), 교목(이육사), 독을 차고(김영랑),
생(유하), 옥수수밭 옆에 당신을 묻고(도종환),
해바라기의 비명—청년 화가 L을 위하여(함형수), 생명의 서(유치환),
남신의주 유동 박시봉방(백석), 새들도 세상을 뜨는구나(황지우),
타는 목마름으로(김지하), 노루—함주시초 2(백석),
산에 대하여(신경림), 꽃(김춘수), 꽃잎 절구(신석초),
나무리벌 노래(김소월), 하늘만 곱구나(이용악), 거룩한 식사(황지우),
바람의 집—겨울판화 1(기형도), 향아(신동엽), 멸치(김기택),
광장(김광균), 황혼(이육사)

B 고전 시가 29
면앙정가(송순), 죽계별곡(안축), 만전춘별사(작자 미상),
이화우 흩날릴 제(매창), 뫼ㅅ버들 가려 꺾어(홍랑),
상사별곡(작자 미상), 노처녀가(작자 미상), 조주후풍가(이시),
영삼별곡(권섭), 만언사(안조원), 규원가(허난설헌), 도산십이곡(이황),
청산은 내 뜻이오(황진이), 속미인곡(정철), 어부사시사(윤선도),
사모곡(작자 미상), 훈민가(정철), 사친가(작자 미상),
시집살이 노래(작자 미상), 고산구곡가(이이), 비가(이정환),
선상탄(박인로), 진도만가(작자 미상), 상춘곡(정극인),
강호사시가(맹사성), 사미인곡(정철), 용산 마을 아전(정약용)

동아리 소개 / 서울대 연극동아리 총연극회 50

II 소설, 극 문학

독해 공식＋문제 풀이 꿀팁 52

C 현대 소설 58
만취당기(김문수), 개는 왜 짖는가(송기숙), 어둠의 혼(김원일),
장난감 도시(이동하), 어머니(한승원), 내가 사랑한 반달족(성석제),
수라도(김정한), 즐거운 우리집(김주영), 불신시대(박경리),
아버지의 땅(임철우), 부끄러움을 가르칩니다(박완서), 아르판(박형서)

D 고전 소설 80
사씨남정기(김만중), 만복사저포기(김시습), 운영전(작자 미상),
윤지경전(작자 미상), 임진록(작자 미상), 최척전(조위한),
심청전(작자 미상), 청강사자현부전(이규보), 호질(박지원),
하생기우전(신광한), 남염부주지(김시습), 다모전(송지양),
임장군전(작자 미상), 배비장전(작자 미상)

E 극 문학 109
국물 있사옵니다(이근삼), 정직한 사기한(오영진),
천둥소리(김탁환 원작 · 손영목 각색),
명성황후(이문열 원작 · 김광림 노래), 동지섣달 꽃 본 듯이(이강백),
클래식(곽재용), 꼭두각시놀음(작자 미상),
하회 별신굿 탈놀이(작자 미상)

동아리 소개 / 고려대 관현악단 124

III 갈래 복합

독해 공식＋문제 풀이 꿀팁 STEP I 126
독해 공식＋문제 풀이 꿀팁 STEP II 131

F 시 복합 139
시조의 특징(설명문), 오륜가(주세붕), 어부단가(이현보),
사송과사주구산사(박인량), 성산별곡(정철), 몽소헌기(이용휴),
문학의 구조(설명문), 만전춘별사(작자 미상), 봄(이성부),
만언사(안도원), 유두류산록(유몽인), 사시사(허난설헌),
산천은 험준하고(임중환), 가로등(박목월),
남신의주 유동 박시봉방(백석), 누항사(박인로)

G 소설 복합 149
고전 세태 소설(설명문), 김학공전(작자 미상), 이춘풍전(작자 미상),
김승옥의 문학(설명문), 차나 한 잔(김승옥),
불꽃(선우휘 원작 · 이은성 외 각색), 불꽃(선우휘), 제망매가(월명),
이 몸이 죽어 가셔(성삼문), 바리공주(작자 미상),
주변인의 초상(최승자), 북어 대가리(이강백), 몽천요(윤선도),
남윤전(작자 미상)

Special
문학 실전 모의고사 [17문항형]

1회 모의고사 167
한국의 페미니즘 문학(설명문),
그 많던 여학생들은 어디로 갔는가?(문정희),
우리 동네 구자명 씨(고정희), 산중잡곡(김득연), 김영철전(홍세태),
그것은 목탁 구멍 속의 작은 어둠이었습니다(이만희), 한계령(양귀자)

2회 모의고사 176
누룩(이성부), 애호(박성우), 관동별곡(정철), 택리지(이중환),
광장(최인훈), 한씨 연대기(황석영 원작, 오인두 · 김석만 각색),
광문자전(박지원)

수록 작품 찾아보기 184

🍀 독해 공식+문제 풀이 🍯으로 쉽고 빠르게 국어 1등급 완성!

1 작품을 빨리 이해하는 갈래별 독해 공식 훈련

- 문학 작품을 빠르고 쉽게 분석하기 위해 7가지 갈래로 구분하고, 갈래별 특징에 맞게 독해 공식을 만들었습니다.
- '시, 소설·극 문학, 갈래 복합' 독해 공식으로 어려운 문학 작품도 체계적으로 읽어 낼 수 있습니다.

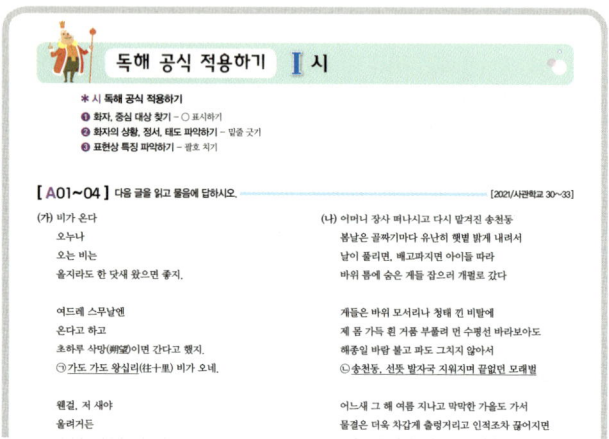

2 풀이 시간을 단축시키는 문제 풀이 🍯 적용!

- 갈래별로 대표적인 문제 유형을 선별하고, 각각의 풀이법을 꿀팁으로 정리했습니다.
- 수능에 출제되는 유형으로 엄선한 고난도 지문과 문제로 빠르고 정확하게 문학 1등급을 완성할 수 있습니다.

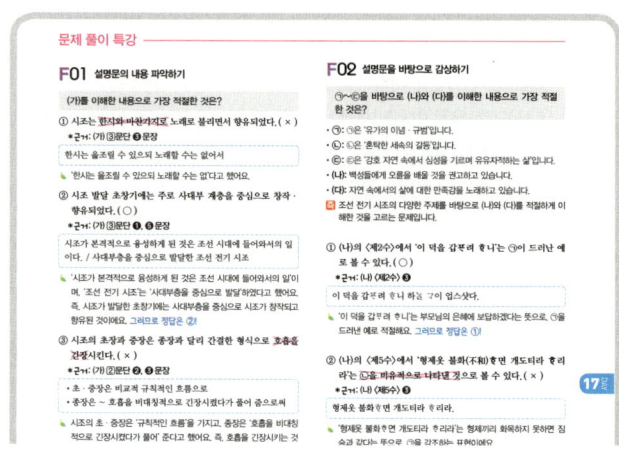

3 고난도 작품과 문제 훈련 고난도 1등급 문제

- 경찰대·사관학교 기출문제, 고난도 예상 문제를 갈래별로 수록하였습니다.
- ⭐ 1등급 킬러: 1등급을 가르는 어려운 문제들을 별도로 표시하여, 해설에 특별한 풀이 Tip을 제시하였습니다.
- 제한 시간: 실제 시험에서 한 지문의 문제를 푸는 데 필요한 소요 시간
- 출처 표시: 대비 연도 표시
  - 예) 2022 대비/경찰대 35: 2021년에 실시한 경찰대학 1차 시험 35번
  - 2022 대비/사관학교 26: 2021년에 실시한 사관학교 1차 시험 26번

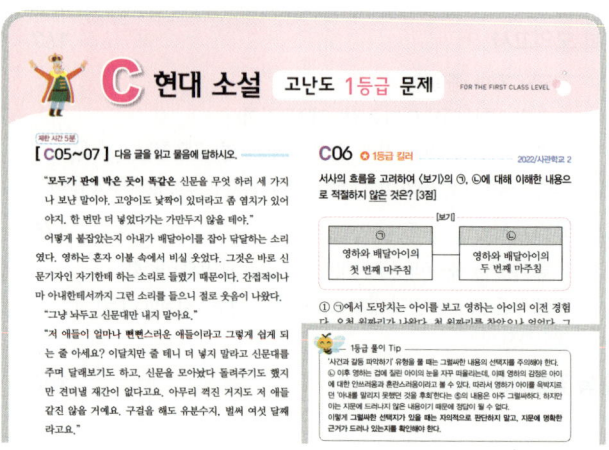

4 고난도 수능을 대비하는 문학 실전 모의고사(17문항형)

- 고난도 지문과 문제만 모아 1등급을 완성할 수 있는 실전 모의고사를 구성하였습니다.
- 실전처럼 시간을 체크하여 풀면 고난도 수능에 완벽히 대비할 수 있습니다.

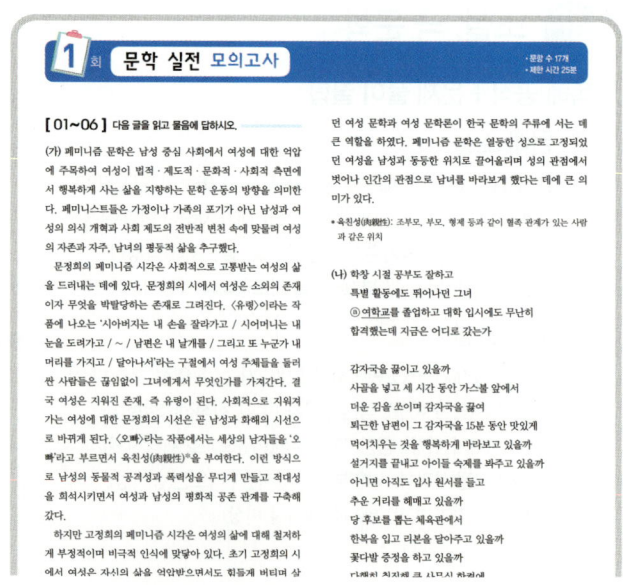

❺ 완벽한 1등급을 위한 입체 첨삭 해설!

✱ 시

❶ 화자, 중심 대상
시의 화자, 중심 대상에 표시했습니다.

❷ 상황, 정서, 태도
화자가 처해 있는 상황과 그 상황에서 화자가 느끼는 정서를 비롯해 화자의 태도를 알 수 있는 부분에 표시했습니다.

❸ 표현상 특징
주제를 효과적으로 전달하기 위해 사용된 표현상 특징이 드러난 부분에 표시했습니다.

지문 어휘
지문을 이해하는 데 도움이 되는 어휘의 풀이를 제시했습니다.

✱ 연(행) 요약
각 연(행)의 내용을 요약해 전체적인 내용을 파악할 수 있게 했습니다.

독해 공식
각 갈래별로 반드시 확인해야 하는 핵심 요소를 제시했습니다.

■ 내용
해당 작품이 어떠한 내용이고, 무슨 갈래에 해당하는지를 요약하여 정리했습니다.

■ 주제
작품의 주제를 정리했습니다.

■ 이것이 핵심!
해당 작품에서 가장 중심이 되는 내용을 한눈에 볼 수 있게 도표로 제시했습니다.

1등급 풀이 Tip
1등급 킬러 문제를 쉽고 정확하게 풀 수 있는 특별한 방법을 제시하였습니다.

배경지식
알아 두면 도움이 되는 배경지식을 제시했습니다.

왜 오답?
오답 풀이를 통해 틀린 문제에 대한 이해뿐만 아니라 선택지 출제 원리까지 터득할 수 있습니다.

작품의 제목 — 작품의 내용을 한눈에 알 수 있는 제목을 제시하였습니다.

고어 읽기 — 고어(옛 한글)의 소리를 현대어로 표기하였습니다.

시 해석 — 시의 내용을 쉽게 풀이했습니다.

✱ 소설

❶ 중심인물, 배경
소설의 중심인물과 사건이 펼쳐지는 배경을 알 수 있는 부분에 표시했습니다.

❷ 중심 사건, 갈등
소설의 핵심을 이루는 사건과 갈등이 드러난 부분에 표시했습니다.

❸ 서술상 특징
이야기를 효과적으로 전달하기 위해 사용된 서술상 특징이 드러난 부분에 표시했습니다.

✱ 장면 요약
각 장면의 내용을 요약해 전체적인 내용을 파악할 수 있게 했습니다.

■ 인물 관계도
작품 속 등장인물들의 관계를 한눈에 알아볼 수 있도록 도식화하여 제시했습니다.

■ 전체 줄거리
작품 전체의 줄거리를 제시하여 작품을 효과적으로 이해할 수 있게 했습니다.

문제 유형 분석
문제 유형을 제시하여 수능형 문제 유형을 쉽게 파악할 수 있도록 했습니다.

문제 분석
문제가 의미하는 바를 한눈에 파악할 수 있게 했습니다.

1등급 풀이 Tip
1등급 킬러 문제를 쉽고 정확하게 풀 수 있는 특별한 방법을 제시하였습니다.

배경지식
알아 두면 도움이 되는 배경지식을 제시했습니다.

왜 오답?
오답 풀이를 통해 틀린 문제에 대한 이해뿐만 아니라 선택지 출제 원리까지 터득할 수 있습니다.

문제 어휘 + 개념어 — 문제 풀이에 도움이 되는 어려운 어휘 및 개념어의 풀이를 제시했습니다.

근거 — 정답과 오답을 가르는 근거가 되는 부분을 제시했습니다.

왜 정답? — 정답이 되는 이유와 다른 오답과의 차이점을 알기 쉽게 설명하여 문제 풀이의 핵심을 파악할 수 있도록 했습니다.

예시 지문 (시)

B 14~16 [예상 문제]

(가) 이시, 〈조주후풍가(操舟候風歌)〉

❶ 화자, 중심 대상 ❷ 상황, 정서, 태도 ❸ 표현상 특징 고어 읽기 시 해석

삭풍(朔風)이 되오 브러 대해(大海)를 흔드니
→ 삭풍이 심하게 불어 큰 바다를 흔드네
삭풍: 겨울철에 북쪽에서 불어오는 찬 바람
대해: 넓고 큰 바다

✱초장❶ 요약: 큰 바다가 흔들리는 상황

일엽편주로 갈 길이 아득하다
❷ 일엽편주(一葉片舟)로 갈 길히 아득ᄒ다
→ 한 조각 작은 배로 갈 길이 아득하다.
일엽편주: 한 척의 조그마한 배

✱중장❷ 요약: 작은 배로 바다를 헤쳐 나가야 하는 막막함

두어라 이 배 한번 기운 휘면 브릴 곳이 업스리라
❸ 두어라 이 빈 ᄒ번 기운 휘면 브릴 곳이 업스리라
→ 두어라 이 배 한번 기울면 돌아올 곳이 없으리라.

✱종장❸ 요약: 배가 기우는 일에 대한 우려

독해 공식
(가) 독해 공식
❶ 화자: 드러나지 않음. 중심 대상: 작은 배로 바다를 건너는 상황
❷ 상황: 삭풍으로 바다가 흔들리는 위태로운 상황임. 정서: 작은 배로 위태로운 바다를 건너야 하는 막막함을 느낌. 배가 기우는 상황에 대해 우려함.
❸ 표현상 특징: 가정법(실제의 사실이 아닌 상상·가정·소망을 나타내는 방법)을 통해 화자의 위기의식을 강조하고 있음.

- 갈래: 연시조
- 창작 시기: 조선 중기
- 내용: 이 작품은 광해군 때 작가의 셋째 동생이 벼슬길에 나서려 하자 작가가 염려하는 심정을 담아 지은 시조로 총 3연으로 이루어져 있다. 작가는 자신의 만류를 듣지 않는 동생에게 벼슬 욕심을 버릴 것을 충고하면서 '조주후풍(출선할 때는 바람을 잘 살펴라)'과 같은 표현으로 벼슬길에 나아갈 때는 순리에 따라 처신해야 한다는 교훈적인 의도를 드러내고 있다.
- 주제: 순리에 따라 사는 삶에 대한 권계
- 이것이 핵심: 시적 상황에 대한 화자의 인식

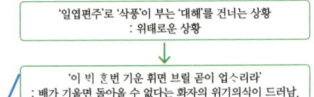

'일엽편주'로 '삭풍'이 부는 '대해'를 건너는 상황 : 위태로운 상황

'이 빈 ᄒ번 기운 휘면 브릴 곳이 업스리라' : 배가 기울면 돌아올 수 없다는 화자의 위기의식이 드러남.

1등급 풀이 Tip
〈보기〉에 너무 집중하다가 지문의 내용을 간과해서는 안 된다. 문제를 풀 때 가장 기본이 되는 것은 선택지의 내용이 지문의 내용과 부합하는지 확인하는 것이다. (가)에서 화자가 '겨울'이라고 한 것은 인간 세상을 떠나오니 자연에 즐길 거리가 너무 많다는 의미로, 자연에서의 삶에 대한 만족감을 드러내는 긍정적 표현이다. 이를 인간 세상의 삶이나, 부정적 감정과 연결 짓는 것은 지문의 내용과 부합하지 않는다.

시험에 자주 나오는 한자 성어

감언이설 (甘言利說)	귀가 솔깃하도록 남의 비위를 맞추거나 이로운 조건을 내세워 꾀는 말
감탄고토 (甘呑苦吐)	달면 삼키고 쓰면 뱉는다는 뜻으로, 자신의 비위에 따라서 사리의 옳고 그름을 판단함을 이르는 말

예시 지문 (소설)

C 05~07 ✱송기숙, 〈개는 왜 짖는가〉
[2022/사관학교 1~3]

❶ 중심인물, 배경 ❷ 중심 사건, 갈등 ❸ 서술상 특징

표현의 자유가 억압된 당시 언론 상황을 비판 - 풍자적 현실의 부정적 현상·모순 따위를 빗대어 비웃음.

1 "모두가 관에 박은 듯이 똑같은 신문을 무엇 하러 세 가지나 보낸 말이야. 고양이도 낯짝이 있더라고 좀 염치가 있어야지, 한 번만 더 넣었다가는 가만두지 않을 테야."
❶❷ 갈등 - 신문을 배달하는 아이와 신문을 받지 않는 아내의 외적 갈등

❷ 어떻게 붙잡았는지 아내가 배달아이를 잡아 닦달하는 소리였다.
❷ 중심 사건: 아내가 신문을 계속 배달하는 아이를 닦달함.

영하는 혼자 이불 속에서 비실 웃었다. 그것은 바로 신문기자인 자기 한테 하는 소리로 들렸기 때문이다. 간접적이나마 아내한테서까지 그런 소리를 들으니 절로 웃음이 나왔다.
❸ 서술자: 3인칭 서술자 시점 전지적 작가 시점

✱1 요약: 아내와 배달아이의 갈등을 지켜보며 가슴을 조이는 영하

■ 인물 관계도
외부의 억압을 받는 배달아이에 동질감을 느낌 / 신문기자인 남편의 고민은 모른 채 배달아이를 구박함.
영하 — 배달아이 — 아내
아내의 구박을 겪은 후 영하를 보고 동정함

■ 전체 줄거리: 신문기자인 영하가 이사를 간 동네의 몇 어른신들은 동네의 부도덕한 사람들을 혼내곤 했다. 어느 날 영하는 우연히 마주친 신문 배달아이를 불쌍히 여겨 용돈을 주려 하지만, 아이는 앞으로 신문을 넣지 않겠다며 도망간다. 마을 어르신들은 영하에게 또철이라는 아이의 배후자에 대한 기사를 내 달라고 한다. 그때 또 철이가 나타나 영하에게 기사를 쓰면 가만두지 않겠다고 화를 낸다.

C 45 정답 ④ ✱인물의 심리와 태도 파악하기

'나'가 자신의 행위를 기만으로 생각한 이유로 가장 적절한 것은?

- 기만: '기만'은 '남을 속여 넘김'이라는 뜻으로, '나'는 아르판의 책을 표절한 행위를 '불멸을 향한 기만'이라고 표현하였다.
- 적 '나'가 아르판의 책을 표절한 행위를 기만이라고 생각한 이유를 고르는 문제입니다.

왜 정답?
④ 일반적인 문화와 달리 예술은 창조성을 고유한 본질로 삼는다는 것을 도외시했기 때문이다.
'나'는 문화와 예술의 차이를 외면하여 자신의 표절 행위를 합리화함.
근거: 2~7, 23
'나'는 '놈이 쌓는 행위가 문화라면 아르판이 써 나간 건 예술'이라고 했다. 이는 문화는 기존의 것에 조금씩 덧붙이며 쌓아 가는 것이지만, 예술은 개인의 창조성을 본질로 한다는 의미이다. 그런데 '나'는 그 차이를 일부러 무시했다고 했다. 즉, '나'는 기존의 것을 바탕으로 하는 문화와, 창조성을 바탕으로 하는 예술의 차이를 알면서도 그것을 외면한 채 표절의 정당성을 주장하며 아르판을 속이려 하고 있기 때문에 자신의 행동을 '기만'이라고 표현한 것이다.
도외시하다: 상관하지 아니하거나 무시하다.

왜 오답?
① 다른 문화권 예술에 대한 표절은 자기 문화의 발전을 저해한다는 것을 무시했기 때문이다.
'나'는 창고를 통해 모든 게 이루어진다고 말함.
근거: 2~20
'나'는 '우리가 벌이는 모든 창조는 기존의 견해에 대한 각주와 수정을 통해 나온'다며 모방과 표절을 옹호하고 있다. 따라서 '나'가 다른 문화권 예술을 표절하는 것이 자기 문화의 발전을 막는다는 것을 무시했다는 설명은 적절하지 않다.
저해하다: 막아서 못 하도록 해치다.

🍀 완벽한 1등급을 위한 문항 구성

❶ 최신 경찰대＋사관학교＋LEET 고난도 문학 기출문제 수록 (169문항)

경찰대학과 해군, 공군, 육군 사관학교의 입학시험은 출제되는 유형은 수능과 비슷하지만 난도는 수능보다 어렵습니다.

〈자이스토리 고난도 국어 문학〉은 수능보다 난도가 높은 경찰대학, 사관학교, LEET의 고난도 문학 기출문제를 수록하였습니다.

❷ 고난도 예상 문제 수록 (130문항)

최근 수능에서 낯선 작품과 고난도 문제들이 출제되고 있습니다.

내용을 이해하기 어려운 작품이나 핵심을 한눈에 파악하기 어려운 작품이 출제될 뿐 아니라 어려운 문학 개념에 대한 이해와 추론 능력을 요구하는 문제가 출제되기도 합니다.

이러한 고난도 작품과 킬러 문제에 완벽히 대비할 수 있도록 〈자이스토리 고난도 국어 문학〉은 특별한 예상 문제를 추가 수록하였습니다.

❸ 실제 시험에 대비할 수 있도록 문학 실전 모의고사(17문항형) 2회분 구성

수능과 동일한 조건(제한 시간, 문항 수)에 맞춰 고난도 지문＋문항으로 구성된 모의고사 2회분을 마련하였습니다.

제한 시간에 맞춰 문제를 풀어 봄으로써 실전 감각을 높이고, 문제 유형별로 시간을 적절히 분배하는 연습을 할 수 있습니다.

[고난도 국어 문학 수록 문항 구성표]

대비연도	경찰대	사관학교	LEET 문학 문제	예상 문제
2022	19	11		
2021	15	11		
2020	8	12	4	130
2019 이전	52	41		
총 문항 수			303	

Ⅰ 시

A 현대시
B 고전 시가

★ 시 독해 공식

시를 쉽고 빠르게 이해하기 위한 3단계 공식으로 어떤 작품이라도 스스로 독해할 수 있게 하였습니다.

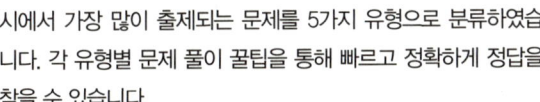

★ 시   독해 공식

❶ 화자, 중심 대상 찾기
❷ 화자의 상황, 정서, 태도 파악하기
❸ 표현상 특징 파악하기

★ 시 문제 풀이 꿀팁

시에서 가장 많이 출제되는 문제를 5가지 유형으로 분류하였습니다. 각 유형별 문제 풀이 꿀팁을 통해 빠르고 정확하게 정답을 찾을 수 있습니다.

꿀팁 작품 비교하기
1 한 작품을 먼저 읽고, 선택지들 가운데 오답을 거르세요.
2 선택지의 내용이 두 작품에 모두 해당하는지 반드시 확인하세요.

꿀팁 표현상 특징 파악하기
선택지에서 이야기하는 반복, 비유, 역설 등의 표현 방식이 지문에 사용되었는지 확인하세요.

꿀팁 화자의 정서와 태도 파악하기
화자의 감정(기쁨, 외로움 등), 태도(긍정적, 부정적 등)가 나타나는 표현을 찾으세요.

꿀팁 시어 및 구절의 의미 파악하기
선택지에서 이야기하는 부분을 지문에서 찾아 해당 부분의 앞뒤 문맥을 살펴 의미를 파악하세요.

꿀팁 〈보기〉를 바탕으로 감상하기
〈보기〉를 먼저 읽어 지문의 핵심을 파악하고, 〈보기〉와 지문에서 근거가 되는 부분을 찾으세요.

A 현대시

[고난도 작품 유형]

● **정서와 주제를 파악하기 어려운 작품**
화자의 정서와 태도가 겉으로 직접 드러나지 않거나 생명, 죽음 등의 추상적이고 관념적인 주제 의식을 담은 작품이 고난도로 출제되는 경우가 많다.
예 윤동주, 〈간〉 / 김영랑, 〈독을 차고〉

▶ **해결 방법**
시어들 사이의 관계, 화자의 어조 등을 통해 화자의 정서를 파악해야 한다. 특히 화자의 긍정적인 시선이 드러나는 시어가 무엇인지 찾고, 이 시어들과 대립 관계에 있는 시어가 무엇인지 눈여겨보는 것이 좋다.

[고난도 문제 유형]

● **〈보기〉를 바탕으로 감상하기 유형**
〈보기〉를 참고하여 작품을 이해해야 하는 유형으로, 〈보기〉 자체에 어려운 내용을 다뤄 고난도 문제로 출제하는 경우가 많다.

▶ **해결 방법**
〈보기〉 내용에만 집중하다 보면 실수하기 쉽다. 가장 먼저, 선택지의 내용이 지문의 내용과 일치하는지 확인해야 한다. 그 후에 〈보기〉의 핵심 내용이 작품의 어느 부분과 대응하는지 살펴본다.

B 고전 시가

[고난도 작품 유형]

● **고어와 어려운 한자어가 사용된 작품**
고어와 어려운 한자어가 많이 사용되면 작품의 내용을 이해하지 못해 자의적으로 잘못 해석하게 된다.

▶ **해결 방법**
아래아(ㆍ)는 'ㅏ'나 'ㅡ'로, 어두자음군(ㅺ, ㅳ 등)은 'ㅅ'과 'ㅂ'을 제외한 나머지 자음의 된소리 발음으로 바꿔 읽으며 발음이 비슷한 현대어를 떠올려 본다.

[고난도 문제 유형]

● **표현상 특징 파악하기 유형**
다양한 문학 용어를 모르면 문제를 풀 수 없으며, 특히 고전 시가 작품에는 예스러운 표현이 많아 표현상 특징을 파악하는 것이 더 어렵다.

▶ **해결 방법**
비유법, 의인법, 설의법, 대구법, 음보와 율격, 선경후정 등 고전 시가에 자주 다뤄지는 문학 용어를 확실히 공부해 두어야 한다.

✽ 시 독해 공식 적용하기
❶ 화자, 중심 대상 찾기 – ○ 표시하기
❷ 화자의 상황, 정서, 태도 파악하기 – 밑줄 긋기
❸ 표현상 특징 파악하기 – 괄호 치기

[A01~04] 다음 글을 읽고 물음에 답하시오.  [2021 대비/사관학교 30~33]

(가) 비가 온다
　　오누나
　　오는 비는
　　올지라도 한 닷새 왔으면 좋지.

　　여드레 스무날엔
　　온다고 하고
　　초하루 삭망(朔望)이면 간다고 했지.
　　㉠가도 가도 왕십리(往十里) 비가 오네.

　　웬걸, 저 새야
　　울려거든
　　왕십리 건너가서 울어나 다고,
　　비 맞아 나른해서 벌새가 운다.

　　천안(天安)에 삼거리 실버들도
　　촉촉히 젖어서 늘어졌다데.
　　비가 와도 한 닷새 왔으면 좋지.
　　구름도 산마루에 걸려서 운다.
　　　　　　　　　　　– 김소월, 〈왕십리(往十里)〉

(나) 어머니 장사 떠나시고 다시 맡겨진 송천동
　　봄날은 골짜기마다 유난히 햇볕 밝게 내려서
　　날이 풀리면, 배고파지면 아이들 따라
　　바위 틈에 숨은 게들 잡으러 개펄로 갔다

　　게들은 바위 모서리나 청태 낀 비탈에
　　제 몸 가득 흰 거품 부풀려 먼 수평선 바라보아도
　　해종일 바람 불고 파도 그치지 않아서
　　㉡송천동, 선뜻 발자국 지워지며 끝없던 모래벌

　　어느새 그 해 여름 지나고 막막한 가을도 가서
　　물결은 더욱 차갑게 출렁거리고 인적조차 끊어지면
　　송천동, 아득한 방죽 따라 구름 몰려와
　　눈 내려 또 한 해 겨울 돌아오던 곳

　　누구는 어느 집 양자되고 다시 몇 명은
　　낯선 사람 따라서 바다 건너 떠나갔지만
　　모른다, 내게 와 부딪친 그리움도 부질없이
　　아직도 그 물결에 젖고 있을지
　　송천동 송천동 바람 불어 게들 바위 틈에 숨던 곳
　　　　　　　　　　　– 김명인, 〈머나먼 곳 스와니 1〉

A01

(가)와 (나)의 공통점으로 가장 적절한 것은?

① 공간의 이동에 따라 화자의 갈등이 해소되고 있다.
② 화자의 내면을 외적 대상에 투영하여 표현하고 있다.
③ 명사로 시행을 종결하여 시적 여운을 드러내고 있다.
④ 쉼표를 사용하여 여유를 느끼고 있는 화자의 심리를 드러내고 있다.
⑤ 유사한 통사 구조를 활용한 수미상관을 통해 시상을 마무리하고 있다.

A02

〈보기〉를 바탕으로 (가)를 감상한 내용으로 적절하지 <u>않은</u> 것은?

[보기]

이 시는 일제 강점기 백성으로서 겪는 비애와 한(恨)을 나그네의 심정과 비를 연계하여 그려 내고 있다. 이 시에서 '한 닷새' 정도 내리는 비는 여정에 지친 나그네에게 쉴 수 있는 시적 상황이다. 반면, 추적추적 계속 내리는 비는 여정에 방해가 되는 거추장스러운 것으로 그려진다. 이와 관련하여 이 시에는 '여드레 스무날엔 온다고 하고', '초하루 삭망이면 간다'고 하는 관습적 표현이 활용된다. 당대 물가에서 생업을 이어 가는 사람들에게 '여드레와 스무날' 경은 조수가 낮아 바다로 통하는 물가의 바닥이 드러나 조개 채취 등을 할 수 있는 때이다. 그러므로 이때 내리는 비는 일을 할 수 없게 하는 거추장스러운 존재이다. 반면, '초하루 삭망' 때에는 어차피 조수가 높고 물도 탁하여 일하지 못할 때가 많아 비가 와도 그만이다. 이러한 표현에는 '오지 말아야 할 때는 온다고 하고, 가도 그만인 때에는 간다고 하는' 비마저도 뜻대로 되지 않는 것에 대한 당대 우리 백성들의 서러움이 화자의 심정과 처지에 맞물려 표현되고 있다.

① '온다', '오누나', '오는', '올지라도'의 연쇄적 변주를 통해 비가 그치지 않고 계속 내리는 상황과 화자의 처지를 부각하고 있군.
② '한 닷새' 오는 비에 대한 화자의 심정은, 물가에서 생업을 이어 가는 사람들이 '초하루 삭망'에 오는 비를 보며 안타까워하는 심정과 유사하겠군.

③ '여드레 스무날엔 온다고 하고', '초하루 삭망이면 간다'는 관습적 표현을 활용하여 뜻대로 되지 않는 상황에 대한 화자의 심정과 처지를 드러내고 있군.
④ '비 맞아 나른해서'와 '운다'를 통해 시적 대상이 여정에 방해가 되는 비를 맞고 있음을 짐작할 수 있군.
⑤ '천안(天安)에 삼거리 실버들도' '촉촉히 젖어서 늘어졌다네.'는 비가 다른 공간에서도 내리는 상황을 화자가 전달하며 공간적 확장을 통해 일제 강점기의 상황을 보여 주는군.

A03

㉠과 ㉡에 대한 설명으로 가장 적절한 것은?

① ㉠은 ㉡과 달리 부재한 대상과의 재회에 대한 화자의 열망을 보여 준다.
② ㉠은 화자의 상황 극복 의지를, ㉡은 대상에 대한 화자의 연민을 보여 준다.
③ ㉠은 현실에서 벗어나고 싶은 정서를, ㉡은 과거 상황에 대한 정서를 환기하는 공간이다.
④ ㉠과 ㉡은 모두 이르지 못하는 세계를 지향하는 화자의 고뇌를 보여 준다.
⑤ ㉠과 ㉡은 모두 그 공간과 관련된 경험에서 비롯된 화자의 인식 전환의 과정을 보여 준다.

A04

(나)를 감상한 내용으로 적절하지 <u>않은</u> 것은?

① '유난히 햇볕 밝게' 내리는 봄날은 화자의 내면과 대비되는 배경으로 화자의 정서를 부각하고 있다.
② '물결은 더욱 차갑게 출렁거리고 인적조차 끊어지면'을 통해 '어느 집 양자'로 된 화자의 외로움과 절망감을 드러내고 있다.
③ '또 한 해 겨울 돌아오던 곳'은 계절의 순환을 통해서 기다림의 상황이 계속 이어졌음을 드러낸다.
④ '내게 와 부딪친 그리움도'는 화자의 내면에 남아 있는 그리워했던 순간에 대한 심정을 드러내고 있다.
⑤ '아직도 그 물결에 젖고 있을지'를 통해 '모른다'고 말하는 화자가 과거를 떠올리고 있음을 보여 주고 있다.

❀ **제목 + 문제 〈보기〉 체크**

• **제목:** (가)의 제목은 〈왕십리(往十里)〉로, '왕십리'라는 공간이 등장할 것을 알 수 있어요.

• **문제 〈보기〉:** 〈보기〉를 통해 (가)는 '일제 강점기'에 겪는 서러움을 '비'와 연계하여 그려 내고 있음을 추측할 수 있어요.

A02 [보기] 분석

• 일제 강점기 백성으로서 겪는 비애와 한을 '비'와 연계함.
 – '한 닷새' 정도 내리는 비는 긍정적인 상황임.
 – 계속 내리는 비는 거추장스러운 것으로 그려짐.
 – '여드레 스무날엔 온다고 하고', '초하루 삭망이면 간다': 비마저도 뜻대로 되지 않는다는 뜻임.

❀ **시를 쉽고 빠르게 읽는 독해 공식입니다.**

> ⭐ **시**
>
> 독해 공식
>
> ❶ **화자, 중심 대상 찾기**
> • **화자:** 지문 속 '나', '우리'는 화자를 가리킵니다. 화자가 드러나지 않는 경우도 있어요.
> • **중심 대상:** 제목 혹은 반복되어 나타나는 시어가 중심 대상인 경우가 많습니다.
>
> ❷ **화자의 상황, 정서, 태도 파악하기**
> • **상황:** '보다', '만나다' 등 행동을 나타내는 표현을 통해 화자가 무엇을 하고 있는지 살펴보세요.
> • **정서:** '좋다', '슬프다' 등 감정을 나타내는 표현에 주목하세요.
> • **태도:** 긍정적 · 부정적 시어를 통해 화자가 무엇을 느끼며 어떠한 태도를 보이는지 파악하세요.
>
> ❸ **표현상 특징 파악하기**
> 화자의 어조, 비유적 표현, 시상 전개 방식 등 지문에 어떠한 표현상 특징이 드러나 있는지 살펴보세요.
> 예 역설법, 단호한 어조, 수미상관

❀ **[가]에 독해 공식 ❶, ❷, ❸을 적용해 봅시다.**

❶ **화자, 중심 대상 찾기**
(가)에서 화자는 직접적으로 드러나지 않아요.
화자는 '비가 온다', '비가 오네'라며 비가 오는 상황에 대해 이야기하고 있어요. 따라서 (가)의 중심 대상은 '비'예요.
• **화자:** 드러나지 않음. **중심 대상:** 비

❷ **화자의 상황, 정서, 태도 파악하기**
화자는 '비가 온다'라고 하며 비가 오고 있는 상황에 대해 이야기하고, '가도 가도 왕십리 비가 오네.'라고 하며 비가 그치지 않는 것에 대한 서러움을 드러내고 있어요. 이는 벗어날 수 없는 현실에 서러움을 느끼는 것으로 볼 수 있어요. 그리고 화자는 '오는 비는 / 올지라도 한 닷새 왔으면 좋지.', '비가 와도 한 닷새 왔으면 좋지.'라고 하며 비가 너무 많이 내리지 않기를 소망하고 있어요.
• **상황:** 비가 오고 있음.
• **정서:** 비가 그치지 않는 것에 대한 슬픔(벗어날 수 없는 현실에 대한 서러움)이 드러남.
• **태도:** 소망적(비가 너무 많이 내리지 않기를 바람.)

---

❸ **표현상 특징 파악하기**
'온다', '오누나', '오는', '올지라도'라고 표현을 변주하여 비가 계속해서 내리는 상황을 강조하고 있어요.
'여드레 스무날엔 / 온다고 하고 / 초하루 삭망이면 간다고 했지.'라는 관습적 표현을 사용하여 뜻대로 되지 않는 상황에 대한 서러움을 부각하고 있어요.
'별새'와 '구름'에 화자의 서러운 감정을 이입하여 '운다'라고 표현하고 있어요.
• **표현상 특징**
 – 표현의 변주를 활용하고 있음.
 – 관습적 표현을 사용하고 있음.
 – 감정이입을 활용하고 있음.

✱ **[가]의 구조와 주제를 정리해 봅시다.**

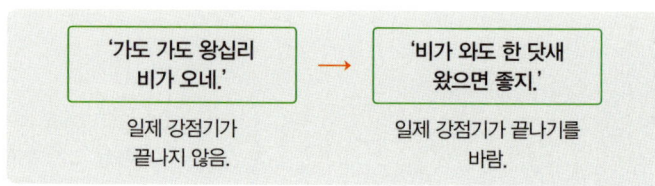

'가도 가도 왕십리 비가 오네.'
일제 강점기가 끝나지 않음.
→
'비가 와도 한 닷새 왔으면 좋지.'
일제 강점기가 끝나기를 바람.

화자는 비가 계속 내리는 상황을 통해 일제 강점기의 백성들이 겪는 슬픔과 서러움을 노래하고 있어요.
따라서 (가)의 **주제**는 일제 강점기의 민족적 비애와 슬픔입니다.

❀ **[나]에 독해 공식 ❶, ❷, ❸을 적용해 봅시다.**

❶ **화자, 중심 대상 찾기**
4연의 '내게 와'에서 화자인 '나'가 직접적으로 드러나고 있어요.
화자는 유년 시절을 보냈던 '송천동'에서의 추억을 이야기하고 있어요. 따라서 (나)의 중심 대상은 '송천동에서의 추억'이에요.
• **화자:** '나'
• **중심 대상:** 송천동에서의 추억

❷ **화자의 상황, 정서, 태도 파악하기**
화자는 '어머니'가 '장사'를 하러 떠나면서 맡겨진 '송천동'에서 '날이 풀리'고 '배고파지면' 아이들을 따라 '개펄로 갔다'고 했어요. 즉, 화자는 유년 시절을 보낸 송천동에서의 추억을 회상하고 있어요.
그리고 화자는 '내게 와 부딪친 그리움'이 '아직도 그 물결에 젖고 있을지'도 '모른다'며 유년 시절의 기억이 담긴 송천동에 대한 그리움을 드러내고 있어요.
• **상황:** 유년 시절을 보낸 송천동에서의 추억을 회상하고 있음.
• **정서:** 유년 시절의 기억이 담긴 송천동에 대한 그리움이 드러남.

❸ **표현상 특징 파악하기**
'봄날', '그 해 여름', '막막한 가을', '한 해 겨울'로 계절의 변화를 드러내며 시간의 흐름을 나타내고 있어요.
송천동 바닷가의 모습을 '청태 낀 비탈', '먼 수평선', '끝없던 모래벌' 등의 표현을 통해 구체적으로 묘사하고 있어요.
'그리움'이 '물결'에 젖는다는 표현에서 화자가 느끼는 송천동에 대한 그리움을 '물결'에 투영하여 나타내고 있어요.
• **표현상 특징**
 – 계절의 변화를 통해 시간의 흐름이 나타나고 있음.
 – 송천동 바닷가의 모습을 구체적으로 묘사하고 있음.
 – 외적 대상에 화자의 정서를 투영하고 있음.

* [나]의 구조와 주제를 정리해 봅시다.

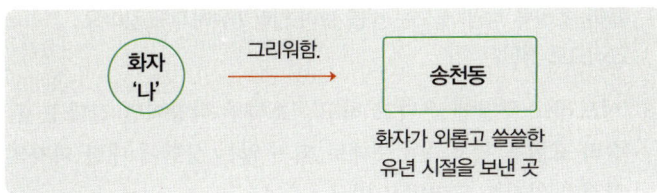

화자는 외로운 유년 시절을 보냈던 송천동에서의 추억을 그리워하고 있어요. 따라서 (나)의 **주제**는 <u>유년 시절을 보낸 송천동에 대한 그리움</u>입니다.

현대시 개념어 정리

• **화자**: 시 속에서 말하는 사람

표면적 화자	화자가 표면에 직접 드러나는 경우 ⓔ 내가 몰래 기르는 여윈 독수리야! → 화자 '나'가 표면에 직접 드러남.
이면적 화자	화자가 표면에 드러나지 않지만 추측할 수 있는 경우 ⓔ 엄마야 누나야 강변 살자. → 화자가 직접 드러나지 않지만, 엄마와 누나에게 말을 건네는 소년임을 추측할 수 있음.
화자를 알 수 없는 경우	화자가 드러나지 않고 화자를 추측할 수도 없는 경우

• **중심 대상**: 화자가 이야기하는 주된 대상
• **정서**: 화자가 느끼는 감정
• **태도**: 화자가 상황과 정서에 대응하는 자세

〈상황에 따른 주된 정서·태도〉

만족스러운 상황	친밀감, 애정, 안빈낙도, 자연 친화, 물아일체
불만족스러운 상황	비판, 냉소, 비관, 이상과 현실의 괴리, 체념, 허무감, 운명론적 수용
대상이 부재하는 상황	상실감, 애상감, 그리움
화자가 자신을 바라보는 상황	반성, 성찰

A01 작품 비교하기

(가)와 (나)의 공통점으로 가장 적절한 것은?

① ~~공간의 이동에 따라 화자의 갈등이 해소되고~~ 있다. (×)
🌿 (가)와 (나)에서 모두 공간의 이동은 나타나지 않아요.

② 화자의 내면을 외적 대상에 투영하여 표현하고 있다. (○)
*근거: (가) ③연 ❹행, ④연 ❹행, (나) ④연 ❸, ❹행

> • (가): 비 맞아 나른해서 벌새가 운다. / 구름도 산마루에 걸려서 운다.
> • (나): 모른다, 내게 와 부딪친 그리움도 부질없이 / 아직도 그 물결에 젖고 있을지

🌿 (가)에서는 '벌새'와 '구름'에 화자가 느낀 슬픔을, (나)에서는 '물결'에 화자의 느낀 그리움을 투영하고 있어요. 그러므로 정답은 ②!
[화자의 내면을 외적 대상에 투영: 화자의 감정이나 느낌을 다른 사물에 반영하는 것

③ 명사로 시행을 종결하여 시적 여운을 드러내고 있다. (×)
*근거: (가) ×, (나) ②연 ❹행, ③연 ❹행, ④연 ❺행

> 송천동, 선뜻 발자국 지워지며 끝없던 모래벌
> 눈 내려 또 한 해 겨울 돌아오던 곳
> 송천동 송천동 바람 불어 게들 바위 틈에 숨던 곳

🌿 (나)에서는 '모래벌', '돌아오던 곳', '숨던 곳'과 같이 명사로 시행을 종결하고 있어요. 하지만 (가)에서는 명사로 시행을 종결하고 있지 않아요.
[시적 여운: 시의 분위기나 정서가 가시지 않고 오래 남는 것

④ 쉼표를 사용하여 ~~여유를 느끼고 있는 화자의 심리~~를 드러내고 있다. (×)
*근거: (가) ③연 ❶, ❸행, (나) ①연 ❸행, ②연 ❹행, ③연 ❸행, ④연 ❸행

> • (가): 웬걸, 저 새야 / 왕십리 건너가서 울어나 다고,
> • (나): 날이 풀리면, / 송천동, 선뜻 / 송천동, 아득한 / 모른다, 내게 와

🌿 (가)와 (나)에서 쉼표를 사용하고 있지만, 이를 통해 여유를 느끼는 심리를 드러내지는 않아요.

⑤ 유사한 통사 구조를 활용한 ~~수미상관~~을 통해 시상을 마무리하고 있다. (×)
🌿 (가)와 (나)에서 모두 수미상관은 나타나지 않아요.
[통사 구조: 문장 구성 요소들의 결합 관계를 통틀어 이르는 말(= 문장 구조)
[수미상관: 시의 처음과 끝에 같거나 유사한 시구를 배열하는 시상 전개 방식

🍀 작품 비교하기 유형

꿀팁 ① 한 작품을 먼저 읽고, 선택지들 가운데 오답을 거르세요.
② 선택지의 내용이 두 작품에 모두 해당하는지 반드시 확인하세요.

A02 〈보기〉를 바탕으로 감상하기

〈보기〉를 바탕으로 (가)를 감상한 내용으로 적절하지 <u>않은</u> 것은?

- **〈보기〉**: (가)에서 '한 닷새' 정도 내리는 비는 긍정적 대상으로, 계속 내리는 비는 부정적 대상으로 그려지고 있습니다. 또한 관습적 표현을 활용하여 비마저도 뜻대로 되지 않는 것에 대한 일제 강점기 백성들의 서러움을 표현하고 있습니다.
- **(가)**: 비 내리는 상황의 지속에서 느끼는 민족적 비애와 슬픔을 나타낸 작품입니다.

즉 〈보기〉에 제시된 '비'에 관한 해석을 바탕으로 (가)를 이해한 내용 중 틀린 것을 고르는 문제입니다.

> **[보기]**
> ❶ 이 시는 일제 강점기 백성으로서 겪는 비애와 한(恨)을 나그네의 심정과 비를 연계하여 그려 내고 있다. ❷ 이 시에서 '한 닷새' 정도 내리는 비는 여정에 지친 나그네에게 쉴 수 있는 시적 상황이다. ❸ 반면, 추적추적 계속 내리는 비는 여정에 방해가 되는 거추장스러운 것으로 그려진다. ❹ 이와 관련하여 이 시에는 '여드레 스무날엔 온다고 하고', '초하루 삭망이면 간다'고 하는 관습적 표현이 활용된다. ❺ 당대 물가에서 생업을 이어가는 사람들에게 '여드레와 스무날' 경은 조수가 낮아 바다로 통하는 물가의 바닥이 드러나 조개 채취 등을 할 수 있는 때이다. ❻ 그러므로 이때 내리는 비는 일을 할 수 없게 하는 거추장스러운 존재이다. ❼ 반면, '초하루 삭망' 때에는 어차피 조수가 높고 물도 탁하여 일하지 못할 때가 많아 비가 와도 그만이다. ❽ 이러한 표현에는 '오지 말아야 할 때는 온다고 하고, 가도 그만인 때에는 간다고 하는' 비마저도 뜻대로 되지 않는 것에 대한 당대 우리 백성들의 서러움이 화자의 심정과 처지에 맞물려 표현되고 있다.
>
> (⑤의 근거 / ②의 근거 / ④의 근거 / ③의 근거 / ②의 근거 / ③의 근거)

① '온다', '오누나', '오는', '올지라도'의 연쇄적 변주를 통해 비가 그치지 않고 계속 내리는 상황과 화자의 처지를 부각하고 있군.
(○)

***근거**: ①연

> 비가 온다 / 오누나 / 오는 비는 / 올지라도 한 닷새 왔으면 좋지.

🍃 동사 '오다'의 활용형인 '온다', '오누나', '오는', '올지라도'를 연쇄적으로 배치하여 비가 계속 내리는 상황을 부각하고 있어요.
> **연쇄적 변주**: 앞 구절의 끝부분을 비슷하게 변형하여 다음 구절의 시작에서 되풀이하는 것

② '한 닷새' 오는 비에 대한 화자의 심정은, 물가에서 생업을 이어가는 사람들이 ~~'초하루 삭망'에 오는 비를 보며 안타까워하는 심정과 유사하겠군.~~ (×)

***근거**: (가) ①연 ❹행, 〈보기〉 ❷, ❼ 문장

> - (가): 올지라도 한 닷새 왔으면 좋지.
> - 〈보기〉: '한 닷새' 정도 내리는 비는 여정에 지친 나그네에게 쉴 수 있는 시적 상황 / '초하루 삭망' 때에는 어차피 조수가 높고 물도 탁하여 일하지 못할 때가 많아 비가 와도 그만이다.

🍃 화자는 '한 닷새' 오는 비를 긍정적으로 보고 있으므로, 이는 안타까워하는 심정과 거리가 멀어요. 또한 물가에서 생업을 이어가는 사람들이 '초하루 삭망'에 오는 비를 보며 안타까워하지도 않아요. **그러므로 정답은 ②!**

③ '여드레 스무날엔 온다고 하고', '초하루 삭망이면 간다'는 관습적 표현을 활용하여 뜻대로 되지 않는 상황에 대한 화자의 심정과 처지를 드러내고 있군. (○)

***근거**: (가) ②연 ❶~❸행, 〈보기〉 ❹, ❽ 문장

> - (가): 여드레 스무날엔 / 온다고 하고 / 초하루 삭망이면 간다 고 했지.
> - 〈보기〉: '여드레 스무날엔 온다고 하고', '초하루 삭망이면 간다'고 하는 관습적 표현 / 이러한 표현에는 '오지 말아야 할 때는 온다고 하고, 가도 그만인 때에는 간다고 하는' 비마저도 뜻대로 되지 않는 것에 대한 당대 우리 백성들의 서러움이 화자의 심정과 처지에 맞물려 표현

🍃 '여드레 스무날엔 온다고 하고', '초하루 삭망이면 간다'는 오지 말아야 할 때는 오고, 가도 그만인 때에는 간다는 뜻으로, 뜻대로 되지 않는 상황에 대한 서러움을 드러내는 표현이에요.

④ '비 맞아 나른해서'와 '운다'를 통해 시적 대상이 여정에 방해가 되는 비를 맞고 있음을 짐작할 수 있군. (○)

***근거**: (가) ③연 ❹행, 〈보기〉 ❸ 문장

> - (가): 비 맞아 나른해서 벌새가 운다.
> - 〈보기〉: 추적추적 계속 내리는 비는 여정에 방해가 되는 거추장스러운 것으로 그려진다.

🍃 '비'는 '벌새'를 나른하게 하여 울게 만든 것으로, '벌새'의 여정을 방해하고 있다고 볼 수 있어요.

⑤ '천안(天安)에 삼거리 실버들도 '촉촉히 젖어서 늘어졌다데.'는 비가 다른 공간에서도 내리는 상황을 화자가 전달하며 공간적 확장을 통해 일제 강점기의 상황을 보여 주는군. (○)

***근거**: (가) ④연 ❶, ❷행, 〈보기〉 ❶ 문장

> - (가): 천안에 삼거리 실버들도 / 촉촉히 젖어서 늘어졌다데.
> - 〈보기〉: 이 시는 일제 강점기 백성으로서 겪는 비애와 한을 나그네의 심정과 비를 연계하여 그려 내고 있다.

🍃 화자가 있는 곳뿐만 아니라 천안도 비가 온다며 공간을 확장한 것은, 화자가 느끼는 서러움이 일제 강점기의 사람들이 겪는 서러움임을 나타내기 위한 것이에요.

🌸 **〈보기〉를 바탕으로 감상하기 유형**

🍯 〈보기〉를 먼저 읽어 지문의 핵심을 파악하고, 〈보기〉와 지문에서 근거가 되는 부분을 찾으세요.

A03 시어 및 구절의 의미 파악하기

㉠과 ㉡에 대한 설명으로 가장 적절한 것은?

• ㉠: ㉠은 '가도 가도 왕십리'로, 가도 가도 같은 곳에 있음을 나타낸 구절입니다.
• ㉡: ㉡은 '송천동, 선뜻 발자국 지워지며 끝없던 모래벌'로, 송천동 바닷가의 모습을 나타낸 구절입니다.

즉 ㉠과 ㉡에 담긴 의미를 적절하게 파악한 것을 고르는 문제입니다.

① ㉠은 ㉡과 달리 ~~부재한 대상과의 재회에 대한 화자의 열망~~을 보여 준다. (×)

🍃 (가)에서 부재한 대상은 나타나지 않으며, ㉠에서 이를 다시 만나기를 바라는 화자의 열망도 드러나지 않아요.

② ㉠은 화자의 ~~상황 극복 의지~~를, ㉡은 대상에 대한 ~~화자의 연민~~을 보여 준다. (×)

🍃 ㉠에서는 '왕십리'를 벗어나지 못하는 서러움이 드러날 뿐, 상황 극복 의지는 나타나지 않아요. 또한 ㉡에서 화자가 대상을 연민하는 정서는 나타나지 않아요.

③ ㉠은 현실에서 벗어나고 싶은 정서를, ㉡은 과거 상황에 대한 정서를 환기하는 공간이다. (○)

＊근거: (가)②연 ❹행, (나)②연 ❹행

> • (가): ㉠ 가도 가도 왕십리(往十里) 비가 오네.
> • (나): ㉡ 송천동, 선뜻 발자국 지워지며 끝없던 모래벌

🍃 ㉠은 화자가 벗어나고자 하는 고단한 현실로, 이러한 현실에서 벗어나고 싶은 마음을 환기해요. ㉡은 송천동 바닷가의 모습으로, 송천동에서 보냈던 과거에 대한 그리움을 환기해요. 그러므로 정답은 ③!

④ ㉠과 ㉡은 모두 ~~이르지 못하는 세계를 지향하는 화자의 고뇌~~를 보여 준다. (×)

🍃 ㉠과 ㉡ 모두 이르지 못하는 세계를 지향하는 화자의 고뇌와는 관련이 없어요.

⑤ ㉠과 ㉡은 모두 그 공간과 관련된 경험에서 비롯된 ~~화자의 인식 전환의 과정~~을 보여 준다. (×)

🍃 ㉠에서 화자는 '왕십리'라는 공간에서 계속해서 비를 맞는 경험을 하고 있지만, 이에서 비롯된 인식의 전환은 나타나지 않아요. 또한 ㉡에서 화자는 '송천동'이라는 공간을 떠올리고 있지만, 이에서 비롯된 인식의 전환은 나타나지 않아요.

> 🦋 **시어 및 구절의 의미 파악하기 유형**
>
> 📖 선택지의 내용을 지문에서 찾아 앞뒤 문맥을 살펴 의미를 파악하세요.

A04 화자의 정서와 태도 파악하기

(나)를 감상한 내용으로 적절하지 않은 것은?

① '유난히 햇볕 밝게' 내리는 봄날은 화자의 내면과 대비되는 배경으로 화자의 정서를 부각하고 있다. (○)

＊근거: (나)①연 ❶, ❷행

> 어머니 장사 떠나시고 다시 맡겨진 송천동
> 봄날은 골짜기마다 유난히 햇볕 밝게 내려서

🍃 어머니가 장사를 떠나셔서 송천동에 맡겨진 화자의 외로운 내면은, '유난히 햇볕 밝게' 내리는 봄날과 대비되고 있어요.

② '물결은 더욱 차갑게 출렁거리고 인적조차 끊어지면'을 통해 '~~어느 집 양자~~'로 된 화자의 외로움과 절망감을 드러내고 있다. (×)

＊근거: (나)④연 ❶행

> 누구는 어느 집 양자되고

🍃 '어느 집 양자'가 된 사람은 '누구'로, 화자와 같이 외로운 상황에 처해 있는 주변인이에요. 화자가 '어느 집 양자'가 된 것이 아니에요.
그러므로 정답은 ②!

③ '또 한 해 겨울 돌아오던 곳'은 계절의 순환을 통해서 기다림의 상황이 계속 이어졌음을 드러낸다. (○)

＊근거: (나)①연 ❷행, ③연 ❶, ❹행

> 봄날은 골짜기마다 유난히 햇볕 밝게 내려서
> 어느새 그 해 여름 지나고 막막한 가을도 가서
> 눈 내려 또 한 해 겨울 돌아오던 곳

🍃 '또 한 해 겨울'이 돌아왔다는 것은 화자가 봄에서 겨울이 될 때까지 어머니를 계속 기다렸다는 것을 드러내요.

④ '내게 와 부딪친 그리움도'는 화자의 내면에 남아 있는 그리워했던 순간에 대한 심정을 드러내고 있다. (○)

＊근거: (나)④연 ❸, ❹행

> 모른다, 내게 와 부딪친 그리움도 ~ 아직도 그 물결에 젖고 있을지

🍃 '내게 와 부딪친 그리움'은 외롭고 쓸쓸했던 유년 시절을 보냈지만, 화자에게 이를 그리워하는 마음이 남아 있음을 의미해요.

⑤ '아직도 그 물결에 젖고 있을지'를 통해 '모른다'고 말하는 화자가 과거를 떠올리고 있음을 보여 주고 있다. (○)

＊근거: (나)④연 ❸, ❹행

> 모른다, 내게 와 부딪친 그리움도 ~ 아직도 그 물결에 젖고 있을지

🍃 '그 물결'은 화자가 유년 시절을 보냈던 송천동 바닷가의 물결로, 화자가 과거를 떠올리고 있음을 드러내요.

> 🦋 **화자의 정서와 태도 파악하기 유형**
>
> 📖 화자의 감정(기쁨, 외로움 등), 태도(긍정적, 부정적 등)가 나타나는 표현을 찾으세요.

제한 시간 5분

[A05~08] 다음 글을 읽고 물음에 답하시오.

(가) 바다는 뿔뿔이
　　　달아나려고 했다.

　　　푸른 도마뱀 떼같이
　　　재재발렀다.

　　　꼬리가 이루
　　　잡히지 않았다.

　　　흰 발톱에 찢긴
　　　산호(珊瑚)보다 붉고 슬픈 생채기!

　　　가까스로 몰아다 부치고
　　　변죽을 둘러 손질하여 물기를 씻었다.

　　　이 애쓴 해도(海圖)에
　　　손을 씻고 떼었다.

　　　찰찰 넘치도록
　　　돌돌 구르도록

　　　휘동그란히 받쳐 들었다!
　　　지구(地球)는 연(蓮)잎인 양 오므라들고…… 펴고…….
　　　　　　　　　　　　　　　　　　　　　　　－ 정지용, 〈바다 2〉

(나) 막차는 좀처럼 오지 않았다
　　　대합실 밖에는 밤새 송이 눈이 쌓이고
　　　흰 보라 수수꽃 눈 시린 유리창마다
　　　톱밥 난로가 지펴지고 있었다
　　　그믐처럼 몇은 졸고
　　　몇은 감기에 쿨럭이고
　　　그리웠던 순간들을 생각하며 나는
　　　한 줌의 톱밥을 불빛 속에 던져 주었다
　　　내면 깊숙이 할 말들은 가득해도

청색의 손바닥을 불빛 속에 적셔 두고
모두들 아무 말도 하지 않았다
산다는 것이 때론 술에 취한 듯
한 두름의 굴비 한 광주리의 사과를
만지작거리며 귀향하는 기분으로
침묵해야 한다는 것을
모두들 알고 있었다
오래 앓은 기침 소리와
쓴 약 같은 입술 담배 연기 속에서
싸륵싸륵 눈꽃은 쌓이고
그래 지금은 모두들
눈꽃의 화음에 귀를 적신다
자정 넘으면 낯설음도 뼈아픔도 다 설원인데
단풍잎 같은 몇 잎의 차창을 달고
밤 열차는 또 어디로 흘러가는지
그리웠던 순간들을 호명하며 나는
한 줌의 눈물을 불빛 속에 던져 주었다
　　　　　　　　　　　　　　　　－ 곽재구, 〈사평역에서〉

(다) 마른 잎사귀에 도토리 알 얼굴 부비는 소리 후두둑 뛰어 내려 저마다 멍드는 소리 멍석 위에 나란히 잠든 반들거리는 몸 위로 살짝살짝 늦가을 햇볕 발 디디는 소리 먼길 날아온 늙은 잠자리 채머리 떠는 소리 맷돌 속에서 껍질 타지며 가슴 동당거리는 소리 사그락사그락 고운 뼛가루 저희끼리 소근대며 어루만져 주는 소리 보드랍고 찰진 것들 물속에 가라앉으며 안녕 안녕 가벼운 것들에게 이별 인사 하는 소리 아궁이 불 위에서 가슴이 확 열리며 저희끼리 다시 엉기는 소리 식어 가며 단단해지며 서로 핥아주는 소리

　　도마 위에 다갈빛 도토리묵 한 모

　　모든 소리들이 흘러 들어간 뒤에 비로소 생겨난 저 고요
　　저토록 시끄러운, 저토록 단단한,
　　　　　　　　　　　　　　　　　　　　　－ 김선우, 〈단단한 고요〉

A05

(가)~(다)에 대한 설명으로 가장 적절한 것은?

① (가)와 (나)는 이국적인 소재를 시어로 활용해 신선한 느낌을 주었다.
② (가)와 (다)는 대상을 살아 있는 것으로 비유하여 생동감을 드러내고 있다.
③ (나)와 (다)의 지배적 정서는 삶에 대한 슬픔과 회한이다.
④ (가)~(다)는 시제 변화를 통해 화자와 독자 사이 거리를 조절한다.
⑤ (가)~(다)는 화자의 시선 이동에 따른 공간 변화를 활용해 정서의 변화를 이루었다.

A06

(가)의 표현상 특징으로 적절하지 않은 것은?

① 다양한 비유와 선명한 이미지를 사용했다.
② 색채 대비를 통해 파도치는 해변을 형상화했다.
③ 음성 상징어를 사용해 바다의 움직임을 제시했다.
④ 반어적 표현을 활용해 파도의 흔적을 구체화했다.
⑤ 전반부는 관찰을, 후반부는 상상을 중심으로 시상을 전개했다.

A07

〈보기〉를 참고해 (나)를 감상한 내용으로 적절하지 않은 것은?

[보기]

〈사평역에서〉는 소박하고 일상적인 소재, 냉온 감각 등을 도입해 막차를 기다리는 사람들의 풍경을 그리고 있다. 고단한 삶을 사는 사람들에 대한 화자의 연민과 애정 어린 시선이 따뜻한 공감을 불러일으킨다.

① '대합실'은 다양한 서민 군상들이 모여 있어 애환이 느껴지는 공간이군.
② '톱밥 난로'는 막차를 기다리는 사람들을 위로해 주는 소재로 사용되었군.
③ '그믐처럼 몇은 졸고'는 사람들의 지친 모습을 나타내고 있군.
④ '모두들 아무 말도 하지 않았다'는 서로를 믿지 않는다는 점을 암시하는군.
⑤ '한 줌의 눈물을 불빛 속에 던져 주었다'는 고달픈 삶에 대한 화자의 연민을 보여 주는군.

A08

(다)에 대한 설명으로 적절하지 않은 것은?

① 유사한 시구를 반복하여 리듬감을 조성했다.
② 역설법과 도치법을 통해 대상의 이미지를 강조했다.
③ 정서를 배제하고 대상의 회화적 이미지를 만들었다.
④ 다양한 감각을 활용해 대상의 변화 과정을 나타냈다.
⑤ 시적 대상이 만들어지는 단계에 따라 시상을 전개했다.

제한 시간 5분

[A09~11] 다음 글을 읽고 물음에 답하시오.

(가) ㉠바닷가 햇빛 바른 바위 위에
　　습한 간(肝)을 펴서 말리우자.

　　코카서스 산중에서 도망해 온 토끼처럼
　　둘러리를 빙빙 돌며 간을 지키자.

　　㉡내가 몰래 기르는 여윈 독수리야!
　　와서 뜯어 먹어라, 시름없이

　　너는 살찌고
　　나는 야위어야지, 그러나

　　㉢거북이야!
　　다시는 용궁의 유혹에 안 떨어진다.

　　프로메테우스 불쌍한 프로메테우스
　　불 도적한 죄로 목에 맷돌을 달고
　　끝없이 침전하는 프로메테우스

　　　　　　　　　　－ 윤동주, 〈간〉

(나) 나는 당신의 옷을 다 지어 놓았습니다.
　　심의도 짓고 도포도 짓고 자리옷도 지었습니다.
　　짓지 아니한 것은 작은 주머니에 수 놓는 것뿐입니다.
　　㉣그 주머니는 나의 손때가 많이 묻었습니다.
　　짓다 놓아 두고 짓다 놓아 두고 한 까닭입니다.
　　다른 사람들은 나의 바느질 솜씨가 없는 줄로 알지마는
　　그러한 비밀은 나밖에는 아는 사람이 없습니다.

나는 마음이 아프고 쓰린 때에 주머니에 수를 놓으려면

나의 마음은 수 놓는 금실을 따라서 바늘 구멍으로 들어가고

주머니 속에서 맑은 노래가 나와서 나의 마음이 됩니다.

그리고 아직 이 세상에는 그 주머니에 넣을 만한 무슨 보물이 없습니다.

ⓜ이 작은 주머니는 짓기 싫어서 짓지 못하는 것이 아니라 짓고 싶어서 다 짓지 않는 것입니다.

– 한용운, 〈수의 비밀〉

A09

예상 문제

㉠~ⓜ에 대한 설명으로 적절하지 <u>않은</u> 것은?

① ㉠을 통해 지켜야 할 대상의 소중함을 비유적으로 표현하고 있다.

② ㉡의 '독수리'는 시련을 통해 살찌워야 하는 육체적인 자아를 상징하고 있다.

③ ㉢의 '용궁의 유혹'은 현실적 유혹을 가리키는 것으로 현실 극복 의지를 통해 부정되는 것이다.

④ ㉣의 화자에게 '수놓기'는 임에 대한 애정을 간접적으로 드러내는 행위이다.

⑤ ⓜ은 표면적으로는 모순되지만 그 내면에는 진실을 담고 있는 역설적 표현이다.

A10

예상 문제

〈보기〉는 (가)에 대한 설명이다. 다음 중 〈보기〉의 밑줄 친 부분과 거리가 <u>먼</u> 것은?

[보기]

이 작품에서는 우리나라 설화 〈구토지설〉과 그리스 신화 〈프로메테우스 신화〉를 차용하고 있다. 전자를 통해서는 거북과 용왕으로 대표되는 지배층의 강압과 토끼로 대표되는 평범하고 지혜로운 피지배층의 항거를 나타내고 있고, 후자를 통해서는 인류 구원의 <u>희생양 또는 속죄양 의식</u>을 나타내고 있다.

① 모가지를 드리우고 / 꽃처럼 피어나는 피를 / 어두워 가는 하늘 밑에 / 조용히 흘리겠습니다. – 윤동주, 〈십자가〉

② 별을 노래하는 마음으로 모든 죽어가는 것을 사랑해야지. / 그리고 나한테 주어진 길을 걸어가야겠다. // 오늘밤에도 별이 바람에 스치운다. – 윤동주, 〈서시〉

③ 지금 눈 내리고 / 매화 향기 홀로 아득하니 / 내 여기 가난한 노래의 씨를 뿌려라. – 이육사, 〈광야〉

④ 염소의 갈비뼈 같은 그의 몸 / 그의 생명인 심지 // 백옥 같은 눈물과 피를 흘려 / 불살려 버린다.

– 윤동주, 〈초 한 대〉

⑤ 한바다 복판 용솟음치는 곳 / 바람결 따라 타오르는 꽃 성(城)에는 / 나비처럼 취하는 회상(回想)의 무리들아 / 오늘 여기서 너를 불러 보노라. – 이육사, 〈꽃〉

A11

예상 문제

(나)와 〈보기〉의 화자가 서로 대화를 나눈다고 할 때, 대화 내용으로 적절하지 <u>않은</u> 것은?

[보기]

마음이 어지러운 날은
수를 놓는다.

금실 은실 청홍실 / 따라서 가면
마음속 아우성은 절로 갈앉고

처음 보는 수풀
정갈한 자갈돌의 강변에 이른다.

남향 햇볕 속에
수를 놓고 앉으면

세사 번뇌(世事煩惱)
무궁한 사랑의 슬픔을 / 참아 내올 듯

머언 / 극락정토(極樂淨土) 가는 길도
보일 성싶다. – 허영자, 〈자수〉

① (나)의 화자: 마음이 아프고 쓰린 날 수를 놓으면 마음에 안정을 얻습니다.

② 〈보기〉의 화자: 저도 세상의 번뇌를 잊게 되고 마음의 아우성이 절로 가라앉습니다.

③ (나)의 화자: 저는 임을 기다리는 마음이 절실하기 때문에 수놓는 것을 두고두고 미루면서 하지요.

④ 〈보기〉의 화자: 그렇군요. 저는 수를 놓으면서 번뇌를 잊고 불교에 귀의하고자 하지요.

⑤ (나)의 화자: 저도 수놓는 행위를 통해 스스로 정진하고자 하는 마음이 있어요.

[A12~15] 다음 글을 읽고 물음에 답하시오.

(가) 사랑한다는 것은

열매가 맺지 않는 과목은 뿌리째 뽑고
그 뿌리를 썩힌 흙 속의 해충은 모조리 잡고
그리고 새 묘목을 심기 위해서
깊이 파헤쳐 내 두 손의 땀을 섞은 흙
그 흙을 깨끗하게 실하게 하는 일이다.

그리고 / 아무리 모진 비바람이 삼킨 어둠이어도
바위 속보다 어두운 밤이어도
그 어둠 그 밤을 새워서 지키는 일이다.
훤한 새벽 햇살이 퍼질 때까지
그 햇살을 뚫고 마침내 새 과목이
샘물 같은 그런 빛 뿌리면서 솟을 때까지
지키는 일이다. 지켜보는 일이다.

사랑한다는 것은.

– 전봉건, 〈사랑〉

(나) ㉠푸른 하늘에 닿을 듯이
세월에 불타고 우뚝 남아 서서
차라리 봄도 꽃 피진 말아라

㉡낡은 거미집 휘두르고
㉢끝없는 꿈길에 혼자 설레이는
마음은 아예 뉘우침 아니라

㉣검은 그림자 쓸쓸하면
마침내 호수 속 깊이 거꾸러져
차마 ㉤바람도 흔들진 못해라

– 이육사, 〈교목〉

(다) 내 가슴에 독을 찬 지 오래로다
아직 아무도 해한 일 없는 새로 뽑은 독
벗은 그 무서운 독 그만 흩어 버리라 한다
나는 그 독이 선뜻 벗도 해할지 모른다 위협하고

독 안 차고 살아도 머지않아 너 나 마저 가 버리면
억만(億萬) 세대가 그 뒤로 잠자코 흘러가고

나중에 땅덩이 모지라져 모래알이 될 것임을
"허무한듸!" 독은 차서 무엇 하느냐고?

아! 내 세상에 태어났음을 원망 않고 보낸
어느 하루가 있었던가 "허무한듸!" 허나
앞뒤로 덤비는 이리 승냥이 바야흐로 내 마음을 노리매
내 산 채 짐승의 밥이 되어 찢기우고 할퀴우라 내맡긴 신세임을

나는 독을 품고 선선히 가리라
막음 날 내 외로운 혼(魂) 건지기 위하여

– 김영랑, 〈독을 차고〉

A12

(가)~(다)의 화자의 공통점에 대한 설명으로 가장 적절한 것은?

① 자신의 마음속에 소중한 가치를 간직하고 있다.
② 자신의 주장을 논리적으로 설득하고자 한다.
③ 윤리적 고민을 딛고 새로운 삶을 창조하고자 한다.
④ 개인적 차원의 사랑이 인생에서 가장 중요하다고 믿는다.
⑤ 자신의 정서와 감정을 직접적으로 호소하는 양상을 보인다.

A13

(가)의 표현상 특징에 대한 설명으로 가장 적절한 것은?

① 화자의 정서를 애상적 어조로 드러내고 있다.
② 상반된 함축적 의미를 가진 시어들을 활용하고 있다.
③ 공감각적 표현으로 생생한 느낌을 자아내고 있다.
④ 계절의 변화를 드러내는 시어들을 적극 활용하고 있다.
⑤ 점층적 표현을 통하여 주제를 효과적으로 강조하고 있다.

A14

(나)의 ㉠~㉤에 관한 설명으로 적절하지 않은 것은? [3점]

① ㉠은 '이상적인 세계'를 뜻한다.
② ㉡은 '바람직하지 않은 현실'을 가리킨다.
③ ㉢은 '마음속의 이상'을 가리킨다.
④ ㉣은 '부정적인 자아'를 가리킨다.
⑤ ㉤은 '시련'의 의미를 갖는다.

A15

(다)에서 독에 대한 이해로 적절하지 <u>않은</u> 것은?

① 누구라도 해칠 수 있는 '내' 안의 부정적 성향을 가리킨다.
② '나'로 하여금 부끄럽지 않은 삶을 살아갈 수 있게 해 준다.
③ 부정적 현실로 인해 '내'가 간직해야 했던 삶의 태도를 가리킨다.
④ 부정적 현실 속에서 '나'를 지킬 수 있는 힘의 원천을 의미한다.
⑤ '나'로 하여금 허무주의적인 삶의 태도를 가진 사람들과 갈등을 겪게 한다.

제한 시간 5분

[A16~18] 다음 글을 읽고 물음에 답하시오.

(가) 천장(天葬)이 끝나고
   일제히 날아오르는 **독수리 떼**

   허공에 ⓐ<u>무덤</u>들이 떠간다
   쓰러진 육신의 집을 버리고
   휘발하는 ⓑ<u>영혼</u>아
   또 어디로 깃들일 것인가

   ⓒ<u>삶</u>은 **마약**과 같아서
   끊을 길이 없구나

   하늘의 구멍인 ⓓ<u>별</u>들이 하나 둘 문을 닫을 때
   ⓔ<u>새</u>들은 또 **둥근 무덤**을 닮은
   알을 낳으리

   – 유하, 〈생(生)〉

(나) 견우직녀도 이날만은 만나게 하는 **칠석날**
   나는 당신을 땅에 묻고 돌아오네.
   안개꽃 몇 송이 땅에 묻고 돌아오네.
   살아 평생 당신께 옷 한 벌 못 해 주고
   당신 죽어 처음으로 **베옷** 한 벌 해 입혔네.
   당신 손수 베틀로 짠 옷가지 몇 벌 이웃에 나눠 주고
   옥수수밭 옆에 당신을 묻고 돌아오네.
   은하 건너 구름 건너 한 해 한 번 만나게 하는 이 밤
   은핫물 동쪽 서쪽 그 멀고 먼 거리가
   하늘과 땅의 거리인 걸 알게 하네.

   당신 나중 **흙**이 되고 내가 훗날 바람 되어
   다시 만나지는 길임을 알게 하네.
   내 남아 밭 갈고 씨 뿌리고 땀 흘리며 살아야
   한 해 한 번 당신 만나는 길임을 알게 하네.

   – 도종환, 〈옥수수밭 옆에 당신을 묻고〉

A16

(가)와 (나)의 표현상 특징에 대한 설명으로 가장 적절한 것은?

① 화자의 인식을 자연물을 통해 드러내고 있다.
② 사랑을 모티프로 하여 시상을 전개하고 있다.
③ 담담한 어조로 감정을 절제하여 표현하고 있다.
④ 대립적인 이미지를 사용하여 주제 의식을 형성하고 있다.
⑤ 화자가 추구하는 이상향의 모습을 낙관적으로 그리고 있다.

A17

(가)와 (나)에 대한 설명으로 가장 적절한 것은?

① (가)의 '둥근 무덤'과 (나)의 '흙'은 모두 죽음과 소멸의 의미를 함축하고 있다.
② (가)의 '마약'과 (나)의 '베옷'은 죽음에 대한 화자의 두려움과 고뇌를 나타낸다.
③ (가)의 '독수리 떼'와 (나)의 '칠석날'을 통해 자연과 인간의 삶을 대비하고 있다.
④ (가)의 '알을 낳으리'와 (나)의 '다시 만나지는 길'은 모두 삶과 죽음의 순환을 의미한다.
⑤ (가)의 '휘발하는 영혼'은 생명력을, (나)의 '안개꽃 몇 송이'는 소박함과 순수함을 나타낸다.

A18

〈보기〉를 참고하여 (가)를 감상한 내용으로 적절하지 <u>않은</u> 것은?

[보기]

유하는 1988년 등단한 후 풍자와 반어로 낙후한 현실을 비판하는 작품을 주로 썼다. 〈생(生)〉을 통해 펼쳐 보인 세계에서도 자본주의의 실상 속 '인간의 존재'를 발견할 수 있다. 자본주의는 생산과 소비를 전제로 하는 체제로, 결국 인간의 욕망이 만들어 낸 산물이다. 그 속에서 인간은 자신의 존재 이유와는 무관하게 욕망만을 추구하며 헛되이 살아가고 있다. 〈생〉에서는 이러한 현실을 상징적인 소재에 의식을 투영하는 방식으로 세계관을 표출했다.

① ⓐ '무덤들'이 '허공에 떠간다'라는 표현에는 정신적인 안식처 없이 떠돌 수밖에 없는 현실을 비판하는 작가의 의식이 담겨 있어.

② ⓑ '영혼'이 '휘발하는'이라는 표현에는 자본주의 체제에 편입되기보다 비판하며 나아가는 삶에 대한 의지가 투영되었군.

③ ⓒ '삶'이 '마약과 같아서'라는 표현에는 헛되이 욕망을 쫓아가는 인간의 모습을 비판하는 작가의 의식이 투영되었다고 할 수 있겠네.

④ ⓓ '별들'이 '하나 둘 문을 닫을 때'라는 표현에는 인간의 삶이 결국 욕망 속에서 죽음으로 끝나 가리라는 것이 나타나.

⑤ ⓔ '새'가 '또 둥근 무덤을 닮은 / 알을 낳으리'라는 표현에서 결국 자본주의 체제 아래 반복되는 인간의 모습에 대한 무상함을 드러내고 있어.

제한 시간 5분
[A19~22] 다음 글을 읽고 물음에 답하시오.

(가) 나의 무덤 앞에는 그 차가운 비(碑)ㅅ돌을 세우지 말라.
　나의 무덤 주위에는 그 노오란 해바라기를 심어 달라.
　그리고 해바라기의 긴 줄거리 사이로 끝없는 보리밭을 보여 달라.
　노오란 해바라기는 늘 태양같이 태양같이 하던 화려한 나의 사랑이라고 생각하라.
　푸른 보리밭 사이로 하늘을 쏘는 노고지리가 있거든 아직도 날아오르는 나의 꿈이라고 생각하라.
　　　　　　　– 함형수, 〈해바라기의 비명 – 청년 화가 L을 위하여〉

(나) 나의 지식이 독한 회의(懷疑)를 구(救)하지 못하고
　내 또한 삶의 애증(愛憎)을 다 짐 지지 못하여
　병든 나무처럼 생명이 부대낄 때
　ⓐ저 머나먼 아라비아의 사막(沙漠)으로 나는 가자.

　거기는 한번 뜬 백일(白日)이 불사신같이 작열하고
　일체가 모래 속에 사멸한 영겁(永劫)의 허적(虛寂)에
　오직 알라의 신(神)만이
　밤마다 고민하고 방황하는 열사(熱沙)의 끝.

　그 열렬한 고독(孤獨) 가운데
　옷자락을 나부끼고 호올로 서면

운명처럼 반드시 '나'와 대면(對面)케 될지니
　하여 '나'란, 나의 생명이란
　그 원시의 본연한 자태를 다시 배우지 못하거든
　차라리 나는 어느 사구(沙丘)에 회한 없는 백골(白骨)을 쪼이리라.
　　　　　　　– 유치환, 〈생명의 서〉

(다) 어느 사이에 나는 아내도 없고, 또,
　아내와 같이 살던 집도 없어지고,
　그리고 살뜰한 부모며 동생들과도 멀리 떨어져서,
　그 어느 바람 세인 쓸쓸한 거리 끝에 헤매었다.
　바로 날도 저물어서,
　바람은 더욱 세게 불고, 추위는 점점 더해 오는데,
　나는 어느 목수(木手)네 집 헌 삿을 깐,
　한 방에 들어서 쉬을 붙이었다.
　이리하여 나는 ⓑ이 습내 나는 춥고, 누긋한 방에서,
　낮이나 밤이나 나는 나 혼자도 너무 많은 것같이 생각하며,
　딜옹배기에 북덕불이라도 담겨 오면,
　이것을 안고 손을 쬐며 재 위에 뜻 없이 글자를 쓰기도 하며,
　또 문 밖에 나가지두 않구 자리에 누워서,
　머리에 손깍지 베개를 하고 굴기도 하면서,
　나는 내 슬픔이며 어리석음이며를 소처럼 연하여 쌔김질하는 것이었다.
　내 가슴이 꽉 메어 올 적이며,
　내 눈에 뜨거운 것이 핑 괴일 적이며,
　또 내 스스로 화끈 낯이 붉도록 부끄러울 적이며,
　나는 내 슬픔과 어리석음에 눌리어 죽을 수밖에 없는 것을 느끼는 것이었다.
　그러나 잠시 뒤에 나는 고개를 들어,
　허연 문창을 바라보든가 또 눈을 떠서 높은 천정을 쳐다보는 것인데,
　이때 나는 내 뜻이며 힘으로, 나를 이끌어 가는 것이 힘든 일인 것을 생각하고,
　이것들보다 더 크고, 높은 것이 있어서, 나를 마음대로 굴려 가는 것을 생각하는 것인데,
　이렇게 하여 여러 날이 지나는 동안에,
　내 어지러운 마음에는 슬픔이며, 한탄이며, 가라앉을 것은 차츰 앙금이 되어 가라앉고,
　외로운 생각만이 드는 때쯤 해서는,

더러 나줏손에 쌀랑쌀랑 싸락눈이 와서 문창을 치기도 하는 때도 있는데,

나는 이런 저녁에는 화로를 더욱 다가 끼며, 무릎을 꿇어 보며,

어느 먼 산 뒷옆에 바위섶에 따로 외로이 서서,

어두워 오는데 하이야니 눈을 맞을, 그 마른 잎새에는,

쌀랑쌀랑 소리도 나며 눈을 맞을,

그 드물다는 굳고 정한 갈매나무라는 나무를 생각하는 것이었다.

– 백석, 〈남신의주 유동 박시봉방〉

A19
2018 대비/경찰대 17

(가)~(다)의 시적 화자가 자신의 삶을 대하는 태도를 비교한 것으로 적절하지 <u>않은</u> 것은?

① (가)는 삶을 사랑과 꿈으로 채우려 하는 반면, (나)는 시련과 고뇌로 채우려 한다.
② (가)는 삶에 대한 희망적 태도를 보여 주는 반면, (다)는 삶에 대한 절망적인 관점을 벗어나지 못하고 있다.
③ (나)는 (다)와 달리 삶에서 겪는 고난을 능동적으로 받아들이는 태도를 드러내고 있다.
④ (다)는 (가)와 달리 자신의 꿈을 실현하려는 의지를 명시적으로 드러내지 못하고 있다.
⑤ (가), (나), (다) 모두 삶을 보다 의미 있게 하려면 어떻게 하는 것이 좋은지 모색하고 있다.

A20
2018 대비/경찰대 18

(가)~(다)의 시적 표현에 대한 설명으로 적절하지 <u>않은</u> 것은?

① (가)는 강렬한 색채 심상을 통해 시적 화자의 소망을 말하고 있다.
② (나)는 시적 허용의 수법으로 시적 화자의 단호한 의지를 강조하고 있다.
③ (다)는 호흡이 긴 문장으로 시적 화자의 내면을 보여 주고 있다.
④ (가)와 (나)는 슬프고도 장엄한 어조로, (다)는 사색적인 어조로 말하고 있다.
⑤ (가), (나), (다) 모두 직유를 사용하여 시상을 전개하고 있다.

A21
2018 대비/경찰대 20

ⓐ와 ⓑ에 대한 설명으로 적절하지 <u>않은</u> 것은?

① ⓐ는 비현실성을 띠는 공간이다.
② ⓐ는 자아의 본질을 제대로 탐색하기 위한 전제가 된다.
③ ⓑ는 시적 화자의 처지를 상징하는 공간이다.
④ ⓑ는 시대적 불의에 항거하는 원동력이 된다.
⑤ ⓐ와 ⓑ 모두 정신적인 재탄생이 이루어지는 공간이다.

A22 ⭐ 1등급 킬러
2018 대비/경찰대 21

(다)의 시상 전개에 대한 설명으로 가장 적절한 것은?

① 대립적인 상징을 통해 사회적인 갈등을 내면화하여 성찰하고 있다.
② 편지 형식으로 자신의 삶을 반추함으로써 주어진 운명에 항거하고 있다.
③ 시적 화자가 겪은 사건을 구체화하여 예전의 상황을 상세하게 보여 주고 있다.
④ 수미상관의 방식으로 시적 화자가 처음 상태로 회귀하는 상황을 드러내고 있다.
⑤ 시적 화자의 신체적 자세 변화를 통해 현실을 대하는 정신적 변화를 보여 주고 있다.

[제한 시간 4분]
[A23~25] 다음 글을 읽고 물음에 답하시오.

(가) ㉠ 영화가 시작하기 전에 우리는
일제히 일어나 애국가를 경청한다.
㉡ 삼천리 화려 강산의
을숙도에서 일정한 군(群)을 이루며
갈대 숲을 이륙하는 흰 새떼들이
㉢ 자기들끼리 끼룩거리면서
자기들끼리 낄낄대면서
일렬 이열 삼렬 횡대로 자기들의 세상을
이 세상에서 떼어 메고
이 세상 밖으로 어디론가 날아간다.
우리도 우리들끼리
낄낄대면서 / 깔쭉대면서
㉣ 우리의 대열을 이루며
한 세상 떼어 메고
이 세상 밖 어디론가 날아갔으면

하는데 대한사람 대한으로 / 길이 보전하세로
ⓜ각각 자기 자리에 앉는다. / 주저앉는다.

– 황지우, 〈새들도 세상을 뜨는구나〉

(나) 신새벽 뒷골목에
네 이름을 쓴다 민주주의여
내 머리는 너를 잊은 지 오래
내 발길은 너를 잊은 지 너무도 너무도 오래
오직 한 가닥 있어
타는 가슴 속 목마름의 기억이
네 이름을 남몰래 쓴다 민주주의여.

아직 동트지 않은 뒷골목의 어딘가
발자국 소리 호르락 소리 문 두드리는 소리
외마디 길고 긴 누군가의 비명 소리
신음소리 통곡소리 탄식소리
그 속에 내 가슴팍 속에
깊이깊이 새겨지는 네 이름 위에
네 이름의 외로운 눈부심 위에
살아오는 삶의 아픔
살아오는 저 푸르른 자유의 추억
되살아오는 끌려가는 벗들의 피묻은 얼굴
떨리는 손 떨리는 가슴
떨리는 치떨리는 노여움으로 나무 판자에
백묵으로 서툰 솜씨로 / 쓴다.

숨죽여 흐느끼며 / 네 이름을 남몰래 쓴다.
타는 목마름으로 / 타는 목마름으로
민주주의여 만세.

– 김지하, 〈타는 목마름으로〉

A23

(가)와 (나)의 공통점으로 가장 적절하지 않은 것은?

① 반복법을 사용하여 주제를 심화하고 있다.
② 어순을 도치하여 시어의 의미를 변형하고 있다.
③ 대립적인 이미지의 시어를 구체적으로 제시하고 있다.
④ 부정적 현실에 대한 인식이 작품의 모티프가 되고 있다.
⑤ 반어적 표현으로 현실에 대한 비판적 인식을 드러내고 있다.

A24

〈보기〉를 활용하여 ㉠~㉤의 함축적 의미를 이해한 것 중 적절하지 않은 것은?

[보기]

한국 현대사에서 1970년대와 80년대 중엽까지는 억압적인 군부 독재 체제하에서 정부가 국민 위에 군림하던 시기였다. 일례로 당시에는 저녁 6시가 되면 하기식(下旗式)이라 하여 길 가던 시민들까지 발을 멈추고 들려오는 애국가를 들으며 국기에 대한 경례를 해야 했다. 뿐만 아니라 영화관에서는 영화가 시작되기 전에 관람객들이 일제히 기립하여 스크린에 펼쳐지는 국기를 향해 차렷 자세로 경의를 표했다.

① ㉠: 군사 독재 시절, 국민에게 애국을 강요하던 억압된 시대 상황을 엿볼 수 있다.
② ㉡: 민주주의가 억압된 상황 속에서도 우리나라의 아름다운 자연 환경을 예찬하고 있다.
③ ㉢: 새들이 내는 소리를 음성 상징어로 나타내어 잘못된 현실에 대한 화자의 냉소적 태도를 표현하고 있다.
④ ㉣: 폭압적 현실로부터 멀리 떠나버렸으면 좋겠다는 화자의 소망이 드러나 있다.
⑤ ㉤: 자유와 이상을 동경하면서도 현실을 극복할 수 있는 용기가 없음을 보여 주고 있다.

A25

(나)의 화자와 〈보기〉의 화자가 동일인이라고 할 때, 〈보기〉의 화자가 할 만한 말로 적절한 것은?

[보기]

그로부터 18년 오랜만에
우리는 모두 무엇인가가 되어
혁명이 두려운 기성세대가 되어
넥타이를 매고 다시 모였다.
회비를 만 원씩 걷고 / 처자식들 안부를 나누고
월급이 얼마인가 서로 물었다.
치솟는 물가를 걱정하며 / 즐겁게 세상을 개탄하고
익숙하게 목소리를 낮추어
떠도는 이야기를 주고 받았다.
모두가 살기 위해 살고 있었다.
아무도 이젠 노래 부르지 않았다.

– 김광규, 〈희미한 옛 사랑의 그림자〉 중에서

① 옛날과는 다르게 자유롭고 민주적인 삶을 살아가고 있
   어서 참 다행입니다.
② 젊은 시절에 민주주의를 되찾은 결과로 현재 이런 모습
   으로 살아갈 수 있는 것이죠.
③ 시대가 많이 변했으므로 변화된 시대 현실에 걸맞게 능
   동적으로 사는 것이 당연해요.
④ 젊은 시절의 순수한 열정은 어디 가고, 무기력하게 현
   실 문제에 안주하는 소시민적 모습이 부끄럽군요.
⑤ 그 당시에 있었던 일을 우리 모두가 잊기로 한 것은 잘한
   일이죠. 역사는 긍정적인 모습으로 변하기 마련이니까요.

[A26~28] 다음 글을 읽고 물음에 답하시오.

(가) 장진(長津) 땅이 지붕 넘어 넘석하는* 거리다
   자구나무 같은 것도 있다
   기장감주에 기장차떡*이 흔한 데다
   이 거리에 산골 사람이 노루 새끼를 다리고 왔다

   산골 사람은 막베등거리* 막베잠방둥에*를 입고
   노루 새끼를 닮았다
   노루 새끼 등을 쓸며
   터 앞에 당콩 순*을 다 먹었다 하고
   서른 닷 냥 값을 부른다
   노루 새끼는 다문다문* 흰 점이 백이고 배 안의 털을 너
슬너슬* 벗고
   산골 사람을 닮았다

   산골 사람의 손을 핥으며
   약자*에 쓴다는 흥정 소리를 듣는 듯이
   새까만 눈에 하이얀 것이 가랑가랑한다
                           – 백석, 〈노루 – 함주시초(咸州詩抄) 2〉

* 넘석하는: 넘어다 보이는. 크게 힘을 들이지 않고도 갈 만큼 가까운
* 기장감주, 기장차떡: 기장으로 만든 식혜와 찰떡
* 막베등거리: 막베(거칠게 짠 베)로 만든, 등만 덮을 만하게 만든 홑옷
* 막베잠방둥에: 막베로 만든, 가랑이가 무릎까지 내려오도록 짧게 만든
  홑바지
* 당콩 순: 강낭콩 순
* 다문다문: 사이가 배지 않고 드문 모양
* 너슬너슬: (굵고 긴 털이나 풀 따위가) 부드럽고 성긴 모양
* 약자: 약재

(나) 산이라 해서 다 크고 높은 것은 아니다
 [A] 다 험하고 가파른 것은 아니다
      어떤 산은 크고 높은 산 아래
      시시덕거리고 웃으며 나지막이 엎드려 있고
 [B] 또 어떤 산은 험하고 가파른 산자락에서
      슬그머니 빠져 동네까지 내려와
      부러운 듯 사람 사는 꼴을 구경하고 섰다
      그리고는 높은 산을 오르는 사람들에게
      순하디순한 길이 되어 주기도 하고
 [C] 남의 눈을 꺼리는 젊은 쌍에게 짐짓
      따뜻한 사랑의 숨을 자리가 돼 주기도 한다
      그래서 낮은 산은 내 이웃이던
      간난이네 안방 왕골자리처럼 때에 절고
      그 누더기 이불처럼 지린내가 배지만
      눈개비나무 찰피나무며 모싯대 개쑥에 덮여
 [D] 곤줄박이 개개비 휘파람새 노랫소리를
      듣는 기쁨은 낮은 산만이 안다
      사람들이 서로 미워서 잡아 죽일 듯
      이빨을 갈고 손톱을 세우다가도
      칡넝쿨처럼 머루 넝쿨처럼 감기고 어우러지는
      사람 사는 재미는 낮은 산만이 안다
      사람이 다 크고 잘난 것만이 아니듯
      다 외치며 우뚝 서있는 것이 아니듯
 [E] 산이라 해서 모두 크고 높은 것은 아니다
      모두 흰 구름을 겨드랑이에 끼고
      어깨로 바람 맞받아치며 사는 것은 아니다
                           – 신경림, 〈산에 대하여〉

A26

(가)와 (나)의 공통점으로 가장 적절한 것은?

① 감각적 이미지를 동원하여 대상을 묘사하고 있다.
② 이야기 형식을 통해 현실을 객관적으로 반영하고 있다.
③ 과거와 현재를 대비하여 그리움의 정서를 환기하고 있다.
④ 불완전한 문장으로 시상을 마무리하여 시적 여운을 주
   고 있다.
⑤ 이질적인 공간을 병치하여 이상과 현실의 괴리를 드러
   내고 있다.

A27 ⭐ 1등급 킬러

〈보기〉를 바탕으로 (가)를 감상한 내용으로 적절하지 않은 것은? [3점]

[보기]

백석의 시에는 '보는 주체'만이 등장하는 경우가 많다. 그럼으로써 화자가 눈여겨보는 대상들이 작품의 전경이 된다. '보는 주체'는 일정한 거리를 두고 대상들을 관찰하기도 하지만 대상들의 외적 경계를 허물고 그 속으로 스며들어가기도 한다. 이러한 눈을 가진 화자는 마침내 자신과 대상, 대상과 대상들 간의 근원적 동일성을 발견하거나, 대상과의 감정적 유대에 이르게 된다.

① '장진 땅이 지붕 넘에 넘석하는 거리', '자구나무 같은 것도 있다'는 일정한 거리를 둔 관찰이라 할 수 있다.
② '산골 사람'과 '노루 새끼'는 화자의 눈길을 사로잡는 대상으로 작품의 전경이 되고 있다.
③ 화자가 대상과의 동일성을 발견했음이 '산골 사람은 막 베등거리 막베잠방등에를 입고'에서 드러난다.
④ '노루 새끼 등'을 쓰는 '산골 사람', '산골 사람의 손'을 핥는 '노루 새끼'는 대상들 간의 동일성을 표현한 것으로 볼 수 있다.
⑤ '새까만 눈에 하이얀 것이 가랑가랑한다'는 '노루 새끼'에 대해 화자가 감정적 유대를 드러내는 표현으로 볼 수 있다.

A28

(나)의 [A]~[E]에 대한 설명으로 적절하지 않은 것은?

① [A]: 부정어의 반복을 통해 '낮은 산'의 존재를 강조하고 있다.
② [B]: 자연물에 인격을 부여하여 '낮은 산'의 모습을 그리고 있다.
③ [C]: 유사한 문장 구조를 반복하여 '낮은 산'의 특성을 강조하고 있다.
④ [D]: '높은 산'과 '낮은 산'을 대조하여 '낮은 산'의 변화 양상을 보여 주고 있다.
⑤ [E]: [A]를 반복적으로 변주하며 주제를 강조하고 있다.

[A29~31] 다음 글을 읽고 물음에 답하시오.

(가) 내가 그의 이름을 불러 주기 전에는
　　그는 다만 / 하나의 ⓐ몸짓에 지나지 않았다.

　　내가 그의 이름을 불러 주었을 때
　　그는 나에게로 와서 / 꽃이 되었다.

　　내가 그의 이름을 불러 준 것처럼
　　나의 이 빛깔과 향기(香氣)에 알맞은
　　누가 나의 이름을 불러 다오.
　　그에게로 가서 나도 / 그의 꽃이 되고 싶다.

　　우리들은 모두 / 무엇이 되고 싶다.
　　너는 나에게 나는 너에게
　　잊혀지지 않는 하나의 ⓑ눈짓이 되고 싶다.

　　　　　　　　　　　　　　　 – 김춘수, 〈꽃〉

(나) 꽃잎이여 그대 / 다토아 피어
　　㉠비바람에 뒤설레며
　　가는 가냘픈 살갗이여.

　　그대 눈길의 / 머언 여로(旅路)에
　　하늘과 구름 / 혼자 그리워
　　붉어져 가노니

　　저문 산 길가에 져 / 뒤둥글지라도
　　마냥 붉게 타다 가는 / 환한 목숨이여.

　　　　　　　　　　　　　　 – 신석초, 〈꽃잎 절구〉

A29

(가)의 ⓐ와 ⓑ를 다음과 같이 정리해 보았다. 〈표〉에 들어갈 내용으로 적절하지 않은 것은?

(× : 전혀 없는 상태, △ : 무관심한 상태, ◎ : 충분한 상태)

	구분	ⓐ 몸짓	ⓑ 눈짓
①	부를 수 있는 이름	△	◎
②	대상이 지닌 의미	×	◎
③	빛깔과 향기	×	◎
④	화자와 대상의 관련성	△	◎
⑤	화자가 느끼는 소중함	×	◎

A30

예상 문제

(나)에 대한 설명으로 적절하지 <u>않은</u> 것은?

① 의인화한 대상을 통해 인간의 삶의 방향에 대해 그리고 있다.
② 생성에서 소멸에 이르는 자연물의 변화 과정을 시 전체에서 드러내고 있다.
③ 감탄적 어조를 반복하여 대상에 대한 화자의 정서를 깊이 있게 표출하고 있다.
④ 전체에서 부분으로 시적 대상이 바뀌면서 화자와 대상의 거리가 가까워지고 있다.
⑤ 대상의 시선을 적극적으로 따라가면서 대상이 지닌 본질적 정서를 밝혀 나가고 있다.

A31

예상 문제

〈보기〉를 바탕으로 ㉠을 이해한 내용으로 가장 적절한 것은?

[보기]

대상의 본질에 도달하기 위해서는 2단계의 환원을 거쳐야 한다. 1단계는 대상에 대해 기존의 관념에 따라 대상을 판단하는 것을 중지하고 대상에 대한 순수 의식이 드러나게 하는 것으로, 이를 '현상학적 환원'이라고 한다. 이때 드러난 순수 의식은 근본적이고 절대적이지만 개개의 특수한 의식 체험에 불과하므로 다음 단계로 이 개별 체험을 종합하여 보편적인 본질을 찾아내야 한다. 이같이 개별적인 순수 체험을 통해 순수 의식의 보편적 본질을 찾는 과정을 '형상적 환원'이라고 한다.

① 화자가 대상에 대한 판단을 중지한 '판단 중지'의 상태이군.
② 대상에 대한 개별적 의식 체험이므로 '현상학적 환원'이겠군.
③ '현상학적 환원'에서 '형상적 환원'으로 넘어가는 과정이겠네.
④ 개별적 순수 체험을 통해 보편적 본질을 찾아가는 '형상적 환원'의 결과이군.
⑤ 대상의 본질보다는 특수성에만 주목하므로 환원의 과정으로는 볼 수 없겠군.

제한 시간 4분

[A32~34] 다음 글을 읽고 물음에 답하시오.

(가) 신재령(新載寧)에도 나무리벌
　　　물도 많고 / 땅 좋은 곳
　　　만주(滿洲) 봉천(奉天)은 못살 곳

왜 왔느냐 / 왜 왔느냐
자곡자곡이 피땀이라 / 고향 산천이 어디메냐

황해도 / 신재령 / 나무리벌
두 몸이 김매며 살았지요

올벼 논에 닿은 물은
출렁출렁 / 벼 자랐나
신재령에도 / 나무리벌　　　　　– 김소월, 〈나무리벌 노래〉

(나) 집도 많은 집도 많은 남대문 턱 움 속에서 두 손 오구려 혹 혹 입김 불며 이따금씩 쳐다보는 하늘이사 아마 하늘이기 혼자만 곱구나

거북네는 만주서 왔단다 두터운 얼음장과 거센 바람 속을 세월은 흘러 거북이는 만주서 나고 할배는 만주에 묻히고 세월이 무심찮아 봄을 본다고 쫓겨서 울면서 가던 길 돌아 왔단다

띠팡*을 떠날 때 강을 건널 때 조선으로 돌아가면 빼앗겼던 땅에서 농사지으며 가 갸 거 겨 배운다더니 조선으로 돌아와도 집도 고향도 없고

거북이는 배추 꼬리를 씹으며 달디달구나 배추 꼬리를 씹으며 꺼무테테한 아배의 얼굴을 바라보면서 배추 꼬리를 씹으며 거북이는 무엇을 생각하누

첫눈 이미 내리고 이윽고 새해가 온다는데 집도 많은 집도 많은 남대문 턱 움 속에서 이따끔씩 쳐다보는 하늘이사 아마 하늘이기 혼자만 곱구나　　　– 이용악, 〈하늘만 곱구나〉

* 띠팡: 지방(地方)을 뜻하는 중국어

A32

2016 대비/사관학교(A) 31

(가)와 (나)의 공통점으로 가장 적절한 것은?

① 반복을 통해 시적 정서를 강화하고 있다.
② 반어적 표현으로 풍자의 효과를 거두고 있다.
③ 과거 회상의 형식으로 반성적 태도를 보여 주고 있다.
④ 음성 상징어를 활용하여 역동적인 느낌을 연출하고 있다.
⑤ 특정 종결 어미를 구사하여 경건한 분위기를 조성하고 있다.

A33 ★ 1등급 킬러

〈보기〉를 참조하여 (가)와 (나)를 감상한 내용으로 적절하지 <u>않은</u> 것은?

─[보기]─

인간은 자신을 둘러싼 물리적 환경 즉 공간에 의미와 가치를 부여하여 '장소'로 만든다. 그에 따라 자연적 공간에는 친숙하고 안정적인 공간, 낯설고 위협적인 공간과 같은 이원적 가치가 부여된다. 인간은 또한 자아 동일성을 형성하는 장소에 본원적인 애착을 갖게 되는데, 이러한 '장소'를 상실하게 되면 자아는 삶의 기반이 와해되는 근본적 결핍을 겪게 되고 절망과 불행의 경로를 걷는 가운데 장소의 회복을 갈망하게 된다.

① (가)의 '나무리벌'은 그곳에 살았던 사람들의 자아 동일성을 형성시킨 공간이라 할 수 있다.

② (나)의 '강을 건널 때 조선으로 돌아가면'에는 상실한 '장소'의 회복에 대한 갈망과 함께 불행을 예감하는 심정이 내포되어 있다.

③ (가)의 '만주 봉천'과 (나)의 '만주'는 쫓겨 갔던 사람들에게는 낯설고 위협적인 공간에 해당한다.

④ (가)와 (나)에 등장하는 인물들은 본원적 애착을 가졌던 '장소'를 상실하고 삶의 기반이 와해되는 결핍을 겪었을 것이다.

⑤ (가)의 '자곡자곡이 피땀이라'와 (나)의 '두터운 얼음장과 거센 바람'은 친숙하고 안정적인 '장소'를 잃고 살아가는 절망적 삶을 상징적으로 나타낸다고 볼 수 있다.

A34

〈보기〉에 근거하여 (나)에 대해 이해한 내용으로 적절하지 <u>않은</u> 것은?

─[보기]─

이용악의 작품에 등장하는 화자는 이중적 역할을 한다. 화자는 대상과 관련된 사연을 전달하거나 기록하기도 하고, 그가 직접 등장인물이 되거나 등장인물의 내면과 소통을 시도하기도 한다. 이는 인물 혹은 대상과의 거리를 조정하는 방식으로 이루어지는데, 이러한 기법은 독자의 이목을 집중시키고 공감을 유도하는 효과를 발휘한다.

① 1연의 '(하늘이) 혼자만 곱구나'는 '거북이'의 발화로도 화자의 발화로도 볼 수 있다.

② 2연에서 화자는 '~ 왔단다'의 형식으로 '거북네'의 사연을 간접적으로 전달하고 있다.

③ 3연에서 화자는 '따팡'에서 '조선'으로 이어지는 '거북네'의 이동 경로를 '아배'의 시각에서 기록하고 있다.

④ 4연의 '달디달구나'는 '거북이'의 감각을 화자 자신이 느끼고 있음을 보여 준다.

⑤ 4연의 '거북이는 무엇을 생각하누'는 '거북이'의 내면과 소통을 시도하는 화자의 물음으로 볼 수 있다.

제한 시간 5분

[A35~37] 다음 글을 읽고 물음에 답하시오.

(가) 나이 든 남자가 혼자 밥을 먹을 때
　　울컥, 하고 올라오는 것이 있다.
　　큰 덩치로 분식집 메뉴표를 가리고서
　　등 돌리고 라면 발을 건져 올리고 있는 그에게,
　　양푼의 식은 밥을 놓고 동생과 눈 흘기며 숟갈 싸움하던
　　그 어린 것이 올라와, 갑자기 목메게 한 것이다.

　　몸에 한세상 떠 넣어 주는 / 먹는 일의 거룩함이여
　　이 세상 모든 찬밥에 붙은 더운 목숨이여
　　이 세상에서 혼자 밥 먹는 자들 / 풀어진 뒷머리를 보라
　　파고다 공원 뒤편 순댓집에서
　　국밥을 숟가락 가득 떠 넣으시는 노인의, 쩍 벌린 입이
　　나는 어찌 이리 눈물겨운가

　　　　　　　　　　　　　　　　　　　　　　─ 황지우, 〈거룩한 식사〉

(나) 내 유년 시절 바람이 문풍지를 더듬던 동지의 밤이면 어머니는 내 머리를 당신 무릎에 뉘고 무딘 칼 끝으로 시퍼런 무를 깎아 주시곤 하였다. 어머니 무서워요 저 울음소리, 어머니조차 무서워요. 애야, 그것은 네 속에서 울리는 소리란다. 네가 크면 너는 이 겨울을 그리워하기 위해 더 큰 소리로 울어야 한다. 자정 지나 앞마당에 은빛 금속처럼 서리가 깔릴 때까지 어머니는 마른 손으로 종잇장 같은 내 배를 자꾸만 쓸어 내렸다. 처마 밑 시래기 한 줌 부스러짐으로 천천히 등을 돌리던 바람의 한숨. 사위어 가는 호롱불 주위로 방 안 가득 풀풀 수십 장 입김이 날리던 밤, 그 작은 소년과 어머니는 지금 어디서 무엇을 할까?

　　　　　　　　　　　　　　　　　　　─ 기형도, 〈바람의 집 ─ 겨울 판화 1〉

A35
예상 문제

(가)와 (나)의 **공통점**으로 가장 적절한 것은?

① 과거 회상이 시적 발상의 출발점이 되고 있다.
② 시적 대상의 변화에 따라 시상이 전개되고 있다.
③ 화자와 청자가 시적 장면 속에 동시에 등장한다.
④ 화자는 현재를 과거보다 긍정적으로 평가하고 있다.
⑤ 비유와 서정적 묘사를 통해 회화적 이미지를 구축하고 있다.

A36
예상 문제

〈보기〉는 (나)의 **소통 구조**를 나타낸 것이다. 이와 관련한 설명으로 적절하지 **않은** 것은?

[보기]

바깥 이야기의 화자 | 시인	내부 이야기 나 ↔ 어머니	바깥 이야기의 청자 | 독자

① 바깥 이야기의 화자는 과거 시제로 이야기하고 있다.
② 내부 이야기의 화자는 현재 시제로 이야기하고 있다.
③ 내부 이야기 속에서 '나'와 어머니는 서로 대화를 나누고 있다.
④ 바깥 이야기의 화자는 묻는 형식으로 시상을 마무리하고 있다.
⑤ 바깥 이야기의 화자는 어린 시절의 공포에서 벗어나지 못했다.

A37
예상 문제

시적 대상에 대한 화자의 정서가 (가)와 가장 유사한 것은?

① 깊은 삼림 지대를 끼고 돌면 / 고요한 호수에 흰 물새가 날고 / 좁은 들길에 들장미 열매 붉어, / 멀리 노루새끼 마음 놓고 뛰어다니는 / 그 먼 나라를 알으십니까?
　　　　　　　　　　　　　　　– 신석정, 〈그 먼 나라를 알으십니까〉
② 붉은 해는 서산 마루에 걸리었다. / 사슴의 무리도 슬피 운다. / 떨어져 나가 앉은 산 위에서 / 나는 그대의 이름을 부르노라.
　　　　　　　　　　　　　　　– 김소월, 〈초혼〉
③ 밤에 홀로 유리를 닦는 것은 / 외로운 황홀한 심사이어니 / 고운 폐혈관이 찢어진 채로 / 아아, 늬는 산새처럼 날러 갔구나!
　　　　　　　　　　　　　　　– 정지용, 〈유리창〉

④ 빚으로도 못 갚는 땟국물 같은 어린 것들이 / 방 안에 제멋대로 뒹굴어져 자는데, / 보는 이 없는 것, / 알아 주는 이 없는 것, / 이마 위에 이고 온 / 별빛을 풀어 놓는다.
　　　　　　　　　　　　　　　– 김종삼, 〈어떤 귀로〉
⑤ 험한 벼랑을 굽이굽이 돌아간 / 백무선 철길 위에 / 느릿느릿 밤새워 달리는 / 화물차의 검은 지붕에 // 연달린 산과 산 사이 / 너를 남기고 온 / 작은 마을에도 복된 눈이 내리는가
　　　　　　　　　　　　　　　– 이용악, 〈그리움〉

제한 시간 4분

[A38~40] 다음 글을 읽고 물음에 답하시오.

(가) 향(香)아 너의 고운 얼굴 조석으로 우물가에 비최이던 오래지 않은 옛날로 가자

수수럭거리는 수수밭 사이 걸찍스런 웃음들 들려 나오며 호미와 바구니를 든 환한 얼굴 그림처럼 나타나던 석양(夕陽)……

구슬처럼 흘러가는 냇물가 맨발을 담그고 늘어앉아 **빨래**들을 두드리던 전설(傳說)같은 풍속으로 돌아가자

눈동자를 보아라 향아 회올리는 무지개빛 허울의 눈부심에 넋 빼앗기지 말고 / 철따라 푸짐히 두레를 먹던 정자나무 마을로 돌아가자 미끈덩한 기생충의 생리와 허식에 인이 배기기 전으로 눈빛 아침처럼 빛나던 우리들의 고향 병들지 않은 젊음으로 찾아가자꾸나

향아 허물어질까 두렵노라 얼굴 생김새 맞지 않는 발돋움의 흉내랑 그만 내자
들국화처럼 소박한 목숨을 가꾸기 위하여 맨발을 벗고 콩바심하던 차라리 그 미개지(未開地)에로 가자 달이 뜨는 명절밤 비단치마를 나부끼며 떼지어 춤추던 전설 같은 풍속으로 돌아가자 냇물 굽이치는 싱싱한 마음밭으로 돌아가자.
　　　　　　　　　　　　　　　– 신동엽, 〈향아〉

(나) 굳어지기 전까지 저 **딱딱한** 것들은 **물결**이었다
　파도와 해일이 쉬고 있는 바닷속
　지느러미의 물결 사이에 끼어
　유유히 흘러 다니던 무수한 갈래의 길이었다
　그물이 물결 속에서 멸치들을 떼어 냈던 것이다

햇빛의 꼿꼿한 직선들 틈에 끼이자마자
부드러운 물결은 팔딱거리다 길을 잃었을 것이다
바람과 햇볕이 달라붙어 물기를 빨아들이는 동안
바다의 무늬는 **뼈다귀**처럼 남아
멸치의 등과 지느러미 위에서 딱딱하게 굳어갔던 것이다
모래 더미처럼 길거리에 쌓이고
건어물집의 푸석한 공기에 풀리다가
기름에 튀겨지고 접시에 담겨졌던 것이다
지금 젓가락 끝에 깍두기처럼 딱딱하게 집히는 이 멸치에는
두껍고 **뻣뻣한** 공기를 뚫고 흘러가는
바다가 있다 그 바다에는 아직도
지느러미가 있고 지느러미를 흔드는 물결이 있다
이 작은 물결이
지금도 멸치의 몸통을 뒤틀고 있는 **이 작은 무늬가**
파도를 만들고 해일을 부르고
고깃배를 부수고 그물을 찢었던 것이다

– 김기택, 〈멸치〉

① 고운 얼굴 조석으로 비최이던 우물가
② 걸쩍스런 웃음들 들려나오던 수수럭거리던 수수밭
③ 푸짐히 두레를 먹던 정자나무 마을
④ 얼굴 생김새 맞지 않는 발돋움의 흉내
⑤ 비단치마 나부끼며 떼 지어 춤추던 전설 같은 풍속

A40

(나)의 시구에 대한 설명으로 적절하지 **않은** 것은?

① '딱딱하'게 '굳어지기 전까지'의 '물결'은 멸치의 원시적 생명력을 의미한다고 할 수 있다.
② '그물'과 '햇빛의 꼿꼿한 직선들'은 멸치의 생명력을 앗아 가는 세계의 폭력성을 상징한다고 할 수 있다.
③ '뼈다귀'와 '모래 더미'는 생명력을 잃은 멸치의 모습을 비유적으로 표현한 것으로 볼 수 있다.
④ '이 작은 무늬'는 멸치가 생명력을 자각하는 계기로 작용하고 있다고 볼 수 있다.
⑤ '고깃배를 부수고 그물을 찢'는다고 한 것은 멸치의 생명력을 환기한다고 할 수 있다.

A38

(가)와 (나)의 공통점으로 가장 적절한 것은?

① 공간 이동에 따른 정서의 변화를 나타내고 있다.
② 특정한 종결 표현으로 시적 의미를 부각하고 있다.
③ 설의적 표현으로 화자의 심정을 효과적으로 전달하고 있다.
④ 대구의 방식을 규칙적으로 활용하여 리듬감을 부여하고 있다.
⑤ 대상에게 말을 건네는 어투를 통해 정서적 교감을 드러내고 있다.

A39

(가)에서 〈보기〉의 밑줄 친 부분에 해당하는 예로 들기에 적절하지 **않은** 것은?

[보기]

이 푸 투안은 공간 조직의 근본 원리는 인간의 신체, 인간들 사이의 관계에서 찾아야 한다고 보았다. 공간 체험은 신체를 통해서 가능하며, 그 공간에서 활동하는 인간들 사이의 관계를 통해서 문화적 의미가 획득되기 때문이다. 이는 시적 공간의 구성 원리에도 적용할 수 있어서 (가)의 경우 신체 또는 인간들의 관계와 결합된 인간의 표상들은, '우리들의 고향'의 의미를 총체적으로 구성하고 있다.

제한 시간 4분
[A41~43] 다음 글을 읽고 물음에 답하시오.

(가) 비인 방에 호올로
　　대낮에 체경(體鏡)을 대하여 앉다.

　　슬픈 도시엔 일몰(日沒)이 오고
　　시계점 지붕 위에 청동(靑銅)비둘기
　　바람이 부는 날은 구구 울었다.

　　늘어선 고층 위에 서걱이는 갈대밭
　　열없는 표목(標木) 되어 조으는 가등(街燈)
　　소리도 없이 모색(暮色)에 젖어

　　엷은 베옷에 바람이 차다.
　　마음 한구석에 벌레가 운다.

　　ⓐ 황혼을 쫓아 네거리에 달음질치다.
　　모자도 없이 광장(廣場)에 서다.

– 김광균, 〈광장〉

(나) 내 골방의 커튼을 걷고

　　정성된 마음으로 ⓑ 황혼을 맞아들이노니

　　바다의 흰 갈매기들같이도

　　인간은 얼마나 외로운 것이냐.

　　황혼아 네 부드러운 손을 힘껏 내밀라.

　　내 뜨거운 입술에 맘대로 맞추어 보련다.

　　그리고 네 품안에 안긴 모든 것에게

　　나의 입술을 보내게 해 다오.

　　저 십이(十二) 성좌(星座)의 반짝이는 별들에게도,

　　종 소리 저문 삼림(森林) 속 그윽한 수녀(修女)들에게도,

　　시멘트 장판 위 그 많은 수인(囚人)들에게도,

　　의지가지없는 그들의 심장이 얼마나 떨고 있는가.

　　고비 사막을 걸어가는 낙타 탄 행상대(行商隊)에게나,

　　아프리카 녹음(綠陰) 속 활 쏘는 토인(土人)들에게라도,

　　황혼아, 네 부드러운 품안에 안기는 동안이라도

　　지구의 반쪽만을 나의 타는 입술에 맡겨 다오.

　　내 오월의 골방이 아늑도 하니

　　황혼아, 내일도 또 저 푸른 커튼을 걷게 하겠지.

　　암암(暗暗)히 사라지는 시냇물 소리 같아서

　　한번 식어지면 다시는 돌아올 줄 모르나 보다.

　　　　　　　　　　　　　　　　　　　　　　　– 이육사, 〈황혼〉

A41

(가)와 (나)의 공통점으로 가장 적절한 것은?

① 시간적 배경이 화자의 정서를 강화하고 있다.
② 토속적 어휘를 사용함으로써 사실감을 더하고 있다.
③ 청자에게 말을 거는 방식으로 생동감을 살리고 있다.
④ 상상 속의 소재를 열거함으로써 신비감을 더하고 있다.
⑤ 공감각적 심상을 통해 대상을 효과적으로 표현하고 있다.

A42

ⓐ와 ⓑ에 대한 설명으로 가장 적절한 것은?

① ⓐ와 ⓑ는 모두 화자가 지향하는 이상적인 상황을 상징한다.
② ⓐ와 ⓑ는 모두 화자가 자아 성찰을 할 수 있는 매개체의 역할을 한다.
③ ⓐ는 화자의 방황을 유발하고 있고, ⓑ는 현실의 모순을 심화하는 역할을 한다.
④ ⓐ가 화자의 불안감을 극대화한다면, ⓑ는 화자에게 따뜻함을 주는 긍정적인 역할을 한다.
⑤ ⓐ는 화자로 하여금 삶의 허무함을 깨닫게 해 주고, ⓑ는 화자에게 새로운 삶에 대한 욕구를 키워 준다.

A43

〈보기〉를 바탕으로 (나)를 감상한 내용으로 적절하지 않은 것은?

[보기]

　〈황혼〉은 전체 내용으로 보면 범세계적인 인간애를 보여 주고 있는데, 그 안에는 일제 강점기에 수난을 당하고 있는 우리 민족에 대한 연민 또한 담겨 있다. 즉 이육사는 한국인으로서 그리고 한 인간으로서 이 현실을 살아간다는 것이 골방 속에 유폐되어 있는 것이라는 사실을 명확히 인식하고, 축소된 내부에서 확대된 외부 공간을 끊임없이 추적하고 있다. 그리고 그 추적은 모든 타자들의 외로움과 그들에 대한 애정으로 이어진다. 결국 이육사는 밝은 봄날의 하늘과 땅을 마음껏 누리며 사는 삶의 회복을 위한 행동 의지를 이 시를 통해 보여 주고 있는 것이다.

① '내 골방의 커튼을 걷'는 행위는 외부와 단절된 공간을 개방함으로써 일제 치하라는 답답한 현실로부터 벗어나려는 의도로 볼 수 있어.
② '내 뜨거운 입술'은 소외된 모든 존재들에 대한 작가의 애정을 비유적으로 표현한 것이라고 할 수 있어.
③ '시멘트 장판 위 그 많은 수인(囚人)'은 일제에 의해 억압받는 우리 민족의 모습을 형상화한 것으로 볼 수 있어.
④ '내일도 또 저 푸른 커튼을 걷게 하겠지.'는 자유로운 삶을 회복하고자 하는 작가의 소망을 드러낸 것이라고 할 수 있어.
⑤ '암암(暗暗)히 사라지는 시냇물 소리'는 작가를 억압하는 어두운 현실이 개선될 것이라는 믿음을 청각적으로 표현한 것이라고 할 수 있어.

28　자이스토리 고난도 국어 문학　　　❖ 정답 및 해설 40～42p

B 고전 시가 고난도 1등급 문제 FOR THE FIRST CLASS LEVEL

제한 시간 4분

[B01~03] 다음 글을 읽고 물음에 답하시오.

(가) 옥천산(玉泉山) 용천산(龍泉山) 느린 물히

　　정자(亭子) 압 너븐 들히 올올(兀兀)히 펴진 드시

　　넙써든 기노라 프러거든 희지 마니

　　쌍룡(雙龍)이 뒤트는 듯 긴 깁을 치펏는 듯

　　어드러로 가노라 므슴 일 비얏바

　　닷는 듯 쏘로는 듯 밤낫즈로 흐르는 듯

　　므조친 사정(沙汀)은 눈ᄀᆞ치 펴졋거든

　　어즈러운 기러기는 므스거슬 어르노라

　　안즈락 ᄂᆞ리락 모드락 흣트락

　　노화(蘆花)을 ᄉᆞ이 두고 우러곰 좃니는뇨

　　너븐 길 밧기요 진 하늘 아리

　　드르고 소존 거슨 모힌가 병풍(屏風)인가 그림가 아닌가

　　　　　　　　(중략)

　　남녀(藍輿)를 비야 ᄐᆞ고 솔 아리 구븐 길노 오며 가며 ᄒᆞ

는 적의

　　녹양(綠楊)의 우는 **황앵(黃鶯) 교태(嬌態) 겨워** ᄒᆞ는괴야

　　나모 새 ᄌᆞᄌᆞ지어 수음(樹陰)이 얼린 적의

　　백척(百尺) 난간(欄干)의 긴 **조으름** 내여 펴니

　　수면(水面) **양풍(凉風)**이야 긋칠 줄 모르는가

[A]　　즌서리 쌔진 후의 산빗치 금슈로다

　　황운(黃雲)은 또 엇지 만경(萬頃)의 편거기요

　　어적(漁笛)도 흥을 계워 **둘**를 ᄯᆞ라 브니는다

　　초목(草木) 다 진 후의 강산(江山)이 미몰커늘

　　조물(造物)리 헌ᄉᆞᄒᆞ야 빙설(氷雪)노 ᄭᅮ며 내니

　　경궁요대(瓊宮瑤臺)와 옥해은산(玉海銀山)이 안저(眼底)

에 버러세라

　　건곤(乾坤)도 가음열샤 간 대마다 경이로다

　　인간(人間)을 써나 와도 내 몸이 겨를 업다

　　니것도 보려ᄒᆞ고 져것도 드르려코

　　ᄇᆞ람도 혀려ᄒᆞ고 둘도 마즈려코

　　봄으란 언제 줍고 고기란 언제 낙고

　　시비(柴扉)란 뉘 다드며 딘 곳츠란 뉘 쓸려료

　　아츰이 낫브거니 나조ᄒᆡ라 슬흘소냐

　　오늘리 부족(不足)거니 내일리라 유여(有餘)ᄒᆞ랴

이 뫼ᄒᆡ 안ᄌᆞ 보고 져 뫼ᄒᆡ 거러 보니

번로(煩勞)ᄒᆞᆫ ᄆᆞᄋᆞᆷ의 ᄇᆞ릴 일리 아조 업다

쉴 ᄉᆞ이 업거든 길히나 젼ᄒᆞ리야

다만 ᄒᆞᆫ 청려장(靑黎杖)이 다 뫼 되여 가노ᄆᆡ라

술리 닉어가니 벗시라 업슬소냐

블닉며 ᄐᆞ이며 혀이며 이아며

온가짓 소ᄅᆡ로 취흥(醉興)을 비야거니

근심이라 이시며 시름이라 브터시랴

누으락 안즈락 구부락 져츠락

을프락 ᄑᆞ람ᄒᆞ락 노혜로 소긔니

천지(天地)도 넙고 넙고 일월(日月)도 한가ᄒᆞ다

희황(羲皇)을 모을너니 니 적이야 긔로괴야

신선(神仙)이 엇더틴지 이 몸이야 긔로고야

강산풍월(江山風月) 거늘리고 내 백년(百年)을 다 누리면

악양루상(岳陽樓上)의 이태백(李太白)이 사라 오다

호탕정회(浩蕩情懷)야 이예셔 더ᄒᆞᆯ소냐

이 몸이 이렁굼도 역군은(亦君恩)이샷다

　　　　　　　　　　　－ 송순, 〈면앙정가(俛仰亭歌)〉

(나) 찬연한 봉(鳳)새 날며 옥룡(玉龍)이 서린 듯한 산세(山

　勢), 푸른 빛 송림(松林) 자락

　　지필봉(紙筆峯)과 연묵지(硯墨池)를 갖춘 향교(鄕校)에서

　　마음은 육경(六經)에, 의지는 천고(千古) 궁구(窮究)에 둔

공자 제자들

　　아! 봄철의 암송(暗誦), 여름의 농현(弄絃)*하는 경(景),

그것이 어떠하겠습니까?

　　해마다 삼월이면 먼 노정(路程)을 오신

　　아! 신관(新官)을 큰 소리로 맞는 경(景), 그것이 어떠하

겠습니까?　　　　　　　　　　　　　　〈3수〉

　　붉은 살구꽃 분분(紛紛)하고 **방초(芳草)**는 무성한데 술동

이 앞에서의 긴 봄날과

　　짙게 푸른 나무 그늘 속 깊이 잠긴 단청(丹靑) 집, **거문고**

위로 여름 **훈풍(薰風)**이 불고

　　황국(黃菊)과 단풍이 비단에 수 놓을 제 기러기 날아간

뒤에

아! 눈[雪]에 달빛이 비치는 경(景), 그것이 어떠하겠습니까?
중흥(中興)한 성대(聖代)에 길이 대평(大平)을 즐기니
아! 사계절 놀고 지냅시다 그려.   〈5수〉

                                     – 안축, 〈죽계별곡(竹溪別曲)〉

* 농현(弄絃): 거문고나 가야금 등의 현악기를 연주함.

___

B01

(가)와 (나)에 대한 설명으로 적절하지 <u>않은</u> 것은?

① (가)는 인간의 다채로운 움직임을 열거하여 화자의 심리를 드러내고 있다.

② (가)는 (나)와 달리 대상과의 비교를 통해 삶에 대한 만족감을 드러내고 있다.

③ (가)는 (나)와 달리 학문과 연관된 사물을 제시하여 장소의 성격을 드러내고 있다.

④ (나)는 (가)와 달리 청유형 어미를 활용하여 풍류를 즐길 것을 권유하고 있다.

⑤ (가)와 (나) 모두 비유적 표현을 활용하여 대상에 역동성을 부여하고 있다.

B02

(가)의 [A]와 (나)의 〈5수〉에 대한 설명으로 적절하지 <u>않은</u> 것은?

① [A]의 '황앵 교태 겨워'는 자연물을 통해 화자의 정서를, 〈5수〉의 '기러기 날아간 뒤에'와 '눈에 달빛'은 계절의 변화를 드러내고 있다.

② [A]의 '나모'의 'ᄌᆞᄌᆞ진' 모습과 〈5수〉의 '방초'는 나무와 풀의 무성한 모습을 통해 여름을 시각적으로 드러내고 있다.

③ [A]의 '양풍'은 '조으름'과, 〈5수〉의 '훈풍'은 '거문고'와 어우러지며 여름날의 한가로운 정취를 드러내고 있다.

④ [A]의 '황운'은 가을의 들판을 나타내며, 〈5수〉의 '황국과 단풍이 비단에 수 놓을 제'는 가을 풍경의 아름다움을 나타내고 있다.

⑤ [A]에서는 '어적'과 '들'이 조응하는 장면을 통해 가을의 정취를, 〈5수〉에서는 '눈'과 '달빛'이 조응하는 장면을 통해 겨울의 정취를 드러내고 있다.

B03 ★ 1등급 킬러

〈보기〉를 참고하여 (가)를 감상한 것으로 적절하지 <u>않은</u> 것은?
[3점]

[보기]

송순은 '내 여기서 소요(逍遙)하고 면앙(俛仰)하며 여생을 보내게 되었으니 나의 소원이 이제야 이루어졌네.'라고 말했다. 여기서 면앙은 굽어보고[면(俛)], 올려다본다[앙(仰)]는 뜻으로 〈면앙정가〉에는 두 가지 측면에서의 면앙이 나타난다. 먼저 정자를 중심으로 넓은 들판과 강물을 면하고 하늘과 산을 앙하는 공간에 대한 면앙이 나타난다. 화자의 시선은 굽어보는 것에서 올려다보는 것으로 이동하여 자연의 모습을 포착하기도 한다. 한편 시간상의 면앙은 현재를 면하고 과거를 앙하는 것이다. 이를 통해 화자는 역사적 인물을 떠올리며 현재 자신의 삶에 대한 인식과 태도를 드러내기도 한다.

① '안즈락 ᄂᆞ리락'하는 '기러기'의 움직임을 바라보는 화자의 시선은 '면'과 '앙'을 통해 자연스럽게 이동하게 되는군.

② '므조친 사정'은 눈같이 펴진 공간에 대한 '면'이며 하늘에서 '쇼즌' 모습을 한 '모'는 '앙'으로, 정자에서 바라본 '면앙'의 경관을 조화롭게 드러내는군.

③ '일월도 한가ᄒᆞ다'는 시간상의 '면'을 통한 화자의 생각은 시간상의 '앙'을 거쳐 '니 적이야 긔로고야'라는 인식을 하게 되는군.

④ '인간을 써나'오기 전의 '겨를 업'음으로 인해 '청려장'이 '뫼 듸여'졌다는 화자의 인식은 시간상의 '면앙'을 통한 과거에 대한 그리움에서 비롯된 것이군.

⑤ 화자가 역사적 인물인 '이태백'을 떠올리고 '호탕정회야 이예서 더홀소냐'라며 삶의 즐거움을 드러내는 것은 시간상의 '면앙'에 의한 인식에서 비롯된 것이군.

[B04~08] 다음 글을 읽고 물음에 답하시오.

(가) 어름 우희 댓닙 자리 보와 님과 나와 어러 주글만뎡
　　어름 우희 댓닙 자리 보와 님과 나와 어러 주글만뎡
　　졍(情)둔 오ᄂᆞᆯ 밤 더듸 새오시라 더듸 새오시라

　　경경(耿耿) 고침샹(孤枕上)애 어느 ᄌᆞ미 오리오
　　셔창(西窓)을 여러ᄒᆞ니 도화(桃花) ㅣ 발(發)ᄒᆞ두다
　　도화ᄂᆞᆫ 시름업서 쇼츈풍(笑春風)ᄒᆞᄂᆞ다 쇼츈풍ᄒᆞᄂᆞ다

　　넉시라도 님을 ᄒᆞᄃᆡ 녀닛 경(景) 너기더니
　　넉시라도 님을 ᄒᆞᄃᆡ 녀닛 경(景) 너기더니
　　벼기더시니 뉘러시니잇가 뉘러시니잇가

　　올하 올하 아련 비올하
　　여흘란 어듸 두고 소해 자라 온다
　　소콧 얼면 여흘도 됴ᄒᆞ니 여흘도 됴ᄒᆞ니

　　남산(南山)애 자리 보와 옥산(玉山)을 벼여 누어
　　금슈산(錦繡山) 니블 안해 샤향(麝香) 각시를 아나 누어
　　남산애 자리 보와 옥산을 벼여 누어
　　금슈산 니블 안해 샤향 각시를 아나 누어
　　약(藥)든 ᄀᆞᄉᆞᆷ을 맛초ᅀᆞᆸ사이다 맛초ᅀᆞᆸ사이다

　　아소 님하 원ᄃᆡ평ᄉᆡᆼ(遠代平生)에 여힐ᄉᆞᆯ 모ᄅᆞᆸ새
　　　　　　　　　　　　　　　　　　－ 작자 미상, 〈만전춘별사〉

(나)┌ 이화우(梨花雨) 흣날릴 제 울며 잡고 이별한 님
　[A] 추풍낙엽(秋風落葉)에 저도 나를 생각는가
　　└ 천 리(千里)에 외로운 꿈만 오락가락 하괘라
　　　　　　　　　　　　　　　　　　－ 매창

　　┌ 뫼ㅅ버들 가려 겪어 보내노라 님의손대
　[B] 자시는 창 밖에 심어두고 보소서
　　└ 밤비에 새 잎 곧 나거든 나인가도 여기소서
　　　　　　　　　　　　　　　　　　－ 홍랑

(다) 인간 이별 만사 중에 독수공방(獨守空房)이 더욱 섧다
　　㉠상사불견(相思不見) 이내 진정(眞情)을 제 뉘라서 알리
　　매친 시름 이렁저렁이라 흐트러진 근심 다 후리쳐 던져 두고
　　자나 깨나 깨나 자나 임을 못 보니 가슴이 답답

어린 양자(樣姿)* 고운 소리 눈에 암암(黯黯) 귀에 쟁쟁(錚錚)
보고지고 임의 얼굴 듣고지고 임의 소리
비나이다 하느님께 임 생기라 비나이다
전생차생(前生此生) 무슨 죄로 우리 둘이 생겨나서
죽지 마자 하고 백년기약
만첩청산을 들어간들 어느 우리 낭군이 날 찾으리
㉡산은 첩첩하여 고개 되고 물은 충충 흘러 소(沼)가 된다
오동추야(梧桐秋夜) 밝은 달에 임 생각이 새로 난다
한번 이별하고 돌아가면 다시 오기 어려워라
㉢천금주옥(千金珠玉) 귀 밖이요 세사(世事) 일부(一富) 관계하랴
　　　　　　　　　　（중략）
일조(一朝) 낭군 이별 후에 소식조차 돈절(頓絕)하니
오늘이나 들어올까 내일이나 기별 올까
일월무정(日月無情) 절로 가니 옥안운빈공로(玉顔雲鬢空老)*로다.
이내 상사(相思) 알으시면 임도 나를 그리리라
㉣적적(寂寂) 심야(深夜) 혼자 앉아 다만 한숨 내 벗이라
일촌간장(一寸肝腸) 구비 썩어 피어나니 가슴 답답
㉤우는 눈물 받아내면 배도 타고 아니 가랴
피는 불이 일러나면 임의 옷에 당기리라
사랑겨워 울던 울음 생각하면 목이 멘다
　　　　　　　　　　　　　　　　　　－ 작자 미상, 〈상사별곡〉

＊ 양자: 앳된 얼굴
＊ 옥안운빈공로: 고운 얼굴과 머리숱 풍성하던 젊은 여인이 헛되이 늙음.

B04
2022 대비/경찰대 31

(가)~(다)의 공통점으로 적절하지 <u>않은</u> 것은?

① 임과의 이별 상황에서 임을 향한 애절한 목소리가 담겨 있다.
② 화자와 임 사이의 정서적 또는 물리적 거리감이 드러나 있다.
③ 임 소식이 없어 답답해하는 화자의 일방향적인 감정이 드러나 있다.
④ 상심에서 벗어나 사태를 객관적으로 파악하려는 화자의 태도가 나타나 있다.
⑤ 임에 대한 추억 또는 원망의 감정이 가장 고조되는 시간을 '밤'으로 설정하고 있다.

(가)~(다)의 표현상 특징으로 가장 적절한 것은?

① (가)의 '어러 주글만뎡'과 (나)의 '천 리(千里)'에는 과장적 표현을 반복하여 화자의 심정을 고조하고 있다.

② (가)의 '아련 비올하'와 (다)의 '픠는 불이 일러나면'은 풍자적 기법을 활용하여 교훈의 효과를 높이고 있다.

③ (나)의 '보내노라 님의손대'와 (다)의 '듣고지고 임의 소리'는 어순 도치를 통해 화자의 가치관을 강조하고 있다.

④ (나)의 '추풍낙엽'과 (다)의 '오동추야'는 시간과 자연물을 활용하여 화자의 심정을 드러내고 있다.

⑤ (나)의 '새 잎 곧 나거든'과 (다)의 '일촌간장 구비 썩어'는 과거와 현재를 대비하여 화자의 처지를 부각하고 있다.

(가)와 (나)를 이해한 것으로 적절하지 않은 것은?

① (가)의 2연에서 '도화'는 화자와 대비되어 화자의 마음을 아프게 하는 객관적 상관물이다.

② (가)의 3연에서 '넉시라도 님을 흔듸'는 이별 전에 임과 화자가 함께 약속한 것이다.

③ (가)의 5연에서 '옥산'과 '금슈산'은 임과의 만남을 기대하며 상상해 낸 공간이다.

④ (나)의 [A]에서 '외로운 꿈'과 '오락가락'은 임과의 재회가 어려울 것이라는 화자의 심리를 드러내고 있다.

⑤ (나)의 [B]에서 '픠ㅅ버들 가려 걲어'는 임에 대한 화자의 원망을 행동으로 보여 주고 있다.

(다)의 ㉠~㉤을 이해한 것으로 적절하지 않은 것은? [3점]

① ㉠: 작품 전체의 내용과 주제를 압축적으로 제시해 놓고 있다.

② ㉡: 산과 물의 속성을 활용해 화자의 고립감을 부각하고 있다.

③ ㉢: 화자가 임과 이별하게 된 이유를 간접적으로 드러내고 있다.

④ ㉣: '적적', '혼자'는 '한숨'의 의미와 이유를 강조하고 있다.

⑤ ㉤: 임을 향한 화자의 연정을 과장되게 나타내고 있다.

〈보기〉를 참고해 (가)의 형식상 특징을 설명한 것으로 적절하지 않은 것은?

[보기]

〈만전춘별사〉는 신라와 고려 시대 시가 갈래의 형식에 영향을 받아 만들어졌다고 보기도 한다. 기존 시가 갈래로는 분연체이면서 '위~경(景) 긔 엇더ㅎ니잇고'가 반복되는 경기체가, 감탄사나 3단 구성이 보이는 10구체 향가, 시조, 향가계 고려 속요, 그리고 분연체와 후렴구가 두드러진 고려 속요 등이 있다. 향가계 고려 속요에는 〈정과정〉과 〈도이장가〉 2편이 있는데, 이 중 '넉시라도 님은 흔듸 녀져라 아으' 표현으로 대표되는 〈정과정〉은 충신연주지사의 시초이다.

① 제2연과 제5연에는 시조의 4음보 율격이 드러나 있다.

② 제2연과, 반복되는 부분을 뺀 제5연은 시조의 3단 구성과 유사하다.

③ 제3연의 '넉시라도 님을 흔듸'는 향가계 고려 속요에도 등장한다.

④ 제3연에서 '녀닛 경(景) 너기더니'는 경기체가의 양식적 특징과 유사하다.

⑤ 제6연의 '아소 님하'는 고려 속요에서 연과 연 사이에 발견되는 후렴구이다.

제한 시간 6분

[B09~13] 다음 글을 읽고 물음에 답하시오.

ⓐ<u>인간 세상 사람들</u>아 이내 말씀 들어 보소
인간 만물 생긴 후에 금수 초목 짝이 있다
인간에 생긴 남자 부귀 자손 같건마는
이내 팔자 험궂을손 날 같은 이 또 있든가
백 년을 다 살아야 삼만 육천 날이로다
㉠<u>혼자 살면 천년 살며 정녀(貞女) 되면 만년 살까</u>
답답한 우리 부모 가난한 좀 양반이
㉡<u>양반인 체 도를 차려 처사가 불민(不敏)하여</u>
괴망을 일삼으며 다만 한 딸 늙어 간다
적막한 빈방 안에 적료하게 홀로 앉아
전전반측 잠 못 이뤄 혼자 사설 들어 보소
노망한 우리 부모 날 길러 무엇 하리
죽도록 날 길러서 잡아 쓸까 구워 쓸까
인황씨 적 생긴 남녀 복희씨 적 지은 가취(嫁娶)

인간 배필 혼취(婚娶)함은 예로부터 있건마는
ⓑ어떤 처녀 팔자 좋아 이십 전에 시집간다
남녀 자손 시집 장가 떳떳한 일이건만
이내 팔자 기험(奇險)하야 사십까지 처녀로다
이런 줄을 알았으면 처음 아니 나올 것을
월명 사창 긴긴 밤에 침불안석 잠 못 들어
적막한 빈방 안에 오락가락 다니면서
장래사 생각하니 더욱 답답 민망하다
ⓒ부친 하나 반편(半偏)이요 모친 하나 숙맥불변(菽麥不辨)
날이 새면 내일이요 세가 쇠면 내년이라
혼인 사설 전폐하고 가난 사설뿐이로다
어디서 손님 오면 행여나 중매신가
아이 불러 힐문한 즉 ⓓ풍헌(風憲) 약정(約正) 환자(還子) 재촉
어디서 편지 왔네 행여나 청혼선가
아이더러 물어보니 외삼촌의 부음이라
애고애고 설운지고 이내 간장 어이할꼬
앞집에 아모 아기 벌써 자손 보단 말가
ⓒ동편 집 용골녀는 금명간에 시집가네
그동안에 무정 세월 시집가서 풀련마는
친구 없고 혈족 없어 위로할 이 전혀 없고
우리 부모 무정하여 내 생각 전혀 없다
ⓜ부귀빈천 생각 말고 인물 풍채 마땅커든
처녀 사십 나이 적소 혼인 거동 차려 주오
ⓓ김동(金童)이도 상처(喪妻)하고 이동(李童)이도 기처(棄妻)로다
중매 할미 전혀 없네 날 찾을 이 어이 없노

[A]
┌ 감정 암소 살쪄 있고 봉사 전답 같건마는
│ 사족 가문 가리면서 이대도록 늙히노니
│ 연지분도 있건마는 성적 단장(成赤丹粧) 전폐하고
│ 감정 치마 흰 저고리 화경 거울 앞에 놓고
│ 원산 같은 푸른 눈썹 세류 같은 가는 허리
│ 아름답다 나의 자태 묘하도다 나의 거동
│ 흐르는 이 세월에 아까울손 나의 거동
│ 거울더러 하는 말이 어화 답답 내 팔자여
└ 갈데없다 나도 나도 쓸데없다 너도 너도
우리 부친 병조 판서 할아버지 호조 판서
우리 문벌 이러하니 풍속 좇기 어려워라
아연듯 춘절 되니 초목 군생 다 즐기네
두견화 만발하고 잔디 잎 속잎 난다

삭은 바자 쟁쟁하고 종달새 도루 뜬다
춘풍 야월 세우 시에 독수공방 어이할꼬
ⓔ원수의 아이들아 그런 말 하지 마라
앞집에는 신랑 오고 뒷집에는 신부 가네
내 귀에 듣는 바는 느낄 일도 하도 많다
녹양방초 저문 날에 해는 어이 수이 가노
초로 같은 우리 인생 표연히 늙어 가니
머리채는 옆에 끼고 다만 한숨뿐이로다
긴 밤에 짝이 없고 긴 날에 벗이 없다
앉았다가 누웠다가 다시금 생각하니
아마도 모진 목숨 죽지 못해 원수로다

– 작자 미상, 〈노처녀가〉

B09

2021 대비/경찰대 33

윗글에 대한 설명으로 가장 적절한 것은?

① 화자가 겪고 있는 문제적 상황을 반복적으로 제시하면서 한탄하고 있다.
② 시간의 흐름에 따라 달라지는 화자의 정서를 순차적으로 드러내고 있다.
③ 의지적 어조를 통해 미래의 상황에 대한 긍정적 전망을 강조하고 있다.
④ 상징적 시어를 활용하여 화자의 내면 심리를 추상적 대상으로 제시하고 있다.
⑤ 과거와 현재를 대비하면서 화자가 겪어 온 갈등의 양상을 상세화하고 있다.

B10

2021 대비/경찰대 34

ⓐ~ⓔ를 이해한 내용으로 가장 적절한 것은?

① ⓐ: 화자의 사연을 듣도록 설정된 청자로서 화자의 고민을 해결해 주는 존재이다.
② ⓑ: 화자가 선망하는 대상으로서 화자는 행복한 삶을 살게 된 그의 앞날을 축복하고 있다.
③ ⓒ: 화자와 아픔을 공유해 왔던 친구로서 화자는 자신을 버리고 떠난 친구를 비난하고 있다.
④ ⓓ: 화자가 자신의 배필이 될 수도 있다고 여기는 대상으로서 화자는 그를 긍정적으로 인식하고 있다.
⑤ ⓔ: 화자가 듣고 싶어 하지 않는 소식들을 전해 주는 존재로서 화자는 그들과의 화해를 시도하고 있다.

[A]에 대한 이해로 적절하지 <u>않은</u> 것은?

① 화자는 시간의 흐름을 안타까워하는 표현을 하고 있다.

② 화자는 시집을 가고 싶지만 상황이 여의치 않다고 판단하고 있다.

③ 화자는 단장할 도구는 지니고 있지만 시름에 싸여 있어서 단장을 하지는 않는다.

④ 화자는 '거울'에 비친 자신의 모습을 대구로 표현하면서 자부심을 느끼고 있다.

⑤ 화자는 사물에 인격을 부여하여 대화를 주고받음으로써 다소간 위안을 얻고 있다.

〈보기〉를 참고할 때, ㉠~㉤에 대한 설명으로 적절하지 <u>않은</u> 것은?

[보기]

〈노처녀가〉에 나타나는 갈등은 개인적 차원을 넘어 사회적 차원으로 확대될 수 있다. 〈노처녀가〉에는 부모의 절대적 권위에 대한 반발, 양반 계층의 허위의식에 대한 비판, 본성의 억제를 당연시하는 재래적 관념에 대한 거부, 개인의 행복보다 집단의 안위를 중시하는 폭압에 대한 저항 등이 발견된다.

① ㉠: 본성이 억제된 삶의 모습에 대한 부정적인 시각을 표출하고 있다.

② ㉡: 양반이라는 지위에 집착하여 상황을 제대로 파악하지 못하는 허위의식을 폭로하고 있다.

③ ㉢: 부친과 모친의 어리석음을 직접적인 어휘로 표출함으로써 부모의 절대적 권위에 반발하고 있다.

④ ㉣: 끊임없는 수탈을 고발함으로써 개인의 행복보다 집단의 안위를 앞세우는 폭압에 저항하고 있다.

⑤ ㉤: 집단의 요구를 따르는 것보다 개인의 행복을 추구하는 것이 더 중요하다는 가치 판단을 드러내고 있다.

〈보기〉의 설명을 바탕으로 [B]를 감상한 내용으로 적절하지 <u>않은</u> 것은? [3점]

[보기]

〈노처녀가〉의 이본은 단형과 장형의 두 계열로 나뉘는데, 윗글은 단형 계열의 작품이다. 장형은 전반적인 내용은 단형과 유사하지만 묘사가 더 자세하고 해학적인 측면이 강화되어 있다. 또한 인물의 적극적인 행동이 부각되며 화자의 처지에 대한 동정적 시선이 발견된다. 장형 계열의 종결부에서는 '노처녀'가 평소 연모해 왔던 '김 도령'과 가상으로 혼례를 치르는 장면 등이 다음과 같이 제시된다.

[B]

남이 알까 부끄러우나 안 슬픈 일 하여 보자
홍두깨에 자를 매어 갓 씌우고 옷 입히니
사람 모양 거의 같다 쓰다듬어 세워 놓고
새 저고리 긴 치마를 호기 있게 떨쳐 입고
머리 위에 팔을 들어 제법으로 절을 하니
눈물이 종행하여 입은 치마 다 적시고
한숨이 복발(復發)하여 곡성이 날 듯하다
마음을 강잉(强仍)하여 가만히 헤아려 보니
가련하고 불쌍하다 이런 모양 이 거동을
신령은 알 것이니 지성이면 감천이라
부모들도 의논하고 동생들도 의논하여
김 도령과 의혼(議婚)하니 첫마디에 되는구나
혼인 택일 가까우니 엉덩춤이 절로 난다

① [B]에서 화자가 가상으로 혼례를 치른 것은 자신의 적극적 행동을 스스로 자랑스럽게 여겼기 때문이겠군.

② [B]에서 '김 도령'과의 혼사가 결정된 결말을 설정한 것으로 보아 화자의 처지에 대한 동정적 시선을 확인할 수 있겠군.

③ [B]에서 '홍두깨'를 '김 도령'처럼 꾸미는 장면을 설정한 것은 해학적인 측면이 강화된 장형 계열의 특성과 연관되겠군.

④ [B]에 윗글에는 없는 장면이 포함된 것을 보면 작품이 장형화된 이유 중 하나로 새로운 내용의 삽입을 들 수 있겠군.

⑤ [B]에서 혼례를 치르기 위해 준비한 의복과 혼례의 상황까지 제시된 것은 장형 계열에 나타나는 구체적 묘사를 보여 주는 사례이겠군.

[B14~16] 다음 글을 읽고 물음에 답하시오.

(가) 삭풍(朔風)이 되오 브러 대해(大海)를 흔들티니

　　㉠일엽편주(一葉片舟)로 갈 길히 아득ᄒ다

　　두어라 이 ᄇᆡ 흔번 기운 휘면 브릴 곧이 업스리라

　　　　　　　　　　　　　　　　　　　　　　－ 이시, 〈조주후풍가(操舟候風歌)〉

(나) 셕벽(石壁)은 참텬(參天)*ᄒ고 인역(人跡)이 긋첫ᄂᆞ듸

　　동쳥수(冬靑樹) 넛가지예 **촉빅셩(蜀魄聲)***은 므스 일고

　　창오산(蒼梧山) 졈은 구름 갈 길도 깁흘시고

　　동강(東江)을 건너리라 믈ᄀᆞ의 ᄂᆞ려오니

　　샤공(沙工)은 어ᄃᆡ 가고 ㉡뷘 빅만 걸렷ᄂᆞ니

　　사앗대* 손조 잡아 거스러 올라가니

　　금강졍(錦江亭)* 블근 난간(欄干) 표묘(縹渺)히* 내돗거늘

　　져근덧 올라안자 머리를 드러ᄒ니

　　봉ᄂᆡ산(蓬萊山) 제일봉(第一峯)의 치운(彩雲)이 어릭ᄂᆞ듸

　　션옹(仙翁)을 마조 보아 므스 일 뭇ᄌᆞ올 듯

　　머흔 내 스므구비 건너고 곳여 건너

　　청산은 은은ᄒ고 벽계슈(碧溪水) 둘럿ᄂᆞ듸

　　운ᄂᆡ촌(雲離村) **뫼밋 ᄆᆞ을** 일홈도 묘흘시고

　　산가(山家)의 손이 업서 개와 ᄃᆞᆰ 쑨이로라

　　귀오리 데친 밥의 **풋ᄂᆞ믈** 슬마 내여

　　포단(蒲團)* 펴 안쳐 노코 **습토록 권(勸)**ᄒᆞᆫ다

　　어와 이 빅셩(百姓)들 긔특(奇特)도 흐져이고

　　십니(十里) 쟝곡(長谷)*의 졀벽(絕壁)은 됴커니와

　　서ᄃᆞᆰ길* 머흔 곳의 냥협(兩峽)*이 다ᄒ시니

　　머리 우 조각 하늘 뵈락말락 ᄒᄂᆞ고야

　　밀거니 ᄃᆞ릐거니 곳드르며* 나간말이

　　별이(別異)실 외쫀 ᄆᆞ을 희ᄂᆞ 어이 쉬 넘거니

　　봉당(封堂)의 자리 보아 더새고* 가쟈스라

　　밤듕(中)만 사립 밧긔 긴 ᄇᆞ람 니러나며

　　삿기곰 큰 호랑(虎狼)이 목 ᄀᆞ라 우ᄂᆞᆫ 소릐

　　산ᄭᅵᆯ의 울혀 이셔 긔염(氣焰)*도 흘난흘샤

　　칼쎄여 겻희 노코 이 밤을 계유 새와

　　압내희 빠딘 오슬 쥡짜셔* 손의 쥐고

　　긴 별로(別路) 도로 ᄃᆞ라 벌쌀*의 쬐야 닙고

　　진(秦)적의 숨은 빅셩(百姓) 이제와 보게 되면

　　도원(桃園)이 여긔도곤 낫닷말 못ᄒ려니

　　　　　　　　　　　　　　　　　　　　　　－ 권섭, 〈영삼별곡(寧三別曲)〉

* 참텬: 하늘을 찌를 듯이 공중으로 높이 솟음.
* 촉빅셩: 소쩍새 소리

* 사앗대: 상앗대, 배질을 할 때 쓰는 긴 막대
* 금강졍(錦江亭): 영월 소재 정자. 세종대에 영월 군수 김복항(金復恒)이 세웠음. 동강(東江) 높은 절벽 위에 세워져서 경계가 절묘함.
* 표묘히: 끝없이 넓거나 멀어서 있는지 없는지 알 수 없을 만큼 어렴풋하게
* 포단: 부들풀로 만든 둥근 방석
* 쟝곡: 깊고 긴 산골짜기
* 서ᄃᆞᆰ길: 계단길
* 냥협: 양 편의 두 골짜기
* 곳드르며: 꽃 냄새를 맡으며
* 더새고: 더 밤을 지내고
* 긔염: 대단한 기세
* 쥡짜셔: 쥐어 짜서
* 벌쌀: 등잔불이나 촛불에서 심지 옆으로 뻗치어 퍼지는 불

B14　　　　　　　　　　　　　　　예상 문제

(가)와 (나)에 대한 설명으로 가장 적절한 것은?

① (가)와 (나)의 화자는 자신의 정서를 자연물에 이입하여 임에 대한 그리움을 드러내고 있다.

② (가)와 (나)는 청유형 어미를 활용하여 교훈적 주제를 전달하고 있다.

③ (가)와 (나)는 감탄사를 사용하여 화자의 심리를 직접적으로 표출하고 있다.

④ (가)와 달리 (나)는 시간의 흐름에 따라 화자의 내적 갈등이 심화되고 있다.

⑤ (나)와 달리 (가)는 앞으로 예상되는 상황을 가정하여 화자의 위기의식을 나타내고 있다.

B15　　　　　　　　　　　　　　　예상 문제

㉠과 ㉡에 대한 설명으로 가장 적절한 것은?

① ㉠은 ㉡과 달리 화자가 긍정적 가치를 부여하는 대상이다.

② ㉡은 ㉠과 달리 외부의 조건에 의해 시련을 겪게 된 화자의 처지를 보여 준다.

③ ㉠은 화자의 기대감이 반영된 대상인 반면, ㉡은 화자의 실망감이 반영된 대상이다.

④ ㉠은 화자가 우려하는 대상인 반면, ㉡은 화자의 능동적 태도를 이끌어 낸 대상이다.

⑤ ㉠과 ㉡은 화자가 지향하는 초월적 세계로의 이동을 가능하게 하는 수단이다.

✦ 정답 및 해설 55~60p

〈보기〉를 바탕으로 (나)를 감상한 것으로 적절하지 않은 것은?

[보기]

　권섭은 명문가의 아들로 태어났으나 14세 때 아버지를 여읜 이후 벼슬길에 나아가지 않고 탐승(探勝) 여행으로 일생을 보냈다. 그는 산사 승려의 초청을 받아 길을 떠나 영월에서 삼척에 이르는 여정 중에 보고 겪은 각종 산촌 풍경을 〈영삼별곡〉이라는 기행 가사로 표현하였다. 그는 아름다운 자연의 절경을 본 감흥과 여정 중에 방문한 산 중의 민가에서 자신이 받은 대접을 구체적으로 언급하여 사실성을 부각하였다. 이와 같이 권섭이 관직을 등진 채로 자연을 탐승하며 지낸 것은 속세를 멀리하고 자연을 이상적 공간으로 여기던 그의 가치관이 반영된 것이라고 볼 수 있다.

① '동쳥수'의 '쵹빅셩', '창오산'의 '구름'은 시선 이동에 따라 화자가 보고 겪은 바의 일부겠군.

② '봉닋산'에 올라 자연의 절경을 둘러보며 화자는 자신의 처지를 '션옹'과 비교하고 있군.

③ '귀오리 데친 밥'과 '풋ㄴ믈'을 화자에게 대접하는 '산가'의 모습은 백성들의 소박한 삶을 사실적으로 드러낸 것이군.

④ '포단'을 펴서 앉히고 '슬토록 권ᄒ'는 백성들의 대접을 구체적으로 서술하며 화자는 이에 대한 만족감을 나타내고 있군.

⑤ 산중 '뫼밋ᄆ을'을 '도원'과 비교함으로써 화자는 자신이 머무는 공간을 이상적인 공간으로 인식함을 드러내고 있군.

[B17~19] 다음 글을 읽고 물음에 답하시오.

ㄱ 가슴이 터져오니 터지거든 구멍 뚫어
고미장자 세살장자 완자창을 갖춰 내어
이 설움 답답할 제 여닫아나 보고지고
ㄴ 어화 어찌하리 설마한들 어이하리
세상 귀양 나뿐이며 인간 이별 나 혼자랴
소무의 북해 고생 돌아올 때 있었으니
내 홀로 이 고생이 귀불귀 설마 하랴
무슨 일 마음 붙여 시름을 잊으리라
작은 낫 손에 쥐고 뒷동산에 올라가니
풍상이 섞어 치니 만물이 소슬하다

천고절 **푸른 대**는 봄빛이 혼자로다
곧은 대 빼쳐 내어 가지 쳐 다듬으니
발 가옷 낚싯대는 좋은 품 되겠구나
청올치 가는 줄에 낚시 매어 둘러메고
이웃집 아이들아 오늘이 날이 좋다
샛바람 아니 불고 물결이 고요하니
고기가 물릴 때라 낚시질 함께 가자
사립을 젖혀 쓰고 망혜를 조여 신고
조대로 내려가니 대 바람 한가하다
ㄷ 원근산천에 홍일이 띠었으니
만경창파는 모두 다 금빛이라
낚시를 드리우고 무심히 앉았으니
은린옥척이 절로 무는구나
구태여 내 마음이 **취어가 아니로다 의취를 취함이라**
낚대를 떨쳐 드니 사면에 잠든 백구
내 낚대 그림자에 저 잡을 날만 여겨
다 놀라 날겠구나 **백구**야 날지 마라
성상이 버리시니 너를 좇아 예 왔노라
네 본디 영물이라 내 마음 모르는가
ㄹ 평생에 곱던 님을 천리에 이별하고
사랑은커니와 그리움을 견딜손가
ㅁ 수심이 첩첩하니 내 마음 둘 데 없어
흥 없는 일간죽을 일없이 들었으니
고기도 불관커든 하물며 너 잡으랴
그래도 못 믿거든 너 가진 긴 부리로
내 가슴 쪼아 헤쳐 흉중의 붉은 마음
쾌히 내어 볼 양이면 네가 응당 알리로다

– 안조원, 〈만언사〉

윗글에 대한 설명으로 가장 적절한 것은?

① 상황을 열거하여 특정 가치관을 강조하고 있다.

② 공간의 이동에 따른 시상의 전개가 나타나고 있다.

③ 과거에 대한 회상을 통해 성찰적 태도를 드러내고 있다.

④ 현재 고난의 원인이 되는 사건을 구체적으로 제시하고 있다.

⑤ 자연과 인간의 변화상을 묘사하여 세월의 흐름을 표현하고 있다.

B18

㉠~㉤에 대한 이해로 가장 적절한 것은?

① ㉠: '창'의 속성에 기대어 답답함을 해소하고 싶은 심정을 나타내고 있다.

② ㉡: 비교의 방식을 사용하여 자신이 처한 상황의 특수성을 부각하고 있다.

③ ㉢: 근경과 원경의 대조를 통해 자연의 풍광을 제시하고 있다.

④ ㉣: 이별로 인한 슬픔과 그리움을 점층적으로 표현하고 있다.

⑤ ㉤: 유사한 통사 구조를 되풀이하여 대상에 대한 부정적 인식을 강조하고 있다.

B19

〈보기〉를 바탕으로 윗글을 이해한 내용으로 적절하지 않은 것은?

───── [보기] ─────

〈만언사〉는 당대에 잘 알려진 상투적인 구절들을 가져와 불특정 다수 대중의 흥미와 관심에 따라 새롭게 재창조한 결과로 볼 수 있다. 이 작품은 아래와 같은 텍스트 구성 방식을 사용하였는데, 이는 화자의 상황과 정서를 효과적으로 전달하여 쉽고 재미있게 읽히고자 하였던 의도에 부합하는 것으로 볼 수 있다.

┌─────────────────────────┐
│ 〈만언사〉의 텍스트 구성 방식 │
│ ⓐ 익숙한 표현의 제시: '풍상이 섞어 치니 만물이 소 │
│   슬하다', '이웃집 아이들아' 등 │
│ ⓑ 관습적 의미를 지닌 소재 사용: '백구', '푸른 대', │
│   '낚시' 등 │
│ ⓒ 대중적 고사 제시: 소무의 북해 고생 │
│   – 북쪽 흉노 땅에 사신으로 간 한나라의 소무가 │
│   억류되어 19년 동안 고생했던 일 │
└─────────────────────────┘

① '소무의 북해 고생'과 같은 대중적 고사를 사용하여, 화자의 상황을 드러내면서 스스로를 위로하는 마음을 효과적으로 표현하고 있다.

② '풍상이 섞어 치니 만물이 소슬하다'는 계절적 배경의 표현을 위해 흔히 사용되었던 표현으로, 이는 '성상'에 대한 화자의 태도와 연결되는 '푸른 대'의 관습적 의미를 한층 강조하고 있다.

③ '이웃집 아이들'과 같이 구체적인 시적 청자를 거명하며 말을 건네는 방식을 통해 제한된 범위의 청자에게 자신의 심정을 전달하고자 하는 화자의 뜻을 드러내고 있다.

④ '낚시를 드리우고 무심히 앉'은 화자의 모습은 '낚시'의 관습적 의미를 연상시키는데, 이는 '취어가 아니로다 의취를 취함이라'라는 표현을 통해 구체화되고 있다.

⑤ '백구'에게 말을 건네는 화자의 모습은 '백구'의 관습적 의미와 연관되어, 자연과의 합일을 지향하는 화자의 태도를 드러내고 있다.

제한 시간 2분 30초

[B20~21] 다음 글을 읽고 물음에 답하시오.

돌이켜 여러 가지 일을 하나하나 생각하니

이렇게 살아서 어찌할 것인가?

불을 돌려놓고 푸른 거문고를 비스듬히 안아

벽련화곡을 시름에 싸여 타니,

소상강 밤비에 댓잎 소리가 섞여 들리는 듯

망주석에 천 년 만에 찾아온 이별한 학이 울고 있는 듯

아름다운 손으로 타는 솜씨는 옛 가락이 아직 남아 있지마는

연꽃 무늬가 있는 휘장을 친 방이 텅 비었으니

누구의 귀에 들릴 것인가?

마음속이 굽이굽이 끊어졌도다.

차라리 잠이 들어 꿈에나 님을 보려 하니

바람에 지는 잎과 풀 속에서 우는 벌레는

무슨 일이 원수가 되어 잠마저 깨우는고?

하늘의 견우성과 직녀성은 은하수가 막혔을지라도

칠월 칠석 일 년에 한 번씩 때를 어기지 않고 만나는데

우리 님 가신 후는 무슨 장애물이 가리었기에

오고 가는 소식마저 그쳤는고?

난간에 기대어 서서 님 가신 데를 바라보니

풀 이슬은 맺혀 있고 저녁 구름이 지나갈 때

대 수풀 우거진 푸른 곳에 새 소리가 더욱 서럽다.

세상에 설운 사람 많다고 하려니와

운명이 기구한 여자야 나 같은 이가 또 있을까?

아마도 이 님의 탓으로 살동말동 하여라.

− 허난설헌, 〈규원가〉

B20

예상 문제

윗글에 대한 설명으로 가장 적절한 것은?

① 화자는 정서에 대한 직접 노출을 꺼리고 있다.
② 감각적 이미지를 통해 계절의 변화를 드러내고 있다.
③ 과거의 상황을 제시하여 화자의 정서를 드러내고 있다.
④ 부정적인 현실에 고통받는 화자의 모습이 나타나 있다.
⑤ 생계와 관련된 소재를 활용하여 섬세한 감정을 표현하고 있다.

B21

예상 문제

〈보기〉를 바탕으로 윗글을 감상한 내용으로 적절하지 <u>않은</u> 것은?

[보기]

조선 사회에서는 시부모에게 불손하고, 자식이 없고, 행실이 음탕하고, 투기하고, 몹쓸 병을 지니고, 말이 지나치게 많고, 도둑질을 하는 것 등의 '칠거지악(七去之惡)'을 아내를 내쫓을 수 있는 이유로 내세웠다. 이는 당대 여성들을 옭아매고 여성들로 하여금 자신의 운명에 저항하지 못하게 만들었다. 그런 연유로 여성들은 길들여졌고, 길들여짐을 통해 소극적인 태도를 보이거나 자신의 운명에 체념하며 살아가게 되었다.

① 자신의 거문고 연주조차 '님'이 듣지 않으면 의미 없는 것으로 생각하는 화자의 인식이 안타까워.
② '세상에 설운 사람이 많다고 하려니와'라는 표현을 통해서 당시 '님'을 잃고 괴로워하는 여성들이 많았음을 짐작할 수 있어.
③ '아마도 이 님의 탓으로 살동말동 하여라.'라는 표현을 통해 '님'의 존재 여부를 삶의 의미와 관련짓는 여성들의 수동적 가치관을 확인할 수 있어.
④ '이렇게 살아서 어찌할 것인가?'라고 한탄하면서도 꿈 속에서라도 '님'을 만나려 하고, 소식을 기다리는 모습에서 운명에 저항하지 못하고 길들여진 여성의 면모가 드러나.
⑤ 떠나고서 아무 소식 없이 돌아오지 않는 '님'을 찾지 않고 그저 안타까워하는 화자의 모습은 조선 사회에서 살아가는 여성의 체념적인 면모를 보여 주고 있어.

제한 시간 5분

[B22~25] 다음 글을 읽고 물음에 답하시오.

(가) 청산(靑山)는 엇뎨ᄒᆞ야 만고(萬古)애 프르르며
　　유수(流水)는 엇뎨ᄒᆞ야 주야(晝夜)애 긋디 아니는고
　　우리도 그치디 마라 만고상청(萬古常靑) ᄒᆞ리라
　　　　　　　　　　　　　　　　　　　　– 이황, 〈도산십이곡(陶山十二曲)〉

(나) 청산(靑山)은 내 ᄯᅳᆺ이오 녹수(綠水)는 님의 정(情)이
　　녹수(綠水) 흘너간들 청산(靑山)이야 변(變)ᄒᆞᆯ손가
　　녹수(綠水)도 청산(靑山)을 못 니져 우러 예어 가는고
　　　　　　　　　　　　　　　　　　　　– 황진이

(다) 님다히 쇼식(消息)을 아므려나 아쟈 ᄒᆞ니
　　오늘도 거의로다. ᄂᆡ일이나 사름 올가
　　내 ᄆᆞ음 둘 ᄃᆡ 업다 어드러로 가쟛 말고
　　잡거니 밀거니 **놉픈 뫼**ᄒᆡ 올라가니
　　구롬은ᄏᆞ니와 안개는 므ᄉ 일고
　　산쳔(山川)이 어둡거니 일월(日月)을 엇디 보며
　　지쳑(咫尺)을 모르거든 쳔리(千里)를 ᄇᆞ라보랴
　　출하리 믈ᄀᆞ의 가 빈길이나 보랴 ᄒᆞ니
　　ᄇᆞ람이야 믈결이야 어둥졍 된뎌이고
　　샤공은 어ᄃᆡ 가고 븬 ᄇᆡ만 걸렷ᄂᆞᆫ고
　　강텬(江天)의 혼자 셔셔 디는 ᄒᆡ를 구버보니
　　님다히 쇼식(消息)이 더옥 아득ᄒᆞᆫ뎌이고
　　모쳠(茅簷) ᄎᆞᆫ 자리의 밤듕만 도라오니
　　반벽청등(半壁靑燈)은 눌 위ᄒᆞ야 불갓ᄂᆞᆫ고
　　오르며 ᄂᆞ리며 헤ᄯᅳ며 바니니
　　져근덧 녁진(力盡)ᄒᆞ야 풋ᄌᆞᆷ을 잠간 드니
　　정셩(精誠)이 지극ᄒᆞ야 **ᄭᅮᆷ**의 님을 보니
　　옥 ᄀᆞ튼 얼굴이 반(半)이나마 늘거셰라
　　ᄆᆞ음의 머근 말ᄉᆞᆷ 슬ᄏᆞ장 ᄉᆞᆲ쟈 ᄒᆞ니
　　눈믈이 바라나니 말ᄉᆞᆷ인들 어이 ᄒᆞ며
　　정(情)을 못 다ᄒᆞ야 목이조차 메여ᄒᆞ니
　　오뎐된 계셩(鷄聲)의 ᄌᆞᆷ은 엇디 ᄭᆡᄯᅮᆫ던고
　　어와 허ᄉᆞ(虛事)로다 이 님이 어ᄃᆡ 간고
　　결의 니러 안자 창(窓)을 열고 ᄇᆞ라보니
　　어엿븐 그림재 날 조츨 ᄲᅮᆫ이로다
　　출하리 싀여디여 **낙월(落月)**이나 되야 이셔
　　님 겨신 창(窓) 안ᄒᆡ 번드시 비최리라
　　각시님 ᄃᆞᆯ이야ᄏᆞ니와 구ᄌᆞᆫ비나 되쇼셔
　　　　　　　　　　　　　　　　　　　　– 정철, 〈속미인곡(續美人曲)〉

(가)~(다)의 공통점으로 가장 적절한 것은?

① 대상의 부재에서 느끼는 안타까움이 드러나 있다.
② 4음보의 율격을 바탕으로 시상을 전개하고 있다.
③ 계절감을 주는 어휘로 시적 분위기를 조성하고 있다.
④ 대상에 감정을 이입하여 화자의 애상감을 표현하고 있다.
⑤ 명령적 어조를 통해 현실에 대한 비판 의식을 드러내고 있다.

(가)와 (나)를 감상한 내용으로 적절하지 <u>않은</u> 것은?

① (가)는 초장과 중장의 대구를 통해 '청산'과 '유수'의 유사한 속성을 드러내고 있군.
② (나)의 화자는 '청산'을 자신과, '녹수'를 '님'과 동일시하여 대비하고 있군.
③ (나)의 화자는 설의적 표현을 통해 자신이 주목한 대상의 특성을 강조하고 있군.
④ (가)와 (나)의 화자는 물의 흘러가는 속성에서 각기 다른 시적 의미를 도출하고 있군.
⑤ (가)와 (나)의 화자는 모두 시간의 경과 속에서 느끼는 인간의 허무감을 극복하려는 의지를 표출하고 있군.

〈보기〉의 [A]에 들어갈 내용으로 적절한 것은?

―――――――[보기]―――――――

'님'의 상실을 전제로 한 애정 시가의 경우 '나'가 있는 장소인 '여기'와 '님'이 있는 장소인 '거기'가 구별된다. 그리고 이를 바탕으로 시적 상황을 분석해 보면, '님'은 제자리에 있고 '나'가 '거기'에서 이탈한 경우와 '나'는 제자리에 있는데 '님'이 '여기'에서 이탈한 경우로 나눌 수 있다.
이러한 관점에서 (나)를 감상해 본다면 '님'의 상실은 _____[A]_____ 이라는 상황 인식을 담고 있는 것으로 볼 수 있다.

① '나'가 '거기'로 돌아갔기 때문
② '님'이 '여기'를 이탈했기 때문
③ '나'와 '님'이 '거기'로 돌아가지 못하기 때문
④ '나'가 '여기'를, '님'이 '거기'를 이탈했기 때문
⑤ '나'와 '님'이 '여기'에서 '거기'로 이탈했기 때문

〈보기〉를 바탕으로 (다)를 감상한 내용으로 적절하지 <u>않은</u> 것은?

―――――――[보기]―――――――

〈속미인곡(續美人曲)〉에는 임에게 버림받은 시적 화자가 등장한다. 시적 화자는 임과의 거리가 멀어진 상황에서 자신이 도달 가능한 최대의 수직적, 수평적 공간에까지 나아가는 것으로 자신의 노력을 보여 준다. 그리고 이러한 시적 화자의 노력은 '꿈'이라는 반(半)현실적 공간으로까지 연장되지만 실패하고, 결국 시적 화자는 자신이 처한 현실을 죽음이라는 비극적 초월로 극복해 보고자 한다. 임을 향한 시적 화자의 노력과 사념은 공간의 이동과 맞물려 점차 강화되는 특성을 보이며, 시적 화자의 고뇌와 절망 역시 점차 깊어지는 구조적 특징을 보인다.

① '내 ᄆᆞᆷ 둘 ᄃᆡ 업다'는 것은 임에게 버림받은 시적 화자의 내면 상태로 볼 수 있군.
② 시적 화자가 '높은 뫼'를 오르는 것은 임과의 거리를 극복하기 위한 노력의 수직적 극대화로 볼 수 있군.
③ '믈ᄀᆞ'에서 '님다히 쇼식'을 아득하게 느끼는 것은 현실에서는 더 이상 임을 사랑하지 않게 된 화자의 마음으로 볼 수 있군.
④ '쭘'에서 임과 온전히 재회하지 못하는 것은 반현실적 공간에서 확인되는 시적 화자의 절망으로 볼 수 있군.
⑤ 시적 화자가 죽어서 '낙월'이 되겠다고 하는 것은 고뇌와 절망을 극복해 보고자 하는 비극적 초월로 볼 수 있군.

제한 시간 2분 30초

[B26~27] 다음 글을 읽고 물음에 답하시오.

㉠우ᄂᆞᆫ 거시 벅구기가 프른 거시 버들숩가
　　이어라 이어라
어촌(漁村) 두어 집이 닛* 속의 나락들락
　　지국총(至菊恩) 지국총(至菊恩) 어ᄉᆞ와(於思臥)
말가ᄒᆞᆫ 기픈 소희 온갇 고기 뛰노ᄂᆞ다　　〈춘(春) 4〉

년닙희 밥 싸 두고 반찬으란 쟝만 마라
　　닫 드러라 닫 드러라
청약립(靑蒻笠)은 써 잇노라 녹사의(綠蓑衣) 가져오냐
　　지국총(至菊恩) 지국총(至菊恩) 어ᄉᆞ와(於思臥)
㉡무심(無心)한 빅구(白鷗)ᄂᆞᆫ 내 좃ᄂᆞᆫ가 제 좃ᄂᆞᆫ가
　　　　　　　　　　　　　　　　　　〈하(夏) 2〉

㉢ 슈국(水國)의 ᄀᆞᄋᆞᆯ히 드니 고기마다 ᄉᆞᆯ져 읻다
닫 드러라 닫 드러라
만경딩파(萬頃澄波)*의 슬ᄏᆞ지 용여(容與)ᄒᆞ쟈*
지국총(至菊悤) 지국총(至菊悤) 어ᄉᆞ와(於思臥)
인간(人間)을 도라보니 머도록 더옥 됴타

〈추(秋) 2〉

㉣ 믉ᄀᆞ의 외로온 솔 혼자 어이 싁싁ᄒᆞᆫ고
ᄇᆡ ᄆᆡ여라 ᄇᆡ ᄆᆡ여라
머흔* 구룸 ᄒᆞᆫ(恨)티 마라 셰샹(世上)을 ᄀᆞ리온다
지국총(至菊悤) 지국총(至菊悤) 어ᄉᆞ와(於思臥)
㉤ 파랑셩(波浪聲)*을 염(厭)티* 마라 딘훤(塵喧)*을 막ᄂᆞᆫ 또다

〈동(冬) 8〉

– 윤선도, 〈어부사시사(漁父四時詞)〉

* ᄂᆡᆺ: 내의. '내'는 바닷가에 자주 나타나는 안개와 같은 현상
* 만경딩파: 넓게 펼쳐진 맑은 물결
* 용여ᄒᆞ쟈: 느긋한 마음으로 여유 있게 놀자.
* 머흔: 험하고 사나운
* 파랑셩: 물결 소리
* 염티: 싫어하지
* 딘훤: 속세의 시끄러움

B26

예상 문제

윗글에 대한 설명으로 적절하지 않은 것은?

① 비슷한 어구를 반복하여 리듬감을 얻고 있다.
② 장과 장 사이에 여음을 첨가하여 흥취를 북돋우고 있다.
③ 현재의 삶에 대한 만족과 함께 속세에 대한 미련이 나타나 있다.
④ 고유어를 사용하여 우리말의 아름다움을 효과적으로 드러내고 있다.
⑤ 자연 속에서 한가롭게 살아가는 여유를 계절의 변화와 함께 보여 주고 있다.

B27

예상 문제

㉠~㉤에 대한 설명으로 적절하지 않은 것은?

① ㉠: 청각적 이미지와 시각적 이미지를 활용하여 강촌의 봄 풍경을 묘사하고 있다.
② ㉡: 갈매기를 바라보는 모습을 통해 자연 속에 동화된 물아일체의 삶을 보여 주고 있다.
③ ㉢: 살 오른 고기의 모습을 통해 풍요로운 가을의 모습과 화자의 넉넉한 자세를 보여 주고 있다.
④ ㉣: 홀로 서 있는 소나무를 씩씩하다고 말하며 절개를 지키는 태도를 예찬하고 있다.
⑤ ㉤: 세상의 시끄러움을 막아 주는 물결 소리를 탓하는 사람들에 동조하며 화자의 삶의 자세를 드러내고 있다.

제한 시간 6분

[B28~32] 다음 글을 읽고 물음에 답하시오.

(가) 호ᄆᆡ도 ᄂᆞᆯ히언마ᄅᆞᄂᆞᆫ
㉠ 낟ᄀᆞ티 들 리도 업스니이다
아바님도 어이어신마ᄅᆞᄂᆞᆫ
위 덩더둥셩
㉡ 어마님ᄀᆞ티 괴시리 업세라
아소 님하
어마님ᄀᆞ티 괴시리 업세라

– 작자 미상, 〈사모곡(思母曲)〉

(나) 아바님 날 나ᄒᆞ시고 어마님 날 기ᄅᆞ시니
두 분 곳 아니시면 이 몸이 사라실가
㉢ 하ᄂᆞᆯ ᄀᆞᄐᆞᆫ ᄀᆞ업ᄉᆞᆫ ㉣ 은덕을 어ᄃᆡ다혀 갑ᄉᆞ오리

〈1수〉

어버이 사라신 제 셤길 일란 다ᄒᆞ여라
디나간 후면 애ᄃᆞᆲ다 엇디ᄒᆞ리
평생애 곳텨 못ᄒᆞᆯ 일이 잇ᄲᅮᆫ인가 ᄒᆞ노라

〈4수〉

– 정철, 〈훈민가(訓民歌)〉

(다) 정월이라 십오 일에 완월(玩月)하는 소년들아

　　흉풍(凶豊)도 보려니와 부모 봉양 생각세라

　　신체발부(身體髮膚) 사대절(四大節)은 부모님께 타 낫스니

　　태산같이 노픈 덕과 ⓜ하해같이 기픈 ⓗ정을 어이 하야

이즈리오

　　천세만세 미덧더니 봉래 방장 영주산에

　　불로초와 불사약을 인력으로 얻을손가 슬프다 우리 인생

　　수욕정이풍부지(樹欲靜而風不止)하고 자욕양이친부재

(子欲養而親不在)라

　　공산낙목 일배상(一杯上)에 영결종천(永訣終天) 되겠구나

　　일 년 삼백육십 일에 일일(一日) 사친(思親) 십이 시라

　　음풍(陰風)이 적막하고 소식이 영절(永絕)하니

　　슬프다 우리 부모 상원(上元)인 줄 모르시나

　　그 달을 허송하니 이월이라 한식(寒食) 일에

　　천추절(千秋節)이 적막하니 개자추의 넋이로다

　　원산(遠山)에 봄이 드니 불 탄 풀이 속잎 난다

　　　　　　(중략)

　　슬프도다 우리 부모 청명(清明)인 줄 모르시나

　　그 달 그믐 다 지나고 삼월이라 삼진날에

　　연자(燕子)는 나라드러 옛 집을 차자오고

　　호접(蝴蝶)은 분분하야 구색을 자랑한다

　　ⓐ기수(沂水)에 목욕하고 ⓞ무우(舞雩)에 바람 쏘여

　　등동고이서소(登東皐而叙嘯)하고 임청류이부시(臨清流

而賦詩)로다

　　ⓩ산화(山花)는 ⓩ홍금(紅錦)이오 세류(細流)는 청사(青

絲)로다

　　　　　　(중략)

　　슬프도다 우리 부모 답청절(踏青節)을 모르시나

　　　　　　　　　　　　　　 – 작자 미상, 〈사친가(思親歌)〉

06 DAY

B28

2016 대비/경찰대 17

(가)~(다)의 공통점으로 가장 적절한 것은?

① 자식에 대한 부모의 차별적인 태도를 슬퍼하고 있다.

② 부모의 은혜에 대해 보답할 것을 당부하고 있다.

③ 돌아가신 부모에 대한 그리움을 표현하고 있다.

④ 부모를 위해 공덕을 쌓을 것을 강조하고 있다.

⑤ 부모의 사랑이나 은덕에 대해 생각하고 있다.

B29

2016 대비/경찰대 18

(나)와 (다)를 비교한 설명으로 적절하지 않은 것은?

① (나)와 (다)는 모두 화자가 청자보다 우위에 서서 말하고 있다.

② (나)와 (다)는 모두 부모에 대한 애달픈 심정을 말하고 있다.

③ (나)는 (다)와 달리 대구법을 사용하여 의미를 심화하고 있다.

④ (다)는 (나)와 달리 청자를 제한하여 분명히 밝히고 있다.

⑤ (다)는 (나)에 비해 시간의 흐름을 더욱 구체화하고 있다.

B30

2016 대비/경찰대 19

(가)의 표현상 특징에 대한 설명으로 적절하지 않은 것은?

① 동일한 어미를 반복하여 운율을 형성하고 있다.

② 대비적인 구도를 통하여 주제를 부각하고 있다.

③ 감탄 어구를 통해 화자의 정서를 표출하고 있다.

④ 중간에 조음구를 삽입하여 분위기를 반전시키고 있다.

⑤ 일상적인 도구를 비유로 사용하여 의미를 드러내고 있다.

B31

2016 대비/경찰대 20

(다)의 화자가 (가)의 화자에게 할 수 있는 말로 가장 적절한 것은?

① 부모가 돌아가신 후에 후회해도 소용없으니 마음의 응어리는 풀어 버리시오.

② 부모는 자식 때문에 고생한다지만 그래도 인생의 낙은 자식에 있다오.

③ 힘들다고 포기 말고 돌아가시기 전에 부모의 소원을 이루어 주시오.

④ 부모와 자식은 동고동락하며 한평생 함께 살아가는 사이라오.

⑤ 다음 생에서는 자식으로서의 아픔을 겪지 말기 바라오.

B32

2016 대비/경찰대 21

㉠~㉣ 중 비유 관계로 짝지어지지 않은 것은?

① ㉠과 ㉡　　　② ㉢과 ㉣　　　③ ㉤과 ㉥

④ ㉦과 ㉧　　　⑤ ㉨과 ㉩

[B33~34] 다음 글을 읽고 물음에 답하시오.

형님 온다 형님 온다 분(粉)고개로 형님 온다.

형님 마중 누가 갈까 형님 동생 내가 가지.

형님 형님 사촌 형님 시집살이 어떱데까?

이애 이애 그 말 마라 시집살이 개집살이.

앞밭에는 당추 심고 뒷밭에는 고추 심어,

고추 당추 맵다 해도 시집살이 더 맵더라.

둥글둥글 수박 식기(食器) 밥 담기도 어렵더라.

도리도리 도리소반(小盤)* 수저 놓기 더 어렵더라.

오 리(五里) 물을 길어다가 십 리(十里) 방아 찧어다가,

아홉 솥에 불을 때고 열두 방에 자리 걷고,

외나무다리 어렵대야 시아버니같이 어려우랴?

나뭇잎이 푸르대야 시어머니보다 더 푸르랴?

시아버니 호랑새요 시어머니 꾸중새요,

동서 하나 할림*새요 시누 하나 뾰족새요,

시아지비 뾰중*새요 남편 하나 미련새요,

자식 하난 우는 새요 나 하나만 썩는 샐세.

귀먹어서 삼년이요 눈 어두워 삼년이요,

말 못해서 삼년이요 석 삼년을 살고 나니,

배꽃 같던 요내 얼굴 호박꽃이 다 되었네.

삼단 같던 요내 머리 비사리춤*이 다 되었네.

백옥 같던 요내 손길 오리발이 다 되었네.

열새 무명* 반물치마* 눈물 씻기 다 젖었네.

두 폭붙이 행주치마 콧물 받기 다 젖었네.

울었던가 말았던가 베갯머리 소(沼) 이뤘네.

그것도 소라고 거위 한 쌍 오리 한 쌍

쌍쌍이 때 들어오네.

– 작자 미상, 〈시집살이 노래〉

* 도리소반: 둥글게 생긴 조그마한 상
* 할림: 남의 허물을 잘 일러바침.
* 뾰중: 마음에 들지 않아 입술을 삐죽 내밈.
* 비사리춤: '비사리'는 벗겨놓은 싸리의 껍질. 아주 거친 것을 뜻한다.
* 열새 무명: 아주 고운 무명
* 반물치마: 짙은 남빛 치마

B33

윗글의 표현상의 특징으로 가장 적절한 것은?

① 여음을 활용하여 리듬감을 살리고 있다.

② 화자의 정서를 점층법으로 심화하고 있다.

③ 해학적인 표현과 과장된 표현이 나타나고 있다.

④ 청유형의 표현을 통해 삶의 교훈을 전하고 있다.

⑤ 시의 주제를 반어적인 표현을 통해 강조하고 있다.

B34

〈보기〉와 비교하여 윗글을 감상한 내용으로 적절하지 않은 것은?

[보기]

시어머님, 며느리가 나쁘다고 부엌 바닥을 구르지 마오. 빚 값으로 받아온 며느린가, 물건 값 대신 데려온 며느린가. 밤나무 썩은 등걸에 난 회초리같이 매서우신 시아버지, 볕에 쬔 쇠똥같이 말라빠지신 시어머니, 삼 년 결은 망태기에 새 송곳 부리같이 뾰족한 성깔의 시누님, 당피* 경작한 밭에 돌피* 난 것같이 샛노란 오이 꽃 같은 피똥이나 누는 아들 하나 두고,

기름진 밭에 메꽃 같은 며느리를 어디가 나쁘다고 하시는고.

* 당피: 좋은 곡식
* 돌피: 나쁜 곡식

① 윗글과 〈보기〉는 모두 대화 구조를 통해 내용이 전개되고 있다.

② 윗글과 〈보기〉는 모두 시댁 식구들의 모습을 비유적인 표현을 통해 묘사하고 있다.

③ 윗글과 〈보기〉에는 모두 대가족 사회에서 며느리들이 겪는 시집살이의 애환이 나타난다.

④ 윗글에는 시집살이의 고된 노동이 구체적으로 표현된 반면, 〈보기〉에는 구체적으로 나타나지 않는다.

⑤ 윗글에는 시집살이로 인해 며느리의 변한 모습이 나타나는 반면, 〈보기〉에는 며느리의 변한 모습은 나타나지 않는다.

제한 시간 4분

[B35~37] 다음 글을 읽고 물음에 답하시오.

일곡(一曲)은 어드매오 관암(冠巖)에 해 비친다
평무(平蕪)에 내 걷히니 원근(遠近)이 그림이로다
송간(松間)에 녹준(綠樽)을 놓고 벗 오는 양 보노라

〈2수〉

이곡(二曲)은 어드매오 화암(花巖)에 춘만(春滿)커다
벽파(碧波)에 꽃을 띄워 야외(野外)에 보내노라
㉠ 사람이 승지(勝地)를 모르니 알게 한들 어떠리

〈3수〉

삼곡(三曲)은 어드매오 취병(翠屛)에 잎 펴졌다
녹수(綠樹)에 산조(山鳥)는 하상기음(下上其音)*하는 적에
반송(盤松)이 바람을 받으니 여름 경(景)이 없어라

〈4수〉

사곡(四曲)은 어드매오 송애(松崖)에 해 넘거다
담심암영(潭心巖影)*은 온갖 빛이 잠겼어라
임천(林泉)이 깊도록 좋으니 흥(興)을 겨워 하노라

〈5수〉

오곡(五曲)은 어드매오 은병(隱屛)*이 보기 조희
수변정사(水邊精舍)는 소쇄(瀟灑)함*도 가이 없다
이 중(中)에 강학(講學)도 하려니와 영월음풍(咏月吟風) 하리라

〈6수〉

– 이이, 〈고산구곡가(高山九曲歌)〉

* 하상기음: 오르락내리락하면서 지저귐.
* 담심암영: 맑은 못 속에 비치는 바위 그림자
* 은병: 고산구곡의 하나로 이이가 은거한 해주 고산의 은병정사를 의미함.
* 소쇄함: 맑고 깨끗함.

B35

2015 대비/사관학교(A) 43

다음은 윗글의 구성과 관련하여 탐구한 내용이다. 적절하지 않은 것은?

A. 통사 구조
- '–곡은 어드매오'가 매 수마다 반복되고 있다. ······ ㉠

B. 공간적 질서
- '일곡'에서 '오곡'으로 순차적으로 제시하고 있다. ······ ㉡
- 〈2수〉의 '관암'에서 〈6수〉의 '은병'까지 이동 경로를 제시하고 있다. ······ ㉢

C. 시간적 질서
- 〈2수〉의 '해 비친다'와 〈5수〉의 '해 넘거다'가 하루 중의 시간으로 대응하고 있다. ······ ㉣
- 〈3수〉의 '춘만커다'와 〈4수〉의 '여름 경'이 계절로 대응하고 있다. ······ ㉤

① ㉠ ② ㉡ ③ ㉢ ④ ㉣ ⑤ ㉤

[B36~37] 〈보기〉를 참고하여 B36번과 B37번 두 물음에 답하시오.

[보기]

율곡의 자연관에 따르면 자연을 눈으로만 보아서는 안 되며 산수의 흥취를 깊이 알아 자연 속에 담긴 도체(道體), 즉 진리를 파악해야 진정한 즐거움인 진락(眞樂)에 이를 수 있다. 즉 율곡은 자연 속에서 자연의 아름다움을 발견할 뿐 아니라 학문을 통해 도학적 이상을 추구했다고 할 수 있다.

B36

2015 대비/사관학교(A) 44

〈보기〉를 참고로 윗글을 감상한 것으로 적절하지 않은 것은?

① '3수'의 '승지'는 경치가 아름다운 곳인 동시에 도체가 내재되어 있는 공간으로 볼 수 있군.
② '4수'의 '녹수'와 '산조', '반송'과 '바람'의 조화는 '진락'을 느낄 수 있는 아름다운 자연의 모습을 포착한 것이라고 볼 수 있군.
③ '5수'의 '온갖 빛이 잠겨' 있는 '담심암영'에서 느끼는 '흥'은 '진락'에 대한 다른 표현으로 볼 수 있군.
④ '6수'의 '소쇄함'이 '가이 없다'는 것은 학문을 통해 도체를 파악하는 길이 쉽지 않다는 의미로 볼 수 있군.
⑤ '6수'의 '강학도 하려니와 영월음풍 하리라'는 자연을 즐기는 것과 도학적 이상의 추구가 다르지 않음을 보여 주고 있군.

❖ 정답 및 해설 76~80p

㉠에 대한 이해로 가장 적절한 것은?

① 산수의 흥취를 아는 사람이다.
② 진락을 알지 못하는 사람이다.
③ 도학적 이상을 추구하는 사람이다.
④ 자연을 눈으로만 보지 않는 사람이다.
⑤ 도체를 파악하기 위해 노력하는 사람이다.

제한 시간 5분
[B38~41] 다음 글을 읽고 물음에 답하시오.

(가) ┌ 한밤중 혼자 일어 묻노라 이 내 꿈아
　　[A]　만 리 요양(遼陽)을 어느덧 다녀온고.
　　└ 반갑다 학가(鶴駕) 선용(仙容)을 친히 뵌 듯하여라.
　　　　　　　　　　　　　　　　　　　〈제1수〉

풍셜 석거친 날에 믓노라 북래사자(北來使者)야,
㉮ 소해용안(小海容顔)이 언매나 치오신고.
고국(故國)의 못 죽는 고신(孤臣)이 눈물계워 ᄒᆞ노라.
　　　　　　　　　　　　　　　　　　　〈제2수〉

구렁에 낫는 풀이 봄비에 절로 길어
알을 일 업스니 긔 아니 조흘소냐.
우리는 너희만 못ᄒᆞ야 실람겨워 ᄒᆞ노라.
　　　　　　　　　　　　　　　　　　　〈제8수〉
　　　　　　　　　　　　　　　　　– 이정환, 〈비가(悲歌)〉

(나) 늘고 병(病)든 몸을 주사(舟師)로 보ᄂᆡ실ᄉᆡ,
을사(乙巳) 삼하(三夏)애 진동영(鎭東營) ᄂᆞ려오니,
관방중지(關防重地)예 병(病)이 깁다 안자실랴.
일장검(一長劍) 비기 ᄎᆞ고 병선(兵船)에 구테 올나,
㉠ 여기진목(勵氣瞋目)ᄒᆞ야 대마도(對馬島)을 구어보니,
ᄇᆞ람 조친 황운(黃雲)은 원근(遠近)에 사혀 잇고,
아득ᄒᆞᆫ 창파(滄波)ᄂᆞᆫ 긴 @하ᄂᆞᆯ과 ᄒᆞᆫ 빗칠쇠.

선상(船上)에 배회(徘徊)ᄒᆞ며 고금(古今)을 사억(思憶)ᄒᆞ고,
어리미친 회포(懷抱)애 헌원씨(軒轅氏)를 애ᄃᆞ노라.
대양(大洋)이 망망(茫茫)ᄒᆞ야 ⓑ천지(天地)예 둘려시니,
㉡ 진실로 ᄇᆡ 아니면 풍파만리(風波萬里) 밧긔,
어늬 사이(四夷) 엿볼넌고.
무슴 일ᄒᆞ려 ᄒᆞ야 ᄇᆡ 못기를 비롯ᄒᆞ고.
만세천추(萬世千秋)에 ᄀᆞ업슨 큰 폐(弊) 되야,
보천지하(普天之下)애 만민원(萬民怨) 길우ᄂᆞ다.
　　　　　　　　　　　　　　　　　　　(중략)
시시(時時)로 멀이 드러 ⓒ북신(北辰)을 ᄇᆞ라보며,
상시노루(傷時老淚)를 천일방(天一方)의 디이ᄂᆞ다.
오동방(吾東方) 문물(文物)이 한당송(漢唐宋)애 디랴마ᄂᆞᆫ,
국운(國運)이 불행(不幸)ᄒᆞ야 ㉢ 해추흉모(海醜兇謀)애
만고수(萬古羞)을 안고 이셔,
백분(百分)에 ᄒᆞᆫ 가지도 못 시셔 ᄇᆞ려거든,
이 몸이 무상(無狀)ᄒᆞᆫ들 신자(臣子)ㅣ 되야 이셔다가,
궁달(窮達)이 길이 달라 몬 뫼ᅀᆞᆸ고 늘거신들,
우국단심(憂國丹心)이야 어늬 각(刻)애 이즐넌고.
강개(慷慨) 계운 장기(壯氣)ᄂᆞᆫ 노당익장(老當益壯) ᄒᆞ다마ᄂᆞᆫ,
됴고마ᄂᆞ 이 몸이 병중(病中)에 드러시니,
설분신원(雪憤伸冤) 어려올 듯 ᄒᆞ건마ᄂᆞᆫ,
그러나 사제갈(死諸葛)도 생중달(生仲達)을 멀리 좃고,
발 업슨 손빈(孫臏)도 방연(龐涓)을 잡아거든,
ᄒᆞ믈며 이 몸은 @수족(手足)이 ᄀᆞ자 잇고 명맥(命脈)이
이어시니,
서절구투(鼠竊狗偸)을 저그나 저흘소냐.
㉣ 비선(飛船)에 들려드러 선봉(先鋒)을 거치면,
구시월(九十月) 상풍(霜風)에 낙엽(落葉)가치 헤치리라.
칠종칠금(七縱七擒)을 우린들 못 ᄒᆞᆯ 것가.
㉤ 준피도이(蠢彼島夷)들아 수이 걸항(乞降) ᄒᆞ야ᄉᆞ라.
항자불살(降者不殺)이니 너를 구틔 섬멸(殲滅)ᄒᆞ랴.
오왕(吾王) 성덕(聖德)이 욕병생(欲竝生) ᄒᆞ시니라.
태평천하(太平天下)애 요순군민(堯舜君民) 되야 이셔,
일월광화(日月光華)ᄂᆞᆫ 조부조(朝復朝) ᄒᆞ얏거든,
전선(戰船) ᄐᆞ던 우리 몸도 @어주(魚舟)에 창만(唱晚)ᄒᆞ고,
추월춘풍(秋月春風)에 놉히 베고 누어 이셔,
성대(聖代) 해불양파(海不揚波)를 다시 보려 ᄒᆞ노라.
　　　　　　　　　　　　　　　　　– 박인로, 〈선상탄(船上嘆)〉

B38 ⭐ 1등급 킬러

(가)와 (나)에 대한 설명으로 적절하지 않은 것은?

① (가)와 (나)는 자연물을 통해 화자의 정서를 드러내고 있다.

② (가)와 (나)는 일정한 종결 어미를 반복하여 화자의 심리를 드러내고 있다.

③ (가)와 달리, (나)는 명령적 어투를 통해 대상에 대한 행동 변화를 촉구하고 있다.

④ (가)와 달리, (나)는 역사적 인물과 관련된 고사를 활용하여 화자의 의지를 드러내고 있다.

⑤ (나)와 달리, (가)는 설의적 표현으로 화자의 심정을 드러내고 있다.

B39

[A]와 〈보기〉를 비교한 내용으로 적절하지 않은 것은?

[보기]

출하리 잠을 드러 꿈의나 보려 ᄒ니, 바람의 디ᄂ 닢과 풀 속에 우는 즘생, 므스 일 원수로서 잠조차 ᄭ에오ᄂ다. 천상(天上)의 견우직녀(牽牛織女) 은하수(銀河水) 막혀서도, 칠월칠석(七月七夕) 일년일도(一年一度) 실기(失期)치 아니거든, 우리 님 가신 후는 무슨 약수(弱水) 가렷관ᄃᆡ, 오거나 가거나 소식(消息)조차 ᄭ첫는고.

– 허난설헌, 〈규원가(閨怨歌)〉

① [A]와 〈보기〉에는 모두 화자가 그리워하는 대상이 드러나 있다.

② [A]와는 달리, 〈보기〉에는 화자를 방해하는 대상이 드러나 있다.

③ [A]와는 달리, 〈보기〉에는 대상에 대한 원망의 정서가 드러나 있다.

④ 〈보기〉와는 달리, [A]에는 화자의 상황과 대비되는 대상이 드러나 있다.

⑤ 〈보기〉와는 달리, [A]의 화자는 꿈을 통해서 그리워하는 대상을 만나고 있다.

B40

ⓐ~ⓔ 중, ㉮의 함축적 의미와 가장 유사한 것은?

① ⓐ   ② ⓑ   ③ ⓒ   ④ ⓓ   ⑤ ⓔ

B41

〈보기〉를 참고하여 ㉠~㉤을 이해한 내용으로 적절하지 않은 것은?

[보기]

이 작품은 임진왜란이 끝난 후에도 아직 전쟁의 기운이 사라지지 않은 부산진에 통주사로 내려온 작가가 쓴 작품이다. 작가는 배를 타고 전쟁의 시련을 떠올리면서 왜적에 대한 적개심과 분노를 드러내고 왜적이 다시 침략하면 분연히 맞서 싸울 것을 결의한다. 그러면서 한편으론 평화로운 세상을 희구한다.

① ㉠: 무인으로서 왜적에 대한 분노가 담겨 있군.

② ㉡: 배가 없었다면 전쟁이 일어나지 않았을 것이라는 원망이 담겨 있군.

③ ㉢: 전쟁으로 인해 씻을 수 없는 치욕을 당했다고 생각하는군.

④ ㉣: 왜적이 다시 침략하면 왜적을 앞장서서 물리치겠다는 의지를 드러내는군.

⑤ ㉤: 왜적이 침략하지 않으면 왜적과 평화롭게 공존하겠다는 의지를 드러내는군.

제한 시간 2분 30초

[B42~43] 다음 글을 읽고 물음에 답하시오.

삼천갑자 동방삭은
삼천갑자 살았는데
요네 나는 백 년도 못 살아

애애애애애애애애애야 / 애애애애애애애애애야

구름도 쉬어 넘고
날 짐승도 쉬어가는
심산유곡을 어이를 갈꼬

애애애애애애애애애야 / 애애애애애애애애애야

옛 늙은이 말 들으면
북망산이 멀다드니
오늘 보니 앞동산이 북망

애애애애애애애애애야 / 애애애애애애애애애야

못 가겠네 쉬어나 가자
한번 가면 못 오는 길을
어이를 갈꺼나 갈꺼나

애애애애애애애애애야 / 애애애애애애애애애야

심산험노를 어이를 갈꼬
육진장포 일곱매로 상하로 질끈 메고
생이 타고 아주 가네

애애애애애애애애애야 / 애애애애애애애애애야
— 작자 미상, 〈진도만가〉

B42

예상 문제

윗글의 주된 정서와 가장 가까운 것은?

① 가슴에 구멍을 둥시렇게 뚫고
  왼새끼를 눈 길게 너슷너슷 꼬아
  그 구멍에 그 새끼줄 넣고 두 놈이 두 끝 마주 잡아
  이리로 훌근 저리로 훌근훌적 할 적에는
  나나 남이나 다 그는 아무쪼록 견디려니와
  아마도 님 여의고 살라면 그는 그리 못하리라.
② 달 뜨는 황혼 저물어 간 날에 정처 없이 나간 임이
  백마(白馬) 금편(金鞭)으로 어디 가 노니다가 주색에 잠
  기여 돌아올 줄 잊었는고.
  빈 방에 홀로 앉아 긴긴 생각 눈물 적셔 뒤척임만 하노라.
③ 저 건너 높고 낮은 저 산 밑에
  영웅 호걸이며 청춘 홍안들이 다 묻혔구나.
  무덤 숱한 북망산을 뉘 힘으로 뽑아내며
  흘러가는 긴긴 물을 뉘 재주로 막아내다.
④ 어우화 초패왕이야 애닯고 애닯아라.
  역발산 기개세로 인의를 행하여 의제를 아니 죽였던들
  천하에 패공이 열 있어도 속수무책 하렸다.
⑤ 내 집에 살림 없어 벗이 온들 무엇으로 대접하리.
  앞 내에 후린 고기를 캐어 온 삽주에 솎아 놓고
  엊그제 쥐어 빚은 술 익었으리라 진하게 걸러 내어라.

B43

예상 문제

윗글을 〈보기〉처럼 바꾸어 썼다고 가정할 때, 고려했을 사항으로 알맞지 않은 것은?

[보기]

어허 달구* 어허 달구
바람이 세면 담 뒤에 숨고
물결이 거칠면 길을 옮겼다
꽃이 피던 날은 억울해 울다
재 넘어 장터에서 종일 취했다
어허 달구 어허 달구
사람이 산다는 일 잡초 같더라
밟히고 잘리고 짓뭉개졌다
한철이 지나면 세상은 더 어두워
흙먼지 일어 온 하늘을 덮더라
어허 달구 어허 달구
차라리 한 세월 장똘뱅이로 살았구나
저녁 햇살 서러운 파장 뒷골목
못 버린 미련이라 좌판을 거두고
이제 이 흙 속 죽음 되어 누웠다
어허 달구 어허 달구
— 신경림, 〈어허 달구〉

* 달구: 집터나 무덤 따위의 흙을 다지는 데 쓰는 도구. 또는 다지는 일이나 노래

① 윗글과 달리 지나온 삶에 대한 회한을 담는 것이 좋겠어.
② 윗글과 달리 내세 세계에 대한 희망을 담아내는 것이 좋겠어.
③ 윗글과 같이 망자(亡者)를 화자로 설정해서 표현하는 게 좋겠어.
④ 윗글과 같이 탄식의 어조를 살려서 표현하는 것이 어울릴 것 같아.
⑤ 윗글보다 죽은 이를 좀 더 구체적으로 설정하여 그에 대해 묘사해도 좋을 것 같아.

제한 시간 4분

[**B44~46**] 다음 글을 읽고 물음에 답하시오.

[A] ┌ 홍진(紅塵)에 뭇친 분네 이 내 **생애(生涯)** 엇더ᄒ고.
    └ 녯사름 풍류(風流)를 미출가 못 미출가.

천지간(天地間) 남자(男子) 몸이 날만ᄒᆞᆫ 이 하건마ᄂᆞᆫ,
산림(山林)에 뭇쳐 이셔 지락(至樂)을 ᄆᆞᆯ 것가.
수간모옥(數間茅屋)을 벽계수(碧溪水) 앏픠 두고,
송죽(松竹) 울울리(鬱鬱裏)예 풍월주인(風月主人) 되여셔라.
엇그제 겨을 지나 새 봄이 도라오니,

[B] ┌ 도화행화(桃花杏花)는 석양리(夕陽裏)예 퓌여 잇고,
    └ 녹양방초(綠楊芳草)는 세우중(細雨中)에 프르도다.

㉠칼로 ᄆᆞᆯ아 낸가, 붓으로 그려 낸가,
조화신공(造化神功)이 물물(物物)마다 헌ᄉᆞ룹다.
㉡수풀에 우는 새는 춘기(春氣)를 ᄆᆞᆺ내 계워 소ᄅᆡ마다 교태(嬌態)로다.
물아일체(物我一體)어니 흥(興)이이 다ᄅᆞᆯ소냐.
시비(柴扉)예 거러 보고 정자(亭子)애 안자 보니,

[C] ┌ 소요 음영(逍遙吟詠)ᄒᆞ야 산일(山日)이 적적(寂寂)ᄒᆞᆫ듸,
    └ 한중 진미(閑中眞味)를 알 니 업시 **호재로다.**

이바 **니웃**드라, 산수(山水) 구경 가쟈스라.

[D] ┌ 답청(踏靑)으란 오늘 ᄒᆞ고 욕기(浴沂)란 내일(來日) ᄒᆞ새.
    └ 아ᄎᆞᆷ에 채산(採山)ᄒᆞ고 나조ᄒᆡ 조수(釣水)ᄒᆞ새.

ᄀᆞᆺ 괴여 닉은 술을 갈건(葛巾)으로 밧타 노코,
곳나모 가지 것거, 수 노코 먹으리라.
화풍(和風)이 건ᄃᆞᆺ 부러 녹수(綠水)를 건너오니,
㉢청향(淸香)은 잔에 지고, 낙홍(落紅)은 옷새 진다.
준중(樽中)이 뷔엿거든 날ᄃᆞ려 알외여라.
소동(小童) 아ᄒᆡᄃᆞ려 주가(酒家)에 술을 믈어,
얼운은 막대 집고 아ᄒᆡᄂᆞᆫ **술**을 메고,
미음 완보(微吟緩步)ᄒᆞ야 시냇ᄀᆞ의 호자 안자,
명사(明沙) 조ᄒᆞᆫ 믈에 잔 시어 부어 들고,

[E] ┌ 청류(淸流)를 굽어보니 ᄯᅥ오ᄂᆞ니 도화(桃花)ㅣ로다.
    └ 무릉(武陵)이 갓갑도다, 져 ᄆᆡ이 긘 거인고.

송간 세로(松間細路)에 두견화(杜鵑花)를 부치 들고,
봉두(峰頭)에 급피 올나 구름 소긔 안자 보니,
㉣천촌 만락(千村萬落)이 곳곳이 버러 잇ᄂᆡ.
연하 일휘(煙霞日輝)는 금수(錦繡)를 재폇ᄂᆞᆫ 듯
엇그제 검은 들이 봄빗도 유여(有餘)ᄒᆞ샤.
공명(功名)도 날 씌우고 부귀(富貴)도 날 씌우니,
청풍 명월(淸風明月) 외(外)예 엇던 벗이 잇ᄉᆞ올고.

㉤단표 누항(簞瓢陋巷)에 훗튼 혜음 아니 ᄒᆞᄂᆡ,
아모타, 백년 행락(百年行樂)이 이만ᄒᆞᆫ들 엇지ᄒᆞ리.

– 정극인, 〈상춘곡(賞春曲)〉

B44
2014 대비/사관학교 37

[A]~[E]에 대한 설명으로 적절하지 않은 것은?

① [A]에서는 '생애'에 대한 자부심을 청자에게 말을 건네는 방식으로 표현하고 있다.

② [B]에서는 '수간모옥' 주변의 경치를 시각적 이미지를 활용하여 부각하고 있다.

③ [C]에서는 '호재로다'에 담긴 고독한 정서를 대조의 방법으로 강조하고 있다.

④ [D]에서는 '니웃'들과 풍류를 함께하고자 하는 마음을 대구의 방법으로 드러내고 있다.

⑤ [E]에서는 '술'로 인한 취흥을 고사(故事)를 이용하여 나타내고 있다.

B45
2014 대비/사관학교 38

㉠~㉤에 대한 설명으로 적절하지 않은 것은?

① ㉠: 칼로 마름질하거나 붓으로 그려 낸 것 같다는 뜻으로 봄의 아름다움을 강조하고 있다.

② ㉡: 새 소리가 흥겹게 들린다는 뜻으로 화자의 흥취를 자연물에 투영하여 드러내고 있다.

③ ㉢: 향기는 잔에 어리고 꽃잎은 옷에 떨어진다는 뜻으로 물아일체의 경지를 보여 주고 있다.

④ ㉣: 아름다운 마을이 곳곳에 펼쳐 있다는 뜻으로 이상향이 실현된 공간을 그리고 있다.

⑤ ㉤: 소박하게 살며 헛된 생각은 안 하겠다는 뜻으로 삶에 대한 자세를 드러내고 있다.

〈보기〉의 관점에서 윗글을 감상한 내용으로 가장 적절한 것은?

─────[보기]─────

조선 전기 사대부들에게 자연은 관조를 통해 지극한 즐거움을 얻을 수 있는 공간이었다. 정극인 역시 자연과 소통하며 삶의 충만함을 느끼고자 했다. 즉 일상적 현실에서 벗어나 은일하며 자연과의 조화와 합일을 추구한 것이다. 〈상춘곡〉은 그의 이러한 세계관이 잘 드러난 작품이다.

① 인간적 욕망에 시달리면서도 자연 속에서 이러한 욕망을 극복하고 있군.
② 학문의 정진을 통해 자연과의 조화를 이룰 수 있는 이치를 깨닫고 있군.
③ 자연을 즐거움을 얻는 공간으로 묘사하며 심리적 만족감을 드러내고 있군.
④ 자연과의 합일을 통해 사랑하는 사람과 헤어진 안타까움에서 벗어나고 있군.
⑤ 자연에 대한 관조를 통하여 화자의 잘못을 성찰하려는 태도를 드러내고 있군.

원앙금(鴛鴦錦) 버혀 노코 오식션(五色線) 플텨 내여
금자히 견화이셔 님의 옷 지어 내니
슈품(手品)은ㅋ니와 졔도(制度)도 ㄱ즐시고
산호슈(珊瑚樹) 지게 우희 빅옥함(白玉函)의 다마 두고
님의게 보내오려 님 겨신 되 ㅂ라보니
산(山)인가 구룸인가 머흐도 머흘시고
쳔리(千里) 만리(萬里) 길흘 뉘라셔 ㅊ자갈고
니거든 여러 두고 날인가 반기실가

– 정철, 〈사미인곡(思美人曲)〉

(가)와 (나)의 공통점으로 가장 적절한 것은?

① 시간적 배경에 따른 계절감이 드러나 있다.
② 현재의 상태에 만족하는 마음이 그려져 있다.
③ 매달의 명절을 중심으로 시상을 전개하고 있다.
④ 임에 대한 애절한 마음을 자연에 빗대 표현하고 있다.
⑤ 폐쇄된 공간 속에서 생활하는 갑갑함을 토로하고 있다.

─────

제한 시간 4분
[B47~49] 다음 글을 읽고 물음에 답하시오.

(가) 강호(江湖)에 여름이 드니 초당(草堂)에 일이 업다
　　유신(有信)한 강파(江波)는 보닉ᄂ니 ᄇ람이로다
　　이 몸이 서늘히옴도 역군은(亦君恩)이샷다
　　　　　　　　　　　　　　　　〈하(夏)사〉

　　강호(江湖)에 ㄱ을이 드니 고기마다 슬져 잇다
　　소정(小艇)에 그물 시러 흘리 씌여 더뎌 두고
　　이 몸이 소일(消日)히옴도 역군은(亦君恩)이샷다
　　　　　　　　　　　　　　　　〈추(秋)사〉
　　　　　　　　　　　– 맹사성, 〈강호사시가(江湖四時歌)〉

(나) ᄭ 디고 새닙 나니 녹음(綠陰)이 질렷ᄂ딕
　　나위(羅幃) 적막(寂寞)ᄒ고 슈막(繡幕)이 뷔여 잇다
　　부용(芙蓉)을 거더 노코 공쟉(孔雀)을 둘러 두니
　　ᄀ득 시름 한ᄃ 날은 엇디 기돗던고

(가)에 대한 설명으로 적절하지 않은 것은?

① '초당에 일이 업다'를 통해 한가로운 전원생활을 표현하고 있다.
② '소정에 그물 시러'에서 화자의 생활 전반이 소박하다는 점을 드러내고 있다.
③ '흘리 씌여 더뎌 두고'에는 물욕이 없는 화자의 심정이 담겨 있다.
④ '소일히옴'에는 소임을 수행하려는 화자의 삶의 자세가 드러나 있다.
⑤ '강호'에 있는 '이 몸'을 통해 자연에 동화되어 살아가는 화자 자신을 드러내고 있다.

(나)와 〈보기〉의 공통점으로 가장 적절한 것은?

[보기]

> 묏버들 갈히 것거 보내노라 님의손딕
> 자시는 창(窓) 밧긔 심거 두고 보쇼셔
> 밤비예 새닙곳 나거든 날인가도 너기쇼셔
>
> – 홍랑

① 화자가 임에게 다시 만나기를 바라는 편지를 전한다.
② 화자와 임이 이별의 상황을 타개하려고 함께 노력한다.
③ 화자와 임이 서로 그리워하는 내용의 사연을 주고받는다.
④ 화자와 임 사이에 놓인 간격을 인식하는 어떤 계기를 얻는다.
⑤ 화자가 임에게 자신의 분신과 같은 어떤 사물을 보내려고 한다.

제한 시간 2분 30초

[B50~51] 다음 글을 읽고 물음에 답하시오.

吏打龍山村	㉠아전들 용산*마을 들이쳐
搜牛付官人	소 끌어내 관가로 넘기누나.
驅牛遠遠去	소 몰고 멀리멀리 사라지는 걸
家家倚門看	집집이 문밖에 서서 멍하니 바라만 보네.
勉塞官長怒	㉡사또님 노여움 풀어드리기 급급한데
誰知細民苦	백성의 아픔이야 누가 아랑곳 하랴.
六月索稻米	유월 한 여름에 나락을 바치라니
毒痛甚征戍	그 곤경은 수자리 살기에 못지않네.
德音竟不至	덕음(德音)*은 끝끝내 내려오지 않아
萬命相枕死	수많은 목숨이 늘비하게 죽어 가누나.
窮生盡可哀	궁박한 신세 애처롭기 그지없다.
死者寧可矣	죽는 편이 차라리 낫다 하리.
婦寡無良人	㉢아낙네 남편 없이 홀몸이요
翁老無兒孫	늙은이 자손도 없이 외로운 신세
泫然望牛泣	뺏긴 소 바라보며 눈물 글썽글썽
涙落沾衣裙	눈물이 줄줄줄 적삼 치마 다 적시네.
村色劇疲衰	마을 풍색이 극도로 황량한데
吏坐胡不歸	아전놈 버텨 앉아 어쩐 일로 아니 가나?
瓶甖久已罄	쌀독이 진작 바닥났으니
何能有夕炊	무슨 수로 저녁밥 짓는단 말인가?

坐令生理絕	살아갈 길 없도록 만드니
四隣同鳴咽	㉣사방 이웃들 함께 목메어 흐느끼네.
脯牛歸朱門	소 잡아 포를 떠서 ㉤권문세가에 바치나니
才諝以甄別	재간은 이로 말미암아 드러난다지.

– 정약용, 〈용산 마을 아전[龍山吏]〉

* 용산(龍山): 마을 이름으로 지금의 강진군 도암면 용흥리(龍興里). 당시 다산이 거주하고 있던 다산초당에서 멀지 않은 거리에 있다.
* 덕음(德音): 임금의 말씀, 즉 조세를 탕감하고 굶주린 백성을 구휼하라는 뜻이 내리기를 기대했음이 드러난다.

07 DAY

B50

예상 문제

윗글에 대한 설명으로 가장 적절한 것은?

① 상승 이미지를 통해 환상적 분위기를 조성하고 있다.
② 의인화를 통해 대상의 속성을 선명하게 부각하고 있다.
③ 계절의 변화에 따른 화자의 정서 변화를 보여 주고 있다.
④ 구체적인 사건을 바탕으로 당사자들의 처지를 제시하고 있다.
⑤ 공간적 배경의 상징적 의미를 통해 이별의 슬픔을 드러내고 있다.

B51

예상 문제

㉠~㉤과 〈보기〉의 밑줄 친 시어를 비교하여 이해한 내용으로 적절하지 않은 것은?

[보기]

> 참새들은 어디서 날아왔다가 가는지
> 일 년 농사야 어찌 되든 아랑곳 않네
> 늙은 홀아비 홀로 밭 갈고 김맸는데
> 밭의 벼며 기장을 다 먹어 버렸다네
>
> – 이제현, 〈사리화〉

① ㉠, ㉡은 〈보기〉의 '참새'와 관련이 깊다.
② ㉠과 〈보기〉의 '홀아비'는 살아가는 방식이 다르다.
③ ㉢은 〈보기〉의 '홀아비'와 유사한 심정을 느끼고 있다.
④ ㉣ 중의 하나로 〈보기〉의 '홀아비'를 포함시킬 수 있다.
⑤ ㉤은 〈보기〉의 '참새'와 같은 행동을 비판적으로 인식하고 있다.

서울대학교 연극동아리 총연극회

서울대학교 연극동아리 총연극회

우리의 사상을 우리의 미학으로!

서울대학교 총연극회는 1947년 '국립대학극장'이 결성되어 체홉(Антóн Пáвлович Чéхов)의 〈악로〉를 공연(故김기영 감독 연출)함으로써 그 역사가 시작되었습니다. 1975년 캠퍼스가 이전함에 따라 관악에 모인 각 단과대학 연극회들은 국립대학극장을 바탕으로 새로이 '총연극회'를 결성하였습니다. 각 단과대학 연극회들은 총연극회에서 다양한 작품을 함께 기획하고 공연하였으며, 더불어 각자의 활동도 활발히 지속하였습니다.

총연극회는 '우리의 사상을 우리의 미학으로'라는 모토 아래 연 2회의 정기 공연, 수차례의 워크숍, 연기 교실 등 많은 활동을 진행하고 있습니다. 또한 연극에 뜻이 있는 사람들끼리 수시로 모여 '소공연'의 형태로 수준급의 연극 공연을 무대에 올리고 있습니다. 서울대학교의 중앙동아리로서 총연극회는 이 시대의 연극을 개척하고 여러분과 함께 호흡하는 일을 앞으로도 멈추지 않고 계속하겠습니다.

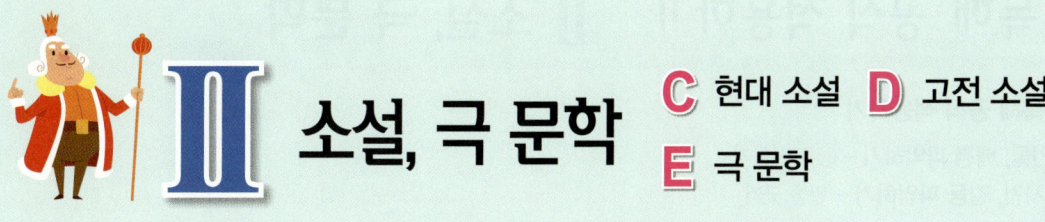

II 소설, 극 문학

C 현대 소설   **D** 고전 소설
E 극 문학

★ 소설, 극 문학 독해 공식

소설과 극 문학을 쉽고 빠르게 이해하기 위한 3단계 공식으로 어떤 작품이라도 스스로 독해할 수 있게 하였습니다.

> ★ 현대 소설   독해 공식
> ❶ 중심인물, 배경 파악하기   ❷ 중심 사건, 갈등 파악하기
> ❸ 서술상 특징 파악하기

★ 소설, 극 문학 문제 풀이 꿀팁

현대 소설과 극 문학에서 가장 많이 출제되는 문제 유형을 분류하고, 각 유형별 문제 풀이 꿀팁을 제시하였습니다.

★ 소설

꿀팁 서술상 특징 파악하기

선택지에 제시된 서술 방법뿐만 아니라 그로 인한 효과가 적절한지도 확인하세요.

꿀팁 인물의 심리와 태도 파악하기

선택지의 내용을 지문에서 찾고 그와 관련된 인물의 생각, 말, 행동을 확인하세요.

꿀팁 사건과 갈등 파악하기

선택지의 내용이 지문과 일치하는지 확인하세요.

꿀팁 소재 및 배경의 의미 파악하기

해당 소재가 인물에게 어떤 의미를 가지는지, 해당 배경에서 인물이 무엇을 하는지 살펴보세요.

꿀팁 〈보기〉를 바탕으로 감상하기

〈보기〉를 먼저 읽어 지문의 핵심을 파악하고, 〈보기〉와 지문에서 근거가 되는 부분을 찾으세요.

★ 극 문학

꿀팁 갈래의 특성 파악하기

〈보기〉에 제시된 희곡 혹은 시나리오의 특성이 지문의 어느 부분에 나타나는지 확인하세요.

꿀팁 대사와 지시문의 의미 파악하기

선택지의 내용을 지문에서 찾아 해당 부분의 앞뒤 문맥을 살펴 의미를 파악하세요.

꿀팁 무대 구성 및 연출 이해하기

무대 구성 및 연출이 인물의 심리와 태도, 지문의 분위기와 어울리는지 살펴보세요.

C 현대 소설

[고난도 작품 유형] 인물의 깊은 내면 심리를 다룬 작품

등장인물이 적거나 한 명뿐이고, 인물의 내면 심리가 의식의 흐름에 따라 두서없이 제시되는 경우가 많아 중심 사건과 인물의 심리를 파악하기 어렵다. 예 김원일, 〈어둠의 혼〉

▶ **해결 방법**: 문제에 제시된 〈보기〉를 통해 인물의 주된 심리가 무엇인지 힌트를 얻은 후 작품을 읽는 것이 좋다. 특히 인물의 내면 심리가 변화하는 부분이 있는지 살펴봐야 한다.

[고난도 문제 유형] 서술상 특징 파악하기 유형

다양한 전개 방식과 서술 방법이 작품에 어떻게 나타나 있는지 파악하고, 그로 인해 나타나는 효과가 적절한지도 판단해야 하는 까다로운 유형이다.

▶ **해결 방법**: 작품을 읽으며 서술자와 시점, 이야기 구조 등 눈에 띄는 서술상 특징에 표시해 두는 것이 좋다.

D 고전 소설

[고난도 작품 유형] 등장인물이 많은 작품

등장인물이 많으면 인물 간의 관계를 파악하기 어렵고, 그로 인해 사건의 전개를 잘못 이해하게 되는 경우가 많다. 예 작자 미상, 〈윤지경전〉

▶ **해결 방법**: 제목을 통해 주인공을 확인하고, 주인공에게 협력하는 인물과 대적하는 인물을 구분한다. 고전 소설의 인물들은 여러 가지 지칭·호칭으로 제시되므로 이에 유의하여 중심인물을 파악해야 한다.

[고난도 문제 유형] 인물의 심리와 태도 파악하기 유형

서술자가 인물의 심리를 직접 제시하지 않는 경우, 맥락을 통해 인물의 심리와 태도를 추측해야 하므로 어렵게 느껴질 수 있는 유형이다.

▶ **해결 방법**: 인물의 상황과 대화, 행동을 통해 심리와 태도를 파악해야 한다. 인물이 적극적인지 소극적인지, 관습에 순응하는 인물인지 저항하는 인물인지 등을 살펴보는 것이 좋다.

E 극 문학

[고난도 작품 유형] 상징적 의미가 내포되어 있는 작품

등장인물이나 배경, 사건이 상징적인 의미를 내포하고 있는 경우에는 작품의 내용을 자의적으로 해석하여 함정에 빠지기 쉽다.
예 이강백, 〈동지섣달 꽃 본 듯이〉

▶ **해결 방법**: 서로 대립하는 인물이나 배경, 소재를 중심으로 사건을 이해하면 그 안에 내포된 상징적 의미를 더 쉽게 파악할 수 있다.

[고난도 문제 유형] 대사와 지시문의 의미 파악하기 유형

인물의 대사나 지시문의 구체적 의미와 역할을 묻는 유형으로, 앞뒤 맥락을 참고하여 문제를 풀어야 실수하지 않는다.

▶ **해결 방법**: 앞뒤 맥락을 고려하여 인물이 어떤 상황에서 왜 그러한 대사를 말했는지, 지시문이 나타내고자 하는 바가 무엇인지 파악해야 한다.

✳ 소설 독해 공식 적용하기
❶ 중심인물, 배경 파악하기 – ○ 표시하기
❷ 중심 사건, 갈등 파악하기 – 밑줄 긋기
❸ 서술상 특징 파악하기 – 괄호 치기

[**C**01~04] 다음 글을 읽고 물음에 답하시오. ━━━━━━━━━━━━　　[2021 대비/사관학교 37~40]

[앞부분의 줄거리] 조상 대대로 살아온 고향집 만취당은 정승이 나온다는 명당 터에 있는데, 아버지는 젊을 때 노름 때문에 빼앗겨 버렸고, 정승 자리에 '나'가 오를 것이라는 믿음을 가지고 만취당을 다시 찾겠다는 집념으로 살고 있다.

아내로부터 ㉠내 얘기를 전해 들은 아버지가 날 불러 앉혔다. 내가 너한티 을매나 말했니! 모난 돌이 정 맞는 벱이라구. 그런디 도대체 어떻게 처신을 했으믄…… 너도 그렇지만 우리 모두 을매나 고생을 했냐 말여. 그런디 그 벼슬자리에 앉아보지두 못하구 모가지 걱정을 해야 하다니! 너도 니 오대조 할아버님 꼴이 되구 싶으냐? 그분께서두 바른 소릴 하시다가 조정에서 쫓겨나 낙향하신 겨. 처신만 잘했으믄 정승자리는 식은 죽 먹기였다는 겨. 그래설람 낙향해 가지군 오동남구 잎사구마냥 일찍 벼슬자리에서 떨어진 당신 신셀 한탄하믄서 당신은 이왕에 그렇게 됐지만서두 자손들만은 즑(겨울)꺼정 푸른 솔잎마냥 되라는 뜻으루다 만취당이라는 당호를 지어 붙이신겨. 나는 아버지의 그 ㉡터무니도 없는 얘기에 터져나오는 웃음을 참을 수가 없었다. 만약 내가 어렸다면 한 차례 종아리를 맞았을지도 모를 일이었다. 아버지는 노여운 기색이긴 했으나 입을 다물고 있었다. 나는 아버지의 낯빛을 살피면서 노여움을 돋구지 않으려고 애를 썼다. 그리고 조심스럽게 입을 열었다. 아버님 말씀대로 만취당의 만취가 겨울철이 돼도 솔잎의 푸른빛이 변하지 않는 걸 뜻하는 말이긴 하지만 그건 노후에도 그 굳은 절조가 변하지 않는 사람을 비유한 말이에요. 내말에 아버지는 미간을 찌푸렸다. 그리고는 억지를 부렸다. 요새 세상은 옛날하군 달러. 절조를 지키구 살다간 웃음거리가 되는 벱여. 시류에 맞추어 살아야 하능겨. 그래야 즑에두 늘 푸른 소나무처럼 오래도록 부귀영화를 누릴 수가 있능겨. 만취당은 그런 뜻으루다 진 당호란 말여. 그런디 니가 아까 한 말, 대체 누가 그러디? 아버지의 물음에 나는 대답을 할 수가 없었다. 내게 ㉢그 얘기를 해준 것은 서예학원을 경영하는 아저씨였다. 물론 아버지도 그 아저씨로부터 만취당의 내력을 들은 것이었다. 그런데도 만취당의 정확한 내력

을 내게 말해주지 않았다. 그것은 다분히 의도적인 것이었다.

아버지는 내 목이 위험하게 됐다는 것을 아내로부터 들은 뒤부터 눈에 띄게 불안해하고 초조해했다. 절조를 지키느라고 벼슬자리를 잃게 된 오대조처럼 내 신세가 그렇게 될 것이 뻔했기 때문일 것이었다. 달포 전, 아버지는 나와 아내를 불러 앉히곤 자못 엄숙하게 말했다. 용이 물 밖에 나면 개미도 침노를 하는 벱이여. 어쩌다가 그런 실수를 했냐? 실수가 아니라 법을 어기는 일이기 때문에 소신껏 처리한 일이라고 대답하자 아버지는 화를 벌컥 냈다. 치성 드려 낳은 자식이 눈 먼 꼴이여. 야, 이 녀석아! 니가 이 애비 생각을 조금이라두 하는 늠이냐? 두말할 필요 읎이 며늘애기 너는 만취당에 내려가 애 낳을 작정해라. 내말 알겠지? 나는 아이를 낳으러 가다가 숲 속에 이르러 해산을 하게 되는 아내의 모습을 연상하며 쓴웃음을 날리지 않을 수 없었다.

화톳불은 끊임없이 아버지의 환영을 피워 올렸다. 나는 아버지가 만취당을 되찾는 데 성공했기를 빌었다. 그리고 이제 어디로 가야만 아버지를 만날 수 있는지 또 어떻게 찾아야 될지, 그런 것들을 궁리하기 시작했다.

(중략)

"우리 부친께서 틀림없이 이 동촌리에 오셨을 텐데…… 이 장집에 가면 확인할 수 있을지 모르겠군요."
"실은……."
이 경장은 불 단속을 하느라고 굽혔던 허리를 펴고 ㉣잠시 멈췄던 얘기를 잇기 시작했다.
"어르신네께서 내려오셨던 건 확실합니다. 이짜, 택짜, 희짜 쓰시는 어른 아닙니까?"
"아니 어떻게 이름까지……."
나는 그의 말에 깜짝 놀랐다.
"제 이름과 똑같아서 욀 수가 있었습니다만. 실은 어르신네께서…… 저희들이 어제 어르신네를 연행했던 일이 있었습니다."

"지금 뭐랬소? 연행이라고 했소?"

나는 내 귀를 의심하지 않을 수가 없었다. 그가 나를 놀래 켰기 때문에 혹 헛들은 것이 아닌가 싶었던 것이다.

"실은 어르신네께서 어제 약주가 과하셔가지고 군청에 들 어가 군수 비서실에서 행패를…… 군청에서 연락해 오길 행패를 부렸다는 겁니다."

"행패라뇨? 무슨 행패를 부렸단 말입니까?"

나는 나도 모르게 언성을 높였다.

"그보다 먼저 아셔야 될 게 있으십니다만. 실은 만취당이 헐리게 됐습니다. 만취당뿐만 아니라 동촌리에 있는 모든 집들이 헐리게 된 겁니다."

"그건 또 ⓓ무슨 얘기입니까?"

"여기에 농공단지가 들어서게 된 겁니다."

이 경장의 설명은 주민들에게 이미 이주비가 다 지불되었고 이주가 완료되는 다음 달부터는 공사가 시작되게끔 돼 있다 는 것이었다. 그의 얘기는 계속되었다.

"어르신네께서는 그 사실을 아시고 횟술을 잡수신 끝에 군 청에 들어가셔서 군수를 만나시겠다고 했는데 비서실에서 약주가 잔뜩 취하신 분이라 군수를 만나게 해주질 않았다 는 겁니다. 그러니까 어르신네께서 화가 나셔서 비서실 전 화며 의자를 집어던지는 소동을 일으키신 겁니다."

경찰에 연행된 아버지는 술이 깬 뒤 조사를 받게 되었는데 그 결과 그렇게 행동하게 됐던 까닭을 알게 되었고 또 이곳 태생의 노인이기도 해서 군청과 타협해 훈계 방면했다는 것 이었다.

"아마 모르면 몰라도 어제 밤차로 올라가셨지 싶습니다만, 어젯밤에 내려오시고 올라가시고 길이 엇갈리신 모양입니 다. 이장 집에 전화가 있으니 가셔서 댁에 전활 해보시지요."

나는 일시에 맥이 탁 풀리고 말았다. 아버지를 찾으러 왔다 가 길이 어긋났다는 점도 맥빠지게 했지만 그보다도 이제는 만취당을 영원히 되찾을 수가 없게 됐다는 실망감이 결정적 으로 나를 그토록 맥빠지게 한 것이었다. 내가 이런데 아버지 의 심정은 그야말로 어떠했겠느냐 싶었다.

– 김문수, 〈만취당기(晚翠堂記)〉

윗글에 대한 설명으로 가장 적절한 것은?

① 대화를 통해 중심 소재를 둘러싼 사건을 서술하고 있다.

② 배경 묘사를 통해 앞으로 벌어질 사건에 대해 암시하고 있다.

③ 작품 밖 서술자의 서술을 통해 현재 상황에 대한 이해 를 돕고 있다.

④ 이야기 속에 또 다른 이야기를 삽입하여 사건을 입체적 으로 드러내고 있다.

⑤ 서로 다른 장소에서 동시에 벌어진 사건을 병치하여 원 인과 결과를 규명해 내고 있다.

〈보기〉는 '만취당'에 대한 인물의 관계를 구조화한 것이다. 윗글 의 내용과 관련하여 인물들에 대해서 이해한 내용으로 적절하지 않은 것은? [3점]

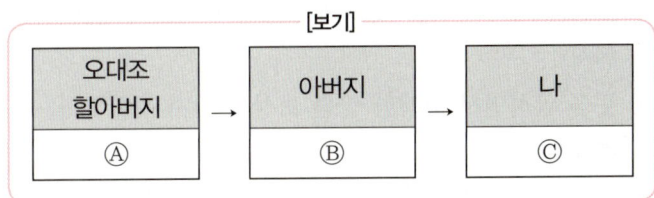

[보기]

오대조 할아버지	→	아버지	→	나
ⓐ		ⓑ		ⓒ

① ⓐ가 지킨 만취당의 가치를 고수하기 위해 실수를 반복 하는 ⓒ에게 ⓑ는 감정적인 반응을 보이고 있다.

② ⓐ가 만취당을 세운 내력에 대해 ⓑ는 알고 있으나 ⓒ 에게는 그 내력을 고의로 숨기고 있다.

③ ⓑ는 ⓐ가 만취당이라는 당호를 붙인 이유를 전달하며 ⓒ가 현실과 타협할 것을 강요하고 있다.

④ ⓑ는 ⓐ가 만취당을 통해 전하고 싶었던 가치를 ⓒ가 지니고 살아가는 것에 불안감을 느끼고 있다.

⑤ ⓒ는 ⓐ가 지키고자 했던 가치에 대해서 ⓑ와 다른 모 습을 보이지만, 만취당이 없어지게 된 상황에 대해서는 유사한 심정을 보이고 있다.

C03

㉠~㉤의 내용에 대한 이해로 가장 적절한 것은?

① ㉠: '아버지'에게 전해 달라고 '나'가 '아내'에게 부탁했던 얘기

② ㉡: '나'가 지금 이 자리에서 성공할 것이라는 '아버지'의 얘기

③ ㉢: '아저씨'가 서예학원을 경영하게 된 내력을 밝힌 얘기

④ ㉣: '아버지'가 '군수'를 만나 자신에 대한 하소연을 했다는 얘기

⑤ ㉤: 동촌리에 와서 '이 경장'의 설명에 의해 '나'가 알게 된 얘기

C04

용이 물 밖에 나면 개미도 침노를 하는 벱이여를 말한 의도로 가장 적절한 것은?

① 별 볼 일 없게 되어 무시당하는 삶을 살게 될 것을 우려해서

② 소신을 지켜야 하는 상황에서 그것을 하지 못할까 염려해서

③ 뜻을 굽히면서 고생한 만큼 보상을 받지 못할 것을 염려해서

④ 절조를 지키지 못하여 마을 사람들에게 비아냥 받을 것을 우려하여

⑤ 사람들에게 인정받지 못해 법을 어기는 결과를 초래할 것을 우려하여

지문 분석 특강

✿ 제목 체크

지문의 제목은 〈만취당기(晚翠堂記)〉로, '만취당'에 관한 이야기임을 짐작할 수 있어요.

✿ 소설, 극 문학을 쉽고 빠르게 읽는 독해 공식입니다.

> **★ 소설, 극 문학**   **독해 공식**
>
> **❶ 중심인물, 배경 파악하기**
> • **중심인물**: 중심인물이 여럿 등장하면 그들 사이의 관계에 집중하고, 중심인물이 한 명이면 그 인물의 내면에 집중하세요.
> • **배경**: 사건이 언제 어디에서 일어나는지(시간적·공간적 배경), 중심인물을 둘러싼 사회적·역사적 상황은 어떠한지(시대적 배경) 살펴보세요.
> **❷ 중심 사건, 갈등 파악하기**
> • **중심 사건**: 중심인물을 둘러싸고 벌어지는 주된 일이 무엇인지 파악하세요.
> • **갈등**: 소설에서 갈등은 이야기를 발전시키는 중요한 역할을 합니다. 인물이 어떠한 대상과 대립하거나 혼자서 혼란을 느끼는 부분에 주목하세요.
> **❸ 서술상 특징 파악하기**
> 서술자가 어느 위치에서 어떠한 관점으로 이야기를 전달하고 있는지, 사건이 어떠한 방식으로 제시되고 있는지 등을 살펴보세요. 예) 시점, 액자식 구성, 요약적 서술, 풍자

✿ 지문에 독해 공식 ❶, ❷, ❸을 적용해 봅시다.

❶ 중심인물, 배경 파악하기

이 지문에 등장하는 중심인물은 '나'와 '아버지'이고, '나'의 아내와 이 경장이 주변 인물로 등장해요. [앞부분의 줄거리]에 따르면 아버지는 '나'가 정승 자리에 오를 것이라는 믿음을 가지고 정승이 나온다는 명당터에 있는 고향집 '만취당'을 되찾으려 하고 있어요. 하지만 '나'는 소신과 신념을 지키다 현재의 자리에서 물러날지도 모르는 상황에 처해 아버지와 갈등을 겪고 있어요. 한편 '중략' 이전의 시간적 배경은 '달포 전'으로 드러나고 있어요. 이는 아버지가 사라진 날을 기준으로 한 과거의 날을 가리켜요. 아버지는 '달포 전'에 '나'와 아내를 불러 '만취당'을 되찾으려는 뜻을 내비쳤어요.

'중략' 이후의 공간적 배경은 '동촌리'임이 드러나고 있어요. 이는 '만취당'이 있는 고향 마을을 가리켜요. '나'는 사라진 아버지를 찾기 위해 '동촌리'로 내려갔어요.

• **중심인물**: '나', '아버지'
• **시간적 배경**: '달포 전'
• **공간적 배경**: 동촌리

✱ 지문의 내용을 구분해 봅시다.

시간적·공간적 배경이 달라지는 부분에서 끊어 읽으면 내용을 이해하는 데 도움이 돼요. 지문의 내용을 아래와 같이 구분해 볼게요.

> • ①: [앞부분의 줄거리] ~ 다분히 의도적인 것이었다.
> • ②: 아버지는 내 목이 ~ (중략) 이전
> • ③: (중략) 이후 ~ 나는 나도 모르게 언성을 높였다.
> • ④: "그보다 먼저 아셔야 ~ 어떠했겠느냐 싶었다.

❖ 정답 및 해설 98~99p

❷ 중심 사건, 갈등 파악하기

①에서 아버지는 자리에서 물러날지도 모르게 된 '나'를 질책하며 '만취당'의 당호에 권력을 계속 지켜 나가라는 뜻이 있다고 말해요. 이에 '나'는 '만취당'의 '만취'가 절조가 변하지 않는 사람을 비유한 말이라고 설명하며 아버지의 말에 반박해요. 하지만 아버지는 '절조를 지키'다간 웃음거리가 된다며 '시류에 맞추어 살'아야 한다고 주장해요.

②에서 '나'는 아버지가 사라지기 전에 '나'와 아내를 불러 '만취당'을 되찾으려는 뜻을 내비쳤던 일을 떠올려요. 그리고 아버지를 어떻게 찾아야 할지 궁리하기 시작해요.

③에서 '나'는 아버지를 찾기 위해 내려간 동촌리에서 아버지가 군청에서 행패를 부려서 연행된 일에 대해 들어요.

④에서 '나'는 농공단지 조성으로 인해 만취당뿐만 아니라 동촌리의 모든 집들이 헐리게 된다는 소식도 듣게 돼요. 아버지가 군청에서 행패를 부린 것 또한 이러한 이유였음이 드러나요. '나' 또한 만취당을 영원히 되찾을 수 없다는 것에 큰 실망감을 느껴요.

- **중심 사건:** 소신을 지키다 자리에서 물러날 수도 있게 된 '나'를 아버지가 질책함. 아버지가 만취당을 되찾고자 하는 뜻을 내비침. '나'가 아버지가 연행된 일에 대해 들음. 만취당을 비롯한 동촌리의 모든 집들이 헐리게 됨.
- **갈등:** 시류를 따라 권력을 추구해야 한다는 아버지와, 시류에 영합하지 않고 신념을 지켜야 한다는 '나'의 외적 갈등

❸ 서술상 특징 파악하기

지문에서 서술자를 나타내는 말인 '나'가 나오므로 이 지문의 서술자는 '1인칭 서술자'예요. 한편 '나는 아버지의 그 터무니도 없는 얘기에 터져나오는 웃음을 참을 수가 없었다.', '나는 아버지의 낯빛을 살피면서 노여움을 돋구지 않으려고 애를 썼다.' 등에서 서술자인 '나'의 생각과 심리가 드러나고 있으므로 이 지문의 시점은 '1인칭 주인공 시점'이에요.

한편, 아버지가 사라진 현재의 시점에서 아버지가 사라지기 전의 과거를 회상하며 사건을 입체적으로 전달하고 있어요.

또한 '만취당'은 아버지와 '나'의 가치관 차이를 보여 주는 공간이고, '농공단지'는 산업화가 진행되는 현실을 단적으로 드러내는 공간이에요. 이 지문에서는 이와 같은 공간을 통해 인물의 가치관과 사회적 현실 등을 상징적으로 드러내고 있어요.

- **서술상 특징**
  - 서술자: '나', 시점: 1인칭 주인공 시점
  - 과거 회상과 현재를 교차하여 사건을 입체적으로 전달하고 있음.
  - 공간을 통해 인물의 가치관, 사회적 현실 등을 상징적으로 드러내고 있음.

＊ 지문의 구조와 주제를 정리해 봅시다.

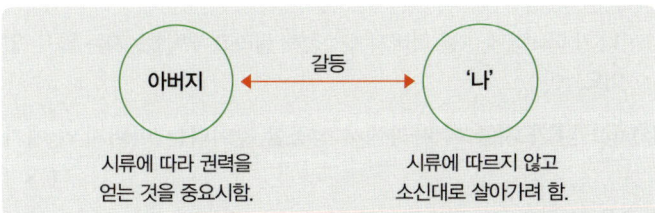

권력을 얻고 출세하는 것을 중요시하는 아버지와 소신과 신념에 따라 살아가려는 '나'가 갈등하고 있어요.

따라서 <u>주제</u>는 출세 욕망과 그에 맞서는 청빈 사상입니다.

C01 서술상 특징 파악하기

윗글에 대한 설명으로 가장 적절한 것은?

① 대화를 통해 중심 소재를 둘러싼 사건을 서술하고 있다. (○)

> **＊근거:** ①~④
> - ①: 내가 너한티 을매나 말했니! / 아버님 말씀대로 ~
> - ②: 어쩌다가 그런 실수를 했냐? / 실수가 아니라 법을 ~
> - ③: "우리 부친께서 틀림없이 ~ / "실은……."
> - ④: "그보다 먼저 아셔야 될 게 ~ 집들이 헐리게 된 겁니다." / "그건 또 무슨 얘기입니까?"

🍃 ①, ②에서는 '나'와 '아버지'의 대화, ③, ④에서는 '나'와 '이 경장'의 대화를 통해 '만취당'을 둘러싼 사건을 서술하고 있어요.
   그러므로 정답은 ①!

② ~~배경 묘사를 통해~~ 앞으로 벌어질 사건에 대해 암시하고 있다. (×)

🍃 윗글에서는 시간적 배경이나 공간적 배경을 묘사하고 있지 않아요.

③ ~~작품 밖 서술자~~의 서술을 통해 현재 상황에 대한 이해를 돕고 있다. (×)

🍃 윗글의 서술자는 '나'로, '나'는 작품 안에 위치한 서술자예요.
   [**작품 밖 서술자:** 서술자가 작품에 등장하지 않으면 '작품 밖 서술자'에 해당한다.

④ ~~이야기 속에 또 다른 이야기를 삽입하여~~ 사건을 입체적으로 드러내고 있다. (×)

🍃 윗글에서는 이야기 속에 또 다른 이야기를 삽입하고 있지 않아요.
   [**이야기 속에 또 다른 이야기를 삽입:** '액자식 구성'과 같은 표현이다.

⑤ ~~서로 다른 장소에서 동시에 벌어진 사건을 병치하여~~ 원인과 결과를 규명해 내고 있다. (×)

🍃 윗글에서는 서로 다른 장소에서 동시에 벌어진 사건을 나란히 제시하고 있지 않아요.
   [**병치하다:** 두 가지 이상의 것을 한곳에 나란히 두거나 설치하다.

> 🦋 **서술상 특징 파악하기 유형**
>
> 🍯꿀팁 선택지에 제시된 서술 방법뿐만 아니라 그로 인한 효과가 적절한지도 확인하세요.

C02 사건과 갈등 파악하기

<보기>는 '만취당'에 대한 인물의 관계를 구조화한 것이다. 윗글의 내용과 관련하여 인물들에 대해서 이해한 내용으로 적절하지 않은 것은? [3점]

- <보기>: '만취당'과 관련하여 언급되고 있는 인물들입니다.
- 윗글: '아버지'는 '오대조 할아버지'가 낙향한 후 자손들이 권력을 얻길 바라는 마음을 담아 '만취당'이라는 당호를 지었다고 생각하고 있습니다. 반면, '나'는 '만취당'이 노후에도 굳은 절조가 변하지 않는 태도를 담은 당호라고 생각하고 있습니다.

🟥즘 '만취당'과 관련된 인물들의 말과 행동을 잘못 이해한 것을 고르는 문제입니다.

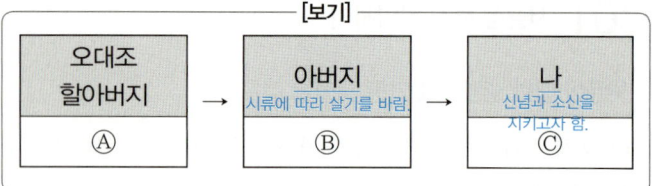

오대조 할아버지	→	아버지 시류에 따라 살기를 바람.	→	나 신념과 소신을 지키고자 함.
Ⓐ		Ⓑ		Ⓒ

[보기]

① Ⓐ가 지킨 만취당의 가치를 고수하기 위해 ~~실수를 반복하는~~ ~~Ⓒ~~에게 Ⓑ는 감정적인 반응을 보이고 있다. (×)

＊근거: ①

> 너도 니 오대조 할아버님 꼴이 되구 싶으냐? 그분께서두 바른 소리를 하시다가 조정에서 쫓겨나 낙향하신 겨.
> 아버님 말씀대로 만취당의 만취가 겨울철이 돼도 솔잎의 푸른빛이 변하지 않는 걸 뜻하는 말이긴 하지만 그건 노후에도 그 굳은 절조가 변하지 않는 사람을 비유한 말이에요.

🍃 '나'(Ⓒ)가 오대조 할아버지(Ⓐ)가 지킨 만취당의 가치를 고수하고 있다고 볼 수 있지만, 이를 위해 실수를 반복하고 있지는 않아요. 아버지(Ⓑ)가 '나'(Ⓒ)에게 화를 내는 것은 '나'가 자리에서 물러날까 봐 불안하기 때문이에요. 그러므로 정답은 ①!

② Ⓐ가 만취당을 세운 내력에 대해 Ⓑ는 알고 있으나 Ⓒ에게는 그 내력을 고의로 숨기고 있다. (○)

＊근거: ①

> 만취당의 정확한 내력을 내게 말해주지 않았다. 그것은 다분히 의도적인 것이었다.

🍃 아버지(Ⓑ)는 오대조 할아버지(Ⓐ)가 만취당을 세운 내력을 '다분히 의도적'으로 '나'(Ⓒ)에게 '말해주지 않았'어요.

③ Ⓑ는 Ⓐ가 만취당이라는 당호를 붙인 이유를 전달하며 Ⓒ가 현실과 타협할 것을 강요하고 있다. (○)

＊근거: ①

> 당신은 이왕에 그렇게 됐지만서두 자손들만은 즑(겨울)꺼정 푸른 솔잎마냥 되라는 뜻으루다 만취당이라는 당호를 지어 붙이신겨.

🍃 아버지(Ⓑ)는 오대조 할아버지(Ⓐ)가 '푸른 솔잎마냥' 권력을 유지하기를 바라는 뜻에서 '만취당이라는 당호를 지어 붙였'다며 '나'(Ⓒ)에게 시류에 맞추어 살 것을 강요하고 있어요.

④ Ⓑ는 Ⓐ가 만취당을 통해 전하고 싶었던 가치를 Ⓒ가 지니고 살아가는 것에 불안감을 느끼고 있다. (○)

＊근거: ②

> 아버지는 내 목이 위험하게 됐다는 것을 ~ 들은 뒤부터 눈에 띄게 불안해하고 초조해했다. 절조를 지키느라고 벼슬자리를 잃게 된 오대조처럼 내 신세가 그렇게 될 것이 뻔했기 때문일 것이었다.

🍃 아버지(Ⓑ)는 절조를 지키고 살았던 오대조 할아버지(Ⓐ)처럼 '나'(Ⓒ)가 살아가는 것에 불안함을 느끼고 있어요.

⑤ Ⓒ는 Ⓐ가 지키고자 했던 가치에 대해서 Ⓑ와 다른 모습을 보이지만, 만취당이 없어지게 된 상황에 대해서는 유사한 심정을 보이고 있다. (○)

＊근거: ①, ②, ④

> • ①: 절조를 지키구 살다간 웃음거리가 되는 벱여. 시류에 맞추어 살아야 하능겨.
> • ②: 실수가 아니라 법을 어기는 일이기 때문에 소신껏 처리한 일이라고 대답하자 아버지는 화를 벌컥 냈다.
> • ④: 이제는 만취당을 영원히 되찾을 수가 없게 됐다는 실망감이 결정적으로 나를 그토록 맥빠지게 한 것이었다. 내가 이런데 아버지의 심정은 그야말로 어떠했겠느냐 싶었다.

🍃 '나'(Ⓒ)는 아버지(Ⓑ)와 달리 오대조 할아버지(Ⓐ)가 지키고자 했던 '강직함'을 추구하며 살아가지만, 만취당이 없어지는 것에 대해서는 아버지(Ⓑ)가 느낀 것과 같이 실망감을 느끼고 있어요.

🌸 **사건과 갈등 파악하기 유형**

🍯 꿀팁 선택지의 내용이 지문과 일치하는지 확인하세요.

C03 사건과 갈등 파악하기

ⓐ~ⓔ의 내용에 대한 이해로 가장 적절한 것은?

• ㉠: ㉠은 '내 얘기'로, '나'가 자리에서 물러나야 할지도 모른다는 이야기입니다.
• ㉡: ㉡은 '터무니도 없는 얘기'로, 만취당의 내력과 당호에 관한 아버지의 이야기입니다.
• ㉢: ㉢은 '그 얘기'로, '나'가 서예학원을 경영하는 아저씨에게 들은 이야기입니다.
• ㉣: ㉣은 '잠시 멈췄던 얘기'로, 아버지의 행방에 관한 이야기입니다.
• ㉤: ㉤은 '무슨 얘기'로, 만취당을 비롯한 동촌리의 집들이 헐리게 된다는 이야기입니다.

🟥 즉 앞뒤 맥락을 고려하여 ㉠~㉤의 '얘기'를 적절하게 이해한 것을 고르는 문제입니다.

① ㉠: '아버지'에게 전해 달라고 ~~'나'가 '아내'에게 부탁했던~~ 얘기
(×)

＊근거: ①

> 아내로부터 ㉠내 얘기를 전해 들은 아버지가 날 불러 앉혔다.

🍃 '나'가 아내에게 ㉠을 아버지에게 전해 달라고 부탁했는지는 알 수 없어요.

② ㉡: ~~'나'가 지금 이 자리에서 성공할 것이라는~~ '아버지'의 얘기
(×)

＊근거: ①

> 자손들만은 즑(겨울)꺼정 푸른 솔잎마냥 되라는 뜻으루다 만취당이라는 당호를 지어 붙이신겨. 나는 아버지의 그 ㉡터무니도 없는 얘기에 터져나오는 웃음을 참을 수가 없었다.

🍃 ㉡은 자신의 의도와 생각을 담아 만취당의 당호와 내력을 설명하는 아버지의 이야기예요.

③ ⓒ: '아저씨'가 서예학원을 경영하게 된 내력을 밝힌 얘기 (×)
  *근거: ①

> 아버님 말씀대로 만취당의 만취가 겨울철이 돼도 솔잎의 푸른빛
> 이 변하지 않는 걸 뜻하는 말이긴 하지만 그건 노후에도 그 굳은
> 절조가 변하지 않는 사람을 비유한 말이에요.
> 내게 ⓒ그 얘기를 해준 것은 서예학원을 경영하는 아저씨였다.

🍃 ⓒ은 '나'가 서예학원을 경영하는 아저씨에게 들은, 만취당의 정확한
  내력과 당호에 담긴 진정한 의미에 관한 이야기예요.

④ ⓓ: '아버지'가 '군수'를 만나 자신에 대한 하소연을 했다는 얘기 (×)
  *근거: ③

> 이 경장은 불 단속을 하느라고 굽혔던 허리를 펴고 ⓓ잠시 멈췄
> 던 얘기를 잇기 시작했다.
> "어르신네께서 내려오셨던 건 확실합니다. ~ 군청에서 연락해
> 오길 행패를 부렸다는 겁니다."

🍃 ⓓ은 동촌리에 내려온 아버지의 행방에 관한 이야기로, 아버지가 군
  청에서 행패를 부려 연행되었다는 이야기예요.

⑤ ⓔ: 동촌리에 와서 '이 경장'의 설명에 의해 '나'가 알게 된 얘기 (○)
  *근거: ④

> "그보다 먼저 아셔야 될 게 있으십니다만. 실은 만취당이 헐리게
> 됐습니다. 만취당뿐만 아니라 동촌리에 있는 모든 집들이 헐리
> 게 된 겁니다." / "그건 또 ⓔ무슨 얘기입니까?"

🍃 ⓔ은 '나'가 동촌리에 와서 '이 경장'에게 듣게 된 이야기로, '만취당뿐
  만 아니라 동촌리에 있는 모든 집들이 헐리게' 되었다는 이야기예요.
  그러므로 정답은 ⑤!

🦋 **사건과 갈등 파악하기 유형**

🍯 선택지의 내용이 지문과 일치하는지 확인하세요.

C04 인물의 심리와 태도 파악하기

용이 물 밖에 나면 개미도 침노를 하는 벱이여를 말한 의도로
가장 적절한 것은?

• 용이 물 밖에 나면 개미도 침노를 하는 벱이여: 아버지가 현재의 자리
  에서 물러나게 될 상황에 처한 '나'에게 한 말입니다.

즉 아버지가 위의 말을 통해 '나'에게 전하고자 했던 생각으로 적절한
  것을 고르는 문제입니다.

① 별 볼 일 없게 되어 무시당하는 삶을 살게 될 것을 우려해서 (○)
  *근거: ①, ②

> • ①: 절조를 지키구 살다간 웃음거리가 되는 벱여.
> • ②: 용이 물 밖에 나면 개미도 침노를 하는 벱이여.

🍃 '절조를 지키구 살다간 웃음거리가' 된다고 생각하는 아버지는 '나'가
  소신을 지키다 현재의 지위에서 물러나 무시당하는 삶을 살게 될까
  봐 걱정하고 있어요. 그러므로 정답은 ①!

② 소신을 지켜야 하는 상황에서 그것을 하지 못할까 염려해서
  (×)

🍃 아버지는 소신을 지키기보다는 시류에 맞추어 살아야 함을 강조하고
  있으므로, '나'가 소신을 지키지 못할까 염려한다고 볼 수 없어요.

③ 뜻을 굽히면서 고생한 만큼 보상을 받지 못할 것을 염려해서
  (×)

🍃 '나'는 뜻을 굽히지 않다가 자리에서 물러날 상황에 처한 것이므로,
  '나'가 뜻을 굽히면서 고생한 만큼 보상을 받지 못할 것을 아버지가
  염려한다고 볼 수 없어요.

④ 절조를 지키지 못하여 마을 사람들에게 비아냥 받을 것을 우
  려하여 (×)

🍃 '나'는 '법을 어기'지 않는 절조를 지키고 있으므로, '나'가 절조를 지
  키지 못하여 비아냥 받을 것을 아버지가 우려한다고 볼 수 없어요.

⑤ 사람들에게 인정받지 못해 법을 어기는 결과를 초래할 것을
  우려하여 (×)

🍃 아버지는 '법을 어기'지 않는 것보다 자리를 지키는 것을 중요하게 여
  기고 있으므로, '나'가 사람들에게 인정받지 못해 법을 어기는 결과를
  초래할 것을 우려한다고 볼 수 없어요.

🦋 **인물의 심리와 태도 파악하기 유형**

🍯 선택지의 내용을 지문에서 찾고 그와 관련된 인물의 생각,
  말, 행동을 확인하세요.

개념 보충

소설의 서술자, 시점

• 서술자: 소설 속에서 독자에게 이야기를 전하는 사람
• 서술자와 등장인물의 관계: 서술자가 등장인물인지, 등장인물이 아닌
  지에 따라 1인칭 서술자와 3인칭 서술자로 구분

1인칭 서술자	서술자가 작품 '안'에 등장하는 인물일 때, '나'라는 1인칭으로 나타남.
3인칭 서술자	서술자가 작품 '밖'에 위치할 때는 3인칭으로 나타남.

• 서술자의 개입(편집자적 논평): 3인칭 서술자가 인물과 사건에 대한
  판단이나 생각을 독자에게 직접 이야기하는 것

• 시점: 서술자가 이야기 속에서 인물이나 사건을 바라보는 위치나 입장

1인칭 주인공 시점	'나'가 작품 속 주인공으로 등장하여 이야기를 전개해 나가는 시점
1인칭 관찰자 시점	작품 속에 등장하는 '나'가 주인공을 관찰하여 주인공에 대해 이야기하는 시점
전지적 작가 시점	작품 밖에 위치해 있는 작가가 마치 신처럼 사건의 전말이나 인물들의 심리를 모두 알고 이야기를 서술하는 시점
작가 관찰자 시점	서술자가 외부 관찰자의 위치에서 이야기를 서술하는 시점

제한 시간 5분

[C05~07] 다음 글을 읽고 물음에 답하시오.

"모두가 판에 박은 듯이 똑같은 신문을 무엇 하러 세 가지나 보냔 말이야. 고양이도 낯짝이 있더라고 좀 염치가 있어야지. 한 번만 더 넣었다가는 가만두지 않을 테야."

어떻게 붙잡았는지 아내가 배달아이를 잡아 닦달하는 소리였다. 영하는 혼자 이불 속에서 비실 웃었다. 그것은 바로 신문기자인 자기한테 하는 소리로 들렸기 때문이다. 간접적이나마 아내한테서까지 그런 소리를 들으니 절로 웃음이 나왔다.

"그냥 놔두고 신문대만 내지 말아요."

"저 애들이 얼마나 뻔뻔스러운 애들이라고 그렇게 쉽게 되는 줄 아세요? 이달치만 줄 테니 더 넣지 말라고 신문대를 주며 달래보기도 하고, 신문을 모아놨다 돌려주기도 했지만 견뎌낼 재간이 없다고요. 아무리 꺽진 거지도 저 애들 같진 않을 거예요. 구걸을 해도 유분수지, 벌써 여섯 달째라고요."

"그 구걸하는 돈으로 우리도 월급을 타 먹고 있으니 너무 구박 말아요."

"하지만 아무 필요도 없는 신문을 세 가지나 보잔 말인가요?"

아내는 이만저만 속이 상한 게 아닌 모양이었다.

그 뒤부터 신문이 날아들어 창에 맞고 떨어지는 소리를 들으면, 영하는 그 신문이 자기 가슴에라도 떨어지는 듯 가슴이 철렁했다. 그때마다 또 아내가 쫓아나갈까 겁이 났다. 제발 쫓아나가지 말았으면 하고, 영하는 그 배달아이보다 더 조마조마하게 가슴을 조였다.

하루는 무슨 일로 일찍 집을 나가다가 바로 대문 앞에서 그 배달아이와 부딪치고 말았다. 신문을 접어 비행기를 날리려는 순간이었다.

"야!"

배달아이는 힐끔 돌아보더니 후닥닥 도망쳤다. 마치 무얼 훔치다가 들킨 꼴이었다. 진창까지 밟으며 정신없이 뛰었다. 운동화 한 짝이 벗겨져 공중으로 튕겨 올라갔다. 신을 집더니 제대로 신지도 않고 손에 들고 뛰었다. 골목을 거의 빠져나가서야 이쪽을 돌아보며 신을 신었다. 누구한테 붙잡혀 뺨이라도 얻어맞은 적이 있지 않았을까 싶었다.

그 며칠 뒤 성탄절 아침이었다. 전날 저녁에 술이 많이 취했으나 다섯 살짜리 아들 녀석이 고장 난 장난감을 고쳐달라고 극성을 피우는 바람에 일찍 눈이 뜨였다. 외할머니며 이모들한테 받은 크리스마스 선물이었다.

그때 골목에서 '××일보요' 하는 소리가 났다. 영하 집에서 제대로 구독을 하고 있는, 영하 회사의 경쟁지였다. 그 억지 신문은 아직 날아들지 않고 있었다. 언제나 그 신문이 먼저 날아드는데 오늘은 좀 늦는 모양이었다.

순간, 지난번 흙탕에서 튕겨 오르던 그 배달아이의 신발이 머리를 스쳤다. 영하는 거의 반사적으로 일어나 포켓을 뒤졌다. 오천 원짜리가 나왔다. 천 원짜리를 찾았으나 없었다. 그대로 손에 쥐고 대문간으로 나갔다. **신문대하고는 상관없이 운동화나 한 켤레 사 신으라고** 할 참이었다. 골목에는 눈이 허옇게 쌓여 있었다. 저쪽에서 배달아이가 달려오고 있었다. 달려오던 아이가 영하를 보더니 우뚝 멈춰 섰다. 대번에 주눅이 들어 조그맣게 오그라들었다.

"이제 안 넣을게요."

잔뜩 겁먹은 눈으로 영하를 보며 애원하듯 했다. 골목을 뛰어다녀 얼굴이 벌겋게 익어 있었고, 더운 김을 내뿜는 코끝에는 방울방울 땀방울이 돋아 있었다.

"그게 아냐."

"이제 정말 안 넣는다니까요."

소년은 금방 영하가 덜미라도 낚아채지 않을까, 저쪽 담에다 등을 대고 한 걸음 한 걸음 빠져나가며 말했다. 눈은 공포에 질려 있었다.

"아냐, 내 말 들어봐."

영하는 돈을 보이며 말했다.

"정말 안 넣을게요."

소년은 거의 울상으로 슬금슬금 영하 앞을 지나더니 후닥닥 뛰었다. 저만큼 내빼다가 힐끔 돌아봤다. 순간, 눈길에 미끄러져 발랑 나가떨어졌다. 눈 위에 신문 뭉치가 흩어졌다. 소년은 이쪽을 힐끔거리며 뭉텅 뭉텅 신문을 거머쥐었다. 다시 이쪽을 돌아보며 도망쳤다. 영하는 소년이 사라진 데를 보고 서 있었다. 넋 나간 꼴로 한참 동안 서 있다가 대문을 닫고 들어왔다.

다음 날부터 그 신문은 날아들지 않았다. 그 소년의 겁에 질린 눈만 커다랗게 남아 있었다. 그 눈이 자꾸 떠올랐다. 자

리에 누울 때도 떠오르고 밥을 먹을 때도 떠올랐다. 기사를 쓸 때도 마찬가지였다.

영하는 그때부터 고향에 있는 자기 몫의 논밭이 떠올랐다. 그 얼마 뒤 음력설에 아내와 함께 고향에 다녀오면서 **넌지시 시골에서 살면** 어떻겠느냐고 했다. 아내는 웃으며 농담으로 받아넘겼다. 영하는 정색을 하고 말했다. 아내는 지금 그게 제정신으로 하는 소리냐는 눈으로 영하를 돌아보며 픽 웃고 말았다. 고향에 가면 언제나 그랬지만 그때는 더 푸근한 안도감이 들었던 것이다. 어디 먼 데로 나돌며 잔뜩 지쳐 빠져 자기 집에라도 돌아온 기분이었다. 사실은, 영하도 말로만 그랬지 여태 몸담아 오던 직장을 버리고 고향으로 내려간다는 게 빈 밥상 물리듯 쉬운 일이 아니라는 건 잘 알고 있었다.

[중략 부분 줄거리] 영하는 아내와 함께 도시 변두리로 이사하지만, 신문기자를 그만두지는 못한다. 그곳의 노인들에게서 또철이의 불효 행각을 고발하는 기사를 써 달라는 부탁을 받고 초고를 작성한다.

편집국에 들어섰다. 어쩐지 신문사 안의 분위기가 싸늘하게 느껴졌다. 모두 입을 봉하고 담배만 뻐끔거리고 있었다. 항상 생글거리던 문화부 여기자마저 얼굴이 굳어 있었다. 대밭에서 와글와글 지저귀던 참새 떼들이 갑자기 지저귀던 소리를 뚝 그치는 경우가 있다. 위험을 감지하는 순간이다. 그 정적 사이에서 한두 마리가 짹짹거린다. 다시 지저귀거나 모두 와르르 날아간다. 그 한두 마리가 짹짹거리는 소리는 괜찮다거나 위험하다는 신호인 모양이었다. 들판에서 끼룩거리며 먹이를 먹던 기러기 떼도 마찬가지다. 망보던 녀석이 뭐라 길게 소리를 하면 먹이를 먹던 기러기 떼가 모두 고개를 쳐들고 소리를 뚝 그친다. 바로 그런 분위기였다. 그때 **국장실에서 정치부장**이 나왔다. **우거지상**이었다.

"제길, 그런 것도 못 쓰면 무얼 쓰란 말이야?"

정치부장은 의자에 엉덩이를 내던지며 창밖을 향해 의자를 핑글 돌렸다. 담배에 불을 붙여 길게 연기를 내뿜었다.

영하에게 갑자기 떠오른 게 있었다. 신문에 내기만 하면 저 죽고 나 죽겠다고 독기를 피우던 또철이의 눈이었다. 영하는 **주머니에서 기사를 꺼내** 슬그머니 휴지통에 넣어버렸다. 그가 무섭다기보다 귀찮았다. 뒤미처 골목 영감들의 얼굴이 떠올랐다. 좁쌀영감의 차가운 눈이 맨 먼저 떠올랐다. 셰퍼드의 시퍼런 눈도 떠올랐다. 갑자기 옛날 신문배달아이의 공포에 질린 눈도 지나갔다.

－송기숙, 〈개는 왜 짖는가〉

C05

윗글에 대한 설명으로 가장 적절한 것은? [3점]

① 특정 인물의 시각을 중심으로 사건이 서술되고 있다.
② 액자식 구성을 통해 사건을 입체적으로 드러내고 있다.
③ 대화를 통해 인물 간의 오해가 풀리는 과정을 드러내고 있다.
④ 요약적 진술을 통해 특정 인물이 살아온 내력을 제시하고 있다.
⑤ 상징적 소재를 통해 인물 간의 갈등이 해결되었음을 암시하고 있다.

08 DAY

C06 ⭐ 1등급 킬러

서사의 흐름을 고려하여 〈보기〉의 ㉠, ㉡에 대해 이해한 내용으로 적절하지 않은 것은? [3점]

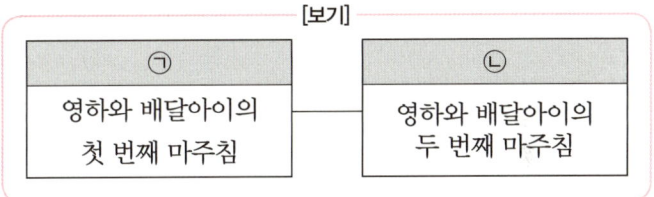

[보기]

㉠	㉡
영하와 배달아이의 첫 번째 마주침	영하와 배달아이의 두 번째 마주침

① ㉠에서 도망치는 아이를 보고 영하는 아이의 이전 경험을 추측하고 있다.
② ㉠이 우연에 의해 일어난 것이라면 ㉡은 영하의 의도에 의해 일어난 것이다.
③ ㉡이 이루어진 것은 ㉠에서 아이가 도망가다가 신발이 벗겨진 사건과 관련이 있다.
④ ㉡에서 아이는 영하의 의중을 이해하지 못해 여전히 ㉠에서와 같은 태도를 보이고 있다.
⑤ ㉡ 이후 영하는 아이의 겁에 질린 눈을 떠올리며 아내를 말리지 못했던 것을 후회하고 있다.

C07

〈보기〉를 참고하여 윗글을 감상한 내용으로 적절하지 않은 것은? [4점]

[보기]

이 작품은 권력이 언론을 통제하던 시대를 살고 있는 신문기자를 통해 획일화된 언론 현실을 우회적으로 비판하고 있다. 작품에서 인물은 언론의 자유가 억압된 현실에서 언론인으로서의 책무를 제대로 수행하지 못해 괴로워한다. 생계 때문에 신문사를 그만두지 못하는 그는, 구박을 받으면서도 가난 때문에 신문을 넣어야 했던 배달아이에게 동질감을 느낀다. 그리고 이는 현실로부터 도피하고 싶은 마음으로 이어진다.

① 배달되는 신문이 '모두가 판에 박은 듯이 똑같은' 것은 획일화된 언론의 현실이 드러난 것이겠군.

② 영하가 배달아이에게 '신문대하고는 상관없이 운동화나 한 켤레 사 신으라고' 말하려고 했던 것은 생계를 위해 신문을 넣어야 했던 아이에게 동질감을 느꼈기 때문이겠군.

③ 영하가 아내에게 '넌지시 시골에서 살'자고 제안하는 것은 현실로부터 도피하고 싶은 마음에서 비롯된 것이겠군.

④ '국장실'에서 나온 '정치부장'이 '우거지상'으로 '제길, 그런 것도 못 쓰면 무얼 쓰란 말이야?'라고 말하는 것은 권력이 언론을 통제하던 현실이 반영된 것이겠군.

⑤ 영하가 '주머니에서 기사를 꺼내' 휴지통에 넣은 것은 언론인의 책무를 다하지 못했다는 괴로움 때문이겠군.

병쾌 아버지를 포함해서 아버지와 같은 짓을 했던 마을 청년들이 이미 일곱 명이나 총살을 당했기 때문에 아버지도 죽게 될 것이 분명하다. 이제 아버지는 한 줌의 연기처럼 자취도 없이 사라질 게다. 그 사라진 연기를 다시 모을 수 없는 것 같이 이제 우리 오누이들은 아버지라고 불러 볼 사람이 없게 된다. 그것이 슬플 뿐, 다른 생각은 안 난다. 왜냐하면 아버지는 이태 넘어 늘 집에 없었으니깐. 산 도둑같이 텁석부리로, 또는 선생처럼 국방복을 입고 문득 나타났다 잽싸게 사라져 버리는 요술쟁이 아버지. 이제 아버지의 그 요술도 끝이 나고 말았다. 무엇을 위한 요술인지 알 수 없는 요술, 그 요술의 뜻을 내가 미처 깨치기도 전에 아버지가 죽는다는 게 슬플 뿐, 사실 나는 지금 그보다 더 큰 괴로움에 떨고 있다. 굶주림이다. 배가 고프다. 지독히 고프다. 그러나 아직 어머니는 안 온다. ㉠보리쌀을 빌리러 나간 지가 벌써 언젠데. 두 시간? 그쯤은 되었을 거다. 그렇다, 내가 영어 숙제를 하고 있을 때 나갔으니 이 집 저 집 너무 많이 빌려다만 먹었는데 누가 또 빌려줄려구. 어머니는 하는 수 없이 이모네 집으로 터덜터덜 갔을 거야. 그럼 이모는 틀림없이 어머니한테 욕설을 퍼부을 거야. 그러나 이모는 마음이 착하니 금세 아이구 불쌍타 새끼들이 불쌍타 하며 쌀 한 되쯤, 아니면 보리쌀 두 되쯤은 빌려줄 테지. 그럼 내일까지는 염려 없다. 죽을 쒀 먹는다면 모레까

지는 걱정 없다. 이모네 집에서는 많이도 빌려다 먹었다. 그걸 언제 다 갚을까. 지금은 아무 쓸데도 없는 아버지긴 하지만, 아버지마저 총살을 당하고 만다면 누가 다 갚게 될까. 아, 나도 이젠 아버지가 없는 아이가 되는구나. 그런데 아버지는 왜 그 짓을 하게 되었는지 몰라. 세상 사람들이 모두 싫어하고 무서워들 하는 그 짓을 왜 하고 다녔는지 몰라. (중략)

국민학교 이학년 때던가. 나는 아버지와 산책을 나갔던 적이 있었다. 안개도 자욱한 초여름의 이른 새벽이었다. 이슬에 바짓가랑이를 쫄딱 적신 채 아버지와 나는 들길을 거닐었다. 아버지는 나의 손을 잡았고, 잠으로부터 트이기 시작하는 나의 귀는 종달새의 자랑스러운 재잘거림을 듣고 있었다. 아버지는 물기 맑은 풀잎에서 폴짝 뛰어오르는 한 마리의 ㉡청개구리를 손바닥에 올려놓았다. 아버지의 손톱만 한 그 놈의 빛 고운 연초록 등판은 윤기가 쪼르르 흘렀고, 얇고 흰 뱃가죽은 놀람 탓인지 연신 팔딱거리고 있었다. 아버지는 말했다. 요 꼬마 놈은 매일 아침 하루도 쉬지 않고 높이뛰기 연습을 한단 말이야. 첫날은 반 뼘을 뛰지만, 이튿날은 한 뼘을 뛰거든. 다음 날은 한 뼘 반을 뛰고 그 다음 날은 두 뼘을 뛰고 그 다음 날은……. 아버지, 그럼 나중에 하늘에 닿겠네요? 아니지, 하늘에 닿아 보려고 뛰지만 결국 하늘에는 닿지 못하지. 왜냐하면 하늘은 끝이 없으니까. 그럼 죽을 때까지 뛰겠네요? 그렇지, 죽는 날까지 매일 뛰지. 참 불쌍한 놈이네요? 아냐, 자기가 뛰고 싶어 뛰니깐. 왜 뛸까요? 그건 아버지도 몰라. (중략)

대추나무 뒷편 하늘은 벌써 짙은 ㉢보라색이다. 나는 보라색을 싫어한다. 손톱에 들이는 봉숭아물도, 닭 벼슬 같은 맨드라미꽃도, 코스모스의 보라색 꽃도 다 싫다. 어머니의 젖꼭지 색깔까지도 싫다. 보라색은 어쩐지 아버지의 하는 일을 떠올리게 해 주고 어머니의 피멍 든 얼굴을 생각나게 한다. 보라색은 또 말라붙은 피와 같고 깜깜해질 징조를 보이는 색깔이다. 옅은 보라에서 짙은 보라로, 그래서 야금야금 어둠이 모든 것을 잡아먹다가 끝내 깜깜한 밤이 온다는 것은 참으로 무섭다. (중략)

나는 흐느낀다. 이모부가 내 팔을 잡는다. 나는 사납게 뿌리친다. 그리고 내닫기 시작한다. 나의 눈에는 이모부도, 보초를 선 순경도 보이지 않는다. 아버진 거짓부렁이야. 거짓말만 하다 죽고 말았어. 아니야, 아니야. 죽지 않았어. 거짓말처럼 죽은 체하고 있을 따름이야.

나는 헐떡거리며 집과 반대인 낙동강 쪽으로 달린다. 숨이 턱에 닿는다. 달빛에 뿌옇게 드러난 강둑이 보인다. 강둑에 올라서자 나는 숨을 가라앉힌다. 달빛을 받은 강물이 잉어 비

늘처럼 번뜩인다. 강 건너 장승처럼 서 있는 키 큰 포플라가 아버지 같다. 나를 오라고 손짓하는 것 같다. 어릴 적 아버지와 나는 강둑을 거닐며 많은 이야기를 했다. 쉬지 않고 흐르는 이 강처럼 너도 쉬지 않고 자라야 한다. 아버지는 이런 말도 했다. 그러자 아버지가 죽었다는 실감이 비로소 나의 가슴에 소름을 일으키며 아프게 파고든다. 나는 갑자기 오들오들 떨기 시작한다.

서른 일곱으로 연기처럼 사라져 버린 아버지. 이제 내가 죽기 전 영원히 만날 수 없게 된 아버지. 어린 나에게 너무나 ㉣ 큰 수수께끼를 남기고 죽어 버린 아버지의 일생을 더듬을 때 나는 알 수 없는 두려움 때문에 사시나무처럼 떤다. 그와 더불어 나는 무엇인가 깨달은 듯한 느낌을 가지게 되었다. 그 느낌을 꼬집어 내어 설명할 수는 없었으나, 이를테면 살아 나가는 데 용기를 가져야 하고 어떤 어려움도 슬픔도 이겨 내야 한다는 그런 내용의 것이었다.

모든 것이 안개 속 같은 신기한 세상, 내가 알아야 할 수수께끼가 너무나 많은 이 세상을 건너갈 때, 나는 이제 집안을 떠맡은 기둥으로서 힘차게 버티어 나가지 않으면 안 된다. 이런 굳은 결심이 나의 가슴속을 뜨겁게 적시며 뒤채이는 눈물을 달래고 있음을 느꼈던 것이다.

아버지가 죽은 그해, 초여름에 ㉤ 육이오 사변이 터졌다. 그리고 이모부는 그 전쟁이 소강상태로 들어갔을 때 이미 땅 위에 계시지 않았다. 그래서 나는 성년이 된 후까지 이모부가 왜 아버지의 시체를 어린 나에게 구태여 확인시켜 주었느냐에 대해서는 여쭤어 볼 수도 없게 되고 말았다.

– 김원일, 〈어둠의 혼〉

C08

윗글의 서술상 특징으로 적절하지 않은 것은?

① 독백조의 문체로 서술자의 심리 양상을 드러내고 있다.
② 어린 서술자의 시선을 통해 분단의 비극성을 고발하고 있다.
③ 중심 사건의 전개 양상을 과거형으로 묘사하여 사실감을 부여하고 있다.
④ 어둠의 이미지가 지배적으로 나타나면서 암울한 현실을 형상화하고 있다.
⑤ 성장 소설 형식을 취하여 현실의 어려움을 극복하고자 하는 의지를 보여 주고 있다.

C09

㉠~㉤에 대한 설명으로 적절하지 않은 것은?

① ㉠: 이데올로기의 정면적 대립보다는 그것이 낳은 비극적 가난의 고통을 형상화하고 있다.
② ㉡: 아버지 자신의 모습이면서 이상과 한계를 동시에 가질 수밖에 없는 현실을 상징하고 있다.
③ ㉢: '나'가 자신의 주변에서 일어난 일을 투영한 색으로 불행과 죽음을 상징하고 있다.
④ ㉣: '나'로 하여금 세상의 많은 일들은 분명한 답이 있는 것이 아닌 수수께끼 같은 것임을 깨닫게 해 주고 있다.
⑤ ㉤: 전쟁으로 인해 아버지와 이모부 세대에서 이데올로기의 대립이 종결되었음을 암시하고 있다.

C10

윗글을 〈보기〉의 관점에 따라 이해한 것으로 가장 적절한 것은?

[보기]

한국 소설의 특징적인 내적 형식 중 하나는 '아버지의 부재'라는 형식이다. 그것은 파행적인 역사 전개의 폭력성을 반영하거나, 또는 젊은 세대의 삶을 이끌 수 있는 전통의 부재, 이념의 부재를 의미한다. 외부의 폭력에 의해 압살당했든, 아들에 의해 부정되었든, 아니면 찾아지지 않았든 간에 이때의 아버지는 삶을 조직하고 그것에 방향을 부여하며, 그 방향을 따라 움직이도록 추동(推動)하는 이데올로기를 표상한다.

① 아버지의 죽음은 가정을 이끌어 갈 동력의 정신적 부재를 의미한다.
② 아버지의 부재는 외부의 폭력이라는 사회적 비리를 상징하고 있다.
③ 아버지의 죽음은 가족의 해체와 파편화된 개인 간의 괴리를 보여 준다.
④ 아버지의 죽음을 통해 '나'는 새로운 삶의 지표를 세우고 성장해 간다.
⑤ 아버지의 부재는 '나'가 전통적 이념을 가진 아버지를 부정하기 때문에 나타난 것이다.

[C11~15] 다음 글을 읽고 물음에 답하시오.

내가 지금까지 상상한 바로는, 도시란 결코 그처럼 가까운 곳에 있는 것이 아니었다. ㉠도시란 보다 더 멀고 아득한 곳에 있어야만 했다. 그래서 그곳에 닿기 위해서는 철로 위를 바람처럼 내달리는 급행열차로도 하루 낮 하루 밤은 꼬박 걸려야만 했다. 그런데 우리가 타고 온 것은 털털거리는 짐차였다. 그것으로도 고작 두세 시간밖에 걸리지 않다니…… 그처럼 가까운 곳에 있다는 사실이 무슨 결함처럼 내게는 느껴졌다.

녀석들은 지금도 그 교실에 앉아 있을 것이었다. 사철나무가 병사들처럼 늘어서 있는 남향 창으로는 풋풋한 햇살이 온종일 들이치고, 방아깨비 선생의 낮고 부드러운 목소리가 간단없이 흘러나오는 그 4학년 우리 반 교실에 말이다. 유일하게 나의 자리는 비어 있을 게다. 창 쪽으로 둘째 줄 여섯 번째 책상…… 거기 내가 남긴 흠집과 낙서를 누군가 눈여겨보고 있을지도 모른다. 그리고는 도회지로 전학 간 나를 조금은 부러워할 게다. 하지만 작정만 한다면 누구나 쉽게 우리 뒤를 쫓아올 수 있으리라고 나는 생각했다. 도시란 생각보다 훨씬 가까운 곳에 있기 때문이었다. 그래서 ㉡나는 조금 자존심이 상했다.

아버지는 물 대신 나에게 돈을 주셨다. 그것은 단풍잎처럼 작고 빨간 1원짜리 종이돈이었다. 나는 곧장 한길가로 뛰어나갔다. 딸딸이 위에다 어항보다 큰 유리 항아리를 올려놓은 물장수가 거기 있었다. 항아리 속엔 온갖 과일 조각들이 얼음덩어리와 함께 채워져 있었다.

나는 꼭 쥐고 있던 돈을 한 잔의 물과 맞바꾸었다. 유리컵 속에 든 물은 짙은 오렌지 빛이었다. 손바닥에 닿는 냉기가 갈증을 더 자극했다. 그러나 ㉢나는 마시지 않았다. 이 도시와 그 생활이 주는 어떤 경이와 흥분 때문에 실상은 목구멍보다도 가슴이 더 타고 있었다. 나는 유리컵을 조심스럽게 받쳐 든 채 천천히 돌아섰다. 그리고는 두어 걸음을 떼어 놓았다. 물론 나의 그 어리석은 짓은 용납되지 않았다. 나는 금세 제지를 받았던 것이다.

"이봐, 너 어디로 가져가는 거냐?"

나를 불러 세운 물장수가 그렇게 물었다. 나는 금방 얼굴을 붉히었다. 무언가 잘못을 저지르고 있다고 판단되었기 때문이다.

㉣나는 아무런 대답도 하지 못했다. 그러자 물장수가 다시 말했다.

"잔은 두고 가야지, 너, 시골서 온 모양이로구나. 그렇지?"

나는 단숨에 잔을 비웠다. 숨이 찼다. ㉤콧날이 찡해지고 가슴이 꽉 막혔다. 그러나 ⓐ그 자리에 더 어정거리고 있을 수는 없었다. 내던지듯 잔을 돌려준 나는 숨을 헐떡거리면서 가족이 있는 곳으로 되돌아왔다.

우리 세간살이들이 골목에 잔뜩 쌓여 있었다. 시골집 안방 윗목을 언제나 차지하고 있던 옛날식 옷장, 사랑채 시렁 위에 올려 두던 낡은 고리짝, 나무로 만든 쌀 뒤주와 조롱박, 크고 작은 질그릇 등. 판잣집들이 촘촘히 들어서 있는 그 골목길 위에 아무렇게나 부려 놓은 세간살이들은 왠지 이물스런 느낌을 주었다. 그것들은 지금까지 흔히 보고 느껴 오던 바와는 사뭇 다른 모양이요, 빛깔이었다. 아마도 이웃인 듯한, 낯선 사람 몇이 아버지와 어머니의 바쁜 일손을 거들고 있었다.

나는 판자벽을 기대고 웅크려 앉았다. 물맛이 어떠했던가를 생각해 보려 했지만 도무지 기억에 남아 있지 않았다. 가슴이 답답하고 머리가 어지러웠다. 속이 메스껍기도 했다. 눈앞의 사물들이 자꾸만 이물스레 출렁거렸다. 이사를 왔다, 하고 나는 막연한 기분으로 중얼댔다. 그래, 도시로 이사를 왔다. 아주 맥 풀린 하품을 토해 내며 새삼 주위를 두리번거렸다. 촘촘히 들어앉은 판잣집들, 깡통 조각과 루핑이 덮인 나지막한 지붕들, 이마를 비비대며 길 쪽으로 늘어서 있는 추녀들, 좁고 어둡고 질척한 그 많은 골목들, 타고 남은 코크스 덩어리와 검은 탄가루가 낭자하게 흩어져 있는 길바닥들, 온갖 말씨와 형형색색의 입성을 어지러이 드러내고 있는 주민들, 얼굴도 손도 발도 죄다 까맣게 탄 아이들…… ⓑ나는 자꾸만 어지럼증을 탔고, 급기야는 속엣것을 울컥 토해 놓고 말았다. 딱 한 잔 분량의, 오렌지 빛 토사물이었다.

세간살이들을 대충 들여놓은 다음에 우리 가족은 이른 저녁을 먹었다. 아니 그것은 때늦은 점심이기도 했다. 어쨌거나 우리 가족이 도시에서 가진 첫 식사였다.

밥은 오렌지 물을 들이기라도 한 것처럼 노란 빛깔이었다. 물이 나쁜 탓일 거라고 아버지가 말했다. 공동 펌프장에서 길어 온 그 물은 역할 정도로 악취가 심했다.

"시궁창 바닥에다가 한 자 깊이도 안 되게 박아 놓은 펌프 물이니 오죽할라구요……."

어머니는 아예 숟갈을 잡을 생각조차 없는 듯 조그만 목소리로 중얼대기만 했다.

"내다 버린 구싯물을 다시 퍼마시는 거나 다름없지 뭐예요."

하지만 나는 심한 허기에 시달리고 있던 판이었다. 게다가 어쨌든 귀한 이밥이었다. 식구들 중에서 제일 먼저 한 술을 떠 넣었다. 그러고는 생전 처음 입에 넣어 보는 음식처럼 조

심스레 씹었다. 쇳내 같은, 아니 쇠의 녹 냄새 같은 게 혀끝에서 달착지근하게 느껴졌다. 다시 한 숟갈을 퍼 넣었다. 그러자 저 오렌지 빛의 물을 마시고 났을 때처럼 속이 다시 출렁거리기 시작했다.

— 이동하, 〈장난감 도시〉

C11
2022 대비/경찰대 21

윗글의 서술 방식에 대한 설명으로 가장 적절한 것은?

① 언어유희를 통해 당시의 세태를 희화화하고 있다.
② 인물이 서술자가 되어 자신의 경험을 서술하고 있다.
③ 요약적 서술을 통해 사건을 긴박감 있게 전개하고 있다.
④ 동시에 벌어지는 사건을 병치하여 주제를 강화하고 있다.
⑤ 공간적 배경의 변화를 통해 인물의 갈등이 해소되는 과정을 보여 주고 있다.

C12
2022 대비/경찰대 22

㉠~㉤에 대해 이해한 내용으로 적절하지 않은 것은?

① ㉠: '나'에게 도시는 아무나 쉽게 갈 수 없는 곳으로 막연한 이상과 동경이 투영된 곳이었다.
② ㉡: 도시가 '나'의 상상보다 실제로는 가까이 있었음을 그동안 미처 알지 못한 것이 스스로 부끄럽게 생각되었다.
③ ㉢: '나'는 도시에서의 경이로운 체험이 주는 즐거운 흥분을 오래도록 느끼고자 한다.
④ ㉣: '나'는 뭔가 잘못하였지만 그것이 구체적으로 무엇인지 알지 못해 당혹해한다.
⑤ ㉤: 도시의 낯선 생활에 대한 '나'의 실수로 인해 시골 출신이라고 무안당한 '나'의 심리가 나타난다.

C13
2022 대비/경찰대 23

ⓐ에서의 '나'의 상황에 어울리는 말로 가장 적절한 것은?

① 간에 기별도 안 간다.
② 도랑 치고 가재 잡는다.
③ 바늘 도둑이 소도둑 된다.
④ 쥐구멍에라도 들어가고 싶다.
⑤ 여우를 피하려다 호랑이를 만난다.

C14
2022 대비/경찰대 24

ⓑ의 이유로 가장 적절한 것은?

① 가족 간 갈등의 조짐이 보이기 시작했기 때문이다.
② 낯선 도시 생활에 대한 적응이 어려웠기 때문이다.
③ 도시의 물과 주변 환경이 비위생적이었기 때문이다.
④ 도시의 위치를 제대로 몰랐던 것을 알게 되었기 때문이다.
⑤ 도시를 두려워해 피하기만 한 자신이 부끄러웠기 때문이다.

08 DAY

C15
2022 대비/경찰대 25

〈보기〉를 참고해 윗글을 이해한 내용으로 적절하지 않은 것은?
[3점]

[보기]

　〈장난감 도시〉는 시골에서 도시로 이사 온 소년의 이야기이다. 이 작품에는 이주 초기에 소년 '나'가 여러 가지 사건을 겪으면서 도시에 대해 갖는 인상과 감정이 시골에서의 추억과 대비되거나, 어떤 사건을 경험하기 전과 후의 심리 변화가 다채롭게 표현되어 있다.

① 시골집에서는 아무렇지도 않게 생각되던 세간살이들이 이사 와서 보니 촌스럽고 보잘것없게 느껴졌다.
② 도시에 와서 첫 끼니로 시골에서는 귀했던 이밥을 지었으나 시골과 달리 나쁜 물 때문에 밥은 노란색을 띠고 녹 냄새가 났다.
③ 물장수로부터 핀잔을 듣기 전에는 새로운 도시 생활에 신기해했지만, 핀잔을 들은 후에는 가슴이 답답하고 머리가 어지럽고 속이 메스껍게 되었다.
④ 도시는 급행열차로 하루 낮과 하루 밤이 걸려 닿을 수 있을 것으로 예상했던 것과 달리 털털거리는 짐차로 두세 시간 만에 도착한 사실에 실망했다.
⑤ 시골 교실은 풋풋한 햇살이 비치고 선생님의 낮고 부드러운 목소리가 들리는 곳인 반면, 도시의 판잣집들 주변은 좁고 어둡고 질척한 곳으로 묘사된다.

[C16~18] 다음 글을 읽고 물음에 답하시오.

[앞부분 줄거리] 횡포를 일삼던 마름 집을 마을 사람들과 습격했다가 쫓기던 막동이는 다른 데로 피하라는 어머니의 설득으로 마을을 등진다. 얼마 후 잘 지내고 있다는 막동이의 편지를 받은 어머니는 다행이라 생각한다. 그런데 해방이 된 이듬해 어머니는 막동이가 형무소에 갇혔다는 편지를 받는다. 둘째 아들을 보내 사정을 알아보니 막동이는 국회의원에 입후보한 사람을 암살한 죄로 형무소에 갇힌 것이었다.

"뭔 일이란가, 뭔 일이여?"

그게 무슨 벼락 맞을 소리냐고, 우리 막동이는 그럴 아이가 아니라고, 그건 다른 사람이 뒤집어씌운 것일 거라고 펄펄 뛰어보는 것도 마냥 쓸데없는 일이었고, 이때부터 열흘 걸러 한 번씩 허우허우 보성으로 달려가서 기차를 타고, 광주 땅에 내리기가 바쁘게 동명동 형무소 면회 창구에 면회 신청을 하여, 두 손을 묶이어 나오는 푸르스름한 죄수복의 막동이, 그놈의 허옇고 부석부석한 얼굴을 보면서 쓰라린 마음을 달래곤 했었다. 그러면서 그놈에게 늙은 어머니는, 누가 너에게 그런 죄를 씌웠느냐고 울며불며 물어보곤 했지만, 그놈은 멀거니 이 어미의 얼굴을 건너다볼 뿐 입을 꼭 다물고만 있곤 할 뿐이었다. 그놈의 그런 태도로 미루어, 그놈의 심중에는 어느 누구한테도 말하지 못할 어떤 사정인가가 있기는 있는 모양이지만, 그걸 무슨 말로 어떻게 해서 비춰야 할 것인지, 알 수가 없는 것이었다.

늙은 어머니는 그 막동이를 그렇게 만들어놓은 게 모두 소갈머리 없는 자기 때문이라 하며 혀를 깨물고 칵 죽어야 한다고 생각해보지 않은 건 아니었지만, 마룻장 위에서 올골골 떨고 있는 그 막동이를 그대로 둔 채 눈을 감을 수란 도저히 없는 일이므로, 하루하루가 마냥 답답하고 기막히다 할지라도 이미 그놈한테 내리덮인 그 죄를 어떻게 벗겨줄 길이란 없는 일이니, 이제 그놈이 벗어나오는 날까지 이렇게 면회를 가서 얼굴이라도 볼 수 있는 것만도 고맙게 여기면서, 부지런히 면회를 다니는 길밖에 없다 했다.

한데, 그 면회나 자주 다닐 수 있었으면 하련마는 그놈이 집에 있을 때 품팔아 받아들인 쌀값으로 마련한 송아지를 도짓소로 준 것, 그것을 팔아 면회를 다니며 써버린 뒤로는 왔다 갔다 할 차비에 먹고 잘 돈, 면회 다니면서 그놈 먹고 마시게 할 돈…… 그걸 마련 못해 주겠다고 앙탈을 하는 자식들의 소행이 못내 섭섭하고 노여워, 늙은 어머니는 그 저수지 둑 밑에 주저앉아 다리를 죽 뻗고 통곡이라도 해버렸으면 시원할 것 같은 심사를 억누르고, 부지런히 활갯짓을 하면서 오른손에 든 지팡이를 옮겨 놓았다.

그때 복받치는 격정이 목구멍을 막아 쿨룩 기침을 했고, 그 사이 들이마신 찬바람 때문에 그 기침은 연거푸 터져 나오기 시작하여, 늙은 어머니는 쪼그려 앉아 오그라져 들어가는 뱃가죽을 그러쥐고, 숨이 발딱 넘어가는 곰 고옴 소리를 내다가, 헛돌던 치차가 잘못되어 달칵 지르륵 하고 걸려 돌아가는 것처럼 "으음" 하고 목을 가다듬으며 일어섰다.

(중략)

이날 면회 신청은 물론 그 늙은 어머니가 제일 먼저 하였다. 접수를 하고 나자 늙은 어머니는 조급해졌다. 전에 하던 것으로 보아, 얼마 있지 않아 아들을 데려다줄 것이라 생각하며 곧 밥집으로 달려갔다. 가는 도중에 우유 장수를 만났다. "아차, 잊을 뻔했구나" 하며 우유 두 병을 샀는데, 그게 제법 따끈한 게 다행이다 싶었다.

그걸 든 채로 밥집으로 가, 쇠고깃국 끓인 냄비를 한 손에 들고, 우유를 찹쌀떡 싼 보자기에 집어넣어 지팡이 든 손에 끼어 들고 면회장 입구로 달려가 기다리는데, 또 왜 이날 아침에야말로 이리도 더디 데려다주는 것인지 환장할 것 같았다.

ⓐ"국이 다 식어뿔구만, 어째서 아직 안 데리고 나온다냐?" 하고 투덜거리던 늙은 어머니는, 쇠고깃국과 우유가 식는 게 안타까워 여기저기를 두리번거리다가 재빨리 묘안을 하나 생각해냈다. 쇠고깃국을 대기소 안의 난로 위에 올려놓고, 우유는 치맛말을 들치고 젖가슴에다 꼭 끼워 묻었다.

늙은 어머니의 바로 다음 차례로 접수를 했던 부인들과 남정네들이 자기들 이름을 불러줄 것을 기다리며 서성거리고 있었다. 대기소에서 면회장으로 들어가는 입구를 지키는 교도관은 죄수들이 도착할 때마다 그 죄수 면회 온 사람 이름을 불러들이곤 했다.

ⓑ'아니, 어짠 일이란가?'

맨 먼저 접수를 시켰으니 응당 "이막동이 면회 온 분!" 하고 늙은 어머니의 이름을 더 먼저 불러들여야 할 일인데도, 이미 늙은 어머니보다 훨씬 늦게 접수한 사람들을 무려 여섯 사람이나 면회장 안으로 불러들이면서도, 그 늙은 어머니를 불러넣어주지는 않는 것이었다.

ⓒ'뭣 땀시 이란단가?'

혹시 그놈이 아파서 못 나오는 것은 아닌가, 아니 어디 다른 데로 보내버렸을까 하며 조급해진 늙은 어머니의 생각에, 꼭 열두 번째의 사람을 면회장 안으로 불러들였다고 느껴지는 순간 "이막동이 면회 온 분!" 하는 소리가 들려, ⓓ"휘이, 이제야 데리고 나왔는가 보다" 하며 난로 위의 뜨거운 쇠고깃국 냄비를 뜨거운 것도 의식하지 못한 채 덥석 들어 안고 면

회장 안으로 들어서려는데, 입구를 지키던 교도관이 "할머니!" 하고 늙은 어머니를 세우더니 손에 든 종이쪽지를 옆에 서 있는 다른 교도관에게 보이며 무슨 말인가를 속닥거렸다. 그러더니 눈살을 찌푸리며 쓴 입맛을 다시고 "이막동이가 아들이오?" 하고 물었다.

"예에."

가슴이 후들거리고 기침이 목구멍 너머에서 자꾸 근질거리며 튀어 나오려는 것을 이를 악물어 억누르는데, "이막동이 말고 아들 또 있고?" 하고 다시 물었다. 둘이나 있다고 하자 그 교도관은 옆에 있는 교도관하고 말을 주고받은 뒤 고개를 주억거리다가, "이막동이 어제 옮겨갔어요" 하는 것이었다.

무슨 뜻이냐고 묻자 교도관이 예쁘장하게 생긴 얼굴을 다시 한 번 일그러뜨리고, 문밖으로 멀리 갔다는 손짓을 곁들여 퉁명스러운 목소리로, "목포로 갔단 말이오, 어제. 빨리 그리로 가보시오" 했다.

늙은 어머니는 자기의 귀를 의심했다.

"목포로 옮겨라우?"

교도관은 고개를 깊이 주억거려주고, 잠시 동안 천장을 멀거니 쳐다보다가 다음 사람을 불렀다.

ⓔ"어따 어메, 어째사 쓸꼬!" 하고 허둥허둥 나서다가, 쿨룩 쿠울룩 터져 나오는 기침 때문에 창자를 그러쥐느라고 쪼그려 앉은 늙은 어머니의 품속에서 우유병 하나가 떨어져 하얗게 박살이 나고 있었다. 옆에 섰던 한 남자가 안되었다는 듯 끌끌 혀를 차는 것이, 그 늙은 어머니의 귀에 들어갔을 까닭이 없을 것이었다.

— 한승원, 〈어머니〉

C16
2020 대비/사관학교 19

윗글에 대한 설명으로 가장 적절한 것은?

① 작품 밖 서술자가 특정 인물의 시각에서 작중 상황을 서술하고 있다.
② 동시에 벌어진 사건을 병렬적으로 배치하여 이야기의 흐름을 지연하고 있다.
③ 이야기 속에 또 다른 이야기를 삽입하여 사건의 인과 관계를 추적하고 있다.
④ 서술자가 다양한 인물로 바뀌면서 인물 간의 갈등을 다각적으로 조명하고 있다.
⑤ 이야기 속 인물이 과거의 일을 고백하는 방식으로 인물의 내면을 서술하고 있다.

C17
2020 대비/사관학교 20

ⓐ~ⓔ에 대한 이해로 적절하지 않은 것은?

① ⓐ: 막동이를 어서 만나고 싶어 하는 조바심을 드러내고 있다.
② ⓑ: 막동이를 만날 수 없으리라는 절망감을 느끼고 있다.
③ ⓒ: 막동이를 볼 수 없을지도 모른다는 불안감을 느끼고 있다.
④ ⓓ: 막동이를 만나게 될 것에 대한 반가움을 드러내고 있다.
⑤ ⓔ: 막동이를 만나지 못한 상황에 대한 당혹감을 드러내고 있다.

09 DAY

C18
2020 대비/사관학교 21

〈보기〉를 참고하여 윗글을 감상한 내용으로 적절하지 않은 것은? [3점]

[보기]

이 작품은 해방 후 현대사의 정치적 격동기를 배경으로 하고 있다. 이데올로기의 대립으로 인한 민족의 분열과 갈등에 휘말려 사형 선고를 받고 형무소에 갇힌 아들과 그 사실을 모르는 채 옥바라지를 하는 어머니의 지극한 사랑을 그리고 있다. 어머니는 어떤 상황에서도 아들에 대한 믿음과 사랑을 잃지 않고, 아들을 탓하는 대신 자신의 탓으로 전가하는 무조건적 사랑을 보여 준다. 또한 다른 어떤 현실적 가치보다도 자식을 우선시하는 어머니의 모습을 통해 모정의 위대함을 강조하고 있다.

① 돈을 마련 못해 주겠다고 앙탈하는 자식들과 어머니의 갈등은 해방 후 정치적 격동기의 단면을 보여 주는군.
② 막동이가 처한 상황을 두고 자책하는 모습은 불행한 상황을 자신의 탓으로 전가하는 어머니의 무조건적인 사랑을 보여 주는군.
③ 송아지를 팔아 막동이 면회를 갈 돈을 마련하는 어머니를 통해 현실적 가치보다 자식을 우선시하는 모정의 위대함을 엿볼 수 있군.
④ 쇠고깃국을 난로에 올리고 우유를 젖가슴에 품는 모습에서 아들에게 따뜻한 음식을 먹이고자 하는 어머니의 지극한 모정을 느낄 수 있군.
⑤ 다른 사람이 막동이에게 죄를 뒤집어씌운 것이라 생각하는 어머니를 통해 어떤 상황에서도 아들에 대한 믿음을 잃지 않으려는 모습을 엿볼 수 있군.

[C19~22] 다음 글을 읽고 물음에 답하시오.

[앞부분의 줄거리] 내가 차를 길가에 대 놓고 맥주를 사기 위해 구멍가게에 들어갔다 나오니 차가 없어졌다. 머지않은 곳에 순찰차로 가는 사내가 있어 물어보니 그는 내가 차를 제대로 주차하지 않고 열쇠를 꽂아 둔 채 방치한 것을 지적하며 자신이 아니었으면 그 차는 도난당해 범죄에 이용되었을 것이라고 덧붙였다.

나는 내가 가게에 들어갔다 나온 시간이 오 분 정도밖에 되지 않지만 그 짧은 시간 동안 차문이 열려 있는 것을 확인하고, 그 차가 도난을 당할까 염려하는 한편, 그 차에 올라타 차를 반대 방향으로 돌려 세우고 문을 잠근 뒤, 차 주인이 오기까지 기다려 준 여러 가지 배려에 대해 감사한다고 정중히 말한 다음 열쇠를 돌려받으려고 했다. 그런데 그는 쉽게 돌려주지 않았다.

"뭐 하는 사람이야? 어디 살어?"

비로소 내게 어떤 느낌이 왔다. ㉠앗, 반말족이다!

그러나 나는 신중하게 확인을 했다.

"저는 그냥 면민입니다. 따라서 이 면에 살지요. 아저씨는 누구시죠? 성함을 여쭤 봐도 되겠습니까?"

"왜?"

"전에 제가 간 적이 있는 깊은 산속에 살던 사람들과 혹시 한 집안이 아닌가 해서 그럽니다. 성함은? 본관은? 고향은?"

"지금 공무 집행 중인 경찰한테 장난하는 거야, 뭐야?"

"앗, 경찰이셨나요? 정모를 착용하지 않고 슬리퍼를 신고 있는 경찰을 본 적이 없어서 몰라봤습니다. 그런데 요즘 경찰은 근무 중에 반드시 이쑤시개를 물고 시민을 상대하라는 규칙도 새로 정해졌나요?"

그는 눈을 치켜떴다.

[A]
"어라. 이거 이제 보니 고맙다는 인사는 안 하고 트집을 잡네?"

"아까 고맙다는 인사는 드렸습니다. 아, 그 인사는 인사가 아닌가요? 무슨 뇌물을 바라시는 건 아닐 거고."

그러자 그는 그렇지 않아도 새우처럼 가는 눈을 한껏 가늘게 뜨더니 내게 면허증을 제시하라고 요구했다. 나는 그에게 먼저 경찰 신분임을 확인시켜 달라고 했다. 그는 면허증 내놓으라고 소리를 질렀고 나 역시 고래고래 소리를 질러 가며 ㉡그가 신분증을 제시하지 않는 한 내 면허증을 보여 줄 수는 없다고 말했다.

[B]
그는 어이가 없어 하면서 다른 경찰을 불렀는데 그게 바로 내가 바라는 바였다. 우리에게 다가온 근무자는 근무 복장이 완벽했고 무전기를 들고 있었다. 처음부터 존댓말을

하는 그에게 나는 면허증을 내밀었다. 그는 무전기로 내 주민등록번호와 이름을 확인한 뒤 면허증을 돌려주었다.

"이제 보니 나이도 적지 않은 사람이 왜 그렇게 애처럼 딱딱거리고 그러셔. 나하고 동갑이구만."

㉢반말족은 그제야 말투를 조금 바꾸었다. 나중에 알고 보니 그는 나보다 한 살이 어렸다. 겉보기로는 나보다 서너 살은 더 먹은 것처럼 보였지만. 내가 그에게 다 확인했으면 열쇠를 돌려 달라고 하자 그는 아쉽다는 듯 열쇠를 돌려주면서 말했다.

"법대로 하면 당신은 딱지를 끊어도 할 말이 없어. 내가 다 한동네 사람이라고 봐줄라구 그런 건데 그렇게 복장 따지고 반말한다고 따지고 그러는 게 아니지. 차가 있으면 단가. 제대로 간수를 할 줄 알아야지 말이야."

나는 차 문을 열고 시동을 건 뒤, 유리창을 내리고 그에게 인사를 했다.

㉣"자, 그럼 계속 근무해."

그는 뜻밖이라는 듯 나를 바라보았다.

"나도 자네하고 한 집안이야. 나중에 종친회에서 보자구."

그가 무슨 말인지 몰라 멍해 있는 사이에 나는 유유히 차를 몰아 작업실로 향했다.

다음 날, 나는 우연히 그와 면사무소 앞에서 마주쳤다. 내가 우체국으로 가는 길을 묻자 그는 깍듯이 존댓말로 대답을 했다. 나도 질세라, 도움을 주셔서 대단히 감사하다고 했더니 그는 경례까지 붙였다. ㉤그 뒤로 우리는 몹시 친해졌다.

– 성석제, 〈내가 사랑한 반말족〉

C19

윗글에 대한 설명으로 적절하지 <u>않은</u> 것은?

① 주변의 인물이나 사물에 대한 웃음을 유발한다.

② 일상적인 사건을 제재로 한 에피소드를 중심으로 구성되어 있다.

③ '나'의 체험을 특별한 장치 없이 직접적으로 독자에게 제시하고 있다.

④ 서술자가 인물이 처한 상황과 심리를 객관적이고 분석적으로 제시하고 있다.

⑤ 서술자가 자신의 체험을 소개하고 있어서 서술자와 인물의 거리가 가깝게 느껴진다.

C20

예상 문제

윗글을 바탕으로 〈보기〉의 '대응법'을 정리했다고 할 때, 빈칸에 들어갈 말로 적절한 것은?

[보기]

참고: 반말족을 만났을 때의 대응법

(1) 함께 반말을 함으로써 한 핏줄임을 확인시킨다.
(2) 반말족이 소리를 지를 경우에는 무조건 더 큰 목소리로 상대한다. 반말족의 라이벌 부족으로는 (   ) 족이 있다.

① 우는 아이 젖 준다
② 목청 큰 놈이 이긴다
③ 남의 떡으로 설 쇠기
④ 봉사가 개천을 나무란다
⑤ 오는 정이 있어야 가는 정이 있다

C21

예상 문제

㉠~㉤에 대한 설명으로 적절하지 <u>않은</u> 것은?

① ㉠: '그'의 어투를 듣고 생각해 낸 것으로 '나'의 다음 대응이 나오게 된 이유가 된다.
② ㉡: 다른 경찰을 불러들이려는 의도에서 하는 '나'의 대응 태도이다.
③ ㉢: '나'가 나이가 적다고 생각하여 반말을 하던 '그'가 동갑임을 알고 말투를 바꾸는 것이다.
④ ㉣: '그'가 동갑이라는 말을 하자 '나'도 어투를 바꾸어 반말로 대응하고 있다.
⑤ ㉤: '그'와 '나'의 갈등이 해소되었음을 알 수 있다.

C22

예상 문제

[A]와 [B]에 대한 설명으로 적절한 것을 〈보기〉에서 골라 바르게 묶은 것은?

[보기]

ㄱ. [A]에서의 갈등 상황이 [B]에서 더 강화되고 있다.
ㄴ. [A]의 '그'의 모습과 [B]의 '다른 경찰'이 대비되고 있다.
ㄷ. [A]는 개인과 개인의 갈등이지만 [B]는 개인과 집단의 갈등이 드러나고 있다.
ㄹ. [B]와 같은 결과가 일어나도록 하기 위해 [A]에서 '나'가 트집을 잡은 것이다.

① ㄱ, ㄴ   ② ㄱ, ㄷ   ③ ㄴ, ㄹ
④ ㄱ, ㄴ, ㄷ   ⑤ ㄱ, ㄷ, ㄹ

❖ 정답 및 해설 113~115p

제한 시간 7분

[C23~27] 다음 글을 읽고 물음에 답하시오.

태연스럽게 그러한 얘기들을 나누던 유생들도, 오봉 선생의 관이 땅속으로 들어가자, 상가 가족들 못지않게 비통한 표정들을 하였다. 오봉 선생의 옥중 동지였던 한 선비는 일부러 가야 부인을 찾아와서 흐느끼는 부인의 어깨를 두드리며 위로까지 하였다. ⓐ(<u>그는 재판정에서 그녀의 얼굴을 기억했던 것이다.</u>)

㉠"<u>오, 효부였더군! 내 까막소에서 오봉으로부터 잘 들었소. 친정이 김해라 했지요? 나는 창원이요. 창원 김 진사라면 다 아요.</u>"

이러고는 다시,

"억울하지! 만약 우리 오봉과 가야 부인 같은 이들만 이 땅에 살았더람……."

이렇게 혼잣말처럼 중얼거리면서 선비들이 모여 앉은 잔디밭게로 돌아갔다. 위엄이 있는 말씨라든가, 자가 넘게 자란 흰 수염을 바람에 날리며 돌아가는 모습이 과연 기백이 대단한 어른같이 보였다. 결국 이 창원 김 진사란 선비가 그냥 있지를 않았다. 평토제가 끝나고 해반과 아울러 으레 있는 식사와 주찬이 나돌 무렵이었다. 술도 얼마 돌지 않았을 땐데, 별안간 선비들이 모여 앉은 자리에서 호통 소리가 일어났다.

"이놈, 개 같은 놈!"

소리의 주인공은 아까 그 창원 김 진사란 늙은 선비였다. 그는 계속 수염을 부들부들 떨며,

㉡"<u>오봉은 바로 네 자식이 죅있단 말여! 알겠나, 이 개 같은 놈아? 알았음 썩 물러가거라! 뻔뻔스럽게…….</u>"

"이놈이 무슨 소릴 대에놓고 ⓑ(<u>함부로</u>) 하노?"

상대방은 역시 이와모도 참봉이었다. 이와모도도 같이 수염을 떨어 댔다. 얼굴이 넓적해 그런지 꼭 삽살개가 으르대는 것 같았다. ㉢<u>아무래도 그는 처음부터 자릴 잘못 잡았던 것이다. 애당초 그런 데 온 것부터가 그렇고…….</u>

그러나 그도 지기는 싫었다. 지다니!

"이놈아, 안 가라 캐도 갈 끼닷! 버릇없는 니놈과 자리를 같이하다니……."

이와모도 참봉은 벌써 자리에서 일어서 있었다. 상주들이 달려가 말리었으나, 이와모도 참봉은 들을 리 만무했다. 그는 화를 머리끝까지 올려 가지고 어기적어기적 산을 내려갔다.

"저런!"

상가측에서 백관 한 사람이 급히 그를 뒤따라갔다.

(중략)

죽은 이와모도 참봉의 아들 이와모도 경부보 같은 위인들이 목에 핏대를 올려 가며 그들의 '제국'이 단박 이길 듯 떠들어 대던 소위 대동아 전쟁이 얼른 끝장이 나긴커녕, 해가 갈수록 무슨 공출이다, 보국대다, 징용이다 해서 온갖 영장들만 내려, 식민지 백성들을 도리어 들볶기만 했다. 그리고 그것은 **'제국'의 빛나는 승리를 위해서 불가피한 일이라고들** 했다.

몰강스런 식량 공출을 위시하여 유기 제기의 강제 공출, 송탄유와 조선(造船) 목재 헌납을 위한 각종 부역과 근로 징용은 그래도 좋았다. 조상 때부터 길러 오던 안산 바깥산들의 소나무들까지 마구 찍혀 쓰러진 다음엔 사람 공출이 시작되었다. **'전력 증강'이란 이유로 영장 받은 남정들은 탄광과 전장으로, 처녀들은 공장과 위안부로 사정없이 끌려 나갔다.** 그러한 오봉산 발치 열두 부락의 가난한 집 처녀 총각과 젊은 사내들은 이마를 히노마루 ⓒ(일본 국기)에 동여매인 채, 울고불고하는 가족들의 손에서 떨어져, 태고나루에서 짐덩이처럼 떼를 지어 짐배에 실렸다. ⓓ(물금까지 나가면 기차편도 있었지만 차는 위데에서 오는 그러한 사람들로 항상 만원이었다.) ⓔ손자녀를, 자식을, 남편을, 딸을 그렇게 빼앗긴 할머니, 어머니, 아버지, 안내 들은 태고나루에서 눈물을 짓다 가까운 미륵당을 찾기가 일쑤였다. "명천 하느님요!" 하고 땅을 치던 그들은 말 없는 미륵불 앞에 엎드리어 떠난 아들딸들이 무사히 살아 돌아오기를 빌고 또 비는 것이었다.

"시줏돈을랑 그만두이소! 내가 대신 다 내놓았임데이……."

ⓜ돌아간 시할아버지와 시아버지, 그리고 만세통에 총 맞아 죽은 시숙과 딸의 영가를 거기에 모셔 둔 가야 부인은 오면가면 그러한 분들을 위로하기에 바빴다.

"억울한 말이싸 우째 다 하겠능기요. 나도 이렇게 안 살아 있능기요."

흐느끼는 아낙네들의 손을 잡아 주며 조용히 '관세음보살'을 염하는 것이었다. 먼데서 온 분은 기어이 재워 보내기도 했다. 그것은 가야 부인 자신에게도 필요한 공덕이었다.

― 김정한, 〈수라도〉

윗글의 서술 방식에 대한 진술로 가장 적절한 것은?

① 서술자가 인물의 말과 행동에 내재된 심리를 서술하고 있다.

② 인물의 내적 독백을 사용하여 사건을 요약적으로 제시하고 있다.

③ 작가가 외부 관찰자의 입장에서 사건을 객관적으로 서술하고 있다.

④ 특정 인물의 반어적 어조를 통해 인물 간의 대립과 갈등을 강조하고 있다.

⑤ 공간의 이동과 변화를 중심으로 인물이 처한 현실적 상황을 상징적으로 부각하고 있다.

윗글의 등장인물에 대해 추론한 것으로 적절하지 않은 것은?

① '가야 부인'은 시대의 아픔과 상처를 짊어지고 살아가는 사람들의 마음을 위무하는 삶을 살아가고자 했던 것으로 보인다.

② '김 진사'는 기개와 위엄을 갖춘 꼿꼿한 선비로 시대와 현실에 비판적인 태도를 지녔을 것으로 여겨진다.

③ '이와모도 참봉'은 자식의 잘못을 지적하며 자신을 비난하는 것에 대해 불편한 심정을 가진 것으로 판단된다.

④ '오봉 선생'과 '가야 부인'은 유교를 신봉해 유생들로부터 존경받는 위인이었던 것으로 짐작된다.

⑤ '오봉 선생'과 '김 진사'는 나라를 걱정하는 유생으로 함께 옥살이를 한 경험이 있는 것으로 생각된다.

㉠～㉤에 대한 설명으로 적절하지 않은 것은?

① ㉠: 시아버지와의 인연과 가까운 지역 사람임을 구체적으로 언급함으로써 '가야 부인'과의 친밀감을 표출하고 있다.

② ㉡: '오봉 선생'의 죽음에 대한 원인을 직접적으로 부각함으로써 인물 간의 대립과 갈등을 강화하고 있다.

③ ㉢: '이와모도 참봉'이 상가에 오면 안 되는 이유가 있음을 짐작하게 함으로써 '김 진사'와 '이와모도 참봉'의 갈등에 개연성을 더하고 있다.

④ ㉣: 가족을 잃은 슬픔을 종교에 의탁해 해소하려는 사람들을 통해 현실을 벗어난 초월의식에 기대는 세태를 비판하고 있다.

⑤ ㉤: 여러 대에 걸쳐 힘든 삶을 이어온 집안의 내력을 설명함으로써 '가야 부인'의 이웃들에 대한 동병상련의 마음을 보여 주고 있다.

C26 ⭐ 1등급 킬러

ⓐ~ⓓ에 대한 설명으로 가장 적절한 것은?

① ⓐ와 ⓑ는 인물의 말과 행동에 담긴 의도를 명시하여 독자의 궁금증을 유발하고 있다.
② ⓑ와 ⓒ는 방언과 표준어를 병렬하여 독자에게 어휘의 의미를 분명하게 전달하고 있다.
③ ⓒ와 ⓓ는 낱말과 문장의 내포적 의미를 상세하게 풀이하여 독자의 의문을 해소하고 있다.
④ ⓐ와 ⓓ는 인물의 행위나 사건에 관한 이유를 덧붙여 설명하여 서사의 개연성을 보충하고 있다.
⑤ ⓑ와 ⓓ는 인물의 행동과 사건의 진행을 직접적으로 지시하여 이야기의 심층을 표면화하고 있다.

C27

〈보기〉를 바탕으로 윗글을 감상한 것으로 적절하지 않은 것은?
[3점]

[보기]

　〈수라도〉는 일제 말 낙동강 변의 한 마을을 배경으로 일본의 태평양 전쟁에 동원된 조선인의 현실을 증언한 작품이다. 항일 독립운동 내력을 가진 오봉 선생 집안과 친일 협력으로 권세를 얻은 이와모도 집안의 선명한 대비를 통해, 일본 경찰로 탈바꿈하여 일본인보다 더욱 악랄하게 조선인을 탄압하는 또 다른 우리 민족의 모습을 극명하게 대조했다. 특히 일제말 창씨개명과 내선일체에 동조하고 대동아 전쟁에 적극 협력했던 이와모도의 큰아들이, 일제 치하에서는 도경 고등계 경부보로 있다가 해방 이후에는 국회의원이 되었다는 데서, 해방 이후에도 식민지 권력이 처단되기는커녕 오히려 그 권력이 유지되었던 국가적 모순을 비판하고자 했다.

① "억울하지! 만약 우리 오봉과 가야 부인 같은 이들만 이 땅에 살았더람……."이라는 데서, '일본인보다 더욱 악랄하게 조선인을 탄압하는 또 다른 우리 민족의 모습'에 대해 한탄하고 있음을 알겠군.
② "죽은 이와모도 참봉의 아들 이와모도 경부보 같은 위인들"을 제시한 데서, '해방 이후에도 식민지 권력이 처단되기는커녕 오히려 그 권력이 유지되었던 국가적 모순'의 근거로 삼고자 했음을 알겠군.

③ '보국대'와 '징용'이 "'제국'의 빛나는 승리를 위해 불가피한 일"이라고 말한 데서, '내선일체에 동조하고 대동아 전쟁에 적극 협력했던 이와모도의 큰아들'을 비판하고 있음을 알겠군.
④ "'전력 증강'이란 이유로 영장 받은 남정들은 탄광과 전장으로, 처녀들은 공장과 위안부로 사정없이 끌려 나갔다."라는 데서, '일본의 태평양 전쟁에 동원된 조선인의 현실을 증언'하고자 했음을 알겠군.
⑤ "그들은 말없는 미륵불 앞에 엎드리어 떠난 아들딸들이 무사히 살아 돌아오기를 빌고 또 비는 것이었다."라는 데서, '항일 독립운동 내력을 가진 오봉 선생 집안'의 모습을 보여 주고 있음을 알겠군.

09 DAY

제한 시간 5분
[C28~30] 다음 글을 읽고 물음에 답하시오.

　고물상 움막으로 돌아오면 우리는 그 집에서 엿보고 들었던 모든 행동들을 그대로 반복하곤 했습니다. 텔레비전이 없었던 우리는 통조림 깡통으로 만든 재떨이를 중심으로 모여 앉아, 그들 네 식구가 그날 저녁에 모여 앉아 나누던 말을 하나하나 어김없이 그대로 뱉어 내곤 하였습니다. 그러한 말들이 얼마나 우리를 즐겁게 만들었는지 모릅니다.

　"여보, 버스 종점이 옮겨진대요."

　아버지의 말은 전농동 채석장 위의 그 사내가 오늘 집으로 돌아오자마자 그 아내에게 처음 던진 말입니다.

　"언제요?"

　"다음 달 말일쯤이라나?"

　"여보, 당신 출근이 더욱 고달프게 되었구려."

　"괜찮아. 싱싱한 두 다리 뒀다 뭘 해. 걷기 운동도 벌어지는 판국에 ……."

　"아빠, 내가 종점까지 업어다 주께."

　그 딸이 한 말을 내가 다시 외어 바치면 아버지는 내 이마를 뜨겁게 쓰다듬어 주곤 하였습니다. 그리고 우리는 냄새 나는 방이었지만 가지런히 두 다리를 뻗고 머리 끝까지 담요를 뒤집어 쓰고 잠을 청하였습니다.

　그랬습니다. 아버지, 어머니 그리고 나는 벌써 우리 자신들의 사람이 아니었습니다. 그 집을 사기로 결정하기 전의 길바닥에 깔린 돌처럼 이리 채이고 저리 채이는 고물과 같은 존재가 아니었다는 얘깁니다.

우리는 지금 그 집에 살고 있는 배필만 씨네 사람들과 똑같이 행복에 겨운 몸짓을 할 수 있는 권리가 있는 것 같았으며, 그들이 생각하고 있는 것이 무엇이며, 그들이 괴로움을 당했을 때 어떤 식으로 괴로움을 발산하고 있으며, 그들이 기쁨을 맞이했을 때 어떤 모습으로 행동한다는 것을, 우리는 유리벽을 통해서 바깥 풍경을 내다볼 때처럼 환하게 알고 있다는 것입니다.

그 기이한 밤 나들이를 통해, 우리 세 식구는 지금까지 꾸려 온 생활과는 전혀 다른 세계를 접하게 되었고, 그 세계의 풍물을 배웠으며, 그것이 얼마 가지 않아서 곧바로 우리의 것이 될 것이라는 점을 지극히 당연한 일로 생각했던 것입니다.

우리는 매일 매일 그들의 이야기와 그들의 몸짓을 엿보고 돌아와, 그것들을 다시 한 번 흉내 내는 재미에 푹 빠져 있었습니다. 그랬더니 아니나 다를까, 모든 것이 정말 그처럼 잘 풀려 나가기도 했습니다. 그동안 우리는 30만 원의 중도금을 치렀는데, 그 중도금을 지불하고 나머지 잔금을 치를 기간인 ㉠열흘간 우리는 흡사 열병을 앓는 환자처럼 어쩔 줄 몰라했습니다.

(중략)

한 사내가 거기 누워 있었습니다. 넥타이가 단정하게 매어져 있는 배필만 씨의 한쪽 어깨는 으스러져 있었고, 그가 들었던 사무용 노란 봉투가 발끝에서 나뒹굴고 있었습니다. 벗겨진 그의 구두 한 짝이 그의 머리 위에 엎어져 있었습니다.

"죽었군!"

누군가 이렇게 중얼거렸습니다. 그때 우리 옆에 서 있던 아버지가 두 사람의 경찰이 지키고 서 있는 그 시체 앞으로 성큼성큼 다가갔습니다.

"뭐야?"

아버지의 얼굴 정면에다 플래시를 비추며 경찰이 물었습니다. 아버지는 아무런 대답을 하지 못하고 있었습니다.

"뭐냔 말이야? 당신 누구야?"

시체를 향해 무작정 다가가는 아버지의 멱살을 꽉 부여잡고 경찰이 다그쳤습니다. 아버지는 고개를 들어 경찰이 정면으로 들이댄 플래시 불빛을 향해 말했습니다.

"누군지 모릅니다."

아버지의 입에서 이런 말이 천천히 흘러 나왔습니다. 나는 그때까지 아버지의 목소리 가운데 ㉡그렇게 비통하고 맥없는 목소리는 들은 적이 없었습니다.

"누군지 모른다니? 당신이 누구냔 말야? 피해자와 아는 사이야?"

경찰은 아버지의 멱살을 풀며 목청을 약간 누그러뜨리고 다시 물었습니다.

"연고자입니다."

"이 사람이 당신 형제야?"

"아닙니다."

"그럼 뭐요?"

"바로 납니다."

"나라니?"

"나란 말이오."

"이런 맹추가 있나? 아니 촌수도 모르는 놈이 있나?"

– 김주영, 〈즐거운 우리 집〉

C28

예상 문제

윗글의 서술상 특징으로 가장 적절한 것은?

① 서술자의 주관적인 묘사를 통해 극적 긴장감을 불러일으키고 있다.

② 내적 갈등을 극복하는 모습을 상세히 보여 줌으로써 감동을 주고 있다.

③ 추리적 기법을 통해 사건이 갖고 있는 근본적인 원인을 드러내고 있다.

④ 공간적 배경에 따라 시점을 변화시킴으로써 상황을 입체적으로 드러내고 있다.

⑤ 아이인 서술자가 관찰자의 입장에서 사건의 정황을 직접적으로 서술하고 있다.

C29

예상 문제

'우리 가족'이 ㉠과 같이 행동한 근본적인 이유로 가장 적절한 것은?

① 더 이상 무시당하고 살 수 없다는 생각에

② 새 집으로 이사 갈 수 있으리라는 기대감에

③ 낡은 집에서 더 이상 살고 싶지 않았기 때문에

④ 다른 사람의 삶을 통해 느낀 행복감처럼 우리의 삶도 변화될 것이라는 기대감 때문에

⑤ 일이 너무나 술술 잘 풀려 나가서 혹시나 예상하지 못한 문제가 생길까 하는 불안감 때문에

〈보기〉는 윗글의 앞부분이다. 윗글의 내용과 〈보기〉를 볼 때 아버지가 ㉡과 같은 목소리로 말한 이유로 가장 적절한 것은?

[보기]

돌아서는 길은 항상 무언가 아쉬움이 남았고 또한 피곤하기 짝이 없는 것이었습니다. 우리는 그 네 식구가 오늘밤도 무사히 하룻밤을 보낼 수 있기를 돌아오는 동안 마음속으로 빌곤 하였습니다.

희미한 미련과 걱정이 항상 우리 뒤에 찌꺼기처럼 남아 있었으므로, 우리는 그 밤 나들이를 단 하루도 거르는 일이 없었습니다. 그리고 돌아올 때마다 제발 우리 세 식구가 그 집으로 이사하기 전날까지, 그들의 행복과 안녕이 톱니바퀴처럼 어김없이 돌아가고 간직되기를 빌었던 것입니다.

우리 세 사람 어느 누구도 그런 구체적인 말을 하는 사람은 없었지만, 마음속으로는 저마다 그것을 간절히 바라고 있었던 것만은 틀림없었습니다.

① 희미했던 자신의 걱정 때문에 그런 일이 생긴 것 같아서
② 완벽했던 자신의 계획에 오점을 남기게 된 것이 억울해서
③ 자신이 누리게 될 것이라 여겼던 행복이 깨어지는 것을 보니 허탈해져서
④ 자신과 동격화한 그 집 주인의 죽음이 자신에게 닥쳐 올 것이라는 생각에
⑤ 그동안 지켜보며 정이 많이 들었던 사내의 죽음을 눈앞에서 보니 두려워서

제한 시간 6분

[C31~34] 다음 글을 읽고 물음에 답하시오.

악몽과 같은 전쟁이 끝났다.

진영은 아들 문수의 손을 잡고 황폐한 서울로 돌아왔다. 집터는 쑥대밭이 되어 축대조차 찾아볼 수 없었다. 진영은 무심한 아이의 눈동자를 멍하니 언제까지나 바라보고 있었다.

문수가 자라서 아홉 살이 된 초여름, 진영은 내장이 터져서 파리가 엉겨 붙은 소년병을 꿈에 보았다. 마치 죽음의 예고처럼 다음 날 문수는 죽어버린 것이다. 비가 내리는 밤이었다.

일찍부터 홀로 되어 외동딸인 진영에게 의지하며 살아온 어머니는 '내가 죽을 거로.' 하며 문지방에 머리를 부딪치는 것이었으나 진영은 허공만 바라보고 있었다.

아이는 앓다가 죽은 것이 아니었다. 길에서 넘어지고 병원에서 죽은 것이다. 그러나 그것뿐이라면 진영으로서는 전쟁이 빚어낸 하나의 악몽처럼 차차 잊어버릴 수 있는 일이었는지도 모른다. 그러나 그것이 아니었다. 의사의 무관심이 아이를 거의 생죽음을 시킨 것이다. 의사는 중대한 뇌수술을 엑스레이를 찍어보지 않고, 심지어는 약 준비도 없이 시작했던 것이다. ㉠마취도 안한 아이는 도수장(屠獸場)* 속의 망아지처럼 죽어간 것이다. 그렇게 해서 아이를 갖다 버린 진영이었다.

바깥 거리 위에는 쏴아 하며 밤비가 내리고 있었다.

누워서 멀거니 천장을 바라보고 있는 진영의 눈동자가 이따금 불빛에 번득인다. 창백한 볼이 불그스름해진다. 폐결핵에서 오는 발열이다.

바깥의 빗소리가 줄기차온다.

아이가 죽은 지 겨우 한 달, 그러나 천 년이나 된 듯한 긴 나날들이었다. ㉡눈을 감은 진영의 귀에 조수(潮水)처럼 밀려오는 것은 수술실 속의 아이의 울음소리였다.

(중략)

아주머니가 가버린 뒤 진영은 자리에 쓰러졌다. 솜처럼 몸이 풀어진다.

진영은 방 속에 피운 구멍탄 스토브에서 가스가 분명히 지금 방에 새고 있는 것이라고 생각한다. 방 안에 가득히 가스가 차면 나는 죽어버리는 것이라고 생각한다.

어느새 진영은 괴로운 잠이 드는 것이었다.

㉢내장이 터진 소년병이 꿈에 나타났다. 진영은 꿈을 깨려고 무척 애를 썼다.

"모레가 명절인데 절에도 돈 천 환이나 보내야겠는데……"

어렴풋이 들려오는 어머니의 말소리다. 진영은 몸을 들치며 눈을 떴다.

"귀신이나 사람이나 매한가진데…… 남들은 다 제 몫을 먹는데 우리 문수는 손가락을 물고 에미를 기다릴 거다."

잠이 완전히 깬 진영은 벌떡 자리에서 일어났다. 진영은 외투와 목도리를 안고 마루에 나와 그것을 몸에 감았다.

진영은 부엌에서 성냥 한 갑을 외투 주머니에 넣고 집을 나갔다.

오랫동안 마음속에서만 벼르던 일을 오늘이야말로 해치울 작정인 것이다.

진영은 눈이 사박사박 밟히는 비탈길을 걸어 올라간다.

㉣진영은 고슴도치처럼 바싹 털이 솟은 자신을 느낀다.

목도리와 외투자락이 바람에 나부낀다. 그러면은 잡나무 가지 위에 앉은 눈이 외투 깃에 날아 내리는 것이었다.

진영은 절로 가는 것이다.

진영이 절 마당에 들어갔을 때 "당신네들 같으면 중이 먹고 살갔수." 하던 늙은 중이 막 승방에서 나오는 도중이었다. 절은 괴괴하니 다른 인기척은 없었다.

진영은 얼굴의 근육이 경련하는 것을 의식하며 중 옆으로 다가선다.

"저 말이지요. 저희들이 이번에 시골로 가는데 아이 사진과 위패를 가지고 가고 싶어요."

고개를 푹 숙인 채 진영은 나지막하게 말한다. 허옇게 풀어진 눈으로 진영을 쳐다보던 중이 겨우 생각이 난 모양으로,

"이사를 하신다고요? 그럼 어뗘. 그냥 두구려. 명절에 우편으로라도 잊어버리지 않으면 되지."

진영은 숙인 고개를 발딱 세우더니 옆으로 획 돌리며,

"참견할 것 없어요. 사진이나 빨리 주세요!"

쏘아붙인다. 중은 좀 어리둥절해하더니 무엇인지 모르게 중얼중얼 씨부렁거리며 법당으로 간다.

이윽고 중이 문수의 사진과 위패를 가지고 나오자 진영은 그것을 빼앗듯이 받아 들고 인사말 한마디 없이 절 문 밖으로 걸어 나간다.

화가 난 중은 진영의 뒷모습을 겨누어보다가 중얼중얼 씨부렁거리며 뒷간으로 간다.

진영은 중에게 화를 낸 것은 아니었다. 다만 진영으로서는 빨리 사진을 받아 가지고 절 문 밖으로 나가고 싶었던 것이다. 그래서 초조했던 것이다.

진영은 비탈길을 돌아 산으로 올라간다. 올라가면서 진영은 이리저리 기웃거린다. 어느 커다란 바위 뒤에 눈이 없는 마른 잔디 옆에 이르자 진영은 그 자리에 주저앉는다. 그리하여 문수의 사진과 위패를 놓고 물끄러미 한동안 내려다본다.

ⓒ 한참 만에 그는 호주머니 속에서 성냥을 꺼내어 사진에다 불을 그어댄다. 위패는 이내 살라졌다. 그러나 사진은 타다 말고 불꽃이 잦아진다. 진영은 호주머니 속에서 휴지를 꺼내어 타다 마는 사진 위에 찢어서 놓는다. 다시 불이 붙기 시작한다. 사진이 말끔히 타버렸다. 노르스름한 연기가 차차 가늘어진다.

[A]
진영은 연기가 바람에 날려 없어지는 것을 언제까지나 쳐다보고 있었다.

"내게는 다만 쓰라린 추억이 남아 있을 뿐이다. 무참히 죽어버린 추억이 남아 있을 뿐이다!"

진영의 깎은 듯 고요한 얼굴 위에 두 줄기 눈물이 흘러내리고 있었다.

겨울하늘은 매몰스럽게도 맑다. 잡목 가지에 얹힌 눈이 바람을 타고 진영의 외투 깃에 날아 내리고 있었다.

"그렇지. 내게는 아직 생명이 남아 있었다. 항거할 수 있는 생명이!"

진영은 중얼거리며 잡나무를 휘어잡고 눈 쌓인 언덕을 내려오는 것이다.

– 박경리, 〈불신시대〉

* 도수장: 도살장

C31
2020 대비/경찰대 42

윗글의 서술상의 특징으로 가장 적절한 것은? [3점]

① 사건의 전개 과정이 우화적인 의미를 갖도록 서술하고 있다.

② 사건의 인과 관계가 느슨한 여러 개의 삽화를 연결하여 서술하고 있다.

③ 특정 인물의 시각을 중심으로 사건을 제시하는 방식으로 서술하고 있다.

④ 사건의 실제적 전개보다 인물의 의식의 흐름을 중심으로 서술하고 있다.

⑤ 여러 인물들의 회상을 통하여 사건의 의미가 입체적으로 드러날 수 있도록 서술하고 있다.

C32
2020 대비/경찰대 43

진영에 대한 이해로 적절한 것은?

① 전쟁 중에 의사의 실수로 아들을 잃고 만다.

② 어머니와 어려서부터 사이가 좋지 않다.

③ 건강을 위협하는 병에 걸려 있다.

④ 연탄가스가 새는 집을 떠나고 싶어 한다.

⑤ 절의 늙은 중을 정성껏 응대하고 있다.

㉠~㉤에 대한 설명으로 적절하지 <u>않은</u> 것은? [3점]

① ㉠: '도수장(屠獸場) 속의 망아지'는 죽어간 아들의 끔찍한 모습을 실감 나게 느낄 수 있게 한다.

② ㉡: '밀려오는' '조수'는 인물이 아이의 죽음을 잊지 못하고 있음을 알려 준다.

③ ㉢: 꿈에 나타난 '내장이 터진 소년병'은 인물이 겪고 있는 심리적 고통을 효과적으로 드러낸다.

④ ㉣: '고슴도치처럼 바싹' '솟은' '털'은 인물이 앞으로 있을 싸움을 앞두고 몹시 화가 나 있음을 의미한다.

⑤ ㉤: '사진'을 태우는 행위에는 아들의 죽음을 딛고 새로운 삶을 살아가고자 하는 인물의 의지가 담겨 있다.

[A]를 중심으로 윗글을 감상한 것으로 적절하지 <u>않은</u> 것은?

① 주인공은 자신에게는 근본적인 생명력이 있다고 믿고 있는 것 같아.

② 주인공은 자신이 처한 사회적 현실을 부정적으로 생각하고 있음에 틀림없어.

③ 주인공의 경우처럼 전쟁을 겪고 살아남은 사람들도 시련을 겪게 되는 것 같아.

④ 주인공처럼 사람은 아무리 어려운 상황에 처하더라도 살아가고자 하는 의지를 버리면 안 되겠어.

⑤ 주인공이 고통스러운 상황에 빠진 데에는 종교적 믿음이 부족한 것도 한몫을 했다고 할 수 있어.

제한 시간 5분

[C35~37] 다음 글을 읽고 물음에 답하시오.

그래. **아버진 죄를 지었단다.** 아직은 넌 모를 테지만, 그 때문에 아버지는 집을 떠나신 거여. 하지만…… 네 아버지는 눈매가 고운 분이셨다. 우리 마을에서 단 하나뿐인 학생이었고…… 남들이 사람을 해치려는 걸 한사코 말리려고 했지. 그 때문에 살아난 사람도 여럿이 있어. 정말이여.

그런 어머니의 변명은 끝끝내 내 마음을 어루만져 주지 못했다. 그 후로 나는 좀처럼 아버지에 대한 얘기를 꺼내지 않게 되었다. 뜻밖에도 아버지의 죄를 순순히 시인하는 그녀의

한마디가 내게는 그토록 엄청난 충격으로 깊이 남겨졌던 탓이리라. 바로 그 순간부터 나는 아버지의 그 죄라는 것을 내 스스로 함께 나누어 지니고 만 느낌이었고, 그 때문에 나이에 걸맞지 않게 나는 눈빛이 깊고 어두운 아이가 되어 가고 있었다. 그리고 그때부터 아버지의 무서운 환영은 저주처럼 내 곁을 따라다니기 시작했다. 그는 언제나 시커먼 어둠 저편에 숨어서 음산하기 그지없는 눈빛으로 나를 쏘아보고 있었다. 그는 어디에나 숨어 있었다. 내 어릴 때 이따금 고개를 디밀어 들여다보면 ㉠마루 밑 저편 깊숙이 도사리고 있던 그 까마득한 어둠 속에도 그 어둠 속에서 술술 기어나오던 그 눅눅하고 음습한 냄새 속에서도 내가 한 번도 얼굴을 본 적이 없는 그 사내는 핏발 선 눈알을 번득이며 나를 쏘아보고 있는 것이었다. 그건 어디서 묻었는지도 모르는, 오랜 시간이 흐른 뒤에까지 지워지지 않는 핏자국처럼 내게는 **저주와 공포의 낙인**으로 깊이 박혀져 있었다.

[중략 부분 줄거리] 군 복무 중이던 '나'는 진지를 구축하기 위해 참호를 파다가, 6·25전쟁 때 죽은 사람의 유골을 발견한다. 누구의 유골인지 알아보기 위해 수습 현장에 인근 마을의 노인을 불렀다.

"그렇다면 이치도 아마 빨갱이였겠구만. 안 그래요?"

소대장이 지휘봉의 뾰족한 끝으로 쿡쿡 찌르듯 ㉡유해를 가리키며 말했다. 인사계가 되물었다.

"어째서요."

"산을 타고 도망치던 빨치산들이 그리 많이 죽었다잖아. 이 치도 보기엔 군인은 아니었을 것 같고, 그렇다고 근처의 주민이었다면 가족이 있을 텐데 임자 없이 이리저리 팽개쳐 됐을라구."

"그걸 누가 압니까. 그때야 워낙 피차에 서로 죽고 죽이던 판인데……."

그때였다. 쭈그려 앉아서 손을 움직이고 있던 노인이 불쑥 소리치는 것이었다.

"어허, 대관절…… 대관절 그게 어떻다는 얘기요. 죽어서까지 원 아무리 이렇게 죽어 누운 다음에까지 이쪽이니 저쪽이니 하고 그런 걸 굳이 따져서 무얼 하자는 말이오. 죽은 사람이 뭣을 알길래…… 죄다 부질없는 짓이지. 쯔쯧."

노인의 음성은 낮았지만 강하고 무거웠다. 그러면서도 노인은 고개를 숙인 채 뼛조각에 묻은 흙을 정성스레 닦아내고 있었다. 무슨 귀한 물건마냥 서두르는 기색도 없이 신중히 손질하고 있는 노인의 자그마한 체구를 우리는 둘러서서 지켜보았다. 모두들 한동안 입을 다물었고 나는 흙에 적셔진 노인의 손끝이 가늘게 떨리고 있음을 깨달았다.

"땅속에 누운 사람의 잠을 살아 있는 사람이 깨워서야 되겠소. 또 그럴 수도 없는 법이고. 원통한 넋이니 죽어서라도 편히 눈감도록 해야지. 암. 그것이 산 사람들의 도리요…… 하기는, 이렇게 불편한 꼴로 묶여 있었으니 그 잠인들 오죽 했을까만."

노인은 어느 틈에 꾸짖는 듯한 말투로 혼자 중얼거리고 있었다. 두개골과 다리뼈를 꼼꼼히 문질러 닦은 뒤, 노인은 몸통뼈에 묶인 줄을 풀어내기 시작했다. 완강하게 묶인 매듭은 마침내 노인의 손끝에서 풀리었다. 금방이라도 쩔꺽쩔꺽 쇳소리를 낼 듯한 ⓒ철사 줄은 싱싱하게 살아 있었다. 살을 녹이고 뼈까지도 녹슬게 만든 그 오랜 시간과 땅 밑의 어둠을 끝끝내 견뎌 내고 그렇듯 시퍼렇게 되살아 나오는 그것의 놀라운 끈질김과 냉혹성이 언뜻 소름끼치도록 무서움증을 느끼게 했다.

노인은 손목과 팔에 묶인 결박까지 마저 풀어낸 다음 허리를 펴고 일어서더니 줄 묶음을 들고 저만치 걸어 나갔다. 그가 허공을 향해 그것을 멀리 내던지는 순간 나는 까닭 모르게 마당가에서 하늘을 치어다보며 서 있는 어머니의 가녀린 목줄기와 그녀가 아침마다 소반 위에 떠서 올리곤 하던 하얀 물 사발이 눈앞에 떠올랐다가 스러져 버리는 것이었다.

나는 담배를 피워 물었다. 멀리 메마른 초겨울의 야산이 헐벗은 등을 까내놓고 죽은 듯이 엎드려 있었다. 사위는 온통 잿빛의 풍경이었다. 피잉, **현기증**이 일었다.

광주리를 머리에 인 어머니가 모래밭을 걸어오고 있었다. 돌돌거리며 흐르는 물소리를 거슬러 강변 모래밭을 어머니가 혼자 저만치서 다가오고 있었다. 모래밭은 하얗게 햇살을 되받아 쏘며 은빛으로 반짝였다. 허리띠를 질끈 동인 어머니의 치맛자락이 흐느적이며 바람결에 흔들리고 있었다. 나는 햇살에 부신 눈을 가늘게 오므리고 줄곧 그녀를 지켜보고 있었다. 그때였다. 꿈속에서처럼 나는 그녀의 뒤를 바짝 따라오고 있는 한 사내의 환영을 보았다.

그건 아버지였다. 언젠가 어머니의 낡은 반닫이 깊숙한 옷가지 밑에 숨겨져 있던 액자 속에서 학생복 차림으로 서 있던 그대로 그건 영락없는 그 사내였다. 나를 어머니의 배 속에 남겨 놓은 채 어느 바람이 몹시 부는 날 밤, 산길을 타고 지리산인가 어디로 황황히 떠나가 버렸다는 사내. 창백해 뵈는 **뺨**에 마른 몸집의 그 사내가 어머니와 함께 걸어 오고 있는 것이었다. 놀란 눈으로 풀밭에 앉아 나는 그들을 지켜보고 있었다. 이윽고 어머니의 눈썹과 코, 입의 윤곽과 야윈 목줄기까지 뚜렷이 드러날 만큼 가까워졌을 때 사내의 환영은 어느 틈에 사라져 버리고 없었다. 몇 번이나 눈을 비비고 보았으나 역시 마찬가지였다. 하얗게 반짝이는 모래밭 위로 어머니가 찍어 내는 발자국만 유령처럼 끈질기게 그녀의 발꿈치를 뒤따라오고 있을 뿐이었다.

우리는 관 대신에 신문지로 싼 유해를 맨 처음 그 자리에 다시 묻어 주었다. 도톰하니 ⓔ봉분을 만들고 뗏장까지 입혀 놓고 보니 엉성한 대로 형상은 갖춘 듯싶었다. 노인은 술을 흙 위에 뿌려 주었다. 그리고 자신이 먼저 한 모금 마신 다음에 잔을 돌렸다. 오 일병이 노파가 준 북어를 내놓았고, 덕분에 작은 술판이 벌어졌다. 음복인 셈이었다.

"얌마. 이런 느닷없는 장례식도 모두 너희 두 놈들 때문이니까, 자 한 잔씩 마셔라."

"그래그래, 어쨌든 너희들은 좋은 일 했으니 천당 가도 되겠다."

소대장이 병을 기울였고 다른 녀석들도 낄낄대며 한마디씩 보태었다.

술이 가득 차오른 반합 뚜껑을 나는 두 손으로 받쳐 들었다. 저것 봐라이. ⓜ날짐승도 때가 되면 돌아올 줄 아는 법이다. 어머니가 말했다. 저만치 웬 사내가 서 있었다. 가슴과 팔목에 철사 줄을 동여맨 채 사내는 이쪽을 응시하며 구부정하게 서 있었다. 퀭하니 열려 있는 그 사내의 눈은 잔뜩 겁에 질려 있는 채로였다. 애앵. 총성이 울렸고 그는 허물어지듯 앞으로 고꾸라지고 있었다. 불현듯 **시야가 부옇게 흐려** 왔다.

아아. 아버지는 지금 어디에 쓰러져 누워 있을 것인가. 해마다 머리맡에 무성한 쑥부쟁이와 엉겅퀴 꽃을 지천으로 피워 내며 이제 아버지는 **어느 버려진 밭고랑**, 어느 웅달진 산기슭에 무덤도 묘비도 없이 홀로 잠들어 있을 것인가.

— 임철우, 〈아버지의 땅〉

C35
2014 대비/사관학교 34

윗글에 대한 설명으로 가장 적절한 것은?

① 현재 사건이 과거 회상, 인물의 상상과 중첩되고 있다.
② 다양한 인물들의 경험을 삽화 형식으로 나열하고 있다.
③ 현재형 어미를 사용하여 일상적 삶의 모습을 그리고 있다.
④ 서사가 진행될수록 인물들 사이의 긴장감이 고조되고 있다.
⑤ 차분한 어조를 쓰며 사건에 대한 객관적 태도를 드러내고 있다.

㉠~㉤에 대한 설명으로 적절하지 <u>않은</u> 것은?

① ㉠은 유년 시절에 겪었던 공포로부터 도피하던 공간
이다.
② ㉡은 '나'가 아버지를 떠올리게 되는 계기가 된다.
③ ㉢이 유골을 옥죄고 있는 것은 전쟁의 참상을 암시한다.
④ ㉣을 만드는 행위는 죽은 이에 대한 존중의 의미를 담
고 있다.
⑤ ㉤은 아버지와의 재회를 기대하는 어머니의 마음을 나
타낸다.

C37

2014 대비/사관학교 36

〈보기〉를 바탕으로 윗글을 이해한 내용으로 적절하지 <u>않은</u> 것은?

[보기]

〈아버지의 땅〉은 6·25전쟁 때 좌익 활동을 하다 행방
불명된 아버지 때문에 정신적 고통을 겪는 '나'가 아버지
와 화해에 이르는 모습을 그린 소설이다. 이 작품은 아버
지를 바라보는 '나'의 태도를 통하여 6·25전쟁의 상처와
갈등이 전후 세대의 문제이기도 하다는 것을 보여 주고
있다. 또한 아버지를 이해하며 화해하는 '나'의 모습을 통
해 전쟁 상처 극복에 대한 전망을 제시하고 있다.

① '아버진 죄를 지었단다.'라고 말하는 어머니를 통해 '나'
도 전쟁의 상처에서 자유롭지 못함을 알게 된다.
② '나'가 아버지를 '저주와 공포의 낙인'으로 인식하는 태
도는 '나'의 상처가 얼마나 깊은지를 보여 준다.
③ '현기증'이 일어나며 아버지의 환영을 보는 장면은 아버
지에 대한 '나'의 태도 변화를 암시한다.
④ 아버지를 떠올리며 '시야가 부옇게 흐려'지는 '나'의 모
습은 전쟁의 상처 극복을 기대하게 한다.
⑤ '어느 버려진 밭고랑'은 아버지와 화해에 이른 '나'가 아
버지로 인한 정신적 고통을 극복했음을 보여 준다.

제한 시간 6분
[C38~41] 다음 글을 읽고 물음에 답하시오.

경희넨 집도 컸고 정원도 넓었지만 난 별로 눈부셔하지 않
았다. 내 집보다 규모가 크고, 좀더 휘번드르르한데도 어딘지
내 집과 비슷했다. 편리한 양옥 구조가 다 그렇듯이 그저 그
렇고 그랬다. 세간도 그랬다. 하긴 경희네 안방 자개 문갑과
내 집 자개 문갑이 같은 값일 리 없고, 그 문갑 위에 놓인 청
자가 우리집 것과 같은 6백 원짜리 가짜일 리는 만무하다 하
겠다. 그러나 경희나 나나 이런 가장집기들에게 약간의 용도
와 금전적 가치와 전시 효과 외엔 특별한 심미안이나 애정을
두지 않긴 마찬가지일 테니, 그것들이 무의미하기도 마찬가
지일 게 아닌가. 나는 조금도 위축되거나 비실비실하지 않았
다. 경희는 품위도 우정도 잃지 않을 한도 내에서 절도 있게
나를 반가워했다. 그리고 나서 남편은 뭐 하는 사람이냐고 물
었다. 영미가 약간 입을 비죽대며 "뭐 일본과 기술 제휴한 전
자회사 사장이라나 봐" 했다. 곧 이어 희숙이 "글쎄 그 사람이
얘 세 번째 남편이래지 뭐니" 하고 덧붙였다.

경희는 정숙한 여자가 못 들을 망측한 소리를 들었다는 듯
이 얼굴을 곱게 붉히더니 "계집애두" 하며 손을 입에 대고 웃
었다. 덧니가 부끄러워 비롯된, 그녀의 손으로 입 가리고 웃
는 버릇은 이제 덧니의 매력까지를 계산하고 있어 세련된 포
즈일 뿐이다. 뱅어처럼 가늘고 거의 골격을 느낄 수 없이 유
연한 손가락에 커트가 정교한 에메랄드의 침착하고 심오한
녹색이 그녀의 귀부인다운 품위를 한층 더해 주고 있다. 아름
다운 포즈였다. 그러나 부끄러움은 아니었다. 노련한 연기자
처럼 미적 효과를 미리 충분히 계산한 아름다운 포즈일 뿐이
었다. 부끄러움의 알맹이는 퇴화하고 겉껍질만이 포즈로 잔
존하고 있을 뿐이었다. 나는 실망과 안도를 동시에 느꼈다.

경희는 내 남편이 한다는 일에 각별한 관심을 보이며 자기
가 요새 나가는 일본어 학원에 같이 다니지 않겠느냐고 했다.

"너희 남편이 일본 사람과 교제하려면 네 도움이 많이 필요
할걸. 요샌 남편이 출세하려면 뒤에서 여자가 뒷받침을 잘
해 줘야 해. 그러니 두말 말고 일본말 좀 배워 둬라. 내가
배우는 거야 그냥 교양 삼아 배우는 거지만 말야."

"너야 어디 일본말만 배웠니. 각 나라 말 다 조금씩 배워 봤
잖아."

희숙이가 비굴하게 웃으며 끼어들었다.

"그야 해외 여행할 때마다 그때그때 그 나라 인사말 정도
배워 갖고 간 거지 뭐."

나는 집에 와서 남편에게 비교적 소상히 그날의 얘기를 했다.

만나본 동창 중 경희 같은 소위 고위층의 부인이 있다는 소리에 남편은 점괘를 맞힌 박수무당처럼 징그럽게 좋아했다.

"거 보라구 내가 뭐랬나. 당신 친구 중에라고 고관의 부인 없으란 법 있겠느냐고 내가 안 그랬어. 잘됐어. 잘됐어. 뭐? 일본어 학원? 다녀야지. 암 다녀야구말구. 그런 여자하고 같이 다닐 기횔 놓치면 안 되지. 그게 다 처세술이라구. 교제술이란 게 다 그렇구 그런 거지 별건가."

그리고 나선 개화기의 우국지사처럼 자못 엄숙하고 침통해지면서,

"아는 것이 힘이라구. 배워야 산다구. 배워서 남 주나."

하고 악을 썼다. 경희의 권유에서라기보다 남편의 성화에 못 이겨 나는 곧 일어 학원엘 나가게 되었다. 또 다른 이유가 있다면, 만약 또 이혼을 하게 되면, 일본어로 자립의 밑천을 삼아 볼까 하는 생각도 있었다. 요샌 관광 안내원이 괜찮은 직업이라 하지 않나.

일어 학원에서 경희를 만나는 일은 드물었다. 그녀는 중급반이요 나는 초급반인 탓도 있었고, 그녀는 별로 열심스러운 학생이 못 되어서 결석이 잦았다. 간혹 만나더라도 암만해도 강사를 집으로 초빙해야 할까 보다느니, 아무한테도 쟤가 아무개 부인이란 발설을 말라느니, 이를테면 자기 신분에 신경을 쓰는 소리나 해서 거리감만 점점 느끼게 했다.

내 일본말은 늘지 않았다. 일제 때 배운 거라 대강은 알아들으니 쉬 익힐 법도 한데 강사인 일녀의 발음에 따라 '오하요'니 '사요나라'니 소리가 도무지 돼 나오지를 않았다.

일어 학원이 있는 종로 일대에는 일어 학원말고도 학원이 무수히 많았다. 서울 아이들은 보통 학교를 두 군데 이상이나 다니나보다. 영수 학관, 대입 학원, 고입 학원, 고시 학원, 예비고사반, 연합고사반, 모의고사반, 종합반, 정통영어반, 공통수학반, 서울대반, 연고대반, 이대반…… 이 무수한 학원으로 무거운 책가방을 든 학생들이 몰려 들어가고 쏟아져 나오고 했다. 자식을 길러 본 경험이 없는 나는 이들이 은근히 탐나기도 했지만 이들의 반항적인 몸짓과 곧 허물어질 듯한 피곤을 이해할 수 없어 겁도 났다.

어느 날 어디로 가는 길인지 일본인 관광객이 한 떼, 여자 안내원의 뒤를 따라 이 거리를 지나고 있었다. 어느 촌구석에서 왔는지 야박스럽고, 경망스럽고, 교활하고, 게다가 촌티까지 더덕더덕 나는 일본인들에 비하면 우리나라 안내원 여자는 너무 멋쟁이라 개발에 편자처럼 민망해 보였다. 그녀는 멋쟁이일 뿐 아니라 경제 제일주의의 나라의 외화 획득의 역군답게 다부지고 발랄하고 긍지에 차 보였다. 마침 학생들이 쏟아

져 나와 관광객과 아무렇게나 뒤섞였다. 그러자 이 안내원 여자는 관광객들 사이를 바느질하듯 부비며 소곤소곤 속삭였다.

"아노― 미나사마, 고치라 아타리카라 스리니 고주이 나사이마세(저 여러분, 이 근처부터 소매치기에 주의하십시오)."

처음엔 나는 왜 내가 그 말뜻을 알아들었을까 하고 무척 무안하게 생각했다. 그러다가 차츰 몸이 더워 오면서 어떤 느낌이 왔다. 아아, 그것은 부끄러움이었다. 그 느낌은 고통스럽게 왔다. 전신이 마비됐던 환자가 어떤 신비한 자극에 의해 감각이 되돌아오는 일이 있다면, 필시 이렇게 고통스럽게 돌아오리라. 그리고 이렇게 환희롭게. 나는 내 부끄러움의 통증을 감수했고, 자랑을 느꼈다.

나는 마치 내 내부에 불이 켜진 듯이 온몸이 붉게 뜨겁게 달아오르는 걸 느꼈다.

내 주위에는 많은 학생들이 출렁이고 그들은 학교에서 배운 것만으론 모자라 ××학원, ○○학관, △△학원 등에서 별의별 지식을 다 배웠을 거다. 그러나 아무도 부끄러움은 안 가르쳤을 거다.

나는 각종 학원의 아크릴 간판의 밀림 사이에 '부끄러움을 가르칩니다' '부끄러움을 가르칩니다'라는 깃발을 펄럭펄럭 훨훨 휘날리고 싶다. 아니, 굳이 깃발이 아니라도 좋다. 조그만 손수건이라도 팔랑팔랑 날려야 할 것 같다. '부끄러움을 가르칩니다' '부끄러움을 가르칩니다'라고. 아아, 꼭 그래야 할 것 같다. 모처럼 돌아온 내 부끄러움이 나만의 것이어서는 안 될 것 같다.

― 박완서, 〈부끄러움을 가르칩니다〉

C38

윗글의 서술상 특징을 〈보기〉에서 찾아 바르게 묶은 것은?

[보기]

ㄱ. 서술자가 과거의 사건을 요약적으로 진술하고 있다.

ㄴ. 다른 장소에서 동시에 벌어진 사건들을 병치하고 있다.

ㄷ. 독백적인 어조를 통해 현실에 대한 문제의식을 표현하고 있다.

ㄹ. 인물의 심리를 구체적으로 제시하여 인물의 내적 욕망을 제시하고 있다.

① ㄱ, ㄴ　　② ㄱ, ㄷ　　③ ㄱ, ㄹ
④ ㄴ, ㄷ　　⑤ ㄷ, ㄹ

C39

윗글의 인물에 대한 설명으로 적절한 것은?

① '여자 안내원'은 '나'의 심리적 변화를 유발하는 역할을 한다.
② '나'는 결혼을 통해 풍족한 생활을 하고 있는 것에 만족하고 있다.
③ '남편'은 '나'를 매개로 해서 '경희'에게 자신의 권력의 힘을 과시하려 한다.
④ '영미'와 '희숙'은 '경희'를 매개로 해서 '나'에 대한 과거의 거리감을 지우려고 한다.
⑤ '경희'는 '나'가 그녀의 가식적인 행위를 간파했음을 알고 더욱 품위 있게 행동한다.

C40 ⭐ 1등급 킬러

윗글을 〈보기〉와 같은 이야기 단위로 정리할 때, 이에 대한 설명으로 적절한 것은?

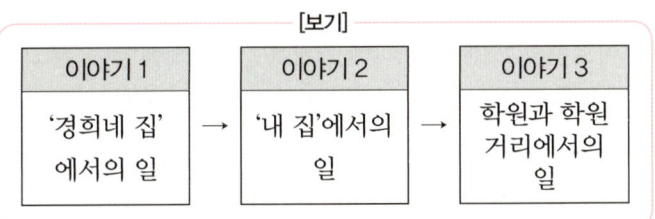

[보기]

이야기 1	→	이야기 2	→	이야기 3
'경희네 집'에서의 일		'내 집'에서의 일		학원과 학원 거리에서의 일

① 이야기 1과 이야기 3에서 '나'가 '경희'에 대해 느끼는 심리적 거리감은 동일하다.
② 이야기 3에서 '나'가 일본어를 배우게 된 본래 목적은 이야기 1에 제시되어 있다.
③ 이야기 2에 제시된 '나'의 가족에 대한 정보는 이야기 1과 이야기 3에서 확인할 수 있다.
④ 이야기 3에서 '나'가 겪는 상황은 이야기 2에서 '나'에 대한 '남편'의 배려에서 비롯되었다.
⑤ 이야기 1~3에서 각 이야기 단위마다 서술 시점이 달라져 '나'의 다양한 고민이 부각된다.

C41

〈보기〉를 바탕으로 윗글을 이해할 때 적절하지 않은 것은?

[보기]

이 작품은 급속한 산업화로 인해 새로운 질서가 자리 잡으면서 가치가 전도되는 사회를 비판하고 있다. 돈과 권력으로 대표되는 세속적 출세에 대한 욕망이 횡행하면서 인간의 내면적 순수함은 상실된다. 물질적 측면에서만 화려한 외피를 추구하는 과정에서 인간관계 또한 그것을 위한 도구 내지 수단으로 전락한다. 이 작품은 그러한 사회가 얼마나 비인간적인가를 뼈아프게 깨우쳐 준다.

① '경희네 집'의 '가장집기'를 통해 물질적 측면에서만 화려한 외피를 추구하는 삶의 한 단면을 알 수 있다.
② '깃발'과 '손수건'을 날리려고 하는 것을 통해 '나'가 삶의 진정한 가치 회복을 간절히 바라고 있음을 알 수 있다.
③ '일어 학원'과 '일본인 관광객'을 통해 일본 문화로 대표되는 외래문화가 새로운 질서로 자리 잡게 된 것을 알 수 있다.
④ '나'와 '경희', '나'와 '남편'의 대화 내용을 통해 '나'가 살아가는 사회에는 인간적 유대감보다는 물질적 욕망 충족에 기초한 인간관계가 만연함을 알 수 있다.
⑤ '각종 학원의 아크릴 간판'을 통해 '나'가 살아가는 사회에는 인간의 순수한 내면적 가치 추구와 관련된 지식보다는 세속적 출세와 관련된 지식이 더 중요시됨을 알 수 있다.

제한 시간 6분

[C42~45] 다음 글을 읽고 물음에 답하시오.

책장의 가장 밝은 곳에 꽂혀 있던 아르판의 책을 꺼내어 한국어로 번역하기로 마음먹은 건 그처럼 암담한 시기를 지나는 중이었다. 내게도 뛰어난 이야기를 알아볼 눈이 있다는 걸 증명하고 싶었다. ㉠요리는 못해도 미각은 있다는 것을 증명하고 싶었다. 그 증명에서 시작해, 나 자신에 대한 신뢰부터 되찾고 싶었다. 나는 와카어의 지식을 되짚어가며 정성껏 번역했다. 극심한 가난과 조울증의 고통 속에서 그 작업은 한 해 넘게 계속되었다.

자세를 똑바로 잡았다. 등을 등받이에 밀착시키고 꼬았던 다리를 펴 내렸다. 감정을 최대한 지운 목소리로 말했다.

"아르판, 지금 이 노래 들리지요?"

이번엔 여자 가수가 떼로 출동해 저를 떠나지 말라며 악을 쓰고 있었다. 아르판은 아무런 대답을 하지 않았다. 고개를 끄덕이거나 젓지도 않았다. 그건 내 예상과 아주 많이 다른 것이었다. 정적이 흘렀다. 견디기 힘들었다. 나는 차라리 그가 벌떡 일어나 화를 내기를, 울부짖거나 원망하기를, 혹은 주먹을 들어 ⓒ내 곪은 영혼에 매질을 해 주기를 바랐다. 하지만 그는 가만히 나를 노려보기만 했다. 아니, 소름끼치는 눈으로 찬찬히 관찰했다. 표정을 읽어 낼 수 없어 답답했다. 나는 힘겹게 말을 이었다.

"한국에서 요즘 유행하는 노래입니다. 그런데 사실 이건 번안 곡이에요. 원래는 삼사 년 전에 일본, 아, 그런 나라가 있습니다. 아무튼, 그 일본에서 만들어진 곡이거든요. 그러나 알고 보면 일본 것도 아니지요. 선진 문명을 받아들이던 시절에 일본이 흠모하던 영국의 동요가 그 뿌리니까요. 하지만 영국 이전에는 네덜란드의 서민 음악이었고, 그 음악은 17세기 중국 광동 지방으로부터 흘러나온 전통 리듬에 뿌리를 두고 있답니다. 자, 그렇다면 중국 광동 지방의 어느 중국인이 이 노래의 원작자일까요?"

아르판은 대답하지 않았다. 속내를 짐작할 수 없는 시커먼 눈동자가 무서웠다. 답답했다. 나는 부탁하고 싶었다. 무슨 생각을 하는지 알려 달라고 부탁하고 싶었다. 하지만 그렇게 말하지 않았다. 다르게 말했다. 그렇지 않아요, 하고 나는 쫓기듯 말했다.

"그렇지 않아요. 비록 광동의 리듬을 차용했지만, 이 곡에는 자신이 거쳐 온 네덜란드나 영국, 일본, 그리고 우리 한국의 고유한 향수가 모두 담겨 있습니다. 게다가 알려진 게 그 정도라 그렇지, 더 깊이 파고들다 보면 전혀 다른 지역으로까지 소급해야 될지도 모릅니다. 그러나 이 복잡한 노래의 마디마디에서 원작자를 찾는 건 불가능할 뿐 아니라 옳지도 않습니다. 더 자세히 얘기해 봅시다. 이 음악은 칠음계를 사용하고 있군요. 또 리듬의 중심엔 일렉트릭 베이스가 있네요. 그렇다면 칠음계의 수학적 원리를 고안한 피타고라스, 베이스 기타의 발명자인 폴 툿말크를 불러다 이 음악에 가한 창조의 권리를 부여해야 할까요? 그건 어리석은 짓입니다. 피타고라스가 숫자를 발명했나요? 툿말크가 소리를 발명했어요? 그렇지 않아요. 인간의 예술은 단 한 번도 순수했던 적이 없습니다. 우리가 벌이는 모든 창조는 기존의 견해에 대한 각주와 수정을 통해 나옵니다. 그렇게 차곡차곡 쌓이는 겁니다."

나는 아르판이 모를 게 분명한 온갖 장르와 지역과 사람의 이름을 난잡하게 혼용함으로써 문화와 예술의 차이를 구분하지 않은 내 논리의 허점을 감추려 노력했다. 높이 쌓는 행위가 문화라면 아르판이 써 나간 건 예술이다. 하지만 나는 그 차이를 일부러 무시했다. 무시하고, 어떻게든 동일시하기 위해 애썼다.

(중략)

나는 거의 화를 내고 있었다. 바락바락 대드는 심정으로 말했다.

"네, 나는 당신 것을 훔쳤습니다. 하지만 난 그 이야기의 주인공들에게 한국의 문화를 덧칠함으로써 더욱 멋지게 살려 냈습니다. 내가 훔치지 않았더라도 당신 이야기가 살아남을 수 있었을까요? 세상에 드러났을까요? 아닙니다. 내가 훔치지 않았다면 그 이야기는 머지않아 당신과 함께 영원히 묻혀 버릴 겁니다. 그렇다면 어느 쪽입니까? 불멸하는 것과 영원히 묻히는 것, 어느 쪽을 원합니까? 당신은 당신이 창조해 낸 인물들을 사랑합니까, 아니면 필경 수년 내에 쓰러져 묻힐 ⓒ저 갸우뚱한 오두막에서의 명예를 사랑합니까?"

옳지 않은 것을 설득하기란 어려운 일이다. 하지만 전혀 불가능한 것도 아니다. 그에게 윽박지른 논리는 ⓓ내가 발명할 수 있는 최선의 것이었다. 말을 끝낸 뒤, 묘하게 고정되어 있는 아르판의 까만 눈을 피해 곱창볶음만 바라보았다. 부끄럽다기보다는 겁이 났다. 와카의 땅에서라면 이런 짓을 한 나는 그의 거친 손에 붙잡혀 죽었을지 모른다. 그리하여 ⓔ취향도 뭣도 아닌 대중성으로 요란히 장식된 한국산 기성복과 함께 화장터에서 불살라졌을지 모른다. 하지만 이곳은 문명 세계고 나는 이곳의 주민이어서, 어느 순간 아르판의 눈빛이 맥없이 풀리리라는 것을, 제 피조물과 이야기를 영원히 살리는 쪽으로 동의하리라는 것을, 내가 이기리라는 것을 알고 있다. 과연 아르판이 눈을 몇 번 깜박이더니, 그윽하게 감는 것이었다. 스피커에서는 떠나지 말라며 악을 쓰는 목소리가 쉬지 않고 흘러나왔다. 나는 차라리 모든 것이 떠나가 주면 좋겠다고 생각했다. 말 없는 아르판도, 나를 가난과 질병의 고통으로부터 구해 준 저 책도, 불멸을 향한 아찔한 기만도, 저주받을 욕망과 열정도, 죄의식에 억눌려 살아가야 할 앞으로의 나날도 모두, 모두.

조금 지나 아르판이 눈을 떴다. 맑고 굵은 눈에 형언할 수 없는 복잡한 빛이 어려 있었다. 잠시 나를 보더니, 천천히 일어났다. 일어나고 일어났다. 다 일어났다고 생각한 뒤에도 한참을 더 일어났다. 고급 승용차의 자동 안테나처럼 위로 쭉쭉

올라갔다. 그는 이제까지와는 달리 갸우뚱하게 서 있지 않았다. 엄청난 신장을 과시하듯, 자신이 얼마나 더 커질 수 있는지 아냐고 묻는 듯 똑바로 기립했다. 그 상태로 나를 내려다보았다. 부드럽게 미소 지으며 입을 열었다.

"이만 돌아가 쉬어야겠군요. 여러 가지로 수고해 주셔서 고맙습니다."

그렇게 말하는 아르판의 얼굴에는 놀랍게도 아무런 분노나 원망을 찾아볼 수 없었다. 아니, 겉으로만 보자면 오히려 정말로 고마워하는 것 같았다. 뜻밖의 반응에 당황한 나는 무릎으로 의자를 밀치고 일어났다. 어정쩡하게 작별의 인사를 건넸다.

– 박형서, 〈아르판〉

C42

2014 대비/LEET 26

윗글에 대한 설명으로 적절한 것은?

① 인물이 처한 상황과 심리가 인물 자신의 시각을 통해 전달되고 있다.
② 현실로부터 소외된 인물을 통해 사건의 상징적 의미를 강조하고 있다.
③ 배경 공간을 객관적이고도 치밀하게 묘사함으로써 사실성을 높이고 있다.
④ 인물의 성격 변화를 극적으로 제시함으로써 이야기의 긴장감을 조성하고 있다.
⑤ 사건들을 원래 발생 순서와 다르게 제시하여 사건들 간의 인과성을 드러내고 있다.

C43

2014 대비/LEET 27

㉠~㉢의 문맥상 의미를 설명한 것으로 적절하지 않은 것은?

① ㉠은 창작 능력은 없어도 좋은 작품을 판별하는 감식안이 있다는 것을 의미한다.
② ㉡은 우리 사회의 부정적 현실을 직시하지 못하고 그에 타협하는 부도덕을 의미한다.
③ ㉢은 훌륭하지만 세상에 널리 알려지지 않은 채 인정받지 못하는 상태를 가리킨다.
④ ㉣은 자신의 행위를 변명하기 위해 심혈을 기울여 애써 만들어낸 궤변을 뜻한다.
⑤ ㉤은 대중이 애호하는 것들로 구성되었지만 실상 별 가치가 없는 상품을 뜻한다.

C44

2014 대비/LEET 28

'나'와 '아르판'의 대화 상황에 대한 해석으로 적절하지 않은 것은?

① '나'와 아르판이 만날 때 들리는 음악은 아르판이 '나'의 논리에 승복하는 데 중요한 근거가 된다.
② '나'가 아르판의 반응에 계속 신경 쓰는 것은 실상 자신이 먼저 괴로움을 깊이 느끼고 있기 때문이다.
③ '나'를 향한 아르판의 시선 변화는 그가 사태를 관찰하고 생각하며 결심하는 과정을 암시하고 있다.
④ '나'는 아르판이 자신의 고향이 아닌 한국에서는 '나'의 행위를 인정할 수밖에 없을 것으로 기대한다.
⑤ '나'에게 아르판이 일어나는 동작이 길고 크게 보인 것은 불안과 자책을 불러일으킨 그에게 압도되었기 때문이다.

C45

2014 대비/LEET 29

'나'가 자신의 행위를 기만으로 생각한 이유로 가장 적절한 것은?

① 다른 문화권 예술에 대한 표절은 자기 문화의 발전을 저해한다는 것을 무시했기 때문이다.
② 문화 도입 과정에서 생기는 창조적 요소가 새로운 예술의 원천임을 간과했기 때문이다.
③ 예술을 포함한 모든 문화에 고유성이 필수적 요건이라는 것을 고려하지 않았기 때문이다.
④ 일반적인 문화와 달리 예술은 창조성을 고유한 본질로 삼는다는 것을 도외시했기 때문이다.
⑤ 외견상 달리 보이는 작품도 실제로는 기원이 동일한 경우가 있다는 것을 외면했기 때문이다.

제한 시간 5분

[D01~03] 다음 글을 읽고 물음에 답하시오.

[앞부분 줄거리] 한림학사 유연수는 정부인 사씨에게 자식을 얻지 못해, 교녀를 첩으로 들인다. 교녀는 유 한림과의 사이에 아들을 먼저 낳지만 이후 사 부인이 아들을 낳자 위협을 느낀다.

두(杜) 부인이 멀리 가매, 교녀가 등에 가시를 벗은 듯하여 동청에게 사 부인 해하기를 모의한다. 동청이 말한다.

"내 한 계교가 있으되, 두려하건댄 낭자가 듣지 아니할까 하여 못하노라."

교녀가 물으니 동청이 말한다.

"옛적 당나라 황제가 후궁 무 소의의 딸을 사랑하여 제 자식같이 하니, 무 소의 제 딸을 제가 눌러 죽이고, 황후를 모함하여 죽이려 하매, 황제 그 말을 곧이듣고 황후를 폐하고 무 소의로 황후를 봉하였으니, 이 계교를 행하면 낭자가 뜻을 이루리라."

교녀가 묻는다.

"자기 자식은 애중하면서, 남의 자식은 해코자 하는다?"

동청이,

"낭자의 신세가 위태하여 마치 범을 탄 것과 같으니, 내 말을 듣지 아니하면 정녕 후회하리라."

교녀가,

"이 계교는 차마 듣지 못하리니, 다른 좋은 모계를 획책하라."

동청이 대답하지 않고 납매더러 이르기를,

"낭자 사람됨이 잔약하여 이 계교를 행치 아니하면 우리 다 죽을 것이니, 네 틈을 타 행하라."

이후 납매 하수코자 하되 틈을 얻지 못하더니, 하루는 장주가 난간에서 자더라. 사방을 살펴보니 다른 사람은 없고, 사 부인의 몸종 춘방이 설매와 같이 풀싸움하며 난간 아래로 가거늘 멀리 간 후, 즉시 올라가 장주를 눌러 죽이고, 설매를 따라와 이르되,

"네 전일에 ⓐ옥지환을 도적하였으니 부인과 노야가 아시면 죽을 것이니, 어느 때에 노야가 너를 잡아 물으시거든, 여차여차하게 대답하면 죄를 면하고, 많은 상을 교 낭자에게 얻으리라."

하니 설매 응낙하더라.

장주의 유모가 장주가 깨었는가 하여 와 보니 장주가 칠규로 피를 흘리고 죽었거늘 대성통곡하더라. 교녀가 넘어질 듯

이 와 보고 하릴없는지라 크게 울며, 이것이 동청의 한 짓인 줄 아나, 흉모를 행코자 함인 줄 아므로 급히 한림께 알린다. 한림이 들어와 본즉, 차악한 경상(景狀)이 말로 표현할 수 없는데 교녀가 통곡한다.

"이 일이 반드시 연전에 저주하던 사람의 짓이라 시비들을 문초하면 알리이다."

한림이 즉시 형구를 갖추고, 사 부인께 친신(親信)히 잔심 부름하던 비복을 엄문하니, 장주 유모는

"소비가 공자를 안고 난간 위에서 놀다가 잠들기에 누이고 잠깐 밖에 나아갔삽더니 그 사이 변이 났사오니, 사죄할 뿐이요, 무슨 말씀을 하오리까?"

납매는,

"소비가 보오니 춘방과 설매가 난간 아래로 지나더이다."

하고 말한다. 춘방과 설매를 엄형 국문(鞠問)하니, 춘방은 독형(毒刑)을 입어, 유혈이 임리(淋漓)하나 애매함을 고하고 설매는 처음은 춘방의 말과 같이 하더니, 나중은 소리를 크게 하여 하는 말이,

"대형벌을 당하여 죽기에 이르렀는데, 어찌 직고치 아니하리까. 부인이 소비와 춘방에게 분부하사 '장주 공자를 죽이면 큰 상을 내리리라.' 하시기에 소비 등이 기회를 엿본 지 오래이나, 행치 못하였더니 오늘 지나다가 보온즉, 공자가 홀로 난간에서 자옵는데, 소비는 차마 하수치 못하옵고, 춘방이 올라가 눌러 죽였나이다."

한림이 대로하여 춘방을 다시 엄형하니 춘방이 설매를 크게 꾸짖는다.

"무죄한 부인을 팔아 살기를 도모하니 견마라도 그 주인을 한 맘으로 섬기거늘 네 간사한 무리와 어울려 재물을 받고 주인을 해코자 하는다? 내 장(杖)을 맞아 죽을지언정 어찌 무죄한 부인을 해하리오. 황천후토(皇天后土)는 부인의 원통한 누명을 씻어 주소서."

하고 안색을 불변하고, 마침내 복초(服招)치 아니하고 장을 맞아 죽더라.

(중략)

이때 승상 엄숭이 도사의 잡술로 천자를 미혹하게 하는지라, 한림이 상소하여 간하였더라. 상이 기뻐 아니하사 비답(批答)지 아니하시고,

"다시 간소(諫疏)를 올리면 죽을 죄로 다스리리라."

하시니 한림이 불안하여 사직하고 집에 있더라. 하루는 아는 도사가 왔거늘 한림이 몽사번잡(夢事煩雜)함을 이르고 도사를 데리고 안에 들어가니 도사 두루 살펴보며 한림 처소의 벽을 헤치고 ⓑ목인(木人)을 무수히 찾아낸다. 한림이 매우 놀라매 도사가 웃으며 말한다.

"이는 오직 상공의 애정과 관심을 요구함이요, 살인모해(殺人謀害)하는 저주가 아니오니 상공은 방심하소서. 그러나 상공 면상에 흑기(黑氣) 어리어 집을 떠날 수액(數厄)이 있으니 조심하소서."

한림이 칭사(稱謝)하고 도인이 돌아간 후 가만히 생각하니,

"연전에 저주한 일이 다 사씨가 꾸민 짓이라 하였더니, 이제 사씨 나간 지 오래고, 나 있는 방을 고친지 여러 달 아니되었거늘 또 이런 흉한 일이 있으니 분명 가내에 악인이 있도다. 이러한즉 사씨 어찌 원통치 아니하리오."

하고 요사한 물건을 다 없이한 후 정신이 들어 옛날 총명이 돌아오더라. 전일을 상상하여 보매 뉘우치는 마음이 점점 더하고 꿈이 깬 듯한데, 두 부인이 성도에서 서간을 부쳐 왔더라. 한림이 개봉한즉, 사씨의 출화(黜禍)당함을 모르고 쓴 것이라, 말씀이 명쾌하고 거듭 사씨를 부탁하였더라.

한림이 두렵고 죄스러워 머리를 숙이고 가만히 생각하매 자기가 꾀에 빠져 조강(糟糠)의 의(義)를 저버린 듯한지라, 심사가 편치 못하여 교녀와 정이 소원해지더라. 교녀가 크게 두려워 동청더러 사기(事機)를 이른다.

동청이,

"독약을 음식에 타 한림을 먹이라."

교녀가,

"만일 먹지 아니하고 뱉아버려 일이 잘못되면 큰일이 날 것이니 다른 계교를 생각하라."

동청이 모해하기를 생각하다가 하루는 서헌에 들어가니 마침 한림이 친구를 심방하러 나아갔더라. 동청이 서안을 상고하니 한림이 시세를 탄식하여 지은 글이 있는데, 승상 엄숭을 논박하되, 오국학민(誤國虐民)한다 하였더라. 동청이 좋아서 교녀더러 일렀다.

"이제 유연수 없이할 방도를 얻었으니 쾌하도다."

교녀가,

"어찌 이름이뇨?"

"천자가 도사와 단약(丹藥)을 믿으시고, 엄 승상이 그 일을 힘쓰거늘, 이제 유 한림이 천자를 비방하고, 엄 승상을 폄하여 글을 지었으니, 이 글을 엄 승상께 드리면 승상이 노

하여 천자께 아뢰어 필연 귀양을 면치 못하리니 어찌 묘하고 쾌하지 아니하리오."

교녀가 좋아서,

"남의 손을 빌어 저를 없이하면 어찌 쾌한 일이 아니리오."

– 김만중, 〈사씨남정기(謝氏南征記)〉

D01

윗글을 이해한 내용으로 적절하지 않은 것은? [3점]

① 도사는 한림이 죽음을 맞이할 수도 있다고 경고했다.
② 납매는 교녀의 허락을 받지 않고 장주를 눌러 죽였다.
③ 유 한림은 천자를 미혹하는 승상을 비판하는 글을 지었다.
④ 춘방은 거짓 증언을 하는 설매를 꾸짖으며 죽음을 맞이했다.
⑤ 두 부인은 사 부인이 집에 없는 것을 모르고 한림에게 편지를 썼다.

D02

〈보기〉를 바탕으로 윗글을 감상한 내용으로 적절하지 않은 것은? [4점]

[보기]

조선 중기에 이르러 가부장제가 강화되면서 처첩 간의 갈등, 장자 상속으로 인한 적서 차별의 문제 등이 심화되었다. 이러한 문제를 해결하기 위해 가부장의 현명함이 중요했는데, 가부장이 어리석으면 가문의 혼란은 한층 더 가중되었다. 또한 가부장에게 권력이 집중되어 있기 때문에 정쟁 등 외부적 요인으로 인해 가장이 죽거나 부재하게 되면 가문은 쉽게 무너질 수 있었다. 〈사씨남정기〉는 처첩 갈등을 중심으로, 자신의 지위 확보를 위한 인간의 잔인성을 사실적으로 그려 냄으로써 조선 사회 가부장제로 인한 폐해를 보여 주고 있다.

① 설매가 고문을 당하는 과정에서 사 부인을 모함한 것은 처첩 간의 갈등으로 인해 빚어진 일이겠군.
② 동청이 엄 승상에게 유 한림의 글을 전하려는 계획은 가문의 권력이 집중되어 있는 가장을 축출하려는 시도라 할 수 있겠군.

③ 동청이 유 한림에게 독약을 먹이자고 교녀에게 제안하는 것은 정쟁 등의 외부적 요인으로 인한 가문의 위기 상황이라고 할 수 있겠군.

④ 동청이 남매에게 교녀의 자식을 죽이라고 하는 것은 자신의 지위를 확보하기 위한 인간의 잔인성을 보여 주는 장면이라고 할 수 있겠군.

⑤ 유 한림이 무고한 사 부인을 의심하여 나가게 한 것은 가장의 어리석음으로 인해 가문이 혼란에 빠질 수 있다는 것을 보여 준다고 할 수 있겠군.

D03

2022 대비/사관학교 21

ⓐ와 ⓑ에 대한 설명으로 가장 적절한 것은? [3점]

① ⓐ와 ⓑ는 모두 사 부인을 살해하려는 수단으로 활용되고 있다.

② ⓐ는 설매가, ⓑ는 사 부인이 과거에 행한 부정적 행위의 증거물이다.

③ ⓐ는 설매를 설득하기 위한, ⓑ는 한림을 협박하기 위한 수단으로 활용되고 있다.

④ ⓐ는 한림의 관심을 유도하려는, ⓑ는 한림을 모해하려는 목적을 위해 활용되고 있다.

⑤ ⓐ는 설매가 남매의 요구를 들어줄 수밖에 없는 이유로, ⓑ는 한림이 과거 자신의 판단을 의심하는 계기로 활용되고 있다.

제한 시간 7분

[D04~08] 다음 글을 읽고 물음에 답하시오.

[앞부분 줄거리] 전라도 남원에 양생이라는 노총각은 일찍이 부모를 여의고 만복사에서 외롭게 지냈다. 젊은 남녀가 절에 와서 소원을 비는 날, 양생은 법당에서 자신에게 좋은 배필을 달라고 소원을 빌며 부처와 저포 놀이 시합을 하여 이긴다. 양생은 외로운 신세를 한탄하며 배필을 얻게 해 달라는 내용의 축원문을 읽던 아름다운 처녀를 만나 절에서 하룻밤을 보낸다.

이때 달이 서산에 걸리며 인적 드문 마을에 닭 울음소리가 들렸다. 절에서 종소리가 울리기 시작하며 새벽빛이 밝아 왔다. 여인이 말했다.

"얘야, 자리를 거둬 돌아가려무나."

여종은 "네." 하고 대답하자마자 자취 없이 사라졌다.

여인이 말했다.

"인연이 이미 정해졌으니 제 손을 잡고 함께 가셔요."

양생이 여인의 손을 잡고 마을을 지나갔다. ㉠울타리에서 개들이 짖어 댔고 길에는 사람들이 다니고 있었다. 그런데 지나가던 이들은 양생이 여인과 함께 가는 것을 알지 못한 채 다만 이렇게 묻는 것이었다.

"이렇게 일찍 어딜 가시나?"

양생이 대답했다.

"술에 취해 만복사에 누워 있다가 친구 집에 가는 길입니다."

아침이 되었다. 여인이 이끄는 대로 풀숲까지 따라와 보니, 이슬이 흥건한 것이 사람들 다니는 길이 아니었다. 양생이 물었다.

"어찌 이런 곳에 사시오?"

여인이 대답했다.

"혼자 사는 여자가 사는 곳이 본래 이렇지요, 뭐."

여인은 이렇게 우스갯소리를 건넸다.

[A]

　이슬 젖은 길 / 아침저녁으로 다니고 싶건만
　옷자락 적실까 나설 수 없네.

　양생 역시 장난으로 이런 한시(漢詩)를 읊었다.

　여우가 짝을 찾아 어슬렁거리니
　저 기수(淇水)의 돌다리에 짝이 있도다.
　노(魯)나라 길 확 트여 / 문강(文姜)이 쏜살같이 달려가네.

한시를 읊조리고 나서 껄껄 웃었다. 두 사람은 마침내 개녕동에 도착했다. ㉡쑥이 들판을 뒤덮었고, 가시나무가 하늘을 가렸다. 그 속에 집 한 채가 있는데, 크기는 작지만 매우 화려했다. …(중략)… 술자리가 끝나고 헤어질 때가 되었다. ㉢여인이 양생에게 은그릇을 하나 내주며 이렇게 말했다.

"내일 저희 부모님이 보련사에서 제게 밥을 주실 거예요. 길가에서 기다리고 계시다가 함께 절에 가서 부모님께 인사를 드렸으면 하는데, 괜찮으시겠어요?"

양생은 그렇게 하겠다고 대답했다.

이튿날 양생은 여인의 말대로 은그릇을 들고 길가에서 기다리고 있었다. 잠시 후, 과연 명문가 여인의 대상(大祥)*을 위한 행차가 보였다. 이들 일행의 수레와 말이 길을 가득 메운 채 보련사에 올라가다가 선비 하나가 그릇을 들고 서 있는 것을 보고는 하인 하나가 이렇게 말했다.

"㉣아씨와 함께 묻은 물건을 누가 훔쳐서 갖고 있사옵니다."

주인이 말했다. / "뭐라고?"

하인이 말했다.

"이 선비가 아씨의 그릇을 가지고 있사옵니다."

주인이 말을 멈추고 사정을 묻자, 양생은 앞서 여인과 약속했던 일을 그대로 말했다. 여인의 부모가 놀라 한참을 어리둥절해하더니 이렇게 말했다.

"우리 외동딸이 노략질하던 왜구의 손에 죽었는데 아직 장례를 치르지 못하고 임시로 개녕사 골짜기에 매장했구려. 차일피일 하다 지금껏 장사를 지내지 못한 채 오늘에 이르게 되었소이다. 오늘이 벌써 세상을 뜬 지 두 돌이 되는 날이라 절에서 재(齋)를 베풀어 저승 가는 길을 배웅하려는 참이라오. 청컨대 딸아이와 약속했던 대로 여기서 기다렸다가 함께 절로 와 주셨으면 하오. 부디 놀라지 말아 주었으면 하오."

그렇게 말하고는 먼저 절로 갔다.

양생은 우두커니 서서 여인을 기다렸다. 약속 시간이 되자 ㉤여자 한 사람이 여종과 함께 사뿐히 걸어오고 있었다. 과연 기다리던 그 여인이었다. 양생과 여인은 기쁘게 손을 잡고 절로 향했다.

여인은 절에 들어가 부처님께 절하고 하얀 장막 안으로 들어갔다. 여인의 친척들과 절의 승려들은 모두 여인의 존재를 믿지 않았다. 오직 양생의 눈에만 여인이 보였기 때문이다. 여인이 양생에게 말했다.

"음식을 함께 드시지요."

양생이 여인의 부모에게 그 말을 전하자, 부모는 시험해 볼 생각으로 그렇게 해 보라고 했다. 수저 소리만 들릴 따름이었지만, 그 소리는 사람들이 밥 먹을 때와 똑같았다. 부모는 깜짝 놀라 마침내 양생더러 장막에서 함께 자라고 권유했다.

한밤중에 말소리가 낭랑하게 들렸는데, 다른 사람들이 자세히 엿들어 보려 하면 그때마다 말소리가 뚝 그쳤다. 여인의 말은 다음과 같았다.

[B] "제가 규범을 어겼다는 건 저 역시 잘 알지요. 어려서 《시경》과 《서경》을 읽어 예의범절을 조금은 알고 있사오니, 〈건상(褰裳)〉*과 〈상서(相鼠)〉*가 부끄러워할 만한 것인 줄 모르지 않아요. 하오나 오랜 세월 쑥대밭 너른 들판에 버려진 채 살다 보니 마음속에 있던 정이 한번 일어나자 끝내 다잡을 수 없었어요. 며칠 전 절에서 소원을 빌고 불전(佛殿)에 향을 사르며 제 기구한 일생을 한탄하던 중에 문득 삼세의 인연을 이루게 되었지요. 서방님의 아내가 되어 나무 비녀를 꽂고 백 년 동안 시부모님을 모시며 음식 시중에 옷 시중으로 평생 아내의 도리를 다하고 싶었어

[A] 요. 하지만 한스럽게도 정해진 운명은 피할 수 없고, 이승과 저승의 경계는 넘을 수 없군요. 기쁨이 아직 다하지 않았는데 슬픈 이별이 눈앞에 이르렀어요. 지금 이별하고 나면 다시 만나긴 어렵겠지요. 이별할 때가 되니 너무도 서글퍼 무슨 말을 해야 할지 모르겠어요."

이윽고 여인의 영혼을 떠나보내는데 여인의 울음소리가 끊이지 않았다.

– 김시습, 〈만복사저포기〉

* 대상: 2년 상을 마치고 탈상(脫喪)하는 제사
* 〈건상〉: 《시경》에 실린, 자유분방한 여인의 마음을 읊은 노래
* 〈상서〉: 《시경》에 실린, 예의를 모르는 사람을 풍자한 노래

D04

2022 대비/경찰대 41

윗글에 대한 이해로 가장 적절한 것은?

① 여인은 양생의 아내가 되어 함께 살다가 죽음을 맞이했다.
② 여인은 양생에게 자신의 거처를 소개하는 것이 부끄러웠다.
③ 부모는 양생을 만나기 위해 일행을 이끌고 보련사로 향했다.
④ 양생은 아침 일찍 지나가는 이들의 질문에 마지못해 대답했다.
⑤ 양생은 이별의 날에야 여인이 장례 후 저승으로 간다는 사실을 알았다.

D05

2022 대비/경찰대 42

〈보기〉를 참고해 [A]의 역할을 이해한 것으로 가장 적절한 것은?

[보기]

　애정 전기(傳奇) 소설은 서사와 서정의 교직(交織)이 다른 갈래보다 더 두드러진다. 작품에 한시(漢詩)가 다수 등장하는데, 이때 한시는 여러 서사적 기능을 담당한다. 분위기 조성, 감정 전달, 사상 전달, 대상 묘사는 물론, 등장인물 간 대화를 대신하거나 남녀 간 만남의 매개 역할을 한다.

① 등장인물 간 대화를 대신하고 있다.
② 남녀 주인공의 감정을 위로하고 있다.
③ 남녀 주인공의 첫 만남을 매개하고 있다.
④ 경물을 묘사하여 사건의 결말을 암시하고 있다.
⑤ 이별의 슬픔을 표현하여 주제 의식을 드러내고 있다.

D06

2022 대비/경찰대 43

윗글의 등장인물에 대한 이해로 적절하지 <u>않은</u> 것은?

① 양생이 혼자 살며 부처와 저포 놀이까지 한 것으로 보아 양생의 외로움은 여인과 만나기 위한 필요조건이다.

② 여인의 부모가 양생이 딸과 함께 절로 와 주기를 청한 것으로 보아 그들은 딸이 살아 돌아오기를 소망하고 있다.

③ 여인의 부모는 수저 소리를 듣고 양생을 믿게 되어 그에게 장막에 머물 것을 권했다.

④ 여인이 어릴 적부터 《시경》과 《서경》을 읽었다는 것으로 보아 여인은 명문가 규수로서 소양을 갖춘 인물이다.

⑤ 이승과 저승의 경계를 넘을 수 없어 저승으로 가야 한다는 것으로 보아 여인은 운명론적 세계관을 지니고 있다.

D07

2022 대비/경찰대 44

㉠~㉤에 대해 설명한 내용으로 가장 적절한 것은?

① ㉠은 사건을 이해하는 데 필요한 대상의 특징을 묘사하고 있다.

② ㉡은 공간 묘사를 통해 여인이 처하게 되는 위기 상황을 나타내고 있다.

③ ㉢은 소재를 활용하여 이어지는 사건 전개의 필연성을 강화하고 있다.

④ ㉣은 하인의 말을 통해 양생의 비범한 능력을 부각하고 있다.

⑤ ㉤은 등장인물이 이승의 존재가 아님을 직설적으로 드러내고 있다.

D08

2022 대비/경찰대 45

[B]를 참고해 윗글을 이해한 것으로 적절하지 <u>않은</u> 것은? [3점]

① 명혼(冥婚) 이야기를 통해 결핍 상태인 현실 세계에서 벗어나고픈 남녀 주인공의 욕망을 형상화하고 있다.

② 양생이 간절히 바라던 배필이 귀신이었다는 사실은 양생의 고독이 이 세상에서 해소될 수 없음을 의미한다.

③ 인간적 욕망으로 원통한 죽음을 넘어서고자 하나 실현하지 못하는 데에서 비극적 아이러니를 드러내고 있다.

④ 여인이 규범을 어기면서까지 양생과의 결연을 시도한 것은 현실 세계에서의 고달픈 삶을 긍정하는 민중 의식을 보여 준다.

⑤ 양생과 죽은 여인 간에 삼세의 인연이 맺어진 것은 배필을 원했던 여인의 발원이 부처의 도움으로 이루어졌음을 의미한다.

제한 시간 5분

[D09~11] 다음 글을 읽고 물음에 답하시오.

[앞부분의 줄거리] 유영은 수성궁에 놀러 갔다가 운영과 김 진사를 만나 그들의 사랑 이야기를 듣게 된다. 13세에 입궁한 운영은 우연히 안평대군*을 찾아온 김 진사에게 반하여 둘은 서로 편지를 주고받으며 연정을 나눈다. 하지만 곧 안평대군에게 의심을 사게 되어 운영은 탈출을 계획하고 김 진사의 사내 종 특(特)을 통하여 그의 가보와 집기들을 모두 궁 밖으로 옮기게 한다. 그 뒤 그 재보(財寶)는 특의 계략에 의하여 모두 빼앗기게 된다. 뒤늦게 이 사실을 안 안평대군은 대로하여 궁녀들을 불러 문초하기에 이른다.

이 말이 전파되어 궁인이 대군께 고하니, 대군이 대로하여 남궁인으로 하여금 서궁을 찾아보게 한즉 저의 의복과 보화가 전부 없어졌으므로, 대군이 서궁 궁녀 다섯 사람을 뜰에 불러 놓고, 형장을 엄하게 차려 놓고 영을 내리기를,

"이 다섯 사람을 죽여서 다른 사람을 징계하라!"

하시고는 집장 한 사람에게,

"장수를 헤아리지 말고 죽을 때까지 치렷다!"

이에 다섯 사람이 호소하였습니다.

"바라건대 한 번 말이나 하고 죽겠나이다."

하고 은섬이 초사를 올리니, 대군이 보기를 마치고 나시더니 또 한 번 초사를 다시 펴고 보시는데, 노여움이 좀 풀리는 것 같으므로 소옥이 엎드려 울면서 아뢰었습니다.

"전날 빨래하러 갈 때에 성 안으로 가지 말자고 한 것은 저의 의견이었으나, 자란이 밤에 남궁으로 와서 매우 간절히 청하기에 제가 그 뜻을 안타까이 여겨 군의를 물리치고 따랐사옵니다. 운영의 훼절은 그 죄가 저의 몸에 있사옵고 운영에게 있지 아니하오니 저의 몸으로써 운영의 목숨을 이어 주옵소서."

이에 대군의 노여움이 좀 풀어져서 저를 별당에다 가두고 다른 궁녀들은 다 돌려보냈는데, 그날 밤 저는 비단 수건으로 목매어 죽었습니다.

진사는 붓을 잡아 기록하고 운영은 옛일을 당겨서 이야기하는데 매우 자상하였다. 두 사람은 마주보고 슬픔을 스스로 억제하지 못하다가, 운영이 진사보고 말하였다.

"이로부터 다음 이야기는 낭군님께서 하옵소서."

이에 진사는 이야기를 하기 시작하였다.

운영이 자결한 후 모든 궁인들이 통곡하지 않는 사람이 없어 부모가 돌아간 것과 같이 했습니다. 저는 공불의 약속을 저버릴 수 없어 구천의 영혼을 위로해 주고자 그 금팔찌와 보경을 다 팔아 사십 석을 사서 청녕사로 보내어 재를 올리고자 하나 믿을 만한 사람이 없어 특을 불러 전일의 죄를 사하고,

"내 운영을 위해 초례를 베풀고 불공을 드려 발원을 빌고자

하니 네가 가지 않겠느냐?"

특이 즉시 절로 가서 삼 일을 궁둥이를 두드리면서 누워 놀다가, 지나가는 마을 여인을 강제로 끌고 들어와 승당에서 수십 일을 지내고도 재를 올리지 않으므로 중들이 분히 여겨 재를 올리라고 하매, 특이 마지못하여,

"진사는 오늘 빨리 죽고 운영은 다시 살아나 특의 짝이 되게 하여 주소서."

이와 같이 삼 일을 밤낮으로 발원하는 말이 오직 이것뿐이었답니다. 그리고 나서 특이 돌아와서 하는 말이,

"운영 아씨는 반드시 살 길을 얻을 것입니다. 재를 올리던 그날 밤 저의 꿈에 나타나서 정성껏 발원해 주니 감사한 마음 이루 다할 수 없다고 하면서 절하고 울었으며, 중들의 꿈도 또한 같았다고 합니다."

하기에 저는 그 말을 믿고 있었지요.

저는 독서하고자 청녕사에 며칠 묵는 동안 중들로부터 특이 한 일을 자세히 듣고는 분함을 이기지 못하여 목욕재계하고 부처님 앞에 나아가 절을 하고 향불을 사르면서 합장하고 빌었습니다. 그랬더니 칠 일 만에 특이 우물에 빠져 죽었습니다.

이러한 후로부터 저는 세상 일에 뜻이 없어 새 옷을 갈아입고 고요한 곳에 누워 나흘을 먹지 않고 한 번 깊이 탄식하고는 다시 일어나지 못할 몸이 되고 말았습니다.

– 작자 미상, 〈운영전〉

* 안평대군: 조선 세종의 셋째 아들(1418~1453)

D09

예상 문제

윗글의 서술상 특징으로 적절한 것을 〈보기〉에서 바르게 골라 묶은 것은?

[보기]

ㄱ. 이야기의 주인공이 서술자가 되어 과거의 일을 회상하고 있다.
ㄴ. 이야기가 진행되는 과정에서 서술자가 바뀌어 시점이 변화하였다.
ㄷ. '현실-꿈-현실'의 환몽 구조를 통해 독자에게 유교적 깨달음을 주고 있다.
ㄹ. 똑같은 사건에 대하여 관점이 다른 두 사람의 설명을 제시하고 있다.

① ㄱ, ㄴ   ② ㄱ, ㄷ   ③ ㄱ, ㄹ
④ ㄴ, ㄷ   ⑤ ㄷ, ㄹ

D10

예상 문제

윗글에 대한 학생들의 감상으로 적절하지 않은 것은?

① 친구를 위해 자신의 목숨까지 대신 내줄 각오를 했던 소옥을 보니, 나도 친구와의 우정을 더욱 소중히 생각하게 되었어.
② 주어진 상황에 대하여 적극적으로 대처하는 운영과 김 진사의 모습을 볼 때, 현대를 사는 우리들도 배울 점이 많다고 생각해.
③ 운영과 김 진사의 경우처럼 이루어질 수 없는 사랑에 대한 이야기는 예나 지금이나 사람들의 흥미를 유발하는 주제라고 생각해.
④ 사랑을 위해 죽음을 선택한 운영의 모습을 보니, 인간의 감정은 아무리 사회적 틀로 가두어 두려고 해도 가둘 수 없는 것임을 느꼈어.
⑤ 자신이 모시고 있는 진사를 배신하는 특의 모습을 볼 때, 자신의 이익을 위해서 사람으로서의 도리를 저버리고 살면 안 되겠다는 생각이 들어.

D11

예상 문제

윗글과 〈보기〉의 줄거리를 비교한 내용으로 적절하지 않은 것은?

[보기]

명나라 효종 때 성균진사 김생이 있었는데, 어느 날 취중에 한 미인을 만나 사모하게 되었다. 종인 막동이가 미인이 사는 집 노파와 친하게 되어, 그 미인이 회산군*의 시녀 영영임을 알게 된다. 김생의 그리움이 더해지자 노파가 주선하여 영영과 만나게 되고, 그 뒤 김생은 회산군 집에 몰래 들어가 영영과 하룻밤을 동침하고 헤어진다. 이들은 만날 길이 없는 가운데 3년이 지났는데, 그리움으로 자결까지 하려던 김생은 과거를 보고 장원급제를 한다. 삼일유가(三日遊街)*를 하다 회산군 집에 들어간 김생은 영영과 편지만 주고받는데, 이때 회산군은 죽은 지 3년이 되었다. 김생이 영영에 대한 그리움으로 앓아 눕자, 회산군 부인의 조카인 친구가 김생의 사연을 말하여 영영을 보내 주게 하였다. 김생은 벼슬도 사양하고 영영과 여생을 보낸다.

– 작자 미상, 〈영영전〉

* 회산군: 조선 성종의 다섯째 아들(1481~1512)
* 삼일유가: 과거에 급제한 사람이 사흘 동안 시험관과 선배 급제자, 친척을 방문하던 일

① 윗글과 〈보기〉 모두 조선의 실존 인물이 등장하여 사실감을 부여하고 있다.

❖ 정답 및 해설 143~148p

11 DAY

② 윗글과 〈보기〉 모두 주인공들의 사랑을 연결해 주려고
하는 보조적 인물들이 등장한다.
③ 윗글은 〈보기〉와 달리 제3자가 주인공들의 이야기를
전해 듣는 형식을 취하고 있다.
④ 윗글의 '안평대군'은 〈보기〉의 '회산군'과 달리 두 주인
공의 사랑에 직접적으로 개입하지 않고 있다.
⑤ 윗글과 달리 〈보기〉는 고난을 극복하고 행복한 결말을
맺는 구조를 가지고 있다.

제한 시간 6분
[D12~15] 다음 글을 읽고 물음에 답하시오.

[앞부분의 줄거리] 재상 윤현의 아들 지경과 참판 최홍일의 딸 연화
는 서로 사랑하여 혼례를 올리려 하지만, 임금은 이를 무시하고 장원
급제한 지경에게 후궁인 귀인 박 씨의 딸(옹주)과의 혼례를 하교한다.
지경은 이를 거부하지만 임금은 화를 내며 위력으로 혼례를 강행한
다. 이에 지경은 최홍일에게 연화를 만나게 해 달라고 부탁한다.

공이 가로되,

"불가하나 네 아내이니 잠깐 보고 가라."

언파에 소저를 부르니, 소저가 승명하여 ㉠전당에 이르러
부인 곁에 앉아 수괴함을 띠어 사색이 태연하여 아는 듯 모르
는 듯하고, 아리따운 태도가 달 같아 반가운 정이 유동하고,
어진 태도와 약한 기질을 대하매 마음이 깨어지는 듯하니, 공
의 부부가 더욱 슬퍼하더라.

돌아가기를 잊고 앉았으니 공이 여아를 들여보내고 생(生)
의 손을 잡고 밖으로 나와 십분 개유하니, 생이 부득이 돌아
와 병이 되어 식음을 폐하더니, 길일이 다다라 행례할새 옹주
의 자색이 전혀 없고 포독불인(暴毒不仁)*함이 외모에 나타나
는지라. 생이 더욱 불쾌하여 띠를 끄르지 아니하고 밤을 새우
고 명조에 입궐하여 문안하니 상이 웃으며 가로되,

"네 죄 크게 통한하더니 이제 자식이 되니 가장 어여쁘다."
하시고 즉시 부마의 관교(官教)를 주시니, 웃고 꿇어 받자와
계하에서 사은(謝恩)하고, 귀인을 보니 극히 교만하고 포독하
니, 더욱 모골이 송연하더라.

박 귀인이 부마의 풍채를 사랑하고 더욱 기꺼워하더라.

부마가 ㉡집에 돌아와 대문에 들며 하인을 명하여 교자(轎
子)를 산산이 깨치고 들어와, 소매 속으로부터 부마의 관교를
내어 땅에 던지니, 윤공이 크게 책망하여 가로되,

"이 어인 일이뇨. 임금이 주신 교지(教旨)를 업수이 여김이
어찌 이렇듯 불공한가."
하고, 또 개유하더라.

윤공의 집이 서문 밖일러니, ㉢옹주궁을 경내 골명동에 짓
고 상이 윤공을 성내로 들라 하시니, 공이 마지못하여 옹주궁
곁에 집을 사오니, 본집은 둘째 아들 정랑(正郎)에게 주더라.

최홍일의 집이 또한 서문 밖일러라.

옹주를 친영(親迎)*하여 오니, 얼굴이 작고 자색이 바이 없
어, 시아버지와 시어머니 상하가 불쾌하나, 왕의 위엄을 두려
워 공경 접대하더라. 윤공이 최 씨를 불쌍히 여겨 자주 가 보
니, 그 용모 태도가 절승하여 볼 적마다 사랑하고 어여쁜 마
음 가이 없어라.

부마가 궁에 가지 아니하고 부친 계신 ㉣외헌에 있어, 조카
격석 등을 데리고 자더니, 하루는 최 씨를 보러 가니 소저가
부모 앞에서 한가로이 보는지라, 바라보매 아미에 시름 맺혔
으니 더욱 기이 절묘하더라.

부마가 어여쁨을 이기지 못하여 눈물 나는 줄을 깨닫지 못
하더니, 조금 있다가 가로되,

"거년에 포숙(鮑叔)*의 신(信)을 이르시기로, 복은 이리 못
잊어 자주 다니되 한 번도 나와 보지 아니코 대접치 아니하시
니, 어찌 당초 언약을 저버림이 이 같으뇨."

소저가 나직이 대답하여 가로되,

"그때 우연히 한 말이 맞았으니, 첩은 포숙의 신이 있으려
니와, 상공의 말과 같을진대 신후경*의 죽음을 달게 여기시나
이까. 첩은 다만 빙채를 지키며 도장에서 늙을지라, 어찌 상
공을 접화(接和)하리이까. 사생이 부모에게 있사오니 번거로
이 자주 와 찾지 마소서."

[중략 부분 줄거리] 지경은 옹주를 부인으로 인정하지 않고 연화와의
만남을 지속한다. 그러던 중 지경은 연화와의 만남을 최홍일에게 발
각된다.

"네 언제 이르렀느뇨."

생(生)이 가로되,

"빙부*가 종시 허치 아니하시니, 아내 그리워 견디지 못하
와 8월부터 월장할 계교를 내어, 날마다 다녀 스스로 금치
못하다가 오늘 이 욕을 보오니 빙부의 고집한 탓이로다."

공이 애련하여 등을 쓰다듬어 가로되,

"네 어찌 그리 미혹한가. 옹주를 중대하여 자녀를 낳고 살
며 옹주를 개유하면, 네 부친과 내 주상께 이런 절박한 사
연을 고할 것인즉, 주상은 인군(仁君)이시라 허하시리니,
[A] 그때 빛나게 해로하기는 생각지 아니하고, 갈수록 옹주를
박대하며 귀인의 험담을 이루고 복성군을 미워하며, 밤을
타 도망하여 날마다 내 집에 오니, 옹주가 알면 화가 적지
아니하리니, 끝을 어이할꼬."

부마가 가로되,

"낸들 어찌 모르리이까마는 옹주는 천하 괴물 박색이고, 귀인은 간악이 비할 바 없고, 복성군은 남 헐기 심한데 홍명화·홍상이 박빈을 체결(締結)*하여 필연 그윽한 흉계를 지을지라, 옹주를 후대하고 그 당에 들었다가 멸문지환(滅門之患)을 면치 못하리니, 아내를 애중하고 옹주를 박대하면 불과 빙부와 부친의 죄가 큰즉 정배(定配)요, 적은즉 삭탈관직(削奪官職)이요, 저는 귀양밖에 더 가리이까. 싫은 것을 강인하고 그른 것을 어이 견디리이까."

공이 말이 없다가,

"어찌하든 밤이 깊었으니 들어가 자라."

생(生)이 사례하고 이후로는 주야 오니, 공과 소저가 민망하여 아무리 간하여도 듣지 아니하더니, 윤공이 알고 불러 대책하고 옹주궁을 떠나지 못하게 하나, 산 사람을 동여 두지 못하고, 날마다 최 씨에게 가니 옹주 어찌 모르리요. 부마 ⑪ 내당에 들어간 때 옹주 가로되,

"내 비록 용렬하나 임금의 딸이요, 빙례로 부마의 아내가 되었거늘 업수이 여겨 천대하기 심하도다. 최 씨를 얻어 고혹(蠱惑)하였으되 태부(太夫)는 두 아내 두는 법이 없거늘, 부마 어찌 두 아내 있으리요. 최홍일은 어떠한 사람이완대 부마에게 재취를 주어 주상과 첩을 업수이 여김이 심하뇨."

지경이 정색하여 가로되,

[B]
"내 할 말을 옹주 하시는도다. 일국에 도령이 가득하거늘, 이미 얻은 사람을 내 어찌 조강지처를 버리고 부귀를 탐하여 옹주와 화락하리요. 옹주 만일 최 씨를 청하여 한 집에서 화목하기를 황영(皇英)*을 본받을진대, 최 씨와 같이 공경하고 화락하려니와, 투기하여 나를 원망한즉 평생 박명을 면치 못하리로다."

– 작자 미상, 〈윤지경전〉

* 포독불인: 사납고 독살스러우며 어질지 못함.
* 친영: 신랑이 신부의 집에 가서 신부를 직접 맞이함.
* 포숙: 중국 춘추 시대 제나라의 대부. 친구인 관중을 환공에게 천거해서 승상이 되게 했음.
* 신후경: 비극적 사랑 이야기가 담긴 중국 원나라 때의 〈교홍전〉의 남자 주인공
* 빙부: 장인
* 체결: 얽어서 맺음.
* 황영: 아황과 여영은 자매지간으로, 순임금에게 시집을 가서 화목하게 지냄.

❖ 정답 및 해설 148∼151p

D12

윗글의 인물에 대한 이해로 가장 적절한 것은?

① 연화는 지경이 언약을 지키지 않았다는 이유로 지경을 만나지 않았다.
② 옹주는 지경이 연화를 만나는 것을 알아채고는 임금을 원망하고 있다.
③ 지경은 옹주를 만나 보고는 박 귀인과 달리 포독하다는 인상을 받았다.
④ 최홍일은 임금이 시켜서 어쩔 수 없이 성내에서 서문 밖으로 이사를 했다.
⑤ 지경의 부친은 연화와의 만남을 막기 위해 지경이 옹주궁을 떠나지 못하게 했다.

D13 ⭐ 1등급 킬러

[A], [B]에 대한 설명으로 가장 적절한 것은?

① [A]는 상황의 불가피성을 근거로 설득하고 [B]는 상대방의 과거 행적을 근거로 비판하고 있다.
② [A]와 달리 [B]는 상대방에게 특정한 상황을 가정하여 문제 해결의 방법을 제시하고 있다.
③ [B]와 달리 [A]는 상대방에게 빠른 해결책의 필요성을 언급하고 있다.
④ [A]와 [B] 모두 고사(古事)를 근거로 상대방의 특정 행동을 유도하고 있다.
⑤ [A]와 [B] 모두 상대방의 선택에 따라 나타날 수 있는 긍정적 상황과 부정적 상황을 함께 제시하고 있다.

D14

㉠~㉤에 대한 설명으로 적절하지 않은 것은?

① ㉠은 지경이 연화를 만나서 반가움과 슬픔을 느끼는 공간이다.
② ㉡은 지경이 옹주와의 혼례에 대한 불만을 표출하는 공간이다.
③ ㉢은 임금이 옹주의 부탁을 받고 지경을 벌하기 위해 만든 공간이다.
④ ㉣은 지경이 옹주를 만나지 않으려고 의도적으로 선택한 공간이다.
⑤ ㉤은 부마와 옹주가 대화를 나누면서 갈등을 드러내는 공간이다.

〈보기〉를 참고하여 윗글을 감상한 내용으로 적절하지 <u>않은</u> 것은?
[3점]

〈윤지경전〉은 역사적 상황을 바탕으로 허구와 사실을 적절히 조화시켰다. 역사적 실존 인물인 중종, 귀인 박 씨, 복성군 등이 작품 속에서 등장하는데, 이런 방식은 작품의 사실감을 높여 준다. 또한 권력을 내세워 위력으로 자신의 입장을 강요하는 인물과 신의를 지키려는 인물의 갈등이 드러난다. 그 과정에서 왕의 권위에도 굴하지 않고 사랑의 쟁취를 위해 고난을 무릅쓰는 남자 주인공을 통해 새로운 인간상을 제시하고 있다.

① 지경이 연화를 만나기 위해 월장하는 행동은 연화에 대한 사랑을 보여 주는 것이라 볼 수 있다.

② 왕의 권위에도 굴하지 않고 사랑의 쟁취를 통해 가문의 번영을 이루려는 지경을 통해 새로운 인간상을 보여 준다.

③ 최홍일과 지경의 대화 과정에서 귀인 박 씨와 복성군이란 역사적 실존 인물이 거론되어 작품의 사실감을 높여 준다.

④ 지경이 옹주와 화락하지 않고 혼례를 약속한 연인을 버리지 않는 태도에서 신의를 지키려는 인물의 태도를 확인할 수 있다.

⑤ 이미 혼례를 약속한 지경에게 위력으로 옹주와 혼례를 시킨 임금은 권력을 내세워 자신의 입장만을 강요하는 인물이라고 할 수 있다.

[D16~20] 다음 글을 읽고 물음에 답하시오.

[앞부분의 줄거리] 왜군이 조선을 침범하여 의주로 피란을 간 상(上)은 명나라에 원군(援軍)을 청한다. 이에 제독 이여송이 원군을 이끌고 조선에 들어온다.

차설. 제독이 의주에 사람을 보내어 상을 청하거늘, 상이 즉시 의주를 떠나 경성에 이르러 이여송을 보사 공로를 치사하시고 설연관대하실새, 천자가 사자를 보내어 왕상을 위로하시고, 용포(龍袍) 일령을 사송(賜送)하시며 제독에게 식물(食物)을 사급(賜給)하사, '호군(犒軍)하라.' 하시니, 상과 제독이 북향사배한 후 다시 술을 나누어 서로 권하시더니, 계수나무 버러지 삼십 개를 내어 놓으며 왈,

"이것을 서측 해조국에서 제공하나니, 하나의 값이 삼천 냥이라. 사람이 먹으면 더디 늙기로 이제 조선왕을 대접하사 보내시나이다."

하고, 저를 들어 버러지 허리를 집으니 발을 허위며 괴이한 소리를 지르니, 부리 검고 빛은 오색을 겸하였으니 보기 가장 황홀한지라. 상이 처음으로 보시매 차마 진어치 못하사 주저하시니, 제독이 소왈,

"세상에 희귀한 진미를 어찌 진어치 아니하시나뇨?"

하며, 그것을 집어먹으니 보는 자 눈썹을 찡그리더라. 상이 무료하사 안색을 변하시니, 이항복이 생낙지 칠 개를 담아 드리거늘, 상이 저로 진어하실새 낙지 발이 저에 감기며 수염에 부딪치는지라. 상이 제독에게 권하신대, 제독이 낙지 거동을 보고 눈썹을 찡그리며 능히 먹지 못하니, 상이 소왈,

㉠"대국 계충(桂蟲)과 소국 낙지를 서로 비하매 어떠하뇨?"

㉡제독이 웃고 다른 말 하더라.

(중략)

[A] 남원이 이미 함몰하매 전주로부터 망풍와해(望風瓦解)하니, 이로 인하여 양원호 북주(北走)하니라. 이때, 적이 승승장구하여 각읍 수령이 다 도망하되, 오직 의병장 곽재우만이 화왕산성에 올라 굳게 지키더니, 적이 이르러 본즉 산세가 험한지라. 감히 치지 못하고 물러가거늘, 재우가 군사를 몰아 도적의 뒤를 엄살하니 적이 패주하다가 황석산성을 치거늘, 김해 부사 백사림과 안의 현감 곽준과 함양 군수 조종도가 성중에 있다가 불의지변을 만나매, 인심이 소동하여 사산분주하니 곽준이 싸우다가 죽으니라.

곽준의 여자가 그 지아비 유문호로 더불어 한가지로 아비를 좇아 성중에 피란하였더니, 그 아비와 오라비 이미 죽고 그 지아비 또한 도적에게 잡힘을 듣고 탄식 왈,

"이제 아비와 지아비를 잃었으니 내 홀로 살아 무엇하리오?"

하고, 목매어 죽으니라.

각설. 순신이 전선 수십 척을 거느려 진도 벽파정 아래 결진하였더니, 적장 마득시가 전선 이백여 척을 거느려 오거늘, 순신이 배에 대포를 싣고 순풍을 좇아 나오며 어지러이 놓으니 적장이 당치 못하여 달아나거늘, 순신이 뒤를 따라 일진을 짓치고 적장 마안둔을 베어다가 군정에 대진한지라. 드디어 고금도에 결진하니 군사가 이미 팔천여 인이요, 남녘 백성이 피란하여 오는 자가 수만이라.

무술 칠월에 천주 수군 도독 진인이 경성에서 장차 고금도에 나아가 순신으로 더불어 적을 치려 하여 발행할새, 상이 강두(江頭)에서 전송한지라. 진인의 천성이 본디 강포하매 두

려워하는 자가 많은 고로, 진인의 군사가 수령을 욕매(辱罵)하여 조금도 기탄함이 없고, 찰방 이상규를 무수 난타하여 유혈이 낭자한지라. 상이 근심하사 순신에게 전지(傳旨)하여,

"진인을 후례(厚禮)로 대접하여 촉노(觸怒)함이 없게 하라."

하시다. 이순신이 진인의 일을 듣고 주육을 준비하여 진인을 맞아 예필하고, 일변 잔치를 배설하여 진인을 관대하고, 일변 천병을 공궤(供饋)하니, 군사가 서로 일러 왈,

"과연 양장(良將)이라." 하고, 진인이 또한 기꺼하더라.

일일은 도적 수백 척이 나오거늘, 순신과 진인이 각각 수군을 거느려 녹도에 이르니 적이 아군을 바라보고 짐짓 뒤로 물러가며 아군을 유인하니, 순신이 따르지 아니하고 돌아올 새, 진인이 수십여 척을 머물러 싸움을 돕게 하니라. 진인이 순신으로 술을 먹더니 진인의 휘하 천총(千摠)이 전라도로부터 돌아와 가로되,

"오늘 아침에 도적을 만나 조선 군사는 도적 백여 명을 죽이되, 천병은 풍세가 불리하여 하나도 잡지 못하였다."

하니, 진인이 대로하여 천총을 등 밀어 내치고 잡았던 술잔을 땅에 던지니, 순신이 그 뜻을 알고 가로되,

"ⓒ노야(老爺)는 천조 대야(大爺)로 이곳에 이르렀으니 우리 승첩은 곧 노야의 승첩이라. 진중에 이른 지 불구에 첩서를 천조(天朝)에 보하니 어찌 아름답지 아니하리오?"

진인이 대희하여 순신의 손을 잡고 왈,

"내 일찍 그대의 성명을 우레같이 들었더니 과연이로다."

하고, 다시 술을 내와 즐기니라. 이로부터 진인이 순신의 진에 있어 그 호령이 엄정함을 탄복할 뿐 아니라, 저의 전선이 도적 막기에 불편하매, 매양 진을 임하여 아국 판옥선(板屋船)을 타고 순신의 지휘를 좇으며 ⓔ반드시 '이야(李爺)'라 일컫고, 인하여 천조에 주문(奏聞)하되,

"통제사 이순신이 경천위지지재(經天緯地之才)를 품었고 보천욕일지공(補天浴日之功)이 있다." 하더라.

천병이 비록 순신의 위엄을 기탄(忌憚)하나 민간의 작폐가 가장 많으니, 일일은 순신이 하령하여 도중의 대소 여사(旅舍)를 불 지르고 자기 의금(衣衾)을 수습하여 배에 내리치더니, 진인이 이 소식을 듣고 급히 가정을 보내어 연고를 물은대, 순신 왈,

"소국 군민이 천병 믿기를 저의 부모같이 하거늘, 천병이 노략함을 힘쓰니 사람이 괴로움을 견디지 못하는지라. 내 이제 대장이 되어 무슨 낯으로 이곳에 머물리오? 이러므로 다른 곳으로 가고자 하노라."

하니, 가정이 돌아가 그대로 고하니, 진인이 대경하여 전도에

이르러 순신의 손을 잡고 만류하며 ⓜ사람을 성중에 보내어 그 의금을 수운하여 드리고 간청하니,

순신 왈, "대인이 내 말을 들으면 어찌 서로 떠나리오?"

진인 왈, "내 어찌 공의 말을 듣지 아니하리오?"

순신 왈, "천병이 아국으로써 배신이라 하여 조금도 기탄함이 없으니, 만일 대인이 나로 하여금 제어케 하면 다른 염려가 없을까 하나이다."

진인 왈, "이 일이 무엇이 어려우리오? 만일 죄를 범하는 자가 있거든 공이 임의로 처치하라."

하니, 순신이 허락받은 후에 천병 중의 위령자(違令者)를 용서함이 없으니 천병이 두려워하기를 진인에게 지나더라.

－ 작자 미상, 〈임진록〉

D16
2021 대비/경찰대 24

윗글의 서술상 특징에 대한 설명으로 가장 적절한 것은?

① 여러 삽화들을 제시하여 전체 사건의 여러 면모를 보여 주고 있다.
② 우의적 수법을 동원하여 현실의 문제를 비판적으로 형상화하고 있다.
③ 서술자의 개입을 통한 주관적 논평을 중심으로 서술의 밀도를 높이고 있다.
④ 인물들의 성격이 변화하는 과정을 추적하여 다양한 주제를 이끌어 내고 있다.
⑤ 이원적 세계를 설정하여 천상계의 갈등이 지상계로 이어진다는 점을 보여 주고 있다.

D17
2021 대비/경찰대 25

윗글의 내용에 대한 이해로 가장 적절한 것은?

① '이항복'이 '생낙지 칠 개'를 담아 올린 것은 '이여송'이 '생낙지'를 좋아하리라 예상했기 때문이다.
② '진인'의 군사가 조선의 관리를 거리낌 없이 모욕하고 구타한 것은 '진인'의 위세를 빙자하였기 때문이다.
③ '진인'이 전선 '수십여 척'을 머물러 지키게 한 것은 왜군과의 싸움에서 공을 세울 의향이 없었기 때문이다.
④ '진인'이 '천총'을 내친 것은 '천총'이 자신에게 실제 상황과는 다르게 전황을 보고하였기 때문이다.
⑤ '이순신'이 '여사'에 불을 지르고 '의금'을 수습한 것은 당장은 승산이 없다고 여겨 장차 진을 옮기려 하였기 때문이다.

㉠~㉤에 대한 설명으로 적절하지 <u>않은</u> 것은?

① ㉠: 상대방의 무례한 행위를 넌지시 일깨우려는 뜻이 담긴 발화이다.

② ㉡: 상대방의 질책에 반응하여 잘못을 멋쩍게 인정하는 뜻이 담긴 행동이다.

③ ㉢: 상대방의 능력을 칭송하며 그에 대해 감탄하는 뜻이 담긴 발화이다.

④ ㉣: 상대방을 특별히 공경하고 우대하는 뜻이 담긴 행동이다.

⑤ ㉤: 상대방의 결정이 번복되기를 바라는 뜻이 담긴 조치이다.

D19 ⭐ 1등급 킬러

[A]를 통해 작품 속 상황을 추론한 내용으로 적절하지 <u>않은</u> 것은?

① 전세의 변화에 따라 적의 행로나 목적지가 바뀌기도 하였다.

② 적의 세력이 강하다는 풍문 때문에 싸우지도 않고 도망을 치기도 하였다.

③ 집안 남성들의 상황에 따라 여성이 취할 수 있는 선택이 영향을 받았다.

④ 전란 중에 많은 수령들이 싸움을 회피했지만 끝까지 항전한 수령도 있었다.

⑤ 산성을 지키면서 적의 공격에 대비하는 것은 의병장과 일부 수령의 공통된 전략이었다.

D20

〈보기〉를 참고하여 윗글을 감상한 내용으로 적절하지 <u>않은</u> 것은? [3점]

[보기]

〈임진록〉에는 민족적 자긍심과 울분을 부각하려는 의도가 담겨 있다. 이는 조선에 뛰어난 인물이 존재한다는 점을 강조하거나 외세에 대한 반감을 표출하는 방식으로 흔히 구현되는데, 특히 외세에 대한 반감은 왜군뿐 아니라 원군으로 조선에 온 명군에 대해서도 나타나고 있다. 또한 작품에는 민중의 생각과 정서가 깊숙이 반영되어 있다. 작품 속 인물들이 백성을 위하는 행동을 취하는 것은 그와 같은 이유 때문이다.

① '이여송'과 '진인'이 부정적인 모습으로 등장하는 것을 보면 왜군뿐 아니라 명군에 대해서도 반감이 나타난다는 점을 알 수 있겠군.

② '상'이 '천자'의 위로를 받고 '용포'를 하사받는 내용은 백성을 위하는 뛰어난 인물이 조선을 다스린다는 점을 강조하기 위해 삽입한 것이겠군.

③ '곽준'의 가족들이 죽는 장면이 제시된 것은 왜군에 대한 분노가 반영된 결과이겠군.

④ '진인'이 '이순신'의 역량을 인정하여 그 사실을 명나라 조정에까지 보고한 대목은 조선에 뛰어난 인물이 존재한다는 점을 드러내려는 의도와 연관되겠군.

⑤ 명군의 노략질을 막지 못한 책임을 통감하는 '이순신'의 모습을 통해 백성을 위하는 인물의 형상을 확인할 수 있겠군.

제한 시간 5분

[D21~23] 다음 글을 읽고 물음에 답하시오.

송우란 사람을 만났다. 그의 집은 향주 용금문 안에 있었고, 학문은 높았으나 벼슬길에는 뜻을 두지 않았다. 그는 저서로 생업을 삼았다. 또한 남을 도와주기를 좋아하는 성미였다. 최척은 이 사람과 사귀어 벗이 되었다. 송우는 최척이 촉나라로 들어간다는 말을 듣고 술을 마련해서 찾아왔다. 서로 주거니 받거니 하며 얼근히 취한 후였다. 송우가 최척에게 말했다.

"이 난세에 백일 승천하는 도술을 누구인들 원치 않으리요? 그러나 그러한 이치는 고금을 통하여 없을 뿐만 아니라, 여생이 얼마나 남았다고 그런 마음을 다 먹소. 굶주림을 참고 스스로 고생을 사서 할 필요까지야 뭐 있소. 그래 산귀와 더불어 벗하려고 그러는가? 최공은 그러지 말고 나를 따라 배를 타세. 오나라, 월나라로 다니면서 비단이나 팔고 차나 팔면서 남은 여생을 보낸다면, 이 또한 통달한 사람의 업이 아니겠는가?"

최척은 듣고 깨달은 바가 있었다. 그래서 송우를 따라 항주로 갔다. 그해는 경자년 봄이었다. 최척은 송우와 함께 상선을 타고 안남을 왕래했다. 이 항구에는 왜선 10여 척이 열흘 전부터 정박하고 있었다. 때는 4월이라 모두들 노곤하여 곯아떨어졌다. 하늘은 구름 한 점 없이 맑게 개었다. 물빛은 비단

같이 아름다웠고, 바람이 자 물결은 잔잔했다. 물결 소리조차 조금도 들려오지 않았다. 배 안에 있는 사람들도 잠이 들어 코고는 소리만 높은데, 이따금 물새우는 소리만이 들려왔다.

그때 왜선에서 염불하는 소리가 매우 구성지게 들려왔다. 최척은 홀로 선창에 기댄 채 신세 타령을 했다. 모든 것을 잊으려는 듯 품속에서 퉁소를 꺼내어 슬픈 곡조를 불면서 가슴속에 맺힌 애원한 정을 풀고 있었다. 이 ⊙퉁소 소리에 하늘마저 근심스런 빛을 띤 듯했고, 구름과 연기조차 침울하기 그지없었다. 배 안에서 잠을 자던 사람들도 놀라 깨어났다. 그들은 하나같이 슬픈 낯빛을 지었다. 그때 왜선에서 염불하는 소리가 갑자기 멎었다. 염불 소리 대신에 조선어로 한시를 읊는 소리가 들렸다. 읊기를 다하자 한숨을 휴 내쉬는 것이었다. 최척은 읊는 소리를 듣고 너무도 뜻밖이어서 들었던 퉁소마저 떨어뜨렸다. 넋을 잃은 듯 마치 죽은 사람 같았다. 송우가 이상히 여겨 큰소리로 물었다.

"자네는 어째서 그런 모양을 하고 있는가?"

그러자 최척은 그만 기절해 버렸다. 얼마가 지나 겨우 정신을 차린 그는 말했다.

"저 시는 내 아내가 지은 시오. 둘만이 알지 다른 사람은 아무도 모르오. 더욱이 시 읊는 소리가 아내와 흡사하니 어찌 놀라지 않겠소. 아내가 저 배를 타고 있는 것이 아닌지? 도저히 그럴 리 없지."

그리고는 왜적의 습격을 당하여 가족들이 흩어진 내력을 들려주었다. 사람들은 놀라며 이상히 여겼다. 무리 중에 두홍이라는 사람이 있었다. 나이가 젊고 용감한 반면에 좀 덤벙대는 사람이었다. 그는 최척의 말을 듣자 결연한 표정으로 뱃전을 주먹으로 치며 말했다.

"내가 당장 찾아가 보겠소."

그러나 송우가 만류하며,

"깊은 밤에 일을 꾸몄다가는 무슨 변을 당할지 두려우이. 내일 아침에 정중히 찾아보는 것이 좋을 것이오."

하니, 모두들 찬성했다. 그날 밤 최척은 잠 한숨 자지 못했다. 아침을 기다리며 뜬 눈으로 날을 밝혔다. 이윽고 동쪽이 밝아왔다. 그는 조금도 지체할 수 없어 배에서 내려왔다. 곧장 언덕으로 내려가 왜선으로 다가갔다.

"어젯밤 시를 읊은 사람은 틀림없이 조선인일 거요. 나도 조선인이오. 이 머나먼 안남까지 와서 고국 사람을 한번 만나 보는 것도 이 또한 기쁜 일이 아니겠습니까?"

옥영은 배 안에서 퉁소 소리를 들었었다. 그것은 곧 조선의 곡조요, 또한 예전에 귀에 익었던 소리였다. 그래서 남편이

그 배에 와 있지 않나 해서 시를 시험 삼아 읊었던 것이었다. 이때 남편이 자기를 찾는 말을 듣자, 옥영을 황망하여 몸둘 바를 몰랐다. 엎어지고 넘어지면서 급히 난간을 내려갔다. 두 사람은 서로를 알아보고, 소리치면서 끌어안고 흐느껴 울었다. 너무나 감격해 가슴이 막혔다. 심정이 격하여 말도 제대로 나오지 않았다. 이윽고 정신을 차렸다. 이 극적인 광경을 보느라고 양국의 뱃사람들이 담장처럼 늘어섰다. 그들은 처음에는 두 사람이 친척이나 친구인 줄로만 알다가 급기야 부부지간이란 것을 알고는 서로 쳐다보며 큰 소리로,

"이상하고도 기이하도다. 이것은 하늘이 돕고 귀신이 도왔도다. 일찍이 이런 일은 보지 못했는데 정말 기쁜 일이로다."

하며 경탄을 하지 않은 사람이 없었다.

최척은 집안 소식을 물었다. 옥영이 대답하길,

"그때 저희들은 산중에서 도망하여 강가로 나왔어요. 시아버님과 어머님은 그때까지 무사했어요. 날은 저물고 창황 중에 배를 타느라고 그만 서로 헤어지고 말았어요."

두 사람은 또 한 번 통곡했다. 이 정경을 지켜보는 사람들마저 눈시울이 뜨거워졌다. 송우가 왜인을 청하여 백금 세 덩이를 주며 옥영을 사겠다고 나섰다. 돈우는 손을 내저으며 말했다.

"내가 이 사람을 얻은 지 4년이나 흘렀습니다. 그 단정한 거동을 사랑하여 친자식같이 사랑했고, 침식도 함께하며 잠시도 서로 떨어진 적이 없습니다. 그러나 지금껏 여자인 줄은 미처 몰랐소이다. 이제 이런 해후를 보고 하늘과 귀신마저 감동하거늘, 내 비록 완고하고 미련하나 어찌 목석과 같으리요? 어찌 돈을 받을 수가 있겠소이까?"

그리고는 주머니에서 은 열 냥을 꺼내 옥영에게 주며 말했다.

"4년 동안이나 동거하다가 하루아침에 이별하게 되니 슬픈 심정을 참을 수 없구려. 잃었던 남편을 만 리 바다 밖에서 다시 만난 것은 이 세상에 일찍이 없었던 일이오. 내가 욕심을 낸다면 하늘이 벌할 것이오. 부인은 남편에게 돌아가 부디 몸조심하고 행복하게 사시오."

이에 옥영은 이렇게 답례하였다.

"주인 영감님의 도움을 입어 다행히 죽지 않고 살아서 남편을 만났으니, 그 베푼 은혜가 이미 깊사옵니다. 더욱이 이렇게 많은 돈까지 주시니 어떻게 보답할 길을 모르겠사옵니다."

— 조위한, 〈최척전〉

윗글의 서술상 특징으로 적절하지 <u>않은</u> 것은?

① 우연성을 바탕으로 사건이 전개되고 있다.
② 시간의 흐름에 따라 서사가 구성되어 있다.
③ 전기적 요소를 통해 상황을 전환시키고 있다.
④ 요약적 진술을 통해 인물의 특징을 드러내고 있다.
⑤ 인물들의 대화와 행동을 중심으로 이야기가 진행되고 있다.

D22 _____ 예상 문제

㉠에 대한 설명으로 적절한 것을 〈보기〉에서 <u>모두</u> 고른 것은?

[보기]

ⓐ 최척과 옥영이 서로 만날 수 있는 계기가 되고 있다.
ⓑ 최척의 사연을 두홍이 왜인에게 전달하게 하는 원인이 된다.
ⓒ 최척과 돈우가 친밀한 관계를 맺을 수 있는 기회를 제공하고 있다.
ⓓ 최척의 심정을 효과적으로 표현할 수 있는 매개체의 역할을 하고 있다.

① ⓐ
② ⓐ, ⓓ
③ ⓑ, ⓓ
④ ⓐ, ⓑ, ⓓ
⑤ ⓐ, ⓒ, ⓓ

D23 _____ 예상 문제

〈보기〉를 참고하여 윗글을 감상한 내용으로 적절하지 <u>않은</u> 것은?

[보기]

　문학 작품의 감상을 통해 얻을 수 있는 것 중의 하나가 당대 사회의 생활상이나 가치관 등을 읽어 낼 수 있다는 점이다. 특히 〈최척전〉은 조선 중기의 임진왜란과 정유재란과 같은 역사상 실제 있었던 전쟁을 배경으로 하고 있어 당대의 현실을 이해하는 데 상당한 도움을 준다.

① 많은 사람들이 난세를 맞이하여 백일 승천하는 도술을 원한다는 발언에서, 당시의 시대 상황이 매우 혼란스러웠음을 엿볼 수 있어.
② 여러 나라를 다니면서 장사를 하자는 발언에서, 당시에 민간인이 나라 간의 교역을 자유롭게 할 수 있었음을 엿볼 수 있어.
③ 밤에 왜선에 갔다가 봉변을 당할지도 모른다는 발언에서, 당시에 왜인들과의 충돌이 심심치 않게 일어났음을 엿볼 수 있어.
④ 배를 타다가 시부모와 헤어졌다는 발언에서, 가족의 가치보다는 개인의 가치가 더 존중되었음을 엿볼 수 있어.
⑤ 송우가 돈우에게 백금 세 덩이를 주며 옥영을 사겠다고 한 발언에서, 당시에 돈을 주고 사람을 사고파는 행위가 있었음을 엿볼 수 있어.

제한 시간 6분

[D24~27] 다음 글을 읽고 물음에 답하시오.

심청이 그 말을 듣고 반겨 웃으며 대답하되,
"후회를 하시면 정성이 못 되오니 아버지 어두우신 눈 정녕 밝아 보일 양이면 삼백 석을 아무쪼록 준비하여 보리다."
"네 아무리 애를 쓴들 안빈낙도 우리 형세, 단 백 석인들 할 수 있겠느냐?"

[A]
"아버지, 그 말 마오. 옛일을 생각하니 왕상(王祥)은 얼음을 두드려서 얼음 구멍에서 잉어를 얻고 맹종(孟宗)은 대나무 앞에서 통곡하여 눈 가운데 죽순(竹筍) 나니, 그런 일을 생각하오면 출천대효(出天大孝) 사친지절(事親之節)이 옛사람만 못하여도 지성이면 감천이라 하니, 아무 걱정 마옵소서."

심청이 부친의 말을 듣고 그날부터 뒤꼍을 정히 하고 황토로 단을 쌓아 두고 좌우에 금줄을 매고 정화수 한 동이를 소반 위에 받쳐 놓고 북두칠성 호반(號盤)에 분향재배한 연후에, 두 무릎을 공손히 꿇고 두 손을 합장하여 비는 말이,

[B]
"상천(上天) 일월 성신(星辰)이며, 하지(下地) 후토(后土) 성황(城隍) 사방지신(四方之神), 제천제불(諸天諸佛) 석가여래 팔금강보살 소소응감(昭昭應感)* 하옵소서. 하느님이 만드신 일월은 사람에게는 눈과 같은지라. 일월이 없사오면 무슨 분별 하오리까. 소녀 아비 무자생(戊子生) 이십 후 눈이 멀어 사물을 못 보오니, 소녀 아비 허물일랑 제 몸으로 대신하고 아비 눈을 밝게 하여 천생연분 짝을 만나 오복을 갖게 주어, 수부다남자(壽富多男子)*를 점지하여 주옵소서."

이렇게 주야로 빌었더니, 도화동 심 소저는 천신이 아는지라 흠향하시고 앞일을 인도하셨더라. 하루는 유모 귀덕어미가 오더니,

"아가씨, 이상한 일 보았나이다."

"무슨 일이 이상하오?"

"어떠한 사람인지 십여 명씩 다니면서 값은 고하간에 십오 세 처녀를 사겠다고 다니니 그런 미친놈들이 있소?"

심청이 속마음에 반겨 듣고,

"여보, 그 말이 진정이오? 정말로 그리 될 양이면 그 다니는 사람 중에 노숙하고 점잖은 사람을 불러오되, 말이 밖에 나지 않게 조용히 데려오오."

귀덕 어미 대답하고 과연 데려왔는지라. 처음은 유모를 시켜 사람 사려는 내력을 물은즉 그 사람의 대답이,

"우리는 본디 황성(皇城) 사람으로서 상고(商賈)차로 배를 타고 만 리 밖에 다니더니, 배 갈 길에 인당수라 하는 물이 있어 변화불측하여 자칫하면 몰사를 당하는데 십오 세 된 처녀를 제수(祭需) 넣고 제사를 지내면, 수로 만 리를 무사히 왕래하고 장사도 흥왕하옵기로 생애가 원수로 사람 사러 다니오니, 몸을 팔 처녀가 있사오면 값을 관계치 않고 주겠나이다."

심청이 그제야 나서며,

"나는 본촌 사람으로 우리 부친 앞을 보지 못하여 세상을 분별하지 못하기로, 평생에 한이 되어 하느님 전에 축수하더니, 몽운사 화주승이 공양미 삼백 석을 불전에 시주하면 눈을 떠서 보리라 하되, 가세가 지빈(至貧)하여 주선할 길 없삽기로 내 몸을 방매하여 발원하기 바라오니 나를 사 가는 것이 어떠하오? 내 나이 십오 세라 그 아니 적당하오?

㉠ 선인이 그 말 듣고 심 소저를 보더니, 마음이 억색(臆塞)하여 다시 볼 정신이 없어 고개를 숙이고 묵묵히 섰다가,

"낭자 말씀 듣자오니, 갸륵하고 장한 효성 비할 데 없습니다."

이렇듯이 치하한 후에 저의 일이 긴한지라.

"그리하오." / 하고 허락하더라.

"행선 날이 언제입니까?"

"내월 십오 일이 행선할 날이오니 그리 아옵소서."

피차에 상약을 하고 그날에 선인들이 공양미 삼백 석을 몽운사에 보냈더라. 심 소저는 귀덕 어미를 백 번이나 단속하여 말 못 내게 한 연후에, 집으로 들어와 부친 전에 여쭈오되,

"아버지!" / "왜 그러느냐?"

"공양미 삼백 석을 몽운사로 올렸나이다."

심 봉사가 깜짝 놀라서,

"그게 웬 말이냐? 삼백 석이 어디 있어 몽운사로 보냈어?"

심청이 같은 타고난 효녀가 어찌 부친을 속일까마는 사세부득이라 잠깐 속여 여쭌다.

"일전에 무릉촌 장 승상 댁 부인께서 소녀보고 말씀하기를, 수양딸 노릇하라 하되 아버지 계시기로 허락 아니하였는데, 사세부득하여 이 말씀 사뢰었더니 부인이 반겨 [C] 듣고 쌀 삼백 석을 주시기에 몽운사로 보내옵고 수양녀로 팔렸나이다."

심 봉사가 물색 모르고 크게 웃으며 즐겨 한다.

"어허, 그 일 잘되었다. 언제 데려간다더냐?"

"내월 십오 일 날 데려간다 하옵니다."

"네가 거기 가서 살더라도 나 살기 관계찮지. 어! 참으로 잘 되었다."

– 작자 미상, 〈심청전〉

* 소소응감(昭昭應感): 분명히 마음에 응하여 느낌.
* 수부다남자(壽富多男子): 오래 살고 부유하여 아들이 많음.

D24
2016 대비/사관학교(A) 37

윗글에 대한 설명으로 가장 적절한 것은?

① 대화와 행동을 통해 사건이 전개되고 있다.
② 서술자가 개입하여 사건의 전말을 요약하고 있다.
③ 공간에 대한 상세한 묘사로 사건에 사실성을 부여하고 있다.
④ 사건을 둘러싼 인물 간의 대립을 통해 긴장감을 조성하고 있다.
⑤ 인물의 과거 인연이 계기가 되어 사건이 새로운 국면을 맞이하고 있다.

D25
2016 대비/사관학교(A) 38

[A]~[C]에 대한 설명으로 적절하지 않은 것은?

① [A]는 고사를 들어서 상대방에게 상황을 비관하지 않도록 요청하고 있다.
② [B]는 초월자에 기대어 자신이 소망하는 바가 이루어지기를 기원하고 있다.
③ [C]는 상대방을 고려하여 거짓으로 상황을 꾸며 이를 전하고 있다.
④ [A]에서는 상대방의 처지가, [B]에서는 자신의 처지가 나아지기를 바라고 있다.
⑤ [A]와 [C]는 말하는 목적을 상대방의 걱정을 덜어 주는 것에 두고 있다.

❖ 정답 및 해설 157~162p

D26

㉠의 상황에 대해 〈보기〉와 같이 말하려고 할 때, 빈칸에 들어갈 표현으로 가장 적절한 것은?

─── [보기] ───

'선인'은 심청의 효심에 마음이 아프지만, 그래도 _____(이)라 어쩔 수 없이 일을 진행하는군.

① 속 빈 강정
② 제 코가 석 자
③ 고양이 쥐 생각
④ 빛 좋은 개살구
⑤ 개 발에 주석 편자

D27

〈보기〉와 윗글을 이해한 내용으로 적절하지 않은 것은?

─── [보기] ───

[자료 1]

〈심청전〉은 효행 설화, 인신 공희 설화, 재생 설화 등 여러 근원 설화들을 모티브로 하여 이루어진 작품이다. 효행 설화는 효녀가 자기 몸을 희생하니 조력자가 나타나거나 기적이 일어나 부모의 문제가 해결된다는 구조를 갖고 있고, 인신 공희 설화는 화를 면하려는 타산적 의도에서 인간을 제물로 바치는 이야기이다.

[자료 2]

홍장은 효성이 지극하여 맹인인 홀아버지 원량을 잘 봉양한다. 그러던 어느 날 원량은 홍법사의 화주승 성공 대사를 만나는데, 성공 대사가 시주를 청하자 자신의 딸을 시주한다. 홍장은 아버지와 이별하여 성공 대사를 따라다니던 중 바닷가에서 중국 진나라 사신들을 만난다. 그들은 신의 계시로 황후를 모시러 왔다면서 자신들의 보화로 시주를 대신하고 홍장을 데리고 중국으로 돌아간다. 황후가 된 홍장은 관음상을 만들어서 배에 실어 본국으로 보내고, 성덕이라는 처녀에 의해 관음상은 관음사에 모셔진다. 원량은 눈을 떠서 아흔다섯까지 잘 살았다고 한다.

– 〈관음사 연기 설화〉 줄거리

① [자료 2]의 '홍장'은 '심청'과 달리 아버지를 위한 희생을 자발적으로 결정한 것이 아니군.
② [자료 1]의 '부모의 문제'가 윗글과 [자료 2]에서는 모두 앞을 보지 못하는 것으로 나오는군.
③ [자료 2]의 '사신'과 윗글의 '귀덕 어미'는 절에 드릴 시주를 적극적으로 주선해 주는 역할을 하는군.
④ [자료 1]에 제시된 근원 설화들의 유형 중에서 [자료 2]의 '홍장' 이야기는 효행 설화에 해당하는군.
⑤ [자료 1]의 인신 공희 설화에서처럼 '선인'이 '심청'을 제수로 사는 것은 자신들에게 미칠 화를 면하기 위한 것이군.

─────

제한 시간 5분

[D28~30] 다음 글을 읽고 물음에 답하시오.

현부는 어떠한 사람인지 알 수 없다. 어떤 이는 말하기를,

"그 선조는 신인(神人)이었다. 형제가 15명인데 모두 체구가 크고 굉장한 힘이 있었다. 천제(天帝)께서 명(命)하여 바다 가운데 있는 다섯 산을 붙잡게 했던 자가 바로 이들이었다."

한다. 자손에게 이르러서는 모양이 차츰 작아지고 또한 소문이 날 정도로 힘이 센 자도 없었으며, 오직 복서(卜筮)*를 직업으로 삼았다. 터가 좋고 나쁨을 보아서 일정한 장소에 살지 않았기 때문에 그의 향리(鄕里)나 세계(世界)를 자세히 알 수 없다. 먼 조상은 문갑(文甲)인데 요의 시대에 낙수 가에 숨어서 살았다. 임금이 그가 어질다는 소문을 듣고 백벽을 가지고 그를 초빙하였다. 문갑은 기이한 그림을 지고 와서 바치므로 임금이 그를 가상히 여기어 낙수후에 봉하였다. 증조는 상제의 사자라고만 말할 뿐, 이름은 밝히지 않았는데, 바로 홍범구주(洪範九疇)*를 지고 와서 백우에게 주던 자이다. 할아버지는 백약으로 하후 시대에 곤오에서 솥을 주조하였는데 옹난을과 함께 힘을 다하여 공을 세웠고, 아버지는 중광(重光)인데 나면서부터 왼쪽 옆구리에 '달의 아들 중광인데 나를 얻는 사람은, 서민은 제후가 될 것이고 제후는 제왕이 될 것이다.'는 글이 있었으므로 그 글에 따라서 중광이라 이름한 것이다.

현부는 더욱 침착하고 국량이 깊었다. 그의 어머니가 요광성이 품에 들어오는 꿈을 꾸고 아기를 뱄다. 막 낳았을 때 관상장이가 보고 말하기를,

"등은 산과 같고 무늬는 벌여 놓은 성좌를 이루었으니 반드시 신성할 상이다."

하였다. 장성하자 역상을 깊이 연구하여 천지, 일월, 음양, 한서, 풍우, 회명, 재상, 화복의 변화에 대한 것을 미리 다 알아내었다. 또 신선이 대기를 운행하고 공기를 호흡하여 죽지 않는 방법을 배웠다. 천성이 무를 숭상하므로 언제나 갑옷을 입고 다녔다.

임금이 그의 명성을 듣고 사신을 시켜 초빙하였으나 현부는 거만스럽게 돌아보지도 않고 곧 노래를 부르기를,

㉠"진흙 속에 노니는 그 재미가 무궁한데 높은 벼슬 받는 총영(寵榮) 내가 어찌 바랄소냐?"

하고 웃으며 대답도 하지 않았다. 이로 말미암아 그를 불러들이지 못했는데, 그 뒤 송 원왕 때 예저가 그를 강제로 협박하여 임금에게 바치려 하였다. 그런데 그가 아직 왕을 뵙기 전에, 왕의 꿈에 어떤 사람이 검은 옷차림으로 수레를 타고 와서 아뢰기를,

"나는 청강사자인데 왕을 뵈려 합니다."

하였는데, 이튿날 과연 예저가 현부를 데리고 와서 뵈었다. 왕은 크게 기뻐하여 그에게 벼슬을 주려 하니 현부는 아뢰기를,

"신이 예저에게 강압을 당하였고, 또한 왕께서 덕이 있다는 말을 들었으므로 와서 뵙게 되었을 뿐이요, 벼슬은 나의 본의가 아닙니다. 왕께서는 어찌 나를 머물러 두고 보내지 않으려 하십니까?"

하였다. 왕이 그를 놓아 보내려 하다가 위평의 밀간으로 인하여 곧 중지하고 그를 수형승에 임명하였다. 또 옮겨 도수사자를 제수하였다가 곧 발탁하여 대사령을 삼고, 나라의 시설하는 일, 인사 문제, 그리고 기거 동작, 흥망에 대하여 일의 대소를 막론하고 모두 그에게 물어 본 뒤에 행하였다.

왕이 어느 날 농담하기를,

"그대는 신명의 후손이며 더구나 길흉에도 밝은 자인데, 왜 일찍이 몸을 보호하지 못하고 예저의 술책에 빠져서 과인의 얻은 바가 되었는가?"

하니 현부가 아뢰기를,

"밝은 눈에도 보이지 않는 것이 있고, 지혜도 미치지 못하는 곳이 있기 때문입니다."

라고 아뢰니, 왕이 크게 웃었다. 그 후 그의 종말을 아는 사람이 없다. 지금도 진신(搢紳)들 사이에는 그의 덕을 사모하여 황금으로 그의 모양을 주조해서 차는 사람이 있다.

그의 맏아들 원서는 사람에게 삶긴 바 되어 죽음에 임하여 탄식하기를,

"택일을 하지 않고 다니다가 오늘날 삶김을 당하는구나. 그러나 남산에 있는 나무를 다 태워도 나를 문드러지게는 못할 것이다."

하였으니, 그는 이처럼 강개하였다. 둘째 아들은 원저라 하는데, 오·월의 사이를 방랑하면서 자호를 통현 선생이라 하였다. 그 다음 아들은 역사책에 그 이름이 전하지 않는다. 모양이 극히 작으므로 점은 치지 못하고 오직 나무에나 올라가서 매미를 잡고는 하더니, 또한 사람에게 삶긴 바 되었다. 그의 족속에는 혹 도를 얻어서 천 년에 이르도록 죽지 않는 자가 있는데, 그가 있는 곳에는 푸른 구름이 덮여 있었다. 혹은 관리 속에 묻혀 살기도 하는데, 세상에서는 그를 현의독우라 칭했다.

사신은 이렇게 평한다.

"지극히 은미한 상태에서 미리 살피며, 징조가 나타나기 이전에 예방하는 것은 성인이라도 어그러짐이 있는 법이다. 현부 같은 지혜로도 능히 예저의 술책을 막지 못하고 또 두 아들이 삶아 먹힘을 구제하지 못하였는데, 하물며 다른 이

들이야 더 말할 것이 있겠는가! 옛적에 공자는 광(匡) 땅에서 고난을 겪었고 또 제자인 자로가 죽어서 젓으로 담겨짐을 면하지 못하게 하였으니, 아, 삼가지 않을 수 있겠는가?"

- 이규보, 〈청강사자현부전(淸江使者玄夫傳)〉

* 복서(卜筮): 점치는 것
* 홍범구주(洪範九疇): 하나라 우임금 때 낙수에서 나온 신귀의 등에 있었다는 9개 조항의 문장으로, 천하를 다스리는 아홉 가지 대법으로 삼은 것

D28
예상 문제

윗글에 대한 설명으로 가장 적절한 것은?

① 인물 간의 갈등 위주로 이야기가 전개되고 있다.
② 다양한 가치관을 가진 여러 인물들을 비판하고 있다.
③ 과장된 이야기를 통해 인물의 영웅성을 부각하고 있다.
④ 시간의 흐름에 따른 인물의 행동 변화를 드러내고 있다.
⑤ 인물의 일대기를 현재형으로 서술하여 사실감을 높이고 있다.

D29
예상 문제

㉠에 드러난 정서와 가장 거리가 먼 것은?

① 벼슬을 저마다 하면 농부(農夫) 할 이 뉘 있으며
　의원(醫員)이 병(病) 고치면 북망산(北邙山)이 저러하랴.
　아이야 잔(殘) 가득 부어라 내 뜻대로 하리라.
　　　　　　　　　　　　　　　　　　　　　- 김창업

② 가노라 삼각산(三角山)아 다시 보자 한강수(漢江水)야.
　고국 산천(古國山川)을 떠나고자 ㅎ랴마는,
　시절(時節)이 하 수상(殊常)ㅎ니 올동말동 ㅎ여라.
　　　　　　　　　　　　　　　　　　　　　- 김상헌

③ 밋암이 밉다 울고 쓰르람이 쓰다 우니,
　산채(山菜)를 밉다는가 박주(薄酒)를 쓰다는가.
　우리는 초야(草野)에 뭇쳐시니 밉고 쓴 줄 몰닉라.
　　　　　　　　　　　　　　　　　　　　　- 이정신

④ 보리밥 풋ㄴ믈을 알마초 머근 후(後)에,
　바횟긋 믉ㄱ의 슬ㅋ지 노니노라.
　그나믄 녀나믄 일이야 부릴 줄이 이시랴.
　　　　　　　　　　　　　　　　　　　- 윤선도, 〈만흥〉

⑤ 공명(功名)도 날 씌우고, 부귀(富貴)도 날 씌우니,
　청풍명월(淸風明月) 외(外)예 엇던 벗이 잇스올고.
　단표누항(簞瓢陋巷)에 흣튼 혜음 아니 ㅎ닉.
　　　　　　　　　　　　　　　　　　- 정극인, 〈상춘곡〉

예상 문제

〈보기〉를 바탕으로 윗글과 작가에 대하여 이해한 내용으로 가장 적절한 것은?

[보기]

• 〈청강사자현부전〉은 고려 후기에 이규보가 거북을 현부로 의인화하여 지은 가전(假傳) 작품으로 저자의 문집 『동국이상국집(東國李相國集)』에 수록되어 있다.

• 이규보는 과거에 급제한 뒤 10여 년간 벼슬길에 오르지 못하다가 32세 때 비로소 관직에 나갈 수 있게 되었다. 당시 고려는 무신들이 난을 일으켜 정권을 잡은 상태였는데, 무신 최충헌은 잔치를 열고 선비들을 불러 시를 짓게 했다. 여기서 이규보는 최충헌에게 그의 문학적 재능을 인정받아 관직에 오른 것이다. 최충헌의 뒤를 이은 최이는 이규보의 문장 능력을 높이 평가하여 이규보에게 외교 문서를 작성하게 하고 팔만대장경의 제작에 참여시키는 등 중요한 일을 맡겼다.

① 벼슬길에 오르고 싶어 하는 작가의 마음을 거북에 빗대어 표현한 것 같아.

② 작가가 자신을 인정해 준 무신들에 대한 예찬을 우의적으로 드러낸 것이군.

③ 작가는 자신의 모습을 현부에 투영하여 벼슬에 대한 생각을 나타내려 한 것 같아.

④ 작가 자신을 드러낼 수 없는 당대 현실에 대한 비판을 효과적으로 보여 주고 있군.

⑤ 작가는 자신의 문학적 재능을 과시하기 위하여 가전이라는 장르를 만들어 낸 것 같아.

제한 시간 6분

[D31~34] 다음 글을 읽고 물음에 답하시오.

호랑이가 꾸짖기를,

"가까이 오지 마라! 구린내 난다! 내 들으니, 유(儒)란 족속은 유(諛)하다더니 과연 그렇구나. 너는 평소에는 세상의 나쁜 이름은 모두 모아 망령되이 내게 씌웠다. 이제 다급해지자 면전에서 아첨을 하니 장차 누가 너를 믿겠느냐. 무릇 천하의 이치는 하나뿐이니 호랑이의 성품이 악하다면 인간의 성품 역시 악한 것이고, 인간의 성품이 착하다면 호랑이의 성품 또한 착한 것이다. ㉠우리 호랑이들은 초목을 먹지 않고, 벌레와 물고기도 먹지 않고, 누룩으로 빚은 술과 같이 퇴폐스럽고 어지러운 것들도 즐기지 않고, 자잘한 것들을 엎드려 먹는 것도 참지 못하지. 오직 산에 들어가 노루나 사슴을 잡아먹고 들에 나가 말

이며 소를 잡아먹을 뿐이고, 일찍이 입이나 배에 누를 입히거나 음식 때문에 송사(訟事)를 한 적이 없으니, 호랑이의 도(道)야말로 광명정대(光明正大)하지 않느냐! 헌데 호랑이가 노루나 사슴을 잡아먹으면 너희들은 호랑이를 미워하지 않다가도 말이나 소를 잡아먹으면 원수처럼 대하니, 이것은 노루나 사슴은 인간에게 은혜가 없지만 말이나 소는 너희들에게 공을 세웠기 때문이 아니냐! 그런데도 그 태워 주고 복종하는 노력과 충성하고 따르는 정성을 저버리고, 매일 도살하여 푸줏간을 가득 채우고도 모자라 뿔이나 갈기마저도 남기지 않더구나. 그러고도 다시 우리 먹이인 노루와 사슴까지 침범해서 우리들을 산에서 먹을 것이 없게 하고 들에서도 굶주리게 하니, 하늘로 하여금 그 정사(政事)를 공평하게 한다면 너를 먹어야 하겠느냐, 풀어 주어야 하겠느냐?

무릇 제 소유가 아닌 것을 취하는 것을 '도(盜)'라 하고 생명을 잔인하게 해치는 것을 '적(賊)'이라 한다. 너희들은 밤낮으로 허둥지둥 쏘다니며, 팔을 걷어붙이고 눈을 부릅뜬 채 노략질하고 훔치고도 부끄러워하지 않는다. 심지어는 돈을 형(兄)이라 부르기도 하고 장수(將帥)가 되기 위해 자신의 처를 죽이기도 하니, 이러고도 또다시 인륜의 도리를 논함은 말도 안 된다. 또한 메뚜기로부터 그 밥을 빼앗고, 누에로부터 그 옷을 빼앗고, 벌을 가두어 그 꿀을 긁어내고 심지어는 개미 알로 젓갈을 담가서 제 조상에 제사 지낸다고 하니, 그 잔인하고 박정함이 너희보다 더한 것이 있겠느냐? 너희는 이(理)를 말하고 성(性)을 논한다. 툭하면 하늘을 일컫지만 하늘이 명한 바로써 본다면, 호랑이나 사람이 다 한 가지 동물이다. ㉡하늘과 땅이 만물을 낳아 기르는 인(仁)으로 논하자면, 호랑이, 메뚜기, 누에, 벌, 개미들도 사람과 더불어 함께 길러지는 것으로 서로 거스를 수 없는 것들이다. 또한 그 선악으로 따지자면, 공공연히 벌과 개미의 집을 범하고 그 꿀과 알들을 긁어 가는 족속이야말로 어찌 천지간의 큰 도(盜)라고 하지 않겠느냐. 또한 메뚜기와 누에의 살림을 빼앗고 훔쳐 가는 족속이야말로 어찌 인의(仁義)의 큰 적(賊)이라고 하지 않겠느냐.

㉢호랑이는 일찍이 표범을 잡아먹은 적이 없다. 이는 제 동포를 해치지 못하는 까닭이다. 그리고 호랑이가 노루와 사슴을 잡아먹은 것을 헤아려도, 사람이 노루와 사슴을 잡아먹는 것만큼 많지는 않다. 또한 호랑이가 말과 소를 잡아먹은 것을 헤아려도, 사람이 말과 소를 잡아먹은 것만큼 많지 않을 것이다. ㉣더욱 어이없는 것은 호랑이가 사람을 잡아먹은 것이, 사람이 서로 간에 잡아먹은 것만큼 많지 않다는 점이다. 지난해 관중(關中) 지방에 큰 가뭄이 들었을 때 백성들 사이에 서

로를 잡아먹은 것이 수만이요, 그에 앞서 산동(山東) 지방에 큰 홍수가 났을 때에도 백성끼리 서로 먹은 것이 수만이었다. 하지만 백성끼리 서로 잡아먹는 일이 많기로서니 어찌 춘추 시대만 할까. 춘추시대에는 덕(德)을 세우겠다며 군사를 일으 킨 것이 열일곱 차례나 되었으니, 피는 천 리를 흐르고 엎어 진 시체는 백만에 달했다.

그러나 ⓜ호랑이의 족속들은 홍수와 가뭄을 알지 못하니 하늘을 원망할 까닭이 없고, 원한과 은혜를 모두 잊고 지내니 다른 동물에게 미움을 받을 까닭이 없고, ⓐ오직 천명(天命) 을 알고 거기에 순종할 뿐이다. 그러므로 무당이나 의원의 간 교함에 유혹되지 않는다. 또한 타고난 바탕을 그대로 지니고 있는 까닭으로 세속의 이해(利害)에도 병들지 않는다. 이것이 곧 호랑이의 슬기롭고도 성스러운 점이다.”

— 박지원, 〈호질〉

D31 2016 대비/경찰대 34

윗글에서 '호랑이'의 말하기 방식으로 가장 적절한 것은?

① 대상과 자신을 비교하여 상대방의 잘못을 비판하고 있다.
② 대상에 대하여 연민의 감정을 가지고 설득하고 있다.
③ 대상이 자신보다 우위에 있음을 구체적 사례를 통해 논 증하고 있다.
④ 자신의 입장과 대상의 주장을 통합하여 새로운 관점을 제시하고 있다.
⑤ 대상의 속성을 구분과 분류의 방식을 통해 분석하고 있다.

D32 2016 대비/경찰대 35

윗글과 〈보기〉의 내용을 대비하여 이해한 것으로 가장 적절한 것은?

[보기]

우리는 설사 포악한 일을 할지라도 깊은 산과 깊은 골과 깊은 수풀 속에서만 횡행할 뿐이요, 사람처럼 청천백 일지하에 왕궁 국도에서는 하지 아니한다. 또한 옛적 사람은 호랑의 가죽을 쓰고 도적질하였으나, 지금 사람들은 껍질은 사람의 껍질을 쓰고 마음은 호랑이의 마음을 가져 서 더욱 험악하고 더욱 흉포한지라. 하느님은 지공무사 (至公無私)하신 하느님이시니, 이같이 험악하고 흉포한 것들에게 제일 귀하고 신령하다는 권리를 줄 까닭이 무엇 이오? 사람으로 못된 일 하는 자의 종자를 없애는 것이 좋 은 줄로 생각하나이다. — 안국선, 〈금수회의록〉

① 윗글과 달리 〈보기〉는 호랑이의 흉포한 측면을 인정하 지 않고 있다.
② 윗글과 달리 〈보기〉는 상대적으로 인간에 대한 공격성 이 약화되어 있다.
③ 윗글과 〈보기〉는 모두 하느님을 청자로 하고 있다.
④ 윗글은 〈보기〉와 달리 호랑이와 사람이 동등한 권리를 지녔다고 본다.
⑤ 윗글과 〈보기〉는 모두 인간의 잘못을 창조주의 과오라 고 주장한다.

D33 ★ 1등급 킬러 2016 대비/경찰대 36

〈보기〉의 밑줄 친 부분의 관점에서 호랑이를 비판한 것으로 가장 적절한 것은?

[보기]

“사람다운 사람이 나를 사람답지 아니하다 하면 두려워 할 것이며, 사람답지 아니한 사람이 나를 사람답다 해 도 두려워할 것이다. 기뻐하고 두려워하는 것은 마땅히 나를 사람답다 하거나 나를 사람답지 아니하다는 사람 의 사람다움과 사람답지 아니함이 어떤지를 살필 뿐이 다. 그러므로 오직 인자(仁者)라야 사람을 사랑할 수도 있고, 사람을 미워할 수도 있나니, 나를 사람답다는 사 람이 인자이겠는가, 나를 사람답지 아니하다는 사람이 인자이겠는가.” 하였다.

— 이달충, 〈애오잠〉

① 된장에 풋고추 박힌 듯해.
② 우물가에서 숭늉 찾는 격이군.
③ 오십보백보이군.
④ 호랑이가 고슴도치를 놓고 하품하는 격이군.
⑤ 벼 심은 데 벼 나고 콩 심은 데 콩 난다고들 하지.

D34 2016 대비/경찰대 37

ⓐ를 근거로 할 때, ㉠~㉣ 중 논점에서 벗어난 것은?

① ㉠   ② ㉡   ③ ㉢
④ ㉣   ⑤ ㉤

제한 시간 5분

[앞부분의 줄거리] 고려 시대에 하생(何生)이라는 사람이 평원(平原) 땅에 살았다. 집안이 대대로 가난하고 일찍 부모를 여의어, 장가를 들고자 하였으나 사위로 데려가는 사람이 없었고 곤궁하여 스스로 살아가기도 힘들었다. 그러나 모습이 준수하고 행실이 좋으며 재주가 뛰어나고 생각이 남달라 국학(國學)에 나아가서 여러 서생(書生)들과 예능을 겨루매 그를 능가하는 자가 아무도 없었다.

하생은 '장원 급제도 마음만 먹으면 할 수 있고 높은 벼슬도 마음만 먹으면 오를 수 있다.'고 여기며 거만하게 세상을 깔보는 생각을 가지게 되었다. 이때 조정은 이미 어지러워져 인재 선발도 공정하게 이루어지지 않았다. 그럭저럭 4, 5년을 학사(學舍)에서 늘 울적하게 뜻을 굽히고 지냈는데, 하루는 같은 학사의 서생에게 말하기를,

"채택(蔡澤)은 자기가 모르던 수명(壽命)에 대하여 당생(唐生)을 찾아가서 해결하였다. 내 들으니, 낙타교(駱駝橋)가에 점쟁이가 있는데, 사람들에게 오래 살고 일찍 죽고 복을 받고 화를 당하는 등의 일에 대해 말해 주는 것이 날짜까지 정확히 맞춘다고 한다. 나도 그 점쟁이한테 가서 나의 궁금증을 풀어 보겠다."

하였다. 드디어 집으로 돌아가서 궤짝 속을 뒤져 보물처럼 숨겨 두었던 금전(金錢) 몇 닢을 찾아내어 그것을 가지고 점쟁이를 찾아갔다. 복사가 말하기를,

"부귀하게 될 운명을 그대는 본디부터 타고났소. 다만, 오늘은 매우 불길하오. 명이(明夷)가 가인(家人)으로 가는 점괘가 나왔소. 명이는 밝음이 땅속으로 들어가는 상이고 가인은 정숙한 유인(幽人)을 만나는 것이 이로운 상이오. 도성 남문(南門)을 나가서 달려 멀리 떠나되 해가 저물기 전에는 집으로 돌아와서는 안 되오. 그렇게 하면 액땜을 할 수 있을 뿐만 아니라 또한 좋은 배필을 얻게 될 것이오."

하였다. 하생은 그 말이 그럴 듯하게 느껴졌다. 두려운 마음으로 일어나 작별을 하고 도성 남문을 나섰다. 가을 산 경치가 좋았다. 마음을 따라가다가 해가 지고 어둠이 깔리는 줄도 몰랐다. 사방을 돌아보니, 고요히 아무도 없는 깊은 산속이었다. 어디 하룻밤 묵어 갈 곳도 없었다. 지치고 배고픈 몸으로 길에서 서성거렸다. 때는 중추(仲秋) 열여드레, 달은 아직 솟지 않았고 멀리 나무숲 사이에서 등불이 하나 별처럼 깜빡거리고 있었다. 사람 사는 집이 있겠거니 생각하고 길을 더듬어 앞으로 나아갔다. 길게 자란 들풀에 싸늘한 안개가 어리고 이슬이 흠뻑 내려 촉촉이 젖어 있었다. 그곳에 이르니, 달도 환히 솟아올랐다. 보니, ㉠아담하고 아름다운 집 한 채가 있는데, 그림으로 꾸며진 마루가 높다랗게 담장 위로 보였다. 고

운 비단 창 안에는 촛불 그림자가 비쳤다. 바깥문은 반쯤 열려 있고 인적은 조금도 없었다. 하생이 이상히 여기며 몰래 들어가 방 안을 엿보니, 나이 이팔 청춘의 아름다운 여인이 각침(角枕)에 기대어 비단 이불을 반쯤 내리덮고 있었는데, 수심에 젖은 아름다운 모습이 눈으로 바로 보지 못할 정도였다.

[중략 부분의 줄거리] 여인은 자신의 꿈 이야기를 말하며 자신과 하생이 천생연분임을 말하고, 그날 밤에 두 사람은 운우지락(雲雨之樂)을 이루었다.

여인이 말하기를,

"이곳은 사실 인간 세상이 아닙니다. 첩은 시중 아무개의 딸이온데, 죽어 이곳에 묻힌 지 사흘이 지났습니다. 우리 아버지께서 오래 요직을 차지하고 계시면서 사소한 원한까지도 복수를 하여 사람을 많이 해쳤기 때문에 애초에 아들 다섯과 딸 하나를 두셨는데, 다섯 오빠들은 아버지보다 먼저 요절하였고 제가 홀로 곁에서 모시고 있다가 지금 또 이렇게 되었습니다. 어제 옥황상제께서 저를 부르시어 명하시기를 '네 애비가 큰 옥사를 심리하여 죄 없는 사람 수십 명을 완전히 살려 주었으니, 너를 다시 인간 세상으로 돌려보내야 되겠다.' 하였습니다. 저는 절을 하고 물러 나왔습니다. 기한이 오늘까지인데, 이 기한을 넘기면 다시 살아날 가망이 없습니다. 오늘 낭군을 만나게 된 것 역시 운명인가 봅니다. 영원히 좋은 사이가 되어 평생 낭군을 모시며 뒷바라지하고자 하는데 낭군께서는 허락해 주시겠습니까?"

하고 말하였다.

하생도 울먹이며 말하기를,

"그 말이 사실이라면 응당 목숨을 걸고 그렇게 하겠습니다."

하였다. 여인이 이에 베갯머리에서 금척 하나를 꺼내 주며 말하기를,

"낭군께서 이것을 가지고 가서 국도의 저잣거리 큰 절 앞에 있는 하마석 위에다 올려 놓으십시오. 반드시 알아보는 자가 있을 것입니다. 비록 곤욕을 당하더라도 제 말씀을 잊지 마시기 바랍니다."

하였다. 하생이 그렇게 하겠다고 대답하였다.

(중략)

"이것은 작은 아씨 무덤에 순장했던 물건이다. 너는 묘 도둑이로구나."

하였다. 하생은 ㉡무덤 속 여인의 부탁도 소중하고 사랑하는 마음도 깊은지라 고개를 숙이고 욕을 당하면서도 감히 입을 열지 아니했다. 보는 자들이 모두 침을 뱉으며 더럽게 여겼다. 그 집으로 끌고 가서 하생을 뜰 아래에 묶어 놓았다. 시중이 오궤에 기대어 청사에 앉아 있고 자리 뒤에는 주렴이 드리

워져 있었다. 그 아래에는 시녀들이 수십 명 둘러 모여 서로 보려고 밀치면서 말하기를,

"생긴 것은 유자처럼 생겼는데 행실은 도적이구면."

하였다. 시중이 금척을 가져다가 알아보고는 눈물을 흘리며 말하기를,

"과연 내 딸의 무덤에 순장했던 금척이다."

하였다. 주렴 안에서 흑흑 울음소리가 들렸고 시녀들도 모두 얼굴을 가리고 울었다. 시중이 손을 저어 그치게 하고 하생에게 묻기를,

"너는 무엇하는 사람이며 이 물건은 어디서 났느냐?"

하였다. 하생이 답하기를,

"저는 태학생이고 이것은 무덤 안에서 얻었습니다."

하였다. 시중이 말하기를,

"네가 입으로는 시와 예를 말하면서 행실이 무덤이나 파는 도적과 같으니 될 말인가?"

하니, 하생이 웃으며 말하기를,

"제 결박을 풀고 가까이 가게 해 주십시오. 좋은 소식을 전해 드리겠습니다. 대인께서는 은혜 갚을 것을 생각하셔야지 도리어 화를 내시면 되겠습니까?"

하였다.

[뒷부분의 줄거리] 하생으로부터 자초지종을 들은 여인의 부모가 곧 무덤으로 가서 무덤을 파헤치자 여인이 소생하나 여인의 부모는 집안이 맞지 않고 하는 일이 허랑하다 하여 허생과 여인의 결혼에 반대한다. 이에 여인은 식음을 전폐한 채 대죄하며 부모를 설득함으로써 둘은 결혼하여 해로하게 된다.

– 신광한, 〈하생기우전〉

D35
예상 문제

윗글의 내용으로 적절하지 않은 것은?

① 복사는 하생과 죽은 여인의 만남을 예언했다.
② 시중은 금척을 보고 순순히 하생의 말을 믿고 있다.
③ 여인은 하생과의 첫 만남에서 자신의 의도를 전달했다.
④ 하생은 곤욕을 당하면서도 여인의 부모를 만나기 위해 침묵했다.
⑤ 시녀들은 하생의 외모와 행동이 일치하지 않는다고 생각하고 있다.

D36
예상 문제

여인의 입장에서 ㉠과 ㉡을 비교한 것으로 가장 적절한 것은?

① ㉠은 고립된 공간이며, ㉡은 다른 공간으로 이어지는 공간이다.
② ㉠은 인물이 인연을 맺는 공간이며, ㉡은 인물이 다시 소생하게 되는 공간이다.
③ ㉠은 순수한 사랑이 보장되는 공간이며, ㉡은 세속적 아귀다툼이 시작되는 공간이다.
④ ㉠은 인물의 능력을 보여 주는 공간이며, ㉡은 다른 인물로부터 곤욕을 치르는 공간이다.
⑤ ㉠은 다른 인물과의 갈등을 해소하는 공간이며, ㉡은 다른 인물과의 갈등을 조장하는 공간이다.

D37
예상 문제

<보기>를 바탕으로 윗글을 이해한 내용으로 적절하지 않은 것은?

[보기]

이 작품이 수록된 《기재기이》는 조선 중종 명종 때의 문인 신광한의 작품집으로, 여기에 실린 작품들은 형식은 조금씩 다르나 공통적으로 당시의 정치 현실과 등장인물의 불우한 처지에 대한 갈등을 드러내고 있다. 발(跋)에는 '장난 삼아 쓴 것이 기이하게 할 뜻이 없었는데도 절로 기이하게 되었는데, 그 지극함에 이르러서는 사람을 흐뭇하게 하기도 하고 사람을 놀라게 하기도 하며 세상에 모범이 될 만한 것도 있고 세상을 경계시킬 만한 것도 있어 보통의 소설들과는 같이 이야기할 수 없다.'라고 기록되어 있다.

① 사랑하는 두 남녀가 행복한 결말을 맞았다는 점에서 당대 독자들에게 흐뭇한 감동을 줄 수 있었겠군.
② 하생이 여인의 혼령과 만나 사랑을 나누고, 또 그 여인이 되살아나 혼인하게 된다는 점에서 참으로 기이한 이야기군.
③ 하생은 어지러운 현실 속에서 불우하게 살았다는 점에서 《기재기이》에 실린 다른 작품 속의 등장인물들과도 유사성이 있겠군.
④ 점을 칠 만큼 갑갑한 현재 상황에 힘들어하는 하생의 모습에는 작가의 불우한 내면세계가 직접적으로 투영되어 있다고 볼 수 있군.
⑤ 하생이 뛰어난 능력을 가졌음에도 등용되지 못했다는 내용에는 당시 문란했던 조정 상황에 대해 간접적으로 비판하려는 의도가 반영되어 있군.

❖ 정답 및 해설 170~174p

[앞부분의 줄거리] 경주에 사는 박생은 학문의 성취 수준이 높았으나 과거에 급제하지 못해 늘 불쾌한 마음을 품고 있었다. 그러나 그는 인품이 온화하여 사람들의 칭송을 받았다. 어느 날 박생은 한밤중에 《주역(周易)》을 읽다가 얼핏 잠이 드는데, 꿈에 나타난 저승사자에게 인도되어 염부주에 가게 되고, 그곳에서 염부주의 임금인 염왕을 만난다.

박생이 또 물었다.

"임금님께서는 무슨 인연으로 이 이역(異域)에 살면서 임금이 되셨습니까?"

임금이 대답하였다.

"나는 인간 세상에 있을 때 왕에게 충성을 다하고 힘을 다하여 도적을 토벌하였소. 그리고 스스로 맹세하기를 '죽은 뒤에도 마땅히 여귀(厲鬼)*가 되어 도적을 죽이리라.' 하였소. 그런데 그 소원이 아직 다 이루어지지 않았고, 충성심이 사라지지 않았기 때문에 이 흉악한 곳에 와서 우두머리가 된 것이오. 지금 이 땅에 살면서 나를 우러르는 사람들은 모두 전세에 부모나 임금을 죽인 자들이거나 간교하고 흉악한 무리들이오. 그들은 이 땅에 살면서 나에게 통제를 받아 그릇된 마음을 고치려 하고 있소. 그러나 **정직하고 사심이 없는 사람**이 아니면 하루도 이 땅의 우두머리가 될 수 없소. 과인이 들으니 그대는 정직하고 뜻이 굳세어 인간 세상에 있으면서 지조를 굽히지 않았다고 하니 진실로 달인이라 할 수 있을 것이오. 그런데도 그 뜻을 당세에 한 번도 펼쳐 보지 못하였으니 마치 형산의 옥이 티끌 가득한 벌판에 버려지고 밝은 달이 깊은 못에 잠긴 것과도 같소. **훌륭한 장인**을 만나지 못하면 누가 지극한 보물임을 알아주겠소? 그러니 어찌 애석하지 않겠소? 나는 시운(時運)이 이미 다하여 장차 활과 검을 버리고자 하오. 그대도 또한 명수(命數)가 이미 다했으니 곧 쑥덤불 속에 묻힐 것이오. 그러니 이 나라를 맡아 다스릴 사람이 그대가 아니고 누구겠소?"

임금은 잔치를 열어 박생을 극진히 대접해 주었다. 그리고 박생에게 삼한(三韓)이 흥하고 망한 역사를 물으니 박생이 하나하나 대답하였다. 이야기가 고려가 창업한 대목에 이르자 임금은 거듭 탄식하며 서글퍼하다가 말하였다.

"**나라를 다스리는 이가 폭력으로 백성을 위협해서는 안 될 것이오.** 백성들이 두려워서 따르는 것같이 보이지만 마음속으로는 반역할 뜻을 품고 있어서 날이 가고 달이 가면 큰 재앙이 일어나게 되는 것이오. 덕이 있는 사람은 힘으로 왕위에 올라서는 안 되오. 하늘이 비록 거듭 말해 주지는 않아도 행사(行事)로 보여 주니, 처음부터 끝까지 상제의 명령은 지엄한 것이오. 대체로 나라라는 것은 백성의 나라요, 명이라는 것은 하늘의 명이오. 그런데 천명이 떠나가고 민심이 떠나가면 임금이 비록 제 몸을 보전하고자 한들 어떻게 가능하겠소?"

박생이 또 역대의 제왕들이 이도(異道)*를 숭상하다가 재앙을 입은 이야기를 하자 임금이 문득 이맛살을 찌푸리며 말하였다.

"백성들이 태평세월을 노래하는데도 홍수와 가뭄이 닥치는 것은 하늘이 군주로 하여금 일을 삼가라고 거듭 경계하는 것이오. 백성들이 원망하고 탄식하는데도 상서로운 일이 나타나는 것은 요괴가 군주에게 아첨해서 더욱 교만하고 방종하게 만드는 것이오. 그러니 역대 제왕들에게 상서로운 징조가 일어났던 때가 백성들이 안락함을 누리던 때겠소, 아니면 원통함을 부르짖던 때겠소?"

박생이 말하였다.

"**간신들이 벌 떼처럼 일어나고 큰 변란이 계속 일어나는데도 윗사람들이 백성들을 협박하고 위협하면서도 잘한 일이라고 여기며 부질없는 명예만 구하려 한다면** 어찌 나라가 평안할 수 있겠습니까?"

임금은 한참 동안 묵묵히 있다가 탄식하며 말하였다.

"그대의 말이 옳소."

잔치를 마친 후 임금이 박생에게 왕위를 물려주려고 손수 다음과 같은 ㉠조서를 내렸다.

염주의 땅은 실로 풍토병이 유행하는 곳이므로 우(禹)임금의 발자취도 이르지 못하였고, 목왕(穆王)의 준마도 오지 못하였다. **붉은 구름이 해를 가리고, 독한 안개가 하늘을 막고 있다.** 목이 마르면 이글이글 끓는 구리 물을 마셔야 하고, 배가 고프면 활활 타오르는 쇳덩이를 먹어야 한다. 그러니 야차(夜叉)나 나찰(羅刹)이 아니고는 발붙일 곳이 없고, 도깨비가 아니고는 그 뜻을 펼칠 수가 없는 것이다. 불의 성벽이 천 리에 둘러 있고, 철로 된 산악이 만 겹이나 겹쳐 있다. 백성들의 풍속이 강하고 사나워서 정직한 자가 아니면 그 간사함을 판단할 수 없다. 지세도 굴곡이 심해 험준하니 신령하고 위엄 있는 사람이 아니면 그들을 교화할 수가 없다.

아아, 동쪽 나라의 박 아무개는 정직하고 사심이 없고, 강직하고 과단성이 있으며, 남을 포용하는 자질을 갖추었고, 어리석은 자들을 깨우쳐 줄 재주를 가졌도다. 생전에 비록 현달하여 영화를 누리는 못하였지만 죽은 뒤에는 기강을 바로잡을 것이로다. 모든 백성이 길이 믿고 의지할 사람이 그대가 아니고 누구겠는가?

마땅히 덕으로 인도하고 예로 다스려 백성들을 착한 길로 이끌고, 몸소 실천하고 마음으로 깨달아 세상을 태평하게 해 주오. 하늘을 본받아 법을 세우고, 요임금이 순임금에게 왕위를 물려주었던 것을 본받아 내 이제 이 자리를 그대에게 물려주나니 아아, 그대는 삼가 받을지어다.

박생은 조서를 받아 든 후 예법에 맞추어 두 번 절하고 물러나왔다. 임금은 다시 신하와 백성들에게 명령을 내려 치하를 드리게 하고, 태자의 예로써 그를 전송하게 하였다. 그리고 박생에게 경계하였다.

"머지않아 다시 돌아와야 할 것이오. 이번에 가거든 수고롭지만 내가 말한 바들을 인간 세상에 널리 전하여 황당한 일들을 다 없애 주오."

박생은 다시 두 번 절을 올리고 감사하면서 말하였다.

"감히 명하신 바의 만분의 하나라도 받들지 않겠습니까."

박생이 문을 나선 후 수레를 끄는 자가 발을 헛디뎌 수레가 뒤집혔다. 그 바람에 박생도 땅에 넘어졌는데 놀라서 깨어 보니 한갓 꿈이었다. 박생이 눈을 떠 보니 책은 책상 위에 내던져 있고, 등잔불은 가물거리고 있었다. 박생은 한참 동안 감격스러우면서도 의아하게 여기다가 장차 죽게 될 것을 깨닫고 날마다 집안일을 정리하는 데 몰두하였다.

몇 달 뒤 박생이 병을 얻었는데 스스로 다시는 일어나지 못하리라는 것을 알았다. 결국 의사와 무당을 사절하고 세상을 떠났다. 박생이 죽던 날 밤 이웃 사람들의 꿈에 어떤 신인이 나타나서 이렇게 알려 주었다.

"네 이웃집 아무개가 장차 염라대왕이 될 것이다."

– 김시습, 〈남염부주지(南炎浮洲志)〉

* 여귀(厲鬼): 재앙을 가져오는 악귀
* 이도(異道): 불교를 이름.

D38
2015 대비/사관학교(B) 39

윗글의 서술상 특징으로 가장 적절한 것은?

① 인물의 체험을 삽화 형식으로 나열하고 있다.
② 배경 묘사를 통해 등장인물의 심리를 드러내고 있다.
③ 과거와 현재를 교차하여 사건에 입체감을 부여하고 있다.
④ 등장인물들 간의 대화를 토대로 이야기가 진행되고 있다.
⑤ 작품 속의 서술자가 상황과 인물의 태도에 대해 논평하고 있다.

D39
2015 대비/사관학교(B) 40

윗글을 읽고 알 수 있는 내용으로 가장 적절한 것은?

① '염왕'은 염부주를 떠나야 하는 것을 후회했다.
② '염왕'은 왕위를 물려 달라는 '박생'의 요구를 듣고 당황했다.
③ '박생'은 꿈에서 깬 후 자신이 죽을 것을 깨닫고 신변을 정리했다.
④ '박생'은 '이도(異道)'를 숭상해 현실 세계에서 널리 알리고자 했다.
⑤ '박생'은 현실 세계로 돌아와 염부주에서의 경험을 '신인'에게 알려 주었다.

D40
2015 대비/사관학교(B) 42

㉠에 대한 설명으로 적절하지 않은 것은?

① '박생'이 염부주의 왕이 되어야 하는 까닭을 밝히고 있다.
② '박생'이 '염왕'의 뒤를 이어 왕이 될 것임을 기정사실화하고 있다.
③ '박생'이 염부주를 태평하게 만들어줄 것이란 '염왕'의 믿음이 드러나고 있다.
④ '염왕'이 '박생'에게 신이한 능력을 기르는 방법을 전수해 주기 위해 지은 것이다.
⑤ '염왕'이 '박생'과 치국(治國)에 대한 의견 일치를 이룬 후에 '박생'에게 내린 것이다.

14 DAY

〈보기〉를 바탕으로 윗글을 감상한 내용으로 적절하지 <u>않은</u> 것은?

─────[보기]─────

〈남염부주지〉의 작가 김시습이 살았던 당대의 현실은 세조의 왕위 찬탈이 일어났고 인재가 제대로 등용되지 않아 백성을 위하는 정치가 이루어지지 않았던 때이다. 김시습은 이처럼 불의가 판을 치는 현실을 바로잡기 위해서는 정치의 정도(正道)를 회복해야 한다고 보았다. 그가 정치의 정도를 회복하기 위한 방법으로 제시한 것은 왕도 정치이다. 덕목을 갖춘 왕이 백성을 위하는 민본 정치를 해야 부조리한 현실을 바로잡을 수 있다고 본 것이다. 이러한 그의 사상은 〈남염부주지〉에서 염왕과 박생을 통해 제시되고 있다. 이 두 사람은 김시습의 사상과 이상을 대리해서 제시하고 있는 대변자라 할 수 있다. 그리고 이 작품의 주된 공간적 배경이 되고 있는 '염부주'는 김시습이 개혁하고자 했던 현실 세계를 상징하고 있다.

① '붉은 구름이 해를 가리고, 독한 안개가 하늘을 막고 있'는 공간으로 '염부주'를 형상화한 것은 부조리한 현실 세계의 특성을 상징적으로 부각하고 있다고 볼 수 있어.

② 염왕이 말한 '훌륭한 장인'은 풍속을 교정하고 백성을 교화해 정치의 정도(正道)를 회복하기 위해 임금이 반드시 등용해야 하는 인재를 의미하고 있다고 볼 수 있어.

③ '나라를 다스리는 이가 폭력으로 백성을 위협해서는 안 될 것'이라는 염왕의 말을 통해 백성을 위하는 정치를 중시했던 작가의 민본주의 사상이 드러나고 있다고 볼 수 있어.

④ '정직하고 사심이 없는 사람'이어야 '염부주'의 우두머리가 될 수 있다는 염왕의 말은 덕목을 갖춘 사람이 왕이 되어야 한다는 작가의 생각을 보여 주는 것이라고 할 수 있어.

⑤ 큰 변란이 일어나는데도 부질없는 명예만 좇는 '윗사람들'이 득세한 현실에 대한 박생의 비판은 당대의 현실을 개혁의 대상으로 보았던 작가의 의식을 보여 주는 것이라고 할 수 있어.

───────

[D42~45] 다음 글을 읽고 물음에 답하시오.

[앞부분의 줄거리] 가뭄이 들자 나라에서 전국에 술 빚는 것을 금하고, 이를 어긴 자는 잡아들여 벌금을 내게 했다. 이에 명을 어긴 자를 관가에 몰래 일러바치고 포상금을 타려는 자들이 많아졌다.

(가) 어느 날 한성부의 아전 하나가 남산 아래 어느 거리의 외진 곳에 몸을 숨기고 있었다. 아전은 다모를 가까이 부르더니 시내 위로 놓인 다리 끝에서 몇 번째 집을 손가락으로 가리켰다.

"저긴 양반 집이라 내가 마음대로 들어가 볼 수가 없거든. 그러니 네가 먼저 안채로 들어가 쓰레기를 뒤져 보고 술지게미가 있거든 고함을 치거라. 그러면 내가 당장 들어가마."

다모는 그 말대로 살금살금 까치걸음으로 들어가 집 안을 수색했다. 과연 석 되들이쯤 되는 항아리에 새로 늦가을에 담근 술이 들어 있었다.

다모가 항아리를 안고 나오는데, 주인 할머니가 그 모습을 보고는 기겁을 하며 땅에 엎어졌다. 눈이 빛을 잃고 입가에 침을 흘리며 사지가 마비되고 얼굴이 파래졌다. 기절한 것이었다. 다모는 항아리를 내려놓고는 할머니를 끌어안고 뜨거운 물을 급히 가져다 입 안으로 흘려 넣었다. 잠시 후에 할머니가 정신을 차리자 다모가 질책했다.

"나라에서 내린 명령이 어떠한데 양반 신분인 분이 이처럼 법을 어긴단 말입니까?"

할머니는 사죄하며 말했다.

[A]
"우리 집 양반이 지병을 앓고 있는데, 술을 못 마시게 된 이후로 음식을 삼키지 못해 병이 더욱 고질이 됐네. 가을부터 겨울까지 며칠씩 밥도 못 짓고 살다가 며칠 전에 마침 쌀 몇 되를 어디서 얻어 왔어. 노인의 병을 구완할 생각으로 감히 법을 어겨 술을 빚고 말았지만, 어찌 잡힐 줄 생각이나 했겠나. 선한 마음을 가진 보살께서 제발 우리 사정을 불쌍히 보아 주시기 바랄 뿐이네. 이 은혜는 죽어서라도 꼭 갚겠네."

다모는 불쌍한 마음이 들었다. 항아리를 안고 가서 잿더미에 술을 쏟아 버렸다. 그러고는 사발을 하나 손에 들고 문 밖으로 나왔다. 아전은 다모를 보고 물었다.

"어찌 됐느냐?"

다모는 웃으며 말했다.

"술 담근 걸 잡는 게 문제가 아니라 지금 송장이 나오게 생겼소."

다모는 곧장 죽 파는 가게로 가서 죽 한 그릇을 산 뒤 다시 양반 댁으로 가서 할머니에게 죽을 건네주었다.

"할머니가 음식도 못 해 잡수신다는 말을 듣고 안타까워 드리는 겁니다."

다모는 그렇게 말한 뒤 여기서 몰래 술 담근 걸 누가 또 알고 있느냐고 물었다.

"쌀도 내가 찧고 술 담그는 일도 내가 했으니, 늙은 할미 혼자 지키는 집에 알 사람이 또 누가 있겠나?"

"그럼 다른 사람에게 술을 팔진 않으셨어요?"

"나는 늙은 남편 병을 구완할 생각으로 술을 담근 것뿐일세. 항아리도 겨우 몇 사발쯤밖에 안 되는 크기인데, 남에게 팔고 나면 무슨 남은 게 있어서 우리 집 양반을 드리겠나. 하늘에서 환한 해가 보고 있는데 내가 어찌 속이겠나?"

"정말 그러시다면 누군가 술맛을 본 사람이 달리 없을까요?"

"젊은 생원이 있네, 우리 시동생. 어제 아침에 성묘하러 가는데 우리 집 가난한 살림에 아침밥을 해 줄 수가 있나. 밥을 굶고 길 떠나야 될 형편이라 내가 술 한 사발을 떠다 드렸네. 그 말고는 다른 사람에게 준 적이 없어."

"젊은 생원과 이 댁 양반이 진짜 친형제가 맞으세요?"

"아무렴."

"젊은 생원은 나이가 어찌 됩니까? 얼굴은 살이 쪘나요, 말랐나요? 키는 얼마나 되고, 수염은 얼마나 났나요?"

할머니는 다모가 묻는 대로 자세히 대답해 주었다. 다모는 "잘 알겠습니다"라고 하고는 밖으로 나와 아전에게 말했다.

"양반 댁엔 술이 없었어요. 그런데 제가 들이닥친 걸 보고는 주인 할머니가 놀라 쓰러져서 기절하고 말았어요. 내가 을러대다 할머니를 죽인 셈이다 싶어서 깨어날 때까지 기다리다 나오느라 늦었네요."

다모는 아전을 따라 한성부로 향했다. 젊은 생원 하나가 뒷짐을 지고 거리를 서성이며 아전이 돌아오기를 기다리고 있는 게 보였다. 젊은 생원의 생김새는 할머니가 가르쳐 준 시동생의 생김새와 똑같았다. 다모는 손을 쳐들어 생원의 따귀를 때리더니 침을 뱉으며 꾸짖었다.

"네가 양반이냐? 양반이란 자가 형수가 몰래 술을 담갔다고 고자질하고는 포상금을 받아먹으려 했단 말이냐?"

거리에 있던 모든 사람들이 깜짝 놀라 이들 주변을 빙 둘러서서 구경을 했다. 아전은 성난 목소리로 말했다.

"그 집 주인 할멈의 사주를 받아 나를 속이고 술 빚은 걸 숨겨 주고는 도리어 고발한 사람을 꾸짖어?"

(나) 아전은 다모를 붙잡아 주부 앞에 가서 다모의 죄를 고해 바쳤다. 주부가 심문하자 다모는 사실대로 모두 자백했다. 주부는 성이 난 척하며 말했다.

"술 담근 일을 숨겨 준 죄는 용서하기 어렵다. 곤장 20대를 쳐라!"

오후 6시 무렵 관청 일이 끝나자 주부는 조용히 다모를 따로 불러 엽전 열 꿰미를 주며 말했다.

"네가 숨겨 준 일을 내가 용서해서는 법이 서지 않기에 곤장을 치게 했다만, 너는 의인이로구나. 참 갸륵하다 여겨 상을 내리는 것이다."

다모는 돈을 가지고 밤에 남산의 그 양반 댁으로 가서 주인 할머니에게 건넸다.

[B] "제가 관청에 거짓 보고를 했으니 곤장 맞는 거야 당연한 일입니다만, 할머니가 술을 담그지 않으셨더라면 이 상이 어디서 나왔겠습니까? 그러니 이 상은 할머니께 돌려 드릴게요. 제가 보니 할머니는 겨우내 춥게 지내시는 모양인데, 이 1천 전 돈으로 반은 땔나무를 사고 반은 쌀을 사시면 추위와 굶주림 없이 겨울을 나시기에 충분할 거예요. 다만 앞으로는 절대 술을 담그지 마셔야 합니다."

주인 할머니는 한편으로는 부끄러워하고 한편으로는 기뻐하면서 돈을 사양했다.

"다모가 우리 사정을 봐 준 덕택에 벌금을 면하게 된 것만도 고마운데, 내가 무슨 낯으로 이 돈을 받는단 말인가?"

할머니가 굳이 사양하며 한참 동안이나 받지 않자 다모는 할머니 앞에 돈을 밀어 두더니 뒤도 돌아보지 않고 떠났다.

– 송지양, 〈다모전〉

D42

2015 대비/경찰대 14

윗글에 대한 설명으로 적절한 것은?

① 인물의 대화와 행동을 중심으로 하여 사건을 전개하고 있다.

② 선인과 악인의 대결을 생동감 있게 서술하여 흥미를 유발하고 있다.

③ 인물의 성격이 변화하는 양상을 제시하여 주제를 효과적으로 전달하고 있다.

④ 인물 하나하나의 심리 상태를 세밀하게 묘사하여 내적 갈등을 드러내고 있다.

⑤ 공간의 이동에 따라 국면을 전환하여 각 공간이 지닌 상징적 의미를 드러내고 있다.

D43

[A]와 [B]에 나타난 '할머니'와 '다모'의 말하기에 대한 설명으로 적절한 것은?

① [A]는 유사한 사례를, [B]는 대비되는 사례를 들어 말하고 있다.

② [A]는 긍정적으로, [B]는 부정적으로 상황을 인식하며 말하고 있다.

③ [A]는 실제 일어난 상황을, [B]는 일어나지 않은 상황을 말하고 있다.

④ [A]는 상대방의 감정에, [B]는 상대방의 권위에 호소하며 말하고 있다.

⑤ [A]는 상대방의 무지를 지적하면서, [B]는 상대방의 다짐을 요구하면서 말하고 있다.

D44

(가)에 등장하는 인물의 구도를 〈보기〉와 같이 도식화했을 때, 이에 대한 설명으로 적절하지 <u>않은</u> 것은?

[보기]

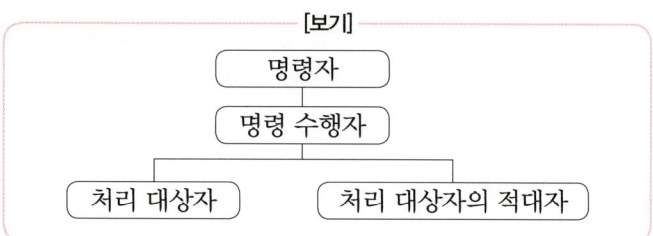

① '명령자'는 '처리 대상자'의 범법 사실을 모르고 '명령 수행자'에게 명령했다.

② '명령 수행자'는 '명령자'의 명령보다는 '처리 대상자'의 상황을 더 고려하고 있다.

③ '명령 수행자'는 '처리 대상자'를 통해 '처리 대상자의 적대자'가 누구인지를 인지했다.

④ '처리 대상자'는 '처리 대상자의 적대자'가 한 적대 행위를 모르고 있다.

⑤ '처리 대상자의 적대자'가 한 적대 행위에 대해 '명령 수행자'와 '명령자'는 서로 다른 태도를 취했다.

D45

〈보기〉는 윗글을 읽은 학생의 반응이다. (   )에 들어갈 말로 가장 적절한 것은?

[보기]

주부가 다모에게 곤장을 친 일은 (   )(이)라고 할 수 있군.

① 구밀복검(口蜜腹劍)
② 반근착절(盤根錯節)
③ 삼인성호(三人成虎)
④ 오월동주(吳越同舟)
⑤ 읍참마속(泣斬馬謖)

제한 시간 5분

[D46~48] 다음 글을 읽고 물음에 답하시오.

[앞부분의 줄거리] 이시백이 명나라에 사신으로 갈 때 임경업이 군관으로 수행하게 된다. 마침 그때 호국이 가달의 침략을 받아 명나라에 구원병을 요청한다. 그러나 명나라에 마땅한 장수가 없어 임경업이 청병 대장으로 출전하여 가달을 물리쳐 명나라와 호국에 그 이름을 떨친 후에 조선으로 돌아온다.

임경업이 의주부윤으로 도임한 후로 군정을 살피고 사졸(士卒)을 연습하더니, 호장이 경업의 허실을 알고자 하여 압록강에 와 엿보거늘, 경업이 대로하여 토병을 호령하여 일진을 엄살하고,

"되놈을 잡아들이라."

하고 명하니, 군사가 되놈을 결박하여 들이거늘, 경업이 크게 꾸짖으며

"내 연전에 너희 나라에 가 가달을 쳐 파하고 호국 사직을 보전하였으니, 그 은덕을 마땅히 만세불망(萬世不忘)할 것이어늘, 도리어 천조를 배반하고 아국을 침범코자 하니, 너희 같은 무리를 죽여 분을 씻을 것이로되 십분 용서하여 돌려보내나니, 빨리 돌아가 본토를 지키고 다시 외람된 뜻을 내지 말라. 만일 다시 두 마음을 먹으면 편갑(片甲)*도 남기지 아니하고 호국을 소멸하리라."

하고 끌어 내치니, 되놈들이 쥐가 숨듯 돌아가 제 대장과 군졸을 보고 수말을 이르니, 장졸들이 크게 노하여

"임경업이 공교한 말로 아국을 능욕하여 군심(軍心)을 미혹케 하니, 맹세코 경업을 죽여 오늘날 한을 씻으리라."

하고, 병마 중 정예한 군사를 뽑아 7천을 거느려 압록강에 이르러 강을 사이하고 진세(陣勢)를 베풀고 외치기를,

"조선국 의주부윤 임경업 필부(匹夫)는 어찌 간사한 말로 나의 군심을 요동케 하느뇨. 너의 재주가 있거든 나의 철퇴를 대적하고, 불연즉(不然則) 항복하여 죽음을 면하라."

하거늘, ⓐ경업이 대로하여 급히 배를 타고 물을 건너 말에 올라 청룡검을 빗겨들고 호진(胡陣)에 달려들어 무인지경같이 좌충우돌하니, 적장의 머리 추풍낙엽같이 떨어지매 적장이 당해 내지 못하여 급히 달아날 새, 서로 짓밟히며 물에 빠져 죽은 자가 그 수를 셀 수 없더라.

경업이 필마단창(匹馬單槍)으로 적진을 파하고 본진으로 돌아와 승전고를 울리며 군사를 호궤*할 새, 의주 군졸이 일시에 하례하며 즐기는 소리가 진동하더라.

이튿날 새벽에 강변에 가 바라보니, 적군의 주검이 뫼같이 쌓이고 피 흘러 내가 되었는지라.

이때 적병이 돌아가 호왕을 보고 패한 연유를 고하니, 호왕이 듣고 대로하여 다시 기병하여 원수 갚음을 의논하더라.

경업이 관중에 들어와 승전한 연유를 장계하니, 상이 보시고 크게 기뻐하신 중 후일을 염려하시나, 조신(朝臣)들은 안연 부동하여 국사를 근심하는 이 없으니 가장 한심하더라.

이때 호왕이 경업에게 패한 후로 분기를 참지 못하여, 다시 제장을 모아 의논하여,

"예서 의주가 길이 얼마나 하뇨."

좌우가 대답하기를,

"열하루 길이니, 한편은 갈 수풀이요 압록강을 격하였사오니, 월강하여 마군(馬軍)으로 대적한즉 수만 군졸이 모여 진을 칠 곳이 없고, 또한 군사가 패한즉 한갓 죽을 따름이니, ⓐ기이한 계교를 내어 경업을 멀리 피한 후에 군사를 나아감이 좋을까 하나이다."

호왕이 옳게 여겨 용골대(龍骨大)로 선봉을 삼고 말하기를,

"너는 수만 군을 거느려 가만히 황하수(黃河水)를 건너 동해로 돌아 주야배도(晝夜倍道)하여 가면 조선이 미처 기병치 못할 것이오, 의주서 알지 못할 것이니, 왕도(王都)를 엄습하면 어찌 항복받기를 근심하며, 대사를 성공하면 경업을 사로잡지 못하리오."

용골대가 청령하고 군마를 아침 일찍 출발할 새, 호왕께 하직하니, 호왕 왈,

"그대 이번에 가매 반드시 조선을 항복받아 나의 위엄을 빛내고 대공을 세워 수이 반사*함을 바라노라."

용골대가 청령하고 승선발행(乘船發行)하니라.

경업이 호병을 파한 후에 사졸을 조련하여 군기를 보수하고 성첩을 수축하여 후일을 방비하되, 조정에서는 호병을 파한 후에 의기양양하여 태평가를 부르고 대비함이 없더니, 국운이 불행하여 의외 불의지변(不意之變)을 당한지라.

철갑 입은 오랑캐 동대문으로 물 밀듯이 들어와 ⓒ백성을 살해하고 성중을 노략하니 도성 인민이 물 끓듯 곡성이 진동하며, 부모 형제 부부 노소가 서로 실신하여 살기를 도모하니, 그 형상이 참혹하더라.

이런 망극한 때를 당하여 조정에 막을 사람이 없고, 종사의 위태함이 경각 사이에 있는지라. ⓒ상이 망극하사 남한산성(南漢山城)으로 피란하실 새, 급히 가마를 타고 강변에 이르사 배를 타시매, 백성들이 뱃전을 잡고 통곡하며 물에 빠져 죽는 자가 무수하니, 그 형상을 차마 보지 못하겠더라. 왕대비와 세자 삼형제는 강화로 가시고, 남은 백성은 호적에게 어육(魚肉)이 되니라.

도원수 김자점은 이런 난세를 당하였으되 한 계교를 베풀지 못하고, 용골대는 백성의 집을 헐어 뗏목을 만들어 강화로 들어가더라. ⓔ강화 유수 김경징(金慶徵)은 좋은 군기를 고중(庫中)에 넣어 두고 술만 먹고 누웠으니, 도적이 스스로 들어가 왕대비와 세자·대군을 잡아다가 송파(松坡) 벌에 유진(留陣)하고, 세자·대군을 구류하고 외치기를,

ⓜ"수이 항복하지 아니하면 왕대비와 세자·대군이 무사치 못하리라."

하는 소리 천지진동하더라.

― 작자 미상, 〈임장군전〉

* 편갑(片甲): 싸움에 지고 난 군사를 비유한 말
* 호궤(犒饋): 음식을 베풀어 군사를 위로함.
* 반사(班師): 군사를 이끌고 돌아옴.

D46
2014 대비/사관학교 40

윗글에 대한 설명으로 가장 적절한 것은?

① 서사 전개에 따라 서술자를 달리하고 있다.
② 시간의 흐름에 따라 사건이 진행되고 있다.
③ 상황 변화에 따라 인물의 성격이 변하고 있다.
④ 초월적 공간을 통해 내적 갈등을 드러내고 있다.
⑤ 특정한 장면을 부각해 해학적으로 제시하고 있다.

D47

ⓐ의 구체적인 내용으로 가장 적절한 것은?

① 남한산성을 포위하여 항복시킨다.
② 의주를 우회하여 왕도를 급습한다.
③ 임경업을 속임수로 유인하여 제거한다.
④ 압록강을 월강하여 마군으로 대적한다.
⑤ 염탐꾼을 보내 임경업의 허실을 파악한다.

D48

〈보기〉를 참고하여 ㉠~㉤에 대해 이해한 내용으로 적절하지 않은 것은?

[보기]

병자호란은 조선 인조 14년(1636)에 청나라 태종이 대군을 거느리고 침략하여 인조가 남한산성으로 쫓겼다가 항복하고 굴욕적인 화약(和約)을 맺었던 사건이다. 병자호란 때 임경업은 중국 명나라와 합세하여 청나라를 치고자 했으나 뜻을 이루지 못하고 김자점의 모함으로 죽었다. 〈임장군전〉은 병자호란이라는 역사적 사실을 바탕으로 하면서 허구적 내용을 가미한 소설이다. 작품의 주제는 임경업에 대한 영웅화, 청나라에 대한 적개심, 굴욕적 패배에 대한 정신적 보상, 조정 관료에 대한 비판 등으로 다양하게 해석되고 있다.

① ㉠은 주인공의 용맹함을 부각시켜 영웅성을 강조한 것이라 할 수 있군.
② ㉡은 독자들에게 청나라의 만행에 대한 적개심을 불러일으키겠군.
③ ㉢은 병자호란 때 실제로 있었던 역사적 사실을 반영한 것이라 할 수 있군.
④ ㉣은 외침에 대처하지 못한 지배층의 잘못을 비판한 것이라 할 수 있군.
⑤ ㉤은 굴욕적 패배에 대한 정신적 보상을 나타낸 것이라 할 수 있겠군.

[D49~52] 다음 글을 읽고 물음에 답하시오.

(가) 정 비장 혹한 마음에 고의적삼이 무엇이리. 통가죽이라도 벗어 줄 밖에 하릴없다. 고의적삼마저 벗어 애랑 주니, 정 비장이 알비장이 되었구나. 밑천을 감출 길이 바이 없어 방자를 부른다.

"방자야." / "예."

"세승 두 발만 들이어라."

하더니, 견짐을 만들어 제마 입에 쇠재갈 먹인 듯이 잔뜩 되우 차고 두리번거리며 하는 말이,

"어허 그날 극한이로고. 해도중이라 매우 차다."

이리할 제 애랑이 또 여쭈오되,

"나리 들어 보시오. 옷은 그만 벗어 주고 나리 상투를 좀 베어 주시면 소녀의 머리와 한데 땋아 드렸으면 일신 운발 되겠으니 근들 아니 다정하오."

정 비장 이른 말이,

"네 아무리 정리는 그러하나 나는 바로 정툿절 몽구리 아들이 되라느냐."

애랑이 통곡하며,

"나리 여보 내 말씀 들소. 나리가 아무리 다정타 하여도 [A] 소녀 뜻만 못하오니 애닯고 그 아니 원통한가. 그는 그러하거니와 분벽사창에 마주 앉아 서로 보고 당싯당싯 웃으시던 앞니 하나 빼어 주오."

정 비장 어이없어 하는 말이,

"이제는 부모의 유체까지 헐라 하니 그건 어디다 쓰려느냐."

애랑이 여쭈오되,

"호치 하나 빼어 주면 손수건에 싸고 싸서 백옥함에 넣어 두고 눈에 암암 귀에 쟁쟁 임의 얼굴 보고 싶은 생각나면 종종 내어 설움 풀고, 소녀 죽은 후에라도 관 구석에 지녀 가면 합장일체(合葬一體) 아니 될까. 근들 아니 다정하오."

(중략)

방자가 대답하였다.

"기생 애랑이와 구관 사또를 모시고 있던 정 비장이 작별하고 있습니다."

배 비장은 그 말을 듣고 비방하였다.

"허랑한 장부로구나. 부모 친척과 떨어져 천 리 밖에 와서 아녀자에게 현혹하여 저러니 체면이 꼴이 아니다."

방자놈은 코웃음을 쳤다.

"남의 말씀 쉽게 하지 마십시오. 나으리도 애랑의 은근한 태도와 아름다운 얼굴을 보시면 오목 요(凹)자에 움을 묻어 게다가 살림을 차릴 것입니다."

배 비장은 잔뜩 허세를 부리면서 방자를 꾸짖었다.

"이놈, 양반의 정취(情趣)를 어찌 알고 경솔히 말을 하느냐?"

그러나 방자는 물러서지 않았다.

"그러면 황송하오나 소인과 내기를 합시다."

"무슨 내기를 하자느냐?"

"나으리께서 올라가시기 전에 저 기생에게 눈을 팔지 않으시면 소인의 많은 식구가 댁에 가서 드난밥을 먹고, 만일 저 기생에게 반하시면 타시고 다니는 말을 소인에게 주시기 바랍니다." / 이에 배 비장은 대답하였다.

"그래라. 말 값이 천금이 된다 할지라도 내기하고서 너를 속이겠느냐?"

(나) 기다리던 밤이 되자 배 비장은 정장을 하고 서둘러 길을 나섰다. 그런데 방자가 이를 보고 참견하고 나서는 것이었다.

"나으리 소견 없소. 밤중에 유부녀 통간(通姦) 가오면서 금의야행(錦衣夜行)으로 저리하고 가다가는 될 일도 안 될 것입니다. 그 의관을 모두 벗으시오."

"벗다니? 초라하지 않겠느냐?"

"초라한 생각이 드시면 가지 마십시오."

"얘야, 요란스럽게 굴지 마라. 내 벗으마."

배 비장은 방자의 말을 따라 의관을 훨훨 벗어 버리고 덜덜 떠는 것이었다.

[B]
"얘야, 알몸으로 어찌하란 말이냐?"

"그게 좋습니다. 그리고 누가 보면 한라산 매 사냥꾼으로 알겠습니다. 제주 복색으로 차림을 차리시오."

"제주 복색은 어떤 것이냐?"

"개가죽 두루마기에 노벙거지로 차리십시오."

"얘야, 그건 너무 초라하지 않느냐?"

"초라하게 생각이 들거들랑 가지 마십시오."

"아니다 방자야. 네가 하라면 개가죽이 아니라 돼지가죽이라도 뒤집어 쓰마."

배 비장은 개가죽 두루마기에 노벙거지로 차렸다.

"얘야, 범이 보면 개로 알겠다. 총 한 자루만 꺼내어 들고 가자. 그러는 게 안전하지 않겠느냐?"

"그렇게도 겁이 나고 무섭거든 차라리 가지 마오."

"얘야, 네 정성이 그런 줄 몰랐구나. 네가 못 갈 것 같으면 내가 업고라도 가마. 어서 가자 방자야!"

높은 담 구멍 찾아가서 방자가 먼저 기어 들어갔다.

"쉬! 나리, 잘못하다가는 큰일 날 것이니 두 발을 한데 모아 묘리 있게 들이미시오."

배 비장이 두 발을 모아 들이밀자, 방자놈이 안에서 배 비장의 두 발목을 모아 쥐고 힘껏 당기니 부른 배가 걸려서 들어가지도 뒤로 빠지지도 못하였다. 배 비장은 두 눈을 희게 뜨고 이를 갈며 좀 놓아 다오 하면서 죽어도 문자를 쓰는 것이었다.

㉠"포복불입(飽腹不入)하니 출분이기사(出糞而幾死)로다."

– 작자 미상, 〈배비장전〉

〈보기〉는 윗글과 관련된 문학 수업 시간의 한 장면이다. 밑줄 친 질문에 대한 대답으로 가장 적절한 것은?

[보기]

이 작품은 조선 시대 양반 계층의 위선을 다룬 대표적인 소설입니다. 특히 양반이 기생에게 망신당하는 내용을 담은 설화를 바탕으로 쓰였지요. 양반의 위선에 대한 폭로라는 흥미 차원을 넘어 현대 사회를 살고 있는 여러분에게도 충분히 가치가 있기 때문에 이 시간에 함께 살펴보려 합니다. 그럼 이 작품을 읽고 여러분이 깨달은 바를 발표해 볼까요?

① 인습을 타파하기 위한 투쟁이 얼마나 힘든 것인지 깨닫게 되었습니다.

② 어떤 일을 할 때 상대방을 배려하여 처신해야 한다는 점을 느낄 수 있었습니다.

③ 시련이 닥치더라도 실망하기보다는 이를 극복하려는 의지가 필요하다고 느꼈습니다.

④ 인간관계에서 가장 중요한 것은 겉과 속이 일치하는 태도라는 깨달음을 얻었습니다.

⑤ 올바른 가치라고 생각되면 어떤 어려움이 있어도 그것을 끝까지 지켜야 한다는 깨달음을 얻었습니다.

D50

윗글에서 [A]의 '애랑'과 [B]의 '방자'의 말하기 방식을 바르게 제시한 것은?

	[A] 애랑	[B] 방자
①	상대편에게 권위를 내세우면서 말하기	상대편에게 변화에 따라 대응하면서 말하기
②	상대편의 의사를 존중하면서 말하기	상대편보다 우위에 서서 말하기
③	상대편의 의사를 무시하고 자기 의견만 내세우기	상대편의 처지를 이해하면서 말하기
④	상대편에게 믿음을 주어 자신의 말을 따르도록 말하기	상대를 안심시키고 상대의 위선과 가식을 조롱하며 말하기
⑤	상대편을 추어올림으로써 자신의 말을 따르도록 말하기	평민의 입장을 대변하면서 자신의 삶에 대해 적극적으로 말하기

③ ㅂ룸도 쉬여 넘는 고기, 구름이라도 쉬여 넘는 고기,
산진(山眞)이 수진(水眞)이 해동청(海東靑) 보르미도 다
쉬여 넘는 고봉(高捧) 장성령(長城嶺) 고기,
그 너머 님이 왔다 ᄒ면 나는 아니 ᄒ 번도 쉬여 넘어
가리라.
④ 창(窓) 내고자 창(窓)을 내고자 이내 가슴에 창(窓) 내고자.
고모장지 셰살장지 들장지 열장지 암돌져귀 수돌져귀
빈목걸새 크나큰 쟝도리로 둑닥 박아 이내 가슴에 창
(窓) 내고자.
잇다감 하 답답ᄒ 제면 여다져 볼가 ᄒ노라.
⑤ 개를 여라믄이나 기르되 요 개 가치 얄믜오랴.
뮈온 님 오며는 꼬리를 홰홰 치며 뛰락 내리 뛰락 반겨
서 내닫고, 고온 님 오며는 뒷발을 버동버동 므르락 나
으락 캉캉 즈져서 도라가게 한다
쉰밥이 그릇그릇 난들 너 머길 줄이 이시랴.

D51

〈보기〉를 참고할 때, (나)의 '배 비장'과 가장 유사한 인물이 나타난 것은?

[보기]

문학에서 흔히 사용되는 '풍자(諷刺)'의 기법은 웃음을 동반하는 '현실 드러내기'로 볼 수 있으며, 빈정거림, 조소와 비꼼, 의도를 숨긴 웃음, 공격성을 띤 웃음 등으로 규정될 수 있다.
이는 인간 생활 전반에 대해 적용될 수 있지만 특히 사회적 결함, 악덕 등을 비꼬는 공격성을 드러낸다. 그 바탕에는 현실의 문제점을 드러내어 비판하고 그것을 개혁하고자 하는 의지가 담겨 있다.

① 굼벙이 매암이 되야 ᄂ래 도쳐 ᄂ라 올라
노프나 노픈 남게 소ᄅ는 죠커니와
그 우희 거믜줄 이시니 그를 조심ᄒ여라.
② 두터비 ᄑ리를 물고 두험 우희 치ᄃ라 안자
것넌 산(山) ᄇ라보니 백송골(白松骨)이 써 잇거늘 가
슴이 금즉ᄒ여 풀덕 쮜여 내ᄃ다가 두험 아래 잣바지
거고.
모쳐라 ᄂ낸 벌식만졍 에헐질 번ᄒ괘라.

D52

㉠에 나타난 '배 비장'의 상황을 설명하는 말로 가장 적절한 것은?

① 각골통한(刻骨痛恨)
② 두문불출(杜門不出)
③ 사필귀정(事必歸正)
④ 암중모색(暗中摸索)
⑤ 진퇴양난(進退兩難)

❖ 정답 및 해설 188~189p

제한 시간 5분

[E01~03] 다음 글을 읽고 물음에 답하시오.

(가) 어떤 아파트와 회사 사무실, 그리고 길거리를 다양하게 나타낼 수 있는 무대. 무대가 구태여 사실적일 필요는 없다. 대체로 무대 우측은 아파트의 실내, 좌측은 회사 사무실로 구분된다. 관객석 가까운 무대 전(前)면은 길거리, 복도 또는 공원 구실을 한다.

(나) 상학: 자, 아버지 환갑도 지내야겠고.

상범: 정말 큰일이에요.

상학: 나 이제 한 달 후에 결혼을 하게 될 것 같아.

상범: 네? 결혼이요. 아, 축하해요. 벌써 장가를 들어야 했는데 아닌 게 아니라 나도 결혼을 할까 생각하고 있었던 참인데, 암만해도 형님보다 앞서 장가간다는 것이 좀 이상해서 참 잘됐어요!

상학: 그러니 말이야. 아버지 환갑에 손님을 좀 초대하고도 싶지만 한 달 후엔 내 결혼식이 있으니 같은 손님들을 두 번 청할 수도 없고.

상범: 그야 그렇지.

상학: 그러니 암만해도 이번 아버지 환갑은 네가 좀 주동이 돼서 도와주었으면 좋겠어.

상범: 그렇기도 하군요. 사장님께 직접 사정 말씀드릴까.

상학: 잘 알아서 해 주렴.

상범: 근데 아주머니 될 사람은 어떤 여자예요?

상학: 너도 잘 아는 여자지.

상범: 저도요?

상학: 요 위층에 있는 미스 박 말이야. 가정주부로선 그만이기에.

상범: 아니? 박용자 씨 말입니까?

상학: 그래. 아마 너도 반대는 안 할 게다.

상범: 저요? 아니요, 아니요.

상학: (팔목시계를 보더니) 이런. 시간에 늦겠다! 그럼 내 2, 3일 내에 또 연락할게.

상범: 박용자 씨 하고는 얘기가 다 됐어요?

상학: 그럼 인천에도 몇 번 놀러 왔고. 약혼식은 생략하기로 했어. 결혼식도 간단히 하기로 하구. 그때 같이 영화 구경 간 것이 인연이 돼서. 그럼, 몸조심해. (상학이 걸어 나간다.

상범은 움직이지를 못한다. 잠시 그대로 서 있다.)

상범: (　　㉠　　) 이거 결혼 상대자를 빼앗긴 데다가 아버지 환갑 잔치 비용도 내가 주선해야만 하는 팔자입니다.

(다) 상범: (관객에게) 이제 할 말이 없습니다. 저의 나이는 서른한 살입니다. 앞으로 살아 봤자 20년 나머지 20년마저 밤낮 손해만 보는 세월일 것이라고 생각하니 앞이 캄캄합니다. 저는 여태까지는 모든 생활을 제가 아는 상식의 테두리 안에서 해 왔습니다. 그러나 제가 배우고 믿어 왔던 상식적인 생활은 저에게 손해만 끼쳐 왔습니다. 저는 결국 상식적인 생활(生活) 태도란 늘 손해만 갖고 온다는 새 상식을 얻었습니다. 인천(仁川)에서 근무할 때의 일입니다.

　여름에 하도 무덥기에 해수욕장에 나갔습니다. 벌거벗은 여자들의 알몸을 밀짚모자 밑으로 감상하고 있었는데 갑자기 저쪽 바위 밑에 옷을 입은 채 기어 들어가는 젊은 여자를 보았습니다. 물에서 나오질 않습니다. 틀림없는 자살입니다. 밀짚모자를 내던지고 달려가 그 여자를 끌어냈습니다. 얼굴도 예쁜데 왜 자살을 하려고 했는지. 모래 위에 끌어내서 살렸더니 그 여자는 고맙다는 말 대신에 저의 뺨을 갈겼습니다.

　그러니까 경찰은 저를 파출소로 연행하더군요. 이 사회에선 저의 상식이 통용 않는 것 같습니다. 저는 이제부터 새 상식을 배우렵니다. 물에 빠진 놈에겐 돌을 안겨 줘야 되겠습니다. 자리를 양보하느니 발로 걷어차 길을 터득해야겠습니다. 즉, 기존 상식을 거부하는 겁니다. 우선 '새 상식'을 회사에서 한번 실험해 보았습니다.

(라) 상범: (관객에게) 이 돈 5백만 원! 정 씨가 저한테 맡긴 귀중한 돈입니다. 자, 이 돈을 어떡하지? 밥 먹다 푹 쓰러졌다니 이 돈에 대해 말할 여유도 없었을 겁니다. 아니, 오히려 이 돈은 비밀로 해 달라고 했으니까 이 돈에 대해 말을 했을 리가 없어… 내 옛 상식에 따를 것 같으면 이 돈은 관리인의 미망인에게 돌려줘야 하겠지만… 아니지, 이미 내 상식은 버리고 새 상식에 따라 생활을 하고 있는 이 마당에 돈을 돌려줄 필요 없어. 본시 관리인은 자기의 아내를 싫어했으니까. 오히려 나를 좋아했어. 그러니 이 돈을 내가 쓰는 것을

15 DAY

더 좋아할 거야. 질서 정연한 논리야. (또다시 관객에게) 그래서 이 돈을 제가 쓰기로 했습니다. 다음 날, 내 동생, 그 이상한 이름의 회사에 들어갈 시험 준비에 골몰하는 내 동생을 시내 어떤 다방에서 만났습니다.

(마) **상범**: (상학, 상출이 나가자 관객에게) 저의 동생 상출이 행정 계통의 밑바닥 일을 맡아 볼 견습 직원이 되었습니다. 3년 동안에 걸친 피와 땀의 결실입니다. 상식 세계의 관문을 겨우 통과한 격인데 물론 장래는 막연합니다. 그러나 본인은 퍽 행복을 느끼고 있는 것 같습니다. 반면 형님은 위에서 스스로 떨어져 사립 국민학교의 선생이 되었습니다. 그래도 행복을 느끼고 가정을 꾸려나가는 데 의욕을 느끼는 모양입니다. 그런데 나는…? 돈과 지위와… 이런 모든 것에 불만이 없는 제철 회사의 거물이 되었습니다. 앞으로… 글쎄… 저의 앞에는 무엇이 있을까요?

　　　　　　　　　　　　　　　 – 이근삼, 〈국물 있사옵니다〉

E01
예상 문제

윗글에 대한 설명으로 적절하지 않은 것은?

① 일반적이고 상식적인 인물을 속물화하여 풍자하고 있다.
② 극 중에 등장하는 인물을 작가가 직접적으로 비판하고 있다.
③ 주인공의 생활 태도를 통해 현대인의 비애를 보여 주고 있다.
④ 대립적인 인물을 통해 새로운 상식의 인간상을 제시하고 있다.
⑤ 특별한 무대 장치를 사용하지 않고 관객의 상상력에 의존하고 있다.

E02
예상 문제

문맥으로 보아 ⑤에 가장 잘 어울리는 내용은?

① 절망감에 빠진 채 헛소리로
② 긴장된 목소리로 항변하면서
③ 완전히 체념하며 풀이 죽은 채
④ 체념하기에는 억울하다는 태도로
⑤ 열정을 가진 새로운 삶을 생각하며

E03
예상 문제

〈보기〉를 참고할 때, 제목의 의미와 작품의 내용 간의 관계가 윗글의 제목에 나타난 표현 방법과 거리가 먼 것은?

[보기]

　이 작품의 제목 '국물 있사옵니다'는 '국물도 없다'의 반어적 표현이다. 이 작품은 이러한 반어와 풍자를 통해 자신의 목적을 위해 수단과 방법을 가리지 않아야 이득이 돌아오는 1960년대의 물질 만능주의 사회를 비판하고 있다.

① 채만식의 〈태평천하〉: 윤직원 영감은 일제의 식민 정책과 탄압이 극심했던 1930년대 조선의 현실을 '태평천하'라고 여기며, 당시 현실에 저항한 손자의 행동에 심한 배신감을 느낀다.
② 전영택의 〈화수분〉: '화수분'은 본래 재물이 끊임없이 나온다는 보배 그릇을 가리키는 순우리말이다. 그러나 살아가기 위해 힘겹게 노력한 주인공 '화수분'은 결국 가난으로부터 벗어나지 못한 채 죽게 된다.
③ 박영준의 〈모범 경작생〉: 길서는 다른 농민들을 계몽하는 위치에 선 모범 경작생으로, 마을 사람들에게 부러움과 질투를 받는다. 그러나 실상 그는 일제의 농촌 정책을 앞장서서 선전하고 일제의 논리로 농민들을 비난하며 개인적 이익에 집착한다.
④ 현진건의 〈운수 좋은 날〉: 인력거를 끄는 김 첨지는 근 열흘 동안 돈벌이를 못 하다가 운수 좋게 손님을 만나 큰돈을 벌게 된다. 그런데 나올 때 아내가 몹시 아프다는 말을 했던 것이 마음에 걸려 설렁탕을 사 가지고 집에 돌아갔을 때 아내는 이미 죽어 있었다.
⑤ 염상섭의 〈만세전〉: 3·1 운동이 일어나기 전(前)해, 일본 유학 중이던 '나'는 아내가 위독하다는 전보를 받고 귀국한다. 조선에 온 '나'는 식민지 조선인들의 몰락한 현실을 목격하고 '무덤'처럼 인식하다가 아내가 죽자 장례를 치르고 도망치듯 다시 일본으로 떠난다.

[E04~06] 다음 글을 읽고 물음에 답하시오.

형사: 서에서 왔는데요, 저 여기가 간편 무역사죠?

A: 간편 무역사!

청년: 네 그렇답니다. 이 분이 바루 전무입니다. 그리구 저 회계과장이 제 지장을 찍구 돈을 내주셨어요. 그렇죠. 전무 선생님. / **형사:** 지금 말이 옳습니까?

A: 전 도무지 무슨 영문인지 이해하기 곤란합니다.

청년: 아까 그러지 않았어요, 왜.

형사: 헛헛…… 이 젊은 친구가 아직도 발악을 합니다그려. 저, 사장을 잠깐.

A: 그런 분 없다니까요.

형사: 참 사장이 아니라 춘부장을 좀 뵀으면 합니다.

A: 네 그러시죠. 아버지, 손님 오셨습니다.

사장: (사장실에서) 오냐, 침대 맡긴 것 가져왔느냐? (나온다.)

청년: 오! 사자앙!

형사: 선생님이 간편 무역 사장이십니까?

청년: 그렇습니다. 이분이 바루…….

사장: 잘못 아시구 오신 모양이군요.

A: 서에서 오셨어요. / **사장:** 나한테? 무슨 일루?

형사: 이 남자가 선생 회사에 취직했다는데요.

사장: 천만에! 대체 누굽니까? 이 사내는? 난 생면부지올시다.

청년: 아닙니다. 사장님, 그런 말씀이 어디 있습니까? 제가 금방 눈물을 흘리며 고마워하지 않았어요? 전 여기 사원이에요, 사장님.

형사: (빰을 갈기고) 임마! 아직도 거짓말야!

청년: 아니에요. 나으리는 몰라요, 나으린! 아가씨! 회계과장! 증인이 있습니다. 아가씨! 아가씨가 아십니다. 회계과장이 한 달 월급을 선불해 주시고 양복을 사 입으라구 달러 지폐를 주셨어요!

형사: 임마 떠들지 말어, 글쎄. 이 미련한 친구가 누굴 속여 보겠다구 100불짜리 지폐를 위조해 가지고 백주에 서울 네거리를 횡행합니다그려. 헛헛…… 그리군 월급을 받았다? (머리를 갈기며) 임마, 뭐 양복을 짓겠다구? 가짜 돈을 찍으려면 남이 봐두 그럴듯하게 맨들어. 진짜 백 달러짜린 구경두 못 했을 자식이. 가자, 임마. 실례 많았습니다.

사장: 온 천만에요.

청년: 사장 나으리! 제겐 아무 죄도 없어요. 제발! 미련은 하지만 나쁜 짓을 한 적은 없어요! 하나님이 아십니다 하나님이! 어이구 그 지긋지긋한 감옥살일 어떻게 또 허라구 이러

십니까? 이러시길! 사장! 구두도 사서 신구 양복두 새루 맡기구 추천서두 일없구 신원보증두 일없다구 그러지 않았어요. 사장 아씨를 만나게 해 주세요, 아씨를! 아씨는 거짓말을 안 할 겁니다. 아씨! 아씨!

형사: 임마, 떠들지 말어, 가자! (억지로 끌고 밖으로 나간다.)

청년: (복도로 해서 끌려가며) 회계과장 아씨, 사장, 왜 제게 취직자릴 주었어요. 취직만 안 했드라면 감옥에두 안 가구…… 감옥엘…… 감옥엘…… 사자앙…… 너무합니다. 사자앙!

(사장과 A 사장실로, D는 복도로 가서 청년이 간 뒤를 물끄러미 바라본다.)

사장: 결국 또 실패지. 이번엔 얼마나 찍었느냐?

A: 시험 삼아 300장만 찍었어요.

사장: 흥, 3만 불이로구나. (지갑에서 진짜를 꺼내 대조하며) 어디가 다른가 자세히 보아라.

A: 도안이 좀 이상허다 했드니만.

C: 도안이 아녜요. 형님 인쇄 잉크가 달러요.

B: 잉크가 어떻다구 그래. 종이가 틀리는걸 뭐.

A: 종이야 할 수 없지. 미국을 간다고 같은 종이를 사겠니.

C: 아녜요. 잉크예요. / **B:** 종이야.

A: 도안이 틀렸어. / **C:** 잉크라니깐.

B: 잉크가 어쨌단 말야. 네가 도안을 잘못 그려 놓곤.

C: 도안이 어디가 틀렸어!

사장: 얘들아! 떠들지 말어. 그 미련한 녀석 때문에 단단히 손해 봤다. / **C:** 참 그 자식 때문야.

A: 첫눈에두 자식이 좀 모자라는 것 같드니만.

B: 그러기 내가 뭐랬어요, 한 커부 주드래도 약은 편이 났다구 안 그랬어요?

D: (흥분해서 들어오며) 아버지! 그일 자동차에 태워요.

A: 모두가 그 자식 때문야. 3만 딸라를 손해 봤다.

C: 감옥으루 가두 싸지!

D: 그이에게 무슨 죄가 있길래!

사장: 그럼 어떡허란 말야.

A: 자백허란 말이냐! 우리가 대신 감옥엘 가란 말야?

D: ……. / **C:** 너 가렴. / **D:** 대신요?

B: 얘가 오늘은 왜 이래 아까부텀.

사장: 쓸데없는 생각 말어…… (**노크 소리**) 이크, 누가 또 왔구나. 이번엔 우리 차례다. 달아날 차빌 해라. 얘들아! (갈팡질팡한다. D만은 우두커니 서 있다.) 얘들아! 이리루 이루 나와.

A: 저. 도…… 도구를 챙겨야죠.

(A, B, C 장부와 타이프를 가지고 허둥지둥 비상구 입구로 사라진다. 밖에서 A가 "얘, 뭘하고 있어, 빨리 나와." 하고 지껄이는 소리)

D: 정직하고 착실하고 그런 사람이 왜 감옥살이를 가요, 아버지. 미련한 것두 죄예요. (다시 복도로 나간다.)

(관리인 하수 출입구로 들어와서 사장실까지 가며)

관리인: 어렵쇼. 아무두 없네. 벌써 퇴근인가, 온 옳지. 이리루 나갔군그래. (비상구로 내다보며) 사장! 회계과장, 보증금을 내셔야죠. 보증금을. 헛, 들은 척도 않네. (책상 위에 너저분한 지폐를 보고) 이크! 이게 웬 딸라 지폐냐! 한 장 두 장 석 장 여기두 여기두 여섯 일곱 장! 어이구 이게 대체 우리 돈으루 얼마야. (미친 듯이 주워 넣고 황급히 나가다 복도에서 조각처럼 서 있는 D와 마주친다. 불안스레) 아, 아씬 계셨드랬군요. 헤헤……

– 오영진, 〈정직한 사기한(詐欺漢)〉

E04
예상 문제

윗글에 대한 설명으로 적절하지 않은 것은?

① A, B, C는 서로에게 잘못을 전가하며 책임을 회피하려 하고 있다.

② 형사는 객관적인 자세로 사건의 진위 여부를 판단하려 하고 있다.

③ 청년을 동정하며 그를 감싸 주려다 D는 점차 가족으로부터 소외되고 있다.

④ 뜻밖의 행운을 주웠다고 생각한 관리인은 D를 보자 놀라 불안해하고 있다.

⑤ 사장은 유령 회사의 이미지를 없애고자 사무실을 집으로 위장하려 하고 있다.

E05
예상 문제

윗글을 공연하려고 할 때, 연출가가 지시할 만한 내용으로 적절하지 않은 것은?

① '노크 소리'가 들리면 인물들은 허둥지둥 무대 위를 종횡무진하며 도망갈 준비를 해 주세요.

② 형사가 들어올 때 무대에 있는 배우들은 태연히 사무실에서 하던 회사 일을 계속해야 합니다.

③ 종이 질, 도안, 인쇄 상태가 모두 안 좋은 위조지폐를 몇 장 더 준비해 책상 위에 놓아 주세요.

④ 형사가 눈치채지 못하게 사장은 청년의 딱한 사정을 들을 때 최대한 뻔뻔스런 표정을 지어 주세요.

⑤ 하수 출입구를 통해서는 인물들이 들어오고 비상구 쪽으로는 인물들이 나가도록 무대를 꾸며 주세요.

E06
예상 문제

윗글의 청년이 형사에게 하고 싶은 말이 가장 잘 나타난 작품은?

① 밝가버슨 아해(兒孩) ㅣ 들리 거믜쥴 테를 들고 개천(川)으로 왕래(往來)하며, / 밝가숭아 밝가숭아, 져리 가면 죽나니라. 이리 오면 사나니라. 부로나니 밝가숭이로다. / 아마도 세상(世上) 일이 다 이러한가 하노라.

② 모시를 이리져리 삼아 두로삼아 감삼다가, / 가다가 한가온대 뚝 근처지거날 호치단순(皓齒丹脣)으로 홈빨며 감빨며 섬섬옥수(纖纖玉手)로 두 긋 마조 자바 뱌븨여 나으리라 져 모시를. / 엇더타, 이 인생(人生) 굿처갈 제 져 모시쳐로 나으리라.

③ 개야미 불개야미 잔등 부러진 불개야미, / 압발에 정종 나고 뒷발에 종귀 난 불개야미 광릉(廣陵) 샘재 너머 드러 가람의 허리를 가르 물어 추혀 들고 북해(北海)를 건너닷 말이 이셔이다. 님아 님아. / 온 놈이 온 말을 하여도 님이 짐작하쇼셔.

④ 논밭 갈아 기음 매고 뵈잠방이 다임 쳐 신들메고, / 낫 갈아 허리에 차고 도끼 벼려 두레메고 무림(茂林) 산중(山中) 들어가서 삭다리 마른 섶을 뷔거니 버히거니 지게에 질머 집팡이 바쳐 놓고 새암을 찾아가서 점심(點心) 도슭 부시고 곰방대를 톡톡 털어 닙담배 퓌여 물고 코노래 조오다가, / 석양(夕陽)이 재 넘어갈 제 어깨를 추이르며 긴 소래 져른 소래 하며 어이 갈고 하더라.

⑤ 나모도 바히돌도 업슨 뫼헤 매게 쪼친 가토릐 안과, / 대천(大川) 바다 한가온대 일천 석(一千石) 시른 배에, 노도 일코 닷도 일코 농총도 근코 돗대도 것고 치도 빠지고, 바람 부러 물결 치고 안개 뒤섯계 자자진 날에, 갈 길은 천 리 만 리(千里萬里) 나믄듸 사면(四面)이 거머어득 져뭇 천지 적막(天地寂寞) 가치노을 떳난듸, 수적(水賊) 만난 도사공의 안과, / 엇그제 님 여흰 내 안 희야 엇다가 가을하리오.

[E07~09] 다음 글을 읽고 물음에 답하시오.

S# 12. 궁궐 희정당(밤)

(왕의 침전이다. 주안상이 차려져 있고 광해군 혼자 술잔을 들어 마신다. 광해군 다시 잔에 술 붓는데)

내관: ㉠(소리) 전하! 판의금부사 죄인을 압송해 왔사옵니다!

(멈칫 고개 드는 광해군)

광해군: 들라 하라!

(문이 열리고 이이첨이 들어온다. 뒤이어 의금부 도사 두 사람이 허균을 양쪽에서 잡고 들어온다. 자리에서 일어나는 광해군. 이이첨이 바닥에 부복한다. 도사 두 명도 허균을 앉히며 부복하려 하는데 허균이 선 채 꼼짝도 않는다.)

도사: 네 이놈! 엎드리지 못하겠느냐!

(그대로 꼼짝도 않는 허균. 당황한 얼굴로 보는 의금부 도사)

도사: 네 이놈! 전하 침전이다!

광해군: 그냥 두거라.

(멈칫 보는 도사, 이이첨도 놀라 고개를 든다.)

(중략)

이이첨: 저 자는 대역 모반의 괴수이옵니다! 저 극악 무도한 자를 친견하시는 것만도 황공하온데, 독대라니요? 당치도 않사옵니다, 전하! 저자가 무슨 흉악한 짓을 저지를지 어찌 가늠하겠사옵니까? 통촉하시옵소서! 전하!

광해군: 여러 말 할 것 없다. 과인은 허균과 더불어 한잔 술을 마셔야겠다. 모두 물러가라!

이이첨: 전하!

광해군: 과인이 저자에게 물어 볼 말이 있어서 그러다. 썩 물러가거라!

이이첨: 황공하옵니다만……. 전하, 그런 일이야 날이 밝은 후 친국(親鞫)을 하시면 될 일이옵니다. 어찌 야밤에 호위도 없고, 사관도 없이 역적과 대작하려 하시옵니까? 통촉하시옵소서! 전하!

광해군: 과인을 막으면 경의 이름도 역적의 명부에 올리겠다! 판의금부사!

이이첨: (놀라 쳐다보며) 전하?

광해군: ㉡허균이 역적이면 경은 아니란 말인가? 허균과 더불어 지난 5년간 동고동락한 자가 누구인가? 그대 이이첨이 아니더냐!

이이첨: (황급히 고개 숙이며) ㉢저, 전하! 신을 죽여 주시옵소서! 전하!

광해군: 그러니 모두 물러가란 말이다! 과인이 미쳐 온 천하를 피로 물들이기 전에 속히 물러가란 말이다!

㉣(다시 놀라 쳐다보는 이이첨, 담담한 얼굴로 보는 허균)

(중략)

S# 17. 희정당(밤)

(마주 앉아 있는 허균과 광해군)

허균: 신이 전하께 입은 은혜를 어찌 말로 다 표현을 하겠사옵니까? 제 육신이 찢겨져 죽더라도 전하의 마음만은 흉중에 품고 갈 것입니다. 허나, 전하……. 신에게 전하보다 천 배만 배 더 소중한 것은 저 헐벗은 백성의 마음입니다. 신은 저 가난하고 불쌍한 백성의 편에 서고 싶었사옵니다. 전하…….

광해군: 백성의 편이라……. 과인이 경의 그 마음을 모르는 바가 아니지 않느냐? 과인은 세자시강원 시절에 경과 한 맹세를 잊지 않고 있다. 과인과 더불어 백성을 위한 정치를 함께 하면 되지 않느냐? 뭐가 그리 급했느냐?

허균: 전하께옵선 백성의 편에 설 수가 없사옵니다.

광해군: (멈칫 보는)

허균: 그것은 전하께서 임금이시기 때문이옵니다. 전하께옵선 지금 당장 용상에서 내려와 백성과 더불어 땅을 일굴 수 있겠사옵니까? 전하께옵선 서얼과 천민과 과부와 승려를, 조정의 대신들과 같이 동등하게 대할 수가 있겠사옵니까? 백성은 죽어 가는데, 저 공리공론만 일삼는 성리학자들을 하루아침에 내칠 수가 있겠사옵니까? 전하께옵선 그럴 수가 없사옵니다. 대동법 하나를 경기 일원에 시행하는 데 반백 년이 걸렸고, 서얼의 등용 문제 하나도 선왕의 뜻이라며 물리쳤던 전하가 아니십니까? 전하께 중요한 것은 왕실의 안위지만, 백성에게 중요한 것은 천지개벽입니다. 신은 그것을 하고자 했사옵니다.

광해군: (멍하니 보다가) 그래서 과인을 쳐야 했단 말이더냐?

허균: 그러하옵니다. 전하……. 전하의 성은을 저버린 신을 찢어 죽이옵소서. 허나, 신의 꿈을 죽이지는 못할 것이옵니다. 신은 죽어 구천의 넋이 되더라도 새로운 세상이 오는 그날을 소망하며 지켜볼 것이옵니다. ㉤신을 죽여 주시옵소서. 전하…….

광해군: 내가 어찌 그대를 죽인단 말이냐?

(멈칫 보는 허균. 광해군의 눈에 눈물이 흐른다.)

– 김탁환 원작 · 손영목 각색, 〈천둥소리〉

E07

윗글에 대한 설명으로 적절하지 <u>않은</u> 것은?

① 도사는 허균의 행동에 대해 노골적인 비판을 하고 있다.
② 광해군은 허균에게 특별한 애정을 담아 감싸려 하고 있다.
③ 광해군은 실성한 나머지 이이첨을 몰아세우려 하고 있다.
④ 허균과의 독대 문제를 놓고 광해군과 이이첨은 대립하고 있다.
⑤ 허균은 대의를 위해 자신의 목숨을 버리는 결단을 내리고 있다.

E08

윗글을 실제 영화로 제작하고자 할 때 감독이 주문할 사항으로 적절하지 <u>않은</u> 것은?

① 왕의 침전에 고하는 내관의 소리인 만큼 ㉠은 예의를 갖춰 아뢰는 소리여야 합니다.
② 불복하고 있는 이이첨에게 왕은 결연한 뜻을 전해야 하므로 ㉡은 격양된 어조로 나타내 주세요.
③ 강경하던 이이첨의 태도가 돌변하는 것이 드러나도록 ㉢에서는 다급한 목소리로 연기해 주세요.
④ 상반된 반응을 보이는 두 인물의 표정이 대비되도록 한 화면에 동시에 ㉣을 담아 봅시다.
⑤ ㉤에서는 삶과 죽음의 경계를 넘나드는 허균의 마음을 표현하기 위해 생동감 넘치는 배경 음악을 사용합시다.

E09

〈보기〉는 윗글의 원작을 소개한 기사의 일부이다. 이를 참고하여 윗글을 이해한 내용으로 적절하지 <u>않은</u> 것은?

[보기]

　　사료에 의하면 허균은 북인의 거두 이이첨과 야합, 좌찬찬의 영예를 누리면서 승승장구하다 청년 시절부터 절친했던 '무륜당(無倫黨)'의 벗들과 모반을 꿈꾼다. 허균을 이용하면서도 경계해 온 이이첨은 반역의 냄새를 재빨리 읽어 내고, 광해군에게 그의 체포를 종용한다. 이 소설은 청년 시절부터 나라를 바로잡기 위해 함께 열정을 불태워 온 네 살 차이의 두 벗, 광해군과 허균이 국문(鞫問) 자리에서 마지막으로 마음속의 대화를 나누며 끝을 맺는다.
　　작가는 이 작품을 통해 허균의 '행복한 체제에 대한 고뇌, 더 나은 삶을 향한 갈망, 실패하더라도 패배하지 않는 투지'를 형상화함으로써 혁명과 이상의 담론을 전하고 싶었다고 한다.

① 이이첨은 자신의 영달을 위해 그간 '야합'했던 허균의 체포를 광해군에게 종용했군.
② 온갖 영예를 다 누려 본 허균에게 '행복한 체제'란 절대 왕조 체제에서의 편안한 삶을 의미한다고 볼 수 있겠군.
③ 광해군이 허균을 마지막까지 감싸려 했던 것은 그간 '두 벗'이 나누었던 우정에서 비롯된 것이겠군.
④ '나라를 바로잡기' 위한 방법을 왕과 끝내 같이 할 수 없었던 허균의 혁명은 결국 비극적일 수밖에 없군.
⑤ '실패하더라도 패배하지 않은 투지'를 다루고 있다는 측면에서 작가는 허균의 이상을 높이 평가하고 있다고 볼 수 있군.

제한 시간 5분

[E10~12] 다음 글을 읽고 물음에 답하시오.

8. 삼국 간섭과 아다미 별장(편전)

프랑스: 일본은 용케 청나라를 이겼으나 들인 힘에 비해 얻은 것은 없으리.
독일: 이웃을 업신여기고 침략하는 일 꿈꿀 수는 없으리.
러시아: 이제 한 나라의 횡포는 다시는 없을 것이니 동양 평화의 초석은 다져지리.
삼국: 세 강국과 동시에 싸우지 않으려면 일본은 굴복하지 않을 수 없을 것을.

(중략)

(아다미 별장)

낭인 1: 조선의 왕실은 무능하고 관료는 썩어 민심이 흩어진 지 오래된 일.

(편전)

민비 / 고종 / 삼국: 이 나라와 이 왕실을 능멸할 수 없으리.

(아다미 별장)

낭인 2: 우리 일본을 어렵게 만들고 있는 것은 동아시아를 노리는 러시아의 세력.
낭인 3: 민비는 그 세력이 화근인 줄 모르고 일본을 내쫓으려는 마음 하나로 그 세력을 기르고 있나이다.
낭인들: 이제 방법은 하나, 민비를 없애는 일.
미우라: 궁궐 안에 여우가 있다.
낭인들: 장군께서 뜻을 정하소서. 즉시 따르리다.

미우라: 여우 뒤에는 러시아라는 호랑이, 여우는 호랑이 힘을 빌어 우리를 몰아 내려 한다. 우리는 아직 호랑이를 사냥할 힘은 없고. 좋다, 여우 사냥이 문제다. 여우를 베어 일본의 어려움을 덜고 찬연한 대동아의 길을 열리라. 제군들 조국을 위해 목숨을 거는 영광에 동참하라.

9. 이상하다 눈꽃 날리네.

[A]

아이: 이상하다 눈꽃 날리네.
　　눈꽃 날려 매화꽃 덮네.
　　눈꽃 녹아 흐른 후엔 매화꽃 없네.
　　매화 없는 봄 봄. 봄이 아니네.

　　이상하다. 눈꽃 날리네.
　　눈꽃 날려 매화꽃 덮네.
　　눈꽃 녹아 흐른 후엔 매화꽃 없네.
　　매화 없는 봄 봄. 봄이 아니네.

10. 총명하고 심성 어진 우리 세자(궁정 뜰)

(항원정 다리를 타고 세자와 대제학, 궁녀들이 등장하여 나라의 앞날을 얘기한다.)

대제학: 세자 저하. 그럼 말씀해 보시지요. 부자유친이란?

세자: 옛글에 부자지간에 친함이 있다 하고.

대제학: 군신유의는?

세자: 군신 간에 의로움이 있으며.

대제학: 부부유별은?

세자: 부부지간 구별이 있고, 어른과 아이 간에는 순서가 있으며, 친구 간에는 믿음이 있어야 한다 쓰여 있으니.

대제학 / 세자: 바로 이는 인륜지도 밝힌 뜻이지요.

고종: 총명하고 심성 어진 우리 세자. 옥좌를 이어받을 우리 아들. 이 나라 앞날은 새 시대. 세자와 젊은 인재들의 시대.

고종 / 민비: 지난 열성조 치세보다 더 밝고도 강한 나라 일으켜야지. 아— 우리 세자 굳세고 지혜로운 성군으로 자라나 이 왕실 우뚝 설 그날 앞당겨야 하리.

(미우라의 알현을 알리는 내관의 목소리에 상궁들 세자를 데리고 퇴장한다.)

11. 미우라의 알현(편전)

내관: 일본 공사 미우라 알현이오.

미우라: 신임 일본국 공사 미우라. 일찍이 군문에 발을 들여놓았으나 즐기느니 풍류요 믿느니 부처라. 한성의 풍월이나 즐기면서 참선이나 하다가 틈이 나면 경문이나 베껴 세상의 안태를 비는 것도 이 몸의 일.

민비: 조선은 다사다난한 나라. 일본의 공사 자리가 그렇게 한가로울 수 있을까.

미우라: 청나라의 분탕질도 끝나고 동학의 무리도 소탕되었습니다. 전하께서는 영명하시고 왕비께서는 슬기로우시니 이 몸에게 무슨 분주함이 남으리오.

(미우라 퇴장)

고종: 온후하고 부드러운 인품. 쓸데없는 탐욕은 부리지 않을 듯하오.

민비: 저자의 가면을 벗겨 보았으면 저 달콤한 말 속에는 독이 들어 있고 간사한 웃음 뒤에는 칼날이 숨어 있으리. 훈련대를 해산해야 합니다. 일본의 수족을 궁 안에 두고 있는 격. 일본이 더 깊숙이 손을 뻗기 전에 러시아를 끌어들여 방패를 삼아야 하리다.

고종: 러시아를 끌어들이면 다시 이 땅에 전쟁의 불씨가 옮겨 오는 것은 아닐지.

민비: 그래도 일본을 견제할 나라는 러시아뿐. 미국은 너무 멀고 중국은 병들었으니.

　　　　　　　　　　– 이문열 원작 · 김광림 노래, 〈명성황후〉

E10

예상 문제

윗글을 대본으로 공연을 하기 위해 연출가와 배우들이 등장인물을 분석했다고 할 때, 〈보기〉의 인물 설정이 적절하지 <u>않은</u> 것은?

[보기]

인물	설정
세자	어질고, 총기 있어 보이는 야무진 소년
민비	의지가 강하고 상황 판단이 빠르며, 진취적인 인물
미우라	군인 정신이 강하고 언제나 상대에게 위압감을 주는 냉정한 눈빛의 인물
고종	온화하고 우유부단한 성격이며 주변 인물들을 잘 믿는 인물
대제학	자신이 맡은 일에 최선을 다하며 근엄하고 유학에 신념이 굳건한 인물

① 세자　　② 민비　　③ 미우라
④ 고종　　⑤ 대제

15 DAY

E11

예상 문제

윗글에 나타난 갈등의 근본적인 양상에 대한 설명으로 가장 적절한 것은?

① 조선 왕실을 지배하려는 일본과 그 세력을 막으려는 삼국 세력의 갈등

② 러시아와 손잡고 일본을 견제하려는 민비와 그것을 막으려는 미우라의 갈등

③ 민비를 제거하려는 방법에 대해 이견을 보이고 있는 일본 무사 낭인들과 미우라의 갈등

④ 러시아의 득세를 막고 견제하기 위해 민비의 환심을 사려고 하는 미우라와 러시아의 갈등

⑤ 삼국 간섭으로 조선에 영향력을 행사하려는 삼국에 대한 고종과 민비의 입장 차이에 따른 갈등

E12

예상 문제

〈보기〉는 [A]에 대한 '선생님'의 설명이다. '선생님'의 질문에 대한 '학생'의 답변 중 가장 적절한 것은?

[보기]

> 선생님: 동요는 그 속성상 진실함을 담고 있어요. [A]의 동요는 그 진실성을 바탕으로 매우 상징적이고 은유적인 형식으로 처리되고 있지요. 그 속의 내용을 전달하기 위해서는 노래 부를 때의 감정도 중요합니다. 그럼 [A]의 상징적인 노랫말과 감정에 대해 말해 볼까요?
>
> 학생: _____.

① '매화'는 사군자에 해당하는 소재로 민비가 시련 속에서 나라를 일으키게 될 것을 상징하는 것 아닐까요?

② 그러면 '눈꽃'은 당시 시대적으로 암울하던 러시아 · 일본 · 중국의 각축장 같은 상황을 표현한 것이겠네요.

③ '눈꽃'이 '매화'를 덮어 버린다는 말은 진실을 묻어 버린다는 의미 같아요. 그러니 노래 부를 때 무상한 정서가 나타나지 않을까요?

④ '매화'는 우아한 풍치와 절개를 나타내는 민비를 상징하는 것 같아요. 이 노래는 민비의 비극적인 최후를 암시하는 것 아닐까요?

⑤ '눈꽃' 속의 '매화'는 활짝 피어날 우리나라의 앞날을 상징하는 것 같고, 따라서 벅찬 미래를 암시하는 경쾌한 목소리가 어울릴 듯해요.

제한 시간 5분

[E13~15] 다음 글을 읽고 물음에 답하시오.

[앞부분의 줄거리] 옛날 어느 가난한 집안에 자식을 많이 둔 어머니가 죽을 끓이다 옷만 남긴 채 행방불명이 된다.

맏형: 우리들이 가 버리면 여기 남은 형제자매 그 누가 보살펴 주겠소?

노파 · 남자3: 그건 염려 말아. 우리가 정성껏 보살펴 주겠네.

둘째: 우린 몰라 못 가겠소. / **노파 · 남자3:** 몰라 못 간다니······.

둘째: 우리 모친 어느 곳에 계실는지 몰라 못 가겠소.

노파 · 남자3: 살았으면 이승 있겠고 죽었으면 저승 있겠지.

막내: 우린 당장 떠나겠소. 떠날 때가 분명하듯 돌아올 때 분명하게 기약이나 정합시다. 십 년 기약 어떻겠소?

노파 · 남자3: (치마에 모은 노잣돈을 막내에게 준다.) 십 년 기약 그게 좋군! 자네들이 그때까지 꼭 찾아서 데려오게.

맏형: 막내 네가 바보구나! 노잣돈을 받았으니 안 떠날 수 있겠느냐!

둘째: (맏형을 붙잡고 탄식하며) ㉠차마 못 갈 이승 길을, 몰라 못 갈 저승길을 울며불며 가야겠네!

막내: (일곱 자식들에게 작별 인사를 한다.) 몸 성히들 잘 계시오. 우리 어머니 꼭 찾아서 모셔올 테요.

맏누나: ㉡장하구나, 우리 막내! 십 년 기한 차기 전에 꼭 찾아서 모셔 오너라!

(열 자식들이 세 자식들과 일곱 자식들로 나눠 이별한다. 맏형, 둘째, 막내는 무대 밖으로 퇴장한다. 구경꾼들도 퇴장한다. 일곱 자식들은 무대 후면으로 물러간다. 맏누나는 무대 가운데서 세 자식들이 나간 방향을 향하여 손을 흔든다. 이별의 서러움이 역력한 모습이다. 맏누나, 입었던 누더기 옷을 벗어 관객석 쪽으로 다가와서 말한다.)

맏누나: 나는 자꾸만 손을 흔들었어요. 큰오빠, 작은오빠, 막내가 멀리 멀리 사라져 보이지 않을 때까지······. 그건 옛날 이야기지만, 사실은 나 자신의 체험이기도 하죠. 가난한 어린 시절, 나의 슬픈 기억 속에는, 가족과의 이별이 있어요. 노오란 먼지가 바람에 휘날리던 황톳길, 그 바짝바짝 메마른 황톳길을 오빠들이 떠나가면서 나한테 말했어요.

맏형: 울지 말고 십 년만 기다려라! 그럼 성공해서 돌아올게!

맏누나: 어머니도 없고 아버지도 없는 틈을 노려서, 도망치듯이 몰래 집을 떠나가는 오빠들······. 난 훌쩍훌쩍 울면서 손목이 떨어져라 떨어져라 흔들었죠. (누더기 옷을 다시 입고 무대 가운데로 가서 세 자식들이 떠나간 방향을 향하여 외친다.)

㉢가는 듯이 돌아들 오소! 기다리는 마음, 미치고 달치겠네!

(중략)

맏형: 여기가 세 갈래 길이구나. 그동안엔 우리 함께 다녔으나, 지금부턴 제각기 길을 택해 가기로 하자.

둘째: (표지판을 소리 내어 읽는다.) 서울로 가는 길, 바다로 가는 길, 산으로 가는 길…… 형님은 어느 길로 가시려오?

맏형: 이 생각 저 생각 온갖 생각을 다 해봤다만, 우리 어머니는 도망간 게 여실하다. ㉣열 명 자식 키우느라 그 고생이 막심한데 평생 수절하기 또 얼마나 힘들었겠니? 답답한 맘 풀어 보려 서울 구경 갔을 테니, 난 이쪽 서울로 가는 길을 택하겠다.

둘째: 나도 별의별 생각 다 했소만, 아무래도 우리 어머니는 죽은 것 같소. 혹시나 바다에는 용궁 있어 저승과 통한다 하니, 나는 바다로 가는 길을 택할 테요.

맏형: 막내 너는 어쩔 거냐?

막내: 나도 여러 생각 다 했소만, 우리 어머닌 죽었는지 살았는지 모르겠소. 나는 높은 산으로 올라가서 이승도 살펴보고 저승도 살펴볼 테요.

맏형: 네 생각이 그리하면 저쪽 산으로 가는 길이 네 길이다. 이제 각자 길로 가기 전에 노잣돈을 나눠 갖자. (노잣돈을 삼등분으로 나눈 다음, 자기 몫에서 조금 덜어 막내에게 준다.) 막내야, 너는 어리니 노잣돈을 더 가져라.

막내: 아니요, 형님. (자기 몫에서 덜어 내 맏형과 둘째에게 준다.) 나는 젊으니 형님들이 더 가지시오.

둘째: (맏형과 막내에게 자기 몫을 덜어 주며) 형님도 더 가지시고, 막내도 더 가져라.

맏형: 우애 깊은 우리 형제, 여기에서 헤어지다니……. 십 년 기한 잊지 말고 다시 만나자!

둘째: 형님이나 잊지 마오! 막내야, 너도 잊지 마라!

맏형: (길을 나눠 떠나는 둘째와 막내에게 손을 흔들어 전송하며, 목이 멘 소리로) 너희들, 어머니를 꼭 찾아 모셔 오너라! (맏형, 관객석으로 다가와서 입고 있던 옷을 벗는다.)

맏형: ㉤어머니를 찾는다니, 그게 뭡니까? 사람이란 그 누구나 어른이 되면, 어린 시절의 어머니를 잃어버리도록 되어 있습니다. 그러니깐 어른이 되어서 찾는 어머니는 옛날과는 다른 어머니입니다. 그 어머니는 권력일 수도 있고, 이상일 수도 있으며, 예술일 수도 있습니다.

하지만 아직도 나는 내가 찾는 어머니가 무엇인지 알지 못합니다. 초등학교 다닐 때 내 꿈은 화가였습니다. 오색 물감으로 하늘의 태양과 구름, 땅의 언덕과 나무들을 아름답게 그리고 싶었었지요. 그런데 중학교 땐 군인이 되고 싶었습니다. 물론 졸병이 아니라 수많은 졸병들을 거느리는 장군이었어요. 고등학생 시절엔 장군보다는 정치가가 되고 싶었습니다. 그래서 대학에 들어가서는 행정학을 전공했었는데, 졸업할 무렵 그 모든 것이 막연하다는 생각이 들었습니다. 나의 인생에는 예술가가 되려는 욕구, 군인이 되려는 욕구, 정치가가 되려는 욕구가 같이 있었습니다만…… 나는 배우가 되었습니다. (다시 옷을 입으며) 어머니를 찾기는 찾아야 할 텐데…… (이정표에 다가가서 방향판을 바라본다.) 서울로 가는 길, 길에 내 운명을 맡기고 떠나 보자!

— 이강백, 〈동지섣달 꽃 본 듯이〉

E13
예상 문제

윗글에 대한 설명으로 가장 적절한 것은?

① 인물의 성격과 심리를 직접적인 방식으로 서술하고 있다.
② 독백을 활용하여 사건의 전개에 긴장감을 조성하고 있다.
③ 시공간이 다른 장면을 연결해 인물의 전형성을 부각하고 있다.
④ 과거 사건의 삽입을 통해 인물들 간의 갈등 관계를 드러내고 있다.
⑤ 상징성이 강한 소재와 상황을 끌어들여 극의 주제 의식을 표현하고 있다.

E14
예상 문제

윗글의 ㉠~㉤ 중, 〈보기〉의 밑줄 친 부분과 가장 관련이 깊은 것은?

[보기]

이 작품은 다양한 장르적 토대를 동시에 가지고 있는 독특한 작품이다. 우선, 어머니를 찾아 떠나는 여정을 기본 골자로 하고 있다는 점에서 설화에서 모티브를 가져온 연극인 동시에, 인물과 소재 등에서 우리 전통극적 요소(이승과 저승의 생사관, 정절 의식)를 드러내고 있다. 또한 관객으로 하여금 극에 감정을 이입하지 못하게 하고 비판적 거리를 두게 하는 서사극적인 요소도 찾아볼 수 있는데, 이를 통해 관객은 객관적 거리를 가지고 이야기를 종합하여 극의 주제를 생각하는 적극적인 감상의 태도를 지니게 된다.

① ㉠　　② ㉡　　③ ㉢　　④ ㉣　　⑤ ㉤

16 DAY

E15 ⭐ 1등급 킬러 예상 문제

〈보기〉를 참고할 때, 윗글에 대한 설명으로 적절하지 <u>않은</u> 것은?

──[보기]──

　이 작품에는 정치, 종교, 예술이라는 인간의 세 가지 욕망의 축이 나타난다. 어느 가난한 집안의 어머니가 행방불명된 사건으로 시작되는 이 극은 세 형제가 어머니를 찾아나서는 여정으로 이루어져 있는데, 이 일에는 꼬박 십 년이 걸린다. 즉, 어머니의 실종이라는 사건을 계기로 형제들은 정든 고향과 가족을 떠나 새로운 삶을 살게 되며, 각자의 길을 통해 성장한다. 십 년이 지난 후 그들은 각자 돌아오는데, 정승이 된 맏형은 어머니의 겉모습과 똑같은 여인을 찾아오고, 승려가 된 둘째는 어머니의 모성적 이상에 해당하는 불상을, 광대가 된 막내는 어머니의 심성을 자신 안에서 발견하여 세 형제가 다시 만난다.

① '세 형제'가 찾는 각각의 '어머니'는 인간이 추구하는 욕망의 대상을 나타낸다.
② 진정한 '어머니' 찾기에 실패한 '세 형제'의 모습은 욕망 성취의 난해함을 상징한다.
③ '세 형제'가 떠나는 '세 갈래 길'은 인간이 추구하는 인생의 방향성이 각자 상이함을 나타낸다.
④ '어머니'가 떠난 후 '세 형제'가 각자의 길을 가는 것을 볼 때, '어머니의 상실'을 통과 의례적인 관점으로 볼 수 있다.
⑤ 정승이 된 '맏형'은 인간 사회의 정치 분야를, 승려가 된 '둘째'는 종교 분야를, 광대가 된 '막내'는 예술 분야를 대표한다.

──────

제한 시간 5분
[E16~18] 다음 글을 읽고 물음에 답하시오. ───

S# 19. 뚝방길 A

　뚝방길을 뛰는 두 사람. 뒤따라오던 주희, 넘어져 뒹굴고 준하, 놀라서 바라본다. 일어서려던 주희, 다시 풀썩 주저앉는다.

주희: 다리를 삔 것 같아요.

준하: …… 업혀요!

　망설이는 주희.

준하: 어서 업히라니까요!

──────

　등을 내미는 준하. 주희, 준하의 등에 업히고, 준하는 주희를 업고 원두막을 향해 뛴다.

Dissolve

S# 20. 원두막

　원두막 아래에 앉아 있는 주희와 준하.

준하: 소나기예요! 금방 그칠 거예요.

　자기 옷을 벗어 꼭꼭 짜서 주희에게 준다.

준하: 이걸로 닦아요.

　받아 들고 미소 짓는 주희. 준하를 바라보며 얼굴의 빗물을 닦는다. 빗물을 닦더니 옷을 내밀어 주는 주희. 준하, 옷을 받아 떨리는 심정으로 얼굴을 닦는다. 다시 물을 짜서 주희를 주는 준하.

준하: ……비가 그치면 강을 따라 나루터로 가야죠. 그럼 배를 탈 수 있어요. 좀 멀지만…….

　㉠Dissolve

(중략)

S# 22. 뚝방길 B (밤)

　주희를 업고 가는 준하.

주희: 저 무겁죠.
준하: 아니? 하나도 안 무거워요.
주희: 저 몸무게 많이 나가요, 밥도 많이 먹구요.
준하: 걱정 마세요. 주희 씨 정도는 업고 서울까지라도 갈 수 있어요.
주희: 공갈!
준하: 안 공갈!
주희: 공갈!
준하: 안 공갈!

　무거워 낑낑대면서도 행복에 겨워 걷고 있는 준하.

S# 23. 징검다리

　징검다리를 건너는 준하. 냇가 건너편에 반딧불이 한 떼가 춤을 추고 있다.

주희: 와아!
준하: 와아!

　㉡Jump cut

준하가 반딧불이가 놀고 있는 풀섶으로 다가간다. 냇가에 앉아 있는 주희. 주희의 눈에 비치는 준하와 반딧불이, 한데 어울려 아름답게 보인다. 준하, 풀잎에 앉아 있는 반딧불이를 잡으려다가 냇가에 푹 빠진다. 반딧불이들이 후루룩 날아가고 날아 가는 반딧불이를 올려다보는 준하. 주희도 반딧불이가 흩어지는 장면을 경이롭게 바라본다. 다시 반딧불이를 좇아 다가가는 준하. 풀잎에 앉은 반딧불이를 두 손으로 살짝 움켜쥔다.

준하: 잡았어요!

모아진 두 손 안에 전등을 켠 느낌. 주희에게 달려가는 준하.

준하: 손 줘 봐요.

준하에게 두 손을 내미는 주희. 준하가 주희의 손에 반딧불이를 전해 준다. 미소 짓는 주희와 준하. 손 안에 있는 반딧불이를 들여다보며 좋아하는 주희.

주희: 와아!

— 곽재용, 〈클래식〉

E16

예상 문제

윗글에 대한 설명으로 적절하지 <u>않은</u> 것은?

① '원두막', '뚝방길' 등 향토적 공간이 순수한 인물들의 모습과 조화를 이루고 있다.
② 상징적인 자연물을 제시하여 사건이 새로운 국면으로 접어들 것임을 암시하고 있다.
③ 직설적이지 않은 대사를 통해 인물들이 서로에게 품은 호감을 은연중에 드러내고 있다.
④ 시간의 흐름에 따라 사건을 배치하여 점점 친밀해져 가는 인물의 모습을 보여 주고 있다.
⑤ 지시문을 통해 인물의 행위에 집중하게 함으로써 두 인물의 순수한 사랑을 효과적으로 보여 주고 있다.

E17

예상 문제

윗글의 'S# 23'을 영화화한다고 할 때, 그 내용으로 적절하지 <u>않은</u> 것은?

① 반딧불이를 잡은 준하는 기쁜 얼굴로 주희에게 달려간다.
② 주희는 냇가에 앉아 반딧불이를 잡는 준하의 모습을 바라본다.
③ 반딧불이를 잡으려다 냇가에 빠진 준하는 민망함에 얼굴을 붉힌다.
④ 냇가에 모여 있는 반딧불이의 모습이 아름답게 비춰지도록 연출한다.
⑤ 주희는 준하가 전해 준 반딧불이를 들여다보며 행복한 표정을 짓는다.

E18

예상 문제

〈보기〉는 시나리오 용어에 대한 설명이다. 〈보기〉를 바탕으로 ㉠과 ㉡의 효과를 추측한 내용으로 가장 적절한 것은?

[보기]

• Dissolve: 한 화면이 사라짐과 동시에 다른 화면이 점차로 나타나는 장면 전환 기법
• Jump Cut: 장면이 비약적으로 돌출한다는 의미의 편집 용어

① ㉠은 인물의 심리 변화를 드러낼 것이고, ㉡은 급격한 장면의 전환을 보여 줄 것이다.
② ㉠은 시간의 흐름을 자연스럽게 보여 줄 것이고, ㉡은 뒤의 장면이 부각되도록 할 것이다.
③ ㉠은 근경에서 원경으로 장면을 전환할 것이고, ㉡은 인물의 복잡한 내면 심리를 드러낼 것이다.
④ ㉠은 현재에서 과거로 장면이 바뀔 것이고, ㉡은 반딧불이의 아름다움이 부각되도록 할 것이다.
⑤ ㉠은 전환되는 장면을 자연스럽게 연결할 것이고, ㉡은 인물의 행위보다는 대화에 집중하도록 할 것이다.

16 DAY

[E19~21] 다음 글을 읽고 물음에 답하시오.

(표생원(表生員) 등장)

표생원: 어디로 갈까 어디로 갈까, 처음으로 관동팔경을 구경하면 우리 부인을 만나 볼까, 관서팔경을 구경하면 우리 부인을 만나 볼까, 전라도라는 곳에 명승지도 있건마는 어느 곳 명승지지(名勝之地)가 좋길래 나를 버리고 우리 부인이 구경 갔나, 아서라 이게 모두 쓸데없는 짓이다. 여(汝)담은 절각(折角)이라니 돌모리집 얻어 데리고 살면서 우리 부인을 잠시 돌아보지 않은 까닭이로구나, 방방곡곡 다 찾아보았으나 종내 만날 수가 없으니 다만 한숨뿐이로다.

돌모리집: 여보, 영감 별안간에 그게 무슨 말이오, 그까짓 본마누라를 찾으면 무엇 한단 말이요. 나는 명산대찰(名山大刹) 구경하러 나선 줄 알았더니 인제 보니까 마누라 찾아다녔구려. 아이고 속상해. 이 팔자가 왜 이렇게 기막힌가.

표생원: (화를 내며) 요사스런 계집이로군, 대장부가 아무려든 무슨 잔말이냐.

돌모리집: 그렇지. 작은집이란 이러기에 서러워. (돌아선다.)

표생원: (등을 어루만지며) 여보게 자네가 이다지 노할 줄 알았으면 내가 실수일세. (표생원 부인 꼭두각시 등장)

꼭두각시: [창] 어허 이게 웬일인가. 이 세상에 나와 보니 인간 이별 만사 중(人間離別萬事中)에 독수공방이 더욱 슬어. 인간만사 마련할 제 이별 빼지 못하였나, 우리 영감 어디 갔노, 여보 영감, 여보 영감. 어디로 갔나, 어디로 갔나.

표생원: 허허 이게 웬 소린가, 날 같은 이 또 있는가. 어디서 마누라 소리가 나는 듯하네. 나도 한번 불러 볼까, 여보 마누라, 여보 마누라.

꼭두각시: 어디서 영감 소리가 나는 듯 나는 듯. 여보 영감, 여보 영감.

표생원: 어디서 마누라 소리가 나는 듯 나는 듯. [창] 거기 누가 날 찾나. 날 찾을 이 없건마는 거 누가 날 찾아, 기산영수 별건곤(箕山穎水別乾坤)에 소부허유(巢夫許由)가 날 찾나, 채석강 명월하(採石江明月下)에 이적선(李謫仙)이 날 찾나. 상산사호(商山四皓) 늙은이가 바둑 두자고 날 찾나.

꼭두각시: 아이고 이게 웬 소린가. (차차 표생원에게 가까이 오면서) 아이고 이게 웬 소린가, 거 영감이요.

표생원: 거 마누라인가.

꼭두각시: 네, 영감이면 내가 해 입힌 옷을 만져 봐야 할 것이요.

표생원: 마누라가 해 입힌 옷이 어떻길래 만져 보고 안단 말이요.

꼭두각시: 내가 해 입힌 옷은 영감 양소매에 불알이 달렸소.

표생원: 마누라 음성과 말을 들으니 마누라는 분명한데 그간 어디를 갔다 언제 왔나. / (중략)

꼭두각시: 그러나 저러나 적어도 큰마누라요, 커도 작은마누라니 인사나 시키오.

표생원: 여보게 돌모리집네, 법은 법대로 하세.

돌모리집: 무얼 말이오? / 표생원: 큰부인한테 인사나 하게.

돌모리집: 머지 않은 좌석에서 들어도 알겠소. 내가 적어도 용산삼계(龍山三界) 돌모리집이라면 장안 안이 다 아는 터인데 유명한 표생원이기로 가문을 보고 살기어든 날더러 작은집이라 업신여겨 큰부인에게 인사를 하여라, 절을 하여라 하니 잣골 내 시댁 문 앞인가 절은 웬 절이여? 인사도 싫고 나는 갈 터이니 큰마누라 하고 잘 사소. (돌아선다.)

표생원: 돌모리집네 여직 사던 정리로 그럴 수가 있다. 오뉴월 불도 쐬다 물러나면 서운하다네. 마음을 돌려 인사하게.

돌모리집: 그러면 인사해 볼까요? (아무 말없이 화가 나서 꼭두각시한테 머리를 딱 들여받으며) 인사 받으우.

꼭두각시: (놀래며) 이게 웬 일이여? 여보 영감, 이게 웬일이요. 시속 인사는 이러하오? 인사 두 번 받으면 내 머리는 간다봐라 하겠구나. 인사도 싫으니 세간을 나눠 주오.

표생원: 괘씸스런 계집들은 불 같은 욕심은 있고나. 나의 집은 해남 관머리요, 몸 지체는 한양 성중인데 무슨 세간, 무슨 재물을 나눠 주니? 짚은 몽둥이로 한 번 치면 다 죽으리라. (표가 화를 내고 있는데 박이 나온다.) / (중략)

박첨지: 그러면 세 분이 다 객지(客地)요?

표생원: 여기는 객지나 다름 없습니다.

박첨지: 재산이 있으면 나눠 줄 마음이오?

표생원: 다시 이를 말씀이오. (박첨지가 한참 생각한다.)

[A]
박첨지: 내가 일동구장(一洞區長)으로 잘 처리하겠으니 염려 마우. [창] 돌모리집은 왕십리에 구실 은(銀) 두 되 하는 논 너 마지기를 주고, 꼭두각시는 남산 봉우제 재실 재답 구실 닷 마지기 고초밭 하루갈이 주고, 용산삼개 들어오는 뗏목은 모두 다 묶어다가 돌모리집 가져가고, 꼭두각시 널랑은 명년 장마에 떠밀리는 나무 뿌리는 너 다 갖고, 은장봉장 자개함롱 반닫이는 글랑 모두 돌모리집 주고, 뒤꼍에 돌아가 개똥밭 하루갈이와 매운 잿독 깨진 걸랑 꼭두각시 너 다 가져라.

[B]
꼭두각시: [창] 허허 나는 가네. 나 돌아가네. 덜덜거리고 그냥 돌아가네. (춤추며 나간다)

— 작자 미상, 〈꼭두각시놀음〉

윗글의 [A]와 [B]에 대한 설명으로 가장 적절한 것은?

①	[A]: 돌모리집 편을 들어 표생원의 행동을 인정하고 있다. [B]: 흥을 신명 나게 돋우어 분위기를 반전시키려는 의도이다.
②	[A]: 공평한 분배로 인해 객관성을 획득하고 있다. [B]: 재담 결말의 행동으로 상대방에 대한 공경심의 발로이다.
③	[A]: 돌모리집을 위하는 것 같지만 결국은 꼭두각시를 위한다. [B]: 주의를 환기해 해학과 풍자로 청중의 웃음을 유발한다.
④	[A]: 돌모리집에게 일방적으로 유리한 조건을 부여하고 있다. [B]: 처첩 간의 갈등 후에 패배한 몸짓으로 재담의 종료를 나타낸다.
⑤	[A]: 분쟁을 평화롭게 해결하여 이야기의 대단원의 막을 내린다. [B]: 인물 간의 갈등이 일시적으로 화해되어 긴장을 완화한다.

E20

예상 문제

〈보기〉를 바탕으로 윗글에 나타난 인물을 평가한 것으로 적절하지 <u>않은</u> 것은?

[보기]

이 장면은 표생원과 돌모리집, 꼭두각시의 삼각관계를 드러내는 대목이다. 표생원으로 인한 돌모리집과 꼭두각시의 갈등은 남성 중심적 사회의 모순을 비판적으로 드러낸다. 즉 표생원은 가부장적 권위를 당연시하는 인물로 조강지처를 버리고 첩을 얻고, 본처 꼭두각시와 첩 돌모리집은 서로 다툰다. 싸움을 중재하겠다고 나선 박첨지는 돌모리집에게 유리한 판결을 내리고 꼭두각시는 첩에게 남편과 재산을 넘겨주게 된다.

① 표생원: 자기 중심적이군. 동고동락(同苦同樂)하던 본부인을 두고 첩을 얻다니.

② 표생원: 처첩 간의 갈등 속에 머리가 아프겠지. 자승자박(自繩自縛)이야.

③ 꼭두각시: 안됐군. 남편도 잃고 재산까지 속수무책(束手無策)으로 다 빼앗기다니.

④ 돌모리집: 후안무치(厚顔無恥)한 인간이군. 사람이 기본적인 예의는 있어야지.

⑤ 박첨지: 쾌도난마(快刀亂麻)한 판결을 내리는 것을 보니 역시 구장답군.

E21 ★ 1등급 킬러

예상 문제

윗글과 관련하여 〈보기〉의 내용을 설명한 것 중 가장 적절한 것은?

[보기]

조물주의 사람 놀리기 꼭두각시놀음이나 진배없고
달인은 꼭두각시 보길 제 몸 보듯 하네.
인생이나 꼭두각시놀음은 같은 것이라
결국은 누가 참이요 누가 참이 아니런가.
굽혔다 폈다 찡그렸다 펴는 모습
거의 사람 같으니 누구의 솜씨로 똑같게 만들었나
사람도 한 기운 따라 꿈틀거리며 사는데
기운 빠지면 꼭두각시놀음 마친 것 같을 뿐이네.

– 이규보, 〈꼭두각시놀음을 보고[觀弄幻有作]〉

① 윗글보다 인물의 성격이 구체적으로 나타나 있어 이해가 쉽다.

② 시대 상황을 직접적으로 반영하여 시의 주제 의식을 드러내고 있다.

③ 인생을 인물 간의 갈등이 아니라 인형의 동작에 빗대서 표현하고 있다.

④ 인물들의 동작 하나하나를 실감 나게 표현하여 인형극의 묘미를 살려 준다.

⑤ 꼭두각시를 조종하는 사람을 달인으로 표현하여 그 능력을 중점적으로 부각하고 있다.

[E22~24] 다음 글을 읽고 물음에 답하시오.

제5과장 양반 선비 세도 자랑

초랭이: 아? 각시하고 중놈하고 어디 갔노? 아 — 저리로 도망 가는구나. (각시와 중이 달아난 쪽으로 바쁜 제자리걸음으로 뛰다가) 아이고! 요게 뭐로? 아 — 각시 신이구나. (각시가 흘리고 간 꽃신을 품에 안고 혼자 좋아서 몸을 비틀다가 넘어진다.) 아이고 궁둥이야. (일어나 쩔룩쩔룩거리며 관중들에게 신을 줄 듯 줄 듯 하면서 춤을 춘다.) ⓐ 보소! 이거 이쁘지? 안 돼! 보소! 이거 이쁘지? 이거 줄까? 안 돼! (갑자기 무언가를 생각해 낸 듯이) 아 참! 우리 양반을 불러 와야지. (조착조착 뛰어가면서) 양반요! 양반요, 빨리 오소 빨리.

양반: 어흠. (거드름을 피우면서 부채로 얼굴을 가리고 나온다.) (귀찮다는 듯이) 이놈! 이놈이 왜 이리 수답노? (부채로 초랭이의 벙거지를 툭 친다.)

초랭이: (무안하여 어쩔 줄 모르다가) 양반요! 각시하고 중하고 춤추다가 도망갔어요.

양반: 뭣이라고? 허허 망측한 세상이로다.(주위를 빙빙 돌며 세상을 개탄하듯 부채질을 한다.)

(중략)

양반: 부네야. 국추단풍(菊秋丹楓)에 기체후만강(氣體候萬康)하시며 보동댁이 감환(感患)이 들어 자동양반 문안드리오.

부네: 하도 그 문안 감사하오나 감자 한 쌍은 왜 왔소?

양반: 허허허, 그곳이 하도 험악하와 보호자로 왔나이다. 수목은 울창하고 양대꽃이 만발하니 들어가기만 하면 백혈(白血)을 토하고 죽어가기에 보호자로 왔나이다.

부네: 하도 감사하와 버선 한 켤레 아뢰나이다.

양반: 허허, 얘, 부네야. (양반, 부네 어울려 춤춘다.)

선비: (그 광경을 보고 못마땅하여) 에끼! 고약한지고. 에헴 에헴.

부네: (양반과 춤추다가 선비의 기침 소리를 듣고 선비에게 간다.) ⓑ 선비 어른 내 여기 왔잖나?

선비: 오냐 오냐, 부네야. (부네를 안듯이 춤춘다.)

양반: (기분이 좋아서 혼자서 춤추다가 그 광경을 보고 어쩔 줄 모르며) 아니? 저런 망할 년의 요부(妖婦)가? 어흠 어흠.

(중략)

선비: (양반이 가리킨 쪽을 바라보다가 아무것도 없자 돌아서서 놀라며) 아니 저놈의 양반이? (양반에게 간다.) ⓒ 여보게 양반, 이리 오게, 저기에서 각시들이 목욕을 하고 있네.

부네: (선비와 양반을 바라보며) 호호호, 내 때문에 저래 싸우는구나.

양반: (선비가 가리킨 쪽을 바라보다가 돌아서며) 아니? 저놈의 선비가? 나를 속여? 여보게 선비, 자네가 감히 내 앞에서 이럴 수 있는가?

선비: 그렇다면 자네가 진정 나한테 이럴 수가 있는가?

양반: 아니, 그럼 자네 지체가 나만 하단 말인가?

초랭 · 이매: (자기 상전의 세도 자랑을 흉내 낸다.)

양반: 암 낫고 말고.

선비: 뭣이 나아, 말해 봐.

양반: 나는 사대부(士大夫)의 자손인데…….

선비: 뭐 사대부? 나는 팔대부(八大夫)의 자손일세.

양반: 허허, 팔대부는 또 뭐야?

선비: 팔대부는 사대부의 갑절이지.

양반: ⓓ 우리 할아버지는 문하시중(門下侍中)이거던.

선비: 아 — 문하시중 그까짓 거? 우리 아버지 바로 문상시대(門上侍大)인데……. / **양반:** 문상시대! 그건 또 뭐야?

선비: 문하(門下)보다는 문상(門上)이 높고 시중(侍中)보다는 시대(侍大)가 크단 말일세.

양반: 그것 참 별꼴을 다 보겠네.

선비: 지체만 높으면 제일인가?

양반: 그러면 무엇이 또 있단 말인가?

선비: 첫째 학식이 있어야지. 나는 사서삼경(四書三經)을 다 읽었네.

양반: 뭣이, 사서삼경? 나는 팔서육경(八書六經)을 다 읽었네.

선비: 도대체 팔서육경은 어디 있으며 대관절 육경은 또 뭐야?

초랭이: (방정맞게 양반과 선비 사이로 뛰어들며) 헤헤헤, 나도 아는 육경 그것도 모르니껴? 팔만대장경, 중의 바래경, 봉사의 안경, 약국의 길경, 처녀 월경, 머슴의 쇄경.

이매: 그거 다 맞어.

양반: (흐뭇한 표정으로) 이것들이 아는 육경을 선비라는 자가 몰라? / (중략)

백정: (ⓔ 심술궂은 걸음걸이로 배꼽이 보이고, 가슴을 앞으로 쑥 내밀고, 뒤에 허리 받침의 오른손에는 소불알을 들었다.) 헤헤헤, 꼴들 참 좋다. (춤추는 광대들을 바라보다가 양반과 선비 사이로 뛰어들면서) 샌님! 알 사이소!

양반: (깜짝 놀라며) 이놈! 한참 신나게 노는데 알이라니?

백정: 알도 모르니껴?

초랭이: (양반과 선비 사이로 뛰어나오면서) 달걀, 눈알, 새알, 대감 통불알.

백정: (호탕하게 웃으며) 맞았다 맞어. 불알이야 불알. (소불알을 흔들흔들거린다.)

– 작자 미상, 〈하회 별신굿 탈놀이〉

윗글의 갈등 양상을 바르게 파악한 것은?

① 선비를 도와주려는 초랭이 ↔ 양반을 도와주려는 백정
② 양반에게 애교 부리려는 초랭이 ↔ 양반을 질타하는 백정
③ 부네를 차지하려는 선비 ↔ 양반에게 가고 싶어 하는 부네
④ 부네와 같이 있으려고 하는 양반 ↔ 부네를 차지하려는 선비
⑤ 양반에게 잘 보이려는 백정 ↔ 양반의 마음을 잡으려는 초랭이

ⓐ~ⓔ 중, 〈보기〉의 근거로 들기에 적절한 것은?

[보기]

연극 또는 희곡에 관해서는 의지할 만한 전례도 구속이 될 만한 규범도 없었으니, 하층의 지혜를 집약하는 방식을 경험의 축적을 통해서 마련해야만 했다. 이런 조건은 민속극이 끝내 민속극으로 머물고 창작극으로 전환될 수 없도록 작용했다. 배우는 스스로 해설하면서 극중 인물 노릇도 하는데, 즉 자기가 묻고 대답하는 일인다역(一人多役)의 방식을 택하기도 하고, 반주자를 상대역으로 삼아 말을 주고 받기도 했으며, 나아가 관중 가운데 아무나 즉석에서 끌어내서 잠시 상대역 노릇을 하게 하기도 했다.

① ⓐ ② ⓑ ③ ⓒ ④ ⓓ ⑤ ⓔ

〈보기〉는 윗글과 관련된 수업 상황이다. 밑줄 친 선생님의 질문에 가장 적절하게 답한 것은?

[보기]

선생님: 이 작품은 하회에서 수호신에게 마을의 안녕과 풍농을 기원할 때, 신을 즐겁게 하기 위해 만든 탈놀이입니다. 하회 마을의 평민들은 탈놀이를 통하여 그때그때의 세상살이를 풍자하고 양반들에게 억눌린 자신들의 감정을 거리낌 없이 발산하였지요. 그런 의미에서 이 탈놀이의 기능을 설명해 볼까요?

① 지배층을 풍자하고 희화화하는 내용의 탈놀이를 통해 평민들이 지배층에 대한 불만과 갈등을 표현하는 기능을 하였습니다.
② 처첩 사이의 갈등이나 남성의 부당한 횡포에 대한 고발 등을 표현하고 있으므로 처첩이나 가부장적 제도에 대한 항거적 기능이 나타납니다.
③ 여성의 억울함을 통해 가부장적 사회의 모순을 고발하고 있으며, 이는 봉건적 질서를 거부하고 근대적 사회로 나아가던 조선 후기의 사회상과 의식의 변화를 반영한 기능이라고 할 수 있습니다.
④ 자기 주관 없이 이 편이 되었다 저 편이 되었다 하는 부네를 보면 탈놀이는 어떻게 해서든지 상류층이 되려고 노력했던 하층민들의 신분 상승 욕구를 해소하는 놀이적 기능을 담당한 것으로 볼 수 있습니다.
⑤ 선비와 양반은 허세가 강하고 권위를 내세우지만 부네에 의하여 빈번히 웃음거리가 되고 부네는 양반에 대해 적극적으로 공격하고 저항하고 있습니다. 이런 의미에서 이 극은 평민들의 양반에 대한 적극적인 저항 기능을 담당하고 있습니다.

16 DAY

고려대학교 관현악단

고려대학교 관현악단 동아리

고려대학교 대표 아마추어 오케스트라!

고려대학교 관현악단은 1971년 창단된 고려대학교 최대 규모의 동아리로, 관악기와 현악기, 그리고 타악기로 이루어져 있어요. 입단 이후 악기를 고르고 시작하시는 학우들도 계실 만큼 실력은 전혀 상관없으며 학기 중 모든 활동의 참여는 자유입니다!

매년 3월과 9월에 신춘 음악회와 정기 연주회를 개최하고 있는데, 보통 다른 대학 아마추어 오케스트라는 연주회 횟수를 셀 때 3월과 9월의 연주회를 합산하여 '제○○회 정기 연주회'로 표기하지만, 고려대학교 관현악단은 신춘(3월)과 정기(9월)를 별도의 횟수로 세고 있어요.

이 연주회는 아마추어 오케스트라의 수준에서 높은 실력을 자랑해요. 1994년 9월 안드레아스 에카르트의 코리아 심포니를 세계 초연했고, 2005년에는 러시아 음악가 라린이 작곡한 고려대학교 개교 100주년 기념 교향곡인 〈자유·정의·진리를 위한 교향곡〉을 예술의 전당 콘서트홀 에서 세계 초연했고, 해당 연주 실황 음원은 KBS 클래식 FM에서 방송되기도 했답니다.

음대가 없는 고려대학교의 특성상 학교로부터도 특별한 대접을 받고 있으며, 연주회 때에는 총장이 내빈으로 참석해요. 그동안 동아리 이름을 정하고자 수차례 협의를 했으나 그때마다 별도의 이름을 정하지 못했고, '고려대학교 관현악단'으로 남게 되었답니다.

악기를 배우고 싶었지만 기회가 없었던 분들, 대학에서 오케스트라 활동을 이어나가고 싶으신, 새내기 및 정든내기 여러분들 주목하세요. 단원을 상시 모집하고 있는 고려대학교 관현악단의 문을 두드리세요. 다양한 활동을 통해 음악을 즐기고 단원들과 친목을 다질 수 있을 거예요.

 # Ⅲ 갈래 복합

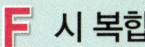 **F** 시 복합
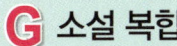 **G** 소설 복합

갈래 복합은 크게 '시 복합'과 '소설 복합'으로 나누어집니다.
'시 복합'은 현대시, 고전 시가, 수필, 설명문 중 두 가지 이상의 갈래가 복합으로 출제되고, '소설 복합'은 현대 소설, 고전 소설, 극 문학, 설명문 중 두 가지 이상의 갈래가 복합으로 출제됩니다.
시, 소설, 극 문학 독해 공식과 함께 **갈래 복합, 수필 독해 공식**을 활용하면 어떤 어려운 지문이라도 쉽고 빠르게 독해할 수 있습니다.

★ 갈래 복합, 수필 독해 공식

⭐ 갈래 복합   독해 공식
❶ 설명문 혹은 〈보기〉 먼저 읽기
❷ 갈래별 독해 공식에 따라 작품 읽기
❸ 작품 간의 공통점 및 차이점 찾기

⭐ 수필   독해 공식
❶ 중심 대상 찾기
❷ 글쓴이의 생각, 태도 파악하기
❸ 서술상 특징 파악하기

★ 갈래 복합, 수필 문제 풀이

갈래 복합에서는 기본적으로 시, 소설, 극 문학의 문제 풀이 꿀팁을 활용합니다. 여기에 설명문을 활용하여 푸는 문제, 수필 문제의 풀이 꿀팁을 더하면 갈래 복합의 모든 문제를 쉽게 풀 수 있습니다.

★ 설명문을 활용하여 푸는 문제

꿀 설명문의 내용 파악하기
설명문에서 선택지의 내용과 같거나 비슷한 이야기를 하고 있는 부분을 찾으세요.

꿀 설명문을 바탕으로 감상하기
설명문을 먼저 읽어 지문의 핵심을 파악하고, 설명문과 지문에서 근거가 되는 부분을 찾으세요.

★ 수필 문제

꿀 글쓴이의 생각과 태도 파악하기
글쓴이가 중심 대상을 어떻게 생각하고 있는지 살펴보세요.

F 시 복합

[고난도 작품 유형]
● **작품 간의 연결 고리가 뚜렷하지 않은 유형**
서로 다른 갈래의 작품, 특히 시와 수필 작품이 함께 묶여서 출제되면 작품 간의 연결 고리가 쉽게 보이지 않아 작품 간의 공통점과 차이점을 찾기 어렵다.

▶ **해결 방법**
설명문이 제시되었거나, 문제에 〈보기〉가 제시되었다면 이를 활용하여 작품 간의 연결 고리를 생각해 본다. 시는 화자의 정서에, 수필은 글쓴이의 생각과 관점에 집중하면 작품 간의 공통점과 차이점을 더 쉽게 파악할 수 있다.

[고난도 문제 유형]
● **작품 비교하기 유형**
서로 다른 두 작품의 형식이나 내용을 비교하는 유형으로, 갈래 복합에서 가장 많이 출제되고 있다. 특히 형식을 비교하는 문제는 다양한 문학 개념에 대한 이해를 요구하고, 문학 개념이 각각의 작품에서 어떻게 나타나 있는지도 알아야 하므로 고난도 문제에 해당한다.

▶ **해결 방법**
지문을 읽으며 눈에 띄는 공통점이나 차이점에 그때그때 표시해 두는 것이 좋다. 두 작품 속 화자(글쓴이)의 공통된 정서나 태도, 공통으로 쓰인 표현 방법 등이 문제로 나올 확률이 높다.

G 소설 복합

[고난도 작품 유형]
● **길이가 긴 작품들이 묶인 유형**
소설 복합에서는 설명문이나 소설, 극 문학이 두 가지 이상 묶여서 출제되므로, 각 작품의 길이가 길어지면 지문을 읽는 부담이 커진다. 또한 작품의 길이가 길수록 핵심 내용을 파악하기 어렵다.

▶ **해결 방법**
설명문은 문단별 핵심어와 중심 문장에 표시하고, 소설과 극 문학은 중심인물과 주요 사건에 표시하면서 읽어야 핵심 정보를 놓치지 않는다.

[고난도 문제 유형]
● **설명문을 바탕으로 감상하기 유형**
지문으로 제시되는 설명문은 문학 작품에 대한 정보를 제공한다는 점에서 〈보기〉와 비슷하지만, 길이가 길고 더 어려운 정보를 담고 있는 경우가 많아 이해하기에 다소 어려울 수 있다.

▶ **해결 방법**
설명문을 먼저 읽으면 함께 제시된 문학 작품을 이해하기가 수월하다. 또한 작품을 읽으면서 설명문의 내용이 드러나는 부분을 발견하면 그때그때 표시해 두는 것이 좋다. 선택지의 적절성을 판단할 때는 선택지의 내용이 설명문에도, 지문에도 부합하는지 확인해야 한다.

＊ 갈래 복합 독해 공식 적용하기

❶ 설명문 혹은 〈보기〉 먼저 읽기
❷ 갈래별 독해 공식에 따라 작품 읽기
❸ 작품 간의 공통점 및 차이점 찾기

시 독해 공식	수필 독해 공식	소설, 극 독해 공식
1 화자, 중심 대상 찾기	1 중심 대상 찾기	1 중심인물, 배경 파악하기
2 화자의 상황, 정서, 태도 파악하기	2 글쓴이의 생각, 태도 파악하기	2 중심 사건, 갈등 파악하기
3 표현상 특징 파악하기	3 서술상 특징 파악하기	3 서술상 특징 파악하기

STEP I

[F01~03] 다음 글을 읽고 물음에 답하시오. [설명문+시] 　　　　　　　　　　　　　　　　　　　　　　　　　　　　　　　[예상 문제]

(가) 시조는 가장 오랫동안 많은 사람들에 의해 창작·가창되고, 다수의 작품이 현전하는 갈래이다. 3장 12구로 이루어진 간결한 형식, 절제된 언어, 시상의 흐름을 알맞게 통제하면서도 개별적 변이를 소화해 내는 서정 구조, 담백·온아한 미의식 같은 특질이 시조가 오랫동안 생명력을 유지하도록 하였다. 시조는 10구체 향가 이후 가장 잘 정비되고 광범위한 창작 기반을 가졌던 서정시 양식이다.

시조의 정형적 틀은 네 개의 음보가 결합하여 한 행을 이루고 그것이 세 번 중첩되어 한 수를 이루는, '4음보격 3행시의 구조'로 일단 규정할 수 있다. 이 같은 율격 구조에서 초·중장은 비교적 규칙적인 흐름으로 각 장 뒤에 무엇인가 이어질 것을 예상하게 하는 율격적 개방성을 띤다. 반면 종장은 평명한 연속성을 차단하여 호흡을 비대칭적으로 긴장시켰다가 풀어 줌으로써 작품을 완결하는 구조를 가진다. 이러한 불균형한 구조는 시적 긴장이 모이도록 하는 효과를 발휘하고, 후반부는 여기에 이어지는 이완의 흐름을 형성하여 한 수를 마무리하도록 정형화되어 있다. 아울러 종장에 감탄사, 감탄적 의미를 내포하는 말, 의지를 드러내는 표현, 명령형의 문장을 사용함으로써 사물에 대한 주체의 정서적 태도를 집약하는 구문의 특성을 지닌다. 시조가 3장의 간결한 짜임만으로도 구조적 안정성을 유지하면서 서정적 고양과 완결을 이룰 수 있었던 것은 이와 같은 형식 원리에 힘입은 것이다.

시조가 본격적으로 융성하게 된 것은 조선 시대에 들어와서의 일이다. 간결·담백하게 절제된 시조의 언어와 형식은 사대부층의 미의 형식에 부합하는 것으로, 사대부들은 한시만으로는 제대로 표현할 수 없는 내면의 감흥과 정취를 시조에 담아 단아한 기품으로 노래하였다. 이황은 〈도산십이곡발〉에서 "한시는 읊조릴 수 있으되 노래할 수는 없어서 절실한 감흥을 표현하려면 우리말로 엮어진 시가를 빌려야만 한다."라

고 밝혀 국문 시가에 대한 긍정적 인식을 보여 주었다. 즉 사대부는 문학 행위는 한자로 영위하였으나 그들의 노래는 시조로써 즐겼다고 볼 수 있다. 그리하여 사대부층을 중심으로 발달한 조선 전기 시조에서는 이현보, 이황, 권호문 등의 작가들이 나왔고, 그 주제는 ㉠유가의 이념·규범을 노래한 것과 ㉡혼탁한 세속의 갈등으로부터 벗어나 ㉢강호 자연 속에서 심성을 기르며 유유자적하는 삶을 그리는 것 등 다양했다.

(나) 사름 사름마다 이 말슴 드러스라.
　　이 말슴 아니면 사름이오 사름 아니니
　　이 말슴 닛디 말오 비호고야 마로리이다.
　　　　　　　　　　　　　　　　　　　　〈제1수〉

　　아바님 날 나ᄒ시고 어마님 날 기ᄅ시니
　　부모옷 아니시면 내 모미 업슬랏다.
　　이 덕을 갑ᄑ려 ᄒ니 하ᄂᆞᆯ ᄀᆞ이 업스샷다.
　　　　　　　　　　　　　　　　　　　　〈제2수〉

　　형님 자신 져즐 내 조쳐 머궁이다.
　　어와 뎌 아ᅀᅡ야 어마님 너 ᄉᆞ랑이아.
　　형제옷 불화(不和)ᄒ면 개도티라 ᄒ리라.
　　　　　　　　　　　　　　　　　　　　〈제5수〉

　　늘그니ᄂᆞ 부모 ᄀᆞ고 얼우ᄂᆞ 형 ᄀᆞ트니,
　　ᄀᆞᄐᆞᆫ 디 불공(不恭)ᄒ면 어디가 다ᄅᆞᆯ고.
　　날료셔 ᄆᆞ디어시ᄃᆞ 절ᄒ고야 마로리이다.
　　　　　　　　　　　　　　　　　　　　〈제6수〉
　　　　　　　　　　　　　　　　　　－ 주세붕, 〈오륜가〉

(다) 이 듕에 시름 업스니 어부(漁父)의 생애(生涯)이로다.
　　일엽편주(一葉片舟)를 만경파(萬頃波)*에 띄워 두고
　　인세(人世)를 다 니젯거니 날 가는 줄를 안가.
〈제1수〉

　　구버는 천심녹수(千尋綠水) 도라보니 만첩청산(萬疊靑山)
　　십장홍진(十丈紅塵)이 언매나 가렸난고.
　　강호(江湖)애 월백(月白)하거든 더옥 무심(無心)하얘라.
〈제2수〉

　　청하(靑荷)에 밥을 싸고 녹류(綠柳)에 고기 꿰어
　　노적화총(蘆荻花叢)*에 빅 믜야 두고,
　　두어라 일반청의미(一般淸意味)*를 어늬 부니 아릇실고.
〈제3수〉

　　장안(長安)을 도라보니 북궐(北闕)이 천 리(千里)로다.
　　어주(魚舟)에 누어신들 니즌 스치 이시랴.
　　두어라 내 시름 아니라 제세현(濟世賢)이 업스랴.
〈제5수〉

* 만경파(萬頃波): 끝없이 넓은 바다
* 노적화총(蘆荻花叢): 갈대와 억새풀이 가득한 곳
* 일반청의미(一般淸意味): 맑은 삶의 뜻을 품고 사는 맛

– 이현보, 〈어부단가〉

F01
예상 문제

(가)를 이해한 내용으로 가장 적절한 것은?

① 시조는 한시와 마찬가지로 노래로 불리면서 향유되었다.
② 시조 발달 초창기에는 주로 사대부 계층을 중심으로 창작 · 향유되었다.
③ 시조의 초장과 중장은 종장과 달리 간결한 형식으로 호흡을 긴장시킨다.
④ 이황은 〈도산십이곡발〉에서 시조의 형식에 관한 자신의 비판적 견해를 피력하였다.
⑤ 시조는 조선 시대부터 등장한 문학 갈래로 오랫동안 많은 사람들에 의해 향유되었다.

F02
예상 문제

㉠~㉢을 바탕으로 (나)와 (다)를 설명한 내용으로 가장 적절한 것은?

① (나)의 〈제2수〉에서 '이 덕을 갑프려 하니'는 ㉠이 드러난 예로 볼 수 있다.
② (나)의 〈제5수〉에서 '형제옷 불화(不和)하면 개도티라 하리라'는 ㉡을 비유적으로 나타낸 것으로 볼 수 있다.
③ (다)의 '인세(人世)', '십장홍진(十丈紅塵)', '노적화총(蘆荻花叢)'은 ㉡을 나타내는 예로 볼 수 있다.
④ (다)의 〈제5수〉는 종장에서 ㉠으로 인해 ㉡에서 벗어나지 못하고 갈등하는 화자의 모습을 보여 주며 마무리하고 있다.
⑤ (나)와 (다)는 모두 ㉠을 지켜 ㉡을 극복하고자 하는 의도를 담고 있다.

F03
예상 문제

(가)를 참고하여 (나), (다)를 감상한 것으로 적절하지 않은 것은?

① (나)는 종장에서 의지를 나타내는 표현을 통해 '오륜'을 배우고 지키겠다는 화자의 마음을 드러내고 있군.
② (다)는 종장에서 명령형의 문장을 사용하여 자연에 대한 화자의 주체적인 인식을 보여 주고 있군.
③ (나)와 (다)는 모두 3장 12구의 간결한 형식이 비교적 잘 지켜지고 있군.
④ (나)와 (다)는 모두 초 · 중장에서 대구법을 사용하여 율격적 개방성을 보여 주고 있군.
⑤ 종장에서 시적 긴장을 모았다가 이완하며 마무리하는 형식을 통해 (나)는 '오륜'을 배우고 지킬 것을 당부하고, (다)는 자연에서 한가롭게 살고 싶은 소망을 이야기하고 있군.

지문 분석 특강

❀ 갈래 복합 지문을 쉽고 빠르게 읽는 독해 공식입니다.

> **⭐ 갈래 복합**   독해 공식
>
> **❶ 설명문 혹은 〈보기〉 먼저 읽기**
> 지문으로 제시된 설명문과 문제의 〈보기〉는 지문에 대한 중요한 정보를 제공하므로 가장 먼저 읽어야 합니다.
>
> **❷ 갈래별 독해 공식에 따라 작품 읽기**
> 시, 수필, 소설·극 문학 독해 공식에 따라 핵심을 파악하세요.
>
> **❸ 작품 간의 공통점 및 차이점 찾기**
> 제시된 작품들을 비교하는 문제는 갈래 복합에서 반드시 출제되므로 작품 간의 공통점과 차이점을 꼭 찾아보세요.

❀ 독해 공식 ❶, ❷, ❸을 구체적으로 적용해 봅시다.

❶ 설명문 혹은 〈보기〉 먼저 읽기

(가) 분석

> **시조의 형식 원리와 주제**
> • 초·중장은 규칙적 흐름을 따르고, 종장은 긴장과 이완의 구조임.
> → 구조적 안정성을 유지하면서 서정적 고양과 완결을 이룸.
> • 조선 전기 시조는 사대부층을 중심으로 발달함.
> → 유가의 이념·규범, 세속의 갈등, 강호 자연에서의 삶 등을 노래함.

❷ 시 독해 공식에 따라 (나) 읽기

1 화자, 중심 대상 찾기
(나)의 〈제2수〉와 〈제5수〉에서 화자인 '나'가 등장하고 있어요.
화자는 〈제1수〉의 '이 말씀'에 대해 이야기하고 있는데, 제목을 통해 '이 말씀'이 '오륜'임을 알 수 있어요.
• **화자**: '나', **중심 대상**: 오륜

2 화자의 상황, 정서, 태도 파악하기
화자는 '사람'들에게 '이 말씀 드러스라'라고 하며 오륜에 관해 이야기하고 있어요. 그리고 '이 말씀 닛디 말오 비호고야 마로리이다'라고 말하며 오륜을 배우고 지킬 것을 권고하는 교훈적 태도를 보이고 있어요.
• **상황**: 오륜에 관해 이야기하고 있음.
• **태도**: 교훈적(오륜을 배우고 지킬 것을 권고함.)

3 표현상 특징 파악하기
'사람'이라는 청자를 설정하고 이들에게 '이 말씀'에 대해 이야기하며 교훈을 전달하고 있어요. 또한 '형님'과 '아우'가 서로에게 말을 건네는 듯한 대화 형식을 활용하여 형제간의 우애라는 주제 의식을 강조하고 있어요.
'아버님 날 나흐시고 어머님 날 기르시니' 등에서는 비슷한 구성의 문장을 나란히 놓고(대구법), '어듸가 다롤고'에서는 의문의 형식으로 표현하고 있어요.(설의법)
• **표현상 특징**
– 청자를 설정하여 교훈을 전달하고 있음.
– 대화 형식을 활용하고 있음.
– 설의법과 대구법을 사용하고 있음.

❊ **[나]의 구조와 주제를 정리해 봅시다.**

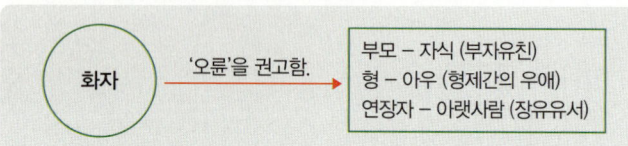

❷ 시 독해 공식에 따라 (다) 읽기

화자는 마땅히 지켜야 할 도리인 오륜의 실천을 강조하고 있어요.
따라서 (나)의 **주제**는 오륜에 대한 권고입니다.

1 화자, 중심 대상 찾기
(다)의 〈제5수〉에서 화자인 '나'가 등장하고 있어요.
화자는 '어부의 생애' 즉, 어부로 사는 삶에 대해 이야기하고 있어요.
• **화자**: '나', **중심 대상**: 어부로 사는 삶

2 화자의 상황, 정서, 태도 파악하기
화자는 '이 듕에 시름 업스니 어부의 생애이로다'라고 하며 자연 속에서 어부로 사는 삶에 대해 노래하고 있어요.
화자는 속세를 '다 니젯거니 날 가는 줄롤' 모르겠다고 하고, '일반청의미(맑은 삶의 뜻을 품고 사는 맛)'를 '어늬 부니' 알 것이냐고 말하며 자연 속에서 사는 만족감을 드러내고 있어요. 하지만 '어주에 누어신돌' 임금이 계신 곳을 잊은 적이 없다며 나라를 걱정하는 마음 또한 드러내고 있어요.
한편, '십장홍진이 언매나 가렷'는지 묻는 모습은 속세를 멀리하고자 하는 탈속적 태도를 드러내요. 또한 연잎에 '밥을 싸'고, 버들가지에 '고기'를 꿰고 '노적화총(갈대와 억새풀이 가득한 곳)'에 배를 매어 두는 모습을 통해 자연 친화적인 태도가 드러나고 있어요.
• **상황**: 자연 속에서 어부로 사는 삶을 노래하고 있음.
• **정서**: 자연 속에서 사는 만족감과 나라에 대한 걱정이 드러남.
• **태도**: 탈속적(속세를 멀리하고자 함.), 자연 친화적

3 표현상 특징 파악하기
자연을 의미하는 '만경파', '천심녹수', '강호' 등과, 속세를 의미하는 '인세', '십장홍진', '장안'을 대비하여 자연을 긍정하는 주제 의식을 드러내고 있어요.
'날 가는 줄롤 안가', '어늬 부니 아릇실고' 등에서 의문의 형식으로 표현하여 화자의 정서를 강조하고 있어요.(설의법)
'구버는 천심녹수 도라보니 만첩청산' 등에서는 비슷한 구성의 문장을 나란히 놓는 방식으로 운율을 형성하고 있어요.(대구법)
• **표현상 특징**
– 공간의 대비를 통해 주제 의식을 드러내고 있음.
– 설의법을 활용하고 있음.
– 대구법을 활용하고 있음.

❊ **[다]의 구조와 주제를 정리해 봅시다.**

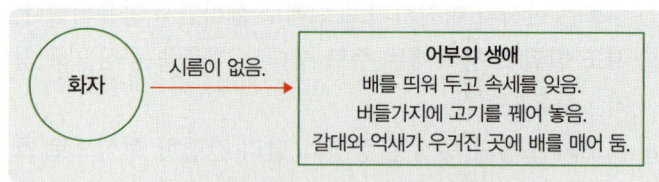

화자는 자연을 벗하며 고기잡이를 하는 삶을 노래하고 있어요.
따라서 (다)의 **주제**는 자연과 더불어 사는 한가로운 삶입니다.

❸ 작품 간의 공통점 및 차이점 찾기

(나)	(다)
화자가 추구하는 삶의 모습이 드러남.	
유교적 가르침을 지키는 도덕적인 삶을 추구함.	세속에서 벗어나서 자연을 즐기는 삶을 추구함.

• **공통점**: 화자가 추구하는 삶의 모습이 드러남.
• **차이점**: (나)의 화자는 유교적 가르침을 지키는 도덕적인 삶을, (다)의 화자는 세속에서 벗어나서 자연을 즐기는 삶을 추구함.

F01 설명문의 내용 파악하기

(가)를 이해한 내용으로 가장 적절한 것은?

① 시조는 ~~한지와 마찬가지로~~ 노래로 불리면서 향유되었다. (×)
  *근거: (가) ③문단 ❸ 문장

> 한시는 읊조릴 수 있으되 노래할 수는 없어서

🍃 '한시는 읊조릴 수 있으되 노래할 수는 없'다고 했어요.

② 시조 발달 초창기에는 주로 사대부 계층을 중심으로 창작·향유되었다. (○)
  *근거: (가) ③문단 ❶, ❺ 문장

> 시조가 본격적으로 융성하게 된 것은 조선 시대에 들어와서의 일이다. / 사대부층을 중심으로 발달한 조선 전기 시조

🍃 '시조가 본격적으로 융성하게 된 것은 조선 시대에 들어와서의 일'이며, '조선 전기 시조'는 '사대부층을 중심으로 발달'하였다고 했어요. 즉, 시조가 발달한 초창기에는 사대부층을 중심으로 시조가 창작되고 향유된 것이에요. 그러므로 정답은 ②!

③ 시조의 초장과 중장은 종장과 달리 간결한 형식으로 ~~호흡을 긴장시킨다.~~ (×)
  *근거: (가) ②문단 ❷, ❸ 문장

> • 초·중장은 비교적 규칙적인 흐름으로
> • 종장은 ~ 호흡을 비대칭적으로 긴장시켰다가 풀어 줌으로써

🍃 시조의 초·중장은 '규칙적인 흐름'을 가지고, 종장은 '호흡을 비대칭적으로 긴장시켰다가 풀어' 준다고 했어요. 즉, 호흡을 긴장시키는 것은 종장의 특징이에요.

④ 이황은 〈도산십이곡발〉에서 시조의 형식에 관한 자신의 ~~비판적~~ 견해를 피력하였다. (×)
  *근거: (가) ③문단 ❸ 문장

> 이황은 〈도산십이곡발〉에서 ~ 국문 시가에 대한 긍정적 인식을 보여 주었다.

🍃 이황은 〈도산십이곡발〉에서 국문 시가, 즉 시조에 대한 긍정적 인식을 드러냈다고 했어요.

⑤ 시조는 ~~조선 시대부터 등장한 문학 갈래로~~ 오랫동안 많은 사람들에 의해 향유되었다. (×)
  *근거: (가) ③문단 ❶문장

> 시조가 본격적으로 융성하게 된 것은 조선 시대에 들어와서의 일이다.

🍃 '시조가 본격적으로 융성하게 된 것은 조선 시대에 들어와서의 일'이라는 것을 통해 시조가 조선 시대 이전에 등장한 갈래임이 드러나요.

🌸 설명문의 내용 파악하기 유형

🍯팁 설명문에서 선택지의 내용과 같거나 비슷한 이야기를 하고 있는 부분을 찾으세요.

F02 설명문을 바탕으로 감상하기

㉠~㉢을 바탕으로 (나)와 (다)를 이해한 내용으로 가장 적절한 것은?

• ㉠: ㉠은 '유가의 이념·규범'입니다.
• ㉡: ㉡은 '혼탁한 세속의 갈등'입니다.
• ㉢: ㉢은 '강호 자연 속에서 심성을 기르며 유유자적하는 삶'입니다.
• (나): 백성들에게 오륜을 배울 것을 권고하고 있습니다.
• (다): 자연 속에서의 삶에 대한 만족감을 노래하고 있습니다.

즉 조선 전기 시조의 다양한 주제를 바탕으로 (나)와 (다)를 적절하게 이해한 것을 고르는 문제입니다.

① (나)의 〈제2수〉에서 '이 덕을 갑프려 ᄒ니'는 ㉠이 드러난 예로 볼 수 있다. (○)
  *근거: (나) 〈제2수〉 ❸

> 이 덕을 갑프려 ᄒ니 하늘 ᄀ이 업스샷다.

🍃 '이 덕을 갑프려 ᄒ니'는 부모님의 은혜에 보답하겠다는 뜻으로, ㉠을 드러낸 예로 적절해요. 그러므로 정답은 ①!

② (나)의 〈제5수〉에서 '형제옷 불화(不和)ᄒ면 개도티라 ᄒ리라'는 ~~㉡을 비유적으로 나타낸 것으로~~ 볼 수 있다. (×)
  *근거: (나) 〈제5수〉 ❸

> 형제옷 불화ᄒ면 개도티라 ᄒ리라.

🍃 '형제옷 불화ᄒ면 개도티라 ᄒ리라'는 형제끼리 화목하지 못하면 짐승과 같다는 뜻으로, ㉠을 강조하는 표현이에요.

③ (다)의 '인세(人世)', '십장홍진(十丈紅塵)', ~~노적화총(蘆荻花叢)~~은 ㉡을 나타내는 예로 볼 수 있다. (×)
  *근거: (다) 〈제1수〉 ❸, 〈제2수〉 ❷, 〈제3수〉 ❷

> • 인세를 다 니젯거니 날 가는 줄를 안가.
> • 십장홍진이 언매나 가렷난고.
> • 노적화총에 비 미야 두고,

🍃 '인세'와 '십장홍진'은 ㉡을 나타내는 예로 볼 수 있어요. 하지만 '노적화총'은 자연에서의 삶을 강조하는 표현이에요.

④ (다)의 〈제5수〉는 종장에서 ~~㉠으로 인해 ㉢에서 벗어나지 못하고 갈등하는 화자의 모습을 보여 주며 마무리하고 있다.~~ (×)
  *근거: (다) 〈제5수〉 ❷, ❸

> 어주에 누어신들 니즌 스치 이시랴.
> 두어라 내 시름 아니라 제세현이 업스랴.

🍃 '어주에 누어신들 니즌 스치 이시랴.'는 나랏일을 걱정하는 모습으로, ㉠을 드러낸다고 볼 수 있어요. 하지만 종장에서는 '두어라 내 시름 아니라'라고 하며 ㉡에서 벗어나 ㉢을 계속할 것을 강조하고 있어요.

17 DAY

⑤ (나)와 (다)는 모두 ㉠을 지켜 ~~㉡을 극복하고자 하는 의도를~~
담고 있다. (×)

*근거: (나) 〈제1수〉 ❸, (다) 〈제1수〉 ❸

> • (나): 이 말슴 닛디 말오 비호고야 마로리이다.
> • (다): 인세를 다 니젯거니 날 가는 줄롤 안가.

🌿 (나)는 ㉠을 지키고자 하는 의도를 드러내지만 이를 통해 ㉡을 극복하고자 한 것은 아니에요. (다)는 ㉡에서 벗어난 모습을 노래하지만 ㉠에 대해서는 이야기하고 있지 않아요.

🌸 **설명문을 바탕으로 감상하기 유형**

🍯꿀팁 설명문을 먼저 읽어 지문의 핵심을 파악하고, 설명문과 지문에서 근거가 되는 부분을 찾으세요.

F03 설명문을 바탕으로 감상하기

(가)를 참고하여 (나)와 (다)를 감상한 내용으로 적절하지 <u>않은</u> 것은?

• **(가)**: 시조는 초장과 중장에서는 연속적인 흐름을 유지하다가, 종장에서 긴장과 이완으로 작품을 완결시키는 구조를 가진 갈래로, 조선 시대 사대부 계층을 중심으로 향유되었습니다.
• **(나)**: 3장 12구 형식의 연시조로, 오륜을 권고하는 내용을 담고 있습니다.
• **(다)**: 3장 12구 형식의 연시조로, 어부로 사는 삶에 대한 내용을 담고 있습니다.

즉 (가)에 설명한 시조의 형식 원리를 바탕으로 (나)와 (다)를 이해한 내용 중 틀린 것을 고르는 문제입니다.

① (나)는 종장에서 의지를 나타내는 표현을 통해 '오륜'을 배우고 지키겠다는 화자의 마음을 드러내고 있군. (○)

*근거: (나) 〈제1수〉 ❸, 〈제6수〉 ❸

> • 이 말슴 닛디 말오 비호고야 마로리이다.
> • 날료셔 ㅁ디어시든 졀ㅎ고야 마로리이다.

🌿 (나)의 〈제1수〉, 〈제6수〉 종장에서는 '마로리이다'라는 표현을 통해 오륜을 배우고 지키겠다는 의지를 드러내고 있어요.

② (다)는 종장에서 ~~명령형의 문장을~~ 사용하여 자연에 대한 화자의 주체적인 인식을 보여 주고 있군. (×)

*근거: (다) 〈제1수〉 ❸, 〈제2수〉 ❸, 〈제3수〉 ❸, 〈제5수〉 ❸

> • 인세를 다 니젯거니 날 가는 줄롤 안가.
> • 강호애 월백하거든 더옥 무심하얘라.
> • 두어라 일반청의미를 어늬 부니 아르실고.
> • 두어라 내 시름 아니라 제세현이 업스랴.

🌿 (다)의 종장은 의문형 문장과 감탄형 표현을 사용하고 있을 뿐, 명령형 문장은 사용하지 않았어요. <u>그러므로 정답은 ②!</u>

[명령형의 문장: 명령이나 요구의 뜻을 나타내는 문장

---

③ (나)와 (다)는 모두 3장 12구의 간결한 형식이 비교적 잘 지켜지고 있군. (○)

*근거: (가) ①문단 ❷ 문장, ②문단 ❶ 문장

> • 3장 12구로 이루어진 간결한 형식
> • 시조의 정형적 틀은 네 개의 음보가 결합하여 한 행을 이루고 그것이 세 번 중첩되어 한 수를 이루는, '4음보격 3행시의 구조'

🌿 (가)에서 시조는 '3장 12구로 이루어진 간결한 형식'을 가진다고 했고, (나)와 (다)는 모두 3장 12구의 형식으로 이루어진 시조예요.

[3장 12구: '장'은 하나의 완결된 시상 단위를 말하고, '구'는 의미가 단락되는 도막을 말한다. '3장 12구'는 초장, 중장, 종장의 3장으로 되고, 한 장이 4구로 이루어진 형식이다.

④ (나)와 (다)는 모두 초·중장에 대구법을 사용하여 율격적 개방성을 보여 주고 있군. (○)

*근거: (가) ②문단 ❷ 문장, (나) 〈제2수〉 ❶, 〈제6수〉 ❶, (다) 〈제2수〉 ❶, 〈제3수〉 ❶

> • (가): 초·중장은 비교적 규칙적인 흐름으로 각 장 뒤에 무엇인가 이어질 것을 예상하게 하는 율격적 개방성을 띤다.
> • (나): 아버님 날 나ㅎ시고 어마님 날 기르시니 / 늘그나는 부모 고고 얼우는 형 ㄱㅌ니,
> • (다): 구버는 천심녹수 도라보니 만첩청산 / 청하에 밥을 싸고 녹류에 고기 꿰어

🌿 (나)와 (다)에서는 대구법으로 규칙적인 흐름을 형성하여 '율격적 개방성'을 보여 주고 있어요.

[대구법: 비슷한 어조나 어세를 가진 어구를 짝 지어 표현의 효과를 나타내는 방법

⑤ 종장에서 시적 긴장을 모았다가 이완하며 마무리하는 형식을 통해 (나)는 '오륜'을 배우고 지킬 것을 당부하고, (다)는 자연에서 한가롭게 살고 싶은 소망을 이야기하고 있군. (○)

*근거: (가) ②문단 ❸문장, (나) 〈제1수〉 ❸, (다) 〈제3수〉 ❸, 〈제5수〉 ❸

> • (가): 종장은 평명한 연속성을 차단하여 호흡을 비대칭적으로 긴장시켰다가 풀어 줌으로써 작품을 완결하는 구조를 가진다.
> • (나): 이 말슴 닛디 말오 비호고야 마로리이다.
> • (다): 두어라 일반청의미를 어늬 부니 아르실고. / 두어라 내 시름 아니라 제세현이 업스랴.

🌿 (나)의 〈제1수〉 종장에서는 '이 말슴'으로 시적 긴장을 모았다가 이완하며 '오륜'을 배울 것을 당부하고 있어요. (다)의 〈제3수〉, 〈제5수〉 종장에서는 '두어라'로 시적 긴장을 모았다가 이완하며 자연 속에서 살고자 하는 소망을 드러내고 있어요.

[시적 긴장: 독자가 긴장감을 유지하면서 시를 끝까지 읽게 만드는 것

🌸 **설명문을 바탕으로 감상하기 유형**

🍯꿀팁 설명문을 먼저 읽어 지문의 핵심을 파악하고, 설명문과 지문에서 근거가 되는 부분을 찾으세요.

＊ 갈래 복합 독해 공식 적용하기
❶ 설명문 혹은 〈보기〉 먼저 읽기
❷ 갈래별 독해 공식에 따라 작품 읽기
❸ 작품 간의 공통점 및 차이점 찾기

시 독해 공식	수필 독해 공식	소설, 극 독해 공식
1 화자, 중심 대상 찾기	1 중심 대상 찾기	1 중심인물, 배경 파악하기
2 화자의 상황, 정서, 태도 파악하기	2 글쓴이의 생각, 태도 파악하기	2 중심 사건, 갈등 파악하기
3 표현상 특징 파악하기	3 서술상 특징 파악하기	3 서술상 특징 파악하기

[F04~08] 다음 글을 읽고 물음에 답하시오. [시+수필]　　　　　　　　　　　　　　[2022 대비/사관학교 26~30]

(가) 기암괴석이 겹쳐 산을 이루었는데
　　그 위에 **절**이 있어 물이 사방으로 둘렀네
　　탑 그림자 강에 거꾸러져 물결 아래 일렁이고
　　풍경 소리 달을 흔들며 구름 사이로 떨어진다
　　문 앞 나그네 배엔 큰 **파도**가 급한데
　　대 아래 **스님의 바둑**은 한낮에 한가롭다
　　한 번 **사신의 명** 받들고 왔다가 석별함에
　　시 한 수 남겨 두어 **다시 오르길 기약**하네
　　　　　　　　　　　　– 박인량, 〈사송과사주구산사(使宋過泗州龜山寺)〉

(나) 어떤 지나는 **손**이 성산(星山)에 머물면서
　　서하당(棲霞堂) 식영정(息影亭) 주인(主人)아 내 말 듯소
　　인생(人生) 세간(世間)의 좋은 일 많건마는
　　엇디흔 **강산(江山)**을 갈수록 낫게 여겨
　　적막(寂寞) 산중(山中)의 들고 아니 나시는고
　　송근(松根)을 다시 쓸고 죽상(竹床)의 자리 보아
　　겨근덧 올라앉아 어떤가 다시 보니
　　천변(天邊)의 뗏는 구름 서석(瑞石)을 집을 삼아
　　나는 듯 드는 양이 주인(主人)과 어떠한고
　　창계(滄溪) 흰 물결이 정자(亭子) 앞에 둘러시니
　　천손운금(天孫雲錦)을 뉘라셔 베어 내여
　　잇는 듯 펼치는 듯 헌亽토 헌亽할샤
　　ⓐ산중(山中)에 책력(册曆)* 없어 사시(四時)를 모르더니
　　눈 아래 헤친 경(景)이 철철이 절로 나니
　　듯거니 보거니 일마다 **선간(仙間)**이라
　　　　　　　　　　　(중략)
　　공산(空山)에 쌓인 잎을 삭풍(朔風)이 거둬 불어
　　떼구름 거느리고 눈 조차 몰아오니
　　천공(天公)이 호사로와 옥(玉)으로 꽃을 지어
　　만수천림(萬樹千林)을 꾸며곰 낼셰이고
　　앞 여울 가리 얼어 독목교(獨木橋) 빗겻는데
　　막대 멘 늙은 중이 어느 절로 간닷 말고
　　산옹(山翁)의 이 부귀(富貴)를 남에게 자랑 마오

경요굴(瓊瑤屈) 은세계(隱世界)를 찾을 이 이실셰라
ⓑ산중(山中)에 벗이 없어 한기(漢紀)*를 쌓아 두고
만고(萬古) 인물(人物)을 거슬러 헤아리니
성현(聖賢)도 많거니와 호걸(豪傑)도 많고 많다
하늘 삼기실 제 곧 무심(無心)할까마는
어찌하여 시운(時運)이 일락배락* 하였는가
모를 일도 많거니와 애달픔도 그지없다
기산(箕山)의 늙은 고블 귀는 어찌 씻었던가*
박 소리 핑계하고* 조장*이 가장 높다
인심이 낯 같아서 볼수록 새롭거늘
세사(世事)는 구름이라 험하기도 험하구나
엊그제 빚은 술이 얼만큼 익었나니
잡거니 밀거니 실컷 기울이니
마음에 맺힌 시름 적게나 하리로다
거문고 줄을 얹어 풍입송(風入松)* 이었구나
　　　　　　　　　　　　– 정철, 〈성산별곡(星山別曲)〉

＊ 책력: 일 년 동안의 월일, 절기 등을 날의 순서에 따라 적은 책
＊ 한기: 중국의 역사책
＊ 일락배락: 흥했다가 망했다가
＊ 기산의 ~ 씻었던가: 기산에 숨어 살던 허유가 임금의 자리를 주겠다는 요 임금의 말을 듣자, 이를 거절하고 귀를 씻었다는 고사
＊ 박 소리 핑계하고: 표주박 하나도 귀찮다고 핑계하고
＊ 조장: 기개 있는 품행 / ＊ 풍입송: 악곡 이름

(다) 이 세상에 상(象)은 두 가지가 있으니, ㉠낮은 양(陽)이 다스리니 일이 있고, 밤은 음(陰)이 다스리니 꿈이 있다. 그러므로 운사(雲師)가 관직을 다스리고, 긴 버들로 꿈을 점쳤던 것은, 이 두 가지가 아울러 행해지고 서로를 필요로 하는 바였다.

유문(孺文) **이동욱 군**은 이름난 진사로 벼슬이 시종(侍從)이다. 그의 선조들의 집과 묘가 소성(邵城)의 **소래산(蘇來山)** 아래 있다. 군(君)은 아침에는 일어나 관직의 사무에 이바지하고, 밤에는 늘 소래산에 대한 꿈을 꾸어, 집 이름을 '몽소(夢蘇)'라 짓고, 나에게 기(記)를 지어 달라고 청했다.

사람의 사유하는 감관(感官)이란 참으로 신묘하여, 형체에 막히게 되지 않는다. 생각은 떠올라 곧 소래산에 미치는데, 소래산은 군의 고조, 증조와 조부, 부친이 강신(降神)하고 그 혼이 묻혀 있는 땅이어서, ⓛ군의 사모함은 그칠 때가 없어, 자는 중에 나타나 꿈이 되는 것이다. 또 몸이 이미 관직에 매여서, 비록 휴가를 청한다 해도 얻기도 하고 못 얻기도 하며, 비록 말미를 준다 해도 시일(時日)을 허비하게 되니, ⓒ꿈이 아니면 어찌 한 번 눈 깜짝할 사이에 뜻대로 해 볼 수 있을까?

아! ②가문에 복(福)과 화(禍)가 있으면 그 선조들이 꿈으로 많이 알려 주니, 왕래하여 감통하는 이치를 여기에서 가히 징험해 볼 수 있는 것이다. 또한 **군이 서울에 있어 소래산 꿈을 꾸는 것**이니, 만일 소래에 있다면 응당 서울을 꿈꿀 것이다. 서울은 군이 나고 자란 곳이며, 군의 선대에 벼슬하고 노닐었던 곳인 데다, 하물며 임금께서 임하신 곳이 아닌가?

나는 호서(湖西)의 미산(嵋山) 백성이다. ⓜ늙어서 서울에 몸 부치고 있으나, 매일 미산 꿈을 꾼다. 지금 그대의 헌에 기를 쓰면서, 근원 거슬러 올라가고 뿌리로 돌아감을 깨닫는 것은 바로 인간의 정리(情理)가 같기 때문이다.

– 이용휴, 〈몽소헌기(夢蘇軒記)〉

F04

(가), (나)에 대한 설명으로 적절하지 <u>않은</u> 것은? [3점]

① (가)는 공감각적 심상을 활용하여 대상의 이미지를 구체화하고 있다.
② (나)는 영탄적 어조를 활용하여 대상으로부터 받은 흥취를 강조하고 있다.
③ (가)는 (나)와 달리 자연물에 화자의 감정을 이입하여 애상감을 심화하고 있다.
④ (나)는 (가)와 달리 계절감을 드러내는 시어를 활용하여 시적 분위기를 형상화하고 있다.
⑤ (가)는 선경후정의 방식으로, (나)는 청자에게 말을 건네는 방식으로 시상을 전개하고 있다.

F05

(가)와 (나)의 시구를 비교하여 이해한 내용으로 가장 적절한 것은? [3점]

① (가)의 '풍경 소리'와 (나)의 '풍입송'은 삶에 대한 자족감을 나타내는 소재이다.
② (가)의 '큰 파도'와 (나)의 '창계 흰 물결'은 심미적 완상의 대상이다.
③ (가)의 '스님의 바둑'과 (나)의 '엊그제 빚은 술'은 삶에 대한 성찰을 환기하는 소재이다.
④ (가)의 '사신의 명'과 (나)의 '산옹의 이 부귀'는 화자가 부정적으로 인식하는 대상이다.
⑤ (가)의 '시 한 수'와 (나)의 '거문고'는 내면적 감흥을 외부로 표출하는 수단이다.

F06

ⓐ와 ⓑ에 대한 설명으로 가장 적절한 것은? [3점]

① ⓐ는 자연 속에서 느끼는 화자의 흥취를, ⓑ는 인간 세상과의 단절로 인한 화자의 고독감을 부각한다.
② ⓐ는 자연과 합일된 삶에 대한 화자의 지향을, ⓑ는 자연과 괴리된 삶에 대한 화자의 안타까움을 드러낸다.
③ ⓐ는 화자에게 무상감을 느끼게 하는 자연의 모습을, ⓑ는 화자가 벗어나고자 하는 인간 세상의 부정적 모습을 환기한다.
④ ⓐ는 화자가 자연의 순환적 질서를 수용하고 있음을, ⓑ는 화자가 산중에서의 시간을 심성 수양의 시간으로 인식하고 있음을 보여 준다.
⑤ ⓐ는 산중이 인위적인 시간 질서에 구애받지 않는 곳임을, ⓑ는 산중에서도 인간 세상에 대한 화자의 관심이 여전히 남아 있음을 드러낸다.

F07

〈보기〉의 '선생님'의 설명에 따라 (가)~(다)를 감상한 내용으로 적절하지 <u>않은</u> 것은? [4점]

[보기]

선생님: 문학에서의 공간은 단순히 물리적 영역으로 그 의미가 제한될 수 있지만, 공간에 어떤 태도나 가치관이 투사될 수도 있습니다. 이때 투사되는 가치관에 따라 공간들 간에 위계적 질서를 형성할 수 있습니다. 또한 가치관의 투사로 인해 공간이 가진 의미가 새롭게 파악되기도 합니다. (가)~(다)에 제시된 공간의 의미를 그 공간에 투사된 가치관을 중심으로 파악해 봅시다.

① (가)에서 '절'은 화자가 '다시 오르길 기약'한다는 점에서 단순한 물리적 공간을 넘어서는 의미가 부여된 곳이라 할 수 있겠군.

② (나)에서 '좋은 일 많다'고 말한다는 점에서 '인생 세간'은 '손'의 가치관이 투사된 공간이라 할 수 있겠군.

③ (나)에서 '강산'을 '선간'으로 표현했다는 점에서 강산이라는 공간을 단순한 자연이 아닌 이상적 공간으로 파악하고 있다고 볼 수 있겠군.

④ (다)에서 '군이 서울에 있어 소래산 꿈을 꾸는 것'이라 말한다는 점에서 '나'는 '소래산'을 '서울'보다 위계적 질서상 상위에 두고 있다고 볼 수 있겠군.

⑤ (다)에서 '소래산'은 효라는 유가적 이념에 기반한 의미가 환기되는 곳이라는 점에서 조상을 중시하는 '이동욱 군'의 가치관이 투사된 곳이라 할 수 있겠군.

F08
2022 대비/사관학교 30

〈보기〉를 바탕으로 (다)의 ㉠~㉤에 대해 이해한 내용으로 적절하지 않은 것은? [4점]

[보기]

〈몽소헌기〉는 몽소(夢蘇) 즉 '소래산을 꿈꾼다'는 뜻을 지닌 건축물에 담긴 의미를 서술하고 있는 작품으로, 꿈꾸는 대상으로서의 소래산만큼 중요하게 제시되는 것이 꿈꾸는 행위 자체이다. 글쓴이는 작품을 통해 현상 혹은 행위로서의 꿈의 의미, 바라는 바가 나타나는 꿈의 원리나 현실적 제약을 초월하는 수단이 되는 꿈의 효용, 그리고 대리 만족을 가능하게 하는 꿈의 작용을 서술함과 동시에 꿈이 주체나 대상과의 결합에 제한이 없다는 측면에서의 꿈의 보편적 성격을 기술하여 '몽소헌'이라는 건축물에 담긴 의미를 완성하고 있다.

① ㉠: 낮의 일과 밤의 꿈에 대등한 가치를 부여함으로써 꿈의 의미를 드러내고 있다.

② ㉡: 현실에서 그리움과 사모의 대상이 꿈으로 이어지는 꿈의 원리가 제시되고 있다.

③ ㉢: 공간적 거리에 따른 현실적 제약을 넘어설 수 있게 하는 꿈의 효용이 제시되고 있다.

④ ㉣: 현실에서 실현할 수 없는 바에 대한 대리 만족을 가능하게 하는 꿈의 작용을 구체화하고 있다.

⑤ ㉤: 꿈이 '나', '미산'과도 결합할 수 있다는 것을 통해 주체나 대상에 제한이 없는 꿈의 보편적 성격이 제시되고 있다.

지문 분석 특강

🌸 갈래 복합 지문을 쉽고 빠르게 읽는 독해 공식입니다.

⭐ 갈래 복합	독해 공식
❶ 설명문 혹은 〈보기〉 먼저 읽기	
❷ 갈래별 독해 공식에 따라 작품 읽기	
❸ 작품 간의 공통점 및 차이점 찾기	

🌸 지문에 독해 공식 ❶, ❷, ❸을 적용해 봅시다.

❶ 설명문 혹은 〈보기〉 먼저 읽기

F07의 〈보기〉를 통해 (가)~(다)에 제시된 공간에 어떤 태도나 가치관이 투사되어 있을 것임을 추측할 수 있어요.

F07 [보기] 분석

• 문학에서의 공간에는 어떤 태도나 가치관이 투사될 수 있음.
  – 이를 바탕으로 공간들 간에 위계적 질서가 형성됨.
  – 공간이 가진 의미가 새롭게 파악됨.

F08의 〈보기〉를 통해 (다)의 중심 대상은 '꿈'이며, 꿈의 의미, 원리, 효용, 작용, 성격을 서술하고 있음을 짐작할 수 있어요.

F08 [보기] 분석

(다)에서 기술하는 내용
• 현상 혹은 행위로서의 꿈의 의미
• 바라는 바가 나타나는 꿈의 원리
• 현실적 제약을 초월하는 수단이 되는 꿈의 효용
• 대리 만족을 가능하게 하는 꿈의 작용
• 주체나 대상과의 결합에 제한이 없다는 측면에서의 꿈의 보편적 성격

❷ 시 독해 공식에 따라 (가) 읽기

1 화자, 중심 대상 찾기
(가)에서 화자는 직접적으로 드러나지 않아요. 화자는 '절'에 대해 이야기하고 있는데, 제목을 통해 '절'이 '구산사'임을 알 수 있어요.
• **화자:** 드러나지 않음. • **중심 대상:** 절(구산사)

2 화자의 상황, 정서, 태도 파악하기
화자는 '사신'으로 가다가 산 위에 있는 '절'에 들러 주변 풍경을 감상하고 있어요. 또한 화자는 '시 한 수 남겨 두어 다시 오르길 기약'한다고 하며 절을 떠나는 아쉬움을 드러내고 있어요.
• **상황:** 사신으로 가다가 절(구산사)에 들림.
• **정서:** 절을 떠나는 것을 아쉬워함.

3 표현상 특징 파악하기
'산'과 '물'과 같은 절 주변의 풍경에서 '탑'과 '풍경'과 같은 절의 외관, '스님'과 같은 절 내의 풍경, 화자의 심정이 담긴 '시 한 수'로 시선을 이동하며 시상을 전개하고 있어요.(원근법적 구도, 선경후정)
청각적 심상인 '풍경 소리'가 구름 사이로 '떨어진다'고 시각적으로 표현하여 '풍경 소리'가 울리는 모습을 감각적으로 묘사하고 있어요.(공감각적 표현)
'큰 파도'가 급하게 흘러가는 모습과 '스님'이 한가롭게 바둑을 두는 모습을 대비하여 시적 분위기를 나타내고 있어요.
• **표현상 특징**
  – 원근법적 구도와 선경후정을 바탕으로 함.
  – 공감각적 표현을 사용하고 있음.
  – 상반된 광경을 대비하고 있음.

17 DAY

＊ [가]의 구조와 주제를 정리해 봅시다.

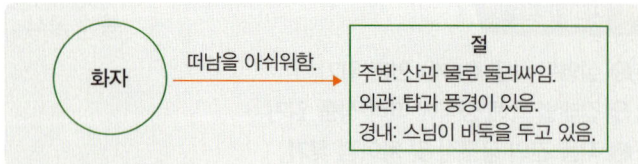

화자는 고즈넉한 풍경을 지닌 산 위의 절을 떠나기 아쉬워하고 있어요.
따라서 (가)의 **주제**는 산사의 고즈넉한 풍경과 절을 떠나는 아쉬움입니다.

❷ 시 독해 공식에 따라 (나) 읽기

1 화자, 중심 대상 찾기
(가)에서 화자는 직접적으로 드러나지 않아요. 화자는 '손'이 머무르는 곳이자
'서하당'과 '식영정'이 있는 '성산'에 대해 이야기하고 있어요.
• **화자:** 드러나지 않음. **중심 대상:** 성산

2 화자의 상황, 정서, 태도 파악하기
화자는 '성산에 머물면서' 성산의 경치를 감상하고 있어요.
화자는 '산중'에 쌓아 둔 책에 기록된 흥망성쇠를 거듭하는 역사를 보며 '애
달픔도 그지없다'라고 했어요. 이를 통해 화자가 인생의 무상감을 느꼈음이
드러나고 있어요.
한편, '잇는 듯 펼치는 듯 헌스토 헌스할샤'와 '듣거니 보거니 일마다 선간이
라'는 성산의 아름다운 경치에 대한 예찬적 태도를 드러내요. 또한 화자는
'인심이 낯 같아서 볼수록 새롭'다며 시시각각 변하는 사람의 마음을 비판적
으로 바라보고, '세사는 구름이라 험하기도 험하구나'라고 하며 속세를 부정
적으로 인식하는 태도를 보이고 있어요.
• **상황:** 성산에 머물며 성산의 경치를 감상하고 있음.
• **정서:** 인생의 무상감을 느낌.
• **태도:** 예찬적(성산의 아름다운 경치에 감탄함.), 부정적(시시각각 변하는 인
  심을 비판적으로 바라보고, 속세를 부정적으로 인식함.)

3 표현상 특징 파악하기
식영정 주인을 '천변의 떴는 구름'에 비유하고, 시냇물을 '은하수'에 비유하는
등 다양한 비유적 표현을 활용하고 있어요.
'주인과 어떠한고', '어느 절로 간닷 말고'에서는 의문의 형식을, '헌스토 헌스
할샤', '일마다 선간이라'에서는 감탄 조사를 활용하여 화자의 정서를 강조하
고 있어요.(설의법, 영탄법)
'기산의 늙은 고블 귀는 어찌 씻었던가', '박 소리 핑계하고 조장이 가장 높
다'는 전설적 은자인 허유와 관련된 고사를 인용한 표현이에요.
• **표현상 특징**
– 비유적 표현을 활용하고 있음.
– 설의법과 영탄법을 사용하고 있음.
– 고사를 인용하고 있음.

＊ [나]의 구조와 주제를 정리해 봅시다.

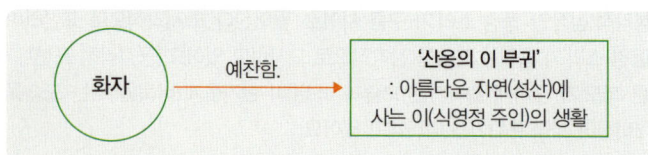

화자는 아름다운 성산에 사는 이의 풍류적인 삶을 예찬하고 있어요.
따라서 (나)의 **주제**는 성산의 경치와 식영정 주인의 삶에 대한 예찬입니다.

❷ 수필 독해 공식에 따라 (다) 읽기

1 중심 대상 찾기
글쓴이는 '몽소헌'이 '소래산에 대한 꿈을 꾸는 집'이라는 의미를 지니고 있
음을 밝히며 '꿈'에 대해 이야기하고 있어요.
• **중심 대상:** 꿈

여기까지 잘 정리되고 있나요?
내용이 달라지는 부분에서 끊어 읽으면 작품을 이해하는 데 도움이 돼요.

> • ①: 이 세상에 상은 ~ 필요로 하는 바였다.
> • ②: 유문 이동욱 군은 ~ 임하신 곳이 아닌가?
> • ③: 나는 호서의 미산 ~ 정리가 같기 때문이다.

2 글쓴이의 생각, 태도 파악하기
글쓴이는 '꿈이 아니면 어찌 한 번 눈 깜짝할 사이에 뜻대로 해 볼 수 있을
까?'라고 하며 공간의 제약을 초월할 수 있는 꿈의 효용에 대해 이야기하고
있어요. 또한 '선조들이 꿈으로' 가문의 '복'과 '화'를 알려 준다며 꿈을 통해
정신적 소통이 가능하다고 말하고 있어요. 그리고 소래산에 대한 꿈을 꾸는
'이동욱 군'처럼 자신도 고향인 '미산'에 대한 꿈을 꾼다는 것을 통해 꿈이 주
체나 대상에 제한이 없는 보편적 성격을 지닌다는 생각을 밝히고 있어요.
• **생각:** 꿈은 공간의 제약을 초월하는 효용이 있음. 꿈은 정신적 소통을 가능
  하게 하는 작용을 함. 꿈은 주체나 대상에 제한이 없는 보편적 성격을 지님.

3 서술상 특징 파악하기
'이동욱 군'이 '집 이름을 '몽소(夢蘇)'라 짓고, 나에게 기(記)를 지어달라고 청
했다'며 작품을 쓰게 된 계기를 밝히고 있어요. 또한 현실의 생각이 '자는 중
에 나타나 꿈이 되고, '꿈'을 통해 '감통하는 이치'를 경험해 볼 수 있다는 등
'꿈'에 관한 글쓴이의 생각이 구체적으로 드러나고 있어요.
• **서술상 특징**
– 작품을 쓰게 된 계기를 밝히고 있음.
– '꿈'에 관한 글쓴이의 생각을 구체적으로 드러내고 있음.

＊ [다]의 구조와 주제를 정리해 봅시다.

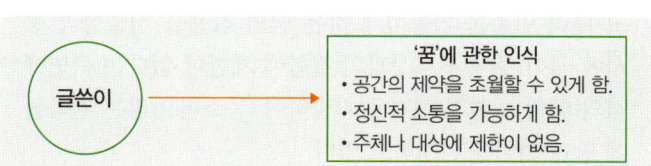

글쓴이는 꿈의 의미와 효용, 성격 등 꿈에 관한 자신만의 생각을 바탕으로
'몽소헌'에 담긴 의미를 밝히고 있어요.
(다)의 **주제**는 꿈에 대한 인식을 바탕으로 밝힌 '몽소헌'에 담긴 의미입니다.

❸ 작품 간의 공통점 및 차이점 찾기

(가)	(나)	(다)
화자나 글쓴이의 가치관이 투사된 공간이 제시됨.		
화자는 '절'을 떠나는 것을 아쉬워함.	화자는 '성산'과 이곳에 사는 이를 예찬함.	글쓴이는 '소래산'을 통해 '꿈'에 관한 생각을 드러냄.

• **공통점:** 화자나 글쓴이의 가치관이 투사된 공간이 제시됨.
• **차이점:** (가)에서는 '절', (나)에서는 '성산', (다)에서는 '소래산'이 가치관이
  투사된 공간으로 제시됨.

F04 작품 비교하기

(가), (나)에 대한 설명으로 적절하지 <u>않은</u> 것은?

① (가)는 공감각적 심상을 활용하여 대상의 이미지를 구체화하고 있다. (○)

*근거: (가) ❹행

> 풍경 소리 달을 흔들며 구름 사이로 떨어진다

🍃 청각적 심상인 '풍경 소리'가 '떨어진다'고 시각화하여 표현하고 있어요.

⌈ **공감각적 심상:** 어떤 감각이 다른 영역의 감각으로 전이된 심상

② (나)는 영탄적 어조를 활용하여 대상으로부터 받은 흥취를 강조하고 있다. (○)

*근거: (나) ⑫, ⑮행

> 헌스토 헌스할샤 / 일마다 선간이라

🍃 '-샤', '-이라'라는 감탄 조사를 활용하여 성산의 경치에 감탄하는 마음을 강조하고 있어요.

⌈ **영탄적 어조:** 감탄사나 감탄 조사를 사용하여 감정을 강하게 나타내는 어조

③ (가)는 (나)와 달리 ~~자연물에 화자의 감정을 이입~~하여 애상감을 심화하고 있다. (×)

🍃 (가)와 (나)에서 자연물에 화자의 감정을 이입하거나 애상감을 드러낸 부분은 나타나지 않아요. <u>그러므로 정답은 ③!</u>

⌈ **감정을 이입:** 자신의 감정을 대상 속에 이입시켜 마치 대상이 그렇게 느끼고 생각하는 것처럼 표현하는 방법

④ (나)는 (가)와 달리 계절감을 드러내는 시어를 활용하여 시적 분위기를 형상화하고 있다. (○)

*근거: (나) ⑰행

> 떼구름 거느리고 눈 조차 몰아오니

🍃 (나)에서는 '눈'을 통해 겨울임을 드러내고 있지만, (가)에서는 계절감을 드러내는 시어를 사용하고 있지 않아요.

⌈ **계절감을 드러내는 시어:** 계절을 떠올리게 하는 시어로, '봄', '여름'과 같이 계절을 직접 드러내기도 하고, '낙엽', '눈'과 같이 간접적으로 드러내기도 한다.

⑤ (가)는 선경후정의 방식으로, (나)는 청자에게 말을 건네는 방식으로 시상을 전개하고 있다. (○)

*근거: (가), (나) ❷행

> • (가): 기암괴석이 겹쳐 산을 ~ 한낮에 한가롭다 / 한 번 사신의 명 ~ 다시 오르길 기약하네
> • (나): 서하당 식영정 주인아 내 말 듣소

🍃 (가)에서는 절 주변의 풍경과 외관을 묘사한 후 절을 떠나는 화자의 아쉬운 정서를 드러내고 있어요. (나)에서는 청자인 '식영정 주인'에게 말을 건네는 방식을 활용하고 있어요.

⌈ **선경후정:** 관찰한 경치를 먼저 표현하고 뒤에 경치에 대한 감상(정서)을 드러내는 방식

🦋 **작품 비교하기 유형**

꿀팁 ① 한 작품을 먼저 읽고, 선택지들 가운데 오답을 거르세요.
② 선택지의 내용이 두 작품에 모두 해당하는지 반드시 확인하세요.

F05 시어 및 구절의 의미 파악하기

(가)와 (나)의 시구를 비교하여 이해한 내용으로 가장 적절한 것은?

① (가)의 '풍경 소리'와 (나)의 '풍입송'은 ~~삶에 대한 자족감을 나타내는 소재이다.~~ (×)

*근거: (가) ❹행, (나) ⑰행

> • (가): 풍경 소리 달을 흔들며 구름 사이로 떨어진다
> • (나): 거문고 줄을 얹어 풍입송 이었구나

🍃 '풍경 소리'와 '풍입송'은 삶의 대한 자족감과 관련이 없어요.

② (가)의 ~~큰 파도~~와 (나)의 '창계 흰 물결'은 심미적 완상의 대상이다. (×)

*근거: (가) ❺행, (나) ⑩~⑫행

> • (가): 문 앞 나그네 배엔 큰 파도가 급한데
> • (나): 창계 흰 물결이 정자 앞에 둘러시니 ~ 헌스토 헌스할샤

🍃 (나)의 '창계 흰 물결'은 화자가 감상하며 아름다움을 느끼는 것이므로 심미적 완상의 대상으로 볼 수 있어요. 하지만 (가)의 '큰 파도'는 한가로운 스님의 모습과 대비되는 자연을 나타낼 뿐, 심미적 완상의 대상은 아니에요.

③ (가)의 '스님의 바둑'과 (나)의 '엊그제 빚은 술'은 ~~삶에 대한 성찰을 환기~~하는 소재이다. (×)

*근거: (가) ❻행, (나) ㉞행

> • (가): 대 아래 스님의 바둑은 한낮에 한가롭다
> • (나): 엊그제 빚은 술이 얼만큼 익었나니

🍃 '스님의 바둑'과 '엊그제 빚은 술'은 삶에 대한 성찰과 관련이 없어요.

④ (가)의 '사신의 명'과 (나)의 '산옹의 이 부귀'는 화자가 ~~부정적으로 인식~~하는 대상이다. (×)

*근거: (가) ❼행, (나) ㉒행

> • (가): 한 번 사신의 명 받들고 왔다가 석별함에
> • (나): 산옹의 이 부귀를 남에게 자랑 마오

🍃 (가)의 화자는 '사신의 명'에 대한 부정적 인식을 드러내지 않았어요. (나)의 화자는 '산옹의 이 부귀'를 오롯이 즐기고 싶어 하므로 긍정적으로 인식한다고 볼 수 있어요.

17 DAY

⑤ (가)의 '시 한 수'와 (나)의 '거문고'는 내면적 감흥을 외부로 표출하는 수단이다. (○)
*근거: (가) ⑧행, (나) ㉟, ㊲행

> • (가): 시 한 수 남겨 두어 다시 오르길 기약하네
> • (나): 마음에 맺힌 시름 적게나 하리로다 / 거문고 줄을 얹어 풍입송 이었구나

🍃 (가)의 화자는 '시 한 수'를 남겨 둠으로써 절을 떠나기 아쉬워하는 마음을 표출하고 있어요. (나)의 화자는 '거문고'를 연주함으로써 마음에 남은 시름을 풀고 싶은 마음을 표출하고 있어요. 그러므로 정답은 ⑤!

🌸 시어 및 구절의 의미 파악하기 유형

꿀팁 선택지의 내용을 지문에서 찾아 앞뒤 문맥을 살펴 의미를 파악하세요.

F06 시어 및 구절의 의미 파악하기

ⓐ와 ⓑ에 대한 설명으로 가장 적절한 것은?

• ⓐ: ⓐ는 '산중에 책력 없어 사시를 모르더니'로, 시간이 가는 줄 모르고 생활하는 상황을 표현한 구절입니다.
• ⓑ: ⓑ는 '산중에 벗이 없어 한기를 쌓아 두고'로, 교류하는 사람이 없어 책만 쌓아 둔 상황을 표현한 구절입니다.

즉 '산중'에서의 생활을 표현한 ⓐ와 ⓑ에 드러나는 의미를 적절하게 파악한 것을 고르는 문제입니다.

① ⓐ는 자연 속에서 느끼는 화자의 흥취를, ⓑ는 인간 세상과의 단절로 인한 화자의 ~~고독감~~을 부각한다. (×)

🍃 ⓐ는 '산중'에서 시간이 흘러가는 것도 모른 채 생활하는 화자의 흥취를 부각한다고 볼 수 있지만, ⓑ에서 화자의 고독감은 드러나지 않아요.

② ⓐ는 ~~자연과 합일된 삶에 대한 화자의 지향~~을, ⓑ는 ~~자연과 괴리된 삶~~에 대한 화자의 안타까움을 드러낸다. (×)

🍃 ⓐ를 통해 화자가 자연과 합일된 삶을 지향하는지는 알 수 없어요. 또한 ⓑ에서 화자는 '산중'에 있으므로 자연과 괴리된 상태로 볼 수 없어요.

③ ⓐ는 화자에게 ~~무상감~~을 느끼게 하는 자연의 모습을, ⓑ는 ~~화자가 벗어나고자 하는 인간 세상의 부정적 모습~~을 환기한다. (×)

🍃 ⓐ를 통해 화자가 자연의 모습에 무상감을 느끼는지는 알 수 없어요. 또한 ⓑ는 화자가 벗어나고자 하는 인간 세상의 부정적 모습을 나타내지 않아요.

④ ⓐ는 화자가 ~~자연의 순환적 질서를 수용~~하고 있음을, ⓑ는 화자가 산중에서의 시간을 ~~심성 수양의 시간~~으로 인식하고 있음을 보여 준다. (×)

🍃 ⓐ에서 화자는 계절의 변화를 모르고 있으므로 자연의 순환적 질서를 수용한다고 볼 수 없어요. 또한 ⓑ에서 화자는 심성 수양을 하고 있지 않아요.

⑤ ⓐ는 산중이 인위적인 시간 질서에 구애받지 않는 곳임을, ⓑ는 산중에서도 인간 세상에 대한 화자의 관심이 여전히 남아 있음을 드러낸다. (○)
*근거: (나) ⑬, ㉔, ㉘행

> ⓐ산중에 책력 없어 사시를 모르더니
> ⓑ산중에 벗이 없어 한기를 쌓아 두고
> 어찌하여 시운이 일락배락 하였는가

🍃 ⓐ는 달력이 없어서 계절이 변하는 줄 모를 만큼 '산중'이 인위적인 시간에 얽매이지 않는 곳임을 드러내요. ⓑ는 '산중'에 쌓아 둔 역사책을 읽으며 세상의 흥망성쇠를 언급하는 것을 통해 화자가 속세에 관심이 남아 있음을 드러내요. 그러므로 정답은 ⑤!

🌸 시어 및 구절의 의미 파악하기 유형

꿀팁 선택지의 내용을 지문에서 찾아 앞뒤 문맥을 살펴 의미를 파악하세요.

F07 〈보기〉를 바탕으로 감상하기

〈보기〉의 '선생님'의 설명에 따라 (가)~(다)를 감상한 내용으로 적절하지 <u>않은</u> 것은?

• '선생님'의 설명: 문학에서의 공간에는 태도나 가치관이 투사될 수 있고, 이에 따라 공간의 의미가 새롭게 파악될 수 있습니다.
• (가): 화자는 '절'에서 고즈넉하고 한가함을 느끼고 있습니다.
• (나): 화자는 '성산'에서 아름다운 경치를 감상하고 있습니다.
• (다): 글쓴이는 '소래산'에 관한 꿈을 꾸는 행위에 대해 설명하고 있습니다.

즉 (가)~(다)에 나타난 공간의 의미를 잘못 파악한 것을 고르는 문제입니다.

┌─────────[보기]─────────┐
선생님: ❶문학에서의 공간은 단순히 물리적 영역으로 그 의미가 제한될 수 있지만, 공간에 어떤 태도나 가치관이 투사될 수도 있습니다. ❷이때 투사되는 가치관에 따라 공간들 간에 위계적 질서를 형성할 수 있습니다. ❸또한 가치관의 투사로 인해 공간이 가진 의미가 새롭게 파악되기도 합니다. ❹(가)~(다)에 제시된 공간의 의미를 그 공간에 투사된 가치관을 중심으로 파악해 봅시다.
(가) '절', (나) '인생 세간', '강산', (다) '소래산'
└────────────────────────┘

① (가)에서 '절'은 화자가 '다시 오르길 기약'한다는 점에서 단순한 물리적 공간을 넘어서는 의미가 부여된 곳이라 할 수 있겠군.
(○)
*근거: (가) ⑧행

> 시 한 수 남겨 두어 다시 오르길 기약하네

🍃 화자가 '절'을 떠남을 아쉬워하며 '시 한 수'를 남겨 두는 것은 화자에게 '절'이 긍정적인 의미가 있는 곳임을 드러내요.

② (나)에서 '좋은 일' 많다고 말한다는 점에서 '인생 세간'은 '손'의 가치관이 투사된 공간이라 할 수 있겠군. (○)

＊근거: (나) ❸행

> 인생 세간의 좋은 일 많건마는

🌿 '좋은 일'이 많다는 것은 부귀영화를 누릴 수 있다는 뜻으로, '인생 세간'을 부귀영화를 누릴 수 있는 공간으로 여기는 '손'의 가치관을 드러내요.

③ (나)에서 '강산'을 '선간'으로 표현했다는 점에서 강산이라는 공간을 단순한 자연이 아닌 이상적 공간으로 파악하고 있다고 볼 수 있겠군. (○)

＊근거: (나) ❹, ⑮행

> 엇디흔 강산을 갈수록 낫게 여겨
> 듣거니 보거니 일마다 선간이라

🌿 화자가 '강산'을 신선들의 세계인 '선간'에 비유한 것은 화자가 '강산'을 이상적 공간으로 여긴다는 것을 드러내요.

④ (다)에서 '군이 서울에 있어 소래산 꿈을 꾸는 것'이라 말한다는 점에서 '나'는 '소래산'을 '서울'보다 ~~위계적 질서상 상위에 두고 있다~~고 볼 수 있겠군. (×)

＊근거: (다) ②

> 또한 군이 서울에 있어 소래산 꿈을 꾸는 것이니, 만일 소래에 있다면 응당 서울을 꿈꿀 것이다.

🌿 '서울'에 있으면 '소래산' 꿈을 꾸고, '소래산'에 있으면 '서울' 꿈을 꾼다는 것은 인물의 위치에 따라 공간의 위계가 달라진다는 뜻이에요. 즉, '소래산'과 '서울'은 상대적인 위계를 지니므로 '소래산'이 '서울'보다 상위의 위계를 지닌다고 볼 수 없어요. 그러므로 정답은 ④!

⑤ (다)에서 '소래산'은 효라는 유가적 이념에 기반한 의미가 환기되는 곳이라는 점에서 조상을 중시하는 '이동욱 군'의 가치관이 투사된 곳이라 할 수 있겠군. (○)

＊근거: (다) ②

> 그의 선조들의 집과 묘가 소성의 소래산 아래 있다. 군은 아침에는 일어나 관직의 사무에 이바지하고, 밤에는 늘 소래산에 대한 꿈을 꾸어

🌿 '이동욱 군'이 선조들의 집과 묘가 있는 '소래산'에 대한 꿈을 꾸는 것은 조상을 중시하는 '이동욱 군'의 가치관을 드러내요.

🌸 〈보기〉를 바탕으로 감상하기 유형

🍯 〈보기〉를 먼저 읽어 지문의 핵심을 파악하고, 〈보기〉와 지문에서 근거가 되는 부분을 찾으세요.

F08 〈보기〉를 바탕으로 감상하기

〈보기〉를 바탕으로 (다)의 ㉠∼㉤에 대해 이해한 내용으로 적절하지 <u>않은</u> 것은?

• 〈보기〉: 〈몽소헌기〉는 꿈의 의미, 원리, 효용, 작용, 성격을 기술하여 '몽소헌'이라는 건축물에 담긴 의미를 완성하고 있습니다.

• ㉠: ㉠은 '꿈'이라는 행위가 가지는 의미에 관한 구절입니다.

• ㉡: ㉡은 이동욱 군이 '소래산'에 관한 꿈을 꾸는 이유에 관한 구절입니다.

• ㉢: ㉢은 '꿈'을 통해 현실적 제약을 극복하는 것에 관한 구절입니다.

• ㉣: ㉣은 '꿈'을 통해 선조들과 감통하는 것에 관한 구절입니다.

• ㉤: ㉤은 글쓴이가 '미산'에 대한 꿈을 꾸는 것에 관한 구절입니다.

즉 '꿈'과 관련한 각 구절의 의미를 이해한 내용으로 틀린 것을 고르는 문제입니다.

> [보기]
>
> ❶〈몽소헌기〉는 몽소(夢蘇) 즉 '소래산을 꿈꾼다'는 뜻을 지닌 건축물에 담긴 의미를 서술하고 있는 작품으로, 꿈꾸는 대상으로서의 소래산만큼 중요하게 제시되는 것이 꿈꾸는 행위 자체이다. ❷글쓴이는 작품을 통해 <u>현상 혹은 행위로서의 꿈의 의미</u>[①의 근거], <u>바라는 바가 나타나는 꿈의 원리</u>[②의 근거]나 <u>현실적 제약을 초월하는 수단이 되는 꿈의 효용</u>, 그리고 <u>대리 만족을 가능하게 하는 꿈의 작용</u>[③의 근거]을 서술함과 동시에 꿈이 주체나 대상과의 결합에 제한이 없다는 측면에서의 <u>꿈의 보편적 성격</u>[⑤의 근거]을 기술하여 '몽소헌'이라는 건축물에 담긴 의미를 완성하고 있다.

① ㉠: 낮의 일과 밤의 꿈에 대등한 가치를 부여함으로써 꿈의 의미를 드러내고 있다. (○)

＊근거: (다) ①, 〈보기〉 ❷문장

> • (다): ㉠<u>낮은 양이 다스리니 일이 있고, 밤은 음이 다스리니 꿈이 있다.</u> ~ 이 두 가지가 아울러 행해지고 서로를 필요로 하는 바였다.
> • 〈보기〉: 현상 혹은 행위로서의 꿈의 의미

🌿 ㉠은 낮의 일과 밤의 꿈이 대등한 가치를 지니며, 음의 기운이 밤에 작용하여 꿈을 꾸게 된다는 '현상 혹은 행위로서의 꿈의 의미'를 드러내요.

② ㉡: 현실에서 그리움과 사모의 대상이 꿈으로 이어지는 꿈의 원리가 제시되고 있다. (○)

＊근거: (다) ②, 〈보기〉 ❷문장

> • (다): ㉡군의 사모함은 그칠 때가 없어, 자는 중에 나타나 꿈이 되는 것이다.
> • 〈보기〉: 바라는 바가 나타나는 꿈의 원리

🌿 ㉡은 현실에서의 그리움의 대상이 꿈에 나타나는 '바라는 바가 나타나는 꿈의 원리'를 드러내요.

③ ⓒ: 공간적 거리에 따른 현실적 제약을 넘어설 수 있게 하는 꿈의 효용이 제시되고 있다. (○)

*근거: (다) ②, 〈보기〉 ❷ 문장

> • (다): ⓒ꿈이 아니면 어찌 한 번 눈 깜짝할 사이에 뜻대로 해 볼 수 있을까?
> • 〈보기〉: 현실적 제약을 초월하는 수단이 되는 꿈의 효용

🍃 ⓒ은 실제로는 가기 어려운 곳을 꿈을 통해서는 쉽게 가 볼 수 있는 '현실적 제약을 초월하는 수단이 되는 꿈의 효용'을 드러내요.

④ ⓓ: 현실에서 실현할 수 없는 바에 대한 ~~대리 만족을 가능하게 하는 꿈의 작용을~~ 구체화하고 있다. (×)

*근거: (다) ②

> ⓓ가문에 복과 화가 있으면 그 선조들이 꿈으로 많이 알려 주니, 왕래하여 감통하는 이치를 여기에서 가히 징험해 볼 수 있는 것 이다.

🍃 ⓓ은 '꿈'을 통해 육신에 얽매이지 않는 정신적 소통이 이루어지는 이 치를 서술한 것이지, 현실에서 실현할 수 없는 것을 '꿈'을 통해 대리 만족하게 하는 것과는 관련이 없어요. 그러므로 정답은 ④!

⑤ ⓔ: 꿈이 '나', '미산'과도 결합할 수 있다는 것을 통해 주체나 대상에 제한이 없는 꿈의 보편적 성격이 제시되고 있다. (○)

*근거: (다) ③, 〈보기〉 ❷ 문장

> • (다): ⓔ늙어서 서울에 몸 부치고 있으나, 매일 미산 꿈을 꾼다.
> • 〈보기〉: 주체나 대상과의 결합에 제한이 없다는 측면에서의 꿈의 보편적 성격

🍃 ⓔ은 누구나 꿈을 꾸고 어떤 대상이든 꿈에 나타날 수 있다는 '주체나 대상과의 결합에 제한이 없는' 꿈의 보편적 성격을 드러내요.

🌸 〈보기〉를 바탕으로 감상하기 유형

🍯 〈보기〉를 먼저 읽어 지문의 핵심을 파악하고, 〈보기〉와 지문 에서 근거가 되는 부분을 찾으세요.

고전 시가에 자주 나오는 시어

• 주로 긍정적 의미로 쓰이는 시어

시어	의미
매화, 국화	매화는 추운 겨울, 국화는 쌀쌀한 가을에 피는 꽃이라는 특성 → 지조, 절개
소나무, 대나무	곧고 항상 푸르다는 특성 → 충정, 절개, 지조, 선비 정신
하늘, 별	높은 곳에 있다는 특성 → 희망, 이상적 가치, 포부, 소망
해, 달	높은 곳에 있으며 유일하다는 특성 → 희망, 이상적 가치, 임금
바위	변함이 없다는 특성 → 굳은 의지, 불변

• 주로 부정적 의미로 쓰이는 시어

시어	의미
구름, 바람	모양이 자주 변하고 떠돈다는 특성 → 시련, 변절, 간신배
눈, 서리	차갑다는 특성 → 시련 ('눈'은 하얗다는 특성으로 인해 순결함, 포용, 정화 등의 긍정적 의미로 사용되기도 함.)
까마귀	모습이 검다는 특성, 불길한 징조를 가져온다는 미신 → 변절, 간신배
어둠	빛이 없다는 특성 → 부정적인 상황

• 한자 성어, 한자어

시어	의미
낙락장송 (落落長松)	가지가 길게 늘어진 키가 큰 소나무라는 뜻으로, 지조와 절개를 의미함.
세한고절 (歲寒孤節)	추운 계절에도 혼자 푸르른 대나무라는 뜻으로, 높은 절 개를 의미함.
맥수지탄 (麥秀之嘆)	보리 이삭이 무성함을 탄식한다는 뜻으로, 조국이 멸망 한 것을 한탄함을 의미함.
풍수지탄 (風樹之嘆)	효도하고자 하나 이미 부모는 죽어 효행을 다하지 못하 는 슬픔을 의미함.
무릉도원 (武陵桃源)	무릉에 있는 복숭아꽃이 활짝 핀 세계라는 의미로, 이상 향을 의미함.
안빈낙도 (安貧樂道)	가난한 생활을 하면서도 편안한 마음으로 도를 즐겨 지 킴을 의미함.(=안분지족, 안빈일념, 단사표음, 빈이무원)
천석고황 (泉石膏肓)	자연을 사랑하는 마음이 고질병처럼 깊음을 비유함.

F 시 복합 고난도 1등급 문제

FOR THE FIRST CLASS LEVEL

제한 시간 8분

[F09~13] 다음 글을 읽고 물음에 답하시오.

(가) 문학은 언어라는 매체를 통해 그 외형적 틀이 만들어진다. 그리고 이 외형적 틀, 다시 말해 형식을 통해 작가가 말하고자 하는 내용이 표현된다. 그러나 문학을 이루는 내용과 형식은 각각의 요소들을 서로 떼어 놓고 보면 예술적인 의미에서의 미의 개념과는 거리가 먼 것이 대부분이다. 가령 김소월의 시 〈진달래꽃〉에서 볼 수 있는 이별의 장면이라든지, '영변의 약산 진달래꽃'이라든지 하는 것은 그 자체가 미를 나타내지 않는다. 그런데 이 요소들이 하나의 작품으로 완결되어 〈진달래꽃〉이라는 시가 되었을 때, 우리는 그 속에서 문학의 예술적인 미를 발견하게 된다. 이처럼 문학은 여러 가지 소재들이 모여서 어떤 미적 효과를 획득할 수 있도록 조직된다. 여기서 어떤 내용과 형식이 미적인 목적을 위해 조직되는 것을 '문학의 구조'라고 한다.

문학의 구조는 내용과 형식을 포괄하는 개념이다. 문학은 그 형식과 내용이 미적인 목적을 위해 조직되는 하나의 예술적인 구조물이기 때문에, 내용과 형식을 이분법적으로 구분할 수 없다. 이 경우에 구조라는 개념은 그 구조를 이루고 있는 부분과 전체의 관계로 설명이 가능하다. 즉 문학의 구조는 전체로서의 작품을 이루기 위해 그 구성 요소가 내적인 규칙에 따라 조직되는 것이다. 예를 들어, 하나의 집을 짓기 위해서는 여러 가지 자재들을 그 용도에 따라 배열하고 조직해야 한다. 단순히 그 자재들을 뒤섞어 놓는다고 해서 집이 되는 것은 아닌 것처럼, 문학의 경우도 마찬가지다. 한 편의 시를 쓰는데, 문장의 몇 토막을 적당히 섞어 놓을 수는 없는 일이다. 시라는 양식이 요구하는 요건에 따라서 언어를 조직하여 하나의 구조물을 만들어야 한다.

문학의 구조는 내용과 형식의 통일성을 지향하며, 부분과 부분의 상호 관계에 의해 전체성을 확립한다. 문학의 구조는 이러한 통일성과 전체성의 원리를 통하여 해명될 수 있다. 시의 형태적인 특성과 리듬을 지적하고, 그 시에서 활용된 비유의 방법이나 상징적 수법을 밝혀내고, 여러 가지 이미지를 찾아낸다고 해서 시의 구조가 해명되는 것은 아니다. 시의 구조는 여러 가지 요소들의 상호 관계를 이해하고, 그것들이 어떻게 하나의 작품 속에 통합되어 완결된 미적인 구조를 실현하고 있는가를 해명함으로써, 그 특성이 밝혀질 수 있는 것이다.

(나) 어름 우희 댓닙 자리 보와 님과 나와 어러 주글만뎡
어름 우희 댓닙 자리 보와 님과 나와 어러 주글만뎡
졍(情)둔 오ᄂᆞᆳ 밤 더듸 새오시라 더듸 새오시라

경경(耿耿) 고침샹(孤枕上)애 어느 ᄌᆞ미 오리오
서창(西窓)을 여러ᄒᆞ니 도화(桃花) ㅣ 발(發)ᄒᆞ두다
도화(桃花)ᄂᆞᆫ 시름업서 쇼춘풍(笑春風)ᄒᆞᄂᆞ다 쇼춘풍(笑春風)ᄒᆞᄂᆞ다

넉시라도 님을 ᄒᆞᆫᄃᆡ 녀닛 경(景) 너기더니
넉시라도 님을 ᄒᆞᆫᄃᆡ 녀닛 경(景) 너기더니
벼기시더니 뉘러시니잇가 뉘러시니잇가

올하 올하 아련 비올하
여흘란 어듸 두고 소해 자라 온다
소콧 얼면 여흘도 됴ᄒᆞ니 여흘도 됴ᄒᆞ니

남산(南山)애 자리 보와 옥산(玉山)을 버여 누어
금슈산(錦繡山) 니블 안해 사향(麝香) 각시를 아나 누어
남산(南山)애 자리 보와 옥산(玉山)을 버여 누어
금슈산(錦繡山) 니블 안해 사향(麝香) 각시를 아나 누어
약(藥) 든 ᄀᆞᄉᆞᆷ을 맛초ᄋᆞᆸ사이다 맛초ᄋᆞᆸ사이다

아소 님하
원ᄃᆡ평ᄉᆡᆼ(遠代平生)애 여힐 ᄉᆞᆯ 모ᄅᆞᄋᆞᆸ새

– 작자 미상, 〈만전춘별사〉

(다) 기다리지 않아도 오고
기다림마저 잃었을 때에도 너는 온다.
어디 뻘밭 구석이거나
썩은 물 웅덩이 같은 데를 기웃거리다가
한눈 좀 팔고, 싸움도 한 판 하고,
지쳐 나자빠져 있다가
다급한 사연 듣고 달려간 바람이
흔들어 깨우면
눈 부비며 너는 더디게 온다.

18 DAY

❖ 정답 및 해설 225～227p

더디게 더디게 마침내 올 것이 온다.

[A]
너를 보면 눈부셔
일어나 맞이할 수가 없다.
입을 열어 외치지만 소리는 굳어
나는 아무것도 미리 알릴 수가 없다.

가까스로 두 팔을 벌려 껴안아 보는
너, 먼 데서 이기고 돌아온 사람아.

— 이성부, 〈봄〉

F09   예상 문제

F09

(가)의 '문학의 구조'에 대한 설명으로 가장 적절한 것은?

① 문학 작품의 내용은 작가가 말하고자 하는 바를 나타내는 것으로 그 자체로 미적 효과를 지닌다.

② 문학의 구조를 파악하기 위해서는 작품의 형식적인 요소보다 내용적인 요소에 더 주목해야 한다.

③ 문학 작품의 미적 형식을 감상하기 위해서는 부분적인 요소보다는 전체적인 구조를 바라보는 시각이 필요하다.

④ 문학의 형식은 작품의 외형적 틀을 의미하는 것으로, 각각의 독립적 요소들을 나열하여 하나의 작품으로 만드는 것이다.

⑤ 문학의 구조를 온전히 이해하기 위해서는 각각의 형식적 요소들이 작품 안에서 어떻게 통합되어 미적 구조를 조직하고 있는지를 살펴보아야 한다.

F10

(가)를 바탕으로 (나), (다)를 감상한 내용으로 적절하지 않은 것은?

① (나)의 부분과 전체의 관계를 통해 볼 때, '도화(桃花)'는 '님'을 상징하는 자연물로 화자의 외로운 정서를 부각하고 있다.

② (나)는 '어름 우희 댓닙 자리'라는 극한의 상황을 설정한 형식과 임과 함께하고자 하는 소망의 내용이 긴밀하게 조직되어 있다.

③ (다)는 '봄'에 상징적인 의미를 부여하여 주제를 형상화함으로써 통일성과 전체성을 이루고 있다.

④ (다)는 의인화된 표현을 통해 '봄'에 대한 화자의 예찬적 태도를 나타냄으로써 시의 미적 구조가 실현되고 있다.

⑤ (나)와 (다)는 특정 시어나 시구의 반복을 통해 시에 쓰인 여러 가지 요소들의 상호 관계가 이루어지고 있다.

F11

(나)의 화자의 정서와 태도에 대한 설명으로 적절하지 않은 것은?

① '졍(情)둔 오눐 밤 더듸 새오시라'에는 임과 함께하고 싶어 하는 화자의 간절한 마음이 드러나 있어.

② '경경(耿耿) 고침샹(孤枕上)'에는 1연과 달라진 화자의 처지와 임과 헤어진 화자의 외로움이 드러나 있어.

③ '벼기시더니 뉘러시니잇가'에는 화자와의 약속을 깨버린 임에 대한 화자의 원망이 나타나 있어.

④ '약(藥) 든 가슴'은 화자의 외로움을 치유할 수 있는 것으로 화자는 임과 행복했던 과거를 떠올리며 슬픔을 극복하고 있어.

⑤ '원ㄷ 평 싱(遠代平生)애 여힐 ᄉ 모ᄅ 읍새'에서는 영원히 임과 함께하고 싶은 화자의 소망을 과장하여 표현하고 있어.

F12

(다)의 [A]에 대한 감상으로 가장 적절한 것은?

① 봄의 속성에 대한 화자의 심화된 인식이 드러나 있어.

② 봄의 아름다움에 감탄하는 화자의 태도가 그려져 있어.

③ 봄을 맞이하는 화자의 감격스러운 마음이 그려져 있어.

④ 다양한 감각적 이미지를 활용하여 봄의 모습을 묘사하고 있어.

⑤ 봄을 맞이하는 상황에서 아무것도 할 수 없는 화자의 무력감이 나타나 있어.

F13

(다)와 〈보기〉를 비교하여 감상한 내용으로 적절하지 <u>않은</u> 것은?

─────── [보기] ───────

봄은
남해에서도 북녘에서도
오지 않는다.

너그럽고
빛나는
봄의 그 눈짓은,
제주에서 두만까지
우리가 디딘
아름다운 논밭에서 움튼다.

겨울은,
바다와 대륙 밖에서
그 매운 눈보라 몰고 왔지만
이제 올
너그러운 봄은 삼천리 마을마다
우리들 가슴속에서
움트리라.

움터서,
강산을 덮은 그 미움의 쇠붙이들
눈 녹이듯 흐물흐물
녹여 버리겠지.

― 신동엽, 〈봄은〉

① 〈보기〉는 (다)와 달리 대조법을 사용하여 '봄'의 의미를 강조하고 있다.

② 〈보기〉는 (다)와 달리 아직 오지 않은 미래 상황에 대한 가정으로 시상을 마무리하고 있다.

③ (다)는 자연의 섭리를 바탕으로 '봄'의 도래에 당위성에 주목하고 있고, 〈보기〉는 봄이 온 후의 모습을 구체적으로 보여 주고 있다.

④ (다)에서는 '바람'이 사연 전달의 매개체 역할을 하고, 〈보기〉에서는 '매운 눈보라'가 '봄'을 부르는 매개체 역할을 하여 봄을 기다리는 화자의 마음을 보여 주고 있다.

⑤ (다)와 〈보기〉는 모두 단정적인 어조로 '봄'이 올 것이라는 화자의 확신을 보여 준다.

[F14~18] 다음 글을 읽고 물음에 답하시오.

(가) ㉠죄 지을 줄 아라시면 공명 탐(貪)츠 ᄒ여시랴.

ⓐ산진(山陣)미 슈진(水陣)미와 ᄒ동쳥(海東靑) 보라미가
심슈 총님(深樹叢林) 슉어나려 산계 야목(山鷄夜鶩) 츠고
날 졔,

앗갑다. 걸렸구나. 두 날개 걸렸구나.
먹기의 탐(貪)이 나니 형극(荊棘)을 몰나 보ᆡ.
어와 민망ᄒ다. **주인 박대** 민망ᄒ다.
아니 먹은 헛 주정(酒酊)에 욕셜조차 대단하다.
혼즈 안즈 군말ᄒ듯 날 드르라 ᄒ는 말이,
건넌 집 나그너는 정승의 아들이요
뒷집의 손님너는 판셔의 아우로셔
나라의 득죄(得罪)ᄒ고 외딴섬 드러오면
㉡이젼(以前) 말은 ᄒ도 말고 여긔 스람 일을 비와
고기 낙기 나무 뷔기 즈리치기 신삼기와
보리 동냥 ᄒ여다가 주인 양식(糧食) 보틔거든
한곳에서는 무슴 일노 **공(空)혼 밥**을 먹으랴노
㉢쓰즈는 열 손가락 쏨죽이도 아니ᄒ고
것즈는 두 다리는 움죽이도 아니ᄒ니
셕은 나무에 박은 쓸인가 젼당(典當) 잡은 쵹ᄃᆡ(燭臺)런가
종 찾으려는 상전인가 빗 받으려는 채주(債主)런가
동이셩(同異姓)의 권당*인가 풋낯*의 친구런가
㉣양반인가 상인인가 병인(病人)인가 반편인가
화쵸(花草)라고 두고 볼가 괴셕(怪石)이라 노코 볼가
은혜 쯰친 일이 잇셔 특명(特命)으로 먹으려나
져 지은 죄 뉘 타시며 졔 셔름을 늬 아던가
밤나즈로 우는 소리 슬픈 소리 듯기 실타.
혼 번 듣고 두 번 듣고 통분키도 ᄒ다마는
풍속을 보아ᄒ니 **놀랄 일이 막심**ᄒ다.
인륜이 업셔시니 부즈(父子)의 쌋홈이요
남녀를 불분ᄒ니 계집의 등짐이라.
방언(方言)이 괴이ᄒ니 존비(尊卑)를 아올손가.
다만 아는 거시 손곱아 주먹 헴의
두 다셧 홀 다셧에 뭇 다셧 꼽기로다.
포학 탐욕이 예의 염치 되어시며,
분젼(分錢) 승합(升合)*으로 효제 충심 숨아시며,
한둘 공덕ᄒ면 지효(至孝)로 아라시며,
㉤혼정신성(昏定晨省)*은 보리 담은 큰 항아리요
출필고(出必告) 반필면(反必面)*은 돈 모으는 벙어리라.

무지(無知)가 이러ᄒ고 막지(莫知)가 이러ᄒ니,

왕화(王化)*가 불급(不及)ᄒ니 **견융(犬戎)의 행사***로다.

인심이 아니어든 인사를 책망ᄒ랴.

내 귀양살이 아니러면 이런 일 보아시랴.

– 안도환, 〈만언사(萬言詞)〉

* 권당: 친척
* 풋낯: 익힌 지가 얼마 되지 않은 얼굴
* 분전승합: 푼돈과 얼마 되지 않는 곡식
* 혼정신성: 아침저녁으로 부모의 안부를 물어서 살핌.
* 출필고 반필면: 나가고 돌아올 때 부모님께 인사하는 예법
* 왕화: 임금의 교화
* 견융의 행사: 오랑캐의 행동

(나) 앞으로 나아가 **소년대(少年臺)**에 올랐다. 천왕봉을 우러러보니 구름 속에 높이 솟아 있었다. 이곳에는 잡초나 잡목이 없고 푸른 잣나무만 연이어 나 있는데, 눈보라와 비바람에 시달려 앙상한 줄기만 남은 고사목이 10분의 2~3은 되었다. 멀리서 바라보면 머리카락이 희끗희끗한 노인의 머리 같으니 다 솎아낼 수 없을 듯하다. '소년'이라고 이름이 붙은 것을 보면, 혹 **영랑***의 무리를 일컬을 듯하다. 그러나 내 생각으로는 천왕봉은 장로(長老)이고 이 봉우리는 장로를 받들고 있는 소년처럼 생겼기 때문에 '소년대'라 이름 붙인 것 같다. 아래로 내려다보니 수많은 봉우리와 골짜기가 주름처럼 펼쳐져 있었다. 이곳에서도 오히려 이러한데, 하물며 제일봉에 올라 바라봄에랴.

드디어 지팡이를 내저으며 **천왕봉**에 올랐다. 봉우리 위에 판잣집이 있었는데 바로 성모사(聖母祠)였다. 사당 안에 석상 한 구가 안치되어 있었는데 흰옷을 입힌 여인상이었다. 이 성모는 어떤 사람인지 모르겠다. 혹자는 말하기를 "고려 태조대왕의 어머니가 어진 왕을 낳아 길러 삼한을 통일하였기 때문에 높여 제사를 지냈는데, 그 의식이 지금까지 이어지고 있다."라고 한다. 영남과 호남에 사는 사람들 중에 복을 비는 자들이 이곳에 와서 떠받들고 음사(淫祠)*로 삼으니 바로 초나라, 월나라에서 귀신을 숭상하던 풍습이다. 원근의 무당들이 이 성모에 의지해 먹고산다. 이들은 산꼭대기에 올라 유생이나 관원들이 오는지를 내려다보며 살피다가, 그들이 오면 토끼나 꿩처럼 흩어져 숲속에 몸을 숨긴다. 유람하는 사람들을 엿보고 있다가, 하산하면 다시 모여든다.

봉우리 밑에 벌집 같은 판잣집을 빙 둘러 지어놓았는데, 이는 기도하러 오는 자들을 맞이하여 묵게 하려는 것이다. 짐승을 잡는 것은 불가에서 금하는 것이라 핑계하여, 기도하러 온

사람들이 소나 가축을 산 밑의 사당에 매어 놓고 가는데, 무당들이 그것을 취하여 생계의 밑천으로 삼는다. 그러므로 성모사, 백모당, 용유담은 무당들의 3대 소굴이 되었으니, 참으로 분개할 만한 일이다. 이 날 비가 그치고 날이 개어 뿌연 대기가 사방에서 걷히니, 광활하고 까마득한 세계가 눈앞에 끝없이 펼쳐졌다. 마치 하늘이 명주 장막을 만들어 이 봉우리를 위해 병풍처럼 둘러친 듯하였다. 감히 시야를 가로막는 한 무더기 언덕도 전혀 없었다.

(중략)

삼면에 큰 바다가 둘러 있는데, 점점이 흩어진 섬들이 큰 파도 속에 출몰하고 있었다. 그리고 대마도의 여러 섬은 까마득히 하나의 탄환처럼 작게 보일 뿐이었다. 아, 이 세상에 사는 덧없는 삶이 가련하구나. **항아리 속에서 태어났다 죽는 초파리 떼**는 다 긁어모아도 한 움큼도 채 되지 않는다. 인생도 이와 같거늘 조잘조잘 자기만 내세우며 옳으니 그르니 기쁘니 슬프니 하며 떠벌리니, 어찌 크게 웃을 만한 일이 아니겠는가? 내가 오늘 본 것으로 치면, 천지도 하나하나 다 가리키며 알 수 있으리라. 하물며 이 봉우리는 하늘 아래 하나의 작은 물건이니, 이곳에 올라 높다고 하는 것이 어찌 거듭 슬퍼할 만한 일이 아니겠는가? 저 안기생, 악전*의 무리가 난새의 날개와 학의 등을 타고서 구만리 상공에 떠 아래를 바라볼 때, 이 산이 미세한 새털만도 못하리라는 것을 어찌 알겠는가?

사당 밑에 작은 움막이 하나 있었는데, 잣나무 잎을 엮어 비바람을 가리게 해 놓았다. 승려가 말하기를 "이는 매를 잡는 사람들이 사는 움막입니다."라고 하였다. 매년 8, 9월이 되면 매를 잡는 자들이 봉우리 꼭대기에 그물을 쳐 놓고 매가 걸려들길 기다린다고 한다. 대체로 매 가운데 잘 나는 놈은 천왕봉까지 능히 오르기 때문에 이 봉우리에서 잡는 매는 재주가 빼어난 것들이다. ⓑ원근의 관청에서 쓰는 매가 대부분 이 봉우리에서 잡힌 것들이다. 그들은 눈보라를 무릅쓰고 추위와 굶주림을 참으며 이곳에서 생을 마치니, 어찌 단지 관청의 위엄이 두려워서 그러는 것일 뿐이랴. 또한 대부분 이익을 꾀하여 삶을 가볍게 여기기 때문이리라. 아, 소반 위의 진귀한 음식 한 입도 안 되지만 백성의 온갖 고통 이와 같은 줄 누가 알겠는가. 해가 기울어 향적암(香積庵)으로 내려갔다.

– 유몽인, 〈유두류산*록(遊頭流山錄)〉

* 영랑: 신라 때 화랑의 우두머리
* 음사: 유가(儒家)에 어긋나는 제례나 그 행위를 일컬음.
* 안기생, 악전: 중국 신선의 이름들
* 두류산: 지리산의 옛 이름

F14

(가), (나)의 공통점으로 가장 적절한 것은?

① 대상에 대한 그리움이 드러나 있다.
② 고립된 처지에서 비롯한 비애가 드러나 있다.
③ 경계하는 삶에 대한 글쓴이의 인식이 드러나 있다.
④ 가난한 현실을 이겨 내고자 하는 진취적 자세가 드러나 있다.
⑤ 정치적 포부를 펼치지 못한 것에 대한 아쉬움이 드러나 있다.

F15

(가), (나)에 대한 이해로 적절하지 않은 것은?

① (가)의 화자는 '공흔 밥'을 먹으려 한다며 '주인'에게 '박대'당하고 있다.
② (가)의 화자는 '놀랄 일이 막심'하다면서 자신이 거처하는 곳의 '풍속'을 '견융의 행사'라고 비판하고 있다.
③ (나)의 화자는 '소년대'라는 이름의 유래를 살피며 '천왕봉' 유람에 대한 기대감을 드러내고 있다.
④ (나)의 화자는 '영랑'을 떠올리며 선인들이 남긴 옛일을 회고하고 있다.
⑤ (나)의 화자는 '천왕봉'에 올라 '항아리 속에서 태어났다 죽는 초파리 떼' 같은 인생의 덧없음을 느끼고 있다.

F16

㉠~㉤에 대한 설명으로 적절하지 않은 것은?

① ㉠: 설의적 표현을 활용하여 유배에 처하게 된 원인을 드러내고 있다.
② ㉡: 화자가 배운 일들을 열거하여 화자의 노력을 강조하고 있다.
③ ㉢: 대구의 표현을 활용하여 풍자적 인식을 보여 주고 있다.
④ ㉣: 동일한 종결 어미를 활용하여 냉소적 태도를 부각하고 있다.
⑤ ㉤: 비유적 수법을 활용하여 대상을 부정적으로 평가하고 있다.

F17

ⓐ, ⓑ를 비교한 내용으로 가장 적절한 것은?

① ⓐ는 ⓑ와 달리 화자에게 앞으로 닥칠 상황을 상징한다.
② ⓐ는 ⓑ와 달리 화자 자신의 불우한 상황을 비유한 자연물이다.
③ ⓑ는 ⓐ와 달리 화자와 타자 사이의 갈등을 유발한다.
④ ⓐ와 ⓑ 모두 탐욕으로 인해 고통받는 존재이다.
⑤ ⓐ와 ⓑ 모두 화자가 추구하는 삶의 덕목을 드러낸다.

〈보기〉를 참고하여 (나)를 감상한 내용으로 적절하지 **않은** 것은?
[3점]

[보기]

전통적으로 산은 만물을 만들어 내는 어머니로 인식되었다. 조선 초기에는 지리산 성모(聖母)에게 조정의 관리가 의례를 올리기도 했다. 그러나 점차 유교적 이념이 확립되어 감에 따라 지리산 성모 신앙은 부침을 겪게 된다. 유몽인이 지리산 유람을 한 시기는 임진왜란이 끝난 직후이다. 백성들은 생활 터전이 파괴된 상태에서 미래에 대한 희망을 더 이상 지배층과 임금에게서 찾기 어려웠다. 그래서 그들은 이러한 암울한 상황을 일순간에 벗어나게 해 줄 수 있는 초자연적 존재를 찾아 의탁하고자 했다. 무당들은 이러한 백성들에 기대어 생계를 유지하였고 조정에서는 이러한 행위를 강력히 금지하지 못했다. 당대 조선이 도탄에 빠진 백성들을 위로할 만한 여력이 없었기 때문이다.

① '흰옷을 입힌 여인상'을 '고려 태조대왕의 어머니'와 연결 지어 이해하는 것은 전통적인 성모 신앙을 반영하는 것이라고 볼 수 있겠군.

② '복을 비는 자들'의 행위를 '음사'로 규정하면서도 강력히 제재하지 못하는 것은 당대 조선이 백성들을 위로할 만한 힘이 없었기 때문이라고 볼 수 있겠군.

③ '원근의 무당들이 이 성모에 의지해 먹고'살 만큼 백성들이 찾아온다는 것에서 임진왜란으로 인해 도탄에 빠졌던 백성들이 초자연적 존재에 의탁하기도 했다는 것을 알 수 있겠군.

④ '유생이나 관원들이' 오면 '토끼나 꿩처럼 흩어져 숲속에 몸을' 숨기는 것에서 생활 터전이 파괴되어 미래에 대한 희망을 지배층에게서 찾기 어려웠던 백성들의 의식을 엿볼 수 있겠군.

⑤ '성모사, 백모당, 용유담은 무당들의 3대 소굴'이라고 지칭하며 '분개'한 것에서 유몽인이 유교적 이념의 테두리 속에서 지리산 성모 신앙을 부정적으로 평가했다는 것을 알 수 있겠군.

[**F19~22**] 다음 글을 읽고 물음에 답하시오.

(가)
[A]
비단 장막으로 찬 기운 스며들고 새벽은 멀었지만
텅 빈 뜨락에 이슬 내려 구슬 병풍은 차갑다.
못 위의 연꽃은 시들어도 밤까지 향기 여전하고
우물가의 오동잎은 떨어져 그림자 없는 가을
물시계 소리만 똑딱똑딱 서풍 타고 울리는데
발[簾] 밖에는 서리 내려 밤 벌레만 시끄럽구나.

[B]
베틀에 감긴 옷감 가위로 잘라낸 뒤
임 그리는 꿈을 깨니 비단 장막은 비어 있네.
먼 길 나그네에게 부치려고 임의 옷을 재단하니
쓸쓸한 등불이 어두운 벽을 밝힐 뿐.
울음을 삼키며 편지 한 장 써 놓았는데
역사* 내일 아침 남쪽 동네로 전해 준다네.

[C]
옷과 편지 봉하고 뜨락에 나서니
반짝이는 은하수에 새벽별만 밝네.
차디찬 금침에서 뒤척이며 잠 못 이룰 때
㉠지는 달이 정답게 내 방을 엿보네.

– 허난설헌, 〈사시사(四時詞)〉

* 역사: 편지를 전하는 사람

(나) 산천은 험준하고 수림(樹林)은 총잡* 흗듸 만학(萬壑)의 눈 싸이고 천봉(千峰)의 바람 칠 제 싀가 어이 울랴마는
적벽화전의 죽은 군사 원혼(冤魂)이 한조(恨鳥)되야 조조만 원망ᄒ여 우니난듸 이게 모도 귀성(鬼聲)이라 도탄 중 싸인 군사 고향 이별이 몃 히런고
공산 ㉡낙월(落月) 깁흔 밤 귀촉도 불여귀의 우는 져 두견 너 홀노 울지 말고 날과 함기*

– 임중환의 사설시조

* 총잡: 빽빽하게 우거짐.
* 함기: 함께

(다) 가로등이 좋아지는 것은 역시 겨울철이다. 함박눈이 쏟아지는 밤에 설레는 눈발 속에 우러러보는 등불, 그것은 우리의 감정이 닿을 수 있는 동경의 알맞는 위치에 외롭게 켜 있는 꿈의 등불이다. 그 등불이 켜진 가로등 기둥에 호젓이 기대어 서서 가없는 명상에 잠시 잠겨 보는 고독, 그것은 나의 젊은 날의 눈물겨운 모습이다.

그러나 요즘은 눈 오는 밤 가로등에 기대 보는 그런 고독한 낭만조차 잊은 지 오래다. 그것은 나의 연령의 탓만이 아닐

것이다. 어쩌면 인간이란 나이가 들수록 한결 고독한 것이며, 그래서 눈이 오는 밤은 한결 유감해지는 것이리라. 다만 내가 고독한 낭만을 못 가지는 것은 세태의 탓일 것이다. 해방 후로 우리는 밤의 낭만을 잃은 것이다. 그 포근한 밤의 지향 없는 소요를 통행 금지라는 법이 막고 있는 것이다. 열한 시 사이렌이 불고 나면, 이미 밤은 나의 것이 아니다. 그래서 시청 앞길의 가로등은 다만 텅 빈 적적한 광장을 외롭게 비치는 고독한 등불이 되는 것이다. 통행 금지 시간 넘어 거리에 선 가로등의 그 처참한 모습과 쓸쓸한 불빛. 그렇다. 우리의 생활에는 안녕과 질서를 위해서 밤을 완전히 어둠으로 맞이해야 하는 것이다.

안데르센 동화에 '늙은 가로등'이란 작품이 있다. 밤이면 가로등을 물끄러미 쳐다보는 이마가 넓은 청년의 이야기로 시작하는 작품이다. 가로등은 그 꿈 많은 청년의 허연 이마에 그의 불빛의 쓸쓸한 키스와 또한 '쓸쓸한 축복'을 부어 주었다. 나는 이 동화를 읽으면서, 그 젊은 청년의 이마에 비쳐주는 가로등의 쓸쓸한 불빛이 불빛이기보다 오히려 '신의 너그러운 축복'이요, '내 삶이 내게 비쳐주는 빛' 같았다.

나는 나의 멀고 아득한 인생 여로의 대목마다 외로운 가로등이 켜 있기를 빌었다. 참으로 가로등을 멀리서 바라볼 때, 그것은 미래의 어느 지점에 은은히 비치는 별빛이다. 나는 가로등을 목표로 해서 어두운 길을 어느 지점에서 다른 지점까지 가게 되는 것이다.

그 가로등 가까이 가면 한결 길이 환해지고, 때로는 내가 목표한 가로등에 벌레처럼 설레는 함박눈이 이상하게 노래하는 꽃송이가 한 꼬투리처럼 걸리기도 하고, 또는 가는 실비가 비단 베일을 씌우며 신비롭게 속삭이기도 하고, 혹은 다만 어둠 속에 등불만 종긋이 켜 있기도 한다. 그러나 막상 그 목표한 가로등을 지나면, 우선 나의 그림자가 발에 밟힌다. 그 그림자가 밟히는 사실을 나는 무어라 표현할까? 눈물겨운 추억의 한 자락이 발에 밟히는 것이라 할까? 나는 이 어둡고 고독한 밤길에 다만 가로등이 비쳐주는 다만 그만큼의 '빛의 둘레' 속에 나의 그림자와 더불어 호젓이 길을 걷는 한갓 영상으로 화하는 것이다. 이것이야말로 이 세상을 건너가는 나 자신 바로 그것의 모습 같은 생각이 든다. 그 흐뭇한 고독감, 나의 삶의 가장 밑바닥을 흐르는 '서러움의 물길'이다. 이 물길 위에 배를 띄우듯 어줍잖은 몇 편의 시, 그것이 나의 숨쉬는 시의 세계일 것이다.

가로등의 이러한 빛의 둘레를 완전히 벗어날 때, 나는 앞이 아득한 암흑의 벽을 다시 느끼며, 끝없이 아득한 어두운 길에 또 하나의 가로등을 찾아보는 것이다. 그러나 아무리 보아도 가로등이 없을 경우, 아득한 어둠은 영원한 어둠이 되어버린다. 이것은 '나의 마지막'이다.

나의 일생은 언제나 적당한 거리에 가로등이 켜 있는 길이었다. 그리고, 지나온 길 위에 그것은 나란히 열을 지어서 스크린의 어느 한 장면처럼 아득하게 뻗쳤다. 또한 나의 미래도 설사 아무리 절망하기로니, 늘 가로등이 대목마다 켜 있는 길일 것이다. 내가 마음속에 신을 잃지 않는 한, 혹은 시를 놓치지 않는 한. 그래서 나는 때때로 창백한 이마에 가로등의 그 쓸쓸한 불빛의 키스와 축복을 받으며, 외롭게 흐뭇한 밤길을 갈 것이다. 가로등에 축복이 있기를.

– 박목월, 〈가로등〉

F19
2017 대비/사관학교 35

(가)~(다)의 공통점으로 가장 적절한 것은?

① 의성어를 사용하여 표현 효과를 높이고 있다.
② 역설적 표현을 통해 내면의 변화를 부각하고 있다.
③ 고사를 활용하여 비극적 분위기를 고조시키고 있다.
④ 감각을 전이시켜 작중 상황의 전달 효과를 높이고 있다.
⑤ 계절적 배경이 글쓴이의 정서와 연계되며 내용이 전개되고 있다.

F20 ⭐ 1등급 킬러
2017 대비/사관학교 36

㉠과 ㉡에 대한 이해로 가장 적절한 것은?

① ㉠과 ㉡은 화자가 지향하는 가치가 투영된 소재이다.
② ㉠과 ㉡은 화자가 자신의 삶을 성찰하게 하는 매개물이다.
③ ㉠은 화자와 교감하는 자연물이고, ㉡은 화자와 동일시된 자연물이다.
④ ㉠은 화자가 소망을 기원하는 대상이고, ㉡은 화자가 원망을 표출하는 대상이다.
⑤ ㉠은 화자의 마음을 위로해 주는 존재이고, ㉡은 화자의 애상감을 더해 주는 존재이다.

F21

(가)의 [A]~[C]에 대한 설명으로 적절하지 <u>않은</u> 것은?

① [A]는 외부의 정경을 중심으로 시적 상황을 나타내고 있다.

② [A]와 [C]는 촉각적 이미지를 통해 화자의 정서를 표현하고 있다.

③ [B]는 [A]와 달리 하강의 이미지를 통해 애상적 분위기를 환기하고 있다.

④ [C]는 '방 안' → '뜨락' → '방 안'으로의 공간 이동을 보이고 있다.

⑤ [A]~[C]는 시간의 흐름에 따라 순차적으로 시상을 전개하고 있다.

F22

(다)의 글쓴이의 <u>인생 여로</u>를 〈보기〉의 ㉮~㉺에 따라 정리해 보는 활동을 수행한 결과로 적절하지 <u>않은</u> 것은?

[보기]

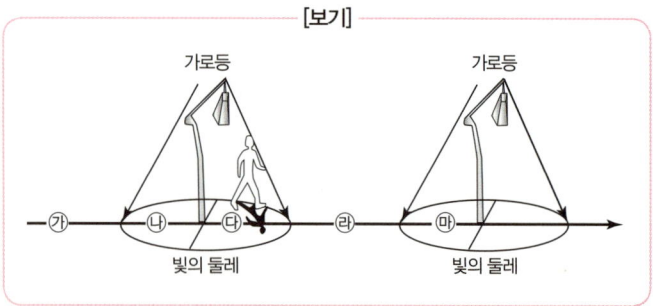

① ㉮: 글쓴이가 기대감을 갖고 지향하는 목표를 향해 걸어가는 대목이다.

② ㉯: 지향하는 목표에 가까이 다가서며 희열을 느끼는 대목이다.

③ ㉰: 지나온 삶을 회상하며 흐뭇한 고독감을 느끼는 대목이다.

④ ㉱: 아득한 상황일지라도 또 다른 목표를 향해 묵묵히 걸어가는 대목이다.

⑤ ㉲: 종교적 성찰을 통해 삶에 대한 집착에서 벗어나는 대목이다.

[F23~26] 다음 글을 읽고 물음에 답하시오.

(가)

[A]
어느 사이에 나는 아내도 없고, 또,
아내와 같이 살던 집도 없어지고,
그리고 살뜰한 부모며 동생들과도 멀리 떨어져서,
그 어느 바람 세인 쓸쓸한 거리 끝에 헤매이었다.
바로 날도 저물어서,
바람은 더욱 세게 불고, 추위는 점점 더해 오는데,
나는 어느 목수네 집 헌 샷*을 깐,
한 방에 들어서 쥔을 붙이었다.

[B]
이리하여 나는 이 습내 나는 춥고, 누긋한 방에서,
낮이나 밤이나 나는 나 혼자도 너무 많은 것같이 생각하며,
딜옹배기에 북덕불*이라도 담겨 오면,
이것을 안고 손을 쬐며 재 우에 뜻 없이 글자를 쓰기도 하며,
또 문밖에 나가지도 않고 자리에 누워서,
머리에 손깍지 베개를 하고 굴기도 하면서,
나는 내 슬픔이며 어리석음이며를 소처럼 연하여 새김질하는 것이었다.
내 가슴이 꽉 메어 올 적이며,
내 눈에 뜨거운 것이 핑 괴일 적이며,
또 내 스스로 화끈 낯이 붉도록 부끄러울 적이며,
나는 내 슬픔과 어리석음에 눌리어 죽을 수밖에 없는 것을 느끼는 것이었다.

그러나 잠시 뒤에 나는 고개를 들어,
허연 문창을 바라보든가 또 눈을 떠서 높은 천장을 쳐다보는 것인데,

[C]
이 때 나는 내 뜻이며 힘으로, 나를 이끌어 가는 것이 힘든 일인 것을 생각하고,
이것들보다 더 크고, 높은 것이 있어서, **나를 마음대로 굴려가는 것**을 생각하는 것인데,

이렇게 하여 여러 날이 지나는 동안에,
내 어지러운 마음에는 슬픔이며, 한탄이며, 가라앉을 것은 차츰 앙금이 되어 가라앉고,
외로운 생각만이 드는 때쯤 해서는,

[D]
더러 나줏손*에 쌀랑쌀랑 **싸락눈**이 와서 **문창을 치기도 하는** 때도 있는데,
나는 이런 저녁에는 화로를 더욱 다가 끼며, 무릎을 꿇어 보며,

어느 먼 산 뒷옆에 바위 섶에 따로 외로이 서서,

어두워 오는데 하이야니 눈을 맞을, 그 마른 잎새에는,

쌀랑쌀랑 소리도 나며 눈을 맞을,

그 드물다는 **굳고 정한 갈매나무라는 나무를 생각하는 것이었다.**

– 백석, 〈남신의주 유동 박시봉방〉

* 삿: 갈대로 엮은 삿자리
* 북덕불: 짚이나 풀 등을 태운 화롯불
* 나줏손: 저녁 무렵

(나) ㉠한기태심(旱旣太甚)*호야 시절(時節)이 다 느즌 졔 서주(西疇) 놉흔 논애 잠깐 긴 녈비예 도상(道上) 무원수(無源水)를 반만깐 되혀 두고 쇼 흔 젹 듀마 호고 엄섬이 호는 말삼 친절(親切)호라 너긴 집의 달 업슨 황혼(黃昏)의 허위허위 다라가셔 구디 다둔 문(門) 밧긔 어득히 혼자 서셔 큰 기춤 아함이를 양구(良久)토록 호온 후(後)에,

어화 긔 뉘신고 염치(廉恥) 업산 뉘옵노라. 초경(初更)도 거읜듸 긔 엇지 와 겨신고. 년년(年年)에 이러호기 구차(苟且)혼 줄 알건만는, 쇼 업슨 궁가(窮家)애 혜염 만하 왓삽노라. 공호니나 갑시나 주엄즉도 호다마는 다만 어제밤의 거넨집 져 사람이 목 불근 수기치(雉)*을 옥지읍(玉脂泣)게 꾸어ᄂ고 간이근 삼해주(三亥酒)를 취(醉)토록 권(勸)호거든 이러한 은혜(恩惠)을 어이 아니 갑흘넌고. 내일(來日)로 주마 호고 큰 언약(言約) 호야거든 실약(失約)이 미편(未便)호니* 사셜이 어려왜라.

실위(實爲) 그러호면 혈마 어이홀고. ㉡헌 먼덕 수기 스고 측 업슨 집신에 설픠설픠 물너오니 풍채(風采) 저근 형용(形容)애 긔 즈칠 뿐이로다. 와실(蝸室)에 드러간들 잠이 와사 누어시랴. 북창(北窓)을 비겨 안자 시비를 기다리니 무정(無情)흔 대승(戴勝)은 이ᄂ 한(恨)을 도우ᄂ다. 종조추창(終朝惆悵)*호며 먼 들흘 바라보니 즐기는 농가(農歌)도 흥(興) 업서 들리ᄂ다. **세정(世情) 모른 한숨**은 그칠 줄을 모르ᄂ다. ㉢아ᄼ온 져 소뷔*는 벗보님도 됴홀세고. 가시 엉긘 묵은 밧도 용이(容易)케 갈련마는, 허당반벽(虛堂半壁)에 슬듸업시 걸려고야. 춘경(春耕)도 거의거다 후리쳐 더뎌 두쟈.

강호(江湖) 흔 쑴을 꾸언지도 오릐러니, **구복(口腹)이 위루(爲累)**호야 어지버 이져셰다. 첨피기욱(瞻彼淇澳)*혼듸 녹죽(綠竹)도 하도 할샤. 유비군자(有斐君子)들아 낙딕 호나 빌려스라. 노화(蘆花) 깁픈 곳애 명월청풍(明月淸風) 벗이 되야, 님직 업슨 풍월강산(風月江山)애 절로절로 늘그리라. **무심**

(無心)흔 백구(白鷗)야 오라 호며 말라 호랴. 다토리 업슬순 다문인가 너기로라.

㉣무상(無狀)흔 이 몸애 무슨 지취(志趣)* 이스리마는, 두세 이렁 밧논를 다 무겨 더뎌 두고 이시면 죽(粥)이오 업시면 굴물망졍 남의 집 남의 거슨 전혀 부러 말렷노라. 내 빈천(貧賤) 슬히 너겨 손을 헤다 물너가며, 남의 부귀(富貴) 불리 너겨 손을 치다 나아오랴. **인간(人間) 어늬 일이 명(命) 밧긔 삼겨시리.** 빈이무원(貧而無怨)을 어렵다 흐건마는, 내 생애(生涯) 이러호듸 설온 쯧은 업노왜라. ㉤단사표음(簞食瓢飮)을 이도 족(足)히 너기로라. 평생(平生) 흔쯧이 온포(溫飽)*애는 업노왜라. **태평천하(太平天下)애 충효(忠孝)를 일을 삼아 화형제(和兄弟) 신붕우(信朋友) 외다 흐리 뉘 이시리.** 그 밧긔 남은 일이야 삼긴듸로 살렷노라.

– 박인로, 〈누항사〉

* 한기태심: 가뭄이 이미 크게 심함.
* 수기치: 수꿩
* 실약이 미편호니: 약속을 어기는 것이 편하지 못하니
* 종조추창: 아침이 끝날 때까지 슬퍼함.
* 소뷔: 쟁기
* 첨피기욱: 저 기수 물굽이를 바라보니
* 지취: 뜻과 취향
* 온포: 따뜻하게 입고 배불리 먹음.

F23

2018 대비/사관학교 35

(가), (나)의 공통점으로 가장 적절한 것은?

① 색채 이미지의 선명한 대조를 통해 주제 의식을 강조하고 있다.

② 탈속적인 공간을 묘사하여 자연 친화적인 태도를 보여 주고 있다.

③ 추상적 대상의 구체적 형상화를 통해 내적 정서를 부각하고 있다.

④ 대화체와 음성 상징어를 활용하여 상황을 실감 나게 전달하고 있다.

⑤ 감각을 전이시키는 방법을 통해 계절감을 효과적으로 드러내고 있다.

〈보기〉를 바탕으로 (가), (나)를 이해한 내용으로 적절하지 <u>않은</u> 것은?

_____ [보기] _____

　백석의 〈남신의주 유동 박시봉방〉과 박인로의 〈누항사〉는 개인의 삶 속에서 일어나는 일들이 숙명에 의해 정해져 있다는 운명론적 세계관을 담고 있다. 두 작품의 화자는 자신이 처한 현실을 부정적으로 인식하고 있고, 그러한 현실에 대한 대응 태도를 되돌아보면서 주어진 운명을 수용하고 있다. 그럼으로써 내적 고뇌가 가라앉는 경험을 하게 되고, 지향해야 할 가치를 떠올리며 자기 구원의 길을 모색하고 있다.

① (가)에서는 '나를 마음대로 굴려 가는 것'에서, (나)에서는 '인간 어늬 일이 명 밧긔 삼겨시리.'에서 운명론적 세계관을 엿볼 수 있다.

② (가)에서는 '그 어느 바람 세인 쓸쓸한 거리 끝에 헤매이었다.'를 통해 고난과 방랑으로 점철된 삶이, (나)에서는 '구복이 위루ᄒ야 어지버 이져써다.'를 통해 먹고사는 것이 누가 되는 삶이 화자의 숙명임을 알 수 있다.

③ (가)에서는 '내 슬픔과 어리석음에 눌리어 죽을 수밖에 없는 것'에서, (나)에서는 '세정 모ᄅ 한숨'에서 화자 자신이 처한 현실에 대한 부정적 인식을 보여 주고 있음을 알 수 있다.

④ (가)에서는 '문창을 치기도 하는' '싸락눈'이, (나)에서는 '무심ᄒᆞᆫ 백구'가 화자로 하여금 내적 고뇌가 가라앉는 경험을 하게 하는 매개체라고 할 수 있다.

⑤ (가)에서는 '굳고 정한 갈매나무라는 나무를 생각하는 것이었다.'에서 자신이 처한 현실을 이겨 내려는 모습을, (나)에서는 '태평천하애 충효를 일을 삼아'에서 관념적 이상을 추구하려는 의지를 보임으로써 화자가 자기 구원의 길을 모색하고 있음을 알 수 있다.

(가)의 [A]~[D]에 대한 설명으로 적절하지 <u>않은</u> 것은?

① [A]: 가족 공동체의 해체로 외로운 처지에 놓이게 된 삶의 역정을 보여 주고 있다.

② [B]: 자기 한 몸도 감당하기 어려운 무기력한 삶을 성찰하는 모습을 표현하고 있다.

③ [C]: 삶이 주는 고통이 내면화되면서 비애가 심화되고 있는 상황을 드러내고 있다.

④ [D]: 동일시할 수 있는 외적 대상을 연상하며 위안을 얻고 있는 내면을 담고 있다.

⑤ [A]~[D]: 시상이 절망에서 희망으로 전환되는 정서적 추이를 보여 주고 있다.

(나)의 ㉠~㉤을 이해한 내용으로 적절하지 <u>않은</u> 것은?

① ㉠: 자연현상을 제시하여 화자가 자신의 비참한 처지를 직시하게 되는 사건의 발단을 제공하고 있다.

② ㉡: 감각적 이미지를 활용하여 소기의 목적을 달성하지 못한 화자의 서글픈 심정을 효과적으로 표현하고 있다.

③ ㉢: 농기구가 제 용도를 발휘할 수 없는 상황을 강조하여 농사일을 포기할 수밖에 없는 화자의 아쉬움을 드러내고 있다.

④ ㉣: 내적 지향과 외적 환경을 대비하여 이상과 현실 사이의 괴리에서 오는 화자의 안타까움을 강조하고 있다.

⑤ ㉤: 단정적인 표현을 활용하여 청빈하고 소박한 삶을 긍정함으로써 물질적 가치를 멀리하고자 하는 화자의 다짐을 표현하고 있다.

제한 시간 8분

[G01~05] 다음 글을 읽고 물음에 답하시오.

(가) 우리나라의 고전 세태 소설은 당대 사회의 풍속, 제도, 인물들의 가치관 등을 제재로 한다. 그리고 부정적 사회 현실에 대한 저항이나 개혁 등을 주제로 다루기보다는 급변하는 정치, 경제, 사회적 상황을 사실적으로 반영하는 경향을 보인다.

이 소설들은 조선 후기 실학사상의 영향을 받아 당대의 사회적 현실에 대한 관심이 높아지면서 본격화되었다. 조선 후기는 중세 사회를 지탱하던 신분제가 무너지면서 신분보다 경제력을 중시하는 경향이 농후해진 시기이다. 또한 경제력을 우선시하는 새로운 사회 구조에 적응하지 못한 무능한 가장들이 많아지고 적극적인 여성들이 등장할 수 있는 사회적 분위기가 형성되면서 가정이나 사회에서 남녀의 역할이 전도되는 현상이 나타나기도 했다.

조선 후기의 세태 소설은 이러한 당시 사회의 급격한 변화 양상을 보여 주는 서사적 특징을 보인다. 이러한 특징은 당대의 사회적 관심사인, 전통적인 신분 제도가 와해되면서 생긴 계층 간의 갈등, 관념적 가치보다 물질적 가치를 추구하는 인물들의 삶의 양태 등을 담은 다양한 사건을 그리고 있는 데서 엿볼 수 있다.

조선 후기의 세태를 잘 담아내고 있는 대표적 작품으로는 노비들이 상전의 재물을 탈취하는 사건을 소재로 한 〈김학공전〉, 주색잡기에 빠져 가산을 탕진하는 춘풍의 이야기를 다룬 〈이춘풍전〉을 들 수 있다.

(나) 노자(奴子) 중 박명석(朴明錫)이라 하는 놈이 흉계를 생각하고 저의 동류(同類)를 청하여 의논 왈,

"우리가 매양 남의 종노릇만 할 것 없으니, 지금 상전이 부인과 어린아이뿐이라. 이때를 타서 상전을 다 죽이고 금은보화를 탈취하여 가지고 무량 계도(桂島) 섬에 가 양민(良民)이 됨이 어떠하뇨."

하니, 모든 노속(奴屬)이 일시에 응하거늘, 명석이 모든 사람에게 허락을 받은 후 하는 말이,

"그대들의 뜻이 이러할진대 모월 모일에 잔치를 배설(排設)하고 그 날로 계교를 행하자."

하고 각각 돌아가느라.

이때에 학공의 유모가 마침 명석의 집에 갔다가 이같이 의논하는 말을 엿들은 후에 마음이 떨리고 가슴이 서늘하여 가만히 생각한즉,

'이 말을 부인에게 전하면 내가 그놈에게 죽을 것이요, 아니 고하면 인정상 차마 못할 바이라.'

하고 유예하여 미결하던 차에, 일일은 노자(奴子) 제인(諸人)이 잔치를 배설한다 하거늘, 유모 마지못하여 들어가 부인에게 이 말을 자세히 고하고 정신없이 앉아 눈물을 흘리거늘, 부인이 이 말을 들으매 천지가 아득하여 기절하였다가, 반향(半餉) 만에야 겨우 정신을 차려 가슴을 두드리며 하는 말이,

"이것이 어인 말인고. 이러한 흉계가 있으되 망연히 아지 못하고 이 같은 대환(大患)을 당하니 이 일을 장차 어찌 하리오. 미덕과 나의 목숨은 고사하고 만일 학공을 죽이면 김 씨의 향화(香火)를 뉘라서 받들리오. 세상 천하에 이같이 망극한 일이 어디 있으리오. 바라건대 유모는 좋은 묘책을 생각하여 학공을 살려 주면 은혜를 황천에 돌아간 고혼이라도 갚을 것이니 깊이 생각하라."

하고 눈물이 비 오듯 하니, ㉠그 참혹한 경상은 일월이 무광(無光)하고 초목과 금수가 다 슬퍼하더라.

유모 다시 고왈,

"주사야탁(晝思夜柝)에 아무리 생각하여도 좋은 계교 없사오나 인명이 재천이라 하오니 설마 어떠하오리까."

하니, 부인이 유모를 붙들고 통곡하여 왈,

ⓐ"유모의 수단으로 살지 못한다면 노자들을 남녀노소 없이 낱낱이 불러 우리 집 재물을 분급(分給)하야 속량(贖良)하여 주고 목숨을 보전하겠으니 모두 다 데려오라."

하니 유모 하는 말이,

"아무리 생각하와도 저희들이 이미 계교를 정하였으니 듣지 아니 하올지라, 미리 피신함만 같지 못하오니 깊이 생각하옵소서."

부인 왈,

㉡"도망을 하자 한들 저 놈의 배포 설심(設心)이 이같이 강성하였으니, 혈혈약질(孑孑弱質)이 어린 자녀를 데리고 갈 수도 없고 아니 갈 수도 없으니 이 일을 장차 어찌 하잔 말고."

하며, 학공을 붙들고 실성통곡 왈,

[A] "슬프다. 너의 부친이 나와 무슨 연분이 지중(至重)하여 나이 사십에 자식이 없어 서러워하다가 너의 남매를 얻어 후사(後嗣)를 전하고자 하였더니, 조물(造物)이 시기하여 불행히 너의 부친이 일찍이 세상을 버리시니, 마땅히 뒤를 따르고자 하나 너의 남매를 생각하고 망망한 천지간에 구차히 살았다가, 이 같은 망극지변(罔極之變)을 당하니 어느 친척이 있어 구제하리오. 옥황상제께 비나이다. 유유한 창천(蒼天)은 무죄한 인생을 굽어 살피옵소서."

하며 무수히 통곡하다가, 한 계교를 생각하고 땅을 깊이 파고 학공을 그 속에 넣고 노비 전답 문서를 전대에 넣고 허리에 띠고, 먹을 것을 많이 넣고,

"배고프거든 이것을 먹고 문서를 잘 간수하였다가, 요행히 살아나거든 우리의 원수를 갚게 하여라. 슬프다. 우리도 살아나서 너와 한가지로 다시 만나 살면 천행(天幸)이요, 불연(不然)이면 한 칼에 삼모자(三母子)가 다 죽을 것이니 조심하여 잘 있거라."

하며 슬픈 눈물로 이별할 제, 학공이 모친의 치마를 붙들고 통곡하며, 모친은 학공의 손을 붙들고 울다가 자주 혼절하니, 그 가련한 경상을 어찌 보리오. 눈물 아니 흘릴 이 없더라.

　　　　　　　　　　　　　　　　　　　　　－ 작자 미상, 〈김학공전〉

(다) 추월이 거동 보소. 춘풍의 재물을 빼앗고 괄세하여 내친다. 슬픈 거동 가련하다. 만나 보면,

"내 눈에 보기 싫다."

석경 면경 햇던지며 생증내어 구박할 제, 성외(城外) 성내(城內) 한량에게 의논하되 들경막의 장작인가 전당(典當)집의 은촛댄가, 썩은 나무 박힌 뿌리런가. 이러할 줄 몰랐던가.

"어디로 갈랴시오, 노자가 부족하면 한대나 보태시오."

돈 한 돈 내어주며 바삐 나가라 재촉하니, 춘풍의 거동 보소. 분한 마음 폭발하여 추월에게 하는 말이,

"우리 둘이 갓 만나서 원앙금침(鴛鴦衾枕) 마주 누워, 불원상리(不遠相離) 굳은 언약 태산같이 언약하여 대동강이 마르도록 떠나가지 말래더니, 이렇듯 깊은 맹세 농담인가. 이제 이 말 웬 말인가."

추월이 이 말 듣고 변색하여 하는 말이,

ⓒ "이 사람아, 내 말을 들어 보소. 청루물정 몰랐던가. 장 낭부, 이 낭청도 동가식서가숙(東家食西家宿)하고 노류장화(路柳墻花)는 인개가절(人皆可折)*이라. 평양기생 추월 성식 몰랐던가. 자네가 가져온 돈냥 혼자 먹던가."

이같이 구박하여 등 밀치며 어서 바삐 가라 하니, 춘풍이 분한 중에 탄식하며 전면 기둥 비켜서서 이리저리 생각하니 한심하고 가련하다.

[B] '집으로 가자 하니 무면 도강동(無面渡江東)이요, 처자도 부끄럽고 또한 막중 호조 돈 이천 냥을 내어다가 한 푼 없이 돌아가면 금부옥(禁府獄)에 가두고 주장대로 지르면 속절없이 죽겠으니 서울로도 못 가겠고, 동서 구걸하자니 그도 또한 못 하겠고, 불원천리 가자니 노자 한 푼 없으되 그도 또한 못 하겠다. 이를 장차 어찌하리. 이럴 줄을 몰랐던가. 후회막급 창연하다. 대동강 깊은 물에 풍덩 빠져 죽자 하니 그도 차마 못 하겠고, 석 자 세 치 지자 수건 목을 매어 죽자 하니 이도 차마 못 하겠네. 답답한 이내 일을 어찌하면 옳단 말인고. 평양 성내 걸인 되어 이 집 저 집 빌자 하니 노소인민 아동주졸(兒童走卒)* 이놈 저놈 꾸짖으니 걸식도 못하리라. 어디로 가잔 말인가.'

이리저리 생각하다가 추월 앞에 나가 앉아 간절히 비는 말이,

ⓔ "추월아 추월아. 내 말 잠깐 들어 봐라. 우리 조선이 인정지국(人情之國)이어든 어찌 그리 박절한가. 날 살리게 날 살리게. 내가 자네 집에 도로 있어 물이나 긷고 불 사환(使喚)이나 하고 있으면 어떠할꼬."

추월이 거동 보소. 눈을 흘겨보면서,

"여보소, 이 사람아. 자네가 전 행실을 못 고치고 '하네' 소리하려면 내 집 다시 있지 마소."

이렇듯이 구박하니 춘풍이 하릴없어 '아가씨' 말이 절로 나고 존대가 절로 난다.

[중략 줄거리] 춘풍의 처는 춘풍을 구하기 위해 참판의 도움으로 비장 신분이 되어 평양에 와 추월을 문초한다.

"이년 바삐 다짐하라. 네 죄를 모르느냐."

추월이 정신이 아득하여 겨우 여쭈오되,

"춘풍의 돈은 소녀에게 부당하여이다."

비장이 대로하여 분부하되,

"네 어찌 모르리오. 막중 호조 돈을 영문에서 물어 주랴 본부에서 물어 주랴. 네가 먹었거든 무슨 잔말 아뢰느냐. 너를 쳐서 죽이리라."

주장(朱杖)대로 지르면서,

"바삐 다짐하라."

오십도를 중히 치며 서리같이 호령하니, 추월이 기가 막혀 혼이 질겁을 내어 죽기를 면하려고 아뢰되,

ⓜ "국전(國錢)이 지중하고 관령이 지엄하니, 영문 분부대로 춘풍의 돈을 다 물어 바치리이다."

　　　　　　　　　　　　　　　　　　　　　－ 작자 미상, 〈이춘풍전〉

* 노류장화는 인개가절이라: 길가의 버들과 담 밑의 꽃은 아무나 쉽게 꺾을 수 있다.
* 아동주졸: 길거리에서 노는 철없는 아이들이나 떠돌아다니는 사람들

G01
2018 대비/사관학교 39

(가)에서 언급한 '조선 후기의 세태 소설'에 대한 설명으로 적절하지 않은 것은?

① 사회 개혁적인 인물을 등장시켜 주제를 형상화한다.
② 조선 후기 실학사상의 영향을 받으면서 본격화되었다.
③ 당대의 풍속, 제도, 인물들의 가치관 등을 제재로 한다.
④ 당대 사람들의 사회적 관심사와 관련된 사건을 다룬다.
⑤ 당대의 시대적 상황을 사실적으로 반영하는 경향을 보인다.

G02
2018 대비/사관학교 40

(가)를 바탕으로 (나), (다)를 감상할 때, 적절하지 않은 것은?

① (나)에서 노비 박명석이 노속들에게 '상전을 다 죽이고 금은보화를 탈취하'자는 데서 전통적인 신분 질서가 와해되어 가는 세태를 짐작할 수 있군.
② (나)에서 유모가 학공의 모친에게 노비들의 계교를 알리지 않고 '유예하여 미결하'는 모습에서 당대 사회의 이면에 계층 간의 갈등이 존재하고 있는 세태를 확인할 수 있군.
③ (다)에서 추월이 '춘풍의 재물을 빼앗고 괄세하여 내'치며 경제력에 따라 춘풍을 달리 대접하는 행태에서 물질적 가치를 추구하는 세태를 엿볼 수 있군.
④ (다)에서 춘풍이 추월의 집 '사환이나 하'는 일을 하다가 아내의 도움으로 곤경에서 벗어나는 데서 가부장제가 흔들리고 있는 세태를 짐작할 수 있군.
⑤ (다)에서 비장이 된, 춘풍의 아내가 추월을 문초하며 '바삐 다짐하라'며 강권하는 모습에서 적극적인 여성이 나타난 세태를 살펴볼 수 있군.

G03
2018 대비/사관학교 41

[A]와 [B]에 대한 설명으로 적절하지 않은 것은?

① [A]는 [B]와 달리 초월자에게 의지하여 문제를 해결하려는 바람을 표현하고 있다.
② [B]는 [A]와 달리 자신의 잘못된 행동에 대한 인물의 회한을 드러내고 있다.
③ [A]는 요약적 진술로, [B]는 나열의 방식으로 인물이 처한 상황을 서술하고 있다.
④ [A]와 [B]는 현재의 상황을 초래한 원인을 알 수 있는 과거의 잘못을 보여 주고 있다.
⑤ [A]와 [B]는 암담하고 절망적인 상황에 놓여 있는 인물의 심리를 나타내고 있다.

G04
2018 대비/사관학교 42

㉠~㉤에 대한 설명으로 적절하지 않은 것은?

① ㉠: 학공 모자가 처한 참혹한 상황에 대한 독자의 공감을 유도하는 서술 방식을 보이고 있다.
② ㉡: 이전의 경험에 근거하여 앞으로 겪게 될 절망적인 상황을 염려하는 모습을 드러내고 있다.
③ ㉢: 자신의 신분적 특성을 언급하며 춘풍에 대한 홀대가 당연한 처사임을 언급하고 있다.
④ ㉣: 인정에 호소하며 자신의 절박한 처지를 헤아려 주기를 바라는 심정을 표현하고 있다.
⑤ ㉤: 다급한 상황을 모면하기 위해 어쩔 수 없이 권위에 복종하는 모습을 보여 주고 있다.

G05 ⭐ 1등급 킬러
2018 대비/사관학교 43

ⓐ와 관련이 있는 말로 가장 적절한 것은?

① 고식지계(姑息之計)
② 고육지책(苦肉之策)
③ 권토중래(捲土重來)
④ 기호지세(騎虎之勢)
⑤ 자승자박(自繩自縛)

[G06~09] 다음 글을 읽고 물음에 답하시오.

(가) 1960년대 ㉠국가 주도형 경제성장은 자본주의에 기반을 두고 새로운 도시 공간을 형성하기도 했지만 한편으로는 기존의 도시 공간을 파괴해 나갔다. 산업화를 위한 개발이 모든 가치를 앞지르는 것이었으며 그것은 기계적 가치가 인간적 가치를 압도하고, 중앙 권력이 지방 자치를 압도하는 것이었다.

[A] ┌ 산업화와 도시화로 인해 가족이나 친족 같은 혈연, 근린 집단이나 지역 사회 등의 지연, 그리고 우애나 친교 집단의 심연 등에 의한 정의적 유대가 사라지고 전통적 사회 질서와 생활 양식이 붕괴되었다. 결국 소규모 사회의 성원 사이의 친밀성과 동질성을 바탕으로 한 생활 공동체가 소원감과 이질성을 특징으로 한 대규모의 도시 사회로 바뀌게 되었고 이에 따라 자연히 인간의 사회적 관계도 인정이나 우정, 의리에 의한 정의적 관계보다는 이익을 바탕으로 한 냉혹하고 기계적이며 비인격적인 관계가 지배하게 되었다. └

이런 산업화는 인간 내적인 주체 확립 없이 국가에 의해 ㉡외적으로 부가된 산업화로 인간을 중심에서 주변으로 밀어냈다. 이런 모습은 문학에도 반영되는데 1960~70년대 문학에 그려진 인간은 자신들의 삶의 주인이 되지 못한 채 부유하는 모습을 보인다. 이렇게 인간이 소외되어 가는 모습에서 ㉢근대적 삶의 불구성을 엿볼 수 있다.

김승옥 작품에는 이런 특징을 지닌 도시의 생리가 인간을 지배하는 모습으로 자주 등장한다. 서울로 상경한 등장인물들은 자신들이 서울의 세계에 점점 동화되어 가는 것을 느끼면서도 한편으로는 여전히 이질적이고 낯선 세계의 주변부에서 소외될까 두려워하는 이중적 고민을 안고 있다. 자본주의 사회 특히 도시는 자기 자신에 대한 예민한 반응과 민감한 자의식을 지닌 인간을 만들어 내기 때문이다.

서울로 상경한 이들은 대개 ㉣소시민이나 도시빈민으로 살아간다. 이들은 '서울식의 인사'와 '도회의 어법'에 반감을 가지고 있지만 그 범주를 벗어날 용기는 가지지 못한다. '도회의 어법'으로 대표되는 이 어법은 정작 할 말은 말꼬리 뒤로 감추고 위악으로 치장한 세련된 어법으로 상대를 재며 거리를 두는 '터무니없는 인사'만 난무하는 어법이다. 무엇이든 소비하는 것이 일상화된 자본주의 사회에서는 배려, 진심, 동정심마저 서비스 품목에 해당되고 배려는 기호로 존재할 뿐이다. 결국 자연발생적이고 상호적인 인간관계가 상실되는 것이 이 사회의 기본적인 특징이 된다.

이렇게 상실된 인간관계는 ㉤사회적 회로에 재투입되고,

기호화된 인간관계와 인간적 따뜻함이 소비되는 현상은 친밀감마저도 소비를 위해 만들어지게 한다. 이러한 구조 속에서 '도회의 어법'은 승진이나 취직에 필요한 능력으로도 직결되는 것이다. 따라서 계획된 언어 표현, 감수성, 친밀감 등으로 포장된 인간관계가 도처에 범람하게 된다. 결국 '서울'은 자본주의적인 질서가 가장 기본적인 사회 단위인 가정에까지 침투한 위기의 공간이며 공동체의 유대와 정이 상실되어 가는 곳이다.

(나) 그는 목 안으로 자꾸 기어드는 여자의 목소리를 듣고 있으려니까 콧등이 시큰해졌다. 얼른 계산을 해주고 그는 허둥지둥 쫓기듯이 밖으로 나왔다.

"어딜 그렇게 급히 가세요?"

그의 맞은편에서 걸어오던 키가 큰 사람이 여전히 걸음을 계속하면서 그에게 말했다. 그가 관계하고 있는 신문사의 카메라맨이었다.

"어디 가세요?"

그는 반가워서 빠른 말씨로 인사를 했다.

카메라맨은 벌써 지나치면서

"이형, 다음에 좀 봅시다."

라고 말하며 가버렸다.

그는 그네들의 말투를 알고 있었다. 저 도회의 어법을. 그리고 그는 항상 그 어법에 잘 속았었다. 방금 카메라맨이 말한 '다음에 좀 봅시다'는, 그 뜻을 따라서 정확히 표기하자면 '그럼 다음에 또 만납시다. 안녕히 가십시오'이다.

그런데 그들은 '좀'이라는 부사를 집어넣어서 듣는 사람을 환장하게 만들어 버린다. '다음에 좀 만납시다', 어쩌면 당신에게 일자리를 얻어줄 수도 있을지 모르니까요인가? 생각해 보라. 그렇게밖에 들리지 않지 않은가? 그는 아침나절에 그가 관계하던 신문에서 문화부장에게 속히우던 일이 생각났다.

그가 해고당한 것을 알리기 전에 문화부장은 먼저 '오늘치 만화 좀…' 했던 것이다. 그래서 자기가 해고당할 것을 예측하고 있던 거를 당황하게 했던 것이다. '오늘치 만화…'라고 했으면 그는 자기가 해고당하지 않았음을 알았으리라. 또는 '오늘부터는 그리실 필요는 없게 되었습니다'라고 하면 유감스럽긴 하지만 그것도 뜻은 분명하다. 그런데 '오늘치 좀…' 했던 것이다. 오늘치의 만화를 보아서 재미가 있으면 계속하겠고 그렇지 않으면 해고다, 라고 밖에 들리지 않던 그 말투. 그는 갑자기 느릿느릿 걸었다. 거리의 모퉁이에서 공중전화가 눈에 띄었다. 집에 전화가 있다면 아내를 불러내었으면 좋겠다.

아내와 함께 밤늦도록 거리를 쏘다닌다면 좋겠다. 쇼윈도라도 보면서, 그래 쇼윈도라도 보면서.

그는 누구에게라도 좋으니 전화를 걸어서 이야기해 보고 싶었다. 얼른 생각난 사람이 엊저녁에 술을 사주던 선배 만화가 김 선생이었다. 김 선생은 자기가 근무하고 있는 신문사의 자리에 있었다.

"김 선생님, 결국 목 잘렸습니다."

저쪽에서는 잠시 침묵이었다.

"제기럴, 또 ⓐ한잔할까?"

"그럽시다. 나오세요. 아니 제가 선생님께 지금 가죠."

"오게. 제기럴, 한잔하세."

수화기를 놓고 나올 때 그는 마음이 조금 가벼워진 것을 느꼈다.

그는 김 선생이 따라 주는 술을 빨리빨리 마셨다.

"좀 천천히 마시게."

김 선생은 걱정이 되는 모양이었다.

"괜찮아요."

그는 손등으로 입가를 닦으며 싱긋 웃었다.

"우리나라 만화가들의 그 단순하면서도 회화적인 선이 얼마나 훌륭한 걸 우리나라 사람들은 모르고 있단 말야."

김 선생은 술잔 속을 들여다보며 중얼거렸다.

"기계로 그린 것 같은 양키들의 만화가 진짜인 줄로 알고 있거든."

"만화가 우스우면 그만이지 쥐뿔 나게 회화적이고 아니고를 찾게 됐어요?"

그는 술을 또 들이켰다. 김 선생은 그를 힐끗 쳐다보았다.

"제가 군대 있을 때 말입니다." 그는 힐끗 말했다. "남들은 제가 정훈으로 떨어졌다고 부러워했거든요. 편할 거라는 거죠. 그렇지만 전 말예요, 총대를 쥐지 않았으니까 말이지요, 군대 기분이 안 났거든요." 그는 취해 오는 것을 느끼며 말했다. "아마 그때 총대를 쥔 사람들이 지금은 안정된 직장들에 앉아 있겠지요? 저는 항상 만화만 붙들고, 남들은 편하려니 부러워하지만 실상은 불안해서 어쩔 줄 모르고 말입니다."

"그럴까?"

김 선생이 말했다.

"술이 없으면 말야…" 그들의 뒤쪽에 앉아 있는 패들의 하나가 소리쳤다. "인생이란 말야…" "허, 또 나오시는군." "허, 저 소리 듣기 싫어서 이젠 술 끊어야겠어." 누군지가 소리쳤다.

"문화부장이 차나 ⓑ한잔 하자고 하더군요."

그는 속으로는, 자기가 만화 연재를 부탁하러 갔던 문화부장을 생각하면서 말하고 있었다.

"다방에 가서 그 양반이 그러더군요. 사람 웃기는 방법의 몇 가지 패턴을 안다고 곧 만화가가 되는 것이 아니다. 바로 그 양반이 그랬어요. 두꺼비 같은 눈알을 부라리면서 말입니다."

찻값을 앞질러 내버리던 그 키가 작은 작달막한 문화부장. 날 무척 무안하게 해줬었지.

"그러면서 말입니다. 너는 미역국이다, 이거죠."

자기네 사장이 얼른 뒈져달라는 기도를 하려던 그 사람, 난 참 면목이 없어서 혼났지.

"차나 한잔. 그것은 일종의 추파다. 아시겠습니까? 김 선생님?" 그는 혀가 잘 돌아가지 않았다. "그것은 내가 그 속에서 성실을 다했던 하나의 우연이 끝나고…"

그는 술을 한 모금 꿀꺽 마셨다.

"새로운 우연이 다가온다는 징조다. 헤헤. 이건 낙관적이죠, 김 선생님?" 그는 김 선생이 방금 비워낸 술잔에 취해서 떨리는 손으로 술을 따랐다. "차나 한잔. 그것은 이 회색빛 도시의 따뜻한 비극이다. 아시겠습니까? 김 선생님, 해고시키면 차라도 한잔 나누는 이 인정. 동양적인 특히 한국적인 미담… 말입니다."

– 김승옥, 〈차나 한잔〉

G06

(가)의 ㉠~㉤을 참고할 때, 1960~70년대 문학에 반영된 사회의 특징에 대한 설명으로 적절하지 않은 것은?

① ㉠으로 인해 기존 도시 공간이 파괴되고 새로운 도시 공간이 나타난다.

② ㉡은 ㉠이 실현되는 과정의 하나로 개발을 최고의 가치로 추구한다.

③ ㉢은 ㉡의 과정에서 인간이 주체성을 상실하여 나타나는 결과이다.

④ ㉣은 ㉢을 극복해 가며 현실을 살아가는 사람들을 의미한다.

⑤ ㉤은 ㉠과 ㉡을 거치며 고착화된 사회 구조를 의미한다.

G07

(나)의 서술상 특징으로 적절한 것은?

① 반어적 표현을 활용하여 현실 상황을 비판적으로 인식함을 드러내고 있다.

② 인물의 내적인 독백을 통해 부정적인 현실을 극복할 방안을 제시하고 있다.

③ 의식의 흐름 기법을 활용하여 자의식의 분열로 소통이 단절된 사회를 드러내고 있다.

④ 인물의 이름 대신 김 선생, 문화부장으로 나타내어 인물 간의 거리감을 드러내고 있다.

⑤ 공간의 이동에 따라 인물의 변화하는 심리를 묘사하여 인간관계의 단절을 드러내고 있다.

G08

(가)를 바탕으로 ⓐ와 ⓑ를 분석한 것으로 적절한 것은?

① ⓐ는 도회의 어법으로 친밀성을 바탕으로 하고 있으며, ⓑ도 도회의 어법으로 서로에 대한 의리에 바탕을 두고 있다.

② ⓐ는 도회의 어법과 반대로 자본주의적 질서가 녹아 있으며, ⓑ는 도회의 어법으로 상호적인 인간관계가 드러나 있다.

③ ⓐ는 도회의 어법과 반대로 상대방과 일정한 거리를 두고 있으며, ⓑ는 도회의 어법과 반대로 계획된 감수성이 드러나 있다.

④ ⓐ는 도회의 어법으로 자신의 따뜻함을 소비하고 있으며, ⓑ는 도회의 어법과는 반대로 상대 실직에 대한 위로가 드러나 있다.

⑤ ⓐ는 도회의 어법과 반대로 상대에 대한 진심 어린 위로가 있는 반면, ⓑ는 도회의 어법으로 정작 할 말을 감춘 모습이 드러나 있다.

G09

[A]를 참고할 때, (나)의 '다방'에 대한 설명으로 적절한 것은?

① 생활 공동체가 존재하며, 정의적 유대가 유지되는 공간이다.

② 전통적 질서를 지닌 도시적 공간으로, 개인 간의 연대감이 존재한다.

③ 도시의 주변부에 해당하며, 전통과 현재가 공존하는 공간이다.

④ 대규모 도시 사회를 상징적으로 나타내며, 개인이 압도되는 공간이다.

⑤ 도시의 생리를 지니고 있으며, 개인이 공동체와 화합하려고 노력하는 공간이다.

제한 시간 9분

[G10~15] 다음 글을 읽고 물음에 답하시오.

(가) S#95 내무반

[A]

(팬티 바람으로 두 줄로 마주 서서 서로의 뺨을 때리는 신병들. 현, 공허한 눈동자 던진 채 그냥 뺨을 맞는다.

저쪽에 연호는 증오어린 시선으로 마주 선 녀석을 힘껏 힘껏 친다.)

고현: (손을 거두며) 그만해 두자… 이런 미친 짓은…. (마주 선 신병 겁난 듯.)

마주 선 신병: … 그렇지만 저쪽에서 보고 있잖나? 조또헤이가….

고현: 미친 짓이야. 이건….

마주 선 신병: 때리는 척이라두 해… 어서.

(저쪽에서 상등병이 달려온다.)

상등병: (무섭게) 왜 중지하나?

마주 선 신병: (벌벌 떨며) 저는 때리는데 다카야마가 날 때리지 않습니다.

상등병: 손해 보지 말고 마주 쳐. 어서.

고현: 전 이 사람에게 개인적으로 손톱만 한 원한도 없습니다.

상등병: 이유 없다. 때려.

고현: 전 이 친구에게 원한이 없습니다.

상등병: 명령이다.

고현: ….

상등병: 반항이냐? 이 짜식이.

(갈긴다. 또 갈긴다. 금시 피투성이가 돼서 쓰러지는 현. 저만치서 연호가 바라보고 있다.)

S#96 능선

(일본 군대가 능선에 교통로를 파고 있다. 다나까 오장이 올라온다.)

오장: 신병 오 명 차출이다. 너, 너, 너, 너희들은 이쪽으로 나와.

(하라다, 연호, 현 등이 차출된다. 곡괭이를 놓고 올라오는 현.)

S#97 병영

(십여 명 중국인 남녀가 공포에 질려 떨고 있다. 다나까 오장에게 인솔되어 현의 일행이 온다.)

다나까: 명령대로 차출해 왔습니다.

(긴 장화, 말채찍을 든 대위 앞에 경례한다.)

대위: 좋아. (신병들을 둘러보며) 이제부터 너희들에게 군인 정신을 함양한다.

(중국인 다섯 명을 끌어다 파놓은 구덩이 앞에 세운다. 외마디 소리 지르며 애원하는 그들. 그러나 신병들을 일렬로 정렬시키는 대위의 차가운 얼굴. 현, ㉠마른침을 꿀꺽 삼킨다.)

오장: 탄약 장진. 거총-

(기계적으로 움직이는 신병들. 철컥. 장진하고 겨냥하는 연호- 식은땀을 흘리는 현의 얼굴. 가늠자에 확대되어 들어오는 중국인 젊은이의 확대된 눈동자- ㉡현 눈을 꽉 지레 감아 버린다.)

오장: 쏘앗.

(타당- 울리는 총성. 갑자기 대위의 말채찍이 현의 얼굴을 후려친다.)

대위: 조준을 바로 해랏. 빗나가지 않았나?

(얼굴에 피 흐르는 현. 순간 연호가 철컥 다시 장진하더니 탕- 쏜다. 쓰러지는 중국인 젊은이.)

대위: 좋아.

(㉢씩 웃는다. 차갑게 돌아서는 연호. 바라보는 현.)

S#98 내무반(밤)

(잠 못 이루는 현- 기합으로 퉁퉁 부은 얼굴)

연호: 현아 자니?

(옆에서 연호가 소리 죽여 부른다.)

고현: 아니, 안 자.

연호: 많이 아프냐?

고현: 괜찮아….

연호: 그것 봐라. 용감하게 쏴 제끼지… 어물어물하고 있다가….

고현: 글쎄… 너처럼 총질한 게 용감한 건지… 나처럼 쏘지도 못한 게 용감한 건지 나두 모르겠다.

(㉣돌아눕는다.)

연호: (등 뒤에 대고) 내일 토벌작전 나가걸랑 내 옆에 꼭 붙어 있어라.

고현: ?

연호: 기회는 그때다. 팔로군 쪽으로 넘어가는 거다.

고현: 팔로군?

연호: 쉬이- (한층 목소리 낮춰서) 그동안 지형도 살피고 삼 일분 식량도 준비해 놨어. 어떻게든지 ○○에까지만 무사히 뛰면 그들과 합류할 수 있을 거다.

(㉤그 자신에 찬 태도, 빛나는 눈초리- 그러나 현은 선뜻 응하지 못한다. 골똘히 생각에 잠긴다.)

S#99 중국인 촌(밤)

(콩 볶듯 피차간의 공방전. 중국인 촌으로 진군해 들어가는 일군들. 날아오는 유탄. 현도, 연호도 은폐물을 이용하여 전진해 들어간다. 마을엔 불이 타고, 비명과 아우성. 이윽고 손을 들고 나오는 몇 사람 중국 군인들, 그러나 무차별 학살하는 일군들, 마을은 수라장. 아무 집이나 뛰어들어 마구 죽이고, 마구 약탈한다. ㉥총은 든 채 멍청하니 서 있는 현. 무서운 학살. 또 학살. 총칼 아래 죽어가는 중국인 남녀들. 순간 소리 지르는 현.)

고현: 연호야, 뛰자.

(총알같이 샛길로 내뛰는 현. 연호도 퍼뜩 정신 난 듯 다른 길로 뛴다. 서라. 서라. 탈주다. 탕, 탕, 뒤를 쫓는 총성. 엎어지며 고꾸라지며 죽어라 내뛰는 현. 정신없이 달리는 현.)

— 선우휘 원작·이은성 외 각색, 〈불꽃〉

(나) 창씨한 탓으로 산 자가 붙어 '다카야마[고산(高山)]'가 된 현은 일본 '나고야' 부대에 입대하였다. 치중병(輜重兵)이 되었다.

마구간 당번을 하게 되었다. 때로는 손으로 말똥을 긁어모아야 했다. 어느 달 밝은 밤 말 다리 밑에 기어 들어가 말똥을 긁어모으고 있다가, 유난히 비쳐드는 달빛에 고개를 들었다. 둥근 달이 말의 배 밑에 늘어진 거대한 것 끝에 걸려서 마치 손잡이가 검은 큰 놋 주걱같이 보였다. 현은 '히히히' 하고 저도 모르게 웃었다. 덩그런 마구간 안에 웃음소리가 반향을 일으키는 것이 기괴한 감을 주었다. 갑자기 말한테 조롱당한 것 같은 모욕을 느꼈다. 이 자식한테! 치밀어 오르는 홧김에 삽을 들어 힘껏 그것을 후려갈겼다. 놀란 말이 껑충 뛰자 현은 뒤로 쓰러졌다.

어느 일요일, 일인 친구를 따라가서 마음껏 배 속에 집어넣고 온 일이 있었다. 어떻게 먹었던지 씨걱씨걱 호흡이 곤란했고 자유로이 몸을 가눌 수조차 없었다. 그러고도 저녁에는 또

한 그릇을 비웠다. 그날 밤은 밤새 변소 출입에 바빴다.

다음 날 아침 관물 몇 가진가 분실된 것을 알았다. 분대장의 주먹은 현의 얼굴에서 폭발했다.

"자식아, 잃었거든 명청히 있지 말고 딴 뎃 것을 훔쳐와."

그래도 이튿날 현은 취사장에서 얻어낸 누룽지를 가지고 간밤에 쪼그리고 앉았던 변소에서 먹었다. 그것을 뜯으면서 현은 그린의 '의지와 인간의 도덕적 발전에 쓰이는 자유의 각종 의미에 대하여'가 어떤 것이었던지 무연히 생각하고 있었다.

[B]
┌ 현에게 있어서 가장 고통스러웠던 것은 모두를 두 줄로 마주 세워 놓고 서로 두드리게 하는 일이었다.

개인적으로 손톱만 한 원한이 없는 인간끼리 서로의 육체에 고통을 가한다는 것은 견디기 어려운 일이었다. 치면 때리고 때리면 치고 한참 그것을 반복하고 있으면 차차 서로에 대한 근거 없는 증오심이 끓어올랐다. 그것은 인간으
└ 로서 얼마나 덧없고 슬픈 일이었을까.

다음 해 봄, 현은 북부 중국에 파견되는 노병들 가운데 섞여 있었다. 황막한 중국 땅에 내려섰을 때 현은 틈을 타서 도주할 결심을 했다.

(구타, 학대, 잔인, 오만, 비굴, 허위의 범벅. 군대란, 인간이 있을 데가 못 된다. 그래도 명분이 있다면 참기도 하겠다. 그런데 내게는 털끝만 한 명분이 없다. 어째서 내가 중국인을 죽여야 하는가.)

얼어붙었던 대지가 철을 맞아 지르르 녹아나기 시작할 무렵이었다. 밤이 되면 추위가 뼛속에 스며들었다. 으스름 달밤. 현은 보초를 서다가 틈을 탔다.

덮어놓고 서쪽으로 달리면 된다는 막연한 계획이었다. 숨겨 두었던 건빵 두 주머니, 통조림 한 통, 캐러멜 두 개를 끼고 밤새 허리까지 오는 마른 잡초 사이를 걸었다. 몇 번 뒹굴어 손등과 얼굴을 긁혔다. 끝없는 대지 위 칠흑 속에서 현은 머리카락이 곤두서는 공포에 떨었다. 지구 밖 어두운 허공 속에 혼자 던져진 느낌이었다. 그대로 지옥으로 열린 문을 향해 걷고 있는 것 같았다.

동쪽 하늘이 희미하게 밝아올 때, 현의 손에는 이미 소총이 없었다. 불그레 동쪽 하늘이 물들기 시작하더니 ⓑ붉은 커다란 덩어리가 솟아오르기 시작했다. 그대로 못박혀진 현은 꼼짝 않고 그 장엄한 광경을 황홀히 주시하고 있었다. 아아! 이 커다란 것, 그 앞에 초라한 이 모습. 그는 갑자기 짐승 같은 소리를 질렀다. 아아악, 갸아악, 갸아악. 괴었던 잡것이 터져 나가는 가슴속에 태양은 새로운 생명을 불어넣어 주는 듯했다.

이튿날 멀리 조그마한 마을이 내려다보이는 언덕에 이르자

추위와 주림과 공포와 피로에 지친 그는 그대로 쓰러져 잠이 들고 말았다. 현이 눈을 떴을 때 태양은 머리 위에서 빛나고 대여섯 가옥의 인가 근처에는 주민 두서넛이 얼씬거리고 있었다. 좁다란 길이 현이 누운 언덕 밑을 지나 마을 쪽으로 뻗고 있었다.

– 선우휘, 〈불꽃〉

G10
예상 문제

(가)를 영상으로 제작하고자 할 때, 가장 적절한 것은?

① S#95: '현'의 공허한 눈동자를 클로즈업하여 현재에서 과거로 장면이 전환되도록 한다.

② S#95: '연호'와 '현'의 모습을 번갈아 제시하여 두 인물의 태도 변화를 부각한다.

③ S#97: '대위'의 차가운 얼굴을 클로즈업하여 중국인들의 공포에 질린 모습을 직접적으로 드러낸다.

④ S#98: '연호'와 '현'의 대화를 작은 목소리로 연출하여 관객들이 장면에 더 몰입할 수 있도록 한다.

⑤ S#99: 달려가는 '현'의 모습을 멀리서 촬영하여 인물의 심리를 생생하게 보여 준다.

G11
예상 문제

(나)의 서술상 특징으로 가장 적절한 것은?

① 인물의 내면 의식의 흐름을 중심으로 서술하고 있다.

② 인물 간의 대화를 통해 중심인물의 부정적인 면모를 드러내고 있다.

③ 동시에 진행되는 두 사건을 교차시켜 갈등 해소의 실마리를 제공하고 있다.

④ 이야기가 진행되는 과정에서 서술자를 교체하여 다른 시각에서 사건을 조망하고 있다.

⑤ 시간적 배경 묘사를 통해 인물의 현재의 처지와 미래의 모습을 구체적으로 제시하고 있다.

〈보기〉를 참고하여 [A], [B]를 이해한 내용으로 적절하지 않은 것은?

[보기]

'갈등'은 두 개 이상의 욕구가 동시에 존재하고 그것이 지향하는 방향이 서로 반대되어 충돌을 일으키는 상태를 가리킨다. 소설에서 등장인물이 갈등을 일으키는 것은 그 인물의 의지나 욕구와 상반되는 외부적 힘 또는 내부적 힘이 있기 때문이다. 대부분의 소설에서 갈등은 사건 전개의 핵심적인 요인이 된다. 또한 이러한 갈등을 통해 인물들의 성격을 뚜렷이 부각시키며, 그 갈등의 해소 과정을 통해 주제를 드러내기도 한다.

① [A]에서 '현'이 갈등을 겪는 이유는 '현'의 의지와 상반되는 외부적인 힘이 존재하기 때문이다.

② [A]에서는 같은 상황에 놓였으나, 서로 다른 이유로 갈등을 겪는 인물의 모습을 통해 인물의 성격을 보여 주고 있다.

③ [B]와 달리 [A]에서는 인물 간의 대화를 통해 '현'이 겪는 외적 갈등의 상황에 초점을 두어 묘사하고 있다.

④ [B]에 제시된 '서로에 대한 근거 없는 증오심'은 '현'의 갈등을 유발하는 요인으로 사건 전개에서 핵심적인 역할을 한다.

⑤ [A]와 [B] 모두 갈등이 해소되는 과정은 나타나 있지 않으나, 갈등을 겪는 '현'의 모습을 통해 작품의 주제를 짐작할 수 있다.

㉠~㉤에 대한 설명으로 적절하지 않은 것은?

① ㉠: '대위'의 명령을 예상한 '현'의 긴장된 심리 상태를 보여 준다.

② ㉡: 중국인들을 총살하라는 명령에 따르지 못하고 회피하는 '현'의 모습을 드러낸다.

③ ㉢: '연호'가 '현'을 대신하여 중국인 젊은이를 죽인 것에 대한 '대위'의 만족감을 드러낸다.

④ ㉣: 탈출 계획에 대한 '연호'의 확신과 자신감을 보여 준다.

⑤ ㉤: '연호'의 계획을 따를 것인가, '대위'의 명령에 따를 것인가 고민하는 현의 상태를 보여 준다.

〈보기〉는 (가)의 원작에서 연호와 현이 나누는 대화의 일부이다. 이를 고려할 때, ⓐ에 대한 설명으로 가장 적절한 것은?

[보기]

"자네 왜 그러나?"
뜻밖이라는 연호의 표정.
"왜 그러긴 나야 원래 이런 놈이 아닌가. 부탁이니 나를 이대로 가만히 버려두어 주게."
"버려두다니, 자네야말로 열성적으로 일해야 할 사람이 아닌가?"
"일이야 할 사람이 얼마든지 있는걸. 나까지 뛰어들 필요가 없지. 나는 모든 것이 귀찮게만 생각이 드네. 자네가 들어오기 전 나는 들로 나가던 길가에서 어떤 젊은 군인의 시체를 보았지. 속눈썹이 길고 검은 머리를 늘인 애띤 얼굴을 하고 있더군. 나보다도 10년이나 어려 뵈는 소년이야. 그는 며칠 전만 해도 자기 가족에게 편지를 보냈고, 이웃에 사는 어떤 처녀를 그리고 있었는지도 모른다. 그렇게 생각하니 어째서 그가 이 길가에서 이처럼 생명을 잃어야 했는가 의문이 들더군. 살아야 했을 인간이 인위적으로 죽은 것이다. 어째서? 누구의 탓으로?"
"물론 사람이 죽는다는 건 유쾌한 일이 못 되지. 그러나 피의 대가 없이 어떻게 혁명의 성취를 바랄 수 있겠나?"
"누구의 피, 누가 흘려야 하는 핀데?"
"그것은 혁명을 가로막는 원수들의 피, 그리고 혁명에 바쳐지는 인민 전사들의 고귀한 피. 그러나 더 많은 원수들의 피가 요구되지."
"자네는 죽는 사람의 경우를 생각해 본 적이 있나? 다만 살고자 발버둥치는 인간들의 죽음을. 고통과 공포. 죽는 인간에 있어서는 죽는 그 순간에 그 자신의 모든 것, 아니 전 세계가 상실된다는 것을."

① '연호'의 말에 동의를 표하는 것이다.

② '연호'와 생각이 다르다는 것을 우회적으로 표현한 것이다.

③ 어떤 판단이 옳은 것인지에 관하여 '연호'의 의견을 묻기 위한 행동이다.

④ '연호'가 말하고자 하는 것을 예측하여 '연호'가 말하지 못하게 하려는 것이다.

⑤ 자신의 신념을 지키는 것이 옳은지 갈등하는 '현'의 내면을 보여 주기 위한 것이다.

(나)의 맥락을 고려할 때, ⓑ의 기능을 〈보기〉에서 골라 바르게 묶은 것은?

[보기]

ㄱ. '현'이 부대에서 도망치게 만드는 계기로 작용한다.

ㄴ. 앞으로 전개될 사건의 분위기를 암시하는 역할을 한다.

ㄷ. 상승 이미지를 나타내는 소재로 '현'에게 생명력을 느끼게 한다.

ㄹ. '현'으로 하여금 과거의 기억들을 떠올리게 만드는 매개체 역할을 한다.

① ㄱ, ㄴ ② ㄱ, ㄷ ③ ㄴ, ㄷ
④ ㄴ, ㄹ ⑤ ㄷ, ㄹ

제한 시간 8분

[G16~20] 다음 글을 읽고 물음에 답하시오.

(가) 생사로(生死路)는

　　⊙예 이샤매 저히고

　　나는 가ᄂ다 말ㅅ도

　　몯다 닏고 가ᄂ닛고

　　어느 ᄀ슬 이른 ᄇᄅ매

　　이에 저에 ᄠ러딜 ⓛ닙다이

　　ᄒᄃ 가재 나고

　　가논 곧 모ᄃ온뎌

　　아으 미타찰(彌陀刹)애 맛보올 내

　　도(道) 닷가 기드리고다

　　　　　　　　　　　　　　 – 월명, 〈제망매가〉 (양주동 해독)

(나) 이 몸이 죽어 가셔 무어시 될고 ᄒ니

　　봉래산(蓬萊山) 제일봉(第一峰)에 ⓒ낙락장송(落落長松) 되야 이셔

　　백설(白雪)이 만건곤(滿乾坤)ᄒᆯ 제 독야청청(獨也靑靑)ᄒ리라

　　　　　　　　　　　　　　 – 성삼문의 시조

(다) 양전(兩殿)마마가 한날한시에 몽사(夢事)를 얻으시니 대명전 들보에서 여섯 청의동자가 날아와서 일시에 읍하거늘,

"네가 사람이냐 귀신이냐? 나는 새도 들어오지 못하는 곳인데 어찌하여 들어왔느냐?"

"인간 사람도 아니옵고 귀신도 아니옵고 하늘의 청의동자로서 옥황상제의 명령으로 국왕 전하의 명패를 풍도 섬에 가두러 왔나이다."

"그는 어찌하여 그러하냐? 신하 중에 원책이 있다더냐? 만민 중에 원민이 있다더냐?"

"원책, 원민이 아니오라, 하늘이 아는 아기를 내다 버리신 죄로 ⓐ한날한시에 문안 드시면은 한날한시에 승하하시리다."

"그러면 내 어찌 회춘(回春)하리오?"

"버린 아기를 찾아 들여, 삼신산 불사약 무상신(無上神) 약령수(藥靈水) 동해 용왕 비례주(珠) 봉래산 가얌초(草) 안아산 수리취를 구해다 잡수시면 회춘하시리다."

깜짝 놀라 깨니 남가일몽(南柯一夢)이라.

(중략)

대왕마마 병환이 위중하옵시니

"만조백관, 시녀, 백성들아, 무상신 약령수를 얻어다가 국가 보존할쏘냐?"

"이승 약이 아니온데 어찌 얻을 수 있사오리까?"

(중략)

버려졌던 칠 공주 불러내어,

"부모 소양[효양(孝養)] 가려느냐?"

ⓑ"국가에 은혜와 신세는 안 졌지마는 어마마마 배 안에 열 달 들어 있던 공으로 소녀 가오리다."

"거둥 시위(侍衛)로 하여 주랴? 구슬 덩, 사(紗) 덩을 주랴?"

"필마단기(匹馬單騎)로 가겠나이다."

사승포(四升布) 고의적삼, 오승포 두루마기 짓고 쌍상투 짜고, 세(細)패랭이 닷 죽, 무쇠 주령 짚으시고 은 지게에 금줄 걸어 메이시고 ⓒ양전마마 수결(手決) 받아 바지 끈에 매이시고

"여섯 형님이여, 삼천 궁녀들아, 대왕 양마마님께서 한날한시에 승하하실지라도 나 돌아올 때까지 기다려서 인산(因山) 거둥 내지 마라."

(중략)

아기[칠 공주]가 한곳을 바라보니 동에는 청 유리 장문이 서 있고 서에는 백 유리 장문이 서 있고 남에는 홍 유리 장문이 서 있고 북에는 흑 유리 장문이 서 있고 한가운데는 정렬문이 서 있는데 무상 신선(無上神仙)이 서 계시다.

ⓓ키는 하늘에 닿은 듯하고 얼굴은 쟁반만 하고 눈은 등잔만 하고 코는 질병 매달린 것 같고 손은 소댕만 하고 발은 석자 세 치라.

하도 무서웁고 끔찍하여 물러나 삼배를 드리니 무상 신선하는 말이,

"그대가 사람이뇨? 귀신이뇨? 날짐승 길버러지도 못 들어오는 곳에 어떻게 들어왔으며 어디서 왔느뇨?"

"나는 국왕마마의 세자로서 부모 봉양 왔나이다."

"부모 봉양 왔으면은 물값 가지고 왔소? 나무값 가지고 왔소?"

"총망 길에 잊었나이다."

ⓔ"물 삼 년 길어 주소. 불 삼 년 때어 주소. 나무 삼 년 베어 주소."

– 작자 미상, 〈바리공주〉

G16 _____ 2018 대비/경찰대 25

(가)~(다)의 공통점으로 가장 적절한 것은?

① 극적인 전환을 통해 미적 쾌감을 불러일으킨다.
② 인물과 배경이 설정되어 사건 전개가 이루어지고 있다.
③ 각 행의 율격이 일정하여 편안하고 안정된 느낌을 준다.
④ 이승의 삶 이후 상황을 상정하고 주제를 형상화하고 있다.
⑤ 밝고 동적인 이미지와 어둡고 정적인 이미지가 대비되어 있다.

G17 _____ 2018 대비/경찰대 26

(나)와 〈보기〉의 시적 화자의 태도를 비교한 것으로 가장 적절한 것은?

[보기]

내 님믈 그리ᅀᆞ와 우니다니
산(山)졉동새 난 이슷ᄒᆞ요이다
아니시며 거츠르신ᄃᆞᆯ 아으
잔월효성(殘月曉星)이 아ᄅᆞ시리이다
넉시라도 님은 ᄒᆞᆫᄃᆡ 녀져라 아으
벼기더시니 뉘러시니잇가
과(過)도 허믈도 천만(千萬) 업소이다
ᄆᆞᆯ힛마러신뎌 ᄉᆞᆯ읏븐뎌 아으
니미 나를 ᄒᆞ마 니즈시니잇가
아소 님하 도람 드르샤 괴오쇼셔

– 정서, 〈정과정〉

① (나)는 미래에 대한 희망과 자신감이 넘치는 데 비해, 〈보기〉는 미래를 우울하게 관망하고 있다.
② (나)는 자신의 의지를 실제로 구현하고자 하는 데 비해, 〈보기〉는 자신의 감정을 절제하여 표현하고 있다.
③ (나)는 자신의 현실에 의연하게 대처하는 데 비해, 〈보기〉는 시적 대상에게 자신의 억울함을 호소하고 있다.
④ (나)는 자연의 좋은 풍광 속에서 위안을 얻는 데 비해, 〈보기〉는 자연 속에서 물아일체의 삶을 동경하고 있다.
⑤ (나)는 구속에서 벗어나 자유로운 세상을 추구하는 데 비해, 〈보기〉는 문제를 해결한 후 지위의 상승을 추구하고 있다.

G18 _____ 2018 대비/경찰대 27

〈보기〉의 설명을 참조하여 ㉠에 대해 이해한 것으로 적절하지 않은 것은?

[보기]

㉠의 향찰 원문은 '此矣有阿米次肹伊遣'이다. 이에 대한 해독에서 학자 사이에 이견이 있다. 양주동은 '예 이샤매 저히고'로, 김완진은 '이에 이샤매 머뭇그리고'로 해독하였다. 한자의 음과 훈을 빌려 와 우리말을 기록한 향찰에 대해 음독과 훈독의 선택에 따라 서로 다른 해독이 나왔다.

① ㉠은 향찰에 대한 해독자의 관점이 반영되어 나온 것이다.
② ㉠은 차자(借字) 표기인 향찰로 기록된 것을 우리말로 해독한 것이다.
③ ㉠의 '예'는 '이에'와 같이 두 음절로도 해독할 수 있다.
④ ㉠의 '이샤매'는 이론의 여지가 많지 않은 해독이다.
⑤ ㉠의 '저히고'는 '머뭇그리고'로 달리 해독되기도 하지만 뜻은 같다.

G19 ⭐1등급 킬러 _____ 2018 대비/경찰대 28

문맥상 ㉡과 ㉢을 비교하여 설명한 것으로 적절하지 않은 것은?

① ㉡과 ㉢ 모두 식물적인 이미지를 표현한 것이다.
② ㉡과 ㉢ 모두 원관념에 대한 보조 관념에 해당한다.
③ ㉡에는 ㉢에 비해 더 능동적인 의지가 반영되어 있다.
④ ㉡에는 ㉢에 비해 사물의 동적인 성격이 두드러지게 나타난다.
⑤ ㉢은 ㉡에 비해 사물의 색채 이미지가 시상 전개에 중요한 역할을 한다.

✦ 정답 및 해설 261~266p

ⓐ~ⓔ에 대한 설명으로 적절하지 **않은** 것은?

① ⓐ: 하늘이 내리신 아기를 버린 죄로 양전마마가 동시에 죽게 된다는 뜻이다.

② ⓑ: 부모에게 버림받은 원망을 묻어 둔 채 효행의 길을 나서겠다는 뜻이다.

③ ⓒ: 왕과 왕비의 명령과 결정에 의한 행동이라는 점을 증명하는 말이다.

④ ⓓ: 사람에게 두려우면서도 친근한 느낌을 주는 겉모습을 형용한 말이다.

⑤ ⓔ: 부모 봉양을 위해 희생해야 할 시간과 노력이 필요하다는 뜻이다.

제한 시간 6분

[G21~23] 다음 글을 읽고 물음에 답하시오.

(가) **이 세계의 문법**을 그는 매번 배우지만
　　　 매번 잊어버린다.
　　　 세계가 마취된 것인가,
　　　 자신의 두개골이 마취된 것인가,
　　　 그는 매번 판정을 내리지 못한다.
　　　 그는 **물질이 정신성으로, 정신이 물질성으로**
　　　 이동해 가는 통로를 너무나 잘 알고
　　　 때로는 너무나 까마득히 모른다.

　　　 주변인은 신문이 배달되는 시각과
　　　 텔레비전이 시작되는 시각을
　　　 습관적으로 초조히 기다린다.
　　　 주변인은 이따금씩 제 집안의
　　　 하나뿐인 시계가 맞는지 알아보기 위해
　　　 국번 없이 116에 전화를 걸어 본다.
　　　 그리고 로봇 음성의 한 문장이 끝날 때까지 듣는다.

　　　 주변인은 주로 전철이나
　　　 시외버스를 타고 다닌다.
　　　 때로는 목숨 내놓고
　　　 총알택시를 타기도 한다.
　　　 행복의 이데올로기를 믿는

행복한 사람들을 부러워하며,
서울의 탱탱한 표면 **장력**을 그리워하며,
그 속으로 이입되기를
무수히 갈망하고 무수히 증오하면서,
　┌　표면에서 표면으로
　│　주변에서 주변으로
[A]　가장자리에서 가장자리로
　│　**주변인**은 정처 없이 지도를 어지럽히며
　└　하염없이 시간을 혼선시키며 굴러다닌다.

　　　　　　　　　　　　– 최승자, 〈주변인의 초상〉

(나) **[앞부분의 줄거리]** 조그만 창고에 자앙과 기임이라는 두 명의 창고지기가 오랜 세월동안 상자를 트럭에 싣고 내리는 일을 하고 있다. 자앙은 상자의 배송이 잘못되지 않도록 하는 것이 사회와 개인을 위한 일이라고 생각하여 매사에 꼼꼼하게 일을 처리하지만, 기임은 상자를 아무렇게나 빨리 처리하고 놀기를 바란다. 반복되는 생활에 염증을 느낀 기임은 어느 날 고의로 상자 하나를 바꾸어 트럭에 실어 보낸 후 자앙에게 그 사실을 말한다. 두려움에 휩싸인 자앙은 상자 주인에게 그 사실을 알리려고 애쓰지만 아무도 도와주지 않는다. 그리고 기임은 트럭 운전수의 딸 다링의 꼬드김에 넘어가 그들과 함께 창고 밖으로 떠나기로 결심한다.

다링: 마침내 결정한 거예요?

기임: 그래, 함께 가서 살기로 했어.

다링: (살림 도구들이 있는 곳에서 접시, 그릇, 찻잔들을 가져와 낡은 트렁크에 담으며) 무조건 다 가져가요.

기임: (다링이 담은 것들을 다시 꺼내 놓으며) 아냐, 반절만 내 것인걸!

다링: 둘이서 함께 쓰던 물건은 어쩌려구요? 반절로 나눌 수도 없잖아요.

　　(자앙과 운전수, 핸들 카에 상자를 싣고 창고 안으로 들어온다.)

운전수: 우린 트럭에 상자들을 다 옮겼어. 그런데 너희는 짐도 안 싸고 뭘 했지?

자앙: 짐이라니……?

기임: 으음, 그렇게 됐어. 오늘 나는 이 창고 속을 떠난다구!

자앙: 정말 가는 거야? 이렇게 갑자기……?

기임: 미안해! 그런데 막상 떠나려니까 조금은 서운하군. (창고 안을 둘러보며) 너하고 여기서 얼마나 살았더라……? 몇 십 년은 훨씬 더 될 거야. 아마…….

자앙: 그래…… **우린 철부지 시절부터 이 창고지기였어.**

기임: 언제나 너는 나를 고맙게도 보살펴 줬지.

자앙: 날 의붓어미라고 미워했으면서 뭘…….

기임: 진짜로 미워한 건 아니잖아?

자앙: 나도 알아. (기임을 껴안는다.) 제발 가지 마! 이 창고도, 나도, 전혀 달라진 게 없잖아?

기임: 그건 안 돼. 이 창고는 더 이상 내가 살 곳이 아냐.

운전수: 남자들끼리 헤어지면서 무슨 말이 그렇게 많아? (창고 밖으로 나가며) 시간 없어! 나 먼저 트럭에 가서 있을 테니까 너희는 어서 짐 싸들고 나와!

다링: (놋쇠 국자로 소리 나게 두드리며) 그만하고, 서로 자기 물건들이나 골라 봐요.

기임: (자앙의 포옹을 풀며) 난 내 물건을 잘 모르겠어. 굼벵아, 네가 골라 줘.

자앙: 아냐, 쓸 만한 게 있거든 모두 네가 가져.

기임: 너는 이 창고 속에서 혼자 살 텐데…….

자앙: 내 걱정은 말고 어서 먼저 골라 봐. 그리고 내가 너한테 줄 게 있어. (침대 밑의 상자들 중에서 화려한 색깔의 스웨터를 찾아낸다.) 너의 생일날 주려고 두었던 건데, 헤어지는 날 선물이 됐군.

기임: (자앙에게서 스웨터를 받아 몸에 대본다.) 근사한데!

다링: (자앙의 침대 밑을 바라보며) 좋은 건 이 속에 다 있잖아요! 이걸 가져가도 돼요?

기임: 안 돼, 그건 손대지 마.

자앙: 가져가요.

다링: (자앙의 침대 밑에서 상자 하나를 꺼낸다.) 이건 뭐죠?

자앙: 북어 대가리죠. 그건 가져가세요. 꼭 필요할 겁니다.

다링: 북어 대가리……?

기임: 이게 왜 필요한지는 두고 보면 알게 될 거야. (상자를 열어서 북어 대가리를 하나 꺼내 자앙에게 준다.) 난 너한테 이것밖에 줄 게 없군. 내 생각이 날 거야, 항상 곁에 두고 보라구.

자앙: (북어 대가리를 받으며) 그래, 언제나 내 곁에 두고 볼게. (창고 밖에서 트럭의 재촉하는 경음기가 울린다. 미스 다링은 서둘러서 물건들을 담요에 담는다.)

다링: 아버지가 재촉해요. (상자와 담요를 들며) 어서 들고 나가요.

기임: (트렁크를 들고, 자앙에게) 그럼 잘 있어.

자앙: (마지못해 대답한다.) 잘 가……. 가서 행복해.

(기임과 미스 다링, 창고 밖으로 나간다. 자앙은 북어 대가리를 식탁 위에 놓고, 떠나는 기임을 바라본다. 창고 문 앞에서 자앙과 기임의 외치는 소리가 들린다.)

기임: (소리) 이 창고 앞의 상자들은 어쩔 거야? 내가 좀 창고 안에 옮겨 주고 갈까?

자앙: 괜찮아! 나 혼자서도 할 수 있어!

(창고 밖으로 떠나는 것이 즐겁다는 듯이 기임의 환호성이 들린다. 트럭 운전수와 다링의 웃음소리도 들린다. 잠시 후, 트럭이 경음기를 울리며 떠나는 소리가 들린다. 창고는 조용해진다. 자앙, 식탁 앞에 힘없이 주저앉는다. 늙고 허약해진 모습이다. 그는 식탁 위에 놓여 있는 북어 대가리를 물끄러미 바라본다.)

[B]
자앙: 그래, 나도 너처럼 머리만 남았군. 그저 쓸쓸하고…… 허무한 생으로 가득 찬…… 머리만…… 덜렁…… 남은 거야. (두 손으로 북어 대가리를 집어서 얼굴 가까이 마주 바라보며) 말해 보렴, 네 눈엔 내가 어떻게 보이는지? 그토록 오랜 나날…… 나는 이 어둡고 조그만 창고 속에서…… 행복했었다. 상자들을 옮겨 오고…… 내보내며…… 내가 맡고 있는 일을 성실하게 잘하고 있다는 뿌듯한…… 그게 내 삶을 지탱해 왔었는데……. 그러나 만약에…… 세상이 엉뚱하게 잘못되고 있는 것이라면…… 이 창고 속에서의 성실함이…… 무슨 소용 있는 거지? (사이) 북어 대가리야, 왜 말이 없어? 멀뚱멀뚱 바라만 볼 뿐 왜 대답이 없어? (북어 대가리를 식탁 위에 내려놓는다.) 아냐, 내 의심은 틀린 거야. 덜렁 남은 머릿속의 생각만으로 세상을 잘못됐다구 판단해선 안 돼. (핸들 카에 실린 상자를 서류와 대조하며 혼자서 쌓기 시작한다.) 제자리에 상자들을 옮겨 놓아라! 정확하게 쌓아! 틀리면 안 돼! 단 하나의 착오도 없게, 절대로 틀려서는 안 된다!

(자앙, 느릿느릿 정성을 다해 상자들을 쌓는다. 무대 조명, 서서히 자앙에게 압축되면서 암전한다.)

— 이강백, 〈북어 대가리〉

G21
예상 문제

〈보기〉를 바탕으로 (가)를 이해한 내용으로 적절하지 않은 것은?

[보기]

주변인(周邊人, marginal man)은 둘 이상의 서로 다른 집단 사이에 끼어 사고방식이나 행동 양식에 있어서 양쪽의 영향을 받지만 또한 어느 한쪽에 완전히 소속되지 못한 상태에 있는 사람을 가리키는 말이다. 이 시의 '그'는 현재 '이 세계의 문법', 즉 행복에 대한 자본주의적 이데올로기를 받아들이지도 못하고, 그것을 대신할 다른 확고한 가치관을 갖고 있지도 않다. 차라리 다른 사람들과 같은 삶을 살고 싶다는 갈망을 느끼기도 하지만, 그런 삶을 살아갈 자신의 모습을 생각하며 가증스러움을 느끼기도 한다.

① '그'는 '이 세계의 문법'을 대신할 수 있는 자신의 가치관을 정립하고자 신문, 텔레비전 등의 매체에서 정보를 얻으려 노력하고 있다.

② '그'는 이 세계의 사고방식과 행동 양식에 적응하지 못하고 '세계가 마취된 것인가'라며 그것의 정당성을 의심하고 있다.

③ '그'는 자본주의 세계 안에서 '물질이 정신성으로, 정신이 물질성으로' 환산되는 모습을 낯설어하고 있다.

④ '그'는 '행복의 이데올로기'를 믿는 '행복한 사람들'을 부러워하기도 하지만, 그들의 세계에 속하지 못하고 '주변인'으로 살아가고 있다.

⑤ '그'는 '서울'의 장력이 이끄는 대로 편안히 살고 싶은 마음과, 그 속에서 얻게 될 삶에 대한 증오를 동시에 느끼며 방황하고 있다.

G22

예상 문제

〈보기〉를 바탕으로 (나)를 감상한 내용으로 적절하지 않은 것은?

[보기]

〈북어 대가리〉는 창고라는 공간을 바탕으로 상품의 논리에 얽매여 기계적인 삶을 살아가는 현대인의 비인간적인 삶을 형상화하고 있다. 창고에는 성실하고 책임감이 강한 '자앙'과 즐거움을 추구하는 '기임'이라는 대조적인 성격의 인물이 살고 있다. 두 사람은 어떤 물건의 부속품인지도 모르는 상자를 보관했다가 다시 배송하는 작업을 하고 있다. 이를 통해 창고로 비유되는 현대 사회에서 전체 과정을 모른 채 부분에만 얽매여 사는 현대인의 모습이 나타나고 있다.

① '이 창고는 더 이상 내가 살 곳이 아냐.'를 통해 '기임'이 창고 안에서의 삶을 가치 있게 여기지 않는다는 것을 알 수 있군.

② '우린 철부지 시절부터 이 창고지기였어.'에서 '자앙'과 '기임'이 창고 안에서의 삶을 주체적으로 선택한 것이 아님을 짐작할 수 있군.

③ 창고는 두 인물이 기계적으로 상자를 옮기고 쌓는 일을 반복하는 공간으로, 분업화되고 획일화된 현대 사회를 의미하는 것으로 볼 수 있군.

④ 다시 상자를 쌓는 '자앙'의 모습은 머리만 남은 '북어 대가리'와 대조되어 '자앙'이 보다 인간적인 삶을 살게 될 것이라는 기대를 하게 하는군.

⑤ '기임'이 떠난 후 '자앙'은 모르는 상자를 성실하게 배송하던 자신의 일과 신념이 헛된 것이었을 수도 있다는 생각을 하며 회의감을 느끼고 있군.

G23

예상 문제

[A]와 [B]에 대한 설명으로 적절한 것은?

① [A]는 동일한 시어를 반복하여 이 세계의 이데올로기가 끊임없이 연장되는 상황을 제시하고 있다.

② [A]는 '어지럽히며', '혼선시키며'와 같이 능동적인 표현을 사용하여 화자의 주체적인 태도를 보여 주고 있다.

③ [B]는 인물이 동질감을 느끼는 대상을 제시함으로써, 자신의 삶을 돌아볼 계기를 마련하고 있다.

④ [A]는 인물이 세계 속에서 느끼는 소속감을 보여 주지만, [B]는 인물과 세계 간의 단절감을 보여 주고 있다.

⑤ [A]의 '지도'는 폐쇄적인 생활의 공간을 상징하는 소재로, 내용 전개에서 [B]의 '창고'와 같은 역할을 하는 소재이다.

제한 시간 8분

[G24~28] 다음 글을 읽고 물음에 답하시오.

(가) 샹해런가 ⓐ꿈이런가 백옥경(白玉京)의 올라가니
　　　옥황(玉皇)은 반기시나 군선(群仙)이 꺼리ᄂ다.
　　　두어라 오호연월(五湖烟月)이 내 분(分)일시 올탓다.

　　　풋잠에 꿈을 꾸어 십이루(十二樓)에 들어가니
　　　옥황(玉皇)은 우스시되 군선(群仙)이 꾸짓는다.
　　　어즈버 백억창생(百億蒼生)을 어늬 결에 무르리.

　　　하늘이 이저신 제 무슨 술(術)로 기워낸고
　　　백옥루(白玉樓) 중수(重修)*할 제 엇던 바치 일워낸고
　　　옥황(玉皇)끠 사뢰보자 하더니 다 몯ᄒ야 오나다.

　　　　　　　　　　　　　　　　　　　　　　– 윤선도, 〈몽천요〉

* 중수(重修): 건축물 따위의 낡고 헌 것을 다시 손을 대어 고침.

(나) [앞부분의 줄거리] 선조 때 안변 부사 남두성의 아들 남윤은 관비인 옥경선을 좋아하여 혼인하려 하지만, 남두성의 뜻을 따라 단천 부사의 딸 이석랑과 혼인한다. 그러던 중 전란이 발생하고 남윤은 포로가 되어 일본으로 끌려가게 된다. 왜왕이 남윤의 인물됨을 보고 공주와 결혼시키려 하나 남윤은 아내가 있음을 이유로 이를 거부해 위기에 빠진다. 하지만 공주의 간언으로 이 위기에서 벗어나고, 공주와 친밀한 사이가 된다. 그러던 어느 날 남윤은 ⓑ꿈을 꾸게 된다.

이때는 정유년 가을 7월 초 7일이었다. 남윤이 태자와 더불어 종일 담화하였는데 몸이 자연 피곤하여 홀로 난간에 의지하였더니, 월색은 마당에 가득하고 가을 바람은 소슬하여 집을 떠난 나그네의 심회를 도왔다. '칠월편(七月篇)'을 외우다가 졸았는데, 문득 붉은 도포를 입은 사람이 앞에 나와 아뢰되,

"요지(瑤池)에서 그대를 부르시니 급히 가사이다."

하고 재촉하였다. 남윤이 가로되,

"요지는 천상이라. 인간의 천한 몸이 어찌 가리오?"

붉은 도포를 입은 선관이 가로되,

"근심하지 말고 나를 따라오면 자연 갈 수 있습니다."

하고 길을 인도하였다.

남윤이 그 사람을 따라 표연한 곳에 이르니, 찬 기운이 사람에게 쏘이고 맑은 향기가 진동하여 정신이 씩씩하였다. 아름다운 꽃과 풀이 만발하고 은하수는 한없이 넓으며 난새와 봉황과 공작새는 어지러이 왕래하였다. 남윤이 살펴보니 금은보석으로 화려하게 장식한 궁궐이 허공에 솟아 있는데, 봉황 한 쌍이 나와 길을 인도하였다. 점점 들어가니 큰 집이 있는데 현판에 광한전(廣寒殿)이라 새겼고, 그 곁에 한 집이 있는데 영광전이라 하였다. 자세히 보니 우무로 만든 병풍을 두르고 산호로 만든 고리에 수정으로 만든 주렴을 달았거늘 황홀한 기운이 원근에 쏘이었다.

전각 위에 살펴보니 대인이 노란 도포를 입고 금관을 쓰고 백옥교(白玉橋) 위에 앉아 있으니 위엄이 엄숙하고 광채가 찬란하였다. 좌우를 살펴보니 무수한 선관이 시위하였으며, 그 앞에는 녹의홍상 입은 선녀가 옹위하여 풍악을 읊으니 짐짓 요지연이었다. 푸른 옷을 입은 선녀가 남윤에게 말하기를,

"㉠저 붉은 도포에 금관을 쓰신 분은 옥황상제요, 좌우에 시위하는 이는 여러 부처와 신선이요, 녹의홍상한 이는 모두 선녀입니다. 오늘이 마침 칠월 칠석이매 견우와 직녀가 서로 만나는 고로 이렇게 모였습니다. 옥황상제께서 명하시어 인간에 적강한 선관과 선녀를 불러 배필을 정하려 하심이니 그대를 부르옵거든 대답하옵소서."

하고, 즉시 올라가 남윤을 패초*하였다고 아뢰니, 옥황상제가 묻기를,

"추성(箒星)*은 배필을 거느리고 왔느냐?"

하였다.

한 선녀가 대답하기를,

"다 불러왔나이다."

옥황상제가 전지하여 각각 차례로 부르라 하시니, 한 노승이 육환장(六環杖)을 짚고 장삼을 입고 염주를 목에 걸고 앞에 나와 명을 듣잡고 섬돌에 내려서며 푸른 옷을 입은 선녀에게 명하여 남윤을 부르라 하였다. 선녀가 명을 받들어 남윤을 인도하여 섬돌 아래에 세우고 옥황상제의 명을 전하기를,

"㉡추성으로 말미암아 세 선녀가 투기하여 남방의 재변이 매우 심하기로 인간 세상에 적강시켰으니, 인간에 거처한 연한이 지나거든 모두 모여 즐기다가 나이 칠십이 차거든 올라오되, 월중선은 그 중에 죄가 가벼우니 십 년 후에 먼저 불러올리리라. 너희는 자세히 명령을 들으라."

하시니, 남윤의 뒤에서 각각 승명하였다. 남윤이 놀라 돌아보니 하나는 일본국 공주요, 하나는 함경도 함흥부 옥경선이요, 하나는 잘 아는 얼굴이로되 옷고름에 혈서를 찼으니 반드시 이씨 석랑이었다.

남윤이 창황 중에 노승에게 묻기를,

"네 사람 중에 월중선은 무슨 연고로 구태여 십 년 만에 올라오라 하시나이까?"

노승이 말하기를,

"㉢석랑은 옥경선과 일심이 되어 월중선을 모해하는 까닭에 세 사람은 조선에 적강하며 고생하며 지내게 하고, 월중선은 그 중에 죄가 적으므로 일본국 공주가 되어 편안히 즐기게 함이라. 네 사람을 각각 적강시킬 때에 월중선은 일본으로 보내고 세 사람은 조선 안변 서화사에 부탁하여, 추성은 남두성의 독자가 되고, 석랑은 이경희의 여식이 되고, 옥경선은 그 중에 죄가 더 무거워서 함흥의 기녀가 되어 고생하게 하였나니, 나는 안변 서화사의 부처라. 그대들이 어찌 나를 모르느냐?"

하고, 이어서 소매에서 ㉣푸른 구슬 네 개를 내어 각각 하나씩 주며 말하기를,

"이로써 일후 표식을 삼아 천생배필인 줄 알라. 그리고 인간에 내려가 월중선을 만나 십 년 동안 함께 즐기다가 먼저 올려 보내고, 본국에 돌아가 석랑과 옥경선을 찾아 함께 즐기다가 나이 칠십이 차거든 올라오라."

하고 봉황으로 하여금 인도하여 나가게 하였다. 중문을 나오다가 실족하여 높은 섬돌에서 떨어져 놀라 깨달으니 일장춘몽이었다. 한 손에 구슬이 쥐여 있거늘 남윤이 탄식하기를,

"몽사가 기이하도다."

하고 태자에게 전하여 왜왕께 아뢰었다. 왜왕이 기특히 여겨 즉시 공주와 왕비에게 이르니 공주의 몽조 또한 이러하고 구슬이 있었다. 즉시 구슬 두 개를 서로 비교하니 터럭만큼도 다름이 없으니, 왜왕이 더욱 기특히 여기시어 말하기를,

"이는 천정배필이니 누가 감히 말리리오?"

즉시 택일하여 화촉지례를 이루매, 교배석에 나가니 신랑의 아름다운 풍채와 신부의 선명한 태도는 하늘이 감동할 만하였다. 태자궁 서편에 공주궁을 짓고 많은 보배를 상으로 주며 궁녀 삼백을 주고 궁궐 이름을 청천궁(靑天宮)이라 하였다.

ⓒ 부부의 금슬이 비할 데 없으나 마침내 수태(受胎)함이 없으니 왕과 왕비 크게 근심하셨다.

이러구러 십 년이 지나매 일일은 공주가 가장 비감하여 눈물을 흘리며 말하기를,

"우리 인연이 멀지 아니하였으니 연연한 정을 장차 어찌하리오?"

남윤이 놀라 묻기를,

"이 말씀이 어떤 말씀이오니까?"

공주가 대답하기를,

"군자는 십 년 전 꿈속에 요지연에 갔던 일을 잊고 계시나이까? 첩의 사주를 보니 금년 팔월이면 반드시 죽을 것입니다. 첩이 죽으면 군자를 본국에 돌려보내지 아니하리니, 이 때를 타서 도망함이 마땅하나 만경창파에 어찌 도달하리오? 첩이 죽더라도 다른 공주가 있으니, 알지 못하겠습니다. 군자는 재취하고저 하나이까?"

남윤이 말하기를,

"공주와 더불어 하늘이 정한 인연이 있기로 마지못하여 부부가 되었습니다. 공주가 나를 이렇듯이 돌보아 생각하시니 감격하거니와 본국에 있는 배필이야 어찌 일시나 잊으리오? 바라건대 공주는 이제 영결한다고 오열하시니 느꺼운 마음이 측량없습니다. 공주가 별세하시면 만리타국에서 외로운 나는 누구를 의지하여 살리오? 차라리 나도 공주와 같이 죽사와 천행으로 주인 없는 외로운 혼이나마 본국에 돌아감과 같지 못하도다."

하니, 공주가 또한 비감하여 말하기를,

"첩이 이제 죽으면 군자는 넓고 넓은 푸른 바다에 돌아갈 길이 아득할 것이니, 평생의 계교를 발하여 군자가 무사히 돌아가게 하리이다."

하고 서로 손을 잡고 종일 통곡하였다.

* 패초: 명을 내어 부름.
* 추성: 천상계에 있을 때 남윤의 호칭

– 작자 미상, 〈남윤전〉

〈보기〉를 참고하여 (가)를 이해한 내용으로 적절하지 않은 것은?

[보기]

현실 정치를 떠나 초야에 묻혀 지내던 윤선도는 자신을 질시하는 세력들을 의식하여 임금의 지극한 부름을 사양했다. 그러나 고산에 은거하면서도 임금을 도와 부정적인 현실을 바로잡고, 올바른 정치를 하고 싶었던 그는 그러한 마음을 표현하기 위해 현실을 꿈속 천상계의 일에 빗대어 〈몽천요〉를 창작하였다.

대부분의 작품에서 천계는 현실에서의 좌절과 고통을 보상해 주는 이상 세계로 표현된다. 그러나 〈몽천요〉에서 천계는 현실을 그대로 옮겨 온 것일 뿐이며, 그가 현실에서 느꼈던 좌절감을 재확인하는 공간에 불과하다. 천계에서도 안식을 찾지 못한 그는 다시 자연으로 돌아가게 된다.

① '백옥경', '옥황' 등을 통해 작품의 배경이 현실과 단절된 공간인 천계임을 알 수 있다.

② '군선'은 조정의 신하들을 말하는 것으로, 화자를 질시하는 세력들이 있음을 알 수 있다.

③ '오호연월'은 자연을 의미하는 것으로, 화자가 다시 자연으로 돌아가고자 함을 알 수 있다.

④ '백억창생을 어늬 결에 무르리'를 통해 올바른 정치를 하고자 하는 화자의 소망을 알 수 있다.

⑤ '다 몯ᄒᆞ야 오나다'를 통해 화자의 소망이 좌절되었음을 알 수 있다.

(나)의 서술상 특징으로 적절한 것을 〈보기〉에서 골라 바르게 묶은 것은?

[보기]

ㄱ. 서술자가 직접 개입하여 인물에 대해 평가하고 있다.

ㄴ. 인물의 회상을 통해 인물 간 갈등의 원인을 제시하고 있다.

ㄷ. 공간적 배경의 변화를 통해 인물의 성격 변화를 암시하고 있다.

ㄹ. 인물들 간의 대화를 통해 앞으로 전개될 상황을 예측할 수 있다.

① ㄱ, ㄴ   ② ㄱ, ㄹ   ③ ㄴ, ㄷ

④ ㄴ, ㄹ   ⑤ ㄷ, ㄹ

(나)의 ㉠~㉤에 대한 이해로 적절하지 <u>않은</u> 것은?

① ㉠: 이 작품이 도교 사상을 배경으로 하고 있음을 짐작할 수 있다.
② ㉡: 중심인물들이 천상에서 죄를 지어 인간계로 적강하였으며, 다시 올라갈 시기가 정해져 있음을 알 수 있다.
③ ㉢: 천상에서 '월중선', '석랑', '옥경선'이 저지른 죄목과 죄의 경중에 따라 인간계에서 각각 다른 삶을 살게 되었음을 알 수 있다.
④ ㉣: 꿈과 현실 세계를 연결해 주는 매개물 역할을 하여, 인물 사이의 인연을 확인하는 증표로서 기능한다.
⑤ ㉤: 중심인물들이 천상계에서 지은 죄 때문에 받는 벌이며, '남윤'이 조선으로 돌아가게 되는 계기가 된다.

G27

예상 문제

ⓐ와 ⓑ에 대한 이해로 가장 적절한 것은?

① ⓐ는 소망이 부정되는 공간이고, ⓑ는 희망이 실현되는 공간이다.
② ⓐ는 화자의 고독한 처지를, ⓑ는 주인공의 위태로운 상황을 보여 준다.
③ ⓐ는 현실과 단절된 공간을, ⓑ는 현실의 연속선 위에 있는 공간을 의미한다.
④ ⓐ는 화자에게 만족감을 느끼게 하는 반면, ⓑ는 주인공에게 결핍을 느끼게 한다.
⑤ ⓐ는 화자에게 현실에서 겪은 좌절을 재확인하게 하며, ⓑ는 현실의 인물들에 대한 정보를 제공한다.

G28

예상 문제

(나)의 내용을 고려할 때, 〈보기〉의 Ⓐ에 들어갈 말로 가장 적절한 것은?

[보기]

〈남윤전〉은 주인공이 포로가 되어 고행을 겪는다는 점에서 임진왜란을 배경으로 하는 다른 소설과 유사하다. 그러나 다른 작품에서는 전란으로 인한 고통과 슬픔, 고난의 극복에 초점을 두어 일본에 대한 적대감을 드러내는 것과 달리, 〈남윤전〉에서는 (Ⓐ   ) 이는 양란을 겪으며 크게 성장한 평민 의식의 다양한 층위를 반영한 것으로 볼 수 있다.

① 주인공이 주변 세계와의 갈등에서 결국 패배하는 모습을 그리고 있다.
② 천상계와 지상계의 이원 구조를 바탕으로 한 인물 간의 관계에 초점을 맞추고 있다.
③ 여로형 구조를 통해 주인공이 어려움을 극복해 가는 과정을 실감 나게 보여 주고 있다.
④ 주인공의 영웅적 활약에 있어 신이한 능력과 더불어 인간적 성품도 함께 묘사하고 있다.
⑤ 주인공이 어려움을 극복하는 과정에 조력자의 도움이 있었다는 사실에 주목하여 전개하고 있다.

22 DAY

Special

★ 문학 실전 모의고사

[회별 17문항, 제한 시간 25분]

1회 문학 실전 모의고사

[사관학교 기출 + 고난도 예상 문제]

2회 문학 실전 모의고사

[경찰대 기출 + 고난도 예상 문제]

[01~06] 다음 글을 읽고 물음에 답하시오.

(가) 페미니즘 문학은 남성 중심 사회에서 여성에 대한 억압에 주목하여 여성이 법적 · 제도적 · 문화적 · 사회적 측면에서 행복하게 사는 삶을 지향하는 문학 운동의 방향을 의미한다. 페미니스트들은 가정이나 가족의 포기가 아닌 남성과 여성의 의식 개혁과 사회 제도의 전반적 변천 속에 맞물려 여성의 자존과 자주, 남녀의 평등적 삶을 추구했다.

　문정희의 페미니즘 시각은 사회적으로 고통받는 여성의 삶을 드러내는 데에 있다. 문정희의 시에서 여성은 소외의 존재이자 무엇을 박탈당하는 존재로 그려진다. 〈유령〉이라는 작품에 나오는 '시아버지는 내 손을 잘라가고 / 시어머니는 내 눈을 도려가고 / ~ / 남편은 내 날개를 / 그리고 또 누군가 내 머리를 가지고 / 달아나서'라는 구절에서 여성 주체들을 둘러싼 사람들은 끊임없이 그녀에게서 무엇인가를 가져간다. 결국 여성은 지워진 존재, 즉 유령이 된다. 사회적으로 지워져 가는 여성에 대한 문정희의 시선은 곧 남성과 화해의 시선으로 바뀌게 된다. 〈오빠〉라는 작품에서는 세상의 남자들을 '오빠'라고 부르면서 육친성(肉親性)*을 부여한다. 이런 방식으로 남성의 동물적 공격성과 폭력성을 무디게 만들고 적대성을 희석시키면서 여성과 남성의 평화적 공존 관계를 구축해 갔다.

　하지만 고정희의 페미니즘 시각은 여성의 삶에 대해 철저하게 부정적이며 비극적 인식에 맞닿아 있다. 초기 고정희의 시에서 여성은 자신의 삶을 억압받으면서도 힘들게 버티며 살아가는 존재로 그려지며, 그런 여성에 대한 연민의 시선이 강했었다. 이후 점점 현실을 인지하고 각성하는 여성의 모습이 보이기 시작하는데, 『여성해방출사표』라는 시집은 각성한 여성을 잘 보여 준다. 황진이를 혁명을 꿈꾸며 스스로 기생이 된 선각자로 그리고, 허난설헌, 신사임당 등 역사 속 여성 문학가들을 내세워 역사와 여성 해방을 연결시킨다. 결국 여성은 해방되어야 할 존재로 그려진다. 고정희는 여성이 각성하여 남녀동등권 쟁취 투쟁에서 더 나아가 인간 해방 차원으로 여성운동이 펼쳐져 나가야 한다는 생각을 하고 그것을 시에 구현하려고 애를 썼다.

　두 작가는 문학의 주류에서 소외되어 주변 문학으로 존재했던 여성 문학과 여성 문학론이 한국 문학의 주류에 서는 데 큰 역할을 하였다. 페미니즘 문학은 열등한 성으로 고정되었던 여성을 남성과 동등한 위치로 끌어올리며 성의 관점에서 벗어나 인간의 관점으로 남녀를 바라보게 했다는 데에 큰 의미가 있다.

* 육친성(肉親性): 조부모, 부모, 형제 등과 같이 혈족 관계가 있는 사람과 같은 위치

(나) 학창 시절 공부도 잘하고
　　특별 활동에도 뛰어나던 그녀
　　ⓐ여학교를 졸업하고 대학 입시에도 무난히
　　합격했는데 지금은 어디로 갔는가

　　감자국을 끓이고 있을까
　　사골을 넣고 세 시간 동안 가스불 앞에서
　　더운 김을 쏘이며 감자국을 끓여
　　퇴근한 남편이 그 감자국을 15분 동안 맛있게
　　먹어치우는 것을 행복하게 바라보고 있을까
　　설거지를 끝내고 아이들 숙제를 봐주고 있을까
　　아니면 아직도 입사 원서를 들고
　　추운 거리를 헤매고 있을까
　　당 후보를 뽑는 체육관에서
　　한복을 입고 리본을 달아주고 있을까
　　꽃다발 증정을 하고 있을까
　　다행히 취직해 큰 사무실 한켠에
　　의자를 두고 친절하게 전화를 받고
　　가끔 찻잔을 나르겠지
　　의사 부인 교수 부인 간호원도 됐을 거야
　　문화 센터에서 노래를 배우고 있을지도 몰라
　　그리고는 **남편**이 귀가하기 전
　　허겁지겁 집으로 돌아갈지도

　　그 많던 **여학생들**은 어디로 갔을까
　　저 높은 ⓑ빌딩의 숲, 국회의원도 장관도 의사도
　　교수도 사업가도 회사원도 되지 못하고
　　개밥의 도토리처럼 이리저리 밀쳐져서

23 DAY

아직도 생것으로 굴러다닐까

크고 넓은 세상에 끼지 못하고

부엌과 안방에 갇혀 있을까

그 많던 여학생들은 어디로 갔는가

– 문정희, 〈그 많던 여학생들은 어디로 갔는가?〉

(다) 맞벌이 부부 우리 동네 **구자명 씨**

일곱 달 아기 엄마 구자명 씨는

출근 버스에 오르기가 무섭게

㉠아침 햇살 속에서 졸기 시작한다.

경기도 안산에서 서울 여의도까지

경적 소리에도 아랑곳없이

옆으로 앞으로 꾸벅 꾸벅 존다.

㉡차창 밖으론 사계절이 흐르고

진달래 피고 밤꽃 흐드러져도 꼭

부처님처럼 졸고 있는 구자명 씨.

그래 저 십 분은

간밤 아기에게 젖 물린 시간이고

또 저 십 분은

간밤 시어머니 약 시중 든 시간이고

그래 그래 저 십 분은

새벽녘 만취해서 돌아온 **남편**을 위하여 버린 시간일 거야.

고단한 하루의 시작과 끝에서

잠 속에 흔들리는 팬지꽃 아픔

㉢식탁에 놓인 안개꽃 멍에

그러나 부엌문이 여닫기는 지붕마다

㉣여자가 받쳐든 한 식구의 안식이

아무도 모르게

㉤죽음의 잠을 향하여

거부의 화살을 당기고 있다.

– 고정희, 〈우리 동네 구자명 씨〉

01   예상 문제

(가)의 '페미니즘 문학'에 대한 이해로 적절하지 않은 것은?

① 남성 중심 사회에서 여성이 억압받는 현실에 주목한 문학의 흐름이다.

② 남성뿐만 아니라 여성의 의식 개혁을 통해 남녀의 평등적 삶을 추구했다.

③ 같은 문예사조에서도 문정희와 고정희가 지닌 여성에 대한 시각은 서로 달랐다.

④ 한국 문학에서 주류적인 흐름이 아니었던 여성 문학을 주류적인 위치로 끌어올렸다.

⑤ 열등한 성으로 고정화되었던 남성과 여성을 모두 동등한 성을 가진 인간으로 인식하게 했다.

02   예상 문제

(나)와 (다)에 대한 설명으로 적절하지 않은 것은?

① (나)는 수미상관 기법을 활용하여 구조의 안정감을 주고 있다.

② (다)는 시적 대상과 대비되는 배경을 제시하여 시적 대상을 부각시키고 있다.

③ (나)는 (다)와 달리 특정한 의문형 종결 어미를 활용하여 운율감을 형성하고 있다.

④ (다)는 (나)와 달리 구체적인 이름과 지명을 활용하여 작품의 사실성을 높이고 있다.

⑤ (나)와 (다)는 화자가 시적 대상을 객관적으로 관찰하여 시적 대상에 대한 평가를 독자에게 맡기고 있다.

03   예상 문제

(가)를 참고하여 (나)와 (다)를 이해할 때, 적절한 것은?

① (나)는 역사 속의 여성을 등장시켜 현재 여성의 삶을 드러내고 있다.

② (다)는 여성이 남성과 화해를 통해 평화적으로 공존하는 모습이 드러나 있다.

③ (나)는 (다)와 달리 남성에 육친성을 부여하고, 남성의 공격성을 약화시키는 모습이 드러나 있다.

④ (다)는 (나)와 달리 억압받는 삶을 힘들게 버티면서 살아가는 여성의 모습이 구체적으로 드러나 있다.

⑤ (나)와 (다)는 가정과 직장 모두 포기하지 않으며 **빼앗긴** 자신의 권리를 위해 투쟁하는 여성의 모습이 드러나 있다.

(나)의 @와 ⓑ의 의미를 이해한 것으로 적절한 것은?

① @는 여성이 주체적으로 살아가는 공간인 반면 ⓑ는 여성이 노력해도 도달하기 힘든 공간이다.

② @는 여성이 사회적 구조에 갇혀 있는 공간인 반면 ⓑ는 여성이 사회적 구조를 바꾸어 나가는 공간이다.

③ @는 여성이 자신들을 위해 만들어 낸 공간인 반면 ⓑ는 여성이 남성들을 위해 만들어 놓은 공간이다.

④ @는 여성이 지닌 사회적 욕망이 실현되는 공간인 반면 ⓑ는 여성이 지닌 개인적 욕망이 실현되는 공간이다.

⑤ @는 여성이 사회에 진출하기 위해 준비하는 공간인 반면 ⓑ는 여성이 사회에 진출해 자신의 삶을 살아가는 공간이다.

(다)의 ㉠~㉤을 감상한 것으로 적절하지 않은 것은?

① ㉠은 구자명 씨가 잠이 부족한 고달픈 삶을 살고 있음을 드러낸다.

② ㉡은 계절의 변화를 통해 구자명 씨의 삶이 어제오늘의 일이 아니었음을 드러낸다.

③ ㉢은 작은 꽃을 통해 구자명 씨가 가족을 걱정하는 소박한 마음을 드러낸다.

④ ㉣은 구자명 씨의 삶의 현실이 한 개인의 문제가 아니라 여성 전체의 문제임을 드러낸다.

⑤ ㉤은 죽음과 같은 잠을 쫓는 모습을 통해 희생하는 여성의 모습이 드러난다.

〈보기〉의 관점에서 (나)와 (다)의 남편 의 상징적인 의미를 이해한 것으로 적절한 것은?

─────────── [보기] ───────────

보부아르는 여성은 주체적인 남성과의 관련하에서만 존재하는 수동적이고 비본질적인 존재로 규정되었기 때문에 여자는 남성에 의해 억압받으며 아내, 어머니, 애인, 첩, 매춘부라는 사회적 역할을 수행하도록 만들어졌다고 보았다. 또한 여성도 이런 남성의 논리에 동조하기 때문에 여성의 억압이 끝나지 않는다고 보았다.

① (나)의 '여학생들'과 (다)의 '구자명 씨'가 여성으로서 주체로 설 수 있게 하는 존재이다.

② (나)의 '여학생들'과 (다)의 '구자명 씨'가 규정된 사회적 역할을 하며 살아가게 하는 존재이다.

③ (나)의 '여학생들'과 (다)의 '구자명 씨'가 자신들을 본질적인 존재로 규정하기 위해 만들어 낸 존재이다.

④ (나)의 '여학생들'에게는 현재의 삶을 억압하는 존재이지만 (다)의 '구자명 씨'에게는 미래의 삶을 억압하는 존재이다.

⑤ (나)의 '여학생들'이 논리적으로 동조하고 있는 존재이지만 (다)의 '구자명 씨'는 논리적으로 동조하지 않는 존재이다.

[07~08] 다음 글을 읽고 물음에 답하시오.

[A]
지당(池塘)에 활수(活水)*이 드니 노는 고기 다 헬로다*
송음(松陰)에 청뢰(淸籟)*이 나니 금슬(琴瑟)*이 여긔 잇다
안자서 보고 듣거든 도라갈 주를 모르로다.
〈제2수〉

[B]
솔 아래 길를 내고 못 우히 되*를 벗니
풍월연하(風月烟霞)*는 좌우(左右)로 오느괴야
이 소예 한가히 안자 늘는 주를 모르리라.
〈제3수〉

[C]
집 두헤 즛차리* 뜯고 문 알픠 물근 쉼 기러
기장밥 닉게 짓고 산채갱(山菜羹)* 므로 술마
조석(朝夕)게 풍미(風味)이 족(足)흠도 내 분인가 호노라.
〈제5수〉

[D]
비 고프거든 버구렛* 밥 먹고 목 므르거든 바갯* 믈 마시니
이리호는 가온대 즐거오미 또 인느다
늠의외* 부운(浮雲) 고튼 부귀(富貴)이사 브롤 주리 이시랴.
〈제6수〉

```
┌   도원(桃源)이 잇다 ᄒᆞ야도 네 듣고 못 봣더니
[E]   홍하(紅霞)*이 만동(滿洞)ᄒᆞ니* 이 진짓 거긔로다
└   이 몸이 ᄯᅩ 엇더ᄒᆞ뇨 무릉인(武陵人)인가 ᄒᆞ노라.
```

〈제14수〉

– 김득연, 〈산중잡곡(山中雜曲)〉

* 활수: 흐르는 물
* 헬로다: 헤아리겠다.
* 청뢰: 맑은 바람 소리
* 금슬: 거문고와 비파를 아울러 이르는 말
* ᄃᆡ: 축대(築臺)
* 풍월연하: 바람, 달, 안개, 노을. 여기서는 자연의 아름다운 경치를 뜻함.
* ᄌᆞ차리: 산나물의 일종으로 추정됨.
* 산채갱: 산나물로 만든 국
* 버구렛: 바구니의
* 바갯: 바가지의
* ᄂᆞᆷ의외: 다른 사람의
* 부운: 뜬구름
* 홍하: 해 주위에 보이는 붉은 노을
* 만동ᄒᆞ니: 골짜기 안에 가득하니

🔵1회 07 예상 문제

윗글을 읽고 상상한 장면으로 적절하지 <u>않은</u> 것은?

① 화자가 앉아 물고기를 보고 바람 소리를 드는 장면
② 화자가 악기를 들고 연못에 홀로 앉아 연주를 하는 장면
③ 맑은 샘 가까이에 작고 소박한 고옥(古屋) 한 채가 자리 잡은 장면
④ 화자가 직접 물을 길어 집으로 돌아오는 장면
⑤ 노을로 붉어진 산골짜기를 화자가 바라보는 장면

🔵1회 08 예상 문제

윗글의 [A]~[E]에 대한 설명으로 적절하지 <u>않은</u> 것은?

① [A]: 대구의 방식으로 리듬감을 부여하고 있다.
② [B]: 먼저 주변의 경치를 묘사하고, 그 안에서 느끼는 화자의 감회를 드러내고 있다.
③ [C]: 구체적 삶의 공간 속에서 느끼는 화자의 소박한 삶에 대한 자긍심이 드러나 있다.
④ [D]: 직유를 활용하여 대상에 대한 화자의 감정을 드러내고 있다.
⑤ [E]: 이상을 추구하는 자세를 강조하며 화자의 삶을 반성하고 있다.

[09~11] 다음 글을 읽고 물음에 답하시오.

[앞부분의 줄거리] 명나라는 건주의 오랑캐를 토벌하기 위해 조선에 원군을 청한다. 김영철은 도원수 강홍립을 따라 종군했다가 포로가 되어 처형될 위기에 처한다. 이때 오랑캐 장수 아라나가 영철을 구해 내 건주의 농사일을 맡기고, 제수와 혼인시킨다. 영철은 두 아들 득북과 득건을 얻는다. 그 후 영철은 명나라 사람인 전유년과 함께 등주로 달아나 그의 누이동생과 혼인하여 또다시 두 아들을 두지만, 결국 조선 사신의 도움을 받아 귀국한다.

신사년에 유림이 군대를 이끌고 금주(錦州)에 갈 때 영철은 또 종군하게 되었다. 오랑캐 측에서는 아라나를 진중(陣中)에 보내 군사 업무를 의논하게 했다. 아라나가 진중에서 영철을 보고는 이렇게 꾸짖었다.

"나는 네게 세 가지 큰 은혜를 베풀었다. 네가 참수형을 받아야 할 처지였을 때 죽음을 모면하게 한 것이 그 하나다. 네가 두 번이나 도망가다 잡혔지만 죽이지 않고 풀어 준 것이 그 둘이다. 내 제수를 너의 아내로 주고 네게 건주(建州)의 집안 살림을 맡긴 것이 그 셋이다. 하지만 너는 세 가지 용서받기 어려운 죄를 지었다. 목숨을 살려 주고 거두어 기른 은혜를 생각지 않고 재차 도망간 것이 첫 번째 죄다. 네게 말을 기르게 했을 때 나는 진심으로 네게 부탁했건만 너는 도리어 명나라 놈과 짜고 나를 배신했으니, 이것이 두 번째 죄다. 도망가면서 내 천리마를 훔쳐 갔으니, 이것이 세 번째 죄다. 네가 도망간 건 그리 한스럽지 않다만, 내 천리마를 잃은 것은 너무도 한스러워 지금까지 마음이 아프다. 내 반드시 네 목을 베리라!"

그러고는 휘하 기병을 시켜 영철을 포박하게 했다. 사태가 급박하게 돌아가자 영철이 큰소리로 외쳤다.

"말을 훔쳐 달아난 죄는 제게 있지 않습니다. 그건 명나라 놈들이 한 짓입니다. 당시에 그놈들의 계획을 따르지 않았다면 그 아홉 명이 저를 베는 건 손바닥을 뒤집는 것처럼 쉬운 일이었습니다. 주공(主公)께서는 사정을 헤아려 주십시오!"

아라나는 영철의 말을 듣지 않았다. 유림이 아라나를 달래며 말했다.

"영철이 죄를 짓긴 했습니다만, 공께서 예전에 살려 주셨으면서 지금 죽인다면 끝까지 덕을 베풀지 못하시는 게 되고 맙니다. 제가 영철의 죄에 대한 대가를 후히 치르고자 하니 은덕을 온전히 하시기 바랍니다."

그러고는 잎담배 이백 근을 죗값으로 치렀다.

이때 득북(得北)이 오랑캐 군중에 있었는데, 아라나가 영철에게 말했다.

"네 아들을 보고 싶지 않은가?"

즉시 득북을 불러오게 했다. 부자가 마주 보고 눈물을 흘리니, 진중에서 이 광경을 본 모든 이들이 슬퍼하며 한숨을 내쉬었다. 이로부터 득북은 매일 술과 밥, 반찬과 과일을 차려와 영철을 대접했다. 영철은 귀한 과일은 유림에게 먼저 올리고, 물러 나와 여러 사람들과 함께 음식을 먹었다.

이때 오랑캐가 금주를 포위했다. 명나라에서는 십만 군사를 구원병으로 보내 오랑캐와 싸움을 벌였으나 대패하고 말았다. 유림은 영철을 홍타이지*에게 보내 축하 인사를 하게 했다. ㉠아라나는 홍타이지에게 영철의 지난 일을 고하며 벌을 줄 것을 청하였다. 그러자 홍타이지는 손을 들어 남쪽을 가리켜 보이더니 이렇게 말했다.

"영철은 본래 조선 사람인데, 팔 년 동안은 우리 백성이었고 육 년 동안은 등주(登州) 백성이었다가 이제 다시 조선 백성이 되었다. 조선 백성 또한 우리 백성이다. 더구나 큰아들이 군중에 있고 작은아들은 우리 건주에 있으니, 부자가 모두 우리 백성인 셈이다. ㉡저 등주라고 해서 어찌 우리 백성이 될 수 없겠느냐? 내가 천하를 얻음이 이로부터 시작되리니, 이 사람이 온 것이 어찌 하늘의 뜻이 아니겠느냐?"

홍타이지는 영철에게 비단 열 필과 몽고말 한 필을 하사하였다. 영철은 감사의 절을 하고 이렇게 말했다.

"이 말을 아라나에게 주어, 제 목숨을 살려 준 은혜에 보답하고 말을 훔쳤던 죗값을 치렀으면 합니다."

홍타이지가 말했다.

"영철은 자기 잘못을 알고 은혜를 잊지 않는 사람이라 할 만하구나."

이에 그 말을 아라나에게 주고, 영철에게는 다시 노새 한 마리를 주었다. ㉢영철은 자기가 타던 말을 득북에게 주며 돌아가 득건에게 주라고 했다.

몇 달 뒤 조선에서 교대할 군대가 오자 영철은 봉황성*으로 돌아갔다. 유림이 영철에게 말했다.

"금주에서 네 죗값을 치르기 위해 내놓은 잎담배는 호조(戶曹)의 군수 물자이니, 네가 갚도록 해라."

영철이 집으로 돌아와 몇 달이 지나자, 호조에서 관향사(管餉使)*에게 공문을 보내 영철에게 은 이백 냥을 받아 내라고 독촉했다. 영철은 노새를 팔고 가산을 모두 털었지만 겨우 그 절반밖에 낼 수 없었다. 나머지 일백 냥을 마련할 길이 없어 친척들의 도움을 받았지만 역시 부족했다. 이 소식을 들은 이들이 모두 슬피 여겼다.

이에 앞서 영철의 아버지가 안주 전투에서 사망했을 때 영철의 어머니는 남편의 옷으로 초혼제(招魂祭)를 올리고자 그 옷가지를 남겨 두었다. 영철은 조선으로 돌아온 뒤 어머니와 함께 아버지의 옷을 가지고 안주로 갔다. 안주성에 올라 사방을 두루 돌며 호곡하면서 부친의 혼을 부르자, 어머니가 이렇게 말했다.

㉣"내가 죽거든 꼭 이 옷을 함께 묻어다오."

마침내 어머니가 숨을 거두자 영철은 아버지의 옷을 함께 묻어 장사를 지냈다.

영철은 의상(宜尚), 득상(得尚), 득발(得發), 기발(起發) 네 아들을 두었는데, 자신이 종군하며 겪은 고통을 늘 생각하며 자식들이 같은 고통을 겪지 않을까 두려워했다. 무술년에 조정에서 자모산성*을 고쳐 쌓으며 성을 방비할 병사를 모집했는데, 이에 응한 사람은 군역을 면해 주었다. 영철이 즉시 네 아들과 함께 성으로 들어가 살았으니, 이때 이미 영철의 나이 예순이 넘었다.

영철은 가난 속에서 하릴없이 늙어 가며 가슴속에 불평하는 마음이 일어날 때마다 ㉤성 위에 올라가 북쪽으로 건주를, 남쪽으로 등주를 바라보았다. 그러고 있노라면 서글픈 생각에 눈물이 떨어져 옷깃을 적셨다. 영철은 언젠가 사람들에게 이런 말을 한 적이 있다.

"내가 아무 잘못도 없는 처자식을 저버리고 와 두 곳의 처자식들로 하여금 평생을 슬픔과 한탄 속에서 살게 했으니, 지금 내 곤궁함이 이 지경에 이른 게 어찌 하늘이 내린 재앙이 아니겠는가! 하지만 타국에 떨어져 살다 끝내 부모의 나라로 돌아왔으니 또한 한스러이 여길 게 뭐 있겠나?"

영철은 이십여 년간 성을 지키다가 여든넷에 죽었다.

– 홍세태, 〈김영철전〉

* 홍타이지: 청나라 태종
* 봉황성: 압록강 서쪽에 있는 성
* 관향사: 국경 방비에 쓰일 군량을 관리하기 위해 평안도에 설치한 관직
* 자모산성: 평안도 자산군에 있는 산성

1회 09

윗글에 대한 설명으로 가장 적절한 것은?

① 시간의 흐름에 따라 사건이 전개되고 있다.
② 공간적 배경이 시종일관 변하지 않고 있다.
③ 초월적 인물이 등장하여 갈등을 해소하고 있다.
④ 행복한 결말을 통해 작품의 주제를 부각하고 있다.
⑤ 환상적 배경 묘사를 통해 인물의 내면세계를 표현하고 있다.

㉠~㉤에 대한 이해로 적절하지 <u>않은</u> 것은?

① ㉠: 영철을 용서하지 못하는 아라나의 마음을 보여 주고 있군.

② ㉡: 홍타이지는 등주마저 차지하겠다는 속내를 내비치고 있군.

③ ㉢: 둘째 아들인 득건을 생각하는 영철의 마음이 나타나 있군.

④ ㉣: 저승에서라도 전사한 남편과 함께하고픈 어머니의 소망이 표출되어 있군.

⑤ ㉤: 건주와 등주에서의 행복했던 삶을 그리워하는 영철의 마음이 드러나 있군.

〈보기〉를 참고하여 윗글을 감상한 내용으로 적절하지 <u>않은</u> 것은?

[보기]

김영철의 일생은 명(明)과 후금(後金)이 격돌하던 시대적 격변기에 조선의 서민들이 겪어야 했던 삶의 질곡을 잘 보여 준다. 전쟁의 소용돌이 속에서 겪어야 했던 종군의 괴로움, 포로 생활의 고통, 가족과의 이산의 슬픔, 서민에게 부과되었던 군역의 가혹함, 지배층의 무책임함에 대한 비판 의식이 작품 속에 두루 형상화되어 있다. 이는 17세기 말에서 18세기 초에 걸쳐 우리나라 소설이 거둔 새로운 성과라고 할 수 있다.

① 영철이 유림을 따라 또다시 종군했다는 것을 보면, 그 당시 조선군의 출병이 여러 차례에 걸쳐 있었음을 추측할 수 있어.

② 아라나가 진중에서 영철을 꾸짖는 말 속에서, 명과 후금 사이에 끼어 고통받던 조선 사람들의 삶의 질곡을 엿볼 수 있어.

③ 영철과 네 아들이 자모산성을 수리하고 방비하는 일에 응하는 장면은, 혹독한 군역에 시달렸던 서민들의 현실을 보여 준다고 할 수 있어.

④ 영철이 처자식을 버리고 부모의 나라로 귀국한 것은, 그가 가족 간의 도리보다는 임금에 대한 충성심을 더 중요시하고 있음을 드러낸다고 할 수 있어.

⑤ 호조가 관향사를 독촉하여 영철에게서 잎담배 값으로 은 이백 냥을 받아내려 하는 장면은, 서민들의 곤궁한 처지를 외면하는 위정자들의 모습을 보여 준다고 할 수 있어.

[12~13] 다음 글을 읽고 물음에 답하시오.

[앞부분의 줄거리] 주인공인 도법은 전직 미대 교수이자 유명한 조각가이다. 아내가 동네 깡패에게 강간당한 사건에서 헤어나지 못하여 입산하였고, 입산한 뒤로는 예술을 멀리한 채 오로지 선방과 토굴을 전전하며 수행에만 전념해 오고 있었다. 그러던 중 큰스님한테서 봉국사의 불상을 조각하라는 명을 받게 된다.

(가) (도법의 작업실. 도법은 중앙 의자에 앉아 있고, 탄성은 사진 한 장을 손에 쥔 채 그 주위를 서성인다. 서로 감정을 자제하고 있다.)

탄성: 자네 주머니에 있던 이 마누라 사진은 무엇을 뜻하는 겐가?

도법: 그게 어쨌다는 것이야?

탄성: 이게 다 미(美)요, 색(色)이요, 욕망의 탐 잔치에서 오는 게 아니겠나?

도법: 넘겨짚지 말어. / **탄성:** 찔렸으면 아프다고 해.

도법: 왜 자꾸 쓸데없는 걸 들먹거리는 거야! 내가 아닌 말로 암내 맡은 수캐마냥 날뛰기라도 했다는 소린가?

탄성: 그렇다면 나이 오십 다 된 지금에 와서 불상을 만들겠다느니 탱화를 그리겠다느니, 왜 엄한 짓거리 하고 댕겨?

도법: 그게 이거하고 무슨 상관이 있다고 그래.

탄성: (버럭 소릴 높여) 왜 상관이 없어! 절밥 먹고 있는 중이 자꾸 딴짓거리에 한눈파니까 그렇지. (헤라를 치켜들며) 이런 놀음하려면 절엔 뭐 하러 왔어. 차라리 속가에 나가 본격적으로 시작해 보지.

도법: 불사(佛事)를 놀음이라고 생각하나?

탄성: 그럼 이게 신선놀음이 아니고 뭐야?

도법: 뭘 모를 땐 가만히 있는 게야.

탄성: 가만히 있게 됐어?

도법: 가만히 안 있음 어떻게 하겠다는 거야.

탄성: 이 짓을 그만두든지 속퇴를 하든지 무슨 구정을 내야지.

(나) **망령:** (따르며) 헤헤헤. 아직도 내가 징그러운가? 도법당! 도인이 되려면 하나로 볼 줄을 알아야 돼. 자비와 해탈은 일승(一乘)이거든. 네 속마음이 내 겉모양일 수도 있다 이거야, 안 그래?

도법: 훈계하려 들지 말어.

망령: 훈계가 아니야. 사실 자네의 속 것이야 내 얼굴에 비하겠어? 벗겨 보면 더 가관일 테지?

도법: 말하고자 하는 게 뭐야?

망령: 자네의 화두지.

도법: 내 화두가 어때서?

망령: 어떻긴? 엉터리지. 어떤 사람이 잠자고 일어나 거울을 보니 얼굴이 없어졌다. 어디로 간 것이냐? 가긴 어디로 갔겠어. 늘 거기에 처박혀 있는 것을. 진짜란 오고 감이 없어. 있고 없고가 없어.

도법: (외면한다.)

망령: 허허, 이 사람. 아직도 내 말을 못 알아듣는구만. 자넨 이제 고양이가 아니라 진짜 호랑이가 된 거야. 됐다 치고 나를 보라고. / 도법: …….

망령: 못 쳐다보는 건 또 뭔가. 죄의식이 다시 발동한 건가?

도법: …….

망령: 마누라가 불쌍하겠지.

도법: 뭐야? / 망령: 마누라!

도법: (강한 반응) / 망령: 마누라가 불쌍하겠다고.

도법: (강하게 노려보면서)

망령: 아하, 알았네. 술맛 잡친다, 이거지? 다른 얘길 하자구, 도법당. (묘한 웃음을 입가에 흘리면서) 자고로 술이 있으면 계집이 있어야 흥이 난단 말일세. 안 그런가? 내 이럴 줄 알고 미리 준비해 뒀지. 자네도 계집이 필요한가? 필요 없지? 그럼 내 것만 부르겠네. (손뼉을 치며) 어서 들어 와라.
(짙은 화장을 한 여인이 들어온다.)

　　　　　　　　　　　　(중략)

망령: (술을 마시면서) 잘 봐. 거기서 떠오르는 것이 있을 거야.

도법: ……. / 여인: (슈미즈 차림으로)

도법: 그만해, 그만두란 말이야!

망령: 저걸 어려운 말로 묘유(妙有)라고 하지. 묘하게 있다 이거야. 저년을 잘 봐. 저게 영원히 있는 걸까? 아니지. 언젠가는 없어진단 말이야. 그러니까 없는 거지. 그렇담 완전히 없는 거야? 그것도 아니지. 있긴 있지. 묘하게 있는 거지.

도법: (망령의 멱살을 잡으면서) 시끄러, 이 새끼야.

망령: 허허. (도법의 두 손을 쉽게 꺾어 눌러 앉힌다.) 자넨 어째서 이 순간을 영원하다고 생각하지? 인생이 순간이면 영원한 건 없고 인생이 영원하면 순간이란 없을 텐데 말이야. 이건 앞뒤가 맞질 않아. 마누라가 강간당한 건 영원하고 마누라를 사랑했던 건 순간이라니 이런 엉터리 발상이 어디 있나.

[뒷부분의 줄거리] 도법은 망령과의 치열한 다툼 속에서 정신 착란 증세를 일으키고 끝내 조각칼로 자신의 두 눈을 찌른다. 그 순간 그는 이 세상에는 미와 추가 따로 존재하지 않으며 자기 스스로의 보는 눈에 달려 있었다는 깨달음을 얻게 된다.

　　　　　　　　　　– 이만희, 〈그것은 목탁 구멍 속의 작은 어둠이었습니다〉

❖ 정답 및 해설 287∼290p

1회 12 .... 예상 문제

윗글의 구성 요소에 대해 정리한 것이다. 적절하지 <u>않은</u> 것은?

	구성 요소	내용	의미와 기능
①	인물	도법, 탄성, 망령	인물의 대사 또는 상징적 행위를 통해 주제가 암시됨.
②	사건	갈등	과거의 사건으로 인한 내적 갈등이 현재 사건에 영향을 미침.
③	배경	절 안의 조각실	대화 내용과 소품을 통해 공간적 배경의 특징이 드러남.
④	대사	억센 사투리	사건에 사실성을 부여하고 배경의 현장감을 높임.
⑤	동작 지시문	인물의 행동 지시	인물의 의지와 집념 및 갈등하는 심리를 섬세하게 드러냄.

1회 13 .... 예상 문제

다음은 어느 연극 동호회의 인터넷 홈페이지 게시판에 올라온 소감들이다. 윗글의 중심 내용을 제대로 이해한 것은?

① 자기 목숨 중한 줄만 알고 남의 목숨 중한 줄 모르는 도법은 이기주의자의 전형이라는 생각이 들어요.

② 도법이 탄성에게 속세에 대한 미련과 욕망을 불상 제작에 반영하겠다고 한 대사는 소름이 끼칠 정도였다니까요.

③ 전 나약하지만 부처에 의지해서 강인한 집념과 끈질긴 구도 의지를 꺾지 않은 탄성 스님께 경의를 표하고 싶습니다.

④ 망령은 도법을 죽음으로 인도하기 위해 나온 악령인 것 같아요. 나중에 허무하게 눈이 멀게 되는 도법을 보고 너무 안타까웠어요.

⑤ 전 좀 다른 각도에서 연극을 봤어요. 세속적 번뇌와 깨달음의 과정을 극화한 불교극이지만 인간의 철학적 고뇌에 접근해 가는 극으로 이해했거든요.

23 DAY

　은자는 내 추억의 가운데에 서 있는 표지판이었다. 은자를 기둥으로 하여 이십오 년 전의 한 해를 소설로 묶은 뒤로는 더욱 그러하였다. 기록한 것만을 추억하겠다고 작정한 바도 없지만 나의 기억은 언제나 소설 속 공간에서만 맴을 돌았다. 일 년에 한 번, 아버지 추도식에 참석하기 위해 고속버스를 타고 전주에 갈 때마다 표지판이 아니면 언뜻 알아볼 수 없을 만큼 달라져 있는 고향의 모습이 내게는 낯설기만 하였다. 이제는 사방팔방으로 도로가 확장되어 여관이나 상가 사이에 홀로 박혀 있는 친정집도 예전의 모습을 거의 다 잃고 있었다. 옛집을 부수고 새로이 양옥으로 개축한 친정집 역시 여관을 지으려는 사람이 진작부터 눈독을 들이고 있는 중이었다. 집 앞을 흐르던 하천이 복개되면서 동네는 급격히 시가지로 편입되기 시작하였다. 그나마 철길이 뜯기면서는 완벽하게 옛 모습이 스러져 버렸다. 작은 음악회를 열곤 하던 버드나무도 베어진 지 오래였고 찐빵가게가 있던 자리로는 차들이 씽씽 달려가곤 했다. 아무래도 주택가 자리는 아니었다. 예전에는 비록 정다운 이웃으로 둘러싸인 채 오순도순 살아왔다 하더라도 지금은 아니었다. 은성장여관, 미림여관, 거부장호텔 등이 이웃이 될 수는 없었다. 게다가 한창 크는 아이들이 있었다. 우리 형제들은 물론, 조카들까지 제 아버지에게 이사를 하자고 졸랐다. 하지만 큰오빠는 좀체 집을 팔 생각을 굳히지 못하였다. 집을 팔라는 성화가 거세면 거셀수록 그는 오히려 집 수리에 돈을 들이곤 하였다. 그 동네에서 마지막까지 버티고 있는 유일한 사람이 바로 큰오빠였다.

　일 년에 한 번씩 타인의 낯선 얼굴을 확인하러 고향 동네에 가는 일은 쓸쓸함뿐이었다. 이제는 그 쓸쓸함조차도 내 것으로 남지 않게 될 것이었다. 누구라 해도 다시는 고향으로 돌아가지 못할 것이었다. 고향은 지나간 시간 속에 있을 뿐이니까. 누구는 동구 밖의 느티나무로, 갯마을의 짠 냄새로, 동네를 끼고 흐르는 긴 강으로 고향을 확인하며 산다고 했다. 내게 남은 마지막 표지판은 은자인 셈이었다. 보이는 것들은, 큰오빠까지도 다 변하였지만 상상 속의 은자는 언제나 같은 모습이었다. 은자만 떠올리면 옛 기억들이, 내게 남은 고향의 모든 숨소리가 손에 잡힐 듯이 다가오곤 하였다. 허물어지지 않은 큰오빠의 모습도 그 속에 온전히 남아 있었다. 내가 새 부천클럽에 가서 은자를 만나 버리고 나면 그때부터는 어떤 표지판에 기대어 고향을 찾아갈 수 있을 것인지 정말 알 수 없었다.

　은자의 지금 모습이 어떤지 나는 전혀 떠올릴 수가 없다.

설령 클럽으로 찾아간다 하여도 그 애를 알아볼 수 있을지 자신할 수도 없었다. 내 기억 속의 은자는 상고머리에, 때 낀 목덜미를 물들인 박씨의 억센 손자국, 그리고 터진 겨드랑이 사이로 내보이던 낡은 내복의 계집아이로 붙박여 있었다. 서른도 훨씬 넘은 중년 여인의 그 애를 어떻게 그려 낼 수 있는가. 수십 년간 가슴에 품어온 고향의 얼굴을 현실 속에서 만나고 싶지는 않다, 라고 나는 생각하였다. 만나 버린 뒤에는 내게 위안을 주었던 유년의 소설도, 소설 속의 한 시대도 스러지고야 말리라는 불안감을 떨쳐 버릴 수가 없었다. 그렇다 하더라도 이미 현실로 나타난 은자를 외면할 수 있을는지 그것만큼은 풀 수 없는 숙제로 남겨 둔 채 토요일 밤을 나는 원미동 내 집에서 보내고 말았다.

　일요일 낮 동안 나는 전화 곁을 떠나지 못하였다. 이제 은자는 가시 돋친 음성으로 나의 무심함을 탓할 것이었다. 그녀의 질책을 나는 고스란히 받아들일 작정이었다. 나는 그 애가 던져 올 말들을 하나하나 상상해 보면서 전화를 기다렸다. 오전에는 그러나 한 번도 전화벨이 울리지 않았다. 일요일은 언제나 그랬다. 약속을 못 지킨 원고가 있더라도 일요일에까지 전화를 걸어 독촉해 올 편집자는 없었다. 전화벨이 울린다면 그것은 분명 은자라고 나는 생각하였다.

[A] 　오후가 되어서 이윽고 전화벨이 울렸다. 그러나 수화기에선 쉰 목소리 대신에 귀에 익은 동생의 목소리가 흘러나왔다. 고향에서 들려오는 살붙이의 음성은 모든 불길한 예감을 젖히고 우선 반가웠다. 여동생이 전하는 소식은 역시 큰오빠에 관한 우울한 삽화들뿐이었다. 마침내 집을 팔기로 하고 계약서에 도장을 찍었다는 것과, 한 달 남은 아버지 추도 예배는 마지막으로 그 집에서 올리기로 했다는 이야기였다. 계약서에 도장을 찍은 것은 어제였는데 큰오빠는 종일토록 홀로 술을 마셨다고 했다. 집을 팔기 원했으나 지금은 큰오빠의 마음이 정처 없을 때라서 식구들 모두 조마조마한 심정이라고 동생은 말하였다. (중략)

　그 집에서 동생들을 거두었고 또한 자식들을 길러 냈던 큰오빠였다. 그의 생애 중 가장 중요했던 부분이 거기에 스며 있었다. 큰오빠는, 신화를 창조하며 여섯 동생을 가르쳤던 큰오빠는 이미 한 시대의 의미를 잃은 사람이 되고 말았다. 이십오 년 전에는 젊고 잘생긴 청년이었던 그가 벌써 쉰 살의 나이로 늙어가고 있었다. (중략)

　열심히 뛰어 도달해 보니 기다리는 것은 허망함뿐이더라는 그의 잦은 한탄을 전해 들을 때마다 나는 큰오빠가 잃은 것이 무엇인가를 생각해 보지 않을 수 없었다. 내가 수없이 유년의

기록을 들추면서 위안을 받듯이 그 또한 끊임없이 과거의 페이지를 넘기며 현실을 잊고 싶어 하는지도 모를 일이었다. 그러면서 한 발자국 한 발자국씩 이 시대에서 멀어지는 연습을 하는지도.

– 양귀자, 〈한계령〉

1회 14   예상 문제

윗글에 대한 설명으로 가장 적절한 것은?

① 인물 간의 갈등을 그리며 인물의 성격을 드러내고 있다.
② 내적 독백보다는 대화나 행동을 통해 사건을 전개하고 있다.
③ 반어적인 표현을 적절하게 구사하여 작품의 미적 효과를 높이고 있다.
④ 작품 밖의 서술자가 주로 작품 안의 한 인물의 시각으로 서술하고 있다.
⑤ 작중 인물의 회상을 삽입하여 소설 내의 시간을 느리게 진행시키고 있다.

1회 15   예상 문제

윗글을 감상한 내용으로 적절하지 않은 것은?

① 가치관의 차이를 극복하지 못해 갈등하는 인물들의 모습이 안타까웠어.
② 고향을 떠나온 이들이 왜 그렇게도 고향에 애정 어린 집착을 하는지 알게 되었어.
③ 은자의 이야기 속에 큰오빠의 이야기를 매끄럽게 끌어 넣고 있는 작가의 필치가 돋보여.
④ 작가는 '나'가 옛 친구와의 만남을 주저할 수밖에 없는 이유를 설득력 있게 제시하고 있어.
⑤ 대가족의 생계를 책임져야만 했던 큰오빠의 모습에서 당대의 장남에게 지워졌을 삶의 무게가 느껴졌어.

1회 16   예상 문제

윗글의 사건 전개를 다음과 같이 이해할 때, 적절하지 않은 것은?

[현실 1]		[현실 2]
나		나
은자	기억 또는 추억	은자
큰오빠		큰오빠

① 큰오빠는 [현실 1]에서 [현실 2]로의 변화를 재빠르게 수용한다.
② '나'는 [현실 2]에서의 은자의 모습이 [현실 1]과 많이 달라졌으리라 생각한다.
③ 은자는 [현실 2]의 '나'를 만나고 싶어 한다.
④ [현실 2]에서 '나'는 [현실 1]의 은자로부터 위안을 얻는다.
⑤ [현실 2]에서 큰오빠는 [현실 1]과는 사뭇 다른 행동 양상을 보이고 있다.

1회 17   예상 문제

〈보기〉는 [A]의 통화 장면을 시나리오로 재구성한 것이다. 윗글의 내용으로 보아, ㉠~㉤ 중 적절하지 않은 것은?

[보기]

(E.) 전화벨
나: (전화 받자마자 기다렸다는 듯) 은자니? ················· ㉠
(E.) 언니, 나야.
나: (실망한 듯) 응, 너구나. ································· ㉡
(E.) 은자라는 사람 전화 기다리고 있었어?
나: 아니 아니야…… 무슨 일인데?
(E.) 언니, 저기 큰오빠 말이야.
나: (긴장 침 꼴깍) 큰오빠가 왜?
(E.) 집을 팔기로 하고 계약서에 도장을 찍었대. 어제, 그러고 나서 하루 종일 술만 마셨대. 집을 판 건 잘된 일인데 큰오빠가 저러니 모두들 참 걱정이야. ········· ㉢
나: 큰오빠에게 그 집은 집 이상의 의미를 가져서 오빠의 상심이 더 큰 걸 거야. ······························· ㉣
(E.) 허긴 그래. 아 참, 아버지 추도 예배는 그 집에서 지내기로 했어. 언니도 올 거지? ························· ㉤
나: 그럼, 가야지. (전화 수화기 내려 놓고 달력에 아버지 추도 예배 날짜를 표시해 둔다.)

① ㉠   ② ㉡   ③ ㉢
④ ㉣   ⑤ ㉤

23 DAY

[01~03] 다음 글을 읽고 물음에 답하시오.

(가) 누룩 한 덩이가

뜨는 까닭을 알겠느냐

지 혼자 무력(無力)함에 부대끼고 부대끼다가

어디 한군데로 나자빠져 있다가

알맞은 바람 만나

살며시 더운 가슴

그 사랑을 알겠느냐

오가는 발길들 여기 멈추어

밤새도록 우는 울음을 들었느냐

지 혼자서 찾는 길이

여럿이서도 찾는 길임을

엄동설한 칼별은 알고 있나니

무르팍 으깨져도 꽃피는 가슴

그 가슴 울림 들었느냐

속 깊이 쌓이는 기다림

삭고 삭아 부서지는 일 보았느냐

지가 죽어 썩어 문드러져

우리 고향 좋은 물 만나면

덩달아서 함께 끓는 마음을 알겠느냐

춤도 되고 기쁨도 되고

해 솟는 얼굴도 되는 죽음을 알겠느냐

아 지금 감춰 둔 누룩 뜨나니

냄새 퍼지나니

– 이성부, 〈누룩〉

(나) 소나무에 호박넝쿨이 올랐다

씨앗 묻은 일도 모종한 일도 없는 호박이다

장정 셋의 하루 품을 빌려 이른 봄에 옮겨온 소나무,

뜬금없이 올라온 호박넝쿨이 솔가지를 덮쳐갔다

일개 호박넝쿨에게 소나무를 내줄 수는 없는 일

줄기를 걷어내려다 보니 애호박 하나가 곧 익겠다

싶어, **애호박 하나만 따고 걷어내기로 맘먹**었다.

마침맞은 애호박 따려다 보니 넝쿨은 또 애호박을 낳고

고놈만 따내고 걷으려니 **애호박은 또 애호박을 내놓는다**

소나무조차 솔잎 대신 호박잎을 내다는가, 싶더니 애호

호박넝쿨은 기어이 소나무를 잡아먹고 호박나무가 되었다

– 박성우, 〈애호〉

2회 01 .... 2019 대비/경찰대 17

(가), (나)에 대한 설명으로 가장 적절한 것은?

① (가)와 (나)는 계절의 변화에 따른 자연의 의미를 담아
내고 있다.

② (가)와 (나)는 두 개의 대상 사이의 대립을 통해 시상을
전개하고 있다.

③ (가)와 (나)는 대상의 외적 모습에서 화자의 내적 변화
를 이끌어 내고 있다.

④ (가)와 달리 (나)는 반복적인 구조를 통해 주제 의식을
심화하고 있다.

⑤ (나)와 달리 (가)는 대상의 변화를 비판하는 화자의 태
도를 드러내고 있다.

2회 02 .... 2019 대비/경찰대 18

(가)의 표현상 특징으로 적절하지 <u>않은</u> 것은?

① 의문형 진술을 통하여 제재의 특징과 의미를 환기하고
있다.

② 다가올 상황을 가정하여 제재의 부정적 속성을 강조하
고 있다.

③ 역설적 표현을 사용하여 주제 의식을 상징적으로 부각
하고 있다.

④ 유사한 통사 구조를 반복적으로 사용하여 운율감을 형
성하고 있다.

⑤ 대상을 의인화하여 현실에 대한 알레고리적 기능을 드
러내고 있다.

〈보기〉를 바탕으로 (나)를 감상한 것으로 적절하지 않은 것은?

[보기]

박성우의 시는 자연과 생명의 공동체적 가치에 깊은 애착을 드러낸다. 이러한 공동체에 대한 탐구는 자본과 문명에 순응하는 인간 중심의 문화를 근본적으로 성찰하는 문제의식으로 심화된다. 즉 자연과 우주의 섭리 앞에서 모든 인간적 시점을 뒤로한 채 자연 그 자체를 주체로 세움으로써 인간과 자연의 경계를 넘어선 본연의 생명성을 보여 주고자 하는 것이다.

① '뜬금없이 올라온 호박넝쿨이 솔가지를 덮쳐갔다'는 데서, 자연 그 자체를 주체로 세움으로써 인간적 시점을 성찰하려는 화자의 태도를 보여 주는군.

② '일개 호박넝쿨에게 소나무를 내줄 수는 없는 일'이라고 생각하는 데서, 인간 중심의 문화에 대한 화자의 초월적 태도를 보여 주는군.

③ '애호박 하나만 따고 걷어내기로 맘먹'어 보지만, '애호박은 또 애호박을 내놓는다'에서, 인간의 마음으로는 거스르기 힘든 것이 자연의 섭리라는 화자의 생각을 보여 주는군.

④ '소나무조차 솔잎 대신 호박잎을 내다는가, 싶더니'에서, 자연이 공동체의 가치를 지향한다는 화자의 생각을 보여 주는군.

⑤ '호박넝쿨은 기어이 소나무를 잡아먹고 호박나무가 되었다'는 데서, 화자는 자연 본연의 생명성이 경계와 대립을 넘어선다는 사실을 보여 주고 있군.

[04~08] 다음 글을 읽고 물음에 답하시오.

(가) 산듕(山中)을 미양 보랴 동히(東海)로 가쟈스라
남녀완보(籃輿緩步)ᄒᆞ야 산영누(山映樓)의 올나ᄒᆞ니
녕농(玲瓏) 벽계(碧溪)와 수셩(數聲) 뎨됴(啼鳥)는 니별
(離別)을 원(怨)ᄒᆞᄂᆞᆫ 듯
정긔(旌旗)를 썰티니 오쇠(五色)이 넘노ᄂᆞᆫ 듯
고각(鼓角)을 섯부니 히운(海雲)이 다 것ᄂᆞᆫ 듯

명사(鳴沙)길 니근 ᄆᆞᆯ이 취션(醉仙)을 빗기 시러
바다ᄒᆞᆯ 겻티 두고 히당화(海棠花)로 드러가니 [A]
빅구(白鷗)야 ᄂᆞ디 마라 네 버딘 줄 엇디 아는
금난굴(金幱窟) 도라드러 ⊙**춍셕뎡(叢石亭)** 올라ᄒᆞ니
빅옥누(白玉樓) 남은 기동 다만 네히 셔 잇고야
공슈(工倕)의 셩녕인가 ⓒ**귀부(鬼斧)**로 다ᄃᆞ ᄆᆞᆫ가
구ᄐᆡ야 뉵면(六面)은 므어슬 샹(象)톳던고
고셩(高城)을란 뎌만 두고 삼일포(三日浦)를 ᄎᆞ자가니
ⓒ**단셔(丹書)**는 완연(宛然)ᄒᆞ되 ᄉᆞ션(四仙)은 어ᄃᆡ 가니
예 사흘 머믄 후(後)의 어ᄃᆡ 가 ᄯᅩ 머믈고
선유담(仙遊潭) 영낭호(永郎湖) 거긔나 가 잇ᄂᆞᆫ가
청간뎡(淸澗亭) 만경딕(萬景臺) 몃 고딕 안돗던고
니화(梨花)는 ᄇᆞᆯ셔 디고 졉동새 슬피 울 제
낙산(洛山) 동반(東畔)으로 의샹딕(義相臺)예 올라 안자
일츌(日出)을 보리라 밤듕만 니러ᄒᆞ니
샹운(祥雲)이 집픠ᄂᆞᆫ 동 ⓔ**뉵뇽(六龍)**이 바퇴ᄂᆞᆫ 동
바다히 써날 제는 만국(萬國)이 일위더니
텬듕(天中)의 티쓰니 호발(毫髮)을 혜리로다
아마도 녈구름 근쳐의 머믈셰라
ⓜ**시션(詩仙)**은 어ᄃᆡ 가고 히타(咳唾)만 나맛ᄂᆞ니
텬디간(天地間) 장(壯)ᄒᆞᆫ 긔별 ᄌᆞ셔히도 홀셔이고
― 정철, 〈관동별곡〉

(나) 강원도는 함경도와 경상도 사이에 있다. 서북쪽으로 황해도 곡산, 토산 등 고을과 이웃하였고 서남쪽으로는 경기도, 충청도와 서로 맞닿았다. 철령(鐵嶺)에서 남쪽으로 태백산까지는 영(嶺) 등성이가 가로 뻗쳐서 하늘과 구름에 닿은 듯하며 영 동쪽에는 아홉 고을이 있다. 북쪽으로 함경도 안변과 경계가 닿은 흡곡, 통천, 고성, 간성, 양양, 옛 예맥의 도읍이었던 강릉, 삼척, 울진, 남쪽으로 경상도 영해부와 경계가 맞닿은 평해이다. 이 아홉 고을이 모두 동해 가에 있어 남북으로는 거리가 거의 천 리나 되지만 동서는 함경도와 같이 백 리도 못 된다. 서북쪽은 영 등성이에 막혔고 동남쪽은 멀리 바다와 통한다. 높고 큰 산 밑이어서 지세는 비록 비좁으나 산야(山野)가 나지막하고 평평하여 명랑 수려하다.

동해는 조수(潮水)가 없는 까닭에 물이 탁하지 않아서 벽해(碧海)라 부른다. 항구와 섬 따위가 앞을 가리는 것이 없어 큰 못가에 임한 듯 넓고 아득한 기상이 자못 광장하다. 또 이 지역에는 이름난 호수와 기이한 바위가 많다. 높은 데 오르면 푸른 바다가 망망하고 골짜기에 들어가면 물과 돌이 아늑하

24 DAY

여 경치가 나라 안에서 실상 제일이다. 누대(樓臺)와 정자(亭子) 등 훌륭한 경치가 많아, 흡곡 시중대, 통천 총석정, 고성 삼일포, 간성 청간정, 양양 청초호, 강릉 경포대, 삼척 죽서루, 울진 망양정을 사람들이 관동 팔경이라 부른다. 아홉 고을의 서쪽에는 금강산, 설악산, 두타산, 태백산 등 산이 있는데 산과 바다 사이에 기이하고 훌륭한 경치가 많다. 골짜기가 그윽하고 깊숙하며 물과 돌이 맑고 조촐하다. 간혹 ⓐ선인(仙人)의 이상한 유적이 전해 온다.

이 지방 사람은 놀이하는 것을 좋아한다. 노인들이 기악(妓樂)과 술, 고기를 싣고 호수와 산 사이에서 흥겹게 놀며 이것을 큰일로 여긴다. 그러므로 그들의 자제(子弟)도 놀이하는 것이 버릇이 되어 문학에 힘쓰는 자가 적다.

- 이중환, 〈택리지〉

2회 04
2017 대비/경찰대 17

(가)와 (나)에 대한 설명으로 가장 적절한 것은?

① (가)와 (나)는 모두 관동 지방의 풍물과 관습에 대해 말하고 있다.
② (가)와 (나)는 모두 관동 지방을 여행하는 모습이 나타나 있다.
③ (가)는 (나)와 달리 작가의 체험을 생동감 있게 그리고 있다.
④ (나)는 (가)와 달리 열거한 대상의 일부를 부각하여 설명하고 있다.
⑤ (나)는 (가)에 비해 비유적인 표현을 많이 사용하고 있다.

2회 05
2017 대비/경찰대 18

(가)의 화자에 대한 설명으로 적절하지 않은 것은?

① 경치를 감상하며 유유자적하게 유람하고 있다.
② 옛 자취를 찾아 과거의 인물을 회상하고 있다.
③ 일출 광경을 보며 옛 시인의 말을 떠올리고 있다.
④ 신선 사상을 바탕으로 인물과 사물을 그리고 있다.
⑤ 웅장한 자연 속에서 인간의 왜소함을 인식하고 있다.

2회 06
2017 대비/경찰대 19

(나)의 서술 방식에 대한 설명으로 가장 적절한 것은?

① 대상에 대해 지리적 위치, 소속 고을, 자연 경치, 민풍 순으로 서술하였다.
② 대상을 사회 제도, 역사, 문화적 배경과의 관련 속에서 서술하였다.
③ 대상에 속한 사물과 인물을 상호 대비적 관점에서 서술하였다.
④ 대상의 과거, 현재, 미래의 변화상을 순차적으로 서술하였다.
⑤ 대상의 주요한 속성을 분류와 구분의 방법으로 서술하였다.

2회 07
2017 대비/경찰대 20

[A]와 〈보기〉를 비교한 내용으로 적절하지 않은 것은?

[보기]

환해(宦海)*에 놀란 물결 임천(林泉)에 밋츨쏜가
갑 업슨 강산(江山)에 말 업시 누엇시니
백구(白鷗)도 늬 뜻을 아는지 오락가락 ㅎㄷ라

- 이정보

＊환해: 관리의 사회

① [A]와 〈보기〉는 모두 자연 친화적인 관점을 드러내고 있다.
② [A]와 〈보기〉는 모두 눈에 띄는 대상에 감정이입을 하고 있다.
③ [A]는 바닷가를, 〈보기〉는 일반적인 자연을 배경으로 하고 있다.
④ [A]는 돈호법을, 〈보기〉는 설의법을 사용하여 뜻을 강조하고 있다.
⑤ [A]에는 스스로에 대한 자긍심이, 〈보기〉에는 임금에 대한 걱정이 나타나 있다.

2회 08
2017 대비/경찰대 21

(가)의 ㉠~㉤ 중, (나)의 ⓐ로 볼 수 있는 것은?

① ㉠　　　　② ㉡　　　　③ ㉢
④ ㉣　　　　⑤ ㉤

(가) 판문점. 쌍방의 설득자들 앞에서처럼 통쾌했던 일이란 그의 과거사에서 두 번도 없다. 장내 구조는 양쪽 설득자들이 마주보고 책상을 놓은 사이로 포로는 왼편에서 들어와 바른 편으로 퇴장하게 돼 있다. 순서는 공산측이 먼저였다. 네 사람의 공산군 장교와 국민복을 입은 중공 대표가 한 사람, 도합 다섯 명. 그는 그들 앞에 가서, 걸음을 멈춘다. 앞에 앉은 장교가 부드럽게 웃으면서 말한다.

"동무, 앉으시오."

㉠명준은 움직이지 않았다.

"동무는 어느 쪽으로 가겠소?"

"중립국."

그들은 서로 쳐다본다. 앉으라고 하던 장교가, 윗몸을 테이블 위로 바싹 내밀면서, 말한다.

"동무, 중립국도, 마찬가지 자본주의 나라요. 굶주림과 범죄가 우글대는 낯선 곳에 가서 어쩌자는 거요?"

"중립국."

"다시 한 번 생각하시오. 돌이킬 수 없는 중대한 결정이란 말요. 자랑스러운 권리를 왜 포기하는 거요?"

"중립국."

이번에는, 그 옆에 앉은 장교가 나앉는다.

"동무, 지금 인민공화국에서는, 참전 용사들을 위한 연금 법령을 냈소. 동무는 누구보다도 먼저 일터를 가지게 될 것이며, 인민의 영웅으로 존경받을 것이오. 전체 인민은 동무가 돌아오기를 기다리고 있소. 고향의 초목도 동무의 개선을 반길 거요."

"중립국."

㉡그들은 머리를 모으고 소곤소곤 상의를 한다.

처음에 말하던 장교가, 다시 입을 연다.

"동무의 심정도 잘 알겠소. 오랜 포로 생활에서, 제국주의자들의 간사한 꼬임수에 유혹을 받지 않을 수 없었다는 것도 용서할 수 있소. 그런 염려는 하지 마시오. 공화국은 동무의 하찮은 잘못을 탓하기보다도, 동무가 조국과 인민에게 바친 충성을 더 높이 평가하오. 일체의 보복 행위는 없을 것을 약속하오. 동무……"

"중립국."

중공 대표가, 날카롭게 무어라 외쳤다. 설득하던 장교는, 증오에 찬 눈초리로 명준을 노려보면서, 내뱉었다.

"좋아."

– 최인훈, 〈광장〉

(나) (한씨 의자에 뒷짐 진 상태. 심문관 2, 그의 주위를 오락가락 한다. 심문관 1, 맞은편에 앉았다. 심문관, 발전기 돌리는 시늉)

심문관 1: 여태까지 조서에다 모든 피의 사실을 인정해 놓고 진술서에 서명날인을 않겠다는 건 말이 안 되잖아. 어이 한 바퀴 더 돌려.

심문관 2: (발전기 돌리는 시늉. 한씨의 꿈틀거리는 동작과 신음. 실신하자 그의 머리카락을 잡아 뒤로 젖힌다.) 좀 쉬었다가 해야 되겠습니다.

심문관 1: 괜찮아. 죽지 않으면 된다구. 보통 악질이 아니란 말야. 야, 눈 떠. 나를 똑바루 봐. 이 사람이 누군지 기억나나?

한영덕: ㉢(간신히 알아볼 정도로 희미하게 고개를 끄덕인다.)

심문관 1: 다시 한 번 묻겠는데 1953년 4월 23일에 제일병원에 모여 뭣들을 했나?

한영덕: 개업 기념……

심문관 1: 이 놈이 이제 와서 또 딴소리야. 심문을 처음부터 다시 해야 되겠나?

심문관 2: (한씨의 머리카락을 당기며) 너 또 코루 물 먹구 싶나? 매운탕 한 주전자 부어 줄까?

조한경: 제가 대신 말씀 드리지요. 이 사람은 지금 대답할 기력이 없는 것 같습니다. 제가 말씀 드리고 나서 이 사람이 시인만 하면 되지 않습니까?

심문관 1: 좋아. 말해 보시오.

[A]
조한경: 개업 기념일은 틀림없었습니다. 술을 몇 잔씩 들고 나서 갈 사람은 가구 우리 몇몇이 남았습니다. 우리 네 사람 외에두 그때에 한 대여섯이 더 있었습니다. 한영덕이가 삼팔선은 이차대전에서 이긴 강대국이 서로의 이해관계를 견제하려던 결과였다구 말했지요. 저두 찬성하면서 정부 형태가 없다구 일방적으로 국토 안에 거주하는 한 민족을 강대국의 행정적인 임시 방침에 희생시킨 군사 조처였다구 그랬습니다. 아시다시피 저의들은 고향을 떠나 가족과 생이별을 하게 되었으니까요.

심문관 1: 아아……. 그만, 알았어. 바로 그런 것이 불순한 대화라구. 이 부분의 조서 내용을 읽어 줄까? 너희들이 진술했던 내용 말이야. 자 여기……. 피의자는 1953년 4월 23일 제일병원에서 현 정부를 비판하고 미국을 위시한 우방 연합국들을 비난하는 성질의 불법 집회를 가진 적이 있는가? 네, 시인합니다. 조사에서 밝혀진 바에 의하면 너희들은 거기서 정기적으로 불법 집회를 가졌다 그 말이야. 여기 한영덕 피의자가 주로 의견을 말했고 너희는 절대적으로 찬성하지 않았는가?

24 DAY

조한경: (두 손을 벌려 보이며 애원하는 듯 고개를 저어 보인다.)

심문관 1: 당신을 여기 데려 온 이유를 잘 알겠지.

조한경: (고개를 끄덕인다.) 약속을 지키는 겁니까?

심문관 1: 어서 말해.

조한경: 네…… 했습니다.

심문관 1: (한씨의 어깨를 잡아 흔든다.) 야, 정신이 드나?

한영덕: (그를 멍하니 올려다본다.)

심문관 1: 아까 읽어 준 진술서에 서명날인을 하겠나?

한영덕: 나는 진술서를 쓰지도 않았소.

심문관 1: 이 악질…… 네가 말한 걸 우리가 받아쓰지 않았나?

한영덕: 나는 피란민일 따름이오.

심문관 1: 그래 부산에서 아무도 안 만났다는 데까지는 좋다. 이북 방송을 청취했구 현 정부를 비난했지, 다 시인했잖아.

한영덕: 나는 살기 위해 월남했소.

심문관 1: ㉣어라 인젠 동문서답까지…… 아주 죽여 버릴 테다. 너 귀신두 모르게 죽어 없어지구 싶어?

심문관 2: 넌 간첩이야, 간첩! 네 따위 하나쯤 죽여 봤자 전시에 누가 알 성싶으냐.

한영덕: 나는 피란민이오. (연신 고개를 흔든다.)

심문관 1: 내가 교대하기 전에 서명을 하지 않으면 아주 썹어 먹어 버릴 테다.

조한경: ㉤한번 휘갈겨 쓰면 편할 텐데 왜 그래.

한영덕: 나는 사람이오. 나는…… 사람이오. (기절한다. 암전)

— 황석영 원작, 오인두·김석만 각색, 〈한씨 연대기〉

2회 09 .... 예상 문제

(가)의 서술상 특징으로 적절한 것은?

① 보여 주기 방식을 활용하여 특정 공간에서 일어났던 일을 서술하고 있다.

② 작중 인물이 과거를 회상하는 방법을 통해 과거와 현재를 연결하고 있다.

③ 서술자가 인물과 사건에 대해 논평하며 작품의 의미를 선명하게 드러내고 있다.

④ 인물의 성격과 행위의 괴리를 보여 주어 인물이 처한 심리적 상황을 부각시키고 있다.

⑤ 특정 상황에 대한 다양한 시선을 제시하여 독자가 다양한 관점에서 생각할 수 있게 하고 있다.

2회 10 .... 예상 문제

㉠~㉤의 의미를 이해한 것으로 적절하지 않은 것은?

① ㉠: 상대의 제안을 거절할 것임이 행동을 통해 드러나 있다.

② ㉡: 예상하지 못한 상대의 반응에 당황한 모습이 드러나 있다.

③ ㉢: 심한 고문을 받아 대답조차 하기 힘들 정도로 지친 모습이 드러나 있다.

④ ㉣: 묻지 않은 질문에 대한 대답으로 인해 몹시 화가 난 모습이 드러나 있다.

⑤ ㉤: 고지식하게 고문을 버티며 진실을 고집하는 상대에 대한 답답함이 드러나 있다.

2회 11 .... 예상 문제

〈보기〉를 바탕으로 (가)의 '명준'과 (나)의 '한영덕'을 적절하게 설명한 것은?

> [보기]
>
> 한국 전쟁은 이데올로기 전쟁의 형태를 띠었기에 수많은 민간인들이 전쟁터가 아닌 곳에서 희생되었다. 이데올로기 전쟁은 이데올로기가 다르면 무조건 죽이므로 민간인의 피해가 극대화된다는 점에서 야만적 만행이다. 민간인 피해자가 발생한 것은 폭격이나 전투 때문만이 아니었다. 전향하지 않았다는 이유로 무장하지도 않고 싸울 의사가 없는 민간인들에 대한 폭력과 집단 학살이 자행되었다.

① (가)의 '명준'과 (나)의 '한영덕'은 이데올로기를 내세워 민간인들을 죽인 사람들로 볼 수 있다.

② (가)의 '명준'과 (나)의 '한영덕'은 싸울 의사가 없는 민간인으로, 이데올로기에 의해 희생된 사람들로 볼 수 있다.

③ (가)의 '명준'과 (나)의 '한영덕'은 피란 중 무차별 폭격으로 가족과 헤어져 혼자 살아가는 사람들에 해당한다고 볼 수 있다.

④ (가)의 '명준'과 달리 (나)의 '한영덕'은 민간인들을 대상으로 자행된 집단 학살의 유가족으로, 전향하지 않은 사람에 해당한다고 볼 수 있다.

⑤ (나)의 '한영덕'과 달리 (가)의 '명준'은 전쟁에서 포로가 되어 자신의 이데올로기를 포기하고 죽음을 피해 전향한 사람에 해당한다고 볼 수 있다.

(가)의 앞에 앉은 장교와 (나)의 심문관 1의 말하기 방식으로 적절하지 않은 것은?

① (가)의 '장교'는 상대의 결정에 문제가 있음을 지적하여 상대를 설득하고 있다.

② (나)의 '심문관 1'은 상대에게 고문과 위협을 가하며 상대에게 자백을 강요하고 있다.

③ (가)의 '장교'는 (나)의 '심문관 1'과 달리 자신의 의견을 따랐을 때 모든 잘못을 문제 삼지 않겠다며 상대를 설득하고 있다.

④ (나)의 '심문관 1'은 (가)의 '장교'와 달리 자신의 의견을 따르지 않았을 때 주어질 어려움을 제시하며 상대에게 자백을 강요하고 있다.

⑤ (가)의 '장교'와 (나)의 '심문관 1' 모두 상대가 자신의 요구에 응하지 않자 적대적인 감정을 드러내며 상대에게 물리적 폭력을 가하고 있다.

(나)의 [A]의 대화에 대한 설명으로 적절한 것은?

① 당사자를 제외하고 은밀한 약속이 오고 가는 모습을 통해 인간을 상품화하는 현실을 드러낸다.

② 자신들의 입맛에 맞게 사실을 왜곡하고 회유와 협박을 하는 모습을 통해 진실이 통하지 않는 현실을 드러낸다.

③ 이미 역사적으로 밝혀진 사실을 왜곡하는 모습을 통해 민족정신과 역사의식이 사라져 가는 현실을 드러낸다.

④ 하나의 사실에 대해 상대방과 전혀 다른 의견만 일방적으로 주장하는 모습을 통해 소통이 되지 않는 현실을 드러낸다.

⑤ 사건의 당사자는 잘 모르지만 활동 결과에 의미가 부여되는 모습을 통해 진정한 노력은 누군가에 의해 인정받는 현실을 드러낸다.

(나)를 공연하기 위해 연출가가 지시한 내용으로 적절하지 않은 것은?

① 무대 담당은 폐쇄적인 분위기가 느껴지도록 탁한 색감의 배경을 준비해 주세요.

② 소품 담당은 고문 도구, 밧줄, 책상과 의자, 조서용 종이 등 고문과 심문 과정에 쓰이는 물품을 준비해 주세요.

③ 음향 담당은 고문실의 느낌이 나도록 무거운 분위기의 음악과 전기 발전기 소리, 전기 통하는 소리, 비명 소리 등을 준비해 주세요.

④ 분장 담당은 심문관의 얼굴은 날카롭게, 한영덕의 얼굴은 초췌하게, 조한경은 한영덕에 비해 비교적 말끔하게 분장해서 인물의 특징을 드러내 주세요.

⑤ 조명 담당은 고문실의 분위기와 심문관의 언행에서 공포감을 느낄 수 있도록 밝은 느낌의 조명을 심문관의 얼굴에 집중적으로 비춰 주세요.

[15~17] 다음 글을 읽고 물음에 답하시오.

광문은 비렁뱅이다. 그는 예전부터 종루 시장 바닥에 돌아다니며 밥을 빌었다. 길거리의 여러 비렁뱅이 아이들이 광문을 두목으로 추대하여, 자기들의 보금자리인 구멍집을 지키게 하였다.

하루는 날씨가 춥고 진눈깨비가 흩날렸는데, 여러 아이들이 서로 이끌고 밥을 빌러 나갔다. 한 아이만 병에 걸려 따라가지 못하였다. 얼마 뒤에 그 아이가 더욱 추워하더니, 신음 소리마저 아주 구슬퍼졌다. 광문이 그를 매우 불쌍히 여겨, 직접 구걸하러 나가서 밥을 얻었다. 병든 아이에게 먹이려고 하였지만, 아이는 벌써 죽어 버렸다. 여러 아이들이 돌아와서는, 광문이 그 아이를 죽였다고 의심하였다. 그래서 서로 의논하여 광문을 두들기고는 내쫓았다. 광문이 밤중에 엉금엉금 기어서 동네 안으로 들어가, 그 집 개를 놀래 깨웠다. 집주인이 광문을 잡아 묶자, 광문이 이렇게 외쳤다.

"나는 원수를 피해서 온 놈이유. 도둑질할 뜻은 없어유. 영

감님이 내 말을 믿지 않는다면, 아침나절 종루 시장 바닥에서 밝혀 드리겠어유."

그의 말씨가 순박하였으므로, 주인 영감도 마음속으로 광문이 도둑이 아닌 것을 알아챘다. 그래서 새벽에 풀어 주었다. 광문은 고맙다고 인사한 뒤에, 거적때기를 얻어 가지고 가 버렸다. 주인 영감이 끝내 그를 괴이하게 여겨 그의 뒤를 밟았다. 마침 여러 거지 아이들이 한 시체를 끌어다가 수표교에 이르더니 다리 아래에 던지는 것이 보였다. 광문이 다리 아래에 숨었다가 그 시체를 거적때기에 싸더니 남몰래 지고 갔다. 서문 밖 무덤 사이에 묻고 나서는, 울면서 무슨 말인지 중얼거렸다.

집주인이 광문을 잡고서 그 영문을 물었다. 광문이 그제야 앞서 있었던 일과 어제 한 일들을 다 말해 주었다. 주인 영감은 마음속으로 광문을 의롭게 여겨서, 그와 함께 집으로 돌아왔다. 광문에게 옷을 주고는 두텁게 대하였다. 그리고 광문을 약방 부자에게 추천하여, 고용살이를 시켰다.

오랜 뒤에 부자가 문 밖으로 나섰다가 자꾸만 돌아왔다. 다시 방 안에 들어와 자물쇠를 살펴보고는, 문 밖으로 나갔다. 그의 얼굴빛은 자못 불쾌한 듯하였다가 돌아와 깜짝 놀라더니, ㉠광문을 물끄러미 바라보았다. 무엇인가 말하려다가, 얼굴빛이 바뀌더니 그만두었다.

광문은 그 이유를 정말 몰랐다. 날마다 잠자코 일했을 뿐이지, 감히 하직하고 떠나지도 못했다. 며칠이 지나자 부자의 처조카가 돈을 가지고 와서 부자에게 돌려주며 말했다.

"지난번 제가 아저씨께 돈을 꾸러 왔더니, 마침 아저씨가 계시지 않았어요. 그래서 제가 스스로 방에 들어가 돈을 가지고 갔었지요. 아마 아저씨께서는 모르고 계셨겠지요."

㉡그제야 부자는 광문에게 매우 부끄러워하며 사과하였다.

"나는 소인이야. 이 일 때문에 점잖은 사람의 마음을 상하게 하였네그려. 내 이제 자네를 볼 낯이 없네."

그러고는 자기의 모든 친구와 다른 부자나 큰 장사치들에게까지 '광문은 의로운 사람'이라고 두루 칭찬하였다. 그는 또 종실(宗室)의 손님들과 공경(公卿)의 문하에 다니는 이들에게 이르는 곳마다 광문을 칭찬하였다. 그래서 공경의 문하에 다니는 이들과 종실의 손님들이 모두 광문을 이야깃거리로 삼아, 밤마다 그들의 배갯머리에서 들려주었다. ㉢그리하여 몇 달 사이에 사대부들이 광문의 이름을 모두 옛날 훌륭한 사람의 이름처럼 알게 되었다. 그래서 한양 사람들이 모두들

"광문을 우대하던 중인영감이야말로 참으로 어질고도 사람을 잘 알아보는 분이지."

하고 칭찬하였고, 더욱이

"약방 부자야말로 정말 점잖은 사람이야."

하고 칭찬하였다.

이때 돈놀이꾼들은 대체로 머리 장식품이나 구슬 비취옥 따위 또는 옷, 그릇, 집, 농장, 종 등의 문서를 전당 잡고서 밑천을 계산해서 빌려주었다. 그러나 광문은 남의 빚을 보증 서면서도 전당 잡을 물건이 있는지를 묻지 않았다. 천 냥도 대번에 승낙하였다.

광문의 사람됨을 말한다면, 그의 모습은 아주 더러웠고, 그의 말씨도 남을 움직이지 못했다. 입이 넓어서 두 주먹이 한꺼번에 드나들었다. 그는 또 만석 중놀이를 잘하고, 철괴 춤을 잘 추었다. 당시에 아이들이 서로 헐뜯는 말로써

"니네 형이야말로 달문이지."

라는 말이 유행하였다. '달문'이란 광문의 또 다른 이름이었다.

광문이 길에서 싸우는 이들을 만나면, 자기도 역시 옷을 벗어 젖히고 함께 싸웠다. 그러다가 무슨 말인가 지껄이면서 머리를 숙이고 땅바닥에 금을 그었다. 마치 그들의 옳고 그름을 따지는 듯했다. 그러는 꼴을 보고서 시장 사람들이 모두 웃었다. 싸우던 자들도 역시 웃다가 모두 흩어져 버리곤 하였다.

광문은 나이 마흔이 넘도록 그대로 총각 머리를 땋았다. 남들이 장가들기를 권하면 그는

"대체로 아름다운 얼굴을 모두 좋아하는 법이지. ㉣그런데 사내만 그런 게 아니라 여인네들도 역시 그렇거든. 그러니 나처럼 못생긴 놈이 어떻게 장가를 들겠어?"

하였다. 남들이 살림을 차리라고 하면 이렇게 사양하였다.

"나는 부모도 없고 형제 처자도 없으니 무엇으로 살림을 차리겠소? 게다가 아침나절이면 노래 부르며 시장 바닥으로 들어갔다가 날이 저물면 부잣집 문턱 아래서 잠을 잔다오. ㉤한양에 집이 팔만이나 되니, 날마다 잠자는 집을 옮겨 다녀도 내가 죽을 때까지 다 돌아다닐 수 없을 정도라오."

– 박지원, 〈광문자전〉

윗글에 대한 설명으로 적절하지 않은 것은?

① 행동이나 대화를 통해 서술하면서 사건을 전개해 나가고 있다.

② 당시 사회의 한 단면을 엿볼 수 있도록 사실적으로 묘사하고 있다.

③ 남녀 관계나 신분 관계에 대한 작가의 선각자적인 인식이 배어 있다.

④ 고전 소설의 전형적인 재자가인(才子佳人)형 인물을 제시하고 있다.

⑤ 인물의 성품과 삶의 태도를 제시하여 독자로 하여금 바람직한 삶의 모습을 깨닫게 하고 있다.

㉠~㉤에 대한 설명으로 적절하지 않은 것은?

① ㉠: 반신반의(半信半疑)하는 태도로 광문을 의심했으나, 결국 약방 주인은 신중하게 판단하여 광문을 믿기로 한다.

② ㉡: 광문에 대한 오해가 풀린 것으로 모든 일은 반드시 바른 길로 돌아가는 사필귀정(事必歸正)으로 볼 수 있다.

③ ㉢: 낭중지추(囊中之錐)와 같이 뛰어난 사람은 숨어 있어도 저절로 사람들에게 알려지게 마련이다.

④ ㉣: 광문은 역지사지(易地思之)의 입장에서 자신의 상황을 냉철하고 객관적으로 판단하고 있다.

⑤ ㉤: 동가식서가숙(東家食西家宿)의 삶으로 광문의 자유분방하고 욕심에 얽매이지 않는 마음을 읽을 수 있다.

윗글의 '광문'이 〈보기〉의 화자에게 해 줄 수 있는 말로 가장 적절한 것은?

[보기]

궁벽하게 사노라니 사람 보기 드물고	窮居罕人事
항상 의관도 걸치지 않고 있네.	恒日廢衣冠
낡은 집엔 향랑각시 떨어져 기어가고,	敗屋香娘墜
황폐한 들판엔 팥꽃이 남아 있네.	荒畦腐婢殘
병 많으니 따라서 잠마저 적어지고	睡因多病減
글 짓는 일로써 수심을 달래 보네.	秋賴著書寬
비 오래 온다 해서 어찌 괴로워만 할 것인가.	久雨何須苦
날 맑아도 또 혼자서 탄식할 것을.	晴時也自歎

– 정약용, 〈구우(久雨)〉

① 열심히 살다 보면 좋은 날이 올 것입니다. 저도 탄식하며 눈물로 보낸 때가 많았거든요. 용기를 내세요.

② 가난한 삶이어도 비굴하지 않은 의연한 자세가 필요합니다. 힘든 만큼 자기를 이기는 종교에 의지해 보세요.

③ 궁벽하게 사는 모습은 저와 같군요. 그 심정 이해가 가고도 남습니다. 참고 견디세요. 그러다 보면 부자가 되실 거예요.

④ 저도 가난하게 살지만 탄식하며 지내지는 않습니다. 괴로워하지만 말고 마음을 비우고 주어진 것을 받아들이며 힘을 내 보는 게 어떨까요.

⑤ 삶이란 허무하기 마련이니 인생살이에서 기댈 것은 책을 읽는 일이에요. 저도 항상 옛 성현의 글에서 힘을 얻곤 했어요.

수록 작품 찾아보기

문 학 [갈래별 작품명(작가) 수록 – 가나다순]

[현대시]

간(윤동주) ·················· 15
거룩한 식사(황지우) ·········· 25
광장(김광균) ················ 27
교목(이육사) ················ 17
그 많던 여학생들은 어디로 갔는가?(문정희)
·························· 167
꽃(김춘수) ·················· 23
꽃잎 절구(신석초) ············ 23
나무리벌 노래(김소월) ········ 24
남신의주 유동 박시봉방(백석) · 19, 146
노루 – 함주시초 2(백석) ······ 22
누룩(이성부) ················ 176
단단한 고요(김선우) ·········· 14
독을 차고(김영랑) ············ 17
머나먼 곳 스와니 Ⅰ(김명인) ···· 8
멸치(김기택) ················ 26
바다 2(정지용) ·············· 14
바람의 집 – 겨울판화 1(기형도) ·· 25
봄(이성부) ·················· 139
사랑(전봉건) ················ 17
사평역에서(곽재구) ·········· 14
산에 대하여(신경림) ·········· 22
새들도 세상을 뜨는구나(황지우) · 20
생(유하) ···················· 18
생명의 서(유치환) ············ 19
수의 비밀(한용운) ············ 15
애호(박성우) ················ 176
옥수수밭 옆에 당신을 묻고(도종환) · 18
왕십리(김소월) ·············· 8
우리 동네 구자명 씨(고정희) ···· 168
주변인의 초상(최승자) ········ 160
타는 목마름으로(김지하) ······ 21
하늘만 곱구나(이용악) ········ 24
해바라기의 비명 – 청년 화가 L을 위하여
(함형수) ···················· 19
향아(신동엽) ················ 26
황혼(이육사) ················ 28

[고전 시가]

강호사시가(맹사성) ·········· 48
고산구곡가(이이) ············ 43
관동별곡(정철) ·············· 177
규원가(허난설헌) ············ 37
노처녀가(작자 미상) ·········· 32
누항사(박인로) ·············· 147
도산십이곡(이황) ············ 38
만언사(안도환) ·············· 141
만언사(안조원) ·············· 36
만전춘별사(작자 미상) ···· 31, 139
면앙정가(송순) ·············· 29
몽천요(윤선도) ·············· 162
뫼ㅅ버들 가려 꺾어(홍랑) ······ 31
비가(이정환) ················ 44
사모곡(작자 미상) ············ 40
사미인곡(정철) ·············· 48
사송과사주구산사(박인량) ···· 131
사시사(허난설헌) ············ 144
사친가(작자 미상) ············ 41
산중잡곡(김득연) ············ 169
산천은 험준하고(임중환) ······ 144
상사별곡(작자 미상) ·········· 31
상춘곡(정극인) ·············· 47
선상탄(박인로) ·············· 44
성산별곡(정철) ·············· 131
속미인곡(정철) ·············· 38
시집살이 노래(작자 미상) ······ 42
어부단가(이현보) ············ 127
어부사시사(윤선도) ·········· 39
영삼별곡(권섭) ·············· 35
오륜가(주세붕) ·············· 126
용산 마을 아전(정약용) ········ 49
이 몸이 죽어 가셔(성삼문) ······ 158
이화우 흩날릴 제(매창) ········ 31
제망매가(월명) ·············· 158
조주후풍가(이시) ············ 35
죽계별곡(안축) ·············· 29
진도만가(작자 미상) ·········· 45
청산은 내 뜻이오(황진이) ······ 38
훈민가(정철) ················ 40

[현대 소설]

개는 왜 짖는가(송기숙) ········ 58
광장(최인훈) ················ 179
내가 사랑한 반말족(성석제) ···· 66
만취당기(김문수) ············ 52
부끄러움을 가르칩니다(박완서) · 75
불꽃(선우휘) ················ 155
불신시대(박경리) ············ 71
수라도(김정한) ·············· 67
아르판(박형서) ·············· 77
아버지의 땅(임철우) ·········· 73
어둠의 혼(김원일) ············ 60
어머니(한승원) ·············· 64
장난감 도시(이동하) ·········· 62
즐거운 우리집(김주영) ········ 69
차나 한잔(김승옥) ············ 152
한계령(양귀자) ·············· 174

[고전 소설]

광문자전(박지원) ············ 181
김영철전(홍세태) ············ 170
김학공전(작자 미상) ·········· 149
남염부주지(김시습) ·········· 100
남윤전(작자 미상) ············ 162
다모전(송지양) ·············· 102
만복사저포기(김시습) ········ 82
바리공주(작자 미상) ·········· 158
배비장전(작자 미상) ·········· 106
사씨남정기(김만중) ·········· 80
심청전(작자 미상) ············ 92
운영전(작자 미상) ············ 84
윤지경전(작자 미상) ·········· 86
이춘풍전(작자 미상) ·········· 150
임장군전(작자 미상) ·········· 104
임진록(작자 미상) ············ 88
청강사자현부전(이규보) ······ 94
최척전(조위한) ·············· 90
하생기우전(신광한) ·········· 98
호질(박지원) ················ 96

[극 문학]

국물 있사옵니다(이근삼) ······ 109
그것은 목탁 구멍 속의 작은 어둠이었습니다
(이만희) ···················· 172
꼭두각시놀음(작자 미상) ······ 120
동지섣달 꽃 본 듯이(이강백) ···· 116
명성황후(이문열 원작 · 김광림 노래) · 114
북어 대가리(이강백) ·········· 160
불꽃(선우휘 원작 · 이은성 외 각색) · 154
정직한 사기한(오영진) ········ 111
천둥소리(김탁환 원작 · 손영목 각색) · 113
클래식(곽재용) ·············· 118
하회 별신굿 탈놀이(작자 미상) · 122
한씨 연대기(황석영 원작, 오인두 · 김석만
각색) ······················ 179

[현대 수필]

가로등(박목월) ·············· 144

[고전 수필]

몽소헌기(이용휴) ············ 131
유두류산록(유몽인) ·········· 142
택리지(이중환) ·············· 177

XISTORY HONORS CLUB

대한민국 No.1

자이스토리 제8기 장학생 선발!!

자이스토리와 함께 빛나는 성취를 이루어낸 수험생 여러분께
수경출판사가 장학금을 드립니다.

응모자격 • 2022 자이스토리 고등 교재로 학습을 한 고1 · 2 · 3학년, N수생

선발일정 • 2023년 2월 8일까지 접수 (이메일 접수)
• 2023년 2월 21일 수상자 발표
• 2023년 2월 28일 장학금 수여

선발기준 • 2022 자이스토리 교재를 활용해 얻은
학업 성취에 대해 진솔한 학습법을 작성한 학생

시상내역 • 자이스토리 장학금 3,000만 원+α
• 부상 : Xistory Honors Club 장학증서,
Xistory Honors Club 백팩(샘소나이트)

★ 이현일 장학금 총 400만 원(2명)
(대학입학시 100만 원+졸업시 100만 원 지급)

"이현일 장학금"은 MIT출신으로 현 샌프란시스코 재미한인 협회장이신 이현일 씨가 우리나라 이공계
학생들을 후원하기 위해 수경출판사에 기탁한 장학금입니다. 『한국 열등생, MIT우등생』 저자

대상
500만 원
1명

이현일
장학금
200만 원
2명

금상
200만 원
2명

장려상
100만 원
5명

격려상
50만 원
20명

노력상
모바일 상품권
10만 원
60명+α

• XISTORY 1st HONORS CLUB 장학금은 2016년 2월 20일에 지급되었습니다.
• XISTORY 2nd HONORS CLUB 장학금은 2017년 2월 24일에 지급되었습니다.
• XISTORY 3rd HONORS CLUB 장학금은 2018년 2월 27일에 지급되었습니다.
• XISTORY 4th HONORS CLUB 장학금은 2019년 2월 27일에 지급되었습니다.
• XISTORY 5th HONORS CLUB 장학금은 2020년 2월 28일에 지급되었습니다.
• XISTORY 6th HONORS CLUB 장학금은 2021년 2월 26일에 지급되었습니다.
• XISTORY 7th HONORS CLUB 장학금은 2022년 2월 25일에 지급될 예정입니다.

* 자세한 내용은 수경출판사 홈페이지 검색 www.book-sk.kr 를 참조하여 주시기 바랍니다.

자이스토리 · 수경출판사

*나만의 학습☆계획표를 올려주세요.

교재 앞쪽에 있는 학습계획표를 작성하고, 사진을 찍어 SNS 또는 수험생 커뮤니티에 업로드해주시면 매월 추첨을 통하여 강남 인강 1년 수강권 또는 모바일 상품권 3천 원을 드립니다.

대　　상 : 수경출판사 교재 사용자라면 누구나
응모기간 : 매월 1일 ～ 말일까지
발　　표 : 매월 10일에 우수 후기 작성자 선발(개별 통지)
　　　　　 – 모바일 상품권 3천 원/강남인강 1년 수강권 증정

* 참여 방법 *

1단계 교재에 있는 학습계획표를 열심히 작성하고, 사진을 찍어 SNS 또는 수험생 커뮤니티에 업로드합니다.
(필수 해시태그 #수경출판사 #자이스토리 #수능 #기출 #학습계획표 #공스타그램)

2단계 오른쪽 QR코드를 스캔하여 개인 정보 작성 및 작성한 게시물의 URL을 인증합니다.

---

*수경 Mania가 되어주세요.

온라인 공간에 수경출판사 교재의 사용 후기를 작성하시면 매월 우수 작성자에게 푸짐한 선물을 드립니다.

대　　상 : 수경출판사 교재 사용자라면 누구나(교사, 학부모 포함)
응모기간 : 매월 1일 ～ 말일까지
발　　표 : 매월 10일에 우수 후기 작성자 선발(개별 통지)
시상내역 : *우수 후기 작성자
　　　　　　 – 원하는 수경출판사의 교재 1권 제공
　　　　　　 *최우수 후기 작성자
　　　　　　 – 강남인강 1년 수강권 + 원하는 수경출판사의 교재 1권 제공

* 작성 및 응모 방법 *

1단계 온라인 공간(카페, 블로그 등)에 본인이 직접 수경출판사 교재에 대한 학습 후기나 서평을 올립니다.

2단계 오른쪽 QR코드를 스캔하여 교재후기 (서평)가 작성되어 있는 곳의 URL, 개인 정보, 당첨 시 받고 싶은 수경출판사 교재 1권의 교재명 등을 입력해주세요.

---

*수험장 생생체험단 모집!! (자이스토리 명품 해설편에 실림)

대 상
2023학년도 대입수능을 지원한 고3 및 N수생 (성적 우수자 우선 선발)

모집인원
2023학년도 각 영역별 1～5명

일 정
· 2022년 8월 1일~11월 17일 : 생생체험 원고단 후보 등록
· 2022년 11월 18일~21일 : 자이스토리 각 교재별 생생체험 원고단 선정(개별 통보)
· 2022년 11월 21일~22일 : 수험장에서 겪은 생생한 체험을 담은 원고 제출
· 2022년 12월 중순~12월 말 : 자이스토리 각 교재에 프로필과 사진, 원고 수록

★ 생생체험단으로 선정되신 수험생에게는 소정의 원고료를 드립니다.

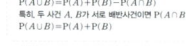

◉ (주)수경출판사의 모든 교재에는 가 있습니다.

◉ 교재의 **마인드 트리** 10개를 모아서 보내주시는 모든 분께 선물을 드립니다.

◉ 각각 다른 교재의 **마인드 트리**를 모아 주셔야 됩니다.

>> 다음 교재 중 1권과 개념정리 노트 1권을 드립니다.
- 30일 완성 국어 필수 어휘 [1225 어휘]
- 문제로 풀어 가는 기출 보카 [고교 기본편]
- 형상기억 수학공식집
  □ 고1 수학   □ 인문계   □ 자연계

중 1권 + 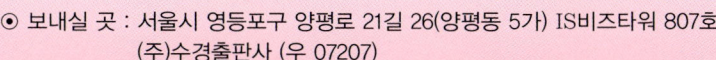 개념정리 노트 1권

*오려서 보내 주세요.

자이스토리
고난도 국어 문학

◉ 보내실 곳 : 서울시 영등포구 양평로 21길 26(양평동 5가) IS비즈타워 807호
(주)수경출판사 (우 07207)

◉ 언제든지 엽서에 붙이거나, 편지 봉투에 넣어 보내 주세요.

자이스토리

Mind Tree

10개를 모아 보내 주세요!

(각각 다른 교재로)

풀이나 스카치 테이프를 이용해 붙여 주세요.

우 편 봉 함 엽 서

보내는 사람

*주소 _____

*이름 _____   *학년 (중 ___ . 고 ___)

□ □ □ □ □

우표

받는 사람
서울시 영등포구 양평로 21길 26(양평동 5가)
IS비즈타워 807호
(주)수경출판사 교재 기획실
0 7 2 0 7

자이스토리 고난도 국어 문학

---

1. 이 책을 구입하게 된 동기는 무엇입니까? [교재명 :   ]

① 서점에서 다른 책들과 비교해 보고   ② 광고를 보고/듣고   ③ 학교/학원 보충 교재 [학교명(학원명):   ]
④ 선생님의 추천   ⑤ 친구/선배의 권유   ⑥ 기타 [   ]

2. 교재를 선택할 때 가장 큰 기준이 되는 것은?(복수 응답 가능)

① 유명 출판사   ② 교재 내용   ③ 디자인   ④ 난이도
⑤ 교재 분량   ⑥ 해설   ⑦ 동영상 강의   ⑧ 기타 [   ]

3. 이 책의 전반적인 부분에 대한 질문입니다.

◆ 표지 디자인: 좋다 □   보통이다 □   좋지 않다 □   ◆ 본문 디자인: 좋다 □   보통이다 □   좋지 않다 □
◆ 문제 난이도: 어렵다 □   알맞다 □   쉽다 □   ◆ 교재의 분량: 많다 □   알맞다 □   적다 □

4. 이 책의 구성 요소를 평가한다면?

- 고난도 작품 분석 특강 (   )   • 고난도 문제 풀이 특강 (   )   • 갈래 복합 강화 프로그램 (   )
- 경찰대, 사관학교 기출문제 (   )   • 고난도 예상 문제 (   )   • 실전 모의고사 (   )   • 입체 첨삭 해설 (   )

① 매우 만족   ② 만족   ③ 보통   ④ 불만   ⑤ 매우 불만

*오려서 보내 주세요.

자이스토리
고난도 국어 문학

Fighting!

외롭고 고된 자신과 싸움의 시간이 힘드셨죠?
꾹 참고 이겨내고 있는 당신의 모습에
경의를 보냅니다.
합격은 당신의 것입니다.

5. 이 책에서 추가되어야 할 점이 있다면 무엇입니까?

_____

_____

_____

6. 최근 본인이 크게 도움을 받은 책이 있다면?(또는 가장 인기있는 교재는?)

교재명 :   과목 :

_____

_____

7. 내가 원하는 교재가 있다면?

_____

_____

_____

_____

이름 :	연락처 :	이메일 :
	학 교 :	학 년 :

❄ **마인드 트리**를 붙이고 원하는 교재를 체크하세요.

mind tree 1	mind tree 2	mind tree 3	mind tree 4	mind tree 5
mind tree 6	mind tree 7	mind tree 8	mind tree 9	mind tree 10

※ 원하는 교재를 1권 체크

☐ 30일 완성 국어 필수 어휘	☐ 문제로 풀어 가는 기출 보카	☐ 형상기억 수학 공식집	☐ 형상기억 수학 공식집	☐ 형상기억 수학 공식집
1225 어휘	고교 기본편	고1 수학	인문계	자연계

개념이 한눈에 보이는
수학기본서

바른 개념 수학

[수학(상)(하), 수학Ⅰ, 수학Ⅱ]
[확률과 통계, 미적분]

No. 1 생각의 순서를 만들어주는 책

문제 해결이 어려운 이유는 문제 해결에 실마리가 되는 생각의 순서가 잡혀 있지 않았기 때문입니다. 이 교재는 문제 해결에 필요한 생각의 순서를 쉽게 단계적으로 잡아줍니다.

No. 2 개념의 적용 원리를 깨우치는 책

수학을 잘 하기 위해서는 개념을 잘 활용할 수 있어야 합니다. 이 교재는 어떤 문제든 적절하게 개념을 이용할 수 있도록 해주는 비법이 들어있습니다.

No. 3 문제를 분석하는 힘을 키우는 책

문제를 해결하기 위해서는 문제를 분석하는 작업이 필요합니다. 이 교재는 문제 하나를 제대로 분석하면서 2~3가지의 개념을 동시에 확장해서 적용하였습니다.

No. 4 나선형 학습으로 개념이 쉽게 익숙해지는 책

문제를 풀면서 실력이 성장하고 있다는 것을 스스로 느낄 수 있도록 나선형 반복 학습 체계를 구성하였습니다.

빠른 정답 찾기 자이스토리 고난도 국어 문학

A

01②	02②	03③	04②	05②	06④	07④	08③	09②	10⑤	11④	12①	13②	14④	15①
16①	17④	18②	19②	20④	21④	22⑤	23②	24②	25④	26①	27②	28④	29③	30④
31②	32①	33②	34③	35①	36⑤	37②	38②	39④	40④	41①	42④	43⑤		

B

01③	02②	03④	04④	05④	06⑤	07③	08⑤	09③	10⑤	11⑤	12④	13①	14⑤	15④
16②	17②	18①	19②	20④	21②	22④	23⑤	24②	25③	26③	27⑤	28⑤	29③	30④
31①	32④	33③	34①	35③	36④	37②	38⑤	39④	40③	41⑤	42④	43②	44③	45④
46③	47①	48④	49⑤	50④	51⑤									

C

01①	02①	03⑤	04①	05①	06⑤	07⑤	08③	09⑤	10④	11①	12①	13④	14②	15①
16①	17②	18①	19④	20②	21③	22④	23①	24④	25④	26④	27②	28⑤	29④	30③
31③	32③	33④	34⑤	35①	36①	37⑤	38⑤	39①	40③	41③	42①	43②	44①	45④

D

01①	02②	03⑤	04⑤	05①	06②	07②	08④	09①	10②	11④	12⑤	13⑤	14③	15②
16①	17②	18③	19⑤	20①	21②	22④	23④	24①	25④	26②	27③	28③	29②	30③
31①	32④	33③	34④	35②	36②	37④	38④	39③	40④	41②	42④	43③	44①	45⑤
46②	47②	48⑤	49④	50④	51②	52⑤								

E

01②	02④	03⑤	04②	05②	06③	07④	08⑤	09②	10⑤	11②	12④	13⑤	14⑤	15②
16②	17③	18②	19④	20⑤	21③	22④	23①	24①						

F

01②	02①	03②	04③	05⑤	06⑤	07④	08④	09⑤	10①	11④	12①	13④	14③	15④
16②	17②	18④	19⑤	20⑤	21③	22⑤	23③	24④	25③	26④				

G

01①	02②	03④	04②	05②	06④	07①	08⑤	09④	10④	11①	12④	13⑤	14②	15③
16④	17③	18⑤	19②	20④	21①	22④	23③	24①	25②	26⑤	27⑤	28②		

모의 1회

01⑤	02⑤	03④	04①	05②	06③	07②	08⑤	09①	10⑤	11④	12④	13⑤	14⑤	15①
16①	17②													

모의 2회

01③	02②	03②	04③	05⑤	06①	07⑤	08③	09①	10④	11②	12⑤	13②	14⑤	15④
16①	17④													

개념＋연산＋ 쉬운 기출 유형으로

심플하게 고등 수학을 마스터한다!!

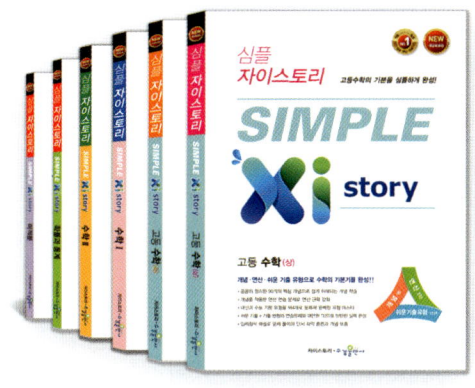

심플 자이스토리

고등 수학(상), 고등 수학(하)
수학Ⅰ, 수학Ⅱ
확률과 통계, 미적분

1 쉽게 이해되는 꼼꼼한 개념 정리

수학은 수많은 개념의 총체적인 모임입니다. 그래서 수학을 쉽게 하려면 개념 사이의 관계와 흐름을 제대로 잡고 있어야 합니다. 심플 자이스토리는 개념을 심플하게 구성해 개념 사이의 흐름을 알 수 있도록 하였습니다. 또, 이런 개념 사이의 관계와 흐름을 잘 잡을 수 있도록 독특한 어드바이스들이 있습니다.

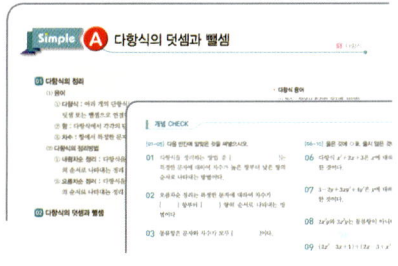

2 개념을 적용시키는 연산 훈련 강화

수학의 기본기는 연산입니다. 연산이 쉽다고 소홀히 하면 쉬운 문제를 틀리는 경우가 있습니다. 심플 자이스토리는 개념을 배운 후 바로 적용하도록 연산 문제를 배치하여 연산근육을 강화시키도록 하였습니다. 연산 실력이 탄탄하면 어떤 문제도 실수로 틀리지 않습니다.

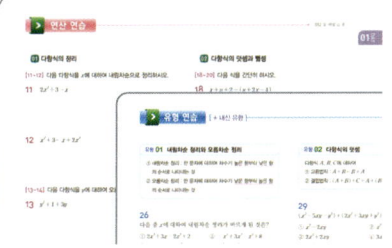

3 내신+수능에 꼭 필요한 쉬운 기출 유형 총정리

수학은 학교 시험이나 수능에 자주 출제되는 패턴이 있습니다. 그 패턴을 익숙해지도록 공부하면 점수를 얻기 쉬워집니다. 이런 패턴을 유형이라고 합니다. 학교 시험과 수능에서 나오는 쉬운 기출 유형을 분석하여 쉽게 풀어갈 수 있도록 문제를 구성하였습니다.

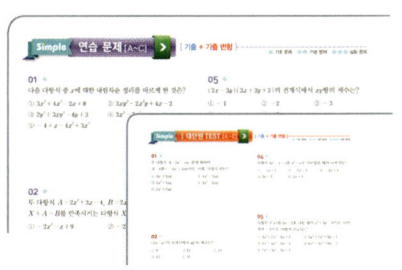

수학 공식과 개념을 머릿속에 사진으로 저장!

형상기억 수학 공식집

[고등 수학 공식집]

- [고1용] 고1 수학
- [인문계용] 수학 Ⅰ + 수학 Ⅱ + 확률과 통계
- [자연계용] 수학 Ⅰ + 수학 Ⅱ + 확률과 통계 + 미적분 + 기하

[중등 수학 공식집]

- [학년편] 중1 수학 / 중2 수학 / 중3 수학
- [종합편] 3개년 수학 종합 (중1+중2+중3)

❶ 개념의 압축 정리 + 공식의 형상화

내신 + 수능 대비를 위한 교과서 핵심 개념과 공식을 쉽게 공부할 수 있도록 압축 정리하였습니다. 또, 추상적인 개념이나 공식을 형상화하여 머릿속에 확실히 각인시킵니다.

❷ 한 권으로 끝내는 개념 + 공식 총정리

수학은 연계 + 계통 학습이 매우 중요합니다. 초등부터 고등까지 수학 개념의 연계 과정을 알 수 있게 단계별로 관련 내용을 정리하여 개념의 이해를 돕고, 확장 개념에 대한 수학적 사고력을 높여줍니다.

❸ 공식을 문제에 적용하는 훈련으로 수학 실력 완성

수학 공식은 단순히 외우기만 해서는 안 됩니다. 핵심 개념 문제와 종합 연습 문제를 통해 문제에 어떻게 적용하고 풀어야 하는지를 단계별로 학습하면 공식과 개념을 한 층 더 깊게 이해 할 수 있어 수학 실력이 쑥쑥 오릅니다.

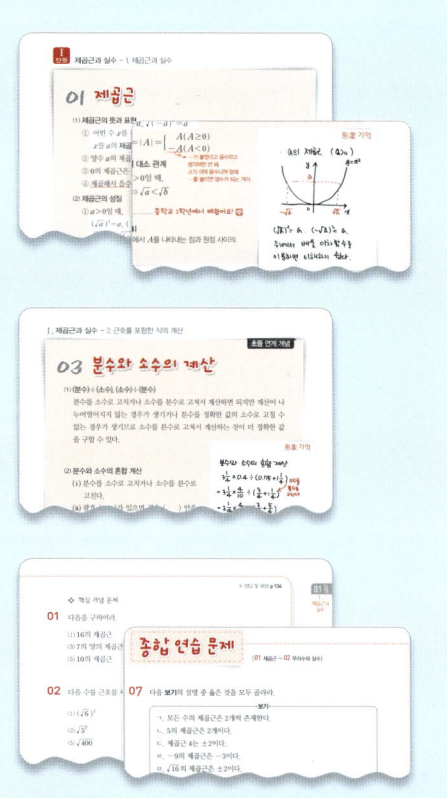

✬ 국어 1등급을 위한 자이스토리 ✬

수능 기본

국어 기본 [고1]
• 최신 고1 학력평가 기출문제 엄선 수록
• 독서, 문학, 문법, 화법과 작문의 필수 유형을 완벽하게 정리
• 지문 구조별 지문 분석 특강과 문제 풀이 특강
• 정답과 오답을 분석한 입체 첨삭 해설

전국연합 모의고사
고1 국어, 고2 국어 (12회분)
• 최신 3개년 3월, 6월, 9월, 11월 전국연합학력평가 12회분 수록
• 회차별 문법 · 어휘 완성 TEST
• 정답과 오답을 분석한 입체 첨삭 해설

국어 독해력을 키우는 실전 어휘 [고1, 2, 3]
• 독서 지문, 문학 작품, 수능 1등급 필수 어휘로 구성
• 매일 2개 지문의 어휘를 학습 후 독해 연습으로 독해력 향상
• 익힌 어휘를 문제로 체크하고, 중요 어휘 복습 TEST
• 내신 대비용 예상 문제 및 수능 · 평가원 기출 우수 문항 수록

개념어 총정리 [고1, 2, 3]
• 수능 개념어 완성을 위한 문항 배열
• 최신 수능 · 평가원 · 교육청 기출의 빈출 개념어 집중 학습
• 확인 문제와 실전 기출문제를 통한 개념어 훈련 시스템
• 헷갈리는 개념어를 명쾌하게 해결하는 입체 첨삭 해설

고전 시가 총정리 [고1, 2, 3]
• 작품 갈래별 독해 공식과 문제 풀이 특강
• 최신 수능 · 평가원 · 교육청 기출의 고전 시가 집중 학습
• 단계별 문항 배열로 학교 시험부터 실전 수능까지 완벽 대비
• 정답과 오답을 분석한 입체 첨삭 해설

수능 기본+실전

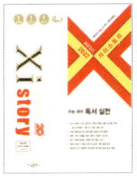

독서 실전 [고3] / 독서 기본 [고1, 2]
• 지문 구조별 3개 독해 공식
• 지문 구조별 지문 분석 특강과 문제 풀이 특강
• 제재별 단원 구성, 최신 기출문제 수록
• 정답과 오답을 분석한 입체 첨삭 해설

문학 실전 [고3] / 문학 기본 [고1, 2]
• 작품 갈래별 7개 독해 공식
• 갈래별 지문 분석 특강과 문제 풀이 특강
• 갈래별 단원 구성, 최신 기출문제 수록
• 정답과 오답을 분석한 입체 첨삭 해설

언어와 매체 실전 [고2, 3] / 언어와 매체 기본 [고1, 2]
• 언어 개념을 세분화하고 이해하기 쉽게 대폭 보강
• 기출 선택지와 자료로 구성한 개념 완성 TEST
• 최신 수능 및 평가원 기출문제 전 문항 수록
• 최신 매체 기출 유형을 반영한 예상 문제 수록
• 정답과 오답을 분석한 입체 첨삭 해설

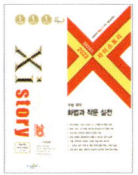

화법과 작문 실전 [고2, 3]
• 쉽게 이해되고 오래 기억되는 화법과 작문 필수 개념 총정리
• 최신 5개년 수능 및 평가원 기출문제 전 문항 수록
• 영역별 지문 분석 특강과 문제 풀이 특강
• 정답과 오답을 분석한 입체 첨삭 해설

수능 연도별 모의고사 고3 국어
(선택: 화법과 작문, 언어와 매체)
• 최신 수능, 평가원 모의고사, 학력평가 23회 수록
• 과목 등급 컷, 이의 제기 문항에 대한 평가원 답변 수록
• 정답과 오답을 분석한 입체 첨삭 해설

수능 고난도

고난도 국어 독서 [고3]
• 1등급을 위한 낯선 제재 지문+고난도 지문 집중 훈련
• LEET, 경찰대, 사관 학교 우수 기출문제 선별 수록
• 고난도 유형 적응력과 수능 실전 감각을 높이는 최종 모의고사(3회)
• 정답과 오답을 분석한 입체 첨삭 해설

고난도 국어 문학 [고3]
• 1등급을 위한 낯선 작품+고난도 작품 집중 훈련
• 경찰대, 육해공 사관 학교 우수 기출 문항 선별 수록
• 고난도 유형 적응력과 수능 실전 감각을 높이는 최종 모의고사(2회)
• 정답과 오답을 분석한 입체 첨삭 해설

자이스토리는...
수능 문제 은행식 최고의 교재입니다.

수능 공부는 자이스토리가 제일 중요합니다. 자이스토리에 수록된 수능 기출문제는 일반 문제와 달리 출제위원들이 심혈을 기울여 만든 고품격의 문제들이면서, 수능에 또다시 출제될 수 있기 때문입니다. 그래서 일반 문제집 10권을 푸는 것보다 자이스토리를 한 번 더 푸는 게 훨씬 효과적입니다.

자이스토리는...
수능 유형 분석이 쉽고 빠릅니다.

자이스토리는 수능 문제와 평가원 모의고사 문제를 유형별, 단원별로 수록했습니다. 문제를 풀면서 답을 구하는 과정을 통해 출제자의 의도와 유형을 쉽게 파악할 수 있습니다. 더불어 자주 출제되는 유형, 정답을 빨리 찾는 방법, 매력적인 오답을 피하는 방법 등도 자연스럽게 체득할 수 있습니다.

자이스토리는...
수능 문제를 수험생 스스로 예측합니다.

단원별, 유형별, 난이도별로 분류된 자이스토리를 차례대로 풀어 가면 난이도의 흐름, 출제 빈도의 흐름, 신유형 문제의 출제 변화 양상 등을 쉽게 파악할 수 있습니다. 그래서 '이번 수능에는 이런 문제들이 반드시 출제될 거야.'라는 예측을 수험생 스스로 할 수 있습니다.

자 이 스 토 리 — 대한민국 No.1 수능 기출 문제집

국어
- 비문학 독해 ①(고1), ②(고2)
- 문학 독해 ①(고1), ②(고2)
- 국어 기본 (고1) ★
- 언어와 매체 기본 (고1, 2)
- 언어와 매체 실전 (고3) ★
- 화법과 작문 실전 ★
- 독서 기본 (고1, 2)
- 문학 기본 (고1, 2)
- 독서 실전 ★
- 문학 실전 ★
- 개념어 총정리
- 고전 시가 총정리 ★
- 독해력을 키우는 실전 어휘
- 고난도 국어 독서
- 고난도 국어 문학
- 전국연합 모의고사 고1 국어 ★
- 전국연합 모의고사 고2 국어
- 연도별 모의고사 고3 국어 [화법과 작문]
- 연도별 모의고사 고3 국어 [언어와 매체]

영어
- 독해 기본 (고1) ★
- 독해 완성 (고2) ★
- 독해 실전 (고3) ★
- 고난도 영어 독해
- 어법 · 어휘 기본 (고1) ★
- 어법 · 어휘 완성 (고2)
- 어법 · 어휘 실전 (고3) ★
- 듣기 기본 모의고사 24회 (고1)
- 듣기 완성 모의고사 24회 (고2)
- 듣기 실전 모의고사 35회 (고3)
- 전국연합 모의고사 고1 영어
- 전국연합 모의고사 고2 영어
- 연도별 모의고사 고3 영어

수학
- 고등 수학–상 (고1) ★
- 고등 수학–하 (고1) ★
- 고2 수학 I ★
- 고2 수학 II ★
- 고2 미적분
- 고2 확률과 통계
- 고3 수학 I ★
- 고3 수학 II ★
- 고3 미적분 ★
- 고3 확률과 통계 ★
- 기하 (고2, 3)
- 고난도 1등급 수학 – 인문
- 고난도 1등급 수학 – 자연
- 전국연합 모의고사 고1 수학

사회
- 통합사회 ★
- 내신 한국사
- 사회 · 문화 ★
- 한국지리 ★
- 세계지리
- 윤리와 사상
- 생활과 윤리 ★
- 수능 한국사 ★
- 동아시아사

★ 는 강남인강 교재
██ 는 신간 교재

과학
- 통합과학
- 화학 I ★
- 화학 II
- 생명과학 I ★
- 생명과학 II
- 물리학 I ★
- 지구과학 I ★
- 지구과학 II

학교 시험 + 수능 1등급을 위한 고품격 유형서!

일등급 수학
- 수학 (상) ★
- 수학 (하) ★
- 수학 I ★
- 수학 II ★
- 확률과 통계 ★
- 미적분 ★
- 기하 ★

검색 수경출판사   f 자이스토리 🔍

Xistory stands for extra intensive story for an entrance examination for a university.
Xistory는 extra intensive story의 약자로 [특별한 수능 단련 이야기]라는 의미입니다.

등록번호 제2013-000088호 발행처 (주)수경출판사 발행인 박영란 발행일 2022년 2월 10일(제1쇄)
홈페이지 www.book-sk.kr 대표전화 02-333-6080 구입문의 02-333-7812 팩스 02-333-7197
주소 서울시 영등포구 양평로 21길 26(양평동 5가) IS비즈타워 807호 (우07207)
편집책임 박선진/박영미/김누리 내용문의 02-333-6214
영업총괄 임순규/손형관/서정훈/김민주 물류관리 조인호/류혜리

자이스토리 · 고난도 국어 문학

53370

9 791162 403488

ISBN 979-11-6240-348-8

정가 17,000원

1 판매량

1 만족도

1 평가도

KOREA EDUCATIONAL BRAND AWARDS
대한민국 교육브랜드 대상

대한민국 **No.1** 수능 기출 문제집

Xi story
자이스토리

해설편

고난도 국어 **문학** [303제]

고난도 작품＋문제 집중 훈련으로 1등급 완성!

수경출판사

✋ 다시는 틀리지 않게 해 주는 입체 첨삭 해설!

✳ 시

❶ 화자, 중심 대상
시의 화자, 중심 대상에 표시했습니다.

❷ 상황, 정서, 태도
화자가 처해 있는 상황과 그 상황에서 화자가 느끼는 정서를 비롯해 화자의 태도를 알 수 있는 부분에 표시했습니다.

❸ 표현상 특징
주제를 효과적으로 전달하기 위해 사용된 표현상 특징이 드러난 부분에 표시했습니다.

지문 어휘
지문을 이해하는 데 도움이 되는 어휘의 풀이를 제시했습니다.

✳ 연(행) 요약
각 연(행)의 내용을 요약해 전체적인 내용을 파악할 수 있게 했습니다.

❇ 독해 공식
각 갈래별로 반드시 확인해야 하는 핵심 요소를 제시했습니다.

■ 내용
해당 작품이 어떠한 내용이고, 무슨 갈래에 해당하는지를 요약하여 정리했습니다.

■ 주제
작품의 주제를 정리했습니다.

■ 이것이 핵심!
해당 작품에서 가장 중심이 되는 내용을 한눈에 볼 수 있게 도표로 제시했습니다.

1등급 풀이 Tip
1등급 킬러 문제를 쉽고 정확하게 풀 수 있는 특별한 방법을 제시하였습니다.

작품의 제목
작품의 내용을 한눈에 알 수 있는 제목을 제시하였습니다.

고어 읽기
고어(옛 한글)의 소리를 현대어로 표기하였습니다.

시 해석
시의 내용을 쉽게 풀이했습니다.

배경지식
알아 두면 도움이 되는 배경지식을 제시했습니다.

왜 오답?
오답 풀이를 통해 틀린 문제에 대한 이해뿐만 아니라 선택지 출제 원리까지 터득할 수 있습니다.

문제 어휘 + 개념어
문제 풀이에 도움이 되는 어려운 어휘 및 개념어의 풀이를 제시했습니다.

근거
정답과 오답을 가르는 근거가 되는 부분을 제시했습니다.

✳ 소설

❶ 중심인물, 배경
소설의 중심인물과 사건이 펼쳐지는 배경을 알 수 있는 부분에 표시했습니다.

❷ 중심 사건, 갈등
소설의 핵심을 이루는 사건과 갈등이 드러난 부분에 표시했습니다.

❸ 서술상 특징
이야기를 효과적으로 전달하기 위해 사용된 서술상 특징이 드러난 부분에 표시했습니다.

✳ 장면 요약
각 장면의 내용을 요약해 전체적인 내용을 파악할 수 있게 했습니다.

■ 인물 관계도
작품 속 등장인물들의 관계를 한눈에 알아볼 수 있도록 도식화하여 제시했습니다.

■ 전체 줄거리
작품 전체의 줄거리를 제시하여 작품을 효과적으로 이해할 수 있게 했습니다.

문제 유형 분석
문제 유형을 제시하여 수능형 문제 유형을 쉽게 파악할 수 있도록 했습니다.

문제 분석
문제가 의미하는 바를 한눈에 파악할 수 있게 했습니다.

왜 정답?
정답이 되는 이유와 다른 오답과의 차이점을 알기 쉽게 설명하여 문제 풀이의 핵심을 파악할 수 있도록 했습니다.

B 14~16 [예상 문제]

(가) 이시, 〈조주후풍가(操舟候風歌)〉

삭풍이 되오 부러 대해를 흔들니니

삭풍(朔風)이 되오 브러 대해(大海)를 흔드니니

→ 삭풍이 심하게 불어 큰 바다를 흔들으니

삭풍: 겨울철에 북쪽에서 불어오는 찬 바람
대해: 넓고 큰 바다

※ 초장❶ 요약: 큰 바다가 흔들리는 상황

①일엽편주(一葉片舟)로 갈 길이 아득 ᄒ다

→ 한 조각 작은 배로 갈 길이 아득하다

일엽편주: 한 척의 조그마한 배

※ 중장❷ 요약: 작은 배로 바다를 헤쳐 나가야 하는 막막함

❸두어라 이 비 ᄒ 번 기운 휘면 브릴 곳이 업스리라

→ 두어라 이 배 한번 기울면 돌아올 곳이 없으리라

※ 총장❸ 요약: 배가 기우는 일에 대한 우려

❇ (가) 독해 공식
❶ 화자: 드러나지 않음, 중심 대상: 작은 배로 바다를 건너는 상황
❷ 상황: 삭풍으로 바다가 흔들리는 위태로운 상황
정서: 작은 배로 위태로운 바다를 건너야 하는 막막함과 느낌, 배가 기우는 상황에 대해 우려함
❸ 표현상 특징: 가정법(실제의 사실이 아닌 상상·가정·소망을 나타내는 방법)을 통해 화자의 위기의식을 강조하고 있음

■ 갈래: 연시조   ■ 창작 시기: 조선 중기
■ 내용: 이 작품은 광해군 때 작가의 셋째 동생이 벼슬길에 나서려 하자 작가가 염려하는 심정을 담아 지은 시조로 총 3연으로 이루어져 있다. 작가는 자신의 만류를 듣지 않는 동생에게 벼슬 욕심을 버릴 것을 충고하면서 '조주후풍(출선할 때는 바람을 잘 살펴라)'과 같은 표현을 통해 벼슬길에 나갈 때는 순리에 따라 처신해야 한다는 교훈적인 의도를 드러내고 있다.
■ 주제: 순리에 따라 사는 삶에 대한 권계
■ 이것이 핵심!: 시적 상황에 대한 화자의 인식

'일엽편주'로 '삭풍'이 부는 '대해'를 건너는 상황
: 위태로운 상황

'이 비 ᄒ 번 기운 휘면 브릴 곳이 업스리라'
: 배가 기울면 돌아올 수 없다는 화자의 위기의식이 드러남.

🍎 1등급 풀이 Tip
〈보기〉에 너무 집중하다가 지문의 내용을 간과해서는 안 된다. 문제를 풀 때 가장 기본이 되는 것은 선택지의 내용이 지문의 내용과 부합하는지 확인하는 것이다. (가)에서 화자가 '거를 업다'라고 한 것은 인간 세상을 떠나오니 자연에 즐길 거리가 너무 없다는 의미로, 자연에서의 삶에 대한 만족감을 드러내는 긍정적 표현이다. 이를 인간 세상의 삶이나, 부정적 감정과 연결 짓는 것은 지문의 내용과 부합하지 않는다.

🛡 시험에 자주 나오는 한자 성어

감언이설 (甘言利說)	귀가 솔깃하도록 남의 비위를 맞추거나 이로운 조건을 내세워 꾀는 말
감탄고토 (甘呑苦吐)	달면 삼키고 쓰면 뱉는다는 뜻으로, 자신의 비위에 따라서 사리의 옳고 그름을 판단함을 이르는 말
경거망동 (輕擧妄動)	경솔하여 생각 없이 망령되게 행동함. 또는 그런 행동
고진감래 (苦盡甘來)	쓴 것이 다하면 단 것이 온다는 뜻으로, 고생 끝에 즐거움이 옴을 이르는 말

C 05~07   ✳ 송기숙, 〈개는 왜 짖는가〉
[2022/사관학교 1~3]

❶ 중심인물, 배경   ❷ 중심 사건, 갈등   ❸ 서술상 특징
❸ 표현의 자유가 억압된 당시 언론 상황을 비판 - 풍자(현실의 부정적인 대상·모순 따위를 빗대어 비웃음)

1 "모두가 판에 박은 듯이 똑같은 신문을 무엇 하러 세 가지나 보냔 말이야. 고양이도 낯짝이 있다는데 좀 염치가 있어야지. 한 번만 더 넣었다가는 가만두지 않을 테야."

「 」갈등 - 신문을 배달하는 아이의 신문을 넣지 않는 아내의 외적 갈등

❷ 중심인물
어떻게 붙잡았는지 아내가 배달아이를 잡아 닦달하는 소리였다.

❸ 중심 사건: 아내가 신문을 계속 배달하는 아이를 닦달함

그것은 바로 신문기자인 자기 영하는 혼자 이불 속에서 비실 웃었다.

❷ 중심인물
한테 하는 소리로 들렸기 때문이다.

❸ 중심 사건: 자신의 말을 현실에 빗대어 신문 배달아이를 닦달함

간접적이나마 아내한테서까지 그런 소리를 들으니 절로 웃음이 나왔다.

❸ 서술자: 3인칭 전지적 작가 시점

※ 1 요약: 아내와 배달아이의 갈등을 지켜보며 가슴을 조이는 영하

■ 인물 관계도

외부의 억압을 받는 배달아이에 동질감을 느낌
→ 영하
↕
배달아이
아내의 구박을 겪은 후 영하를 보고 도망침
↕
아내
신문기자인 남편의 고민은 모른 채 배달아이를 구박함

■ 전체 줄거리: 신문기자인 영하가 이사를 간 동네의 몇 어르신들은 동네의 부도덕한 사람들을 혼내곤 했다. 어느 날 영하는 우연히 마주친 신문 배달아이를 불쌍히 여겨 용돈을 주려 하지만, 아이는 앞으로 신문을 넣지 않겠다며 도망간다. 마을 어르신들은 영하에게 또칠이라는 불효자에 대한 기사를 내 달라고 한다. 그때 또칠이가 나타나 영하에게 기사를 쓰면 가만두지 않겠다고 화를 낸다.

C 45   정답 ④   ✳ 인물의 심리와 태도 파악하기

'나'가 자신의 행위를 기만으로 생각한 이유로 가장 적절한 것은?

• 기만: '기만'은 '남을 속여 넘김'이라는 뜻으로, '나'는 아르판이 책을 표절한 행위를 '불멸을 향한 아릴한 기만'이라고 표현했습니다.

🔎 '나'가 아르판의 책을 표절한 행위를 기만이라고 생각한 이유를 고르는 문제입니다.

?왜 정답 ?
④ 일반적인 문화와 달리 예술은 창조성을 고유한 본질로 삼는다는 것을 도외시했기 때문이다.
'나'는 문화와 예술의 차이를 외면하여 자신의 표절 행위를 합리화함.

• 근거: 2-⑦, ⑧
'나'는 '높이 쌓는 행위가 문자라면 아르판이 써 나간 건 예술'이라고 했다. 이는 문화는 기존의 것을 조금씩 덧쌓으며 쌓아 가는 것이지만, 예술은 개인의 창조성을 본질로 한다는 의미이다. 그런데 '나'는 그 차이를 일부러 무시했다고 했다. 즉, '나'는 기존의 것을 바탕으로 하는 문화와, 창조성을 바탕으로 하는 예술의 차이를 알면서도 그것을 외면한 채 표절의 정당성을 주장하며 아르판을 속이려 하고 있기 때문에 자신의 행동을 '기만'이라고 표현한 것이다.

[도외시하다: 상관하지 아니하거나 무시하다.]

?왜 오답 ?
① 다른 문화권 예술에 대한 표절은 자기 문화의 발전을 저해한다는 것을 무시했기 때문이다.
'나'는 창고를 통해 창조가 이루어진다고 말함.

• 근거: 2-⑦, ⑧
'나'는 '우회가 벌이는 모든 창조는 기존의 견해에 대한 각주와 수정을 통해 나온다며 모방과 표절을 옹호하고 있다. 따라서 '나'가 다른 문화권 예술을 표절하는 것이 자기 문화의 발전을 막는다는 것을 무시했다는 설명은 적절하지 않다.

[저해하다: 막아서 못하도록 해치다.]

🍀 차 례

I 시

A 현대시 2

B 고전 시가 43

II 소설, 극 문학

C 현대 소설 96

D 고전 소설 137

E 극 문학 190

III 갈래 복합

F 시 복합 216

G 소설 복합 245

Special 문학 실전 모의고사

1회 모의고사 278

2회 모의고사 294

A 01 ~ 04 ──────── [2021 대비/사관학교 30~33]

(가) 김소월, 〈왕십리(往十里)〉

❶ 화자, 중심 대상   ❷ 상황, 정서, 태도   ❸ 표현상 특징   시 해석
▨ : ❸ 감정이입(어떤 대상에 화자의 감정을 불어넣어 대상이 그 감정을 느끼는 것처럼 표현)

1 ❶ 중심 대상
   비가 온다
   ❷ 상황: 비가 오고 있음.
   오누나
   ❸ 오는 비는
         다섯 날
   ❹ 올지라도 한 닷새 왔으면 좋지.
         ❷ 태도: 소망적(비가 너무 많이 내리지 않기를 바람.)
   ❸ '오다'를 변주(변형)하여 비가 계속해서 내리는 상황을 강조함.
   ➡ 비가 온다. (비가) 오는구나. 오는 비는 올지라도 한 다섯 날만 오면 좋겠지.

   ＊①연 요약: 비가 너무 많이 내리지 않기를 바람.

2   여덟 날
   ❶ 「여드레 스무날엔   「 」: ❸ 관습적 표현(특정 사회에서 오랫동안 공유되어 구
   ❷ 온다고 하고   성원들이 널리 알고 있는 표현) – 비가 오지 말아야 할 때
   ❸ 초하루 삭망(朔望)이면 간다고 했지.」 오고, 비가 와도 그만일 때 간다는 뜻
   ❹ ㉠가도 가도 왕십리(往十里) 비가 오네.
         ❷ 정서: 비가 그치지 않는 것에 대한 서러움(벗어날 수 없는 현실에 대한 서러움)
   ➡ 여드레 스무날엔 (비가) 온다고 하고 초하루 삭망이면 (비가) 그친다고 했지.
      (그런데) 가도 가도 왕십리인 것처럼 비가 (계속) 오네.

   ⌈ 초하루: 매달 첫째 날   삭망: 음력 초하룻날과 보름날을 아울러 이르는 말

   ＊②연 요약: 비가 그치지 않는 것에 대한 서러움

3 ❶ 웬걸, 저 새야
   ❷ 화자의 슬픔을 심화시키는 대상
      울려거든
   ❸ 왕십리 건너가서 울어나 다고,
   ❹ 비 맞아 나른해서 ▨벌새가 운다▨.
         벌새도 울게 하는 비
   ➡ 웬걸, 저 새야 울려거든 왕십리를 건너가서 울어다오. 비를 맞아 나른해서 벌새가 운다.

   ⌈ 나른하다: 맥이 풀리거나 몸이 고단하여 기운이 없다.

   ＊③연 요약: 비에 젖어 우는 벌새로 인한 슬픔의 심화

4 ❶ 천안(天安)에 삼거리 실버들도
   ❷ 촉촉히 젖어서 늘어졌다데.   장소를 가리지 않고 비가 내리는 상황
   ❸ 비가 와도 한 닷새 왔으면 좋지.
         ❷ 태도: 소망적(비가 너무 많이 내리지 않기를 바람.)
   ❹ ▨구름도 산마루에 걸려서 운다▨.
         슬픔의 심화
   ➡ 천안에 삼거리 실버들도 (비를 맞아) 촉촉이 젖어서 늘어졌다데. 비가 와도 한
      다섯 날만 오면 좋겠지. (그런데 비가 계속 와서) 구름도 산마루에 걸려서 운다.

   ⌈ 산마루: 산등성이의 가장 높은 곳

   ＊④연 요약: 장소를 가리지 않고 내리는 비를 보고 느끼는 슬픔

★ **(가) 독해 공식** ────────────────
❶ 화자: 드러나지 않음. 중심 대상: 비
❷ 상황: 비가 오고 있음.
정서: 비가 그치지 않는 것에 대한 슬픔(벗어날 수 없는 현실에 대한 서러움)이 드러남.
태도: 소망적(비가 너무 많이 내리지 않기를 바람.)
❸ 표현상 특징
• 표현의 변주(변형)를 통해 시적 상황을 강조하고 있음.
• 관습적 표현(특정 사회에서 오랫동안 공유되어 구성원들이 널리 알고 있는 표현)과 감정이입(어떤 대상에 화자의 감정을 불어넣어 대상이 그 감정을 느끼는 것처럼 표현)을 활용하여 화자의 정서를 드러내고 있음.

■ **내용**: 이 작품은 일제 강점기의 암울한 현실 속 백성들의 슬픔을 '비'라는 자연물을 통해 형상화한 현대시이다. 비는 때때로 긍정적인 역할을 하지만, 이 작품에서는 비가 불필요하게 계속 내림으로써 화자에게 슬픔과 서러움을 주고 있다. 이는 비단 개인적 차원의 정서가 아니라 일제 강점기 백성이 겪는 공통적인 정서로 확장되어 뜻대로 되지 않는 현실에 대한 당대 백성들의 서러움으로 표현되고 있다.

■ **주제**: 일제 강점기의 민족적 비애와 슬픔

■ **이것이 핵심!**: 중심 대상을 통한 화자의 정서 표출

```
   ┌────┐              ┌──────────────────┐
   │ 비 │  ──────→     │  서러움과 슬픔,    │
   └────┘              │  한의 심화         │
                       │ (민족적 차원으로의 확장) │
                       └──────────────────┘
```
• 불필요하게 계속 내림.
• 마음대로 통제가 안 됨.
• 장소를 가리지 않고 내림.

(나) 김명인, 〈머나먼 곳 스와니 Ⅰ〉

❶ 화자, 중심 대상   ❷ 상황, 정서, 태도   ❸ 표현상 특징   시 해석
▨ : ❸ 계절의 변화(시간의 흐름)

1 ❶ 중심 대상: 송천동에서의 추억
   「어머니 장사 떠나시고 다시 맡겨진 송천동
      화자가 가난한 유년 시절을 보냈음이 드러남.
   ❷ ▨봄날▨은 골짜기마다 유난히 햇볕 밝게 내려서
      화자의 상황과 대비되는 계절의 모습
   ❸ 날이 풀리면, 배고파지면 아이들 따라
   ❹ 바위 틈에 숨은 게들 잡으러 개펄로 갔다」
      「 」: ❷ 상황 – 유년 시절을 보낸 송천동에서의 추억을 회상함.
   ➡ 어머니 장사하러 떠나시고 다시 맡겨진 송천동. 봄날은 골짜기마다 유난히 밝
      은 햇볕을 내려서 날이 풀리고 배고파지면 아이들을 따라 바위 틈에 숨은 게
      들 잡으러 개펄로 갔다.

   ⌈ 개펄: 밀물 때는 물에 잠기고 썰물 때는 물 밖으로 드러나는 모래 점토질의 평탄
   ⌊ 한 땅(= 갯벌)

   ＊①연 요약: 유년 시절 송천동에서의 추억을 회상함.

2 ❶ 「게들은 바위 모서리나 청태 낀 비탈에
      「 」: ❸ 송천동 바닷가의 모습을 구체적으로 묘사함.
   ❷ 제 몸 가득 흰 거품 부풀려 먼 수평선 바라보아도
   ❸ 해종일 바람 불고 파도 그치지 않아서
      하루 종일
   ❹ ㉡송천동, 선뜻 발자국 지워지며 끝없던 모래벌」
   ➡ 게들은 바위 모서리나 푸른 이끼 낀 비탈에 제 몸 가득 흰 거품을 부풀려 먼
      수평선을 바라보아도 온종일 바람 불고 파도는 그치지 않았던 송천동은 발자
      국이 쉽게 지워지고 끝없던 모래벌이었다.

   ⌈ 청태: 푸른 이끼
   │ 비탈: 산이나 언덕 따위가 기울어진 상태나 정도. 또는 그렇게 기울어진 곳
   ⌊ 모래벌: 모래가 덮여 있는 넓고 평평한 땅

   ＊②연 요약: 송천동 바닷가의 모습을 떠올림.

3 ❶ 어느새 그 해 ▨여름▨ 지나고 막막한 ▨가을▨도 가서
      장사를 떠난 어머니가 아직 돌아오지 않은 상황임.
   ❷ 물결은 더욱 차갑게 출렁거리고 인적조차 끊어지면
      화자가 느꼈던 외로움과 쓸쓸함을 심화함.
   ❸ 송천동, 아득한 방죽 따라 구름 몰려와
   ❹ 눈 내려 또 한 해 ▨겨울▨ 돌아오던 곳
   ➡ 어느새 그 해 여름이 지나고 막막한 가을도 지나서 물결은 더욱 차갑게 출렁
      거리고 인적조차 끊어지면 송천동은 아득한 방죽 따라 구름이 몰려오고 눈이
      내려 또 한 해의 겨울이 돌아오던 곳이었다.

   ⌈ 방죽: 물이 밀려들어 오는 것을 막기 위하여 쌓은 둑

   ＊③연 요약: 송천동에서 느끼는 외로움과 적막감

4 ❶ 「누구는 어느 집 양자되고 다시 몇 명은
      「 」: 송천동에 맡겨진 화자처럼, 화자의 주변도 쓸쓸한 상황임이 드러남.
   ❷ 낯선 사람 따라서 바다 건너 떠나갔지만」
   ❸ 모른다, 내게 와 부딪친 그리움도 부질없이
      ❶ 화자: '나'

❸ 화자가 느끼는 그리움이 투영된 대상
④ **아직도 그 물결에 젖고 있을지**
❷ 정서: 유년 시절의 기억이 담긴 송천동에 대한 그리움
⑤ **송천동 송천동 바람 불어 게들이 바위 틈에 숨던 곳**

➡ (송천동에서) 누구는 어느 집 양자가 되고 몇 명은 낯선 사람을 따라서 바다 건너로 떠나갔지만 내게 와 부딪친 그리움은 부질없이 아직도 그 (송천동 바닷가의) 물결에 젖고 있을지 모른다. 송천동, 송천동, 바람 불어 게들이 바위 틈에 숨던 곳.

〔 양자: 입양에 의하여 자식의 자격을 얻은 사람

*④연 요약: 쓸쓸하고 외로웠던 송천동에 대한 그리움

🌟 (나) 독해 공식
❶ 화자: '나', 중심 대상: 송천동에서의 추억
❷ 상황: 유년 시절을 보낸 송천동에서의 추억을 회상하고 있음.
정서: 유년 시절의 기억이 담긴 송천동에 대한 그리움이 드러남.
❸ 표현상 특징
• 계절의 변화를 통해 시간의 흐름이 나타나고 있음.
• 송천동 바닷가의 모습을 구체적으로 묘사하고 있음.
• 외적 대상에 화자의 정서를 투영하고 있음.

■ 내용: 이 작품은 가난했던 유년 시절을 보냈던 송천동에서의 추억을 떠올리며 그 시절에 대한 그리움을 노래한 현대시이다. 송천동은 화자를 맡기고 장사를 나가신 어머니가 오랫동안 돌아오지 않은 외롭고 쓸쓸한 곳이다. 화자는 이처럼 개인적인 아픔이 있는 공간을 추억하며, 맑고 다정한 서정의 공간으로 묘사하고 있다.
■ 주제: 유년 시절을 보낸 송천동에 대한 그리움

■ 이것이 핵심! 중심 대상에 대한 화자의 정서

• 어머니가 떠나고 화자가 맡겨진 곳
• 가난하고 인적이 드문 곳
  → 아픔과 헐벗음의 공간

Ⓐ 01 정답 ② *작품 비교하기

(가)와 (나)의 공통점으로 가장 적절한 것은?

> 왜 정답 ?

화자의 감정이나 느낌을 다른 사물에 반영하여
② 화자의 내면을 외적 대상에 투영하여 표현하고 있다.
(가) '벌새', '구름', (나) '물결'
*근거: (가) ③-④, ④-④, (나) ④-❸, ❹
(가)는 '비 맞아 나른해서 벌새가 운다'에서 화자가 느끼는 슬픔을 '벌새'에 투영하여 표현했다. 또한 '구름도 산마루에 걸려서 운다'에서 비로 인한 슬픔을 '구름'에 투영하여 나타내고 있다. (나)는 '모른다, 내게 와 부딪친 그리움도 부질없이 / 아직도 그 물결에 젖고 있을지'에서 송천동에 대한 그리움을 '물결'에 투영하여 나타내고 있다.

〔 투영하다: 어떤 일을 다른 일에 반영하여 나타내다.

> 왜 오답 ?

① 공간의 이동에 따라 화자의 갈등이 해소되고 있다.
(가)와 (나) 모두 나타나지 않음.
(가)와 (나) 모두 공간의 이동은 나타나지 않으며, 화자의 갈등이 해소되고 있지 않다.

명사로 시의 행을 끝맺어
③ 명사로 시행을 종결하여 시적 여운을 드러내고 있다.
(나)만 해당함.
*근거: (가) X, (나) ❷-④, ❸-④, ④-⑤
(나)의 2~4연에서는 '모래벌', '돌아오던 곳', '숨던 곳'과 같이 명사로 시행을 종

결하고 있다. 하지만 (가)에서 시행을 종결하는 말은 '좋지', '비가 오네', '운다' 등으로, 명사로 시행을 종결하는 부분은 나타나지 않는다.

〔 시적 여운: 시의 분위기나 정서가 가시지 않고 오래 남는 것

④ 쉼표를 사용하여 여유를 느끼고 있는 화자의 심리를 드러내고 있다.
(가), (나) 모두 나타나지 않음.
*근거: (가) ③-④, ❸, (나) ①-❸, ❷-④, ③-❸, ④-❸
(가)는 '웬걸,'과 '왕십리 건너가서 울어나 다고,'에서 쉼표를 사용하고 있지만, 이는 화자가 느끼는 서러움을 심화할 뿐, 여유를 느끼는 심리를 드러낸다고 볼 수 없다. (나)는 '날이 풀리면,' '송천동,' '모른다'에서 쉼표를 사용하고 있지만, 이는 송천동을 그리워하는 화자의 심정을 강조할 뿐, 여유를 느끼는 심리를 드러낸다고 볼 수 없다.

⑤ 유사한 통사 구조를 활용한 수미상관을 통해 시상을 마무리하고 있다.
(가), (나) 모두 나타나지 않음.
(가)와 (나) 모두 처음과 마지막 연에서 같거나 유사한 형태의 시구가 반복되는 수미상관은 나타나지 않는다.

〔 통사 구조: 문장 구성 요소들의 결합 관계를 통틀어 이르는 말(= 문장 구조)
〔 수미상관: 시의 처음과 끝에 같거나 유사한 시구를 배열하는 시상 전개 방식

Ⓐ 02 정답 ② *〈보기〉를 바탕으로 감상하기

〈보기〉를 바탕으로 (가)를 감상한 내용으로 적절하지 않은 것은?

• 〈보기〉: (가)에서는 '한 닷새' 정도 내리는 비는 긍정적 대상으로, 계속 내리는 비는 부정적 대상으로 그려지고 있습니다. 또한 관습적 표현을 활용하여 비마저도 뜻대로 되지 않는 것에 대한 일제 강점기 백성들의 서러움을 표현하고 있습니다.
• (가): 비 내리는 상황의 지속에서 느끼는 민족적 비애와 슬픔을 나타낸 작품입니다.
즉 〈보기〉에 제시된 '비'에 관한 해석을 바탕으로 (가)를 이해한 내용 중 틀린 것을 고르는 문제입니다.

[보기]

❶ 이 시는 일제 강점기 백성으로서 겪는 비애와 한(恨)을 나그네의 심정과 비를 연계하여 그려 내고 있다.
⑤의 근거
❷ 이 시에서 '한 닷새' 정도 내리는 비는 여정에 지친 나그네에게 쉴 수 있는 시적 상황이다.
②의 근거
❸ 반면, 추적추적 계속 내리는 비는 여정에 방해가 되는 거추장스러운 것으로 그려진다.
④의 근거
④ 이와 관련하여 이 시에는 '여드레 스무날엔 온다고 하고', '초하루 삭망이면 간다'고 하는 관습적 표현이 활용된다.
③의 근거
⑤ 당대 물가에서 생업을 이어가는 사람들에게 '여드레와 스무날' 경은 조수가 낮아 바다로 통하는 물가의 바닥이 드러나 조개 채취 등을 할 수 있는 때이다.
❻ 그러므로 이때 내리는 비는 일을 할 수 없게 하는 거추장스러운 존재이다.
❼ 반면, '초하루 삭망' 때에는 어차피 조수가 높고 물도 탁하여 일하지 못할 때가 많아 비가 와도 그만이다.
②의 근거
❽ 이러한 표현에는 '오지 말아야 할 때는 온다고 하고, 가도 그만인 때에는 간다고 하는' 비마저도 뜻대로 되지 않는 것에 대한 당대 우리 백성들의 서러움이 화자의 심정과 처지에 맞물려 표현되고 있다.
③의 근거

비애: 슬퍼하고 서러워함.
여정: 여행의 과정이나 일정
거추장스럽다: 일 따위가 성가시고 귀찮다.
관습적 표현: 특정 사회에서 오랫동안 공유되어 사회 구성원들이 널리 알고 있는 표현
생업: 살아가기 위하여 하는 일
조수: 달, 태양 따위의 인력에 의하여 주기적으로 높아졌다 낮아졌다 하는 바닷물

>왜 정답?

② '한 닷새' 오는 비에 대한 화자의 심정은, 물가에서 생업을 이어가는 사람들이 '초하루 삭망'에 오는 비를 보며 안타까워하는 심정과 유사하겠군.
'한 닷새' 오는 비와 '초하루 삭망'에 오는 비는 안타까움과 관련 없음.

＊근거: (가)❶-❹, 〈보기〉❷, ❼문장

〈보기〉에서 "'한 닷새' 정도 내리는 비는 여정에 지친 나그네에게 쉴 수 있는 시적 상황'이라고 했다. 즉, (가)의 화자는 비가 오더라도 '한 닷새'만 오기를 바라고 있으므로, '한 닷새' 오는 비는 긍정적 대상으로 볼 수 있다. 따라서 이 비에 대한 심정이 안타까워하는 심정과 유사하다는 설명은 적절하지 않다. 또한 〈보기〉에서 "초하루 삭망" 때에는 어차피 조수가 높고 물도 탁하여 일하지 못할 때가 많아 비가 와도 그만'이라고 했다. 즉, 물가에서 생업을 하는 사람들은 '초하루 삭망'에 비가 온다고 안타까워하지는 않을 것이다. 따라서 물가에서 생업을 하는 사람들이 '초하루 삭망'에 오는 비를 보며 안타까워한다는 설명도 적절하지 않다.

>왜 오답?

① '온다', '오누나', '오는', '올지라도'의 연쇄적 변주를 통해 비가 그치지 않고 계속 내리는 상황과 화자의 처지를 부각하고 있군.
비가 계속 내리는 상황과, 비를 계속 맞는 화자의 처지를 부각하므로 적절함.

＊근거: (가)❶

(가)의 1연에서는 동사 '오다'의 활용형인 '온다', '오누나', '오는', '올지라도'를 각 행에 연쇄적으로 배치했다. 이는 비가 그치지 않고 계속 내리는 상황과, 계속해서 비를 맞아야 하는 화자의 처지를 부각한다고 볼 수 있다.

〔연쇄적 변주: 앞 구절의 끝부분을 비슷하게 변형하여 다음 구절의 시작에서 되풀이하는 것

③ '여드레 스무날엔 온다고 하고', '초하루 삭망이면 간다'는 관습적 표현을 활용하여 뜻대로 되지 않는 상황에 대한 화자의 심정과 처지를 드러내고 있군.
비마저도 뜻대로 되지 않는 서러움을 나타내므로 적절함.

＊근거: (가)❷-❶~❸, 〈보기〉❹, ❽문장

〈보기〉에서 '이 시에는 '여드레 스무날엔 온다고 하고', '초하루 삭망이면 간다'고 하는 관습적 표현이 활용된다'고 했으며, '이러한 표현에는 '오지 말아야 할 때는 온다고 하고, 가도 그만인 때에는 간다고 하는' 비마저도 뜻대로 되지 않는 것에 대한 당대 우리 백성들의 서러움이 화자의 심정과 처지에 맞물려 표현되고 있다'고 했다. 즉, (가)의 2연의 '여드레 스무날엔 ~ 초하루 삭망이면 간다고 했지.'에는 뜻대로 되지 않는 상황에 대한 화자의 서러움이 드러난다고 볼 수 있다.

④ '비 맞아 나른해서'와 '운다'를 통해 시적 대상이 여정에 방해가 되는 비를 맞고 있음을 짐작할 수 있군.
비를 맞아 울고 있으므로 적절함.

＊근거: (가)❸-❹, 〈보기〉❸문장

〈보기〉에서 '추적추적 계속 내리는 비는 여정에 방해가 되는 거추장스러운 것으로 그려진다'고 했다. (가)의 3연에서 '비'는 시적 대상인 '벌새'를 나른하게 하여 울게 만드는, 거추장스러운 것으로 그려지고 있다. 즉, '벌새'는 여정을 방해가 되는 비를 맞고 있는 것으로 볼 수 있다.

⑤ '천안(天安)에 삼거리 실버들도 '촉촉히 젖어서 늘어졌다데.'는 비가 다른 공간에서도 내리는 상황을 화자가 전달하며 공간적 확장을 통해 일제 강점기의 상황을 보여 주는군.
일제 강점기 백성으로서 겪는 비애와 한을 그린다고 했으므로 적절함.

＊근거: (가)❹-❶, ❷, 〈보기〉❶문장

〈보기〉에서 '이 시는 일제 강점기 백성으로서 겪는 비애와 한을 나그네의 심정과 비를 연계하여 그려내고 있다'고 했다. (가)의 4연에서는 '천안에 삼거리 실버들도 / 촉촉히 젖어서 늘어졌다데.'라며 다른 공간에서도 비가 내리는 상황을 전하고 있다. 이처럼 화자가 있는 곳뿐만 아니라 천안도 비가 온다며 공간을 확장한 것은, 화자가 느끼는 서러움이 개인적 정서가 아니라 일제 강점기 상황에서 사람들이 겪는 비애와 한임을 나타내기 위한 것으로 볼 수 있다.

〔확장: 범위, 규모, 세력 따위를 늘려서 넓힘.

A 03 정답 ③ ＊시어 및 구절의 의미 파악하기

㉠과 ㉡에 대한 설명으로 가장 적절한 것은?

• ㉠: ㉠은 '가도 가도 왕십리'로, 가도 가도 같은 곳에 있음을 나타낸 구절입니다.
• ㉡: ㉡은 '송천동, 선뜻 발자국 지워지며 끝없던 모래벌'로, 송천동 바닷가의 모습을 나타낸 구절입니다.

🟥즉 ㉠과 ㉡에 담긴 의미를 적절히 파악한 것을 고르는 문제입니다.

>왜 정답?

③ ㉠은 현실에서 벗어나고 싶은 정서를, ㉡은 과거 상황에 대한 정서를 환기하는 공간이다.
같은 공간을 벗어날 수 없음을 서러워함. / 유년 시절을 보낸 송천동에 대한 그리움을 환기함.

＊근거: (가)❷-❹, (나)❷-❹

㉠ '가도 가도 왕십리'는 가도 가도 벗어날 수 없는 공간이자 계속해서 '비가 오'는 공간이다. 이는 화자가 벗어나고자 하는 고단한 현실로, 이러한 현실에서 벗어나고 싶은 마음을 환기한다고 볼 수 있다. ㉡ '송천동, 선뜻 발자국 지워지며 끝없던 모래벌'은 화자가 회상하는 송천동 바닷가의 모습을 나타낸다. 이는 화자가 송천동에서 유년 시절을 보냈던 과거에 대한 그리움을 환기한다고 볼 수 있다.

〔환기하다: 주의나 여론, 생각 따위를 불러일으키다.

>왜 오답?

① ㉠은 ㉡과 달리 부재한 대상과의 재회에 대한 화자의 열망을 보여 준다.
㉠에 나타나지 않음.

(가)에 부재한 대상은 나타나지 않으며, ㉠에서 이를 다시 만나기를 바라는 화자의 열망도 드러나지 않는다.

〔부재하다: 그곳에 있지 아니하다.

② ㉠은 화자의 상황 극복 의지를, ㉡은 대상에 대한 화자의 연민을 보여 준다.
㉠에 나타나지 않음. / ㉡에 나타나지 않음.

㉠에서는 '왕십리'를 벗어나지 못하는 서러움이 드러날 뿐, 상황 극복 의지는 나타나지 않는다. 또한 ㉡에서 화자가 대상을 연민하는 정서는 나타나지 않는다.

④ ㉠과 ㉡은 모두 이르지 못하는 세계를 지향하는 화자의 고뇌를 보여 준다.
㉠과 ㉡ 모두 나타나지 않음.

㉠의 '왕십리'는 화자가 벗어나고 싶어 하는 공간이며, ㉡의 '송천동'은 화자가 유년 시절을 보낸 그리운 공간이다. 즉, ㉠과 ㉡ 모두 이르지 못하는 세계를 지향하는 화자의 고뇌와는 관련이 없다.

〔고뇌: 괴로워하고 번뇌함.

⑤ ㉠과 ㉡은 모두 그 공간과 관련된 경험에서 비롯된 화자의 ~~인~~
~~식 전환의 과정을~~ 보여 준다.
㉠과 ㉡ 모두 나타나지 않음.

㉠에서 화자는 '왕십리'라는 공간에서 계속해서 비를 맞는 경험을 하고 있다. 하지만 이에서 비롯된 인식의 전환은 나타나지 않는다. 또한 ㉡에서 화자는 '송천동'이라는 공간을 떠올리고 있지만 그 공간과 관련된 경험에서 비롯된 인식의 전환은 나타나지 않는다.

A 04 정답 ② ＊화자의 정서와 태도 파악하기

(나)를 감상한 내용으로 적절하지 <u>않은</u> 것은?

> **왜 정답 ?**

② '물결은 더욱 차갑게 출렁거리고 인적조차 끊어지면'을 통해 ~~'어느 집 양자'로 된~~ 화자의 외로움과 절망감을 드러내고 있다.
화자가 '양자'가 된 것이 아님.

＊근거: (나)③-❷, ④-❶

'물결은 더욱 차갑게 출렁거리고 인적조차 끊어지면'을 통해 송천동에서 어머니를 기다리는 화자의 외로움과 절망감이 드러난다고 볼 수 있다. 하지만 화자가 '어느 집 양자'가 된 것은 아니다. '어느 집 양자'가 된 사람은 '누구'로, 화자와 같이 암울하고 외로운 상황에 처해 있는 주변인에 해당한다.

> **왜 오답 ?**

① '유난히 햇볕 밝게' 내리는 봄날은 화자의 내면과 대비되는 배경으로 화자의 정서를 부각하고 있다.
밝은 봄날과 화자의 쓸쓸한 내면이 대비됨.

＊근거: (나)①-❶, ❷

화자는 어머니가 장사를 떠나면서 송천동에 맡겨진 처지이다. 즉, 화자는 외롭고 쓸쓸한 내면의 정서를 지니고 있다고 볼 수 있다. 이와 달리 '봄날'은 '유난히 햇볕 밝게 내'린다고 대비되게 표현함으로써 화자의 어두운 정서를 부각하고 있다.

③ '또 한 해 겨울 돌아오던 곳'은 계절의 순환을 통해서 기다림의 상황이 계속 이어졌음을 드러낸다.
화자는 봄에 송천동에 맡겨져 겨울을 맞이함.

＊근거: (나)①-❷, ③-❶, ❷

화자가 송천동에 맡겨진 때는 '봄날'이었으나, '어느새 그 해 여름 지나고 막막한 가을도 가서' '또 한 해 겨울'을 맞고 있다. 이는 화자가 봄에서 겨울이 될 때까지 어머니를 계속 기다린 상황을 드러내고 있다.

④ '내게 와 부딪친 그리움도'는 화자의 내면에 남아 있는 그리워했던 순간에 대한 심정을 드러내고 있다.
화자는 송천동에서 외로운 유년 시절을 보냈지만 이를 그리워함.

＊근거: (나)④-❸, ❹

화자는 송천동에서 어머니 없이 외롭게 유년 시절을 보냈다. 그러나 '모른다, 내게 와 부딪친 그리움도 부질없이 / 아직도 그 물결에 젖고 있을지'라면서 쓸쓸했던 유년 시절을 그리워하는 마음이 아직 남아 있음을 드러내고 있다.

⑤ '아직도 그 물결에 젖고 있을지'를 통해 '모른다'고 말하는 화자가 과거를 떠올리고 있음을 보여 주고 있다.
'그 물결'은 과거 송천동 바닷가의 물결을 의미함.

＊근거: (나)④-❸, ❹

화자는 '내게 와 부딪친 그리움'이 '아직도 그 물결에 젖고 있을지' '모른다'고 했다. 이때 '그 물결'은 화자가 유년 시절을 보냈던 송천동 바닷가의 물결을 의미한다. 즉, 화자는 송천동에서 보냈던 과거의 추억을 떠올리며 이에 대한 그리움을 표현하고 있다.

A **05 ~ 08** ─────── [2022 대비/경찰대 9~13] Ⓐ

(가) 정지용, 〈바다 2〉

❶ 화자, 중심 대상 ❷ 상황, 정서, 태도 ❸ 표현상 특징 [시 해석]

1 ❶바다는 뿔뿔이
  ❷중심 대상   ❷ 상황: 바다의 움직임을 관찰함.
  달아나려고 했다.
  ❸ 활유법(무생물을 생물처럼 표현하는 방법) – 바다를 살아 있는 것처럼 표현함.

2 ❶푸른 도마뱀 떼같이
  ❸ 색채어, 비유법(어떤 대상을 다른 비슷한 대상에 빗대어 표현하는 방법)
  ❷재재발렀다.   – 파도가 재빠르게 밀려 나가는 모습을 표현함.
  ❷ 태도: 감정을 절제하여 대상을 관찰함.

3 ❶꼬리가 이루
  ❷잡히지 않았다.

  ➡ 바다는 뿔뿔이 달아나려고 했다. 푸른 도마뱀 떼같이 어수선하면서도 즐거워 보였다. 꼬리가 이루 잡히지 않을 정도로 빨랐다.

[재재바르다: 재잘재잘 수다스러워 어수선하면서도 즐겁고 유쾌한 느낌이 있다.

＊1~3연 요약: 바닷물이 밀려 나가는 모습

4 ❶흰 발톱에 찢긴
  ❸ 색채어, 비유법 – 파도의 물거품을 표현함.
  산호(珊瑚)보다 붉고 슬픈 생채기!
  ❸ 색채어, 비유법 – 모래사장에 생긴 파도의 흔적을 표현함.

5 「❶가까스로 몰아다 부치고
  [ ]: 해안에 파도가 밀려왔다가 나가는 모습을 형상화함.
  ❷변죽을 둘러 손질하여 물기를 씻었다.」

6 ❶이 애쓴 해도(海圖)에
  ❷손을 씻고 떼었다.
  파도가 밀려 나가서 해안이 드러남.

  ➡ 흰 발톱(파도의 물거품)에 찢긴 산호보다 붉고 슬픈 (해안의) 생채기! (파도는) 가까스로 몰아다 부치고 변죽을 둘러 손질하여 물기를 씻었다. (파도는) 이 애쓴 해도에 손을 씻고 떼었다.

[생채기: 손톱 따위로 할퀴거나 긁히어서 생긴 작은 상처
[변죽: 그릇이나 세간, 과녁 따위의 가장자리
[해도: 바다의 상태를 자세히 적어 넣은 항해용 지도

＊4~6연 요약: 바닷물이 밀려 나가고 드러난 해안의 모습

7 「❶찰찰 넘치도록
  ❸ 음성 상징어(사람이나 사물의 소리나 움직임을 흉내 낸 말)
  ❷돌돌 구르도록」
  ❸ 음성 상징어 「 」: 역동적이면서 생동감 넘치는 바다의 모습

8 ❶휘동그란히 받쳐 들었다!
  ❷ 상황: 지구를 받쳐 든 바다의 모습을 상상함.
  지구(地球)는 연(蓮)잎인 양 오므라들고…… 펴고…….
  ❸ 비유법 – 조수가 밀려오고 나가는 모습을 표현함.

  ➡ 찰찰 넘치도록 돌돌 구르도록 (지구를) 둥글게 받쳐 들었다! (바다에 둘러싸인) 지구는 연잎인 양 오므라들고 펴고…….

＊7~8연 요약: 상상 속 바다의 모습

⭐ (가) 독해 공식
❶ 화자: 드러나지 않음.(바다를 관찰하는 사람), 중심 대상: 바다
❷ 상황: 바다의 움직임을 관찰함. 지구를 받쳐 든 바다의 모습을 상상함.
태도: 감정을 절제하여 대상을 관찰함.
❸ 표현상 특징
• 활유법(무생물을 생물처럼 표현하는 방법)을 통해 대상을 살아 있는 것처럼 표현하고 있음.
• 색채어와 비유법(어떤 대상을 다른 비슷한 대상에 빗대어 표현하는 방법)을 통해 대상을 감각적으로 묘사하고 있음.
• 음성 상징어(사람이나 사물의 소리나 움직임을 흉내 낸 말)로 바다의 생동감을 표현하고 있음.

정답 및 해설 **5**

■ **내용**: 이 작품은 참신한 상상력과 신선한 비유를 통해 바다를 생동감 있게 묘사한 현대시이다. 처음 부분에서는 끊임없이 밀려왔다가 나가는 파도의 모습을 재빠르게 도망치는 도마뱀 떼에 비유했다. 중간 부분에서는 파도가 빠져나가고 남은 바닷가 해변의 모습을 묘사했다. 마지막 부분에서는 바다로 둘러싸인 지구가 연잎처럼 오므라들었다가 펴진다고 참신하게 표현했다.

■ **주제**: 파도치는 바다에서 느껴지는 생동감

■ **이것이 핵심!**: 색채어를 통해 묘사한 바다의 모습

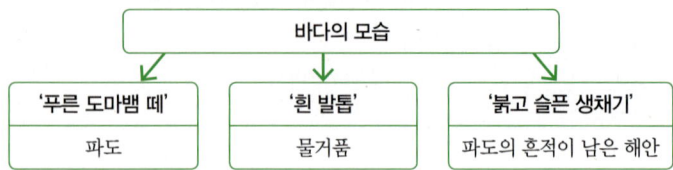

```
                    바다의 모습
         ↓              ↓              ↓
   '푸른 도마뱀 떼'   '흰 발톱'   '붉고 슬픈 생채기'
         파도          물거품      파도의 흔적이 남은 해안
```

(나) 곽재구, 〈사평역에서〉

❶ 화자, 중심 대상   ❷ 상황, 정서, 태도   ❸ 표현상 특징   [시 해석]
▨ : ❸ 비극적 서정을 부각하는 시어   ▨ : ❸ 차가운 이미지 ↔ ▨ : 따뜻한 이미지

기다림의 대상
❶ <u>막차</u>는 좀처럼 오지 않았다
  ❶ 중심 대상 : 막차를 기다리는 대합실의 풍경
❷ 대합실 밖에는 밤새 송이 눈이 쌓이고
  ❷ 상황 : 겨울날 대합실의 풍경을 관찰함.
❸ 흰 보라 수수꽃 <u>눈 시린 유리창</u>마다
  ❸ 유리창에 붙어닥친 눈보라를 '수수꽃'에 비유함.
❹ <u>톱밥 난로</u>가 지펴지고 있었다
  막차를 기다리는 사람들에게 위안이 되는 존재
❺ <u>그믐</u>처럼 몇은 졸고
  ❻ 소멸의 이미지
❻ 몇은 감기에 쿨럭이고
❼ 그리웠던 순간들을 생각하며 나는 ──┐ ❷ 정서 : 삶에 지친 사람들에 대한 연민.
  ❶ 화자   │ 태도 : 지친 사람들을 위로하고자 함.
❽ 한 줌의 톱밥을 <u>불빛</u> 속에 던져 주었다 ──┘
  난로가 꺼지지 않게 연료를 넣음.

→ 막차는 좀처럼 오지 않았다. 대합실 밖에는 밤새 송이 눈이 쌓이고 눈보라가 수수꽃같이 붙어닥쳐 시린 유리창마다 톱밥 난로(의 열기)가 퍼지고 있었다. 그믐처럼 몇은 졸고 몇은 감기에 쿨럭이고, 나는 그리웠던 순간들을 생각하며 한 줌의 톱밥을 (난로의) 불빛 속에 던져 주었다.

┌ **대합실**: 공공시설에서 손님이 기다리며 머물 수 있도록 마련한 곳
│ **톱밥**: 톱으로 켜거나 자를 때에 나무 따위에서 쓸려 나오는 가루
└ **그믐**: 음력으로 그달의 마지막 날

* **❶~❽행 요약**: 눈 내리는 밤에 오지 않는 막차를 기다림.

❾ 내면 깊숙이 할 말들은 가득해도
  삶의 고단함.
❿ <u>청색의 손바닥</u>을 <u>불빛</u> 속에 적셔 두고
  추위에 언 몸
⓫ 모두들 아무 말도 하지 않았다
⓬ 산다는 것이 때론 술에 취한 듯
⓭ 한 두름의 굴비 한 광주리의 사과를
  고된 삶을 묵묵히 견디는 대가 – 소박함.
⓮ 만지작거리며 귀향하는 기분으로
⓯ 침묵해야 한다는 것을
  주어진 현실을 받아들여야 한다는 것
⓰ 모두들 알고 있었다

→ 내면 깊숙이 할 말들은 가득해도 청색의 손바닥(추위에 언 몸)을 불빛 속에 적셔 두고 모두들 아무 말도 하지 않았다. 산다는 것이 때론 술에 취한 듯 한 두름의 굴비와 한 광주리의 사과를 만지작거리며 귀향하는 기분으로 침묵해야 한다는 것을 모두들 알고 있었다.

┌ **두름**: 조기 따위의 물고기를 짚으로 한 줄에 열 마리씩 두 줄로 엮은 것
│ **광주리**: 대, 싸리, 버들 따위를 재료로 하여 바닥은 둥글고 촘촘하게, 전은 성기게 엮어 만든 그릇
└ **귀향하다**: 고향으로 돌아가거나 돌아오다.

* **❾~⓰행 요약**: 삶의 애환을 침묵으로 삭이는 사람들

⓱「<u>오래 앓은 기침 소리</u>와
⓲ <u>쓴 약 같은 입술 담배 연기 속에서</u>」
  「」: 대합실의 쓸쓸한 분위기
⓳ <u>싸륵싸륵 눈꽃은 쌓이고</u>
  사람들의 고달픈 삶을 감싸 주는 존재
⓴ 그래 지금은 모두들
  현실을 담담히 받아들이는 말투
㉑ 눈꽃의 화음에 귀를 적신다
  ❸ 공감각적(하나의 감각이 동시에 다른 영역의 감각을 불러일으키는) 심상 – 청각의 촉각화

→ 오래 앓은 기침 소리와 쓴 약 같은 입술(에서 피어 나온) 담배 연기 속에서 싸륵싸륵 눈꽃은 쌓이고, 그래 지금은 모두들 눈꽃의 화음에 귀를 기울인다.

* **⓱~㉑행 요약**: 쓸쓸한 대합실과 눈 내리는 바깥의 풍경

㉒ 자정 넘으면 낯설음도 뼈아픔도 다 설원인데
  시간이 지나면 현재의 고통은 잊혀짐.
㉓ 단풍잎 같은 몇 잎의 차창을 달고
  ❸ 비유법 – 작고 초라한 이미지를 표현함.
㉔ 밤 열차는 또 어디로 흘러가는지
  막연한 미래에 대한 불안감
㉕「그리웠던 순간들을 호명하며 나는
  「」: ❸ 반복법(같거나 비슷한 어구를 되풀이하는 표현 방법) – 대상에 대한 화자의 연민을 강조함.
㉖ 한 줌의 눈물을 불빛 속에 던져 주었다」
  ❷ 정서 : 삶에 지친 사람들에 대한 연민

→ 자정이 넘으면 낯설음도 뼈아픔도 다 설원에 파묻히듯 잊히는데 단풍잎 같은 몇 잎의 창문을 달고 밤 열차는 또 어디로 흘러가는지. 나는 그리웠던 순간들을 호명하며 한 줌의 눈물을 불빛 속에 던져 주었다.

┌ **설원**: 눈이 덮인 벌판
│ **차창**: 기차나 자동차 따위에 달려 있는 창문
└ **호명하다**: 이름을 부르다.

* **㉒~㉖행 요약**: 고된 삶을 사는 사람들에 대한 연민과 슬픔

⭐ **(나) 독해 공식** ─────────
❶ **화자**: '나', **중심 대상**: 막차를 기다리는 대합실의 풍경
❷ **상황**: 겨울날 대합실의 풍경을 관찰하고 있음.
  정서: 삶에 지친 사람들에 대한 연민이 드러남.
  태도: 지친 사람들을 위로하고자 함.
❸ **표현상 특징**
• 다양한 시어로 비극적 서정을 부각하고 있음.
• 따뜻한 이미지와 차가운 이미지를 대조하고 있음.
• 비유법(어떤 대상을 다른 비슷한 대상에 빗대어 표현하는 방법)을 활용하고 있음.
• 반복법(같거나 비슷한 어구를 되풀이하는 표현 방법)을 활용하고 있음.
• 공감각적(하나의 감각이 동시에 다른 영역의 감각을 불러일으키는) 심상을 활용하고 있음.

■ **내용**: 이 작품은 막차를 기다리는 사람들의 삶의 애환과 그들에 대한 연민을 노래한 현대시이다. 화자는 밤늦게 막차를 기다리는 사람들의 모습에서 삶의 고단함과 애환을 발견한다. 화자는 이에 연민을 느끼며 '한 줌의 톱밥'과 '한 줌의 눈물'을 '불빛 속에 던져' 주는 행위를 통해 이들을 위로하고자 한다.

■ **주제**: 고된 삶을 살아가는 사람들에 대한 연민

■ **이것이 핵심!**: 이미지의 대조

차가운 이미지		따뜻한 이미지
'눈 시린 유리창', '청색의 손바닥'	←대조→	'톱밥 난로', '불빛'

(다) 김선우, 〈단단한 고요〉

❶ 화자, 중심 대상   ❷ 상황, 정서, 태도   ❸ 표현상 특징   [시 해석]
▨ : ❸ 반복법(같거나 비슷한 어구를 되풀이하는 표현 방법) – 운율 형성
❸ 활유법(무생물을 생물처럼 표현하는 방법) – 도토리를 살아 있는 것처럼 표현함.

[1] ❶「<u>마른 잎사귀에 도토리 알 얼굴 부비는 소리</u>」후두둑 뛰어내려 저
  도토리가 나무에서 떨어지기 전의 모습   도토리가 떨어지는 모습
마다 멍드는 소리 멍석 위에 나란히 잠든 반들거리는 몸 위로 살짝살
  공감각적 심상 – 시각의 청각화   도토리가 멍석 위에서 햇볕에 말려지는 모습
짝 늦가을 햇볕 발 디디는 소리 먼길 날아 온 늙은 잠자리 채머리 떠는
                        도토리 위에 잠자리가 앉은 모습
소리 맷돌 속에서 껍질 타지며 가슴 동당거리는 소리 사그락사그락 고
  도토리가 맷돌에 갈리는 모습   촉각적 심상
운 뺏가루 저희끼리 소근대며 어루만져 주는 소리 보드랍고 찰진 것들
  도토리 가루가 되어 서로 섞이는 모습

물속에 가라앉으며 안녕 안녕 가벼운 것들에게 이별 인사 하는 소리
_❽   도토리 가루를 물에 탄 후 앙금과 가벼운 것들이 분리되는 모습
아궁이 불 위에서 가슴이 확 열리며 저희끼리 다시 엉기는 소리 ^❾식어
    가열되자 도토리 가루가 엉기는 모습
가며 단단해지며 서로 핥아주는 소리 「 」: ❸ 주로 청각적(귀로 듣는 듯한 느낌을 주는)
    식어 가면서 굳어져 도토리묵이 되는 모습   심상을 활용 – 도토리묵이 만들어지는 과정 표현

➡ 마른 잎사귀에 도토리 알 얼굴 부비는 소리, (도토리가) 후두둑 뛰어내려 저마다
멍드는 소리, 멍석 위에 나란히 잠든 반들거리는 (도토리의) 몸 위로 살짝살짝 늦
가을 햇볕 발 디디는 소리, 먼 길 날아 온 늙은 잠자리 (도토리 위에 앉아) 채머리
떠는 소리, 맷돌 속에서 껍질 타지며 (도토리 알의) 가슴 동당거리는 소리, 사그
락사그락 고운 뼛가루(도토리 가루) 저희끼리 소근대며 어루만져 주는 소리, 보
드랍고 찰진 것들 물속에 가라앉으며 안녕 안녕 가벼운 것들에게 이별 인사 하는
소리, 아궁이 불 위에서 가슴이 확 열리며 저희(도토리 가루)끼리 다시 엉기는 소
리, 식어 가며 단단해지며 서로 핥아주는 소리

┌ **멍석**: 짚으로 새끼 날을 만들어 네모지게 걸어 만든 큰 깔개
├ **채머리**: 체머리. 머리가 저절로 계속하여 흔들리는 병적 현상
└ **동당거리다**: 작은북, 장구, 가야금 따위를 두드리는 소리가 잇따라 나다.

      *①연 요약: 도토리가 도토리묵이 되기까지의 과정

②^❶도마 위에 다갈빛 도토리묵 한 모 ❶ 중심 대상
  ^❷상황: 도토리가 도토리묵이 됨. ❸ 시각적(눈으로 보는 듯한 느낌을 주는) 심상. 시상의 집약
➡ 도마 위에 다갈빛 도토리묵 한 모(가 완성되었다.)

┌ **다갈빛**: 조금 검은빛을 띤 갈색

        *②연 요약: 완성된 도토리묵

③「모든 소리들이 흘러 들어간 뒤에 비로소 생겨난 저 고요 ❶ 도토리묵이 만들어지기까지의 소리들
  ^❷저토록 시끄러운, 저토록 단단한」 「 」: ❸ 도치법(말의 차례를 바꾸어 쓰는)
  ❷ 태도: 도토리가 도토리묵이 되어 가는 과정을 개성적으로 인식함   방법), 역설법(겉보기에는 모순된 말
  고요하고 부드러운 외면과 달리 시끄럽고 단단한 내면을 지님.   속에 진실을 함축해 표현하는 방법)
➡ 모든 소리들이 흘러 들어간 뒤에 비로소 생겨난 저 고요. 저토록 시끄러운, 저토
록 단단한 (도토리묵의 저 고요.)

┌ **고요**: 조용하고 잠잠한 상태

    *③연 요약: 모든 소리를 품고 있는 단단하고 고요한 도토리묵

⭐ **(다) 독해 공식**
❶ 화자: 드러나지 않음. 중심 대상: 도토리묵
❷ 상황: 도토리가 도토리묵이 됨.
  태도: 도토리가 도토리묵이 되어 가는 과정을 개성적으로 인식함.
❸ 표현상 특징
• 활유법(무생물을 생물처럼 표현하는 방법)을 통해 대상을 살아 있는 것처럼 표현하고 있음.
• 다양한 감각적 심상이 나타나며, 주로 청각적(귀로 듣는 듯한 느낌을 주는) 심상을 활용하
여 도토리묵이 만들어지는 과정을 생동감 있게 표현하고 있음.
• 반복법(같거나 비슷한 어구를 되풀이하는 표현 방법)을 활용하고 있음.
• 도치법(말의 차례를 바꾸어 쓰는 방법)을 활용하고 있음.
• 역설법(겉보기에는 모순된 말 속에 진실을 함축해 표현하는 방법)을 활용하고 있음.

■ 내용: 이 작품은 흔히 무르고 연약한 것으로 여겨지는 도토리묵을 화자만의 개성
적 시각으로 그려 낸 현대시이다. 화자는 도마 위에 올려져 있는 도토리묵을 바라
보면서 도토리묵이 완성되기까지의 과정을 다양한 소리들로 형상화하고 있다. 제
목인 '단단한 고요'는 고요한 외면과 달리 단단한 내면을 지닌 도토리묵에 대한
역설적 인식을 집약적으로 드러낸다.
■ 주제: 도토리묵에 대한 개성적 인식

■ **이것이 핵심!**: '도토리묵'에 대한 개성적 인식

도토리묵	'저토록 시끄러운'	온갖 소리를 품고 있어 시끄러움.
	'저토록 단단한'	수많은 소리가 단단하게 뭉쳐 있음.

A 05   정답 ②   *작품 비교하기

(가)~(다)에 대한 설명으로 가장 적절한 것은?

>**왜** 정답 ?

② (가)와 (다)는 대상을 살아 있는 것으로 비유하여 생동감을 드
    (가) '바다는 ~ 달아나려고 했다', (다) '도토리 알 얼굴 부비는'
러내고 있다.
*근거: (가)①, (다)①-❶
(가)는 바다가 '달아나려고 했다'라며 '바다'를 살아 있는 것으로 표현하고, (다)는
도토리 알이 '얼굴'을 부빈다며 '도토리 알'을 살아 있는 것으로 표현하고 있다.
┌ **생동감**: 생기 있게 살아 움직이는 듯한 느낌

>**왜** 오답 ?

① (가)와 (나)는 이국적인 소재를 시어로 활용해 신선한 느낌을
    (가)와 (나) 모두 해당하지 않음.
  주었다.
(가)는 바다를 소재로 쓴 시이며, (나)는 대합실 안의 풍경을 소재로 쓴 시이다.
(가)와 (나) 모두 이국적인 소재를 시어로 활용하지 않았다.
┌ **이국적**: 자기 나라가 아닌 다른 나라에 특징적인 것

        주되게 드러나는 정서
③ (나)와 (다)의 지배적 정서는 삶에 대한 슬픔과 회한이다.
                  (나)와 (다) 모두 해당하지 않음.
(나)에서 고단한 삶에 대한 슬픔이 드러난다고 볼 수 있지만, 회한은 드러나지 않
는다. (다)에서는 삶에 대한 슬픔과 회한 모두 드러나지 않는다.
┌ **회한**: 뉘우치고 한탄함.

④ (가)~(다)는 시제 변화를 통해 화자와 독자 사이 거리를 조절
    (가), (다)는 해당하지 않음.   (가)~(다) 모두 해당하지 않음.
한다.
(가)와 (다)에서 시제의 변화는 나타나지 않는다. (나)는 과거형 어미와 현재형 어
미를 함께 사용하고 있지만 이를 통해 대합실 안의 현재 풍경만을 노래하고 있으
므로 시제 변화를 통해 화자와 독자 사이의 거리를 조절했다고 보기는 어렵다.
┌ **시제**: 어떤 사건이나 사실이 일어난 시간 선상의 위치를 표시하는 문법 범주. 과
└ 거 · 현재 · 미래가 있다.

⑤ (가)~(다)는 화자의 시선 이동에 따른 공간 변화를 활용해 정
                          (가)~(다) 모두 해당하지 않음.
  서의 변화를 이루었다.
(가)에서는 화자가 관찰하는 '바다'에서 상상 속 '지구'로의 시선 이동이 나타난다
고 할 수 있지만 이를 통해 정서의 변화를 이루지는 않았다. (나)와 (다)에서는 시
선 이동과 정서의 변화 모두 나타나지 않는다.

A 06   정답 ④   *표현상 특징 파악하기

(가)의 표현상 특징으로 적절하지 않은 것은?

>**왜** 정답 ?

④ 반어적 표현을 활용해 파도의 흔적을 구체화했다.
    나타나지 않음.
(가)에서 반어적 표현이 활용된 부분은 나타나지 않는다.
┌ **반어적 표현**: 실제와 반대되는 뜻의 말로 나타내는 표현

>**왜** 오답 ?

① 다양한 비유와 선명한 이미지를 사용했다.
    '도마뱀 떼', '발톱', '생채기'
*근거: (가)②-❶, ④
파도가 밀려 나가는 모습을 '푸른 도마뱀 떼', 파도의 물거품을 '흰 발톱', 모래사
장에 생긴 파도의 흔적을 '붉고 슬픈 생채기'로 표현했다. 즉, 대상을 '도마뱀 떼',
'발톱', '생채기' 등에 빗대어 표현함으로써 선명한 이미지를 드러내고 있다.

② 색채 대비를 통해 파도치는 해변을 형상화했다.
'푸른 도마뱀 떼', '흰 발톱', '붉고 슬픈 생채기'
*근거: (가) ②-❶, ④
'푸른 도마뱀 떼', '흰 발톱', '붉고 슬픈 생채기'에서 푸른색과 흰색, 붉은색을 대비하여 파도치는 해변을 형상화하고 있다.

③ 음성 상징어를 사용해 바다의 움직임을 제시했다.
'찰찰', '돌돌'
*근거: (가) ⑦
'찰찰', '돌돌'은 역동적이면서 생동감 넘치는 바다의 움직임을 나타내는 음성 상징어이다.

[음성 상징어: 소리를 흉내 내는 말이나 모양을 흉내 내는 말을 아울러 이르는 말

⑤ 전반부는 관찰을, 후반부는 상상을 중심으로 시상을 전개했다.
전반부는 파도가 밀려 나가는 바다를 관찰하고, 후반부는 지구를 감싼 바다를 상상함.
화자는 전반부에서 바다를 관찰하여 파도가 밀려 나가고 해안이 드러나는 모습을 묘사하고, 후반부에서는 지구를 받쳐 든 바다의 모습을 상상하고 있다.

A 07 정답 ④ *시어 및 구절의 의미 파악하기

〈보기〉를 참고해 (나)를 감상한 내용으로 적절하지 않은 것은?

• 〈보기〉: (나)는 막차를 기다리는 사람들의 풍경을 바탕으로 고단한 삶을 사는 사람들에게 대한 연민을 그려 낸 작품입니다.
• (나): 화자는 막차를 기다리는 대합실의 풍경을 관찰하며 '한 줌의 눈물'을 보이고 있습니다.
즉 '고단한 삶에 대한 연민'이라는 주제 의식을 바탕으로 (나)를 이해한 내용 중 틀린 것을 문제입니다.

─────[보기]─────
❶〈사평역에서〉는 소박하고 일상적인 소재, 냉온 감각 등을 도입해 막차를 기다리는 사람들의 풍경을 그리고 있다.❷고단한 삶을 사는 사람들에 대한 화자의 연민과 애정 어린 시선이 따뜻한 공감을 불러일으킨다.
(나)의 주제 의식
- -
냉온: 찬 기운과 따뜻한 기운을 아울러 이르는 말
고단하다: 처지가 좋지 못해 몹시 힘들다. 연민: 불쌍하고 가련하게 여김.

>왜 정답?
④ '모두들 아무 말도 하지 않았다'는 서로를 믿지 않는다는 점을 암시하는군.
고단한 삶을 견디는 모습임.
*근거: (나) ⑪~⑯
'모두들 아무 말도 하지 않았다'에 이어지는 구절인 '산다는 것이 ~ 침묵해야 한다는 것을 / 모두들 알고 있었다'는 고단한 현실을 묵묵히 받아들여야 한다는 것을 알고 있었다는 뜻이다. 따라서 '모두들 아무 말도 하지 않았다'는 것은 고단한 삶을 묵묵히 견뎌 내는 모습으로 볼 수 있다.

>왜 오답?
① '대합실'은 다양한 서민 군상들이 모여 있어 애환이 느껴지는 공간이군.
삶의 고단함을 지닌 사람들이 모여 있음.
*근거: (나) ❺, ❻, ⑩, ⑪
겨울날 '대합실' 안에서 '몇은 졸고 / 몇은 감기에 쿨럭이'며 '청색의 손바닥'을 지닌 채 '아무 말도 하지 않'는 모습은 이들이 고단한 삶을 살고 있음을 나타낸다. 따라서 '대합실'은 삶의 고단함을 지닌 사람들의 애환이 느껴지는 공간으로 볼 수 있다.

[군상: 떼를 지어 모여 있는 많은 사람 애환: 슬픔과 기쁨을 아울러 이르는 말

② '톱밥 난로'는 막차를 기다리는 사람들을 위로해 주는 소재로 사용되었군.
추운 겨울에 따뜻함을 줌.
*근거: (나) ④
'톱밥 난로'는 대합실을 따뜻하게 해 주는 요소로, 추운 겨울날에 '막차'를 기다리는 사람들을 위로해 주는 소재로 볼 수 있다.

③ '그믐처럼 몇은 졸고'는 사람들의 지친 모습을 나타내고 있군.
막차를 기다리며 졸고 있음.
*근거: (나) ❺
'그믐처럼 몇은 졸고'는 막차를 기다리며 조는 모습으로, '막차'를 탈 때까지 고된 하루를 보낸 사람들의 지친 모습을 나타낸다고 할 수 있다.

⑤ '한 줌의 눈물을 불빛 속에 던져 주었다'는 고달픈 삶에 대한 화자의 연민을 보여 주는군.
삶에 지친 사람들을 보며 '눈물'을 떠올림.
*근거: (나) ㉖
'한 줌의 눈물을 불빛 속에 던져 주었다'는 것은 화자의 눈물을 대합실 안의 사람들이 쬐고 있는 난로에 더한다는 뜻으로, 고달픈 삶을 사는 사람들을 위로하고자 하는 화자의 연민을 보여 준다고 할 수 있다.

A 08 정답 ③ *시어 및 구절의 의미 파악하기

(다)에 대한 설명으로 적절하지 않은 것은?

>왜 정답?
③ 정서를 배제하고 대상의 회화적 이미지를 만들었다.
대상을 개성적으로 인식함.
(다)는 도토리가 도토리묵이 되어 가는 과정을 개성적으로 인식하여, 도토리묵이 '모든 소리들이 흘러 들어간 뒤에 비로소 생겨난' 시끄럽고도 단단한 '고요'라고 말하고 있다. 따라서 화자의 정서를 배제하고 대상의 이미지를 만들었다는 것은 적절하지 않다.
(다)에서는 주로 청각적 심상을 활용하여 도토리묵이 만들어지는 과정을 묘사하는 한편, '다갈빛 도토리묵 한 모'에서는 시각적 심상을 활용하여 대상의 이미지를 나타내고 있다.

[배제하다: 받아들이지 아니하고 물리쳐 제외하다.
[회화적 이미지: 그림을 그린 듯한 느낌을 주는 것

>왜 오답?
① 유사한 시구를 반복하여 리듬감을 조성했다.
'-는 소리'의 반복
*근거: (다) ①
'-는 소리'라는 시구가 반복되며 리듬감을 조성하고 있다.

② 역설법과 도치법을 통해 대상의 이미지를 강조했다.
'저 고요 / 저토록 시끄러운, 저토록 단단한,'
*근거: (다) ③
'저 고요'가 '시끄'럽다고 모순되게 표현한 역설법과, '저 고요'를 꾸미는 말인 '시끄러운'과 '단단한'을 뒤에 나타낸 도치법을 통해 도토리묵의 이미지를 강조하고 있다.

[역설법: 겉으로는 모순되지만 그 속에 중요한 진실을 담아 표현하는 방법
[도치법: 정상적인 말의 순서를 바꾸어 의미를 강조하는 방법

④ 다양한 감각을 활용해 대상의 변화 과정을 나타냈다.
'멍드는 소리', '반들거리는', '보드랍고 찰진' 등
*근거: (다) ①, ②
1연에서는 '-는 소리'를 통해 청각적 심상이 주로 드러나는 한편, '햇볕 발 디디는 소리'와 같은 공감각적 심상, '보드랍고 찰진'과 같은 촉각적 심상, '다갈빛 도토리묵 한 모'와 같은 시각적 심상 등 다양한 감각을 활용하여 도토리가 도토리묵으로 변화하는 과정을 나타내고 있다.

⑤ 시적 대상이 만들어지는 단계에 따라 시상을 전개했다.
도토리가 나무에서 떨어지고 묵이 되기까지의 단계

*근거: (다) ①, ②

도토리가 '후두둑 뛰어내'리는, 즉 나무에서 떨어지는 것에서 시작하여 '햇볕'에 말려지고 '맷돌'에 갈리는 등의 여러 과정을 거쳐 '도마 위에 다갈빛 도토리묵 한 모'가 되기까지의 단계에 따라 시상이 전개되고 있다.

Ⓐ 09~11 [예상 문제]

(가) 윤동주, 〈간〉

❶ 화자, 중심 대상 ❷ 상황, 정서, 태도 ❸ 표현상 특징 [시 해석]
: ❸ 강인한 어조 – 화자의 의지를 드러냄.
❸ 대조적(서로 달라서 대비가 되는) 시어
△: 육체적 자아 ↔ □: 정신적 자아

1 ❶ ㉠바닷가 햇빛 바른 바위 위에
유혹에 빠지던 부끄럽고 나약한 자의식
❷습한 간(肝)을 펴서 말리우자.
❶ 중심 대상
➡ 바닷가 햇빛 바른 바위 위에 습한 간을 펴서 말리자.

*①연 요약: 순결한 삶의 자세 회복

프로메테우스가 벌을 받은 장소   궁지에 몰려서도 슬기롭게 자신의 간(양심)을 지킨 존재, 화자와 동일시
2 코카서스 산중에서 도망해 온 토끼처럼
❸ 〈구토지설〉과 〈프로메테우스 신화〉를 차용해(빌려와) 결합함.
둘러리를 빙빙 돌며 간을 지키자.
❷ 상황: 양심을 지키는 삶에 대해 이야기함. 태도: 의지적(양심과 존엄성을 지키려 함.)
➡ 코카서스 산중에서 도망해 온 (자신의 양심을 지킨) 토끼처럼 둘레를 빙빙 돌며 간을 지키자.

*②연 요약: 양심적인 삶을 위한 성찰

3 ❶ ㉡내가 몰래 기르는 여윈 독수리야!
❶ 화자
양심적인 삶을 살고자 하는 정신적 자아
❷와서 뜯어 먹어라, 시름없이
➡ 내가 몰래 기르는 여윈 독수리야! 와서 걱정 없이 (내 간을) 뜯어 먹어라.

〔여위다: 몸의 살이 빠져 파리하게 되다.〕

*③연 요약: 양심적인 삶을 위한 고통의 수용

4 ❶너는 살찌고
정신적 자아
❷나는 야위어야지, 그러나
부정적 자아
➡ 너는 살찌고 나는 야위어야지, 그러나

〔야위다: 몸의 살이 빠져 조금 파리하게 되다.〕

*④연 요약: 정신적 자아를 지키려는 의지

유혹하는 존재
5 ❶ ㉢거북이야!
❷다시는 용궁의 유혹에 안 떨어진다.
❷ 태도: 의지적(양심적 삶에 대한 의지를 드러냄.)
➡ 거북이야! (나는) 다시는 용궁의 유혹에 안 떨어진다.

*⑤연 요약: 타협과 안정에 대한 거부

6 ❶프로메테우스 불쌍한 프로메테우스
희생을 각오한 화자의 삶
❷불 도적한 죄로 목에 맷돌을 달고
❸끝없이 침전하는 프로메테우스
❷ 태도: 의지적, 자기희생적(끝없는 고통을 감내하고자 함.)
➡ 프로메테우스, 불쌍한 프로메테우스. 불을 훔친 죄로 목에 맷돌을 달고 끝없이 침전하는 프로메테우스.

〔도적하다: 남의 재물을 몰래 훔치거나 빼앗다.
침전하다: 액체 속에 있는 물질이 밑바닥에 가라앉다.〕

*⑥연 요약: 자기희생적인 삶을 살겠다는 의지

⭐ (가) 독해 공식

❶ 화자: '나', 중심 대상: 간
❷ 상황: 양심을 지키는 삶에 대해 이야기함.
태도: 의지적(양심과 존엄성을 지키고자 함.), 자기희생적(끝없는 고통을 감내하고자 함.)
❸ 표현상 특징
· 〈구토지설〉과 〈프로메테우스 신화〉라는 고전을 차용해(빌려와) 결합하고 있음.
· 강인한 어조로 화자의 의지를 드러내고 있음.
· 대조적(서로 달라서 대비가 되는) 시어를 통해 화자의 다짐을 형상화하고 있음.

■ 내용: 이 작품은 '간'을 매개로 〈구토지설〉과 〈프로메테우스 신화〉를 결합하여, 양심의 존엄성을 회복하려는 소망과 자기희생을 통해 현실을 극복하려는 의지를 표현한 현대시이다. 우리나라 설화 〈구토지설〉에서는 지배자에 대한 피지배자의 항거 의식을, 그리스 신화 〈프로메테우스 신화〉에서는 속죄양 의식을 이끌어 내어 차용함으로써 화자의 의지를 형상화하고 있다.

■ 주제: 자기반성과 희생적인 삶에 대한 의지

■ 이것이 핵심!: 고전의 차용

〈구토지설〉	〈프로메테우스 신화〉
토끼가 꾀를 내어 자신의 간을 약으로 쓰고자 하는 거북이와 용궁으로부터 간을 지킴.	프로메테우스가 인간에게 불을 준 죄로 코카서스 산 바위에서 독수리에게 매일 간을 먹히는 벌을 받음.

차용 ↓   차용 ↓

양심(간)을 지키고 자기희생적 삶을 살겠다는 의지적 태도

(나) 한용운, 〈수의 비밀〉

❶ 화자, 중심 대상 ❷ 상황, 정서, 태도 ❸ 표현상 특징 [시 해석]

'당신'에 대한 사랑, 정성
❶나는 당신의 옷을 다 지어 놓았습니다.
❶ 화자 ❸ 경어체(상대에게 공경의 뜻을 드러내는 문체) 사용 – 부드러운 어조
❷심의도 짓고 도포도 짓고 자리옷도 지었습니다.
➡ 나는 당신의 옷을 다 지어 놓았습니다. 심의도 짓고 도포도 짓고 자리옷도 지었습니다.

〔심의: 예전에, 신분이 높은 선비들이 입던 웃옷
도포: 예전에, 통상예복으로 입던 남자의 겉옷
자리옷: 잠잘 때 입는 옷〕

*❶, ❷행 요약: '당신'의 옷을 다 지음.

❶ 중심 대상
❸짓지 아니한 것은 작은 주머니에 수 놓는 것뿐입니다.
❷ 상황: '당신'의 옷을 다 지었지만 작은 주머니의 수를 마저 놓지 않고 있음.
❹㉣그 주머니는 나의 손때가 많이 묻었습니다.
❺짓다가 놓아 두고 짓다가 놓아 두고 한 까닭입니다.
❷ 정서: '당신'을 계속 기다리고 싶은 마음이 드러남.
➡ 짓지 않은 것은 작은 주머니에 수놓는 것뿐입니다. 그 주머니는 나의 손때가 많이 묻었습니다. 짓다가 놓아두고 짓다가 놓아두고 했기 때문입니다.

〔손때: 오랫동안 쓰고 매만져서 길이 든 흔적〕

*❸~❺행 요약: 주머니에 수놓는 것만 아니함.

❻다른 사람들은 나의 바느질 솜씨가 없는 줄로 알지마는
❼그러한 비밀은 나밖에는 아는 사람이 없습니다.
수놓기를 미루는 진짜 이유
➡ 다른 사람들은 나의 바느질 솜씨가 부족해서 주머니에 수를 놓지 않는 줄 알지만, 그러한 비밀(내가 수놓는 일을 미루는 진짜 이유)을 아는 사람은 나밖에 없습니다.

*❻~❼행 요약: 비밀(수놓기를 미루는 이유)을 아는 사람이 없음.

❽「나는 마음이 아프고 쓰린 때에 주머니에 수를 놓으려면
〔「」: 정서 – 화자는 '당신'을 기다리며 수를 놓는 행위를 통해 마음의 안정을 얻음.
❾나의 마음은 수 놓는 금실을 따라서 바늘 구멍으로 들어가고
❸ 추상적(직접 경험·지각할 수 있는 형태나 성질을 갖추고 있지 않은) 관념의 구체화
❿주머니 속에서 맑은 노래가 나와서 나의 마음이 됩니다.」
마음의 안정

⑪그리고 아직 이 세상에는 그 주머니에 넣을 만한 무슨 보물이 없습니다.

'당신'이 곁에 없음.

➡ 나는 마음이 아프고 쓰린 때에 주머니에 수를 놓으려면, 나의 마음은 수놓는 금실을 따라서 바늘 구멍으로 들어가고, 주머니 속에서 맑은 노래가 나와서 나의 마음이 됩니다. 그리고 아직 이 세상에는 그 주머니에 넣을 만한 무슨 보물이 없습니다.

＊⑧～⑪행 요약: 수놓는 과정의 의미

⑫ⓜ이 작은 주머니는 짓기 싫어서 짓지 못하는 것이 아니라 짓고 싶어서 다 짓지 않는 것입니다.

❸역설적(겉보기에는 모순되는 말 속에 진실이 함축된) 표현 – 미완성의 수놓기는 '당신'에 대한 기다림, 사랑의 지속을 의미함.

➡ 이 작은 주머니는 (내가) 짓기 싫어서 짓지 못하는 것이 아니라, 짓고 싶어서 다 짓지 않는 것입니다.

＊⑫행 요약: 영원한 미완성의 수놓기

🌟 (나) 독해 공식 ──────────

❶화자: '나', 중심 대상: 수(수를 놓는 일)
❷상황: 당신을 기다리면서 옷을 다 지었지만 작은 주머니의 수를 마저 놓지 않고 있음.
정서: '당신'을 계속 기다리고 싶어 함. '당신'을 기다리며 수를 놓는 행위를 지속하여 마음의 안정을 얻음.
❸표현상 특징
• 경어체(상대에게 공경의 뜻을 드러내는 문체)를 사용한 부드러운 어조로 '당신'(임)에 대한 태도를 드러내고 있음.
• 추상적(직접 경험·지각할 수 있는 형태나 성질을 갖추고 있지 않은) 관념을 구체화한 표현으로 수놓는 일의 의미를 나타내고 있음.
• 역설적(겉보기에는 모순되는 말 속에 진실이 함축된) 표현을 사용하여 화자의 태도를 강조하고 있음.

■내용: 이 작품은 옷을 짓고 주머니에 수를 놓는 일상적 행위를 통해 임을 기다리는 태도를 노래한 현대시이다. 화자에게 수놓기는 마음이 아프고 쓰린 때에 마음의 안정을 주는 일이다. 따라서 화자가 '당신'의 옷을 다 짓고도 주머니에 수놓는 일을 마저 하지 않는 이유는 '당신'이 부재한 상황에서 수놓는 행위를 지속함으로써 임에 대한 기다림과 사랑을 지속하기 위함이다. 이를 통해 임을 기다리는 과정의 중요성이 부각되며, 구도를 향한 부단한 정진이라는 의미를 나타내고 있다.
■주제: 임을 기다리는 마음

■이것이 핵심!: 수놓는 행위의 의미

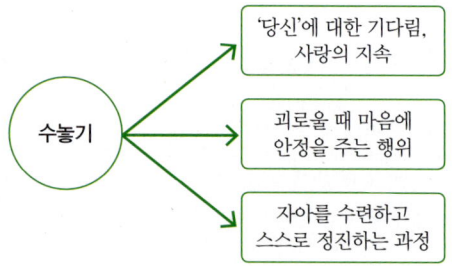

수놓기 → '당신'에 대한 기다림, 사랑의 지속
수놓기 → 괴로울 때 마음에 안정을 주는 행위
수놓기 → 자아를 수련하고 스스로 정진하는 과정

A 09 정답 ② ＊시어 및 구절의 의미 파악하기

㉠～ⓜ에 대한 설명으로 적절하지 않은 것은?

• ㉠: ㉠은 유혹에 빠졌던 부끄러운 자의식에서 벗어나 양심을 지키고자 하는 의지를 드러내는 시구입니다.
• ㉡: ㉡은 양심적인 삶을 살기 위한 고통의 수용 의지를 드러내는 시구입니다.
• ㉢: ㉢은 타협과 안정의 유혹을 거부하겠다는 의지를 드러내는 시구입니다.
• ㉣: ㉣은 주머니에 수놓기를 미루는 화자의 모습이 나타난 시구입니다.
• ⓜ: ⓜ은 임을 계속 기다리기 위해 주머니를 다 짓지 않는 화자의 심정이 나타난 시구입니다.

즉 ㉠～ⓜ을 통해 화자가 표현하고자 하는 것에 대한 설명 중 틀린 것을 고르는 문제입니다.

> 왜 정답 ?

② ㉡의 '독수리'는 시련을 통해 살찌워야 하는 **육체적인 자아**를 상징하고 있다.

양심을 지키려는 화자의 정신적 자아를 상징함.

＊근거 (가) ❸-❶, ❷
㉡에서 화자가 독수리에게 '와서 (간을) 뜯어 먹'이라고 하는 것은 육체적 고통과 희생을 감수함으로써 자신의 양심을 지키려는 의지를 드러낸 것이다. 따라서 이때 '독수리'는 육체적 자아가 아니라 정신적 자아를 의미한다.

> 왜 오답 ?

① ㉠을 통해 **지켜야 할 대상의 소중함을 비유적으로 표현하고** 있다.

유혹에 빠졌던 자아가 양심을 지키려고 하는 것을 비유함.

＊근거 (가) ❶-❶, ❷
㉠에서 '습한 간'은 유혹에 빠졌던 나약한 자아를 의미하며, 따라서 '간'을 '바닷가 햇빛 바른 바위 위'에 펴서 말리는 행위는 유혹에 빠졌던 자아가 양심을 지키고자 하는 것을 의미한다.

③ ㉢의 '용궁의 유혹'은 현실적 유혹을 가리키는 것으로 현실 극복 의지를 통해 부정되는 것이다.

안정, 안락함을 의미하는 것으로, 화자는 이를 거부하며 현실 극복 의지를 드러내고 있음.

＊근거 (가) ❺-❷
㉢에서 '거북이', '용궁'은 〈구토설화〉에서 차용한 소재로 '거북이'는 유혹하는 존재, '용궁의 유혹'은 현실적인 안정이나 안락함의 유혹으로 볼 수 있다. 즉, ㉢에서는 '용궁의 유혹'에 '다시는' '안 떨어진다'고 함으로써 그에 대한 거부와 극복 의지를 드러내고 있다.

〔 부정되다: 그렇지 아니하다고 단정되거나 옳지 아니하다고 반대되다.

④ ㉣의 화자에게 '수놓기'는 임에 대한 애정을 간접적으로 드러내는 행위이다.

수를 완성하지 않고 계속 놓음으로써 임에 대한 사랑을 이어 감.

＊근거 (나) ❹, ❺, ⑧～⑩
㉣에서 주머니에 손때가 많이 묻어 있는 것은 주머니에 수를 놓다가 놓아두기를 계속했기 때문인데, 화자가 수를 완성하지 않는 이유는 당신을 기다리며 수를 놓는 행위를 통해 마음의 안정을 얻고 임에 대한 사랑을 이어 가기 때문이다. 따라서 '수놓기'는 화자의 임에 대한 애정을 보여 주는 행위라고 할 수 있다.

〔 간접적: 중간에 매개가 되는 사람이나 사물 따위를 통하여 연결되는 것

겉으로는 앞뒤가 맞지 않지만

⑤ ⓜ은 표면적으로는 모순되지만 그 내면에는 진실을 담고 있는 역설적 표현이다.

표면적으로는 말이 되지 않지만, 이면에는 당신에 대한 사랑을 담고 있음.

＊근거 (나) ⑫
ⓜ의 '짓고 싶어서 다 짓지 않는'다는 것은 표면적으로 모순된 표현이다. 그러나 그 이면에는 화자에게 '수놓기'는 '당신'에 대한 기다림과 사랑을 지속하는 행위이기에, 기다림과 사랑을 지속하기 위해 수놓기를 마치지 않는다는 의미가 담겨 있다.

〔 모순: 어떤 사실의 앞뒤, 또는 두 사실이 이치상 어긋나서 서로 맞지 않음을 이르는 말
  역설적 표현: 겉보기에는 모순되는 것 같으나 그 속에 중요한 진리가 함축되어 있는 표현

A 10 정답 ⑤ *〈보기〉를 바탕으로 감상하기

〈보기〉는 (가)에 대한 설명이다. 다음 중 〈보기〉의 밑줄 친 부분과 거리가 먼 것은?

- 〈보기〉의 밑줄 친 부분: '희생양 또는 속죄양 의식'으로, (가)에서 〈프로메테우스 신화〉를 차용하여 나타내고자 하는 것입니다.
- (가): 화자는 '끝없이 침전하는 프로메테우스'를 통해 끝없는 고통을 감내하고자 하는 자기희생적 태도를 드러내고 있습니다.

[즉] (가)에 나타난 '희생양 또는 속죄양 의식', 즉 자기희생적 태도와 관련이 없는 것을 고르는 문제입니다.

─────────[보기]─────────

이 작품에서는 우리나라 설화 〈구토지설〉과 그리스 신화 〈프로메테우스 신화〉를 차용하고 있다. 전자를 통해서는 거북과 용왕으로 대표되는 지배층의 강압과 토끼로 대표되는 평범하고 지
_{강한 힘이나 권력으로 강제로 억누름.}
혜로운 피지배층의 항거를 나타내고 있고, 후자를 통해서는 인류
_{순종하지 아니하고 맞서서 반항함.}
구원의 희생양 또는 속죄양 의식을 나타내고 있다.
_{'끝없이 침전하는 프로메테우스'}

차용하다: 돈이나 물건 따위를 빌려서 쓰다.

속죄양: 남의 죄를 대신 짊어지는 사람을 비유적으로 이르는 말
─────────────────────

>왜 정답?

⑤ 한바다 복판 용솟음치는 곳 / 바람결 따라 타오르는 꽃 성(城)에는 / 나비처럼 취하는 회상(回想)의 무리들아 / 오늘 여기서 너를 불러 보노라. → 조국 광복에 대한 신념과 의지만이 드러남. — 이육사, 〈꽃〉

⑤는 화자의 소망이 이루어진 환상적인 모습을 '꽃 성'으로 나타낸 시이다. 조국 광복에 대한 신념과 의지가 나타날 뿐 자기희생 및 속죄양 의식과는 거리가 멀다.

회상: 지난 일을 돌이켜 생각함. 또는 그런 생각

>왜 오답?

① 모가지를 드리우고 / 꽃처럼 피어나는 피를 / 어두워 가는 하늘 밑에 / 조용히 흘리겠습니다.
_{민족을 구원하기 위한 자기희생 의지가 드러남.} — 윤동주, 〈십자가〉

'꽃처럼 피어나는 피'를 '조용히 흘리겠'다는 것을 통해 민족 구원을 위해 자기 몸을 희생하겠다는 의지가 표명되고 있다.

② 별을 노래하는 마음으로 모든 죽어가는 것을 사랑해야지. / 그리고 나한테 주어진 길을 걸어가야겠다. // 오늘밤에도 별이 바람에 스치운다.
_{민족을 구하기 위한 순교자적인 자기희생 의지가 드러남.} — 윤동주, 〈서시〉

'별을 노래하는 마음'으로 자기에게 주어진 길을 간다고 하는 것에서 화자의 소명 의식을 엿볼 수 있다. 즉, '길'을 걸어가겠다는 것은 어두운 시대 현실에서 민족을 구하기 위한 자기희생의 순교자적 의지를 의미한다.

③ 지금 눈 내리고 / 매화 향기 홀로 아득하니 / 내 여기 가난한 노래의 씨를 뿌려라.
_{이상을 실현하기 위한 순교자적인 자기희생 의지가 드러남.} — 이육사, 〈광야〉

'눈 내리'는 '지금', '가난한 노래의 씨'를 뿌리겠다고 한 것을 통해 시련의 상황에서 이상 실현을 위해 자기희생하려는 의지를 드러내고 있다.

④ 염소의 갈비뼈 같은 그의 몸 / 그의 생명인 심지 // 백옥 같은 눈물과 피를 흘려 / 불살려 버린다.
_{속죄양 이미지} _{불을 밝히기 위한 자기희생 의지가 드러남.} — 윤동주, 〈초 한 대〉

제목 '초 한 대'를 고려할 때 '염소의 갈비뼈 같은 그의 몸'에서 속죄양 이미지를 연상할 수 있고, '백옥 같은 눈물과 피를 흘려 / 불살려 버린다'는 것에서 자기희생의 이미지가 드러나고 있다.

A 11 정답 ④ *화자의 정서와 태도 파악하기

(나)와 〈보기〉의 화자가 서로 대화를 나눈다고 할 때, 대화 내용으로 적절하지 않은 것은?

- (나)의 화자: 화자는 임을 기다리며 수를 놓으며 마음의 안정을 찾고, 임을 계속 기다리기 위해 수를 완성하지 않습니다.
- 〈보기〉의 화자: 화자는 마음이 어지러울 때 수를 놓으며 마음의 안정을 찾고 번뇌를 잊고자 합니다.

[즉] (나)의 화자와 〈보기〉의 화자가 수를 놓는 행위에 담긴 의미에 대한 설명 중 틀린 것을 고르는 문제입니다.

─────────[보기]─────────

[1] ❶마음이 어지러운 날은

❷수를 놓는다.
_{마음을 가라앉히는 방법}

*[1]연 요약: 마음이 어지러울 때 수를 놓음.

[2] ❶금실 은실 청홍실 / ❷따라서 가면

❸마음속 아우성은 절로 갈앉고
_{②의 근거}

[3] ❶처음 보는 수풀

❷정갈한 자갈돌의 강변에 이른다.

*[2], [3]연 요약: 자수를 통해 번민이 가라앉고 평화의 경지에 다다름.

[4] ❶남향 햇볕 속에

❷수를 놓고 앉으면

[5] ❶세사 번뇌(世事煩惱)

❷무궁한 사랑의 슬픔을 / ❸참아 내올 듯

[6] ❶머언 / ❷극락정토(極樂淨土) 가는 길도
_{④의 근거}

❸보일 성싶다.

*[4]~[6]연 요약: 자수를 통해 번뇌로부터 완전히 벗어나게 됨.

— 허영자, 〈자수〉
─────────────────────

아우성: 떠들썩하게 기세를 올려 지르는 소리.

번뇌: 마음이 시달려서 괴로워함. 또는 그런 괴로움.

극락정토: 아미타불이 살고 있는 정토(淨土)로, 괴로움이 없으며 지극히 안락하고 자유로운 세상

>왜 정답?
_{마음속 괴로움을 잊고 부처와 불법을 깊게 믿고 의지하고자}
④ 〈보기〉의 화자: 그렇군요. 저는 수를 놓으면서 번뇌를 잊고 불교에 귀의하고자 하지요.
_{사랑의 슬픔과 번뇌를 극복할 수 있는 가능성을 암시할 뿐, 불교에 귀의하고자 하지는 않음.}

*근거: 〈보기〉 [6]

(나)와 〈보기〉의 화자는 모두 마음이 어지러울 때 수를 놓음으로써 마음의 안정을 찾는다. 즉, 두 화자에게 수놓기는 현실의 괴로움을 잊고 평안을 찾기 위한 행위로 볼 수 있다.

〈보기〉의 화자는 '수놓기'라는 일상적인 일을 통해 고뇌를 다스리고 마음의 평화를 찾아가는 체험을 노래하고 있다. 마지막 연의 '극락정토 가는 길도 / 보일 성싶다.'는 화자가 사랑의 슬픔을 참아 내고 번뇌로부터 완전히 벗어날 가능성을 암시하는 표현일 뿐, 화자가 불교에 귀의한다는 뜻을 드러낸 것으로는 볼 수 없다.

귀의하다: ① 부처와 불법(佛法)과 승가(僧伽)로 돌아가 의지하여 구원을 청하다.
② 몰아의 경지에서 종교적 절대자나 종교적 진리를 깊이 믿고 의지하다.

왜 오답?

① **(나)의 화자:** 마음이 아프고 쓰린 날 수를 놓으면 마음에 안정을 얻습니다.

_{수를 놓는 행위가 화자에게 마음의 안정을 가져다줌.}

＊근거: (나) ❽ ～ ❿

(나)의 화자는 마음이 아프고 괴로울 때 수를 놓으면 마음이 '바늘 구멍으로 들어가고' '주머니 속에서 맑은 노래'가 나온다고 말하고 있다. 이는 수놓기가 화자에게 마음의 안정을 가져다줌을 의미한다.

② **〈보기〉의 화자:** 저도 세상의 번뇌를 잊게 되고 마음의 아우성이 절로 가라앉았습니다.

_{수를 놓는 행위를 통해 마음을 가라앉힘.}

＊근거: 〈보기〉 ①, ②

〈보기〉의 화자는 마음이 어지러운 날에 수를 놓으면 마음속 아우성이 절로 가라앉는다고 했다.

③ **(나)의 화자:** 저는 임을 기다리는 마음이 절실하기 때문에 수 놓는 것을 두고두고 미루면서 하지요.

_{수를 놓으면서 임을 기다리는 것을 지속함.}

＊근거: (나) ❺

(나)의 화자가 옷을 다 지어 놓고 주머니에 수놓는 것을 계속해서 미루는 것은 수놓기가 임을 기다리는 방식이기 때문이다. 따라서 수놓기를 미루는 것은 임에 대한 기다림이 절실함을 의미한다.

⑤ **(나)의 화자:** 저도 수놓는 행위를 통해 스스로 정진하고자 하는 마음이 있어요.

_{수를 놓는 행위를 통해 자아를 수련함.}

＊근거: (나) ❽ ～ ❿, ⓬

(나)의 화자는 수놓는 행위를 통해 마음의 안정을 찾고 임을 기다리며 계속해서 수를 놓는다. 따라서 수놓는 행위는 자아를 수련하는 행위로 해석할 수 있다.

┌ **정진하다:** ① 힘써 나아가다. ② 몸을 깨끗이 하고 마음을 가다듬다.

🅐 12 ~ 15 ──────── [2020 대비/경찰대 38~41]

(가) 전봉건, 〈사랑〉

❶ 화자, 중심 대상　❷ 상황, 정서, 태도　❸ 표현상 특징　[시 해석]

❶ 중심 대상: 사랑

1 ❶ **사랑한다는 것은**
❷ 상황: 사랑한다는 것의 진정한 의미를 생각함.

┌ 「 」: ❸ 과목을 가꾸는 행위에 빗대어 사랑의 의미를 나타냄.

2 「**열매가 맺지 않는 과목은 뿌리째 뽑고**
_{사랑을 위협하는 부정적 요소}
❷ **그 뿌리를 썩힌 흙 속의 해충은 모조리 잡고**
_{사랑을 위협하는 부정적 요소}
❸ **그리고 새 묘목을 심기 위해서**
❹ **깊이 파헤쳐 내 두 손의 땀을 섞은 흙**
_{❶ 화자: '나'}
❺ **그 흙을 깨끗하게 실하게 하는 일이다.」**
❷ 태도: 사랑하는 대상을 위해 정성을 다해야 한다고 생각함.

→ 사랑한다는 것은 열매가 맺지 않는 과목은 뿌리째 뽑고 그 뿌리를 썩힌 흙 속의 해충은 모조리 잡고 그리고 새 묘목을 심기 위해서 깊이 파헤쳐 내 두 손의 땀을 섞은 흙, 그 흙을 깨끗하게 실하게 하는 일이다.

┌ **과목:** 열매를 얻기 위하여 가꾸는 나무를 통틀어 이르는 말
├ **해충:** 인간의 생활에 해를 끼치는 벌레를 통틀어 이르는 말
├ **묘목:** 옮겨 심는 어린나무
└ **실하다:** 단단하고 튼튼하다.

＊1～2연 요약: 사랑한다는 것은 정성을 다한다는 의미임.

3 ❶ **그리고**
❷ **아무리 모진 비바람이 삼킨 어둠이어도**
_{시련과 고난}
❸ **바위 속보다 어두운 밤이어도**
_{시련과 고난}

❹ **그 어둠 그 밤을 새워서 지키는 일이다.**
❷ 태도: 사랑하는 대상이 시련을 겪을 때 함께하며 지켜 줘야 한다고 생각함.
❺ **환한 새벽 햇살이 퍼질 때까지**
❻ **그 햇살을 뚫고 마침내 새 과목이**
_{사랑}
❼ **샘물 같은 그런 빛 뿌리면서 솟을 때까지**
❽ **지키는 일이다. 지켜보는 일이다.**
❷ 태도: 사랑하는 대상을 지켜보며 보살펴야 한다고 생각함.

4 ❶ **사랑한다는 것은.**
❸ 수미상관(시의 처음과 끝에 같은 구절을 반복하여 배치하는 방법)

→ 그리고 아무리 모진 비바람이 삼킨 어둠이어도, 바위 속보다 어두운 밤이어도 그 어둠 그 밤을 새워서 지키는 일이다. 환한 새벽 햇살이 퍼질 때까지 그 햇살을 뚫고 마침내 새 과목이 샘물 같은 그런 빛 뿌리면서 솟을 때까지 지키는 일이다. 지켜보는 일이다. 사랑한다는 것은 (그런 일이다.)

┌ **모질다:** 기세가 몹시 매섭고 사납다.
└ **훤하다:** 조금 흐릿하게 밝다.

＊3～4연 요약: 사랑을 이루기 위해서는 관심과 보살핌이 필요함.

🌟 (가) 독해 공식
❶ 화자: '나', 중심 대상: 사랑한다는 것(사랑)
❷ 상황: 사랑한다는 것의 진정한 의미를 생각하고 있음.
태도: 사랑하는 대상을 위해 정성을 다하여 지켜 주고 보살펴야 한다고 생각함.
❸ 표현상 특징
・과목을 가꾸는 행위에 빗대어 사랑의 의미를 나타내고 있음.
・수미상관(시의 처음과 끝에 같은 구절을 반복하여 배치하는 방법)의 구조를 통해 주제를 강조하고 형태상 안정감을 부여하고 있음.

■ **내용:** 이 작품은 과목을 가꾸는 행위에 빗대어 사랑의 의미를 형상화한 현대시이다. 사랑을 위협하는 것들과 맞서면서 사랑하는 대상을 정성껏 보살피고 지키며 지켜보는 것이 사랑임을 이야기하고 있다. '사랑한다는 것은'으로 시작하여 마지막 연에 동일한 구절을 반복함으로써 이러한 주제를 강조하고 있다.

■ **주제:** 진정한 사랑의 의미

■ **이것이 핵심!: 비유적 표현**

과목을 가꾸는 행위		'사랑한다는 것'
・열매가 맺지 않는 과목은 뽑고 해충을 잡음. ・흙을 실하게 하고 과목이 솟을 때까지 지켜봄.	=	・사랑을 위협하는 요소를 제거함. ・사랑하는 대상을 지켜보며 보살핌.

(나) 이육사, 〈교목〉 ┌ ❸ 상징적(추상적인 개념을 구체적인 대상으로 나타내는) 시어를 사용하여 시적 의미를 드러냄.

_{줄기가 곧고 굵으며 높이 자란 나무}

❶ 화자, 중심 대상　❷ 상황, 정서, 태도　❸ 표현상 특징　[시 해석]
█: ❸ 단호한 의지를 드러내는 부사　█: ❸ 부정형 종결 표현

1 ❶ ㉠**푸른 하늘에 닿을 듯이**┐
_{이상적 세계}　❷ 상황: 교목이 시련과 고난을 버티고 홀로 우뚝 서 있음.
❷ **세월에 불타고 우뚝 남아 서서**
❸ 중심 대상: 교목 → 어떤 시련에도 흔들리지 않는 삶의 자세
❸ **「차라리 봄도 꽃 피진 말아라」**「 」: ❸ 태도 – 의지적(올곧은 삶을 살겠다는 의지를 드러냄.)
_{개인적 안위}

→ 푸른 하늘에 닿을 듯이, 세월에 불타도 우뚝 남아 서서 (있을 것이다.) 차라리 봄도 꽃 피진 말아라.

＊1연 요약: 부정적 현실에 대한 저항 정신과 강한 신념

2 ❶ ㉡**낡은 거미집 휘두르고**
_{어려운 현실}
❷ ㉢**끝없는 꿈길에 혼자 설레이는**
_{화자의 이상(자유, 독립)}
❸ **마음은 아예 뉘우침 아니라**
❷ 태도: 의지적(후회 없는 삶을 살겠다는 의지를 드러냄.)

→ 낡은 거미집(어려운 현실)을 휘두르고 끝없는 꿈길(자유를 되찾는 것)에 혼자 설레는 마음을 가진 것은 아예 후회하지 않는다.

┌ **거미집:** 거미가 먹이를 잡거나 알을 깔기어 놓기 위하여 얽는 그물

＊2연 요약: 후회 없는 삶을 살겠다는 의지

3 ❶ⓔ검은 그림자 쓸쓸하면
　　　　　　　　암담한 현실
　❷마침내 호수 속 깊이 거꾸려져
　　의지를 지키지 못할 상황에 이르면 죽음을 택하겠다는 뜻
　❸차마 ⓜ바람도 흔들진 못해라
　　　　❹ 태도: 의지적(어떤 시련이나 고난에도 흔들리지 않겠다는 의지를 드러냄.)
➡ 검은 그림자(암담한 현실)에 쓸쓸하면 마침내 호수 속 깊이 거꾸려져 (죽을 것이니) 차마 바람도 흔들진 못해라.

＊③연 요약: 어떤 시련에도 흔들리지 않겠다는 삶의 자세

⭐ (나) 독해 공식
❶ 화자: 드러나지 않음. 중심 대상: 어떤 시련에도 흔들리지 않는 삶의 자세
❷ 상황: 교목이 시련과 고난을 버티고 홀로 우뚝 서 있음.
태도: 의지적(올곧고 후회 없는 삶을 살고자 하며, 어떤 시련이나 고난에도 흔들리지 않겠다는 의지를 드러냄.)
❸ 표현상 특징
• 상징적(추상적인 개념을 구체적인 대상으로 나타내는) 시어를 사용하여 시적 의미를 드러내고 있음.
• 단호한 의지를 드러내는 부사를 사용하고 있음.
• 부정형 종결 표현으로 화자의 저항 의지를 강조하고 있음.

■ 내용: 이 작품은 '교목'이라는 자연물을 통해서 저항 의지를 드러내고 있는 현대시이다. 줄기가 곧고 굵으며 높이 자라는 '교목'의 특성을 통해 일제에 의한 갖은 시련에도 굴복하지 않았던 작가의 강한 의지를 형상화하고 있다. 강인하면서도 절제된 어조와 부정형 종결 표현으로 저항의 의지를 더욱 강조하고 있다.

■ 주제: 시련을 이겨 내는 강한 의지

■ 이것이 핵심! 부정적 현실에 대한 화자의 태도

부정적 현실(일제 강점기)		화자의 태도
• '세월에 불타고' • '낡은 거미집 휘두르고' • '검은 그림자 쓸쓸하면'	→	'차라리 봄도 꽃 피진 말아라' '마음은 아예 뉘우침 아니라' '차마 바람도 흔들진 못해라'

시련에 흔들리지 않겠다는
의지를 드러냄.

(다) 김영랑, 〈독을 차고〉
　　　　　❶ 화자, 중심 대상　❷ 상황, 정서, 태도　❸ 표현상 특징　[시 해석]
　　　　❶화자: '나'　❷중심 대상: 독한 마음(저항 의지)
1 ❶내 가슴에 독을 찬 지 오래로다
　　　　❷상황: 오래도록 가슴에 '독'을 차고 있음.
　❷아직 아무도 해한 일 없는 새로 뽑은 독
　　　　　　　　　　　외부 세계로부터 화자 자신을 지키기 위한 것
　❸「벗은 그 무서운 독 그만 흩어 버리라 한다
　　　현실에 순응하는 사람 「」: ❸ '벗'과 '나'의 대화 형식, '벗'과 '나'의 삶의 자세가 대비됨.
　❹나는 그 독이 선뜻 벗도 해할지 모른다 위협하고
　　　　　　　현실에 순응하라는 벗을 충고로 받아들이지 않음.
➡ 내 가슴에 독(한 마음)을 찬 지 오래로다. 아직 아무도 해친 일 없는 새로 뽑은 독(한 마음). 벗은 그 무서운 독(한 마음)을 그만 흩어 버리라 한다. 나는 그 독(한 마음)이 선뜻 벗도 해질지 모른다 위협하고

＊①연 요약: 마음속에 독을 차고 살아가는 화자의 모습

2 ❶독 안 차고 살아도 머지않어 너 나 마저 가 버리면
　　　　　　　　　　　　　　　　세상을 떠나면
　❷억만(億萬) 세대가 그 뒤로 잠자코 흘러가고
　❸나중에 땅덩이 모지라져 모래알이 될 것임을
　❹"허무한듸!" 독은 차서 무엇 하느냐고?」
　　벗의 허무주의적 태도
➡ 독(한 마음)을 안 가지고 살아도 머지않어 너 나 마저 세상을 떠나면 오랜 세월이 그 뒤로 잠자코 흘러가고 나중에 땅덩이가 닳아져 모래알이 될 것임을 (알아) "허무한듸!" 독은 차서 무엇 하느냐고?

｢ 억만: 셀 수 없을 만큼 많은 수효를 비유적으로 이를 때 쓰는 말
｜ 모지라지다: 물건의 끝이 닳아서 없어지다.

＊②연 요약: 화자를 향한 벗의 충고

3 ❶아! 내 세상에 태어났음을 원망 않고 보낸
　❷어느 하루가 있었던가 "허무한듸!" 허나
　　　　　　　　　　　　　시상의 전환
　❸앞뒤로 덤비는 이리 승냥이 바야흐로 내 마음을 노리매
　　화자가 독을 품고 살 수밖에 없는 이유(= 일제)
　❹내 산 채 짐승의 밥이 되어 찢기고 할퀴우라 내맡긴 신세임을
　　　　　　억압적인 현실로 인해 고통받는 화자의 처지
➡ 아! 내 세상에 태어났음을 원망하지 않고 보낸 하루가 어디 있었던가? "허무한듸!" 그러나 앞뒤로 덤비는 이리 승냥이(일제)가 바야흐로 내 마음을 노려 내 산 채로 짐승의 밥이 되어 찢기고 할퀴어지게 내맡긴 신세임을 (알지만)

｢ 이리: 갯과의 포유류(= 늑대)
｜ 승냥이: 갯과에 속하는 야생 육식동물

＊③연 요약: 화자가 마음속에 독을 차게 된 이유

4 ❶나는 독을 품고 선선히 가리라 ┐
　　　❷ 태도: 의지적(부정적 현실에 맞서려는 의지) │ ❸ 도치법(말의 차례를
　❷막음 날 내 외로운 혼(魂) 건지기 위하여 ┘　바꾸어 쓰는 방법)
　　죽는 날　순수하고 정의로운 정신
➡ 나는 죽는 날 내 외로운 혼을 건지기 위하여 독(한 마음)을 품고 선선히 가리라.

｢ 선선히: 성질이나 태도가 쾌활하고 시원스럽게

＊④연 요약: 독을 품고 살아가겠다는 다짐

⭐ (다) 독해 공식
❶ 화자: '나', 중심 대상: 독(독한 마음)
❷ 상황: 오래도록 가슴에 '독'을 차고 있음.
태도: 의지적(부정적 현실에 맞서려는 의지를 드러냄.)
❸ 표현상 특징
• 대화 형식으로 시상을 전개하고 있음.
• 화자와 '벗'의 삶의 자세가 대비되고 있음.
• 도치법(말의 차례를 바꾸어 쓰는 방법)을 통해 시적 여운을 남기고 있음.

■ 내용: 이 작품은 일제 강점기 후반, 민족어 사용이 위축되고 창작의 자유가 사라지고 있던 현실에 대한 울분과 저항을 드러낸 현대시이다. 벗은 인생은 유한하고 허무하니 독을 흩어 버리라고 하지만, 화자는 순수한 영혼을 지키기 위해 독을 차고 살아갈 것을 다짐한다. 이는 식민지 현실에 저항하여 정신의 순결성을 지키고자 하는 의지를 드러낸 것이다.

■ 주제: 암담한 현실 속에서 순수한 정신을 지켜 내겠다는 의지

■ 이것이 핵심! 암담한 현실에 대한 화자의 태도

암담한 현실(일제 강점기)		화자의 태도
• '앞뒤로 덤비는 이리 승냥이' • '짐승의 밥이 되어 찢기고 할퀴우라 내맡긴 신세'	→	'나는 독을 품고 선선히 가리라'

부정적 현실에 맞서 순수한
정신을 지키고자 함.

Ⓐ 12 정답 ① ＊화자의 정서와 태도 파악하기

(가)~(다)의 화자의 공통점에 대한 설명으로 가장 적절한 것은?

>왜 정답？

① 자신의 마음속에 소중한 가치를 간직하고 있다.
　　　　　　　　(가) '사랑', (나) 저항 의지, (다) 순수한 정신
＊근거: (가) ②-❺, ③-❹, (나) ①-❷, ③-❸, (다) ①-❶, ④-❶
(가)는 '그 흙을 깨끗하게 실하게 하는 일이다.', '그 어둠 그 밤을 새워서 지키는 일이다.' 등을 통해 사랑에는 정성과 보살핌이 필요하다는 화자의 생각이 드러나고 있다. (나)는 '세월에 불타고 우뚝 남아 서서', '차마 바람도 흔들진 못해라' 등을 통해 어떤 시련에도 흔들리지 않겠다는 화자의 저항 의지가 드러나고 있다. (다)는 '내 가슴에 독을 찬 지 오래로다', '나는 독을 품고 선선히 가리라' 등을 통해 순수한 정신을 지키겠다는 화자의 의지가 드러나고 있다. 즉, (가)의 화자는 '사랑', (나)의 화자는 저항 의지, (다)의 화자는 순수한 정신을 소중한 가치로 여겨 간직하고 있다.

> **왜** 오답 **?**

② 자신의 주장을 <u>논리적으로 설득</u>하고자 한다.
  (가)~(다) 모두 드러나지 않음.

(가)~(다) 모두 화자의 주장을 논리적으로 설득하는 내용은 나타나지 않는다.

③ <u>윤리적 고민</u>을 딛고 <u>새로운 삶을 창조</u>하고자 한다.
  (가)~(다) 모두 드러나지 않음.

(가)의 화자는 사랑에 대한 생각을 드러내고 있고, (나)의 화자는 저항 의지를 드러내고 있으며, (다)의 화자는 순수한 정신을 지키고자 하는 의지를 드러내고 있을 뿐, (가)~(다) 모두 윤리적 고민을 하거나 그것을 극복하는 모습은 보이지 않는다.

[**윤리적:** 사람으로서 마땅히 행하거나 지켜야 할 도리에 관련된

④ <u>개인적 차원의 사랑</u>이 인생에서 가장 중요하다고 믿는다.
  (가)~(다) 모두 드러나지 않음.

(가)의 화자는 사랑한다는 것은 사랑하는 대상을 정성을 다하여 지켜 주고 보살펴 주는 것이라는 생각을 드러내고 있으나, 개인적 차원의 사랑이 인생에서 가장 중요하다고 말하고 있지는 않다. (나)와 (다)에서는 부정적 현실에 저항적 태도를 드러내고 있으므로 개인적 차원의 사랑이 중요하다고 믿는 태도와는 거리가 멀다.

⑤ 자신의 정서와 감정을 <u>직접적으로 호소</u>하는 양상을 보인다.
  (가)~(다) 모두 드러나지 않음.

(가)는 사랑의 의미에 관한 화자의 생각을, (나)와 (다)는 부정적 현실에 대한 화자의 의지적 태도를 드러낸다. 즉, 삶의 가치관과 자세를 드러내고 있을 뿐, 화자의 정서와 감정을 직접적으로 호소하는 양상은 나타나 있지 않다.

[**호소하다:** 억울하거나 딱한 사정을 남에게 간곡히 알리다.

A 13 정답 ② ＊표현상 특징 파악하기

(가)의 표현상 특징에 대한 설명으로 가장 적절한 것은?

> **왜** 정답 **?**

② 상반된 함축적 의미를 가진 시어들을 활용하고 있다.
  '열매가 맺지 않는 과목', '새 묘목' 등

＊근거: (가) ②-❶~❸, ❸-❷, ❸, ❻

'열매가 맺지 않는 과목'과 '그 뿌리를 썩힌 흙 속의 해충', '모진 비바람이 삼킨 어둠', '어두운 밤'은 사랑을 위협하는 시련과 고난을 의미한다. 반면 '새 묘목'과 '새 과목'은 사랑하는 대상을 의미한다. 따라서 (가)에서는 상반된 함축적 의미의 시어, 즉 시련과 고난을 의미하는 시어와 사랑을 의미하는 시어가 활용되고 있다고 할 수 있다.

[**상반되다:** 서로 반대되거나 어긋나게 되다.
[**함축적 의미:** 말이나 글 속에 숨겨져 있는 암시적 의미

> **왜** 오답 **?**

① 화자의 정서를 <u>애상적 어조</u>로 드러내고 있다.
  나타나지 않음.

(가)에서는 사랑의 의미에 대해 이야기할 뿐, 슬퍼하거나 가슴 아파하는 어조는 드러나지 않는다.

[**애상적 어조:** 슬퍼하거나 가슴 아파하는 말투

③ <u>공감각적 표현</u>으로 생생한 느낌을 자아내고 있다.
  나타나지 않음.

(가)에서 어떠한 감각을 다른 감각으로 바꾸어 나타낸 공감각적 표현은 나타나지 않는다.

[**공감각적 표현:** 어떠한 대상이 본래 가지고 있는 감각을 다른 감각으로 바꾸어 나타낸 것

---

④ <u>계절의 변화를 드러내는 시어</u>들을 적극 활용하고 있다.
  나타나지 않음.

(가)에는 '밤', '새벽 햇살' 등 시간의 변화를 드러내는 시어는 나타나지만, 계절의 변화를 드러내는 시어는 나타나지 않는다.

⑤ <u>점층적 표현</u>을 통하여 주제를 효과적으로 강조하고 있다.
  나타나지 않음.

(가)에서 점층적 표현은 나타나지 않는다. 새 묘목을 심어서 가꾸는 과정이 제시되어 있지만, 이를 점층적 표현으로 볼 수는 없다.

[**점층적 표현:** 그 정도를 점점 강하게 하거나, 크게 하거나, 높게 하는 표현

A 14 정답 ④ ＊시어 및 구절의 의미 파악하기

(나)의 ㉠~㉤에 관한 설명으로 적절하지 않은 것은? [3점]

- ㉠: ㉠은 '푸른 하늘'입니다.
- ㉡: ㉡은 '낡은 거미집'입니다.
- ㉢: ㉢은 '끝없는 꿈길'입니다.
- ㉣: ㉣은 '검은 그림자'입니다.
- ㉤: ㉤은 '바람'입니다.

즉 ㉠~㉤의 시어의 의미에 관한 설명으로 틀린 것을 고르는 문제입니다.

> **왜** 정답 **?**

④ ㉣은 <u>'부정적인 자아'</u>를 가리킨다.
  암담한 현실을 의미함.

＊근거: (나) ❸

화자가 '검은 그림자 쓸쓸하'더라도 '호수 속 깊이 거꾸러져' '바람도 흔들진 못해라'라고 말한 것은 부정적 현실에 목숨을 걸고서라도 저항하겠다는 의지를 드러낸 것이다. 즉, ㉣은 암담한 현실을 의미한다.

> **왜** 오답 **?**

① ㉠은 '이상적인 세계'를 뜻한다.
  교목이 지향하는 공간이므로 적절함.

＊근거: (나) ❶-❶, ❷

'교목'은 불에 탄 후에도 '푸른 하늘에 닿을 듯이' '우뚝 남아 서서' 있는 상태이다. 즉, ㉠은 '교목'이 지향하는 공간으로 이상적인 세계를 의미한다고 볼 수 있다.

② ㉡은 '바람직하지 않은 현실'을 가리킨다.
  화자는 '낡은 거미집 휘두'른 상황을 이겨 내고자 하므로 적절함.

＊근거: (나) ❷-❶, ❸

화자는 '낡은 거미집 휘두'른 상황에 처해 있지만 마음에 '뉘우침'이 없도록 살겠다는 의지를 드러내고 있다. 즉, ㉡은 화자가 이겨 내고자 하는 것으로 바람직하지 않은 현실을 의미한다고 볼 수 있다.

③ ㉢은 '마음속의 이상'을 가리킨다.
  화자가 지향하는 것이므로 적절함.

＊근거: (나) ❷

화자는 '끝없는 꿈길'을 생각하며 '설레'고 있다. 즉, ㉢은 화자가 지향하는 것으로 마음속의 이상을 의미한다고 볼 수 있다.

⑤ ㉤은 '시련'의 의미를 갖는다.
  '바람'에 흔들리지 않으려 하므로 적절함.

＊근거: (나) ❸

화자는 '바람'도 흔들 수 없는 삶을 살겠다는 의지를 드러내고 있다. 즉, ㉤은 화자의 삶을 흔들려 하는 것이므로 시련을 의미한다고 볼 수 있다.

A 15 정답 ① *시어 및 구절의 의미 파악하기

(다)에서 독에 대한 이해로 적절하지 않은 것은?

• **독**: '독'은 화자의 가슴에 찬 것으로, 독한 마음을 의미합니다.

즉 '독'의 상징적 의미에 관한 설명으로 틀린 것을 고르는 문제입니다.

> **왜** 정답 ?

① 누구라도 해칠 수 있는 '내' 안의 부정적 성향을 가리킨다.
  '독'은 화자가 자신을 지키기 위해 품은 것임.

*근거: (다) ③-❸, ④

화자는 '앞뒤로 덤비는 이리 승냥이'가 자신의 마음을 노리는 상황에서 '내 외로운 혼 건지기 위하여' '독을 품고 선선히 가'겠다고 말하고 있다. 이때 '혼'은 화자의 순수하고 정의로운 정신을 의미한다. 따라서 '독'은 화자의 정신적 가치를 지키기 위한 것이므로, 부정적 성향을 가리킨다는 것은 적절하지 않다.

> **왜** 오답 ?

② '나'로 하여금 부끄럽지 않은 삶을 살아갈 수 있게 해 준다.
  '독'은 화자의 정신적 가치를 지켜 주는 것임.

*근거: (다) ④

화자는 '내 외로운 혼 건지기 위하여' '독을 품고 선선히 가'겠다고 말하고 있다. 즉, '독'은 '혼'으로 상징되는 정신적 가치를 지키기 위한 것으로, 화자가 부끄럽지 않은 삶을 살아갈 수 있게 해 주는 것으로 볼 수 있다.

③ 부정적 현실로 인해 '내'가 간직해야 했던 삶의 태도를 가리킨다.
  화자는 '이리 승냥이'가 덤비는 상황으로 인해 '독'을 품음.

*근거: (다) ③-❸, ④-❶

화자는 '앞뒤로 덤비는 이리 승냥이'가 '내 마음을 노리'는 상황으로 상징되는 부정적 현실로 인해 '독을 품고' 살아가겠다고 말하고 있다. 즉, '독'은 부정적 현실의 위협을 극복하기 위해 화자가 간직해야 했던 삶의 태도로 볼 수 있다.

④ 부정적 현실 속에서 '나'를 지킬 수 있는 힘의 원천을 의미한다.
  '독'은 '이리 승냥이'가 덤비는 상황에서 '혼'을 건질 수 있게 하는 것임.

*근거: (다) ③-❸, ④

화자는 '앞뒤로 덤비는 이리 승냥이'가 '내 마음을 노리'는 상황에서 '내 외로운 혼 건지기 위하여' '독을 품고 선선히 가'겠다고 말하고 있다. 즉, '독'은 부정적 현실의 위협 속에서 화자가 자신의 '혼'을 건질 수 있게 하는 것으로, '나'를 지키는 힘의 원천으로 볼 수 있다.

[원천: 사물의 근원

⑤ '나'로 하여금 허무주의적인 삶의 태도를 가진 사람들과 갈등을 겪게 한다.
  '벗'은 '나'에게 '독'을 버리라고 하지만, '나'는 이를 받아들이지 않음.

*근거: (다) ①-❸, ②-④, ④

'벗'은 허무주의적 삶의 태도를 가진 사람으로, '나'에게 '무서운 독'을 '흩어 버리라'면서 '"허무한듸!" 독은 차서 무엇 하느냐'라고 말하고 있다. 하지만 화자는 '내 외로운 혼 건지기 위하여' '독을 품고' 살아가겠다고 말하며 '벗'의 충고를 받아들이지 않고 있다. 즉, '독'은 화자가 허무주의적 삶의 태도를 가진 사람들과 갈등하게 하는 것으로 볼 수 있다.

[허무주의적: 일체의 사물이나 현상이 존재하지 않거나 인식되지 않고, 아무런 가치도 지니지 않는다는 관점에서 보는 것

A 16~18 ──────────── [예상 문제]

(가) 유하, 〈생(生)〉

❶ 화자, 중심 대상 ❷ 상황, 정서, 태도 ❸ 표현상 특징 [시 해석]
▨ : ❸ 영탄적(감탄사, 감탄형 어미 등을 이용해 감정을 강하게 나타내는) 표현 – 무상한 심정을 강조함.
▨ : ❸ 화자의 인식을 드러내는 자연물

[1]❶천장(天葬)이 끝나고
  송장을 들에 내다 놓아 새가 파먹게 하던 원시적인 장례법
❷ 일제히 날아오르는 **독수리 떼**
→ 천장이 끝나고 (인간의 육신을 파먹은 후) 일제히 날아오르는 독수리 떼

*[1]연 요약: 천장이 끝난 뒤의 독수리 떼의 비상

[2]❶「허공에 ⓐ무덤들이 떠간다
  「 」: 상황 – 새들과 하늘을 바라보며 삶의 허무함에 대해 생각함.
❷ 쓰러진 육신의 집을 버리고
❸ 휘발하는 ⓑ영혼아
  생명력 없이 무의미하게 떠도는 존재
또 어디로 깃들일 것인가」
  ❸ 설의법(쉽게 판단할 수 있는 것을 물음의 형식으로 표현) – 영혼이 쉴 수 있는 안식처가 없음을 강조함.
→ 허공에 무덤들이 떠간다. 쓰러진 육신의 집을 버리고 (무의미하게 떠돌며) 휘발하는 영혼아, 또 어디로 깃들일 것인가?

[휘발하다: 보통 온도에서 액체가 기체로 되어 날아 흩어지다.
[깃들다: 아늑하게 서려 들다.

*[2]연 요약: 안식처가 없는 영혼들

[3]❶ⓒ삶은 마약과 같아서
  ❶ 중심 대상: 생
❷ 끊을 길이 없구나
  ❷ 태도: 삶을 부정적으로 인식함. 정서: 무상함
→ 삶은 마약과 같아서 끊을 방법이 없구나.

*[3]연 요약: 마약과 같은 인간의 삶

[4]❶하늘의 구멍인 ⓓ별들이 하나 둘 문을 닫을 때
❷ⓔ새들은 또 둥근 무덤을 닮은
  죽음의 이미지
  ❷ 정서: 삶에 대한 무상감
  ❸ 대립적(서로 반대되는) 시어 – 상징적(구체적인 대상으로 추상적인 개념을 나타내는) 의미 표현
❸ 알을 낳으리
  삶과 죽음의 연속성
→ 하늘의 구멍인 별들이 하나 둘 문을 닫을 때, 새들은 또 둥근 무덤(죽음)을 닮은 알을 낳으리.

*[4]연 요약: 새로운 생명의 시작

⭐ (가) 독해 공식 ─────
❶ 화자: 드러나지 않음.(생에 대해 생각하는 사람), 중심 대상: 생(삶)
❷ 상황: 새들과 하늘을 바라보며 삶의 허무함에 대해 생각함.
정서: 삶에 대한 무상감, 태도: 부정적(삶을 부정적으로 인식함.)
❸ 표현상 특징
• 대립적(서로 반대되는) 시어를 통해 상징적 의미(구체적 대상으로 나타낸 추상적 개념)를 표현하고 있음.
• 설의법(쉽게 판단할 수 있는 것을 물음의 형식으로 표현하는 방법)과 영탄법(감탄사, 감탄형 어미 등을 이용해 감정을 강하게 나타내는 방법)을 통해 화자의 정서를 강조하고 있음.
• 화자의 인식을 자연물을 통해 드러내고 있음.

■ 내용: 이 작품은 죽은 몸을 파먹고 이 죽음을 전제로 새로운 삶을 낳는 독수리를 통해 허무하고 의미 없는 인간의 삶에 대한 인식을 드러낸 현대시이다. 화자는 삶은 허무한 것, 마지못해 살아가는 것이라고 인식하고 삶에 대한 부정적인 태도를 드러내고 있다.

■ 주제: 인간의 무의미하고 허무한 삶

■ 이것이 핵심!: 삶의 무상함

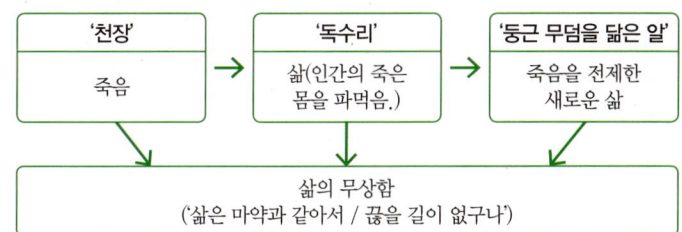

(나) 도종환, 〈옥수수밭 옆에 당신을 묻고〉

❶ 화자, 중심 대상 ❷ 상황, 정서, 태도 ❸ 표현상 특징 [시 해석]
[해석]: ❸ 어미 '-네' – 담담한 어조를 통해 화자의 정서 심화, 운율 형성
[ ]: 화자의 태도·인식을 드러내는 자연물

❶ 견우직녀도 이날만은 만나게 하는 **칠석날**
 ❶ 화자 ❶ 중심 대상 ❸ 〈견우직녀 설화〉를 차용해(빌려와) 시상을 전개함.
❷ 나는 당신을 땅에 묻고 돌아오네.
  아내의 죽음
❸ **안개꽃** 몇 송이 땅에 묻고 돌아오네.
❹ 「살아 평생 당신께 옷 한 벌 못 해 주고
  가난했던 삶
❺ 당신 죽어 처음으로 **베옷** 한 벌 해 **입혔네.**」
  「 」: ❷ 정서 – '당신'의 죽음에 대한 슬픔과 회한
❻ 당신 손수 베틀로 짠 옷가지 몇 벌 이웃에 나눠 주고
  소박하고 성실했던 아내
❼ 옥수수밭 옆에 당신을 묻고 돌아오네.
  ❷ 상황: '당신'을 땅에 묻고 돌아오는 길에 '당신'을 떠올림.
→ 견우직녀도 이날만은 만나게 하는 칠석날, 나는 당신을 땅에 묻고 돌아오네. 안개꽃 몇 송이를 땅에 묻고 돌아오네. 평생 살면서 당신께 옷 한 벌 못 해 주고, 당신이 죽고 나서야 처음으로 베옷 한 벌 해 입혔네. 당신이 손수 베틀로 짠 옷가지 몇 벌을 이웃에 나눠 주고, 옥수수밭 옆에 당신을 묻고 돌아오네.

⌈ 칠석날: 음력 7월 7일을 이르는 말
⌊ 베옷: 베로 지은 옷

★❶~❼행 요약: 아내와의 사별과 그 회한

❽ **은하** 건너 **구름** 건너 한 해 한 번 만나게 하는 이 밤
  ❸ 〈견우직녀 설화〉를 차용해(빌려와) 시상을 전개함.
❾ 은핫물 동쪽 서쪽 그 멀고 먼 거리가
❿ 하늘과 땅의 거리인 걸 알게 **하네.**
  삶과 죽음, 이승과 저승의 거리, 화자와 아내의 거리
→ 은하 건너 구름 건너 한 해 한 번 (7월 7일) 만나게 하는 이 밤, 은하수 동쪽에서 서쪽까지의 그 멀고 먼 거리가 (죽은 당신과 살아 있는 나 사이) 하늘과 땅의 거리인 걸 알게 하네.

★❽~❿행 요약: 생사의 멀고 먼 거리감(인간적 한계)

⓫ 당신 나중 **흙**이 되고 내가 훗날 **바람** 되어
  □: 영원히 함께할 수 있는 존재
⓬ 다시 만나지는 길임을 알게 **하네.**
  ❷ 정서: 재회에 대한 희망
⓭ 내 남아 밭 갈고 씨 뿌리고 땀 흘리며 살아야
  열심히 살아갈 것을 다짐함.
⓮ 한 해 한 번 당신 만나는 길임을 알게 **하네.**
  칠월칠석날, 아내의 제삿날
→ 당신은 나중에 흙이 되고, 나는 훗날 바람이 되어 (우리가) 다시 만나지는 길임을 알게 하네. 내가 (이승에) 남아 밭 갈고 씨 뿌리고 땀 흘리며 (열심히) 사는 것이 한 해 한 번 당신을 만나는 길임을 알게 하네.

★⓫~⓮행 요약: 재회의 믿음과 슬픔의 극복

⭐ (나) 독해 공식
❶ 화자: '나', 중심 대상: '당신'
❷ 상황: 화자가 '당신'을 땅에 묻고 돌아오는 길에 '당신'을 떠올림.
 정서: '당신'의 죽음에 대한 슬픔과 회한, 재회에 대한 희망
❸ 표현상 특징
• 〈견우직녀 설화〉를 차용해(빌려와) 시상을 전개하고 있음.
• 담담한 어조를 사용해 화자의 정서를 심화하고 있음.
• 어미를 통일해 운율을 형성하고 있음.
• 화자의 태도·인식을 자연물을 통해 드러내고 있음.

■ 내용: 이 작품은 '견우와 직녀' 모티프를 이용하여 사랑하는 아내와 사별한 화자의 안타까움과 그리움을 형상화하고 있는 현대시이다. 화자는 칠월칠석날 아내를 땅에 묻고 사별의 안타까움과 슬픔을 느끼는데, 이승과 저승의 관계를 인식하고 재회를 믿으며 슬픔을 극복하고 있다.
■ 주제: 사별의 아픔과 그 극복. 사별한 임에 대한 그리움과 회한

■ 이것이 핵심!: 정서의 변화

'당신'의 죽음		재회의 믿음
그리움, 후회, 안타까움, 삶과 죽음의 거리감을 느낌.	→	재회에 대한 희망으로 열심히 살아갈 것을 다짐함.

A 16 정답 ① ＊작품 비교하기

(가)와 (나)의 표현상 특징에 대한 설명으로 가장 적절한 것은?

＞왜 정답？

① 화자의 인식을 자연물을 통해 드러내고 있다.
 (가) '독수리 떼', '별', '새' (나) '안개꽃', '은하', '구름', '흙', '바람'
＊근거: (가) ❶-❷, ❹-❶, ❷, (나) ❸, ❽, ⓫
(가)에서는 '독수리 떼', '별', '새' 등을 통해 삶과 죽음에 대한 화자의 인식과 태도를 드러내고 있으며, (나)에서는 '안개꽃', '은하', '구름', '흙', '바람' 등을 통해 '당신'의 죽음에 대한 화자의 안타까움과 재회에 대한 희망을 드러내고 있다.

＞왜 오답？

② ~~사랑을 모티프로 하여~~ 시상을 전개하고 있다.
  시의 내용을 펼쳐나가고
  (가)와는 관련이 없음.
＊근거: (가) ×, (나) ❷, ⓬
(가)는 삶의 허무함에 대한 인식을 드러내고 있을 뿐 사랑에 대한 인식을 드러내고 있지 않다. (나)는 화자가 사랑하는 아내인 '당신'의 죽음을 계기로 사별의 슬픔과 재회에의 믿음을 드러내고 있다.

⌈ 모티프: 회화, 조각, 소설 따위의 예술 작품을 표현하는 동기가 된 작가의 중심 사상

③ 담담한 어조로 감정을 절제하여 표현하고 있다.
  차분하고 평온한 말투
  (가)와는 관련이 없음.
＊근거: (가) ❷-❹, ❸-❷, ❹-❸, (나) ❷
(가)에서는 '~ 것인가', '~ 없구나', '~ 낳으리' 등의 영탄적 표현을 통해 감정을 직접적으로 강하게 드러내고 있으므로 담담한 어조와 거리가 멀다. 한편 (나)에서는 '-네'와 같은 어미를 사용한 담담한 어조를 통해 '당신'과 사별한 화자의 슬픔을 절제하여 드러내고 있다.

⌈ 담담하다: 차분하고 평온하다.
⌊ 절제하다: 정도에 넘지 아니하도록 알맞게 조절하여 제한하다.

④ ~~대립적인 이미지~~를 사용하여 주제 의식을 형성하고 있다.
  (나)에는 드러나지 않음.
＊근거: (가) ❷-❶, ❹-❸, (나) ×
(가)는 죽음의 이미지인 '무덤'과 삶의 이미지인 '알'이 대립되며 주제 의식을 형성하고 있지만, (나)에는 대립적인 이미지가 드러나지 않는다.

⌈ 대립적: 의견이나 처지, 속성 따위가 서로 반대되거나 모순되는 것

⑤ 화자가 추구하는 ~~이상향의 모습~~을 낙관적으로 그리고 있다.
  (가)와 (나) 모두 드러나지 않음.
(가)에는 화자의 이상 세계나 희망적인 전망이 나타나지 않는다. (나)에는 '당신'과 다시 만나는 것에 대한 믿음이 나타나지만 이상향의 모습을 그리고 있지는 않다.

⌈ 이상향: 인간이 생각할 수 있는 최선의 상태를 갖춘 완전한 사회
⌊ 낙관적: 인생이나 사물을 밝고 희망적인 것으로 보는 것

A 17 정답 ④ ＊작품 비교하기

(가)와 (나)에 대한 설명으로 가장 적절한 것은?

＞왜 정답？

④ (가)의 '알을 낳으리'와 (나)의 '다시 만나지는 길'은 모두 삶과 죽음의 순환을 의미한다.
  죽음에서 삶으로의 순환   죽음으로 이별한 대상과의 재회
＊근거: (가) ❶-❶, ❷-❶, ❹-❷, ❸, (나) ⓫, ⓬
(가)의 '알을 낳으리'는 '천장'을 통해 죽은 육신을 뜯어 먹은 '새'들이 '알'을 낳을 것이라는 인식으로, 죽음에서 삶으로의 순환을 드러내고 있다. (나)에서 훗날 '당신'이 '흙'이 되고 '나'가 '바람'이 되어 '다시 만나지는 길'은 죽음으로 인해 헤어진 '당신'과의 재회를 의미하므로 삶과 죽음의 순환이라고 해석할 수 있다.

⌈ 순환: 주기적으로 자꾸 되풀이하여 돎. 또는 그런 과정

왜 오답?

① (가)의 '둥근 무덤'과 (나)의 '흙'은 모두 죽음과 소멸의 의미를 함축하고 있다.
(나)의 '흙'은 죽음과 소멸의 의미를 함축하지 않음.

*근거: (가) ②-❶, ❹-❷, (나) ⓫, ⓬

(가)의 '둥근 무덤'은 죽음과 소멸의 이미지를 나타내고 있다. 그러나 (나)의 '흙'은 '당신'과 '다시 만나지는 길'로 죽음과 소멸의 의미를 함축하지 않는다.

[소멸: 사라져 없어짐. 함축하다: 말이나 글이 많은 뜻을 담고 있다.

② (가)의 '마약'과 (나)의 '베옷'은 죽음에 대한 화자의 두려움과 고뇌를 나타낸다.
(가)의 '마약'은 삶에 대한 냉소적 태도를, (나)의 '베옷'은 죽은 '당신'을 향한 회한을 나타냄.

*근거: (가) ③-❶, ❷, (나) ❹, ❺

(가)에서는 '삶'이 '마약'과 같아 끊을 수가 없다고 하며 삶에 대한 냉소를 드러내고 있고, (나)에서 화자는 '당신'에게 처음으로 해 준 옷이 수의인 '베옷'이라며 회한을 드러내고 있다. 따라서 둘 다 죽음에 대한 화자의 두려움과 고뇌를 드러내고 있지 않다.

[고뇌: 괴로워하고 번뇌함.

③ (가)의 '독수리 떼'와 (나)의 '칠석날'을 통해 자연과 인간의 삶을 대비하고 있다.
(가)와 (나) 모두 나타나지 않음.

(가)의 '독수리 떼'는 자연물이지만 (나)의 '칠석날'은 설화에서 견우와 직녀가 만나는 날일 뿐 자연물이 아니며, (가)와 (나) 모두 자연과 인간의 삶을 대비하고 있지 않다.

[대비하다: 두 가지의 차이를 밝히기 위하여 서로 맞대어 비교하다.

⑤ (가)의 '휘발하는 영혼'은 생명력을, (나)의 '안개꽃 몇 송이'는 조박함과 순수함을 나타낸다.
생명력 없이 무의미하게 떠도는 존재
죽음과 이별

*근거: (가) ②-❷, ❸, (나) ❷, ❸

(가)의 '휘발하는 영혼'은 '쓰러진 육신'을 버리고 난 뒤 생명력 없이 흩어지는 존재를 의미하고, (나)의 '안개꽃 몇 송이'는 '당신'을 땅에 묻으며 함께 묻은 것으로 죽음과 이별을 의미한다.

A 18 정답 ② *〈보기〉를 바탕으로 감상하기

〈보기〉를 참고하여 (가)를 감상한 내용으로 적절하지 않은 것은?

• **〈보기〉**: (가)의 시인은 자본주의 사회에서 인간들이 자신의 욕망만을 추구하며 살아가는 현실을 비판하는 작품을 주로 썼습니다.

• **(가)**: 화자는 삶에 대해 부정적인 태도를 가지고, 삶과 죽음의 순환에 대한 무상감을 드러내고 있습니다.

즉 자본주의 사회에서 인간들이 자신의 욕망만을 추구하며 살아가는 현실을 비판하는 관점에서 (가)에 나타난 화자의 정서와 태도를 이해한 내용으로 틀린 것을 고르는 문제입니다.

[보기]

❶유하는 1988년 등단한 후 풍자와 반어로 낙후한 현실을 비판하는 작품을 주로 썼다. ❷〈생(生)〉을 통해 펼쳐 보인 세계에서도 자본주의의 실상 속 '인간의 존재'를 발견할 수 있다. ❸자본주의는
②의 근거
생산과 소비를 전제로 하는 체제로, 결국 인간의 욕망이 만들어 낸 산물이다. ❹「그 속에서 인간은 자신의 존재 이유와는 무관하게
「 」: ①의 근거
욕망만을 추구하며 헛되이 살아가고 있다. ❺〈생〉에서는 이러한 현
③, ④, ⑤의 근거
실을 상징적인 소재에 투영하는 방식으로 세계관을 표출했다.」

풍자: 문학 작품 따위에서, 현실의 부정적 현상이나 모순 따위를 빗대어 비웃으면서 씀.

반어: 표현의 효과를 높이기 위하여 실제와 반대되는 뜻의 말을 하는 것

낙후하다: 기술이나 문화, 생활 따위의 수준이 일정한 기준에 미치지 못하고 뒤떨어지다.

산물: 어떤 것에 의하여 생겨나는 사물이나 현상을 비유적으로 이르는 말

투영하다: 어떤 일을 다른 일에 반영하여 나타내다.

왜 정답?

② ⓑ '영혼'이 '휘발하는'이라는 표현에는 자본주의 체제에 편입되기보다 비판하며 나아가는 삶에 대한 의지가 투영되었군.
체제에 무의미하게 편입되어 살아가는 모습을 나타냄.

*근거: (가) ②-❸, ❹, 〈보기〉❷~❹문장

〈보기〉에서 작가는 인간의 욕망의 산물인 자본주의 체제에서 인간들이 헛되이 살아가고 있다고 보고 이를 작품에 드러냈다고 했다. 이를 바탕으로 할 때 (가)는 자본주의 체제하의 무의미한 삶에 대한 부정적 인식을 드러낸 작품이다. 2연에서 '휘발하는 영혼'은 생명력 없이 무의미하게 떠도는 존재를 의미하므로, 여기에는 의지 없이 무의미하게 체제에 편입되어 살아가는 모습이 투영되었다고 볼 수 있다. 따라서 자본주의 체제를 비판하며 나아가는 삶에 대한 의지와는 거리가 멀다.

[편입되다: 얽히거나 짜여 넣어지다.
[투영되다: 어떤 일이 다른 일에 반영되어 나타나다.

왜 오답?

① ⓐ '무덤들'이 '허공에 떠간다'라는 표현에는 정신적인 안식처 없이 떠돌 수밖에 없는 현실을 비판하는 작가의 의식이 담겨 있어.
〈보기〉의 '인간은 ~ 표출했다'를 통해 알 수 있음.

*근거: (가) ②-❶, 〈보기〉❹, ❺문장

(가)의 2연에서는 '허공에 무덤들이 떠간다'고 하며 '영혼'들이 깃들일 곳 없이 떠돌고 있음을 드러내고 있다. 〈보기〉에서 자본주의 체제하에서 인간은 존재 이유와 무관하게 욕망만을 추구하며 헛되이 살아가고 있고, 작가는 이러한 현실을 상징적인 소재에 투영하였다고 한 것을 고려할 때, '허공에 무덤들이 떠간다'는 정신적 안식처 없이 떠돌며 살아가는 현실을 비판적으로 표현한 것으로 해석할 수 있다.

[안식처: 편히 쉬는 곳
[비판하다: 현상이나 사물의 옳고 그름을 판단하여 밝히거나 잘못된 점을 지적하다.

③ ⓒ '삶'이 '마약과 같아서'라는 표현에는 헛되이 욕망을 좇아가는 인간의 모습을 비판하는 작가의 의식이 투영되었다고 할 수 있겠네.
〈보기〉에서 인간이 '욕망만을 추구하며 헛되이 살아가고 있다'고 한 것을 통해 알 수 있음.

*근거: (가) ③, 〈보기〉❹문장

3연에서는 '삶'이 '마약과 같아서' '끊을 길이 없다'고 하며 삶의 무상감을 드러내고 있다. 〈보기〉에서 인간이 '욕망만을 추구하며 헛되이 살아가고 있다'는 인식을 작품에 표출했다고 한 것을 고려할 때, '삶'이 '마약'과 같다는 표현은 헛되이 욕망을 좇아가는 인간의 모습에 대한 비판적인 시각을 드러낸 것이라고 할 수 있다.

[헛되이: 아무 보람이나 실속이 없이

④ ⓓ '별들'이 '하나 둘 문을 닫을 때'라는 표현에는 인간의 삶이 결국 욕망 속에서 죽음으로 끝나 가리라는 것이 나타나.
욕망만을 좇는 인간의 삶도 역시 죽음으로 끝나게 될 것임을 드러냄.

*근거: (가) ❹-❶, 〈보기〉❹문장

'별들'이 '하나 둘 문을 닫는다'는 것은 죽음의 이미지와 연결된다. 〈보기〉에서 인간들은 '욕망만을 추구하며 헛되이 살아가고 있다'고 한 것을 고려하면 '별들이 하나 둘 문을 닫을 때'라는 표현은 욕망을 추구하던 인간의 삶도 죽음으로 끝나게 됨을 드러낸 것으로 해석할 수 있다.

⑤ ⓔ '새'가 '또 둥근 무덤을 닮은 / 알을 낳으리'라는 표현에서
결국 자본주의 체제 아래 반복되는 인간의 모습에 대한 무상
함을 드러내고 있어.
욕망을 좇는 인간의 삶과 죽음이 반복되는 것에 대한 무상함이 드러남.

＊근거: (가) ④-❷, ❸, 〈보기〉 ❹ 문장

'새'가 낳는 '알'은 '둥근 무덤을 닮'아 있다. 즉 새로운 삶으로서의 '알'이지만 '둥
근 무덤'을 닮은 죽음의 이미지를 갖고 있다. 이러한 삶과 죽음의 연속성은 3연에
나타난 삶에 대한 부정적 인식과 연결되어 삶이 무의미하고 허무함을 드러낸다.
그리고 〈보기〉를 고려할 때 이는 자본주의 체제하에서 인간들이 욕망만을 추구
하며 헛되이 사는 것을 반복하는 것에 대한 무상함을 드러낸다고 할 수 있다.

〔 **무상하다:** 모든 것이 덧없다. 〕

A 19~22 [2018 대비/경찰대 17~21]

(가) 함형수, 〈해바라기의 비명 – 청년 화가 L을 위하여〉

❶ 화자, 중심 대상 ❷ 상황, 정서, 태도 ❸ 표현상 특징 [시 해석]
■ : ❸ 명령형(명령이나 요구의 뜻을 나타내는) 문장
❸ △ : 죽음 ↔ □ : 생명, 열정, 꿈 – 대조적(서로 달라서 대비가 되는) 시어
생명의 부재 = 죽음

❶ 나의 무덤 앞에는 그 차가운 <u>비(碑)</u>돌을 세우지 말라.
❶화자 △ ❷ 태도: 의지적(죽음을 인정하지 않겠다는 의지의 표현)

❷ 나의 <u>무덤</u> 주위에는 그 노오란 해바라기를 심어 달라.
❷ 상황: 자신의 무덤 앞에 해바라기를 심어 줄 것을 요청함.
➡ 나의 무덤 앞에는 그 차가운 빗돌을 세우지 말라. 나의 무덤 주위에는 그 노란
해바라기를 심어 달라.

〔 **빗돌:** 돌로 만든 비(=비석) 〕

＊❶, ❷행 요약: 자신의 무덤 앞에 빗돌 대신 해바라기를 심어 줄 것을 요청함.

❸ 그리고 해바라기의 긴 줄거리 사이로 끝없는 보리밭을 보여 달라.
❶ 중심 대상 풍부한 생명력
❹ 노오란 해바라기는 늘 태양같이 태양같이 하던 화려한 나의 사랑이
❸ 색채어(빛깔을 나타내는 말)를 사용하여 화자의 소망을 드러냄. ❷ 태도: 열정적
라고 생각하라.
❺ 푸른 보리밭 사이로 하늘을 쏘는 노고지리가 있거든 아직도 날아오
화자의 감정이 이입된 대상
르는 나의 꿈이라고 생각하라.
❷ 정서: 꿈을 간직하며 살던 자신의 삶이 영원하기를 소망함.
➡ 그리고 해바라기의 긴 줄거리 사이로 끝없는(생명력 넘치는) 보리밭을 보여
달라. 노란 해바라기는 늘 태양같이 태양같이(열정적으로) 하던 화려한 나의
사랑이라고 생각하라. 푸른 보리밭 사이로 하늘을 쏘는 노고지리가 있거든,
아직도 (죽지 않고) 날아오르는 나의 꿈이라고 생각하라.

〔 **줄거리:** 잎자루, 잎줄기, 잎맥을 통틀어 이르는 말 **노고지리:** '종다리'의 옛말 〕

＊❸~❺행 요약: 무덤 앞에 있을 보리밭과 해바라기, 노고지리에 대해 이야기함.

★ (가) 독해 공식
❶ **화자:** '나', **중심 대상:** 해바라기
❷ **상황:** 자신의 무덤 앞에 해바라기를 심어 줄 것을 요청함.
정서: 꿈을 간직하며 살던 자신의 삶이 영원하기를 소망함.
태도: 의지적(죽음을 인정하지 않겠다는 의지를 드러냄.), 열정적
❸ **표현상 특징**
• 자신의 죽음을 가정해 유서 형식을 취하고 있음.
• 명령형(명령이나 요구의 뜻을 나타내는) 문장을 통해 화자의 태도를 강조하고 있음.
• 대조적(서로 달라서 대비가 되는) 이미지의 시어를 사용해 상징적 의미(구체적인 대상으
로 나타낸 추상적 개념)를 드러내고 있음.
• 색채어(빛깔을 나타내는 말)를 사용하여 화자의 소망을 드러내고 있음.

■ **내용:** 이 작품은 생명력 넘치는 시어와 단호한 명령형 종결 어미를 사용해 죽음
을 넘어선 강한 삶의 의지를 형상화한 현대시이다. 이 시의 부제를 고려해 볼 때,
화자는 이미 죽은 청년 화가 L로 볼 수 있다. 화자는 '차가운 비스돌'로 상징되는
죽음의 세계를 거부하고 '해바라기', '보리밭', '노고지리' 등으로 상징되는 생명과
정열의 세계에 대한 강한 열망을 드러내고 있다.

■ **주제:** 삶에 대한 강렬한 의지와 열정

■ 이것이 핵심!: 대조적 이미지의 시어

'무덤, 차가운 비스돌'	↔	'노오란 해바라기, 끝없는(푸른) 보리밭, 하늘을 쏘는 노고지리'
죽음의 이미지	대조	꿈, 생명력, 생동감

(나) 유치환, 〈생명의 서(書)〉

❶ 화자, 중심 대상 ❷ 상황, 정서, 태도 ❸ 표현상 특징 [시 해석]
■ : ❸ 단호하고 의지적(어떤 일을 이루고자 하는 마음이 강한) 어조

① ❶ 나의 지식이 독한 회의(懷疑)를 구(救)하지 못하고
❶ 화자 생명의 본질에 대한 의문
❷ 내 또한 삶의 애증(愛憎)을 다 짐 지지 못하여
❶ 중심 대상 극복하지
❸ 병든 나무처럼 생명이 부대낄 때 도치법(말의 차례를 바꾸어 쓰는 방법),
삶의 극한 공간 시적 허용(시에서만 허용하는 비문법적 표현)
❹ ⓐ저 머나먼 <u>아라비아의 사막(沙漠)</u>으로 나는 가자.
❷ 상황: 자신의 생명에 대해 생각하며 아라비아의 사막으로 가려고 함.
➡ 나의 지식이 (생명의 본질에 대한) 독한 의문을 해결하지 못하고, 나 또한 삶
의 애증(번잡한 감정)을 다 극복하지 못하여 병든 나무처럼 생명이 괴로움을
겪을 때, 저 머나먼 아라비아의 사막으로 나는 가자.

〔 **회의:** 의심을 품음. 또는 마음속에 품고 있는 의심
애증: 사랑과 미움을 아울러 이르는 말
부대끼다: 사람이나 일에 시달려 크게 괴로움을 겪다. 〕

＊①연 요약: 생명과 삶의 본질에 대한 회의

② ❶ 거기는 한번 뜬 백일(白日)이 불사신같이 작열하고
아라비아의 사막
❷ 일체가 모래 속에 사멸한 영겁(永劫)의 허적(虛寂)에
영원한 허무와 적막
❸ 오직 알라의 신(神)만이
절대자
❹ 밤마다 고민하고 방황하는 열사(熱沙)의 끝.
시련과 고난의 극한 상태
➡ 거기(아라비아의 사막)는 한번 뜬 뜨거운 태양이 (죽지 않는) 불사신같이 이글
이글 타오르고, 모든 것이 모래 속에 죽어 없어진 영원한 허무와 적막에, 오직
알라의 신만이 밤마다 고민하고 방황하는 (시련과 고난이 극심한) 뜨거운 모
래사막의 끝이다.

〔 **백일:** 구름이 끼지 않아 밝게 빛나는 해
작열하다: 불 따위가 이글이글 뜨겁게 타오르다.
사멸하다: 죽어 없어지다.
영겁: 영원한 세월
허적: '허적하다(텅 비어 적적하다)'의 어근
열사: 햇볕 때문에 뜨거워진 모래 〕

＊②연 요약: 생명의 본질을 추구하는 극한의 공간인 사막

③ ❶ 그 열렬한 고독(孤獨) 가운데 ┐
❷ 태도: 고난을 능동적으로 받아들임.
❷ 옷자락을 나부끼고 호올로 서면 ┘
❸ 시적 허용
❸ 운명처럼 반드시 '나'와 대면(對面)케 될지니
본질적 자아
❹ 하여 '나'란, 나의 생명이란
❺ 그 원시의 본연한 자태를 다시 배우지 못하거든
순수한 생명의 모습, 생명의 본질 죽음
❻ 차라리 나는 어느 사구(沙丘)에 회한 없는 백골(白骨)을 쪼이리라.
❷ 태도: 의지적(죽음을 무릅쓰며 생명의 본질을 추구하고자 함.)
➡ 그 열렬한 고독 가운데, 옷자락을 나부끼고 홀로 서서 (극한 상황에 대면하
면), 운명처럼 반드시 (본질적 자아인) '나'와 마주하게 될지니. 하여 '나'란, 나
의 생명이란, 그 처음의 본연한 (순수하고 본질적인 생명의) 모습을 다시 배우
지 못하거든, 차라리 나는 어느 모래언덕에서 뉘우침과 한탄이 없는 죽음을
택하리라.

〔 **대면하다:** 서로 얼굴을 마주 보고 대하다.
나부끼다: 천, 종이, 머리카락 따위의 가벼운 물체가 바람을 받아서 가볍게 흔들
리다.
원시: 사물이 전하여 내려온 그 처음
본연하다: 어떤 특성이나 성질 따위가 본디부터 그러하다. 〕

| **자태**: 어떤 모습이나 모양
| **사구**: 해안이나 사막에서 바람에 의하여 운반·퇴적되어 이루어진 모래 언덕
| **회한**: 뉘우치고 한탄함.
| **백골**: 죽은 사람의 몸이 썩고 남은 뼈

＊③연 요약: 사막에서 생명의 본질을 찾으려는 의지

⭐ **(나) 독해 공식** ──────────

❶ **화자**: '나', **중심 대상**: 생명
❷ **상황**: 자신의 생명에 대해 생각하며 아라비아의 사막으로 가려고 함.
태도: 고난을 능동적으로 받아들임, 의지적(죽음을 무릅쓰며 생명의 본질을 추구하고자 함.)
❸ **표현상 특징**
· 단호하고 의지적인(어떤 일을 이루고자 하는 마음이 강한) 어조로 화자의 태도를 드러내고 있음.
· 도치법(말의 차례를 바꾸어 쓰는 방법)과 시적 허용(시에서만 허용하는 비문법적 표현)을 통해 화자의 태도를 강조하고 있음.
· 한자어와 관념어(추상적인 생각이나 심리를 나타내는 말)를 주로 사용하고 있음.

■ **내용**: 이 작품은 생명의 본질을 추구하는 의지를 노래하는 현대시이다. 화자는 자신의 지식이나 감정으로는 생명의 본질을 깨우칠 수 없음을 알고서 '병든 나무'처럼 고통스럽게 살아간다. 생명 본연의 존재 이유에 대해 회의를 품고, 삶의 허무와 회의감에 빠져 살아가는 것이다. 그러나 화자는 이러한 좌절에 머물러만 있지는 않는다. 화자는 허무감에 빠진 현실적 자아를 버려야만 본질적 자아에 이를 수 있다는 사실을 깨닫고 아라비아 사막으로 떠나려 한다. 화자는 아라비아 사막에서 치열하게 생명의 본질을 추구하면서, 참되고 순수한 생명의 모습을 찾을 수 없다면 차라리 죽음을 택하겠다고 결연한 의지를 다진다.

■ **주제**: 생명의 본질을 추구하는 비장한 의지

■ **이것이 핵심!**: 현실적 자아와 본질적 자아

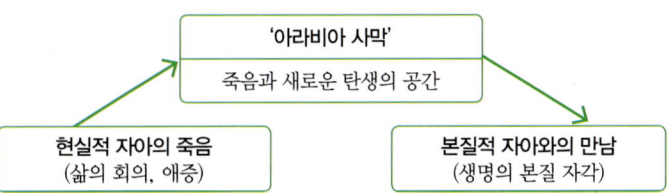

❸ 편지의 형식을 빌려 시를 적음.
(다) 백석, 〈남신의주 유동 박시봉방〉
　　　　지명, 발신인의 주소　　인명, 편지의 발신인
❶ 화자, 중심 대상　❷ 상황, 정서, 태도　❸ 표현상 특징　[시 해석]

❶어느 사이에 나는 아내도 없고, 또,
　❶화자
❷아내와 같이 살던 집도 없어지고,
❸그리고 살뜰한 부모며 동생들과도 멀리 떨어져서,
❹그 어느 바람 세인 쓸쓸한 거리 끝에 헤매었다.
❺바로 날도 저물어서,
❻바람은 더욱 세게 불고, 추위는 점점 더해 오는데,
　□: 시련, 고난
❼나는 어느 목수(木手)네 집 헌 삿을 깐,
　　　　　　　박시봉
❽한 방에 들어서 쥔을 붙이었다.
　❷상황: 가족과 헤어져 홀로 세 들어 살고 있음.
➡ 어느 사이에 나는 아내도 없고, 또 아내와 같이 살던 집도 없어지고, 그리고 살뜰한 부모며 동생들과도 멀리 떨어져서, (홀로) 그 어느 바람 센 쓸쓸한 거리 끝에 헤매었다. 바로 날도 저물어서 바람은 더 세게 불고, 추위는 점점 더해 오는데, 나는 어느 목수네 집 헌 삿자리를 깐, 찬 방에 세를 들었다.

| **삿**: 갈대를 엮어서 만든 자리
| **쥔**: '주인'의 준말

＊❶～❽행 요약: 고향을 떠나와 타지에서 홀로 방황하는 쓸쓸한 삶

❾「이리하여 나는 ⓑ이 습내 나는 춥고, 누긋한 방에서,
　❸ 호흡이 긴 문장으로 화자의 내면을 보여 줌.
　　　　　　　　　화자의 처지를 상징하는 공간
❿낮이나 밤이나 나는 나 혼자도 너무 많은 것같이 생각하며,
　　　　　　　　　내 몸 하나도 감당하기 힘든 상황

⓫딜옹배기에 북덕불이라도 담겨 오면,
⓬이것을 안고 손을 쬐며 재 위에 뜻 없이 글자를 쓰기도 하며,
　　　　　　　　　　　　무료함을 달래기 위한 행위
⓭또 문 밖에 나가지두 않구 자리에 누워서,┐
　　　　　　　　　　　　　　　　　　　무기력한 모습
⓮머리에 손깍지 베개를 하고 굴기도 하면서,┘
　　　　　　　　구르기도　　　　계속해서
⓯나는 내 슬픔이며 어리석음이며를 소처럼 연하여 쌔김질하는 것이
　　　　　❷ 태도: 성찰적(슬프고 어리석은 삶에 대한 반성)
었다.」

⓰「내 가슴이 꽉 메어 올 적이며,
⓱내 눈에 뜨거운 것이 핑 괴일 적이며,
　　　　눈물
⓲또 내 스스로 화끈 낯이 붉도록 부끄러울 적이며,
⓳나는 내 슬픔과 어리석음에 눌리어 죽을 수밖에 없는 것을 느끼는
것이었다.」「 」: ❷ 정서 – 무기력한 삶에 대한 슬픔과 부끄러움

➡ 이리하여 나는 이 습내 나는 춥고 누긋한 방에서, 낮이나 밤이나 나는 나 혼자도 (감당할 수 없이) 너무 많은 것 같다고 생각하며, 딜옹배기에 북덕불이라도 담겨 오면, (무기력함을 달래기 위해) 이것을 안고 손을 쬐며 재 위에 의미 없이 글자를 쓰기도 하며, 또 (무기력하게) 문밖에 나가지도 않고 자리에 누워서, 머리에 손깍지 베개를 하고 구르기도 하면서, 나는 소처럼 계속해서 내 슬픔과 어리석음을 새김질하는 것이었다. 내 가슴이 꽉 메어 올 적이며, 내 눈에 뜨거운 눈물이 핑 고일 적이며, 또 내 스스로 화끈 낯이 붉도록 부끄러울 적이며, 나는 내 슬픔과 어리석음에 눌려 죽을 수밖에 없는 것을 느끼는 것이었다.

| **누긋하다**: 메마르지 않고 좀 누긋하다.
| **딜옹배기**: 질옹배기, 둥글넓적하고 아가리가 쩍 벌어진 아주 작은 질그릇
| **북덕불**: 북데기에 피운 불
| **쌔김질하다**: 새김질하다, 한번 삼킨 먹이를 다시 게워 내어 씹다.

＊❾～⓳행 요약: 나약한 자신을 돌아보며 슬픔을 느끼고 죽음을 생각함.
　　신체적 자세 변화를 통해 현실을 대하는 정신적 변화를 보여 줌.
⓴그러나 잠시 뒤에 나는 고개를 들어,
　　❸ 시상의 전환(시에 담긴 생각·감정이 다른 방향으로 바뀜.) – 정서 변화에 따른 시상 전개
㉑허연 문창을 바라보든가 또 눈을 떠서 높은 천정을 쳐다보는 것인데,
㉒이때 나는 내 뜻이며 힘으로, 나를 이끌어 가는 것이 힘든 일인 것
　　　　　　　　　　무기력한 자아 인식
을 생각하고,
㉓이것들보다 더 크고, 높은 것이 있어서, 나를 마음대로 굴려 가는
　　　　　　　　개인의 의지를 초월하는 것, 운명　　　　　운명론적 인식
것을 생각하는 것인데,
㉔이렇게 하여 여러 날이 지나는 동안에,
㉕내 어지러운 마음에는 슬픔이며, 한탄이며, 가라앉을 것은 차츰 앙
금이 되어 가라앉고,　❷ 정서: 슬픔을 가라앉히고 진정함.
㉖외로운 생각만이 드는 때쯤 해서는,
　　　　　　　　　　　시련, 고난
㉗더러 나줏손에 쌀랑쌀랑 싸락눈이 와서 문창을 치기도 하는 때도
　　　　　　　❸ 음성 상징어(사람이나 사물의 소리나 움직임을 흉내 낸 말)의 사용
있는데,
㉘나는 이런 저녁에는 화로를 더욱 다가 끼며, 무릎을 꿇어 보며,
　　　　　　　　　　　　　　　　　　지나온 삶에 대한 반성
㉙「어느 먼 산 뒷옆에 바위섶에 따로 외로이 서서,
　❸ 상황 – 갈매나무에 대해 생각함, 태도: 의지적(새로운 삶을 살 것을 다짐함.)
㉚어두워 오는데 하이야니 눈을 맞을, 그 마른 잎새에는,
　　　　　　　하얗게
㉛쌀랑쌀랑 소리도 나며 눈을 맞을,
　　　　　　　　　　❶ 중심 대상
㉜그 드물다는 굳고 정한 갈매나무라는 나무를 생각하는 것이었다.」
　　❸ 상징적(추상적인 개념을 구체적인 대상으로 나타내는) 시어 – 화자의 태도를 드러냄.
➡ 그러나 잠시 뒤에 나는 고개를 들어, 하얀 문창을 바라보거나 눈을 떠서 높은 천장을 쳐다보는데, 이때 나는 내 뜻이며 힘으로 (무기력한) 나를 이끌어 가는 것이 힘든 일인 것을 생각하고, 이런 나의 뜻과 의지보다 더 크고, 높은 (초월적인) 것이 있어서, 나를 마음대로 굴려 가는 것(운명)을 생각하는 것인데, 이렇게 하여 여러 날이 지나는 동안에, 내 어지러운 마음에는 슬픔이나 한탄 같

은 감정들은 차츰 앙금이 되어 가라앉고, 외로운 생각만이 드는 때쯤 해서는, 더러 저녁때에 쌀랑쌀랑 싸락눈이 와서 문창을 치기도 하는 때도 있는데, 나는 이런 저녁에는 화로를 더욱 가까이 끼며, 무릎을 꿇어 보며, 어느 먼 산 뒤의 옆쪽에 바위 옆에 따로 외롭게 서서, 어두워 오는데 하얗게 눈을 맞을, 그 마른 잎새에는 쌀랑쌀랑 소리도 나며 눈을 맞을, 그 드물다는 굳고 정한 (고난에 굴복하지 않는) 갈매나무라는 나무를 생각하는 것이었다.

┌───
│ **문창**: 문과 창문을 아울러 이르는 말
│ **나줏손**: '저녁때'의 방언(평안)
│ **쌀랑쌀랑**: 조금 사늘한 바람이 가볍게 자꾸 부는 모양
│ **싸락눈**: '싸라기눈'의 준말
└───

＊⑳~㉜행 요약: 어지러운 마음이 가라앉고 굳고 정한 갈매나무를 생각함.

★ **(다) 독해 공식**
❶ 화자: '나', 중심 대상: 갈매나무
❷ 상황: 가족과 헤어져 홀로 세 들어 살고 있음. 타지에서 자신의 삶과 갈매나무에 대해 생각함.
정서: 무기력한 삶에 대한 슬픔과 부끄러움 → 슬픔을 가라앉히고 진정함.
태도: 성찰적(슬프고 어리석은 삶에 대한 반성) → 의지적(새로운 삶을 살 것을 다짐함.)
❸ 표현상 특징
• 편지의 형식을 빌려 시를 적고 있음.
• 화자의 정서 변화에 따라 시상(시에 담긴 시인의 생각 감정)이 전개되고 있음.
• 상징적(추상적인 개념을 구체적인 대상으로 나타내는) 시어를 통해 화자의 태도를 드러내고 있음.
• 호흡이 긴 문장과 음성 상징어(소리나 모양, 움직임을 흉내 낸 말)를 사용하고 있음.

■ **내용**: 이 작품은 무기력한 삶에 대한 반성과 새로운 삶에 대한 의지를 노래한 현대시이다. 가족과 헤어져 외롭게 떠돌이 생활을 하다가 어느 목수네 집에 세 들어 살게 된 화자는 셋방에서 무료하게 지내면서 절망감과 무력감을 느끼고 지나온 삶에 대해 반성한다. 그 후 현재의 절망적 상황을 운명적으로 인식하고 갈매나무를 통해 새로운 삶의 의지를 다짐한다.

■ **주제**: 무기력한 삶에 대한 반성과 새로운 삶의 의지

■ **이것이 핵심!**: 시상의 전환

┌──────────────────────┐   ┌──────────────────────┐
│ **❶~⑲행**   │ '그러나' │ **⑳~㉜행**   │
│ • 슬픔, 부끄러움, 무기력함.│ →(전환) │ • 슬픔이 진정됨.   │
│ • 성찰적 태도   │   │ • 의지적, 희망적 태도   │
└──────────────────────┘   └──────────────────────┘

A 19 정답 ② ＊작품 비교하기

(가)~(다)의 시적 화자가 자신의 삶을 대하는 태도를 비교한 것으로 적절하지 <u>않은</u> 것은?

>왜 정답?

② (가)는 삶에 대한 희망적 태도를 보여 주는 반면, (다)는 삶에 대한 ~~절망적인 관점을 벗어나지 못하고 있다.~~
점차 절망적인 태도에서 벗어나 희망적인 태도를 취함.

＊근거: (가) ❹, ❺, (다) ⑱, ⑲, ㉕, ㉜
(가)의 화자는 '해바라기'와 '노고지리'를 통해 자신의 삶이 끝난 이후에도 이어지는 희망적 태도를 보여 준다.
(다)의 화자는 자신의 삶을 성찰하며 슬픔과 부끄러움을 느끼다가 '어지러운 마음에는 슬픔이며, 한탄이며, 가라앉을 것은' '가라앉'은 상태가 된다. 그리고는 눈을 맞고 있는 '갈매나무'를 생각하는데, 갈매나무의 속성을 '굳고 정한'으로 표현함으로써 자신이 앞으로 지향할 삶의 태도를 드러내고 있다.
이처럼 (다)의 화자는 삶에 대한 절망적인 태도에서 벗어나 점차 희망적인 태도를 취하고 있으므로 절망적인 관점을 벗어나지 못하고 있다는 것은 적절하지 않다.

>왜 오답?

① (가)는 삶을 사랑과 꿈으로 채우려 하는 반면, (나)는 시련과 고뇌로 채우려 한다.
삶을 '해바라기'와 같은 꿈과 사랑으로 채우려 함.
시련과 고뇌를 통해 삶을 성찰하고자 함.

＊근거: (가) ❹, ❺, (나) ①-❷, ❹, ②-❷, ❹, ③-❶, ❷
(가)의 화자는 '해바라기'와 '노고지리'를 통해 사랑과 꿈이 있던 자신의 삶이 영원하기를 소망하는 마음을 드러내고 있다.
(나)의 화자는 자신의 '삶의 애증'을 '아라비아 사막'에 가서 해소하고자 하는데, 이곳은 '영겁의 허적', '열사의 끝'이라는 표현으로 보아 극한의 공간이다. (나)의 화자는 그러한 극한의 공간, '열렬한 고독' 가운데 홀로 서서 자신의 본질적 자아와 대면하고자 하므로, 시련과 고뇌를 통해 자신의 삶의 본질을 깨닫고자 함을 알 수 있다.

③ (나)는 (다)와 달리 삶에서 겪는 고난을 능동적으로 받아들이는 태도를 드러내고 있다.
(나)는 고통을 통해 삶의 본질을 성찰하고자 하지만, (다)는 고난을 능동적으로 받아들이지 못함.

＊근거: (나) ①-❹, ❸, (다) ⑬~⑲
(나)의 화자는 스스로 '아라비아 사막'에 가서 '열렬한 고독 가운데' '호올로 서' 있겠다고 말하고 있다. 이는 자신이 원하는 '원시의 본연한 자태'를 '다시 배우'기 위해서이므로, 곧 삶에서 겪는 고난을 능동적으로 받아들이는 태도라고 할 수 있다. 이와 달리 (다)의 화자는 방에 누워서 자신의 지난날을 성찰하며 '슬픔', '눈물' 등의 정서를 보이고 있으므로 시련을 능동적으로 받아들인다고 보기 어렵다.

④ (다)는 (가)와 달리 자신의 꿈을 실현하려는 의지를 명시적으로 드러내지 못하고 있다.
(가)는 꿈을 상징하는 '해바라기'를 심을 것을 요구하지만, (다)는 의지를 명시적으로 드러내지 못함.

＊근거: (가) ❷, ❺
(가)의 화자는 자신의 무덤 앞에 '노오란 해바라기를 심어 달라'고 하고, 무덤 앞에 '노고지리'가 있거든 '날아오르는 나의 꿈'이라고 생각하라고 함으로써 꿈을 실현하려는 의지를 명시적으로 드러내고 있다.
이와 달리 (다)의 화자는 자신의 꿈을 실현하려는 의지를 명시적으로 드러낸 바 없다. 단지 새로운 삶에 대한 의지를 '갈매나무'를 통해 드러내고 있을 뿐이다.

┌ **명시적**: 내용이나 뜻을 분명하게 드러내 보이는 것

⑤ (가), (나), (다) 모두 삶을 보다 의미 있게 하려면 어떻게 하는 것이 좋은지 모색하고 있다.
(가)는 '해바라기', (나)는 '아라비아의 사막', (다)는 '갈매나무'를 통해 의미 있는 삶을 모색함.

＊근거: (가) ❷, ❺, (나) ①-❹, ③-❸, (다) ㉜
(가)의 화자는 '노오란 해바라기', '노고지리'를 통해, (나)의 화자는 '아라비아의 사막'으로 가서 '나'와 대면하는 것을 통해, (다)의 화자는 눈을 맞고 있는 '굳고 정한 갈매나무'를 생각하는 것을 통해 자신의 삶을 의미 있게 하는 방안을 생각하고 있다.

┌ **모색하다**: 일이나 사건 따위를 해결할 수 있는 방법이나 실마리를 더듬어 찾다.

A 20 정답 ④ ＊작품 비교하기

(가)~(다)의 시적 표현에 대한 설명으로 적절하지 <u>않은</u> 것은?

>왜 정답?

④ (가)와 (나)는 ~~슬프고도~~ 장엄한 어조로, (다)는 사색적인 어조로 말하고 있다.
슬픈 어조는 사용되지 않음.

＊근거: (가) ❶~❸, (나) ①-❹, ③-❻, (다) ㉒~㉛
(가)의 화자는 자신의 꿈과 사랑을 명령형 문장을 사용하여 표현하고 있고, (나)의 화자는 자신의 죽음을 각오하고서라도 생명의 본질을 깨닫고 싶다는 의지를 단호한 어조로 드러내고 있으므로 둘 다 슬픈 어조와는 거리가 멀다. (다)의 화자는 자신의 삶을 사색적 어조로 성찰하고 있다.

┌ **장엄하다**: 씩씩하고 웅장하며 위엄 있고 엄숙하다.
└ **사색적**: 사색(깊은 생각)을 많이 하거나 좋아하는 것

> **왜 오답?**

① **(가)는 강력한 색채 심상을 통해 시적 화자의 소망을 말하고 있다.**
　　　　　　'노오란', '푸른'

＊**근거:** (가) ❷, ❺

(가)는 '노오란 해바라기', '푸른 보리밭'에서 강렬한 색채 이미지를 활용하여 풍성한 생명력과 사랑, 열정에 대한 열망을 드러내고 있다.

〔 **색채 심상:** 색을 통해 드러나는 느낌

② **(나)는 시적 허용의 수법으로 시적 화자의 단호한 의지를 강조**
　'저 머나먼 아라비아의 사막으로 나는 가자', '호올로' 등
　하고 있다.

＊**근거:** (나) ①-❹, ③-❷

(나)에서 1연의 '저 머나먼 아라비아의 사막으로 나는 가자'는 도치법과 시적 허용이 나타난 표현이고, 3연의 '호올로' 또한 '홀로'의 시적 허용 표현으로 볼 수 있다. 이러한 표현을 통해 원시의 본연의 자신과 대면하겠다는 화자의 의지가 강조되어 드러나고 있다.

〔 **시적 허용:** 시에서만 특별히 허용하는 비문법성
〔 **단호하다:** 결심이나 태도, 입장 따위가 과단성이 있고 엄격하다.

③ **(다)는 호흡이 긴 문장으로 시적 화자의 내면을 보여 주고 있다.**
　　　　　　　　한 문장을 쉼표를 사용하여 길게 표현

＊**근거:** (다) ❾~❶❺

(다)는 1~4행, 5~8행, 9~15행 등이 내용상 한 문장으로, 쉼표를 사용하여 호흡이 긴 문장을 사용한 것을 볼 수 있다. 특히 9~15행에서는 이를 통해 나약한 화자의 내면에 대한 성찰이 드러나고 있다.

⑤ **(가), (나), (다) 모두 직유를 사용하여 시상을 전개하고 있다.**
　　　　　　　　　　　　　　　시의 내용을 펼쳐 나가고
　(가) '태양같이', (나) '나무처럼', '불사신같이', (다) '소처럼'

＊**근거:** (가) ❹, (나) ①-❸, ②-❶, (다) ❶❺

(가)는 '태양같이 하던 화려한 나의 사랑', (나)는 '병든 나무처럼 생명이 부대낄 때', '백일이 불사신같이 작열하고', (다)는 '내 슬픔이며 어리석음이며를 소처럼 연하여 쌔김질하는 것'에서 직유법을 사용하여 시상을 전개하고 있다.

〔 **직유:** 비슷한 성질이나 모양을 가진 두 사물을 '같이', '처럼', '듯이'와 같은 연결어로 결합하여 직접 비유하는 수사법

Ⓐ 21 　정답 ④ 　＊시어 및 구절의 의미 파악하기

ⓐ와 ⓑ에 대한 설명으로 적절하지 않은 것은?

• ⓐ: ⓐ는 '저 머나먼 아라비아의 사막'으로, (나)의 화자가 생명의 본질을 추구하기 위해 가고자 하는 극한 공간을 의미합니다.

• ⓑ: ⓑ는 '이 습내 나는 춥고, 누긋한 방'으로, (다)의 화자가 홀로 살며 정서 변화를 겪는 공간입니다.

줌 (나)와 (다)의 핵심적인 공간인 ⓐ와 ⓑ를 이해한 내용으로 틀린 것을 고르는 문제입니다.

> **왜 정답?**

④ **ⓑ는 시대적 불의에 항거하는 원동력이 된다.**
　　　(나)의 화자가 불의에 항거하고자 하는 태도는 드러나지 않음.

ⓑ는 (나)의 화자가 현재 자신을 성찰하고 있는 공간으로, 화자는 자신의 무기력한 삶을 돌아보고 자신의 삶을 운명론적 태도로 수용하면서 '갈매나무'를 통해 의지적 태도를 새롭게 보이고 있다. 즉 (나)의 화자는 자신의 삶에 대해 성찰하고 있을 뿐 시대적 불의에 대해 항거하려는 태도는 드러내고 있지 않다.

〔 **불의:** 의리, 도의, 정의 따위에 어긋남.
〔 **항거하다:** 순종하지 아니하고 맞서서 반항하다.
〔 **원동력:** 어떤 움직임의 근본이 되는 힘

> **왜 오답?**

① **ⓐ는 비현실성을 띠는 공간이다.**
　　현실과 동떨어진
　　'한번 뜬 백일이 불사신같이 작열하고', '영겁의 허적에 ~ 열사의 끝.'

＊**근거:** (나) ❷

(나)의 '아라비아 사막'은 '영겁의 허적'에 '백일이 불사신같이 작열'하며, 절대자인 '알라의 신'이 존재하는 공간으로 설정되어 있다. 따라서 이 공간은 비현실적 성격을 띠는 공간으로 볼 수 있다.

〔 **비현실성:** 현실과는 동떨어진 성질

② **ⓐ는 자아의 본질을 제대로 탐색하기 위한 전제가 된다.**
　화자가 생명의 본질을 찾으러 떠나는 곳으로, 자아의 본질을 탐색하기 위한 전제가 되는 공간임.

＊**근거:** (나) ①-❶, ③-❶~❸

(나)에서 화자가 '아라비아 사막'을 가려고 한 것은 자신의 '독한 회의를 구하지 못'였기 때문이다. 화자는 그곳에서 '열렬한 고독' 가운데 '나'와 대면할 때 본연의 자태를 다시 만날 것으로 기대하고 있다. 따라서 자아의 본질을 탐색하기 위해 '아라비아 사막'을 설정한 것임을 알 수 있다.

〔 **본질:** 본디부터 가지고 있는 사물 자체의 성질이나 모습
〔 **전제:** 어떠한 사물이나 현상을 이루기 위하여 먼저 내세우는 것

③ **ⓑ는 시적 화자의 처지를 상징하는 공간이다.**
　　　　　　　　가족을 잃고 홀로 사는 처지를 상징함.

＊**근거:** (다) ❶~❹

(다)의 '이 습내 나는 춥고, 누긋한 방'은 가족을 잃고 추운 날씨에 홀로 세를 들어 살고 있는 화가가 머무는 공간으로, 화자의 이러한 처지를 상징적으로 보여 준다.

⑤ **ⓐ와 ⓑ 모두 정신적인 재탄생이 이루어지는 공간이다.**
　　　ⓐ와 ⓑ 모두 화자가 정신적으로 다시 탄생하는 곳이라고 볼 수 있음.

＊**근거:** (나) ③-❺, (다) ❸❷

ⓐ는 (나)의 화자가 '원시의 본연한 자태'를 배우고 싶은 공간이고, ⓑ는 (다)의 화자가 자신의 삶을 성찰하면서 '갈매나무'를 떠올리는 공간이다. 따라서 ⓐ와 ⓑ 모두 화자의 정신적 재탄생이 이루어지는 공간으로 볼 수 있다.

Ⓐ 22 　정답 ⑤ 　＊표현상 특징 파악하기

(다)의 시상 전개에 대한 설명으로 가장 적절한 것은?

> **왜 정답?**

⑤ **시적 화자의 신체적 자세 변화를 통해 현실을 대하는 정신적**
　　　　　　고개를 들면서 절망적 태도가 의지적 태도로 변화함.
　변화를 보여 주고 있다.

＊**근거:** (다) ❶❸~❷❶, ❸❷

(다)의 시적 화자는 '문 밖에 나가지두 않구 자리에 누워서, / 머리에 손깍지 베개를 하고 굴기도 하면서' 자신의 무기력한 삶을 성찰하는데, 이 과정에서 자신의 삶에 대해 부끄러움과 슬픔을 느낀다. 이후 화자는 '고개를 들어' '눈을 떠서 높은 천정을 쳐다보는' 자세의 변화를 보인 뒤, '굳고 정한 갈매나무'를 생각하고 새로운 삶의 의지를 드러낸다. 즉, 고개를 드는 신체적 자세 변화를 통해 현실에 대한 절망적 태도가 의지적 태도로 변화하고 있는 것이다.

> **왜 오답?**

① **대립적인 상징을 통해 사회적인 갈등을 내면화하여 성찰하고**
　　　　　　　나타나지 않음.
　있다.

(다)에는 사회적인 갈등은 드러나지 않는다. 지나온 삶에 대한 후회와 새로운 삶에 대한 희망을 노래한다는 점에서 대립적 구도라고 볼 수 있으나, 대립적 상징을 띠는 시어 역시 나타난 바 없다.

〔 **대립적:** 의견이나 처지, 속성 따위가 서로 반대되거나 모순되는 것
〔 **내면화하다:** 정신적·심리적으로 깊이 마음속에 자리 잡다. 또는 그렇게 되게 하다.

② 편지 형식으로 자신의 삶을 반추함으로써 주어진 운명에 항거
하고 있다.
　　　　주어진 운명에 순응하고 있음.

＊근거: (다) ⑮, ㉒, ㉓

편지 봉투에 쓰는 주소 형식인 제목을 통해 편지 형식으로 쓰여진 작품임을 알
수 있으며, 화자가 '슬픔이며 어리석음이며를 소처럼 연하여 쌔김질하는 것'에서
지난 삶을 반추하는 모습이 나타난다. 그러나 주어진 운명에 대해 화자는 '내 뜻
이며 힘으로, 나를 이끌어 가는 것이 힘든 일인 것을 생각하고, / 이것들보다 더
크고, 높은 것이 있어서, 나를 마음대로 굴려 가는 것을 생각하는 것'이라 말하고
있다. 즉 운명에 항거하는 것이 아니라 순응하는 태도를 보이고 있다.

┌ 반추하다: 어떤 일을 되풀이하여 음미하거나 생각하다.
└ 항거하다: 순종하지 아니하고 맞서서 반항하다.

③ 시적 화자가 겪은 사건을 구체화하여 예전의 상황을 상세하게
보여 주고 있다.
　　　　사건을 구체화하지 않음.

화자는 가족과 헤어지고 홀로 헤매다 목수네 집 방에 세 들어 살게 된 자신의 상
황을 압축적으로 표현하고 있다. 긴 호흡의 문장을 사용하여 내면을 드러내고 있
을 뿐 사건을 구체화하여 제시한 부분을 찾을 수 없고, 예전의 상황 역시 상세하
게 서술하고 있지 않다.

같거나 비슷한 시구나 연을 시의 첫 부분과 마지막 부분에서 반복하는 방법
④ 수미상관의 방식으로 시적 화자가 처음 상태로 회귀하는 상황
　　드러나지 않음.　　　　　　처음 상태로 회귀하지 않음.
을 드러내고 있다.

(다)에는 수미상관이 사용되지 않았으며, 화자는 무기력한 모습에서 삶의 의지를
다지는 모습으로 변화하고 있으므로 처음 상태로 회귀하고 있다고 볼 수 없다.

┌ 수미상관: 처음과 끝을 같거나 비슷하게 하여 서로 관련을 맺음. 또는 그렇게 만
│ 든 구성
└ 회귀하다: 한 바퀴 돌아 제자리로 돌아오거나 돌아가다.

1등급 풀이 Tip

'표현상 특징 파악하기' 유형에서는 선택지에 제시된 표현상 특징뿐만 아니라, 뒤
에 이어지는 작품의 내용에 대한 설명도 반드시 확인해야 한다.
(다)의 대표적인 표현상 특징(시상 전개 방식)인 '편지 형식'만 생각하고 문제를 풀
면 함정에 빠지기 쉽다. 반드시 그 뒤에 이어지는 내용인 '주어진 운명에 항거'가
맞는 말인지 확인해야 한다.
(다)의 화자는 자신보다 '더 크고, 높은 것이 있어서, 나를 마음대로 굴려 가는 것을
생각'하며 운명에 순응하는 태도를 보이고 있다.

A 23 ~ 25　　　　　　　　　　　　　　　　[예상 문제]

(가) 황지우, 〈새들도 세상을 뜨는구나〉

❶ 화자, 중심 대상　❷ 상황, 정서, 태도　❸ 표현상 특징　[시 해석]
❶ 화자 – 현실적 구속에서 자유롭지 못한 존재

❶ ㉠영화가 시작하기 전에 우리는
　　❸ 반어적(실제와 반대되게 말을 하는) 표현 – 강요에 의해 애국가를 들어야 하는 상황 강조
❷ 일제히 일어나 애국가를 경청한다.
　❸ 시대적 배경 암시 – 획일화(모두 같아나 다름이 없게 함.)와 애국심을 강조하는 군사 독재 정권하의 현실
　➡ 영화가 시작하기 전에 우리는 일제히 일어나 애국가를 경청한다.

경청하다: 귀를 기울여 듣다.

　　　＊❶, ❷행 요약: 영화관에서 애국가를 경청함.

❸ ㉡삼천리 화려 강산의
　❸ 반어적 표현 – 부정적인 국가의 모습을 긍정적인 어휘(애국가의 가사)로 표현함.
❹ 을숙도에서 일정한 군(群)을 이루며
　　❶ 중심 대상 ❷ 화자의 처지와 상반된 대상 – 자유로운 존재, 부러움의 대상
❺ 갈대 숲을 이룩하는 흰 새떼들이
　┌ 」: ❷ 상황 – 영화관에서 영화 시작 전에 기립하여 애국가를 들으며 스크린에 나오는 새들을 보고 있음.
❻ ㉢자기들끼리 끼룩거리면서
　　　❷ 태도: 현실에 대한 냉소적 태도
❼ 자기들끼리 낄낄대면서
❽ 일렬 이열 삼렬 횡대로 자기들의 세상을
　❸ 획일화를 강요하는 군사 문화에 대한 풍자(현실의 부정적 현상을 빗대어 비웃음.)

❾ 이 세상에서 떼어 메고
　억압과 강요로 인해 자유가 없는 현실 세계
❿ 이 세상 밖으로 어디론가 날아간다.
　자유와 이상의 세계 – 화자가 지향하는 세계
　➡ (애국가를 들을 때 스크린 속에서는) 삼천리 화려강산의 을숙도에서 일정한
　군을 이루며 갈대숲을 이룩하는 흰 새떼들이, 자기들끼리 끼룩거리고 낄낄대
　면서 일렬 이열 삼렬 횡대로 (날며) 자기들의 세상을 이 세상에서 떼어 메고,
　이 세상 밖 어디론가 날아간다.

┌ 이룩하다: 비행기 따위가 날기 위하여 땅에서 떠오르다.
└ 횡대: 가로로 줄을 지어 늘어선 대형(隊形)

　　　＊❸～❿행 요약: 스크린에 펼쳐지는 새들의 비상하는 모습

⓫ 우리도 우리들끼리
⓬ 낄낄대면서 ┐ ❸ 앞에 제시된 시구를 반복, 변주(변형)하여 의미를
⓭ 깔쭉대면서 ┘ 　강화함. – 현실에 대한 조롱과 야유(놀림)
⓮ ㉣우리의 대열을 이루며
⓯ 한 세상 떼어 메고
⓰ 이 세상 밖 어디론가 날아갔으면
　❷ 정서: 부정적 현실에서 벗어나기를 소망함.
⓱ 하는데 대한사람 대한으로
　애국가의 마지막 구절
⓲ 길이 보전하세로
⓳ ㉤각각 자기 자리에 앉는다.
⓴ 주저앉는다.
　❷ 정서: 부정적 현실에 대한 절망, 태도: 체념적
　➡ 우리도 우리들끼리 낄낄대고 깔쭉대며 (이 세상을 조롱하고) 우리의 대열을
　이루며 한 세상 떼어 메고 이 세상 밖 어디론가 날아갔으면 하는데, '대한사람
　대한으로 길이 보전하세'로 (애국가가 끝나며) 각각 자기 자리에 앉는다. 주저
　앉는다.

　　　＊⓫～⓴행 요약: 화자의 소망과 현실에 대한 좌절감

■ (가) 독해 공식
❶ 화자: '우리', 중심 대상: 흰 새떼
❷ 상황: 영화관에서 영화 시작 전에 기립하여 애국가를 들으며 스크린에 나오는 새들을 보
고 있음. 정서: 부정적 현실에서 벗어나기를 소망하지만, 결국 자리에 주저앉으며 절망함.
태도: 냉소적, 체념적
❸ 표현상 특징
• 시적 상황을 통해 시대적 배경을 암시하고 있음.
• 화자의 처지와 상반(반대)되는 대상을 제시해 현실에 대한 냉소적인(쌀쌀한 태도로 업신
여기어 비웃는) 태도를 드러내고 있음.
• 반어적(실제와 반대되는 말을 하는) 표현을 통해 현실을 풍자하고(현실의 부정적 현상을
빗대어 비웃고) 있음.
• 시구를 반복, 변주(변형)하여 의미를 강화하고 있음.

■ 내용: 이 작품은 군부 독재하 억압적인 현실 속에서 자유가 있는 곳으로 떠나고
싶은 심정을 표현한 현대시이다. 1970년대～1980년대 중반까지 권력을 차지한 군
부 독재 정권은 민중을 강압적으로 대하며 애국심을 강요했다. 당시에는 매일 오
후 6시에 하기식(下旗式)을 진행하고, 극장에서는 영화가 시작되기 전에 관람객
이 기립한 채 애국가를 들으며 스크린에 펼쳐지는 국기를 향해 차렷 자세로 경의
를 표하도록 했다. 이 작품은 스크린에 펼쳐지는 화려 강산의 우리나라에서 비상
하는 새들을 통해 군부 독재의 폭압성을 반어적으로 비판하고 있다.
■ 주제: 폭압적 군사 정권하에서 느끼는 암울한 현실에 대한 좌절감

■ 이것이 핵심! 화자의 처지와 대비되는 대상

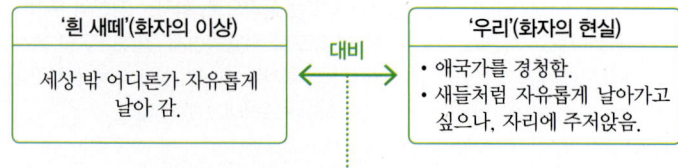

'흰 새떼'(화자의 이상)	대비	'우리'(화자의 현실)
세상 밖 어디론가 자유롭게 날아 감.	⟷	• 애국가를 경청함. • 새들처럼 자유롭게 날아가고 싶으나, 자리에 주저앉음.

이상과 현실이 괴리된 상황으로 인해 좌절감을 느낌.

(나) 김지하, 〈타는 목마름으로〉

❶ 화자, 중심 대상   ❷ 상황, 정서, 태도   ❸ 표현상 특징   [시 해석]

① 아직 동이 트지 않은 암담한 상황   ② 민주주의에 대한 희망

1
❶ 신새벽 뒷골목에
    암담한 현실
❷ 네 이름을 쓴다 민주주의여
            ❶ 중심 대상
❸ 「내 머리는 너를 잊은 지 오래
  ❶ 화자   ❸ 의인화(사람이 아닌 것을 사람에 비기어 표현) – 민주주의를 사람처럼 표현하며 말을 건넴.
❹ 내 발길은 너를 잊은 지 너무도 너무도 오래」
   「 」: ❸ 반어적(실제와 반대되게 말을 하는) 표현
❺ 오직 한 가닥 있어
❻ 타는 가슴 속 목마름의 기억이
   ❷ 정서: 민주주의에 대한 간절한 염원
❼ 네 이름을 남몰래 쓴다 민주주의여.
   ❷ 태도: 저항적(억압적 현실 속에서도 민주주의에 대한 열망을 포기하지 않음.)

➡ 민주주의여, 신새벽 뒷골목에 네 이름을 쓴다. 내 머리는 너를 잊은 지 오래되었고, 내 발길은 너를 잊은 지 너무도 너무도 오래되었다. (그러나) 민주주의여, 타는 가슴속 (너를 갈망하던) 목마름의 기억이 아직 한 가닥 남아 있어서 (억압적인 현실 속에서) 네 이름을 남몰래 쓴다.

〔 **신새벽**: 첫새벽 〕

*1연 요약: 민주주의에 대한 열망

2
❶ 아직 동트지 않은 뒷골목의 어딘가
   민주주의가 실현되지 않은 현실
❷ 「발자국 소리 호르락 소리 문 두드리는 소리
   「 」: ❸ 청각적 이미지 – 여러 '소리'를 통해 억압적 상황에서 오는 긴장감, 불안감을 형상화함.
❸ 외마디 길고 긴 누군가의 비명 소리
❹ 신음소리 통곡소리 탄식소리」
❺ 그 속에 내 가슴팍 속에
❻ 깊이깊이 새겨지는 네 이름 위에
❼ 네 이름의 외로운 눈부심 위에
   ❸ 역설적 표현 – '외로운'과 '눈부심'의 모순 속에 고통과 억압에도 빛나는
❽ 살아오는 삶의 아픔   민주주의에 대한 희망이 함축됨.
❾ 살아오는 저 푸르른 자유의 추억
   민주주의에 대한 이상과 염원
❿ 되살아오는 끌려가는 벗들의 피묻은 얼굴
   민주주의 실현을 위해 희생한 사람들
⓫ 「떨리는 손 떨리는 가슴
   「 」: ❸ 반복, 점층적(정도를 점점 강하거나 크게 하는) 표현 – 분노의 격앙
⓬ 떨리는 치떨리는 노여움으로」 나무 판자에
⓭ 백묵으로 서툰 솜씨로
⓮ 쓴다.

➡ 아직 동트지 않은 뒷골목의 어딘가에서 발자국 소리, 호루라기 소리, 문 두드리는 소리, 외마디 길고 긴 누군가의 비명 소리, 신음 소리, 통곡 소리, 탄식 소리가 들린다. 그 소리와 내 가슴 속에 너(민주주의)의 이름이 깊이 새겨진다. 그 위에, 외롭고도 눈부신 너의 이름 위에, 삶의 아픔과 저 푸르른 자유의 추억이 살아온다. (민주주의를 위해 싸우다가) 끌려가는 벗들의 피 묻은 얼굴이 되살아온다. 떨리는 손, 떨리는 가슴. 치 떨리는 노여움으로 나무판자에 백묵으로, 서툰 솜씨로 (너의 이름을) 쓴다.

〔 **노여움**: 분하고 섭섭하여 화가 치미는 감정   **백묵**: 칠판에 글씨를 쓰는 필기구 〕

*2연 요약: 억압적 현실 속에서 민주주의 회복을 갈망함.

3
❶ 숨죽여 흐느끼며
❷ 네 이름을 남몰래 쓴다.
❸ 타는 목마름으로
         ❸ 반복 – 민주주의에 대한
❹ 타는 목마름으로   화자의 열망 강조
   ❷ 정서: 민주주의에 대한 강한 열망
❺ 민주주의여 만세.

➡ 숨죽여 흐느끼며 너(민주주의)의 이름을 남몰래 쓴다. 타는 목마름으로. 타는 목마름으로. 민주주의여 만세.

*3연 요약: 타는 목마름으로 민주주의를 열망하며 기다림.

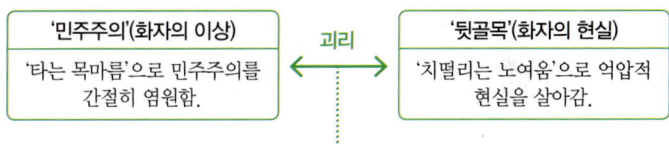

⭐ (나) 독해 공식
❶ **화자:** '나', 중심 대상: 민주주의
❷ **상황:** 억압적 현실 속에서 민주주의를 생각함.
정서: 민주주의를 간절히 염원함.
태도: 저항적(억압적 현실 속에서도 민주주의에 대한 열망을 포기하지 않음.)
❸ **표현상 특징**
- 중심 소재를 의인화(사람이 아닌 것을 사람에 비기어 표현)하여 그 대상에게 말하는 형식으로 시상을 전개하고 있음.
- 반복과 점층적(정도를 점점 강하거나 크게 하는) 표현을 사용해 화자의 정서를 강조하고 있음.
- 역설적(겉보기에는 모순되는 것 같으나 그 속에 진실이 함축되어 있는) 표현을 통해 의미를 강조하고 있음.
- 반어적(실제와 반대되게 말을 하는) 표현을 활용하고 있음.
- 청각적(귀로 듣는 듯한) 이미지를 활용하고 있음.

■ **내용:** 이 작품은 장기간의 군부 독재로 인해 민주주의가 탄압받던 시대적 상황을 배경으로 한 현대시이다. 1961년 5·16 군사 쿠데타로 집권한 박정희 정권은 18년 동안의 독재로 한국의 민주주의를 억압했고, 박정희가 암살된 후 권력을 잡은 전두환 정권도 독재의 길을 계속 이어 갔다. 이 작품은 이러한 시대 현실을 가슴속에 목마른 기억으로만 남아 있는 민주주의라는 이름을 이른 새벽 뒷골목에서 남몰래 쓴다는 시적 상황으로 집약하여 표현하고, 민주주의를 의인화하여 간절히 부름으로써 민주주의 실현에 대한 강한 열망을 드러내고 있다.

■ **주제:** 민주주의 실현에의 강한 열망과 기다림

■ **이것이 핵심!:** 현실과 이상의 괴리

'민주주의'(화자의 이상)	괴리	'뒷골목'(화자의 현실)
'타는 목마름'으로 민주주의를 간절히 염원함.	↔	'치떨리는 노여움'으로 억압적 현실을 살아감.

⬇ 자신의 이상인 민주주의를 갈망함.

A 23   정답 ②   *작품 비교하기

(가)와 (나)의 공통점으로 가장 적절하지 않은 것은?

▷**왜 정답?**

     문장 성분의 순서를 뒤바꾸어
② 어순을 도치하여 시어의 의미를 변형하고 있다.
(가)에는 나타나지 않음.   (나)에 어순의 도치는 드러나지만, 시어의 의미를 변형하지는 않음.

*근거: (가) ✕, (나) **1**-❷, ❼
(가)에는 어순의 도치가 나타나지 않았다. (나)에서는 '네 이름을 남몰래 쓴다' 뒤에 '민주주의여.'를 배치하여 어순을 바꾸는 도치법을 사용하고 있다. 그러나 어순을 도치하여 '민주주의'에 대한 열망을 강조하고 있을 뿐 시어의 의미를 변형하고 있는 것은 아니다.

〔 **어순:** 문장 성분의 배열에 나타나는 일정한 순서
도치하다: 차례나 위치 따위를 서로 뒤바꾸다.
변형하다: 모양이나 형태가 달라지거나 달라지게 하다. 〕

▷**왜 오답?**

① 반복법을 사용하여 주제를 심화하고 있다.
(가): '자기들끼리', '낄낄대면서', (나): '네 이름을 쓴다', '타는 목마름으로'

*근거: (가) ❻, ❼, ⓬, ⓭, (나) **1**-❷, ❼, **3**-❷~❹
(가)에서는 '자기들끼리 끼룩거리면서 / 자기들끼리 낄낄대면서'와 '낄낄대면서 / 깔쭉대면서'에서 반복법을 사용하여 억압적 현실에 대한 냉소적, 부정적 태도를 드러내고 있고, (나)에서는 '네 이름을 쓴다 민주주의여'와 '타는 목마름으로'라는 구절을 반복하여 민주주의에 대한 강한 열망을 드러내고 있다.

〔 **반복법:** 같거나 비슷한 어구를 되풀이하는 표현 방법
심화하다: 정도나 경지가 점점 깊어지다. 또는 깊어지게 하다. 〕

Ⓐ

③ 대립적인 이미지의 시어를 구체적으로 제시하고 있다.
(가): '흰 새떼'↔'우리' (나): '푸르른 자유의 추억'↔'벗들의 피묻은 얼굴'

＊근거: (가) ❺~❿, ⓫~⓴, (나) ❷-❾, ❿

(가)에서는 자유로운 '흰 새떼들'과 억압적 현실 속에서 주저앉은 '우리들'이 대립적인 이미지로 나타나 있다. (나)에서는 민주주의의 이상을 의미하는 '푸르른 자유의 추억'과 민주주의 실현을 위해 희생한 이들을 의미하는 '벗들의 피묻은 얼굴'이 대립적인 이미지로 제시되어 있다.

〔 대립적: 의견이나 처지, 속성 따위가 서로 반대되거나 모순되는 것

④ 부정적 현실에 대한 인식이 작품의 모티프가 되고 있다.
(가): 획일화와 애국을 강요하는 현실에 대한 인식, (나): 민주주의가 억압된 현실에 대한 인식

＊근거: (가) ❶, ❷, ⓰~⓴, (나) ❷-❶~❿, ❸-❸~❺

(가)는 영화관에서 영화를 상영하기 전 일제히 일어나 애국가를 경청하도록 강요하는 군사 독재 정권하의 부정적 현실이 드러나 있다. (가)의 화자는 이러한 현실을 비판적으로 인식하며 스크린의 흰 새떼처럼 날아가고 싶어 하지만 결국은 '주저앉'고 마는 모습을 형상화하고 있다. (나)는 민주주의가 억압된 상황에서 고통받고 희생당하면서도 민주주의 실현을 위해 희생한 사람들의 모습이 드러나며, 이러한 현실 속에서 (나)의 화자는 '타는 목마름으로' 민주주의를 열망하고 있다.

〔 모티프: 회화, 조각, 소설 따위의 예술 작품을 표현하는 동기가 된 작가의 중심 사상

⑤ 반어적 표현으로 현실에 대한 비판적 인식을 드러내고 있다.
(가): '삼천리 화려 강산', (나): '너를 잊은 지 오래'

＊근거: (가) ❷, ❸, (나) ❶-❸, ❹

(가)에서는 영화관에서 영화를 보기 전에 강제로 애국가를 들으며 스크린에 펼쳐진 우리나라의 모습을 '삼천리 화려 강산'이라는 애국가의 가사로 표현하여 부정적인 현실을 반어적으로 드러내고 있다. (나)에서 민주주의를 염원하는 화자는 '너를 잊은 지 오래'라고 말하며 민주주의에 대한 갈망을 반대로 표현하고 있다.

〔 반어적 표현: 표현의 효과를 높이기 위하여 실제와 반대되게 말을 하는 표현

A 24 정답 ② ＊〈보기〉를 바탕으로 감상하기

〈보기〉를 활용하여 ㉠~㉤의 함축적 의미를 이해한 것 중 적절하지 않은 것은?

• 〈보기〉: 억압적인 군부 독재 체제의 정부는 시민들에게 애국심을 강요했습니다.
• ㉠: ㉠은 영화관에서 애국가를 경청해야 하는 시대 상황을 나타내고 있습니다.
• ㉡: ㉡은 부정적인 국가의 모습을 애국가의 한 구절을 활용하여 긍정적 어휘로 나타낸 반어적 표현입니다.
• ㉢: ㉢은 흰 새떼들이 웃는 소리를 통해 화자의 냉소적 태도를 드러내고 있습니다.
• ㉣: ㉣에는 억압적 현실에서 벗어나고자 하는 화자의 소망이 담겨 있습니다.
• ㉤: ㉤은 애국가가 끝나고 자리에 주저앉는 화자의 체념적인 모습입니다.

즉 억압적 시대 상황을 고려하여 ㉠~㉤에 드러난 화자의 정서와 태도를 이해한 내용 중 틀린 것을 고르는 문제입니다.

─────[보기]─────

❶한국 현대사에서 1970년대와 80년대 중엽까지는 억압적인 군부 독재 체제하에서 정부가 국민 위에 군림하던 시기였다. ❷일례
③~⑤의 근거
로 당시에는 저녁 6시가 되면 하기식(下旗式)이라 하여 길 가던 시민들까지 발을 멈추고 들려오는 애국가를 들으며 국기에 대한 경례를 해야 했다. ❸뿐만 아니라 영화관에서는 영화가 시작되기 전에 관람객들이 일제히 기립하여 스크린에 펼쳐지는 국기를 향
(가)의 시적 상황과 연결됨. ①, ②의 근거
해 차렷 자세로 경의를 표했다.

┈┈┈┈┈┈┈┈┈┈┈┈┈┈┈┈┈

군림하다: 어떤 분야에서 절대적인 세력을 가지고 남을 압도하다.
기립하다: 일어나서 서다. 경의: 존경하는 뜻

왜 정답?

② ㉡: 민주주의가 억압된 상황 속에서도 <u>우리나라의 아름다운 자연을 예찬</u>하고 있다.
억압적인 시대 현실을 풍자하는 반어적 표현임.

＊근거: (가) ❸, 〈보기〉 ❸ 문장

〈보기〉에서 (가)의 시적 상황은 영화관에서 영화가 시작되기 전에 일제히 기립하여 애국가를 듣는 상황으로 억압적인 군부 독재 체제의 산물임을 알 수 있다. ㉡의 '삼천리 화려 강산'은 우리나라의 아름다움을 표현한 애국가의 한 구절인데, 당시 우리나라가 독재 체제하에서 억압되어 있었음을 고려할 때 ㉡은 우리나라의 아름다운 자연에 대한 예찬이 아닌 반어적 표현으로 해석할 수 있다.

〔 예찬하다: 무엇이 훌륭하거나 좋거나 아름답다고 찬양하다.

왜 오답?

① ㉠: 군사 독재 시절, 국민에게 애국을 강요하던 억압된 시대
영화 시작 전에 애국가를 듣도록 한 것은 국민에게 애국을 강요하던 모습임.
상황을 엿볼 수 있다.

＊근거: (가) ❶, ❷, 〈보기〉 ❸ 문장

㉠에서 영화 시작 전에 사람들이 '일제히 일어나 애국가를 경청'하는 것은 군부 독재 시절 극장의 모습으로, 이를 통해 독재 정권이 국민에게 애국을 강요하던 억압된 시대 상황을 엿볼 수 있다.

③ ㉢: 새들이 내는 소리를 음성 상징어로 나타내어 잘못된 현실
'끼룩거리면서', '낄낄대면서'
에 대한 화자의 냉소적 태도를 표현하고 있다.

＊근거: (가) ❻, ❼, 〈보기〉 ❶ 문장

㉢은 '어디론가 날아'가는 '새떼들'이 내는 소리를 '끼룩거리면서', '낄낄대면서'와 같이 나타내고 있다. '새떼들'은 억압적 현실에 놓여 있는 화자와 상반된 자유로운 존재들이다. 〈보기〉에 따르면, 새들이 '끼룩', '낄낄' 소리를 내며 날아간다는 것에는 잘못된 현실에 대한 화자의 냉소적 태도가 반영되어 있다고 볼 수 있다.

〔 음성 상징어: 소리와 의미의 관계가 필연적인 것으로 여겨지는 단어. 의성어와 의태어로, '멍멍', '탕탕', '아장아장', '엉금엉금' 따위가 있다.
〔 냉소적: 쌀쌀한 태도로 업신여기어 비웃는 것

④ ㉣: 폭압적 현실로부터 멀리 떠나버렸으면 좋겠다는 화자의
'이 세상 밖 어디론가 날아갔으면'
소망이 드러나 있다.

＊근거: (가) ⓮~⓰, 〈보기〉 ❶ 문장

㉣에는 우리도 '새떼들'처럼 대열을 이루어 '이 세상 밖 어디론가 날아갔으면' 좋겠다는 화자의 소망이 드러나 있다. 〈보기〉를 고려할 때 이는 당시 독재 정권하의 폭압적 현실로부터 벗어나기를 바라는 마음으로 해석할 수 있다.

〔 폭압: 폭력으로 억압함.

⑤ ㉤: 자유와 이상을 동경하면서도 현실을 극복할 수 있는 용기
새떼처럼 날아가지 못하고 주저앉음.
가 없음을 보여 주고 있다.

＊근거: (가) ⓰~⓴, 〈보기〉 ❶ 문장

㉤은 '대한사람 대한으로 길이 보전하세'라는 애국가의 마지막 구절이 끝나자 각자 자기 자리에 앉는 모습을 '주저앉는다'라고 표현하고 있다. 화자는 새떼들처럼 '어디론가 날아갔으면'이라고 하며 자유와 이상을 동경하는 태도를 드러냈지만, 스스로 현실을 극복할 수 있는 용기가 없어 자리에 '주저앉고' 마는 체념적 태도를 보이고 있는 것이다.

〔 동경하다: 어떤 것을 간절히 그리워하여 그것만을 생각하다.

Ⓐ 25 정답 ④ *화자의 정서와 태도 파악하기

(나)의 화자와 〈보기〉의 화자가 동일인이라고 할 때, 〈보기〉의 화자가 할 만한 말로 적절한 것은?

• (나)의 화자: 화자는 억압적 현실 속에서도 민주주의를 간절히 염원합니다.
• 〈보기〉의 화자: 화자는 젊었을 때 이상을 가지고 현실에 저항했지만, 결국 현실에 순응하는 기성세대가 된 것을 부끄러워합니다.

즉 민주주의를 염원하였으나 시간이 흐르며 현실에 안주하게 된 화자의 심정으로 적절한 것을 고르는 문제입니다.

─────────[보기]─────────

❶ 그로부터 18년 오랜만에

❷ 우리는 모두 무엇인가가 되어

❸ 혁명이 두려운 기성세대가 되어
　소시민적이고, 현실에 안주하고자 하는 기성세대

❹ 넥타이를 매고 다시 모였다.

❺ 「회비를 만 원씩 걷고
　「 」: 현실에 순응하며 사는 소시민의 모습

❻ 처자식들 안부를 나누고

❼ 월급이 얼마인가 서로 물었다.

❽ 치솟는 물가를 걱정하며

❾ 즐겁게 세상을 개탄하고
　치열하지 않고 깊이가 없는 비판

❿ 익숙하게 목소리를 낮추어

⓫ 떠도는 이야기를 주고 받았다.」

⓬ 모두가 살기 위해 살고 있었다.
　꿈과 이상을 상실한 채 살아가는 삶

⓭ 아무도 이젠 노래 부르지 않았다.
　순수한 열정을 잃어버림.

　　　　　　– 김광규, 〈희미한 옛 사랑의 그림자〉 중에서

─────────────────────

혁명: ① 헌법의 범위를 벗어나 국가 기초, 사회 제도, 경제 제도, 조직 따위를 근본적으로 고치는 일 ② 이전의 관습이나 제도, 방식 따위를 단번에 깨뜨리고 질적으로 새로운 것을 급격하게 세우는 일
기성세대: 현재 사회를 이끌어 가는 나이가 든 세대
개탄하다: 분하거나 못마땅하게 여겨 한탄하다.

＞왜 정답?

④ **젊은 시절의 순수한 열정은 어디 가고, 무기력하게 현실 문제**
　(나)의 화자는 민주주의를 간절히 염원함.
에 안주하는 소시민적 모습이 부끄럽군요.
　〈보기〉 화자는 무기력한 소시민으로 살아가고 있음.

＊**근거**: (나) ❸, 〈보기〉 ⓬, ⓭

〈보기〉의 시는 4·19 혁명이 일어나던 해에 자유와 민주주의를 외치던 젊은이들이, 그로부터 18년이 지나 모두 기성세대가 된 시점에서 현실에 순응한 채 살고 있는 모습에 대해 부끄러움을 표현한 작품이다. 젊은 시절 가졌던 역사와 혁명에 대한 열정을 기억하지만 결국 현실을 버텨야 하는 소시민이 된 기성세대의 모습과 그들이 느끼는 부끄러움, 사회에 대한 윤리적 의무감의 상실이 드러나고 있다. (나)의 화자는 군부 독재의 억압적 현실 속에서도 '남 몰래' '타는 목마름으로' '민주주의여 만세'라고 쓰는 순수한 열망을 지니고 있다. 따라서 〈보기〉의 화자가 (나)의 화자였다면 과거의 순수한 열정은 사라지고, 현실에 안주하고 있는 자신의 모습에 대한 부끄러움을 드러낼 수 있다.

┌ **무기력하다**: 어떠한 일을 감당할 수 있는 기운과 힘이 없다.
│ **안주하다**: 현재의 상황이나 처지에 만족하다.
└ **소시민적**: 대체로 부동적(浮動的)이며 중간적인 것

＞왜 오답?

① **옛날과는 다르게 자유롭고 민주적인 삶을 살아가고 있어서 참**
　　　　　　　　민주적인 삶의 모습이나 화자가 다행으로 여기는 태도는 드러나지 않음.
　다행입니다.

＊**근거**: 〈보기〉 ❸, ❽〜⓭

〈보기〉의 화자는 '기성세대'가 되어 물가를 걱정하거나 가벼운 태도로 세상을 개탄하고 있으며, 그러한 자신들의 모습을 '모두가 살기 위해 살고 있었다.'라고 여기고 있다. 〈보기〉에서 자유롭고 민주적인 삶을 살아가는 모습은 드러나지 않으며 화자가 현실을 다행스럽게 여기는 태도도 드러나 있지 않다.

② **젊은 시절에 민주주의를 되찾은 결과로 현재 이런 모습으로**
　　　현실에 순응하고 안주하고 있는 모습이 민주주의를 되찾은 결과라고 볼 수 없음.
　살아갈 수 있는 것이죠.

＊**근거**: 〈보기〉 ❸〜❼, ⓬, ⓭

〈보기〉의 화자는 '혁명이 두려운 기성세대'가 되어 현실에 안주하면서, 순수와 열정을 잃어버린 처지를 인식하고 있다. 따라서 이러한 삶의 모습이 (나)에서 추구하던 이상, 즉 민주주의를 되찾은 결과라고 보기는 어렵다.

③ **시대가 많이 변했으므로 변화된 시대 현실에 걸맞게 능동적으**
　　　　　　　　　　　화자가 능동적으로 살고 있다고 보기 어려움.
　로 사는 것이 당연해요.

＊**근거**: 〈보기〉 ⓬, ⓭

〈보기〉의 화자는 '살기 위해 살고 있'다고 하였으므로 변화된 현실에 따라 능동적으로 사는 것이라 볼 수 없다.

[**능동적**: 다른 것에 이끌리지 아니하고 스스로 일으키거나 움직이는 것

⑤ **그 당시에 있었던 일을 우리 모두가 잊기로 한 것은 잘한 일이**
　　　　　　과거의 일을 잊기로 한 모습이나 역사가 긍정적으로 변한 모습은 드러나 있지 않음.
　죠. 역사는 긍정적인 모습으로 변하기 마련이니까요.

＊**근거**: 〈보기〉 ⓬, ⓭

〈보기〉에서 화자는 과거의 꿈과 이상, 순수한 열정을 상실한 채 소시민적으로 살아가고 있는 것이지 과거의 일을 잊기로 했다고 볼 수는 없다. 역사가 긍정적으로 변한 모습 또한 드러나지 않는다.

Ⓐ 26〜28 ──────── [2016 대비/사관학교(B) 31〜33]

(가) 백석, 〈노루 – 함주시초(咸州詩抄) 2〉

❶ 화자, 중심 대상　❷ 상황, 정서, 태도　❸ 표현상 특징　시 해석
▨ : ❸ 방언 – 토속적(그 지방에만 특유한 풍속을 닮은) 정서 환기
▨ : ❸ 음성 상징어(사람이나 사물의 소리나 움직임을 흉내 낸 말)

[1] ❶ 장진(長津) 땅이 지붕 넘에 넘석하는＊ 거리다
　　❶ 구체적 지명
❷ 자구나무 같은 것도 있다

❸ 기장감주에 기장차떡＊이 흔한 데다

❹ 이 거리에 산골 사람이 노루 새끼를 다리고 왔다
　　　　　　　❶ 중심 대상　❶ 중심 대상　데리고
　❷ 상황: 장터에서 산골 사람과 그가 팔려고 데려온 노루 새끼를 관찰하고 있음.

→ 장진 땅이 지붕 너머로 넘어다 보이는 거리가 있다. 이 거리에는 자귀나무 같은 것도 있고, 기장으로 만든 식혜와 찰떡이 흔한 곳이다. 이 거리에 산골 사람이 노루 새끼를 데리고 왔다.

＊ [1]연 요약: 장터에서 노루 새끼를 데리고 온 산골 사람을 봄.

[2] 「❶ 산골 사람은 막베등거리＊ 막베잠방등에＊를 입고
　　　　　　　　　　　허름한 옷차림
❷ 노루 새끼를 닮았다
　　❷ 정서: 연민 – 산골 사람과 노루 새끼는 초라하고 약한 존재라는 점에서 유사함.
❸ 노루 새끼 등을 쓸며

❹ 터 앞에 당콩 순＊을 다 먹었다 하고

❺ 서른 닷 냥 값을 부른다」

❻ 「노루 새끼는 다문다문＊ 흰 점이 백이고 배 안의 털을 너슬너슬＊ 벗고
　　　　「 」: ❸ 시각적(눈으로 보는 듯한 느낌을 주는) 이미지로 노루 새끼를 묘사하고 있음.
❼ 산골 사람을 닮았다」

→ 막베로 만든 홑옷과 홑바지를 입은 산골 사람은 노루 새끼를 닮았다. (산골 사람은) 노루 새끼의 등을 쓸며 (노루 새끼가) 터 앞에 강낭콩 순을 다 먹었다 하고 노루 새끼의 값으로 서른 닷 냥을 부른다. 다문다문 흰 점이 박히고 배 안의 털을 너슬너슬 벗은 노루 새끼는 산골 사람을 닮았다.

*②연 요약: 서로 닮은 산골 사람과 노루 새끼

③ ❶「산골 사람의 손을 핥으며
　　「 」: ❸ 감정을 절제해 시적 상황을 담담하게 전달함.
❷ 약자*에 쓴다는 흥정 소리를 듣는 듯이
❸ 새까만 눈에 하이얀 것이 가랑가랑한다」
　　❷ 정서: 노루에 대한 연민, 감정적 유대
→ (노루 새끼는) 산골 사람의 손을 핥으며 (자신을) 약재에 쓴다는 흥정 소리를 듣는 듯이, 새까만 눈에 하얀 눈물이 가득 고여 있다.

〔가랑가랑하다: 눈에 눈물이 넘칠 듯이 가득 괴어 있다.

*③연 요약: 팔려 갈 처지에 놓인 노루 새끼

* 넘석하는: 넘어다 보이는. 크게 힘을 들이지 않고도 갈 만큼 가까운
* 기장감주, 기장차떡: 기장으로 만든 식혜와 찰떡
* 막베등거리: 막베(거칠게 짠 베)로 만든, 등만 덮을 만하게 만든 홑옷
* 막베잠방둥에: 막베로 만든, 가랑이가 무릎까지 내려오도록 짧게 만든 홑바지
* 당콩 순: 강낭콩 순　* 다문다문: 사이가 배지 않고 드문 모양
* 너슬너슬: (굵고 긴 털이나 풀 따위가) 부드럽고 성긴 모양　* 약자: 약재

🌸 (가) 독해 공식
❶ 화자: 드러나지 않음.(산골 사람과 노루 새끼를 관찰하는 사람)
중심 대상: 산골 사람, 노루 새끼
❷ 상황: 장터에서 산골 사람과 그가 팔려고 데려온 노루 새끼를 관찰하고 있음.
정서: 산골 사람과 노루 새끼에 대한 연민, 감정적 유대
❸ 표현상 특징
· 대상을 관찰하는 입장에서 시상을 전개하고 있음.
· 화자의 감정을 절제해 시적 상황을 담담하게 전달하고 있음.
· 지명, 방언, 음성 상징어(사람이나 사물의 소리나 움직임을 흉내 낸 말) 등을 사용해 사실감(실제로 있었던 일 같은 느낌)을 부각하고 있음.
· 감각적 이미지(시각, 청각, 촉각, 후각, 미각 등의 감각을 떠올리게 하는 이미지)를 통해 대상을 묘사하고 있음.

■ 내용: 이 작품은 '장진 땅'이 보이는 곳의 장터에서 목격한 산골 사람과 노루 새끼의 모습을 연민의 시선으로 관찰한 내용을 담은 현대시이다. '산골 사람'은 '노루 새끼'를 장에다 팔려고 하고, '노루 새끼'는 죽음을 앞두고 있지만 자신을 팔려는 '산골 사람'의 손을 핥고 있다. 시인은 이런 비극적인 상황을 바라보면서도 자신의 감정을 극도로 절제한 채 담담하게 그리고 있다.
■ 주제: 산골 사람과 노루 새끼에 대한 연민

■ 이것이 핵심!: 화자의 연민

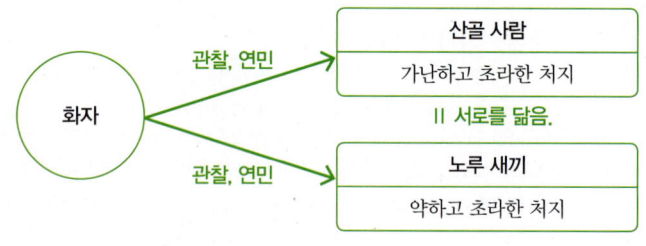

(나) 신경림, 〈산에 대하여〉
　　❶ 화자, 중심 대상　❷ 상황, 정서, 태도　❸ 표현상 특징　〔시 해석〕
　　　: ❸ 부정어의 반복을 통해 '낮은 산'의 존재를 강조함.

　　❶ 산이라 해서 다 크고 높은 것은 아니다
[A]　　❷ 상황: 낮은 산에 대해 생각하고 있음.
　　❷ 다 험하고 가파른 것은 아니다
→ 산이라 해서 다 크고 높은 것은 아니다. (모든 산이) 다 험하고 가파른 것은 아니다.

〔가파르다: 산이나 길이 몹시 기울어져 있다.

*❶, ❷행 요약: 낮은 산의 존재에 대한 인식

---

❸「어떤 산은 크고 높은 산 아래
　　「 」: ❸ 산을 의인화(사람이 아닌 것을 사람에 비기어 표현하여 산의 특징을 나타냄.
❹ 시시덕거리고 웃으며 나지막이 엎드려 있고 – ❸ 청각적, 시각적 심상
　　　　　　　　　　　　낮은 산의 특징 ① – 겸손함
[B]❺ 또 어떤 산은 험하고 가파른 산자락에서
❻ 슬그머니 빠져 동네까지 내려와
　　　　사람들과 가까이 있는 낮은 산
❼ 부러운 듯 사람 사는 꼴을 구경하고 섰다」
　　　　낮은 산의 특징 ② – 사람 가까이 있음.
→ 어떤 산은 시시덕거리고 웃으며 크고 높은 산 아래에 나지막이 엎드려 있고, 또 어떤 산은 험하고 가파른 산에서 슬그머니 빠져 동네까지 내려와서 (사람들이) 부러운 듯 사람 사는 모습을 구경하고 서 있다.

〔시시덕거리다: 실없이 웃으면서 조금 큰 소리로 계속 이야기하다.

*❸~❼행 요약: 사람 가까이 있는 낮은 산

❽「그리고는 높은 산을 오르는 사람들에게
　　「 」: ❸ 낮은 산의 특징 ③ – 이타적
❾ 순하디순한 길이 되어 주기도 하고
[C]❿ 남의 눈을 꺼리는 젊은 쌍에게 짐짓　　　❸ 유사한 통사(문장) 구조
⓫ 따뜻한 사랑의 숨을 자리가 돼 주기도 한다」
→ 그리고는 (낮은 산은) 높은 산을 오르는 사람들에게 순하디순한 길이 되어 주기도 하고, 남의 눈을 꺼리는 젊은 쌍에게 짐짓 따뜻한 사랑의 숨을 자리가 돼 주기도 한다.

〔짐짓: '짐짓(아닌 게 아니라 정말로)'의 옛말

*❽~⓫행 요약: 사람들을 배려하는 낮은 산

⓬ 그래서 낮은 산은 내 이웃이던
　　❶ 중심 대상　❶ 화자
⓭ 간난이네 안방 왕골자리처럼 때에 절고　　남을 위해 살다가 누추해진
⓮ 그 누더기 이불처럼 지린내가 배지만　　낮은 산의 모습
　　❸ 후각적 심상(냄새를 직접 맡는 듯한 느낌을 주는 것)
⓯ 눈개비나무 찰피나무며 모싯대 개쑥에 덮여
[D]⓰ 곤줄박이 개개비 휘파람새 노랫소리를
　　❸ 청각적 심상(귀로 듣는 듯한 느낌을 주는 것)
⓱ 듣는 기쁨은 낮은 산만이 안다
　　낮은 산의 특징 ④ – 소박한 것에서 기쁨을 느낌
⓲ 사람들이 서로 미워서 잡아 죽일 듯
⓳ 이빨을 갈고 손톱을 세우다가도
⓴ 칡넝쿨처럼 머루 넝쿨처럼 감기고 어우러지는
　　　　화자가 생각하는 바람직한 삶의 모습
㉑ 사람 사는 재미는 낮은 산만이 안다
　　낮은 산의 특징 ⑤ – 사람 사는 재미를 알고 있음.
→ 그래서 (사람들을 배려해서) 낮은 산은 내 이웃이던 간난이네 안방 왕골자리처럼 때에 절고, 그 누더기 이불처럼 지린내가 나지만, 눈개비나무, 찰피나무며 모싯대 개쑥에 덮여 곤줄박이, 개개비, 휘파람새 노랫소리를 듣는 기쁨은 낮은 산만이 안다. 사람들이 서로 미워서 잡아 죽일 듯 이빨을 갈고 손톱을 세우다가도 칡넝쿨처럼 머루 넝쿨처럼 감기고 어우러지는(다투다가도 서로 어우러지며 아웅다웅 살아가는) 사람 사는 재미는 낮은 산만이 안다.

〔왕골자리: 왕골(사초과의 한해살이풀)을 굵게 쪼개어 엮어 만든 자리

*⓬~㉑행 요약: 사람 사는 재미를 아는 낮은 산

㉒ 사람이 다 크고 잘난 것만이 아니듯
㉓ 다 외치며 우뚝 서있는 것이 아니듯
[E]㉔「산이라 해서 모두 크고 높은 것은 아니다
　　❷ 태도: 낮은 산을 긍정적으로 재인식함. – 평범하고 소박한 삶의 가치 긍정
㉕ 모두 흰 구름을 겨드랑이에 끼고
㉖ 어깨로 바람 맞받아치며 사는 것은 아니다」
　　「 」: ❸ 1연을 반복적으로 변주(변형)하여 주제를 강조함.
→ 사람이 다 크고 잘난 것만이 아니듯, (사람이) 다 외치며 우뚝 서 있는 것이 아니듯, 산이라 해서 모두 크고 높은 것은 아니다. 모두 (높은 산처럼) 흰 구름을 겨드랑이에 끼고, 어깨로 바람 맞받아치며 사는 것은 아니다.

*㉒~㉖행 요약: 낮은 산에 대한 긍정적인 재인식

✿ (나) 독해 공식

❶ 화자: '나', 중심 대상: 낮은 산

❷ 상황: 사람 사는 곳 가까이에 있는 낮은 산에 대해 생각하며 깨달음을 얻고 있음.
태도: 낮은 산을 긍정적으로 재인식함.

❸ 표현상 특징
• 산을 의인화(사람이 아닌 것을 사람에 비기어 표현)하여 산의 특징을 나타내고 있음.
• 부정어와 유사한 통사(문장) 구조를 반복, 변주(변형)해 주제 의식을 강조하고 있음.
• 감각적 이미지(시각, 청각, 촉각, 후각, 미각 등의 감각을 떠올리게 하는 이미지)를 통해 대상을 묘사하고 있음.

■ 내용: 이 작품은 산에 인격을 부여하여 친근감이 느껴지는 대상으로 그리면서, 바람직한 삶의 자세에 대한 깨달음을 드러낸 현대시이다. 화자는 높은 산과는 다르게 사람 가까이 있는 낮은 산에서 사람을 배려하고 소박한 것에 기쁨을 느끼며 사람 사는 재미를 아는 인간적인 모습을 발견해 내고, 이를 통해 지향해야 할 삶의 모습을 제시하고 있다.

■ 주제: 낮은 산을 통해 깨달은 인간적인 삶의 모습

■ 이것이 핵심!: 대상에 대한 재인식

화자가 추구하는 삶: 다른 사람들과 함께 더불어 살아가는 삶

Ⓐ **26** 정답 ① ＊작품 비교하기

(가)와 (나)의 공통점으로 가장 적절한 것은?

➢왜 정답 ?

시각, 청각, 후각, 촉각, 미각 등의 감각적 심상을 활용하여
① 감각적 이미지를 동원하여 대상을 묘사하고 있다.
(가)는 시각적 이미지, (나)는 청각, 시각, 후각적 이미지를 활용함.

＊근거: (가) ❷-❺, ❸-❶, ❸, (나) ❹, ⑭
(가)는 '다문다문 흰 점이 백이고 배 안의 털을 너슬너슬 벗고', '손을 핥으며', '새까만 눈에 하이얀 것' 등에서 시각적 이미지를 활용하여 노루 새끼의 모습을 감각적으로 묘사하고 있다.
(나)는 '시시덕거리고 웃으며(청각)', '나지막이 엎드려 있고(시각)', '지린내가 배지만(후각)' 등에서 다양한 감각적 이미지를 동원하여 낮은 산의 모습과 특성을 묘사하고 있다.

⌈ 동원하다: 어떤 목적을 달성하고자 사람을 모으거나 물건, 수단 따위를 집중하다.
⌊ 묘사하다: 어떤 대상이나 현상 따위를 언어로 서술하거나 그림을 그려서 표현하다.

➢왜 오답 ?

② 이야기 형식을 통해 현실을 객관적으로 반영하고 있다.
(가)와 (나) 모두 나타나지 않음.

(가)는 산골 장터에서 노루 새끼를 흥정하는 산골 사람을 본 화자의 경험을 연민의 시선을 바탕으로 드러내고 있다.
(나)는 '낮은 산'에 대한 화자의 주관적이고 긍정적인 인식을 드러내고 있다. 그러므로 (가)와 (나) 모두 현실을 객관적으로 반영하고 있다고 볼 수 없다.

⌈ 객관적: 자기와의 관계에서 벗어나 제삼자의 입장에서 사물을 보거나 생각하는 것
⌊ 반영하다: 다른 것에 영향을 받아 어떤 현상을 나타내다.

감정을 불러일으키고
③ 과거와 현재를 대비하여 그리움의 정서를 환기하고 있다.
(가)와 (나) 모두 나타나지 않음.

(가)와 (나) 모두 과거와 현재를 대비한 부분은 찾을 수 없고 그리움의 정서를 환기하고 있지도 않다.

⌈ 대비하다: 두 가지의 차이를 밝히기 위하여 서로 맞대어 비교하다.
⌊ 환기하다: 주의나 여론, 생각 따위를 불러일으키다.

④ 불완전한 문장으로 시상을 마무리하여 시적 여운을 주고 있다.
(가)와 (나) 모두 나타나지 않음.

(가)와 (나) 모두 불완전한 문장으로 시상을 마무리하고 있지는 않으며, 따라서 이를 통해 시적 여운을 주고 있다는 것은 적절하지 않다.

⌈ 불완전한 문장: 종결짓지 않은 형태의 문장
｜ 시상: 시의 내용. 혹은 시에 나타난 사상이나 감정
⌊ 여운: 아직 가시지 않고 남아 있는 운치

서로 다른 공간을 나란히 배치하여
⑤ 이질적인 공간을 병치하여 이상과 현실의 괴리를 드러내고 있다.
(가)와 (나) 모두 나타나지 않음.

(가)는 장진 땅 가까운 산골 장터에서 화자가 대상을 보고 느낀 정서를 드러내고 있다.
(나)는 높은 산과는 달리 사람 사는 곳 가까이에 있는 '낮은 산'의 존재와 모습에 대한 인식을 드러내고 있다. 따라서 (가)와 (나) 모두 이질적인 공간을 나란히 배치하여 이상과 현실의 괴리를 드러내고 있지는 않다.

⌈ 이질적: 성질이 다른 것
｜ 병치하다: 두 가지 이상의 것을 한곳에 나란히 두거나 설치하다.
⌊ 괴리: 서로 어그러져 동떨어짐.

Ⓐ **27** 정답 ③ ＊〈보기〉를 바탕으로 감상하기

〈보기〉를 바탕으로 (가)를 감상한 내용으로 적절하지 않은 것은?
[3점]

• 〈보기〉: 백석의 시에서 대상을 관찰하는 '보는 주체'인 화자는 자신과 대상, 대상과 대상 사이의 근원적 동일성을 발견하고 감정적 유대를 형성합니다.

• (가): 화자는 장터에서 산골 사람이 노루 새끼를 파는 모습을 관찰하며, 이들에 대한 연민을 느낍니다.

즉 (가)에서 화자가 관찰한 내용과 그 성격에 대한 설명으로 틀린 것을 고르는 문제입니다.

─────────[보기]─────────

❶백석의 시에는 '보는 주체'만이 등장하는 경우가 많다. ❷그럼으로써 화자가 눈여겨보는 대상들이 작품의 전경이 된다. ❸보는 주체는 일정한 거리를 두고 대상들을 관찰하기도 하지만 대상들의 외적 경계를 허물고 그 속으로 스며들어가기도 한다. ❹이러한 눈을 가진 화자는 마침내 자신과 대상, 대상과 대상들 간의 근원적 동일성을 발견하거나, 대상과의 감정적 유대에 이르게 된다.
②의 근거
①의 근거
④의 근거
⑤의 근거

근원적: 사물이 비롯되는 근본이나 원인이 되는
동일성: 두 개 이상의 사상(事象)이나 사물이 서로 같은 성질
유대: 끈과 띠라는 뜻으로, 둘 이상을 서로 연결하거나 결합하게 하는 것. 또는 그런 관계

➢왜 정답 ?

③ 화자가 대상과의 동일성을 발견했음이 '산골 사람은 막베등거리 막베잠방둥에를 입고'에서 드러난다.
화자가 자신과 대상인 산골 사람의 동일성을 발견한 것은 아님.

＊근거: (가) ❷-❶, ❷
'막베등거리 막베잠방둥에'는 거칠게 짠 베로 만든, 등만 덮을 정도의 홑옷과 무릎까지 내려오는 짧은 홑바지를 말한다. 화자는 그러한 옷차림을 한 산골 사람이 '노루 새끼를 닮았다'며 연민의 시선을 드러내고 있을 뿐, 자신과 산골 사람 간의 동일성을 발견하고 있지는 않다.

﹥왜 오답 ?

① '장진 땅이 지붕 넘에 넘석하는 거리', '자구나무 같은 것도 있다'는 일정한 거리를 둔 관찰이라 할 수 있다.

(화자가 일정한 거리를 두고 대상을 관찰하고 있음이 드러남.)

∗ **근거:** (가) ①-**❶**, **❷**, 〈보기〉 **❸** 문장

'장진 땅이 지붕 넘에 넘석하는(넘어다 보이는) 거리', '자구나무 같은 것도 있다'는 장터를 객관적으로 묘사한 것으로 화자가 일정한 거리를 두고 대상을 관찰하는 상황임을 드러낸다.

② '산골 사람'과 '노루 새끼'는 화자의 눈길을 사로잡는 대상으로 작품의 전경이 되고 있다.

(화자는 산골 사람과 노루 새끼를 관찰하고 있음.)

∗ **근거:** (가) ①-**❹**, 〈보기〉 **❷** 문장

'산골 사람', '노루 새끼'는 장터에서 화자가 눈여겨보고 관찰하는 대상으로 작품의 중심 대상으로 드러나고 있다.

④ '노루 새끼 등'을 쓰는 '산골 사람', '산골 사람의 손'을 핥는 '노루 새끼'는 대상들 간의 동일성을 표현한 것으로 볼 수 있다.

(동일성을 지닌 산골 사람과 노루 새끼가 유대감을 나누는 모습임.)

∗ **근거:** (가) ②-**❶**, **❸**, **❺**, ③-**❶**, 〈보기〉 **❹** 문장

'산골 사람'은 '막베등거리 막베잠방둥에'를 입은 모습이고, '노루 새끼'는 '다문다문 흰점이 백이고 배 안의 털을 너슬너슬 벗'은 모습으로 둘 다 초라하고 궁핍한 외양을 지니고 있다는 점에서 유사하다. 따라서 '노루 새끼 등'을 쓰는 산골 사람과 '산골 사람의 손'을 핥는 노루 새끼는 동일성을 지닌 대상들이 유대감을 나누는 모습을 표현한 것으로 볼 수 있다.

⑤ '새까만 눈에 하이얀 것이 가랑가랑한다'는 '노루 새끼'에 대해 화자가 감정적 유대를 드러내는 표현으로 볼 수 있다.

(화자가 노루 새끼에게 연민을 드러냄.)

∗ **근거:** (가) ③-**❷**, **❸**, 〈보기〉 **❹** 문장

화자는 노루 새끼가 '약자(약재)에 쓴다는 흥정 소리를 듣는 듯이 / 새까만 눈에 하이얀 것(눈물)이 가랑가랑한다'고 하고 있는데, 이는 노루 새끼에 대한 화자의 연민과 안타까움에서 비롯된 인식이다. 따라서 이는 노루 새끼에 대한 화자의 감정적 유대를 드러내는 표현으로 볼 수 있다.

― 1등급 풀이 Tip ―

〈보기〉의 정보를 파악하는 것에 그치지 않고, 이 정보를 (가)의 내용에 1:1로 대응해 보아야 한다. 〈보기〉에 제시된 핵심 정보는 ① **화자와 대상의 동일성**, ② **대상과 대상들 간의 동일성**, ③ **대상과의 감정적 유대**이다.

(가)에서는 화자가 '산골 사람'과 '노루'를 서로 닮았다고 여기고 있으므로, ② 대상(산골 사람)과 대상(노루)들 간의 동일성이 드러난다.

또한 화자가 노루의 '새까만 눈에 하이얀 것(눈물)이 가랑가랑한다'라면서 노루가 슬픔을 느낀다고 생각하는 것에서 ③ 대상과의 감정적 유대가 드러난다.

반면 화자가 자신과 대상(산골 사람, 노루)이 서로 닮았다고 느끼지는 않으므로, ① 화자와 대상의 동일성은 (가)에 나타나지 않는다.

Ⓐ 28 정답 ④ ∗ 표현상 특징 파악하기

(나)의 [A]~[E]에 대한 설명으로 적절하지 <u>않은</u> 것은?

· [A]: [A]는 부정어를 사용해 산이 모두 높다는 통상적 인식을 부정합니다.

· [B]: [B]는 산을 사람처럼 표현해 사람들과 가까이 있는 낮은 산의 모습을 드러냅니다.

· [C]: [C]는 비슷한 문장 구조를 반복해 사람들을 배려하는 낮은 산의 모습을 드러냅니다.

· [D]: [D]는 토속적이고 사실적인 어휘를 사용해 사람 사는 재미를 아는 낮은 산의 모습을 드러냅니다.

· [E]: [E]는 [A]를 변주해 낮은 산에 대한 화자의 긍정적 재인식을 드러냅니다.

즉 [A]~[E]에 나타난 표현상 특징에 대한 설명 중 틀린 것을 고르는 문제입니다.

﹥왜 정답 ?

④ [D]: '높은 산'과 '낮은 산'을 ~~대조~~하여 '낮은 산'의 ~~변화 양상~~을 보여 주고 있다.

(산들을 대조하지도, 낮은 산의 변화 양상을 보여 주지도 않음.)

[D]에서는 '높은 산'과 '낮은 산'을 대조하고 있지 않으며, '낮은 산'의 인간적인 모습을 드러내고 있을 뿐 그 변화 양상을 보여 주고 있다고도 할 수 없다.

┌ **대조:** 둘 이상인 대상의 내용을 맞대어 같고 다름을 검토함.
└ **양상:** 사물이나 현상의 모양이나 상태

﹥왜 오답 ?

① [A]: 부정어의 반복을 통해 '낮은 산'의 존재를 강조하고 있다.

('아니다' 반복)

∗ **근거:** (나) **❶**, **❷**

[A]에서는 '～ 아니다'라는 부정어를 반복하여 크고 높지 않고, 험하고 가파르지 않은 '낮은 산'의 존재를 강조하고 있다.

[**부정어:** 부정하는 뜻을 가진 말

② [B]: 자연물에 인격을 부여하여 '낮은 산'의 모습을 그리고 있다.

(자연물을 사람처럼 표현하여 / 자연물인 '낮은 산'을 의인화)

∗ **근거:** (나) **❸**～**❼**

[B]에서는 '어떤 산'이 '시시덕거리고 웃으며' 엎드려 있고, '또 어떤 산'은 '동네까지 내려와 / 부러운 듯 사람 사는 꼴을 구경하고 섰다'고 함으로써 '산'에 인격을 부여하여 인간적인 모습으로 그리고 있다.

[**부여하다:** 사람에게 권리·명예·임무 따위를 지니도록 해 주거나, 사물이나 일에 가치·의의 따위를 붙여 주다.

③ [C]: 유사한 문장 구조를 반복하여 '낮은 산'의 특성을 강조하고 있다.

('～에게 ～되어(돼) 주기도 하고'의 문장 구조 반복)

∗ **근거:** (나) **❽**～**⓫**

[C]에서는 ' ～에게 ～ 되어 주기도 하고', '～에게 ～ 돼 주기도 한다'와 같이 유사한 문장 구조를 반복하여 사람들을 배려하는 낮은 산의 특성을 강조하여 드러내고 있다.

⑤ [E]: [A]를 반복적으로 변주하며 주제를 강조하고 있다.

(조금씩 바꾸어 표현하며 / '산이라 해서 다 크고 높은 것은 아니다'를 반복, 변주함.)

∗ **근거:** (나) **❶**, **❷**, **㉒**～**㉖**

[E]에서는 [A]의 '산이라 해서 다 크고 높은 것은 아니다'라는 구절을 반복하며 변주함으로써 낮은 산에 대한 긍정적인 재인식을 강조하여 드러내고 있다.

Ⓐ 29 ~ 31 ─────── [예상 문제]

(가) 김춘수, 〈꽃〉

❶ 화자, 중심 대상   **❷** 상황, 정서, 태도   **❸** 표현상 특징   [시 해석]

▨ : **❸** 단정적(딱 잘라서 판단하고 결정하는) 어조

① **❶** 중심 대상
  ❶ 내가 그의 이름을 불러 주기 전에는
    ❷ 화자 ― 인식의 주체   인식 이전의 상태
    그는 다만 / **❸** 하나의 ⓐ몸짓에 지나지 않았다.
                의미 없는 존재
  ➡ 내가 그의 이름을 불러 주기 전에는 그는 다만 하나의 (의미 없는) 몸짓에 지나지 않았다.

[**몸짓:** 몸을 놀리는 모양

∗**①**연 요약: 인식하기 전에는 아무런 의미가 없는 존재(대상)

② **❶** 내가 그의 이름을 불러 주었을 때
    ❷ '그'에 대한 의미 부여 ― 존재를 인식하는 행위
  그는 나에게로 와서   **❷ 상황:** 이름을 부르는 행위를 통해 존재의 가치를 확인함.
  ❸ 꽃이 되었다.
    ❶ 중심 대상 ― 의미 있는 존재
  ➡ 내가 그의 이름을 불러 주었을 때, 그는 나에게로 와서 (의미 있는) 꽃이 되었다.

∗**②**연 요약: 그(대상)와 '나'는 명명에 의해 의미가 생김.

③ **❶** 내가 그의 <u>이름을 불러 준 것처럼</u>
　　❷ **❸** 은유법 – 존재를 인식하는 행위를 암시적으로 비유함.
　　❷ 나의 이 빛깔과 향기(香氣)에 알맞은
　　　　　 존재의 본질
　　❸ 누가 나의 이름을 불러 다오.
　　　　❷ 정서: 누군가 '나'의 존재를 인식해 주기를 소망함.
　　❹ 그에게로 가서 나도
　　❺ 그의 꽃이 되고 싶다.
　　　　❷ 정서: 의미 있는 존재가 되고 싶은 소망
➡ 내가 그의 이름을 불러 준 것처럼, 누가 나의 (본질인) 이 빛깔과 향기에 알맞은 나의 이름을 불러 다오. 그에게로 가서 나도 (그에게 의미 있는) 꽃이 되고 싶다.

　　　　　　　　＊③연 요약: 존재의 본질 구현에 대한 염원

④ **❶** 우리들은 모두
　　❷ 무엇이 되고 싶다.
　　　　　 본질에 맞는 이름을 지닌 의미 있는 존재
　　❸ 「너는 나에게 나는 너에게
　　　　「 」:**❷** 정서 – 서로에게 의미 있는 존재가 되고 싶은 소망
　　❹ 잊혀지지 않는 하나의 ⓑ<u>눈짓</u>이 되고 싶다.」
　　　　　　　 서로가 서로를 인식하는 상호 의미 있는 존재
➡ 우리들은 모두 (의미 있는) 무엇이 되고 싶다. 너는 나에게, 나는 너에게, 잊혀지지 않는 하나의 눈짓이 되고 싶다.

　　　　　＊④연 요약: 존재의 본질 구현을 통해 서로에게 의미가 생긴 우리들

⭐ (가) 독해 공식
❶ 화자: '나', 중심 대상: 꽃, '그'
❷ 상황: 이름을 부르는 행위를 통해 존재의 가치를 확인함.
정서: 누군가 이름을 불러 줌으로써 의미 있는 존재가 되기를 소망함.
❸ 표현상 특징
· 인식의 변화를 통해 시상을 점층적(정도를 점점 강하거나 크게 하는)으로 전개하고 있음.
· 비유(어떤 대상을 다른 비슷한 대상에 빗댄 표현)를 통해 관념적(현실성이 없고 직접 경험·지각할 수 없는)이고 철학적인 개념을 구체화하고 있음.
· 단정적(딱 잘라서 판단하고 결정하는) 어조를 사용해 화자의 정서를 강조하고 있음.

■ **내용**: 이 작품은 '이름을 부르는' 명명 행위를 통해 존재의 본질을 구현하는 과정을 드러낸 현대시이다. 인식하기 전에 아무런 의미가 없던 대상은 그저 '몸짓'에 불과하지만 그러한 '몸짓'을 인식하고 이름을 부르는 순간 그 '몸짓'은 '나'에게 의미 있는 존재인 '꽃'으로 다가온다. '이름을 불러 주는' 행위는 존재(대상)의 본질을 구현할 수 있는 가능성을 가져오며, 화자는 이를 통해 '눈짓', 즉 서로에게 의미가 있는 존재 또는 본질이 어느 정도 밝혀진 대상(관념)이 되고자 하는 소망을 드러내고 있다.

■ **주제**: 존재의 본질 구현에 대한 소망

■ **이것이 핵심!**: 이름을 부르는 행위의 의미

이름을 부르기 전	이름을 불러 줌.	이름을 부른 후
'몸짓' (의미 없는 존재)	(존재 인식)	'꽃', '눈짓' (의미 있는 존재)

　　　　　서로에게 의미 있는 존재가 되고자 함.

(나) 신석초, 〈꽃잎 절구〉

❶ 중심 대상 **❷** 상황, 정서, 태도 **❸** 표현상 특징 　시 해석
▨ : **❸** 영탄적(감탄사, 감탄형 어미 등을 이용해 감정을 강하게 나타내는) 어조 **❷** 정서: 감탄, 태도: 예찬적
① **❶** 「꽃잎이여 그대
　　❸ 의인법(사람이 아닌 것을 사람에 비기어 표현) – 대상에 대한 친근감이 드러남.
　　❷ 다투어 피어
　　❸ 개화(삶)에 대한 강한 의지
　　❸ ㉠비바람에 뒤설레며
　　　　　 나약하고 연약한 존재
　　❹ 가는 가냘픈 살갗이여.」
　　「 」: **❷** 상황 – 연약하지만 강인한 생명력을 지닌 꽃잎에 대해 이야기함.
➡ 꽃잎이여, 그대 다투어 피어 비바람에 뒤설레며 가는 가냘픈 살갗이여.

[뒤설레다: 몹시 설레다.
[살갗: 살가죽의 겉면

　　　　　＊①연 요약: 약하지만 뜨거운 생명력을 지닌 꽃

② **❶** 「그대 눈길의
　　　　「 」: 대상의 시선을 따라가면서 대상이 지닌 정서(그리움)를 드러냄.
　　❷ 머언 여로(旅路)에
　　　　　 길고 긴 인생길
　　❸ 하늘과 구름
　　　　　 꽃잎의 유한함과 대비되는 유구한 존재
　　❹ 혼자 그리워
　　❺ 붉어져 가노니」
　　　　❸ 시각적(눈으로 보는 듯한 느낌을 주는) 심상을 사용해 대상의 특성을 드러냄.
➡ 그대(꽃잎) 눈길의 먼 여행길에 (유구한) 하늘과 구름을 혼자 그리워하여 붉어져 가노니

[여로: 여행하는 길. 또는 나그네가 가는 길

　　　　　＊②연 요약: 꽃잎의 유한함과 대비되는 유구한 존재

③ **❶** 저문 산 길가에 져
　　　　❸ 하강(높은 곳에서 아래로 내려오는) 이미지 – 꽃잎이 생명이 다한 모습과 호응
　　❷ 뒤둥글지라도
　　❸ 마냥 붉게 타다 가는
　　❹ 환한 목숨이여.
　　　　❷ 태도: 꽃잎의 강한 생명력에 대한 예찬적 태도
➡ 저문 산 길가에 져 뒹굴지라도 마냥 붉게 타다 가는 환한 목숨이여.

　　　　　＊③연 요약: 떨어지는 그 순간까지 붉게 타다 가는 꽃

⭐ (나) 독해 공식
❶ 화자: 드러나지 않음(꽃잎의 생명력을 노래하는 사람). 중심 대상: 꽃잎
❷ 상황: 연약한 모습이지만 피어나서 타오르다 지는 꽃잎의 생명력에 대해 이야기함.
정서: 감탄, 태도: 예찬적(꽃잎의 생명력을 예찬함.)
❸ 표현상 특징
· 생성에서 소멸에 이르는 자연물의 변화 과정에 따라 시상을 전개함.
· 대상을 의인화(사람이 아닌 것을 사람에 비기어 표현)하여 대상에 대한 화자의 태도를 드러내고 있음.
· 영탄적(감탄사, 감탄형 어미 등을 이용해 감정을 강하게 나타내는) 어조를 사용해 화자의 정서를 드러내고 있음.
· 시각적(눈으로 보는 듯한 느낌을 주는) 심상과 하강(높은 곳에서 아래로 내려오는) 이미지를 사용하고 있음.

■ **내용**: 이 작품은 짧은 순간 동안 존재하는 꽃의 아름다움을 인간 세계로 전이하여 충실한 삶의 아름다움을 노래한 현대시이다. 1연에서는 약하면서도 뜨거운 생의 욕구를 지닌 꽃의 모습을 제시한 뒤, 2연에서는 그 꽃의 시선에서 꽃이 지니고 사는 그리움을 말한다. 꽃은 결코 다가갈 수 없는 '하늘과 구름'을 '혼자 그리워'하면서 조금씩 '붉어져' 간다. 꽃이 떨어지는 3연까지 그러한 그리움은 해소될 수 없지만, 최후의 순간까지 자신을 붉게 태우는 꽃에서 죽음보다 강렬한 생명을 발견하고 있다. 결국 이 작품은 꽃을 통해 남아 있는 삶을 충실하게 살아가는 것이야말로 가장 아름다운 삶임을 노래하고 있다.

■ **주제**: 꽃의 생명력에 대한 감탄(예찬)

■ **이것이 핵심!**: 예찬적 태도

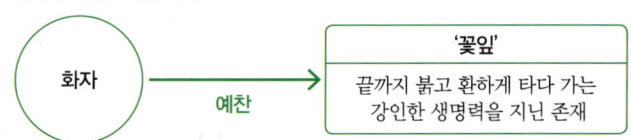

Ⓐ 29 정답 ③　＊시어 및 구절의 의미 파악하기

(가)의 ⓐ와 ⓑ를 다음과 같이 정리해 보았다. 〈표〉에 들어갈 내용으로 적절하지 <u>않은</u> 것은?

· ⓐ: '몸짓'은 '나'와 '대상'이 관계를 맺기 전의 상태로, 의미 없는 존재를 의미합니다.
· ⓑ: '눈짓'은 '나'와 '대상'이 관계를 맺은 이후의 상태로, 서로에게 특별한 의미를 가지게 된 존재를 의미합니다.

즉 서로의 존재를 인식하여 이름을 부르기 전과 후 대상의 차이점으로 틀린 것을 고르는 문제입니다.

(×: 전혀 없는 상태, △: 무관심한 상태, ◎: 충분한 상태)

	구분	ⓐ 몸짓 관계 맺기 이전	ⓑ 눈짓 관계 맺기 이후
①	부를 수 있는 이름	△	◎
②	대상이 지닌 의미	×	◎
③	빛깔과 향기 관계를 맺기 이전에도 지니고 있는 고유의 본질	×	◎
④	화자와 대상의 관련성	△	◎
⑤	화자가 느끼는 소중함	×	◎

> **왜 정답 ?**

③ 빛깔과 향기 / ⓐ 몸짓: × / ⓑ 눈짓: ◎
대상의 고유한 본질은 관계 맺기 이전에도 충분한 상태(◎)임.

＊근거: (가) ③

ⓐ '몸짓'이 '나'와 '대상'이 관계를 맺기 이전의 상태라면, ⓑ '눈짓'은 '나'와 '대상'이 관계를 맺은 이후의 상태이다. 관계를 맺음으로써 '나'와 '대상'은 서로에게 특별한 의미를 가지게 되었다. 그런데 '나의 이 빛깔과 향기에 알맞은' '이름을 불러' 달라고 하였으므로, '빛깔과 향기'는 관계를 맺기 이전에도 각 대상마다 고유하게 가지고 있는 본질을 의미한다. 따라서 '몸짓'의 빛깔과 향기는 충분한 상태(◎)라고 보아야 한다.

> **왜 오답 ?**

① 부를 수 있는 이름 / ⓐ 몸짓: △ / ⓑ 눈짓: ◎
이름은 있으나 무관심한 상태

이름을 불러 주기 전에는 '몸짓'에 아무 의미가 없었다. 따라서 '몸짓'은 이름은 있으나 무관심한 상태로 볼 수 있다.

② 대상이 지닌 의미 / ⓐ 몸짓: × / ⓑ 눈짓: ◎
이름을 부른 후 대상의 의미가 생김.

'나'에게 있어 '몸짓'은 아무런 의미 없는 상태이지만, '눈짓'은 의미가 생긴 상태이다.

④ 화자와 대상의 관련성 / ⓐ 몸짓: △ / ⓑ 눈짓: ◎
무관심한 상태 관계를 맺음으로써 관련성이 높아짐.

'몸짓'은 내 앞에 나타나고 있다는 점에서 '나'와 관련이 있을 수도 있지만, '나'는 대상에게 무관심한 상태라고 할 수 있다. 그러나 '눈짓'은 관계를 맺음으로써 서로 관련성이 높아진 상태이다.

⑤ 화자가 느끼는 소중함 / ⓐ 몸짓: × / ⓑ 눈짓: ◎
관계를 맺은 후 소중한 존재가 됨.

'나'는 '몸짓'에서 어떠한 소중함도 느끼지 못한다. 그러나 '눈짓'이 된다는 것은 '나'에게 의미 있는 소중한 대상(존재)이 되는 것을 의미한다.

A 30 정답 ④ ＊표현상 특징 파악하기

(나)에 대한 설명으로 적절하지 않은 것은?

> **왜 정답 ?**

④ 전체에서 부분으로 ~~시적 대상이 바뀌면서 화자와 대상의 거리가 가까워지고 있다~~
시적 대상은 바뀌지 않으며, 화자와 대상의 거리 역시 변하지 않음.

＊근거: (나) ①~③
(나)의 시적 대상은 처음부터 끝까지 '꽃잎'으로 나타날 뿐, '꽃'의 전체에서 '꽃'의 부분으로 시적 대상이 바뀌고 있지는 않다. 또한 화자와 대상의 거리도 처음부터 끝까지 동일하게 유지되고 있으므로 시적 대상이 바뀌면서 화자와 대상의 거리가 가까워지고 있다는 설명은 적절하지 않다.

> **왜 오답 ?**

① 의인화한 대상을 통해 인간의 삶의 방향에 대해 그리고 있다.
'꽃'을 의인화하여 표현

＊근거: (나) ②
'꽃'을 의인화하여 그 생명력에 대한 감탄을 드러냄으로써, 동경과 소망을 가지고 열심히 살다 가는 인간의 삶에 대한 깨달음을 나타내고 있다.

[의인화하다: 사람이 아닌 것을 사람에 비기어 표현하다.]

② 생성에서 소멸에 이르는 자연물의 변화 과정을 시 전체에서 드러내고 있다.
'꽃'이 피고 지는 생성과 소멸의 과정에 따라 시상을 전개함.

＊근거: (나) ①-❷, ②-❺, ③-❶
'꽃'의 개화, 성장, 낙화를 1, 2, 3연에서 순차적으로 드러내고 있다.

③ 감탄적 어조를 반복하여 대상에 대한 화자의 정서를 깊이 있게 표출하고 있다.
감탄하는 말투   '살갗이여', '가노니', '목숨이여'

＊근거: (나) ①-❹, ②-❺, ③-❹
'가냘픈 살갗이여', '붉어져 가노니', '환한 목숨이여'에서 감탄적 어조를 사용함으로써 꽃의 생명력에 대한 화자의 감탄과 예찬적 태도를 드러내고 있다.

⑤ 대상의 시선을 적극적으로 따라가면서 대상이 지닌 본질적 정서를 밝혀 나가고 있다.
'그대 눈길의 / 머언 여로'

＊근거: (나) ②
2연의 '그대 눈길의 / 머언 여로'라는 표현을 통해 화자가 '꽃'의 시선을 따라가고 있음을 알 수 있는데, 화자는 그 시선을 따라감으로써 '꽃'의 하늘과 구름에 대한 그리움을 드러내고 있다.

[본질적: 본질(본디부터 가지고 있는 사물 자체의 성질이나 모습)에 관한 것]

A 31 정답 ② ＊〈보기〉를 바탕으로 감상하기

〈보기〉를 바탕으로 ㉠을 이해한 내용으로 가장 적절한 것은?

• 〈보기〉: 대상의 본질에 도달하기 위해서는 개개의 특수한 의식 체험인 '현상학적 환원'과 개별 체험을 종합하여 보편적 본질을 찾는 '형상적 환원'이라는 2단계의 환원을 거쳐야 합니다.

• ㉠: ㉠은 '비바람에 뒤설레며 / 가는 가냘픈 살갗이여'라는 구절로, 화자가 '꽃잎'을 보며 느낀 바를 표현한 것입니다.

즉 '꽃잎'을 바라보는 화자의 체험이 대상의 본질에 도달하기 위한 2단계의 환원 중 어느 것에 해당하는지에 대한 설명으로 옳은 것을 고르는 문제입니다.

[보기]

❶대상의 본질에 도달하기 위해서는 2단계의 환원을 거쳐야 한다. ❷1단계는 대상에 대해 기존의 관념에 따라 대상을 판단하는 것을 중지하고 대상에 대한 순수 의식이 드러나게 하는 것으로, 이를 '현상학적 환원'이라고 한다. ❸이때 드러난 순수 의식은 근본적
1단계
현상학적 환원
이고 절대적이지만 개개의 특수한 의식 체험에 불과하므로 다음 단계로 이 개별 체험을 종합하여 보편적인 본질을 찾아내야 한다. ❹이같이 개별적인 순수 체험을 통해 순수 의식의 보편적 본질을 찾는 과정을 '형상적 환원'이라고 한다.
2단계

본질: 본디부터 가지고 있는 사물 자체의 성질이나 모습
환원: 본디의 상태로 다시 돌아감. 또는 그렇게 되게 함.
보편적: 모든 것에 두루 미치거나 통하는 것
개별적: 여럿 중에서 하나씩 따로 나뉘어 있는 것

✎ 왜 정답?

② 대상에 대한 개별적 의식 체험이므로 '현상학적 환원'이겠군.
○은 화자가 '꽃'을 체험하고 느낀 것에 해당함.

＊근거: (나) ①-❸, ❹, 〈보기〉 ❸ 문장

○ '비바람에 뒤설레며 / 가는 가냘픈 살갗'이라는 표현은 화자가 시적 대상인 '꽃잎'을 보며 느낀 바를 표현한 것으로, 화자의 체험에 해당한다. 〈보기〉와 관련지어 볼 때, 화자가 느낀 감정은 근본적이고 절대적일 수 있지만 결국 개개인(화자)의 특수한 의식 체험이라고 볼 수 있다. 이는 대상의 보편적 본질을 찾기 이전의 상태이므로 '현상학적 환원'의 수준에 머물러 있다고 보아야 한다.

✎ 왜 오답?

① 화자가 대상에 대한 인식을 중지한 '판단 중지'의 상태이군.
생각을 멈춘
화자는 대상에 대한 느낌을 드러내고 있으므로 인식을 중지한 것이 아님.

＊근거: (나) ①-❸, ❹, 〈보기〉 ❷ 문장

○에서 화자는 대상에 대한 자신의 느낌을 드러내고 있으므로 인식을 중지하고 있다고 볼 수 없다. 또한 〈보기〉에서 '판단 중지'는 '현상학적 환원' 단계에서 '기존의 관념에 따라 대상을 판단하는 것을 중지'하는 것을 의미하므로, '대상에 대한 인식을 중지'하는 것이 '판단 중지'라고 볼 수 없다.

〔 인식: 사물을 분별하고 판단하여 앎.
　중지하다: 하던 일을 중도에서 그만두다.
　판단: 사물을 인식하여 논리나 기준 등에 따라 판정을 내림.

③ '현상학적 환원'에서 '형상적 환원'으로 넘어가는 과정이겠네.
대상의 보편적인 본질을 찾아내지 못했으므로 현상학적 환원에만 해당함.

＊근거: (나) ①-❸, ❹, ③-❸, 〈보기〉 ❹ 문장

○에 나타난 개별적 의식 체험 이후 '꽃'이라는 대상의 보편적 본질을 찾아가는 과정을 보여 주거나 보편적 본질에 도달하지는 못했으므로, ○은 형상적 환원으로 넘어가는 과정으로 볼 수 없으며 현상학적 환원에만 해당한다.

④ 개별적 순수 체험을 통해 보편적 본질을 찾아가는 '형상적 환원'의 결과이군.
개별적 순수 체험에만 머무르고 보편적 본질을 찾아가지 않음.

＊근거: (나) ①-❸, ❹, ③-❸, 〈보기〉 ❹ 문장

○은 '꽃'이라는 대상의 보편적 본질을 찾아가는 과정을 보여 주거나 보편적 본질에 도달하지는 못했으므로, 현상적 환원의 결과로 볼 수 없으며 현상학적 환원에만 해당한다.

⑤ 대상의 본질보다는 특수성에만 주목하므로 환원의 과정으로는 볼 수 없겠군.
대상의 본질보다는 특수성에 주목하고 있으므로 현상학적 환원에 해당함.

＊근거: (나) ①-❸, ❹, 〈보기〉 ❷, ❸ 문장

〈보기〉에서 '개개의 특수한 의식 체험'을 하는 단계를 '현상학적 환원'이라고 했으므로, ○ 역시 환원의 한 과정으로 볼 수 있다.

〔 특수성: 일반적이고 보편적인 것과 다른 성질

Ⓐ 32 ～ 34　　　　[2016 대비/사관학교(A) 31～33]

(가) 김소월, 〈나무리벌 노래〉

❶ 화자, 중심 대상　❷ 상황, 정서, 태도　❸ 표현상 특징　[시 해석]
〔초록〕: 구체적인 지명 사용 – 사실감(실제로 있었던 일 같은 느낌)을 드러냄.

① ❶신재령(新載寧)에도 **나무리벌**
❷물도 많고
❸땅 좋은 곳
　　　　❶ 중심 대상 – 고향
　　　　농민들이 쫓겨나 살게 된 곳
❹만주(滿洲) 봉천(奉天)은 못살 곳
❷ 정서: 고향에 대한 그리움, 자신의 처지에 대한 한탄
❷ 상황: 고향을 떠나 만주 봉천에서 지내면서 고향 '나무리벌'을 떠올림.
→ 신재령의 나무리벌은 물도 많고 땅 좋은 곳. (나무리벌에서 쫓겨나 살게 된) 만주 봉천은 못살 곳

＊①연 요약: 고향과 새로 이주한 곳의 차이

② ❶왜 왔느냐 ┐
　❷왜 왔느냐 ┘ ❷ 정서: 고향을 떠난 안타까움
　　고통스러운 삶
❸자곡자곡이 피땀이라
❹음성 상징어(사람이나 사물의 소리나 움직임을 흉내 낸 말)를 활용하여 애환을 드러냄.
❹고향 산천이 어디메냐
❷ 정서: 고향에 대한 그리움
→ 왜 왔느냐 왜 왔느냐. (만주 봉천에서의 생활은) 자곡자곡이 (고통스러운) 피땀이라. (그리운) 고향 산천이 어디인가?

〔 산천: 산과 내라는 뜻으로, '자연'을 이르는 말

＊②연 요약: 고향에 대한 그리움

③ ❶황해도
❷신재령
❸나무리벌
❹두 몸이 김매며 살았지요
　　고향에서의 삶에 대한 회상
→ 황해도 신재령에 있는 나무리벌. (고향 나무리벌에서는) 두 몸이 김매며 살았지요.

〔 김매다: 논밭의 잡풀을 뽑아내다.

＊③연 요약: 과거 고향에서의 삶

④ ❶올벼 논에 닿은 물은
❷출렁출렁
❸음성 상징어를 활용하여 농토에 대한 애착을 드러냄.
❸벼 자랐나
❹신재령에도 ┐ ❸1연과 동일한 구절을 반복하여 운율을 형성
❺나무리벌 ┘ 하고 고향에 대한 그리움을 강조함.
→ 올벼 논에 닿은 물은 출렁출렁 (나무리벌에) 벼가 자랐나? 신재령에도 나무리벌.

〔 올벼: 제철보다 일찍 여무는 벼

＊④연 요약: 고향 나무리벌에 대한 그리움

⭐ **(가) 독해 공식**

❶ **화자**: 드러나지 않음(나무리벌에 대한 그리움을 노래하는 사람)
중심 대상: 나무리벌(고향)
❷ **상황**: 고향을 떠나 만주 봉천에서 지내면서 고향 나무리벌을 떠올림.
정서: 고향을 떠난 안타까움과 현재의 처지에 대한 한탄, 고향에 대한 그리움
❸ **표현상 특징**
・구체적인 지명을 사용해 사실감(실제로 있었던 일 같은 느낌)을 드러내고 있음.
・동일한 구절을 반복해 운율을 형성하고 화자의 정서를 강조하고 있음.
・음성 상징어(사람이나 사물의 소리나 움직임을 흉내 낸 말)를 활용해 정서를 부각하고 있음.

■ **내용**: 이 작품은 고향에서 떠나와 힘겨운 삶을 살면서 고향에 대한 그리움을 노래한 현대시이다. '나무리벌'은 황해도 재령평야에 있는 곡창 지대로 '먹고 입고 쓰고도 남는다.'는 뜻으로 이름 붙여질 만큼 농사가 잘되는 곳이었다. 그러나 일제 강점기에 일본의 동양 척식 주식 회사 주관의 동척 농장을 세운 일본인들은 자국민들을 나무리벌로 이주시켜 농사짓게 하고 쌀을 수탈했다. 이러한 횡포를 참지 못한 이곳의 농민들은 두 차례에 걸쳐 소작 쟁의를 일으키며 격렬하게 저항했고, 이에 일본인들은 잠시 자국민의 이주를 금지시키기도 했으나, 결국 많은 우리 농민들을 만주 봉천으로 강제 추방했다. 김소월은 1924년 동아일보에 이 시를 발표해 억울하게 쫓겨난 나무리벌 농민들의 설움과 그들의 고향에 대한 그리움을 세상에 알리고자 했다.

■ **주제**: 이주민의 고향에 대한 그리움과 삶의 비애

■ **이것이 핵심!**: 고향에 대한 그리움

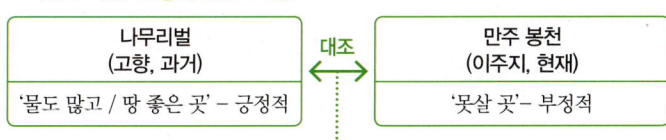

나무리벌 (고향, 과거)	대조	만주 봉천 (이주지, 현재)
'물도 많고 / 땅 좋은 곳' – 긍정적		'못살 곳'– 부정적

고향에 대한 그리움, 자신의 삶에 대한 비애를 강조함.

(나) 이용악, 〈하늘만 곱구나〉

❶ 화자, 중심 대상   ❷ 상황, 정서, 태도   ❸ 표현상 특징   [시 해석]

① 집도 많은 집도 많은 남대문 턱 움 속에서 두 손 오구려 혹 혹 입김
　　　　　　　　❶ 중심 대상　　　　거북네의 고달픈 삶의 모습 제시
불며 이따금씩 쳐다보는 하늘이사 아마 하늘이기 혼자만 곱구나
　　　　　　　　　　　　　　　　　　　　❸ 거북네의 처지와 대비됨.

→ 집도 많은 집도 많은 남대문 턱의 움막 속에서 (거북네는) 두 손 오구려 혹 혹 입김 불며 (힘겹게 사는데,) 이따금씩 쳐다보는 하늘은 아마 하늘이기 (때문에) (거북네의 처지와는 다르게) 혼자만 곱구나.

〔 **오구리다**: '오그리다'의 방언

＊①연 요약: 매서운 추위에 움 속에서 살아가며 바라보는 하늘

❶ 중심 대상 – 광복 후 고국으로 돌아온 유이민　　　시련, 고난
② 『거북네는 만주서 왔단다 두터운 얼음장과 거센 바람 속을 세월은
　『 』: **❶❷ 상황** – 만주에서 조선의 남대문에 돌아온 거북네의 이야기를 전하고 있음.
흘러 거북이는 만주서 나고 할배는 만주에 묻히고 세월이 무심찮아 봄
　　　타지에서의 고달픈 삶이 3대에 걸쳐 이어짐.　　　희망의 이미지
을 본다고 쫓겨서 울면서 가던 길 돌아 왔단다』
　　　일제에 쫓겨서 만주로 갔었음.

→ 거북네는 만주에서 왔단다. 두터운 얼음장과 거센 바람 속을 (지나며) 세월은 흘러 거북이는 만주에서 태어나고 (거북이의) 할아버지는 만주에 묻히고 (만주에서의 삶이 3대에 걸쳐 이어졌는데), 세월이 무심하지 않아 (광복을 맞아) 봄을 본다고 쫓겨서 울면서 가던 길 (조선으로) 돌아 왔단다.

＊②연 요약: 만주에서 돌아온 거북네

③ 띠팡*을 떠날 때 강을 건널 때 조선으로 돌아가면 빼앗겼던 땅에
　만주를 의미
서 농사지으며 가 갸 거 겨 배운다더니 조선으로 돌아와도 집도 고향
　　　우리말을 배울 것을 기대함.　　　고향으로 돌아와도 고달픈 유이민의 삶
도 없고

→ 만주를 떠날 때, 강을 건널 때는 조선으로 돌아가면 빼앗겼던 땅에서 농사지으며 가, 갸, 거, 겨 (우리말을) 배운다더니, (기대와 다르게) 조선으로 돌아와도 집도 고향도 없고

＊③연 요약: 돌아올 때의 희망과는 달리 고달픈 삶

④ 거북이는 [배추 꼬리를 씹으며] 달디달구나 [배추 꼬리를 씹으며] 꺼
무테테한 아배의 얼굴을 바라보면서 [배추 꼬리를 씹으며] 거북이는 무
엇을 생각하누　　□: **❸** 구절의 반복을 통해 운율을 형성함.
❷ 정서: 거북이에 대한 연민

→ 거북이는 배추 꼬리를 씹으며 달디달구나, 배추 꼬리를 씹으며 꺼무테테한 아버지의 얼굴을 바라보면서, 배추꼬리를 씹으며 거북이는 무엇을 생각하누?

〔 **꺼무테테하다**: 꺼무튀튀하다. 너저분해 보일 정도로 탁하게 꺼무스름하다.

＊④연 요약: 배추 꼬리를 씹으며 생각하는 거북이

⑤ 『첫눈 이미 내리고 이윽고 새해가 온다는데 집도 많은 집도 많은
　『 』: **❸** 수미상관(시의 처음과 끝에 같은 구절을 반복하여 배치하는 방법) – 거북네의 힘겨운 삶이 계속됨.
남대문 턱 움 속에서 이따끔씩 쳐다보는 하늘이사 아마 하늘이기 혼자
만 곱구나』

→ 첫눈은 이미 내리고 이윽고 새해가 온다는데, 집도 많은 집도 많은 남대문 턱의 움막 속에서 (거북네가) 이따끔씩 쳐다보는 하늘은 아마 하늘이기 때문에 혼자만 곱구나.

＊⑤연 요약: 겨울 추위 속에서 움 속에서 바라보는 하늘

＊ **띠팡**: 지방(地方)을 뜻하는 중국어

✿ (나) 독해 공식
❶ 화자: 드러나지 않음.(거북네를 관찰하는 사람), **중심 대상**: 거북네, 하늘
❷ 상황: 만주에서 조선의 남대문에 돌아온 거북네를 관찰하고 그들의 이야기를 전하고 있음.
　정서: 거북네에 대한 연민
❸ 표현상 특징
• 화자가 관찰자의 입장에서 상황을 객관적(개인의 생각에 치우치지 않고 대상을 있는 그대로 바라보는 것)으로 서술하고 있음.
• 대비되는(차이를 드러내기 위해 서로 맞대어져 비교되는) 대상을 통해 대상의 처지를 강조하고 있음.
• 구절의 반복과 수미상관(시의 처음과 끝에 같은 구절을 반복하여 배치하는 방법)을 활용하여 정서를 강화하고 있음.

■ **내용**: 이 작품은 광복 이후 유이민의 고달픈 삶의 모습을 그린 현대시이다. 이용악은 1930년대 일제 강점기 민중의 비참한 상황을 사실적으로 표현한 시인으로, 이 작품에서는 식민 치하에 만주로 떠났다가 광복이 되어 다시 고국으로 돌아온 유이민의 고달픈 현실을 담담하게 보여 주고 있다. '거북네'는 '조선으로 돌아가면 빼앗겼던 땅에서 농사지으며 가 갸 거 겨 배운다'는 희망을 품고서 만주에서 돌아왔으나 궁핍하고 소외된 삶을 살고 있다. 표면에 드러나지 않는 화자가 서술의 객관성을 확보한 채 거북네의 현실을 관찰하여 전달하면서 '혼자 곱기만 한 하늘'과 대조하여 그들의 힘겨운 삶을 부각하고 연민을 드러내고 있다.
■ **주제**: 광복 이후 조국으로 돌아온 유이민의 고달픈 삶의 모습
■ **이것이 핵심!**: 현실과 자연, 이상의 대비

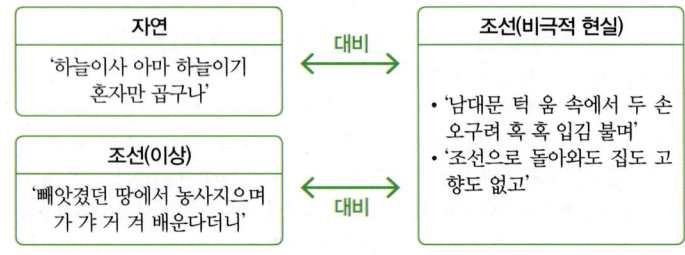

A 32   정답 ①   ＊작품 비교하기

(가)와 (나)의 공통점으로 가장 적절한 것은?

✔왜 정답?　시에 나타난 화자의 감정을 더 강하게 나타내고
① **반복을 통해 시적 정서를 강화하고 있다.**
　구절의 반복을 통해 (가)는 고향에 대한 그리움을, (나)는 고달픈 현실의 비애를 강화함.
＊**근거**: (가) ①-❶, ③-❷.❸, ④-❹.❺, ②-❶.❷, (나) ①.⑤
(가)에서는 '신재령에도 나무리벌'이라는 시구와 '왜 왔느냐'라는 시구를 반복하여 고향을 떠난 이의 회한과 슬픔, 고향에 대한 그리움을 드러내고 있다.
(나)에서는 '하늘이사 아마 하늘이기 혼자만 곱구나'라는 시구를 처음과 끝부분에 반복함으로써 만주에서 돌아왔지만 집도 고향도 없는 가난한 거북네의 비참한 처지를 '하늘'과 대조하여 부각하고 있다.

✔왜 오답?
② ~~반어적 표현으로 풍자의 효과를 거두고 있다.~~
　　　(가)와 (나) 모두 나타나지 않음.
(가)와 (나) 모두 반어적 표현으로 풍자의 효과를 거두고 있는 부분은 찾을 수 없다.

〔 **반어적 표현**: 표현의 효과를 높이기 위하여 실제와 반대되게 말을 하는 표현
풍자: 현실의 부정적 현상이나 모순 따위를 빗대어 비웃으면서 씀.

③ 과거 회상의 형식으로 ~~반성적 태도를 보여 주고 있다.~~
　　　　　　　(가)와 (나) 모두 반성적인 태도는 찾을 수 없음.
＊**근거**: (가) ③-❹, (나) ②.③
(가)는 3연에 화자의 회상이 제시되어 있고, (나)는 2, 3연에서 시적 대상의 과거 삶과 관련한 내용을 화자가 전달하고 있다. 하지만 둘 다 반성적 태도를 보여 주고 있지는 않다.

〔 **회상**: 지난 일을 돌이켜 생각함. 또는 그런 생각

④ 음성 상징어를 활용하여 ~~역동적인 느낌을 연출하고 있다.~~
　(가) '자곡자곡', '출렁출렁', (나) '혹 혹'　　(가)와 (나) 모두 역동적인 느낌과 거리가 멂.
＊**근거**: (가) ②-❸, ④-❷, (나) ①
(가)에서 '자곡자곡', '출렁출렁'은 농민의 애환과 농토에 대한 애착을, (나)에서 '혹 혹'은 고달픈 삶의 모습을 드러내는 음성 상징어이므로, 힘차고 활발하게 움직이는 역동적인 느낌을 주고 있다는 것은 적절하지 않다.

〔 **음성 상징어**: 소리와 의미의 관계가 필연적인 것으로 여겨지는 단어. 의성어와 의태어로, '멍멍', '탕탕', '아장아장', '엉금엉금' 따위가 있다.
역동적: 힘차고 활발하게 움직이는 것

⑤ 특정 종결 어미를 구사하여 **경건한 분위기**를 조성하고 있다.
(가)와 (나) 모두 나타나지 않음.

(가)는 1, 4연에서 명사로 시행을 끝맺어 여운을 남기는 한편 2연에서는 '-냐'라는 종결 어미를 반복해 안타까움을 부각하고 있다. (나)는 '-구나', '-ㄴ다', '하누'와 같은 어미를 사용해 관찰자적 입장에서 이야기를 전달하는 화자의 태도를 드러내고 있다. 따라서 (가)와 (나) 모두 특정 종결 어미를 통해 경건한 분위기를 조성하고 있다는 것은 적절하지 않다.

[**종결 어미**: 한 문장을 종결되게 하는 어말 어미
경건하다: 공경하며 삼가고 엄숙하다.

A 33 정답 ② ＊〈보기〉를 바탕으로 감상하기

〈보기〉를 참조하여 (가)와 (나)를 감상한 내용으로 적절하지 <u>않은</u> 것은?

• 〈보기〉: 인간은 공간에 의미와 가치를 부여하여 '장소'로 만들어 자아 동일성을 형성하고, 이런 '장소'를 상실하면 절망과 불행을 경험하며 '장소'의 회복을 갈망합니다.
• (가): (가)의 화자는 고향인 '나무리벌'에서 쫓겨나 힘겹게 살아가며 고향을 그리워합니다.
• (나): (나)에서 만주로 쫓겨 갔던 '거북네'는 고국인 조선으로 돌아왔지만 여전히 '집도 고향도 없는' 비참한 처지에 놓여 있습니다.

즉 (가)와 (나)에서 드러나는 고향, 즉 '장소'의 상실에 대한 설명으로 틀린 것을 고르는 문제입니다.

---[보기]---

❶인간은 자신을 둘러싼 물리적 환경, 즉 공간에 의미와 가치를 부여하여 '장소'로 만든다.❷그에 따라 자연적 공간에는 친숙하고 안정적인 공간, 낯설고 <u>위협적인 공간</u>과 같은 이원적 가치가 부여된다. ③의 근거 ❸인간은 또한 자아 동일성을 형성하는 장소에 본원적인 ①의 근거 애착을 갖게 되는데, 이러한 '장소'를 상실하게 되면 자아는 삶의 ④의 근거 기반이 와해되는 근본적 결핍을 겪게 되고 절망과 불행의 경로를 ⑤의 근거 걷는 가운데 장소의 회복을 갈망하게 된다. ②의 근거

본원적: 근본과 관련된 것
애착: 몹시 사랑하거나 끌리어서 떨어지지 아니함. 또는 그런 마음
와해되다: 조직이나 계획 따위가 산산이 무너지고 흩어지게 되다.
결핍: 있어야 할 것이 없어지거나 모자람. **갈망하다**: 간절히 바라다.

왜 정답 ?

② (나)의 '강을 건널 때 조선으로 돌아가면'에는 상실한 '장소'의 회복에 대한 갈망과 함께 ~~불행을 예감하는 심정이 내포되어 있다.~~
기대감이 드러날 뿐 불행을 예감하고 있지는 않음.

＊근거: (나) ❷, ❸, 〈보기〉 ❸ 문장

〈보기〉에서는 '장소'의 이원적 가치에 대해 설명하며, 본원적 애착을 형성한 장소를 상실하면 절망하는 가운데 그 장소의 회복을 갈망한다고 했다. (나)의 '거북네'는 '쫓겨서 울면서' 갔던 만주에서, '봄'을 보기 위해 '조선'으로 돌아왔다. 따라서 3연의 '강을 건널 때 조선으로 돌아가면'에는 상실한 '장소'의 회복에 대한 갈망이 담겨 있다고 할 수 있다. '조선으로 돌아가면'서는 '빼앗겼던 땅에서 농사지으며 가 갸 거 겨 배'울 것이라는 기대감을 지니고 있었을 뿐 불행을 예감하고 있었다고 볼 수 없다.

[**예감하다**: 어떤 일이 일어나기 전에 암시적으로 또는 본능적으로 미리 느끼다.
내포되다: 어떤 성질이나 뜻 따위가 속에 품어지다.

왜 오답 ?

① (가)의 '나무리벌'은 그곳에 살았던 사람들의 **자아 동일성**을 형성시킨 공간이라 할 수 있다.
사람들이 의미와 가치를 부여한 '장소'이므로 적절함.

＊근거: (가) ❶-❶~❸, ❷-❹ 〈보기〉 ❸ 문장

(가)의 '나무리벌'은 화자가 그리워하는 고향으로, 화자를 비롯하여 그곳에 살았던 사람들이 의미와 가치를 부여하여 자아 동일성을 형성시킨 '장소'에 해당한다.

③ (가)의 '만주 봉천'과 (나)의 '만주'는 쫓겨 갔던 사람들에게는 **낯설고 위협적인 공간**에 해당한다.
(가)의 '만주 봉천'은 '못살 곳', (나)의 '만주'는 '두터운 얼음장과 ~ 묻히고'로 부정적으로 표현됨.

＊근거: (가) ❶-❹, (나) ❷, 〈보기〉 ❷ 문장

(가)의 '만주 봉천'은 '나무리벌'에서 쫓겨 온 이들에게 '못살 곳'이고, (나)의 '만주'는 '쫓겨서 울면서' 갔던 곳으로 '두터운 얼음장과 거센 바람 속에 세월은 흘러'서 거북이가 태어나고 할배는 묻힌 곳이다. 따라서 두 공간 모두 쫓겨 갔던 이들에게는 낯설고 위협적인 공간이라고 할 수 있다.

④ (가)와 (나)에 등장하는 인물들은 본원적 애착을 가졌던 '장소'를 상실하고 삶의 기반이 와해되는 결핍을 겪었을 것이다.
(가)의 '고향 산천이 어디메냐', (나)의 '조선으로 ~ 고향도 없고'에서 드러남.

＊근거: (가) ❷-❹, (나) ❸, 〈보기〉 ❸ 문장

(가)에서는 '고향 산천이 어디메냐'를 통해 화자가 애착을 가졌던 '장소'인 '나무리벌'을 상실한 모습을, (나)에서는 '조선으로 돌아와도 집도 고향도 없고'를 통해 거북네가 애착을 가졌던 '장소'인 고향을 상실한 모습을 확인할 수 있다. 〈보기〉에서 '장소'를 상실하면 '자아는 삶의 기반이 와해되는 근본적 결핍을 겪게 된다'고 하였으므로, (가)와 (나)에 등장하는 인물들은 본원적 애착을 가졌던 고향, 즉 '장소'를 상실하고 삶의 기반이 와해되는 결핍을 겪었을 것이라고 볼 수 있다.

⑤ (가)의 '자곡자곡이 피땀이라'와 (나)의 '두터운 얼음장과 거센 바람'은 친숙하고 안정적인 '장소'를 잃고 살아가는 절망적 삶을 상징적으로 나타낸다고 볼 수 있다.
고향을 떠나 겪은 고난과 시련을 의미함.

＊근거: (가) ❷-❸, (나) ❷, 〈보기〉 ❸ 문장

(가)의 '자곡자곡이 피땀이라'는 화자가 '장소'인 '나무리벌'을 떠나 '만주 봉천'에서 고통스럽게 살아가는 모습을, (나)의 '두터운 얼음장과 거센 바람'은 거북네가 '장소'인 고향을 떠나 '만주'에서 겪은 고난과 시련을 나타낸다. 따라서 (가)의 '자곡자곡이 피땀이라'와 (나)의 '두터운 얼음장과 거센 바람'은 친숙한 '장소'를 잃고 절망적으로 살아가는 이들의 삶을 상징적으로 표현한 부분이라고 할 수 있다.

[**상징적**: 추상적인 개념이나 사물을 구체적인 사물로 나타내는 것

 1등급 풀이 Tip

〈보기〉의 '자아 동일성을 형성하는 장소'를 '고향'이라고 이해하면 각각의 작품에 〈보기〉의 정보를 쉽게 대입할 수 있다.
(가)에는 '나무리벌', (나)에는 '조선'이 고향으로 제시되어 있으므로, 이 두 공간이 '자아 동일성을 형성하는 장소'이다. 이를 바탕으로 '장소(고향)의 상실과 회복'이라는 〈보기〉의 핵심 정보를 (가)와 (나)에 적용하여 문제를 풀어야 한다.

A 34 정답 ③ ＊〈보기〉를 바탕으로 감상하기

〈보기〉에 근거하여 (나)에 대해 이해한 내용으로 적절하지 <u>않은</u> 것은?

• 〈보기〉: 이용악의 작품에서 화자는 대상과 관련된 사연을 전달하거나 기록하고, 직접 등장인물이 되거나 등장인물의 내면과 소통하는 이중적 역할을 합니다.
• (나): 화자는 '거북이'의 입장이 되거나 '거북이'의 내면과 소통을 시도하기도 하고, 거북네를 관찰하여 그들의 사연을 전하며 광복 이후 조국으로 돌아온 유이민의 고달픈 삶의 모습을 이야기하고 있습니다.

즉 (나)에 나타나는 화자의 이중적 역할에 대한 설명으로 틀린 것을 고르는 문제입니다.

[보기]

❶이용악의 작품에 등장하는 화자는 이중적 역할을 한다.❷「화자
는 대상과 관련된 사연을 전달하거나 기록하기도 하고, 그가 직접
└───────────────────────────────┘ └──┘
                    ①.②의 근거   「   」:③의 근거
등장인물이 되거나 등장인물의 내면과 소통을 시도하기도 한다.」
└──────────────┘ └─────────────┘
    ①.④의 근거   ⑤의 근거
❸이는 인물 혹은 대상과의 거리를 조정하는 방식으로 이루어지는
데, 이러한 기법은 독자의 이목을 집중시키고 공감을 유도하는
효과를 발휘한다.

이중적: 이중으로 되는 것

왜 정답 ?

③ 3연에서 화자는 '띠팡'에서 '조선'으로 이어지는 '거북네'의 이
동 경로를 <u>아배의 시각에서</u> 기록하고 있다.
              거북이의 시각에서 기록함.

*근거: (나)③,④,〈보기〉❷문장

3연에는 '조선'으로 돌아가면 좋은 일들이 있을 것이라고 들었지만, 막상 돌아오
니 집도 고향도 없는 비참한 현실을 마주하게 된 거북네의 기대와 좌절이 드러나
있고, 이어진 4연에는 '거북이'가 배추 꼬리를 씹으며 '아배'의 얼굴을 바라보면서
무언가를 생각하는 모습이 드러나 있다. 따라서 3연은 '아배'가 아니라 '거북이'의
시각에서 기록한 것으로 보아야 시상의 흐름이 자연스럽다.

왜 오답 ?

① 1연의 '(하늘이) 혼자만 곱구나'는 '거북이'의 발화로도 화자의
발화로도 볼 수 있다.
          화자가 직접 등장인물이 됨.
   화자가 거북네와 관련된 사연을 전달함.

*근거: (나)①,〈보기〉❷문장

1연의 '(하늘이) 혼자만 곱구나'는 '거북이'의 발화일 수도 있지만, '거북네'를 관찰
하여 그와 관련된 사연을 전달하는 화자의 발화로도 볼 수 있다.

〔발화: 소리를 내어 말을 하는 현실적인 언어 행위

② 2연에서 화자는 '~ 왔단다'의 형식으로 '거북네'의 사연을 간
접적으로 전달하고 있다.
   거북네가 만주에서 돌아온 사연을 '-단다'라는 종결 어미를 사용하여 전달함.

*근거: (나)②,〈보기〉❷문장

2연에서 화자는 '거북네는 만주서 왔단다', '가던 길 돌아 왔단다'와 같이 '~ 왔단
다'의 형식으로 '거북네'가 만주에서 돌아오게 된 사연을 간접적으로 전달하고 있
다. 이때 '-단다'는 '화자가 이미 알고 있는 것을 객관화하여 청자에게 일러 주는
데 쓰는 종결 어미'이다.

〔간접적: 중간에 매개가 되는 사람이나 사물 따위를 통하여 연결되는 것

④ 4연의 '달디달구나'는 '거북이'의 감각을 화자 자신이 느끼고
있음을 보여 준다.
  '-구나'는 자신이 새롭게 알게 된 것을 강조하고 있음을 나타내는 종결 어미임.

*근거: (나)④,〈보기〉❷문장

4연에서 '배추 꼬리를 씹'고 있는 것은 '거북이'지만, 화자는 '달디달구나'라는 표
현으로 '거북이'가 느꼈을 법한 감각을 대신 자신이 느끼고 있음을 보여 주고 있
다. '-구나'는 '화자가 새롭게 알게 된 사실에 주목함을 나타내는 종결 어미'이다.

⑤ 4연의 '거북이는 무엇을 생각하누'는 '거북이'의 내면과 소통을
시도하는 화자의 물음으로 볼 수 있다.
   거북이에게 질문을 던지고 있음.

*근거: (나)④,〈보기〉❷문장

4연에서 화자는 배추 꼬리를 씹으며 아배의 얼굴을 바라보는 거북이의 모습을
전달하며 '거북이는 무엇을 생각하누'라고 질문을 던짐으로써 '거북이'의 내면과
소통하려는 시도를 드러내고 있다.

A 35~37 ──────────────── [예상 문제]

(가) 황지우, 〈거룩한 식사〉

❶ 화자, 중심 대상   ❷ 상황, 정서, 태도   ❸ 표현상 특징   시 해석
───── :❶ 중심 대상 - 가난하고 외로운 사람들

1 ❶<u>나이 든 남자</u>가 혼자 밥을 먹을 때
   화자의 분신, 혹은 가난하고 외로운 이들의 통칭
                                        ❷ 상황: 남자가 혼자 밥을 먹다가
   ❷ 울컥, 하고 올라오는 것이 있다.   자신의 어린 시절을 떠올림.
       어린 시절의 기억
   ❸ 큰 덩치로 분식집 메뉴표를 가리고서
                        화자 자신 혹은 화자가 감정을 이입하고 있는 대상
   ❹ 등 돌리고 라면 발을 건져 올리고 있는 <u>그</u>에게,
       ❸ 촉각적(피부에 닿았을 때의 느낌을 주는) 이미지
   「양푼의 식은 밥을 놓고 동생과 눈 흘기며 숟갈 싸움하던
   「 」: 어린 시절의 기억 – '올라오는 것'
   ❻ 그 어린 것이 올라와, 갑자기 목메게 한 것이다.」
      어린 시절의 남자

   → 나이 든 남자가 혼자 밥을 먹을 때, 울컥, 하고 올라오는 것이 있다. 큰 덩치로
   분식집 메뉴표를 가리고서 (초라하게) 등 돌리고 라면 발을 건져 올리고 있는
   그에게, 양푼의 식은 밥을 놓고 동생과 눈 흘기며 숟갈 싸움하던 그 어린 시절
   자신에 대한 기억이 올라와, 갑자기 목메게 한 것이다.

   〔양푼: 음식을 담거나 데우는 데에 쓰는 놋그릇

   *1연 요약: 혼자 밥을 먹다가 동생과 숟갈 싸움하던 어린 시절이 떠올라 목이 멤.

2 ❶몸에 한세상 떠 넣어 주는
   ❷ 먹는 일의 거룩함이여
      일상의 사소한 행위에 깊은 통찰로 의미를 부여함.
   「이 세상 모든 <u>찬밥에 붙은 더운 목숨</u>이여
    ❸ 역설적(겉보기에는 모순되는 것 같으나 그 속에 진실이 함축된) 발상, 촉각적 이미지
   ❹이 세상에서 <u>혼자 밥 먹는 자들</u>」
         가난하고 소외된 사람들   「 」: ❸ 구체적인 대상에서 일반적인
   ❺ 풀어진 뒷머리를 보라   대상으로 시상을 확장함.
   ❻ 파고다 공원 뒤편 순댓집에서
      ❸ 구체적인 장소를 제시해 사실성을 부여함.
   ❼ 국밥을 숟가락 가득 떠 넣으시는 <u>노인</u>의, 쩍 벌린 입이
                                      ❶ 화자
   ❽ 나는 어찌 이리 눈물겨운가
      ❷ 정서: 가난하고 외로운 사람들에 대한 연민

   → 몸에 한세상 떠 넣어 (살아갈 힘을) 주는 먹는 일의 거룩함이여. 이 세상 모든
   찬밥에 붙은 더운 목숨이여. 이 세상에서 혼자 밥 먹는 자들의 풀어진 뒷머리
   를 보라. 파고다 공원 뒤편 순댓집에서 국밥을 숟가락 가득 떠 넣으시는 노인
   의 쩍 벌린 입이, 나는 어찌 이리 눈물겨운가?

   〔거룩하다: 뜻이 매우 높고 위대하다.

   *2연 요약: 혼자 국밥을 먹는 노인의 쩍 벌린 입이 눈물겹게 느껴짐.

⭐ (가) 독해 공식 ──────────────
❶ 화자: '나', 중심 대상: 가난하고 외로운 사람들
❷ 상황: 혼자 밥을 먹다가 자신의 어린 시절을 떠올리고, 홀로 밥을 먹는 이들을 생각함.
  정서: 가난하고 외로운 사람들에 대한 연민
❸ 표현상 특징
• 구체적인 대상에서 일반적인 대상으로 시상을 확장하고 있음.
• 역설적(겉보기에는 모순되는 것 같으나 그 속에 진실이 함축된) 발상으로 주제 의식을 부
  각하고 있음.
• 촉각적(피부에 닿았을 때의 느낌을 주는) 이미지를 활용해 구체적인 인상을 부여하고
  있음.

■ 내용: 이 작품은 먹는 행위를 중심으로 가난하고 외로운 이들에 대한 연민의 정서
를 드러내고 있는 현대시이다. 화자는 혼자 라면을 먹다가 어린 시절 눈 흘기며
동생과 숟갈 싸움하던 일을 떠올리며 '울컥' 목이 멘다. 이때 화자의 뇌리를 스치
는 것은 자신처럼 혼자 국밥을 말아 먹고 있는 노인의 모습이다. 화자는 이 두 장
면을 통해 살아 있다는 것, 그리고 먹는다는 행위에 새로운 가치를 부여하고 있다.
■ 주제: 가난하고 외로운 사람들에 대한 연민과 먹는 행위의 거룩함

■ **이것이 핵심!**: 연민의 정서

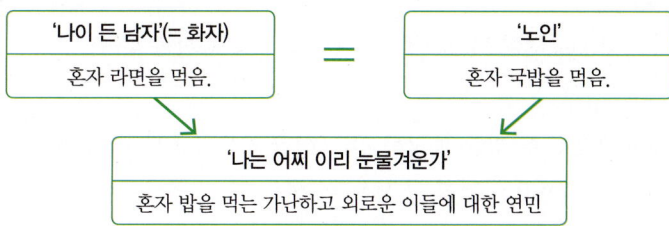

'나이 든 남자'(= 화자) **=** '노인'
혼자 라면을 먹음.　　혼자 국밥을 먹음.

'나는 어찌 이리 눈물겨운가'
혼자 밥을 먹는 가난하고 외로운 이들에 대한 연민

(나) 기형도, 〈바람의 집 – 겨울 판화 1〉

❶ 화자, 중심 대상　❷ 상황, 정서, 태도　❸ 표현상 특징　[시 해석]

❶중심 대상　❸ 바람을 의인화(사람이 아닌 것을 사람처럼 표현하여 겨울의 추운 밤을 표현함.
❶내 「유년 시절 바람이 문풍지를 더듬던 동지의 밤이면 어머니는 내
❶ 화자　「　」: ❷ 상황 – 춥고 가난했던 어린 시절을 회상하고 있음.
머리를 당신 무릎에 뉘고 무딘 칼 끝으로 시퍼런 무를 깎아 주시곤 하
　　　　　　　　　　어린 시절의 화자는 바람 소리에 두려움을 느낌.
였다.」❷「어머니 무서워요 저 울음소리, 어머니조차 무서워요.❸얘야,
　　　　　　「　」: ❸ 대화 방식을 사용해 장면에 사실감(실제로 있었던 일 같은 느낌)을 부여함.
그것은 네 속에서 울리는 소리란다.❹네가 크면 너는 이 겨울을 그리워
하기 위해 더 큰 소리로 울어야 한다.」❺자정 지나 앞마당에 은빛 금속
　　　　　　❸ 직유법 – 서리의 차갑고 냉혹함을 연결어 '처럼'을 활용하여 '금속'에 직접 빗댐.
처럼 서리가 깔릴 때까지 어머니는 마른 손으로 종잇장 같은 내 배를 자
　　　　　　　　　　　　　가난의 이미지
꾸만 쓸어 내렸다.❻처마 밑 시래기 한 줌 부스러짐으로 천천히 등을 돌
　　어머니의 사랑
리던 바람의 한숨.❼사위어 가는 호롱불 주위로 방 안 가득 풀풀 수십 장
　　　　　　　　　❸ 가난과 추위를 시각화함.(보이지 않는 것을 일정한 형태로 나타내 보임.)
입김이 날리던 밤, 그 작은 소년과 어머니는 지금 어디서 무엇을 할까?
　　　　　　　❷ 정서: 어린 시절과 어머니에 대한 그리움

➡ 내 어린 시절, 바람이 문풍지를 더듬던 (바람이 불던) 동지의 밤이면, 어머니는 내 머리를 당신 무릎에 뉘고 무딘 칼 끝으로 시퍼런 무를 깎아 주시곤 하였다. "어머니 저 (바람의) 울음소리가 무서워요. 어머니조차 무서워요." "얘야, 그 울음소리는 (바깥의 바람 소리가 아니라) 네 속에서 울리는 소리란다. 네가 크면 너는 이 겨울을 그리워하기 위해 더 큰 소리로 울어야 한다." 자정이 지나 앞마당에 (차갑고 냉혹한) 은빛 금속처럼 서리가 깔릴 때까지 어머니는 마른 손으로 종잇장 같은(홀쭉한) 내 배를 자꾸만 쓸어내렸다. 처마 밑 시래기 한 줌 부스러짐으로 바람의 한숨이 천천히 등을 돌렸다(바람이 사그라들었다). 점점 꺼져가는 호롱불 주위로 방안 가득 풀풀 수십 장 입김이 날리던 밤, 그 작은 소년과 어머니는 지금 어디서 무엇을 할까?

┌ **유년**: 어린 나이나 때. 또는 어린 나이의 아이
│ **문풍지**: 문틈으로 새어 들어오는 바람을 막기 위하여 문짝 주변을 돌아가며 바른
│ 종이　**시래기**: 무청이나 배춧잎을 말린 것
└ **사위다**: 불이 사그라져서 재가 되다.　**호롱불**: 호롱에 켠 불

＊(나) 요약: 유년 시절의 겨울밤을 회상하며 어린 시절을 그리워함.

🌟 **(나) 독해 공식**
❶ **화자**: '나', **중심 대상**: 유년 시절
❷ **상황**: 춥고 가난했던 자신의 어린 시절을 회상하고 있음.
정서: 어린 시절과 어머니에 대한 그리움
❸ **표현상 특징**
• 비유(어떤 대상을 다른 비슷한 대상에 빗댄 표현)를 통해 대상의 특성을 표현하고 있음.
• 대화 방식을 사용해 장면에 사실감(실제로 있었던 일 같은 느낌)을 부여하고 있음.
• 감각적 표현과 의인법을 사용해 시적 상황과 대상을 형상화하고 있음.

■ **내용**: 이 작품은 가난과 추위에 떨던 어린 시절을 회상하고 있는 현대시이다. 어머니와의 대화 형식과 직유를 활용한 표현으로 춥고 가난했던 어린 시절의 기억이 화자에게 겨울 풍경의 '판화'처럼 각인되어 있음을 드러내고 있다.
■ **주제**: 가난했던 어린 시절의 기억과 그에 대한 그리움

■ **이것이 핵심!**: 과거에 대한 그리움

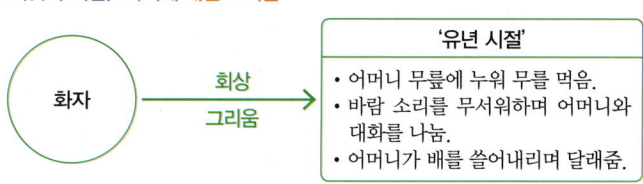

화자　—회상 그리움→　**'유년 시절'**
• 어머니 무릎에 누워 무를 먹음.
• 바람 소리를 무서워하며 어머니와 대화를 나눔.
• 어머니가 배를 쓸어내리며 달래줌.

Ａ 35　정답 ①　＊작품 비교하기

(가)와 (나)의 공통점으로 가장 적절한 것은?

> **왜 정답?**
　　　　　　시의 내용을 처음 펼쳐 나가는 지점
① 과거 회상이 시적 발상의 출발점이 되고 있다.
(가)는 동생과 '숟갈 싸움'하던 과거를, (나)는 '유년 시절'을 회상함.

＊**근거**: (가) ①–❺, ❻, (나) ❶
(가)에서는 밥을 먹다 떠올린 어린 시절 동생과의 '숟갈 싸움'이 시적 발상의 출발점이 되고 있고, (나)에서는 어린 시절 바람 부는 겨울밤에 느꼈던 공포를 떠올리면서 시상이 전개되고 있다. 즉, (가)와 (나) 모두 과거를 회상하는 것에서 시상이 시작되고 있다.

┌ **회상**: 지난 일을 돌이켜 생각함. 또는 그런 생각
└ **발상**: 어떤 생각을 해 냄. 또는 그 생각

> **왜 오답?**
　　　　　　　시의 내용을 펼쳐 나가고
② 시적 대상의 변화에 따라 시상이 전개되고 있다.
　(나)에는 나타나지 않음.

＊**근거**: (가) ①–❶, ②–❼, (나) ✕
(가)는 '나이 든 남자'인 '그'에서 '노인'으로 시적 대상이 변화하며 시상이 전개되고 있다. 그러나 (나)의 시적 대상은 '유년 시절'의 기억으로, 시적 대상의 변화는 나타나지 않는다.

③ 화자와 청자가 시적 장면 속에 동시에 등장한다.
　　　　　　　(가)에는 청자가 나타나지 않음.

＊**근거**: (가) ✕, (나) ❷～❹
(가)에는 시적 대상이 드러날 뿐 청자는 시적 장면 속에 등장하지 않는다. (나)는 '어머니 무서워요 저 울음소리', '얘야, 그것은 네 속에서 울리는 소리란다'와 같은 어린 시절의 '나'와 어머니의 대화에서 화자와 청자가 시적 장면 속에 동시에 등장하고 있다.

┌ **청자**: 이야기를 듣는 사람

④ 화자는 현재를 과거보다 긍정적으로 평가하고 있다.
　　　　　　　　　(가)와 (나) 모두 나타나지 않음.

(가)의 화자는 국밥을 먹으며 과거를 회상하고 '혼자 밥 먹는 이들'과 '노인'에 대한 연민을 드러내고 있고, (나)의 화자는 유년 시절을 회상하며 그리움을 드러내고 있을 뿐 둘 다 과거보다 현재를 긍정적으로 평가하는 태도는 보이지 않았다.

　　　　　　　감각적, 정서적인 표현을
⑤ 비유와 서정적 묘사를 통해 회화적 이미지를 구축하고 있다.
　　　　　(가)에는 나타나지 않음.

＊**근거**: (가) ✕, (나) ❺～❻
(나)에서는 '자정 지나 앞마당에 은빛 금속처럼 ～ 바람의 한숨'에서 직유와 감각적 표현을 활용해 어린 시절의 풍경을 서정적으로 묘사함으로써 회화적 이미지를 드러내고 있다. 그러나 (가)에서는 장면을 시각적으로 묘사했다고 볼 수는 있으나 비유와 서정적 묘사를 통해 회화성을 드러낸 부분은 찾을 수 없다.

┌ **비유**: 어떤 현상이나 사물을 다른 비슷한 현상이나 사물에 빗대어서 설명하는 것
│ **서정적**: 정서를 듬뿍 담고 있는 것
│ **회화적**: 그림의 성격을 띠는
└ **구축하다**: 어떤 시설물을 쌓아 올려 만들다.

정답 ⑤   *〈보기〉를 바탕으로 감상하기

〈보기〉는 (나)의 소통 구조를 나타낸 것이다. 이와 관련한 설명으로 적절하지 <u>않은</u> 것은?

• 〈보기〉: (나)는 유년 시절의 화자가 어머니가 대화를 나누는 내부 이야기와, 어른이 된 화자가 내부 이야기를 서술하는 바깥 이야기로 구성되어 있습니다.
• (나): 화자는 춥고 가난했던 어린 시절을 떠올리고 있습니다.

즉 〈보기〉의 도식화한 소통 구조를 바탕으로 (나)를 이해한 내용으로 틀린 것을 고르는 문제입니다.

[보기]

바깥 이야기의 화자 어른이 된 화자 │ 시인	내부 이야기 나 ↔ 어머니 유년 시절의 화자와 어머니의 대화 부분	바깥 이야기의 청자 │ 독자

>왜 정답?

⑤ 바깥 이야기의 화자는 어린 시절의 ~~공포에서 벗어나지 못했다.~~
  '나'는 공포에서 벗어나 유년 시절에 대한 그리움을 드러냄.

*근거: (나) ❷, ❹, ❼

(나)는 유년 시절의 화자와 어머니가 이야기를 나누는 내화(內話)와, 이를 어른이 된 '나'가 서술하는 외화(外話)의 이중 구조를 지니고 있다. 이는 액자 소설과도 같은 구성으로 〈보기〉와 같은 소통 구조로 이해할 수 있다.
내부 이야기에서 어린 시절의 화자는 바람소리에 공포를 느끼는데, 이에 어머니는 '네가 크면 너는 이 겨울을 그리워하기 위해 더 큰 소리로 울어야 한다.'라고 말한다. 바깥 이야기의 화자는 어린 시절을 회상하며 그리움을 드러내고 있으므로 이는 어린 시절 느꼈던 공포에서 벗어나 '겨울을 그리워하기 위해 더 큰 소리로 울'고 있는 것으로 볼 수 있다. 따라서 바깥 이야기의 화자가 어린 시절의 공포에서 벗어나지 못했다는 것은 적절하지 않다.

>왜 오답?

① 바깥 이야기의 화자는 과거 시제로 이야기하고 있다.
  '하였다', '내렸다'

*근거: (나) ❶, ❺

바깥 이야기의 화자는 '하였다', '내렸다' 등 과거 시제로 이야기하며 어린 시절을 회상하고 있다.

② 내부 이야기의 화자는 현재 시제로 이야기하고 있다.
  '어머니 무서워요'

*근거: (나) ❷, ❸

내부 이야기의 화자는 어린 시절의 '나'로 어머니와 대화하고 있는데, 대화는 '무서워요', '소리란다'와 같이 현재 시제로 제시되고 있다.

③ 내부 이야기 속에서 '나'와 어머니는 서로 대화를 나누고 있다.
  '어머니 무서워요', '얘야, 그것은 네 속에서 울리는 소리란다'

*근거: (나) ❷~❹

내부 이야기에서 '어머니 무서워요 ~ 더 큰 소리로 울어야 한다.'는 바람 소리를 듣고 무서워하는 '나'와, 어머니가 나눈 대화이다.

④ 바깥 이야기의 화자는 묻는 형식으로 시상을 마무리하고 있다.
  지금 어디서 무엇을 할까?

*근거: (나) ❼

바깥 이야기의 화자는 '~ 지금 어디서 무엇을 할까?'라는 물음을 제시하며 시상을 마무리하고 있다.

정답 ④   *작품 비교하기

시적 대상에 대한 화자의 정서가 (가)와 가장 유사한 것은?

>왜 정답?

④ 빚으로도 못 갚는 땟국물 같은 어린 것들이 / 방 안에 제멋대로 뒹굴어져 자는데, / 보는 이 없는 것, / 알아주는 이 없는 것, / 이마 위에 이고 온 / 별빛을 풀어 놓는다. - 동정과 연민의 시선
  어머니의 사랑
  – 박재삼, 〈어떤 귀로〉

*근거: (가) ❷ - ❽

(가)의 화자는 혼자 국밥을 먹는 노인을 보며 '나는 어찌 이리 눈물겨운가'라고 말하고 있다. 이를 통해 화자는 가난하고 소외된 사람들에게 연민을 느끼고 있음을 알 수 있다. ④는 가난한 어머니가 별빛만을 이고 돌아와서 자녀들에게 별빛을 풀어 놓는 장면을 보여 주고 있다. 어머니는 자녀들을 사랑하지만 자녀들에게 줄 수 있는 것은 별빛뿐이다. 화자는 이러한 어머니와 자녀들을 동정과 연민의 시선으로 바라보고 있으므로 시적 대상에 대한 화자의 정서가 (가)와 유사하다.

[땟국물: '땟국'(꾀죄죄하게 묻은 때)을 강조하여 이르는 말

>왜 오답?

① 깊은 삼림 지대를 끼고 돌면 / 고요한 호수에 흰 물새가 날고 / 좁은 들길에 들장미 열매 붉어, / 멀리 노루새끼 마음 놓고 뛰어다니는 / 그 먼 나라를 알으십니까? - 이상향에 대한 동경
  이상향   평화와 자유의 세계
  – 신석정, 〈그 먼 나라를 알으십니까〉

화자는 '깊은 삼림 지대를 끼고 돌면' 나오는 '먼 나라'를 지향하고 있다. 그곳은 '노루새끼'가 '마음 놓고 뛰어다니는' 평화와 자유의 세계이다. 즉, ①에는 화자의 이상향이자 평화와 자유의 세계인 '먼 나라'에 대한 동경이 나타나고 있다.

② 붉은 해는 서산 마루에 걸리었다. / 사슴의 무리도 슬피 운다. / 떨어져 나가 앉은 산 위에서 / 나는 그대의 이름을 부르노라.
  애상적 분위기 형성   애상적 분위기 형성   '그대'에 대한 그리움   '그대'에 대한 그리움
  – 김소월, 〈초혼〉

'붉은 해'가 '서산(서쪽 산)'에 걸리었다는 것은 해가 지는 것을 의미한다. 또한 '사슴의 무리도 슬피' 우는 것에서 애상적 분위기가 나타나고 있다. 이러한 분위기 가운데 화자는 '떨어져 나가 앉은 산 위에서' '그대의 이름을 부르'고 있다. 즉, ②에는 '그대'를 그리워하는 화자의 애상적 정서가 나타나고 있다.

[마루: 등성이를 이루는 지붕이나 산 따위의 꼭대기

③ 밤에 홀로 유리를 닦는 것은 / 외로운 황홀한 심사이어니 / 고운 폐혈관이 찢어진 채로 / 아아, 늬는 산새처럼 날러 갔구나!
  잠시 머물다 떠나는 존재 - 대상의 죽음을 비유함.   '늬'의 죽음의 원인을 암시함.   '늬(죽은 어린 자식)'에 대한 안타까움과 그리움
  – 정지용, 〈유리창〉

③에는 '폐혈관이 찢어'져 세상을 떠난 늬(어린 자식)에 대한 화자의 안타까움과 그리움이 나타나고 있다.

⑤ 험한 벼랑을 굽이굽이 돌아간 / 백무선 철길 위에 / 느릿느릿 밤새워 달리는 / 화물차의 검은 지붕에 // 연달린 산과 산 사이 / 너를 남기고 온 / 작은 마을에도 복된 눈이 내리는가
  그리움의 대상 - 가족   그리움의 대상 - 고향   고향과 가족에 대한 그리움
  – 이용악, 〈그리움〉

화자는 '험한 벼랑을 굽이굽이 돌아'가면 있는 '연달린 산과 산 사이'의 '작은 마을'에 '복된 눈이 내리'기를 바라고 있다. '작은 마을'은 화자가 '너를 남기고 온' 곳으로 고향을 가리키며, '너'는 고향에 두고 온 가족이다. 즉, ⑤에는 고향과 가족에 대한 그리움이 나타나고 있다.

(가) 신동엽, 〈향아〉

❶ 화자, 중심 대상   ❷ 상황, 정서, 태도   ❸ 표현상 특징   [시 해석]
: ❸ 청유형(청자에게 같이 행동할 것을 요청하는 뜻을 나타내는) 어미
△ : 현대 문명의 부정적인 모습 → □ : 화자가 지향하는 세계
— ❸ 대비적(차이를 드러내기 위해 서로 맞대어 비교하는) 표현

❶ 중심 대상 – 청자, 순수한 존재
[1] ❶「향(香)아 너의 고운 얼굴 조석으로 우물가에 비취이던 오래지 않
❸ 청자에게 말을 건네는 형식
은 옛날로 가자」「」: ❷ 상황 – '향'에게 함께 '오래지 않은 옛날'로 돌아가자고 말함.
❷ 정서: 순수한 과거 세계로 돌아가기를 소망함. 태도: 설득적, 의지적
➡ 향아, 너의 고운 얼굴이 아침저녁으로 우물가에 비치던 오래지 않은 옛날로
가자.

조석: 아침과 저녁을 아울러 이르는 말

*[1]연 요약: 향의 고운 얼굴이 비치던 오래지 않은 옛날로 가기를 소망함.

[2] ❶ 수수럭거리는 수수밭 사이 걸찍스런 웃음들 들려 나오며 호미와
수런거리는   ❸ 청각적(귀로 듣는 듯한 느낌을 주는) 이미지
바구니를 든 환한 얼굴 그림처럼 나타나던 석양(夕陽)……
❸ 시각적(눈으로 보는 듯한 느낌을 주는) 이미지
➡ 수런거리는 수수밭 사이 걸쭉한 웃음들이 들려 나오며 호미와 바구니를 든 환
한 얼굴이 그림처럼 나타나던 (오래지 않은 옛날의) 석양……

*[2]연 요약: 오래지 않은 옛날의 아름다운 풍경

[3] ❶ 구슬처럼 흘러가는 냇물가 맨발을 담그고 늘어앉아 빨래들을 두
순수했던 과거의 모습   순수한 이미지
드리던 전설(傳說)같은 풍속으로 돌아가자
❷ 정서: 순수한 과거 세계로 돌아가기를 소망함. 태도: 설득적, 의지적
➡ 구슬처럼 흘러가는 냇물가에 맨발을 담그고 늘어앉아 빨래들을 두드리던 (순
수하고 소박했던) 전설 같은 풍속으로 돌아가자.

풍속: 옛날부터 그 사회에 전해 오는 생활 전반에 걸친 습관 따위를 이르는 말

*[3]연 요약: 전설 같은 풍속으로 돌아가기를 소망함.

타래져 올라가는
[4] ❶ 눈동자를 보아라 향아 회올리는 무지개빛 허울의 눈부심에 넋 빼
❸ 명령형(명령이나 요구의 뜻을 나타내는) 어미 사용   실속 없는 화려한 겉모습
앗기지 말고
❷ 철따라 푸짐히 두레를 먹던 정자나무 마을로 돌아가자 미끈덩한
여러 사람이 둘러앉아 먹던
기생충의 생리와 허식에 인이 박히기 전에 눈빛 아침처럼 빛나던 우리
❷ 태도: 비판적(현대 문명의 폐해를 비판적으로 바라봄.)
들의 고향 병들지 않은 젊음으로 찾아가자꾸나
❷ 정서: 순수한 과거 세계로 돌아가기를 소망함. 태도: 설득적, 의지적
➡ 향아, 타래져 올라가는(실속 없이 겉만 화려한) 무지갯빛 허울의 눈부심에 넋
을 빼앗기지 말고 눈동자를 보아라. 철 따라 푸짐히 여러 사람이 둘러앉아 먹
던 정자나무 마을로 돌아가자. 미끈덩한 기생충(같은 현대 문명)의 생리와 허
식이 몸이 배기 전에, 눈빛이 아침처럼 빛나던 우리들의 고향, 병들지 않은 젊
음으로 찾아가자꾸나.

허울: 실속이 없는 겉모양
허식: 실속이 없이 겉만 꾸밈.
인: 여러 번 되풀이하여 몸에 깊이 밴 버릇

*[4]연 요약: 허물과 허식으로 병들지 않은 고향을 찾아가기를 소망함.

[5] ❶ 향아 허물어질까 두렵노라 얼굴 생김새 맞지 않는 발돋움의 흉내
❷ 정서: 현대 문명의 부정적 모습에 대한 걱정과 두려움
랑 그만 내자
❷ 들국화처럼 소박한 목숨을 가꾸기 위하여 맨발을 벗고 콩바심하
❸ 비유적(어떤 대상을 다른 대상에 빗댄) 표현
던 차라리 그 미개지(未開地)로 가자 달이 뜨는 명절밤 비단치마를
현대 문명에 오염되지 않은 공간
나부끼며 떼지어 춤추던 「전설 같은 풍속으로 돌아가자 냇물 굽이치
더불어 즐기는 삶의 모습
는 싱싱한 마음밭으로 돌아가자.」
「」: ❷ 정서 – 순수한 과거 세계로 돌아가기를 소망함. 태도 – 설득적, 의지적
➡ 향아, 허물어질까 두렵노라. 얼굴 생김새 맞지 않는 발돋움의 흉내는 그만 내
자. 차라리 들국화처럼 소박한 목숨을 가꾸기 위하여 맨발을 벗고 (순수하게)
콩알을 털어 내던 그 미개지로 가자. 달이 뜨는 명절 밤 비단치마를 나부끼며
떼 지어 춤추던 전설 같은 풍속으로 돌아가자. 냇물 굽이치는 싱싱한 마음 밭
으로 돌아가자.

발돋움: 키를 돋우려고 발밑을 괴고 서거나 발끝만 디디고 섬.
콩바심하다: 거두어들인 콩을 두드려 콩알을 털어 내다.
미개지: 문화가 발달하지 못하고 생활·문화 수준이 낮은 땅

*[5]연 요약: 인간 본연의 모습이 남아 있는 전설 같은 풍속으로 돌아가기를 소망함.

⭐ (가) 독해 공식
❶ 화자: 드러나지 않음('향'에게 말을 건네는 사람). 중심 대상: '향'
❷ 상황: 청자인 '향'에게 함께 '오래지 않은 옛날'로 돌아가자고 설득함.
정서: 순수한 과거 세계로 돌아가기를 소망함. 현대 문명의 폐해를 염려함.
태도: 설득적, 의지적, 비판적(현대 문명의 폐해를 비판적으로 바라봄.)
❸ 표현상 특징
• 청자에게 말을 건네는 형식과 청유형(청자에게 같이 행동할 것을 요청하는 뜻을 나타내
는), 명령형(명령이나 요구의 뜻을 나타내는) 어미를 사용하고 있음.
• 과거와 현재의 대비(차이를 드러내기 위해 서로 맞대어 비교하는 방법)를 통해 주제 의식
을 효과적으로 드러내고 있음.
• 비유적(어떤 대상을 다른 대상에 빗댄), 감각적(시각, 청각, 촉각, 후각, 미각 등의 감각을
떠올리게 하는) 표현을 사용하여 대상의 이미지를 구체화하고 있음.

■ 내용: 이 작품은 화자가 '향아'라고 불린 시적 대상에게 소망하는 바를 청유형으
로 진술하고 있는 현대시이다. 화자는 '향'에게 부드러운 어조로 '오래지 않은 옛
날'로 돌아가자고 말하고 있다. '향'은 '고운 얼굴'을 가진, 아직 문명에 찌들지 않
은 순수한 존재로 볼 수 있으며, 화자는 현대 문명에 대한 부정적 인식을 드러내
면서 아름다운 옛날로 돌아가기를 소망한다. 즉 이 작품은 자연과의 조화로운 삶
을 통해 참다운 인간성의 회복을 추구하며 문명 비판적 성격을 드러내고 있다.
■ 주제: 자연과 인간이 조화롭던 과거 세계로의 회귀 의지

■ 이것이 핵심!: 과거와 현재의 대비

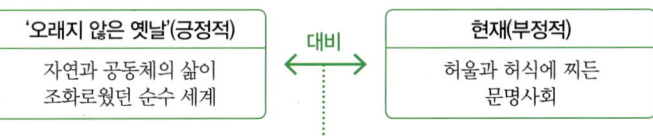

'오래지 않은 옛날'(긍정적)	대비	현재(부정적)
자연과 공동체의 삶이 조화로웠던 순수 세계	⟷	허울과 허식에 찌든 문명사회

화자는 청자('향')에게 '오래지 않은 옛날'로 돌아가자고 권유함.

(나) 김기택, 〈멸치〉

❶ 화자, 중심 대상   ❷ 상황, 정서, 태도   ❸ 표현상 특징   [시 해석]
: ❸ 단정적(딱 잘라서 판단하고 결정하는) 어조
□ : ❸ 직유법(두 대상을 연결어로 결합, 직접 빗대는 방법) 생명력을 상실한 멸치의 모습을 비유

멸치가 지녔던 본래의 생명력
❶「굳어지기 전까지 저 딱딱한 것들은 물결이었다」
밥상 위에 놓인 멸치 반찬(죽음의 이미지)   「」: ❸ 시어의 대비 – 딱딱한 것(죽음의
❷ 파도와 해일이 쉬고 있는 바닷속   이미지) ↔ 물결(생명력)
생명력이 넘치는 긍정적 공간
❸ 지느러미의 물결 사이에 끼어
❹ 유유히 흘러 다니던 무수한 갈래의 길이었다
무한한 가능성의 존재
➡ 굳어지기 전까지 (밥상 위에 놓인) 저 딱딱한 멸치들은 (생명력을 지닌) 물결이
었다. 파도와 해일이 쉬고 있는 바다 속에서 지느러미의 물결 사이에 끼어 유
유히 흘러 다니던 (무한한 가능성을 지닌) 무수한 갈래의 길이었다.

*❶~❹행 요약: 생명(멸치) 본래의 모습

❺ 그물이 물결 속에서 멸치들을 떼어 냈던 것이다
멸치의 생명력을 앗아 가는 세계의 폭력성
❻「햇빛의 꼿꼿한 직선들 틈에 끼이자마자
부정적 이미지(비생명적)
❼ 부드러운 물결은 팔딱거리다 길을 잃었을 것이다
생명력을 지닌 멸치
❽ 바람과 햇볕이 달라붙어 물기를 빨아들이는 동안
「」: ❸ 시각적(눈으로 보는 듯한 느낌을 주는),
❾ 바다의 무늬는 뼈다귀처럼 남아   촉각적(피부에 닿았을 때의 느낌을 주
생명력의 흔적   는) 이미지가 두드러짐.
❿ 멸치의 등과 지느러미 위에서 딱딱하게 굳어갔던 것이다」
❶ 중심 대상
⓫ 모래 더미처럼 길거리에 쌓이고
⓬ 건어물집의 푸석한 공기에 풀리다가
⓭ 기름에 튀겨지고 접시에 담겨졌던 것이다

➡ 그물이 물결 속에서 멸치들을 떼어 냈던 것이다. (바다에서 잡혀 올라와) 햇빛의 꼿꼿한 직선들 틈에 끼이자마자, 부드러운 물결(과 같이 생명력을 지닌 멸치들은) 팔딱거리다 길을 잃었을 것이다. 바람과 햇볕이 달라붙어 물기를 빨아들이는 동안, (생명력의 흔적인) 바다의 무늬는 뼈다귀처럼 남아 멸치의 등과 지느러미 위에서 딱딱하게 굳어갔던 것이다. (멸치들은) 모래 더미처럼 (생명력을 잃은 채) 길거리에 쌓이고, 건어물집의 푸석한 공기에 풀리다가 기름에 튀겨지고 접시에 담겨졌던 것이다.

〔 건어물: 생선, 조개류 따위를 말린 식품

＊⑤～⑬행 요약: 생명을 상실하는 과정

⑭「지금 젓가락 끝에 깍두기처럼 딱딱하게 집히는 이 멸치에는
　「 」: 상황 - 멸치 반찬을 보면서 멸치가 원래 가지고 있던 생명력에 대해 생각함.
⑮두껍고 뻣뻣한 공기를 뚫고 흘러가는
　❸ 촉각적 이미지
⑯바다가 있다 그 바다에는 아직도
⑰지느러미가 있고 지느러미를 흔드는 물결이 있다」
⑱이 작은 물결이
⑲지금도 멸치의 몸통을 뒤틀고 있는 이 작은 무늬가
　　　　　　　　화자가 멸치의 생명력을 자각하게 되는 계기
⑳파도를 만들고 해일을 부르고　　　❷ 정서: 생명력의 회복에 대한 희망
㉑고깃배를 부수고 그물을 찢었던 것이다 ─┘
　　　　　　멸치의 생명력을 환기함.

➡ 지금 젓가락 끝에 깍두기처럼 딱딱하게 집히는 이 멸치에는 두껍고 뻣뻣한 공기를 뚫고 흘러가는 바다가 있다. 그 바다에는 아직도 지느러미가 있고, 지느러미를 흔드는 (생명력을 지닌) 물결이 있다. 이 작은 물결이, 지금도 멸치의 몸통을 뒤틀고 있는 이 작은 무늬가, 파도를 만들고 해일을 부르고 고깃배를 부수고 그물을 찢었던 것이다.

＊⑭～㉑행 요약: 생명력 회복의 욕구와 의지

🌟 (나) 독해 공식
❶ 화자: 드러나지 않음(멸치 반찬을 보고 있는 사람). 중심 대상: 멸치
❷ 상황: 멸치 반찬을 보면서 멸치가 원래 가지고 있던 생명력에 대해 생각함.
정서: 생명력의 회복에 대한 희망
❸ 표현상 특징
• 단정적(딱 잘라서 판단하고 결정하는) 어조를 사용하여 화자의 정서를 드러내고 있음.
• 시어의 대비(차이를 드러내기 위해 서로 맞대어 비교하는 방법)를 통해 주제 의식을 강조하고 있음.
• 시각적(눈으로 보는 듯한 느낌을 주는), 촉각적(피부에 닿았을 때의 느낌을 주는) 이미지를 사용하여 대상의 특성을 표현하고 있음.
• 비유(어떤 대상을 다른 비슷한 대상에 빗댄 표현)를 활용하여 대상의 모습과 속성을 나타내고 있음.

■ 내용: 이 작품은 딱딱한 멸치 반찬에서 생명 본래의 모습을 상상하고, 우리가 잃어버린 원초적 생명력의 가치를 일깨우고 있는 현대시이다. 화자는 생명력을 잃고 딱딱해진 멸치를 보며 생명을 앗아 가는 세계의 폭력성을 떠올리고, 멸치의 '작은 무늬'에서 생명력을 자각한다. 그리고 섬세한 시각적 이미지를 통해 멸치의 생동감을 강화시켜 생명력 회복에 대한 의지를 드러내고 있다.

■ 주제: 멸치를 통한 생명 회복에 대한 의지

■ 이것이 핵심! 이미지의 대비

생명성(긍정적)		비생명성(부정적)
물결, 파도, 해일, 바다, 작은 무늬 등	←대비→	그물, 햇빛의 꼿꼿한 직선들, 뼈다귀, 모래 더미, 깍두기, 고깃배 등

A 38　정답 ②　＊작품 비교하기

(가)와 (나)의 공통점으로 가장 적절한 것은?

➤왜 정답?
　　　　　　　　　시를 통해 나타내고자 하는 의미를 두드러지게 표현
② 특정한 종결 표현으로 시적 의미를 부각하고 있다.
　(가) '가자', (나) '～ 것이다'
＊근거: (가) ①-❶, ③, ④-❷, ⑤, (나) ❶, ❹, ❺, ❼, ⑩, ⑬, ㉑
(가)의 화자는 '가자', '-자'라는 종결 표현을 반복적으로 사용해 '향'에게 '오래지 않은 옛날', 즉 문명에 찌들지 않은 자연으로 돌아가자는 의도를 드러내고 있다. (나)에서는 생명력을 잃기 전 멸치의 모습을 '-이었다'라는 종결 표현으로 제시한 뒤, 멸치가 잡혀서 접시에 오르기까지의 상황에 대한 상상을 '～ 것이다'라는 종결 표현을 반복적으로 사용해 드러냄으로써 멸치의 생명을 앗아간 세계의 폭력성을 효과적으로 드러내고 있다.

〔 종결 표현: 문장을 끝맺는 표현

➤왜 오답?
① 공간 이동에 따른 정서의 변화를 나타내고 있다.
　(가)는 드러나지 않음.　　(나)는 공간 이동은 있지만 정서 변화는 드러나지 않음.
＊근거: (가) ×, (나) ❶～⑬
(가)에서는 화자가 '향'에게 다른 공간으로 가자고 말하고 있을 뿐, 공간의 이동이 나타나지는 않는다. (나)는 '멸치' 입장에서의 공간이 바다 속, 그물, 건어물집, 접시로 이동하고 있다고 볼 수 있지만, 그에 따른 멸치의 정서 변화를 나타내고 있지는 않다.

③ 설의적 표현으로 화자의 심정을 효과적으로 전달하고 있다.
　(가)와 (나) 모두 나타나지 않음.
(가)와 (나) 모두 설의적 표현을 활용한 부분은 찾을 수 없다.

〔 설의적 표현: 쉽게 판단할 수 있는 사실을 의문의 형식으로 표현하여 상대편이 스스로 판단하게 하는 것

④ 대구의 방식을 규칙적으로 활용하여 리듬감을 부여하고 있다.
　(가)와 (나) 모두 나타나지 않음.
(가)와 (나) 모두 대구의 방식은 나타나지 않는다.

〔 대구: 비슷한 어조나 어세를 가진 것으로 짝 지은 둘 이상의 글귀
　부여하다: 사람에게 권리·명예·임무 따위를 지니도록 해 주거나, 사물이나 일에 가치·의의 따위를 붙여 주다.

⑤ 대상에게 말을 건네는 어투를 통해 정서적 교감을 드러내고 있다.
　(나)에는 드러나지 않음.
＊근거: (가) ①, ④-❶, ⑤-❶, (나) ×
(가)에서 화자는 대상을 '향아'라고 부르면서 말을 건네는 어투를 사용하고, 함께 가고자 하는 과거의 모습을 말하며 정서적 교감을 드러내고 있다. 하지만 (나)의 화자는 멸치의 상황에 대해 추측하고 있을 뿐, 대상에게 말을 건네고 있지는 않다.

〔 교감: 서로 접촉하여 따라 움직이는 느낌

A 39　정답 ④　＊〈보기〉를 바탕으로 감상하기

(가)에서 〈보기〉의 밑줄 친 부분에 해당하는 예로 들기에 적절하지 않은 것은?

• 〈보기〉: 공간 조직의 근본 원리는 인간의 신체, 인간들 사이의 관계에서 찾아야 합니다. 시적 공간도 마찬가지로, (가)에서는 신체 또는 인간들의 관계와 결합된 인간의 표상들이 '우리들의 고향'의 의미를 총체적으로 구성하고 있습니다.
• (가): 화자는 '향'에게 '오래지 않은 옛날'인 '우리들의 고향'으로 돌아가자고 설득하고 있습니다.
 화자가 지향하는 세계인 '우리들의 고향'의 의미를 담고 있는 시구로 틀린 것을 고르는 문제입니다.

[보기]

❶ 이 푸 투안은 공간 조직의 근본 원리는 인간의 <u>신체</u>, 인간들 사
공간의 의미를 구성하는 것 ①
이의 관계에서 찾아야 한다고 보았다. ❷ 공간 체험은 신체를 통해
서 가능하며, 그 공간에서 활동하는 <u>인간들 사이의 관계를 통해</u>
서 문화적 의미가 획득되기 때문이다. ❸ 이는 시적 공간의 구성 원
공간의 의미를 구성하는 것 ②
리에도 적용할 수 있어서 (가)의 경우 신체 또는 인간들의 관계와
결합된 인간의 표상들은, '우리들의 고향'의 의미를 총체적으로
④의 근거
구성하고 있다.

획득되다: 얻어 내게 되거나 얻어 가지게 되다.
결합되다: 둘 이상의 사물이나 사람이 서로 관계를 맺어 하나가 되다.
표상: 대표로 삼을 만큼 상징적인 것
총체적: 있는 것들을 모두 하나로 합치거나 묶은 것

> **왜 정답?**

④ 얼굴 생김새 맞지 않는 발돋움의 흉내
    화자가 부정적으로 인식하고 중지하려는 대상임.

*근거: (가) ⑤ - ❶, 〈보기〉 ❸ 문장

〈보기〉에 따르면 '우리들의 고향'의 의미를 총체적으로 구성하는 것은 신체 또는
인간들의 관계와 결합된 표상들이다. (가)에서는 '우리들의 고향'에 돌아가자고
말하고 있으므로 이 '표상들'은 화자가 긍정적으로 보는 대상이다. 그런데 화자는
허물어질까 봐 두렵다고 말하면서 '얼굴 생김새 맞지 않는 발돋움의 흉내'는 '그
만 내자'고 하고 있으므로, '얼굴 생김새 맞지 않는 발돋움의 흉내'는 '우리들의
고향'의 의미를 구성하는 예로 볼 수 없으며 오히려 그와 대비되는 대상이라고
볼 수 있다.

> **왜 오답?**

① 고운 얼굴 조석으로 비최이던 우물가
    '오래지 않는 옛날'의 모습임.

*근거: (가) ①

'향(香)아 너의 고운 얼굴 조석으로 우물가에 비치이던 오래지 않은 옛날로 가자'
라는 표현을 통해 화자가 가고 싶어 하는 '옛날'에는 '우물가'가 있었음을 알 수
있다. 따라서 이는 '고향'의 의미를 구성하는 대상이다.

② 걸찍스런 웃음들 들려나오던 수수럭거리던 수수밭
    '오래지 않는 옛날'의 아름다운 풍경임.

*근거: (가) ②

2연에 묘사된 '수수럭거리는 수수밭'과 그 사이의 '석양'은 화자가 돌아가고자 하
는 '오래지 않은 옛날'의 풍경이므로, '고향'의 의미를 구성하는 대상이다.

③ 푸짐히 두레를 먹던 정자나무 마을
    '우리들의 고향'에 있던 모습임.

*근거: (가) ④ - ❷

'철따라 푸짐히 두레를 먹던 정자나무 마을'은 화자가 돌아가고자 하는 '우리들의
고향'의 모습이므로, '고향'의 의미를 구성하는 대상이다.

⑤ 비단치마 나부끼며 떼지어 춤추던 전설 같은 풍속
    화자가 돌아가고자 하는 삶의 모습임.

*근거: (가) ⑤ - ❷

'비단치마를 나부끼며 떼지어 춤추던 전설 같은 풍속'은 화자가 돌아가고자 하는
삶의 모습이므로, '고향'의 의미를 구성하는 대상이다.

(나)의 시구에 대한 설명으로 적절하지 않은 것은?

> **왜 정답?**

④ '이 작은 무늬'는 <s>멸치가 생명력을 자각하는 계기</s>로 작용하고
                    화자가 멸치의 생명력을 자각하게 되는 계기에 해당함.
있다고 볼 수 있다.

*근거: (나) ⑯~㉑

화자는 '멸치'를 보면서 멸치가 잡히기 전과 잡혔을 때를 상상하고 멸치의 '작은
무늬'가 파도를 만들고 해일을 불러 멸치를 죽인 '고깃배'를 부수고 '그물'을 찢었
음을 환기한다. 따라서 '이 작은 무늬'는 화자가 멸치의 생명력을 인식하고 그 회
복을 바라는 마음을 투영한 것으로 볼 수 있다. 그러나 멸치가 자신의 생명력을
자각하는 모습은 나타나 있지 않다.

[**자각하다**: 현실을 판단하여 자기의 입장이나 능력 따위를 스스로 깨닫다.

> **왜 오답?**

① '딱딱하'게 '굳어지기 전까지'의 '물결'은 멸치의 원시적 생명력
    을 의미한다고 할 수 있다.
                '딱딱'하게 '굳어'져서 생명력을 잃기 전의 모습임.

*근거: (나) ❶

'굳어지기 전까지 저 딱딱한 것들은 물결이었다'라고 한 것에서 '물결'은 그물에
걸리기 전 바닷속에서 생명력을 지니고 있던 멸치를 의미함을 알 수 있다.

② '그물'과 '햇빛의 꼿꼿한 직선들'은 멸치의 생명력을 앗아 가는
    세계의 폭력성을 상징한다고 할 수 있다.
                '그물'로 인해 멸치가 바다에서 떼어지고, '햇빛'으로 인해 멸치의 물결이 길을 잃음.

*근거: (나) ❺~❼

'그물'은 '물결 속에서 멸치들을 떼어 냈고, '햇빛의 꼿꼿한 직선들' 때문에 멸치
는 '팔딱거리다 길을 잃게 되었다. 따라서 '그물'과 '햇빛의 꼿꼿한 직선들'은 멸
치를 해치는 세계의 폭력성을 의미한다.

③ '뼈다귀'와 '모래 더미'는 생명력을 잃은 멸치의 모습을 비유적
    으로 표현한 것으로 볼 수 있다.
                '뼈다귀'처럼 남아 딱딱하게 굳어가고, '모래 더미'처럼 쌓여 무석한 공기에 풀림.

*근거: (나) ❾~⑫

그물에 걸린 멸치는 바람과 햇빛이 물기를 빨아들여 마르게 되고, 이로 인해 '바
다의 무늬'가 멸치의 등과 지느러미 위에 '뼈다귀처럼' 남아 딱딱하게 굳은 뒤 '모
래 더미처럼' 길거리에 쌓이게 된다. 따라서 '뼈다귀'와 '모래 더미'는 생명력을 잃
은 멸치의 모습을 비유한 것에 해당한다.

⑤ '고깃배를 부수고 그물을 찢'는다고 한 것은 멸치의 생명력을
                    멸치의 '작은 무늬'가 '고깃배를 부수고 그물을 찢'는다고 표현함.
환기한다고 할 수 있다.

*근거: (나) ⑲~㉑

화자는 딱딱해진 멸치에 있는 '이 작은 무늬'가 '파도를 만들고 해일을 부르고 / 고
깃배를 부수고 그물을 찢었던 것'이라고 함으로써 멸치의 생명력을 환기하고 있다.

[**환기하다**: 주의나 여론, 생각 따위를 불러일으키다.

A 41~43 ──────── [예상 문제]

(가) 김광균, 〈광장〉

❶ 화자, 중심 대상 ❷ 상황, 정서, 태도 ❸ 표현상 특징 [시 해석]
❸ 시적 허용(시에서만 허용하는 비문법적 표현) : 도시 문명을 상징하는 소재
                                            : 시간의 흐름

[1] ❶ 비인 방에 호올로
     고독의 공간
    ❷ 대낮에 체경(體鏡)을 대하여 앉다.
     ❷ 상황: 대낮에 홀로 빈 방에 앉아 있음.

→ 빈 방에 홀로 대낮에 큰 거울을 마주보고 앉다.

[**체경**: 몸 전체를 비추어 볼 수 있는 큰 거울

*[1]연 요약: 혼자 있는 공간의 고독감

② ❷ 정서: 슬픔(직접적 제시)
2 ❶슬픈 도시엔 일몰(日沒)이 오고
　　❷시계점 지붕 위에 청동(靑銅)비둘기
　　　　　　　　　　감정 이입의 대상
　　❸바람이 부는 날은 구구 울었다.
　　　　❷ 정서: 도시의 모습에서 슬픔을 느낌.
　➡ 슬픈 도시엔 일몰이 오고, 시계점 지붕 위에 청동 비둘기는 바람이 부는 날은
　　구구 울었다.

[일몰: 해가 짐.

3 ❶늘어선 고층 위에 서걱이는 갈대밭
　　❸ 청각적(귀로 듣는 듯한 느낌을 주는) 이미지 – 도시 문명의 메마른 이미지
　　❷열없는 표목(標木) 되어 조으는 가등(街燈)
　　　　　　　　　❸ 시적 허용
　　❸소리도 없이 모색(暮色)에 젖어
　　　　　　우울한 도시 분위기
　➡ 늘어선 고층 위에 서걱이는 (메마른) 갈대밭, 열없는 푯말 되어 조는 (희미한)
　　가로등, 소리도 없이 해 질 무렵 어스레한 빛에 젖어

[표목: 무엇을 표시하기 위하여 세우거나 박은 말뚝.
[가등: 거리의 조명이나 교통안전, 또는 미관을 위하여 길가에 설치해 놓은 등.
[모색: 날이 저물어 가는 어스레한 빛.

❈②, ③연 요약: 차갑고 무감각한 도회지의 풍경

　　　　❸ 촉각적(피부에 닿았을 때의 느낌을 주는) 이미지
4 ❶엷은 베옷에 바람이 차다.
　　　　　　　　　　❷ 정서: 도시를 보며 공허함과 쓸쓸함을 느낌.
　　❷마음 한구석에 벌레가 운다.　❸ 추상적 감정을 감각적으로 형상화함.
　　　　　　　　　　　　❸ 청각적 이미지
　➡ 엷은 베옷에 바람이 차다. 마음 한구석에 벌레가 운다.

　　　불안, 공허에서 벗어나기 위한 행동
5 ❶ⓐ황혼을 쫓아 네거리에 달음질치다.
　　❶ 중심 대상　❶ 중심 대상 – 낯선 공간　❷ 상황: 황혼 무렵에 도시의
　　❷모자도 없이 광장(廣場)에 서다.　광장으로 나옴.
　　　　❷ 정서: 도시 문명 속에서 난감하고 불안한 감정을 느낌.
　➡ (쓸쓸함과 불안함에서 벗어나기 위해) 황혼을 쫓아 네거리에 뛰어 달려가다.
　　모자도 없이 (낯선 타인이 가득한) 광장에 서다.

[황혼: 해가 지고 어스름해질 때. 또는 그때의 어스름한 빛.
[달음질치다: 힘 있게 급히 뛰어 달려가다.

❈④, ⑤연 요약: 도시 속 개인의 불안감

⭐ (가) 독해 공식
❶ 화자: 드러나지 않음(도시 문명 속에서 고독감을 느끼는 이). 중심 대상: '황혼', '광장' 등
❷ 상황: 대낮에 홀로 빈 방에 있다가 황혼 무렵에 도시의 광장으로 나옴.
　정서: 도시 문명 속에서 슬픔, 공허함, 쓸쓸함, 불안함을 느낌.
❸ 표현상 특징
• 시간의 흐름·공간의 이동에 따라 시상을 전개하고 있음.
• 도시 문명을 상징하는 소재를 활용하고 있음.
• 화자의 심리 상태를 감각적(시각, 청각, 촉각, 후각, 미각 등의 감각을 떠올리게 하는) 표현
　과 하강적(높은 곳에서 아래로 내려오는) 이미지로 드러내고 있음.
• 시적 허용(시에서만 허용하는 비문법적인 표현)을 통해 화자의 심정을 강조하고 있음.

■ 내용: 이 작품은 도시 문명 속에서 개인이 겪는 고독감과 불안감을 감각적 이미
　지를 통해 형상화하고 있는 현대시이다. 대낮에 빈 방에 있다가 황혼 무렵 낯선
　광장으로 나오기까지의 과정에 따라 시상을 전개하면서 어둡고 차가운 도회지의
　풍경을 감각적으로 제시해 화자의 쓸쓸하고 외로운 내면을 보여 주고 있다.
■ 주제: 도시 문명 속에서 느끼는 개인의 불안감

■ 이것이 핵심! : 시간의 흐름

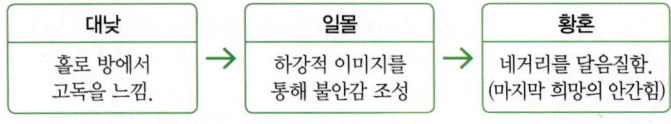

대낮	일몰	황혼
홀로 방에서 고독을 느낌.	하강적 이미지를 통해 불안감 조성	네거리를 달음질함. (마지막 희망의 안간힘)

(나) 이육사, 〈황혼〉
　　　　❶ 화자, 중심 대상　❷ 상황, 정서, 태도　❸ 표현상 특징　[시 해석]
■ : ❶ 중심 대상 – 소외된 외로운 존재들 ❸ 나열(죽 벌여 놓음.)을 통해 대상을 구체적으로 제시함.
　❶ 화자
1 ❶내 골방의 커튼을 걷고
　　외부와 단절된 공간을 개방하는 행위　❷ 상황: 골방에서 커튼을
　　❷정성된 마음으로 ⓑ황혼을 맞아들이노니　걷고 황혼을 맞이함.
　　　　　❶ 중심 대상 – 안식과 평화의 시간
　　❸바다의 흰 갈매기들같이도
　　❸ 비유적(어떤 대상을 다른 비슷한 대상에 빗댐) 표현 – 인간이 외로운 존재임을 부각함.
　　❹인간은 얼마나 외로운 것이냐.
　➡ 내 골방의 커튼을 걷고 정성된 마음으로 황혼을 맞아들이노니, 바다의 (외로운)
　　흰 갈매기들같이도 인간은 얼마나 외로운 것이냐?

[골방: 큰방의 뒤쪽에 딸린 작은방.
[황혼: 해가 지고 어스름해질 때. 또는 그때의 어스름한 빛.

❈①연 요약: 인간의 외로운 처지에 대한 인식

2 ❶「황혼아 네 부드러운 손을 힘껏 내밀라.　「 」: ❷ 상황 – 황혼에게 말을 건넴.
　　❸ '황혼'을 의인화(사람이 아닌 것을 사람에 비기어 표현함)
　　❷내 뜨거운 입술에 맘대로 맞추어 보련다.
　　　❷ 정서: 소외된 존재들에 대한 애정과 관심
　　❸그리고 네 품안에 안긴 모든 것에게
　　　　　　　　소외된 모든 존재들
　　❹나의 입술을 보내게 해 다오.」
　　　❷ 태도: 의지적 – 소외된 존재들에게 자신의 애정을 베풀고자 함.
　➡ 황혼아, 네 부드러운 손을 힘껏 내밀라. (너의 손에) 내 뜨거운 입술을 맘대로
　　맞추어 보련다. 그리고 네 품안에 안긴 모든 (소외된) 것에게 나의 입술을 보
　　내게 해 다오.

❈②연 요약: 소외된 존재에게 애정을 베풀려는 의지

3 ❶저 십이(十二) 성좌(星座)의 반짝이는 별들에게도,
　　❷종 소리 저문 삼림(森林) 속 그윽한 수녀(修女)들에게도,
　　❸ 공감각적(하나의 감각이 동시에 다른 영역의 감각을 불러일으키는) 표현 – 청각의 시각화
　　❸시멘트 장판 위 그 많은 수인(囚人)들에게도,
　　　　딱딱하고 차가운 이미지
　　❹의지가지없는 그들의 심장이 얼마나 떨고 있는가.
　　　　소외된 외로운 존재
　➡ 저 십이 성좌의 반짝이는 별들에게도, 종 소리 저문 삼림 속 그윽한 수녀들에
　　게도, 시멘트 장판 위 그 많은 옥에 갇힌 사람들에게도 (나의 입술을 보내게
　　해 다오). 의지할 곳 없는 그들의 심장이 얼마나 떨고 있는가?

[십이성좌: 황도대에 있는 열두 별자리　저물다: 해가 져서 어두워지다.
[수인: 옥에 갇힌 사람　의지가지없다: 의지할 만한 대상이 없다.

4 ❶고비 사막을 걸어가는 낙타 탄 행상대(行商隊)에게나,
　　❷아프리카 녹음(綠陰) 속 활 쏘는 토인(土人)들에게라도,
　　❸황혼아, 네 부드러운 품안에 안기는 동안이라도
　　❹지구의 반쪽만을 나의 타는 입술에 맡겨 다오.
　　　소외된 지역　❷ 태도: 의지적 – 소외된 존재들에게 애정과 관심을 쏟고자 함.
　➡ 고비 사막을 걸어가는 낙타 탄 행상대에게나, 아프리카 녹음 속 활 쏘는 토인
　　들에게라도, 황혼아, 네 부드러운 품안에 안기는 동안이라도 (소외된) 지구의
　　반쪽만을 나의 타는 입술에 맡겨 다오.

[행상대: 떼를 지어 다니는 행상　녹음: 푸른 잎이 우거진 나무나 수풀
[토인: 문명이 미치지 아니하는 곳에 토착하여 사는 사람을 낮잡아 이르는 말

❈③, ④연 요약: 화자가 입술을 보내고자 하는 존재들

5 ❶내 오월의 골방이 아늑도 하니
　　❷황혼아, 내일도 또 저 푸른 커튼을 걷게 하겠지.
　　　❷ 정서: 자유로운 삶을 회복하고자 하는 소망
　　❸암암(暗暗)히 사라지는 시냇물 소리 같아서
　　　❸ 황혼이 사라지는 것에 대한 안타까움을 감각적으로 표현함.
　　❹한번 식어지면 다시는 돌아올 줄 모르나 보다.
　　　❷ 정서: 사라지는 황혼에 대한 아쉬움, 황혼이 내일 오지 않을지도 모른다는 불안감
　➡ 내 오월의 골방이 아늑도 하니 황혼아, (너는) 내일도 또 저 푸른 커튼을 걷게
　　하겠지. (황혼 너는) 암암히 사라지는 시냇물 소리 같아서, 한번 식어지면 다시
　　는 돌아올 줄 모르나 보다.

[암암히: 깊숙하고 고요하게

❈⑤연 요약: 지는 황혼에 대한 아쉬움과 내일에의 희망

💥 (나) 독해 공식

① 화자: '나', 중심 대상: 황혼, 소외된 외로운 존재들

② 상황: 골방에서 커튼을 걷고 황혼을 맞이함. 황혼에게 말을 건넴.

정서: 소외된 존재들에 대한 애정, 자유로운 삶에 대한 소망, 사라지는 황혼에 대한 아쉬움과 불안감

태도: 의지적(소외된 존재들에게 애정과 관심을 쏟고자 함.)

③ 표현상 특징

• 비유적(어떤 대상을 다른 비슷한 대상에 빗댐), 감각적(시각, 청각, 촉각, 후각, 미각 등의 감각을 떠올리게 하는) 표현을 사용하여 대상의 이미지를 구체화하고 있음.

• 나열(죽 벌여 놓음.)을 통해 대상을 구체적으로 제시하고 있음.

• 대상을 의인화(사람이 아닌 것을 사람에 비기어 표현하여)말을 거는 방식을 사용하고 있음.

▪ 내용: 이 작품은 소멸 직전에 세상을 따뜻하게 감싸 주는 '황혼'을 의인화하여 세상의 소외된 존재들에게 애정을 베풀려는 화자의 의지를 드러낸 현대시이다. 이 작품에서 '골방'은 밀실과 같은 현실 도피의 공간이 아닌, 새로운 인식을 가능하게 하는 공간이고, '황혼'은 소외된 존재들에게 안식과 평화를 가져다주는 시간을 의미한다.

▪ 주제: 소외된 존재들에 대한 애정

▪ 이것이 핵심! : '황혼'의 의미

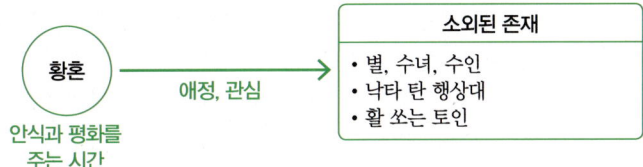

Ⓐ 41 정답 ① ＊작품 비교하기

(가)와 (나)의 공통점으로 가장 적절한 것은?

＞왜 정답 ?

① 시간적 배경이 화자의 정서를 강화하고 있다.
(가)의 '황혼'은 불안감을 불러일으키고, (나)의 '황혼'은 소외된 존재들에 애정을 쏟는 시간임.

＊근거: (가) ⑤, (나) ②, ④-❸, ❹

(가)에서는 대낮에서 황혼으로 이어지는 시간이 나타나는데, 이에 따라 화자는 고독과 불안을 드러내고 있다.

(나)의 화자는 골방에서 황혼을 맞으며 소외된 존재들에 대한 애정을 드러내고 있다. 즉, (가)와 (나) 모두 시간적인 배경이 화자의 감정을 불러일으키는 역할을 하고 있다.

＞왜 오답 ?

② ~~토속적 어휘~~를 사용함으로써 사실감을 더하고 있다.
(가)와 (나) 모두 나타나지 않음.

(가)와 (나) 모두 토속적 어휘나 어투를 사용하고 있지는 않다.

[토속적: 그 지방에만 특유한 풍속을 닮은 것

③ ~~청자에게 말을 거는 방식~~으로 생동감을 살리고 있다.
(가)에는 나타나지 않음.

＊근거: (가) ✕, (나) ②

(나)는 '황혼아 네 부드러운 손을 힘껏 내밀라'에서 '황혼'에게 말을 거는 방식을 사용했다고 볼 수 있지만, (가)에는 청자에게 말을 건네는 방식이 나타나 있지 않다.

[청자: 이야기를 듣는 사람
[생동감: 생기 있게 살아 움직이는 듯한 느낌

④ ~~상상 속의 소재~~를 열거함으로써 신비감을 더하고 있다.
(가)에는 나타나지 않음.

＊근거: (가) ✕, (나) ③, ④

(나)의 '그윽한 수녀', '수인', '낙타 탄 행상대', '활 쏘는 토인' 등은 상상 속의 소재를 열거한 것으로 볼 수 있는데, (가)에는 차가운 도시의 이미지가 나열되었을 뿐 상상 속의 소재를 열거하고 있지는 않다.

[열거하다: 여러 가지 예나 사실을 낱낱이 죽 늘어놓다.

⑤ ~~공감각적 심상~~을 통해 대상을 효과적으로 표현하고 있다.
(가)에는 나타나지 않음.

＊근거: (가) ✕, (나) ③-❷

(가)에서는 시각, 청각, 촉각 등의 다양한 감각적 심상이 나타나지만 공감각적 심상이 나타난 부분은 찾을 수 없다.

(나)에서는 '종 소리 저문'이라는 공감각적 심상(청각의 시각화)으로 대상과 관련된 분위기를 효과적으로 드러내고 있다.

[공감각적 심상: 청각의 시각화, 시각의 청각화, 시각의 촉각화 등 하나의 감각이 동시에 다른 영역의 감각을 불러일으킴으로써 일어나는 심상

Ⓐ 42 정답 ④ ＊시어 및 구절의 의미 파악하기

ⓐ와 ⓑ에 대한 설명으로 가장 적절한 것은?

• ⓐ: ⓐ는 '황혼'으로, 화자가 광장으로 나와 도시 문명 속에서 불안을 느끼는 시간적 배경입니다.

• ⓑ: ⓑ는 '황혼'으로, 소외된 존재들에게 안식과 평화를 주고자 하는 시간입니다.

즉 '황혼'이라는 같은 시간이 (가)와 (나)에서 어떤 역할을 하고 있는지 옳게 설명한 것을 고르는 문제입니다.

＞왜 정답 ?

④ ⓐ가 화자의 불안감을 극대화한다면, ⓑ는 화자에게 따뜻함
도시에서 느끼는 불안을 드러내는 시간임.
을 주는 긍정적인 역할을 한다.
소외된 존재들에게 따뜻한 안식과 평화를 주는 시간임.

＊근거: (가) ⑤, (나) ②

(가)에는 '대낮 → 일몰 → 황혼'의 시간의 흐름이 나타나는데, 대낮에 빈방에서 홀로 고독을 느끼던 화자는 '황혼'에 이르러 불안에서 벗어나기 위해 '네거리에서 달음질치'고 있다. 따라서 ⓐ '황혼'은 불안감을 극대화하는 시간이라고 할 수 있다.

(나)의 화자는 '황혼'을 맞으며 황혼에게 '네 부드러운 손을 힘껏 내밀라', '네 품 안에 안긴 모든 것에게 / 나의 입술을 보내게 해 다오'라고 말하고 있다. 이는 소외된 존재들에게 따뜻한 안식과 평화를 가져다주길 바라는 것으로, ⓑ '황혼'은 화자에게 따뜻함을 주는 긍정적인 역할을 한다고 볼 수 있다.

＞왜 오답 ?

① ⓐ와 ⓑ는 모두 화자가 지향하는 ~~이상적인 상황~~을 상징한다.
ⓐ와 관련 없음.

ⓑ는 안식과 평화의 시간이므로 이상적인 상황을 나타낸다고 할 수 있으나, ⓐ는 화자의 불안감을 증폭시키는 시간이므로 이상적인 상황과 거리가 멀다.

[이상적: 생각할 수 있는 범위 안에서 가장 완전하다고 여겨지는 것

② ⓐ와 ⓑ는 모두 화자가 ~~자아 성찰을 할 수 있는 매개체~~의 역할을 한다.
ⓐ, ⓑ 모두 거리가 멂.

ⓐ와 ⓑ 모두 자아 성찰의 매개체 역할을 하고 있지는 않다.

[매개체: 둘 사이에서 어떤 일을 맺어 주는 것

③ ⓐ는 화자의 방황을 유발하고 있고, ⓑ는 ~~현실의 모순을 심화하는 역할~~을 한다.
ⓑ는 긍정적인 역할을 함.

＊근거: (가) ⑤-❶

ⓐ는 화자가 불안을 느끼고 '네거리에 달음질치'게 하므로 화자의 방황을 유발했다고 볼 수도 있다. 그러나 ⓑ는 안식과 평화를 가져오는 긍정적인 역할을 할 뿐 현실의 모순을 심화하는 역할을 하는 것은 아니다.

[방황: 분명한 방향이나 목표를 정하지 못하고 갈팡질팡함.
[모순: 어떤 사실의 앞뒤, 또는 두 사실이 이치상 어긋나서 서로 맞지 않음을 이르는 말
[심화하다: 정도나 경지가 점점 깊어지다. 또는 깊어지게 하다.

⑤ ⓐ는 화자로 하여금 ~~삶의 허무함을 깨닫게 해 주고~~, ⓑ는 화
   ⓐ를 통해 삶의 허무함을 깨닫는 것은 아님.
   자에게 ~~새로운 삶에 대한 욕구를 키워 준다.~~
   (나)에 새로운 삶에 대한 욕구는 나타나지 않음.

(가)의 화자는 황혼에 불안감을 느끼고 있을 뿐, ⓐ를 통해 삶의 허무함을 깨닫고
있다는 것은 적절하지 않다. (나)의 화자는 황혼이 사라지는 것을 아쉬워하며 내
일의 황혼에 대한 기대를 드러내고 있을 뿐, ⓑ가 화자에게 새로운 삶에 대한 욕
구를 키워 준다고 볼 수는 없다.

〔 허무하다: 무가치하고 무의미하게 느껴져 매우 허전하고 쓸쓸하다.

A 43 정답 ⑤　＊〈보기〉를 바탕으로 감상하기

〈보기〉를 바탕으로 (나)를 감상한 내용으로 적절하지 않은 것은?

• 〈보기〉: 이육사 시인은 〈황혼〉에 일제 치하에서 수난을 당하고 있는 우리 민족
에 대한 연민과 외로운 타자들에 대한 애정, 자유로운 삶의 회복을 위한 행동 의
지를 담았습니다.

• (나): 화자는 '황혼'을 통해 외로운 존재들에게 애정과 관심을 쏟고자 하고 있습
니다.

즉 일제 강점기라는 시대적 배경과 이에 대한 작가의 태도를 고려하여 (나)의
시어 및 구절의 의미를 파악한 내용으로 틀린 것을 고르는 문제입니다.

────────────────── [보기] ──────────────────

❶〈황혼〉은 전체 내용으로 보면 범세계적인 인간애를 보여 주고
                         ①의 근거
있는데, 그 안에는 일제 강점기에 수난을 당하고 있는 우리 민족
                ③의 근거
에 대한 연민 또한 담겨 있다.❷즉 이육사는 한국인으로서 그리고
한 인간으로서 이 현실을 살아간다는 것이 골방 속에 유폐되어
있는 것이라는 사실을 명확히 인식하고, 축소된 내부에서 확대된
        ①, ④의 근거
외부 공간을 끊임없이 추적하고 있다.❸그리고 그 추적은 모든 타
자들의 외로움과 그들에 대한 애정으로 이어진다.❹결국 이육사는
                        ②의 근거
밝은 봄날의 하늘과 땅을 마음껏 누리며 사는 삶의 회복을 위한
                        ④의 근거
행동 의지를 이 시를 통해 보여 주고 있는 것이다.
- -
범세계적: 널리 온 세계에 다 관계되는 것
유폐되다: 아주 깊숙이 가두어져 놓이다.
추적하다: 사물의 자취를 더듬어 가다.

＞왜 정답？

⑤ '암암(暗暗)히 사라지는 시냇물 소리'는 작가를 억압하는 ~~어두~~
                                    귀로 듣는 것처럼
~~운 현실이 개선될 것이라는 믿음을~~ 청각적으로 표현한 것이라
황혼이 사라지는 것에 대한 안타까움을 감각적으로 표현한 것임.
고 할 수 있어.

＊근거: (나) ❺-❸, ❹
화자는 황혼이 '암암히 사라지는 시냇물 소리'같아서 '한번 식어지면 다시는 돌아
올 줄 모르나 보다'라고 이야기하며 황혼이 사라지는 것에 대한 아쉬움을 드러내
고 있다. 즉, '암암히 사라지는 시냇물 소리'는 황혼이 사라지는 것에 대한 화자의
안타까움을 감각적으로 표현한 것이지, 어두운 현실이 개선될 것이라는 믿음을
청각적으로 표현한 것이라고 보기는 어렵다.

〔 억압하다: 자기의 뜻대로 자유로이 행동하지 못하도록 억지로 억누르다.
 개선되다: 못된 것이나 부족한 것, 나쁜 것 따위가 고쳐져 더 좋게 되다.

＞왜 오답？

① '내 골방의 커튼을 걷'는 행위는 외부와 단절된 공간을 개방함
  으로써 일제 치하라는 답답한 현실로부터 벗어나려는 의도로
  '골방'은 일제 강점하의 현실을 의미하는 것으로 볼 수 있음.
  볼 수 있어.

＊근거: (나) ①-❶, ❷, 〈보기〉 ❶, ❷문장
화자는 '골방의 커튼'을 걷음으로써 골방의 밀폐된 곳에서 햇빛이 있는 외부 공
간을 동경하는 모습을 보인다. 〈보기〉에 따르면 '골방'은 일제 강점하의 답답한
현실을 의미하는 것으로 볼 수 있으므로 '내 골방의 커튼을 걷'는 행위에는 답답
한 현실로부터 벗어나려는 의도가 담겨 있다고 해석할 수 있다.

〔 개방하다: 문이나 어떠한 공간 따위를 열어 자유롭게 드나들고 이용하게 하다.

② '내 뜨거운 입술'은 소외된 모든 존재들에 대한 작가의 애정을
  '입술'을 보내는 것은 소외된 존재들에게 애정과 관심을 쏟으려는 태도를 드러냄.
  비유적으로 표현한 것이라고 할 수 있어.

＊근거: (나) ②, 〈보기〉 ❸문장
〈보기〉에서 (나)에는 모든 타자들의 외로움과 그들에 대한 애정이 담겨 있다고
하였다. 이를 바탕으로 할 때 '네 품 안에 안긴 모든 것에게 나의 입술을 보내게
해 다오.'는 외로운 타자들에 대한 애정을 보내고자 하는 의지를 드러낸 구절로,
'뜨거운 입술'은 애정을 비유적으로 표현한 것이라 볼 수 있다.

③ '시멘트 장판 위 그 많은 수인(囚人)'은 일제에 의해 억압받는
  우리 민족의 모습을 형상화한 것으로 볼 수 있어.
  '수인'은 일제 강점기 우리 민족의 모습으로 볼 수 있음.

＊근거: (나) ❸-❸, 〈보기〉 ❶문장
화자가 입술을 보내고자 하는 '수인(囚人)'은 감옥에 갇힌 죄수를 의미한다. 〈보
기〉에서 (나)에는 일제의 수난을 당하고 있는 우리 민족에 대한 연민이 담겨 있다
고 한 것을 고려할 때, '수인'은 일제에 의해 억압받는 우리 민족의 모습이라고
할 수 있다.

④ '내일도 또 저 푸른 커튼을 걷게 하겠지.'는 자유로운 삶을 회
  복하고자 하는 작가의 소망을 드러낸 것이라고 할 수 있어.
  커튼을 걷는 행위를 통해 답답한 현실에서 벗어나려는 소망을 드러냄.

＊근거: (나) ❺-❷, 〈보기〉 ❷, ❹문장
1연에서 화자는 '내 골방의 커튼을 걷'고 '황혼을 맞아들'이고, 5연에서 사라지는
황혼에게 '내일도 또 저 푸른 커튼을 걷게 하겠지.'라고 이야기한다. 〈보기〉를 고
려할 때, '골방' 속에 유폐되어 있던 화자는 커튼을 걷음으로써 확대된 외부 공간
을 추적하여 답답한 현실에서 벗어나고자 하고 있으며, 황혼이 '내일도 또 저 푸
른 커튼을 걷게' 할 것이라고 하여 답답한 현실에서 벗어난 자유로운 삶을 회복
하고자 하는 소망을 드러내고 있다고 해석할 수 있다.

▲ 황혼이 드리운 도시 풍경

B 고전 시가

B 01 ~ 03 ——————— [2021 대비/사관학교 34~36]

(가) 송순, 〈면앙정가(俛仰亭歌)〉

❶ 화자, 중심 대상　❷ 상황, 정서, 태도　❸ 표현상 특징　[고어 읽기]　[시 해석]

▨▨▨ : 계절감이 나타나는 시어
▨▨▨ : ❸ 대구법(비슷한 문장 구조를 짝을 맞추어 늘어놓는 방법)
「 」 : ❸ 설의법(쉽게 판단할 수 있는 것을 물음의 형식으로 표현하는 방법)

❶ 옥천산(玉泉山) 용천산(龍泉山) ᄂ려린 믈히
　옥천산　　용천산　　나린 믈이
　❶ 중심 대상: 면앙정의 경치
➡ 옥천산과 용천산에서 흘러 내려온 물이

❷ 정자(亭子) 압 너븐 들히 올올(兀兀)히 펴진 드시
　정자　　압 너븐 들에 올올히　　펴진 드시
　끊임없이
　❷ 상황: 면앙정의 아름다운 경치를 감상함.
➡ 정자 앞 넓은 들에 끊임없이 펼쳐진 듯이

❸ 넙ᄭᅥ든 기노라 프러거든 희지 마니
　넙거든 기노라 프러거든 희지 마니
➡ (냇물이) 넓으면서도 길고 푸르면서도 희다.

❹ 쌍룡(雙龍)이 뒤ᄐᆞ는 ᄃᆞᆺ 긴 깁을 치폇ᄂ는 ᄃᆞᆺ
　쌍룡이　　뒤트는 듯 긴 깁을 치폇는 듯
　❸ 면앙정 앞 시냇물의 경치를 비유적(어떤 대상을 다른 비슷한 대상에 빗댄 것)으로 표현함.
➡ 두 마리 용이 뒤트는 듯, 긴 비단을 가득 펴 놓은 듯하다

❺ 어드러로 가노라 므ᄉᆞᆷ 일 ᄇᆡ얏바
　어드러로 가노라 므슴 일 배얏바
➡ 어디로 가느라 무슨 일이 바빠서

❻ 닷ᄂᆞᆫ ᄃᆞᆺ ᄯᆞ로ᄂᆞᆫ ᄃᆞᆺ 밤낫즈로 흐르ᄂᆞᆫ ᄃᆞᆺ
　닷는 듯 ᄯᆞ로는 듯 밤낫즈로 흐르는 듯
➡ 달리는 듯 따르는 듯 밤낮으로 흐르는 듯하다.

❼ ᄆᆞ조친 사정(沙汀)은 눈ᄀᆞᆺ치 펴졋거든
　므조친 사정은　　눈ᄀᆞᆺ치 펴졋거든
　❸ 비유적 표현
➡ 물 따라 펼쳐진 모래밭이 눈같이 펼쳐져 있는데

❽ 어즈러운 기러기ᄂ는 므스거슬 어르노라
　어즈러운 기러기는 므스거슬 어르노라
➡ 어지럽게 나는 기러기는 무엇을 사랑하느라

❾ 안ᄌ라 ᄂ리락 모드락 훗트락
　안즈라 ᄂ리락 모드락 훗트락
➡ 앉았다가 내렸다가 모였다가 흩어졌다가 하며

❿ 노화(蘆花)을 ᄉᆞ이 두고 우러곰 좃ᄂᆞᆫ뇨
　노화을　　사이 두고 우러곰 좃는뇨
➡ 갈대꽃을 사이에 두고 울면서 쫓아다니는가?

⓫ 너븐 길 밧기요 진 하ᄂᆞᆯ 아ᄅᆡ
　너븐 길 밧기요 진 하늘 아릐
➡ 넓은 길 밖, 먼 하늘 아래

⓬ 드르고 ᄭᅩ즌 거슨 모힌가 병풍(屛風)인가 그림가 아닌가
　드르고 꼬즌 거슨 모힌가 병풍인가 그림가 아닌가
　산이 병풍처럼 둘러 있으며 그림처럼 아름답다는 뜻
　❷ 태도: 예찬적(면앙정 주변 경치의 아름다움을 예찬함.)
➡ 두르고 꽂은 것은 산인가 병풍인가 그림인가 아닌가.

⌈ **깁**: 명주실로 바탕을 조금 거칠게 짠 비단
⌊ **사정**: 바닷가의 모래사장　**노화**: 갈대의 꽃

✱❶~⓬행 요약: 면앙정 앞 시냇물과 주변 산봉우리의 모습

(중략)

⓭ 남녀(藍輿)를 ᄇᆡ야 ᄐᆞ고 솔 아ᄅᆡ 구븐 길노 오며 가며 ᄒᆞᄂᆞᆫ 적의
　남녀를　　 배야 타고 솔 아래 구븐 길노 오며 가며 흐는 적의
➡ 가마를 재촉해 타고 소나무 아래 굽은 길로 오며 가며 하는 때에

⓮ 녹양(綠楊)의 우는 황앵(黃鶯) 교태(嬌態) 겨워 ᄒᆞᄂᆞᆫ괴야
　녹양의 우는 황앵　　 교태겨워 흐는괴야
　　　　　　 ᄭᅬᄭᅩ리
　계절감 - 여름　❸ 감정 이입 - ᄭᅬᄭᅩ리에 화자의 감정을 이입하여 표현함.
➡ 푸른 버드나무에서 우는 ᄭᅬᄭᅩ리는 흥에 겨워하는구나.

⓯ 나모 새 ᄌᆞᄌᆞ지어 수음(樹陰)이 얼린 적의
　나모 새 자자지어　　수음이　　 얼린 적의
　계절감 - 여름
➡ 나무 사이가 우거져서 나무 그늘이 울창한 때에

⓰ 「백척(百尺) 난간(欄干)의 긴 조으름 내여 펴니
　백척　　 난간의　　 긴 조으름 내여 펴니
　「 」: 여름날의 한가로운 풍경
➡ (면앙정의) 높은 난간에서 긴 졸음을 내어 펴니

⓱ 수면(水面) 양풍(凉風)이야 굿칠 줄 모르ᄂ는가」
　수면　　 양풍이야　　 굿칠 줄 모르는가
➡ 물 위의 시원한 바람이 그칠 줄 모르는구나.

⌈ **남녀**: 의자와 비슷하고 뚜껑이 없는 작은 가마. 승지나 참의 이상의 벼슬아치가 탔다.(= 남여)
│ **녹양**: 잎이 푸르게 우거진 버드나무　**교태**: 아양을 부리는 태도
⌊ **수음**: 나무의 그늘　**양풍**: 서늘한 바람

✱⓭~⓱행 요약: 면앙정의 여름 경치

⓲ 즌서리 ᄲᅡ진 후의 산빗치 금슈로다
　즌서리　　 빠진 후의 산빗치 금슈로다
　계절감 - 가을　　　　　　　 ❸ 비유적 표현
➡ 된서리 걷힌 후에 산빛이 수놓은 비단 같다.

⓳ 황운(黃雲)은 ᄯᅩ 엇지 만경(萬頃)의 펴겨기요
　황운은　　 또 엇지 만경의　　 펴겨기요
　계절감 - 가을
➡ 누렇게 익은 곡식은 또 어찌 넓은 들판에 펼쳐져 있는가?

[A]

⓴ 어적(漁笛)도 흥을 계워 ᄃᆞᆯ롤 ᄯᆞ라 브ᄂ는다
　어적도　　 흥을 계워 달를 따라 브는다
　❸ 감정 이입 - 어부의 피리 소리에 화자의 감정을 이입하여 표현함.
➡ 어부의 피리도 흥에 겨워 달을 따라 부는 것인가?

⌈ **된서리**: 늦가을에 아주 되게 내리는 서리　**금수**: 수를 놓은 비단
│ **황운**: 넓은 들판에 벼가 누렇게 익은 모습을 비유적으로 이르는 말
│ **만경**: 아주 많은 이랑이라는 뜻으로, 지면이나 수면이 아주 넓음을 이르는 말
⌊ **어적**: 어부가 부는 피리

✱⓲~⓴행 요약: 면앙정의 가을 경치

㉑ 초목(草木) 다 진 후의 강산(江山)이 미몰커ᄂᆞᆯ
　초목　　 다 진 후의 강산이　　 매몰커ᄂᆞᆯ
➡ 풀과 나무 다 진 후에 강산이 (눈에) 묻혔거늘

㉒ 조물(造物)리 헌ᄉᆞᄒᆞ야 빙설(氷雪)노 ᄭᅮ며 내니
　조물리　　 헌ᄉᆞ하야 빙설노 꾸며 내니
　계절감 - 겨울
➡ 조물주가 야단스러워 얼음과 눈으로 꾸며 내니

㉓ 경궁요대(瓊宮瑤臺)와 옥해은산(玉海銀山)이 안저(眼底)에 버러세라
　경궁요대와　　 옥해은산이　　 안저에　　 버러세라
　❸ 눈 덮인 자연의 아름다움을 비유적으로 표현함.
➡ 호화로운 궁전과 옥 같은 바다, 은 같은 산(과 같은 설경)이 눈 아래 펼쳐져 있구나.

㉔ 건곤(乾坤)도 가ᄋᆞᆷ열샤 간 대마다 경이로다
　건곤도　　 가ᄋᆞᆷ열샤 간 대마다 경이로다
　❷ 태도: 예찬적(면앙정 경치의 아름다움을 예찬함.)
➡ 하늘과 땅이 풍성하구나, 가는 곳마다 경이롭구나.

⌈ **조물**: ① 조물주가 만든 온갖 물건 ② 우주의 만물을 만들고 다스리는 신(= 조물주)
│ **빙설**: 얼음과 눈을 아울러 이르는 말
│ **경궁요대**: 옥으로 장식한 궁전과 누대라는 뜻으로, 호화로운 궁전을 이르는 말
│ **옥해은산**: 옥 같은 바다와 은 같은 산
⌊ **건곤**: 하늘과 땅을 아울러 이르는 말

✱㉑~㉔행 요약: 면앙정의 겨울 경치

㉕ 인간(人間)을 ᄯᅥ나 와도 내 몸이 겨를 업다
　인간을　　 떠나 와도 내 몸이 겨를 업다
　❶ 화자: '나'
　속세를 떠나 자연을 벗 삼아 즐거움을 누리느라 여유가 없음.
➡ 인간 세상을 떠나와도 내 몸이 여유가 없다.

㉖ 니것도 보려ᄒᆞ고 져것도 드르려코
　니것도 보려흐고 져것도 드르려코
➡ 이것도 보려 하고 저것도 들으려 하고

바람도 혀려하고 달도 마즈려코
㉗ 바람도 혀려ᄒ고 달도 마즈려코
→ 바람도 쐬려 하고 달도 맞으려 하고

밤이란 언제 줍고 고기란 언제 낙고
㉘ 밤으란 언제 줍고 고기란 언제 낙고
→ 밤은 언제 줍고 고기는 언제 낚고

시비란 뉘 다드며 진 곳츠란 뉘 쓸려료
㉙ 시비(柴扉)란 뉘 다드며 딘 곳츠란 뉘 쓸려료
→ 사립문은 누가 닫으며 떨어진 꽃은 누가 쓸겠는가?

아춤이 낫브거니 나조해라 슬흘소냐
㉚ 「아춤이 낫브거니 나조ᄒ라 슬흘소냐
「 」: 유유자적한 생활을 즐기느라 시간이 부족하다고 느낌.
→ 아침으로 부족하니 저녁이라고 싫겠는가?

오늘리 부족거니 내일리라 유여하랴
㉛ 오ᄂ리 부족(不足)거니 내일리라 유여(有餘)ᄒ랴」
→ 오늘이 부족하니 내일이라고 여유가 있겠는가?

이 뫼해 안자 보고 저 뫼해 거려 보니
㉜ 이 뫼ᄒ 안ᄌ 보고 져 뫼ᄒ 거려 보니
→ 이 산에 앉아 보고 저 산도 걸어 보니

번로한 마음의 바릴 일이 아조 업다
㉝ 번로(煩勞)ᄒ ᄆ음의 ᄇ릴 일리 아조 업다
❷ 정서: 자연 속에서의 삶에 대한 만족감
→ 번거로운 마음이지만 버릴 것이 전혀 없다.

쉴 사이 업거든 길히나 전하리야
㉞ 쉴 ᄉ이 업거든 길히나 젼ᄒ리야」
→ 쉴 사이도 없는데 (이곳으로 올) 길을 전할 수 있겠는가?

다만 한 청려장이 다 뫼 지여 가노매라
㉟ 다만 ᄒ 청려장(靑藜杖)이 다 뫼 되여 가노ᄆ라
→ 다만 하나의 지팡이가 다 무디어 가는구나.

시비: 사립짝을 달아서 만든 문(= 사립문)
유여하다: 여유가 있다.
번로하다: 일이 번거로워 괴롭고 고되다.
청려장: 명아주의 줄기로 만든 지팡이

*㉕~㉟행 요약: 자연 속에서 즐기는 풍류 생활

술리 닉어가니 벗시라 업슬소냐
㊱ 술리 닉어가니 벗시라 업슬소냐
❷ 상황: 벗과 어울려 술을 마시며 풍류를 즐김.
→ 술이 익어가니 벗이 없겠는가?

블내며 타이며 혀이며 이아며
㊲ 블ᄂ며 ᄐ이며 혀이며 이아며
→ (노래를) 부르게 하며 (악기를) 타게 하며 켜게 하며 흔들며

온가짓 소래로 취흥을 배야거니
㊳ 온가짓 소ᄅ로 취흥(醉興)을 ᄇ야거니
재촉하니
→ 온갖 소리로 흥취를 재촉하니

근심이라 이시며 시름이라 브터시랴
㊴ 근심이라 이시며 시름이라 브터시랴
→ 근심이 있겠으며 시름이 붙어 있겠는가?

누으락 안즈락 구부락 져츠락
㊵ 「누으락 안즈락 구부락 져츠락
「 」: ❸ 열거법 – 화자의 행동을 나열하여 자연 속에서의 즐거운 모습을 생동감 있게 표현함.
→ 누웠다가 앉았다가 굽혔다가 젖혔다가

을프락 파람하락 노혜로 소기니
㊶ 을프락 ᄑ람ᄒ락 노혜로 소긔니」
→ (시를) 읊었다가 휘파람을 불었다가 마음 놓고 노니

천지도 넙고 넙고 일월도 한가하다
㊷ 천지(天地)도 넙고 넙고 일월(日月)도 한가ᄒ다
→ 천지도 넓디넓고 세월도 한가하다.

희황을 모을너니 니 적이야 그로괴야
㊸ 희황(義皇)을 모을너니 니 적이야 그로괴야
「 」: 정서 – 자연 속에서 풍류를 즐기는 삶에 대한 만족감과 자부심
→ 복희 황제(의 시대와 같은 태평성대)를 몰랐더니 지금이 그것이로구나.

신선이 엇더턴지 이 몸이야 그로고야
㊹ 신선(神仙)이 엇더턴지 이 몸이야 그로고야」
→ 신선이 어떠한지 (몰랐는데) 이 몸이 그것이로구나.

취흥: 술에 취하여 일어나는 흥취   일월: 날과 달의 뜻으로, '세월'을 이르는 말
희황: 중국 고대 전설상의 제왕인 '복희씨'의 다른 이름

*㊱~㊹행 요약: 자연 속에서의 삶에 대한 만족감

강산풍월 거늘리고 내 백년을 다 누리면
㊺ 강산풍월(江山風月) 거ᄂ리고 내 백년(百年)을 다 누리면
→ 강산풍월을 거느리고 내가 평생을 다 누리면

악양루상의 이태백이 사라 오다
㊻ 악양루상(岳陽樓上)의 이태백(李太白)이 사라 오다
❸ 고사(유래가 있는 옛날의 일을 표현한 어구) 인용
→ 악양루 위에서 놀던 이태백이 살아온다 한들

호탕정회야 이예서 더할소냐
㊼ 호탕정회(活蕩情懷)야 이예셔 더ᄒ소냐
❷ 정서: 자신의 삶에 대한 자부심
→ 넓고 끝없는 정과 회포가 이보다 더하겠느냐?

이 몸이 이렁굼도 역군은이샷다
㊽ 이 몸이 이렁굼도 역군은(亦君恩)이샷다
❷ 태도: 유교적(임금의 은혜에 감사해함.) → 강호가도의 특징(충의 + 강호한정)
→ 이 몸이 이렇게 (자연을 즐기며) 지내는 것도 역시 임금의 은혜이시다.

*㊺~㊽행 요약: 자신의 삶에 대한 자부심

★ (가) 독해 공식
❶ 화자: '나', 중심 대상: 면앙정의 경치
❷ 상황: 면앙정의 아름다운 경치를 감상하고 있음. 벗과 어울려 술을 마시며 풍류를 즐기고 있음. 정서: 자연 속에서 풍류를 즐기는 자신의 삶에 대한 만족감과 자부심이 드러남.
태도: 예찬적(면앙정 경치의 아름다움을 예찬함.), 유교적(임금의 은혜에 감사해함.)
❸ 표현상 특징
• 대구법(비슷한 문장 구조를 짝을 맞추어 늘어놓는 방법), 설의법(쉽게 판단할 수 있는 것을 물음의 형식으로 표현하는 방법), 열거법(내용적으로 연결되는 어구를 여럿 늘어놓는 표현 방법) 등을 활용하고 있음.
• 비유적 표현(어떤 대상을 다른 비슷한 대상에 빗댄 것)을 통해 대상을 감각적으로 묘사하고 있음.
• 감정 이입(어떤 대상에 화자의 감정을 불어넣어 대상이 그 감정을 느끼는 것처럼 표현)과 고사(유래가 있는 옛날의 일을 표현한 어구)를 사용해 화자의 정서를 강조하고 있음.

■ 갈래: 가사   ■ 창작 시기: 조선 전기
■ 내용: 이 작품은 작가 송순이 만년에 고향인 전라남도 담양에 면앙정이라는 정자를 짓고 은거하면서 아름다운 자연 속에서 살아가는 즐거움과 임금의 은혜를 노래한 가사이다. 면앙정 주변의 자연 풍경과 계절의 변화에 따른 정경을 아름답게 묘사하였으며, 이러한 자연 속에서 풍류를 누리는 삶에 대한 만족감을 나타내고 있다.
■ 주제: 자연 속에서의 풍류와 임금의 은혜에 대한 감사

■ 이것이 핵심!: 화자의 정서

화자 ─ 만족감, 자부심, 임금에 대한 감사 → 면앙정에서 자연을 즐기며 풍류적인 삶을 살고 있음.

(나) 안축, 〈죽계별곡(竹溪別曲)〉
❶ 화자, 중심 대상   ❷ 상황, 정서, 태도   ❸ 표현상 특징   [시 해석]
▨▨▨ : ❸ 후렴구

❶ 찬연한 봉(鳳)새 날며 옥룡(玉龍)이 서린 듯한 산세(山勢), 푸른 빛
❸ 직유법(두 대상을 연결어로 결합, 직접 빗대어 표현하는 방법)
송림(松林) 자락
→ 눈부신 봉황이 날고 옥룡이 서린 듯한 산의 모양, 푸른 빛 소나무 숲 자락의

❷ 지필봉(紙筆峯)과 연묵지(硯墨池)를 갖춘 향교(鄕校)에서
→ 종이, 붓, 벼루, 먹을 고루 갖춘 향교에서

❸ 마음은 육경(六經)에, 의지는 천고(千古) 궁구(窮究)에 둔 공자 제자들
→ 마음은 육경에, 의지는 먼 옛적의 성현을 연구하는 데에 둔 공자의 제자들이여.

❶ 중심 대상: 풍류를 즐기는 삶
❹ 아! 봄철의 암송(暗誦), 여름의 농현(弄絃)*하는 경(景), 그것이 어떠하겠습니까?
❷ 상황: 학문을 공부하며 풍류를 즐기는 삶을 과시함.
→ 아! 봄에는 책을 외고, 여름에는 거문고나 가야금을 연주하며 노는 모습, 그것이 어떠하겠습니까?

⑤ 해마다 삼월이면 먼 노정(路程)을 오신

➡ 해마다 삼월이 오면 먼 길을 오신

⑥ 아! 신관(新官)을 큰 소리로 맞는 <mark>경(景), 그것이 어떠하겠습니까?</mark>

➡ 아! 새로운 관리를 큰 소리로 맞는 모습, 그것이 어떠하겠습니까? 〈3수〉

┌ **찬연하다**: 빛 따위가 눈부시게 밝다.
│ **산세**: 산이 생긴 모양
│ **향교**: 고려·조선 시대에, 지방에 있던 문묘와 그에 속한 관립 학교
│ **육경**: 중국 춘추 시대의 여섯 가지 경서
│ **천고**: 아주 먼 옛적
│ **궁구**: 속속들이 파고들어 깊게 연구함.
│ **암송**: 글을 보지 아니하고 입으로 욈.
│ **노정**: 목적지까지의 거리. 또는 목적지까지 걸리는 시간
└ **신관**: 새로 부임한 관리

〈3수〉 요약: 향교에서 학문을 하고 풍류를 즐김.

❶ 『붉은 살구꽃 분분(紛紛)하고 **방초(芳草)**는 무성한데 술동이 앞에서
『 』: ❸ 사계절의 정경을 감각적 이미지(시각, 청각, 촉각, 후각, 미각의 감각을 떠올리게 하는 심상)로 묘사함.
의 긴 봄날과

➡ 붉은 살구꽃이 날리고 향기롭고 꽃다운 풀은 무성한데 술동이 앞에서 (놀며 보내는) 긴 봄날과

❷ 짙게 푸른 나무 그늘 속 깊이 잠긴 단청(丹靑) 집, **거문고** 위로 여름

훈풍(薫風)이 불고

➡ 짙게 푸른 나무 그늘 속 깊이 잠긴 단청 집, 거문고 위로 여름의 훈훈한 바람이 불고

❸ **황국(黃菊)**과 단풍이 비단에 수 놓을 제 기러기 날아간 뒤에

➡ 노란 국화와 단풍이 비단에 수 놓은 듯할 때 기러기가 날아간 뒤에

❹ 아! 눈[雪]에 달빛이 비치는 <mark>경(景)』, 그것이 어떠하겠습니까?</mark>

➡ 아! 눈에 달빛이 비치는 모습, 그것이 어떠하겠습니까?

❺ 중흥(中興)한 성대(聖代)에 길이 대평(大平)을 즐기니
❷ 태도: 풍류적(태평성대를 즐김.)

➡ 다시 일어난 태평성대에 오래도록 큰 평화를 즐기니

❻ ❸ 청유형(청자에게 같이 행동할 것을 요청하는 뜻을 나타내는) 어미
아! 사계절 놀고 지냅시다 그려. 〈5수〉
❷ 상황: 사계절의 풍류를 즐길 것을 권함.

➡ 아! 사계절 놀고 지냅시다그려.

┌ **분분하다**: 여럿이 한데 뒤섞여 어수선하다.
│ **방초**: 향기롭고 꽃다운 풀
│ **단청**: 옛날식 집의 벽, 기둥, 천장 따위에 여러 가지 빛깔로 그림이나 무늬를 그림.
│ 또는 그 그림이나 무늬
│ **훈풍**: 첫여름에 부는 훈훈한 바람
│ **황국**: 누런색의 국화
│ **중흥**: 쇠퇴하던 것이 중간에 다시 일어남. 또는 다시 일어나게 함.
│ **성대**: 국운이 번창하고 태평한 시대
└ **길이**: 오랜 세월이 지나도록

〈5수〉 요약: 태평성대에 사계절을 즐김.

* **농현(弄絃)**: 거문고나 가야금 등의 현악기를 연주함.

✿ **(나) 독해 공식**
❶ 화자: 드러나지 않음. **중심 대상**: 풍류를 즐기는 삶
❷ **상황**: 학문을 공부하며 풍류를 즐기는 삶을 과시하고 있음. 사계절의 풍류를 즐길 것을 권하고 있음. **태도**: 풍류적(태평성대를 즐김.)
❸ **표현상 특징**
· 직유법(두 대상을 연결어로 결합, 직접 빗대어 표현하는 방법)과 감각적 이미지(시각, 청각, 촉각, 후각, 미각 등의 감각을 떠올리게 하는 심상)를 통해 자연을 묘사하고 있음.
· 후렴구를 통해 운율을 형성하고 있음.
· 청유형(청자에게 같이 행동할 것을 요청하는 뜻을 나타내는) 어미를 사용하여 화자의 뜻을 전하고 있음.

■ **갈래**: 경기체가　　　■ **창작 시기**: 고려 후기
■ **내용**: 이 작품은 작가 안축의 고향인 경상북도 풍기의 죽계(영주시 순흥)의 아름다운 경치를 노래한 경기체가이다. 3수는 향교에서 공자를 따르는 무리가 봄에는 경서를 외고 여름에는 악기를 연주하는 모습을, 5수는 평화로운 시대를 즐기는 모습을 보여 준다. 이를 통해 고려 신진 사대부의 삶에 대한 자부심을 느낄 수 있다.
■ **주제**: 고려 신진 사대부들의 풍류적 삶

■ **이것이 핵심!**: <mark>고려 신진 사대부들의 삶</mark>

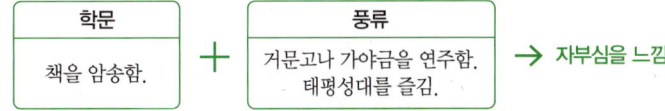

학문		풍류
책을 암송함.	+	거문고나 가야금을 연주함. 태평성대를 즐김.

➡ 자부심을 느낌.

B 01 　정답 ③　*표현상 특징 파악하기

(가)와 (나)에 대한 설명으로 적절하지 <u>않은</u> 것은?

▷**왜 정답?**

③ (가)는 (나)와 달리 학문과 연관된 사물을 제시하여 장소의 성
(나)에만 드러남.
격을 드러내고 있다.

*근거: (나) 〈3수〉 ❷
(나)에서는 '지필봉과 연묵지를 갖춘 향교'를 통해 학문과 연관된 사물인 종이, 붓, 벼루, 먹을 언급하여 향교가 학문 수양의 공간임을 드러내고 있다. 하지만 (가)에서는 학문과 연관된 사물이 제시되지 않는다.

▷**왜 오답?**

① (가)는 인간의 다채로운 움직임을 열거하여 화자의 심리를 드
'누으락 안즈락 구부락 져츠락' 등
러내고 있다.

*근거: (가) ❹⓪, ❹①
(가)에서는 누웠다가 앉았다가 굽혔다가 젖혔다가 시를 읊었다가 휘파람을 불었다가 하며 즐겁게 노는 화자의 행동을 열거하여 자연 속에서 사는 만족감을 생동감 있게 표현하고 있다.

┌ **열거**: 여러 가지 예나 사실을 낱낱이 죽 늘어놓음.

② (가)는 (나)와 달리 대상과의 비교를 통해 삶에 대한 만족감을
'이태백이 사라 오다 ~ 이예셔 더홀소냐'
드러내고 있다.

*근거: (가) ❹⑥, ❹⑦
(가)에서는 '이태백'이 살아온다 해도 정과 회포가 지금 화자의 삶보다 더하지 않을 것이라며 이태백과 화자의 삶을 비교하여 삶에 대한 만족감을 드러내고 있다.

④ (나)는 (가)와 달리 청유형 어미를 활용하여 풍류를 즐길 것을
'놀고 지냅시다 그려'
권유하고 있다.

*근거: (나) 〈5수〉 ❻
(나)에서는 '사계절 놀고 지냅시다 그려'에서 청유형 어미를 활용하여 사계절의 풍류를 즐길 것을 권유하고 있다.

┌ **청유형 어미**: 화자가 청자에게 같이 행동할 것을 요청하는 뜻을 나타내는 종결 어미

⑤ (가)와 (나) 모두 비유적 표현을 활용하여 대상에 역동성을 부
(가) '쌍룡이 뒤트는 듯', (나) '찬연한 봉새 날며 옥룡이 서린 듯한 산세'
여하고 있다.

*근거: (가) ❹, (나) 〈3수〉 ❶
(가)에서는 '두 마리 용이 뒤트는 듯하다'는 비유적 표현을 통해 시냇물의 역동적인 모습을 드러내고 있고, (나)에서는 '봉황이 날고 옥룡이 서린 듯하다'는 비유적 표현을 통해 산의 역동적인 모양을 드러내고 있다.

┌ **역동성**: 힘차고 활발하게 움직이는 성질

(가)의 [A]와 (나)의 〈5수〉에 대한 설명으로 적절하지 않은 것은?

• (가)의 [A]: 면앙정의 사계절 경치를 노래하고 있습니다.
• (나)의 〈5수〉: 태평성대에 사계절을 즐기는 삶을 노래하고 있습니다.

즉 계절에 관해 노래한 [A]와 〈5수〉를 이해한 내용 중 틀린 것을 고르는 문제입니다.

＞왜 정답?

② [A]의 '나모'의 'ㅈㅈ'진 모습과 〈5수〉의 '방초'는 나무와 풀의 무성한 모습을 통해 여름을 시각적으로 드러내고 있다.
〈5수〉의 '방초'는 봄을 드러냄.

＊근거: (가) ❺, (나) 〈5수〉 ❶
[A]의 '나모 새 ㅈㅈ지여'는 나무가 우거진 모습으로 여름날의 풍경을 시각적으로 드러낸 것이다. 하지만 〈5수〉의 '방초'는 향기롭고 꽃다운 풀이라는 뜻으로 봄날의 풍경을 드러내는 소재이다.

＞왜 오답?

① [A]의 '황앵 교태 겨워'는 자연물을 통해 화자의 정서를, 〈5수〉의 '기러기 날아간 뒤에'와 '눈에 달빛'은 계절의 변화를 드러내고 있다.
꾀꼬리를 통해 화자의 흥취를 드러냄.
가을에서 겨울로의 변화를 드러냄.

＊근거: (가) ❹, (나) 〈5수〉 ❸, ❹
[A]의 '황앵 교태 겨워'는 꾀꼬리에 화자의 감정을 이입한 것으로 여름날을 즐기며 화자가 느끼는 흥취를 드러낸다. 〈5수〉의 '기러기 날아간 뒤에 / 아! 눈에 달빛이 비치는 경'에서 '기러기'는 가을과 관련된 자연물이고, '눈'은 겨울과 관련된 자연물이다. 즉, 이는 가을에서 겨울로의 계절의 변화를 보여 준다.

③ [A]의 '양풍'은 '조으름'과, 〈5수〉의 '훈풍'은 '거문고'와 어우러지며 여름날의 한가로운 정취를 드러내고 있다.
시원한 바람을 맞으며 조는 모습 거문고 위로 훈훈한 바람이 부는 모습

＊근거: (가) ❻, ❼, (나) 〈5수〉 ❷
[A]의 '긴 조으름 내어 펴니 / 수면 양풍'이 분다는 것은 여름날의 시원한 바람을 맞으며 조는 화자의 모습을 나타낸다. 〈5수〉의 '거문고 위로 여름 훈풍이 불고'는 연주하기 위해 꺼내 놓은 거문고 위로 여름날의 훈훈한 바람이 부는 모습을 나타낸다. 이는 모두 여름날의 한가로운 정취를 보여 준다.

〔정취: 깊은 정서를 자아내는 흥취

④ [A]의 '황운'은 가을의 들판을 나타내며, 〈5수〉의 '황국과 단풍이 비단에 수 놓을 제'는 가을 풍경의 아름다움을 나타내고 있다.
벼가 누렇게 익은 들판을 나타냄.
국화와 단풍으로 어우러진 가을 풍경을 나타냄.

＊근거: (가) ❾, (나) 〈5수〉 ❸
[A]의 '황운'은 넓은 들판에 벼가 누렇게 익은 모습을 비유적으로 이르는 말로 가을의 들판을 나타낸다. 〈5수〉의 '황국과 단풍이 비단에 수 놓을 제'는 노란 국화와 단풍이 비단에 수를 놓은 것처럼 화려한 때라는 뜻으로 가을 풍경의 아름다움을 나타낸다.

⑤ [A]에서는 '어적'과 '돌'이 조응하는 장면을 통해 가을의 정취를, 〈5수〉에서는 '눈'과 '달빛'이 조응하는 장면을 통해 겨울의 정취를 드러내고 있다.
가을날의 흥겨운 정취를 드러냄.
겨울날의 고즈넉한 정취를 드러냄.

＊근거: (가) ❿, (나) 〈5수〉 ❹
[A]의 '어적도 흥을 계워 둘룰 ᄯᆞ라 브니는다'는 어부가 흥에 겨워 달을 따라가며 피리를 부는 모습으로, '황운'을 통해 드러난 가을날의 배경과 어우러져 흥에 겨운 정취를 자아낸다. 〈5수〉의 '눈에 달빛이 비치는 경'은 눈이 내린 밤에 달빛이 내리는 모습으로, 겨울날의 고즈넉한 정취를 자아낸다.

〔조응하다: 둘 이상의 사물이나 현상 또는 말과 글의 앞뒤 따위가 서로 일치하게 대응하다. 정취: 깊은 정서를 자아내는 흥취

〈보기〉를 참고하여 (가)를 감상한 것으로 적절하지 않은 것은?
[3점]

• 〈보기〉: 〈면앙정가〉에서는 들판과 강물, 하늘과 산과 같은 공간에 대한 면앙과, 현재와 과거와 같은 시간상의 면앙이 나타납니다.
• (가): 아름다운 자연 속에서 살아가는 즐거움과 임금의 은혜를 노래하고 있습니다.

즉 (가)에 나타난 '면앙'의 의미를 이해한 내용 중 틀린 것을 고르는 문제입니다.

――――――――――――――[보기]――――――――――――――
❶송순은 '내 여기서 소요(逍遙)하고 면앙(俛仰)하며 여생을 보내게 되었으니 나의 소원이 이제야 이루어졌네.'라고 말했다. ❷여기서 면앙은 굽어보고[면(俛)], 올려다본다[앙(仰)]는 뜻으로 〈면앙정가〉에
①의 근거
는 두 가지 측면에서의 면앙이 나타난다. ❸먼저 정자를 중심으로 넓은 들판과 강물을 면하고 하늘과 산을 앙하는 공간에 대한 면앙이
②의 근거
나타난다. ❹화자의 시선은 굽어보는 것에서 올려다보는 것으로 이동하여 자연의 모습을 포착하기도 한다. ❺한편 시간상의 면앙은 현재를 면하고 과거를 앙하는 것이다. ❻이를 통해 화자는 역사적 인물을
③의 근거
떠올리며 현재 자신의 삶에 대한 인식과 태도를 드러내기도 한다.
⑤의 근거

소요하다: 자유롭게 이리저리 슬슬 거닐며 돌아다니다.
면앙하다: 아래를 굽어보고 위를 우러러보다. 여생: 앞으로 남은 인생
포착하다: ① 요점이나 요령을 얻다. ② 어떤 기회나 정세를 알아차리다.
――――――――――――――――――――――――――――――

＞왜 정답?

④ '인간을 떠나오기 전의 '겨를 업'음으로 인해 '청려장'이 '뫼 디여'졌다는 화자의 인식은 시간상의 '면앙'을 통한 과거에 대한 그리움에서 비롯된 것이군.
인간을 떠나오기 전이 아닌, 자연에서의 삶이 겨를 없다고 함.
과거에 대한 그리움은 나타나지 않음.

＊근거: (가) ㉟
(가)의 화자는 인간 세상을 떠나 자연 속에서의 삶을 즐기느라 '겨를 업다'고 했다. 따라서 인간 세상을 떠나오기 전에 '겨를'(여유)이 없었다는 설명은 적절하지 않다. 또한 (가)에서는 현재 자신의 삶에 대한 화자의 인식과 태도가 드러날 뿐, 과거를 그리워하는 내용은 나타나지 않는다.

＞왜 오답?

① '안즈락 느리락' 하는 '기러기'의 움직임을 바라보는 화자의 시선은 '면'과 '앙'을 통해 자연스럽게 이동하게 되는군.
기러기의 나는 모습을 따라 화자의 시선이 이동됨.

＊근거: (가) ❽, ❾, 〈보기〉 ❷문장
(가)의 화자는 모래밭에서 '기러기'가 앉았다가 내렸다가 모였다가 흩어졌다가 하는 모습을 보고 있다. 즉, 화자는 기러기의 움직임에 따라 시선을 이동하고 있는데, 〈보기〉에서 '면앙은 굽어보고[면(俛)], 올려다본다[앙(仰)]는 뜻'이라고 했다. 따라서 화자는 '면앙'을 통해 시선을 자연스럽게 이동하고 있다고 볼 수 있다.

② '므조친 사정'은 눈같이 펴진 공간에 대한 '면'이며 하늘에서 '쇼즌' 모습을 한 '모'는 '앙'으로, 정자에서 바라본 '면앙'의 경관을 조화롭게 드러내는군.
넓게 펼쳐진 모래밭과 우뚝 솟은 산을 바라봄.

＊근거: (가) ❼, ⓬, 〈보기〉 ❸문장
(가)의 '므조친 사정은 눈ᄀᆞᆺ치 펴졋거든'은 물 따라 펼쳐진 모래밭이 눈같이 펼쳐져 있다는 뜻이고, '드르고 쇼즌 거슨 뫼힌가'는 두르고 꽂은 것이 산이냐는 뜻이다.

〈보기〉에서는 '정자를 중심으로 넓은 들판과 강물을 면하고 하늘과 산을 앙하는 공간에 대한 면앙이 나타난다'고 했다. 즉, '므조친 사정'은 모래밭을 '면'한 것을, '쇼죤' 모습을 한 '모'는 산을 '앙'한 것을 나타내므로 면앙정에서 바라본 '면앙'의 경관을 드러낸다고 할 수 있다.

③ '일월도 한가ᄒ다'는 시간상의 '면'을 통한 화자의 생각은 시간상의 '앙'을 거쳐 'ᄂᆡ 적이야 긔로고야'라는 인식을 하게 되는군.
과거의 시대를 떠올리며 자신이 사는 시대를 태평성대라고 말함.

＊근거: (가) ㉒, ㉓, 〈보기〉 ❺ 문장

(가)의 '일월도 한가ᄒ다'는 세월이 한가롭다는 뜻으로, 현재의 시간을 '면'한 화자의 생각을 드러낸다. 반면 '희황을 모을너니 ᄂᆡ 적이야 긔로괴야'는 복희 황제 때의 태평성대를 몰랐는데 지금이 그 태평성대라는 뜻으로, 과거의 시간을 '앙'한 화자가 지금이 태평성대와 같은 시대라는 것을 인식했음을 드러낸다. 이는 〈보기〉에서 말한 '현재를 면하고 과거를 앙하는' 시간상의 면앙에 해당한다.

⑤ 화자가 역사적 인물인 '이태백'을 떠올리고 '호탕정회야 이예셔 더ᄒᆞᆯ소냐'라며 삶의 즐거움을 드러내는 것은 시간상의 '면앙'에 의한 인식에서 비롯된 것이군.
과거의 인물을 떠올리며 현재 자신의 삶에 대한 인식을 드러냄.

＊근거: (가) ㊻, ㊼, 〈보기〉 ❻ 문장

(가)의 화자는 역사적 인물인 이태백을 떠올리며 '이태백이 사라 오다 / 호탕정회야 이예셔 더ᄒᆞᆯ소냐'라고 말하며 자신이 누리는 삶에 대한 만족감을 표출하고 있다. 즉, 화자는 과거를 '앙'하며 현재를 '면'하고 있으며, 이는 〈보기〉에서 말한 '역사적 인물을 떠올리며 현재 자신의 삶에 대한 인식과 태도를 드러'낸 것에 해당한다.

1등급 풀이 Tip

〈보기〉에 너무 집중하다가 지문의 내용을 간과해서는 안 된다. 문제를 풀 때 가장 기본이 되는 것은 **선택지의 내용이 지문의 내용과 부합하는지 확인하는 것**이다. (가)에서 화자가 '겨를 업다'라고 한 것은 인간 세상을 떠나오니 자연에 즐길 거리가 너무 많다는 의미로, 자연에서의 삶에 대한 만족감을 드러내는 긍정적 표현이다. 이를 인간 세상의 삶이나, 부정적 감정과 연결 짓는 것은 지문의 내용과 부합하지 않는다.

B 04 ~ 08 ———— [2022 대비/경찰대 31~35]

(가) 작자 미상, 〈만전춘별사〉

❶ 화자, 중심 대상 ❷ 상황, 정서, 태도 ❸ 표현상 특징 [고어 읽기] [시 해석]

: 반복법(같거나 비슷한 어구를 되풀이하는 표현 방법)

1 **❶어름 우희 댓닙 자리 보와 님과 나와 어러 주글만뎡**
시련, 고통   ❶ 중심 대상   ❶ 화자
➔ 얼음 위에 대나무 잎으로 잠자리를 만들어 임과 내가 얼어 죽을망정

❷어름 우희 댓닙 자리 보와 님과 나와 어러 주글만뎡
「 」: ❸ 과장법(실제보다 지나치게 과도하거나 작게 표현하는 방법) – 임과의 사랑 강조
➔ 얼음 위에 대나무 잎으로 잠자리를 만들어 임과 내가 얼어 죽을망정

❸경(情)둔 오ᄂᆞᆯ 밤 더듸 새오시라 더듸 새오시라
❷ 태도: 소망적(임과 오래도록 함께 있기를 바람.)
➔ 정을 나눈 오늘 밤이 더디게 새소서 더디게 새소서.

＊①연 요약: 임과 오래도록 정을 나누고 싶은 소망

2 **❶경경(耿耿) 고침샹(孤枕上)애 어느 ᄌᆞ미 오리오**
❷ 상황: 사랑하는 임과 함께 지내다 이별함.   이별로 인한 외로움 때문에 잠이 오지 않음.   ❸ 설의법(쉽게 판단할 수 있는 것을 물음의 형식으로 표현하는 방법)
➔ 뒤척뒤척 외로운 침상에 어찌 잠이 오리오?

❷셔창(西窓)을 여러ᄒᆞ니 도화(桃花) ㅣ 발(發)ᄒᆞ두다
화자의 상황과 대비되는 객관적 상관물
➔ 서쪽 창문을 열어보니 복사꽃 피었도다.

❸도화ᄂᆞᆫ 시름업서 쇼츈풍(笑春風)ᄒᆞᄂᆞ다 쇼츈풍ᄒᆞᄂᆞ다
복숭아꽃은 '나'와 달리 외롭지 않아 시름이 없어 웃을 수 있음.
➔ 복사꽃은 시름없어 봄바람에 웃는구나 봄바람에 웃는구나.

⌈ **도화:** 복사나무의 꽃 (= 복숭아꽃)
⌊ **발하다:** 꽃 따위가 피다.

＊②연 요약: 임과 헤어져 잠을 이루지 못함.

3 **❶넉시라도 님을 ᄒᆞᆫ대 녀닛 경(景) 너기더니**
❷ 정서: 임과 함께 있고 싶어 하는 간절함이 드러남.
➔ 넋이라도 임과 함께 지내는 일로 여겼더니

❷넉시라도 님을 ᄒᆞᆫ대 녀닛 경(景) 너기더니
➔ 넋이라도 임과 함께 지내는 일로 여겼더니

❸벼기더시니 뉘러시니잇가 뉘러시니잇가
❷ 정서: 변심한 임에 대한 원망과 서운함이 드러남.
➔ 우기던 이(어기던 이)가 누구입니까? 누구입니까?

⌈ **벼기다:** '우기다', '고집하다'의 옛말

＊③연 요약: 임에 대한 원망과 서운함

4 **❶올하 올하 아련 비올하**
'비오리'는 임을 가리킴.
➔ 오리야 오리야 어리석은 비오리야
❸ 참신한 비유(어떤 대상을 다른 비슷한 대상에 빗대어 표현)

❷여흘란 어듸 두고 소해 자라 온다
화자를 가리킴.   다른 여자를 가리킴.
➔ 여울은 어디 두고 연못에 자러 오느냐?

❸소콧 얼면 여흘도 됴ᄒᆞ니 여흘도 됴ᄒᆞ니
❷ 태도: 소망적(임이 자신에게 다시 돌아오기를 바람.)
➔ 연못이 얼면 여울도 좋거니 여울도 좋거니

⌈ **여흘:** 강이나 바다 따위의 바닥이 얕거나 폭이 좁아 물살이 세게 흐르는 곳 (= 여울)
⌊ **소:** 땅바닥이 우묵하게 뭉떵 빠지고 늘 물이 괴어 있는 곳

＊④연 요약: 임이 다시 돌아오기를 바람.

5 **❶남산(南山)애 자리 보와 옥산(玉山)을 벼여 누어**
➔ 남산에 자리 보아 옥산을 베고 누워

❷금슈산(錦繡山) 니블 안해 샤향(麝香) 각시를 아나 누어
아름다운 각시 → 화자가 남성으로 바뀜.(각 장이 순차적으로 구성되지 않음을 보여 줌.)
➔ 금수산 이불 안에 사향 각시를 안고 누워

❸남산(南山)애 자리 보와 옥산(玉山)을 벼여 누어
➔ 남산에 자리 보아 옥산을 베고 누워

❹금슈산 니블 안해 샤향 각시를 아나 누어
➔ 금수산 이불 안에 사향 각시를 안고 누워

❺약(藥)든 ᄀᆞ슴을 맛초ᄋᆞᆸ사이다 맛초ᄋᆞᆸ사이다
❷ 정서: 임과의 강렬한 사랑을 원함.
➔ 약(사향) 든 가슴을 맞추옵시다 맞추옵시다.

＊⑤연 요약: 임에 대한 강한 사랑의 욕망

6 **❶아소 님하 원ᄃᆡ평ᄉᆡᆼ(遠代平生)에 여힐ᄉᆞᆯ 모ᄅᆞᆸᄉᆡ**
❸ 영탄법 – 감탄사 활용   ❷ 태도: 소망적(임과의 영원한 사랑을 바람.)
➔ 아! 임이여 평생토록 헤어질 줄 모르고 지냅시다.

＊⑥연 요약: 임과 영원한 사랑을 원함.

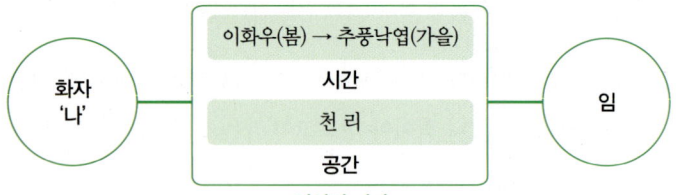

(가) 독해 공식

❶ 화자: '나', 중심 대상: '님(임)'

❷ 상황: 사랑하는 임과 함께 지내다 이별함.

정서: 임과 함께 있고 싶어 하는 간절함이 드러남. 변심한 임에 대한 원망과 서운함이 드러남. 임과의 강렬한 사랑을 원함. **태도**: 소망적(임과 오래도록 함께 있는 것과 떠난 임이 자신에게 다시 돌아오는 것, 임과의 영원한 사랑을 바라고 있음.)

❸ 표현상 특징

· 반복법(같거나 비슷한 어구를 되풀이하는 표현 방법)과 과장법(실제보다 지나치게 과도하거나 작게 표현하는 방법)을 통해 화자의 정서를 강렬하게 표현하고 있음.

· 참신한 비유(어떤 대상을 다른 비슷한 대상에 빗대어 표현)를 통해 문학성을 높이고 있음.

· 설의법(쉽게 판단할 수 있는 것을 물음의 형식으로 표현하는 방법), 영탄법(감탄사, 감탄조사 등을 이용해 감정을 강하게 나타내는 방법) 등을 활용하고 있음.

■ **갈래**: 고려 가요   ■ **창작 시기**: 고려 시대

■ **내용**: 이 작품은 임과 이별하지 않고 계속 사랑하고자 하는 소망을 노래한 고려 가요이다. '남녀상열지사'의 대표적 작품으로, 임에 대한 화자의 감정이 노골적으로 드러난다. 총 6장의 구성이며, 각 장은 내용이 순차적으로 되어 있지 않고 화자가 여성에서 남성으로 바뀌기도 한다. 또한 일반적인 고려 가요의 율격인 3음보가 아니라 4음보로 되어 있는 장도 있어 시조의 기원을 찾는 자료로 주목받고 있다.

■ **주제**: 임에 대한 영원한 사랑

■ **이것이 핵심!**: 반복을 통한 화자의 정서 표출

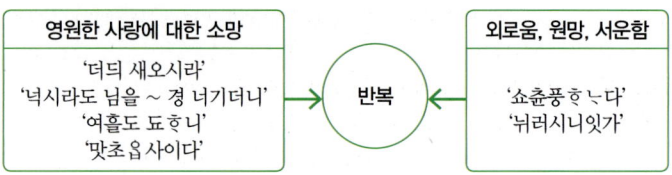

(나) [A] 매창, 〈이화우(梨花雨) 흩날릴 제〉
　　　[B] 홍랑, 〈뫼ㅅ버들 가려 걲어〉

　　　❶ 화자, 중심 대상   ❷ 상황, 정서, 태도   ❸ 표현상 특징   [시 해석]
　　　　　　　　　　　　　　　　　　　: ❸ 하강(높은 곳에서 아래로 내려오는 것)의 이미지

❶ **이화우(梨花雨) 흩날릴 제** 울며 잡고 이별한 님

　　봄에 이별함.　　　「　」: ❸ 시간의 흐름(봄→가을)　　　❶ 중심 대상

　➡ 배꽃이 비처럼 흩날릴 때 울면서 잡고 이별한 임

　〔 이화: 배나무의 꽃(= 배꽃)

　　　　　　　＊초장(❶) 요약: 임과 헤어진 때인 봄을 회상함.

[A]

❷ **추풍낙엽(秋風落葉)에 저도 나를 생각는가**

　　　　　　　　　❶ 화자

　❷ 상황: 이별한 임을 생각함.　　임의 소식을 알지 못하고 있음.

　➡ 가을바람에 낙엽이 떨어지는 때에 임도 나를 생각할까?

　〔 추풍낙엽: 가을바람에 떨어진 나뭇잎

　　　　　　　＊중장(❷) 요약: 이별한 임을 생각함.

❸ 공간적 표현을 통해 임과의 정서적 거리감을 보여 줌.

❸ **천 리(千里)에 외로운 꿈만 오락가락 하괘라**

　　　　❷ 정서: 임과 이별한 외로움, 임에 대한 그리움

　➡ 천 리(떨어진 곳)에서 외로운 꿈만 오락가락하는구나.

　　　　　　　＊종장(❸) 요약: 임을 그리워하며 외로워함.

(나)-[A] 독해 공식

❶ 화자: '나', 중심 대상: '님(임)'

❷ 상황: 이별한 임을 생각하고 있음.

정서: 임과 이별한 외로움과 임에 대한 그리움이 드러남.

❸ 표현상 특징

· 시간의 흐름과 공간적 표현을 통해 이별의 상황을 효과적으로 제시하고 있음.

· 하강(높은 곳에서 아래로 내려오는 것)의 이미지를 통해 화자의 정서를 심화하고 있음.

■ **갈래**: 평시조   ■ **창작 시기**: 조선 중기

■ **내용**: 이 작품은 부안의 유명한 기생 매창이 사랑하던 임인 유희경이 한양으로 간 후 소식이 없자 그를 그리워하며 지은 시조이다. 특유의 섬세한 감정으로 임에 대한 그리움과 홀로 남겨 있는 외로움을 효과적으로 표현하고 있다.

■ **주제**: 이별한 임에 대한 그리움과 외로움

■ **이것이 핵심!**: 화자와 '임'의 정서적 거리감

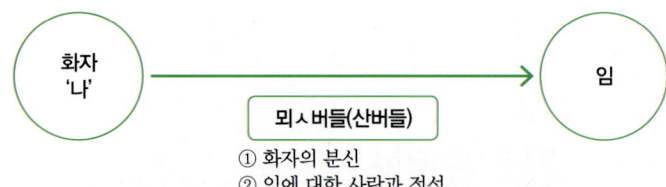

❸ 화자의 사랑을 상징하는 자연물(화자의 분신) ❶ 중심 대상

❶ **뫼ㅅ버들 가려 걲어 보내노라 님의손대**

　❷ 상황: 임에게 산버들을 보내려 함.　「　」: 도치법(말의 차례를 바꾸어 쓰는 방법)

　➡ 산버들 골라 꺾어 보내노라 임의 손에

　　　　　　　＊초장(❶) 요약: 임에게 산버들을 보내려 함.

[B]

❷ **자시는 창 밖에 심어두고 보소서**

　　　산버들을 보내는 목적

　➡ 주무시는 방 밖에 심어 두고 보소서

　　　　　　　＊중장(❷) 요약: 임이 산버들을 심어 두고 보길 바람.

　　　　　　　　　　　　　❶ 화자

❸ **밤비에 새 잎 곧 나거든 나인가도 여기소서**

　　　❷ 정서: 임이 '나'를 생각해 주길 바람. → 임에 대한 사랑과 그리움

　➡ 밤비에 새잎이 곧 나거든 나인 것처럼 여겨 주소서.

　　　　　　　＊종장(❸) 요약: 산버들을 보며 임이 자신을 기억해 주길 바람.

(나)-[B] 독해 공식

❶ 화자: '나', 중심 대상: '님(임)'

❷ 상황: 임에게 산버들을 보내려 함. 정서: 임에 대한 사랑과 그리움이 드러남.

❸ 표현상 특징

· 도치법(말의 차례를 바꾸어 쓰는 방법)을 통해 시적 상황을 강조하고 있음.

· 자연물에 의탁하여 임에 대한 화자의 사랑을 드러내고 있음.

■ **갈래**: 평시조   ■ **창작 시기**: 조선 중기

■ **내용**: 이 작품은 평안도 기생인 홍랑이 사랑하던 임인 최경창이 한양으로 돌아가게 되자 배웅하며 지은 시조이다. 화자의 분신이라고 할 수 있는 자연물 '뫼ㅅ버들'을 활용하여 임에 대한 정성과 사랑을 애절하게 표현하고 있다.

■ **주제**: 임에게 보내는 사랑과 정성

■ **이것이 핵심!**: 자연물을 통한 화자의 정서 표현

▲ 뫼ㅅ버들(산버들)

(다) 작자 미상, 〈상사별곡〉

❶ 화자, 중심 대상 ❷ 상황, 정서, 태도 ❸ 표현상 특징 시 해석
▭ : ❸ 정서의 직접적 표출

❶ 인간 이별 만사 중에 독수공방(獨守空房)이 더욱 섧다
❷ 상황: 임과 이별하여 독수공방하고 있음. 정서: 서러움
➡ 인간 이별 세상 모든 일 중에 독수공방이라서 더욱 서럽다
❸ 설의법(쉽게 판단할 수 있는 것을 물음의 형식으로 표현하는 방법)

❷ ㉠상사불견(相思不見) 이내 진정(眞情)을 제 뉘라셔 알리
❶ 화자: '나'
➡ 서로 그리워하면서 만나지 못하니 이 나의 진한 마음을 그 누가 알겠는가

❸ 매친 시름 이렁저렁이라 흐트러진 근심 다 후리쳐 던져 두고
➡ 맺힌 시름이 이럭저럭이라 흐트러진 근심을 다 팽개쳐 던져 두고

❹ 자나 깨나 깨나 자나 임을 못 보니 가슴이 답답
❶ 중심 대상
❷ 정서: 임을 만나지 못해 답답함.
➡ 자나 깨나 깨나 자나 임을 못 보니 가슴이 답답

❺ 『어린 양자(樣姿)* 고운 소리 눈에 암암(黯黯) 귀에 쟁쟁(錚錚)』
「 」: 임의 모습을 그리워함.
❸ 대구법(비슷한 문장 구조를 짝을 맞추어 늘어놓는 방법)
➡ 앳된 얼굴, 고운 소리가 눈에 잊히지 않고 가물가물 보이는 듯하고 귀에 울리는 듯

❻ 보고지고 임의 얼굴 듣고지고 임의 소리 – ❸ 대구법, 도치법(말의 차례를 바꾸어 쓰는 방법)
❷ 정서: 임을 간절히 보고 싶어 함.
➡ 보고 싶다 임의 얼굴 듣고 싶다 임의 소리

❼ 비나이다 하느님께 임 생기라 비나이다
➡ 비나이다 하느님께 임 생기라고 비나이다

❽ 전생차생(前生此生) 무슨 죄로 우리 둘이 생겨나서
➡ 전생과 이번 생에 무슨 죄로 우리 둘이 생겨나서

❾ 죽지 마자 하고 백년기약
➡ 죽지 말자 한 백년 기약

❿ 만첩청산을 들어간들 어느 우리 낭군이 날 찾으리
❸ 설의법 – 임과 재회할 가능성이 적음.
➡ 깊은 산에 들어간들 어느 낭군이 날 찾으리

⓫ ㉡산은 첩첩하여 고개 되고 물은 충충 흘러 소(沼)가 된다
▭ : 임과 화자 사이를 더 떨어뜨리는 장애물
➡ 산은 첩첩하여 고개가 되고, 물은 충충 흘러 연못이 된다

⓬ 오동추야(梧桐秋夜) 밝은 달에 임 생각이 새로 난다
임에 대한 그리움을 심화시키는 자연물(객관적 상관물) ❷ 정서: 임에 대한 그리움
➡ 오동잎이 떨어지는 가을 밤 밝은 달에 임 생각이 새로 난다

⓭ 한번 이별하고 돌아가면 다시 오기 어려워라
➡ 한 번 이별하고 돌아가면 다시 오기 어려워라

⓮ ㉢천금주옥(千金珠玉) 귀 밖이요 세사(世事) 일부(一富) 관계 하랴
❸ 설의법 – 임과의 이별로 세상의 부귀영화에 관심이 없음.
➡ 온갖 보물도 관심 밖이요, 세상일에 조금이라도 관계하랴

독수공방: 여자가 남편 없이 혼자 지냄.
상사불견: 남녀가 서로 그리워하면서도 만나지 못함.
전생차생: 이 세상에 태어나기 이전의 생애와 이 세상에서의 생애를 아울러 이르는 말
만첩청산: 사방이 첩첩이 둘러싸인 푸른 산

*❶~⓮행 요약: 독수공방의 슬픔과 임에 대한 그리움

(중략)

⓯ 일조(一朝) 낭군 이별 후에 소식조차 돈절(頓絕)하니
❷ 상황: 임의 소식이 끊김.
➡ 하루 아침에 낭군과 이별 한 후에 소식조차 뚝 끊기니

⓰ 오늘이나 들어올까 내일이나 기별 올까
❸ 대구법
➡ 오늘이나 들어올까 내일이나 기별이 올까?

⓱ 일월무정(日月無情) 절로 가니 옥안운빈공로(玉顏雲鬢空老)*로다.
➡ 무정한 세월이 저절로 가니 아름다운 얼굴과 탐스러운 머리가 헛되이 늙는구나.

⓲ 이내 상사(相思) 알으시면 임도 나를 그리리라
화자가 임을 그리워하는 마음이 매우 깊음을 의미함.
➡ 이내 그리움을 아시게 되면 임도 나를 그리워하리라

⓳ ㉣적적(寂寂) 심야(深夜) 혼자 앉아 다만 한숨 내 벗이라
적적하게 홀로 밤을 보내고 있어서 한숨이 절로 나옴.
➡ 외롭고 쓸쓸한 깊은 밤에 혼자 앉아 다만 한숨이 내 친구로다

⓴ 일촌간장(一寸肝腸) 구비 썩어 피어나니 가슴 답답
❷ 정서: 임의 소식을 듣지 못하는 답답함과 애끓음
➡ 일촌간장이 구비 썩어 피어나니 가슴이 답답하다

㉑ ㉤우는 눈물 받아내면 배도 타고 아니 가랴
❸ 설의법
➡ 우는 눈물을 받아내면 배도 타고 아니 가겠는가
❸ 과장법(실제보다 지나치게 과도하거나 작게 표현하는 방법) – 임에 대한 화자의 연정을 부각함.

㉒ 피는 불이 일러나면 임의 옷에 당기리라
➡ 피는 불이 일어나면 임의 옷에 불이 옮아 붙으리라

㉓ 사랑겨워 울던 울음 생각하면 목이 멘다
❷ 정서: 임과 함께 있었던 과거를 회상하여 슬퍼함.
➡ 지난날 사랑스러워 울던 울음, 생각하면 목에 메인다.

돈절하다: 편지나 소식 따위가 딱 끊어지다.
일촌간장: 한 토막의 간과 창자라는 뜻으로, 애달프거나 애가 타는 마음을 이르는 말

*⓯~㉓행 요약: 임의 소식을 듣지도 못한 채 시간만 헛되이 흘러가는 답답함과 슬픔

* 양자: 앳된 얼굴
* 옥안운빈공로: 고운 얼굴과 머리숱 풍성하던 젊은 여인이 헛되이 늙음.

⭐ (다) 독해 공식
❶ 화자: '나', 중심 대상: '님'(임)
❷ 상황: 임과 이별하여 독수공방하고 있음. 임의 소식이 끊김.
정서: 임과 이별한 서러움. 임을 만나지 못하고 임의 소식을 듣지 못해 답답함. 임을 간절히 보고 싶어 하며 그리워함. 임과 함께한 과거를 회상하며 슬퍼함.
❸ 표현상 특징
• 설의법(쉽게 판단할 수 있는 것을 물음의 형식으로 표현하는 방법)과 과장법(실제보다 지나치게 과도하거나 작게 표현하는 방법), 대구법(비슷한 문장 구조를 짝을 맞추어 늘어놓는 방법), 도치법(말의 차례를 바꾸어 쓰는 방법)을 통해 임에 대한 그리움과 사랑을 효과적으로 표현함.
• 임에 대한 그리움, 임의 부재에 따른 외로움과 슬픔의 정서를 직접적으로 표현함.

■ 갈래: 가사   ■ 창작 시기: 조선 후기
■ 내용: 이 작품은 조선 후기 12가사 중 하나로, 비 내리는 밤에 임과의 이별로 홀로 방에 앉아 있는 화자가 임을 향한 그리움과 슬픔을 표현한 가사이다. 4음보 연속체의 기본 형식을 유지하면서, 가끔씩 음보의 결손 현상이 나타나 가창 가사의 특징을 나타내고 있다. 남녀 사이의 순수한 연정을 주제로 한 상사류 가사의 전형성을 보이는 작품이다.
■ 주제: 독수공방하며 느끼는 임에 대한 간절한 그리움

■ 이것이 핵심!: 화자의 상황 및 정서의 직접적 표출

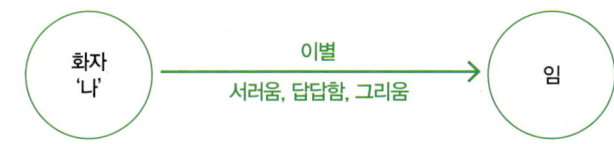

• 독수공방
• 만첩청산(임 소식을 들을 수 없음.)

B 04   정답 ④   *작품 비교하기

(가)~(다)의 공통점으로 적절하지 않은 것은?

왜 정답?
제삼자의 입장에서 사물을 보고 생각하는 태도
④ 장점에서 벗어나 사태를 객관적으로 파악하려는 화자의 태도가 나타나 있다.
(가)~(다) 모두 임과의 이별로 화자가 상심한 상태임.

*근거: (가) ❸-❸, (나) [A]-❸, (다) ❶, ❷
(가)에서 화자는 '벼기더시니 뉘러시니잇가 뉘러시니잇가'라며 함께 있기로 한 약속을 어긴 임을 원망하고 서운해하며 상심하고 있다.
(나) [A]의 화자는 '천 리에 외로운 꿈만 오락가락 하괘라'를 통해 이별로 인한 외로움과 상심을 나타내고 있다.

(다)의 화자는 '인간 이별 만사 중에 독수공방이 더욱 섧다', '상사불견 이내 진정을 제 뉘라셔 알리'라며 독수공방의 외로움과 서러움을 드러내고 있다. 즉, (가)~(다)의 화자 모두 상심에서 벗어나지 못하고 있으며, 사태를 객관적으로 파악하려는 태도를 나타내지도 않는다.

[상심: 슬픔이나 걱정 따위로 속을 썩임.

>왜 오답?

① 임과의 이별 상황에서 임을 향한 애절한 목소리가 담겨 있다.
(가) '경경 ~ 오리오' (나) '울며 잡고 ~ 생각는가' (다) '인간 이별 ~ 더욱 섧다'

*근거: (가) ②-❶, (나) [A]-❶, ❷, (다) ❶, ❹

(가)에는 임과 이별한 상황에서 홀로 침상에 누워 잠을 이루지 못하는 화자의 임을 향한 애절한 어조가 나타나 있다. (나) [A]에는 봄에 이별한 임을 가을에 떠올리며, 임도 자신을 생각할지 궁금해하는 모습을 통해 임을 그리워하는 화자의 애절한 심정이 드러나 있다.

(다)는 '독수공방'을 통해 화자가 임과 이별하여 홀로 있는 상황임을 알 수 있으며, 임을 간절히 보고 싶어 하고, 임을 보지 못해 답답해하는 화자의 애절한 목소리를 확인할 수 있다.

[애절하다: 몹시 애처롭고 슬프다.

② 화자와 임 사이의 정서적 또는 물리적 거리감이 드러나 있다.
(가) '벼기더시니 뉘러시니잇가', (나) '천 리에 외로운 꿈', (다) '만첩청산 ~ 날 찾으리'

*근거: (가) ③-❸, ④-❷, (나) [A]-❸, (다) ⑩

(가)는 '벼기더시니 뉘러시니잇가'에 함께 있고자 하는 약속을 어긴 임에 대한 원망의 태도가 나타나 있고, '여흘란 어듸 두고 소해 자라 온다'에서 화자가 아닌 다른 여자와 사랑을 나누는 임에 대한 정서적 거리감을 확인할 수 있다.

(나) [A]는 '천리'에서 임과 이별한 화자의 정서적 거리감이 드러나 있다.

(다)는 '만첩청산을 ~ 날 찾으리'를 통해 임과 이별하여 고립되어 있는 화자를 임이 찾을 리 없다는 정서적 거리감이 드러나 있다.

[정서적 거리감: 화자가 대상과의 관계가 멀거나 서먹하다고 느끼는 느낌
[물리적 거리감: 화자와 대상과의 위치가 실제로 떨어져 있는 것에서 느껴지는 느낌

③ 임 소식이 없어 답답해하는 화자의 일방향적인 감정이 드러나 있다.
(가) '경경 ~ 오리오', (나) '추풍낙엽에 ~ 생각는가', (다) '일조 ~ 기별 올까'

*근거: (가) ②-❶, (나) [A]-❷, (다) ⑮, ⑯

(가)는 '경경 ~ 오리오'에서 임 소식이 없어 답답해하며 홀로 침상에서 잠을 이루지 못하는 화자의 일방향적인 감정을 확인할 수 있다.

(나)는 '추풍낙엽에 ~ 생각는가'에서 임과 이별한 후 임의 소식을 듣지 못하지만 임을 그리워하고 있는 화자의 일방향적인 감정이 나타나고 있다.

(다)는 '일조 낭군 ~ 돈절하니', '내일이나 기별 올까'에서 이별한 임에 대한 소식을 들을 수 없는 상황에서 임의 소식을 기다리는 화자의 일방향적인 감정이 나타나 있다.

[일방향적: 어느 한쪽으로만 향하는. 또는 그런 것

⑤ 임에 대한 추억 또는 원망의 감정이 가장 고조되는 시간을 '밤'으로 설정하고 있다.
(가) '졍둔 오늜 밤', (나) '천 리에 외로운 꿈', (다) '오동추야 밝은 달 ~ 새로 난다'

*근거: (가) ①-❸, (나) [A]-❸, (다) ⑫

(가)는 '졍둔 오늜 밤 더듸 새오시라'에서 임에 대한 추억이 고조되는 시간인 밤을 배경으로 임과 오래도록 함께 있고 싶은 소망을 드러내고 있다.

(나) [A]는 '외로운 꿈'을 통해 임을 추억하는 시간이 밤임을 추측할 수 있다.

(다)는 '오동추야 밝은 달에 임 생각이 새로 난다'에서 화자가 밤에 임을 추억하고 있음을 알 수 있다.

[고조되다: 감정·분위기 따위가 한창 무르익거나 높아지게 되다.

B 05 정답 ④ *표현상 특징 파악하기

(가)~(다)의 표현상 특징으로 가장 적절한 것은?

>왜 정답?

④ (나)의 '추풍낙엽'과 (다)의 '오동추야'는 시간과 자연물을 활용하여 화자의 심정을 드러내고 있다.
임에 대한 그리움을 드러내는 시간과 자연물임.

*근거: (나) [A]-❷, (다) ⑫

(나) [A]의 '추풍낙엽(가을바람에 떨어지는 낙엽)'은 가을의 계절적 배경을 드러내는 자연물로, 화자가 봄에 이별한 임을 가을에도 그리워하고 있음을 드러내고 있다. (다)의 '오동추야(오동잎이 떨어지는 가을 밤)'은 가을의 계절적 배경과 자연물이 나타난 구절로, 화자에게 '임 생각이 새로' 나게 하므로 임에 대한 그리움을 드러내고 있다고 할 수 있다.

>왜 오답?

① (가)의 '어러 주글만뎡'과 (나)의 '천 리(千里)에'는 ~~과장적 표현을 반복하여~~ 화자의 심정을 고조하고 있다.
(가)에만 해당

*근거: (가) ①-❶, ❷, (나) [A]-❸

(가)에서는 '어러 주글만뎡'을 반복하여, 얼음 위에 대나무 잎으로 잠자리를 만들어, 얼어 죽을망정 임과 오래도록 정을 나누고 싶다는 심정을 강조하고 있다. (나) [A]에서는 화자가 임에게 느끼는 정서적 거리감을 '천 리'로 과장하여 표현했으나, 이러한 표현을 반복하고 있지는 않다.

[과장적 표현: 사실보다 지나치게 불려서 나타낸 표현

② (가)의 '아련 비올하'와 (다)의 '피는 불이 일러나면'은 ~~풍자적 기법을 활용하여~~ ~~교훈의 효과를 높이고 있다.~~
(가)에만 해당 / (가), (다) 모두 해당하지 않음.

*근거: (가) ④-❶, ❷, (다) ㉒

(가)의 '아련 비올하'는 자신이 아닌 다른 여자와 사랑을 나누는 임을 '어리석은 비오리'에 빗대어 풍자하고 있다고 볼 수 있다. 그러나 (다)의 '피는 불이 일러나면'은 불이 펴 일어나면 임의 옷에 옮아 붙을 것이라는 의미로 임에 대한 화자의 연정을 과장하여 표현한 것일 뿐 풍자와는 거리가 멀다. 또한 (가), (다) 모두 가르침, 깨우침 등의 교훈의 효과를 나타낸다고 볼 수 없다.

[풍자적 기법: 남의 결점을 무엇에 빗대어 재치 있게 경계하거나 비판하는 표현 방법

③ (나)의 '보내노라 님의손대'와 (다)의 '듣고지고 임의 소리'는 어순 도치를 통해 ~~화자의 가치관을 강조하고 있다.~~
정상적인 어순을 뒤바꿈. / (나), (다) 모두 해당하지 않음.

*근거: (나) [B]-❶, (다) ❻

(나) [B]의 '보내노라 님의손대'는 '님의손대 보내노라'의 어순을 바꾸어 자신의 분신이자 임에 대한 화자의 정성과 사랑의 마음이 담겨 있는 묏버들을 보내고 싶은 마음을 강조한 표현이다. (다)의 '듣고지고 임의 소리'는 '임의 소리 듣고지고'의 어순을 바꾸어 임의 소리를 듣고 싶은 화자의 마음을 강조하고 있다. 즉, 둘 다 어순의 도치를 통해 화자의 정서를 강조하고 있을 뿐 가치관을 드러내고 있다고 볼 수는 없다.

[가치관: 인간이 삶이나 세계에 대하여 옳고 그름, 좋고 나쁨 등의 가치를 매기는 관점이나 기준

⑤ (나)의 '새 잎 곧 나거든'과 (다)의 '일촌간장 구비 썩어'는 ~~과거와 현재를 대비하여~~ 화자의 처지를 부각하고 있다.
(나), (다) 모두 나타나지 않음.

*근거: (나) [B]-❸, (다) ⑳

(나) [B]에서 화자는 임에게 보낸 산버들이 밤비에 '새 잎 곧 나거든' 자신인 것처럼 여겨 달라며 임이 자신을 생각해 주기를 바라는 마음을 드러내고 있다. (다)에서 '일촌간장 구비 썩어'는 임의 소식을 듣지 못하는 화자의 답답함과 애끓음을 나타낸 표현이다. 따라서 둘 다 과거와 현재의 대비는 나타나 있지 않다.

B 06   정답 ⑤   *시어 및 구절의 의미 파악하기

(가)와 (나)를 이해한 것으로 적절하지 <u>않은</u> 것은?

> 왜 정답?

⑤ (나)의 [B]에서 '뫼ㅅ버들 가려 겪어'는 <u>임에 대한 화자의 원망</u>을 행동으로 보여 주고 있다.
임에 대한 화자의 사랑과 정성의 행동임.

*근거: (나) [B]-❶

(나) [B]에서 '뫼ㅅ버들'은 화자가 임에게 보내려는 것으로 자신의 분신이자 화자의 정성과 사랑이 담겨 있는 소재이다. 따라서 임에 대한 원망의 행동으로 볼 수 없다.

> 왜 오답?

① (가)의 2연에서 '도화'는 화자와 대비되어 화자의 마음을 아프게 하는 객관적 상관물이다.
도화는 임과 이별한 화자와 달리 시름이 없어 웃고 있음.

*근거: (가) ❷-❶~❸

(가)에서 화자는 임과 이별한 뒤 외로움 때문에 잠을 이루지 못하고 있는 반면 '도화'는 시름이 없어 만발하여 봄바람에 웃고 있다. 즉 '도화'는 화자의 모습과 대비되어 화자의 우울한 정서를 심화하고 있으므로 적절하다.

⎡ 객관적 상관물: 화자의 사상과 감정을 간접적으로 드러내기 위해 사용되는 사물

② (가)의 3연에서 '넉시라도 님을 훈딕'는 이별 전에 임과 화자가 함께 약속한 것이다.
약속을 어긴 임을 원망하는 것에서 알 수 있음.

*근거: (가) ❸-❶~❸

(가)에서 화자는 '벼기더시니 뉘러시니잇가'라며 임을 원망하고 있는데, 그 이유는 이별하기 전에 한 약속을 임이 지키지 않았기 때문이다. 그러므로 '넉시라도 님을 훈딕 녀닛 경(景) 너기더니'는 화자가 임과 이별하기 전에 넋이라도 서로 함께 지내자는 약속을 한 것이라고 볼 수 있다.

③ (가)의 5연에서 '옥산'과 '금슈산'은 임과의 만남을 기대하며 상상해 낸 공간이다.
임과 만나 사랑을 나누는 공간을 상상하여 표현함.

*근거: (가) ❺-❶~❺

(가)에서 화자는 '남산'은 자리, '옥산'은 베개, '금슈산'은 이불로 상상 또는 과장하여 표현하면서 '사향 각시'를 안아 누어 약든 가슴을 맞추자고 하고 있다. 이는 임과의 만남을 기대하며 임과 사랑을 나누는 공간을 상상하고 있는 것이므로 적절하다.

④ (나)의 [A]에서 '외로운 꿈'과 '오락가락'은 임과의 재회가 어려울 것이라는 화자의 심리를 드러내고 있다.
외로움의 정서를 직접 표출함.

*근거: (나) [A]-❸

(나) [A]에서 화자는 '외로운 꿈만 오락가락 하괘라'라고 하며 임과 이별하여 홀로 지내는 외로움을 직접적으로 표출하면서 임과 다시 만나기 어려울 것이라는 생각을 드러내고 있다고 볼 수 있다.

B 07   정답 ③   *화자의 정서와 태도 파악하기

(다)의 ㉠~㉤을 이해한 것으로 적절하지 <u>않은</u> 것은? [3점]

• ㉠: ㉠은 임을 그리워하면서 만나지 못하는 화자의 애절한 마음을 설의적 표현을 통해 강조한 것입니다.
• ㉡: ㉡은 산과 물이 각각 고개와 연못이 되어 임과 단절이 심화된 상황을 나타낸 것입니다.
• ㉢: ㉢은 임과의 이별 때문에 온갖 부귀영화와 세상일은 의미가 없다는 것을 드러낸 것입니다.
• ㉣: ㉣은 홀로 외롭게 밤을 보내며 한숨만 쉬는 화자의 상황을 나타낸 것입니다.
• ㉤: ㉤은 임에 대한 그리움 때문에 흘린 눈물의 양이 배를 타고 갈 정도로 많다고 과장하여 나타낸 것입니다.

☞ ㉠~㉤을 통해 알 수 있는 화자의 정서와 태도에 대한 설명 중 틀린 것을 고르는 문제입니다.

> 왜 정답?

③ ㉢: 화자가 <u>임과 이별하게 된 이유</u>를 간접적으로 드러내고 있다.
'천금주옥, 세사'가 임과 이별하게 된 이유는 아님.

*근거: (다) ⓮

화자는 임과의 이별로 인한 슬픔 때문에 '천금주옥 귀 밖이요 세사 일부 관계하랴'라고 한다. 이는 부귀영화와 세상일에는 관심이 없다는 의미로, 임과 이별하게 된 이유를 간접적으로 드러내고 있지는 않다.

> 왜 오답?

① ㉠: 작품 전체의 내용과 주제를 압축적으로 제시해 놓고 있다.
임과 이별하여 느끼는 화자의 외로움과 슬픔이 나타남.

*근거: (다) ❷

(다)의 화자는 임과 이별한 뒤 독수공방하며 임을 간절히 그리워하고 있다. '상사불견 이내 진정을 제 뉘라셔 알리'는 '상사불견', 즉 남녀가 서로 그리워하면서도 만나지 못하는 심정을 누가 알겠느냐는 의미로 임과 이별한 화자의 그리움과 서러움을 압축적으로 드러낸다고 볼 수 있다.

⎡ 압축적: 글이나 어떤 내용 따위를 요약하여 줄인.

② ㉡: 산과 물의 속성을 활용해 화자의 고립감을 부각하고 있다.
산이 쌓여 고개가 되고 물이 흘러 연못이 되어 화자와 임의 단절을 부각함.

*근거: (다) ⓫

임과 화자가 이별한 상황에서 '산이 첩첩하여 고개가 되는' 것과 '물이 충충 흘러 소가 되'는 것은 임과 화자 사이를 더욱 떨어뜨려 화자가 임을 만날 수 없는 조건을 심화하고 있다. 따라서 산과 물의 속성을 통해 화자의 고립감을 부각하고 있다고 할 수 있다.

⎡ 고립감: 외따로 홀로 떨어짐을 느낌.

④ ㉣: '적적', '혼자'는 '한숨'의 의미와 이유를 강조하고 있다.
외롭기 때문에 한숨만 생기는 것임.

*근거: (다) ⓭

화자는 임과 이별하여 홀로 외롭게 밤을 보내고 있는 상황에서 한숨만 계속 쉬고 있다. 그러므로 '적적'과 '혼자'는 화자가 '한숨'을 쉬는 이유에 해당한다고 볼 수 있다.

⑤ ㉤: 임을 향한 화자의 연정을 과장되게 나타내고 있다.
임에 대한 그리움으로 흘린 눈물이 배를 띄울 정도라고 표현함.

*근거: (다) ㉑

화자는 임의 소식을 듣지 못하는 답답하고 애가 끊는 상황에서 자신이 흘리는 눈물을 받아내면 배를 타고 갈 정도일 것이라며 임에 대한 그리움으로 흘린 눈물이 많음을 과장하여 표현하고 있다.

⎡ 연정: 이성을 그리워하고 사모하는 마음

B 08   정답 ⑤   *〈보기〉를 바탕으로 감상하기

〈보기〉를 참고해 (가)의 형식상 특징을 설명한 것으로 적절하지 <u>않은</u> 것은?

• 〈보기〉: 〈만전춘별사〉는 형식상 경기체가, 향가, 고려 속요의 특징을 확인할 수 있는 부분이 나타납니다.
• (가)의 형식상 특징: 고려 속요의 일반적인 형식적 특징인 3음보, 분연체, 후렴구가 나타나는 한편 제2연과 제5연은 4음보의 율격, 3장 구성으로 시조의 특징이 나타납니다. 제3연의 '녀닛 경 너기더니'는 경기체가의 특징이, '넉시라도 님을 훈딕'는 향가계 여요의 특징이, 제6연의 '아소 님하'는 10구체 향가, 시조, 향가계 고려 속요의 특징이 나타나는 부분입니다.

즉 〈만전춘별사〉가 신라와 고려 시대 시가 갈래의 형식에 다양한 영향을 받았다는 〈보기〉의 내용을 바탕으로 (가)에 나타난 형식상 특징이 아닌 것을 고르는 문제입니다.

─────────────[보기]─────────────

❶〈만전춘별사〉는 신라와 고려 시대 시가 갈래의 형식에 영향을
  〈만전춘별사〉에 나타나는 형식적 특징: 향가 및 고려 속요, 경기체가 등에 영향을 받음.
받아 만들어졌다고 보기도 한다.❷ 기존 시가 갈래로는 분연체이면
서 '위 ~ 경(景) 긔 엇더ᄒ니잇고'가 반복되는 경기체가, 감탄사나
           경기체가의 특징
3단 구성이 보이는 10구체 향가, 시조, 향가계 고려 속요, 그리고
  10구체 향가, 시조, 향가계 고려 속요의 특징
분연체와 후렴구가 두드러진 고려 속요 등이 있다.❸ 향가계 고려
                                   고려 속요의 특징
속요에는 〈정과정〉과 〈도이장가〉 2편이 있는데, 이 중 '넉시라도
님은 ᄒ딕 녀겨라 아으' 표현으로 대표되는 〈정과정〉은 충신연주
      향가계 고려 속요의 특징
지사의 시초이다.

─────────────────────────────────

분연체: 몇 개의 연이 중첩되어 한 작품을 이루는 연장(聯章) 형식
시초: 맨 처음

>왜 정답?

⑤ 제6연의 '아소 님하'는 고려 속요에서 연과 연 사이에 발견되
   감탄사가 나타나는 10구체 향가, 시조, 향가계 고려 속요의 특징을 보여 줌.
는 후렴구이다.
      감탄사임.

*근거: (가) ❻-❶, 〈보기〉 ❷ 문장
〈보기〉에서 감탄사는 10구체 향가, 시조, 향가계 고려 속요의 특징이라고 했다. 제6연의 '아소 님하'는 이에 해당하는 감탄사이므로 고려 속요에서 연과 연 사이에 발견되는 후렴구라는 설명은 적절하지 않다.

>왜 오답?

① 제2연과 제5연에는 시조의 4음보 율격이 드러나 있다.
   '경경/고침상애/어느 ᄌ미/오리오', '남산애/자리 보와/옥산을/벼여 누어'

*근거: (가) ❷, ❺, 〈보기〉 ❷ 문장
제2연은 '경경/고침상애/어느 ᄌ미/오리오//셔창을/여러ᄒ니/도화ㅣ/발ᄒ두다//도화ᄂ/시름업서/쇼츈풍ᄒᄂ다/쇼츈풍ᄒᄂ다'로, 제5연은 반복되는 3행과 4행을 제외하면 '남산애/자리 보와/옥산을/벼여 누어//금슈산/니블 안해/사향 각시를/아나 누어//약든ㄱ/솜을/맛초ᄋ사이다/맛초ᄋ사이다'로 각각 4음보의 율격이 나타나므로 적절하다.

② 제2연과, 반복되는 부분을 뺀 제5연은 시조의 3단 구성과 유
   4음보, 3장 구성으로 파악할 수 있으므로 시조의 3단 구성과 유사함.
사하다.

*근거: (가) ❷, ❺, 〈보기〉 ❷ 문장
제2연은 '경경 ~ 오리오', '셔창을 ~ 발ᄒ 두다', '도화ᄂ ~ 쇼츈풍ᄒᄂ다'의 3장으로 볼 수 있다. 제5연은 반복되는 3행과 4행을 제외하면 '남산애 ~ 벼여 누어', '금슈산 ~ 아나 누어', '약든 ~ 맛초ᄋ사이다'의 3장으로 구성되어 있다. 〈보기〉에서 3단 구성은 10구체 향가, 시조, 향가계 고려 속요의 특징이라고 했으므로 적절하다.

③ 제3연의 '녀시라도 님을 ᄒ딕'는 향가계 고려 속요에도 등장한다.
                            향가계 고려 속요인 〈정과정〉에 나타남.

*근거: (가) ❸-❶, ❷, 〈보기〉 ❸ 문장
제3연의 1, 2행에는 '넉시라도 님을 ᄒ딕 녀닛 경 너기더니'라는 구절이 나타나는데, 〈보기〉에서 '넉시라도 님은 ᄒ딕 녀겨라 아으'는 향가계 고려 속요 〈정과정〉에 나타나는 표현이라고 했으므로 적절하다.

④ 제3연에서 '녀닛 경(景) 너기더니'는 경기체가의 양식적 특징
   경기체가에서는 '위~경 긔 엇더ᄒ니잇고'가 반복됨.
과 유사하다.

*근거: (가) ❸-❶, ❷, 〈보기〉 ❷ 문장
제3연의 1, 2행에는 '녀닛 경 너기더니'가 반복되고 있다. 〈보기〉에서 경기체가에서는 '위 ~ 경 긔 엇더ᄒ니잇고'가 반복된다고 했으므로 이를 통해 (가)에서 경기체가와 유사한 양식적 특징을 확인할 수 있다.

〔 양식: 시대나 부류에 따라 각기 독특하게 지니는 문학, 예술 따위의 형식

B 09~13 ─────────────── [2021 대비/경찰대 33~37]

작자 미상, 〈노처녀가〉

❶ 화자, 중심 대상   ❷ 상황, 정서, 태도   ❸ 표현상 특징   [시 해석]
▨ : 화자의 처지와 대조되는 대상 - 대조법(서로 반대되는 대상을 내세워 의미를 강조하는 방법)
▨ : 조선 후기의 몰락한 양반층의 무능과 허위의식

                      ❶ 화자: 노처녀
❶ⓐ[인간 세상 사람들아] 이내 말씀 들어 보소 ─ ❸ 청자에게 말을 건네는 방식
  ❸ 화자의 이야기를 들어주는 청자, 돈호법(이름을 불러 주의를 불러일으키는 표현 방법)
→ 인간 세상 사람들아 화자인 내 말을 들어보소.

❷ 인간 만물 생긴 후에 금수 초목 짝이 있다
  ❸ 대조법(짝이 있는 금수 초목 ↔ 혼자인 '나')
→ 인간과 만물이 생긴 후에 짐승과 초목도 짝이 있다.

❸ 인간에 생긴 남자 부귀 자손 같건마는
→ 인간으로 태어난 남자는 부귀하고 자손까지 두는 것이 같지만
  ❸ 설의법(쉽게 판단할 수 있는 것을 물음의 형식으로 표현하는 방법)

❹ 이내 팔자 험궂을손 날 같은 이 또 있든가
  ❷ 정서, 태도: 자신의 처지에 대해 신세 한탄함.
→ 내 팔자가 험하고 거칠어 나 같은 사람이 또 있겠는가.

*서사(❶~❹) 요약: 노처녀인 자신의 처지 한탄

❺ 백 년을 다 살아야 삼만 육천 날이로다
→ 백 년을 다 살아도 삼만 육천 날이로다.(인생은 짧다.)

  ❷ 상황: 노처녀로 혼자 삶.
❻㉠혼자 살면 천년 살며 정녀(貞女) 되면 만년 살까
  ❸ 대구법(비슷한 문장 구조를 짝을 맞추어 늘어놓는 방법), 설의법
→ 혼자 산다고 하여 천년을 살며 정녀(처녀, 순결한 여인)가 된다고 하여 만년을 살겠는가.

❼ 답답한 우리 부모 가난한 좀 양반이
  ❶ 중심 대상
→ 답답한 우리 부모 가난하고 쩨쩨한 양반이

❽㉡양반인 체 도를 차려 처사가 불민(不敏)하여
  ❷ 태도: 양반의 체면 때문에 딸을 시집보내지 못하는 허위의식을 비판함.   ❷ 정서: 부모를 원망함.
→ 양반인 척 도리를 차려서 일처리가 어리석어

❾ 괴망을 일삼으며 다만 한 딸 늙어 간다
         화자의 처지를 객관화하여 드러냄.
→ 괴상하고 망측한 짓을 일삼으며 다만 한 딸만 늙어간다.

좀: 좀스러운, 도량이 좁고 옹졸한
불민하다: 어리석고 둔하여 민첩하지 못하다.
괴망: 성격이나 언행이 괴상하고 망측함.

*본사 1(❺~❾) 요약: 자신을 혼인시키지 않은 부모에 대한 비판

❿ 적막한 빈방 안에 적료하게 홀로 앉아   ❶ 중심 대상: 독수공방하는 처지
   화자의 외로움을 환기하는 시적 공간   ❷ 상황: 외롭게 홀로 지내며 잠을
→ 적막한 빈방 안에 외롭고 공허하게 홀로 앉아   이루지 못함.
                                            정서: 자신의 처지를 한탄함.
⓫ 전전반측 잠 못 이뤄 혼자 사설 들어 보소
   잠을 이루지 못하는 모습   혼잣말, 신세 한탄
→ 엎치락뒤치락 잠 못 이루는 내 이야기 들어 보소.

⓬ 노망한 우리 부모 날 길러 무엇 하리   ❷ 정서, 태도: 아무 곳에도 쓸데없는 자
   늙어서 망령이 든   신에 대한 부정적 인식과 부모에 대
→ 노망든 우리 부모 날 길러 무엇하리.   한 원망이 드러남.

⓭ 죽도록 날 길러서 잡아 쓸까 구워 쓸까
          ❸ 설의법
→ 죽도록 날 길러서 잡아 쓸까 구워 쓸까.

⑭ 인황씨 적 생긴 남녀 복희씨 적 지은 가취(嫁娶)
③ 고사(유래가 있는 옛날의 일)를 표현한 어구) 인용 – 남녀 구별과 혼인 제도의 역사에 대해 이야기함.
➡ 인황씨 때 생긴 남녀 복희씨 때 생긴 결혼

⑮ 인간 배필 혼취(婚娶)함은 예로부터 있건마는
혼인은 예로부터 이어진 오랜 전통이고 자연스러운 것임.
➡ 인간 배필 혼인함은 예로부터 있건마는

⑯ ⓑ 어떤 처녀 팔자 좋아 이십 전에 시집간다
❶ 중심 대상
➡ 어떤 처녀는 팔자가 좋아 이십도 되기 전에 시집간다.
③ 대조법
(팔자 좋은 어떤 처녀 ↔ 기험한 팔자의 '나')

⑰ 남녀 자손 시집 장가 떳떳한 일이건만
➡ 남녀 자손 시집 장가 떳떳한 일이건만

⑱ 이내 팔자 기험(奇險)하야 사십까지 처녀로다
❷ 상황: 사십까지 노처녀임.
➡ 내 팔자는 기구하고 험하여 사십까지 처녀로다.

⑲ 이런 줄을 알았으면 처음 아니 나올 것을
➡ 이럴 줄 알았으면 처음부터 세상에 태어나지 말았을 것을
달이 뜨는 창가   잠을 이루지 못하는 모습(=전전반측)

⑳ 월명 사창 긴긴 밤에 침불안석 잠 못 들어
❷ 상황: 잠 못 이룸.
➡ 달 밝은 창 긴긴 밤에 침불안석 잠 못 들어
❷ 정서: 자신의 신세를 한탄함.

㉑ 적막한 빈방 안에 오락가락 다니면서
➡ 적막한 빈 방에 오락가락 다니면서

㉒ 장래사 생각하니 더욱 답답 민망하다
③ 자신의 처지에 대한 화자의 정서를 직접적으로 표현함.
➡ 장래의 일을 생각하니 더욱 답답하고 민망하다.

전전반측: 누워서 몸을 이리저리 뒤척이며 잠을 이루지 못함.
가취: 시집가고 장가듦.
인황씨, 복희씨: 중국의 전설상의 임금
침불안석: 불안이나 근심 등으로 편안히 자지 못함.

★본사2(⑩~㉒) 요약: 독수공방의 답답한 심경

㉓ ⓒ 부친 하나 반편(半偏)이요 모친 하나 숙맥불변(菽麥不辨)
❷ 태도: 부모를 부정적으로 인식함. ③ 대구법
➡ 하나 있는 아버지는 모자란 사람이요 하나 있는 어머니는 어리석은 사람이라.

㉔ 날이 새면 내일이요 세가 쇠면 내년이라
③ 대구법 – 세월이 빨리 흐름을 표현함.
➡ 날이 새면 내일이요 해가 지나면 내년이라

㉕ 혼인 사설 전폐하고 가난 사설뿐이로다
③ 대구법, 대조법(혼인 사설 전폐 ↔ 가난 사설뿐)
➡ 혼인 이야기는 전혀 없고 가난하다는 이야기뿐이로다.

㉖ 「어디서 손님 오면 행여나 중매신가
「 」: ③ 대구법, 중매(청혼)에 대한 기대감과 그와
중매에 대한 기대   다른 현실로 인한 실망이 반복되는 상황 제시
➡ 어디서 손님이 오면 행여나 중매쟁이신가   → 이상과 현실이 어긋남을 강조하여 화자의
                                            슬픔을 고조시킴.

㉗ 아이 불러 힐문한 즉 ⓓ 풍헌(風憲) 약정(約正) 환자(還子) 재촉
☐: ③ 화자가 기대한 것과 다른 현실을 해학적(대상을 우스꽝스럽게 드러내는 것)으로 표현함.
➡ 아이 불러 물어보니 풍헌과 약정의 환곡 재촉이구나.

㉘ 어디서 편지 왔네 행여나 청혼선가
청혼서에 대한 기대감
➡ 어디서 편지 왔네 행여나 청혼서인가

㉙ 아이더러 물어보니 외삼촌의 부음이라
➡ 아이더러 물어보니 외삼촌의 부음이라.

반편: 지능이 보통 사람보다 아주 낮은 사람.
숙맥불변: 콩인지 보리인지 분간하지 못한다는 뜻으로, 어리석은 사람을 비유적으로 이르는 말
힐문하다: 트집을 잡아 따져 묻다.
풍헌 약정: 향약의 일원으로 마을의 일을 맡아 보던 사람. 여기서는 곡식 빌려준 이자를 받으러 옴.
환자: 곡식을 백성에게 봄에 꾸어주고 가을에 이자를 붙여 거두던 일
부음: 사람이 죽었음을 알리는 기별

★본사3(㉓~㉙) 요약: 중매에 대한 기대와 실망

ⓑ

㉚ 애고애고 설운지고 이내 간장 어이할꼬
③ 감탄사 활용 – 화자의 정서(서러움)를 직접적으로 표출, 강조함.
➡ 아이고 아이고 서럽구나 이내 아픈 마음을 어찌할꼬.

㉛ 앞집에 아모 아기 벌써 자손 보단 말가
➡ 앞집에 어느 처녀 벌써 자손을 보단 말인가.   화자와 달리 혼인한 주변 인물들
                                                          – 부러움의 대상, 화자의 한탄 부각
㉜ ⓔ 동편 집 용골녀는 금명간에 시집가네
➡ 동쪽 집 용골녀는 가까운 시일 안에 시집을 가네.

간장: 간과 창자를 아울러 이르는 말. '애'나 '마음'을 비유적으로 이르는 말
금명간: 오늘이나 내일 사이

★본사4(㉚~㉜) 요약: 혼인한 주변 인물들에 대한 부러움

㉝ 그동안에 무정 세월 시집가서 풀련마는
남의 사정에 아랑곳없는 세월
➡ (그들은) 그동안의 덧없이 흘러간 세월을 시집가서 풀겠다마는

㉞ 친구 없고 혈족 없어 위로할 이 전혀 없고
➡ 친구도 없고 친척도 없는 (나는) 위로해 줄 사람이 전혀 없고
                                                          ❷ 정서: 고독한 자
                                                          신의 신세를 한탄
㉟ 우리 부모 무정하여 내 생각 전혀 없다   하며 무정한 부모
➡ 우리 부모 무정하여 내 생각은 전혀 없다.   를 원망함.

㊱ ⓜ 부귀빈천 생각 말고 인물 풍채 마땅커든
경제적 형편이나 신분에 상관하지 않음.
➡ 부귀빈천을 생각하지 말고 인물 됨됨이와 풍채를 (따져야) 마땅하거늘

㊲ 처녀 사십 나이 적소 혼인 거동 차려 주오
혼인하고 싶은 화자의 소망
➡ 처녀의 사십 나이가 적습니까? 혼인시켜 주시오.
                                      혼인 대상의 구체적인 예
㊳ ⓓ 김동(金童)이도 상처(喪妻)하고 이동(李童)이도 기처(棄妻)로다
                        ③ 대구법
➡ 김동이도 아내가 죽었고 이동이도 이혼을 했다.

무정하다: ① 따뜻한 정이 없이 쌀쌀맞고 인정이 없다. ② 남의 사정에 아랑곳없다.
상처: 아내의 죽음을 당함.   기처: 조선 시대에 인정된 이혼 제도

★본사5(㉝~㊳) 요약: 혼인 대상에 대한 관심

㊴ 중매 할미 전혀 없네 날 찾을 이 어이 없노
➡ 중매 할머니도 전혀 오지 않네 날 찾을 사람이 어찌 없는가?

㊵ 감정 암소 살쪄 있고 봉사 전답 같건마는 ─ ③ 대구법
혼인에 필요한 최소한의 경제적 여건을 갖춤.
➡ 검정 암소는 살쪄 있고 조상 제사 경비 마련을 위한 논밭도 갖추었건만

㊶ 사족 가문 가리면서 이대도록 늙히노니
❷ 태도: 딸의 개인적 삶보다 문중에만 관심 있는 부모를 비판함.
➡ 선비 가문을 따져가며 이때까지 늙히다니.

봉사(奉祀): 조상의 제사를 받들어 모심.
전답: 논과 밭을 아울러 이르는 말.   사족(士族): 문벌이 좋은 선비 집안

★본사6(㊴~㊶) 요약: 혼인이 가능한 집안의 여건

㊷ 연지분도 있건마는 성적 단장(成赤丹粧) 전폐하고
➡ 연지분(화장품)도 있건만 신부 단장 전혀 하지 않고

㊸ 감정 치마 흰 저고리 화경 거울 앞에 놓고
[A]
➡ 검정 치마 흰 저고리 좋은 거울 앞에 놓고
                                                          ③ 대구법,
                                                          비유법(어떤 대상을
㊹ 원산 같은 푸른 눈썹 세류 같은 가는 허리 ─   다른 비슷한 대상에
면 산   가지가 매우 가느다란 버드나무   빗대는 표현), 도치
➡ 먼 산(능선처럼 아름다운) 푸른 눈썹 버들가지처럼 가는 허리   법(말의 차례를 바
                                                          꾸어 쓰는 방법)
㊺ 아름답다 나의 자태 묘하도다 나의 거동   – 자신의 외모를 자
➡ 아름답다 나의 자태 묘하구나 나의 거동   화자찬함.

㊻ 흐르는 이 세월에 아까울손 나의 거동
➡ 흐르는 이 세월에 아깝다 나의 거동.

㊼ 거울더러 하는 말이 어화 답답 내 팔자여
➡ 거울에게 하는 말이, 아이고 답답하다 내 팔자야.   ③ 거울에게 인격을 부여하여 말
                                                         을 건넴. 대구법, 도치법, 반복
㊽ 갈데없다 나도 나도 쓸데없다 너도 너도   법(같거나 비슷한 어구를 되풀
거울   이하는 표현 방법)
동병상련의 신세에 대한 한탄
➡ 갈 데 없다 나도 나도, 쓸데없다 너도 너도 (쓸데없다).

성적 단장(成赤丹粧): (신부가) 혼인날, 분을 바르고 연지를 찍어 예쁘게 치장함.

전폐하다: 아주 그만두거나 없앰.

거동: 몸을 움직임. 또는 그런 짓이나 태도

＊본사7(㊷∼㊽) 요약: 혼인 적기인 자신의 미모

㊾우리 부친 병조 판서 할아버지 호조 판서
　　　└─ 높은 벼슬 → 혼인을 막는 장애물
→ 우리 부친은 병조 판서이고 할아버지는 호조 판서
　　　　　　　　　　　　　　　허울만 좋은 명문 집안이라 대등한
　　　　　　　　　　　　　　　수준의 상대를 찾기 어려움.

㊿우리 문벌 이러하니 풍속 좇기 어려워라
　　　　　　└ 대등한 가문끼리 혼인하는 풍속
→ 우리 가문이 이러하니 (대등한 집안끼리 혼인하는) 풍속을 따르기 어려워라.

51아연듯 춘절 되니 초목 군생 다 즐기네
　　　　　 └봄　　　 └ 무리 지어 자라난 풀과 나무
→ 어느 덧 봄이 되니 무리지은 풀과 나무가 다 즐기네.

　진달래꽃
52두견화 만발하고 잔디 잎 속잎 난다
　　　　　　　 ❸ 시각적 심상
→ 진달래꽃 만발하고 잔디는 속잎이 나는구나.

　오래되어 바스라지는 싸리를 엮어 만든 울타리
53작은 바자 쟁쟁하고 종달새 도루 뜬다
　　　　　　　 ❸ 음성 상징어 – 청각적 심상
→ 오래된 울타리는 소리가 나고 종달새는 높이 뜬다.

　　❷ 상황: 혼자서 지내는 외로운 처지임.
54춘풍 야월 세우 시에 독수공방 어이할꼬
　봄바람 불고 달 뜨는 밤 가랑비 내릴 때 ↔ 화자의 외로운 정서를 부각하는 배경
→ 봄바람 불고 달밤에 가는 비가 내릴 때 독수공방 어이할꼬.

ⓔ55원수의 아이들아 그런 말 하지 마라
　　　　　　　 └ 56의 내용
→ 원수 같은 아이들아 그런 말 하지 마라

❸ 흥이 넘치는 봄날 풍경 ↔ 독
수공방하는 화자의 처지(대조)
→ 화자의 고독감 부각

56앞집에는 신랑 오고 뒷집에는 신부 가네
　　　　　　 ❸ 대조법 – 화자의 처지와 대비되는 상황, 대구법
→ 앞집에는 신랑 오고 뒷집에는 신부 가네.

57내 귀에 듣는 바는 느낄 일도 하도 많다
　　　　　　　　 └ 흐느낄 일
→ 내 귀에 듣는 바대로 흐느낄 일이 많기도 많다.

58녹양방초 저문 날에 해는 어이 수이 가노
　좋은 계절　　❷ 정서: 세월의 흐름에 대한 한탄과 원망
→ 푸른 버드나무와 향기로운 풀이 저문 날에 해는 어찌하여 쉽게 가는가.

59초로 같은 우리 인생 표연히 늙어 가니
　　❸ 직유법 – 풀잎의 이슬같이 우리 인생이 금방 사라짐을 의미함.
→ 풀잎의 이슬 같은 우리 인생 훌쩍 늙어 가니

60머리채는 옆에 끼고 다만 한숨뿐이로다
　　❷ 정서: 늙어 가는 자신과 현실에 대해 한탄함.
→ 머리채는 옆에 끼고 다만 한숨뿐이로구나.

61긴 밤에 짝이 없고 긴 날에 벗이 없다
　　　　　　 ❸ 대구법
→ 긴 밤에 짝이 없고 긴 날에 벗이 없다.

62앉았다가 누웠다가 다시금 생각하니
　❷ 상황: 잠 못 이루고 있음.(= ⓫ 전전반측, ⑳ 침불안석 잠 못 들어)
→ 앉았다가 누웠다가 다시금 생각하니

63아마도 모진 목숨 죽지 못해 원수로다
　　❷ 정서: 자신의 운명에 대한 한탄과 원망
→ 아마도 모진 목숨 죽지 못해 원수로구나.

문벌: 대대로 내려오는 그 집안의 사회적 신분이나 지위

녹양방초: 푸른 버드나무와 향기로운 풀, 여기서는 좋은 계절을 의미함.

초로: 풀잎에 맺힌 이슬

표연히: 모든 것을 떨쳐 버리고 가볍게

＊결사(㊾∼63) 요약: 세월의 흐름과 혼기를 놓쳐 가는 것에 대한 슬픔

✪ 독해 공식

❶ 화자: '나(노처녀)', 중심 대상: 부모, 독수공방하는 자신의 처지, 시집

❷ 상황: 부모가 좋은 혼처를 가리는 바람에 '나'가 나이 사십이 되도록 시집을 가지 못함. 독수공방으로 늙어 가며 잠 못 들어 하고 있음.
정서: 고독하게 늙어 가는 자신의 처지와 현실에 대해 한탄하며 무정한 부모를 원망함.
태도: 부정적, 비판적(양반의 체면, 문중만 생각하고 딸을 시집보내지 않는 부모를 비판함.)

❸ 표현상 특징
• 돈호법(이름을 불러 주의를 불러일으키는 표현 방법)을 사용하여 화자가 청자에게 말을 건네는 방식으로 시상을 전개하고 있음.
• 대조(서로 반대되는 대상을 내세워 의미를 강조하는 방법)을 사용, 화자의 처지와 대비되는 대상을 다양하게 제시하여 화자의 처지를 강조하고 있음.
• 설의법(쉽게 판단할 수 있는 것을 물음의 형식으로 표현하는 방법), 대구법(비슷한 문장 구조를 짝을 맞추어 늘어놓는 방법), 도치법(말의 차례를 바꾸어 쓰는 방법), 비유법(어떤 대상을 다른 비슷한 대상에 빗대는 표현), 고사(유래가 있는 옛날의 일을 표현한 어구) 등을 사용하여 화자의 처지와 정서를 드러내고 있음.
• 자신의 처지에 대한 화자의 정서를 직접적으로 표출하고 있음.
• 이상과 현실이 대비되는 상황을 해학적(대상을 우스꽝스럽게 드러내는 것)으로 표현하고 있음.
• 시각적, 청각적 심상을 활용하여 자연 풍경을 나타내고 있음.

■ 갈래: 가사　　　■ 창작 시기: 조선 후기
■ 내용: 이 작품은 부모가 좋은 혼처를 가리는 바람에 나이 사십이 되도록 혼인을 하지 못하고 외로이 지내는 노처녀가 느끼는 슬픔과 한스러움을 표현한 가사이다. 화자는 자신이 노처녀가 된 것이 몰락한 양반층의 무능과 허위의식 때문이라고 비판하며 부모를 원망하고 있다. 이를 통해 노처녀인 자신이 시집을 못 가게 된 이유를 사람들에게 설명하고, 그로 인한 원통함과 괴로움을 토로하고 있다.
■ 주제: 혼기를 놓친 노처녀의 신세 한탄과 양반가의 허위의식 비판

■ 이것이 핵심!: 시어의 의미 및 효과

시어	의미 및 효과
어떤 처녀, 앞집에 아모 아기, 동편 집 용골녀, (앞집) 신랑, (뒷집) 신부	화자의 처지와 반대되는 인물 → 화자의 처지를 강조
금수 초목, 초목 군생, 두견화, 잔디 잎, 작은 바자, 종달새	화자의 처지와 반대되는 자연물 → 화자의 처지를 강조
인황씨, 복희씨	고사 인용 → 혼인이 오랜 전통이고 자연스러운 것임을 제시
감정 암소, 봉사 전답	화자가 결혼할 수 있는 여건임을 나타내는 소재
손님, 편지, 거울, 춘풍 야월 세우	화자의 답답한 정서를 심화하는 소재

B 09　정답 ①　＊표현상 특징 파악하기

윗글에 대한 설명으로 가장 적절한 것은?

＞왜 정답 ?

① **화자가 겪고 있는 문제적 상황을 반복적으로 제시하면서 한탄하고 있다.**
　　　무정한 부모 때문에 사십이 넘도록 혼자 사는 상황을 반복적으로 제시함.

＊근거: ❹, ⓫, ㉒, ㉚, �34, ㊽, 60, 63

화자는 딸의 개인적 삶보다는 양반으로서 체면과 문중에만 관심이 있는 부모로 인해 사십이 넘도록 노처녀로 살고 있다. 나이는 들어가는데 혼인을 하지 못하고 빈방에서 잠을 이루지 못하는 화자 자신의 문제적 상황을 반복적으로 제시하면서 외로움, 답답하고 민망함, 서러움, 슬픔 등의 감정을 풀어내고 있다.

＞왜 오답 ?

② 시간의 흐름에 따라 달라지는 화자의 정서를 순차적으로 드러
　　처음부터 끝까지 한탄의 정서가 나타남.
내고 있다.

화자는 처음부터 끝까지 자신의 신세에 대해 한탄하고 있다. 즉, 화자의 정서가 시간의 흐름에 따라 달라지고 있지 않다.

순차적: 일정한 순서에 따라 차례차례 하는

③ 의지적 어조를 통해 미래의 상황에 대한 긍정적 전망을 강조 드러나지 않음. 드러나지 않음.
하고 있다.

*근거: ㉟, ㊲, ㊳

화자는 중매 할머니도 자신을 찾지 않는다며 자신의 이런 신세가 팔자라고 말하고 있으므로 미래의 상황에 대한 긍정적 전망을 드러내고 있다고 할 수 없다. 또한 죽고 싶어도 죽지 못하는 자신의 신세를 한탄만 할 뿐 적극적인 현실 극복 의지를 보이지도 않는다.

④ 상징적 시어를 활용하여 화자의 내면 심리를 추상적 대상으로 구체적 대상
제시하고 있다.

*근거: ❷, ⑯, ㉛, ㉜, ㉞, ㊳

'어떤 처녀', '앞집에 아모 아기', '동편 집 용골녀'와 같이 화자의 상황과 대조되는 인물들이나 '금수 초목', '두견화', '종달새'처럼 화자의 상황과 대조되는 자연물 등 추상적 대상이 아닌 구체적 대상을 제시하여 화자의 외롭고 서러운 심리를 드러내고 있다.

⑤ 과거와 현재를 대비하면서 화자가 겪어 온 갈등의 양상을 상 드러나지 않음. 갈등이 드러나는 상태를 낱낱이 자세하게 나타내고
세화하고 있다.

화자가 겪는 갈등은 자신은 혼인하고 싶은 소망을 가지고 있는 데 반해 무정하고 무능한 부모는 양반층의 허위의식 때문에 딸을 혼인시키지 않아 생긴 것이다. 그러나 과거와 현재를 대비하여 갈등의 양상을 상세화하고 있지는 않다.

B 10 정답 ④ *시어 및 구절의 의미 파악하기

ⓐ~ⓔ를 이해한 내용으로 가장 적절한 것은?

• ⓐ: ⓐ는 '인간 세상 사람들'로 화자의 이야기를 들어주는 청자를 의미합니다.
• ⓑ: ⓑ는 '어떤 처녀'로 팔자가 좋아 이십 전에 시집가는 존재이며, 화자의 처지와 대비되는 대상입니다.
• ⓒ: ⓒ는 '동편 집 용골녀'로 곧 시집갈 존재이며, 화자의 처지와 대비되는 대상입니다.
• ⓓ: ⓓ는 '김동(金童)이'로 부인이 죽어 혼자 된 남성입니다. 이는 화자가 혼인할 대상으로 제시한 존재입니다.
• ⓔ: ⓔ는 '원수의 아이들'로 주변의 결혼 소식을 전해 주는 존재입니다.

즉 ⓐ~ⓔ가 누구인지를 파악하고, 화자에게 어떻게 인식된 대상인지 적절하게 설명한 것을 고르는 문제입니다.

>왜 정답?

④ ⓓ: 화자가 자신의 배필이 될 수도 있다고 여기는 대상으로서 혼인 대상의 예로 제시함.
화자는 그를 긍정적으로 인식하고 있다.

*근거: ㊱~㊳

화자는 자신의 나이 사십이 적지 않으니 혼인시켜 달라고 하면서, 신랑감은 경제적 형편이나 신분을 따지지 말고 인물 됨됨이가 괜찮으면 된다며 부인이 죽고 혼자된 '김동이'와 이혼하고 혼자 사는 '이동이'를 구체적인 혼인 대상으로 제시하고 있다. 즉, '김동이'는 화자가 자신의 배필감으로 제시한 사람이므로 긍정적으로 인식하는 대상이다.

〔 배필: 부부로서의 짝

>왜 오답?

① ⓐ: 화자의 사연을 듣도록 설정된 청자로서 화자의 고민을 해 화자가 자신의 신세 한탄을 말하는 대상임.
결해 주는 존재이다.

*근거: ❶, ⑪

'인간 세상 사람들'은 화자가 자신의 신세 한탄을 들려주는 청자로 설정한 불특정 다수를 의미할 뿐, 화자의 고민을 해결해 주는 존재는 아니다.

B

② ⓑ: 화자가 선망하는 대상으로서 화자는 행복한 삶을 살게 된
그의 앞날을 축복하고 있다. 드러나지 않음.

*근거: ⑯, ⑱, ㉒

'어떤 처녀'는 화자 자신의 기구한 팔자와는 다르게 팔자가 좋아 이십 전에 시집가는 존재로 화자가 부러워하는 대상이다. 그러나 화자가 '어떤 처녀'를 축복하는 모습은 나타나 있지 않다.

〔 선망하다: 부러워하여 바라다.

③ ⓒ: 화자와 아픔을 공유해 왔던 친구로서 화자는 자신을 버리 화자의 처지와 대비되는 대상임.
고 떠난 친구를 비난하고 있다. 드러나지 않음.

*근거: ㉜, ㊲

'동편 집 용골녀'는 곧 시집을 가는 이로, 사십 나이에 홀로 지내는 화자의 처지와 대비되는 대상이다. 그러나 '동편 집 용골녀'가 화자의 친구라거나 화자가 친구인 '동편 집 용골녀'를 비난하는 내용은 드러나 있지 않다.

⑤ ⓔ: 화자가 듣고 싶어 하지 않는 소식들을 전해 주는 존재로
서 화자는 그들과의 화해를 시도하고 있다. 드러나지 않음.

*근거: ㊺~㊼

화자는 독수공방하며 외로운데, '원수의 아이들'은 듣고 싶지 않은 다른 사람들의 혼인 소식을 자꾸 전해 준다. 이에 화자는 '원수의 아이들'에게 그런 말을 하지 말라고 할 뿐, 그들과의 화해를 시도하고 있지는 않다.

B 11 정답 ⑤ *화자의 정서와 태도 파악하기

[A]에 대한 이해로 적절하지 않은 것은?

• [A]: [A]에서 화자는 혼인이 가능한 경제적 상황임에도 불구하고 부모가 선비 가문을 가리는 탓에 시집가지 못하고 아름다운 모습으로 세월만 보내고 있는 자신이 아깝다고 말하고 있습니다. 또, 단장할 도구는 있지만 단장을 하지 않은 채 거울에게 말을 건네면서 신세 한탄을 하고 있습니다.

즉 [A]에 나타난 화자의 처지와 그에 대한 정서 및 태도, 이를 드러내는 표현상 특징을 적절하게 설명하지 않은 것을 고르는 문제입니다.

>왜 정답?

⑤ 화자는 사물에 인격을 부여하여 대화를 주고받음으로써 다소 '거울'에게 말을 건네고 있지만, 대화를 주고받지는 않았으며 위안을 얻고 있지도 않음.
간 위안을 얻고 있다.

*근거: ㊼, ㊽

화자는 거울에 인격을 부여하여 '갈데없다 나도 나도 쓸데없다 너도 너도'라고 말을 건네고 있지만 대화를 주고받고 있지는 않으며, 자신의 신세를 한탄하고 있을 뿐 위안을 얻고 있다고 볼 수도 없다.

>왜 오답?

① 화자는 시간의 흐름을 안타까워하는 표현을 하고 있다. 흐르는 세월에 자신의 모습이 아깝다고 말함.

*근거: ㊻

'흐르는 이 세월에 아까울손 나의 거동'에서 화자는 시집도 가지 못하고 세월이 흘러가는 것을 안타까워함을 확인할 수 있다.

② 화자는 시집을 가고 싶지만 상황이 여의치 않다고 판단하고 부모가 선비 집안을 가리는 것에만 관심이 있어서 자신이 시집가지 못하고 늙고 있다고 한탄함.
있다.

*근거: ㊵, ㊶, ㊼, ㊽

화자는 혼인할 수 있는 최소한의 경제적 여건을 갖추고 있지만, 부모는 선비 집안을 가리는 것에만 관심이 있어 자신을 늙어가게만 하고 있다고 비판한다. 이러한 상황에 대해 화자는 '어화 답답 내 팔자여', '갈데없다', '쓸데없다'라고 하며 시집을 가고 싶지만 마음대로 되지 않음을 한탄하고 있다고 볼 수 있다.

〔 여의치 않다: 마음먹은 대로 되지 않다.

③ 화자는 단장할 도구는 지니고 있지만 시름에 싸여 있어서 단장을 하지는 않는다.

'연지분도 있건마는 성적 단장 전폐하고'

*근거: ㉖, ㉗, ㉗, ㉘

화자는 연지분을 가지고 있지만 단장은 전혀 하지 않은 채 거울에게 자신의 팔자가 답답하다고 말을 건네고 있다. 거울도 자신도 갈 데 없고 쓸데없는 존재라며 신세를 한탄하고 있으므로 시름에 싸여 있어서 단장을 하지 않음을 확인할 수 있다.

단장하다: 얼굴, 머리, 옷차림 따위를 곱게 꾸미다.
시름: 마음에 걸려 풀리지 않는 근심이나 걱정

④ 화자는 '거울'에 비친 자신의 모습을 대구로 표현하면서 자부심을 느끼고 있다.

'원산 같은 푸른 눈썹 ~ 묘하도다 나의 거동'

*근거: (나) ㉔, ㉕

화자는 거울에 비친 자신의 모습을 '원산 같은 푸른 눈썹', '세류 같은 가는 허리'라는 대구적 표현으로 드러내고 있다. 즉, 먼 산 능선처럼 아름다운 푸른 눈썹과 버들가지처럼 가는 허리를 가진 자신의 자태를 아름답다고 표현하며 자부심을 드러내고 있음을 확인할 수 있다.

대구: 비슷하거나 동일한 문장 구조를 짝을 맞추어 늘어놓는 표현법
자부심: 자기 자신 또는 자기와 관련되어 있는 것에 대하여 스스로 그 가치나 능력을 믿고 당당히 여기는 마음

B 12 정답 ④ *〈보기〉를 바탕으로 감상하기

〈보기〉를 참고할 때, ㉠~㉤에 대한 설명으로 적절하지 <u>않은</u> 것은?

• 〈보기〉: 〈노처녀가〉에는 개인적 차원을 넘어 사회적 차원의 다양한 갈등 양상이 나타납니다.

• ㉠: ㉠은 '혼자 살면 천년 살며 정녀(貞女) 되면 만년 살까'로 혼자 산다고 해서 오래 사는 것이 아님을 언급하는 표현입니다.

• ㉡: ㉡은 '양반인 체 도를 차려 처사가 불민(不敏)하여'로 양반가의 체면을 지키느라 딸을 시집보내지 못하는 부모의 허위의식을 비판하는 표현입니다.

• ㉢: ㉢은 '부친 하나 반편(半偏)이요 모친 하나 숙맥불변(菽麥不辨)'으로 부모를 원망하는 표현입니다.

• ㉣: ㉣은 '풍헌(風憲) 약정(約正) 환자(還子) 재촉'으로 당시 사회의 모습과 화자의 집안 상황을 나타내는 표현입니다.

• ㉤: ㉤은 '부귀빈천 생각 말고 인물 풍채 마땅커든'으로, 신랑감의 경제적 형편이나 신분을 따지는 부모에게 인물과 풍채가 적당하면 혼인을 시켜 줄 것을 요구하는 표현입니다.

🔴 사회적 차원의 갈등 양상에 대해 제시하고 있는 〈보기〉의 내용을 ㉠~㉤의 구절에 적용하여 이해한 내용으로 적절하지 않은 것을 고르는 문제입니다.

─────[보기]─────

❶〈노처녀가〉에 나타나는 갈등은 개인적 차원을 넘어 <u>사회적 차원으로 확대될 수 있다.</u> ❷〈노처녀가〉에는 <u>부모의 절대적 권위에 대한 반발</u>, <u>양반 계층의 허위의식에 대한 비판</u>, <u>본성의 억제를 당연시하는 재래적 관념에 대한 거부</u>, <u>개인의 행복보다 집단의 안위를 중시하는 폭압에 대한 저항</u> 등이 발견된다.
                ㉢에 해당함.
                ㉡에 해당함.
                ㉠에 해당함.
                ㉤에 해당함.
- -
허위의식: 실속 없이 겉으로만 꾸미는 헛된 위세의 견해나 사상
재래적 관념: 전부터 있어 전하여 내려온 견해나 생각
안위: 편안함과 위태함을 아울러 이르는 말
폭압: 폭력으로 억압함.

56 자이스토리 고난도 국어 문학

➤왜 정답 ?

④ ㉣: 끊임없는 수탈을 고발함으로써 개인의 행복보다 집단의
                        드러나지 않음.
안위를 앞세우는 폭압에 저항하고 있다.
당시 사회의 모습과 화자의 집안 상황을 드러내는 소재임.

*근거: ㉖, ㉗

화자는 손님이 온 것을 보고 자신이 중매가 들어온 것은 아닐까 기대하지만, 찾아온 사람들은 '풍헌 약정 환자 재촉'을 위해 온 사람들이었다. 즉, 빌렸던 곡식에 대한 이자를 재촉하러 온 사람들은 화자의 기대감을 실망으로 바꾸는 존재들인 한편 당대 사회의 모습과 화자의 집안 상황을 짐작하게 한다. 그러나 이를 통해 끊임없는 수탈을 고발하거나 개인보다 집단을 내세우는 폭압에 저항하는 태도는 드러나고 있지 않다.

➤왜 오답 ?

① ㉠: 본성이 억제된 삶의 모습에 대한 부정적인 시각을 표출하고 있다.
        시집가고 싶은 본성을 억제하고 혼자 산다고 해서 오래 사는 것이 아니라고 함.

*근거: ❺, ❻

화자는 백 년을 다 살아도 인생이 짧은데, 혼자 처녀로 산다고 해서 오래 사는 것이 아님을 말하고 있다. 이를 통해 본성이 억제된 삶을 사는 것에 대해 부정적으로 바라보고 있음을 확인할 수 있다.

② ㉡: 양반이라는 지위에 집착하여 상황을 제대로 파악하지 못하는 허위의식을 폭로하고 있다.
            양반가의 체면을 지키느라 딸을 시집보내지 못하는 허위의식을 비판함.

*근거: ❼~❾

화자는 양반인 척 도리를 차리느라 딸이 늙어가고 있는 상황을 제대로 파악하지 못하는 부모를 답답하다고 표현하고 있다. 이를 통해 양반의 허위의식을 폭로하며 비판하고 있음을 확인할 수 있다.

③ ㉢: 부친과 모친의 어리석음을 직접적인 어휘로 표출함으로써
                                            '반편', '숙맥불변'
부모의 절대적 권위에 반발하고 있다.
부모의 권위를 인정하지 않고 원망을 표현함.

*근거: ㉓~㉕

세월이 빨리 흐르고 있는데 자신의 혼인 이야기는 전혀 하지 않고 가난하다는 이야기만 하고 있는 부모의 어리석음에, 화자는 '부친 하나 반편이요 모친 하나 숙맥불변'이라는 표현을 통해 부정적인 태도를 직접적으로 표출하고 있다. 이를 통해 부모의 권위에 반발하며 부모에 대한 원망을 드러내고 있음을 확인할 수 있다.

⑤ ㉤: 집단의 요구를 따르는 것보다 개인의 행복을 추구하는 것
        부귀빈천을 따지는 부모에게 인물과 풍채를 따져 적당하면 혼인시켜 줄 것을 요구함.
이 더 중요하다는 가치 판단을 드러내고 있다.

*근거: ㉟, ㊱

화자는 부모에게 신랑감의 경제적 형편이나 신분에 상관하지 말고 인물 됨됨이와 풍채를 따져 혼인시켜 줄 것을 요구하고 있다. 이를 통해 부모나 가문의 요구를 따르는 것보다 자기 자신의 행복을 추구하는 것이 더 중요하다는 가치 판단이 드러나고 있다.

B 13 정답 ① *〈보기〉를 바탕으로 감상하기

〈보기〉의 설명을 바탕으로 [B]를 감상한 내용으로 적절하지 <u>않은</u> 것은? [3점]

• 〈보기〉: 〈노처녀가〉의 이본에는 단형 계열과 장형 계열이 있는데, 장형 계열에는 자세한 묘사와 해학성, 인물의 적극적 행동, 화자에 대한 동정적 시선 등의 특징이 나타납니다.

• [B]: [B]는 〈노처녀가〉 장형 계열 이본의 종결부로 '김 도령'과 가상으로 혼례를 치르는 장면입니다.

🔴 〈보기〉에서 설명한 장형 계열 이본의 내용적 특징을 바탕으로 [B]의 내용을 이해한 내용으로 적절하지 않은 것을 고르는 문제입니다.

[보기]

❶ 〈노처녀가〉의 이본은 단형과 장형의 두 계열로 나뉘는데, 윗
　　　　　　　　　　　　짧은 형식이나 형태　긴 형식이나 형태
글은 단형 계열의 작품이다. 장형은 전반적인 내용은 단형과 유
사하지만 묘사가 더 자세하고 해학적인 측면이 강화되어 있다.
　　　⑤의 근거, [B] ❶~❼　　　　　③의 근거, [B] ❷, ❸
❸ 또한 인물의 적극적인 행동이 부각되며 화자의 처지에 대한 동정
　　　　　　　　　　　　　　　　　　　　　　　　[B] ❶~❺
적 시선이 발견된다. ❹ 장형 계열의 종결부에서는 '노처녀'가 평소
②의 근거, [B] ❾, ❿　　　　④의 근거, [B] ❶~⓭
연모해 왔던 '김 도령'과 가상으로 혼례를 치르는 장면 등이 다음
　　　　　　　　　　단형과 달리 장형에 제시된 부분
과 같이 제시된다.

┌ ❶ 남이 알까 부끄러우나 안 슬픈 일 하여 보자
│　　　　　　　　　　'김 도령'과 가상으로 혼례를 치르는 일
│ ❷ 홍두깨에 자를 매어 갓 씌우고 옷 입히니
│　'김 도령'의 대체물=가상 혼례
│ ❸ 사람 모양 거의 같다 쓰다듬어 세워 놓고
│ ❹ 새 저고리 긴 치마를 호기 있게 떨쳐 입고
│　　　　　　　　　신부로 단장한 모습
│ ❺ 머리 위에 팔을 들어 제법으로 절을 하니
│　　　　　　　　혼례를 치르는 모습
│ ❻ 눈물이 종행하여 입은 치마 다 적시고
│　눈물이 줄줄 흘러 → : 화자의 정서 변화(슬픔, 한탄→기쁨)
[B]│ ❼ 한숨이 복발(復發)하여 곡성이 날 듯하다
│　병이나 근심, 설움 따위가 다시 또는 한꺼번에 일어남.
│ ❽ 마음을 강잉(强仍)하여 가만히 헤아려 보니
│　억지로 참음. 또는 마지못하여 그대로 함.
│ ❾ 가련하고 불쌍하다 이런 모양 이 거동을
│　　　　　　　　　가상 혼례를 치르고 있는 화자의 모습
│ ❿ 신령은 알 것이니 지성이면 감천이라
│　가상 혼례라도 치르는 정성과 간절함. → 실제로 '김 도령' 집에서 혼인 제의가 들어옴.
│ ⓫ 부모들도 의논하고 동생들도 의논하여
│ ⓬ 김 도령과 의혼(議婚)하니 첫마디에 되는구나
│　　　　　　　　　혼사를 의논함.
└ ⓭ 혼인 택일 가까우니 엉덩춤이 절로 난다
　　　　　　　　　　실제 '김 도령'과의 혼인이 이루어짐에 기뻐함.

이본: 문학 작품에서 기본적인 내용은 같으면서도 부분적으로 차이가 있는 책
전반적: 어떤 일이나 부문에 대하여 그것과 관계되는 전체에 걸친 것
유사하다: 서로 비슷하다.
해학적: 익살스럽게 표현하여 웃음을 유발하는 것
종결부: 마치는 부분
연모하다: 어떤 사람이나 존재를 사랑하여 간절히 그리워하다.

>왜 정답?

① [B]에서 화자가 가상으로 혼례를 치른 것은 ~~자신의 적극적 행동을 스스로 자랑스럽게 여겼기 때문이겠군.~~
'남이 알까 부끄러우나'에서 자신의 모습을 부끄러워함을 알 수 있음.

*근거: [B] ❶
화자는 평소 연모해 왔던 '김 도령'과 가상으로 혼례를 치르는 자신의 모습이 남
이 알면 부끄러운 일이라고 말하고 있다. 따라서 자신의 적극적인 행동을 스스로
자랑스럽게 여겼다고 볼 수 없다.

>왜 오답?

② [B]에서 '김 도령'과의 혼사가 결정된 결말을 설정한 것으로
보아 화자의 처지에 대한 동정적 시선을 확인할 수 있겠군.
'가련하고 불쌍하다 이런 모양 이 거동을'

*근거: [B] ❾~⓬, 〈보기〉 ❸ 문장
[B]에서는 화자가 가상 혼례를 올리는 모습을 가련하고 불쌍하다고 말하고, 그런
정성에 신령이 감동했다며 '김 도령'과 혼인이 이루어지는 결말을 설정하고 있다.
이는 화자의 처지에 대한 동정의 시선이 반영된 것이라고 할 수 있다.

③ [B]에서 '홍두깨'를 '김 도령'처럼 꾸미는 장면을 설정한 것은
해학적인 측면이 강화된 장형 계열의 특성과 연관되겠군.
나무 방망이인 홍두깨를 신랑으로 세워 두고 가상 혼례를 치르는 모습은 해학성을 드러냄.

*근거: [B] ❷, ❸, 〈보기〉 ❷ 문장
〈보기〉에서 장형 계열은 단형 계열에 비해 해학적인 측면이 더 강화되어 있다
고 했다. [B]에서 가상 혼례를 치르기 위해 홍두깨를 갓 씌우고 옷을 입혀 '김
도령'처럼 꾸미는 장면을 설정한 것은 혼인을 하고픈 화자의 마음을 해학적으
로 드러낸 것이라 할 수 있다.

④ [B]에 윗글에는 없는 장면이 포함된 것을 보면 작품이 장형화
　　가상으로 혼례를 치르는 장면
된 이유 중 하나로 새로운 내용의 삽입을 들 수 있겠군.

*근거: [B] ❶~⓭, 〈보기〉 ❹ 문장
장형 계열의 종결부인 [B]에는 노처녀가 평소 연모해 왔던 '김 도령'과 가상으로
혼례를 치르는 장면이 제시되어 있다. 이는 단형 계열의 윗글에는 없는 장면으
로, 새로운 장면의 삽입으로 작품이 장형화되었다고 할 수 있다.

⑤ [B]에서 혼례를 치르기 위해 준비한 의복과 혼례의 상황까지
제시된 것은 장형 계열에 나타나는 구체적 묘사를 보여 주는
혼례를 위해 자신이 입은 옷과 절을 하면서 눈물 흘리는 장면까지 구체적으로 묘사함.
사례이겠군.

*근거: [B] ❹~❼, 〈보기〉 ❷ 문장
〈보기〉에서는 장형에서 묘사가 더 자세하게 드러난다고 했다. 따라서 [B]에서
새 옷을 차려입고 절을 하며 눈물 흘리는 혼례의 상황을 구체적으로 묘사하는 것
은 장형 계열의 특징을 드러낸 부분이라고 할 수 있다.

B 14~16 [예상 문제]

(가) 이시, 〈조주후풍가(操舟候風歌)〉
❶ 화자, 중심 대상　❷ 상황, 정서, 태도　❸ 표현상 특징　[고어 읽기]　[시 해석]

　　　삭풍이　　　　되오 부러 대해를　　흔들니
❶ **삭풍(朔風)이 되오 브러 대해(大海)를 흔들티니**
　　외부의 시련
　　❷ 상황: 삭풍으로 바다가 흔들리는 위태로운 상황임.
→ 삭풍이 심하게 불어 큰 바다를 흔들더니

┌ 삭풍: 겨울철에 북쪽에서 불어오는 찬 바람
└ 대해: 넓고 큰 바다

*초장(❶) 요약: 큰 바다가 흔들리는 상황

　　　일엽편주로　　　　　　갈 길이　아득하다
　　　　　　　　❶ 중심 대상: 작은 배로 바다를 건너는 상황
❷ ○ **일엽편주(一葉片舟)로 갈 길히 아득ᄒ다**
　　　　　　　　　❷ 정서: 작은 배로 위태로운 바다를 헤쳐 나가야 하는 막막함
→ 한 조각 작은 배로 갈 길이 아득하다.

┌ 일엽편주: 한 척의 조그마한 배

*중장(❷) 요약: 작은 배로 바다를 헤쳐 나가야 하는 막막함

　두어라　이 배 한번 기운　휘면 부릴 곳이 업스리라
　　❸ 가정법(실제의 사실이 아닌 상상·가정·소망을 나타내는 방법)
❸ **두어라 이 비 ᄒ번 기운 휘면 브릴 곳이 업스리라**
　　　　　　　　❷ 정서: 배가 기우는 상황에 대한 우려
→ 두어라 이 배 한번 기울면 돌아올 곳이 없으리라.

*종장(❸) 요약: 배가 기우는 일에 대한 우려

─────────

⭐ (가) 독해 공식
❶ 화자: 드러나지 않음. 중심 대상: 작은 배로 바다를 건너는 상황
❷ 상황: 삭풍으로 바다가 흔들리는 위태로운 상황임.
정서: 작은 배로 위태로운 바다를 건너야 하는 막막함을 느낌. 배가 기우는 상황에 대해 우
려함.
❸ 표현상 특징: 가정법(실제의 사실이 아닌 상상·가정·소망을 나타내는 방법)을 통해 화
자의 위기의식을 강조하고 있음.

■ 갈래: 연시조 ■ 창작 시기: 조선 중기
■ 내용: 이 작품은 광해군 때 작가의 셋째 동생이 벼슬길에 나서려 하자 작가가 염려하는 심정을 담아 지은 시조로 총 3연으로 이루어져 있다. 작가는 자신의 만류를 듣지 않는 동생에게 벼슬 욕심을 버릴 것을 충고하면서 '조주후풍(출선할 때는 바람을 잘 살펴라)'과 같은 표현을 통해 벼슬길에 나아갈 때는 순리에 따라 처신해야 한다는 교훈적인 의도를 드러내고 있다.
■ 주제: 순리에 따라 사는 삶에 대한 권계

■ 이것이 핵심!: 시적 상황에 대한 화자의 인식

> '일엽편주'로 '삭풍'이 부는 '대해'를 건너는 상황
> : 위태로운 상황

↓

> '이 비 훈번 기운 휘면 브릴 곧이 업스리라'
> : 배가 기울면 돌아올 수 없다는 화자의 위기의식이 드러남.

(나) 권섭, 〈영삼별곡(寧三別曲)〉

❶ 화자, 중심 대상 ❷ 상황, 정서, 태도 ❸ 표현상 특징 [고어 읽기] [시 해석]
□ : ❸ 공간의 이동

❶ 「석벽(石壁)은 참텬(參天)*ᄒ고 인역(人跡)이 긋쳣ᄂᆞᆫᄃᆡ
❶ 중심 대상: 자연경관   「 」: ❸ 시선의 이동
→ 석벽은 높이 솟고 사람의 발자취도 그쳤는데

❷ 동청수(冬靑樹) 녓가지에 촉빅셩(蜀魄聲)*은 므ᄉ 일고
❸ 청각적(귀로 듣는 듯한 느낌을 주는) 심상
→ 동청수 가지에 소쩍새 소리는 무슨 일인가?

❸ 창오산(蒼梧山) 졈은 구름 갈 길도 깁흘시고」
→ 창오산에 저문 구름 갈 길도 깊구나.

❹ 동강(東江)을 건너리라 믈ᄀᆞ의 ᄂᆞ려오니
→ 동강을 건너려고 물가에 내려오니

❺ 샤공(沙工)은 어듸 가고 ㉡빈 빈만 걸렷ᄂᆞ니
→ 사공은 어디 가고 빈 배만 걸렸으니

❻ 사앗대* 손조 잡아 거스러 올라가니
사공이 없어 직접 노를 저어 감.
→ 상앗대를 손수 잡아 거슬러 올라가니

❼ 금강졍(錦江亭)* 블근 난간(欄干) 표묘(縹渺)히* 내닷거늘
❸ 시각적(눈으로 보는 듯한 느낌을 주는) 심상
→ 금강정 붉은 난간이 희미하게 나타나거늘

❽ 져근덧 올라안자 머리를 드러ᄒ니
→ 잠시 올라앉아 머리를 드니

❾ 봉ᄂᆡ산(蓬萊山) 제일봉(第一峯)의 ᄎ이운(彩雲)이 어릐ᄂᆞᆫᄃᆡ
❷ 상황: 산천을 오가며 자연을 감상함.
→ 봉래산 제일봉에 상서로운 구름이 어렸는데

❿ 션옹(仙翁)을 마조 보아 므ᄉ 일 뭇ᄌᆞ올 듯
봉래산의 풍경을 본 화자의 소감
→ 신선 노인을 마주 보고 무슨 일을 물을 듯하다.

┌ 석벽: 바람벽같이 깎아지른 듯한 언덕의 바위
│ 인역: 사람의 발자취(= 인적)
│ 동청수: 사철나무
│ 채운: 상서로운 구름
└ 선옹: 신선 노인

*❶~❿행 요약: 산천을 오가며 자연의 아름다움을 감상함.

⓫ 머흔 내 스므구빈 건너고 곳여 건너
→ 험한 강 스무 굽이를 건너고 다시 건너

⓬ 청산은 은은ᄒ고 벽계슈(碧溪水) 둘럿ᄂᆞᄃᆡ
자연의 아름다움
→ 푸른 산은 은은하고 깨끗한 시냇물이 (주위를) 둘렀는데

⓭ 운니촌(雲離村) 뫼밋ᄆᆞ을 일흠도 됴흘시고
❷ 상황: 산가 마을에 도착함.
→ 운리촌이라는 산밑 마을의 이름도 좋구나.

⓮ 산가(山家)의 손이 업서 개와 ᄃᆞᆰ 뿐이로라
적막하고 고요한 산가의 풍경
→ 산가에 손님이 없어 그저 개와 닭뿐이로다.

⓯ 귀오리 데친 밥의 풋ᄂᆞ믈 슬마 내여
소박한 산가의 삶
→ 귀리를 데친 밥에 풋나물을 삶아 내어

⓰ 포단(蒲團)* 펴 안쳐 노코 슬토록 권(勸)ᄒᆞᆫ다
산가 사람들이 화자를 대접함.
→ 포단을 펴서 앉혀 놓고 실컷 권한다.

⓱ 어와 이 빅셩(百姓)들 긔특(奇特)도 ᄒᆞ져이고
❸ 영탄법(감탄사, 감탄형 어미 등을 이용해 감정을 강하게 나타내는 방법)
❷ 정서: 대접받은 화자의 만족감
→ 어와 이 백성들 기특하기도 하구나.

⓲ 「십리(十里) 쟝곡(長谷)*의 절벽(絕壁)은 됴커니와
「 」: 산속 골짜기의 모습
→ 십 리 깊고 긴 골짜기에 절벽은 좋거니와

⓳ 서덜길* 머흔 곳의 냥협(兩峽)*이 다흐시니
→ 계단 길 험한 곳에 양편의 두 골짜기가 닿았으니

⓴ 머리 우 조각 하늘 뵈락말락 ᄒᆞᄂᆞ고야」
→ 머리 위 조각하늘이 보일락 말락 하는구나.

┌ 머흔: 험하고 사나운 벽계수: 물빛이 맑아 푸르게 보이는 시냇물

*⓫~⓴행 요약: 산가에서 대접을 받으며 만족함.

㉑ 밀거니 ᄃᆞ릐거니 곳드르며* 나간말이
배를 타고 산속 골짜기를 돌아다님 ❸ 후각적(냄새를 맡는 듯한 느낌을 주는) 심상
→ 밀거니 당기거니 꽃 냄새를 맡으며 나가니

㉒ 별이(別異)실 외쩐 ᄆᆞ을 ᄒᆡᄂᆞ 어이 쉬 넘거니
→ 별이실 외딴 마을의 해는 어찌 쉬이 넘어가니

㉓ 봉당(封堂)의 자리 보아 더새고* 가쟈스라
봉당에서 밤을 새고 여행을 계속하기로 함. ❸ 청유형(청자에게 같이 행동할 것을 요청하는 뜻을 나타내는) 어미
→ 봉당에 자리를 보아 밤을 더 새고 가자꾸나.

㉔ 「밤듕(中)만 사립 밧긔 긴 ᄇᆞ람 니러나며」
「 」: 두려움을 일으키는 상황
→ 밤중에 사립문 밖에 긴 바람이 일어나며

㉕ 삿기곰 큰 호랑(虎狼)이 목 ᄀᆞ라 우ᄂᆞ 소ᄅᆡ
❸ 청각적 심상
→ 새끼 곰 큰 호랑이 목 갈아 우는 소리

㉖ 「산꼴의 울혀 이셔 긔염(氣焰)*도 흘난홀샤」
→ 산골에 울려 기세가 보통이 아니구나.

㉗ 칼쎄여 겻희 노코 이 밤을 계유 새와
곰과 호랑이의 습격에 대비함.
→ 칼을 빼어 옆에 놓고 이 밤을 겨우 새워

㉘ 압내희 ᄲᅡ딘 오슬 쮭짜셔* 손의 쥐고
앞 냇가
→ 앞 냇가에 빠진 옷을 쥐어짜서 손에 쥐고

㉙긴 별로 도로 다라 별쌀의 쬐야 입고
긴 별로(別路) 도로 ᄃ라 별쌀*의 쬐야 닙고
➡ 긴 딴 길을 돌아 달려가 벌불에 쬐어 입고

㉚진 적의 숨은 백성 이제와 보게 되면
진(秦)적의 숨은 빅셩(百姓) 이제와 보게 되면
진나라의 난리를 피해 간 사람들이 무릉도원에서 살아감.
➡ 진나라 시절에 숨은 백성을 이제 와서 보게 되면

㉛도원이 여긔도곤 낫닷말 못ᄒ려니
도원(桃園)이 여긔도곤 낫닷말 못ᄒ려니
❷ 정서: 처한 공간에 대한 만족감
➡ 무릉도원이 여기보다 낫다는 말을 못하려니

| 봉당: 안방과 건넌방 사이의 마루를 놓을 자리에 마루를 놓지 아니하고 흙바닥 그대로 둔 곳
| 별로: 딴 길

*㉑~㉛행 요약: 봉당에서 밤을 새고 여행을 계속함.

*참련: 하늘을 찌를 듯이 공중으로 높이 솟음.
*촉빅셩: 소쩍새 소리
*사앗대: 상앗대, 배질을 할 때 쓰는 긴 막대
*금강정: 영월 소재 정자. 세종대에 영월 군수 김복항(金復恒)이 세웠음. 동강(東江) 높은 절벽 위에 세워져서 경계가 절묘함.
*표묘히: 끝없이 넓거나 멀어서 있는지 없는지 알 수 없을 만큼 어렴풋하게
*포단: 부들 풀로 만든 둥근 방석
*장곡: 깊고 긴 산골짜기
*서닭길: 계단 길
*냥협: 양편의 두 골짜기
*곳드르며: 꽃 냄새를 맡으며
*더새고: 더 밤을 지내고
*긔염: 대단한 기세
*즙짜셔: 쥐어짜서
*벌쌀: 등잔불이나 촛불에서 심지 옆으로 뻗치어 퍼지는 불

⭐ (나) 독해 공식
❶ 화자: 드러나지 않음. 중심 대상: 자연경관
❷ 상황: 산천을 오가며 자연을 감상함. 산가 마을에 도착함.
정서: 마을 사람들에게 대접받은 일과 화자가 처한 공간에 대한 만족감이 드러남.
❸ 표현상 특징
• 공간과 시선의 이동을 통해 시상을 전개하고 있음.
• 다양한 감각적(시각, 청각, 촉각, 후각, 미각 등의 감각을 떠올리게 하는) 심상을 활용하여 상황을 생동감 있게 묘사하고 있음.
• 영탄법(감탄사, 감탄형 어미 등을 이용해 감정을 강하게 나타내는 방법)을 통해 화자의 정서를 강조하고 있음.
• 청유형(청자에게 같이 행동할 것을 요청하는 뜻을 나타내는) 어미를 활용하고 있음.

■ 갈래: 기행 가사   ■ 창작 시기: 조선 중기
■ 내용: 이 작품은 작가가 강원도 영월을 출발하여 삼척까지 이르는 동안 보고 겪은 일을 엮은 기행 가사이다. 다른 기행 가사들처럼 유배 생활이나 관직 부임을 계기로 그 지역이나 자신의 생활상에 대해 읊은 것이 아닌 순수 기행 가사라는 점이 특징이다. 자연의 경치를 감상하며 예찬하고, 산천의 아름다움 속에서 마음껏 자연을 즐기며 느끼는 한정을 나타내며, 작가가 보고 겪은 바를 사실적으로 표현하고 있다.
■ 주제: 영월, 삼척 지방의 자연에 대한 감상

■ 이것이 핵심! **공간의 이동**

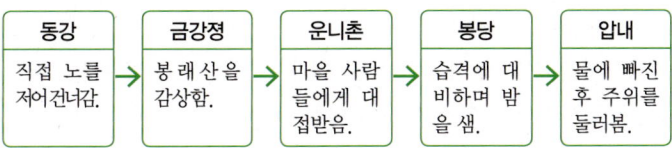

동강	금강정	운니촌	봉당	압내
직접 노를 저어 건너감.	봉래산을 감상함.	마을 사람들에게 대접받음.	습격에 대비하며 밤을 샘.	물에 빠진 후 주위를 둘러봄.

B 14 정답 ⑤   *작품 비교하기

(가)와 (나)에 대한 설명으로 가장 적절한 것은?

>왜 정답?

⑤ (나)와 달리 (가)는 앞으로 예상되는 상황을 가정하여 화자의
〔배가 삭풍에 휘말리는 상황에 대한 위기감을 드러냄.〕
위기의식을 나타내고 있다.

*근거: (가) ❸
(가)의 화자는 '이 비 ᄒ번 기운 휘면 브릴 곧이 업스리라'에서 배가 한번 기운이 휘면 정박할 곳이 없을 것이라고 걱정하고 있다. 즉, 화자는 배가 삭풍에 휘말릴 상황을 예상하며 이에 대한 위기감을 드러내고 있는 것이다. 한편 (나)의 화자는 '삿기곰 큰 호랑이 목 ᄀ라 우는 소리'를 듣고 칼을 빼어 옆에 놓고 밤을 겨우 지새우며 긴장감을 드러내고 있다. 그러나 곰과 호랑이의 우는 소리가 앞으로 어떻게 될 것인지에 대한 가정은 하고 있지 않다.

〔가정하다: 사실이 아니거나 또는 사실인지 아닌지 분명하지 않은 것을 임시로 인정하다.〕

>왜 오답?

① (가)와 (나)의 화자는 자신의 정서를 자연물에 이입하여 임에
〔자신의 정서를 자연물이 똑같이 느끼는 것처럼 표현하여〕
대한 그리움을 드러내고 있다.
〔(가)와 (나) 모두 나타나지 않음.〕

(가)와 (나) 모두 자연물에 화자의 감정을 이입한 부분은 나타나지 않으며, 임에 대한 그리움의 정서 또한 드러나지 않는다.

〔이입하다: 옮기어 들이다.〕

② (가)와 (나)는 청유형 어미를 활용하여 교훈적 주제를 전달하
〔(가)에서는 청유형 어미를 활용하지 않음.〕〔(가)와 (나) 모두 나타나지 않음.〕
고 있다.

*근거: (가) ×, (나) ㉓
(가)에서 청유형 어미를 활용한 부분은 나타나지 않는다. (나)는 '봉당의 자리 보아 더새고 가쟈스라'에서 청자에게 행동을 요청하는 청유형 어미를 활용하고 있지만, 이를 통해 교훈적 주제를 전달하고 있지는 않다.

〔청유형 어미: 화자가 청자에게 같이 행동할 것을 요청하는 뜻을 나타내는 활용 어미〕

③ (가)와 (나)는 감탄사를 사용하여 화자의 심리를 직접적으로
〔(가)에서는 감탄사를 사용하지 않음.〕
표출하고 있다.

*근거: (가) ×, (나) ⑰
(가)에서는 감탄사를 사용한 부분은 나타나지 않는다. 반면, (나)는 '어와 ~ 긔특도 ᄒ져이고'에서 감탄사 '어와'를 사용하여 마을 사람들에게 대접받은 화자가 느끼는 만족감을 드러내고 있다.

〔감탄사: 말하는 이의 본능적인 놀람이나 느낌, 부름, 응답 따위를 나타내는 말〕

④ (가)와 달리 (나)는 시간의 흐름에 따라 화자의 내적 갈등이
〔화자의 마음속에서 일어나는 갈등이 점점 깊어지고〕
심화되고 있다.
〔(나)의 화자는 내적 갈등을 느끼지 않음.〕

(나)에서 화자는 마을 사람들에게서 받은 대접과 자신이 처한 공간에 만족감을 드러내고 있다. 즉, (나)의 화자는 내적 갈등을 보이고 있지 않으므로 시간의 흐름에 따라 내적 갈등이 심화되고 있다는 설명은 적절하지 않다.

〔내적 갈등: 한 사람의 마음속에서 일어나는 갈등〕

B 15 정답 ④   *시어 및 구절의 의미 파악하기

㉠과 ㉡에 대한 설명으로 가장 적절한 것은?

• ㉠: ㉠은 '일엽편주(一葉片舟)'로, 한 척의 조그마한 배를 가리킵니다.
• ㉡: ㉡은 '뷘 빅'로, 비어 있는 배를 가리킵니다.
즉 (가)와 (나)의 내용을 고려하여 '일엽편주(㉠)'와 '뷘 빅(㉡)'의 의미를 이해한 내용 중 적절한 것을 고르는 문제입니다.

④ ㉠은 화자가 우려하는 대상인 반면, ㉡은 화자의 능동적 태도
　　화자는 배가 기울면 돌아올 곳이 없음을 걱정함.
를 이끌어 낸 대상이다.
화자는 사공이 없어서 직접 노를 잡고 강을 건넘.

* 근거: (가) ❸, (나) ❺, ❻

(가)의 화자는 '이 비 ㅎ번 기운 휘면 브릴 곳이 업스리라'라며 '일엽편주(㉠)'가
한번 기울면 돌아올 곳이 없을 것이라고 생각하고 있다. 즉, (가)의 화자는 삭풍이
부는 대해에 나갈 ㉠을 우려하고 있는 것이다. 또한 (나)의 화자는 '동강'을 건너
려 하였는데 '샤공은 어딕 가고 뷘 빅(㉡)'만 걸려 있어서 '사앗대 손조 잡아 거스
러 올라'간다. 즉, (나)의 화자는 사공이 없어서 손수 '사앗대'를 잡아 물가를 거스
러 올라갔으므로, ㉡은 화자의 능동적인 모습을 이끌어 낸 대상으로 볼 수 있다.

┌ 우려하다: 근심하거나 걱정하다.
└ 능동적: 다른 것에 이끌리지 아니하고 스스로 일으키거나 움직이는

① ㉠은 ㉡과 달리 ~~화자가 긍정적 가치를 부여하는 대상~~이다.
　　　　　　㉠, ㉡ 모두 화자가 부여한 긍정적 가치는 드러나지 않음.

㉠과 ㉡ 모두 화자가 긍정적 가치를 부여하는 대상으로 볼 수 없다. 특히 ㉠은
화자가 걱정하고 있는 대상이므로, 긍정적 가치를 부여하고 있다고 보기 어렵다.

② ~~㉡은 ㉠과 달리 외부의 조건에 의해 시련을 겪게 된 화자의 처~~
　　　㉠ 또한 '삭풍'으로 인한 시련을 겪음.
지를 보여 준다.

* 근거: (가) ❶, (나) ❺

㉡은 사공이 없이 홀로 남아 있는 상태로, 이로 인해 동강을 건너려던 화자에게
어려움이 생겼으므로 외부 조건에 의해 시련을 겪게 된 처지를 보여 준다. ㉠ 역
시 '삭풍'으로 인해 바다가 흔들리고 있어 위태로운 상태로, 바다를 건너려는 화
자가 외부의 상황으로 인해 시련을 겪게 된 처지를 보여 준다.

③ ~~㉠은 화자의 기대감이 반영된 대상~~인 반면, ㉡은 화자의 실망
　　　　화자의 기대감이 반영되었다고 볼 수 없음.
감이 반영된 대상이다.

* 근거: (가) ❷, (나) ❺

(가)의 화자는 '일엽편주로 갈 길히 아득 ㅎ다'며 앞날을 걱정하고 있으므로 ㉠에
화자의 기대감이 반영되어 있다고 볼 수 없다. ㉡의 경우 사공이 없는 상태로 '동
강을 건너'려던 화자에게 실망감을 주었다고 볼 수도 있다.

⑤ ㉠과 ㉡은 ~~화자가 지향하는 초월적 세계로의 이동을 가능하게~~
　　　　　　(가)와 (나) 모두 초월적 세계로의 이동은 나타나지 않음.
하는 수단이다.

㉠은 '대해'를 건너 도달하고자 하는 목적지로 갈 수 있게 하고, ㉡은 '동강'을 건
널 수 있게 하는 수단이다. 그러나 (가)에서 도달하고자 하는 곳과 (나)의 '동강'을
초월적 세계로 보기는 어렵다. 따라서 ㉠과 ㉡이 화자가 지향하는 초월적 세계
로의 이동을 가능하게 한다는 설명은 적절하지 않다.

┌ 지향하다: 어떤 목표로 뜻이 쏠리어 향하다.
└ 초월적: 어떠한 한계나 표준, 이해나 자연 따위를 뛰어넘거나 경험과 인식의 범위
　를 벗어나는

B 16 　정답 ② 　* 〈보기〉를 바탕으로 감상하기

〈보기〉를 바탕으로 (나)를 감상한 내용으로 적절하지 않은 것은?

• 〈보기〉: 탐승을 하며 일생을 보낸 권섭은 영월에서 삼척에 이르는 여정을 〈영삼
별곡〉이라는 기행 가사로 표현했습니다. 그는 자연의 절경을 본 감흥과 여정 중
에 겪은 일을 구체적으로 언급하고 있습니다.

• (나): 권섭이 지은 〈영삼별곡〉의 일부분으로, 산천을 오가며 감상한 자연의 아름
다움과 산가에서의 경험을 노래하고 있습니다.

즉 〈보기〉에 나타난 권섭에 대한 설명을 바탕으로 (나)를 감상한 내용 중 틀린
것을 고르는 문제입니다.

┌─────────────────────── [보기] ───────────────────────┐

❶ 권섭은 명문가의 아들로 태어났으나 14세 때 아버지를 여읜 이

후 벼슬길에 나아가지 않고 탐승(探勝) 여행으로 일생을 보냈다.

❷ 그는 산사 승려의 초청을 받아 길을 떠나 영월에서 삼척에 이르

는 여정 중에 보고 겪은 각종 산촌 풍경을 〈영삼별곡〉이라는 기
　　　　①의 근거
행 가사로 표현하였다. ❸ 그는 아름다운 자연의 절경을 본 감흥과

여정 중에 방문한 산중의 민가에서 자신이 받은 대접을 구체적으
　　　　　　　　　　　　　　③, ④의 근거
로 언급하여 사실성을 부각하였다. ❹ 이와 같이 권섭이 관직을 등

진 채로 자연을 탐승하며 지낸 것은 속세를 멀리하고 자연을 이상
　　　　　　　　　　　　　　　　　　⑤의 근거
적 공간으로 여기던 그의 가치관이 반영된 것이라고 볼 수 있다.

───

여의다: 부모나 사랑하는 사람이 죽어서 이별하다.
탐승: 경치 좋은 곳을 찾아다님.
산사: 산속에 있는 절
절경: 더할 나위 없이 훌륭한 경치
민가: 일반 백성들이 사는 집
이상적: 생각할 수 있는 범위 안에서 가장 완전하다고 여겨지는

└──┘

② '봉닉산'에 올라 자연의 절경을 둘러보며 화자는 ~~자신의 처지~~
　　금강정에 오른 것임.
를 '션옹'과 ~~비교~~하고 있군.
선옹과 자연에 대한 감상을 나누는 것을 상상한 것임.

* 근거: (나) ❼ ~ ❿

화자는 현재 '봉닉산'을 오른 것이 아니라 '금강정' 난간에서 머리를 들어 봉래산
을 바라보고 있는 상황이다. 또한 화자는 '션옹'과 자신의 처지를 비교한 것이 아
니라, 자연의 절경을 보며 '션옹'과 마주 앉아 자연의 아름다움에 대해 이야기를
나누는 상황을 상상하고 있다.

① '동청수'의 '촉빅셩', '창오산'의 '구름'은 시선 이동에 따라 화
자가 보고 겪은 바의 일부겠군.
　　'촉백성'과 '구름'은 화자가 보고 겪은 산촌 풍경에 해당함.

* 근거: (나) ❷, ❸, 〈보기〉 ❷ 문장

화자는 '동청수 넛가지' 사이로 들려오는 '촉빅셩'에서 '창오산'에 저문 '구름'으
로 시선을 이동하고 있다. 〈보기〉에서 작가는 '여정 중에 보고 겪은 각종 산촌 풍
경'을 표현했다고 했다. 따라서 '동청수'의 '촉빅셩'과 '창오산'의 '구름'은 시선을
이동하며 화자가 보고 겪은 산촌 풍경에 해당한다고 볼 수 있다.

③ '귀오리 데친 밥'과 '풋ᄂ믈'을 화자에게 대접하는 '산가'의 모
습은 백성들의 소박한 삶을 사실적으로 드러낸 것이군.
　　　　　'귀리'와 '풋나물'은 소박한 삶을 나타냄.

* 근거: (나) ⓯, 〈보기〉 ❸ 문장

산가의 마을 사람들은 '귀오리 데친 밥'과 '풋ᄂ믈'을 화자에게 대접하고 있다.
〈보기〉에서 작가는 '산중의 민가에서 자신이 받은 대접을 구체적으로 언급'하고
있다고 했다. 따라서 '귀오리 데친 밥'과 '풋ᄂ믈'은 산속 마을 사람들의 소박한
살림을 사실적으로 보여 주는 소재라고 볼 수 있다.

④ '포단'을 펴서 앉히고 '슬토록 권ᄒ'는 백성들의 대접을 구체적
으로 서술하며 화자는 이에 대한 만족감을 나타내고 있군.
　　　　　　대접을 받은 후 '이 빅셩들 긔특'하다고 표현함.

* 근거: (나) ⓰, ⓱, 〈보기〉 ❸ 문장

화자는 산가의 마을 사람들이 '포단 펴 안쳐 노코 슬토록 권ᄒ 슨다'며 그들이 손
님인 자신을 어떻게 대접하고 있는지를 설명하고 있다. 그리고 '어와 이 빅셩들

괴특도 흗져이고'라며 자신이 받은 대접에 대한 만족감을 드러내고 있다. 〈보기〉
에서 작가는 '산중의 민가에서 자신이 받은 대접을 구체적으로 언급하'고 있다고
했다. 따라서 화자는 '포단'을 펴서 '권ᄒᆞ'는 백성들의 대접을 구체적으로 서술하
며 이에 대한 만족감을 나타내고 있다고 볼 수 있다.

⑤ 산중 '뫼밑ᄆ을'을 '도원'과 비교함으로써 화자는 자신이 머무
는 공간을 이상적인 공간으로 인식함을 드러내고 있군.
  '도원이 여긔'보다 낫다고 못 할 것이라고 표현함.

＊근거: (나) ㉛, 〈보기〉 ④ 문장
화자는 '도원이 여긔도곤 낫닷말 못ᄒᆞ려니'라며 자신이 현재 있는 산골 마을을
무릉도원과 비교하면서 이에 대한 만족감을 드러내고 있다. 〈보기〉에서 작가는
'속세를 멀리하고 자연을 이상적 공간으로 여'겼다고 했다. 따라서 화자는 자신이
머무는 '뫼밑ᄆ을'을 '도원'과 같은 이상적 공간으로 인식하고 있다고 볼 수 있다.

B 17~19 ──────── [2016 대비/사관학교(A) 34~36]

안조원, 〈만언사〉

❶ 화자, 중심 대상 ❷ 상황, 정서, 태도 ❸ 표현상 특징 [시 해석]
  : ❸ 설의법(쉽게 판단할 수 있는 것을 물음의 형식으로 표현하는 방법)

❶ ㉠가슴이 터져오니 터지거든 구멍 뚫어
  ➡ 가슴이 터지니 터지거든 구멍을 뚫어

❷ 고미장자 세살장자 완자창을 갖춰 내어
  외부와 소통이 가능한 '문'과 '창'
  ➡ 고미장지 세살장지 완자창을 갖추어 내어

❸ 이 설움 답답할 제 여닫아나 보고지고
  ❷ 정서: 서러움을 해소하고 싶어 함.
  ➡ 이 서러움을 답답할 때 여닫아나 보고 싶다.

❹ ㉡어화 어찌하리 설마한들 어이하리
  ❸ 영탄법(감탄사, 감탄형 어미 등을 이용해 감정을 강하게 나타내는 방법)
  ➡ 아아! 어찌하리 설마한들 어찌하리.

❺ 세상 귀양 나뿐이며 인간 이별 나 혼자랴
  ❶ 중심 대상: 유배 생활   ❶ 화자
  ➡ 세상에 귀양살이하는 사람이 나뿐이며 인간 세상에 이별한 이가 나 혼자랴?

❻ 소무의 북해 고생 돌아올 때 있었으니
  ❸ 고사(유래가 있는 옛날의 일)를 표현한 어구) 인용
  ➡ 소무도 (19년간이나) 북해에서 (갇혀) 고생했으나 돌아올 때가 있었으니

❼ 내 홀로 이 고생이 귀불귀 설마 하랴
  ➡ 나 홀로 이 고생을 하다 돌아가지 못하고 설마 그대로이랴?

  유배 생활의 서러움, 외로움
❽ 무슨 일 마음 붙여 시름을 잊으리라
  ❷ 태도: 유배 생활의 서러움을 잊으려는 의지가 드러남.
  ➡ 아무 일에 마음을 붙여 이 서러움을 잊으리라.

┌ 고미장자: 지붕과 천장 사이의 장지문
│ 세살장자: 가는 살을 가로세로로 좁게 대어 짠 장지문
│ 완자창: 창살이 '卍'자 모양으로 된 창
└ 귀불귀: 한번 가서는 다시 돌아오지 아니함.

＊❶~❽행 요약: 유배 생활의 서러움을 해소하고 싶어 함.

❾ 작은 낫 손에 쥐고 뒷동산에 올라가니 □ 공간의 이동
  ➡ 작은 낫을 손에 쥐고 뒷동산에 올라가니

❿ 풍상이 섞어 치니 만물이 소슬하다
  ➡ 바람과 서리가 섞어 치니 온갖 것들이 쓸쓸하다.
  ❸ '풍상'과 '푸른 대'의 대비 (차이를 드러내기 위해 서로 맞대어 비교함.)

⓫ 천고절 푸른 대는 봄빛이 혼자로다
  절개를 상징함. 홀로 붉날인 듯 푸르다는 뜻
  ➡ 곧은 절개의 푸른 대나무는 혼자 봄빛이로다.

⓬ 곧은 대 빼처 내어 가지 쳐 다듬으니
  ➡ 곧은 대나무를 빼내어 가지를 쳐서 다듬으니

⓭ 발 가웃 낚싯대는 좋은 품 되겠구나
  대나무로 낚싯대를 만듦.
  ➡ 한 발 반 정도 되는 낚싯대는 좋은 품의 낚싯대가 되겠구나.

⓮ 청올치 가는 줄에 낚시 매어 둘러메고
  ➡ 칡의 속껍질로 만든 가는 줄에 낚시를 매어 둘러메고

⓯ 이웃집 아이들아 오늘이 날이 좋다
  ❸ 말을 건네는 방식
  ➡ 이웃집 아이들아 오늘 날씨가 좋구나.

⓰ 샛바람 아니 불고 물결이 고요하니
  ➡ 샛바람이 불지 않고 물결이 고요하니

⓱ 고기가 물릴 때라 낚시질 함께 가자
  ❷ 상황: 유배 생활의 서러움을 잊기 위해 낚시를 하러 감.
  ➡ 고기가 물릴 때니 낚시를 하러 함께 가자.

┌ 풍상: 바람과 서리를 아울러 이르는 말 우슬하다: 으스스하고 쓸쓸하다.
│ 천고절: 아주 오랜 세월 동안 변치 아니할 곧은 절개
│ 발: 길이의 단위. 한 발은 두 팔을 양옆으로 펴서 벌렸을 때 한쪽 손끝에서 다른
│ 쪽 손끝까지의 길이이다.
└ 가웃: 한 되, 한 말, 한 자 등의 절반에 해당하는 양 청올치: 칡덩굴의 속껍질

＊❾~⓱행 요약: 대나무로 낚싯대를 만들어 낚시하러 감.

⓲ 사립을 젖혀 쓰고 망혜를 조여 신고
  ➡ 삿갓을 젖혀 쓰고 짚신을 조여 신고

⓳ 조대로 내려가니 대 바람 한가하다
  ➡ 낚시터로 내려가니 대나무 바람이 한가하다.

⓴ ㉢원근산천에 홍일이 띠었으니
  ➡ 멀고 가까운 산천에 붉은 해가 떴으니
  ❸ 시각적(눈으로 보는 듯한 느낌을 주는) 심상

㉑ 만경창파는 모두 다 금빛이라
  해가 떠서 푸른 물이 금빛으로 물들어 감.
  ➡ 만 이랑이나 되는 푸른 물결은 모두 다 금빛이로다

㉒ 낚시를 드리우고 무심히 앉았으니
  유유자적하는 모습
  ➡ 낚싯대를 던져 놓고 무심히 앉았으니

㉓ 은린옥척이 절로 무는구나
  ➡ 모양이 좋고 큰 물고기가 저절로 와서 무는구나.

㉔ 구태여 내 마음이 취어가 아니로다 의취를 취함이라
  낚시하는 것은 물고기를 잡기 위한 것이 아니라 마음을 다스리기 위한 것임.
  ➡ 구태여 내 마음은 물고기를 잡기 위함이 아니다. 오직 뜻을 취하기 위함이다.

┌ 사립: 명주실로 싸개를 해서 만든 갓
│ 망혜: 삼이나 노 따위로 짚신처럼 삼은 신 조대: 낚시질하는 곳
│ 홍일: 붉은빛을 띤 해. 새벽에 막 떠오르는 붉은 해를 이르는 말이다.
│ 만경창파: 만 이랑의 푸른 물결이라는 뜻으로, 한없이 넓고 넓은 바다를 이르는 말
└ 은린옥척: 모양이 좋고 큰 물고기 구태여: 일부러 애써

＊⓲~㉔행 요약: 마음을 다스리기 위해 낚시를 함.

㉕ 낚대를 떨쳐 드니 사면에 잠든 백구
  갈매기 – 욕심이 없는 순수한 마음을 의미함.
  ➡ 낚싯대를 떨어뜨리니 사방에 잠든 갈매기가

㉖ 내 낚대 그림자에 저 잡을 날만 여겨
  ➡ 내 낚싯대 그림자에 자기를 잡을 것이라 여겨

㉗ 다 놀라 날겠구나 백구야 날지 마라
  ❸ 말을 건네는 방식
  ➡ 다 놀라 날아가겠구나. 갈매기야 날지 마라.
  ❸ 의인법('백구'에 인격을 부여하여 표현함.)

㉘ 성상이 버리시니 너를 좇아 예 왔노라
  ❷ 태도: 갈매기처럼 자연 속에서 욕심 없이 살고자 함.
  ➡ 임금이 버리시니 너를 좇아서 여기에 왔노라.

㉙ 네 본디 영물이라 내 마음 모르는가
  ❷ 상황: 갈매기에게 자신의 심정을 하소연함.
  ➡ 네 본래 영물이니 내 마음을 모르겠느냐?

³⁰ ㉣평생에 곱던 님을 천리에 이별하고
　　　　　　　　임금
➡ 평생에 사랑하던 임을 천 리 밖으로 이별하고

³¹ 사랑은커니와 그리움을 견딜손가
　　　　　　　❷ 정서: 임금을 그리워함.
➡ 사랑함은 말할 것도 없고 그리움을 견딜 수 있겠느냐?

³² ㉤수심이 첩첩하니 내 마음 둘 데 없어
➡ 근심이 여러 겹으로 쌓여 내 마음을 둘 데 없어

³³ 흥 없는 일간죽을 일없이 들었으니
➡ 흥겨움이 없는 낚싯대를 일없이 들었으니

³⁴ 고기도 불관커든 하물며 너 잡으랴
➡ 물고기를 잡는 것도 상관없는데 하물며 너를 잡겠느냐?

³⁵ 그래도 못 믿거든 너 가진 긴 부리로
➡ 그래도 못 믿거든 네가 가진 긴 부리로

³⁶ 내 가슴 쪼아 헤쳐 흉중의 붉은 마음
　　　　　　　　　　일편단심 – 임금에 대한 충성심
➡ 내 가슴 쪼아 헤쳐 가슴속의 붉은 마음

³⁷ 쾌히 내어 볼 양이면 네가 응당 알리로다
➡ 시원스럽게 내어 보면 네가 응당 알 것이다.

┌ 사면: 전후좌우의 모든 방면
│ 성상: 살아 있는 자기 나라의 임금을 높여 이르는 말
│ 영물: 신령스러운 물건이나 짐승 수심: 매우 근심함. 또는 그런 마음
└ 일간죽: 한 조각의 대나무 흉중: 마음속

＊²⁵～³⁷행 요약: 갈매기에게 자신의 마음을 토로함.

독해 공식
❶ 화자: '나', 중심 대상: 유배 생활
❷ 상황: 유배 생활의 서러움을 잊기 위해 낚시를 하러 감. 갈매기에게 자신의 심정을 하소연함.
정서: 서러움을 해소하고 싶어 함. 임금을 그리워함.
태도: 유배 생활의 서러움을 잊으려는 의지가 드러남. 갈매기처럼 자연 속에서 욕심 없이 살고자 함.
❸ 표현상 특징
• 영탄법(감탄사, 감탄형 어미 등을 이용해 감정을 강하게 나타내는 방법), 설의법(쉽게 판단할 수 있는 것을 물음의 형식으로 표현하는 방법), 의인법(사람이 아닌 것을 사람에 비기어 표현하는 방법)을 활용하고 있음.
• 고사(유래가 있는 옛날의 일을 표현한 어구)를 통해 화자의 상황을 효과적으로 드러내고 있음.
• 대비(차이를 드러내기 위해 서로 맞대어 비교하는 방법)와 시각적(눈으로 보는 듯한 느낌을 주는) 심상을 활용하여 자연을 묘사하고 있음.
• 말을 건네는 방식을 통해 시상을 환기하고 있음.

■ 갈래: 유배 가사, 장편 가사　　■ 창작 시기: 조선 후기
■ 내용: 이 작품은 조선 정조 때 대전 별감이던 안조원이 지은 유배 가사로, '사고향(思故鄕)'이라고도 한다. 작가가 관직을 수행하던 중 주색잡기에 빠져 국고를 탕진한 죄로 34세 때 추자도에 귀양 가서 풀려날 때까지의 비참했던 유배 생활에 대해 노래하고 있다. 유배 생활로 인한 서러운 심정과 그 심정을 해소하려는 태도를 드러내며 임금에 대한 그리움을 표현하고 있다.
■ 주제: 유배 생활의 고통과 잘못을 뉘우치는 애절한 심정

■ 이것이 핵심!: '백구'를 통해 드러나는 화자의 정서와 태도

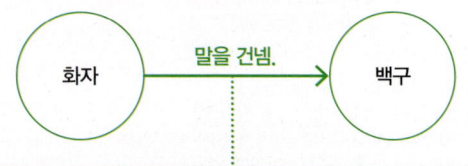

┌───┐
│ • '너를 좇아 예 왔노라': 갈매기처럼 욕심 없이 살고자 함.
│ • '네 본디 영물이라 내 마음 모르는가': 자신의 답답하고 서러운 심정을 하소연함.
│ • '내 가슴 쪼아 헤쳐 흉중의 붉은 마음 / 쾌히 내어 볼 양이면 네가 응당 알리로다': 임금에 대한 충성심을 강조함.
└───┘

B 17　정답 ②　＊표현상 특징 파악하기

윗글에 대한 설명으로 가장 적절한 것은?

＞왜 정답?

　　　　　화자가 이동하는 공간에 따라 시의 내용이 진행되고
② 공간의 이동에 따른 시상의 전개가 나타나고 있다.
　　　'뒷동산에 올라가니' → '조대로 내려가니'
＊근거: ❾, ⑲
화자는 '작은 낫 손에 쥐고 뒷동산에 올라'간 후 대나무로 낚싯대를 만든다. 그리고 낚시를 하기 위해 '조대로 내려'간다. 즉, 윗글에서는 '뒷동산'에서 '조대'로의 공간의 이동을 바탕으로 시상이 전개되고 있다.

＞왜 오답?

① 상황을 열거하여 특정 가치관을 강조하고 있다.
　　나타나지 않음.
윗글에서는 화자가 유배 생활의 서러움을 드러내다가 서러움을 잊기 위해 낚싯대를 만들어 낚시를 하러 가고, 낚시를 하다가 갈매기에게 자신의 심정을 토로하는 모습이 나타날 뿐 여러 상황을 열거하고 있지는 않다.

[열거하다: 여러 가지 예나 사실을 낱낱이 죽 늘어놓다.

③ 과거에 대한 회상을 통해 성찰적 태도를 드러내고 있다.
　　나타나지 않음.
윗글에서 화자는 현재 유배 생활에 관해 이야기하고 있을 뿐, 과거를 회상하고 있지는 않다.

[성찰적 태도: 지나간 일을 되돌아보며 반성하고 살피는 태도

④ 현재 고난의 원인이 되는 사건을 구체적으로 제시하고 있다.
　　　　　　　　　　　　　　　　나타나지 않음.
윗글에서는 유배 생활을 하는 화자의 상황, 즉 고난을 겪고 있는 상황이 드러날 뿐 그 원인이 된 사건을 구체적으로 제시하고 있지는 않다. 참고로 화자가 유배 생활을 하게 된 원인은 관직에 머물면서 국고를 탕진하고 경박한 행동을 일삼았기 때문이다.

⑤ 자연과 인간의 변화상을 묘사하여 세월의 흐름을 표현하고 있다.
　　　　　　　　　　　　나타나지 않음.
'원근산천에 홍일이 띠었으니 / 만경창파는 모두 다 금빛이라'에서 푸른 물이 금빛으로 변하는 모습을 통해 자연의 변화상을 묘사하고 있지만 이를 통해 세월의 흐름을 나타내고 있다는 것은 적절하지 않다. 또한 윗글에서 인간의 변화상을 묘사한 부분은 나타나지 않는다.

[변화상: 변화한 양상이나 실태

B 18　정답 ①　＊시어 및 구절의 의미 파악하기

㉠～㉤에 대한 이해로 가장 적절한 것은?
• ㉠: ㉠에서는 서러움을 해소하고자 하는 화자의 심정이 드러납니다.
• ㉡: ㉡에서는 귀양살이에 대한 화자의 생각이 드러납니다.
• ㉢: ㉢에서는 해가 뜬 물가의 모습에 대한 묘사가 드러납니다.
• ㉣: ㉣에서는 임금과 이별한 화자의 심정이 드러납니다.
• ㉤: ㉤에서는 화자가 낚시를 하게 된 이유가 드러납니다.
즉 ㉠～㉤에 나타난 표현상 특징과 구절의 의미를 이해한 내용 중 적절한 것을 고르는 문제입니다.

＞왜 정답?

① ㉠: '창'의 속성에 기대어 답답함을 해소하고 싶은 심정을 나타
　　　외부와 소통이 가능함.　　　　　　　'이 설움 답답할 제 여닫아나 보고지고'
내고 있다.
＊근거: ❶～❸

㉠에서 화자는 '가슴이 터져오니'라며 유배 생활을 하는 서러움과 답답함을 하소연하고, 이에 '고미장자 세살장자 완자창'을 만들어 '설움 답답할 제 여닫'고 싶다고 했다. 이때 '고미장자 세살장자 완자창'는 열고 닫을 수 있는 문과 창으로, 외부와의 소통을 가능하게 하는 대상이다. 즉, 화자는 외부와 소통이 가능한 '창'의 속성을 활용하여 자신의 답답함을 풀고 싶은 심정을 나타낸 것이다.

〔 해소하다: 어려운 일이나 문제가 되는 상태를 해결하여 없애 버리다.

>왜 오답?

② ㉡: 비교의 방식을 사용하여 ~~자신이 처한 상황의 특수성을 부각~~하고 있다.
자신의 상황을 일반화한 것임.

*근거: ❹, ❺

㉡에서 화자는 '세상 귀양 나뿐이며 인간 이별 나 혼자랴'라며 세상 사람들과 자신을 비교하며 이별한 사람이 자신뿐만은 아닐 것이라고 말하고 있다. 이는 자신이 처한 상황의 특수성을 부각하는 것이 아니라, 반대로 상황을 일반화한 것으로 볼 수 있다.

〔 특수성: 일반적이고 보편적인 것과 다른 성질

가까이 보이는 경치와 멀리 보이는 경치의 같고 다름을 비교하여
③ ㉢: ~~근경과 원경의 대조를 통해 자연의 풍광을 제시~~하고 있다.
근경과 원경을 대조하지 않음.

*근거: ⑳, ㉑

㉢에서는 원근산천에 붉은 해가 떠서 푸른 물인 '만경창파'가 '모두 다 금빛'으로 물들어 가는 모습을 묘사하고 있다. 이는 햇빛에 의해 주변이 붉게 보이는 자연의 풍광을 색의 묘사로 드러내는 시각적 심상을 통해 제시한 것으로, 근경과 원경을 대조하고 있지는 않다.

〔 근경: 가까이 보이는 경치. 또는 가까운 데서 보는 경치
원경: 멀리 보이는 경치. 또는 먼 데서 보는 경치
풍광: 산이나 들, 강, 바다 따위의 자연이나 지역의 모습

그 정도를 점점 강하게 드러내고
④ ㉣: 이별로 인한 슬픔과 그리움을 ~~점층적으로 표현~~하고 있다.
점층적으로 표현하지 않음.

*근거: ㉚, ㉛

㉣에서 화자는 '평생에 곱던 님을 천리에 이별하고 / 사랑은커녕 그리움을 견딜손가'라며 임과 이별한 슬픔과 그리움을 견디기 힘들다고 노래하고 있다. '견딜손가'에서 설의법을 통해 화자의 심정을 강조하고 있을 뿐, 점층적으로 표현하고 있지는 않다.

〔 점층적: 그 정도를 점점 강하게 하거나, 크게 하거나, 높게 하는 것

비슷한 문장 구조를 반복해서 사용하여
⑤ ㉤: ~~유사한 통사 구조를 되풀이하여 대상에 대한 부정적 인식을 강조~~하고 있다.
유사한 통사 구조를 되풀이하지 않음.

*근거: ㉜, ㉝

㉤에서 유사한 통사 구조를 반복한 부분은 나타나지 않는다. 또한 화자는 근심이 쌓여 '일간죽을 일없이 들었'다고 했을 뿐, ㉤에 나타난 대상인 '일간죽'에 대한 부정적 인식을 드러내지는 않았다.

〔 통사 구조: 문장의 구조를 이르는 말

⒝ 19 정답 ③ *〈보기〉를 바탕으로 감상하기

〈보기〉를 바탕으로 윗글을 이해한 내용으로 적절하지 않은 것은?

• 〈보기〉: 〈만언사〉에서는 '익숙한 표현'과 '관습적 의미를 지닌 소재', '대중적 고사'와 같은 텍스트 구성 방식을 활용하여 화자의 상황과 정서를 효과적으로 전달하고 있습니다.

• 윗글: 화자는 유배 생활의 고통과 잘못을 뉘우치는 애절한 심정을 노래하고 있습니다.

즉 〈만언사〉의 텍스트 구성 방식을 바탕으로 윗글에 나타난 화자의 상황과 정서를 이해한 내용 중 틀린 것을 고르는 문제입니다.

[보기]

❶〈만언사〉는 당대에 잘 알려진 상투적인 구절들을 가져와 불특정 다수 대중의 흥미와 관심에 따라 새롭게 재창조한 결과로 볼 수 있다. ❷이 작품은 아래와 같은 텍스트 구성 방식을 사용하였는데, 이는 화자의 상황과 정서를 효과적으로 전달하여 쉽고 재미
텍스트 구성 방식의 효과
있게 읽히고자 하였던 의도에 부합하는 것으로 볼 수 있다.

┌─────────────────────────────────────┐
│   〈만언사〉의 텍스트 구성 방석   │
│ ⓐ 익숙한 표현의 제시: '풍상이 섞어 치니 만물이 소슬하 │
│   ②의 내용   │
│   다', '이웃집 아이들아' 등   │
│   ③의 내용   │
│ ⓑ 관습적 의미를 지닌 소재 사용: '백구', '푸른 대', '낚시' 등 │
│   ⑤의 내용 ②의 내용 ④의 내용 │
│ ⓒ 대중적 고사 제시: 소무의 북해 고생   │
│   ①의 내용   │
│   – 북쪽 흉노 땅에 사신으로 간 한나라의 소무가 억류되 │
│   어 19년 동안 고생했던 일   │
└─────────────────────────────────────┘

상투적: 늘 써서 버릇이 되다시피 한 것
불특정: 특별히 정하지 아니함.
재창조하다: 이미 있는 것을 고치거나 새로운 방식을 써서 다시 만들어 내다.
부합하다: 부신(符信)이 꼭 들어맞듯 사물이나 현상이 서로 꼭 들어맞다.
관습적: 어떤 사회에서 오랫동안 지켜 내려와 그 사회 성원들이 널리 인정하는 질서나 풍습에 따른 것
대중적: 수많은 사람의 무리를 중심으로 한
고사: 유래가 있는 옛날의 일. 또는 그런 일을 표현한 어구
사신: 임금이나 국가의 명령을 받고 외국에 사절로 가는 신하
억류되다: 억지로 머무르게 되다.

>왜 정답?

③ '이웃집 아이들'과 같이 구체적인 시적 청자를 거명하며 말을 건네는 방식을 통해 제한된 범위의 청자에게 ~~자신의 심정을 전달하고자 하는 화자의 뜻을 드러내고~~ 있다.
낚시를 하자고 제안한 것일 뿐, 심정을 전달한 것은 아님.

*근거: ⑮~⑰

화자는 '이웃집 아이들아'라고 부른 후 '고기가 물릴 때라 낚시질 함께 가자'라고 말했다. 즉, 화자는 '이웃집 아이들'에게 말을 건넨 것은 낚시를 함께 가자고 하기 위해서이지 자신의 심정을 전달하기 위해서라고 볼 수는 없다.

〔 거명하다: 어떤 사람의 이름을 입에 올려 말하다.

>왜 오답?

① '소무의 북해 고생'과 같은 대중적 고사를 사용하여, 화자의 상황을 드러내면서 스스로를 위로하는 마음을 효과적으로 표현하고 있다.
자신도 소무처럼 돌아갈 수 있을 것이라고 위로함.

*근거: ❻, ❼

화자는 '소무'의 고사를 인용하여 북해에 억류되었던 소무와 같이 자신도 억압된 생활을 하고 있음을 드러내고 있다. 그리고 소무도 '돌아올 때 있었으니' 자신도 '귀불귀 설마 하랴'라며 돌아갈 수 있을 것이라는 희망을 드러내고 있다. 즉, 화자는 '소무'의 고사를 사용하여 유배 생활 중인 자신을 위로하는 마음을 표현한 것이다.

② '풍상이 섞어 치니 만물이 소슬하다'는 계절적 배경의 표현을 위해 흔히 사용되었던 표현으로, 이는 '성상'에 대한 화자의 태도와 연결되는 '푸른 대'의 관습적 의미를 한층 강조하고 있다.

'풍상'과 대비되어 '푸른 대'의 절개를 더욱 강조함.

근거: ⑩, ⑪

'풍상이 섞어 치니 만물이 소슬하다'는 바람과 서리가 섞어 치는 계절을 나타내는 표현으로, 오랜 세월 동안 변하지 않는 '푸른 대'의 모습과 대비된다. 이때 '푸른 대'는 관습적으로 절개를 의미하며, 성상(임금)에 대한 화자의 충성스러운 마음과 연결된다. 따라서 '풍상'은 '푸른 대'가 지닌 절개를 더욱 돋보이게 하는 계절적 배경이라고 볼 수 있다.

④ '낚시를 드리우고 무심히 앉'은 화자의 모습은 '낚시'의 관습적 의미를 연상시키는데, 이는 '취어가 아니로다 의취를 취함이라'라는 표현을 통해 구체화되고 있다.

속세를 떠나 유유자적하는 모습을 떠올리게 함.

근거: ㉒, ㉔

'낚시를 드리우고 무심히 앉'은 모습은 '낚시'의 관습적 이미지인 유유자적하는 모습과 연결된다. 이때 화자가 '취어가 아니로다 의취를 취함이라'라고 말한 것은 물고기를 잡기 위해서가 아니라 마음을 다스리기 위해 낚시하는 것이라는 의미이다. 따라서 이는 화자가 '낚시를 드리우고 무심히 앉'아 있는 것이 마음을 다스리기 위해 유유자적하는 것임을 구체적으로 드러낸다.

[연상: 하나의 관념이 다른 관념을 불러일으키는 현상

⑤ '백구'에게 말을 건네는 화자의 모습은 '백구'의 관습적 의미와 연관되어, 자연과의 합일을 지향하는 화자의 태도를 드러내고 있다.

'백구'처럼 욕심 없이 살아가고자 함.

근거: ㉗, ㉘

화자는 '백구야 날지 마라 / 성상이 버리시니 너를 좇아 예 왔노라'라고 하면서 백구에게 말을 건네고 있다. 이때 '백구'는 갈매기로, 관습적으로 욕심이 없는 순수한 마음을 의미한다. 즉, 화자는 '백구'에게 말을 걸며 백구와 같이 욕심 없이 살아가고자 하는 태도를 드러내고 있는데, 이는 '백구'로 대표되는 자연과 합일을 이루고자 하는 지향을 담고 있는 것으로 해석할 수 있다.

[합일: 둘 이상이 합하여 하나가 됨. 또는 그렇게 만듦.
[지향하다: 어떤 목표로 뜻이 쏠리어 향하다.

B 20 ~ 21 ──────────── [예상 문제]

허난설헌, 〈규원가(閨怨歌)〉

❶ 화자, 중심 대상 ❷ 상황, 정서, 태도 ❸ 표현상 특징 [시 해석]
❸: 청각적(귀로 듣는 듯한 느낌을 주는) 심상

❶돌이켜 여러 가지 일을 하나하나 생각하니
➜ 돌이켜 여러 가지 일을 하나하나 생각하니

❷이렇게 살아서 어찌할 것인가?
➜ 이렇게 살아서 어찌할 것인가?

❸불을 돌려놓고 푸른 거문고를 비스듬히 안아
화자의 외로움을 달래 주는 소재
➜ 등불을 돌려놓고 푸른 거문고를 비스듬히 안아

거문고 곡조의 한 종류
❹벽련화곡을 시름에 싸여 타니,
❷ 상황: 시름을 해소하기 위해 거문고를 탐.
➜ 벽련화 한 곡조를 시름 속에서 연주하니

❺소상강 밤비에 댓잎 소리가 섞여 들리는 듯
「 」: ❸ 직유법 – 처량하고 구슬픈 거문고 소리를 '~듯'이라는 연결어를 사용하여 빗대어 표현함.
➜ 소상강에 내리는 밤비에 대나무 잎 소리가 섞여 들리는 듯

❻망주석에 천 년 만에 찾아온 이별한 학이 울고 있는 듯
➜ 망주석에 천 년 만에 찾아온 이별한 학이 울고 있는 듯

❼아름다운 손으로 타는 솜씨는 옛 가락이 아직 남아 있지마는
➜ 아름다운 나의 손으로 거문고 타는 솜씨는 옛날 가락과 같다마는

화자가 현재 있는 곳
❽연꽃 무늬가 있는 휘장을 친 방이 텅 비었으니
화자의 외로운 처지를 드러냄.
➜ 연꽃무늬의 휘장이 드리워진 방 안이 텅 비었으니

❾누구의 귀에 들릴 것인가?
➜ 누구의 귀에 들리겠는가?

❿마음속이 굽이굽이 끊어졌도다.
❷ 정서: 홀로 있는 슬픔
➜ 마음속이 굽이굽이 끊어질 듯 애통하구나.

[망주석: 무덤 앞의 양쪽에 세우는 한 쌍의 돌기둥
[휘장: 피륙을 여러 폭으로 이어서 빙 둘러치는 장막

❶~❿행 요약: 거문고를 타며 외로움을 달램.

❶ 중심 대상: 임을 기다리는 삶
⓫차라리 잠이 들어 꿈에나 님을 보려 하니
임과의 만남을 가능하게 하는 매개체
➜ 차라리 잠이 들어 꿈에서나 임을 보려고 하였더니

⓬바람에 지는 잎과 풀 속에서 우는 벌레는
임과의 만남을 방해하는 장애물
➜ 바람에 지는 잎과 풀 속에서 우는 벌레는

⓭무슨 일이 원수가 되어 잠마저 깨우는고?
➜ 무슨 일로 원수가 되어 잠마저 깨우는가?

⓮하늘의 견우성과 직녀성은 은하수가 막혔을지라도
은하수를 경계로 서로 마주하고 있는 별. 칠월칠석날 밤에 서로 만난다는 전설이 있음.
➜ 하늘의 견우와 직녀는 은하수로 가로막혔을지라도

⓯칠월 칠석 일 년에 한 번씩 때를 어기지 않고 만나는데
❸ 대조법 – 견우직녀와 반대되는 화자의 처지를 드러냄.
➜ 칠월 칠석 일 년에 한 번씩 때를 놓치지 않고 만나는데

⓰우리 님 가신 후는 무슨 장애물이 가리었기에
➜ 우리 임 가신 데는 무슨 장애물이 가려졌기에

⓱오고 가는 소식마저 그쳤는고?
떠나간 임이 돌아오지 않고 있음.
➜ 온다 간다는 소식마저 그쳤을까?

⓲난간에 기대어 서서 님 가신 데를 바라보니
➜ 난간에 기대어 서서 임 가신 데를 바라보니

⓳풀 이슬은 맺혀 있고 저녁 구름이 지나갈 때
➜ 풀 이슬은 맺혀 있고 저녁 구름이 지나가는 때

⓴대 수풀 우거진 푸른 곳에 새 소리가 더욱 서럽다.
❸ 감정 이입(어떤 대상에 화자의 감정을 불어넣어 대상이 그 감정을 느끼는 것처럼 표현)
➜ 대나무 수풀 우거진 푸른 곳에서 들리는 새소리가 더욱 서럽다.

㉑세상에 설운 사람 많다고 하려니와
➜ 세상에 서러운 사람이 많다고 하겠지만

❶ 화자
㉒운명이 기구한 여자야 나 같은 이가 또 있을까?
❷ 상황: 떠나간 임을 기다리는 자신의 삶을 한탄함.
➜ 운명이 기구한 젊은 여자야 나 같은 이가 또 있을까?

㉓아마도 이 님의 탓으로 살동말동 하여라.
❷ 정서: 임에 대한 원망
➜ 아마도 임의 탓으로 살 듯 말 듯 하구나.

[기구하다: 세상살이가 순탄하지 못하고 가탈이 많다.

⓫~㉓행 요약: 임을 기다리며 한탄함.

⭐ 독해 공식 ─────────
❶ 화자: '나', 중심 대상: 임을 기다리는 삶
❷ 상황: 시름을 해소하기 위해 거문고를 탐. 떠나간 임을 기다리는 자신의 삶을 한탄함.
정서: 홀로 있는 슬픔을 느낌. 떠나간 임을 원망함.
❸ 표현상 특징
· 청각적(귀로 듣는 듯한 느낌을 주는) 심상과 감정 이입(어떤 대상에 화자의 감정을 불어넣어 대상이 그 감정을 느끼는 것처럼 표현)을 통해 화자의 정서를 강조하고 있음.
· 직유법(두 대상을 연결어로 결합, 직접 빗대어 표현하는 방법)을 통해 거문고 소리를 효과적으로 묘사하고 있음.
· 견우직녀와 자신의 처지를 대조하여 오지 않은 임에 대한 원망을 부각하고 있음.

- 갈래: 규방 가사   - 창작 시기: 조선 중기
- 내용: 이 작품은 규방에 갇혀 외롭게 살아가는 여인의 한을 표현한 가사이다. 이 작품에 담긴 슬픔은 조선 시대 유교 사회의 모순된 현실 속에서 여성들에게 강요된 규범으로 인한 작자 자신의 외로움과 한의 표출이라고 볼 수 있다. 전반적으로 섬세하고 애절한 서정으로 자신의 신세에 대한 한탄을 드러냈으며 임을 원망하고 그리워하면서도 우아한 품격을 잃지 않고 있다.
- 주제: 임(남편)에게 버림받은 여인의 원망과 그리움, 한탄

- 이것이 핵심!: 슬픔을 해소하기 위한 화자의 행동

'벽련화곡을 시름에 싸여 타니' : 거문고를 연주함.	→ 결과 →	'누구의 귀에 들릴 것인가?' : 듣는 사람이 없어 슬퍼함.
'잠이 들어 꿈에나 님을 보려 하니' : 잠들려 함.		'무슨 일이 원수가 되어 잠마저 깨우는고?' : 바람과 벌레 소리로 잠들지 못함.

B 20 정답 ④ *표현상 특징 파악하기

윗글에 대한 설명으로 가장 적절한 것은?

>왜 정답?

④ 부정적인 현실에 고통받는 화자의 모습이 나타나 있다.
    돌아오지 않는 임을 기다리며 슬퍼함.

*근거: ⑩, ㉒

화자는 돌아오지 않는 '님'을 기다리며 '거문고'를 연주하지만 들어줄 이가 없다는 것에 '마음속이 굽이굽이 끊어졌도다'라며 슬퍼하고 있다. 또한 '운명이 기구한 여자야 나 같은 이가 또 있을까?'라며 소식도 없는 임을 기다리는 자신의 삶을 한탄하고 있다. 이를 통해 돌아오지 않는 임을 기다리는 현실에 고통받고 있는 화자의 모습이 나타나고 있다.

>왜 오답?

① 화자는 정서를 직접 노출하는 것을 꺼리고 있다.
                        정서를 직접적으로 드러냄.

*근거: ⑩, ㉓

화자는 '마음속이 굽이굽이 끊어졌도다.'라며 슬픔을 드러내는 한편 '이 님의 탓으로 살동말동 하여라.'라며 임에 대한 원망을 직접적으로 표출하고 있으므로, 정서를 직접 노출하는 것을 꺼리고 있다는 것은 적절하지 않다.

〔 노출하다: 겉으로 드러내다.

② 감각적 이미지를 통해 계절의 변화를 드러내고 있다.
                              나타나지 않음.

윗글에서는 '댓잎 소리', '우는 벌레', '새 소리' 등에서 청각적 심상을 활용하고 있다. 그러나 이는 화자의 정서를 드러내는 역할을 할 뿐, 계절의 변화를 드러내고 있지는 않다.

〔 감각적 이미지: 우리가 느낄 수 있는 감각(시각·청각·후각·미각·촉각)과 관련하여, 시어에 의해 마음속에 떠오르는 구체적이고 선명한 인상

③ 과거의 상황을 제시하여 화자의 정서를 드러내고 있다.
        나타나지 않음.

윗글에는 현재 화자의 심정과 상황만 제시되어 있을 뿐, 과거의 상황에 대해 이야기하는 내용은 나타나지 않는다.

⑤ 생계와 관련된 소재를 활용하여 섬세한 감정을 표현하고 있다.
        나타나지 않음.

화자는 거문고를 타며 외로움을 달래려 하고, 꿈에서나마 임을 보고 싶어 하지만 잠들지 못해 안타까워하면서 자신의 감정을 섬세하게 드러내고 있다. 그러나 윗글에서는 '거문고'와 같은 소재와 자연물 등을 활용하고 있을 뿐 생계와 관련된 소재는 활용하고 있지 않다.

〔 생계: 살림을 살아 나갈 방도. 또는 현재 살림을 살아가고 있는 형편

B 21 정답 ② *〈보기〉를 바탕으로 감상하기

〈보기〉를 바탕으로 윗글을 이해한 내용으로 적절하지 않은 것은?

- 〈보기〉: 조선 사회에서는 '칠거지악'을 이용하여 여성들이 운명에 저항하지 못하도록 억압했고, 이로 인해 여성들은 소극적이거나 자신의 운명에 체념하며 살아갔습니다.
- 윗글: 떠나간 임을 기다리며 규방에 갇혀 외롭게 살아가는 여인의 한을 노래하고 있습니다.

즉 〈보기〉에 드러난 조선 사회에서의 여성의 삶을 바탕으로 윗글에 나타난 화자의 모습을 이해한 내용 중 틀린 것을 고르는 문제입니다.

[보기]

❶조선 사회에서는 시부모에게 불손하고, 자식이 없고, 행실이 음탕하고, 투기하고, 몹쓸 병을 지니고, 말이 지나치게 많고, 도둑질을 하는 것 등의 '칠거지악(七去之惡)'을 아내를 내쫓을 수 있 (칠거지악의 내용) 는 이유로 내세웠다. ❷이는 당대 여성들을 옭아매고 여성들로 하 ④의 근거 여금 자신의 운명에 저항하지 못하게 만들었다. ❸그런 연유로 여 성들은 길들여졌고, 길들여짐을 통해 소극적인 태도를 보이거나 ③, ⑤의 근거 자신의 운명에 체념하며 살아가게 되었다.

불손하다: 말이나 행동 따위가 버릇없거나 겸손하지 못하다.
음탕하다: 음란하고 방탕하다.
투기하다: 부부 사이나 사랑하는 이성(異性) 사이에서 상대되는 이성이 다른 이성을 좋아할 경우에 지나치게 시기하다.
옭아매다: 자유롭지 못하게 구속하다.
저항하다: 어떤 힘이나 조건에 굽히지 아니하고 거역하거나 버티다.
연유: 일의 까닭
소극적: 스스로 앞으로 나아가거나 상황을 개선하려는 기백이 부족하고 비활동적인 것
체념하다: 희망을 버리고 아주 단념하다.

>왜 정답?

② '세상에 설운 사람 많다고 하려니와'라는 표현을 통해서 당시 '님'을 잃고 괴로워하는 여성들이 많았음을 짐작할 수 있어.
    세상의 많은 서러운 사람보다 자신이 더 불쌍하다고 강조함.

*근거: ㉑, ㉒

'세상에 설운 사람 많다고 하려니와 / 운명이 기구한 여자야 나 같은 이가 또 있을까?'는 세상에 서러운 사람이 많다고 하지만 자신만큼 불쌍한 여자는 없다는 의미이다. 즉, '세상에 설운 사람 많다고 하려니와'는 화자의 서러움을 강조하기 위한 표현으로, 이를 통해 '님'을 잃고 괴로워하는 여인이 많았음을 짐작하는 것은 적절하지 않다.

>왜 오답?

① 자신의 거문고 연주조차 '님'이 듣지 않으면 의미 없는 것으로 생각하는 화자의 인식이 안타까워.
    '아름다운 손으로 타는 솜씨는 ~ 누구의 귀에 들릴 것인가?'

*근거: ❼~❾

화자는 '아름다운 손으로 타는 솜씨는 옛 가락이 아직 남아 있지'만 '누구의 귀에 들릴 것인가?'라며 슬퍼하고 있다. 화자는 떠나간 임을 기다리고 있는 상황으로, 자신의 거문고 연주를 들어줄 임이 곁에 없음에 슬퍼하는 것이다. 즉, 화자는 거문고 연주를 들어줄 임이 없기 때문에 자신의 연주가 의미 없다고 생각하는 것으로 볼 수 있다.

③ '아마도 이 님의 탓으로 살동말동 하여라.'라는 표현을 통해 '님'의 존재 여부를 삶의 의미와 관련짓는 여성들의 <u>수동적 가치관</u>을 확인할 수 있어.

'님'이 없어서 자신이 사는 듯 마는 듯하다고 표현함.

* 근거: ㉓, 〈보기〉 ❸ 문장

'아마도 이 님의 탓으로 살동말동 하여라.'는 떠나서 돌아오지 않는 임의 탓으로 살 듯 말 듯 하다는 의미이다. 즉, 화자는 임이 없어서 자신이 사는 듯 마는 듯하다고 표현하며 자신의 삶의 의미를 '님'의 존재 여부와 연결하고 있다. 따라서 이를 통해 당시 여성들의 수동적 가치관이 드러난다고 볼 수 있다.

〔 수동적: 스스로 움직이지 않고 다른 것의 작용을 받아 움직이는

④ '이렇게 살아서 어찌할 것인가?'라고 한탄하면서도 <u>꿈속에서라도 '님'을 만나려 하고, 소식을 기다리는 모습</u>에서 운명에 저항하지 못하고 길들여진 여성의 면모가 드러나.

'잠이 들어 꿈에나 님을 보려 하니', '우리 님 가신 후는 ~ 소식마저 그쳤는고?'

* 근거: ❷, ⑪, ⑯, ⑰, 〈보기〉 ❷ 문장

화자는 '이렇게 살아서 어찌할 것인가?'라며 떠나간 임을 기다리는 자신의 처지를 한탄한다. 하지만 이내 '차라리 잠이 들어 꿈에나 님을 보려 하'고, '우리 님 가신 후는 무슨 장애물이 가리었기에 / 오고 가는 소식마저 그쳤는고?'라며 임을 애타게 기다린다. 따라서 이를 통해 떠나간 임을 기다리며 자신의 신세를 한탄하면서도 그러한 처지에 저항하지 못하는 당시 여성의 면모가 나타난다고 볼 수 있다.

⑤ 떠나고서 아무 소식 없이 돌아오지 않는 '님'을 찾지 않고 그저 <u>안타까워하는 화자의 모습</u>은 조선 사회에서 살아가는 여성의 체념적인 면모를 보여 주고 있어.

'운명이 기구한 여자야 나 같은 이가 또 있을까?'

* 근거: ⑰, ㉒, 〈보기〉 ❸ 문장

임은 '오고 가는 소식마저 그쳤'지만, 화자는 떠나고서는 소식 없이 돌아오지 않는 임을 여전히 기다리며 서러워하고, '운명이 기구한 여자야 나 같은 이가 또 있을까?'라면서 자신의 처지를 한탄하고 있을 뿐이다. 이를 통해 자신의 처지를 안타까워하기만 하는 소극적이고 체념적인 당시 여성의 모습이 나타나고 있다.

B 22 ~ 25   [2016 대비/사관학교(B) 37~40]

(가) 이황, 〈도산십이곡(陶山十二曲)〉

❶ 화자, 중심 대상   ❷ 상황, 정서, 태도   ❸ 표현상 특징   [고어 읽기] [시 해석]

    청산는   엇졔ᄒᆞ야   만고애   프르르며
❶「청산(靑山)는 엇졔ᄒᆞ야 만고(萬古)애 프르르며」
자연의 불변성   「 」: ❷ 상황 – '청산'과 '유수'에 대해 이야기함.   ❸ 대구법(비슷한 문장 구조를 짝을 맞추어 늘어놓는 방법)
➜ 푸른 산은 어찌하여 아주 오랜 세월 동안 푸르며

〔 청산: 풀과 나무가 무성한 푸른 산
  만고: 아주 오랜 세월 동안

             * 초장(❶) 요약: 오래도록 푸른 산

    유수는   엇졔ᄒᆞ야   주야애   긋지   아니ᄂᆞᆫ고
❷「유수(流水)는 엇졔ᄒᆞ야 주야(晝夜)애 긋디 아니ᄂᆞᆫ고」
자연의 불변성   ❸ 설의법(쉽게 판단할 수 있는 것을 물음의 형식으로 표현하는 방법)
➜ 흐르는 물은 어찌하여 밤낮으로 그치지 아니하는가?

〔 유수: 흐르는 물
  주야: 밤과 낮을 아울러 이르는 말

             * 중장(❷) 요약: 끊임없이 흐르는 물

    우리도   그치지   마라   만고상청   호리라
                  ❶ 중심 대상: 학문 수양에 대한 의지
❸ 우리도 그치디 마라 만고상청(萬古常靑) 호리라
   ❶ 화자   ❷ 태도: 교훈적, 의지적
➜ 우리도 그치지 말아 저 산과 물처럼 영원히 푸르리라.

〔 만고상청: 아주 오랜 세월 동안 변함없이 언제나 푸름.

             * 종장(❸) 요약: 한결같이 학문을 수양하려는 의지

🌟 (가) 독해 공식
❶ 화자: '우리', 중심 대상: 학문 수양에 대한 의지
❷ 상황: '청산'과 '유수'에 대해 이야기함.
  태도: 교훈적, 의지적(학문 수양에 대한 의지와 교훈을 전하려 함.)
❸ 표현상 특징
• 대구법(비슷한 문장 구조를 짝을 맞추어 늘어놓는 방법)을 활용하여 운율을 형성하고 있음.
• 설의법(쉽게 판단할 수 있는 것을 물음의 형식으로 표현하는 방법)을 통해 대상의 속성을 강조하고 있음.

■ 갈래: 평시조, 연시조   ■ 창작 시기: 조선 전기
■ 내용: 이 작품은 퇴계 이황이 말년에 안동에 도산서원을 세우고 후학들을 양성하며 지낼 때, 자연에 대한 감흥과 학문의 경지에 대해 노래한 전 12수의 연시조이다. 제시된 부분은 11수로, 끊임없는 학문 수양에의 의지를 '청산'과 '유수'에 비유하여 노래하고 있다.
■ 주제: 학문에 정진하고자 하는 다짐

■ 이것이 핵심!: 화자의 태도

청산과 유수처럼 한결같고자 함.   • 청산: 오랜 세월 동안 푸름.
우리   • 유수: 끊임없이 흐름.

(나) 황진이, 〈청산(靑山)은 내 뜻이오〉

❶ 화자, 중심 대상   ❷ 상황, 정서, 태도   ❸ 표현상 특징   [옛말 읽기] [시 해석]

    청산는   내 뜻이오   녹수는   임의 정이   ▨: ❶ 중심 대상
    화자   ❶ 화자: '나'   임
❶ 청산(靑山)은 내 뜻이오 녹수(綠水)는 님의 정(情)이
  ❸ 은유법 – 화자를 '청산', 임을 '녹수'에 빗댐. 대구법(비슷한 문장 구조를 짝을 맞추어 늘어놓는 방법)
➜ 푸른 산은 내 뜻이오, 푸른 시냇물은 임의 정이니

〔 청산: 풀과 나무가 무성한 푸른 산
  녹수: 푸른 물

             * 초장(❶) 요약: 산과 물에 자신과 임을 비유함.

   녹수   흘너간들   청산이야   변할손가
                      ❸ 설의법(쉽게 판단할 수 있는 것을 물음의 형식으로 표현하는 방법)
❷「녹수(綠水) 흘너간들 청산(靑山)이냐 변(變)홀손가」
  ❷ 상황: 녹수가 흘러가 버림. → 임이 떠나감.   「 」: ❸ 대조법 – 녹수 ↔ 청산
➜ 푸른 시냇물은 흘러가 버리지만 푸른 산이야 (푸른 시냇물처럼) 변하겠는가?

             * 중장(❷) 요약: 물이 떠나도 산은 변함없음.

   녹수도   청산을   못 이져 우러 예어 가는고
❸ 녹수(綠水)도 청산(靑山)을 못 니져 우러 예어 가는고
           ❷ 정서: 임이 자신을 잊지 않기를 바람.
➜ 푸른 시냇물도 푸른 산을 못 잊어 울며 흘러가는구나.

             * 종장(❸) 요약: 물도 아쉬워하며 흘러감.

🌟 (나) 독해 공식
❶ 화자: '나', 중심 대상: 청산, 녹수
❷ 상황: 녹수가 흘러가 버림.(임이 떠나감.)
  정서: 임이 자신을 잊지 않기를 바람.
❸ 표현상 특징
• 은유법(대상을 암시적으로 비유하는 방법)을 통해 화자와 임의 상황을 상징적(추상적인 개념을 구체적인 대상으로 나타내는 것)으로 드러내고 있음.
• 대구법(비슷한 문장 구조를 짝을 맞추어 늘어놓는 방법)을 통해 운율을 형성하고 있음.
• 대조법(서로 반대되는 대상을 내세워 의미를 강조하는 방법)과 설의법(쉽게 판단할 수 있는 것을 물음의 형식으로 표현하는 방법)을 통해 화자의 정서를 강조하고 있음.

■ 갈래: 평시조, 단시조   ■ 창작 시기: 조선 전기
■ 내용: 이 작품은 푸른 산처럼 변치 않는 사랑을 간직한 여인의 마음을 노래한 시조이다. 임이 비록 푸른 물처럼 자신을 지나쳐 흘러가더라도, 자신은 푸른 산처럼 변치 않는 사랑을 간직하겠노라 다짐하면서 물처럼 흘러가는 임도 자신에 대한 연정을 품고 이별을 슬퍼해 주기를 바라는 복잡하고도 애틋한 마음을 솔직하게 표현하고 있다.
■ 주제: '임'에 대한 변함없는 사랑

■ 이것이 핵심!: 시어의 대비

청산		녹수
변하지 않음. → 화자의 변함없는 마음을 상징	대비	변화함. → 임의 변화무쌍한 마음을 상징

(다) 정철, 〈속미인곡(續美人曲)〉

❶ 화자, 중심 대상 ❷ 상황, 정서, 태도 ❸ 표현상 특징 고어 읽기 시 해석
□ : ❸ 설의법(쉽게 판단할 수 있는 것을 물음의 형식으로 표현하는 방법)

님다히   소식을   아므려나   아자 하니
❶ 님다히 쇼식(消息)을 아므려나 아쟈 ㅎ니
❶ 중심 대상
❷ 상황: 이별한 임의 소식을 듣고자 함.
→ 임 계신 곳의 소식을 어떻게 해서라도 알려고 하니

오늘도   거의로다   내일이나   사람 올가
❷ 오늘도/거의로다/니일이나/사람 올가
❸ 4음보
→ 오늘도 거의 저물었구나. 내일이나 (임의 소식 전해 줄) 사람이 올까?

내 마음 둘 데 업다 어드로로   가잣 말고
❸ 내 ㅁ움 둘 띠 업다 어드로로 가잣 말고
❶ 화자: '나'(을녀)
→ 내 마음 둘 곳이 없다. 어디로 가자는 말인가?

잡거니 밀거니   놉픈 뫼헤   올라가니
❹ 잡거니 밀거니 놉픈 뫼히 올라가니
임의 소식을 전해 줄 사람이 오는지 보기 위해 산에 올라감.
→ 잡기도 하고 밀기도 하면서 높은 산에 올라가니

구롬은커니와   안개는   무스 일고
❺ 구롬은커니와 안개는 ㅁ스 일고
□ : 임의 소식을 가로막는 방해물
→ 구름은 물론이거니와 안개는 무슨 일로 저렇게 끼어 있는가?

산천이   어둡거니   일월을   엇지 보며
❻ 산천(山川)이 어둡거니 일월(日月)을 엇디 보며
→ 산천이 어두운데 해와 달은 어떻게 바라보며

지척을   모르거든   천리를   바라보랴
❼ 지척(咫尺)을 모르거든 천리(千里)를 브라보랴
임과 멀리 떨어져 있음.
→ 눈앞의 가까운 곳도 모르는데 천 리나 되는 먼 곳을 바라볼 수 있으랴?

찰하리 물가의 가   배길이나   보랴 하니
❽ 출하리 믈고의 가 비길이나 보랴 ㅎ니
임이 보고 싶어 뱃길을 보려 함.
→ 차라리 물가에 가서 뱃길이나 보려고 하니

바람이야   물결이야   어둥정   된저이고
❾ 브람이야 믈결이야 어둥정 된뎌이고
□ : 재회를 가로막는 방해물
→ 바람과 물결로 어리둥절하게 되었구나.

사공은   어데 가고 뷘 배만   걸렷는고
❿ 샤공은 어듸 가고 뷘 비만 걸렷눈고
→ 뱃사공은 어디 가고 빈 배만 걸려 있는가?

강천의   혼자 서서   지는 해를   구버보니
⓫ 강텬(江天)의 혼자 셔셔 디는 히를 구버보니
→ 강가에 혼자 서서 지는 해를 굽어보니

님다히   소식이   더욱   아득한저이고
⓬ 님다히 쇼식(消息)이 더옥 아득ㅎ뎌이고
❷ 정서: 임의 소식을 알 수 없어 탄식함.
→ 임 계신 곳의 소식이 더욱 아득하구나.

님다히: 임 계신 곳
일월: 해와 달을 아울러 이르는 말
지척: 아주 가까운 거리
어둥정: 어리둥절하게
강천: 멀리 보이는, 강 위의 하늘

＊❶～⓬행 요약: 임의 소식을 알고 싶어 하는 을녀

모첨   찬 자리의   밤중만   도라오니
⓭ 모첨(茅簷) 촌 자리의 밤듕만 도라오니
임이 없어서 자리가 차게 느껴짐.
→ 초가집 찬 잠자리에 한밤이 돌아오니

반벽청등은   눌 위하야   밝갓는고
⓮ 반벽청등(半壁靑燈)은 눌 위ㅎ야 불갓눈고
화자의 외로움을 부각하는 소재
→ 벽 가운데 걸려 있는 푸른 등불은 누구를 위하여 밝게 켜져 있는가?

오르며   나리며   헤뜨며   바니니
⓯ 오르며 느리며 헤쓰며 바니니
임에 대한 그리움으로 방황하는 모습
→ 오르고 내리고 헤매며 방황하니

져근덧   역진하야   풋좀을 잠간 드니
⓰ 져근덧 녁진(力盡)ㅎ야 풋줌을 잠간 드니
잠깐
→ 잠깐 사이에 힘이 다하여 풋잠을 잠깐 드니

정성이   지극하야   꿈의 님을 보니
⓱ 「정셩(精誠)이 지극ㅎ야 꿈의 님을 보니
「」: ❷ 상황 – 꿈에서 임을 만남. 임과의 만남이 가능한 매개체
→ 정성이 지극하여 꿈에서 임을 보니

옥 가튼   얼굴이 반이나마   늘거세라
⓲ 옥 ㄱ튼 얼굴이 반(半)이나마 늘거셰라」
→ 옥과 같이 곱던 모습이 반도 넘게 늙었구나.

마음의   머근 말슴 슬카장   살쟈 하니
⓳ ㅁ옴의 머근 말솜 슬ㅋ장 솖쟈 ㅎ니
실컷
→ 마음속에 품은 생각을 실컷 말하려고 하였더니

눈물이   바라나니   말슴인들   어이 하며
⓴ 눈믈이 바라나니 말솜인들 어이 ㅎ며
→ 눈물이 쏟아지니 말인들 어찌하며

정을   못 다하야   목이조차   메여하니
㉑ 정(情)을 못 다ㅎ야 목이조차 메여ㅎ니
→ 정회도 못 다 풀어 목조차 메이니

임에 대한 그리움과 사랑

오전된   계성의   잠은 엇지   깨돗던고
㉒ 오뎐된 계셩(鷄聲)의 좀은 엇디 찌돗던고
임을 본 것이 꿈이었음을 깨닫게 하는 소재
→ 방정맞은 닭 소리에 잠은 어찌 깨 버렸는가?

모첨: 초가집
반벽청등: 벽 가운데 걸려 있는 등불
역진: 힘이 다하여 지침.
삶다: 웃어른에게 말씀을 올린다는 뜻인 '사뢰다'의 방언
오뎐되다: '방정맞다'의 옛말
계성: 닭의 울음소리

＊⓭～㉒행 요약: 독수공방하는 을녀의 애달픈 심정

어와   허사로다   이 님이 어데   간고
㉓ 어와 허亽(虛事)로다 이 님이 어디 간고
❷ 정서: 임을 볼 수 없는 안타까움
→ 아아 다 허망한 일이로다. 이 임이 어디 갔는가?

결의 이러 안자 창을   열고 바라보니
㉔ 결의 니러 안자 창(窓)을 열고 브라보니
→ 잠결에 일어나 앉아 창을 열고 바라보니

어엿븐 그림재 날 조츨 뿐이로다
㉕ 어엿븐 그림재 날 조출 뿐이로다
화자의 그림자 → 화자의 쓸쓸한 모습을 드러냄.
→ 불쌍한 그림자만이 나를 좇을 뿐이로다.

찰하리   쇠여지여   낙월이나   되야 이셔
㉖ 출하리 싀여디여 낙월(落月)이나 되야 이셔
을녀가 되고자 하는 대상 – 멀리서 바라보는 소극적 사랑을 의미함.
→ 차라리 죽어서 지는 달이라도 되어서

님 겨신 창   안헤   번드시   비최리라
㉗ 님 겨신 창(窓) 안히 번드시 비최리라
❷ 정서: 죽어서라도 임의 곁에 있고 싶어 함.
→ 임 계신 창 안에 환하게 비치리라.

각시님   달이야커니와   구즌비나   되소서
㉘ 각시님 둘 이야ㅋ니와 구즌비나 되쇼셔
갑녀가 을녀에게 제안하는 대상 – 직접 닿을 수 있는 적극적 사랑을 의미함.
갑녀의 위로 → ❸ 대화 형식
→ 각시님 달은커녕 궂은비나 되옵소서.

허사: 보람을 얻지 못하고 쓸데없이 한 노력
어엿브다: '불쌍하다'의 옛말   싀어디다: '죽다', '사라지다'의 옛말

＊㉓～㉘행 요약: 을녀의 하소연과 갑녀의 위로

✪ (다) 독해 공식
❶ 화자: '나'(을녀), 중심 대상: '님'(임)
❷ 상황: 이별한 임의 소식을 듣고자 함. 꿈에서 임을 만남.
정서: 임의 소식을 알 수 없어 탄식함. 임을 볼 수 없어 안타까워함. 죽어서라도 임의 곁에 있고 싶어 함.
❸ 표현상 특징
• 대화 형식을 통해 시상을 전개하고 있음.
• 4음보의 율격을 사용하여 운율을 형성하고 있음.
• 설의법(쉽게 판단할 수 있는 것을 물음의 형식으로 표현하는 방법)을 통해 시적 상황을 강조하고 있음.

■ 갈래: 양반 가사, 서정 가사   ■ 창작 시기: 조선 중기
■ 내용: 이 작품은 〈사미인곡〉의 속편으로, 작가가 동인(東人)의 탄핵을 받고 낙향해 있을 때에 임금을 그리워하는 마음을 두 여인의 대화 형식을 빌려 노래한 가사이다. 순수한 우리말의 구사가 절묘하며 대화 형식으로 구성하여 문학성이 우수하다고 평가받고 있다. 작가는 작품에 등장하는 두 여인을 통해 비탄에 빠지지 않도록 자신을 제어하는 모습과 임금을 걱정하는 충신으로서의 모습을 드러내고 있다.
■ 주제: 임에 대한 그리움, 연군지정(戀君之情)

■ 이것이 핵심! 화자의 태도

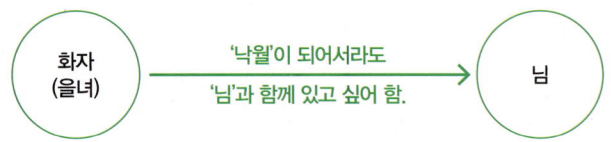

화자 (을녀) —— '낙월'이 되어서라도 '님'과 함께 있고 싶어 함. —→ 님

B 22 정답 ② *표현상 특징 파악하기

(가)~(다)의 공통점으로 가장 적절한 것은?

> 왜 정답 ?
② 4음보의 율격을 바탕으로 시상을 전개하고 있다.
~~한 행을 4번씩 끊어 읽는 형식에 따라 시의 내용이 진행되고~~
(가)~(다) 모두 4음보의 율격을 사용함.
*근거: (가) ❶, (나) ❶, (다) ❶
(가)~(다)의 모든 행은 한 행을 4번씩 끊어 읽도록 구성되어 있다. 대표적으로 (가)의 1행인 '청산는/엇뎨ᄒᆞ야/만고애/프르르며'와 (나)의 1행인 '청산은/내 쓷이오/녹수는/님의 정이', (다)의 1행인 '님다히/쇼식을/아므려나/아쟈 ᄒᆞ니'를 살펴보면 (가)~(다)가 모두 4음보의 율격을 가지고 있음을 알 수 있다.

[음보: 시에 있어서 운율을 이루는 기본 단위
  율격: 한시(漢詩)의 구성법에서 언어와 음률을 가장 음악적으로 이용한 격식

> 왜 오답 ?
① ~~대상의 부재에서 느끼는 안타까움이 드러나 있다.~~
(다)만 해당함.
*근거: (가) ×, (나) ×, (다) ❷❸
(나)는 '녹수 흘너간들', (다)는 '이 님이 어듸 간고'를 통해 중심 대상인 임이 부재한 상황이 드러나고 있다. 하지만 (다)에서만 '어와 허ᄉ로다'를 통해 임의 부재로 인한 안타까움이 나타나 있다. (가)는 대상의 부재와는 무관한 내용이다.

[부재: 그곳에 있지 아니함.

③ ~~계절감을 주는 어휘로 시적 분위기를 조성하고 있다.~~
나타나지 않음.
(가)~(다) 모두 계절감을 드러내는 어휘는 나타나지 않는다.

④ ~~대상에 감정을 이입하여 화자의 애상감을 표현하고 있다.~~
자신의 감정을 대상이 똑같이 느끼는 것처럼 표현하여
나타나지 않음.
(가)~(다) 모두 대상에 감정을 이입하는 방식은 나타나지 않는다.

[애상감: 슬퍼하거나 가슴 아파하는 감정

---

⑤ ~~명령적 어조를 통해 현실에 대한 비판 의식을 드러내고 있다.~~
나타나지 않음.
(가)~(다) 모두 다른 사람에게 무엇을 하도록 시키는 명령적 어조는 나타나지 않는다.

[명령적 어조: 다른 사람에게 무엇을 하게 시키는 말투. '-어라', '-아라' 등의 어미를 활용한다.
  비판 의식: 현상이나 사물의 옳고 그름을 판단하여 밝히거나 잘못된 점을 지적하려는 인식

B 23 정답 ⑤ *작품 비교하기

(가)와 (나)를 감상한 내용으로 적절하지 않은 것은?

> 왜 정답 ?
⑤ (가)와 (나)의 화자는 모두 시간의 경과 속에서 느끼는 인간의 허무감을 극복하려는 의지를 표출하고 있군.
허무감이나, 허무감을 극복하려는 의지는 드러나지 않음.
*근거: (가) ❸, (나) ❷
(가)의 화자는 '우리도 그치디 마라 만고상청 호리라'라며 학문 수양의 의지를 드러내고 있고, (나)의 화자는 '녹수 흘너간들 청산이냐 변홀손가'라며 임을 향한 변함없는 사랑을 노래하고 있다. 즉, (가)와 (나)의 화자는 모두 시간의 경과 속에서 인간의 허무감을 느낀다고 볼 수 없으며, 따라서 이를 극복하려는 의지를 표출하고 있다는 것도 적절하지 않다.

[경과: 시간이 지나감.
  허무감: ① 무가치하고 무의미하게 느껴져 매우 허전하고 쓸쓸한 느낌 ② 헛되거나 보잘것없는 느낌

> 왜 오답 ?
① (가)는 초장과 중장의 대구를 통해 '청산'과 '유수'의 유사한 속성을 드러내고 있군.
자연의 불변성을 드러냄.
*근거: (가) ❶, ❷
(가)의 초장과 중장은 '-는 엇뎨ᄒᆞ야 -애 ~며/~고'라는 비슷한 문장 구조를 활용하여 대구를 이루고 있다. 이를 통해 변함없이 푸른 '산'과 끊임없이 흐르는 '물'이 지닌 변하지 않는 속성을 효과적으로 드러내고 있다.

[대구: 비슷한 어조나 어세를 가진 것으로 짝 지은 둘 이상의 글귀
  유사하다: 서로 비슷하다.

② (나)의 화자는 '청산'을 자신과, '녹수'를 '님'과 동일시하여 대비하고 있군.
'청산은 내 뜻', '녹수는 님의 정'으로 표현함.
*근거: (나) ❶, ❷
(나)의 초장에서 화자는 '청산은 내 쓷이오 녹수는 님의 정'이라고 표현하여 '청산'을 자신과, '녹수'를 임과 동일시하고 있다. 그리고 중장에서는 '녹수 흘너간들 청산이냐 변홀손가'라며 흘러가는 속성으로 인해 언제든 변할 수 있는 '녹수'와 변하지 않는 '청산'을 대비하고 있다.

[동일시하다: 둘 이상의 것을 똑같은 것으로 보다.

③ (나)의 화자는 설의적 표현을 통해 자신이 주목한 대상의 특성을 강조하고 있군.
'청산'의 변하지 않는 특성을 강조함.
*근거: (나) ❷
(나)는 '녹수 흘너간들 청산이냐 변홀손가'는 '녹수가 흘러간들 청산이야 변하겠는가?'라는 의미로, '-손가(겠는가)'라는 설의적 표현을 사용하여 흘러가는 속성으로 인해 변하는 '녹수'와 대비되는, 변하지 않는 '청산'의 특성을 강조하고 있다.

[설의적 표현: 쉽게 판단할 수 있는 사실을 의문의 형식으로 표현하여 상대편이 스스로 판단하게 하는 표현

④ (가)와 (나)의 화자는 물의 흘러가는 속성에서 각기 다른 시적
의미를 도출하고 있군. 시에서 나타내고자 하는 뜻을 서로 다르게 이끌어 내고 (가)에서는 불변성을, (나)에서는 가변성을 도출함.

*근거: (가) ❷, (나) ❷

(가)의 '유수'에서 물은 '주야애 긋디 아니'하고 끊임없이 흐르는 불변의 속성을
지니고 있다. 반면 (나)의 '녹수'에서 물은 '흘너'가며 떠나는 가변의 속성을 지니
고 있다. 즉, (가)에서는 물의 흘러가는 속성에서 변하지 않는다는 의미를 이끌어
내고, (나)에서는 물의 흘러가는 속성에서 변한다는 의미를 이끌어 내고 있다. 이
는 물의 흘러가는 속성에서 정반대의 시적 의미를 도출한 것이다.

〔도출하다: 판단이나 결론 따위를 이끌어 내다.

B 24 정답 ② *〈보기〉를 바탕으로 감상하기

〈보기〉의 [A]에 들어갈 내용으로 적절한 것은?

• 〈보기〉: '님'을 상실한 경우, '나'가 있는 장소와 '님'이 있는 장소는 구별됩니다.
이는 '나'가 '님'이 있는 장소에서 이탈한 경우와, '님'이 '나'가 있는 장소에서 이
탈한 경우로 나눌 수 있습니다.

• [A]: (나)에서 '나'와 '님'이 헤어져 장소가 구별되는 상황이 어떤 경우인지 설명
해야 합니다.

즉 〈보기〉에 제시된 '나'와 '님'의 장소가 구별되는 경우를 바탕으로 (나)에서
'나'와 '님'의 장소가 어떻게 구별되는지 설명한 내용으로 적절한 것을 고르
는 문제입니다.

[보기]

❶'님'의 상실을 전제로 한 애정 시가의 경우 「'나'가 있는 장소인
'여기'와 '님'이 있는 장소인 '거기'가 구별된다. 」❷ 그리고 이를 바탕 「 」: ④, ⑤의 근거 ①, ③의 근거
으로 시적 상황을 분석해 보면, '님'은 제자리에 있고 '나'가 '거기'
에서 이탈한 경우와 '나'는 제자리에 있는데 '님'이 '여기'에서 이탈
한 경우로 나눌 수 있다. (나)의 경우: '녹수 흘너간들 청산이야 변홀손가', ②의 근거
❸이러한 관점에서 (나)를 감상해 본다면 '님'의 상실은 ___[A]___
이라는 상황 인식을 담고 있는 것으로 볼 수 있다.

상실: 어떤 사람과 관계가 끊어지거나 헤어지게 됨.
전제: 어떠한 사물이나 현상을 이루기 위하여 먼저 내세우는 것
이탈하다: 어떤 범위나 대열 따위에서 떨어져 나오거나 떨어져 나가다.

> 왜 정답 ?

② '님'이 '여기'를 이탈했기 때문
'님'으로 비유되는 '녹수'가 흘러감.

근거: (나) ❷, 〈보기〉 ❷ 문장

(나)의 '녹수 흘너간들 청산이야 변홀손가'에서 화자의 마음을 의미하는 '청산'은
변함이 없지만, 임의 마음을 의미하는 '녹수'는 흘러갔다고 했다. 이는 〈보기〉에
서 말한 "'나'는 제자리에 있는데 '님'이 '여기'에서 이탈한 경우'에 해당한다. 즉,
(나)에서의 '님'의 상실은 '님'이 '나'가 있는 '여기'를 떠나갔기 때문에 일어났다고
볼 수 있다.

> 왜 오답 ?

① '나'가 '거기'로 돌아갔기 때문
"'님'의 상실'의 상황이 아님.

*근거: 〈보기〉 ❶ 문장

〈보기〉에 따르면 '거기'는 "'님'이 있는 장소'를 의미한다. 즉, '나'가 '거기'로 돌아
갔다는 것은 '님'의 상실의 상황이 아닌, '님'을 만나는 상황에 해당하므로 [A]에
들어가기에 적절하지 않다.

③ '나'와 '님'이 '거기'로 돌아가지 못하기 때문
'거기'는 이미 '님'이 있는 장소라는 의미를 가짐.

*근거: 〈보기〉 ❶ 문장

〈보기〉에 따르면 '거기'는 "'님'이 있는 장소'를 의미한다. 즉, '거기'는 이미 '님'이
있는 장소이기 때문에 '나'와 '님'이 '거기'로 돌아가지 못한다는 설명은 적절하지
않다.

④ '나'가 '여기'를, '님'이 '거기'를 이탈했기 때문
"'님'의 상실'의 상황이 아님.

*근거: 〈보기〉 ❶ 문장

〈보기〉에 따르면 "'나'가 있는 장소는 '여기', "'님'이 있는 장소는 '거기'이다. 그러
나 '나'가 자신이 있는 장소를 떠나거나, '님'이 '님'이 있던 장소를 떠나는 것은
'님'의 상실을 전제로 한 상황이 아니므로 [A]에 들어가기에 적절하지 않다.

⑤ '나'와 '님'이 '여기'에서 '거기'로 이탈했기 때문
"'님'의 상실'의 상황이 아님.

*근거: 〈보기〉 ❶ 문장

〈보기〉에 따르면 "'나'가 있는 장소는 '여기', "'님'이 있는 장소는 '거기'이다. 이
때 '나'와 '님'이 '나'가 있는 장소를 떠나 '님'이 있는 장소로 떠난 것은 결국 함
께 간 것으로 '님'의 상실을 전제로 한 상황이 아니므로 [A]에 들어가기에 적절
하지 않다.

1등급 풀이 Tip

〈보기〉에서는 '나'와 '님'에 대해 설명하고 있지만, (나)에서는 '청산'과 '녹수'의 상
황에 대해 이야기하고 있다. 따라서 '청산'과 '녹수'가 각각 무엇을 비유하고 있는지
파악해야 한다.
화자가 '청산은 내 ᄠᅳᆺ(뜻)이오 녹수는 님의 정(마음)'이라고 한 것을 통해 청산은
'나', 녹수는 '님'을 비유하고 있음을 알 수 있다.

B 25 정답 ③ *〈보기〉를 바탕으로 감상하기

〈보기〉를 바탕으로 (다)를 감상한 내용으로 적절하지 않은 것은?

• 〈보기〉: 〈속미인곡〉에서 임에게 버림받은 화자는 임과 가까워지기 위해 자신이
갈 수 있는 최대한으로 높고 먼 공간까지 나아갑니다. 이러한 노력은 '꿈'으로까
지 이어지지만 실패하고, 화자는 결국 죽음을 통해 자신의 현실을 극복하고자
합니다.

• (다): 이별한 임을 그리워하며 임을 만나기 위해 노력하는 여인의 슬픔과 한을
노래하고 있습니다.

즉 (다)의 화자가 임과 가까워지기 위해 노력한 것을 바탕으로 (다)를 이해한
내용 중 틀린 것을 고르는 문제입니다.

[보기]

❶〈속미인곡(續美人曲)〉에는 임에게 버림받은 시적 화자가 등장 ①의 근거
한다.❷시적 화자는 임과의 거리가 멀어진 상황에서 자신이 도달
가능한 최대의 수직적, 수평적 공간에까지 나아가는 것으로 자신 ②의 근거
의 노력을 보여 준다.❸그리고 이러한 시적 화자의 노력은 '꿈'이라
는 반(半)현실적 공간으로까지 연장되지만 실패하고, 결국 시적 ④의 근거
화자는 자신이 처한 현실을 죽음이라는 비극적 초월로 극복해 보 ⑤의 근거
고자 한다.❹임을 향한 시적 화자의 노력과 사념은 공간의 이동과
맞물려 점차 강화되는 특성을 보이며, 시적 화자의 고뇌와 절망
역시 점차 깊어지는 구조적 특징을 보인다.

왜 정답?

③ '믈ㄱ'에서 '님다히 쇼식'을 아득하게 느끼는 것은 ~현실에서는 더 이상 임을 사랑하지 않게 된 화자의 마음~으로 볼 수 있군.
임을 보기 어려운 현실에 대한 안타까움을 표현한 것임.

* 근거: (다) ⑫, ⑰

(다)의 화자는 '님다히 쇼식이 더옥 아득ᄒ뎌이고'라며 임의 소식을 알 수 없는 것에 탄식한다. 이는 임을 보기 어려운 현실에 대한 화자의 안타까운 마음을 보여 주는 것으로, 더 이상 임을 사랑하지 않는 화자의 마음을 보여 준다는 것은 적절하지 않다. 뒷부분에서 화자는 '쭘의 님을 보'며 여전히 임을 그리워하는 모습을 보인다.

왜 오답?

① '내 ᄆᆞ음 둘 ᄃᆡ 업다'는 것은 임에게 버림받은 시적 화자의 내면 상태로 볼 수 있군.
방황하고 있는 화자의 내면 심리를 보여 줌.

* 근거: (다) ❸, 〈보기〉❶ 문장

〈보기〉에서 '〈속미인곡〉에는 임에게 버림받은 시적 화자가 등장한다'고 했다. '내 ᄆᆞ음 둘 ᄃᆡ 업다'는 내 마음을 둘 곳이 없다는 의미로, 임의 소식을 기다리며 마음 둘 곳이 없다고 한 것은 임에게 받아들여지지 못하고 버림을 받은 화자가 방황하고 있는 마음을 표현한 것으로 볼 수 있다.

② 시적 화자가 '놉픈 뫼'를 오르는 것은 임과의 거리를 극복하기 위한 노력의 수직적 극대화로 볼 수 있군.
임의 소식을 듣기 위해 높은 산에 올라간 것임.

* 근거: (다) ❹, 〈보기〉❷ 문장

〈보기〉에서 화자는 '임과의 거리가 멀어진 상황에서 자신이 도달 가능한 최대의 수직적, 수평적 공간에까지 나아가는 것으로 자신의 노력을 보여 준다'고 했다. 따라서 화자가 '놉픈 뫼'에 올라가는 것은 임의 소식을 들려줄 사람이 오는지 확인하기 위해 자신이 수직적으로 갈 수 있는 가장 높은 곳에 나아간 것으로, 임과의 거리를 극복하기 위한 노력을 보여 준다고 할 수 있다.

④ '쭘'에서 임과 온전히 재회하지 못하는 것은 반현실적 공간에서 확인되는 시적 화자의 절망으로 볼 수 있군.
꿈에서 임을 만나지만 마음을 전하지 못하고 잠에서 깸

* 근거: (다) ⑰, ⑲, ㉒, 〈보기〉❸ 문장

〈보기〉에서 '시적 화자의 노력은 '꿈'이라는 반(半)현실적 공간으로까지 연장되지만 실패'한다고 했다. 화자는 '쭘'에서 만난 임에게 'ᄆᆞ음의 머근 말ᄉᆞᆷ'을 '슬ㄱ장 ᄉᆞ쟈 ᄒ'지만 미처 다하지 못하고 '오뎐된 계셩'으로 인해 잠에서 깬다. 즉, 임과 재회하고자 했던 화자의 노력은 '꿈'이라는 반(半)현실적 공간으로 이어지지만 꿈에서도 온전히 재회하지 못하는데, 이를 통해 임과 이별한 화자의 절망이 드러나고 있다.

⑤ 시적 화자가 죽어서 '낙월'이 되겠다고 하는 것은 고뇌와 절망을 극복해 보고자 하는 비극적 초월로 볼 수 있군.
죽어서 달이 되어서라도 임의 곁에 있고자 함.

* 근거: (다) ㉖, ㉗, 〈보기〉❸ 문장

〈보기〉에서 '시적 화자는 자신이 처한 현실을 죽음이라는 비극적 초월로 극복해 보고자 한다'고 했다. 즉, 화자가 죽어서 '낙월'이 되어 '님 겨신 창 안히 번드시 비최리라'라고 한 것은 화자가 임과의 이별에서 느끼는 고뇌와 절망을 죽어서 임의 곁에 있는 것으로 극복하고자 하는 비극적 초월의 모습을 나타낸 것이다.

B 26~27 [예상 문제]

윤선도, 〈어부사시사(漁父四時詞)〉
❶ 화자, 중심 대상 ❷ 상황, 정서, 태도 ❸ 표현상 특징 [고어 읽기] [시 해석]
▨: 계절감을 드러내는 시어
▢: 속세를 의미하는 시어 △: 속세와 단절시키는 소재

❶ ㉠우는 거시 벅구기가 푸른 거시 버들숩가
우는 것이 / 뻐꾸기가 / 푸른 것이 / 버들 숲가
❸ 청각적(귀로 듣는 듯한 느낌을 주는) 심상   ❸ 시각적(눈으로 보는 듯한 느낌을 주는) 심상
→ 우는 것이 뻐꾸기인가? 푸른 것이 버들 숲인가?

❷ 이어라 이어라
이어라 / 이어라
❸ 여음(일정한 간격을 두고 반복되어 나타나는 소리) – 각 수의 초장과 중장 사이에서 반복. 출항에서 귀항까지의 과정을 드러냄.
→ 노 저어라 노 저어라.

❸ 어촌(漁村) 두어 집이 냇* 속의 나락들락
어촌 / 두어 집이 / 냇 속의 나락들락
→ 어촌의 두어 집이 안개 속에 들락날락하는구나.

❹ 지국총(至菊悤) 지국총(至菊悤) 어ᄉ와(於思臥)
노를 젓는 소리를 나타내는 의성어   노를 저으며 외치는 소리를 나타내는 의성어
❸ 후렴구 – 노 젓는 소리, 각 수의 중장과 종장 사이에서 반복됨.
→ 찌그덩 찌그덩 어기여차

❺ 말가ᄒ 기픈 소희 온갇 고기 뛰노ᄂ다 〈춘(春) 4〉
말가한 / 기픈 / 소희 / 온갇 / 고기 / 뛰노느다
봄의 생동감이 드러남.
❶ 중심 대상: 자연 속에서의 삶
→ 맑고 깊은 연못에 온갖 고기가 뛰논다.

말가다: 산뜻하게 맑다는 뜻의 '말갛다'의 옛말
소: 땅바닥이 우묵하게 뭉떵 빠지고 늘 물이 괴어 있는 곳(= 연못)

*〈춘 4〉 요약: 봄이 찾아온 어촌 마을의 아름다움

❶ 년닙희 밥 싸 두고 반찬으란 쟝만 마라
년닙희 / 밥 싸 두고 / 반찬으란 / 쟝만 마라
❷ 태도: 소박한 처지에 만족할 줄 앎.(안분지족)
→ 연잎에 밥을 싸고 반찬은 준비하지 마라.

❷ 닫 드러라 닫 드러라
닫 드러라 / 닫 드러라
→ 닻 들어라 닻 들어라.

❸ 청약립(靑篛笠)은 써 잇노라 녹사의(綠蓑衣) 가져오냐
청약립은 / 써 잇노라 / 녹사의 / 가져오냐
→ 갓은 이미 썼노라. 도롱이는 가져오고 있느냐?

❹ 지국총(至菊悤) 지국총(至菊悤) 어ᄉ와(於思臥)
→ 찌그덩 찌그덩 어기여차

❺ ㉡무심(無心)한 빅구(白鷗)는 내 좃는가 제 좃는가 〈하(夏) 2〉
무심한 / 빅구는 / 내 좃는가 / 제 좃는가
물아일체의 경지
❶ 화자: '나'
→ 욕심 없는 갈매기는 내가 저를 쫓는 것인가? 저가 나를 쫓는 것인가?

청약립: 푸른 갈대로 만든 갓
녹사의: 짚, 띠 따위로 엮어 허리나 어깨에 걸쳐 두르는 비옷
무심: 속세에 전혀 관심이 없는 경지

*〈하 2〉 요약: 소박한 생활과 물아일체의 경지

❶ ㉢슈국(水國)의 ᄀᆞ을히 드니 고기마다 슬져 읻다
슈국의 / ᄀᆞ을히 드니 / 고기마다 / 슬져 읻다
화자가 은거 중인 보길도   가을의 풍요로움
❷ 상황: 가을의 풍요로움
→ 강촌에 가을이 드니 고기마다 살쪄 있다.

❷ 닫 드러라 닫 드러라
닫 드러라 / 닫 드러라
→ 닻 들어라 닻 들어라.

❸ 만경딩파(萬頃澄波)*의 슬ᄏ지 용여(容與)ᄒ쟈*
만경딩파의 / 슬ᄏ지 / 용여ᄒ쟈
❷ 상황: 속세와 거리를 두고 자연을 즐김.
→ 넓게 펼쳐진 맑은 물결에서 실컷 즐겨 보자.

❹ 지국총(至菊悤) 지국총(至菊悤) 어ᄉ와(於思臥)
→ 찌그덩 찌그덩 어기여차

❺ 인간을 ~~도라보니 머도록 더욱 조타~~
인간(人間)을 도라보니 머도록 됴타 〈추(秋) 2〉
❷ 정서: 속세를 떠나 자연 속에서 사는 즐거움
➡ 인간 세상을 돌아보니 멀수록 더욱 좋다.

〔 인간: 사람이 사는 세상

＊〈추 2〉 요약: 가을의 풍요로움과 풍류를 즐기는 삶

물가의 외로온 솔 혼자 어이 싁싁ᄒᆞ고
소나무 – 화자를 의미함. **❸** 설의법(쉽게 판단할 수 있는 것을 물음의 형식으로 표현하는 방법)
❶ ㉣믉ᄀᆞ의 외로온 솔 혼자 어이 싁싁ᄒᆞᆫ고
❷ 정서: 속세를 멀리하며 의연하게 살고 있다는 자부심
➡ 물가의 외로운 소나무는 혼자 어이 싁싁한가?

배 매여라 배 매여라
❷ 빈 미여라 빈 미여라
➡ 배 매어라 배 매어라

머흔 구름 한치 마라 세상을 가리온다
❸ 『머흔* 구룸 흔(恨)티 마라 세상(世上)을 ᄀᆞ리온다
〔 『 』: 대구법(비슷한 문장 구조를 짝을 맞춰 늘어놓는 방법)
➡ 험한 구름을 원망하지 마라. 세상을 가려 준다.

지국총(至菊悤) 지국총 어사와
❹ 지국총(至菊悤) 지국총(至菊悤) 어ᄉ와(於思臥)
➡ 찌그덩 찌그덩 어기여차

파랑성을 염치 마라 진훤을 막는또다
❺ ㉤파랑성(波浪聲)*을 염(厭)티* 마라 딘훤(塵喧)*을 막는또다」
➡ 물결 소리를 싫어하지 마라. 속세의 시끄러움을 막는도다. 〈동(冬) 8〉

〔 솔: 소나뭇과의 모든 식물을 통틀어 이르는 말
한하다: 몹시 억울하거나 원통하여 원망스럽게 생각하다.

＊〈동 8〉 요약: 속세와 단절된 삶에 대한 만족

* 닛: 내의. '내'는 바닷가에 자주 나타나는 안개와 같은 현상
* 만경딩파: 넓게 펼쳐진 맑은 물결
* 용여ᄒᆞ쟈: 느긋한 마음으로 여유 있게 놀자.
* 머흔: 험하고 사나운   * 파랑셩: 물결 소리
* 염티: 싫어하지   * 딘훤: 속세의 시끄러움

❖ 독해 공식
❶ 화자: '나', 중심 대상: 자연 속에서의 삶
❷ 상황: 속세와 거리를 두고 자연을 즐김.
정서: 속세를 떠나 자연 속에서 사는 즐거움과 속세를 멀리하며 의연하게 살고 있다는 자부심을 느낌.
태도: 소박한 처지에 만족할 줄 앎.(안분지족)
❸ 표현상 특징
• 여음(일정한 간격을 두고 반복되어 나타나는 소리)과 후렴구를 사용하여 흥을 돋우고 운율을 형성하고 있음.
• 시각적, 청각적 심상을 통해 자연을 감각적(시각, 청각, 촉각, 후각, 미각 등의 감각을 떠올리게 하는 것)으로 묘사하고 있음.
• 설의법(쉽게 판단할 수 있는 것을 물음의 형식으로 표현하는 방법)을 사용하고 있음.
• 대구법(비슷한 문장 구조를 짝을 맞추어 늘어놓는 방법)을 사용하고 있음

■ **갈래**: 연시조   ■ **창작 시기**: 조선 중기
■ **내용**: 이 작품은 사계절을 배경으로 자연의 아름다움과 어부의 소박한 삶을 노래한 연시조이다. 봄, 여름, 가을, 겨울을 각 10수씩 노래하여 총 40수로 이루어져 있다. 각 수의 여음과 후렴구를 빼면 3장의 평시조 형태이며, 다양한 감각적 이미지를 활용하여 계절감과 자연에서의 흥취를 드러내고 있다.
■ **주제**: 자연의 아름다움과 그 속에서 풍류를 즐기는 삶

■ **이것이 핵심!**: '자연'과 '속세'에 대한 화자의 태도

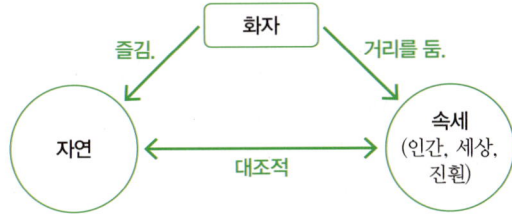

B 26 정답 ③   ＊표현상 특징 파악하기

윗글에 대한 설명으로 적절하지 <u>않은</u> 것은?

왜 정답?

③ 현재의 삶에 대한 만족과 함께 속세에 대한 미련이 나타나 있다.
나타나지 않음.
＊근거: 〈추 2〉**❺**, 〈동 8〉**❺**
화자는 '인간을 도라보니 머도록 더욱 됴타'라며 속세를 떠나 자연 속에서 살아가는 삶의 만족감을 드러내고 있다. 또한 '파랑성을 염티 마라 딘훤을 막는또다'라며 속세의 시끄러움을 막아 주는 '파랑성'을 긍정하고 있다. 즉, 화자는 자연 속에서 사는 현재의 삶에 만족하면서 속세를 멀리하려 하고 있으므로 속세에 대한 미련을 드러내고 있다고 볼 수 없다.

왜 오답?

비슷한 말의 마디를 되풀이하여
① 비슷한 어구를 반복하여 리듬감을 얻고 있다.
'지국총 지국총 어ᄉ와'
＊근거: 〈춘 4〉**❹**, 〈하 2〉**❹**, 〈추 2〉**❹**, 〈동 8〉**❹**
각 수의 중장과 종장 사이에서 '지국총 지국총 어ᄉ와'라는 어구를 반복하여 리듬감을 얻고 있다.

일정한 간격을 두고 반복되는 말을 넣어
② 장과 장 사이에 여음을 첨가하여 흥취를 북돋우고 있다.
'이어라 이어라', '닫 드러라 닫 드러라', '빈 미여라 빈 미여라'
＊근거: 〈춘 4〉**❷**, 〈하 2〉**❷**, 〈추 2〉**❷**, 〈동 8〉**❷**
각 수의 2행에는 여음이 첨가되어 있다. 〈춘 4〉에서는 '이어라 이어라', 〈하 2〉와 〈추 2〉에서는 '닫 드러라 닫 드러라', 〈동 8〉에서는 '빈 미여라 빈 미여라'라는 어구를 넣어 시적 흥취를 북돋우고 있다.

〔 여음: 시가 양식이나 노래에서 일정한 간격을 두고 반복되어 나타나는 말이나 소리
흥취: 흥과 취미를 아울러 이르는 말

④ 고유어를 사용하여 우리말의 아름다움을 효과적으로 드러내
'벅구기', '버들숩', '나락돌락' 등
고 있다.
＊근거: 〈춘 4〉**❶**, **❸**
윗글에서는 한자어보다 '벅구기', '버들숩', '나락돌락' 등과 같은 고유어를 주로 사용하고 있다. 이를 통해 우리말의 아름다움이 효과적으로 드러나고 있다.

〔 고유어: 해당 언어에 본디부터 있던 말이나 그것에 기초하여 새로 만들어진 말

⑤ 자연 속에서 한가롭게 살아가는 여유를 계절의 변화와 함께
'봄'에서 '겨울'에 이르는 계절의 변화가 나타남.
보여 주고 있다.
〈춘 4〉에서는 어촌 마을의 봄날의 모습을, 〈하 2〉에서는 소박한 여름날의 생활을, 〈추 2〉에서는 풍요로운 가을날의 모습을, 〈동 8〉에서는 속세와 단절된 채 살아가는 겨울날의 생활을 노래하고 있다. 즉, 윗글은 봄에서 겨울에 이르는 계절의 변화에 따라 자연 속에서 살아가는 여유로운 삶을 노래하고 있다.

B 27 정답 ⑤   ＊시어 및 구절의 의미 파악하기

㉠~㉤에 대한 설명으로 적절하지 <u>않은</u> 것은?

• ㉠: ㉠에는 강촌의 봄 풍경이 드러납니다.
• ㉡: ㉡에는 갈매기를 바라보는 태도가 드러납니다.
• ㉢: ㉢에는 풍성한 가을의 모습이 드러납니다.
• ㉣: ㉣에는 소나무에 대한 예찬이 드러납니다.
• ㉤: ㉤에서는 속세와 단절시켜 주는 물결 소리를 긍정하고 있습니다.
즉 ㉠~㉤에 드러난 화자의 태도를 이해한 내용 중 틀린 것을 고르는 문제입니다.

왜 정답?

⑤ ⑩: 세상의 시끄러움을 막아 주는 ~~물결 소리를 탓하는 사람들~~ 화자는 '파랑성'(물결 소리)을 긍정함.
~~에 동조하며~~ 화자의 삶의 자세를 드러내고 있다.

＊근거: 〈동 8〉 ⑤

⑩ '파랑성을 염티 마라 단훤을 막는또다'는 세상의 시끄러움을 물결 소리가 막아 주니 이를 싫어하지 말라는 뜻이다. 즉, 물결 소리는 속세의 소리를 막아 주는 존재로 이를 싫어하지 말라는 것은 세상과 거리를 두고 자연 속에서 유유자적하게 살고자 하는 화자의 삶의 자세를 드러낸다. 따라서 화자가 물결 소리를 탓하는 사람들에 동조한다는 설명은 적절하지 않다.

＞동조하다: 남의 주장에 자기의 의견을 일치시키거나 보조를 맞추다.

왜 오답?

① ㉠: 청각적 이미지와 시각적 이미지를 활용하여 강촌의 봄 풍
'우는 거시 벅구기가' '프른 거시 버들숩가'
경을 묘사하고 있다.

＊근거: 〈춘 4〉 ❶

㉠의 '우는 거시 벅구기가'에서는 청각적 이미지가, '프른 거시 버들숩가'에서는 시각적 이미지가 드러난다. 즉, ㉠에서는 뻐꾸기의 울음소리와 버들 숲의 푸르름을 통해 깊어 가는 봄의 풍경을 보여 주고 있다.

＞청각적 이미지: 귀로 듣는 듯한 느낌을 줌.
＞시각적 이미지: 눈으로 보는 듯한 느낌을 줌.

② ㉡: 갈매기를 바라보는 모습을 통해 자연 속에 동화된 물아일
'내 좃는가 제 좃는가'
체의 삶을 보여 주고 있다.

＊근거: 〈하 2〉 ⑤

㉡ '무심한 빅구는 내 좃는가 제 좃는가'는 '나'가 갈매기를 쫓는 것인지, 갈매기가 '나'를 쫓는 것인지 알 수 없을 만큼 '나'가 갈매기와 하나가 된 모습을 나타낸다. 이는 화자가 자연 속에 동화되어 물아일체의 삶을 살고 있음을 보여 준다.

＞동화되다: 성질, 양식, 사상 따위가 다르던 것이 서로 같게 되다.
＞물아일체: 외물(外物)과 자아, 객관과 주관, 또는 물질계와 정신계가 어울려 하나가 됨.

③ ㉢: 살 오른 고기의 모습을 통해 풍요로운 가을의 모습과 화자
'고기마다 솔져 읻다'
의 넉넉한 자세를 보여 주고 있다.

＊근거: 〈추 2〉 ❶

㉢ '슈국의 ᄀ올히 드니 고기마다 솔져 읻다'는 가을이 찾아오니 물고기마다 살쪄 있다는 뜻으로, 풍성한 가을의 모습을 묘사한 것이다. 이는 화자가 시적 대상인 '가을'을 풍요롭게 인식한다는 점에서 화자의 여유롭고 넉넉한 자세를 드러낸 것으로 볼 수 있다.

④ ㉣: 홀로 서 있는 소나무를 씩씩하다고 말하며 절개를 지키는
'솔 혼자 어이 싁싁ᄒ고'
태도를 예찬하고 있다.

＊근거: 〈동 8〉 ❶

㉣의 '믉ᄀ의 외로온 솔 혼자 어이 싁싁ᄒ고'는 물가에 홀로 서 있는 소나무를 씩씩하다고 표현한 것이다. 즉, ㉣에서는 씩씩하다는 표현을 통해 홀로 있음에도 꿋꿋이 서 있는 소나무의 절개를 예찬하고 있다.

＞절개: 신념, 신의 따위를 굽히지 아니하고 굳게 지키는 꿋꿋한 태도
＞예찬하다: 무엇이 훌륭하거나 좋거나 아름답다고 찬양하다.

B 28~32 ————————— [2016 대비/경찰대 17~21]

(가) 작자 미상, 〈사모곡(思母曲)〉

❶ 화자, 중심 대상 ❷ 상황, 정서, 태도 ❸ 표현상 특징 〔고어 읽기〕 〔시 해석〕
〓〓〓: ❸ 동일한 종결 어미의 반복

호메도 날히언마ᄅᄂ
❶ <u>호미도 놀히언마ᄅᄂ</u>
아버지의 사랑과 대응되는 소재   〉호미와 낫을 비교함.
➜ 호미도 날이지마는

낟가치 들 리도 업스니이다
❷㉠<u>낟ᄀ티 들 리도 업스니이다</u>
어머니의 사랑과 대응되는 소재
➜ 낫같이 잘 들 리도 없습니다.

＊❶~❷행 요약: 호미와 낫을 비교함.

아바님도 어이어신마ᄅᄂ
❸ <u>아바님도 어이어신마ᄅᄂ</u>
➜ 아버지도 어버이시지마는

위 덩더둥셩
❹ 위 덩더둥셩
❸ 조흥구(악곡상의 호흡을 맞추기 위해 삽입된 뜻이 없는 구절)
➜ 위 덩더둥셩

❷ 상황: 아버지의 사랑과 어머니의 사랑을 비교함.

어머님가치 괴시리 업세라
❺㉡<u>어마님ᄀ티 괴시리 업세라</u>
❶ 중심 대상: 어머니의 사랑
❸ 영탄법(감탄사, 감탄형 어미 등을 이용해 감정을 강하게 나타내는 방법)
➜ 어머니같이 (나를) 사랑하실 분이 없습니다.

＞괴다: '사랑하다'의 옛말

＊❸~❺행 요약: 아버지와 어머니의 사랑을 비교함.

아소 님하
❻ 아소 님하
➜ 사람들이여 말씀 마시오.

어머님가치 괴시리 업세라
❼ 어마님ᄀ티 괴시리 업세라
❷ 태도: 어머니의 사랑을 예찬함.
➜ 어머니같이 (나를) 사랑하실 분이 없습니다.

＊❻~❼행 요약: 어머니의 사랑을 강조함.

★ (가) 독해 공식

❶ 화자: 드러나지 않음. 중심 대상: 어머니의 사랑
❷ 상황: 아버지의 사랑과 어머니의 사랑을 비교함. 태도: 어머니의 사랑을 예찬함.
❸ 표현상 특징
• 동일한 종결 어미를 반복하여 운율을 형성하고 있음.
• 조흥구(악곡상의 호흡을 맞추기 위해 삽입된 뜻이 없는 구절)를 첨가함.
• 영탄법(감탄사 등을 이용해 감정을 강하게 나타내는 방법)을 통해 주제 의식을 강조하고 있음.

■ 갈래: 고려 속요   ■ 창작 시기: 고려 시대
■ 내용: 이 작품은 아버지의 사랑을 '호미'에, 어머니의 사랑을 '낫'에 비유하여 아버지의 사랑보다 어머니의 사랑이 더 지극하다고 예찬한 고려 속요이다. 조흥구를 제외하면 시조의 3장 6구 형식과 유사하고, 6행의 감탄적 어구는 향가의 결구와 맥이 같다고 볼 수 있다.
■ 주제: 어머니의 지극한 사랑

■ 이것이 핵심!: 대상의 비교

| 호미 | < | 낫 | ➜ 낫이 더 날카로움. |
| 아버지의 사랑 | < | 어머니의 사랑 | ➜ 어머니의 사랑이 더 지극함. |

(나) 정철, 〈훈민가(訓民歌)〉

❶ 화자, 중심 대상 ❷ 상황, 정서, 태도 ❸ 표현상 특징 〔고어 읽기〕 〔시 해석〕
〓〓〓: ❸ 설의법(쉽게 판단할 수 있는 것을 물음의 형식으로 표현하는 방법)

아바님 날 나흐시고   어마님 날 기르시니
❶ 아바님 날 나흐시고 어마님 날 기르시니
❶ 화자: '나'
❸ 대구법(비슷한 문장 구조를 짝을 맞추어 늘어놓는 방법)
➜ 아버님께서 나를 낳으시고 어머님께서 나를 기르시니

두 분 곳 아니시면 이 몸이 사라실가
❷두 분 곳 아니시면 이 몸이 **사라실가**
  ❷ 상황: 부모님의 은혜에 대해 이야기함.
  ➡ 두 분이 곧 아니었다면 이 몸이 태어나 살 수 있었을까?

하늘 가튼 가업슨 은덕을 어데다혀 갑사오리
❸ 직유법(연결어 'フ튼'을 통해 '은덕'을 '하늘'에 빗댐.)
ⓒ하늘 フ튼 フ업슨 ⓔ은덕을 어듸다혀 **갑亽오리** 〈1수〉
  ❷ 태도: 부모님의 은혜를 예찬함.
  ➡ 하늘같이 끝없는 은덕을 어떻게 다 갚으리오?

[은덕: 은혜와 덕

*〈1수〉 요약: 부모님의 은혜를 예찬함.

어버이 사라진 제 섬길 일란 다하여라
❶ 중심 대상: 부모에 대한 도리   ❸ 명령형(명령이나 요구의 뜻을 나타내는) 어미 사용
❶어버이 사라신 제 셤길 일란 다ᄒ여라
  태도: 부모님께 효도할 것을 권장함.
  ➡ 부모님께서 살아실 때 섬기는 일을 다하여라.

지나간 후면 애달다 엇지하리
❷디나간 후면 애둛다 엇디ᄒ리
  풍수지탄(효도를 다하지 못한 채 어버이를 여읜 자식의 슬픔)
  ➡ 돌아가신 뒤에 아무리 애달다고 한들 어찌하겠는가?

평생애 곳처 못할 일이 잇뿐인가 하노라
❸평생애 곳쳐 못홀 일이 잇쑨인가 ᄒ노라 〈4수〉
  ➡ 평생에 다시 할 수 없는 일이 이것뿐인가 하노라.

[섬기다: 신(神)이나 윗사람을 잘 모시어 받들다.
[애달프다: 마음이 안타깝거나 쓰라리다.

*〈4수〉 요약: 부모님께 효도하기를 권장함.

⭐ (나) 독해 공식
❶ 화자: '나', 중심 대상: 부모님에 대한 도리
❷ 상황: 부모님의 은혜에 대해 이야기함.
태도: 부모님의 은혜를 예찬함. 부모님께 효도할 것을 권장함.
❸ 표현상 특징
• 설의법(쉽게 판단할 수 있는 것을 물음의 형식으로 표현하는 방법)을 통해 주제 의식을 강조하고 있음.
• 대구법(비슷한 문장 구조를 짝을 맞추어 늘어놓는 방법)과 직유법(두 대상을 연결어로 결합, 직접 빗대어 표현하는 방법)을 활용하여 대상의 특성을 드러내고 있음.
• 명령형(명령이나 요구의 뜻을 나타내는) 어미를 사용하여 교훈을 전달하고 있음.

■ 갈래: 연시조   ■ 창작 시기: 조선 중기
■ 내용: 이 작품은 작가가 강원도 관찰사로 재직하면서 백성들을 계몽하기 위해 지은 연시조이다. 각 수에서 부모에 대한 효성, 형제간의 우애, 경로사상, 이웃 간의 상부상조, 부부와 남녀 사이의 규범, 학문과 인격의 수양 등 사람이 살아가면서 지켜야 할 올바른 도리를 주제로 삼아 교훈을 전하고 있다.
■ 주제: 부모님에 대한 효도를 권장

■ 이것이 핵심: 각 수별 주제 의식

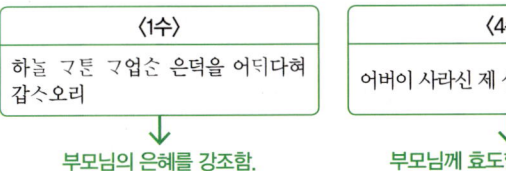

〈1수〉	〈4수〉
하늘 フ튼 フ업슨 은덕을 어듸다혀 갑亽오리	어버이 사라신 제 셤길 일란 다ᄒ여라
↓	↓
부모님의 은혜를 강조함.	부모님께 효도할 것을 권장함.

(다) 작자 미상, 〈사친가(思親歌)〉
❶ 화자, 중심 대상 ❷ 상황, 정서, 태도 ❸ 표현상 특징 [시 해석]
□: ❸ 시간의 흐름 ▨: ❸ 유사한 문장 구조의 반복
: ❸ 고사(유래가 있는 옛날의 일을 표현한 어구) 및 작품 인용

❶정월이라 십오 일에 완월(玩月)하는 소년들아
  ❸ 말을 건네는 방식
  ➡ 1월 15일 대보름날에 달을 구경하는 소년들아

  ❶ 중심 대상 ❸ 명령형(명령이나 요구의 뜻을 나타내는) 어미 사용
❷흉풍(凶豊)도 보려니와 부모 봉양 생각세라
  태도: 부모님께 효도할 것을 권장함.
  ➡ 흉년과 풍년도 점쳐 보거니와 부모를 봉양하는 일도 생각해라.

❸신체발부(身體髮膚) 사대절(四大節)은 부모님께 타 낫스니
  몸과 머리털과 피부 네 부분으로 이루어진 뼈마디
  ➡ 머리카락과 피부와 뼈마디를 비롯한 몸은 부모님으로부터 났으니

---

❸ 직유법(연결어 '같이'를 통해 '덕', '정'을 각각 '태산', '하해'에 직접 빗댐.) ❸ 설의법
❹태산같이 노픈 덕과 ⓜ하해같이 기픈 ⓑ정을 어이 하야 이즈리오
  ❷ 태도: 부모님의 은혜를 예찬함.
  ➡ 큰 산같이 높은 덕과 큰 바다같이 깊은 정을 어찌 잊으리오?

❺천세만세 미덧더니 봉래 방장 영주산에
  선인들이 살며 불로불사의 약이 있다는 전설상의 산
  ➡ 천년만년 믿었더니 봉래산과 방장산과 영주산에

먹으면 늙지 않는다고 하는 풀   ❶ 화자
❻불로초와 불사약을 인력으로 얻을손가 슬프다 우리 인생
  먹으면 죽지 아니하고 오래 살 수 있는 약 ❸ 설의법 ❷ 정서: 부모를 여읜 슬픔
  ➡ 불로초와 불사약을 사람의 힘으로 얻을 수 있겠는가? 우리 인생이 슬프다.

❼수욕정이풍부지(樹欲靜而風不止)하고 자욕양이친부재(子欲養而親不在)라
  〈한시외전〉에 나오는 구절
  ➡ 나무는 고요하고자 하나 바람이 멈추지 않고 자식이 부모를 모시고자 하나 부모가 계시지 않는다.

❽공산낙목 일배상(一杯上)에 영결종천(永訣終天) 되겠구나
  나뭇잎이 다 떨어져 텅 비고 쓸쓸한 산   죽어서 영원히 이별함
  ➡ 텅 비고 쓸쓸한 산에 (뿌리는) 술 한 잔에 영원히 이별하게 되겠구나.

❾일 년 삼백육십 일에 일일(一日) 사친(思親) 십이 시라
  ❷ 상황: 돌아가신 부모를 그리워하며 생각함.
  ➡ 일 년 삼백육십 일에 날마다 온종일 부모님을 그리워하며 생각한다.

❿음풍(陰風)이 적막하고 소식이 영절(永絶)하니
  ➡ 싸늘하게 부는 바람이 적막하고 소식이 끊어지니

  대보름날
⓫슬프다 우리 부모 상원(上元)인 줄 모르시나
  풍수지탄(효도를 다하지 못한 채 어버이를 여읜 자식의 슬픔)
  ➡ 슬프다. 우리 부모님은 대보름날인 줄 모르시나?

[정월: 음력으로 한 해의 첫째 달(= 일월)
완월하다: 달을 구경하며 즐기다.
흉풍: 흉년과 풍년 또는 흉작과 풍작을 아울러 이르는 말
봉양: 부모나 조부모와 같은 웃어른을 받들어 모심.
태산: 높고 큰 산 하해: 큰 바다
인력: 사람의 힘
수욕정이풍부지(樹欲靜而風不止): 나무가 조용히 있고자 하나 바람이 그치지 않음.
자욕양이친부재(子欲養而親不在): 자식이 부모에게 봉양하고자 하나 부모는 기다려 주지 않음.
사친: 어버이를 그리워하며 생각함.
음풍: 흐린 날씨에 음산하고 싸늘하게 부는 바람
영절하다: 소식이나 관계 또는 생명이나 혈통 따위가 영원히 끊겨져 아주 없어지다.

*❶~⓫행 요약: 부모를 그리워하며 1월을 보냄.

⓬그 달을 허송하니 이월이라 한식(寒食) 일에
  우리나라 4대 명절의 하나
  ➡ 1월을 헛되이 보내니 2월이라 한식날에

⓭천추절(千秋節)이 적막하니 개자추의 넋이로다
  임금의 생일을 기념하던 날
  ➡ 천추절이 적막하니 개자추의 넋이로다.

⓮원산(遠山)에 봄이 드니 불 탄 풀이 속잎 난다
  봄이 오고 있음. → 시간의 흐름을 드러냄.
  ➡ 먼 산에 봄이 드니 불에 탄 풀에 속잎이 난다.

(중략)

⓯슬프도다 우리 부모 청명(淸明)인 줄 모르시나
  24절기의 하나
  ➡ 슬프도다. 우리 부모님은 청명인 줄 모르시나?

[허송하다: 하는 일 없이 시간을 헛되이 보내다.
개자추: 진나라 문공이 공자(公子)일 때 19년 동안 함께 망명 생활을 하며 고생하였으나, 문공이 귀국하여 왕이 된 후 자신을 멀리하자 산에 들어가 숨어 살았다. 문공이 잘못을 뉘우치고 개자추가 나오도록 하기 위하여 그 산에 불을 질렀으나, 나오지 않고 타 죽었다고 한다.
원산: 멀리 있는 산

*⓬~⓯행 요약: 2월을 맞이하며 부모를 떠올림.

⑯ 그 달 그믐 다 지나고 삼월이라 삼진날에
　　　　　　　　　　삼진날(음력 3월 3일)
➡ 2월의 마지막 날이 다 지나고 3월이라 삼진날에

⑰ 「연자(燕子)는 나라드러 옛 집을 차자오고
　「 」: 3월의 풍경
➡ 제비는 날아들어 옛집을 찾아오고

❸ 대구법(비슷한 문장 구조를 짝을 맞추어 늘어놓는 방법)

⑱ 호접(蝴蝶)은 분분하야 구색을 자랑한다」
➡ 호랑나비는 여럿이 한데 뒤섞여 모습을 자랑한다.

⑲ ㉠기수(沂水)에 목욕하고 ㉡무우(舞雩)에 바람 쏘여
➡ 기수에서 목욕하고 무우에서 바람을 쐬며

봄날을 즐기는 모습

⑳ 등동고이서소(登東皐而敍嘯)하고 임청류이부시(臨淸流而賦詩)로다
　　　　도연명의 〈귀거래사〉에 나오는 구절
➡ 동쪽 언덕에 올라 휘파람도 불어보고 맑은 시냇가에서 시도 지어 본다.

㉑ ㉢산화(山花)는 ㉣홍금(紅錦)이오 세류(細流)는 청사(靑絲)로다」
❸ 은유법(대상을 암시적으로 비유하는 방법), 대구법
➡ 산에 핀 꽃은 붉은빛의 비단이요, 가느다란 시냇물은 푸른빛의 실이로다.

(중략)

㉒ 슬프도다 우리 부모 답청절(踏靑節)을 모르시나
　　　　　　　　　　삼진날
➡ 슬프도다. 우리 부모님은 답청절을 모르시나?

[그믐: 음력으로 그달의 마지막 날
연자: 제비
호접: 호랑나비
분분하다: 여럿이 한데 뒤섞여 어수선하다.
기수에 목욕하고 무우에 바람 쏘여: 공자가 제자들에게 소원을 묻자 증점이 '기수 강변에서 목욕하고 (기우제를 지내는 터인) 무우에서 바람을 쐬고 나서 노래를 부르며 돌아오고 싶다.'고 말했다. 이에 공자는 자연을 즐기려는 증점의 높은 뜻을 칭찬했다.
등동고이서소(登東皐而敍嘯): 동쪽 언덕에 올라 휘파람을 붊.
임청류이부시(臨淸流而賦詩): 맑은 시냇가에서 시를 지음.
산화: 산에 피는 꽃
홍금: 붉은빛의 비단
세류: 가늘게 흐르는 시냇물
청사: 빛깔이 푸른 실
답청절: '삼진날'을 달리 이르는 말. 이날 들에 나가 파랗게 난 풀을 밟는 풍습이 있는 데서 유래한다.

*⑯~㉒행 요약: 삼진날의 풍경을 보며 부모를 그리워함.

🌟 (다) 독해 공식
❶ 화자: '우리', 중심 대상: 부모
❷ 상황: 돌아가신 부모를 그리워하며 생각함.
정서: 부모를 여읜 슬픔이 드러남.
태도: 부모님의 은혜를 예찬함. 부모님께 효도할 것을 권장함.
❸ 표현상 특징
• 시간의 흐름에 따라 시상을 전개하고 있음.
• 말을 건네는 방식, 비유법(대상을 다른 비슷한 대상에 빗대어 표현하는 방법), 설의법(쉽게 판단할 수 있는 것을 물음의 형식으로 표현하는 방법), 대구법(비슷한 문장 구조를 짝을 맞추어 늘어놓는 방법)을 사용하고 있음.
• 고사(유래가 있는 옛날의 일을 표현한 어구) 및 작품을 인용하여 시적 상황을 효과적으로 표현하고 있음.
• 유사한 문장 구조를 반복하여 화자의 정서를 강조하고 있음.
• 명령형(명령이나 요구의 뜻을 나타내는) 어미를 사용하여 교훈을 전달하고 있음.

■ 갈래: 규방 가사, 월령체 가사　　　■ 창작 시기: 조선 후기
■ 내용: 이 작품은 일 년 열두 달의 명절과 연관 지어 부모님을 사모하고 그리워하는 마음을 노래한 가사이다. 고사를 많이 인용하고 있으며, 길러준 은혜에 대한 보답, 부모님에 대한 효도 권유 등의 내용이 담겨 있다.
■ 주제: 부모님을 그리워하는 마음

■ 이것이 핵심!: 시간의 흐름에 따른 시상 전개

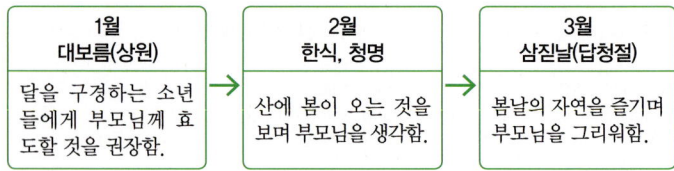

1월 대보름(상원)	2월 한식, 청명	3월 삼진날(답청절)
달을 구경하는 소년들에게 부모님께 효도할 것을 권장함.	산에 봄이 오는 것을 보며 부모님을 생각함.	봄날의 자연을 즐기며 부모님을 그리워함.

Ｂ 28　정답 ⑤　＊작품 비교하기

(가)~(다)의 공통점으로 가장 적절한 것은?

▸왜 정답?
⑤ 부모의 사랑이나 은덕에 대해 생각하고 있다.
(가) '어마님ㄱ티 ~ 업세라', (나) '하놀 ~ 갑수오리', (다) '태산같이 ~ 이즈리오'
＊근거: (가) ❸, ❺, (나) 〈1수〉 ❸, (다) ❹
(가)는 '아바님도 어이어신마르ᄂᆞᆫ'과 '어마님ᄀ티 괴시리 업세라'와 같이 부모님의 사랑에 대해 이야기하고, (나)는 '하놀 ᄀᄐᆫ ᄀ업손 은덕을 어듸다혀 갑수오리'에서 부모님의 은덕에 대해 이야기하고 있다. (다)는 '태산같이 노픈 덕과 하해같이 기픈 정을 어이 하야 이즈리오'에서 부모의 은덕과 사랑에 대해 이야기하고 있다. 즉, (가)~(다)는 모두 부모의 사랑과 은덕에 대한 생각을 드러내고 있다.

▸왜 오답?
① 자식에 대한 부모의 차별적인 태도를 슬퍼하고 있다.
(가)~(다) 모두 나타나지 않음.
(가)~(다) 모두 자식에 대한 부모의 차별적인 태도에 대해 이야기하고 있지 않다.

② 부모의 은혜에 대해 보답할 것을 당부하고 있다.
(가)에는 나타나지 않음.
＊근거: (가) ×, (나) 〈4수〉 ❶, (다) ❷
(나)는 '어버이 사라신 제 셤길 일란 다ᄒ여라'에서, (다)는 '흥풍도 보려니와 부모 봉양 생각세라'에서 부모의 은혜에 대해 보답할 것을 당부하는 내용이 나타나 있다. 그러나 (가)에는 이러한 내용이 나타나지 않는다.

③ 돌아가신 부모에 대한 그리움을 표현하고 있다.
(가), (나)에는 나타나지 않음.
＊근거: (가) ×, (나) ×, (다) ❼, ❾
(다)의 '자육양이친부재'를 통해 부모가 계시지 않는 상황이 드러나고, '일 년 삼백육십 일에 일일 사친 십이 시라'를 통해 돌아가신 부모에 대한 그리움이 드러나고 있다. 그러나 (가)와 (나)에서는 돌아가신 부모에 대한 그리움의 정서는 나타나지 않는다.

④ 부모를 위해 공덕을 쌓을 것을 강조하고 있다.
(가)~(다) 모두 나타나지 않음.
(가)~(다)는 모두 부모의 은혜를 떠올리고 있으나, 부모를 위해 공덕을 쌓을 것을 강조하고 있지는 않다.

[공덕: 착한 일을 하여 쌓은 업적과 어진 덕

Ｂ 29　정답 ③　＊작품 비교하기

(나)와 (다)를 비교한 설명으로 적절하지 않은 것은?

▸왜 정답?
비슷한 어조나 어세를 가진 어구를 짝 지어 배치하는 표현 방법
③ (나)는 (다)와 달리 대구법을 사용하여 의미를 심화하고 있다.
(나), (다) 모두 대구법을 사용함.
＊근거: (나) 〈1수〉 ❶, (다) ⑰, ⑱
(나)에서는 '아바님 날 나흐시고 어마님 날 기르시니'에서 대구법을 활용하여 부모님의 은혜를 강조하고 있으며, (다)에서는 '연자는 ~ 차자오고 / 호접은 ~ 자랑한다'에서 대구법을 활용하여 부모님이 돌아가신 후에 맞이한 3월의 풍경을 묘사하고 있다. 즉, (나)와 (다) 모두 대구법을 사용하여 의미를 심화하고 있다.

>왜 오답?

① **(나)와 (다)는 모두 화자가 청자보다 우위에 서서** 말하고 있다.
<말하는 이가 듣는 이보다 높은 지위에서>

＊근거: (나) 〈4수〉 **❶**, (다) **❶**, **❷**
<(나) 백성들을 가르침. (다) 소년들에게 조언함.>

(나)의 제목인 '훈민가'는 백성들을 가르치는 노래라는 뜻이며, 화자는 '어버이 사라신 제 셤길 일란 다ᄒᆞ여라'라며 백성들에게 자식으로서의 도리에 대해 가르치고 있으므로 화자가 청자인 백성들보다 높은 위치에서 훈계하고 있다고 볼 수 있다. (다)에서는 화자가 '소년들'에게 '부모 봉양 생각세라'라고 조언하고 있으므로 화자가 청자인 '소년들'보다 우위에 서서 말하고 있다고 볼 수 있다.

[우위: 남보다 나은 위치나 수준

② **(나)와 (다)는 모두 부모에 대한 애달픈 심정을 말하고 있다.**
<(나) '애돏다 엇디ᄒᆞ리', (다) '슬프도다'>

＊근거: (나) 〈4수〉 **❷**, (다) **⓫**, **⓯**, **㉒**

(나)는 '디나간 후면 애돏다 엇디ᄒᆞ리'에서 효도를 다하지 못한 채 부모를 여의면 애달프다 해도 어찌할 수 없다고 하고 있고, (다)는 '슬프다 우리 부모 상원인 줄 모르시나' 등에서 부모를 여의어 명절을 함께 보내지 못한 애달픈 마음을 드러내고 있다.

④ **(다)는 (나)와 달리 청자를 제한하여 분명히 밝히고 있다.**
<듣는 이가 누구인지를 확실하게 알리고>

＊근거: (다) **❶**
<(다) '완월하는 소년아'>

(나)에서는 청자가 구체적으로 드러나지 않지만, (다)에서는 '완월하는 소년들아'라면서 청자를 분명하게 밝히고 있다.

⑤ **(다)는 (나)에 비해 시간의 흐름을 더욱 구체화하고 있다.**
<시간이 지나는 것을 더욱 자세하게 드러내고>
<(다) '정월', '상원', '이월', '한식' 등>

＊근거: (다) **❶**, **⓫**, **⓬**, **⓯**, **⓰**, **㉒**

(나)에는 시간의 흐름이 구체적으로 드러나지 않지만, (다)에서는 '정월', '이월', '삼월' 등의 달의 변화와 '상원', '한식', '청명', '삼진날' 등의 절기를 나타내어 시간의 흐름을 구체적으로 드러내고 있다.

B 30 정답 ④ ＊표현상 특징 파악하기

(가)의 표현상 특징에 대한 설명으로 적절하지 않은 것은?

>왜 정답?

④ **중간에 조음구를 삽입하여 분위기를 반전시키고 있다.**
<분위기를 반전시키지 않음.>

＊근거: (가) **❹**

(가)에서는 '위 덩더둥셩'라는 조음구가 쓰였으나 이를 통해 분위기를 반전시키고 있다고 보기는 어렵다. '위 덩더둥셩'은 악기의 소리를 표현한 것으로, 악곡상의 호흡을 맞추기 위해 삽입된 뜻이 없는 구절이기 때문이다.

[조음구: 악곡상의 호흡을 맞추기 위해 삽입된 뜻이 없는 구절

>왜 오답?

① **동일한 어미를 반복하여 운율을 형성하고 있다.**
<'−마ᄅᆞᄂᆞ', '−세라'>

＊근거: (가) **❶**, **❸**, **❺**, **❼**

(가)에서는 '−마ᄅᆞᄂᆞ'과 '−세라'라는 동일한 어미를 반복하여 운율을 형성하고 있다.

[어미: 용언 및 서술격 조사가 활용하여 변하는 부분. '−다', '−며', '−고' 따위이다.

② **대비적인 구도를 통하여 주제를 부각하고 있다.**
<'호미' ↔ '낟', '아바님' ↔ '어마님'>

＊근거: (가) **❶**∼**❺**

(가)에서는 아버지와 어머니의 사랑을 각각 '호미'와 '낟'에 비유하면서 이를 비교하는 대비적인 구도를 통해 '어머니의 지극한 사랑'이라는 주제를 부각하고 있다.

[대비적인 구도: 두 가지의 차이를 밝히기 위하여 서로 맞대어 비교하는 구도

③ **감탄 어구를 통해 화자의 정서를 표출하고 있다.**
<'괴시리 업세라'>

＊근거: (가) **❺**, **❼**

(가)에서는 '업세라'와 같은 감탄 어구를 사용하여 어머니의 사랑을 예찬하는 화자의 정서를 표출하고 있다.

[감탄 어구: 감탄사나 감탄 조사 따위를 이용하여 기쁨·슬픔·놀라움과 같은 감정을 강하게 나타내는 구절

⑤ **일상적인 도구를 비유로 사용하여 의미를 드러내고 있다.**
<'호미' − 아버지의 사랑, '낟' − 어머니의 사랑>

＊근거: (가) **❶**, **❷**

(가)에서는 '호미'와 '낟'과 같은 일상적인 도구를 통해 부모님의 사랑을 비유하여 표현하고 있다.

B 31 정답 ① ＊화자의 정서와 태도 파악하기

(다)의 화자가 (가)의 화자에게 할 수 있는 말로 가장 적절한 것은?

• (다)의 화자: '일 년 삼백육십 일에 일일 사친 십이 시라'라고 하며 돌아가신 부모님을 그리워하고 있습니다.

• (가)의 화자: '어마님ᄀᆞ티 괴시리 업세라'라고 하며 아버지의 사랑보다 어머니의 사랑이 더 지극하다 말하고 있습니다.

[즉] 돌아가신 부모님을 그리워하는 (다)의 화자가 어머니의 사랑에 대해 이야기하는 (가)의 화자에게 하기에 적절한 말을 고르는 문제입니다.

>왜 정답?

① **부모가 돌아가신 후에 후회해도 소용없으니 마음의 응어리는 풀어 버리시오.**
<부모님이 돌아가시면 애달프니 부모의 사랑에 차이를 두지 말 것을 조언한 것임.>

＊근거: (가) **❸**∼**❼**, (다) **❼**∼**❾**

(다)의 화자는 부모가 돌아가신 후에 느끼는 애달픔과 그리움을 말하고 있으며, (가)의 화자는 아버지의 사랑보다 어머니의 사랑이 더 지극하다고 말하고 있다. (가)의 화자는 부모의 사랑에 차이가 있다는 생각을 가지고 있는데, (다)의 화자는 부모님이 돌아가신 후에 후회할 수 있으므로 그런 생각을 바꿔 보라고 말할 수 있을 것이다.

즉, (다)의 화자는 (가)의 화자에게 '부모가 돌아가신 후에는 후회해도 소용없으니, 아버지의 사랑에 대한 아쉬움의 응어리를 풀어 버리라'라고 조언할 수 있다.

[응어리: 가슴속에 쌓여 있는 한이나 불만 따위의 감정

>왜 오답?

② **부모는 자식 때문에 고생한다지만 그래도 인생의 낙은 자식에 있다오.**
<자식이 아닌 부모의 입장에서 할 수 있는 말임.>

인생의 낙이 자식에 있다는 것은 부모를 생각하는 자식의 입장이 아니라, 자식을 생각하는 부모의 입장에서 할 수 있는 말이므로 적절하지 않다.

[낙: 살아가는 데서 느끼는 즐거움이나 재미

③ **힘들다고 포기 말고 돌아가시기 전에 부모의 소원을 이루어 주서오.**
<(가)에 부모의 소원에 관한 내용은 나타나지 않음.>

(가)의 화자가 부모의 소원을 이루어 주려 하거나 이것이 힘들어 포기하려 한다는 내용은 나타나 있지 않으므로, 포기하지 말고 돌아가시기 전에 부모의 소원을 이루어 주라는 조언은 적절하지 않다.

④ **부모와 자식은 동고동락하며 한평생 함께 살아가는 사이라오.**
<(가)에 부모와 함께 사는 것에 관한 내용은 나타나지 않음.>

(가)의 화자는 어머니의 사랑에 대해 예찬하고 있고, (다)의 화자는 부모가 돌아가신 후 애달픔을 느끼고 있다. 따라서 부모와 자식은 동고동락하며 한평생 함께 살아가는 사이라고 조언하는 것은 (가)와 (다)의 상황이나 화자의 태도와 관련이 없다.

[동고동락: 괴로움도 즐거움도 함께함.

⑤ 다음 생에서는 <u>자식으로서의 아픔을 겪지 말기 바라오.</u>
  (가)의 화자는 자식으로서의 아픔을 겪고 있지 않음.

(다)의 화자에게 '자식으로서의 아픔'이란 돌아가신 부모에게 효도를 다하지 못한 것이라고 볼 수 있는데, (가)의 화자는 이로 인한 아픔을 겪고 있지 않으므로 상황에 맞는 조언으로 볼 수 없다.

B 32 정답 ④ * 시어 및 구절의 의미 파악하기

㉠~㉾ 중, 비유 관계로 짝지어지지 <u>않은</u> 것은?

- ㉠과 ㉡: ㉠은 '낫', ㉡은 '어마님'입니다.
- ㉢과 ㉣: ㉢은 '하놀', ㉣은 '은덕'입니다.
- ㉤과 ㉥: ㉤은 '하해', ㉥은 '정'입니다.
- ㉦과 ㉧: ㉦은 '기수', ㉧은 '무우'입니다.
- ㉨과 ㉩: ㉨은 '산화', ㉩은 '홍금'입니다.

즉 ㉠~㉩ 중 어떤 현상이나 사물을 다른 현상이나 사물에 빗대어 설명하는 비유 관계로 표현된 것이 아닌 것을 고르는 문제입니다.

왜 정답?

④ ㉦과 ㉧ '기수', '무우' → 지명임.

*근거: (다) ⑲

㉦ '기수(沂水)'는 중국의 지명으로 강 이름이며, ㉧ '무우(舞雩)'는 중국의 지명으로 기우제를 지내는 곳을 가리킨다. 즉, ㉦과 ㉧은 비유 관계로 짝지어진 것이 아니라, 각각 중국의 지명을 나타내는 말이다.

왜 오답?

① ㉠과 ㉡ '낫' → '어마님'의 사랑

*근거: (가) ❷, ❺

(가)에서 호미보다 잘 드는 '낫'은 아버지의 사랑보다 깊은 '어마님'의 사랑을 비유한 것이다.

② ㉢과 ㉣ '하놀' → 부모님의 '은덕'

*근거: (나) 〈1수〉 ❸

(나)의 '하놀 ㄱ톤 ㄱ업손 은덕'에서 '하놀'은 부모님의 끝없는 '은덕'을 비유한 것이다.

③ ㉤과 ㉥ '하해' → 부모님의 '정'

*근거: (다) ❹

(다)의 '하해같이 기픈 정'에서 '하해'는 부모님의 깊은 '정'을 비유한 것이다.

⑤ ㉨과 ㉩ '산화' → '홍금'

*근거: (다) ㉑

(다)의 '산화는 홍금이오'에서는 '산에 핀 꽃'인 '산화'를 '붉은 빛의 비단', 즉 '홍금'에 비유하고 있다.

B 33~34 ──────────── [예상 문제]

작자 미상, 〈시집살이 노래〉

❶ 화자, 중심 대상 ❷ 상황, 정서, 태도 ❸ 표현상 특징 시 해석
  : ❸ 반복법(같거나 비슷한 어구를 되풀이하는 표현 방법)

❶ 형님 온다 형님 온다 분(粉)고개로 형님 온다.
  → 형님 온다. 형님 온다. 고개 너머로 형님 온다.

❷ 형님 마중 누가 갈까 형님 동생 <u>내</u>가 가지.
  ❶ 화자: 사촌 동생
  → 형님 마중 누가 갈까? 형님 동생인 내가 가지.

❸ 형님 형님 사촌 형님 <u>시집살이</u> 어떱데까? ❶ 중심 대상
  「」: ❸ 대화 형식 – 사촌 동생의
  ❷ 상황: 사촌 동생이 사촌 형님에게 시집살이에 대해 물어봄. 물음과 사촌 형님의 대답
  → 형님 형님 사촌 형님 시집살이 어떻습니까?

* ❶~❸행 요약: 시집살이에 대한 사촌 동생의 물음

❹ 이애 이애 그 말 마라 시집살이 개집살이.」
  ❸ 언어유희(비슷한 말의 형태를 반복해 재미있게 꾸민 말) – 시집살이에 대한 부정적 인식을 해학적으로 표현함.
  → 얘야 얘야 말도 마라. 시집살이는 개집살이다.

❺ 앞밭에는 당추 심고 뒷밭에는 고추 심어,
  고추 – 동어 반복을 피하기 위한 의도적인 시어 선택
  → 앞밭에는 당추(고추) 심고 뒷밭에는 고추 심어,

❻ 고추 당추 맵다 해도 시집살이 더 맵더라.
  ❷ 상황: 사촌 형님이 시집살이의 어려움을 토로함.
  → 고추 당추 맵다 해도 시집살이가 더 맵더라(힘들더라).

* ❹~❻행 요약: 시집살이의 가혹함

❼ 「둥글둥글 수박 식기(食器) 밥 담기도 어렵더라.
  ❸ 음성 상징어(사람이나 사물의 소리나 움직임을 흉내 낸 말) 「」: 고된 가사 노동을 구체적으로 열거함.
  → 둥글둥글 수박 모양 식기에 밥 담기도 어렵더라.

❽ 도리도리 도리소반(小盤)* 수저 놓기 더 어렵더라.
  ❸ 음성 상징어
  → 도리도리 도리(작은) 소반에 수저 놓기는 더 어렵더라.

❾ 오 리(五里) 물을 길어다가 십 리(十里) 방아 찧어다가,
  ❸ 과장법(실제보다 지나치게 과도하거나 작게 표현하는 방법) – 가사 노동의 어려움을 강조함.
  → 오 리 물을 길어다가 십 리 방아를 찧어다가,

❿ 아홉 솥에 불을 때고 열두 방에 자리 걷고,」
  → 아홉 개의 솥에 불을 때고 열두 방에 자리 걷고,

[식기: 음식을 담는 그릇
[방아: 곡식 따위를 찧거나 빻는 기구나 설비를 통틀어 이르는 말

* ❼~❿행 요약: 시집살이의 고된 가사 노동

⓫ 「외나무다리 어렵대야 시아버니같이 어려우랴?
  「」: ❸ 설의법(쉽게 판단할 수 있는 것을 물음의 형식으로 표현하는 방법) – 시부모 모시기의 어려움을 강조함.
  → 외나무다리 (건너기가) 어렵다고 해도 시아버지같이 어려울까?

⓬ 나뭇잎이 푸르대야 시어머니보다 더 푸르랴?」
  → 나뭇잎이 푸르다고 해도 시어머니보다 더 푸를까(무서울까)?

⓭ 「시아버니 호랑새요 시어머니 꾸중새요,
  「」: ❸ 은유법(시집 식구들을 각각 '새'에 빗댐.), 대구법(비슷한 문장 구조를 짝을 맞추어 늘어놓는 방법)
  → 시아버지는 무서운 새요, 시어머니는 꾸중하는 새요,

⓮ 동서 하나 할림*새요 시누 하나 뾰족새요,
  → 동서 하나는 고자질하는 새요, 시누 하나는 성질부리는 새요,

⓯ 시아지비 뾰중*새요 남편 하나 미련새요,
  → 시아주버니는 퉁명스러운 새요, 남편 하나는 미련한 새요,

⓰ 자식 하난 우는 새요 나 하나만 썩는 샐세.」
  ❶ 화자: 사촌 형님
  → 자식 하나는 우는 새요, 나 하나만 (속이) 썩는 새일세.

* ⓫~⓰행 요약: 시집 식구들에 대한 묘사

⓱ 귀먹어서 삼년이요 눈 어두워 삼년이요,
  → 못 들은 체 삼 년이요, 못 본 체 삼 년이요,
  며느리가 감당해야 할 제약 – 당시 여성들의 고달픈 시집살이를 엿볼 수 있음.

⓲ 말 못해서 삼년이요 석 삼년을 살고 나니,
  → 말 못한 체 삼 년이요, (이렇게) 석 삼 년(9년)을 살고 나니,

⓳ 배꽃 같던 요내 얼굴 호박꽃이 다 되었네.
  「」: ❸ 결혼 전후의 용모 대비를 통해 시집살이의 고달픔을 표현함.(□: 결혼 전 ↔ △: 결혼 후)
  → 배꽃 같던 내 얼굴이 호박꽃이 다 되었네

⓴ 삼단 같던 요내 머리 비사리춤*이 다 되었네.
  → 삼단 같던 내 머리가 비사리춤(빗자루)이 다 되었네.

㉑ 백옥 같던 요내 손길 오리발이 다 되었네.」
  → 백옥 같던 내 손길이 오리발이 다 되었네.

㉒ 열새 무명* 반물치마* 눈물 씻기 다 젖었네.
  → 고운 남빛의 치마는 눈물을 닦아 내느라 다 젖었네.

㉓ 두 폭붙이 행주치마 콧물 받기 다 젖었네.
  → 두 폭짜리 행주치마는 콧물 닦아 내느라 다 젖었네.

[삼단 같은 머리: 숱이 많고 긴 머리
[행주치마: 부엌일을 할 때 옷을 더럽히지 아니하려고 덧입는 작은 치마

* ⓱~㉓행 요약: 고된 시집살이로 인해 변해 버린 모습

❸ 과장법 – 눈물을 많이 흘려 연못을 이루었다고 표현함.

㉔울었던가 말았던가 베갯머리 소(沼) 이뤘네.
　❷ 정서: 힘든 시집살이로 인한 슬픔
➡ 울었던가 말았던가? 베갯머리에 (눈물로) 연못을 이루었네.

㉕그것도 소라고 거위 한 쌍 오리 한 쌍
　　　　　　　자식들
➡ 그것도 연못이라고 거위 한 쌍 오리 한 쌍

㉖쌍쌍이 때 들어오네.
➡ 쌍쌍이 떼를 지어 들어오네.

〔소: 땅바닥이 우묵하게 뭉떵 빠지고 늘 물이 괴어 있는 곳

＊㉔~㉖행 요약: 시집살이에 대한 체념

＊도리소반: 둥글게 생긴 조그마한 상
＊할림: 남의 허물을 잘 일러바침.
＊뾰중: 마음에 들지 않아 입술을 삐죽 내밈.
＊비사리춤: '비사리'는 벗겨 놓은 싸리의 껍질. 아주 거친 것을 뜻한다.
＊열새 무명: 아주 고운 무명
＊반물치마: 짙은 남빛 치마

⭐ 독해 공식 ──────────────
❶ 화자: '나'(1~3행: 사촌 동생, 4~26행: 사촌 형님), 중심 대상: 시집살이
❷ 상황: 사촌 동생이 사촌 형님에게 시집살이에 대해 묻고, 사촌 형님이 시집살이의 어려움을 토로함.
정서: 힘든 시집살이로 인해 슬퍼함.
❸ 표현상 특징
• 대화 형식으로 시상이 전개되고 있음.
• 언어유희(비슷한 말의 형태를 반복해 재미있게 꾸민 말)를 통한 해학적(대상을 우스꽝스럽게 드러내는) 표현이 돋보이고 있음.
• 은유법(대상을 암시적으로 비유하는 방법)을 통해 시집 식구들을 묘사하고 있음.
• 음성 상징어(사람이나 사물의 소리나 움직임을 흉내 낸 말)와 과장법(실제보다 지나치게 과도하거나 작게 표현하는 방법), 대비를 활용하여 시집살이에 대해 표현하고 있음.
• 반복법(같거나 비슷한 어구를 되풀이하는 표현 방법)을 활용하고 있음.
• 설의법(쉽게 판단할 수 있는 것을 물음의 형식으로 표현하는 방법)을 활용하고 있음.
• 대구법(비슷한 문장 구조를 짝을 맞추어 늘어놓는 방법)을 활용하고 있음.

■ 갈래: 민요　■ 창작 시기: 조선 시대
■ 내용: 이 작품은 경북 경산 지방에서 채집된 구비 문학 작품을 현대어로 기록한 민요이다. 친정을 방문한 여인(형님)과 사촌 동생 사이의 대화 형식으로 시집살이의 어려움과 괴로움을 소박하면서도 사실적으로 노래하고 있다. 봉건적인 가부장제 가족 제도하에서 여성이 겪는 억압과 괴로움이 구체적이고 생생한 묘사를 통해 그려진 한편, 해학적이고 익살스러운 표현을 통해 힘든 시집살이에서 벗어나고 싶은 심정이 간접적으로 드러나고 있다.
■ 주제: 시집살이의 어려움과 한(恨)

■ 이것이 핵심!: 시상 전개 방식 – 두 여인의 대화 형식

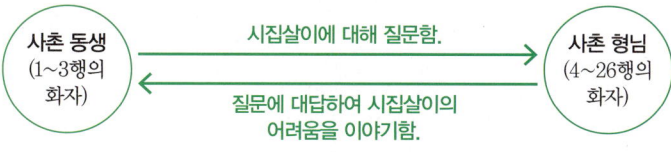

사촌 동생
(1~3행의 화자)
　　시집살이에 대해 질문함. →
← 질문에 대답하여 시집살이의 어려움을 이야기함.
사촌 형님
(4~26행의 화자)

B 33　정답 ③　＊표현상 특징 파악하기

윗글의 표현상 특징으로 가장 적절한 것은?

> 왜 정답?

③ 해학적인 표현과 과장된 표현이 나타나고 있다.
　'시집살이 개집살이'　'오 리 물을 ~ 찧어다가', '베갯머리 소 이뤘네.'

＊근거: ❹, ⑨, ㉔

'시집살이 개집살이'에서는 시집살이가 '개집살이'와 같다며 시집살이에 대한 부정적 인식을 해학적으로 표현하고 있다. 또한 '오 리 물을 길어다가 십 리 방아 찧어다가'에서는 과장법을 활용하여 시집살이에서 해야 하는 고된 가사 노동을

드러내고 있으며, '베갯머리 소 이뤘네'는 베갯머리에 흘린 눈물이 연못을 이루었다는 뜻으로, 시집살이로 인한 슬픔을 과장하여 표현한 것이다.

┌ 해학적인 표현: 속마음을 넌지시 표현하거나 대상을 효과적으로 비판하기 위해 웃음을 유발하는 말을 활용한 표현
└ 과장된 표현: 사실보다 지나치게 불려서 나타내는 표현

> 왜 오답?

① 여음을 활용하여 리듬감을 살리고 있다.
　나타나지 않음.

윗글에서 여음을 활용한 부분은 나타나지 않는다.

┌ 여음: 시가 양식이나 노래에서 일정한 간격을 두고 반복되어 나타나는 말이나 소리

② 화자의 정서를 점층법으로 심화하고 있다.
　　　　　　　　나타나지 않음.

윗글에서 점층법을 활용한 부분은 나타나지 않는다.

┌ 점층법: 문장의 뜻을 점점 강하게 하거나, 크게 하거나, 높게 하여 마침내 절정에 이르도록 하는 수사법

④ 청유형의 표현을 통해 삶의 교훈을 전하고 있다.
　나타나지 않음.

윗글에서 청유형의 표현을 활용한 부분은 나타나지 않는다.

┌ 청유형의 표현: 화자가 청자에게 같이 행동할 것을 요청하는 뜻을 나타내는 표현으로, 종결 어미 '–자', '–자꾸나', '–세', '–읍시다' 따위가 붙는 꼴이다.

⑤ 시의 주제를 반어적인 표현을 통해 강조하고 있다.
　　　　　　나타나지 않음.

윗글에서 반어적인 표현을 활용한 부분은 나타나지 않는다.

┌ 반어적인 표현: 참뜻과는 반대되는 말을 하여 문장의 의미를 강화하는 표현

B 34　정답 ①　＊작품 비교하기

〈보기〉와 비교하여 윗글을 감상한 내용으로 적절하지 않은 것은?

• 〈보기〉: 며느리인 화자가 자신을 못살게 구는 시집 식구들에 대해 한탄하는 심정을 노래한 사설시조입니다.
• 윗글: 시집살이를 하는 화자가 시집살이의 고됨과 어려움을 노래한 민요입니다.
📋 즉 시집살이의 괴로움을 노래한 〈보기〉와 윗글을 비교하여 이해한 내용 중 틀린 것을 고르는 문제입니다.

──────── [보기] ────────

❶시어머님, 며느리가 나쁘다고 부엌 바닥을 구르지 마오.
　　　　청자
　　＊초장(❶) 요약: 며느리를 구박하지 말아 달라는 당부
❷빚 값으로 받아온 며느린가, 물건 값 대신 데려온 며느린가. 밤나무 썩은 등걸에 난 회초리같이 매서우신 시아버지, 볕에 쬔 쇠
　　　　　　　　　　②, ③의 근거
똥같이 말라빠지신 시어머니, 삼 년 결은 망태기에 새 송곳 부리같이 뾰족한 성깔의 시누님, 당피* 경작한 밭에 돌피* 난 것같이 샛노란 오이 꽃 같은 피똥이나 누는 아들 하나 두고,
　　＊중장(❷) 요약: 며느리를 괴롭히는 시집 식구들의 모습과 남편에 대한 원망
❸기름진 밭에 메꽃 같은 며느리를 어디가 나쁘다고 하시는고.
　　　　　⑤의 근거
　　＊종장(❸) 요약: 시집살이를 견디는 며느리의 항변

＊당피: 좋은 곡식　＊돌피: 나쁜 곡식
────────────────────────
등걸: 줄기를 잘라 낸 나무의 밑동
망태기: 물건을 담아 들거나 어깨에 메고 다닐 수 있도록 만든 그릇
경작하다: 땅을 갈아서 농사를 짓다.

>왜 정답?

① 윗글과 <보기>는 모두 ~~대화 구조~~를 통해 내용이 전개되고 있다.
<보기>는 대화 구조가 아님.

*근거: ❸, ❹, <보기> ❶

윗글에서는 '사촌 형님 시집살이 어떱데까?'라는 사촌 동생의 물음에 사촌 형님이 '이애 이애 그 말 마라 시집살이 개집살이'라고 답하며 사촌 형님과 동생이 시집살이에 대해 이야기를 나누는 대화 구조로 되어 있다. 하지만 <보기>는 화자가 '시어머니'를 청자로 설정하여 일방적으로 말하는 내용일 뿐, 이야기를 주고받는 대화 구조는 나타나지 않는다.

>왜 오답?

② 윗글과 <보기>는 모두 시댁 식구들의 모습을 비유적인 표현을
윗글 '시아버니 호랑새요' 등, <보기> '회초리같이 매서우신 시아버지' 등
통해 묘사하고 있다.

*근거: ⓭~⓰, <보기> ❷

윗글에서는 시집 식구들을 '호랑새', '꾸중새', '할림새' 등의 '새'에 빗대어 묘사하고 있고, <보기>에서는 시집 식구들을 '밤나무 썩은 등걸에 난 회초리', '볕에 쬔 쇠똥', '삼 년 결은 망태기에 새 송곳 부리' 등에 빗대어 묘사하고 있다.

③ 윗글과 <보기>에는 모두 대가족 사회에서 며느리들이 겪는 시
윗글 '외나무다리 ~ 미련새요', <보기> '밤나무 썩은 ~ 성깔의 시누님'
집살이의 애환이 나타난다.

*근거: ⓫~⓯, <보기> ❷

윗글은 '외나무다리 어렵대야 시아버니같이 어려우랴? / 나뭇잎이 푸르대야 시어머니보다 더 푸르랴?'라는 표현과 시집 식구들을 '호랑새', '꾸중새', '할림새' 등에 빗댄 표현을 통해, <보기>는 '밤나무 썩은 등걸에 난 회초리같이 매서우신 시아버지 ~ 뾰족한 성깔의 시누이'와 같은 표현을 통해 대가족 사회에서 시집 식구들과 살아가는 며느리가 겪는 시집살이의 애환이 나타난다.

〔 애환: 슬픔과 기쁨을 아울러 이르는 말

④ 윗글에는 시집살이의 고된 노동이 구체적으로 표현된 반면,
밥 담기도 어렵더라', '수저 놓기 더 어렵더라' 등
<보기>에는 구체적으로 나타나지 않는다.
시집살이의 고된 노동이 나타나지 않음.

*근거: ❼~❿

윗글에서는 '밥 담기', '수저 놓기', '오 리 물' 긷기, '십 리 방아 찧'기, '아홉 솥에 불을 땔'기, '열두 방에 자리 걷'기 등 시집살이를 하며 하는 고된 노동이 구체적으로 나타난다. 하지만 <보기>에서는 며느리를 힘들게 하는 시집 식구들의 모습이 나타날 뿐, 시집살이의 고된 노동이 나타나지는 않는다.

⑤ 윗글에는 시집살이로 인해 며느리의 변한 모습이 나타나는 반
'배꽃 같던 요내 얼굴 ~ 오리발이 다 되었네.'
면, <보기>에는 며느리의 변한 모습은 나타나지 않는다.
'기름진 밭에 메꽃 같은 며느리' - 며느리의 현재 모습

*근거: ⓳~㉑, <보기> ❸

윗글의 '배꽃 같던 요내 얼굴 호박꽃이 다 되었네.' 등에서 시집살이 전후로 달라진 며느리의 모습이 나타난다. 하지만 <보기>에는 '기름진 밭에 메꽃 같은'이라는 표현을 통해 며느리의 현재 모습만 나타날 뿐, 변한 모습은 나타나지 않는다.

B 35~37 ────── [2015 대비/사관학교(A) 43~45]

이이, <고산구곡가(高山九曲歌)>

❶ 화자, 중심 대상 ❷ 상황, 정서, 태도 ❸ 표현상 특징 [시 해석]
▨: ❸ 동일한 문장 구조의 반복 ☐: ❸ 시선의 이동

❶중심 대상: 구곡   ❶ 지명 ☓ 갓바위
일곡(一曲)은 어드매오 관암(冠巖)에 해 비친다
❷상황: 구곡의 아름다운 풍경에 대해 노래함. 시간적 배경: 아침
➡ 첫 번째로 경치가 좋은 계곡은 어디인가? 관암에 해가 비친다.

❷평무(平蕪)에 내 걷히니 원근(遠近)이 그림이로다
         안개   ❷ 태도: 예찬적
➡ 잡초가 무성한 들판에 안개가 걷히니 원근의 경치가 그림같이 아름답구나.

❸송간(松間)에 녹준(綠樽)을 놓고 벗 오는 양 보노라   <2수>
➡ 소나무 사이에 술통을 놓고 벗이 찾아온 것처럼 바라보노라.

─────────

평무: 잡초가 무성한 편평한 들
원근: 먼 곳과 가까운 곳
송간: 소나무와 소나무의 사이
녹준: 좋은 술을 담은 통

*<2수> 요약: 관암의 아침 경치

❶이곡(二曲)은 어드매오 화암(花巖)에 춘만(春滿)커다
         꽃바위   계절적 배경: 봄
➡ 두 번째로 경치가 좋은 계곡은 어디인가? 화암에 봄이 저물었도다.

❷벽파(碧波)에 꽃을 띄워 야외(野外)에 보내노라
                    속세
➡ 푸른 물결 위에 꽃을 띄워 들판 밖으로 보내노라.

❸㉠사람이 승지(勝地)를 모르니 알게 한들 어떠리   <3수>
  사람들에게 화암의 경치를 알리고 싶어 함.
➡ 사람들이 이 경치 좋은 곳을 모르니 알게 한들 어떠리?

─────────

춘만: 봄기운이 가득함.
벽파: 푸른 파도, 또는 푸른 물결
승지: 경치가 좋은 곳

*<3수> 요약: 화암의 늦은 봄 경치

❶삼곡(三曲)은 어드매오 취병(翠屏)에 잎 펴졌다
              나무와 풀로 덮인 절벽
➡ 세 번째로 경치가 좋은 계곡은 어디인가? 취병에 나뭇잎들이 우거졌다.

❷녹수(綠樹)에 산조(山鳥)는 하상기음(下上其音)*하는 적에
❸ 시각적(눈으로 보는 듯한 느낌을 주는) 심상, 청각적(귀로 듣는 듯한 느낌을 주는) 심상
➡ 푸른 나무 사이로 산새가 오르락내리락하면서 지저귈 때

❸반송(盤松)이 바람을 받으니 여름 경(景)이 없어라   <4수>
              계절적 배경: 여름
➡ 키 작고 가로로 퍼진 소나무가 바람에 흔들리는 것을 보니 여름이 따로 없구나.

─────────

녹수: 푸른 잎이 우거진 나무
산조: 산에서 사는 새를 통틀어 이르는 말
반송: 키가 작고 가지가 옆으로 퍼진 소나무
경: 산이나 들, 강, 바다 따위의 자연이나 지역의 모습(=경치)

*<4수> 요약: 취병의 여름 경치

❶사곡(四曲)은 어드매오 송애(松崖)에 해 넘거다
              소나무가 있는 절벽 시간적 배경: 저녁
➡ 네 번째로 경치가 좋은 계곡은 어디인가? 송애로 해가 넘어간다.

❷담심암영(潭心巖影)*은 온갖 빛이 잠겼어라
➡ 맑은 못 속에 비치는 바위 그림자에는 온갖 빛이 잠겨 있구나.

❸임천(林泉)이 깊도록 좋으니 흥(興)을 겨워 하노라   <5수>
                    ❷ 정서: 자연을 즐기는 흥겨움
➡ 세상을 버리고 은둔하는 곳은 깊을수록 좋으니 흥겨워하노라.

〔 임천: 세상을 버리고 은둔하기 알맞은 곳을 비유적으로 이르는 말

*<5수> 요약: 송애의 저물녘의 경치

❶오곡(五曲)은 어드매오 은병(隱屏)*이 보기 조희
              눈에 띄지 않는 절벽
➡ 다섯 번째로 경치가 좋은 계곡은 어디인가? 은병이 보기도 좋구나.

❷수변정사(水邊精舍)는 소쇄(瀟灑)함*도 가이 없다
➡ 물가에 세워진 집이 맑고 깨끗하기가 끝이 없다.

❸이 중(中)에 강학(講學)도 하려니와 영월음풍(咏月吟風) 하리라 <6수>
❷ 자연 속에서 학문을 닦으며 풍류를 즐기는 삶을 추구함.
➡ 여기서 글도 가르칠 뿐만 아니라 시도 지어 읊으며 즐겁게 지내리라.

─────────

수변정사: 물가에 세워진, 학문을 가르치기 위하여 마련한 집
강학: 학문을 닦고 연구함.
영월음풍: 자연을 시로 짓고 읊으며 즐겁게 노는 일

*<6수> 요약: 수변정사에서의 즐거움

* 하상기음: 오르락내리락하면서 지저귐.
* 담심암영: 맑은 못 속에 비치는 바위 그림자
* 은병: 고산구곡의 하나로 이이가 은거한 해주 고산의 은병정사를 의미함.
* 소쇄함: 맑고 깨끗함.

★ 독해 공식

❶ **화자**: 드러나지 않음. **중심 대상**: 구곡

❷ **상황**: 구곡의 아름다운 풍경에 대해 노래함.
정서: 자연을 즐기는 흥겨움이 드러남.
태도: 자연의 아름다운 경치를 예찬함. 자연 속에서 강학하며 풍류를 즐기는 삶을 추구함.

❸ **표현상 특징**
• 동일한 문장 구조를 반복하여 운율을 형성하고 있음.
• 시선의 이동에 따라 시상을 전개하고 있음.
• 다양한 감각적(시각, 청각, 촉각, 후각, 미각 등의 감각을 떠올리게 하는) 심상을 활용하여 풍경을 묘사하고 있음.

■ **갈래**: 연시조   ■ **창작 시기**: 조선 중기
■ **내용**: 이 작품은 작가가 벼슬에서 물러나 해주에서 제자들을 가르치면서 그곳에서의 생활을 노래한 연시조이다. 구곡의 아름다운 풍경을 묘사하면서 자연에 묻혀 주자학을 익히며 학문에 힘쓰겠다는 결의를 드러내고 있다. 구곡은 관암, 화암, 취병, 송애, 은병, 조협, 풍암, 금탄, 문산으로, 이는 지명이자 그에 대한 경관도 아울러 나타낸다.
■ **주제**: 학문의 즐거움과 자연의 아름다움 예찬

■ **이것이 핵심!**: 각 수별 중심 내용

〈2수〉	〈3수〉	〈4수〉	〈5수〉	〈6수〉
관암의 풍경을 예찬함.	화암의 경치를 알리고 싶어 함.	취병의 여름 경치를 묘사함.	송애에서 느끼는 흥겨움을 표현함.	은병에서 강학과 풍류의 삶을 다짐함.

B 35   정답 ③   ★표현상 특징 파악하기

다음은 윗글의 구성과 관련하여 탐구한 내용이다. 적절하지 않은 것은?

A. 통사 구조
• '─곡은 어드매오'가 매 수마다 반복되고 있다. ……………… ㉠
  매 수의 초장에서 반복됨.

B. 공간적 질서
• '일곡'에서 '오곡'으로 순차적으로 제시하고 있다. ………… ㉡
  '일곡', '이곡', '삼곡', '사곡', '오곡'의 순서로 나타남.
• 〈2수〉의 '관암'에서 〈6수〉의 '은병'까지 이동 경로를 제시하고 있다. ……………… ㉢
  × → 시선에 따른 이동임.

C. 시간적 질서
• 〈2수〉의 '해 비친다'와 〈5수〉의 '해 넘거다'가 하루 중의 시간으로 대응하고 있다. …………… ㉣
  아침 → 저녁
• 〈3수〉의 '춘만커다'와 〈4수〉의 '여름 경'이 계절로 대응하고 있다. …………… ㉤
  봄 → 여름

통사 구조: 문장의 구성 요소들이 문장을 이루는 구조
순차적: 순서를 따라 차례대로 하는 것
대응하다: 어떤 두 대상이 주어진 어떤 관계에 의하여 서로 짝이 되다.

왜 정답?

③ ⊗ 이동 경로가 아님.

화자는 〈2수〉에서 '관암', 〈3수〉에서 '화암', 〈4수〉에서 '취병', 〈5수〉에서 '송애', 〈6수〉에서 '은병'의 경치에 대해 이야기하고 있다. 이는 화자의 시선이 '관암'에서 '은병'으로 이동한 것이지, 화자가 직접 이동한 경로는 아니다.

왜 오답?

① ㉠ 매 수의 초장에서 반복됨.

★**근거**: 〈2수〉 ❶, 〈3수〉 ❶, 〈4수〉 ❶, 〈5수〉 ❶, 〈6수〉 ❶
각 수의 초장에서 '─곡은 어드매오'라는 구절이 반복적으로 제시되고 있으며, 이를 통해 리듬감과 통일성이 드러나고 있다.

② ㉡ '일곡', '이곡', '삼곡', 사곡', '오곡'의 순서로 나타남.

★**근거**: 〈2수〉 ❶, 〈3수〉 ❶, 〈4수〉 ❶, 〈5수〉 ❶, 〈6수〉 ❶
〈2수〉에서 〈6수〉까지 '일곡' ,'이곡', '삼곡', '사곡', '오곡'의 순서대로 공간이 제시되고 있다.

④ ㉣ '아침'과 '저녁'이 대응됨.

★**근거**: 〈2수〉 ❶, 〈5수〉 ❶
〈2수〉의 '관암에 해 비친다'에서는 시간적 배경이 아침임이 드러나고, 〈5수〉의 '송애에 해 넘거다'에서는 시간적 배경이 저녁임이 드러난다. 즉, 〈2수〉의 '해 비친다'와 〈5수〉의 '해 넘거다'에서는 아침과 저녁의 시간이 대응되고 있다.

⑤ ㉤ '봄'과 '여름'이 대응됨.

★**근거**: 〈3수〉 ❶, 〈4수〉 ❸
〈3수〉의 '화암에 춘만커다'에서는 계절적 배경이 봄임이 드러나고, 〈4수〉의 '여름 경이 없어라'에서는 계절적 배경이 여름임이 드러난다. 즉, 〈3수〉의 '춘만커다'와 〈4수〉의 '여름 경'에서는 봄과 여름의 계절이 대응되고 있다.

B 36~37 〈보기〉를 참고하여 B36번과 B37번 두 물음에 답하시오.

[보기]

❶율곡의 자연관에 따르면 자연을 눈으로만 보아서는 안 되며 산수의 흥취를 깊이 알아 자연 속에 담긴 도체(道體), 즉 진리를 <u>자연 속에 담긴 진리</u> 파악해야 진정한 즐거움인 진락(眞樂)에 이를 수 있다. ❷즉 율곡은 자연 속에서 자연의 아름다움을 발견할 뿐 아니라 학문을 통해 <u>도학적 이상을 추구했다고 할 수 있다.</u> <u>율곡의 자연관</u>

산수: 산과 물이라는 뜻으로, 경치를 이르는 말
도체: 도(道)를 닦는 몸 **도학**: 유교 도덕에 관한 학문

B 36   정답 ④   ★〈보기〉를 바탕으로 감상하기

〈보기〉를 참고로 윗글을 감상한 것으로 적절하지 않은 것은?

• **〈보기〉**: 율곡은 자연 속에서 자연의 아름다움뿐만 아니라 학문을 통한 이상을 추구했습니다.
• **윗글**: 구곡의 아름다운 풍경을 묘사하면서 자연에 묻혀 학문에 힘쓰겠다는 결의를 드러내고 있습니다.
■**즉** 율곡의 자연관을 바탕으로 윗글을 이해한 내용 중 틀린 것을 고르는 문제입니다.

왜 정답?

④ '6수'의 '소쇄함'이 '가이 없다'는 것은 ~~학문을 통해 도체를 파악하는 길이 쉽지 않다~~는 의미로 볼 수 있군. 자연의 아름다움을 강조한 것임.

★**근거**: 〈6수〉 ❷
〈6수〉의 '수변정사는 소쇄함도 가이 없다'에서 '소쇄함'은 '맑고 깨끗함'이라는 뜻이다. 즉, 수변정사의 '소쇄함'이 '가이 없다'는 것은 물가에 세워진 정사와 그 주변 풍경이 아름답고 좋다는 것을 강조한 표현이다. 따라서 이 표현이 학문을 통해 도체를 파악하는 길이 쉽지 않다는 의미라는 설명은 적절하지 않다.

>왜 오답?

① '3수'의 '승지'는 경치가 아름다운 곳인 동시에 도체가 내재되어 있는 공간으로 볼 수 있군.
자연의 아름다움과 도학적 이상을 추구하는 작가가 긍정하는 공간임.

*근거: 〈3수〉❸, 〈보기〉❷문장

〈3수〉의 '사람이 승지를 모르니 알게 한들 어떠리'는 다른 사람들이 자연의 아름다움을 잘 모르는 것 같으니 알게 하고 싶다는 의미로, 화자는 '승지'라는 공간을 긍정적으로 바라보고 있다. 〈보기〉에서 율곡은 '자연 속에서 자연의 아름다움을 발견할 뿐 아니라 학문을 통해 도학적 이상을 추구했다'고 한 것을 참고할 때 화자가 '승지'를 긍정하는 것은 그곳이 자연의 아름다움과 함께 자연 속에 담긴 진리가 내재된 공간이기 때문이라고 볼 수 있다.

② '4수'의 '녹수'와 '산조', '반송'과 '바람'의 조화는 '진락'을 느낄 수 있는 아름다운 자연의 모습을 포착한 것이라고 볼 수 있군.
'조화'라는 진리가 드러남.

*근거: 〈4수〉❷, ❸, 〈보기〉❶문장

〈4수〉의 '녹수에 산조는 하상기음하는 적에 / 반송이 바람을 받으니'에서는 '산조'가 '녹수'를 오르락내리락하며 지저귀고 '반송'이 '바람'을 맞는 자연물들의 조화로운 모습이 나타난다. 〈보기〉에서 '자연 속에 담긴 도체, 즉 진리를 파악해야 진정한 즐거움인 진락에 이를 수 있다'고 한 것을 참고할 때, '녹수'와 '산조', '반송'과 '바람'의 모습은 자연 속에 담긴 '조화'라는 진리를 드러내는 것으로, 진정한 즐거움인 진락을 느낄 수 있는 자연의 아름다운 모습이라 할 수 있다.

③ '5수'의 '온갖 빛이 잠겨' 있는 '담심암영'에서 느끼는 '흥'은 '진락'에 대한 다른 표현으로 볼 수 있군.
자연을 통해 즐거움을 얻은 것임.

*근거: 〈5수〉❷, ❸, 〈보기〉❶문장

〈5수〉의 '담심암영은 온갖 빛이 잠겼어라'에서 '담심암영'은 맑은 못 속에 비치는 바위 그림자라는 뜻으로, 자연의 맑고 아름다운 모습을 나타내며, 이에 화자는 임천을 즐기며 '흥을 겨워' 하고 있다. 〈보기〉에서 '자연 속에 담긴 도체, 즉 진리를 파악해야 진정한 즐거움인 진락에 이를 수 있다'고 한 것을 참고할 때, 화자가 자연을 즐기며 흥겨워하는 것은 자연 속에서 '도체', 즉 진리를 파악하고 '진락'을 얻은 것과 같은 것으로 볼 수 있다.

⑤ '6수'의 '강학도 하려니와 영월음풍 하리라'는 자연을 즐기는 것과 도학적 이상의 추구가 다르지 않음을 보여 주고 있군.
학문을 닦으며 풍류를 즐기겠다고 함.

*근거: 〈6수〉❸, 〈보기〉❷문장

〈6수〉의 '이 중에 강학도 하려니와 영월음풍 하리라'는 여기서 글도 가르칠 뿐만 아니라 시도 지어 읊으면서 흥겹게 지내겠다는 뜻이다. 즉, 화자는 학문을 연구하면서 시를 읊으며 풍류도 즐기겠다는 의지를 드러내고 있다. 〈보기〉에서 율곡은 '자연 속에서 자연의 아름다움을 발견할 뿐 아니라 학문을 통해 도학적 이상을 추구했다'고 한 것을 참고할 때, '강학도 하려니와 영월음풍 하리라'는 것은 자연을 즐기면서 도학적 이상을 추구하겠다는 자세를 통해 둘이 다르지 않음을 보여 준다고 할 수 있다.

B 37 정답 ② *시어 및 구절의 의미 파악하기

㉠에 대한 이해로 가장 적절한 것은?

• ㉠: ㉠은 '사람'으로, 경치가 좋기로 이름난 곳인 '승지'를 모르고 있습니다.

즉 윗글에 나타난 '사람'에 대한 설명으로 알맞은 것을 고르는 문제입니다.

>왜 정답?

② 진락을 알지 못하는 사람이다.
'승지를 모르니 알게 한들 어떠리'

*근거: 〈3수〉❸, 〈보기〉❶문장

〈3수〉의 '사람이 승지를 모르니 알게 한들 어떠리'에서 화자는 '사람'이 승지를 잘 모르니 알게 했으면 좋겠다고 말하고 있다. 〈보기〉에서 '자연 속에 담긴 도체, 즉

진리를 파악해야 진정한 즐거움인 진락에 이를 수 있다'고 한 것으로 보아 화자가 '승지'로 대표되는 자연 속에서 즐거운 것은 자연의 아름다움을 느끼면서 그 속에 담긴 진리를 파악했기 때문이다. 따라서 자연의 아름다움을 느낄 수 있고 그 속에 진리가 담겨 있는 공간인 '승지'를 모르는 '사람'은 진락을 알지 못하는 사람이라고 볼 수 있다.

>왜 오답?

① 산수의 흥취를 아는 사람이다.
자연의 아름다움을 모르는 사람이므로 적절하지 않음.

'사람'은 경치가 좋기로 이름난 곳인 '승지'를 모르고 있으므로, 산수의 흥취를 아는 사람이라고 할 수 없다.

③ 도학적 이상을 추구하는 사람이다.
자연 속에 담긴 진리를 모르는 사람이므로 적절하지 않음.

*근거: 〈보기〉❶문장

〈보기〉에서는 '자연을 눈으로만 보아서는 안 되며 산수의 흥취를 깊이 알아 자연 속에 담긴 도체, 즉 진리를 파악해야 진정한 즐거움인 진락에 이를 수 있다'고 했다. 따라서 화자가 추구하는 '승지'는 자연의 아름다움과 자연 속의 진리가 담겨 있는 공간으로 볼 수 있다. 그러나 '사람'은 이러한 '승지'를 모르고 있으므로, 도학적 이상을 추구하는 사람이라고 할 수 없다.

④ 자연을 눈으로만 보지 않는 사람이다.
자연을 눈으로만 보기에 '승지'를 모른다고 볼 수 있음.

*근거: 〈보기〉❶문장

〈보기〉에서는 '자연을 눈으로만 보아서는 안 되며 산수의 흥취를 깊이 알아 자연 속에 담긴 도체, 즉 진리를 파악해야 진정한 즐거움인 진락에 이를 수 있다'고 했다. 즉, '사람'이 자연을 눈으로만 보지 않는 이라면 화자가 그에 대해 '승지'를 잘 모르니 알게 했으면 좋겠다고 하지는 않았을 것이다.

⑤ 도체를 파악하기 위해 노력하는 사람이다.
'승지'를 잘 모르므로 도체를 파악하기 위해 노력한다고 볼 수 없음.

*근거: 〈보기〉❶문장

〈보기〉에서는 '자연을 눈으로만 보아서는 안 되며 산수의 흥취를 깊이 알아 자연 속에 담긴 도체, 즉 진리를 파악해야 진정한 즐거움인 진락에 이를 수 있다'고 했다. 즉, '사람'이 자연 속에 담긴 도체, 즉 진리를 파악하기 위해 노력하는 이라면 화자가 그에 대해 '승지'를 잘 모르니 알게 했으면 좋겠다고 하지는 않았을 것이다.

B 38~41 ── [2015 대비/경찰대 34~37]

(가) 이정환, 〈비가(悲歌)〉

❶ 화자, 중심 대상 ❷ 상황, 정서, 태도 ❸ 표현상 특징 고어 읽기 시 해석
▨ : 감탄형('-구나', '-도다' 등 감탄의 뜻을 나타내는 종결 어미

한밤중   혼자   일어   묻노라   이 내 꿈아
❶화자: '나'

❶ 한밤중 혼자 일어 묻노라 이 내 꿈아
❸ 의인법(사람이 아닌 것을 사람에 비기어 표현하는 방법)
➡ 한밤중에 혼자 일어나 묻노라 이 내 꿈아

[A]
만 리 요양을   어느덧   다녀온고
❷ 만 리 요양(遼陽)을 어느덧 다녀온고.
청나라
➡ 만 리나 떨어진 청나라 요양을 언제 다녀왔느냐?

반갑다   학가   선용을   친히 뵌 듯하여라
❸ 반갑다 학가(鶴駕) 선용(仙容)을 친히 뵌 듯하여라.   〈제1수〉
꿈에서 청나라에 볼모로 잡혀간 왕자들을 봄. → ❷ 정서: 두 왕자에 대한 그리움
➡ 반갑다. 꿈속에 뵌 왕자들이지만 직접 만나 뵌 듯하여라.

요양: 청나라가 건국된 곳
학가 선용: '학가'는 왕세자가 탔던 수레를 뜻하며, '선용'은 선인(仙人)의 용모를 뜻한다. 청나라에 끌려간 소현세자와 봉림대군을 의미한다.

*〈제1수〉 요약: 청나라에 볼모로 잡혀간 왕세자를 그리워함.

풍셜   셕거친   날에   뭇노라   북래사쟈야
❶ 풍셜 셕거친 날에 뭇노라 북래사쟈(北來使者)야,
청나라에서 온 사신
➡ 눈바람이 뒤섞여 불어오던 날에 북에서 온 사신에게 묻노라.

❷ <small>소해용안이</small> <small>언메나</small> <small>치오신고</small>
<small>왕세자(소현세자)</small>
㉑ **소해용안(小海容顏)이 언메나 치오신고.**
❷ 상황: 청나라에 볼모로 잡혀간 왕세자의 안위를 걱정함.
➡ 왕세자는 얼마나 추우시는가?

<small>고국의</small> <small>못 죽는</small> <small>고신이</small> <small>눈물계워</small> <small>하노라</small>
<small>화자 자신</small>
고국(故國)의 못 죽는 고신(孤臣)이 눈물계워 ㅎ노라. 〈제2수〉
❷ 정서: 국치의 상황에 대한 슬픔과 안타까움
➡ 고국에서 죽지 못해 사는 외로운 신하는 눈물을 금치 못하고 있노라.

> **풍설**: 눈과 함께, 또는 눈 위로 불어오는 차가운 바람
> **북래사자**: 북쪽에서 온 사자(使者). 청나라에서 온 사신을 말한다.
> **소해용안**: '소해'는 왕세자를 뜻하며, '용안'은 얼굴의 높임말이다.
> **고국**: 자신의 조상 때부터 살던 나라를 이르는 말
> **고신**: 임금의 신임이나 사랑을 받지 못하는 신하

〈제2수〉 요약: 왕세자의 안위를 염려함.

<small>구렁에</small> <small>낫는 풀이</small> <small>봄비에</small> <small>절로</small> <small>길어</small>
❶ 구렁에 낫는 풀이 봄비에 절로 길어 □ ↔ △: ❸ 대조법 – '풀'과 '우리'가 대조됨.
<small>근심과 걱정이 없는 존재</small>
➡ 구렁에 나 있는 풀이 봄비에 절로 자라

<small>알을 일 업스니</small> <small>긔 아니</small> <small>죠흘소냐</small>
❷ 알을 일 업스니 긔 아니 죠흘소냐. ❸ 설의법(쉽게 판단할 수 있는 것을 물음의 형식으로 표현하는 방법)
<small>근심, 걱정</small>
➡ 알아야 할 일이 없으니 그것이 아니 좋겠느냐?

<small>우리는</small> <small>너희만</small> <small>못ㅎ야</small> <small>실람겨워</small> <small>하노라</small>
<small>풀</small> ❶ 중심 대상: 시름(병자호란의 국치)
❸ 우리는 너희만 못ㅎ야 실람겨워 ㅎ노라. 〈제8수〉
❷ 정서: 국치를 당한 비통함
➡ 우리는 너희만 못하여 시름을 못 이겨 하노라.

〈제8수〉 요약: 병자호란의 치욕을 당한 것을 비통해함.

🌟 **(가) 독해 공식**
❶ 화자: '나', 중심 대상: 시름(병자호란의 국치)
❷ 상황: 청나라에 볼모로 잡혀간 두 왕자의 안위를 걱정함.
정서: 볼모로 잡혀간 두 왕자를 그리워함. 국치의 상황에 대한 슬픔과 안타까움, 비통함을 느낌.
❸ 표현상 특징
· '꿈'을 의인화(사람이 아닌 것을 사람에 비기어 표현)하여 시적 상황을 효과적으로 드러내고 있음.
· 감탄형('-구나', '-도다' 등 감탄의 뜻을 나타내는) 종결 어미를 사용하여 화자의 정서를 부각하고 있음.
· 대조법(서로 반대되는 대상을 내세워 의미를 강조하는 방법)과 설의법(쉽게 판단할 수 있는 것을 물음의 형식으로 표현하는 방법)을 통해 화자의 처지를 강조하고 있음.

■ 갈래: 평시조, 연시조　　■ 창작 시기: 조선 중기
■ 내용: 이 작품은 병자호란의 국치(國恥)에 대한 통분을 담은 총 10수의 연시조이다. 원래 제목은 〈국치비가(國恥悲歌)〉로, 작가는 병자호란의 국치를 당한 뒤 아무것도 할 수 없는 자신을 한탄하며 비통함과 수치심, 청나라에 붙잡혀 간 소현세자와 봉림대군에 대한 그리움을 노래했다.
■ 주제: 병자호란 때의 굴욕에 대한 비통함

■ **이것이 핵심!**: 화자의 정서

（화자） ──걱정하고 그리워함.──→ （청나라에 볼모로 잡혀간 두 왕자）

(나) 박인로, 〈선상탄(船上嘆)〉
❶ 화자, 중심 대상　❷ 상황, 정서, 태도　❸ 표현상 특징　[고어 읽기]　[시 해석]
　　　　: ❸ 설의법(쉽게 판단할 수 있는 것을 물음의 형식으로 표현하는 방법)
　　　　: ❸ 고사유래가 있는 옛날의 일을 표현한 어구) 인용

<small>늘고 병든</small> <small>몸을</small> <small>주사로</small> <small>보내실새</small>
❶ 늘고 병(病)든 몸을 주사(舟師)로 보닉실새,
<small>화자 자신을 낮춘 표현</small> <small>화자의 직책</small>
➡ (임금께서) 늙고 병든 몸을 통주사로 보내시므로

<small>을사</small> <small>삼하애</small> <small>진동영</small> <small>나려오니</small>
❷ 을사(乙巳) 삼하(三夏)애 진동영(鎭東營) 느려오니,
<small>임진왜란 후 1605년</small> <small>부산진</small>
➡ 을사년 여름에 부산진에 내려오니

<small>관방중지예</small> <small>병이</small> <small>깁다</small> <small>안자실라</small>
❸ 관방중지(關防重地)예 병(病)이 깁다 안자실랴.
❷ 상황: 부산진에 통주사로 내려와 나랏일을 걱정함.
➡ 변방의 요새지에서 병이 깊다고 앉아만 있겠는가?

<small>일장검</small> <small>비기 차고</small> <small>병선에</small> <small>구테 올나</small>
❹ 일장검(一長劍) 비기 ᄎ고 병선(兵船)에 구테 올나,
➡ 긴 칼을 비스듬히 차고 병선에 구태여 올라가서

<small>여기진목ㅎ야</small> <small>대마도을</small> <small>구어보니</small>
❺ ㉠여기진목(勵氣瞋目)ㅎ야 대마도(對馬島)을 구어보니,
<small>왜적을 경계함.</small>
➡ 기운을 내서 눈을 부릅뜨고 대마도를 굽어보니

<small>바람 조친 황운은</small> <small>원근에</small> <small>사혀 잇고</small>
❻ ᄇ람 조친 황운(黃雲)은 원근(遠近)에 사혀 잇고,
<small>전쟁의 기운</small>
➡ 바람을 따라 흐르는 노란 구름은 멀고 가깝게 쌓여 있고

<small>아득ㅎ</small> <small>창파는</small> <small>긴</small> <small>하늘과</small> <small>한 빗칠쇠</small>
❼ 아득ᄒ 창파(滄波)는 긴 ⓐ하늘과 ᄒ 빗칠쇠.
➡ 아득한 푸른 물결은 긴 하늘과 같은 빛일세.

> **관방중지**: 국경 지방에 있는 요새 지대
> **일장검**: 하나의 길고 큰 칼
> **병선**: 전쟁에 필요한 장비를 갖춘 배
> **여기진목**: 기운을 내고 눈을 부릅뜸.
> **황운**: 누런 빛깔의 구름
> **원근**: 먼 곳과 가까운 곳
> **창파**: 넓고 큰 바다의 맑고 푸른 물결

❶~❼행 요약: 병선을 타고 적진을 바라봄.

<small>선상에</small> <small>배회하며</small> <small>고금을</small> <small>사억하고</small>
❽ 선상(船上)에 배회(徘徊)ㅎ며 고금(古今)을 사억(思憶)ㅎ고,
➡ 배 위에서 이리저리 돌아다니며 옛날과 지금을 생각하고

<small>어리미친</small> <small>회포애</small> <small>헌원씨를</small> <small>애다노라</small>
❾ 어리미친 회포(懷抱)애 헌원씨(軒轅氏)를 애ᄃ노라.
<small>배가 없었으면 왜적의 침략이 없었을 것이기 때문</small>
➡ 어리석고 미친 마음에 (배를 처음 만든) 헌원씨를 원망하노라.

<small>대양이</small> <small>망망하야</small> <small>천지예</small> <small>둘려시니</small>
❿ 대양(大洋)이 망망(茫茫)ㅎ야 ⓑ천지(天地)예 둘려시니,
➡ 바다가 아득히 넓게 천지에 둘려 있으니

<small>진실로</small> <small>배 아니면</small> <small>풍파만리</small> <small>밧긔</small>
⓫ 「진실로 ᄇᆡ 아니면 풍파만리(風波萬里) 밧긔,
「 」: 배가 없었다면 전쟁이 일어나지 않았을 것이라고 생각함.
➡ 참으로 배가 아니면 거센 물결이 굽이치는 만 리 밖에서

<small>어ᄂᆡ 사이</small> <small>엿볼넌고</small>
⓬ 어ᄂᆡ 사이(四夷) 엿볼넌고.」
➡ 어느 오랑캐들이 (우리나라를) 엿볼 것인가?

<small>무삼</small> <small>일ᄒ려 하야</small> <small>배 못기를</small> <small>비롯한고</small>
⓭ 무슴 일ᄒ려 ㅎ야 ᄇᆡ 못기를 비롯ᄒ고.
➡ 무슨 일을 하려고 배를 만들기 시작했는가?

<small>만세천추에</small> <small>가업슨 큰 폐</small> <small>되야</small>
⓮ 만세천추(萬世千秋)에 ᄀ업슨 큰 폐(弊) 되야,
➡ (그것이) 오랜 세월에 끝없는 큰 폐단이 되어

<small>보천지하애</small> <small>만민원</small> <small>길우ᄂᆞ다</small>
⓯ 보천지하(普天之下)애 만민원(萬民怨) 길우ᄂᆞ다.
➡ 온 세상 만백성의 원한을 기르고 있도다.

> **배회하다**: 아무 목적도 없이 어떤 곳을 중심으로 어슬렁거리며 이리저리 돌아다니다.
> **고금**: 예전과 지금을 아울러 이르는 말
> **사억하다**: 생각하다.
> **회포**: 마음속에 품은 생각이나 정(情)
> **헌원씨**: 중국 고대 전설상의 제왕으로, 문명을 일으켜 발전시켰다고 한다.
> **망망하다**: 넓고 멀다.

풍파: 세찬 바람과 험한 물결
사이: 예전에, 중국의 사방에 있던 동이, 서융, 남만, 북적을 통틀어 이르던 말
만세천추: 천만년의 긴 세월
폐: 어떤 일이나 행동에서 나타나는 옳지 못한 경향이나 해로운 현상
보천지하: 온 하늘의 아래라는 뜻으로, 온 세상이나 넓은 세상을 이르는 말
만민원: 만백성의 원한

＊⑧～⑮행 요약: 배를 만든 헌원씨에 대한 원망

(중략)

시시로　　　멀이 드러　　북신을　　　　　바라보며
⑯ 시시(時時)로 멀이 드러 ⓒ북신(北辰)을 ᄇ라보며,
　　　　머리　　　　북극성(= 임금이 계신 곳)
　➡ 때때로 머리를 들어 임금님이 계신 곳을 바라보며

상시노루를　　　　　천일방의　　　　　지이느다
⑰ 상시노루(傷時老淚)를 천일방(天一方)의 디이ᄂ다.
　❷ 정서: 나랏일을 근심하고 염려함.(우국충정)
　➡ 시국을 근심하는 늙은이의 눈물을 하늘 한 모퉁이에 떨어뜨린다.

오동방　　　우리나라　　문물이　　　　한당송애　　　지라마는
⑱ 오동방(吾東方) 문물(文物)이 한당송(漢唐宋)애 디라마는,
　　　　　　　　　　우리 문물에 대한 자부심
　➡ 우리나라의 문물이 중국의 한나라, 당나라, 송나라에 뒤떨어지라마는

국운이　　　　　불행하야　　　　해추흉모애　　　　만고수을
⑲ 국운(國運)이 불행(不幸)ᄒ야 ⓒ해추흉모(海醜兇謀)애 만고수(萬古
　　　안고 이셔　　　　　　　　　　　임진왜란의 치욕
羞)을 안고 이셔,
　➡ 나라의 운수가 불행하여 왜적의 흉악한 꾀에 빠져 영원히 씻을 수 없는 수치
　　를 안고 있어

백분에　　　　　한 가지도　　못 시셔　　바려거든
⑳ 백분(百分)에 ᄒ 가지도 못 시셔 ᄇ려거든,
　➡ 그 백분의 일도 아직 씻어 버리지 못했거든

이 몸이 무상한들　　신자이　　　　　되야 이셔다가
㉑ 이 몸이 무상(無狀)ᄒ 들 신자(臣子)ㅣ 되야 이셔다가,
　❶ 화자
　➡ 이 몸이 변변치 못하지만 신하가 되어 있다가

궁달이　　　　　길이 달라　　몬 뫼옵고　　늘거신들
㉒ 궁달(窮達)이 길이 달라 몬 뫼옵고 늘거신들,
　　　　　　　신하와 임금
　➡ 신하와 임금의 신분이 서로 달라 모시지 못하고 늙었다 한들

우국단심이야　　　　　　　어내　　각애　　　　이즐년고
㉓ 우국단심(憂國丹心)이야 어ᄂᆡ 각(刻)애 이즐년고.
　❶ 중심 대상　　　　　　　　　　　　때에
　❷ 정서: 나라를 걱정하며 충성함.
　➡ 나라를 걱정하는 충성스러운 마음이야 어느 때라고 잊을 수 있겠는가?

북신: 작은곰자리에서 가장 밝은 별(= 북극성)
상시노루: 시국을 근심하는 늙은이의 눈물
천일방: 하늘의 한쪽 끝
국운: 나라의 운명
해추흉모: 왜적의 흉악한 꾀
만고수: 천추에 씻을 수 없는 부끄러움
무상하다: 내세울 만한 선행이나 공적이 없다.
궁달: 가난하고 궁색함을 뜻하는 빈궁(貧窮)과 지위가 높고 귀함을 뜻하는 영달
(榮達)을 아울러 이르는 말
우국단심: 나라를 걱정하는 충성스러운 마음

＊⑯～㉓행 요약: 임진왜란의 치욕과 우국단심

강개　　　　계운　　장기는　　　노당익장　　하다마는
㉔ 강개(慷慨) 계운 장기(壯氣)ᄂ 노당익장(老當益壯) ᄒ다마ᄂ,
　➡ 분한 마음을 이기지 못하는 씩씩한 기운은 늙을수록 더욱 굳세진다마는

조고마는　　　이 몸이　　병중에　　　드러시니
㉕ 됴고마는 이 몸이 병중(病中)에 드러시니,
　➡ 보잘것없는 이 몸이 병중에 들었으니

설분신원　　　　　어려울 듯 하건마는
㉖ 설분신원(雪憤伸冤) 어려울 듯 ᄒ건마ᄂ,
　➡ 분함을 씻고 원한을 풀어 버리기가 어려울 듯하지만

그러나　　사제갈도　　　　　생중달을　　　　멀리 좃고
㉗ 그러나 사제갈(死諸葛)도 생중달(生中達)을 멀리 좃고,
　➡ 그러나 죽은 제갈공명도 살아 있는 사마의를 멀리 쫓았고
　　　　　　　　　　　　　　　　　　　　　어려움 속에서도
　　　　　　　　　　　　　　　　　　　　　기개를 떨친 고사

발 업슨 손빈도　　　　방연을　　　　잡거든
㉘ 발 업슨 손빈(孫矉)도 방연(龐涓)을 잡아거든,
　➡ 발이 없는 손빈도 그 발을 자른 방연을 잡는데

하믈며　이 몸은　수족이　　　　　가자 잇고 명맥이　　이어시니
㉙ 하믈며 이 몸은 ⓓ수족(手足)이 ᄀ자 잇고 명맥(命脈)이 이어시니,
　➡ 하물며 이 몸은 손과 발이 온전하고 목숨이 붙어 있으니

서절구투을　　　　　저그나　　저흘소냐
㉚ 서절구투(鼠竊狗偸)을 저그나 저흘소냐.
　　　　왜적을 비유한 말
　➡ 쥐나 개와 같은 왜적을 조금이나마 두려워하겠는가?

비선에　　　　달려드러　　선봉을　　　거치면
㉛ ⓔ비선(飛船)에 ᄃ려드러 선봉(先鋒)을 거치면,
　➡ 나는 듯이 달리는 배에 달려들어 선봉을 휘몰아치면

구시월　　　　　상품에　　　낙엽가치　　　헤치리라
㉜ 구시월(九十月) 상풍(霜風)에 낙엽(落葉)가치 헤치리라.
　❷ 태도: 앞장서서 왜적을 물리치겠다는 의지가 드러남.
　➡ 구시월 서릿바람에 떨어지는 낙엽처럼 왜적을 헤치리라.

칠종칠금을　　　　　우린들　못 할 것가
㉝ 칠종칠금(七縱七擒)을 우린들 못 ᄒ 것가.
　　　　무인의 기개
　➡ 마음대로 잡았다 놓아주는 일을 우리라고 못할 것인가?

강개: 의롭지 못한 것을 보고 의기가 북받쳐 원통하고 슬픔.
계우다: 정도나 양이 지나쳐 참거나 견뎌 내기 어렵다.(= 겹다)
장기: 건장한 기운. 또는 왕성한 원기
노당익장: 늙었지만 의욕이나 기력은 점점 좋아짐. 또는 그런 상태
설분신원: 가슴에 맺힌 원한을 풀어 버리고 창피스러운 일을 씻어 버림.
사제갈도 생중달을 멀리 좃고: 평생 제갈량을 두려워했던 위나라의 사마의는 제갈
량이 죽었다는 것을 알고 촉나라를 공격하지만, 진두에 선 수레에 제갈량이 앉아
있는 것을 보고 놀라 도망친다. 이후 수레에 앉아 있던 것이 제갈량이 아니라 나
무 인형이었음을 알게 된다.
발 업슨 손빈도 방연을 잡아거든: 방연은 자신의 능력이 손빈에 미치지 못하자 손
빈을 모함하여 발목을 잘리는 형벌을 당하게 한다. 하지만 손빈은 제나라 장군에
게 구출되어 활약하고, 훗날 방연을 함정에 빠뜨려 죽게 만든다.
명맥: 맥(脈)이나 목숨이 유지되는 근본
서절구투: 쥐나 개처럼 몰래 물건을 훔친다는 뜻으로, '좀도둑'을 이르는 말
비선: 나는 듯이 빠르게 가는 배
선봉: 무리의 앞자리. 또는 그 자리에 선 사람
상품: 서릿바람
칠종칠금: 마음대로 잡았다 놓아주다 함을 이르는 말. 중국 촉나라의 제갈량이
맹획(孟獲)을 일곱 번이나 사로잡았다가 일곱 번 놓아주었다는 데서 유래한다.

＊㉔～㉝행 요약: 왜적을 물리치겠다는 의지

준피도이들아　　　　　　수이 걸항　　하야스라
㉞ ⓒ준피도이(蠢彼島夷)들아 수이 걸항(乞降) ᄒ야ᄉ라.
　❷ 상황: 왜적의 항복을 요구함.
　➡ 꾸물거리는 섬나라 오랑캐들아, 빨리 항복하여라.

항자불살이니　　　　　　너를 구태　섬멸하랴
㉟ 항자불살(降者不殺)이니 너를 구틱 섬멸(殲滅)ᄒ랴.
　➡ 항복한 자는 죽이지 않으니 너희들을 굳이 멸망시키랴?

오왕　　　성덕이　　　욕병생　　　　하시니라
㊱ 오왕(吾王) 성덕(聖德)이 욕병생(欲竝生) ᄒ시니라.
　❷ 태도: 왜적과의 평화로운 공존을 추구함.
　➡ 우리 임금님의 성스러운 덕이 너희와 더불어 살아가고자 하시니라.

태평천하애　　　　요순군민　　　　되야 이셔
㊲ 태평천하(太平天下)애 요순군민(堯舜君民) 되야 이셔,
　➡ 태평스러운 세상에 요순시대의 임금과 백성이 된 것처럼

일월광화는　　　　　조부조　　　하얏거든
㊳ 일월광화(日月光華)ᄂ 조부조(朝復朝) ᄒ얏거든,
　　　　　　　　　태평한 세월이 계속됨.
　➡ 해와 달 같은 임금님의 성덕이 매일 아침마다 밝게 비치거든

㊴ 전선
전선(戰船) 트던 우리 몸도 ⓔ어주(魚舟)에 창만(唱晚)ㅎ고,
→ 전투 배를 타던 우리들도 고기잡이배에서 늦도록 노래하고

평화로운
삶의 모습

㊵ 추월춘풍에   놉히 베고 누어 이셔
추월춘풍(秋月春風)에 놉히 베고 누어 이셔,
→ 가을 달 봄바람에 배개를 높이 베고 누워 있으면서

㊶ 성대   해불양파를   다시 보려 ㅎ노라
성대(聖代) 해불양파(海不揚波)를 다시 보려 ㅎ노라.
❷ 태도: 태평성대를 이루기를 기원함.
→ 성군 치하의 태평성대를 다시 보려 하노라.

준피도이: 꾸물거리는 섬나라 오랑캐   걸항: 항복을 받아 줄 것을 요청함.
항자불살: 항복하는 사람은 죽이지 아니함.   섬멸하다: 모조리 무찔러 멸망시키다.
성덕: 임금의 덕(德)을 높여 이르는 말   욕병생: 함께 살고자 함.
요순군민: 요임금과 순임금이 덕으로 천하를 다스리던 태평한 시대의 임금과 백성
일월광화: 해와 달의 빛   조부조: 아침이 지나고 또 아침이 옴.
전선: 전투에 쓰는 배   어주: 낚시질할 때 쓰는 조그만 배
창만: 늦도록 노래함.
추월춘풍: 가을 달과 봄바람이라는 뜻으로, 흘러가는 세월을 이르는 말
성대: 어진 임금이 다스리는 세상 또는 시대를 높여 이르는 말
해불양파: 바다에 파도가 일지 않는다는 뜻으로, 임금의 선정(善政)으로 백성이
편안함을 이르는 말

*㉞~㊶행 요약: 태평성대에 대한 바람

⭐ (나) 독해 공식
❶ 화자: '이 몸', 중심 대상: 우국단심
❷ 상황: 부산진에 통주사로 내려와 나랏일을 걱정함. 왜적에게 항복을 요구함.
정서: 나랏일을 걱정하며 충성심을 드러냄.
태도: 앞장서서 왜적을 물리치겠다는 의지를 드러냄. 왜적과의 평화로운 공존을 추구함. 태평성대를 이루기를 기원함.
❸ 표현상 특징
• 설의법(쉽게 판단할 수 있는 것을 물음의 형식으로 표현하는 방법)을 통해 화자의 생각을 강조하고 있음.
• 고사(유래가 있는 옛날의 일을 표현한 어구)를 인용하여 화자의 태도를 효과적으로 드러내고 있음.
• 한자어를 많이 사용하고 있음.

■ 갈래: 전쟁 가사   ■ 창작 시기: 조선 중기
■ 내용: 이 작품은 임진왜란이 끝난 지 얼마 지나지 않았을 때, 작가가 통주사로 근무하며 지은 가사이다. 조선에 막대한 피해를 준 왜적에 대한 적개심과 연군지정, 우국충정, 태평성대에 대한 간절한 염원 등이 잘 드러나 있다.
■ 주제: 전쟁의 비애를 딛고 태평성대를 염원하는 마음

■ 이것이 핵심! 화자의 태도

'항자불살이니 너를 구틱 섬멸ㅎ랴.'
: 항복한 자는 죽이지 않고 살려 줌.

'오왕 성덕이 욕병생 ㅎ시니라.'
: 임금의 성덕 아래 더불어 살고자 함.

왜적과 평화롭게 공존하며 태평성대를 이루고자 함.

◀ 〈부산진순절도〉
1592년 부산진에서 벌어진 왜군과의 전투를 그린 것. 박인로는 그 후 1605년에 통주사로 부산진에 내려왔음.

B 38 정답 ⑤ *작품 비교하기

(가)와 (나)에 대한 설명으로 적절하지 <u>않은</u> 것은?

> **왜 정답?**

⑤ ~~(나)와 달리,~~ (가)는 설의적 표현으로 화자의 심정을 드러내고 있다.
(나)에서도 설의적 표현을 활용함.

*근거: (가) 〈제8수〉 ❷, (나) ❸
(가)에서는 '알오 일 업스니 긔 아니 조흘소냐.'에서 설의법을 사용하여 근심이 없는 풀을 부러워하는 화자의 심정을 드러내고 있다. (나)에서는 '관방중지예 병이 깁다 안자실랴.' 등에서 설의법을 사용하여 나랏일을 걱정하는 화자의 심정을 드러내고 있다. 즉, (가)와 (나) 모두 설의적 표현으로 화자의 심정을 드러내고 있다.

[설의적 표현: 쉽게 판단할 수 있는 사실을 의문의 형식으로 표현하여 상대편이 스스로 판단하게 하는 표현

> **왜 오답?**

① (가)와 (나)는 자연물을 통해 화자의 정서를 드러내고 있다.
(가) '구렁에 낫는 풀', (나) '부람 조친 황운'

*근거: (가) 〈제8수〉 ❶, (나) ❻
(가)에서는 '구렁에 낫는 풀'을 통해 국치를 당해 비통해하는 화자의 정서를 드러내고 있고, (나)에서는 '부람 조친 황운'을 통해 전쟁의 기운이 서린 나라를 걱정하는 화자의 정서를 드러내고 있다.

② (가)와 (나)는 일정한 종결 어미를 반복하여 화자의 심리를 드러내고 있다.
(가) 감탄형 종결 어미, (나) 의문형 종결 어미

*근거: (가) 〈제1수〉 ❸, 〈제2수〉 ❸, 〈제8수〉 ❸, (나) ❸, ⓬, ㉓, ㉟
(가)에서는 '-여라', '-노라'의 감탄형 종결 어미를 반복적으로 사용하여 국치의 상황을 비통해하는 화자의 심리를 드러내고 있고, (나)에서는 '-랴', '-고' 등의 의문형 종결 어미를 반복적으로 사용하여 나라를 걱정하는 화자의 심리를 설의적으로 드러내고 있다.

[종결 어미: 한 문장을 종결되게 하는 어말 어미

③ (가)와 달리, (나)는 명령적 어투를 통해 대상에 대한 행동 변화를 촉구하고 있다.
'준피도이들아 수이 걸항 ㅎ야스라.'

*근거: (나) ㉞
(가)에서는 명령적 어투가 드러나지 않는 반면, (나)에서는 '준피도이들아 수이 걸항 ㅎ야스라.'에서 명령적 어투를 사용하여 왜적에게 빨리 항복하라고 말하며 행동을 바꿀 것을 촉구하고 있다.

[명령적 어투: 다른 사람에게 무엇을 하게 시키는 말투. '-어라', '-아라' 등의 어미를 활용한다.
[촉구하다: 급하게 재촉하여 요구하다.

④ (가)와 달리, (나)는 역사적 인물과 관련된 고사를 활용하여 화자의 의지를 드러내고 있다.
'사제갈', '손빈' 등

*근거: (나) ㉗, ㉘
(가)에서는 고사가 드러나지 않는 반면, (나)에서는 '사제갈도 생중달을 멀리 좃고', '발 업슨 손빈도 방연을 잡아거든'에서 역사적 인물과 관련된 고사를 활용하여 왜적을 두려워하지 않고 반드시 물리치겠다는 화자의 의지를 드러내고 있다.

[고사: 유래가 있는 옛날의 일. 또는 그런 일을 표현한 어구

 1등급 풀이 Tip

작품 비교하기 유형 중에서도 선택지에 '~와 달리'라는 표현이 쓰인 문제는 선택지의 내용이 두 작품 중 어느 것에 해당하는지 더 면밀히 살펴봐야 한다.
한 작품을 먼저 읽고, 각 선택지에 해당 여부를 ○×로 곧바로 표시해 두면 문제를 더 정확하고 빠르게 풀 수 있다.

[A]와 〈보기〉를 비교한 내용으로 적절하지 않은 것은?

• **[A]:** 청에 볼모로 잡혀간 왕자들을 꿈에서 본 상황을 노래하고 있습니다.

• **〈보기〉:** 떠나간 임을 꿈에서도 보기 어려운 상황을 노래하고 있습니다.

즉 '꿈'을 활용하여 대상에 대한 그리움을 노래한 [A]와 〈보기〉를 비교한 내용 중 틀린 것을 고르는 문제입니다.

─────[보기]─────

❶출하리 잠을 드러 쑴의나 보려 ᄒ니, 바람의 디ᄂ 닢과 풀 속
에 우는 즘생, 므스 일 원수로서 ❷의 근거 잠조차 ᄁ에오ᄂ다. 천상(天上)의
견우직녀(牽牛織女) 은하수(銀河水) 막혀서도, ❹의 근거 칠월칠석(七月七
夕) 일년일도(一年一度) 실기(失期)치 ❺의 근거 아니거든, ❶의 근거 우리 님 가신 후
ᄂ 무슨 약수(弱水) 가렷관ᄃᆡ, 오거나 가거나 소식(消息)조차 ᄊᆡ ❸의 근거
첫는고.

➜ 차라리 잠이 들어 꿈에서나 임을 보려고 하였더니, 바람에 지는 잎과 풀 속
에서 우는 벌레는 무슨 일로 원수가 되어 잠마저 깨우는가? 하늘의 견우성
과 직녀성은 은하수로 가로막혔을지라도, 칠월칠석 일 년에 한 번씩 때를
놓치지 않고 만나는데, 우리 임 가신 데는 무슨 장애물이 가려졌기에, 온다
간다는 소식마저 그쳤을까?

＊❶, ❷ 요약: 오지 않는 임을 기다리며 한탄함.

– 허난설헌, 〈규원가(閨怨歌)〉

- -

일년일도: 1년에 한 번.
실기: 시기를 놓침.
약수: 신선이 살았다는 중국 서쪽의 전설 속의 강. 길이가 3,000리나 되며
부력이 매우 약하여 기러기의 털도 가라앉는다고 한다.

>**왜** 정답 **?**

④ 〈보기〉와는 달리, [A]에는 화자의 상황과 대비되는 대상이 드
러나 있다.
[A]에는 화자의 상황과 대비되는 대상이 없음.

＊근거: (가) 〈제1수〉❸, 〈보기〉❷
[A]에는 꿈에서 '학가 선용을 친히 뵌 듯'하다며 꿈에서 왕자들을 보았다는 내용
만 나타나 있을 뿐, 화자의 상황과 대비되는 대상은 드러나 있지 않다. 반면, 〈보
기〉에서는 임을 만나지 못하는 화자의 상황과 달리 은하수가 막혀도 일 년에 한
번씩 꼭 만나는 '견우직녀'가 드러나 있으며 이를 통해 화자의 외로운 심정을
강조하고 있다.

>**왜** 오답 **?**

① [A]와 〈보기〉에는 모두 화자가 그리워하는 대상이 드러나 있다.
[A] '학가 선용', 〈보기〉 '우리 님'

＊근거: (가) 〈제1수〉❸, 〈보기〉❷
[A]의 '학가 선용'은 '왕세자가 타던 수레와 신선 같은 용모'를 의미하는 것으로
청나라에 끌려간 소현세자와 봉림대군을 가리키는데, 화자가 꿈에서 '학가 선용'
을 보았다는 것을 통해 이들을 그리워하고 있음이 드러난다. 〈보기〉에서는 화자
가 '우리 님'의 소식을 기다리는 것을 통해 임을 그리워하고 있음이 드러난다.

② [A]와는 달리, 〈보기〉에는 화자를 방해하는 대상이 드러나 있다.
'바람의 디ᄂ 닢과 풀 속에 우는 즘생'

＊근거: 〈보기〉❶
[A]에는 화자가 꿈에서 '학가 선용'을 보는 것을 방해하는 대상이 나타나지 않는
다. 이와 달리 〈보기〉에서 '바람의 디ᄂ 닢과 풀 속에 우는 즘생'은 잠을 깨워 화
자가 꿈에서 임을 만나지 못하게 했으므로 화자를 방해하는 대상에 해당한다.

③ [A]와는 달리, 〈보기〉에는 대상에 대한 원망의 정서가 드러나
있다.
'오거나 가거나 소식조차 ᄊᆡ첫는고.'

＊근거: 〈보기〉❷
[A]에는 화자가 대상을 원망하는 내용이 나타나지 않는다. 이와 달리 〈보기〉에는
'오거나 가거나 소식조차 ᄊᆡ첫는고.'에서 소식조차 전해 주지 않는 임을 원망하
는 화자의 심정이 드러나 있다.

⑤ 〈보기〉와는 달리, [A]의 화자는 꿈을 통해서 그리워하는 대상
을 만나고 있다.
'반갑다 학가 선용을 친히 뵌 듯하여라.'

＊근거: (가) 〈제1수〉❸, 〈보기〉❶
[A]는 '반갑다 학가 선용을 친히 뵌 듯하여라'에서 화자가 꿈을 통해 그리워하던
왕자들을 만난 상황이 드러나고 있다. 이와 달리 〈보기〉의 화자는 꿈에서 그리워
하던 임을 만나려 했지만 지는 잎과 벌레 울음소리에 잠에서 깨어나 그 뜻을 이
루지 못하고 있다.

ⓐ~ⓔ 중, ㉮의 함축적 의미와 가장 유사한 것은?

• **ⓐ:** ⓐ는 '하늘'로, 지평선이나 수평선 위로 보이는 무한대의 넓은 공간을 가리
킵니다.

• **ⓑ:** ⓑ는 '천지'로, 하늘과 땅을 아울러 이르는 말입니다.

• **ⓒ:** ⓒ는 '북신'으로, 작은곰자리에서 가장 밝은 별인 북극성을 이르는 말입니다.

• **ⓓ:** ⓓ는 '수족'으로, 손과 발을 아울러 이르는 말입니다.

• **ⓔ:** ⓔ는 '어주'로, 낚시질할 때 쓰는 조그만 배를 이르는 말입니다.

• **㉮:** ㉮는 '소해용안'으로, 왕세자의 얼굴을 이르는 말입니다.

즉 (나)의 시어인 ⓐ~ⓔ 중 (가)의 시어인 '소해용안'에 담긴 의미와 가장 비슷
한 것을 고르는 문제입니다.

>**왜** 정답 **?**

③ ⓒ
임금이 계신 곳을 의미함.

＊근거: (가) 〈제2수〉❷, (나) ❶⑥
㉮ '소해용안'은 왕세자의 얼굴을 이르는 말로, (가)에서 '소해용안'은 소현세자를
함축적으로 의미하는 말로 쓰였다. ⓒ '북신'은 북극성을 이르는 말로, (나)에서
'북신'은 임금이 계신 곳을 의미하는 말로 쓰였다. 즉, ㉮는 (가)의 화자가 모시는
존재를 의미하고, ⓒ는 (나)의 화자가 모시는 존재와 관련되어 있으므로 ⓒ가 ㉮
의 함축적 의미와 가장 유사하다고 볼 수 있다.

>**왜** 오답 **?**

① ⓐ
땅과 대비되는 공간을 의미함.

ⓐ '하늘'은 지평선이나 수평선 위로 보이는 무한대의 넓은 공간을 가리킨다.

② ⓑ
온 세상을 의미함.

ⓑ '천지'는 하늘과 땅을 아울러 이르는 말로, (나)에서 '천지'는 온 세상 또는 세
계를 의미한다.

④ ⓓ
신체를 의미함.

ⓓ '수족'은 손과 발을 아울러 이르는 말로, (나)에서 '수족'이 온전하다는 것은 정
상적인 신체를 갖추고 있다는 것을 의미한다.

⑤ ⓔ
고깃배를 의미함.

ⓔ '어주'는 낚시질할 때 쓰는 조그만 배를 이르는 말로, (나)에서 '어주'는 고깃배
를 의미한다.

〈보기〉를 참고하여 ㉠~㉤을 이해한 내용으로 적절하지 않은 것은?

- **〈보기〉**: (나)의 작가는 왜적에 대한 적개심과 분노를 드러내며 맞서 싸울 것을 결의하면서도 평화로운 세상을 바라고 있습니다.
- **㉠**: ㉠은 대마도를 살펴보는 모습을 묘사한 구절입니다.
- **㉡**: ㉡은 '배'에 대한 생각을 드러낸 구절입니다.
- **㉢**: ㉢은 임진왜란에 대한 생각을 드러낸 구절입니다.
- **㉣**: ㉣은 왜적을 물리치는 모습을 묘사한 구절입니다.
- **㉤**: ㉤은 왜적에게 항복을 요구하는 태도를 드러낸 구절입니다.

즉 (나)에 드러난 화자의 태도를 바탕으로 ㉠~㉤을 이해한 내용 중 틀린 것을 고르는 문제입니다.

[보기]

❶이 작품은 임진왜란이 끝난 후에도 아직 전쟁의 기운이 사라지지 않은 부산진에 통주사로 내려온 작가가 쓴 작품이다. ❷작가는 배를 타고 전쟁의 시련을 떠올리면서 왜적에 대한 적개심과 분노를 드러내고 왜적이 다시 침략하면 분연히 맞서 싸울 것을 결의한다. ❸그러면서 한편으론 평화로운 세상을 희구한다.

②의 근거 / ①, ③의 근거 / ④의 근거

왜적: 적으로서의 일본이나 일본인
적개심: 적과 싸우고자 하는 마음. 또는 적에 대하여 느끼는 분노와 증오
분연히: 떨쳐 일어서는 기운이 세차고 꿋꿋한 모양
결의하다: 뜻을 정하여 굳게 마음을 먹다.
희구하다: 바라고 구하다.

왜 정답?

⑤ **㉤: 왜적이 침략하지 않으면 왜적과 평화롭게 공존하겠다는 의지를 드러내는군.**
왜적에게 항복하라고 말함.

*근거: (나) ❸❹, ❸❺

㉤ '준피도이들아 수이 걸항 ᄒᆞ야스라. / 항자불살이니 너를 구틔 섬멸ᄒᆞ랴.'는 '꾸물거리는 섬나라 오랑캐들아, 빨리 항복하여라. 항복한 자는 죽이지 않으니 너희를 굳이 멸망시키랴?'라는 뜻이다. 즉, 화자는 왜적에게 항복을 요구하며 항복한 경우 왜적과 평화롭게 공존하겠다고 하고 있을 뿐 왜적이 침략하지 않으면 평화롭게 공존하겠다고 하고 있지는 않다.

공존하다: ① 두 가지 이상의 사물이나 현상이 함께 존재하다. ② 서로 도와서 함께 존재하다.

왜 오답?

① **㉠: 무인으로서 왜적에 대한 분노가 담겨 있군.**
눈을 부릅뜨고 대마도를 살펴봄.

*근거: (나) ❺, 〈보기〉 ❷ 문장

㉠ '여기진목ᄒᆞ야 대마도를 구어보니'는 '기운을 내서 눈을 부릅뜨고 대마도를 굽어보니'라는 뜻이다. 〈보기〉에 따르면, 이는 무인인 화자가 전쟁을 일으킨 왜적에 대한 분노로 눈을 부릅뜨고 대마도를 살펴보고 있는 것으로 볼 수 있다.

무인: 무사인 사람. 곧 무예를 닦은 사람을 이른다.

② **㉡: 배가 없었다면 전쟁이 일어나지 않았을 것이라는 원망이 담겨 있군.**
배가 없었다면 만 리 밖에서 쳐들어오지 못했을 것이라고 함.

*근거: (나) ❾, ⓫, ⓬, 〈보기〉 ❷ 문장

〈보기〉에 따르면 화자는 '배를 타고 전쟁의 시련을 떠올리'고 있다. ㉡ '진실로 빈 아니면 풍파만리 밧긔, / 어늬 사이 엿볼넌고.'는 '참으로 배가 아니면 거센 물결이 굽이치는 만 리 밖에서 어느 오랑캐들이 우리나라를 엿볼 것인가?'라는 뜻이다. 즉, 화자는 배가 없었다면 만 리 밖에서 오랑캐들이 우리나라를 쳐들어오지 못했을 것이라며 배를 만든 이를 원망하고 있다.

③ **㉢: 전쟁으로 인해 씻을 수 없는 치욕을 당했다고 생각하는군.**
왜적에게 씻을 수 없는 수치를 당했다고 함.

*근거: (나) ⓳, ⓴, 〈보기〉 ❷ 문장

㉢ '해추흉모애 만고수을 안고 이셔, / 백분에 ᄒᆞᆫ 가지도 못 시셔 ᄇᆞ려거든'은 '나라의 운수가 불행하여 왜적의 흉악한 꾀에 빠져 영원히 씻을 수 없는 수치를 안고 있어 그 백분의 일도 아직 씻어 버리지 못했거든'이라는 뜻이다. 〈보기〉에 따르면, 이는 화자가 전쟁으로 인해 왜적에게 씻을 수 없는 수치를 당했다면서 왜적에 대한 적개심과 분노를 드러내고 있는 것이다.

④ **㉣: 왜적이 다시 침략하면 왜적을 앞장서서 물리치겠다는 의지를 드러내는군.**
선봉에서 왜적을 헤칠 것이라고 함.

*근거: (나) ㉛, ㉜, 〈보기〉 ❷ 문장

㉣ '비선에 돌려드러 선봉을 거치면, / 구시월 상풍에 낙엽가치 헤치리라.'는 '나는 듯이 달리는 배에 달려들어 선봉을 휘몰아치면 구시월 서릿바람에 떨어지는 낙엽처럼 왜적을 헤치리라.'라는 뜻이다. 즉, 화자는 왜적이 침략하면 선봉에 나서서 왜적을 물리치겠다고 말하고 있으며, 이는 〈보기〉에서 언급한 '왜적이 다시 침략하면 분연히 맞서 싸울 것을 결의'하는 모습에 해당한다.

B 42~43 ─────────────── [예상 문제]

작자 미상, 〈진도만가〉

❶ 화자, 중심 대상 ❷ 상황, 정서, 태도 ❸ 표현상 특징 [시 해석]
▨ : ❸ 설의법(쉽게 판단할 수 있는 것을 물음의 형식으로 표현하는 방법)

① ❶삼천갑자 동방삭은
→ 삼천갑자 동방삭은

❷삼천갑자 살았는데 ──┐
→ 삼천갑자(18만 년)나 살았는데 ❸ 대조법(동방삭 ↔ '나')

❶ 화자: 죽은 사람 ❶ 중심 대상: 죽음

❷요네 나는 백 년도 못 살아
❷ 정서: 인간의 유한함을 탄식함.
→ 요네 나는 백 년도 못 사는구나.

❹애애애애애애애애애야 ──┐
→ 애애애애애애애애애야 ❸ 후렴구(시의 각 절 끝에 되풀이되는 같은 시구)
❺애애애애애애애애애야 ─ 모든 연에서 반복됨.
→ 애애애애애애애애애야

삼천갑자 동방삭: 삼천갑자(18만 년)나 오래 산 동방삭이라는 뜻으로, 오래 사는 사람을 이르는 말

*①연 요약: 인간의 짧은 수명에 대한 탄식

② ❶구름도 쉬어 넘고
→ 구름도 쉬어 가며 넘고

❷날 짐승도 쉬어가는
→ 날아다니는 짐승도 쉬어 가는

❸심산유곡을 어이를 갈꼬
물으러 가는 길이 험난함.
→ 깊은 산속의 으슥한 골짜기를 어찌 넘어갈까?

❹애애애애애애애애애야
→ 애애애애애애애애애야
❺애애애애애애애애애야
→ 애애애애애애애애애야

심산유곡: 깊은 산속의 으슥한 골짜기

*②연 요약: 장지(葬地)로 가는 길의 험난함

[3] ❶옛 늙은이 말 들으면
→ 옛 늙은이의 말을 들으면

❷북망산이 멀다드니
→ (사람이 죽어서 묻히는 곳인) 북망산이 멀다고 하더니

❸오늘 보니 앞동산이 북망
죽음이 가까운 곳에 있다는 인식이 드러남.
→ 오늘 보니 앞동산이 북망산이다.

❹애애애애애애애애야
→ 애애애애애애애애애야

❺애애애애애애애애야
→ 애애애애애애애애애야

〔 북망산: 무덤이 많은 곳이나 사람이 죽어서 묻히는 곳을 이르는 말

*③연 요약: 죽음이 가까운 곳에 있다는 인식

[4] ❶못 가겠네 쉬어나 가자
→ 못 가겠네 쉬어나 가자.

❷한번 가면 못 오는 길을   ❷ 정서: 죽음을 안타까워함.
→ 한번 가면 못 오는 길을

❸어이를 갈꺼나 갈꺼나
→ 어찌 가겠나 가겠나?

❹애애애애애애애애야
→ 애애애애애애애애애야

❺애애애애애애애애야
→ 애애애애애애애애애야

*④연 요약: 죽음에 대한 안타까움

[5] ❶심산험노를 어이를 갈꼬
→ 깊은 산의 험한 길을 어찌 갈까?

❷육진장포 일곱매로 상하로 질끈 메고
❷ 상황: 시신이 베로 싸여 있음.(죽은 상황)
→ 육진에서 나는 긴 베 일곱 장으로 위아래로 질끈 묶고

❸생이 타고 아주 가네
상여
→ 상여 타고 아주 가네.

❹애애애애애애애애야
→ 애애애애애애애애애야

❺애애애애애애애애야
→ 애애애애애애애애애야

〔 심산험노: 깊은 산의 험한 길
육진장포: 함경북도의 육진이 있던 곳에서 나는 베

*⑤연 요약: 상여를 타며 느끼는 정회

📕 독해 공식
❶ 화자: '나(죽은 사람)', 중심 대상: 죽음
❷ 상황: 시신이 베로 싸여 있음.(죽은 상황)
정서: 인간의 유한함을 탄식함. 죽음을 안타까워함.
❸ 표현상 특징
• 대조법(서로 반대되는 대상을 내세워 의미를 강조하는 방법)을 통해 인간의 유한함을 드러내고 있음.
• 후렴구(시의 각 절 끝에 되풀이되는 같은 시구)를 첨가하여 탄식의 정서를 부각하고 있음.
• 설의법(쉽게 판단할 수 있는 것을 물음의 형식으로 표현하는 방법)을 통해 시적 상황을 강조하고 있음.

■ 갈래: 만가(輓歌), 민요   ■ 창작 시기: 미상
■ 내용: 이 작품은 전라남도 진도에서 불리던 노래로, 상두꾼(상여를 운반하는 사람)들이 상여를 메고 나갈 때 부르던 '만가(輓歌)'이다. 이는 죽은 사람을 애도하며 망자가 저승에서 좋은 곳으로 가도록 인도하는 뜻으로 부르는 노래이며, 흔히 '상엿소리'라고도 한다.

■ 주제: 이승을 떠나는 비애
■ 이것이 핵심!: '죽음'의 이미지를 나타내는 시어

• '심산유곡'(깊은 산속의 으슥한 골짜기)
• '북망산'(무덤이 많은 곳이나 사람이 죽어 묻히는 곳)
• '한번 가면 못 오는 길'
→ '죽음'의 이미지

B 42   정답 ③   *화자의 정서와 태도 파악하기

윗글의 주된 정서와 가장 가까운 것은?

>왜 정답?

③ 저 건너 높고 낮은 저 산 밑에
영웅호걸이며 청춘 홍안들이 다 묻혔구나.
무덤 숱한 북망산을 뉘 힘으로 뽑아내며
죽음을 막을 수 없어 슬퍼함.
흘러가는 긴긴 물을 뉘 재주로 막나내다.

*근거: [4]-❷, ❸
윗글에서는 '한번 가면 못 오는 길을 / 어이를 갈꺼나 갈꺼나'라며 죽은 사람을 산에 모시고 가면서 고인의 심정을 대신 토로하는 슬픔의 정서가 드러나고 있다. ③에서는 '무덤 숱한 북망산'을 뽑아낼 수 없다며 죽음을 막을 수 없어 슬퍼하는 정서가 드러나고 있다. 즉, 윗글과 ③의 주된 정서는 죽음에 관한 슬픔으로 볼 수 있다.

〔 호걸: 지혜와 용기가 뛰어나고 기개와 풍모가 있는 사람
홍안: 붉은 얼굴이라는 뜻으로, 젊어서 혈색이 좋은 얼굴을 이르는 말
숱하다: 아주 많다.

>왜 오답?

① 가슴에 구멍을 동시렇게 뚫고
왼새끼를 눈 길게 너슷너슷 꼬아
그 구멍에 그 새끼줄 넣고 두 놈이 두 끝 마주 잡아
이리로 훌근 저리로 훌근훌적 할 적에는
나나 남이나 다 그는 아무쪼록 견디려니와
아마도 님 여의고 살라면 그는 그리 못하리라. → 곧은 절개가 드러남.

①은 변안열의 〈불굴가〉로, 이방원의 〈하여가〉에 대한 답가인 정몽주의 〈단심가〉의 뒤를 이어 지은 충절가이다. '아마도 님 여의고 살라면 그는 그리 못하리라.'를 통해 무신의 곧은 절개가 드러나고 있다.

〔 여의다: 부모나 사랑하는 사람이 죽어서 이별하다.

② 달 뜨는 황혼 저물어 간 날에 정처 없이 나간 임이
백마(白馬) 금편(金鞭)으로 어디 가 노니다가 주색에 잠기여
돌아올 줄 잊었는고.
빈 방에 홀로 앉아 긴긴 생각 눈물 적셔 뒤척임만 하노라.
→ 돌아오지 않는 임을 그리워함.

작자 미상의 사설시조로, 임이 그리워하며 눈물로 긴 밤을 보내다 잠 못 든다는 내용이다. '빈 방에 홀로 앉아 긴긴 생각 눈물 적셔 뒤척임만 하노라.'를 통해 돌아오지 않는 임에 대한 그리움이 드러나고 있다.

〔 황혼: 해가 지고 어스름해질 때. 또는 그때의 어스름한 빛
정처: 정한 곳. 또는 일정한 장소
백마 금편: 흰 말과 금 채찍으로, 호사스러운 행색을 나타내는 표현이다.
주색: 술과 여자를 아울러 이르는 말

④ 어우화 초패왕이야 애닯고 애닯아라.

　　역발산기개세로 인의를 행하여 의제를 아니 죽였던들

　　천하에 패공이 열 있어도 속수무책 하렸다. → 초패왕의 삶을 탄식함.

초패왕에 대해 탄식하는 내용인 작자 미상의 시조이다. 진나라가 망하고 세상은 초나라의 항우 세력과 한나라의 유방 세력으로 나뉜다. 이때 항우가 먼저 패권을 잡고 스스로를 초패왕이라고 하였으나, 민중들의 정신적 지주였던 의제 초회왕을 죽여 민심을 잃는다. 즉, ④는 초패왕이 사람으로서의 도리를 행했다면 유방이 열 명 있어도 비교할 수 없을 만큼 대단한 영웅이 되었을 것이라고 말하며, 그렇지 못한 초패왕의 삶을 탄식하고 있다.

> 초패왕: '항우'의 다른 이름. 진나라를 멸망하게 하고 스스로 서초(西楚)의 패왕이 되었다는 데서 유래한다.
> 역발산기개세: 힘은 산을 뽑을 만큼 매우 세고 기개는 세상을 덮을 만큼 웅대함을 이르는 말
> 인의: 사람으로서 마땅히 지켜야 할 도의
> 패공: '유방'을 이르는 말
> 속수무책: 손을 묶은 것처럼 어찌할 도리가 없어 꼼짝 못 함.

⑤ 내 집에 살림 없어 벗이 온들 무엇으로 대접하리.

　　앞 내에 후린 고기를 캐어 온 삽주에 솎아 놓고

　　엊그제 쥐어 빚은 술 익었으리라 진하게 걸러 내어라.
　　　　　　　　　　　　　　　　　　　　→ 자연 속에서의 소박한 삶이 드러남.

시골에서 손님을 맞이하는 모습을 노래한 작자 미상의 사설시조이다. '앞 내에 후린 고기를 ~ 진하게 걸러 내어라.'를 통해 자연 속에서의 소박한 삶의 모습이 드러나고 있다.

> 삽주: 국화과의 여러해살이풀
> 솎다: 촘촘히 있는 것을 군데군데 골라 뽑아 성기게 하다.

B 43 정답 ② *〈보기〉를 바탕으로 감상하기

윗글을 〈보기〉처럼 바꾸어 썼다고 가정할 때, 고려했을 사항으로 알맞지 <u>않은</u> 것은?

• 윗글: 상여를 메고 나가며 죽은 사람의 명복을 비는 뜻으로 부르는 민요입니다.
• 〈보기〉: 한평생을 장돌뱅이로 살아간 이의 죽음을 노래한 시입니다.

🟥 죽은 사람의 명복을 노래하는 윗글을 '장돌뱅이의 죽음'이라는 구체적인 소재를 적용하여 〈보기〉와 같은 시로 바꾸어 썼을 때 고려했을 사항이 아닌 것을 고르는 문제입니다.

──────────── [보기] ────────────

❶어허 달구* 어허 달구
　　④의 근거
❷바람이 세면 담 뒤에 숨고
❸물결이 거칠면 길을 옮겼다
❹꽃이 피던 날은 억울해 울다
❺재 넘어 장터에서 종일 취했다
　　　　　　　　　　　죽은 이가 살았던
　　　　　　　　　　　삶의 모습을 구체
　　　　　　　　　　　적으로 드러냄.
　　　　　　　　　　　⑤의 근거
　*❶~❺행 요약: 시련 속에서 설움을 겪으며 살아온 삶

❻어허 달구 어허 달구
　　④의 근거
❼사람이 산다는 일 잡초 같더라
❽밟히고 잘리고 짓뭉개졌다
❾한철이 지나면 세상은 더 어두워
❿흙먼지 일어 온 하늘을 덮더라
　*❻~❿행 요약: 잡초같이 밟히며 살아온 삶

⓫어허 달구 어허 달구
　　④의 근거
⓬차라리 한 세월 장돌뱅이로 살았구나
　　⑤의 근거
⓭저녁 햇살 서러운 파장 뒷골목 ⎤ 삶에 대한 회환
　　　　　　　　　　　　　　　　⎦ ①의 근거
⓮못 버린 미련이라 좌판을 거두고
⓯이제 이 흙 속 죽음 되어 누웠다
　　화자가 죽은 사람임이 드러남. ③의 근거
⓰어허 달구 어허 달구 - ④의 근거
　*⓫~⓰행 요약: 서러운 삶을 마치고 흙 속 죽음이 되어 누움.
　　　　　　　　　　　　　　　　　　　- 신경림, 〈어허 달구〉

* 달구: 집터나 무덤 따위의 흙을 다지는 데 쓰는 도구. 또는 다지는 일이나 노래

──────────────────────────

> 재: 길이 나 있어서 넘어 다닐 수 있는, 높은 산의 고개
> 장돌뱅이: 여러 장으로 돌아다니면서 물건을 파는 장수(= 장돌림이)
> 파장: 과장(科場), 백일장, 시장(市場) 따위가 끝남. 또는 그런 때
> 좌판: 팔기 위하여 물건을 벌여 놓은 널조각

> **왜 정답?**

② 윗글과 달리 <u>내세 세계에 대한 희망</u>을 담아내는 것이 좋겠어.
　　　　　　　　　　　내세에 대한 희망은 드러나지 않음.

〈보기〉에서는 장돌뱅이의 삶을 살았던 이의 죽음을 노래하고 있다. '서러운 파장 뒷골목 / 못 버린 미련'을 통해 인물이 설움 많은 삶을 살았음이 드러나고 있을 뿐, 내세에 대한 희망은 드러나지 않는다.

> 내세: 삼세(三世)의 하나. 죽은 뒤에 다시 태어나 산다는 미래의 세상을 이른다.

> **왜 오답?**

① 윗글과 달리 지나온 삶에 대한 회한을 담는 것이 좋겠어.
　　　　　　　　　〈보기〉 '서러운 파장', '못 버린 미련'

*근거: 〈보기〉 ⓭, ⓮

윗글에서는 지나온 삶에 대한 정서를 나타낸 부분은 찾을 수 없다. 이와 달리 〈보기〉에서는 '서러운 파장'과 '못 버린 미련'에서 지나온 삶에 대한 회한이 드러나고 있다.

> 회한: 뉘우치고 한탄함.

③ 윗글과 같이 망자(亡者)를 화자로 설정해서 표현하는 게 좋겠어.
　　　　윗글 '나는 백 년도 못 살아', 〈보기〉 '흙 속 죽음 되어 누웠다'

*근거: ①~③, 〈보기〉 ⓯

윗글은 '나는 백 년도 못 살아'에서 화자가 죽은 상황임이 드러나고, 〈보기〉는 '흙 속 죽음 되어 누웠다'를 통해 화자가 죽은 사람으로 설정되었음이 드러나고 있다.

> 망자: 생명이 끊어진 사람

④ 윗글과 같이 탄식의 어조를 살려서 표현하는 것이 어울릴 것 같아.
　　　　윗글 '애애애애애애애애야', 〈보기〉 '어허 달구 어허 달구'

*근거: ①~④, ⑤, 〈보기〉 ❶, ❻, ⓫, ⓰

윗글의 후렴구인 '애애애애애애애애야'와 〈보기〉의 반복되는 시구 '어허 달구 어허 달구'에서 인생의 유한함에 대한 안타까움을 탄식의 어조로 표현하고 있다.

> 탄식의 어조: 한탄하여 한숨을 쉬는 듯한 말투

⑤ 윗글보다 죽은 이를 좀 더 구체적으로 설정하여 그에 대해 묘사해도 좋을 것 같아.
　　　　　　　　〈보기〉 '한 세월 장돌뱅이로 살았구나'

*근거: ①~③, 〈보기〉 ❷~❺, ⓬

윗글에서는 '나는 백 년도 못 살아'와 같이 죽은 이가 일반적인 상황으로 드러나고 있다. 이에 비해 〈보기〉의 죽은 이는 '한 세월 장돌뱅이'로 산 이로, '바람이 세면 담 뒤에 숨고 ~ 장터에서 종일 취했다'를 통해 죽은 이가 살았던 삶의 모습이 구체적으로 드러나고 있다.

정극인, 〈상춘곡(賞春曲)〉

❶ 화자, 중심 대상 ❷ 상황, 정서, 태도 ❸ 표현상 특징 [고어 읽기] [시 해석]
□ : ❶ 공간의 이동 ▦ : ❸ 대구법(비슷한 문장 구조를 짝을 맞추어 늘어놓는 방법)

❶ 홍진에   뭇친 분네   이 내 생애   엇더ᄒᆞᆫ고
[A] 홍진(紅塵)에 뭇친 분네 이 내 **생애(生涯)** 엇더ᄒᆞᆫ고.
　　　 속세　　　　　　　　　❶ 화자 '나' ❷ 중심 대상: 자연 속에서의 삶
　→ 세상에 묻혀 사는 분들이여 이 나의 생활이 어떠한가?

❷ 옛사름   풍류를   미출가   뭇 미출가
넷사룸 풍류(風流)를 미츨가 뭇 미츨가.
　❷ 정서: 자신의 풍류 생활에 대한 자부심
　→ 옛 사람들의 풍류에 미치겠는가? 못 미치겠는가?

❸ 천지간   남자   몸이   날만ᄒᆞᆫ   이 하건마는
천지간(天地間) 남자(男子) 몸이 날만ᄒᆞᆫ 이 하건마ᄂᆞᆫ,
　→ 세상에 남자의 몸으로 태어나는 이는 많건마는

　 산림에   뭇쳐   이셔   지락을   마를 것가
　　자연　　　　　　　❸ 설의법(쉽게 판단할 수 있는 것을 물음의 형식으로 표현하는 방법)
❹ 산림(山林)에 뭇쳐 이셔 지락(至樂)을 ᄆᆞ를 것가.
　❷ 상황: 자연 속에 묻혀 사는 즐거움을 노래함.
　→ (왜 그들은) 자연에 묻혀 사는 지극한 즐거움을 모르는 것인가?

　 수간모옥을   벽계수   알픠 두고
❺ 수간모옥(數間茅屋)을 벽계수(碧溪水) 알픠 두고,
　→ 몇 칸 안 되는 초가집을 맑은 시냇물 앞에 지어 놓고

　 송죽   울울리예   풍월주인   되여셔라
　　　　　　　　　　화자가 추구하는 것
❻ 송죽(松竹) 울울리(鬱鬱裏)예 풍월주인(風月主人) 되여셔라.
　❷ 정서: 자연 속에서의 삶에 대한 자부심
　→ (나는) 소나무와 대나무가 우거진 속에 자연의 주인이 되었도다.

┌ **풍류**: 멋스럽고 풍치가 있는 일. 또는 그렇게 노는 일
│ **지락**: 더할 나위 없는 즐거움
│ **수간모옥**: 몇 칸 안 되는 작은 초가
│ **벽계수**: 물빛이 맑아 푸르게 보이는 시냇물
│ **송죽**: 소나무와 대나무를 아울러 이르는 말
│ **울울리**: 빽빽하게 우거진 속
└ **풍월주인**: 맑은 바람과 밝은 달 따위의 아름다운 자연을 즐기는 사람

＊**서사(❶~❻행) 요약: 자연에 묻혀 사는 즐거움**

　 엇그제   겨을 지나   새봄이   도라오니
❼ 「엇그제 겨을 지나 새 봄이 도라오니,
　「 」: 봄의 경치 묘사　계절적 배경
　→ 엊그제 겨울이 지나 새봄이 돌아오니

　 도화행화   석양리예   퓌여 잇고
❽ 도화행화(桃花杏花)ᄂᆞᆫ 석양리(夕陽裏)예 퓌여 잇고,
[B] → 복숭아꽃과 살구꽃은 석양 속에 피어 있고

　 녹양방초   세우중에   프르도다
❾ 녹양방초(綠楊芳草)ᄂᆞᆫ 세우중(細雨中)에 프르도다.」
　❸ 시각적(눈으로 보는 듯한 느낌을 줌), 후각적(냄새를 맡는 듯한 느낌을 줌) 심상
　→ 푸른 버드나무와 향기로운 풀은 가랑비 속에 푸르다.

　 칼로   말아   낸가   붓으로   그려   낸가
❿ ㉠칼로 ᄆᆞᆯ아 낸가, 붓으로 그려 낸가,
　　　　　　　봄 경치의 아름다움
　→ 칼로 재단해 내었는가? 붓으로 그려 내었는가?

　 조화신공이   물물마다   헌사롭다
⓫ 조화신공(造化神功)이 물물(物物)마다 헌ᄉᆞ룹다.
　→ 조물주의 신비로운 솜씨가 사물마다 야단스럽구나.

　 수풀에   우는 새는   춘기를   뭇내 계워 소래마다   교태로다
⓬ ㉡수풀에 우는 새ᄂᆞᆫ 춘기(春氣)를 뭇내 계워 소리마다 교태(嬌態)
　　　　　　　　감정 이입의 대상
로다.」「 」: ❸ 감정 이입(어떤 대상에 자신의 감정을 불어넣어 대상이 그 감정을 느끼는 것처럼 표현)
　→ 수풀에서 우는 새는 봄기운을 못 이겨 소리마다 아양을 부리는구나.

┌ **도화행화**: 복숭아꽃과 살구꽃
│ **석양리**: 저녁때의 햇빛 속
│ **녹양방초**: 푸른 버드나무와 향기로운 풀
│ **세우**: 가늘게 내리는 비
└ **조화신공**: 만물을 창조한 신의 공로

┌ **헌사하다**: '야단스럽다', '떠들썩하다'의 옛말
│ **춘기**: 봄의 기운
└ **교태**: 아양을 부리는 태도

＊**본사 1(❼~⓬행) 요약: 봄의 아름다운 경치**

　 물아일체어니   흥이애   다룰소냐
⓭ 물아일체(物我一體)어니 흥(興)이이 다룰소냐.
　　　 자연에 동화됨　　　　　　　　　　❸ 설의법
　→ 자연과 내가 한 몸이 되니 흥겨움이 다르겠는가?

　 시비예   거러 보고 정자애   안자 보니
⓮ 시비(柴扉)예 거러 보고 정자(亭子)애 안자 보니,
　→ 사립문 주변을 걷기도 하고 정자에 앉아도 보니

　 소요   음영하야   산일이   적적한데
┌ ⓯ 소요 음영(逍遙吟詠)ᄒᆞ야 산일(山日)이 적적(寂寂)ᄒᆞ딕,
[C] → 천천히 거닐며 나지막하게 시를 읊조리는 산속의 하루가 적적한데

│ 　한중   진미를   알 이 업시 호재로다
└ ⓰ 한중 진미(閑中眞味)를 알 니 업시 호재로다.
　❷ 정서: 자연 속에서의 한가로움과 즐거움
　→ 한가로움 속에서 느끼는 참된 즐거움을 아는 사람이 없이 나 혼자로구나.

┌ **물아일체**: 외물(外物)과 자아, 객관과 주관, 또는 물질계와 정신계가 어울려 하나
│ 가 됨.
│ **시비**: 사립짝을 달아서 만든 문(= 사립문)
│ **소요음영**: 자유롭게 이리저리 슬슬 거닐며 나지막이 시를 읊조림.
│ **산일**: 산속에서 보내는 날
│ **적적하다**: 하는 일 없이 심심하다.
└ **한중진미**: 한가한 가운데 깃드는 참다운 맛

＊**본사 2(⓭~⓰행) 요약: 봄날의 흥취**

　 이바   이웃드라   산수   구경   가쟈스라
⓱ 이바 **나웃드라**, 산수(山水) 구경 가쟈스라.
　　　　　　　　　이웃들에게 산수 구경을 권유함.
　→ 여보게 이웃 사람들아 경치 구경을 가자꾸나.

　 답청이란   오늘 하고 욕기란   내일   하새
⓲ 답청(踏靑)이란 오늘 ᄒᆞ고 욕기(浴沂)란 내일(來日) ᄒᆞ새.
[D] → 산책은 오늘 하고 냇물에서 목욕하는 것은 내일 하세.

　 아츰에   채산하고   나조혜   조수하새
⓳ 아츰에 채산(採山)ᄒᆞ고 나조히 조수(釣水)ᄒᆞ새.
　→ 아침에 산나물을 캐고 저녁에 낚시질을 하세.

┌ **산수**: 산과 물이라는 뜻으로, 경치를 이르는 말
│ **답청**: 봄에 파랗게 난 풀을 밟으며 산책함. 또는 그런 산책
│ **욕기**: 기수(沂水)에서 목욕한다는 뜻으로, 명리를 잊고 유유자적함을 이르는 말
│ **채산**: 산에서 나물을 캠.
│ **나조**: '저녁'의 방언
└ **조수**: 물에서 고기를 낚음.

＊**본사 3(⓱~⓳행) 요약: 산수 구경을 권유함.**

　 갓 괴여 익은 술을 갈건으로   밧타 노코
⓴ ᄀᆞᆺ 괴여 닉은 술을 갈건(葛巾)으로 밧타 노코,
　→ 이제 막 익은 술을 갈건으로 걸러 놓고

　 곳나모 가지 것거 수 노코 먹으리라
㉑ 곳나모 가지 것거, 수 노코 먹으리라.
　→ 꽃나무 가지를 꺾어 술잔을 세어 가며 먹으리라.

　 화풍이   건듯 부러 녹수를   건너오니
㉒ 화풍(和風)이 건듯 부러 녹수(綠水)를 건너오니,
　→ 화창한 바람이 잠깐 불어 푸른 시냇물을 건너오니

　 청향은   잔에 지고   낙홍은   옷새 진다
　　　　　　❸ 후각적 심상　　　　❸ 시각적 심상
㉓ ㉢청향(淸香)은 잔에 지고, 낙홍(落紅)은 옷새 진다.
　　　　　　　　　　　　　　　물아일체
　→ 맑은 향기는 술잔에 스미고 붉은 꽃잎은 옷에 떨어진다.

　 준중이   뷔엿거든   날다려   알외여라
㉔ 준중(樽中)이 뷔엿거ᄃᆞ 날ᄃᆞ려 알외여라.
　→ 술독의 안이 비었으면 나에게 알리어라.

㉕ 소동(小童) 아히ᄃ려 주가(酒家)에 술을 믈어,
→ 아이를 시켜서 술집에 술이 있는지 물어

㉖ 얼운은 막대 집고 아히ᄂᆞᆫ 술을 메고,
→ 어른은 지팡이를 짚고 아이는 술을 메고

㉗ 미음 완보(微吟緩步)ᄒᆞ야 시냇ᄀᆞ의 호자 안자,
→ 나직이 (시를) 읊조리며 천천히 걸어가 시냇가에 혼자 앉아

㉘ 명사(明沙) 조흔 믈에 잔 시어 부어 들고,
→ 고운 모래가 비치는 맑은 물에 잔을 씻어 (술을) 부어 들고

㉙ 「청류(清流)ᄅᆞᆯ 굽어보니 ᄯᅥ오ᄂᆞ니 도화(桃花) l 로다.
「 」: ❸ 고사(유래가 있는 옛날의 일을 표현한 어구) 인용
[E] → 맑게 흐르는 물을 굽어보니 떠내려오는 것이 복숭아꽃이로다.

㉚ 무릉(武陵)이 갓갑도다, 져 ᄆᆡ이 권 거인고.」
자연을 무릉도원(이상향)으로 인식함.
→ 무릉도원이 가깝구나, 저 들이 바로 그곳인가?

갈건: 칡으로 짠 베인 갈포로 만든 두건
화풍: 솔솔 부는 화창한 바람
녹수: 푸른 물
청향: 맑은 향기
낙홍: 떨어진 꽃. 또는 꽃이 떨어짐.
준중: 술독의 안
소동: 남의 집에서 심부름을 하는 어린아이
주가: 술을 파는 집
미음완보: 작은 소리로 읊으며 천천히 거닒.
명사: 아주 곱고 깨끗한 모래
청류: 맑게 흐르는 물
무릉: 도연명의 〈도화원기〉에 나오는 말로, '이상향', '별천지'를 비유적으로 이르는 말

＊ 본사 4(㉑~㉚행) 요약: 시냇가에서 술과 풍류를 즐김.

㉛ 송간 세로(松間細路)에 두견화(杜鵑花)ᄅᆞᆯ 부치 들고,
→ 소나무 사이로 난 좁은 길에 진달래꽃을 잡아 들고

㉜ 봉두(峰頭)에 급피 올나 구름 소ᄀᆡ 안자 보니,
→ 산봉우리에 급히 올라 구름 속에 앉아 보니

㉝ 천촌 만락(千村萬落)이 곳곳이 버러 잇ᄂᆡ.
→ 수많은 촌락들이 곳곳에 펼쳐져 있네.

㉞ 「연하 일휘(煙霞日輝)는 금수(錦繡)ᄅᆞᆯ 재폇ᄂᆞᆫ 듯
「 」: 봄날의 정경 ❸ 직유법(연결어 '둣'을 통해 '연하 일휘'를 '금수'를 펼친 것에 직접 빗댐.)
→ 안개와 노을과 빛나는 햇살은 수놓은 비단을 펼쳐 놓은 듯

㉟ 엇그제 검은 들이 봄빗도 유여(有餘)ᄒᆞ샤.」
→ 엊그제까지 거뭇했던 들판에 이제 봄빛이 넘치는구나.

송간세로: 소나무와 소나무의 사이로 난 좁은 길 두견화: 진달래꽃
봉두: 산봉우리의 맨 꼭대기 천촌만락: 수많은 촌락
연하일휘: 안개와 노을과 빛나는 햇살이라는 뜻으로, 아름다운 자연 경치를 비유적으로 이르는 말
금수: 수를 놓은 비단 유여하다: 여유가 있다.

＊ 본사 5(㉛~㉟행) 요약: 산봉우리에서 본 봄의 정경

㊱ 공명(功名)도 날 ᄭᅴ우고 부귀(富貴)도 날 ᄭᅴ우니,
화자가 공명과 부귀를 꺼리는 것임.
→ 공명도 날 꺼리고 부귀도 날 꺼리니

㊲ 청풍 명월(清風明月) 외(外)예 엇던 벗이 잇ᄉᆞ올고.
❷ 태도: 자연 친화적임 ❸ 설의법
→ 맑은 바람과 밝은 달 외에 어떤 벗이 있겠는가?

㊳ ㉤단표 누항(簞瓢陋巷)에 훗튼 혜음 아니 ᄒᆞᄂᆡ,
속세에 대한 미련
→ 비록 가난하게 살고 있지만 헛된 생각은 하지 않네.

❷ 태도: 안빈낙도
(가난한 생활을 하면서도 편안한 마음을 가짐.)

㊴ 아모타, 백년 행락(百年行樂)이 이만ᄒᆞᆫ 들 엇지ᄒᆞ리.
❸ 설의법
→ 아무튼 한평생 누리는 즐거움이 이만하면 족하지 않겠는가?

공명: 공을 세워서 자기의 이름을 널리 드러냄.
부귀: 재산이 많고 지위가 높음.
청풍명월: 맑은 바람과 밝은 달
단표누항: 누항에서 먹는 한 그릇의 밥과 한 바가지의 물이라는 뜻으로, 선비의 청빈한 생활을 이르는 말
훗튼 혜음: 헛된 생각
백년행락: 한평생 잘 놀고 즐겁게 지냄.

＊ 결사(㊱~㊴행) 요약: 안빈낙도의 삶

📘 독해 공식
❶ 화자: '나', 중심 대상: 자연 속에서의 삶
❷ 상황: 자연 속에 묻혀 사는 즐거움을 노래함.
정서: 자연 속에서의 한가로움과 즐거움을 느낌. 자신의 삶에 대한 자부심을 느낌.
태도: 자연 친화적임. 안빈낙도의 태도를 보임.
❸ 표현상 특징
• 공간의 이동에 따라 시상을 전개하고 있음.
• 감정 이입(어떤 대상에 자신의 감정을 불어넣어 대상이 그 감정을 느끼는 것처럼 표현)을 통해 화자의 정서를 부각하고 있음.
• 대구법(비슷한 문장 구조를 짝을 맞추어 늘어놓는 방법)을 활용하고 있음.
• 설의법(쉽게 판단할 수 있는 것을 물음의 형식으로 표현하는 방법)을 활용하고 있음.
• 직유법(두 대상을 연결어로 결합, 직접 빗대어 표현하는 방법)을 활용하고 있음.
• 다양한 감각적(시각, 청각, 촉각, 후각, 미각 등의 감각을 떠올리게 하는) 심상을 활용하여 자연을 묘사하고 있음.
• 고사(유래가 있는 옛날의 일을 표현한 어구)를 인용하고 있음.

■ 갈래: 정격 가사, 양반 가사 ■ 창작 시기: 조선 초기
■ 내용: 이 작품은 작가가 성종 연간에 벼슬을 버리고 전라도 태인에 은거하면서 지은 가사이다. 제목인 〈상춘곡〉에서 알 수 있듯이 봄의 풍경에 몰입한 작가의 풍류 생활을 제재로 하여, 아름다운 자연에서 봄날의 흥겨움을 느끼며 속세의 부귀 공명을 버리고 안빈낙도의 생활을 하겠다는 결심을 노래하고 있다.
■ 주제: 봄의 완상과 자연 속에서 한가로이 지내는 즐거움

■ 이것이 핵심!: 공간의 이동

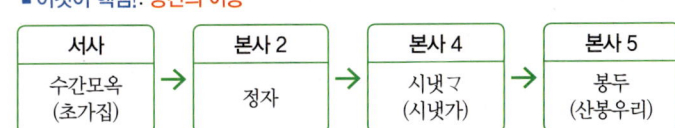

속세와 가까운 공간으로부터 점차 탈속의 세계로 나아감.

B 44 정답 ③ ＊표현상 특징 파악하기

[A]~[E]에 대한 설명으로 적절하지 않은 것은?

• [A]: [A]는 자신의 삶에 대한 자부심을 드러낸 구절입니다.
• [B]: [B]는 봄의 경치를 묘사한 구절입니다.
• [C]: [C]는 자연 속에서 보내는 한가로운 하루를 묘사한 구절입니다.
• [D]: [D]는 이웃들에게 산수 구경을 권하는 구절입니다.
• [E]: [E]는 무릉도원을 활용하여 자연에서의 흥취를 노래한 구절입니다.
🔖 자연 속 삶을 노래한 [A]~[E]의 표현상 특징을 잘못 파악한 것을 고르는 문제입니다.

③ [C]에서는 '호재로다'에 담긴 고독한 정서를 ~~대조의 방법~~으로
나타나지 않음.
강조하고 있다.

＊근거: ⓯, ⓰

[C] '소요 음영ᄒ야 산일이 적적흔듸, / 한중 진미룰 알 니 업시 호재로다.'는 '천천히 거닐며 나지막하게 시를 읊조리는 산속의 하루가 적적한데 한가로움 속에서 느끼는 참된 즐거움을 아는 사람이 없이 나 혼자로구나.'라는 뜻이다. 이때 '적적한데', '나 혼자'에서 고독한 정서가 드러난다고 볼 수 있다. 하지만 서로 반대되는 대상이나 내용을 내세우는 대조의 방법은 사용되지 않았다.

〔 고독하다: 세상에 홀로 떨어져 있는 듯이 매우 외롭고 쓸쓸하다.

> **오** 오답 ?

① [A]에서는 '생애'에 대한 자부심을 청자에게 말을 건네는 방식
'홍진에 뭇친 분네'
으로 표현하고 있다.

＊근거: ❶, ❷

[A]에서 화자는 '홍진에 뭇친 분네'에게 '이 내 생애 엇더ᄒ고.'라며 말을 건네고, '녯사롬 풍류롤 미출가 못 미출가.'라고 물으며 자신의 생활이 옛사람들의 풍류만큼 좋다는 자부심을 드러내고 있다.

〔 청자: 이야기를 듣는 사람

② [B]에서는 '수간모옥' 주변의 경치를 시각적 이미지를 활용하
'도화행화는 석양리예 ~ 세우중에 프르도다.'
여 부각하고 있다.

＊근거: ❽, ❾

[B]는 '도화행화는 석양리예 퓌여 잇고'에서 석양 속에 피어 있는 복숭아꽃과 살구꽃의 모습을, '녹양방초는 세우중에 프르도다.'에서 가랑비 속에 보이는 푸른 버드나무와 향기로운 풀의 모습을 묘사하여 수간모옥 주변의 경치를 시각적으로 드러내고 있다.

〔 시각적 이미지: 눈으로 보는 듯한 느낌을 줌.

④ [D]에서는 '니웃'들과 풍류를 함께하고자 하는 마음을 대구의
'~ᄒ고 ~ᄒ새'
방법으로 드러내고 있다.

＊근거: ⓲, ⓳

[D] '답청으란 오늘 ᄒ고 욕기란 내일 ᄒ새. / 아춤에 채산ᄒ고 나조히 조수ᄒ새.'에서는 '~ᄒ고 ~ᄒ새.'라는 어구를 활용하여 이웃들에게 산수 구경을 권하며 풍류를 함께 즐기고자 하는 화자의 마음을 드러내고 있다.

〔 풍류: 멋스럽고 풍치가 있는 일. 또는 그렇게 노는 일
〔 대구: 비슷한 어조나 어세를 가진 어구를 짝 지어 표현의 효과를 나타내는 수사법

⑤ [E]에서는 '술'로 인한 취흥을 고사(故事)를 이용하여 나타내
'떠오느니 도화ㅣ로다.'
고 있다.

＊근거: ㉙, ㉚

[E] '청류룰 굽어보니 떠오느니 도화ㅣ로다. / 무릉이 갓갑도다. 저 미이 긘 거인고.'에서 화자는 시냇물에 떠내려오는 복숭아꽃을 보며 봄날의 들판이 무릉도원과 같다고 표현했다. 즉, 화자는 도연명의 〈도화원기〉에 나오는 무릉도원에 관한 고사를 활용하여 자연에서 느끼는 흥취를 드러내고 있다.

〔 취흥: 술에 취하여 일어나는 흥취
〔 고사: 유래가 있는 옛날의 일. 또는 그런 일을 표현한 어구

B 45 정답 ④ ＊시어 및 구절의 의미 파악하기

㉠~㉤에 대한 설명으로 적절하지 않은 것은?

- ㉠: ㉠은 '칼로 몰아 낸가, 붓으로 그려 낸가.'로, 봄의 경치에 대한 감상입니다.
- ㉡: ㉡은 '수풀에 우는 새는 춘기롤 못내 계위 소리마다 교태로다.'로, 새 소리에 대한 묘사입니다.
- ㉢: ㉢은 '청향은 잔에 지고, 낙홍은 옷새 진다.'로, 풍류를 즐기는 모습입니다.
- ㉣: ㉣은 '천촌 만락이 곳곳이 버려 잇늬.'로, 산봉우리에서 바라본 풍경에 대한 묘사입니다.
- ㉤: ㉤은 '단표 누항에 훗튼 혜움 아니 ᄒ늬,'로, 화자의 삶의 모습과 태도입니다.

즉 ㉠~㉤에 드러난 내용을 잘못 이해한 것을 고르는 문제입니다.

> **오** 정답 ?

④ ㉣: 아름다운 마을이 곳곳에 펼쳐 있다는 뜻으로 ~~이상향이 실~~
산봉우리에 올라 바라본 모습일 뿐임.
~~현된 공간~~을 그리고 있다.

＊근거: ㉝

㉣은 산봉우리에 올라 바라본 수많은 촌락들의 모습을 묘사한 것일 뿐, 이상향이 실현된 공간을 그리고 있다는 것은 적절하지 않다.

〔 이상향: 인간이 생각할 수 있는 최선의 상태를 갖춘 완전한 사회

> **오** 오답 ?

① ㉠: 칼로 마름질하거나 붓으로 그려 낸 것 같다는 뜻으로 봄의
자연이 만들어 낸 것처럼 아름답다는 뜻임.
아름다움을 강조하고 있다.

＊근거: ❿

㉠에서는 자연이 칼로 자르고 붓으로 그려서 만들어 낸 것 같다고 표현하여 봄날의 경치가 아름다움을 드러내고 있다.

〔 마름질하다: 옷감이나 재목 따위를 치수에 맞도록 재거나 자르다.

② ㉡: 새 소리가 흥겹게 들린다는 뜻으로 화자의 흥취를 자연물
'새'에 화자의 감정을 이입함.
에 투영하여 드러내고 있다.

＊근거: ⓬

㉡에서는 화자가 자신이 느끼는 흥취를 '새'에 투영하여 수풀에 우는 새가 봄기운을 이기지 못해 운다고 표현하고 있다.

〔 투영하다: 어떤 일을 다른 일에 반영하여 나타내다.

③ ㉢: 향기는 잔에 어리고 꽃잎은 옷에 떨어진다는 뜻으로 물아
자연과 동화된 모습을 표현함.
일체의 경지를 보여 주고 있다.

＊근거: ㉓

㉢에서는 봄바람이 술잔의 술 향기가 되고 아름다운 봄꽃이 옷에 떨어진다고 표현함으로써 자연과 동화된 물아일체의 경지를 감각적으로 나타내고 있다.

⑤ ㉤: 소박하게 살며 헛된 생각은 안 하겠다는 뜻으로 삶에 대한
소박한 삶의 자세를 드러냄.
자세를 드러내고 있다.

＊근거: ㉟

㉤의 '단표누항'은 누항에서 먹는 한 그릇의 밥과 한 바가지의 물이라는 뜻으로, 선비의 청빈한 생활을 이르는 말이다. 화자는 이를 바탕으로 '훗튼 혜움'을 하지 않는다고 말하며 속세에 대한 미련을 갖지 않고 소박하게 살겠다는 다짐을 드러내고 있다.

⟨보기⟩의 관점에서 윗글을 감상한 내용으로 가장 적절한 것은?

• ⟨보기⟩: 윗글의 작가인 정극인은 일상적 현실에서 벗어나 자연과 조화를 이루며 삶의 충만함을 느끼고자 했습니다.
• 윗글: 아름다운 봄날의 흥겨움을 느끼며 속세의 부귀공명을 버리고 소박한 생활을 하겠다는 결심을 노래한 작품입니다.
☞ 자연과의 합일을 추구한 정극인의 세계관을 바탕으로 윗글을 적절히 이해한 내용을 고르는 문제입니다.

─────────────── [보기] ───────────────

❶조선 전기 사대부들에게 자연은 관조를 통해 지극한 즐거움을 얻을 수 있는 공간이었다.❷정극인 역시 자연과 소통하며 삶의 충만함을 느끼고자 했다.❸ 즉 일상적 현실에서 벗어나 은일하며 자연과의 조화와 합일을 추구한 것이다.❹⟨상춘곡⟩은 그의 이러한 세계관이 잘 드러난 작품이다.

③의 근거

────────────────────────────────

관조: 고요한 마음으로 사물이나 현상을 관찰하거나 비추어 봄.
충만: 한껏 차서 가득함.
은일하다: 세상을 피하여 숨다.
합일: 둘 이상이 합하여 하나가 됨. 또는 그렇게 만듦.

─────────────────────────────────────

> **왜 정답?**

③ 자연을 즐거움을 얻는 공간으로 묘사하며 심리적 만족감을 드러내고 있군.
'산림에 뭇쳐 이셔 지락을 무롤 것가.', '백년 행락이 이만흔들 엇지흐리'

* 근거: ❹, ㊴, ⟨보기⟩ ❷ 문장
⟨보기⟩에서 정극인은 '자연과 소통하며 삶의 충만함을 느끼고자 했다.'라고 했다. 윗글의 '산림에 뭇쳐 이셔 지락을 무롤 것가.'와 '백년 행락이 이만흔들 엇지흐리.'를 통해 화자가 자연 속에서 삶의 즐거움을 느끼고 있음이 드러난다. 따라서 윗글은 자연을 즐거움을 얻는 공간으로 묘사하며 심리적 만족감을 드러내고 있다고 볼 수 있다.

> **왜 오답?**

① 인간적 욕망에 시달리면서도 자연 속에서 이러한 욕망을 극복하고 있군.
나타나지 않음.
윗글에서 화자가 인간적 욕망에 시달리는 모습은 나타나지 않는다. 오히려 화자는 '공명'과 '부귀'를 꺼리고 '흣튼 혜음'을 하지 않는다며 속세에 미련이 없는 모습을 드러내고 있다.

② 학문의 정진을 통해 자연과의 조화를 이룰 수 있는 이치를 깨닫고 있군.
나타나지 않음.
윗글에서 화자가 학문에 관해 언급하거나 학문을 위해 노력하는 모습은 나타나지 않는다.
〔정진: 힘써 나아감.

④ 자연과의 합일을 통해 사랑하는 사람과 헤어진 안타까움에서 벗어나고 있군.
나타나지 않음.
윗글에서는 화자가 자연과의 합일을 추구하는 모습은 나타나지만, 사랑하는 사람과 헤어져 안타까워하는 모습은 나타나지 않는다.
〔합일: 둘 이상이 합하여 하나가 됨. 또는 그렇게 만듦.

⑤ 자연에 대한 관조를 통하여 화자의 잘못을 성찰하려는 태도를 드러내고 있군.
나타나지 않음.
윗글에서 화자는 자연 속에서 즐거움을 느끼고 자연과 동화된 물아일체의 경지를 드러내고 있으므로, 자연을 고요한 마음으로 관찰하고 있다고 보기 어렵다. 화자가 자신의 잘못을 성찰하는 태도 또한 나타나지 않는다.
〔관조: 고요한 마음으로 사물이나 현상을 관찰하거나 비추어 봄.

B 47 ~ 49 ─────────── [2014 대비/경찰대 29~32]

(가) 맹사성, ⟨강호사시가(江湖四時歌)⟩

❶ 화자, 중심 대상 ❷ 상황, 정서, 태도 ❸ 표현상 특징 [고어 읽기] [시 해석]
▨: 동일한 문장 구조 ☐: ❸ 계절적 배경

❶강호(江湖)에 여름이 드니 초당(草堂)에 일이 업다
❶ 중심 대상: 강호에서의 사계절   한가로운 생활을 하고 있음.
➡ 강호에 여름이 찾아오니 초당에 있는 이 몸은 할 일이 없다.

❷유신(有信)한 강파(江波)는 보니느니 브람이로다
❸ 의인법('강파'에 인격을 부여하여 표현함.)
자연과 동화되어 살아감.
➡ 의리가 있는 강 물결이 보내는 것은 시원한 바람이로다.

❸이 몸이 서늘해옴도 역군은이샷다 ⟨하(夏)사⟩
❶ 화자
❷ 상황: 강호에서의 생활을 즐기며 임금의 은혜에 감사함.
➡ 이 몸이 시원하게 지내는 것도 역시 임금이 주시는 은혜이구나.

〔초당: 억새나 짚 따위로 지붕을 인 조그마한 집채
유신하다: 믿음과 의리가 있다.
강파: 강에서 일어나는 물결
역군은이샷다: 이 모든 것이 임금의 은혜이시도다.

* ⟨하사⟩ 요약: 초당에서 한가로이 보내는 생활

❶강호(江湖)에 구을이 드니 고기마다 살져 잇다
❶ 중심 대상
➡ 강호에 가을이 찾아오니 물고기마다 살이 올라 있다.

❷소정(小艇)에 그물 시러 흘리 씌여 더뎌 두고
소박한 삶   고기를 잡는 것이 목적이 아닌, 여유를 즐기는 모습
➡ 작은 배에 그물을 싣고 물결 따라 흘러가게 (배를) 띄워 던져 놓고

❸이 몸이 소일(消日)히옴도 역군은(亦君恩)이샷다 ⟨추(秋)사⟩
❷ 정서: 유유자적한 삶에 대한 만족감
➡ 이 몸이 소일하며 지내는 것도 역시 임금이 주시는 은혜이구나.

〔소정: 작은 배
소일하다: 어떠한 것에 재미를 붙여 심심하지 아니하게 세월을 보내다.

* ⟨추사⟩ 요약: 고기잡이로 소일하며 지내는 여유로움

⭐ (가) 독해 공식 ─────
❶ 화자: '이 몸', 중심 대상: 강호에서의 사계절
❷ 상황: 강호에서의 생활을 즐기며 임금의 은혜에 감사함.
정서: 유유자적한 삶에 대한 만족감을 느낌.
❸ 표현상 특징
• 연마다 동일한 문장 구조를 사용하여 형식적 통일성을 부여하고 있음.
• 계절의 흐름에 따라 시상을 전개하고 있음.
• 의인법(사람이 아닌 것을 사람에 비기어 표현하는 방법)을 통해 자연과 동화된(서로 같게 된) 삶을 표현하고 있음.

■ 갈래: 평시조, 연시조   ■ 창작 시기: 조선 초기
■ 내용: 이 작품은 강호에서 자연을 즐기며 임금의 은혜를 생각하는 내용을 사계절에 따라 한 수씩 노래한 연시조로, 우리나라 연시조의 효시이다. 자연을 즐기며 살아가는 풍류 속에서도 임금의 은혜를 잊지 않는 유학자의 모습을 엿볼 수 있는데, 이는 우리나라 강호가도(江湖歌道)의 줄기를 이룬다.

- **주제**: 강호 한정과 임금에 대한 충의
- **이것이 핵심!**: 〈강호사시가〉의 구성

초장, 중장	강호에 ~이 드니	→	'강호에'로 시작하여 계절의 풍경을 드러냄.
종장	이 몸이 ~호임도 역군은이샷다	→	'이 몸이'로 시작하여 자신이 누리고 있는 생활을 임금의 은혜로 여김을 드러냄.

(나) 정철, 〈사미인곡(思美人曲)〉

❶ 화자, 중심 대상 ❷ 상황, 정서, 태도 ❸ 표현상 특징 고어 읽기 시 해석
[ ] : ❸ 설의법(쉽게 판단할 수 있는 것을 물음의 형식으로 표현하는 방법)

<small>꼿 지고   새입 나니   녹음이   깔렷는데</small>
계절적 배경 - 여름
❶ 꼿 디고/새닙 나니/녹음(綠陰)이/실렷 는 디
❸ 4음보
➡ 꽃잎이 지고 새잎이 나니 녹음이 우거져 나무 그늘이 깔렸는데

<small>나위   적막하고   수막이   뷔여 잇다</small>
❷ 나위(羅幃) 적막(寂寞) 호고 슈막(繡幕)이 뷔여 잇다
임의 부재로 인한 쓸쓸함이 드러남.
➡ 비단 휘장은 쓸쓸히 걸렸고 수놓은 장막만이 드리워져 (방 안이) 텅 비어 있다.

<small>부용을   거더 노코 공작을   둘러 두니</small>
❸ 부용(芙蓉)을 거더 노코 공작(孔雀)을 둘러 두니
❸ 여성 화자임을 드러내는 소재
➡ 연꽃무늬가 있는 방장을 걷어 놓고 공작을 수놓은 병풍을 둘러 두니

<small>갓득   시름   한데   날은   엇지 기돗던고</small>
❹ 굿득 시름 한디 날은 엇디 기돗던고
❷ 상황: 부재한 임을 그리워하며 근심함.
➡ 가뜩이나 근심이 많은데 날은 왜 이렇게 긴 것인가?

- **녹음**: 푸른 잎이 우거진 나무나 수풀. 또는 그 나무의 그늘
- **나위**: 얇은 비단으로 만든 장막
- **적막하다**: 고요하고 쓸쓸하다.
- **수막**: 수를 놓아 장식한 장막
- **부용**: 연꽃을 그리거나 수놓은 장막

＊❶~❹행 요약: 쓸쓸한 방 안에서 느끼는 근심

<small>원앙금   버혀 노코 오색선   풀처   내여</small>
❺ 원앙금(鴛鴦錦) 버혀 노코 오쉭션(五色線) 플펴 내여
➡ 원앙새 무늬가 든 비단을 베어 놓고 오색실을 풀어내어

<small>금자혜   견화이셔   님의 옷 지어   내니</small>
❻ 금자히 견화이셔 님의 옷 지어 내니
임에 대한 화자의 정성과 사랑
➡ 금으로 만든 자로 재어서 임의 옷을 만들어 내니

<small>수품은카니와   제도도   가즐시고</small>
❼ 슈품(手品)은ㅋ니와 제도(制度)도 ㄱ줄시고
❷ 태도: 임에 대한 정성을 자화자찬함.
➡ 솜씨는 말할 것도 없거니와 격식도 갖추었구나.

- **원앙금**: 원앙이 수놓인 비단
- **오색선**: 파랑, 노랑, 빨강, 하양, 검정의 다섯 가지 빛깔의 선
- **견화이셔**: 겨누어서, 재어서
- **수품**: 손을 놀려 무엇을 만들거나 어떤 일을 하는 재주

＊❺~❼행 요약: 정성스럽게 임의 옷을 만듦.

<small>산호슈   지게 우혜 백옥함의   다마 두고</small>
❽ 산호슈(珊瑚樹) 지게 우히 빅옥함(白玉函)의 다마 두고
➡ 산호수로 만든 지게 위에 백옥으로 만든 함에 담아 두고

<small>님의게   보내오려   님 겨신 데 바라보니</small>
❾ 님의게 보내오려 님 겨신 디 ㅂ라보니
❶ 중심 대상
➡ 임에게 보내려고 임 계신 곳을 바라보니

<small>산인가   구롬인가   머흐도   머흘시고</small>
❿ 산(山)인가 구롬인가 머흐도 머흘시고
: 장애물 - 간신을 의미함.
➡ 산인지 구름인지 험하기도 험하구나.

<small>천리   만리   길흘   뉘라셔   차자갈고</small>
⓫ 천리(千里) 만리(萬里) 길흘 뉘라셔 ᄎ자갈고
화자와 '님' 사이의 심리적 거리감
➡ 천리만리나 되는 머나먼 길을 누가 찾아갈까?

<small>니거든   여러 두고 날인가   반기실가</small>
❶ 화자: '나'
⓬ 니거든 여러 두고 날인가 반기실가
❷ 정서: 임의 반응에 대한 우려와 기대감
➡ 가거든 (함을) 열어 두고 나를 보신 듯이 반가워하실까?

- **산호수**: 나뭇가지가 퍼진 것처럼 생긴 산호
- **백옥함**: 흰 옥으로 만든 함. **머흐다**: 험하고 사납다.

＊❽~⓬행 요약: 임에게 정성을 전하고 싶은 마음

✖ (나) 독해 공식

❶ 화자: '나', 중심 대상: '님(임)'
❷ 상황: 부재한 임을 그리워하며 근심함.
  정서: 임의 반응에 대한 우려와 기대감을 드러냄.
  태도: 임에 대한 자신의 정성과 사랑을 자화자찬함.
❸ 표현상 특징
- 4음보의 율격을 사용하여 운율을 형성하고 있음.
- 설의법(쉽게 판단할 수 있는 것을 물음의 형식으로 표현하는 방법)을 통해 화자의 정서를 부각하고 있음.
- 여성 화자의 목소리를 통해 임금에 대한 충정을 드러내고 있음.

- **갈래**: 서정 가사, 양반 가사, 정격 가사   **창작 시기**: 조선 중기
- **내용**: 이 작품은 작가가 50세 되던 해에 조정에서 물러나 고향인 전남 창평으로 내려가 은거할 때 지은 가사이다. 임금을 향한 그리움을 임을 기다리는 여인의 마음에 빗대어 노래하며, 사계절 변화에 따라 점점 깊어 가는 애틋한 마음을 유려한 필치로 묘사하고 있다.
- **주제**: 임금을 그리워하는 마음
- **이것이 핵심!**: 화자의 태도가 드러나는 소재

화자 —— 원앙금과 오색선, 금자로 만듦. ——→ '님의 옷'
                                        임에 대한 화자의
                                        정성과 사랑

▲ 원앙. 금실이 좋은 부부를 원앙에 비유하거나, 남녀의 화목을 기원하며 원앙을 수놓았음.

B 47 정답 ① ＊표현상 특징 파악하기

(가)와 (나)의 공통점으로 가장 적절한 것은?

왜 정답?

① 시간적 배경에 따른 계절감이 드러나 있다.
<small>(가) '여름', 'ㄱ을', (나) '녹음'</small>

＊근거: (가) 〈하사〉 ❶, 〈추사〉 ❶, (나) ❶
(가)는 각 수의 초장에서 '여름'과 'ㄱ을'이라는 계절적 배경이 드러나고 있고, (나)에서는 '녹음'을 통해 계절적 배경이 여름임이 드러나고 있다. 즉, (가)는 여름과 가을, (나)는 여름이라는 시간적 배경을 통해 계절감이 드러나고 있다.

왜 오답?

② 현재의 상태에 만족하는 마음이 그려져 있다.
<small>(나)에는 나타나지 않음.</small>

＊근거: (가) 〈하사〉 ❸, 〈추사〉 ❸, (나) ✕
(가)의 화자는 '이 몸이 서늘히옴도 역군은이샷다', '이 몸이 소일히옴도 역군은이

샷다'라며 강호에서 유유자적하게 살아가는 현재 상태에 대한 만족감을 드러내고 있다. 하지만 (나)의 화자는 '궂득 시룸 한딕'라며 임이 부재한 현재 상태에 시름하고 있다.

③ 매달의 명절을 중심으로 시상을 전개하고 있다.
(가), (나) 모두 나타나지 않음.

(가)와 (나)에서는 계절을 중심으로 시상을 전개하고 있을 뿐, 매달의 명절이 나타나지는 않는다.

④ 임에 대한 애절한 마음을 자연에 빗대 표현하고 있다.
(가)에는 나타나지 않음.

＊근거: (가) ×, (나) ⓬

(가)에서는 자연을 즐기며 살아가는 삶에 대해 노래하고 있을 뿐, 임에 대한 애절한 마음을 표현하고 있지 않다. (나)에서는 '니거든 여려 두고 날인가 반기실가'에서 임이 자신을 반가워할지 기대하면서도 우려하는 화자의 애절한 마음이 드러나고 있지만 이를 자연에 빗대어 표현하고 있지는 않다.

⑤ 폐쇄된 공간 속에서 생활하는 갑갑함을 토로하고 있다.
(가), (나) 모두 나타나지 않음.

(가)의 화자가 위치한 공간은 '강호', 즉 자연이므로 폐쇄된 공간으로 볼 수 없다. (나)의 화자가 위치한 공간은 '슈막'과 '부용'이 드리워진 방인데, (나)의 화자는 방 안이 갑갑해서 괴로워하고 있는 것이 아니라 임이 부재하여 근심하고 있는 것이다.

Ⓑ **48** 정답 ④ ＊시어 및 구절의 의미 파악하기

(가)에 대한 설명으로 적절하지 않은 것은?

>왜 정답?

④ '소일히옴'에는 조임을 수행하려는 화자의 삶의 자세가 드러나 있다.
임금의 은혜에 감사하는 마음이 드러남.

＊근거: (가) 〈추사〉 ❷, ❸

(가)의 화자는 '소정에 그물 시러 흘리 씌여 더뎌 두'는 생활을 하며 '이 몸이 소일히옴도 역군은이샷다'라고 했다. 이는 자신이 작은 배를 타고 소일하며 세월을 보내는 것이 임금의 은혜 덕이라는 의미로, '소일히옴'에는 맡은 일을 수행하려는 자세가 아니라 임금의 은혜에 감사하는 마음이 담겨 있다.

〔 소임: 맡은 바 직책이나 임무

>왜 오답?

① '초당에 일이 업다'를 통해 한가로운 전원생활을 표현하고 있다.
자연 속에서 일이 없이 한가롭게 지냄.

＊근거: (가) 〈하사〉 ❶

'초당에 일이 업다'는 화자가 자연 속에서 특별히 하는 일 없이 지내는 모습으로 한가로운 전원생활을 보여 준다.

〔 전원생활: 도시를 떠나 전원에서 한가하게 지내는 생활

② '소정에 그물 시러'에서 화자의 생활 전반이 소박하다는 점을 드러내고 있다.
작은 배를 타는 소박한 삶을 살아감.

＊근거: (가) 〈추사〉 ❷

'소정에 그물 시러'는 작은 배에 그물을 싣는 모습으로 화자의 소박한 생활을 드러내고 있다.

③ '흘리 씌여 더뎌 두고'에는 물욕이 없는 화자의 심정이 담겨 있다.
고기를 잡기 위해 배를 띄운 것이 아님.

＊근거: (가) 〈추사〉 ❷

'흘리 씌여 더뎌 두고'는 물결 따라 흘러가게 배를 띄워 놓았음을 의미한다. 즉, 화자는 물고기를 많이 잡기 위해 배를 띄운 것이 아니며, 이를 통해 화자가 물욕이 없다는 것이 드러난다.

〔 물욕: 재물을 탐내는 마음

---

⑤ '강호'에 있는 '이 몸'을 통해 자연에 동화되어 살아가는 화자 자신을 드러내고 있다.
자연과 함께 살아가는 자신의 생활에 대해 노래함.

＊근거: (가) 〈하사〉 ❷, ❸, 〈추사〉 ❷, ❸

화자가 '강호'에서 '이 몸이 서늘히옴'을 느끼는 것은 '유신한 강파'가 '부람'을 보냈기 때문이다. 또한 '이 몸이 소일히옴'은 '소정에 그물 시러 흘리 씌여 더뎌 두'며 자연의 흐름에 따라 유유자적하게 살아가는 것을 가리킨다. 이를 통해 화자가 자연과 동화되어 살아가고 있음이 드러난다.

〔 동화되다: 성질, 양식, 사상 따위가 다르던 것이 서로 같게 되다.

Ⓑ **49** 정답 ⑤ ＊작품 비교하기

(나)와 〈보기〉의 공통점으로 가장 적절한 것은?

• (나): '님의 옷'을 통해 임에 대한 사랑을 표현한 작품입니다.
• 〈보기〉: '묏버들'을 통해 임에 대한 사랑을 표현한 작품입니다.

즉 임에 대한 사랑을 표현한 (나)와 〈보기〉의 공통점을 고르는 문제입니다.

─────────[보기]─────────
❶ 묏버들 갈히 것거 보내노라 님의손딕
  ⑤의 근거
  ➡ 산에 있는 버들가지를 골라 꺾어 보내노라 임에게
❷ 자시는 창(窓) 밧긔 심거 두고 보쇼셔
  ➡ 주무시는 방의 창가에 심어 두고 보시옵소서
❸ 밤비예 새닙곳 나거든 날인가도 너기쇼셔   – 홍랑
  ⑤의 근거
  ➡ 밤비에 새 잎이 나거든 나를 본 것처럼 여기소서.
──────────────────────

>왜 정답?

⑤ 화자가 임에게 자신의 분신과 같은 어떤 사물을 보내려고 한다.
(나) '님의 옷', 〈보기〉 '묏버들'

＊근거: (나) ❻, ❾, 〈보기〉 ❶, ❸

(나)의 화자는 정성스럽게 손수 지은 '님의 옷'을 '님의게 보내오려' 한다. 〈보기〉의 화자는 '묏버들'을 꺾어서 '님의손딕' 보내니 '날인가도 너기쇼셔'라며 자신처럼 여기라고 한다. 즉, (나)와 〈보기〉의 화자 모두 임에게 자신의 분신이나 정성을 다한 물건을 보내려 하고 있다.

〔 분신: 하나의 주체에서 갈라져 나온 것

>왜 오답?

① 화자가 임에게 다시 만나기를 바라는 편지를 전한다.
(나), 〈보기〉 모두 나타나지 않음.

(나)와 〈보기〉 모두 화자가 임에게 다시 만나기를 바라는 편지를 전하지는 않는다.

② 화자와 임이 이별의 상황을 타개하려고 함께 노력한다.
(나), 〈보기〉 모두 나타나지 않음.

(나)와 〈보기〉의 화자는 모두 이별의 상황을 안타까워하며 임에게 다가가고 싶어 한다. 하지만 (나)와 〈보기〉에서 임의 심정은 드러나지 않으므로 화자와 임이 이별의 상황을 타개하려고 함께 노력한다는 설명은 적절하지 않다.

〔 타개하다: 매우 어렵거나 막힌 일을 잘 처리하여 해결의 길을 열다.

③ 화자와 임이 서로 그리워하는 내용의 사연을 주고받는다.
(나), 〈보기〉 모두 나타나지 않음.

(나)와 〈보기〉 모두 화자가 임을 그리워하는 마음을 드러내고 있을 뿐 화자와 임이 서로를 그리워하는 내용의 사연을 주고받지는 않는다.

④ 화자와 임 사이에 놓인 간격을 인식하는 어떤 계기를 얻는다.
(나), 〈보기〉 모두 나타나지 않음.

(나)에서는 화자의 임 사이의 간격이 '천리 만리'임이 드러나지만, 이를 인식하는 어떤 계기가 나타나는 것은 아니다. 또한, 〈보기〉에서는 화자와 임 사이에 놓인 간격에 관한 내용이 나타나지 않는다.

정약용, 〈용산 마을 아전(龍山吏)〉

❶ 화자, 중심 대상 ❷ 상황, 정서, 태도 ❸ 표현상 특징 [한자 읽기] [시 해석]

| 이 타 용 산 촌
吏打龍山村 | ❶ ㉠「아전들 용산*마을 들이쳐
「 」: ❶ 중심 대상 – 용산 마을 아전의 횡포
➡ 아전들이 용산 마을에 들이닥쳐 | ❸ 실제 지명 – 사실성 부여 |

| 수 우 부 관 인
搜牛付官人 | ❷ <u>소 끌어내 관가로 넘기누나.」</u>
❷ 상황: 관리들이 백성들의 소를 강탈함.
➡ 소를 끌어내어 관가로 넘기는구나. | ❸ 사실적(있는 그대로 그려 내는) 묘사 |

| 구 우 원 원 거
驅牛遠遠去 | ❸ <u>소 몰고 멀리멀리 사라지는 걸</u>
➡ (아전들이) 소를 몰고 멀리멀리 사라지는 것을 |

| 가 가 의 문 간
家家倚門看 | ❹ <u>집집이 문밖에 서서 멍하니 바라만 보네.</u>
➡ 집집마다 문밖에 서서 멍하니 바라만 보네. |

| 면 색 관 장 로
勉塞官長怒 | ❺ ㉡<u>사또님 노여움 풀어드리기 급급한데</u>
➡ 사또님의 노여움을 풀어 드리기에 정신이 없는데 |

| 수 지 세 민 고
誰知細民苦 | ❻ <u>백성의 아픔이야 누가 아랑곳 하랴.</u>
❷ 태도: 자신들의 안위만 생각하는 관리들을 비판함.
➡ 백성의 아픔이야 누가 신경 쓰겠는가? |

[아전: 조선 시대에, 중앙과 지방의 관아에 속한 구실아치
 관가: 벼슬아치들이 나랏일을 보던 집]

＊❶~❻행 요약: 아전들이 소를 빼앗음.

| 유 월 색 도 미
六月索稻米 | ❼ <u>유월 한 여름에 나락을 바치라니</u>
쌀이 나지 않는 시기임.
➡ 6월 한여름에 쌀을 바치라니 |

| 독 통 심 정 술
毒痛甚征戍 | ❽ <u>그 곤경은 수자리 살기에 못지않네.</u>
➡ 그 곤경을 국경을 지키는 일을 하며 사는 것에 못지않네. |

| 덕 음 경 부 지
德音竟不至 | ❾ <u>덕음(德音)*은 끝내 내려오지 않아</u>
임금도 백성들을 돌보지 않음.
➡ (백성들을 돌보라는) 임금의 말씀은 끝끝내 내려오지 않아 |

| 만 명 상 침 사
萬命相枕死 | ❿ <u>수많은 목숨이 늘비하게 죽어 가누나.</u>
❷ 상황: 백성들이 수탈을 당하며 고통받음.
➡ 수많은 목숨이 여기저기 죽어가는구나. |

| 궁 생 진 가 애
窮生盡可哀 | ⓫ <u>궁박한 신세 애처롭기 그지없다.</u>
➡ 가난하고 구차한 신세가 애처롭기 그지없다. |

| 사 자 영 가 의
死者寧可矣 | ⓬ <u>죽는 편이 차라리 낫다 하리.</u>
백성들의 비참한 처지
➡ 죽는 편이 차라리 낫다고 하리. |

[나락: '벼'를 이르는 말 곤경: 어려운 형편이나 처지
 수자리: 국경을 지키던 일
 늘비하다: 질서 없이 여기저기 많이 늘어서 있거나 놓여 있다.
 궁박하다: 몹시 가난하여 구차하다.]

＊❼~⓬행 요약: 관리들의 횡포로 백성들이 고통받음.

| 보 과 무 량 인
婦寡無良人 | ⓭ ㉢<u>아낙네 남편 없이 홀몸이요</u>
➡ 아낙네는 남편 없이 홀몸이요. |

| 옹 노 무 아 손
翁老無兒孫 | ⓮ <u>늙은이 자손도 없이 외로운 신세</u>
➡ 늙은이는 자식과 손자도 없이 외로운 신세이다. |

| 현 연 망 우 읍
泫然望牛泣 | ⓯ <u>뺏긴 소 바라보며 눈물 글썽글썽</u>
➡ 뺏긴 소를 바라보며 눈물이 글썽글썽 |

| 누 락 점 의 군
涙落沾衣裙 | ⓰ <u>눈물이 줄줄줄 적삼 치마 다 적시네.</u>
➡ 눈물이 줄줄줄 흘러 윗도리와 치마를 다 적시네. |

[자손: 자식과 손자를 아울러 이르는 말
 적삼: 윗도리에 입는 홑옷. 모양은 저고리와 같다.]

＊⓭~⓰행 요약: 뺏긴 소를 보며 눈물을 흘림.

| 촌 색 극 피 애
村色劇疲衰 | ⓱ <u>마을 풍색이 극도로 황량한데</u>
➡ 마을의 모습이 더할 수 없이 황폐한데 |

| 이 좌 호 불 귀
吏坐胡不歸 | ⓲ <u>아전놈 버텨앉아 어쩐 일로 아니 가나?</u>
➡ 아전놈은 버티고 앉아 어쩐 일로 가지 않는가? |

| 병 앵 구 이 경
瓶罌久已罄 | ⓳ <u>쌀독이 진작 바닥났으니</u>
식량이 부족한 곤궁한 처지
➡ 쌀독이 진작 바닥났으니 |

| 하 능 유 석 취
何能有夕炊 | ⓴ <u>무슨 수로 저녁밥 짓는단 말인가?</u>
버티고 있는 아전의 의도 – 저녁밥을 지어 낼 것을 요구함.
➡ 무슨 수로 저녁밥을 짓는단 말인가? |

| 좌 령 생 리 절
坐令生理絕 | ㉑ <u>살아갈 길 없도록 만드니</u>
➡ 살아갈 길 없도록 만드니 |

| 사 린 동 명 인
四隣同鳴咽 | ㉒ ㉣<u>사방 이웃들 함께 목메어 흐느끼네.</u>
절망에 빠진 사람들의 모습
➡ 사방의 이웃들이 함께 목메어 흐느끼네. |

[풍색: 남이 보기에 좋지 못한 기색 **황량하다**: 황폐하여 거칠고 쓸쓸하다.
 사방: 여러 곳]

＊⓱~㉒행 요약: 아전들의 횡포에 절망에 빠짐.

| 포 우 귀 주 문
脯牛歸朱門 | ㉓ <u>소 잡아 포를 떠서 ㉤권문세가에 바치나니</u>
아전들이 소를 빼앗아 간 이유
➡ 소를 잡아 포를 떠서 권세 있는 집안에 바치니 |

| 재 서 이 견 별
才諝以甄別 | ㉔ <u>재간은 이로 말미암아 드러난다지.</u>
❷ 태도: 관리들이 백성을 수탈하여 능력을 인정받는 현실을 비판함.
➡ (아전들의) 재주와 솜씨는 이로 드러난다지. |

[포: 얇게 저민 생선이나 고기
 권문세가: 벼슬이 높고 권세가 있는 집안
 재간: 어떤 일을 할 수 있는 재주와 솜씨
 말미암다: 어떤 현상이나 사물 따위가 원인이나 이유가 되다.]

＊㉓~㉔행 요약: 아전들이 빼앗은 소를 권문세가에 바침.

＊ 용산(龍山): 마을 이름으로 지금의 강진군 도암면 용흥리(龍興里). 당시 다산이 거주하고 있던 다산 초당에서 멀지 않은 거리에 있다.

＊ 덕음(德音): 임금의 말씀, 즉 조세를 탕감하고 굶주린 백성을 구휼하라는 뜻이 내리기를 기대했음이 드러난다.

➕ 독해 공식 ——————————————

❶ **화자**: 드러나지 않음. **중심 대상**: 용산 마을 아전의 횡포
❷ **상황**: 관리들이 백성들의 소를 강탈함. 백성들이 수탈을 당하며 고통받음.
태도: 자신들의 안위만 생각하는 관리들과, 관리들이 백성을 수탈하여 능력을 인정받는 현실을 비판함.
❸ **표현상 특징**
• 실제 지명을 사용하여 사실성을 부여하고 있음.
• 당대의 현실을 사실적으로(있는 그대로) 묘사하고 있음.

■ **갈래**: 한시   ■ **창작 시기**: 조선 후기
■ **내용**: 이 작품은 작가가 강진에서 유배 생활을 하면서 지은 한시로, 당나라 두보의 〈석호리〉라는 시의 운을 빌려 썼다고 알려져 있다. 화자는 관찰자의 입장에서 지방 아전들이 백성을 수탈하는 장면을 고발하고, 백성들이 느끼는 괴로움을 세세하게 드러내고 있다.
■ **주제**: 백성들을 괴롭히는 관리들의 행태 비판

■ 이것이 핵심!: 화자의 태도

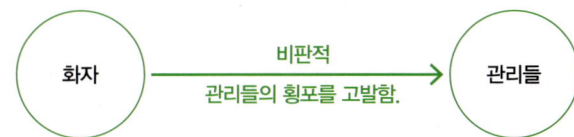

화자 ──비판적 / 관리들의 횡포를 고발함.──▶ 관리들

B 50 정답 ④ ＊표현상 특징 파악하기

윗글에 대한 설명으로 가장 적절한 것은?

왜 정답?

④ 구체적인 사건을 바탕으로 당사자들의 처지를 제시하고 있다.
아전들이 소를 빼앗아 간 사건을 통해 백성들의 비참한 처지를 드러냄.

＊근거: ❶~❹

윗글에서는 아전들이 용산 마을에 들이닥쳐 '소 끌어내 관가로 넘기'는 사건이 제시되고 있다. 이러한 구체적인 사건을 통해 아전들에게 수탈당하는 백성들의 비참한 처지가 자세하게 묘사되고 있다.

왜 오답?

① 상승 이미지를 통해 환상적 분위기를 조성하고 있다.
　나타나지 않음.

윗글에서는 위로 올라가는 듯한 느낌을 주는 상승 이미지가 나타나지 않으며, 환상적 분위기 또한 나타나지 않는다.

〔 상승 이미지: 위로 올라가는 듯한 느낌을 줌. 〕

② 의인화를 통해 대상의 속성을 선명하게 부각하고 있다.
　나타나지 않음.

윗글에서는 사람이 아닌 것을 사람에 빗대어 표현하는 의인화가 나타나지 않는다.

〔 의인화: 사람이 아닌 것을 사람에 비기어 표현함. 〕

③ 계절의 변화에 따른 화자의 정서 변화를 보여 주고 있다.
　나타나지 않음.

'유월 한 여름에 나락을 바치라니'에서 계절적 배경이 드러나고 있지만, 계절의 변화는 나타나지 않는다.

⑤ 공간적 배경의 상징적 의미를 통해 이별의 슬픔을 드러내고 있다.
　이별의 슬픔이 아니라 수탈하는 처지의 고통이 드러남.

공간적 배경은 '용산 마을'로, 이는 수탈을 당하는 농촌을 상징한다고 볼 수 있다. 이를 고려할 때 마을 사람들이 '뺏긴 소 바라보며 눈물 글썽'이는 것은 단순히 소와의 이별을 슬퍼하는 것이 아니라 탐관오리로 인해 먹고살기 힘든 처지를 고통스러워하는 것으로 볼 수 있다.

B 51 정답 ⑤ ＊작품 비교하기

㉠~㉤과 〈보기〉의 밑줄 친 시어를 비교하여 이해한 내용으로 적절하지 않은 것은?

왜 정답?

・㉠: ㉠은 '아전들'로, 백성들을 수탈하는 관리입니다.
・㉡: ㉡은 '사또님'으로, 아전들을 다스리는 관리입니다.
・㉢: ㉢은 '아낙네'로, 아전들에게 소를 뺏긴 백성입니다.
・㉣: ㉣은 '사방 이웃들'로, 관리들에게 수탈당하는 백성입니다.
・㉤: ㉤은 '권문세가'로, 아전들이 소를 바치는 권력입니다.
・〈보기〉의 밑줄 친 시어: '참새'와 '홀아비'로, '참새'는 '홀아비'가 농사지은 곡식을 다 먹어 버렸습니다.

종 윗글에 제시된 인물인 ㉠~㉤과 〈보기〉의 '참새', '홀아비'를 비교한 내용 중 틀린 것을 고르는 문제입니다.

────────────────

[보기]

❶참새들은 어디서 날아왔다가 가는지
　탐관오리
❷일 년 농사야 어찌 되든 아랑곳 않네

❸늙은 홀아비 홀로 밭 갈고 김맸는데
　수탈당하는 민중　　②의 근거　　　　　③, ④의 근거
❹밭의 벼며 기장을 다 먹어 버렸다네
　　　　①, ⑤의 근거

　　　　　　　　　　　　　　　　　– 이제현, 〈사리화〉

────────────────

김매다: 논밭의 잡풀을 뽑아내다.
기장: 곡식의 한 종류

왜 정답?

⑤ ㉤은 〈보기〉의 '참새'와 같은 행동을 비판적으로 인식하고 있다.
　㉤ 또한 '참새'처럼 백성들을 수탈하는 입장임.

＊근거: ㉓, 〈보기〉 ❹

〈보기〉의 '참새'들은 늙은 '홀아비'가 열심히 농사지은 '벼'와 '기장'을 다 먹어 버리고 있는데, 이는 탐관오리들의 백성들의 고혈을 착취하는 모습으로 볼 수 있다. 즉, 〈보기〉의 '참새'들은 탐관오리를 상징한다. 윗글에서 ㉤ '권문세가'는 아전들이 백성들에게서 빼앗은 소를 받아먹고 있으므로, '아전들', '사또님'과 마찬가지로 백성을 수탈하는 탐관오리를 상징한다. 즉, ㉤은 '참새'와 같이 백성들을 수탈하는 존재이므로, '참새'의 행동을 비판적으로 인식하고 있다고 볼 수 없다.

왜 오답?

① ㉠, ㉡은 〈보기〉의 '참새'와 관련이 깊다.
　㉠, ㉡, '참새' 모두 탐관오리를 상징함.

＊근거: ❷, ❼, 〈보기〉 ❹

〈보기〉의 '참새'들은 '홀아비'가 농사지은 곡식을 다 먹어 버리는 존재로, 백성들을 착취하는 탐관오리를 상징한다. ㉠ '아전들', ㉡ '사또님' 또한 백성들에게 '소'를 빼앗고 한여름에 '나락'을 바치라고 하는 등 백성들을 수탈하고 있으므로, 탐관오리를 상징한다. 즉, ㉠, ㉡과 '참새'는 모두 탐관오리를 상징하므로 서로 관련이 깊다고 할 수 있다.

② ㉠과 〈보기〉의 '홀아비'는 살아가는 방식이 다르다.
　'홀아비'는 ㉠과 같은 탐관오리에게 수탈당함.

＊근거: ❺, ㉓, 〈보기〉 ❸

㉠ '아전들'은 백성들에게 빼앗은 '소'로 '사또님 노여움 풀어 드리'고 '권문세가에 바치'며 자신의 안위를 챙기지만, 〈보기〉의 '홀아비'는 '홀로 밭 갈고 김'매며 열심히 농사를 지어 살아가고 있다. 즉, ㉠은 백성들을 수탈하며 살아가고 있고, '홀아비'는 스스로 노동하며 살아가고 있으므로 살아가는 방식이 다르다고 볼 수 있다.

③ ㉢은 〈보기〉의 '홀아비'와 유사한 심정을 느끼고 있다.
　㉢과 '홀아비' 모두 탐관오리의 횡포를 당함.

＊근거: ⓯, 〈보기〉 ❸, ❹

㉢ '아낙네'는 아전들에게 '뺏긴 소 바라보며 눈물 글썽'이고 있고, 〈보기〉의 '홀아비'는 '홀로 밭 갈고 김'매서 기른 '벼'와 '기장'을 '참새'에게 빼앗겼다. 즉, ㉢과 '홀아비' 모두 가진 것을 수탈당했으므로 비슷한 심정을 느끼고 있다고 볼 수 있다.

④ ㉣ 중의 하나로 〈보기〉의 '홀아비'를 포함시킬 수 있다.
　'홀아비'는 ㉣처럼 수탈당하는 민중임.

＊근거: ⓳, ⓴, 〈보기〉 ❸, ❹

㉣ '사방 이웃들'은 '쌀독이 진작 바닥'난 상황에서 '저녁밥'을 지어 내라는 관리들의 횡포로 고통받고 있다. 〈보기〉의 '홀아비' 또한 '홀로' 농사지은 것을 '다 먹어 버리는 참새들의 횡포로 고통받고 있다. 즉, ㉣과 '홀아비' 모두 수탈하고 괴롭히는 존재들로 인해 고통받고 있으므로 ㉣에 '홀아비'를 포함시킬 수 있다.

C 01 ~ 04 ＊김문수, 〈만취당기(晩翠堂記)〉
[2021 대비/사관학교 37~40]

❶ 중심인물, 배경 ❷ 중심 사건, 갈등 ❸ 서술상 특징

[앞부분의 줄거리] 조상 대대로 살아온 고향집 만취당은 정승이 나온다는 명당 터에 있는데, 아버지는 젊을 때 노름 때문에 빼앗겨 버렸고, 정승 자리에 '나'가 오를 것이라는 믿음을 가지고 만취당을 다시 찾겠다는 집념으로 살고 있다.

❶ 중심인물
① 아내로부터 ㉠내 얘기를 전해 들은 아버지가 날 불러 앉혔다. ② 내가
'나'가 현재의 자리에서 물러나야 할지도 모른다는 이야기 ❶ 중심인물: '나'
너한티 을매나 말했니! ③ 모난 돌이 정 맞는 벱이라구. ④ 그런디 도대체
「 」: 아버지의 말   너무 강직한 사람은 남의 미움을 받게 된다는 뜻
어떻게 처신을 했으믄…… 너도 그렇지만 우리 모두 을매나 고생을 했
냐 말여. ⑤ 그런디 그 벼슬자리에 앉아보지두 못하구 모가지 걱정을 해
❷ 중심 사건: 소신을 지키다 자리에서 물러날 수도 있게 된 '나'를 아버지가 질책함.
야 하다니! ⑥ 너도 니 오대조 할아버님 꼴이 되구 싶으냐? ⑦ 그분께서두
바른 소릴 하시다가 조정에서 쫓겨나 낙향하신 겨. ⑧ 처신만 잘했으믄
정승자리는 식은 죽 먹기였다는 겨. ⑨ 그래설람 낙향해 가지군 오동남구
잎사구마냥 일찍 벼슬자리에서 떨어진 당신 신셀 한탄하믄서 당신은
이왕에 그렇게 됐지만서두 자손들만은 즘(겨울)껏정 푸른 솔잎마냥
'만취당' 당호에 대한 아버지의 해석 → 자식이 권력을 얻기를 바라는 마음이 반영됨.
되라는 뜻으루다 만취당이라는 당호를 지어 붙이신겨. ⑩ 나는 아버지
❸ 아버지와 '나'의 가치관 차이를 보여 주는 소재
의 그 ㉡터무니도 없는 얘기에 터져나오는 웃음을 참을 수가 없었다.
❸ 서술자: '나', 시점: 1인칭 주인공 시점
⑪ 만약 내가 어렸다면 한 차례 종아리를 맞았을지도 모를 일이었다. ⑫ 아
버지는 노여운 기색이긴 했으나 입을 다물고 있었다. ⑬ 나는 아버지의
「 」: 갈등 – 시류를 따라 권력을
낯빛을 살피면서 노여움을 돋구지 않으려고 애를 썼다. ⑭ 그리고 조심스
추구해야 한다는 아버지와, 시류에 영합하지 않고 신념을 지켜야 한다는 '나'의 외적 갈등
럽게 입을 열었다. ⑮ 아버님 말씀대로 만취당의 만취가 겨울철이 돼도
「 」: '나'의 말
솔잎의 푸른빛이 변하지 않는 걸 뜻하는 말이긴 하지만 그건 노후에도
그 굳은 절조가 변하지 않는 사람을 비유한 말이에요. ⑯ 내말에 아버지
'만취당' 당호에 대한 '나'의 해석 → 시류에 영합하지 않고 소신을 지키는 태도가 반영됨.
는 미간을 찌푸렸다. ⑰ 그리고는 억지를 부렸다. ⑱ 요새 세상은 옛날하군
달러. ⑲ 절조를 지키구 살다간 웃음거리가 되는 벱여. ⑳ 시류에 맞추어 살
「 」: 아버지의 말
어야 하능겨. ㉑ 그래야 즘에두 늘 푸른 소나무처럼 오래도록 부귀영화
아버지는 시류에 따라 권력을 추구하여 가족의 안위를 지키기를 바람.
를 누릴 수가 있능겨. ㉒ 만취당은 그런 뜻으루다 진 당호란 말여. ㉓ 그런
디 니가 아까 한 말, 대체 누가 그러디? ㉔ 아버지의 물음에 나는 대답을
할 수가 없었다. ㉕ 내게 ㉢그 얘기를 해준 것은 서예학원을 경영하는 아
저씨였다. ㉖ 물론 아버지도 그 아저씨로부터 만취당의 내력을 들은 것이
었다. ㉗ 그런데도 만취당의 정확한 내력을 내게 말해주지 않았다. ㉘ 그것
은 다분히 의도적인 것이었다.

집념: 한 가지 일에 매달려 마음을 쏟음. 또는 그 마음이나 생각
처신: 세상을 살아가는 데 가져야 할 몸가짐이나 행동
낙향하다: 시골로 거처를 옮기거나 이사하다.
당호: 당우(규모가 큰 집과 작은 집)의 이름
노엽다: 화가 날 만큼 분하고 섭섭하다.
절조: 절개와 지조를 아울러 이르는 말
시류: 그 시대의 풍조나 경향
내력: 지금까지 지내온 경로나 경력
다분히: 그 비율이 어느 정도 많게

＊① 요약: 만취당 당호에 관한 '나'와 아버지의 견해 차이

② 아버지는 내 목이 위험하게 됐다는 것을 아내로부터 들은 뒤부터
눈에 띄게 불안해하고 초조해했다. ② 절조를 지키느라고 벼슬자리를 잃
'나'가 자리에서 물러날까 싶어 불안해함.
게 된 오대조처럼 내 신세가 그렇게 될 것이 뻔했기 때문일 것이었다.
❸ 과거 회상 – 아버지가 사라지기 전
③ 달포 전, 아버지는 나와 아내를 불러 앉히곤 자못 엄숙하게 말했다.
❹ 시간적 배경
④ 용이 물 밖에 나면 개미도 침노를 하는 벱이여. ⑤ 어쩌다가 그런 실수
아무리 힘이 있던 사람이라도 그것을 잃고 나면 하찮을것없는 사람에게도 괄시를 받는다는 뜻
를 했냐? ⑥ 실수가 아니라 법을 어기는 일이기 때문에 소신껏 처리한
「 」: 아버지의 말   '나'의 강직함이 드러남.
일이라고 대답하자 아버지는 화를 벌컥 냈다. ⑦ 치성 드려 낳은 자식이
「 」: 아버지의 말
눈 먼 꼴이여. ⑧ 야, 이 녀석아! ⑨ 니가 이 애비 생각을 조금이라두 하는
눔이냐? ⑩ 두말할 필요 없이 며늘애기 너는 만취당에 내려가 애 낳을 작
❷ 중심 사건: 아버지가 만취당을 되찾고자 하는 뜻을 내비침.
정해라. ⑪ 내말 알겠지? ⑫ 나는 아이를 낳으러 가다가 숲 속에 이르러 해
산을 하게 되는 아내의 모습을 연상하며 쓴웃음을 날리지 않을 수 없
었다.
❸ 현재
⑬ 화톳불은 끊임없이 아버지의 환영을 피워 올렸다. ⑭ 나는 아버지가
만취당을 되찾는 데 성공했기를 빌었다. ⑮ 그리고 이제 어디로 가야만
아버지를 만날 수 있는지 또 어떻게 찾아야 될지, 그런 것들을 궁리하
아버지가 사라진 상황임.
기 시작했다.

달포: 한 달이 조금 넘는 기간
엄숙하다: 말이나 태도 따위가 위엄이 있고 정중하다.
침노: 성가시게 달라붙어 손해를 끼치거나 해침.
치성: 신이나 부처에게 지성으로 빎.
해산: 아이를 낳음.
화톳불: 한데다가 장작 따위를 모으고 질러 놓은 불
환영: 눈앞에 없는 것이 있는 것처럼 보이는 것

＊② 요약: 아버지는 만취당을 되찾고자 하는 뜻을 내비침.

(중략)

③ "우리 부친께서 틀림없이 이 동촌리에 오셨을 텐데…… 이장집에
❶ 공간적 배경: '만취당'이 있는 고향 마을
가면 확인할 수 있을지 모르겠군요."
② "실은……."
③ 이 경장은 불 단속을 하느라고 굽혔던 허리를 펴고 ㉣잠시 멈췄던
얘기를 잇기 시작했다.
④ "어르신네께서 내려오셨던 건 확실합니다. 이짜, 택짜, 희짜 쓰시는
어른 아닙니까?"
⑤ "아니 어떻게 이름까지……."
⑥ 나는 그의 말에 깜짝 놀랐다.
⑦ "제 이름과 똑같아서 욀 수가 있었습니다만. 실은 어르신네께
서…… 저희들이 어제 어르신네를 연행했던 일이 있었습니다."
❷ 중심 사건: '나'가 아버지가 연행된 일에 대해 들음.
⑧ "지금 뭐랬소? 연행이라고 했소?"
⑨ 나는 내 귀를 의심하지 않을 수가 없었다. ⑩ 그가 나를 놀래켰기 때문
에 혹 헛들은 것이 아닌가 싶었던 것이다.
⑪ "실은 어르신네께서 어제 약주가 과하셔가지고 군청에 들어가 군수
비서실에서 행패를…… 군청에서 연락해 오길 행패를 부렸다는 겁
아버지가 동촌리에서 한 행위 → 만취당을 되찾을 수 없게 된 현실에 대한 울분을 표현함.
니다."
⑫ "행패라뇨? 무슨 행패를 부렸단 말입니까?"
⑬ 나는 나도 모르게 언성을 높였다.

경장: 경찰 공무원 계급의 하나. 경사의 아래, 순경의 위이다.
연행하다: 강제로 데리고 가다. 특히 경찰관이 피의자를 체포하여 경찰서로 데리고 가는 일을 이른다.
약주: '술'을 점잖게 이르는 말
행패: 체면에 어그러지는 난폭한 짓을 버릇없이 함. 또는 그런 언행

*③ 요약: '나'는 아버지가 연행된 일에 대해 들음.

❶ ④ "그보다 먼저 아셔야 될 게 있으십니다만. 실은 만취당이 헐리게 됐습니다. 만취당뿐만 아니라 동촌리에 있는 모든 집들이 헐리게 된 겁니다."
❷ 중심 사건: 만취당을 비롯한 동촌리의 모든 집들이 헐리게 됨.

❷ "그건 또 ㉤무슨 얘기입니까?"

❸ "여기에 농공단지가 들어서게 된 겁니다."
❸ 산업화가 진행되는 현실을 단적으로 드러내는 소재

❹ 이 경장의 설명은 주민들에게 이미 이주비가 다 지불되었고 이주가 완료되는 다음 달부터는 공사가 시작되게끔 돼 있다는 것이었다.❺ 그의 얘기는 계속되었다.

❻ "어르신네께서는 그 사실을 아시고 홧술을 잡수신 끝에 군청에 들어가셔서 군수를 만나겠다고 했는데 비서실에서 약주가 잔뜩 취하신 분이라 군수를 만나게 해주질 않았다는 겁니다. 그러니까 어르신네께서 화가 나셔서 비서실 전화며 의자를 집어던지는 소동을 일으키신 겁니다."
『 』: 아버지가 군청에서 행한 행패의 전모

❼ 경찰에 연행된 아버지는 술이 깬 뒤 조사를 받게 되었는데 그 결과 그렇게 행동하게 됐던 까닭을 알게 되었고 또 이곳 태생의 노인이기도 해서 군청과 타협해 훈계 방면했다는 것이었다.

❽ "아마 모르면 몰라도 어제 밤차로 올라가셨지 싶습니다만. 어젯밤에 내려오시고 올라가시고 길이 엇갈리신 모양입니다. 이장 집에 전화가 있으니 가서서 댁에 전활 해보시지요."

❾ 나는 일시에 맥이 탁 풀리고 말았다.❿ 아버지를 찾으러 왔다가 길이 어긋났다는 점도 맥빠지게 했지만 그보다도 이제는 만취당을 영원히 되찾을 수가 없게 됐다는 실망감이 결정적으로 나를 그토록 맥빠지게 한 것이었다.⓫ 내가 이런데 아버지의 심정은 그야말로 어떠했겠느냐 싶었다.
'나'가 맥이 풀린 이유 ①
'나'가 맥이 풀린 이유 ②
울분에 찬 아버지의 심정을 공감함.

헐리다: 집 따위의 축조물이나 쌓아 놓은 물건이 무너지다.
농공단지: 농어촌 주민의 소득 향상을 위하여 농어촌에 조성한 공업 단지
이주: 본래 살던 집에서 다른 집으로 거처를 옮김.
훈계 방면: 일상생활에서 가벼운 죄를 범한 사람을 훈계하여 놓아줌.

*④ 요약: 만취당을 되찾는 것이 불가능해짐.

📕 독해 공식
❶ 중심인물: '나', '아버지'
시간적 배경: '달포 전'
공간적 배경: 동촌리
❷ 중심 사건: 소신을 지키다 자리에서 물러날 수도 있게 된 '나'를 아버지가 질책함. 아버지가 만취당을 되찾고자 하는 뜻을 내비침. '나'가 아버지가 연행된 일에 대해 들음. 만취당을 비롯한 동촌리의 모든 집들이 헐리게 됨.
갈등: 시류를 따라 권력을 추구해야 한다는 아버지와, 시류에 영합하지 않고 신념을 지켜야 한다는 '나'의 외적 갈등
❸ 서술상 특징
• 서술자: '나', 시점: 1인칭 주인공 시점
• 과거 회상과 현재를 교차하여 사건을 입체적(여러 각도에서 종합적으로 파악하는 것)으로 전달하고 있음.
• 공간을 통해 인물의 가치관, 사회적 현실 등을 상징적(추상적인 개념을 구체적인 대상으로 나타내는 것)으로 드러내고 있음.

■ 내용: 이 작품은 잃었던 고향집인 만취당을 찾기 위한 한 노인의 집념과 좌절을 그린 현대 소설이다. '만취당'은 아버지가 살아온 이유이자 아버지와 '나'의 가치관 차이를 보여 주는 소재이다. 아버지는 만취당에서 태어나면 정승이 될 수 있다는 굳은 믿음으로 아들의 출세를 위해 헌신한다. 하지만 아들은 자신의 신념을 지키다 자리에서 물러날지도 모르는 상황에 처한다. 이러한 부자간의 대립에는 인간의 생존 본능으로 자리한 출세 의지와 그에 상반되는 청빈 사상이 반영되어 있다.

■ 인물 관계도

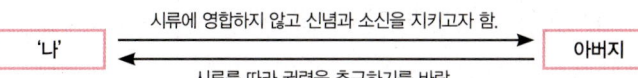

■ 주제: 출세 욕망과 그에 맞서는 청빈 사상

■ 이것이 핵심!: '나'와 '아버지'의 상반된 삶의 태도

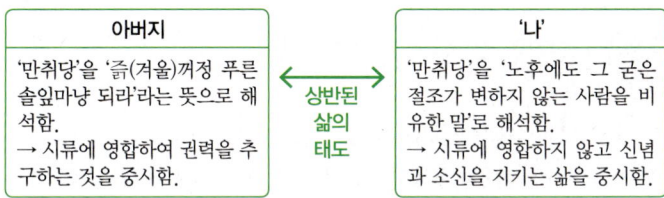

■ 전체 줄거리: '나'는 말없이 사라진 아버지를 찾아 고향으로 간다. '나'는 그림을 공부하고 싶었지만, 정승이 되기를 바라는 아버지의 기대와 가족들의 희생에 따라 행정학을 전공하여 행정고시에 합격한다. 그러나 법을 어기지 않기 위해 윗사람의 지시에 불복했다가 자리에서 물러날지도 모르는 처지가 된다. 이를 안 후 고향집 만취당을 되찾아야 한다는 아버지의 바람은 더욱 강해진다.
고향에 내려온 '나'는 아버지가 고향에 내려왔다는 사실과 만취당을 포함한 동촌리의 집들이 헐릴 예정임을 알게 된다. 만취당을 되찾는 일이 무산되자 아버지는 '나'에게 그동안 모아둔 돈을 내밀며 뇌물을 써서 자리를 지키라고 한다. '나'는 끝까지 싸우다 해고되면 만취당의 편액을 보관해 두었다가 아버지가 준 돈으로 만취당 주점을 차리겠다고 생각한다.

C 01 정답 ① *서술상 특징 파악하기

윗글에 대한 설명으로 가장 적절한 것은?

> **왜 정답?**

① 대화를 통해 중심 소재를 둘러싼 사건을 서술하고 있다.
'나'와 아버지의 대화와, '나'이 경장의 대화로 사건이 서술됨.

*근거: ①~④

윗글에서는 '나'와 아버지의 대화를 통해 만취당에 대한 '나'와 아버지의 가치관 차이, 아버지가 만취당을 되찾고자 하는 모습을 드러내고 있다. 또한 '나'와 이 경장의 대화를 통해 만취당이 헐리고 농공단지가 조성되는 사건 등을 제시하고 있다.

> **왜 오답?**

② 배경 묘사를 통해 앞으로 벌어질 사건에 대해 암시하고 있다.
나타나지 않음.

윗글에는 '달포 전'이라는 시간적 배경과 '동촌리'라는 공간적 배경이 제시되어 있지만, 이를 묘사한 부분은 나타나지 않는다.

③ 작품 밖 서술자의 서술을 통해 현재 상황에 대한 이해를 돕고 있다.
윗글의 서술자는 '나'로, 작품 안 서술자임.

윗글은 1인칭 주인공 시점으로, 작품 안 서술자인 '나'가 만취당과 관련한 자신의 이야기를 서술하고 있다.

④ 이야기 속에 또 다른 이야기를 삽입하여 사건을 입체적으로 드러내고 있다.
나타나지 않음.   사건을 여러 각도에서 보여 주고

윗글에서는 과거 회상과 현재를 교차하여 사건을 입체적으로 전달하고 있지만, 이는 시간의 순서를 입체적으로 구성한 것이지 이야기 속에 또 다른 이야기를 삽입한 것이 아니다.

⑤ 서로 다른 장소에서 동시에 벌어진 사건을 병치하여 원인과
결과를 규명해 내고 있다.
    나타나지 않음.

윗글에서는 만취당과 관련된 각각의 사건을 서술하고 있을 뿐, 서로 다른 장소에서 동시에 벌어진 사건을 병치하고 있지는 않다.

┌ **병치하다**: 두 가지 이상의 것을 한곳에 나란히 두거나 설치하다.
└ **규명하다**: 어떤 사실을 자세히 따져서 바로 밝히다.

C 02 정답 ① ＊사건과 갈등 파악하기

〈보기〉는 '만취당'에 대한 인물의 관계를 구조화한 것이다. 윗글의 내용과 관련하여 인물들에 대해서 이해한 내용으로 적절하지 않은 것은? [3점]

• 〈보기〉: '만취당'과 관련하여 언급되고 있는 인물들입니다.
• 윗글: '아버지'는 '오대조 할아버지'가 낙향한 후 자손들이 권력을 얻길 바라는 마음을 담아 '만취당'이라는 당호를 지었다고 생각하고 있습니다. 반면, '나'는 '만취당'이 노후에도 굳은 절조가 변하지 않는 태도를 담은 당호라고 생각하고 있습니다.

🔴**즉** '만취당'과 관련된 인물들의 말과 행동을 잘못 이해한 것을 고르는 문제입니다.

[보기]

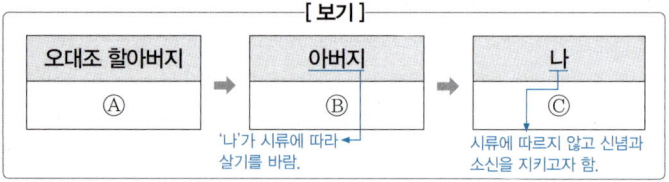

오대조 할아버지	→	아버지	→	나
Ⓐ		Ⓑ		Ⓒ

'나'가 시류에 따라 ← 시류에 따르지 않고 신념과
살기를 바람.   소신을 지키고자 함.

>**왜 정답?**

① Ⓐ가 지킨 만취당의 가치를 고수하기 위해 ~~실수를 반복하는~~
   ~~Ⓒ~~에게 Ⓑ는 감정적인 반응을 보이고 있다.
   Ⓒ는 실수를 반복하지 않음.

＊근거: ①-❻, ❼, ⓯

오대조 할아버지(Ⓐ)는 '바른 소릴 하시다가 조정에서 쫓겨'났다고 했으므로, 오대조 할아버지(Ⓐ)가 지킨 만취당의 가치는 '강직함'이라고 볼 수 있다. '나'(Ⓒ) 또한 만취당의 뜻을 '절조가 변하지 않는' 것으로 보고 있으므로 오대조 할아버지(Ⓐ)가 지킨 만취당의 가치를 고수하고 있다고 볼 수 있다. 하지만 이를 위해 '나'(Ⓒ)가 실수를 반복하고 있지는 않다. 아버지(Ⓑ)가 '나'(Ⓒ)에게 '너도 니 오대조 할아버님 꼴이 되구 싶으냐?'며 화를 내는 것은 '나'(Ⓒ)가 소신껏 행동하다 현재의 자리에서 물러날까 봐 불안하기 때문이다.

┌ **고수하다**: 차지한 물건이나 형세 따위를 굳게 지키다.

>**왜 오답?**

② Ⓐ가 만취당을 세운 내력에 대해 Ⓑ는 알고 있으나 Ⓒ에게는
   그 내력을 고의로 숨기고 있다.
   의도적으로 만취당의 정확한 내력을 말해 주지 않음.

＊근거: ①-㉗, ㉘

아버지(Ⓑ)는 '서예학원을 경영하는 아저씨'로부터 만취당의 내력을 들었지만, '다분히 의도적'으로 '만취당의 정확한 내력을 내게 말해주지 않'았다고 했다. 즉, 아버지(Ⓑ)는 오대조 할아버지(Ⓐ)가 만취당을 세운 내력에 대해 알고 있지만, '나'(Ⓒ)에게 그 내력을 고의로 숨기고 있는 것이다.

┌ **고의**: 일부러 하는 생각이나 태도

③ Ⓑ는 Ⓐ가 만취당이라는 당호를 붙인 이유를 전달하며 Ⓒ가
   현실과 타협할 것을 강요하고 있다.
   시류에 맞추어 살아야 함을 강조함.

＊근거: ①-❾

아버지(Ⓑ)는 오대조 할아버지(Ⓐ)가 '일찍 벼슬자리에서' 물러나게 된 자신과 달리 자손들은 겨울까지 '푸른 솔잎마냥' 권력을 유지하기를 바라는 뜻에서 '만취당'이라는 당호를 지어 붙였다고 '나'(Ⓒ)에게 설명하고 있다. 이는 아버지(Ⓑ)가 '나'(Ⓒ)에게 현실과 타협하고 시류에 맞추어 살 것을 강요하는 것이다.

┌ **타협하다**: 어떤 일을 서로 양보하여 협의하다.

④ Ⓑ는 Ⓐ가 만취당을 통해 전하고 싶었던 가치를 Ⓒ가 지니고
   살아가는 것에 불안감을 느끼고 있다.
   '나'가 오대조 할아버지처럼 자리에서 물러나게 될까 봐 불안해함.

＊근거: ②-❶, ❷

아버지(Ⓑ)는 '나'(Ⓒ)가 자리에서 물러날 수도 있다는 이야기를 들은 후 '눈에 띄게 불안하고 초조해했다'고 했는데, 이는 '절조를 지키느라고 벼슬자리를 잃게 된 오대조처럼 내 신세가 그렇게 될 것이 뻔하기 때문'이다. 즉, 아버지(Ⓑ)는 오대조 할아버지(Ⓐ)가 만취당을 통해 전하고자 했던 '강직함'을 '나'(Ⓒ)가 지니고 살아가는 것에 불안함을 느끼고 있는 것이다.

⑤ Ⓒ는 Ⓐ가 지키고자 했던 가치에 대해서 Ⓑ와 다른 모습을 보
   이지만, 만취당이 없어지게 된 상황에 대해서는 유사한 심정
   을 보이고 있다.
   '나'는 아버지와 달리 소신을 지키는 삶을 살고자 함.   실망감을 느낌.

＊근거: ①-⓳, ⓴, ②-❻, ④-❿, ⓫

아버지(Ⓑ)는 '절조를 지키구 살다간 웃음거리가 되는' 법이라며 '시류에 맞추어' 살아가야 한다고 주장한다. 하지만 '나'(Ⓒ)는 자리에서 물러날 위험을 감수하며 '법을 어기'지 않는 소신 있는 모습을 보인다. 즉, 오대조 할아버지(Ⓐ)가 지키고자 했던 '강직함'을 '나'(Ⓒ)는 추구하고 있지만, 아버지(Ⓑ)는 외면하고 있는 것이다. 하지만 만취당을 비롯해 동촌리에 있는 모든 집들이 헐리고 농공단지가 조성된다는 이야기를 들은 '나'(Ⓒ)는 아버지(Ⓑ)가 느꼈을 법한 '만취당을 영원히 되찾을 수가 없게 됐다는 실망감'을 느끼고 있다.

C 03 정답 ⑤ ＊사건과 갈등 파악하기

㉠~㉤의 내용에 대한 이해로 가장 적절한 것은?

• ㉠: ㉠은 '내 얘기'로, '나'가 자리에서 물러나야 할지도 모른다는 이야기입니다.
• ㉡: ㉡은 '터무니도 없는 얘기'로, 만취당의 내력과 당호에 관한 아버지의 이야기입니다.
• ㉢: ㉢은 '그 얘기'로, '나'가 서예학원을 경영하는 아저씨에게 들은 이야기입니다.
• ㉣: ㉣은 '잠시 멈췄던 얘기'로, 아버지의 행방에 관한 이야기입니다.
• ㉤: ㉤은 '무슨 얘기'로, 만취당을 비롯한 동촌리의 집들이 헐리게 된다는 이야기입니다.

🔴**즉** 앞뒤 맥락을 고려하여 ㉠~㉤의 '얘기'를 적절하게 이해한 것을 고르는 문제입니다.

>**왜 정답?**

⑤ ㉤: <u>동촌리에 와서 '이 경장'의 설명에 의해 '나'가 알게 된 얘기</u>
   '이 경장'은 '나'에게 만취당을 포함한 동촌리의 집들이 헐린다는 이야기를 전함.

＊근거: ④-❶, ❷

㉤ '무슨 얘기'는 '나'가 동촌리에 와서 이 경장에게 듣게 된 이야기로, '만취당뿐만 아니라 동촌리에 있는 모든 집들이 헐리게' 되었다는 이야기를 의미한다.

>**왜 오답?**

① ㉠: '아버지'에게 전해 달라고 ~~'나'가~~ '아내'에게 부탁했던 얘기
   '나'가 아내에게 부탁했는지는 알 수 없음.

＊근거: ①-❶

㉠ '내 얘기'는 '나'가 소신을 지키려다 현재의 위치에서 물러나야 할지도 모른다는 이야기로, 아버지는 아내로부터 ㉠을 전해 들었다고 했다. 그러나 ㉠을 아버지에게 전해 달라고 '나'가 아내에게 부탁했는지는 알 수 없다.

② ㉡: '나'가 지금 이 자리에서 성공할 것이라는 '아버지'의 얘기
~~만취당의 당호와 내력에 관한 이야기임.~~

*근거: ①-❾, ❿

㉡ '터무니도 없는 얘기'는 만취당의 당호와 내력에 관한 아버지의 이야기로, 아버지는 만취당의 정확한 내력은 숨긴 채 아버지의 의도와 생각을 담아 만취당의 당호와 내력을 설명하고 있다. '나'가 지금 이 자리에서 성공할 것이라는 내용은 나타나지 않는다.

③ ㉢: '아저씨'가 서예학원을 경영하게 된 내력을 밝힌 얘기
~~만취당의 정확한 내력과 당호의 의미에 관한 이야기임.~~

*근거: ①-⓯, ㉕

㉢ '그 얘기'는 '나'가 서예학원을 경영하는 아저씨에게 들은 이야기로, 만취당의 정확한 내력과 당호에 담긴 진정한 의미에 관한 이야기를 의미한다. 아저씨가 서예학원을 경영하게 된 내력과는 관련이 없다.

④ ㉣: '아버지'가 '군수'를 만나 자신에 대한 하소연을 했다는 얘기
~~아버지가 군청에서 행패를 부린 것에 관한 이야기임.~~

*근거: ③-❽~⓫

㉣ '잠시 멈췄던 얘기'는 아버지의 행방에 관한 이야기로, 아버지가 동촌리에 내려와서 군청에서 행패를 부려 연행되었다는 이야기를 의미한다. 아버지가 군수를 만나 하소연을 했다는 내용은 나타나지 않는다.

〔 하소연: 억울한 일이나 잘못된 일, 딱한 사정 따위를 말함. 〕

C 04 정답 ① *인물의 심리와 태도 파악하기

[용이 물 밖에 나면 개미도 침노를 하는 뱁이여]를 말한 의도로 가장 적절한 것은?

• 용이 물 밖에 나면 개미도 침노를 하는 뱁이여: 아버지가 현재의 자리에서 물러나게 될 상황에 처한 '나'에게 한 말입니다.

즉 아버지가 위의 말을 통해 '나'에게 전하고자 했던 생각으로 적절한 것을 고르는 문제입니다.

> 왜 정답 ?

① 별 볼 일 없게 되어 무시당하는 삶을 살게 될 것을 우려해서
'나'가 소신을 지키다 현재의 자리에서 쫓겨나게 될까 걱정되어서

*근거: ①-⓳, ②-❹

'용이 물 밖에 나면 개미도 침노를 한다'는 아무리 힘이 세고 권세가 있던 사람이라도 그것을 잃고 나면 하잘것없는 사람에게도 괄시를 받게 된다는 뜻이다. 아버지는 요새 세상에서 '절조를 지키구 살다간 웃음거리가' 된다고 생각한다. 즉, 아버지는 '나'가 소신을 지키다 현재의 지위에서 물러나 무시당하는 삶을 살게 될까 봐 걱정하여 이와 같이 말했다고 볼 수 있다.

> 왜 오답 ?

② 소신을 지켜야 하는 상황에서 [그것을 하지 못할까] 염려해서
~~아버지는 시류에 맞추어 사는 삶을 추구함.~~

아버지는 소신을 지키기보다는 시류에 맞추어 살아야 함을 강조하고 있으므로, '나'가 소신을 지키지 못할까 봐 염려했다고 볼 수 없다.

〔 소신: 굳게 믿고 있는 바. 또는 생각하는 바. 〕

③ 뜻을 굽히면서 고생한 만큼 보상을 받지 못할 것을 염려해서
'나'는 뜻을 굽히지 않고 소신대로 행동함.

'나'는 뜻을 굽히지 않다가 자리에서 물러날 상황에 처한 것이므로, 아버지는 '나'가 뜻을 굽히면서 고생한 만큼 보상을 받지 못한 것을 염려했다고 볼 수 없다.

④ 절조를 지키지 못하여 마을 사람들에게 비아냥 받을 것을 우려하여
'나'는 절조를 지킨 행동을 함.

'나'는 '법을 어기'지 않는 절조를 지키고 있으므로, 아버지는 '나'가 절조를 지키지 못하여 비아냥 받을 것을 우려했다고 볼 수 없다.

〔 비아냥: 얄밉게 빈정거리며 자꾸 놀림. 〕

---

⑤ 사람들에게 인정받지 못해 법을 어기는 결과를 초래할 것을 우려하여
~~아버지는 법을 어기는 것에 대해 우려하지 않음.~~

아버지는 '법을 어기'지 않는 것보다 자리를 지키는 것을 중요하게 여기고 있으므로, '나'가 사람들에게 인정받지 못해 법을 어기는 결과를 초래할 것을 우려했다고 볼 수 없다.

C 05~07 *송기숙, 〈개는 왜 짖는가〉

[2022 대비/사관학교 1~3]

❶ 중심인물, 배경   ❷ 중심 사건, 갈등   ❸ 서술상 특징
▪ : ❸ 표현의 자유가 억압된 당시 언론 상황을 비판·풍자(현실의 부정적 현상·모순 따위를 빗대어 비웃음.)

① ●"모두가 판에 박은 듯이 똑같은 신문을 무엇 하러 세 가지나 보낸
「 」: ❷ 갈등 - 신문을 배달하는 아이와 신문을 원하지 않는 아내의 외적 갈등
말이야. 고양이도 낯짝이 있더라고 좀 염치가 있어야지. 한 번만 더
넣었다가는 가만두지 않을 테야."

②어떻게 붙잡았는지 아내가 배달아이를 잡아 닦달하는 소리였다.
❶ 중심인물   ❶ 중심인물
❷ 중심 사건: 아내가 신문을 계속 배달하는 아이를 닦달함.

③영하는 혼자 이불 속에서 비실 웃었다. ❹그것은 바로 신문기자인 자기
❶ 중심인물
한테 하는 소리로 들렸기 때문이다. ❺간접적이나마 아내한테서까지 그
아내의 말을 현실에 굴복한 신문기자들을 비판하는 소리로 인식함.
런 소리를 들으니 절로 웃음이 나왔다.
❸ 서술자: 3인칭 서술자, 시점: 전지적 작가 시점

❻"그냥 놔두고 신문대만 내지 말아요."

❼"저 애들이 얼마나 뻔뻔스러운 애들이라고 그렇게 쉽게 되는 줄 아세요? 이달치만 줄 테니 더 넣지 말라고 신문대를 주며 달래보기도 하고, 신문을 모아놨다 돌려주기도 했지만 견뎌낼 재간이 없다고요. 아무리 꺽진 거지도 저 애들 같진 않을 거예요. 구걸을 해도 유분수지, 벌써 여섯 달째라고요."

❽"그 구걸하는 돈으로 우리도 월급을 타 먹고 있으니 너무 구박 말아요."

❾"하지만 아무 필요도 없는 신문을 세 가지나 보잔 말인가요?"

❿아내는 이만저만 속이 상한 게 아닌 모양이었다.

⓫그 뒤부터 신문이 날아들어 창에 맞고 떨어지는 소리를 들으면, 영
「 」: 배달아이와 자신의 상황을 동일시하는 영하 → 배달아이와 영하 모두 외부의 억압을 받고 있음.
하는 그 신문이 자기 가슴에라도 떨어지는 듯 가슴이 철렁했다. ⓬그때마다 또 아내가 쫓아나갈까 겁이 났다. ⓭제발 쫓아나가지 말았으면 하고, 영하는 그 배달아이보다 더 조마조마하게 가슴을 조였다. 」

〔 신문대: 신문을 정기적으로 받아 보기 위하여 치르는 값
재간: 어떠한 수단이나 방도   꺽지다: 성격이 억세고 꿋꿋하며 용감하다.
유분수: 마땅히 지켜야 할 분수가 있음. 〕

*① 요약: 아내와 배달아이의 갈등을 지켜보며 가슴을 조이는 영하

② ❶하루는 무슨 일로 일찍 집을 나가다가 바로 대문 앞에서 그 배달아
❶ 시간적 배경
이와 부딪치고 말았다. ❷신문을 접어 비행기를 날리려는 순간이었다.
언론으로서의 기능을 다하지 못하는 신문의 모습
❸"야!"

❹배달아이는 힐끔 돌아보더니 후닥닥 도망쳤다. ❺마치 무얼 훔치다가
❷ 중심 사건: 영하의 부름에 배달아이가 겁에 질려 도망침.
들킨 꼴이었다. ❻진창까지 밟으며 정신없이 뛰었다. ❼운동화 한 짝이 벗겨져 공중으로 튕겨 올라갔다. ❽신을 집더니 제대로 신지도 않고 손에 들고 뛰었다. ❾골목을 거의 빠져나가서야 이쪽을 돌아보며 신을 신었다. ❿누구한테 붙잡혀 뺨이라도 얻어맞은 적이 있지 않았을까 싶었다.
당시 신문과 신문 배달아이는 환영받지 못하는 존재였음이 드러남.

〔 진창: 땅이 질어서 질퍽질퍽하게 된 곳 〕

*② 요약: 영하와 배달아이의 첫 번째 마주침

③ **❶** 그 며칠 뒤 성탄절 아침이었다. **❷** 전날 저녁에 술이 많이 취했으나
_{시간적 배경}
다섯 살짜리 아들 녀석이 고장 난 장난감을 고쳐달라고 극성을 피우는
바람에 일찍 눈이 뜨였다. **❸** 외할머니며 이모들한테 받은 크리스마스 선
물이었다.

❹ 그때 골목에서 '××일보요' 하는 소리가 났다. **❺** 영하 집에서 제대로
_{배달아이의 신발이 생각나게 된 원인}
구독을 하고 있는, 영하 회사의 경쟁지였다. **❻** 그 억지 신문은 아직 날
아들지 않고 있었다. **❼** 언제나 그 신문이 먼저 날아드는데 오늘은 좀 늦
는 모양이었다.

❽ 순간, 지난번 흙탕에서 튕겨 오르던 그 배달아이의 신발이 머리를
스쳤다. **❾** 영하는 거의 반사적으로 일어나 포켓을 뒤졌다. **❿** 오천 원짜리
가 나왔다. **⓫** 천 원짜리를 찾았으나 없었다. **⓬** 그대로 손에 쥐고 대문간으
로 나갔다. **⓭** 신문대하고는 상관없이 운동화나 한 켤레 사 신으라고 할
_{영하는 배달아이에게 신발을 살 돈을 주려 함.}
참이었다. **⓮** 골목에는 눈이 허옇게 쌓여 있었다. **⓯** 저쪽에서 배달아이가
_{❶ 공간적 배경}
달려오고 있었다. **⓰** 달려오던 아이가 영하를 보더니 우뚝 멈춰 섰다. **⓱** 대
번에 주눅이 들어 조그맣게 오그라들었다.
_{배달아이가 영하를 보고 겁을 먹음.}
⓲ "이제 안 넣을게요."

⓳ 잔뜩 겁먹은 눈으로 영하를 보며 애원하듯 했다. **⓴** 골목을 뛰어다녀
얼굴이 벌겋게 익어 있었고, 더운 김을 내뿜는 코끝에는 방울방울 땀
방울이 돋아 있었다.
_{겨울에 땀이 나도록 일하는 배달아이의 고단한 상황이 드러남.}
㉑ 「"그게 아냐."
_{「」:❷ 갈등 – 신발 살 돈을 주려는 영하와 이를 오해하고 겁먹은 배달아이의 외적 갈등}
㉒ "이제 정말 안 넣는다니까요." 」

㉓ 소년은 금방 영하가 덜미라도 낚아채지 않을까, 저쪽 담에다 등을
대고 한 걸음 한 걸음 빠져나가며 말했다. **㉔** 눈은 공포에 질려 있었다.

㉕ "아냐, 내 말 들어봐."

㉖ 영하는 돈을 보이며 말했다.

㉗ "정말 안 넣을게요."
_{신발 살 돈을 주려는 영하의 의도를 이해하지 못함.}
㉘ 소년은 거의 울상으로 슬금슬금 영하 앞을 지나더니 후닥닥 뛰었
다. **㉙** 저만큼 내빼다가 힐끔 돌아봤다. **㉚** 순간, 눈길에 미끄러져 발랑 나
가떨어졌다. **㉛** 눈 위에 신문 뭉치가 흩어졌다. **㉜** 소년은 이쪽을 힐끔거리
며 뭉떵 뭉떵 신문을 거머쥐었다. **㉝** 다시 이쪽을 돌아보며 도망쳤다. **㉞** 영
_{❷ 중심 사건: 배달아이가 신발 살 돈을 주려는 영하를 오해하고 도망침.}
하는 소년이 사라진 데를 보고 서 있었다. **㉟** 넋 나간 꼴로 한참 동안 서
있다가 대문을 닫고 들어왔다.

대문간: 대문을 여닫기 위하여 대문의 안쪽에 있는 빈 곳
덜미: 목의 뒤쪽 부분과 그 아래 근처
뭉떵뭉떵: 잇따라 제법 크게 잘리거나 끊어지는 모양

＊③ 요약: 영하와 배달아이의 두 번째 마주침

④ **❶** 다음 날부터 그 신문은 날아들지 않았다. **❷** 「그 소년의 겁에 질린 눈
_{배달아이가 느낀 두려움의 결과}
만 커다랗게 남아 있었다. **❸** 그 눈이 자꾸 떠올랐다. **❹** 자리에 누울 때도
_{「」: 배달아이와의 두 번의 만남 후 혼란스러워진 영하의 내면}
떠오르고 밥을 먹을 때도 떠올랐다. **❺** 기사를 쓸 때도 마찬가지였다. 」

❻ 영하는 그때부터 고향에 있는 자기 몫의 논밭이 떠올랐다. **❼** 그 얼마
뒤 음력설에 아내와 함께 고향에 다녀오면서 넌지시 시골에서 살면 어
_{❶ 시간적 배경}
떻겠느냐고 했다. **❽** 아내는 웃으며 농담으로 받아넘겼다. **❾** 영하는 정색
_{「」:❷ 중심 사건 – 고향으로 내려가자는 영하의 말을 아내는 받아들이지 않음.}
을 하고 말했다. **❿** 아내는 지금 그게 제정신으로 하는 소리냐는 눈으로
_{직장 생활에 지쳐 고향으로 내려가고 싶어 함. → 현실도피}
영하를 돌아보며 픽 웃고 말았다. **⓫** 고향에 가면 언제나 그랬지만 그때

는 더 푸근한 안도감이 들었던 것이다. **⓬** 어디 먼 데로 나돌며 잔뜩 지쳐
_{직장 생활을 하는 현재는 느끼지 못하는 감정　신문사 생활　현재 영하의 감정}
빠져 자기 집에라도 돌아온 기분이었다. **⓭** 사실은, 영하도 말로만 그랬
_{고향의 느낌}
지 여태 몸담아 오던 직장을 버리고 고향으로 내려간다는 게 빈 밥상
물리듯 쉬운 일이 아니라는 건 잘 알고 있었다.

넌지시: 드러나지 않게 가만히　**정색:** 얼굴에 엄정한 빛을 나타냄.
푸근하다: 감정이나 분위기 따위가 부드럽고 따뜻하여 편안한 느낌이 있다.
안도감: 안심이 되는 마음
물리다: 사람이나 물건 따위를 다른 자리로 옮겨 가게 하거나 옮겨 놓다.

＊④ 요약: 고향으로 가서 살고 싶은 영하

[중략 부분 줄거리] 영하는 아내와 함께 도시 변두리로 이사하지만, 신문기자를 그만
두지는 못한다. 그곳의 노인들에게서 또철이의 불효 행각을 고발하는 기사를 써 달
라는 부탁을 받고 초고를 작성한다.

⑤ **❶** 편집국에 들어섰다. **❷** 「어쩐지 신문사 안의 분위기가 싸늘하게 느껴
_{❶ 언론 탄압이 이루어지는 장소}
졌다. **❸** 모두 입을 봉하고 담배만 뻐끔거리고 있었다. **❹** 항상 생글거리던
_{「」: 외압에 의한 언론 탄압의 위험을 감지한 편집국 사람들의 모습}
문화부 여기자마저 얼굴이 굳어 있었다. 」 **❺** 대밭에서 와글와글 지저귀
_{현실 앞에 자기가 해야 할 말을 하지 않음.}
던 참새 떼들이 갑자기 지저귀던 소리를 뚝 그치는 경우가 있다. **❻** 위험
_{❸ 언론 탄압의 상황에 놓인 언론인의 모습을 참새 떼에 빗댐.}
을 감지하는 순간이다. **❼** 그 정적 사이에서 한두 마리가 짹짹거린다. **❽** 다
시 지저귀거나 모두 와르르 날아간다. **❾** 그 한두 마리가 짹짹거리는 소
리는 괜찮다거나 위험하다는 신호인 모양이었다. **❿** 들판에서 끼룩거리
며 먹이를 먹던 기러기 떼도 마찬가지다. **⓫** 망보던 녀석이 뭐라 길게 소
리를 하면 먹이를 먹던 기러기 떼가 모두 고개를 처들고 소리를 뚝 그
_{❸ 언론 탄압의 상황에 놓인 언론인의 모습을 기러기 떼에 빗댐.}
친다. **⓬** 바로 그런 분위기였다. **⓭** 그때 국장실에서 정치부장이 나왔다. **⓮** 우
거지상이었다.

⓯ "제길, 그런 것도 못 쓰면 무얼 쓰란 말이야?"
_{권력의 외압으로 기사를 못 내게 됨. 영하가 기사 쓰는 것을 포기하게 만드는 것 ①}
⓰ 정치부장은 의자에 엉덩이를 내던지며 창밖을 향해 의자를 핑글 돌
렸다. **⓱** 담배에 불을 붙여 길게 연기를 내뿜었다.

⓲ 영하에게 갑자기 떠오른 게 있었다. **⓳** 신문에 내기만 하면 저 죽고 나
_{영하가 기사 쓰는 것을 포기하게 만드는 것 ②}
죽겠다고 독기를 피우던 또철이의 눈이었다. **⓴** 「영하는 주머니에서 기
_{「」:❷ 갈등 – 현실에 굴복하려 하자 이에 저항하거나 굴복하는 민중들을 떠올린 영하의 내적 갈등}
사를 꺼내 슬그머니 휴지통에 넣어버렸다. **㉑** 그가 무섭다기보다 귀찮았
_{❷ 중심 사건: 영하가 기사 쓰는 것을 포기하려 함. → 현실 상황에 굴복하는 소시민적 지식인의 모습}
다. **㉒** 뒤미처 골목 영감들의 얼굴이 떠올랐다. **㉓** 좁쌀영감의 차가운 눈이
_{개 다섯 마리를 키우며 가장 바른 말을 하는 인물. 영하가 기사를 쓰도록 자극하는 것 ①}
맨 먼저 떠올랐다. **㉔** 셰퍼드의 시퍼런 눈도 떠올랐다. **㉕** 갑자기 옛날 신문
_{나쁜 사람들을 향해 짖는. 좁쌀영감이 키우는 개. 영하가 기사를 쓰도록 자극하는 것 ②}
배달아이의 공포에 질린 눈도 지나갔다. 」
_{권력의 억압에 공포를 느껴 어쩔 수 없이 굴복하는 사람들을 의미함.}

봉하다: 말을 하지 않다.
망보다: 상대편의 동태를 알기 위하여 멀리서 동정을 살피다.
우거지상: 잔뜩 찌푸린 얼굴의 모양을 속되게 이르는 말
독기: 사납고 모진 기운이나 기색

＊⑤ 요약: 편집국의 싸늘한 분위기에 썼던 기사를 버리는 영하

★ 독해 공식

❶ 중심인물: 영하, '아내', 배달아이 등
시간적 배경: '하루', '그 며칠 뒤 성탄절 아침', '그 얼마 뒤 음력설'
공간적 배경: '대문 앞', '골목', '편집국'
❷ 중심 사건: 아내가 신문을 계속 배달하는 아이를 닦달함. 영하의 부름에 배달아이가 겁
에 질려 도망침. 배달아이가 신발 살 돈을 주려는 영하를 오해하고 도망침. 고향으로 내려가
자는 영하의 말을 아내는 받아들이지 않음. 영하가 기사 쓰는 것을 포기하려 함.
갈등: 신문을 배달하는 아이와 신문을 원하지 않는 아내의 외적 갈등, 신발 살 돈을 주려는
영하와 이를 오해하고 겁먹은 배달아이의 외적 갈등, 현실에 굴복하려 하자 이에 저항하거
나 굴복하는 민중들을 떠올린 영하의 내적 갈등

❸ 서술상 특징
• 서술자: 3인칭 서술자, 시점: 전지적 작가 시점
• 인물의 대사로 당시 언론 상황을 비판 · 풍자(현실의 부정적 현상 · 모순 따위를 빗대어 비웃음.)하고 있음.
• 언론의 자유가 없는 상황을 자연물이나 자연 상황에 빗대어 표현하고 있음.

■ 내용: 이 작품은 패륜을 저지르는 또철이와 이를 바로잡으려는 영감들 사이에서 이도 저도 아니게 행동하는 신문기자 영하를 통해 독재 체제에서 표현의 자유를 잃고 나약하게 살아가는 소시민적 지식인의 모습을 그려 낸 현대 소설이다. 제목 '개는 왜 짖는가'에서 개가 짖는 것은 해야 할 말을 하는 것을 의미한다. 즉, 작가는 개는 짖어야 개이고, 매미는 울어야 매미이고, 사람은 해야 할 말을 말할 줄 알아야 사람이라고 말함으로써 언론의 자유가 억압되는 현실을 비판하는 동시에 권력에 굴복하는 소시민들을 비판하고 있다.

■ 인물 관계도

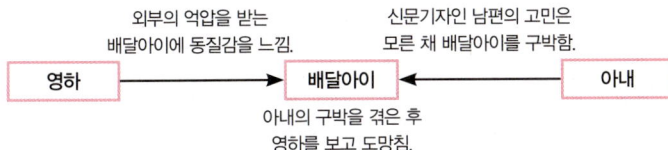

외부의 억압을 받는
배달아이에 동질감을 느낌.

신문기자인 남편의 고민은
모른 채 배달아이를 구박함.

영하 → 배달아이 ← 아내

아내의 구박을 겪은 후
영하를 보고 도망침.

■ 주제: 표현의 자유를 잃은 권위주의 시대에 대한 비판과 풍자

■ 이것이 핵심!: 소재 및 인물의 상징성

영하	부정적 현실에 굴복하고 마는 소시민적 지식인
참새떼 기러기떼	부정적 현실 앞에 제 목소리를 내지 않고 입을 닫는 사람들
영감들	부정적 현실에 저항하며 목소리를 내는 사람들
배달아이	권력의 공포에 질려 어쩔 수 없이 굴복하는 사람들

■ 전체 줄거리: 신문기자인 영하가 이사를 간 동네의 몇 어르신들은 동네의 부도덕한 사람들을 혼내곤 했다. 어느 날 영하는 우연히 마주친 신문 배달아이를 불쌍히 여겨 용돈을 주려 하지만, 아이는 앞으로 신문을 넣지 않겠다며 도망간다. 마을 어르신들은 영하에게 또철이라는 불효자에 대한 기사를 내 달라고 한다. 그때 또철이가 나타나 영하에게 기사를 쓰면 가만두지 않겠다고 화를 낸다. 영감들은 개는 짖으라고 있는 거고 신문은 나팔 불라고 있는 것이라며 따진다.
영하는 10년을 땅속에 있다가 일주일 정도 살다가 죽는 매미를 보고 기사 쓰기를 다짐하지만, 언론 탄압의 상황과 또철이의 눈을 떠올리며 이를 포기한다. 그날 영하는 술에 취해 '개의 주둥이를 묶어 버린다'는 말을 했다는 사실을 아내에게서 듣는다. 그리고 분재 소나무에 실을 감고 죽어 있는 매미를 바라본다.

C 05 정답 ① *서술상 특징 파악하기

윗글에 대한 설명으로 가장 적절한 것은? [3점]

>왜 정답?

① 특정 인물의 시각을 중심으로 사건이 서술되고 있다.
영하의 시각을 중심으로 사건이 서술됨.

＊근거: 1-❹, ⓫, 2-⑩

윗글은 3인칭 서술자가 상황을 비롯한 인물의 심리까지 묘사하는 전지적 작가 시점이다. 이때 서술자는 주로 영하의 입장에서 사건을 서술하고 있다. '바로 신문기자인 자기한테 하는 소리로 들렸기 때문이다.', '그 신문이 자기 가슴에라도 떨어지는 듯 가슴이 철렁했다.', '누구한테 붙잡혀 뺨이라도 얻어맞은 적이 있지 않았을까 싶었다.' 등은 모두 영하의 시각에서 사건을 바라본 것이다.

>왜 오답?

외부 이야기 속에 내부 이야기가 들어 있는 형태
② 액자식 구성을 통해 사건을 입체적으로 드러내고 있다.
나타나지 않음.

윗글에서는 하나의 이야기가 시간의 흐름에 따라 유기적으로 연결되어 전개될 뿐, 액자식 구성은 나타나지 않는다.

③ 대화를 통해 인물 간의 오해가 풀리는 과정을 드러내고 있다.
영하와 배달아이 간의 오해는 풀리지 않음.

＊근거: 2-❸, ❹, 3-㉜

대문 앞에서 영하와 부딪친 배달아이는 영하가 화가 나서 자신을 '얘'라고 부르는 것이라고 오해하여 도망친다. 또 성탄절 아침에 영하를 발견한 배달아이는 영하가 신발을 살 돈을 주려는 의도를 알지 못한 채 겁에 질려 도망간다. 이후 영하와 배달아이가 만나는 장면은 나타나지 않는다. 즉, 윗글에서 인물 간의 오해는 나타나지만, 오해를 푸는 과정은 나타나지 않는다.

④ 요약적 진술을 통해 특정 인물이 살아온 내력을 제시하고 있다.
나타나지 않음.

윗글에는 영하, 아내, 배달아이 등의 인물이 등장하지만, 특정 인물이 살아온 내력을 요약적으로 제시한 부분은 나타나지 않는다.

〔요약적 진술: 사건의 중요한 내용만을 간추려 제시하는 방식〕

⑤ 상징적 소재를 통해 인물 간의 갈등이 해결되었음을 암시하고 있다.
'참새 떼'와 '기러기 떼'는 다 같이 침묵하는 언론인의 모습을 보여 줌.

＊근거: 5-❺~⓫

윗글에서는 편집국의 싸늘한 분위기에 침묵하는 기자들의 모습을 무리 지어 다니다가 위험 신호를 감지하면 다 같이 소리를 뚝 그치는 '참새 떼'와 '기러기 떼'에 비유하고 있다. 즉, '참새 떼'와 '기러기 떼' 같은 상징적 소재는 외압에 굴복하는 소시민적 지식인의 모습을 드러낸 것이지, 인물 간의 갈등이 해결되었음을 암시하지는 않는다.

C 06 정답 ⑤ *사건과 갈등 파악하기

서사의 흐름을 고려하여 〈보기〉의 ㉠, ㉡에 대해 이해한 내용으로 적절하지 않은 것은? [3점]

• ㉠: 대문 앞에서 영하와 배달아이가 마주친 장면으로, 배달아이는 영하를 보고 신발이 벗겨지도록 도망갑니다.
• ㉡: 골목에서 영하와 배달아이가 마주친 장면으로, 배달아이는 신발 살 돈을 주려는 영하의 의도를 전혀 알지 못한 채 두려움에 떨며 도망갑니다.

☑ '영하'와 '배달아이'의 마주침이 나타난 장면을 바탕으로 윗글을 이해한 내용 중 틀린 것을 고르는 문제입니다.

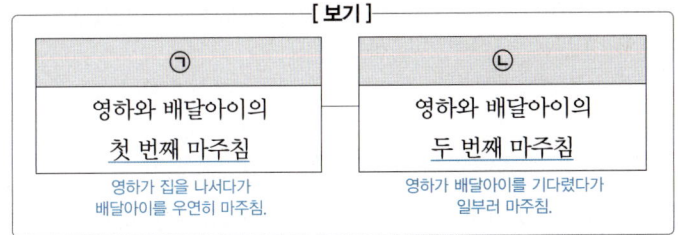

[보기]

㉠	㉡
영하와 배달아이의 첫 번째 마주침	영하와 배달아이의 두 번째 마주침
영하가 집을 나서다가 배달아이를 우연히 마주침.	영하가 배달아이를 기다렸다가 일부러 마주침.

>왜 정답?

⑤ ㉡ 이후 영하는 아이의 겁에 질린 눈을 떠올리며 아내를 말리지 못했던 것을 후회하고 있다.
영하가 아내를 말리지 못한 것을 후회한다는 내용은 드러나지 않음.

＊근거: 4-❷~❺

영하는 신발 살 돈을 주려는 자신의 의중을 파악하지 못한 채 겁에 질려 도망간 배달아이의 모습을 본 후 계속해서 배달아이의 '겁에 질린 눈'을 떠올리는 혼란스러운 감정을 느낀다. 그러나 배달아이를 닦달하는 아내를 말리지 못한 것을 후회하는 모습은 드러나지 않는다.

왜 오답?

① ㉠에서 도망치는 아이를 보고 영하는 아이의 이전 경험을 추측하고 있다.
'누구한테 붙잡혀 뺨이라도 얻어맞은 적이 있지 않았을까'

＊근거: ②-❿

영하는 자신의 부름에 겁에 질려서 벗겨진 신발을 '제대로 신지도 않고' 도망치는 배달아이의 모습을 보며 '누구한테 붙잡혀 뺨이라도 얻어맞은 적이 있지 않았을까'라고 생각한다. 이는 배달아이가 도망가는 이유가 이전에 누군가에게 붙잡혀 뺨을 얻어맞은 경험이 있기 때문일 것이라고 추측하는 것이다.

② ㉠이 우연에 의해 일어난 것이라면 ㉡은 영하의 의도에 의해 일어난 것이다.
우연히 부딪침.   영하가 배달아이에게 신발 살 돈을 주려고 일부러 나간 것임.

＊근거: ②-❶, ③-❽~⓯

영하는 '무슨 일로 일찍 집을 나가다가' 대문 앞에서 배달아이와 첫 번째로 마주친다. 즉, ㉠은 우연에 의해서 일어난 것이라 할 수 있다. 이후 성탄절 아침에 영하는 배달아이에게 신발 살 돈을 주려고 '대문간으로 나'가면서 배달아이와 두 번째로 마주친다. 즉, ㉡은 영하의 의도에 의해 일어난 것이라고 할 수 있다.

③ ㉡이 이루어진 것은 ㉠에서 아이가 도망가다가 신발이 벗겨진 사건과 관련이 있다.
배달아이와 처음 마주쳤을 때 신발이 벗겨진 채 도망가는 모습을 본 것을 계기로 영하가 배달아이에게 신발 살 돈을 주려 함.

＊근거: ③-❽~⓯

영하와 배달아이의 두 번째 마주침이 이루어진 것은 영하의 머리에 '지난번 흙탕에서 튕겨 오르던 그 배달아이의 신발'이 스쳐 영하가 배달아이에게 신발 살 돈을 주려 했기 때문이다. 즉, ㉡이 이루어진 것은 ㉠에서 배달아이가 도망가다가 신발이 벗겨진 사건과 관련이 있다.

④ ㉡에서 아이는 영하의 의중을 이해하지 못해 여전히 ㉠에서와 같은 태도를 보이고 있다.
영하를 두려워하며 도망감.

＊근거: ②-❻, ③-⓱~㉜

첫 번째 마주침에서 배달아이는 영하가 화를 낸다고 생각하여 '진창까지 밟으며 정신없이' 도망친다. 그리고 두 번째 마주침에서 배달아이는 '이제 안 넣을게요'라는 말을 반복하며 신발 살 돈을 챙겨 주려는 영하의 의중을 이해하지 못한 채 겁에 질려 도망친다. 즉, 배달아이는 ㉠과 ㉡에서 같은 태도를 보이고 있다.

 1등급 풀이 Tip

'사건과 갈등 파악하기' 유형을 풀 때는 그럴싸한 내용의 선택지를 주의해야 한다. ㉡ 이후 영하는 겁에 질린 아이의 눈을 자꾸 떠올리는데, 이때 영하의 감정은 아이에 대한 안쓰러움과 혼란스러움이라고 볼 수 있다. 따라서 영하가 아이를 윽박지르던 '아내를 말리지 못했던 것을 후회'한다는 ⑤의 내용은 아주 그럴싸하다. 하지만 이는 지문에 드러나지 않은 내용이기 때문에 정답이 될 수 없다.
이렇게 그럴싸한 선택지가 있을 때는 자의적으로 판단하지 말고, 지문에 명확한 근거가 드러나 있는지를 확인해야 한다.

C 07 정답 ⑤ ＊〈보기〉를 바탕으로 감상하기

〈보기〉를 참고하여 윗글을 감상한 내용으로 적절하지 않은 것은? [4점]

• 〈보기〉: 윗글은 언론을 통제하던 시대의 신문기자의 모습을 통해 획일화된 언론 현실을 우회적으로 비판하고 있습니다. 인물은 언론인으로서의 책무를 다하지 못하는 괴로움과, 신문 배달아이에 대한 동질감, 현실을 도피하고 싶은 마음을 느낍니다.

• 윗글: 신문기자인 영하가 배달아이에게 동질감을 느끼는 이야기와, 외부의 억압에 기사 쓰기를 포기하려는 이야기가 제시되어 있습니다.

즉 '언론 현실에 대한 비판'이라는 주제를 바탕으로 윗글을 감상한 내용 중 틀린 것을 고르는 문제입니다.

─────────── [보기] ───────────

❶이 작품은 권력이 언론을 통제하던 시대를 살고 있는 신문기자를 통해 획일화된 언론 현실을 우회적으로 비판하고 있다. ❷작
①, ④의 근거
품에서 인물은 언론의 자유가 억압된 현실에서 언론인으로서의 책무를 제대로 수행하지 못해 괴로워한다. ❸생계 때문에 신문사를 그만두지 못하는 그는, 구박을 받으면서도 가난 때문에 신문을 넣어야 했던 배달아이에게 동질감을 느낀다. ❹그리고 이는 현실로
②의 근거
부터 도피하고 싶은 마음으로 이어진다.
③의 근거

획일화되다: 모두가 한결같아서 다름이 없게 되다.
우회적: 곧바로 가지 않고 멀리 돌아서 가는 것
책무: 직무에 따른 책임이나 임무
동질감: 성질이 서로 비슷해서 익숙하거나 잘 맞는 느낌
도피하다: 적극적으로 나서야 할 일에서 몸을 사려 빠져나가다.

왜 정답?

⑤ 영하가 '주머니에서 기사를 꺼내' 휴지통에 넣은 것은 언론인의 책무를 다하지 못했다는 괴로움 때문이겠군.
기사를 휴지통에 넣는 것은 외부적 억압에 굴복한 것을 의미하므로 적절하지 않음.

＊근거: ⑤-⓯, ⓲~⓴

영하는 정치부장이 국장실을 나와서 '제길, 그런 것도 못 쓰면 무얼 쓰란 말이야?'라고 말하는 것을 들은 후 '또철이의 눈'을 떠올리며 '주머니에서 기사를 꺼내 슬그머니 휴지통에 넣는다. 즉, 영하는 자신의 기사가 실리지 않을 것을 예상하고, 또철이와 맞서야 하는 귀찮은 상황을 만들기 싫어서 기사를 버린 것이다. 이는 외부적인 억압과 현실적인 상황에 굴복하는 소시민적 지식인의 태도를 드러내는 모습으로, 영하가 언론인의 책무를 다하지 못한 괴로움 때문에 기사를 버렸다는 것은 적절하지 않다.

왜 오답?

① 배달되는 신문이 '모두가 판에 박은 듯이 똑같은' 것은 획일화된 언론의 현실이 드러난 것이겠군.
세 가지의 신문이 모두 똑같다는 것은 언론의 자유가 억압된 현실을 나타냄.

＊근거: ①-❶, 〈보기〉 ❶문장

〈보기〉에서 '이 작품은 권력이 언론을 통제하던 시대를 살고 있는 신문기자를 통해 획일화된 언론 현실을 우회적으로 비판하고 있다'고 했다. 즉, 배달되는 신문이 '모두가 판에 박은 듯이 똑같은' 것은 권력이 언론의 자유를 억압하여 언론이 획일화되었음을 드러내는 것이라 할 수 있다.

② 영하가 배달아이에게 '신문대하고는 상관없이 운동화나 한 켤레 사 신으라고' 말하려고 했던 것은 생계를 위해 신문을 넣어야 했던 아이에게 동질감을 느꼈기 때문이겠군.
생계를 위해 신문사를 다니는 영하는 생계를 위해 신문을 배달하는 아이에게 동질감을 느낌.

＊근거: ③-⓭, 〈보기〉 ❸문장

〈보기〉에서 '생계 때문에 신문사를 그만두지 못하는 그는, 구박을 받으면서도 가난 때문에 신문을 넣어야 했던 배달아이에게 동질감을 느낀다'고 했다. 즉, 영하가 배달아이에게 신발 살 돈을 주려고 한 것은 생계를 위해 외압이 있음에도 신문기자를 계속 하는 자신처럼 생계를 위해 구박을 받으면서도 신문을 넣고 다니는 아이에게 동질감을 느꼈기 때문이라 할 수 있다.

③ 영하가 아내에게 '넌지시 시골에서 살'자고 제안하는 것은 현실로부터 도피하고 싶은 마음에서 비롯된 것이겠군.
괴로운 직장 생활에서 벗어나고 싶어 시골로 가고자 하는 것임.

＊근거: ④-❼, 〈보기〉 ❹문장

〈보기〉에서 언론인으로서의 책무를 제대로 수행하지 못해 괴로워하면서도 생계

때문에 신문사를 그만두지 못하는 것은 '현실로부터 도피하고 싶은 마음으로 이어진다'고 했다. 즉, 영하가 아내에게 시골에서 살자고 제안하는 것은 괴로운 직장 생활로 인해 현실에서 벗어나고 싶은 마음이 반영된 것이라 할 수 있다.

④ '국장실'에서 나온 '정치부장'이 '우거지상'으로 '제길, 그런 것도 못 쓰면 무얼 쓰란 말이야?'라고 말하는 것은 **권력이 언론을 통제하던 현실이 반영된 것이겠군.**
'그런 것'조차도 쓸 수 없을 정도로 언론을 통제하던 현실을 나타냄.

*근거: ⑤-⑬~⑮, 〈보기〉 ❶문장
〈보기〉에서 '이 작품은 권력이 언론을 통제하던 시대를 살고 있는 신문기자를 통해 획일화된 언론 현실을 우회적으로 비판하고 있다'고 했다. 즉, 정치부장이 '그런 것도 못 쓰면 무얼 쓰란 말이야?'라고 말하는 것은 권력이 언론을 통제하여 '그런 것'조차도 자유롭게 쓸 수 없는 현실이 반영된 것이라 할 수 있다.

C 08~10 *김원일, 〈어둠의 혼〉*

[예상 문제]

❶ 중심인물, 배경 ❷ 중심 사건, 갈등 ❸ 서술상 특징

과거 회상
❶ ❶병쾌 아버지를 포함해서 아버지와 같은 짓을 했던 마을 청년들이
중심인물   좌익 운동
이미 일곱 명이나 총살을 당했기 때문에 아버지도 죽게 될 것이 분명
중심 사건: 아버지가 붙잡혔다는 소식을 들은 '나'가 아버지의 죽음을 예상함.
하다.❷이제 아버지는 한 줌의 연기처럼 자취도 없이 사라질 게다. 그
사라진 연기를 다시 모을 수 없는 것같이 이제 우리 오누이들은 아버
지라고 불러 볼 사람이 없게 된다.❸그것이 슬플 뿐, 다른 생각은 안 난
다.❹왜냐하면 아버지는 이태 넘어 늘 집에 없었으니깐.❺산 도둑같이
텁석부리로, 또는 선생처럼 국방복을 입고 문득 나타났다 잽싸게 사라
져 버리는 요술쟁이 아버지.❼이제 아버지의 그 요술도 끝이 나고 말았
❸ 어린아이의 시선 - 좌익 활동으로 인해 변장하는 아버지를 '요술쟁이'라고 함.
다.❽무엇을 위한 요술인지 알 수 없는 요술, 그 요술의 뜻을 내가 미처
❶ 중심인물
깨치기도 전에 아버지가 죽는다는 게 슬플 뿐, 사실 나는 지금 그보다
더 큰 괴로움에 떨고 있다.❾굶주림이다.❿배가 고프다.⓫지독히 고프
❸ 서술자: '나', 시점: 1인칭 주인공 시점   아버지의 죽음보다 배고픔을 더 괴로워하는 '나'의 순진한 모습
다.⓬그러나 아직 어머니는 안 온다.⓭㉠보리쌀을 빌리러 나간 지가 벌
써 언젠데.⓮두 시간?⓯그쯤은 되었을 거다.⓰그렇다. 내가 영어 숙제를
'나'의 가족이 가난한 처지임이 드러남.
하고 있을 때 나갔으니 이 집 저 집 너무 많이 빌려다만 먹었는데 누가
「」: ❸ 독백체(혼자서 중얼거리는 식으로 쓴 문체) - '나'의 내면을 생생히 드러냄.
또 빌려줄려구.⓱어머니는 하는 수 없이 이모네 집으로 터덜터덜 갔을
거야.⓲그럼 이모는 틀림없이 어머니한테 욕설을 퍼부을 거야.⓳그러나
이모는 마음이 착하니 금세 아이구 불쌍타 새끼들이 불쌍타 하며 쌀
한 되쯤, 아니면 보리쌀 두 되쯤은 빌려줄 테지.⓴그럼 내일까지는 염
려 없다.㉑죽을 쒀 먹는다면 모레까지는 걱정 없다.㉒이모네 집에서는
많이도 빌려다 먹었다.㉓그걸 언제 다 갚을까.」㉔지금은 아무 쓸데도 없
는 아버지긴 하지만, 아버지마저 총살을 당하고 만다면 누가 다 갚게
생계를 돌보지 않은 아버지에 대한 원망
될까.㉕아, 나도 이젠 아버지가 없는 아이가 되는구나.㉖그런데 아버지
는 왜 그 짓을 하게 되었는지 몰라.㉗세상 사람들이 모두 싫어하고 무서
곧 죽게 될 아버지에 대한 연민
워들 하는 그 짓을 왜 하고 다녔는지 몰라. (중략)

이태: 두 해
텁석부리: 짧고 더부룩하게 많은 수염이 난 사람을 놀림조로 이르는 말
국방복: 군복의 이미지를 본떠서 만든 옷을 이르는 말

*❶ 요약: '나'가 아버지가 붙잡혔다는 소식을 들음.

❶ 내부 삽화(이야기 속에 끼인 토막 이야기)
❷ ❶국민학교 이학년 때던가.❷나는 아버지와 산책을 나갔던 적이 있었
시간적 배경
다.❸안개도 자욱한 초여름의 이른 새벽이었다.❹이슬에 바짓가랑이를
쫄딱 적신 채 아버지와 나는 들길을 거닐었다.❺아버지는 나의 손을 잡
공간적 배경
았고, 잠으로부터 트이기 시작하는 나의 귀는 종달새의 자랑스러운 재
잘거림을 듣고 있었다.❻아버지는 물기 맑은 풀잎에서 폴짝 뛰어오르는
한 마리의 ㉡청개구리를 손바닥에 올려놓았다.❼아버지의 손톱만 한 그
아버지를 상징하는 소재
놈의 빛 고운 연초록 등판은 윤기가 쪼르르 흘렀고, 얇고 흰 뱃가죽은
놀람 탓인지 연신 팔딱거리고 있었다.❽아버지는 말했다.❾「요 꼬마 놈
「」: ❸ 대화를 줄글의 형태로 제시함.
은 매일 아침 하루도 쉬지 않고 높이뛰기 연습을 한단 말이야.❿첫날은
진보를 향한 노력
반 뼘을 뛰지만, 이튿날은 한 뼘을 뛰거든.⓫다음 날은 한 뼘 반을 뛰고
그 다음 날은 두 뼘을 뛰고 그 다음 날은……⓬아버지, 그럼 나중에 하
늘에 닿겠네요?⓭아니지, 하늘에 닿아 보려고 뛰지만 결국 하늘에는
아버지가 추구하는 이상
닿지 못하지.⓮왜냐하면 하늘은 끝이 없으니까.⓯그럼 죽을 때까지 뛰겠
아버지가 추구하는 이상을 쉽게 이룰 수 없음.
네요?⓰그렇지, 죽는 날까지 매일 뛰지.⓱참 불쌍한 놈이네요?⓲아냐,
아버지의 삶의 한계
자기가 뛰고 싶어 뛰니깐.⓳왜 뛸까요?⓴그건 아버지도 몰라.」(중략)

국민학교: '초등학교'의 전 용어
자욱하다: 연기나 안개 따위가 잔뜩 끼어 흐릿하다.

*❷ 요약: 청개구리를 보고 아버지와 나눴던 대화의 기억

❸ ❶대추나무 뒷편 하늘은 벌써 짙은 ㉢보라색이다.❷나는 보라색을 싫
'나'에게 불행과 죽음을 상징함.
어한다.❸손톱에 들이는 봉숭아물도, 닭 벼슬 같은 맨드라미꽃도, 코스
모스의 보라색 꽃도 다 싫다.❹어머니의 젖꼭지 색깔까지도 싫다.❺보라
색은 어쩐지 아버지의 하는 일을 떠올리게 해 주고 어머니의 피멍 든
'나'에게 아버지가 하는 일은 불길한 느낌을 줌.
얼굴을 생각나게 한다.❻보라색은 또 말라붙은 피와 같고 깜깜해질 징
조를 보이는 색깔이다.❼옅은 보라에서 짙은 보라로, 그래서 야금야금
어둠이 모든 것을 잡아먹다가 끝내 깜깜한 밤이 온다는 것은 참으로
무섭다. (중략)

❽나는 흐느낀다.❾이모부가 내 팔을 잡는다.❿나는 사납게 뿌리친다.⓫그
「」: ❸ 현재형(현재를 나타내는 시제 형태) 서술
리고 내닫기 시작한다.⓬나의 눈에는 이모부도, 보초를 선 순경도 보이
지 않는다.⓭아버진 거짓부렁이야.⓮거짓말만 하다 죽고 말았어.⓯아니
야, 아니야.⓰죽지 않았어.⓱거짓말처럼 죽은 체하고 있을 따름이야.
❷ 중심 사건: '나'가 아버지의 죽음을 확인함.
아버지의 죽음을 부정함.
⓲나는 헐떡거리며 집과 반대인 낙동강 쪽으로 달린다.⓳숨이 턱에 닿는
다.⓴달빛에 뿌옇게 드러난 강둑이 보인다.㉑강둑에 올라서자 나는 숨을
❶ 시간적 배경: 밤   ❶ 공간적 배경
가라앉힌다.㉒달빛을 받은 강물이 잉어 비늘처럼 번득인다.㉓강 건너 장
승처럼 서 있는 키 큰 포플라가 아버지 같다.㉔나를 오라고 손짓하는 것
같다.㉕어릴 적 아버지와 나는 강둑을 거닐며 많은 이야기를 했다.㉖쉬지
않고 흐르는 이 강처럼 너도 쉬지 않고 자라야 한다.㉗아버지는 이런 말
아버지가 '나'에게 한 말
도 했다.㉘그러자 아버지가 죽었다는 실감이 비로소 나의 가슴에 소름을
아버지의 죽음을 실감함.
일으키며 아프게 파고든다.㉙나는 갑자기 오들오들 떨기 시작한다.」

보초: 부대의 경계선이나 각종 출입문에서 경계와 감시의 임무를 맡은 병사
순경: 경찰 공무원 계급의 하나
장승: 돌이나 나무에 사람의 얼굴을 새겨서 마을 또는 절 어귀나 길가에 세운 푯말
포플러: 버드나뭇과의 낙엽 활엽 교목. 줄기는 높이 30미터 정도로 곧게 자라며, 잎은 광택이 난다.(= 미루나무)

*❸ 요약: '나'가 아버지의 죽음을 부정하다가 실감함.

┌─현재
❶
④ 서른 일곱으로 연기처럼 사라져 버린 아버지.❷이제 내가 죽기 전영원히 만날 수 없게 된 아버지.❸어린 나에게 너무나 ㉣큰 수수께끼를남기고 죽어 버린 아버지의 일생을 더듬을 때 나는 알 수 없는 두려움때문에 사시나무처럼 떤다.❹그와 더불어 나는 무엇인가 깨달은 듯한느낌을 가지게 되었다.❺그 느낌을 꼬집어 내어 설명할 수는 없었으나,
_{❷ 중심 사건: 아버지의 죽음으로 '나'가 깨달음을 얻음.}
이를테면 살아 나가는 데 용기를 가져야 하고 어떤 어려움도 슬픔도
_{'나'가 아버지의 죽음을 통해 얻은 깨달음}
이겨 내야 한다는 그런 내용의 것이었다.

❻모든 것이 안개 속 같은 신기한 세상, 내가 알아야 할 수수께끼가너무나 많은 이 세상을 건너갈 때, 나는 이제 집안을 떠맡은 기둥으로서 힘차게 버티어 나가지 않으면 안 된다.❼이런 굳은 결심이 나의 가슴
_{가장이 된 '나'가 느낀 책임감}
속을 뜨겁게 적시며 뒤채이는 눈물을 달래고 있음을 느꼈던 것이다.

❽아버지가 죽은 그해, 초여름에 ㉤육이오 사변이 터졌다.❾그리고 이
_{❶ 시간적 배경: 1950년}
모부는 그 전쟁이 소강상태로 들어갔을 때 이미 땅 위에 계시지 않았
_{조금 잠잠한 상태}
다.❿그래서 나는 성년이 된 후까지 이모부가 왜 아버지의 시체를 어린
_{과거 회상 형식의 작품임이 드러남.}
나에게 구태여 확인시켜 주었느냐에 대해서는 여쭤어 볼 수도 없게 되고 말았다.

┌ 뒤채이다: 모진 정신적 고통으로 몸부림치다.
│ 사변: 한 나라가 상대국에 선전 포고도 없이 침입하는 일
└ 구태여: 일부러 애써

④ 요약: 아버지의 죽음으로부터 깨달음을 얻음.

🌟 독해 공식
❶ 중심인물: '나', 아버지
시간적 배경: '나'가 '국민학교 이학년 때', '달빛'이 비치는 밤, '육이오 사변'이 일어난 해
공간적 배경: '들길', '강둑' 등
❷ 중심 사건: 아버지가 붙잡혔다는 소식을 들은 '나'가 아버지의 죽음을 예상함. '나'가 아버지의 죽음을 확인함. 아버지의 죽음으로 '나'가 깨달음을 얻음.
갈등: 표면적으로는 드러나지 않음.
❸ 서술상 특징
• 서술자: '나', 시점: 1인칭 주인공 시점
• 이념적 갈등으로 야기된 비극을 어린아이의 시선을 통해 제시하고 있음.
• 독백체(혼자서 중얼거리는 식으로 쓴 문체)를 통해 인물의 내면을 생생하게 묘사하고 있음.
• 내부 삽화(이야기 속에 끼인 토막 이야기)를 통해 주제를 상징적으로 드러내고 있음.
• 대화를 줄글의 형태로 삽입하고 있음.
• 현재형(현재를 나타내는 시제 형태) 서술을 통해 상황을 실감 나게 묘사하고 있음.

■ 내용: 이 작품은 좌익 운동을 하는 아버지를 둔 소년을 서술자로 설정해 광복 직후 이념 갈등으로 첨예한 대립이 있던 상황을 그린 현대 소설이다. 어린 소년이 아버지의 삶의 방식을 이해하지 못한 채 아버지의 갑작스러운 죽음을 받아들여야 하는 상황을 전개함으로써 당시 이념 갈등이 지닌 비극성을 보여 준다.

■ 인물 관계도

┌─────┐   ┌─────┐
│ '나' │────────────────────│아버지│
└─────┘   └─────┘
아버지의 죽음을 통해 정신적으로 성장함.   좌익 운동을 하다 목숨을 잃음.

■ 주제: 이데올로기의 허구성 고발과 비참한 삶의 극복 의지

■ 이것이 핵심! 이야기의 구성

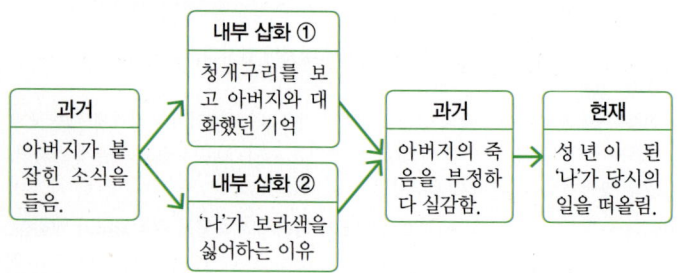

┌─────┐   ┌──────────┐
│과거 │ ┌─→│ 내부 삽화 ①│
│   │ │ │청개구리를 보│
│아버지가│ │ │고 아버지와 대│   ┌─────┐   ┌─────┐
│붙잡힌 │─┤ │화했던 기억 │──→│과거 │──→│현재 │
│소식을 │ │ └──────────┘   │   │   │   │
│들음. │ │ ┌──────────┐   │아버지의 │   │성년이 │
│   │ └─→│ 내부 삽화 ②│──→│죽음을 부│   │된   │
└─────┘   │'나'가 보라색을│   │정하다 실│   │'나'가 당│
           │싫어하는 이유 │   │감함. │   │시의 일│
           └──────────┘   └─────┘   │을 떠올│
                                      │림.   │
                                      └─────┘

■ 전체 줄거리: 해방 후 좌익 활동을 하며 숨어 도망 다니던 아버지가 잡혔다는 소식과 아버지가 총살될 것이라는 소문이 마을에 퍼진다. 아버지가 죽는다는 것보다 굶주림의 고통이 더 컸던 어린 나이의 '나'는 쌀 한 톨 생기지 않는 일에 목숨을 건 아버지를 미워한다. 이모 집에서 어머니를 만난 '나'는 지서에 붙잡혀 있는 아버지를 만나 보라는 이야기에 지서로 간다. 지서를 나오던 이모부는 '나'를 뒤뜰로 데려가 아버지의 시체를 보여 준다. 비로소 아버지가 죽었다는 것을 실감한 '나'는 울면서 강변으로 뛰어가서, 아버지의 말을 떠올리며 힘차게 살아가겠다는 결심을 한다.

C 08 정답 ③   *서술상 특징 파악하기

윗글의 서술상 특징으로 적절하지 않은 것은?

>왜 **정답**?
_{사건이 진행되는 과정을 과거를 나타내는 시제로 표현하여}
③ 중심 사건의 전개 양상을 <u>과거형으로 묘사하여</u> 사실감을 부여하고 있다.
_{현재형 문장으로 서술함.}
근거: ④-❶~❹, ③-❽~❷❾
윗글의 중심 사건은 '나'가 아버지가 붙잡혔다는 소식을 듣고 아버지의 죽음을 목격하는 것으로, 이러한 사건은 '−하다', '−한다'와 같은 현재형 시제의 문장을 통해 사실감 있게 제시됨으로써 어린 소년인 서술자의 내면을 생생하게 드러내고 있다. 따라서 중심 사건을 과거형으로 묘사하여 사실감을 부여했다는 것은 적절하지 않다.

[양상: 사물이나 현상의 모양이나 상태

>왜 **오답**?

① 독백조의 문체로 서술자의 심리 양상을 드러내고 있다.
_{'나'가 독백하는 말투임.}
*근거: ④-❷, ⑬, ㉕
'이제 아버지는 한줌의 연기처럼 자취도 없이 사라질 게다.', '보리쌀을 빌리러 나간 지가 벌써 언젠데.', '아, 나도 이젠 아버지가 없는 아이가 되는구나.' 등에서 혼자서 중얼거리는 식의 독백조를 통해 어린 소년인 서술자의 내면을 나타내고 있다.

[독백조: 혼자서 중얼거리는 말투

② 어린 서술자의 시선을 통해 분단의 비극성을 고발하고 있다.
_{서술자인 '나'는 어린아이임.}
*근거: ④-❻~❾
윗글의 서술자인 '나'는 좌익 활동을 하느라 변장하고 나타났다 사라지곤 하는 아버지를 '요술쟁이'라고 하고, 아버지의 죽음보다 '굶주림'을 더 괴로워한다. 이를 통해 서술자인 '나'가 아직 미숙한 어린아이임이 드러나며, 광복 이후 남북이 나뉘어 이념 갈등을 겪었던 당대의 비극적 상황을 효과적으로 고발하고 있다.

[분단: 동강이 나게 끊어 가름.
[고발하다: 세상에 잘 알려지지 않은 잘못이나 비리 따위를 드러내어 알리다.

④ 어둠의 이미지가 지배적으로 나타나면서 암울한 현실을 형상화하고 있다.
_{'보라색', '피멍' 등으로 드러남.}
*근거: ③-❶, ❺, ⑳
윗글에서는 '짙은 보라색'의 하늘과 '어머니의 피멍 든 얼굴', '달빛에 뿌옇게 드러난 강둑' 등이 어둠의 이미지를 형성하는데, 이러한 어둠의 이미지를 통해 '나'에게 닥친 불행과 아버지의 죽음 등의 암울한 현실을 형상화하고 있다.

[암울하다: 절망적이고 침울하다.
[형상화하다: 형체로는 분명히 나타나 있지 않은 것을 어떤 방법이나 매체를 통하여 구체적이고 명확한 형상으로 나타내다.

⑤ 성장 소설 형식을 취하여 현실의 어려움을 극복하고자 하는
어린 '나'가 정신적으로 성장하는 내용을 담음.
의지를 보여 주고 있다.

＊근거: ④-❻, ❼

윗글의 서술자이자 주인공인 '나'는 아버지의 죽음을 부정하다가 '아버지가 죽었
다는 실감'을 하고 '집안을 떠맡은 기둥으로서 힘차게 버티어 나가지 않으면 안
된다'는 굳은 결심을 하며 '눈물을 달래'는 모습을 보이고 있다. 이를 통해 윗글의
'나'가 아버지의 죽음을 통해 정신적으로 성장해 가는 과정을 그리고 있음이 드
러난다.

> 성장 소설: 주인공이 어린 시절부터 어른이 되기까지 자신의 인격을 완성해 가는
> 성장 과정을 그린 소설

C 09 정답 ⑤ ＊소재 및 배경의 의미 파악하기

㉠~㉤에 대한 설명으로 적절하지 <u>않은</u> 것은?

• ㉠: ㉠은 '보리쌀'로, '나'의 가족의 가난한 처지를 드러내는 소재입니다.
• ㉡: ㉡은 '청개구리'로, 아버지를 상징하는 소재입니다.
• ㉢: ㉢은 '보라색'으로, 불행과 죽음을 상징하는 소재입니다.
• ㉣: ㉣은 '큰 수수께끼'로, 아버지의 삶에 '나'가 가진 의문을 나타내는 소재입
니다.
• ㉤: ㉤은 '육이오 사변'으로, 이데올로기의 대립을 나타내는 소재입니다.

즉 윗글의 ㉠~㉤이 의미하는 내용을 잘못 이해한 것을 고르는 문제입니다.

> 왜 정답?

⑤ ㉤: 전쟁으로 인해 아버지와 이모부 세대에서 <u>이데올로기의</u>
전쟁은 이데올로기의 대립이 지속되어 일어난 사건임.
<u>대립이 종결되었음</u>을 암시하고 있다.

＊근거: ④-❽

아버지는 해방 후부터 이어져 온 이데올로기의 대립 속에서 좌익 활동을 하다 죽
음을 맞았으며, ㉤ '육이오 사변'은 남북한 간의 이데올로기의 대립이 지속되어
일어난 사건이다. 따라서 ㉤은 이데올로기의 대립이 끝났음을 의미하는 것이 아
니라, 이데올로기의 대립이 계속되어 극에 달한 것으로 보아야 한다.

> 이데올로기: 사회 집단에 있어서 사상, 행동, 생활 방법을 근본적으로 제약하고
> 있는 관념이나 신조의 체계
> 종결되다: 일이 끝나다.

> 왜 오답?

① ㉠: 이데올로기의 정면적 대립보다는 그것이 낳은 비극적 가
'나'는 아버지의 죽음보다 배고픔을 더 괴로워함.
난의 고통을 형상화하고 있다.

＊근거: ①-❾~⓭

'나'는 아버지가 죽는 것보다 '굶주림'을 더 괴로워하며 '보리쌀'을 빌리러 나간 어
머니를 기다린다. 즉, '보리쌀'은 '나'가 당장 아버지의 생존보다 더 필요로 하는
것으로, 비극적인 가난의 고통을 드러낸다고 볼 수 있다.

② ㉡: 아버지 자신의 모습이면서 이상과 한계를 동시에 가질 수
'청개구리'는 매일 높이뛰기를 하지만 하늘에 닿지 못함.
밖에 없는 현실을 상징하고 있다.

＊근거: ②-❾~⓯

'청개구리'는 하늘을 향해 죽을 때까지 뛰어오르지만 결국에는 하늘에 닿지 못한
다. 이때 '청개구리'가 뛰어오르려고 하는 하늘은 아버지가 추구하는 이상을, 하
늘에 닿지 못하면서도 죽는 날까지 매일 뛰는 것은 삶의 한계를 의미한다. 즉,
'청개구리'는 이상을 추구하지만 이를 이루지 못하는 아버지의 모습과, 이상과 한
계를 동시에 가진 현실을 상징한다고 볼 수 있다.

③ ㉢: '나'가 자신의 주변에서 일어난 일을 투영한 색으로 불행
주변의 불행한 일을 '보라색'과 연결 지어 생각함.
과 죽음을 상징하고 있다.

＊근거: ③-❷~❻

'나'는 '보라색'을 싫어한다고 말하며, '보라색'이 '아버지의 하는 일을 떠올리게
해 주고 어머니의 피멍 든 얼굴을 생각나게' 하고 '말라붙은 피와 같고 깜깜해질
징조를 보이는 색깔'이라고 설명한다. 즉, '나'는 자신의 주변에서 일어난 불행한
일을 '보라색'과 연결 지어 생각하고 있으므로, '보라색'은 불행과 죽음을 상징한
다고 볼 수 있다.

④ ㉣: '나'로 하여금 세상의 많은 일들은 분명한 답이 있는 것이
세상이 수수께끼 같은 것들로 가득하다는 것을 깨달음.
아닌 수수께끼 같은 것임을 깨닫게 해 주고 있다.

＊근거: ④-❸~❻

'나'는 '큰 수수께끼'를 남기고 죽은 아버지의 일생을 떠올리며 '무엇인가 깨달은
듯한 느낌을 가지게' 되었고, '내가 알아야 할 수수께끼가 너무나 많은 이 세상을
건너갈 때, 나는 이제 집안을 떠맡은 기둥으로서 힘차게 버티어 나가지 않으면
안 된다'고 느낀다. 이는 '나'가 아버지의 죽음을 통해 알 수 없는 수수께끼로 가
득한 세상을 힘차게 버텨 나가야 한다고 생각하게 되었음을 보여 준다. 즉, 아버
지의 죽음이 남긴 '큰 수수께끼'는 '나'에게 세상이 수수께끼 같은 것들로 가득하
다는 것과, 이를 잘 이겨 나가야 한다는 깨달음을 주었다고 볼 수 있다.

C 10 정답 ④ ＊〈보기〉를 바탕으로 감상하기

윗글을 〈보기〉의 관점에 따라 이해한 것으로 가장 적절한 것은?

• 윗글: 아버지의 죽음을 중심으로 이념 갈등으로 야기된 민족사의 어두운 현실을
그려 낸 작품입니다.
• 〈보기〉: 한국 소설에서 '아버지의 부재'라는 형식은 역사 전개의 폭력성과 전통
의 부재, 이념의 부재를 의미합니다. 이때의 아버지는 삶의 방향을 잡고 움직이
게 하는 이데올로기를 상징합니다.

즉 소설 속 '아버지의 부재'에 대한 이해를 바탕으로 윗글을 알맞게 설명한 내
용을 고르는 문제입니다.

─────────[보기]─────────

❶한국 소설의 특징적인 내적 형식 중 하나는 '아버지의 부재'라
는 형식이다. ❷그것은 <u>파행적인 역사 전개의 폭력성을 반영하거</u>
한국 소설에서 '아버지의 부재'의 의미
<u>나, 또는 젊은 세대의 삶을 이끌 수 있는 전통의 부재, 이념의 부</u>
<u>재를 의미한다.</u> ❸외부의 폭력에 의해 압살당했든, 아들에 의해 부
정되었든, 아니면 찾아지지 않았든 간에 이때의 아버지는 삶을
조직하고, 그것에 방향을 부여하며, 그 방향을 따라 움직이도록
④의 근거
<u>추동(推動)하는 이데올로기를 표상한다.</u>

──────────────────────────

부재: 그곳에 있지 아니함.
파행적: 일이나 계획 따위가 순조롭지 못하고 이상하게 진행되어 가는
이념: 이상적인 것으로 여겨지는 생각이나 견해
압살: 짓눌러 죽임.
추동하다: 어떤 일을 추진하기 위하여 고무하고 격려하다.
표상하다: 추상적이거나 드러나지 아니한 것을 구체적인 형상으로 드러내어
나타내다.

> 왜 정답?

④ 아버지의 죽음을 통해 '나'는 새로운 삶의 지표를 세우고 성장
아버지의 죽음으로 '나'는 깨달음을 얻음.
해 간다.

＊근거: ④-❺, ❻, 〈보기〉 ❸ 문장

'나'는 아버지의 죽음을 확인하고 나서 '살아 나가는 데 용기를 가져야 하고 어떤
어려움도 슬픔도 이겨 내야 한다'는 것을 깨닫는다. 그리고 '이제 집안을 떠맡은
기둥으로서 힘차게 버티어 나가지 않으면 안 된다'는 결심을 한다.

〈보기〉에 따르면 한국 소설에서 '아버지'는 '삶을 조직하고, 그것에 방향을 부여하며, 그 방향을 따라 움직이도록 추동하는 이데올로기를 표상'한다. 이를 바탕으로 할 때 '나'는 아버지의 죽음을 통해 '집안을 떠맡은 기둥'이라는 새로운 삶의 방향을 세우게 되었으며, 고통스러운 현실을 극복해 나가야겠다는 의지를 가지며 성장했다고 볼 수 있다.

⌜ **지표**: 방향이나 목적, 기준 따위를 나타내는 표지

> **왜 오답 ?**

① 아버지의 죽음은 ~~가정을 이끌어 갈 동력의 정신적 부재를 의미한다.~~
확인할 수 없음.

윗글에서 아버지는 '이태 넘어 늘 집에 없었'기에, '나'는 아버지의 죽음을 예상하면서도 아버지라고 불러 볼 사람이 없게 되는 것이 슬플 뿐 '다른 생각은 안 난다'고 말한다. 따라서 아버지의 죽음으로 인해 가정을 이끌어 갈 동력이 정신적으로 부재하게 되었다고 보기 어렵다.

⌜ **동력**: 어떤 일을 발전시키고 밀고 나가는 힘

② 아버지의 부재는 외부의 폭력이라는 ~~사회적 비리~~를 상징하고 있다.
비리가 아닌 이념 대립으로 인한 것임.

아버지의 부재는 외부의 폭력에 의한 것으로 볼 수 있지만, 이는 이념의 대립으로 인해 발생한 것이므로 사회적 비리를 상징한다는 것은 적절하지 않다.

⌜ **비리**: 올바른 이치나 도리에서 어그러짐.

③ 아버지의 죽음은 가족의 해체와 ~~파편화된 개인 간의 괴리~~를 보여 준다.
관련성 없음.

아버지의 죽음으로 인해 가족이 해체되었다고 볼 수 있지만, 아버지의 죽음과 개인 간의 괴리는 관련성이 없다.

⌜ **파편화되다**: 깨어져 여러 조각으로 나뉘게 되다.
⌞ **괴리**: 서로 어그러져 동떨어짐.

⑤ 아버지의 부재는 ~~'나'가 전통적 이념을 가진 아버지를 부정하기 때문에 나타난 것이다.~~
'나'는 아버지를 부정하지 않음.

〈보기〉에서 '아버지의 부재'는 '젊은 세대의 삶을 이끌 수 있는 전통의 부재, 이념의 부재를 의미한다'고 했으므로 아버지가 전통적 이념을 가졌다고 볼 수는 있다. 하지만 '나'는 '늘 집에 없었던' 아버지의 죽음을 슬퍼하고 있을 뿐, 아버지를 부정하고 있지는 않다. 따라서 아버지의 부재가 '나'가 아버지를 부정하기 때문에 나타났다는 것은 적절하지 않다.

C 11 ~ 15   * 이동하, 〈장난감 도시〉

[2022 대비/경찰대 21~25]

❶ 중심인물, 배경 ❷ 중심 사건, 갈등 ❸ 서술상 특징

❶ 중심인물: '나'
1 내가 지금까지 상상한 바로는, 도시란 결코 그처럼 가까운 곳에 있는 것이 아니었다.❷ ❸서술자: '나', 시점: 1인칭 주인공 시점
⑤도시란 보다 더 멀고 아득한 곳에 있어야만 했다.❸ ⌜그래서 그곳에 닿기 위해서는 철로 위를 바람처럼 내달리는 급행 ⌟ : 도시에 대한 '나'의 막연한 이상과 동경 열차로도 하루 낮 하루 밤은 꼬박 걸려야만 했다.❹ 그런데 우리가 타고 온 것은 털털거리는 짐차였다.❺ 그것으로도 고작 두세 시간밖에 걸리지 ❷중심 사건: '나'의 가족이 시골에서 도시로 이사를 옴. 않다니…… 그처럼 가까운 곳에 있다는 사실이 무슨 결함처럼 내게는 '나'의 상상과 달리 도시가 가까이 있다는 것에 자존심이 상함. 느껴졌다.

⁶⌜녀석들은 지금도 그 교실에 앉아 있을 것이었다.❼ 사철나무가 병사 ⌜ ⌟: 자신이 도시로 이사를 간 후의 시골 교실에 대한 '나'의 상상 들처럼 늘어서 있는 남향 창으로는 풋풋한 햇살이 온종일 들이치고, 방아깨비 선생의 낮고 부드러운 목소리가 간단없이 흘러나오는 그 4학년 우리 반 교실에 말이다.❽ 유일하게 나의 자리는 비어 있을 게다.⌟

⁹창 쪽으로 둘째 줄 여섯 번째 책상…… 거기 내가 남긴 흠집과 낙서를 누군가 눈여겨보고 있을지도 모른다.❿ 그리고는 도회지로 전학 간 나를 도시로 이사를 가는 것에 대한 '나'의 자부심이 높음. 조금은 부러워할 게다.⓫ 하지만 작정만 한다면 누구나 쉽게 우리 뒤를 쫓아올 수 있으리라고 나는 생각했다.⓬ 도시란 생각보다 훨씬 가까운 곳에 있기 때문이었다.⓭ 그래서 ⓛ나는 조금 자존심이 상했다.⓮ 도시가 누구나 쉽게 올 수 있는 가까운 곳에 있다는 것에 실망하고 자존심에 상처를 입음.

⌜ **짐차**: '화물 자동차'를 일상적으로 이르는 말
결함: 부족하거나 완전하지 못하여 흠이 되는 부분
간단없이: 계속하거나 이어져 있던 것이 끊이지 아니하게
⌞ **도회지**: 사람이 많이 살고 상공업이 발달한 번잡한 지역

* ⓵ **요약**: '나'의 가족이 짐차를 타고 두세 시간 만에 도시로 이사를 옴.

2 ❶아버지는 물 대신 나에게 돈을 주셨다.❷ 그것은 단풍잎처럼 작고 빨 시골과는 다른 도시의 특징: 돈을 주고 물을 사 먹어야 함. 간 1원짜리 종이돈이었다.❸ 나는 곧장 한길가로 뛰어나갔다.❹ 딸딸이 위 ❹공간적 배경 에다 어항보다 큰 유리 항아리를 올려놓은 물장수가 거기 있었다.❺ 항 아리 속엔 온갖 과일 조각들이 얼음 덩어리와 함께 채워져 있었다.

❻나는 꼭 쥐고 있던 돈을 한 잔의 물과 맞바꾸었다.❼ 유리컵 속에 든 물은 짙은 오렌지 빛이었다.❽ 손바닥에 닿는 냉기가 갈증을 더 자극했 다.❾ 그러나 ⓒ나는 마시지 않았다.❿ 이 도시와 그 생활이 주는 어떤 경 도시에서의 체험이 주는 즐거운 흥분을 오래도록 느끼고 싶기 때문 이와 흥분 때문에 실상은 목구멍보다도 가슴이 더 타고 있었다.⓫ 나는 유리컵을 조심스럽게 받쳐 든 채 천천히 돌아섰다.⓬ 그리고는 두어 걸 유리컵을 반납하는 것인 줄 모르고 한 행동임. 음을 떼어 놓았다.⓭ 물론 나의 그 어리석은 짓은 용납되지 않았다.⓮ 나 는 금세 제지를 받았던 것이다.

⓯"이봐, 너 어디로 가져가는 거냐?"

⓰나를 불러 세운 물장수가 그렇게 물었다.⓱ 나는 금방 얼굴을 붉히었 ❶중심인물 다.⓲ 무언가 잘못을 저지르고 있다고 판단되었기 때문이다.

⓳ⓔ나는 아무런 대답도 하지 못했다.⓴ 그러자 물장수가 다시 말했다. 나는 무엇이 잘못되었는지 알지 못해 당황해함. ㉑"잔은 두고 가야지, 너, 시골서 온 모양이로구나, 그렇지?" 물잔을 두고 가야 하는 것을 몰랐던 '나'의 실수를 물장수가 알려 줌. ㉒나는 단숨에 잔을 비웠다.㉓숨이 찼다.㉔ⓜ콧날이 찡해지고 가슴이 꽉 ⌜ ❷ ⌟: 중심 사건 - 물장수에게 무안을 당한 '나'가 황급히 집으로 돌아옴. 막혔다.㉕그러나 ⓐ그 자리에 더 어정거리고 있을 수는 없었다.㉖내던지 듯 잔을 돌려준 나는 숨을 헐떡거리면서 가족이 있는 곳으로 되돌아 왔다.⌟

⌜ **한길**: 사람이나 차가 많이 다니는 넓은 길
딸딸이: '삼륜차'나 '경운기'를 속되게 이르는 말
경이: 놀랍고 신기하게 여김.
실상: 거짓이나 상상이 아니고 현실적으로(= 실제로)
제지: 말려서 못 하게 함.
⌞ **어정거리다**: 키가 큰 사람이나 짐승이 이리저리 천천히 걷다.

* ⓶ **요약**: '나'가 물장수에게 무안을 당하고 가족이 있는 곳으로 황급히 돌아옴.

3 우리 세간살이들이 골목에 잔뜩 쌓여 있었다.❷ 시골집 안방 윗목을 ❶공간적 배경 언제나 차지하고 있던 옛날식 옷장, 사랑채 시렁 위에 올려 두던 낡은 고리짝, 나무로 만든 쌀 뒤주와 조롱박, 크고 작은 질그릇 등.❸ ⌜판잣집 들이 촘촘히 들어서 있는 그 골목길 위에 아무렇게나 부려 놓은 세간 ⌜ ⌟: 시골에서 익숙하게 쓰던 세간들이 익숙하지 않게 느껴짐. 살이들은 왠지 이물스런 느낌을 주었다.❹ 그것들은 지금까지 흔히 보고 느껴 오던 바와는 사뭇 다른 모양이요, 빛깔이었다.⌟ ❺ 아마도 이웃인 듯한, 낯선 사람 몇이 아버지와 어머니의 바쁜 일손을 거들고 있었다. ❻나는 판자벽을 기대고 웅크려 앉았다.❼ 물맛이 어떠했던가를 생각해 ❶중심인물 ❶중심인물

보려 했지만 도무지 기억에 남아 있지 않았다.❽가슴이 답답하고 머리가 어지러웠다.❾속이 메스껍기도 했다.❿눈앞의 사물들이 자꾸만 이물
❸ 어지러워하는 '나'의 모습 – '나'의 도시 생활이 쉽지 않을 것을 암시함.
스레 출렁거렸다.⓫「이사를 왔다, 하고 나는 막연한 기분으로 중얼댔
다.⓬그래, 도시로 이사를 왔다.⓭「아주 맥 풀린 하품을 토해 내며 새삼
「 」:❷ 갈등 – 기대와 다른 도시의 모습에 혼란을 느끼는 '나'의 내적 갈등
주위를 두리번거렸다.⓮「촘촘히 들어앉은 판잣집들, 깡통 조각과 루핑
「 」:❸ 도시 판자촌의 부정적 모습을 열거함.(여러 가지 예나 사실을 낱낱이 죽 늘어놓음.)
이 덮인 나지막한 지붕들, 이마를 비비대며 길 쪽으로 늘어서 있는 추
녀들, 좁고 어둡고 질척한 그 많은 골목들, 타고 남은 코크스 덩어리
와 검은 탄가루가 낭자하게 흩어져 있는 길바닥들, 온갖 말씨와 형형
색색의 입성을 어지러이 드러내고 있는 주민들, 얼굴도 손도 발도 죄
다 까맣게 탄 아이들……」ⓑ나는 자꾸만 어지럼증을 탔고, 급기야는
속엣것을 울컥 토해 놓고 말았다.⓯딱 한 잔 분량의, 오렌지 빛 토사물
❷ 중심 사건: '나'가 기대와 다른 도시의 모습을 보며 구토함.
이었다.」

세간살이: 집안 살림에 쓰는 온갖 물건
시렁: 물건을 얹어 놓기 위하여 방이나 마루 벽에 두 개의 긴 나무를 가로질러 선반처럼 만든 것
고리짝: 키버들의 가지나 대오리 따위로 엮어서 상자같이 만든 물건
뒤주: 쌀 따위의 곡식을 담아 두는 세간의 하나
조롱박: 호리병박으로 만든 바가지
질그릇: 잿물을 덮지 아니한, 진흙만으로 구워 만든 그릇
판잣집: 판자로 사방을 이어 둘러서 벽을 만들고 허술하게 지은 집
부리다: 사람의 등에 지거나 자동차나 배 따위에 실었던 것을 내려놓다.
이물스럽다: 익숙하지 않은 느낌이 든다.
루핑: 섬유 제품에 아스팔트 가공을 한 방수포
추녀: 네모지고 끝이 번쩍 들린, 처마의 네 귀에 있는 큰 서까래
질척하다: 진흙이나 반죽 따위가 물기가 매우 많아 차지고 질다.
코크스: 탄소가 주성분인 물질을 가열하여 휘발 성분을 없앤, 구멍이 많은 고체 탄소 연료 **탄가루:** 석탄이나 연탄 따위의 가루
낭자하다: 여기저기 흩어져 어지럽다. **입성:** '옷'을 속되게 이르는 말

*③ 요약: '나'는 기대와 다른 도시의 판자촌을 보며 어지럼증을 느끼다 구토함.
4 세간살이들을 대충 들여놓은 다음에 우리 가족은 이른 저녁을 먹
❶ 시간적 배경
었다.❷아니 그것은 때늦은 점심이기도 했다.❸어쨌거나 우리 가족이 도
시에서 가진 첫 식사였다.
❹밥은 오렌지 물을 들이기라도 한 것처럼 노란 빛깔이었다.❺물이 나
쁜 탓일 거라고 아버지가 말했다.❻공동 펌프장에서 길어 온 그 물은 역
위생이 좋지 않은 환경임.
할 정도로 악취가 심했다.
❼"시궁창 바닥에다가 한 자 깊이도 안 되게 박아 놓은 펌프 물이니
약 30cm
오죽할라구요……."
❽어머니는 아예 숟갈을 잡을 생각조차 없는 듯 조그만 목소리로 중
얼대기만 했다.
❾"내다 버린 구싯물을 다시 퍼마시는 거나 다름없이 뭐예요."
❿하지만 나는 심한 허기에 시달리고 있던 판이었다.⓫게다가 어쨌든
귀한 이밥이었다.⓬식구들 중에서 제일 먼저 한 술을 떠 넣었다.⓭그러
고는 생전 처음 입에 넣어 보는 음식처럼 조심스레 씹었다.⓮쇳내 같
밥을 먹는 행위조차 도시에서는 익숙하지 않게 느껴짐.
은, 아니 쇠의 녹 냄새 같은 게 혀끝에서 달착지근하게 느껴졌다.⓯다
시 한 숟갈을 퍼 넣었다.⓰그러자 저 오렌지 빛의 물을 마시고 났을 때
처럼 속이 다시 출렁거리기 시작했다.
❷ 중심 사건: '나'가 저녁을 먹으며 다시 속이 울렁거림을 느낌.

역하다: 구역날 듯 속이 메슥메슥하다.
시궁창: 더러운 물이 잘 빠지지 않고 썩어서 질척질척하게 된 도랑의 바닥
이밥: 찰기가 없는 멥쌀로 지은 밥
달착지근하다: 약간 달콤한 맛이 있다.

*④ 요약: '나'는 저녁을 먹고 속이 출렁거림을 느낌.

📖 독해 공식
❶ **중심인물:** '나', 물장수, '아버지', '어머니'
시간적 배경: '이른 저녁'
공간적 배경: '한길가', '골목'
❷ **중심 사건:** '나'의 가족이 시골에서 도시로 이사를 옴. 물장수에게 무안을 당한 '나'가 황급히 집으로 돌아옴. '나'가 기대와 다른 도시의 모습을 보며 구토함. '나'가 저녁을 먹으며 다시 속이 울렁거림을 느낌.
갈등: 기대와 다른 도시의 모습에 혼란을 느끼는 '나'의 내적 갈등
❸ **서술상 특징**
• **서술자:** '나', **시점:** 1인칭 주인공 시점
• 인물의 모습을 통해 앞으로의 사건을 암시하고 있음.
• 열거(여러 가지 예나 사실을 낱낱이 죽 늘어놓음.)를 통해 도시의 부정적 모습을 생생하게 묘사하고 있음.

■ **내용:** 이 작품은 1950년대 후반 전쟁 직후의 피폐한 도시를 배경으로 시골에서 도시로 이주한 가족의 고달픈 삶을 한 소년의 시선을 통해 회상 형태로 서술한 현대 소설이다. '나'는 기대와 흥분을 갖고 온 도시에서 가족의 해체를 경험하며 세상에 대한 환멸을 느끼고, 그곳을 '장난감 도시'로 명명한다. 작가의 어린 시절 경험을 바탕으로 한 자전적인 작품으로서 사실성을 확보하고 있으며 당시 도시의 어두운 일면을 비판적으로 보여 주고 있다.

■ **인물 관계도**

도시에서 물을 사 먹는
새로운 경험에 경이와 흥분을 느낌.

| '나' | ←→ | 물장수 |

'나'의 행동을 보고 시골 출신임을 언급해 '나'를 무안하게 함.

■ **주제:** 도시에서의 고통스러운 삶을 통한 소년의 정신적 성장

■ **이것이 핵심!:** 이사를 통한 '나'의 심리 변화

시골(이사 전)		도시(이사 후)
도시에 대한 막연한 기대와 동경, 자부심을 느낌.	→	• 도시가 '나'의 기대와 달리 가까이 있다는 것에 자존심이 상함. • 도시에 대해 이물스러움을 느낌.

■ **전체 줄거리:** '나'의 가족은 전쟁 직후 시골을 떠나 도시로 이사한다. 막상 이사는 했지만 정직한 아버지는 먹고살 도리를 제대로 마련하지 못한다. 더 이상 학교를 다닐 수 없음을 느낀 '나'는 백화점에 점원으로 일하게 된다. 한편 장물인 줄 모르고 짐을 운반한 아버지는 징역살이를 하게 된다. 그해 가을 어머니는 소원하던 국물 없는 국수로 마지막 식사를 한 후 운명한다. '나'는 어머니의 장례식을 마친 다음에야 어머니의 죽음을 실감한다. 아버지는 출옥하고, '나'는 구두닦이를 하다가 천막 학교를 다니기 시작한다. 장난감 같은 도시의 고단한 삶 속에서 '나'는 떠나온 시골 학교의 정경을 떠올린다. 그리고 '남향 창가에서 둘째 줄 여섯 번째 책상 – 거기, 내가 남긴 낙서들을' 기억하려고 애쓴다.

C 11 정답 ② *서술상 특징 파악하기

윗글의 서술 방식에 대한 설명으로 가장 적절한 것은?

>왜 정답?

② **인물이 서술자가 되어 자신의 경험을 서술하고 있다.**
'나'가 시골에서 도시로 이사를 와서 겪은 자신의 경험을 서술함.

윗글의 서술자는 작품의 주인공인 '나'로, 시골에서 도시로 이사를 가는 것에 관한 감상, 아버지께 받은 돈으로 물장수에게 물을 사 먹은 경험, 도시에서 먹는 가족들과의 첫 식사 경험 등을 서술하고 있다.

① 언어유희를 통해 당시의 세태를 희화화하고 있다.
나타나지 않음.

윗글에서 언어유희는 나타나지 않으며, 당시의 세태를 희화화하고 있지도 않다.

> 언어유희: 말이나 글자를 소재로 하는 놀이
> 희화화하다: 어떤 인물의 외모나 성격, 또는 사건을 의도적으로 우스꽝스럽게 묘사하거나 풍자하다.

③ 요약적 서술을 통해 사건을 긴박감 있게 전개하고 있다.
나타나지 않음.

윗글에서는 서술자인 '나'의 내면 심리와 '나'가 겪은 사건이 상세히 서술되고 있을 뿐, 요약적 서술은 나타나지 않는다.

> 요약적 서술: 사건의 중요한 내용만을 간추려 제시하는 방식
> 긴박감: 매우 다급하고 절박한 느낌

④ 동시에 벌어지는 사건을 병치하여 주제를 강화하고 있다.
나타나지 않음.

윗글에서는 시간의 흐름에 따라 이어지는 사건이 제시되고 있으며, 동시에 벌어지는 사건이 병치되고 있지는 않다.

> 병치하다: 두 가지 이상의 것을 한곳에 나란히 두거나 설치하다.

⑤ 공간적 배경의 변화를 통해 인물의 갈등이 해소되는 과정을 보여 주고 있다.
인물의 갈등이 더 심화되고 있으므로 적절하지 않음.

윗글에서 '나'는 시골에서 도시로 이사를 왔으므로 공간적 배경의 변화가 드러난다고 할 수 있다. 하지만 기대와 다른 도시의 모습에 '나'의 내적 갈등이 심화되고 있으므로, 인물의 갈등이 해소되는 과정을 보여 준다는 설명이 적절하지 않다.

C 12 정답 ② * 인물의 심리와 태도 파악하기

㉠~㉤에 대해 이해한 내용으로 적절하지 않은 것은?

• ㉠: ㉠은 도시에 대한 '나'의 생각입니다.
• ㉡: ㉡은 생각보다 가까운 곳에 도시가 위치한 것에 대한 '나'의 심리입니다.
• ㉢: ㉢은 도시에서 처음으로 산 물을 마시지 않는 '나'의 모습입니다.
• ㉣: ㉣은 물장수의 질문에 대답을 하지 못하는 '나'의 모습입니다.
• ㉤: ㉤은 물장수에게 무안을 당한 '나'의 심리입니다.

즉 ㉠~㉤을 통해 드러나는 '나'의 심리와 태도를 이해한 내용으로 틀린 것을 고르는 문제입니다.

> 왜 정답?

② ㉡: 도시가 '나'의 상상보다 실제로는 가까이 있었음을 그동안 미처 알지 못한 것이 스스로 부끄럽게 생각되었다.
자존심이 상한 것이지 부끄럽게 생각했다고 볼 수 없음.
*근거: ①-⑫, ⑬

'나'는 도시가 '생각보다 훨씬 가까운 곳에 있는' 것을 알게 된 후 '자존심이 상했다'고 했다. 즉, '나'는 도시가 누구나 쉽게 올 수 있는 곳이라는 점에 실망한 것이지, 도시가 가까이 있었음을 알지 못한 스스로를 부끄럽게 생각한 것은 아니다.

> 왜 오답?

① ㉠: '나'에게 도시는 아무나 쉽게 갈 수 없는 곳으로 막연한 이상과 동경이 투영된 곳이었다.
'나'는 도시가 '더 멀고 아득한 곳에 있어야' 한다고 생각함.
*근거: ①-❷

'나'가 도시란 '더 멀고 아득한 곳에 있어야만 했다'고 말한 것은 도시를 아무나 쉽게 갈 수 없는 곳으로 생각했기 때문이다. 여기에는 도시에 대한 '나'의 막연한 이상과 동경이 투영되어 있다.

> 막연하다: 뚜렷하지 못하고 어렴풋하다.
> 이상: 생각할 수 있는 범위 안에서 가장 완전하다고 여겨지는 상태
> 동경: 어떤 것을 간절히 그리워하여 그것만을 생각함.

---

③ ㉢: '나'는 도시에서의 경이로운 체험이 주는 즐거운 흥분을 오래도록 느끼고자 한다.
도시에서 처음으로 산 물을 바로 마시지 않음.
*근거: ②-❽~❿

'나'는 '갈증'을 느끼면서도 돈을 주고 산 물을 마시지 않고, '목구멍보다도 가슴이 더 타고 있었다'고 했다. 즉, '나'는 물을 마시고자 하는 갈증보다 도시에서의 체험이 주는 흥분을 오래도록 느끼고자 마음이 더 커서 물을 마시지 않은 것이다.

④ ㉣: '나'는 뭔가 잘못하였지만 그것이 구체적으로 무엇인지 알지 못해 당혹해한다.
물장수에게 제지를 당하며 아무런 말을 하지 못함.
*근거: ②-⑮, ⑱, ⑲

'나'는 '너 어디로 가져가는 거냐?'는 물장수의 제지에 '무언가 잘못을 저지르고 있다고 판단'했지만 '아무런 대답도 하지 못했다'고 했다. 이는 '나'가 무엇이 잘못된 것인지를 몰라 당황했기 때문이다.

⑤ ㉤: 도시의 낯선 생활에 대한 '나'의 실수로 인해 시골 출신이라고 무안당한 '나'의 심리가 나타난다.
시골에서 왔냐는 말에 '가슴이 꽉 막'힘을 느낌.
*근거: ②-㉑~㉔

'나'는 물잔을 두고 가야 하는 것을 몰라 실수를 저질렀으며 이로 인해 '시골서 온 모양이로구나'라고 물장수에게 무안을 당한다. 이에 '나'는 '콧날이 찡해지고 가슴이 꽉 막혔다'고 했다. 즉, 나는 시골 출신이라고 무안을 당해 당혹감과 부끄러움을 느낀 것이다.

> 무안당하다: 수줍거나 창피하여 볼 낯이 없게 되다.

C 13 정답 ④ * 상황에 맞는 관용 표현 찾기

ⓐ에서의 '나'의 상황에 어울리는 말로 가장 적절한 것은?

• ⓐ: ⓐ는 '그 자리에 더 어정거리고 있을 수는 없었다.'로, 물장수에게 무안을 당한 '나'의 반응을 나타냅니다.

즉 무안을 당한 '나'의 상황에 어울리는 말을 고르는 문제입니다.

> 왜 정답?

④ 쥐구멍에라도 들어가고 싶다.
'부끄럽거나 난처하여 어디에라도 숨고 싶어 하다'는 뜻이므로 적절함.

'쥐구멍에라도 들어가고 싶다'는 부끄럽거나 난처하여 어디에라도 숨고 싶어 하다는 뜻이다. ⓐ에서 '나'는 물장수에게 무안을 당해 부끄러움을 느껴 황급하게 자리를 피하고 싶어 하고 있으므로 적절한 표현이다.

> 왜 오답?

① 간에 기별도 안 간다.
먹은 것이 너무 적어 먹으나 마나 하다는 뜻임.

'간에 기별도 안 간다'는 먹은 것이 너무 적어 먹으나 마나 하다는 뜻으로, ⓐ에서의 '나'의 상황과 어울리지 않는다.

② 도랑 치고 가재 잡는다.
일의 순서가 바뀌어서 애쓴 보람이 없게 됨, 또는 한 가지 일로 두 가지 이익을 봤다는 뜻임.

'도랑 치고 가재 잡는다'는 도랑을 치우고 나면 진흙에 숨어 있던 가재도 없어지게 되는데 그 후에 가재를 잡는다는 뜻으로, 일의 순서가 바뀌어서 애쓴 보람이 없게 됨을 비유적으로 이르는 말이다. 또는 지저분한 도랑을 깨끗이 치우던 중 뜻하지 않게 가재도 잡게 되었다는 뜻으로, 한 가지 일로 두 가지 이익을 보는 경우를 비유적으로 이르는 말이다. 두 가지 뜻 모두 ⓐ에서의 '나'의 상황과 어울리지 않는다.

③ 바늘 도둑이 소도둑 된다.
자그마한 나쁜 일도 자꾸 해서 버릇이 되면 나중에는 큰 죄를 저지르게 된다는 뜻임.

'바늘 도둑이 소도둑 된다'는 자그마한 나쁜 일도 자꾸 해서 버릇이 되면 나중에는 큰 죄를 저지르게 된다는 뜻으로, ⓐ에서의 '나'의 상황과 어울리지 않는다.

⑤ 여우를 피하려다 호랑이를 만난다.
　　　갈수록 더욱더 힘든 일을 당한다는 뜻임.

'여우를 피하려도 호랑이를 만난다'는 갈수록 더욱더 힘든 일을 당함을 비유적으로 이르는 말로, ⓐ에서의 '나'의 상황과 어울리지 않는다.

C 14 정답 ② ＊사건과 갈등 파악하기

ⓑ의 이유로 가장 적절한 것은?

• ⓑ: ⓑ는 '나는 자꾸만 어지럼증을 탔고, 급기야는 속엣것을 울컥 토해 놓고 말았다.'로, 도시의 풍경들을 보며 '나'가 구토를 한 상황을 나타냅니다.

즉 '나'가 구토를 한 원인이 무엇인지 적절히 파악한 것을 고르는 문제입니다.

＞왜 정답？

② 낯선 도시 생활에 대한 적응이 어려웠기 때문이다.
　　시골 출신으로 무안을 당하고, 세간살이와 도시의 풍경에 이물스러움을 느껴 구토함.

＊근거: ③-❸〜⓮
'나'는 골목길에 놓인 세간살이들의 모습에 '이물스런 느낌'을 받고, 물장수에게 사 먹은 '물맛'을 기억해 보려고 하지만 '속이 메스'꺼움을 느낀다. 이에 '도시로 이사를 왔다'는 것을 떠올리며 주변을 둘러보지만 너저분한 도시의 모습에 '속엣것을 울컥 토해 놓는'다. 즉, '나'는 낯선 도시 생활에 적응하지 못하여 구토한 것이며, 이는 앞으로 도시에서 '나'의 생활이 쉽지 않을 것을 암시한다고 볼 수 있다.

＞왜 오답？

① 가족 간 갈등의 조짐이 보이기 시작했기 때문이다.
　　나타나지 않음.

윗글에서 가족 간의 갈등이나, 갈등의 조짐은 나타나지 않는다.

③ 도시의 물과 주변 환경이 비위생적이었기 때문이다.
　　어지럼증과 구토의 직접적인 원인이 아님.

＊근거: ③-⓮
'나'의 주위에 '타고 남은 코크스 덩어리와 검은 탄가루가 낭자하게 흩어져 있'었다고 했으므로 도시의 주변 환경이 비위생적이라고 볼 수는 있다. 그러나 '나'가 어지럼증을 느끼고 구토를 하는 이유는 기대와 다른 도시의 모습에 이물스러움을 느꼈기 때문으로, 비위생적인 환경은 어지럼증과 구토의 직접적인 원인이라고 볼 수 없다.

④ 도시의 위치를 제대로 몰랐던 것을 알게 되었기 때문이다.
　　어지럼증과 구토의 원인이 아님.

＊근거: ①-❺, ⓬
'나'는 도시가 짐차로 '두세 시간 밖에 걸리지 않'는 '가까운 곳에 있'다는 사실을 알게 된다. 즉, '나'가 도시의 위치를 제대로 몰랐던 것을 알게 된 것은 맞지만, 이는 구토의 원인과 직접적인 관련이 없다.

⑤ 도시를 두려워해 피하기만 한 자신이 부끄러웠기 때문이다.
　　나타나지 않음.

'나'가 물장수에게 무안을 당한 뒤 부끄러움을 느껴 황급히 자리를 떠나는 모습은 나타나지만, '나'가 도시를 두려워하여 피한 것은 아니다. 즉, '나'가 도시를 두려워하여 피하기만 했다거나 그로 인해 부끄러움을 느끼는 모습은 나타나지 않으므로 이 때문에 어지럼증과 구토를 느꼈다는 것은 적절하지 않다.

C 15 정답 ① ＊〈보기〉를 바탕으로 감상하기

〈보기〉를 참고해 윗글을 이해한 내용으로 적절하지 않은 것은? [3점]

• 〈보기〉: 〈장난감 도시〉에는 시골에서 도시로 이사 온 '나'가 겪은 사건과 도시에 대한 인상, 심리 변화가 나타납니다.
• 윗글: '나'는 막연한 기대를 갖고 도시로 이사를 오지만, 시골 출신이라 무안을 당하고 생각과 다른 도시의 모습에 혼란을 느낍니다.

즉 윗글에서 '나'가 겪는 사건과, 도시에 대해 갖는 인상과 심리 변화를 잘못 이해한 것을 고르는 문제입니다.

---

❶〈장난감 도시〉는 시골에서 도시로 이사 온 소년의 이야기이
　　　　　　　　　　　　　　　　　　윗글의 '나'
다. ❷이 작품에는 이주 초기에 소년 '나'가 여러 가지 사건을 겪으
면서 도시에 대해 갖는 인상과 감정이 시골에서의 추억과 대비되
　　　　　　　　　　　　실망감, 낯설음
거나, 어떤 사건을 경험하기 전과 후의 심리 변화가 다채롭게 표
　　　　　　　　　도시로 이사를 하기 전과 후의 심리가 달라짐.
현되어 있다.

이주: 본래 살던 집에서 다른 집으로 거처를 옮김.
대비되다: 두 가지의 차이를 밝힐 목적으로 서로 맞대어져 비교되다.
다채롭다: 여러 가지 색채나 형태, 종류 따위가 한데 어울리어 호화스럽다.

＞왜 정답？

① 시골집에서는 아무렇지도 않게 생각되던 세간살이들이 이사 와서 보니 촌스럽고 보잘것없게 느껴졌다.
　　　　　　　　　　　　　　　촌스럽고 보잘것없게 느꼈다는 내용은 나타나지 않음.

＊근거: ③-❸, ❹
'나'는 골목길에 쌓인 세간살이들의 모습에 '왠지 이물스런 느낌'을 받는데, '지금까지 흔히 보고 느껴 오던 바와는 사뭇 다른 모양'과 '빛깔'이었다고 했다. 이는 시골에서 익숙하게 써 오던 세간살이들이 도시에 놓여 있는 것을 낯설게 느낀 것이지, 세간살이들을 촌스럽고 보잘것없게 느끼는 것이라고 볼 수는 없다.

＞왜 오답？

② 도시에 와서 첫 끼니로 시골에서는 귀했던 이밥을 지었으나 시골과 달리 나쁜 물 때문에 밥은 노란색을 띠고 녹 냄새가 났다.
　　　　　　　　　　　　　　밥은 '노란 빛깔'이었으며 '나'는 밥을 먹고 '녹 냄새'를 느낌.

＊근거: ④-❸〜⓮
우리 가족이 도시에서 가진 첫 식사는 '귀한 이밥'이었다. 그러나 밥은 '오렌지 물을 들이기라도 한 것처럼 노란 빛깔'이었으며, 밥을 짓는 데 쓰기 위해 길어 온 물은 '악취가 심했다'고 했다. 그리고 '나'는 그 밥을 먹고 '쇠의 녹 냄새 같은' 것을 느낀다.

③ 물장수로부터 핀잔을 듣기 전에는 새로운 도시 생활에 신기해했지만, 핀잔을 들은 후에는 가슴이 답답하고 머리가 어지럽고 속이 메스껍게 되었다.
　　　　　　　　　　　물장수의 핀잔을 들은 후 '가슴이 답답하고 머리가 어지러'운 것을 느낌.

＊근거: ②-❿, ㉔, ③-❼〜❾
'나'는 돈을 주고 물을 사 먹는 경험을 하면서 '이 도시와 그 생활이 주는 어떤 경이와 흥분'을 느꼈다. 그러나 물장수에게 잔을 두고 가야 한다는 핀잔을 들은 후에는 '콧날이 찡해지고 가슴이 꽉 막'히는 당혹스러움과 부끄러움을 느낀다. 그리고 집으로 돌아와 물맛이 어땠는지를 떠올리며 '가슴이 답답하고 머리가 어지'럽고 '속이 메스'꺼운 것을 느낀다.

〔 핀잔: 맞대어 놓고 언짢게 꾸짖거나 비꼬아 꾸짖는 일

④ 도시는 급행열차로 하루 낮과 하루 밤이 걸려 닿을 수 있을 것으로 예상했던 것과 달리 털털거리는 짐차로 두세 시간 만에 도착한 사실에 실망했다.
　　　　　　　　　　　도시가 가깝게 있다는 사실을 '결함처럼' 느끼며 실망함.

＊근거: ①-❸〜❺
'나'는 도시에 닿기 위해서는 '급행열차로도 하루 낮 하루 밤은 꼬박 걸려야' 한다고 생각했다. 하지만 실제로는 짐차로 '두세 시간밖에 걸리지 않'는 것을 알게 된 후 도시가 '그처럼 가까운 곳에 있다는 사실'을 '결함처럼' 느끼며 실망했다.

⑤ 시골 교실은 풋풋한 햇살이 비치고 선생님의 낮고 부드러운 목소리가 들리는 곳인 반면, 도시의 판잣집들 주변은 좁고 어둡고 질척한 곳으로 묘사된다.
　　　　　　　　　　　　　　　도시를 '좁고 어둡고 질척'하고 '검은 탄가루가 낭자하게 흩어져 있'는 곳으로 묘사함.

*근거: ①-❼, ③-⓮

'나'는 도시로 이사 가면서 시골의 교실을 떠올리고, 그곳을 '풋풋한 햇살이 온종일 들이치고, 방아깨비 선생의 낮고 부드러운 목소리가 간단없이 흘러나오는' 곳으로 묘사했다. 반면 '나'가 실제로 마주한 도시는 '촘촘히 들어앉은 판잣집들 ~ 얼굴도 손도 발도 죄다 까맣게 탄 아이들'과 같은 모습의 어둡고 칙칙한 곳으로 묘사되었다.

C 16~18 *한승원, 〈어머니〉

[2020 대비/사관학교 19~21]

❶ 중심인물, 배경　❷ 중심 사건, 갈등　❸ 서술상 특징

[앞부분 줄거리] 횡포를 일삼던 마름 집을 마을 사람들과 습격했다가 쫓기던 막동이는 다른 데로 피하라는 어머니의 설득으로 마을을 등진다. 얼마 후 잘 지내고 있다는 (바로 다음의 해) 막동이의 편지를 받은 어머니는 다행이라 생각한다. 그런데 해방이 된 이듬해 어머니는 막동이가 형무소에 갇혔다는 편지를 받는다. 둘째 아들을 보내 사정을 알아보니 막동이는 국회의원에 입후보한 사람을 암살한 죄로 형무소에 갇힌 것이었다.
└ ❶ 시간적 배경

❶ ① "뭔 일이란가, 뭔 일이여?"
└→ ❸ 사투리 사용
❷ 그게 무슨 벼락 맞을 소리냐고, 우리 막동이는 그럴 아이가 아니라
└→ ❸ 쉼표를 여러 번 써서 호흡이 긴 문장을 사용함.　❶ 중심인물
고, 그건 다른 사람이 뒤집어씌운 것일 거라고 펄펄 뛰어보는 것도 마냥 쓸데없는 일이었고, 「이때부터 열흘 걸러 한 번씩 허우허우 보성으
└ 「 」: ❷ 중심 사건 – 어머니가 부지런히 막동이의 면회를 다님.
로 달려가서 기차를 타고, 광주 땅에 내리기가 바쁘게 동명동 형무소
└ ❶ 공간적 배경
면회 창구에 면회 신청을 하여, 두 손을 묶이어 나오는 푸르스름한 죄수복의 막동이, 그놈의 허옇고 부석부석한 얼굴을 보면서 쓰라린 마음
을 달래곤 했었다.」③ 그러면서 그놈에게 늙은 어머니는, 누가 너에게
└ ❸ 서술자: 3인칭 서술자, 시점: 전지적 작가 시점　❶ 중심인물
그런 죄를 씌웠느냐고 울며불며 물어보곤 했지만, 그놈은 멀거니 이 어미의 얼굴을 건너다볼 뿐 입을 꼭 다물고만 있곤 할 뿐이었다.④ 그놈
└ 막동이는 형무소에 갇히게 된 경위를 말하지 않음.
의 그런 태도로 미루어, 그놈의 심중에는 어느 누구한테도 말하지 못할 어떤 사정인가가 있기는 있는 모양이지만, 그걸 무슨 말로 어떻게 해서 비춰야 할 것인지, 알 수가 없는 것이었다.

❺ 「늙은 어머니는 그 막동이를 그렇게 만들어놓은 게 모두 소갈머리
└ 「 」: 아들에 대한 무조건적 사랑 – 아들이 갇혀 있는 상황이 자신의 탓이라고 여김.
없는 자기 때문이라 하며 혀를 깨물고 칵 죽어야 한다고 생각해보지 않은 건 아니었지만,」 마룻장 위에서 올골올 떨고 있는 그 막동이를 그대로 둔 채 눈을 감을 수란 도저히 없는 일이므로, 하루하루가 마냥 답답하고 기막히다 할지라도 이미 그놈한테 내리덮인 그 죄를 어떻게 벗겨줄 길이란 없는 일이니, 이제 그놈이 벗어나오는 날까지 이렇게 면회를 가서 얼굴이라도 볼 수 있는 것만도 고맙게 여기면서, 부지런
히 면회를 다니는 길밖에 없다 했다.
└ 절망스러운 상황을 이겨 내려는 끈질긴 의지가 드러남.

허우허우: 허우적허우적(손발 따위를 이리저리 자꾸 마구 내두르는 모양)을 줄여 이르는 말
부석부석하다: 살이 핏기가 없이 부어오른 데가 있다.
멀거니: 정신없이 물끄러미 보고 있는 모양
심중: 마음의 속
소갈머리: 마음이나 속생각을 낮잡아 이르는 말

*① 요약: 어머니가 부지런히 형무소에 갇힌 막동이의 면회를 다님.

❷ ① 한데, 그 면회나 자주 다닐 수 있었으면 하련마는 그놈이 집에 있을 때 품팔아 받아들인 쌀값으로 마련한 송아지를 도짓소로 준 것, 그

것을 팔아 면회를 다니며 써버린 뒤로는 「왔다 갔다 할 차비에 먹고 잘 돈, 면회 다니면서 그놈 먹고 마시게 할 돈…… 그걸 마련 못해 주
└ 「 」: ❷ 갈등 – 면회 다닐 돈을 마련하지 못하겠다는 자식들과 이를 섭섭해하는 어머니의 외적 갈등
겠다고 앙탈을 하는 자식들의 소행이 못내 섭섭하고 노여워,」 늙은 어머니는 그 저수지 둑 밑에 주저앉아 다리를 죽 뻗고 통곡이라도 해버렸으면 시원할 것 같은 심사를 억누르고, 부지런히 활갯짓을 하면서 오른손에 든 지팡이를 옮겨 놓았다.

❷ 그때 복받치는 격정이 목구멍을 막아 쿨룩 기침을 했고, 그사이 들이마신 찬바람 때문에 그 기침은 연거푸 터져 나오기 시작하여, 늙은 어머니는 쪼그려 앉아 오그라져 들어가는 뱃가죽을 그러쥐고, 숨이 발딱 넘어가는 곧 고욤 소리를 내다가, 헛돌던 치차가 잘못되어 달각 지르륵 하고 걸려 돌아가는 것처럼 "으음" 하고 목을 가다듬으며 일어섰다.

품팔다: 품삯을 받고 일하다.
도짓소: 한 해 동안에 곡식을 얼마씩 내기로 하고 빌려 부리는 소
앙탈: 시키는 말을 듣지 아니하고 꾀를 부리거나 피하여 벗어나는 짓
활갯짓: 걸음을 걸을 때에 두 팔을 힘차게 내젓는 짓
격정: 강렬하고 갑작스러워 누르기 어려운 감정
치차: 둘레에 일정한 간격으로 톱니를 내어 만든 바퀴(= 톱니바퀴)

*② 요약: 자식들이 면회 비용을 마련해 주지 못하겠다고 함.

(중략)

❸ ① 이날 면회 신청은 물론 그 늙은 어머니가 제일 먼저 하였다.❷ 접수
└ ❶ 시간적 배경
를 하고 나자 늙은 어머니는 조급해졌다.❸ 전에 하던 것으로 보아, 얼마 있지 않아 아들을 데려다줄 것이라 생각하며 곧 밥집으로 달려갔다.④ 가는 도중에 우유 장수를 만났다.❺ "아차, 잊을 뻔했구나" 하며 우유 두 병을 샀는데, 그게 제법 따끈한 게 다행이다 싶었다.

❻ 그걸 든 채로 밥집으로 가, 쇠고깃국 끓인 냄비를 한 손에 들고, 우유를 찹쌀떡 싼 보자기에 집어넣어 지팡이 든 손에 끼어 들고 면회장 입구로 달려가 기다리는데, 또 왜 이날 아침에야말로 이리도 더디 데려다주는 것인지 환장할 것 같았다.

❼ ⓐ "국이 다 식어뻘구만, 어째서 아직 안 데리고 나온다냐?" 하고
└ 「 」: 아들에게 따뜻한 음식을 먹이고자 하는 어머니의 지극한 모정
투덜거리던 늙은 어머니는, 쇠고깃국과 우유가 식는 게 안타까워 여기저기를 두리번거리다가 재빨리 묘안을 하나 생각해냈다.❽ 쇠고깃국을 대기소 안의 난로 위에 올려놓고, 우유는 치맛말을 들치고 젖가슴에다
└ ❶ 공간적 배경
꼭 끼워 묻었다.」

더디다: 어떤 움직임이나 일에 걸리는 시간이 오래다.
묘안: 뛰어나게 좋은 생각

*③ 요약: 어머니가 음식을 준비하여 막동이를 면회하러 감.

❹ ① 늙은 어머니의 바로 다음 차례로 접수를 했던 부인들과 남정네들이 자기들 이름을 불러줄 것을 기다리며 서성거리고 있었다.❷ 대기소에서 면회장으로 들어가는 입구를 지키는 교도관은 죄수들이 도착할 때마다 그 죄수 면회 온 사람 이름을 불러들이곤 했다.

❸ ⓑ '아니, 어짠 일이란가?'
└ 맨 먼저 면회 신청을 했는데도 아들을 만나지 못하는 상황을 의아하게 여김.
❹ 맨 먼저 접수를 시켰으니 응당 "이막동이 면회 온 분!" 하고 늙은 어머니의 이름을 더 먼저 불러들여야 할 일인데도, 이미 늙은 어머니보다 훨씬 늦게 접수한 사람들을 무려 여섯 사람이나 면회장 안으로 불

러들이면서도, 그 늙은 어머니를 불러 넣어주지는 않는 것이었다.

⑤ⓒ'뭣 땀시 이란단가?'

⑥「혹시 그놈이 아파서 못 나오는 것은 아닌가, 아니 어디 다른 데로
「 」: ❷ 중심 사건 – 맨 먼저 면회 신청을 한 어머니의 이름이 뒤늦게 불림.
보내버렸을까 하며 조급해진 늙은 어머니의 생각에, 꼭 열두 번째의
사람을 면회장 안으로 불러들였다고 느껴지는 순간 "이막동이 면회 온
분!" 하는 소리가 들려,」ⓓ"휘이, 이제야 데리고 나왔는가 보다" 하며
난로 위의 뜨거운 쇠고깃국 냄비를 뜨거운 것도 의식하지 못한 채 덥
석 들어 안고 면회장 안으로 들어서려는데, 입구를 지키던 교도관이
                                        ❶ 공간적 배경: 면회장 입구
"할머니!" 하고 늙은 어머니를 세우더니 손에 든 종이쪽지를 옆에 서
있는 다른 교도관에게 보이며 무슨 말인가를 속닥거렸다.⑦그러더니
눈살을 찌푸리며 쓴 입맛을 다시고 "이막동이가 아들이오?" 하고 물
었다.
〔응당: 그렇게 하거나 되는 것이 이치로 보아 옳게

*④ 요약: 면회장에서 어머니의 이름이 뒤늦게 불림.

⑤ "예에."

② 가슴이 후들거리고 기침이 목구멍 너머에서 자꾸 근질거리며 튀어
나오려는 것을 이를 악물어 억누르는데, "이막동이 말고 아들 또 있
                            막동이에게 문제가 생겼음을 말하기 어려워서 질문한 것임.
고?" 하고 다시 물었다.③ 둘이나 있다고 하자 그 교도관은 옆에 있는 교
도관하고 말을 주고받은 뒤 고개를 주억거리다가, "이막동이 어제 옮
겨갔어요" 하는 것이었다.

④ 무슨 뜻이냐고 묻자 교도관이 예쁘장하게 생긴 얼굴을 다시 한 번
일그러뜨리고, 문밖으로 멀리 갔다는 손짓을 곁들여 퉁명스러운 목소
리로, "목포로 갔단 말이오, 어제, 빨리 그리로 가보시오" 했다.
                    ❷ 중심 사건 – 막동이가 목포로 옮겨 갔다는 이야기를 들음.
⑤ 늙은 어머니는 자기의 귀를 의심했다.

⑥ "목포로 옮겨라우?"

⑦ 교도관은 고개를 깊이 주억거려주고, 잠시 동안 천장을 멀거니 쳐
다보다가 다음 사람을 불렀다.

⑧「ⓔ"어따 어메, 어쩌사 쓸꼬!" 하고 허둥허둥 나서다가, 쿨룩 쿠울
      예기치 못한 상황에 당혹감을 느낌.
룩 터져 나오는 기침 때문에 창자를 그러쥐느라고 쪼그려 앉은 늙은
어머니의 품속에서 우유병 하나가 떨어져 하얗게 박살이 나고 있었다.
⑨옆에 섰던 한 남자가 안되었다는 듯 끌끌 혀를 차는 것이, 그 늙은 어
「 」: ❸ 장면 묘사를 통해 어머니의 충격을 간접적으로 제시함.
머니의 귀에 들어갔을 까닭이 없을 것이었다.」
〔주억거리다: 고개를 앞뒤로 천천히 끄덕거리다.

*⑤ 요약: 막동이가 다른 곳으로 옮겨 갔다는 이야기를 듣고 어머니가 충격을 받음.

📖 독해 공식
❶ 중심인물: '어머니', 막동이 등
시간적 배경: 해방 후 이듬해, '이날'
공간적 배경: 동명동 형무소, 대기소, 면회장 입구
❷ 중심 사건: 어머니가 부지런히 막동이의 면회를 다님. 맨 먼저 면회 신청을 한 어머니의
이름이 뒤늦게 불림. 막동이가 목포로 옮겨 갔다는 이야기를 들음.
갈등: 면회 다닐 돈을 마련하지 못하겠다는 자식들과 이를 섭섭해하는 어머니의 외적 갈등
❸ 서술상 특징
• 서술자: 3인칭 서술자, 시점: 전지적 작가 시점
• 사투리를 사용하여 향토성(고향이나 시골의 정취가 담긴 특성)을 드러내고 있음.
• 쉼표를 여러 번 써서 호흡이 긴 문장을 사용하고 있음.
• 장면 묘사를 통해 인물의 심리를 간접적으로 제시하고 있음.

■ 내용: 이 작품은 해방 후를 배경으로 하여 사형 선고를 받고 형무소에 갇힌 아들
을 지극정성으로 옥바라지하는 어머니의 사랑과 믿음을 통해 모정의 위대함을 그
린 현대 소설이다. 전지적 서술자가 어머니의 시각에서 작중 상황을 서술하고 호
흡이 긴 문장을 사용함으로써 어머니의 내면과 한스러운 삶, 비극적 상황을 보다
효과적으로 드러내고 있다.

■ 인물 관계도

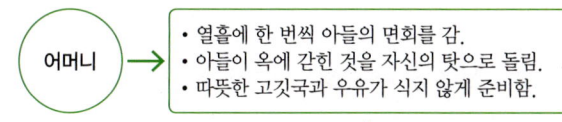

어머니 ──지극한 정성으로 아들의 옥바라지를 함.── 막동이
                                              국회위원에 입후보한 사람을
                                              암살한 혐의로 형무소에 수감됨.

■ 주제: 자식에 대한 어머니의 믿음과 사랑

■ 이것이 핵심!: '어머니'의 모정

어머니 → • 열흘에 한 번씩 아들의 면회를 감.
         • 아들이 옥에 갇힌 것을 자신의 탓으로 돌림.
         • 따뜻한 고깃국과 우유가 식지 않게 준비함.
         ⋮
      어머니의 무조건적인 사랑을 보여 줌.

■ 전체 줄거리: 아버지는 마름의 아들에게 소작료를 내려 줄 것을 간청하다가 매를
맞고 후유증으로 세상을 떠난다. 어머니는 이 사연을 아들들에게 이야기하고, 막
동이는 마을 사람들과 함께 마름 집을 습격했다가 쫓기는 신세가 된다. 어머니는
막동이를 설득하여 막동이가 마을을 떠나게 한다. 그 후 막동이는 국회위원에 입
후보한 사람을 암살한 죄로 형무소에 갇히게 된다. 어머니는 막동이를 위해 지극
정성으로 옥바라지를 한다. 없는 살림에 겨우 돈을 마련하여 쇠고깃국을 끓이고
우유와 찹쌀떡을 사서 면회를 가지만 막동이는 전날 광주에서 목포로 옮겨 갔다
고 하여 어머니는 막동이를 만나지 못한다.

Ⓒ 16 정답 ① *서술상 특징 파악하기

윗글에 대한 설명으로 가장 적절한 것은?

>왜 정답?
                                            작품 속
① 작품 밖 서술자가 특정 인물의 시각에서 작중 상황을 서술하
                 3인칭 서술자가 '어머니'의 시각에서 서술함.
  고 있다.

*근거: ⑴-❷

윗글에서는 '나'가 드러나지 않으므로 서술자가 작품 밖에 존재함을 알 수 있다.
그리고 '우리 막동이는 그럴 아이가 아니라고', '그놈의 허옇고 부석부석한 얼굴
을 보면서 쓰라린 마음을 달래곤 했었다.' 등에서 어머니의 시각에서 상황을 바
라보고 그 내면을 서술함을 알 수 있다.

>왜 오답?

② 동시에 벌어진 사건을 병렬적으로 배치하여 이야기의 흐름을
              나타나지 않음.
  지연하고 있다.

윗글에서는 시간의 흐름에 따라 사건이 제시되고 있으며, 동시에 벌어진 사건이
나란히 배치된 부분은 나타나지 않는다.

〔병렬적: 나란히 늘어서는 방식의 것
〔지연하다: 무슨 일을 더디게 끌어 시간을 늦추다.

③ 이야기 속에 또 다른 이야기를 삽입하여 사건의 인과 관계를
              나타나지 않음.
  추적하고 있다.

윗글에서 이야기 속에 또 다른 이야기를 삽입한 부분은 나타나지 않는다.

〔삽입하다: 글 따위에 다른 내용을 끼워 넣다.
〔인과 관계: 어떤 행위와 그 후에 발생한 사실과의 사이에 원인과 결과의 관계가
  있는 일

④ **서술자가 다양한 인물로 바뀌면서** 인물 간의 갈등을 다각적으 ~~나타나지 않음.~~
로 조명하고 있다.

윗글의 서술자는 작품 바깥의 전지적 작가로, 어머니의 시각에서 사건을 서술하고 있으며 서술자가 다양한 인물로 바뀌는 부분은 나타나지 않는다.

> 다각적: 여러 방면이나 부문에 걸친 것.
> 조명하다: 어떤 대상을 일정한 관점으로 바라보다.

⑤ **이야기 속 인물이 과거의 일을 고백하는 방식으로** 인물의 내 ~~나타나지 않음.~~
면을 서술하고 있다.

윗글에서는 3인칭 서술자가 인물의 내면을 서술하고 있을 뿐, 이야기 속 인물이 과거의 일을 고백하는 방식으로 내면을 서술하는 부분은 나타나지 않는다.

C 17 정답 ② ＊인물의 심리와 태도 파악하기

ⓐ~ⓔ에 대한 이해로 적절하지 <u>않은</u> 것은?

• ⓐ: ⓐ는 '국이 다 식어뿔구만, 어째서 아직 안 데리고 나온다냐?'입니다.
• ⓑ: ⓑ는 '아니, 어짠 일이란가?'입니다.
• ⓒ: ⓒ는 '뭣 땀시 이란단가?'입니다.
• ⓓ: ⓓ는 '휘이, 이제야 데리고 나왔는가 보다'입니다.
• ⓔ: ⓔ는 '어따 어메, 어째사 쓸꼬!'입니다.

즉 어머니의 말에 드러나는 심리를 잘못 파악한 것을 고르는 문제입니다.

> **왜 정답?**

② ⓑ: **막동이를 만날 수 없으리라는 절망감을 느끼고 있다.**
맨 먼저 접수를 한 자신이 불리지 않는 것을 의아해하는 것임.

＊근거: ④-❸, ❹
어머니는 '맨 먼저 접수를 시켰'으나 '어머니보다 훨씬 늦게 접수한 사람들을' 먼저 불러들이는 상황에 '아니, 어짠 일이란가?'라고 생각하고 있다. 이는 맨 먼저 접수를 한 자신이 불리지 않는 것을 의아하게 느낀 것이다. 이후 어머니는 막동이를 볼 수 없는 것은 아닌지 불안해하고 있으나, ⓑ에서 막동이를 만날 수 없을 것이라는 절망감을 느낀다고 볼 수는 없다.

> **왜 오답?**

① ⓐ: **막동이를 어서 만나고 싶어 하는 조바심을 드러내고 있다.**
아들을 빨리 만나 따뜻한 음식을 먹이고 싶어 조바심 냄.

＊근거: ③-❻, ❼
어머니는 제일 먼저 면회 신청을 하고 아들에게 먹일 쇠고깃국과 우유, 찹쌀떡을 준비하여 '면회장 입구로 달려가 기다리는데' 이날 유독 '더디 데려다주'어 '국이 다 식어뿔구만, 어째서 아직 안 데리고 나온다냐?'라고 말하고 있다. 이는 아들을 어서 만나서 따뜻한 음식을 먹이고 싶은 조바심을 드러낸 것이다.

> 조바심: 조마조마하여 마음을 졸임. 또는 그렇게 졸이는 마음.

③ ⓒ: **막동이를 볼 수 없을지도 모른다는 불안감을 느끼고 있다.**
아들에게 무슨 일이 있는 것은 아닌지 불안해함.

＊근거: ④-❹~❻
어머니는 자신보다 '훨씬 늦게 접수한 사람들을' 불러들이면서도 자신을 부르지 않자 '뭣 땀시 이란단가?'라고 생각하며 '혹시 그놈이 아파서 못 나오는 것은 아닌가, 아니 어디 다른 데로 보내버렸을까 하며 조급해'한다. 이는 아들에게 무슨 일이 생겨 볼 수 없을지도 모른다는 불안감을 드러낸 것이다.

④ ⓓ: **막동이를 만나게 될 것에 대한 반가움을 드러내고 있다.**
자신을 부르는 소리가 들려 아들을 곧 만날 수 있다고 생각함.

＊근거: ④-❻
어머니는 오랜 기다림 끝에 '이막동이 면회 온 분' 하는 소리가 들리자 '휘이, 이제야 데리고 나왔는가 보다'라고 말하며 '쇠고깃국 냄비를 뜨거운 것도 의식하지 못한 채 덥석 들어 안고 면회장 안으로 들어서려' 한다. 이는 아들을 곧 만날 수 있다는 반가움을 드러낸 것이다.

---

⑤ ⓔ: **막동이를 만나지 못한 상황에 대한 당혹감을 드러내고 있다.**
아들이 어제 목포로 옮겨 갔다는 말에 당혹해함.

＊근거: ⑤-❺~❽
어머니는 아들이 '목포로 옮겨' 갔다는 교도관의 말에 '자기의 귀를 의심'하며 '어따 어메, 어째사 쓸꼬!'라고 말하고 있다. 이는 막동이를 만나지 못하게 된 예기치 않은 상황에 당혹감을 느낀 것이다.

C 18 정답 ① ＊〈보기〉를 바탕으로 감상하기

〈보기〉를 참고하여 윗글을 감상한 내용으로 적절하지 <u>않은</u> 것은?
[3점]

• 〈보기〉: 윗글은 이데올로기의 대립에 휘말려 형무소에 갇힌 아들을 옥바라지하는 어머니의 이야기를 통해 무조건적 사랑과 모정의 위대함을 그리고 있습니다.
• 윗글: 꾸준히 아들의 면회를 다니던 어머니가 어느 날 예기치 않게 아들을 만나지 못하게 된 이야기를 전개하고 있습니다.

즉 어머니의 '무조건적 사랑'과 '모정의 위대함'이라는 주제 의식을 바탕으로 윗글을 이해한 내용 중 틀린 것을 고르는 문제입니다.

[보기]

❶이 작품은 해방 후 현대사의 정치적 격동기를 배경으로 하고 있다.❷이데올로기의 대립으로 인한 민족의 분열과 갈등에 휘말려 사형 선고를 받고 형무소에 갇힌 아들과 그 사실을 모르는 채 옥바라지를 하는 어머니의 지극한 사랑을 그리고 있다.❸어머니는
_④의 근거_
어떤 상황에서도 아들에 대한 믿음과 사랑을 잃지 않고, 아들을
_⑤의 근거_
탓하는 대신 자신의 탓으로 전가하는 무조건적 사랑을 보여 준
_②의 근거_
다.❹또한 다른 어떤 현실적 가치보다도 자식을 우선시하는 어머
_③의 근거_
니의 모습을 통해 모정의 위대함을 강조하고 있다.

격동기: 사회의 발전이나 역사가 급격하게 움직이는 시기.
이데올로기: 사회 집단에 있어서 사상, 행동, 생활 방법을 근본적으로 제약하고 있는 관념이나 신조의 체계.
옥바라지: 감옥에 갇힌 죄수에게 옷과 음식 따위를 대어 주면서 뒷바라지를 하는 일. 전가하다: 잘못이나 책임을 다른 사람에게 넘겨씌우다.
모정: 자식에 대한 어머니의 정.

> **왜 정답?**

① **돈을 마련 못해 주겠다고 앙탈하는 자식들과 어머니의 갈등은** **<u>해방 후 정치적 격동기의 단면을 보여 주는군.</u>**
어머니와 자식 사이의 갈등일 뿐, 해방 후 정치적 격동기의 모습이 드러나지는 않음.

＊근거: ②-❶
자식들이 면회 다닐 돈을 '마련 못해 주겠다고 앙탈을 하는' 것을 어머니는 '못내 섭섭하고 노여워'한다. 이는 개인적 상황으로 인한 갈등으로, 해방 후 정치적 격동기의 단면을 보여 주지는 않는다.

> **왜 오답?**

② **막동이가 처한 상황을 두고 자책하는 모습은 불행한 상황을** **자신의 탓으로 전가하는 어머니의 무조건적인 사랑을 보여 주** 아들이 수감된 것이 자기 때문이라고 여김.
는군.

＊근거: ①-❺, 〈보기〉 ❸ 문장
어머니는 막동이가 수감된 것이 '모두 소갈머리 없는 자기 때문이라고 하며' 자식의 불행까지 자신의 책임으로 여긴다. 이는 〈보기〉에서 설명한 '아들을 탓하는 대신 자신의 탓으로 전가하는 무조건적 사랑'을 보여 준다.

③ 송아지를 팔아 막둥이 면회를 갈 돈을 마련하는 어머니를 통해 현실적 가치보다 자식을 우선시하는 모정의 위대함을 엿볼 수 있군.

집안의 재산인 송아지를 팔아 아들 면회 비용을 마련함.

*근거: ②-❶, 〈보기〉 ❹ 문장

어머니는 막둥이의 면회 비용을 마련하기 위해 '송아지'를 판다. 이는 〈보기〉에서 설명한 '다른 어떤 현실적 가치보다도 자식을 우선시하는 어머니의 모습'으로, '모정의 위대함'을 보여 준다.

④ 쇠고깃국을 난로에 올리고 우유를 젖가슴에 품는 모습에서 아들에게 따뜻한 음식을 먹이고자 하는 어머니의 지극한 모정을 느낄 수 있군.

아들에게 줄 음식이 식지 않게 온갖 노력을 함.

*근거: ③-❽, 〈보기〉 ❷ 문장

어머니는 아들에게 줄 국과 우유가 식지 않도록 국은 난로에 올려놓고 우유는 가슴에 품는다. 이는 아들에게 따뜻한 음식을 먹이기 위해 한 행동으로, 〈보기〉에서 설명한 '옥바라지를 하는 어머니의 지극한 사랑'을 보여 준다.

⑤ 다른 사람이 막둥이에게 죄를 뒤집어씌운 것이라 생각하는 어머니를 통해 어떤 상황에서도 아들에 대한 믿음을 잃지 않으려는 모습을 엿볼 수 있군.

막둥이가 죄를 지을 사람이 아니라고 생각함.

*근거: ①-❷, 〈보기〉 ❸ 문장

어머니는 막둥이가 국회의원에 입후보한 사람을 암살한 죄로 형무소에 갇혔다는 소식을 듣고 '우리 막둥이는 그럴 아이가 아니라고, 그건 다른 사람이 뒤집어씌운 것일 거라고' 생각한다. 이는 〈보기〉에서 설명한 '어떤 상황에서도 아들에 대한 믿음과 사랑을 잃지 않는 어머니의 모습'에 해당한다.

C 19~22 *성석제, 〈내가 사랑한 반말족〉

[예상 문제]

❶ 중심인물, 배경　❷ 중심 사건, 갈등　❸ 서술상 특징
: ❸ 비판과 풍자(현실의 부정적 현상·모순 따위를 빗대어 비웃음.)

[앞부분의 줄거리] 내가 차를 길가에 대 놓고 맥주를 사기 위해 구멍가게에 들어갔다 나오니 차가 없어졌다. 머지않은 곳에 순찰차로 가는 사내가 있어 물어보니 그는 내가 차를 제대로 주차하지 않고 열쇠를 꽂아 둔 채 방치한 것을 지적하며 자신이 아니었으면 그 차는 도난당해 범죄에 이용되었을 것이라고 덧붙였다.

❶ 공간적 배경

❶❶ 중심인물

1 나는 내가 가게에 들어갔다 나온 시간이 오 분 정도밖에 되지 않지만 그 짧은 시간 동안 차문이 열려 있는 것을 확인하고, 그 차가 도난을 당할까 염려하는 한편, 그 차에 올라타 차를 반대 방향으로 돌려 세우고 문을 잠근 뒤, 차 주인이 오기까지 기다려 준 여러 가지 배려에 대해 감사한다고 정중히 말한 다음 열쇠를 돌려받으려고 했다. 「그런데 그는 쉽게 돌려주지 않았다.

❸ 서술자: '나', 시점: 1인칭 주인공 시점
'나'가 자리를 비운 사이 '그'가 한 행동
❶ 중심인물
「」: ❷ 중심 사건 – '그'가 반말을 하면서 차 열쇠를 돌려주지 않음.

❸ "뭐 하는 사람이야? 어디 살아?"」

❹ 비로소 내게 어떤 느낌이 왔다. ❺ ㉠ 앗, 반말족이다!

누구에게나 반말을 해 대는 반말족이라는 느낌　❸ 새로운 말을 만들어 대상의 특성을 표현함.

❻ 그러나 나는 신중하게 확인을 했다.

❼ "저는 그냥 면민입니다. 따라서 이 면에 살지요. 아저씨는 누구시죠? 성함을 여쭤 봐도 되겠습니까?"

❽ "왜?"

❾ "전에 제가 간 적이 있는 깊은 산속에 살던 사람들과 혹시 한 집안이 아닌가 해서 그럽니다. 성함은? 본관은? 고향은?"

❿ "지금 공무 집행 중인 경찰한테 장난하는 거야, 뭐야?"

'그'는 경찰이었음.

⓫ "앗, 경찰이셨나요? 정모를 착용하지 않고 슬리퍼를 신고 있는 경찰을 본 적이 없어서 몰라봤습니다. 그런데 요즘 경찰은 근무 중에 반드시 이쑤시개를 물고 시민을 상대하라는 규칙도 새로 정해졌나요?"

'그'의 차림새 → 경찰복을 제대로 갖추지 않음.
무례한 '그'의 태도를 우회적으로 비판함.

⓬ 그는 눈을 치켜떴다.

⓭ "어라. 이거 이제 보니 고맙다는 인사는 안 하고 트집을 잡네?"

⓮ "아까 고맙다는 인사는 드렸습니다. 아, 그 인사는 인사가 아닌가요? 무슨 뇌물을 바라시는 건 아닐 거고."

「」: ❷ 갈등 – 면허증을 요구하는 '그'와 경찰 신분임을 확인시켜 달라는 '나'의 외적 갈등

[A]

⓯ 그러자 그는 그렇지 않아도 새우처럼 가는 눈을 한껏 가늘게 뜨더니 내게 면허증을 제시하라고 요구했다. ⓰ 나는 그에게 먼저 경찰 신분임을 확인시켜 달라고 했다. ⓱ 그는 면허증 내놓으라고 소리를 질렀고 나 역시 고래고래 소리를 질러 가며 ㉡그가 신분증을 제시하지 않는 한 내 면허증을 보여 줄 수는 없다고 말했다.」

눈에는 눈 이에는 이의 태도

면민: 그 면(面)에 사는 사람
본관: 한 겨레나 가계의 맨 처음이 되는 조상이 난 곳
공무: 국가나 공공 단체의 일
정모: 정복에 갖추어 쓰는 모자

*⓵ 요약: '나'가 반말을 하는 '그'와 실랑이를 함.

❷ 그는 어이가 없어 하면서 다른 경찰을 불렀는데 그게 바로 내가 바라는 바였다. ❷ 우리에게 다가온 근무자는 근무 복장이 완벽했고

다른 경찰이 오는 것　'그'와 대조적인 모습

[B] 무전기를 들고 있었다. ❸ 처음부터 존댓말을 하는 그에게 나는 면허증을 내밀었다. ❹ 그는 무전기로 내 주민등록번호와 이름을 확인한 뒤 면허증을 돌려주었다.

❺ "이제 보니 나이도 적지 않은 사람이 왜 그렇게 애처럼 딱딱거리고 그러셔. 나하고 동갑이구만."

❻ ㉢반말족은 그제야 말투를 조금 바꾸었다. ❼ 나중에 알고 보니 그는 나보다 한 살이 어렸다. ❽ 겉보기로는 나보다 서너 살은 더 먹은 것처럼 보였지만, ❾ 내가 그에게 다 확인했으면 열쇠를 돌려 달라고 하자 그는 아쉽다는 듯 열쇠를 돌려주면서 말했다.

'그'가 말투를 바꾼 이유

❿ "법대로 하면 당신은 딱지를 끊어도 할 말이 없어. 내가 다 한동네 사람이라고 봐줄라구 그런 건데 그렇게 복장 따지고 반말한다고 따지고 그러는 게 아니지. 차가 있으면 단가. 제대로 간수를 할 줄 알아야지 말이야."

'나'의 면허증을 본 후에도 끝까지 반말을 함.

⓫ 나는 차 문을 열고 시동을 건 뒤, 유리창을 내리고 그에게 인사를 했다.

⓬ ㉣"자, 그럼 계속 근무해."

계속되는 '그'의 반말에 반말로 대응함.

⓭ 그는 뜻밖이라는 듯 나를 바라보았다.

⓮ "나도 자네하고 한 집안이야. 나중에 종친회에서 보자구."

❷ 중심 사건: '나'는 '그'에게 종친회에서 보자며 반말을 하고 떠남.

⓯ 그가 무슨 말인지 몰라 멍해 있는 사이에 나는 유유히 차를 몰아 작업실로 향했다.

⓰ 다음 날, 나는 우연히 그와 면사무소 앞에서 마주쳤다. ⓱ 내가 우체국으로 가는 길을 묻자 그는 깍듯이 존댓말로 대답을 했다. ⓲ 나도 질세

❶ 시간적 배경　❶ 공간적 배경
❷ 중심 사건: '나'를 다시 만난 '그'가 깍듯하게 존댓말을 함.

라, 도움을 주셔서 대단히 감사하다고 했더니 그는 경례까지 붙였다.
⑲⑪그 뒤로 우리는 몹시 친해졌다.

┌ **간수**: 물건 따위를 잘 거두어 보호하거나 보관함.
├ **종친회**: 성과 본이 같은 일가붙이끼리의 모임
└ **유유히**: 움직임이 한가하고 여유가 있고 느리게

＊② 요약: '나'의 대응에 '그'가 깍듯해짐.

📘 **독해 공식**
❶ **중심인물**: '나', '그'
시간적 배경: '다음 날', **공간적 배경**: '길가', '면사무소 앞'
❷ **중심 사건**: '그'가 반말을 하면서 차 열쇠를 돌려주지 않음. '나'는 '그'에게 종친회에서 보자며 반말을 하고 떠남. '나'를 다시 만난 '그'가 깍듯하게 존댓말을 함.
갈등: 면허증을 요구하는 '그'와 경찰 신분임을 확인시켜 달라는 '나'의 외적 갈등
❸ **서술상 특징**
• 서술자: '나', 시점: 1인칭 주인공 시점
• 일상적인 사건을 소재로 이야기를 전개하고 있음.
• 인물과 상황에 대한 비판과 풍자(현실의 부정적 현상·모순 따위를 빗대어 비웃음.)가 드러나고 있음.
• 새로운 말을 만들어 대상의 특성을 표현하고 있음.

■ **내용**: 이 작품은 일상생활에서 겪을 만한 다양한 경험을 소재로, 풍자와 위트를 보여 주는 현대 소설이다. 작가는 '무슨무슨 족'이라는 이름을 붙여 우리 주변에서 어렵지 않게 만날 수 있는 인물들의 특성을 재치 있게 표현하고 있다.

■ **인물 관계도**

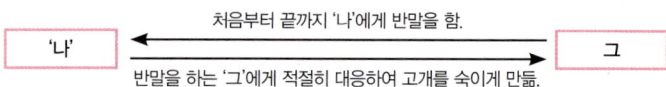

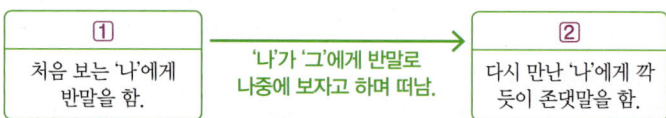

■ **주제**: 무례한 사람에 대한 풍자

■ **이것이 핵심!**: '그'의 태도 변화

┌─────────────┐   ┌─────────────┐
│   ①   │ '나'가 '그'에게 반말로 │   ②   │
│ 처음 보는 '나'에게 │ 나중에 보자고 하며 떠남. │ 다시 만난 '나'에게 깍 │
│   반말을 함.   │ ───────────→ │ 듯이 존댓말을 함. │
└─────────────┘   └─────────────┘

■ **전체 줄거리**: '나'는 길가에 차를 잠시 주차해 놓았다가 초면인 사람에게 다짜고짜 반말을 하는 반말족 경찰관을 만난다. '나'는 반말족 경찰관의 불쾌한 태도에 소리를 지르며 맞선 뒤 마찬가지로 반말을 함으로써 그의 존댓말을 이끌어 낸다. 반말족을 만났을 때의 대응법은 다음과 같다. 자기가 반말족일 경우, 함께 반말을 써서 한 핏줄임을 확인시킨다. 아니면, 무조건 큰소리로 상대한다. 반말족의 강력한 라이벌은 '목청 큰 놈이 이긴다'족이기 때문이다.

C 19　정답 ④　＊서술상 특징 파악하기

윗글에 대한 설명으로 적절하지 <u>않은</u> 것은?

> **왜 정답 ?**

④ 서술자가 인물이 처한 상황과 심리를 <u>객관적이고 분석적으로 제시</u>하고 있다.
　서술자가 자신의 심리를 주관적으로 전달함.

＊근거: ①-❹, ②-❶

윗글의 서술자는 '나'로, '나'는 초면에 반말을 하는 경찰과 있었던 일을 이야기하고 있다. 즉, 서술자가 자신이 경험한 내용을 직접 전하고 있으므로 윗글은 1인칭 주인공 시점이다. 그리고 서술자 '나'는 '비로소 내게 어떤 느낌이 왔다.', '그게 바로 내가 바라는 바였다.'와 같이 '그'를 상대하며 자신이 느낀 점을 주관적으로 전달하고 있다. 따라서 서술자가 인물이 처한 상황과 심리를 객관적으로 제시하고 있다는 설명은 적절하지 않다.

> **왜 오답 ?**

① 주변의 인물이나 사물에 대한 웃음을 유발한다.
　'그'를 풍자하여 웃음을 유발함.

＊근거: ①-❺, ⑪, ⑭

윗글에서는 초면에 반말을 하는 '그'를 '반말족'이라고 지칭하고, '앗, 경찰이셨나요? 정복을 착용하지 않고 슬리퍼를 신고 있는 경찰을 본 적이 없어서 몰라봤습니다.'와 같이 무례한 '그'를 풍자함으로써 웃음을 유발하고 있다.

② 일상적인 사건을 제재로 한 에피소드를 중심으로 구성되어 있다.
　반말하는 경찰과의 일화를 소재로 구성됨.

윗글은 일상에서 초면에 반말을 하는 경찰과 만났던 일을 소재로 한 짧막한 이야기로 구성되어 있다.

┌ **일상적**: 날마다 볼 수 있는
├ **제재**: 예술 작품이나 학술 연구의 바탕이 되는 재료
└ **에피소드**: 어떤 이야기나 사건의 줄거리에 끼인 짧막한 토막 이야기

③ '나'의 체험을 <u>특별한 장치 없이 직접적으로</u> 독자에게 제시하고 있다.
　서술자 '나'가 자신의 체험을 직접적으로 소개함.

윗글은 소설에서 사용하는 시점의 전환이나 입체적 구성과 같은 특별한 장치를 사용하지 않고 서술자 '나'가 자신의 체험을 직접적으로 소개하고 있다.

⑤ 서술자가 자신의 체험을 소개하고 있어서 서술자와 등장인물의 거리가 가깝게 느껴진다.
　서술자 자신과 주변 사람들의 이야기임.

윗글은 1인칭 주인공 시점으로, 서술자가 자신의 이야기를 직접 전하고 있다. 즉, 서술자가 전하는 이야기는 자신이 주변 사람들과 상호작용하며 겪은 이야기이므로, 서술자와 이야기에 등장하는 인물들의 거리가 가깝다고 할 수 있다.

C 20　정답 ②　＊상황에 맞는 관용 표현 찾기

윗글을 바탕으로 〈보기〉의 '대응법'을 정리했다고 할 때, 빈칸에 들어갈 말로 적절한 것은?

┌─────────── [보기] ───────────┐

참고: 반말족을 만났을 때의 대응법

(1) 함께 반말을 함으로써 한 핏줄임을 확인시킨다.
　'자, 그럼 계속 근무해.', '나도 자네하고 한 집안이야.'
(2) 반말족이 소리를 지를 경우에는 무조건 더 큰 목소리로 상대
　'그는 ～ 소리를 질렀고 나 역시 고래고래 소리를 질러 가며'
　한다. 반말족의 라이벌 부족으로는 (　　　　)족이 있다.

└──────────────────────────────┘

> **왜 정답 ?**

② 목청 큰 놈이 이긴다
　큰 목소리로 우기는 사람의 뜻대로 흘러가게 된다는 말

＊근거: ①-⑰, 〈보기〉(2)

윗글에서 '나'는 '면허증을 내놓으라고 소리를' 지르는 '그'에게 '고래고래 소리를 질러 가며' 큰 목소리로 대응하고 있다. 이에 따라 〈보기〉에서는 반말족을 만났을 때 '반말족이 소리를 지를 경우에는 무조건 더 큰 목소리로 상대'하라고 제시했으므로, 반말족의 라이벌 부족은 큰 목소리로 상대하는 것과 관련이 있음을 짐작할 수 있다. 따라서 빈칸에는 큰 목소리로 우기는 사람의 뜻대로 흘러가게 된다는 뜻인 '목청 큰 놈이 이긴다'가 들어가는 것이 적절하다.

> **왜 오답 ?**

① 우는 아이 젖 준다
　조르는 사람이 원하는 대로 해 준다는 의미이므로 큰소리로 상대하는 것이 아님.

'우는 아이 젖 준다'는 보채고 조르는 사람이 원하는 것을 얻기가 쉽다는 뜻으로, '큰 목소리로 상대한다'는 것과 관련이 없으므로 빈칸에 들어가기에 적절하지 않다.

③ **남의 떡으로 설 쇠기**
남의 덕으로 일을 해결한다는 것이므로 큰소리로 상대하는 것이 아님.

'남의 떡으로 설 쇠기'는 자기는 힘을 들이지 않고 남의 덕으로 이익을 본다는 뜻으로, '큰 목소리로 상대한다'는 것과 관련이 없으므로 빈칸에 들어가기에 적절하지 않다.

[쇠다: 명절, 생일, 기념일 같은 날을 맞이하여 지내다.

④ **봉사가 개천을 나무란다**
남 탓을 하는 것이지 큰소리로 상대하는 것이 아님.

'봉사가 개천을 나무란다'는 자신의 잘못은 생각하지 않고 남을 원망한다는 뜻으로, '큰 목소리로 상대한다'는 것과 관련이 없으므로 빈칸에 들어가기에 적절하지 않다.

[봉사: '시각 장애인'을 낮잡아 이르는 말
[개천: 시내보다는 크지만 강보다는 작은 물줄기

⑤ **오는 정이 있어야 가는 정이 있다**
남이 나를 생각해 주어야 나도 남을 생각해 준다는 의미로 상황과 거리가 멂.

'오는 정이 있어야 가는 정이 있다'는 남이 나를 생각해 주어야 나도 남을 생각해 준다는 뜻으로, 윗글의 상황이나 '큰 목소리로 상대한다'는 것과 관련이 없으므로 빈칸에 들어가기에 적절하지 않다.

C 21 정답 ③ ＊인물의 심리와 태도 파악하기

㉠～㉤에 대한 설명으로 적절하지 않은 것은?

• ㉠: ㉠은 초면에 반말을 하는 '그'를 본 '나'의 반응입니다.
• ㉡: ㉡은 면허증을 요구하는 '그'에 대한 '나'의 대응입니다.
• ㉢: ㉢은 '나'의 면허증을 본 '그'의 반응입니다.
• ㉣: ㉣은 계속해서 반말을 하는 '그'에 대한 '나'의 대응입니다.
• ㉤: ㉤은 '그'가 존댓말을 한 후의 결과입니다.

즉 ㉠～㉤에 드러나는 인물의 심리와 태도에 대한 설명 중 틀린 것을 고르는 문제입니다.

>왜 정답?

③ ㉢: '나'가 나이가 적다고 생각하여 반말을 하던 '그'가 ~~동갑임을 알고~~ 말투를 바꾸는 것이다.
나'가 한 살 더 많은 것을 알게 됨.

＊근거: ②-④~⑦

'그'는 '내 주민등록번호와 이름을 확인한 뒤'에 말투를 바꾸었는데, '나'는 '나중에 알고 보니 그는 나보다 한 살이 어렸다'고 했다. 즉, 반말을 하던 '그'가 말투를 바꾼 것은 '나'가 자신보다 한 살이 더 많은 것을 알게 되었기 때문으로 볼 수 있다. ㉢의 앞에 '그'가 '나하고 동갑이구만'이라고 말하는 부분이 있지만 이는 '그'가 이미 '나'에게 반말을 해 댔기 때문에 자신이 '나'보다 어린 것을 알고도 동갑이라고 둘러댄 것이라 볼 수 있다.

>왜 오답?

① ㉠: '그'의 어투를 듣고 생각해 낸 것으로 '나'의 다음 대응이
'뭐하는 사람이야? 어디 살어?'라는 '그'의 반말을 듣고 생각한 것임.
나오게 된 이유가 된다.

＊근거: ①-③~⑦

'나'는 '뭐하는 사람이야? 어디 살어?'라며 반말을 하는 '그'의 어투를 듣고 '그'가 누구에게나 반말을 해 대는 '반말족'이라고 판단한다. 그리고 이에 따라 '그'가 반말족인지 '신중하게 확인'하기 위해 '아저씨는 누구시죠? 성함을 여쭤 봐도 되겠습니까?'라고 묻고 있다.

② ㉡: 다른 경찰을 불러들이려는 의도에서 하는 '나'의 대응 태도
'다른 경찰을 불렀는데 그게 바로 내가 바라는 바였다.'
이다.

＊근거: ①-⑰, ②-①

'나'는 면허증을 내놓으라고 소리 지르는 '그'에게 '고래고래 소리를 질러 가며 그가 신분증을 제시하지 않는 한 내 면허증을 보여 줄 수는 없다'고 대응한다. 그리

고 '그'가 어이없어하며 다른 경찰을 부르자 '그게 바로 내가 바라는 바였다'라고 한다. 이를 통해 '나'가 면허증을 보여 주지 않으려고 했던 이유가 다른 경찰을 부르기 위해서였음을 알 수 있다.

④ ㉣: '그'가 동갑이라는 말을 하자 '나'도 어투를 바꾸어 반말로 대응하고 있다.
'이제 보니 ~ 나이도 나하고 동갑이구만.'

＊근거: ②-⑤~⑫

'그'는 나의 면허증을 확인하고 '나하고 동갑이구만'이라고 하며 끝까지 반말을 한다. 이에 '그'의 말을 통해 동갑임을 알게 된 '나'는 말투를 바꾸어 '자 그럼 계속 근무해'라며 계속되는 '그'의 반말에 반말로 대응하고 있다.

⑤ ㉤: '그'와 '나'의 갈등이 해소되었음을 알 수 있다.
'그'가 '나'를 깍듯이 대하게 되면서 친해짐.

＊근거: ②-⑭~⑲

'나'가 '그'에게 '나중에 종친회에서 보자'는 말을 남기고 떠난 다음 우연히 다시 마주쳤을 때 '그'는 '나'에게 '깍듯이 존댓말로 대답'을 하고 '나' 또한 '그'에게 예의를 갖춰 대한다. 이후 두 사람은 '몹시 친해졌다'고 했으므로 '그'와 '나'의 갈등이 해소되었음을 알 수 있다.

C 22 정답 ③ ＊〈보기〉를 바탕으로 감상하기

[A]와 [B]에 대한 설명으로 적절한 것을 〈보기〉에서 골라 바르게 묶은 것은?

• [A]: 면허증을 요구하는 '그'와 경찰 신분임을 확인시켜 달라는 '나'의 갈등이 드러나는 부분입니다.
• [B]: 갈등을 해결하기 위해 다른 경찰이 등장하고 '나'의 면허증을 확인하는 부분입니다.

즉 [A]와 [B]에 드러난 갈등 상황을 알맞게 이해한 것을 고르는 문제입니다.

>왜 정답?

ㄴ. [A]의 '그'의 모습과 [B]의 '다른 경찰'이 대비되고 있다.
반말을 하는 '그'와 존댓말을 하는 '다른 경찰'의 모습이 대비됨.

＊근거: ①-⑬~⑰, ②-①~④

[A]에서 '그'는 '어라. 이거 이제 보니 ~ 트집을 잡네?'라며 '나'에게 반말을 했지만, [B]에서 '다른 경찰'은 '처음부터 존댓말'을 했다고 했다. 즉, [A]에서 반말을 하는 '그'의 모습과 [B]에서 존댓말을 하는 '다른 경찰'의 모습이 대비되고 있다.

ㄹ. [B]와 같은 결과가 일어나도록 하기 위해 [A]에서 '나'가 트집
다른 경찰을 오게 하려고 '그'에게 경찰 신분임을 확인시켜 달라고 요구함.
을 잡은 것이다.

＊근거: ①-⑬~⑰, ②-①~④

[A]에서 '나'는 '그가 신분증을 제시하지 않는 한 내 면허증을 보여 줄 수는 없다'며 트집을 잡고 있다. 그 결과 [B]에서 '그는 어이가 없어 하면서 다른 경찰을 불렀는데 그게 바로 내가 바라는 바였다'고 했다. 즉, [A]에서 '나'가 트집을 잡은 것은 문제의 해결을 위해 [B]와 같은 결과가 일어나도록 하기 위해서였다.

>왜 오답?

ㄱ. [A]에서의 갈등 상황이 [B]에서 더 강화되고 있다.
[B]에서 갈등이 해소되기 시작함.

[A]에서 '나'는 '그'와 면허증을 주고받는 문제로 실랑이를 하는데, [B]에서 '다른 경찰'이 오게 됨으로써 '나'와 '그'의 갈등은 강화되는 것이 아니라 해소되는 단계로 넘어가고 있다.

ㄷ. [A]는 개인과 개인의 갈등이지만, [B]는 ~~개인과 집단의 갈등~~
드러나지 않음.
이 드러나고 있다.

[A]에서 '나'와 '그'가 갈등하는 것은 개인과 개인의 갈등에 해당한다. 하지만 [B]에서 '나'와 '그'의 갈등은 해소되기 시작하며, 개인과 집단의 갈등은 드러나지 않고 있다.

[2021 대비/경찰대 41~45]

❶ 중심인물, 배경 ❷ 중심 사건, 갈등 ❸ 서술상 특징

① 태연스럽게 그러한 얘기들을 나누던 유생들도, 오봉 선생의 관이 땅속으로 들어가자, 상가 가족들 못지않게 비통한 표정들을 하였다.
❶ 시·공간적 배경: 오봉의 장례
② 오봉 선생의 옥중 동지였던 한 선비는 일부러 가야 부인을 찾아와서
❶ 중심인물: 가야 부인 ❷ 서술자: 3인칭 서술자, 시점: 전지적 작가 시점
흐느끼는 부인의 어깨를 두드리며 위로까지 하였다. ❸ ⓐ(그는 재판정
❸ 괄호 사용 – 김 진사가 가야 부인을 위로하는 행위에 대한 개연성(사건이 실제로 일어날 법한 특성)을 부여함.
에서 그녀의 얼굴을 기억했던 것이다.)
                감옥
④ ⑤"오, 효부였더군! 내 까막소에서 오봉으로부터 잘 들었소. 친정이
김 진사가 가야 부인에게 친밀감을 표현함. ❶ 중심인물
김해라 했지요? 나는 창원이요. 창원 김 진사라면 다 아요."
                                    ❸ 사투리 사용
⑤ 이러고는 다시,

⑥ "억울하지! 만약 우리 오봉과 가야 부인 같은 이들만 이 땅에 살았
더람……."
친일 세력에 대한 김 진사의 반감이 드러남.

⑦ 이렇게 혼잣말처럼 중얼거리면서 선비들이 모여 앉은 잔디밭께로
돌아갔다. ⑧ 위엄이 있는 말씨라든가, 자가 넘게 자란 흰 수염을 바람에
        김 진사의 위엄 있는 모습
날리며 돌아가는 모습이 과연 기백이 대단한 어른같이 보였다. ⑨ 결국
이 창원 김 진사란 선비가 그냥 있지를 않았다. ⑩ 평토제가 끝나고 해반
                            상두꾼 소리를 거두는 것
과 아울러 으레 있는 식사와 주찬이 나돌 무렵이었다. ⑪ 술도 얼마 돌지
않았을 땐데, 별안간 선비들이 모여 앉은 자리에서 호통 소리가 일어
났다.

유생: 유학을 공부하는 선비
상가: 사람이 죽어 장례를 치르는 집
비통하다: 몹시 슬퍼서 마음이 아프다.
효부: 시부모를 잘 섬기는 며느리
기백: 씩씩하고 굳센 기상과 진취적인 정신
평토제: 시체를 파묻고 봉분을 만든 뒤에 지내는 제사
주찬: 술과 안주를 아울러 이르는 말

*① 요약: 오봉의 장례에서 김 진사가 가야 부인에게 위로를 건넴.

② "이놈, 개 같은 놈!"
❷ 중심 사건: 김 진사가 오봉의 장례에 온 이와모도 참봉에게 호통을 침.
② 소리의 주인공은 아까 그 창원 김 진사란 늙은 선비였다. ❸ 그는 계속
수염을 부들부들 떨며,

④ ⑥"오봉은 바로 네 자식이 쥑있단 말여! 알겠나, 이 개 같은 놈아?
        오봉 선생의 죽음의 원인을 이와모도 참봉 쪽에 돌림.
알았음 썩 물러가거라! 뻔뻔스럽게……."

⑤ "이놈이 무슨 소릴 대어놓고ⓑ(함부로) 하노?"

⑥ 상대방은 역시 이와모도 참봉이었다. ⑦ 이와모도도 같이 수염을 떨어
                            ❶ 중심인물: 창씨개명한 친일파
댔다. ⑧ 얼굴이 넓적해 그런지 꼭 삽살개가 으르대는 것 같았다. ⑨ ⓒ아무
래도 그는 처음부터 자릴 잘못 잡았던 것이다. ⑩ 애당초 그런 데 온 것부
                            ❸ 서술자의 개입 – 김 진사와 이와모도 참봉의 갈등에 개연성을 부여함.
터가 그렇고…….

⑪ 그러나 그도 지기는 싫었다. ⑫ 지다니!

⑬ "이놈아, 안 가라 캐도 갈 끼닷! 버릇없는 니놈과 자리를 같이하다
「 」: 갈등 – 이와모도 참봉에게 호통치는 김 진사와 이에 대적하는 이와모도 참봉의 외적 갈등
니……."

⑭ 이와모도 참봉은 벌써 자리에서 일어서 있었다. ⑮ 상주들이 달려가
말리었으나, 이와모도 참봉은 들을 리 만무했다. ⑯ 그는 화를 머리끝까
지 올려 가지고 어기적어기적 산을 내려갔다.

⑰ "저런!"

⑱ 상가측에서 백관 한 사람이 급히 그를 뒤따라갔다.

참봉: 조선 시대에, 여러 관아에 둔 종구품 벼슬
상주: 주(主)가 되는 상제(부모나 조부모가 세상을 떠나서 거상 중에 있는 사람)
만무하다: 절대로 없다.

*② 요약: 상가에서 김 진사와 이와모도 참봉이 대립함.

(중략)

③ 죽은 이와모도 참봉의 아들 이와모도 경부보 같은 위인들이 목에
핏대를 올려 가며 그들의 '제국'이 단박 이길 듯 떠들어 대던 소위 대동
                                        일본
아 전쟁이 얼른 끝장이 나긴커녕, 해가 갈수록 무슨 공출이다, 보국대
❶ 시간적 배경: 태평양 전쟁
다, 징용이다 해서 온갖 영장들만 내려, 식민지 백성들을 도리어 들볶
기만 했다. ❷ 그리고 그것은 '제국'의 빛나는 승리를 위해서 불가피한 일
이라고들 했다.

❸ 「몰강스런 식량 공출을 위시하여 유기 제기의 강제 공출, 송탄유와
「 」: 일제의 가혹한 수탈 놋그릇 제사에 쓰는 그릇
조선(造船) 목재 헌납을 위한 각종 부역과 근로 징용은 그래도 좋았다.

④ 조상 때부터 길러 오던 안산 바깥산들의 소나무들까지 마구 찍혀 쓰러
진 다음엔 사람 공출이 시작되었다. ❺ '전력 증강'이란 이유로 영장 받은
남정들은 탄광과 전장으로, 처녀들은 공장과 위안부로 사정없이 끌려
나갔다. 」 ⑥ 그러한 오봉산 발치 열두 부락의 가난한 집 처녀 총각과 젊
은 사내들은 이마를 히노마루ⓒ(일본 국기)에 동여매인 채, 울고불고
하는 가족들의 손에서 떨어져, 태고나루에서 짐덩이처럼 떼를 지어 짐
배에 실렸다. ⑦ ⓓ(물금까지 나가면 기차편도 있었지만 차는 위에서
              ❶ 공간적 배경: 나루터
오는 그러한 사람들로 항상 만원이었다.) ⑧ ⓔ손자녀를, 자식을, 남편
을, 딸을 그렇게 빼앗긴 할머니, 어머니, 아버지, 안내 들은 태고나루
에서 눈물을 짓다 가까운 미륵당을 찾기가 일쑤였다. ⑨ "명천 하느님
                        ❶ 공간적 배경
요!" 하고 땅을 치던 그들은 말 없는 미륵불 앞에 엎드리어 떠난 아들
                헤어진 가족의 안녕과 가족이 무사히 재회하기를 기원하는 행위
딸들이 무사히 살아 돌아오기를 빌고 또 비는 것이었다.

⑩ "시줏돈을랑 그만두이소! 내가 대신 다 내놓았임데이……."

⑪ ⓕ돌아간 시할아버지와 시아버지, 그리고 만세통에 총 맞아 죽은
시숙과 딸의 영가를 거기에 모셔 둔 가야 부인은 오며가면 그러한 분
                        ❷ 중심 사건: 가야 부인이 가족들과 헤어진 사람들을 위로함.
들을 위로하기에 바빴다.

⑫ "억울한 말이싸 우째 다 하겠능기요. 나도 이렇게 안 살아있능기요."

⑬ 흐느끼는 아낙네들의 손을 잡아 주며 조용히 "관세음보살"을 염하는
                        친일파에 대한 적개심마저 종교로 승화시키는 숭고한 정신을 드러냄.
것이었다. ⑭ 먼데서 온 분은 기어이 재워 보내기도 했다. ⑮ 그것은 가야
부인 자신에게도 필요한 공덕이었다.

경부보: 대한 제국 때에, 경부의 아래, 순사 부장의 위에 있던 판임 경찰관
단박: 그 자리에서 바로를 이르는 말
공출: 국민이 국가의 수요에 따라 농업 생산물이나 기물 따위를 의무적으로 정부
에 내어놓음.
대동아 전쟁: '태평양 전쟁'을 당시 일본에서 이르던 말. 1941년부터 1945년까지
일본과 연합국 사이에 벌어진 전쟁. 제이 차 세계 대전의 일부로서, 일본의 진주
만 기습으로 시작되어 일본의 무조건 항복으로 끝났다.
보국대: 일제 강점기에, 우리나라 사람을 강제 노동에 동원하기 위하여 만든 노
무대
몰강스럽다: 인정이 없이 억세며 성질이 악착같고 모질다.
위시하다: 여럿 중에서 어떤 대상을 첫자리 또는 대표로 삼다.

송탄유: 솔가지를 잘라서 불에 구워 받은 기름

헌납: 돈이나 물건을 바침.

증강: 수나 양을 늘리어 더 강하게 함.

남정: 열다섯 살이 넘은 사내

부락: 시골에서 여러 민가(民家)가 모여 이룬 마을. 또는 그 마을을 이룬 곳

미륵당: 미륵보살을 모셔 놓고 비는 집

명천: 모든 것을 똑똑히 살피는 하느님

영가: 육체 밖에 따로 있다고 생각되는 정신적 실체(= 영혼)

시줏돈: 불교에서, 승려나 절에 바치는 돈

염하다: 조용히 불경이나 진언(眞言) 따위를 외우다.

공덕: 좋은 일을 행한 덕으로 훌륭한 결과를 가져오게 하는 능력

★ ③ 요약: 집안이 흔들린 후 불심에 의지하며 사람들을 위로하는 가야 부인

🌟 독해 공식

❶ 중심인물: 가야 부인, 김 진사, 이와모도 참봉 등

시간적 배경: 오봉의 장례날, 태평양 전쟁

공간적 배경: 오봉의 장례식, 태고나루, 미륵당

❷ 중심 사건: 김 진사가 오봉의 장례에 온 이와모도 참봉에게 호통을 침. 가야 부인이 가족들과 헤어진 사람들을 위로함.

갈등: 이와모도 참봉에게 호통치는 김 진사와 이에 대적하는 이와모도 참봉의 외적 갈등

❸ 서술상 특징

• 서술자: 3인칭 서술자, 시점: 전지적 작가 시점

• 괄호와 서술자의 개입으로 인물의 행위에 개연성(사건이 실제로 일어날 법한 특성)을 부여하고 있음.

• 사투리를 사용하여 향토성(고향이나 시골의 정취가 담긴 특성)을 드러내고 있음.

■ 내용: 이 작품은 구한말부터 해방 직후를 배경으로 한 여인의 가족사를 통해 우리 민족의 수난사를 드러내고 있는 현대 소설이다. 제목인 '수라도(修羅道)'는 불교에서 아수라(阿修羅)라는 악마들이 사는 곳을 말한다. 이는 작품에서 그려지고 있는 일제 치하와 해방 후 우리 민족의 모순된 현실이 전쟁과 다툼이 끝나지 않는 어둠의 세계와 같다는 것을 의미한다.

■ 인물 관계도

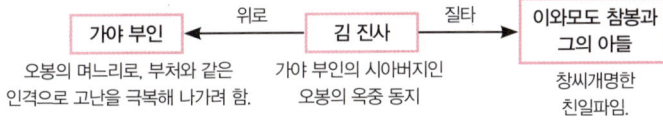

가야 부인	←위로→	김 진사	←질타→	이와모도 참봉과 그의 아들
오봉의 며느리로, 부처와 같은 인격으로 고난을 극복해 나가려 함.		가야 부인의 시아버지인 오봉의 옥중 동지		창씨개명한 친일파임.

■ 주제: 민족적 수난에 대응하는 가야 부인의 인고와 초월 의지

■ 이것이 핵심!: 제목의 상징적 의미

> **수라도(修羅道)**
>
> 불교에서 말하는 아수라도(阿修羅道). 윤회하는 여섯 세상인 육도(六道)의 하나로서, 교만하고 시기심이 많은 사람이 죽은 후에 가는 악귀의 세계를 의미함.

→ 해방 후에도 친일파가 득세하는 우리 민족의 비극적인 상황을 상징적으로 드러냄.

■ 전체 줄거리: 가야 부인은 국권 상실 다음 해에 허씨 문중으로 시집을 간다. 그러나 시아버지 오봉 선생의 대쪽 같은 성품으로 집안은 온갖 시련을 겪는다. 시할아버지 허 진사는 만주에서 독립운동을 하다가 유골로 돌아오고, 시동생 밀양 양반은 3·1 운동 때 죽임을 당한다.

오봉 선생은 한산도 사건이라는 애국지사 박해 사건에 엮여 갖은 고초를 겪는다. 한편 일본에 건너가 대학을 다니던 아들은 학병을 피해 숨어 다녀야 했고, 집안일을 도우며 수양딸 노릇을 하던 옥이마저 끌려갈 뻔한 사건이 일어난다. 이후 가야 부인은 기울어져 가는 집안 살림을 맡고, 미륵당을 지어 의지할 데 없는 마을 사람들을 위로하며 자신의 삶을 찾아 나간다. 오봉 선생은 출옥 후 후유증으로 세상을 떠나고, 이듬해에 광복은 되었지만 친일 행각을 일삼는 집들만이 더욱 번창한다. 가야 부인은 광복을 맞이하고도 신통한 일을 보지 못한 채 숨을 거둔다.

🟪C 23 정답 ① ★서술상 특징 파악하기

윗글의 서술 방식에 대한 진술로 가장 적절한 것은?

❯왜 정답?

① 서술자가 인물의 말과 행동에 내재된 심리를 서술하고 있다.

'그는 재판정에서 그녀의 얼굴을 기억했던 것이다.', '그러나 그도 지기는 싫었다.'

★근거: ①-❷, ❸, ②-⑪, ⑬

윗글의 서술자는 '그는 재판정에서 그녀의 얼굴을 기억했던 것이다.'라며 김 진사가 '일부러 가야 부인을 찾아와서' 위로한 행동에 내재된 심리를 서술하고 있다. 또한 '그러나 그도 지기는 싫었다.'라며 '이놈아, 안 가라 캐도 갈 끼닷'이라는 이와모도 참봉의 말에 내재된 심리를 서술하고 있다.

❯왜 오답?

등장인물의 마음속 생각을 1인칭 현재 화법의 형태로 드러내는 서술 기법

② 인물의 내적 독백을 사용하여 사건을 요약적으로 제시하고 있다. (나타나지 않음.)

윗글에서는 인물의 대사와 이에 대한 전지적 서술자의 설명만이 제시될 뿐, 내적 독백은 나타나지 않는다.

③ 작가가 외부 관찰자의 입장에서 사건을 객관적으로 서술하고 있다. (전지적 작가 시점이므로 적절하지 않음.)

★근거: ②-⑩, ⑪

윗글의 서술자는 작품 속에 등장하지 않는 3인칭 서술자로, 외부 관찰자의 입장이라고 볼 수 있다. 하지만 3인칭 서술자가 '그도 지기는 싫었다.'와 같이 인물의 심리를 제시하고 있고, '애당초 그런 데 온 것부터가 그렇고……'에서는 서술자의 주관적 생각이 나타나고 있다. 따라서 사건을 객관적으로 서술하고 있다는 설명은 적절하지 않다.

④ 특정 인물의 반어적 어조를 통해 인물 간의 대립과 갈등을 강조하고 있다. (인물의 대사에 반어적 어조는 나타나지 않음.)

★근거: ②-❶~⑬

윗글에서는 '김 진사'와 '이와모도 참봉'의 대립과 갈등이 드러난다. 그러나 두 인물은 '개 같은 놈', '썩 물러가거라', '버릇없는 니놈' 등과 같이 감정을 있는 그대로 표현하고 있을 뿐 반어적 어조를 사용하고 있지는 않다.

[반어적 어조: 실제 생각을 반대로 표현하는 말투

⑤ 공간의 이동과 변화를 중심으로 ~~인물이 처한 현실적 상황을 상징적으로 부각~~하고 있다. (나타나지 않음.)

서사가 진행됨에 따라 오봉 선생의 장례식, 태고나루, 미륵당 등으로 공간적 배경이 바뀌고 있으나, 이것이 인물이 처한 현실적 상황을 상징적으로 부각하고 있지는 않다.

🟪C 24 정답 ④ ★인물의 심리와 태도 파악하기

윗글의 등장인물에 대해 추론한 것으로 적절하지 않은 것은?

❯왜 정답?

④ '오봉 선생'과 '~~가야 부인~~'은 유교를 신봉해 유생들로부터 존경받는 위인이었던 것으로 짐작된다. (가야 부인은 불교를 신봉함.)

★근거: ①-❶, ③-⑪

'오봉 선생의 관이 땅속으로 들어가자' 유생들이 '상가 가족들 못지않게 비통한 표정들을 하였다'는 것에서 오봉 선생이 유교를 받든 인물이자 유생들에게 존경받는 위인이었음을 짐작할 수 있다. 그러나 가야 부인은 '미륵당'에 가족의 영가를 모시고 그곳에서 사람들을 위로하며 기도한다는 점에서 불교를 신봉했음을 알 수 있다.

[신봉하다: 사상이나 학설, 교리 따위를 옳다고 믿고 받들다.

① '가야 부인'은 시대의 아픔과 상처를 짊어지고 살아가는 사람들의 마음을 위무하는 삶을 살아가고자 했던 것으로 보인다.

가족을 잃고 기도하는 사람들을 '위로하기에 바빴'음.

*근거: ③-❽ ~ ❹

공출로 가족들을 떠나 보낸 사람들은 '가까운 미륵당을 찾'아 '떠난 아들딸들이 무사히 살아 돌아오기를 빌'었는데, 이에 가야 부인은 '그러한 분들을 위로하기에 바빴'으며 '먼데서 온 분은 기어이 재워 보내기도' 했다. 즉, 가야 부인은 일제 강점기로 인한 아픔을 가진 사람들을 위로하는 삶을 살아가려고 했던 것으로 볼 수 있다.

[위무하다: 위로하고 어루만져 달래다.

② '김 진사'는 기개와 위엄을 갖춘 꼿꼿한 선비로 시대와 현실에 비판적인 태도를 지녔을 것으로 여겨진다.

친일을 한 이와모도 참봉에게 호통침.

*근거: ①-❽, ②-❶

김 진사는 '위엄이 있는 말씨'와 '기백이 대단한 어른' 같은 모습을 갖춘 사람이며, 친일을 하는 '이와모도 참봉'에게 '이놈, 개 같은 놈!'이라며 호통을 쳤다. 즉, 김 진사는 기개와 위엄을 갖춘 선비이며 일제 강점기의 현실에 비판적인 태도를 지녔다고 볼 수 있다.

[기개: 씩씩한 기상과 굳은 절개
[위엄: 존경할 만한 위세가 있어 점잖고 엄숙함. 또는 그런 태도나 기세

③ '이와모도 참봉'은 자식의 잘못을 지적하며 자신을 비난하는 것에 대해 불편한 심정을 가진 것으로 판단된다.

'네 자식이 죽였단 말여!'라는 김 진사의 호통에 분노함.

*근거: ②-❹ ~ ❹

김 진사는 이와모도 참봉에게 '오봉은 바로 네 자식이 죽였단 말여! 알겠나, 이 개 같은 놈아?'라고 호통을 쳤고, 이에 이와모도 참봉은 '수염을 떨어' 대며 분노하고 '이놈아, 안 가라 캐도 갈 끼닷!'이라고 하며 자리를 떠났다. 즉, 이와모도 참봉은 자식의 잘못을 지적하고 자신을 비난하는 것을 불편해하고 있다고 볼 수 있다.

⑤ '오봉 선생'과 '김 진사'는 나라를 걱정하는 유생으로 함께 옥살이를 한 경험이 있는 것으로 생각된다.

김 진사는 오봉 선생의 '옥중 동지'였음.

*근거: ①-❷, ❻

김 진사는 '오봉 선생의 옥중 동지'였으며 '오봉과 가야 부인 같은 이들만 이 땅에 살았더람……'이라고 하며 일제 치하의 현실을 안타까워하고 있다. 즉, 오봉 선생과 김 진사는 나라를 걱정하는 유생으로 함께 옥살이를 했다고 볼 수 있다.

C 25 정답 ④ *사건과 갈등 파악하기

㉠~㉤에 대한 설명으로 적절하지 <u>않은</u> 것은?

- ㉠: ㉠은 김 진사가 가야 부인에게 말을 걸며 하는 말입니다.
- ㉡: ㉡은 김 진사가 이와모도 참봉에게 오봉 선생의 죽음에 대해 하는 말입니다.
- ㉢: ㉢은 이와모도 참봉이 상가에 온 것에 대한 설명입니다.
- ㉣: ㉣은 가족과 헤어진 사람들의 반응에 대한 설명입니다.
- ㉤: ㉤은 미륵당에 온 사람들 대하는 가야 부인에 대한 설명입니다.

즉 ㉠~㉤에 드러나는 인물의 태도와 서술자의 의도를 설명한 내용 중 틀린 것을 고르는 문제입니다.

> **왜 정답?**

④ ㉣: 가족을 잃은 슬픔을 종교에 의탁해 해소하려는 사람들을 통해 현실을 벗어난 초월의식에 기대는 세태를 ~~비판~~하고 있다.

종교로 슬픔을 극복하려는 숭고한 정신을 드러내는 것임.

*근거: ③-❽, ❾

일제에 의해 가족을 잃은 사람들이 '미륵당'을 찾아가는 것은 '떠난 아들딸들이 무사히 살아 돌아오기'를 빌기 위해서이다. 이는 민족의 비극성과 종교로 슬픔을

극복하려는 이들의 숭고한 정신을 보여 주는 것이지, 초월의식에 기대는 세태를 비판하는 것이라고 볼 수 없다.

[의탁하다: 어떤 것에 몸이나 마음을 의지하여 맡기다.
[초월의식: 육체의 속박을 벗어나며 시간과 공간을 떠나서 불가사의한 신비경으로 들어가는 의식

> **왜 오답?**

① ㉠: 시아버지와의 인연과 가까운 지역 사람임을 구체적으로 언급함으로써 '가야 부인'과의 친밀감을 표출하고 있다.

'내 까막소에서 오봉으로부터 잘 들었소. 친정이 김해라 했지요? 나는 창원이요.'

*근거: ①-❹

김 진사는 '까막소에서 오봉으로부터' 가야 부인이 '효부'였다는 것을 잘 들었다며 가야 부인의 시아버지인 오봉과의 인연을 언급하고, 자신이 가야 부인의 친정이 있는 김해와 가까운 '창원' 출신의 사람이라고 언급하며 친밀감을 표출하고 있다.

② ㉡: '오봉 선생'의 죽음에 대한 원인을 직접적으로 부각함으로써 인물 간의 대립과 갈등을 강화하고 있다.

'오봉은 바로 네 자식이 죽였단 말여!'

*근거: ②-❹

김 진사는 이와모도 참봉에게 '오봉은 바로 네 자식이' 죽인 것이라며 오봉의 죽음의 원인이 이와모도 참봉 쪽에 있음을 직접적으로 말하고 있다. 이는 김 진사와 이와모도 참봉 간의 대립과 갈등을 강화한다.

③ ㉢: '이와모도 참봉'이 상가에 오면 안 되는 이유가 있음을 짐작하게 함으로써 '김 진사'와 '이와모도 참봉'의 갈등에 개연성을 더하고 있다.

'애당초 그런 데 온 것부터가 그렇고……'.

*근거: ②-❿

이와모도 참봉이 김 진사로부터 비난을 들은 상황을 두고 '애당초 그런 데 온 것부터가 그렇'다고 한 것은 이와모도 참봉이 와서는 안 될 곳에 왔음을 짐작하게 한다. 이는 김 진사가 오봉의 장례에 자리해서는 안 될 사람인 이와모도 참봉이 온 것을 보고 분노하여 갈등이 일어난 것에 개연성을 더한다.

[개연성: 허구를 바탕으로 하는 문학 작품에서 사건이 실제로 일어날 법하다고 생각되는 것

⑤ ㉤: 여러 대에 걸쳐 힘든 삶을 이어온 집안의 내력을 설명함으로써 '가야 부인'의 이웃들에 대한 동병상련의 마음을 보여 주고 있다.

'나도 이렇게 안 살아있는기요.'

*근거: ③-⓫

가야 부인이 미륵당에 '시할아버지'에서부터 '딸'의 영가까지 모시고 있는 것은 가야 부인의 집안이 여러 대에 걸쳐 힘든 삶을 살아왔다는 것과 가야 부인이 가족을 잃은 사람이라는 것을 드러낸다. 이는 가야 부인이 가족을 잃은 사람들에 대한 동병상련의 마음을 지니고 있으리라는 것을 보여 준다.

[동병상련: 같은 병을 앓는 사람끼리 서로 가엾게 여긴다는 뜻으로, 어려운 처지에 있는 사람끼리 서로 가엾게 여김을 이르는 말

C 26 정답 ④ *서술상 특징 파악하기

ⓐ~ⓓ에 대한 설명으로 가장 적절한 것은?

- ⓐ: ⓐ는 김 진사가 가야 부인을 찾아와서 위로한 행위의 이유입니다.
- ⓑ: ⓑ는 '대에놓고'에 담긴 뜻입니다.
- ⓒ: ⓒ는 '히노마루'의 개념적 의미입니다.
- ⓓ: ⓓ는 사람들이 짐배에 실려 떠난 이유입니다.

즉 ⓐ~ⓓ가 작품 속에서 어떠한 역할을 하는지 알맞게 이해한 것을 고르는 문제입니다.

＞왜 정답 ？

④ @와 @는 **인물의 행위나 사건에 관한 이유를 덧붙여 설명하**
@는 김 진사가 부인을 위로한 행위의 이유, @는 사람들이 짐배에 실려 떠난 이유를 드러냄.
여 서사의 개연성을 보충하고 있다.

*근거: ⓵-❷. ❸. ❸-❻. ❼

@는 김 진사가 가야 부인의 얼굴을 알고 있었다는 내용으로, 김 진사가 '가야 부
인을 찾아와서 흐느끼는 부인의 어깨를 두드리며 위로'할 수 있었던 이유를 설명
하여 개연성을 더해 준다. @는 기차가 항상 사람들로 꽉 차 있었다는 내용으로,
일본에 의해 끌려 나가는 사람들이 '태고나루에서 짐덩이처럼 떼를 지어 짐배에
실릴 수밖에 없었던 이유를 설명하여 개연성을 더해 준다.

〔 개연성: 절대적으로 확실하지 않으나 아마 그럴 것이라고 생각되는 성질

＞왜 오답 ？

① @와 ⓑ는 인물의 말과 행동에 담긴 **의도를 명시하여** 독자의
@와 ⓑ 모두 의도를 명시한 것이 아님.
궁금증을 유발하고 있다.

*근거: ⓵-❷. ❸. ❷-❺

@는 김 진사가 가야 부인의 얼굴을 알고 있었다는 내용으로, 김 진사가 가야 부
인을 직접 위로할 수 있었던 이유를 알려 주는 것이다. ⓑ는 호통을 치는 김 진
사의 행위에 대한 이와모도 참봉의 반응으로, 이와모도 참봉이 김 진사가 말을
함부로 하고 있다고 판단함을 드러내는 것이다. 따라서 @와 ⓑ 모두 인물의 의
도를 설명한 것이 아니다.

〔 명시하다: 분명하게 드러내 보이다.

② ⓑ와 ⓒ는 방언과 표준어를 병렬하여 독자에게 어휘의 의미
ⓒ는 해당하지 않음.
를 분명하게 전달하고 있다.

*근거: ❷-❺. ❸-❻

ⓑ는 '함부로', '대에놓고'라는 방언의 표준어 형태를 병렬해 놓은 것으로 볼 수
있다. 하지만 ⓒ는 '일본 국기'로, '히노마루'라는 일본어 단어의 뜻을 설명한 것
이므로 방언과 표준어를 병렬한 것이 아니다.

〔 방언: 어느 한 지방에서만 쓰는, 표준어가 아닌 말
 표준어: ① 한 나라에서 공용어로 쓰는 규범으로서의 언어 ② 전 국민이 공통적
 으로 쓸 수 있는 자격을 부여받은 단어
 병렬하다: 나란히 늘어서다. 또는 나란히 늘어놓다.

③ ⓒ와 @는 **낱말과 문장의 내포적 의미를** 상세하게 풀이하여
ⓒ와 @ 모두 내포적 의미를 풀이한 것이 아님.
독자의 의문을 해소하고 있다.

*근거: ❸-❻. ❼

ⓒ는 '일본 국기'로, '히노마루'라는 일본어 단어의 뜻에 해당한다. 즉, 이는 개념
적 의미를 풀이한 것이지 내포적 의미(함축적 의미)를 풀이한 것이 아니다. @는
기차가 항상 사람들로 꽉 차 있었다는 내용으로, 일본에 의해 끌려 나가는 사람
들이 '짐배에 실릴 수밖에 없었던 이유를 설명한 것이지 낱말과 문장의 내포적
의미를 풀이한 것이 아니다.

〔 내포적 의미: 개념적 의미에 덧붙여서 연상이나 관습 등에 의해 형성되어 있는 의미

⑤ ⓑ와 @는 인물의 행동과 사건의 진행을 직접적으로 지시하
ⓑ는 해당하지 않음.
여 이야기의 심층을 표면화하고 있다.
겉으로 드러나지 않는 이야기의 내용을 나타내고

*근거: ❷-❺. ❸-❻. ❼

@는 기차가 항상 사람들로 꽉 차 있었다는 내용으로, 이야기에 드러나지 않았던
일본에 의해 끌려 나가는 사람들이 '짐배에 실렸던 이유를 직접적으로 지시하여
밝히고 있다. 따라서 @는 이야기의 심층을 표면화한 것으로 볼 수 있다.
ⓑ는 호통을 치는 김 진사의 행위에 대한 이와모도 참봉의 반응으로, 김 진사가
말을 '함부로' 한다며 인물의 행동을 직접적으로 지시하고 있다. 하지만 김 진사
가 호통을 친 것은 이미 밝혀진 내용이므로 이야기의 심층을 표면화한 것으로 볼
수 없다.

〔 심층: 겉으로 드러나지 않은, 사물이나 사건의 내부 깊숙한 곳
 표면화하다: 겉으로 나타나거나 눈에 띄다. 또는 그렇게 되게 하다.

🐝 ─ 1등급 풀이 Tip ─

소설에서 부연 설명을 제시하는 목적은 인물의 정보, 행위의 이유, 어려운 어휘의
풀이 등 독자들이 모를 만한 정보를 알려 주는 것이다.
@~@는 모두 부연 설명으로, 각각의 기능을 파악하려면 앞뒤 문맥을 살펴봐야
한다.
@는 바로 앞에서 '한 선비'가 가야 부인을 찾아와 위로한 이유를 제시하고 있으며,
@ 역시 바로 앞에서 사람들이 '태고나루에서 짐덩이처럼 떼를 지어 짐배에 실린
이유를 제시하고 있다.

C 27 정답 ⑤ *〈보기〉를 바탕으로 감상하기

〈보기〉를 바탕으로 윗글을 감상한 것으로 적절하지 않은 것은?

[3점]

• 〈보기〉: 〈수라도〉는 같은 민족인 조선인을 탄압했던 친일 세력의 모습과, 해방
이후에도 식민지 권력이 유지되었던 국가적 모순을 비판하고 있습니다.

• 윗글: 오봉의 장례에서 유생과 친일 세력 간의 갈등이 일어난 이야기와, 오봉 집
안의 며느리인 가야 부인이 일제에 고통받는 사람들을 위로하는 이야기가 전개
되고 있습니다.

즉 작가가 비판하는 일제 말에서 해방 이후의 모습을 바탕으로 윗글을 이해한
내용 중 틀린 것을 고르는 문제입니다.

─────── [보기] ───────

❶〈수라도〉는 일제 말 낙동강 변의 한 마을을 배경으로 일본의
태평양 전쟁에 동원된 조선인의 현실을 증언한 작품이다.❷독립운
④. ⑤의 근거
동 내력을 가진 오봉 선생 집안과 친일 협력으로 권세를 얻은 이
와모도 집안의 선명한 대비를 통해, 일본 경찰로 탈바꿈하여 일
본인보다 더욱 악랄하게 조선인을 탄압하는 또 다른 우리 민족의
①의 근거
모습을 극명하게 대조했다.❸특히 일제 말 「창씨개명과 내선일체
「 」:②의 근거
에 동조하고 대동아 전쟁에 적극 협력했던 이와모도의 큰아들이,
③의 근거
일제 치하에서는 도경 고등계 경부보로 있다가 해방 이후에는 국
회의원이 되었다는 데서, 해방 이후에도 식민지 권력이 처단되기
는커녕 오히려 그 권력이 유지되었던 국가적 모순」을 비판하고자
했다.

- - - - - - - - - - - - - - - - - - -

동원되다: 어떤 목적이 달성되도록 사람이 모아지거나 물건, 수단, 방법 따
위가 집중되다.
탄압하다: 권력이나 무력 따위로 억지로 눌러 꼼짝 못 하게 하다.
극명하다: 매우 분명하다.
창씨개명: 일제가 강제로 우리나라 사람의 성과 이름을 일본식으로 고치게
한 일
내선일체: 일본과 조선은 한 몸이라는 뜻으로, 일제 강점기 때 일본이 조선인
의 정신을 말살하고 조선을 착취하기 위하여 만들어 낸 구호
동조하다: 남의 주장에 자기의 의견을 일치시키거나 보조를 맞추다.
도경: 각 도에 둔 지방 경찰청

＞왜 정답 ？

⑤ "그들은 말없는 미륵불 앞에 엎드리어 떠난 아들딸들이 무사
히 살아 돌아오기를 빌고 또 비는 것이었다."라는 데서, 항일
독립운동 내력을 가진 오봉 선생 집안의 모습을 보여 주고 있
태평양 전쟁에 동원된 조선인의 현실을 보여 줌.
음을 알겠군.

일제의 공출로 인해 가족과 헤어진 사람들은 미륵불 앞에서 떠난 가족들의 무사를 빌었다. 이는 〈보기〉에서 설명한 '일본의 태평양 전쟁에 동원된 조선인의 현실'을 보여 주는 것이지, '항일 독립운동 내력을 가진 오봉 선생 집안'의 모습과는 관련이 없다.

왜 오답?

① "억울하지! 만약 우리 오봉과 가야 부인 같은 이들만 이 땅에 살았더람……"이라는 데서, '일본인보다 더욱 악랄하게 조선인을 탄압하는 또 다른 우리 민족의 모습'에 대해 한탄하고 있음을 알겠군.
항일을 한 오봉의 죽음에 안타까워하며 '이와모도 참봉'과 같은 친일 세력의 존재에 대해 한탄함.

*근거: ①-⑥, ②-④, 〈보기〉❷문장

김 진사는 이와모도 참봉에게 '오봉은 바로 네 자식이 죄인단 말여!'라고 하는데, 이를 통해 창씨개명한 이와모도 집안이 항일 세력이었던 오봉의 죽음에 책임이 있음이 드러난다. 따라서, 김 진사가 '억울하지! 만약 ~ 이 땅에 살았더람……'이라고 말하며 오봉의 죽음을 슬퍼하는 것은 〈보기〉에서 설명한 '일본인보다 더욱 악랄하게 조선인을 탄압하는 또 다른 우리 민족의 모습'에 대한 한탄으로 볼 수 있다.

② "죽은 이와모도 참봉의 아들 이와모도 경부보 같은 위인들"을 제시한 데서, '해방 이후에도 식민지 권력이 처단되기는커녕 오히려 그 권력이 유지되었던 국가적 모순'의 근거로 삼고자 했음을 알겠군.
대동아 전쟁에 적극 협력한 이와모도 경부보는 해방 후 국회의원이 됨.

*근거: 〈보기〉❸문장

〈보기〉에서 '창씨개명과 내선일체에 동조하고 대동아 전쟁에 적극 협력했던 이와모도의 큰아들'은 '일제 치하에서는 도경 고등계 경부보로 있다가 해방 이후에는 국회의원이 되었다'고 했다. 즉, 친일 세력인 이와모도 참봉의 아들은 〈보기〉에서 설명한 '해방 이후에도 식민지 권력이 처단되기는커녕 오히려 그 권력이 유지되었던 국가적 모순'의 근거로 볼 수 있다.

③ '보국대'와 '징용'이 "'제국'의 빛나는 승리를 위해 불가피한 일"이라고 말한 데서, '내선일체에 동조하고 대동아 전쟁에 적극 협력했던 이와모도의 큰아들'을 비판하고 있음을 알겠군.
이와모도의 아들이 친일에 앞장섰음을 비판함.

*근거: ③-❶, ❷, 〈보기〉❸문장

'죽은 이와모도 참봉의 아들 이와모도 경부보 같은 위인들'은 '보국대다, 징용이다 해서 온갖 영장들만 내려, 식민지 백성들을' 들볶은 것이 "제국'의 빛나는 승리를 위해서 불가피한 일'이라고 했다. 이를 통해 이와모도의 아들이 친일에 앞장선 사람임이 드러난다. 즉, 이와모도의 아들이 '보국대'와 '징용'이 불가피한 일이라고 말했음을 언급한 것은 〈보기〉에서 설명한 '창씨개명과 내선일체에 동조하고 대동아 전쟁에 적극 협력했던 이와모도의 큰아들'에 대한 비판으로 볼 수 있다.

④ "'전력 증강'이란 이유로 영장 받은 남정들은 탄광과 전장으로, 처녀들은 공장과 위안부로 사정없이 끌려 나갔다."라는 데서, '일본의 태평양 전쟁에 동원된 조선인의 현실을 증언'하고자 했음을 알겠군.
많은 조선인들이 태평양 전쟁에 동원되기 위해 끌려감.

*근거: ③-⑤, 〈보기〉❶문장

태평양 전쟁 시기에 전력 증강을 이유로 '영장 받은 남정들은 탄광과 전장으로, 처녀들은 공장과 위안부로 사정없이 끌려 나갔다'고 했다. 이와 같이 많은 조선인들이 일제에 의해 끌려 나간 것은 〈보기〉에서 설명한 '일본의 태평양 전쟁에 동원된 조선인의 현실'을 증언하는 것으로 볼 수 있다.

C 28~30 *김주영, 〈즐거운 우리 집〉
❸ 반어적(실제와 반대되게 말을 하는) 표현의
제목 – 맹목적인 '나'의 가족을 풍자함. [예상 문제]

❶ 중심인물, 배경 ❷ 중심 사건, 갈등 ❸ 서술상 특징

'나'의 가족 – 도시 빈민층

① ❶고물상 움막으로 돌아오면 우리는 그 집에서 엿보고 들었던 모든
❶공간적 배경
행동들을 그대로 반복하곤 했습니다. ❷텔레비전이 없었던 우리는 통조
❷중심 사건: '나'의 가족이 배필만 씨네에서 엿보고 들은 말과 행동을 따라함.
림 깡통으로 만든 재떨이를 중심으로 모여 앉아, 그들 네 식구가 그날
배필만 씨네 가족 – 중산층
저녁에 모여 앉아 나누던 말을 하나하나 어김없이 그대로 뱉어 내곤 하
였습니다. ❸그러한 말들이 얼마나 우리를 즐겁게 만들었는지 모릅니다.
우리도 배필만 씨네처럼 될 것이라 생각했기 때문
❹「"여보, 버스 종점이 옮겨진대요."
「 」: '나'의 가족이 따라한 배필만 씨네의 대화
❺아버지의 말은 전농동 채석장 위의 그 사내가 오늘 집으로 돌아오
배필만 씨
자마자 그 아내에게 처음 던진 말입니다.

❻"언제요?"

❼"다음 달 말일쯤이라나?"

❽"여보, 당신 출근이 더욱 고달프게 되었구려."

❾"괜찮아. 싱싱한 두 다리 뒀다 뭘 해. 걷기 운동도 벌어지는 판국에
……."

❿"아빠, 내가 종점까지 업어다 주께."」

⓫그 딸이 한 말을 내가 다시 외어 바치면 아버지는 내 이마를 뜨겁게
쓰다듬어 주곤 하였습니다. ⓬그리고 우리는 냄새 나는 방이었지만 가지
런히 두 다리를 뻗고 머리 끝까지 담요를 뒤집어 쓰고 잠을 청하였습니
다.

> **움막:** 땅을 파고 위에 거적 따위를 얹고 흙을 덮어 추위나 비바람만 가릴 정도로
> 임시로 지은 집
> **종점:** 기차, 버스, 전차 따위를 운행하는 일정한 구간의 맨 끝이 되는 지점
> **채석장:** 건축이나 토목 따위에 쓸 돌을 캐거나 떠 내는 곳
> **판국:** 일이 벌어진 사태의 형편이나 국면

*① 요약: '나'의 가족이 배필만 씨네에서 엿보고 들은 것을 따라함.

② ❶그랬습니다. ❷아버지, 어머니 그리고 나는 벌써 우리 자신들의 사람
❶중심인물
이 아니었습니다. ❸그 집을 사기로 결정하기 전의 길바닥에 깔린 돌처럼
이리 채이고 저리 채이는 고물과 같은 존재가 아니었다는 얘깁니다.
집을 사기 전 '나'의 가족이 느낀 존재감
❹우리는 지금 그 집에 살고 있는 배필만 씨네 사람들과 똑같이 행복
집을 산 후 '나'의 가족이 느낀 존재감
에 겨운 몸짓을 할 수 있는 권리가 있는 것 같았으며, 그들이 생각하고
있는 것이 무엇이며, 그들이 괴로움을 당했을 때 어떤 식으로 괴로움
을 발산하고 있으며, 그들이 기쁨을 맞이했을 때 어떤 모습으로 행동
한다는 것을, 우리는 유리벽을 통해서 바깥 풍경을 내다볼 때처럼 환
하게 알고 있다는 것입니다.

❺그 기이한 밤 나들이를 통해, 우리 세 식구는 지금까지 꾸려 온 생
활과는 전혀 다른 세계를 접하게 되었고, 그 세계의 풍물을 배웠으며,
그것이 얼마 가지 않아서 곧바로 우리의 것이 될 것이라는 점을 지극
배필만 씨네의 행복이 곧 우리의 행복이 될 것이라고 생각함.
히 당연한 일로 생각했던 것입니다.

❻우리는 매일 매일 그들의 이야기와 그들의 몸짓을 엿보고 돌아와,
그것들을 다시 한 번 흉내 내는 재미에 푹 빠져 있었습니다. ❼그랬더니
아니나 다를까, 모든 것이 정말 그처럼 잘 풀려 나가기도 했습니다.
❽그동안 우리는 30만 원의 중도금을 치렀는데, 그 중도금을 지불하고

나머지 잔금을 치를 기간인 ㉠열흘간 우리는 흡사 열병을 앓는 환자
처럼 어쩔 줄 몰라했습니다. <u>그동안 동경해 온 행복이 곧 자신들의 것이 되리라는 기대를 가짐.</u>

┌ **발산하다**: 감정 따위가 밖으로 드러나 해소되거나 분위기 따위가 한껏 드러나다.
│ 또는 그렇게 되게 하다.
│ **풍물**: 어떤 지방이나 계절 특유의 구경거리나 산물
│ **중도금**: 계약금을 치르고 나서 마지막 잔금을 치르기 전에 지불하는 돈
│ **잔금**: 집이나 토지 따위를 매각한 값을 여러 번 나누어 치르는 일에서 마지막으
└ 로 치르는 돈　**열병**: 열이 몹시 오르고 심하게 앓는 병

＊② 요약: '나'의 가족이 배필만 씨네의 행복이 자신들의 행복이 될 것이라 여김.

→ ❸ 대조적(서로 달라서 대비가 되는)　(중략)
③ ❶ 상황이 전개됨.
③ ❶한 사내가 거기 누워 있었습니다. ❷넥타이가 단정하게 매어져 있는
　❶중심인물　❶공간적 배경
배필만 씨의 한쪽 어깨는 으스러져 있었고, 그가 들었던 사무용 노란
　　　　❷ 중심 사건: 배필만 씨가 사고를 당해 죽음. ❸
봉투가 발끝에서 나뒹굴고 있었습니다. ❹벗겨진 그의 구두 한 짝이 그
의 머리 위에 엎어져 있었습니다.

❹"죽었군!"
❺배필만 씨의 죽음 → 우리 가족의 행복이 깨지는 것으로 여겨짐.
❺누군가 이렇게 중얼거렸습니다. ❻그때 우리 옆에 서 있던 아버지가
두 사람의 경찰이 지키고 서 있는 그 시체 앞으로 성큼성큼 다가갔습
니다.　❸ 서술자: '나', 시점: 1인칭 관찰자 시점

❼"뭐야?"
❽아버지의 얼굴 정면에다 플래시를 비추며 경찰이 물었습니다. ❾아버
지는 아무런 대답을 하지 못하고 있었습니다.

❿"뭐냐 말이야? 당신 누구야?"
⓫시체를 향해 무작정 다가가는 아버지의 멱살을 꽉 부여잡고 경찰이
다그쳤습니다. ⓬아버지는 고개를 들어 경찰이 정면으로 들이댄 플래시
불빛을 향해 말했습니다.

⓭"누군지 모릅니다."
⓮아버지의 입에서 이런 말이 천천히 흘러 나왔습니다. ⓯나는 그때까
지 아버지의 목소리 가운데 ㉡그렇게 비통하고 맥없는 목소리는 들은
적이 없었습니다.　❷ 중심 사건: 배필만 씨의 죽음을 본 아버지가 슬퍼함.

⓰"누군지 모르다니? 당신이 누구냔 말야? 피해자와 아는 사이야?"
⓱경찰은 아버지의 멱살을 풀며 목청을 약간 누그러뜨리고 다시 물었
습니다.

⓲"연고자입니다."
⓳"이 사람이 당신 형제야?"
⓴"아닙니다."
㉑"그럼 뭐요?"
㉒"바로 납니다."
㉓배필만 씨네의 행복을 우리의 행복으로 여겨 왔기 때문임.
㉓"나라니?"
㉔"나란 말이오."
㉕"이런 맹추가 있나? 아니 촌수도 모르는 놈이 있나?"

┌ **비통하다**: 몹시 슬퍼서 마음이 아프다.
│ **연고자**: 혈통, 정분, 법률 따위로 맺어진 관계나 인연이 있는 사람
│ **맹추**: 똑똑하지 못하고 흐리멍덩한 사람을 낮잡아 이르는 말
└ **촌수**: 친족 사이의 멀고 가까운 관계를 나타내는 수. 또는 그런 관계

＊③ 요약: 아버지가 배필만 씨의 죽음을 비통해함.

✿ 독해 공식

❶ 중심인물: '나', '아버지', '어머니', 배필만 씨
공간적 배경: '고물상 움막', '거기'
❷ 중심 사건: '나'의 가족이 배필만 씨네에서 엿보고 들은 말과 행동을 따라함. 배필만 씨가
사고를 당해 죽음. 배필만 씨의 죽음을 본 아버지가 슬퍼함. 갈등: 드러나지 않음.
❸ 서술상 특징
• 서술자: '나', 시점: 1인칭 관찰자 시점
• 반어적(실제와 반대되게 말을 하는) 표현의 제목으로 대상을 풍자하고 있음.
• 대조적(서로 달라서 대비가 되는) 상황을 전개하여 주제 의식을 드러내고 있음.

■ **내용**: 이 작품은 1970년대 도시 빈민층의 삶을 통해 자본주의의 속물적인 가치관
과 생활양식을 풍자한 현대 소설이다. 도시 빈민층인 '나'의 가족은 집을 장만한
뒤 그 집에 살고 있던 중산층 가족의 모습을 흉내 내며 그들의 행복이 자신의 행
복이 될 것이라고 여긴다. 흉내의 대상이 된 이의 갑작스러운 죽음은 '나'의 가족
에게 불행을 주는데 이를 통해 진정한 행복은 소유에서 비롯되는 것이 아님이 드
러나고 있다.

■ **인물 관계도**

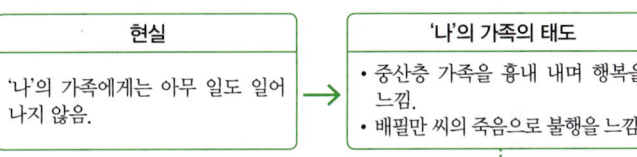

■ **주제**: 자본주의 사회의 속물적인 소유를 통한 행복의 한계

■ **이것이 핵심!**: '나'의 가족을 통해 드러나는 주제 의식

현실		'나'의 가족의 태도
'나'의 가족에게는 아무 일도 일어나지 않음.	→	• 중산층 가족을 흉내 내며 행복을 느낌. • 배필만 씨의 죽음으로 불행을 느낌.

　　　　　　　　⋮
　　　　진정한 행복은 소유와 별개임.

■ **전체 줄거리**: 청계천의 쓰레기를 거두는 곳에서 별 볼 일 없는 인생을 보내던 아
버지가 집을 한 채 장만한다. 채석장 절벽 위에 아슬아슬하게 걸려 있는 열두 평
짜리지만 세 식구에게는 꿈만 같은 곳이다. 세 식구는 집을 계약한 다음 날부터
매일 저녁 자신들이 살게 될 집을 찾아가 그 집에 살고 있는 사람들의 행복을 염
탐한다. 세 식구는 그들의 행복이 마치 자신의 행복인 것처럼 여기게 되고 그들
의 행복이 잘 간직되기를 바란다. 그러던 어느 날 그 집에 살고 있는 배필만 씨가
갑작스러운 교통사고로 죽고, 그의 시체를 본 아버지는 비통해한다.

C **28**　정답 ⑤　＊서술상 특징 파악하기

윗글의 서술상 특징으로 가장 적절한 것은?

＞왜 정답？
　　　　　　　　　　　　　　　사정과 상황
⑤ 아이인 서술자가 관찰자의 입장에서 사건의 정황을 직접적으
<u>'나'가 자신의 가족의 모습과 배필만 씨의 죽음을 관찰자의 입장에서 이야기함.</u>
로 서술하고 있다.

윗글의 서술자는 아이인 '나'로, '나'는 우리 가족이 배필만 씨네를 따라하는 모습
과 배필만 씨의 죽음을 대하는 아버지의 태도, 경찰과의 대화 등을 관찰해 전달
하고 있다. 즉, 윗글은 1인칭 관찰자 시점으로 작품 속 인물인 '나'가 사건의 정황
을 직접 서술하고 있다.

＞왜 오답？

① 서술자의 주관적인 묘사를 통해 **극적 긴장감을 불러일으키고**
　　　　　　　　　　　　　　　　나타나지 않음.
있다.

윗글에서는 1인칭 서술자인 '나'가 사건의 정황이나 인물의 행동에 담긴 의미를
주관적으로 전달하고 있지만, 이를 통해 극적 긴장감을 불러일으키고 있다는 것
은 적절하지 않다.

┌ **극적 긴장감**: 이야기에서 비롯되는 긴장된 느낌

② 내적 갈등을 극복하는 ~~모습을 상세히 보여 줌으로써~~ 감동을
주고 있다.
나타나지 않음.

윗글에 인물이 내적 갈등을 극복하는 모습은 나타나지 않는다.

[내적 갈등: 인물의 내면에서 일어나는 갈등

③ ~~추리적 기법을 통해~~ 사건이 갖고 있는 근본적인 원인을 드러
내고 있다.
활용되지 않음.

윗글에서 진실이 밝혀지지 않은 사건의 진상을 파헤치거나 원인을 설명하려는
추리적 기법은 활용되지 않았다.

[추리적 기법: 알고 있는 것을 바탕으로 알지 못하는 것을 미루어서 생각하는 기술
과 방법

④ 공간적 배경에 따라 ~~시점을 변화시킴으로써~~ 상황을 입체적으
로 드러내고 있다.
나타나지 않음.

윗글에서 공간적 배경에 따라 시점이 변하는 부분은 나타나지 않는다.

C 29 정답 ④   *인물의 심리와 태도 파악하기

'우리 가족'이 ㉠과 같이 행동한 근본적인 이유로 가장 적절한 것은?

• ㉠: '열흘간 우리는 흡사 열병을 앓는 환자처럼 어쩔 줄 몰라했습니다.'입니다.

즉 '우리 가족'이 이사 갈 집의 잔금을 치르며 열병을 앓는 환자처럼 어쩔 줄
몰라한 가장 근본적인 이유를 고르는 문제입니다.

> 왜 정답 ?

④ 다른 사람의 삶을 통해 느낀 행복감처럼 우리의 삶도 변화될
것이라는 기대감 때문에
이사할 집에 사는 사람들의 행복이 곧 자신들의 것이 되리라고 기대함.

*근거: ②-❺

'우리 가족'은 고물상 움막에서 궁핍하게 생활하다가 집을 사게 되었다. 그리고
그 집에 살고 있는 사람들을 엿보며 '그것이 얼마 가지 않아서 곧바로 우리의 것
이 될 것이라' 생각한다. 이를 통해 '우리 가족'이 그 집의 계약금을 치르며 '열병
을 앓는 환자처럼 어쩔 줄 몰라'한 이유가 다른 사람을 통해 느낀 행복감이 곧 자
신들의 것이 될 것이라는 기대감 때문이라는 것을 추측할 수 있다.

> 왜 오답 ?

① 더 이상 무시당하고 살 수 없다는 생각에
무시당하고 살 수 없다는 생각이 아니라 기대감에서 비롯된 행동임.

'나'의 가족이 '그 집을 사기로 결정하기 전'에는 '길바닥에 깔린 돌처럼 이리 채
이고 저리 채이는 고물과 같은 존재'였다고 말한 것을 통해 '우리 가족'이 그동안
무시당하며 살았다고 추측할 수도 있지만, ㉠과 같이 행동한 것은 무시당하고 살
수 없다는 생각 때문이 아니라 자신들에게도 행복한 순간이 곧 올 것이라는 기대
감 때문이다.

② 새 집으로 이사 갈 수 있으리라는 기대감에
단순히 이사에 대한 기대감 때문이 아님.

'우리 가족'은 이사 갈 집의 '잔금을 치'르며 ㉠과 같이 행동한 것이므로 새 집으
로 이사를 가는 것에 대한 기대감을 가졌다고 볼 수 있다. 하지만 이들이 이사에
대한 기대감을 갖는 것은 자신들이 동경했던 사람들의 행복이 곧 자신들의 것이
될 것이라는 생각 때문이므로, '새 집으로 이사 갈 수 있으리라는 기대감'은 ㉠의
근본적인 이유로 볼 수 없다.

③ 낡은 집에서 더 이상 살고 싶지 않았기 때문에
낡은 집에서 살고 싶지 않아서가 아니라 기대감에서 비롯된 행동임.

'우리 가족'이 낡은 집에 만족하지 못하고 있었을 것이라고 추측할 수 있지만 ㉠
과 같이 행동한 것은 그러한 불만족 때문이라기보다는 자신들에게도 행복한 순
간이 곧 올 것이라는 기대감 때문이다.

---

⑤ 일이 너무나 술술 잘 풀려 나가서 ~~혹시나 예상하지 못한 문제
가 생길까 하는 불안감~~ 때문에
불안해하는 모습은 드러나지 않음.

윗글에서 '우리 가족'이 일이 잘 풀리다가 예상하지 못한 문제가 생길까 봐 불안
해하는 모습은 나오지 않는다.

C 30 정답 ③   *<보기>를 바탕으로 감상하기

<보기>는 윗글의 앞부분이다. 윗글의 내용과 <보기>를 볼 때 아버
지가 ㉡과 같은 목소리로 말한 이유로 가장 적절한 것은?

• ㉡: ㉡은 '그렇게 비통하고 맥없는 목소리'로, 아버지는 배필만 씨의 죽음을
보고 ㉡과 같은 목소리로 말하고 있습니다.

즉 <보기>와 윗글의 내용을 바탕으로 아버지가 배필만 씨의 죽음을 보고 '비통
하고 맥없는 목소리'로 말한 이유를 고르는 문제입니다.

┌─────────[보기]─────────┐

❶돌아서는 길은 항상 무언가 아쉬움이 남았고 또한 피곤하기 짝이
없는 것이었습니다. ❷우리는 그 네 식구가 오늘 밤도 무사히 하룻밤
을 보낼 수 있기를 돌아오는 동안 마음속으로 빌곤 하였습니다.
배필만 씨네 가족

❸희미한 미련과 걱정이 항상 우리 뒤에 찌꺼기처럼 남아 있었으
므로, 우리는 그 밤 나들이를 단 하루도 거르는 일이 없었습니다.

❹그리고 돌아올 때마다 제발 우리 세 식구가 그 집으로 이사하기
전날까지, 그들의 행복과 안녕이 톱니바퀴처럼 어김없이 돌아가
고 간직되기를 빌었던 것입니다.
③의 근거

❺우리 세 사람 어느 누구도 그런 구체적인 말을 하는 사람은 없
었지만, 마음속으로는 저마다 그것을 간절히 바라고 있었던 것만
은 틀림없었습니다.

└──────────────────────────┘

> 왜 정답 ?

③ 자신이 누리게 될 것이라 여겼던 행복이 깨어지는 것을 보니
허탈해져서
'나'의 가족은 배필만 씨네의 행복을 통해 행복감을 느꼈음.

*근거: ②-❺, <보기> ❹문장

<보기>에서 '나'의 가족은 '우리 세 식구가 그 집으로 이사하기 전날까지, 그들의
행복과 안녕이 톱니바퀴처럼 어김없이 돌아가고 간직되기를 빌었다'고 했다. 왜
냐하면 '나'의 가족은 배필만 씨네의 행복이 '얼마 가지 않아서 곧바로 우리의 것
이 될 것이라'고 생각했기 때문이다. 이를 통해 '나'의 가족에게 배필만 씨의 죽음
은 곧 가지게 될 것이라 믿었던 행복이 깨지는 것으로 여겨졌으리라고 볼 수 있
다. 즉, 아버지는 자신도 가지게 될 것이라고 생각한 행복이 무참히 깨지는 것에
허탈함을 느꼈기 때문에 '그렇게 비통하고 맥없는 목소리'로 말한 것이다.

> 왜 오답 ?

① 희미했던 자신의 걱정 때문에 그런 일이 생긴 것 같아서
'나'의 가족과 배필만 씨의 죽음은 관련 없음.

아버지는 배필만 씨에 관해 걱정하지 않았으며, '나'의 가족은 배필만 씨의 죽음
과 직접적인 관련이 없다.

② 완벽했던 자신의 계획에 오점을 남기게 된 것이 억울해서
억울해하고 있다고 볼 수 없음.

아버지는 배필만 씨의 죽음을 보고 곧 가지게 되리라 여겼던 행복이 깨진 것에 허
탈함을 느낀 것이지, 이로 인해 계획이 틀어져서 억울함을 느꼈다고 볼 수는 없다.

[오점: 명예롭지 못한 흠이나 결점

④ **자신과 동격화한 그 집 주인의 죽음이 자신에게 닥쳐올 것이**

라는 생각에

<small>아버지는 자신에게 죽음이 닥쳐올 것이라고 생각하지는 않음.</small>

아버지는 배필만 씨의 죽음을 통해 곧 가지게 되리라 여겼던 행복이 깨지는 것을 확인했을 뿐, 자신에게 죽음이 닥쳐올 것이라고 생각했다고 볼 수는 없다.

┌ **동격화하다:** 같은 자격이나 지위를 가지게 되다. 또는 그렇게 만들다.

⑤ **그동안 지켜보며 정이 많이 들었던 사내의 죽음을 눈앞에서**

보니 두려워서

<small>두려움을 느끼고 있다고 볼 수 없음.</small>

아버지는 그동안 지켜봐 온 배필만 씨의 죽음을 보고 슬픔과 허탈감을 드러내고 있을 뿐 두려워하고 있다고 볼 수는 없다.

C 31 ~ 34 ＊박경리, 〈불신시대〉

<small>[2020 대비/경찰대 42~45]</small>

<small>❶ 중심인물, 배경　❷ 중심 사건, 갈등　❸ 서술상 특징</small>
<small>████ : ❸ 상황과 인물의 심리를 부각하는 배경</small>

❶
① 악몽과 같은 전쟁이 끝났다.
<small>❶ 시간적 배경: 6 · 25전쟁이 끝난 후</small>
❷진영은 아들 문수의 손을 잡고 황폐한 서울로 돌아왔다.❸집터는 쑥
<small>❶ 중심인물　❶ 중심인물</small>
대밭이 되어 축대조차 찾아볼 수 없었다.❹진영은 무심한 아이의 눈동
<small>❶ 공간적 배경</small>
자를 멍하니 언제까지나 바라보고 있었다.
<small>비극적이고 참혹한 이미지 – 불길한 사건을 암시함.</small>
❺문수가 자라서 아홉 살이 된 초여름, 진영은 내장이 터져서 파리가
<small>❶ 시간적 배경</small>
엉겨 붙은 소년병을 꿈에 보았다.❻마치 죽음의 예고처럼 다음 날 문수
<small>❸ 서술자: 3인칭 서술자, 시점: 전지적 작가 시점</small>
는 죽어버린 것이다.❼비가 내리는 밤이었다.
<small>❽ 중심 사건: 진영의 아들인 문수가 죽음.</small>
❽일찍부터 홀로 되어 외동딸인 진영에게 의지하며 살아온 어머니는
'내가 죽을 거로.' 하며 문지방에 머리를 부딪치는 것이었으나 진영은
<small>❶ 중심인물</small>
허공만 바라보고 있었다.
<small>외손자의 죽음에 대한 애통함</small>
❾아이는 앓다가 죽은 것이 아니었다.❿길에서 넘어지고 병원에서 죽
은 것이다.⓫그러나 그것뿐이라면 진영으로서는 전쟁이 빚어낸 하나의
악몽처럼 차차 잊어버릴 수 있는 일이었는지도 모른다.⓬그러나 그것이
아니었다.⓭「의사의 무관심이 아이를 거의 생죽음을 시킨 것이다.⓮의사
<small>「 」: ❸ 의사의 무관심으로 문수가 죽음. → 타락한 사회상을 드러냄.</small>
는 중대한 뇌수술을 엑스레이를 찍어보지 않고, 심지어는 약 준비도
없이 시작했던 것이다.」⓯㉠마취도 안한 아이는 도수장(屠獸場)＊ 속의
<small>죽어간 아들의 모습</small>
망아지처럼 죽어간 것이다.⓰그렇게 해서 아이를 갖다 버린 진영이었다.
⓱바깥 거리 위에는 쏴아 하며 밤비가 내리고 있었다.
⓲누워서 멀거니 천장을 바라보고 있는 진영의 눈동자가 이따금 불빛
에 번득인다.⓳창백한 볼이 불그스름해진다.⓴폐결핵에서 오는 발열이다.
<small>진영은 폐결핵을 앓고 있음.</small>
㉑바깥의 빗소리가 줄기차온다.
㉒아이가 죽은 지 겨우 한 달, 그러나 천 년이나 된 듯한 긴 나날들이
<small>❶ 시간적 배경: 문수가 죽은 지 달 후</small>
었다.㉓ⓛ눈을 감은 진영의 귀에 조수(潮水)처럼 밀려오는 것은 수술실
<small>문수의 죽음을 잊지 못하고 있음.</small>
속의 아이의 울음소리였다.

┌ **축대:** 높이 쌓아 올린 대나 터　**무심하다:** 아무런 생각이나 감정 따위가 없다.
│ **소년병:** 완전히 성숙하지 못한 나이 어린 병사
│ **생죽음:** 제명대로 살지 못하고 죽음. 자살, 타살, 사고사 따위를 이른다.
│ **망아지:** 말의 새끼　**폐결핵:** 폐에 결핵균이 침입하여 생기는 만성 전염병
└ **조수:** 밀물과 썰물을 통틀어 이르는 말

＊① **요약:** 진영이 죽은 아들에 대한 기억으로 괴로운 시간을 보냄.

(중략)

②❶아주머니가 가버린 뒤 진영은 자리에 쓰러졌다.❷솜처럼 몸이 풀어
진다.
❸진영은 방 속에 피운 구멍탄 스토브에서 가스가 분명히 지금 방에
<small>❶ 공간적 배경: 진영의 집</small>
새고 있는 것이라고 생각한다.❹방 안에 가득히 가스가 차면 나는 죽어
버리는 것이라고 생각한다.
❺어느새 진영은 괴로운 잠이 드는 것이었다.
❻ⓒ내장이 터진 소년병이 꿈에 나타났다.❼진영은 꿈을 깨려고 무척
<small>진영을 괴롭히는 비극적이고 참혹한 이미지</small>
애를 썼다.
❽"모레가 명절인데 절에도 돈 천 환이나 보내야겠는데……"
❾어렴풋이 들려오는 어머니의 말소리다.❿진영은 몸을 들치며 눈을
떴다.
⓫"귀신이나 사람이나 매한가진데…… 남들은 다 제 몫을 먹는데 우
리 문수는 손가락을 물고 에미를 기다릴 거다."
⓬잠이 완전히 깬 진영은 벌떡 자리에서 일어났다.⓭진영은 외투와 목
도리를 안고 마루에 나와 그것을 몸에 감았다.
⓮진영은 부엌에서 성냥 한 갑을 외투 주머니에 넣고 집을 나갔다.
<small>❷ 중심 사건: 진영이 성냥을 가지고 집을 나감.</small>
⓯오랫동안 마음속에서만 벼르던 일을 오늘이야말로 해치울 작정인
<small>아들 문수의 사진과 위패를 불태우는 일</small>
것이다.

┌ **구멍탄:** 구멍이 뚫린 연탄
└ **스토브:** 난방 장치의 하나

＊② **요약:** 진영이 어떤 결심을 행하기 위해 집을 나섬.

③❶진영은 눈이 사박사박 밟히는 비탈길을 걸어 올라간다.❷ⓔ진영은
고슴도치처럼 바싹 털이 솟은 자신을 느낀다.
❸목도리와 외투자락이 바람에 나부낀다.❹그러면은 잡나무 가지 위에
앉은 눈이 외투 깃에 날아 내리는 것이었다.
❺진영은 절로 가는 것이다.
❻진영이 절 마당에 들어갔을 때 "당신네들 같으면 중이 먹고 살갔
<small>❶ 공간적 배경</small>
수." 하던 늙은 중이 막 승방에서 나오는 도중이었다.❼절은 괴괴하니
다른 인기척은 없었다.
❽진영은 얼굴의 근육이 경련하는 것을 의식하며 중 옆으로 다가선다.
❾"저 말이지요. 저희들이 이번에 시골로 가는데 아이 사진과 위패를
가지고 가고 싶어요."
❿고개를 푹 숙인 채 진영은 나지막하게 말한다.⓫허옇게 풀어진 눈
으로 진영을 쳐다보던 중이 겨우 생각이 난 모양으로,
⓬「"이사를 하신다고요? 그럼 어쩌우. 그냥 두구려. 명절에 우편으로
<small>「 」: ❸ 세속적 가치에 관심을 기울이는 중의 모습 → 타락한 사회상을 드러냄.</small>
라도 잊어버리지 않으면 되지."」
<small>직접 오지 못해도 돈만 보내면 된다고 말함.</small>
⓭진영은 숙인 고개를 발딱 세우더니 옆으로 휙 돌리며,
⓮"참견할 것 없어요. 사진이나 빨리 주세요!"
⓯쏘아붙인다.⓰중은 좀 어리둥절하더니 무엇인지 모르게 중얼중얼
씨부렁거리며 법당으로 간다.
⓱이윽고 중이 문수의 사진과 위패를 가지고 나오자 진영은 그것을
빼앗듯이 받아 들고 인사말 한마디 없이 절 문 밖으로 걸어 나간다.
<small>❷ 중심 사건: 진영이 문수의 사진과 위패를 받아 들고 절을 나섬.</small>

ⁱ⁸화가 난 중은 진영의 뒷모습을 겨누어보다가 중얼중얼 씨부렁거리며 뒷간으로 간다.

ⁱ⁹진영은 중에게 화를 낸 것은 아니었다.²⁰다만 진영으로서는 빨리 사진을 받아 가지고 절 문 밖으로 나가고 싶었던 것이다.²¹그래서 초조했던 것이다.
　　　　진영이 중에게 쏘아붙인 이유

> 깃: 양복 윗옷에서 목둘레에 길게 덧붙여 있는 부분
> 승방: 승려가 불상을 모시고 불도를 닦으며 교법을 펴는 집
> 괴괴하다: 쓸쓸한 느낌이 들 정도로 아주 고요하다.
> 경련하다: 근육이 별다른 이유 없이 갑자기 수축하거나 떨다.
> 위패: 죽은 사람의 이름을 적은 나무패

　　　　　*③ 요약: 진영이 절에 가서 문수의 사진과 위패를 돌려받음.

④❶진영은 비탈길을 돌아 산으로 올라간다.❷올라가면서 진영은 이리
　　　　　　　　　　　❶ 공간적 배경
저리 기웃거린다.❸어느 커다란 바위 뒤에 눈이 없는 마른 잔디 옆에 이르자 진영은 그 자리에 주저앉는다.❹그리하여 문수의 사진과 위패를 놓고 물끄러미 한동안 내려다본다.
　「❺❷중심 사건 – 진영이 문수의 위패와 사진을 태움. → 타락한 사회 속에 문수를 두고 싶지 않은 마음
　❺한참 만에 그는 호주머니 속에서 성냥을 꺼내어 사진에다 불을
그어댄다.」❻위패는 이내 살라졌다.❼그러나 사진은 타다 말고 불꽃이
　　　　　　　　　　　　　불에 타 없어짐.
잦아진다.❽진영은 호주머니 속에서 휴지를 꺼내어 타다 마는 사진 위에 찢어서 놓는다.❾다시 불이 붙기 시작한다.❿사진이 말끔히 타버렸다.⓫노르스름한 연기가 차차 가늘어진다.

　┌⓬진영은 연기가 바람에 날려 없어지는 것을 언제까지나 쳐다보고
　│있었다.
　│⓭"내게는 다만 쓰라린 추억이 남아 있을 뿐이다. 무참히 죽어버
　│「」:❷ 갈등 – 타락한 시대와 이에 저항하는 진영의 외적 갈등
　│린 추억이 남아 있을 뿐이다!"
　│⓮진영의 깎은 듯 고요한 얼굴 위에 두 줄기 눈물이 흘러내리고 있
[A]│었다.
　│⓯겨울하늘은 매몰스럽게도 맑다.⓰잡목 가지에 얹힌 눈이 바람을
　│타고 진영의 외투 깃에 날아 내리고 있었다.
　│⓱"그렇지. 내게는 아직 생명이 남아 있었다. 항거할 수 있는 생명이!"」
　│　　슬픔에만 빠져 있지 않고 부정적 현실에 맞서겠다는 의지를 드러냄.
　│⓲진영은 중얼거리며 잡나무를 휘어잡고 눈 쌓인 언덕을 내려오는
　└것이다.

> 잦아지다: 거칠거나 들뜬 기운이 가라앉아 잠잠하게 되다.
> 무참히: 몹시 끔찍하고 참혹하게
> 매몰스럽다: 보기에 인정이나 싹싹한 맛이 없고 쌀쌀맞은 데가 있다.
> 항거하다: 순종하지 아니하고 맞서서 반항하다.

　　　*④ 요약: 진영이 문수의 사진과 위패를 불태우며, 항거의 의지를 드러냄.

*도수장: 도살장

🌟 독해 공식
❶ 중심인물: 진영, 문수, '어머니' 등
시간적 배경: 6·25전쟁이 끝난 후, '문수가 자라서 아홉 살이 된 초여름', 문수가 죽은 지 한 달 후, 공간적 배경: 서울, 방(진영의 집), 절, 산
❷ 중심 사건: 진영의 아들인 문수가 죽음. 진영이 성냥을 가지고 집을 감. 진영이 문수의 사진과 위패를 받아 들고 절을 나섬. 진영이 문수의 위패와 사진을 태움.
갈등: 타락한 시대와 이에 저항하는 진영의 외적 갈등
❸ 서술상 특징
• 서술자: 3인칭 서술자, 시점: 전지적 작가 시점
• 배경을 통해 상황과 인물의 심리를 부각하고 있음.
• 인물의 태도를 통해 타락한 사회상을 드러내고 있음.

■ 내용: 이 작품은 전후(戰後) 사회의 타락상을 바탕으로 현실 사회의 모순을 고발하는 현대 소설이다. 주인공 진영은 병원, 종교, 이웃 등 어디에도 의지할 곳 없는 암담함을 느낀다. 또한 위선적이고 물질 중심적인 사회에 대한 혐오를 드러내는 동시에 그 속에서도 자신의 삶을 살아가겠다는 결의를 보여 주고 있다.

■ 인물 관계도

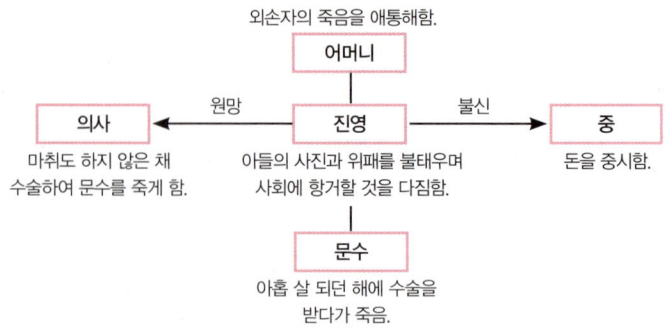

■ 주제: 타락한 사회에 대한 고발과 삶에 대한 의지

■ 이것이 핵심!: 타락한 현실에 대한 진영의 대응

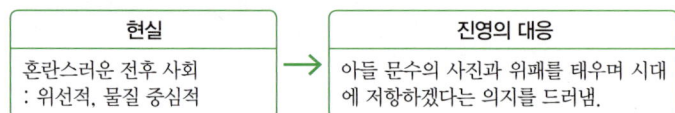

■ 전체 줄거리: 진영은 6·25전쟁 중 남편을 잃는다. 아들 문수는 전쟁이 끝난 후 병원에서 수술을 받다가 의사의 무관심으로 죽고 만다. 폐결핵 때문에 병원에 간 진영에게 병원에서는 주사약의 양을 속여 주사한다. 어느 날 진영의 집에 한 찾아온 여승은 시주받은 쌀을 되팔려 하고, 아들 문수의 명복을 빌기 위해 찾은 절에서는 돈을 보고 대접을 달리한다. 신앙이 깊어 의지하려 했던 갈월동 아주머니는 돈을 갖지 않는다. 이런 현실 속에서 진영은 점점 사회를 믿지 못하고 지쳐 간다. 결국 진영은 문수의 사진과 위패를 맡겼던 절에 찾아가 그 사진과 위패를 찾아다 불태우면서 시대에 항거하겠다고 다짐하며 삶의 의지를 굳건히 한다.

C 31 정답 ③ *서술상 특징 파악하기

윗글의 서술상의 특징으로 가장 적절한 것은? [3점]

▷왜 정답?

③ 특정 인물의 시각을 중심으로 사건을 제시하는 방식으로 서술
　　진영의 시각을 중심으로 사건을 제시함.
하고 있다.

*근거: ①-❾, ㉒

윗글에서는 '아이는 앓다가 죽은 것이 아니었다.', '아이가 죽은 지 겨우 한 달, 그러나 천 년이나 된 듯한 긴 나날들이었다.' 등 '진영'의 시각을 중심으로 사건을 제시하고 있다.

▷왜 오답?

① 사건의 전개 과정이 우화적인 의미를 갖도록 서술하고 있다.
　　　　　　　　　나타나지 않음.

우화적인 의미란 인격화한 동식물이나 사물을 등장시켜 그들의 행동 속에 풍자와 교훈의 뜻을 나타내는 것을 말한다. 윗글에서 동식물이나 사물을 통해 사건의 전개 과정에서 우화적 의미를 드러내는 부분은 나타나지 않는다.

> 우화: 인격화한 동식물이나 기타 사물을 주인공으로 하여 그들의 행동 속에 풍자와 교훈의 뜻을 나타내는 이야기

② 사건의 인과 관계가 느슨한 여러 개의 삽화를 연결하여 서술하고 있다.
　　　　　　　　나타나지 않음.

윗글에서 인과 관계가 느슨한 여러 개의 삽화는 나타나지 않는다. 윗글은 문수의 죽음에 대한 진영의 인식과 대응을 바탕으로 서술되고 있다.

인과 관계: 어떤 행위와 그 후에 발생한 사실과의 사이에 원인과 결과의 관계가 있는 일

삽화: 어떤 이야기나 사건의 줄거리에 끼인 짧막한 토막 이야기

④ 사건의 실제적 전개보다 <u>인물의 의식의 흐름</u>을 중심으로 서술
   <u>나타나지 않음.</u>
하고 있다.

윗글은 문수의 죽음과 그에 대한 진영의 대응에 관한 사건을 중심으로 서술되고 있지, 인물의 의식의 흐름을 중심으로 서술되고 있지 않다.

의식의 흐름: 인과적 연관성 없이 순간적으로 떠오르는 인물의 내면 의식을 드러내는 것

⑤ <u>여러 인물들의 회상</u>을 통하여 사건의 의미가 입체적으로 드러
   <u>나타나지 않음.</u>
날 수 있도록 서술하고 있다.

윗글에서 진영이 아들의 죽음을 회상하는 장면은 있지만, 다른 인물들의 회상이 드러난 부분은 없다.

입체적: 사건을 여러 관점에서 개성적인 방식으로 드러내는 것

C 32 정답 ③ *사건과 갈등 파악하기

진영에 대한 이해로 적절한 것은?

• 진영: 진영은 아들을 잃고 홀어머니와 살아가는 인물로, 폐결핵을 앓고 있습니다. 타락한 현실 속에서 아들의 사진과 위패를 태우며 그러한 사회에 항거할 것을 다짐하고 있습니다.

즉 윗글에 제시된 진영에 관한 내용을 알맞게 이해한 것을 고르는 문제입니다.

>왜 정답?

③ 건강을 위협하는 병에 걸려 있다.
   <u>폐결핵에 걸림.</u>

*근거: 1-⑳

진영은 '폐결핵에서 오는 발열' 증상을 보이고 있다. 즉, 진영은 건강을 위협하는 '폐결핵'이라는 병에 걸려 있다.

>왜 오답?

① <s>전쟁 중에 의사의 실수로 아들을 잃고 만다.</s>
   <u>전쟁이 끝난 후에 아들을 잃음.</u>

*근거: 1-❶, ❺, ⑬

진영은 '전쟁이 끝'난 후 아들과 함께 서울로 돌아왔는데, 그 후 '문수가 자라서 아홉 살이 된 초여름'에 '의사의 무관심'으로 아들을 잃었다.

② 어머니와 어려서부터 <s>사이가 좋지 않다.</s>
   <u>어머니는 일찍부터 홀로 되어 진영을 의지하여 살아옴.</u>

*근거: 1-❽

어머니는 '일찍부터 홀로 되어 외동딸인 진영에게 의지하며 살아'왔다고 했다. 그러나 진영이 어려서부터 어머니와 사이가 좋지 않다는 내용은 나타나 있지 않다.

④ 연탄가스가 새는 집을 <s>떠나고 싶어 한다.</s>
   <u>진영이 집을 떠나고 싶어 하지는 않음.</u>

*근거: 2-❸

진영이 '방 속에 피운 구멍탄 스토브에서 가스가 분명히 지금 방에 새고 있는 것'이라고 생각'하는 부분은 있지만, 집을 떠나고 싶어 하는 내용은 나타나지 않는다. 진영이 집을 나선 것은 오랫동안 벼르던 일을 실행하기 위해서였다.

⑤ 절의 늙은 중을 <s>정성껏 응대하고 있다.</s>
   <u>진영은 중에게 '참견할 것 없'다며 쏘아붙임.</u>

*근거: 3-⑫~⑮

진영은 빨리 절 밖으로 나가고 싶다는 초조함 때문에 사진과 위패를 '그냥 두'라는 중에게 '참견할 것 없어요. 사진이나 빨리 주세요!'라고 쏘아붙였다.

응대하다: 부름이나 물음 또는 요구 따위에 응하여 상대하다.

C 33 정답 ④ *인물의 심리와 태도 파악하기

㉠~㉤에 대한 설명으로 적절하지 <u>않은</u> 것은? [3점]

• ㉠: ㉠은 진영이 죽은 아들의 모습을 묘사한 부분입니다.
• ㉡: ㉡은 진영이 아이의 울음소리를 떠올리는 부분입니다.
• ㉢: ㉢은 진영이 내장이 터진 소년병의 꿈을 꾸는 부분입니다.
• ㉣: ㉣은 진영이 눈이 내린 비탈길을 올라가는 부분입니다.
• ㉤: ㉤은 진영이 아들의 사진에 불을 붙이는 부분입니다.

즉 ㉠~㉤에 드러나는 '진영'의 심리와 태도를 잘못 파악한 것을 고르는 문제입니다.

>왜 정답?

④ ㉣: '고슴도치처럼 바싹' '솟은' '털'은 인물이 <s>앞으로 있을 찌움을 앞두고 몹시 화가 나 있음</s>을 의미한다.
   <u>분노의 감정은 드러나지 않음.</u>

*근거: 2-⑮, 3-❷

진영은 '오랫동안 마음속에서만 벼르던 일'을 해치울 작정으로 '절'로 가며 '고슴도치처럼 바싹 털이 솟은 자신'을 느낀다. 이후 진영은 절에서 아들의 사진과 위패를 받아 불에 태운다. 즉, 바싹 솟은 '털'은 오랫동안 벼르던 일을 실제로 행하는 것에 대한 진영의 긴장감을 보여 준다고 할 수 있다. 진영이 절로 가는 대목 중에서 화가 나 있었다는 내용은 나타나지 않는다.

>왜 오답?

① ㉠: '도수장(屠獸場) 속의 망아지'는 죽어간 아들의 끔찍한 모
   <u>아들이 도살장의 망아지처럼 끔찍한 모습으로 죽어 갔음을 보여 줌.</u>
습을 실감 나게 느낄 수 있게 한다.

*근거: 1-⑮

마취도 없이 수술을 받던 진영의 아들은 도살장 속의 '망아지처럼 죽어' 갔다고 했다. 이는 진영의 아들이 참혹하게 죽었음을 드러낸다.

② ㉡: '밀려오는' '조수'는 인물이 아이의 죽음을 잊지 못하고 있
   <u>아이의 울음소리가 떠오른다는 것을 보여 줌.</u>
음을 알려 준다.

*근거: 1-㉓

아들이 죽은 후 '눈을 감은 진영'의 귀에 '아이의 울음소리'가 '조수처럼 밀려'왔다고 했다. 이는 진영이 아이의 울음소리를 떠올리는 것으로, 아들의 죽음을 잊지 못하고 있음을 드러낸다.

③ ㉢: 꿈에 나타난 '내장이 터진 소년병'은 인물이 겪고 있는 심
   <u>진영이 참혹한 고통을 겪고 있음을 보여 줌.</u>
리적 고통을 효과적으로 드러낸다.

*근거: 2-❻

진영은 아들이 죽은 후 '내장이 터진 소년병'의 꿈을 꾸었다. 이는 비극적이고 참혹한 이미지로, 진영이 심리적 고통을 겪고 있음을 드러낸다.

⑤ ㉤: '사진'을 태우는 행위에는 아들의 죽음을 딛고 새로운 삶을
살아가고자 하는 인물의 의지가 담겨 있다.
   <u>아들을 잃은 슬픔에서 벗어나고자 하는 의지를 보여 줌.</u>

*근거: 4-❺

진영은 '성냥을 꺼내어' 아들의 '사진에다 불을 그었다. 이는 아들의 죽음으로 인한 슬픔에서 벗어나기 위해 하는 행위로, 새로운 삶을 살아가겠다는 의지를 드러낸다.

C 34 정답 ⑤　＊인물의 심리와 태도 파악하기

[A]를 중심으로 윗글을 감상한 것으로 적절하지 않은 것은?

• [A]: [A]는 진영이 아들의 사진과 위패를 태운 후 눈물을 흘리며 자신에게 '항거할 수 있는 생명'이 있음을 이야기하는 부분입니다.

족 [A]에 드러난 '진영'의 행동과 태도를 바탕으로 윗글을 이해한 내용 중 틀린 것을 고르는 문제입니다.

＞왜 정답 ?

⑤ 주인공이 고통스러운 상황에 빠진 데에는 <u>종교적 믿음이 부족한 것도 한몫을 했다</u>고 할 수 있어.
　　　　　　　　종교는 진영에게 위안을 주지 못했음.

＊근거: ③-⓬

주인공이 고통스러운 상황에 빠진 것은 종교적 믿음과는 관련이 없으며, 진영의 종교적 믿음이 부족하다는 것은 윗글에서 확인할 수 없다. 오히려 중은 아들의 사진과 위패를 찾으러 온 진영에게 '우편으로라도 잊어버리지 않으면' 된다며 아이를 찾아오지 않아도 돈만 부치면 된다고 말했다. 이는 종교계의 타락상을 상징적으로 드러내는 부분으로, 진영이 종교를 통해 위안을 받을 수 없는 상황임을 암시한다.

＞왜 오답 ?

① 주인공은 자신에게는 근본적인 생명력이 있다고 믿고 있는 것 같아.
　　　　　　'항거할 수 있는 생명'이 있다고 말함.

＊근거: ④-⓱

진영은 아들의 사진과 위패를 태운 후 '내게는 아직 생명이 남아 있었다. 항거할 수 있는 생명이.'라고 말했다. 이를 통해 참혹한 슬픔을 겪었지만 자신에게는 다시 일어날 수 있는 힘인 근본적인 생명력이 있다는 진영의 믿음이 드러난다.

〔근본적: 사물의 본질을 이루거나 본바탕이 되는 것

② 주인공은 자신이 처한 사회적 현실을 부정적으로 생각하고 있음에 틀림없어.
　　　　　현실을 불신하여 아들의 사진과 위패를 찾아와 태움.

＊근거: ④-❺, ⓱

진영이 아들의 사진과 위패를 태운 것은 혼란스럽고 타락한 현실에 아들을 남겨 두지 않고 자신도 새로운 마음가짐으로 살아가겠다는 의지를 드러낸 것으로 볼 수 있다. 또한 '항거할 수 있는 생명'이 있다고 이야기한 것은 타락한 현실에 맞서겠다는 의지를 드러낸 것이다. 이를 통해 진영이 자신이 처한 현실을 부정적으로 생각하고 있음이 드러난다.

③ 주인공의 경우처럼 전쟁을 겪고 살아남은 사람들도 시련을 겪게 되는 것 같아.
　　　　　전쟁이 끝난 후의 혼란스러운 현실 속에서 아들을 잃음.

＊근거: ①-⓭, ③-⓬

진영은 전쟁 후의 혼란스러운 현실 속에서 의사의 무관심으로 아들을 잃고 종교에서도 위안을 얻지 못한 채 괴로워했다. 이를 통해 전쟁을 겪고 살아남은 사람들도 시련을 겪고 있음이 드러난다.

④ 주인공처럼 사람은 아무리 어려운 상황에 처하더라도 살아가고자 하는 의지를 버리면 안 되겠어.
　　　　타락한 사회에 항거하며 새롭게 살아가려 함.

＊근거: ④-⓱

진영은 아들의 죽음이라는 극한의 슬픔 속에서도 '항거할 수 있는 생명'이 있음을 이야기했다. 이는 어려운 상황에도 살아가고자 하는 의지를 드러낸 것이다.

C 35~37　＊임철우, 〈아버지의 땅〉

[2014 대비/사관학교 34~36]

❶ 중심인물, 배경　❷ 중심 사건, 갈등　❸ 서술상 특징

┌ 과거 회상
1 ❶『그래. ❷아버지 죄를 지었단다. ❸아직은 넌 모를 테지만, 그 때문에
　┌ J: 어머니의 말　　죄의 활동을 함
아버지는 집을 떠나신 거여. ❹하지만…… 네 아버지는 눈매가 고운 분
이셨다. ❺우리 마을에서 단 하나뿐인 학생이었고…… ❻남들이 사람을 해
치려는 걸 한사코 말리시려고 했지. ❼그 때문에 살아난 사람도 여럿이
있어. ❽정말이여. 』
　　　　❾ 중심인물　　　　　❶ 중심인물
❾그런 어머니의 변명은 끝끝내 내 마음을 어루만져 주지 못했다. ⓾그
　　　　　　　　　　　　❸ 서술자: '나', 시점: 1인칭 주인공 시점
후로 나는 좀처럼 아버지에 대한 얘기를 꺼내지 않게 되었다. ⓫뜻밖에
도 아버지의 죄를 순순히 시인하는 그녀의 한마디가 내게는 그토록 엄
청난 충격으로 깊이 남겨졌던 탓이리라. ⓬바로 그 순간부터 나는 아버
　　　　　아버지가 죄를 지었다는 것에 큰 충격을 받음
지의 그 죄라는 것을 내 스스로 함께 나누어 지니고 만 느낌이었고, 그
때문에 나이에 걸맞지 않게 나는 눈빛이 깊고 어두운 아이가 되어 가
고 있었다. ⓭그리고 그때부터 아버지의 무서운 환영은 저주처럼 내 곁
　　　　　　　　　　　　❷ 중심 사건: 아버지의 죄를 알게 된 후 '나'가 아버지의 환영에 시달림.
을 따라다니기 시작했다. ⓮그는 언제나 시커먼 어둠 저편에 숨어서 음
산하기 그지없는 눈빛으로 나를 쏘아보고 있었다. ⓯그는 어디에나 숨어
있었다. ⓰내 어릴 때 이따금 고개를 디밀어 들여다보면 ㉠마루 밑 저편
깊숙이 도사리고 있던 그 까마득한 어둠 속에도 그 어둠 속에서 술술
기어나오던 그 눅눅하고 음습한 냄새 속에서도 내가 한 번도 얼굴을
본 적이 없는 그 사내는 핏발 선 눈알을 번득이며 나를 쏘아보고 있는
것이었다. ⓱그건 어디서 묻었는지도 모르는, 오랜 시간이 흐른 뒤에까
　　아버지
지 지워지지 않는 핏자국처럼 내게는 **저주와 공포의 낙인**으로 깊이 박
혀져 있었다.
　　　　　　　　　　❷ 갈등: 아버지의 죄로 인한 '나'의 정신적 고통

┌ 시인하다: 어떤 내용이나 사실이 옳거나 그러하다고 인정하다.
│ 환영: 눈앞에 없는 것이 있는 것처럼 보이는 것
│ 음산하다: 분위기 따위가 을씨년스럽고 썰렁하다.
│ 음습하다: 그늘이 지고 축축하다.
└ 낙인: 다시 씻기 어려운 불명예스럽고 욕된 판정이나 평판을 이르는 말

＊**1** 요약: 아버지의 죄를 알게 된 후 '나'가 아버지의 환영에 시달림.

[중략 부분 줄거리] 군 복무 중이던 '나'는 진지를 구축하기 위해 참호를 파다가, 6·25전쟁 때 죽은 사람의 유골을 발견한다. 누구의 유골인지 알아보기 위해 수습 현장에 인근 마을의 노인을 불렀다.

┌ 현재
2 ❶"그렇다면 이치도 아마 빨갱이였겠구만, 안 그래요?"
　　　　　　　　유골에 대한 소대장의 부정적 인식
❷소대장이 지휘봉의 뾰족한 끝으로 쿡쿡 찌르듯 ㉡유해를 가리키며
말했다. ❸인사계가 되물었다.
❹"어째서요."
❺"산을 타고 도망치던 빨치산들이 그리 많이 죽었다잖아. 이치도 보
기엔 군인은 아니었을 것 같고, 그렇다고 근처의 주민이었다면 가
족이 있을 텐데 임자 없이 이리저리 팽개쳐 뒀을라구."
❻"그걸 누가 압니까. 그때야 워낙 피차에 서로 죽고 죽이던 판인
데……."
❼그때였다. ❽쭈그려 앉아서 손을 움직이고 있던 노인이 불쑥 소리치
　　　　　　　　　　　　　❶ 중심인물
는 것이었다.

⑨ "어허, 대관절…… 대관절 그게 어떻다는 얘기요. 죽어서까지 원 아
무리 이렇게 죽어 누운 다음에까지 이쪽이니 저쪽이니 하고 그런
<u>걸 굳이 따져서 무얼 하자는 말이오. 죽은 사람이 뭣을 알길래……</u>
이념으로 인한 민족 간 갈등에 대한 비판적 의식이 드러남.
죄다 부질없는 짓이지. 쯔쯧."

⑩ 노인의 음성은 낮았지만 강하고 무거웠다. ⑪ 그러면서도 노인은 고개
를 숙인 채 뼛조각에 묻은 흙을 정성스레 닦아내고 있었다. ⑫ <u>무슨 귀한
물건마냥 서두르는 기색도 없이 신중히 손질하고 있는 노인의 자그마
한 체구를 우리는 둘러서서 지켜보았다.</u> ⑬ 모두들 한동안 입을 다물었고
❷ 중심 사건: 노인의 도움을 받아 유골을 수습함.
나는 흙에 적셔진 노인의 손끝이 가늘게 떨리고 있음을 깨달았다.
고인을 조심스럽게 대하는 손길
⑭ "땅속에 누운 사람의 잠을 살아 있는 사람이 깨워서야 되겠소. 또
그럴 수도 없는 법이고. <u>원통한 넋이니 죽어서라도 편히 눈감도록</u>
동족상잔의 비극으로 희생되었기 때문
해야지, 암. 그것이 산 사람들의 도리요…… 하기는, 이렇게 불편한
꼴로 묶여 있었으니 그 잠인들 오죽했을까만."
고인에 대한 연민
⑮ 노인은 어느 틈에 꾸짖는 듯한 말투로 혼자 중얼거리고 있었다. ⑯ 두
개골과 다리뼈를 꼼꼼히 문질러 닦은 뒤, 노인은 몸통뼈에 묶인 줄을
풀어내기 시작했다. ⑰ 완강하게 묶인 매듭은 마침내 노인의 손끝에서
동족상잔의 아픔의 해소 가능성을 드러냄.
풀리었다. ⑱ 금방이라도 쩔걱쩔걱 쇳소리를 낼 듯한 ⓒ철사 줄은 싱싱
하게 살아 있었다. ❸ 상징적(추상적인 개념을 구체적인 대상으로 나타내는) 소재 – 전쟁의 고통과 비극의 굴레
⑲ 살을 녹이고 뼈까지도 녹슬게 만든 그 오랜 시간과
땅 밑의 어둠을 끝끝내 견뎌 내고 그렇듯 시퍼렇게 되살아 나오는 그
전쟁의 공포와 냉혹함을 환기함.
것의 놀라운 끈질김과 냉혹성이 언뜻 소름끼치도록 무서움증을 느끼
게 했다.

⑳ 노인은 손목과 팔에 묶인 결박까지 마저 풀어낸 다음 허리를 펴고
일어서더니 줄 묶음을 들고 저만치 걸어 나갔다. ㉑ 그가 허공을 향해 그
것을 멀리 내던지는 순간 나는 까닭 모르게 마당가에서 하늘을 치어다
보며 서 있는 어머니의 가녀린 목줄기와 그녀가 아침마다 소반 위에
아버지가 무사히 돌아오기를 기원하는 어머니의 모습
떠서 올리곤 하던 하얀 물 사발이 눈앞에 떠올랐다가 스러져 버리는
것이었다.

㉒ 나는 담배를 피워 물었다. ㉓ 멀리 메마른 초겨울의 야산이 헐벗은 등
을 까내놓고 죽은 듯이 엎드려 있었다. ㉔ 사위는 온통 잿빛의 풍경이었
❶ 시간적 배경
다. ㉕ 피잉, **현기증**이 일었다.

┌ **이치**: '이 사람'을 낮잡아 이르는 삼인칭 대명사
│ **유해**: 주검을 태우고 남은 뼈. 또는 무덤 속에서 나온 뼈
│ **빨치산**: 적의 배후에서 통신·교통 시설을 파괴하거나 무기나 물자를 탈취하고
│ 인명을 살상하는 비정규군. 특히 우리나라에서는 6·25 전쟁 전후에 각지에서
│ 활동했던 공산 계릴라를 이른다.
│ **피차**: 이쪽과 저쪽의 양쪽
│ **대관절**: 여러 말 할 것 없이 요점만 말하건대
│ **원통하다**: 분하고 억울하다.
│ **완강하다**: 체격 따위가 씩씩하고 다부지다.
│ **결박**: 몸이나 손 따위를 움직이지 못하도록 동이어 묶음.
│ **소반**: 자그마한 밥상
│ **야산**: 들 가까이의 나지막한 산
└ **사위**: 사방의 둘레

*❷ 요약: '나'가 군 복무 중에 발견한 유해를 노인과 함께 수습함.

┌ '나'의 상상 → ❸ 현재, 과거, 상상 속 장면이 교차함.(서로 엇갈리거나 마주침.)
│ ❶
③ 광주리를 머리에 인 어머니가 모래밭을 걸어오고 있었다. ❷ 돌돌거
리며 흐르는 물소리를 거슬러 강변 모래밭을 어머니가 혼자 저만치서
다가오고 있었다. ❸ 모래밭은 하얗게 햇살을 되받아 쏘며 은빛으로 반짝
였다. ❹ 허리띠를 질끈 동인 어머니의 치맛자락이 흐느적이며 바람결에
흔들리고 있었다. ❺ 나는 햇살에 부신 눈을 가늘게 오므리고 줄곧 그녀
를 지켜보고 있었다. ❻ 그때였다. ❼ 꿈속에서처럼 나는 그녀의 뒤를 바짝
❷ 중심 사건: 어머니에 대한 기억에 아버지의 환영이 중첩되어 떠오름.
따라오고 있는 한 사내의 환영을 보았다.

❽ 그건 아버지였다. ❾ 언젠가 어머니의 낡은 반닫이 깊숙한 옷가지 밑
에 숨겨져 있던 액자 속에서 학생복 차림으로 서 있던 그대로 그건 영
락없는 그 사내였다. ❿ 나를 어머니의 배 속에 남겨 놓은 채 어느 바람이
몹시 부는 날 밤, 산길을 타고 지리산인가 어디로 황황히 떠나가 버렸
아버지가 좌익 활동을 위해 집을 떠났던 날의 모습
다는 사내. ⓫ 창백해 뵈는 뺨에 마른 몸집의 그 사내가 어머니와 함께 걸
아버지의 외양
어 오고 있는 것이었다. ⓬ 놀란 눈으로 풀밭에 앉아 나는 그들을 지켜보
고 있었다. ⓭ 이윽고 어머니의 눈썹과 코, 입의 윤곽과 야윈 목줄기까지
뚜렷이 드러날 만큼 가까워졌을 때 사내의 환영은 어느 틈에 사라져
버리고 없었다. ⓮ 몇 번이나 눈을 비비고 보았으나 역시 마찬가지였다.
⓯ 하얗게 반짝이는 모래밭 위로 어머니가 찍어 내는 발자국만 유령처럼
끈질기게 그녀의 발꿈치를 뒤따라오고 있을 뿐이었다.

┌ **광주리**: 대, 싸리, 버들 따위를 재료로 하여 바닥은 둥글고 촘촘하게, 전은 성기
│ 게 엮어 만든 그릇
│ **동이다**: 끈이나 실 따위로 감거나 둘러 묶다.
│ **반닫이**: 앞의 위쪽 절반이 문짝으로 되어 아래로 젖혀 여닫게 된, 궤 모양의 가구
└ **황황히**: 갈팡질팡 어쩔 줄 모를 정도로 급하게

*❸ 요약: '나'가 어머니와 함께인 아버지의 모습을 상상함.

┌ 현재
│ ❶
④ 우리는 관 대신에 신문지로 싼 유해를 맨 처음 그 자리에 다시 묻
「 」: 예의를 갖춰 무덤을 만들고 고인의 장례를 치름.
어 주었다. ❷ 도톰하니 ⓔ봉분을 만들고 뗏장까지 입혀 놓고 보니 엉성
한 대로 형상은 갖춘 듯싶었다. ❸ 노인은 술을 흙 위에 뿌려 주었다. ❹ 그
리고 자신이 먼저 한 모금 마신 다음에 잔을 돌렸다. ❺ 오 일병이 노파
가 준 북어를 내놓았고, 덕분에 작은 술판이 벌어졌다. ❻ 음복인 셈이
었다.

❼ "얌마. 이런 느닷없는 장례식도 모두 너희 두 놈들 때문이니까, 자
한 잔씩 마셔라."

❽ "그래그래, 어쨌든 너희들은 좋은 일 했으니 천당 가도 되겠다."

❾ 소대장이 병을 기울였고 다른 녀석들도 낄낄대며 한마디씩 보태었다.
❿ 술이 가득 차오른 반합 뚜껑을 나는 두 손으로 받쳐 들었다. ⓫ "저것
봐라이. ⓬ 날짐승도 때가 되면 돌아올 줄 아는 법이다. ⓭ 어머니가 말했
때가 되면 아버지가 돌아올 것이라는 어머니의 믿음
다. ⓮ 저만치 웬 사내가 서 있었다. ⓯ 가슴과 팔목에 철사 줄을 동여맨 채
「 」: 유골처럼 희생되었을 아버지의 죽음을 상상함.
사내는 이쪽을 응시하며 구부정하게 서 있었다. ⓰ 퀭하니 열려 있는 그
사내의 눈은 잔뜩 겁에 질려 있는 채로였다. ⓱ 애앵. ⓲ 총성이 울렸고 그
는 허물어지듯 앞으로 고꾸라지고 있었다. ⓳ 불현듯 시야가 부옇게 흐
'나'가 눈물을 흘림.
려 왔다.

⓴ 아아. ㉑ 아버지는 지금 어디에 쓰러져 누워 있을 것인가. ㉒ 해마다 머리
전쟁에서 희생되었을 아버지에게 연민과 안타까움을 느낌.
맡에 무성한 쑥부쟁이와 엉겅퀴 꽃을 지천으로 피워 내며 이제 아버지
는 **어느 버려진 밭고랑**, 어느 응달진 산기슭에 무덤도 묘비도 없이 홀
로 잠들어 있을 것인가. ❷ 중심 사건: 아버지 또한 전쟁의 상처를 지닌 존재임을 이해하게 됨.

봉분: 흙을 둥글게 쌓아 올려서 무덤을 만듦. 또는 그 무덤
뗏장: 흙이 붙어 있는 상태로 뿌리째 떠낸 잔디의 조각
음복: 제사를 지내고 난 뒤 제사에 쓴 음식을 나누어 먹음.
반합: 직접 밥을 지을 수 있게 된, 알루미늄으로 만든 밥그릇
무성하다: 풀이나 나무 따위가 자라서 우거져 있다.
지천: 매우 흔함.
응달지다: 그늘이 져 있다.

*④ 요약: '나'가 유해의 장례를 치르며 아버지를 이해하게 됨.

✤ 독해 공식
❶ 중심인물: '나', '아버지', '어머니', '노인' 등
시간적 배경: '초겨울'
❷ 중심 사건: 과거 – 아버지의 죄를 알게 된 후 '나'가 아버지의 환영에 시달림.
현재 – 노인의 도움을 받아 유골을 수습함. 어머니에 대한 기억에 아버지의 환영이 중첩되어 떠오름. 아버지 또한 전쟁의 상처를 지닌 존재임을 이해하게 됨.
갈등: 아버지의 죄로 인한 '나'의 정신적 고통
❸ 서술상 특징
• 서술자: '나', 시점: 1인칭 주인공 시점
• 현재, 과거, 상상 속 장면을 교차하며(서로 엇갈리거나 마주치며) 이야기를 전개하고 있음.
• 상징적(추상적인 개념을 구체적인 대상으로 나타내는) 소재를 통해 주제 의식을 드러내고 있음.

■ 내용: 이 작품은 6·25전쟁으로 인한 한 가족의 비극을 통해 민족의 아픔과 상처를 조명하는 현대 소설이다. 현재의 사건에 아버지와 관련된 과거의 기억을 중첩하며 이야기를 진행하는 구조로, 군 생활을 하던 '나'는 참호를 파다 발견한 유골을 수습하는 과정을 통해 아버지에 대한 증오와 갈등을 해소하게 된다.

■ 인물 관계도

〈유해 수습 과정〉

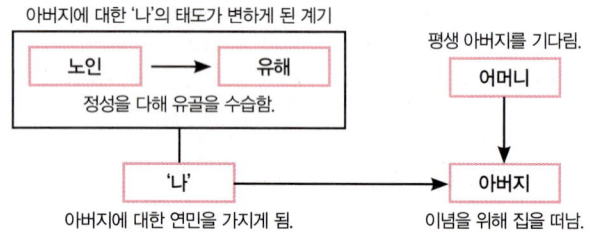

아버지에 대한 '나'의 태도가 변하게 된 계기

평생 아버지를 기다림.

노인 → 유해
정성을 다해 유골을 수습함.

어머니
↓
'나' → 아버지
아버지에 대한 연민을 가지게 됨.   이념을 위해 집을 떠남.

■ 주제: 분단 현실의 상처와 극복 의지

■ 이것이 핵심!: 아버지에 대한 '나'의 태도 변화

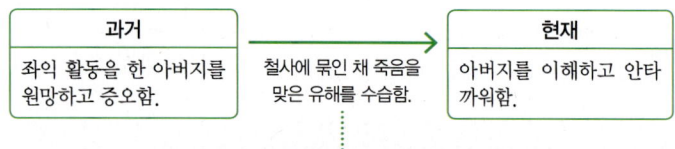

과거		현재
좌익 활동을 한 아버지를 원망하고 증오함.	철사에 묶인 채 죽음을 맞은 유해를 수습함.	아버지를 이해하고 안타까워함.

이념 대립으로 인한 상처의 극복 가능성

■ 전체 줄거리: '나'는 홀어머니와 사는 군인으로, 공산주의자였던 아버지로 인해 피해 의식을 갖고 살아간다. '나'는 훈련 대비로 진지를 구축하기 위해 참호를 파던 중 이름 모를 유골을 발굴한다. 유골을 수습하기 위해 마을에서 모셔 온 노인은 유골을 정성스럽게 수습한다. 이를 보며 '나'는 지난날 좌익 활동을 위해 집을 떠났다는 아버지와 그런 아버지를 기다리던 어머니의 모습을 회상한다. 지금까지 아버지에 대한 원망과 분노를 느꼈던 '나'는 아버지와 같은 사람들에게 가해졌을 폭력을 상상하게 된다. 이를 통해 '나'는 아버지에 대한 미움을 거두고 아버지를 이해하고 연민을 가지게 된다.

C 35 정답 ① *서술상 특징 파악하기

윗글에 대한 설명으로 가장 적절한 것은?

> 왜 정답 ?

① 현재 사건이 과거 회상, 인물의 상상과 중첩되고 있다.
유골을 수습하는 현재의 상황과 '나'의 어린 시절, 어머니와 아버지에 대한 상상이 번갈아 서술됨.

윗글에서는 현재의 '나'가 6·25전쟁 때 죽은 사람의 유해를 노인과 함께 수습하는 사건을 바탕으로 '나'의 어린 시절 이야기와 어머니와 아버지에 대한 상상이 교차되어 제시되고 있다. ①에서는 '나'의 과거 회상, ②에서는 현재의 이야기, ③에서는 '나'의 상상이 나타나고 ④에서 다시 현재의 이야기가 제시되고 있다.

[중첩되다: 거듭 겹쳐지거나 포개어지다.

> 왜 오답 ?

② 다양한 인물들의 경험을 삽화 형식으로 나열하고 있다.
짧막한 토막 이야기
나타나지 않음.

윗글에서는 '나'가 현재 죽은 사람의 유해를 수습하는 사건을 중심으로 노인과 동료들이 등장하는 한편, 과거 회상 속 어머니의 모습, '나'의 상상 속 어머니와 아버지의 모습이 나타나고 있다. 즉 '나'의 현재와 과거 이야기와 상상이 제시되면서 다른 인물의 모습이 나타나고 있을 뿐 다양한 인물들의 경험을 삽화 형식으로 나열하고 있지는 않다.

③ 현재형 어미를 사용하여 일상적 삶의 모습을 그리고 있다.
나타나지 않음.   일상적 삶의 모습이라고 보기 어려움.

윗글에서는 과거형 어미를 사용하여 이야기를 전개하고 있으며, 유해를 수습하는 사건을 다루고 있으므로 일상적 삶의 모습을 그리고 있다고 볼 수도 없다.

[현재형 어미: '–이다'와 같이 현재 시제를 나타내는 활용 어미

④ 서사가 진행될수록 인물들 사이의 긴장감이 고조되고 있다.
아버지에 대한 '나'의 갈등이 완화됨.

과거의 '나'에게 아버지의 존재는 '저주와 공포의 낙인'이었지만, 현재의 '나'는 유해 수습 과정을 거치면서 아버지를 이해하게 된다. 즉, 이야기가 진행될수록 아버지에 대한 '나'의 갈등은 완화되고 있다고 볼 수 있다.

⑤ 차분한 어조를 쓰며 사건에 대한 객관적 태도를 드러내고 있다.
말투   주관적 태도를 드러냄.

윗글은 1인칭 주인공 시점으로, 서술자가 자신의 이야기를 주관적으로 서술하고 있다. 따라서 사건에 대한 객관적 태도를 드러내고 있다는 것은 적절하지 않다.

C 36 정답 ① *소재 및 배경의 의미 파악하기

㉠~㉤에 대한 설명으로 적절하지 않은 것은?

• ㉠: ㉠은 '마루 밑'으로, '나'가 아버지의 환영을 보던 공간입니다.
• ㉡: ㉡은 '유해'로, 6·25전쟁 때 죽은 사람의 유골입니다.
• ㉢: ㉢은 '철사 줄'로, 유해에 감겨 있던 것입니다.
• ㉣: ㉣은 '봉분'으로, 유해를 수습하고 만든 무덤입니다.
• ㉤: ㉤은 '날짐승'으로, 때가 되면 돌아오는 대상입니다.

즉 윗글을 바탕으로 ㉠~㉤에 담긴 의미를 잘못 파악한 것을 고르는 문제입니다.

> 왜 정답 ?

① ㉠은 유년 시절에 겪었던 공포로부터 도피하던 공간이다.
공포를 느끼던 공간임.

*근거: ①-⑯
'나'는 어린 시절에 '마루 밑 저편 깊숙이 도사리고 있던 그 까마득한 어둠 속'에서 '한 번도 얼굴을 본 적이 없는 그 사내는 핏발 선 눈알을 번득이며 나를 쏘아보고 있는 것'을 느낀다. 이때 '그 사내'는 아버지로, '나'는 '마루 밑'에서 아버지의 환영을 보며 두려움을 느꼈던 것이다. 따라서 ㉠은 유년 시절에 겪었던 공포로부터 도피하던 공간이 아니라, 공포를 느꼈던 공간이라고 보는 것이 적절하다.

[도피하다: 도망하여 몸을 피하다.

> 왜 오답 ?

② ㉡은 '나'가 아버지를 떠올리게 되는 계기가 된다.
어딘가에 잠들어 있을 아버지를 떠올림.

*근거: ④-⑳~㉒
'나'는 '유해'를 수습하고 장례를 치르며 '아아, 아버지는 지금 어디에 쓰러져 누워 있을 것인가.'라며 어디선가 홀로 잠들어 있을 아버지를 떠올리고 있다.

③ ⓒ이 유골을 옥죄고 있는 것은 전쟁의 참상을 암시한다.
전쟁으로 인한 비극적인 죽음과 상처를 나타냄.
근거: ②-⑱
유해에 감겨 있던 '철사 줄'은 '금방이라도 쩔걱쩔걱 쇳소리를 낼 듯'이 '싱싱하게 살아 있었'고 했다. 즉, '철사 줄'은 누군가를 죽음에 이르게 한 도구이자, 오랜 시간이 지난 후에도 유골을 괴롭히고 있으므로 비극적인 죽음과 그 상처가 지속되는 전쟁의 참상을 암시한다고 볼 수 있다.

〔 **참상**: 비참하고 끔찍한 상태나 상황 〕

④ ⓓ을 만드는 행위는 죽은 이에 대한 존중의 의미를 담고 있다.
고인의 죽음을 기리기 위해 만든 것임.
근거: ④-❷
'나'를 비롯한 사람들은 유해를 수습한 후 엉성하지만 '봉분'을 만들어 무덤의 형상을 만들어 주었다. 이는 고인의 죽음을 기리기 위한 것으로, '봉분'을 만드는 행위에는 죽은 이에 대한 존중의 의미가 담겨 있다고 볼 수 있다.

⑤ ⓔ은 아버지와의 재회를 기대하는 어머니의 마음을 나타낸다.
아버지가 때가 되면 돌아올 것이라고 생각함.
근거: ④-⑫
어머니는 '날짐승도 때가 되면 돌아올 줄 아는 법'이라고 말하며 언젠가 때가 되면 아버지가 돌아올 것이라는 믿음을 드러내고 있다. 즉, 어머니는 '날짐승'을 보며 아버지와 다시 만나기를 기대하고 있다.

C 37 정답 ⑤ *〈보기〉를 바탕으로 감상하기

〈보기〉를 바탕으로 윗글을 이해한 내용으로 적절하지 <u>않은</u> 것은?

• 〈보기〉: 〈아버지의 땅〉은 아버지를 바라보는 '나'의 태도를 통해 전쟁의 상처가 전후 세대의 문제이기도 하며, 이를 극복할 수 있다는 전망을 제시하고 있습니다.

• 윗글: '나'가 전쟁 중 죽은 유골을 수습하는 과정을 통해 아버지에 대한 증오와 갈등을 해소하게 되는 이야기입니다.

즉 〈아버지의 땅〉의 주제 의식을 바탕으로 윗글을 이해한 내용 중 틀린 것을 고르는 문제입니다.

--- [보기] ---

❶〈아버지의 땅〉은 6·25전쟁 때 좌익 활동을 하다 행방불명된 아버지 때문에 정신적 고통을 겪는 '나'가 아버지와 화해에 이르는 모습을 그린 소설이다.❷이 작품은 아버지를 바라보는 '나'의 태도를 통하여 6·25전쟁의 상처와 갈등이 전후 세대의 문제이기도 하다는 것을 보여 주고 있다.①, ②의 근거 ❸또한 아버지를 이해하며 화해하는 '나'의 모습을 통해 전쟁 상처 극복에 대한 전망을 제시하고 있다.③, ④의 근거

좌익: 급진적이거나 사회주의적·공산주의적인 경향. 또는 그런 단체
전후: 전쟁이 끝난 뒤

>왜 정답?
⑤ '어느 버려진 밭고랑'은 아버지와 화해에 이른 '나'가 아버지로 인한 정신적 고통을 극복했음을 보여 준다.
'나'가 아버지가 잠들어 있을 것이라고 여기는 공간일 뿐임.
근거: ④-㉒
윗글에서는 아버지의 환영에 시달리며 정신적 고통을 겪어온 '나'가 아버지와 화해에 이르는 모습을 그리고 있다. 하지만 '어느 버려진 밭고랑'을 통해 정신적 고통을 극복했음을 보여 주는 것은 아니다. '어느 버려진 밭고랑'은 '나'가 발견한 철사 줄에 감겨 있던 유해처럼, 아버지가 쓰러져 홀로 잠들어 있을 것이라고 여기는 공간일 뿐이다.

>왜 오답?
① '아버진 죄를 지었단다.'라고 말하는 어머니를 통해 '나'도 전쟁의 상처에서 자유롭지 못함을 알게 된다.
아버지의 죄를 함께 나누어 진 느낌을 가짐.
근거: ①-❷, ⑫, 〈보기〉❷ 문장
'아버진 죄를 지었단다.'라는 어머니의 말을 들은 '나'는 '아버지의 그 죄라는 것을 내 스스로 함께 나누어 지니고 만 느낌'을 가지게 되었다고 했다. 이를 통해 '나'가 전쟁에 직접적으로 나서지는 않았지만, 아버지로부터 비롯된 전쟁의 상처가 '나'에게까지 이어진다는 것이 드러난다. 또한 〈보기〉에 따르면, 이는 '6·25 전쟁의 상처와 갈등이 전후 세대의 문제이기도' 함을 드러내는 것이다.

② '나'가 아버지를 '저주와 공포의 낙인'으로 인식하는 태도는 '나'의 상처가 얼마나 깊은지를 보여 준다.
아버지가 죄를 지었다는 것이 저주와 공포와 같은 상처가 됨.
근거: ①-⑰, 〈보기〉❷ 문장
'나'는 아버지의 환영을 느끼며 '그건 어디서 묻었는지도 모르는, 오랜 시간이 흐른 뒤에까지 지워지지 않는 핏자국처럼 내게는 저주와 공포의 낙인'이라고 생각한다. 이를 통해 아버지의 죄로 인한 '나'의 정신적 고통과 상처가 매우 깊었다는 것이 드러난다. 또한 〈보기〉에 따르면, 이는 '6·25 전쟁의 상처와 갈등이 전후 세대의 문제이기도' 함을 드러내는 것이다.

③ '현기증'이 일어나며 아버지의 환영을 보는 장면은 아버지에 대한 '나'의 태도 변화를 암시한다.
현기증이 인 후 아버지를 인간적으로 이해하게 됨.
근거: ②-㉕, ③-⑪, 〈보기〉❸ 문장
유해를 수습하던 중 '현기증'을 느낀 '나'는 어머니와 아버지의 환영을 보게 된다. 이때 아버지는 어린 시절에 느꼈던 저주와 공포처럼 느껴지지 않고, '창백해 뵈는 뺨에 마른 몸집'을 하고 있다. 이를 통해 아버지에 대한 '나'의 태도가 바뀌었다는 것이 드러난다. 또한 〈보기〉에 따르면, 이는 '나'가 '아버지를 이해'하는 모습으로, 이버지와의 화해를 통해 전쟁의 상처를 극복할 수 있다는 전망을 보여 주는 것이다.

〔 **암시하다**: 넌지시 알리다. 〕

④ 아버지를 떠올리며 '시야가 부옇게 흐려'지는 '나'의 모습은 전쟁의 상처 극복을 기대하게 한다.
아버지를 이해하게 되며 눈물을 흘림.
근거: ④-⑭~⑲, 〈보기〉❸ 문장
'나'는 유골처럼 희생되었을 아버지의 죽음을 상상하며 '시야가 부옇게 흐려'진다. 이는 '나'가 눈물을 흘리는 모습이며, 〈보기〉에 따르면 '나'가 '아버지를 이해하고 화해하'게 되었음을 의미한다. 즉, '나'는 아버지로 인한 상처를 극복하고 있으므로, 이를 통해 전쟁의 상처 극복을 기대할 수 있다는 것은 적절하다.

C 38 ~ 41 *박완서, 〈부끄러움을 가르칩니다〉

[2015 대비/경찰대 42~45]

❶ 중심인물, 배경 ❷ 중심 사건, 갈등 ❸ 서술상 특징
❶❶ 공간적 배경: 경희네 집 ❶ 중심인물

[1] 경희넨 집도 컸고 정원도 넓었지만 난 별로 눈부셔하지 않았다.❷ 내 집보다 규모가 크고, 좀더 휘번드르르한데도 어딘지 내 집과 비슷했다.❸ 편리한 양옥 구조가 다 그렇듯이 그저 그렇고 그랬다.❹ 세간도 그랬다.❺ 하긴 경희네 안방 자개 문갑과 내 집 자개 문갑이 같은 값일 리 없고, 그 문갑 위에 놓인 청자가 우리집 것과 같은 6백 원짜리 가짜일 리는 만무하다 하겠다.❻ 그러나 경희나 나나 이런 가장집기들에게 약간
'나' 또한 보이는 모습에 신경 씀.

의 용도와 금전적 가치와 전시 효과 외엔 특별한 심미안이나 애정을
_{화려한 외피만을 추구 → 삶의 진정성이 결여되어 있음.}
두지 않긴 마찬가지일 테니, 그것들이 무의미하기도 마찬가지일 게 아
닌가. ❼나는 조금도 위축되거나 비실비실하지 않았다. ❽경희는 품위도
_{표면적인 부유함을 부러워하지 않음.}　❶중심인물
우정도 잃지 않을 한도 내에서 절도 있게 나를 반가워했다. ❾그리고 나
서 남편은 뭐 하는 사람이냐고 물었다. ❿영미가 약간 입을 비죽대며
"뭐 일본과 기술 제휴한 전자회사 사장이라나 봐" 했다. ⓫곧 이어 희숙
이 "글쎄 그 사람이 얘 세 번째 남편이래지 뭐니" 하고 덧붙였다.

⓬경희는 정숙한 여자가 못 들을 망측한 소리를 들었다는 듯이 얼굴
_{경희의 가식적인 태도를 드러냄.}
을 곱게 붉히더니 "계집애두" 하며 손을 입에 대고 웃었다. ⓭덧니가 부
끄러워 비롯된, 그녀의 손으로 입 가리고 웃는 버릇은 이제 덧니의 매
력까지를 계산하고 있어 세련된 포즈일 뿐이다. ⓮뱅어처럼 가늘고 거의
골격을 느낄 수 없이 유연한 손가락에 커트가 정교한 에메랄드의 침착
하고 심오한 녹색이 그녀의 귀부인다운 품위를 한층 더해 주고 있다.
⓯아름다운 포즈였다. ⓰그러나 부끄러움은 아니었다. ⓱노련한 연기자처럼
_{순수한 감정, 진정성}
미적 효과를 미리 충분히 계산한 아름다운 포즈일 뿐이었다. ⓲부끄러움
❷중심 사건: 경희의 가식적인 모습을 발견함.
의 알맹이는 퇴화하고 겉껍질만이 포즈로 잔존하고 있을 뿐이었다. ⓳나
는 실망과 안도를 동시에 느꼈다.
_{경희가 가식적으로 변한 것에 실망하면서도, 자신과 같음에 안도함.}

양옥	서양식으로 지은 집
세간	집안 살림에 쓰는 온갖 물건
문갑	문서나 문구 따위를 넣어 두는 방세간
만무하다	절대로 없다.
가장집기	집에서 사용하는 모든 살림 도구 혹은 장롱, 문갑 등 가구
심미안	아름다움을 살펴 찾는 안목
제휴하다	행동을 함께하기 위하여 서로 붙들어 도와주다.
정숙하다	여자의 성품과 몸가짐이 조용하고 얌전하다.
망측하다	정상적인 상태에서 어그러져 어이가 없거나 차마 보기가 어렵다.
심오하다	사상이나 이론 따위가 깊이가 있고 오묘하다.
귀부인	신분이 높거나 재산이 많은 집안의 부인
잔존하다	없어지지 아니하고 남아 있다.

＊①요약: 경희의 집을 방문한 '나'가 경희의 가식적인 모습을 발견함.

②경희는 내 남편이 한다는 일에 각별한 관심을 보이며 자기가 요새
나가는 일본어 학원에 같이 다니지 않겠느냐고 했다.

❷"너희 남편이 일본 사람과 교제하려면 네 도움이 많이 필요할걸. 요
새 남편이 출세하려면 뒤에서 여자가 뒷받침을 잘해 줘야 해. 그러
니 두말 말고 일본말 좀 배워 둬라. 내가 배우는 거야 그냥 교양 삼
아 배우는 거지만 말야."

❸"너야 어디 일본말만 배웠니, 각 나라 말 다 조금씩 배워 봤잖아."
_{경희에게 알랑거리는 희숙의 속물적인 모습}
❹희숙이가 비굴하게 웃으며 끼어들었다.

❺"그야 해외 여행할 때마다 그때그때 그 나라 인사말 정도 배워 갖고
간 거지 뭐."

❻나는 집에 와서 남편에게 비교적 소상히 그날의 얘기를 했다.
❶공간적 배경　❷중심인물
❼만나본 동창 중 경희 같은 소위 고위층의 부인이 있다는 소리에 남
편은 점괘를 맞힌 박수무당처럼 징그럽게 좋아했다.
_{남편의 속물적 태도를 부정적으로 느낌}
❽"거 보라구 내가 뭐랬나. 당신 친구 중에라고 고관의 부인 없으란
법 있겠느냐고 내가 안 그랬어. 잘됐어. 잘됐어. 뭐? 일본어 학원?
_{경희를 통해 사회생활에 이득을 보려는 속셈임.}

다녀야지. 암 다녀야구말구. 그런 여자하고 같이 다닐 기회 놓치면
안 되지. 그게 다 처세술이라구. 교제술이란 게 다 그렇구 그런 거
지 별건가."

❾그리고 나선 개화기의 우국지사처럼 자못 엄숙하고 침통해지면서,
❿"아는 것이 힘이라구. 배워야 산다구. 배워서 남 주나."
⓫하고 악을 썼다. ⓬경희의 권유에서라기보다 남편의 성화에 못 이겨 나
는 곧 일어 학원엘 나가게 되었다. ⓭또 다른 이유가 있다면, 만약 또 이
❷중심 사건: '나'가 일본어 학원에 다니기 시작함.
혼을 하게 되면, 일본어로 자립의 밑천을 삼아 볼까 하는 생각도 있었
다. ⓮요샌 관광 안내원이 괜찮은 직업이라 하지 않나.

소상히	분명하고 자세하게
박수무당	남자 무당
고관	지위가 높은 벼슬이나 관리
처세술	사람들과 사귀며 세상을 살아가는 방법이나 수단
교제술	교제하는 재주나 수단
개화기	1876년의 강화도 조약 이후부터, 우리나라가 서양 문물의 영향을 받아 종래의 봉건적인 사회 질서를 타파하고 근대적 사회로 개혁되어 가던 시기
우국지사	나랏일을 근심하고 염려하는 사람
엄숙하다	말이나 태도 따위가 위엄이 있고 정중하다.
침통하다	슬픔이나 걱정 따위로 몹시 마음이 괴롭거나 슬프다.

＊②요약: 남편의 성화로 '나'가 일본어 학원에 다니기 시작함.

③일어 학원에서 경희를 만나는 일은 드물었다. ❷그녀는 중급반이요
나는 초급반인 탓도 있었고, 그녀는 별로 열심스러운 학생이 못 되어
서 결석이 잦았다. ❸간혹 만나더라도 암만해도 강사를 집으로 초빙해야
할까 보다느니, 아무한테도 쟤가 아무개 부인이란 발설을 말라느니,
_{재력과 남편의 직업을 은근히 자랑하고 싶어 함.}
이를테면 자기 신분에 신경을 쓰는 소리나 해서 거리감만 점점 느끼게
_{경희에게 느끼는 거리감이 커짐.}
했다.

❹내 일본말은 늘지 않았다. ❺일제 때 배운 거라 대강은 알아들으니 쉬
익힐 법도 한데 강사인 일녀의 발음에 따라 '오하요'니 '사요나라'니 소
리가 도무지 돼 나오지를 않았다.

❻일어 학원이 있는 종로 일대에는 일어 학원말고도 학원이 무수히
많았다. ❼서울 아이들은 보통 학교를 두 군데 이상이나 다니나보다. ❽영
[J: 우리 사회의 세속적인 출세욕이 드러남.
수 학관, 대입 학원, 고입 학원, 고시 학원, 예비고사반, 연합고사반,
모의고사반, 종합반, 정통영어반, 공통수학반, 서울대반, 연고대반,
이대반……. ❾이 무수한 학원으로 무거운 책가방을 든 학생들이 몰려
들어가고 쏟아져 나오고 했다.] ❿자식을 길러 본 경험이 없는 나는 이
들이 은근히 탐나기도 했지만 이들의 반항적인 몸짓과 곧 허물어질 듯
한 피곤을 이해할 수 없어 겁도 났다.

초빙하다	예를 갖추어 불러 맞아들이다.
발설	입 밖으로 말을 냄.
학관	학교의 명칭을 붙일 조건을 갖추지 못한 사립 교육 기관

＊③요약: 경희와 우리 사회의 세속적인 모습

④어느 날 어디로 가는 길인지 일본인 관광객이 한 떼, 여자 안내원
❶시간적 배경　❶중심인물
의 뒤를 따라 이 거리를 지나고 있었다. ❷어느 촌구석에서 왔는지 야박
❶공간적 배경: 종로의 거리
스럽고, 경망스럽고, 교활하고, 게다가 촌티까지 더덕더덕 나는 일본
_{일본인에 대한 '나'의 부정적 인식}
인들에 비하면 우리나라 안내원 여자는 너무 멋쟁이라 개발에 편자처
럼 민망해 보였다. ❸그녀는 멋쟁이일 뿐 아니라 경제 제일주의의 나라
_{한국인 안내원에게서 받은 인상}

의 외화 획득의 역군답게 다부지고 발랄하고 긍지에 차 보였다.❹마침 학생들이 쏟아져 나와 관광객과 아무렇게나 뒤섞였다.❺그러자 이 안내원 여자는 관광객들 사이를 바느질하듯 부비며 소곤소곤 속삭였다.

❻"아노— 미나사마, 고치라 아타리카라 스리니 고주이 나사이마세
('나'가 부끄러움을 느끼게 된 계기)
(저 여러분, 이 근처부터 소매치기에 주의하십시오)."

❼처음엔 나는 왜 내가 그 말뜻을 알아들었을까 하고 무척 무안하게 생각했다.❽그러다가 차츰 몸이 더워 오면서 어떤 느낌이 왔다.❾아아,
그동안 잊고 있었던 정신적 가치
그것은 부끄러움이었다.❿그 느낌은 고통스럽게 왔다.⓫전신이 마비됐던
❷ 중심 사건: 일본인에게 소매치기를 조심하라고 하는 안내원의 말을 듣고 부끄러움을 느낌.
환자가 어떤 신비한 자극에 의해 감각이 되돌아오는 일이 있다면,「필시 이렇게 고통스럽게 돌아오리라.⓬그리고 이렇게 환희롭게.⓭나는 내
「 」: ❸ 역설적(겉보기에는 모순되는 것 같으나 그 속에 진실이 함축되어 있는) 표현
부끄러움의 통증을 감수했고, 자랑을 느꼈다.」
부끄러움의 감정을 회복한 것에 기쁨을 느낌.
⓮나는 마치 내 내부에 불이 켜진 듯이 온몸이 붉게 뜨겁게 달아오르는 걸 느꼈다.

⓯「내 주위에는 많은 학생들이 출렁이고 그들은 학교에서 배운 것만
「 」: ❸ 독백적(혼자서 중얼거리는 듯한) 어조
으론 모자라 ××학원, ○○학관, △△학원 등에서 별의별 지식을 다 배웠을 거다.⓰그러나 아무도 부끄러움은 안 가르쳤을 거다.
정신적 가치에 무관심한 교육의 문제점을 지적함.
⓱나는 각종 학원의 아크릴 간판의 밀림 사이에 '부끄러움을 가르칩니다' '부끄러움을 가르칩니다'라는 깃발을 펄러덩펄러덩 훨훨 휘날리고 싶다.⓲아니, 굳이 깃발이 아니라도 좋다.⓳조그만 손수건이라도 팔랑팔랑 날려야 할 것 같다.⓴'부끄러움을 가르칩니다' '부끄러움을 가르칩니다'라고.㉑아아, 꼭 그래야 할 것 같다.㉒모처럼 돌아온 내 부끄러움이 나만의 것이어서는 안 될 것 같다.」
물질적 가치만을 추구하는 현실에 대한 비판

┌ **야박스럽다**: 보기에 야멸치고 인정이 없는 데가 있다.
│ **경망스럽다**: 행동이나 말이 가볍고 조심성 없는 데가 있다.
│ **개발에 편자**: 옷차림이나 지닌 물건 따위가 제격에 맞지 아니하여 어울리지 않음을 이르는 말
│ **역군**: 일정한 부문에서 중요한 역할을 하는 일꾼
│ **무안하다**: 수줍거나 창피하여 볼 낯이 없다.
└ **감수하다**: 책망이나 괴로움 따위를 달갑게 받아들이다.

*❹ **요약**: 일본인 관광객 안내원의 말을 들은 '나'가 부끄러움을 느낌.

🌸 **독해 공식**
❶ **중심인물**: '나', 경희, 남편, 여자 안내원 등
시간적 배경: '어느 날'
공간적 배경: 경희네 집, '나'의 집, 종로의 거리
❷ **중심 사건**: '나'가 경희네 집에 방문하여 경희의 가식적인 모습을 발견함. '나'가 일본어 학원에 다니기 시작함. '나'가 일본인에게 소매치기를 조심하라고 하는 안내원의 말을 듣고 부끄러움을 느낌.
갈등: 표면적으로 드러나지 않음.
❸ **서술상 특징**
• **서술자**: '나', **시점**: 1인칭 주인공 시점
• 역설적(겉보기에는 모순되는 것 같으나 그 속에 진실이 함축되어 있는) 표현을 통해 인물의 심리를 드러내고 있음.
• 독백적(혼자서 중얼거리는 듯한) 어조를 활용하여 문제의식을 표현하고 있음.

■ **내용**: 이 작품은 근대화가 물질적 발달에만 치우친 나머지 현대인의 감수성은 무디어져 있음을 날카롭게 지적하고 있는 현대 소설이다. 가식적이고 속물적인 주변 인물들에게서 부정적인 느낌을 받던 '나'가 우연히 일본인 관광객을 안내하는 이의 속삭임을 들은 것을 계기로 극적인 반전을 맞이하는 모습이 그려져 있다. 즉 '나'는 한국 땅에서 한국 안내원이 한때 우리를 침략했던 일본의 관광객에게 소매치기를 조심하라고 말하는 것을 듣고 그동안 잊고 살았던 우리 사회의 정신적 가치로서 '부끄러움'을 깨닫는다.

■ **인물 관계도**

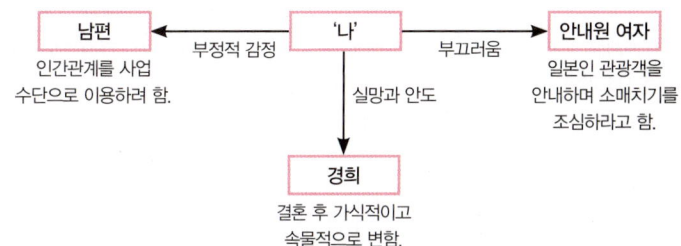

■ **주제**: 속물적 세태에 대한 비판과 삶의 진정성 회복에 대한 소망

■ **이것이 핵심!**: '**부끄러움**'의 대조적 의미

'경희'가 표현한 부끄러움	대조	'나'가 느낀 부끄러움
'겉껍질'만 남은 부끄러움 : 가식적인 모습	←→	'알맹이'가 있는 부끄러움 : 진정성 있는 감정

삶의 진정성이 외면된 세속화된 현실에 대한 비판

■ **전체 줄거리**: 세 번째 결혼을 한 후 고향인 서울로 다시 올라온 '나'는 분주한 서울 생활에 피로를 느낀다. '나'는 동창회에 참석했다가 어린 시절의 각박한 삶과 세 번에 걸친 결혼 생활을 되돌아본다. 동창생들과 함께 경희의 집을 찾은 '나'는 화려한 세간과 세련된 동창생들의 모습에 담긴 가식과 속물적 태도를 발견한다. 일본어 학원에 다니던 '나'는 어느 날 한국인 안내원이 일본인 관광객들에게 소매치기를 조심하라고 말하는 것을 듣고 부끄러움을 느낀다. '나'는 모처럼 돌아온 부끄러움의 감정에 자랑스러움을 느끼고, 그것이 자신만의 것이어서는 안 될 것 같다고 생각한다.

C 38 정답 ⑤ ＊서술상 특징 파악하기

윗글의 서술상 특징을 〈보기〉에서 찾아 바르게 묶은 것은?

> **왜 정답?**

ㄷ. **독백적인 어조를 통해 현실에 대한 문제의식을 표현하고 있다.**
혼자 중얼거리는 듯한 독백적 어조가 나타남.
＊**근거** ❹-❾~㉒
'나'는 한국인 안내원이 일본인 관광객에게 한국인 소매치기를 조심하라고 말하는 것을 듣고 진정한 부끄러움을 느낀다. 그리고 독백적 어조로 부끄러움을 가르치지 않는 현실을 지적하며 '부끄러움이 나만의 것이어서는 안 될 것 같다'고 말한다. 즉, 윗글에서는 독백적 어조를 통해 정신적 가치가 외면받는 속물적 세태에 대한 문제의식을 표현하고 있다.

ㄹ. **인물의 심리를 구체적으로 제시하여 인물의 내적 욕망을 제**
부끄러움을 느낀 기쁨이 구체적으로 드러남.   삶의 진정성을 회복하고자 하는 욕망
시하고 있다.
＊**근거** ❹-❾~⓭
소매치기를 조심하라는 안내원의 말을 듣고 부끄러움을 느낀 '나'는 '고통'과 함께 '환희'를 느낀다. 그리고 '내 내부에 불이 켜진 듯이 온몸이 붉게 뜨겁게 달아오르는 걸 느'낀다. 이는 부끄러움의 감정을 회복하여 기뻐하는 '나'의 심리를 구체적으로 묘사한 것으로, 이를 통해 삶의 진정성을 되찾고 싶어 했던 '나'의 내적 욕망이 드러나고 있다.

〔 **내적 욕망**: 마음속에 가지고 있는 무엇을 가지거나 누리고자 탐하는 마음

> **왜 오답?**

ㄱ. 서술자가 과거의 사건을 ~~요약적으로 진술~~하고 있다.
나타나지 않음.

윗글에서는 '나'가 경희네 집에 간 상황과 남편에게 친구들을 만난 이야기를 하는 상황, 일본어 학원에 다니는 상황, 일본어 학원에서 나와 부끄러움을 느낀 상황이 구체적으로 제시되고 있다. 과거의 사건을 요약적으로 진술한 부분은 나타나 있지 않다.

ㄴ. 다른 장소에서 동시에 벌어진 사건들을 ~~병치하고 있다.~~
나타나지 않음.

윗글에서는 시간의 흐름에 따라 각각의 사건이 제시되고 있다. 즉, 다른 장소에서 동시에 벌어진 사건들이 병치되고 있지 않다.

〔 **병치하다**: 두 가지 이상의 것을 한곳에 나란히 두거나 설치하다.〕

C 39 정답 ① *인물의 심리와 태도 파악하기

윗글의 인물에 대한 설명으로 적절한 것은?

>**왜** 정답?

① '여자 안내원'은 '나'의 심리적 변화를 유발하는 역할을 한다.
잊고 살았던 부끄러움이라는 감정을 느끼게 만듦.
*근거: ④-❻~⓫

'나'는 '여자 안내원'이 일본인 관광객들에게 일본어로 '소매치기에 주의하십시오'라고 말하는 것을 듣고 '부끄러움'을 느낀다. 그리고 '부끄러움'이 돌아온 고통을 '전신이 마비됐던 환자가 어떤 신비한 자극에 의해 감각이 되돌아오는 일'에 비유하고 있다. 이로 보아 여자 안내원은 부끄러움을 잊고 살던 '나'에게 부끄러움을 다시금 깨닫게 해 주는 역할을 한다고 볼 수 있다.

>**왜** 오답?

② '나'는 결혼을 통해 ~~풍족한 생활을 하고 있는 것에 만족하고~~
풍족한 생활을 하고 있다고 볼 수 없음.
~~있다.~~
*근거: ①-❺

'나'가 경희네 집을 구경하며 '경희네 안방 자개 문갑과 내 집 자개 문갑이 같은 값일 리 없고, 그 문갑 위에 놓인 청자가 우리집 것과 같은 6백 원짜리 가짜일 리는 만무하다'고 말한 것을 통해 '나'가 그다지 풍족한 생활을 하고 있지 않음이 드러난다.

③ '남편'은 '나'를 매개로 해서 '경희'에게 ~~자신의 권력의 힘을 과~~
경희 남편의 권력을 통해 이득을 보려는 것임.
~~시하려 한다.~~
*근거: ②-❼, ❽

남편은 '동창 중 경희 같은 소위 고위층의 부인이 있다는 소리'를 듣고 '그런 여자하고 같이 다닐 기회 놓치면 안 되지'라며 경희와 함께 다니라고 부추기고 있다. 이는 남편이 자신의 권력을 과시하려는 게 아니라, 고위층인 경희 남편의 권력을 통해 이득을 얻을 수 있겠다는 생각에서 비롯된 것이다.

④ '영미'와 '희숙'은 '경희'를 매개로 해서 ~~'나'에 대한 과거의 거리~~
나타나지 않음.
~~감을 지우려고 한다.~~
*근거: ①-❿, ⓫

윗글에 영미와 희숙이 '나'에 대해 과거에 거리감을 느끼고 있었다는 내용은 나타나지 않는다. 또한 영미는 경희에게 '나'의 남편이 '전자회사 사장'이라고 말하며 '입을 비죽대고' 있고, 희숙은 '글쎄 그 사람이 얘 세 번째 남편이래지 뭐니'라고 덧붙이며 '나'가 결혼을 세 번 했음을 빈정대고 있다. 즉, 영미와 희숙은 '나'를 은근히 비웃고 있으므로 '나'에 대한 거리감을 지우려 하고 있다고 볼 수 없다.

⑤ '경희'는 '나'가 그녀의 가식적인 행위를 ~~간파했음을 알고 더욱~~
원래부터 해 오던 계산적인 행동을 했을 뿐임.
~~품위 있게 행동한다.~~
*근거: ①-⓬, ⓱

경희는 '나'의 남편이 세 번째 남편이라는 말에 '망측한 소리를 들었다는 듯이 얼굴을 곱게 붉히더니 "계집애두" 하며 손을 입에 대고 웃'는다. 그리고 '나'는 이것이 '노련한 연기자처럼 미적 효과를 미리 충분히 계산한 아름다운 포즈'임을 간파한다. 하지만 '나'가 그녀의 가식적인 행위를 간파했음을 경희가 알았다는 내용은 나타나지 않는다. 즉, 경희가 한 '아름다운 포즈'는 품위 있게 보이기 위해 원래부터 계산하여 해 왔던 행동일 뿐이다.

〔 **간파하다**: 속내를 꿰뚫어 알아차리다.〕

C 40 정답 ③ *사건과 갈등 파악하기

윗글을 〈보기〉와 같은 이야기 단위로 정리할 때, 이에 대한 설명으로 적절한 것은?

· 〈보기〉: 윗글을 공간적 배경의 변화에 따라 3개의 이야기 단위로 구분했습니다.

즉 공간적 배경에 따라 윗글을 3개의 이야기 단위로 나누어 이해한 내용 중 알맞은 것을 고르는 문제입니다.

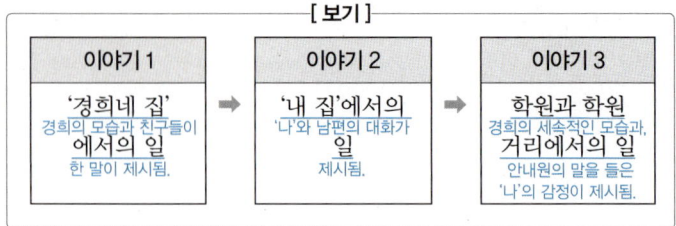

[보기]

이야기 1	이야기 2	이야기 3
'경희네 집'에서의 일 경희의 모습과 친구들이 한 말이 제시됨.	'내 집'에서의 일 '나'와 남편의 대화가 제시됨.	학원과 학원 거리 경희의 세속적인 모습과, 거리에서의 일 안내원의 말을 들은 '나'의 감정이 제시됨.

>**왜** 정답?

③ 이야기 2에 제시된 '나'의 가족에 대한 정보는 이야기 1과 이야기 3에서 확인할 수 있다.
이야기 1에는 가정 형편과 남편에 대한 정보, 이야기 3에는 자식이 없다는 것이 드러남.
*근거: ①-❺, ❿, ⓫, ③-❿

이야기 2에 제시된 '나'의 가족은 '나'와 남편이다. 이야기 1에서는 '6백 원짜리 가짜' 청자를 통해 '나'의 가족의 형편이 그다지 부유하지 않다는 것과, '뭐 일본과 기술 제휴한 전자회사 사장이라나 봐'와 '그 사람이 얘 세 번째 남편이래지 뭐니'를 통해 '나'의 남편이 전자회사 사장이며 '나'의 세 번째 남편이라는 것을 알 수 있다. 그리고 이야기 3에서는 '자식을 길러 본 경험이 없는 나'를 통해 '나'가 자식이 없다는 것을 알 수 있다. 즉, 이야기 1에서는 '나'의 가족의 형편과 남편에 대한 정보를, 이야기 3에서는 '나'와 남편의 자식에 대한 정보를 확인할 수 있다.

>**왜** 오답?

① 이야기 1과 이야기 3에서 '나'가 '경희'에 대해 느끼는 심리적 거리감은 ~~동일하다.~~
이야기 3에서 더 큰 거리감을 느낌.
*근거: ①-⓳, ③-❸

이야기 1에서 '나'는 가식적으로 변한 경희를 보면서 '실망과 안도를 동시에 느'낀다. 하지만 이야기 3에서 '간혹 만나더라도 암만해도 강사를 집으로 초빙해야 할까 보다느니, 아무한테도 쟤가 아무개 부인이란 발설을 말라느니, 이를테면 자신의 신분에 신경을 쓰는 소리나' 하는 경희를 바라보면서 '나'는 '거리감만 점점 느끼게' 된다. 즉, '나'가 경희에 대해 느끼는 심리적 거리감은 이야기 3에서 더 커진 것이다.

② 이야기 3에서 '나'가 일본어를 배우게 된 본래 목적은 ~~이야기 1~~
이야기 2에 제시됨.
~~에 제시되어 있다.~~
*근거: ②-⓬, ⓭

'나'가 일본어를 배우게 된 것은 '남편의 성화에 못 이겨'서이고, 또 다른 이유는 '만약 또 이혼을 하게 되면, 일본어로 자립의 밑천을 삼아 볼까 하는 생각' 때문이다. 이러한 내용은 '나'의 집에서 '나'와 남편이 이야기를 나누는 이야기 2에 제시되어 있다.

④ 이야기 3에서 '나'가 겪는 상황은 이야기 2에서 '나'에 대한 ~~'남~~
남편의 성화에 못 이겨 일본어 학원을 다님.
~~편'의 배려에서 비롯되었다.~~
*근거: ②-⓬

이야기 3에서 '나'는 종로 일대의 무수한 학원을 관찰하고 학원 거리에서 일본인 관광객들을 보게 되는데, 이는 '나'가 '일어 학원'을 다니면서 겪는 상황이다. 그런데 '나'는 '남편의 성화에 못 이겨' 일본어 학원에 다니게 된 것이므로, 일본어 학원과 거리에서 겪은 일이 남편의 배려에서 비롯되었다는 것은 적절하지 않다.

⑤ 이야기 1~3에서 각 이야기 단위마다 서술 시점이 달라져 '나'
서술자는 '나'로, 달라지지 않음.
의 다양한 고민이 부각된다.

윗글은 1인칭 주인공 시점으로, 이야기 1~3에서 모두 '나'가 서술자로 등장해 자신
의 심리를 전달하고 있다. 따라서 서술 시점이 달라진다는 설명은 적절하지 않다.

 ── 1등급 풀이 Tip ──────────

〈보기〉에 이야기 단위가 제시되면, 지문의 내용을 각 단위에 맞게 명확히 구분 짓
는 것이 중요하다. '이야기 1'은 지문 내용 중 [1], '이야기 2'는 [2], '이야기 3'은 [3]
과 [4]에 해당한다.
'이야기 2'에는 '나'의 가족인 남편이 등장하며, '나'의 가족에 대한 정보는 [1]에서
친구들의 말을 통해, [3]에서 '나'의 서술을 통해 제시되고 있다.

C 41 정답 ③ *〈보기〉를 바탕으로 감상하기

〈보기〉를 바탕으로 윗글을 이해할 때 적절하지 않은 것은?

• 〈보기〉: 이 작품은 세속적 욕망만을 추구하면서 내면의 순수함은 상실되고 인간
관계 또한 수단으로 전략한 사회를 비판하고 있습니다.
• 윗글: 세속적으로 변한 '나'가 우연히 한국인 안내원이 일본인 관광객에게 한 말
을 듣고 잊고 있던 부끄러움을 느끼게 된 이야기가 전개되고 있습니다.

즉 〈부끄러움을 가르칩니다〉의 주제 의식을 바탕으로 윗글을 이해한 내용 중
틀린 것을 고르는 문제입니다.

──────────── [보기] ────────────

❶이 작품은 급속한 산업화로 인해 새로운 질서가 자리 잡으면
서 가치가 전도되는 사회를 비판하고 있다. ❷돈과 권력으로 대표
되는 세속적 출세에 대한 욕망이 횡행하면서 <u>인간의 내면적 순수
⑤의 근거
함은 상실된다.</u> ❸<u>물질적 측면에서만 화려한 외피를 추구하는 과정
②의 근거
에서 인간관계 또한 그것을 위한 도구 내지 수단으로 전락한다.</u>
①의 근거   ④의 근거
❹이 작품은 그러한 사회가 얼마나 비인간적인가를 뼈아프게 깨우
쳐 준다.

────────────────────────────

전도되다: 차례, 위치, 이치, 가치관 따위가 뒤바뀌어 원래와 달리 거꾸로
되다.
횡행하다: 아무 거리낌 없이 제멋대로 행동하다.
외피: 겉으로 드러난 껍질
전락하다: 나쁜 상태나 타락한 상태에 빠지다.

왜 정답?

③ '일어 학원'과 '일본인 관광객'을 통해 <u>일본 문화로 대표되는 외
래문화가 새로운 질서로 자리 잡게 된</u> 것을 알 수 있다.
외래문화가 새로운 질서로 자리 잡은 상황을 그린 것은 아님.

〈보기〉에서 윗글은 '급속한 산업화'로 인해 '인간의 내면적 순수함이 상실된' 사
회를 비판하고 있다고 했다. 즉, 윗글에 '일어 학원'과 '일본인 관광객'이 등장한
것을 외래문화가 새로운 질서로 자리 잡게 된 상황이라고 보는 것은 〈보기〉를 바
탕으로 윗글을 이해한 내용으로 적절하지 않다.

외래문화: 고유한 문화가 아닌, 다른 나라에서 들어온 문화

왜 오답?

① '경희네 집'의 '가장집기'를 통해 물질적 측면에서만 화려한 외
피를 추구하는 삶의 한 단면을 알 수 있다.
경희는 '나'와 마찬가지로 '가장집기'의 물질적 가치만을 추구.

*근거: [1]-❻, 〈보기〉❸문장

윗글에서는 '경희나 나나 이런 가장집기들에게 약간의 용도와 금전적 가치와 전
시 효과 외엔 특별한 심미안이나 애정을 두지 않는다'라고 했다. 즉, 인물들은 '가장
집기'의 물질적 가치만을 추구하고 있다. 이는 〈보기〉에서 말한 '물질적 측면에서
만 화려한 외피를 추구하는' 것에 해당한다고 볼 수 있다.

② '깃발'과 '손수건'을 날리려고 하는 것을 통해 '나'가 삶의 진정
한 가치 회복을 간절히 바라고 있음을 알 수 있다.
부끄러움과 같은 정신적 가치가 회복되기를 바람.

*근거: [4]-⑰~⑲, 〈보기〉❷문장

'나'는 '부끄러움을 가르칩니다'라는 깃발이나 손수건을 휘날리고 싶어 한다. 이
는 사람들에게 '부끄러움'을 가르치고 싶다는 의미로, 이때 '부끄러움'은 〈보기〉에
서 말한 '인간의 내면적 순수함', 즉 정신적 가치와 삶의 진정성을 의미한다고 볼
수 있다. 즉, '부끄러움을 가르칩니다'라는 깃발과 손수건을 날리려고 하는 '나'의
모습을 통해 삶의 진정한 가치가 회복되기를 바라는 마음이 드러나고 있다.

④ '나'와 '경희', '나'와 '남편'의 대화 내용을 통해 '나'가 살아가는
사회에는 인간적 유대감보다는 물질적 욕망 충족에 기초한 인
남편의 출세를 위해 뒷받침을 하고, 인간관계를 맺어야 한다고 함.
간관계가 만연함을 알 수 있다.

*근거: [2]-❷, ❽, ⑫, 〈보기〉❸문장

경희는 '요샌 남편이 출세하려면 뒤에서 여자가 뒷받침을 잘 해줘야 해.'라며 남
편의 출세를 위해 '나'에게 일본어를 배우라고 말한다. 남편 또한 '그런 여자하고
같이 다닐 기횔 놓치면 안 되지.'라며 고위 관리의 아내인 경희가 다니는 일본어
학원을 다니라고 성화했다. 즉, 경희와 남편은 모두 물질적 측면을 바탕으로 인
간관계를 바라보고 있으며, 이는 〈보기〉에서 말한 인간관계가 '물질적 측면'의
'도구 내지 수단으로 전락한' 모습으로 볼 수 있다.

유대감: 서로 밀접하게 연결되어 있는 공통된 느낌
만연하다: (비유적으로) 전염병이나 나쁜 현상이 널리 퍼지다.

⑤ '각종 학원의 아크릴 간판'을 통해 '나'가 살아가는 사회에는 인
간의 순수한 내면적 가치 추구와 관련된 지식보다는 세속적
학원에서는 별의별 지식을 가르치지만 부끄러움은 가르치지 않음.
출세와 관련된 지식이 더 중요시됨을 알 수 있다.

*근거: [4]-⑮~⑰, 〈보기〉❷문장

'각종 학원의 아크릴 간판'이 밀림을 이룰 만큼 많은 것은 〈보기〉에서 말한 '돈과
권력으로 대표되는 세속적 출세에 대한 욕망이 횡행'한 모습에 해당한다고 볼 수
있다. '나'는 이러한 학원에서 '별의별 지식'은 다 가르치지만 '부끄러움'은 가르치
지 않았을 것이라고 말한다. 이때 '부끄러움'은 '인간의 내면적 순수함'을 의미한
다. 따라서 윗글에서 학원은 인간의 순수한 내면적 가치는 외면하고, 세속적 출
세를 위한 지식만을 가르치는 곳으로 볼 수 있다.

C 42 ~ 45 *박형서, 〈아르판〉

[2014 대비/LEET 26~29]

❶ 중심인물, 배경 ❷ 중심 사건, 갈등 ❸ 서술상 특징
■ ❸ 외양 묘사(겉으로 보이는 모습을 그림 그리듯이 서술함.)

[1] ❶책장의 가장 밝은 곳에 꽂혀 있던 <u>아르판의 책</u>을 꺼내어 한국어로
❶ 중심인물 – 태국과 미얀마 접경 고산지대에 사는 와카족 마을에서 유일하게 글을 쓰는 사람 ❶ 중심인물
번역하기로 마음먹은 건 그처럼 암담한 시기를 지나는 중이었다.❹내게
도 뛰어난 이야기를 알아볼 눈이 있다는 걸 증명하고 싶었다.㉠<u>요리
❸ 서술자: '나', 시점: 1인칭 주인공 시점
는 못해도 미각은 있다</u>는 것을 증명하고 싶었다. 그 증명에서 시작해,
나 자신에 대한 신뢰부터 되찾고 싶었다.❺나는 와카어의 지식을 되짚
❷ 중심 사건: '나'가 와카어로 쓴 아르판의 책을 번역하여 표절함.
어가며 정성껏 번역했다.❻극심한 가난과 조울증의 고통 속에서 그 작
업은 한 해 넘게 계속되었다.

조울증: 정신이 상쾌하고 흥분된 상태와 우울하고 억제된 상태가 교대로 나타나
거나 둘 가운데 한쪽이 주기적으로 나타나는 병

*[1] 요약: '나'가 아르판의 책을 표절함.

② 자세를 똑바로 잡았다. ② 등을 등받이에 밀착시키고 꼬았던 다리를 펴 내렸다. ③ 감정을 최대한 지운 목소리로 말했다.

④ "아르판, 지금 이 노래 들리지요?"
(표절을 합리화하는 데 이용함.)

⑤ 이번엔 여자 가수가 떼로 출동해 저를 떠나지 말라며 악을 쓰고 있었다. ⑥ 아르판은 아무런 대답을 하지 않았다. ⑦ 고개를 끄덕이거나 젓지도 않았다. ⑧ 그건 내 예상과 아주 많이 다른 것이었다. ⑨ 정적이 흘렀다. ⑩ 견디기 힘들었다. ⑪ 나는 차라리 그가 벌떡 일어나 화를 내기를, 울부짖거나 원망하기를, 혹은 주먹을 들어 ㉡내 곪은 영혼에 매질을 해 주기를 바랐다. ⑫ 하지만 그는 가만히 나를 노려보기만 했다. ⑬ 아니, 소름끼치는 눈으로 찬찬히 관찰했다. ⑭ 표정을 읽어 낼 수 없어 답답했다. ⑮ 나는 힘겹게 말을 이었다.

(❷ 갈등: 표절을 정당화하면서도 죄책감을 느끼는 '나'의 내적 갈등)

⑯ "한국에서 요즘 유행하는 노래입니다. 그런데 사실 이건 번안 곡이에요. 원래는 삼사 년 전에 일본, 아, 그런 나라가 있습니다. 아무튼, 그 일본에서 만들어진 곡이거든요. 그러나 알고 보면 일본 것도 아니지요. 선진 문명을 받아들이던 시절에 일본이 흠모하던 영국의 동요가 그 뿌리니까요. 하지만 영국 이전에는 네덜란드의 서민 음악이었고, 그 음악은 17세기 중국 광둥 지방으로부터 흘러나온 전통 리듬에 뿌리를 두고 있답니다. 자, 그렇다면 중국 광둥 지방의 어느 중국인이 이 노래의 원작자일까요?"

⑰ 아르판은 대답하지 않았다. ⑱ 속내를 짐작할 수 없는 시커먼 눈동자가 무서웠다. ⑲ 답답했다. ⑳ 나는 부탁하고 싶었다. ㉑ 무슨 생각을 하는지 알려 달라고 부탁하고 싶었다.
(표절에 대한 죄책감에 괴로워함.)
㉒ 하지만 그렇게 말하지 않았다. ㉓ 다르게 말했다. ㉔ 그렇지 않아요, 하고 나는 쫓기듯 말했다.

㉕ "그렇지 않아요. 비록 광둥의 리듬을 차용했지만, 이 곡에는 자신이 거쳐 온 네덜란드나 영국, 일본, 그리고 우리 한국의 고유한 향수가 모두 담겨 있습니다. 게다가 알려진 게 그 정도라 그렇지, 더 깊이 파고들다 보면 전혀 다른 지역으로까지 소급해야 될지도 모릅니다. 그러나 이 복잡한 노래의 마디마디에서 원작자를 찾는 건 불가능할
(❷ 중심 사건: '나'가 번안 곡을 근거로 아르판에게 표절의 정당성을 주장함.)
뿐 아니라 옳지도 않습니다. 더 자세히 얘기해 봅시다. 이 음악은 칠음계를 사용하고 있군요. 또 리듬의 중심엔 일렉트릭 베이스가 있네요. 그렇다면 칠음계의 수학적 원리를 고안한 피타고라스, 베이스 기타의 발명자인 폴 툿마크를 불러다 이 음악에 가한 창조의 권리를 부여해야 할까요? 그건 어리석은 짓입니다. 피타고라스가 숫자를 발명했나요? 툿마크가 소리를 발명했어요? 그렇지 않아요. 인간의 예술은 단 한 번도 순수했던 적이 없습니다. 우리가 벌이는 모든 창조는 기존의 견해에 대한 각주와 수정을 통해 나옵니다. 그렇게 차곡차곡 쌓는 겁니다."
(자신의 표절 행위를 정당화하려는 궤변)

㉖ 나는 아르판이 모를 게 분명한 온갖 장르와 지역과 사람의 이름을
(「 」: ❸ 인물의 내면 심리를 섬세하게 묘사하여 철학적 고민을 담아냄.)
난잡하게 혼용함으로써 문화와 예술의 차이를 구분하지 않은 내 논리의 허점을 감추려 노력했다. ㉗ 높이 쌓는 행위가 문화라면 아르판이 써
(기존의 것을 바탕으로 조금씩 발전함.)
나간 건 예술이다. ㉘ 하지만 나는 그 차이를 일부러 무시했다. ㉙ 무시하
(개인의 창조성을 본질로 함.)
고, 어떻게든 동일시하기 위해 애썼다. 」

곪다: (비유적으로) 내부에 부패나 모순이 쌓이고 쌓여 터질 정도에 이르다.
번안 곡: 원곡의 음이나 리듬은 그대로 두고 가사만을 다른 언어·시대에 맞게 바꾸어 고친 노래
선진: 문물의 발전 단계나 진보 정도가 다른 것보다 앞섬.
흠모하다: 기쁜 마음으로 공경하며 사모하다.
차용하다: 돈이나 물건 따위를 빌려서 쓰다.
향수: 고향을 그리워하는 마음이나 시름
소급하다: 과거에까지 거슬러 올라가서 미치게 하다.
칠음계: 일곱 개의 다른 음으로 이루어지는 음계
고안하다: 연구하여 새로운 안을 생각해 내다.
각주: 논문 따위의 글을 쓸 때, 본문의 어떤 부분의 뜻을 보충하거나 풀이한 글을 본문의 아래쪽에 따로 단 것
혼용하다: 한데 섞어 쓰거나 어울러 쓰다.

* ② 요약: '나'가 아르판의 책을 표절한 정당성을 역설함.

(중략)

③ 나는 거의 화를 내고 있었다. ② 바락바락 대드는 심정으로 말했다.

③ "네, 나는 당신 것을 훔쳤습니다. 하지만 난 그 이야기의 주인공들에게 한국의 문화를 덧칠함으로써 더욱 멋지게 살려 냈습니다. 내가 훔치지 않았더라도 당신 이야기가 살아남을 수 있었을까요? 세상에 드러났을까요? 아닙니다. 내가 훔치지 않았다면 그 이야기는 머지
('나'의 표절로 아르판의 이야기가 살아남았다고 주장함.)
않아 당신과 함께 영원히 묻혀 버릴 겁니다. 그렇다면 어느 쪽입니까? 불멸하는 것과 영원히 묻히는 것, 어느 쪽을 원합니까? 당신은
(이야기가 세상에 알려지는 것   세상에 알려지지 않는 것)
당신이 창조해 낸 인물들을 사랑합니까, 아니면 필경 수년 내에 쓰러져 묻힐 ㉢저 갸우뚱한 오두막에서의 명예를 사랑합니까?"

④ 옳지 않은 것을 설득하기란 어려운 일이다. ⑤ 하지만 전혀 불가능한 것도 아니다. ⑥ 그에게 윽박지른 논리는 ㉣내가 발명할 수 있는 최선의 것이었다. ⑦ 말을 끝낸 뒤, 묘하게 고정되어 있는 아르판의 까만 눈을 피해 곱창볶음만 바라보았다. ⑧ 부끄럽다기보다는 겁이 났다. ⑨ 와카의 땅에서라면 이런 짓을 한 나는 그의 거친 손에 붙잡혀 죽었을지 모른
(「 」: 와카의 땅에서 '나'의 표절이 밝혀졌을 때의 결과를 예상함.)
다. ⑩ 그리하여 ㉤취향도 뭣도 아닌 대중성으로 요란히 장식된 한국산 기성복과 함께 화장터에서 불살라졌을지 모른다. ⑪ 하지만 「이곳은 문
(❶ 공간적 배경: 한국)
명 세계고 나는 이곳의 주민이어서, 어느 순간 아르판의 눈빛이 맥없
(「 」: 한국에서 '나'의 표절이 밝혀졌을 때의 결과를 예상함.)
이 풀리리라는 것을, 제 피조물과 이야기를 영원히 살리는 쪽으로 동의하리라는 것을, 내가 이기리라는 것」을 알고 있다. ⑫ 과연 아르판이 눈을 몇 번 깜박이더니, 그윽하게 감는 것이었다. ⑬ 스피커에서는 떠나지 말라며 악을 쓰는 목소리가 쉬지 않고 흘러나왔다. ⑭ 나는 차라리 모든 것이 떠나가 주면 좋겠다고 생각했다. ⑮ 말 없는 아르판도, 나를 가난과 질병의 고통으로부터 구해 준 저 책도, 불멸을 향한 아찔한 기만도, 저주받을 욕망과 열정도, 죄의식에 억눌려 살아가야 할 앞으로의 나날도 모두, 모두.

불멸하다: 없어지거나 사라지지 아니하다.
필경: 끝장에 가서는
윽박지르다: 심하게 짓눌러 기를 꺾다.
기성복: 특정한 사람을 위해 맞춘 것이 아니라, 일정한 기준 치수에 따라 미리 여러 벌을 지어 놓고 파는 옷
피조물: 조물주에 의하여 만들어진 모든 것
기만: 남을 속여 넘김.

* ③ 요약: '나'가 표절에 따른 죄의식을 느낌.

④ 조금 지나 아르판이 눈을 떴다. ❷맑고 굵은 눈에 형언할 수 없는 복잡한 빛이 어려 있었다. ❸잠시 나를 보더니, 천천히 일어났다. ❹일어나고 일어났다. ❺다 일어났다고 생각한 뒤에도 한참을 더 일어났다. ❻고급 승용차의 자동 안테나처럼 위로 쭉쭉 올라갔다. ❼그는 이제까지와는 달리 갸우뚱하게 서 있지 않았다. ❽엄청난 신장을 과시하듯, 자신이 얼마나 더 커질 수 있는지 아냐고 묻는 듯 똑바로 기립했다. ❾그 상태로 나를 내려다보았다. _{아르판에 대한 죄책감과 두려움으로 그의 행동에 압도됨.} ❿부드럽게 미소 지으며 입을 열었다.

⓫"이만 돌아가 쉬어야겠군요. 여러 가지로 수고해 주셔서 고맙습니다."
❷ 중심 사건: '나'의 말을 들은 아르판이 감사를 표함.
⓬그렇게 말하는 아르판의 얼굴에는 놀랍게도 아무런 분노나 원망을 찾아볼 수 없었다. ⓭아니, 겉으로만 보자면 오히려 정말로 고마워하는 것 같았다. ⓮뜻밖의 반응에 당황한 나는 무릎으로 의자를 밀치고 일어났다. _{화를 내지 않는 아르판의 반응에 놀람.} ⓯어정쩡하게 작별의 인사를 건넸다.

> **형언하다:** 형용하여 말하다.
> **신장:** 사람이 똑바로 섰을 때에 발바닥에서 머리 끝에 이르는 몸의 길이(= 키)
> **과시하다:** 자랑하여 보이다. **기립하다:** 일어나서 서다.

＊④ 요약: '나'의 말을 들은 아르판이 일어나 감사를 표함.

✨ 독해 공식
❶ 중심인물: '나', 아르판
공간적 배경: 한국
❷ 중심 사건: '나'가 와카어로 쓴 아르판의 책을 번역하여 표절함. '나'가 번안 곡을 근거로 아르판에게 표절의 정당성을 주장함. '나'의 말을 들은 아르판이 감사를 표함.
갈등: 표절을 정당화하면서도 죄책감을 느끼는 '나'의 내적 갈등
❸ 서술상 특징
• 서술자: '나', 시점: 1인칭 주인공 시점
• 외양 묘사(겉으로 보이는 모습을 그림 그리듯이 서술함.)를 통해 인물의 심리를 간접적으로 제시하고 있음.
• 인물의 내면 심리를 섬세하게 묘사하여 철학적 고민을 담아내고 있음.

■ **내용:** 이 작품은 표절로 성공을 거둔 작가의 이야기를 다루고 있는 현대 소설이다. 주인공은 남의 예술 작품을 표절했다는 죄책감에 시달리는 동시에 자신의 행동을 정당화하고 싶은 강한 욕망을 느낀다. 이 갈등의 전개 과정을 통해 표절의 의미를 되묻는 한편, 억지 논리를 지어내는 주인공의 비열한 내면을 생생하게 드러내고 있다.

■ **인물 관계도**

```
                   아르판의 책을 표절함.
  ┌─────┐  ───────────────────────────→  ┌──────┐
  │ '나' │                                │ 아르판 │
  └─────┘  ←───────────────────────────  └──────┘
          '나'가 자신의 책을 표절했음에도 화를 내지 않음.
```

■ **주제:** 순수한 창작과 표절의 경계에 대한 고민

■ **이것이 핵심!: '나'의 내적 갈등**

표절에 대한 정당화		죄책감
• 우리가 벌이는 모든 창조는 기존의 견해에 대한 각주와 수정을 통해 나옵니다. • 내가 훔치지 않았다면 그 이야기는 머지않아 당신과 함께 영원히 묻혀 버릴 겁니다.	←갈등→	나는 차라리 그가 벌떡 일어나 화를 내기를, 울부짖거나 원망하기를, 혹은 주먹을 들어 내 곪은 영혼에 매질을 해 주기를 바랐다.

■ **전체 줄거리:** 아르판은 와카족 마을에서 유일하게 글을 쓰는 사람이다. '나'는 태고의 자연을 간직한 마을에서 살아가는 이가 글을 통해 와카족의 문화를 이어가고 있다는 사실에 감동을 받는다. 작가로서 제대로 된 인정을 받지 못하던 '나'는 아르판의 소설을 표절하여 간신히 작가로서 유명세를 얻는다. '나'는 한국에서 열리는 제3세계 작가 축제에 아르판을 초대하여 죄책감을 덜고자 한다. 아르판은 '나'가 쓴 책의 줄거리를 묻고, 이를 들은 아르판의 표정은 점차 굳어간다. 하지만 아르판은 화를 내지 않고 '나'에게 자신의 모든 것을 물려받은 사람이라는 뜻의 '아리 도미알라'라는 말을 남기고 사라진다.

C 42 정답 ① ＊서술상 특징 파악하기

윗글에 대한 설명으로 적절한 것은?

> **왜 정답?**

① 인물이 처한 상황과 심리가 인물 자신의 시각을 통해 전달되고 있다.
_{1인칭 주인공 시점임.}

윗글은 작품 속 등장인물인 '나'가 서술자로서 자신의 상황과 심리를 전달하는 1인칭 주인공 시점이다. '내게도 뛰어난 이야기를 알아볼 눈이 있다는 걸 증명하고 싶었다.', '그건 내 예상과 아주 많이 다른 것이었다.' 등에서 '나'가 자신의 주관적인 시각을 통해 이야기를 전달하고 있음이 드러난다.

> **왜 오답?**

② ~~현실로부터 소외된 인물을 통해~~ 사건의 상징적 의미를 강조하고 있다.
_{나타나지 않음.}

윗글에서는 한국인 작가인 '나'와 와카족 출신의 작가인 아르판이 등장할 뿐, 현실로부터 소외된 인물은 등장하지 않는다.

③ ~~배경 공간을 객관적이고도 치밀하게 묘사함으로써~~ 사실성을 높이고 있다.
_{나타나지 않음.}

윗글에서는 공간적 배경에 대한 치밀한 묘사가 나타나지 않는다.

④ ~~인물의 성격 변화를 극적으로 제시함으로써~~ 이야기의 긴장감을 조성하고 있다.
_{나타나지 않음.}

윗글에서는 등장인물인 '나' 또는 아르판의 성격이 변하는 내용이 나타나지 않는다.

⑤ ~~사건들을 원래 발생 순서와 다르게 제시하여~~ 사건들 간의 인과성을 드러내고 있다.
_{나타나지 않음.}

윗글에서는 '나'가 아르판을 만나 이야기하는 장면을 시간의 순서대로 서술하고 있다. 따라서 사건들을 발생 순서와 다르게 제시했다는 설명은 적절하지 않다.

> **인과성:** 둘이나 그 이상의 존재 사이에 원인과 결과로서 맺어지는 관계

C 43 정답 ② ＊소재 및 배경의 의미 파악하기

㉠~㉤의 문맥상 의미를 설명한 것으로 적절하지 않은 것은?

• ㉠: ㉠은 '요리는 못해도 미각은 있다'입니다.
• ㉡: ㉡은 '내 곪은 영혼'입니다.
• ㉢: ㉢은 '저 갸우뚱한 오두막에서의 명예'입니다.
• ㉣: ㉣은 '내가 발명할 수 있는 최선의 것'입니다.
• ㉤: ㉤은 '취향도 뭣도 아닌 대중성으로 요란히 장식된 한국산 기성복'입니다.

즉 앞뒤 내용을 바탕으로 ㉠~㉤에 담긴 의미를 파악한 내용 중 틀린 것을 고르는 문제입니다.

> **왜 정답?**

② ㉡은 ~~우리 사회의 부정적 현실을 직시하지 못하고 그에 타협하는 부도덕~~을 의미한다.
_{표절 행위를 합리화하려는 '나'의 비양심적인 모습을 가리킴.}

＊근거: ②-⓫

'내 곪은 영혼'은 표절을 하고 이를 정당화하려는 '나'의 부도덕하고 비양심적인 모습을 가리킨다. 이때 '나'의 모습은 개인적인 행위에 기반한 것으로, 사회적인 문제와 관련된 것은 아니다. 즉, ㉡이 의미하는 부도덕함은 표절 행위에 대해 죄책감을 느끼면서도 그것을 합리화하려 드는 '나'의 내면에 대한 것이므로, 사회의 부정적 현실을 직시하지 못하고 타협한 것을 의미한다는 설명은 적절하지 않다.

> **직시하다:** 사물의 진실을 바로 보다.

>왜 오답?

① ㉠은 창작 능력은 없어도 좋은 작품을 판별하는 감식안이 있
다는 것을 의미한다. 요리를 하듯 직접 창작을 할 수 있는 능력은 없어도, 맛을
알아볼 수 있는 미각과 같은 감식안이 있다는 의미임.

＊근거: [1]- **❷**, **❸**

'나'는 '내게도 뛰어난 이야기를 알아볼 눈이 있다는 걸 증명하고 싶었다'며 '요리
는 못해도 미각은 있다는 것을 증명하고 싶었다'고 했다. 즉, '나'는 뛰어난 글을
직접 쓰지는 못해도 잘 쓴 글을 알아볼 수 있음을 증명하고 싶었던 것이다. 따라
서 ㉠은 좋은 작품을 판별하는 감식안이 있다는 의미로 볼 수 있다.

〔 **감식안**: 어떤 사물의 가치나 진위 따위를 구별하여 알아내는 눈 〕

③ ㉢은 훌륭하지만 세상에 널리 알려지지 않은 채 인정받지 못
하는 상태를 가리킨다. 훌륭하지만 알려지지는 않은 작품을 가리킴.

＊근거: [3]- **❸**

'나'는 자신이 아르판의 이야기를 '훔치지 않았다면 그 이야기는 머지 않아 당신
과 함께 영원히 묻혀 버'렸을 것이라고 말한다. 그리고 아르판에게 '필경 수년 내
에 쓰러져 묻힐 저 가우뚱한 오두막에서의 명예를 사랑'하냐고 묻는다. 즉, '나'
는 아르판에게 그의 이야기가 세상에 알려지지 않고 묻혀도 좋냐고 물어보고 있
다. 이를 통해 ㉢은 아르판의 이야기가 세상에 알려지지 않고 묻히는 상태, 즉
훌륭한 글이 세상에 알려지지 않은 채 인정받지 못하는 상태를 의미한다고 볼
수 있다.

④ ㉣은 자신의 행위를 변명하기 위해 심혈을 기울여 애써 만들
어 낸 궤변을 뜻한다. 자신의 표절을 정당화하기 위해 애써 만들어 낸 말을 가리킴.

＊근거: [3]- **❻**

'나'는 '옳지 않은 것을 설득하'고 있다는 것을 알고 있지만, 어떻게든 표절을 정
당화하기 위해 아르판에게 '거의 화를 내며' 허점이 많은 논리를 펼치고 있다. 즉,
㉣은 '나'가 자신의 잘못을 변명하기 위해 '그에게 윽박지른 논리'를 애써 만들어
냈다는 것을 의미한다고 볼 수 있다.

〔 **궤변**: 상대편을 이론으로 이기기 위하여 상대편의 사고를 혼란시키거나 감정을
격앙시켜 거짓을 참인 것처럼 꾸며 대는 논법 〕

⑤ ㉤은 대중이 애호하는 것들로 구성되었지만 실상 별 가치가
없는 상품을 뜻한다. 특별한 가치 없이 만들어진 대중적인 상품을 의미함.

＊근거: [3]- **❿**

'나'는 기성복을 '취향도 뭣도 아닌 대중성으로 요란히 장식된' 것이라고 표현하
고 있다. 이는 기성복이 누구나 무난하게 입을 수 있도록 만들어졌지만 특별한
가치나 아름다움은 지니고 있지 않다는 뜻이다. 즉, ㉤은 대중들이 좋아하는 것
들로 만들어졌지만 특별한 가치는 없는 상품을 의미한다고 볼 수 있다.

〔 **애호하다**: 사랑하고 좋아하다. 〕

C 44 정답 ① ＊인물의 심리와 태도 파악하기

'나'와 '아르판'의 대화 상황에 대한 해석으로 적절하지 **않은** 것은?

>왜 정답?

① '나'와 아르판이 만날 때 들리는 음악은 아르판이 ~~'나'의 논리에~~
~~승복~~하는 데 중요한 근거가 된다. 아르판이 '나'의 논리에 승복했다고 볼 수 없음.

＊근거: [2]- **⓰**, **㉕**

'나'는 중국 광동 지방의 전통 리듬이 여러 나라를 거쳐 한국의 대중가요로 다시
태어난 노래를 근거로, 이 곡의 '원작자를 찾는 건 불가능할 뿐 아니라 옳지도
않다'고 말하며 자신의 표절을 합리화하고 있다. 하지만 이러한 '나'의 논리를 아
르판이 인정하거나 납득하고 있지는 않다. 따라서 아르판을 만날 때 들려온 음악
이 아르판이 '나'의 논리에 승복하는 데 근거가 됐다는 설명은 적절하지 않다.

〔 **승복하다**: 납득하여 따르다. 〕

>왜 오답?

② '나'가 아르판의 반응에 계속 신경 쓰는 것은 실상 자신이 먼저
괴로움을 깊이 느끼고 있기 때문이다. 궤변으로 표절을 정당화하려는 것을 스스로 잘 알고 있음.

＊근거: [2]- **❻**~**⓮**, **㉖**~**㉘**

'나'는 표절을 정당화하는 자신의 말에 반응이 없는 아르판을 보며 '견디기 힘들'
어하고 '표정을 읽어 낼 수 없어 답답'해한다. 그리고 '내 논리의 허점을 감추려
노력했'으며 문화와 예술의 '차이를 일부러 무시했다'고 했다. 즉, '나'가 아르판의
반응에 신경을 쓰며 괴로워하는 것은 '나'가 표절을 정당화하기 위해 궤변을 늘
어놓고 있다는 것을 스스로 잘 알고 있고, 이러한 자신의 모습에 괴로움을 느끼
고 있기 때문으로 볼 수 있다.

③ '나'를 향한 아르판의 시선 변화는 그가 사태를 관찰하고 생각
하며 결심하는 과정을 암시하고 있다. 표절 사태를 어떻게 해야 할지 생각하고 결론을 내림.

＊근거: [4]- **❷**, **❿**, **⓫**

아르판은 '나'의 이야기를 듣고 '맑고 굵은 눈에 형언할 수 없는 복잡한 빛'을 보
이다가 '부드럽게 미소'를 지었다. 그리고 '여러 가지로 수고해 주셔서 고맙습니
다'라며 '나'에게 감사를 표하며 갈등을 마무리 짓는다. 즉, 아르판의 시선 변화는
'나'가 자신의 책을 표절한 사태에 대해 생각하고 그에 대한 결론을 내리는 과정
을 담고 있다고 볼 수 있다.

④ '나'는 아르판이 자신의 고향이 아닌 한국에서는 '나'의 행위를
인정할 수밖에 없을 것으로 기대한다. 이곳의 주민인 자신이 이기리라는 것을 알고 있다고 함.

＊근거: [3]- **❾**~**⓫**

'나'는 '와카의 땅에서라면 이런 짓을 한 나는 그의 거친 손에 붙잡혀 죽었을지
모'르지만, '이곳은 문명 세계고 나는 이곳의 주민이어서' '내가 이기리라는 것을
알고 있다'고 했다. 즉, '나'는 아르판의 책을 표절한 행위에 대해 한국에서는 인
정할 수밖에 없을 것이라고 기대하고 있다.

⑤ '나'에게 아르판이 일어나는 동작이 길고 크게 보인 것은 불안
과 자책을 불러일으킨 그에게 압도되었기 때문이다. 아르판에게 죄책감을 느껴 그의 일어나는 모습에 압도됨.

＊근거: [4]- **❸**~**❽**

'나'는 아르판이 일어나는 모습을 보며 '다 일어났다고 생각한 뒤에도 한참을 더
일어났'으며 '엄청난 신장을 과시하듯, 자신이 얼마나 더 커질 수 있는지 아냐고
묻는 듯 똑바로 기립했다'고 인식한다. 즉, '나'는 아르판이 일어나는 동작을 실제
보다 훨씬 크게 느끼는데, 이는 아르판에게 불안과 죄책감을 느껴 그에게 압도되
었기 때문으로 볼 수 있다.

〔 **압도되다**: 보다 뛰어난 힘이나 재주에 눌려 꼼짝 못하게 되다. 〕

C 45 정답 ④ ＊인물의 심리와 태도 파악하기

'나'가 자신의 행위를 기만으로 생각한 이유로 가장 적절한 것은?

• **기만**: '기만'은 '남을 속여 넘김.'이라는 뜻으로, '나'는 아르판의 책을 표절한 행
위를 '불멸을 향한 아찔한 기만'이라고 표현했습니다.

즉 '나'가 아르판의 책을 표절한 행위를 기만이라고 생각한 이유를 고르는 문제
입니다.

>왜 정답?

④ 일반적인 문화와 달리 예술은 창조성을 고유한 본질로 삼는다
는 것을 도외시했기 때문이다. '나'는 문화와 예술의 차이를 외면하여 자신의 표절 행위를 합리화함.

＊근거: [2]- **㉗**, **㉘**

'나'는 '높이 쌓는 행위가 문화라면 아르판이 써 나간 건 예술'이라고 했다. 이는
문화는 기존의 것에 조금씩 덧붙이며 쌓아 가는 것이지만, 예술은 개인의 창조성
을 본질로 한다는 의미이다. 그런데 '나는 그 차이를 일부러 무시했다'고 했다.

즉, '나'는 기존의 것을 바탕으로 하는 문화와, 창조성을 바탕으로 하는 예술의 차이를 알면서도 그것을 외면한 채 표절의 정당성을 주장하며 아르판을 속이려 하고 있기 때문에 자신의 행동을 '기만'이라고 표현한 것이다.

[도외시하다: 상관하지 아니하거나 무시하다.

왜 오답?

① 다른 문화권 예술에 대한 표절은 ~~자기 문화의 발전을 저해한다~~는 것을 ~~무시했기~~ 때문이다.
'나'는 참고를 통해 창조가 이루어진다고 말함.

* 근거: ②-㉕
'나'는 '우리가 벌이는 모든 창조는 기존의 견해에 대한 각주와 수정을 통해 나'온다며 모방과 표절을 옹호하고 있다. 따라서 '나'가 다른 문화권 예술을 표절하는 것이 자기 문화의 발전을 막는다는 것을 무시했다는 설명은 적절하지 않다.

[저해하다: 막아서 못 하도록 해치다.

② 문화 도입 과정에서 생기는 창조적 요소가 ~~새로운 예술의 원천임을 간과했기~~ 때문이다.
'나'는 예술은 개인의 고유한 창조성이 필요하다고 생각함.

* 근거: ②-㉗
'높이 쌓는 행위가 문화라면 아르판이 써 나간 건 예술이다'를 통해 예술은 개인의 창조성을 바탕으로 한다는 점을 알 수 있다. 따라서 문화를 도입하는 과정에서 생기는 창조적 요소가 예술의 원천이라는 설명은 적절하지 않다.

[원천: 사물의 근원
[간과하다: 큰 관심 없이 대강 보아 넘기다.

③ 예술을 포함한 모든 문화에 ~~고유성이 필수적 요건~~이라는 것을 ~~고려하지 않았기~~ 때문이다.
'나'는 문화는 기존의 것에 쌓을 수 있는 것이라고 생각함.

* 근거: ②-㉗
'높이 쌓는 행위가 문화라면 아르판이 써 나간 건 예술이다'를 통해 예술은 개인의 고유한 창조성을 필수로 하지만, 문화는 기존의 것을 바탕으로 발전할 수 있다는 점을 알 수 있다. 따라서 모든 문화에 고유성이 필수적 요건이라는 설명은 적절하지 않다.

⑤ 외견상 달리 보이는 작품도 실제로는 기원이 동일한 경우가 있다는 것을 ~~외면했기~~ 때문이다.
'나'는 외견상 달라 보이는 작품이지만 기원이 동일한 경우에 대해 말함.

* 근거: ②-⑯
'나'는 번안 곡에 대해 설명하며 이 곡이 '영국의 동요'와 '네덜란드의 서민 음악'이었다고 말한다. 그리고 이는 '중국 광동 지방으로부터 흘러나온 전통 리듬에 뿌리를 두고 있다'고 했다. 따라서 '나'가 외견상 달리 보이는 작품도 기원이 동일한 경우를 외면했다는 설명은 적절하지 않다.

[외견: 겉으로 드러난 모양
[기원: 사물이 처음으로 생김. 또는 그런 근원

D 고전 소설

D 01 ~ 03 ＊김만중, 〈사씨남정기(謝氏南征記)〉

❶ 중심인물, 배경   ❷ 중심 사건, 갈등   ❸ 서술상 특징

[앞부분 줄거리] 한림학사 유연수는 정부인 사씨에게 자식을 얻지 못해, 교녀를 첩으로 들인다. 교녀는 유 한림과의 사이에 아들을 먼저 낳지만 이후 사 부인이 아들을 낳자 위협을 느낀다.

1 ❶두(杜) 부인이 멀리 가매, 교녀가 등에 가시를 벗은 듯하여 ❶동청에게 사 부인 해하기를 모의한다. ❷동청이 말한다.
유연수의 고모. 옳고 그름을 잘 가려 사씨를 도와주는 역할을 함.
❶중심인물: 교녀의 정부이자 조력자
❸ ❸인물 간의 갈등을 중심으로 전개함.

"내 한 계교가 있으되, 두려하건댄 낭자가 듣지 아니할까 하여 못하노라."
교녀

④교녀가 물으니 동청이 말한다.

⑤"옛적 당나라 황제가 후궁 무 소의의 딸을 사랑하여 제 자식같이 하니, 무 소의 제 딸을 제가 눌러 죽이고, 황후를 모함하여 죽이려 하매, 황제 그 말을 곧이듣고 황후를 폐하고 무 소의로 황후를 봉하였으니, 이 계교를 행하면 낭자가 뜻을 이루리라."
교녀에게 자기 자식을 죽여 사씨를 모함하라는 의도를 전함.
유연수가 사씨를 폐하고 교녀를 정실로 들이는 것을 의미함.

⑥교녀가 묻는다.
교녀가 정실이 되는 것

⑦"자기 자식은 애중하면서, 남의 자식은 해코자 하는다?"
교녀가 자신의 자식인 장주를 해하려는 동청의 계교에 찬성하지 않음.

⑧동청이,

⑨"낭자의 신세가 위태하여 마치 범을 탄 것과 같으니, 내 말을 듣지 아니하면 정녕 후회하리라."
정실인 사씨가 아들을 낳았기 때문에 교녀의 신세가 위태로움을 의미함.

⑩교녀가,

⑪"이 계교는 차마 듣지 못하리니, 다른 좋은 모계를 획책하라."

⑫동청이 대답하지 않고 납매더러 이르기를,
❶중심인물: 교녀의 시비

⑬"낭자 사람됨이 잔약하여 이 계교를 행치 아니하면 우리 다 죽을 것이니, 네 틈을 타 행하라."
❷중심 사건: 동청이 납매에게 교녀의 아들 장주를 죽이라고 시킴.

[모의하다: 어떤 일을 꾀하고 의논한다.
[계교: 요리조리 헤아려 보고 생각해 낸 꾀
[폐하다: 사람을 어떤 지위에서 몰아내다.
[봉하다: 임금이 작위나 작품을 내려 주다.
[애중하다: 사랑하고 소중하게 여기다.
[모계: 계교를 꾸밈. 또는 그 계교
[획책하다: 어떤 일을 꾸미거나 꾀하다.
[잔약하다: 가냘프고 약하다.

＊1 요약: 교녀와 동청이 사씨를 해하려는 계교를 꾸밈.

2 ❶이후 납매 하수코자 하되 틈을 얻지 못하더니, 하루는 장주가 난간에서 자더라. ❶사방을 살펴보니 다른 사람은 없고, 사 부인의 몸종 춘방이 설매와 같이 풀싸움하며 난간 아래로 가거늘 멀리 간 후, 『즉시 올라가 장주를 눌러 죽이고, 설매를 따라와 이르되,
❶시간적 배경   교녀의 아들
❶중심인물: 사씨의 시비
❶중심인물: 사씨의 시비이자 납매의 동생
❸『 』: ❷중심 사건 – 장주를 죽인 납매가 설매에게 거짓으로 대답하라고 이름.

"네 전일에 ⓐ옥지환을 도적하였으니 부인과 노야가 아시면 죽을 것이니, 어느 때에 노야가 너를 잡아 물으시거든, 여차여차하게 대답하면 죄를 면하고, 많은 상을 교 낭자에게 얻으리라."』
설매는 예전에 납매의 꼬임에 빠져 사씨의 옥지환을 훔쳤음.   사씨   유 한림
사씨의 분부로 사씨의 시비 춘방이 교녀의 아들을 죽였다고 대답하는 것

❹ 하니 설매 응낙하더라.

❺ 장주의 유모가 장주가 깨었는가 하여 와 보니 장주가 칠규로 피를 흘리고 죽었거늘 대성통곡하더라. ❻ 교녀가 넘어질 듯이 와 보고 하릴없는지라 크게 울며, 이것이 동청의 한 짓인 줄 아나, 흉모를 행코자 함인 줄 아므로 급히 한림께 알린다. ❼ 한림이 들어와 본즉, 차악한 경상(景狀)이 말로 표현할 수 없는데 교녀가 통곡한다.
❶ 중심인물: 유연수
❸ 서술자: 3인칭 서술자. 시점: 전지적 작가 시점

❽ "이 일이 반드시 연전에 저주하던 사람의 짓이라 시비들을 문초하면 알리이다."

┌ **하수하다**: 어떤 일에 손을 대다. 또는 어떤 일을 시작하다.
│ **노야**: (흔히 성이나 직함 뒤에 쓰여) 남을 높여 이르는 말
│ **칠규**: 사람의 얼굴에 있는 일곱 개의 구멍. 귀, 눈, 코에 각 두 개씩 있으며 입에 하나가 있다.
│ **흉모**: 음흉한 모략이나 꾀
│ **차악하다**: 슬픈 일을 당하여 몹시 놀란 상태에 있다.
│ **경상**: 좋지 못한 몰골 **연전**: 몇 해 전
└ **문초하다**: 죄나 잘못을 따져 묻거나 심문하다.

*② 요약: 교녀의 아들인 장주가 납매에 의해 죽음.

③ ❶ 한림이 즉시 형구를 갖추고, 사 부인께 친신(親信)히 잠심부름하던
가까이 여겨 신임하여
비복을 엄문하니, 장주 유모는

❷ "소비가 공자를 안고 난간 위에서 놀다가 잠들기에 누이고 잠깐 밖에 나아갔삽더니 그 사이 변이 났사오니, 사죄할 뿐이요, 무슨 말씀을 하오리까?"
장주의 죽음

❸ 납매는,

❹ "소비가 보오니 춘방과 설매가 난간 아래로 지나더이다."
설매가 거짓을 고할 수 있도록 납매가 빌미를 제공함.
❺ 하고 말한다. ❻ 춘방과 설매를 엄형 국문(鞫問)하니, 춘방은 독형(毒刑)을 입어, 유혈이 임리(淋漓)하나 애매함을 고하고 설매는 처음은 춘방의 말과 같이 하더니, 나중은 소리를 크게 하여 하는 말이,
춘방은 처음에는 장주의 죽음의 이유를 짐작하지 못함.

┌ ❼ "대형벌을 당하여 죽기에 이르렀는데, 어찌 직고치 아니하리까. 부
「 」: ❸ 선악이 분명한 인물들을 대립시킴. (춘방 ↔ 설매)
│ 인이 소비와 춘방에게 분부하사 '장주 공자를 죽이면 큰 상을 내리
│ 사씨가 시켜서 장주를 죽였다고 거짓을 고하는 설매
│ 리라.' 하시기에 소비 등이 기회를 엿본 지 오래이나, 행치 못하였더
│ 니 오늘 지나다가 보온즉, 공자가 홀로 난간에서 자옵는데, 소비는
└ 차마 하수치 못하옵고, 춘방이 올라가 눌러 죽였나이다."
❽ ❷ 중심 사건: 사씨의 지시로 춘방이 장주를 죽였다고 설매가 거짓을 고함.
한림이 대로하여 춘방을 다시 엄형하니 춘방이 설매를 크게 꾸짖는다.
❷ 갈등: 거짓을 말하는 설매와 사건의 진실을 알게 된 춘방의 외적 갈등

┌ ❾ "무죄한 부인을 팔아 살기를 도모하니 견마라도 그 주인을 한 맘으
│ 개와 말
│ 로 섬기거늘 네 간사한 무리와 어울려 재물을 받고 주인을 해코자
│ 사씨를 해하려는 설매와 납매의 계교를 알아챈 춘방
│ 하는다? 내 장(杖)을 맞아 죽을지언정 어찌 무죄한 부인을 해하리
│ 오. 황천후토(皇天后土)는 부인의 원통한 누명을 씻어 주소서."
│ 하늘의 신과 땅의 신
└ ❿ 하고 안색을 불변하고, 마침내 복초(服招)치 아니하고 장을 맞아 죽더라.
춘방이 사씨의 무죄를 주장하며 죽음.

┌ **형구**: 형벌을 가하거나 고문을 하는 데에 쓰는 여러 가지 기구
│ **엄문하다**: 엄하게 심문하다. **엄형**: 엄하게 형벌함.
│ **국문하다**: 국청에서 몽둥이를 가하여 중죄인을 신문하다.
│ **독형**: 가혹한 형벌
│ **임리하다**: 피, 땀, 물 따위의 액체가 흘러 흥건하다.
│ **직고하다**: 바른대로 고하여 알리다.
│ **도모하다**: 어떤 일을 이루기 위하여 대책과 방법을 세우다.
└ **복초하다**: 문초를 받고 순순히 죄상을 털어놓다.

*③ 요약: 설매가 장주의 죽음이 사씨의 분부라며 거짓을 고함.

(중략)

④ ❶ 이때 승상 엄숭이 도사의 잡술로 천자를 미혹하게 하는지라, 「한림
유 한림을 못마땅하게 여기던 인물
이 상소하여 간하였더라. ❷ 상이 기뻐 아니하사 비답(批答)지 아니하시고,
중국 명나라 황제
❸ 간신 엄 승상을 멀리하라는 내용의 상소를 올림.
"다시 간소(諫疏)를 올리면 죽을 죄로 다스리리라."」
❹ 「 」: ❷ 갈등 - 천자에게 엄 승상을 멀리하라고 말한 유 한림과 이를 받아들이지 않는 천자의 외적 갈등
하시니 한림이 불안하여 사직하고 집에 있더라. ❺ 하루는 아는 도사가
❶ 공간적 배경   ❶ 시간적 배경
왔거늘 한림이 몽사번잡(夢事煩雜)함을 이르고 도사를 데리고 안에 들
유 한림이 잠만 들면 꿈자리가 번잡한 것을 도사에게 말함.
어가니 도사 두루 살펴보며 한림 처소의 벽을 헤치고 ⓑ목인(木人)을
나무로 만든 사람 형상
무수히 찾아낸다. ❻ 한림이 매우 놀라매 도사가 웃으며 말한다.

❼ "이는 오직 상공의 애정과 관심을 요구함이요, 살인모해(殺人謀害)
목인의 용도
하는 저주가 아니오니 상공은 방심하소서. 그러나 상공 면상에 흑
기(黑氣) 어리어 집을 떠날 수액(數厄)이 있으니 조심하소서."
유 한림의 유배를 암시하는 복선
❽ 한림이 칭사(稱謝)하고 도인이 돌아간 후 가만히 생각하니,

┌ ❾ "연전에 저주한 일이 다 사씨가 꾸민 짓이라 하였더니, 이제 사씨
│ 「 」: ❷ 중심 사건 - 유 한림이 사씨의 잘못이 없음을 깨달음.
│ 나간 지 오래고, 나 있는 방을 고친지 여러 달 아니 되었거늘 또 이
│ 런 흉한 일이 있으니 분명 가내에 악인이 있도다. 이러한즉 사씨
└ 어찌 원통치 아니하리오."

❿ 하고 요사한 물건을 다 없이한 후 정신이 들어 옛날 총명이 돌아오더
목인을 없앤 후의 변화
라. ⑪ 전일을 상상하여 보매 뉘우치는 마음이 점점 더하고 꿈이 깬 듯한
데, 두 부인이 성도에서 서간을 부쳐 왔더라. ⑫ 한림이 개봉한즉, 사씨
편지
의 출화(黜禍)당함을 모르고 쓴 것이라, 말씀이 명쾌하고 거듭 사씨를
부탁하였더라.

┌ **미혹하다**: 무엇에 홀려 정신을 차리지 못하다.
│ **상소하다**: 임금에게 글을 올리다.
│ **간하다**: 웃어른이나 임금에게 옳지 못하거나 잘못된 일을 고치도록 말하다.
│ **비답**: 임금이 상주문의 말미에 적는 가부의 대답
│ **간소**: 임금을 간하여 상소함.
│ **사직하다**: 맡은 직무를 내놓고 물러나다.
│ **방심하다**: 염려하던 마음을 놓다.
│ **수액**: 운수에 관한 재액(재앙으로 인한 불운)
│ **칭사하다**: 칭찬하여 말하다.
│ **요사하다**: 요망하고 간사하다.
└ **출화**: 내쫓김을 당하는 화

*④ 요약: 유 한림이 사씨를 내친 자신의 잘못을 뉘우침.

⑤ ❶ 한림이 두렵고 죄스러워 머리를 숙이고 가만히 생각하매 자기가 꾀
❷ 갈등: 사씨와의 의리를 저버린 것을 깨달은 유 한림의 내적 갈등
에 빠져 조강(糟糠)의 의(義)를 저버린 듯한지라, 심사가 편치 못하여
교녀와 정이 소원해지더라. 교녀가 크게 두려워 동청더러 사기(事機)
유 한림과 사이가 멀어진 것
를 이른다.

❸ 동청이,

❹ "독약을 음식에 타 한림을 먹이라."

❺ 교녀가,

❻ "만일 먹지 아니하고 뱉아버려 일이 잘못되면 큰일이 날 것이니 다른 계교를 생각하라."

❼ 동청이 모해하기를 생각하다가 하루는 서헌에 들어가니 마침 한림이 친구를 심방하러 나아갔더라. ❽ 동청이 서안을 상고하니 한림이 시세
서상
를 탄식하여 지은 글이 있는데, 승상 엄숭을 논박하되, 오국학민(誤國
당대 상황에 대해 근심하며 지은 글   간신인 엄 승상이 나라를 그르치고 백성을 가혹하게 다룸.
虐民)한다 하였더라. ❾ 동청이 좋아서 교녀더러 일렀다.

⑩
"이제 유연수 없이할 방도를 얻었으니 쾌하도다."

⑪
교녀가,

⑫
"어찌 이름이뇨?"

⑬
"천자가 도사와 단약(丹藥)을 믿으시고, 엄 승상이 그 일을 힘쓰거
  _{천자는 엄 승상의 잡술에 미혹된 상태임.}
늘, 이제 유 한림이 천자를 폄하여 글을 지었
  _{동청이 유 한림의 서한서 찾아낸 글}
으니, 이 글을 엄 승상께 드리면 승상이 노하여 천자께 아뢰어 필연
귀양을 면치 못하리니 어찌 묘하고 쾌하지 아니하리오."
  _{❷ 중심 사건: 동청과 교녀가 유연수를 없애기 위한 방도를 꾸밈.}

⑭
교녀가 좋아서,

⑮
"남의 손을 빌어 저를 없이하면 어찌 쾌한 일이 아니리오."
  _{승상과 천자   한림}

> 조강: 지게미와 쌀겨로 끼니를 이을 때의 아내라는 뜻으로, 몹시 가난하고 천할 때에 고생을 함께 겪어 온 아내를 이르는 말
> 소원하다: 지내는 사이가 두텁지 아니하고 거리가 있어서 서먹서먹하다.
> 사기: 일이 되어 가는 가장 중요한 기틀
> 서헌: 공부하기 위하여 따로 마련한 방
> 심방하다: 방문하여 찾아보다.
> 상고하다: 꼼꼼하게 따져서 검토하거나 참고하다.
> 논박하다: 어떤 주장이나 의견에 대하여 그 잘못된 점을 조리 있게 공격하여 말하다.
> 쾌하다: 마음이 유쾌하다.
> 단약: 신선이 만든다고 하는 장생불사의 영약
> 비방하다: 남을 비웃고 헐뜯어서 말하다.
> 폄하다: 남을 나쁘게 말하다.

＊⑤ 요약: 동청과 교녀가 유 한림을 해하려 함.

📖 **독해 공식**

❶ 중심인물: 교녀, 동청, 납매, 춘방, 설매, 한림(유연수)
시간적 배경: '하루'
공간적 배경: 집
❷ 중심 사건: 동청이 납매에게 교녀의 아들 장주를 죽이라고 시킴. 장주를 죽인 납매가 설매에게 거짓으로 대답하라고 이름. 사씨의 지시로 춘방이 장주를 죽였다고 설매가 거짓 고함. 유 한림이 사씨의 잘못이 없음을 깨달음. 동청과 교녀가 유 한림을 없애기 위한 방도를 꾸밈.
갈등: 거짓을 말하는 설매와 사건의 진실을 알게 된 춘방의 외적 갈등, 천자에게 엄 승상을 멀리하라고 말한 유 한림과 이를 받아들이지 않는 천자의 외적 갈등, 사씨와의 의리를 저버린 것을 깨달은 유 한림의 내적 갈등
❸ 서술상 특징
• 서술자: 3인칭 서술자, 시점: 전지적 작가 시점
• 인물 간의 갈등을 중심으로 전개되고 있음.
• 선악이 분명한 인물들을 대립시켜 주제를 형상화하고 있음.

■ 내용: 이 작품은 중국 명나라를 배경으로 유 한림의 가정에서 벌어진 처첩 간의 갈등을 다룬 가정 소설이다. 인현왕후를 옹호하다 귀양을 가게 된 김만중이 인현왕후를 폐위하고 장희빈을 중전으로 책봉한 숙종의 잘못을 바로잡도록 하기 위해 창작한 작품으로, 사씨는 인현왕후를, 교녀는 장희빈을 빗댄 인물이다. 사씨가 교녀로 인해 겪게 되는 고통 끝에 행복을 얻게 된다는 권선징악의 결말은 첩을 두는 것을 허용하는 제도를 비판한 것으로 이해할 수 있다.

■ 인물 관계도

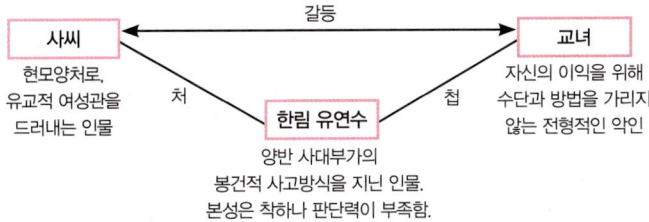

■ 주제: 처첩 간의 갈등과 권선징악

■ **이것이 핵심!**: 등장인물이 빗댄 대상과 그 의도

→ • 당대의 현실 풍자
  • 축첩제도의 문제점 비판

■ 전체 줄거리: 유연수는 영특하고 총명하여 15세에 과거에 급제하고 어질고 착한 사정옥과 혼인을 한다. 유연수와 사 씨 부부는 사이가 좋았으나 아이가 생기지 않았다. 그래서 사 씨는 유연수에게 첩을 들일 것을 권하고, 교채란을 첩으로 맞이한다. 교 씨는 아들을 낳자 정실부인이 되고 싶어 사 씨를 모함한다. 그러던 중 사 씨 역시 아들을 낳자 위기감을 느낀 교 씨는 동청이란 자와 손을 잡고 자신의 아들을 죽인 후 그 죄를 사 씨에게 덮어 씌운다. 결국 사 씨는 집에서 쫓겨나고 교 씨는 정실부인이 된다. 그러나 교 씨는 나아가 동청과 함께 유연수까지 모함하여 유배 가게 한다. 시간이 지나 유연수는 죄가 없음이 인정되어 풀려나고 모든 사정을 알게 된다. 그래서 사 씨를 다시 찾아 아내로 삼고, 교 씨를 찾아 처벌한 후 사 씨와 행복하게 산다.

D 01 정답 ① ＊내용 이해하기

윗글을 이해한 내용으로 적절하지 않은 것은? [3점]

> **왜 정답?**

① 도사는 한림이 ~~죽음을 맞이할 수도 있다고~~ 경고했다.
  _{도사는 한림의 처소에서 나온 목인이 사람을 죽여 해하려는 저주는 아니라고 했음.}

＊근거: ④-⑦
도사는 한림의 처소에서 나온 목인이 한림의 '애정과 관심'을 얻으려는 의도로 만들어진 것이지 사람을 죽이려는 '저주가 아니라'며 마음을 편안히 가지라고 말했다. 도사가 한림에게 경고한 것은 한림의 얼굴에 '흑기'가 어려 '집을 떠날' 운수가 있으니 조심하라는 것이다. 즉, 도사는 한림이 죽음을 맞이할 수도 있다고 경고하지 않았다.

> **왜 오답?**

② 납매는 교녀의 허락을 받지 않고 장주를 눌러 죽였다.
  _{장주를 죽이라는 동청의 말을 듣고 행함.}

＊근거: ①-⑪~⑬, ②-❷
교녀는 자신의 아들 장주를 죽여 사씨에게 죄를 뒤집어씌우자는 동청의 계략에 찬성하지 않고 '다른 좋은 모계'를 꾸미라고 했다. 하지만 동청은 납매에게 틈을 봐서 장주를 죽이라고 명했고, 이에 납매는 난간에서 혼자 자고 있는 장주를 '눌러 죽'였다고 했다. 즉, 납매는 교녀의 허락을 받지 않고 장주를 죽인 것이다.

③ 유 한림은 천자를 미혹하는 승상을 비판하는 글을 지었다.
  _{천자를 미혹하게 하는 엄 승상이 나라를 그르치는 것을 비판하는 글을 씀.}

＊근거: ④-❶, ⑤-⑬
엄 승상은 '도사의 잡술로 천자를 미혹하게 하'는 간신이었다. 유 한림은 이러한 상황을 탄식하며 '승상 엄숭을 논박하되, 오국학민한다'는 내용의 글을 지었는데, 이는 엄 승상이 나라를 그르치고 백성을 가혹하게 다루는 것을 비판하는 글이다. 즉, 유 한림은 천자를 미혹하는 엄 승상을 비판하는 글을 지은 것이다.

④ 춘방은 거짓 증언을 하는 설매를 꾸짖으며 죽음을 맞이했다.
  _{사씨가 시켜 춘방이 장주를 죽였다고 거짓말하는 설매를 꾸짖으며 죽음.}

＊근거: ③-⑧~⑩
설매는 사씨가 춘방과 자신에게 장주를 죽이도록 시켰고, 춘방이 장주를 죽였다고 거짓 증언을 했다. 이에 춘방은 '무죄한 부인을 팔아 살기를 도모'한다며 '설매를 크게 꾸짖'고, '내 장을 맞아 죽지언정 어찌 무죄한 부인을 해하'겠냐고 하며 '장을 맞아 죽었다'고 했다. 즉, 춘방은 사씨의 지시로 장주를 죽였다고 거짓 증언한 설매를 꾸짖으며 죽은 것이다.

⑤ 두 부인은 사 부인이 집에 없는 것을 모르고 한림에게 편지를 썼다.
  _{사씨가 쫓겨난 것을 모르고 유 한림에게 사씨를 부탁하는 편지를 보냄.}

＊근거: ④-⑪, ⑫

두 부인이 한림에게 편지를 부쳤는데, '사씨의 출화당함을 모르고 쓴 것이라, 말씀이 명쾌하고 거듭 사씨를 부탁하였다'고 했다. 즉, 두 부인은 사씨가 교녀의 계략에 의해 쫓겨난 것을 모르고 한림에게 사씨를 부탁하는 편지를 쓴 것이다.

D 02 정답 ③ *〈보기〉를 바탕으로 감상하기

〈보기〉를 바탕으로 윗글을 감상한 내용으로 적절하지 않은 것은? [4점]

- 〈보기〉: 조선 중기에는 가부장제가 강화되면서 처첩 간의 갈등, 적서차별 등의 문제가 심화되었는데, 〈사씨남정기〉는 처첩 갈등을 중심으로 조선 사회 가부장제의 폐해를 보여 주고 있습니다.
- 윗글: 교녀와 동청이 사씨를 모함하는 이야기, 사씨를 쫓아낸 유 한림이 뉘우치는 이야기, 교녀와 동청이 유 한림을 모해하려는 이야기가 제시되어 있습니다.

즉 조선 시대의 가부장제의 강화로 인한 문제점을 바탕으로 윗글을 감상한 내용 중 틀린 것을 고르는 문제입니다.

[보기]

❶ 조선 중기에 이르러 가부장제가 강화되면서 처첩 간의 갈등, _{가부장제로 인한 문제 ①} 장자 상속으로 인한 적서 차별의 문제 등이 심화되었다. ❷ 이러한 _{가부장제로 인한 문제 ②} 문제를 해결하기 위해 가부장의 현명함이 중요했는데, 가부장이 어리석으면 가문의 혼란은 한층 더 가중되었다. ❸ 또한 가부장에게 _{가부장제로 인한 문제 ③} 권력이 집중되어 있기 때문에 정쟁 등 외부적 요인으로 인해 가장이 죽거나 부재하게 되면 가문은 쉽게 무너질 수 있었다. ❹ 〈사 _{가부장제로 인한 문제 ④} 씨남정기〉는 처첩 갈등을 중심으로, 자신의 지위 확보를 위한 인간의 잔인성을 사실적으로 그려 냄으로써 조선 사회 가부장제로 인한 폐해를 보여 주고 있다.

장자: 둘 이상의 아들 가운데 맏이가 되는 아들
적서 차별: 정실부인의 첫째 아들만이 과거에 응시하거나 유산을 상속받는 등 특혜를 누리고, 첩이나 후실에게서 나온 서자는 그러한 혜택을 누리지 못하는 차별 | 정쟁: 정치에서의 싸움

>왜 정답?

③ 동청이 유 한림에게 독약을 먹이자고 교녀에게 제안하는 것은
정쟁 등의 외부적 요인으로 인한 가문의 위기 상황이라고 할
_{처첩 간의 갈등이라는 가정 내 요인으로 인한 위기 상황임.}
수 있겠군.

*근거: ⑤-❶~❹

사씨를 내친 것을 뉘우치던 유 한림은 교녀와의 사이가 멀어진다. 이를 '크게 두려워'한 교녀는 동청에게 이러한 사실을 전하고, 동청은 유 한림에게 '독약'을 먹이자고 제안한다. 즉, 동청의 이러한 제안은 정치적인 다툼과 같은 외부적 요인이 아닌 가문 내 처첩 간의 갈등으로 인한 위기 상황이라 할 수 있다.

>왜 오답?

① 설매가 고문을 당하는 과정에서 사 부인을 모함한 것은 처첩
간의 갈등으로 인해 빚어진 일이겠군.
_{사씨를 모해하기 위해 교녀와 의논했던 동청의 지시를 받은 납매가 시킨 일임.}

*근거: ③-❻, ❼, 〈보기〉 ❹ 문장

장주의 죽음을 알게 된 유 한림이 설매를 고문하자 설매는 사씨가 장주를 죽이도록 지시했으며 그에 따라 춘방이 장주를 죽였다고 거짓으로 고하여 사씨를 모함한다. 이는 사씨를 해할 방법을 교녀와 의논했던 동청의 지시로, 납매가 장주를 죽인 뒤 설매에게 시킨 거짓말이다. 즉, 설매의 모함은 처인 사씨와 첩인 교녀 간의 갈등으로부터 빚어진 것이라 할 수 있다.

② 동청이 엄 승상에게 유 한림의 글을 전하려는 계획은 가문의 권
_{가문의 가장인 유 한림을 없앨 계교임.}
력이 집중되어 있는 가장을 축출하려는 시도라 할 수 있겠군.

*근거: ⑤-❸, 〈보기〉 ❸ 문장

유 한림과 사이가 멀어져 두려움을 느낀 교녀가 이를 동청에게 이르자, 동청은 엄 승상을 비판하는 유 한림의 글을 찾아내어 이를 엄 승상에게 전하려는 계책을 세운다. 그리고 '이 글을 엄 승상께 드리면' 유 한림이 '귀양을 면치 못'할 것이라고 말한다. 즉, 동청이 엄 승상에게 유 한림의 글을 전하려는 계획은 가문의 가장인 유 한림을 축출하려는 시도라 할 수 있다.

[축출하다: 쫓아내거나 몰아내다.

④ 동청이 납매에게 교녀의 자식을 죽이라고 하는 것은 자신의
_{타인의 생명을 해쳐서 지위를 확보하려 한 것임.}
지위를 확보하기 위한 인간의 잔인성을 보여 주는 장면이라고
할 수 있겠군.

*근거: ①-❺~❽, 〈보기〉 ❹ 문장

동청은 사씨를 모함하기 위해 교녀에게 자식인 장주를 죽이고 사씨에게 누명을 씌울 것을 제안한다. 그러나 교녀가 이에 동의하지 않자 '이 계교를 행치 아니하면 우리 다 죽을 것'이라고 말하며 납매에게 장주를 죽이도록 지시한다. 즉, 동청이 장주를 죽이라고 지시한 것은 자신의 지위를 확보하기 위해 타인의 생명을 해치는 인간의 잔인성을 보여 주는 장면이라 할 수 있다.

[지위: 개인의 사회적 신분에 따르는 위치나 자리
[확보하다: 확실히 보증하거나 가지고 있다.

⑤ 유 한림이 무고한 사 부인을 의심하여 나가게 한 것은 가장의
_{교녀와 동청의 계책을 알아채지 못하고 사씨를 내쫓은 것임.}
어리석음으로 인해 가문이 혼란에 빠질 수 있다는 것을 보여
준다고 할 수 있겠군.

*근거: ③-❼, ④-⑫, 〈보기〉 ❷ 문장

사씨는 '출화당'했다고 했는데, 이는 교씨와 동청의 계책을 알아채지 못한 유 한림이 사씨의 지시로 춘방이 장주를 죽였다는 설매의 말만 듣고 무고한 사씨를 내쫓은 것으로 추측할 수 있다. 즉, 유 한림이 무고한 사씨를 나가게 한 것은 가장의 어리석음으로 인해 가문이 혼란에 빠질 수 있다는 것을 보여 준다고 할 수 있다.

D 03 정답 ⑤ *소재 및 배경의 의미 파악하기

ⓐ와 ⓑ에 대한 설명으로 가장 적절한 것은? [3점]

- ⓐ: ⓐ는 '옥지환'으로, 과거에 설매가 훔친 물건입니다.
- ⓑ: ⓑ는 '목인'으로, 유 한림의 처소의 벽에 숨겨져 있던 물건입니다.

즉 앞뒤 맥락을 바탕으로 '옥지환'(ⓐ)과 '목인'(ⓑ)의 의미나 역할을 설명한 내용 중 적절한 것을 고르는 문제입니다.

>왜 정답?

⑤ ⓐ는 설매가 납매의 요구를 들어줄 수밖에 없는 이유로, ⓑ는
_{납매는 설매가 과거에 옥지환을 훔친 사실을 알고 있음.}
한림이 과거 자신의 판단을 의심하는 계기로 활용되고 있다.
_{사씨가 저주를 꾸미지 않았다고 생각하게 됨.}

*근거: ②-❸, ④-❺, ❾

납매는 설매가 과거에 '옥지환'을 훔친 사실을 사씨와 유 한림이 알면 죽게 될 것이라고 하며 설매에게 사씨를 모함할 것을 요구하고 있다. 즉, 설매는 자신이 '옥지환'을 훔친 사실을 납매가 말하지 않도록 하기 위해 납매의 요구를 들어주어야 한다. 즉, ⓐ는 설매가 납매의 요구를 들어줄 수밖에 없는 이유라고 볼 수 있다.
한림은 자신의 처소에서 '목인'을 발견된 것이 사씨가 나간 지 오래되었고 처소를 고친 지 얼마 지나지 않아 생긴 일임을 알게 된 후 집안에 악인이 있음을 깨닫고 있다. 즉, 한림은 '목인'을 통해 사씨가 악인이 아니었다고 생각하게 된 것이다. 즉, ⓑ는 한림이 과거에 사씨를 악인으로 판단한 것을 의심하는 계기로 볼 수 있다.

왜 오답?

① @와 ⓑ는 모두 ~~사 부인을 살해하려는 수단~~으로 활용되고 있다.
  @는 사씨를 모함하려는 수단, ⓑ는 유 한림의 애정과 관심을 받고자 하는 수단임.

*근거: ②-❸, ④-❼

납매는 @를 활용하여 설매가 사씨를 모함하도록 하는 데 성공한다. 즉, @는 사씨를 모함하려는 데 활용된 수단이지, 사씨를 살해하려고 활용된 수단이 아니다. 한편 도사는 ⓑ가 유 한림의 애정과 관심을 받고자 하는 용도라고 했다. 즉, ⓑ는 유 한림의 애정을 받기 위해 활용된 수단이지, 사씨를 살해하려고 활용된 수단이 아니다.

② @는 설매가, ⓑ는 ~~사 부인~~이 과거에 행한 부정적 행위의 증거물이다.
  ⓑ는 사씨가 나간 지 오랜 후에 발견됨.

*근거: ②-❸, ④-❺~❾

@는 과거에 설매가 훔친 것으로, 설매가 과거에 행한 부정적 행위의 증거물이라 할 수 있다. ⓑ는 사씨가 나간 지 오랜 후에 발견된 것이므로, 사씨가 과거에 행한 부정적 행위의 증거물이라 할 수 없다.

③ @는 설매를 설득하기 위한, ⓑ는 ~~한림을 협박하기 위한 수단~~으로 활용되고 있다.
  교녀가 유 한림의 애정과 관심을 받고자 활용한 것임.

*근거: ②-❸, ④-❼

납매는 @를 활용하여 사씨를 모함하라는 자신의 요구를 설매가 따르도록 만들고 있으므로, @는 설매를 설득하기 위한 수단이라 할 수 있다. ⓑ는 도사의 말에 따르면 교녀가 한림의 애정과 관심을 받고자 활용한 것이므로, 한림을 협박하기 위한 수단이라 할 수 없다.

④ @는 ~~한림의 관심을 유도하려는~~, ⓑ는 ~~한림을 모해하려는 목적~~을 위해 활용되고 있다.
  설매를 설득하기 위한 수단임.   한림의 관심과 애정을 유도하려는 목적임.

*근거: ②-❸, ④-❼

납매는 @를 활용하여 설매가 사씨를 모함하도록 만들고 있다. 즉, @는 한림의 관심을 유도하려는 목적으로 활용되었다고 할 수 없다. 도사는 ⓑ가 '살인모해하는 저주가 아니고' 한림의 애정과 관심을 유도하는 것이라 언급하고 있다. 즉, ⓑ는 한림을 모해하려는 목적을 위해 활용되었다고 할 수 없다.

D 04 ~ 08 *김시습, 〈만복사저포기〉

[2022 대비/경찰대 41~45]

❶ 중심인물, 배경   ❷ 중심 사건, 갈등   ❸ 서술상 특징   █ ❸ 전기적(비현실적) 요소

[앞부분 줄거리] 전라도 남원에 양생이라는 노총각은 일찍이 부모를 여의고 만복사에서 외롭게 지냈다. 젊은 남녀가 절에 와서 소원을 비는 날, 양생은 법당에서 자신에게 좋은 배필을 달라고 소원을 빌며 부처와 저포 놀이 시합을 하여 이긴다. 양생은 (부모로서의 짝) 외로운 신세를 한탄하며 배필을 얻게 해 달라는 내용의 축원문을 읽던 아름다운 처녀를 만나 절에서 하룻밤을 보낸다.
(주사위 같은 것을 나무로 만들어서 던져서 그 끗수로 승부를 겨루는 것으로, 윷놀이와 비슷함.) (부처에게 자기의 뜻을 아뢰고 그것이 이루어지기를 비는 뜻을 적은 글)

1 이때 달이 서산에 걸리며 인적 드문 마을에 닭 울음소리가 들렸다.
❶ 공간적 배경: 만복사
절에서 종소리가 울리기 시작하며 새벽빛이 밝아 왔다. 여인이 말했다.
❶ 시간적 배경   ❶ 중심인물
"애야, 자리를 거둬 돌아가려무나."

여종은 "네." 하고 대답하자마자 자취 없이 사라졌다.

여인이 말했다.

"인연이 이미 정해졌으니 제 손을 잡고 함께 가셔요."

양생이 여인의 손을 잡고 마을을 지나갔다. ㉠울타리에서 개들이
❶ 중심인물
짖어 댔고 길에는 사람들이 다니고 있었다. ㉡그런데 지나가던 이들은 양
(여인이 이승의 사람이 아님을 암시함.)
생이 여인과 함께 가는 것을 알지 못한 채 다만 이렇게 묻는 것이었다.
❸ 서술자: 3인칭 서술자, 시점: 전지적 작가 시점

⑪ "이렇게 일찍 어딜 가시나?"
⑫ 양생이 대답했다.
⑬ "술에 취해 만복사에 누워 있다가 친구 집에 가는 길입니다."
(❶ 공간적 배경)
⑭ 아침이 되었다. ⑮ 여인이 이끄는 대로 풀숲까지 따라와 보니, 이슬이
  ❶ 시간적 배경
홍건한 것이 사람들 다니는 길이 아니었다. ⑯ 양생이 물었다.

⑰ "어찌 이런 곳에 사시오?"
⑱ 여인이 대답했다.
⑲ "혼자 사는 여자가 사는 곳이 본래 이렇지요, 뭐."
⑳ 여인은 이렇게 우스갯소리를 건넸다.

[A]
┌ ㉑ 이슬 젖은 길
│ ㉒『아침저녁으로 다니고 싶건만   ❸ 삽입 시 – 여인과 양생의 대화를 대신함.
│ ㉓ 옷자락 적실까 나설 수 없네.』
│   『 』: 조심스럽게 양생을 만난다는 의미로, 자신의 정숙함을 표현함.
│
│ ㉔ 양생 역시 장난으로 이런 한시(漢詩)를 읊었다.
│
│ ㉕ 여우가 짝을 찾아 어슬렁거리니
│ ㉖ 저 기수(淇水)의 돌다리에 짝이 있도다.
│ ㉗『노(魯)나라 길 확 트여   ❸ 삽입 시
│   『 』: 여인이 정숙하기는커녕 그 반대라는 것을 표현함.
└ ㉘ 문강(文姜)이 쏜살같이 달려가네.』
    노나라로 시집을 간 문강은 제나라로 와서 몰래 옛 애인을 만났음.

                                    ❶ 공간적 배경
㉙ 한시를 읊조리고 나서 껄껄 웃었다. ㉚ 두 사람은 마침내 개녕동에 도착했다. ㉛ㄷ쑥이 들판을 뒤덮었고, 가시나무가 하늘을 가렸다. ㉜그 속에
        (신비로운 분위기 – 여인이 이승의 사람이 아님을 암시함.)
집 한 채가 있는데, 크기는 작지만 매우 화려했다. …(중략)… ㉝술자리가 끝나고 헤어질 때가 되었다. ㉞ㄹ여인이 양생에게 은그릇을 하나 내
주며 이렇게 말했다.
  (여인이 부모에게 자신과 양생의 관계를 알리기 위한 매개체)

㉟『"내일 저희 부모님이 보련사에서 제게 밥을 주실 거예요. 길가에서
    (자신의 제사에 부모가 음식을 베푸는 것을 의미함.)
기다리고 계시다가 함께 절에 가서 부모님께 인사를 드렸으면 하는
  『 』: ❷ 중심 사건 – 여인이 양생에게 절에 가서 부모님께 인사를 드리자고 부탁함.
데, 괜찮으시겠어요?"』
㊱ 양생은 그렇게 하겠다고 대답했다.

〔자취: 어떤 것이 남긴 표시나 자리〕

*❶ 요약: 여인이 양생에게 절에서 부모님께 인사를 드리자고 부탁함.
    ❶ 시간적 배경   ❶ 공간적 배경
2 이튿날 양생은 여인의 말대로 은그릇을 들고 길가에서 기다리고 있
             (여인의 부탁대로 행동함.)
었다. ❷잠시 후, 과연 명문가 여인의 대상(大祥)*을 위한 행차가 보였다.
❸ 이들 일행의 수레와 말이 길을 가득 메운 채 보련사에 올라가다가 선비하나가 그릇을 들고 서 있는 것을 보고는 하인 하나가 이렇게 말했다.

❹㉤아씨와 함께 묻은 물건을 누가 훔쳐서 갖고 있사옵니다."
    (여인의 무덤에 묻은 물건을 가지고 있었기 때문에 양생을 도굴범으로 의심함.)
❺ 주인이 말했다.
❻ "뭐라고?"
❼ 하인이 말했다.
❽ "이 선비가 아씨의 그릇을 가지고 있사옵니다."
❾ 주인이 말을 멈추고 사정을 묻자, 양생은 앞서 여인과 약속했던 일
    (은그릇을 들고 기다리다 여인의 부모께 인사를 드리기로 한 일)

을 그대로 말했다.⑩여인의 부모가 놀라 한참을 어리둥절하더니 이렇게 말했다.

⑪"우리 외동딸이 노략질하던 왜구의 손에 죽었는데 아직 장례를 치
　중심 사건: 양생이 여인이 이승 사람이 아님을 알게 됨.
르지 못하고 임시로 개녕사 골짜기에 매장했구려. 차일피일 하다
　　　　　　　　여인의 집이 있던 곳
지금껏 장사를 지내지 못한 채 오늘에 이르게 되었소이다. 오늘이
벌써 세상을 뜬 지 두 돌이 되는 날이라 절에서 재(齋)를 베풀어 저
승 가는 길을 배웅하려는 참이라오. 청컨대 딸아이와 약속했던 대
로 여기서 기다렸다가 함께 절로 와 주셨으면 하오. 부디 놀라지 말
　　여인의 부모는 여인이 죽은 사람임을 알게 된 양생이 놀라지 않을까 염려함.
아 주었으면 하오."

⑫그렇게 말하고는 먼저 절로 갔다.

┌ 행차: 웃어른이 차리고 나서서 길을 감. 또는 그때 이루는 대열
│ 노략질하다: 떼를 지어 돌아다니며 사람을 해치거나 재물을 강제로 빼앗다.
│ 매장하다: 시체나 유골 따위를 땅속에 묻다.
│ 차일피일하다: 이날 저 날 하고 자꾸 기한을 미루다.
└ 재: 죽은 이의 명복(冥福)을 빌기 위하여 부처에게 드리는 공양(供養)

*② 요약: 양생이 여인의 부모를 만나 여인이 죽은 사람임을 알게 됨.

③ 양생은 우두커니 서서 여인을 기다렸다. ❷약속 시간이 되자 ⑪여자
한 사람이 여종과 함께 사뿐히 걸어오고 있었다. 과연 기다리던 그 여
인이었다. ④양생과 여인은 기쁘게 손을 잡고 절로 향했다.
　　❷중심 사건: 양생이 여인이 죽은 사람이라는 말을 듣고도 여인을 기쁘게 맞이함.
여인은 절에 들어가 부처님께 절하고 하얀 장막 안으로 들어갔다.
❶공간적 배경: 보련사　　　　　둘의 인연을 인정받는 현실 공간
여인의 친척들과 절의 승려들은 모두 여인의 존재를 믿지 않았다. ❼오
직 양생의 눈에만 여인이 보였기 때문이다. ❽여인이 양생에게 말했다.
　양생과 여인의 인연이 신비롭고 특별한 것임을 강조함.
⑨"음식을 함께 드시지요."

⑩양생이 여인의 부모에게 그 말을 전하자, 부모는 시험해 볼 생각으
로 그렇게 해 보라고 했다. ⑪수저 소리만 들릴 따름이었지만, 그 소리
는 사람들이 밥 먹을 때와 똑같았다. ⑫부모는 깜짝 놀라 마침내 양생더
러 장막에서 함께 자라고 권유했다.

⑬한밤중에 말소리가 낭랑하게 들렸는데, 다른 사람들이 자세히 엿들어
보려 하면 그때마다 말소리가 뚝 그쳤다. ⑭여인의 말은 다음과 같았다.
　저승의 존재로서 이승 사람과 인연을 맺은 것

[B]

⑮┌"제가 규범을 어겼다는 건 저 역시 잘 알지요. 어려서 《시경》과
「 」: ❷갈등 - 이승에서 양생과 함께하고 싶지만 다시 저승으로 가야 하는 여인의 내적 갈등
　《서경》을 읽어 예의범절을 조금은 알고 있사오니, 〈건상(褰裳)〉*
　과 〈상서(相鼠)〉*가 부끄러워할 만한 것인 줄 모르지 않아요. 하
　오나 오랜 세월 쑥대밭 너른 들판에 버려진 채 살다 보니 마음속
　에 있던 정이 한번 일어나자 끝내 다잡을 수 없었어요. 며칠 전 절
　에서 소원을 빌고 불전(佛殿)에 향을 사르며 제 기구한 일생을 한
　탄하던 중에 문득 삼세의 인연을 이루게 되었지요. 서방님의 아내
　　　　　　　　　과거, 현재, 미래의 인연 = 양생과의 인연
　가 되어 나무 비녀를 꽂고 백 년 동안 시부모님을 모시며 음식 시
　중에 옷 시중으로 평생 아내의 도리를 다하고 싶었어요.」하지만
　한스럽게도 정해진 운명은 피할 수 없고, 이승과 저승의 경계는
　　　　　　　　　운명론적 사고관
└ 넘을 수 없군요. 기쁨이 아직 다하지 않았는데 슬픈 이별이 눈앞
에 이르렀어요. 지금 이별하고 나면 다시 만나긴 어렵겠지요. 이
별할 때가 되니 너무도 서글퍼 무슨 말을 해야 할지 모르겠어요."

⑯이윽고 여인의 영혼을 떠나보내는데 여인의 울음소리가 끊이지 않
　　❷중심 사건: 여인이 양생과 사랑을 나누는 것은 법도에 어긋난다고 말하며 떠남.
았다.

┌ 낭랑하다: 소리가 맑고 또랑또랑하다.
│ 불전: 부처를 모신 집
└ 기구하다: (비유적으로) 세상살이가 순탄하지 못하고 가탈이 많다.

*③ 요약: 양생과 재회한 후 여인은 이별을 고함.

* 대상: 2년 상을 마치고 탈상(脫喪)하는 제사
* 〈건상〉: 《시경》에 실린, 자유분방한 여인의 마음을 읊은 노래
* 〈상서〉: 《시경》에 실린, 예의를 모르는 사람을 풍자한 노래

📖 독해 공식
❶ 중심인물: 양생, '여인'
시간적 배경: '새벽', '아침', '이튿날'
공간적 배경: '절'(만복사), '풀숲', 개녕동, '길가', '절'(보련사)
❷ 중심 사건: 여인이 양생에게 절에 가서 부모님께 인사를 드리자고 부탁함. 양생은 여인이 이승 사람이 아님을 알게 됨. 양생은 여인이 죽은 사람이라는 말을 듣고도 여인을 기쁘게 맞이함. 여인이 양생과 사랑을 나누는 것은 법도에 어긋난다고 말하며 떠남.
갈등: 이승에서 양생과 함께하고 싶지만 다시 저승으로 가야 하는 여인의 내적 갈등
❸ 서술상 특징
• 서술자: 3인칭 서술자, 시점: 전지적 작가 시점
• 전기적(비현실적) 요소가 나타나고 있음.
• 시를 삽입하여 인물 간의 대화를 대신하고 있음.

■ 내용: 이 작품은 생사를 초월한 남녀 간의 애절한 사랑을 다룬 전기소설이다. '이승 사람과 저승 영혼의 만남 – 사랑 – 이별 – 이승 사람의 탈속'의 구조로 되어 있으며, 그 밑바탕에는 불교 사상이 깔려 있다. 즉, 자신의 외로운 처지를 한탄하며 배필을 달라고 부처께 간절히 기도하는 발원 사상, 죽은 사람의 명복을 빌며 재를 올리는 의식, 전생과 현생이 이어진다는 윤회 사상 등이 담겨 있다.

■ 인물 관계도

양생	♥	여인
• 외롭게 지내다 부처에게 배필을 달라고 소원을 빎. • 여인과 생사를 초월한 사랑을 나눔.		• 왜구로 인해 목숨을 잃음. • 진정한 사랑을 이루고자 환신으로 나타나 양생을 만남.

■ 주제: 생사를 초월한 사랑

■ 이것이 핵심!: 작품에 반영된 가치관

애정 지상주의	이승의 양생과 저승의 여인이 사랑을 나눔. : 진정한 사랑은 생사를 초월한다는 생각이 드러남.
윤회 사상	여인의 전생과 현생이 이어짐. : 불교의 윤회 사상이 반영됨.
운명론적 사고	생사를 초월한 주인공들의 애정 생활이 오랫동안 지속되지 못함. : 운명은 거스를 수 없다는 생각이 드러남.

■ 전체 줄거리: 전라도 남원에 사는 양생은 일찍 부모를 여의고 만복사라는 절에서 방 한 칸을 얻어 외롭게 살고 있었다. 양생은 소원을 비는 날 부처님과 저포 놀이를 하여 이기고 좋은 배필을 달라고 소원을 빈다. 양생이 불좌 밑에 숨어 기다리자 아름다운 여인이 외로운 신세를 한탄하며 배필을 얻게 해 달라고 기원한다. 이를 들은 양생은 여인과 인연을 맺고 행복한 시간을 보낸다. 사흘 뒤 여인은 양생과 헤어지면서 은그릇 하나를 주고 다시 만날 것을 약속한다. 다음 날 양생은 여인을 기다리다 제사를 치르러 가는 여인의 부모를 만나 자신이 죽은 그 집 딸과 인연을 맺었음을 알게 된다. 여인을 다시 만난 양생은 보련사에서 하룻밤을 보내고 여인을 위한 재를 올린 뒤에 영원히 이별을 한다. 양생은 여인을 그리워하며 혼자 지리산에 들어가 살았는데 그 후의 소식을 아는 사람은 없었다.

D 04 정답 ⑤ *사건과 갈등 파악하기

윗글에 대한 이해로 가장 적절한 것은?

> 왜 정답?

⑤ 양생은 이별의 날에야 여인이 장례 후 저승으로 간다는 사실을 알았다.
　　　　　　　　　여인의 장례날에 헤어짐.

*근거: ③-⓯, ⓰

여인의 대상(2년 상을 마치고 탈상하는 제사)을 하는 날에 여인은 양생에게 '이승과 저승의 경계는 넘을 수 없'으며 '이별할 때가 되'었다고 말하며 떠났다. 즉, 양생은 여인과 헤어지는 날에 여인이 저승으로 간다는 사실을 알게 된 것이다.

> **왜 오답?**

① ~~여인은 양생의 아내가 되어 함께 살다가 죽음을 맞이했다.~~
'평생 아내의 도리를 다하고 싶었'으나 '정해진 운명은 피할 수 없'다 하며 떠남.

*근거: ③-⓯, ⓰

여인은 양생에게 '서방님의 아내가 되어 ~ 평생 아내의 도리를 다하고 싶었'지만 '정해진 운명은 피할 수 없고, 이승과 저승의 경계는 넘을 수 없'다고 말하며 떠났다. 즉, 여인은 양생과 잠시 인연을 맺었을 뿐 양생의 아내가 되어 함께 살지는 않았다.

② ~~여인은 양생에게 자신의 거처를 소개하는 것이 부끄러웠다.~~
'혼자 사는 여자가 사는 곳이 본래 이렇'다며 아무렇지 않게 답함.

*근거: ①-⓯~⓴

양생은 여인이 '사람들 다니는 길이 아'닌 곳으로 이끌자 '어찌 이런 곳에 사시오?'라고 물었다. 이에 여인은 '혼자 사는 여자가 사는 곳이 본래 이렇지요, 뭐.'라고 답한 후 '우스갯소리를 건넸다'고 했다. 즉, 여인은 자신의 거처를 소개하는 것을 부끄러워하지 않았다.

③ ~~부모는 양생을 만나기 위해 일행을 이끌고 보련사로 향했다.~~
'하인 하나가' 양생을 우연히 발견함.

*근거: ②-❷~❹

여인의 부모가 여인의 대상을 위해 일행과 보련사로 가던 길에, 여인과 '함께 묻은 물건을' 가진 양생을 하인 하나가 우연히 발견했다. 즉, 여인의 부모는 양생을 만나기 위해 보련사로 향한 것이 아니다.

④ 양생은 아침 일찍 지나가는 이들의 질문에 ~~마지못해 대답했다.~~
'술에 취해 만복사에 누워 있다가 친구 집에 가는 길'이라고 바로 답함.

*근거: ①-❽~⓭

양생이 여인의 손을 잡고 마을을 지나갈 때 지나가던 이들이 '이렇게 일찍 어딜 가시나?'라고 질문하자, 양생은 '술에 취해 만복사에 누워 있다가 친구 집에 가는 길입니다.'라고 바로 대답했다. 따라서 양생이 지나가는 이들의 질문에 마지못해 대답했다고 볼 수 없다.

〔 **마지못하다**: 마음이 내키지는 아니하지만 사정에 따라서 그렇게 하지 아니할 수 없다.

D 05 정답 ① *〈보기〉를 바탕으로 감상하기

〈보기〉를 참고해 [A]의 역할을 이해한 것으로 가장 적절한 것은?

- 〈보기〉: 애정 전기 소설에 삽입된 한시는 분위기 조성, 감정 전달 등 다양한 서사적 기능을 담당합니다.
- [A]: 여인과 양생이 한시를 주고받는 대목입니다.
- 📕 작품에 삽입된 한시가 서사적으로 어떠한 기능을 하는지 적절하게 파악한 것을 고르는 문제입니다.

┌─────────────[보기]─────────────┐

❶애정 전기(傳奇) 소설은 서사와 서정의 교직(交織)이 다른 갈래보다 더 두드러진다. ❷작품에 한시(漢詩)가 다수 등장하는데, 이때 한시는 여러 서사적 기능을 담당한다. ❸ 분위기 조성, 감정 전달, 사상 전달, 대상 묘사는 물론, 등장인물 간 대화를 대신하거나 남
작품 속 한시의 서사적 기능
녀 간 만남의 매개 역할을 한다.

전기 소설: 중국 당나라 때 발생한 문어체 소설. 대체로 귀신과 인연을 맺거나 용궁에 가 보는 것과 같은 기괴하고 신기한 일을 내용으로 한다.
교직: 어떠한 현상이나 사건, 생각 따위를 번갈아 나타냄.

└─────────────────────────────┘

> **왜 정답?**

① 등장인물 간 대화를 대신하고 있다.
여인과 양생이 한시로 우스갯소리를 주고받음.

*근거: ①-㉑~㉙

여인은 우스갯소리로 '아침저녁으로 다니고 싶건만 / 옷자락 적실까 나설 수 없네'라는 한시를 건넸다. 이는 조심스럽게 양생을 만나고 있다는 뜻으로, 자신의 정숙함을 표현한 것이다. 이에 양생은 '노나라 길 확 트여 / 문강이 쏜살같이 달려가네'라는 한시로 답했다. 이는 여인이 그렇게 정숙한 것은 아니라고 장난스럽게 표현한 것이다. 즉, 여인과 양생이 주고받은 한시는 이들의 대화를 대신하는 역할을 하고 있다.

> **왜 오답?**

② ~~남녀 주인공의 감정을 위로하고 있다.~~
장난으로 한시를 주고받음.

*근거: ①-⓴, ㉔

여인은 '우스갯소리로' 한시를 건넸으며, 양생 역시 '장난으로' 한시를 읊었다고 했으므로 감정을 위로한다는 설명은 적절하지 않다.

③ ~~남녀 주인공의 첫 만남을 매개하고 있다.~~
첫 만남 후에 한시를 주고받음.

*근거: [앞부분 줄거리]

여인과 양생은 '절에서 하룻밤을 보낸' 다음 날에 함께 길을 나서며 한시를 주고받았으므로 첫 만남을 매개한다는 설명은 적절하지 않다.

〔 **매개하다**: 둘 사이에서 양편의 관계를 맺어 주다.

④ ~~경물을 묘사하여 사건의 결말을 암시하고 있다.~~
나타나지 않음.

[A]에서는 계절에 따라 달라지는 경치를 묘사한 부분도, 사건의 결말을 암시하는 부분도 나타나지 않는다.

〔 **경물**: 계절에 따라 달라지는 경치

⑤ ~~이별의 슬픔을 표현하여 주제 의식을 드러내고 있다.~~
여인의 정숙함에 관한 내용을 장난스럽게 표현함.

*근거: ①-⓴, ㉔

여인과 양생이 주고받은 한시는 여인의 정숙함에 관한 내용으로, 여인은 '우스갯소리'로 한시를 건넸으며 양생 역시 '장난으로' 한시를 읊었다고 했으므로 이별의 슬픔을 표현했다는 설명은 적절하지 않다.

D 06 정답 ② *인물의 심리와 태도 파악하기

윗글의 등장인물에 대한 이해로 적절하지 <u>않은</u> 것은?

> **왜 정답?**

② 여인의 부모가 양생이 딸과 함께 절로 와 주기를 청한 것으로 보아 ~~그들은 딸이 살아 돌아오기를 소망~~하고 있다.
양생이 딸과의 약속을 지켜 주길 바라는 마음임.

*근거: ②-⓫

여인의 부모는 양생이 딸과 약속했던 일을 들은 후 '청컨대 딸아이와 약속했던 대로 여기서 기다렸다가 함께 절로 와 주셨으면 하오.'라고 부탁했다. 이는 딸의 뜻대로 상황이 이루어지기를 바라는 마음에서 양생에게 부탁한 것이지, 딸이 살아 돌아오기를 소망하여 양생에게 딸과 함께 절로 와 달라고 부탁한 것이라고 볼 수 없다.

> **왜 오답?**

① 양생이 혼자 살며 부처와 저포 놀이까지 한 것으로 보아 양생의 외로움은 여인과 만나기 위한 필요조건이다.
외로운 양생은 좋은 배필을 달라는 소원을 빌어 여인을 만남.

*근거: [앞부분 줄거리]

'부모를 여의고' 외롭게 지내던 양생은 '좋은 배필을 달라고 소원을 빌며 부처와 저포 놀이'를 하고, 시합을 이겨 여인을 만나게 된다.

즉, 양생은 외로웠기 때문에 좋은 배필을 달라는 소원을 빌었고 이로 인해 여인을 만난 것이다. 따라서 양생의 외로움은 여인을 만나기 위한 필요조건으로 볼 수 있다.

> **필요조건:** 어떤 명제가 성립하는 데 필요한 조건. 명제 'A이면 B이다.'가 성립할 때, A에 대하여 B를 이르는 말이다.

③ 여인의 부모는 수저 소리를 듣고 양생을 믿게 되어 그에게 장막에 머물 것을 권했다.
여인이 밥을 먹는 소리가 들려 양생의 눈에 여인이 보인다는 것을 믿게 됨.

＊근거: ③-❼~❶❷

'오직 양생의 눈에만 여인이 보였기 때문'에 사람들은 양생의 눈에 여인이 보인다는 말을 믿지 않았다. 양생이 '음식을 함께' 먹자는 여인의 말을 전하자 여인의 부모는 '시험해 볼 생각으로 그렇게 해 보라고' 했다. 그 후 '수저 소리'가 들리자 부모는 여인이 보인다는 양생의 말을 믿게 되어 양생에게 '장막에서 함께 자라고 권유'한 것이다.

④ 여인이 어릴 적부터 《시경》과 《서경》을 읽었다는 것으로 보아 여인은 명문가 규수로서 소양을 갖춘 인물이다.
유교 경전을 읽어 '예의범절'을 알고 있음.

＊근거: ③-❶❺

《시경》과 《서경》은 유교 경전으로, 여인은 이를 읽어 '예의범절을 조금은 알고 있다'고 했다. 즉, 여인은 명문가의 규수로서 유교적 예의범절에 관한 소양을 갖추었다고 볼 수 있다.

> **규수:** 남의 집 처녀를 정중하게 이르는 말
> **소양:** 평소 닦아 놓은 학문이나 지식

⑤ 이승과 저승의 경계를 넘을 수 없어 저승으로 가야 한다는 것으로 보아 여인은 운명론적 세계관을 지니고 있다.
'정해진 운명은 피할 수 없다'고 말함.

＊근거: ③-❶❺

여인은 '정해진 운명은 피할 수 없고, 이승과 저승의 경계는 넘을 수 없다'고 말했다. 이는 자신이 저승의 존재이므로 이승에 남지 못하고 저승으로 갈 수밖에 없다는 뜻으로, 여인이 운명론적 세계관을 지니고 있음을 드러낸다.

> **운명론:** 모든 일은 미리 정하여진 필연적인 법칙에 따라 일어나므로 인간의 의지로는 바꿀 수 없다는 이론

D 07 정답 ③ ＊서술상 특징 파악하기

㉠~㉤에 대해 설명한 내용으로 가장 적절한 것은?

- ㉠: ㉠은 여인의 집으로 가는 길에 지나간 마을의 모습입니다.
- ㉡: ㉡은 여인의 집 주변의 모습입니다.
- ㉢: ㉢은 여인이 양생에게 은그릇을 주는 부분입니다.
- ㉣: ㉣은 양생이 여인의 물건을 훔쳐서 갖고 있다는 하인의 말입니다.
- ㉤: ㉤은 여인이 양생과 약속한 시간에 나타나는 부분입니다.

즉 ㉠~㉤에 드러난 서술상 특징으로 적절한 것을 고르는 문제입니다.

> **왜 정답?**

③ ㉢은 소재를 활용하여 이어지는 사건 전개의 필연성을 강화하고 있다.
'은그릇'을 통해 여인의 부모와 양생이 만나게 됨.

＊근거: ①-❸❹, ❸❺, ②-❶~❾

㉢에서 여인은 양생에게 '은그릇'을 건네며 '길가에서 기다리고' 있다가 '부모님께 인사를 드리자고' 한다. 이에 양생은 '여인의 말대로 은그릇을 들고 길가에서 기다'린다. 그러자 여인의 집안 하인이 '은그릇'이 여인의 물건임을 알아보고, 이로 인해 여인의 부모와 양생이 만나게 된다. 즉, '은그릇'은 여인의 부모와 양생을 만나게 하는 매개체 역할을 하며 사건 전개의 필연성을 강화한다.

> **필연성:** 사물의 관련이나 일의 결과가 반드시 그렇게 될 수밖에 없는 요소나 성질

> **왜 오답?**

① ㉠은 사건을 이해하는 데 필요한 대상의 특징을 묘사하고 있다.
사건을 이해하는 데 필요한 내용이 아님.

＊근거: ①-❾

㉠은 양생과 여인이 지나는 마을의 모습을 묘사한 부분으로, 이 마을의 모습이 사건을 이해하는 데 필요한 내용이라고 볼 수는 없다.

② ㉡은 공간 묘사를 통해 여인이 처하게 되는 위기 상황을 나타내고 있다.
신비스러운 분위기를 형성함.

＊근거: ①-❸❶

㉡은 여인의 집이 있는 공간의 모습을 묘사한 부분이다. 그러나 윗글에서 여인이 위기에 처하는 상황은 드러나지 않으므로, 여인이 처하는 위기 상황을 나타낸다는 설명은 적절하지 않다. ㉡에 드러나는 공간의 신비로운 분위기는 여인이 이승의 사람이 아님을 암시한다고 볼 수 있다.

④ ㉣은 하인의 말을 통해 양생의 비범한 능력을 부각하고 있다.
양생에 대한 의심을 나타냄.

＊근거: ②-❹

㉣은 양생이 여인과 함께 묻은 물건인 은그릇을 훔쳤다고 생각한 하인의 말이다. 즉, 이는 양생을 도둑으로 의심하는 말이지, 양생의 비범한 능력을 부각하고 있지는 않다.

> **비범하다:** 보통 수준보다 훨씬 뛰어나다.

⑤ ㉤은 등장인물이 이승의 존재가 아님을 직설적으로 드러내고 있다.
㉤의 등장 모습으로는 여인이 이승의 존재가 아니라는 점을 알 수 없음.

＊근거: ③-❷

㉤은 여인이 양생과 약속한 시간에 나타났다는 내용일 뿐, ㉤만으로는 여인이 이승의 존재가 아니라는 것을 알 수 없다.

D 08 정답 ④ ＊사건과 갈등 파악하기

[B]를 참고해 윗글을 이해한 것으로 적절하지 않은 것은? [3점]

- **[B]:** 여인이 인간 세상에서 귀신으로 떠돌며 양생과 사랑을 이어나가는 것은 법도에 어긋난다고 생각해 주어진 운명에 따라 이별해야 한다고 말하는 부분입니다.

즉 [B]에 드러나는 여인의 가치관을 참고하여 윗글을 이해한 내용 중 틀린 것을 고르는 문제입니다.

> **왜 정답?**

④ 여인이 규범을 어기면서까지 양생과의 결연을 시도한 것은 현실 세계에서의 고달픈 삶을 긍정하는 민중 의식을 보여 준다.
저승의 존재로 외롭게 지내는 것을 그만두고 싶었기 때문임.

＊근거: ③-❶❺

여인은 자신이 '규범을 어겼다'는 것을 잘 알고 있지만 '오랜 세월 쑥대밭 너른 들판에 버려진 채 살다 보니 마음속에 있던 정이 한번 일어나자 끝내 다잡을 수 없었'다고 했다. 즉, 여인은 저승의 존재로 외롭게 지내는 것을 그만두고 싶어 이승 사람과 사랑을 맺어서는 안 된다는 규범을 어기면서까지 결연을 시도한 것이다. 현실 세계에서의 고달픈 삶을 긍정하는 것과는 관련이 없다.

> **규범:** 인간이 행동하거나 판단할 때에 마땅히 따르고 지켜야 할 가치 판단의 기준
> **결연:** 인연을 맺음. 또는 그런 관계

> **왜 오답?**

① 명혼(冥婚) 이야기를 통해 결핍 상태인 현실 세계에서 벗어나고픈 남녀 주인공의 욕망을 형상화하고 있다.
외로움에서 벗어나고자 함.

＊근거: [앞부분 줄거리], ③-❶❺

'부모를 여의고 만복사에서 외롭게 지'내던 양생은 '좋은 배필을 달라고 소원을 빌'어 여인을 만나게 되었고, 여인은 '오랜 세월 쑥대밭 너른 들판에 버려진' 영혼으로 살다가 '기구한 일생을 한탄하던 중에' 양생을 만나게 되었다. 즉, 양생과 여인은 외로움을 겪는 결핍 상태에서 벗어나고 싶어 하던 중에 인연을 맺게 된 것이다. 따라서 이승의 양생과 저승의 여인이 만나는 명혼 이야기는 결핍 상태를 벗어나고픈 욕망을 형상화한 것으로 볼 수 있다.

> **명혼:** 생전에 부부가 되지 못하고 죽은 남녀를 함께 묻어 인연을 맺게 함. 또는 그런 의식 **결핍:** 있어야 할 것이 없어지거나 모자람.
> **형상화하다:** 형체로는 분명히 나타나 있지 않은 것을 어떤 방법이나 매체를 통하여 구체적이고 명확한 형상으로 나타내다.

② 양생이 간절히 바라던 배필이 귀신이었다는 사실은 <u>양생의 고독이 이 세상에서 해소될 수 없음</u>을 의미한다.
이별할 수밖에 없는 운명임.

＊근거: ③-⑮, ⑯

여인은 양생에게 '정해진 운명은 피할 수 없고, 이승과 저승의 경계는 넘을 수 없'다며 떠나간다. 이를 통해 이승의 존재인 양생과 저승의 존재인 여인은 헤어질 수밖에 없다는 것이 드러난다. 즉, 양생의 배필인 여인이 귀신이었다는 사실은 양생의 고독이 해소될 수 없음을 의미한다고 볼 수 있다.

> **해소되다:** 어려운 일이나 문제가 되는 상태가 해결되어 없어지다.

③ 인간적 욕망으로 원통한 죽음을 넘어서고자 하나 실현하지 못하는 데에서 <u>비극적 아이러니</u>를 드러내고 있다.
귀신인 여인이 양생과 맺어지고자 했지만 이루어지지 못함.

＊근거: ③-⑮, ⑯

귀신인 여인은 양생과 맺어져 '평생 아내의 도리를 다하'며 사랑의 욕망을 이루고자 했지만 '이승과 저승의 경계는 넘을 수 없'다는 것을 깨닫고 양생과 이별한다. 이는 인간적 욕망으로 원통한 죽음을 넘어서고자 했던 여인의 모순적 의도가 결국 실현되지 못한 비극적 아이러니로 볼 수 있다.

> **원통하다:** 분하고 억울하다.
> **아이러니:** 예상 밖의 결과가 빚은 모순이나 부조화

⑤ 양생과 죽은 여인 간에 삼세의 인연이 맺어진 것은 배필을 원했던 여인의 발원이 부처의 도움으로 이루어졌음을 의미한다.
절에서 소원을 빌고 한탄하던 중에 삼세의 인연을 이루게 됨.

＊근거: ③-⑮

여인은 '절에서 소원을 빌고 불전에 향을 사르며 제 기구한 인생을 한탄하던 중에 문득 삼세의 인연을 이루게 되었다'고 했다. 즉, 죽은 여인이 양생과 인연을 맺은 것은 배필을 원한다고 부처에게 빌었던 여인의 소원이 이루어진 것으로 볼 수 있다.

> **발원:** 신이나 부처에게 소원을 빎. 또는 그 소원

D 09~11 ＊작자 미상, 〈운영전〉

[예상 문제]

❶ 중심인물, 배경 ❷ 중심 사건, 갈등 ❸ 서술상 특징

[앞부분의 줄거리] [유영은 수성궁에 놀러 갔다가 운영과 김 진사를 만나 그들의 사랑 이야기를 듣게 된다.]❶ ❸ <u>액자식 구성(이야기 속에 또 다른 하나 이상의 이야기가 들어 있는 구성)</u> 13세에 입궁한 운영은 우연히 안평대군＊을 찾아온 김 진사에게 반하여 둘은 서로 편지를 주고받으며 연정을 나눈다. 하지만 곧 안평대군에게 의심을 사게 되어 운영은 탈출을 계획하고 김 진사의 사내 종 특(特)을 통하여 그의 가보와 집기들을 모두 궁 밖으로 옮기게 한다. 그 뒤 그 재보(財寶)는 특의 계략에 의하여 모두 빼앗기게 된다. 뒤늦게 이 사실을 안 안평대군은 대로하여 궁녀들을 불러 문초하기에 이른다.

> **재보:** 보배롭고 귀중한 재물
> **문초하다:** 죄나 잘못을 따져 묻거나 심문하다.

┌ 내화: 운영이 자신과 김 진사의 사연을 이야기하는 상황

1 ❶ 이 말이 전파되어 궁인이 대군께 고하니, 대군이 대로하여 남궁인으로 하여금 서궁을 찾아보게 한즉 저의 의복과 보화가 전부 없어졌으므로, 대군이 서궁 궁녀 다섯 사람을 뜰에 불러 놓고, 형장을 엄하게 차려 놓고 영을 내리기를,
❶ 중심인물: 안평대군 ❶ 공간적 배경: 수성궁

❷ "이 다섯 사람을 죽여서 다른 사람을 징계하라!"

❸ 하시고는 집장 한 사람에게,

❹ "장수를 헤아리지 말고 죽을 때까지 치렷다!"
❺ 「 」: 갈등 - 궁녀들을 벌하려는 대군과 사정을 호소하는 궁녀들의 외적 갈등
이에 다섯 사람이 호소하였습니다.

❻ "바라건대 한 번 말이나 하고 죽겠나이다."」

❼ 하고 은섬이 초사를 올리니, 대군이 보기를 마치고 나시더니 또 한 번
서궁 궁녀 1
초사를 다시 펴고 보시는데, 노여움이 좀 풀리는 것 같으므로 소옥이
서궁 궁녀 2
엎드려 울면서 아뢰었습니다.

❽ "전날 빨래하러 갈 때에 성 안으로 가지 말자고 한 것은 저의 의견이었으나, 자란이 밤에 남궁으로 와서 매우 간절히 청하기에 제가
서궁 궁녀 3 ❶ 운영의 훼
그 뜻을 안타까이 여겨 군의를 물리치고 따랐사옵니다. <u>운영의 훼</u>
<u>절은 그 죄가 저의 몸에 있사옵고 운영에게 있지 아니하오니 저의</u>
운영의 죄를 대신하려는 소옥
<u>몸으로써 운영의 목숨을 이어 주옵소서.</u>"
운영

❾ 이에 대군의 노여움이 좀 풀려져서 <u>저를 별당에다 가두고 다른 궁</u>
❶ 시간적 배경 ❶ 공간적 배경 ❸ 서술자: '운영', 시점: 1인칭 주인공 시점
<u>녀들은 다 돌려보냈는데, 그날 밤 저는 비단 수건으로 목매어 죽었습</u>
니다.
❷ 중심 사건: 수성궁을 탈출하지 못한 운영이 목숨을 끊음.

> **전파되다:** 전하여져 널리 퍼뜨려지다.
> **궁인:** 궁궐 안에서 왕과 왕비를 가까이 모시는 내명부를 통틀어 이르던 말
> **대로하다:** 크게 화를 내다.
> **보화:** 썩 드물고 귀한 가치가 있는 보배로운 물건
> **형장:** 예전에, 죄인을 신문할 때에 쓰던 몽둥이
> **영:** 윗사람이나 상위 조직이 아랫사람이나 하위 조직에 무엇을 하게 함.(= 명령)
> **집장:** 곤장을 잡음. 또는 그런 사람
> **초사:** 조선 시대에, 죄인이 자기의 범죄 사실을 진술하던 말
> **군의:** 임금에 대한 의리
> **훼절:** 절개나 지조를 깨뜨림.

＊1 요약: 대군이 다섯 궁녀를 문초하고 운영이 목숨을 끊음.

┌ 외화: 유영이 꿈속에서 운영과 진사의 이야기를 듣는 상황

2 ❶ 진사는 붓을 잡아 기록하고 운영은 옛일을 당겨서 이야기하는데
❶ 중심인물: 김 진사 ❷
매우 자상하였다. <u>두 사람은 마주보고 슬픔을 스스로 억제하지 못하다</u>
❸ 서술자: 3인칭 서술자, 시점: 전지적 작가 시점
가, 운영이 진사보고 말하였다.

❸ "이로부터 다음 이야기는 낭군님께서 하옵소서."

❸ 이에 진사는 이야기를 하기 시작하였다.

＊2 요약: 운영에 이어 진사가 과거의 이야기를 함.

┌ 내화: 김 진사가 운영이 죽은 이후의 일을 이야기하는 상황 → ❸ 서술자와 시점의 변화

3 ❶ 운영이 자결한 후 모든 궁인들이 통곡하지 않는 사람이 없어 부모
❶ 시간적 배경 ❷ 진사
가 돌아간 것과 같이 했습니다. <u>저는 공불의 약속을 저버릴 수 없어 구</u>
❸ 서술자: '진사', 시점: 1인칭 주인공 시점
<u>천의 영혼을 위로해 주고자 그 금팔찌와 보경을 다 팔아 사십 석을 사</u>
죽은 운영
서 청녕사로 보내어 재를 올리고자 하나 믿을 만한 사람이 없어 특을
❶ 중심인물
불러 전일의 죄를 사하고,

❸ "내 운영을 위해 초례를 베풀고 불공을 드려 발원을 빌고자 하니 네가 가지 않겠느냐?"

④ 특이 즉시 절로 가서 삼 일을 궁둥이를 두드리면서 누워 놀다가, 지나가는 마을 여인을 강제로 끌고 들어와 승당에서 수십 일을 지내고도 재를 올리지 않으므로 _{특이 진사의 부탁을 저버림.} 중들이 분히 여겨 재를 올리라고 하매, 특이 마지못하여,

⑤ "진사는 오늘 빨리 죽고 운영은 다시 살아나 특의 짝이 되게 하여 주소서."

⑥ 이와 같이 삼 일을 밤낮으로 발원하는 말이 오직 이것뿐이었답니다. ⑦ 그리고 나서 「특이 돌아와서 하는 말이,

「 」: ❷ 중심 사건 – 특이 불공을 드렸다고 진사에게 거짓으로 고함.

⑧ "운영 아씨는 반드시 살 길을 얻을 것입니다. 재를 올리던 그날 밤 저의 꿈에 나타나서 정성껏 발원해 주니 감사한 마음 이루 다할 수 없다고 하면서 절하고 울었으며, 중들의 꿈도 또한 같았다고 합니다.」"

⑨ 하기에 저는 그 말을 믿고 있었지요.

⑩ 저는 독서하고자 청녕사에 며칠 묵는 동안 중들로부터 특이 한 일 _{❶ 공간적 배경 불공을 드리지 않고 진사를 기만함.}을 자세히 듣고는 분함을 이기지 못하여 목욕재계하고 부처님 앞에 나아가 절을 하고 향불을 사르면서 합장하고 빌었습니다. ⑪ 그랬더니 칠일 만에 특이 우물에 빠져 죽었습니다. _{진사의 발원이 이루어짐.}

⑫ 이러한 후로부터 저는 세상 일에 뜻이 없어 새 옷을 갈아입고 고요 _{❶ 시간적 배경}한 곳에 누워 나흘을 먹지 않고 한 번 깊이 탄식하고는 다시 일어나지 못할 몸이 되고 말았습니다. _{❷ 중심 사건: 진사가 자신을 기만한 특을 벌한 후 죽음.}

- **자결하다**: 의분을 참지 못하거나 지조를 지키기 위해 스스로 목숨을 끊다.
- **공불**: 부처에게 공양함.
- **구천**: 땅속 깊은 밑바닥이란 뜻으로, 죽은 뒤에 넋이 돌아가는 곳을 이르는 말.
- **보경**: 보배롭고 귀중한 거울.
- **재**: 성대한 불공이나 죽은 이가 천상에 나도록 기원하는 법회.
- **전일**: 일정한 날을 기준으로 한 바로 앞 날.
- **불공**: 부처 앞에 공양을 드림. 또는 그런 일.
- **발원**: 신이나 부처에게 소원을 빎. 또는 그 소원.
- **승당**: 절에서, 승려가 도를 닦으며 기거하는 집.
- **목욕재계**: 부정을 타지 않도록 깨끗이 목욕하고 몸가짐을 가다듬는 일.
- **향불**: 향을 태우는 불.
- **합장하다**: 두 손바닥을 합하여 마음이 한결같음을 나타내다.

＊③ 요약: 운영을 위해 재를 올리려던 진사가 자신을 기만한 특을 벌한 후 죽음.

＊안평대군: 조선 세종의 셋째 아들(1418~1453)

⭐ 독해 공식
❶ **중심인물**: 운영, '진사(김 진사)', 특, '대군(안평대군)' 등
시간적 배경: '그날 밤', '운영이 자결한 후', '이러한 후' 등
공간적 배경: '뜰(수성궁)', '별당', 청녕사 등
❷ **중심 사건**: 수성궁을 탈출하지 못한 운영이 목숨을 끊음. 특이 불공을 드렸다고 진사에게 거짓으로 고함. 진사가 자신을 기만한 특을 벌한 후 죽음.
갈등: 궁녀들을 벌하려는 대군과 사정을 호소하는 궁녀들의 외적 갈등
❸ **서술상 특징**
• 내화 – 서술자: '운영', '진사', 시점: 1인칭 주인공 시점
  외화 – 서술자: 3인칭 서술자, 시점: 전지적 작가 시점
• 액자식 구성(이야기 속에 또 다른 하나 이상의 이야기가 들어 있는 구성)을 바탕으로 사건이 전개되고 있음.
• 작품 내에서 서술자와 시점이 변하고 있음.

■ **내용**: 이 작품은 궁녀와 선비의 비극적 사랑을 그린 고전소설이다. 대부분의 몽유록계 소설은 주인공이 현실과 꿈속에서 이야기를 이끌어 나가지만, 〈운영전〉의 경우 현실에서는 유영이 주인공이지만 꿈속에서는 운영과 김 진사가 주인공으로서 이야기를 이끌어 나가고 있다.

■ **인물 관계도**

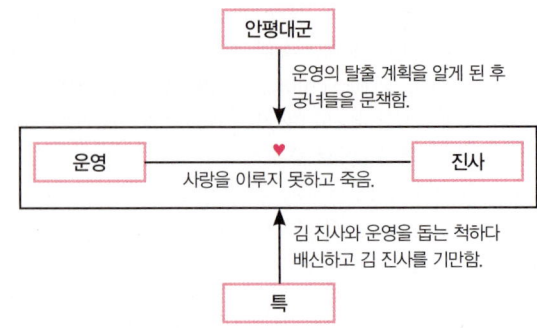

■ **주제**: 남녀 간의 지고지순한 사랑

■ **이것이 핵심!**: 이야기의 구성

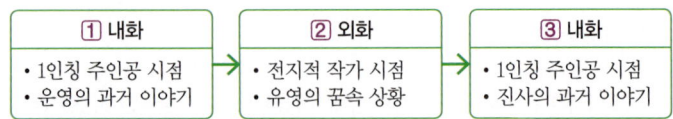

1 내화	2 외화	3 내화
• 1인칭 주인공 시점 • 운영의 과거 이야기	• 전지적 작가 시점 • 유영의 꿈속 상황	• 1인칭 주인공 시점 • 진사의 과거 이야기

■ **전체 줄거리**: 선비 유영은 안평대군의 거처인 수성궁에 놀러 갔다가 취몽 중에 운영과 김 진사를 만나 그들의 슬픈 사랑 이야기를 듣는다. 안평대군의 궁녀인 운영과 김 진사는 우연히 만나 사랑하는 사이가 되고 편지로 마음을 주고받는다. 안평대군이 운영과 김 진사의 사이를 의심하게 되어 더는 만날 수 없게 되자 두 사람은 함께 도망치려 한다. 이를 알게 된 안평대군이 궁녀들을 문책하자 운영이 자결하고 김 진사도 뒤따라 죽는다. 유영이 깨어 보니 운영과 김 진사의 일을 기록한 책만 남아 있었다.

D 09 정답 ① ＊서술상 특징 파악하기

윗글의 서술상 특징으로 적절한 것을 〈보기〉에서 바르게 골라 묶은 것은?

왜 정답?

ㄱ. 이야기의 주인공이 서술자가 되어 과거의 일을 회상하고 있다.
_{주인공 '운영'과 '진사'가 과거에 있었던 일을 이야기함.}

1에서는 운영이 서술자가 되어 대군에게 문초를 당하고 자결했던 과거의 이야기를 회상하고, 3에서는 진사가 서술자가 되어 특에게 기만당하고 그를 벌한 후 스스로 죽음에 이른 과거의 이야기를 회상하고 있다.

ㄴ. 이야기가 진행되는 과정에서 서술자가 바뀌어 시점이 변화하였다.
_{서술자가 '운영' → '3인칭 서술자' → '진사'로 바뀜.}

1은 서술자가 운영으로, 운영이 자신의 이야기를 전하는 1인칭 주인공 시점으로 전개된다. 2는 서술자가 3인칭 서술자로, 작품 밖의 서술자가 인물들의 이야기를 전하는 전지적 작가 시점으로 전개된다. 3은 서술자가 진사로, 진사가 자신의 이야기를 전하는 1인칭 주인공 시점으로 전개된다. 즉, 윗글은 이야기가 진행되면서 서술자가 바뀌며 시점이 변하고 있다.

왜 오답?

ㄷ. ~~'현실 – 꿈 – 현실'의 환몽 구조를 통해 독자에게 유교적 깨달음~~
_{현실에서 꿈, 꿈에서 현실로 이동하지는 않음.} ~~을 주고 있다.~~

윗글은 유영의 꿈속에서 전개되는 이야기이지만, 1~3에서 현실에서 꿈으로, 꿈에서 현실로 이동하는 구조는 나타나지 않는다. 또한 환몽 구조는 주인공이 꿈을 통해 새로운 삶을 경험한 뒤 깨달음을 얻는 구조로, 윗글에서는 유영이 꿈을 통해 깨달음을 얻고 있지 않으므로 환몽 구조로 볼 수 없다.

환몽 구조: 주인공이 꿈을 꾸는 과정을 거쳐 꿈속에서 다른 인물로 태어나 새로운 삶을 경험한 뒤에 다시 꿈에서 깨는 과정을 거쳐 심오한 깨달음을 얻게 된다는 서사 구조

ㄹ. **똑같은 사건에 대하여 관점이 다른 두 사람의 설명을 제시하**
'운영'과 '진사'는 각자 자신이 죽음에 이르게 된 사건에 대해 말함.
고 있다.

①에서 운영은 자신이 죽음에 이르게 되기까지의 이야기를, ③에서 진사는 자신이 죽음에 이르게 되기까지의 이야기를 전하고 있다. 즉, 운영과 진사는 각자 자신이 죽음에 이르게 된 사건에 대해 말하고 있으므로, 똑같은 사건에 대하여 관점이 다른 두 사람의 설명이 제시되고 있다고 볼 수 없다.

D 10 정답 ②   *인물의 심리와 태도 파악하기

윗글에 대한 학생들의 감상으로 적절하지 <u>않은</u> 것은?

> **왜** 정답 **?**

② ~~주어진 상황에 대하여 적극적으로 대처하는~~ 운영과 김 진사의
운영과 진사 모두 갈등 상황에서 스스로 죽음을 맞음.
모습을 볼 때, 현대를 사는 우리들도 배울 점이 많다고 생각해.

*근거: ①-❾, ③-⓬
운영은 대군에게 탈출 계획이 발각되자 '비단 수건으로 목매어 죽'는 선택을 한다. 진사 또한 운영의 죽음 후 '세상 일에 뜻'을 잃고 '나흘을 먹지 않고' 죽음에 이른다. 즉, 운영과 진사는 현실의 장애에 부딪혀 자신들의 사랑을 이루지 못하고 죽음을 택한 것이다. 이를 운영과 진사가 사랑을 이루기 위해 주어진 상황에 적극적으로 대처한 것으로 보기는 어렵다.

> **왜** 오답 **?**

① 친구를 위해 자신의 목숨까지 대신 내줄 각오를 했던 소옥을
자신의 목숨을 바쳐 운영의 죄를 대신하려 함.
보니, 나도 친구와의 우정을 더욱 소중히 생각하게 되었어.

*근거: ①-❽
소옥은 대군에게 문초를 당하는 위험한 상황에서 '운영의 훼절은 그 죄가 저의 몸에 있사옵고 운영에게 있지 아니하오니 저의 몸으로써 운영의 목숨을 이어 주옵소서'라며 운영을 위해 자신의 목숨을 내놓으려 하고 있다. 이를 보며 친구와의 우정의 소중함을 떠올릴 수 있다.

③ 운영과 김 진사의 경우처럼 이루어질 수 없는 사랑에 대한 이야
두 사람이 사랑을 이루지 못하고 죽음.
기는 예나 지금이나 사람들의 흥미를 유발하는 주제라고 생각해.

*근거: ①-❾, ③-⓬
궁녀인 운영과 선비인 진사는 신분이라는 현실적 장애에 부딪혀 사랑을 이루지 못하고 죽음에 이른다. 이와 같은 이루어질 수 없는 사랑 이야기는 옛날이나 오늘날에 사람들의 흥미를 유발하는 주제라는 생각을 떠올릴 수 있다.

④ 사랑을 위해 죽음을 선택한 운영의 모습을 보니, 인간의 감정
진사와의 사랑을 지키기 위해 자결함.
은 아무리 사회적 틀로 가두어 두려고 해도 가둘 수 없는 것임
을 느꼈어.

*근거: ①-❾
궁녀라는 제한된 신분인 운영은 진사와의 사랑을 위해 궁에서 탈출하려다 실패하고 '비단 수건으로 목매어 죽'는 선택을 한다. 이를 보며 인간의 감정을 사회적 틀로 가둘 수 없다고 느낄 수 있다.

⑤ 자신이 모시고 있는 진사를 배신하는 특의 모습을 볼 때, 자신
운영을 위해 불공을 해달라는 진사의 부탁을 저버림.
의 이익을 위해서 사람으로서의 도리를 저버리고 살면 안 되
겠다는 생각이 들어.

*근거: [앞부분의 줄거리], ③-❹, ❺
진사의 종인 특은 운영이 탈출을 계획하며 맡긴 재물을 계략으로 빼앗는 한편, 운영이 죽은 후 운영을 위해 불공을 올려 달라는 진사의 부탁을 받고 절에 가서는 '삼 일을 궁둥이를 두드리면서 누워 놀'고 '진사는 오늘 빨리 죽고 운영은 다시 살아나 특의 짝이 되게 하여 주소서'라고 기도하며 진사의 부탁을 저버린다. 이를 보며 사람으로서의 도리를 저버리고 살면 안 되겠다는 생각을 가질 수 있다.

D 11 정답 ④   *작품 비교하기

윗글과 〈보기〉의 줄거리를 비교한 내용으로 적절하지 <u>않은</u> 것은?

• 윗글: 궁녀 운영과 선비 진사가 사랑을 이루지 못하고 죽음을 맞는 내용입니다.
• 〈보기〉: 성균진사 김생과 회산군의 시녀 영영이 사랑을 이루게 되는 내용입니다.

즉 선비와 궁녀와의 사랑을 다룬 윗글과 〈보기〉를 비교한 내용 중 틀린 것을 고르는 문제입니다.

[보기]

❶명나라 효종 때 성균진사 김생이 있었는데, 어느 날 취중에 한 미인을 만나 사모하게 된다. ❷종인 막동이가 미인이 사는 집 노파와 친하게 되어, 그 미인이 회산군*의 시녀 영영임을 알게 된다.
①의 근거
❸김생의 그리움이 더해지자 노파가 주선하여 영영과 만나게 되고,
②의 근거
그 뒤 김생은 회산군 집에 몰래 들어가 영영과 하룻밤을 동침하고 헤어진다. ❹이들은 만날 길이 없는 가운데 3년이 지났는데, 그리움으로 자결까지 하려던 김생은 과거를 보고 장원급제를 한다.
❺삼일유가(三日遊街)*를 하다 회산군 집에 들어간 김생은 영영과 편지만 주고받는데, 이때 회산군은 죽은 지 3년이 되었다. ❻김생이 영영에 대한 그리움으로 앓아 눕자, <u>회산군 부인의 조카인 친</u>
②의 근거
<u>구가 김생의 사연을 말하여 영영을 보내 주게 하였다.</u> ❼김생은 벼
슬도 사양하고 영영과 여생을 보낸다.
⑤의 근거

– 작자 미상, 〈영영전〉

* 회산군: 조선 성종의 다섯째 아들(1481~1512)
* 삼일유가: 과거에 급제한 사람이 사흘 동안 시험관과 선배 급제자, 친척을 방문하던 일

- -

취중: 술에 취한 동안.
사모하다: 애틋하게 생각하고 그리워하다.
주선하다: 일이 잘되도록 여러 가지 방법으로 힘쓰다.
동침하다: 남녀가 잠자리를 같이하다.
자결: 의분을 참지 못하거나 지조를 지키기 위해 스스로 목숨을 끊음.

> **왜** 정답 **?**

④ 윗글의 '안평대군'은 〈보기〉의 '회산군'과 달리 두 주인공의 사
랑에 직접적으로 ~~개입하지 않고 있다.~~
개입함.

*근거: ①-❶, ❷, ❾
윗글의 안평대군은 운영이 진사와 함께 도망치려 한 것을 알게 되자 운영이 지내던 서궁의 궁녀들을 불러 놓고 '이 다섯 사람을 죽여서 다른 사람을 징계하라'라고 명령하며, 운영을 '별당에다 가두'기도 한다. 이를 통해 안평대군이 운영과 진사의 사랑에 직접 개입하고 있음이 드러난다. 하지만 〈보기〉에서 회산군이 김생과 영영의 사랑에 개입하는 내용은 나타나지 않는다.

> **왜** 오답 **?**

① 윗글과 〈보기〉 모두 조선의 실존 인물이 등장하여 사실감을
윗글 '안평대군', 〈보기〉 '회산군'
부여하고 있다.

*근거: [앞부분의 줄거리], 〈보기〉 ❷
윗글의 '대군'은 안평대군으로, 조선 세종의 셋째 아들이다. 〈보기〉의 '회산군'은 조선 성종의 다섯째 아들이다. 즉, 윗글과 〈보기〉에는 모두 조선 시대의 실존 인물이 등장하고 있다.

② 윗글과 〈보기〉 모두 주인공들의 <u>사랑을 연결해 주려는 보조적</u> <u>인물들이 등장한다.</u>
윗글 '소옥', 〈보기〉 '노파', '회산군 부인의 조카'

*근거: ①-❽, 〈보기〉 ❸, ❻

윗글에서는 소옥이 '운영의 훼절은 그 죄가 저의 몸에 있사옵고 운영에게 있지 아니하오니 저의 몸으로써 운영의 목숨을 이어 주옵소서.'라며 자신의 목숨을 바쳐 운영을 살리려 하고 있다. 〈보기〉에서는 '노파가 주선하여 영영과 김생을 만나게 하고, '회산군 부인의 조카인 친구가 김생의 사연을 말하여 영영을 보내 주게' 한다. 즉, 윗글과 〈보기〉에서 모두 주인공들의 사랑을 연결해 주려는 보조적 인물이 등장하고 있다.

③ 윗글은 〈보기〉와 달리 제3자가 주인공들의 이야기를 전해 듣는 형식을 취하고 있다.
운영과 진사가 제3자에게 이야기를 전함.

*근거: [앞부분의 줄거리], ❷-❸

윗글은 선비 유영이 수성궁에 놀러 갔다가 운영과 김 진사를 만나 그들의 과거에 대해 듣게 된 이야기로, ❷에서 운영이 '이로부터 다음 이야기는 낭군님께서 하옵소서'라고 말하는 것을 통해 운영과 진사가 제3자에게 자신들의 이야기를 들려주고 있다는 것이 드러난다. 하지만 〈보기〉에서는 3인칭 서술자가 이야기를 전달하고 있을 뿐 제3자가 주인공들의 이야기를 전해 듣는 형식은 나타나지 않는다.

⑤ 윗글과 달리 〈보기〉는 고난을 극복하고 <u>행복한 결말을 맺는</u> <u>구조를 가지고 있다.</u>
김생과 영영이 사랑을 이룸.

*근거: ①-❾, ❸-⓬, 〈보기〉 ❼

윗글에서 운영은 탈출에 실패하자 '비단 수건으로 목매어 죽'는 선택을 하고, 진사 또한 운영의 죽음 후 '세상 일에 뜻'을 잃고 '나흘을 먹지 않고' 죽음에 이른다. 즉, 윗글에서는 주인공들이 사랑을 이루지 못하고 죽음을 맞는 비극적 결말이 나타나고 있다. 하지만 〈보기〉에서는 김생이 '벼슬도 사양하고 영영과 여생을 보'냈다고 했다. 즉, 〈보기〉에서는 주인공들이 사랑을 이루는 행복한 결말이 나타나고 있다.

D 12~15 *작자 미상, 〈윤지경전〉

[2020 대비/사관학교 36~39]

❶ 중심인물, 배경　❷ 중심 사건, 갈등　❸ 서술상 특징

[앞부분의 줄거리] 재상 윤현의 아들 지경과 참판 최홍일의 딸 연화는 서로 사랑하여 혼례를 올리려 하지만, 임금은 이를 무시하고 장원급제한 지경에게 후궁인 귀인 박 씨의 딸(옹주)과의 혼인을 <u>하교</u>한다. 지경은 이를 거부하지만 임금은 화를 내며 <u>위력</u>
임금이 내린 명령　상대를 압도할 만큼 강력한 힘. 임금의 권위를 뜻함.
으로 혼례를 <u>강행</u>한다. 이에 지경은 최홍일에게 연화를 만나게 해 달라고 부탁한다.
강제로 시행함.

❶ 공이 가로되,
❶ 중심인물: 최홍일(연화의 아버지)
"불가하나 네 아내이니 잠깐 보고 가라."
연화 = 최 씨
❸ 언파에 <u>소저</u>를 부르니, 소저가 <u>승명</u>하여 ㉠<u>전당</u>에 이르러 부인 곁
❶ 중심인물: 연화　❶ 공간적 배경: 연화의 집
에 앉아 <u>수괴</u>함을 띠어 사색이 태연하여 아는 듯 모르는 듯하고, 아리따운 태도가 달 같아 반가운 정이 <u>유동</u>하고, 어진 태도와 약한 기질을
일어나고
대하매 마음이 깨어지는 듯하니, <u>공의 부부가 더욱 슬퍼하더라.</u>
❸ 서술상: 3인칭 서술자, 시점: 전지적 작가 시점
❹ 돌아가기를 잊고 앉았으니 공이 여아를 들여보내고 <u>생(生)</u>의 손을
연화　❶ 중심인물: 지경
잡고 밖으로 나와 십분 <u>개유</u>하니, 생이 부득이 돌아와 병이 되어 식음
❶ 중심인물
을 폐하더니, <u>길일</u>이 다다라 행례할새 옹주의 자색이 전혀 없고 포독
사랑하는 연화가 아닌 옹주와 혼인해야 하는 상황으로 인해 절망함.
<u>불인(暴毒不仁)</u>함이 외모에 나타나는지라. ❺생이 더욱 불쾌하여 띠를
❷ 중심 사건: 임금의 강요에 따라 지경이 옹주와 혼인함.
끄르지 아니하고 밤을 새우고 명조에 <u>입궐</u>하여 <u>문안</u>하니 상이 웃으며
❶ 시간적 배경: 다음 날 아침　❶ 공간적 배경: 궁궐
가로되,

❻ "네 죄 크게 <u>통한</u>하더니 이제 자식이 되니 가장 어여쁘다."
❼ 하시고 즉시 부마의 <u>관교(官敎)</u>를 주시니, 웃고 꿇어 받자와 <u>계하</u>에서
임금의 사위가 되었다는 문서
<u>사은(謝恩)</u>하고, <u>귀인</u>을 보니 극히 교만하고 포독하니, 더욱 <u>모골이</u>
후궁 귀인 박 씨(옹주의 어머니)
<u>송연</u>하더라.

❽ 박 귀인이 부마의 풍채를 사랑하고 더욱 기꺼워하더라.

> <u>언파</u>: 말을 끝냄.
> <u>승명하다</u>: 임금이나 어버이의 명령을 받들다.
> <u>수괴하다</u>: 부끄럽고 창피하다.
> <u>개유하다</u>: 사리를 알아듣도록 잘 타이르다.
> <u>길일</u>: 운이 좋거나 복되고 길한 일이 일어날 조짐이 있는 날. 결혼식이나 이삿날을 이날로 정함.
> <u>행례하다</u>: 예식을 행하다.
> <u>자색</u>: 여자의 고운 얼굴이나 모습
> <u>문안하다</u>: 웃어른께 안부를 여쭈다.
> <u>통한하다</u>: 몹시 분하거나 억울하여 한스럽게 여기다.
> <u>계하</u>: 섬돌이나 층계의 아래
> <u>사은하다</u>: 받은 은혜에 대하여 감사히 여겨 사례하다.
> <u>모골이 송연하다</u>: 끔찍스러워서 몸이 으쓱하고 털끝이 쭈뼛해지다.
> <u>풍채</u>: 드러나 보이는 사람의 겉모양
> <u>기꺼워하다</u>: 마음속으로 은근히 기쁘게 여기다.

*❶ 요약: 지경이 연화와 인연을 맺지 못하고 부마가 됨.

❷ 부마가 ㉡<u>집에 돌아와</u> 대문에 들며 하인을 명하여 <u>교자(轎子)</u>를
❶ 공간적 배경: 지경의 집　가마
산산이 깨치고 들어와, 소매 속으로부터 부마의 관교를 내어 땅에 던
「 」: 지경이 부마가 된 후 그 상황에 불만을 드러냄.
지니.」 <u>윤공</u>이 크게 책망하여 가로되,
윤현(지경의 아버지)

"이 어인 일이뇨. 임금이 주신 교지(敎旨)를 <u>업수이</u> 여김이 어찌 이
하찮게
렇듯 불공한가."

❸ 하고, 또 개유하더라.

윤공의 집이 서문 밖일러니, ㉢<u>옹주궁을 경내 골명동에 짓고 상이</u>
윤공을 성내로 들라 하시니, 공이 마지못하여 옹주궁 곁에 집을 사오
니, 본집은 둘째 아들 <u>정랑(正郎)</u>에게 주더라.

❺ 최홍일의 집이 또한 서문 밖일러라.

❻ 옹주를 <u>친영(親迎)</u>하여 오니, 얼굴이 작고 자색이 바이 없어, 시아
전혀
버지와 시어머니 상하가 불쾌하나, 왕의 위엄을 두려워 공경 접대하더
라. ❼ 윤공이 <u>최 씨</u>를 불쌍히 여겨 자주 가 보니, 그 용모 태도가 절승하
연화
여 볼 적마다 사랑하고 어여쁜 마음 <u>가이 없어라.</u>
끝이 없어라

❽ 부마가 궁에 가지 아니하고 부친 계신 ㉣<u>외헌</u>에 있어, 조카 격석 등
을 데리고 자더니, <u>하루는</u> 최 씨를 보러 가니 소저가 부모 앞에서 한가
❶ 시간적 배경
지로 보는지라. 바라보매 아미에 시름 맺혔으니 더욱 기이 절묘하더라.

❾ 부마가 어여쁨을 이기지 못하여 눈물 나는 줄을 깨닫지 못하더니,
조금 있다가 가로되,

⓾ "<u>거년</u>에 <u>포숙(鮑叔)</u>*의 신(信)을 이르시기로, 복은 이리 못 잊어 자
지난해
주 다니되 한 번도 나와 보지 아니코 대접치 아니하시니, 어찌 당초
자신을 맞이하지 않는 연화에게 서운함을 표현함.
언약을 저버림이 이 같으뇨."

⓫ 소저가 나직이 대답하여 가로되,

⓬ "그때 우연히 한 말이 맞았으니, 첩은 포숙의 신이 있으려니와, 상
공의 말과 같을진대 <u>신후경</u>*의 죽음을 달게 여기시나이까. 첩은 다
연화가 지경과의 만남으로 인한 후환을 두려워함이 드러남.

만 빙채를 지키며 도장에서 늙을지라, 어찌 상공을 접화(接和)하리
이까. 사생이 부모에게 있사오니 **번거로이 자주 와 찾지 마소서.**"
❷ 중심 사건: 연화가 옹주와 혼인한 후에도 자신을 찾아오는 지경을 거절함.

┌ **불공하다**: 공손하지 아니하다.
│ **절승하다**: 경치가 비할 데 없이 빼어나게 좋다.
│ **외헌**: 집의 안채와 떨어져 있는, 바깥주인이 거처하며 손님을 접대하는 곳
│ **아미**: 누에나방의 눈썹이라는 뜻으로, 가늘고 길게 굽어진 아름다운 눈썹을 이르
│ 는 말. 미인의 눈썹을 이른다.
└ **도장**: 부녀자가 거처하는 방 **사생**: 죽음과 삶

＊② 요약: 연화가 지경에게 자신을 찾아오지 말라고 함.

[중략 부분 줄거리] 지경은 옹주를 부인으로 인정하지 않고 연화와의 만남을 지속한
다. 그러던 중 지경은 연화와의 만남을 최홍일에게 발각된다.

❶
③ "네 언제 이르렀느뇨."
❷ 중심 사건: 지경이 연화와의 만남을 지속하다가 최홍일에게 발각됨.
생(生)이 가로되,

❸ "**빙부**＊가 종시 허치 아니하시니, 아내 그리워 견디지 못하와 8월부
빙부 최홍일 끝내 허락하지   옹주와 혼인한 후에도 연화를 잊지 못하고 그리워함.
터 월장할 계교를 내어, 날마다 다녀 스스로 금치 못하다가 오늘 이

욕을 보오니 빙부의 고집한 탓이로다."
❹
공이 애련하여 등을 쓰다듬어 가로되,
❺
┌ 「"네 어찌 그리 미혹한가. 옹주를 중대하여 자녀를 낳고 살며 옹주
│ 「 」: ❷ 갈등 - 지경의 행동을 걱정하는 최홍일과 소신을 굽히지 않는 지경의 외적 갈등
│ 를 개유하면, 네 부친과 내 주상께 이런 절박한 사연을 고할 것인
│ 즉, 주상은 인군(仁君)이시라 허하시리니, 그때 빛나게 해로하기
[A] │   어진 임금
│ 는 생각지 아니하고, 갈수록 옹주를 박대하며 귀인의 험담을 이루
│   중종의 첫째 아들   ❸ 실존 인물을 등장시켜 작품의 사실감을 높임.
│ 고 복성군을 미워하며, 밤을 타 도망하여 날마다 내 집에 오니, 옹
└ 주가 알면 화가 적지 아니하리니, 끝을 어이할꼬."
❻
부마가 가로되,
❼
"낸들 어찌 모르리이까마는 옹주는 천하 괴물 박색이고, 「귀인은 간

악이 비할 바 없고, 복성군은 남 헐기 심한데 홍명화·홍상이 박빈
「 」: 외척 세력에 대한 비판 의식 – 귀인 박 씨 무리에 대한 지경의 대립 의식이 드러남.
을 체결(締結)＊하여 필연 그윽한 흉계를 지을지라.」 옹주를 후대하
옹주의 어머니인 귀인 박 씨의 무리
고 그 당에 들었다가 멸문지환(滅門之患)을 면치 못하리니, 아내를
           한집안이 다 죽임을 당하는 끔찍한 재앙
애중하고 옹주를 박대하면 불과 빙부와 부친의 죄가 큰즉 정배(定

配)요, 적은즉 삭탈관직(削奪官職)이요, 저는 귀양밖에 더 가리이

까. 싫은 것을 강인하고 그른 것을 어이 견디리이까.」"
                                  지경이 소신이 강한 인물임이 드러남.
❽
공이 말이 없다가,
❾
"어찌하든 밤이 깊었으니 들어가 자라."

┌ **월장하다**: 담을 넘다.
│ **애련하다**: 애처롭고 가엾게 여기다.
│ **미혹하다**: 무엇에 홀려 정신을 차리지 못하다.
│ **중대하다**: 매우 소중히 대접하다.
│ **해로하다**: 부부가 한평생 같이 살며 함께 늙다.
│ **박대하다**: 정성을 들이지 않고 아무렇게나 대접을 하다.(= 푸대접하다)
│ **간악**: 간사하고 악독함.
│ **그윽하다**: 느낌이 은근하다.
│ **후대하다**: 아주 잘 대접하다.
│ **애중하다**: 사랑하고 소중하게 여기다.
│ **정배**: 죄인을 지방이나 섬으로 보내 정해진 기간 동안 그 지역 내에서 감시를 받
│ 으며 생활하게 하던 일. 또는 그런 형벌.
│ **삭탈관직**: 죄를 지은 자의 벼슬과 품계를 빼앗고 벼슬아치의 명부에서 그 이름을
└ 지우던 일 **강인하다**: 억지로 참다.

＊③ 요약: 지경이 옹주를 아내로 인정하지 않겠다는 뜻을 굽히지 않음.

❶
④ 「생(生)이 사례하고 이후로는 주야 오니, 공과 소저가 민망하여 아
「 」: ❷ 중심 사건 - 지경이 계속해서 연화를 찾아감.
무리 간하여도 듣지 아니하더니, 윤공이 알고 불러 대책하고 옹주궁을

떠나지 못하게 하나, 산 사람을 동여 두지 못하고, 날마다 최 씨에게
❷
가니」 옹주 어찌 모르리요. 부마 ⓜ내당에 들어간 때 옹주 가로되,
❸   ❶ 공간적 배경: 옹주궁
"내 비록 용렬하나 임금의 딸이요, 빙례로 부마의 아내가 되었거늘
「 」: 갈등 – 지경과 연화의 만남으로 인한 지경과 옹주의 외적 갈등
업수이 여겨 천대하기 심하도다. 최 씨를 얻어 고혹(蠱惑)하였으되

태부(太夫)는 두 아내 두는 법이 없거늘, 부마 어찌 두 아내 있으리
그릇 큰 남편
요. 최홍일은 어떠한 사람이완대 부마에게 재취를 주어 주상과 첩
                지경을 질책하고 최홍일에 대한 반감을 드러냄.
을 업수이 여김이 심하뇨."
❹
지경이 정색하여 가로되,
❺
┌ 「"내 할 말을 옹주 하시는도다. 일국에 도령이 가득하거늘, 이미
│ 「 」: 옹주의 논리를 활용하여 반박함. 지경이 신의를 중시하는 인물임을 드러냄.
│ 얻은 사람을 내 어찌 조강지처를 버리고 부귀를 탐하여 옹주와
│   연화
[B] │ 화락하리요.」 옹주 만일 최 씨를 청하여 한 집에서 화목하기를 황
│ 영(皇英)＊을 본받을진대, 최 씨와 같이 공경하고 화락하려니와,
└ 투기하여 나를 원망한즉 평생 박명을 면치 못하리로다."」

┌ **간하다**: 웃어른이나 임금에게 옳지 못하거나 잘못된 일을 고치도록 말하다.
│ **내당**: 안주인이 거처하는 방 **용렬하다**: 사람이 변변하지 못하고 졸렬하다.
│ **빙례**: 혼인의 예절
│ **천대하다**: 업신여기어 천하게 대우하거나 푸대접하다.
│ **고혹하다**: 아름다움이나 매력 같은 것에 홀려서 정신을 못 차리다.
│ **재취**: 두 번째 장가가서 맞이한 아내 **화락하다**: 화평하게 즐기다.
│ **투기하다**: 부부 사이나 사랑하는 이성(異性) 사이에서 상대되는 이성이 다른 이성
└ 을 좋아할 경우에 지나치게 시기하다. **박명**: 복이 없고 팔자가 사나움.

＊④ 요약: 지경과 연화의 만남 때문에 지경과 옹주가 갈등함.

＊ 포독불인: 사납고 독살스러우며 어질지 못함.
＊ 친영: 신랑이 신부의 집에 가서 신부를 직접 맞이함.
＊ 포숙: 중국 춘추 시대 제나라의 대부. 친구인 관중을 환공에게 천거해서 승상
  이 되게 했음.
＊ 신후경: 비극적 사랑 이야기가 담긴 중국 원나라 때의 〈교홍전〉의 남자 주인공
＊ 빙부: 장인
＊ 체결: 얽어서 맺음.
＊ 황영: 아황과 여영은 자매지간으로, 순임금에게 시집을 가서 화목하게 지냄.

⭐ 독해 공식
❶ 중심인물: 지경(생, 부마), 연화(소저, 최 씨), '옹주', 최홍일(공, 빙부)
시간적 배경: '명조', '하루'
공간적 배경: '전당(연화의 집)', '궁궐', 지경의 집, '내당(옹주궁)'
❷ 중심 사건: 임금의 강요에 따라 지경이 옹주와 혼인함. 연화가 옹주와 혼인한 후에도 자
신을 찾아오는 지경을 거절함. 지경이 연화와의 만남을 지속하다가 최홍일에게 발각됨. 지
경이 계속해서 연화를 찾아감.
갈등: 지경의 행동을 걱정하는 최홍일과 소신을 굽히지 않는 지경의 외적 갈등, 지경과 연
화의 만남으로 인한 지경과 옹주의 외적 갈등
❸ 서술상 특징
• 서술자: 3인칭 서술자, 시점: 전지적 작가 시점
• 인물 간의 갈등을 중심으로 전개되고 있음.
• 실존 인물을 등장시켜 작품의 사실감을 높이고 있음.

■ **내용**: 이 작품은 남자 주인공 윤지경이 권력에 맞서 자신의 사랑을 지켜 내는 모
습을 그린 애정 소설이다. 조선 중종 때의 역사적 사실과 실존 인물, 허구를 적절
히 조화시켜 사실성을 높이고 있다. 자신을 부마로 간택한 임금의 부당한 결정에
대해 저항하면서 자신의 사랑을 지키고 당시 권세를 누리던 세력에 맞서는 윤지
경의 모습을 통해 당시 제도와 권력에 대한 저항과 비판 의식이 드러난다. 고전
소설에서는 여성 주인공이 사랑을 쟁취하는 과정에서 수난을 겪는 경우가 많은
데, 이 작품은 남자 주인공이 사랑의 쟁취를 위해 고난을 겪는 모습이 드러나는
것이 특징이다.

■ 인물 관계도

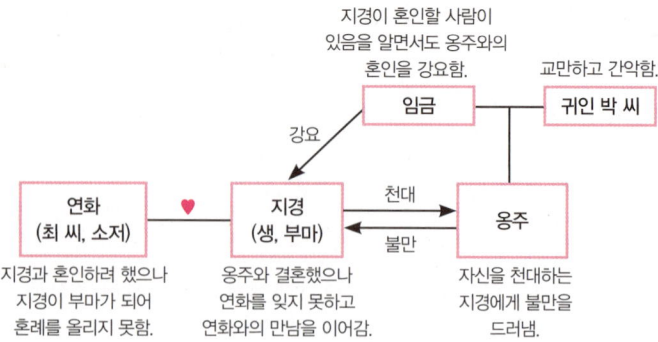

지경이 혼인할 사람이 있음을 알면서도 옹주와의 혼인을 강요함.

교만하고 간악함.

임금 —— 귀인 박 씨

강요

연화 (최 씨, 소저) ♥ 지경 (생, 부마) ⟷ 천대 / 불만 ⟷ 옹주

지경과 혼인하려 했으나 지경이 부마가 되어 혼례를 올리지 못함.

옹주와 결혼했으나 연화를 잊지 못하고 연화와의 만남을 이어감.

자신을 천대하는 지경에게 불만을 드러냄.

■ 주제: 부당한 권력에 맞서 역경을 극복하고 지켜 낸 사랑

■ 이것이 핵심!: 인물 간의 갈등

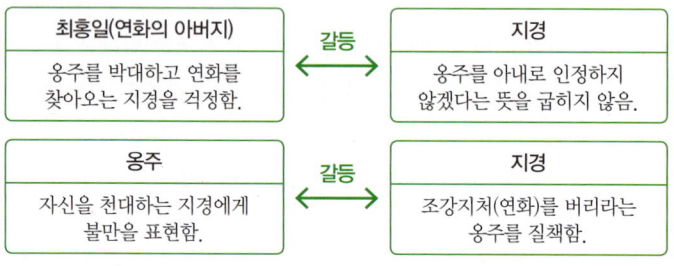

최홍일(연화의 아버지)	갈등	지경
옹주를 박대하고 연화를 찾아오는 지경을 걱정함.		옹주를 아내로 인정하지 않겠다는 뜻을 굽히지 않음.

옹주	갈등	지경
자신을 천대하는 지경에게 불만을 표현함.		조강지처(연화)를 버리라는 옹주를 질책함.

■ 전체 줄거리: 재상 윤현의 아들 지경과 참판 최홍일의 딸 연화는 서로 사랑하여 혼약한 사이이다. 어느 날 지경은 임금의 부름을 받고 궁에 들어가 자신이 귀인 박 씨의 딸인 연성 옹주의 남편으로 간택된 사실을 알게 된다. 지경은 이미 혼인하기로 한 사람이 있음을 이야기하지만 왕명을 거역할 수 없어 옹주와 혼인한다. 그러나 지경은 옹주를 멀리하고 연화를 계속 만난다. 윤 재상과 최 참판은 둘을 갈라놓기 위해 연화의 거짓 장례까지 치르지만 결국 둘은 만남을 이어간다. 왕은 옹주를 박대한 죄를 물어 둘을 유배 보낸다. 이후 반란이 일어나 귀인 박 씨는 처형되고 옹주는 유배당한다. 그러나 지경의 간청으로 옹주는 풀려나고 이후 지경은 연화, 옹주와 함께 화목하게 산다.

D 12 정답 ⑤ ＊사건과 갈등 파악하기

윗글의 인물에 대한 이해로 가장 적절한 것은?

> 왜 정답 ?

⑤ 지경의 부친은 ~~연화와의 만남을 막기 위해~~ 지경이 옹주궁을 떠나지 못하게 했다.
'윤공이 ~ 옹주궁을 떠나지 못하게 하나'

＊근거: ④-❶

연화의 아버지인 최홍일과 연화의 만류에도 지경이 연화를 계속 찾아간다는 사실을 안 윤공은 지경이 '옹주궁을 떠나지 못하게' 했다고 했다.

> 왜 오답 ?

① 연화는 지경이 언약을 지키지 않았다는 이유로 ~~지경을 만나지 않았다.~~
지경이 부마가 된 후에도 지경과 연화는 만남을 이어감.

＊근거: [중략 부분 줄거리], ④-❶

[중략 부분 줄거리]에서 지경이 부마가 된 후에도 연화와 지경은 만남을 '지속'했다고 했으며, 이를 최홍일에게 발각된 후에도 지경은 날마다 연화를 찾아갔다고 했으므로 연화가 지경을 만나지 않았다는 설명은 적절하지 않다.

② 옹주는 지경이 연화를 만나는 것을 알아채고는 ~~임금을 원망하고~~ 있다.
지경과 최홍일을 원망함.

＊근거: ④-❸

옹주는 지경이 자신과 혼인한 후에도 연화를 계속 만나는 것을 안 후 '태부는 두 아내 두는 법이 없거늘, 부마 어찌 두 아내 있으리요'라며 지경을 원망하고, '최홍

일은 어떠한 사람이완대 부마에게 재취를 주어 주상과 첩을 업수이 여김이 심하뇨'라며 최홍일을 원망하고 있다. 그러나 옹주가 임금을 원망하는 모습은 나타나있지 않다.

③ 지경은 옹주를 만나 보고는 ~~박 귀인과 달리~~ 포독하다는 인상을 받았다.
박 귀인 또한 '교만하고 포독하'다고 느낌.

＊근거: ①-❹, ❼

지경은 옹주를 보고 '포독불인함이 외모에 나타'난다고 느꼈으며, 옹주의 어머니인 박 귀인을 보고 '극히 교만하고 포독하'다고 느꼈다. 즉, 지경은 옹주와 박 귀인 모두에게 포독한 인상을 받은 것이다.

④ 최홍일은 임금이 시켜서 어쩔 수 없이 ~~정내에서 서문 밖으로 이사를 했다.~~
최홍일의 집은 원래 서문 밖임.

＊근거: ②-❺

최홍일의 집은 '서문 밖'이라고 했으므로, 최홍일이 성내에서 서문 밖으로 이사를 했다는 설명은 적절하지 않다. 임금이 시켜서 어쩔 수 없이 이사한 인물은 윤공이며, 서문 밖에서 성내로 이사한 것이다.

D 13 정답 ⑤ ＊서술상 특징 파악하기

[A], [B]에 대한 설명으로 가장 적절한 것은?

• [A]: 최홍일이 계속해서 연화를 찾고 옹주를 박대하는 지경을 걱정하는 부분입니다.
• [B]: 지경이 자신을 원망하는 옹주에게 반박하는 부분입니다.

즉 인물의 발화 내용과 그 발화에 담긴 의도를 적절하게 이해한 내용을 고르는 문제입니다.

> 왜 정답 ?

⑤ [A]와 [B] 모두 상대방의 선택에 따라 나타날 수 있는 긍정적
[A]에서는 지경의 선택에 따라, [B]에서는 옹주의 선택에 따라 나타날 상반된 상황을 제시함.
상황과 부정적 상황을 함께 제시하고 있다.

＊근거: ③-❺, ④-❺

[A]에서 최홍일은 지경에게 옹주와 잘 지내면 연화와도 해로할 수 있을 것이고, 계속해서 옹주를 박대하면 '화가 적지 아니'할 것이라고 하며 지경의 선택에 따른 상반된 결과를 이야기하고 있다. [B]에서 지경은 옹주에게 연화와 한 집에서 잘 지내면 '화락'할 것이고, 연화를 질투하여 자신을 원망하면 '평생 박명을 면치 못'할 것이라고 하며 옹주의 선택에 따른 상반된 결과를 이야기하고 있다. 즉, [A]와 [B] 모두 상대방의 선택에 따른 긍정적 상황과 부정적 상황을 함께 제시하고 있다.

> 왜 오답 ?

① [A]는 ~~상황의 불가피정을 근거로 설득하고~~ [B]는 상대방의 과
드러나지 않음.
거 행적을 근거로 비판하고 있다.

＊근거: ④-❺

[A]에서는 지경이 옹주를 잘 대했을 때와 박대했을 때의 결과를 제시하고 있을 뿐, 불가피한 상황을 언급한 부분은 찾을 수 없다. [B]에서는 지경이 '조강지처를 버리'게 한 옹주의 행적을 근거로 자신을 원망하는 옹주를 비판하고 있다.

〔 불가피성: 피할 수 없는 성질 〕

② [A]와 달리 [B]는 상대방에게 특정한 상황을 가정하여 문제
[A]에서도 문제 해결 방법이 드러남.
해결의 방법을 제시하고 있다.

＊근거: ③-❺, ④-❺

[A]에서는 지경이 '옹주를 중대하여 자녀를 낳고' 사는 상황을 가정하여 연화와 '해로'할 수 있는 방법을 제시하고 있다. [B]에서는 옹주가 '최 씨를 청하여 한 집에서 화목하게' 사는 상황을 가정하여 옹주가 지경과 잘 지낼 수 있는 방법을 제시하고 있다. 즉, [A]와 [B] 모두 특정한 상황을 가정하여 문제 해결의 방법을 제시하고 있다.

③ [B]와 달리 [A]는 상대방에게 ~~빠른 해결책의 필요성을 언급하~~
드러나지 않음.
고 있다.

[A]에서는 옹주를 박대하는 지경에 대한 걱정과 지경의 선택에 따라 달라질 수
있는 상황을 드러내고 있을 뿐, 빠른 해결책의 필요성을 언급한 부분은 찾을 수
없다.

④ ~~[A]~~와 [B] 모두 고사(古事)를 근거로 상대방의 특정 행동을 유
[A]에서는 드러나지 않음.
도하고 있다.

*근거: ④-❺

[B]에서 지경은 고사 속 인물인 '황영'을 언급하며 옹주가 '최 씨를 청하여 한 집
에서 화목하'게 살도록 유도하고 있다. 그러나 [A]에서는 고사와 관련된 내용이
드러나지 않는다.

〔 고사: 유래가 있는 옛날의 일. 또는 그런 일을 표현한 어구 〕

　1등급 풀이 Tip

인물의 발화 내용과 의도를 명확히 파악하기 위해서는 해당 발화가 어떤 상황에서
이루어지고 있는지 살펴봐야 한다.
[A]에서는 지경이 옹주와 혼인한 후에도 계속 연화를 찾아오는 상황에서, 이를 걱
정한 최홍일이 지경의 행동에 따라 달라질 결과를 이야기하고 있다.
[B]에서는 옹주가 자신을 천대하는 지경을 질책하자, 지경이 이에 반박하며 옹주의
행동에 따라 달라질 결과를 이야기하고 있다.
즉, [A]와 [B]에서 발화자는 모두 상대방이 어떤 행동을 하는지에 따라 달라질 결과
를 언급하고 있다.

D 14　정답 ③　*소재 및 배경의 의미 파악하기

⊙~⊙에 대한 설명으로 적절하지 않은 것은?

• ⊙: ⊙은 '전당'으로, 지경과 옹주의 혼례를 강행되는 상황에서 지경과 연화가
만난 공간입니다.
• ⊙: ⊙은 '집'으로, 옹주와 혼인한 지경이 돌아온 공간입니다.
• ⊙: ⊙은 '옹주궁'으로, 지경과 옹주의 혼인 후 지은 공간입니다.
• ⊙: ⊙은 '외헌'으로, 옹주와 혼인을 한 지경이 혼인 후 머무는 공간입니다.
• ⊙: ⊙은 '내당'으로, 지경과 옹주가 대화를 나누는 공간입니다.

앞뒤 맥락을 바탕으로 ⊙~⊙의 공간을 이해한 내용 중 틀린 것을 고르는
문제입니다.

왜 정답?

③ ⊙은 임금이 옹주의 부탁을 받고 지경을 벌하기 위해 만든 공
옹주가 임금에게 지경을 벌해 달라고 부탁하는 내용은 드러나지 않음.
간이다.

*근거: ②-❹

⊙ '옹주궁'은 옹주와 지경을 위해 지은 궁일 뿐, 지경을 벌하기 위해 만든 공간
이 아니다. 옹주가 임금에게 지경을 벌해 줄 것을 부탁하는 내용 또한 드러나지
않는다.

왜 오답?

① ⊙은 지경이 연화를 만나서 반가움과 슬픔을 느끼는 공간이다.
옹주와의 혼인을 앞둔 지경은 '전당'에서 연화를 만나 반가움과 슬픔을 느낌.

*근거: ①-❸

임금의 강요로 옹주와의 혼인을 앞둔 지경은 ⊙ '전당'에서 연화를 만난다. 지경
은 연화를 보고 '반가운 정'을 느끼면서 '마음이 깨어지는 듯'한 슬픔을 느낀다.

② ⊙은 지경이 옹주와의 혼례에 대한 불만을 표출하는 공간이다.
지경은 '집'에 돌아와 임금에게서 받은 부마의 교지를 던짐.

*근거: ②-❶

지경은 옹주와의 혼인한 후 ⊙ '집'에 돌아와 임금에게서 받은 '부마의 관교를 내
어 땅에 던'진다. 이는 옹주와의 혼례에 불만을 드러낸 모습이다.

〔 표출하다: 겉으로 나타내다. 〕

④ ⊙은 지경이 옹주를 만나지 않으려고 의도적으로 선택한 공간
지경은 옹주와 만나지 않기 위해 '외헌'에 머무름.
이다.

*근거: ②-❽

임금의 강요로 옹주와 혼인한 지경은 옹주가 있는 '궁에 가지 아니하고' 아버지
가 계신 ⊙ '외헌'에서 지낸다. 이는 옹주를 만나지 않기 위한 의도로 볼 수 있다.

〔 의도적: 무엇을 하려고 꾀하는 것 〕

⑤ ⊙은 부마와 옹주가 대화를 나누면서 갈등을 드러내는 공간이다.
'내당'에서 지경과 옹주는 서로를 질책하며 갈등함.

*근거: ④-❷~❺

지경이 날마다 연화를 만나러 간다는 것을 안 옹주는 ⊙ '내당'에 들어온 지경에
게 불만을 드러내고, 지경 역시 옹주의 말을 반박한다. 이는 지경과 옹주가 대화
를 나누면서 갈등을 드러낸 것이다.

D 15　정답 ②　*〈보기〉를 바탕으로 감상하기

〈보기〉를 참고하여 윗글을 감상한 내용으로 적절하지 않은 것은?

• 〈보기〉: 〈윤지경전〉에는 역사적 실존 인물이 등장하고, 권력으로 자신의 입장을
강요하는 인물과 신의를 지키려는 인물 간의 갈등이 드러나며, 남자 주인공은
사랑을 위해 고난을 무릅쓰는 모습을 보입니다.
• 윗글: 임금의 강요로 옹주와 혼인하게 된 지경이 연화와의 사랑을 지속하고자
하는 이야기가 전개되고 있습니다.

주요 갈등 구조와 인물의 성격을 이해하고 이를 활용하여 지문을 감상한 내
용으로 적절하지 않은 것을 고르는 문제입니다.

[보기]

❶〈윤지경전〉은 역사적 상황을 바탕으로 허구와 사실을 적절히
조화시켰다. ❷역사적 실존 인물인 중종, 귀인 박 씨, 복성군 등이
③의 근거
작품 속에서 등장하는데, 이런 방식은 작품의 사실감을 높여 준
다. ❸또한 권력을 내세워 위력으로 자신의 입장을 강요하는 인물
임금. ⑤의 근거
과 신의를 지키려는 인물의 갈등이 드러난다. ❹그 과정에서 왕의
윤지경. ④의 근거
권위에도 굴하지 않고 사랑의 쟁취를 위해 고난을 무릅쓰는 남자
①의 근거
주인공을 통해 새로운 인간상을 제시하고 있다.

허구: 소설이나 희곡 따위에서, 실제로는 없는 사건을 작가의 상상력으로 재
창조해 냄. 또는 그런 이야기
위력: 상대를 압도할 만큼 강력함. 또는 그런 힘
신의: 믿음과 의리를 아울러 이르는 말
쟁취: 힘들게 싸워서 바라던 바를 얻음.

왜 정답?

② 왕의 권위에도 굴하지 않고 사랑의 쟁취를 통해 ~~가문의 번영~~
~~을 이루려는~~ 지경을 통해 새로운 인간상을 보여 준다.
지경은 사랑의 쟁취에 관심을 보일 뿐, 가문의 번영을 이루려는 모습은 드러나지 않음.

*근거: ③-❼

지경이 옹주를 부인으로 인정하지 않고 연화와의 만남을 지속한다. 이는 왕의 권
위에 굴하지 않고 사랑을 쟁취하려는 모습으로, 이를 통해 지경이 가문의 번영을
이루려고 한 모습은 나타나지 않는다. 지경이 귀인 박 씨 무리에 들었다가 잘못
되면 가문이 멸하게 될 수 있음을 언급하는 내용이 있기는 하지만, 이는 박 씨 무
리에 대한 대립 의식과 상황이 잘못되었을 때에 대한 우려를 드러낸 것이지 가문
의 번영을 이루려는 것으로 볼 수는 없다.

〔 번영: 번성하고 영화롭게 됨. 〕

① 지경이 연화를 만나기 위해 월장하는 행동은 연화에 대한 사
랑을 보여 주는 것이라 볼 수 있다. 지경은 옹주와 혼인한 후에도 연화를 만나기 위해 담을 넘음.

*근거: ③-❸, 〈보기〉❹문장

옹주와 혼인한 후 지경은 연화가 '그리워 견디지 못하와 8월부터 월장할 계교를
내어, 날마다 다녔다고 했다. 즉, 지경이 담을 넘은 것은 사랑하는 연화를 만나기
위함이며, 이는 〈보기〉에서 설명한 '사랑의 쟁취를 위해 고난을 무릅쓰는' 모습으
로 볼 수 있다.

③ 최홍일과 지경의 대화 과정에서 귀인 박 씨와 복성군이란 역
사적 실존 인물이 거론되어 작품의 사실감을 높여 준다. 귀인 박 씨와 복성군은 역사적 실존 인물임.

*근거: ③-❺, ❼, 〈보기〉❷문장

최홍일과 지경의 대화에서 '귀인 박 씨'와 '복성군'이 등장한다. 〈보기〉의 설명에
따르면 이들은 '역사적 실존 인물'로, 이러한 인물이 작품에 등장하는 것은 '작품
의 사실감을 높여 준다'고 했다.

④ 지경이 옹주와 화락하지 않고 혼례를 약속한 연인을 버리지 않
는 태도에서 신의를 지키려는 인물의 태도를 확인할 수 있다. 지경은 옹주와 혼인한 후에도 연화를 조강지처로 여기며 신의를 지킴.

*근거: ③-❸, ④-❺, 〈보기〉❸문장

지경은 임금의 강요로 옹주와 혼인한 후에도 그 전에 혼례를 약속했던 연화를
'아내', '조강지처'로 여기며 만남을 이어 간다. 이는 〈보기〉에서 설명한 '신의를
지키려는 인물'의 태도로 볼 수 있다.

⑤ 이미 혼례를 약속한 지경에게 위력으로 옹주와 혼례를 시킨
임금은 권력을 내세워 자신의 입장만을 강요하는 인물이라고 지경이 옹주와의 혼인을 거부하는데도 임금은 화를 내며 혼례를 강행함.
할 수 있다.

*근거: [앞부분의 줄거리], 〈보기〉❸문장

임금은 지경이 사랑하는 사람과 혼인을 앞두고 있다는 사실을 무시하고 옹주와
의 혼인을 명령한다. 이에 지경이 거부하자 '화를 내며 위력으로 혼례를 강행'한
다. 이는 〈보기〉에서 설명한 '권력을 내세워 위력으로 자신의 입장을 강요하는 인
물'의 모습으로 볼 수 있다.

D 16~20 *작자 미상, 〈임진록〉

[2021 대비/경찰대 24~28]

❶ 중심인물, 배경 ❷ 중심 사건, 갈등 ❸ 서술상 특징

[앞부분의 줄거리] 왜군이 조선을 침범하여 의주로 피란을 간 상(上)은 명나라에 원
군(援軍)을 청한다. 이에 제독 이여송이 원군을 이끌고 조선에 들어온다. 전투에서 자기편을 도와주는 군대

❸ 임진왜란에 관한 여러 삽화(어떤 이야기나 사건의 줄거리에 끼인 짤막한 토막 이야기)를 제시함.
❶ 차설. 제독이 의주에 사람을 보내어 상을 청하거늘, 상이 즉시 의 ❶ 중심인물: 이여송 ❶ 중심인물: 선조
주를 떠나 경성에 이르러 이여송을 보사 공로를 치사하시고 설연관대 ❶ 공간적 배경   잔치를 베풀어 정성껏 대접함.
하실새, 천자가 사자를 보내어 왕상을 위로하시고, 용포(龍袍) 일령을 명나라 황제   '왕'의 높임말
사송(賜送)하시며 제독에게 식물(食物)을 사급(賜給)하사, '호군(犒軍)
하라.' 하시니, 상과 제독이 북향사배한 후 다시 술을 나누어 서로 권 북쪽으로 네 번 절한 후
하시더니, 계수나무 버러지 삼십 개를 내어 놓으며 왈, 벌레

❷ 「"이것을 서촉 해조국에서 제공하나니, 하나의 값이 삼천 냥이라. 사 「 」: ❷ 갈등 - 상에게 벌레를 권하는 이여송과 그의 무례함에 대응하는 상의 외적 갈등
람이 먹으면 더디 늙기로 이제 조선왕을 대접하사 보내시니이다." 이여송이 계수나무 벌레를 상에게 권함.
❹하고, 저를 들어 버러지 허리를 집으니 발을 허위며 괴이한 소리를 지 이리저리 내두르며
르니, 부리 검고 빛은 오색을 겸하였으니 보기 가장 황홀한지라. 상이 ❺
처음으로 보시매 차마 진어치 못하사 주저하시니, 제독이 소왈,

❻"세상에 희귀한 진미를 어찌 진어치 아니하시나뇨?"
❼하며, 그것을 집어먹으니 보는 자 눈썹을 찡그리더라. 상이 무료하사 ❽
안색을 변하시니, 이항복이 생낙지 칠 개를 담아 드리거늘, 상이 저로 이여송의 무례에 대응할 수 있게 살아 있는 낙지를 준비함.
진어하실새 낙지 발이 저에 감기며 수염에 부딪치는지라. 상이 제독에 ❾
게 권하신대, 제독이 낙지 거동을 보고 눈썹을 찡그리며 능히 먹지 못 ❷ 중심 사건: 상이 낙지를 권하며 이여송의 무례함에 대응함.
하니, 상이 소왈,
❿⊙"대국 계충(桂蟲)과 소국 낙지를 서로 비하매 어떠하뇨?"」 이여송의 무례함을 간접적인 발화 방식으로 질책함.
⑪⊙제독이 웃고 다른 말 하더라. 이여송이 자신의 잘못을 멋쩍게 인정함.

차설: 주로 글 따위에서, 화제를 돌려 다른 이야기를 꺼낼 때, 앞서 이야기하던
내용을 그만둔다는 뜻으로 다음 이야기의 첫머리에 쓰는 말(= 각설)
치사하다: 고맙고 감사하다는 뜻을 표시하다.
사자: 명령이나 부탁을 받고 심부름하는 사람
용포: 임금이 입던 정복
사송하다: 임금이 신하에게 물건을 내려 보내다.
식물: 먹을 수 있거나 먹을 만한 음식 또는 식품
사급하다: 나라나 관청에서 금품을 내려 주다.
호군하다: 군사들에게 음식을 주어 위로하다.
진어하다: 임금이 먹고 입다.
진미: 음식의 아주 좋은 맛. 또는 그런 맛이 나는 음식물
무료하다: 부끄럽고 열없다.

*① 요약: 상이 이여송의 무례함에 대응함.

(중략)

❷ 남원이 이미 함몰하매 「전주로부터 망풍와해(望風瓦解)하니, 이 소문을 듣고 뿔뿔이 흩어짐.
로 인하여 양원호 북주(北走)하니라. 이때, 적이 승승장구하여 각읍 ❷ 중심인물   북쪽으로 달아남.
수령이 다 도망하되, 오직 의병장 곽재우만이 화왕산성에 올라 굳 ❸ 실제 인물과 공간을 등장시켜 사실성을 높임.
게 지키더니,」 적이 이르러 본즉 산세가 험한지라.❸ 감히 치지 못하 「 」: 왜적의 승승장구 소식에 앞다투어 도망가는 수령들의 모습과 의병장 곽재우의 모습이 대비됨.
고 물러가거늘, 「재우가 군사를 몰아 도적의 뒤를 엄살하니 적이 패 「 」: ❷ 중심 사건 - 곽재우가 왜적을 물리치지만, 다른 관리들은 도망치거나 죽음.
[A] 주하다가 황석산성을 치거늘, 김해 부사 백사림과 안의 현감 곽준 ❶ 공간적 배경
과 함양 군수 조종도가 성중에 있다가 불의지변을 만나매, 인심이
소동하여 사산분주하니」 곽준이 싸우다가 죽으니라. 곽준은 다른 수령들과 달리 싸우다 죽음.
❹ 곽준의 여자가 그 지아비 유문호로 더불어 한가지로 아비를 좇아 곽준의 딸
성중에 피란하였더니, 그 아비와 오라비 이미 죽고 그 지아비 또한
도적에게 잡힘을 듣고 탄식 왈,
❺"이제 아비와 지아비를 잃었으니 내 홀로 살아 무엇하리오?" 집안 남성들의 상황에 따라 여성이 취할 수 있는 선택이 영향을 받음.
❻하고, 목매어 죽으니라.

함몰하다: 결딴이 나서 없어지다. 또는 결딴을 내서 없애다.
엄살하다: 별안간 습격하여 죽이다.
패주하다: 싸움에 져서 달아나다.
불의지변: 뜻밖에 당한 변고
소동하다: 사람들이 놀라거나 흥분하여 시끄럽게 법석거리고 떠들어 대다.
사산분주하다: 사방으로 흩어져 재빨리 달아나다.

*② 요약: 의병장 곽재우만이 왜적에 맞서고 다른 관군은 도망가거나 죽음.

❸ 각설. 순신이 전선 수십 척을 거느려 진도 벽파정 아래 결진하였 ❶ 중심인물   ❶ 공간적 배경
더니, 적장 마득시가 전선 이백여 척을 거느려 오거늘, 순신이 배에 「 」: 적은 수의 군사를 거느리고도 바람을 이용하여 적을 물리침.
대포를 싣고 순풍을 좇아 나오며 어지러이 놓으니 적장이 당치 못하여
달아나거늘,」 순신이 뒤를 따라 일진을 짓치고 적장 마안둔을 베다 ❷ 중심 사건: 순신이 왜적을 물리침.

가 군정에 대진한지라. 드디어 고금도에 결진하니 군사가 이미 팔천여 **①** 공간적 배경

인이요, 남녀 백성이 피란하여 오는 자가 수만이라.

> **전선**: 전투에 쓰는 배
> **결진하다**: 전투에서, 진(陣)을 치다.
> **순풍**: 배가 가는 쪽으로 부는 바람. 또는 바람이 부는 쪽으로 배가 감.
> **일진**: 군사들의 한 무리
> **짓치다**: 함부로 마구 치다.
> **대진하다**: 적의 진과 마주하여 진을 치다.

*③ 요약: 이순신이 벽파정에서 왜적을 물리침.

④ **①** 무술 칠월에 천주 수군 도독 진인이 경성에서 장차 고금도에 나아
   ① 시간적 배경 명나라   사령관 **①** 중심인물

가 순신으로 더불어 적을 치려 하여 발행할새, 상이 강두(江頭)에서 전
         인물의 성격을 직접 서술함.   강가의 나루 근처

송한지라. 「진인의 천성이 본디 강포하매 두려워하는 자가 많은 고로,
         ③ 서술자: 3인칭 서술자, 시점: 전지적 작가 시점

진인의 군사가 수령을 욕매(辱罵)하여 조금도 기탄함이 없고, 찰방 이
              헤아릴 수 없이 마구 때려 욕하고 꾸짖는

상규를 무수 난타하여 유혈이 낭자한지라.」 상이 근심하사 순신에게
「」: 거침없이 행동하는 명나라의 군사들   **③**

전지(傳旨)하여,

   ④ "진인을 후례(厚禮)로 대접하여 촉노(觸怒)함이 없게 하라."
              후한 예의   윗어른의 마음을 거슬러서 성을 내게 함

하시다. **⑥** 이순신이 진인의 일을 듣고 주육을 준비하여 진인을 맞아 예
  ⑤   술과 고기

필하고, 일변 잔치를 배설하여 진인을 관대하고, 일변 천병을 공궤(供
                                       명나라 군사들

饋)하니, 군사가 서로 일러 왈,
  ② 중심 사건: 순신이 진인과 명나라 군사들을 극진히 대접함.

   ⑦ "과연 양장(良將)이라." 하고, 진인이 또한 기꺼하더라.

> **발행하다**: 길을 떠나다.
> **전송하다**: 예를 갖추어 떠나보내다.
> **강포하다**: 몹시 우악스럽고 사납다.
> **기탄하다**: 어렵게 여겨 꺼리다.
> **찰방**: 조선 시대에, 각 도의 역참 일을 맡아보던 종육품 문관 벼슬
> **낭자하다**: 여기저기 흩어져 어지럽다.
> **전지하다**: 승정원의 담당 승지를 통하여 왕명서를 전달하다.
> **촉노하다**: 윗어른의 마음을 거슬러서 성을 내게 하다.
> **예필하다**: 인사를 끝마치다.
> **배설하다**: 연회나 의식에 쓰는 물건을 차려 놓다.
> **관대하다**: 친절히 대하거나 정성껏 대접하다.
> **공궤하다**: 음식을 주다.
> **양장**: 재주와 꾀가 많은 훌륭한 장수
> **기꺼하다**: 마음속으로 은근히 기쁘게 여기다.

*④ 요약: 이순신이 강포한 진인과 군사들을 잘 대접함.

⑤ **①** 일일은 도적 수백 척이 나오거늘, 순신과 진인이 각각 수군을 거느
   ① 시간적 배경

려 녹도에 이르니 적이 아군을 바라보고 짐짓 뒤로 물러가며 아군을

유인하니, 순신이 따르지 아니하고 돌아올 새, 진인이 수십여 척을 머
       순신과 진인이 합동하여 적에 대항함.

물러 싸움을 돕게 하니라. **②** 진인이 순신으로 술을 먹더니 진인의 휘하
                          이순신과 진인이 합동하여 적에 대항함.

천총(千摠)이 전라도로부터 돌아와 가로되,

   ③ "오늘 아침에 도적을 만나 조선 군사는 도적 백여 명을 죽이되, 천
         조선 군사들과 달리 명나라 군사들이 전투에서 성과를 내지 못함.

병은 풍세가 불리하여 하나도 잡지 못하였다."

하니, 진인이 대로하여 천총을 등 밀어 내치고 잡았던 술잔을 땅에 던
  ④

지니, 순신이 그 뜻을 알고 가로되,

   ⑤ 「ⓒ노야(老爺)는 천조 대야(大爺)로 이곳에 이르렀으니 우리 승첩
「」: **②** 중심 사건 - 순신이 승리의 공로를 진인에게 돌려 진인의 호의를 얻음.

은 곧 노야의 승첩이라. 진중에 이른 지 불구에 첩서를 천조(天朝)

에 보하니 어찌 아름답지 아니하리오?"

   ⑥ 진인이 대희하여 순신의 손을 잡고 왈,
         크게 기뻐함.

---

   ⑦ "내 일찍 그대의 성명을 우레같이 들었더니 과연이로다."」

하고, 다시 술을 내와 즐기니라. **⑨** 이로부터 진인이 순신의 진에 있어
  ⑧

그 호령이 엄정함을 탄복할 뿐 아니라, 저의 전선이 도적 막기에 불편

하매, 매양 진을 임하여 아국 판옥선(板屋船)을 타고 순신의 지휘를 좇
                   우리 나라(조선)

으며 ②반드시 '이야(李爺)'라 일컫고, 인하여 천조에 주문(奏聞)하되,
              이순신을 존대하는 뜻을 포함.

   ⑩ "통제사 이순신이 경천위지지재(經天緯地之才)를 품었고 보천욕일
                        천하를 다스릴 만한 재주

지공(補天浴日之功)이 있다." 하더라.
  나라를 다시 세운 공로

> **휘하**: 장군의 지휘 아래
> **풍세**: 바람의 기세
> **노야**: 남을 높여 이르는 말
> **승첩**: 싸움에서 이김.
> **불구**: 오래지 아니함.
> **첩서**: 싸움에서 승리한 것을 보고하는 글
> **성명**: 세상에 널리 퍼져 평판 높은 이름
> **엄정하다**: 엄격하고 바르다.
> **탄복하다**: 매우 감탄하여 마음으로 따르다.
> **주문하다**: 임금에게 아뢰다.

*⑤ 요약: 이순신이 진인을 자신의 편으로 만듦.

⑥ **①** 천병이 비록 순신의 위엄을 기탄(忌憚)하나 민간의 작폐가 가장 많
                                     명나라 군사들이 많은 폐단을 일으킴.

으니, 일일은 순신이 하령하여 도중의 대소 여사(旅舍)를 불 지르고 자
                         섬 안의 크고 작은 숙소

기 의금(衣衾)을 수습하여 배에 내리치더니, 진인이 이 소식을 듣고 급

히 가정을 보내어 연고를 물은대, 순신 왈,

   ② "소국 군민이 천병 믿기를 저의 부모같이 하거늘, 천병이 노략함을
      ② 갈등: 노략질하는 천병과 이에 분개한 순신의 외적 갈등

힘쓰니 사람이 괴로움을 견디지 못하는지라. 내 이제 대장이 되어 무

슨 낯으로 이곳에 머물리오? 이러므로 다른 곳으로 가고자 하노라."

하니, 가정이 돌아가 그대로 고하니, 진인이 대경하여 전도에 이르러
  ③

순신의 손을 잡고 만류하며 ⑩사람을 성중에 보내어 그 의금을 수운

하여 드리고 간청하니,

   ④ 순신 왈, "대인이 내 말을 들으면 어찌 서로 떠나리오?"

   ⑤ 진인 왈, "내 어찌 공의 말을 듣지 아니하리오?"

   ⑥ 순신 왈, "천병이 아국으로써 배신이라 하여 조금도 기탄함이 없으니,

만일 대인이 나로 하여금 제어케 하면 다른 염려가 없을까 하나이다."

   ⑦ 진인 왈, "이 일이 무엇이 어려우리오? 만일 죄를 범하는 자가 있거

든 공이 임의로 처치하라."
                          명령을 어기는 자

하니, 순신이 허락받은 후에 천병 중의 위령자(違令者)를 용서함이 없
  ⑧   **②** 중심 사건: 순신이 진인의 허락을 얻어 천병의 노략질을 막음.

으니 천병이 두려워하기를 진인에게 지나더라.

> **작폐**: 폐단을 일으킴.
> **하령하다**: 명령을 내리다.
> **의금**: 옷과 이부자리를 아울러 이르는 말
> **가정**: 예전에, 집에서 부리던 남자 일꾼
> **노략하다**: 떼를 지어 돌아다니며 사람을 해치거나 재물을 강제로 빼앗다.
> **수운하다**: 강이나 바다를 이용하여 사람이나 물건을 배로 실어 나르다.

*⑥ 요약: 이순신이 진인의 허락을 받고 천병의 노략질을 막음.

★ **독해 공식**

① 중심인물: 상(선조), 제독(이여송), 곽재우, 순신, 진인 등

시간적 배경: '무술 칠월', '일일' 등

공간적 배경: 경성, 화왕산성, 황석산성, 벽파정, 고금도

❷ 중심 사건: 상이 낙지를 권하며 이여송의 무례함에 대응함. 곽재우가 왜적을 물리치지만, 다른 관리들은 도망치거나 죽음. 순신이 왜적을 물리침. 순신이 진인과 명나라 군사들을 극진히 대접함. 순신이 승리의 공로를 진인에게 돌려 진인의 호의를 얻음. 순신이 진인의 허락을 얻어 천병의 노략질을 막음.

갈등: 상에게 벌레를 권하는 이여송과 그의 무례함에 대응하는 상의 외적 갈등. 노략질하는 천병과 이에 분개한 순신의 외적 갈등

❸ 서술상 특징
- 서술자: 3인칭 서술자, 시점: 전지적 작가 시점
- 여러 삽화(어떤 이야기나 사건의 줄거리에 끼인 짧막한 토막 이야기)를 제시하여 임진왜란 당시의 상황을 구체적으로 보여 주고 있음.
- 실제 인물과 공간을 등장시켜 사실성을 높이고 있음.

■ **내용**: 이 작품은 임진왜란 패전의 역사를 허구적 승전사로 꾸며 놓음으로써 쓰라린 패배에 대한 정신적 보상을 얻고자 했던 역사 소설이다. 사실상 패배로 끝을 맺은 당시 전란을 체험했던 민중들이나 그 의식을 계승한 후손들의 인식이 반영되어 있다. 즉, 밖으로는 외적의 침략으로부터 국토와 민족을 수호하려는 분노를 고취한 한편, 안으로는 당쟁의 허점 등으로 외적의 침략을 자초한 데 대한 뼈아픈 뉘우침을 담아냈다.

■ **인물 관계도**

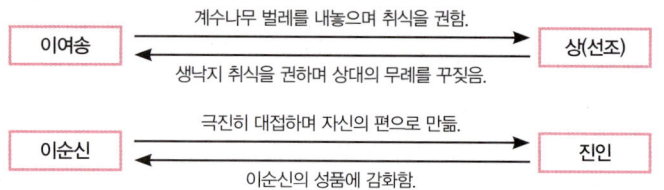

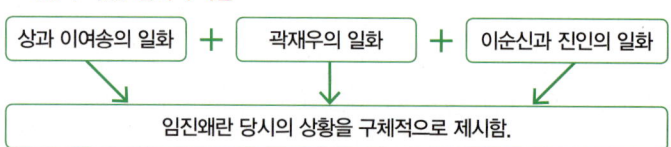

■ **주제**: 임진왜란의 패배에 대한 정신적 보상과 민족적 자긍심 고취

■ **이것이 핵심!**: 삽화의 나열

상과 이여송의 일화	+	곽재우의 일화	+	이순신과 진인의 일화

↓ ↓ ↓

임진왜란 당시의 상황을 구체적으로 제시함.

■ **전체 줄거리**: 일본이 조선을 침공하여 왜란을 일으킨다. 많은 전투에서 패하자 선조는 도성을 떠나 평양으로 향하고, 왜군 장수가 도성을 점령한다. 선조가 다시 의주로 피하고 명나라에 도움을 요청하자, 요동 도독 조승훈이 구원병을 이끌고 오지만 대패한다. 한편, 이순신은 거북선을 만들어 수군을 지휘하며 연이어 승리하고, 의병장 김덕령은 도술을 부려 왜군을 괴롭힌다.
선조는 이덕형을 명나라에 보내 군사를 요청하지만, 명나라 천자는 이를 거부한다. 그러자 '삼국지'에 나오는 관운장이 명나라 천자의 꿈에 나타나 조선에 군사를 파견하도록 도움을 준다. 왜군과 싸우다 이순신이 전사하고, 진주에서는 논개가 왜장을 안고 남강에 뛰어내린다. 왜군이 물러간 뒤 선조는 김응서와 강홍립을 왜국으로 보내지만 정벌에 실패한다. 이후 서산 대사의 제자 사명당이 왕명을 받고 일본에 가서 왜왕의 항복 문서를 받아 온다.

▲ 화왕산성(동쪽면): 창녕 읍내의 동쪽 화왕산에 돌로 쌓은 산성으로, 임진왜란 때 곽재우가 의병의 근거지로 삼고 왜병의 진출을 막은 곳임.

D 16 정답 ① ＊서술상 특징 파악하기

윗글의 서술상 특징에 대한 설명으로 가장 적절한 것은?

> **왜 정답?**

① 여러 삽화들을 제시하여 전체 사건의 여러 면모를 보여 주고 있다.
  이여송과 상의 대면, 곽재우의 이야기, 순신과 진인의 이야기

윗글에서는 상을 무례하게 대하는 이여송과 이에 대한 상의 대응, 왜적을 물리친 곽재우와 도망가기에 바쁜 관리들, 순신과 진인의 이야기 등 여러 삽화를 제시하여 임진왜란 당시의 여러 모습을 보여 주고 있다.

┌ 삽화: 어떤 이야기나 사건의 줄거리에 끼인 짧막한 토막 이야기
└ 면모: 사람이나 사물의 겉모습. 또는 그 됨됨이

> **왜 오답?**

② 우의적 수법을 동원하여 현실의 문제를 비판적으로 형상화하고 있다.
  사용되지 않음.

윗글에서는 인물, 장소 등을 구체적으로 드러내어 임진왜란 당시의 상황을 사실적으로 서술하고 있다. 우의적 수법은 활용되지 않았다.

┌ 우의적 수법: 다른 사물에 빗대어 비유적인 뜻을 나타내거나 풍자하는 서술 방법

③ 서술자의 개입을 통한 주관적 논평을 중심으로 서술의 밀도를 높이고 있다.
  드러나지 않음.

윗글에서 서술자는 사건의 전개 과정과 인물의 심리 등을 서술하고 있으나, 이에 대한 자신의 주관적인 견해를 드러내고 있지는 않다.

┌ 주관적 논평: 사건이나 인물에 대한 서술자의 주관적인 평가
└ 밀도: ① 빽빽이 들어선 정도 ② 내용이 얼마나 충실한가의 정도

④ 인물들의 성격이 변화하는 과정을 추적하여 다양한 주제를 이끌어 내고 있다.
  윗글의 인물들은 모두 평면적 인물임.

윗글에 등장하는 인물들은 일관된 성격을 보여 주는 평면적 인물로, 사건이 진행됨에 따라 성격이 변화하지 않는다.

┌ 추적하다: 사물의 자취를 더듬어 가다.

⑤ 이원적 세계를 설정하여 천상계의 갈등이 지상계로 이어진다는 점을 보여 주고 있다.
  지상계만을 배경으로 함.

윗글은 '조선'이라는 현실 세계를 배경으로 사건을 전개하고 있으며 천상계는 나타나지 않는다. 즉, 윗글에서는 이원적 세계를 설정하고 있지 않다.

┌ 이원적: 두 가지로 구분되는
├ 천상계: 신들이 살고 있다는, 하늘 위의 세계
└ 지상계: 사람들이 살고 있는 땅 위의 세계

D 17 정답 ② ＊사건과 갈등 파악하기

윗글의 내용에 대한 이해로 가장 적절한 것은?

> **왜 정답?**

② '진인'의 군사가 조선의 관리를 거리낌 없이 모욕하고 구타한 것은 '진인'의 위세를 빙자하였기 때문이다.
  진인의 천성이 '강포'하여 두려워하는 자가 많았기 때문임.

＊근거: ④-❷

진인의 군사들은 수령을 욕하는 것에 조금도 꺼림이 없었고 관리를 마구 때렸는데, 이는 '진인의 천성이 본디 강포하매 두려워하는 자가 많았기 때문'이라고 했다. 즉, 진인의 군사는 진인의 위세를 믿고 조선 관리를 모욕하고 구타한 것이다.

┌ 빙자하다: 남의 힘을 빌려서 의지하다.

>**왜 오답?**

① '이항복'이 '생낙지 칠 개'를 담아 올린 것은 ~~'이여송'이 '생낙지'~~ ~~를 좋아하리라 예상했기 때문이다.~~
이여송의 무례함을 일깨우기 위한 것임.

*근거: ①-❽, ❾
이여송이 벌레를 주며 상에게 먹기를 권하자, 이항복은 생낙지를 담아 상에게 드렸다. 이에 상이 이여송에게 낙지를 권하자 이여송이 눈썹을 찡그리며 먹지 못한 것으로 보아, 이항복이 생낙지를 올린 것은 상에게 벌레를 주며 먹기를 권하는 이여송의 무례함을 일깨우기 위한 것이다.

③ '진인'이 전선 '수십여 척'을 머물러 지키게 한 것은 ~~왜군과의~~ ~~싸움에서 공을 세울 의향이 없었기 때문이다.~~
이순신과 보조를 맞추기 위한 것임.

*근거: ⑤-❶
적이 '아군을 유인하'는 것을 파악한 이순신이 싸우지 않고 '돌아'오자 '진인이 수십여 척을 머물러 싸움을 돕게' 했다. 즉, 진인은 싸우지 않고 돌아온 이순신의 보조를 맞춰 돕기 위해 전선 '수십여 척을 머물러' 지키게 한 것이다.

[공: 일을 마치거나 그 목적을 이룬 결과로서의 공적]

④ '진인'이 '천총'을 내친 것은 '천총'이 자신에게 ~~실제 상황과는~~
전쟁의 상황
~~다르게 전황을 보고하였기 때문이다.~~
천병이 조선 군사보다 성과를 올리지 못했기 때문임.

*근거: ⑤-❸, ❹
진인은 천총으로부터 '조선 군사는 도적 백여 명을 죽이되, 천병은 풍세가 불리하여 하나도 잡지 못하였다'는 소식을 듣자 '천총을 등 밀어 내'쳤다. 즉, 진인은 조선 군사와 달리 천병이 전투에서 성과를 내지 못해 화가 나서 천총을 내친 것이다.

⑤ '이순신'이 '여사'에 불을 지르고 '의금'을 수습한 것은 당장은 ~~승산이 없다고 여겨 장차 진을 옮기려 하였기 때문이다.~~
천병이 노략질하는 것을 막기 위한 것임.

*근거: ⑥-❶, ❷
이순신은 천병이 가장 많은 '민간의 작폐'를 일으키자 '여사를 불 지르고 자기 의금을 수습하'며 진인에게 '천병이 노략함에 힘쓰니' 사람들이 괴로워하여 대장으로서 이곳에 머물 수 없다고 말했다. 즉, 이순신은 천병이 노략질하는 것을 막기 위해 의도적으로 '여사'에 불을 지르고 '의금'을 수습한 것이다.

[승산: 이길 수 있는 가능성]

D 18 정답 ③ *인물의 심리와 태도 파악하기

㉠~㉤에 대한 설명으로 적절하지 않은 것은?

• ㉠: ㉠은 낙지를 먹지 못하는 이여송에게 상이 한 말입니다.
• ㉡: ㉡은 벌레와 낙지에 관해 묻는 상의 말에 대한 이여송의 반응입니다.
• ㉢: ㉢은 화가 난 진인에게 이순신이 한 말입니다.
• ㉣: ㉣은 진인이 이순신을 대하는 태도입니다.
• ㉤: ㉤은 다른 곳으로 가겠다는 이순신의 말을 들은 진인의 반응입니다.

즉 ㉠~㉤에 드러난 인물들의 말과 행동의 의도를 잘못 파악한 것을 고르는 문제입니다.

>**왜 정답?**

③ ㉢: ~~상대방의 능력을 칭송하며~~ 그에 대해 감탄하는 뜻이 담긴
칭찬하며
발화이다.
능력을 칭송하는 것이 아니라 상대방을 달래기 위한 의도임.

*근거: ⑤-❹, ❺
진인은 조선 군사와 달리 천병이 전투에서 활약하지 못했다는 소식을 듣고 크게 화를 냈다. 이에 이순신은 '우리 승첩은 곧 노야의 승첩'이라며 조선 군대의 승리는 곧 진인의 승리라고 말했다. 이는 화가 난 진인을 달래기 위해 진인을 추켜올리는 말을 한 것이지, 진인의 능력을 칭송하는 것으로 볼 수 없다.

>**왜 오답?**

① ㉠: 상대방의 무례한 행위를 넌지시 일깨우려는 뜻이 담긴 발
예의가 없는
화이다.
벌레를 권하며 놀리듯 말한 행위가 무례하다는 뜻을 간접적으로 전함.

*근거: ①-❷, ❻, ❿
이여송이 벌레를 내어 놓고 '세상에 희귀한 진미를 어찌' 먹지 못하냐고 놀리듯 말하자, 상은 똑같은 방식으로 생낙지를 내어 놓고 이여송이 먹지 못하는 것을 보며 '대국 계충과 소국 낙지를 서로 비하매 어떠하뇨?'라고 말했다. 이는 벌레를 권하며 놀린 이여송의 행위가 무례하다는 것을 간접적으로 일깨우려는 의도가 담긴 말로 볼 수 있다.

② ㉡: 상대방의 질책에 반응하여 잘못을 멋쩍게 인정하는 뜻이 담긴 행동이다.
자신이 벌레를 권하며 놀린 것이 잘못되었음을 인정함.

*근거: ①-❿, ⓫
상이 '대국 계충과 소국 낙지를 서로 비하매 어떠하뇨?'라고 말하며 자신의 무례한 행위를 돌려서 질책하자 이여송은 '웃고 다른 말'을 했다. 이는 자신이 상에게 벌레의 취식을 권하며 먹지 못한다고 놀리듯 말한 것이 무례한 행위였음을 멋쩍게 인정한 것으로 볼 수 있다.

[질책: 꾸짖어 나무람. 멋쩍게: 어색하고 쑥스럽게]

④ ㉣: 상대방을 특별히 공경하고 우대하는 뜻이 담긴 행동이다.
진인은 이순신의 성품과 통솔력을 높이 평가함.

*근거: ⑤-❺~❾
진인은 조선 군사의 승리가 진인의 승리라고 말하는 이순신에 '내 일찍 그대의 성명을 우레같이 들었더니 과연이로다'라고 감탄하고, 이순신의 '호령이 엄정함'을 탄복'했다. 그리고 이순신을 '반드시 '이야'라 일'컬었다. '이야'는 이순신을 높여 이르는 말로, 진인이 이순신을 특별히 공경하고 우대하는 태도를 드러낸 것이다.

[우대하다: 특별히 잘 대우하다.]

⑤ ㉤: 상대방의 결정이 번복되기를 바라는 뜻이 담긴 조치이다.
다른 곳으로 떠나겠다는 이순신의 결정을 되돌리려 함.

*근거: ⑥-❶~❸
이순신은 천병이 백성들을 노략질하자 여사를 불태우고 의금을 수습하여 다른 곳으로 떠날 것처럼 말했다. 이에 진인은 '순신의 손을 잡고 만류하며 사람을 성중에 보내어 그 의금을 수운하여 드리고' 떠나지 않기를 간청했다. 즉, 진인이 이순신의 의금을 가져다준 것은 다른 곳으로 가겠다는 이순신이 결정을 번복하기를 바랐기 때문으로 볼 수 있다.

[번복되다: 이리저리 뒤쳐져 고쳐지다.]

D 19 정답 ⑤ *사건과 갈등 파악하기

[A]를 통해 작품 속 상황을 추론한 내용으로 적절하지 않은 것은?

• [A]: 왜적의 침입에 의병장이 맞서 싸우는 상황, 관리들이 달아나거나 적과 싸우는 상황, 아버지와 오빠가 죽고 남편이 잡혔다는 소식을 들은 여인이 자결한 상황이 제시되어 있습니다.

즉 [A]에 드러난 인물들의 여러 행동을 바탕으로 작품 속 상황을 추론한 내용 중 틀린 것을 고르는 문제입니다.

>**왜 정답?**

⑤ 산성을 지키면서 적의 공격에 대비하는 것은 의병장과 ~~일부~~ ~~수령의 공통된 전략이었다.~~
수령들은 도망갔음.

*근거: ②-❷, ❸
왜적이 승승장구하며 진격해 오자 '각읍 수령이 다 도망하되, 오직 의병장 곽재우만이 화왕산성에 올라 굳게 지켰다고 했다. 즉, 의병장만이 산성을 지키며 적의 공격에 대비했으므로, 일부 수령이 산성을 지키며 적의 공격에 대비했다는 것은 적절하지 않다.

① 전세의 변화에 따라 적의 행로나 목적지가 바뀌기도 하였다.
　왜적은 화왕산성을 치려다가 전세가 불리해지자 황석산성으로 목적지를 바꿈.

* 근거: ②-❷, ❸

왜적은 '화왕산성'의 '산세가 험'한 것을 보고 '감히 치지 못하고 물러가'다 곽재우에 의해 습격당하고는 달아나다가 '황석산성'을 쳤다. 이는 전세의 변화에 따라 적의 행로나 목적지가 바뀐 것으로 볼 수 있다.

〔전세: 전쟁의 형세나 형편　행로: 길을 감. 또는 그 길〕

② 적의 세력이 강하다는 풍문 때문에 싸우지도 않고 도망을 치기도 하였다.
　남원이 함몰된 후 소문을 듣고 뿔뿔이 흩어짐.

* 근거: ②-❶

남원이 왜적으로부터 함몰당하자 '전주로부터 망풍와해'하니 양원호는 북쪽으로 도주했다고 했다. '망풍와해'는 소문을 듣고 뿔뿔이 흩어졌다는 뜻으로, 적이 강하다는 소문을 듣고 싸우지도 않고 도망친 것으로 볼 수 있다.

〔풍문: 바람처럼 떠도는 소문〕

③ 집안 남성들의 상황에 따라 여성이 취할 수 있는 선택이 영향을 받았다.
　아버지와 오빠가 죽고 남편이 적에 붙잡히자 곽준의 여자(딸)가 자결함.

* 근거: ②-❹~❻

곽준의 여자(딸)는 '그 아비와 오라비 이미 죽고 그 지아비 또한 도적에게 잡힘'을 듣고 '이제 아비와 지아비를 잃었으니 내 홀로 살아 무엇하리오?'라고 하며 '목매어 죽'었다. 이는 집안 남성들의 상황에 여성의 선택이 영향을 받은 것으로 볼 수 있다.

④ 전란 중에 많은 수령들이 싸움을 회피했지만 끝까지 항전한 수령도 있었다.
　각읍 수령이 도망갔지만, 안의 현감 곽준은 싸우다 죽음.

* 근거: ②-❷, ❸

왜적이 승승장구하자 '각읍 수령이 다 도망하'였는데, 왜적이 황석산성을 칠 때 '김해 부사 백사림과 안의 현감 곽준과 함양 군수 조종도가 성중에 있다가' 사산 분주하던 중에 곽준은 싸우다가 죽음을 맞았다. 이로 보아 전란 중에 많은 수령들이 싸움을 회피했지만 끝까지 싸운 수령도 있었음을 알 수 있다.

〔회피하다: 일하기를 꺼리어 선뜻 나서지 않다.
항전하다: 적에 대항하여 싸우다.〕

🐝　**1등급 풀이 Tip**

'사건과 갈등 파악하기' 유형을 풀 때는 지문의 내용을 정확히 파악하는 것이 중요하다. 하지만 [A]처럼 어려운 어휘가 많아 내용을 파악하기가 쉽지 않을 때는, 선택지를 먼저 읽어 파악해야 할 내용을 확인하는 것이 좋다.
①~⑤에서 '의병장, 수령, 전세의 변화, 풍문, 여성' 등의 표현을 먼저 확인하고, 이 표현들을 [A]에서 찾아 해당 부분을 꼼꼼히 읽으면 파악하기 어려운 내용을 이해하는 데 도움이 된다.

D 20　정답 ②　*〈보기〉를 바탕으로 감상하기

〈보기〉를 참고하여 윗글을 감상한 내용으로 적절하지 <u>않은</u> 것은? [3점]

• 〈보기〉: 〈임진록〉은 민족적 자긍심과 울분을 부각하려는 의도가 담겨 있으며 민중의 생각과 정서가 깊숙이 반영되어 있습니다.
• 윗글: 이여송과 임금의 이야기, 왜적에 대응하는 곽재우와 수령들의 이야기, 이순신과 진인의 이야기 등 임진왜란 당시의 전쟁 상황을 다각적으로 보여 주고 있습니다.
足 윗글에 나타난 민족적 자긍심과 울분, 민중의 생각과 정서를 파악한 내용 중 틀린 것을 고르는 문제입니다.

[보기]

❶〈임진록〉에는 민족적 자긍심과 울분을 부각하려는 의도가 담겨 있다. ❷이는 <u>조선에 뛰어난 인물이 존재한다</u>는 점을 강조하거
　　　　　　　　　　　　　　　　　　　　　　④의 근거
나 <u>외세에 대한 반감을 표출하</u>는 방식으로 흔히 구현되는데, 특
　　　③의 근거
히 외세에 대한 반감은 왜군뿐 아니라 원군으로 조선에 온 명군
　　　　　　　　　　　　　　　　　　　　　　　①의 근거
에 대해서도 나타나고 있다. ❸또한 작품에는 민중의 생각과 정서
가 깊숙이 반영되어 있다. ❹<u>작품 속 인물들이 백성을 위하는 행동</u>
<u>을 취하는 것은 그와 같은 이유 때문이다.</u>
　　　　　　　　　　　⑤의 근거

자긍심: 스스로에게 긍지를 가지는 마음
반감: 반대하거나 반항하는 감정
원군: 전투에서 자기편을 도와주는 군대

＞왜 정답?

② '상'이 '천자'의 위로를 받고 '용포'를 하사받는 내용은 ~~백성을 위하는 뛰어난 인물이 조선을 다스린다~~는 점을 강조하기 위해 삽입한 것이겠군.
　조선이 명나라의 영향 아래에 있었음을 보여 줌.

* 근거: ①-❷

'천자가 사자를 보내어 왕상을 위로하시고, 용포 일령을 사송'한 것은 상이 백성을 위하는 뛰어난 인물이어서가 아니라 조선이 명나라에 도움을 요청했기 때문이다. 즉, 상이 천자에게 용포를 하사받는 모습은 당시 조선이 명나라의 영향 아래에 있었음을 보여 주며, 조선의 임금이 명나라 제독과 함께 '북향사배'(명나라의 왕이 있는 북쪽을 향해 절을 함.)한다는 내용을 통해서도 이 점이 드러난다.

〔하사: 임금이 신하에게, 또는 윗사람이 아랫사람에게 물건을 줌.〕

＞왜 오답?

① '이여송'과 '진인'이 부정적인 모습으로 등장하는 것을 보면 왜군뿐 아니라 명군에 대해서도 반감이 나타난다는 점을 알 수 있겠군.
　이여송은 상에게 무례한 행동을 하고, 진인은 포악한 성질을 지닌 인물로 묘사됨.

* 근거: ①-❻, ④-❷, 〈보기〉❷문장

이여송은 상에게 벌레의 취식을 권하는 무례한 인물로, 진인은 포악한 성질을 지닌 인물로 묘사된다. 이들은 모두 명나라에서 온 인물로, 〈보기〉에서 언급한 '외세에 대한 반감은 왜군뿐 아니라 원군으로 조선에 온 명군에 대해서도 나타나고 있다'는 것과 관련된다.

③ '곽준'의 가족들이 죽는 장면이 제시된 것은 왜군에 대한 분노가 반영된 결과이겠군.
　곽준과 아들은 전사하고 딸은 자결함.

* 근거: ②-❸~❻, 〈보기〉❷문장

곽준은 왜군과 싸우다가 죽고 오라비(곽준의 아들)도 이미 죽었으며, 곽준의 여자(곽준의 딸)는 지아비 또한 도적에게 잡혔다는 것을 듣고 자결한다. 이는 우리 민족을 죽음으로 몰아넣은 왜군에 대한 분노, 즉 〈보기〉에서 언급한 '외세에 대한 반감'이 반영된 것으로 볼 수 있다.

④ '진인'이 '이순신'의 역량을 인정하여 그 사실을 명나라 조정에까지 보고한 대목은 조선에 뛰어난 인물이 존재한다는 점을 드러내려는 의도와 연관되겠군.
　진인은 천조에 '이순신이 경천위지지재를 품었고 보천욕일지공이 있다.'라고 보고함.

* 근거: ⑤-❿, 〈보기〉❷문장

진인은 명나라 조정에 '통제사 이순신이 경천위지지재를 품었고 보천욕일지공이 있다'고 아뢰었다. 이를 통해 이순신의 뛰어남이 드러나며, 이는 〈보기〉에서 언급한 '조선에 뛰어난 인물이 존재한다는 점을 강조'하는 것으로 볼 수 있다.

⑤ 명군의 노략질을 막지 못한 책임을 통감하는 '이순신'의 모습

이순신은 천병의 노략질을 막지 못하니 무슨 낯으로 이곳에 머물겠냐고 말함.

을 통해 백성을 위하는 인물의 형상을 확인할 수 있겠군.

*근거: ⑥-❷, 〈보기〉④문장

이순신은 '천병이 노략함을 힘쓰니 사람이 괴로움을 견디지 못하는지라. 내 이제 대장이 되어 무슨 낯으로 이곳에 머물리오?'라고 말하며 명군의 노략질을 막지 못한 책임을 통감했다. 이는 〈보기〉에서 언급한 작품 속 인물이 '백성을 위하는 행동을 취하는' 모습으로 볼 수 있다.

〔 **통감하다**: 마음에 사무치게 느끼다.

D 21 ~ 23 *조위한, 〈최척전〉

[예상 문제]

❶ 중심인물, 배경 ❷ 중심 사건, 갈등 ❸ 서술상 특징
: ❸ 인물의 특성 직접 제시

1 ❶송우란 사람을 만났다. ❷그의 집은 향주 용금문 안에 있었고, 학문
❶중심인물 - 최척의 조력자
은 높았으나 벼슬길에는 뜻을 두지 않았다. ❸그는 저서로 생업을 삼았
다. ❹또한 남을 도와주기를 좋아하는 성미였다. ❺최척은 이 사람과 사귀
❶중심인물
어 벗이 되었다. ❻송우는 최척이 촉나라로 들어간다는 말을 듣고 술을
마련해서 찾아왔다. ❼서로 주거니 받거니 하며 얼근히 취한 후였다. ❽송
우가 최척에게 말했다.

❾"이 난세에 백일 승천하는 도술을 누구인들 원치 않으리요? 그러나
당시의 시대 상황이 혼란스러움을 짐작할 수 있음.
그러한 이치는 고금을 통하여 없을 뿐만 아니라, 여생이 얼마나 남
았다고 그런 마음을 다 먹소. 굶주림을 참고 스스로 고생을 사서 할
필요까지야 뭐 있소. 그래 산귀와 더불어 벗하려고 그러는가? 최공
은 그러지 말고 나를 따라 배를 타세. 오나라, 월나라로 다니면서
송우가 최척에게 여러 나라를 다니며 장사를 하자고 제안함.
비단이나 팔고 차나 팔면서 남은 여생을 보낸다면, 이 또한 통달한
사람의 업이 아니겠는가?"

❿최척은 듣고 깨달은 바가 있었다. ⓫그래서 송우를 따라 항주로 갔다.
❸서술자: 3인칭 서술자. 시점: 전지적 작가 시점 ❶공간적 배경: 베트남
⓬그해는 경자년 봄이었다. ⓭최척은 송우와 함께 상선을 타고 안남을 왕
❶시간적 배경 「 」: ❷중심 사건 – 최척이 송우와 함께 상선을 타고 왕래하다 안남에 머무름.
래했다. ⓮이 항구에는 왜선 10여 척이 열흘 전부터 정박하고 있었다.
최척과 옥영이 재회하는 계기를 마련함.
⓯때는 4월이라 모두들 노곤하여 곯아떨어졌다. ⓰하늘은 구름 한 점 없이
맑게 개었다. ⓱물빛은 비단같이 아름다웠고, 바람이 자 물결은 잔잔했
다. ⓲물결 소리조차 조금도 들려오지 않았다. ⓳배 안에 있는 사람들도 잠
이 들어 코고는 소리만 높은데, 이따금 물새우는 소리만이 들려왔다.

〔 **저서**: 책을 지음. 또는 그 책
생업: 살아가기 위하여 하는 일
난세: 전쟁이나 무질서한 정치 따위로 어지러워 살기 힘든 세상
백일 승천: 도를 극진히 닦아 육신을 가진 채 신선이 되어 대낮에 하늘로 올라가는 일
고금: 예전과 지금을 아울러 이르는 말
산귀: 산에 사는 귀신
통달하다: 사물의 이치나 지식, 기술 따위를 훤히 알거나 아주 능란하게 하다.
상선: 삯을 받고 사람이나 짐을 나르는 데 쓰는 배
노곤하다: 나른하고 피로하다.

*1 요약: 송우의 설득으로 함께 상선을 타게 된 최척이 안남에 정박함.

2 ❶그때 왜선에서 염불하는 소리가 매우 구성지게 들려왔다. ❷최척은
홀로 선창에 기댄 채 신세 타령을 했다. ❸모든 것을 잊으려는 듯 품속에

서 퉁소를 꺼내어 슬픈 곡조를 불면서 가슴속에 맺힌 애원한 정을 풀
고 있었다. ❹「이 ㉠퉁소 소리에 하늘마저 근심스런 빛을 띤 듯했고, 구
❶❷❸ 과장적(실제보다 지나치게 과도하게 작게 나타낸) 표현 슬프게 원망하는
재회의 매개체
름과 연기조차 침울하기 그지없었다.」❺배 안에서 잠을 자던 사람들도
놀라 깨어났다. ❻그들은 하나같이 슬픈 낯빛을 지었다. ❼그때 왜선에서
염불하는 소리가 갑자기 멎었다. ❽염불 소리 대신에 조선어로 한시를
옥영이 시를 읊는 소리
읊는 소리가 들렸다. ❾읊기를 다하자 한숨을 휴 내쉬는 것이었다.❿최척
❷중심 사건: 최척이 퉁소를 불자 조선어로 시를 읊는 소리가 들려옴.
은 읊는 소리를 듣고 너무도 뜻밖이어서 들었던 퉁소마저 떨어뜨렸다.
⓫넋을 잃은 듯 마치 죽은 사람 같았다. ⓬송우가 이상히 여겨 큰소리로 물
었다.

⓭"자네는 어째서 그런 모양을 하고 있는가?"

⓮그러자 최척은 그만 기절해 버렸다. ⓯얼마가 지나 겨우 정신을 차린
그는 말했다.

⓰"저 시는 내 아내가 지은 시오. 둘만이 알지 다른 사람은 아무도 모
재회의 매개체
르오. 더욱이 시 읊는 소리가 아내와 흡사하니 어찌 놀라지 않겠소.
아내가 저 배를 타고 있는 것이 아닌지? 도저히 그럴 리 없지."

⓱그리고는 왜적의 습격을 당하여 가족들이 흩어진 내력을 들려주었
최척과 옥영이 헤어지게 된 사연
다. ⓲사람들은 놀라며 이상히 여겼다. ⓳무리 중에 두홍이라는 사람이 있
최척과 함께 장사를 하는 중국인
었다. ⓴나이가 젊고 용감한 반면에 좀 덤벙대는 사람이었다. ㉑그는 최척
의 말을 듣자 결연한 표정으로 뱃전을 주먹으로 치며 말했다.

㉒"내가 당장 찾아가 보겠소."

㉓그러나 송우가 만류하며,

㉔"깊은 밤에 일을 꾸몄다가는 무슨 변을 당할지 두려우이. 내일 아침
밤에 왜선으로 가려는 두홍을 만류함.
에 정중히 찾아보는 것이 좋을 것이오."

㉕하니, 모두들 찬성했다. ㉖그날 밤 최척은 잠 한숨 자지 못했다. ㉗아침을
❶시간적 배경
기다리며 뜬 눈으로 날을 밝혔다. ㉘이윽고 동쪽이 밝아왔다. ㉙그는 조금
❶시간적 배경: 아침
도 지체할 수 없어 배에서 내려왔다. ㉚곧장 언덕으로 내려가 왜선으로
❶공간적 배경
다가갔다.

㉛"어젯밤 시를 읊은 사람은 틀림없이 조선인일 거요. 나도 조선인이
오. 이 머나먼 안남까지 와서 고국 사람을 한번 만나 보는 것도 이
또한 기쁜 일이 아니겠습니까?"

〔 **염불하다**: 불경을 외다. **선창**: 배의 창문
퉁소: 가는 대로 만든 목관 악기
내력: 일정한 과정을 거치면서 이루어진 까닭
결연하다: 마음가짐이나 행동에 있어 태도가 움직일 수 없을 만큼 확고하다.
뱃전: 배의 양쪽 가장자리 부분

*❷ 요약: 최척이 아내가 지은 시를 읊는 소리를 듣고 왜선에 찾아감.

3 ❶옥영은 배 안에서 퉁소 소리를 들었다. ❷그것은 곧 조선의 곡조
❶중심인물
요, 또한 예전에 귀에 익었던 소리였다. ❸그래서 남편이 그 배에 와 있
두 인물이 공유하고 있는 과거의 기억이 재회의 매개가 됨이 드러남.
지 않나 해서 시를 시험 삼아 읊었던 것이었다. ❹이때 남편이 자기를 찾
는 말을 듣자, 옥영을 황망하여 몸둘 바를 몰랐다. ❺엎어지고 넘어지면
서 급히 난간을 내려갔다. ❻두 사람은 서로를 알아보고, 소리치면서 끌
❷중심 사건: 최척과 옥영이 재회함.
어안고 흐느껴 울었다. ❼너무나 감격해 가슴이 막혔다. ❽심정이 격하여
말도 제대로 나오지 않았다. ❾이윽고 정신을 차렸다. ❿이 극적인 광경을
보느라고 양국의 뱃사람들이 담장처럼 늘어섰다. ⓫그들은 처음에는 두

사람이 친척이나 친구인 줄로만 알다가 급기야 부부지간이란 것을 알고는 서로 쳐다보며 큰 소리로,

^⑫"이상하고도 기이하도다. 이것은 하늘이 돕고 귀신이 도왔도다. 일찍이 이런 일은 보지 못했는데 정말 기쁜 일이로다."

^⑬하며 경탄을 하지 않은 사람이 없었다.

> 황망하다: 마음이 몹시 급하여 당황하고 허둥지둥하는 면이 있다.
> 경탄: 몹시 놀라며 감탄함.

*③ 요약: 최척과 옥영이 재회함.

④ 최척은 집안 소식을 물었다. ❷옥영이 대답하길,

^❸"그때 저희들은 산중에서 도망하여 강가로 나왔어요. 시아버님과 어머님은 그때까지 무사했어요. 날은 저물고 창황 중에 배를 타느라고 그만 서로 헤어지고 말았어요."

^❹두 사람은 또 한 번 통곡했다. ❺이 정경을 지켜보는 사람들마저 눈시울이 뜨거워졌다. _{인류애적 연민} ❻송우가 왜인을 청하여 백금 세 덩이를 주며 옥영을 사겠다고 나섰다. _{옥영을 데리고 장사를 하는 일본인, 돈우} ❼돈우는 손을 내저으며 말했다.

❶ 중심인물 – 옥영의 조력자
^❽"내가 이 사람을 얻은 지 4년이나 흘렀습니다. 그 단정한 거동을 사랑하여 친자식같이 사랑했고, 침식도 함께하며 잠시도 서로 떨어진 적이 없습니다. 그러나 지금껏 여자인 줄은 미처 몰랐소이다. 이제 이런 해후를 보고 하늘과 귀신마저 감동하거늘, 내 비록 완고하고 미련하나 어찌 목석과 같으리요? 어찌 돈을 받을 수가 있겠소이까?"

^❾그리고는 주머니에서 은 열 냥을 꺼내 옥영에게 주며 말했다. _{돈우의 인간적 배려}

^❿"4년 동안이나 동거하다가 하루아침에 이별하게 되니 슬픈 심정을 참을 수 없구려. 잃었던 남편을 만 리 바다 밖에서 다시 만난 것은 이 세상에 일찍이 없었던 일이오. 내가 욕심을 낸다면 하늘이 벌할 것이오. 「부인은 남편에게 돌아가 부디 몸조심하고 행복하게 사시오."_{돈우가 옥영을 흔쾌히 보내 줌.}

^⑪이에 옥영은 이렇게 답례하였다.

^⑫"주인 영감님의 도움을 입어 다행히 죽지 않고 살아서 남편을 만났으니, 그 베푼 은혜가 이미 깊사옵니다. 더욱이 이렇게 많은 돈까지 주시니 어떻게 보답할 길을 모르겠사옵니다.」"

「 」: ⑫ 중심 사건 – 옥영이 자신을 거두어 주었으며 흔쾌히 보내 주는 돈우의 은혜에 고마워함.

> 창황: 미처 어찌할 사이 없이 매우 급작스러움.
> 왜인: 일본 사람을 낮잡아 이르는 말
> 침식: 잠자는 일과 먹는 일
> 해후: 오랫동안 헤어졌다가 뜻밖에 다시 만남.
> 완고하다: 융통성이 없이 올곧고 고집이 세다.
> 목석: 나무나 돌처럼 아무런 감정도 없는 사람을 비유적으로 이르는 말

*④ 요약: 옥영이 자신에게 은혜를 베풀어 준 돈우에게 감사해함.

✿ 독해 공식
❶ 중심인물: 최척, 옥영, 송우, 돈우 등
시간적 배경: '경자년 봄', '그날 밤', '아침' 등
공간적 배경: 안남(베트남), '왜선'
❷ 중심 사건: 최척이 송우와 함께 상선을 타고 왕래하다 안남에 머무름. 최척이 통소를 불자 조선어로 시를 읊는 소리가 들려옴. 최척과 옥영이 재회함. 옥영이 자신을 거두어 주었으며 흔쾌히 보내 주는 돈우의 은혜에 고마워함.
갈등: 드러나지 않음.
❸ 서술상 특징
• 서술자: 3인칭 서술자, 시점: 전지적 작가 시점
• 서술자가 인물의 특성을 직접적으로 제시하고 있음.
• 과장적(실제보다 과도하거나 작게 나타낸) 표현을 통해 분위기를 효과적으로 드러내고 있음.

■ **내용**: 이 작품은 임진왜란과 정유재란을 배경으로 최척과 옥영의 이산과 재회를 그린 고전소설이다. 전쟁이 일상이었던 시절의 고난을 사실적으로 표현함으로써 당시의 시대를 살았던 민중들의 어려움을 드러내고 있다. 또한 어려운 상황임에도 다른 나라의 민족과 어울려 사는 모습을 보여 준다는 의의를 가진다.

■ **인물 관계도**

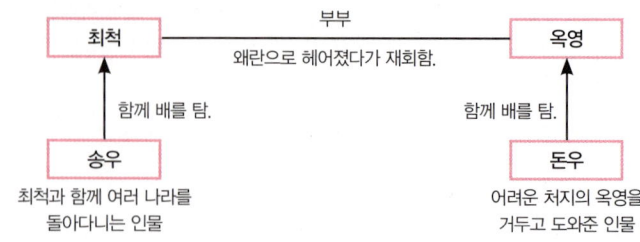

■ **주제**: 전란으로 인한 가족의 이산과 재회

■ **이것이 핵심!**: 최척과 옥영의 재회의 매개체

■ **전체 줄거리**: 남원에 사는 최척은 옥영과 약혼한 뒤 갑자기 징발되고, 옥영의 부모는 이웃의 양생을 사위로 맞으려 한다. 이를 안 최척은 진중에서 달려오고 두 사람은 혼인한다. 그러나 정유재란이 일어나자 옥영은 왜병의 포로로 끌려가고 최척은 명장 여유문을 따라 중국으로 건너간다. 몇 년 뒤 최척은 베트남에서 왜국의 상선을 따라 그곳에 온 옥영과 우연히 재회한다. 이들은 중국으로 가 아들 몽선을 낳는다. 몽선은 자라서 임진왜란 때 조선에 출전한 진위경의 딸 홍도와 혼인한다. 이듬해 최척은 명나라 병사로 출전하였다가 청나라의 포로가 되어 맏아들 몽석과 만나게 된다. 부자는 함께 수용소를 탈출하고, 옥영 또한 몽선과 홍도와 함께 고국으로 돌아와 일가는 다시 만나게 된다.

D 21 정답 ③ *서술상 특징 파악하기

윗글의 서술상 특징으로 적절하지 <u>않은</u> 것은?

> **왜 정답 ?**

③ 전기적 요소를 통해 상황을 전환시키고 있다.
_{나타나지 않음.}

윗글에서는 왜란과 같은 역사적 사실과 '안남'과 같은 현실적 공간을 바탕으로 이야기를 전개하고 있다. 신적인 존재나 도술 사용과 같은 전기적(비현실적) 요소는 나타나지 않는다.

> 전기적 요소: 기이하여 세상에 전할 만한 요소로, 비현실적인 이야기를 말한다.

> **왜 오답 ?**

① 우연성을 바탕으로 사건이 전개되고 있다.
_{최척과 옥영이 우연히 같은 항구에서 재회하게 됨.}

*근거: ⅰ-⑬, ⅱ-❸~❽, ⅲ-❶~❸

송우와 함께 상선을 타고 안남을 왕래하던 최척은 어느 날 밤 왜선 10여 척이 정박해 있던 항구에서 통소를 불었는데, 이에 왜선에서 '조선어로 한시를 읊는 소리'가 들려왔다. 이는 옥영이 시를 읊은 것으로, '배 안에서 통소 소리'를 듣고 '남편이 그 배에 와 있지 않나 해서 시를 시험 삼아 읊었던 것'이다. 즉, 최척과 옥영이 같은 항구에서 서로의 통소 소리와 시 읊는 소리를 들은 것은 우연히 일어난 일로, 윗글은 우연성을 바탕으로 전개된다고 볼 수 있다.

② 시간의 흐름에 따라 서사가 구성되어 있다.
_{밤에서 다음 날 아침으로 이야기가 이어짐.}

*근거: ⅰ-⑫, ⑬, ⅱ-❸, ❽, ⑳, ㉘, ⅲ-❹~❻

윗글에는 최척이 송우와 만나 함께 '상선을 타고 안남'에 오고, 배에서 '통소'를 불다 '조선어로 한시를 읊는 소리'를 들은 뒤, 다음 날 아침에 옥영과 재회하는 사건이 시간의 순서에 따라 전개되고 있다. 따라서 윗글은 시간의 흐름에 따라 서사가 구성되었다고 볼 수 있다.

④ 요약적 진술을 통해 인물의 특징을 드러내고 있다.
송우와 두홍에 대해 요약적으로 설명함.

＊근거: **1**-**2**～**4**, **2**-**20**
1의 '학문은 높았으나 벼슬길에는 뜻을 두지 않았다. ～ 남을 도와주기를 좋아하는 성미였다.'에서는 송우의 특징을 서술자가 요약적으로 이야기하고 있다. 또한 **2**의 '나이가 젊고 용감한 반면에 좀 덤벙대는 사람이었다.'에서는 두홍의 특징을 요약적으로 이야기하고 있다.

〔 요약적 진술: 일이나 상황의 요점을 잡아서 간추려 이야기함.

⑤ 인물들의 대화와 행동을 중심으로 이야기가 진행되고 있다.
최척, 옥영, 송우, 돈우 등의 대화와 행동이 중심이 됨.

윗글은 최척, 옥영, 송우, 돈우 등의 행동을 중심으로 사건이 전개되고 있으며, 최척과 송우, 최척과 옥영, 옥영과 돈우 등의 대화를 통해 주요 내용이 드러나고 있다.

D 22 정답 ② ＊소재 및 배경의 의미 파악하기

㉠에 대한 설명으로 적절한 것을 〈보기〉에서 모두 고른 것은?

• ㉠: ㉠은 '통소 소리'로, 최척이 신세를 한탄하며 통소로 슬픈 곡조를 연주한 것입니다.

즉 윗글에서 최척이 연주한 '통소 소리'가 하는 기능을 알맞게 파악한 것을 고르는 문제입니다.

＞왜 정답 ？

ⓐ 최척과 옥영이 서로 만날 수 있는 계기가 되고 있다.
㉠을 들은 옥영이 한시를 읊음으로써 최척과 옥영이 재회하게 됨.

＊근거: **3**-**1**～**6**
옥영은 '배 안에서 통소 소리'를 듣고 '남편이 그 배에 와 있지 않나 해서 시를 시험 삼아 읊었다'고 했다. 이 소리를 들은 최척은 아내가 지은 시라는 데 놀라 다음 날 아침 시 읊는 소리가 들려온 왜선에 찾아가고, 이로써 두 사람이 재회하게 된다. 따라서 통소 소리는 최척과 옥영이 만날 수 있게 된 계기에 해당한다.

ⓓ 최척의 심정을 효과적으로 표현할 수 있는 매개체의 역할을 하고 있다.
㉠은 최척의 애절한 심정을 드러내는 역할을 함.

＊근거: **2**-**3**
또한 최척은 '모든 것을 잊으려는 듯 품속에서 통소를 꺼내어 슬픈 곡조를 불면서 가슴속에 맺힌 애원한 정을 풀'었다고 했다. 이로 보아 통소 소리는 최척의 애절한 심정을 드러내는 역할을 하고 있다.

〔 매개체: 둘 사이에서 어떤 일을 맺어 주는 것

＞왜 오답 ？

ⓑ 최척의 사연을 두홍이 왜인에게 전달하게 하는 원인이 된다.
송우가 최척의 사연을 전하려는 두홍을 만류함.

＊근거: **2**-**16**～**24**
왜선에서 들려온 시를 읊는 소리를 듣고 기절했던 최척이 '저 시는 내 아내가 지은 시'이며 '왜적의 습격을 당하여 가족들이 흩어'졌다는 사연을 들려주자 두홍은 왜선에 당장 찾아가 보겠다고 한다. 그러나 송우가 '깊은 밤에 일을 꾸몄다가는 무슨 변을 당할지' 모른다며 두홍을 만류했으므로 두홍은 최척의 사연을 왜인에게 전달하지 못했다.

ⓒ 최척과 돈우가 친밀한 관계를 맺을 수 있는 기회를 제공하고 있다.
최척과 돈우는 친밀한 관계를 맺지 않음.

최척은 옥영과 재회하며 돈우를 만났다고 볼 수 있지만, 윗글에서 최척과 돈우가 친밀한 관계를 맺는 내용은 나타나지 않는다.

〔 친밀하다: 지내는 사이가 매우 친하고 가깝다.
〔 제공하다: 무엇을 내주거나 갖다 바치다.

D 23 정답 ④ ＊〈보기〉를 바탕으로 감상하기

〈보기〉를 참고하여 윗글을 감상한 내용으로 적절하지 않은 것은?

• 〈보기〉: 〈최척전〉은 임진왜란과 정유재란을 배경으로 한 작품으로, 당대의 현실을 이해하는 데 도움을 줍니다.
• 윗글: 임진왜란과 정유재란을 배경으로 일어난 최척과 옥영의 이산과 재회를 그린 작품입니다.

즉 윗글에 드러나는 당대의 현실을 잘못 이해한 것을 고르는 문제입니다.

──────[보기]──────

❶문학 작품의 감상을 통해 얻을 수 있는 것 중의 하나가 당대 사회의 생활상이나 가치관 등을 읽어 낼 수 있다는 점이다.❷특히
　　　　문학 작품을 통해 알 수 있는 점
〈최척전〉은 조선 중기의 임진왜란과 정유재란과 같은 역사상 실
　　　　　　　　　　　　　　　〈최척전〉의 배경
제 있었던 전쟁을 배경으로 하고 있어 당대의 현실을 이해하는
데 상당한 도움을 준다.

＞왜 정답 ？

④ 배를 타다가 시부모와 헤어졌다는 발언에서, 가족의 가치보다는 개인의 가치가 더 존중되었음을 엿볼 수 있어.
　　　　　　　　　관련 없음.

＊근거: **4**-**3**
최척이 집안 소식을 묻자 옥영은 난리를 피하여 도망치다가 '창황 중에 배를 타느라고 그만' 시부모와 헤어졌다고 말했다. 즉, 옥영이 시부모와 헤어진 것은 상황 때문에 어쩔 수 없이 일어난 일로, 이는 가족의 가치보다 개인의 가치가 더 존중되었다는 것과 관련이 없다.

＞왜 오답 ？

① 많은 사람들이 난세를 맞이하여 백일 승천하는 도술을 원한다는 발언에서, 당시의 시대 상황이 매우 혼란스러웠음을 엿볼 수 있어.
　　　　난세를 떠나고 싶어 하는 사람이 많았음.

＊근거: **1**-**9**
'이 난세에 백일 승천하는 도술을 누구인들 원치 않으리요?'를 통해 당시 백일 승천하기를 원하는 사람들이 많다는 것이 드러난다. 이때 '백일 승천'은 신선이 되어 대낮에 하늘로 올라가는 일로, 현 사회를 떠나고 싶어 하는 마음을 드러낸다. 이는 그만큼 당시의 시대 상황이 혼란스러웠다는 것을 의미한다.

② 여러 나라를 다니면서 장사를 하자는 발언에서, 당시에 민간인이 나라 간의 교역을 자유롭게 할 수 있었음을 엿볼 수 있어.
　　민간인인 송우는 최척과 여러 나라를 돌아다니며 장사를 함.

＊근거: **1**-**9**
송우는 최척에게 '오나라, 월나라로 다니면서 비단이나 팔고 차나 팔면서 남은 여생을 보'내자고 제안한다. 즉, 민간인인 송우는 최척과 여러 나라를 돌아다니면서 장사를 하고자 한다. 이를 통해 당시에 민간인도 나라 간의 교역을 할 수 있었음을 알 수 있다.

〔 교역: 주로 나라와 나라 사이에서 물건을 사고팔고 하여 서로 바꿈.

③ 밤에 왜선에 갔다가 봉변을 당할지도 모른다는 발언에서, 당시에 왜인들과의 충돌이 심심치 않게 일어났음을 엿볼 수 있어.
　　　　왜인들과의 만남을 조심스러워함.

＊근거: **2**-**24**
송우는 '깊은 밤에 일을 꾸몄다가는 무슨 변을 당할지 두'렵다며 밤에 왜선에 찾아가 보겠다는 두홍을 말린다. 즉, 송우는 약속되지 않은 채 왜인들과 만나는 것을 꺼리고 있다. 이를 통해 당시 무역하는 사람들과 왜인들의 충돌이 심심치 않게 있었음을 짐작할 수 있다.

〔 봉변: 뜻밖의 변이나 망신스러운 일을 당함.

⑤ 송우가 돈우에게 백금 세 덩이를 주며 옥영을 사겠다고 한 발
언에서, 당시에 돈을 주고 사람을 사고파는 행위가 있었음을
엿볼 수 있어.
송우가 금전적 대가를 치르고 옥영을 데려오려 함.

＊근거: ④～❻

송우는 옥영을 데리고 있던 돈우에게 '백금 세 덩이를 주고 옥영을 사겠다고 나'
선다. 즉, 송우는 돈을 주고 옥영을 데려오려 하고 있다. 이는 당시에 사람을 돈
으로 사고파는 행위가 있었음을 보여 준다.

D 24～27 ＊작자 미상, 〈심청전〉

[2016 대비/사관학교(A) 37~40]

❶ 중심인물, 배경   ❷ 중심 사건, 갈등   ❸ 서술상 특징
▨ : ❸ 서술자의 개입(서술자가 직접 작품 속 상황에 대한 생각을 드러내는 것)

❶1 심청이 그 말을 듣고 반겨 웃으며 대답하되,
❷ 중심인물 공양미 삼백 석을 시주하면 심 봉사의 눈을 뜰 수 있다는 말
"후회를 하시면 정성이 못 되오니 아버지 어두우신 눈 정녕 밝아 보
심청이 인당수 제물이 되는 까닭
일 양이면 삼백 석을 아무쪼록 준비하여 보리다."
❸ "네 아무리 애를 쓴들 안빈낙도 우리 형세, 단 백 석인들 할 수 있겠
공양미 삼백 석을 마련할 수 없는 처지임.
느냐?"

[A]
❹ "아버지, 그 말 마오. 옛일을 생각하니 『왕상(王祥)은 얼음을 두드
『』: ❸ 고사(유래가 있는 옛날의 일을 표현한 어구) 인용
려서 얼음 구멍에서 잉어를 얻고 맹종(孟宗)은 대나무 앞에서 통
곡하여 눈 가운데 죽순(竹筍) 나니,』 그런 일을 생각하면 출천대
효(出天大孝) 사친지절(事親之節)이 옛사람만 못하여도 지성이면
감천이라 하니, 아무 걱정 마옵소서."

❺ 심청이 부친의 말을 듣고 그날부터 뒤꼍을 정히 하고 황토로 단을
❶ 중심인물: 심 봉사   ❶ 공간적 배경: 심청의 집
쌓아 두고 좌우에 금줄을 매고 정화수 한 동이를 소반 위에 받쳐 놓고
북두칠성 호반(號盤)에 분향재배한 연후에, 두 무릎을 공손히 꿇고 두
손을 합장하여 비는 말이,

[B]
❻ "상천(上天) 일월 성신(星辰)이며, 하지(下地) 후토(后土) 성황(城
하늘의 해와 달   땅의 토지신, 서낭신, 사방신
隍) 사방지신(四方之神), 제천제불(諸天諸佛) 석가여래 팔금강보
하늘에 있는 여러 보살들, 석가모니, 사찰 문을 지키는 수문신장
살 소소응감(昭昭應感)＊ 하옵소서. 하느님이 만드신 일월은 사람
에게는 눈과 같은지라. 일월이 없사오면 무슨 분별 하오리까. 소
녀 아비 무자생(戊子生) 이십 후 눈이 멀어 사물을 못 보오니, 소
무자년에 태어나 20년 후
녀 아비 허물일랑 제 몸으로 대신하고 아비 눈을 밝게 하여 천생
연분 짝을 만나 오복을 갖게 주어, 수부다남자(壽富多男子)＊를 점
❷ 중심 사건: 심청이 아버지가 눈을 뜰 수 있기를 기도함.
지하여 주옵소서."

안빈낙도: 가난한 생활을 하면서도 편안한 마음으로 도를 즐겨 지킴.
형세: 살림살이의 형편
왕상: 자신을 모질게 대하는 계모가 겨울에 생선이 먹고 싶다고 하자 왕상은 강
으로 나간다. 왕상이 고기를 잡기 위해 얼음을 깨려 하니, 얼음이 저절로 깨지면
서 잉어 두 마리가 튀어나왔다.
맹종: 추운 겨울에 병든 어머니가 죽순이 먹고 싶다고 하자 맹종은 눈 덮인 대나
무밭을 파헤치지만 죽순을 구하지 못한다. 이에 맹종이 눈물을 흘리니 눈이 녹은
자리에 죽순이 돋아났다.
출천대효: 하늘이 낸 효자라는 뜻으로, 지극한 효자나 효성을 이르는 말
사친지절: 부모를 섬기는 예절
지성이면 감천: 정성이 지극하면 하늘도 감동하게 된다는 뜻으로, 무슨 일에든 정
성을 다하면 아주 어려운 일도 순조롭게 풀리어 좋은 결과를 맺는다는 말
정히: 맑고 깨끗하게

금줄: 부정한 것의 침범이나 접근을 막기 위하여 문이나 길 어귀에 건너질러 매
거나 신성한 대상물에 매는 새끼줄
정화수: 이른 새벽에 길은 우물물. 조왕에게 가족들의 평안을 빌면서 정성을 들
이거나 약을 달이는 데 쓴다.
분향재배: 향을 피우고 두 번 절을 함.
연후: 그런 뒤
오복: 유교에서 이르는 다섯 가지의 복. 보통 장수, 재산, 건강, 덕, 편안한 죽음
을 이른다.
점지하다: 신불이 사람에게 자식을 갖게 하여 주다.

＊1 요약: 심청이 아버지의 눈이 떠지기를 간절히 기도함.

2 이렇게 주야로 빌었더니, 도화동 심 소저는 천신이 아는지라 흠향
❷ ❸ 서술자: 3인칭 서술자, 시점: 전지적 작가 시점
하시고 앞일을 인도하셨더라. 하루는 유모 귀덕 어미가 오더니,
❶ 시간적 배경   ❶ 중심인물
❸ "아가씨, 이상한 일 보았나이다."
❹ "무슨 일이 이상하오?"
❺ "어떠한 사람인지 십여 명씩 다니면서 값은 고하간에 십오 세 처녀
를 사겠다고 다니니 그런 미친놈들이 있소?"
❻ 심청이 속마음에 반겨 듣고,
공양미를 마련할 수 있을 것이라고 생각함.
❼ "여보, 그 말이 진정이오? 정말로 그리 될 양이면 그 다니는 사람
중에 노숙하고 점잖은 사람을 불러오되, 말이 밖에 나지 않게 조용
히 데려오오."
❽ 귀덕 어미 대답하고 과연 데려왔는지라. 처음은 유모를 시켜 사람
사려는 내력을 물은즉 그 사람의 대답이,
❶ 중심인물: 선인
❿ "우리는 본디 황성(皇城) 사람으로서 『상고(商賈)차로 배를 타고 만
『』: 십오 세 처녀를 사려는 이유
리 밖에 다니더니, 배 갈 길에 인당수라 하는 물이 있어 변화불측하
여 자칫하면 몰사를 당하는데 십오 세 된 처녀를 제수(祭需) 넣고
제사를 지내면, 수로 만 리를 무사히 왕래하고 장사도 흥왕하옵기
로』 생애가 원수로 사람 사러 다니오니, 몸을 팔 처녀가 있사오면
값을 관계치 않고 주겠나이다."
⓫ 심청이 그제야 나서며,
⓬ "나는 본촌 사람으로 우리 부친 앞을 보지 못하여 세상을 분별하지
못하기로, 평생에 한이 되어 하느님 전에 축수하더니, 몽운사 화주
승이 공양미 삼백 석을 불전에 시주하면 눈을 떠서 보리라 하되, 가
세가 지빈(至貧)하여 주선할 길 없삽기로 내 몸을 방매하여 발원하
기 바라오니 나를 사 가는 것이 어떠하오? 내 나이 십오 세라 그 아
❷ 중심 사건: 심청이 자신을 인당수 제물로 팔기로 함.
니 적당하오?"
⓭ ⑦선인이 그 말 듣고 심 소저를 보니, 마음이 억색(臆塞)하여 다
시 볼 정신이 없어 고개를 숙이고 묵묵히 섰다가,
⓮ "낭자 말씀 듣자오니, 갸륵하고 장한 효성 비할 데 없습니다."
⓯ 이렇듯이 치하한 후에 저의 일이 긴한지라,
⓰ "그리하오."
⓱ 하고 허락하더라.
⓲ "행선 날이 언제입니까?"
⓳ "내월 십오 일이 행선할 날이오니 그리 아옵소서."

흠향하다: 신명(神明)이 제물을 받아서 먹다.
유모: 남의 아이에게 그 어머니 대신 젖을 먹여 주는 여자

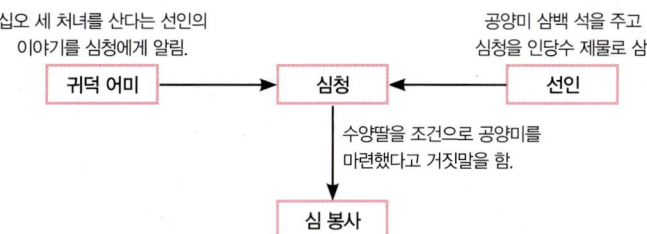

고하: 물건값의 비쌈과 쌈. **노숙하다**: 오랜 경험으로 익숙하다.

황성: 황제가 있는 나라의 서울 **상고**: 장사하는 사람

변화불측: 끊임없이 달라져서 이루 다 헤아릴 수가 없음.

몰사: 모조리 다 죽음.

제수: 제사에 쓰는 음식물(= 제물)

흥왕하다: 번창하고 세력이 매우 왕성하다.

축수하다: 두 손바닥을 마주 대고 빌다.

시주하다: 자비심으로 조건 없이 절이나 승려에게 물건을 베풀어 주다.

가세: 집안의 운수나 살림살이 따위의 형세

지빈하다: 매우 가난하다. **방매하다**: 물건을 내놓고 팔다.

발원하다: 신이나 부처에게 소원을 빌다.

억색하다: 억울하거나 원통하여 가슴이 답답하다.

가륵하다: 딱하고 가련하다.

치하하다: 남이 한 일에 대하여 고마움이나 칭찬의 뜻을 표시하다.

긴하다: 매우 간절하다. **행선**: 배가 감. 또는 그 배

내월: 이달의 바로 다음 달

＊② 요약: 심청이 자신을 인당수 제물로 팔기로 함.

③ ❶ 피차에 상약을 하고 그날에 선인들이 공양미 삼백 석을 몽운사에
보냈더라. ❷ 심 소저는 귀덕 어미를 백 번이나 단속하여 말 못 내게 한
_{아버지에게 자신의 몸값으로 공양미를 마련했다는 것을 숨기기 위함.}
연후에, 집으로 들어와 부친 전에 여쭈오되,

❸ "아버지!"

❹ "왜 그러느냐?"

❺ "공양미 삼백 석을 몽운사로 올렸나이다."

❻ 심 봉사가 깜짝 놀라서,

❼ "그게 웬 말이냐? 삼백 석이 어디 있어 몽운사로 보냈어?"

❽ <mark>심청이 같은 타고난 효녀가 어찌 부친을 속일까마는 사세부득이라
잠깐 속여 여쭙는다.</mark>

❾ ┌ "일전에 무릉촌 장 승상 댁 부인께서 소녀보고 말씀하기를, 수양
│   딸 노릇하라 하되 아버지 계시기로 허락 아니하였는데, 사세부득
[C]│ 하여 이 말씀 사뢰었더니 부인이 반겨 듣고 <u>쌀 삼백 석을 주시기</u>
└   <u>에 몽운사로 보내옵고 수양녀로 팔렸나이다.</u>"
   ❿ ❷ 중심 사건: 심청이 심 봉사에게 장 승상 댁 수양딸로 간다고 거짓말을 함.
   심 봉사가 물색 모르고 크게 웃으며 즐겨 한다.

⓫ "어허, 그 일 잘되었다. 언제 데려간다더냐."

⓬ "내월 십오 일 날 데려간다 하옵니다?"

⓭ "네가 거기 가서 살더라도 나 살기 관계찮지. 어! 참으로 잘되었다."

┌ 피차: 이쪽과 저쪽의 양쪽
│ 상약: 서로 약속함.
│ 사세부득: 어쩔 수 없는 상황 때문에 그렇게 할 수밖에 없음.
│ 수양딸: 남의 자식을 데려다가 제 자식처럼 기른 딸
│ 물색: 어떤 일의 까닭이나 형편
└ 관계찮다: 별로 나쁘지 아니하다.(= 괜찮다)

＊③ 요약: 심청이 심 봉사에게 장 승상 댁 수양딸로 간다고 거짓말을 함.

＊ 소소응감(昭昭應感): 분명히 마음에 응하여 느낌.

＊ 수부다남자(壽富多男子): 오래 살고 부유하여 아들이 많음.

🔖 독해 공식

❶ **중심인물**: 심청, 심 봉사, 귀덕 어미, '선인' 등
시간적 배경: '하루' 등, **공간적 배경**: '뒤껼(심청의 집)'

❷ **중심 사건**: 심청이 아버지가 눈을 뜰 수 있기를 기도함. 심청이 자신을 인당수 제물로 팔
기로 함. 심청이 심 봉사에게 장 승상 댁 수양딸로 간다고 거짓말을 함.
갈등: 드러나지 않음.

---

❸ **서술상 특징**

• **서술자**: 3인칭 서술자, **시점**: 전지적 작가 시점

• 고사(유래가 있는 옛날의 일을 표현한 어구)를 인용하여 상황을 효과적으로 설명하고 있음.

• 서술자의 개입(서술자가 직접 작품 속 상황에 대한 생각을 드러내는 것)을 통해 인물에 대한 긍정적 시각을 드러내고 있음.

■ **내용**: 이 작품은 눈먼 아버지를 봉양하고 공양미 삼백 석에 몸이 팔려 인당수 제물이 된 심청의 모습을 통해 효의 가치를 그린 고전 소설이다. 죽음과 재생의 모티프를 통해 내용이 전개되고 있으며, 가난하고 천한 신분인 심청이 자기희생과 효행을 통해 고귀한 신분에 오르는 모습을 통해 인과응보의 주제 의식을 드러내고 있다.

■ **인물 관계도**

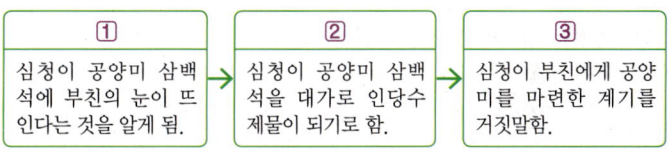

■ **주제**: 심청의 효심과 효행

■ **이것이 핵심!**: <mark>장면별 중심 내용</mark>

①	②	③
심청이 공양미 삼백 석에 부친의 눈이 뜨인다는 것을 알게 됨.	심청이 공양미 삼백 석을 대가로 인당수 제물이 되기로 함.	심청이 부친에게 공양미를 마련한 계기를 거짓말함.

■ **전체 줄거리**: 황해도에 심학규라는 봉사와 곽 씨 부인이 살고 있었다. 기이한 태몽을 꾼 곽 씨 부인은 딸 심청을 낳고 7일 만에 죽는다. 심 봉사는 젖동냥을 해가며 심청을 키우고, 심청은 자란 뒤 심 봉사를 지극히 봉양하며 산다. 어느 날 물에 빠진 심 봉사는 공양미 삼백 석을 시주하면 눈을 뜰 수 있다는 중의 말을 듣고 시주를 약속한다. 이를 알게 된 심청은 인당수의 제물로 자신의 몸을 팔아 공양미 삼백 석을 마련한다. 인당수에 몸을 던진 심청은 용왕에게 구출되어 어머니 곽 씨 부인과 재회한다. 이후 심청은 연꽃을 타고 다시 인간 세상으로 돌아오고, 연꽃을 본 뱃사람들이 이를 천자에게 바친다. 천자는 그 속에서 나온 심청을 아내로 맞이한다. 황후가 된 심청은 아버지를 찾기 위해 맹인 잔치를 벌인다. 이 소식을 듣고 궁으로 향한 심 봉사는 심청과 재회하고 눈을 뜨게 된다.

D 24 정답 ① ＊서술상 특징 파악하기

윗글에 대한 설명으로 가장 적절한 것은?

>**왜 정답?**

① 대화와 행동을 통해 사건이 전개되고 있다.
_{심청, 심 봉사, 귀덕 어미, 선인의 대화와 행동이 중심이 됨.}

윗글에서는 심청이 심 봉사의 눈을 뜨게 하기 위해 공양미 삼백 석이 필요하다는 말을 듣고, 인당수에 제물로 바칠 처녀를 구한다는 선인을 귀덕 어미를 통해 만나 공양미 삼백 석을 시주한 후, 심 봉사가 걱정할까 봐 거짓으로 장 승상 댁 수양딸로 가게 되었다고 말하는 사건이 전개되고 있다. 이러한 사건은 심청과 심 봉사, 귀덕 어미, 선인의 대화와 행동을 통해 펼쳐지고 있다.

>**왜 오답?**

② 서술자가 개입하여 ~~사건의 전말~~을 요약하고 있다.
_{사건을 요약하지 않음.}

'도화동 심 소저는 천신이 아는지라', '심청이 같은 타고난 효녀가 어찌 부친을 속일까마는' 등에서 서술자의 개입이 나타나고 있다. 하지만 이를 통해 심청에 대한 서술자의 주관적 생각을 드러내고 있을 뿐, 사건의 전말을 요약하고 있지는 않다.

D

서술자의 개입: 서술자가 작품에 직접 개입하여 작품 속 상황에 대한 자신의 생각을 드러내는 것

전말: 처음부터 끝까지 일이 진행되어 온 경과

③ 공간에 대한 상세한 묘사로 사건에 사실성을 부여하고 있다.
나타나지 않음.

윗글에서 특정 공간을 자세하게 묘사하는 부분은 나타나지 않는다.

④ 사건을 둘러싼 인물 간의 대립을 통해 긴장감을 조성하고 있다.
나타나지 않음.

윗글에서 인물이 특정한 사건을 둘러싸고 대립하는 내용은 나타나지 않는다.

⑤ 인물의 과거 인연이 계기가 되어 사건이 새로운 국면을 맞이하고 있다.
나타나지 않음.

윗글에는 심청과 심 봉사, 심청의 유모인 귀덕 어미, 선인이 등장하는데, 이들 인물 간의 과거 인연은 나타나지 않는다. 한편 심청이 심 봉사에게 예전에 장 승상 댁 부인이 수양딸 노릇을 하라고 한 것을 받아들이기로 했다고 말한 것은 심청이 자신을 인당수 제물로 판 뒤 심 봉사를 걱정시키지 않기 위해 거짓말을 한 것이다.

[국면: 어떤 일이 벌어진 장면이나 형편

D 25 정답 ④ *사건과 갈등 파악하기

[A]~[C]에 대한 설명으로 적절하지 않은 것은?

• [A]: [A]는 심청이 심 봉사에게 공양미 삼백 석을 구할 수 있을 것이라고 안심시키는 부분입니다.
• [B]: [B]는 심청이 온갖 신령에게 아버지의 눈을 뜨게 해 달라고 기도하는 부분입니다.
• [C]: [C]는 심청이 심 봉사에게 공양미 삼백 석을 받고 장 승상 댁의 수양딸이 되기로 했다고 거짓말하는 부분입니다.

[즉] [A]~[C]에 드러나는 내용을 잘못 파악한 것을 고르는 문제입니다.

> 왜 정답 ?

④ [A]에서는 상대방의 처지가, [B]에서는 자신의 처지가 나아지기를 바라고 있다.
심 봉사의 처지가 나아지기를 바람.

근거: ①-❹, ❻

[A]에서 심청은 어려운 처지지만 공양미를 구할 수 있을 것이라고 심 봉사를 안심시키고 있고, [B]에서 심청은 천지신명께 심 봉사의 눈을 뜨게 해 달라고 빌고 있다. 즉, [A]와 [B]에서 심청은 심 봉사의 처지가 나아지기를 바라고 있으므로, [B]에서 자신의 처지가 나아지기를 바라고 있다는 설명은 적절하지 않다.

> 왜 오답 ?

① [A]는 고사를 들어서 상대방에게 상황을 비관하지 않도록 요청하고 있다.
'왕상'과 '맹종'의 고사를 들어 심 봉사를 위로함.

근거: ①-❹

[A]에서 심청은 어려운 상황에도 효심으로 문제를 해결한 '왕상'과 '맹종'의 고사를 인용하여 심 봉사가 공양미를 구하기 어려운 상황을 비관하지 않도록 위로하고 있다.

[고사: 유래가 있는 옛날의 일. 또는 그런 일을 표현한 어구
| 비관하다: 인생을 어둡게만 보아 슬퍼하거나 절망스럽게 여기다.

② [B]는 초월자에 기대어 자신이 소망하는 바가 이루어지기를 기원하고 있다.
여러 신에게 아버지가 눈을 뜰 수 있기를 기도함.

근거: ①-❻

[B]에서 심청은 '상천 일월 성신'을 비롯한 '하지 후토 성황 사방지신', '제천제불 석가여래 팔금강보살'과 같은 여러 신에게 '아비 눈을 밝게' 해 달라고 빌고 있다.

[초월자: 어떤 한도나 표준을 뛰어넘는, 현실 세계의 밖이나 그 위에 존재하는 신

③ [C]는 상대방을 고려하여 거짓으로 상황을 꾸며 이를 전하고 있다.
수양딸을 대가로 공양미를 구했다고 거짓말함.

근거: ③-❾

[C]에서 심청은 심 봉사가 걱정할 것을 고려하여 인당수 제물이 된 사실을 숨기고, 장 승상 댁의 '수양녀로 팔'려 공양미를 마련했다고 거짓으로 말하고 있다.

⑤ [A]와 [C]는 말하는 목적을 상대방의 걱정을 덜어 주는 것에 두고 있다.
심 봉사의 걱정을 덜어 주려 함.

근거: ①-❹, ③-❾

[A]에서 심청은 공양미를 구하기 어려운 상황에 대한 심 봉사의 걱정을 덜어 주기 위해 '왕상'과 '맹종'의 고사를 들어 이야기하고 있고, [C]에서는 심 봉사가 걱정하지 않도록 자신이 목숨을 바쳐 공양미를 마련했다는 것을 숨기기 위해 장 승상 댁의 수양딸이 되는 조건으로 공양미를 마련했다고 거짓으로 말하고 있다.

D 26 정답 ② *상황에 맞는 관용 표현 찾기

㉠의 상황에 대해 〈보기〉와 같이 말하려고 할 때, 빈칸에 들어갈 표현으로 가장 적절한 것은?

• ㉠의 상황: 아버지의 눈을 뜨게 하기 위해 인당수 제물이 되겠다는 심청의 말을 들은 선인이 심청을 안타까워하면서도 제안을 수락하는 상황입니다.

[즉] 심청의 상황에 안타까움을 느끼지만 심청을 인당수 제물로 사는 선인의 상황을 알맞게 나타낸 표현을 고르는 문제입니다.

[보기]

'선인'은 심청의 효심에 마음이 아프지만, 그래도 ▢▢▢▢▢ (이)라 어쩔 수 없이 일을 진행하는군.

> 왜 정답 ?

② 제 코가 석 자
자신의 사정이 급하고 어려워 남을 돌볼 여유가 없음을 이르는 말임.

근거: ②-❸~❼

㉠에서 선인은 심청의 효심을 알고 '마음이 억색하여 다시 볼 정신이 없어 고개를 숙이고 묵묵히 섰다가' '저의 일이 긴한지라' 인당수 제물이 되겠다는 심청의 제안을 수락하고 있다. 즉, 선인은 심청의 효심에 마음이 아프지만 자신들의 사정으로 심청을 인당수 제물로 바쳐야 하는 상황에 처해 있다. 이는 자신의 사정이 급하고 어려워 남을 돌볼 여유가 없음을 이르는 말인 '제 코가 석 자'라는 표현으로 나타낼 수 있다.

> 왜 오답 ?

① 속 빈 강정
겉만 그럴듯하고 실속이 없음을 이르는 말임.

'속 빈 강정'은 겉만 그럴듯하고 실속이 없음을 이르는 말로, ㉠의 상황과 관련이 없다.

③ 고양이 쥐 생각
속으로는 해칠 마음을 품고 있으면서 겉으로는 생각해 주는 척함을 이르는 말임.

'고양이 쥐 생각'은 속으로는 해칠 마음을 품고 있으면서 겉으로는 생각해 주는 척함을 이르는 말로, ㉠의 상황과 관련이 없다.

④ 빛 좋은 개살구
겉만 그럴듯하고 실속이 없음을 이르는 말임.

'빛 좋은 개살구'는 겉만 그럴듯하고 실속이 없는 경우를 이르는 말로, ㉠의 상황과 관련이 없다.

⑤ 개 발에 주석 편자
어떤 것이 제 격에 맞지 않아 어울리지 않음을 이르는 말임.

'개 발에 주석 편자'는 옷차림이나 지닌 물건 따위가 제 격에 맞지 아니하여 어울리지 않음을 이르는 말로, ㉠의 상황과 관련이 없다.

정답 ③   *〈보기〉를 바탕으로 감상하기

〈보기〉와 윗글을 이해한 내용으로 적절하지 않은 것은?

- **[자료 1]**: 〈심청전〉은 효행 설화, 인신 공희 설화, 재생 설화 등을 모티프로 한 작품입니다.
- **[자료 2]**: 맹인인 아버지 원량에 의해 홍법사에 시주된 홍장이 중국 진나라 사신들을 만나 황후가 되는 이야기입니다.
- **윗글**: 심청이 아버지의 눈을 뜨게 하기 위한 공양미 삼백 석을 마련하기 위해 인당수 제물이 되는 이야기입니다.

즉 근원 설화에 대한 이해를 바탕으로 '심청'의 이야기와 '홍장'의 이야기를 설명한 내용 중 틀린 것을 고르는 문제입니다.

┌─────────────[보기]─────────────┐

[자료 1]

❶〈심청전〉은 효행 설화, 인신 공희 설화, 재생 설화 등 여러 근원 설화들을 모티프로 하여 이루어진 작품이다. ❷효행 설화는 효녀가 자기 몸을 희생하니 조력자가 나타나거나 기적이 일어나 부모의 문제가 해결된다는 구조를 갖고 있고, _{④의 근거} 인신 공희 설화는 화를 면하려는 타산적 의도에서 인간을 제물로 바치는 이야기이다. _{⑤의 근거}

[자료 2]

❶홍장은 효성이 지극하여 맹인인 홀아버지 원량을 잘 봉양한다. _{②의 근거}❷그러던 어느 날 원량은 홍법사의 화주승 성공 대사를 만나는데, 성공 대사가 시주를 청하자 자신의 딸을 시주한다. _{①의 근거}❸홍장은 아버지와 이별하여 성공 대사를 따라다니던 중 바닷가에서 중국 진나라 사신들을 만난다. _{④의 근거}❹그들은 신의 계시로 황후를 모시러 왔다면서 자신들의 보화로 시주를 대신하고 홍장을 데리고 중국으로 돌 _{③의 근거} 아간다. ❺황후가 된 홍장은 관음상을 만들어서 배에 실어 본국으로 보내고, 성덕이라는 처녀에 의해 관음상은 관음사에 모셔진다. ❻원량은 눈을 떠서 아흔다섯까지 잘 살았다고 한다.
  – 〈관음사 연기 설화〉 줄거리

┄┄┄┄┄┄┄┄┄┄┄┄┄┄┄┄┄┄┄┄

효행 설화: 부모에 대한 자식의 효심과 효행을 이야기한 설화
인신 공희 설화: 신에게 사람을 제물로 바쳐 제사를 지내 평안을 바라는 내용의 설화
재생 설화: 죽어서 다시 태어나는 내용의 설화
근원 설화: 문학 작품이 설화를 바탕으로 형성되었을 때, 근본이 되는 설화
모티프: 회화, 조각, 소설 따위의 예술 작품을 표현하는 동기가 된 작가의 중심 사상
조력자: 도와주는 사람
면하다: 어떤 일을 당하지 않게 되다.
타산적: 자신에게 도움이 되는지를 따져 헤아리는 것
맹인: '시각 장애인'을 달리 이르는 말
봉양하다: 부모나 조부모와 같은 웃어른을 받들어 모시다.
시주: 자비심으로 조건 없이 절이나 승려에게 물건을 베풀어 주는 일
보화: 썩 드물고 귀한 가치가 있는 보배로운 물건

└─────────────────────────────┘

〉**왜** 정답?

③ [자료 2]의 '사신'과 윗글의 '귀덕 어미'는 ~~절에 드릴 시주를 적극적으로 주선해 주는 역할을 하는군.~~
_{시주를 적극적으로 주선하지 않음.}

*근거: ②-❺~❽, [자료 2] ❹

[자료 2]에서 사신은 '신의 계시로 황후를 모시러 왔다면서 자신들의 보화로 시주를 대신하고 홍장을 데리고 중국으로' 간다. 즉, 사신은 이미 시주로 바쳐진 홍장을 데려가기 위해 보물을 건넨 것으로, 시주를 구하기 위해 적극적으로 행동하고 있지는 않다. 윗글의 귀덕 어미 또한 '값은 고하간에 십오 세 처녀를 사겠다'는 이들이 있다는 것을 심청에게 전하고 심청의 요청에 의해 그중 한 명을 데려왔을 뿐, 심청이 시주를 구할 수 있도록 적극적으로 행동하고 있지는 않다.

〔**주선하다**: 일이 잘되도록 여러 가지 방법으로 힘쓰다.

〉**왜** 오답?

① [자료 2]의 '홍장'은 '심청'과 달리 아버지를 위한 희생을 자발적으로 결정한 것이 아니군.
_{아버지가 홍장을 시주함.}

*근거: ②-❷, [자료 2] ❷

윗글에서 심청은 '공양미 삼백 석을 불전에 시주하면 눈을 떠서 보리라 하되, 가세가 지빈하여 주선할 길 없삽기로 내 몸을 방매하여 발원하기 바라오니 나를 사가는 것이 어떠하오?'라고 한 것에서 드러나듯 아버지의 눈을 뜨게 하기 위해 스스로 자신을 희생하려 하고 있다. 하지만 [자료 2]에서 원량은 '성공 대사가 시주를 청하자 자신의 딸 홍장을 시주했다고 했다. 즉, 홍장은 아버지에 의해 시주로 희생된 것으로, 아버지를 위한 희생을 자발적으로 결정한 것이 아니다.

〔**자발적**: 남이 시키거나 요청하지 아니하여도 자기 스스로 나아가 행하는 것

② [자료 1]의 '부모의 문제'가 윗글과 [자료 2]에서는 모두 앞을 보지 못하는 것으로 나오는군.
_{윗글의 '심 봉사'와 [자료 2]의 '원량' 모두 맹인임.}

*근거: ①-❻, [자료 2] ❶

윗글에서 심청의 아버지인 심 봉사는 '무자생 이십 후 눈이 멀어 사물을 못' 본다고 했고, [자료 2]에서 홍장의 아버지인 원량은 '맹인'이라고 했다. 즉, 윗글과 [자료 2]에서는 주인공의 아버지가 모두 앞을 보지 못하는 것으로 나오고 있다.

④ [자료 1]에 제시된 근원 설화들의 유형 중에서 [자료 2]의 '홍장' 이야기는 효행 설화에 해당하는군.
_{자신을 희생한 홍장에게 조력자가 나타나고, 아버지의 눈이 떠짐.}

*근거: [자료 1] ❷, [자료 2] ❹, ❻

[자료 2]는 아버지 원량에 의해 시주된 홍장이 '중국 진나라 사신들'을 만나 중국으로 가 '황후'가 되고, '원량은 눈을 떠서 아흔다섯까지 잘 살았다'는 이야기이다. 이는 [자료 1]에서 설명한 '효녀가 자기 몸을 희생하니 조력자가 나타나거나 기적이 일어나 부모의 문제가 해결된다'는 효행 설화의 구조이므로, '홍장'의 이야기는 효행 설화에 해당한다고 볼 수 있다.

⑤ [자료 1]의 인신 공희 설화에서처럼 '선인'이 '심청'을 제수로 사는 것은 자신들에게 미칠 화를 면하기 위한 것이군.
_{바다를 무사히 오가기 위해서 제물을 바치는 것임.}

*근거: ②-❿, [자료 1] ❷

윗글에서 선인은 '배 갈 길에 인당수라 하는 물이 있어 변화불측하여 자칫하면 몰사를 당하는데 십오 세 된 처녀를 제수 넣고 제사를 지내면, 수로 만 리를 무사히 왕래'할 수 있기 때문에 심청을 제수로 사고자 한다. [자료 1]에서 '인신 공희 설화는 화를 면하려는 타산적 의도에서 인간을 제물로 바치는 이야기'라고 했다. 따라서 선인이 심청을 제수로 사는 것은 인신 공희 설화에서와 같이 화를 면하려는 의도에서 비롯된 것으로 볼 수 있다.

〔**면하다**: 어떤 일을 당하지 않게 되다.

❶ 중심인물, 배경   ❷ 중심 사건, 갈등   ❸ 서술상 특징
▢ : 현부의 조상   ▨ : 현부의 자식

❸ 서술자: 3인칭 서술자, 시점: 3인칭 관찰자 시점
❶ 중심인물
1 현부는 어떠한 사람인지 알 수 없다. 어떤 이는 말하기를,
❷ 거북을 의인화함. ─ 가전체 문학(사물을 의인화하여 전기(傳記) 형식으로 서술하는 양식)
"그 선조는 신인(神人)이었다. 형제가 15명인데 모두 체구가 크고 굉
장한 힘이 있었다. 천제(天帝)께서 명(命)하여 바다 가운데 있는 다
섯 산을 붙잡게 했던 자가 바로 이들이었다."
                대단한 능력을 갖춘 현부의 선조
한다. 자손에게 이르러서는 모양이 차츰 작아지고 또한 소문이 날 정
도로 힘이 센 자도 없었으며, 오직 복서(卜筮)*를 직업으로 삼았다. 터
거북의 등딱지를 태워 길흉화복을 판단하는 풍습이 있었음.
가 좋고 나쁨을 보아서 일정한 장소에 살지 않았기 때문에 그의 향리
(鄕里)나 세계(世界)를 자세히 알 수 없다. 먼 조상은 문갑(文甲)인데
요의 시대에 낙수 가에 숨어서 살았다. 임금이 그가 어질다는 소문을
중국 황하강 부근
듣고 백벽을 가지고 그를 초빙하였다. 문갑은 기이한 그림을 지고 와
            정성을 다해 문갑을 맞이함.
서 바치므로 임금이 그를 가상히 여기어 낙수후에 봉하였다. 증조는
                                            낙수의 제후
상제의 사자라고만 말할 뿐, 이름은 밝히지 않았는데, 바로 홍범구주
(洪範九疇)*를 지고 와서 백우에게 주던 자이다. 할아버지는 백약으로
                                        우나라의 임금
하후 시대에 곤오에서 솥을 주조하였는데 옹난을과 함께 힘을 다하여
하나라의 임금이 옹난을에게 백약이란 거북으로 점을 치게 했었음.
공을 세웠고, 아버지는 중광(重光)인데 나면서부터 왼쪽 옆구리에 '달
의 아들 중광인데 나를 얻는 사람은, 서민은 제후가 될 것이고 제후는
          중광(현부의 아버지)의 능력을 암시함.
제왕이 될 것이다.'는 글이 있었으므로 그 글에 따라서 중광이라 이름
한 것이다.

신인: 신과 같이 신령하고 숭고한 사람
천제: 우주를 창조하고 주재한다고 믿어지는 초자연적인 절대자(= 하느님)
향리: 자기가 태어나서 자란 곳(= 고향)
백벽: 흰 옥구슬
가상히: 착하고 기특하게
봉하다: 임금이 작위나 작품(爵品)을 내려 주다.
상제: 우주를 창조하고 주재한다고 믿어지는 초자연적인 절대자(= 하느님)
사자: 명령이나 부탁을 받고 심부름하는 사람
주조하다: 녹인 쇠붙이를 거푸집에 부어 물건을 만들다.
제후: 봉건 시대에 일정한 영토를 가지고 그 영내의 백성을 지배하는 권력을 가
지던 사람
제왕: 황제와 국왕을 아울러 이르는 말

*1 요약: 현부의 조상의 행적

❶
2 현부는 더욱 침착하고 국량이 깊었다. 그의 어머니가 요광성이 품
에 들어오는 꿈을 꾸고 아기를 뱄다. 막 낳았을 때 관상장이가 보고 말
        현부의 비범함을 암시함.
하기를,

"등은 산과 같고 무늬는 별여 놓은 성좌를 이루었으니 반드시 신성
        거북의 등껍질의 모양
할 상이다."

하였다. 「장성하자 역상을 깊이 연구하여 천지, 일월, 음양, 한서, 풍
「 」: 현부의 뛰어난 능력
우, 회명, 재상, 화복의 변화에 대한 것을 미리 다 알아내었다. 또 신
            우주의 변화 원리
선이 대기를 운행하고 공기를 호흡하여 죽지 않는 방법을 배웠다.」 천
                거북의 등껍질을 가리킴.
성이 무를 숭상하므로 언제나 갑옷을 입고 다녔다.
武 ─ 전쟁에 관한 일 또는 무술과 병법을 이르는 말
「임금이 그의 명성을 듣고 사신을 시켜 초빙하였으나 현부는 거만
「 」: ❷ 중심 사건 ─ 현부가 임금의 부름을 거절함. → 벼슬에 욕심을 내지 않음.
스럽게 돌아보지도 않고 곧 노래를 부르기를,

❿ ㉠"진흙 속에 노니는 그 재미가 무궁한데 높은 벼슬 받는 총영(寵
榮) 내가 어찌 바랄소냐?"
하고 웃으며 대답도 하지 않았다.」 ⑫이로 말미암아 그를 불러들이지
                              ❶ 시간적 배경
못했는데, 그 뒤 송 원왕 때 예저가 그를 강제로 협박하여 임금에게 바
                ❷ 갈등: 현부를 강제로 왕에게 바치려는 예저와 세상에 나가지 않으려는 현부의 외적 갈등
치려 하였다.」⑬그런데 그가 아직 왕을 뵙기 전에, 왕의 꿈에 어떤 사람
이 검은 옷차림으로 수레를 타고 와서 아뢰기를,

⑭"나는 청강사자인데 왕을 뵈려 합니다."
            벼슬의 이름
⑮하였는데, 이튿날 과연 예저가 현부를 데리고 와서 뵈었다. ⑯왕은 크게
                                                    ❶ 중심인물
기뻐하여 그에게 벼슬을 주려 하니 현부는 아뢰기를,

⑰"신이 예저에게 강압을 당하였고, 또한 왕께서 덕이 있다는 말을 들
었으므로 와서 뵙게 되었을 뿐이요, 벼슬은 나의 본의가 아닙니다.
                                        벼슬을 사양함.
왕께서는 어찌 나를 머물러 두고 보내지 않으려 하십니까?"
⑱하였다. ⑲왕이 그를 놓아 보내려 하다가 위평의 밀간으로 인하여 곧 중
지하고 그를 수형승에 임명하였다. ⑳또 옮겨 도수사자를 제수하였다가
❷ 중심 사건: 예저와 위평에 의해 현부가 벼슬을 하게 됨.
곧 발탁하여 대사령을 삼고, 나라의 시설하는 일, 인사 문제, 그리고
기거 동작, 흥망에 대하여 일의 대소를 막론하고 모두 그에게 물어 본
            벼슬을 하면서 뛰어난 능력을 발휘하는 현부
뒤에 행하였다.

㉑왕이 어느 날 농담하기를,

㉒"그대는 신명의 후손이며 더구나 길흉에도 밝은 자인데, 왜 일찍이
몸을 보호하지 못하고 예저의 술책에 빠져서 과인의 얻은 바가 되
            길흉에 밝은 현부가 원치 않던 벼슬을 왜 피하지 못했는지 물음.
었는가?"
㉓하니 현부가 아뢰기를,

㉔"밝은 눈에도 보이지 않는 것이 있고, 지혜도 미치지 못하는 곳이
                                    자만하지 말고 항상 경계할 것을 강조함.
있기 때문입니다."
㉕라고 아뢰니, 왕이 크게 웃었다. ㉖그 후 그의 종말을 아는 사람이 없다.
㉗지금도 진신(搢紳)들 사이에는 그의 덕을 사모하여 황금으로 그의 모
                                                금으로 만든 거북을 가리킴.
양을 주조해서 차는 사람이 있다.

국량: 남의 잘못을 이해하고 감싸 주며 일을 능히 처리하는 힘
요광성: 북두칠성의 일곱째 별
성좌: 별의 위치를 정하기 위하여 밝은 별을 중심으로 천구(天球)를 몇 부분으로
나눈 것
신성하다: 함부로 가까이할 수 없을 만큼 고결하고 거룩하다.
장성하다: 자라서 어른이 되다.
역상: 해, 달, 별 따위의 천체가 나타내는 여러 가지 천문 현상
운행하다: 천체가 그 궤도를 따라 운동하다.
숭상하다: 높여 소중히 여기다.
무궁하다: 공간이나 시간 따위가 끝이 없다.
총영: 군주 등으로부터 귀염과 사랑을 받아 번영하는 것
강압: 강한 힘이나 권력으로 강제로 억누름.
본의: 본디의 취지
밀간: 잘못된 점을 고치도록 은밀히 말함.
제수하다: 옛 관직을 없애고 새 관직을 내리다.
시설하다: 도구, 기계, 장치 따위를 베풀어 설비하다.
인사: 관리나 직원의 임용, 해임, 평가 따위와 관계되는 행정적인 일
기거 동작: 일상생활에서 몸의 움직임
흥망: 잘되어 일어남과 못되어 없어짐.
진신: 지위가 높고 행동이 점잖은 사람

*2 요약: 벼슬을 하게 된 현부의 행실

③ 그의 맏아들 **원서**는 사람에게 삶긴 바 되어 죽음에 임하여 탄식하
거북을 삶아 먹기도 했음.
기를,

② "택일을 하지 않고 다니다가 오늘날 삶김을 당하는구나. 그러나 남
조심하지 않고 다니다가
산에 있는 나무를 다 태워도 나를 문드러지게는 못할 것이다."

③ 하였으니, 그는 이처럼 강개하였다. **④** 둘째 아들은 **원저**라 하는데, 오·
오나라와 월나라
월의 사이를 방랑하면서 자호를 **통현 선생**이라 하였다. **⑤** 그 다음 아들
학문이 높은 사람
은 역사책에 그 이름이 전하지 않는다. **⑥** 모양이 극히 작으므로 점은 치
지 못하고 오직 나무에나 올라가서 매미를 잡고는 하더니, 또한 사람
에게 삶긴 바 되었다. 그의 족속에는 혹 도를 얻어서 **천 년에 이르도록**
거북은 오래 사는 동물 중 하나임.
죽지 않는 자가 있는데, 그가 있는 곳에는 푸른 구름이 덮여 있었다.
⑧ 혹은 관리 속에 묻혀 살기도 하는데, 세상에서는 그를 현의독우라 칭
거북을 달리 이르는 말
했다.

- **택일:** 어떤 일을 치르거나 길을 떠나거나 할 때 운수가 좋은 날을 가려서 고름.
- **강개하다:** 의롭지 못한 것을 보고 의기가 북받쳐 원통하고 슬프다.
- **자호:** 자기의 칭호를 스스로 지어 부름. 또는 그 칭호
- **족속:** 같은 문중이나 계통에 속하는 겨레붙이
- **현의독우:** 검은 옷을 입은 관리

③ 요약: 현부의 아들과 그의 족속의 내력

④ **①** 글쓴이의 대리인
사신은 이렇게 평한다. **②** **④** 글쓴이의 논평 – 가전체의 특징
"지극히 은미한 상태에서 미리 살피며, 징조가 나타나기 이전에 예
방하는 것은 성인이라도 어그러짐이 있는 법이다. 현부 같은 지혜
성인도 앞날을 알기 어려움.
로도 능히 예저의 술책을 막지 못하고 또 두 아들이 삶아 먹힘을 구
제하지 못하였는데, 하물며 다른 이들이야 더 말할 것이 있겠는가!
보통 사람들은 앞날을 알기가 더 어려움.
옛적에 공자는 광(匡) 땅에서 고난을 겪었고 또 제자인 자로가 죽어
서 젓으로 담겨짐을 면하지 못하게 하였으니, 아, 삼가지 않을 수
있겠는가?" **③** 교훈 제시 – 자만하지 말고 항상 조심하며 살아야 함.

- **은미하다:** 겉으로 드러나는 것이 거의 없다.
- **성인:** 지혜와 덕이 매우 뛰어나 길이 우러러 본받을 만한 사람
- **구제하다:** 자연적인 재해나 사회적인 피해를 당하여 어려운 처지에 있는 사람을
도와주다.
- **삼가다:** 몸가짐이나 언행을 조심하다.

④ 요약: 현부에 대한 사신의 평

- *복서(卜筮): 점치는 것
- *홍범구주(洪範九疇): 하나라 우임금 때 낙수에서 나온 신귀의 등에 있었다는
9개 조항의 문장으로, 천하를 다스리는 아홉 가지 대법으로 삼은 것

📕 독해 공식
① 중심인물: '현부', '왕' 등
시간적 배경: '송 원왕 때'
② 중심 사건: 현부가 임금의 부름을 거절함. 예저와 위평에 의해 현부가 벼슬을 하게 됨.
갈등: 현부를 강제로 왕에게 바치려는 예저와 세상에 나가지 않으려는 현부의 외적 갈등
③ 서술상 특징
- 서술자: 3인칭 서술자, **시점:** 3인칭 서술자 시점
- 가전체 문학(사물을 의인화하여 전기(傳記) 형식으로 서술하는 양식)으로, 거북을 의인화
하여 내용을 전개하고 마지막에 글쓴이의 논평을 제시하고 있음.
- 인물의 일대기를 통해 교훈을 제시하고 있음.

- **내용:** 이 작품은 거북을 의인화하여 자신을 과신하지 말고 매사 언행을 조심하는
태도를 가지라는 교훈을 전하는 가전체 문학이다. 동물을 의인화한 최초의 작품
으로, 현부의 일대기적 구성을 통한 전개를 보여 주고 있다.

D

■ **인물 관계도**

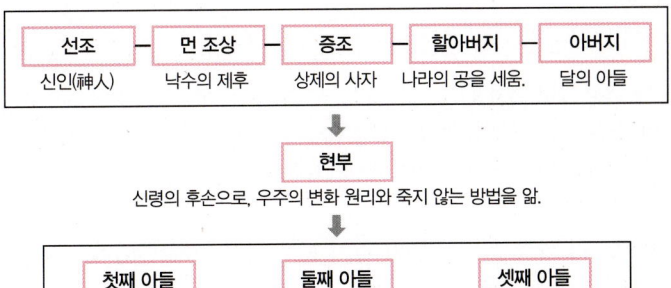

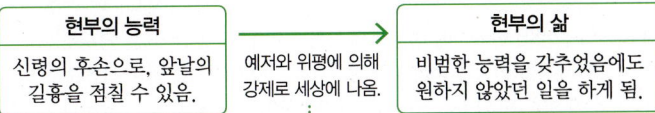

■ **주제:** 처세를 조심하는 삶의 자세
■ **이것이 핵심!:** 작품의 주제 의식

현부의 능력		현부의 삶
신령의 후손으로, 앞날의 길흉을 점칠 수 있음.	예저와 위평에 의해 강제로 세상에 나옴.	비범한 능력을 갖추었음에도 원하지 않았던 일을 하게 됨.

세상일이 제 뜻대로만 전개될 수 없음을 깨닫고 항상 경계해야 함.

■ **전체 줄거리:** 현부, 즉 거북의 선대는 신과 같이 신령한 사람이었고, 대대로 국가
에 공적이 있었다. 현부는 은둔한 선비로 점을 잘 쳤고, 임금이 불러도 자연에서
노니는 것을 좋아하여 나가지 않다가 춘추 시대에 세상에 나와서 송 원왕에게 크
게 존경을 받았으나 그 후에 간 곳을 모른다. 그를 숭상하여 황금으로 그의 형상
을 만들어 지니는 자들까지 있었다. 그의 세 아들 중 두 아들은 사람에게 삶김을
당해 죽었으나, 둘째 아들은 오나라와 월나라를 오가며 스스로를 통현 선생이라
불렀다. 그의 족속 중에 도를 얻어 천세에 이르도록 죽지 않은 자도 있었다.

D 28 정답 ③ *서술상 특징 파악하기*

윗글에 대한 설명으로 가장 적절한 것은?

>왜 정답?
③ **과장된 이야기를 통해 인물의 영웅성을 부각하고 있다.**
현부의 능력을 과장하여 표현함.

*근거: ①-**②**~**⑩**, ②-**⑥**, **⑦**, ③-**⑦**

윗글에는 현부의 조상들과 현부 자신, 그리고 현부의 자손의 이야기가 제시되어
있다. 이때 현부의 조상들은 '신인'이었으며 대대로 국가에 공적이 있었다고 했
다. 또한 현부는 우주의 변화 원리를 다 알아내고 '죽지 않는 방법'을 배웠다고
했으며 현부의 족속 중에는 '도를 얻어서 천 년에 이르도록 죽지 않는 자가 있었
다'고 했다. 즉, 윗글에서는 현부와 현부의 가계 사람들이 비범하고 뛰어난 능력
을 지녔다는 과장된 이야기를 통해 현부의 영웅성을 부각하고 있다.

>왜 오답?
① **인물 간의 갈등 위주로 이야기가 전개되고 있다.**
현부의 일대기 위주임.

윗글은 현부의 일대기를 위주로 전개되고 있지, 인물 간의 갈등이 주로 나타나지
는 않는다. 현부와 예저의 갈등은 이야기 일부분에 해당한다.

② **다양한 가치관을 가진 여러 인물들을 비판하고 있다.**
나타나지 않음.

윗글에는 다양한 인물들이 등장하고 있으나, 이들을 비판하고 있지는 않다.

④ **시간의 흐름에 따른 인물의 행동 변화를 드러내고 있다.**
나타나지 않음.

윗글은 시간의 흐름에 따라 전개되고 있지만, 인물의 행동 변화는 드러나지 않는다.

⑤ **인물의 일대기를 현재형으로 서술하여 사실감을 높이고 있다.**
과거형으로 서술됨.

윗글에서는 현부의 일대기를 '-이었다'와 같은 과거형으로 서술하고 있다.

일대기: 어느 한 사람의 일생에 관한 내용을 적은 기록

D 29 정답 ② ＊인물의 심리와 태도 파악하기

㉠에 드러난 정서와 가장 거리가 먼 것은?

• ㉠: ㉠은 "진흙 속에 노니는 그 재미가 무궁한데 높은 벼슬 받는 총영 내가 어찌 바랄쏘냐?"로, 임금이 자신을 초빙했다는 소식을 들은 현부가 부른 노래입니다.
즉 등용을 거절한 현부의 정서와 관련이 없는 것을 고르는 문제입니다.

〉왜 정답?

② 가노라 삼각산(三角山)아 다시 보자 한강수(漢江水)야.
　고국의 산과 물이라는 뜻으로, '고국'을 정겹게 이르는 말
　고국 산천(古國山川)을 떠나고자 ᄒᆞ랴마는,
　시절(時節)이 하 수상(殊常)ᄒᆞ니 올동말동 ᄒᆞ여라.　– 김상헌
　나라를 떠나는 슬픔과 분노가 드러남.

＊근거: ②-⑩
㉠에서 현부는 자신을 등용하려는 임금의 제안을 거절하고 있다. 즉, 현부는 현재 자신의 상황에 만족하며 벼슬에 욕심을 내지 않고 있다. ②는 병자호란 패배 후 작가가 세자들과 함께 청나라로 잡혀가면서 느낀 감정을 담은 작품으로, 화자는 '고국 산천을 떠나'면서 '올동말동 ᄒᆞ여라'라며 나라를 떠나는 슬픔과 분노를 드러내고 있다. 즉, ②에서는 슬픔과 분노가 드러나므로 ㉠에서 드러나는 만족감의 정서와 관련이 없다.

〉왜 오답?

① 벼슬을 저마다 하면 농부(農夫) 할 이 뉘 있으며,
　의원(醫員)이 병(病) 고치면 북망산(北邙山)이 저러하랴.
　　　　무덤이 많은 곳이나 사람이 죽어서 묻히는 곳
　아이야 잔(殘) 가득 부어라 내 뜻대로 하리라.　– 김창업
　　벼슬에 나아가기보다는 자연의 순리를 따르며 살아가고자 함.

화자는 모든 사람이 벼슬을 하면 '농부'를 할 사람이 누가 있냐며 '내 뜻대로 하리라'고 말하고 있다. 즉, 벼슬에 나아가기보다는 자신의 뜻대로 자연의 순리를 따르며 살아가겠다는 것이다. 이를 통해 현재 상황에 대한 화자의 만족감이 드러난다.

③ 매암이 ᄆᆡᆸ다 울고 쓰르람이 쓰다 우니,
　매미
　산채(山菜)를 ᄆᆡᆸ다는가 박주(薄酒)를 쓰다는가.
　산에서 나는 나물　맛이 좋지 못한 술
　우리는 초야(草野)에 뭇쳐시니 ᄆᆡᆸ고 쓴 줄 몰닉라.　– 이정신
　　자연에 묻혀 사는 삶에 만족하며 살아가고자 함.

화자는 초야에 묻혀 있어 '산채'와 '박주'가 맵고 쓴 줄을 모른다고 말하고 있다. 즉, 화자는 자연에서 지내면서 소박한 음식도 맛있게 먹고 있는 것이다. 이를 통해 자연 속에서 살아가는 화자의 만족감이 드러난다.

〔초야: 풀이 난 들이라는 뜻으로, 궁벽한 시골을 이르는 말

④ 보리밥 픗ᄂᆞ ᄆᆞᆯ을 알마초 머근 후(後)에,
　　　　　　　　실컷
　바횟긋 믉ᄀᆞ의 슬ᄀᆞ지 노니노라.
　　다른　　　　　　부러울
　그나믄 녀나믄 일이야 부롤 줄이 이시랴.　– 윤선도, 〈만흥〉
　　다른 것을 부러워하지 않고 자연에서 노니는 삶에 만족함.

화자는 '보리밥'과 '픗나물'을 먹고 자연 속에서 노닐며 다른 일이 부럽지 않다고 말하고 있다. 이를 통해 자연 속에서 소박하게 살아가는 화자의 만족감이 드러난다.

⑤ 공명(功名)도 날 ᄭᅴ우고, 부귀(富貴)도 날 ᄭᅴ우니,
　　　　　　꺼리고
　청풍명월(淸風明月) 외(外)예 엇던 벗이 잇ᄉᆞ올고.
　맑은 바람과 밝은 달　　　　헛된 생각
　단표누항(簞瓢陋巷)에 훗튼 혜음 아니 ᄒᆞ닉.　– 정극인, 〈상춘곡〉
　　다른 생각을 하지 않고 가난하고 소박한 생활에 만족함.

화자는 '청풍명월' 외에 벗이 없다며 청빈한 생활을 하며 허튼 생각을 하지 않는다고 말하고 있다. 즉, 화자는 자연 속에서 가난하게 살지만 부귀를 바라지 않는 것이다. 이를 통해 소박한 생활에 대한 화자의 만족감이 드러난다.

〔단표누항: 누항에서 먹는 한 그릇의 밥과 한 바가지의 물이라는 뜻으로, 선비의 청빈한 생활을 이르는 말

D 30 정답 ③ ＊〈보기〉를 바탕으로 감상하기

〈보기〉를 바탕으로 윗글과 작가에 대하여 이해한 내용으로 가장 적절한 것은?

• 〈보기〉: 〈청강사자현부전〉은 거북을 현부로 의인화한 가전체 문학이며, 이 글의 작가 이규보는 문장 능력을 인정받아 여러 일을 맡았습니다.
즉 작가의 일대기를 바탕으로 윗글에 드러나는 작가의 의도를 알맞게 이해한 것을 고르는 문제입니다.

［보기］

• ❶〈청강사자현부전〉은 고려 후기에 이규보가 거북을 현부로 의인화하여 지은 가전(假傳) 작품으로 저자의 문집 『동국이상국집(東國李相國集)』에 수록되어 있다.

• ❷이규보는 과거에 급제한 뒤 10여 년간 벼슬길에 오르지 못하다가 32세 때 비로소 관직에 나갈 수 있게 되었다. ❸당시 고려는 무신들이 난을 일으켜 정권을 잡은 상태였는데, 무신 최충헌은 잔치를 열고 선비들을 불러 시를 짓게 했다. ❹여기서 이규보는 최충헌에게 그의 문학적 재능을 인정받아 관직에 오른 것이다.
　　　　　　　　　　④의 근거
❺최충헌의 뒤를 이은 최이는 이규보의 문장 능력을 높이 평가하여 이규보에게 외교 문서를 작성하게 하고 팔만대장경의 제작
　③, ④의 근거
에 참여시키는 등 중요한 일을 맡겼다.

─────────────────
의인화하다: 사람이 아닌 것을 사람에 비기어 표현하다.
가전: 사물을 의인화하여 전기(傳記) 형식으로 서술하는 문학 양식
수록되다: 책이나 잡지에 실리다.
급제하다: 시험이나 검사 따위에 합격하다.
무신: 신하 가운데 무관인 사람
정권: 정치상의 권력. 또는 정치를 담당하는 권력

〉왜 정답?

③ 작가는 자신의 모습을 현부에 투영하여 벼슬에 대한 생각을
　　　　　작가와 현부 모두 벼슬에 올라 중요한 일을 함.
　나타내려 한 것 같아.

＊근거: ②-⑳, 〈보기〉❺ 문장
윗글에서 왕은 현부에게 벼슬을 내리고 '나라의 시설하는 일, 인사 문제, 그리고 기거 동작, 흥망에 대하여 일의 대소를 막론하고 모두 그에게 물어본 뒤에 행하였다'고 했다. 〈보기〉에서는 관직에 오른 '이규보에게 외교 문서를 작성하게 하고 팔만대장경의 제작에 참여시키는 등 중요한 일을 맡겼다'고 했다. 즉, 현부와 작가 모두 벼슬에 올라 나라의 중요한 일을 맡아 해 왔다. 이를 통해 작가가 자신의 모습을 현부에 반영하여 자신의 생각을 나타내려 했다고 볼 수 있다.

〔투영하다: 어떤 일을 다른 일에 반영하여 나타내다.

〉왜 오답?

① 벼슬길에 오르고 싶어 하는 작가의 마음을 거북에 빗대어 표
　현부는 벼슬을 원치 않았으므로 벼슬에 오르고 싶었던 마음을 빗대어 표현했다고 볼 수 없음.
　현한 것 같아.

＊근거: ②-⑰
'벼슬은 나의 본의가 아'니라는 현부의 말을 통해 현부가 벼슬을 원하지 않았음이 드러난다. 따라서 거북에 빗대어 벼슬길에 오르고 싶어 하는 마음을 표현했다는 설명은 적절하지 않다.

② 작가가 **자신을 인정해 준 무신들에 대한 예찬을 우의적으로**
　　드러낸 것이군.
　　무신들을 예찬하는 내용은 나타나지 않음.

윗글에서 무신들을 예찬하는 내용은 나타나지 않는다. 현부가 '무를 숭상하므로 언제나 갑옷을 입고 다녔다'는 것은 거북이가 등껍질을 가지고 있는 것을 비유적으로 표현한 것이다.

[예찬: 무엇이 훌륭하거나 좋거나 아름답다고 찬양함.
[우의적: 다른 사물에 빗대어 비유적인 뜻을 나타내거나 풍자하는 것

④ 작가 **자신을 드러낼 수 없는 당대 현실에 대한 비판을 효과적**
　　으로 보여 주고 있군.
　　작가가 자신을 드러낼 수 없었다고 볼 수 없음.

*근거: 〈보기〉 ④．⑤ 문장

〈보기〉에서 작가는 '그의 문학적 재능을 인정받아 관직에 오'르고, '외교 문서를 작성'하고 '팔만대장경의 제작에 참여'하는 등 중요한 일을 맡았다고 했다. 즉, 작가는 자신을 드러낼 수 없는 현실을 살았다고 볼 수 없다. 따라서 윗글을 통해 화자가 자신을 드러낼 수 없는 현실을 비판했다는 설명은 적절하지 않다.

⑤ 작가는 **자신의 문학적 재능을 과시하기 위하여 가전이라는 장**
　　르를 만들어 낸 것 같아.
　　작가가 문학적 재능을 과시하려 했다는 내용은 나타나지 않음.

〈보기〉에서 작가가 자신의 문학적 재능을 과시하려고 했다거나 가전이라는 장르를 만들어 냈다는 내용은 나타나지 않는다. 작가는 '최충헌에게 그의 문학적 재능을 인정받아 관직에' 올랐을 뿐이다.

[과시하다: 자랑하여 보이다.

D 31 ~ 34 　*박지원, 〈호질〉

[2016 대비/경찰대 34~37]
❶ 중심인물, 배경　❷ 중심 사건, 갈등　❸ 서술상 특징

❸ 서술자: 3인칭 서술자, 시점: 전지적 작가 시점
❶ 중심인물 - 작가 의식을 대변하는 역할
1 「호랑이가 꾸짖기를,」 — ❸ 의인화 - 우화적(인격화한 동물들을 등장시켜 그들의 행동으로
풍자와 교훈의 뜻을 나타내는 것)으로 주제 의식을 전함.

❷ "가까이 오지 마라! 구린내 난다! 내 들으니, 유(儒)란 족속은 유(諛)
❷ 중심 사건: 호랑이가 북곽 선생을 꾸짖음.　❸ 언어유희(비슷한 말의 형태를 반복해 재미있게 꾸민 말)
하다더니 과연 그렇구나. ❺너희는 평소에는 세상의 나쁜 이름은 모두 모
→ '선비는 아첨꾼이다'라는 뜻　　북곽 선생 - 위선적 인물
아 망령되이 내게 씌웠다. ❻이제 다급해지자 면전에서 아첨을 하니 장
　　　　　　　　　　　강자 앞에서 비굴한 모습을 보이는 것을 비판함.
차 누가 너를 믿겠느냐. 」무릇 천하의 이치는 하나뿐이니 호랑이의 성
「 」: ❷ 갈등 - 이중적 모습을 보인 북곽 선생과 이를 비판하는 호랑이의 외적 갈등
품이 악하다면 인간의 성품 역시 악한 것이고, 인간의 성품이 착하다
　　　　　　　　　　　　　인간과 동물의 본성이 다르지 않다는 작가의 의식이 드러남.
면 호랑이의 성품 또한 착한 것이다.

❽「㉠우리 호랑이들은 초목을 먹지 않고, 벌레와 물고기도 먹지 않고,
「 」: 구체적 사례를 들어 호랑이의 본성이 착하다는 것을 보여 줌.
누룩으로 빚은 술과 같이 퇴폐스럽고 어지러운 것들도 즐기지 않고,
자잘한 것들을 엎드려 먹는 것도 참지 못하지. 오직 산에 들어가 노루
나 사슴을 잡아먹고 들에 나가 말이며 소를 잡아먹을 뿐이고, 일찍이
입이나 배에 누를 입히거나 음식 때문에 송사(訟事)를 한 적이 없으니, 」
호랑이의 도(道)야말로 광명정대(光明正大)하지 않느냐! ❿헌데 호랑이
　　　　　　　　　　　　　호랑이의 도리는 떳떳하고 정당함.
가 노루나 사슴을 잡아먹으면 너희들은 호랑이를 미워하지 않다가도
말이나 소를 잡아먹으면 원수처럼 대하니, 이것은 노루나 사슴은 인간
에게 은혜가 없지만 말이나 소는 너희들에게 공을 세웠기 때문이 아니
냐! ⓫「그런데도 그 태워 주고 복종하는 노력과 충성하고 따르는 정성을
　　　　「 」: 호랑이와 대비되는 인간의 끝없는 탐욕과 이기심
저버리고, 매일 도살하여 푸줏간을 가득 채우고도 모자라 뿔이나 갈기
마저도 남기지 않더구나. ⓬그러고도 다시 우리 먹이인 노루와 사슴까지
침범해서 우리들을 산에서 먹을 것이 없게 하고 들에서도 굶주리게 하

니,」하늘로 하여금 그 정사(政事)를 공평하게 한다면 너를 먹어야 하
겠느냐, 풀어 주어야 하겠느냐?

망령되이: 늙거나 정신이 흐려서 말이나 행동이 정상을 벗어난 상태로
아첨: 남의 환심을 사거나 잘 보이려고 알랑거림.
초목: 풀과 나무를 아울러 이르는 말
누룩: 술을 빚는 데 쓰는 발효제
누: 남의 잘못으로 말미암아 받게 되는 정신적인 괴로움이나 물질적인 손해
송사: 백성끼리 분쟁이 있을 때, 관부에 호소하여 판결을 구하던 일
광명정대: 말이나 행실이 떳떳하고 정당함.
도살하다: 사람이나 짐승을 함부로 참혹하게 마구 죽이다.
푸줏간: 예전에, 쇠고기나 돼지고기 따위의 고기를 끊어 팔던 가게
정사: 정치 또는 행정상의 일

*1 요약: 인간의 광명정대하지 못함을 비판함.

❷ 무릇 제 소유가 아닌 것을 취하는 것을 '도(盜)'라 하고 생명을 잔인
　　　　　　　　　　　　　　　　　　　　　　도둑 '도'
하게 해치는 것을 '적(賊)'이라 한다. ❷「너희들은 밤낮으로 허둥지둥 쏘
　　　　　　　　　　　도둑 '적'　　　「 」: 인간 세상의 부도덕성과 욕심을 비판함.
다니며, 팔을 걷어붙이고 눈을 부릅뜬 채 노략질하고 훔치고도 부끄러
워하지 않는다. ❸심지어는 돈을 형(兄)이라 부르기도 하고 장수(將帥)가
　　　　　　　　　　　　　　　　　　　　　　　　군사를 거느리는 우두머리
되기 위해 자신의 처를 죽이기도 하니, 이러고도 또다시 인륜의 도리
를 논함은 말도 안 된다. ❹또한 메뚜기로부터 그 밥을 빼앗고, 누에로
부터 그 옷을 빼앗고, 벌을 가두어 그 꿀을 긁어내고 심지어는 개미 알
로 젓갈을 담가서 제 조상에 제사 지낸다고 하니, 그 잔인하고 박정함
이 너희보다 더한 것이 있겠느냐. 」너희는 이(理)를 말하고 성(性)을
　　　　　　　　　　　　　　　만물의 이치, 원리, 질서　　사람이나 사물 따위의 본성이나 본바탕
논한다. ❻툭하면 하늘을 일컫지만 하늘이 명한 바로써 본다면, 호랑이
나 사람이 다 한 가지 동물이다. ㉡하늘과 땅이 만물을 낳아 기르는
인(仁)으로 논하자면, 호랑이, 메뚜기, 누에, 벌, 개미들도 사람과 더
만물은 평등하기 때문에 누구도 상대방을 해칠 수 없음을 강조함.　❽
불어 함께 길러지는 것으로 서로 거스를 수 없는 것들이다. 또한 그 선
악으로 따지자면, 공공연히 벌과 개미의 집을 범하고 그 꿀과 알들을
긁어 가는 족속이야말로 어찌 천지간의 큰 도(盜)라고 하지 않겠느냐.
　　　　　　　　　　　　　　　　인간을 세상의 큰 도둑이라고 표현함.
❾또한 메뚜기와 누에의 살림을 빼앗고 훔쳐 가는 족속이야말로 어찌 인
의(仁義)의 큰 적(賊)이라고 하지 않겠느냐.
　　　　　인간을 인의를 해치는 큰 적이라고 표현함.

노략질하다: 떼를 지어 돌아다니며 사람을 해치거나 재물을 강제로 빼앗다.
인륜: 군신·부자·형제·부부 따위에서 지켜야 할 도리
박정하다: 인정이 박하다.
공공연히: 숨김이나 거리낌이 없이 그대로 드러나게
인의: 사회의 구성원들이 양심, 사회적 여론, 관습 따위에 비추어 스스로 마땅히
지켜야 할 행동 준칙이나 규범의 총체(= 도덕)

*2 요약: 필요 이상의 이익을 취하는 인간의 행위를 비판함.

❸ ❶㉢호랑이는 일찍이 표범을 잡아먹은 적이 없다. ❷이는 제 동포를 해
　　　　　　　　　　　　　　　　　　❸호랑이는 같은 족속을 해치지 않음.
치지 못하는 까닭이다. 그리고 호랑이가 노루와 사슴을 잡아먹은 것을
헤아려도, 사람이 노루와 사슴을 잡아먹은 것만큼 많지는 않다. ❹또한
호랑이가 말과 소를 잡아먹은 것을 헤아려도, 사람이 말과 소를 잡아
먹은 것만큼 많지 않을 것이다. ❺㉣더욱 어이없는 것은 호랑이가 사람
을 잡아먹은 것이, 사람이 서로 간에 잡아먹은 것만큼 많지 않다는 점
이다. ❻「지난해 관중(關中) 지방에 큰 가뭄이 들었을 때 백성들 사이에
　　　　　「 」: 사람들이 서로를 해치는 행태를 비판함.
서로를 잡아먹은 것이 수만이요, 그에 앞서 산동(山東) 지방에 큰 홍수
가 났을 때에도 백성끼리 서로 먹은 것이 수만이었다. ❼하지만 백성끼

리 서로 잡아먹는 일이 많기로서니 어찌 춘추시대만 할까. 춘추시대에 중국 주나라가 동쪽으로 도읍을 옮긴 기원전 770년부터 기원전 403년까지 약 360년간의 전란 시대는 덕(德)을 세우겠다며 군사를 일으킨 것이 열일곱 차례나 되었으니, 피는 천 리를 흐르고 엎어진 시체는 백만에 달했다.」

동포: 같은 나라 또는 같은 민족의 사람을 다정하게 이르는 말
덕: 착한 일을 하여 쌓은 업적과 어진 덕

＊③ 요약: 동족끼리 서로 죽이기까지 하는 인간의 행태를 비판함.

④ 그러나 「⑰호랑이의 족속들은 홍수와 가뭄을 알지 못하니 하늘을 「」: 호랑이의 족속들의 성품 원망할 까닭이 없고, 원한과 은혜를 모두 잊고 지내니 다른 동물에게 미움을 받을 까닭이 없고, ⓐ오직 천명(天命)을 알고 거기에 순종할 뿐이다. 그러므로 무당이나 의원의 간교함에 유혹되지 않는다. ❸또한 타고난 바탕을 그대로 지니고 있는 까닭으로 세속의 이해(利害)에도 병들지 않는다.」❹이것이 곧 호랑이의 슬기롭고도 성스러운 점이다.”

천명: 타고난 운명
간교하다: 간사하고 교활하다.
바탕: 타고난 성질이나 재질. 또는 체질
이해: 이익과 손해를 아울러 이르는 말

＊④ 요약: 천명에 순응하는 호랑이의 성품을 통해 인간의 성품을 비판함.

✪ 독해 공식
❶ 중심인물: 호랑이
❷ 중심 사건: 호랑이가 북곽 선생('너')을 꾸짖음.
갈등: 이중적 모습을 보인 북곽 선생과 이를 비판하는 호랑이의 외적 갈등
❸ 서술상 특징
• 서술자: 3인칭 서술자, 시점: 전지적 작가 시점
• 의인화를 통해 우화적(인격화한 동물을 등장시켜 그들의 행동으로 풍자와 교훈의 뜻을 나타내는 것)으로 주제 의식을 전하고 있음.
• 언어유희(비슷한 말의 형태를 반복해 재미있게 꾸민 말)를 통해 대상의 위선적 모습을 풍자하고 있음.

◼ 내용: 이 작품은 박지원의 《열하일기》에 실려 있는 한문소설이다. 제목인 '호질(虎叱)'은 '범이 꾸짖는다'라는 뜻으로 위선적인 선비에 대한 호랑이의 질책을 의미한다. 즉, 의인화된 동물인 호랑이의 입을 통해 양반 계층의 부패한 도덕관념과 허위의식을 풍자하고 있다. 호랑이가 비판하는 인물인 '북곽 선생'은 유학자들의 위선을 대표하고, '동리자'는 정절부인의 가식적 행위를 대표한다.

◼ 인물 관계도

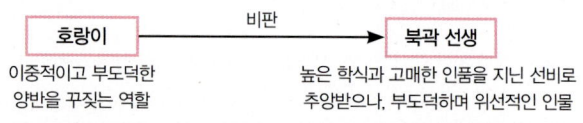

호랑이 ──비판──▶ 북곽 선생
이중적이고 부도덕한   높은 학식과 고매한 인품을 지닌 선비로
양반을 꾸짖는 역할   추앙받으나, 부도덕하며 위선적인 인물

◼ 주제: 양반의 위선적인 삶에 대한 풍자와 인간 사회의 부도덕성 비판

◼ 이것이 핵심!: '호랑이'와 '인간'의 비교

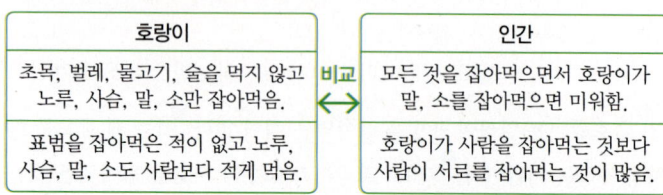

호랑이		인간
초목, 벌레, 물고기, 술을 먹지 않고 노루, 사슴, 말, 소만 잡아먹음.	비교	모든 것을 잡아먹으면서 호랑이가 말, 소를 잡아먹으면 미워함.
표범을 잡아먹은 적이 없고 노루, 사슴, 말, 소도 사람보다 적게 먹음.		호랑이가 사람을 잡아먹는 것보다 사람이 서로 잡아먹는 것이 많음.

◼ 전체 줄거리: 먹잇감을 찾는 호랑이에게 각종 악귀들이 나타나 인간의 각 부류를 언급하며 평한다. 선비의 이중적 면모를 비난하던 호랑이는 마을로 내려간다. 그 마을에는 학식이 높아 존경받는 북곽 선생과 독수공방하는 과부 동리자가 있었는데, 둘은 동리자의 집에서 밀회를 즐기다가 동리자의 아들들에게 들킬 위험에 놓인다. 이에 급히 도망치던 북곽 선생은 똥구덩이에 빠지고 호랑이와 마주친다. 호랑이는 북곽 선생을 보며 선비들의 위선과 파렴치함을 신랄하게 꾸짖는다. 이에 북곽 선생은 목숨을 애걸하다가 호랑이가 사라진 줄도 모른 채 날이 밝는다. 그러던 중 머리를 조아린 모습을 보고 의아해하는 농부에게 북곽 선생은 허세 가득한 변명을 하며 전혀 달라지지 않은 모습을 보인다.

D 31 정답 ①　＊인물의 심리와 태도 파악하기

윗글에서 '호랑이'의 말하기 방식으로 가장 적절한 것은?

➤왜 정답?

① 대상과 자신을 비교하여 상대방의 잘못을 비판하고 있다.
자신의 도덕적 우위를 인간과 비교하며 인간의 잘못을 비판함.

＊근거: ①-❽~⓬

호랑이는 '초목'과 '벌레와 물고기'를 먹지 않고 '술과 같이 퇴폐스럽고 어지러운 것들도 즐기지 않'으며 '음식 때문에 송사를 한 적이 없'다며 '호랑이의 도'가 '광명정대하'다고 말하고 있다. 그리고 이를 '매일 도살하'고 호랑이들을 '산에서 먹을 것이 없게 하고 들에서도 굶주리게 하'는 인간과 비교하고 있다. 이를 통해 호랑이는 끝없는 탐욕을 부리는 인간의 잘못을 비판하고 있다.

➤왜 오답?

② 대상에 대하여 연민의 감정을 가지고 설득하고 있다.
인간에 대한 연민은 드러나지 않음.

호랑이는 대상인 인간을 신랄하게 비판하고 있을 뿐, 인간에 대한 연민의 감정을 드러내고 있지 않다.

연민: 불쌍하고 가련하게 여김.

③ 대상이 자신보다 우위에 있음을 구체적 사례를 통해 논증하고 있다.
자신이 인간보다 우위에 있음을 주장함.

호랑이는 구체적인 사례를 들어 호랑이의 도가 광명정대함을 드러냄으로써 인간과 대비하여 호랑이가 우위에 있다고 말하고 있다. 인간이 자신보다 우위에 있다고 말한 부분은 찾을 수 없다.

우위: 남보다 나은 위치나 수준
논증하다: 옳고 그름을 이유를 들어 밝히다.

④ 자신의 입장과 대상의 주장을 통합하여 새로운 관점을 제시하고 있다.
자신과 인간의 주장을 통합하지 않음.

호랑이는 자신의 입장에서 인간을 비판하고 있을 뿐, 자신의 입장과 인간의 주장을 통합하고 있지 않다.

⑤ 대상의 속성을 구분과 분류의 방식을 통해 분석하고 있다.
구분과 분류의 방식을 사용하지 않음.

호랑이는 대상인 인간의 탐욕적인 속성을 비판하고 있지만, 이를 구분하거나 분류하여 분석하고 있지 않다.

D 32 정답 ④　＊작품 비교하기

윗글과 〈보기〉의 내용을 대비하여 이해한 것으로 가장 적절한 것은?

• 윗글: 인간과 호랑이의 본성이 같다는 생각을 바탕으로 인간의 부도덕성을 비판하고 있습니다.

• 〈보기〉: 인간이 호랑이보다 포악하다는 생각을 바탕으로 인간의 흉포함을 비판하고 있습니다.

🔴즉 인간의 품성에 대한 윗글과 〈보기〉의 내용을 비교하여 이해한 것으로 적절한 것을 고르는 문제입니다.

[보기]

❶우리는 설사 포악한 일을 할지라도 깊은 산과 깊은 골과 깊은 ①의 근거 수풀 속에서만 횡행할 뿐이요, 사람처럼 청천백일지하에 왕궁 국도에서는 하지 아니한다. ❷또한 옛적 사람은 호랑의 가죽을 쓰고 도적질하였으나, 지금 사람들은 껍질은 사람의 껍질을 쓰고 마음

은 호랑이의 마음을 가져서 더욱 험악하고 더욱 흉포한지라. ^❸하느님은 지공무사(至公無私)하신 하느님이시니, 이같이 험악하고 **③의 근거** 흉포한 것들에게 제일 귀하고 신령하다는 권리를 줄 까닭이 무엇 **②의 근거** 이오?^❹ 사람으로 못된 일 하는 자의 종자를 없애는 것이 좋은 줄 **④의 근거** 「」:⑤의 근거 로 생각하나이다.

– 안국선, 〈금수회의록〉

포악하다: 사납고 악하다.
횡행하다: 아무 거리낌 없이 제멋대로 행동하다.
청천백일: 하늘이 맑게 갠 대낮
국도: 한 나라의 중앙 정부가 있는 도시
흉포하다: 질이 흉악하고 포악하다.
지공무사: 지극히 공정하여 사사로움이 없음.
신령하다: 신기하고 영묘하다.
종자: 사람의 혈통을 낮잡아 이르는 말

왜 정답?

④ 윗글은 〈보기〉와 달리 호랑이와 사람이 동등한 권리를 지녔다 고 본다.
윗글은 호랑이와 사람이 동등하다고 하였으나, 〈보기〉는 인간이 호랑이와 동등한 권리를 지닌다고 보지 않음.

*근거: ①-❼, ②-❻, 〈보기〉 ❸ 문장

윗글은 '무릇 천하의 이치는 하나뿐이니 ~ 인간의 성품이 착하다면 호랑이의 성품 또한 착한 것이다'와 '호랑이나 사람이 다 한 가지 동물이다'에서 인간과 호랑이의 성품이 다르지 않고 호랑이와 사람이 동등한 권리를 지녔다는 생각이 드러나고 있다. 그러나 〈보기〉의 '하느님은 ~ 이같이 험악하고 흉포한 것들에게 제일 귀하고 신령한 권리를 줄 까닭이 무엇이오?'에서는 사람에게 귀중한 권리를 줄 필요가 없다는 생각, 즉 호랑이와 사람이 동등한 권리를 지니지 않았다는 생각이 드러나고 있다. 따라서 윗글은 〈보기〉와 달리 호랑이와 사람이 동등한 권리를 지녔다고 본다는 설명은 적절하다.

왜 오답?

① 윗글과 달리 〈보기〉는 호랑이의 흉포한 측면을 인정하지 않고 있다.
〈보기〉에서만 호랑이의 포악한 측면을 인정함.

*근거: ①-❾, ④-❹, 〈보기〉 ❶ 문장

윗글의 '호랑이의 도야말로 광명정대하지 않느냐', '이것이 곧 호랑이의 슬기롭고도 성스러운 점이다'를 통해 윗글에서는 호랑이의 흉포한 측면이 아닌, 긍정적 측면을 강조하고 있음을 알 수 있다. 반면, 〈보기〉의 '우리는 설사 포악한 일을 할지라도'를 통해 〈보기〉에서는 호랑이가 자신의 무리가 포악하다는 것을 인정하고 있음을 알 수 있다.

② 윗글과 달리 〈보기〉는 상대적으로 인간에 대한 공격성이 약화 되어 있다.
윗글과 〈보기〉 모두 인간의 도덕성을 공격함.

*근거: ②-❹, 〈보기〉 ❸ 문장

윗글에서는 '그 잔인하고 박정함이 너희보다 더한 것이 있겠느냐?'라며 인간의 부도덕성을 비판하고 있다. 〈보기〉에서 또한 인간을 '험악하고 흉포한 것들'이라고 표현하며 신랄하게 비판하고 있다. 따라서 〈보기〉에서 인간에 대한 공격성이 약화되어 있다고 할 수 없다.

③ 윗글과 〈보기〉는 모두 하느님을 청자로 하고 있다.
〈보기〉에서만 청자가 '하느님'임.

*근거: ①-❺, 〈보기〉 ❸ 문장

윗글에서는 '너'에게 말을 하고 있는데 이때 '너'는 북곽 선생을 가리킨다. 따라서 윗글의 청자는 북곽 선생이다. 반면, 〈보기〉에서는 '하느님은 지공무사하신 하느님이시니'라며 하느님에게 말을 하고 있다. 따라서 〈보기〉의 청자는 하느님이다.

[청자: 이야기를 듣는 사람

---

⑤ 윗글과 〈보기〉는 모두 **인간의 잘못을 창조주의 과오라고 주장** 한다.
윗글과 〈보기〉 모두 하늘의 과오라고 주장하지 않음.

*근거: 〈보기〉 ❸ 문장

윗글에는 인간의 잘못을 창조주의 과오라고 주장하는 부분이 제시되어 있지 않다. 또한 〈보기〉에서는 '험악하고 흉포한' 인간에게 '제일 귀하고 신령하다는 권리를 줄' 필요가 없다며 인간을 비판하고 있을 뿐, 인간의 잘못이 창조주의 과오 때문이라고 이야기하고 있지는 않다.

[창조주: 세상 만물을 창조한 분이라는 뜻으로, '하느님'을 달리 이르는 말
[과오: 부주의나 태만 따위에서 비롯된 잘못이나 허물

D 33 정답 ③ *상황에 맞는 관용 표현 찾기

〈보기〉의 밑줄 친 부분의 관점에서 '호랑이'를 비판한 것으로 가장 적절한 것은?

• 〈보기〉의 밑줄 친 부분의 관점: '인자'여야만 사람을 사랑하고 미워할 수 있다는 관점입니다.

• '호랑이': 탐욕적이고 부도덕한 인간의 모습을 비판하고 있습니다.

즉 '인자'여야 사람을 판단할 수 있다는 관점에서, 인간을 비판하는 '호랑이'를 비판한 것으로 적절한 것을 고르는 문제입니다.

─────── [보기] ───────

"사람다운 사람이 나를 사람답지 아니하다 하면 두려워할 것이며, 사람답지 아니한 사람이 나를 사람답다 해도 두려워할 것이다. 기뻐하고 두려워하는 것은 마땅히 나를 사람답다 하거나 나를 사람답지 아니하다는 사람의 사람다움과 사람답지 아니
누군가를 비판하는 사람이 인자(仁者)인지 아닌지의 여부
함이 어떤지를 살필 뿐이다. 그러므로 오직 인자(仁者)라야 사람을 사랑할 수도 있고, 사람을 미워할 수도 있나니, 나를 사
자신이 인자(仁者)여야 인간을 비판할 자격이 있다는 의미
람답다는 사람이 인자이겠는가, 나를 사람답지 아니하다는 사람이 인자이겠는가."

하였다.

– 이달충, 〈애오잠〉

마땅히: ① 행동이나 대상 따위가 일정한 조건에 어울릴 정도로 알맞게 ② 그렇게 하거나 되는 것이 이치로 보아 옳게

인자: 마음이 어진 사람

왜 정답?

③ 오십보백보이군.
조금 낫고 못한 정도의 차이는 있으나 본질적으로 차이가 없음을 이르는 말

*근거: ①-❼

〈보기〉의 '인자라야 사람을 사랑할 수도 있고, 사람을 미워할 수도 있나니'는 자신이 '인자'여야 인간을 비판할 자격이 있다는 의미이다. 그런데 윗글에서는 '호랑이의 성품이 악하다면 인간의 성품 역시 악한 것이고, 인간의 성품이 착하다면 호랑이의 성품 또한 착한 것이다'라고 하며 인간과 호랑이의 본성이 다르지 않다고 말하고 있다. 다만 호랑이는 노루나 사슴, 말, 소를 잡아먹지만 광명정대한 것에 비해 인간은 탐욕스럽고 필요 이상의 이익을 취하며, 호랑이는 같은 족속을 해치지 않는 것과 달리 인간은 서로를 해치기도 함을 비판하고 있다. 이로 보아 호랑이가 '인자'로서 인간을 비판하고 있는 것은 아님을 알 수 있다. 따라서 '인자'가 아님에도 인간을 비판하는 호랑이에 대해 조금 낫고 못한 정도의 차이는 있으나 본질적으로 차이가 없음을 이르는 말인 '오십보백보'로 비판할 수 있다.

왜 오답?

① 된장에 풋고추 박힌 듯해.
어떤 곳에 들어박혀 자리를 떠나지 않는 모양새를 이르는 말

'된장에 풋고추 박힌 듯하다'는 어떤 한 곳에 가 꼭 틀어박혀 자리를 떠나지 않고 있다는 뜻으로, 〈보기〉의 밑줄 친 부분의 관점이나 호랑이에 대해 비판할 수 있는 내용과 관련이 없다.

② 우물가에서 숭늉 찾는 격이군.
일의 질서와 차례를 무시하고 성급하게 덤비는 것을 이르는 말

'우물가에서 숭늉 찾는 격'은 모든 일에는 질서와 차례가 있는데, 일의 순서도 모르고 성급하게 덤빈다는 뜻으로, 〈보기〉의 밑줄 친 부분의 관점이나 호랑이에 대해 비판할 수 있는 내용과 관련이 없다.

④ 호랑이가 고슴도치를 놓고 하품하는 격이군.
만만한 대상임에도 자기가 피해를 입을 것 같아 보고만 있음을 이르는 말

'호랑이가 고슴도치를 놓고 하품하는 격'은 만만하기는 하지만 자칫 자기가 피해를 입을 것 같아 섣불리 해치지 못하고 그저 보고만 있다는 뜻으로, 〈보기〉의 밑줄 친 부분의 관점이나 호랑이에 대해 비판할 수 있는 내용과 관련이 없다.

⑤ 벼 심은 데 벼 나고 콩 심은 데 콩 난다고들 하지.
모든 일은 근본에 따라 원인에 맞는 결과가 나타남을 이르는 말

'벼 심은 데 벼 나고 콩 심은 데 콩 난다'는 모든 일은 근본에 따라 거기에 걸맞은 결과가 나타난다는 뜻으로, 〈보기〉의 밑줄 친 부분의 관점이나 호랑이에 대해 비판할 수 있는 내용과 관련이 없다.

> 🐝 ── 1등급 풀이 Tip
> 이 문제를 풀기 위해서는 ① 〈보기〉의 관점, ② 호랑이의 견해를 파악해야 한다.
> ① 〈보기〉의 관점은 인자(마음이 어진 사람)만이 사람을 비판할 자격이 있다는 것이다.
> ② 호랑이의 견해는 호랑이와 인간의 성품이 다르지 않지만 인간보다는 호랑이가 '광명정대'하며, 인간은 필요 이상의 탐욕을 부리며 같은 족속을 해친다는 것이다. 〈보기〉의 관점에서 호랑이는 '인자'의 성품이 아니므로 인간을 비판할 수 없다고 볼 것이다.

D 34 정답 ④ * 소재 및 배경의 의미 파악하기

ⓐ를 근거로 할 때, ㉠~㉤ 중 논점에서 벗어난 것은?

• ⓐ: ⓐ는 '오직 천명(天命)을 알고 거기에 순종할 뿐이다.'로, 하늘의 뜻에 따른다는 의미입니다. 이는 타고난 본성에 따라 살아간다는 의미로 해석할 수 있습니다.
• ㉠: ㉠은 호랑이가 먹는 것에 관한 내용입니다.
• ㉡: ㉡은 만물이 함께 길러지는 것에 관한 내용입니다.
• ㉢: ㉢은 동포를 해치지 않는 호랑이의 습성에 관한 내용입니다.
• ㉣: ㉣은 호랑이가 사람에게 주는 피해와 사람 간에 주고받는 피해를 비교하는 내용입니다.
• ㉤: ㉤은 호랑이의 품성에 관한 내용입니다.

즉 ㉠~㉤ 중 '타고난 본성에 따라 살아간다'는 것과 관련된 내용이 아닌 것을 고르는 문제입니다.

왜 정답?

④ ㉣
인간의 무자비함과 폭력성을 밝히는 내용임.

* 근거: ③-❺
ⓐ는 하늘의 뜻에 따른다는 의미로, 타고난 본성에 따라 살아간다는 것으로 이해할 수 있다. ㉣은 호랑이가 사람한테 피해를 주기는 하지만, 사람이 사람에게 피해를 주는 것보다는 적다는 의미이다. 즉, ㉣은 인간의 무자비함과 폭력성을 비판하는 내용으로, 타고난 본성에 따라 살아가는 것과는 관련이 없다.

왜 오답?

① ㉠
호랑이가 특정 대상을 먹지 않는 것은 호랑이의 타고난 습성에 해당함.

* 근거: ①-❽
㉠은 호랑이가 '초목', '벌레', '물고기', '술'을 먹지 않는다는 내용이다. 호랑이가 이것들을 먹지 않는 것은 호랑이의 습성에 해당하므로 ㉠은 타고난 본성에 따라 살아가는 것과 관련이 있는 내용이다.

② ㉡
호랑이와 사람이 함께 길러지는 것은 타고난 이치임.

* 근거: ②-❼
㉡은 '호랑이, 메뚜기, 누에, 벌, 개미도 사람과 더불어 함께 길러지는 것'으로 '서로 거스를 수 없다'는 내용이다. '함께 길러지는 것'들이 서로 해칠 수 없다는 것은 '하늘과 땅이 만물을 낳아 기르는 인(仁)' 즉, 하늘의 이치이므로 ㉡은 타고난 본성에 따라 살아가는 것과 관련이 있는 내용이다.

③ ㉢
호랑이가 표범을 먹지 않는 것은 타고난 습성에 해당함.

* 근거: ③-❶
㉢은 호랑이가 표범을 잡아먹지 않는다는 내용이다. 호랑이가 같은 족속을 해치지 못하는 것은 호랑이의 습성에 해당하므로 ㉢은 타고난 본성에 따라 살아가는 것과 관련이 있는 내용이다.

⑤ ㉤
호랑이의 품성은 타고난 습성에 해당함.

* 근거: ④-❶
㉤은 호랑이의 족속들은 '홍수와 가뭄을 알지 못'해 '하늘을 원망'하지 않고, '원한과 은혜를 모두 잊고 지내'서 '다른 동물에게 미움을 받'지 않는다는 내용이다. 호랑이가 '홍수와 가뭄을 알지 못'하고 '원한과 은혜를 모두 잊고 지내'는 것은 호랑이의 습성에 해당하므로 ㉤은 타고난 본성에 따라 살아가는 것과 관련이 있는 내용이다.

D 35~37 * 신광한, 〈하생기우전〉

[예상 문제]

❶ 중심인물, 배경 ❷ 중심 사건, 갈등 ❸ 서술상 특징

[앞부분의 줄거리] 고려 시대에 하생(何生)이라는 사람이 평원(平原) 땅에 살았다. 집안이 대대로 가난하고 일찍 부모를 여의어, 장가를 들고자 하였으나 사위로 데려가는 사람이 없었고 곤궁하여 스스로 살아가기도 힘들었다. 그러나 모습이 준수하고 행실이 좋으며 재주가 뛰어나고 생각이 남달라 국학(國學)에 나아가서 여러 서생(書生)들과 예능을 겨루매 그를 능가하는 자가 아무도 없었다.
고려 시대에 둔 중앙의 교육 기관

곤궁하다: 가난하여 살림이 구차하다.
준수하다: 재주와 슬기, 풍채가 빼어나다.
서생: 유학을 공부하는 사람

[1] 하생은 '장원 급제도 마음만 먹으면 할 수 있고 높은 벼슬도 마음만
❶ 중심인물 ❸ 서술자: 3인칭 서술자, 시점: 전지적 작가 시점
먹으면 오를 수 있다.'고 여기며 거만하게 세상을 깔보는 생각을 가지
❷
게 되었다. 이때 조정은 이미 어지러워져 인재 선발도 공정하게 이루
❸ 국가의 정치적인 타락으로 과거가 불공정하게 치러짐. - 비판적
어지지 않았다. 그럭저럭 4, 5년을 학사(學舍)에서 늘 울적하게 뜻을
굽히고 지냈는데, 하루는 같은 학사의 서생에게 말하기를,

「"채택(蔡澤)은 자기가 모르던 수명(壽命)에 대하여 당생(唐生)을 찾
「 」: 초월적 힘에 의존하고자 함.
아가서 해결하였다. 내 들으니, 낙타교(駱駝橋)가에 점쟁이가 있는
❶ 공간적 배경
데, 사람들에게 오래 살고 일찍 죽고 복을 받고 화를 당하는 등의
일에 대해 말해 주는 것이 날짜까지 정확히 맞춘다고 한다. 나도 그
점쟁이한테 가서 나의 궁금증을 풀어 보겠다."」

❺하였다. ❻드디어 집으로 돌아가서 궤짝 속을 뒤져 보물처럼 숨겨 두었던 금전(金錢) 몇 닢을 찾아내어 그것을 가지고 점쟁이를 찾아갔다.

❼ 중심인물   ❷ 중심 사건: 하생은 점쟁이를 만나 자신의 운명을 들음.

복사가 말하기를,

❽「"부귀하게 될 운명을 그대는 본디부터 타고났소. 다만, 오늘은 매

「 」: ❸ 신이한 인물의 예언을 통해 주인공의 미래를 암시함.

우 불길하오. 명이(明夷)가 가인(家人)으로 가는 점괘가 나왔소. 명이는 밝음이 땅속으로 들어가는 상이고 가인은 정숙한 유인(幽人)을 만나는 것이 이로운 상이오. 도성 남문(南門)을 나가서 달려 멀리 떠나되 해가 저물기 전에는 집으로 돌아와서는 안 되오. 그렇게

하생의 운명 예언

하면 액땜을 할 수 있을 뿐만 아니라 또한 좋은 배필을 얻게 될 것

이오."」

조정: 임금이 나라의 정치를 신하들과 의논하거나 집행하는 곳. 또는 그런 기구
학사: 학문을 닦는 곳. 또는 그런 목적으로 사용하는 건물
명이: 육십사괘의 하나. 곤괘(坤卦)와 이괘(離卦)가 거듭된 것으로, 밝음이 땅속에 들어감을 상징한다.
가인: 육십사괘의 하나. 손괘(巽卦)와 이괘(離卦)가 거듭된 것으로, 바람이 불에서 남을 상징한다.
유인: 어지러운 세상을 피하여 조용한 곳에 숨어 사는 사람
액땜: 앞으로 닥쳐올 액을 다른 가벼운 곤란으로 미리 겪음으로써 무사히 넘김.
배필: 부부로서의 짝

*❶ 요약: 하생이 점쟁이를 만나 자신의 운명을 들음.

②❶하였다. ❷하생은 그 말이 그럴 듯하게 느껴졌다. ❸두려운 마음으로

점쟁이의 말에 따라 행동함.

일어나 작별을 하고 도성 남문을 나섰다. ❹「가을 산 경치가 좋았다. 마

「 」: ❸ 배경 묘사를 통해 서정적인 분위기를 조성함.

음을 따라가다가 해가 지고 어둠이 깔리는 줄도 몰랐다. ❻사방을 돌아보니, 고요히 아무도 없는 깊은 산속이었다. 어디 하룻밤 묵어 갈 곳도 없었다. 지치고 배고픈 몸으로 길에서 서성거렸다. 때는 ❾중추(仲秋) 열

음력 8월

여드레, 달은 아직 솟지 않았고 멀리 나무숲 사이에서 등불이 하나 별

❶ 시간적 배경

처럼 깜빡거리고 있었다. ❿사람 사는 집이 있겠거니 생각하고 길을 더

듬어 앞으로 나아갔다. ⓫길게 자란 들풀에 싸늘한 안개가 어리고 이슬이 흠뻑 내려 촉촉히 젖어 있었다. ⓬그곳에 이르니, 달도 환히 솟아올랐

❶ 시간적 배경 - 밤

다. ⓭보니, ㉠아담하고 아름다운 집 한 채가 있는데, 그림으로 꾸며진

❶ 공간적 배경

마루가 높다랗게 담장 위로 보였다. ⓮고운 비단 창 안에는 촛불 그림자가 비쳤다. 바깥문은 반쯤 열려 있고 인적은 조금도 없었다. ⓯하생이

이상히 여기며 몰래 들어가 방 안을 엿보니, 나이 이팔 청춘의 아름다

❶ 중심인물   침향나무로 만든 베개

운 여인이 각침(角枕)에 기대어 비단 이불을 반쯤 내리덮고 있었는데,

❷ 중심 사건: 하생이 산속의 집에서 여인을 만남.

수심에 젖은 아름다운 모습이 눈으로 바로 보지 못할 정도였다.

중추: 가을이 한창인 때라는 뜻으로, 음력 8월을 달리 이르는 말
인적: 사람의 발자취. 또는 사람의 왕래
수심: 매우 근심함. 또는 그런 마음

*❷ 요약: 하생이 점쟁이의 말에 따라 길을 나서 산속 집에서 여인을 만남.

[중략 부분의 줄거리] 여인은 자신의 꿈 이야기를 말하며 자신과 하생이 천생연분임

❷ 중심 사건: 하생이 여인과 인연을 맺음.

을 말하고, 그날 밤에 두 사람은 운우지락(雲雨之樂)을 이루었다.

운우지락: 구름과 비를 만나는 즐거움이라는 뜻으로, 남녀의 정교(情交)를 이르는 말

③❶여인이 말하기를,

❷"이곳은 사실 인간 세상이 아닙니다. 첩은 시중 아무개의 딸이온데,

명혼 소설(죽은 사람과 살아 있는 사람의 애정을 다룬 소설)의 성격이 나타남.

죽어 이곳에 묻힌 지 사흘이 지났습니다. 우리 아버지께서 오래 요직을 차지하고 계시면서 사소한 원한까지도 복수를 하여 사람을 많

이 해쳤기 때문에 애초에 아들 다섯과 딸 하나를 두셨는데, 다섯 오빠들은 아버지보다 먼저 요절하였고 제가 홀로 곁에서 모시고 있다가 지금 또 이렇게 되었습니다. 어제 옥황상제께서 저를 부르시어 명하시기를 '네 애비가 큰 옥사를 심리하여 죄 없는 사람 수십 명을

중대한 범죄 사건   자세히 조사해서 처리하여

완전히 살려 주었으니, 너를 다시 인간 세상으로 돌려보내야 되겠다.' 하였습니다. 저는 절을 하고 물러 나왔습니다. 기한이 오늘까지인데, 이 기한을 넘기면 다시 살아날 가망이 없습니다. 오늘 낭군을 만나게 된 것 역시 운명인가 봅니다. 영원히 좋은 사이가 되어 평생 낭군을 모시며 뒷바라지하고자 하는데 낭군께서는 허락해 주시겠습니까?"

❸하고 말하였다.

❹하생도 울먹이며 말하기를,

❺"그 말이 사실이라면 응당 목숨을 걸고 그렇게 하겠습니다."

❻하였다. ❼여인이 이에 베갯머리에서 금척 하나를 꺼내 주며 말하기를,

금으로 된 자

❽"낭군께서 이것을 가지고 가서 국도의 저잣거리 큰 절 앞에 있는 하마석 위에다 올려 놓으십시오. 반드시 알아보는 자가 있을 것입니다. 비록 곤욕을 당하더라도 제 말씀을 잊지 마시기 바랍니다."

❾하였다. ❿하생이 그렇게 하겠다고 대답하였다.

❷ 중심 사건: 하생이 이 세상 사람이 아닌 여인의 사연을 듣고 부탁을 들어 주기로 함.

요직: 중요한 직책이나 직위   요절하다: 젊은 나이에 죽다.
금척: 금척무(金尺舞)를 출 때에 쓰는, 금빛이 나는 자
하마석: 말에 오르거나 내릴 때에 발돋움하기 위하여 대문 앞에 놓은 큰 돌
곤욕: 심한 모욕. 또는 참기 힘든 일

*❸ 요약: 여인이 하생에게 자신의 사연을 말하고 다시 살아날 방법을 부탁함.

(중략)

죽은 이와 같이 묻음.

④❶「"이것은 작은 아씨 무덤에 순장했던 물건이다. 너는 묘 도둑으로

「 」: ❷ 갈등 - 하생을 묘 도둑이라고 생각하는 여인의 가문 사람들과 하생 사이의 외적 갈등

구나."

❷하였다. 하생은 ㉡무덤 속 여인의 부탁도 소중하고 사랑하는 마음도 깊은지라 고개를 숙이고 욕을 당하면서도 감히 입을 열지 아니했다. ❹보는 자들이 모두 침을 뱉으며 더럽게 여겼다. ❺그 집으로 끌고 가서 하

❺ 공간적 배경: 여인의 집

생을 뜰 아래에 묶어 놓았다. 시중이 오궤에 기대어 청사에 앉아 있고

❻ ❷ 중심 사건: 하생이 묘 도둑으로 몰려 여인의 집으로 끌려감.

자리 뒤에는 주렴이 드리워져 있었다. 그 아래에는 시녀들이 수십 명

❶ 중심인물: 여인의 아버지

둘러 모여 서로 보려고 밀치면서 말하기를,

❽"생긴 것은 유자처럼 생겼는데 행실은 도적이구먼."」

❾하였다. ❿시중이 금척을 가져다가 알아보고는 눈물을 흘리며 말하기를,

유학을 공부하는 선비

⓫"과연 내 딸의 무덤에 순장했던 금척이다."

⓬하였다. ⓭주렴 안에서 흑흑 울음소리가 들렸고 시녀들도 모두 얼굴을 가리고 울었다. ⓮시중이 손을 저어 그치게 하고 하생에게 묻기를,

⓯"너는 무엇하는 사람이며 이 물건은 어디서 났느냐?"

⓰하였다. ⓱하생이 답하기를,

⓲"저는 태학생이고 이것은 무덤 안에서 얻었습니다."

⓳하였다. ⓴시중이 말하기를,

㉑"네가 입으로는 시와 예를 말하면서 행실이 무덤이나 파는 도적과 같으니 될 말인가?"

㉒하니, 하생이 웃으며 말하기를,

㉓"제 결박을 풀고 가까이 가게 해 주십시오. 좋은 소식을 전해 드리 _{여인이 살아 돌아올 수 있다는 소식}겠습니다. 대인께서는 은혜 갚을 것을 생각하셔야지 도리어 화를 내시면 되겠습니까?"

㉔하였다.

- 주렴: 구슬 따위를 꿰어 만든 발
- 결박: 몸이나 손 따위를 움직이지 못하도록 동이어 묶음.

*④ 요약: 무덤 도둑으로 몰려 여인의 집으로 끌려간 하생

[뒷부분의 줄거리] 하생으로부터 자초지종을 들은 여인의 부모가 곧 무덤으로 가서 무덤을 파헤치자 여인이 소생하나 여인의 부모는 집안이 맞지 않고 하는 일이 허랑_{❸ 전기적(비현실적) 요소} _{❶ 공간적 배경}하다 하여 허생과 여인의 결혼에 반대한다. 이에 여인은 식음을 전폐한 채 대죄하며 부모를 설득함으로써 둘은 결혼하여 해로하게 된다.

- 소생하다: 거의 죽어 가다가 다시 살아나다.
- 허랑하다: 언행이나 상황 따위가 허황하고 착실하지 못하다.
- 대죄하다: 죄인이 처벌을 기다리다.
- 해로하다: 부부가 한평생 같이 살며 함께 늙다.

■★ 독해 공식

❶ 중심인물: 하생, '여인', '복사', '시중' 등
공간적 배경: 낙타교가, '아담하고 아름다운 집', '여인의 집', '무덤'
시간적 배경: '중추(仲秋) 열여드레', '달도 환히 솟아' 오른 밤
❷ 중심 사건: 하생이 복사를 통해 자신의 운명을 듣고, 예언에 따라 산속의 집에서 여인을 만나 인연을 맺음. 하생이 이 세상 사람이 아닌 여인의 사연을 듣고 여인을 다시 살리기 위해 부탁을 들어 주기로 함. 하생이 묘 도둑으로 몰려 여인의 집에 끌려감.
갈등: 하생이 묘 도둑이라고 생각하는 여인의 가문 사람들과 하생 사이의 외적 갈등
❸ 서술상 특징
- 서술자: 3인칭 서술자, 시점: 전지적 작가 시점
- 명혼 소설(죽은 사람과 살아 있는 사람의 애정을 다룬 소설)로 전기적(비현실적) 요소가 나타나고 있음.
- 신이한 인물의 예언을 통해 주인공의 미래를 암시하고 있음.
- 배경에 대한 묘사를 통해 서정적인 분위기를 조성하고 있음.

■ 내용: 이 작품은 신광한이 지은 소설집 《기재기이(企齋記異)》에 실린 네 편의 작품 중 하나로, 주인공과 죽은 여인과의 사랑을 그린 명혼 소설이다. 주인공 하생은 사회적 모순 때문에 능력을 발휘하지 못하던 차에 점쟁이의 예언에 따라 죽은 여인과 만나 사랑을 나눈다. 이후 하생의 도움으로 여인이 되살아 난 뒤, 두 사람이 신분 차이로 인한 부모의 반대 등의 장애를 물리치고 애정을 성취하게 된다는 내용으로 전기적 성격이 두드러진 작품이다.

■ 인물 관계도

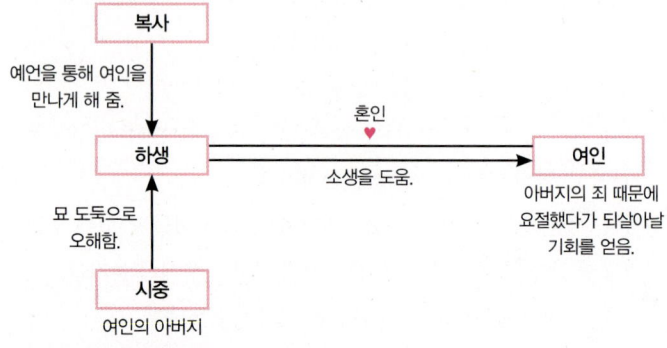

■ 주제: 어려움을 극복해 낸 하생과 여인의 사랑

■ 이것이 핵심!: 공간적 배경

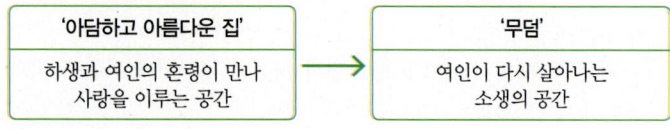

■ 전체 줄거리: 고려 시대에 평원 땅에 살던 하생은 집안은 가난했으나 용모가 준수하고 재주가 뛰어나 칭송을 받았다. 그는 국학 유생으로 입학하지만 조정이 어지러운 탓에 등용되지 못하고 울적하게 지낸다. 그러던 어느 날 하생은 낙타교에 있는 복사를 찾아가 자신의 운명에 대한 점괘를 얻고, 그에 따라 산속으로 들어가 여인과 만나 인연을 맺게 된다.

하생은 여인의 부탁대로 금척을 들고 도성의 저잣거리에 있다가 여인의 집안사람들에게 묘 도둑으로 몰려 끌려가서는 여인의 부모에게 자초지종을 전한다. 이에 여인의 부모가 딸의 무덤을 파헤쳐 여인의 시신을 운구하자 여인이 소생한다. 여인의 부모는 신분상의 차이 등을 이유로 하생과 여인의 결혼을 반대하지만 여인이 식음을 전폐하고 부모를 설득하여 하생과 여인은 부부의 인연을 맺게 된다. 그후 하생은 과거에 급제하여 벼슬에 오르고, 여인과 두 아들을 낳고 백년해로한다.

D 35 정답 ② *인물의 심리와 태도 파악하기

윗글의 내용으로 적절하지 않은 것은?

>왜 정답?

② 시중은 금척을 보고 순순히 하생의 말을 믿고 있다.
_{시중은 하생을 도적 취급하고 있음.}

*근거: ④-⑪~⑳

시중은 하생이 가지고 있던 금척이 자신이 딸의 무덤에 순장했던 금척임을 알아보고 하생에게 '이 물건은 어디서 났느냐?'고 묻고, '무덤 안에서 얻었'다는 하생의 대답에 '행실이 무덤이나 파는 도적과 같으니 될 말인가?'라고 말하며 하생을 심문했다. 시중이 하생이 가지고 있는 금척을 보고 하생의 말을 순순히 믿는 모습은 나타나 있지 않다.

>왜 오답?

① 복사는 하생과 죽은 여인의 만남을 예언했다.
_{도성 남문을 나가 해가 저물기 전에 돌아오지 않으면 좋은 배필을 얻게 될 것이라고 함.}

*근거: ①-❽, ②-❸, ⑮

복사는 하생에게 '도성 남문을 나가서 달려 멀리 떠나되 해가 저물기 전에는 집으로 돌아와서는 안 되'며, 그렇게 하면 '좋은 배필을 얻게 될 것'이라고 말했다. 이에 따라 하생은 도성 남문을 나서 산속을 돌아다니다가 밤중에 여인과 만나게 되었으므로, 복사가 하생과 죽은 여인의 만남을 예언했다는 것은 적절하다.

- 예언하다: 앞으로 다가올 일을 미리 알거나 짐작하여 말하다.

③ 여인은 하생과의 첫 만남에서 자신의 의도를 전달했다.
_{하생과 평생의 인연을 맺고자 한다고 말함.}

*근거: ③-❷

여인은 하생과의 첫 만남에서 '영원히 좋은 사이가 되어 평생 낭군을 모시며 뒷바라지하고자 하는데 낭군께서는 허락해 주시겠습니까?'라고 묻고 있다.

④ 하생은 곤욕을 당하면서도 여인의 부모를 만나기 위해 침묵했다.
_{도적 취급을 받으면서도 침묵을 지켜 여인의 아버지인 시중을 만나게 되었음.}

*근거: ④-❸, ❻

하생은 여인의 부탁에 따라 금척을 지니고 있다가 여인의 집안사람들에게 묘 도둑으로 몰려 곤욕을 겪으면서도 입을 열지 않았고, 그 결과 여인의 집으로 끌려가 여인의 부모를 만나게 되었다. 즉, 하생은 여인의 부모를 만나기 위해 곤욕을 당하면서도 침묵을 지킨 것이다.

⑤ 시녀들은 하생의 외모와 행동이 일치하지 않는다고 생각하고 있다.
_{'생긴 것은 유자처럼 생겼는데 행실은 도적이구먼.'}

*근거: ④-❽

하생이 묘 도둑으로 몰려 여인의 집으로 끌려갔을 때, 시녀들은 하생을 보고 '생긴 것은 유자처럼 생겼는데 행실은 도적이구먼.'라고 한다. 즉, 하생의 선비 같은 외모와 행동이 일치하지 않는다고 생각한 것이다.

D 36 정답 ② *소재 및 배경의 의미 파악하기*

여인의 입장에서 ㉠과 ㉡을 비교한 것으로 가장 적절한 것은?

• ㉠: ㉠은 '아담하고 아름다운 집'으로, 하생이 여인을 만나 사랑을 이루는 공간입니다.
• ㉡: ㉡은 죽은 여인을 묻은 '무덤'으로, 여인이 하생의 도움으로 소생하는 공간입니다.

☑ 죽은 여인이 존재하는 공간인 ㉠과 ㉡의 의미를 설명한 내용으로 적절한 것을 고르는 문제입니다.

>왜 정답?

② ㉠은 인물이 인연을 맺는 공간이며, ㉡은 인물이 다시 소생하게 되는 공간이다.
  하생과 여인이 만나 '운우지정'을 이룸
  무덤을 파헤치자 여인이 소생함.

*근거: ②-⑮, [중략 부분의 줄거리], [뒷부분의 줄거리]

㉠ '아담하고 아름다운 집'은 하생이 산속에서 발견한 곳으로 하생은 그곳에서 여인을 만나 운우지락을 이룬다. 따라서 ㉠은 두 인물이 인연을 맺는 공간에 해당한다.
㉡ '무덤'은 여인이 묻혀 있는 곳으로, 하생이 여인의 부탁에 따라 금척을 가지고 있다가 여인의 부모를 만나 자초지종을 말한 뒤 무덤을 파헤치자 여인이 되살아났다. 따라서 ㉡은 여인이 다시 소생하게 되는 공간에 해당한다.

[소생하다: 거의 죽어 가다가 다시 살아나다.

>왜 오답?

① ㉠은 고립된 공간이며, ㉡은 다른 공간으로 이어지는 공간이다.
  인간 세상과 이어지는 공간임.   죽은 자가 산 자로부터 격리되어 고립된 공간임.

*근거: ③-②

㉠에서 하생과 인연을 맺은 여인은 '이곳은 사실 인간 세상이 아니'라고 말하는데, 인간 세상에 있던 하생이 ㉠을 발견했다는 점에서 ㉠은 인간 세상과 연결되는 공간이라고 볼 수 있다. 한편 ㉡은 여인이 죽은 뒤 묻혀 있는 공간이므로 죽은 자가 산 자와 격리되어 있는 고립된 공간이라고 할 수 있다.

[고립되다: 다른 사람과 어울리어 사귀지 아니하거나 도움을 받지 못하여 외톨이로 되다.

③ ㉠은 순수한 사랑이 보장되는 공간이며, ㉡은 세속적 아귀다툼이 시작되는 공간이다.
  하생과 여인이 사랑을 이루는 공간임.   나타나지 않음.

*근거: [중략 부분의 줄거리], ④-③, ④

㉠은 하생과 여인이 운우지락을 이룬 공간이므로 순수한 사랑이 보장되는 공간이라고 해석할 수도 있다. 한편 ㉡에서 들고 간 금척으로 인해 하생이 곤욕을 겪기는 했으나 이를 세속적 아귀다툼이라고 해석하는 것은 적절하지 않다.

[보장되다: 어떤 일이 어려움 없이 이루어지도록 조건이 마련되어 보증되거나 보호되다.
[세속적: 세상의 일반적인 풍속을 따르는 것
[아귀다툼: 각자 자기의 욕심을 채우고자 서로 헐뜯고 기를 쓰며 다투는 일

④ ㉠은 인물의 능력을 보여 주는 공간이며, ㉡은 다른 인물로부터 곤욕을 치르는 공간이다.
  복사의 예언에 따라 하생과 여인이 만나는 공간임.
  하생은 저잣거리와 여인의 집에서 곤욕을 치름.

*근거: ①-⑧, ④-③~⑤

㉠에서 하생과 인연을 맺게 된 것은 복사의 예언이 들어맞은 것을 보여 주므로 ㉠은 복사의 능력을 보여 주는 공간이라고 할 수 있다. 한편 여인은 죽은 뒤 ㉡에 묻혀 있으나 이를 다른 인물로부터 곤욕을 치르는 것이라고 볼 수는 없다. 또한 하생이 여인의 금척을 가지고 있다가 곤욕을 겪는 것은 저잣거리와 여인의 집에서 일어난 사건이다.

[곤욕: 심한 모욕. 또는 참기 힘든 일

---

⑤ ㉠은 다른 인물과의 갈등을 해소하는 공간이며, ㉡은 다른 인물과의 갈등을 조장하는 공간이다.
  인물 간의 갈등 해소는 나타나지 않음.
  하생과 여인의 가문 간의 갈등의 원인이 되는 공간임.

*근거: [중략 부분의 줄거리], ④-③, ④

㉠에서는 하생과 여인의 인연이 이루어지고 있을 뿐 이를 통해 다른 인물과 있었던 갈등이 해소되고 있다고 볼 수는 없다. 한편 ㉡에서 하생이 들고 나온 금척으로 인해 하생과 여인의 가문 사람들과의 갈등이 일어나므로 ㉡은 인물 간의 갈등을 조장하는 공간이라고 할 수 있다.

[해소하다: 어려운 일이나 문제가 되는 상태를 해결하여 없애 버리다.
[조장하다: 바람직하지 않은 일을 더 심해지도록 부추기다.

D 37 정답 ④ *<보기>를 바탕으로 감상하기*

<보기>를 바탕으로 윗글을 이해한 내용으로 적절하지 않은 것은?

• <보기>: 신광한의 《기재기이》에 수록된 작품은 모두 당시의 정치 현실과 등장인물의 불우한 처지에 대한 갈등을 담고 있습니다. 작품 속 기이한 이야기는 사람들을 흐뭇하게 하기도, 놀라게 하기도 합니다.
• 윗글: 하생은 죽은 여인을 만나 사연을 듣고, 여인이 소생한 후 결혼하여 해로합니다.

☑ 《기재기이》에 수록된 작품의 특징을 고려하여 윗글을 이해한 내용으로 틀린 것을 고르는 문제입니다.

[보기]

❶이 작품이 수록된 《기재기이》는 조선 중종·명종 때의 문인 신광한의 작품집으로, 여기에 실린 작품들은 형식은 조금씩 다르나 공통적으로 당시의 정치 현실과 등장인물의 불우한 처지에 대한 갈등을 드러내고 있다. 발(跋)에는 '장난 삼아 쓴 것이 기이하게 할 뜻이 없었는데도 절로 기이하게 되었는데, 그 지극함에 이르러서는 사람을 흐뭇하게 하기도 하고 사람을 놀라게 하기도 하며 세상에 모범이 될 만한 것도 있고 세상을 경계시킬 만한 것도 있어 보통의 소설들과는 같이 이야기할 수 없다.'라고 기록되어 있다.
  ⑤의 근거   ③의 근거   ②의 근거   ①의 근거

불우하다: 살림이나 처지가 딱하고 어렵다.
기이하다: 기묘하고 이상하다.
지극하다: 더할 수 없이 극진하다.

>왜 정답?

④ 점을 칠 만큼 갑갑한 현재 상황에 힘들어하는 하생의 모습에는 작가의 불우한 내면세계가 직접적으로 투영되어 있다고 볼 수 있군.
  작가가 주인공과 같이 불우한 내면을 가졌다는 것은 알 수 없음.

*근거: [앞부분의 줄거리], ①-③, ④

윗글에서 하생은 '집안이 대대로 가난하고 일찍 부모를 여의어', '곤궁하여 스스로 살아가기도 힘'든 처지로, 재주가 뛰어나지만 당시 현실 탓에 '울적하게 뜻을 굽히고 지'내다가 점쟁이를 찾아가 궁금증을 풀어보기로 한다. 즉, 하생은 불우한 처지로 점을 칠 만큼 갑갑한 상황에 힘들어하고 있다. 그러나 <보기>에서 작가가 불우한 내면세계를 작품에 반영하였다는 언급은 찾을 수 없으므로, 하생의 모습에 작가의 불우한 내면세계가 직접적으로 투영되었다고 볼 수는 없다.

[직접적: 중간에 제삼자나 매개물이 없이 바로 연결되는 것
[투영되다: 어떤 일이 다른 일에 반영되어 나타나다.

① 사랑하는 두 남녀가 행복한 결말을 맞았다는 점에서 당대 독자들에게 흐뭇한 감동을 줄 수 있었겠군.
'둘은 결혼하여 해로하게 된다.'

*근거: [뒷부분의 줄거리], 〈보기〉❷문장

하생은 여인의 혼령과 인연을 맺은 뒤 여인이 소생하도록 돕고, 여인이 소생한 뒤에는 여인 부모의 반대를 극복하고 결혼하여 해로한다. 〈보기〉에서 '그 지극함에 이르러서는 사람을 흐뭇하게 하기도' 한다고 했으므로, 사랑하는 두 남녀가 행복한 결말을 맞은 것은 독자들에게 흐뭇한 감동을 주었을 것이라고 볼 수 있다.

② 하생이 여인의 혼령과 만나 사랑을 나누고, 또 그 여인이 되살아나 혼인하게 된다는 점에서 참으로 기이한 이야기군.
'죽어 이곳에 묻힌 지 사흘이 지났습니다.'
무덤을 파헤치자 여인이 소생함.

*근거: ❸-❷, [뒷부분의 줄거리], 〈보기〉❷문장

하생은 산속의 집에서 여인의 혼령과 만나 운우지락을 이루고, 여인의 부탁에 따라 여인이 소생하도록 도운 뒤 혼인하여 해로한다. 이러한 비현실적인 사건 전개로 보아 기이한 이야기라는 이해는 적절하다.

〔혼령: 죽은 사람의 넋〕

③ 하생은 어지러운 현실 속에서 불우하게 살았다는 점에서 《기재기이》에 실린 다른 작품 속의 등장인물들과도 유사성이 있겠군.
'집안이 대대로 가난하고 ~ 살아가기도 힘들었다.'

*근거: [앞부분의 줄거리], ❶-❷, ❸, 〈보기〉❶문장

하생은 '집안이 대대로 가난하고 일찍 부모를 여의어', '곤궁하여 스스로 살아가기도 힘'든 처지로, 재주가 뛰어나지만 당시 현실 탓에 '울적하게 뜻을 굽히고 지'냈다. 〈보기〉에서 《기재기이》에 실린 작품에서는 '등장인물의 불우한 처지에 대한 갈등을 드러내고 있다'고 한 것으로 보아, 하생은 《기재기이》에 실린 다른 작품 속의 등장인물과도 유사성이 있을 것이라고 볼 수 있다.

〔유사성: 서로 비슷한 성질〕

⑤ 하생이 뛰어난 능력을 가졌음에도 등용되지 못했다는 내용에는 당시 문란했던 조정 상황에 대해 간접적으로 비판하려는 의도가 반영되어 있군.
'조정은 이미 어지러워져 ~ 울적하게 뜻을 굽히고 지냈는데'

*근거: [앞부분의 줄거리], ❶-❷, ❸, 〈보기〉❶문장

하생은 국학에서도 그를 능가할 이가 없을 만큼 뛰어난 인물이었는데, '조정은 이미 어지러워져 인재 선발도 공정하게 이루어지지 않'는 상황에서 '울적하게 뜻을 굽히고 지냈다'. 이는 당시의 어지러운 정치 현실을 간접적으로 비판하는 내용으로 볼 수 있다.

〔등용되다: 인재가 뽑혀 쓰이다. 문란하다: 도덕, 질서, 규범 따위가 어지럽다.
간접적: 중간에 매개가 되는 사람이나 사물 따위를 통하여 연결되는 것〕

D 38~41 *김시습, 〈남염부주지〉

[2015 대비/사관학교(B) 39~42]

❶ 중심인물, 배경 ❷ 중심 사건, 갈등 ❸ 서술상 특징

[앞부분의 줄거리] 경주에 사는 박생은 학문의 성취 수준이 높았으나 과거에 급제하지 못해 늘 불쾌한 마음을 품고 있었다. (공간적 배경(현실)) 그러나 그는 인품이 온화하여 사람들의 칭송을 받았다. (시간적 배경) 「어느 날 박생은 한밤중에 《주역(周易)》을 읽다가 얼핏 잠이 드는데, 꿈에 (공간적 배경(꿈)) 나타난 저승사자에게 인도되어 염부주에 가게 되고, 그곳에서 염부주의 임금인 염왕 (❸ 액자식 구성(이야기 속에 또 다른 하나 이상의 이야기가 들어 있는 구성) - 입몽, 비현실적인 배경과 인물 설정) 을 만난다.」「」: 중심 사건 - 박생이 꿈속에서 염왕을 만남.

〔급제하다: 과거에 합격하다. 온화하다: 성격, 태도 따위가 온순하고 부드럽다.
칭송: 칭찬하여 일컬음. 또는 그런 말
염부주: 사주(四洲)의 하나. 수미산 남쪽에 있다는 대륙으로, 인간들이 사는 곳이며, 여러 부처가 나타나는 곳은 사주(四洲) 가운데 이곳뿐이라고 한다.
염왕: 저승에서, 지옥에 떨어지는 사람이 지은 생전의 선악을 심판하는 왕〕

❸ 등장인물들 간의 대화를 토대로 이야기가 진행됨.

1 「❶박생이 또 물었다.
❷ 중심인물 「」: ❷ 중심 사건 - 박생이 염왕과 치국에 대한 이야기를 나눔.
"임금님께서는 무슨 인연으로 이 이역(異域)에 살면서 임금이 되셨습니까?" / ❸임금이 대답하였다.」
❶ 중심인물: 염왕

❹"나는 인간 세상에 있을 때 왕에게 충성을 다하고 힘을 다하여 도적을 토벌하였소. 그리고 스스로 맹세하기를 '죽은 뒤에도 마땅히 여귀(厲鬼)*가 되어 도적을 죽이리라.' 하였소. 그런데 그 소원이 아직 다 이루어지지 않았고, 충성심이 사라지지 않았기 때문에 이 흉악한 곳에 와서 우두머리가 된 것이오. 지금 이 땅에 살면서 나를 우러르는 사람들은 모두 전세에 부모나 임금을 죽인 자들이거나 간교하고 흉악한 무리들이오. 그들은 이 땅에 살면서 나에게 통제를 받아 그릇된 마음을 고치려 하고 있소. 그러나 **정직하고 사심이 없는 사람**이 아니면 하루도 이 땅의 우두머리가 될 수 없소. 과인이 들으니 그대는 정직하고 뜻이 군세어 인간 세상에 있으면서 지조를 굽히지 않았다고 하니 진실로 달인이라 할 수 있을 것이오. 그런데도 그 뜻을 당세에 한 번도 펼쳐 보지 못하였으니 마치 형산의 옥이 티끌 가득한 벌판에 버려지고 밝은 달이 깊은 못에 잠긴 것과도 같소. **훌륭한 장인**을 만나지 못하면 누가 지극한 보물임을 알아주겠소? (지도자) (인재) 그러니 어찌 애석하지 않겠소? 나는 시운(時運)이 이미 다하여 장차 활과 검을 버리고자 하오. 그대도 또한 명수(命數)가 이미 다했으니 곧 쑥덤불 속에 묻힐 것이오. 그러니 이 나라를 맡아 다스릴 사람이 그대가 아니고 누구겠소?" (박생의 운명을 암시함.)

(덕목을 갖춘 사람이 왕이 되어야 함.)

❺임금은 잔치를 열어 박생을 극진히 대접해 주었다. 그리고 박생에게 삼한(三韓)이 흥하고 망한 역사를 물으니 박생이 하나하나 대답하였다. ❼이야기가 고려가 창업한 대목에 이르자 임금은 거듭 탄식하며 서글퍼하다가 말하였다.
❸ 서술자: 3인칭 서술자, 시점: 전지적 작가 시점

❽"나라를 다스리는 이가 폭력으로 백성을 위협해서는 안 될 것이오.
(백성을 위하는 정치를 중시함.(민본주의 사상))
백성들이 두려워서 따르는 것같이 보이지만 마음속으로는 반역할 뜻을 품고 있어서 날이 가고 달이 가면 큰 재앙이 일어나게 되는 것이오. 덕이 있는 사람은 힘으로 왕위에 올라서는 안 되오. 하늘이 비록 거듭 말해 주지는 않아도 행사(行事)로 보여 주니, 처음부터 끝까지 상제의 명령은 지엄한 것이오. 대체로 나라라는 것은 백성의 나라요, 명이라는 것은 하늘의 명이오. 그런데 천명이 떠나가고 민심이 떠나가면 임금이 비록 제 몸을 보전하고자 한들 어떻게 가능하겠소?" (민심의 중요성 강조)

❾박생이 또 역대의 제왕들이 이도(異道)*를 숭상하다가 재앙을 입은 이야기를 하자 임금이 문득 이맛살을 찌푸리며 말하였다.

❿"백성들이 태평세월을 노래하는데도 홍수와 가뭄이 닥치는 것은 하늘이 군주로 하여금 일을 삼가라고 거듭 경계하는 것이오. 백성들이 원망하고 탄식하는데도 상서로운 일이 나타나는 것은 요괴가 군주에게 아첨해서 더욱 교만하고 방종하게 만드는 것이오. 그러니 역대 제왕들에게 상서로운 징조가 일어났던 때가 백성들이 안락함을 누리던 때겠소, 아니면 원통함을 부르짖던 때겠소?"

⑪ 박생이 말하였다.

⑫ "간신들이 벌 떼처럼 일어나고 큰 변란이 계속 일어나는데도 윗사
   <u>당대의 현실 비판</u>
람들이 백성들을 협박하고 위협하면서도 잘한 일이라고 여기며 부
질없는 명예만 구하려 한다면 어찌 나라가 평안할 수 있겠습니까?"

⑬ 임금은 한참 동안 묵묵히 있다가 탄식하며 말하였다.

⑭ "그대의 말이 옳소."
   <u>치국에 대한 '염왕'과 '박생'의 의견이 일치함.</u>

┌ 이역: 본고장이나 고향이 아닌 딴 곳
│ 전세: 삼세의 하나. 이 세상에 태어나기 이전의 세상을 이른다.
│ 간교하다: 간사하고 교활하다.
│ 지조: 원칙과 신념을 굽히지 아니하고 끝까지 지켜 나가는 꿋꿋한 의지. 또는 그
│ 런 기개
│ 애석하다: 슬프고 아깝다.
│ 시운: 시대나 그때의 운수
│ 명수: 운명과 재수를 아울러 이르는 말
│ 창업하다: 나라나 왕조 따위를 처음으로 세우다.
│ 행사: 어떤 일을 시행함. 또는 그 일
│ 상제: 우주를 창조하고 주재한다고 믿어지는 초자연적인 절대자
│ 지엄하다: 매우 엄하다.
│ 보전하다: 온전하게 보호하여 유지하다.
│ 숭상하다: 높여 소중히 여기다.
│ 태평세월: 근심이나 걱정이 없는 시절
│ 상서롭다: 복되고 길한 일이 일어날 조짐이 있다.
│ 교만하다: 잘난 체하며 뽐내고 건방지다.
│ 방종하다: 제멋대로 행동하여 거리낌이 없다.
│ 간신: 육사신의 하나. 간사한 신하를 이른다.
└ 변란: 사변이 일어나 세상이 어지러움. 또는 그런 소란

         *① 요약: 박생이 꿈속에서 염왕을 만나 대화를 나눔.

② 잔치를 마친 후 임금이 박생에게 왕위를 물려주려고 손수 다음과
  <u>❷ 중심 사건: 염왕은 박생에게 염부주를 다스릴 자리를 물려주는 조서를 내림.</u>
같은 ㉠조서를 내렸다.

┌ 염주의 땅은 실로 풍토병이 유행하는 곳이므로 우(禹)임금의 발자
│ <u>「 」: 염부주 소개</u>
취도 이르지 못하였고, 목왕(穆王)의 준마도 오지 못하였다. **붉은 구**
름이 해를 가리고, 독한 안개가 하늘을 막고 있다. 목이 마르면 이글
이글 끓는 구리 물을 마셔야 하고, 배가 고프면 활활 타오르는 쇳덩이
를 먹어야 한다. 그러니 야차(夜叉)나 나찰(羅刹)이 아니고는 발붙일
곳이 없고, 도깨비가 아니고는 그 뜻을 펼칠 수가 없는 것이다. 불의
성벽이 천 리에 둘러 있고, 철로 된 산악이 만 겹이나 겹쳐 있다. 백성
들의 풍속이 강하고 사나워서 정직한 자가 아니면 그 간사함을 판단할
수 없다. 지세도 굴곡이 심해 험준하니 신령하고 위엄 있는 사람이 아
└ 니면 그들을 교화할 수가 없다.」

⑨ 아아, 동쪽 나라의 박 아무개는 정직하고 사심이 없고, 강직하고 과
     <u>박생</u>
단성이 있으며, 남을 포용하는 자질을 갖추었고, 어리석은 자들을 깨
  <u>박생이 염부주의 왕이 되어야 하는 이유</u>
우쳐 줄 재주를 가졌도다. ⑩생전에 비록 현달하여 영화를 누리는 못하
였지만 죽은 뒤에는 기강을 바로잡을 것이로다. ⑪모든 백성이 길이 믿
고 의지할 사람이 그대가 아니고 누구겠는가?

⑫ 마땅히 덕으로 인도하고 예로 다스려 백성들을 착한 길로 이끌고,
     <u>작가가 추구하고자 했던 정치적 이상</u>
몸소 실천하고 마음으로 깨달아 세상을 태평하게 해 주오. ⑬하늘을 본
받아 법을 세우고, 요임금이 순임금에게 왕위를 물려주었던 것을 본받

아 내 이제 이 자리를 그대에게 물려주나니 아아, 그대는 삼가 받을지
어다.

⑭ 박생은 조서를 받아 든 후 예법에 맞추어 두 번 절하고 물러 나왔
다. ⑮임금은 다시 신하와 백성들에게 명령을 내려 치하를 드리게 하고,
태자의 예로써 그를 전송하게 하였다. ⑯그리고 박생에게 경계하였다.

⑰ "머지않아 다시 돌아와야 할 것이오. ⑱이번에 가거든 수고롭지만 내가
   <u>박생의 죽음 예고</u>
   말한 바들을 인간 세상에 널리 전하여 황당한 일들을 다 없애 주오."

⑲ 박생은 다시 두 번 절을 올리고 감사하면서 말하였다.

⑳ "감히 명하신 바의 만분의 하나라도 받들지 않겠습니까."

┌ 조서: 임금의 명령을 일반에게 알릴 목적으로 적은 문서
│ 풍토병: 어떤 지역의 특수한 기후나 토질로 인하여 발생하는 병
│ 야차: 팔부의 하나. 사람을 괴롭히거나 해친다는 사나운 귀신이다.
│ 나찰: 팔부의 하나. 푸른 눈과 검은 몸, 붉은 머리털을 하고서 사람을 잡아먹으
│ 며, 지옥에서 죄인을 못살게 군다고 한다.
│ 지세: 땅의 생긴 모양이나 형세
│ 험준하다: 지세가 험하며 높고 가파르다.
│ 교화하다: 가르치고 이끌어서 좋은 방향으로 나아가게 하다.
│ 과단성: 일을 딱 잘라서 결정하는 성질
│ 현달하다: 벼슬, 명성, 덕망이 높아서 이름이 세상에 드러나다.
└ 기강: 규과와 법도를 아울러 이르는 말

         *② 요약: 염왕이 박생에게 왕위를 물려주겠다는 조서를 내림.

③ ❶박생이 문을 나선 후 수레를 끄는 자가 발을 헛디며 수레가 뒤집혔
다. ❷그 바람에 박생도 땅에 넘겨졌는데 놀라서 깨어 보니 한갓 꿈이었
  <u>❸ 액자식 구성 – 각몽</u>
다. ❸박생이 눈을 떠 보니 책은 책상 위에 내던져 있고, 등잔불은 가물거
리고 있었다. ❹박생이 한참 동안 감격스러우면서도 의아하게 여기다가
  <u>❷ 중심 사건: 꿈에서 깬 박생은 죽음을 예감하고 신변을 정리함.</u>
장차 죽게 될 것을 깨닫고 날마다 집안일을 정리하는 데 몰두하였다.

┌ ❺몇 달 뒤 박생이 병을 얻었는데 스스로 다시는 일어나지 못하리라
│ <u>「 」: ❷ 중심 사건 – 박생은 죽음을 맞고 염왕이 됨.</u>
는 것을 알았다. ❻결국 의사와 무당을 사절하고 세상을 떠났다. ❼박생이
죽던 날 밤 이웃 사람들의 꿈에 어떤 신인이 나타나서 이렇게 알려 주
었다.

└ ❽"네 이웃집 아무개가 장차 염라대왕이 될 것이다."」

         *③ 요약: 꿈에서 깬 박생이 집안일을 정리하고 죽은 후 염라대왕이 됨.

* 여귀(厲鬼): 재앙을 가져오는 악귀
* 이도(異道): 불교를 이름.

🌸 독해 공식
❶ **중심인물:** 박생, '임금'(염왕)
공간적 배경: 경주 박생의 집(현실), 염부주(꿈속)
시간적 배경: '한밤중'(현실)
❷ **중심 사건:** 박생은 꿈속에서 염왕을 만나 치국에 대한 이야기를 나눔. 염왕은 박생의 성
품을 알아보고 그에게 염부주를 다스릴 자리를 물려주는 조서를 내림. 박생은 꿈에서 깬 후
죽음을 예감하고 신변을 정리함. 박생은 죽음을 맞고 염왕이 됨.
갈등: 드러나지 않음.
❸ **서술상 특징**
• **서술자:** 3인칭 서술자, **시점:** 전지적 작가 시점
• 액자식 구성(이야기 속에 또 다른 하나 이상의 이야기가 들어 있는 구성)으로 이야기를 전
  개하고 있음.
• 비현실적인 배경과 인물 설정을 통해 교훈을 제시하고 있음.
• 인물 간의 대화를 통해 사회에 대한 비판을 제시하고 있음.

■ **내용**: 이 작품은 작가의 사상을 집약적으로 반영한 고전 소설이다. 이 작품에서 작가는 '염부주'와 '염왕'이라는 배경과 인물을 설정하여 자신의 사상이 타당함을 입증하고 있다. 즉 '나라를 다스리는 사람은 폭력으로써 백성을 위협해서는 안 되며, 덕망이 없는 사람이 힘으로써 왕위에 올라서는 안 된다'는 말로 세조의 찬탈 행위를 비판하는 한편, 당시 세조가 벌였던 성대한 불사(佛事)나 간경(刊經) 작업 또한 '어찌 깨끗한 부처님이 세속의 공양을 받으실 것이며, 존엄한 왕이 죄인의 뇌물을 받으실 것인가'라는 구절을 통해 비꼬고 있다.

■ **인물 관계도**

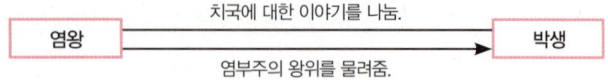

■ **주제**: 염부주와 염왕을 통한 당대 현실 비판

■ **이것이 핵심!**: 액자식 구성

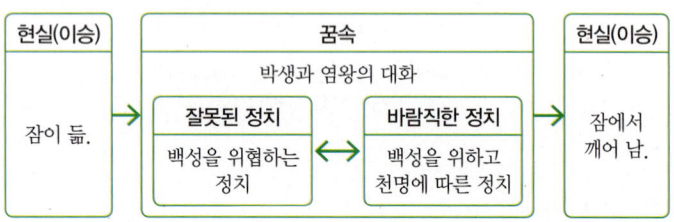

■ **전체 줄거리**: 경주에 사는 박생은 학문의 성취 수준이 높고 인품이 훌륭하여 주위의 칭찬을 받지만 과거에 급제하지 못한다. 어느 날 박생은 꿈에서 저승사자에게 인도되어 염부주에 이르러 염왕과 대화를 나눈다. 염왕은 박생의 참된 지식을 칭찬하고 그에게 왕위를 물려주는 조서를 내리고 세상에 잠시 다녀오라고 한다. 꿈에서 깨어난 박생은 주변을 정리하고 지내다가 얼마 뒤 병이 들어 세상을 떠난다. 그가 세상을 떠나던 날 이웃집 사람의 꿈에 신인이 나타나 박생이 염라대왕이 되었다고 일러준다.

D 38 정답 ④ ＊서술상 특징 파악하기

윗글의 서술상 특징으로 가장 적절한 것은?

> **왜 정답?**

④ 등장인물들 간의 대화를 토대로 이야기가 진행되고 있다.
　　　　박생과 염왕의 대화를 통해 이야기를 진행하고 있음.

＊근거: 1, 2

윗글에서는 박생이 잠이 들어 꿈에서 염부주에 가서 그곳의 임금인 염왕과 치국에 대해 대화를 나눈 것을 중심으로 이야기가 진행되고 있다.

〔토대: 어떤 사물이나 사업의 밑바탕이 되는 기초와 밑천을 비유적으로 이르는 말

> **왜 오답?**

① 인물의 체험을 ~~삽화 형식으로 나열~~하고 있다.
　　　　　　　　나타나지 않음.

＊근거: 1-④

염왕이 박생에게 이역의 왕이 된 내력을 이야기하면서 자신의 경험을 언급하고 있으나 인물의 체험을 삽화 형식으로 나열한 부분은 찾을 수 없다.

〔삽화: 어떤 이야기나 사건의 줄거리에 끼인 짤막한 토막 이야기
〔나열하다: 죽 벌여 놓다.

　　　　　　　　배경을 자세히 그리듯이 설명하여
② ~~배경 묘사를 통해 등장인물의 심리를 드러내고 있다.~~
　　　　　　　나타나지 않음.

＊근거: 2-②~❸

염왕이 조서에서 염부주라는 공간에 대해 '풍토병이 유행'하는 곳이고 '지세도 굴곡이 심해 험준하'다고 묘사하고 있으나 이는 척박한 지하 세계의 특성을 드러낸 것일 뿐 배경을 묘사한 것이라고 보기 어렵고 이를 통해 인물의 심리를 드러내고 있다고 볼 수도 없다.

〔묘사: 어떤 대상이나 사물, 현상 따위를 언어로 서술하거나 그림을 그려서 표현함.

---

③ ~~과거와 현재를 교차하여 사건에 입체감을 부여하고 있다.~~
　　　　나타나지 않음.

＊근거: [앞부분의 줄거리], 3-❸

윗글은 박생이 잠이 들어 꿈속에서 염왕과 대화를 나누고 꿈에서 깨어나는 과정, 즉 '현실-꿈-현실'의 구조에 따라 이야기가 전개되고 있을 뿐 과거와 현재를 교차하고 있지는 않다.

〔교차하다: 서로 엇갈리거나 마주치다.

⑤ ~~작품 속의 서술자가 상황과 인물의 태도에 대해 논평하고 있다.~~
　　작품 밖의 서술자가 이야기를 서술하고 있음.

윗글은 작품 속의 서술자 '나'가 등장하지 않고, 작품 밖의 서술자, 즉 3인칭 서술자가 인물의 내면 심리까지 서술하며 이야기하고 있는 전지적 작가 시점이다. 따라서 작품 속의 서술자가 상황과 인물의 태도에 대해 논평하고 있다는 것은 적절하지 않다.

〔논평하다: 어떤 글이나 말 또는 사건 따위의 내용에 대하여 논하여 비평하다.

D 39 정답 ③ ＊사건과 갈등 파악하기

윗글을 읽고 알 수 있는 내용으로 가장 적절한 것은?

> **왜 정답?**

③ '박생'은 꿈에서 깬 후 자신이 죽을 것을 깨닫고 신변을 정리했다.
　　　　박생은 염왕과의 대화를 통해 자신의 죽음을 예감하고 집안일을 정리함.

＊근거: 3-❸, ❹

박생은 꿈에서 깬 후 '한참 동안 감격스러우면서도 의아하게 여기다가 장차 죽게 될 것을 깨닫고 날마다 집안일을 정리하는 데 몰두하였다'고 했으므로, 자신이 죽을 것을 깨닫고 신변을 정리했다는 것을 알 수 있다.

〔신변: 몸과 몸의 주위

> **왜 오답?**

① ~~'염왕'은 염부주를 떠나야 하는 것을 후회했다.~~
　　염왕은 자신의 시운이 다했다고 생각하며 염부주를 떠나게 되는 것을 받아들이고 있음.

＊근거: 1-❹, 2-⓭

염왕은 '나는 시운이 이미 다하여'라고 하면서, '요임금이 순임금에게 왕위를 물려주었던 것을 본받아 내 이제 이 자리를 그대에게 물려주나니'라고 했으므로 박생에게 통치권을 넘기고 염부주를 떠나는 것을 후회했다고 보기 어렵다.

② ~~'염왕'은 왕위를 물려 달라는 '박생'의 요구를 듣고 당황했다.~~
　　염왕은 박생의 성품을 알아보고 그에게 왕위를 물려주겠다고 제안함.

＊근거: 1-❹

박생이 왕위를 물려 달라고 염왕에게 요구한 것은 아니다. 염왕이 박생의 정직함과 능력을 인정하며 '이 나라를 맡아 다스릴 사람이 그대가 아니고 누구겠소?'라고 하며 왕위를 물려주겠다고 했다.

④ ~~'박생'은 '이도(異道)'를 숭상해 현실 세계에서 널리 알리고자 했다.~~
　　　　　이도를 숭상한 것은 역대의 제왕들임.

＊근거: 1-❾

박생은 역대의 제왕들이 이도를 숭상하다가 재앙을 입은 이야기를 염왕에게 전해 주었을 뿐, 박생이 이도를 숭상해 현실 세계에 널리 전하고자 한 모습은 나타나 있지 않다. 즉, 이도를 숭상한 것은 박생이 아니라 역대의 제왕들이다.

〔숭상하다: 높여 소중히 여기다.

⑤ ~~'박생'은 현실 세계로 돌아와 염부주에서의 경험을 '신인'에게 알려 주었다.~~
　　　　　　　　　　　　　　　　나타나지 않음.

＊근거: 3-❼, ❽

박생이 현실 세계로 돌아온 뒤 병을 얻어 죽던 날 밤에 이웃 사람들의 꿈에 신인이 나타나서 박생이 염라대왕이 될 것이라고 알려 주었는데, 박생이 자신의 염부주에서의 경험을 신인에게 알려 주었다는 내용은 나타나 있지 않다.

㉠에 대한 설명으로 적절하지 않은 것은?

• ㉠: ㉠은 '조서'로, 박생의 성품을 알아본 염왕이 그에게 염부주를 다스릴 자리를 물려주겠다는 내용을 담은 문서입니다.

🟥 윗글에 드러난 '조서'의 의미와 내용, 목적을 이해한 내용으로 틀린 것을 고르는 문제입니다.

<u>**왜 정답?**</u>

④ '염왕'이 '박생'에게 신이한 능력을 기르는 방법을 전수해 주기
   드러나지 않음.
   위해 지은 것이다.

㉠ '조서'의 내용 중 염왕이 박생에게 신이한 능력을 기르는 방법을 전수해 주는 내용은 찾을 수 없다.

｢ 신이하다: 신기하고 이상하다.
｢ 전수하다: 기술이나 지식 따위를 전하여 주다.

<u>**왜 오답?**</u>

① '박생'이 염부주의 왕이 되어야 하는 까닭을 밝히고 있다.
   '동쪽 나라의 박 아무개는 ～ 기강을 바로잡을 것이로다.'

＊근거: ②-❾, ❿
'동쪽 나라의 박 아무개는 정직하고 사심이 없고, 강직하고 과단성이 있으며, 남을 포용하는 자질을 갖추었고, 어리석은 자들을 깨우쳐 줄 재주를 가졌도다.'에서 박생의 성품과 자질을 언급하며 그가 '죽은 뒤에는 기강을 바로잡을 것'이라고 하여 박생이 염부주의 왕이 되어야 하는 까닭을 밝히고 있다.

② '박생'이 '염왕'의 뒤를 이어 왕이 될 것임을 기정사실화하고 있다.
   '모든 백성이 길이 믿고 의지할 사람이 그대가 아니고 누구겠는가?'

＊근거: ②-⓫
'모든 백성이 길이 믿고 의지할 사람이 그대가 아니고 누구겠는가?'에서 박생이 염왕의 뒤를 이어 왕이 될 것임을 정해진 사실처럼 이야기하고 있다.

｢ 기정사실화하다: 이미 결정되어 있는 사실로 간주하다.

③ '박생'이 염부주를 태평하게 만들어 줄 것이란 '염왕'의 믿음이
   '마땅히 덕으로 인도하고 ～ 그대는 삼가 받을지어다.'
   드러나고 있다.

＊근거: ②-⓬, ⓭
'마땅히 덕으로 인도하고 예로 다스려 백성들을 착한 길로 이끌고, 몸소 실천하고 마음으로 깨달아 세상을 태평하게 해 주오'라고 하며 '이 자리를 그대에게 물려주나니 아아, 그대는 삼가 받을지어다'라고 한 것에서 박생이 왕위를 물려받아 염부주를 태평하게 만들어 줄 것이라는 염왕의 믿음이 드러나고 있다.

｢ 태평하다: 나라가 안정되어 아무 걱정 없이 평안하다.

⑤ '염왕'이 '박생'과 치국(治國)에 대한 의견 일치를 이룬 후에
   '임금은 한참 동안 ～ 다음과 같이 조서를 내렸다.'
   '박생'에게 내린 것이다.

＊근거: ①-⓫～⓮, ②-❶
염왕은 치국에 대한 박생의 의견을 듣고 '한참 동안 묵묵히 있다가 탄식하며' 그의 말이 옳다고 동의한 후 손수 조서를 내렸다. 즉, 염왕은 박생과 치국에 대한 의견 일치를 이룬 후에 박생에게 왕위를 물려주겠다는 조서를 내린 것이다.

｢ 치국: 나라를 다스림.

〈보기〉를 바탕으로 윗글을 이해한 내용으로 적절하지 않은 것은?

• 〈보기〉: 김시습은 불의가 판치는 현실을 바로잡기 위해 정도의 정치를 회복해야 한다고 보고, 이를 위한 방법으로 덕목을 갖춘 왕이 민본 정치를 하는 왕도 정치를 제시했습니다. 〈남염부주지〉의 박생과 염왕은 이러한 김시습의 사상을 대리하여 제시한 인물이고, '염부주'는 김시습이 개혁하고자 했던 현실 세계를 상징합니다.

• 윗글: 박생과 염왕은 나라를 다스리는 이치에 대해 대화를 나누고, 염왕은 박생에게 염부주를 다스릴 자리를 물려주는 조서를 내립니다.

🟥 작가의 배경과 사상을 고려하여 윗글을 이해한 내용으로 틀린 것을 고르는 문제입니다.

──────────[보기]──────────

❶ 〈남염부주지〉의 작가 『김시습이 살았던 당대의 현실은 세조의
   『 」: ②의 근거
왕위 찬탈이 일어났고 인재가 제대로 등용되지 않아 백성을 위하는 정치가 이루어지지 않았던 때이다. ❷ 김시습은 이처럼 <u>불의가 판을 치는 현실을 바로잡기 위해서는 정치의 정도(正道)를 회복</u>
   ⑤의 근거
해야 한다고 보았다. ❸ 그가 정치의 정도를 회복하기 위한 방법으로 제시한 것은 왕도 정치이다. ❹ <u>덕목을 갖춘 왕이 백성을 위하는</u>
   ③, ④의 근거
<u>민본 정치를 해야</u> 부조리한 현실을 바로잡을 수 있다고 본 것이다. ❺ 이러한 그의 사상은 〈남염부주지〉에서 염왕과 박생을 통해 제시되고 있다. ❻ 이 <u>두 사람은 김시습의 사상과 이상을 대리해서</u>
   ③～⑤의 근거
<u>제시하고 있는 대변자</u>라 할 수 있다. ❼ 그리고 이 작품의 주된 공간적 배경이 되고 있는 '<u>염부주</u>'는 김시습이 개혁하고자 했던 현실
   ①의 근거
세계를 상징하고 있다.

- -

찬탈: 왕위, 국가 주권 따위를 억지로 빼앗음.
등용되다: 인재가 뽑혀 쓰이다.
불의: 의리, 도의, 정의 따위에 어긋남.
정도: 올바른 길. 또는 정당한 도리
왕도: 인덕(仁德)을 근본으로 천하를 다스리는 도리
민본: 국민을 위주로 함.
부조리하다: 이치에 맞지 아니하거나 도리에 어긋나다.
대리하다: 남을 대신하여 일을 처리하다.
대변자: 어떤 사람이나 단체를 대신하여 의견이나 태도를 표하는 일을 맡은 사람
개혁하다: 제도나 기구 따위를 새롭게 뜯어고치다.

──────────────────────────

<u>**왜 정답?**</u>

② 염왕이 말한 '훌륭한 장인'은 풍속을 교정하고 백성을 교화해 정치의 정도(正道)를 회복하기 위해 <del>임금이 반드시 등용해야</del>
   '훌륭한 장인'은 인재를 알아볼 임금을 의미함.
<del>하는 인재</del>를 의미하고 있다고 볼 수 있어.

＊근거: ①-❹, 〈보기〉 ❶～❹ 문장
〈보기〉에서는 〈남염부주지〉의 작가 김시습이 살았던 당시에는 인재가 제대로 등용되지 않아 백성을 위하는 정치가 이루어지지 않았고, 작가는 이를 바로잡기 위한 방법으로 여긴 왕도 정치와 민본 정치에 대한 사상과 이상을 염왕과 박생을 통해 제시하고 있다고 했다.
염왕이 박생에게 '과인이 들으니 그대는 정직하고 뜻이 굳세어 인간 세상에 있으면서 지조를 굽히지 않았다고 하니 진실로 달인이라 할 수 있을 것이오. 그런데도

그 뜻을 당세에 한 번도 펼쳐 보지 못하였으니 ~ 밝은 달이 깊은 못에 잠긴 것과도 같소. 훌륭한 장인을 만나지 못하면 누가 지극한 보물임을 알아주겠소?'라고 말한 부분에서 '훌륭한 장인'은 인재를 알아보고 등용할 줄 아는 지도자를 의미한다. 그리고 '보물'이 풍속을 교정하고 백성을 교화해 정치의 정도를 회복하기 위해 임금이 반드시 등용해야 하는 인재를 의미한다고 볼 수 있다.

교정하다: 틀어지거나 잘못된 것을 바로잡다.
교화하다: 가르치고 이끌어서 좋은 방향으로 나아가게 하다.

왜 오답?

① '붉은 구름이 해를 가리고, 독한 안개가 하늘을 막고 있'는 공간으로 '염부주'를 형상화한 것은 부조리한 현실 세계의 특성을 상징적으로 부각하고 있다고 볼 수 있어.
염부주는 김시습이 개혁하고자 했던 현실 세계를 상징함.

＊근거: ②-❸, 〈보기〉❼ 문장
〈보기〉에서 '염부주'는 김시습이 개혁하고자 했던 현실 세계를 상징하고 있다고 했다. 따라서 윗글에서 염부주를 '붉은 구름이 해를 가리고, 독한 안개가 하늘을 막고 있'는 공간으로 형상화한 것은 부조리한 현실 세계의 특성을 부각하고 있는 것으로 볼 수 있다.

③ '나라를 다스리는 이가 폭력으로 백성을 위협해서는 안 될 것'이라는 염왕의 말을 통해 백성을 위하는 정치를 중시했던 작가의 민본주의 사상이 드러나고 있다고 볼 수 있어.
작가의 대변자인 염왕의 말을 통해 백성을 위하는 정치를 해야 한다는 사상이 드러남.

＊근거: ①-❽, 〈보기〉❹~❻ 문장
염왕은 '나라를 다스리는 이가 폭력으로 백성을 위협해서는 안 될 것'이라고 하며 백성을 위하는 정치를 해야 함을 강조하고 있다. 〈보기〉에 따르면 이는 백성을 위한 정치가 이루어지지 않는 현실에서 덕목을 갖춘 왕이 백성을 위하는 민본 정치를 해야 부조리한 현실을 바로잡을 수 있다고 본 작가가 염왕의 말을 통해 자신의 사상을 제시한 것으로 볼 수 있다.

민본주의: 국민의 이익과 행복의 증진을 근본이념으로 하는 정치 사상

④ '정직하고 사심이 없는 사람'이어야 '염부주'의 우두머리가 될 수 있다는 염왕의 말은 덕목을 갖춘 사람이 왕이 되어야 한다는 작가의 생각을 보여 주는 것이라고 할 수 있어.
작가의 대변자인 염왕의 말을 통해 덕목을 갖춘 사람이 왕이 되어야 한다는 생각이 드러남.

＊근거: ①-❹, 〈보기〉❹~❻ 문장
염왕은 '정직하고 사심이 없는 사람이 아니면 하루도 이 땅의 우두머리가 될 수 없다'고 하며 덕목을 갖춘 사람이 왕이 되어야 한다는 생각을 드러내고 있다. 〈보기〉에 따르면 이는 덕목을 갖춘 왕이 민본 정치를 해야 부조리한 현실을 바로잡을 수 있다고 본 작가가 염왕의 말을 통해 자신의 이상을 제시한 것으로 볼 수 있다.

덕목: 충(忠), 효(孝), 인(仁), 의(義) 따위의 덕을 분류하는 명목

⑤ 큰 변란이 일어나는데도 부질없는 명예만 좇는 '윗사람들'이 득세한 현실에 대한 박생의 비판은 당대의 현실을 개혁의 대상으로 보았던 작가의 의식을 보여 주는 것이라고 할 수 있어.
박생이 당대 현실에 대해 비판하는 것은 당대 현실을 개혁하고자 했던 작가의 의식을 보여 줌.

＊근거: ①-⓬, 〈보기〉❷·❻ 문장
박생은 '간신들이 벌 떼처럼 일어나고 변란이 계속 일어나는데도 윗사람들이 백성들을 협박'하며 '부질없는 명예만 구하려' 하는 현실을 비판하고 있다. 〈보기〉에서 작가가 박생을 통해 백성을 위한 정치가 이루어지지 않고 불의가 판을 치는 현실을 바로잡고자 하는 이상을 제시했다고 한 것으로 보아 이러한 박생의 비판은 당대 현실을 개혁의 대상으로 보았던 작가의 의식을 보여 준다고 할 수 있다.

득세하다: 세력을 얻다.

D 42~45 ＊송지양, 〈다모전〉

[2015 대비/경찰대 14~17]

❶ 중심인물, 배경 ❷ 중심 사건, 갈등 ❸ 서술상 특징
▩ : ❸ 인물의 행동을 통해 인물의 성품을 간접적으로 제시

[앞부분의 줄거리] 가뭄이 들자 나라에서 전국에 술 빚는 것을 금하고, 이를 어긴 자는 잡아들여 벌금을 내게 했다. 이에 명을 어긴 자를 관가에 몰래 일러바치고 포상금을 타려는 자들이 많아졌다.

관가: 벼슬아치들이 나랏일을 보던 집
포상금: 칭찬하고 장려하여 상으로 주는 돈

❸ 서술자: 3인칭 서술자, 시점: 전지적 작가 시점

(가) ❶ 어느 날 한성부의 아전 하나가 남산 아래 어느 거리의 외진 곳에 몸을 숨기고 있었다. ❷ 아전은 다모를 가까이 부르더니 시내 위로 놓인 다리 끝에서 몇 번째 집을 손가락으로 가리켰다.
❶ 중심인물 ❶ 공간적 배경 ❶ 중심인물

❸ "저긴 양반 집이라 내가 마음대로 들어가 볼 수가 없거든. 그러니 네가 먼저 안채로 들어가 쓰레기를 뒤져 보고 술지게미가 있거든 고함을 치거라. 그러면 내가 당장 들어가마."
밀주를 빚었다는 제보가 들어온 집 ❶ 공간적 배경

❹ 다모는 그 말대로 살금살금 까치걸음으로 들어가 집 안을 수색했다. ❺ 과연 석 되들이쯤 되는 항아리에 새로 늦가을에 담근 술이 들어 있었다.
❷ 중심 사건: 다모가 할머니가 몰래 빚어 둔 술을 찾아냄.

❻ 다모가 항아리를 안고 나오는데, 주인 할머니가 그 모습을 보고는 기겁을 하며 땅에 엎어졌다. ❼ 눈이 빛을 잃고 입가에 침을 흘리며 사지가 마비되고 얼굴이 파래졌다. ❽ 기절한 것이었다. ❾ 다모는 항아리를 내려놓고는 할머니를 끌어안고 뜨거운 물을 급히 가져다 입 안으로 흘려 넣었다. ❿ 잠시 후에 할머니가 정신을 차리자 다모가 질책했다.
❶ 중심인물 다모의 따뜻한 인간미

⓫ "나라에서 내린 명령이 어떠한데 양반 신분인 분이 이처럼 법을 어긴단 말입니까?"

⓬ 할머니는 사죄하며 말했다.

[A] ⓭ 「우리 집 양반이 지병을 앓고 있는데, 술을 못 마시게 된 이후로 음식을 삼키지 못해 병이 더욱 고질이 됐네. 가을부터 겨울까지 며칠씩 밥도 못 짓고 살다가 며칠 전에 마침 쌀 몇 되를 어디서 얻어 왔어. 노인의 병을 구완할 생각으로 감히 법을 어겨 술을 빚고 말았지만, 어찌 잡힐 줄 생각이나 했겠나. 선한 마음을 가진 보살께서 제발 우리 사정을 불쌍히 보아 주시기 바랄 뿐이네. 이 은혜는 죽어서라도 꼭 갚겠네."」
「」: ❸ 선악으로 나눌 수 없는 현실적인 인물의 모습 – 병을 구완하기 위해 어쩔 수 없이 법을 어김.

한성부: 조선 시대에, 서울의 행정·사법을 맡아보던 관아
아전: 조선 시대에, 중앙과 지방의 관아에 속한 구실아치
다모: 조선 시대에, 관아에서 여성 수사관의 역할을 수행하던 여자 종
술지게미: 재강에 물을 타서 모주를 짜내고 남은 찌꺼기
되들이: 곡식이나 물, 술 따위를 되에 담아 그 분량을 세는 단위
지병: 오랫동안 잘 낫지 아니하는 병
고질: 오랫동안 앓고 있어 고치기 어려운 병
구완하다: 아픈 사람이나 해산한 사람을 간호하다.

＊① 요약: 다모가 양반 집에서 할머니가 몰래 빚어 둔 술을 찾음.

② 다모는 불쌍한 마음이 들었다. ❷ 항아리를 안고 가서 잿더미에 술을 쏟아 버렸다. ❸ 그러고는 사발을 하나 손에 들고 문 밖으로 나왔다. ❹ 아전은 다모를 보고 물었다.
할머니를 안쓰럽게 여겨 증거를 없앰.

⑤ "어찌 됐느냐?"

⑥ 다모는 웃으며 말했다.

⑦ "술 담근 걸 잡는 게 문제가 아니라 지금 송장이 나오게 생겼소."

⑧ 다모는 곧장 죽 파는 가게로 가서 죽 한 그릇을 산 뒤 다시 양반 댁
으로 가서 할머니에게 죽을 건네주었다.
　　　　인정 많은 다모의 성품

⑨ "할머니가 음식도 못 해 잡수신다는 말을 듣고 안타까워 드리는 겁
니다."

⑩ 다모는 그렇게 말한 뒤 여기서 몰래 술 담근 걸 누가 또 알고 있느
냐고 물었다.
　　密酒 사실이 어떤 경로로 관아에 알려졌는지 알아내려 함.

⑪ "쌀도 내가 찧고 술 담그는 일도 내가 했으니, 늙은 할미 혼자 지키
는 집에 알 사람이 또 누가 있겠나?"

⑫ "그럼 다른 사람에게 술을 팔진 않으셨나요?"

⑬ "나는 늙은 남편 병을 구완할 생각으로 술을 담근 것뿐일세. 항아리
도 겨우 몇 사발쯤밖에 안 되는 크기인데, 남에게 팔고 나면 무슨
남은 게 있어서 우리 집 양반을 드리겠나. 하늘에서 환한 해가 보고
있는데 내가 어찌 속이겠나?"

⑭ "정말 그러시다면 누군가 술맛을 본 사람이 달리 없을까요?"

⑮ "젊은 생원이 있네, 우리 시동생. 어제 아침에 성묘하러 가는데 우
리 집 가난한 살림에 아침밥을 해 줄 수가 있나. 밥을 굶고 길 떠나
야 될 형편이라 내가 술 한 사발을 떠다 드렸네. 그 말고는 다른 사
람에게 준 적이 없어."

⑯ "젊은 생원과 이 댁 양반이 진짜 친형제가 맞으세요?"

⑰ "아무렴."

⑱ "젊은 생원은 나이가 어찌 됩니까? 얼굴은 살이 쪘나요, 말랐나요?
키는 얼마나 되고, 수염은 얼마나 났나요?"

⑲ 할머니는 다모가 묻는 대로 자세히 대답해 주었다. ⑳ 다모는 "잘 알겠
습니다"라고 하고는 밖으로 나와 아전에게 말했다.

㉑ 양반 댁엔 술이 없었어요. 그런데 제가 들이닥친 걸 보고는 주인
　　② 중심 사건: 다모가 할머니의 사정을 듣고 잘못을 숨겨 줌.
할머니가 놀라 쓰러져서 기절하고 말았어요. 내가 을러대다 할머니
를 죽인 셈이다 싶어서 깨어날 때까지 기다리다 나오느라 늦었네요."

[송장: 죽은 사람의 몸을 이르는 말
  생원: 조선 시대에, 소과(小科)인 생원과에 합격한 사람
  성묘하다: 조상의 산소를 찾아가서 돌보다.
  을러대다: 위협적인 언동으로 을러서 남을 억누르다.]

* ② 요약: 다모가 할머니의 처지를 이해하고 죄를 덮어 줌.

❶ ③ 다모는 아전을 따라 한성부로 향했다. ❷ 젊은 생원 하나가 뒷짐을 지
① 공간적 배경　　　　　　　　　　　　　① 중심인물
고 거리를 서성이며 아전이 돌아오기를 기다리고 있는 게 보였다. ❸ 젊
　　　　　　　　密告한 대가를 받기 위해서
은 생원의 생김새는 할머니가 가르쳐 준 시동생의 생김새와 똑같았다.

❹ 다모는 손을 쳐들어 생원의 따귀를 때리더니 침을 뱉으며 꾸짖었다.

❺ "네가 양반이냐? 양반이란 자가 형수가 몰래 술을 담갔다고 고자질
　　　　　　　　　② 중심 사건: 다모가 할머니를 밀고한 젊은 생원을 꾸짖음.
하고는 포상금을 받아먹으려 했단 말이냐?"

❻ 거리에 있던 모든 사람들이 깜짝 놀라 이들 주변을 빙 둘러서서 구
경을 했다. ❼ 아전은 성난 목소리로 말했다.
「　」: ② 갈등 - 다모와 다모가 자신을 속인 것을 안 아전의 외적 갈등

---

❽ "그 집 주인 할멈의 사주를 받아 나를 속이고 술 빚은 걸 숨겨 주고
　　　　　③ 선악으로 나눌 수 없는 현실적인 인물의 모습 - 인정은 보이지 않으나 공정하게 업무를 수행함.
는 도리어 고발한 사람을 꾸짖어?"」

[사주: 남을 부추겨 좋지 않은 일을 시킴.]

* ③ 요약: 다모가 할머니를 밀고한 시동생을 꾸짖음.

(나) ❶ ④ 아전은 다모를 붙잡아 주부 앞에 가서 다모의 죄를 고해 바쳤
다. ❷ 주부가 심문하자 다모는 사실대로 모두 자백했다. ❸ 주부는 성이 난
　　　　　　　　　　　① 중심인물　　　　　　　　　② 주부
척하며 말했다.　　　　　　다모를 용서하면 법을 지키는 관리로서의 기강이 무너질 수 있으므로

❹ 「"술 담근 일을 숨겨 준 죄는 용서하기 어렵다. 곤장 20대를 쳐라!"
　「　」: ③ 중심인물 - 주부가 다모에게 벌과 상을 내림.
❺ 오후 6시 무렵 관청 일이 끝나자 주부는 조용히 다모를 따로 불러
　① 시간적 배경
엽전 열 꿰미를 주며 말했다.

❻ "네가 숨겨 준 일을 내가 용서해서는 법이 서지 않기에 곤장을 치게
했다만, 너는 의인이로구나. 참 갸륵하다 여겨 상을 내리는 것이
　　　　　　　　주부는 인정을 중시함.
다."」

[주부: 조선 시대에, 각 아문의 문서와 부적(符籍)을 주관하던 종육품 벼슬
  심문하다: 자세히 따져서 묻다.
  자백하다: 자기가 저지른 죄나 자기의 허물을 남들 앞에서 스스로 고백하다.
  의인: 의로운 사람]

* ④ 요약: 주부가 다모를 벌준 뒤 몰래 상을 줌.

❶ ⑤ 다모는 돈을 가지고 밤에 남산의 그 양반 댁으로 가서 주인 할머니
에게 건넸다.　② 중심 사건: 다모가 상으로 받은 돈을 할머니에게 줌.

　　❷ 「"제가 관청에 거짓 보고를 했으니 곤장 맞는 거야 당연한 일입니
　　　「　」: ③ 대사를 통해 인물의 특성을 간접적으로 제시함 - 인정 많은 다모의 성품
　　　다만, 할머니가 술을 담그지 않으셨더라면 이 상이 어디서 나왔겠
[B]　습니까? 그러니 이 상은 할머니께 돌려 드릴게요. 제가 보니 할머
　　　니는 겨우내 춥게 지내시는 모양인데, 이 1천 전 돈으로 반은 땔나
　　　무를 사고 반은 쌀을 사시면 추위와 굶주림 없이 겨울을 나시기에
　　　충분할 거예요. 다만 앞으로는 절대 술을 담그지 마셔야 합니다."」
　　　　　　　　① 시간적 배경

❸ 주인 할머니는 한편으로는 부끄러워하고 한편으로는 기뻐하면서 돈
을 사양했다.

❹ "다모가 우리 사정을 봐 준 덕택에 벌금을 면하게 된 것만도 고마운
데, 내가 무슨 낯으로 이 돈을 받는단 말인가?"

❺ 할머니가 굳이 사양하며 한참 동안이나 받지 않자 다모는 할머니
앞에 돈을 밀어 두더니 뒤도 돌아보지 않고 떠났다.
　　　　겸손한 다모의 성품

[관청: 국가의 사무를 집행하는 국가 기관. 또는 그런 곳]

* ⑤ 요약: 다모가 상으로 받은 돈을 할머니에게 갖다 줌.

⭐ 독해 공식

❶ 중심인물: '다모', '할머니', '젊은 생원', '아전', '주부'
공간적 배경: '남산 아래 어느 거리의 외진 곳', '양반 집', '거리' 등
시간적 배경: '오후 6시 무렵', '겨울' 등
❷ 중심 사건: 다모는 할머니의 집에서 몰래 빚어 둔 술을 발견함. 다모는 할머니의 사정을
듣고 잘못을 숨겨 주고, 젊은 생원이 할머니를 밀고한 것을 알고 그를 꾸짖음. 주부는 다모
에게 벌과 상을 내림. 다모는 상으로 받은 돈을 할머니에게 줌.
갈등: 다모와 다모가 자신을 속인 것을 안 아전의 외적 갈등
❸ 서술상 특징
· 서술자: 3인칭 서술자, 시점: 전지적 작가 시점
· 인물의 대사와 행동을 중심으로 사건을 전개하고 있음.
· 인물의 대화와 행동을 통해 인물의 특성을 간접적으로 제시하고 있음.
· 선악으로 나눌 수 없는 현실적인 인물을 등장시키고 있음.

■ **내용**: 이 작품은 법에 앞서는 인간의 도리를 보이는 다모를 의로운 사람으로 그림으로써 그 미덕을 드러낸 고전 소설이다. 포상금을 타기 위해 형제를 팔거나, 단속 할당 건수를 채우기 위해 친구를 밀고하는 일 등 실정법 아래 행해지는 패륜 행위를 제시하여, 법 집행도 중요하지만 미풍양속의 권장을 바탕으로 하는 교화적 통치 이념의 구현이 이보다 앞선다는 것을 보여 주고 있다.

■ **인물 관계도**

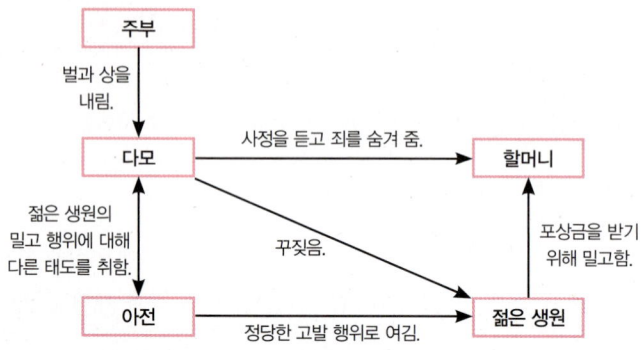

■ **주제**: 할머니의 잘못을 눈감아 준 다모의 인품

■ **이것이 핵심!**: 일화를 통해 드러나는 인물의 성품

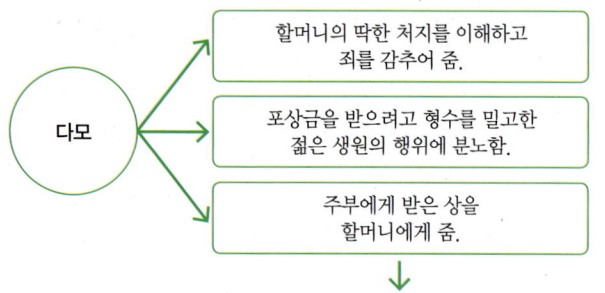

■ **전체 줄거리**: 다모는 금주령을 어긴 혐의로 밀고된 남산골의 양반집을 수색하라는 임무를 받는다. 다모는 밀주가 든 술 단지를 찾아냈으나, 집이 가난하여 남편의 병을 다스릴 목적으로 술을 빚었다는 할머니의 사연을 듣고 연민의 정을 느껴 할머니의 죄를 감추어 준다. 그리고 할머니가 밀주했다는 것을 알고 있는 시동생이 있다는 말을 듣고는 그의 행색과 용모를 자세히 물은 후, 아전을 기다리던 시동생을 알아보고 그의 뺨을 치며 꾸짖는다. 다모가 할머니의 죄를 감추었다는 사실을 알게 된 아전이 이 일을 주부에게 알리고, 주부는 화를 내며 곤장 20대를 치게 하지만 일과 후 조용히 다모를 불러 다모의 의로운 행위를 치하한다. 다모는 할머니 집에 다시 가서 상금을 주고는 뒤도 돌아보지 않고 떠난다.

D 42 정답 ① *서술상 특징 파악하기

윗글에 대한 설명으로 적절한 것은?

> **왜 정답?**

① **인물의 대화와 행동을 중심으로 하여 사건을 전개하고 있다.**
다모와 할머니, 아전, 주부의 대화와 행동을 중심으로 전개됨.

윗글은 다모와 아전, 할머니, 주부 등 등장인물 간의 대화와 행동을 통해 다모가 양반 집에서 밀주를 찾아낸 뒤 할머니의 사연을 듣고는 죄를 감추어 주고, 이후 밀고를 한 젊은 생원을 꾸짖은 뒤 주부에게 벌과 상을 받는 사건을 제시하고 있다.

> **왜 오답?**

② **~~선인과 악인의 대결을 생동감 있게 서술하여 흥미를 유발하고 있다.~~**
다모를 선인으로 볼 수 있지만, 이와 대결하는 악인이 등장한다고 보기는 어려움.

의롭고 인정 많은 모습을 보이는 다모를 선인으로 볼 수 있지만, 이와 대결하는 악인이 등장한다고 볼 수는 없다. 몰래 술을 빚은 할머니는 남편의 병구완을 위해 법을 어긴 것이었으므로 악인이라고 보기 어렵고, 포상금을 받기 위해 형수를 고발한 시동생은 다모에게 꾸짖음을 당하고 있을 뿐 다모와 대결하고 있지 않다.

즉, 선인과 악인의 대립 구도가 두드러지지 않으며 선인과 악인의 대결이 생동감 있게 그려져 있다고 볼 수 없다.

[**생동감**: 생기 있게 살아 움직이는 듯한 느낌

③ **인물의 성격이 변화하는 양상을 제시하여 주제를 효과적으로 전달하고 있다.**
인물의 성격 변화는 드러나지 않음.

윗글에서 다모나 할머니, 젊은 생원, 아전, 주부 등 등장인물의 성격이 변화하는 양상은 찾아볼 수 없다. 주부가 할머니의 죄를 숨겨 준 다모에게 벌을 내린 뒤 상을 준 것은 성격이 변화한 모습이 아니라 법을 세우기 위해 공적으로는 벌을 주되 다모의 의로운 행동에 대해서는 인정하며 칭찬한 것이다.

[**양상**: 사물이나 현상의 모양이나 상태

④ **인물 하나하나의 심리 상태를 ~~세밀하게 묘사하여~~ 내적 갈등을 드러내고 있다.**
드러나지 않음.

사건의 경위나 진행 과정을 위주로 서술하고 있을 뿐 인물의 심리 상태를 세밀하게 묘사한 부분은 찾을 수 없으며 내적 갈등을 드러내고 있지도 않다.

[**세밀하다**: 자세하고 꼼꼼하다. **내적 갈등**: 등장인물의 내면에서 일어나는 갈등

⑤ **공간의 이동에 따라 국면을 전환하여 각 공간이 지닌 ~~상징적 의미~~를 드러내고 있다.**
드러나지 않음.

윗글에서는 내용 전개에 따라 공간적 배경이 '남산 아래 어느 거리의 외진 곳', '양반 집', '죽 가게', '거리', '한성부', '양반 집' 등으로 변하고 있는데, 이 공간들은 사건이 펼쳐지는 장소일 뿐 특별한 상징적 의미를 드러내고 있지는 않다.

[**국면**: 어떤 일이 벌어진 장면이나 형편
[**상징적**: 추상적인 개념이나 사물을 구체적인 사물로 나타내는 것

D 43 정답 ③ *인물의 심리와 태도 파악하기

[A]와 [B]에 나타난 '할머니'와 '다모'의 말하기에 대한 설명으로 적절한 것은?

• **[A]**: 몰래 술을 빚은 것을 들킨 할머니가 다모에게 자신의 사정을 이야기하는 부분입니다.
• **[B]**: 다모가 할머니에게 상으로 받은 돈을 건네며 겨울을 나는 데 쓰라고 이야기하는 부분입니다.

즉 인물의 대사에 나타난 말하기 방식에 대한 설명으로 적절한 것을 고르는 문제입니다.

> **왜 정답?**

③ **[A]는 실제 일어난 상황을, [B]는 일어나지 않은 상황을 말하고 있다.**
남편의 지병으로 몰래 술을 빚은 상황   앞으로 절대 술을 담그지 말 것

*근거: ①-⑬, ⑤-②
[A]에서는 할머니가 술을 빚게 된 자신의 사정을 이야기하고 있고, [B]에서는 다모가 할머니에게 돈을 건네면서 겨울나기 준비를 하라고 말하며 앞으로 절대 술을 담그지 말라고 당부하고 있다. 따라서 [A]는 실제 일어난 일을, [B]는 일어나지 않은 상황을 말하고 있다는 것은 적절하다.

> **왜 오답?**

① **[A]는 ~~유사한 사례~~를, [B]는 ~~대비되는 사례~~를 들어 말하고 있다.**
드러나지 않음.   드러나지 않음.

[A]에서 할머니는 몰래 술을 빚게 된 계기를 말하고 있을 뿐 유사한 사례를 제시하고 있지 않다. [B]에서 돈을 겨울나기 준비에 쓰라고 한 것과 앞으로 술을 담그지 말라고 한 것은 반대되는 내용이 아니다. 즉, [B]에서는 대비되는 사례를 들고 있지 않다.

[**유사하다**: 서로 비슷하다.
[**대비되다**: 두 가지의 차이를 밝힐 목적으로 서로 맞대어져 비교되다.

② [A]는 **긍정적으로**, [B]는 **부정적으로** 상황을 인식하며 말하고
있다.
　부정적인 상황을 언급함.　　　겨울나기를 긍정적으로 전망함.

[A]에서는 할머니가 몰래 술을 빚은 것은 어쩔 수 없는 상황 때문이라고 언급하
고 있으므로 긍정적으로 상황을 인식하며 말하고 있다고 할 수 없다. [B]에서는
다모가 포상금으로 받은 돈을 할머니에게 주면서 이 돈이면 추위와 굶주림 없이
겨울을 나기에 충분할 것이라고 말하고 있으므로 부정적으로 상황을 인식하며
말하고 있다고 할 수 없다.

④ [A]는 상대방의 **감정에**, [B]는 **상대방의 권위에** 호소하며 말
하고 있다.
　　다모의 감정에 호소함.　　　할머니의 권위에 호소하고 있지 않음.

[A]에서 할머니는 '제발 우리 사정을 불쌍히 보아 주시기 바랄 뿐이네'라며 다모
의 감정에 호소하고 있다. 그러나 [B]에서 다모는 할머니에게 자신의 당부를 전
하고 있을 뿐 할머니의 권위에 호소하고 있지는 않다.

⎡ 권위: 남을 지휘하거나 통솔하여 따르게 하는 힘
⎣ 호소하다: 억울하거나 딱한 사정을 남에게 간곡히 알리다.

⑤ [A]는 상대방의 **무지를** 지적하면서, [B]는 상대방의 **다짐을**
요구하면서 말하고 있다.
　　　　무지를 지적하지 않음.　　　　　다짐을 요구하지 않음.

[A]에서 할머니는 자신의 처지를 고백하고 선처를 호소하고 있을 뿐 다모의 무지
를 지적하고 있지는 않다. 또한 [B]에서 다모는 할머니에게 '다만 앞으로는 절대
술을 담그지 마셔야' 한다고 당부하고 있는데 이에 대한 할머니의 다짐을 요구하
고 있지는 않다.

D 44　정답 ①　＊사건과 갈등 파악하기

(가)에 등장하는 인물의 구도를 〈보기〉와 같이 도식화했을 때, 이
에 대한 설명으로 적절하지 <u>않은</u> 것은?

• (가): (가)는 다모, 할머니, 젊은 생원, 아전, 주부의 대사와 행동을 중심으로 사건
을 전개하고 있습니다.
• 〈보기〉: 인물의 구도를 도식화한 내용으로, '명령자'는 아전, '명령 수행자'는 다
모, '처리 대상자'는 할머니, '처리 대상자의 적대자'는 젊은 생원을 의미합니다.
🔶 〈보기〉에 나타난 인물의 구도를 고려하여 (가)에서 전개되는 사건을 이해한
내용으로 틀린 것을 고르는 문제입니다.

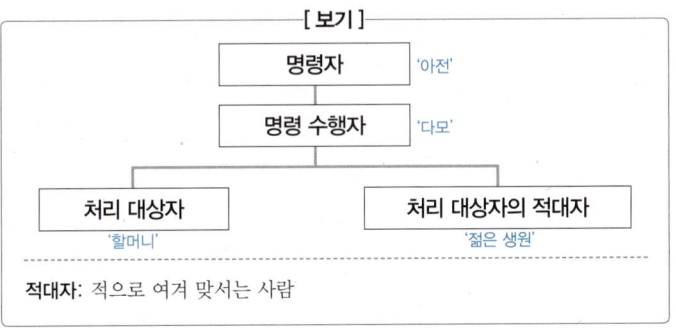

[보기]

명령자　'아전'
명령 수행자　'다모'
처리 대상자　　　　　처리 대상자의 적대자
'할머니'　　　　　　　　'젊은 생원'

적대자: 적으로 여겨 맞서는 사람

〉왜 정답?

① '명령자'는 '처리 대상자'의 범법 사실을 모르고 '명령 수행자'에
게 명령했다.
　　　아전은 할머니의 범법 사실을 의심하고 있음.

＊근거: ①-❷,❸
〈보기〉에서 '명령자'는 '아전', '명령 수행자'는 '다모', '처리 대상자'는 '할머니', '처
리 대상자의 적대자'는 '젊은 생원'으로 파악할 수 있다. '명령자'인 아전은 '처리
대상자'인 할머니가 몰래 술을 담갔다고 의심하여 '명령 수행자'인 다모를 보내어
양반 집 안채 쓰레기에 술지게미가 있는지 조사하게 하였으므로, '명령자'가 '처
리 대상자'의 범법 사실을 모르고 '명령 수행자'에게 명령했다고 볼 수 없다.

[범법: 법을 어김.

〉왜 오답?

② '명령 수행자'는 '명령자'의 명령보다는 '처리 대상자'의 상황을
더 고려하고 있다.
　다모는 아전의 명령보다 할머니의 상황을 고려하여 술을 담근 사실을 숨겨 줌.

＊근거: ①-❸,②-㉑
다모는 아전의 명령에 따라 할머니 집을 조사하다 술을 담근 것을 발견하지만,
할머니가 남편의 병을 구완하기 위해 술을 담갔다는 것을 알고 할머니의 범법 사
실을 숨겨 주려 했다. 따라서 다모는 '명령자'인 아전의 명령보다 '처리 대상자'인
할머니의 상황을 더 고려했다고 할 수 있다.

③ '명령 수행자'는 '처리 대상자'를 통해 '처리 대상자의 적대자'가
누구인지를 인지했다.
　다모는 할머니에게 술을 담근 것을 아는 사람을 물어 젊은 생원의 존재를 인지함.

＊근거: ②-❿,⓯
다모는 할머니에게 술맛을 본 사람이 누구인지를 물어서 할머니의 시동생인 젊
은 생원이 술을 담근 사실을 안다는 점을 확인했다. 따라서 다모는 '처리 대상자'
인 할머니를 통해 할머니가 술을 담갔다는 사실을 고발한 '처리 대상자의 적대
자'가 누구인지를 인지하게 되었다고 할 수 있다.

[인지하다: 어떤 사실을 인정하여 알다.

④ '처리 대상자'는 '처리 대상자의 적대자'가 한 적대 행위를 모르
고 있다.
　　　할머니는 젊은 생원이 자신을 고발한 사실을 모르고 있음.

＊근거: ②-❿~⓯
할머니는 '몰래 술 담근 걸 누가 또 알고 있느냐'는 다모의 물음에, '알 사람이 또
누가 있겠나'라고 말하다가 술맛을 본 사람은 없느냐는 질문에 시동생인 젊은 생
원에게 술 한 사발을 떠 준 일을 말하고 있다. 이로 보아 '처리 대상자'인 할머니
는 '처리 대상자의 적대자'가 자신을 고발하는 적대 행위를 했다는 사실을 모르
고 있음을 알 수 있다.

[적대: 적으로 대함. 또는 적과 같이 대함.

⑤ '처리 대상자의 적대자'가 한 적대 행위에 대해 '명령 수행자'와
'명령자'는 서로 다른 태도를 취했다.
　　　　　　　　　　다모는 할머니를 밀고한 젊은 생원을
　　　　　　　　　　꾸짖지만, 아전은 그런 다모의 행위에
　　　　　　　　　　화를 냄.

＊근거: ③-❹,❺,❼,❽
'처리 대상자의 적대자'가 한 적대 행위는 젊은 생원이 할머니가 몰래 술을 담근
것을 고발한 것을 의미한다. 이 사실을 안 다모는 젊은 생원을 보고 따귀를 때리
며 '양반이란 자가 형수가 몰래 술을 담갔다고 고자질하고는 포상금을 받아먹으
려 했단 말이냐?'라고 꾸짖는데, 이에 아전은 '나를 속이고 술 빚은 걸 숨겨 주고
는 도리어 고발한 사람을 꾸짖어?'라고 하며 다모에게 화를 낸다. 즉, '처리 대상
자의 적대자'가 한 고발 행위에 대해 '명령 수행자'인 다모는 부정적인 반면, '명
령자'인 아전은 고발을 받아들이고 있으므로 서로 다른 태도를 취하고 있다고 볼
수 있다.

D 45　정답 ⑤　＊상황에 맞는 한자 성어 찾기

〈보기〉는 윗글을 읽은 학생의 반응이다. (　　)에 들어갈 말로 가장
적절한 것은?

• 〈보기〉: 주부가 다모에게 벌을 준 것에 대한 학생의 평가입니다.
• 윗글: 주부는 다모를 의인으로 여기지만, 다모를 용서하면 법이 서지 않기 때문
에 벌을 줍니다.
🔶 다모에게 벌을 준 주부의 행동을 표현하는 한자 성어를 고르는 문제입니다.

[보기]

주부가 다모에게 곤장을 친 일은 (　　　　)(이)라고 할 수 있군.
공정한 업무 처리와 법 적용을 위해 사사로운 정을 포기한 것임.

⑤ **읍참마속(泣斬馬謖)**
큰 뜻을 위해 자기가 아끼는 사람을 버려야 하는 상황을 이르는 말

*근거: ④~⑥

주부는 다모가 할머니의 죄를 숨겨 준 죄는 용서하기 어렵다며 다모에게 벌을 내린 뒤, 조용히 다모를 따로 불러 '네가 숨겨 준 일을 내가 용서해서는 법이 서지 않기에 곤장을 치게 했다만, 너는 의인'이라고 말하며 상을 준다. 즉 주부가 다모에게 곤장을 친 일은 공정한 업무 처리와 법 적용을 위해 사사로운 정을 포기한 행동이다. 그러므로 〈보기〉의 빈칸에는 큰 목적을 위하여 자기가 아끼는 사람을 버림을 이르는 말인 '읍참마속(泣斬馬謖)'이 들어가는 것이 적절하다.

① **구밀복검(口蜜腹劍)**
말로는 친한 듯하나 속으로는 해칠 생각이 있음.

'구밀복검(口蜜腹劍)'은 입에는 꿀이 있고 배 속에는 칼이 있다는 뜻으로, 말로는 친한 듯하나 속으로는 해칠 생각이 있음을 이르는 말이다.

② **반근착절(盤根錯節)**
처리하기가 매우 어려운 사건

'반근착절(盤根錯節)'은 서린 뿌리와 얼크러진 마디라는 뜻으로, 처리하기가 매우 어려운 사건을 이르는 말이다.

③ **삼인성호(三人成虎)**
근거 없는 말이라도 여러 사람이 말하면 곧이듣게 됨.

'삼인성호(三人成虎)'는 세 사람이 짜면 거리에 범이 나왔다는 거짓말도 꾸밀 수 있다는 뜻으로, 근거 없는 말이라도 여러 사람이 말하면 곧이듣게 됨을 이르는 말이다.

④ **오월동주(吳越同舟)**
서로 적의를 품은 사람들이 한자리에 있게 된 경우나 서로 협력하여야 하는 상황

'오월동주(吳越同舟)'는 서로 적의를 품은 사람들이 한자리에 있게 된 경우나 서로 협력하여야 하는 상황을 비유적으로 이르는 말이다. 중국 춘추 전국 시대에, 서로 적대시하는 오나라 사람과 월나라 사람이 같은 배를 탔으나 풍랑을 만나서 서로 단합하여야 했다는 데에서 유래한다.

D 46 ~ 48 *작자 미상, 〈임장군전〉

[2014 대비/사관학교 40~42]

❶ 중심인물, 배경 ❷ 중심 사건, 갈등 ❸ 서술상 특징
▨ : ❸ 편집자적 논평(서술자가 직접 작품 속 상황에 대해 평한 것)

[앞부분의 줄거리] 이시백이 명나라에 사신으로 갈 때 임경업이 군관으로 수행하게 된다. 마침 그때 호국이 가달의 침략을 받아 명나라에 구원병을 요청한다. 그러나 명나라에 마땅한 장수가 없어 임경업이 청병 대장으로 출전하여 가달을 물리쳐 명나라와 호국에 그 이름을 떨친 후에 조선으로 돌아온다.

┌ **군관**: 조선 시대에, 각 군영과 지방 관아의 군무에 종사하던 낮은 벼슬아치
└ **수행하다**: 일정한 임무를 띠고 가는 사람을 따라가다.

❸ 서술자: 3인칭 서술자, 시점: 전지적 작가 시점

① 임경업이 의주부윤으로 도임한 후로 군정을 살피고 사졸(士卒)을
❶ 중심인물 ⎣ 부사관 이래의 군인
연습하더니, 호장이 경업의 허실을 알고자 하여 압록강에 와 엿보거
⎣ 허함과 실함 ❶ 공간적 배경
늘, 『경업이 대로하여 토병을 호령하여 일진을 엄살하고,
⎣ 『 』: ❷ 갈등 – 임경업과 호국 군대의 외적 갈등
② "되놈을 잡아들이라."
❸ 하고 명하니, 군사가 되놈을 결박하여 들이거늘, 경업이 크게 꾸짖으며

④ "내 연전에 너희 나라에 가 가달을 쳐 파하고 호국 사직을 보전하였
⎣ 몇 해 전
으니, 그 은덕을 마땅히 만세불망(萬世不忘)할 것이어늘, 도리어 천
조를 배반하고 아국을 침범코자 하니, 너희 같은 무리를 죽여 분을
⎣ 천자의 지위 ⎣ 우리의 나라

씻을 것이로되 십분 용서하여 돌려보내나니, 빨리 돌아가 본토를
⎣ 아주 충분히
지키고 다시 외람된 뜻을 내지 말라. 만일 다시 두 마음을 먹으면
편갑(片甲)*도 남기지 아니하고 호국을 소멸하리라."

⑤ 하고 끌어 내치니, 되놈들이 쥐가 숨듯 돌아가 제 대장과 군졸을 보고
⎣ 일의 시작과 끝
수말을 이르니, 장졸들이 크게 노하여

⑥ "임경업이 공교한 말로 아국을 능욕하여 군심(軍心)을 미혹케 하니,
맹세코 경업을 죽여 오늘날 한을 씻으리라."

⑦ 하고, 병마 중 정예한 군사를 뽑아 7천을 거느려 압록강에 이르러 강을 사이하고 진세(陣勢)를 베풀고 외치기를,

⑧ "조선국 의주부윤 임경업 필부(匹夫)는 어찌 간사한 말로 나의 군심을 요동케 하느뇨. 너의 재주가 있거든 나의 철퇴를 대적하고, 불연즉(不然則) 항복하여 죽음을 면하라."
⎣ 그렇지 않으면

⑨ 하거늘, 『㉠경업이 대로하여 급히 배를 타고 물을 건너 말에 올라 청
⎣『 』: ❷ 중심 사건 – 임경업이 호장의 군대와 싸워 승리함.
룡검을 빗겨들고 호진(胡陣)에 달려들어 무인지경같이 좌충우돌하니, 적장의 머리 추풍낙엽같이 떨어지매 적장이 당해 내지 못하여 급히 달아날 새, 서로 짓밟히며 물에 빠져 죽은 자가 그 수를 셀 수 없더라.

⑩ 경업이 필마단창(匹馬單槍)으로 적진을 파하고 본진으로 돌아와 승전고를 울리며 군사를 호궤*할 새, 의주 군졸이 일시에 하례하며 즐기는 소리가 진동하더라.

⑪ 이튿날 새벽에 강변에 가 바라보니, 적군의 주검이 뫼같이 쌓이고
❶ 시간적 배경
피 흘러 내가 되었는지라.』
❸ 과장적(실제보다 지나치게 과도하거나 작게 나타낸) 표현

┌ **도임하다**: 지방의 관리가 근무지에 도착하다.
│ **군정**: 전시(戰時) 또는 전후에 점령지에서 군대가 행하는 임시 행정
│ **토병**: 일정한 지역에 붙박이로 사는 사람으로 조직된 그 지방의 군사
│ **호령하다**: 부하나 동물 따위를 지휘하여 명령하다.
│ **일진**: ① 군사들의 한 무리 ② 한 무리의 군사로 친 진
│ **엄살하다**: 별안간 습격하여 죽이다.
│ **되놈**: 예전에, 만주 지방에 살던 여진족을 낮잡는 뜻으로 이르던 말
│ **결박하다**: 몸이나 손 따위를 움직이지 못하도록 동이어 묶다.
│ **사직**: 나라 또는 조정을 이르는 말
│ **만세불망**: 영원히 은덕을 잊지 아니함.
│ **외람되다**: 하는 짓이 분수에 지나치다.
│ **공교하다**: 솜씨나 꾀 따위가 재치가 있고 교묘하다.
│ **능욕하다**: 남을 업신여겨 욕보이다.
│ **정예하다**: 썩 날래고 용맹스럽다.
│ **진세**: 군진(전장에서 적과의 전투를 효율적으로 수행하기 위하여 펼치는 전투 대형)의 세력
│ **필부**: 신분이 낮고 보잘것없는 사내
│ **무인지경**: 아무것도 거칠 것이 없는 판
│ **필마단창**: 한 필의 말과 한 자루의 창이란 뜻으로, 혼자 간단한 무장을 하고 한 필의 말을 타고 감을 이르는 말. 또는 그렇게 하는 사람
│ **승전고**: 싸움에 이겼을 때 울리는 북
│ **하례하다**: 축하하여 예를 차리다.
└ **주검**: 죽은 사람의 몸을 이르는 말

*① 요약: 임경업이 호병을 물리침.

② 이때 적병이 돌아가 호왕을 보고 패한 연유를 고하니, 호왕이 듣고
❶ 중심인물: 청나라 왕
대로하여 다시 기병하여 원수 갚음을 의논하더라.
❷ 중심 사건: 호왕이 복수를 위해 조선 침략 계획을 세움.

② 경업이 관중에 들어와 승전한 연유를 장계하니, 상이 보시고 크게
❶ 중심인물: 조선의 임금

기뻐하신 중 후일을 염려하시나, 조신(朝臣)들은 안연 부동하여 국사
를 근심하는 이 없으니 가장 한심하더라.
걱정 없이 편안함.
조정 관료에 대한 비판적 시각이 드러남.

❸이때 호왕이 경업에게 패한 후로 분기를 참지 못하여, 다시 제장을
여러 장수
모아 의논하여,

❹"예서 의주가 길이 얼마나 하뇨."

❺좌우가 대답하기를,

❻"열하루 길이니, 한편은 갈 수풀이요 압록강을 격하였사오니, 월강
강을 건너
하여 마군(馬軍)으로 대적한즉 수만 군졸이 모여 진을 칠 곳이 없
고, 또한 군사가 패한즉 한갓 죽을 따름이니, ⓐ기이한 계교를 내어
경업을 멀리 피한 후에 군사를 나아감이 좋을까 하나이다."
❶ 중심인물

❼「호왕이 옳게 여겨 용골대(龍骨大)로 선봉을 삼고 말하기를,
「 」:❷ 중심 사건 – 호왕이 용골대를 선봉으로 삼아 전쟁을 일으킴.
❽"너는 수만 군을 거느려 가만히 황하수(黃河水)를 건너 동해로 돌아
주야배도(晝夜倍道)하여 가면 조선이 미처 기병치 못할 것이오, 의
주서 알지 못할 것이니, 왕도(王都)를 엄습하면 어찌 항복받기를 근
임경업이 있는 곳   왕궁이 있는 도시
심하며, 대사를 성공하면 경업을 사로잡지 못하리오."

❾용골대가 청령하고 군마를 아침 일찍 출발할 새, 호왕께 하직하니,
❶ 시간적 배경
호왕 왈,

❿"그대 이번에 가매 반드시 조선을 항복받아 나의 위엄을 빛내고 대
공을 세워 수이 반사*함을 바라노라."

⓫용골대가 청령하고 승선발행(乘船發行)하니라.」
배를 타고 길을 떠남.

기병하다: 군사를 일으키다.
장계하다: 왕명을 받고 지방에 나가 있는 신하가 자기 관하(管下)의 중요한 일을
왕에게 보고하다.
격하다: 시간적으로나 공간적으로 사이를 두다.
계교: 요리조리 헤아려 보고 생각해 낸 꾀
주야배도: 밤낮을 가리지 아니하고 보통 사람 갑절의 길을 걸음.
청령하다: 명령을 주의 깊게 듣다.
하직하다: 먼 길을 떠날 때 웃어른께 작별을 고하다.

*❷ 요약: 호왕이 복수를 위해 조선을 침략함.

❶
③ 경업이 호병을 파한 후에 사졸을 조련하여 군기를 보수하고 성첩
❸인물 간의 대비를 통해 주인공의 특성을 부각함.
을 수축하여 후일을 방비하되, 조정에서는 호병을 파한 후에 의기양양
하여 태평가를 부르고 대비함이 없더니, 국운이 불행하여 의외 불의지
변(不意之變)을 당한지라.

❷「철갑 입은 오랑캐 동대문으로 물 밀듯이 들어와 ㉡백성을 살해하
「 」:❷ 중심 사건 – 용골대의 군대에 조선이 참패함.
고 성중을 노략하니 도성 인민이 물 끓듯 곡성이 진동하며, 부모 형제
❶ 공간적 배경
부부 노소가 서로 실신하여 살기를 도모하니, 그 형상이 참혹하더라.

❸이런 망극한 때를 당하여 조정에 막을 사람이 없고, 종사의 위태함
이 경각 사이에 있는지라.❹㉢상이 망극하사 남한산성(南漢山城)으로
피란하실 새, 급히 가마를 타고 강변에 이르사 배를 타시매, 백성들이
뱃전을 잡고 통곡하며 물에 빠져 죽는 자가 무수하니, 그 형상을 차마
보지 못하겠더라.❺왕대비와 세자 삼형제는 강화로 가시고, 남은 백성
은 호적에게 어육(魚肉)이 되니라.」

❻「도원수 김자점은 이런 난세를 당하였으되 한 계교를 베풀지 못하
「 」:❸ 무능한 조정 관료의 모습을 통해 임경업의 영웅성을 부각함.
고, 용골대는 백성의 집을 헐어 뗏목을 만들어 강화로 들어가더라.

❼㉣강화 유수 김경징(金慶徵)은 좋은 군기를 고중(庫中)에 넣어 두고 술
만 먹고 누웠으니,」 도적이 스스로 들어가 왕대비와 세자 · 대군을 잡
아다가 송파(松坡) 벌에 유진(留陣)하고, 세자 · 대군을 구류하고 외치
❶ 공간적 배경
기를,

❽㉤"수이 항복하지 아니하면 왕대비와 세자 · 대군이 무사치 못하리라."

❾하는 소리 천지진동하더라.

성첩: 성 위에 낮게 쌓은 담. 여기에 몸을 숨기고 적을 감시하거나 공격하거나 한다.
불의지변: 뜻밖에 당한 변고
노략하다: 떼를 지어 돌아다니며 사람을 해치거나 재물을 강제로 빼앗다.
곡성: 곡하는 소리
피란하다: 난리를 피하여 옮겨 가다.
어육: 짓밟고 으깨어 아주 결판낸 상태를 비유적으로 이르는 말
유진하다: 군사들이 머물러 있다. 또는 군사들을 머물러 있게 하다.

*❸ 요약: 용골대의 침략으로 조선이 크게 패함.

* 편갑(片甲): 싸움에 지고 난 군사를 비유한 말
* 호궤(犒饋): 음식을 베풀어 군사를 위로함.
* 반사(班師): 군사를 이끌고 돌아옴.

✪ 독해 공식

❶ **중심인물**: 임경업, 호왕(청나라의 왕), 용골대, '상(조선의 임금)' 등
공간적 배경: 압록강, '도성', 송파 벌 등
시간적 배경: '이튿날 새벽', '아침 일찍' 등
❷ **중심 사건**: 임경업이 호국 군대와 싸워 승리함. 호왕이 복수를 위해 조선을 침략하려는
계획을 세우고 용골대를 선봉으로 삼아 전쟁을 일으킴. 조선이 용골대의 군대에 참패함.
갈등: 임경업과 호국 군대 사이의 외적 갈등
❸ **서술상 특징**
· 서술자: 3인칭 서술자, 시점: 전지적 작가 시점
· 편집자적 논평(서술자가 직접 작품 속 상황에 대해 평한 것)을 통해 상황에 대한 서술자의
평이 드러나고 있음.
· 과장적(실제보다 지나치게 과도하거나 작게 나타낸) 표현을 사용하고 있음.
· 인물 간의 대비(무능한 조정 관료 ↔ 전쟁에 대비하는 임경업)를 통해 인물의 특성을 부각
하고 있음.

■ 내용: 이 작품은 조선 인조 때 실존 인물로 병자호란 당시 활약한 임경업을 주인
공으로 한 군담 소설이다. 실제로 있었던 역사적 사실을 바탕으로 다른 설화와 영
웅담들을 결합하여 창작한 것으로 보인다. 여기에는 청나라에 굴욕을 당한 이후
영웅적인 이야기를 통해서라도 위로를 얻고 민족적 자긍심을 회복하고자 했던 민
중들의 마음이 반영되었다고 볼 수 있다. 또한 국가적 위기에도 자기의 욕심만 채
우던 간신배들에 대한 민중들의 분노도 나타나고 있다.

■ 인물 관계도

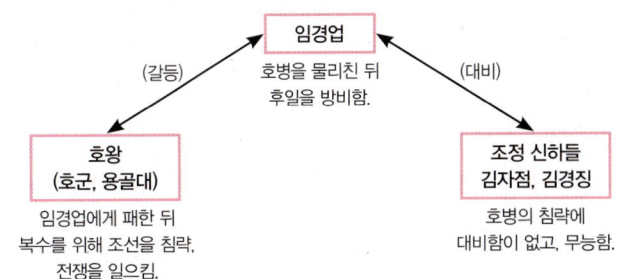

임경업
호병을 물리친 뒤
후일을 방비함.

(갈등)   (대비)

호왕
(호군, 용골대)
임경업에게 패한 뒤
복수를 위해 조선을 침략,
전쟁을 일으킴.

조정 신하들
김자점, 김경징
호병의 침략에
대비함이 없고, 무능함.

■ 주제: 민족적 영웅 임경업의 활약과 비극적 일생

■ 이것이 핵심: 역사적 사실을 바탕으로 한 주제 의식

| 호국 | 갈등 | 임경업 | 대비 | 조정
(관료들) |

임경업의
영웅적
활약상

무능한
위정자들에
대한 비판

■ **전체 줄거리**: 가달이 호국을 침공하여 호국이 위기에 처했을 때, 임경업이 구원병을 이끌고 호국을 도와 승리를 거둔다. 그 후 세력이 강해진 호국은 임경업을 피해 조선을 침공하고 인조의 항복을 받아낸다. 호왕은 명나라를 치고자 임경업을 대장으로 보낼 것을 요구하는데, 임경업은 중이 되어 명나라로 도망친다. 명나라와 연합하여 호국을 치려 한 임경업은 호국에 사로잡히지만 호왕의 회유에 굴하지 않고, 호왕은 임경업의 충의에 감동하여 임경업과 세자 일행을 조선으로 송환한다. 그러나 조선으로 돌아온 임경업은 간신 김자점의 모략에 의해 암살당한다. 임금의 꿈속에 임경업이 나타나 억울함을 고하자, 임금은 김자점을 처형하고 임경업의 충의를 포상한다.

▲ 임경업 장군 묘소: 충북 충주시 풍동에 있는 조선 중기의 명장 임경업의 묘소. 충청북도 기념물 제67호.

D 46 정답 ② *서술상 특징 파악하기

윗글에 대한 설명으로 가장 적절한 것은?

> **왜 정답 ?**

② **시간의 흐름에 따라 사건이 진행되고 있다.**
임경업의 승리, 호왕의 복수 계획, 조선의 패배라는 사건이 시간의 순서에 따라 제시되고 있음.

*근거: 1-❶, ❿, 2-❸, ❽, 3-❶, ❹

윗글에서는 '임경업이 의주부윤으로 부임하여 국경을 지킴. → 임경업을 염탐하려던 호병이 수모를 당함. → 임경업이 호장의 군대와 싸워 승리함. → 호왕이 계교를 세워 용골대를 보내 조선을 침략함. → 침략에 대비하지 못한 조선이 패하고 왕이 남한산성으로 피신함.'과 같은 사건이 시간의 흐름에 따라 전개되고 있다.

> **왜 오답 ?**

① 서사 전개에 따라 ~~서술자를 달리~~하고 있다.
서술자의 변화는 나타나지 않음.

윗글은 작품 밖에 있는 3인칭 서술자가 사건을 서술하는 전지적 작가 시점으로, 서사 전개에 따라 서술자가 달라지고 있지는 않다.

③ 상황 변화에 따라 ~~인물의 성격이 변화~~하고 있다.
나타나지 않음.

윗글에는 임경업의 영웅적 면모와 임경업에게 복수심을 품은 호왕의 모습, 무능한 조정 관료들의 모습이 나타나는데 이러한 인물의 성격이 상황 변화에 따라 변하는 모습은 나타나 있지 않다.

④ ~~초월적 공간~~을 통해 ~~내적 갈등~~을 드러내고 있다.
초월적 공간은 드러나지 않으며, 내적 갈등도 두드러지지 않음.

'의주', '압록강', '동대문', '도성', '송파 벌' 등 실제 조선의 국토를 공간적 배경으로 하여 사건을 전개하고 있을 뿐 초월적 공간은 드러나지 않으며 인물의 내적 갈등을 드러내고 있지도 않다.

┌ **초월적**: 어떠한 한계나 표준, 이해나 자연 따위를 뛰어넘거나 경험과 인식의 범위를 벗어나는 것
└ **내적 갈등**: 등장인물의 내면에서 일어나는 갈등

⑤ 특정한 장면을 부각해 ~~해학적~~으로 제시하고 있다.
해학적인 장면은 나타나지 않음.

윗글은 전쟁의 비극적 상황을 그리며 무능한 위정자를 비판하는 태도를 드러내고 있으며, 웃음을 유발하는 해학적인 장면은 나타나 있지 않다.

┌ **해학적**: 익살스럽고도 품위가 있는 말이나 행동이 있는 것

D 47 정답 ② *사건과 갈등 파악하기

ⓐ의 구체적인 내용으로 가장 적절한 것은?

• ⓐ: '기이한 계교'로, 호왕이 복수를 위해 조선을 침략하고자 세운 계획의 내용을 의미합니다.

즉 인물들의 대사를 통해 '기이한 계교'를 이해한 내용으로 적절한 것을 고르는 문제입니다.

> **왜 정답 ?**

② **의주를 우회하여 왕도를 급습한다.**
임경업을 피하기 위해 의주를 우회하여 왕도를 습격하기로 함.

*근거: 2-❻, ❽

'기이한 계교를 내어 경업을 멀리 피한 후에 군사를 나아감이 좋'겠다는 장수들의 말에 호왕은 임경업이 있는 의주에서 알지 못하도록 황하수를 건너 동해로 돌아 왕도를 엄습하라고 한다. 따라서 ⓐ '기이한 계교'는 임경업이 있는 의주를 우회하여 왕도를 급습하는 계획이라고 할 수 있다.

┌ **우회하다**: 곧바로 가지 않고 멀리 돌아서 가다.
└ **급습하다**: 갑자기 공격하다.

> **왜 오답 ?**

① 남한산성을 포위하여 항복시킨다.
호국의 군대가 도성을 습격하자 '상'이 남한산성으로 피란함

*근거: 3-❹~❻, ❽

ⓐ의 내용은 왕도를 습격하는 것으로, 이에 따라 호국의 군대가 도성을 습격하자 상은 남한산성으로 피란했다. 이후에 용골대가 뗏목을 만들어 왕대비와 세자가 피신한 강화로 들어가 그들을 인질로 잡고 항복을 요구했으므로, 남한산성을 포위하여 항복시키는 것이 ⓐ의 내용이라고 볼 수는 없다.

┌ **포위하다**: 주위를 에워싸다.

③ 임경업을 속임수로 유인하여 제거한다.
호국 군대는 임경업을 피해 가려고 했음.

*근거: 2-❻, ❽

호왕은 의주를 피해 임경업이 알지 못하도록 왕도를 습격한 후 '대사를 성공하면 경업을 사로잡지 못'하겠느냐고 말하고 있다. 즉 ⓐ는 임경업을 유인하여 제거하는 것이 아니라 피해 가는 방안이라고 할 수 있다.

┌ **유인하다**: 주의나 흥미를 일으켜 꾀어내다.

④ 압록강을 월강하여 마군으로 대적한다.
압록강을 월강, 마군으로 대적하면 패할 것이라고 생각함.

*근거: 2-❻

호국 장수들은 압록강을 '월강하여 마군으로 대적한즉 수만 군졸이 모여 진을 칠 곳이 없고, 또한 군사가 패한즉 한갓 죽을 따름'이라며 '기이한 계교'를 내자고 했으므로, 압록강을 월강하여 마군으로 대적하는 것은 ⓐ의 내용으로 볼 수 없다.

┌ **대적하다**: 적이나 어떤 세력, 힘 따위와 맞서 겨루다.

⑤ 염탐꾼을 보내 임경업의 허실을 파악한다.
염탐꾼을 보내 임경업의 허실을 알고자 했던 것은 경업에게 패하기 이전의 일임.

*근거: 1-❶

임경업의 허실을 알고자 염탐꾼을 보낸 것은 ⓐ의 계교를 꾸미기 전의 일이다. 즉, 임경업이 의주부윤으로 부임했을 때 호장이 압록강이 와 엿보다가 임경업에게 염살당했다.

┌ **염탐꾼**: 몰래 남의 사정을 살피고 조사하는 사람을 낮잡아 이르는 말

D 48 정답 ⑤ *〈보기〉를 바탕으로 감상하기

〈보기〉를 참고하여 ㉠~㉤에 대해 이해한 내용으로 적절하지 <u>않은</u> 것은?

• 〈보기〉: 병자호란 때 임경업은 청나라를 치고자 했으나 김자점의 모함으로 죽었습니다. 〈임장군전〉은 이러한 역사적 사실을 바탕으로 허구적 내용을 가미한 소설로, 그 주제는 다양하게 해석됩니다.
• ㉠: 임경업이 적군을 물리치는 장면입니다.
• ㉡: 호군의 조선 침략을 묘사하는 장면입니다.
• ㉢: 인조가 남한산성으로 피란했음을 제시하는 장면입니다.
• ㉣: 강화 유수 김경징이 침략에 대비하지 않는 모습을 보여 주는 장면입니다.
• ㉤: 용골대가 왕대비 등을 볼모로 조선을 협박하는 장면입니다.

즉 〈보기〉에서 언급된 다양하게 해석되는 〈임장군전〉의 주제를 고려하여 ㉠~㉤에 대해 이해한 내용으로 틀린 것을 고르는 문제입니다.

━━━━━━━━━━ [보기] ━━━━━━━━━━

❶ 병자호란은 조선 인조 14년(1636)에 청나라 태종이 대군을 거느리고 침략하여 <u>인조가 남한산성으로 쫓겼다가</u> 항복하고 굴욕적인 화약(和約)을 맺었던 사건이다. ❷ 병자호란 때 임경업은 중국 명나라와 합세하여 청나라를 치고자 했으나 뜻을 이루지 못하고 김자점의 모함으로 죽었다. ❸「〈임장군전〉은 병자호란이라는 역사적 사실을 바탕으로 하면서 허구적 내용을 가미한 소설이다. 작품의 주제는 임경업에 대한 영웅화, 청나라에 대한 적개심, 굴욕적 패배에 대한 정신적 보상, 조정 관료에 대한 비판 등으로 다양하게 해석되고 있다.」❹

③의 근거
「 」: ⑤의 근거
①의 근거 ②의 근거 ④의 근거

대군: 병사의 수가 많은 군대
침략하다: 남의 나라를 불법으로 쳐들어가서 약탈하다.
굴욕적: 굴욕을 당하거나 느끼게 하는 것
화약: 다른 나라와 화의(和議)를 통해 조약을 맺음. 또는 그 조약
모함: 나쁜 꾀로 남을 어려운 처지에 빠지게 함.
허구적: 사실에 없는 일을 사실처럼 꾸며 만드는 성질을 띤 것
적개심: 적과 싸우고자 하는 마음. 또는 적에 대하여 느끼는 분노와 증오

>**왜 정답?**

⑤ ㉤은 굴욕적 패배에 대한 정신적 보상을 나타낸 것이라 할 수 있겠군.
용골대가 조선을 협박하는 내용으로, 굴욕적 패배에 대한 정신적 보상이 아님.

*근거: ③-❼~❾, 〈보기〉❸, ❹ 문장
〈보기〉에 따르면, 〈임장군전〉은 병자호란을 바탕으로 하고 있지만 허구적인 내용도 가미되어 있으며, 임경업을 영웅화함으로써 조선의 굴욕적 패배에 대한 정신적 보상을 염원하는 민중들의 속마음을 담고 있다고 한다.
그런데 ㉤은 호군의 장수인 용골대가 조선의 세자와 대군을 억류하고 조선의 왕을 협박하는 내용이므로, 이 부분이 굴욕적 패배에 대한 정신적 보상을 나타낸 것이라고 볼 수는 없다.

>**왜 오답?**

① ㉠은 주인공의 용맹함을 부각해 영웅성을 강조한 것이라 할 수 있군.
임경업이 적군을 물리치는 장면으로, 임경업의 용맹함을 부각함.

*근거: ①-❾, 〈보기〉❹ 문장
㉠은 임경업이 말에 올라 호군의 진영에 달려들어 적장의 머리를 베고 이에 적들이 급히 달아나는 장면으로, 이를 통해 임경업의 용맹함이 부각되면서 영웅적 면모를 강조하고 있다.

② ㉡은 독자들에게 청나라의 만행에 대한 적개심을 불러일으키겠군.
호군이 저지른 악행을 묘사하는 장면으로, 독자의 적개심을 유발함.

*근거: ③-❷, 〈보기〉❹ 문장
㉡은 도성을 침략한 호군이 조선의 백성들을 살해하고 노략하여 백성들이 고통을 겪는 모습을 묘사한 장면으로, 이를 통해 청나라의 만행에 대한 적개심을 불러일으킨다고 볼 수 있다.

[만행: 야만스러운 행위

③ ㉢은 병자호란 때 실제로 있었던 역사적 사실을 반영한 것이라 할 수 있군.
병자호란 때 인조가 남한산성으로 피란한 것은 실제 역사적 사실임.

*근거: ③-❹, 〈보기〉❶ 문장
㉢은 호국이 도성을 침략한 위기 상황에서 상이 남한산성으로 피란했다는 내용으로, 〈보기〉에서 언급한 병자호란 당시 인조가 남한산성으로 쫓겼던 역사적 사실이 반영되어 있다.

④ ㉣은 외침에 대처하지 못한 지배층의 잘못을 비판한 것이라 할 수 있군.
위기 상황에서도 안일한 관료의 모습을 통해 지배층을 비판함.

*근거: ③-❼, 〈보기〉❹ 문장
㉣은 호국이 침략해 들어옴에도 대처하지 않고 술만 마시고 있는 강화 유수의 모습이다. 〈보기〉에 따르면, 이는 외침에 제대로 대처하지 못한 지배층을 비판하는 것이라고 볼 수 있다.

[외침: 다른 나라나 외부로부터의 침입
[대처하다: 어떤 정세나 사건에 대하여 알맞은 조치를 취하다.

D 49 ~ 52 *작자 미상, 〈배비장전〉 ━━━━━━━━

[예상 문제]

❶ 중심인물, 배경 ❷ 중심 사건, 갈등 ❸ 서술상 특징
: ❸ 음성 상징어(사람이나 사물의 소리나 움직임을 흉내 낸 말) 사용 – 인물의 상태 실감 나게 표현
❶ 중심인물 – 풍자의 대상

(가) ❶정 비장 혹한 마음에 고의적삼이 무엇이리.❷통가죽이라도 벗
❸ 서술자: 3인칭 서술자, 시점: 전지적 작가 시점   ❶ 중심인물 – 풍자의 주역
어 줄 밖에 하릴없다.❸고의적삼마저 벗어 애랑 주니, 정 비장이 알비
❸ 희화화(인물의 외모나 성격, 또는 사건을 의도적으로 우스꽝스럽게 묘사함.)를 통해 인물의 위선을 꼬집음.
장이 되었구나.❹밑천을 감출 길이 바이 없어 방자를 부른다.
아주 전혀

❺"방자야." "예."

❼"세숭 두 발만 들이어라."
가는 노끈

❽하더니, 견짐을 만들어 제마 입에 쇠재갈 먹인 듯이 잔뜩 되우 차고 두
제주도에서 나는 말   아주 몹시
리번거리며 하는 말이,

❾"어허 그날 극한이로고. 해도중이라 매우 차다."

❿이리할 제 애랑이 또 여쭈오되,

⓫「"나리 들어 보시오. 옷은 그만 벗어 주고 나리 상투를 좀 베어 주
「 」: ❷ 중심 사건 – 애랑이 정 비장에게서 모든 것을 빼앗으려 함.
시면 소녀의 머리와 한데 땋아 드렸으면 일신 운발 되겠으니 근들
한 몸을 돋보이게 하는 탐스러운 머리
아니 다정하오."

⓬정 비장 이른 말이,

⓭"네 아무리 정리는 그러하나 나는 바로 정텃절 몽구리 아들이 되
라느냐."

⓮애랑이 통곡하며,

⓯"나리 여보 내 말씀 들소. 나리가 아무리 다정타 하여도 소녀 뜻만
[A]
못하오니 애닯고 그 아니 원통한가. 그는 그러하거니와 분벽사창
에 마주 앉아 서로 보고 당싯당싯 웃으시던 앞니 하나 빼어 주오."

⑯정 비장 어이없어 하는 말이,

⑰"이제는 부모의 유체까지 헐라 하니 그건 어디다 쓰려느냐."

⑱애랑이 여쭈오되,

⑲호치 하나 빼어 주면 손수건에 싸고 싸서 백옥함에 넣어 두고 눈에 암암 귀에 쟁쟁 임의 얼굴 보고 싶은 생각나면 종종 내어 설움 풀고, 소녀 죽은 후에라도 관 구석에 지녀 가면 합장일체(合葬一體) 아니 될까. 근들 아니 다정하오."

비장: 조선 시대에, 감사·유수·병사·수사·견외 사신을 따라다니며 일을 돕던 무관 벼슬

고의적삼: 여름에 입는 홑바지와 저고리

정리: 인정과 도리를 아울러 이르는 말

몽구리: '중'을 놀림조로 이르는 말

분벽사창: 하얗게 꾸민 벽과 비단으로 바른 창이라는 뜻으로, 여자가 거처하며 아름답게 꾸민 방을 이르는 말

유체: 부모가 남겨 준 몸이라는 뜻으로, 자기의 몸을 이르는 말

호치: 희고 깨끗한 이

*① 요약: 정 비장에게서 모든 것을 빼앗는 애랑

(중략)

②방자가 대답하였다.
❶ 중심인물 – 풍자의 주역

②"기생 애랑이와 구관 사또를 모시고 있던 정 비장이 작별하고 있습니다."

❸배 비장은 그 말을 듣고 비방하였다.
❶ 중심인물 – 풍자의 대상

④"허랑한 장부로구나. 부모 친척과 떨어져 천 리 밖에 와서 아녀자에게 현혹하여 저러니 체면이 꼴이 아니다."

❺방자놈은 코웃음을 쳤다. 「」: ❷ 갈등 – 배 비장도 애랑에게 넘어갈 것이라고 말하는 방자와 허세를 부리며 방자를 꾸짖는 배 비장의 외적 갈등

❻"남의 말씀 쉽게 하지 마십시오. 나으리도 애랑의 은근한 태도와 아름다운 얼굴을 보시면 오목 요(凹)자에 움을 묻어 게다가 살림을 차릴 것입니다."

❼배 비장은 잔뜩 허세를 부리면서 방자를 꾸짖었다.
혼자 깨끗한 척 함.

❽"이놈, 양반의 정취(情趣)를 어찌 알고 경솔히 말을 하느냐?"

❾그러나 방자는 물러서지 않았다.

❿"그러면 황송하오나 소인과 내기를 합시다."
「」: ❷ 중심 사건 – 방자와 배 비장이 애랑을 두고 내기를 함.
⓫"무슨 내기를 하자느냐?"

⓬"나으리께서 올라가시기 전에 저 기생에게 눈을 팔지 않으시면 소인의 많은 식구가 댁에 가서 드난밥을 먹고, 만일 저 기생에게 반하시면 타시고 다니는 말을 소인에게 주시기 바랍니다."

⓭이에 배 비장은 대답하였다.

⓮"그래라. 말 값이 천금이 된다 할지라도 내기하고서 너를 속이겠느냐?"

구관: 먼저 재임하였던 벼슬아치

비방하다: 남을 비웃고 헐뜯어서 말하다.

허랑하다: 언행이나 상황 따위가 허황하고 착실하지 못하다.

현혹하다: 정신을 빼앗겨 하여야 할 바를 잊어버리다. 또는 그렇게 되게 하다.

정취: 깊은 정서를 자아내는 흥취

드난밥: 드난살이(남의 집 행랑에 붙어 지내며 그 집의 일을 도와줌.)하면서 얻어 먹는 밥

*② 요약: 애랑을 두고 방자와 내기하는 배 비장

(나)❸기다리던 밤이 되자 배 비장은 정장을 하고 서둘러 길을 나섰다.
❶ 시간적 배경
❷그런데 방자가 이를 보고 참견하고 나서는 것이었다.
생각
❸"나으리 소견 없소. 밤중에 유부녀 통간(通姦) 가오면서 금의야행
「」: ❷ 중심 사건 – 배 비장은 방자의 말에 따라 우스꽝스러운 차림새를 하고 애랑을 찾아감.
(錦衣夜行)으로 저리고 가다가는 될 일도 안 될 것입니다. 그 의관을 모두 벗으시오."

❹"벗다니? 초라하지 않겠느냐?"

❺"초라한 생각이 드시면 가지 마십시오."

❻"얘야, 요란스럽게 굴지 마라. 내 벗으마."

❼배 비장은 방자의 말을 따라 의관을 훨훨 벗어 버리고 덜덜 떠는 것이었다.

❽"얘야, 알몸으로 어찌하란 말이냐?"

❾"그게 좋습니다. 그리고 누가 보면 한라산 매 사냥꾼으로 알겠습니다. 제주 복색으로 차림을 차리시오."
상대를 안심시키며 우스꽝스럽게 만들고 있음.

❿"제주 복색은 어떤 것이냐?"

⓫"개가죽 두루마기에 노벙거지로 차리십시오."

⓬"얘야, 그건 너무 초라하지 않느냐?"

⓭"초라하게 생각이 들거들랑 가지 마십시오."

⓮"아니다 방자야. 네가 하라면 개가죽이 아니라 돼지가죽이라도 뒤집어 쓰마."

[B] ⓯배 비장은 개가죽 두루마기에 노벙거지로 차렸다.
❸우스꽝스러운 차림 – 희화화를 통해 인물의 위선을 꼬집음.
⓰"얘야, 범이 보면 개로 알겠다. 총 한 자루만 꺼내어 들고 가자. 그러는 게 안전하지 않겠느냐?"

⓱"그렇게도 겁이 나고 무섭거든 차라리 가지 마오."

⓲"얘야, 네 정성이 그런 줄 몰랐구나. 네가 못 갈 것 같으면 내가 업고라도 가마. 어서 가자 방자야!"

⓳높은 담 구멍 찾아가서 방자가 먼저 기어 들어갔다.

⓴"쉬! 나리, 잘못하다가는 큰일 날 것이니 두 발을 한데 모아 묘리 있게 들이미시오."
묘한 이치

㉑배 비장이 두 발을 모아 들이밀자, 방자놈이 안에서 배 비장의 두 발목을 모아 쥐고 힘껏 당기니 부른 배가 걸려서 들어가지도 뒤로 빠지지도 못하였다. ㉒배 비장은 두 눈을 희게 뜨고 이를 갈며 좀 놓아 다오 하면서 죽어도 문자를 쓰는 것이었다.

㉓㉠"포복불입(飽腹不入)하니 출분이기사(出糞而幾死)로다."
배가 불러 들어갈 수 없으니 똥이 나와 죽겠다.

통간: 결혼하여 배우자가 있는 사람이 배우자가 아닌 사람과 성적 관계를 맺음.

금의야행: ① 비단옷을 입고 밤길을 다닌다는 뜻으로, 자랑삼아 하지 않으면 생색이 나지 않음을 이르는 말 ② 아무 보람이 없는 일을 함을 이르는 말

의관: 남자의 옷옷과 갓이라는 뜻으로, 남자가 정식으로 갖추어 입는 옷차림을 이르는 말

*③ 요약: 방자가 시키는 대로 허름한 차림새로 애랑의 집을 찾아간 배 비장

📘 독해 공식

❶ 중심인물: 배 비장, 정 비장, 방자, 애랑 등
시간적 배경: '밤'

❷ 중심 사건: 애랑이 정 비장에게서 모든 것을 빼앗으려 함. 방자와 배 비장이 애랑을 두고 내기를 함. 배 비장이 방자의 말에 따라 우스꽝스러운 차림새를 하고 애랑을 찾아감.

갈등: 배 비장도 애랑에게 넘어갈 것이라고 말하는 방자와 허세를 부리며 방자를 꾸짖는 배 비장의 외적 갈등

❸ 서술상 특징

• 서술자: 3인칭 서술자, 시점: 전지적 작가 시점
• 희화화(인물의 외모나 성격, 또는 사건을 의도적으로 우스꽝스럽게 묘사함)를 통해 인물의 위선을 꼬집고 있음.
• 음성 상징어(사람이나 사물의 소리나 움직임을 흉내 낸 말)를 사용해 인물의 상태를 실감 나게 표현하고 있음.

■ **내용**: 이 작품은 양반이 기생에게 망신당하는 내용을 담은 세태소설로, 설화를 바탕으로 쓰였다. 그 근원이 되는 설화로는 사랑하는 기생에게 이를 뽑아 준 소년의 이야기인 〈발치 설화〉와, 기생을 거부했다가 오히려 기생의 계교에 빠져 알몸으로 뒤주에 갇혀 여러 사람 앞에서 망신을 당한 경차관의 이야기인 〈미궤 설화〉가 있다. 판소리 12마당 속에 포함된 판소리계 소설이지만 현재 창은 전하지 않고 소설만 남아 전한다.

■ **인물 관계도**

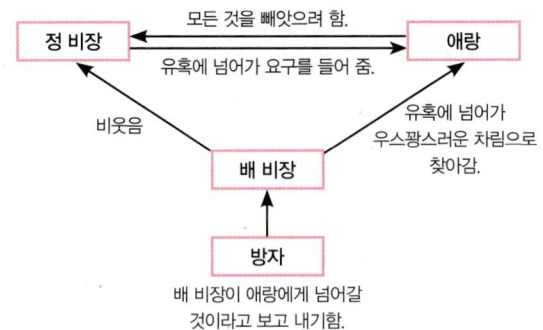

■ **주제**: 양반의 위선에 대한 조롱과 풍자
■ **이것이 핵심!**: 대응되는 인물상을 통한 풍자

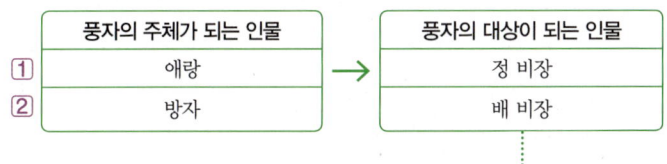

'정 비장'과 '배 비장'을 풍자함으로써
양반의 위선을 드러냄.

■ **전체 줄거리**: 제주 목사로 부임하게 된 김경을 따라 서울을 떠나게 된 배 비장은 어머니와 부인 앞에서 여자를 가까이하지 않겠다는 맹세를 한다. 제주에 도착한 배 비장은 애랑의 교태에 넘어가 자신의 앞니까지 뽑아 주고 가는 정 비장을 비웃고, 자신은 애랑에게 넘어가지 않을 것이라며 방자와 내기를 한다. 애랑은 배 비장을 유혹하고, 결국 배 비장은 개가죽 두루마기에 노벙거지로 차린 채 애랑의 집을 찾아간다. 배 비장이 옷을 벗고 있을 때 방자가 애랑의 남편 행세를 하며 들이닥친다. 애랑은 배 비장을 자루 속에 들어가게 하고, 방자가 자루가 수상하다고 두들기자 배 비장은 거문고 소리를 낸다. 배 비장은 방자가 나간 틈에 피나무 궤에 몸을 숨기고, 배 비장이 숨은 피나무 궤는 동헌으로 운반되어 배 비장은 사람들이 구경하는 동헌 마당에서 알몸으로 망신을 당한다.

D 49 정답 ④ *〈보기〉를 바탕으로 감상하기

〈보기〉는 윗글과 관련된 문학 수업 시간의 한 장면이다. 밑줄 친 질문에 대한 대답으로 가장 적절한 것은?

• 〈보기〉: 윗글은 조선 시대 양반 계층의 위선을 다룬 소설로, 양반의 위선에 대한 폭로라는 차원을 넘어 현대 사회를 살고 있는 사람들에게도 시사하는 바가 있습니다.

즉 윗글이 현대 사회를 살고 있는 사람들에게 시사하는 바를 이해한 내용으로 적절한 것을 고르는 문제입니다.

─────────[보기]─────────

❶이 작품은 조선 시대 양반 계층의 위선을 다룬 대표적인 소설입니다. ❷특히 양반이 기생에게 망신당하는 내용을 담은 설화를 바탕으로 쓰였지요. ❸양반의 위선에 대한 폭로라는 흥미 차원을 넘어 현대 사회를 살고 있는 여러분에게도 충분히 가치가 있기 <u>겉과 속이 다른 삶에 대한 비판</u> 때문에 이 시간에 함께 살펴보려 합니다. ❹그럼 이 작품을 읽고 여러분이 깨달은 바를 발표해 볼까요?

위선: 겉으로만 착한 체함. 또는 그런 짓이나 일
폭로: 알려지지 않았거나 감춰져 있던 사실을 드러냄. 흔히 나쁜 일이나 음모 따위를 사람들에게 알리는 일을 이른다.

왜 정답?

④ 인간관계에서 가장 중요한 것은 겉과 속이 일치하는 태도라는 깨달음을 얻었습니다.
허세를 부렸지만 애랑에게 넘어간 배 비장의 모습을 통해, 겉과 속이 다른 인물에 대한 풍자가 드러남.

*근거: ②-❹, ❼, ❽, ③-⑱, ㉒, 〈보기〉 ❶ 문장

〈보기〉에 따르면 윗글은 조선 시대 양반 계층의 위선을 다루고 있다. 윗글에서 배 비장은 애랑에게 넘어가 체면을 잃은 정 비장을 비웃으며 자신은 그러한 모습을 보이지 않을 것이라고 허세를 부리는데, 결국 애랑에게 넘어가 밤중에 우스꽝스러운 모습으로 애랑의 집에 찾아가고 있다. 따라서 이러한 양반의 위선과 허세에 대한 풍자를 통해 겉과 속이 일치하는 태도가 중요하다는 깨달음을 얻을 수 있다.

왜 오답?

① 인습을 타파하기 위한 투쟁이 얼마나 힘든 것인지 깨닫게 되었습니다.
관련 없음.

윗글에서는 양반의 위선을 폭로하며 풍자하고 있을 뿐, 인습을 타파하기 위해 투쟁하는 내용은 나타나 있지 않으므로 적절하지 않다.

인습: 이전부터 전하여 내려오는 습관
타파하다: 부정적인 규정, 관습, 제도 따위를 깨뜨려 버리다.
투쟁: 어떤 대상을 이기거나 극복하기 위한 싸움

② 어떤 일을 할 때 상대방을 배려하여 처신해야 한다는 점을 느낄 수 있었습니다.
관련 없음.

윗글에서는 정 비장과 배 비장이 위선적인 양반의 모습을 보이다 풍자의 대상이 되고 있고, 애랑과 방자가 그들을 풍자하는 역할로 나타나고 있다. 상대방을 배려하는 태도가 필요하다는 깨달음은 이러한 내용과 관련이 없으므로 적절하지 않다.

처신하다: 세상을 살아가는 데 가져야 할 몸가짐이나 행동을 취하다.

③ 시련이 닥치더라도 실망하기보다는 이를 극복하려는 의지가 필요하다고 느꼈습니다.
드러나지 않음.

윗글에서는 양반으로서 허세를 부리던 배 비장이 우스꽝스러운 모습으로 풍자의 대상이 되고 있다. 따라서 이를 통해 시련을 극복하려는 의지라는 깨달음을 이끌어 내는 것은 적절하지 않다.

⑤ 올바른 가치라고 생각되면 어떤 어려움이 있어도 그것을 끝까지 지켜야 한다는 깨달음을 얻었습니다.
올바른 가치를 위한 노력은 드러나지 않음.

윗글에서 배 비장은 올바른 가치를 끝까지 지키지 못했다기보다는, 허세를 부리다 위선을 폭로당하고 풍자의 대상이 되었다고 볼 수 있다. 따라서 윗글에서 올바른 가치를 끝까지 지켜야 한다는 깨달음을 이끌어 내는 것은 적절하지 않다.

D 50 정답 ④ ＊인물의 심리와 태도 파악하기

윗글에서 [A]의 '애랑'과 [B]의 '방자'의 말하기 방식을 바르게 제시한 것은?

· [A]: 애랑이 정 비장의 상투, 앞니 등까지 빼앗으려 하는 장면입니다.
· [B]: 배 비장이 방자의 말을 듣고 우스꽝스러운 차림새가 되는 장면입니다.

즉 [A]와 [B]에서 양반의 위선을 드러내고 있는 애랑과 방자의 말하기 방식을 이해한 내용으로 적절한 것을 고르는 문제입니다.

> 왜 정답 ?

④ [A] 애랑: 상대편에게 믿음을 주어 자신의 말을 따르도록 말하기
애정이 있다는 믿음을 주며 상대방을 꾀어내고 있음.

[B] 방자: 상대를 안심시키고 상대의 위선과 가식을 조롱하며 말하기
상대방을 안심시키며 우스꽝스럽게 만들고 있음.

＊근거: ①-⑮, ⑲, ③-⑨~⑬

[A]에서 애랑은 정 비장에게 '나리가 아무리 다정타 하여도 소녀 뜻만 못하오니 그 아니 원통한가'라며 앞니를 빼어 달라고 하고, 그 이유에 대해 '눈에 암암 귀에 쟁쟁 임의 얼굴 보고 싶은 생각나면 종종 내어 설움 풀고'라고 말한다. 즉, 자신이 상대방에 대한 애정을 지니고 있기에 요구하는 것이라는 믿음을 줌으로써 상대가 자신의 말을 따르도록 하고 있는 것이다.

[B]에서 방자는 애랑에게 찾아가려는 배 비장이 차려입은 의관을 벗게 하고서 '그게 좋습니다'라고 안심시킨 뒤, 양반에게는 맞지 않는 '개가죽 두루마기에 노벙거지' 차림을 하게 만들고, '그건 너무 초라하지 않느냐?'라는 배 비장의 말에 '초라하게 생각이 들거들랑 가지 마십시오'라고 하면서 자신의 뜻대로 배 비장이 움직이도록 하고 있다. 이를 통해 배 비장은 점점 우스꽝스러워지고 있으므로, 방자는 결국 상대방을 안심시키고 상대의 위선과 가식을 조롱하고 있다고 할 수 있다.

┌ 위선: 겉으로만 착한 체함. 또는 그런 짓이나 일
│ 가식: 말이나 행동 따위를 거짓으로 꾸밈.
└ 조롱하다: 비웃거나 깔보면서 놀리다.

> 왜 오답 ?

① [A] 애랑: 상대편에게 ~~권위를 내세우면서~~ 말하기
권위를 내세우지는 않음.

[B] 방자: 상대편에게 변화에 따라 대응하면서 말하기
상대방의 말에 대응해 대답하고 있음.

[A]에서 애랑은 정 비장에게 애정이 있다는 믿음을 주기 위해 교태를 부리고 있을 뿐, 권위를 내세우고 있지는 않다. [B]에서 방자는 자신의 말에 대한 배 비장의 반응에 적절히 대응하며 자신의 의도대로 대화를 이끌어 가고 있다.

┌ 권위: ① 남을 지휘하거나 통솔하여 따르게 하는 힘 ② 일정한 분야에서 사회적으로 인정을 받고 영향력을 끼칠 수 있는 위신
└ 대응하다: 어떤 일이나 사태에 맞추어 태도나 행동을 취하다.

② [A] 애랑: 상대편의 ~~의사를 존중하면서~~ 말하기
의사를 무시하고 있음.

[B] 방자: 상대편보다 우위에 서서 말하기
부분적으로 우위에서 말하고 있음.

[A]에서 애랑은 정 비장에게 상투, 앞니를 내어 달라는 무리한 요구를 하며 '근들 아니 다정하오'라고 말하고, 정 비장이 어렵다는 태도를 보이자 통곡하고 있다. 따라서 애랑이 정 비장의 의사를 존중하고 있다고 볼 수는 없다. [B]에서 방자는 배 비장에게 '제주 복색으로 차림을 차려'라고 하는 한편 '초라하게 생각이 들거들랑 가지 마십시오'와 같이 말하며 부분적으로 우위에 서서 대화를 끌어가고 있다.

┌ 의사: 무엇을 하고자 하는 생각
└ 우위: 남보다 나은 위치나 수준

③ [A] 애랑: 상대편의 의사를 무시하고 자기 의견만 내세우기
정 비장의 의사는 무시하고 자기 요구를 내세움.

[B] 방자: 상대편의 ~~처지를 이해하면서~~ 말하기
상대방의 처지를 이해하지 않고 있음.

[A]에서 애랑은 정 비장에게 상투, 앞니를 내어 달라고 하며 정 비장의 의사는 무시하고 있다고 할 수 있다. 그러나 [B]에서 방자는 배 비장이 초라해 보일 것을 우려하는 것이나 겁이 나 하는 것을 이해하고 있지 않으며 오히려 조롱의 대상으로 삼고 있다.

┌ 처지: 처하여 있는 사정이나 형편

⑤ [A] 애랑: 상대편을 추어올림으로써 자신의 말을 따르도록 말하기
부분적으로 상대방을 추켜세우고 있음.

[B] 방자: 평민의 입장을 대변하면서 자신의 ~~삶에 대해 적극적~~으로 말하기
자신에 대해서는 전혀 말하고 있지 않음.

[A]에서 애랑은 정 비장에 대한 자신의 애정을 과장하고 있는데 이를 통해 부분적으로 상대편을 추어올리고 있다고 볼 수도 있다. 그러나 [B]에서 방자는 배 비장을 조롱하여 풍자의 대상으로 드러내고 있을 뿐 평민의 입장에서 자신의 삶에 대해 말하고 있지는 않다.

┌ 추어올리다: 실제보다 과장되게 칭찬하다.
└ 대변하다: 어떤 사람이나 단체를 대신하여 그의 의견이나 태도를 표하다.

D 51 정답 ② ＊〈보기〉를 바탕으로 감상하기

〈보기〉를 참고할 때, (나)의 '배 비장'과 가장 유사한 인물이 나타난 것은?

· 〈보기〉: 풍자의 기법은 웃음을 동반하는 '현실 드러내기'로, 사회적 결함, 악덕 등을 비꼬는 공격성을 드러냅니다. 그 바탕에는 현실의 문제점을 비판하고 개혁하고자 하는 의지가 담겨 있습니다.
· (나)의 '배 비장': 배 비장은 방자의 말을 듣고 우스꽝스러운 차림새를 하고 희화화된 모습과 행동을 보여 줍니다.

즉 희화화와 풍자 기법을 사용하여 인물을 표현한 시조를 고르는 문제입니다.

┌─────────── [보기] ───────────

❶ 문학에서 흔히 사용되는 '풍자(諷刺)'의 기법은 웃음을 동반하는 '현실 드러내기'로 볼 수 있으며, 빈정거림, 조소와 비꼼, 의도를 숨긴 웃음, 공격성을 띤 웃음 등으로 규정될 수 있다.
배 비장을 희화화한(일부러 우스꽝스럽게 나타낸) 방법

❷ 이는 인간 생활 전반에 대해 적용될 수 있지만 특히 사회적 결함, 악덕 등을 비꼬는 공격성을 드러낸다. ❸ 그 바탕에는 현실의 문제점을 드러내어 비판하고 그것을 개혁하고자 하는 의지가 담겨 있다.
배 비장을 희화화함으로써 당대 지배층의 위선을 드러내어 비판함.

- -

풍자: 문학 작품 따위에서, 현실의 부정적 현상이나 모순 따위를 빗대어 비웃으면서 씀.
동반하다: 어떤 사물이나 현상이 함께 생기다.
빈정거리다: 남을 은근히 비웃는 태도로 자꾸 놀리다.
조소: 흥을 보듯이 빈정거리거나 업신여기는 일. 또는 그렇게 웃는 웃음
규정되다: 내용이나 성격, 의미 따위가 밝혀져 정해지다.
결함: 부족하거나 완전하지 못하여 흠이 되는 부분
악덕: 도덕에 어긋나는 나쁜 마음이나 나쁜 짓
개혁하다: 제도나 기구 따위를 새롭게 뜯어고치다.

└─────────────────────────────

왜 정답?

② 두터비 푸리를 물고 두험 우희 치두라 안자
               두엄   위에

   것넌 산(山) 브라보니 백송골(白松骨)이 써 잇거눌 가슴이 금
                    매의 한 종류

   즉호여 풀덕 쒸여 내돗다가 두험 아래 쟛바지거고.
    섬찟하여   펄떡   자빠졌구나

   모쳐라 놀낸 낼싀만졍 에헐질 번호괘라. → 우스꽝스러운 상황에서도 허
    마침 날랜 나였기에 망정이지 피멍 들 뻔했구나.   세를 부리는 두터비를 조롱함.

*근거: ③-⑮~㉑

(나)에서 배 비장은 애랑을 만나러 가기 위해 방자의 말에 따라 개가죽 두루마기에 노벙거지를 쓰고 담 구멍으로 들어가는 우스꽝스러운 행색을 보인다. 이러한 배 비장의 희화화된 행동과 모습은 당대 지배층의 위선을 적나라하게 드러내고 있다.
②는 '두터비(두꺼비)', '푸리(파리)', '백송골'의 대응 관계를 통해 양반의 허장성세를 풍자한 사설시조로, 두꺼비는 약자인 파리 앞에서 위세를 부리다가 강자인 백송골을 만나자 혼비백산하여 우스꽝스럽게 넘어지고서 자신의 날램을 자랑하는 허세를 보이고 있다. 이를 통해 두꺼비를 희화화하여 조롱하고 있으므로 이때 두꺼비는 (나)의 배 비장과 유사한 인물이라고 볼 수 있다.

왜 오답?

① 굼벙이 매암이 되야 느래 도쳐 느라 올라
     매미   날개

   노프나 노픈 남게 소릭는 죠커니와
        위에   나무게

   그 우희 거믜줄 이시니 그를 조심호여라.
                    → 지위가 높아질수록 위험이 커지므로 매사에 신중하게 행동할 것을 경고함.

지위와 신분이 높아질수록 더 많은 위험과 위기를 만날 수 있으니 매사에 진중하게 행동하라고 경고하는 내용의 시조로, 이때 '굼벙이'는 낮은 신분(벼슬), '매암'은 높은 신분(벼슬)을 의미할 뿐 풍자의 대상으로 볼 수 없다.

③ 브롬도 쉬여 넘는 고기, 구름이라도 쉬여 넘는 고기,

   산진(山眞)이 수진(水眞)이 해동청(海東靑) 보르믹도 다 쉬여
      산에서 자란 매   집에서 길들인 매   송골매   보라매(사냥매)

   넘는 고봉(高捧) 장성령(長城嶺) 고기,
          높은 봉우리

   그 너머 님이 왓다 호면 나는 아니 흔 번도 쉬여 넘어 가리라.
               → 높고 험한 고개도 임이 오면 단숨에 넘어가겠다며 임에 대한 사랑을 드러냄.

높은 고개 너머로 임이 왔다고 하면 단숨에 넘어가리라고 하면서 임에 대한 강렬한 사랑을 노래한 사설시조로, 임에 대한 간절한 사랑과 그리움을 드러내고 있을 뿐 풍자의 대상은 찾을 수 없다.

④ 창(窓) 내고쟈 창(窓)을 내고쟈 이내 가슴에 창(窓) 내고쟈.

   고모장지 셰살장지 들장지 열장지 암돌져귀 수돌져귀 비목걸
                     문의 종류   암쩌귀 수쩌귀(문 닫는 데 쓰이는 도구)

   새 크나큰 쟝도리로 둑닥 박아 이내 가슴에 창(窓) 내고쟈.
   배목걸쇠(문고리에 꿰는 쇠)

   잇다감 하 답답홀 제면 여다져 볼가 호노라.
                      → 가슴에 창문을 내서 답답함을 풀고 싶다고 말함.

가슴에 창문이라도 내서 답답함을 시원스럽게 풀고 싶다는 내용의 사설시조로, 화자는 삶의 답답함과 고달픔을 웃음을 통해 극복하려는 모습을 보이고 있을 뿐 풍자의 태도는 드러나 있지 않다.

⑤ 개를 여라믄이나 기르되 요 개 가치 얄믜오랴.
     열 마리 넘게   개처럼   얄미우랴

   뮈온 님 오며는 꼬리를 홰홰 치며 뛰락 내리 뛰락 반겨서 내닫
   미워하는   뛰어올랐다 내리뛰었다

   고, 고온 님 오며는 뒷발을 버동버동 므르락 나으락 캉캉 즈져
     사랑하는   물러섰다가 나아갔다가   짖어서

   서 도라가게 한다.

   쉰밥이 그릇그릇 난들 너 머길 줄이 이시랴.
                   → 임을 돌아가게 하는 개를 원망하며 임을 기다리는 마음을 드러냄.

임을 기다리는 애틋한 심정을 드러낸 사설시조로, 화자는 임이 오기를 기다리는 마음을 개를 얄미워하는 마음으로 전가해 표현하고 있다. 즉 익살과 해학으로 임에 대한 간절한 그리움을 드러내고 있을 뿐 풍자의 태도는 드러나 있지 않다.

D 52   정답 ⑤   ＊상황에 맞는 한자 성어 찾기

㉠에 나타난 '배 비장'의 상황을 설명하는 말로 가장 적절한 것은?

• ㉠: ㉠에서 배 비장은 담 구멍에 배가 걸려서 들어가지도 빠지지도 못하는 상황에 놓여 있습니다.

즉 이러지도 저러지도 못하는 배 비장의 상황을 나타내는 한자 성어로 적절한 것을 고르는 문제입니다.

왜 정답?

⑤ 진퇴양난(進退兩難)
   이러지도 저러지도 못하는 어려운 처지

*근거: ③-㉑

㉠의 상황은 배 비장이 담 구멍에 들어가려는데 배가 걸려서 들어가지도 빠지지도 못하는 상황이다. 따라서 나가지도 물러서지도, 즉 이러지도 저러지도 못하는 어려운 처지를 의미하는 '진퇴양난(進退兩難)'의 상황이라고 할 수 있다.

왜 오답?

① 각골통한(刻骨痛恨)
   뼈에 사무칠 만큼 원통하고 한스러움.

'각골통한(刻骨痛恨)'은 '뼈에 사무칠 만큼 원통하고 한스러움. 또는 그런 일'을 말한다. ㉠에서 배 비장이 한스러워하고 있다고 보기는 어렵다.

② 두문불출(杜門不出)
   집에만 있고 밖을 출입하지 않음.

'두문불출(杜門不出)'은 '집에만 있고 바깥출입을 아니함.' 또는 '집에서 은거하면서 관직에 나가지 아니하거나 사회의 일을 하지 아니함.'을 비유적으로 이르는 말'로, ㉠의 배 비장의 상황과는 거리가 멀다.

③ 사필귀정(事必歸正)
   모든 일은 반드시 바르게 돌아감.

'사필귀정(事必歸正)'은 '모든 일은 반드시 바른길로 돌아감.'이라는 의미로, ㉠의 배 비장의 상황과는 거리가 멀다.

④ 암중모색(暗中摸索)
   은밀하게 일의 실마리나 해결책을 찾음.

'암중모색(暗中摸索)'은 '물건 따위를 어둠 속에서 더듬어 찾거나, 은밀한 가운데 일의 실마리나 해결책을 찾아내려 함.'을 말한다. ㉠은 담 구멍으로 들어가려다 곤란에 처한 상황이지, 물건이나 해결책을 찾으러 가는 상황이 아니다.

🛡 시험에 자주 나오는 한자 성어

감언이설 (甘言利說)	귀가 솔깃하도록 남의 비위를 맞추거나 이로운 조건을 내세워 꾀는 말
감탄고토 (甘呑苦吐)	달면 삼키고 쓰면 뱉는다는 뜻으로, 자신의 비위에 따라서 사리의 옳고 그름을 판단함을 이르는 말
경거망동 (輕擧妄動)	경솔하여 생각 없이 망령되게 행동함. 또는 그런 행동
고진감래 (苦盡甘來)	쓴 것이 다하면 단 것이 온다는 뜻으로, 고생 끝에 즐거움이 옴을 이르는 말
괄목상대 (刮目相對)	눈을 비비고 상대편을 본다는 뜻으로, 남의 학식이나 재주가 놀랄 만큼 부쩍 늚을 이르는 말
권불십년 (權不十年)	권세는 십 년을 가지 못한다는 뜻으로, 아무리 높은 권세라도 오래가지 못함을 이르는 말
분기탱천 (憤氣撑天)	분한 마음이 하늘을 찌를 듯 격렬하게 북받쳐 오름.(≒분기충천)

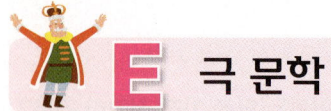

E 극 문학

E 01 ~ 03 ＊이근삼, 〈국물 있사옵니다〉

[예상 문제]

❶ 중심인물, 배경 ❷ 중심 사건, 갈등 ❸ 서술상 특징

▨ : ❸ 주인공이 독백(배우가 상대역 없이 혼자 말하는 대사)으로 관객에게 직접 상황을 설명함.

(가) 「어떤 아파트와 회사 사무실, 그리고 길거리를 다양하게 나타낼
「 」: 무대의 특징 – 사실적, 구체적 장치 없이 한 무대에 여러 공간을 동시에 배치함.
수 있는 무대. ❷무대가 구태여 사실적일 필요는 없다. ❸대체로 무대 우
측은 아파트의 실내, 좌측은 회사 사무실로 구분된다. 관객석 가까운
작품에 등장하는 배경 – 아파트, 회사 사무실, 길거리, 복도, 공원 등
무대 전(前)면은 길거리, 복도 또는 공원 구실을 한다.

┌ 구태여: 일부러 애써
└ 구실: 자기가 마땅히 해야 할 맡은 바 책임

*(가) 요약: 극 중 여러 공간이 동시에 배치된 무대

(나) ❶상학: 자, 아버지 환갑도 지내야겠고.
❷   ❶ 중심인물
상범: 정말 큰일이에요.
❸   ❶ 중심인물(주인공)
상학: 나 이제 한 달 후에 결혼을 하게 될 것 같아.
❹
상범: 네? 결혼이요. 아, 축하해요. 벌써 장가를 들어야 했었는데 아닌
형의 결혼 상대를 모르고 있음.
게 아니라 나도 결혼을 할까 생각하고 있었던 참인데, 암만해도 형
님보다 앞서 장가간다는 것이 좀 이상해서 참 잘됐어요!
❺
상학: 그러니 말이야. 「아버지 환갑에 손님을 좀 초대하고도 싶지만 한
「 」: 아버지의 환갑잔치를 상범에게 맡기는 명분
달 후엔 내 결혼식이 있으니 같은 손님들을 두 번 청할 수도 없고.」
❻
상범: 그야 그렇지.
❼
상학: 그러니 암만해도 이번 아버지 환갑은 네가 좀 주동이 돼서 도와
자신의 결혼을 핑계로 아버지 환갑잔치를 동생 상범에게 맡김.
주었으면 좋겠어.
❽
상범: 그렇기도 하군요. 사장님께 직접 사정 말씀드릴까.
❾
상학: 잘 알아서 해 주렴.
❿
상범: 근데 아주머니 될 사람은 어떤 여자예요?
⓫
상학: 너도 잘 아는 여자지.
⓬
상범: 저도요?
⓭
상학: 요 위층에 있는 미스 박 말이야. 가정주부로선 그만이기에.
⓮
상범: 아니? 박용자 씨 말입니까?
⓯   원래 상범이 결혼하려고 했던 인물임.
상학: 그래. 아마 너도 반대는 안 할 게다.
⓰
상범: 저요? 아니요, 아니요.
⓱
상학: (팔목시계를 보더니) 이런. 시간에 늦겠다! 그럼 내 2, 3일 내에
또 연락할게.
⓲
상범: 박용자 씨 하고는 얘기가 다 됐어요?
⓳
상학: 그럼 인천에도 몇 번 놀러 왔었고. 약혼식은 생략하기로 했어.
결혼식도 간단히 하기로 하구. 그때 같이 영화 구경 간 것이 인연이
돼서. 그럼, 몸조심해. (상학이 걸어 나간다. 상범은 움직이지를 못한
충격을 받았기 때문
다.) 잠시 그대로 서 있다.)
⓴
상범: (㉠   ) 이거 결혼 상대자를 빼앗긴 데다가 아버지 환
❷ 중심 사건: 상범은 결혼 상대를 형에게 빼앗기고 아버지 환갑잔치를 주선하게 됨. – 설상가상
갑 잔치 비용도 내가 주선해야만 하는 팔자입니다.

┌ 환갑: 육십갑자의 '갑(甲)'으로 되돌아온다는 뜻으로, 예순한 살을 이르는 말
│ 암만하다: 이리저리 생각하여 보다.
│ 주동: 어떤 일에 주장이 되어 행동하는 사람
└ 주선하다: 일이 잘되도록 여러 가지 방법으로 힘쓰다.

*(나) 요약: 형의 결혼 상대자가 박용자라는 것을 알고 충격을 받은 상범

(다) 상범: (관객에게) 이제 할 말이 없습니다. 저의 나이는 서른한 살
입니다. 「앞으로 살아 봤자 20년 나머지 20년마저 밤낮 손해만 보
기존 상식으로 살아가는 것에 대한 비관적 태도
는 세월일 것이라고 생각하니 앞이 캄캄합니다.」 저는 여태까지는
모든 생활을 제가 아는 상식의 테두리 안에서 해 왔습니다. 그러나
제가 배우고 믿어 왔던 상식적인 생활은 저에게 손해만 끼쳐 왔습
「 」: ❷ 갈등 – 상식에 따라 살면서 손해만 입었다고 생각하는 상범의 내적 갈등
니다.」 저는 결국 상식적인 생활(生活) 태도란 늘 손해만 갖고 온다
❷ 중심 사건: 상범의 인생관이 바뀌게 됨.
는 새 상식을 얻었습니다. 인천(仁川)에서 근무할 때의 일입니다.

「여름에 하도 무덥기에 해수욕장에 나갔습니다. 벌거벗은 여자들
「 」: 상식이 통하지 않았던 예
의 알몸을 밀짚모자 밑으로 감상하고 있었는데 갑자기 저쪽 바위
밑에 옷을 입은 채 기어 들어가는 젊은 여자를 보았습니다. 물에서
나오질 않습니다. 틀림없는 자살입니다. 밀짚모자를 내던지고 달려
가 그 여자를 끌어냈습니다. 얼굴도 예쁜데 왜 자살을 하려고 했는
지. 모래 위에 끌어내서 살렸더니 그 여자는 고맙다는 말 대신에 저
의 뺨을 갈겼습니다.」

그러니까 경찰은 저를 파출소로 연행하더군요. 이 사회에선 저의
남에게 손해를 끼치더라도 자신의 이익을 추구하는 삶의 방식
상식이 통용 않는 것 같습니다. 저는 이제부터 새 상식을 배우렵니
❸ 상범의 성격 변화를 통해 입체적인 인물상(사건 전개에 따라 성격이 변화하는 인물)을 제시함.
다. 「물에 빠진 놈에겐 돌을 안겨 줘야 되겠습니다. 자리를 양보하
「 」: 새 상식에 따른 행동
느니 발로 걷어차 길을 터득해야겠습니다.」 즉, 기존 상식을 거부하
는 겁니다. 우선 '새 상식'을 회사에서 한번 실험해 보았습니다.

┌ 연행하다: 강제로 데리고 가다. 특히 경찰관이 피의자를 체포하여 경찰서로 데리
│ 고 가는 일을 이른다.
│ 통용: 일반적으로 두루 씀.
└ 터득하다: 깊이 생각하여 이치를 깨달아 알아내다.

*(다) 요약: '새 상식'을 갖기로 결심한 상범

(라) ❶상범: (관객에게) 이 돈 5백만 원! 정 씨가 저한테 맡긴 귀중한 돈
입니다. 자, 이 돈을 어떡하지? 밥 먹다 푹 쓰러졌다니 이 돈에 대해
말할 여유도 없었을 겁니다. 아니, 오히려 이 돈은 비밀로 해 달라
고 했으니까 이 돈에 대해 말을 했을 리가 없어… 내 옛 상식에 따
선량하고 성실한 삶의 방식
를 것 같으면 이 돈은 관리인의 미망인에게 돌려줘야 하겠지만…
죽은 정 씨의 아내
「아니지, 이미 내 상식은 버리고 새 상식에 따라 생활을 하고 있는
「 」: 인물을 속물화하여 풍자함.
이 마당에 돈을 돌려줄 필요 없어. 본시 관리인은 자기의 아내를 싫
어했으니까. 오히려 나를 좋아했어. 그러니 이 돈을 내가 쓰는 것을
더 좋아할 거야. 질서 정연한 논리야.」 (또다시 관객에게) 그래서 이
돈을 제가 쓰기로 했습니다. 다음 날, 내 동생, 그 이상한 이름의 회
새 상식에 따른 행동
사에 들어갈 시험 준비에 골몰하는 내 동생을 시내 어떤 다방에서
❶ 공간적 배경
만났습니다.

┌ 미망인: 남편을 여읜 여자 본시: 처음부터 또는 근본부터
│ 정연하다: 가지런하고 질서가 있다.
└ 골몰하다: 다른 생각을 할 여유도 없이 한 가지 일에만 파묻히다.

*(라) 요약: '새 상식'에 따라 정 씨의 돈을 갖기로 하는 상범

(마) **상범:** (상학, 상출이 나가자 관객에게) 「저의 동생 상출이 행정 계 ❶중심인물
「」: ❸ '새 상식'으로 출세한 상범과 '옛 상식'으로도 행복하게 사는 상학, 상출이 대조됨.
통의 밑바닥 일을 맡아 볼 견습 직원이 되었습니다. 3년 동안에 걸
친 피와 땀의 결실입니다. 상식 세계의 관문을 겨우 통과한 격인데
물론 장래는 막연합니다. 그러나 본인은 퍽 행복을 느끼고 있는 것
같습니다. 반면 형님은 위에서 스스로 떨어져 사립 국민학교의 선
'초등학교'의 전 용어
생이 되었습니다. 그래도 행복을 느끼고 가정을 꾸려나가는 데 의
욕을 느끼는 모양입니다. 그런데 나는…? 돈과 지위와… 이런 모든
것에 불만이 없는 제철 회사의 거물이 되었습니다.」 앞으로… 글 ❷중심 사건: 상범은 '새 상식'으로 출세를 함.
쎄… 저의 앞에는 무엇이 있을까요?

[**견습:** 학업이나 실무 따위를 배워 익힘. 또는 그런 일
 관문: 어떤 일을 하기 위하여 반드시 거쳐야 하는 대목
 막연하다: 갈피를 잡을 수 없게 아득하다.
 거물: 세력이나 학문 따위가 뛰어나 사회적으로 영향력이 큰 인물

*(마) 요약: '새 상식'으로 출세를 한 상범

🔖 **독해 공식**
❶ **중심인물:** 상범, 상학, 상출
 공간적 배경: '시내 어떤 다방'
❷ **중심 사건:** 상범은 결혼 상대를 형에게 빼앗기고 아버지 환갑잔치를 주선하게 됨. 상범은 기존 상식을 버리고 새 상식을 가지기로 결심하고, 결국 새 상식으로 출세에 성공함.
 갈등: 상식에 따라 살면서 손해만 입었다고 생각하는 상범의 내적 갈등
❸ **서술상 특징**
• 주인공이 독백(배우가 상대역 없이 혼자 말하는 대사)으로 관객에게 직접 상황을 설명하고 있음.
• 대조되는(서로 달라서 대비가 되는) 인물 유형을 통해 주제 의식을 드러내고 있음.
• 성격 변화를 통해 입체적인(사건 전개에 따라 성격이 변화하는) 인물상을 제시하고 있음.

■ **갈래:** 희곡
■ **내용:** 이 작품은 1960년대에 산업화가 전개되면서 우리 사회에 고조된 출세주의와 배금주의(돈을 최고의 가치로 여기는 경향) 풍조를 반어적으로 풍자하고 있는 희곡이다. 어리숙하여 사회에 제대로 적응하지 못하던 젊은이가 인생관을 바꾸면서 출세를 거듭하여 정상에 서게 되는 과정을 통해 현대 산업 사회의 속물근성(금전이나 명예를 제일로 치고 눈앞의 이익에만 관심을 가지는 태도)을 꼬집고 있다.
■ **인물 관계도**

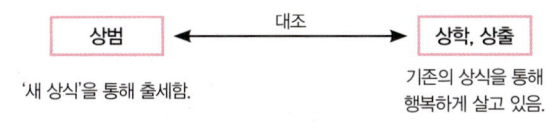

'새 상식'을 통해 출세함.   기존의 상식을 통해 행복하게 살고 있음.

■ **주제:** 출세 지상주의와 배금주의에 대한 풍자와 비판
■ **이것이 핵심!:** 중심인물 '상범'의 성격 변화

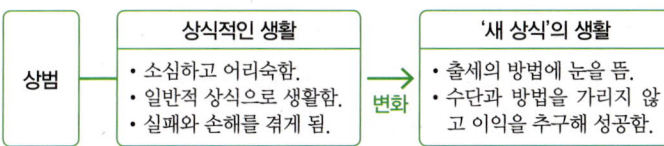

■ **전체 줄거리:** 소심하고 어리숙한 젊은이인 상범은 정직하게 살아오는 동안 늘 실패와 손해를 겪는데, 그러다 우연히 사장의 눈에 든 일로 출세의 방법에 눈을 뜨자 남을 이용하고 희생시키면서 성공을 좇게 된다. 즉 그는 어떤 경우에도 손해를 보아서는 안 되며 목적을 위해서는 수단 방법을 가리지 말아야 하고 양심적인 갈등은 무익하다는 것을 신조로 삼아 처세한다.
상범은 상사인 경리과장을 모함하여 그의 자리를 차지하는 한편 사장의 며느리이자 비서로 과부인 아미와 결혼한 뒤 사람을 죽이면서까지 자신의 공을 조작한다. 상무 자리에 오른 그는 사장의 자리까지 넘볼 수 있게 되지만 대학 교수직을 버리고 초등학교 교사가 된 형과 오랜 노력 끝에 견습으로 일을 시작하게 된 동생이 행복해하는 모습을 보며 그와 대비되는 자신의 처지를 인식한다.

E 01 정답 ② *서술상 특징 파악하기

윗글에 대한 설명으로 적절하지 않은 것은?

>**왜 정답?**

② 극 중에 등장하는 인물을 작가가 직접적으로 비판하고 있다.
인물의 말과 행동을 제시해 독자가 주인공을 비판하도록 유도함.
*근거: (라)
윗글에서는 주인공 상범이 서술자의 역할을 하며 자신의 경험 중 핵심적인 부분만 대화를 통해 극화하고 있다. 이때 독자는 상범이 새 상식에 따라 정 씨의 돈을 갖기로 정한 것, 자신의 행동을 '본시 관리인은 자기의 아내를 싫어했으니까. 오히려 나를 좋아했어. ~ 질서 정연한 논리야.'라면서 합리화하는 것 등을 보면서 상범을 비판적으로 인식하게 된다.
즉 윗글에서는 작가가 인물을 직접적으로 비판하는 것이 아니라, 상범이라는 인물의 행동이나 대화 내용을 통해서 비판적 인식을 유도하고 있다.

[**직접적:** 중간에 제삼자나 매개물이 없이 바로 연결되는 것

>**왜 오답?**

① 일반적이고 상식적인 인물을 속물화하여 풍자하고 있다.
일반적, 상식적인 인물이었던 상범이 속물적인 인간으로 변화함.
*근거: (라)
(라)의 '내 옛 상식에 따를 것 같으면 이 돈은 관리인의 미망인에게 돌려줘야 하겠지만…… 아니지, 이미 내 상식은 버리고 새 상식에 따라 생활을 하고 있는 이 마당에 돈을 돌려줄 필요 없어.'라는 대사에서 일반적, 상식적 인물이었던 상범이 '새 상식'에 따르겠다고 한 뒤 속물적인 행동을 하는 모습이 나타나며 이를 통해 인물을 효과적으로 풍자하고 있다.

[**속물화하다:** 금전이나 명예를 제일로 치고 눈앞의 이익에만 관심을 두게 되다. 또는 그렇게 만들다.
 풍자하다: 문학 작품 따위에서, 현실의 부정적 현상이나 모순 따위를 빗대어 비웃으면서 쓰다.

③ 주인공의 생활 태도를 통해 현대인의 비애를 보여 주고 있다.
출세를 위해 상식을 버리게 되는 현대인의 비애가 드러남.
*근거: (다), (마)
상범은 (다)에서 '이 사회에선 저의 상식이 통용 않는 것 같다'고 하며 '물에 빠진 놈에겐 돌을 안겨' 주고, '자리를 양보하느니 발로 걷어차 길을 터득'하는 '새 상식'으로 살겠다고 한다. 그리고 (마)에서 이를 통해 '돈과 지위' 같은 '모든 것에 불만이 없는 제철 회사의 거물'이 되었음을 알 수 있다. 이처럼 남에게 손해를 끼치고 자신의 이익만을 추구하는 '새 상식'으로 살면서 성공한 상범을 통해 출세를 위해 기존의 상식을 버리게 되는 현대인의 비애를 보여 준다고 할 수 있다.

[**비애:** 슬퍼하고 서러워함. 또는 그런 것

④ 대립적인 인물을 통해 새로운 상식의 인간상을 제시하고 있다.
기존의 올바른 상식으로 살아가는 상학, 상출과 '새 상식'으로 출세한 상범
*근거: (마)
(마)에서 기존의 올바른 상식으로도 행복하게 사는 상학·상출과, 새 상식으로 출세한 상범의 대조를 통해 새로운 상식의 인간상을 제시하고 있다.

[**대립적:** 의견이나 처지, 속성 따위가 서로 반대되거나 모순되는 것

⑤ 특별한 무대 장치를 사용하지 않고 관객의 상상력에 의존하고 있다.
구체적인 무대 장치 없이 다양한 극 중 공간을 표현함.
*근거: (가)
(가)에서 '어떤 아파트와 회사 사무실, 그리고 길거리를 다양하게 나타낼 수 있는 무대', '대체로 무대 우측은 아파트의 실내, 좌측은 회사 사무실로 구분된다'와 같은 지문을 통해 특별한 무대 장치를 하지 않은 채 무대가 여러 공간을 나타내는 것으로 설정했음을 알 수 있다. 즉 무대의 배경을 사실적으로 나타내지 않고 일정한 공간을 각각의 배경이라고 설정한 뒤 주인공의 해설을 통해 관객에게 배경을 상상하도록 하고 있다.

[**의존하다:** 다른 것에 의지하여 존재하다.

E 02 정답 ④ ＊대사와 지시문의 의미 파악하기

문맥으로 보아 ㉠에 가장 잘 어울리는 내용은?

• ㉠: ㉠은 희곡에서 인물의 심정을 효과적으로 표현하기 위해 몸짓이나 표정, 무대의 장치, 분위기 따위를 나타내는 지시문입니다.

즉 생각해 두었던 결혼 상대를 형에게 빼앗기고 아버지 환갑잔치도 떠맡게 된 상범의 심정을 효과적으로 표현하기 위한 지시문으로 적절한 것을 고르는 문제입니다.

왜 정답 ?

④ 체념하기에는 억울하다는 태도로
결혼 상대를 빼앗긴 데다 아버지의 환갑잔치 비용도 혼자 주선해야 하는 처지이므로 적절함.

＊근거 (나)-⑳
㉠ 뒤의 대사에서 상범은 생각하고 있던 결혼 상대자를 형에게 빼앗긴 데다가 아버지 환갑잔치 비용도 혼자 주선해야만 하는 처지에 놓였음을 알 수 있다. 이러한 상황에서의 심리를 고려할 때, ㉠에는 '체념하기에는 억울하다는 태도로'라는 지시문이 들어가는 것이 가장 적절하다.

〔 체념하다: 희망을 버리고 아주 단념하다.

왜 오답 ?

① 절망감에 빠진 채 헛소리로
헛소리를 하지는 않음.

상범은 충격을 받은 상태이지만 ㉠ 뒤에서 절망감으로 헛소리를 하고 있다고 볼 수는 없다.

〔 헛소리: 실속이 없고 미덥지 아니한 말

② 긴장된 목소리로 항변하면서
긴장된 상황이나 태도로 볼 수 없음.

㉠ 뒤에 나오는 대사는 자신의 심정을 밝히는 대사이므로 긴장된 목소리는 어울리지 않는다.

〔 항변하다: 대항하여 변론하다.

③ 완전히 체념하며 풀이 죽은 채
완전히 체념했다고 보기는 어려움.

상범은 ㉠ 뒤에서 자신의 상황에 대해 억울하다는 듯 말하고 있고, 이후 자신의 욕망 충족을 위해 수단과 방법을 가리지 않으려는 태도를 보이므로 완전히 체념했다고 볼 수 없으며 풀이 죽은 채 말하는 것도 어울리지 않는다.

⑤ 열정을 가진 새로운 삶을 생각하며
억울함을 드러내는 상황임.

결혼 상대자로 생각하고 있던 이를 형에게 빼앗기고 아버지의 환갑잔치 비용도 걱정해야 하는 상황이므로 열정적인 태도로 말하는 것은 어울리지 않는다.

E 03 정답 ⑤ ＊〈보기〉를 바탕으로 감상하기

〈보기〉를 참고할 때, 제목의 의미와 작품의 내용 간의 관계가 윗글의 제목에 나타난 표현 방법과 거리가 먼 것은?

• 〈보기〉: '국물 있사옵니다'는 '국물도 없다'의 반어법으로, 윗글은 당대의 물질 만능주의를 비판하는 작품입니다.

즉 제목의 의미와 작품의 내용이 반어적 관계를 가지는 예가 아닌 것을 고르는 문제입니다.

─────[보기]─────
❶이 작품의 제목 '국물 있사옵니다'는 '국물도 없다'의 반어적 표현이다. ❷이 작품은 이러한 반어와 풍자를 통해 자신의 목적을 위해 수단과 방법을 가리지 않아야 이득이 돌아오는 1960년대의 물질 만능주의 사회를 비판하고 있다.
'돌아오는 몫이나 이득이 아무것도 없다.'라는 의미

반어적 표현: 표현의 효과를 높이기 위하여 실제와 반대되게 말을 하는 것
물질 만능주의: 돈을 최고의 가치로 여겨 돈만 있으면 무엇이든지 마음대로 할 수 있다는 사고방식이나 태도

왜 정답 ?

⑤ 염상섭의 〈만세전〉: 3·1 운동이 일어나기 전(前)해, 일본 유학 중이던 '나'는 아내가 위독하다는 전보를 받고 귀국한다. 조선에 온 '나'는 식민지 조선인들의 몰락한 현실을 목격하고 이를 '무덤'처럼 인식하다가 아내가 죽자 장례를 치르고 도망치듯 다시 일본으로 떠난다.
3·1 만세 운동 이전의 우리나라를 가리키는 제목으로, 일제 강점기 우리나라의 현실을 드러냄.

〈보기〉에 따르면 윗글의 제목은 '국물도 없다'는 말을 활용한 반어적 표현으로, 자신의 이득을 위해 수단과 방법을 가리지 않는 인물을 비판하는 내용을 효과적으로 드러내고 있다.
〈만세전〉은 1919년 3·1 운동 이전을 배경으로 하는 소설로, '만세전'이라는 제목은 3·1 운동이 일어날 수밖에 없었던 일제 강점하 우리나라의 상황을 의미할 뿐 내용과 반어적 관계라고 볼 수 없다.

〔 전보: 전신을 이용한 통신이나 통보

왜 오답 ?

① 채만식의 〈태평천하〉: 윤직원 영감은 일제의 식민 정책과 탄압이 극심했던 1930년대 조선의 현실을 '태평천하'라고 여기며, 당시 현실에 저항한 손자의 행동에 심한 배신감을 느낀다.
'태평천하'라는 표현과 일제 강점하의 시대적 상황이 반대됨.

태평스럽고 편안한 세상이라는 뜻의 '태평천하'는 일제의 탄압이 극심하던 시대 상황을 반어적으로 표현한 것으로, 이러한 반어적 표현을 통해 일제 강점기의 암울한 현실을 '태평천하'라고 믿는 '윤직원'을 풍자하고 있다.

〔 태평천하: 태평스럽고 편안한 세상

② 전영택의 〈화수분〉: '화수분'은 본래 재물이 끊임없이 나온다는 보배 그릇을 가리키는 순우리말이다. 그러나 살아가기 위해 힘겹게 노력한 주인공 '화수분'은 결국 가난으로부터 벗어나지 못한 채 죽게 된다.
'화수분'이라는 표현과 가난한 주인공 '화수분'의 인생이 반대됨.

재물이 끊임없이 나온다는 의미의 '화수분'이라는 이름을 가진 주인공이 실제로는 가난으로부터 벗어나지 못하고 마는 것을 통해 비극적 현실을 반어적으로 드러내고 있다.

③ 박영준의 〈모범 경작생〉: 길서는 다른 농민들을 계몽하는 위치에 선 모범 경작생으로 마을 사람들에게 부러움과 질투를 받는다. 그러나 실상 그는 일제의 농촌 정책을 앞장서서 선전하고 일제의 논리로 농민들을 비난하며 개인적 이익에 집착한다.
'모범'이라는 표현과 일제의 앞잡이 노릇을 하는 '길서'의 행동이 반대됨.

제목 '모범 경작생'은 자신의 이익만을 생각하는 이기적 인물인 '길서'를 반어적으로 표현하여 풍자한 것이다.

〔 계몽하다: 지식수준이 낮거나 인습에 젖은 사람을 가르쳐서 깨우치다.
〔 선전하다: 주의나 주장, 사물의 존재, 효능 따위를 많은 사람이 알고 이해하도록 잘 설명하여 널리 알리다.

④ 현진건의 〈운수 좋은 날〉: 인력거를 끄는 김 첨지는 근 열흘 동안 돈벌이를 못 하다가 운수 좋게 손님을 만나 큰돈을 벌게 된다. 그런데 나올 때 아내가 몹시 아프다는 말을 했던 것이 마음에 걸려 설렁탕을 사 가지고 집에 돌아갔을 때 아내는 이미 죽어 있었다.
'운수 좋은'이라는 표현과 아내가 죽은 상황이 반대됨.

아내가 죽은 비극적인 날을 '운수 좋은 날'이라고 반어적으로 표현하여 비극성을 더욱 심화시키고 있다.

[예상 문제]

❶ 중심인물, 배경 ❷ 중심 사건, 갈등 ❸ 서술상 특징

1 **형사:** 서에서 왔는데요, 저 여기가 <u>간편 무역사</u>죠?
❶ 공간적 배경

2 **A:** 간편 무역사!

3 **청년:** 네 그렇답니다. 이 분이 바루 전무입니다. 그리구 저 회계과장이
❶ 중심인물

제 지장을 찍구 돈을 내주셨어요, 그렇죠, 전무 선생님.
❶ 중심인물

4 **형사:** 지금 말이 옳습니까?

5 「**A:** 전 도무지 무슨 영문인지 이해하기 곤란합니다.

6 」❷ 중심 사건 – 사장 가족이 자신들에게 속아 형사에게 잡힌 청년을 모른 체하며, 회사의 존재조차 부정함.

청년: 아까 그러지 않았어요, 왜.

7 **형사:** 헛헛…… <u>이 젊은 친구가 아직도 발악을 합니다그려.</u> 저, 사장을
회사를 두둔하는 듯한 태도를 보임.

잠깐.

8 **A:** <u>그런 분 없다니까요.</u>

9 **형사:** 참 사장이 아니라 춘부장을 좀 뵀으면 합니다.
사장

10 **A:** 네 그러시죠. 아버지, 손님 오셨습니다.

11 **사장:** (사장실에서) 오냐, <u>침대 맡긴 것 가져왔느냐?</u> (나온다.)
❶ 중심인물 회사가 아닌 것처럼 보이기 위한 말임.

12 **청년:** 오! 사자앙!

13 **형사:** 선생님이 간편 무역 사장이십니까?

14 **청년:** 그렇습니다. 이분이 바루…….

15 **사장:** 잘못 아시구 오신 모양이군요.

16 **A:** 서에서 오셨어요.

17 **사장:** 나한테? 무슨 일루?

18 **형사:** 이 남자가 선생 회사에 취직했다는데요.

19 **사장:** 천만에! 대체 누굽니까? 이 사내는? 난 생면부지올시다.」

20 **청년:** 아닙니다. 사장님, 그런 말씀이 어디 있습니까? 제가 금방 눈물
을 흘리며 고마워하지 않았어요? 전 여기 사원이에요, 사장님.

21 **형사:** (뺨을 갈기고) 임마! 아직도 거짓말야!
형사는 객관적인 자세로 진위를 판단하지 않음.

22 **청년:** 아니에요. <u>나으리는 몰라요, 나으린!</u> 아가씨! 회계과장! 증인이
형사 아가씨 = 회계과장 = D

있습니다. 아가씨! 아가씨가 아십니다. 회계과장이 한 달 월급을 선

불해 주시고 양복을 사 입으라구 달러 지폐를 주셨어요!
청년은 위조지폐 사기단인 사장 가족에게 속아 이용당했음.

23 **형사:** 「임마 떠들지 말어, 글쎄. 이 미련한 친구가 누굴 속여 보겠다구
「 」: 형사가 청년을 위조지폐범으로 몰아감.

<u>100불짜리 지폐를 위조해 가지고 백주에 서울 네거리를 횡행합니다</u>
❸ 인물의 대사를 통해 사건을 제시함.

그려. 헛헛…… 그리군 월급을 받았다? (머리를 갈기며) <u>임마, 뭐 양</u>

<u>복을 짓겠다구?</u> 가짜 돈을 찍으려면 남이 봐두 그럴듯하게 맨들어.
❸ 구어체(글에서 쓰는 말투가 아닌, 일상적인 대화에 주로 쓰는 말투)를 사용하여 사실감을 부각함.

진짜 백 달러짜린 구경두 못 했을 자식이. 가자, 임마. 실례 많았습

니다.」

24 **사장:** 온 천만에요.

25 **청년:** 사장 나으리! 제겐 아무 죄도 없어요. 제발! 미련은 하지만 나쁜

짓을 한 적은 없어요! 하나님이 아십니다 하나님이! 어이구 「그 지

<u>긋지긋한 감옥살일 어떻게 또 허라구 이러십니까?</u> 이러시길! 사장!
「 」: ❸ 구어체를 사용하여 사실감을 부각함.   청년은 이전에 감옥에 갔다 온 적이 있음.

구두도 사서 신구 양복두 새루 맡기구 추천서두 일없구 신원보증두

일없다구 그러시지 않았어요.」 사장 아씨를 만나게 해 주세요, 아씨

를! 아씨는 거짓말을 안 할 겁니다. 아씨! 아씨!

26 **형사:** 임마, 떠들지 말어, 가자! (억지로 끌고 밖으로 나간다.)

27 **청년:** (복도로 해서 끌려가며) 회계과장 아씨, 사장, 왜 제게 취직자릴

주었어요. <u>취직만 안 했드라면 감옥에두 안 가구…… 감옥엘……</u>
정직한 인물이 부당한 현실에 좌절함.

<u>감옥엘…… 사자앙…… 너무합니다, 사자앙!</u>

28 (사장과 A 사장실로, D는 복도로 가서 청년이 간 뒤를 물끄러미 바라본다.)

지장: 도장을 대신하여 손가락에 인주 따위를 묻혀 그 지문(指紋)을 찍은 것
영문: 일이 돌아가는 형편이나 그 까닭 **춘부장:** 남의 아버지를 높여 이르는 말
천만에: 전혀 그렇지 아니하다, 절대 그럴 수 없다는 뜻으로, 상대편의 말을 부정
하거나 남이 한 말에 대하여 겸양의 뜻을 나타낼 때 하는 말
생면부지: 서로 한 번도 만난 적이 없어서 전혀 알지 못하는 사람
위조하다: 어떤 물건을 속일 목적으로 꾸며 진짜처럼 만들다.
백주: 환히 밝은 낮 **횡행하다:** 아무 거리낌 없이 제멋대로 행동하다.
신원보증: 고용 계약에서, 사용자가 고용된 사람 때문에 입게 될지도 모르는 손해
의 배상을 보증인이 담보하는 계약 **일없다:** 소용이나 필요가 없다.

★ 1 요약: 위조지폐범으로 몰려 형사에게 끌려 나가는 청년

2 **사장:** 결국 또 실패지, 이번엔 얼마나 찍었느냐?
❷ ❸ 인물의 대사를 통해 극 중 상황을 드러냄. – 사장 가족이 상습적으로 지폐를 위조해 왔음.

A: 시험 삼아 300장만 찍었어요.

사장: 흥, 3만 불이로구나. (지갑에서 진짜를 꺼내 대조하며) 어디가 다

른가 자세히 보아라.

「**A:** 도안이 좀 이상허다 했드니만.
「 」: ❷ 갈등 – 서로에게 잘못을 전가하여 책임을 회피하려 하는 가족 간의 외적 갈등

C: 도안이 아녜요. 형님 인쇄 잉크가 달러요.

B: 잉크가 어떻다구 그래. 종이가 틀리는걸 뭐.
❶ 중심인물

A: 종이야 할 수 없지. 미국을 간다고 같은 종이를 사겠니.
❶ 중심인물

C: 아녜요. 잉크예요. / **B:** 종이야.

A: 도안이 틀렸어. / **C:** 잉크라니간.

B: 잉크가 어쨌단 말야. 네가 도안을 잘못 그려 놓곤.

C: 도안이 어디가 틀렸어!」

사장: 얘들아! 떠들지 말어. 「그 미련한 녀석 때문에 단단히 손해 봤다.
「 」: ❶ ❸ 선량한 청년과 그런 청년을 미련하다고 여기는 비양심적인 사장 가족이 대비됨.

C: 참 그 자식 때문야.

A: 첫눈에두 자식이 좀 모자라는 것 같드니만.

B: 그러기 내가 뭬랬어요, 한 커부 주더래도 약은 편이 났다구 안 그랬

어요?」

D: (흥분해서 들어오며) 아버지! 그일 자동차에 태워요.
❶ 중심인물

A: 모두가 그 자식 때문야. 3만 딸라를 손해 봤어.
❸ 가족 중 유일하게 청년을 안타깝게 여기는 D와 청년 탓을 하는 비양심적인 사장 가족이 대비됨.

C: 감옥으루 가두 싸지! ┐
┘ ❷ 갈등 – 청년을 감싸는 D와 청년

D: 그이에게 무슨 죄가 있길래! 탓을 하는 가족의 외적 갈등

사장: 그럼 어떡허란 말야.

A: 자백허란 말이냐! 우리가 대신 감옥엘 가란 말야?

D: …….

C: 너 가렴.

D: 대신요?

B: 얘가 오늘은 왜 이래 아까부텀.

도안: 미술 작품을 만들 때의 형상, 모양, 색채, 배치, 조명 따위에 관하여 생각하
고 연구하여 그것을 그림으로 설계하여 나타낸 것

★ 2 요약: 위조지폐와 청년을 두고 다투는 사장 가족

❶ ③ 사장: 쓸데없는 생각 말어…… 「(노크 소리) 이크, 누가 또 왔구나. ❸ 인물의 대사를 통해 극 중 상황을 드러냄.
이번엔 우리 차례다, 달아날 차빌 해라. 얘들아! (갈팡질팡한다. D만
은 우두커니 서 있다.) 얘들아! 이리루 이루 나와. 「」: ❷ 중심 사건 – 사장 가족이 도주함.

❷ A: 저, 도…… 도구를 챙겨야죠.
(A, B, C 장부와 타이프를 가지고 허둥지둥 비상구 입구로 사라진다.
밖에서 A가 "얘, 뭘하고 있어, 빨리 나와." 하고 지껄이는 소리)」
    D

❹ D: 정직하고 착실하고 그런 사람이 왜 감옥살이를 가요. 아버지. 미련
한 것두 죄예요. (다시 복도로 나간다.)
모순된 현실에 대한 비판을 담고 있음.

❺ (관리인 하수 출입구로 들어와서 사장실까지 가며)

❻ 관리인: 어럽쇼. 아무두 없네. 벌써 퇴근인가, 온 옳지, 이리루 나갔군
그래. (비상구로 내다보며) 사장! 회계과장, 보증금을 내셔야죠. 보증 ❸ 인물의 대사를 통해 극 중 상황을 드러냄.
금을. 헛, 들은 척도 않네. (책상 위에 너저분한 지폐를 보고) 이크! 이
게 웬 딸라 지폐냐! 한 장 두 장 석 장 여기두 여기두 여섯 일곱 장!
어이구 이게 대체 우리 돈으루 얼마야. (미친 듯이 주워 넣고 황급히 ❷ 중심 사건: 관리인이 위조지폐를 훔침.
나가다 복도에서 조각처럼 서 있는 D와 마주친다. 불안스레) 아, 아씬
계셨드랬군요. 헤헤…….

┌ 갈팡질팡하다: 갈피를 잡지 못하고 이리저리 헤매다.
└ 너저분하다: 질서가 없이 마구 널려 있어 어지럽고 깨끗하지 않다.

＊③ 요약: 들킨 줄 알고 도주하는 사장 가족과 위조지폐를 훔치는 관리인

🌟 독해 공식 ─────────────
❶ 중심인물: 청년, 사장, A, B, C, D
공간적 배경: '간편 무역사'
❷ 중심 사건: 사장 가족이 자신들에게 속아 형사에게 잡힌 청년을 모른 체하며, 회사의 존
재조차 부정함. 청년은 사장 가족 때문에 위조지폐범으로 몰려 형사에게 끌려가고, 사장 가
족은 위조지폐와 청년을 두고 다툼. 결국 사장 가족은 도주하고 관리인은 위조지폐를 훔침.
갈등: 서로에게 잘못을 전가하여 책임을 회피하려 하는 가족 간의 외적 갈등, 청년을 감싸는
D와 청년 탓을 하는 가족의 외적 갈등
❸ 서술상 특징
• 인물의 대비(차이를 드러내기 위해 서로 맞대어 비교함.)를 통해 주제 의식을 선명하게 드
러내고 있음.
• 인물의 대사를 통해 극 중 상황을 드러내고 있음.
• 구어체(글에 쓰는 말투가 아닌, 일상적인 대화에서 주로 쓰는 말투)를 사용하여 사실감
을 부각하고 있음.

■ 갈래: 희곡
■ 내용: 이 작품은 가족으로 구성된 위조지폐 사기단이 선량한 청년을 속여 위조지
폐 유통을 시도하다 실패한다는 내용의 희곡이다. 대한민국 정부 수립 이후의 혼
란한 시대상을 배경으로, 속임수가 판치고 정직한 인물이 피해를 입는 모순된 현
실을 풍자하고 있다. 남을 속여서 자신의 욕심을 채우려는 부정직한 사람들로 인
해 피해를 입는 순수한 청년은 웃음의 대상인 한편 웃고 있는 독자까지 비판하게
만드는 장치이다. 즉 이 작품은 선량한 청년의 몰락을 통해 현대 사회의 부정직함
을 비판함으로써 독자에게 왜곡된 현실을 돌아보게 한다.

■ 인물 관계도

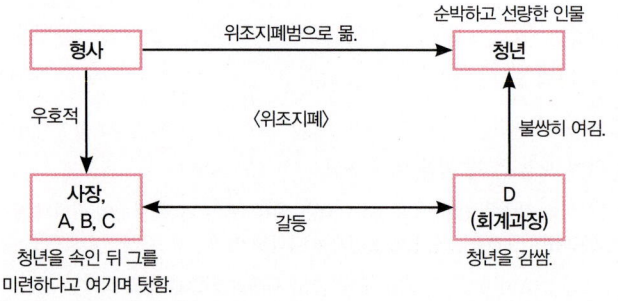

순박하고 선량한 인물

형사 ──위조지폐범으로 몰.── 청년

형사 ──우호적──↓ 〈위조지폐〉 불쌍히 여김.

사장, A, B, C ──갈등── D (회계과장)

청년을 속인 뒤 그를   청년을 감쌈.
미련하다고 여기며 탓함.

─────────────────────────

■ 주제: 선과 악이 구별되지 않는 모순된 사회 현실에 대한 풍자
■ 이것이 핵심!: 사회 현실에 대한 풍자

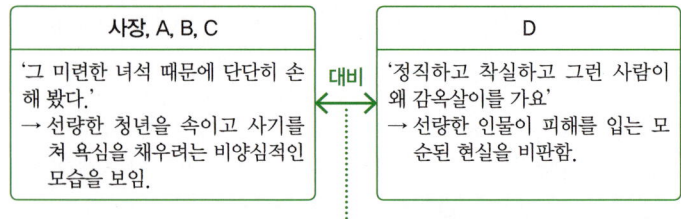

사장, A, B, C		D
'그 미련한 녀석 때문에 단단히 손해 봤다.' → 선량한 청년을 속이고 사기를 쳐 욕심을 채우려는 비양심적인 모습을 보임.	대비 ↔	'정직하고 착실하고 그런 사람이 왜 감옥살이를 가요' → 선량한 인물이 피해를 입는 모순된 현실을 비판함.

부정직하고 모순된 사회 현실 풍자, 비판

■ 전체 줄거리: 위조지폐를 만드는 가족 사기단(사장 가족)이 빌딩에 유령 회사를
차려 놓고 자신들이 만든 위폐를 퍼뜨릴 사람을 구하기 위해 광고를 낸다. 이에
옛 애인이 그가 일하던 공장의 창고 물건을 빼돌린 일로 전과자가 된 순박한 청
년이 찾아온다. 사장 가족은 그를 채용하겠다고 하며 월급으로 위폐를 주어 옷 등
을 사 입으라고 하고, 청년은 아무것도 모른 채 이를 따랐다가 경찰에 잡힌다. 청
년이 형사와 함께 사장 가족의 사무실을 찾아오자 사장 가족은 그를 전혀 모른다
고 발뺌하고 이에 청년은 위조지폐범으로 몰려 끌려가고 만다. 사장 가족은 다시
누군가가 찾아오자 자신들을 잡으러 왔다고 여겨 도망가고, 빌딩 관리인은 그들
이 남기고 간 위조지폐를 훔친다.

🅴 04 정답 ② ＊사건과 갈등 파악하기

윗글에 대한 설명으로 적절하지 않은 것은?

>왜 정답?

② 형사는 <u>객관적인 자세로 사건의 진위 여부를 판단</u>하려 하고 있다.
  사건이 참인지 거짓인지
  형사는 사장 가족에게 우호적인 태도를 보임.

＊근거: ①-❼, ❾, ㉑, ㉓

제시된 장면은 위조지폐단이 청년을 통해 위조지폐 유통을 시도하다 형사의 방
문을 받고 허둥지둥 도망가는 내용이다. 일련의 사건 속에서 인물들의 심리나 태
도를 살펴보면, '형사가 닥치자 사무실 분위기를 없애려는 가족들 → 형사의 수
사 → 다른 가족들과 달리 청년을 동정하는 D → 도주하는 가족들, 홀로 남은 D
→ 가족들이 남긴 위조지폐를 훔치다 D를 만나 민망해하던 관리인'으로 정리할
수 있다.
이 과정에서 형사는 객관적인 자세로 사건의 진위 여부를 판단하지 않고 '젊은
친구가 아직도 발악을 합니다그려. 저, 사장을 잠깐', '참 사장이 아니라 춘부장을
좀 봤으면 합니다.'와 같이 가족들에게 우호적인 태도를 보이는 반면, '임마! 아직
도 거짓말야!', '임마 떠들지 말어, 글쎄. 이 미련한 친구가 누굴 속여 보겠다구'라
고 하며 청년의 말은 믿지 않고 청년을 위조지폐범으로 몰고 있다.

┌ 객관적: 자기와의 관계에서 벗어나 제삼자의 입장에서 사물을 보거나 생각하는 것
└ 진위: 참과 거짓 또는 진짜와 가짜를 통틀어 이르는 말

>왜 오답?

① A, B, C는 서로에게 잘못을 전가하며 책임을 회피하려 하고
  위조지폐가 잘못된 것이 도안, 잉크, 종이 때문이라며 서로에게 잘못을 떠넘김.
있다.

＊근거: ②-❹~❽

A, B, C는 위조지폐를 잘못 만든 것이 각각 '도안 때문', '잉크 때문', '종이 때문'
이라고 하면서 서로에게 잘못을 떠넘기며 책임을 회피하고 있다.

┌ 전가하다: 잘못이나 책임을 다른 사람에게 넘겨씌우다.
└ 회피하다: 꾀를 부려 마땅히 져야 할 책임을 지지 아니하다.

③ 청년을 동정하며 그를 감싸 주려다 D는 점차 가족으로부터 소
  사장 가족은 청년을 불쌍히 여기는 D를 나무람.
외되고 있다.

＊근거: ②-⑱~㉗

D는 청년을 정직하고 착실한 사람이라고 보고, 그가 감옥에 간 상황에 대해 '그 이에게 무슨 죄가 있길래'라며 안타까워한다. 이에 가족들은 D의 태도를 나무라며 D를 배척하려 한다.

> 동정하다: 남의 어려운 처지를 자기 일처럼 딱하고 가엾게 여기다.
> 소외되다: 어떤 무리에서 기피되어 따돌림을 당하거나 배척되다.

④ 뜻밖의 행운을 주웠다고 생각한 관리인은 D를 보자 놀라 불안해하고 있다.
위조지폐를 훔치다가 D를 보고 불안해하며 웃음.

*근거: ③-⑥

관리인은 책상 위의 지폐를 보고 미친 듯 주워 넣고 황급히 나가다가 D와 마주치자 '불안스레' 말을 하고 있다.

⑤ 사장은 유령 회사의 분위기를 없애고자 사무실을 집으로 위장하려 하고 있다.
위조지폐를 만든 것을 숨기기 위해 사무실을 집인 것처럼 가장함.

*근거: ①-⑪

사장은 형사 앞에서 사무실을 집인 것처럼 꾸미기 위해 '오냐, 침대 맡긴 것 가져왔느냐?'와 같이 말하고 있다.

> 위장하다: 본래의 정체나 모습이 드러나지 않도록 거짓으로 꾸미다.

E 05 정답 ② *무대 구성 및 연출 이해하기

윗글을 공연하려고 할 때, 연출가가 지시할 만한 내용으로 적절하지 **않은** 것은?

• **연출가가 지시할 만한 내용**: 연출가는 관객에게 연극의 내용을 효과적으로 전달하기 위해 무대의 구성, 소품, 배우들의 분장이나 연기 등을 지시할 수 있습니다.

즉 연출가의 지시 내용이 윗글의 내용이나 인물의 심리와 맞지 않는 것을 고르는 문제입니다.

>왜 정답?

② 형사가 들어올 때 무대에 있는 배우들은 태연히 ~~사무실에서~~ ~~하던 회사 일을~~ 계속해야 합니다.
형사가 등장하자 사장 가족은 침대 이야기를 하며 사무실을 집으로 위장하고 있음.

*근거: ①-⑩, ⑪

형사가 들어오자 사장 가족(위조지폐단)은 사무실 분위기를 숨기기 위해 가정집의 느낌을 내려 하고 있다. 특히 사장은 형사가 온 것을 보고 침대가 왔느냐는 말로 자신들의 상황을 위장하고 있다. 따라서 형사가 들어올 때 무대에 있는 사장 가족 역의 배우들이 사무실에서 하던 회사 일을 계속하는 것은 적절하지 않다.

> 태연히: 마땅히 머뭇거리거나 두려워할 상황에서 태도나 기색이 아무렇지도 않은 듯이 예사롭게

>왜 오답?

① '노크 소리'가 들리면 인물들은 허둥지둥 무대 위를 종횡무진하며 도망갈 준비를 해 주세요.
노크 소리를 듣고 사장 가족은 도망갈 준비를 함.

*근거: ③-❶, ❷

③에서 '노크 소리'를 들은 사장 가족은 '갈팡질팡'하며 달아날 채비를 하고, 장부와 타이프를 가지고 '허둥지둥' 사라진다고 하였으므로 적절한 지시이다.

> 종횡무진하다: 자유자재로 거침이 없이 행동하다.

③ 종이 질, 도안, 인쇄 상태가 모두 안 좋은 위조지폐를 몇 장 더 준비해 책상 위에 놓아 주세요.
관리인은 책상 위에서 실패작인 위조지폐를 보게 됨.

*근거: ②-❶~⑬, ③-⑥

②에서 사장 가족은 잘못 만들어진 위조지폐를 놓고 다투고, ③에서 관리인은 '책상 위에 너저분한 지폐'를 보게 되므로 상태가 안 좋은 위조지폐를 소품으로 준비해야 한다.

---

④ 형사가 눈치채지 못하게 사장은 청년의 딱한 사정을 들을 때 최대한 뻔뻔스러운 표정을 지어 주세요.
사장은 형사에게 청년을 모르는 척하며 뻔뻔한 태도를 보이고 있음.

*근거: ①-⑲

사장은 자신이 고용한 청년을 모르는 사람 취급하고 있으므로 청년을 대할 때 뻔뻔스러운 표정을 짓는 것은 적절하다.

⑤ 하수 출입구를 통해서는 인물들이 들어오고 비상구 쪽으로는 인물들이 나가도록 무대를 꾸며 주세요.
사장 가족은 비상구 쪽으로 퇴장하고, 관리인은 하수 출입구를 통해 등장하고 있음.

*근거: ③-❸, ❺

'A, B, C 장부와 타이프를 가지고 허둥지둥 비상구 입구로 사라진다'와 '관리인 하수 출입구로 들어와서 사장실까지 가며'라는 지시문으로 보아 적절하다.

E 06 정답 ③ *인물의 심리와 태도 파악하기

윗글의 청년이 형사에게 하고 싶은 말이 가장 잘 나타난 작품은?

• **청년이 형사에게 하고 싶은 말**: 윗글에서 청년은 억울하게 위조지폐 사기꾼이 되어 자신의 결백을 주장하고 있지만, 아무도 그의 말을 믿지 않습니다.

즉 청년의 심리를 파악하고, 그와 유사한 화자의 심리가 드러나 있는 작품을 고르는 문제입니다.

>왜 정답?

③ 개야미 볼개야미 잔등 부러진 불개야미, / 앞발에 정종 나고
개미 / 앞발 / 부스럼(피부병)
뒷발에 종귀 난 불개야미 「광릉(廣陵) 샘재 너머 드러 가람의
종기 / 「」: '개야미'에 대한 과장된 거짓말 / 호랑이
허리를 가르 물어 추혀 들고 북해(北海)를 건너닷 말이 이셔이
가로 / 추켜 / 건너갔다는 / 있습니다
다.」 님아 님아. / 온 놈이 온 말을 하여도 님이 짐작하쇼셔.
모든 사람이 온갖 말을 하여도 임이 짐작하소서(속지 마소서).

→ '개야미'는 자신이 근거 없이 모함당하는 상황에서 '님'에게 자신의 결백을 주장하고 있음.

*근거: ①-⑳, ㉕, ㉗

①에서 청년은 자신도 모르게 위조지폐 사기꾼이 되어 억울한 죄를 뒤집어쓰는데, 형사는 사실을 말하는 청년의 말을 들으려 하지 않는다. ③의 화자는 자신이 근거 없이 모함당하는 상황을 토로하고, 이러한 부조리한 상황에서 자신의 무죄와 결백을 '님'에게 알리고 싶어 한다. 따라서 모함을 받는 상황에서 자신에게 죄가 없다고 말하는 윗글의 청년과 유사한 상황과 정서가 드러난다고 볼 수 있다.

> 정종: 단단하고 뿌리가 깊으며 형태가 못과 같은 부스럼
> 종귀: 종기. 피부의 털구멍 따위로 화농성 균이 들어가서 생기는 염증

>왜 오답?

① 밝가버슨 아해(兒孩) ㅣ 들리 거믜줄 테를 들고 개천(川)으로
발가벗은 아이들 - 모함하는 자 / 거미줄 테(곤충을 잡는 테)
왕래(往來)하며, / 밝가숭아 밝가숭아, 져리 가면 죽나니라.
발가숭이(고추잠자리)를 거짓으로 유인함.
이리오면 사나니라. 부로나니 밝가숭이로다. / 아마도 세상
(世上) 일이 다 이러한가 하노라. → 서로 모함하고 속이는 각박한 세태를 비판함.

'밝가숭이'를 거짓으로 유인하여 잡는 상황을 통해 서로 믿을 수 없는 각박한 세태를 풍자적으로 드러낸 작품으로, 억울한 모함을 당하고 자신의 결백을 알리고 싶어하는 청년의 심리와는 거리가 멀다.

② 모시를 이리저리 삼아 두로삼아 감삼다가, / 가다가 한가온대
두루 삼아 감치고 삼아
뚝 근처지거날 호치단순(皓齒丹唇)으로 홈빨며 감빨며 섬섬옥
이와 입술로 / 끊어지거든
수(纖纖玉手)로 두 긋 마조 자바 뱌븨여 나으리라 져 모시를.
두 끝 마주 잡아 문질러 본래대로 고치리라.
/ 엇더타, 이 인생(人生) 긋처갈 제 져 모시쳐로 나으리라.
끝날 때 / 저 모시실처럼

→ 끊어지면 다시 이을 수 있는 모시실처럼 사람의 목숨도 길게 이어지기를 바람.

유한한 인간의 목숨을 실처럼 늘리고 싶은 마음이 나타난 작품으로, 윗글의 청년의 상황이나 정서와는 관련이 없다.

> 섬섬옥수: 가냘프고 고운 손을 이르는 말

④ 논밭 갈아 기음 매고 뵈잠방이 다님 쳐 신들메고, / 낫 갈아
            김   뵈잠방이   신을 발에 잡아매고
허리에 차고 도끼 벼려 두레메고 무림(茂林) 산중(山中) 들어
              대님   갈아   둘러메고
가서 삭다리 마른 섶을 뷔거니 버히거니 지계에 질머 집팡이
      삭정이   땔나무   베거니   자르거니   짊어   지팡이
바쳐 놓고 새암을 찾아가서 점심(點心) 도슭 부시고 곰방대를
  받쳐   샘   도시락 비우고
톡톡 털어 닙담배 퓌여 물고 코노래 조오다가, / 석양(夕陽)이
          잎담배 피어   졸다가
재 넘어갈 제 어깨를 추이르며 긴 소래 져른 소래 하며 어이
              추스르며   소리   짧은
갈고 하더라. → 농부가 바쁜 일상 속에서 여유를 보임.

농부의 바쁜 하루 일과 그 속에서도 여유를 잃지 않는 태도를 나타낸 작품으
로, 윗글의 청년의 상황이나 정서와는 관련이 없다.

| 뵈잠방이: 베잠방이. 베로 지은 짧은 남자용 홑바지
| 다님: 대님. 바짓가랑이의 발회목 부분을 매는 끈
| 무림: 나무가 울창하게 우거진 숲속
| 도슭: '도시락'의 옛말

⑤ 나모도 바히돌도 업슨 뫼헤 매게 쪼친 가토릐 안과, / 대천(大
  나무   바위돌도 없는 산에   쫓긴   까투리
川) 바다 한가온대 일천 석(一千石) 시른 배에, 노도 일코 닷
                            실은   잃고 닻
도 일코 농총도 근코 돗대도 것고 치도 빠지고, 바람 부러 물
      잃고   끊고 돛대도 꺾어지고 키   불어
결 치고 안개 뒤섯계 자자진 날에, 갈 길은 천 리 만 리(千里萬
              뒤섞여 자욱한
里) 나믄듸 사면(四面)이 거머어득 져믓 천지 적막(天地寂寞)
      남았는데   깜깜하고 어둑하게 저물어서
가치노을 떳난듸, 수적(水賊) 만난 도사공(都沙工)의 안과, /
          떴는데   해적
엇그제 님 여흰 내 안희야 엇다가 가을하리오. → 이별의 절망적인 심정
          임과 이별한 내 마음이야 어디다가 비교하리오

임과 이별한 자신의 마음이 숨을 곳 없는 산에서 매에 쫓기는 까투리의 마음이나
바다 한가운데에서 난파 직전에 해적을 만난 도사공의 심정보다 더 참담하다고
하여 임과의 이별로 인한 절망스러운 심정을 표현한 작품으로, 윗글의 억울한 누
명을 쓴 청년의 상황과는 거리가 있다.

| 농총: 용총줄. 배의 돛을 올리거나 내리는 데 쓰는 줄
| 적막: 고요하고 쓸쓸함.
| 가치노을: 석양을 받은 먼 바다의 수평선에서 번득거리는 노을
| 도사공: 뱃사공의 우두머리
| 여의다: 부모나 사랑하는 사람이 죽어서 이별하다.

E 07~09 ✱김탁환 원작 · 손영목 각색, 〈천둥소리〉
[예상 문제]
❶ 중심인물, 배경 ❷ 중심 사건, 갈등 ❸ 서술상 특징

S# 12. 궁궐 희정당(밤)
❶ ❶ 공간적 배경 ❶ 시간적 배경
(왕의 침전이다. 주안상이 차려져 있고 광해군 혼자 술잔을 들어 마신
❸
다. 광해군 다시 잔에 술 붓는데)
❹ 허균이 반역을 도모했다는 보고를 듣고 괴로움에 술을 마심.
내관: ㉠(소리) 전하! 판의금부사 죄인을 압송해 왔사옵니다!
❺
(멈칫 고개 드는 광해군)
❻
광해군: 들라 하라!
❼ 중심인물
(문이 열리고 이이첨이 들어온다. 뒤이어 의금부 도사 두 사람이 허균을 ❽
❾ 중심인물   ❿
양쪽에서 잡고 들어온다. 자리에서 일어나는 광해군. 이이첨이 바닥에 부
⓫ 중심 사건: 허균이 광해군 앞에 잡힘.
복한다. 도사 두 명도 허균을 앉히며 부복하려 하는데 허균이 선 채 꼼짝
❶ 중심인물
도 않는다.)
⓬
도사: 네 이놈! 엎드리지 못하겠느냐!
⓭   ⓮
(그대로 꼼짝도 않는 허균. 당황한 얼굴로 보는 의금부 도사)

⓯
도사: 네 이놈! 전하 침전이다!
⓰
광해군: 그냥 두거라.
⓱
(멈칫 보는 도사, 이이첨도 놀라 고개를 든다.)

(중략)
⓲ 허균이 잡혀 온 이유
「이이첨: 저 자는 대역 모반의 괴수이옵니다! 저 극악 무도한 자를 친
「 」: 갈등 - 허균과 독대하려는 광해군과 이를 만류하는 이이첨의 외적 갈등
견하시는 것만도 황공하온데, 독대라니요? 당치도 않사옵니다, 전
하! 저자가 무슨 흉악한 짓을 저지를지 어찌 가늠하겠사옵니까? 통
                        허균에 대한 경계심이 드러남.
촉하시옵소서! 전하!
⓳
광해군: 여러 말 할 것 없다. 과인은 허균과 더불어 한잔 술을 마셔야
                    ❷ 중심 사건: 광해군은 허균과 독대하고자 함.
겠다. 모두 물러가라!
⓴
이이첨: 전하!
㉑
광해군: 과인이 저자에게 물어 볼 말이 있어서 그러하다. 썩 물러가거라!
㉒
이이첨: 황공하옵니다만……. 전하, 그런 일이야 날이 밝은 후 친국(親
鞫)을 하시면 될 일이옵니다. 어찌 야밤에 호위도 없고, 사관도 없
이 역적과 대작하려 하시옵니까? 통촉하시옵소서! 전하!
㉓
광해군: 과인을 막으면 경의 이름도 역적의 명부에 올리겠다! 판의금
부사! / 이이첨: (놀라 쳐다보며) 전하? ㉔
㉕
광해군: ㉡허균이 역적이면 경은 아니란 말인가? 허균과 더불어 지난
5년간 동고동락한 자가 누구인가? 그대 이이첨이 아니더냐!
㉖
이이첨: (황급히 고개 숙이며) ㉢저, 전하! 신을 죽여 주시옵소서! 전하!
㉗
광해군: 그러니 모두 물러가란 말이다! 과인이 미쳐 온 천하를 피로 물
들이기 전에 속히 물러가란 말이다!」
㉘
㉣(다시 놀라 쳐다보는 이이첨. 담담한 얼굴로 보는 허균)

(중략)

| 침전: 임금의 침방(寢房)이 있는 전각
| 주안상: 술과 안주를 차려 놓은 상
| 압송하다: 피고인 또는 죄인을 어느 한 곳에서 다른 곳으로 호송하다.
| 부복하다: 고개를 숙이고 엎드리다.
| 대역: 국가와 사회의 질서를 어지럽히는 큰 죄. 또는 그런 행위
| 모반: 국가나 군주의 전복을 꾀함.
| 친견하다: 친히 보다.
| 독대: 어떤 일을 의논하려고 단둘이 만나는 일
| 통촉하다: 윗사람이 아랫사람의 사정이나 형편 따위를 깊이 헤아려 살피다.
| 과인: 덕이 적은 사람이라는 뜻으로, 임금이 자기를 낮추어 이르던 일인칭 대명사
| 친국: 임금이 중죄인을 몸소 신문하던 일
| 사관: 역사의 편찬을 맡아 초고(草稿)를 쓰는 일을 맡아보던 벼슬. 또는 그런 벼
| 슬아치
| 동고동락하다: 괴로움도 즐거움도 함께하다.

✱S# 12 요약: 광해군 앞에 잡혀 온 허균과 그와의 독대를 원하는 광해군

S# 17. 희정당(밤)
❶ 공간적 배경 ❶ 시간적 배경
(마주 앉아 있는 허균과 광해군)
❷
허균: 신이 전하께 입은 은혜를 어찌 말로 다 표현을 하겠사옵니까?
제 육신이 찢겨져 죽더라도 전하의 마음만은 흉중에 품고 갈 것입
니다. 허나, 전하……. 신에게 전하보다 천 배 만 배 더 소중한 것은
                    허균이 세상을 개혁하고자 하는 이유
저 헐벗은 백성의 마음입니다. 신은 저 가난하고 불쌍한 백성의 편
에 서고 싶었사옵니다. 전하…….

❸

「광해군: 백성의 편이라……. 과인이 경의 그 마음을 모르는 바가 아니「J: ❷ 갈등 – 광해군이 백성보다 왕실의 안위를 우선한다고 생각하는 허균과 광해군의 외적 갈등
지 않느냐? 과인은 세자시강원 시절에 경과 한 맹세를 잊지 않고 있
조선 시대 때 왕세자의 교육을 맡아 보던 곳
다. 과인과 더불어 백성을 위한 정치를 함께 하면 되지 않느냐? 뭐

가 그리 급했느냐?

❹
허균: 전하께옵선 백성의 편에 설 수가 없사옵니다.
광해군은 왕실의 안위를 먼저 생각하므로

❺
광해군: (멈칫 보는)

❻
허균: 그것은 전하께서 임금이시기 때문이옵니다. 전하께옵선 지금 당
장 용상에서 내려와 백성과 더불어 땅을 일굴 수 있겠사옵니까? 전
하께옵선 서얼과 천민과 과부와 승려를, 조정의 대신들과 같이 동
등하게 대할 수가 있겠사옵니까? 백성은 죽어 가는데, 저 공리공론
만 일삼는 성리학자들을 하루아침에 내칠 수가 있겠사옵니까? 전하
께선 그럴 수가 없사옵니다. 대동법 하나를 경기 일원에 시행하는
데 반백 년이 걸렸고, 서얼의 등용 문제 하나도 선왕의 뜻이라며 물 ❸ 역사적 사건을 소재로 작품을 구성함.
리쳤던 전하가 아니십니까? 전하께 중요한 것은 왕실의 안위지만, ❸ 대사를 통해 주제의식을 드러냄.
백성에게 중요한 것은 천지개벽입니다. 신은 그것을 하고자 했사옵
니다.」

❼
광해군: (멍하니 보다가) 그래서 과인을 쳐야 했단 말이더냐?

❽
허균: 그러하옵니다. 전하……. 전하의 성은을 저버린 신을 찢어 죽이 ❷ 중심 사건: 허균은 죽음을 각오함.
옵소서. 허나, 신의 꿈을 죽이지는 못할 것이옵니다. 신은 죽어 구
자신의 뜻과 의지를 굽히지 않음.
천의 넋이 되더라도 새로운 세상이 오는 그날을 소망하며 지켜볼
것이옵니다. ⓐ신을 죽여 주시옵소서. 전하…….

❾
광해군: 내가 어찌 그대를 죽인단 말이냐?
❿
(멈칫 보는 허균. **⓫**광해군의 눈에 눈물이 흐른다.)

흉중: 마음속. 또는 마음속에 품고 있는 생각
용상: 임금이 정무를 볼 때 앉던 평상
서얼: 서자(양반과 양민 여성 사이에서 낳은 아들) 얼자(양반과 천민 여성 사이에
서 낳은 아들)를 아울러 이르는 말
공리공론: 실천이 따르지 아니하는, 헛된 이론이나 논의
대동법: 조선 중·후기에, 여러 가지 공물(貢物)을 쌀로 통일하여 바치게 한 납세
제도. 방납(防納)의 폐해를 시정하기 위하여 일찍이 조광조, 이이, 유성룡 등이
제기하였으나 광해군 즉위년(1608)에 이르러서야 이원익 등의 주장에 따라 경기
지역부터 처음 실시하였다.
일원: 일정한 범위의 지역
등용: 인재를 뽑아서 씀.
선왕: 선대의 임금
안위: 편안함과 위태함을 아울러 이르는 말
천지개벽: 자연계에서나 사회에서 큰 변화가 일어남을 비유적으로 이르는 말
구천: 땅속 깊은 밑바닥이란 뜻으로, 죽은 뒤에 넋이 돌아가는 곳을 이르는 말

*S# 17 요약: 광해군에게 자신의 생각을 드러내며 죽음을 각오하는 허균

📋 독해 공식
❶ 중심인물: 광해군, 허균, 이이첨, 공간적 배경: '궁궐 희정당', '왕의 침전', 시간적 배경: '밤'
❷ 중심 사건: 허균이 광해군 앞에 죄인으로 끌려오고, 광해군은 허균과 독대하고자 함. 허
균은 광해군에게 자신의 생각을 드러내며 죽음을 각오함.
갈등: 허균과 독대하려는 광해군과 이를 만류하는 이이첨의 외적 갈등. 광해군이 백성보다
왕실의 안위를 우선한다고 생각하는 허균과 광해군의 외적 갈등
❸ 서술상 특징
• 역사적 사건을 소재로 작품을 구성하고 있음.
• 대사를 통해 주제의식을 드러내고 있음.

■ 갈래: 시나리오(드라마 대본)

■ 내용: 이 작품은 김탁환의 소설 〈허균, 최후의 19일〉을 각색한 시나리오이다. 원작
은 허균이 처형장에서 최후를 맞는 순간에서 시작해 19일 전까지의 시간을 거슬
러 올라가며 허균의 지식인으로서의 고뇌와 혁명가로서의 의지를 그리고 있다.
이 작품에서는 역사적 사건을 바탕으로 권력을 누렸으나 이상 사회를 꿈꾸며 서
자들의 모임인 '무륜당'의 벗들과 개혁을 도모한 허균의 모습을 그리고 있다. 제시
된 장면은 모반이 사전에 발각되어 끌려온 허균이 한때 함께 백성을 위한 정치를
하자고 했던 광해군과 대립하며 죽음을 각오한 자신의 의지를 드러낸 부분이다.

■ 인물 관계도

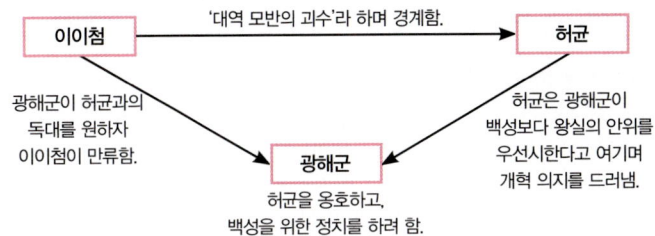

■ 주제: 허균의 정치 개혁 의지와 실패

■ 이것이 핵심!: 광해군과 허균의 갈등과 주제 의식

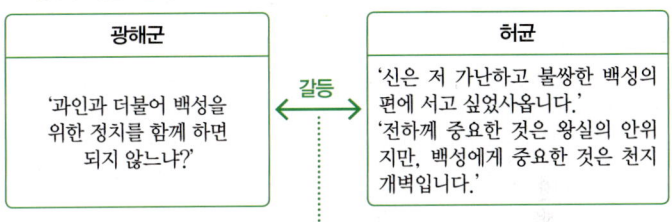

■ 전체 줄거리: 초반부에서는 허균의 성장 과정을 그의 의식 세계에 중대한 영향을
미치는 주변 인물들과의 관계를 통해 그리고 있다. 허균은 누이 허난설헌이 재능
을 펴 보지 못한 채 화병으로 죽은 것을 통해 조선 시대 여인들의 억압된 삶을, 스
승인 이달을 통해 서얼 출신의 설움을, 매창·성옥 등 기생과의 사랑을 통해 계급
적 모순에 대한 문제의식을 지니게 된다. 중반부에서는 허균의 사상과 꿈, 그리고
혁명을 도모하는 과정의 이야기가 박진감 있게 전개된다. 그리고 마지막 후반부
에서는 혁명 시도가 끝내 실패로 돌아가고, 비참한 최후를 맞이하는 허균과 그 동
료들의 모습을 그리고 있다.

◀ 허균의 영정

E 07 정답 ③ *인물의 심리와 태도 파악하기

윗글에 대한 설명으로 적절하지 <u>않은</u> 것은?

>왜 정답?

③ ~~광해군은 실성한 나머지 이이첨을 몰아세우려 하고 있다.~~
자신을 막는 이이첨을 공격하는 것일 뿐 실성하지는 않음.

*근거: S#12 ⓲~㉗
광해군은 허균과의 독대를 만류하는 이이첨의 약점을 공격함으로써 그를 몰아세
우고 있다. 이는 허균과 독대하려는 의도를 관철시키기 위한 것일 뿐 그가 실성
한 것은 아니다.

실성하다: 정신에 이상이 생겨 본정신을 잃다.

> **왜 오답?**

① 도사는 허균의 행동에 대해 노골적인 비판을 하고 있다.
　　　　　　도사는 적대적인 어조로 허균의 태도를 비난함.
* 근거: S#12 ⑫, ⑮

도사는 왕의 침전에 끌려와서도 엎드리지 않는 허균에게 '네 이놈! 엎드리지 못하겠느냐.', '네 이놈! 전하 침전이시다!'와 같이 적대적인 태도를 숨김없이 드러내며 비난하고 있다.

〔노골적: 숨김없이 모두를 있는 그대로 드러내는 것

② 광해군은 허균에게 특별한 애정을 담아 감싸려 하고 있다.
　　　　　　광해군은 역적으로 끌려온 허균에게 관대한 태도를 보임.
* 근거: S#12 ⑯, ⑲, S#17 ③, ⑨

S#12에서 광해군이 자신 앞에 끌려와서 엎드리지 않는 허균을 그냥 두라고 말하고, 이이첨과 대립하며 허균과 독대하려 하는 것을 통해 광해군은 허균을 관대하게 대하며 감싸려 함을 알 수 있다. 또한 S#17에서 허균의 마음을 안다고 말하고, 죽음을 각오하는 허균 앞에서 '내가 어찌 그대를 죽인단 말이냐?'라고 하며 눈물을 흘리는 광해군의 모습을 통해 허균에 대한 광해군의 애정을 확인할 수 있다.

④ 허균과의 독대 문제를 놓고 광해군과 이이첨은 대립하고 있다.
　　　　　　광해군이 허균과의 독대를 원하자 이이첨은 이에 반대함.
* 근거: S#12 ⑱~㉗

광해군이 허균과 독대하겠다고 하자 이이첨은 '독대라니요? 당치도 않사옵니다. 전하'라고 하며 반대하고, 이에 광해군은 굽히지 않고 물러가지 않으면 이이첨도 역적의 명부에 올리겠다며 대립했다.

⑤ 허균은 대의를 위해 자신의 목숨을 버리는 결단을 내리고 있다.
　　　　　　허균은 죽음을 무릅쓰고 광해군 앞에서 자신의 소신을 드러냄.
* 근거: S#17 ②, ⑧

역모 혐의로 끌려온 허균은 광해군에게 '가난하고 불쌍한 백성의 편에 서고 싶었다'는 소신을 밝히며 자신을 죽여 달라고 말하고 있다.

〔대의: 사람으로서 마땅히 지키고 행하여야 할 큰 도리

E 08　정답 ⑤　* 무대 구성 및 연출 이해하기

윗글을 실제 영화로 제작하고자 할 때, 감독이 주문할 사항으로 적절하지 않은 것은?

• 감독이 주문할 사항: 감독은 영화를 제작할 때 등장인물의 상황과 심리를 효과적으로 표현하기 위해 적절한 배경 음악, 배우의 말투나 목소리, 화면 구성 등을 주문할 수 있습니다.

[즉] 감독의 주문 내용이 윗글에 등장하는 인물의 심리를 표현하기에 적절하지 않은 것을 고르는 문제입니다.

> **왜 정답?**

⑤ ⑩에서는 삶과 죽음의 경계를 넘나드는 허균의 마음을 표현하기 위해 ~~생동감 넘치는 배경 음악~~을 사용합시다.
　　　　　　애잔한 느낌의 음악이 어울림.
* 근거: S#17 ⑧, ⑨

⑩에서 허균은 죽음을 각오한 태도를 보이고 있고, 이 말을 들은 광해군은 눈물을 흘리며 안타까움을 드러낸다. 따라서 이러한 분위기에는 생동감 넘치는 배경 음악은 어울리지 않으며, 애잔하거나 비극적인 느낌의 음악이 어울린다.

> **왜 오답?**

① 왕의 침전에 고하는 내관의 소리인 만큼 ㉠은 예의를 갖춰 아뢰는 소리여야 합니다.
　　　　　　내관이 왕에게 공손히 아뢰는 소리여야 함.
* 근거: S#12 ④

㉠은 임금의 침방이 있는 전각인 침전 앞에서 내관이 왕에게 고하는 대사이므로, 공손히 아뢰는 소리여야 한다.

---

② 불복하고 있는 이이첨에게 왕은 결연한 뜻을 전해야 하므로 ㉡은 격양된 어조로 나타내 주세요.
　　　　　　광해군은 자신을 만류하는 이이첨에게 분노를 표하고 있으므로 단호하면서도 격양된 어조가 어울림.
* 근거: S#12 ㉓, ㉕

광해군은 허균과의 독대를 강하게 막는 이이첨에게 계속 자신을 막으면 그의 이름도 역적의 명부에 올리겠다고 하며 ㉡과 같이 말하고 있다. 즉 ㉡에서는 자신의 뜻에 반대하는 이이첨에게 분노를 담아 결연한 태도를 드러내고 있으므로, 격양된 어조로 말하는 것이 어울린다.

〔결연하다: 마음가짐이나 행동에 있어 태도가 움직일 수 없을 만큼 확고하다.
〔격양되다: 기운이나 감정 따위가 세차게 일어나 들날리다.

③ 강경하던 이이첨의 태도가 돌변하는 것이 드러나도록 ㉢에서는 다급한 목소리로 연기해 주세요.
　　　　　　이이첨의 태도가 급격히 변하고 있으므로 다급한 목소리가 적절함.
* 근거: S#12 ⑱~㉖

광해군과 허균의 독대를 강하게 반대하던 이이첨은 광해군이 분노하며 '경의 이름도 역적의 명부에 올리겠다'고 하자 급히 태도를 바꾸며 ㉢과 같이 말하고 있다. 따라서 이에 나타난 급격한 태도 변화를 효과적으로 표현하기 위해서는 다급한 목소리로 대사를 전달하는 것이 어울린다.

〔돌변하다: 뜻밖에 갑자기 달라지거나 달라지게 하다.

④ 상반된 반응을 보이는 두 인물의 표정이 대비되도록 한 화면에 동시에 ㉣을 담아 봅시다.
　　　　　　놀란 이이첨과 담담한 허균의 반응을 대비되게 드러내야 함.
* 근거: S#12 ㉗, ㉘

㉣에는 '과인이 미쳐 온 천하를 피로 물들이기 전에 속히 물러가란 말이다!'라고 말하는 광해군의 모습에 놀라 쳐다보는 이이첨과 담담한 허균의 모습이 지시되어 있다. 따라서 이 둘의 상반된 반응을 효과적으로 보여 주기 위해서 둘의 표정이 대비되도록 한 화면에 담는 것은 적절하다.

〔상반되다: 서로 반대되거나 어긋나게 되다.
〔대비되다: 두 가지의 차이를 밝힐 목적으로 서로 맞대어져 비교되다.

E 09　정답 ②　* 〈보기〉를 바탕으로 감상하기

〈보기〉는 윗글의 원작을 소개한 기사의 일부이다. 이를 참고하여 윗글을 이해한 내용으로 적절하지 않은 것은?

• 〈보기〉: 사료에 의하면 승승장구하던 허균은 모반을 꿈꾸고, 허균과 야합하던 이이첨은 광해군에게 허균의 체포를 종용합니다. 원작의 작가는 이러한 허균의 모습을 통해 혁명과 이상에 관한 이야기를 하고자 했습니다.

• 윗글: 소설인 원작을 각색한 시나리오로, 원작 소설의 내용과 원작을 쓴 작가의 의도를 바탕으로 하고 있습니다.

[즉] 역사적 인물의 성격과 작가의 의도를 고려하여 윗글을 이해한 내용으로 틀린 것을 고르는 문제입니다.

┌─────────── [보기] ───────────┐

❶사료에 의하면 허균은 북인의 거두 이이첨과 야합, 좌참찬의
　　　　　　　　　　　　　　　①의 근거
영예를 누리면서 승승장구하다 청년 시절부터 절친했던 '무륜당
(無倫黨)'의 벗들과 모반을 꿈꾼다. ❷허균을 이용하면서도 경계해
온 이이첨은 반역의 냄새를 재빨리 읽어 내고, 광해군에게 그의
　　　　　　　　　　　　　　　　　　　　　①의 근거
체포를 종용한다. ❸이 소설은 청년 시절부터 나라를 바로잡기 위
해 함께 열정을 불태워 온 네 살 차이의 두 벗, 광해군과 허균이
　　　　　　　　　　　　　　　③, ④의 근거
국문(鞠問) 자리에서 마지막으로 마음속의 대화를 나누며 끝을
맺는다.

└───────────────────────────┘

❹ 작가는 이 작품을 통해 허균의 '행복한 체제에 대한 고뇌, 더
_{②의 근거}
나은 삶을 향한 갈망, 실패하더라도 패배하지 않는 투지'를 형상
_{⑤의 근거}
화함으로써 혁명과 이상의 담론을 전하고 싶었다고 한다.

사료: 역사 연구에 필요한 문헌이나 유물, 문서, 기록, 건축, 조각 따위를 이른다.
거두: 영향력이 크며 주요한 자리에 있는 사람
야합: 좋지 못한 목적으로 서로 어울림.
영예: 좋은 명성이나 명예
모반: 국가나 군주의 전복을 꾀함.
종용하다: 잘 설득하고 달래어 권하다.
국문: 국청(鞠廳)에서 형장(刑杖)을 가하여 중죄인(重罪人)을 신문하던 일
투지: 싸우고자 하는 마음
담론: 이야기를 주고받으며 논의함.

➤왜 정답?

② 온갖 영예를 다 누려 본 허균에게 '행복한 체제'란 ~~절대 왕조~~
~~체제에서의 편안한 삶~~을 의미한다고 볼 수 있겠군.
_{허균은 죽음을 무릅쓰고 백성들을 위한 천지개벽을 꿈꾸었음.}

＊근거: S#17 ❷, ❻, 〈보기〉 ❹ 문장
〈보기〉에서 허균은 '행복한 체제에 대한 고뇌'와 '더 나은 삶을 향한 갈망'으로 모반을 꾀했다고 하였다. S#17에서 허균은 '가난하고 불쌍한 백성의 편에 서고 싶었다'고 말하며, 광해군은 '왕실의 안위'를 먼저 생각하기에 백성의 편에 설 수 없다고 생각하여 백성을 위한 '천지개벽'에 나섰음을 밝히고 있다. 이로 보아 허균은 절대 왕조 체제에서의 편안한 삶을 추구하지 않았으며, 그에게 '행복한 체제'란 백성들이 모두 잘 살 수 있도록 하는 체제임을 알 수 있다.

➤왜 오답?

① 이이첨은 자신의 영달을 위해 그간 '야합'했던 허균의 체포를
광해군에게 종용했군.
_{이이첨은 자신과 가깝게 지냈던 허균을 역적으로 여기고 있음.}

＊근거: S#12 ⓲, ㉕, 〈보기〉 ❶, ❷ 문장
S#12에서 이이첨은 지난 5년간 허균과 동고동락한 사이임에도 허균을 끌고 와 그를 '대역 모반의 괴수'라고 말하고 있다. 〈보기〉에 따르면 이는 허균과 야합했던 이이첨이 허균의 반역 시도를 눈치채고 왕에게 체포를 종용했다고 한 것과 관계가 있다.

영달: 지위가 높고 귀하게 됨.

③ 광해군이 허균을 마지막까지 감싸려 했던 것은 그간 '두 벗'이
나누었던 우정에서 비롯된 것이겠군.
_{광해군은 허균과의 우정으로 인해 끝까지 그를 감싸고 있음.}

＊근거: S#17 ❸, ❾, 〈보기〉 ❸ 문장
S#17에서 광해군은 모반의 이유를 말하는 허균에게 '과인과 더불어 백성을 위한 정치를 함께 하면 되지 않느냐? 뭐가 그리 급했느냐?'라고 하고, 죽음을 각오한 허균의 태도에 '내가 어찌 그대를 죽인단 말이냐?'라며 눈물을 흘린다. 〈보기〉에서 허균과 광해군이 '청년 시절부터 나라를 바로잡기 위해 함께 열정을 불태워 온 네 살 차이의 두 벗'이었다고 한 것을 참고할 때 이러한 태도는 둘이 나누었던 깊은 우정에서 비롯된 것이라고 볼 수 있다.

④ '나라를 바로잡기'를 위한 방법을 왕과 끝내 같이 할 수 없었던
허균의 혁명은 결국 비극적일 수밖에 없군.
_{허균은 광해군과 함께할 수 없다고 생각하여 광해군에게 자신을 죽여 달라고 함.}

＊근거: S#17 ❹, ❻, ❽, 〈보기〉 ❸ 문장
S#17에서 허균은 광해군에게 '전하께옵선 백성의 편에 설 수가 없사옵니다.', '전하께 중요한 것은 왕실의 안위지만, 백성에게 중요한 것은 천지개벽입니다.'라고 말하며 모반을 꾀할 수밖에 없었음을 밝히고 그런 뜻을 굽힐 수 없는 자신을 죽여 달라고 말하고 있다.

즉 허균의 혁명 시도는 '나라를 바로잡기' 위해 광해군과 함께할 수 없는 방법이자 오히려 그에 반하는 것이었으므로 비극적 결말을 맞게 될 것으로 볼 수 있다.

비극적: 비통하고 참담하거나 불행하게 얽힌 것

⑤ '실패하더라도 패배하지 않는 투지'를 다루고 있다는 측면에서
_{허균은 개혁의 실패에도 굴하지 않고 자신의 소망이 영원할 것이라고 함.}
작가는 허균의 이상을 높이 평가하고 있다고 볼 수 있군.

＊근거: S#17 ❽, 〈보기〉 ❹ 문장
허균은 모반에 실패하고 광해군에게 자신을 죽여 달라고 하면서도 자신을 죽이더라도 '신의 꿈을 죽이지는 못할 것'이며 자신의 넋은 '새로운 세상이 오는 그날을 소망하며 지켜볼 것'이라고 말한다. 이는 〈보기〉에서 언급한 '실패하더라도 패배하지 않는 투지'를 보여 주는 것으로 이를 통해 작가가 허균의 이상을 높이 평가하고 있음을 알 수 있다.

Ｅ **10 ~ 12** ＊이문열 원작 · 김광림 노래, 〈명성황후〉 ──
[예상 문제]

❶ 중심인물, 배경 ❷ 중심 사건, 갈등 ❸ 서술상 특징
❶ 공간적 배경

8. 삼국 간섭과 아다미 별장(편전)
❶ ❸ 역사적 사건을 소재로 하여 작품을 구성함.
① 프랑스: 일본은 용케 청나라를 이겼으나 들인 힘에 비해 얻은 것은
없으리.

❷ 독일: 이웃을 업신여기고 침략하는 일 꿈꿀 수는 없으리.

❸ 러시아: 이제 한 나라의 횡포는 다시는 없을 것이니 동양 평화의 초석
_{일본의 횡포}
은 다져지리.

❹ 삼국: 세 강국과 동시에 싸우지 않으려면 일본은 굴복하지 않을 수 없
_{❷ 중심 사건: 삼국은 일본을 견제하며 정세를 낙관함.}
을 것을.

횡포: 제멋대로 굴며 몹시 난폭함.
초석: 어떤 사물의 기초를 비유적으로 이르는 말

＊① 요약: 정세를 낙관하는 삼국

(중략)

② (아다미 별장)
❶
_{❶ 공간적 배경}
낭인 1: 조선의 왕실은 무능하고 관료는 썩어 민심이 흩어진 지 오래된 일.
_{일본의 떠돌이 무사}

(편전)
❷
_{❶ 공간적 배경}
민비 / 고종 / 삼국: 이 나라와 이 왕실을 능멸할 수 없으리.
_{❶ 중심인물 ❶ 중심인물}

(아다미 별장)
❸
낭인 2: 우리 일본을 어렵게 만들고 있는 것은 동아시아를 노리는 러시
아의 세력.

❹ 낭인 3: 민비는 그 세력이 화근인 줄 모르고 일본을 내쫓으려는 마음
하나로 그 세력을 기르고 있나이다.

❺ 낭인들: 이제 방법은 하나, 민비를 없애는 일.

❻ 미우라: 궁궐 안에 여우가 있다.
_{민비}

❼ 낭인들: 장군께서 뜻을 정하소서. 즉시 따르리다.
_{❶ 중심인물}

❽ 미우라: 「여우 뒤에는 러시아라는 호랑이, 여우는 호랑이 힘을 빌려 우
「」: 갈등 - 러시아와 손잡고 일본을 견제하려는 민비와 그것을 막으려는 미우라의 외적 갈등
리를 몰아 내려 한다. 우리는 아직 호랑이를 사냥할 힘은 없고. 좋
다. 여우 사냥이 문제다. 여우를 베어 일본의 어려움을 덜고 찬연한
_{일본에 의한 아시아의 지배를 말함.} _{❷ 중심 사건: 미우라는 민비를 시해하려 함.}
대동아의 길을 열리라. 제군들 조국을 위해 목숨을 거는 영광에 동
참하라.」

┌─ **능멸하다**: 업신여기어 깔보다.
├─ **화근**: 재앙의 근원
└─ **찬연하다**: 어떤 일이나 사물이 영광스럽고 훌륭하다.

＊② 요약: 민비를 시해하려는 미우라

9. 이상하다 눈꽃 날리네.
❶ 일본 낭인
┌─ ③ 아이: 「이상하다 눈꽃 날리네.
│ 「 」: ❸ 노래를 통해 사건을 상징적(추상적인 개념을 구체적인 대상으로 나타내는 방법)으로 암시함.
│ 눈꽃 날려 매화꽃 덮네.
│ 민비
│ 눈꽃 녹아 흐른 후엔 매화꽃 없네.
│ 민비의 죽음을 암시
│ 매화 없는 봄 봄, 봄이 아니네.
[A]
│ 이상하다. 눈꽃 날리네.
│ 눈꽃 날려 매화꽃 덮네.
│ 눈꽃 녹아 흐른 후엔 매화꽃 없네.
└─ 매화 없는 봄 봄, 봄이 아니네.」

＊③ 요약: 민비의 비극적인 최후 암시

10. 총명하고 심성 어진 우리 세자(궁정 뜰)
❶ 공간적 배경
④ (항원정 다리를 타고 세자와 대제학, 궁녀들이 등장하여 나라의 앞날
을 얘기한다.)
❷
대제학: 세자 저하. 그럼 말씀해 보시지요. 부자유친이란?
❸ 후의 순종을 말함.
세자: 옛글에 부자지간에 친함이 있다 하고.
❹
대제학: 군신유의는?
❺
세자: 군신 간에 의로움이 있으며.
❻
대제학: 부부유별은?
❼
세자: 부부지간 구별이 있고, 어른과 아이 간에는 순서가 있으며, 친구
간에는 믿음이 있어야 한다 쓰여 있으니.
❽
대제학 / 세자: 바로 이는 인륜지도 밝힌 뜻이지요.
❾
고종: 총명하고 심성 어진 우리 세자. 옥좌를 이어받을 우리 아들. 이
❷ 중심 사건: 고종과 민비는 세자와 나라의 앞날에 대한 기대와 희망을 드러냄.
나라 앞날은 새 시대, 세자와 젊은 인재들의 시대.
❿
고종 / 민비: 지난 열성조 치세보다 더 밝고도 강한 나라 일으켜야지.
여러 대(代)의 임금의 시대
아— 우리 세자 굳세고 지혜로운 성군으로 자라나 이 왕실 우뚝 설
그날 앞당겨야 하리.
⓫
(미우라의 알현을 알리는 내관의 목소리에 상궁들 세자를 데리고 퇴장
한다.)
┌─ **인륜**: 군신·부자·형제·부부 따위에서 지켜야 할 도리
├─ **옥좌**: 임금이 앉는 자리. 또는 임금의 지위
├─ **치세**: 잘 다스려져 화평한 세상
└─ **알현**: 지체가 높고 귀한 사람을 찾아가 뵘.

＊④ 요약: 세자에 대한 기대감을 보이는 고종과 민비

11. 미우라의 알현(편전)
❶ 공간적 배경
⑤ 내관: 일본 공사 미우라 알현이오.
❷
미우라: 「신임 일본국 공사 미우라. 일찍이 군문에 발을 들여놓았으나
「 」: 민비 시해 음모를 감추려는 위선적인 행동 군대
즐기느니 풍류요 믿느니 부처라. 한성의 풍월이나 즐기면서 참선이
나 하다가 틈이 나면 경문이나 베껴 세상의 안태를 비는 것도 이 몸
의 일.」
불경의 문구

---

❸
민비: 조선은 다사다난한 나라. 일본의 공사 자리가 그렇게 한가로울
수 있을까.
❹ 청일 전쟁 동학농민운동
미우라: 청나라의 분탕질도 끝나고 동학의 무리도 소탕되었습니다. 전
❸ 역사적 사건을 소재로 하여 작품을 구성함.
하께서는 영명하시고 왕비께서는 슬기로우시니 이 몸에게 무슨 분
주함이 남으리오.
❺
(미우라 퇴장)
❻
고종: 온후하고 부드러운 인품. 쓸데없는 탐욕은 부리지 않을 듯하오.
미우라에 대한 고종의 평가
❼
민비: 「저자의 가면을 벗겨 보았으면 저 달콤한 말 속에는 독이 들어
「 」: 상황 판단이 빠르고 진취적인 민비의 모습이 드러남.
있고 간사한 웃음 뒤에는 칼날이 숨어 있으리. 훈련대를 해산해야
합니다. 일본의 수족을 궁 안에 두고 있는 격. 일본이 더 깊숙이 손
을 뻗기 전에 러시아를 끌어들여 방패를 삼아야 하리다.」
❽ ❷ 중심 사건: 민비는 러시아와 손잡고 일본을 견제하려 함.
고종: 러시아를 끌어들이면 다시 이 땅에 전쟁의 불씨가 옮겨 오는 것
❸ 역사적 사건을 소재로 하여 작품을 구성함.
은 아닐지.
❾
민비: 그래도 일본을 견제할 나라는 러시아뿐. 미국은 너무 멀고 중국
은 병들었으니.

┌─ **공사**: 국가를 대표하여 파견되는 외교 사절
├─ **풍류**: 멋스럽고 풍치가 있는 일. 또는 그렇게 노는 일
├─ **풍월**: 맑은 바람과 밝은 달을 대상으로 시를 짓고 흥취를 자아내어 즐겁게 놂.
├─ **참선**: 선사(禪師)에게 나아가 선도를 배워 닦거나, 스스로 선법을 닦아 구함.
├─ **안태**: 평안하고 태평함.
├─ **다사다난하다**: 여러 가지 일도 많고 어려움이나 탈도 많다.
├─ **분탕질**: 아주 야단스럽고 부산하게 소동을 일으키는 짓
├─ **소탕되다**: 휩쓸려 죄다 없어져 버리다.
├─ **영명하다**: 뛰어나게 지혜롭고 총명하다.
├─ **온후하다**: 성격이 온화하고 덕이 많다.
└─ **간사하다**: 지나치게 붙임성이 있고 아양을 떠는 면이 있다.

＊⑤ 요약: 미우라에 대한 고종과 민비의 평가

📌 **독해 공식**
❶ **중심인물**: 고종, 민비, 미우라, **공간적 배경**: 편전, 아다미 별장, 궁정 뜰
❷ **중심 사건**: 삼국은 일본을 견제하며 정세를 낙관함. 미우라는 민비를 시해하려 함. 고종과
민비는 세자와 나라의 앞날에 대한 기대와 희망을 드러냄. 고종과 민비는 겉과 속이 다른 미우
라에 대해 서로 다른 평가를 내리고, 민비는 일본을 견제하기 위해 러시아를 끌어들이려 함.
갈등: 러시아와 손잡고 일본을 견제하려는 민비와 그것을 막으려는 미우라의 외적 갈등
❸ **서술상 특징**
• 역사적 사건을 소재로 하여 작품을 구성하고 있음.
• 작품 내에 노래를 삽입하여 사건을 상징적(추상적인 개념을 구체적인 대상으로 나타내는
방법)으로 암시함.

■ **갈래**: 뮤지컬 대본
■ **내용**: 이 작품은 이문열의 희곡 〈여우 사냥〉을 뮤지컬 대본으로 각색한 것이다.
조선조 말, 밀려드는 외세 앞에서 조선의 독립을 지키려는 인물로 의지가 강하고
상황 판단이 빠른 명성황후와, 일본의 국익을 위해 조선을 침략하려고 호시탐탐
노리는 미우라를 등장시키고 있다. 명성황후가 삼국 간섭을 통해 조선의 주권 회
복을 선언하고 일본의 영향력에서 벗어나려 하자, 미우라가 명성황후를 암살하게
되는 과정을 그리고 있다.

■ **인물 관계도**

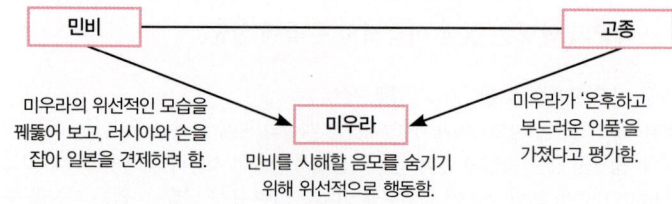

┌──────┐   ┌──────┐
│ 민비 │──────────────────────────────│ 고종 │
└──────┘   └──────┘
                    ┌────────┐
                    │ 미우라 │
                    └────────┘
미우라의 위선적인 모습을   미우라가 '온후하고
꿰뚫어 보고, 러시아와 손을   부드러운 인품'을
잡아 일본을 견제하려 함.   가졌다고 평가함.
          민비를 시해할 음모를 숨기기
          위해 위선적으로 행동함.

■ **주제**: 외세에 대항하려는 민족의 자존과 애국심

■ **이것이 핵심: 동요의 상징적 의미**

매화	← 없앰.	눈꽃
조선의 자주성을 지키려고 하는 민비		일본의 이익을 위해 민비를 시해하려 하는 미우라 일당

'눈꽃 날려 매화꽃 덮네', '눈꽃 녹아 흐른 후엔 매화꽃 없네'
→ 민비의 죽음을 암시함.

■ **전체 줄거리**: 고종과 민자영(민비)이 혼례를 올리고 세자를 얻은 뒤, 고종을 대신해 섭정하며 쇄국정책을 펼치던 대원군이 물러난다. 고종은 수구파와 개화파 사이에서 고뇌하고 민비는 개화 정책을 지지하는데 일본 상인들이 농간을 부려 조선의 구식군이 일본인을 살해하고 민비의 처형을 요구하는 일이 벌어진다. 대원군이 복귀했다가 중국으로 추방된 뒤 왕실로 돌아온 민비는 조선을 통해 대동아공영권을 구축하려는 일본 세력과 대립하고, 이에 일본 공사 미우라는 민비 암살 계획을 세운다. 결국 민비는 미우라 일당에 의해 비극적 죽음을 맞으며 조선 백성들에게 '일어나라'고 노래하고, 시간이 흐른 뒤 1896년 히로시마 법정에서 명성황후 시해범들은 재판을 받게 된다.

◀ 고종. 조선의 제26대 왕이자, 대한 제국의 제1대 황제(재위 1863~1907년)

E 10 정답 ③ * 무대 구성 및 연출 이해하기

윗글을 대본으로 공연을 하기 위해 연출가와 배우들이 등장인물을 분석했다고 할 때, 〈보기〉의 인물 설정이 적절하지 **않은** 것은?

• 〈보기〉: 윗글의 등장인물인 세자, 민비, 미우라, 고종, 대제학은 대사에 드러난 성격에 맞게 연기해야 합니다.

즉 윗글에 등장하는 인물의 특징과 성격에 대한 설명으로 틀린 것을 고르는 문제입니다.

―――――――[보기]―――――――

인물	설정
세자	어질고, 총기 있어 보이는 야무진 소년 '총명하고 심성 어진 우리 세자'
민비	의지가 강하고 상황 판단이 빠르며, 진취적인 인물 '저자의 가면을 ~ 러시아를 끌어들여 방패를 삼아야 하리라.'
미우라	군인 정신이 강하고 언제나 상대에게 위압감을 주는 냉정한 눈빛의 인물 → 고종이 '온후하고 부드'럽다고 한 것과 어긋남.
고종	온화하고 우유부단한 성격이며 주변 인물들을 잘 믿는 인물 '러시아를 끌어들이면 ~ 것은 아닐지.' '온후하고 부드러운 인품'
대제학	자신이 맡은 일에 최선을 다하며 근엄하고 유학에 신념이 굳건한 인물 오륜에 대한 세자와의 대화에서 짐작할 수 있음.

- -

진취적: 적극적으로 나아가 일을 이룩하는 것
온화하다: 성격, 태도 따위가 온순하고 부드럽다.
위압감: 위력 따위로 압박당하거나 정신적으로 억눌리는 느낌
우유부단하다: 어물어물 망설이기만 하고 결단성이 없다.
근엄하다: 점잖고 엄숙하다.

E

> **왜 정답?**

③ **미우라** 고종과 민비 앞에서는 본심을 숨기고 온화한 태도를 보임.

* 근거: ②-❽, ⑤-❷, ❻

윗글에서 미우라는 민비를 시해하려 하는 인물이지만 고종과 민비를 알현하는 자리에서는 부드럽고 온화한 태도를 가장하고 있다. 미우라가 '한성의 풍월이나 즐기면서 참선이나 하다가 틈이 나면 경문이나 베껴 세상의 안태를 비는 것도 이 몸의 일'이라고 하는 것과 이에 고종이 '온후하고 부드러운 인품'이라고 한 데서 인물이 꾸며 낸 분위기를 알 수 있다. 따라서 언제나 상대에게 위압감을 주는 분위기로 설정하는 것은 적절하지 않다.

> **왜 오답?**

① **세자** 총명한 모습을 보여 고종과 민비의 기대를 받고 있는 인물임.

* 근거: ④-❷~❾

④에 나타난 세자와 대제학의 대화, 고종의 대사를 통해 세자는 총명하고 어진 인물임을 알 수 있으므로 이러한 성격의 야무진 소년으로 설정하는 것이 적절하다.

② **민비** 미우라의 본심과 국제 정세를 파악하고 조선을 수호하고자 하는 의지를 가진 인물임.

* 근거: ⑤-❼

⑤에서 민비는 미우라의 본심을 의심하고 러시아와 손잡고 일본을 견제하려 하는, 진취적이고 의지적인 면모를 보이고 있다. 따라서 상황 판단이 빠르고 진취적인 인물로 설정하는 것이 적절하다.

④ **고종** 미우라의 겉모습만 보고 믿으며, 정세에 대해 우유부단한 모습을 보이는 인물임.

* 근거: ⑤-❻, ❽

⑤에서 고종은 미우라의 겉모습만 보고 그가 '온후하고 부드러운 인품'일 것이라고 판단하는 한편, 러시아를 끌어들여야 한다는 민비의 말에 걱정을 드러내고 있다. 따라서 주변 사람을 잘 믿으며 우유부단한 인물로 설정하는 것은 적절하다.

⑤ **대제학** 세자에게 유학을 가르치는 인물임.

* 근거: ④-❷~❽

대제학은 세자에게 유학을 가르치는 인물이므로 근엄하고 신념이 굳건한 분위기의 유학자로 설정하는 것은 적절하다.

E 11 정답 ② * 사건과 갈등 파악하기

윗글에 나타난 갈등의 근본적인 양상에 대한 설명으로 가장 적절한 것은?

• **윗글에 나타난 갈등**: 윗글은 민비를 시해할 음모를 숨기기 위해 위선적으로 행동하는 미우라와 그의 위선적 모습을 꿰뚫어 보고 러시아와 손을 잡아 일본을 견제하려 하는 민비 사이의 갈등을 중심으로 내용이 전개됩니다.

즉 인물 간의 관계를 고려하여 윗글에 나타난 근본적인 갈등을 설명한 것으로 가장 적절한 것을 고르는 문제입니다.

> **왜 정답?**

② **러시아와 손잡고 일본을 견제하려는 민비와 그것을 막으려는** '일본이 ~ 러시아를 끌어들여 방패를 삼아야 하리라.' **미우라의 갈등** '여우를 베어 일본의 어려움을 덜고'

* 근거: ②-❽, ⑤-❼

②에서 미우라는 '여우 뒤에는 러시아라는 호랑이. 여우는 호랑이 힘을 빌어 우리를 몰아 내려 한다.'고 인식하고 '여우를 베어 일본의 어려움을 덜'겠다고 말한다. 즉, 러시아와 손잡으려는 민비를 '여우'라고 부르며 제거할 계획을 세우고 있는 것이다.

⑤에서 미우라는 이런 속내를 숨기고 고종과 민비를 알현하며 한가로이 지내는 연기를 하는데, 이에 고종은 그가 부드럽고 온화한 인품이라고 오해하는 반면 민

비는 '저자의 가면을 벗겨 보았으면 ~ 웃음 뒤에는 칼날이 숨어 있으리'라고 꿰뚫어 보고 '일본이 더 깊숙이 손을 뻗기 전에 러시아를 끌어들여 방패를 삼아야' 한다고 말한다.

따라서 윗글의 근본적인 갈등 양상은 일본을 견제하려는 민비와 그것을 막기 위해 민비를 제거하려는 미우라 사이의 갈등이라고 볼 수 있다.

> **견제하다:** 일정한 작용을 가함으로써 상대편이 지나치게 세력을 펴거나 자유롭게 행동하지 못하게 억누르다.

> **왜 오답?**

① 조선 왕실을 지배하려는 ~~일본과 그 세력을 막으려는 삼국 세력의 갈등~~
<small>일본과 삼국 세력의 갈등이 나타나지만 근본적인 갈등 양상은 아님.</small>

*근거: 1

1에 프랑스, 독일, 러시아 삼국은 '세 강국과 동시에 싸우지 않으려면 일본은 굴복하지 않을 수 없을 것'이라며 일본을 견제하는 한편 정세를 낙관하고 있음을 알 수 있다. 즉 삼국 세력은 일본을 견제하고 있으나 그로 인한 갈등이 전체적인 갈등의 근본 원인이라고 볼 수는 없다.

③ 민비를 제거하는 방법에 대해 이견을 보이고 있는 ~~일본 무사 낭인들과 미우라의 갈등~~
<small>일본의 미우라와 낭인들은 서로 의견 차이를 보이고 있지 않음.</small>

*근거: 2-5, 7

2에서 낭인들은 '이제 방법은 하나, 민비를 없애는 일', '장군께서 뜻을 정하소서. 즉시 따르리다'라고 하며 민비를 제거하려는 미우라에게 동조하고 그의 뜻을 따르려는 태도를 보이고 있다. 따라서 일본 무사 낭인들과 미우라의 갈등은 나타나 있지 않다.

> **이견:** 어떠한 의견에 대한 다른 의견. 또는 서로 다른 의견

④ 러시아의 득세를 막고 견제하기 위해 ~~민비의 환심을 사려고 하는 미우라와 러시아의 갈등~~
<small>미우라는 민비 시해 음모를 감추기 위해 가식적인 모습을 보이고 있음.</small>

*근거: 2-8, 5-4

미우라는 '여우를 베어 일본의 어려움을 덜고'라고 한 것에서 드러나듯 민비 시해 음모를 꾸미고 있는데, 민비 앞에서는 '전하께서는 영명하시고 왕비께서는 슬기로우시니'라며 가식적인 모습을 보이고 있다. 즉 미우라는 러시아의 득세를 막고 견제하기 위해 가식적으로 행동하고 있을 뿐 민비의 환심을 사려 하며 러시아와 갈등하고 있지는 않다.

> **득세:** 세력을 얻음. **환심:** 기뻐하고 즐거워하는 마음

⑤ 삼국 간섭으로 조선에 영향력을 행사하려는 ~~삼국에 대한 고종과 민비의 입장 차이에 따른 갈등~~
<small>고종과 민비의 입장 차이가 주된 갈등은 아님.</small>

*근거: 5-7, 8

민비는 미우라의 의도를 의심하며 '일본이 더 깊숙이 손을 뻗기 전에 러시아를 끌어들여 방패를 삼아야' 한다고 말하는데, 이에 고종은 '러시아를 끌어들이면 다시 이 땅에 전쟁의 불씨가 옮겨 오는 것은 아닐지' 우려한다. 즉 두 사람은 러시아와 손을 잡는 것에 대해 입장 차이를 보이고 있으나 이것이 전체적인 갈등의 근본 원인이라고 볼 수는 없다.

E 12 정답 ④ *〈보기〉를 바탕으로 감상하기

〈보기〉는 [A]에 대한 '선생님'의 설명이다. '선생님'의 질문에 대한 '학생'의 답변 중 가장 적절한 것은?

• 〈보기〉: 진실성을 바탕으로 하는 동요는 상징적인 형식으로 처리되며 이에 알맞은 감정을 담고 있습니다.

• [A]: [A]는 아이의 동요가 삽입된 부분으로, 민비를 상징하는 '매화'가 일본 낭인을 상징하는 '눈꽃'에 덮여 사라진다는 노랫말을 통해 민비의 죽음을 암시합니다.

[A]의 상징적인 노랫말과 이에 담긴 감정에 대한 설명으로 가장 적절한 것을 고르는 문제입니다.

> **[보기]**

선생님: ❶동요는 그 속성상 진실함을 담고 있어요. ❷[A]의 동요는 그 진실성을 바탕으로 매우 상징적이고 은유적인 형식으로 처리되고 있지요. ❸그 속의 내용을 전달하기 위해서는 노래 부를 때의 감정도 중요합니다. ❹그럼 [A]의 상징적인 노랫말과 감정에 대해 말해 볼까요?

학생: _____

> **진실성:** 참되고 바른 성질이나 품성
> **은유적:** 사물의 상태나 움직임을 암시적으로 나타내는 것

> **왜 정답?**

④ '매화'는 우아한 풍치와 절개를 나타내는 민비를 상징하는 것 같아요. 이 노래는 민비의 비극적인 최후를 암시하는 것 아닐까요?
<small>조선의 자주성을 지키려는 민비를 상징함.</small>
<small>'눈꽃'에 덮여 없어지는 '매화'는 민비의 죽음을 암시함.</small>

*근거: 3

[A]는 아이가 부르는 노래로, 눈꽃이 녹아 흐른 후에 매화꽃이 없고, 매화 없는 봄은 봄이 아니라고 하고 있다. 2에서 미우라와 낭인들이 민비를 시해할 계획을 세운 뒤 이러한 노랫말이 제시된 것은 민비에게 닥칠 위험을 암시하는 기능을 한다고 볼 수 있다.

즉 노랫말에서 '매화'는 사군자 중에 우아한 풍치와 높은 절개를 나타내는 것으로 내용상 우리나라의 자주성을 지키려는 민비를 상징하고, 그런 매화꽃을 덮은 '눈꽃'은 일본 낭인을 의미한다. 따라서 [A]의 노래는 민비의 비극적 최후를 암시하고 있다고 볼 수 있다.

> **풍치:** 격에 맞는 멋
> **절개:** 신념, 신의 따위를 굽히지 아니하고 굳게 지키는 꿋꿋한 태도

> **왜 오답?**

① '매화'는 사군자에 해당하는 소재로 민비가 시련 속에서 ~~나라를 일으키게 될 것~~을 상징하는 것 아닐까요?
<small>'매화'는 '눈꽃'에 덮여 없어진다고 노래함.</small>

'매화'는 우아한 풍치와 높은 절개를 나타내는 사군자 중의 하나로, 내용상 우리나라의 자주성을 지키려는 민비를 상징한다. 그러나 [A]에서는 '매화'가 '눈꽃'에 덮여 없어진다고 하였으므로, 민비가 시련 속에서 나라를 일으키는 것을 나타낸다고 볼 수 없다.

> **사군자:** 동양화에서, 매화·난초·국화·대나무를 그린 그림. 또는 그 소재

② 그러면 '눈꽃'은 당시 시대적으로 암울하던 러시아·일본·중국의 ~~각축장 같은 상황을 표현한 것이겠네요.~~
<small>'눈꽃'은 일본 낭인을 상징함.</small>

'눈꽃'은 민비를 상징하는 '매화'를 덮어 없어지게 하는 존재로, 내용 흐름으로 보아 일본 낭인을 의미한다.

> **암울하다:** 절망적이고 침울하다. **각축장:** 서로 이기려고 다투고 있는 곳

③ '눈꽃'이 '매화'를 덮어 버린다는 말은 ~~진실을 묻어 버린다~~는 의미 같아요. 그러니 노래 부를 때 ~~무상한 정서~~가 나타나지 않을까요?
<small>민비의 죽음을 암시함.</small>
<small>비극적인 정서를 담고 있음.</small>

'눈꽃'이 '매화'를 덮어 버린다는 것은 '매화'가 상징하는 민비의 비극적인 결말을 암시하는 표현으로 [A]에는 민비에게 닥칠 위험에 대한 불안감과 그로 인한 비극적 정서가 드러나 있다. 따라서 무상한 정서와는 거리가 멀다.

> **무상하다:** 모든 것이 덧없다.

⑤ '눈꽃' 속의 '매화'는 활짝 피어날 우리나라의 앞날을 상징하는
    '매화'가 '눈꽃'에 덮여 없어짐을 노래함.
것 같고, 따라서 벅찬 미래를 암시하는 경쾌한 목소리가 어울
    암울한 분위기의 목소리
릴 듯해요.

[A]에서는 '매화'가 '눈꽃'에 덮여 없어진다고 하였으므로 '매화'가 활짝 피어날 앞
날을 상징한다고 볼 수 없고, 따라서 경쾌한 목소리도 어울리지 않는다. '매화 없
는 봄 봄. 봄이 아니네'로 보아 '매화'가 없는 앞날에 대한 불안과 암울한 정서가
드러난다.

「 **경쾌하다**: 움직임이나 모습, 기분 따위가 가볍고 상쾌하다.

E 13~15 *이강백, 〈동지섣달 꽃 본 듯이〉

[예상 문제]

❶ 중심인물, 배경 ❷ 중심 사건, 갈등 ❸ 서술상 특징

[앞부분의 줄거리] 옛날 어느 가난한 집안에 자식을 많이 둔 어머니가 죽을 끓이다
옷만 남긴 채 행방불명이 된다.

① **맏형**: 우리들이 가 버리면 여기 남은 형제자매 그 누가 보살펴 주겠소?
    가족 걱정에 어머니를 찾으러 떠나기를 주저함.
② **노파·남자3**: 그건 염려 말아. 우리가 정성껏 보살펴 주겠네.
    ❶ 중심인물
③ **둘째**: 우린 몰라 못 가겠소.
    ❶ 중심인물 어머니가 계신 곳을 몰라 길 떠나기를 주저함.
④ **노파·남자3**: 몰라 못 간다니…….
⑤ **둘째**: 우리 모친 어느 곳에 계실는지 몰라 못 가겠소.
⑥ **노파·남자3**: 살았으면 이승 있겠고 죽었으면 저승 있겠지.
⑦ **막내**: 우린 당장 떠나겠소. 떠날 때가 분명하듯 돌아올 때 분명하게 기
    ❶ 중심인물 형들과 달리 적극적으로 어머니를 찾아 떠나려고 함.
약이나 정합시다. 십 년 기약 어떻겠소?
    어머니를 찾는 기간
⑧ **노파·남자3**: (치마에 모은 노잣돈을 막내에게 준다.) 십 년 기약 그게 좋
군! 자네들이 그때까지 꼭 찾아서 데려오게.
⑨ **맏형**: 막내 네가 바보구나! 노잣돈을 받았으니 안 떠날 수 있겠느냐!
⑩ **둘째**: (맏형을 붙잡고 탄식하며) ㉠차마 못 갈 이승 길을, 몰라 못 갈 저
    ❸ 전통극적 요소 - 이승과 저승의 생사관
승길을 울며불며 가야겠네!
⑪ **막내**: (일곱 자식들에게 작별 인사를 한다.) 몸 성히들 잘 계시오. 우리
어머니 꼭 찾아서 모셔올 테요.
    ❸ 전통 설화의 모티프(예술 작품에서 창작 동기가 되는 중심 제재)를 차용함. – 어머니 찾기 여행 모티프
⑫ **맏누나**: ㉡장하구나, 우리 막내! 십 년 기한 차기 전에 꼭 찾아서 모셔
오너라! 」 ❷ 중심 사건 – 세 형제는 십 년을 기약으로 어머니를 찾아 길을 떠남.
⑬ (열 자식들이 세 자식들과 일곱 자식들로 나눠 이별한다. ⑭ 맏형, 둘째,
막내는 무대 밖으로 퇴장한다. ⑮ 구경꾼들도 퇴장한다. ⑯ 일곱 자식들은 무
대 후면으로 물러간다. ⑰ 맏누나는 무대 가운데서 세 자식들이 나간 방향
을 향하여 손을 흔든다. 이별의 서러움이 ⑱ 역력한 모습이다. ⑲ 맏누나, 입
었던 누더기 옷을 벗어 관객석 쪽으로 다가와서 말한다.)
    ⑳ 배우가 관객에게 직접 말을 걸기 전에 취하는 행동임.
⑳ **맏누나**: 나는 자꾸만 손을 흔들었어요. 큰오빠, 작은오빠, 막내가 멀
리 멀리 사라져 보이지 않을 때까지……. 그건 옛날 이야기지만, 사
실은 나 자신의 체험이기도 하죠. 가난한 어린 시절, 나의 슬픈 기
억 속에는, 가족과의 이별이 있어요. 노오란 먼지가 바람에 휘날리
던 황톳길, 그 바짝바짝 메마른 황톳길을 오빠들이 떠나가면서 나
한테 말했어요. 」 ❸ 서사극(관객의 감정 이입을 막고 비판적 사고를 유도하는 극)적 요소 – 배우가 관객에게 직접 말을 거는 기법
㉑ **맏형**: 울지 말고 십 년만 기다려라! 그럼 성공해서 돌아올게!

㉒ **맏누나**: 어머니도 없고 아버지도 없는 틈을 노려서, 도망치듯이 몰래
집을 떠나가는 오빠들……. 난 훌쩍훌쩍 울면서 손목이 떨어져라
떨어져라 흔들었죠. (누더기 옷을 다시 입고 무대 가운데로 가서 세 자
    배우가 다시 자신의 역할로 돌아옴.
식들이 떠나간 방향을 향하여 외친다.) ㉢가는 듯이 돌아들 오소! 기
다리는 마음, 미치고 달치겠네!

「 **기약**: 때를 정하여 약속함. 또는 그런 약속.
노잣돈: 먼 길을 오가는 데 드는 돈.
탄식하다: 한탄하여 한숨을 쉬다.
성히: 몸에 병이나 탈이 없이
역력하다: 자취나 기미, 기억 따위가 환히 알 수 있게 또렷하다.
달치다: 몹시 안타깝고 들뜨다.

*① 요약: 어머니를 찾아 길을 떠나는 세 형제

(중략)

② **맏형**: 여기가 세 갈래 길이구나. 그동안엔 우리 함께 다녔으나, 지
    ❶ 공간적 배경 ❷ 중심 사건: 세 형제는 세 갈래 길에서 각자 길을 떠남.
금부턴 제각기 길을 택해 가기로 하자.
② **둘째**: (표지판을 소리 내어 읽는다.) 서울로 가는 길, 바다로 가는 길, 산
    욕망의 실현을 위해 떠나는 인생의 길 – 욕망의 상이함을 드러냄.
으로 가는 길…… 형님은 어느 길로 가시려오?
③ **맏형**: 이 생각 저 생각 온갖 생각을 다 해봤다만, 우리 어머니는 도망
간 게 여실하다. ㉣열 명 자식 키우느라 그 고생이 막심한데 평생
    ❸ 전통극적 요소 – 정절 의식
수절하기 또 얼마나 힘들었겠니? 답답한 맘 풀어 보려 서울 구경 갔
을 테니, 난 이쪽 서울로 가는 길을 택하겠다.
④ **둘째**: 나도 별의별 생각 다 했소만, 아무래도 우리 어머니는 죽은 것
같소. 혹시나 바다에는 용궁 있어 저승과 통한다 하니, 나는 바다로
가는 길을 택할 테요.
⑤ **맏형**: 막내 너는 어쩔 거냐?
⑥ **막내**: 나도 여러 생각 다 했소만, 우리 어머닌 죽었는지 살았는지 모르
겠소. 나는 높은 산으로 올라가서 이승도 살펴보고 저승도 살펴볼
테요.
⑦ **맏형**: 네 생각이 그리하면 저쪽 산으로 가는 길이 네 길이다. 이제 각
자 길로 가기 전에 노잣돈을 나눠 갖자. (노잣돈을 삼등분으로 나눈
    「 」: 형제간의 우애가 나타남.
다음, 자기 몫에서 조금 덜어 막내에게 준다.) 막내야, 너는 어리니 노
잣돈을 더 가져라.
⑧ **막내**: 아니요, 형님. (자기 몫에서 덜어 내 맏형과 둘째에게 준다.) 나는
젊으니 형님들이 더 가지시오.
⑨ **둘째**: (맏형과 막내에게 자기 몫을 덜어 주며) 형님도 더 가지시고, 막내
도 더 가져라.」
⑩ **맏형**: 우애 깊은 우리 형제, 여기에서 헤어지다니……. 십 년 기한 잊
지 말고 다시 만나자!
⑪ **둘째**: 형님이나 잊지 마오! 막내야, 너도 잊지 마라!
⑫ **맏형**: (길을 나눠 떠나는 둘째와 막내에게 손을 흔들어 전송하며, 목이 멘
소리로) 너희들, 어머니를 꼭 찾아 모셔 오너라!
⑬ (맏형, 관객석으로 다가와서 입고 있던 옷을 벗는다.)
    배우가 관객에게 직접 말을 걸기 전에 취하는 행동임.
⑭ **맏형**: ㉤어머니를 찾는다니, 그게 뭡니까? 사람이란 그 누구나 어른
    「 」: ❸ 서사극적 요소 – 배우가 관객에게 직접 말을 거는 기법
이 되면, 어린 시절의 어머니를 잃어버리도록 되어 있습니다. 그러

니깐 어른이 되어서 찾는 어머니는 옛날과는 다른 어머니입니다. 그 어머니는 권력일 수도 있고, 이상일 수도 있으며, 예술일 수도
[인간의 욕망   맏형의 욕망] [둘째의 욕망] [막내의 욕망]
있습니다.

하지만 아직도 나는 내가 찾는 어머니가 무엇인지 알지 못합니다. 초등학교 다닐 때 내 꿈은 화가였습니다. 오색 물감으로 하늘의 태양과 구름, 땅의 언덕과 나무들을 아름답게 그리고 싶었었지요. 그런데 중학교 땐 군인이 되고 싶었습니다. 물론 졸병이 아니라 수많은 졸병들을 거느리는 장군이었어요. 고등학생 시절엔 장군보다는 정치가가 되고 싶었습니다. 그래서 대학에 들어가서는 행정학을 전공했었는데, 졸업할 무렵 그 모든 것이 막연하다는 생각이 들었습니다. 나의 인생에는 예술가가 되려는 욕구, 군인이 되려는 욕구, 정치가가 되려는 욕구가 같이 있었습니다만…… 나는 배우가 되었습니다. (다시 옷을 입으며) 어머니를 찾기는 찾아야 할 텐데…… (이
[배우가 다시 자신의 역할로 돌아옴.]
정표에 다가가서 방향판을 바라본다.) 서울로 가는 길, 길에 내 운명을 맡기고 떠나 보자!」

[여실하다: 사실과 꼭 같다. 막심하다: 더할 나위 없이 심하다.
 수절하다: 정절을 지키다.

*② 요약: 세 갈래의 길에서 각각 다른 길로 가는 세 형제

★ 독해 공식
❶ 중심인물: 맏형, 둘째, 막내. **공간적 배경**: 세 갈래 길
❷ 중심 사건: 세 형제는 십 년을 기약으로 어머니를 찾아 길을 떠남. 세 형제는 세 갈래 길에서 각자의 길을 떠남. 갈등: 표면적으로는 드러나지 않음.
❸ 서술상 특징
• 이승과 저승의 생사관을 다루는 전통극적 요소를 활용하고 있음.
• 전통 설화의 모티프(예술 작품에서 창작 동기가 되는 중심 제재)를 차용하고 있음.
• 배우가 관객에게 직접 말을 거는 기법(서사극적 요소)을 사용하고 있음.

■ 갈래: 희곡
■ 내용: 이 작품은 어느 날 사라져 버린 '어머니'를 찾아 십 년 기약을 하고 떠나는 '세 형제'와, 그들이 각자의 여정을 거쳐 되찾아 온 각기 다른 '어머니'를 통해 인생에 있어 인간이 추구하는 바의 참된 의미를 탐구하고 있는 희곡이다. 이 작품에서는 인간의 상이한 세 가지 욕망으로 정치, 종교, 예술을 제시하고 있으며, 세 형제는 각각 이 세 가지 범주에 조응하는 인생을 살게 된다. 이를 통해 작가는 인간의 욕망에 대한 보편적인 깨달음을 전하고 있다.

■ 인물 관계도

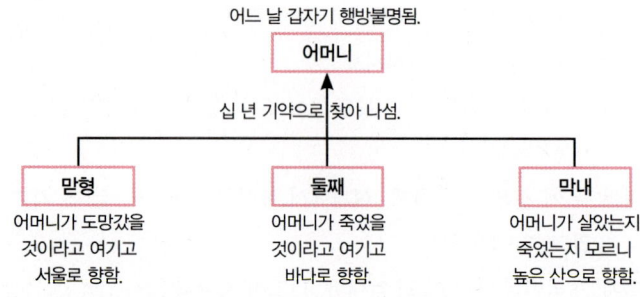

■ 주제: '어머니 찾기'를 통해 알아본 인간 존재의 욕망과 삶

■ 이것이 핵심!: 여정의 상징적 의미

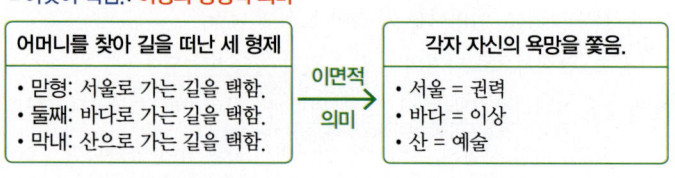

■ **전체 줄거리**: 옛날 남편과 사별하고 열두 명의 자식을 키우던 어느 가난한 집 어머니가 갑자기 사라지고, 자식들 중 맏형, 둘째, 막내가 십 년을 기약하고 어머니를 찾으러 떠난다. 함께 길을 가다 세 갈래 길을 만난 세 형제는 맏형은 서울, 둘째는 바다, 막내는 산으로 가는 길을 택해 헤어진다. 맏형은 산속에서 길을 잃었다가 정승에게 구조된 뒤 그의 아들이 되어 중국에 볼모로 끌려갔다가 돌아와서는 정승이 된다. 둘째는 극락에 계신 어머니를 만나기 위해 출가를 한 뒤 망상을 깨야 한다는 큰스님의 가르침에 깨달음을 얻고 성불하여 불도에서 어머니를 찾는다. 막내는 광대가 되어 광대 패와 함께 떠돌며 어머니를 찾다가 처녀광대에게서 어머니를 발견하고 그와 혼인한다. 십 년 후 맏형은 지휘봉, 둘째는 연등, 막내는 북을 들고 돌아와 모두 각자의 어머니를 찾았다고 말한다.

E 13 정답 ⑤ *서술상 특징 파악하기

윗글에 대한 설명으로 가장 적절한 것은?

>왜 정답 ?
[작가가 이야기하고자 하는 바]
⑤ 상징성이 강한 소재와 상황을 끌어들여 극의 주제 의식을 표
['어머니', '세 갈래 길' 등 상징적 소재와 상황을 통해 인간의 욕망과 삶을 표현함.]
현하고 있다.

*근거: ②-❶, ❷, ⓮
윗글은 '어머니'가 행방불명된 상황에서 '어머니'를 찾아 나서는 세 형제의 이야기를 그리고 있다. 이때 '어머니'와 세 갈래 길에서 세 형제가 각각 향하는 '서울', '바다', '산'은 상징적 의미를 지닌 소재이다. 특히 맏형이 '어른이 되어서 찾는 어머니는 옛날과는 다른 어머니'이며, '그 어머니는 권력일 수도 있고, 이상일 수도 있으며, 예술일 수도 있'다고 한 것을 통해 세 형제가 어머니를 찾는 상황의 상징성이 부각되고 있다. 즉 '어머니'는 인간 욕망의 대상을, 세 형제가 '어머니'를 찾기 위해 각각 떠나는 '세 갈래 길'은 서로 다른 인간의 욕망을 드러내는 소재로 이를 통해 인간 존재의 욕망과 삶을 표현하고 있다.

[상징성: 추상적인 사물이나 개념을 구체적인 사물로 나타내는 성질

>왜 오답 ?
① 인물의 성격과 심리를 ~~직접적인 방식으로~~ 서술하고 있다.
[극중 인물의 대사와 행동을 통해 간접적으로 드러냄.]

희곡에서는 대개 인물의 대사와 행동을 통한 간접적인 방식으로 인물의 심리와 성격을 전달한다. 윗글에서 인물의 성격과 심리가 직접적인 방식으로 나타난 부분은 찾을 수 없다.

[직접적: 중간에 제삼자나 매개물이 없이 바로 연결되는 것

② ~~독백을 활용하여~~ 사건의 전개에 긴장감을 조성하고 있다.
[독백을 통해 긴장감을 조성하지는 않음.]
*근거: ①-⓴, ②-⓮
독백은 배우가 상대역 없이 혼자 말하는 대사이다. 윗글에서는 '맏누나'와 '맏형'이 독백을 하며 관객에게 직접 말을 걸어 관객과 배우가 소통하고 있다. 윗글에서 이러한 직접적인 말 건네기는 서사극적 요소로 관객은 이로 인해 극에 몰입하기보다는 비판적 거리를 두고 주제 의식에 대해 성찰하게 된다. 따라서 윗글에서 독백으로 사건 전개에 긴장감을 조성한다는 것은 적절하지 않다.

[독백: 배우가 상대역 없이 혼자 말하는 행위. 또는 그런 대사
 긴장감: 긴장한 느낌

③ 시공간이 다른 장면을 연결해 ~~인물의 전형성을 부각하고 있다.~~
[인물의 전형성을 드러내지는 않음.]
*근거: ①-⓳, ⓶, ②-⓭
'맏누나, 입었던 누더기 옷을 벗어 관객석 쪽으로 다가와서 말한다.', '누더기 옷을 다시 입고 무대 가운데로 가서 세 자식들이 떠나간 방향을 향하여 외친다.', '맏형, 관객석으로 다가와서 입고 있던 옷을 벗는다.'에서 드러나듯 '옷'을 벗는 행위와 무대를 나누어 쓰는 기법 등을 통해 시공간이 다른 장면을 연결하고 있다. 그러나 이를 통해 인물의 전형성이 드러나고 있지는 않다.

[전형성: 같은 부류의 것들 가운데 가장 일반적이고 본질적인 특성

④ 과거 사건의 삽입을 통해 인물들 간의 갈등 관계를 드러내고
있다.
과거의 일을 끼워 넣어
인물들 간의 갈등은 드러나지 않음.

*근거: 1-22, 2-14

'맏누나'와 '맏형' 역의 배우가 독백을 하며 과거를 회상하는 부분이 있으나 이를 통해 인물들 간의 갈등 관계가 드러나는 부분은 찾을 수 없다.

E 14 정답 ⑤ *＜보기＞를 바탕으로 감상하기

윗글의 ㉠~㉤ 중, ＜보기＞의 밑줄 친 부분과 가장 관련이 깊은 것은?

- ㉠: ㉠은 '둘째'가 '이승'과 '저승'을 활용하여 어머니를 찾으러 떠나는 심정을 표현한 것입니다.
- ㉡: ㉡은 '맏누나'가 '막내'에게 어머니를 꼭 모셔 오라고 당부하는 부분입니다.
- ㉢: ㉢은 세 형제를 보내는 '맏누나'의 애달픈 마음을 드러낸 표현입니다.
- ㉣: ㉣은 '맏형'이 평생 수절한 '어머니'의 심정을 짐작하는 부분입니다.
- ㉤: ㉤은 '맏형'이 옷을 벗고 관객에게 말을 거는 부분입니다.
- ＜보기＞: 이 작품은 전통 설화의 모티프를 차용했으며, 이승과 저승의 생사관, 정절 의식과 같은 전통극적 요소를 담고 있습니다. 또한 관객으로 하여금 객관적 거리를 두게 하는 서사극적 요소를 사용했습니다.

즉 ㉠~㉤ 중 관객으로 하여금 객관적 거리를 두고 극을 적극적으로 감상하게 하는 서사극적 요소가 사용된 부분을 고르는 문제입니다.

─────────────── [보기] ───────────────

❶이 작품은 다양한 장르적 토대를 동시에 가지고 있는 독특한 작품이다. **❷**우선, 어머니를 찾아 떠나는 여정을 기본 골자로 하고 있다는 점에서 설화에서 모티프를 가져온 연극인 동시에, 인물과 소재 등에서 우리 전통극적 요소(이승과 저승의 생사관, 정절 의식)를 드러내고 있다. **❸**또한 관객으로 하여금 극에 감정을 이입하지 못하게 하고 비판적 거리를 두게 하는 서사극적인 요소도 찾아볼 수 있는데, 이를 통해 관객은 객관적 거리를 가지고 이야기를 종합하여 극의 주제를 생각하는 적극적인 감상 태도를 지니게 된다.

(㉡, ㉢ 표시)
(㉠ 표시)
(㉤ 표시)

- -

장르적: 특정한 양식의 갈래인. 또는 그런 것
토대: 어떤 사물이나 사업의 밑바탕이 되는 기초와 밑천을 비유적으로 이르는 말 **골자:** 말이나 일의 내용에서 중심이 되는 줄기를 이루는 것
설화: 각 민족 사이에 전승되어 오는 신화, 전설, 민담 따위를 통틀어 이르는 말
모티프: 회화, 조각, 소설 따위의 예술 작품을 표현하는 동기가 된 작가의 중심 사상
생사관: 삶과 죽음에 대한 관점이나 견해 **정절:** 여자의 곧은 절개
서사극: 관객의 감정 이입을 막고 비판적 사고를 유도하여 관객이 스스로 극적 진실을 판단하도록 하는 연극 양식. 독일의 극작가 브레히트가 주창함.

＞왜 정답?

⑤ ㉤
관객에게 말을 건네는 서사극적인 요소임.

*근거: 2-14, ＜보기＞ ❸문장

'맏형'의 대사 '어머니를 찾는다니, 그게 뭡니까?'는 배우가 관객에게 직접적으로 말을 건네는 부분이다. 이는 세 형제의 어머니 찾기라는 극의 진행을 잠시 멈추고 관객에게 직접적으로 작품의 내용에 대해 성찰하게 만들고 있다. 즉 이런 식의 직접적인 말 건네기는 ＜보기＞에서 언급한 '서사극적인 요소'로, 관객으로 하여금 극에 감정을 이입하지 못하게 하고 비판적 거리에서 작품을 바라보게 한다.

＞왜 오답?

① ㉠
이승과 저승의 생사관이 드러나므로 전통극적 요소와 관련이 있음.

*근거: 1-10, ＜보기＞ ❷문장

'둘째'의 대사 '차마 못 갈 이승 길을, 몰라 못 갈 저승길을 울며불며 가야겠네!'에 나타난 '이승', '저승'이라는 표현에서 우리 민족의 전통적인 생사관이 윗글의 밑바탕에 깔려 있다는 것을 알 수 있다.

② ㉡
어머니를 찾아 떠나는 여정을 언급하므로 설화 모티프와 관련이 있음.

*근거: 1-12, ＜보기＞ ❷문장

'맏누나'의 대사 '장하구나, 우리 막내! 십 년 기한 차기 전에 꼭 찾아서 모셔 오너라!'는 윗글이 어머니를 찾아 떠나는 여정을 기본 모티프로 한다는 점을 보여 주는 부분으로, 이를 통해 설화 모티프를 바탕으로 함을 알 수 있다

③ ㉢
어머니를 찾아서 돌아오는 여정에 대한 반응이므로 설화 모티프와 관련이 있음.

*근거: 1-22, ＜보기＞ ❷문장

'맏누나'의 대사 '가는 듯이 돌아들 오소! 기다리는 마음, 미치고 달치겠네!'는 어머니를 찾아 떠나는 세 형제들에게 한 말이므로, 윗글이 어머니를 찾아 떠나는 여정을 바탕으로 한다는 점과 관련 있다.

④ ㉣
정절 의식이 드러나므로 전통극적 요소와 관련이 있음.

*근거: 2-3, ＜보기＞ ❷문장

'맏형'의 대사 '열 명 자식 키우느라 그 고생이 막심한데 평생 수절하기 또 얼마나 힘들었겠니?'에서 '수절'은 전통극적 요소의 정절 의식을 보여 준다고 볼 수 있다.

E 15 정답 ② *＜보기＞를 바탕으로 감상하기

＜보기＞를 참고할 때, 윗글에 대한 설명으로 적절하지 않은 것은?

- ＜보기＞: 세 형제가 어머니를 찾아 나서는 여정을 중심으로 이루어진 이 극에는 정치, 종교, 예술이라는 인간의 세 가지 욕망이 나타납니다. 십 년 후 세 형제는 각각 정승, 승려, 광대가 되어 돌아와 욕망의 세 축을 보여 줍니다.
- 윗글: 세 형제는 어머니를 찾으러 길을 나서고, 세 갈래 길에서 맏형은 서울을, 둘째는 바다를, 막내는 산을 선택하며 각자의 길을 떠납니다.

즉 작품의 주제 의식인 인간의 욕망을 중심으로 윗글을 이해한 내용으로 틀린 것을 고르는 문제입니다.

─────────────── [보기] ───────────────

❶이 작품에는 정치, 종교, 예술이라는 인간의 세 가지 욕망의 축이 나타난다. **❷**어느 가난한 집안의 어머니가 행방불명된 사건으로 시작되는 이 극은 세 형제가 어머니를 찾아나서는 여정으로 이루어져 있는데, 이 일에는 꼬박 십 년이 걸린다. **❸**즉, 어머니의 실종이라는 사건을 계기로 형제들은 정든 고향과 가족을 떠나 새로운 삶을 살게 되며, 각자의 길을 통해 성장한다. **❹**십 년이 지난 후 그들은 각자 돌아오는데, 정승이 된 맏형은 어머니의 겉모습과 똑같은 여인을 찾아오고, 승려가 된 둘째는 어머니의 모성적 이상에 해당하는 불상을, 광대가 된 막내는 어머니의 심성을 자신 안에서 발견하여 세 형제가 다시 만난다.

①, ⑤의 근거
④의 근거
③의 근거
②, ⑤의 근거

- -

욕망: 부족을 느껴 무엇을 가지거나 누리고자 탐함. 또는 그런 마음
모성적: 여성이 어머니로서 가지는 성질을 갖춘 것

E

❯왜 정답 ❓

② 진정한 '어머니' 찾기에 <u>실패한</u> '세 형제'의 모습은 <u>욕망 성취의</u>
           <small>각자의 어머니를 찾음.</small>
    <u>난해함</u>을 상징한다.
    <small>세 형제는 각자의 욕망을 성취한 것임.</small>

* 근거: ②-❷~❻, ⑭, 〈보기〉 ❹ 문장

②에서 세 형제는 각각 서울, 바다, 산으로 가는 길로 향해 어머니를 찾아 떠난다. 그리고 '맏형'은 누구나 어른이 되면 어린 시절의 '어머니'를 잃어버리도록 되어 있고, 어른이 되어서 찾는 '어머니'는 옛날과는 다른 '어머니'로 그것은 권력일 수도, 이상일 수도, 예술일 수도 있다고 말하고 있다.

〈보기〉에서는 '어머니'를 찾아 떠난 '세 형제'가 약속된 십 년의 기한을 보낸 후 다시 만나는데, 서로 다른 대상이기는 해도 각각의 '어머니'를 결국은 찾아냈다고 했다. 이는 '세 형제'가 각자의 욕망을 성취한 것을 의미하므로, 진정한 어머니 찾기에 실패했다고 볼 수 없으며 실패를 통해 욕망 성취의 난해함을 보여 준다는 것도 적절하지 않다.

[성취: 목적한 바를 이룸. 난해하다: 풀거나 해결하기 어렵다.

❯왜 오답 ❓

① '세 형제'가 찾는 각각의 '어머니'는 인간이 추구하는 욕망의 대
   <small>세 형제가 서로 다른 어머니를 찾는 것을 통해 저마다의 욕망의 대상을 추구함이 드러남.</small>
   상을 나타낸다.

* 근거: ②-❷~❻, 〈보기〉 ❶ 문장

〈보기〉에서 윗글은 '어머니'를 찾아 떠난 '세 형제'가 '정치, 종교, 예술'이라는 각기 다른 욕망을 추구하며 각자의 길을 통해 성장하는 과정을 그리고 있음을 알 수 있다. 즉 ②에서 '세 형제'가 각각 서울, 바다, 산으로 가는 길로 향해 찾고자 하는 '어머니'는 인간이 저마다 추구하는 욕망의 대상이라고 볼 수 있다.

[추구하다: 목적을 이룰 때까지 뒤쫓아 구하다.

③ '세 형제'가 떠나는 '세 갈래 길'은 인간이 추구하는 인생의 방
   <small>각자의 욕망 추구를 위한 삶의 방향이 다름을 의미함.</small>
   향성이 각자 상이함을 나타낸다.

* 근거: ②-❷, 〈보기〉 ❸ 문장

함께 '어머니'를 찾아 떠나온 '세 형제'는 '세 갈래 길'을 만나 각자 길을 떠나기로 한다. 세 형제는 '어머니'가 어디 있을지에 대한 서로 다른 인식을 보이며 '서울로 가는 길, 바다로 가는 길, 산으로 가는 길'을 각각 선택하고 있다. 따라서 '세 형제'가 떠나는 '세 갈래 길'은 인간이 추구하는 인생의 방향성이 각자의 욕망에 따라 상이함을 비유적으로 나타낸 것으로 볼 수 있다.

[방향성: 방향이 나타내는 특성. 또는 방향에 따라 제약되는 특성
 상이하다: 서로 다르다.

④ '어머니'가 떠난 후 '세 형제'가 각자의 길을 가는 것을 볼 때,
   '어머니의 상실'을 통과 의례적인 관점으로 볼 수 있다.
   <small>세 형제는 어머니의 상실을 계기로 각자의 길을 떠나 자신의 인생을 살아가게 됨.</small>

* 근거: ②-⑭, 〈보기〉 ❸ 문장

함께 '어머니'를 찾아 떠나온 '세 형제'는 '세 갈래 길'을 만나 각자의 길을 떠나는데, 이와 관련하여 〈보기〉에서는 '어머니'의 실종을 계기로 형제들은 고향과 가족을 떠나 새로운 삶을 살게 되며, 각자의 길을 통해 성장하게 된다고 했다. 이로 보아 '세 형제'가 유년 시절을 벗어나 각자가 추구하는 인생을 살아가도록 하기 위해서 '어머니'가 '세 형제'를 떠나는 일이 우선되었다고 볼 수 있으며 따라서 '어머니의 상실'은 일종의 통과 의례라고 할 수 있다.

[통과 의례: 출생, 성년, 결혼, 사망 따위와 같이 사람의 일생 동안 새로운 상태로
 넘어갈 때 겪어야 할 의식을 통틀어 이르는 말

⑤ 정승이 된 '맏형'은 인간 사회의 정치 분야를, 승려가 된 '둘째'
   <small>세 형제는 각각 정치, 종교, 예술 분야를 대표함.</small>
   는 종교 분야를, 광대가 된 '막내'는 예술 분야를 대표한다.

* 근거: ②-❶~❻, 〈보기〉 ❶, ❹ 문장

②에서 '세 갈래 길'을 만난 '세 형제'는 각각 서울로 가는 길, 바다로 가는 길, 산으로 가는 길'을 선택하여 떠난다.

— 1등급 풀이 Tip

〈보기〉의 핵심 정보인 '어머니 찾기'가 무엇을 의미하는지 이해해야 한다. 이에 대한 답은 지문 속 '맏형'의 대사에서 찾을 수 있다.

'맏형'은 '어른이 되어서 찾는 어머니는 옛날과는 다른 어머니'이며, '그 어머니는 권력일 수도, 이상일 수도 있으며, 예술일 수도 있다'고 했다. 즉, '어머니 찾기'는 세 형제 각자의 '욕망 추구'인 것이다.

그리고 〈보기〉에서 십 년이 지나 돌아온 세 형제는 결국 각자의 어머니를 찾아냈다고 했다. 따라서 세 형제의 '어머니 찾기'는 성공했다고 볼 수 있으며, 이는 그들이 각자의 욕망을 성취한 것을 의미한다.

E 16 ~ 18 * 곽재용, 〈클래식〉

[예상 문제]

❶ 중심인물, 배경 ❷ 중심 사건, 갈등 ❸ 서술상 특징
　 : ❸ 시간의 흐름에 따른 사건 전개

S# 19. 뚝방길 A
❶ ❷ 공간적 배경
뚝방길을 뛰는 두 사람. 뒤따라오던 주희, 넘어져 뒹굴고 준하, 놀라서
                                ❶ 중심인물   ❶ 중심인물
바라본다. 일어서려던 주희, 다시 풀썩 주저앉는다.

❹ 주희: 다리를 삔 것 같아요.

❺ 준하: …… 업혀요!

❻ 망설이는 주희,
   <small>둘이 아직 가까운 사이가 아니기 때문에</small>

❼ 준하: 어서 업히라니까요!

❽ 등을 내미는 준하. 주희, 준하의 등에 업히고, 준하는 주희를 업고 원두
                                     ❷ 중심 사건: 준하는 주희를 업고 원두막을 향해 뛰어감.
막을 향해 뛴다.

❾ Dissolve
   <small>한 화면이 사라짐과 동시에 다른 화면이 점차로 나타나는 장면 전환 기법</small>

[뚝방길: 하천의 둑을 따라 난 길
 원두막: 오이, 참외, 수박, 호박 따위를 심은 밭을 지키기 위하여 밭머리에 지은 막

*S# 19 요약: 준하가 다리를 삔 주희를 업고 원두막으로 감.

S# 20. 원두막
❶ ❶ 공간적 배경
원두막 아래에 앉아 있는 주희와 준하.
❷ 중심 사건: 준하와 주희는 원두막에서 소나기를 피함.

준하: 소나기예요! 금방 그칠 거예요.
   <small>❸ 준하와 주희가 가까워지는 계기를 제공해 주는 소재</small>
❸ 자기 옷을 벗어 꼭꼭 짜서 주희에게 준다.

❹ 준하: 이걸로 닦아요.

❺「 받아 들고 미소 짓는 주희. 준하를 바라보며 얼굴의 빗물을 닦는다. 빗 ❼
  「]: ❸ 지시문을 통해 인물의 행위에 집중하게 함 – 순수한 사랑을 효과적으로 보여 줌.
물을 닦더니 옷을 내밀어 주는 주희. 준하, 옷을 받아 떨리는 심정으로 얼 ❽
                                 <small>준하가 주희를 좋아하고 있음을 알 수 있음.</small>
굴을 닦는다. 다시 물을 짜서 주희를 주는 준하. 」
     ❾

❿ 준하: ……비가 그치면 강을 따라 나루터로 가야죠. 그럼 배를 탈 수
                        <small>나룻배가 닿고 떠나는 일정한 곳</small>
있어요. 좀 멀지만…….

⑪ ⓤDissolve

*S# 20 요약: 준하와 주희가 원두막에서 소나기를 피함.

(중략)

S# 22. 뚝방길 B (밤)

❶ ❶공간적 배경 ❶시간적 배경
주희를 업고 가는 준하.
❷중심 사건: 준하는 주희를 업고 뚝방길을 걸음.

❷
주희: 저 무겁죠.
❸ 준하를 의식하여 한 말
준하: 아니? 하나도 안 무거워요.

❹
주희: 저 몸무게 많이 나가요. 밥도 많이 먹구요.

❺
준하: 걱정 마세요. 주희 씨 정도는 업고 서울까지라도 갈 수 있어요.
❸ 직설적이지 않은 대사를 통해 주희를 좋아하는 마음을 간접적으로 표현함.

❻
주희: 공갈!
        거짓말
❼
준하: 안 공갈!

❽
주희: 공갈!

❾
준하: 안 공갈!

❿
무거워 낑낑대면서도 행복에 겨워 걷고 있는 준하.
        주희를 좋아하는 준하의 마음이 드러남.

〔공갈: '거짓말'을 속되게 이르는 말

*S# 22 요약: 준하가 주희를 업고 감.

S# 23. 징검다리

❶ ❶공간적 배경   ❷
징검다리를 건너는 준하. 냇가 건너편에 반딧불이 한 떼가 춤을 추고 있다.
        ❸ 낭만적인 분위기 형성. 준하와 주희가 더욱 가까워지는 계기를 마련하는 소재

❸
주희: 와아!

❹
준하: 와아!

❺
ⓛJump cut
장면이 비약적으로 돌출한다는 의미의 편집 용어

준하가 반딧불이가 놀고 있는 풀섶으로 다가간다. 냇가에 앉아 있는 주 ❼
희. 주희의 눈에 비치는 준하와 반딧불이, 한데 어울려 아름답게 보인다.
❾   ❿
준하, 풀잎에 앉아 있는 반딧불이를 잡으려다가 냇가에 푹 빠진다. 반딧불
이들이 후루룩 날아가고 날아 가는 반딧불이를 올려다보는 준하. ⓫
주희도 반딧불이가 흩어지는 장면을 경이롭게 바라본다. ⓬ 다시 반딧불이를 쫓아
다가가는 준하. ⓭ 풀잎에 앉은 반딧불이를 두 손으로 살짝 움켜쥔다.

⓮
준하: 잡았어요!

⓯
모아진 두 손 안에 전등을 켠 느낌. ⓰ 주희에게 달려가는 준하.
                                          주희를 좋아하기 때문에
⓱
준하: 손 줘 봐요.

⓲
〔준하에게 두 손을 내미는 주희. ⓳ 준하가 주희의 손에 반딧불이를 전해
준다. ⓴ 미소 짓는 주희와 준하. ㉑ 손 안에 있는 반딧불이를 들여다보며 좋아
                            ❷중심 사건: 준하가 반딧불이를 잡아 주희에게 보여 줌.
하는 주희.〕 ❸ 지시문을 통해 인물의 행위에 집중하게 함. - 순수한 사랑을 효과적으로 보여 줌.

㉒
주희: 와아!

〔풀섶: '풀숲'의 방언
〔경이롭다: 놀랍고 신기한 데가 있다.

*S# 23 요약: 준하가 반딧불이를 잡아 주희에게 전해 줌.

🔲 독해 공식
❶ 중심인물: 주희, 준하
공간적 배경: 뚝방길, 원두막, 징검다리
시간적 배경: 밤
❷ 중심 사건: 준하가 다리를 삔 주희를 업고 원두막으로 가서 함께 비가 그치기를 기다림.
준하가 주희를 업고 뚝방길을 걸음. 준하가 반딧불이를 잡아 주희에게 보여 줌.
갈등: 드러나지 않음.

---

❸ 서술상 특징
• 시간의 흐름에 따라 사건이 진행되고 있음.
• 자연 현상과 자연물을 활용하여 인물의 관계 양상과 분위기를 드러내고 있음.
• 직설적이지 않은 대사를 통해 인물들이 서로에게 품은 호감을 간접적으로 드러내고 있음.
• 지시문을 통해 인물의 행위에 집중하게 함으로써 두 인물의 순수한 사랑을 효과적으로 보여 주고 있음.

Ⓔ

■ 갈래: 시나리오
■ 내용: 이 작품은 과거와 현재가 교차되는 가운데 모녀의 첫사랑을 서정적으로 그린 시나리오이다. 주위 상황 때문에 이별해야 했던 청춘 남녀의 아름다운 사랑과 두 사람의 자식들이 만나 연인 사이가 된다는 운명적인 이야기를 형상화하고 있다. 제시된 부분은 주희와 준하가 농촌의 아름다운 풍경 속에서 서로에 대한 애틋한 마음을 키워 나가고 있는 부분이다. 1960년대식 감정 표현을 미묘하게 묘사하여 사랑의 감정을 전달하고 있다.
■ 인물 관계도

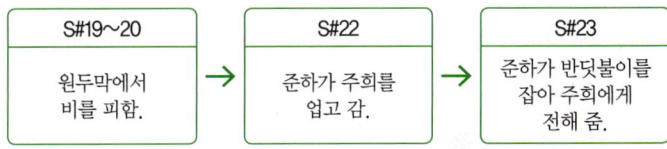

주희의 등에 업혀   다리를 삔 주희를 업고,
준하를 의식함.   주희에게 반딧불이를 잡아 줌.

■ 주제: 운명적이고 순수한 첫사랑의 기억

■ 이것이 핵심!: 시간의 흐름에 따른 사건 진행

S#19~20	S#22	S#23
원두막에서 비를 피함.	준하가 주희를 업고 감.	준하가 반딧불이를 잡아 주희에게 전해 줌.

■ 전체 줄거리: 대학생 지혜는 선배인 상민을 짝사랑하는데 이를 모르는 친구가 상민에게 줄 연애편지 대필을 부탁하자 그 부탁을 들어준다. 엄마와 단둘이 사는 지혜는 다락방에서 엄마 주희의 추억이 간직된 비밀상자를 발견하고 엄마의 추억을 들여다보게 된다. 방학을 맞아 시골 삼촌 댁에 온 준하는 그곳에서 주희를 만나 추억을 쌓으며 가까워진다. 이후 준하가 친구의 연애편지를 대필해 준 일로 우연히 다시 만나 사랑을 키우던 두 사람은 주변 상황 때문에 이별하고 준하는 월남전에 파병되었다가 실명한 뒤 아들 하나를 남기고 죽는다. 지혜는 짝사랑하던 상민에게 고백을 받고 상민이 준하의 아들임을 알게 된다.

Ⓔ 16 정답 ② *서술상 특징 파악하기

윗글에 대한 설명으로 적절하지 않은 것은?

〉오H 정답?

② 상징적인 자연물을 제시하여 사건이 새로운 국면으로 접어들
                                두 인물의 관계를 발전시킴.
것임을 암시하고 있다.

*근거: S# 20 ❷, S# 23 ⓲~㉑
S# 20에서 '소나기'는 준하와 주희가 가까워지는 계기로 작용하고, S# 23에서 '반딧불이'는 주희와 준하가 친밀해지게 만드는 역할을 하는 자연물이다. 즉 윗글에 등장하는 자연물은 두 인물의 관계를 발전시키는 역할을 할 뿐, 사건이 다른 국면으로 접어들 것임을 암시한다고 볼 수 없다.

〔상징적: 추상적인 개념이나 사물을 구체적인 사물로 나타내는 것
〔국면: 어떤 일이 벌어진 장면이나 형편 암시하다: 넌지시 알리다.

〉오H 오답?

① '원두막', '뚝방길' 등 향토적 공간이 순수한 인물들의 모습과
            시골의 정취가 담긴 공간이 순수한 사랑과 조화를 이룸.
조화를 이루고 있다.

'원두막', '뚝방길' 등은 시골의 정취가 담긴 향토적 공간으로, 두 인물의 순수한 분위기와 조화를 이루고 있다.

〔향토적: 고향이나 시골의 정취가 담긴 것

③ 직설적이지 않은 대사를 통해 인물들이 서로에게 품은 호감을
서로에 대한 호감을 간접적으로 표현함.
은연중에 드러내고 있다.
간접적으로

* 근거: S# 22 ❷~❺

'저 무겁죠.', '주희 씨 정도는 업고 서울까지라도 갈 수 있어요.'와 같은 대사를 통해 주희와 준하가 서로에게 호감을 품고 서로를 의식하고 있음이 간접적으로 드러나고 있다.

〔 직설적: 바른대로 말하는 것　은연중: 남이 모르는 가운데 〕

④ 시간의 흐름에 따라 사건을 배치하여 점점 친밀해져 가는 인
주희가 다리를 빼는 상황부터 함께 반딧불이를 보는 장면까지 시간의 흐름에 따라 사건이 진행됨.
물의 모습을 보여 주고 있다.

주희가 다리를 삔 후 둘이 함께 소나기를 피하고, 준하가 주희를 업고 길을 걷고, 둘이 함께 반딧불이를 보는 것까지 시간의 흐름에 따라 사건이 진행되며 주희와 준하가 점점 더 친밀해져 가는 모습이 나타나 있다.

⑤ 지시문을 통해 인물의 행위에 집중하게 함으로써 두 인물의
각 장면에서 인물의 행동이 지시문을 통해 상세히 묘사됨.
순수한 사랑을 효과적으로 보여 주고 있다.

* 근거: S# 20 ❺~❾, S# 23 ⓲~㉑

'준하를 바라보며 얼굴의 빗물을 닦는다. 빗물을 닦더니 옷을 내밀어 주는 주희. 준하, 옷을 받아 떨리는 심정으로 얼굴을 닦는다.'와 같이 지시문에서 행동을 섬세하게 묘사함으로써 서로에게 호감이 있는 두 인물의 심리를 드러내고 순수한 사랑을 효과적으로 보여 주고 있다.

〔 지시문: 지시의 내용을 적은 문건 〕

E 17　정답 ③　＊무대 구성 및 연출 이해하기

윗글의 'S# 23'을 영화화한다고 할 때, 그 내용으로 적절하지 않은 것은?

• 영화화: 시나리오를 영화화할 때에는 시나리오의 내용과 인물의 심리를 효과적으로 드러내기 위해 적절한 표정과 행동 등의 연기, 연출 등을 고려해야 합니다.

🟥즉 윗글을 영화화한 내용이 인물의 심리를 표현하기에 적절하지 않은 것을 고르는 문제입니다.

>왜 정답?

③ 반딧불이를 잡으려다 냇가에 빠진 준하는 민망함에 얼굴을 붉힌
날아가는 반딧불이를 바라보다 다시 반딧불이를 쫓음.
다.

* 근거: S# 23 ❾~⓬

'S# 23'에서 반딧불이를 잡으려다 냇가에 빠진 준하는 날아가는 반딧불이를 올려다보고 주희도 반딧불이가 흩어지는 장면을 경이롭게 바라본다. 그러다 준하는 다시 반딧불이를 쫓아 다가가므로 이러한 상황과 심리를 고려할 때 준하가 물에 빠진 민망함에 얼굴을 붉힌다는 내용은 적절하지 않다.

〔 민망하다: 낯을 들고 대하기가 부끄럽다. 〕

>왜 오답?

① 반딧불이를 잡은 준하는 기쁜 얼굴로 주희에게 달려간다.

* 근거: S# 23 ⓯
반딧불이를 보고 감탄하는 주희에게 보여 주기 위해 기쁜 얼굴로 달려감.

준하는 주희와 함께 아름다운 반딧불이를 경이롭게 바라보다가 반딧불이를 잡은 뒤 주희에게 달려가 건네준다. 따라서 반딧불이를 잡은 뒤 그것을 보여 주려 달려가는 준하의 표정은 기쁜 얼굴이 적절하다.

② 주희는 냇가에 앉아 반딧불이를 잡는 준하의 모습을 바라본다.

* 근거: S# 23 ❼, ❽
주희는 냇가에 앉아 준하와 반딧불이를 보고 있음.

'냇가에 앉아 있는 주희. 주희의 눈에 비치는 준하와 반딧불이, 한데 어울려 아름답게 보인다.'라는 지시문으로 보아, 주희가 냇가에 앉아 준하와 반딧불이를 바라보는 것은 적절하다.

---

④ 냇가에 모여 있는 반딧불이의 모습이 아름답게 비춰지도록 연
반딧불이가 아름답게 보인다고 함.
출한다.

* 근거: S# 23 ❷~❹, ⓾, ⓫

S# 23에서 징검다리를 건너던 주희와 준하는 냇가 건너편 반딧불이 떼를 보고 감탄하고, 냇가에서 반딧불이의 아름다운 모습을 경이로운 듯 바라본다. 따라서 냇가에 모여 있는 반딧불이의 모습이 아름답게 보이도록 연출하는 것은 적절하다.

⑤ 주희는 준하가 전해 준 반딧불이를 들여다보며 행복한 표정을
주희는 손 안의 반딧불이를 보고 좋아함.
짓는다.

* 근거: S# 23 ⓲~㉒

주희는 준하가 반딧불이를 전해 주자 미소 짓다가 '손 안에 있는 반딧불이를 들여다보며 좋아'한다고 하였으므로 행복한 표정을 짓는 것은 적절하다.

E 18　정답 ②　＊무대 구성 및 연출 이해하기

〈보기〉는 시나리오 용어에 대한 설명이다. 〈보기〉를 바탕으로 ㉠과 ㉡의 효과를 추측한 내용으로 가장 적절한 것은?

• 〈보기〉: Dissolve는 장면 전환 기법이고, Jump Cut은 장면이 비약적으로 돌출한다는 의미의 편집 용어입니다.
• ㉠: ㉠은 장면의 전환을 위해 Dissolve 기법이 사용되었음을 보여 줍니다.
• ㉡: ㉡은 주희와 준하가 반딧불이를 함께 보는 장면을 부각하기 위해 Jump Cut 기법이 사용되었음을 보여 줍니다.

🟥즉 각 장면에 사용된 Dissolve, Jump Cut 기법의 효과에 대한 설명으로 가장 적절한 것을 고르는 문제입니다.

┌─────────［ 보기 ］─────────┐

🔴Dissolve: 한 화면이 사라짐과 동시에 다른 화면이 점차로 나타나는 장면 전환 기법

🔴Jump Cut: 장면이 비약적으로 돌출한다는 의미의 편집 용어

- -

기법: 기교를 나타내는 방법
비약적: 지위나 수준 따위가 갑자기 빠른 속도로 높아지거나 향상되는 것
돌출하다: 예기치 못하게 갑자기 쑥 나오거나 불거지다.

└──────────────────────┘

>왜 정답?

② ㉠은 시간의 흐름을 자연스럽게 보여 줄 것이고, ㉡은 뒤의 장
나루터로 가자는 앞 내용과 나루터로 가는 뒤의 모습을 자연스럽게 연결함.
면이 부각되도록 할 것이다.
Jump Cut을 통해 뒤의 장면이 강조됨.

* 근거: S# 20 ⓾, S# 22 ❶, S# 23 ❺~⓭

'Dissolve'는 장면을 자연스럽게 전환하는 기법이다. ㉠에서는 나루터로 가자는 앞의 내용과 나루터로 가고 있는 뒤의 모습, 즉 시간의 흐름을 자연스럽게 연결해 보여 주는 역할을 하고 있다. 'Jump Cut'은 장면이 비약적으로 돌출하는 것을 나타낸다. 따라서 ㉡을 통해 준하가 반딧불이가 놀고 있는 풀섶으로 다가가는 장면이 부각될 것이다.

〔 부각되다: 어떤 사물이 특징지어져 두드러지게 되다. 〕

>왜 오답?

① ㉠은 인물의 심리 변화를 드러낼 것이고, ㉡은 급격한 장면의
나타나지 않음.　　　　　　　　　　　나타나지 않음.
전환을 보여 줄 것이다.

㉠을 통해 연결된 장면에서 인물의 심리 변화를 확인할 수는 없다. 또한 ㉡을 통해서는 장면이 전환되고 있으나 앞 장면과 이어지는 내용이 연결되고 있으므로 급격한 장면의 전환이라고 볼 수는 없다.

③ ㉠은 근경에서 원경으로 장면을 전환할 것이고, ㉡은 인물의
_{가까운 곳에서 먼 곳으로}
복잡한 내면 심리를 드러낼 것이다.
_{나타나지 않음.} _{나타나지 않음.}

㉠에서 근경에서 원경으로의 장면 전환은 나타나지 않는다. ㉡ 또한 인물의 복
잡한 내면 심리 묘사와는 거리가 멀다.

┌ 근경: 가까이 보이는 경치. 또는 가까운 데서 보는 경치
└ 원경: 멀리 보이는 경치. 또는 먼 데서 보는 경치

④ ㉠은 현재에서 과거로 장면이 바뀔 것이고, ㉡은 반딧불이의
_{현재에서 과거로의 변화는 나타나지 않음.}
아름다움이 부각되도록 할 것이다.
_{반딧불이와 관련된 장면을 강조하여 아름다움을 부각함.}

*근거: S# 23 ❼~⓫

㉠에서 현재에서 과거로의 변화는 나타나지 않는다. 한편 ㉡ 뒤에서는 인물이
반딧불이가 있는 풀섶으로 다가가고 이로 인해 반딧불이가 흩어지면서 아름다운
장면이 이어지므로 반딧불이의 아름다움이 부각되는 역할을 한다고 볼 수 있다.

⑤ ㉠은 전환되는 장면을 자연스럽게 연결할 것이고, ㉡은 인물
_{장면이 자연스럽게 연결됨.}
의 행위보다는 대화에 집중하도록 할 것이다.
_{지시문의 내용을 부각함.}

*근거: S# 20 ❿, S# 22 ❶

㉠은 시간의 흐름에 따라 장면이 자연스럽게 전환되도록 해 준다. 그러나 ㉡은
대화에 집중하게 하는 것이 아니라 인물의 행위를 드러내고 있는 지시문의 내용
을 부각해 준다.

E 19~21 *작자 미상, 〈꼭두각시놀음〉

[예상 문제]

❶ 중심인물, 배경   ❷ 중심 사건, 갈등   ❸ 서술상 특징
▨: ❸ 관용적 표현(둘 이상의 단어가 고정적으로 결합하여 새로운 의미를 담고 있는 표현)을 활용함.

❶
1 (표생원(表生員) 등장)
❷
표생원: 『어디로 갈까 어디로 갈까, 처음으로 관동팔경을 구경하면 우
_{❶중심인물 ❷중심 사건 - 표생원이 본처를 찾음. 강원도 동해안에 있는 여덟 명승지}
리 부인을 만나 볼까, 관서팔경을 구경하면 우리 부인을 만나 볼까,
_{평안도에 있는 여덟 군데의 명승지}
전라도라는 곳에 명승지도 있건마는 어느 곳 명승지지(名勝之地)가
좋길래 나를 버리고 우리 부인이 구경 갔나, 아서라 이게 모두 쓸데
없는 짓이다. 여(汝)담은 절각(折角)이라니 돌모리집 언어 데리고
_{'네 집에 담이 없었으면 내 소의 뿔이 부러졌겠느냐'의 뜻으로, 남에게 책임을 지우려고 억지 쓰는 말}
살면서 우리 부인을 잠시 돌아보지 않은 까닭이로구나, 방방곡곡
다 찾아보았으나 종내 만날 수가 없으니 다만 한숨뿐이로다.』
❸
돌모리집: 여보, 영감 별안간에 그게 무슨 말이오, 그까짓 본마누라를
_{❶중심인물 - 첩}
찾으면 무엇 한단 말이요. 나는 명산대찰(名山大刹) 구경하러 나선
_{경치가 아름답기로 이름난 산과 널리 알려진 큰 절}
줄 알았더니 인제 보니까 마누라 찾아다녔구려, 아이고 속상해. 이
_{❷중심 사건: 본처를 찾는 표생원에게 돌모리집이 질투를 드러냄.}
팔자가 왜 이렇게 기막힌가.
❹
표생원: (화를 내며) 요사스런 계집이로군, 대장부가 아무려든 무슨 잔
_{가부장적 권위를 당연시하는 인물의 모습}
말이냐.
❺
돌모리집: 그렇지. 작은집이란 이러기에 서러워. (돌아선다.)
_{첩이라는 신분적 제약과 고충에 대한 반발심}
❻
표생원: (등을 어루만지며) 여보게 자네가 이다지 노할 줄 알았으면 내
가 실수일세. (표생원 부인 꼭두각시 등장)

┌ 명승지: 경치가 좋기로 소문난 곳
│ 종내: 끝까지 내내
│ 요사스럽다: 요망하고 간사한 데가 있다.
└ 작은집: 첩 또는 첩의 집을 이르는 말

*1 요약: 부인을 찾는 표생원과 이를 질투하는 돌모리집

❷
2 꼭두각시: [창] 『어허 이게 웬일인가. 이 세상에 나와 보니 인간이별
_{❶중심인물 - 부인}
만사 중(人間離別萬事中)에 독수공방이 더욱 슬어. 인간 만사 마련
할 제 이별 빼지 못하였나, 우리 영감 어디 갔노, 여보 영감, 여보
_{『 』: ❸ 판소리적 문체(4 · 4조의 운율체로 독자에게 이야기하는 듯한 문체)를 사용 – 리듬감을 부여하고}
영감. 어디로 갔나, 어디로 갔나.』   _{흥미를 유발함.}
❷
표생원: 허허 이게 웬 소린가, 날 같은 이 또 있는가. 어디서 마누라 소
리가 나는 듯하네. 나도 한번 불러 볼까, 여보 마누라, 여보 마누라.
❸
꼭두각시: 어디서 영감 소리가 나는 듯 나는 듯. 여보 영감, 여보 영감.
❹
표생원: 어디서 마누라 소리가 나는 듯 나는 듯. [창] 거기 누가 날 찾
나. 『날 찾을 이 없건마는 거 누가 날 찾아, 기산 영수 별건곤(箕山
_{중국 고대의 은사 두 사람}
潁水別乾坤)에 소부 허유(巢夫許由)가 날 찾나, 채석강 명월하(採石
_{소부 허유가 살던 인간 세계와 다른 곳   중국 당나라 시인 이백}
江明月下)에 이적선(李謫仙)이 날 찾나. 상산사호(商山四皓) 늙은이
가 바둑 두자고 날 찾나.』
_{중국 진시황 때에 난리를 피하여 산시성 상산에 들어가서 숨은 네 사람}
_{『 』: ❸ 고사(유래가 있는 옛날의 일을 표현한 어구)를 활용해 인물의 처지를 드러냄.}
❺
꼭두각시: 『아이고 이게 웬 소린가. (차차 표생원에게 가까이 오면서) 아
_{『 』: ❷ 중심 사건 - 표생원과 그의 본처 꼭두각시가 만남.}
이고 이게 웬 소린가, 거 영감이요.
❻
표생원: 거 마누라인가.
❼
꼭두각시: 네, 영감이면 내가 해 입힌 옷을 만져 봐야 할 것이요.
❽
표생원: 마누라가 해 입힌 옷이 어떻길래 만져 보고 안단 말이요.
❾
꼭두각시: 내가 해 입힌 옷은 영감 양소매에 불알이 달렸소.
❿
표생원: 마누라 음성과 말을 들으니 마누라는 분명한데 그간 어디를
갔다 언제 왔나.』

┌ 만사: 여러 가지 온갖 일
└ 독수공방: 아내가 남편 없이 혼자 지내는 것

*2 요약: 표생원과 꼭두각시가 만남.

(중략)

❶
3 꼭두각시: 그러나 저러나 적어도 큰마누라요, 커도 작은마누라니
_{『 』: ❷ 갈등 - 표생원의 본처 꼭두각시와 첩 돌모리집의 외적 갈등}
인사나 시키오.
_{현실 인정. 본인으로서 권위를 찾으려는 행위}
❷
표생원: 여보게 돌모리집네, 법은 법대로 하세.
_{첩에게 본부인을 인정하라는 요구}
❸
돌모리집: 무얼 말이오?
❹
표생원: 큰부인한테 인사나 하게.
❺
돌모리집: 머지 않은 좌석에서 들어도 알겠소. 내가 적어도 용산삼계
(龍山三界) 돌모리집이라면 장안 안이 다 아는 터인데 유명한 표생
원이기로 가문을 보고 살기어든 날더러 작은집이라 업신여겨 큰부
인에게 인사를 하여라, 절을 하여라 하니 잣골 내 시댁 문 앞인가
절은 웬 절이여? 인사도 싫고 나는 갈 터이니 큰마누라 하고 잘 사
_{❷ 중심 사건: 돌모리집은 꼭두각시에게 인사하기를 거부함.}
소. (돌아선다.)
❻
표생원: 돌모리집네 여직 사던 정리로 그럴 수가 있나. 오뉴월 불도 쬐
_{인정과 도리}
다 물러나면 서운하다네. 마음을 돌려 인사하게.
_{당장에 쓸데없거나 대단치 않게 생각되던 것도 막상 없어진 뒤에는 아쉽게 생각된다는 말}
❼
돌모리집: 그러면 인사해 볼까요? (아무 말없이 화가 나서 꼭두각시한테
머리를 딱 들여받으며) 인사 받으우.
_{꼭두각시를 본부인으로 인정하지 않으려는 태도}
❽
꼭두각시: (놀래며) 이게 웬 일이여? 여보 영감, 이게 웬일이요. 시속
인사는 이러하오? 인사 두 번 받으면 내 머리는 간다봐라 하겠구나.
_{머리가 깨어지겠다}
인사도 싫으니 세간을 나눠 주오.』
_{처첩 간의 화해 거부. 경제적인 보상으로 갈등을 해결하려고 함.}
❾
표생원: 괘씸스런 계집들은 불 같은 욕심은 있고나. 나의 집은 해남 관

머리요, 몸 지체는 한양 성중인데 무슨 세간, 무슨 재물을 나눠 주니? 짚은 몽둥이로 한 번 치면 다 죽으리라. (표가 화를 내고 있는데 박이 나온다.)

┌ 좌석: 앉을 수 있게 마련된 자리
│ 장안: 수도라는 뜻으로, '서울'을 이르는 말
│ 업신여기다: 교만한 마음에서 남을 낮추어 보거나 하찮게 여기다.
│ 시속: 그 시대의 풍속
└ 세간: 집안 살림에 쓰는 온갖 물건

*③ 요약: 인사를 거부하고 세간을 나누자는 꼭두각시와 돌모리집

(중략)

❶
④ 박첨지: 그러면 세 분이 다 객지(客地)요?
❷ └ ❶ 중심인물
표생원: 여기는 객지나 다름 없습니다.
❸
박첨지: 재산이 있으면 나눠 줄 마음이오?
❹
표생원: 다시 이를 말씀이오. (박첨지가 한참 생각한다)
❺
┌ 박첨지: 내가 일동구장(一洞區長)으로 잘 처리하겠으니 염려 마우.
│   └ 한 동리의 우두머리, 이장
│ [창] 『돌모리집은 왕십리에 구실 은(銀) 두 되 하는 논 너 마지기
│   「 」: ❷ 중심 사건 – 박첨지는 좋은 것은 돌모리집에, 보잘것없는 것은 꼭두각시에게 나눠 줌.
│ 를 주고, 꼭두각시는 남산 봉우제 재실 재답 구실 닷 마지기 고초
│ 밭 하루갈이 주고, 용산삼개 들어오는 뗏목은 모두 다 묶어다가
[A]
│ 돌모리집 가져가고, 꼭두각시 널랑은 명년 장마에 떠밀리는 나무
│   └ 위쪽으로 여닫게 된 상자 모양의 가구
│ 뿌리는 너 다 갖고, 은장봉장 자개함롱 반닫이는 글랑 모두 돌모
│   └ 은으로 장식한 장과 봉황 무늬를 새긴 장   └ 옷을 넣는, 함처럼 생긴 장
│ 리집 주고, 뒷겻해 돌아가 개똥밭 하루갈이와 매운 잿독 깨진걸
└ 랑 꼭두각시 너 다 가져라.』

❻
┌ 꼭두각시: [창] 허허 나는 가네. 나 돌아가네. 덜덜거리고 그냥 돌아
[B]│   └ ❸ 꼭두각시의 패배와 한풀이의 상황을 춤으로 표현함.
└ 가네. (춤추며 나간다)

┌ 객지: 자기 집을 멀리 떠나 임시로 있는 곳
│ 마지기: 논밭 넓이의 단위. 한 마지기는 볍씨 한 말의 모 또는 씨앗을 심을 만한 넓이
│ 하루갈이: 소를 데리고 하룻낮 동안에 갈 수 있는 밭의 넓이
└ 명년: 올해의 다음

*④ 요약: 박첨지의 세간 나누기

💥 독해 공식
❶ 중심인물: 표생원, 꼭두각시, 돌모리집, 박첨지
❷ 중심 사건: 표생원은 본처를 찾고, 그의 첩 돌모리집은 이를 질투함. 표생원과 꼭두각시가 만남. 돌모리집은 꼭두각시에게 인사하기를 거부함. 박첨지는 표생원의 재산을 불공평하게 배분함(좋은 것은 돌모리집에게, 보잘것없는 것은 꼭두각시에게 나눠 줌.).
갈등: 표생원의 본처 꼭두각시와 첩 돌모리집의 외적 갈등
❸ 서술상 특징
• 관용적 표현(둘 이상의 단어가 고정적으로 결합하여 새로운 의미를 담고 있는 표현)을 이용해 인물의 상황과 태도를 드러내고 있음.
• 판소리적 문체(4·4조의 운문체로 독자에게 이야기하는 듯한 문체)를 사용해 리듬감을 부여하고 흥미를 유발하고 있음.
• 고사(유래가 있는 옛날의 일을 표현한 어구)를 활용해 인물의 처지를 드러내고 있음.
• 인물의 정서와 상황을 춤으로 표현하고 있음.

■ 갈래: 민속극, 인형극 대본
■ 내용: 이 작품은 가면극과 인형극으로 대별되는 우리나라 민속극 중 유일한 인형극으로 사람이 인형을 조종하고 목소리를 내는 것으로 극이 진행된다. 막과 막 사이에 줄거리의 연관성이 없으며 주요 인물의 이름을 따서 '박첨지놀음', '홍동지놀음'이라고도 부른다. 제시된 장면은 전체 8막 중 제5막 '표생원 거리'에 해당하는 부분이다. 이 작품은 서민들 사이에서 연희되어 온 만큼 비속하고 해학적인 표현이 많이 사용되고 있어 골계미를 엿볼 수 있으며, 주제 면에서는 처첩제로 인한 가부장적 가족 제도라는 사회적 모순에 대해 신랄하게 풍자하고 있다.

▪ 인물 관계도

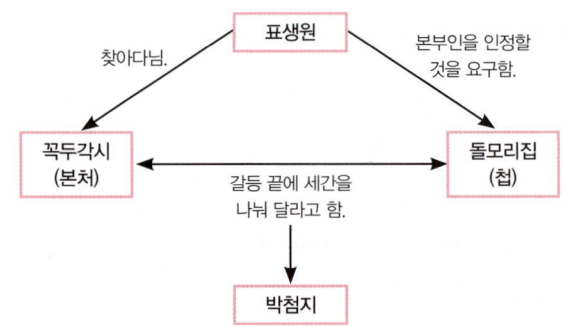

좋은 세간은 돌모리집에게, 보잘것없는 것은 꼭두각시에게 줌.

■ 주제: 처첩제로 인한 가부장적 사회의 모순 풍자

■ 이것이 핵심!: 인물 간의 갈등과 풍자

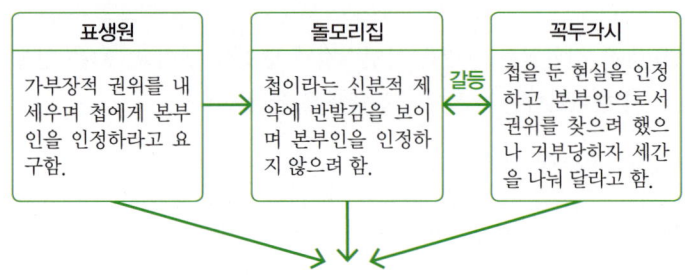

처첩제로 인한 갈등과 가부장제의 모순 풍자

■ 전체 줄거리: [제5막] 표생원이 오랫동안 헤어져 있던 본처 꼭두각시를 만나는데 첩인 돌모리집과 인사시키자 싸움이 벌어진다. 꼭두각시가 화해를 거부하며 세간을 나눠 달라고 하자 표생원은 화를 내고, 이때 등장한 박첨지는 살림을 공평하게 나누어 준다면서 첩에게만 유리하게 나누어 주고 이에 꼭두각시는 금강산으로 중이 되러 가겠다며 퇴장한다.

📕 19 정답 ④ *인물의 심리와 태도 파악하기

윗글의 [A]와 [B]에 대한 설명으로 가장 적절한 것은?

• [A]: 박첨지가 표생원의 재산을 공평하게 나눠 주겠다고 하면서 돌모리집에게만 유리하게 분배하는 부분입니다.
• [B]: 꼭두각시의 패배와 한풀이의 상황을 춤으로 표현한 부분입니다.

즉 [A], [B]에 드러난 인물의 태도와 의도로 적절한 것을 고르는 문제입니다.

왜 정답?

④ [A]: 돌모리집에게 일방적으로 유리한 조건을 부여하고 있다.
    └ 박첨지는 돌모리집에게만 유리하게 재산을 나누고 있음.
  [B]: 처첩 간의 갈등 후에 패배한 몸짓으로 재담의 종료를 나타낸다.
    └ 패배한 꼭두각시는 춤을 추며 퇴장하여 재담 상황의 끝을 드러내고 있음.

*근거: ④-❺, ❻
[A]에서 박첨지는 표생원의 재산을 나누는 문제를 공평하게 처리해 주겠다고 했지만 논을 비롯한 온갖 좋은 것들은 돌모리집에게 주고, 부실하고 보잘것없는 것들은 꼭두각시에게 주고 있다. 이를 통해 일방적으로 돌모리집에게만 유리한 조건을 부여하고 있음을 알 수 있다.
[B]는 박첨지가 재산을 첩인 돌머리집에게만 후하게 나눠 주자 꼭두각시가 돌아가겠다고 하며 퇴장하는 장면이다. 즉, '허허', '덜덜거리고 그냥 돌아가네'라고 하며 춤추며 나가는 것은 맥락상 처첩 간의 갈등 끝에 패배한 본처가 패배의 몸짓을 보이며 재담의 종료를 나타내는 것으로 볼 수 있다.

┌ 일방적: 어느 한쪽으로 치우친 것
│ 처첩: 아내와 첩을 아울러 이르는 말
└ 재담: 익살과 재치를 부리며 재미있게 이야기함. 또는 그런 말

왜 오답?

① [A]: 돌모리집 편을 들어 ~~표생원의 행동을 인정하고 있다.~~
　　　　　　　　　　　　　　　　표생원의 행동을 인정하는 않음

　　[B]: ~~흥을 선명 나게 돋우어 분위기를 반전시키려는 의도이다.~~
　　　　한을 표현하기 위해서 춤을 추고 있음.

[A]에서 박첨지가 돌모리집에게만 좋은 것들을 주고 있기는 하지만, 이것이 표생원의 행동을 인정하는 의도라고 볼 수는 없다.

[B]에서 꼭두각시가 춤을 추며 돌아가는 모습은 흥을 돋우어 분위기를 반전시키는 것이 아니라 한스러움을 표현하는 것이다.

> ┌ 신명: 흥겨운 신이나 멋
> └ 반전하다: 일의 형세가 뒤바뀌다.

② [A]: ~~공평한 분배로 인해 객관성을 획득하고 있다.~~
　　　　돌모리집에게만 유리하도록 분배함.

　　[B]: 재담 결말의 행동으로 상대방에 대한 ~~공경심의 발로이다.~~
　　　　　　　　　　　　　　　　공경하는 마음이 드러난 것　공경심을 표현하고 있지는 않음.

[A]에서 박첨지는 좋은 것들은 돌모리집에게, 보잘것없는 것들은 꼭두각시에게 주며 재산을 불공평하게 분배하고 있다.

[B]에서 꼭두각시는 패배감과 한을 드러낼 뿐 상대방에게 공경심을 표현하고 있다고 볼 수 없다.

> ┌ 객관성: 주관에 좌우되지 않고 언제 누가 보아도 그러하다고 인정되는 성질
> │ 공경심: 윗사람을 공손히 섬기고 존경하는 마음
> └ 발로: 숨은 것이 겉으로 드러나거나 숨은 것을 겉으로 드러냄. 또는 그런 것

③ [A]: 돌모리집을 위하는 것 같지만 결국은 ~~꼭두각시를 위한다.~~
　　　　　　　　　　　　　　　　　　꼭두각시를 홀대함.

　　[B]: 주의를 환기해 해학과 풍자로 청중의 ~~웃음을 유발한다.~~
　　　　　　　　　　　　　　　　　　웃음을 유발하고 있지 않음.

[A]에서 박첨지는 돌모리집에게만 좋은 것들을 주며 꼭두각시를 홀대하고 있다.

[B]에서 꼭두각시는 한스러운 상황을 춤으로 표현하고 있을 뿐, 웃음을 유발하지는 않는다.

> ┌ 환기하다: 주의나 여론, 생각 따위를 불러일으키다.
> │ 해학: 익살스럽고도 품위가 있는 말이나 행동
> └ 풍자: 문학 작품 따위에서, 현실의 부정적 현상이나 모순 따위를 빗대어 비웃으면서 씀.

⑤ [A]: 분쟁을 ~~평화롭게~~ 해결하여 이야기의 대단원의 막을 내린다.
　　　　　　　재산을 불공평하게 분배하고 있음.

　　[B]: 인물 간의 ~~갈등이 일시적으로 화해되어~~ 긴장을 완화한다.
　　　　　　꼭두각시와 돌모리집이 화해하고 있지 않음.

[A]에서 박첨지는 재산을 불공평하게 분배하고 있으므로 분쟁을 평화롭게 해결했다고 볼 수 없다.

[B]에서 꼭두각시는 이러한 분배에 패배감을 느끼며 떠나고 있으므로 돌모리집과 화해했다는 것은 적절하지 않다.

> ┌ 분쟁: 말썽을 일으키어 시끄럽고 복잡하게 다툼.
> └ 완화하다: 긴장된 상태나 급박한 것을 느슨하게 하다.

E 20 정답 ⑤ ＊상황에 맞는 한자 성어 찾기

〈보기〉를 바탕으로 윗글에 나타난 인물을 평가한 것으로 적절하지 않은 것은?

• 〈보기〉: 윗글은 표생원과 돌모리집, 꼭두각시의 삼각관계를 중심으로 당대 사회와 인물의 모순을 비판하고 있습니다.

증 작품의 배경이 되는 사회상을 고려하여 표생원, 돌모리집, 꼭두각시, 박첨지를 평가한 내용으로 틀린 것을 고르는 문제입니다.

[보기]

❶이 장면은 표생원과 돌모리집, 꼭두각시의 삼각관계를 드러내는 대목이다.❷표생원으로 인한 돌모리집과 꼭두각시의 갈등은 남

성 중심적 사회의 모순을 비판적으로 드러낸다.❸즉 표생원은 가부장적 권위를 당연시하는 인물로 조강지처를 버리고 첩을 얻고,
　　　　　　　　　　　　　　　　　　　　　　　　　　　①의 근거
본처 꼭두각시와 첩 돌모리집은 서로 다툰다.❹싸움을 중재하겠다
　　　　　　　　　　　　　　　　　④의 근거
고 나선 박첨지는 돌모리집에게 유리한 판결을 내리고 꼭두각시
　　　　　　　　　　　　　　　⑤의 근거
는 첩에게 남편과 재산을 넘겨주게 된다.
　⑤의 근거　　③의 근거

> 모순: 어떤 사실의 앞뒤, 또는 두 사실이 이치상 어긋나서 서로 맞지 않음을 이르는 말
> 비판적: 현상이나 사물의 옳고 그름을 판단하여 밝히거나 잘못된 점을 지적하는 것
> 가부장적: 가장이 가족에 대하여 절대적인 권력을 가지는
> 권위: 남을 지휘하거나 통솔하여 따르게 하는 힘
> 당연시하다: 당연한 것으로 여기다.
> 조강지처: 몹시 가난하고 천할 때에 고생을 함께 겪어 온 아내를 이르는 말
> 중재하다: 분쟁에 끼어들어 쌍방을 화해시키다.
> 유리하다: 이익이 있다.

왜 정답?

⑤ 박첨지: ~~쾌도난마(快刀亂麻)~~한 판결을 내리는 것을 보니 역시
　　　　돌모리집에게만 유리하게 재산을 나눠 주는 박첨지의 행동을 명쾌한 해결이라고 볼 수 없음.
　　　구장답군.

＊근거: ❹-⑤, 〈보기〉❹문장

구장 박첨지는 재산을 잘 분배해 주겠다고 하며 첩인 돌모리집에게 좋은 것을 주고 나머지 보잘것없는 것은 꼭두각시에게 넘겨주는 편파적인 판결을 하고 있다. '쾌도난마'란 잘 드는 칼로 마구 헝클어진 삼 가닥을 자른다는 뜻으로, 어지럽게 뒤얽힌 사물을 강력한 힘으로 명쾌하게 처리함을 이르는 말이다. 따라서 박첨지의 편파적인 판결을 '쾌도난마'라고 평가하는 것은 적절하지 않다.

> ┌ 구장: 예전에, 시골 동네의 우두머리를 이르던 말

왜 오답?

① 표생원: 자기중심적이군. 동고동락(同苦同樂)하던 본부인을 두고 첩을 얻다니.
　　　　　　　　　　　첩을 얻고 자신의 본부인을 내버려 둔 표생원에 대한 비판으로 적절함.

＊근거: ①-❷, 〈보기〉❸문장

'동고동락'은 괴로움도 즐거움도 함께한다는 뜻으로, 표생원은 자신과 함께해 온 조강지처를 버리고 첩을 얻었으므로 적절한 평가이다.

② 표생원: 처첩 간의 갈등 속에 머리가 아프겠지. 자승자박(自繩自縛)이야.
　　　　　　　자신이 얻은 첩으로 인해 갈등을 겪는 표생원에 대한 평가로 적절함.

＊근거: ❸

'자승자박'은 자기의 줄로 자기 몸을 옭아 묶는다는 뜻으로, 자기가 한 말과 행동에 자기 자신이 옭혀 곤란하게 됨을 비유적으로 이르는 말이다. 따라서 조강지처를 버리고 첩을 얻어서 갈등을 겪는 표생원의 상황에 대한 평가로 적절하다.

③ 꼭두각시: 안됐군. 남편도 잃고 재산까지 속수무책(束手無策)으로 다 빼앗기다니.
　　　　　　　남편과 재산을 모두 잃고 어찌할 도리가 없는 꼭두각시의 모습으로 적절함.

＊근거: ❹-⑤, ⑥, 〈보기〉❹문장

'속수무책'은 손을 묶은 것처럼 어찌할 도리가 없어 꼼짝 못하는 것을 이르는 말로, 이는 남편과 재산을 모두 잃게 된 꼭두각시의 상황을 나타내기에 적절하다.

④ 돌모리집: 후안무치(厚顔無恥)한 인간이군. 사람이 기본적인 예의는 있어야지.
　　　　　　부끄러움 없이 꼭두각시를 인정하지 않고 시비를 거는 돌모리집에 대한 비판으로 적절함.

＊근거: ❸-⑤, ⑦, 〈보기〉❸문장

'후안무치'는 뻔뻔스러워 부끄러움이 없다는 뜻으로, 본처인 꼭두각시를 인정하지 않고 시비를 거는 돌모리집의 뻔뻔한 모습에 대한 평가로 적절하다.

E 21 정답 ③ *작품 비교하기

윗글과 비교하여 〈보기〉의 내용을 설명한 것 중 가장 적절한 것은?

- **윗글**: 표생원, 꼭두각시, 돌모리집의 삼각관계와 갈등을 중심으로 당대 사회의 모순을 비판하고 있습니다.
- **〈보기〉**: 인생을 꼭두각시놀음에 비유하여, 인형과 우리들의 삶이 유사함을 이야기한 작품입니다.

즉 꼭두각시가 중심인물로 등장하는 윗글과, 꼭두각시놀음을 중심 소재로 삼은 〈보기〉의 내용을 비교한 것으로 가장 적절한 것을 고르는 문제입니다.

[보기]

❶조물주의 사람 놀리기 꼭두각시놀음이나 진배없고
❷달인은 꼭두각시 보길 제 몸 보듯 하네.
　　　　　　　　　　⑤의 근거
❸「인생이나 꼭두각시놀음은 같은 것이라
　「」: ③의 근거
❹결국은 누가 참이요 누가 참이 아니런가.
❺굽혔다 폈다 찡그렸다 펴는 모습
　　　　　　　　④의 근거
❻거의 사람 같으니 누구의 솜씨로 똑같게 만들었나
❼사람도 한 기운 따라 꿈틀거리며 사는데
❽기운 빠지면 꼭두각시놀음 마친 것 같을 뿐이네.」
　　　　　　　　　　　　　　　　　－ 이규보, 〈꼭두각시놀음을 보고[觀弄幻有作(관농환유작)]〉
- -
조물주: 우주의 만물을 만들고 다스리는 신
진배없다: 그보다 못하거나 다를 것이 없다.
달인: 널리 사물의 이치에 통달한 사람

＞왜 정답?

③ 인생을 인물 간의 갈등이 아니라 인형의 동작에 빗대서 표현
　　　　　　　　　　　　　〈보기〉는 인형 자체의 움직임에 사람의 인생을 비유함.
하고 있다.

근거: 〈보기〉 ❸~❽

〈보기〉는 꼭두각시놀음을 본 뒤 지은 것으로, '인생이나 꼭두각시놀음은 같은 것'이라고 읊으면서 무엇이 참인지 생각하는 모습이 나타난다. 그리고 '사람도 한 기운 따라 꿈틀거리며 사는데 / 기운 빠지면 꼭두각시놀음 마친 것 같을 뿐이네.'라며 사람의 삶과 꼭두각시놀음이 다르지 않다는 깨달음을 드러내고 있다. 즉, 〈보기〉는 인물 간의 갈등보다는 인형의 동작이나 인형을 조종하는 사람의 행동 등을 바탕으로 인형과 우리들의 삶이 유사하다는 인식을 표현하고 있다.

＞왜 오답?

① 윗글보다 인물의 성격이 구체적으로 나타나 있어 이해가 쉽다.
　　　　　　〈보기〉에는 인물의 구체적인 성격이 드러나지 않음.

〈보기〉는 꼭두각시놀음을 본 감상을 드러내고 있을 뿐 인물의 성격을 구체적으로 나타내고 있지는 않다.

② 시대 상황을 직접적으로 반영하여 시의 주제 의식을 드러내고
　　　　　　　　　　　작가가 이야기하고자 하는 바
　〈보기〉에는 시대 상황이 나타나지 않음.
있다.

〈보기〉에서 시대 상황을 직접적으로 반영한 부분을 찾을 수 없다.

반영하다: 다른 것에 영향을 받아 어떤 현상을 나타내다.

---

④ 인물들의 동작 하나하나를 실감 나게 표현하여 인형극의 묘미
　　인물의 동작을 실감 나게 표현하지는 않음.
를 살려 준다.

*근거: 〈보기〉 ❺, ❻

〈보기〉에서는 인형의 동작을 '굽혔다 폈다 찡그렸다 펴는 모습'이라고 묘사하며 이것이 사람과 같다고 하고 있을 뿐 인물들의 동작 하나하나를 실감 나게 표현하고 있지는 않다.

묘미: 미묘한 재미나 흥취

⑤ 꼭두각시를 조종하는 사람을 달인으로 표현하여 그 능력을 중
　　　　　　　　　　　　　　　　　　　　　　　　　
점적으로 부각하고 있다.
　달인은 꼭두각시를 제 몸처럼 여기는 사람을 가리킴.

*근거: 〈보기〉 ❷

'달인은 꼭두각시 보길 제 몸 보듯 하네.'는 인형을 조종하는 사람의 능력을 부각한 것이 아니라, 꼭두각시를 제 몸 보듯 하는 사람을 사물의 이치에 통달한 '달인'이라고 표현한 것이다.

 ── 1등급 풀이 Tip ──

지문에는 해당하지 않고, 〈보기〉에만 해당하는 내용을 골라야 한다.
지문에서는 표생원, 꼭두각시, 돌모리집 등 구체적인 인물이 등장하고, 이들의 갈등을 중심으로 이야기가 전개되고 있다.
반면 〈보기〉에서는 꼭두각시놀음의 구체적인 인물을 묘사하지 않고, 인생을 꼭두각시놀음에 비유하여 사람이 살아가는 것을 꼭두각시 인형의 움직임에 빗대고 있다.

E 22~24 *작자 미상, 〈하회 별신굿 탈놀이〉
[예상 문제]

❶ 중심인물, 배경 　❷ 중심 사건, 갈등 　❸ 서술상 특징
▨: ❸ 언어유희(재미를 위해 말의 형태를 조작·반복하거나 동음이의어 등을 활용하는 방법)
－ 양반과 선비의 무식함을 드러냄.

제5과장 양반 선비 세도 자랑

[1] 초랭이: 아? 각시하고 중놈하고 어디 갔노? 아— 저리로 도망가는
　　❶ 중심인물 – 양반의 하인
구나. (각시와 중이 달아난 쪽으로 바쁜 제자리걸음으로 뛰다가) 아이고! 요게 뭐로? 아— 각시 신이구나. (각시가 흘리고 간 꽃신을 품에 안고 혼자 좋아서 몸을 비틀다가 넘어진다.) 아이고 궁둥이야. 「(일어나 쩔룩쩔룩거리며 관중들에게 신을 줄 듯 줄 듯 하면서 춤을 춘다.) ⓐ
　　　　　　「」: ❸ 관중을 이용해 극을 진행하는 부분
보소! 이거 이쁘지? 안 돼! 보소! 이거 이쁘지? 이거 줄까? 안 돼!」
　　초랭이가 관객을 향해 하는 대사
(갑자기 무언가를 생각해 낸 듯이) 아 참! 우리 양반을 불러 와야지.
(조착조착 뛰어가면서) 양반요! 양반요, 빨리 오소 빨리.

❷ 양반: 어흠. (거드름을 피우면서 부채로 얼굴을 가리고 나온다.) (귀찮다
　❶ 중심인물　거만스러운 태도
는 듯이) 이놈! 이놈이 왜 이리 수답노? (부채로 초랭이의 벙거지를 툭
　　　　　　　　　　　　수다인고
친다.)

❸ 초랭이: (무안하여 어쩔 줄 모르다가) 양반요! 각시하고 중하고 춤추다
　　　　　　　　　　　　　　❷ 중심 사건: 초랭이는 양반에게 각시와 중이 도망간 이야기를 전함.
가 도망갔어요.

양반: 뭣이라고? 허허 망측한 세상이로다. (주위를 빙빙 돌며 세상을 개탄하듯 부채질을 한다.)

조착조착: 걸음 폭을 짧게 하여 조금 빠르게 자꾸 걷는 모양
무안하다: 수줍거나 창피하여 볼 낯이 없다.
망측하다: 정상적인 상태에서 어그러져 어이가 없거나 차마 보기가 어렵다.

*[1] 요약: 양반에게 각시하고 중이 도망간 이야기를 하는 초랭이

(중략)

2 **①** 양반: 부네야. <u>국추단풍(菊秋丹楓)에 기체후만강(氣體候萬康)하시</u>
한자어를 사용하며 점잖은 체함.
며 보동댁이 감환(感患)이 들어 자동양반 문안드리오.

② 부네: 하도 그 문안 감사하오나 감자 한 쌍은 왜 왔소?
③ **❶** 중심인물
양반: 『허허허, 그곳이 하도 험악하와 보호자로 왔나이다. 수목은 울창
『 』: 양반과 부네의 외설적 재담 – 양반의 허위성 폭로
하고 양대꽃이 만발하니 들어가기만 하면 백혈(白血)을 토하고 죽

어가기에 보호자로 왔나이다.

④ 부네: 하도 감사하와 버선 한 켤레 아뢰나이다.』
⑤ 양반: 『허허. 얘, 부네야. (양반, 부네 어울려 춤춘다.)
⑥ 『 』: 갈등 – 부네를 서로 차지하려고 다투는 양반과 선비 사이의 외적 갈등
선비: (그 광경을 보고 못마땅하여) 에끼! 고약한지고. 에헴 에헴.
⑦ **❶** 중심인물
부네: (양반과 춤추다가 선비의 기침 소리를 듣고 선비에게 간다.) ⓑ<u>선비</u>

<u>어른 내 여기 왔잖나?</u>

⑧ 선비: 오냐 오냐, 부네야. (부네를 안듯이 춤춘다.)
⑨ 양반: (기분이 좋아서 혼자서 춤추다가 그 광경을 보고 어쩔 줄 모르며) 아

니? 저런 <u>망할 년의 요부(妖婦)</u>가? 어흠 어흠.』
비속어 사용 – 양반의 허위성 폭로

> 국추단풍: 국화꽃이 피고 단풍이 드는 가을
> 기체후만강: 웃어른께 올리는 편지에서 문안할 때 쓰는 말로, '기력과 신체가 모
> 두 편안하신지'의 뜻임.
> 감환: '감기'의 존댓말
> 문안: 웃어른께 안부를 여쭘. 또는 그런 인사　요부: 요사스러운 계집

*2 요약: 부네를 서로 차지하려고 싸우는 양반과 선비

(중략)

3 **①** 선비: (양반이 가리킨 쪽을 바라보다가 아무것도 없자 돌아서서 놀라
며) 아니 저놈의 양반이? (양반에게 간다.) ⓒ<u>여보게 양반, 이리 오</u>

<u>게, 저기에서 각시들이 목욕을 하고 있네.</u>

② 부네: (선비와 양반을 바라보며) 호호호, 내 때문에 저래 싸우는구나.
부네는 양반과 선비가 자신을 차지하려고 다투는 상황을 즐김.
③ 양반: (선비가 가리킨 쪽을 바라보다가 돌아서며) 아니? 저놈의 선비가?

나를 속여? 여보게 선비, 자네가 감히 내 앞에서 이럴 수 있는가?

④ 선비: 그렇다면 자네가 진정 나한테 이럴 수가 있는가?
⑤ 양반: 『아니, 그럼 자네 지체가 나만 하단 말인가?
⑥ 『 』: ❷ 갈등 – 지체를 자랑하는 양반과 학식을 자랑하는 선비의 외적 갈등
초랭·이매: (자기 상전의 세도 자랑을 흉내 낸다.)
주인
⑦ 양반: 암 낫고 말고.
⑧ 선비: 뭣이 나아, 말해 봐.
⑨ 양반: 나는 사대부(士大夫)의 자손인데……
양반의 지체 자랑
⑩ 선비: 뭐 사대부? 나는 팔대부(八大夫)의 자손일세.
⑪ 양반: 허허, 팔대부는 또 뭐야?
⑫ 선비: 팔대부는 사대부의 갑절이지.
두 번 합한 만큼
⑬ 양반: ⓓ<u>우리 할아버지는 문하시중(門下侍中)이거던.</u>
양반의 지체 자랑
⑭ 선비: 아 — 문하시중 그까짓 거? 우리 아버지 바로 문상시대(門上侍
조선 전기에, 문하부의 정일품 으뜸 벼슬
大)인데……

⑮ 양반: 문상시대! 그건 또 뭐야?
⑯ 선비: 문하(門下)보다는 문상(門上)이 높고 시중(侍中)보다는 시대(侍

大)가 크단 말일세.

⑰ 양반: 그것 참 별꼴을 다 보겠네.

⑱ 선비: 지체만 높으면 제일인가?
⑲ 양반: 그러면 무엇이 또 있단 말인가?
⑳ 선비: 첫째 학식이 있어야지. 나는 사서삼경(四書三經)을 다 읽었네.
선비의 학식 자랑
㉑ 양반: 뭣이, <u>사서삼경? 나는 팔서육경(八書六經)</u>을 다 읽었네.
㉒ 선비: 도대체 팔서육경은 어디 있으며 대관절 육경은 또 뭐야?
㉓ 초랭이: 『(방정맞게 양반과 선비 사이로 뛰어들며) 헤헤헤, 나도 아는 육경

그것도 모르니껴? 팔만대장경, 중의 바래경, 봉사의 안경, 약국의
불경의 하나
길경, 처녀 월경, 머슴의 쇄경.』 『 』: ❸ 해학(익살스럽고도 품위가 있는 말이나 행동)과
도라지 익살남을 웃기려고 일부러 하는 말이나 몸짓)을 통해
양반과 선비의 무식함을 조롱함.
㉔ 이매: 그거 다 맞어.
㉕ 양반: (흐뭇한 표정으로) 이것들이 아는 육경을 선비라는 자가 몰라?』
초랭이의 언어유희에 동조하는 양반의 모습을 통해 양반과 선비의 무식함을 폭로함.

> 지체: 어떤 집안이나 개인이 사회에서 차지하고 있는 신분이나 지위
> 세도: 정치상의 권세(권력과 세력)
> 사대부: 문무 양반(文武兩班)을 일반 평민층에 상대하여 이르는 말
> 쇄경: 새경. 머슴이 주인에게서 한 해 동안 일한 대가로 받는 돈이나 물건

*3 요약: 지체를 자랑하는 양반과 학식을 자랑하는 선비

(중략)

4 **①** 백정: 『ⓔ<u>심술궂은 걸음걸이로 배꼽이 보이고, 가슴을 앞으로 쑥 내</u>
❶ 중심인물 『 』: ❷ 중심 사건 – 백정과 초랭이가 양반과 선비를 조롱함.
<u>밀고, 뒤에 허리 받침의 오른손에는 소불알을 들었다.)</u> 헤헤헤, 꼴들

참 좋다. (춤추는 광대들을 바라보다가 양반과 선비 사이로 뛰어들면

서) 샘님! 알 사이소!
'생원님'의 준말
② 양반: (깜짝 놀라며) 이놈! 한참 신나게 노는데 알이라니?
③ 백정: 알도 모르니껴?
④ 초랭이: (양반과 선비 사이로 뛰어나오면서) 달걀, 눈알, 새알, 대감 통

불알.
양반과 선비 조롱
⑤ 백정: (호탕하게 웃으며) 맞았다 맞어, 불알이야 불알. (소불알을 흔들흔
❸ 해학과 익살을 통해 양반과 선비를 비꼬고 조롱함.
들거린다.)』

> 백정: 소나 개, 돼지 따위를 잡는 일을 직업으로 하는 사람
> 호탕하다: 씩씩하고 거리낌이 없으며 걸걸하다.

*4 요약: 소불알을 팔러 온 백정

⭐ **독해 공식**

❶ 중심인물: 초랭이, 양반, 선비, 부네, 백정
❷ 중심 사건: 초랭이는 양반에게 각시와 중이 도망갔다는 이야기를 전함. 양반과 선비는
부네를 차지하기 위해 다투다가 서로의 지체와 학식을 자랑함. 백정과 초랭이는 양반과 선
비를 조롱함.
　갈등: 부네를 두고 서로 다투는 양반과 선비의 외적 갈등, 지체를 자랑하는 양반과 학식을
자랑하는 선비의 외적 갈등
❸ 서술상 특징
· 관중을 이용해 극을 진행하는 부분이 드러나고 있음.
· 언어유희(재미를 위해 말의 형태를 조작·반복하거나 동음이의어 등을 활용하는 방법)를
통해 인물의 특성을 드러내고 있음.
· 해학(익살스럽고도 품위가 있는 말이나 행동)과 익살(남을 웃기려고 일부러 하는 말이나
몸짓)을 통해 작품의 주제 의식을 드러내고 있음.

■ 갈래: 민속극, 가면극 대본
■ 내용: 이 작품은 경상북도 안동 하회 마을에서 별신굿(마을 수호신인 별신에게 제
사를 지내는 굿)을 할 때 연행한 전통 가면극이다. 무동 마당, 주지 마당, 백정 마
당, 할미 마당, 파계승 마당, 양반·선비 마당 등으로 진행되며 외설적인 언어와
재담을 통해 지배 계층에 대한 민중의 풍자와 비판을 담고 있다. 제시된 다섯째
마당은 '양반과 선비 마당'으로 양반과 선비를 비꼬고 조롱하는 한편 관리의 착취
를 풍자하고 있다.

■ 인물 관계도

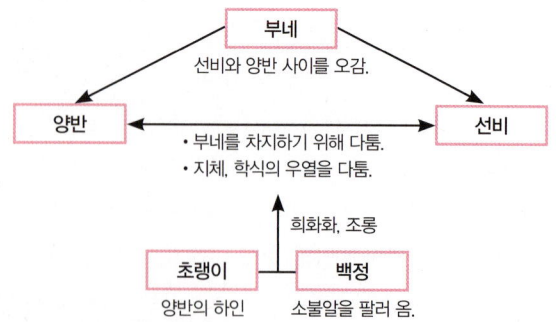

■ 주제: 지배 계층의 허위성 폭로

■ 이것이 핵심!: 양반, 선비의 위선 폭로와 풍자

부네를 차지하려는 다툼	지체, 학식 자랑
점잖은 척하지만 부네의 관심을 끌기 위해 다투며 화가 나면 비속어를 씀.	'사대부', '문하시중', '사서삼경'이라는 자랑에 각각 '팔대부', '문상시대', '팔서육경'이라고 받아침.

↓ 양반과 선비의 겉과 속이 다른 모습을 통해 위선 풍자

↓ 언어유희를 통해 양반과 선비의 무지와 학식의 허위성 풍자

■ 전체 줄거리: [다섯째 마당] 양반은 하인인 초랭이와 함께 나오고, 선비는 첩인 부네와 함께 나온다. 초랭이는 양반과 선비를 서로 인사시키고, 자기가 양반 대신 선비의 인사를 받은 다음 계속 양반을 골려 준다. 양반과 선비는 부네를 차지하려고 다투다가 지체와 학식을 자랑하며 겨루고, 백정이 등장하여 내미는 불알을 서로 사려고 한다. 이때 별채(別差) 역인 이매가 나와 환자(還子) 바치라고 외치자 모두 놀라 도망간다.

E 22 정답 ④ *사건과 갈등 파악하기

윗글의 갈등 양상을 바르게 파악한 것은?

• 윗글의 갈등 양상: 양반과 선비는 서로 부네를 차지하려고 갈등을 빚다가 각자의 지체와 학식을 자랑하며 다투고 있습니다.

[즉] 윗글의 인물 관계를 고려하여 갈등 양상을 파악한 내용으로 적절한 것을 고르는 문제입니다.

>왜 정답?

④ 부네와 같이 있으려고 하는 양반 ↔ 부네를 차지하려는 선비
  '허허, 얘, 부네야. (양반, 부네 어울려 춤춘다.)' '오냐 오냐. 부네야. (부네를 안듯이 춤춘다.)'

*근거: [2]
양반이 '허허, 얘, 부네야'라고 하며 부네와 어울려 춤추고, 이어서 선비의 기침소리를 듣고 부네가 선비에게 가자 선비가 '오냐 오냐. 부네야'라고 하며 부네를 안듯이 춤추는 장면에서 양반과 선비가 부네를 서로 차지하려는 모습이 나타난다. 이로 인해 갈등하던 양반과 선비는 서로 학식이 높다고 다투고, 초랭이에 의해 무지함이 탄로 나게 된다. 따라서 윗글의 주된 갈등 양상은 부네를 차지하려고 하는 양반과 선비 사이의 갈등이라고 볼 수 있다.

>왜 오답?

① 선비를 도와주려든 초랭이 ↔ 양반을 도와주려든 백정
  초랭이는 선비를 조롱함.   백정은 양반을 조롱함.

*근거: [4]
초랭이와 백정은 각각 선비와 양반을 조롱하고 있다. 즉 초랭이와 백정이 각각 선비와 양반을 도와주려는 모습은 나타나지 않으며, 둘 사이에 갈등이 나타나는 것도 아니다.

---

② 양반에게 애교 부리려든 초랭이 ↔ 양반을 질타하든 백정
  초랭이는 양반에게 애교를 부리지 않음.   백정은 웃음을 통해 양반을 조롱함.

*근거: [4]
초랭이는 양반에게 애교를 부리지 않고 양반을 조롱하며, 백정은 웃음을 통해 양반을 조롱할 뿐 질타하지는 않는다. 초랭이와 백정이 서로 갈등하고 있지도 않다.

〔 질타하다: 큰 소리로 꾸짖다.

③ 부네를 차지하려는 선비 ↔ 양반에게 가고 싶어 하든 부네
  부네는 양반과 선비가 서로 자신을 차지하려 하는 상황을 즐김.

*근거: [2]-❽, [3]-❷
선비는 부네를 차지하고 싶어 한다. 그러나 부네는 양반과 어울리기는 하지만 양반에게 가고 싶어 하며 선비와 갈등하는 것이 아니라 선비와 양반 사이를 오가며 그 상황을 즐기고 있다.

⑤ 양반에게 잘 보이려든 백정 ↔ 양반의 마음을 잡으려든 초랭이
  백정은 양반을 조롱함.   초랭이는 양반을 조롱함.

*근거: [4]
백정과 초랭이는 모두 양반을 조롱하고 있을 뿐 양반에게 잘 보이려 하거나 그의 마음을 잡으려 하고 있지는 않다. 따라서 백정과 초랭이가 양반의 마음을 얻기 위해 갈등한다고 볼 수 없다.

E 23 정답 ① *갈래의 특성 파악하기

@～ⓔ 중, 〈보기〉의 근거로 들기에 적절한 것은?

• @: @는 '초랭이'가 관중에게 말을 건네는 부분입니다.
• ⓑ: ⓑ는 '부네'가 극중 인물인 '선비'에게 말하는 부분입니다.
• ⓒ: ⓒ는 '선비'가 극중 인물인 '양반'에게 말하는 부분입니다.
• ⓓ: ⓓ는 '양반'이 극중 인물인 '선비'에게 말하는 부분입니다.
• ⓔ: ⓔ는 '백정'의 동작을 지시하는 지시문입니다.
• 〈보기〉: 민속극에서 배우는 일인다역의 방식, 반주자와 말을 주고받는 방식, 관중을 상대역으로 하는 방식을 사용하기도 합니다.

[즉] @～ⓔ 중 〈보기〉에서 설명한 민속극의 특징이 드러난 것을 고르는 문제입니다.

┌─────[보기]─────┐
❶연극 또는 희곡에 관해서는 의지할 만한 전례도 구속이 될 만한 규범도 없었으니, 하층의 지혜를 집약하는 방식을 경험의 축적을 통해서 마련해야만 했다. ❷이런 조건은 민속극이 끝내 민속극으로 머물고 창작극으로 전환될 수 없도록 작용했다. ❸배우는 스스로 해설하면서 극중 인물 노릇도 하는데, 즉 자기가 묻고 대답하는 일인다역(一人多役)의 방식을 택하기도 하고, 반주자를 상대역으로 삼아 말을 주고받기도 했으며, 나아가 <u>관중 가운데 아무나 즉석에서 끌어내서 잠시 상대역 노릇을 하게 하기도 했다.</u>
  ①의 근거

전례: 전거(규칙으로 삼는 근거)가 되는 선례
집약하다: 한데 모아서 요약하다.
축적: 지식, 경험, 자금 따위를 모아서 쌓음.
└──────────────────┘

>왜 정답?

① @
  @는 '초랭이'가 관객을 향해 하는 대사로, 관객이 상대역 노릇을 하게 함.

*근거: [1]-❶, 〈보기〉❸문장
〈보기〉에서는 민속극의 특징으로 배우가 일인다역을 하는 방식, 반주자를 상대역으로 삼아 말을 주고받는 방식, 관중을 즉석에서 잠시 상대역으로 삼는 방식을 제시하고 있다. @는 초랭이가 관중들에게 신을 줄 듯 하면서 춤을 추다가 관중을 향해 하는 대사로, 관중을 상대역으로 삼는 민속극의 특징을 보여 준다.

E

② ⓑ
'부녜'가 극중 인물인 '선비'에게 하는 대사임.

*근거: ②-❼
'부녜'가 극중 인물인 '선비'에게 하는 대사로, 배우와 배우 사이의 대사이기 때문에 〈보기〉에서 제시한 민속극의 특징을 보여 주는 것으로 볼 수 없다.

③ ⓒ
'선비'가 극중 인물인 '양반'에게 하는 대사임.

*근거: ③-❶
'선비'가 극중 인물인 '양반'에게 하는 대사로, 배우와 배우 사이의 대사이기 때문에 〈보기〉에서 제시한 민속극의 특징을 보여 주는 것으로 볼 수 없다.

④ ⓓ
'양반'이 극중 인물이자 대화 상대인 '선비'에게 하는 대사임.

*근거: ③-❸
'양반'이 극중 인물인 '선비'를 상대로 한 대사로, 배우와 배우 사이의 대사이기 때문에 〈보기〉에서 제시한 민속극의 특징을 보여 주는 것으로 볼 수 없다.

⑤ ⓔ
'백정'의 행동을 지시하는 지시문임.

*근거: ④-❶
배우의 동작을 지시하는 지시문으로, 〈보기〉에서 제시한 민속극의 특징을 보여 주는 것으로 볼 수 없다.

E 24 정답 ① *〈보기〉를 바탕으로 감상하기

〈보기〉는 윗글과 관련된 수업 상황이다. 밑줄 친 선생님의 질문에 가장 적절하게 답한 것은?

• 〈보기〉: 평민들은 탈놀이를 통해 양반들을 풍자하고 자신들의 억눌린 감정을 발산했습니다.
• 윗글: '초랭이', '부녜', '백정' 등의 인물이 지배층인 '양반'과 '선비'를 조롱하고 풍자합니다.
즉 윗글에 드러난 탈놀이의 기능에 대한 설명으로 가장 적절한 것을 고르는 문제입니다.

[보기]

선생님: ❶이 작품은 하회에서 수호신에게 마을의 안녕과 풍농을 기원할 때, 신을 즐겁게 하기 위해 만든 탈놀이입니다. ❷하회 마을의 평민들은 탈놀이를 통하여 그때그때의 <u>세상살이를 풍자</u>하고 양반들에게 자신들의 <u>억눌린 감정을 거리낌 없이 발산</u>하였지요. ❸그런 의미에서 이 탈놀이의 기능을 설명해 볼까요?
①의 근거

풍농: 농사가 잘됨.
풍자하다: 남의 결점을 다른 것에 빗대어 비웃으면서 폭로하고 공격하다.
발산하다: 감정 따위가 밖으로 드러나 해소되거나 분위기 따위가 한껏 드러나다.

① 지배층을 풍자하고 희화화하는 내용의 탈놀이를 통해 평민들
   지배층인 양반과 선비를 풍자하고 희화화함.
   이 지배층에 대한 불만과 갈등을 표현하는 기능을 하였습니다.

*근거: ③-❷, ④-❹, ❺, 〈보기〉❷ 문장
〈보기〉에서 윗글은 마을의 안녕과 풍농을 기원할 때에 신을 즐겁게 하기 위한 목적으로 행해진 탈놀이로서, 서민들의 삶의 애환과 지배층에 대한 비판 의식을 표현하는 통로로 기능했음을 알 수 있다.

윗글의 ③, ④에서는 지배 계층인 양반과 선비의 허위와 위선을 직설적인 언어와 재담을 통해 폭로하며 그들을 희화화하여 풍자하고 있다. 이를 통해 윗글은 지배층을 희화화, 풍자함으로써 평민들이 지배층에 대한 불만과 갈등을 표현하고 해소하는 기능을 했다고 볼 수 있다.

희화화하다: 어떤 인물의 외모나 성격, 또는 사건을 의도적으로 우스꽝스럽게 묘사하거나 풍자하다.

② 처첩 사이의 갈등이나 남성의 부당한 횡포에 대한 고발 등을
   드러나지 않음.
   표현하고 있으므로 처첩이나 가부장적 제도에 대한 항거적 기
   능이 나타납니다.
   〈보기〉와 관련 없음.

윗글에 처첩 사이의 갈등이나 남성의 부당한 횡포를 고발하는 내용은 드러나 있지 않다.

처첩: 아내와 첩을 아울러 이르는 말
횡포: 제멋대로 굴며 몹시 난폭함.
항거: 순종하지 아니하고 맞서서 반항함.

③ 여성의 억울함을 통해 가부장적 사회의 모순을 고발하고 있으
   드러나지 않음.
   며, 이는 봉건적 질서를 거부하고 근대적 사회로 나아가던 조
   선 후기의 사회상과 의식의 변화를 반영한 기능이라고 할 수
   〈보기〉와 관련 없음.
   있습니다.

윗글에 가부장적 사회의 모순을 고발하는 내용은 드러나 있지 않으며, 〈보기〉의 설명을 통해 이 작품이 조선 후기의 사회상과 의식의 변화를 반영하고 있다는 점을 끌어낼 수도 없다.

모순: 어떤 사실의 앞뒤, 또는 두 사실이 이치상 어긋나서 서로 맞지 않음을 이르는 말
봉건적: 봉건 제도 특유의 성격을 가지고 있는 것
반영하다: 다른 것에 영향을 받아 어떤 현상을 나타내다.

④ 자기 주관 없이 이 편이 되었다 저 편이 되었다 하는 부녜를
   보면 탈놀이는 어떻게 해서든지 상류층이 되려고 노력했던 하
   층민들의 신분 상승 욕구를 해소하는 놀이적 기능을 담당한
   부녜는 선비와 양반 사이를 오가며 둘을 놀리는 역할을 함.
   것으로 볼 수 있습니다.

부녜는 미모를 바탕으로 선비와 양반을 놀리는 역할을 하는 인물로, 하층민들의 신분 상승 욕구를 해소하는 기능과는 거리가 멀다.

주관: 자기만의 견해나 관점

⑤ 선비와 양반은 허세가 강하고 권위를 내세우지만 부녜에 의하
   여 빈번히 웃음거리가 되고, 부녜는 양반에 대해 적극적으로
   공격하고 저항하고 있습니다. 이런 의미에서 이 극은 평민들
   부녜는 양반에 대해 적극적으로 공격하거나 저항하지는 않음.
   의 양반에 대한 적극적인 저항 기능을 담당하고 있습니다.

부녜는 미모를 바탕으로 선비와 양반을 놀리는 역할을 하는 인물로, 지배층의 허위성을 드러내 준다. 그러나 부녜가 양반에 대해 적극적으로 공격, 저항하고 있다고 볼 수는 없다.

허세: 실속이 없이 겉으로만 드러나 보이는 기세

F 시 복합

F 01 ~ 03 ————————————— [예상 문제]

(가) 시조의 특징

○ 글 전체 핵심어　○ 각 문단 핵심어　🟨 글 전체 중심 문장　★ 각 문단 중심 문장

①(시조)는 가장 오랫동안 많은 사람들에 의해 창작·가창되고, 다수
시조의 국문학사상 의의
의 작품이 현전하는 갈래이다. 『3장 12구로 이루어진 간결한 형식, 절
『 』: 시조의 특질(시조가 오랫동안 생명력을 유지할 수 있었던 이유)
제된 언어, 시상의 흐름을 알맞게 통제하면서도 개별적 변이를 소화해

내는 서정 구조, 담백·온아한 미의식 같은 특질』이 시조가 오랫동안

생명력을 유지하도록 하였다. ③시조는 10구체 향가 이후 가장 잘 정비

되고 광범위한 창작 기반을 가졌던 서정시 양식이다.

> **현전하다**: 현재까지 전하여 오다.
> **간결하다**: 간단하고 깔끔하다.
> **온아하다**: 성격, 태도 따위가 온화하고 기품이 있다.
> **특질**: 특별한 기질이나 성질
> **향가**: 향찰(鄕札)로 기록한 신라 때의 노래

★ ①문단 요약: 시조의 특질과 갈래상 의의

②시조의 정형적 틀은 『네 개의 음보가 결합하여 한 행을 이루고 그
『 』: 시조의 정형적 율격 구조
것이 세 번 중첩되어 한 수를 이루는, '4음보격 3행시의 구조'』로 일단

규정할 수 있다. ②이 같은 율격 구조에서 『초·중장은 비교적 규칙적인
『 』: 시조의 불균형한 구조
흐름으로 각 장 뒤에 무엇인가 이어질 것을 예상하게 하는 율격적 개

방성을 띤다. ③반면 종장은 평명한 연속성을 차단하여 호흡을 비대칭적

으로 긴장시켰다가 풀어 줌으로써 작품을 완결하는 구조를 가진다.』

④이러한 불균형한 구조는 시적 긴장이 모이도록 하는 효과를 발휘하고,

후반부는 여기에 이어지는 이완의 흐름을 형성하여 한 수를 마무리하

도록 정형화되어 있다. ⑤아울러 종장에 감탄사, 감탄적 의미를 내포하

는 말, 의지를 드러내는 표현, 명령형의 문장을 사용함으로써 사물에
시조의 종장에 나타나는 특징
대한 주체의 정서적 태도를 집약하는 구문의 특성을 지닌다. ⑥시조가 3

장의 간결한 짜임만으로도 구조적 안정성을 유지하면서 서정적 고양

과 완결을 이룰 수 있었던 것은 이와 같은 (형식 원리)에 힘입은 것이다.
시조의 구조가 주는 효과

> **정형적**: 일정한 형식이나 틀을 갖춘. 또는 그런 것
> **음보**: 시에 있어서 운율을 이루는 기본 단위
> **중첩되다**: 거듭 겹쳐지거나 포개어지다.
> **평명하다**: 알기 쉽고 분명하다.
> **정형화되다**: 일정한 형식이나 틀이 갖추어지다.
> **집약하다**: 한데 모아서 요약하다.
> **서정적**: 정서를 듬뿍 담고 있는 것
> **고양**: 정신이나 기분 따위를 북돋워서 높임.

★ ②문단 요약: 시조의 형식 원리

③①(시조)가 본격적으로 융성하게 된 것은 조선 시대에 들어와서의 일

이다. ②간결·담백하게 절제된 시조의 언어와 형식은 사대부층의 미의

형식에 부합하는 것으로, 사대부들은 한시만으로는 제대로 표현할 수

없는 내면의 감흥과 정취를 시조에 담아 단아한 기품으로 노래하였다.

③이황은 〈도산십이곡발〉에서 "한시는 읊조릴 수 있으되 노래할 수는

없어서 절실한 감흥을 표현하려면 우리말로 엮어진 시가를 빌어야만
시조가 융성하게 된 계기
한다."라고 밝혀 국문 시가에 대한 긍정적 인식을 보여 주었다. ④즉 사

대부는 문학 행위는 한자로 영위하였으나 그들의 노래는 시조로써 즐

겼다고 볼 수 있다. ⑤그리하여 사대부층을 중심으로 발달한 조선 전기
한시와 달리 시조는 내면의 감흥과 정취를 제대로 담을 수 있기 때문
시조에서는 이현보, 이황, 권호문 등의 작가들이 나왔고, 그 주제는
시조 발달 초창기에는 주로 사대부 계층을 중심으로 향유됨.
㉠『유가의 이념·규범을 노래한 것과 ㉡혼탁한 세속의 갈등으로부터
『 』: 조선 전기 시조의 다양한 주제
벗어나 ㉢강호 자연 속에서 심성을 기르며 유유자적하는 삶을 그리는

것 등 다양했다.』

> **융성하다**: 기운차게 일어나거나 대단히 번성하다.
> **한시**: 한문으로 이루어진 정형시
> **감흥**: 마음속 깊이 감동받아 일어나는 흥취
> **정취**: 깊은 정서를 자아내는 흥취
> **영위하다**: 일을 꾸려 나가다.
> **혼탁하다**: 정치, 도덕 따위 사회적 현상이 어지럽고 깨끗하지 못하다.
> **세속**: 사람이 살고 있는 모든 사회를 통틀어 이르는 말
> **강호**: 예전에, 은자(隱者)나 시인(詩人), 묵객(墨客) 등이 현실을 도피하여 생활하던 시골이나 자연
> **유유자적하다**: 속세를 떠나 아무 속박 없이 조용하고 편안하게 살다.

★ ③문단 요약: 시조의 융성과 향유

■ **내용**: 이 글은 '시조'의 특질과 향유 방식을 설명하고 있다. 시조는 3장 12구의 간결한 형식을 바탕으로 널리 향유된 서정시의 양식이다. 시조는 4음보격 3행시의 구조로, 초장과 중장에서는 연속적인 흐름을 유지하다가 종장에서 긴장과 이완으로 작품을 완결시키는 원리를 통해 3장으로도 시의 완성도를 이뤄 낸다. 시조는 조선 시대에 우리말 시가로 자신의 내면을 노래하고자 했던 사대부 계층을 중심으로 융성하고 향유되었다.

■ **주제**: 시조의 특질과 향유 방식

(나) 주세붕, 〈오륜가〉

❶ 화자, 중심 대상　❷ 상황, 정서, 태도　❸ 표현상 특징　[고어 읽기]　[시 해석]

사룸　사룸마다　이 말숨　드르스라
청자 – 백성들, 교화의 대상　❶중심 대상: 오륜
①❶사룸 사룸마다 이 말숨 드르스라.
❷ 상황: '사룸'에게 '말숨'을 들을 것을 권유하고 있음.
→ 사람 사람마다 이 말씀을 들으려무나.

이 말숨　아니면　사룸이오　사룸 아니니
❷이 말숨 아니면 사룸이오 사룸 아니니
오륜을 배워야 하는 이유
→ 이 말씀 아니면 사람이라도 사람이 아니니

이 말숨　잇디 말오　배호고야　마로리이다
❸이 말숨 닛디 말오 빅호고야 마로리이다.　〈제1수〉
❷ 태도: 교훈적(오륜을 배우고 지킬 것을 권고함.)
→ 이 말씀 잊지 말고 배우고야 말 것이로다.

★ 〈제1수〉 요약: 오륜을 배워야 하는 이유

아버님　날 나흐시고　어마님　날 기르시니
②❶아바님 날 나흐시고 어마님 날 기르시니
❸ 대구법(비슷한 문장 구조를 짝을 맞추어 늘어놓는 방법)
→ 아버님 날 낳으시고 어머님 나를 기르시니

부모옷　아니면　내 모미　업슬랏다
❷부모옷 아니시면 내 모미 업슬랏다.
❶ 중심 대상 강세 접미사(강조의 뜻을 나타내는 접미사)
→ 부모님 아니시면 내 몸이 없을 것이로다.

이 덕을 갑프려　하니 하늘　가이　업스샷다
❸이 덕을 갑프려 ㅎ니 하늘 ᄀ이 업스샷다.　〈제2수〉
부자유친(아버지는 아들을 사랑하며 아들은 아버지를 잘 섬김으로써 진정한 부자간의 도리가 있다는 뜻)
→ 이 덕을 갚으려 하니 하늘 끝이 없으시도다.

★ 〈제2수〉 요약: 부모에 대한 자식의 도리

3 형님 자신 져쥴 내 조쳐 머굼이다.
(형님 자신 져쥴 내 조쳐 머굼이다)
(아우의 목소리)
→ 형님이 잡수신 젖을 나까지 먹습니다.
❸ 대화 형식을 사용함.

❷ 어와 뎌 아ᅀᅡ야 어마님 너 ᄉᆞ랑이아.
(어와 저 아ᅀᅡ야 어머님 너 ᄉᆞ랑이아)
(형의 목소리)
→ 아 저 아우야. 어머님 너 사랑이야.

❸ 형제옷 불화(不和)ᄒᆞ면 개도티라 ᄒᆞ리라. 〈第5수〉
(개돼지)
❶ 중심 대상
→ 형제가 화목하지 않으면 개돼지라 할 것이니라.

〔불화하다: 서로 화합하지 못하다. 또는 서로 사이좋게 지내지 못하다.

***〈제5수〉 요약: 형제간에 지켜야 할 도리**

4 ❶늘그니ᄂᆞᆫ 부모 ᄀᆞᆺ고 얼우ᄂᆞᆫ 형 ᄀᆞᆮᄐᆞ니,
❶ 중심 대상   ❶ 중심 대상: 어른
❸ 대구법
→ 늙은이는 부모와 같고 어른은 형 같으니

❷ᄀᆞᆮᄐᆞᆫ ᄃᆡ 불공(不恭)ᄒᆞ면 어듸가 다ᄅᆞᆯ고.
(짐승과) ❸ 설의법(물음의 형식으로 표현하는 방법)
→ 같은데 공경하지 않으면 (짐승과) 어디가 다를까.

❸날료셔 ᄆᆞ디어시ᄃᆞᆫ 절ᄒᆞ고야 마로리이다. 〈제6수〉
❷ 태도: 교훈적(윗사람을 공경할 것을 권고함.)
→ 나이가 많으시거든 절을 하고야 말 것이로다.

〔불공하다: 공손하지 아니하다.

***〈제6수〉 요약: 어른에 대한 아랫사람의 도리**

⭐ (나) 독해 공식
❶ 화자: '나', 중심 대상: '이 말ᄉᆞᆷ(오륜)', '부모', '형제', '늘그니', '얼우'
❷ 상황: '사ᄅᆞᆷ'에게 '말ᄉᆞᆷ'을 들을 것을 권유하고 있음.
태도: 교훈적(오륜을 배우고 지킬 것을 권고함. 윗사람을 공경할 것을 권고함.)
❸ 표현상 특징
• 청자를 설정하여 교훈을 전달하고 있음.
• 대화 형식을 활용하고 있음.
• 대구법(비슷한 문장 구조를 짝을 맞추어 늘어놓는 방법)과 설의법(물음의 형식으로 표현하는 방법)을 사용하고 있음.

■ 갈래: 평시조, 연시조   ■ 창작 시기: 조선 중기
■ 내용: 이 작품은 오륜의 유교 사상을 표현한 교훈적이고 도덕적인 시조로, 오륜(유학에서, 사람이 지켜야 할 다섯 가지 도리)의 덕목을 쉽게 노래 부르게 하여 백성들을 교화하고자 하는 목적의식이 뚜렷하게 나타난다. 서사인 〈제1수〉에서 오륜을 배워야 하는 이유를 밝힌 후 나머지 각 수에서 유교적 덕목에 해당하는 가치들을 하나씩 노래하고 있다. 관념적인 주제를 추상적으로 설명하지 않고 일상적 삶을 통해 구체적으로 표현한 점과 순우리말을 자연스럽게 구사한 점이 돋보인다.
■ 주제: 인간이 마땅히 지켜야 할 도리인 오륜에 대한 권고

■ 이것이 핵심! 교훈적 주제

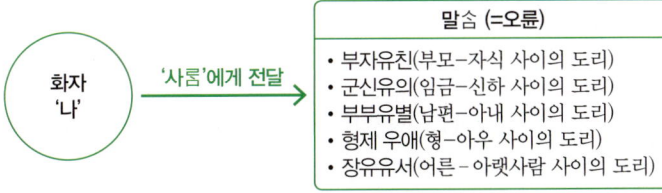

화자 '나' → '사ᄅᆞᆷ'에게 전달 → 말ᄉᆞᆷ (=오륜)
• 부자유친(부모-자식 사이의 도리)
• 군신유의(임금-신하 사이의 도리)
• 부부유별(남편-아내 사이의 도리)
• 형제 우애(형-아우 사이의 도리)
• 장유유서(어른-아랫사람 사이의 도리)

(다) 이현보, 〈어부단가〉

❶ 화자, 중심 대상 ❷ 상황, 정서, 태도 ❸ 표현상 특징 [고어 읽기] [시 해석]
❸ 공간의 대비 (□: 자연, 긍정적 ↔ △: 속세, 부정적)

1 ❶「이 듕에 시름 업스니 어부(漁父)의 생애(生涯)로다.
❶ 중심 대상
❷ 상황: 자연 속에서 어부로 사는 삶을 노래하고 있음.
→ 이런 세상살이 가운데 근심이 없으니 고기잡이의 삶이로구나.

❷일엽편주(一葉片舟)를 만경파(萬頃波)*에 ᄠᅴ워 두고
(자그마한 배) *(한없이 넓은 바다)*
→ 한 조각 잎 같은 배를 만 경이나 되는 넓은 바다에 띄워 두고

❸인세(人世)를 다 니젯거니 날 가ᄂᆞᆫ 줄를 안가.」 〈제1수〉
(속세) ❸ 설의법(물음의 형식으로 표현하는 방법)
「 」: ❷ 정서 - 자연 속에서 사는 삶에 대한 만족감
→ 인간 세상의 일을 다 잊었으니 날이 가는 줄을 알겠는가.

〔일엽편주: 한 척의 조그마한 배 인세: 인간의 세상

***〈제1수〉 요약: 속세를 잊은 어부의 생활**

2 ❶구버ᄂᆞᆫ 천심녹수(千尋綠水) 도라보니 만첩청산(萬疊靑山)
❸ 대구법(비슷한 문장 구조를 짝을 맞추어 늘어놓는 방법)
→ 아래로 굽어보니 천 길이나 되는 깊고 푸른 물, 좌우로 돌아보니 겹겹이 둘러싸인 푸른 산이로구나.

❷십장홍진(十丈紅塵)이 언매나 가렸난고.
(열 길의 붉은 먼지 - 속세) ❷ 태도: 탈속적(속세를 멀리하고자 함.)
→ 열 길이나 되는 붉은 먼지가 얼마나 가려져 있는고.

❸강호(江湖)애 월백(月白)하거든 더욱 무심(無心)하얘라. 〈제2수〉
(달이 밝게 비침.)
→ 자연에 흰 달이 뜨니 더욱 무심할 수밖에 없구나.

〔홍진: 번거롭고 속된 세상을 비유적으로 이르는 말.
강호: 예전에, 은자(隱者)나 시인(詩人), 묵객(墨客) 등이 현실을 도피하여 생활하던 시골이나 자연.

***〈제2수〉 요약: 아름다운 자연 속에서의 한가로운 모습**

3 ❶청하(靑荷)에 밥을 싸고 녹류(綠柳)에 고기 꿰어
❸ 대구법
→ 푸른 연잎에 밥을 싸고 푸른 버들가지에 고기를 꿰어
❷ 태도: 자연 친화적

❷노적화총(蘆荻花叢)*에 ᄇᆡ ᄆᆡ야 두고,
(갈대와 억새풀이 가득한 곳)
→ 갈대꽃 우거진 곳에 배를 묶어 두니

❸두어라 일반청의미(一般淸意味)*를 어늬 부니 아ᄅᆞᆯ실고. 〈제3수〉
❶ 중심 대상 – 자연의 참된 의미   ❸ 설의법
❷ 정서: 자연 속에서 살아가는 삶에 대한 만족감
→ 두어라 자연의 참된 의미를 어느 분이 아시겠는가?

〔두어라: 옛 시가에서, 어떤 일이 필요하지 아니하거나 스스로의 마음을 달랠 때 영탄조로 하는 말.

***〈제3수〉 요약: 자연의 참된 의미**

4 ❶장안(長安)을 도라보니 북궐(北闕)이 천 리(千里)로다.
(서울(한양) 비유) *(대궐(경복궁), 임금이 있는 곳)* *(심리적 거리감)*
→ 장안을 돌아보니 북쪽에 있는 궁궐이 천 리나 떨어져 있구나.

❷어주(魚舟)에 누어신들 니즌 스치 이시랴.
❸ 설의법
❷ 정서: 나라에 대한 걱정(우국충정)
→ 고기잡이배에 누워 있어도 잊은 적이 있겠는가.

❸두어라 내 시름 아니라 제세현(濟世賢)이 업스랴. 〈제5수〉
❶ 화자: '나' *(세상을 구할 현인)*
❷ 상황: 자연 속에서 풍류를 즐기는 삶을 계속하고자 함.
→ 두어라 내가 걱정할 것이 아니다. (나 말고 또) 세상을 구할 현명한 선비가 없겠는가?

〔북궐: 경복궁을 창덕궁과 경희궁에 상대하여 이르는 말.
어주: 낚시질할 때 쓰는 조그만 배.

***〈제5수〉 요약: 나라에 대한 걱정**

* 만경파: 끝없이 넓은 바다
* 노적화총: 갈대와 억새풀이 가득한 곳
* 일반청의미: 맑은 삶의 뜻을 품고 사는 맛

⭐ (다) 독해 공식

❶ 화자: '나', 중심 대상: '어부의 생애', '일반청의미'

❷ 상황: 자연 속에서 어부로 사는 삶을 노래하고 있음. 자연 속에서 풍류를 즐기는 삶을 계속하고자 함.

정서: 자연 속에서 사는 삶에 대한 만족감, 나라에 대한 걱정(우국충정)

태도: 탈속적(속세를 멀리하고자 함.), 자연 친화적

❸ 표현상 특징

• 공간의 대비(차이를 드러내기 위해 맞대어 비교함.)를 통해 주제 의식을 드러내고 있음.

• 대구법(비슷한 문장 구조를 짝을 맞추어 늘어놓는 방법)과 설의법(물음의 형식으로 표현하는 방법)을 사용하고 있음.

• 한자어를 사용하여 의미를 함축적(여러 가지 뜻을 속에 담은 것)으로 전달하고 있음.

■ 갈래: 평시조, 연시조   ■ 창작 시기: 조선 중기

■ 내용: 〈어부가〉를 개작한 작품으로, 자연을 벗하며 고기잡이하는 어부로서의 삶을 그리고 있다. 화자는 자연에서의 즐거운 삶에 대한 만족감을 드러내는 동시에, 현실 정치에 대한 미련을 버리지 못하는 모습을 보이고 있다. 이 작품에서 '어부'는 고기잡이를 생업으로 하는 이가 아니라 세속과 정치 현실에서 벗어난 은자(隱者), 즉 자연 속에서 풍류를 즐기며 사는 가어옹(假漁翁, 가짜 어부)이다. 즉, 이 작품은 '어부의 삶'을 빌려 세속에서 벗어나 자연의 풍류를 즐기는 삶을 살고자 하는 욕망을 노래하고 있다.

■ 주제: 속세를 떠나 자연과 더불어 사는 한가로운 삶

■ 이것이 핵심!: 공간의 대비

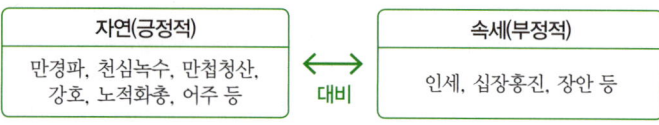

자연(긍정적)	대비	속세(부정적)
만경파, 천심녹수, 만첩청산, 강호, 노적화총, 어주 등	↔	인세, 십장홍진, 장안 등

⭐ 작품 간의 공통점 및 차이점

• 공통점: 화자가 추구하는 삶의 모습이 드러남.

• 차이점: (나)의 화자는 유교적 가르침을 지키는 도덕적인 삶을, (다)의 화자는 세속에서 벗어나서 자연을 즐기는 삶을 지향하고 있음.

F 01   정답 ②   *설명문의 내용 파악하기

(가)를 이해한 내용으로 가장 적절한 것은?

② 시조 발달 초창기에는 주로 사대부 계층을 중심으로 창작·향유되었다.
<small>시조는 조선 전기에 사대부층을 중심으로 발달하였음.</small>

＊근거: (가) ❸-❶, ❺

❸에서 '시조가 본격적으로 융성하게 된 것은 조선 시대에 들어와서의 일'로 조선 전기 시조는 사대부층을 중심으로 발달하였으며, 이 시기의 사대부 작가들은 시조를 통해 유가의 이념, 자연 속에서 유유자적하는 삶 등을 노래하였음을 알 수 있다.

〔향유되다: 누리어져 가져지다.

〉왜 오답？

① 시조는 한시와 마찬가지로 노래로 불리면서 향유되었다.
<small>한시는 노래할 수 없었음.</small>

＊근거: (가) ❸-❸

❸의 '한시는 읊조릴 수 있으되 노래할 수는 없어서'를 통해 한시는 노래로 불리면서 향유된 문학 양식이 아니라는 것을 알 수 있다.

③ 시조의 초장과 중장은 종장과 달리 간결한 형식으로 호흡을 긴장시킨다.
<small>호흡을 긴장시켰다가 풀어 주는 것은 종장임.</small>

＊근거: (가) ❷-❷, ❸

❷에서 초·중장은 규칙적인 흐름으로 각 장 뒤에 무엇인가 이어질 것을 예상하게 하는 율격적 개방성을 띠고, 종장은 호흡을 비대칭적으로 긴장시켰다가 풀어 줌으로써 작품을 완결하는 구조를 가진다고 하였다. 즉, 호흡을 긴장시켰다가 풀어 주는 것은 종장의 특징이다.

④ 이황은 〈도산십이곡발〉에서 시조의 형식에 관한 자신의 비판적 견해를 피력하였다.
<small>시조에 대한 긍정적인 인식을 드러냈음.</small>

＊근거: (가) ❸-❸

이황은 〈도산십이곡발〉에서 '절실한 감흥을 표현하려면 우리말로 엮어진 시가를 빌어야만 한다'고 하며 국문 시가, 즉 시조에 대한 긍정적 인식을 드러냈다.

〔피력하다: 생각하는 것을 털어놓고 말하다.

⑤ 시조는 조선 시대부터 등장한 문학 갈래로 오랫동안 많은 사람들에 의해 향유되었다.
<small>조선 시대는 시조가 처음 등장한 것이 아니라, 본격적으로 융성한 시대임.</small>

＊근거: (가) ❸-❶

❸에서 '시조가 본격적으로 융성하게 된 것은 조선 시대에 들어와서의 일'이라고 한 것으로 보아 시조는 조선 시대 이전에 등장한 문학 갈래임을 알 수 있다. 참고로 시조가 처음 등장한 시기는 고려 시대이다.

F 02   정답 ①   *설명문을 바탕으로 감상하기

㉠~㉢을 바탕으로 (나)와 (다)를 이해한 내용으로 가장 적절한 것은?

• ㉠~㉢: 조선 전기 시조의 대표적 주제들로, ㉠은 '유가의 이념·규범', ㉡은 '혼탁한 세속의 갈등', ㉢은 '강호 자연 속에서 심성을 기르며 유유자적하는 삶'입니다.

• (나): 화자는 '사룸'들에게 오륜을 배울 것을 권유하며 교훈적 태도를 드러내고 있습니다.

• (다): 화자는 자연 속에서의 유유자적한 삶에 대한 만족감을 노래하며 속세를 부정적으로 바라보고 있습니다.

🟥즉 (나), (다)의 구절을 주제와 관련하여 이해한 내용으로 가장 적절한 것을 고르는 문제입니다.

〉왜 정답？

① (나)의 〈제2수〉에서 '이 덕을 갑프려 ᄒᆞ니'는 ㉠이 드러난 예로 볼 수 있다.
<small>효도하겠다는 의지로, 유교적 가르침에 해당함.</small>

＊근거: (나) ❷-❷, ❸

(나)에서 '이 덕을 갑프려 ᄒᆞ니'는 부모님의 은혜에 보답하겠다는 것으로 이는 오륜 중 '부자유친(父子有親)'의 덕에 해당한다. 따라서 '㉠ 유가의 이념·규범'을 드러낸 예로 적절하다.

〉왜 오답？

② (나)의 〈제5수〉에서 '형제옷 불화(不和)ᄒᆞ면 개도티라 ᄒᆞ리라'는 ㉡을 비유적으로 나타낸 것으로 볼 수 있다.
<small>㉠의 가르침을 강조하는 표현으로 볼 수 있음.</small>

＊근거: (나) ❸-❸

(나)에서 '형제옷 불화(不和)ᄒᆞ면 개도티라 ᄒᆞ리라'는 형제끼리 화목하지 못하면 개돼지, 즉 짐승과 같다는 의미이다. 따라서 이는 ㉠의 유가 규범을 강조하는 표현으로 볼 수 있으며, ㉡의 '혼탁한 세속의 갈등'을 비유적으로 표현한 것으로 보기는 어렵다.

③ (다)의 '인세(人世)', '십장홍진(十丈紅塵)', '노적화총(蘆荻花叢)'은 ㉡을 나타내는 예로 볼 수 있다.
<small>노적화총은 ㉢의 예에 가까움.</small>

＊근거: (다) ❶-❸, ❷-❷, ❸-❷

(다)에서 '인세'는 인간세상, 즉 속세를 의미하고, '십장홍진'은 '열 길이나 되는 붉은 먼지'라는 뜻으로, 혼탁한 세상을 의미한다. 그러므로 '인세'와 '십장홍진'은 ㉡ '혼탁한 세속의 갈등'을 나타내는 예로 볼 수 있다. 그러나 '노적화총'은 '갈대와 억새풀이 가득한 곳'으로 화자가 배를 매어 두는 자연의 공간이므로, 혼탁한 세상을 의미한다고 볼 수 없다.

④ (다)의 〈제5수〉는 종장에서 ㉠으로 인해 ㉡에서 벗어나지 못 하고 갈등하는 화자의 모습을 보여 주며 마무리하고 있음.
㉢의 삶을 계속할 것임을 드러내고 있음.

＊근거: (다) ④-②, ❸

(다)의 〈제5수〉 종장에서 '어주에 누어신들 니즌 스치 이시랴'라며 나랏일을 걱정 하는 것은 ㉠에 따른 임금에 대한 충성심 때문이라고 볼 수 있다. 하지만 종장에 서는 '두어라 내 시룸 아니라'라고 하며 ㉡의 세속에서 벗어나 ㉢의 '강호 자연 속에서 심성을 기르며 유유자적하는 삶'을 계속할 것임을 드러내고 있다.

⑤ (나)와 (다)는 모두 ㉠을 지켜 ㉡을 극복하고자 하는 의도를 담고 있다.
둘 다 유교적 이념으로 세속의 갈등을 극복하려는 의도는 담고 있지 않음.

＊근거: (나) ①, (다) ①

(나)는 〈제1수〉에서 오륜을 배워야 함을 제시한 뒤 〈제2수〉, 〈제5수〉, 〈제6수〉에서 오륜에 해당하는 덕목을 말하고 있다. 즉 (나)는 ㉠의 유가 규범을 알리고 지키고 자 하는 의도를 드러내고 있다. (다)는 속세를 잊고 자연 속에서 유유자적하는 삶 의 만족감을 드러내고 있으므로 ㉡의 혼탁한 세속에서 벗어나 ㉢의 강호 자연 속에서 유유자적하는 삶을 사는 모습을 노래하고 있다고 할 수 있다. 따라서 (가), (나) 모두 유교적 이념으로 세속의 갈등을 극복하고자 하는 의도를 담고 있 다는 것은 적절하지 않다.

F 03 정답 ② ＊설명문을 바탕으로 감상하기

(가)를 참고하여 (나)와 (다)를 감상한 내용으로 적절하지 않은 것은?

• (가): 서정시 양식인 시조는 초장과 중장에서는 연속적인 흐름을 유지하다가, 종 장에서 긴장과 이완으로 작품을 완결시키는 형식 원리를 지니고 있습니다. 또한 종장에 감탄형, 의지를 드러내는 표현, 명령형의 문장을 사용함으로써 정서적 태도를 집약하여 나타냅니다.
• (나): 3장 12구 형식으로 '사름'들에게 오륜의 내용을 전하고 있습니다.
• (다): 3장 12구 형식으로 자연 속에서의 유유자적한 삶에 대한 만족감을 드러내 고 있습니다.

즉 (가)에서 설명하는 시조의 형식 원리를 바탕으로 (나)와 (다)의 표현상 특징 을 설명한 내용으로 틀린 것을 고르는 문제입니다.

>왜 정답?

② (다)는 종장에서 명령형의 문장을 사용하여 자연에 대한 화자 의 주체적인 인식을 보여 주고 있군.
감탄형 표현과 의문형 문장으로 자연 완상과 강호가도의 자세를 드러냄.

＊근거: (가) ②-❺, (다) ③-❸, ④-❸

(가)에 따르면 시조의 종장에서는 '감탄사, 감탄적 의미를 내포하는 말, 의지를 드 러내는 표현, 명령형의 문장' 등을 사용하여 사물에 대한 주체의 정서적 태도를 집약하여 드러낸다.
(다)의 〈제3수〉 종장 '두어라 일반청의미를 어늬 부니 아ᄅ실고'와 〈제5수〉 종장 '두어라 내 시룸 아니라 제세현이 업스랴'에서는 '두어라'라는 영탄의 표현과 '아 ᄅ실고', '업스랴'라는 의문형 문장을 사용하여 자연 속에서 살아가는 삶에 대한 만족감과 풍류를 즐기는 삶을 계속하려는 태도를 드러내고 있다. (다)의 각 수의 종장 중에 명령형 문장을 사용한 부분은 찾을 수 없으며, 화자는 자연을 즐기 는 강호가도의 자세를 드러내고 있을 뿐 자연에 대한 주체적인 인식을 드러내고 있지도 않다.

명령형의 문장: 명령이나 요구의 뜻을 나타내는 문장으로, 명령형 어미 '-아라(어라)', '-게', '-오', '-ㅂ시오' 등을 통해 실현된다.
주체적: 어떤 일을 실천하는 데 자유롭고 자주적인 성질이 있는 것

>왜 오답?

① (나)는 종장에서 의지를 나타내는 표현을 통해 '오륜'을 배우고 지키겠다는 화자의 마음을 드러내고 있군.
'마로리이다'라는 표현으로 '말씀'에 대한 화자의 태도를 드러냄.

＊근거: (나) ①-❸, ④-❸

(나)의 〈제1수〉의 종장 '이 말씀 닛디 말오 비호고야 마로리이다'에서는 이 말씀, 즉 오륜을 잊지 않고 배우겠다는 의지를 드러내고 있고, 〈제6수〉의 종장 '날료셔 ᄆ디어시든 절ᄒ고야 마로리이다'에서는 윗사람을 공경하겠다는 의지를 드러내 고 있다. 이때 '마로리이다'는 '말-+-오-+-리-+-이-+-다'로 분석할 수 있는데, 여기서 '-리-'는 어떤 일을 할 의향이나 의지가 있음을 나타내는 어미 이다.

③ (나)와 (다)는 모두 3장 12구의 간결한 형식이 비교적 잘 지켜 지고 있군.
4음보가 한 행을 이루고 3행이 한 수를 이루는 3장 12구를 잘 지킴.

＊근거: (가) ①-②, ②-❶, (나), (다)

(가)에서 시조는 '3장 12구로 이루어진 간결한 형식'으로, '네 개의 음보가 결합하 여 한 행을 이루고 그것이 세 번 중첩되어 한 수를 이루는, '4음보격 3행시의 구 조"를 정형적 틀로 한다고 하였다. (나), (다)는 모두 각 수에서 4음보가 한 행을 이루고 3행이 한 수를 이루는 4음보격 3행시의 구조를 비교적 잘 지키고 있다.

간결하다: 간단하면서도 짜임새가 있다.

④ (나)와 (다)는 모두 초ㆍ중장에서 대구법을 사용하여 율격적 개방성을 보여 주고 있군.
(나) 〈제2수〉와 〈제6수〉의 초장, (다) 〈제2수〉와 〈제3수〉의 초장

＊근거: (가) ②-②, (나) ②-❶, ④-❶, (다) ②-❶, ③-❶

(가)에서 시조의 초ㆍ중장은 비교적 규칙적인 흐름으로 각 장 뒤에 무엇인가 이 어질 것을 예상하게 하는 율격적 개방성을 띤다고 하였다. (나)는 〈제2수〉의 초장 '아바님 날 나ᄒ시고 어마님 날 기르시니'와 〈제6수〉의 초장 '늘그니ᄂ 부모 ᄀ ᄐ고 얼우ᄂ 형 ᄀ ᄐ니'에서, (다)는 〈제2수〉의 초장 '구버ᄂ 천심녹수 도라보니 만 첩청산'과 〈제3수〉의 초장 '청하에 밥을 싸고 녹류에 고기 꿰어'에서 대구법을 사 용하여 이러한 율격적 개방성을 보여 주고 있다.

대구법: 비슷한 어조나 어세를 가진 어구를 짝 지어 표현의 효과를 나타내는 수사법
개방성: 태도나 생각 따위가 거리낌 없고 열려 있는 상태나 성질

⑤ 종장에서 시적 긴장을 모았다가 이완하며 마무리하는 형식을 통해 (나)는 '오륜'을 배우고 지킬 것을 당부하고, (다)는 자연 에서 한가롭게 살고 싶은 소망을 이야기하고 있군.
(나), (다) 모두 종장 첫 구에서 3글자를 사용한 후 글자 수를 늘리는 방식으로 긴장을 조절함.

＊근거: (가) ②-❸~④, (나) ①-❸ (다) ③-❸, ④-❸

(가)에서 시조의 종장은 호흡을 비대칭적으로 긴장시켰다가 풀어 줌으로써 작품 을 완결하는 구조를 보인다고 하였다. 종장에서 시적 긴장을 모았다가 이완한다 는 것은 첫 구는 세 글자로 고정한 채 그다음 구에서는 글자 수를 늘려 표현하는 방식을 말한다.
(나)는 '이 말씀 닛디 말오 비호고야 마로리이다' 등에서 드러나듯 이러한 방식으 로 각 수를 완결하여 '오륜'을 배우고 지킬 것을 당부하고 있다. (다) 또한 '두어라 일반청의미를 어늬 부니 아ᄅ실고' 등에서 이러한 특징이 잘 드러나며 이를 통해 자연 속에서 지내는 삶의 즐거움과 한가로운 삶에 대한 소망을 드러내고 있다.

당부하다: 말로 단단히 부탁하다.

F 04~08 _____ [2022 대비/사관학교 26~30]

(가) 박인량, 〈사송과사주구산사(使宋過泗州龜山寺)〉

❶ 화자, 중심 대상 ❷ 상황, 정서, 태도 ❸ 표현상 특징 시 해석

❶기암괴석이 겹쳐 산을 이루었는데 ——— ❸ 원근법(멀고 가까움을 느낄 수
절 주변의 험한 산세   있도록 표현하는 방법)적 구도
❶ 중심 대상   – 절 주변의 풍경
❷그 위에 절이 있어 물이 사방으로 둘렀네
❷ 상황: 사신으로 가다가 절(구산사)에 들름.
➡ 기암괴석이 겹쳐져 산을 이루었는데 그 위에 물이 사방으로 둘린 절이 있네.

기암괴석: 기이하게 생긴 바위와 괴상하게 생긴 돌

＊❶~❷행 요약: 산과 물로 둘러싸인 절 주변의 풍경

❸ 탑 그림자 강에 거꾸러져 물결 아래 일렁이고 ┐
❹ 풍경 소리 달을 흔들며 구름 사이로 떨어진다 ┘ 절의 외관
   ❸ 공감각적(하나의 감각이 동시에 다른 영역의 감각을 불러일으키는) 표현 – 청각의 시각화
  ➡ 탑의 그림자가 강에 거꾸로 비쳐 물결 아래 일렁이고 풍경 소리는 달까지 닿을 듯 퍼져 구름 사이로 사라진다.

〔 풍경: 처마 끝에 다는 작은 종

        *❸~❹행 요약: 자연과 어우러진 절의 외관

❺ 「문 앞 나그네 배엔 큰 파도가 급한데 ┐
  「 」: 빠른 물살과 한가한 스님의 모습이 대비됨. ┤ 절 경내의 풍경
❻ 대 아래 스님의 바둑은 한낮에 한가롭다」 ┘
  ➡ 문 앞 놓인 나그네 배엔 큰 파도가 급하게 몰아치는데 대나무 아래에서 바둑을 두는 스님은 한낮에 한가롭다.

      *❺~❻행 요약: 급한 물살과 대비되는 스님의 한가한 모습

❼ 한 번 사신의 명 받들고 왔다가 석별함에 ┐ 화자의 심정 → 선경후정(앞에 관찰
❽ 시 한 수 남겨 두어 다시 오르길 기약하네 ┘ 한 경치를 표현하고 뒤에 자신의 정서를 드러내는 방식)
   ❷ 정서: 절을 떠나는 것을 아쉬워함.
  ➡ 한 번 사신의 명을 받들고 (절에) 왔다가 떠나가는 것이지만 시 한 수 남겨 두어 다시 올 것을 기약하네.

〔 석별하다: 서로 애틋하게 이별하다.
〔 기약하다: 때를 정하여 약속하다.

      *❼~❽행 요약: 떠남을 아쉬워하며 다시 올 것을 기약함.

🌟 (가) 독해 공식
❶ 화자: 드러나지 않음. 중심 대상: 절(구산사)
❷ 상황: 사신으로 가다가 절(구산사)에 들름.
정서: 절을 떠나는 것을 아쉬워함.
❸ 표현상 특징
• 원근법(멀고 가까움을 느낄 수 있도록 표현하는 방법)적 구도와 선경후정(앞에 관찰한 경치를 표현하고 뒤에 자신의 정서를 드러내는 방식)을 바탕으로 시상을 전개하고 있음.
• 공감각적(하나의 감각이 동시에 다른 영역의 감각을 불러일으키는) 표현을 통해 대상을 감각적으로 묘사하고 있음.
• 상반된 광경을 대비하여 시적 분위기를 나타내고 있음.

■ 갈래: 한시   ■ 창작 시기: 고려 전기
■ 내용: 이 작품은 송나라에 사신으로 갔다가 구산사에 들른 소감을 노래한 한시이다. 화자는 절 주변의 자연 풍경과 절 경내의 풍경을 감각적으로 묘사하고, 절을 떠나면서 아쉬워하는 마음을 표현하고 있다.
■ 주제: 산사의 고즈넉한 풍경과 절을 떠나는 아쉬움

■ 이것이 핵심! 원근법적 구도와 선경후정의 시상 전개

1~2행	→	3~4행	→	5~6행	→	7~8행
절 주변 풍경		절의 외관		절 경내 풍경		화자의 심정

(나) 정철, 〈성산별곡(星山別曲)〉

  ❶ 화자, 중심 대상 ❷ 상황, 정서, 태도 ❸ 표현상 특징 [시 해석]

화자 자신을 이르는 말   ❶ 중심 대상: 전라남도 담양군에 있는 지명
❶ 어떤 지나는 손이 성산(星山)에 머물면서
   ❷ 상황: 성산에 머물고 있음.
  ➡ 어떤 지나가는 나그네가 성산에 머물면서

❷ 서하당(棲霞堂) 식영정(息影亭) 주인(主人)아 내 말 듯소
  김성원 – 작가는 김성원을 존경하는 마음을 담아 〈성산별곡〉을 지음.
  ➡ 서하당 식영정의 주인아, 내 말을 들어 보소.

❸ 인생(人生) 세간(世間)의 좋은 일 많건마는
         부귀영화
  ➡ 사람 사는 세상에 좋은 일이 많은데

❹ 엇디ᄒᆞ 강산(江山)을 갈수록 낫게 여겨
        자연
  ➡ 어찌하여 강산을 갈수록 좋게 여겨

---

❺ 적막(寂寞) 산중(山中)의 들고 아니 나시는고
      속세와 대비되는 공간
  ➡ 적막한 산중에 들어가서 나오지 않는가?

❻ 송근(松根)을 다시 쓸고 죽상(竹床)의 자리 보아
  ➡ 소나무 아래를 다시 쓸고 대나무 평상에 자리를 보아

❼ 져근덧 올라앉아 어떤가 다시 보니
   ❷ 상황: 성산의 경치를 감상하고 있음.
  ➡ 잠깐 올라앉아 어떤가 하고 (주변을) 다시 보니

        상서로운 돌
❽ 「천변(天邊)의 떳는 구름 서석(瑞石)을 집을 삼아
  「 」: ❸ 식영정 주인(김성원)의 자유로움을 비유한(어떤 대상을 다른 비슷한 대상에 빗댄) 표현
  ➡ 하늘가에 떠 있는 구름이 상서로운 돌을 집으로 삼아

❾ 나는 듯 드는 양」이 주인(主人)과 어떠한고
      ❸ 설의법(물음의 형식으로 표현하는 방법)
  ➡ 나가는 듯하다가 들어가는 모습이 (식영정) 주인과 같지 아니한가?

❿ 창계(滄溪) 흰 물결이 정자(亭子) 앞에 둘러시니
  깊고 넓은 시내
  ➡ (식영정 앞에 흐르는) 깊고 넓은 시냇물의 흰 물결이 정자 앞에 둘러 있으니

⓫ 천손운금(天孫雲錦)을 뉘라셔 베어 내여
   ❸ 시냇물을 비유한 표현
  ➡ 하늘의 은하수를 누가 베어 내어

      ❸ 영탄법(감탄사, 감탄 조사 등을 이용해 감정을 강하게 나타내는 표현 방법)
⓬ 잇는 듯 펼치는 듯 헌스토 헌스할샤
      ❷ 태도: 예찬적(성산의 아름다운 경치에 감탄함.)
  ➡ 있는 듯 펼쳐 놓은 듯 야단스럽기도 야단스럽구나.

⓭ ⓐ산중(山中)에 책력(册曆)* 없어 사시(四時)를 모르더니
  ➡ 산속에 달력이 없어 사계절이 흘러가는 것을 모르더니

⓮ 눈 아래 헤친 경(景)이 철철이 절로 나니
  ➡ 눈 아래 펼쳐진 경치가 철을 따라 저절로 생겨나니

       ❸ 영탄법
⓯ 듣거니 보거니 일마다 선간(仙間)이라
      ❷ 태도: 예찬적(성산의 아름다운 경치에 감탄함.)
  ➡ 듣거나 보는 것이 모두 신선이 사는 세상이로구나.

〔 세간: 세상 일반
〔 천변: 하늘의 가
〔 천손운금: 직녀가 짜놓은 비단(= 은하수)
〔 선간: 신선이 산다는 곳

    *❶~⓯행 요약: 식영정 주인의 풍류와 식영정 주변의 아름다운 경치

              (중략)

⓰ 공산(空山)에 쌓인 잎을 삭풍(朔風)이 거둬 불어
  ➡ 빈산에 쌓인 낙엽을 북풍이 거두듯 불어

⓱ 떼구름 거느리고 눈 조차 몰아오니
      계절적 배경 – 겨울
  ➡ 떼구름을 거느리고 눈까지 몰아오니

⓲ 천공(天公)이 호사로와 옥(玉)으로 꽃을 지어
         ❸ 아름다운 설경을 비유한 표현
  ➡ 조물주가 호사스러워서 옥으로 꽃을 만들어

⓳ 만수천림(萬樹千林)을 꾸며곰 낼셰이고
      수많은 나무와 숲
  ➡ 온 세상을 (눈으로) 잘도 꾸며 내었구나.

⓴ 앞 여울 가리 얼어 독목교(獨木橋) 빗겻는데
  ➡ 앞 여울이 막히고 얼어 외나무다리 걸렸는데

㉑ 막대 멘 늙은 중이 어느 절로 간닷 말고
        ❸ 설의법
  ➡ 막대를 멘 늙은 중이 어느 절로 간단 말인가?

㉒ 산옹(山翁)의 이 부귀(富貴)를 남에게 자랑 마오
  식영정 주인(김성원)   아름다운 자연
  ➡ 산에서 지내는 늙은이의 이 부귀를 남에게 자랑하지 마오.

㉓ 경요굴(瓊瑤屈) 은세계(隱世界)를 찾을 이 이실셰라
      ❸ 성산을 비유한 표현
  ➡ 아름다운 옥으로 만든 굴 같은 은거지를 찾을 사람이 있을까 두렵도다.

공산: 사람이 없는 산중
삭풍: 겨울철에 북쪽에서 불어오는 찬 바람
천공: 우주를 창조하고 주재한다고 믿어지는 초자연적인 절대자
독목교: 한 개의 통나무로 놓은 다리(= 외나무다리)

★⓰~㉓행 요약: 눈 덮인 성산의 아름다운 경치

㉔ⓑ산중(山中)에 벗이 없어 한기(漢紀)*를 쌓아 두고
➡ 산중에 벗이 없어 서책을 쌓아 두고

㉕만고(萬古) 인물(人物)을 거슬러 헤아리니
➡ 먼 옛날의 인물들을 거슬러 헤아리려 보니

㉖성현(聖賢)도 많거니와 호걸(豪傑)도 많고 많다
➡ 성현도 많거니와 호걸도 많고 많다.

㉗하늘 삼기실 제 곧 무심(無心)할까마는
➡ 하늘이 사람을 만들 때 어찌 아무 생각이 없었으랴마는

㉘어찌하여 시운(時運)이 일락배락* 하였는가
➡ 어찌하여 운수가 흥했다가 망했다가 하였는가?

㉙모를 일도 많거니와 애달픔도 그지없다
  ❷ 정서: 인생의 무상감을 느낌.
➡ 모를 일도 많거니와 애달픔도 끝이 없다.

㉚「기산(箕山)의 늙은 고불 귀는 어찌 씻었던가*
  허유가 살던 산   허유(전설적인 은자)
➡ 기산의 늙은 고불 귀는 어찌 씻었던가?

㉛박 소리 핑계하고* 조장*이 가장 높다」
  「」: ❸ 고사(유래가 있는 옛날의 일을 표현한 어구) 인용
➡ 표주박 하나도 귀찮다고 던져 버린 허유의 기개가 가장 높다.

㉜인심이 낯 같아서 볼수록 새롭거늘
  ❷ 태도: 부정적(시시각각 변하는 인심을 비판적으로 바라봄.)
➡ 사람의 마음은 얼굴과 같아서 볼수록 새롭거늘

  화자가 거리를 두고자 하는 세속의 삶
㉝세사(世事)는 구름이라 험하기도 험하구나
  ❷ 태도: 부정적(속세를 부정적으로 인식함.)
➡ 세상사는 구름과 같아서 험하기도 험하구나.

㉞엊그제 빚은 술이 얼만큼 익었나니
  근심 해소의 수단
➡ 엊그제 빚은 술은 얼마나 익었는가?

㉟잡거니 밀거니 실컷 기울이니
➡ (술잔을) 잡거나 권하거나 실컷 기울이니

㊱마음에 맺힌 시름 적게나 하리로다
  술을 마시며 시름을 풀고 있음.
➡ 마음에 맺힌 시름이 조금이나마 덜어지는구나.

㊲거문고 줄을 얹어 풍입송(風入松)* 이었구나
➡ 거문고 줄에 (손을) 얹어 풍입송을 타자꾸나.

만고: 매우 먼 옛날
성현: 성인과 현인을 아울러 이르는 말
호걸: 지혜와 용기가 뛰어나고 기개와 풍모가 있는 사람
시운: 시대나 그때의 운수
인심: 사람의 마음
세사: 세상에서 일어나는 온갖 일

★㉔~㊲행 요약: 술을 마시며 시름을 풀어보려 함.

* 책력: 일 년 동안의 월일, 절기 등을 날의 순서에 따라 적은 책
* 한기: 중국의 역사책
* 일락배락: 흥했다가 망했다가
* 기산의 ~ 씻었던가: 기산에 숨어 살던 허유가 임금의 자리를 주겠다는 요 임금의 말을 듣자, 이를 거절하고 귀를 씻었다는 고사
* 박 소리 핑계하고: 표주박 하나도 귀찮다고 핑계하고
* 조장: 기개 있는 품행
* 풍입송: 악곡 이름

❈ (나) 독해 공식
❶ 화자: 드러나지 않음, 중심 대상: 성산
❷ 상황: 성산에 머물면서 성산의 경치를 감상하고 있음.
정서: 인생의 무상감을 느낌.
태도: 예찬적(성산의 아름다운 경치에 감탄함.), 부정적(시시각각 변하는 인심을 비판적으로 바라보고, 속세를 부정적으로 인식함.)
❸ 표현상 특징
• 비유적(어떤 대상을 다른 비슷한 대상에 빗댄) 표현을 통해 대상을 감각적으로 묘사하고 있음.
• 설의법(물음의 형식으로 표현하는 방법)과 영탄법(감탄사, 감탄 조사 등을 이용해 감정을 강하게 나타내는 표현 방법)을 통해 화자의 정서를 강조하고 있음.
• 고사(유래가 있는 옛날의 일을 표현한 어구)를 인용하고 있음.

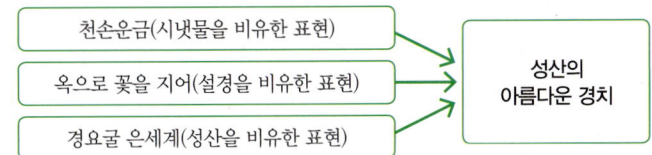

■ 갈래: 가사   ■ 창작 시기: 조선 중기
■ 내용: 이 작품은 조선 선조 때 문신 정철이 지은 가사이다. 정철이 25세 이후에 당쟁으로 정계를 물러나 성산에 내려와 살 때, 그곳에 '서하당'과 '식영정'을 지은 김성원을 위하여 이 작품을 지었다고 한다. 계절에 따라 변하는 자연의 경치와 김성원의 풍류를 예찬하고 있다.
■ 주제: 성산의 아름다운 경치와 식영정 주인의 풍류적 삶에 대한 예찬

■ 이것이 핵심!: 비유적 표현

천손운금(시냇물을 비유한 표현)	
옥으로 꽃을 지어(설경을 비유한 표현)	→ 성산의 아름다운 경치
경요굴 은세계(성산을 비유한 표현)	

(다) 이용휴, 〈몽소헌기(夢蘇軒記)〉
  ❶ 중심 대상   ❷ 글쓴이의 생각, 태도   ❸ 서술상 특징

1 ❶이 세상에 상(象)은 두 가지가 있으니, ㉠낮은 양(陽)이 다스리니
  꼴, 형상   ❶ 중심 대상   ❷
일이 있고, 밤은 음(陰)이 다스리니 꿈이 있다. 그러므로 운사(雲師)가
관직을 다스리고, 긴 버들로 꿈을 점쳤던 것은, 이 두 가지가 아울러
                                '일'과 '꿈'은 서로를 필요로 하는 관계임.
행해지고 서로를 필요로 하는 바였다.

양: 역학에서, 만물의 두 기운 가운데 적극적이고 능동적인 면을 상징하는 철학 범주
음: 역학에서, 만물의 두 기운 가운데 소극적이고 수동적인 면을 상징하는 철학 범주
운사: 단군 신화에서, 환웅이 하늘에서 내려올 때에 거느리고 온, 구름을 맡고 있는 신

★1 요약: 이 세상에는 양이 다스리는 일과 음이 다스리는 꿈이 있음.

2 ❶유문(孺文) 이동욱 군은 이름난 진사로 벼슬이 시종(侍從)이다. 그
의 선조들의 집과 묘가 소성(邵城)의 소래산(蘇來山) 아래 있다. 군
(君)은 아침에는 일어나 관직의 사무에 이바지하고, 밤에는 늘 소래산
에 대한 꿈을 꾸어, 집 이름을 '몽소(夢蘇)'라 짓고, 나에게 기(記)를 지
  집 이름을 '몽소'라고 지은 이유
어 달라고 청했다.   ❸ 작품을 쓰게 된 계기를 밝힘.

❹사람의 사유하는 감관(感官)이란 참으로 신묘하여, 형체에 막히게
          생각은 계속해서 이어진다는 의미
되지 않는다. ❺「생각은 떠올라 곧 소래산에 미치는데, 소래산은 군의
                「 」: ❸ '꿈'에 관한 글쓴이의 생각을 구체적으로 드러냄.
고조, 증조와 조부, 부친이 강신(降神)하고 그 혼이 묻혀 있는 땅이어
서, ㉡군의 사모함은 그칠 때가 없어, 자는 중에 나타나 꿈이 되는 것
                    꿈의 원리 – 현실의 그리움이 꿈으로 이어짐.
이다. ❻또 몸이 이미 관직에 매여서, 비록 휴가를 청한다 해도 얻기도
              소래산에 쉽게 갈 수 없는 이유
하고 못 얻기도 하며, 비록 말미를 준다 해도 시일(時日)을 허비하게
                    꿈에서는 현실적 제약을 넘어 소래산에 가볼 수 있음.
되니, ㉢꿈이 아니면 어찌 한 번 눈 감짝할 사이에 뜻대로 해 볼 수 있
        ❷ 생각: 꿈은 공간의 제약을 초월한 효용이 있음.
을까?

❼아! ❽㉣가문에 복(福)과 화(禍)가 있으면 그 선조들이 꿈으로 많이 알려 주니, 왕래하여 감통하는 이치를 여기에서 가히 징험해 볼 수 있는 것이다. ❾또한 **군이 서울에 있어 소래산 꿈을 꾸는 것**이니, 만일 소래에 있다면 응당 서울을 꿈꿀 것이다. ❿서울은 군이 나고 자란 곳이며, 군의 선대에 벼슬하고 노닐었던 곳인 데다, 하물며 임금께서 임하신 곳이 아닌가?

> **❷ 생각:** 꿈은 정신적 소통을 가능하게 하는 작용을 함.

시종: 조선 시대에, 홍문관, 사헌부, 사간원, 예문관, 승정원의 관리를 통틀어 이르던 말
사유하다: 대상을 두루 생각하다.
감관: 감각 기관과 그 지각 작용을 통틀어 이르는 말
신묘하다: 신통하고 묘하다.
강신하다: 주문이나 술법으로 신을 청하여 내리게 하다.
사모하다: 애틋하게 생각하고 그리워하다.
말미: 일정한 직업이나 일 따위에 매인 사람이 다른 일로 말미암아 얻는 겨를
시일: 기일이나 기한
감통하다: 느낌이나 생각이 통하다.
징험하다: 어떤 징조를 경험하다.

＊②요약: 글쓴이가 생각하는 꿈의 효용

③ ❶**나는 호서(湖西)의 미산(嵋山) 백성이다.** ❷**㉤늙어서 서울에 몸 부치고 있으나, 매일 미산 꿈을 꾼다.** ❸지금 그대의 헌에 기를 쓰면서, 근원 거슬러 올라가고 뿌리로 돌아감을 깨닫는 것은 바로 인간의 정리(情理)가 같기 때문이다.

> 글쓴이도 고향에 대한 꿈을 꿈.
> **❷ 생각:** 꿈은 주체나 대상에 제한이 없는 보편적 성격을 지님.

부치다: 먹고 자는 일을 제집이 아닌 다른 곳에서 하다.
정리: 인정과 도리를 아울러 이르는 말

＊③요약: 꿈은 보편적인 성격을 지닌 것임.

✦(다) 독해 공식
❶ **중심 대상:** 꿈
❷ **글쓴이의 생각:** 꿈은 공간의 제약을 초월하는 효용이 있음. 꿈은 정신적 소통을 가능하게 하는 작용을 함. 꿈은 주체나 대상에 제한이 없는 보편적 성격을 지님.
❸ **서술상 특징**
• 작품을 쓰게 된 계기를 밝히고 있음.
• '꿈'에 관한 글쓴이의 생각을 구체적으로 드러내고 있음.

■ **갈래:** 고전 수필
■ **내용:** 이 작품은 이용휴가 이동욱에게 기문을 요청받고 꿈에 대한 자신의 견해를 밝히며 '몽소헌'이라는 건축물에 담긴 의미를 서술한 수필이다. 꿈의 의미와 효용, 꿈의 보편적 성격 등 꿈에 대한 글쓴이의 개성적인 시각이 잘 드러나 있다.
■ **주제:** 꿈에 대한 인식을 바탕으로 밝힌 '몽소헌'에 담긴 의미

■ **이것이 핵심!:** '꿈'에 관한 글쓴이의 개성적 인식

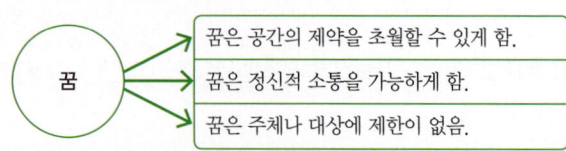

✦작품 간의 공통점 및 차이점
• **공통점:** 화자나 글쓴이의 가치관이 투사된 공간이 제시됨.
• **차이점:** (가)에서는 '절'을 떠나는 것을 아쉬워하고 있고, (나)에서는 '성산'을 예찬하고 있으며, (다)에서는 '소래산'을 통해 꿈에 대한 생각을 드러내고 있음.

F 04 정답 ③ ＊작품 비교하기

(가), (나)에 대한 설명으로 적절하지 <u>않은</u> 것은? [3점]

▷왜 정답?

③ (가)는 (나)와 달리 ~~자연물에 화자의 감정을 이입하여 애상감~~ 을 심화하고 있다.
> (가)와 (나) 모두 해당하지 않음.

(가)와 (나)에서 자연물에 화자의 감정을 이입하여 표현한 부분은 나타나지 않으며, 애상감 또한 드러나지 않는다.

감정을 이입: 자신의 감정을 대상 속에 이입시켜 마치 대상이 그렇게 느끼고 생각하는 것처럼 표현하는 방법
애상감: 슬퍼하거나 가슴 아파하는 감정

▷왜 오답?

① (가)는 공감각적 심상을 활용하여 대상의 이미지를 구체화하고 있다.
> '풍경 소리'가 '떨어진다'고 표현함.

＊근거: (가) ❹
(가)의 '풍경 소리 달을 흔들며 구름 사이로 떨어진다'에서 청각적 심상인 '풍경 소리'를 '떨어진다'고 시각화하여, 절에 풍경 소리가 울리는 모습을 구체적으로 표현하고 있다.

공감각적 심상: 어떤 감각이 다른 영역의 감각으로 전이된 심상
구체화하다: 구체적인 것으로 되다. 또는 그렇게 만들다.

② (나)는 영탄적 어조를 활용하여 대상으로부터 받은 흥취를 강조하고 있다.
> '헌ᄉ토 헌ᄉ할샤', '일마다 선간이라' 등

＊근거: (나) ⓬, ⓯
(나)의 '잇는 듯 펼치는 듯 헌ᄉ토 헌ᄉ할샤'에서는 '-샤'라는 감탄 조사를 활용하여 식영정 앞에 시냇물이 흐르는 경치를 보며 감탄하는 마음을 강조하고, '듣거니 보거니 일마다 선간이라'에서는 '-이라'라는 감탄 조사를 활용하여 성산의 경치에 감탄하는 마음을 강조하고 있다.

영탄적 어조: 감탄사나 감탄 조사를 사용하여 감정을 강하게 나타내는 어조
흥취: 흥과 취미를 아울러 이르는 말

④ (나)는 (가)와 달리 계절감을 드러내는 시어를 활용하여 시적 분위기를 형상화하고 있다.
> '눈'을 통해 겨울임을 나타냄.

＊근거: (나) ⓱
(나)는 '눈 조차 몰아오니'에서 '눈'이라는 시어를 통해 시적 배경이 겨울임을 드러내고 있다. 그러나 (가)에서는 계절감을 드러내는 시어가 쓰이지 않았다.

계절감을 드러내는 시어: 계절을 떠올리게 하는 시어로, '봄', '여름'과 같이 계절을 직접 드러내기도 하고, '낙엽', '눈'과 같이 간접적으로 드러내기도 한다.
형상화하다: 형체로는 분명히 나타나 있지 않은 것을 어떤 방법이나 매체를 통하여 구체적이고 명확한 형상으로 나타내다.

⑤ (가)는 선경후정의 방식으로, (나)는 청자에게 말을 건네는 방식으로 시상을 전개하고 있다.
> 절 외관 → 떠나야 하는 아쉬움   식영정 주인을 청자로 하여 말을 건넴.

＊근거: (가), (나) ❷
(가)에서는 '산', '물'과 같은 절 주변의 풍경과 '탑 그림자', '풍경'과 같은 절의 외관 등 경치를 먼저 표현하고, '시 한 수 남겨 두어 다시 오르길 기약'하며 절을 떠나는 화자의 아쉬움을 뒤에 드러내는 선경후정의 방식으로 시상을 전개하고 있다. (나)에서는 '서하당 식영정 주인아 내 말 듯소'라고 하며 식영정 주인을 청자로 설정하여 말을 건네는 방식을 취하고 있다.

선경후정: 관찰한 경치를 먼저 표현하고 뒤에 경치에 대한 감상(정서)를 드러내는 방식

(가)와 (나)의 시구를 비교하여 이해한 내용으로 가장 적절한 것은?
[3점]

> **왜 정답 ?**

⑤ (가)의 '시 한 수'와 (나)의 '거문고'는 내면적 감흥을 외부로 표출하는 수단이다.
_{(가)는 석별의 아쉬움을, (나)는 시름을 풀고자 하는 마음을 외부로 표출함.}

*근거: (가) ❽, (나) ㊱, ㊲

(가)에서 화자는 사신으로 가다가 들른 절을 떠나며 '시 한 수'를 남겨 두고 다시 올 것을 기약하고 있다. 즉, '시 한 수'는 떠남을 아쉬워하는 화자의 정서를 외부로 표출하는 수단으로 볼 수 있다. (나)에서 화자는 '술'을 마시며 '마음에 맺힌 시름'을 적게나마 풀고 난 후 '거문고'를 연주하고 있다. 즉, '거문고'는 남은 시름을 풀고자 하는 화자의 정서를 외부로 표출하는 수단으로 볼 수 있다.

〔 내면적 감흥: 마음속에서 일어나는 정서

> **왜 오답 ?**

① (가)의 '풍경 소리'와 (나)의 '풍입송'은 삶에 대한 자족감을 나타내는 소재이다.
_{삶에 대한 자족감과는 관련 없음.}

*근거: (가) ❹, (나) ㊲

(가)의 '풍경 소리'는 고즈넉한 절의 분위기를 나타낼 뿐, 삶에 대한 자족감을 나타내지는 않는다. (나)의 '풍입송'은 화자가 마음에 남은 시름을 풀고자 연주하는 악곡으로, 이 또한 삶에 대한 자족감을 나타내지는 않는다.

〔 자족감: 스스로 넉넉하게 여기는 느낌

② (가)의 '큰 파도'와 (나)의 '창계 흰 물결'은 심미적 완상의 대상이다.
_{큰 파도는 심미적 완상의 대상이 아님.}

*근거: (가) ❺, (나) ⑩~⑫

(나)의 '창계 흰 물결'은 식영정 앞에 흐르는 시냇물로, 화자는 이를 보며 식영정 주변 경치의 아름다움을 느끼고 있으므로 심미적 완상의 대상으로 볼 수 있다. 하지만 (가)의 '큰 파도'는 급하게 흐르는 상태의 것으로 한가하게 바둑을 두는 스님의 모습과 대비되는 자연의 모습일 뿐, 심미적 완상의 대상이라고 볼 수 없다.

〔 심미적 완상: 아름다움을 살펴 찾으며 구경함.

③ (가)의 '스님의 바둑'과 (나)의 '엊그제 빚은 술'은 삶에 대한 성찰을 환기하는 소재이다.
_{삶에 대한 성찰과는 관련 없음.}

*근거: (가) ❻, (나) ㉞

(가)의 '스님의 바둑'은 스님이 한가롭게 지내는 모습을 나타낼 뿐, 삶에 대한 성찰을 환기하지는 않는다. (나)의 '엊그제 빚은 술'은 화자가 근심을 해소하는 수단일 뿐, 삶에 대한 성찰을 환기하지는 않는다.

〔 성찰: 자기의 마음을 반성하고 살핌.
〔 환기하다: 어떤 생각 따위를 불러일으키다.

④ (가)의 '사신의 명'과 (나)의 '산옹의 이 부귀'는 화자가 부정적으로 인식하는 대상이다.
_{부정적으로 인식하는 대상이 아님.}

*근거: (가) ❼, (나) ㉒

(가)의 '사신의 명'은 화자가 절을 떠나는 이유로 볼 수 있지만, 이에 대한 부정적인 인식을 드러내는 부분은 나타나지 않는다. (나)의 '산옹의 이 부귀'는 식영정 주인의 자연을 즐기는 생활로, 화자는 이를 남에게 자랑하지 말라고 했다. 이는 자연을 즐기는 생활을 오롯이 즐기고 싶다는 뜻으로, 화자는 '산옹의 이 부귀'를 부정적으로 인식하고 있지 않다.

ⓐ와 ⓑ에 대한 설명으로 가장 적절한 것은? [3점]

• ⓐ: ⓐ는 '산중에 책력 없어 사시를 모르더니'로, 시간이 가는 줄 모르고 생활하는 상황을 표현한 구절입니다.
• ⓑ: ⓑ는 '산중에 벗이 없어 한기를 쌓아 두고'로, 교류하는 사람이 없어 책만 쌓아 둔 상황을 표현한 구절입니다.

즉 '산중'에서의 생활을 표현한 ⓐ와 ⓑ에 드러나는 의미를 적절하게 파악하는 것을 고르는 문제입니다.

> **왜 정답 ?**

⑤ ⓐ는 산중이 인위적인 시간 질서에 구애받지 않는 곳임을,
_{달력이 없어 계절의 변화를 모름.}
ⓑ는 산중에서도 인간 세상에 대한 화자의 관심이 여전히 남아 있음을 드러낸다.
_{역사책을 읽으며 세상의 흥망성쇠에 대한 감회를 드러냄.}

*근거: (나) ⑬, ㉔, ㉘

ⓐ에서 '산중'에는 '책력'(달력)이 없어 '사시'(사계절)가 어떻게 흘러가는지 모른다고 했으므로, '산중'은 인위적인 시간의 질서에 얽매이지 않는 곳임을 알 수 있다. ⓑ에서 화자는 '산중'에 있으면서 '한기'(역사책)를 쌓아 두고 읽으면서 '어찌하여 시운이 일락배락 하였는가'라고 하며 세상의 흥망성쇠에 대한 감회를 드러내고 있다. 이는 화자가 '산중'에 있으면서도 여전히 인간 세상에 대한 관심이 남아 있음을 드러낸다.

〔 구애받다: 거리끼거나 얽매인다.

> **왜 오답 ?**

① ⓐ는 자연 속에서 느끼는 화자의 흥취를, ⓑ는 인간 세상과의 단절로 인한 화자의 고독감을 부각한다.
_{화자의 고독감은 드러나지 않음.}

ⓐ에서 화자는 '산중'에서 시간이 어떻게 흘러가는지도 모르고 있으므로, 이는 자연에서 생활하는 화자의 흥취를 부각한다고 할 수 있다. 반면, ⓑ에서 '산중'에 '벗'이 없다고 했지만, 이로 인해 화자가 고독감을 느낀다고 볼 수는 없다. 화자는 역사책을 읽으며 세상의 흥망성쇠에 대한 감회를 느끼고 있을 뿐이다.

② ⓐ는 자연과 합일된 삶에 대한 화자의 지향을, ⓑ는 자연과
_{자연과의 합일을 지향하는 모습은 나타나지 않음.}
괴리된 삶에 대한 화자의 안타까움을 드러낸다.
_{화자는 자연에 있음.}

ⓐ에서는 '책력'이 없어 시간의 흐름을 알지 못하는 상황이 드러날 뿐, 화자가 자연과 합일된 삶을 지향하는지는 확인할 수 없다. 또한 ⓑ에서 화자는 '산중'에 있으므로 자연과 괴리된 상태로 볼 수 없다.

〔 합일되다: 둘 이상이 합하여져 하나가 되다. 괴리되다: 서로 어그러져 동떨어지다.

③ ⓐ는 화자에게 무상감을 느끼게 하는 자연의 모습을, ⓑ는 화
_{무상감을 느끼는지는 알 수 없음.}
자가 벗어나고자 하는 인간 세상의 부정적 모습을 환기한다.
_{인간 세상의 부정적 모습을 나타내지 않음.}

ⓐ에서는 '산중'에서 시간의 흐름을 알지 못한 채 지내는 상황이 드러날 뿐, 화자가 자연의 모습에 무상감을 느끼는지는 확인할 수 없다. 또한 ⓑ에서는 '산중'에 교류할 '벗'이 없어 역사책을 쌓아 둔 상황이 드러날 뿐, 이를 통해 화자가 벗어나고자 하는 인간 세상의 부정적인 모습을 나타내는 것은 아니다.

〔 무상감: 모든 것이 덧없다는 느낌

④ ⓐ는 화자가 자연의 순환적 질서를 수용하고 있음을, ⓑ는 화
_{계절의 변화를 인식하지 못하고 있음.}
자가 산중에서의 시간을 심정 수양의 시간으로 인식하고 있음
_{심성을 수양하고 있지 않음.}
을 보여 준다.

ⓐ에서 화자는 사계절의 변화를 모르고 있으므로 자연의 순환적 질서를 수용하고 있다고 볼 수 없다. 또한 ⓑ에서 화자는 역사책을 쌓아 두었는데, 이를 보며 화자는 세상의 흥망성쇠를 헤아리고 있을 뿐 심성 수양을 하고 있지는 않다.

〔 심성 수양: 마음을 갈고닦아 품성이나 지식, 도덕 따위를 높은 경지로 끌어올림.

〈보기〉의 '선생님'의 설명에 따라 (가)~(다)를 감상한 내용으로 적절하지 <u>않은</u> 것은? [4점]

- '선생님'의 설명: 문학에서의 공간에는 태도나 가치관이 투사될 수 있고, 이에 따라 공간의 의미가 새롭게 파악될 수 있습니다.
- (가): 화자는 '절'에서 고즈넉하고 한가함을 느끼고 있습니다.
- (나): 화자는 '성산'에서 아름다운 경치를 감상하고 있습니다.
- (다): 글쓴이는 '소래산'에 관한 꿈을 꾸는 행위에 대해 설명하고 있습니다.

🟥 (가)~(다)에 나타난 공간의 의미를 잘못 파악한 것을 고르는 문제입니다.

── [보기] ──

선생님❶ 문학에서의 공간은 단순히 물리적 영역으로 그 의미가 제한될 수 있지만, 공간에 어떤 태도나 가치관이 투사될 수도
(가) '절', (나) '인생 세간', '강산', (다) '소래산'
있습니다.❷이때 투사되는 가치관에 따라 공간들 간에 위계적 질서를 형성할 수 있습니다.❸또한 가치관의 투사로 인해 공간이 가진 의미가 새롭게 파악되기도 합니다.❹(가)~ (다)에 제시된 공간의 의미를 그 공간에 투사된 가치관을 중심으로 파악해 봅시다.

─────────────

투사되다: 어떤 상황이나 자극에 대한 해석, 판단, 표현 따위에 심리 상태나 성격이 반영되다. **위계적:** 지위나 계층 따위의 등급에 따른

〉왜 정답 ?

④ (다)에서 '군이 서울에 있어 소래산 꿈을 꾸는 것'이라 말한다는 점에서 '나'는 '소래산'을 '서울'보다 <u>위계적 질서상 상위에</u>
소래산'과 '서울'의 위계는 상대적임.
<u>두고 있다</u>고 볼 수 있겠군.

＊근거: (다) ❷-❾

(다)에서 '나'는 '군이 서울에 있어 소래산 꿈을 꾸는 것이니, 만일 소래에 있다면 응당 서울을 꿈꿀 것'이라고 했다. 이는 '서울'에 있으면 '소래산'을 그리워하고, '소래산'에 있으면 '서울'을 그리워한다는 뜻으로, 인물이 있는 위치에 따라 공간의 위계는 달라진다. 즉, '소래산'과 '서울'은 상대적인 위계를 지니므로, '나'가 '소래산'을 '서울'보다 위계적 질서상 상위에 두고 있다고 볼 수 없다.

[상위: 높은 위치나 지위

〉왜 오답 ?

① (가)에서 '절'은 화자가 '다시 오르길 기약'한다는 점에서 단순한 물리적 공간을 넘어서는 <u>의미가 부여된</u> 곳이라 할 수 있겠군.
화자의 긍정적 인식이 투영된 공간임.

＊근거: (가) ❽

(가)에서 화자는 '절'을 떠나는 것을 아쉬워하며 '시 한 수'를 남겨 다시 오르길 기약하고 있다. 이를 통해 화자가 '절'을 긍정적으로 인식함이 드러난다. 즉, '절'은 단순한 물리적 공간을 넘어서는 의미가 부여된 곳으로 볼 수 있다.

② (나)에서 '좋은 일' 많다고 말한다는 점에서 '인생 세간'은 '손'의 가치관이 투사된 공간이라 할 수 있겠군.
부귀영화를 누릴 수 있는 공간으로 생각함.

＊근거: (나) ❸

(나)에서 '손'은 '인생 세간의 좋은 일 많건마는'이라고 말했으며, 이때 '좋은 일'은 부귀영화를 의미한다. 이를 통해 '손'이 '인생 세간'을 부귀영화를 누릴 수 있는 공간으로 생각함이 드러난다. 즉, '인생 세간'은 '손'의 가치관이 투사된 공간으로 볼 수 있다.

③ (나)에서 '강산'을 '선간'으로 표현했다는 점에서 강산이라는 공간을 단순한 자연이 아닌 이상적 공간으로 파악하고 있다고 볼 수 있겠군.
신선이 사는 곳이라고 표현함.

＊근거: (나) ❹, ⓫

(나)에서 '강산'의 아름다운 경치를 본 화자는 '듣거니 보거니 일마다 선간이라'라고 하며 '강산'을 신선들의 세계에 비유하고 있다. 이를 통해 화자가 '강산'을 이상적인 공간으로 생각함이 드러난다. 즉, '강산'은 단순한 자연이 아닌 이상적 공간으로 파악되고 있다고 볼 수 있다.

⑤ (다)에서 '소래산'은 효라는 유가적 이념에 기반한 의미가 환기되는 곳이라는 점에서 조상을 중시하는 '이동욱 군'의 가치관이 투사된 곳이라 할 수 있겠군.
선조들이 살았던 공간인 '소래산'에 관한 꿈을 꿈.

＊근거: (다) ❷-❷, ❸

(다)에서 '이동욱 군'은 '늘 소래산에 대한 꿈을 꾸'는데, 이는 '소래산'에 이 군의 '선조들의 집과 묘'가 있기 때문이다. 즉, 이 군은 선조들에 대한 그리움으로 인해 '소래산'에 대한 꿈을 꾸는 것이며, 이를 통해 '소래산'이 효라는 유가적 이념에 기반한 의미를 지닌 공간임이 드러난다. 즉, '소래산'은 조상을 중시하는 이 군의 가치관이 투사된 곳으로 볼 수 있다.

[유가적 이념: 유교의 학풍이나 학설 또는 관습에 따른 생각

〈보기〉를 바탕으로 (다)의 ㉠~㉤에 대해 이해한 내용으로 적절하지 <u>않은</u> 것은? [4점]

- 〈보기〉: 〈몽소헌기〉는 꿈의 의미, 원리, 효용, 작용, 성격을 기술하여 '몽소헌'이라는 건축물에 담긴 의미를 완성하고 있습니다.
- ㉠: ㉠은 '꿈'이라는 행위가 가지는 의미에 관한 구절입니다.
- ㉡: ㉡은 이동욱 군이 '소래산'에 관한 꿈을 꾸는 이유에 관한 구절입니다.
- ㉢: ㉢은 '꿈'을 통해 현실적 제약을 극복하는 것에 관한 구절입니다.
- ㉣: ㉣은 '꿈'을 통해 선조들과 감통하는 것에 관한 구절입니다.
- ㉤: ㉤은 글쓴이가 '미산'에 대한 꿈을 꾸는 것에 관한 구절입니다.

🟥 '꿈'과 관련한 각 구절의 의미를 이해한 내용으로 틀린 것을 고르는 문제입니다.

── [보기] ──

❶〈몽소헌기〉는 몽소(夢蘇) 즉 '소래산을 꿈꾼다'는 뜻을 지닌 건축물에 담긴 의미를 서술하고 있는 작품으로, 꿈꾸는 대상으로서의 소래산만큼 중요하게 제시되는 것이 꿈꾸는 행위 자체이다.
❷글쓴이는 작품을 통해 <u>현상 혹은 행위로서의 꿈의 의미</u>, <u>바라는</u>
①의 근거
<u>바가 나타나는 꿈의 원리</u>나 <u>현실적 제약을 초월하는 수단이 되는</u>
②의 근거   ③의 근거
<u>꿈의 효용</u>, 그리고 대리 만족을 가능하게 하는 꿈의 작용을 서술함과 동시에 꿈이 <u>주체나 대상과의 결합에 제한이 없다</u>는 측면에
⑤의 근거
서의 꿈의 보편적 성격을 기술하여 '몽소헌'이라는 건축물에 담긴 의미를 완성하고 있다.

─────────────

효용: 보람 있게 쓰거나 쓰임. 또는 그런 보람이나 쓸모
주체: 사물의 작용이나 어떤 행동의 주가 되는 것
보편적: 모든 것에 두루 미치거나 통하는

왜 정답?

④ ㄹ: 현실에서 실현할 수 없는 바에 대한 ~~대리 만족을 가능하게 하는~~ 꿈의 작용을 구체화하고 있다.
  → '꿈'을 통한 정신적 소통의 이치를 서술한 것임.

＊근거: (다) ②-❽

ㄹ에서는 '가문에 복과 화가 있으면 그 선조들이 꿈으로 알려' 주는 것을 통해 '감통하는 이치'를 경험해 볼 수 있다고 했다. 이는 '꿈'을 통해 육신에 얽매이지 않는 정신적 소통이 이루어지는 이치를 서술한 것으로, 현실에서 실현할 수 없는 것을 '꿈'을 통해 대리 만족하게 하는 것과는 관련이 없다.

왜 오답?

① ㄱ: 낮의 일과 밤의 꿈에 대등한 가치를 부여함으로써 꿈의 의미를 드러내고 있다.
  → 낮의 일은 '양', 밤의 꿈은 '음'과 관련됨.

＊근거: (다) ①-❶, ❷, 〈보기〉 ❷문장

ㄱ에서 낮의 일은 '양'이 다스리고, 밤의 꿈은 '음'이 다스린다고 했으며, '이 두 가지가 아울러 행해지고 서로를 필요로' 한다고 했다. 이는 낮의 일과 밤의 꿈이 대등한 가치를 지닌다는 것과, 음의 기운이 밤에 작용하여 꿈을 꾸게 된다는 '현상 혹은 행위로서의 꿈의 의미'를 서술한 것이다.

② ㄴ: 현실에서 그리움과 사모의 대상이 꿈으로 이어지는 꿈의 원리가 제시되고 있다.
  → 선조들을 그리워하는 마음이 그치지 않아 '꿈'이 됨.

＊근거: (다) ②-❺, 〈보기〉 ❷문장

ㄴ에서는 이 군이 선조들을 그리워하는 마음이 '그칠 때가 없어, 자는 중에 나타나 꿈이 되는 것'이라고 했다. 이는 현실에서의 그리움의 대상이 꿈에 나타난다는 것으로, '바라는 바가 나타나는 꿈의 원리'를 서술한 것이다.

③ ㄷ: 공간적 거리에 따른 현실적 제약을 넘어설 수 있게 하는 꿈의 효용이 제시되고 있다.
  → '꿈'에서는 눈 깜짝할 사이에 소래산에 갈 수 있음.

＊근거: (다) ②-❻, 〈보기〉 ❷문장

ㄷ은 이 군이 '관직에 매여' 있어 현실적으로 소래산에 가기가 쉽지 않은 상황이지만, 꿈을 통해서는 '눈 깜짝할 사이에' 소래산에 갈 수 있음을 나타낸다. 이는 실제로는 가기 어려운 곳을 꿈을 통해 쉽게 가 볼 수 있다는 것으로, '현실적 제약을 초월하는 수단이 되는 꿈의 효용'을 서술한 것이다.

⑤ ㅁ: 꿈이 '나', '미산'과도 결합할 수 있다는 것을 통해 주체나 대상에 제한이 없는 꿈의 보편적 성격이 제시되고 있다.
  → '소래산'에 관한 꿈을 꾸는 '이동욱 군'처럼 '나'는 고향에 대한 꿈을 꿈.

＊근거: (다) ③-❷, 〈보기〉 ❷문장

ㅁ에서 '나'는 자신의 몸은 '서울'에 있으나 '매일 미산 꿈을 꾼다'고 했다. 이는 '나'가 '미산'을 그리워하는 마음이 꿈으로 이어지는 것으로, '소래산'에 대한 꿈을 꾸는 '이동욱 군'과 같은 맥락을 지닌다. 즉, 꿈의 특성들이 '이동욱 군'의 꿈에만 제한되는 것이 아니라 누구에게나, 어떤 대상에 대해서나 해당된다는 것으로, '주체나 대상과의 결합에 제한이 없다는 측면에서의 꿈의 보편적 성격'을 서술한 것이다.

F 09~13 ──────────── [예상 문제]

(가) 문학의 구조

○━○ 글 전체 핵심어 ○━○ 각 문단 핵심어 ▨ 글 전체 중심 문장 ★ 각 문단 중심 문장

① 문학은 언어라는 **매체**를 통해 그 **외형적** 틀이 만들어진다. ❷ 그리고 이 외형적 틀, 다시 말해 **형식**을 통해 작가가 말하고자 하는 내용이 표현된다. ❸ 그러나 문학을 이루는 내용과 형식은 각각의 요소들을 서로 떼어 놓고 보면 예술적인 의미에서의 미의 개념과는 거리가 먼 것이 대부분이다. ❹ 가령 김소월의 시 〈진달래꽃〉에서 볼 수 있는 이별의 장

면이라든지, '영변의 약산 진달래꽃'이라든지 하는 것은 그 자체가 미를 나타내지 않는다. ❺ 그런데 이 요소들이 하나의 작품으로 완결되어 〈진달래꽃〉이라는 시가 되었을 때, 우리는 그 속에서 문학의 예술적인 미를 발견하게 된다. ★❻ 이처럼 문학은 여러 가지 소재들이 모여서 어떤 미적 효과를 획득할 수 있도록 조직된다. ❼ 여기서 어떤 내용과 형식이 미적인 목적을 위해 조직되는 것을 **문학의 구조**라고 한다.
  → '문학의 구조'의 의미

매체: 어떤 작용을 한쪽에서 다른 쪽으로 전달하는 물체. 또는 그런 수단
외형적: 사물의 겉모양과 관련된 것
완결되다: 완전하게 끝이 맺어지다.
미적: 사물의 아름다움에 관한 것

＊①문단 요약: '문학의 구조'의 의미

② ① 문학의 구조는 내용과 형식을 포괄하는 개념이다. ❷ 문학은 그 형식과 내용이 미적인 목적을 위해 조직되는 하나의 예술적인 구조물이기 때문에, **내용과 형식을 이분법적으로 구분할 수 없다**. ❸ 이 경우에 구조라는 개념은 그 구조를 이루고 있는 부분과 전체의 관계로 설명이 가능하다.
  → 내용과 형식을 두 개로 구분지어 나눌 수 없음.
★❹ 즉 문학의 구조는 전체로서의 작품을 이루기 위해 그 구성 요소가 **내적인 규칙**에 따라 조직되는 것이다. ❺「예를 들어, 하나의 집을 짓기 위해서는 여러 가지 자재들을 그 용도에 따라 배열하고 조직해야
  └: 집을 짓는 행위=문학 작품을 창작하는 일
한다. ❻ 단순히 그 자재들을 뒤섞어 놓는다고 해서 집이 되는 것은 아닌 것처럼, 문학의 경우도 마찬가지다.」❼ 한 편의 시를 쓰는데, 문장의 몇 토막을 적당히 섞어 놓을 수는 없는 일이다. ❽ **시라는 양식이 요구하는** 요건에 따라서 언어를 조직하여 하나의 구조물을 만들어야 한다.
  구성 요소 / 내적인 규칙에 따라 조직되어야 함.
  → 운율, 비유 등의 양식.

포괄하다: 일정한 대상이나 현상 따위를 어떤 범위나 한계 안에 모두 끌어 넣다.
자재: 무엇을 만들기 위한 기본적인 재료
배열하다: 일정한 차례나 간격에 따라 벌여 놓다.
조직하다: 특정한 목적을 달성하기 위하여 여러 개체나 요소를 모아서 체계 있는 집단을 이루다.

＊②문단 요약: 내적 규칙에 따라 조직되어야 하는 문학의 구조

③ ① 문학의 구조는 내용과 형식의 **통일성**을 지향하며, 부분과 부분의 상호 관계에 의해 **전체성**을 확립한다. ❷ 문학의 구조는 이러한 통일성과 전체성의 원리를 통하여 해명될 수 있다. ❸ 시의 형태적인 특성과 리듬을 지적하고, 그 시에서 활용된 비유의 방법이나 상징적 수법을 밝혀내고, 여러 가지 이미지를 찾아낸다고 해서 시의 구조가 해명되는 것은 아니다. ❹「**시의 구조는 여러 가지 요소들의 상호 관계를 이해하고,** 그것들이 어떻게 하나의 작품 속에 통합되어 완결된 미적인 구조를 실현하고 있는가를 해명함으로써, 그 특성이 밝혀질 수 있는 것이다.」
  → 비유, 상징, 이미지 등
  └: 문학의 구조를 이해하려면 여러 요소들의 상호 관계를 파악해야 함.

통일성: 다양한 요소들이 있으면서도 전체가 하나로서 파악되는 성질
전체성: 여러 사물이 전체적으로 하나의 유기적인 체계를 이루고 있는 성질
해명되다: 까닭이나 내용이 풀려서 밝혀지다.

＊③문단 요약: 통일성과 전체성의 원리로 해명되는 문학의 구조

■ **내용**: 이 글은 문학의 구조에 대해 소개하고 그에 따르는 규칙을 설명하고 있다. 문학의 구조란 내용과 형식을 포괄하는 개념으로, 어떤 내용과 형식이 미적인 목적을 위해 조직되는 것을 말한다. 이때 문학의 구조는 내용과 형식을 구분할 수 없고, 구성 요소가 내적인 규칙에 따라 조직된다. 또한, 내용과 형식의 통일성을 지향하고, 부분과 부분의 상호 관계에 의해 전체성을 확립한다.

■ **주제**: '문학의 구조'의 정의와 그에 따른 규칙

❶ 화자, 중심 대상　❷ 상황, 정서, 태도　❸ 표현상 특징　[고어 읽기]　[시 해석]

어름 우희 댓닙 자리 보와 님과 나와 어러 주글만졍
❶ 중심 대상　❶ 화자

1 ❶**어름 우희 댓닙 자리 보와 님과 나와 어러 주글만졍**
❸ 극한(어떤 일이 진행하여 도달할 수 있는 최후의 한계) 상황을 설정하여 사랑을 표현함.

➡ 얼음 위에 대나무 잎으로 자리 펴서 임과 나와 얼어 죽을망정

❸ 반복법 (같거나 비슷한 어구를 되풀이하는 표현 방법) – 정서 강조

어름 우희 댓닙 자리 보와 님과 나와 어러 주글만졍

❷**어름 우희 댓닙 자리 보와 님과 나와 어러 주글만졍**

➡ 얼음 위에 대나무 잎으로 자리 펴서 임과 나와 얼어 죽을망정

정둔　오늘 밤 더듸 새오시라　더듸 새오시라
임과 함께하는 시간　❸ 반복을 통해 임에 대한 사랑을 강조함.

❸**정(情)둔 오늘 밤 더듸 새오시라 더듸 새오시라**
❷ 상황: 임에 대한 사랑을 노래함. 정서: 임과 오래도록 함께 있기를 소망함.

➡ 정 둔 오늘밤 더디게 새소서. 더디게 새소서.

*1 요약: 임과의 짧은 밤에 대한 아쉬움

경경　고침상애　어느　자미 오리오

2 ❶**경경(耿耿) 고침상(孤枕上)애 어느 ᄌ미 오리오**
❷ 상황: 떠난 임을 생각하며 잠을 이루지 못함(전전반측). 정서: 임의 부재로 인한 근심과 외로움
❸ 설의법 – 질문 형식으로 잠이 오지 않음을 강조함.

➡ 근심 어린 외로운 잠자리에 어찌 잠이 오리오.

서창을　여러ᄒ니　도화이　발ᄒ두다

❷**서창(西窓)을 여러ᄒ니 도화(桃花)ㅣ 발(發)ᄒ두다**
❸ 객관적 상관물(정서를 간접적으로 드러내 주는 사물) – 화자의 정서와 대조되는 아름다운 자연

➡ 서쪽 창문을 열어젖히니 복숭아꽃이 피어나도다.

도화ᄂᆞᆫ　시름업서　소춘풍ᄒ느다　소춘풍ᄒ느다

❸**도화(桃花)ᄂᆞᆫ 시름업서 쇼춘풍(笑春風)ᄒᄂᆞ다 쇼춘풍(笑春風)ᄒ**
❷ 정서: 근심 없는 '도화'로 인해 외로움이 심화됨.

ᄂᆞ다

➡ 복숭아꽃은 근심이 없어 봄바람에 웃는구나. 봄바람에 웃는구나.

경경: 마음에서 사라지지 않고 염려가 됨.
고침: 외로운 베개라는 뜻으로, 홀로 자는 외로운 잠자리를 이르는 말
도화: 복사나무의 꽃

*2 요약: 임 없이 외롭게 지새우는 밤

넉시라도　님을 ᄒ딕 여닛 경 너기더니

3 ❶**넉시라도 님을 ᄒ딕 녀닛 경(景) 너기더니**

➡ 넋이라도 님과 함께 지내는 모습 그리더니.

넉시라도　님을 ᄒ딕 여닛 경 너기더니

❷**넉시라도 님을 ᄒ딕 녀닛 경(景) 너기더니**

➡ 넋이라도 님과 함께 지내는 모습 그리더니.

벼기더시니　뉘러시니잇가　뉘러시니잇가

❸**벼기시더니 뉘러시니잇가 뉘러시니잇가**
❷ 정서: 약속을 지키지 않은 임에 대한 원망.

➡ 우기시던 이 누구입니까. 누구입니까.

*3 요약: 임에 대한 원망

올하　올하　아련　비올하

4 ❶**올하 올하 아련 비올하**
임

➡ 오리야 오리야. 어린 비오리야.

여흘란　어듸 두고　소해　자라 온다
여울(다른 여자)　연못(화자)

❷**여흘란 어듸 두고 소해 자라 온다**
❷ 정서: 임에 대한 원망.

➡ 여울이랑 어디 두고 연못에 자러 오느냐.

소콧　얼면　여흘도　조ᄒ니　여흘도　조ᄒ니

❸**소콧 얼면 여흘도 됴ᄒ니 여흘도 됴ᄒ니**

➡ 연못이 얼면 여울도 좋거니. 여울도 좋거니.

*4 요약: 임에 대한 원망과 풍자

남산애　자리 보와 옥산을　버여 누어

5 ❶**남산(南山)애 자리 보와 옥산(玉山)을 버여 누어**

➡ 남산에 자리 보아 옥산을 베고 누워

금슈산　니블 안해 사향　각시를 아나 누어
수놓은 비단　아름다운 여인

❷**금슈산(錦繡山) 니블 안해 사향(麝香) 각시를 아나 누어**

➡ 금수산 이불 안에 아름다운 여인을 안고 누워

남산애　자리 보와 옥산을　버여 누어

❸**남산(南山)애 자리 보와 옥산(玉山)을 버여 누어**

➡ 남산에 자리 보아 옥산을 베고 누워

금슈산　니블 안해 사향　각시를 아나 누어

❹**금슈산(錦繡山) 니블 안해 사향(麝香) 각시를 아나 누어**

➡ 금수산 이불 안에 아름다운 여인을 안고 누워

약든　가슴을　맛초ᄋᆞᆸ사이다　맛초ᄋᆞᆸ사이다
상사병을 낫게 해 주는 약

❺**약(藥) 든 ᄀ슴을 맛초ᄋᆞᆸ사이다 맛초ᄋᆞᆸ사이다**
❷ 정서: 임과 잠자리를 함께하기를 소망함.

➡ 약 든 가슴을 맞추옵시다. 맞추옵시다.

*5 요약: 임과 함께 사랑을 나누고 싶은 간절한 마음

아소　님하

6 ❶**아소 님하**
감탄사

➡ 아! 임이여

원대평생애　여힐 살 모르읍새

원ᄃᆡ평싱(遠代平生)애 여힐 술 모ᄅᆞ읍새
❷ 정서: 영원히 임과 이별하지 않기를 바람.

➡ 평생토록 여읠 줄 모르고 지냅시다.

*6 요약: 이별 없는 영원한 사랑 소망

🌟 (나) 독해 공식
❶ 화자: '나', 중심 대상: '님'
❷ 상황: 임에 대한 사랑을 노래함. 떠난 임을 생각하며 잠을 이루지 못함.
정서: 임과 함께하기를 소망함. 임의 부재로 인한 근심과 외로움 → 근심 없는 '도화'로 인해 외로움이 심화됨. 임에 대한 원망, 임과 영원히 이별하지 않기를 바람.
❸ 표현상 특징
• 극한(어떤 일이 진행하여 도달할 수 있는 최후의 한계) 상황을 설정하여 사랑을 표현하고 있음.
• 반복법(같거나 비슷한 어구를 되풀이하는 표현 방법)과 설의법(의문의 형식으로 나타내는 방법)을 통해 화자의 상황과 정서를 강조하고 있음.
• 객관적 상관물(정서를 간접적으로 드러내 주는 사물)을 통해 화자의 정서를 심화하고 있음.

■ 갈래: 고려 가요　　■ 창작 시기: 고려 시대
■ 내용: 이 작품은 임에 대한 뜨거운 사랑을 노래한 고려 가요이다. 각 연의 내용과 표현이 서로 이질적이기 때문에 여러 작품을 합치고 재구성한 것이라는 견해가 일반적이다. 우리말이 대부분인 1, 3, 4연과 달리 2, 5연은 한자어가 많다는 것, 그리고 3연이 정서의 〈정과정〉과 유사하다는 것이 이를 뒷받침한다. 극한의 상황을 설정하여 사랑을 표현하는 등 참신한 발상과 표현이 돋보인다.
■ 주제: 변치 않는 사랑에 대한 소망

■ 이것이 핵심!: 화자의 정서

사랑	그리움	원망
임에게 뜨거운 연정을 느낌.	떠나간 임을 그리워하며 잠을 이루지 못함.	약속을 어기고 떠난 임을 원망함.

임과 함께 있기를 기원함.

(다) 이성부, 〈봄〉

❶ 화자, 중심 대상　❷ 상황, 정서, 태도　❸ 표현상 특징　[시 해석]
▨ : ❸ 단정적(딱 잘라서 판단하고 결정하는) 어조 – 확신하는 태도를 보여 줌.

❶**기다리지 않아도 오고**
계절 순환의 자연 섭리　❶ 중심 대상 – 봄(희망을 주는 간절한 기다림의 대상)
❷**기다림마저 잃었을 때에도 너는 온다.**
절망적 상황　❸ 의인법 – '봄'에 인격을 부여함.

➡ 기다리지 않아도 오고, 기다림마저 잃었을 때에도 너(봄)는 온다.

*❶∼❷행 요약: 봄이 오는 일의 당위성

❸「**어디 뻘밭 구석이거나**
「 」: 봄이 오기까지의 시련과 역경
❹**썩은 물 웅덩이 같은 데를 기웃거리다가**

❺**한눈 좀 팔고, 싸움도 한 판 하고,**

❻**지쳐 나자빠져 있다가」**

⑦다급한 사연 들고 달려간 바람이
  봄이 어서 와야 하는 이유   사연 전달의 매개체
⑧흔들어 깨우면
⑨눈 부비며 너는 더디게 온다.
                   ❷ 태도: 희망적(봄이 올 것을 확신함.)
⑩더디게 더디게 마침내 올 것이 온다.
      봄의 도래에 대한 강한 확신

➡ (너는 바로 오지 않고) 어디 뻘밭 구석이거나 썩은 물웅덩이 같은 데를 기웃거리다가 한눈 좀 팔고, 싸움도 한 판 하고, 지쳐 나자빠져 있다가, 다급한 사연 들고 달려간 바람이 (너를) 흔들어 깨우면, 눈 부비며 너는 더디게 온다. 더디게 더디게 마침내 올 것이 온다.

          ＊❸~⑩행 요약: 더디지만 반드시 올 봄에 대한 믿음

⑪너를 보면 눈부셔
⑫일어나 맞이할 수가 없다.
         ❷ 정서: 봄을 맞이하며 느끼는
           벅찬 감동, 감격스러움
[A]
⑬『입을 열어 외치지만 소리는 굳어
     「 」: 봄을 맞이한 감격을 보여 주는 모습
⑭나는 아무것도 미리 알릴 수가 없다.』
         ❶ 화자
⑮가까스로 두 팔을 벌려 껴안아 보는」
        ❷ 상황: 봄이 오는 것을 기다리다가 마침내 봄을 맞이하고 있음.
⑯너, 먼 데서 이기고 돌아온 사람아.
        ❷ 태도: 예찬적(결국 승리하고 돌아온 '봄'을 예찬함.)

➡ 너를 보면 눈부셔 일어나 맞이할 수가 없다. (봄을 맞이하여 너무 감격스러워서) 입을 열어 외치지만 소리는 굳어 나는 아무것도 미리 알릴 수가 없다. 가까스로 두 팔을 벌려 껴안아 보는 너, 먼 데서 이기고 돌아온 사람아.

          ＊⑪~⑯행 요약: 봄을 맞이하는 감격

✦ (다) 독해 공식
❶ 화자: '나', 중심 대상: '너'(봄)
❷ 상황: 봄이 오는 것을 기다리다가 마침내 봄을 맞이하고 있음.
정서: 봄을 맞이하며 느끼는 벅찬 감동, 감격
태도: 희망적(봄이 올 것을 확신함.), 예찬적(결국 승리하고 돌아온 '봄'을 예찬함.)
❸ 표현상 특징
• 봄에 인격을 부여하여 표현하고 있음.(의인법)
• 단정적(딱 잘라서 판단하고 결정하는) 어조와 부사어를 통해 확신하는 태도를 드러내고 있음.
• 긍정적 상황과 부정적 상황이 대비되고(차이를 드러내기 위해 서로 맞대어 비교되고) 있음.

■ **갈래:** 현대시
■ **내용:** 이 작품은 다가올 봄에 대한 믿음을 노래한 현대시이다. 화자는 '봄'을 '너'로 의인화하여 상징적 의미를 부여하고 있다. '봄'은 계절의 순환에 따라 겨울이 지나면 자연히 온다. 일반적으로 '겨울'이 시련과 절망의 이미지인 데 비해 '봄'은 생명의 소생, 희망의 이미지를 지닌다. 그러므로 이 작품에서 '봄'은 반드시 도래할 희망의 의미로 해석할 수 있다. 즉 '봄'은 화자가 기다리는 대상으로서 현재 부재 상태이지만 언젠가는 반드시 올 것이라 믿는 가치이며, 시대 상황을 미루어 볼 때 민주와 자유를 상징하는 것으로도 볼 수 있다.
■ **주제:** 봄이 올 것에 대한 확신과 다가올 미래에 대한 믿음

■ **이것이 핵심!:** '봄'에 대한 화자의 태도

봄
• 계절의 순환에 따라 반드시 오는 계절 • 희망의 이미지 • 기다림의 대상

→ 봄이 올 것에 대한 확신과 미래에 대한 믿음

✦ 작품 간의 공통점 및 차이점
• **공통점:** 화자가 중심 대상이 돌아오길 바라고 있음.
• **차이점:** (나)의 화자는 떠나간 '님'을 그리워하며 다시 돌아오길 바라고 있고, (다)의 화자는 '봄'의 도래를 기다리고 있음.

F **09** 정답 ⑤ ＊설명문의 내용 파악하기

(가)의 '문학의 구조'에 대한 설명으로 가장 적절한 것은?

>왜 정답？

⑤ 문학의 구조를 온전히 이해하기 위해서는 각각의 형식적 요소들이 작품 안에서 어떻게 통합되어 미적 구조를 조직하고 있
   각 요소의 상호 관계를 파악하고 어떤 미적인 구조를 실현하고 있는지 살펴봐야 함.
   는지를 살펴보아야 한다.

＊근거: (가) ③-❹
③에서 시의 구조는 시를 구성하는 각각의 요소를 독립적으로 이해한다고 해서 이해할 수 있는 것이 아니라, '여러 가지 요소들의 상호 관계를 이해하고, 그것들이 어떻게 하나의 작품 속에 통합되어 완결된 미적인 구조를 실현하고 있는가를 해명함으로써, 그 특성이 밝혀질 수 있'다고 하였다. 이를 통해 문학의 구조를 온전히 이해하기 위해서는 여러 요소들의 상호 관계를 파악하고, 각각의 형식적 요소들이 작품 안에서 어떤 미적인 구조를 실현하고 있는가를 살펴봐야 함을 알 수 있다.

>왜 오답？

① 문학 작품의 내용은 작가가 말하고자 하는 바를 나타내는 것으로 그 자체로 미적 효과를 지닌다.
   내용과 형식은 분리해서 보면 미의 개념과 거리가 멂.

＊근거: (가) ①-❸
①에서 '문학을 이루는 내용과 형식은 각각의 요소들을 서로 떼어 놓고 보면 예술적인 의미에서의 미의 개념과는 거리가 먼 것이 대부분'이라고 한 것으로 보아, 문학 작품의 내용이 그 자체로 미적 효과를 지닌다고 볼 수는 없다.

② 문학의 구조를 파악하기 위해서는 작품의 형식적인 요소보다 내용적인 요소에 더 주목해야 한다.
   문학의 구조는 내용과 형식을 포괄하는 개념이며 이분법적으로 구분할 수 없음.

＊근거: (가) ②-❶~❹, ③-❶
②에서 '문학의 구조는 내용과 형식을 포괄하는 개념'이며, 문학에서 '내용과 형식은 이분법적으로 구분할 수 없'고, '문학의 구조는 전체로서의 작품을 이루기 위해 그 구성 요소가 내적인 규칙에 따라 조직'된다고 하였다. 그리고 ③에서 '문학의 구조는 내용과 형식의 통일성을 지향'한다고 하였다. 즉 문학의 구조는 내용과 형식을 포괄하며 그 통일성을 지향하므로, 형식과 내용 중 어느 것이 더 중요하다고 할 수는 없다.

③ 문학 작품의 미적 형식을 감상하기 위해서는 부분적인 요소보다는 전체적인 구조를 바라보는 시각이 필요하다.
   부분과 부분의 상호 관계에 의해 전체성을 확립하게 됨.

＊근거: (가) ②-❷, ③-❶
②에서 '문학은 그 형식과 내용이 미적인 목적을 위해 조직되는 하나의 예술적인 구조물'이라고 하였고, ③에서 문학의 구조는 '부분과 부분의 상호 관계에 의해 전체성을 확립'한다고 하였다. 따라서 문학 작품의 미적 형식을 감상할 때는 부분적인 요소보다 전체적인 구조를 중시하는 것이 아니라, 부분과 부분의 상호 관계와 전체적인 구조를 모두 살펴야 함을 알 수 있다.

④ 문학의 형식은 작품의 외형적 틀을 의미하는 것으로, 각각의 독립적 요소들을 나열하여 하나의 작품으로 만드는 것이다.
   단순한 나열로 작품이 되는 것이 아님.

＊근거: (가) ①-❷, ②-❹~❺
①에서 문학의 형식은 내용이 표현되는 외형적 틀임을 알 수 있다. 그리고 ②에서 '문학의 구조는 전체로서의 작품을 이루기 위해 그 구성 요소가 내적인 규칙에 따라 조직되는 것'으로, '단순히 그 자재들을 뒤섞어 놓는다고 집이 되는 것은 아닌 것처럼' 문학을 구성하는 각각의 요소들을 그저 나열한다고 해서 하나의 작품이 되는 것은 아니라고 하고 있다.

〔 **독립적:** 남에게 의존하거나 예속되지 아니한 것   **나열하다:** 죽 벌여 놓다.

(가)를 바탕으로 (나)와 (다)를 이해한 내용으로 적절하지 <u>않은</u> 것은?

- **(가):** 내용과 형식이 미적인 목적을 위해 조직되는, 문학의 구조에 대해 설명하고 있습니다. 문학의 구조는 내적 규칙에 따라 조직되어야 하며, 통일성과 전체성이 요구됩니다.
- **(나):** 화자는 객관적 상관물을 제시하거나 극한 상황을 설정하고, 반복법 등의 다양한 수사법을 사용하여 '님'에 대한 사랑과 '님'의 부재로 인한 외로움, 원망 등의 정서를 표현하고 있습니다.
- **(다):** 화자는 '봄'을 의인화하고 반복법을 사용하여 '봄'에 대한 긍정적, 예찬적 태도를 드러내고 있습니다.

즉 (나), (다)에 드러난 문학의 구조에 대한 설명으로 틀린 것을 고르는 문제입니다.

>왜 정답?

① (나)의 부분과 전체의 관계를 통해 볼 때, '도화(桃花)'는 ~~'님'을 상징하는 자연물로~~ 화자의 외로운 정서를 부각하고 있다.
'도화'는 화자의 처지와 대비되는 객관적 상관물임.

＊**근거:** (가) ❷-❸, (나) ❷-❷, ❸

(가)의 ❷에서 '문학의 구조'는 '그 구조를 이루고 있는 부분과 전체의 관계로 설명이 가능'하다고 했다. 이를 통해 시어는 시 전체의 형식적·내용적 맥락 속에서 이해해야 함을 알 수 있다.

(나)의 2연에서 화자는 임이 없어 외로운 침상에서 잠을 이루지 못하지만 '도화'는 시름없이 봄바람에 웃고 있다. 즉 '도화'는 화자의 정서와 대비되어 화자의 외로운 처지를 부각하는 자연물이지, '임'을 상징하는 자연물로 볼 수 없다.

[**상징하다:** 추상적인 사물이나 관념 또는 사상을 구체적인 사물로 나타내다.
[**부각하다:** 어떤 사물을 특징지어 두드러지게 하다.

>왜 오답?

② (나)는 '어름 우희 댓닙 자리'라는 <u>극한 상황을 설정한 형식</u>과 임과 함께하고자 하는 소망의 내용이 긴밀하게 조직되어 있다.
극한 상황으로 임과 함께하고 싶은 마음을 강조하여 드러냈으므로 형식과 내용이 긴밀함.

＊**근거:** (가) ❷-❷, (나) ❶

(가)의 ❷에서 '문학은 그 형식과 내용이 미적인 목적을 위해 조직되는 하나의 예술적인 구조물'이라고 했다. (나)는 임과 함께하고 싶은 화자의 마음을 강조하여 표현하기 위해, 얼음 위에 대나무 잎으로 만든 자리를 깔고 자는 극한의 상황을 가정함으로써 형식과 내용을 긴밀하게 조직했다.

[**극한:** 궁극의 한계. 사물이 진행하여 도달할 수 있는 최후의 단계나 지점을 이른다.
[**긴밀하다:** 서로의 관계가 매우 가까워 빈틈이 없다.

③ (다)는 '봄'에 상징적인 의미를 부여하여 주제를 형상화함으로써 통일성과 전체성을 이루고 있다.
간절히 기다리는 대상
문학의 구조는 내용과 형식의 통일성을 지향, 부분들의 상호 관계로 전체성을 확립함.

＊**근거:** (가) ❸-❶, (다) ❶, ❷, ❾, ❿

(가)의 ❸에서 '문학의 구조는 내용과 형식의 통일성을 지향하며, 부분과 부분의 상호 관계에 의해 전체성을 확립'한다고 했는데, 이는 ❷에서 언급한 '전체로서의 작품'을 이루기 위한 것이다. (다)는 중심 제재인 '봄'에 화자가 간절히 기다리는 대상이라는 상징적 의미를 부여하고, '너', 즉 '봄'이 올 것이라는 확신을 단정적 어조와 부사어를 통해 드러냄으로써 '봄이 올 것에 대한 확신과 미래에 대한 믿음'이라는 주제를 형상화하고 있으므로 이를 통해 통일성과 전체성을 이루고 있다고 할 수 있다.

[**형상화하다:** 형체로는 분명히 나타나 있지 않은 것을 어떤 방법이나 매체를 통하여 구체적이고 명확한 형상으로 나타내다.
[**통일성:** 다양한 요소들이 있으면서도 전체가 하나로서 파악되는 성질
[**전체성:** 여러 사물이 전체적으로 하나로 연결된 체계를 이루고 있는 성질

④ (다)는 의인화된 표현을 통해 '봄'에 대한 화자의 예찬적 태도를 나타냄으로써 시의 미적 구조가 실현되고 있다.
'너, 먼 데서 이기고 돌아온 사람아.'
여러 가지 요소들이 통합되어 완결된 미적인 구조를 실현함.

＊**근거:** (가) ❸-❹, (다) ⓰

(가)의 ❸에서 시는 여러 가지 요소들이 작품 속에 통합되어 완결된 미적인 구조를 실현함을 알 수 있다. 따라서 시에 쓰인 여러 가지 형식은 내용적 측면 및 다른 요소들과 긴밀하게 연결되어야 한다. (다)는 '봄'을 '먼 데서 이기고 돌아온 사람'으로 의인화하여 '봄'에 대한 화자의 예찬적 태도를 효과적으로 표현하고 있으며, 이를 통해 미적 구조가 실현되고 있다.

[**예찬적 태도:** 무엇이 훌륭하거나 좋거나 아름답다고 찬양하는 태도

⑤ (나)와 (다)는 특정 시어나 시구의 반복을 통해 시에 쓰인 여러 가지 요소들의 상호 관계가 이루어지고 있다.
(나)는 '더듸 새오시라' 등이, (다)는 '온다'가 반복됨.
요소들이 서로 관계를 맺고 있다.

＊**근거:** (가) ❸-❹, (나) ❶-❸, ❷-❸, ❸-❶, ❷, ❹-❶, ❺-❶~❹, (다) ❷, ❾, ❿

(가)의 ❸에서 시에 쓰인 여러 가지 요소들의 상호 관계를 통해 문학의 구조의 전체성이 확립된다고 하였다. (나)에서는 '더듸 새오시라', '쇼춘풍ᄒ 늣다' 등을 반복하여 화자의 외로움과 임에 대한 사랑을 강조하고 있고, (다)에서는 '온다'를 반복하여 봄이 오기를 바라는 화자의 간절함을 부각하고 있다. 따라서 이와 같은 반복은 시에 쓰인 여러 요소들 간의 상호 관계를 형성한다고 볼 수 있다.

[**상호 관계:** 서로가 걸려 있는 관계

(나)의 화자의 정서와 태도에 대한 설명으로 적절하지 <u>않은</u> 것은?

>왜 정답?

④ '약(藥) 든 ᄀ슴'은 화자의 외로움을 치유할 수 있는 것으로 화자는 임과 행복했던 과거를 떠올리며 ~~슬픔을 극복하고 있어.~~
임과 잠자리를 함께 하고자 하는 소망을 드러내는 표현임.

＊**근거:** (나) ❺-❹, ❺

5연에서 화자는 임과의 잠자리를 상상하고 있다. 즉, 약 든 가슴을 맞추어 보자는 것은 임과 잠자리를 함께 하기를 소망하는 화자의 마음을 드러낸 표현으로, 행복했던 과거를 떠올리며 슬픔을 극복한다는 것은 적절하지 않다.

>왜 오답?

① '경(情)든 오ᄂᆞᆯ 밤 더듸 새오시라'에는 임과 함께하고 싶어 하는 화자의 간절한 마음이 드러나 있어.
임과 함께하는 시간이 천천히 흐르기를 바람.

＊**근거:** (나) ❶-❸

임과 함께하는 시간이 천천히 흘러갔으면 하는 것은 임과 더 오래 함께 있고 싶은 화자의 간절한 마음을 보여 준다.

② '경경(耿耿) 고침샹(孤枕上)'에는 1연과 달라진 화자의 처지와 임과 헤어진 화자의 외로움이 드러나 있어.
'외로운 침상'은 임의 부재로 인한 외로움을 드러냄.

＊**근거:** (나) ❷-❶

1연에서 화자는 임과 짧은 밤을 함께 보내며 아쉬움을 드러내고 있다. 2연에서 '경경 고침상'은 외로운 침상을 말하는 것으로, 이를 통해 화자는 1연에서와 달리 임이 부재한 상황에서 근심과 외로움을 느끼고 있음이 드러난다.

③ '벼기더시니 뉘러시니잇가'에는 화자와의 약속을 깨버린 임에 대한 화자의 원망이 나타나 있어.
'우기던 사람이 누구였습니까?'라며 임에 대한 원망을 드러냄.

＊**근거:** (나) ❸-❸

'우기던 사람이 누구였습니까?'라고 묻는 것을 통해 임이 함께하자는 화자와의 약속을 깨버렸음을 추측할 수 있으며, 따라서 여기에는 임에 대한 화자의 원망이 나타난다고 볼 수 있다.

⑤ '원ᄃᆡ평ᄉᆡᆼ(遠代平生)애 여ᄒᆡᆯ 술 모ᄅᆞ옵ᄉᆡ'에서는 영원히 임과 함께하고 싶은 화자의 소망을 과장하여 표현하고 있어.
  영원히 이별하지 말자고 하며 함께 있고 싶은 마음을 과장함.

*근거: (나) ⑥-❷

평생토록 여읠 줄 모르고 지내자는 것은 영원히 이별하지 말자는 의미로, 이는 임과 함께하고 싶은 화자의 소망을 과장을 통해 강조한 것으로 볼 수 있다.

〔 과장하다: 사실보다 지나치게 불려서 나타내다.

F 12 정답 ③ *시어 및 구절의 의미 파악하기

(다)의 [A]에 대한 감상으로 가장 적절한 것은?

• (다)의 [A]: 봄을 기다리던 화자가 마침내 봄을 맞이하며 감격스러워하는 부분입니다.

즉 [A]에 드러난 화자의 정서와 태도로 가장 적절한 것을 고르는 문제입니다.

>왜 정답 ?

③ 봄을 맞이하는 화자의 감격스러운 마음이 그려져 있어.
  '입을 열어 ~ 알릴 수가 없다'에서 화자의 감격스러운 마음이 드러남.

*근거: (다) ⑬~⑭

(다)는 봄이 올 것이라는 화자의 강한 확신을 바탕으로 시상을 전개하고 있다. 화자가 기다리는 봄은 어디 한눈 좀 팔고, 지쳐 나자빠져 있기도 하면서 조금 더디게 오지만 결국 화자에게 온다. 그리고 [A]에서 마침내 온 봄을 맞이한 화자는 '눈부셔'하고, '입을 열어 외치지만 소리는 굳어' 말을 하지 못할 정도로 감격스러워하고 있다.

〔 감격스럽다: 마음에 깊이 느끼어 크게 감동이 되는 듯하다.

>왜 오답 ?

① 봄의 속성에 대한 화자의 심화된 인식이 드러나 있어.
  깊어진 생각   심화된 인식은 나타나지 않음.

화자는 봄은 기다리지 않아도 오며, 더디게라도 반드시 오는 것이라고 인식하고 있는데, [A]에서 이러한 봄의 속성에 대한 심화된 인식은 보이지 않는다.

〔 속성: 사물의 특성이나 성질 심화되다: 정도나 경지가 점점 깊어지다.

② 봄의 아름다움에 감탄하는 화자의 태도가 그려져 있어.
  봄을 맞아 감격하고 있음.

기다리던 봄을 보고 눈부셔하며 봄을 맞이한 감격을 드러내고 있는 것이지, 봄의 아름다움에 대해 감탄하는 태도는 나타나 있지 않다.

④ 다양한 감각적 이미지를 활용하여 봄의 모습을 묘사하고 있어.
  나타나지 않음.

기다리던 봄을 보고 눈부셔하는 모습이 나타날 뿐, 감각적 이미지를 활용하여 봄의 모습을 묘사하고 있지는 않다.

〔 묘사하다: 어떤 대상을 언어로 서술하거나 그림을 그려서 표현하다.

⑤ 봄을 맞이하는 상황에서 아무것도 할 수 없는 화자의 무력감이 나타나 있어.
  감격에 벅차 말을 잇지 못하고 있음.

일어나 맞이할 수 없고 아무것도 미리 알릴 수 없다는 것은 무력감이 아니라 감격에 벅차 말을 잇지 못하는 모습을 나타낸 것이다.

〔 무력감: 스스로 힘이 없음을 알았을 때 드는 허탈하고 맥 빠진 듯한 느낌

F 13 정답 ④ *작품 비교하기

(다)와 〈보기〉를 비교하여 감상한 내용으로 적절하지 않은 것은?

• (다): 화자는 '봄'의 도래에 대한 믿음을 가지고 '봄'을 기다리다가, 결국 '봄'을 맞이하며 감격합니다.
• 〈보기〉: 화자는 '겨울'과 대조되는 '봄'이 올 것을 확신하며, 봄이 온 이후의 모습을 이야기하고 있습니다.

즉 '봄'이라는 동일한 소재를 중심 대상으로 하는 두 작품의 공통점과 차이점에 대한 설명으로 틀린 것을 고르는 문제입니다.

[보기]

① ❶봄은
  진정한 화해의 시대, 통일 상징
❷남해에서도 북녘에서도
    외세
❸오지 않는다. ▨ : 단정적 어조

          *①연 요약: 통일의 주체 제시

② ❶너그럽고
❷빛나는
❸봄의 그 눈짓은,
    통일의 기운
❹제주에서 두만까지
  □ : 우리나라 전체를 가리킴.
❺우리가 디딘
❻아름다운 논밭에서 움튼다.

          *②연 요약: 자주 통일의 강조

③ ❶겨울은,
    분단의 현실
❷바다와 대륙 밖에서
    주변 국가, 외세
❸그 매운 눈보라 몰고 왔지만
        분단의 고통
❹이제 올
❺너그러운 봄은 삼천리 마을마다
❻우리들 가슴속에서
  통일의 기운은 민족의 주체적 역량으로 성취해야 함.
움트리라.

          *③연 요약: 분단된 현재 상황과 앞으로의 전망 제시

④ ❶움터서,
❷강산을 덮은 그 미움의 쇠붙이들
          동족 간의 군사적 대결
❸눈 녹이듯 흐물흐물
❹녹여 버리겠지.
    화해를 이룸.

          *④연 요약: 통일된 미래 예언

          – 신동엽, 〈봄은〉

움트다: 기운이나 생각 따위가 새로이 일어나다.
삼천리: 함경북도의 북쪽 끝에서 제주도의 남쪽 끝까지 삼천 리 정도 된다고 하여, 우리나라 전체를 비유적으로 이르는 말

>왜 정답 ?

④ (다)에서는 '바람'이 사연 전달의 매개체 역할을 하고, 〈보기〉
  (다)의 '바람'은 '다급한 사연 들고 달려'감.
에서는 '매운 눈보라'가 '봄'을 부르는 매개체 역할을 하여 봄
  〈보기〉의 '매운 눈보라'는 현재의 시련과 고난임.
을 기다리는 화자의 마음을 보여 주고 있다.

*근거: (다) ❼, 〈보기〉 ③-❶~❸

(다)의 '바람'은 '다급한 사연 들고 달려'가 봄에게 사연을 전달하는 매개체로서, 봄이 빨리 오기를 바라는 화자의 마음을 보여 주는 소재라고 할 수 있다. 그런데 〈보기〉의 '매운 눈보라'는 봄이 오기 전의 '겨울', 즉 현재의 시련과 고난을 상징하는 소재이다. 그러므로 매개체 역할을 하여 봄을 기다리는 화자의 마음을 보여 준다는 설명은 (다)의 '바람'에만 해당되는 내용이다.

〔 매개체: 둘 사이에서 어떤 일을 맺어 주는 것

① 〈보기〉는 (다)와 달리 대조법을 사용하여 '봄'의 의미를 강조하고 있다.
〈보기〉는 '봄'과 '겨울'을 대조함.

*근거: 〈보기〉 ③

(다)에서는 대조법이 사용되지 않았으나, 〈보기〉에서는 '봄'과 '겨울'을 대조하여 '봄'의 의미를 강조하고 있다.

> 대조법: 서로 반대되는 대상이나 내용을 내세워 주제를 강조하거나 인상을 선명하게 표현하는 수사법

② 〈보기〉는 (다)와 달리 아직 오지 않은 미래 상황에 대한 가정으로 시상을 마무리하고 있다.
〈보기〉는 봄이 오게 되면 미움의 쇠붙이들을 녹여 버릴 것이라고 가정함.

*근거: 〈보기〉 ④

(다)에서는 현재형으로 봄을 맞이하는 기쁨과 감격의 정서를 드러내며 시상을 마무리하고 있다. 이와 달리 〈보기〉에서는 봄이 아직 오지 않은 상황에서 봄이 오면 미움의 쇠붙이들을 녹여 버릴 것이라는, 미래 상황에 대한 가정을 제시하며 시상을 마무리하고 있다.

③ (다)는 자연의 섭리를 바탕으로 '봄'의 도래에 당위성을 부여하고 있고, 〈보기〉는 봄이 온 후의 모습을 구체적으로 보여 주고 있다.
'봄'이 오는 것이 마땅히 그렇게 되는 일임을 드러내고 (다)는 봄이 기다리지 않아도 오는 자연의 섭리를 언급함.
〈보기〉는 봄이 온 후의 정경을 묘사함.

*근거: (다) ❶, ❷, 〈보기〉 ④

(다)에서는 봄이 '기다리지 않아도 오'는 것이라고 하여, 자연의 섭리를 바탕으로 봄이 반드시 올 것이라는 인식을 드러내고 있다. 그리고 〈보기〉는 4연에서 '움터서, ~ 녹여 버리겠지.'라며 화자가 지향하는 봄이 온 후의 모습을 구체적인 이미지로 보여 줌으로써 봄에 대한 기다림을 표현하고 있다.

> 도래: 어떤 시기나 기회가 닥쳐옴.
> 당위성: 마땅히 그렇게 하거나 되어야 할 성질

⑤ (다)와 〈보기〉는 모두 단정적인 어조로 '봄'이 올 것이라는 화자의 확신을 보여 준다.
(다)는 '온다', 〈보기〉는 '움튼다', '버리겠지'에서 단정적 어조가 드러남.

*근거: (다) ❷, ❾, ❿, 〈보기〉 ❷-❻, ❸-❼, ❹-❹

(다)에서는 '온다', 〈보기〉에서는 '움튼다', '움트리라', '버리겠지'에서 단정적인 어조를 사용하여 '봄'이 반드시 올 것이라는 화자의 확신을 표현하고 있다.

> 단정적: 딱 잘라서 판단하고 결정하는 것

F 14~18 ───── [2020 대비/사관학교 26~30]

(가) 안도환, 〈만언사(萬言詞)〉

❶ 화자, 중심 대상 ❷ 상황, 정서, 태도 ❸ 표현상 특징 고어 읽기 시 해석
: ❸ 설의법(물음의 형식으로 표현하는 방법) : ❸ 대구법(비슷한 문장 구조를 짝을 맞추어 늘어놓는 방법)

❶ 죄 지을 줄 아라시면 공명 탐차 ᄒ여시랴
㉠죄 지을 줄 아라시면 공명 탐(貪)ᄎ ᄒ여시랴.
❷ 정서: 공명을 탐했던 자신의 과거를 후회함.
➡ 죄 지을 줄 알았으면 공명을 탐하였으랴?

❷ 산진매 수진매와 해동청 보라매가
@산진(山陣)매 슈진(水陣)매와 ᄒᆡ동쳥(海東靑) 보라미가
❸ 화자 자신을 '매'에 비유함.(어떤 대상을 다른 비슷한 대상에 빗댐.)
➡ 산에서 자란 매, 집에서 기른 매, 송골매, 보라매가

❸ 심수 총림 숙어나려 산계 야목 차고 날 제
심슈 춍님(深樹叢林) 숙어나려 산계 야목(山鷄夜鶩) ᄎ고 날 제,
깊숙이 우거진 숲 ❸ 화자가 탐했던 세속적 가치를 '산 꿩과 들오리'에 비유함.
➡ 깊숙이 우거진 숲에 날아들어 산 꿩과 들오리를 꿰차고 날아갈 때

❹ 앗갑다 걸렸구나 두 날개 걸렸구나
앗갑다. 걸렸구나. 두 날개 걸렸구나.
➡ 아깝다 걸렸구나 두 날개가 걸렸구나.

❺ 먹기의 탐이 나니 형극을 몰나 보내
먹기의 탐(貪)이 나니 형극(荊棘)을 몰나 보ᄂᆡ.
화자는 탐욕을 부리다가 벌을 받게 될 것을 생각하지 못했음.
➡ 먹는 일에 탐이 나니 나무의 가시를 몰라보네.

> 산진매: 산에서 자라 여러 해를 묵은 매나 새매
> 수진매: 사람의 손으로 길들인 매나 새매
> 해동청: 송골매
> 보라매: 난 지 1년이 안 된 새끼를 잡아 길들여서 사냥에 쓰는 매
> 형극: ① 나무의 온갖 가시 ② '고난'을 비유적으로 이르는 말

*❶~❺행 요약: 공명을 탐했던 것에 대한 후회

❻ 어와 민망하다 주인 박대 민망하다
어와 민망ᄒ다. 주인 박대 민망ᄒ다.
❷ 상황: 남의 집에 살면서 주인에게 박대를 받고 있음.
➡ 아 민망하다 주인에게 박대를 받아 민망하다.

❼ 아니 먹은 헛 주정에 욕설조차 대단하다
아니 먹은 헛 주정(酒酊)에 욕설조차 대단하다.
➡ 술은 먹지도 않고 주정을 부리고 욕설조차 심하다.

❽ 혼자 안자 군말하듯 날 드르라 하는 말이
혼ᄌ 안ᄌ 군말ᄒ듯 날 드르라 ᄒᄂᆞᆫ 말이,
❶ 화자: '나'
➡ 혼자 앉아 군말하듯 나에게 들으라고 하는 말이

❾ 건넌 집 나그네는 정승의 아들이요
「건넌 집 나그ᄂᆡᄂᆞᆫ 졍승의 아ᄃᆞᆯ이요 「 」: ❸ 주인의 말을 인용하여
건넛집에 들어와 있는 유배객 화자의 처지를 부각함.
➡ 건넛집 나그네는 정승의 아들이요

❿ 뒷집의 손님네는 판서의 아우로서
뒷집의 손님ᄂᆡᄂᆞᆫ 판셔의 아우로셔
➡ 뒷집의 손님네는 판서의 아우로서

⓫ 나라의 득죄하고 외딴섬 드러오면
나라의 득죄(得罪)ᄒ고 외ᄭᅵ섬 드러오면
화자는 나라에 죄를 지어 외딴섬에서 귀양살이하고 있는 것임.
➡ 나라에 죄를 지어 외딴 섬에 들어오면

⓬ 이전 말은 하도 말고 여기 사람 일을 배와
㉡이젼(以前) 말은 ᄒ도 말고 여긔 ᄉᆞ름 일을 ᄇᆡ와
유배 오기 이전(한양에서 관리 생활하던 때)
➡ (유배 오기) 이전의 말은 하지도 않고 여기 사람 일을 배워

⓭ 고기 낙기 나무 뷔기 자리치기 신삼기와
고기 낙기 나무 뷔기 ᄌ리치기 신삼기와
❸ 열거법 – 유배지에서 생활하기 위해 해야 하는 일을 나열함.
➡ 고기 낚기, 나무 베기, 돗자리 치기, 짚신 삼기와

⓮ 보리 동냥 하여다가 주인 양식 보태거든
보리 동냥 ᄒ여다가 주인 양식(糧食) 보ᄐᆡ거든
➡ 보리 동냥을 하여다가 주인집 양식을 보태거든

⓯ 한곳에서는 무슴 일노 공한 밥을 먹으라노
한곳에서는 무슴 일노 공(空)ᄒ 밥을 먹으랴노
아무런 일을 하지 않는 화자에 대한 비판
➡ 우리 집에서는 무슨 일로 공짜 밥을 먹으려 하는가?

⓰ 쓰자는 열 손가락 꼼작이도 아니하고
㉢쓰ᄌᄂᆞᆫ 열 손가락 ᄭᆞᆷ죽이도 아니ᄒ고
➡ 쓰라고 달린 열 손가락은 꼼짝도 하지 않고

⓱ 것자는 두 다리는 움작이도 아니하니
것ᄌᄂᆞᆫ 두 다리ᄂᆞᆫ 움족이도 아니ᄒ니
➡ 걸으라고 있는 두 다리는 옴짝하지도 않으니

⓲ 석은 나무에 박은 끌인가 전당 잡은 촛대런가
셕은 나무에 박은 ᄭᅳᆯ인가 젼당(典當) 잡은 쵹ᄃᆡ(燭臺)런가
「 」: ❸ 아무 일도 하지 않는 화자를 비유적으로 표현 – 화자를 비아냥대는 주인의 태도가 드러남.
➡ 썩은 나무에 박은 끌인가, 전당포에 잡힌 촛대런가?

⓳ 종 찾으려는 상전인가 빚 받으려는 채주런가
종 찾으려는 상전인가 빚 받으려는 채주(債主)런가
➡ 종을 찾으려는 상전인가, 빚을 받으러 온 빚쟁이인가?

⓴ 동이성의 권당인가 풋낯의 친구런가
동이셩(同異姓)의 권당*인가 풋낯*의 친구런가
➡ 성이 같거나 다른 친척인가, 이제 막 얼굴을 익힌 친구인가?

㉑ ㉣ 양반인가 상인인가 병인(病人)인가 반편인가
→ 양반인가, 상인인가, 병든 사람인가, 반편인가?

㉒ 화쵸(花草)라고 두고 볼가 괴셕(怪石)이라 노코 볼가 」
　　　　　　　　　　괴상하게 생긴 돌
→ 화초라고 두고 볼 것인가? 괴석이라고 놓고 볼 것인가?

㉓ 은혜 끼친 일이 잇셔 특명(特命)으로 먹으려나
　　　　　　　　　　　　특별한 명분
→ (나에게) 은혜 끼친 일이 있어 특별한 명분으로 얻어먹으려 하는가?

㉔ 져 지은 죄 뉘 타시며 제 셔름을 닉 아던가
→ 제가 지은 죄가 누구 탓이며 제 설움을 내가 알던가?

㉕ 밤나즈로 우는 소리 슬픈 소리 듯기 실타. 」
　　유배된 상황에서 화자가 한탄하는 소리
→ 밤낮으로 우는 소리 슬픈 소리 듣기 싫다.

박대: 정성을 들이지 않고 아무렇게나 하는 대접
주정: 술에 취하여 정신없이 말하거나 행동함.
군말하다: 하지 않아도 좋을 쓸데없는 말을 하다.
득죄하다: 남에게 큰 잘못을 저질러 죄를 얻다.
공하다: 얻거나 생긴 물건에 대하여 그것을 얻거나 그것이 생길 만한 값이나 힘을 들인 것이 없다.
끌: 망치로 한쪽 끝을 때려서 나무에 구멍을 뚫거나 겉면을 깎고 다듬는 데 쓰는 연장
전당: 기한 내에 돈을 갚지 못하면 맡긴 물건 따위를 마음대로 처분하여도 좋다는 조건하에 돈을 빌리는 일
채주: 남에게 돈을 빌려준 사람
반편: 지능이 보통 사람보다 모자라는 사람을 낮잡아 이르는 말

＊⑥~㉕행 요약: 화자를 박대하는 집 주인

㉖ 한 번 듣고 두 번 듣고 통분키도 ᄒ다마는
❷ 정서: 주인의 박대를 받으며 분해 함.
→ (주인의 말을) 한 번 듣고 두 번 듣고 통분하기도 하지마는

㉗ 풍속을 보아ᄒ니 놀랄 일이 막심ᄒ다.
❷ 태도: 부정적(유배된 지역의 풍속을 부정적으로 바라봄.)
→ (이곳의) 풍속을 보아하니 놀랄 일이 많구나

㉘ 「인륜이 업셔시니 부ᄌ(父子)의 ᄽ홈이요
「 」: 유배지의 풍속을 구체적으로 제시함.
→ 인륜이 없으니 부자간에 싸움질이요.

㉙ 남녀를 불분ᄒ니 계집의 등짐이라.
→ 남녀의 분별이 없으니 계집이 등짐을 지는구나.

㉚ 방언(方言)이 괴이ᄒ니 존비(尊卑)를 아올손가.
→ 사투리가 괴이하니 존귀함과 비천함을 알겠느냐?

㉛ 다만 아는 거시 손곱아 주먹 혬의
→ 다만 아는 것이 손꼽아 주먹으로 헤아리는 것인데

㉜ 두 다섯 홀 다섯에 뭇 다섯 꼽기로다. 」
→ 둘 다섯, 홀 다섯 등으로 모두가 다섯까지만 꼽는구나.

㉝ 포학 탐욕이 예의 염치 되어시며,
→ 포악과 탐욕이 예의와 염치가 되어 있으며

㉞ 분전(分錢) 승합(升合)*으로 효제 충심 삼아시며,
　　　　푼돈
→ 푼돈과 얼마 되지 않는 곡식으로 효제충신을 삼았으며

㉟ 한둘 공덕ᄒ면 지효(至孝)로 아라시며,
　　　　　　매우 정성을 다하는 효도
→ 한두 가지 공덕을 쌓는 것을 지극한 효도로 알고 있으며

㊱ ㅁ 「혼정신성(昏定晨省)*은 보리 담은 큰 항아리요
「 」: ❸ 효를 제대로 행하지 않음을 비유한 표현
→ 아침저녁으로 부모의 안부를 물어서 살피는 것은 보리 담아둔 큰 항아리같이 볼품이 없으며

㊲ 출필고(出必告) 반필면은(反必面)*은 돈 모으는 벙어리라. 」
→ 나가고 돌아올 때 부모님께 인사하는 것은 돈 모으는 벙어리가 말을 하지 않는 것같이 하지 않는다.

㊳ 무지(無知)가 이러ᄒ고 막지(莫知)가 이러ᄒ니,
→ 무지막지함(무지하고 상스러우며 포악함.)이 이러하니

㊴ 왕화(王化)*가 불급(不及)ᄒ니 견융(犬戎)의 행사로다.
❷ 태도: 부정적(유배된 지역의 풍속을 부정적으로 바라봄.)
→ 임금의 가르침이 미치지 못하니 오랑캐의 행동과 같이 되었구나.

㊵ 인심이 아니어든 인사를 책망ᄒ랴.
→ 사람들의 심성이 제대로 되지 아니하였는데 사람들의 행위를 책망하겠느냐?

㊶ ❶ 중심 대상: 화자의 유배 생활
내 귀양살이 아니러면 이런 일 보아시랴.
❷ 정서: 귀양살이를 하는 상황을 한탄함.
→ 내가 귀양살이를 하지 않았더라면 이런 일을 보았겠느냐?

통분하다: 원통하고 분하다.
막심하다: 더할 나위 없이 심하다.
인륜: 군신·부자·형제·부부 따위에서 지켜야 할 도리
불분하다: 분간하지 못하다.
존비: 사회적 지위나 신분의 존귀함과 비천함
효제충신: 어버이에 대한 효도, 형제끼리의 우애, 임금에 대한 충성과 벗 사이의 믿음을 통틀어 이르는 말
공덕: 착한 일을 하여 쌓은 업적과 어진 덕
불급하다: 일정한 수준이나 정도에 이르지 못하다.
인사: 사람의 일. 또는 사람으로서 해야 할 일

＊㉖~㊶행 요약: 유배지의 저속한 풍속에 대한 부정적 인식

＊권당: 친척
＊풋낯: 익힌 지가 얼마 되지 않은 얼굴
＊분전승합: 푼돈과 얼마 되지 않는 곡식
＊혼정신성: 아침저녁으로 부모의 안부를 물어서 살핌.
＊출필고 반필면: 나가고 돌아올 때 부모님께 인사하는 예법
＊왕화: 임금의 교화
＊견융의 행사: 오랑캐의 행동

⭐ (가) 독해 공식
❶ 화자: '나', 중심 대상: 귀양살이(화자의 유배 생활)
❷ 상황: 남의 집에 살면서 주인에게 박대를 받고 있음.
정서: 공명을 탐했던 자신의 과거를 후회함. 주인의 박대를 받으며 분해 함. 귀양살이를 하는 상황을 한탄함.
태도: 부정적(유배된 지역의 풍속을 부정적으로 바라봄.)
❸ 표현상 특징
· 설의법(물음의 형식으로 표현하는 방법), 대구법(비슷한 문장 구조를 짝을 맞추어 늘어놓는 방법), 열거법(내용적으로 연결되는 어구를 여럿 늘어놓는 방법) 등을 활용하고 있음.
· 인물의 행동과 상황을 구체적인 대상에 비유하고 있음.
· 주인의 말을 인용하여 화자의 처지를 부각하고 있음.

■ 갈래: 가사　　■ 창작 시기: 조선 후기
■ 내용: 이 작품은 조선 정조 때 공무상 비리를 저지른 작가가 추자도에 유배되었을 때의 경험을 바탕으로 한 유배 가사이다. 유배지에서의 고통을 사실적으로 묘

사하고, 자신의 잘못에 대한 반성과 뉘우침을 솔직하게 드러내고 있다. 화자는 집주인에게 구박을 받는데 이러한 집주인의 태도에 분한 감정을 느끼면서도 집주인과의 마찰을 피하고자 동냥에 나서기도 한다. 이러한 화자의 모습을 통해 유배 생활의 고난과 어려움을 확인할 수 있다.

■ **주제**: 유배지에서 느끼는 서러움과 한탄

■ **이것이 핵심!**: 화자의 정서

죄 지을 줄 아라시면 공명 탐츠 ᄒᆞ여시랴.	→ 공명을 탐했던 과거를 후회함.
흔 번 듣고 두 번 듣고 통분키도 ᄒᆞ다마는	→ 주인의 박대를 받으며 분해 함.
내 귀양살이 아니러면 이런 일 보아시랴.	→ 귀양살이의 상황을 한탄함.

(나) 유몽인, 〈유두류산*록(遊頭流山錄)〉

❶ 중심 대상   ❷ 글쓴이의 생각, 태도   ❸ 서술상 특징
(초록)❸ 비유적(어떤 대상을 다른 비슷한 대상에 빗댐) 표현
(노랑)❸ 설의법(물음의 형식으로 표현하는 방법)

[1]❶ 앞으로 나아가 **소년대(少年臺)**에 올랐다. 천왕봉을 우러러보니 구름 속에 높이 솟아 있었다.❸「이곳에는 잡초나 잡목이 없고 푸른 잣나무만 연이어 나 있는데, 눈보라와 비바람에 시달려 앙상한 줄기만 남은 고사목이 10분의 2~3은 되었다.」「J: 소년대 주변의 풍경 ❹ 멀리서 바라보면 머리카락이 희끗희끗한 노인의 머리 같으니 다 속아낼 수 없을 듯하다.❺ '소년'이라고 이름이 붙은 것을 보면, 혹 영랑*의 무리를 일컬을 듯하다.❻ 그러나 내 생각으로는 천왕봉은 장로(長老)이고 이 봉우리는 장로를 받들고 있는 소년처럼 생겼기 때문에 '소년대'라 이름 붙인 것 같다.❼ '소년대'라는 이름이 붙은 연유를 추측함. 아래로 내려다보니 수많은 봉우리와 골짜기가 주름처럼 펼쳐져 있었다.❽ 이곳에서도 오히려 이러한데, 하물며 제일봉에 올라 바라봄에랴. 천왕봉
❷ 태도: 천왕봉 위에서 바라볼 풍경을 기대함.

고사목: 말라서 죽어 버린 나무
희끗희끗하다: 군데군데 희다.
솎다: 촘촘히 있는 것을 군데군데 골라 뽑아 성기게 하다.
장로: 나이가 많고 학문과 덕이 높은 사람
제일봉: 가장 높은 봉우리

① **요약**: 소년대 풍경을 감상하며 소년대 이름의 유래를 추측함.

[2]❶ 드디어 지팡이를 내저으며 **천왕봉**에 올랐다.❷ 중심 대상 봉우리 위에 판잣집이 있었는데 바로 성모사(聖母祠)였다.❸ 공간의 이동에 따라 서술함.(소년대 → 천왕봉) ❹ 사당 안에 석상 한 구가 안치되어 있었는데 흰옷을 입은 여인상이었다.❺ 이 성모는 어떤 사람인지 모르겠다.❻「혹자는 말하기를 "고려 태조대왕의 어머니가 어진 왕을 낳아「J: 성모 신앙의 유래를 제시함. 길러 삼한을 통일하였기 때문에 높여 제사를 지냈는데, 그 의식이 지금까지 이어지고 있다."라고 한다.」영남과 호남에 사는 사람들 중에 복을 비는 자들이 이곳에 와서 떠받들고 음사(淫祠)*로 삼으니 바로 ❷ 태도: 성모상에 복을 비는 행위를 부정적으로 여김. 초나라, 월나라에서 귀신을 숭상하던 풍습이다.❼ 원근의 무당이 이 성모에 의지해 먹고산다.❽ 이들은 산꼭대기에 올라 유생이나 관원들이 성모 신앙에 대한 사회적 제약이 있었음을 알 수 있음. 오는지를 내려다보며 살피다가, 그들이 오면 토끼나 꿩처럼 흩어져 숲속에 몸을 숨긴다.❾ 유람하는 사람들을 엿보고 있다가, 하산하면 다시 모여든다.

❿ 봉우리 밑에 벌집 같은 판잣집을 빙 둘러 지어놓았는데, 이는 기도 성모상에 기도하러 오는 사람들이 묵는 곳 하러 오는 자들을 맞이하여 묵게 하려는 것이다.⑪ 짐승을 잡는 것은 불가에서 금하는 것이라 핑계하여, 기도하러 온 사람들이 소나 가축을

산 밑의 사당에 매어 놓고 가는데, 무당들이 그것을 취하여 생계의 밑천으로 삼는다.⑫ 그러므로 성모사, 백모당, 용유담은 무당들의 3대 소굴이 되었으니, 참으로 분개할 만한 일이다.⑬ 이 날 비가 그치고 날이 ❷ 태도: 성모 신앙을 부정적으로 여김. 개어 뿌연 대기가 사방에서 걷히니, 광활하고 까마득한 세계가 눈앞에 천왕봉에서 바라본 풍경 끝없이 펼쳐졌다.⑭ 마치 하늘이 명주 장막을 만들어 이 봉우리를 위해 병풍처럼 둘러친 듯하였다.⑮ 감히 시야를 가로막는 한 무더기 언덕도 전혀 없었다.

사당: 조상의 위패를 모셔 놓은 집
안치되다: 상(像), 위패, 시신 따위가 잘 모셔지다.
성모: 성인(聖人)의 어머니
숭상하다: 높여 소중히 여기다.
원근: 먼 곳과 가까운 곳. 또는 그곳의 사람
유람하다: 돌아다니며 구경하다.
소굴: 나쁜 짓을 하는 도둑이나 악한 따위의 무리가 활동의 본거지로 삼고 있는 곳
분개하다: 몹시 분하게 여기다.
명주: 누에고치에서 뽑은 실로 무늬 없이 짠 천

② **요약**: 성모 신앙에 대한 비판적 인식과 천왕봉에서 바라본 풍경

(중략)

[3]❶ 삼면에 큰 바다가 둘러 있는데, 점점이 흩어진 섬들이 큰 파도 속에 출몰하고 있었다.❷ 그리고 대마도의 여러 섬은 까마득히 하나의 탄환처럼 작게 보일 뿐이었다.❸ 아, 이 세상에 사는 덧없는 삶이 가련하구 인생무상을 느낌. 나.❹ 항아리 속에서 태어났다 죽는 초파리 떼는 다 긁어모아도 한 움큼도 채 되지 않는다.❺ 인생도 이와 같거늘 조잘조잘 자기만 내세우며 옳으니 그르니 기쁘니 슬프니 하며 떠벌리니, 어찌 크게 웃을 만한 일이 ❷ 생각: 살아가며 시비를 가리고 희비를 느끼는 것이 무의미함. 아니겠는가?❻ 내가 오늘 본 것으로 치면, 천지도 하나하나 다 가리키며 알 수 있으리라.❼ 하물며 이 봉우리는 하늘 아래 하나의 작은 물건이니, 이곳에 올라 높다고 하는 것이 어찌 거듭 슬퍼할 만한 일이 아니겠는 ❷ 생각: 천왕봉에 올라 높은 곳에 올랐다고 말하는 것이 부질없음. 가?❽ 저 안기생, 악전*의 무리가 난새의 날개와 학의 등을 타고서 구만리 상공에 떠 아래를 바라볼 때, 이 산이 미세한 새털만도 못하리라는 것을 어찌 알겠는가?

출몰하다: 어떤 현상이나 대상이 나타났다 사라졌다 하다.
탄환: 총이나 포에 재어서 목표물을 향하여 쏘아 보내는 물건
덧없다: 보람이나 쓸모가 없어 헛되고 허전하다.
가련하다: 가엾고 불쌍하다.
그르다: 어떤 일이 사리에 맞지 아니한 면이 있다.
난새: 중국 전설에 나오는 상상의 새

③ **요약**: 천왕봉에서 아래를 내려다보며 인생무상을 느낌.

[4]❶ 사당 밑에 작은 움막이 하나 있었는데, 잣나무 잎을 엮어 비바람을 매를 잡는 사람들이 사는 곳 가리게 해 놓았다.❷ 승려가 말하기를 "이는 매를 잡는 사람들이 사는 움막입니다."라고 하였다.❸ 매년 8, 9월이 되면 매를 잡는 자들이 봉우리 꼭대기에 그물을 쳐 놓고 매가 걸려들길 기다린다고 한다.❹ 대체로 매 가운데 잘 나는 놈은 천왕봉까지 능히 오르기 때문에 이 봉우리에서 잡는 매는 재주가 빼어난 것이다.❺ ⓑ원근의 관청에서 쓰는 매가 재주가 빼어남. 대부분이 봉우리에서 잡힌 것들이다.❻ 그들은 눈보라를 무릅쓰고 추위와 굶주림을 참으며 이곳에서 생을 마치니, 어찌 단지 관청의 위엄이 두려워서 그러는 것일 뿐이랴.❼ 또한 대부분 이익을 꾀하여 삶을 가볍

게 여기기 때문이리라. 아, 소반 위의 진귀한 음식 한 입도 안 되지만
<u>눈보라를 무릅쓰고 추위와 굶주림을 참는 매의 삶</u>
백성의 온갖 고통 이와 같은 줄 누가 <mark>알겠는가.</mark>[9]해가 기울어 향적암(香
❷ 태도: 백성들의 고통스러운 삶을 안타까워함.   다음 여정지
積庵)으로 내려갔다.

┌ 움막: 땅을 파고 위에 거적 따위를 얹고 흙을 덮어 추위나 비바람만 가릴 정도로
│ 임시로 지은 집
│ 위엄: 존경할 만한 위세가 있어 점잖고 엄숙함.
│ 소반: 자그마한 밥상
└ 진귀하다: 보배롭고 보기 드물게 귀하다.

   *❹ 요약: 천왕봉에서 잡힌다는 매 이야기를 들으며 백성들의 삶을 생각함.

* 영랑: 신라 때 화랑의 우두머리
* 음사: 유가(儒家)에 어긋나는 제례나 그 행위를 일컬음.
* 안기생, 악전: 중국 신선의 이름들
* 두류산: 지리산의 옛 이름

❇ (나) 독해 공식
❶ 중심 대상: 소년대, 천왕봉
❷ 글쓴이의 생각: 살아가며 시비를 가리고 희비를 느끼는 것이 무의미함. 천왕봉에 올라
높은 곳에 올랐다고 말하는 것이 부질없음.
태도: 천왕봉 위에서 바라볼 풍경을 기대함. 성모 신앙을 부정적으로 여김. 백성들의 고통스
러운 삶을 안타까워함.
❸ 서술상 특징
• 공간의 이동에 따라 보고 느낀 바를 서술하고 있음.
• 비유적(어떤 대상을 다른 비슷한 대상에 빗댐) 표현을 활용하여 자연경관을 표현하고 있음.
• 설의법(물음의 형식으로 표현하는 방법)을 통해 글쓴이의 생각을 강조하고 있음.

■ 갈래: 고전 수필
■ 내용: 이 작품은 유몽인이 남원 부사로 재직할 때 경상남도 하동군의 청학동과
지리산 천왕봉을 유람하고 지은 수필이다. 지리산 곳곳의 경관을 아름다운 문장
력으로 표현하고 있으며, 지리산 내 수많은 사찰을 두고서 유학자적 사고와 비판
을 표출하고 있다.
■ 주제: 두류산(지리산) 유람의 과정과 감상

■ 이것이 핵심! 공간의 이동에 따른 전개

소년대		천왕봉
• 소년대 주변 풍경을 묘사함. • 소년대 이름의 유래를 추측함.	→	• 성모 신앙을 부정적으로 인식함. • 인생무상을 느낌. • 백성들의 고통스러운 삶을 생각함.

❇ 작품 간의 공통점 및 차이점
• 공통점: 화자나 글쓴이의 비판적 인식이 드러남.
• 차이점: (가)에서는 유배지의 풍속을, (나)에서는 무속 신앙을 비판적으로 인식함.

F 14 정답 ③ *작품 비교하기

(가), (나)의 공통점으로 가장 적절한 것은?

> 왜 정답?
③ 경계하는 삶에 대한 글쓴이의 인식이 드러나 있다.
   유교적 가르침에 어긋나는 삶을 비판함.
*근거: (가) 27~39, (나) ❷-❻, ⓬
(가)에서 화자는 '풍속을 보아ᄒ니 놀랄 일이 막심ᄒ다.'라고 하며 '인륜'이 없고
'남녀'의 분별이 없는 등 유교적 가르침에 어긋나는 유배지의 풍속을 비판하고
있다. (나)에서 글쓴이는 '복을 비는 자들이 이곳에 와서 떠받들고 음사로 삼'는
다, '성모사, 백모당, 용유담은 무당들의 3대 소굴이 되었으니, 참으로 분개할 만
한 일이다' 등에서 유교적 가치관에 어긋나는 무속 신앙에 대한 비판적 인식을
드러내고 있다.

[경계하다: 옳지 않은 일이나 잘못된 일들을 하지 않도록 타일러서 주의하게 하다.

> 왜 오답?
① 대상에 대한 그리움이 드러나 있다.
   (가)와 (나) 모두 드러나지 않음.
(가)와 (나) 모두 대상에 대한 그리움은 드러나지 않는다.

② 고립된 처지에서 비롯한 비애가 드러나 있다.
   (나)에는 드러나지 않음.
*근거: (가) ❻, ㊶, (나) ✕
(가)에서는 유배된 상황에서 서글픔을 느끼는 화자의 모습이 드러나지만, (나)의
글쓴이는 '소년대'와 '천왕봉'을 유람하고 있으므로 고립된 처지에 있다고 볼 수
없다.

[비애: 슬퍼하고 서러워함.

④ 가난한 현실을 이겨 내고자 하는 진취적 자세가 드러나 있다.
   (가)와 (나) 모두 드러나지 않음.
(가)에서는 유배지에서 신세를 지고 있는 집주인에게 박대를 받아 분함을 느끼는
화자의 모습이 드러나지만, 이를 이겨 내고자 하는 모습은 드러나지 않는다. 또
한 (나)의 글쓴이가 가난한 현실에 처해 있다는 내용은 나타나지 않는다.

[진취적 자세: 적극적으로 나아가 일을 이룩하는 자세

⑤ 정치적 포부를 펼치지 못한 것에 대한 아쉬움이 드러나 있다.
   (가)와 (나) 모두 드러나지 않음.
(가)에서는 탐욕을 부린 것에 대한 후회와 유배 생활에 대한 한탄이 드러날 뿐,
정치적 포부를 펼치지 못한 것에 대한 아쉬움은 드러나지 않는다. 또한 (나)에서
는 두류산을 유람하는 상황이 드러날 뿐, 정치적 포부를 펼치지 못한 것에 대한
아쉬움은 드러나지 않는다.

[포부: 마음속에 지니고 있는, 미래에 대한 계획이나 희망

F 15 정답 ④ *화자의 정서와 태도 파악하기

(가), (나)에 대한 이해로 적절하지 않은 것은?

> 왜 정답?
④ (나)의 화자는 '영랑'을 떠올리며 선인들이 남긴 옛일을 회고하
   선인이 남긴 옛일을 회고하고 있지 않음.
고 있다.
*근거: (나) ❶-❺
(나)의 글쓴이는 '소년대'라는 이름의 유래를 생각하며 '영랑의 무리를 일컬을 듯
하다'고 말했다. 즉, (나)의 글쓴이는 '영랑'을 떠올리며 '소년대' 이름의 유래를 추
측하고 있지, 옛사람들이 남긴 일을 회고하고 있지 않다.

[선인: 전대(前代)의 사람
[회고하다: 옛 자취를 돌이켜 생각하다.

> 왜 오답?
① (가)의 화자는 '공흔 밥'을 먹으려 한다며 '주인'에게 '박대'당하
   '한곳에서는 무슴 일노 공흔 밥을 먹으라노'
고 있다.
*근거: (가) ⓯
(가)의 '한곳에서는 무슴 일노 공흔 밥을 먹으랴노'는 '우리 집에서는 무슨 일로
공짜 밥을 먹으려 하는가?'라는 뜻으로 집주인이 화자에게 하는 말이다. 즉, (가)
의 화자는 공짜로 밥을 먹으려 한다며 집주인에게 박대당하고 있다.

② (가)의 화자는 '놀랄 일이 막심'하다면서 자신이 거처하는 곳의
   '풍속'을 '견융의 행사'라고 비판하고 있다.
   '풍속을 보아ᄒ니 놀랄 일이 막심ᄒ다.'
*근거: (가) 27, 39
(가)의 '풍속을 보아ᄒ니 놀랄 일이 막심ᄒ다.'는 화자가 유배 생활을 하는 곳의
풍속이 저속하여 놀랄 일이 많다는 뜻이며, 화자는 이러한 풍속을 '견융의 행사',
즉 오랑캐의 행동이라고 표현했다. 즉, (가)의 화자는 자신이 지내는 곳의 풍속을
비판하고 있다.

③ (나)의 화자는 '소년대'라는 이름의 유래를 살피며 '천왕봉' 유람에 대한 기대감을 드러내고 있다.
'이곳에서도 오히려 이러한데, 하물며 제일봉에 올라 바라봄에랴.'

*근거: (나) ①-❻, ❽
(나)의 글쓴이는 '천왕봉은 장로이고 이 봉우리는 장로를 받들고 있는 소년처럼 생겼기 때문에 '소년대'라 이름 붙인 것 같다'며 '소년대'라는 이름의 유래를 추측하고 있으며, '이곳에서도 오히려 이러한데, 하물며 제일봉에 올라 바라봄에랴'라고 하며 '천왕봉' 유람에 대한 기대감을 드러내고 있다.

⑤ (나)의 화자는 '천왕봉'에 올라 '항아리 속에서 태어났다 죽는 초파리 떼' 같은 인생의 덧없음을 느끼고 있다.
'아, 이 세상에 사는 덧없는 삶이 가련하구나.'

*근거: (나) ③-❸~❺
(나)의 글쓴이는 천왕봉에서 아래를 내려다보며 '이 세상에 사는 덧없는 삶이 가련하구나'라고 하고, '항아리 속에서 태어났다 죽는 초파리 떼는 다 긁어모아도 한 움큼도 채 되지 않는'데 '인생도 이와 같'다며 인생의 덧없음을 느끼고 있다.

F 16 정답 ② *표현상 특징 파악하기

㉠~㉤에 대한 설명으로 적절하지 않은 것은?

• ㉠: ㉠은 화자가 공명을 탐하다가 죄를 짓게 된 자신을 책망하는 구절입니다.
• ㉡: ㉡은 집주인이 다른 유배객들의 사례를 들어 말하는 구절입니다.
• ㉢: ㉢은 집주인이 아무 일도 하지 않는 화자에 대해 비꼬는 구절입니다.
• ㉣: ㉣은 집주인이 아무 일도 하지 않는 화자에 대해 비판하는 구절입니다.
• ㉤: ㉤은 화자가 마을 사람들의 효행에 대해 말하는 구절입니다.

즉 ㉠~㉤의 내용과 이에 사용된 표현상 특징을 설명한 내용 중 틀린 것을 고르는 문제입니다.

>왜 정답?

② ㉡: 화자가 배운 일들을 열거하여 화자의 노력을 강조하고 있다.
다른 유배객들의 사례를 든 것임.

*근거: (가) ⑫, ⑬
㉡ '이전 말은 ᄒ도 말고 여긔 스록 일을 비와 / 고기 낙기 나무 뷔기 즈리치기 신삼기'는 집주인이 다른 유배객들의 사례를 든 것으로, 다른 유배객들이 유배지에서 배운 일들을 나열하고 있다. 즉, 화자가 배운 일들을 열거하고 있다는 설명은 적절하지 않다.

[열거하다: 여러 가지 예나 사실을 낱낱이 죽 늘어놓다.

>왜 오답?

① ㉠: 설의적 표현을 활용하여 유배에 처하게 된 원인을 드러내고 있다.
'ᄒ여시랴'

*근거: (가) ❶
㉠ '죄 지을 줄 아라시면 공명 탐ᄎ ᄒ여시랴.'는 'ᄒ여시랴'라는 설의적 표현을 활용하여 화자가 공명을 탐하다가 죄를 짓고 유배에 처하게 되었음을 드러내고 있다.

[설의적 표현: 쉽게 판단할 수 있는 사실을 의문의 형식으로 나타낸 표현

③ ㉢: 대구의 표현을 활용하여 풍자적 인식을 보여 주고 있다.
'-는 ~ 아니ᄒ고 / -는 ~ 아니ᄒ니' 남의 결점을 다른 것에 빗대어 비웃으면서
폭로하고 공격하는 성격을 띤

*근거: (가) ⑯, ⑰
㉢ '쓰즈는 열 손가락 꼼즉이도 아니ᄒ고 / 것즈는 두 다리는 움즉이도 아니ᄒ니'는 유사한 문장 구조가 대응하는 대구의 표현을 활용하여 아무 일도 하지 않고 있는 화자를 비꼬는 집주인의 풍자적 인식을 드러내고 있다.

[대구의 표현: 비슷한 어조나 어세를 가진 어구를 짝 지어서 나타낸 표현

④ ㉣: 동일한 종결 어미를 활용하여 냉소적 태도를 부각하고 있다.
'-인가'

*근거: (가) ㉑
㉣ '양반인가 상인인가 병인인가 반편인가'는 '-인가'라는 동일한 종결 어미를 반복하여 아무 일도 하지 않는 화자에 대한 집주인의 냉소적 태도를 부각하고 있다.

[종결 어미: 한 문장을 종결되게 하는 어말 어미
[냉소적 태도: 쌀쌀한 태도로 업신여기어 비웃는 태도

⑤ ㉤: 비유적 수법을 활용하여 대상을 부정적으로 평가하고 있다.
'보리 담은 큰 항아리요', '돈 모으는 벙어리라.'

*근거: (가) ㊱, ㊲
㉤ '혼정신성은 보리 담은 큰 항아리요'는 아침저녁으로 부모의 안부를 살피지 않는 행태를 불품없는 '큰 항아리'에 빗대어 부정적으로 평가하고 있다. 또한 '출필고 반필면은 돈 모으는 벙어리라'는 나가고 돌아올 때 부모님께 인사하지 않는 행태를 말을 하지 않는 '돈 모으는 벙어리'에 빗대어 부정적으로 평가하고 있다.

[비유적 수법: 어떤 현상이나 사물을 다른 비슷한 현상이나 사물에 빗대는 표현 방법

F 17 정답 ② *소재 및 배경의 의미 파악하기

ⓐ, ⓑ를 비교한 내용으로 가장 적절한 것은?

• ⓐ: ⓐ는 '산진미 슈진미와 히동청 보라미'로, 유배된 처지에 있는 화자를 비유한 표현입니다.
• ⓑ: ⓑ는 '원근의 관청에서 쓰는 매'로, 백성들의 고달픈 삶을 떠올리게 하는 대상입니다.

즉 (가)와 (나)에서 '매'라는 자연물이 어떠한 의미로 사용되고 있는지 적절하게 파악한 것을 고르는 문제입니다.

>왜 정답?

② ⓐ는 ⓑ와 달리 화자 자신의 불우한 상황을 비유한 자연물이다.
ⓐ는 유배된 처지에 있는 화자를 나타냄.

*근거: (가) ❷, (나) ④-❺
(가)에서 ⓐ '산진미 슈진미와 히동청 보라미'는 산짐승을 낚아채려다 날개가 걸린 것으로, 세속적 가치를 탐하다가 유배된 화자를 비유한 자연물이다. 이와 달리 (나)의 ⓑ '원근의 관청에서 쓰는 매'는 화자를 비유한 대상이 아니다.

[불우하다: ① 재능이나 포부를 가지고 있으면서도 때를 만나지 못하여 불운하다.
[② 살림이나 처지가 딱하고 어렵다.

>왜 오답?

① ⓐ는 ⓑ와 달리 화자에게 앞으로 닥칠 상황을 상징한다.
ⓐ는 화자의 현재 상황을 나타냄.

ⓐ는 탐욕을 부리다 유배된 화자의 현재 처지를 나타내는 자연물이다.

③ ⓑ는 ⓐ와 달리 화자와 타자 사이의 갈등을 유발한다.
글쓴이는 타자와 갈등하고 있지 않음.

(나)에서 글쓴이가 타자와 갈등하는 내용은 나타나지 않는다. ⓑ는 글쓴이로 하여금 백성들의 고달픈 삶을 생각하게 하는 대상일 뿐이다.

④ ⓐ와 ⓑ 모두 탐욕으로 인해 고통받는 존재이다.
ⓑ는 탐욕으로 고통받는 존재가 아님.

ⓐ는 탐욕을 부리다가 유배를 가게 된 화자를 비유한 것으로, 탐욕으로 인해 고통을 받는 존재로 볼 수 있다. 하지만 ⓑ는 '눈보라를 무릅쓰고 추위와 굶주림을 참으며 이곳에서 생을 마치'는 존재로, 탐욕이 아니라 생존을 위해 몸부림치는 존재로 볼 수 있다.

[탐욕: 지나치게 탐하는 욕심

⑤ ⓐ와 ⓑ 모두 화자가 추구하는 삶의 덕목을 드러낸다.
ⓐ, ⓑ 모두 화자가 추구하는 삶의 덕목과 관련 없음.

ⓐ는 공명을 탐하다가 유배를 가게 된 화자를 비유한 것으로, 화자가 추구하는 삶의 덕목과는 관련이 없다. ⓑ는 글쓴이로 하여금 백성들의 고달픈 삶을 생각하게 하는 대상으로, 글쓴이가 추구하는 삶의 덕목과는 관련이 없다.

F 18 정답 ④ *〈보기〉를 바탕으로 감상하기

〈보기〉를 참고하여 (나)를 감상한 내용으로 적절하지 않은 것은?
[3점]

• 〈보기〉: 유교적 이념이 확립되면서 성모 신앙은 쇠락을 겪게 되었지만, 임진왜란 직후의 암울한 상황에서 백성들이 이러한 신앙에 기대자 조정에서는 이를 강력하게 금지하지 못했습니다.

• (나): 글쓴이는 천왕봉에 있는 성모사에 대해 이야기하며 성모 신앙에 대한 부정적 인식을 드러내고 있습니다.

즉 임진왜란 직후의 무속 신앙에 관한 이해를 바탕으로 (나)를 감상한 내용 중 틀린 것을 고르는 문제입니다.

─────────[보기]─────────

❶전통적으로 산은 만물을 만들어 내는 어머니로 인식되었다.❷조선 초기에는 지리산 성모(聖母)에게 조정의 관리가 의례를 올리기도 했다.❸그러나 점차 유교적 이념이 확립되어 감에 따라 지리산 성모 신앙은 부침을 겪게 된다.❹유몽인이 지리산 유람을 한 시기는 임진왜란이 끝난 직후이다.❺백성들은 생활 터전이 파괴된 상태에서 미래에 대한 희망을 더 이상 지배층과 임금에게서 찾기 어려웠다.❻그래서 그들은 이러한 암울한 상황을 일순간에 벗어나게 해 줄 수 있는 초자연적 존재를 찾아 의탁하고자 했다.❼무당들은 이러한 백성들에 기대어 생계를 유지하였고 조정에서는 이러한 행위를 강력히 금지하지 못했다.❽당대 조선이 도탄에 빠진 백성들을 위로할 만한 여력이 없었기 때문이다.

(①의 근거: ❶❷ / ④, ⑤의 근거: ❸ / ③의 근거: ❻ / ②의 근거: ❼)

의례: 행사를 치르는 일정한 법식. 또는 정하여진 방식에 따라 치르는 행사
부침: 세력 따위가 성하고 쇠함을 비유적으로 이르는 말
의탁하다: 어떤 것에 몸이나 마음을 의지하여 맡기다.
도탄: 진구렁에 빠지고 숯불에 탄다는 뜻으로, 몹시 곤궁하여 고통스러운 지경을 이르는 말

>왜 정답?

④ '유생이나 관원들이' 오면 '토끼나 꿩처럼 흩어져 숲속에 몸을' 숨기는 것에서 ~~생활 터전이 파괴되어 미래에 대한 희망을 지배층에게서 찾기 어려웠던~~ 백성들의 의식을 엿볼 수 있겠군.
지리산 성모 신앙이 유교적 이념에 맞지 않아 제약이 있었음을 보여 줌.

*근거: (나) 2-❽, 〈보기〉 ❸ 문장

〈보기〉에서 '유교적 이념이 확립되어 감에 따라 지리산 성모 신앙은 부침을 겪'었다고 했다. 즉, (나)에서 지리산 성모에 의지해 먹고 살던 무당들이 '유생이나 관원들이 오는지를 내려다보며 살피다가, 그들이 오면 토끼나 꿩처럼 흩어져 숲속에 몸을 숨'겼다는 것은 당시 지리산 성모 신앙이 유교적 이념과 맞지 않아 제약을 받고 있었다는 것을 보여 준다. 이는 미래에 대한 희망을 지배층에게서 찾기 어려웠던 백성들의 의식과는 관련이 없다.

>왜 오답?

① '흰옷을 입힌 여인상'을 '고려 태조대왕의 어머니'와 연결 지어 이해하는 것은 전통적인 성모 신앙을 반영하는 것이라고 볼 수 있겠군.
전통적으로 산은 만물을 만들어 내는 어머니로 인식되었음.

*근거: (나) 2-❸, ❺, 〈보기〉 ❶ 문장

〈보기〉에서 '전통적으로 산은 만물을 만들어 내는 어머니로 인식되었다'고 했다.

즉, (나)에서 '흰옷을 입은 여인상'을 '어진 왕을 낳아 길러 삼한을 통일하였기 때문에 높여 제사를 지냈'던 '고려 태조대왕의 어머니'와 연결 지어 이해한 것은 산을 만물을 만들어 내는 어머니로 인식했던 전통적인 성모 신앙을 반영한 것으로 볼 수 있다.

② '복을 비는 자들'의 행위를 '음사'로 규정하면서도 강력히 제재하지 못하는 것은 당대 조선이 백성들을 위로할 만한 힘이 없었기 때문이라고 볼 수 있겠군.
당시 조선은 백성을 위로할 만한 여력이 없어 '음사'를 강력하게 금지하지 못했음.

*근거: (나) 2-❻, 〈보기〉 ❼, ❽ 문장

〈보기〉에서 '무당들은 이러한 백성들에 기대어 생계를 유지하였고 조정에서는 이러한 행위를 강력히 금지하지 못했'는데, 이는 '당대 조선이 도탄에 빠진 백성들을 위로할 만한 여력이 없었기 때문'이라고 했다. 즉, (나)에서 '복을 비는 자들이 이곳에 와서' 성모상을 떠받드는 것을 '음사로 삼'았으면서도 이를 강력하게 금지하지 못한 것은 당대 조선이 백성들을 위로할 만한 힘이 없었기 때문으로 볼 수 있다.

〔 제재하다: 일정한 규칙이나 관습의 위반에 대하여 제한하거나 금지하다.

③ '원근의 무당들이 이 성모에 의지해 먹고'살 만큼 백성들이 찾아온다는 것에서 임진왜란으로 인해 도탄에 빠졌던 백성들이 초자연적 존재에 의탁하기도 했다는 것을 알 수 있겠군.
암울한 상황을 일순간에 벗어나게 해 줄 수 있는 초자연적 존재를 찾아 의탁했음.

*근거: (나) 2-❼, 〈보기〉 ❻ 문장

〈보기〉에서 백성들은 임진왜란 후의 '암울한 상황을 일순간에 벗어나게 해 줄 수 있는 초자연적 존재를 찾아 의탁하고자 했다'고 했다. 즉, (나)에서 '원근의 무당들이 이 성모에 의지해 먹고'살았다는 것은 그만큼 성모 신앙에 의지하는 백성들이 많았다는 것을 의미하며, 이는 임진왜란 직후 백성들이 암울한 상황을 일순간에 벗어나게 해 줄 수 있는 초자연적 존재를 찾은 것으로 볼 수 있다.

⑤ '성모사, 백모당, 용유담은 무당들의 3대 소굴'이라고 지칭하며 '분개'한 것에서 유몽인이 유교적 이념의 테두리 속에서 지리산 성모 신앙을 부정적으로 평가했다는 것을 알 수 있겠군.
유교적 이념이 확립되어감에 따라 지리산 성모 신앙은 부침을 겪게 되었음.

*근거: (나) 2-❿, 〈보기〉 ❸ 문장

〈보기〉에서 '유교적 이념이 확립되어 감에 따라 지리산 성모 신앙은 부침을 겪'었다고 했다. 이를 통해 지리산 성모 신앙이 유교적 이념에 맞지 않았다는 것이 드러난다. 즉, (나)에서 글쓴이가 '성모사, 백모당, 용유담은 무당들의 3대 소굴이 되었으니, 참으로 분개할 만한 일'이라고 언급한 것은 유학자로서 성모 신앙을 부정적으로 평가한 것으로 볼 수 있다.

─ 1등급 풀이 Tip ─
수필에서의 〈보기〉를 바탕으로 감상하기 유형을 풀 때는 〈보기〉의 정보뿐만 아니라 글쓴이의 관점과 태도를 확실히 파악해야 한다.
〈보기〉에서는 (나)의 '성모사'와 관련된 '성모 신앙'에 대한 정보를 제시하고 있다. 지리산 성모 신앙은 '유교적 이념이 확립되어 감에 따라' '부침을 겪게' 되었으나, 조정에서는 임진왜란 이후 도탄에 빠진 백성들이 성모 신앙에 의지하자 이를 강력히 금지하지 못하였다.
(나)의 글쓴이인 유몽인은 성모사를 '무당들의 소굴'이라고 칭하며 '분개'하고 있으므로, 지리산 성모 신앙에 대해 부정적인 태도를 보이고 있음을 알 수 있다.

(가) 허난설헌, 〈사시사(四時詞)〉

❶ 화자, 중심 대상 ❷ 상황, 정서, 태도 ❸ 표현상 특징 [시 해석]

::: ❸ 하강적(높은 곳에서 아래로 내려오는) 이미지 사용 ▢ : 시간의 흐름에 따른 시상 전개

❶ 「비단 장막으로 찬 기운 스며들고 새벽은 멀었지만
「 」: ❸ 외로움을 촉각적(피부에 닿았을 때의 느낌을 주는 것)으로 표현함.
❷ 텅 빈 뜨락에 이슬 내려 구슬 병풍은 차갑다.」
외부 정경이 중심이 됨. ❷ 정서: 외로움
❸ 못 위의 연꽃은 시들어도 밤까지 향기 여전하고
❹ 우물가의 오동잎은 떨어져 그림자 없는 가을
가을의 계절감을 드러냄.   [A]
❺ 물시계 소리만 똑딱똑딱 서풍 타고 울리는데
❸ 의성어(사람이나 사물의 소리를 흉내 낸 말)를 사용함.
❻ 발[簾] 밖에는 서리 내려 밤 벌레만 시끄럽구나.

➡ 비단 장막으로 찬 기운이 스며들고, 새벽은 멀었지만 텅 빈 뜨락에 이슬 내려 구슬 병풍은 차갑다. 연못 위의 연꽃은 시들어도 밤까지 향기가 여전하고, 우물가의 오동잎은 떨어져 그림자 없는 가을에, 물시계 소리만 똑딱똑딱 서풍 타고 울리는데, 발 밖에는 서리 내려 밤 벌레만 시끄럽구나.

⌈ 뜨락: 집 안의 앞뒤나 좌우로 가까이 딸려 있는 빈터
병풍: 바람을 막거나 무엇을 가리거나 또는 장식용으로 방 안에 치는 물건

＊❶~❻행 요약: 가을의 쓸쓸한 풍경

❼ 「베틀에 감긴 옷감 가위로 잘라낸 뒤
❶ 중심 대상   임의 부재
❽ 임 그리는 꿈을 깨니 비단 장막은 비어 있네.
❷ 정서: 임에 대한 그리움과 쓸쓸함.
❾ 먼 길 나그네에게 부치려고 임의 옷을 재단하니
❶ 임에 대한 화자의 사랑을 상징함.   [B]
❿ 쓸쓸한 등불이 어두운 벽을 밝힐 뿐.
❷ 정서: 임의 부재로 인한 쓸쓸함.
⓫ 울음을 삼키며 편지 한 장 써 놓았는데
❷ 정서: 그리움, 애상감 임에 대한 그리움을 전달하는 매개물
⓬ 역사: 내일 아침 남쪽 동네로 전해 준다네.」
「 」: ❷ 상황 – 임을 위해 옷을 짓고 편지를 씀.

➡ 베틀에 감긴 옷감을 가위로 잘라낸 뒤, 임을 그리워하는 꿈을 깨니 비단 장막은 비어 있네. 먼 길 나그네에게 부치려고 임의 옷을 재단하니 쓸쓸한 등불이 어두운 벽을 밝힐 뿐. (임이 그리워) 울음을 삼키며 (임에게 보낼) 편지 한 장 써 놓았는데, 편지를 전하는 사람이 내일 아침 남쪽 동네로 전해 준다네.

⌈ 재단하다: 옷감이나 재목 따위를 치수에 맞도록 재거나 자르다.

＊❼~⓬행 요약: 임을 그리워하며 옷을 짓고 편지를 씀.

⓭ 옷과 편지 봉하고 뜨락에 나서니
⓮ 반짝이는 은하수에 새벽별만 밝네.
어두운 화자의 심리와 대비됨.   [C]
⓯ 차디찬 금침에서 뒤척이며 잠 못 이룰 때
❷ 상황: 임의 생각에 쉽게 잠을 이루지 못함. 정서: 임에 대한 그리움
⓰ ㉠지는 달이 정답게 내 방을 엿보네.
화자의 외로움을 달래 줌. ❶ 화자: '나'

➡ (임에게 보낼) 옷과 편지를 봉하고 뜨락에 나서니, (나의 마음과는 반대로) 반짝이는 은하수에 새벽별만 밝네. (임이 그리워) 차디찬 이부자리에서 뒤척이며 잠 못 이룰 때, 지는 달이 정답게 (외로운 나를 위로하며) 내 방을 엿보네.

⌈ 봉하다: 문, 봉투, 그릇 따위를 열지 못하게 꼭 붙이거나 싸서 막다.
금침: 이부자리와 베개를 아울러 이르는 말

＊⓭~⓰행 요약: 임에 대한 그리움

＊ 역사: 편지를 전하는 사람

★ **(가) 독해 공식** ————————————

❶ 화자: '나', 중심 대상: '임'
❷ 상황: 임을 위해 옷을 짓고 편지를 씀. 임의 생각에 쉽게 잠을 이루지 못함.
정서: 임에 대한 그리움, 외로움, 쓸쓸함, 애상감
❸ 표현상 특징
• 시간의 흐름에 따른 시상 전개가 나타나고 있음.
• 감각적 표현(시각, 청각, 촉각, 후각, 미각 등의 감각을 떠올리게 하는 표현)을 활용하여 화자의 정서를 효과적으로 나타내고 있음.
• 하강적(높은 곳에서 아래로 내려오는) 이미지와 의성어(사람이나 사물의 소리를 흉내 낸 말)를 사용하고 있음.

■ 갈래: 한시 ■ 창작 시기: 조선 중기
■ 내용: 이 작품은 규방 속에서의 고독함과 임에 대한 그리움을 담은, 4수로 이루어진 한시이다. 4수는 각각 봄, 여름, 가을, 겨울을 배경으로 하여 유기적으로 연결되고 있다. 제시된 부분은 '추사'로, 다양한 심상을 사용하여 가을의 쓸쓸한 풍경을 드러내면서 시름 많은 여인이 임의 옷을 짓고 임에게 편지를 쓰는 모습을 나타내고 있다. 또한 자연물인 '달'이 임에 대한 생각으로 잠을 이루지 못하는 화자를 위로해 주는 존재로 등장하고 있다.
■ 주제: 임을 그리워하는 여인의 마음

■ **이것이 핵심!**: 시간의 흐름

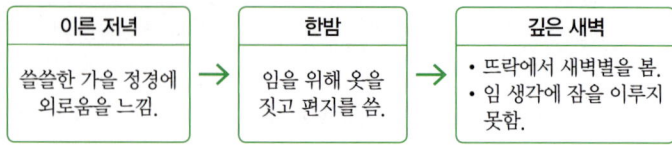

이른 저녁		한밤		깊은 새벽
쓸쓸한 가을 정경에 외로움을 느낌.	→	임을 위해 옷을 짓고 편지를 씀.	→	• 뜨락에서 새벽별을 봄. • 임 생각에 잠을 이루지 못함.

(나) 임중환, 〈산천은 험준하고〉

❶ 화자, 중심 대상 ❷ 상황, 정서, 태도 ❸ 표현상 특징 [고어 읽기] [시 해석]

::: ❸ 애상감(슬퍼하거나 가슴 아파하는 감정을 불러일으키는 소재)

                       산천은   험준하고   수림(樹林)은   총잡*ᄒ듸   만학(萬壑)의   눈   싸이고
❶ 「산천은 험준하고 수림(樹林)은 총잡*ᄒ듸 만학(萬壑)의 눈 싸이고
「 」: 새가 쉽게 울 수 없는 상황
    천봉의   바람   칠 제   새가   어이   울랴마는
천봉(千峰)의 바람 칠 제」시가 어이 울랴마는

➡ 산천은 험준하고 수림은 빽빽한데 골짜기 눈 쌓이고 봉우리 바람 칠 때 새가 어떻게 울겠냐만은

⌈ 산천: 산과 내라는 뜻으로, '자연'을 이르는 말
험준하다: 지세가 험하며 높고 가파르다.
수림: 나무가 우거진 숲
만학: 첩첩이 겹쳐진 많은 골짜기
천봉: 수많은 봉우리

＊❶행(초장) 요약: 험준한 산세에서 새가 울부짖음.

      적벽화전의   죽은 군사 원혼이   한조되야   조조만   원망하여
❷ 「적벽화전의 죽은 군사 원혼(冤魂)이 한조(恨鳥)되야 조조만 원망하ᄒ
❶ 중심 대상 – 적벽대전 당시 죽은 군사들의 억울한 혼
「 」: ❷ 상황 – 적벽대전 당시에 죽은 군사들의 억울한 혼을 떠올림.
      우니난듸   이게   모도   귀성이라   도탄 중 싸인 군사 고향 이별이
여 우니난듸 이게 모도 귀성(鬼聲)이라 도탄 중 싸인 군사 고향 이별이
    멋 해런고
멋 히런고」→ ❸ 판소리 〈적벽가〉의 한 대목을 소재로 함.

➡ 적벽대전의 죽은 군사 원혼이 한을 품은 새가 되어 조조만 원망하여 우는데 이게 모두 귀성이라 도탄 중 쌓인 군사 고향 이별이 몇 해이던가

⌈ 원혼: 분하고 억울하게 죽은 사람의 넋
도탄: 진구렁에 빠지고 숯불에 탄다는 뜻으로, 몹시 곤궁하여 고통스러운 지경을 이르는 말

＊❷행(중장) 요약: 적벽대전에서 죽은 군사들의 비통함.

    공산   낙월   깁흔 밤 귀촉도 불여귀의   우는 저 두견 너 홀로
❸ 공산 ㉡낙월(落月) 깁흔 밤 귀촉도 불여귀의 우는 져 두견 너 홀노
    텅 빈 산 화자의 애상감을 더해 주는 존재 ❸ 고사(유래가 있는 옛날의 일을 표현한 어구)활용
                                          – 비극적 분위기를 고조함.
  울지 말고 날과 함기
울지 말고 날과 함기*
❷ 정서: 애상적(적벽대전에서 죽은 군사들의 감정에 공감함.) ❶ 화자: '나'

➡ 텅 빈 산에 달이 지는 깊은 밤, 두견새 소쩍새의 우는(소리가 들리는구나.) 저 소쩍새야, 너 홀로 울지 말고 나와 함께

⌈ 낙월: 지는 달
귀촉도: 두견과의 새
불여귀: 두견과의 새
두견: 두견과의 새

＊❸행(종장) 요약: 깊은 밤 소쩍새 소리에 애상감을 느낌.

＊ 총잡: 빽빽하게 우거짐.
＊ 함기: 함께

(나) 독해 공식

❶ 화자: '나', 중심 대상: '적벽화전'에서 죽은 군사들의 '원혼'
❷ 상황: 적벽대전 당시에 죽은 군사들의 억울한 혼을 떠올림.
정서: 애상적(적벽대전에서 죽은 군사들의 감정에 공감함.)
❸ 표현상 특징
• 판소리 〈적벽가〉의 한 대목을 소재로 삼고 있음.
• 애상감(슬퍼하거나 가슴 아파하는 감정)을 불러일으키는 소재를 통해 화자의 정서를 고조하고 있음.
• 고사(유래가 있는 옛날의 일을 표현한 어구)를 활용하여 비극적 분위기를 고조하고 있음.

■ 갈래: 사설시조   ■ 창작 시기: 조선 후기
■ 내용: 이 작품은 판소리 〈적벽가〉의 한 대목을 노래한 사설시조로, 조조가 적벽대전에서 크게 패하고 정욱 등과 함께 돌아가는 장면을 소재로 하고 있다. 〈삼국지연의〉 등과 같은 영웅 소설에서 그려진 조조의 위풍당당한 모습을 그리는 대신, 조조의 명분 없는 싸움으로 인해 고통받는 군사들의 입장에서 고향을 그리워하는 마음을 그려 내고 있다.
■ 주제: 억울하게 죽은 군사들의 원혼과 비통함, 고향으로 돌아가고픈 마음

■ 이것이 핵심!: 화자의 정서

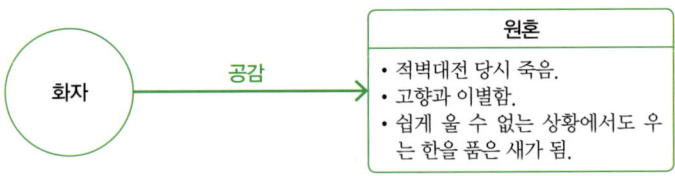

(다) 박목월, 〈가로등〉

❶ 화자, 중심 대상   ❷ 글쓴이의 생각, 태도   ❸ 서술상 특징

1 ❶ 가로등이 좋아지는 것은 역시 겨울철이다. ❷ 함박눈이 쏟아지는 밤에 설레는 눈발 속에 우러러보는 등불, 그것은 우리의 감정이 닿을 수 있는 동경의 알맞는 위치에 외롭게 켜 있는 <u>꿈의 등불이다.</u> 그 <u>등불이</u>
　　　　　　　　　　　　　　　　　　　　　　　　　❶ 중심 대상
<u>켜진 가로등</u> 기둥에 호젓이 기대어 서서 가없는 명상에 잠시 잠겨 보
인생의 안내자, 삶의 목표
는 고독, 그것은 나의 젊은 날의 눈물겨운 모습이다.

┌ 눈발: 눈이 힘차게 내려 줄이 죽죽 져 보이는 상태
│ 호젓이: 매우 홀가분하여 쓸쓸하고 외롭게
└ 가없다: 끝이 없다.

＊1 요약: 겨울철 가로등에 기대어 느끼는 낭만

2 ❶ 그러나 요즘은 눈 오는 밤 가로등에 기대 보는 그런 고독한 낭만조차 잊은 지 오래다. ❷ 그것은 나의 연령의 탓만이 아닐 것이다. 어쩌면 인간이란 나이가 들수록 한결 고독한 것이며, 그래서 눈이 오는 밤은 한결 유감해지는 것이리라. ❸ 다만 내가 고독한 낭만을 못 가지는 것은 세태의 탓일 것이다. ❻┌ 해방 후로 우리는 밤의 낭만을 잃은 것이다. 그
┌ J: ❹ 해방 후 통행금지법이 존재하는 시대적 상황이 드러남.
포근한 밤의 지향 없는 소요를 통행 금지라는 법이 막고 있는 것이다.
❼ 열한 시 사이렌이 불고 나면, 이미 밤은 나의 것이 아니다.┘ ❽ 그래서 시청 앞길의 가로등은 다만 텅 빈 적적한 광장을 외롭게 비치는 고독한 등불이 되는 것이다. ❾ 통행 금지 시간 넘어 거리에 선 가로등의 그 처참한 모습과 쓸쓸한 불빛. ❿ 그렇다. ⓫ 우리의 생활에는 안녕과 질서를 위해서 밤을 완전히 어둠으로 맞이해야 하는 것이다.

┌ 고독: 세상에 홀로 떨어져 있는 듯이 매우 외롭고 쓸쓸함.
│ 세태: 사람들의 일상생활, 풍습 따위에서 보이는 세상의 상태나 형편
└ 소요: 자유롭게 이리저리 슬슬 거닐며 돌아다님.

＊2 요약: 가로등의 고독한 낭만을 잃게 한 세태

3 ❶ 안데르센 동화에 '늙은 가로등'이란 작품이 있다. ❷ 밤이면 가로등을
❶ 작품 소개를 통해 중심 소재를 자연스럽게 이끌어 냄.
물끄러미 쳐다보는 이마가 넓은 청년의 이야기로 시작하는 작품이다.
❸┌ 가로등은 그 꿈 많은 청년의 허연 이마에 그의 불빛의 쓸쓸한 키스와
┌ J: ❸ 의인법(사물에 인격을 부여하여 표현하는 방법)
또한 <u>'쓸쓸한 축복'</u>을 부어 주었다.┘ ❹ 나는 이 동화를 읽으면서, 그 젊은
❹ 역설적(겉보기에는 모순되거나 그 속에 진실이 함축되어 있는) 표현
청년의 이마에 비쳐주는 가로등의 쓸쓸한 불빛이 불빛이기보다 오히
려 '신의 너그러운 축복'이요, '내 삶이 내게 비쳐주는 빛' 같았다.
❷ 생각: 가로등의 불빛을 희망으로 여김.

＊3 요약: 안데르센의 '늙은 가로등' 소개와 읽고 난 소감

4 ❶ 나는 나의 멀고 아득한 <u>인생 여로</u>의 대목마다 외로운 가로등이 켜 있기를 빌었다. ❷ 참으로 가로등을 멀리서 바라볼 때, 그것은 미래의 어느 지점에 은은히 비치는 별빛이다. ❸ 나는 ┌ 가로등을 목표로 해서 어두운 길을 어느 지점에서 다른 지점까지 가게 되는 것이다.┘
❸ 비유적(나타내려는 대상을 다른 비슷한 대상에 빗댄) 표현 – 삶의 목표, 희망을 의미함.
　　　　　　　　　　　　　　　　　　　┌ J: 삶에 있어서 가로등의 역할

┌ 여로: 여행하는 길. 또는 나그네가 가는 길

5 ❶┌ 그 가로등 가까이 가면 한결 길이 환해지고, 때로는 내가 목표한
　　┌ J: 지향한 목표에 다가서면 희열을 느낌.
가로등에 벌레처럼 설레는 함박눈이 이상하게 노래하는 꽃송이가 한 꼬투리처럼 걸리기도 하고, 또는 가는 실비가 비단 베일을 씌우며 신비롭게 속삭이기도 하고, 혹은 다만 어둠 속에 등불만 쫑긋이 켜 있기도 한다.┘ ❷ 그러나 막상 그 목표한 가로등을 지나면, 우선 나의 그림자가 발에 밟힌다. ❸ 그 그림자가 밟히는 사실을 나는 무어라 표현할까?
❸ 문답 형식을 통해 주제를 강조함. ❺
❹ 눈물겨운 추억의 한 자락이 발에 밟히는 것이라 할까? ❺ 나는 이 어둡고 고독한 밤길에 다만 가로등이 비쳐주는 다만 그만큼의 '빛의 둘레' 속
　　　　　　　　　　　　　　　　　　　　　　　　　　　　　희망, 목표
에 나의 그림자와 더불어 호젓이 길을 걷는 한갓 영상으로 화하는 것이다. ❻ 이것이야말로 이 세상을 건너가는 나 자신 바로 그것의 모습 같은 생각이 든다. ❼ 그 <u>흐뭇한 고독감</u>, 나의 삶의 가장 밑바닥을 흐르는
　　　　　　　　　❽ 역설적 표현
'서러움의 물길'이다. ❽ 이 물길 위에 배를 띄우듯 어줍잖은 몇 편의 시, 그것이 나의 숨쉬는 시의 세계일 것이다.

┌ 실비: 실같이 가늘게 내리는 비
│ 화하다: 어떤 현상이나 상태로 바뀌다.
│ 흐뭇하다: 마음에 흡족하여 매우 만족스럽다.
└ 어줍잖다: 아주 서투르고 어설프다. 또는 아주 시시하고 보잘것없다.

6 ❶ 가로등의 이러한 빛의 둘레를 완전히 벗어날 때, 나는 앞이 아득한 암흑의 벽을 다시 느끼며, 끝없이 아득한 어두운 길에 또 하나의 가로
　　　　　　　　　　　　　　　　　　　　　　　또 다른 목표를 향해 걸어감.
등을 찾아보는 것이다. ❷ 그러나 아무리 보아도 <u>가로등이 없을 경우, 아득한 어둠은 영원한 어둠이 되어버린다.</u> 이것은 '나의 마지막'이다.
❷ 생각: 목표와 희망이 없는 삶은 의미가 없음.

┌ 아득하다: 보이는 것이나 들리는 것이 희미하고 매우 멀다.

＊4 ~ 6 요약: 가로등이 인생에서 지니는 의미

7 ❶ 나의 일생은 언제나 적당한 거리에 가로등이 켜 있는 길이었다. ❷ 그리고, 지나온 길 위에 그것은 나란히 열을 지어서 스크린의 어느 한 장면처럼 아득하게 뻗쳤다. ❸ 또한 나의 미래도 설사 아무리 절망하기로니, 늘 가로등이 대목마다 켜 있는 길일 것이다. ❹ 내가 마음속에 신을
❷ 생각: 삶에 항상 희망이 존재할 것이라고 생각함. ❺
잃지 않는 한, 혹은 시를 놓치지 않는 한. 그래서 나는 때때로 창백한 이마에 가로등의 그 쓸쓸한 불빛의 키스와 축복을 받으며, <u>외롭게 흐뭇한 밤길을 갈 것이다.</u> 가로등에 축복이 있기를.
❸ 역설적 표현

＊7 요약: '가로등'을 통해 본 삶의 회고와 전망

★ (다) 독해 공식

❶ 중심 대상: 가로등
❷ 글쓴이의 생각: 가로등을 또 다른 목표를 향해 걸어가게 하는 희망이자 원동력으로 인식함. 목표와 희망이 없는 삶은 의미 없다고 생각함.
❸ 서술상 특징
• 작품 소개를 통해 중심 소재를 자연스럽게 이끌어 내고 있음.
• 가로등에 인격을 부여하여 표현하고 있음.(의인법)
• 비유적(나타내려는 대상을 다른 비슷한 대상에 빗댐) 표현과 역설적(겉보기에는 모순되는 것 같으나 그 속에 진실이 함축되어 있는) 표현, 문답 형식을 통해 주제를 강조하고 있음.

■ 갈래: 현대 수필
■ 내용: 이 작품은 '가로등'이라는 소재를 통해 자신의 인생의 과거와 현재를 교차해 가며 성찰하는 내용의 현대 수필이다. 화자는 자신의 인생에서 '가로등'으로 비유되는 목표와 희망이 주는 의미가 무엇인지에 대하여 서술하고 있다. 즉, '가로등'을 통해 목표와 희망이 없는 삶은 절망 그 자체이므로 목표와 희망을 추구하는 삶이 중요하다는 점을 역설하고 있다.
■ 주제: 목표와 희망을 지닌 삶을 추구
■ 이것이 핵심!: '가로등'의 의미

가로등
꿈의 등불, 신의 너그러운 축복, 내 삶이 내게 비쳐 주는 빛, 별빛, 목표, 빛의 둘레

→ 또 다른 목표를 향해 걸어가게 하는 희망이자 원동력

★ 작품 간의 공통점 및 차이점

• 공통점: '빛'과 관련된 소재를 통해 글쓴이의 정서를 부각함.
• 차이점: (가)의 '지는 달'은 화자의 외로움을 달래 주지만, (나)의 '낙월'은 화자의 애상감을 불러일으킴. (다)의 '가로등'은 글쓴이의 성찰을 유도함.

F 19 정답 ⑤ ★작품 비교하기

(가)~(다)의 공통점으로 가장 적절한 것은?

> **왜 정답?**

⑤ 계절적 배경이 글쓴이의 정서와 연계되며 내용이 전개되고 있다.
(가)는 가을, (나)와 (다)는 겨울을 배경으로 함.

★근거: (가) ❹, (나) ❶, (다) ①-❶, ❷
(가)의 '오동잎'은 가을, (나)의 '만학의 눈 싸이고'는 겨울, (다)의 '겨울철', '함박눈이 쏟아지는'은 겨울의 계절적 배경을 드러낸다. 즉 (가)에서는 가을, (나)와 (다)에서는 겨울이라는 계절적 배경을 통해 글쓴이의 쓸쓸함과 외로운 정서를 잘 드러내고 있다. 따라서 (가), (나), (다) 모두 계절적 배경이 글쓴이의 정서와 연계된다고 할 수 있다.

> **왜 오답?**

① 의성어를 사용하여 표현 효과를 높이고 있다.
(나)와 (다)는 사용하지 않음.

★근거: (가) ❺, (나) ×, (다) ×
(가)에서는 '똑딱똑딱'과 같은 의성어를 사용하였으나 (나)와 (다)에서는 특별한 의성어를 사용하고 있지 않다.
[의성어: 사람이나 사물의 소리를 흉내 낸 말

② 역설적 표현을 통해 내면의 변화를 부각하고 있다.
(가)와 (나)는 나타나지 않음.

★근거: (가) ×, (나) ×, (다) ❸-❸, ❺-❼, ❼-❺
(다)에서는 '쓸쓸한 축복', '흐뭇한 고독감', '외롭게 흐뭇한 밤길을 갈 것' 등에서 역설적인 표현을 사용하여 글쓴이의 관점과 태도를 드러내고 있다. 하지만 (가)와 (나)에서는 이러한 역설적 표현이 사용되지 않았다.
[역설적 표현: 어떤 주장이나 이론이 겉보기에는 모순되는 것 같으나 그 속에 중요
[한 진리가 함축되어 있는 표현

---

③ 고사를 활용하여 비극적 분위기를 고조시키고 있다.
(가)와 (다)는 활용하지 않음.

★근거: (가) ×, (나) ❸, (다) ×
(나)에서는 '귀촉도 불여귀'에서 고사가 활용되고 있지만 (가)와 (다)에서는 옛 이야기를 인용하고 있지 않다. '귀촉도'나 '불여귀'는 모두 두견새를 의미하는 것으로, 촉나라 망제가 믿었던 신하에 의해 쫓겨나 억울하게 죽은 후 환생했다는 설이 있다. 즉, (나)에 나타난 '귀촉도'와 '불여귀'는 촉나라 망제의 고사가 얽혀 있는 소재이다.
[고사: 유래가 있는 옛날의 일. 또는 그런 일을 표현한 어구

④ 감각을 전이시켜 작중 상황의 전달 효과를 높이고 있다.
공감각적 심상을 활용하여
(가)~(다) 모두 나타나지 않음.

감각의 전이란 어떤 감각적 심상이 다른 종류의 감각적 심상을 불러일으키는 공감각적 심상에서 나타난다. (가), (나), (다) 모두 공감각적 심상이 사용된 부분은 나타나지 않는다.
[전이시키다: 자리나 위치 따위를 다른 곳으로 옮기다.

F 20 정답 ⑤ ★시어 및 구절의 의미 파악하기

㉠과 ㉡에 대한 이해로 가장 적절한 것은?

• ㉠: ㉠은 '지는 달'로, 임의 생각으로 잠을 쉽게 이루지 못하는 화자의 방 안을 정답게 비춰 줍니다.
• ㉡: ㉡은 '낙월'로, '적벽화전 죽은 군사 원혼'의 비통함에 공감하는 화자의 애상감을 불러일으키는 소재입니다.
🟥 즉: '지는 달(낙월)'이라는 같은 소재의 의미를 (가)와 (나)의 맥락에서 이해한 내용으로 가장 적절한 것을 고르는 문제입니다.

> **왜 정답?**

⑤ ㉠은 화자의 마음을 위로해 주는 존재이고, ㉡은 화자의 애상감을 더해 주는 존재이다.
화자의 방을 '정답게' 엿봄.
'너 홀노 울지 말고 날과 함기'

★근거: (가) ⑯, (나) ❸
㉠의 '지는 달'은 금침에서 뒤척거리며 잠을 못 이루고 있는 '나'의 방을 정답게 엿보고 있다. 즉, '지는 달'은 임을 그리워하고 있는 (가)의 화자를 위로해 주고 있는 대상이다. 한편 ㉡의 '낙월'은 고향으로 돌아가기를 바라는 두견새가 우는 깊은 밤 한가운데 나타난 달로, '너 홀노 울지 말고 날과 함기'에 드러난 화자의 애상감을 더욱 깊어지게 한다.
[애상감: 슬퍼하거나 가슴 아파하는 감정

> **왜 오답?**

① ㉠과 ㉡은 화자가 지향하는 가치가 투영된 소재이다.
(가)와 (나) 모두 자신이 바라는 삶의 가치를 언급하지 않음.

(가)의 화자는 임을 그리워하고 있고, (나)의 화자는 적벽대전 때 희생당한 병사들의 비통함에 애상감을 느끼고 있을 뿐, (가), (나) 모두 화자가 어떤 가치를 지향하고 있다고 볼 수는 없다.
[지향하다: 어떤 목표로 뜻이 쏠리어 향하다.
[투영되다: 어떤 일이 다른 일에 반영되어 나타나다.

② ㉠과 ㉡은 화자가 자신의 삶을 성찰하게 하는 매개물이다.
(가)와 (나) 모두 자신의 삶을 성찰하는 모습이 드러나지 않음.

(가)의 화자는 그리움을 드러내고 있고, (나)의 화자는 적벽대전 때 희생당한 군사들에 대해 말하고 있을 뿐, (가)와 (나) 모두 화자가 자신의 삶을 되돌아보며 반성하고 있지 않다.
[성찰하다: 자기의 마음을 반성하고 살피다
[매개물: 둘 사이에서 양편의 관계를 맺어 주는 물건

③ ㉠은 화자와 교감하는 자연물이고, ㉡은 화자와 ~~동일시된~~ 자
　 연물이다.
화자와 교감한다고 볼 수 있음.   화자와 동일시된 대상이 아님.

(가)에서 화자는 ㉠이 정답게 자신의 방을 엿본다고 하였으므로, 화자가 ㉠과 교
감하고 있다고 볼 수 있다. (나)에서 ㉡은 깊은 밤의 분위기를 형성하며 화자의
정서를 심화시킬 뿐 화자와 동일시되고 있지는 않다.

┌ 교감하다: 서로 접촉하여 사상이나 감정 따위를 나누어 가지다.
└ 동일시되다: 둘 이상의 것이 똑같은 것으로 보이다.

④ ㉠은 화자가 ~~소망을 기원하는~~ 대상이고, ㉡은 화자가 ~~원망을~~
　 ~~표출하는~~ 대상이다.
소망을 ㉠에 빌고 있지 않음.   ㉡에 원망을 드러내지 않음.

(가)의 화자는 자신의 소망을 ㉠에게 빌고 있지 않으며, (나)의 화자 또한 ㉡에게
원망을 표현하고 있지는 않다.

┌ 기원하다: 바라는 일이 이루어지기를 빌다.
└ 표출하다: 겉으로 나타내다.

 ─ 1등급 풀이 Tip ─

고전 시가에서 달은 주로 ① 화자와 교감하는 존재 ② 화자의 정서를 불러일으키
거나 심화시키는 존재 ③ 임과 화자를 연결해 주는 존재로 등장하는 경우가 많다.
(가)에서 화자는 '지는 달이 정답게 내 방을 엿본다면서 달과 교감하는 모습(①)을 보
이고, (나)에서는 '낙월'로 인해 화자의 감정이 깊어지는 모습(②)이 나타나고 있다.

F 21 　정답 ③ 　＊표현상 특징 파악하기

(가)의 [A]~[C]에 대한 설명으로 적절하지 않은 것은?

• [A]: [A]는 하강의 이미지와 촉각적 심상을 활용하여 가을의 쓸쓸한 정경을 드러
　 낸 부분입니다.
• [B]: [B]는 임을 위해 밤에 옷을 짓고 편지를 쓰는 화자의 모습이 드러나는 부분
　 입니다.
• [C]: [C]는 임을 그리워하는 화자의 모습을 공간의 이동과 촉각적 심상을 활용하
　 여 드러낸 부분입니다.

[즉] [A]~[C]에서 화자의 정서를 효과적으로 표현하기 위해 사용된 표현상 특징
　 으로 틀린 것을 고르는 문제입니다.

>왜 정답?

③ [B]는 ~~[A]와 달리~~ 하강의 이미지를 통해 애상적 분위기를 환기
[B]와 달리 [A]에 하강의 이미지가 나타남.   슬프고 가슴 아픈 분위기를 불러일으키고
　 하고 있다.

＊근거: (가) ❷, ❹, ❻

[B]에는 화자가 임에게 드릴 옷을 만들고 그리움의 마음을 담아 편지를 쓰는 모
습이 나타나고 있는데, 하강의 이미지는 사용되고 있지 않다. 이와 달리 [A]에서
는 이슬이 '내려', 오동잎은 '떨어져', 서리가 '내려'와 같이 위에서 아래로 향하는
의미를 가진 서술어들을 사용하여 하강적 이미지를 형성하고 있다.

[하강: 높은 곳에서 아래로 향하여 내려옴.

>왜 오답?

① [A]는 외부의 정경을 중심으로 시적 상황을 나타내고 있다.
　　　　　　　　　　　　　　　　　　'뜨락, 우물가, 발 밖'

＊근거: (가) ❷, ❹, ❻

[A]에서는 '뜨락, 우물가, 발(簾) 밖' 등 외부의 모습을 통해 시적 상황을 표현하고
있다.

[정경: 정서를 자아내는 흥취와 경치

　　　　　　　피부에 닿는 듯한 이미지
② [A]와 [C]는 촉각적 이미지를 통해 화자의 정서를 표현하고
　 있다.
　 'ꞏ차가움'의 촉각적 이미지

＊근거: (가) ❷, ⓯

[A]는 '구슬 병풍은 차갑다', [C]는 '차디찬 금침'이라는 구절에서 '차가움'의 촉각
적 심상을 드러냄으로써 외로움, 그리움 등의 정서를 표현하고 있다.

④ [C]는 '방 안' → '뜨락' → '방 안'으로의 공간 이동을 보이고 있다.
　 옷을 만들고 편지를 씀.   새벽별을 봄.   차디찬 금침에서 잠 못 이룸.

＊근거: (가) ⓭, ⓯

[C]에서 화자는 '방 안'에서 옷을 만들고 편지를 쓴 뒤 '뜨락'으로 나와 은하수와
새벽별을 바라보고 있다. 그리고 다시 '방 안'으로 들어와 금침에 누워 뒤척이며
잠을 못 들고 있다.

⑤ [A]~[C]는 시간의 흐름에 따라 순차적으로 시상을 전개하고
　 이른 저녁 → 한밤 → 깊은 새벽 순으로 시간의 흐름이 나타남.
　 있다.

＊근거: (가) ❶, ⓾, ⓮

[A]는 '새벽은 멀었지만'으로 보아 시간적 배경이 아직 깊은 밤이 아닌 초저녁 즈
음이라고 볼 수 있다. [B]에서는 '쓸쓸한 등불이 어두운 벽을 밝'히고 있다고 하여
날이 어두워져 있음이 드러난다. 마지막으로 [C]에서는 '새벽별'이 밝았다는 표현
을 통해 깊은 밤을 지나 새벽이 왔음을 알 수 있다. 이를 통해 [A]~[C]는 시간적
흐름에 따라 시상이 전개되고 있음을 알 수 있다.

[순차적: 순서를 따라 차례대로 하는 것

F 22 　정답 ⑤ 　＊글쓴이의 생각과 태도 파악하기

(다)의 글쓴이의 인생 여로를 〈보기〉의 ㉮~㉲에 따라 정리해 보
는 활동을 수행한 결과로 적절하지 않은 것은?

• (다): 화자는 '가로등'을 삶의 목표와 희망으로 형상화하여 자신의 삶을 성찰하고
　 있습니다.
• 〈보기〉 ㉮: 가로등을 목표로 해서 걸어가는 대목입니다.
• 〈보기〉 ㉯: 가로등 가까이 가며 길이 환해지는 대목입니다.
• 〈보기〉 ㉰: 목표한 가로등을 지나 그림자가 발에 밟히는 대목입니다.
• 〈보기〉 ㉱: 가로등의 빛의 둘레를 벗어나 암흑의 벽을 다시 느끼는 대목입니다.
• 〈보기〉 ㉲: 다시 적당한 거리에 켜 있는 가로등 가까이로 가는 대목입니다.

[즉] 글쓴이가 '가로등'을 중심으로 ㉮~㉲를 지나며 성찰한 삶의 의미에 대한
　 설명으로 틀린 것을 고르는 문제입니다.

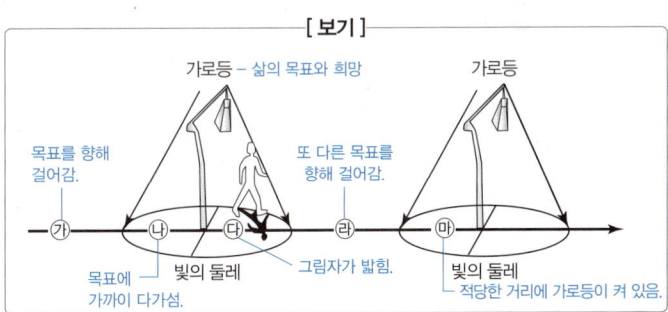

[보기]

가로등 – 삶의 목표와 희망　　　　　가로등

목표를 향해 걸어감.　　　또 다른 목표를 향해 걸어감.

㉮　㉯　㉰　㉱　㉲

목표에 가까이 다가섬.　　빛의 둘레　　그림자가 밟힘.　　빛의 둘레
　　　　　　　　　　　　　　　　　　　　　　적당한 거리에 가로등이 켜 있음.

>왜 정답?

⑤ ㉲: ~~종교적 성찰을~~ 통해 삶에 대한 집착에서 벗어나는 대목이다.
　 종교적 성찰은 나타나지 않음.

〈보기〉의 ㉲는 나의 일생은 언제나 적당한 거리에 가로등이 켜 있다는 것을 보여
주는 대목이다. 나의 일생에 켜 있는 가로등은 바로 내 삶의 희망과 목표라고 할
수 있다. 그러나 ㉲에서 종교적 성찰이 이루어졌거나 삶에 대한 집착이 사라졌다
는 내용은 찾을 수 없다.

>왜 오답?

① ㉮: 글쓴이가 기대감을 갖고 지향하는 목표를 향해 걸어가는
　　　　　　　　　　　　　　　　　　　가로등을 목표로 하여 걸어감.
　 대목이다.

＊근거: (다) ④-❸

〈보기〉의 ㉮는 가로등을 목표로 하여 어두운 길을 걸어가고 있는 부분이므로, 자
신이 목표로 하는 것을 향해 걸어가는 대목이다.

② ④: **지향하는 목표에 가까이 다가서며 희열을 느끼는 대목이다.**
└ 목표한 가로등에 가까워짐.
*근거: (다) ⑤-❶
〈보기〉의 ④는 가로등 바로 직전에 있는 상태이다. 가로등 가까이로 갈수록 어두웠던 길이 밝아지며 길이 환해지고 내가 목표한 가로등에 가까워진다. 따라서 ④는 지향하는 목표에 가까이 다가가며 희열을 느끼는 대목이다.

〔희열: 기쁨과 즐거움. 또는 기뻐하고 즐거워함.

③ ④: **지나온 삶을 회상하며 흐뭇한 고독감을 느끼는 대목이다.**
└ 목표한 가로등을 지나며 그림자가 밟히고, '서러움의 물길'을 밟음.
*근거: (다) ⑤-❷~❼
〈보기〉의 ④에서는 가로등을 등지며 서서히 그림자가 생겨나기 시작한다. 즉, 목표했던 가로등을 지나며 그림자가 밝히게 되는 순간이다. 즉, ④는 흐뭇한 고독감, 나의 삶의 가장 밑바닥을 흐르는 '서러움의 물길'을 밟게 되는 대목이다.

〔회상하다: 지난 일을 돌이켜 생각하다.

④ ④: **아득한 상황일지라도 또 다른 목표를 향해 묵묵히 걸어가는 대목이다.**
└ 가로등을 떠나 다시 어둑해지고, 새로운 목표를 향해 걸어감.
*근거: (다) ⑥-❶
〈보기〉의 ④는 가로등을 떠나 다시 어둑해진 부분이다. 즉, 가로등이 빛의 둘레를 완전히 벗어나 앞이 아득한 암흑의 벽을 다시 느끼면서도 아득함 속에서도 '또 하나의 가로등', 즉 또 다른 목표를 향해 걸어가는 대목이다.

F 23~26 ─────── [2018 대비/사관학교 35~38]
❸ 편지의 형식을 빌려 시를 적음.
(가) 백석, 〈남신의주 유동 박시봉방〉
└ 지명, 발신인의 주소   인명, 편지의 발신인
❶ 화자, 중심 대상 ❷ 상황, 정서, 태도 ❸ 표현상 특징   [시 해석]

❶어느 사이에 나는 아내도 없고, 또,
└❶ 화자
❷아내와 같이 살던 집도 없어지고,
❸그리고 살뜰한 부모며 동생들과도 멀리 떨어져서,
❹**그 어느 바람 세인 쓸쓸한 거리 끝에 헤매이었다.**
❺바로 날도 저물어서,   [A]
❻바람은 더욱 세게 불고, 추위는 점점 더해 오는데,
└ □: 시련, 고난
❼나는 어느 목수네 집 헌 삿*을 깐,
└ 박시봉
❽한 방에 들어서 쥔을 붙이었다.
└❷ 상황: 가족과 헤어져 홀로 세 들어 살고 있음.
→ 어느 사이에 나는 아내도 없고, 또 아내와 같이 살던 집도 없어지고, 그리고 살뜰한 부모며 동생들과도 멀리 떨어져서, (홀로) 그 어느 바람 센 쓸쓸한 거리 끝에 헤매었다. 바로 날도 저물어서 바람은 더 세게 불고, 추위는 점점 더해 오는데, 나는 어느 목수네 집 헌 삿자리를 깐, 찬 방에 세를 들었다.

〔쥔: '주인'의 준말

*❶~❽행 요약: 고향을 떠나와 타지에서 홀로 방황하는 쓸쓸한 삶

❾「이리하여 나는 이 습내 나는 춥고, 누긋한 방에서,
└ 화자의 처지를 상징하는 공간
❿낮이나 밤이나 나는 나 혼자도 너무 많은 것같이 생각하며,
└ 내 몸 하나도 감당하기 힘든 상황
⓫딜옹배기에 북덕불*이라도 담겨 오면,
⓬이것을 안고 손을 쬐며 재 우에 뜻 없이 글자를 쓰기도 하며,
└ 무료함을 달래기 위한 행위
⓭또 문밖에 나가지도 않고 자리에 누워서,
⓮머리에 손깍지 베개를 하고 굴기도 하면서,   ┐ 무기력한 모습   [B]
└ 구르기도
⓯나는 내 슬픔이며 어리석음이며를 소처럼 연하여 새김질하는 것
└ ❷ 태도: 성찰적(슬프고 어리석은 삶에 대한 반성)
이었다.」
└「 」: ❸ 호흡이 긴 문장으로 시적 화자의 내면을 보여 줌.
⓰「내 가슴이 꽉 메어 올 적이며,
⓱내 눈에 뜨거운 것이 핑 괴일 적이며,
└「 」: ❷ 정서 - 무기력한 삶에 대한 슬픔과 부끄러움
└ 눈물

⓲또 내 스스로 화끈 낯이 붉도록 부끄러울 적이며,
⓳나는 내 슬픔과 어리석음에 눌리어 죽을 수밖에 없는 것을 느끼는 것이었다.」
→ 이리하여 나는 이 습내 나는 춥고 누눅한 방에서, 낮이나 밤이나 나는 나 혼자도 (감당할 수 없이) 너무 많은 것 같다고 생각하며, 질옹배기에 북덕불이라도 담겨 오면, (무기력함을 달래기 위해) 이것을 안고 손을 쬐며 재 위에 의미 없이 글자를 쓰기도 하며, 또 (무기력하게) 문밖에 나가지도 않고 자리에 누워서, 머리에 손깍지 베개를 하고 구르기도 하면서, 나는 소처럼 계속해서 내 슬픔과 어리석음을 새김질하는 것이었다. 내 가슴이 꽉 메어 올 적이며, 내 눈에 뜨거운 눈물이 핑 고일 적이며, 또 내 스스로 화끈 낯이 붉도록 부끄러울 적이며, 나는 내 슬픔과 어리석음에 눌려 죽을 수밖에 없는 것을 느끼는 것이었다.

〔누긋하다: 메마르지 않고 좀 누눅하다.
〔딜옹배기: 둥글넓적하고 아가리가 쩍 벌어진 아주 작은 질그릇
〔새김질하다: 한번 삼킨 먹이를 다시 게워 내어 씹다.

*❾~⓳행 요약: 나약한 자신을 돌아보며 슬픔을 느끼고 죽음을 생각함.

⓴그러나 잠시 뒤에 나는 고개를 들어,
└❸ 시상의 전환(시에 담긴 생각·감정이 다른 방향으로 바뀜.) - 정서 변화에 따라 시상 전개
㉑허연 문창을 바라보든가 또 눈을 떠서 높은 천장을 쳐다보는 것인데,
㉒이 때 나는 내 뜻이며 힘으로, 나를 이끌어 가는 것이 힘든 일인   [C]
└ 무기력한 자아 인식
것을 생각하고,
㉓이것들보다 더 크고, 높은 것이 있어서, **나를 마음대로 굴려가는**
└ 개인의 의지를 초월하는 것, 운명   └ 운명론적 인식
것을 생각하는 것인데,
㉔이렇게 하여 여러 날이 지나는 동안에,
㉕내 어지러운 마음에는 슬픔이며, 한탄이며, 가라앉을 것은 차츰
└❷ 정서: 슬픔을 가라앉히고 진정함.
앙금이 되어 가라앉고,
㉖외로운 생각만이 드는 때쯤 해서는,
㉗더러 나줏손*에 쌀랑쌀랑 **싸락눈**이 와서 **문창을 치기도 하는 때**   [D]
└ 시련, 고난
도 있는데,   └❸ 음성 상징어(사람이나 사물의 소리나 움직임을 흉내 낸 말)의 사용
㉘나는 이런 저녁에는 화로를 더욱 다가 끼며, 무릎을 꿇어 보며,
└ 지나온 삶에 대한 반성
㉙「어느 먼 산 뒷옆에 바위 섶에 따로 외로이 서서,
└「 」: ❷ 상황 - 갈매나무에 대해 생각함. 태도 - 의지적(새로운 삶을 살 것을 다짐함.)
㉚어두워 오는데 하이야니 눈을 맞을, 그 마른 잎새에는,
└ 하얗게
㉛쌀랑쌀랑 소리도 나며 눈을 맞을,
❶ 중심 대상
㉜그 드물다는 **굳고 정한 갈매나무라는 나무를 생각하는 것이었다.**」
└❸ 상징적(추상적인 개념을 구체적인 대상으로 나타내는) 소재
→ 그러나 잠시 뒤에 나는 고개를 들어, 하얀 문창을 바라보거나 눈을 떠서 높은 천장을 쳐다보는데, 이때 나는 내 뜻이며 힘으로 (무기력한) 나를 이끌어 가는 것이 힘든 일인 것을 생각하고, 이런 나의 뜻과 의지보다 더 크고, 높은 (초월적인) 것이 있어서, 나를 마음대로 굴려 가는 것(운명)을 생각하는 것인데, 이렇게 하여 여러 날이 지나는 동안에, 내 어지러운 마음에는 슬픔이나 한탄 같은 감정들은 차츰 앙금이 되어 가라앉고, 외로운 생각만이 드는 때쯤 해서는, 더러 저녁때에 쌀랑쌀랑 싸락눈이 와서 문창을 치기도 하는 때도 있는데, 나는 이런 저녁에는 화로를 더욱 가까이 끼며, 무릎을 꿇어 보며, 어느 먼 산 뒤의 옆쪽에 바위 옆에 따로 외롭게 서서, 어두워 오는데 하얗게 눈을 맞을, 마른 잎새에는 쌀랑쌀랑 소리도 나며 눈을 맞을, 그 드물다는 굳고 정한 (고난에 굴복하지 않는) 갈매나무라는 나무를 생각하는 것이었다.

〔쌀랑쌀랑: 조금 사늘한 바람이 가볍게 자꾸 부는 모양 〔싸락눈: '싸라기눈'의 준말

*⓴~㉜행 요약: 어지러운 마음이 가라앉고 굳고 정한 갈매나무를 생각함.

*삿: 갈대로 엮은 삿자리
*북덕불: 짚이나 풀 등을 태운 화롯불
*나줏손: 저녁 무렵

✦ (가) 독해 공식

❶ **화자**: '나', **중심 대상**: 갈매나무

❷ **상황**: 가족과 헤어져 홀로 세 들어 살고 있음. 타지에서 자신의 삶과 갈매나무에 대해 생각함.

정서: 무기력한 삶에 대한 슬픔과 부끄러움 → 슬픔을 가라앉히고 진정함.

태도: 성찰적(슬프고 어리석은 삶에 대한 반성) → 의지적(새로운 삶을 살 것을 다짐함.)

❸ **표현상 특징**
- 편지의 형식을 빌려 시를 적음.
- 화자의 정서 변화에 따라 시상이 전개되고 있음.
- 상징적(추상적인 개념을 구체적인 대상으로 나타내는) 시어를 통해 화자의 태도를 드러내고 있음.
- 호흡이 긴 문장과 음성 상징어(사람이나 사물의 소리나 움직임을 흉내 낸 말)를 활용하고 있음.

■ **갈래**: 현대시

■ **내용**: 이 작품은 무기력한 삶에 대한 반성과 새로운 삶에 대한 의지를 노래한 현대시이다. 가족과 헤어지고 외롭게 떠돌이 생활을 하다가 어느 목수네 집에 세 들어 살게 된 화자는 셋방에서 무료하게 지내면서 절망감과 무력감을 느끼고 지나온 삶에 대해 반성한다. 그 후 현재의 절망적 상황을 운명적으로 인식하고 갈매나무를 통해 새로운 삶의 의지를 다진다.

■ **주제**: 무기력한 삶에 대한 반성과 새로운 삶의 의지

■ **이것이 핵심!**: 시상의 전환

1~19행		20~32행
• 슬픔, 부끄러움, 무기력함. • 성찰적 태도	"그러나" →	• 슬픔이 진정됨. • 의지적, 희망적 태도

(나) 박인로, 〈누항사〉

❶ 화자, 중심 대상 ❷ 상황, 정서, 태도 ❸ 표현상 특징 [고어 읽기] [시 해석]

1
ⓐ한기태심(旱旣太甚)*ᄒᆞ야 시절(時節)이 다 느즌 제 서주(西疇)
*농사짓기 좋은 땅

놉흔 논애 잠깐 긴 널비예 ❸도상(道上) 무원수(無源水)를 반만깐 ᄃᆡ혀

두고 ❹쇼 ᄒᆞᆫ 적 듀마 ᄒᆞ고 엄섬이 ᄒᆞᄂᆞᆫ 말삼 ❺친절(親切)호라 너긴 집의
*소를 빌려주겠다는 이웃의 말 | 이웃의 말은 진심이 아님.

❻달 업슨 황혼(黃昏)의 허위허위 다라가셔 ❼구디 다든 문(門) 밧긔 어득
❸ 음성 상징어(사람이나 사물의 소리나 움직임을 흉내 낸 말) - 화자의 다급한 모습을 묘사함.

히 혼자 셔셔 ❽큰 기ᄎᆞᆷ 아함이를 양구토록 ᄒᆞ온 후(後)에,」
인기척을 하는 화자의 모습 | 「」: ❷ 상황 - 이웃집에 소를 빌리러 감.

→ 가뭄이 이미 크게 심하여 농사철이 다 늦은 때에 서쪽 두둑 높은 논에 잠깐 갠 지나가는 비에 길 위에 흐르는 물을 반쯤 대어 놓고는 소 한번 빌려주마 하고 엉성하게 하는 말을 듣고 친절하다고 여긴 집에 달도 없는 황혼에 허우적허우적 달려가서 굳게 닫은 문 밖에 우두커니 혼자 서서 큰 기침 '에헴'을 오래도록 한 후에

⸢ **황혼**: 해가 지고 어스름해질 때. 또는 그때의 어스름한 빛
⸤ **아함이**: '헛기침'의 옛말

＊1 요약: 이웃에게 소를 빌리러 감.

2
❶⸢어화 긔 뉘신고 염치(廉恥) 업산 내옵노라. ❷초경(初更)도 거읜ᄃᆡ 긔
「」: ❸ 인물 간의 대화를 인용을 통해 직접 제시함.

엇지 와 겨신고. ❸년년(年年)에 이러ᄒᆞ기 구차(苟且)ᄒᆞᆫ 줄 알건만는, ❹쇼

업슨 궁가(窮家)애 혜염 만하 왓삽노라. 공ᄒᆞ나 갑시나 주엄즉도 ᄒᆞ
❷ 정서: 농사에 대한 걱정

다마는 ❻다만 어제밤의 거넷집 져 사람이 ❼목 불근 수기치(雉)*을 옥지

읍(玉脂泣)게 ᄭᅮ어ᄂᆡ고 간 이근 삼해주(三亥酒)를 취(醉)토록 권(勸)ᄒᆞ

거든 ❾이러한 은혜(恩惠)을 어이 아니 갑흘넌고. ❿내일로(來日) 주마 ᄒᆞ
화자의 부탁을 거절하는 이유

고 큰 언약(言約) ᄒᆞ야거든 ⓫실약이 미편(未便)ᄒᆞ니* 사셜이 어
려왜라.」

→ '어, 거기 누구신가?' '염치 없는 저올시다.' '초경도 지났는데 그대 무슨 일로 와 계신가?' '해마다 이러기가 구차한 줄 알지마는 소 없는 가난한 집에서 걱정이 많아 왔소이다.' '공짜로 주거나 값을 쳐서 주거나 간에 주었으면 좋겠지만 다만 어젯밤에 건넛집 저 사람이 목이 붉은 수꿩을 구슬 같은 기름에 구어 내고 갓 익은 삼해주를 취하도록 권했는데 이러한 은혜를 어떻게 갚지 않겠는가? 내일로 빌려주마 하고 크게 약속하였거든 약속을 어기는 것이 편하지 못하니 말하기가 어렵구료.'

⸢ **초경**: 하룻밤을 오경(五更)으로 나눈 첫째 부분. 저녁 7시에서 9시 사이이다.
| **삼해주**: 정월의 세 해일(亥日)에 만든 술
⸤ **언약**: 말로 약속함. 또는 그런 약속

＊2 요약: 이웃에게 거절을 당함.

3
❶실위(實爲) 그러ᄒᆞ면 혈마 어이ᄒᆞᆯ고. ⓛ헌 먼덕 수기 스고 측 업슨
❷ 태도: 체념적

집신에 설피설피 물너오니 ❸풍채(風采) 저근 형용(形容)애 긔 즈칠 ᄲᅮᆫ
❸ 음성 상징어 - 화자의 맥없는 모습을 나타냄. | 화자의 비참한 심정을 자극하는 소재

이로다. ❹와실(蝸室)에 드러간들 잠이 와사 누어시랴. ❺북창(北窓)을 비
❷ 정서: 생계를 걱정함.

겨 안자 ᄉᆡ배를 기다리니 ❻무정(無情)ᄒᆞᆫ 대승(戴勝)은 이ᄂᆡ 한(恨)을 도
화자의 비참함을 고조시키는 소재

우ᄂᆞ다. ❼종조추창(終朝惆悵)*ᄒᆞ며 먼 들흘 바라보니 ❽즐기ᄂᆞᆫ 농가(農
❷ 정서: 소를 빌리지 못한 것에 대한 슬픔 | 화자의 심정과 대비됨.

歌)도 흥(興) 업서 들리ᄂᆞ다 ❾세정(世情) 모른 한숨은 그칠 줄을 모르
❷ 태도: 부정적(자신이 처한 현실을 부정적으로 인식함.)

ᄂᆞ다. ❿ⓒ아ᄭᅡ온 져 소뷔ᄂᆞᆫ 벗보님도 됴흘세고 ⓫가시 엉긘 묵은 밧도
❷ 정서 - 농사일을 포기하는 것에 대한 안타까움

용이(容易)케 갈련마ᄂᆞᆫ ⓬허당반벽(虛堂半壁)에 슬듸업시 걸려고야. ⓭춘
경(春耕)도 거의거다 후리쳐 더뎌 두쟈.
❷ 상황: 소를 빌리지 못해 농사짓기를 포기함.

→ 사실이 그렇다면 설마 어찌하겠는가. 헌 모자를 숙여 쓰고 축 없는 짚신을 신고 맥없이 물러오니 풍채 적은 내 모습에 개가 짖을 뿐이로다. 작고 누추한 집에 들어간들 잠이 와서 누워 있겠는가. 북쪽 창문에 기대 앉아 새벽을 기다리니 무정한 오디새는 나의 한을 돕는구나. 아침이 끝날 때까지 슬퍼하며 먼 들을 바라보니 즐기는 농부의 노래도 흥 없게 들린다. 세상 물정을 모르는 한숨은 그칠 줄을 모른다. 아까운 저 쟁기는 볏보임도 좋구나. 가시 엉킨 묵은 밭도 쉽게 갈련만 빈 집 벽 한가운데 쓸데없이 걸려 있구나. 봄갈이도 거의 다 지났다. 팽개처 던져 버리자.

⸢ **풍채**: 드러나 보이는 사람의 겉모양
| **형용**: 사람의 생김새나 모습
| **와실**: 달팽이의 집이라는 뜻으로, 작고 초라한 집을 비유적으로 이르는 말
⸤ **대승**: 후투팃과의 새 **춘경**: 봄철에 논밭을 가는 일

＊3 요약: 자신의 집으로 돌아와 슬퍼하며 농사를 포기함.

4
❶강호(江湖) ᄒᆞᆫ 꿈을 ᄭᅮ언지도 오래러니, ❷구복(口腹)이 위루(爲累)ᄒᆞ
자연 속에서 살고자 한 꿈 | 먹고사는 문제 때문에 자연과 더불어 사는 꿈을 잊어버림.

야 어지버 이져ᄯᅥ다. ❸쳠피기욱(瞻彼淇澳)*ᄒᆞᆫ 녹죽(綠竹)도 하도 할
어지버 이저따다 | 쳠피기욱한데

샤 ❹유비군자(有斐君子)들아 낙ᄃᆡ ᄒᆞ나 빌려스라. 「❺노화(蘆花) 깁픈 곳
교양 있는 선비 | 「」: ❷ 태도 - 자연 친화적(자연과 더불어 살고자 함.)

ⓕ

애 명월청풍(明月淸風) 벗이 되야, 닉지 업슨 풍월강산(風月江山)애
절로절로 늘그리라. ❼무심(無心)혼 ❶백구(白鷗)야 오라 ᄒ며 말라 ᄒ랴.
❸ 의인화(사람이 아닌 것을 사람에 비기어 표현함.) - 백구에게 말을 건넴, 자연과의 동화(물아일체)

❽다토리 업슬슨 다툰인가 너기로라.

➡ 자연을 벗 삼아 살겠다는 한 꿈을 꾼 지도 오래더니, 먹고 마시는 것이 거리낌이 되어, 아아! 슬프게도 잊었도다. 저 기수 물굽이를 바라보니 푸른 대나무도 많기도 많구나! 교양 있는 선비들아, 낚싯대 하나 빌려 다오. 갈대꽃 깊은 곳에 밝은 달과 맑은 바람이 벗이 되어, 임자 없는 풍월강산에 절로 절로 늙으리라. 무심한 갈매기야, 나더러 오라고 하며 말라고 하겠느냐? 다툴 이가 없는 것은 다만 이뿐인가 여기노라.

구복: 먹고살기 위하여 음식물을 섭취하는 입과 배
노화: 갈대의 꽃
백구: 갈매깃과의 새

*❹ 요약: 흰 갈매기를 바라보며 욕심 없이 자연과 더불어 살기로 함.

❺㉣무상(無狀)혼 이 몸애 무슨 지취(志趣)* 이스리마는, ❷두세 이렁
보잘것없는

밧논를 다 무겨 더뎌 두고 ❸이시면 죽(粥)이오 업시면 굴물망정 ❹남의 집

남의 거슨 젼혀 부러 말렷노라. ❺「닉 빈천(貧賤) 슬히 너겨 손을 헤다
「」:❸ 대구법(비슷한 문장 구조를 짝을 맞추어 늘어놓는 방법), 추상적 관념의 구체적 형상화

물너가며, ❻남의 부귀(富貴) 불리 너겨 손을 치다 나아오랴.」 ❼인간(人間)
❸ 설의법(물음의 형식으로 표현하는 방법)

어닉 일이 명(命) 밧긔 삼겨시리. ❽빈이무원(貧而無怨)을 어렵다 ᄒ건
운명론적 가치관   ❶ 중심 대상 - 화자가 지향하는 삶의 태도(가난하지만 원망하지 않음.)

마는, ❾닉 생애(生涯) 이러호대 셜온 뜻은 업노왜라. ⓾「단사표음(簞食
❶화자: '나'
「」:❷ 태도 - 의지적(안빈낙도의 삶에 대한 다짐을 드러냄.)

瓢飮)을 이도 족(足)히 너기로라. ⓫평생(平生) 혼 뜻이 온포(溫飽)*애는

업노왜라.」 ⓬「태평천하(太平天下)애 충효(忠孝)를 일을 삼아 ⓭화형제(和
「」:❷ 태도 - 의지적(유교적 가치를 지키며 살아갈 것을 결심함.)

兄弟) 신붕우(信朋友) 외다 ᄒ리 뉘 이시리.」 ⓮그 밧긔 남은 일이야 삼
❸ 설의법   운명론적 가치관

긴디로 살렷노라.

➡ 보잘것없는 이 몸이 무슨 뜻과 취향이 있으랴마는 두세 이랑 되는 밭논을 다 묵혀 던져 두고, 있으면 죽이요 없으면 굶을망정 남의 집 남의 것은 전혀 부러워하지 않겠노라. 나의 빈천을 싫게 여겨 손을 젓는다고 물러가며 남의 부귀를 부럽게 여겨 손짓한다고 나아오랴? 인간의 어느 일이 운명 밖에 생겼겠느냐? 가난하면서도 원망하지 않는 것이 어렵다고 하건마는, 내 생애가 이러하되 서러운 뜻은 없노라. 한 대 광주리의 밥을 먹고 한 표주박의 물을 마시는 어려운 생활 이것도 만족하게 여기노라. 평생의 한 뜻이 따뜻하게 입고 배불리 먹는 데는 없노라. 태평천하에 충성과 효도를 일을 삼아, 형제간에 화목하고 벗끼리 신의 있는 일을 그르다고 할 이 누가 있겠는가? 그 밖의 나머지 일이야 태어난 대로 살겠노라.

빈천: 가난하고 천함.
부귀: 재산이 많고 지위가 높음.
빈이무원: 가난하지만 남을 원망하지 않음.
단사표음: 대나무로 만든 밥그릇에 담은 밥과 표주박에 든 물이라는 뜻으로, 청빈하고 소박한 생활을 이르는 말

*❺ 요약: 자신의 처지에 만족하고 유교적 이념을 지키며 살기로 함.

*한기태심: 가뭄이 이미 크게 심함.
*수기치: 수렁
*실약이 미편ᄒ니: 약속을 어기는 것이 편하지 못하니

---

*종조추창: 아침이 끝날 때까지 슬퍼함.   *소뷔: 쟁기
*첨피기욱: 저 기수 물굽이를 바라보니
*지취: 뜻과 취향
*온포: 따뜻하게 입고 배불리 먹음.

■ (나) 독해 공식
❶ 화자: '닉(내)', 중심 대상: '백구', '빈이무원'
❷ 상황: 소를 빌리는 데 실패하고 자신의 가난한 처지에 대해 생각하고 있음.
정서: 농사를 짓지 못하는 것에 대한 슬픔과 안타까움
태도: 체념적, 부정적 → 자연 친화적, 의지적(유교적 가치를 지키며 안빈낙도하는 삶을 살 것을 다짐함.)

❸ 표현상 특징
• 의인법(사람이 아닌 것을 사람에 비기어 표현하는 방법), 설의법(물음의 형식으로 표현하는 방법), 대구법(비슷한 문장 구조를 짝을 맞추어 늘어놓는 방법) 등 다양한 표현 기법을 통해 화자의 정서를 강조하고 있음.
• 인물 간의 대화를 인용을 통해 직접 제시하고 있음.
• 음성 상징어(소리를 흉내 낸 의성어와 모양이나 움직임을 흉내 낸 의태어를 아울러 이르는 말)를 활용하여 화자의 모습을 나타내고 있음.
• 추상적 관념인 '빈천(가난하고 천함.)'과 '부귀(부유하고 귀함.)'를 구체적으로 형상화하고 있음.

■ 갈래: 양반 가사   ■ 창작 시기: 조선 중기
■ 내용: 이 작품은 화자가 누추한 곳에 초막을 지어 가난한 생활을 할 때, 굶주림과 추위가 닥치고 수모가 심하지만 가난을 원망하지 않겠다는 것을 내용으로 하는 가사이다. 화자는 자연을 벗 삼아 충성과 효도, 형제간의 화목, 친구 간의 신의를 바라면서 안빈낙도의 심경을 노래하였다. 내용에 따라 7단락으로 나뉜다. 첫째 단락에서는 길흉화복을 하늘에 맡기고 누추한 곳에서 가난하게 살려고 하는 심정을 읊었다. 둘째 단락에서는 가난한 생활에 굶주림과 추위가 닥쳤으나, 지난날 몸을 잊고 의를 좇아 7년간의 왜란에서 백전고투하던 일을 회상하였다. 셋째 단락은 몸소 농사를 짓고자 하나 농사일에 쓸 소가 없어 낙심하는 대목이다. 넷째 단락에서는 농우를 빌리러 갔다가 수모만 받고 돌아오는 모습이 나타나고, 다섯째 단락에서는 집으로 돌아와서 야박한 세상인심을 한탄하며 봄갈이 할 생각을 그만두고 있다. 여섯째 단락에서 밝은 달 맑은 바람을 벗 삼아 임자 없는 자연 속에 절로 늙기를 소망하고, 일곱째 단락에서는 가난하지만 원망하지 않고, 충효에 힘쓰고 형제들과 화목하며 벗들과 신의 있을 것을 다짐하고 있다.
■ 주제: 가난하지만 자연을 즐기며 살아가는 안분지족의 삶

■ 이것이 핵심!: 화자가 지향하는 삶의 태도

자연 친화적	안빈낙도, 안분지족
• 노화 깁픈 곳에 명월청풍 벗이 되야, 닉지 업슨 풍월강산애 절로절로 늘그리라. • 무심흔 백구야 오라 ᄒ며 말라 ᄒ랴.	• 닉 빈천 슬히 너겨 손을 헤다 물너가며, 남의 부귀 불리 너겨 손을 치다 나아오랴. • 단사표음을 이도 족히 너기로라. 평생 혼 뜻이 온포애는 업노왜라.

■ 작품 간의 공통점 및 차이점
• 공통점: 화자가 위치한 공간적 배경을 바탕으로 시상이 전개됨. 어려운 처지에 처한 화자가 자신의 상황을 운명으로써 인식하고 수용함.
• 차이점: (가)와 달리 (나)는 대화체를 사용하여 상황을 실감나게 전달함.

F 23 정답 ③   *작품 비교하기

(가), (나)의 공통점으로 가장 적절한 것은?

>왜 정답?

③ 추상적 대상의 구체적 형상화를 통해 내적 정서를 부각하고 있다.
(가)는 다짐을 '갈매나무'로 표현하고, (나)는 '빈천'과 '부귀'를 사물처럼 묘사함.

*근거: (가) ㉜, (나) ⑤-❺, ❻
(가)는 굳고 정결한 태도를 '갈매나무'라는 구체적인 사물을 통해 보여 주고 있으며, 이를 통해 새로운 삶에 대한 화자의 의지를 부각하고 있다.

(나)는 '뇌 빈천 슬히 너겨 손을 헤다 물너가며, 남의 부귀 불리 너겨 손을 치다 나아오랴'를 통해 '빈천'과 '부귀'를 손을 흔들면 오고 가는 구체적 사물인 것처럼 묘사하고 있다. 이를 통해 화자는 '빈천'을 싫어하거나, 다른 사람이 가진 부귀를 부러워하지 않겠다는 태도를 드러내고 있다.

┌ **추상적**: 어떤 사물이 직접 경험하거나 지각할 수 있는 일정한 형태와 성질을 갖추 │ 고 있지 않은 것
│ **형상화**: 형체로는 분명히 나타나 있지 않은 것을 어떤 방법이나 매체를 통하여 구 └ 체적이고 명확한 형상으로 나타냄.

왜 오답?

① 색채 이미지의 선명한 대조를 통해 주제 의식을 강조하고 있다.
(가), (나) 모두 드러나지 않음.

(가)와 (나) 모두 색채 이미지의 대조는 나타나고 있지 않다.

┌ **대조**: 서로 달라서 대비가 됨.

② 탈속적인 공간을 묘사하여 자연 친화적인 태도를 보여 주고
(가), (나) 모두 나타나지 않음.   (나)에만 나타남.
있다.

(가)의 화자는 세 들어 살고 있는 '습내 나는 춥고, 누긋한 방'에서 자신의 삶을 성찰하고 있으므로 탈속적 공간에 있다고 볼 수 없으며, 탈속적인 공간에 대한 묘사도 드러나지 않는다. (나)의 화자는 '강호 흔쑴'을 떠올리며 '명월청풍'을 벗 삼아 '풍월강산'에서 살아가고자 하는 자연 친화적 태도를 보여 주지만, 탈속적 공간을 구체적으로 묘사하고 있지는 않다.

┌ **탈속적**: 부나 명예와 같은 현실적인 이익을 추구하는 마음으로부터 벗어난

④ 대화체와 음성 상징어를 활용하여 상황을 실감 나게 전달하고
(가)는 대화체를 사용하지 않음.
있다.

*근거: (가)㉗, (나)①-❻, ②, ③-❷

(가)에는 '쌀랑쌀랑'이라는 음성 상징어는 사용되었으나, 대화체는 나타나지 않는다. (가)의 화자는 자신의 삶을 성찰하며 사색적 어조로 자신의 생각을 담담히 전달하고 있다. 이는 상대를 설정하여 청자에게 말을 건네는 방식으로 볼 수 없고, 청자가 등장하여 대화를 주고받는 방식도 아니다. 반면 (나)는 소 주인과 화자의 대화가 드러나며, '설피설피, 허위허위' 등의 음성 상징어가 사용되었다.

┌ **대화체**: 대화하는 형식으로 서술하는 문체
│ **음성 상징어**: 소리를 흉내 낸 말인 의성어와 모양이나 움직임을 흉내 낸 말인 의 └ 태어를 아울러 이르는 말

                    공감각적 심상을 활용하여
⑤ 감각을 전이시키는 방법을 통해 계절감을 효과적으로 드러내
                    (가), (나) 모두 드러나지 않음.
고 있다.

*근거: (가)㉚, ㉛, (나)③-⑬

(가)의 '하이야니 눈을 맞을'에서는 시각적 심상을 통해, '쌀랑쌀랑 소리도 나며 눈을 맞을'에서는 청각적 심상을 통해 겨울이라는 계절감을 드러내고 있다. (가)에서 감각의 전이를 통해 계절감을 드러내고 있지는 않다. (나)에서 계절감을 드러내는 표현은 '춘경' 정도이며, 감각의 전이를 통해 계절감을 드러낸 부분은 찾을 수 없다.

┌ **전이시키다**: 자리나 위치 따위를 다른 곳으로 옮기다.

F 24 정답 ④ *〈보기〉를 바탕으로 감상하기

〈보기〉를 바탕으로 (가), (나)를 이해한 내용으로 적절하지 않은 것은?

• **〈보기〉**: 〈남신의주 유동 박시봉방〉과 〈누항사〉는 운명론적 세계관을 담은 작품으로, 화자는 현실을 부정적 인식하지만 주어진 운명을 수용하며 자기 구원의 길을 모색합니다.

• **(가)**: 화자는 홀로 무기력하게 살며 현실을 부정적으로 인식하지만, 자신의 삶을 성찰하며 '갈매나무'를 떠올리며 새로운 삶을 살겠다고 다짐합니다.

• **(나)**: 화자는 소를 빌리지 못해 농사를 짓지 못하는 자신의 처지를 부정적으로 인식하지만, 자신의 운명을 수용하며 자연 친화적이고 청빈한 삶을 살겠다는 의지를 드러냅니다.

즉 운명론적 세계관을 중심으로 (가)와 (나)를 이해한 내용으로 틀린 것을 고르는 문제입니다.

┌─────────────── [보기] ───────────────┐

❶백석의 〈남신의주 유동 박시봉방〉과 박인로의 〈누항사〉는 개
인의 삶 속에서 일어나는 일들이 숙명에 의해 정해져 있다는 운
                    ①, ②의 근거
명론적 세계관을 담고 있다.❷두 작품의 화자는 자신이 처한 현실
을 부정적으로 인식하고 있고, 그러한 현실에 대한 대응 태도를
        ③의 근거
되돌아보면서 주어진 운명을 수용하고 있다.❸그럼으로써 내적 고
        ②, ④의 근거
뇌가 가라앉는 경험을 하게 되고, 지향해야 할 가치를 떠올리며
                    ④, ⑤의 근거
자기 구원의 길을 모색하고 있다.

─────────────────────────────────

숙명: 날 때부터 타고난 정해진 운명. 또는 피할 수 없는 운명
운명론적: 운명론을 따르거나 운명론에 바탕을 둔. 또는 그런 것
고뇌: 괴로워하고 번뇌함.
모색하다: 일이나 사건 따위를 해결할 수 있는 방법이나 실마리를 더듬어 찾다.

└─────────────────────────────────┘

왜 정답?

④ (가)에서는 '문장을 치거도 하는' 싸락눈'이, (나)에서는 '무심
                      갈매나무
흔 백구'가 화자로 하여금 내적 고뇌가 가라앉는 경험을 하게
하는 매개체라고 할 수 있다.

*근거: (가)㉜, (나)④-❼, 〈보기〉❷, ❸문장

〈보기〉에서 화자가 내적 고뇌가 가라앉는 경험을 하게 되는 것은 '현실에 대한 대응 태도를 되돌아보면서 주어진 운명을 수용'하는 과정에서 나타나는 것이라 설명하고 있다. 즉 자신의 삶이 운명에 의해 정해진 대로 흘러간다는 것을 받아들이면서 화자의 고뇌가 줄어드는 모습이 드러난다는 것이다. 그러므로 (나)의 '백구'는 화자의 고뇌를 가라앉게 하는 매개체라고 볼 수 있다. 그러나 (가)의 '싸락눈'은 눈을 맞으면서도 굳고 정결한 모습을 유지하는 '갈매나무'를 떠올리게 하는 매개체이므로, '싸락눈' 자체를 화자의 고뇌를 가라앉게 하는 직접적인 매개체라고 볼 수 없다.

┌ **매개체**: 둘 사이에서 어떤 일을 맺어 주는 것

왜 오답?

① (가)에서는 '나를 마음대로 굴려 가는 것'에서, (나)에서는 '인
간 어닉 일이 명 밧긔 삼겨시리.'에서 운명론적 세계관을 엿볼
(가)는 삶을 무언가가 마음대로 굴리는 것, (나)는 운명 안에 있는 것으로 인식하고 있음.
수 있다.

*근거: (가)㉒, ㉓, (나)⑤-❼, 〈보기〉❶문장

〈보기〉에서 (가)와 (나)는 모두 '개인의 삶 속에서 일어나는 일들이 숙명에 의해 정해져 있다는 운명론적 세계관을 담고 있다'고 했다. (가)의 화자는 '내 뜻이며 힘으로, 나를 이끌어 가는 것이 힘든 일인 것을 생각하고, / 이것들보다 더 크고, 높은 것'의 존재를 생각하는데, 여기에서 '더 크고, 높은 것'은 화자의 운명을 의미한다. (나)의 화자 역시 운명 밖에 생긴 일은 없다고 하며 모든 인간의 일은 운명에 따라 결정된다는 태도를 나타내고 있다.

② (가)에서는 '그 어느 바람 세인 쓸쓸한 거리 끝에 헤매이었다.'
를 통해 고난과 방랑으로 점철된 삶이, (나)에서는 '구복이 위
    (가)의 화자는 가족을 잃고 '쓸쓸한 거리'에서 '헤매이'고 있음.
루흐야 어지버 이져쎄다.'를 통해 먹고사는 것이 누가 되는 삶
    (나)의 화자는 먹고사는 일인 '구복'이 비루한 상황에 처해 있음.
이 화자의 숙명임을 알 수 있다.

＊근거: (가) ❹, (나) ④-❶, ❷, 〈보기〉❶, ❷문장

(가)의 화자는 가족을 잃고 '쓸쓸한 거리'를 헤매고 있는 상황이므로, 고난과 방랑으로 가득한 삶을 살고 있음을 알 수 있다. 또한 (나)의 화자는 '강호 흔씀'을 꾸었으나 먹고사는 문제로 꿈을 잊었다고 말하고 있으므로 먹고사는 것이 누가 되는 삶을 살고 있음을 알 수 있다. 〈보기〉에서 (가)와 (나)는 모두 '개인의 삶 속에서 일어나는 일들이 숙명에 의해 정해져 있다는 운명론적 세계관을 담고 있'으며, 화자는 '주어진 운명을 수용'한다고 하였다. 따라서 (가), (나)에 나타난 삶의 모습이 화자의 숙명이라고 해석할 수 있다.

┌ 점철되다: 관련이 있는 상황이나 사실 따위가 서로 이어지다.

③ (가)에서는 '내 슬픔과 어리석음에 눌리어 죽을 수밖에 없는 것'에서, (나)에서는 '세정 모른 한숨'에서 화자 자신이 처한 현실에 대한 부정적 인식을 보여 주고 있음을 알 수 있다.
(가)는 삶에 대해 '슬픔과 어리석음'을 느끼고, (나)는 세상 물정 모르는 '한숨'을 내쉬고 있음.

＊근거: (가) ⓭, (나) ③-❾, 〈보기〉❷문장

〈보기〉에서 (가)와 (나)의 화자는 '자신이 처한 현실을 부정적으로 인식'한다고 했다. (가)의 화자는 자신의 처지와 지나온 삶을 생각하며 '슬픔과 어리석음에 눌리어 죽을 수밖에 없는' 정서를 드러낸다. 또한 (나)의 화자는 소를 빌리러 갔다가 수모를 당하고 온 뒤 세상의 물정을 모르는 한숨을 내쉬고 있는 상황이다. 즉, 두 화자 모두 자신이 처한 현실에 대해 부정적 인식을 보여 주고 있다.

⑤ (가)에서는 '굳고 정한 갈매나무라는 나무를 생각하는 것이었다.'에서 자신이 처한 현실을 이겨 내려는 모습을, (나)에서는
(가)의 화자는 '갈매나무'를 보며 자신의 의지를 다지고 있음.
'태평천하애 충효를 일을 삼아'에서 관념적 이상을 추구하려는
(나)의 화자는 '충효'와 같은 이상을 추구함으로써 현 상황을 극복하고자 하고 있음.
의지를 보임으로써 화자가 자기 구원의 길을 모색하고 있음을 알 수 있다.

＊근거: (가) ㉜, (나) ⑤-⑫, 〈보기〉❸문장

(가)의 화자는 '눈'을 맞으면서도 '굳고 정한' 모습을 유지하는 '갈매나무'를 생각하며 새로운 삶을 살겠다는 의지를 드러내고 있다. 또한 (나)의 화자는 '충효를 일을 삼아' 살아가겠다는 의지적 태도를 보이고 있다. 〈보기〉에 따르면, 이는 모두 내적 고뇌를 가라앉힌 뒤 화자가 떠올리는 가치의 지향점과 삶의 방향이라고 할 수 있다.

F 25 정답 ③ ＊화자의 정서와 태도 파악하기

(가)의 [A]~[D]에 대한 설명으로 적절하지 않은 것은?

- [A]: [A]는 화자가 가족과 헤어져 홀로 방황하는 모습이 드러나는 부분입니다.
- [B]: [B]는 화자가 무기력하고 나약한 자신을 성찰하며 슬픔을 느끼고 죽음을 생각하는 부분입니다.
- [C]: [C]는 시상이 전환되는 부분으로, 화자는 고개를 들고 운명에 대해 생각합니다.
- [D]: [D]는 화자가 어지러운 마음을 가라앉히고 '갈매나무'를 생각하며 새로운 삶을 다짐하는 부분입니다.

▶ [A]~[D]를 거치며 변화하는 화자의 정서와 태도에 대한 설명으로 틀린 것을 고르는 문제입니다.

⟩왜 정답?

③ [C]: 삶이 주는 고통이 내면화되면서 ~~비애가 심화되고 있는~~ 상황을 드러내고 있다.
운명이 삶을 이끌어 간다는 생각을 통해 의지를 다짐.

＊근거: (가) ㉒, ㉓

[C]에서 화자는 천장을 쳐다보며 자신의 삶이 '내 뜻이며 힘으로' 되는 것이 아니라 '더 크고, 높은 것'에 의해 '굴려'지는 것으로 인식하고 있다. 이는 앞서 화자가 생각한 자신의 부끄러운 삶이 자신의 힘으로 어찌할 수 없는 것임을 새롭게 깨닫게 되는 부분으로 볼 수 있다. 따라서 화자의 비애가 심화되는 상황을 드러낸 것이라고 보기 어렵다.

┌ 내면화하다: 정신적·심리적으로 깊이 마음속에 자리 잡히다. 또는 그렇게 되게 하다.
└ 비애: 슬퍼하고 서러워함. 또는 그런 것

⟩왜 오답?

① [A]: 가족 공동체의 해체로 외로운 처지에 놓이게 된 삶의 역정을 보여 주고 있다.
'아내', '부모', '동생' 등 가족과 헤어져 홀로 남은 화자의 외로운 모습이 드러남.

＊근거: (가) ❶~❹

[A]에서 화자는 자신의 아내, 집, 부모, 동생을 모두 잃은 상황으로 쓸쓸한 거리를 헤매고 있다. 이를 통해 가족의 해체로 외로운 처지에 놓여 있음이 드러나고 있다.

┌ 해체: 단체 따위가 흩어짐. 또는 그것을 흩어지게 함.
└ 역정: 지금까지 지나온 경로

② [B]: 자기 한 몸도 감당하기 어려운 무기력한 삶을 성찰하는 모습을 표현하고 있다.
'나 혼자'도 '너무 많다'며 버거워하고 방에만 머물며 자신에 대해 '소처럼 연하여 새김질'함.

＊근거: (가) ❿, ⓭, ⓯

[B]에서 화자는 '나 혼자도 너무 많은 것같이 생각'하고 있다. 즉, 자기 한 몸도 감당하기 어려운 상태라고 생각하는 것이다. 또한 화자는 '문밖에 나가지도 않고 자리에 누워서' 무기력하게 살다가, '슬픔이며 어리석음이며를 소처럼 연하게 새김질'하며 자신의 무기력한 삶을 성찰하고 있다.

┌ 무기력하다: 어떠한 일을 감당할 수 있는 기운과 힘이 없다.

④ [D]: 동일시할 수 있는 외적 대상을 연상하며 위안을 얻고 있는 내면을 담고 있다.
'갈매나무'라는 외부의 대상을 자신과 동일시하며 그와 같이 살아갈 것을 다짐함.

＊근거: (가) ㉙~㉜

[D]에서 화자는 '갈매나무'의 모습을 떠올리며 자신의 삶의 태도를 다시 생각하고 있다. 즉, 시련을 겪더라도 눈을 맞고도 정결한 모습을 지닌 갈매나무와 자신을 동일시하며 위안을 얻고, 그와 같이 살아갈 것을 다짐하고 있는 것이다.

┌ 동일시하다: 둘 이상의 것을 똑같은 것으로 보다.
└ 연상하다: 하나의 관념이 다른 관념을 불러일으키다.

⑤ [A]~[D]: 시상이 절망에서 희망으로 전환되는 정서적 추이를 보여 주고 있다.
정서의 흐름
무기력하게 살다가 '고개를 들어' 운명에 대해 생각하고, '갈매나무'를 통해 새로운 삶을 다짐함.

＊근거: (가) ❶~❹, ⓭, ⓴~㉓, ㉕, ㉜

홀로 무기력하게 지내오던 화자는 자신의 지나온 삶에 대해 슬픔과 어리석음을 느끼며 괴로워한다. 그러나 '잠시 뒤에 고개를 들어' 자신의 운명에 대해 생각하며 '어지러운 마음'을 가라앉히고, 눈을 맞는 '갈매나무'를 떠올리며 삶의 의지를 다지고 있다. 따라서 [A]에서 [D]로 시상이 전개되면서 절망적 정서가 희망적 정서로 전환되는 흐름을 보인다고 할 수 있다.

┌ 전환되다: 다른 방향이나 상태로 바뀌다.
└ 추이: 일이나 형편이 시간의 경과에 따라 변하여 나감. 또는 그런 경향

F 26 정답 ④ ＊시어 및 구절의 의미 파악하기

(나)의 ㉠~㉤을 이해한 내용으로 적절하지 않은 것은?

- ㉠: '한기태심'과 '녈비' 같은 자연현상을 나타낸 부분입니다.
- ㉡: 화자가 소를 빌리지 못한 채 맥없이 돌아오는 모습을 표현한 부분입니다.
- ㉢: 소를 빌리지 못해 농기구를 사용하지 못하는 화자의 안타까운 심정을 드러낸 부분입니다.
- ㉣: 소박한 삶을 살고자 하는 화자의 삶의 태도를 드러낸 부분입니다.
- ㉤: 욕심을 부리지 않고 청빈한 삶에 만족하며 살고자 하는 화자의 의지를 드러낸 부분입니다.

▶ ㉠~㉤의 구절에 드러난 화자의 정서와 태도에 대한 설명으로 틀린 것을 고르는 문제입니다.

④ ㉣: 내적 지향과 외적 환경을 대비하여 이상과 현실 사이의 괴
리에서 오는 화자의 안타까움을 강조하고 있다.
~~드러나지 않음~~

* 근거: (나) ⑤-❶~❸

화자는 '무슨 지취 이스리마는'을 통해 자신이 특별한 뜻이나 취향을 가지고 있
지 않았음을 밝히고 있다. 또한 '두세 이렁 밧논'을 가진 소박한 삶의 현실 속에
서 '이시면 죽이오 업시면 굴물망정'이라며 욕심을 내지 않고 소박한 삶을 살아
가려 하는 태도를 보이고 있다. 따라서 내적 지향과 외적 환경이 대비되고 있다
고 볼 수 없으며, 이상과 현실의 괴리 역시 나타난다고 보기 어렵다.

[대비하다: 두 가지의 차이를 밝히기 위하여 서로 맞대어 비교하다.
[괴리: 서로 어그러져 동떨어짐.

① ㉠: 자연현상을 제시하여 화자가 자신의 비참한 처지를 직시
하게 되는 사건의 발단을 제공하고 있다.
'한기태심'과 '녈비'는 소를 빌리는 계기가 됨.

* 근거: (나) ①-❶, ❷, ❹

'한기태심'하던 중에 '녈비', 즉 지나가는 비가 계기가 되어 화자가 소 주인에게
소를 빌리러 가게 되는 내용이 전개되고 있다. 화자는 소 주인의 '엄섬이 ㅎ는 말
삼'을 믿고 소를 빌리러 가나, 결국 실패하고 이 과정에서 소가 없어 농사를 짓지
못하게 된 자신의 비참한 처지를 마주하게 된다. 따라서 결국 '한기태심', '녈비'
와 같은 자연현상이 화자가 자신의 처지를 직시하게 되는 사건의 발단을 제공한
다고 볼 수 있다.

[비참하다: 더할 수 없이 슬프고 끔찍하다.
[직시하다: 사물의 진실을 바로 보다.
[발단: 어떤 일의 계기가 됨. 또는 그 계기가 되는 일

시각, 청각, 촉각, 후각, 미각과 같은 감각을 자극하는 이미지
② ㉡: 감각적 이미지를 활용하여 소기의 목적을 달성하지 못한
화자의 서글픈 심정을 효과적으로 표현하고 있다.
시각적 이미지를 통해 화자의 심정을 드러냄.

* 근거: (나) ③-❷, ❸

'헌 먼덕', '측 업슨 집신', '풍채 저근 형용' 등 시각적 이미지를 활용하여 소를 빌
리는 데 실패한 화자의 초라한 모습과 서글픈 심정을 드러내고 있다.

[소기: 기대한 바

③ ㉢: 농기구가 제 용도를 발휘할 수 없는 상황을 강조하여 농
사일을 포기할 수밖에 없는 화자의 아쉬움을 드러내고 있다.
'소뷔'가 걸려 있는 상황을 통해 농사를 포기할 수밖에 없는 아쉬움을 드러냄.

* 근거: (나) ③-❿~⓬

화자는 '볏보님'이 좋은 쟁기를 보면서 '묵은 밧도 용이케 갈련마는'이라 하며 안
타까움을 드러내고 있다. 소가 없어 결국 농사를 짓지 못하게 된 상황에 대한 화
자의 아쉬움이 드러나고 있는 것이다.

⑤ 단정적인 표현을 활용하여 청빈하고 소박한 삶을 긍정함으로
'족히 너기노라', '평생 ~ 업노왜라'
써 물질적 가치를 멀리하고자 하는 화자의 다짐을 표현하고
'단사표음'을 긍정하며 '온포'를 멀리하겠다는 다짐을 드러냄.
있다.

* 근거: (나) ⑤-❿, ⓫

'족히 너기로라', '평생 ~ 업노왜라'와 같은 단정적 표현을 활용하여 청빈한 삶에
만족하겠다는 다짐을 드러내고 있다. 또한 '단사표음'의 청빈하고 소박한 삶을 긍
정하며 '온포'로 나타난 물질적 가치를 멀리하겠다는 화자의 태도를 확인할 수
있다.

[단정적: 딱 잘라서 판단하고 결정하는 것
[청빈하다: 성품이 깨끗하고 재물에 대한 욕심이 없어 가난하다.

G 소설 복합

G 01 ~ 05 ───── [2018 대비/사관학교 39~43]

(가) 고전 세태 소설

⬭ 글 전체 핵심어   ◯ 각 문단 핵심어   🟨 글 전체 중심 문장   ★ 각 문단 중심 문장

1 ❶우리나라의 고전 세태 소설은 당대 사회의 풍속, 제도, 인물들의
[ ]: 고전 세태 소설의 특징
가치관 등을 제재로 한다. ❷그리고 부정적 사회 현실에 대한 저항이나
개혁 등을 주제로 다루기보다는 급변하는 정치, 경제, 사회적 상황을
사실적으로 반영하는 경향을 보인다.

[세태: 사람들의 일상생활, 풍습 따위에서 보이는 세상의 상태나 형편
[풍속: 그 시대의 유행과 습관 따위를 이르는 말
[제재: 예술 작품이나 학술 연구의 바탕이 되는 재료
[급변하다: 상황이나 상태가 갑자기 달라지다.

* **①문단 요약: 고전 세태 소설의 특징**

★❶ 고전 세태 소설
2 ❶이 소설들은 조선 후기 실학사상의 영향을 받아 당대의 사회적 현
[ ]: 고전 세태 소설의 본격화
실에 대한 관심이 높아지면서 본격화되었다. ❷조선 후기는 중세 사회
를 지탱하던 신분제가 무너지면서 신분보다 경제력을 중시하는 경향
[ ]: 조선 후기 사회의 변화 양상
이 농후해진 시기이다.❸또한 경제력을 우선시하는 새로운 사회 구조에
적응하지 못한 무능한 가장들이 많아지고 적극적인 여성들이 등장할
수 있는 사회적 분위기가 형성되면서 가정이나 사회에서 남녀의 역할
이 전도되는 현상이 나타나기도 했다.

[실학사상: 17세기 중엽 이후에, 성리학의 공리공론에 반대하여 정치·경제적 현
[실 문제와 과학, 기술, 역사, 문학, 풍습과 같은 우리 문화에 대한 광범위한 연구
[를 통하여 당시 조선의 변화와 개혁을 주장하던 새로운 사상 조류
[본격화되다: 본격적이 되다.
[농후하다: 어떤 경향이나 기색 따위가 뚜렷하다.
[전도되다: 차례, 위치, 이치, 가치관 따위가 뒤바뀌어 원래와 달리 거꾸로 되다.

* **②문단 요약: 고전 세태 소설이 본격화된 조선 후기의 분위기**

3 ❶조선 후기의 세태 소설은 이러한 당시 사회의 급격한 변화 양상을
보여 주는 서사적 특징을 보인다. ❷이러한 특징은 당대의 사회적 관심
사인, 전통적인 신분 제도가 와해되면서 생긴 계층 간의 갈등, 관념
[ ]: 조선 후기 사회의 관심사
적 가치보다 물질적 가치를 추구하는 인물들의 삶의 양태 등을 담은
다양한 사건을 그리고 있는 데서 엿볼 수 있다.

[와해되다: 조직이나 계획 따위가 산산이 무너지고 흩어지게 되다.
[양태: 사물이 존재하는 모양이나 형편

* **③문단 요약: 조선 후기 사회의 관심사**

4 ❶조선 후기의 세태를 잘 담아내고 있는 대표적 작품으로는 노비들
이 상전의 재물을 탈취하는 사건을 소재로 한 〈김학공전〉, 주색잡기
에 빠져 가산을 탕진하는 춘풍의 이야기를 다룬 〈이춘풍전〉을 들 수
있다.

[탈취하다: 빼앗아 가지다.
[주색잡기: 술과 여자와 노름을 아울러 이르는 말
[가산: 한집안의 재산
[탕진하다: 재물 따위를 다 써서 없애다.

* **④문단 요약: 조선 후기 세태 소설의 대표작**

■ **내용**: 이 글은 '고전 세태 소설'의 특징과 배경에 대해 설명하고 있다. 고전 세태 소설은 당대 사회의 풍속, 제도, 가치관 등을 제재로 삼아 그를 사실적으로 반영하였다. 이는 조선 후기 실학사상의 영향을 받아, 신분제가 약화되고 경제력이 중시되던 사회적 현실을 바탕으로 발전하였다. 따라서 조선 후기 세태 소설은 신분제도의 와해, 물질적 가치의 추구 등 당시의 사회적 변화를 담아낸다는 서사적 특징을 갖는다. 대표적인 조선 후기 세태 소설에는 〈김학공전〉, 〈이춘풍전〉 등이 있다.

■ **주제**: 고전 세태 소설의 특징과 배경

(나) 작자 미상, 〈김학공전〉

❶ 중심인물, 배경   ❷ 중심 사건, 갈등   ❸ 서술상 특징

1 ❶ 노자(奴子) 중 박명석(朴明錫)이라 하는 놈이 흉계를 생각하고 저
<u>사내종</u>   ❶ 중심인물
의 동류(同類)를 청하여 의논 왈,

❷ 「"우리가 매양 남의 종노릇만 할 것 없으니, 지금 상전이 부인과 어
「 」: ❷ 중심 사건 – 노비들이 학공 모자를 죽일 계교를 꾸밈.
린아이뿐이라. 이때를 타서 상전을 다 죽이고 금은보화를 탈취하여
<u>전통적 신분 질서가 무너지고 있는 현실이 반영됨.</u>
가지고 무량 계도(桂島) 섬에 가 양민(良民)이 됨이 어떠하뇨."

❸ 하니, 모든 노속(奴屬)이 일시에 응하거늘, 명석이 모든 사람에게 허
락을 받은 후 하는 말이,

❹ "그대들의 뜻이 이러할진대 모월 모일에 잔치를 배설(排設)하고 그
날로 계교를 행하자."

❺ 하고 각각 돌아가니라.

- **노자**: 종살이를 하는 남자
- **흉계**: 흉악한 계략
- **동류**: 같은 무리
- **양민**: 조선 시대에, 양반과 천민의 중간 신분으로 천역(賤役)에 종사하지 아니하던 백성
- **노속**: 종의 신분을 가진 사람. 또는 그런 무리
- **배설하다**: 연회나 의식(儀式)에 쓰는 물건을 차려 놓다.
- **계교**: 요리조리 헤아려 보고 생각해 낸 꾀

*1 **요약**: 노비들이 상전인 학공 모자를 죽이려는 계략을 세움.

❶ 중심인물
2 ❶「이때에 학공의 유모가 마침 명석의 집에 갔다가 이같이 의논하는
「 」: ❸ 인물의 내면 심리를 직접적으로 전달함.
말을 엿들은 후에 <u>마음이 떨리고 가슴이 서늘하여 가만히 생각한즉,</u>
❸ 서술자: 3인칭 서술자, 시점: 전지적 작가 시점
❷ '이 말을 부인에게 전하면 내가 그놈에게 죽을 것이요, 아니 고하면
❷ 갈등: 자신의 목숨과 학공 모자와의 인연 사이에서 고민하는 유모의 내적 갈등
인정상 차마 못할 바이라.'

❸「하고 유예하여 미결하던 차에, 일일은 노자(奴子) 제인(諸人)이 잔치
「 」: ❸ 사건을 요약적으로 제시함.   ❶ 중심인물
를 배설한다 하거늘, <u>유모 마지못해 들어가 부인에게 이 말을 자세</u>
❷ 중심 사건: 유모가 부인에게 노비들의 계략을 털어놓음.
<u>히 고하고 정신없이 앉아 눈물을 흘리거늘,</u> 부인이 이 말을 들으매 천
지가 아득하여 기절하였다가, <u>반향(半餉)</u>만에야 겨우 정신을 차려 가
<u>반나절</u>
슴을 두드리며 하는 말이,」

❹ "이것이 어인 말인고. 이러한 흉계가 있으되 망연히 아지 못하고 이
같은 대환(大患)을 당하니 이 일을 장차 어찌 하리오. 미덕과 나의
목숨은 고사하고 만일 학공을 죽이면 김씨의 <u>향화(香火)</u>를 뉘라서
<u>제사</u>
받들리오. 세상 천하에 이같이 망극한 일이 어디 있으리오. 바라건
대 유모는 좋은 묘책을 생각하여 학공을 살려 주면 은혜를 황천에
돌아간 고혼이라도 갚을 것이니 깊이 생각하라."

❺ 하고 눈물이 비 오듯 하니, ㉠<u>그 참혹한 경상은 일월이 무광(無光)하</u>
❸ 편집자적 논평(서술자가 직접 작품 속 상황에 대해 논하고 비평하는 것)
<u>고 초목과 금수가 다 슬퍼하더라.</u> – 학공 모자가 처한 상황에 대한 독자의 공감을 유도함.

- **유예하다**: 망설여 일을 결행하지 아니하다.
- **미결하다**: 아직 결정하거나 해결하지 아니하다.   **제인**: 모든 사람. 또는 여러 사람
- **반향**: 한나절의 반   **망연히**: 아무 생각이 없이 멍한 태도로
- **대환**: 큰 근심이나 재난   **향화**: 향을 피운다는 뜻으로, '제사'를 이르는 말
- **묘책**: 매우 교묘한 꾀   **고혼**: 의지할 곳 없이 떠돌아다니는 외로운 넋
- **참혹하다**: 비참하고 끔찍하다.   **경상**: 좋지 못한 몰골

*2 **요약**: 유모는 노비들의 계략을 학공의 모친에게 털어놓음.

3 ❶ 유모 다시 고왈,

❷ "<u>주사야탁(晝思夜柝)</u>에 아무리 생각하여도 좋은 계교 없사오나 <u>인</u>
<u>명이 재천이라 하오니 설마 어떠하오리까."</u>
<u>사람의 목숨은 하늘에 달려 있다는 뜻으로, 목숨의 길고 짧음은 사람의 힘으로 어쩔 수 없음.</u>

❸ 하니, 부인이 유모를 붙들고 통곡하여 왈,

❹ ⓐ"<u>유모의 수단으로 살지 못한다면 노자들을 남녀노소 없이 낱낱</u>
「 」: 고육지책(자기 몸을 상해 가면서까지 꾸며 내는 계책)의 방안
<u>이 불러 우리 집 재물을 분급(分給)하여 속량(贖良)하여 주고 목숨</u>
<u>을 보전하겠으니 모두 다 데려오라."</u>

❺ 하니 유모 하는 말이,

❻ "아무리 생각하와도 저희들이 이미 계교를 정하였으니 듣지 아니
하올지라, 미리 피신함만 같지 못하오니 깊이 생각하옵소서."
<u>피신을 권하는 유모</u>

❼ 부인 왈,

❽ ㉡"도망을 하자 한들 저 놈의 배포 <u>설심(設心)</u>이 이같이 강성하였으
니, <u>혈혈약질(孑孑弱質)</u>이 어린 자녀를 데리고 갈 수도 없고 아니
<u>의지할 곳이 없고 약한 사람</u>
갈 수도 없으니 이 일을 장차 어찌 하잔 말고."

❾ 하며, 학공을 붙들고 실성통곡 왈,

❿ ❶ 중심인물
┌ 슬프다. 「너의 부친이 나와 무슨 연분이 지중(至重)하여 나이 사
│   「 」: ❸ 과거를 요약적으로 제시함.   <u>부부가 되는 인연</u>
│ 십에 자식이 없어 서러워하다가 너의 남매를 얻어 후사(後嗣)를
│ 전하고자 하였더니, 조물(造物)이 시기하여 불행히 너의 부친이
[A] 일찍이 세상을 버리시니, 마땅히 뒤를 따르고자 하나 너의 남매를
│ 생각하고 망망한 천지간에 구차히 살았다가, 이 같은 <u>망극지변(罔</u>
│   <u>極之變)</u>을 당하니 어느 친척이 있어 구제하리오.」 옥황상제께 비
│   <u>지극히 슬프고 원통한 재앙</u>
└ 나이다. <u>유유한 창천(蒼天)</u>은 무죄한 인생을 굽어 살피옵소서."
         <u>한없이 멀고 푸른 하늘(주로 원한을 표현할 때 씀.)</u>

⓫ 하며 무수히 통곡하다가, 한 계교를 생각하고 땅을 깊이 파고 학공을
그 속에 넣고 노비 전담 문서를 전대에 넣고 허리에 띠고, 먹을 것을
❷ 중심 사건: 부인은 학공을 문서와 함께 땅 속에 숨김.
많이 넣고,

⓬ "배고프거든 이것을 먹고 문서를 잘 간수하였다가, 요행히 살아나
거든 우리의 원수를 갚게 하여라. 슬프다. 우리도 살아나서 너와 한
가지로 다시 만나 살면 천행(天幸)이요, <u>불연(不然)</u>이면 한 칼에 삼
<u>그렇지 않으면</u>
모자(三母子)가 다 죽을 것이니 조심하여 잘 있거라."

⓭ 하며 슬픈 눈물로 이별할 제, 「학공이 모친의 치마를 붙들고 통곡하
「 」: ❷ 중심 사건 – 학공과 모친은 노비들의 계교를 피하기 위해 이별함.
며, 모친은 학공의 손을 붙들고 울다가 자주 혼절하니, <u>그 가련한 경</u>
<u>상을 어찌 보리오. 눈물 아니 흘릴 이 없더라.</u>」
❸ 편집자적 논평

- **주사야탁**: 밤낮으로 깊이 생각하고 헤아림.
- **분급하다**: 각각의 몫에 따라 나누어 주다.
- **속량하다**: 몸값을 받고 노비의 신분을 풀어 주어서 양민이 되게 하다.
- **지중하다**: 더할 수 없이 귀중하다.
- **전대**: 돈이나 물건을 넣어 허리에 매거나 어깨에 두르기 편하도록 만든 자루
- **천행**: 하늘이 준 큰 행운

*3 **요약**: 부인은 학공을 노비 문서와 함께 땅 속에 숨기고, 학공 모자는 이별함.

(나) 독해 공식

❶ 중심인물: 부인(학공의 모친), 학공, 박명석, 유모
❷ 중심 사건: 노비들이 학공 모자를 죽일 계획을 세움. 유모가 부인에게 노비들의 계략을 털어놓음. 부인은 학공을 노비 문서와 땅에 숨기고, 학공 모자는 이별함.
갈등: 자신의 목숨과 학공 모자와의 인연 사이에서 고민하는 유모의 내적 갈등
❸ 서술상 특징
• 서술자: 3인칭 서술자, 시점: 전지적 작가 시점
• 편집자적 논평(서술자가 직접 작품 속 상황에 대해 논하고 비평하는 것)이 사용되고 있음.
• 인물의 내면 심리를 직접적으로 전달하고 있음.
• 사건을 요약적으로 제시하고 있음.

■ **갈래**: 고전 소설
■ **내용**: 이 작품은 주인공이 주인인 자신의 집안을 배반한 노비를 찾아 복수하는 내용의 독창적인 고전 소설이다. 대체로 영웅소설의 구조를 따르고 있으나, 초월적 힘을 지닌 조력자가 등장하지 않고 단지 주인공 학공의 집념과 계획에 의해 사건을 해결한다. 또한 복수가 국가를 위한 것이 아니라 개인적 차원이라는 점도 특이하다. 이러한 내용은 신분 제도가 흔들리던 조선 후기 사회의 시대상을 반영하고 있다. 한편 학공의 복수에서 드러나듯 모반을 통한 신분 해방은 용납되지 않는 데 비해, 정당한 절차에 따른 신분 해방은 지지하고 있어 봉건적 신분 제도에 대한 비판 의식을 엿볼 수 있다.

■ **인물 관계도**

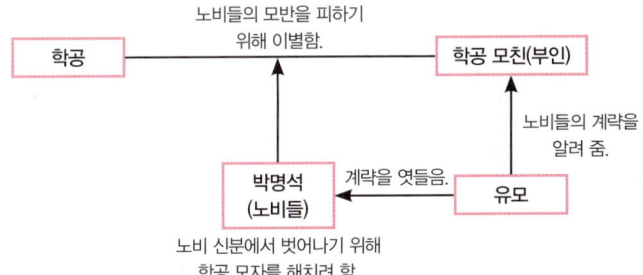

■ **주제**: 노비와 주인 간의 대립과 갈등, 가문 회복을 위한 노력

■ **이것이 핵심**: 시대상의 반영

■ **전체 줄거리**: 재상 김태일의 아들 김학공은 아버지를 여읜 뒤 어머니와 지내다가, 노복들이 그들을 죽이고 재산을 탈취하려는 계교를 꾸밀 때 간신히 위기를 모면한다. 노복들은 학공의 집에 불을 지르고 계도섬으로 도망가 마을을 이루고 산다. 학공은 장성 후 유랑하다가 노복들이 사는 계도섬에 우연히 도착하여 김동지의 딸 별선과 결혼하여 살게 된다. 그러나 장모의 실수로 노복들에게 신분이 발각되고, 학공은 별선의 기지로 살아나지만 별선은 학공 대신 바다에 던져진다. 육지로 탈출한 학공은 황승상의 양자가 되어 결혼을 다시 하고 과거에 급제해 반노들이 사는 섬에 가서 원수를 갚는다. 그가 별선을 위해 제사를 올리자 별선이 물 속에서 되살아난다. 학공은 어머니 등 가족들을 찾고, 가족들과 부귀를 누리다 선계로 돌아간다.

(다) 작자 미상, 〈이춘풍전〉

❶ 중심인물, 배경 ❷ 중심 사건, 갈등 ❸ 서술상 특징

❸ 판소리적 문체(4·4조의 운문체로 독자에게 이야기하는 듯한 문체)와 서술을 사용함.

❶ **추월이 거동 보소. ❷ 춘풍의 재물을 빼앗고 괄세하여 내친다. ❸** 슬픈
❶ 중심인물 ❷ 중심 사건 「 」: ❸ 서술자 – 3인칭 서술자, 시점 – 전지적 작가 시점
거동 가련하다. ❹ 만나 보면,
❸ 편집자적 논평(서술자가 직접 작품 속 상황에 대해 논하고 비평하는 것) – 춘풍에 대한 서술자의
❺ "내 눈에 보기 싫다." 주관적인 평이 드러남.
거울
❻ **석경 면경 헷던지며 생중내어 구박할 제, 성외(城外) 성내(城內) 한**
「 」: 재물을 빼앗긴 춘풍은 추월에게 구박을 당함.
량에게 의논하되 들경막의 장작인가 전당(典當)집의 은촛댄가, 썩은
나무 박힌 뿌리런가.**」** 이러할 줄 몰랐던가.

❽ "어디로 갈랴시오, 노자가 부족하면 한대나 보태시오."

---

❾ 돈 한 돈 내어주며 바삐 나가라 재촉하니, 춘풍의 거동 보소.❿ 분한
마음 폭발하여 추월에게 하는 말이,

⓫ **"우리 둘이 갓 만나서 원앙금침(鴛鴦衾枕) 마주 누워, 불원상리(不**
「 」: 추월에 대한 서운함을 토로하는 춘풍   서로 이별하기를 원하지 않음.
遠相離) 군은 언약 태산같이 언약하여 대동강이 마르도록 떠나가지
과장된 표현
말래더니, 이렇듯 깊은 맹세 농담인가. 이제 이 말 웬 말인가."」

⓬ 추월이 이 말 듣고 변색하여 하는 말이,

⓭ ⓒ "이 사람아, 내 말을 들어 보소. 청루물정 몰랐던가. 장 낭부, 이
기생집의 물정
낭청도 동가식서가숙(東家食西家宿)하고 노류장화(路柳墻花)는 인
자신의 신분적 특성을 언급하며 춘풍에 대한 홀대가 당연한 처사임을 이야기함.
개가절(人皆可折)*이라. 평양기생 추월 성식 몰랐던가. 자네가 가
져온 돈냥 혼자 먹던가."

⓮ 이같이 구박하여 등 밀치며 어서 바삐 가라 하니, 춘풍이 분한 중에
탄식하며 전면 기둥 비켜서서 이리저리 생각하니 한심하고 가련하다.
❸ 편집자적 논평 – 춘풍에 대한 서술자의 주관적인 평이 드러남.

⓯ **집으로 가자 하니 무면 도강동(無面渡江東)이요, 처자도 부끄럽**
「 」: 춘풍의 비참한 심리가 드러남.
고 또한 막중 호조 돈 이천 냥을 내어다가 한 푼 없이 돌아가면 금
부옥(禁府獄)에 가두고 주장대로 지르면 속절없이 죽겠으니 서울
로도 못 가겠고, 동서 구걸하자니 그도 또한 못 하겠고, 불원천리
가자니 노자 한 푼 없으되 그도 또한 못 하겠다. 이를 장차 어찌하
리. 이럴 줄을 몰랐던가. 후회막급 창연하다. 대동강 깊은 물에 풍
덩 빠져 죽자 하니 그도 차마 못 하겠고, 석자 세치 지자 수건 목을
매어 죽자 하니 이도 차마 못 하겠네. 답답한 이내 일을 어찌하면
암담한 상황 속에서의 심정을 나타냄.
옳단 말인고. 평양 성내 걸인 되어 이 집 저 집 빌자 하니 노소인
민 아동주졸(兒童走卒)* 이놈 저놈 꾸짖으니 걸식도 못하리라. 어
디로 가잔 말인가.**」**

⓰ 이리저리 생각하다가 추월 앞에 나가 앉아 간절히 비는 말이,

⓱ ⓔ "추월아 추월아. 내 말 잠깐 들어 봐라. 우리 조선이 인정지국(人
情之國)이어든 어찌 그리 박절한가. 날 살리게 날 살리게. 내가 자
춘풍은 인정에 호소하며 자신의 처지를 고려해 줄 것을 부탁함.
네 집에 도로 있어 물이나 긷고 불 사환(使喚)이나 하고 있으면 어
떠할꼬."

⓲ 추월이 거동 보소.⓳ 눈을 흘겨보면서,

⓴ "여보소, 이 사람아. 자네가 전 행실을 못 고치고 '하네' 소리하려면
내 집 다시 있지 마소."

㉑ 이렇듯이 구박하니 춘풍이 하릴없어 '아가씨' 말이 절로 나고 존대
❷ 중심 사건: 춘풍은 추월의 집에서 사환으로 일을 하게 됨.
가 절로 난다.

괄세하다: 괄시하다. 업신여겨 하찮게 대하다.
가련하다: 가엾고 불쌍하다.
원앙금침: 원앙을 수놓은 이불과 베개
변색하다: 놀라거나 화가 나서 얼굴빛이 달라지다.
동가식서가숙: 동쪽 집에서 밥 먹고 서쪽 집에서 잠잔다는 뜻으로, 일정한 거처가 없이 떠돌아다니며 지냄을 이르는 말
금부옥: 조선 시대에, 의금부에 딸려 관인 및 양반 계급의 범죄자를 가두어 두던 감옥 **불원천리**: 천 리 길도 멀다고 여기지 않음.
창연하다: 몹시 서운하고 섭섭하다.
박절하다: 인정이 없고 쌀쌀하다.
사환: 심부름을 함. 또는 심부름을 시킴.

★① **요약**: 추월에 빠져 재산을 모두 탕진하여 비참한 신세가 된 춘풍

[중략 줄거리] ❶중심인물 춘풍의 처는 춘풍을 구하기 위해 참판의 도움으로 비장 신분이 되어
ⓐ공간적 배경 ❶우부현녀 서사(추월에게 돈을 빼앗기는 춘풍 ↔ 춘풍의 돈을 되찾는 처)
평양에 와 추월을 문초한다.

추월
❷「"이년 바삐 다짐하라. 네 죄를 모르느냐."
「 」: ❷중심 사건 – 춘풍의 처가 추월을 문초하여 춘풍의 돈을 되찾음.
❷추월이 정신이 아득하여 겨우 여쭈오되,

❸"춘풍의 돈은 소녀에게 부당하여이다."

❹비장이 대로하여 분부하되,

❺"네 어찌 모르리오. 막중 호조 돈을 영문에서 물어 주랴 본부에서 물
어 주랴. 네가 먹었거든 무슨 잔말 아뢰느냐. 너를 쳐서 죽이리라."

❻주장(朱杖)대로 지르면서,
주릿대나 무기 따위로 쓰던 붉은 칠을 한 몽둥이
❼"바삐 다짐하라."

❽오십도를 중히 치며 서리같이 호령하니, 추월이 기가 막혀 혼이 질
겁을 내어 죽기를 면하려고 아뢰되,

❾ⓔ"국전(國錢)이 지중하고 관령이 지엄하니, 영문 분부대로 춘풍의
추월은 춘풍의 돈을 돌려주기로 함.
돈을 다 물어 바치리이다."」

비장: 조선 시대에, 감사·유수·병사·수사·견외 사신을 따라다니며 일을 돕던
무관 벼슬
문초하다: 죄나 잘못을 따져 묻거나 심문하다.
국전: 국가나 공공 단체가 소유하는 돈

★❷ 요약: 비장으로 변한 춘풍의 처는 추월을 문초함.

★노류장화는 인개가절이라: 길가의 버들과 담 밑의 꽃은 아무나 쉽게 꺾을 수
있다.
★아동주졸: 길거리에서 노는 철없는 아이들이나 떠돌아다니는 사람들

⭐ (다) 독해 공식
❶중심인물: 춘풍, 추월, 춘풍의 처
공간적 배경: 평양
❷중심 사건: 춘풍은 추월의 집에서 사환으로 일을 하게 됨, 춘풍을 구하기 위해 비장이 된
춘풍의 처는 추월을 문초하여 춘풍의 돈을 되찾음.
❸서술상 특징
• 서술자: 3인칭 서술자, 시점: 전지적 작가 시점
• 판소리적 문체(4·4조의 운문체로 독자에게 이야기하는 듯한 문체)와 서술을 사용하고 있음.
• 편집자적 논평(서술자가 직접 작품 속 상황에 대해 논하고 비평하는 것)이 사용되고 있음.
• 우부현녀(추월에게 돈을 빼앗기는 춘풍 ↔ 춘풍의 돈을 되찾는 처) 서사를 보여 주고 있음.

■ 갈래: 고전 소설
■ 내용: 이 작품은 우리나라를 배경으로 하여 평범한 서민들을 주인공으로 내세우
고 있는 고전 소설이다. 가정이 무능하고 방탕한 남편 때문에 몰락하고, 슬기롭고
유능한 아내의 활약으로 재건되는 이야기의 전개는 허위에 찬 남성 중심의 사회
를 비판하고 여성의 능력을 부각하려는 의식을 보여 준다. 허위로 가득차고 방탕
한 삶을 비판하고, 근면과 슬기, 성실함을 강조하는 교훈적 주제를 담고 있다.
■ 주제: 남성 중심의 사회 비판, 새롭고 진취적인 여성상 제시

■ 이것이 핵심!: 인물의 대비

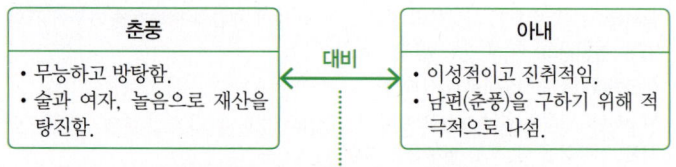

춘풍		아내
• 무능하고 방탕함. • 술과 여자, 놀음으로 재산을 탕진함.	대비	• 이성적이고 진취적임. • 남편(춘풍)을 구하기 위해 적 극적으로 나섬.

남성 중심 사회 비판, 진취적 여성상 제시

■ 전체 줄거리: 넉넉한 집안에서 부유하게 살던 한양의 이춘풍은 가정을 돌보지 않
고 부모가 남긴 가산을 탕진한다. 낙담한 춘풍은 부인에게 다시는 방탕한 생활을
하지 않을 것을 약속하고, 부인은 온갖 노력으로 다시 집안을 살려 낸다. 교만해
진 춘풍은 장사를 하러 간 평양에서 기생 추월의 유혹에 넘어가 또다시 전 재산
을 잃고 추월의 하인이 된다. 춘풍의 부인은 남편의 소식을 듣고, 이를 해결하기
위해 평양 감사의 도움을 받아 비장의 신분으로 평양에 따라간다. 춘풍의 부인은
추월을 문책하고 춘풍을 뉘우치게 하여 화목하고 부유한 가정을 회복한다.

⭐ 작품 간의 공통점 및 차이점
• 공통점: 조선 후기 사회의 급격한 변화 양상을 보여 주는 세태 소설임. 편집자적 논평을
사용함.
• 차이점: (나)는 주인을 배반하는 노비의 모습을 통해 신분제가 와해된 사회상을, (다)는 어
리석은 남편을 구해 내는 현명한 아내의 모습을 통해 남녀의 역할이 변화하기 시작한 사
회상을 드러내고 있음.

G 01 정답 ① ＊설명문의 내용 파악하기

(가)에서 언급한 '조선 후기의 세태 소설'에 대한 설명으로 적절하
지 않은 것은?

＞왜 정답？

① 사회 개혁적인 인물을 등장시켜 주제를 형상화한다.
사회에 대한 저항이나 개혁을 다루기보다는, 당대 사회의 모습을 사실적으로 드러냄.
★근거: (가) ❶-❷
(가)의 ❶문단에서 고전 세태 소설은 당대의 풍속, 제도, 인물의 가치관 등을 제
재로 하되 사회 현실에 대한 저항이나 개혁을 주제로 다루기보다는 급변하는 사
회의 모습을 사실적으로 반영하는 경향을 보인다고 했다. 따라서 고전 세태 소설
에 사회를 개혁하고자 하는 인물이 등장한다는 진술은 적절하지 않다.

개혁적: 불합리한 것을 새롭게 뜯어고치려는 것
형상화하다: 형체로는 분명히 나타나 있지 않은 것을 어떤 방법이나 매체를 통하
여 구체적이고 명확한 형상으로 나타내다.

＞왜 오답？

② 조선 후기 실학사상의 영향을 받으면서 본격화되었다.
조선 후기 실학사상의 영향으로 사회 현실에 대한 관심과 함께 본격화됨.
★근거: (가) ❷-❶
(가)의 ❷문단에서 고전 세태 소설들은 조선 후기 실학사상의 영향을 받아 당대
의 사회적 현실에 대한 관심이 높아지면서 본격화되었다고 설명하고 있다.

본격화되다: 본격적(제 궤도에 올라 제격에 맞게 적극적인 것)이 되다.

③ 당대의 풍속, 제도, 인물들의 가치관 등을 제재로 한다.
당대의 풍속, 제도, 인물들의 가치관 등을 다룸.
★근거: (가) ❶-❶
(가)의 ❶문단에서 우리나라의 고전 세태 소설은 당대의 풍속, 제도, 인물의 가
치관 등을 제재로 한다고 설명하고 있다.

④ 당대 사람들의 사회적 관심사와 관련된 사건을 다룬다.
당대의 사회적 관심사와 관련된 다양한 사건을 그려 냄.
★근거: (가) ❸-❷
(가)의 ❸문단에서 조선 후기 세태 소설들은 계층 간의 갈등, 물질적 가치를 추
구하는 인물들의 삶 등 당대의 사회적 관심사를 담은 다양한 사건을 주로 다루고
있다고 설명하고 있다.

⑤ 당대의 시대적 상황을 사실적으로 반영하는 경향을 보인다.
정치, 경제, 사회적 상황을 사실적으로 반영함.
★근거: (가) ❶-❷
(가)의 ❶문단에서 고전 세태 소설은 급변하는 정치, 경제, 사회적 상황을 사실적
으로 반영하는 경향을 보인다고 설명하고 있다.

G 02 정답 ② *설명문을 바탕으로 감상하기

(가)를 바탕으로 (나), (다)를 감상할 때, 적절하지 않은 것은?

• **(가):** 〈김학공전〉, 〈이춘풍전〉 등의 고전 세태 소설은 당대 사회의 모습을 사실적으로 반영하여 신분 제도의 와해, 물질적 가치의 추구 등 당시의 사회적 변화를 담아 낸다는 서사적 특징을 가집니다.

• **(나):** 노비가 상전의 돈을 빼앗아 양민이 되고자 계교를 꾸미는 모습에서 신분 제도가 와해되던 당시의 사회적 변화가 드러납니다.

• **(다):** 춘풍이 추월에게 재산을 빼앗겨 아내에게 도움을 받는 모습에서 경제력을 우선시하는 새로운 사회 구조와 적극적인 여성들이 등장한 사회적 분위기가 드러납니다.

즉 (나), (다)에 나타나는 급변하는 당대 사회의 모습을 이해한 내용으로 틀린 것을 고르는 문제입니다.

왜 정답?

② (나)에서 유모가 학공의 모친에게 노비들의 계교를 알리지 않고 '유예하여 미결하'는 모습에서 당대 사회의 이면에 ~~계층 간의 갈등~~이 존재하고 있는 세태를 확인할 수 있군.
  '유모'는 학공 모자와의 인연과 자신의 목숨 사이에서 갈등한 것임.

*근거: (나) ②-❷, ❸

(나)의 유모는 우연히 학공 모자를 죽이고 재산을 빼앗아 양민이 되려는 박명석의 계획을 엿듣게 된다. 하지만 '이 말을 부인에게 전하면 내가 그놈에게 죽을 것이요, 아니 고하면 인정상 차마 못할 바'라고 갈등하며 학공의 모친인 부인에게 바로 고하지 못하고 있다. 즉, 유모는 사실을 고했다가는 자신이 죽을 수도 있다는 두려움에 노비들의 계교를 바로 알리지 못하고 '유예하고 미결'한 것이므로, 이를 통해 계층 간의 갈등이 존재하고 있는 세태를 확인할 수 있다는 것은 적절하지 않다.

〔 이면: 겉으로 나타나거나 눈에 보이지 않는 부분 〕

왜 오답?

① (나)에서 노비 박명석이 노속들에게 '상전을 다 죽이고 금은보화를 탈취하'자는 데서 전통적인 신분 질서가 와해되어 가는 세태를 짐작할 수 있군.
  노비가 주인의 재산을 빼앗아 양민이 되려 하는 모습을 통해 엿볼 수 있음.

*근거: (가) ③-❷, (나) ①-❷

(나)에 등장하는 박명석은 학공 집안의 노비로, 같은 처지의 노속들을 모아 주인을 살해한 후 재산을 가로채려는 계략을 모의한다. 이는 (가)에서 설명한 전통적인 신분 제도가 와해되면서 생긴 계층 간의 갈등을 드러내는 것으로 볼 수 있다.

〔 와해되다: 조직이나 계획 따위가 산산이 무너지고 흩어지게 되다. 〕

③ (다)에서 추월이 '춘풍의 재물을 빼앗고 괄세하여 내'치며 경제력에 따라 춘풍을 달리 대접하는 행태에서 물질적 가치를 추구하는 세태를 엿볼 수 있군.
  춘풍의 돈을 빼앗은 후 돈이 없어진 그를 괄시하는 모습을 통해 엿볼 수 있음.

*근거: (가) ③-❷, (다) ①-❷, ⑪, ⑭

(다)에서 추월은 춘풍에게 돈이 있을 때는 '원앙금침 마주 누워, 불원상리 굳은 언약'하며 떠나가지 말라고 했지만, 춘풍에게 돈이 다 떨어지자 '구박하여 등 밀치며 어서 바삐 가라'고 하며 괄시하여 내친다. 이와 같이 경제력에 따라 춘풍을 달리 대접하는 추월의 행태에서 (가)에서 설명한 물질적 가치를 추구하던 조선 후기의 세태를 짐작할 수 있다.

④ (다)에서 춘풍이 추월의 집 '사환이나 하'는 일을 하다가 아내의 도움으로 곤경에서 벗어나는 데서 가부장제가 흔들리고 있는 세태를 짐작할 수 있군.
  춘풍을 구해 주는 춘풍의 처를 통해 남성 중심의 가부장적 사회가 흔들리는 세태를 엿볼 수 있음.

*근거: (가) ②-❸, (다) ①-⑰, ②

(다)에서 춘풍은 추월에게 돈을 뺏긴 후 집으로 돌아가지 못해 스스로 물이나 긷고 불 사환이나 하며 지내겠다고 자처한다. 이러한 상황에서 춘풍의 처는 비장

이 되어 추월의 잘못을 문초하고 춘풍이 추월에게 빼앗긴 돈을 돌려받도록 하여 문제를 해결하고 있다. 이처럼 어리석은 행동으로 곤경에 처했으나 아내의 도움으로 위기에서 벗어나는 춘풍의 모습을 통해, (가)에서 설명한 가정이나 사회에서 남녀의 역할이 전도되는 현상을 엿볼 수 있으며 전통적인 남성 중심의 가부장제가 흔들리고 있는 세태를 짐작할 수 있다.

〔 곤경: 어려운 형편이나 처지 〕

⑤ (다)에서 비장이 된, 춘풍의 아내가 추월을 문초하며 '바삐 다짐하라'며 강권하는 모습에서 적극적인 여성이 나타난 세태를 살펴볼 수 있군.
  엄격하게 호령하는 춘풍의 처의 모습을 통해 적극적이고 진취적인 여성상을 제시하고 있음.

*근거: (가) ②-❸, (다) ②

(다)에서 춘풍의 처는 춘풍을 구하기 위해 참판의 도움으로 비장 신분이 되고, 추월을 문초하며 '서리같이 호령'하여 잘못을 뉘우치고 돈을 돌려줄 것을 강권하고 있다. 이와 같은 춘풍의 처의 모습을 통해 (가)에서 설명한 조선 후기에 문제 해결 능력이 뛰어난 적극적이고 진취적인 여성상이 등장했음을 짐작할 수 있다.

〔 강권하다: 내키지 아니한 것을 억지로 권하다. 〕

G 03 정답 ④ *인물의 심리와 태도 파악하기

[A]와 [B]에 대한 설명으로 적절하지 않은 것은?

• **[A]:** 학공의 모친이 지난날을 요약적으로 제시하며 암담한 상황에 대한 자신의 심정을 학공에게 이야기하는 부분입니다.

• **[B]:** 갈 곳이 없어진 춘풍이 암담한 상황 속에서 답답함과 후회를 드러내는 부분입니다.

즉 [A]와 [B]에 드러난 인물의 심리에 대한 설명으로 틀린 것을 고르는 문제입니다.

왜 정답?

④ [A]와 [B]는 ~~현재의 상황을 초래한 원인을 알 수 있는 과거의 잘못~~을 보여 주고 있다.
  [A]와 [B] 모두 나타나지 않음.

[A]와 [B] 모두 현재의 암담한 상황이 일어나게 된 원인은 제시하고 있지 않다. 특히 [A]에서 부인은 '무죄한 인생'이라고 하며 자신에게 아무런 잘못이 없다는 태도를 보이고 있다. [B]에서 춘풍은 현재의 상황에 대해 '후회막급'하다고 이야기하고 있을 뿐, 과거의 잘못을 드러내고 있지는 않다.

왜 오답?

① [A]는 [B]와 달리 초월자에게 의지하여 문제를 해결하려는 바람을 표현하고 있다.
  [A]에서는 '옥황상제'에게 '무죄한 인생을 굽어 살'펴 주기를 빌고 있음.

*근거: (나) ③-⑩

[A]에서 부인은 옥황상제라는 절대적이고 초월적인 존재에게 자신의 문제를 해결해 달라고 빌고 있다. 이와 달리 [B]에서는 초월적 존재에 대한 언급이 없다.

〔 초월자: 어떤 한계나 표준을 뛰어넘는 존재 〕

② [B]는 [A]와 달리 자신의 잘못된 행동에 대한 인물의 회한을 드러내고 있다.
  [B]에서는 자신의 과거 행동에 대해 '후회막급'을 드러내고 있음.

*근거: (다) ①-⑮

[B]에서는 '후회막급 창연하다'라는 표현을 통해 자신의 잘못에 대해 후회하고 반성하는 태도가 드러나고 있다. 이와 달리 [A]에서는 자신의 일에 대해 후회하거나 반성하는 모습이 나타나지 않는다.

〔 회한: 뉘우치고 한탄함. 〕

③ [A]는 요약적 진술로, [B]는 나열의 방식으로 인물이 처한 상황을 서술하고 있다.
  과거사를 요약하여 제시함. 현재 처한 상황을 나열함.

*근거: (나) ③-⑩, (다) ①-⑮

[A]에서는 부인이 과거 학공의 부친(남편)과 인연을 맺은 뒤 남매를 얻고, 남편이 세상을 떠난 일을 요약적으로 제시하고, [B]에서는 춘풍이 집으로 돌아가기도 어렵고 죽고자 하나 이것도 여의치 않은 자신의 상황을 여러 가지로 나열하고 있다.

【 요약적 진술: 사건의 중요한 내용만을 간추려 제시하는 방식
【 나열: 죽 벌여 놓음. 또는 죽 벌여 있음.

⑤ [A]와 [B]는 암담하고 절망적인 상황에 놓여 있는 인물의 심리를 나타내고 있다.
[A]와 [B]는 각각 암담하고 절망적인 상황에 놓인 부인과 춘풍의 심리가 드러남.

＊근거: (나)③-⑩, (다)①-⑮

[A]에서 부인은 '망극지변을 당하니 어느 친척이 있어 구제하리오.'라고 하여, 지극히 슬프고 원통한 재앙을 당한 상황에서 누가 구해 줄 수 있겠느냐며 암담한 상황에 대한 절망적인 심리를 나타내고 있다. [B]에서 춘풍은 집으로 돌아가지도, 죽지도 못하는 상황 속에서 '답답한 이내 일'을 어찌해야 할지 모르겠다고 하여, 암담한 상황 속에서 답답한 심정을 나타내고 있다.

【 암담하다: 어두컴컴하고 쓸쓸하다.

G 04 정답 ② ＊인물의 심리와 태도 파악하기

㉠~㉤에 대한 설명으로 적절하지 않은 것은?

• ㉠: 편집자적 논평을 통해 학공 모자가 처한 상황에 대한 독자의 공감을 유도하는 부분입니다.
• ㉡: 박명석의 계교를 알게 된 부인이 도망가기 어려운 절망적 상황에 대해 이야기하는 부분입니다.
• ㉢: 서러움을 토로하는 춘풍에게 추월이 자신의 행동이 당연함을 이야기하는 부분입니다.
• ㉣: 춘풍이 추월의 집에 머물고자 인정에 호소하는 부분입니다.
• ㉤: 추월이 춘풍의 돈을 돌려주겠다고 이야기하는 부분입니다.
즉 ㉠~㉤에서 나타나는 인물의 심리와 태도를 설명한 내용으로 틀린 것을 고르는 문제입니다.

>왜 정답?

② ㉡: 이전의 경험에 근거하여 앞으로 겪게 될 절망적인 상황을 염려하는 모습을 드러내고 있다.
부인이 이전에 겪은 경험은 드러나지 않음.

＊근거: (나)③-⑧

㉡에서는 부인이 박명석의 성격을 바탕으로 자신들이 도망가기 어려울 것이라는 절망적 상황을 미루어 짐작하며 '장차 어찌 하잔 말고'라며 한탄하고 있을 뿐, 이전의 경험에 근거하여 앞으로의 상황을 염려하고 있지는 않다.

>왜 오답?

① ㉠: 학공 모자가 처한 참혹한 상황에 대한 독자의 공감을 유도하는 서술 방식을 보이고 있다.
'참혹한 경상', '다 슬퍼하더라'라고 하여 독자의 공감을 유도함.

＊근거: (나)②-⑤

㉠에서는 학공 모자가 처한 상황에 대한 서술자의 평가가 드러난 부분이다. 즉, 서술자는 학공 모자의 상황이 '참혹한 경상'이라고 하며 '초목과 금수가 다 슬퍼하더라'라고 하여 독자의 공감을 유도하고 있다.

③ ㉢: 자신의 신분적 특성을 언급하며 춘풍에 대한 홀대가 당연한 처사임을 언급하고 있다.
추월은 기생이라는 자신의 신분적 특성을 언급하며 홀대를 정당화하고 있음.

＊근거: (다)①-⑬

㉢에서 추월은 기생이라는 신분의 특징을 '노류장화는 인개가절이라'는 표현을 통해 나타내고 있다. 즉, 기생은 지조와 절개가 없다는 것을 함축적으로 표현하여 돈 떨어진 춘풍을 예전처럼 대우하지 않는 것이 기생으로서 당연하다고 언급하고 있다.

【 홀대: 소홀히 대접함.

④ ㉣: 인정에 호소하며 자신의 절박한 처지를 헤아려 주기를 바라는 심정을 표현하고 있다.
조선이 '인정지국'이라며 자신을 박절하게 대하지 말고 살려 달라고 호소함.

＊근거: (다)①-⑰

㉣에서 춘풍은 '우리 조선이 인정지국이어든 어찌 그리 박절한가.'라며 살려 달라고 말하고 있다. 즉, 자신에게 매몰차게 구는 추월의 인정에 호소하며 자신의 절박한 처지를 고려해 줄 것을 부탁하고 있다.

【 호소하다: 억울하거나 딱한 사정을 남에게 간곡히 알리다.
【 절박하다: 어떤 일이나 때가 가까이 닥쳐서 몹시 급하다.

⑤ ㉤: 다급한 상황을 모면하기 위해 어쩔 수 없이 권위에 복종하는 모습을 보여 주고 있다.
죽기를 면하려고 '관령이 지엄하니' 분부대로 하겠다고 말하고 있음.

＊근거: (다)②-⑨

㉤에서 추월은 춘풍의 처인 비장이 서리같이 호령하자 겁을 먹고, 죽는 것을 면하기 위해 '국전이 지중하고 관령이 지엄하니', 즉 나라의 돈이 중요하고 관아의 명이 엄하니 분부대로 하겠다고 하며 권위에 복종하는 모습을 보이고 있다.

【 모면하다: 어떤 일이나 책임을 꾀를 써서 벗어나다.

G 05 정답 ② ＊상황에 맞는 한자 성어 찾기

ⓐ와 관련이 있는 말로 가장 적절한 것은?

• ⓐ: 부인이 노비들의 계교를 알게 된 후 그들에게 자신의 재물을 나눠 주고 속량하여 위기에서 벗어나고자 하는 부분입니다.
즉 부인이 처한 상황에 맞는 한자 성어로 가장 적절한 것을 고르는 문제입니다.

>왜 정답?

② 고육지책(苦肉之策)
자기 몸을 상해 가면서까지 꾸며낸 계책을 이르는 말

＊근거: (나)③-④

부인은 일단 살기 위해 자신이 가진 모든 재산을 노비들에게 나눠 주고 노비의 신분을 면해 주려고 하고 있다. 즉, 부인은 가족들을 살리기 위해 어려운 상태를 벗어나고자 어쩔 수 없이 꾸며 내는 계책인 '고육지책(苦肉之策)'을 펴고 있다.

>왜 오답?

① 고식지계(姑息之計)
한때의 안정을 얻기 위해 임시로 처리하는 계책

'고식지계(姑息之計)'는 우선 당장 편한 것만을 택하는 꾀나 방법으로, 한때의 안정을 얻기 위하여 임시로 꾸며 내는 계책을 이른다. 부인은 당장 편하기 위해서가 아니라 살아남기 위해서 어려운 방법을 택하고 있으므로 적절하지 않다.

③ 권토중래(捲土重來)
실패한 뒤에 힘을 가다듬어 다시 그 일에 착수함을 이르는 말

'권토중래(捲土重來)'는 실패한 뒤에 힘을 가다듬어 다시 그 일에 착수하는 것을 의미한다. 부인이 실패한 뒤에 힘을 가다듬고 있는 상황이 아니므로 적절하지 않다.

④ 기호지세(騎虎之勢)
이미 시작한 일을 중도에 그만둘 수 없음을 이르는 말

'기호지세(騎虎之勢)'는 이미 시작한 일을 중도에 그만둘 수 없다는 것을 의미한다. 부인은 어떤 일을 이미 시작한 상황이 아니라 종들의 위협에서 벗어나기 위한 방법을 찾는 상황이므로 적절하지 않다.

⑤ 자승자박(自繩自縛)
자신의 말과 행동에 자신이 옭혀 곤란하게 됨을 이르는 말

'자승자박(自繩自縛)'은 자기가 한 말과 행동에 자기 자신이 옭혀 곤란하게 되는 것을 의미한다. 부인이 자신의 말과 행동 때문에 곤란해진 상황은 아니므로 적절하지 않다.

한자 성어의 뜻을 아는 것만큼이나 ⓐ에 나타나 있는 인물의 상황과 심리를 정확히 파악하는 것이 중요하다.
ⓐ의 앞부분에서 부인은 노비들이 자신과 가족들을 죽이려는 계략을 알게 되고, 이를 피하기 위해 유모와 대책을 의논하고 있다. 이러한 상황에서 부인은 가족들을 지키기 위해 어쩔 수 없이 노비들에게 재산을 나누어 주고 속량하겠다(ⓐ)고 이야기하고 있다.

G 06 ~ 09 ────────── [예상 문제]

(가) 〈김승옥과 욕망의 서사학〉

⬭ 글 전체 핵심어   ◯ 각 문단 핵심어   🟨 글 전체 중심 문장   ★ 각 문단 중심 문장

①★ 1960년대 ㉠국가 주도형 경제성장은 자본주의에 기반을 두고 새로운 도시 공간을 형성하기도 했지만 한편으로는 기존의 도시 공간을 파괴해 나갔다.⌋ J: 국가 주도형 경제성장의 특성 산업화를 위한 개발이 모든 가치를 앞지르는 것이었
개발이 최고의 가치라고 여김.
으며 그것은 기계적 가치가 인간적 가치를 압도하고, 중앙 권력이 지방 자치를 압도하는 것이었다.

┌ 기반: 기초가 되는 바탕. 또는 사물의 토대
│ 산업화: 산업의 형태가 됨. 또는 그렇게 되게 함.
└ 압도하다: 보다 뛰어난 힘이나 재주로 남을 눌러 꼼짝 못 하게 하다.

★ ①문단 요약: 1960년대 국가 주도형 경제성장의 특색

②★ 산업화와 도시화로 인해 가족이나 친족 같은 혈연, 근린 집단이나 지역 사회 등의 지연, 그리고 우애나 친교 집단의 심연 등에 의한 정의적 유대가 사라지고 전통적 사회 질서와 생활 양식이 붕괴되었다. 결국 「소규모 사회의 성원 사이의 친밀성과 동질성을 바탕
[A]   「 J: 산업화와 도시화로 인한 공동체의 변화
으로 한 생활 공동체가 소원감과 이질성을 특징으로 한 대규모의 도시 사회로 바뀌게 되었고⌋ 이에 따라 자연히 「인간의 사회적 관계도 인정이나 우정, 의리에 의한 정의적 관계보다는 이익을 바탕
「 J: 산업화와 도시화로 인한 인간관계의 변화
으로 한 냉혹하고 기계적이며 비인격적인 관계가 지배하게 되었다.⌋

┌ 근린: 가까운 이웃
│ 심연: 마음으로 연결된, 깊은 인연
│ 동질성: 사람이나 사물의 바탕이 같은 성질이나 특성
│ 소원감: 지내는 사이가 두텁지 아니하고 거리가 있어 서먹서먹해지는 듯한 느낌
│ 이질성: 서로 바탕이 다른 성질이나 특성
└ 비인격적: 인격에 바탕을 두지 않는. 또는 그런 것

★ ②문단 요약: 산업화 · 도시화로 바뀌어 버린 인간관계

③ 이런 산업화는 인간 내적인 주체 확립 없이 국가에 의해 ㉡외적으로 부가된 산업화로 인간을 중심에서 주변으로 밀어냈다. 이런 모습은 문학에도 반영되는데 1960~70년대 문학에 그려진 인간은 자신들의 삶의 주인이 되지 못한 채 부유하는 모습을 보인다. 이렇게 인간이 소
내적 발전이나 성장 없이 외적 개발만 강조한 결과
외되어 가는 모습에서 ㉢근대적 삶의 불구성을 엿볼 수 있다.
인간이 주체성을 상실하여 나타난 결과
┌ 확립하다: 체계나 견해, 조직 따위를 굳게 서게 하다.
│ 부가되다: 주된 것에 덧붙다.
│ 부유하다: 행선지를 정하지 아니하고 이리저리 떠돌아다니다.
└ 소외되다: 어떤 무리에서 기피되어 따돌림을 당하거나 배척되다.

★ ③문단 요약: 문학 속에도 나타난 근대적 삶의 불구성

④★ 김승옥 작품에는 이런 특징을 지닌 도시의 생리가 인간을 지배하는 모습으로 자주 등장한다. 「서울로 상경한 등장인물들은 자신들이
「 J: 근대적 삶의 불구성을 안고 사는 등장인물들의 모습

서울의 세계에 점점 동화되어 가는 것을 느끼면서도 한편으로는 여전히 이질적이고 낯선 세계의 주변부에서 소외될까 두려워하는 이중적 고민을 안고 있다.⌋ 자본주의 사회 특히 도시는 자기 자신에 대한 예민한 반응과 민감한 자의식을 지닌 인간을 만들어 내기 때문이다.

┌ 생리: 생활하는 습성이나 본능
│ 상경하다: 지방에서 서울로 가다.
│ 동화되다: 성질, 양식(樣式), 사상 따위가 다르던 것이 서로 같게 되다.
│ 이질적: 성질이 다른 것
└ 자의식: 자기 자신이 처한 위치나 자신의 행동, 성격 따위에 대하여 깨닫는 일

★ ④문단 요약: 김승옥 작품에 담긴 자본주의 사회의 폐해

⑤ 서울로 상경한 이들은 대개 ㉣소시민이나 도시빈민으로 살아간다. 이들은 '서울식의 인사'와 도회의 어법에 반감을 가지고 있지만 그 범주를 벗어날 용기는 가지지 못한다. '도회의 어법'으로 대표되는 이 어법은 정작 할 말은 말꼬리 뒤로 감추고 위악으로 치장한 세련된 어법으로 상대를 재며 거리를 두는 '터무니없는 인사'만 난무하는 어법이다. 무엇이든 소비하는 것이 일상화된 자본주의 사회에서는 배려, 진심, 동정심마저 서비스 품목에 해당되고 배려는 기호로 존재할 뿐이다.★ 결국 자연발생적이고 상호적인 인간관계가 상실되는 것이 이 사회의 기본적인 특징이 된다.

┌ 도회: 사람이 많이 살고 상공업이 발달한 번잡한 지역
│ 반감: 반대하거나 반항하는 감정
│ 일상화되다: 날마다 늘 있는 일이 되다.
└ 위악: 짐짓 악한 체함.

★ ⑤문단 요약: '서울식의 인사'와 '도회의 어법'이 난무하는 도시

⑥ 이렇게 상실된 인간관계는 ㉤사회적 회로에 재투입되고, 기호화된
고착화된 사회 구조
인간관계와 인간적 따뜻함이 소비되는 현상은 친밀감마저도 소비를 위해 만들어지게 한다. 이러한 구조 속에서 '도회의 어법'은 승진이나 취직에 필요한 능력으로도 직결되는 것이다. 따라서 계획된 언어 표현, 감수성, 친밀감 등으로 포장된 인간관계가 도처에 범람하게 된다. 🟨결국 '서울'은 자본주의적인 질서가 가장 기본적인 사회 단위인 가정에까지 침투한 위기의 공간이며 공동체의 유대와 정이 상실되어 가는 곳이다.🟨

┌ 재투입되다: 전에 투입되었던 사람이나 물자, 자본 따위가 필요한 곳에 다시 넣어지다.
│ 기호화되다: 어떤 뜻이나 대상이 부호나 그림, 문자 따위로 표현되다.
│ 직결되다: 사이에 다른 것이 개입되지 아니하고 직접 연결되다.
│ 도처: 이르는 곳
│ 범람하다: 바람직하지 못한 것들이 마구 쏟아져 돌아다니다.
└ 침투하다: 어떤 사상이나 현상, 정책 따위가 깊이 스며들어 퍼지다.

★ ⑥문단 요약: 상실된 인간관계 속에서 위기의 공간이 된 서울

■ 내용: 이 글은 국가 주도형 경제 성장으로 인해 자본주의가 파행적으로 운영되고, 산업화를 위한 개발이 모든 가치를 앞지르게 된 상황을 설명하고 있다. 이렇게 외적으로 부여된 근대화의 과정 속에서 인간은 자신들의 삶의 주인이 되지 못한 채 주변을 부유하게 된다. 김승옥의 작품에는 이러한 인간의 모습이 잘 드러나 있다. 작품 속에 등장하는 인물들의 화법은 '도회의 어법'으로, 위악으로 치장한 채 상대를 재는 화법이다. 이러한 화법은 상실된 인간관계를 의미하며, 이로 인해 공동체의 유대와 정은 더욱 빠르게 상실되어 가고 있다.

■ 주제: 산업화와 도회의 어법의 관점에서 바라본 김승옥 작품에 나타난 인간상

❶ 중심인물, 배경   ❷ 중심 사건, 갈등   ❸ 서술상 특징

[1] 그는 목 안으로 자꾸 기어드는 여자의 목소리를 듣고 있으려니까
❶ 중심인물   ❷
콧등이 시큰해졌다. 얼른 계산을 해주고 그는 허둥지둥 쫓기듯이 밖으로 나왔다.

"어딜 그렇게 급히 가세요?"

그의 맞은편에서 걸어오던 키가 큰 사람이 여전히 걸음을 계속하면서 그에게 말했다. 그가 관계하고 있는 신문사의 카메라맨이었다.

"어디 가세요?"

그는 반가워서 빠른 말씨로 인사를 했다.
❸ 서술자: 3인칭 서술자, 시점: 전지적 작가 시점
카메라맨은 벌써 지나치면서

"이형, 다음에 좀 봅시다."
도회의 어법
라고 말하며 가버렸다.

그는 그네들의 말투를 알고 있었다. 저 도회의 어법을. 그리고 그는
❸ 전지적인 서술자가 특정 인물의 시각에서 서사를 전개함.
항상 그 어법에 잘 속았었다. 방금 카메라맨이 말한 '다음에 좀 봅시다'는, 그 뜻을 따라서 정확히 표기하자면 '그럼 다음에 또 만납시다.
'다음에 좀 봅시다'의 이면적 의미
안녕히 가십시오'이다.

그런데 그들은 '좀'이라는 부사를 집어넣어서 듣는 사람을 환장하게 만들어 버린다.
「」: ❷ 중심 사건 – 해고당한 '그'가 도회의 어법에 반감을 드러냄.
'다음에 좀 만납시다', 어쩌면 당신에게 일자리를 얻어줄 수도 있을지 모르니까요인가? 생각해 보라. 그렇게밖에 들리지 않지 않은가? 그는 아침나절에 그가 관계하던 신문에서 문화부장에게 속히우던 일이 생각났다.
속임을 당하던

그가 해고당한 것을 알리기 전에 문화부장은 먼저 '오늘치 만화 좀…' 했던 것이다.
❶ 중심인물 – '그'가 거리감을 느끼는 대상   도회의 어법
그래서 자기가 해고당할 것을 예측하고 있던 거를 당황하게 했던 것이다. '오늘치 만화…'라고 했으면 그는 자기가 해고당하지 않았음을 알았으리라. 또는 '오늘부터는 그리실 필요는 없게 되었습니다'라고 하면 유감스럽긴 하지만 그것도 뜻은 분명하다. 그런데 '오늘치 좀…' 했던 것이다. 오늘치의 만화를 보아서 재미가 있으면 계속하겠고 그렇지 않으면 해고다, 라고 밖에 들리지 않던 그 말투.

그는 갑자기 느릿느릿 걸었다. 거리의 모퉁이에서 공중전화가 눈에 띄었다.
❶ 공간적 배경
집에 전화가 있다면 아내를 불러내었으면 좋겠다. 아내와 함께 밤늦도록 거리를 쏘다닌다면 좋겠다. 쇼윈도라도 보면서, 그래 쇼윈도라도 보면서.

시큰하다: 관절 따위가 시다.
말씨: 말하는 태도나 버릇
어법: 말의 일정한 법칙
환장하다: 마음이나 행동 따위가 비정상적인 상태로 달라지다.
예측하다: 미리 헤아려 짐작하다.
유감스럽다: 마음에 차지 아니하여 섭섭하거나 불만스러운 느낌이 남아 있는 듯하다.

*[1] 요약: 도회의 어법에 반감을 나타내는 '그'

[2] 그는 누구에게라도 좋으니 전화를 걸어서 이야기해 보고 싶었다.
❸ 전지적인 서술자가 특정 인물의 시각에서 서사를 전개함.
얼른 생각난 사람이 엊저녁에 술을 사주던 선배 만화가 김 선생이었다.
❸
김 선생은 자기가 근무하고 있는 신문사의 자리에 있었다.
❹ 중심인물 – '그'가 속 깊은 대화를 나누고 싶어 하는 대상
"김 선생님. 결국 목 잘렸습니다."
만화 연재하던 일에서 해고되었음을 의미

저쪽에서는 잠시 침묵이었다.

"제기럴, 또 ⓐ한잔할까?"
'그'에 대한 진심 어린 위로가 담긴 말
"그럽시다. 나오세요. 아니 제가 선생님께 지금 가죠."

"오게. 제기럴, 한잔하세."

수화기를 놓고 나올 때 그는 마음이 조금 가벼워진 것을 느꼈다.
❶ 공간적 배경: 술집 – 진솔한 대화와 위로가 가능한 공간
그는 김 선생이 따라 주는 술을 빨리빨리 마셨다.
「」: ❷ 중심 사건 – '그'는 술집에서 김 선생에게 위로를 받음.
"좀 천천히 마시게."

김 선생은 걱정이 되는 모양이었다.
❸ 문화부장과 대비되는 인물의 모습
"괜찮아요."

그는 손등으로 입가를 닦으며 싱긋 웃었다.

"우리나라 만화가들의 그 단순하면서도 회화적인 선이 얼마나 훌륭한 걸 우리나라 사람들은 모르고 있단 말야."

김 선생은 술잔 속을 들여다보며 중얼거렸다.

"기계로 그린 것 같은 양키들의 만화가 진짜인 줄로 알고 있거든."

"만화가 우스우면 그만이지 쥐뿔 나게 회화적이고 아니고를 찾게 됐어요?"

그는 술을 또 들이켰다. 김 선생은 그를 힐끗 쳐다보았다.

"제가 군대 있을 때 말입니다." 그는 힐끗 말했다. "남들은 제가 정훈으로 떨어졌다고 부러워했거든요. 편할 거라는 거죠. 그렇지만 전 말예요. 총대를 쥐지 않았으니까 말이지요, 군대 기분이 안 났거든요." 그는 취해 오는 것을 느끼며 말했다. "아마 그때 총대를 쥔 사람들이 지금은 안정된 직장에들 앉아 있겠지요? 저는 항상 만화만 붙들고, 남들은 편하려니 부러워하지만 실상은 불안해서 어쩔 줄 모르고 말입니다."

"그럴까?"

김 선생이 말했다.

"술이 없으면 말야…" 그들의 뒤쪽에 앉아 있는 패들의 하나가 소리쳤다. "인생이란 말야…" "허, 또 나오시는군." "허, 저 소리 듣기 싫어서 이젠 술 끊어야겠어." 누군지가 소리쳤다.

회화적: 그림의 성격을 띠는. 또는 그런 것
양키: 미국 사람을 낮잡아 이르는 말
쥐뿔 나다: 보잘것없는 사람이 같잖은 짓을 한다.
정훈: 군인을 대상으로 한 교양, 이념 교육 및 군사 선전, 대외 보도 따위에 관한 일을 통틀어 이르는 말

*[2] 요약: 김 선생에게 해고 통보로 속상한 심정을 털어놓으며 위로받는 '그'

[3] "문화부장이 차나 ⓑ한잔 하자고 하더군요."
도회의 어법으로 정작 할 말을 감춘 모습임.
그는 속으로는, 자기가 만화 연재를 부탁하러 갔던 문화부장을 생각하면서 말하고 있었다.

"다방에 가서 그 양반이 그러더군요. 사람 웃기는 방법의 몇 가지
❸ 술집과 대비되는 공간 – 대규모 도시 사회를 상징적으로 나타냄.
패턴을 안다고 곧 만화가가 되는 것이 아니다. 바로 그 양반이 그랬어요. 두꺼비 같은 눈알을 부라리면서 말입니다."

찻값을 앞질러 내버리던 그 키가 작은 작달막한 문화부장. 날 무척 무안하게 해줬었지.

"그러면서 말입니다. 너는 미역국이다, 이거죠."

❼ 자기네 사장이 얼른 뒈져달라는 기도를 하려던 그 사람, 난 참 면목이 없어서 혼났지.

❽ "차나 한잔. 그것은 일종의 추파다. 아시겠습니까? 김 선생님?" ❾ 그는 혀가 잘 돌아가지 않았다. ❿ "그것은 내가 그 속에서 성실을 다했던 하나의 우연이 끝나고…"

⓫ 그는 술을 한 모금 꿀꺽 마셨다.

⓬ "새로운 우연이 다가온다는 징조다. 헤헤. 이건 낙관적이죠, 김 선생님?" 그는 김 선생이 방금 비워낸 술잔에 취해서 떨리는 손으로 ⓭ 술을 따랐다. ⓮ 「차나 한잔. 그것은 이 회색빛 도시의 따뜻한 비극이
［ 」: ❶·❷ 중심 사건 ─ '그'는 문화부장의 도회의 어법을 비판함.
다. 아시겠습니까? 김 선생님, 해고시키면 차라도 한잔 나누는 이
❸ 반어적(실제와 반대로 말을 하는) 표현을 사용하여 인물의 심리를 드러냄.
인정. 동양적인 특히 한국적인 미담… 말입니다."」

┌─
│ 작달막하다: 키가 몸피에 비하여 꽤 작다.
│ 무안하다: 수줍거나 창피하여 볼 낯이 없다.
│ 면목: 남을 대할 만한 체면
│ 추파: 환심을 사려고 아첨하는 태도나 기색
│ 징조: 어떤 일이 생길 기미
│ 낙관적: 인생이나 사물을 밝고 희망적인 것으로 보는 것
│ 비극: 인생의 슬프고 애달픈 일을 당하여 불행한 경우를 이르는 말
└ 미담: 사람을 감동시킬 만큼 아름다운 내용을 가진 이야기

*❸ 요약: 문화부장의 도회의 어법을 비판하는 '그'

⭐ (나) 독해 공식
❶ 중심인물: '그', '문화부장', 김 선생, 공간적 배경: '거리의 모퉁이', '술집' 등
❷ 중심 사건: '그'가 술집에서 김 선생에게 해고 통보로 인한 속상함을 말하고 위로를 받으며, 문화부장의 도회의 어법을 비판함. 해고당한 '그'가 도회의 어법에 반감을 드러냄.
❸ 서술상 특징
• 서술자: 3인칭 서술자, 시점: 전지적 작가 시점
• 전지적인 서술자가 특정 인물의 시각에서 서사를 전개하고 있음.
• 대비되는 인물과 공간을 제시하여 주제 의식을 강조하고 있음.
• 반어적(실제와 반대되게 말을 하는) 표현을 사용하여 인물의 심리를 드러내고 있음.

■ 갈래: 현대 소설
■ 내용: 이 작품은 1960년대 대도시에서 만화가로 살아가는 한 인물을 통해 도시 소시민의 비애와 삭막한 경쟁 사회의 현실을 그린 현대 소설이다. 신문사에서 만화를 그리며 살아가는 '그'가 해고를 통보받고 '도회의 어법'에 반감을 드러내는 모습이 나타나며, 특히 해고를 시키며 '차나 한잔' 하자고 하는 태도에 대해 반어적인 표현으로 비판적인 인식을 드러내고 있다.
■ 인물 관계도

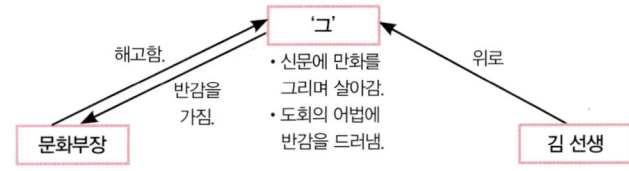

해고함. / 반감을 가짐.
'그'
• 신문에 만화를 그리며 살아감.
• 도회의 어법에 반감을 드러냄.
위로
문화부장
김 선생

■ 주제: 현대 사회의 비정함과 도시인의 비애

■ 이것이 핵심!: 인물과 공간의 대비

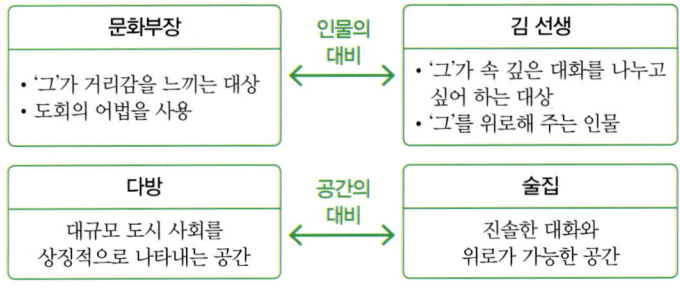

문화부장	인물의 대비	김 선생
• '그'가 거리감을 느끼는 대상 • 도회의 어법을 사용		• '그'가 속 깊은 대화를 나누고 싶어 하는 대상 • '그'를 위로해 주는 인물
다방	공간의 대비	술집
대규모 도시 사회를 상징적으로 나타내는 공간		진솔한 대화와 위로가 가능한 공간

■ 전체 줄거리: 만화를 연재하며 생계를 이어가는 '그'는 자신의 만화가 신문에 실리지 않는 것을 보며 불안해한다. 문화부장은 그 이유를 기사 폭주 때문이라고 둘러대지만, '그'는 스트레스에 시달리며 배탈이 나서 설사를 한다. 신문사에 찾아간 '그'는 '차나 한잔' 하자는 문화부장의 제의로 다방에 가고, 그곳에서 해고 통보를 받는다. 그 후 다른 신문사를 찾아가 보지만, 그 신문사의 문화부장도 '차나 한잔' 마시자고 제안하고 엉뚱한 농담이나 하며 '그'의 취직 부탁을 거절한다. '그'는 '차나 한잔' 하자고 권하는 것은 위선이며, 일종의 추파라고 분노한다. '그'는 선배와 술을 마시며 위로를 받지만, 집에 돌아와 아내의 환대를 받으면서도 앞날에 대한 막막함을 느낀다.

⭐ 작품 간의 공통점 및 차이점
• 공통점: 한국의 산업화와 삭막한 경쟁 사회로 인해 상실된 인간관계를 소재로 하고 있음.
• 차이점: (가)는 설명문으로, 김승옥의 작품에 등장하는 도시의 특성을 1960년대의 국가 주도형 경제성장과 관련지어 설명하고 있음. (나)는 현대 소설로, (가)의 소시민에 해당하는 인물인 '그'를 앞세워, 현대 사회의 비정함과 대규모 도시의 삭막함에 대해 이야기하고 있음.

G 06 정답 ④ *설명문의 내용 파악하기

(가)의 ㉠~㉤을 참고할 때, 1960~70년대 문학에 반영된 사회의 특징에 대한 설명으로 적절하지 <u>않은</u> 것은?
• ㉠: '국가 주도형 경제성장'으로, 자본주의에 기반을 두고 새로운 도시 공간을 형성하면서 기존의 도시 공간을 파괴했습니다.
• ㉡: '외적으로 부가된 산업화'로, 인간을 중심에서 주변으로 밀어냈습니다.
• ㉢: '근대적 삶의 불구성'으로, 인간 소외의 모습에서 드러나는 것입니다.
• ㉣: '소시민'으로, 서울에 상경해서 근대적 삶의 불구성을 안고 살아가는 이들입니다.
• ㉤: '사회적 회로'로, 국가 주도형 경제 성장과 산업화로 고착화된 사회 구조를 말합니다.

➡ ㉠~㉤을 중심으로 (가)의 내용을 이해한 내용으로 틀린 것을 고르는 문제입니다.

➤왜 정답 ?
④ ㉣은 ㉢을 극복해 가며 현실을 살아가는 사람들을 의미한다.
㉣은 이러지도 저러지도 못하고 삶의 불구성을 안고 사는 사람들임.

*근거: (가) ④-❷, ⑤-❶
㉣ '소시민'은 '서울로 상경한 등장인물들'로, ④에서 이들은 ㉢ '근대적 삶의 불구성'을 지닌 세계에 동화되어 가면서도 한편으로는 그 세계에서 소외될까 두려워하는 이중적 고민을 안고 있다고 했다. 이로 보아 ㉣은 ㉢을 극복해 가며 현실을 살아가는 사람들이 아니라 이러지도 저러지도 못하고 삶의 불구성을 안고 사는 사람들임을 알 수 있다.

➤왜 오답 ?
① ㉠으로 인해 기존 도시 공간이 파괴되고 새로운 도시 공간이 나타난다.
'국가 주도형 경제성장은 ~ 파괴해 나갔다.'

*근거: (가) ①-❶
①에서 ㉠ '국가 주도형 경제성장'은 자본주의에 기반을 두고 기존의 도시 공간을 파괴해 나가는 한편 새로운 도시 공간을 형성하기도 했음을 알 수 있다.

② ㉡은 ㉠이 실현되는 과정의 하나로 개발을 최고의 가치로 추구한다.
'산업화를 위한 개발이 모든 가치를 앞지르는 것'

*근거: (가) ①-❷, ③-❶
①에서 ㉠ '국가 주도형 경제성장'에서 '산업화를 위한 개발'은 '모든 가치를 앞지르는 것'이라고 했으므로, ㉠이 실현되는 과정 중 하나인 ㉡ '외적으로 부가된 산업화'는 개발을 최고의 가치로 추구한다고 볼 수 있다.

③ ⓒ은 ⓑ의 과정에서 인간이 주체성을 상실하여 나타나는 결
과이다.
　　　　　　　인간이 주변으로 밀려나 삶의 주인이 되지 못한 채 부유한 결과임.

*근거: (가) ③-❷, ❸

❸에서 ⓑ '외적으로 부가된 산업화'는 인간을 중심에서 주변으로 밀려냈고, 이
런 모습은 1960~70년대 문학에서 인간들이 자신의 삶의 주인이 되지 못한 채
부유하는 모습으로 나타남을 알 수 있다. 그리고 이러한 인간 소외의 모습에서
ⓒ '근대적 삶의 불구성'을 볼 수 있다고 했으므로, 결국 ⓒ은 ⓑ의 산업화 과정
에서 인간이 주체성을 상실하여 나타난 결과라고 할 수 있다.

[주체성: 인간이 어떤 일을 실천할 때 나타내는 자유롭고 자주적인 성질

⑤ ⓜ은 ⓐ과 ⓑ을 거치며 고착화된 사회 구조를 의미한다.
　　　　　　　　　　　국가 주도 경제성장과 산업화를 거치며 고착화됨.

*근거: (가) ⑤-❺, ⑥-❶

자본주의를 바탕으로 한 ⓐ '국가 주도형 경제성장'과 ⓑ '외적으로 부가된 산업
화'는 서울로 상경한 '소시민'들의 인간 소외를 낳으며, 이 자본주의 사회에서는
자연발생적이고 상호적인 인간관계가 상실된 상태가 기본적인 특징이 된다. ⑥
에서 이렇게 상실된 인간관계가 ⓜ '사회적 회로'에 재투입되며 이러한 구조가
강화된다고 한 것으로 보아, ⓜ은 이미 ⓐ과 ⓑ을 거치며 고착화된 사회 구조를
의미한다고 볼 수 있다.

[고착화되다: 어떤 상황이나 현상이 굳어져 변하지 않는 상태가 되다.

G 07 정답 ① *서술상 특징 파악하기

(나)의 서술상 특징으로 적절한 것은?

〉왜 정답?

① 반어적 표현을 활용하여 현실 상황을 비판적으로 인식함을 드
러내고 있다.
　해고시키면서 '차라도 한잔' 나누는 것을 '인정', '미담'이라는 반어적 표현으로 나타냄.

*근거: (나) ③-❶

신문사에서 만화를 그리는 '그'는 문화부장이 '차나 한잔' 하자고 데리고 간 찻집
에서 해고를 당했다. 그리고 그러한 상황에 대해 '해고시키면 차라도 한잔 나누
는 이 인정. 동양적인 특히 한국적인 미담'이라고 반어적으로 표현함으로써 자신
을 해고한 문화부장의 도회적인 어법과 자신이 처한 현실에 대한 비판적 인식을
드러내고 있다.

[반어적 표현: 표현의 효과를 높이기 위하여 실제와 반대되게 말을 하는 표현

〉왜 오답?

② 인물의 내적인 독백을 통해 부정적인 현실을 극복할 방안을
　　　　　　　　　내적인 독백을 통해 현실 극복 방안을 제시하고 있지는 않음.
제시하고 있다.

(나)는 '그'의 시각에서 서사를 전개하며 '그'의 내면을 드러내고 있는데, 해고당한
'그'가 도회의 어법에 대해 반감을 드러내는 모습은 나타나지만 인물의 내적인 독
백을 통해 부정적인 현실을 극복할 방안을 제시하고 있는 부분은 찾을 수 없다.

[독백: 혼자서 중얼거림.

③ 의식의 흐름 기법을 활용하여 자의식의 분열로 소통이 단절된
　등장인물의 머릿속에 떠오르는 생각, 느낌을 그대로 적는 기법을 활용하여 자의식이 나뉨으로써
사회를 드러내고 있다.
　의식의 흐름 기법이 쓰이지 않았으며, 자의식의 분열 또한 드러나지 않음.

(나)는 '그'의 시각에서 서사를 전개하며 '그'의 내면을 드러내고 있으나 이를 의
식의 흐름 기법을 활용한 것으로 볼 수는 없다. 또한 '그'는 도회의 어법에 반감
을 느끼며 타인과 거리감을 느끼고 있을 뿐 자의식의 분열로 소통이 단절되고 있
지 않다.

[의식의 흐름: 끊임없이 생성·변화하는 의식의 연속성을 강조한 말
　자의식: 자기 자신이 처한 위치나 자신의 행동, 성격 따위에 대하여 깨닫는 일
　분열: 찢어져 나뉨.

④ 인물의 이름 대신 김 선생, 문화부장으로 나타내어 인물 간의
　　　　　　　　　김 선생과의 거리감은 드러나지 않음.
거리감을 드러내고 있다.

*근거: (나) ①-⓯, ⑲, ②-❷

인물을 이름 대신 '카메라맨', '문화부장', '김 선생'이라는 표현으로 나타내고 있
으며 '카메라맨', '문화부장'과 같은 표현은 인물 간의 거리감을 드러낸다고 볼 수
있다. 그러나 '김 선생'은 '그'가 자신의 속마음을 털어놓고 위로를 받는 대상이므
로 거리감이 있는 대상이라고 볼 수 없다.

⑤ 공간의 이동에 따라 인물의 변화하는 심리를 묘사하여 인간관
　　　　　　　　　　　　　절망적인 심리 상태가 변화하고 있지는 않음.
계의 단절을 드러내고 있다.

*근거: (나) ①-❷, ㉗, ②-❿

찻집에서 해고를 당한 '그'는 거리의 공중전화에서 김 선생에게 전화를 걸고, 술
집에서 그를 만나 술을 마시며 해고를 당한 속상함을 토로하고 도회의 어법에 대
해 비판한다. 따라서 공간의 이동은 나타나지만 그에 따라 인물의 절망적인 심리
상태가 변화하고 있다고 볼 수는 없다. 한편 '그'는 김 선생에게 속마음을 털어놓
으며 진솔한 대화를 하고 있으므로 인간관계의 단절을 드러내고 있다는 것도 적
절하지 않다.

[단절: 유대나 연관 관계를 끊음.

G 08 정답 ⑤ *설명문을 바탕으로 감상하기

(가)를 바탕으로 ⓐ와 ⓑ를 분석한 것으로 적절한 것은?

• (가): 김승옥의 작품에는 위악으로 치장한 채 상대를 재는 화법인 '도회의 어법'
에 반감을 가진 인물이 등장합니다.
• ⓐ: 해고를 당한 '그'의 소식을 들은 김 선생의 말로, '그'에 대한 진심 어린 위
로가 담긴 말입니다.
• ⓑ: '그'에게 해고 통보를 하면서 문화부장이 사용한 '도회의 어법'입니다.

즉 '도회의 어법'을 바탕으로 ⓐ와 ⓑ를 이해한 내용으로 옳은 것을 고르는 문
제입니다.

〉왜 정답?

⑤ ⓐ는 도회의 어법과 반대로 상대에 대한 진심 어린 위로가 있
　　　　　　　　　　　　상대의 이야기를 들어주려는 진심에서 나온 말임.
는 반면, ⓑ는 도회의 어법으로 정작 할 말을 감춘 모습이 드
러나 있다.
　　　　　해고 통보를 하기 위해 한 말임.

*근거: (가) ⑤-❸, (나) ②-❹~❻, ③-❶, ❻

(가)에 따르면 '도회의 어법'은 정작 할 말은 감추고 위악으로 치장한 세련된 어법
을 말한다. ⓐ는 김 선생이 해고당했다고 말하는 '그'를 위로하기 위해 만나서 한
잔하자고 권하는 말이므로, 도회의 어법과는 반대로 상대에 대한 진심이 담겨 있
다. 반면 ⓑ는 문화부장이 '그'에게 해고 통보를 하기 위해 건넨 말로, 할 말을 감
춘 세련된 어법이 나타나므로 도회의 어법을 보여 준다고 할 수 있다.

〉왜 오답?

① ⓐ는 도회의 어법으로 친밀성을 바탕으로 하고 있으며, ⓑ도
　　　　도회의 어법이 아님.
도회의 어법으로 서로에 대한 의리에 바탕을 두고 있다.
　　　　　　　　　　　　　의리를 중요하게 생각하지 않음.

*근거: (가) ⑤-❸ (나) ②-❹~❻, ③-❶, ❻

ⓐ는 김 선생에게 위로를 얻기 위해 전화를 한 '그'에게 김 선생이 건넨 말로 둘
사이의 친밀성을 바탕으로 하고 있으며, 위악으로 치장한 도회의 어법과 거리가
멀다. 한편 ⓑ는 문화부장이 '그'에게 해고 통보를 하기 위해 꺼낸 말로 도회의
어법에 해당하지만 이는 서로에 대한 의리를 바탕으로 두고 있다고 볼 수 없다.

[친밀성: 지내는 사이가 매우 친하고 가까운 성질
　의리: 사람과의 관계에서 지켜야 할 바른 도리

② ⓐ는 도회의 어법과 반대로 ~~자본주의적 질서가 녹아 있으며~~,
   자본주의적 질서가 반영되지 않은 관계임.
   ⓑ는 도회의 어법으로 ~~상호적인 인간관계가 드러나 있다~~.
   상호적인 인간관계가 상실되어 있음.

*근거: (가)⑤-❸~❺, (나)②-❻, ❸-❶
(가)에 따르면 정작 할 말은 뒤에 감추고 위악으로 치장한 '도회의 어법'은 상호적인 인간관계가 상실되는 자본주의 사회의 특징임을 알 수 있다. 따라서 진심이 담긴 말인 ⓐ는 도회의 어법에 해당하지 않으므로 자본주의적 질서가 녹아 있다고 볼 수 없으며, 위악으로 치장한 ⓑ는 도회의 어법에 해당하므로 상호적인 인간관계가 담겨 있는 것이 아니라 오히려 그것이 상실되어 있다고 볼 수 있다.

┌ 자본주의적: 자본주의에 바탕을 둔 것
└ 상호적: 상대가 되는 이쪽과 저쪽 모두인. 또는 그런 것

③ ⓐ는 도회의 어법과 반대로 ~~상대방과 일정한 거리를 두고 있으~~
   상대방을 진심으로 대함.
   며, ⓑ는 ~~도회의 어법과 반대로 계획된 감수성이 드러나 있다~~.
   도회의 어법임.

*근거: (가)⑤-❸, ❻-❸, (나)②-❻, ❸-❶
ⓐ는 도회의 어법과 반대로 상대방을 진심으로 대하는 말이다. (가)에 따르면, 상대방과 일정한 거리를 두는 것은 도회의 어법의 특징이다. 또한 ⓑ는 도회의 어법으로, 계획된 언어 표현과 감수성으로 포장된 인간관계를 드러내고 있다.

④ ⓐ는 ~~도회의 어법으로 자신의 따뜻함을 소비하고 있으며~~, ⓑ
   도회의 어법이 아님.
   는 ~~도회의 어법과는 반대로 상대의 실직에 대한 위로가 드러~~
   도회의 어법임.
   나 있다.

*근거: (가)⑤-❹, ❺, ❻-❶, (나)②-❻, ❸-❶
(가)에 따르면 자본주의 사회는 상호적인 인간관계의 상실을 가져오고, 인간적 따뜻함마저 소비되는 현상이 나타난다. 그러나 ⓐ는 김 선생의 진심이 담긴 말이므로 따뜻함을 소비하는 도회의 어법이라 볼 수 없다. 한편 (가)에서 자본주의 사회에서는 배려나 동정심도 '서비스 품목'에 해당한다고 했는데, 이로 보아 해고를 통보하기 위한 ⓑ는 도회의 어법이며 상대에 대한 포장된 위로를 담고 있다고 볼 수 있다.

┌ 소비하다: 돈이나 물자, 시간, 노력 따위를 들이거나 써서 없애다.
└ 실직: 직업을 잃음.

G 09 정답 ④ *소재 및 배경의 의미 파악하기

[A]를 참고할 때, (나)의 '다방'에 대한 설명으로 적절한 것은?

• [A]: 산업화와 도시화에 따라 전통적 사회 질서와 생활 양식이 붕괴되고, 생활 공동체가 소원감과 이질성을 특징으로 한 대규모 도시 사회로 변모하면서 인간의 사회적 관계도 기계적, 비인격적 관계가 지배하게 되었습니다.
• '다방': 문화부장이 '그'에게 해고를 통보하는 공간으로, 김 선생이 실직한 '그'를 위로하는 '술집'과 대비됩니다.
🔲 산업화, 도시화에 따른 사회적 배경과 인물이 처한 상황을 바탕으로 '다방'의 의미와 역할을 이해한 내용으로 적절한 것을 고르는 문제입니다.

〉왜 정답?
④ 대규모 도시 사회를 상징적으로 나타내며, 개인이 압도되는
   기계적, 비인격적 관계가 지배하는 도시의 모습이 드러남.
   공간이다.

*근거: (가)①-❷, ②-❷, (나)③-❶~❸, ⑭
[A]에 따르면 산업화와 도시화로 인해 친밀성과 동질성을 바탕으로 한 소규모 생활 공동체가 대규모 도시 사회로 바뀌면서 인간의 사회적 관계도 정의적 관계보다는 기계적, 비인격적 관계가 지배하게 되었다. 이는 (가)의 ①에서 언급한 기계적 가치가 인간적 가치를 압도한 결과로 볼 수 있다.
(나)에서 '다방'은 문화부장이 '그'에게 해고를 통보한 공간으로 도회의 어법으로 치장된 인간관계가 존재하는 공간이다. '그'는 문화부장이 '다방'에서 '차나 한잔'

하자고 한 것에 대해 '회색빛 도시의 따뜻한 비극'이라고 말하며 문화부장의 도회적 어법에 대한 비판적 태도를 드러낸다.
이로 보아 '다방'은 기계적, 비인격적 관계가 나타나는 대규모 도시 사회의 성격이 드러나는 공간으로, 그에 따라 개인은 그 속에서 기계적 가치에 압도된다고 볼 수 있다.

┌ 상징적: 추상적인 개념이나 사물을 구체적인 사물로 나타내는 것
└ 압도되다: 보다 뛰어난 힘이나 재주에 눌려 꼼짝 못 하게 되다.

〉왜 오답?
① ~~생활 공동체가 존재하며, 정의적 유대가 유지되는 공간이다~~.
   비인격적 관계가 나타나는 '다방'과 거리가 멂.

정의적 유대는 산업화, 도시화 이전의 전통적 사회의 특징이며 이러한 소규모 사회의 생활 공동체는 성원 사이의 친밀성을 바탕으로 한다. '다방'은 산업화 이후 나타난 도시적 공간으로 '그'가 해고를 당하는 비인격적 관계가 나타나므로 생활 공동체가 존재하며 정의적 유대가 유지되는 공간이라고 볼 수 없다.

┌ 정의적: 감정이나 의지에 관한. 또는 그런 것
└ 유대: 끈과 띠라는 뜻으로, 둘 이상을 서로 연결하거나 결합하게 하는 것. 또는 그런 관계

② ~~전통적 질서를 지닌 도시적 공간으로, 개인 간의 연대감이 존~~
   전통적 질서나 개인 간의 연대감은 나타나지 않음.
   재한다.

[A]에 따르면 산업화와 도시화로 인해 전통적 사회 질서와 생활양식은 붕괴되었고, 성원 사이의 친밀성과 동질성을 바탕으로 한 생활 공동체는 소원감과 이질성을 특징으로 한 대규모 도시 사회로 변모했다. 따라서 도시적 공간이 전통적 질서를 지니고 있다고 볼 수는 없고, 도시적 공간인 '다방'에 개인 간의 연대감이 존재한다는 것도 적절하지 않다.

┌ 연대감: 한 덩어리로 서로 연결되어 있음을 느끼는 마음

③ 도시의 주변부에 해당하며, ~~전통과 현재가 공존하는 공간이다~~.
   '다방'은 도시적 공간으로 전통이 존재한다고 볼 수 없음.

(나)에서 '다방'은 '그'가 문화부장의 '도회의 어법'을 통한 해고 통보를 받는 공간으로 기계적, 비인격적 관계가 지배하는 도시의 공간이다. '다방'에서 전통적 공동체 속의 인정이나 우정, 의리에 의한 정의적 관계와 같은 가치는 발견할 수 없으므로 '다방'을 전통과 현재가 공존하는 공간이라고 볼 수는 없다.

┌ 주변부: 어떤 대상의 둘레 부분

⑤ 도시의 생리를 지니고 있으며, 개인이 ~~공동체와 화합하려고~~
   문화부장이 일방적으로 해고를 통보한 공간으로 화합은 드러나지 않음.
   노력하는 공간이다.

[A]에서 도시는 소원감, 이질성을 바탕으로 하며 이 속에서 인간의 사회적 관계는 이익을 바탕으로 한 냉혹하고 기계적이며 비인격적인 관계로 나타남을 알 수 있다. (나)에서 '다방'은 문화부장이 '그'를 일방적으로 해고하는 공간으로 비인격적인 도시의 생리를 지니고 있다고 볼 수 있는데, 이 공간에서 개인이 공동체와 화합하려고 노력하는 모습은 나타나 있지 않다.

┌ 생리: 생활하는 습성이나 본능

G 10~15 ──────────── [예상 문제]

(가) 선우휘 원작 · 이은성 외 각색, 〈불꽃〉

❶ 중심인물, 배경 ❷ 중심 사건, 갈등 ❸ 서술상 특징

S#95 내무반 - ❸ 인물 간의 갈등이 대사를 통해 드러남.
   ❶ 공간적 배경
   (팬티 바람으로 두 줄로 마주 서서 서로의 뺨을 때리는 신병들.
              인간의 폭력성, 잔인함
   ❷
   현, 공허한 눈동자 던진 채 그냥 뺨을 맞는다.
   ❸
   저쪽에 연호는 증오어린 시선으로 마주 선 녀석을 힘껏 힘껏 친다.)
   ❹ ❶ 중심인물 - 고현의 친구
   ┌고현: (손을 거두며) 그만두 두자… 이런 미친 짓은…. (마주 선 신병
   ❶ 중심인물   「 」: ❷ 갈등 - 현과 마주 선 신병의 외적 갈등
   ┃ 겁난 듯.)

⑤ **마주 선 신병:** … 그렇지만 저쪽에서 보고 있잖나? 조또헤이가….

⑥ **고현:** 미친 짓이야. 이건….

⑦ **마주 선 신병:** 때리는 척이라두 해… 어서.」

⑧ (저쪽에서 상등병이 달려온다.)

⑨ **상등병:** (무섭게) 왜 중지하나?
⑩ 「 」: ❷ 갈등 – 신병을 때리기를 강요하는 상등병과 이를 거부하는 현의 외적 갈등

[A]
마주 선 신병: (벌벌 떨며) 저는 때리는데 다카야마가 날 때리지 않습니다.

⑪ **상등병:** 손해 보지 말고 마주 쳐. 어서.

⑫ **고현:** 전 이 사람에게 개인적으로 손톱만 한 원한도 없습니다.

⑬ **상등병:** 이유 없다. 때려.

⑭ **고현:** 전 이 친구에게 원한이 없습니다.

⑮ **상등병:** 명령이다.

⑯ **고현:** ….

⑰ **상등병:** 반항이냐? 이 짜식이.」

⑱ (갈긴다. ⑲ 또 갈긴다. ⑳ 금시 피투성이가 돼서 쓰러지는 현. ㉑ 저만치서 연호가 바라보고 있다.)

┌ **내무반:** 병영 안에서 사병들이 내무 생활을 하는 조직의 단위. 또는 그들이 기거하는 방
│ **신병:** 새로 입대한 병사
└ **원한:** 억울하고 원통한 일을 당하여 응어리진 마음

＊S#95 요약: 아무 이유 없이 서로를 때리라는 명령을 거부하는 현

S#96 능선
❶ 공간적 배경
① (일본 군대가 능선에 교통로를 파고 있다. ② 다나까 오장이 올라온다.)
❸ 지시문을 통해 장면의 상황을 구체적으로 드러냄.

③ **오장:** 신병 오 명 차출이다. 너, 너, 너, 너희들은 이쪽으로 나와.

④ (하라다, 연호, 현 등이 차출된다. 곡괭이를 놓고 올라오는 현.)
「 」: ❷ 중심 사건 – 오장에 의해 연호와 현이 중국인 남녀를 총살하는 임무에 차출됨.

S#97 병영
❶ 공간적 배경
① (십여 명 중국인 남녀가 공포에 질려 떨고 있다. ② 다나까 오장에게 인솔되어 현의 일행이 온다.)
❸ 지시문을 통해 장면의 상황을 구체적으로 드러냄.

③ **다나까:** 명령대로 차출해 왔습니다.」

④ (긴 장화, 말채찍을 든 대위 앞에 경례한다.)

⑤ **대위:** 좋아. (신병들을 둘러보며) 이제부터 너희들에게 군인 정신을 함양한다.

⑥ (중국인 다섯 명을 끌어다 파놓은 구덩이 앞에 세운다. ⑦ 외마디 소리 지르며 애원하는 그들. 그러나 신병들을 일렬로 정렬시키는 대위의 차가운 얼굴. 현, ⑨ ㉠마른침을 꿀꺽 삼킨다.)
대위의 명령을 예상하고 긴장함.

⑩ **오장:** 탄약 장진. 거총–

⑪ (기계적으로 움직이는 신병들. ⑫ 철컥. ⑬ 장진하고 겨냥하는 연호– 식은땀을 흘리는 현의 얼굴. 가늠자에 확대되어 들어오는 중국인 젊은이의 확대된 눈동자– ㉡현 눈을 꽉 지레 감아 버린다.)
중국인들을 총살하라는 명령에 따르지 못하고 고민하는 모습

⑮ **오장:** 쏘앗.

⑯ (타당– 울리는 총성. ⑰ 갑자기 대위의 말채찍이 현의 얼굴을 후려친다.)
「 」: ❷ 갈등 – 총살 명령에 고민하는 현과 명령 수행을 강요하는 대위의 외적 갈등

⑱ **대위:** 조준을 바로 해랏. 빗나가지 않았나?」

---

⑲ (얼굴에 피 흐르는 현. ⑳ 순간 연호가 철컥 다시 장진하더니 탕– 쏜다. 쓰러지는 중국인 젊은이.) ㉑
현과 대비되는 연호의 모습

㉒ **대위:** 좋아.

㉓ ㉢씩 웃는다. ㉔ 차갑게 돌아서는 연호. ㉕ 바라보는 현.)
중국인을 죽인 연호에 대한 만족감을 드러냄. – 대위의 잔인성

┌ **능선:** 산등성이를 따라 죽 이어진 선
│ **오장:** 군대에서 한 오의 우두머리
│ **차출:** 어떤 일을 시키기 위하여 인원을 선발하여 냄.
│ **병영:** 군대가 집단적으로 거처하는 집
│ **인솔되다:** 여러 사람이 이끌려 가다.
│ **경례하다:** 공경의 뜻을 나타내기 위하여 인사하다.
│ **함양하다:** 능력이나 품성 따위를 길러 쌓거나 갖추다.
└ **거총:** 사격할 때 목표를 겨누기 위하여 총의 개머리판을 어깨 앞쪽에 대라는 구령에 따라 행하는 동작

＊S#96~97 요약: 잔인한 학살이 만연한 전쟁터에서 괴로워하는 현

S#98 내무반(밤)
❶ ① 공간적, 시간적 배경
(잠 못 이루는 현 – 기합으로 퉁퉁 부은 얼굴)
② 잔인한 학살이 만연한 전쟁터에서 괴로워하는 모습

③ **연호:** 현아 자니?

④ (옆에서 연호가 소리 죽여 부른다.)

⑤ **고현:** 아니, 안 자.

⑥ **연호:** 많이 아프냐?

⑦ **고현:** 괜찮아….

⑧ **연호:** 그것 봐라. 용감하게 쏴 제끼지… 어물어물하고 있다가….

⑨ **고현:** 글쎄… 너처럼 총질한 게 용감한 건지… 나처럼 쏘지도 못한 게 용감한 건지 나두 모르겠다.

⑩ ⓐ돌아눕는다.)
자신은 연호와 생각이 다르다는 것을 우회적으로 드러냄.

⑪ **연호:** (등 뒤에 대고) 내일 토벌작전 나가걸랑 내 옆에 꼭 붙어 있어라.
「 」: ❷ 중심 사건 – 연호가 현에게 탈출을 제안함.

⑫ **고현:** ?

⑬ **연호:** 기회는 그때다. 팔로군 쪽으로 넘어가는 거다.

⑭ **고현:** 팔로군?

⑮ **연호:** 쉬이– (한층 목소리 낮춰서) 그동안 지형도 살피고 삼 일분 식량도 준비해 놨어. 어떻게든지 ○○에까지만 무사히 뛰면 그들과 합류할 수 있을 거다.」

⑯ ㉣그 자신에 찬 태도, 빛나는 눈초리–「그러나 현은 선뜻 응하지 못한다. 골똘히 생각에 잠긴다.」)
탈출 계획에 대한 연호의 자신감에 찬 모습   「 」: ❸ 인물의 내적 갈등이 지시문을 통해 드러남.
❷ 갈등: 연호에게 탈출 제안을 받은 현의 내적 갈등

┌ **어물어물:** 말이나 행동 따위를 시원스럽게 하지 못하고 꾸물거리는 모양
│ **토벌:** 무력으로 쳐 없앰.
│ **팔로군:** 항일 전쟁 때에 화베이(華北)에서 활약한 중국 공산당의 주력군
└ **지형:** 땅의 생긴 모양이나 형세

＊S#98 요약: 탈출을 제안하는 연호와 선뜻 응하지 못하는 현

S#99 중국인 촌(밤)
❶ 공간적, 시간적 배경
① (콩 볶듯 피차간의 공방전. 중국인 촌으로 진군해 들어가는 일군들. 날아오는 유탄. 현도, 연호도 은폐물을 이용하여 전진해 들어간다. 마을엔 불이 타고, 비명과 아우성. 이윽고 손을 들고 나오는 몇 사람 중국 군인들. 그러나 무차별 학살하는 일군들. 마을은 수라장. 아무 집이나
④「 」: ❸ 지시문을 통해 장면의 상황을 구체적으로 드러냄.

뛰어들어 마구 죽이고, 마구 약탈한다. **⑧** ⓜ총은 든 채 멍청하니 서 있는 현. **⑨** 무서운 학살 **⑩**. 또 학살 **⑪**. 총칼 아래 죽어가는 중국인 남녀들. **⑫** 순간 소리 지르는 현.)
사람들이 실상당하는 상황에서 실존적인 고민을 함.

⑬ 고현: 연호야, 뛰자.
⑭『 』**②** 중심 사건 – 현과 연호가 탈출함. **⑮**
⑯ (총알같이 샛길로 내뛰는 현. 연호도 퍼뜩 정신 난 듯 다른 길로 뛴다. **⑰** **⑱** 서라, 서라, 탈주다. **⑲** 탕, 탕, 뒤를 쫓는 총성 **⑳**. 엎어지며 고꾸라지며 죽어 **㉑** 라 내뛰는 현. 정신없이 달리는 현.)』

> 피차간: 양편 서로의 사이
> 공방전: 서로 공격하고 방어하는 싸움
> 진군하다: 적을 치러 군대가 나아가다. 또는 군대를 나아가게 하다.
> 유탄: 탄알 속에 작약(炸藥)이나 화학제를 다져 넣어 만든 포탄
> 은폐물: 적의 관측으로부터 인원, 기재 따위를 숨기는 데 쓰는 물체
> 학살하다: 가혹하게 마구 죽이다.
> 수라장: 싸움이나 그 밖의 다른 일로 큰 혼란에 빠진 곳. 또는 그런 상태
> 약탈하다: 폭력을 써서 남의 것을 억지로 빼앗다.

＊S#99 요약: 중국인 촌의 공방전 중에 탈영하는 연호와 현

⭐ (가) 독해 공식

❶ 중심인물: 현, 연호 등
공간적 배경: 내무반, 능선, 병영, 중국인 촌
시간적 배경: 밤
❷ 중심 사건: 현은 상대의 뺨을 때리라는 명령을 거부함. 오장에 의해 연호와 현이 중국인 남녀를 총살하는 임무에 차출됨. 연호는 현에게 탈출을 제안함. 중국인 촌의 공방전 중에 연호와 현이 탈출함.
갈등: 현과 마주 선 신병의 외적 갈등, 때리기를 강요하는 상등병과 이를 거부하는 현의 외적 갈등, 총살 명령에 고민하는 현과 명령 수행을 강요하는 대위의 외적 갈등, 연호에게 탈출 제안을 받은 현의 내적 갈등
❸ 서술상 특징
• 인물 간의 갈등이 대사를 통해 드러나고 있음.
• 지시문을 통해 각 장면의 상황과 인물의 내적 갈등을 드러내고 있음.

■ **갈래**: 시나리오
■ **내용**: 이 작품은 선우휘 원작의 단편 소설 〈불꽃〉을 각색한 시나리오이다. 원작 소설의 내용에서 크게 벗어나지 않는 선에서 형상화되었으며, 일제 강점기부터 광복 이후까지 근대사의 거센 파도를 겪은 인물이 현실에 대해 적극적인 태도를 지니게 되는 과정을 구체화했다. 제시된 부분은 현이 학병으로 파병되었을 때의 장면으로, 현이 전쟁의 부조리함, 혼란을 경험하고 탈영하는 모습이 드러나 있다.
■ **인물 관계도**

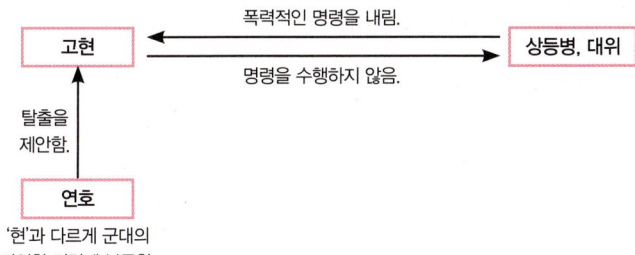

■ **주제**: 삶에 있어서의 적극적 자세와 저항 정신

■ **이것이 핵심!**: 갈등 양상

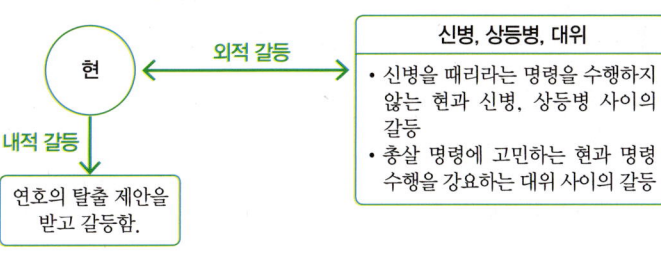

■ **전체 줄거리**: 현의 아버지는 3·1 운동 때 총을 맞고 동굴에 피신하였다가 사망한다. 현실에 안주하는 삶을 살아가는 현의 할아버지 고 영감은 현에게 관심을 쏟는다. 성인이 된 현은 학병으로 파병되나 탈주하여 고향으로 돌아온다. 그 후 월북했다가 6·25 때 돌아온 친구 연호가 도와 달라고 설득하는 것을 거절하고, 오히려 연호가 주도하는 인민재판에서 분노하여 총을 빼앗아 동굴로 피신한다. 연호는 현의 할아버지 고 영감을 앞세워 투항을 종용한다. 고 영감은 현에게 도망치라고 말하다가 연호의 총에 맞아 쓰러지고, 현은 연호를 총으로 쏘아 죽이고 탈출한다. 현은 흐려져 가는 의식 속에서도 생명의 불꽃을 느끼며 현실에 맞서 살아갈 것을 결심한다.

(나) 선우휘, 〈불꽃〉
새로운 생명 의식, 자기 개혁을 시도하는 양심의 행동 상징

❶ 중심인물, 배경 **❷** 중심 사건, 갈등 **❸** 서술상 특징

1 ❶ 창씨한 탓으로 산 자가 붙어 '다카야마[고산(高山)]'가 된 현은 일본 **❶** 중심인물
'나고야' 부대에 입대하였다. **❷** 치중병(輜重兵)이 되었다.
❸❶ 공간적 배경
마구간 당번을 하게 되었다. **❹** 때로는 손으로 말똥을 긁어모아야 했 **❺❶** 공간적 배경
다. 어느 달 밝은 밤 말 다리 밑에 기어 들어가 말똥을 긁어모으고 있 **❶** 시간적 배경
다가, 유난히 비쳐드는 달빛에 고개를 들었다. **❻** 둥근 달이 말의 배 밑에 늘어진 거대한 것 끝에 걸려서 마치 손잡이가 검은 큰 놋 주걱같이 보였다. 『현은 '히히히' 하고 저도 모르게 웃었다. **⑧** 덩그런 마구간 안에
『 』**❸** 인물의 내면 의식의 흐름에 따라 서술함.
웃음소리가 반향을 일으키는 것이 기괴한 감을 주었다. **❾** 갑자기 말한테 조롱당한 것 같은 모욕을 느꼈다. **⑩** 이 자식한테! **⑪** 치밀어 오르는 홧김에 삽을 들어 힘껏 그것을 후려갈겼다. **⑫** 놀란 말이 껑충 뛰자 현은 뒤로 쓰
❷ 중심 사건: 현은 나고야 부대 입대 후 마구간 당번으로 일하며 말에게 분노를 표출함.
러졌다.』

⑬ 어느 일요일, 일인 친구를 따라가서 마음껏 배 속에 집어넣고 온 일
❶ 시간적 배경 **⑭**
이 있었다. 어떻게 먹었던지 씨걱씨걱 호흡이 곤란했고 자유로이 몸을 가눌 수조차 없었다. **⑮** 그러고도 저녁에는 또 한 그릇을 비웠다. **⑯** 그날 밤은 밤새 변소 출입에 바빴다.

⑰ 다음 날 아침 관물 몇 가진가 분실된 것을 알았다. **⑱** 분대장의 주먹은
❶ 시간적 배경
현의 얼굴에서 폭발했다.
⑲❷ 중심 사건: 현이 관물을 잃어버리고 분대장에게 맞음.
"자식아, 잃었거든 멍청히 있지 말고 딴 뎃 것을 훔쳐와."

⑳ 그래도 이튿날 현은 취사장에서 얻어낸 누룽지를 가지고 간밤에 쪼
❶ 시간적 배경
그리고 앉았던 변소에서 먹었다. **㉑** 그것을 뜯으면서 현은 그린의 '의지 와 인간의 도덕적 발전에 쓰이는 자유의 각종 의미에 대하여'가 어떤
❸ 서술자: 3인칭 서술자, 시점: 전지적 작가 시점
것이었던지 무연히 생각하고 있었다.

[B] ┌ **㉒** 현에게 있어서 가장 고통스러웠던 것은 모두를 두 줄로 마주 세
│ **❷** 중심 사건: 현은 고통스러웠던 기억을 떠올리며 슬퍼함.
│ 워 놓고 서로 두드리게 하는 일이었다.
│ **㉓** 『개인적으로 손톱만 한 원한이 없는 인간끼리 서로의 육체에 고
│ 『 』 갈등 – 전쟁의 폭력성으로 인한 현의 내적 갈등 **㉔**
│ 통을 가한다는 것은 견디기 어려운 일이었다. 치면 때리고 때리면
│ 치고 한참 그것을 반복하고 있으면 차차 서로에 대한 근거 없는 증
│ 오심이 끓어올랐다. **㉕** 그것은 인간으로서 얼마나 덧없고 슬픈 일이
└ 었을까.』

> 창씨: '일본식 성명 강요'의 전 용어
> 치중병: 군수품을 실어 나르던 병사
> 놋: 구리에 아연을 10~45% 넣어 만든 합금
> 반향: 소리가 어떤 장애물에 부딪쳐서 반사하여 다시 들리는 현상
> 기괴하다: 외관이나 분위기가 괴상하고 기이하다.
> 조롱: 비웃거나 깔보면서 놀림.

모욕: 깔보고 욕되게 함.

횟김: 화가 나는 기회나 계기

변소: 대소변을 보도록 만들어 놓은 곳

관물: 정부나 관청 소유의 물건

취사장: 끼니로 먹을 음식 따위를 만드는 일을 하는 곳

무연히: 아득하게 너른 상태로

원한: 억울하고 원통한 일을 당하여 응어리진 마음

증오심: 사무치게 미워하는 마음

*① 요약: 군대의 폭력성에 분노하고 슬퍼하는 현

② 다음 해 봄, 현은 북부 중국에 파견되는 노병들 가운데 섞여 있었
① 시간적 배경   ① 공간적 배경
다. 황막한 중국 땅에 내려섰을 때 현은 틈을 타서 도주할 결심을 했다.
② 중심 사건: 현이 탈영 계획을 세움.
「(구타, 학대, 잔인, 오만, 비굴, 허위의 범벅. 군대란, 인간이 있을
「」: ③ 괄호를 통해 인물의 내면이 직접적으로 드러남.
데가 못 된다. 그래도 명분이 있다면 참기도 하겠다. 그런데 내게는
털끝만 한 명분이 없다. 어째서 내가 중국인을 죽여야 하는가.)」

얼어붙었던 대지가 철을 맞아 지르르 녹아나기 시작할 무렵이었다.
밤이 되면 추위가 뼛속에 스며들었다. 으스름 달밤. 현은 보초를 서다
① 시간적 배경
③ 시간적 배경과 감각적 표현을 통해 인물의 상황이 암시적으로 드러남.
가 틈을 탔다.

덮어놓고 서쪽으로 달리면 된다는 막연한 계획이었다. 숨겨 두었던
건빵 두 주머니, 통조림 한 통, 캐러멜 두 개를 끼고 밤새 허리까지 오
는 마른 잡초 사이를 걸었다. 몇 번 뒹굴어 손등과 얼굴을 긁혔다. 「끝
없는 대지 위 칠흑 속에서 현은 머리카락이 곤두서는 공포에 떨었다.
「」: 탈영을 감행하는 현의 내면
지구 밖 어두운 허공 속에 혼자 던져진 느낌이었다. 그대로 지옥으로
열린 문을 향해 걷고 있는 것 같았다.」
① 시간적 배경 – 아침
「동쪽 하늘이 희미하게 밝아올 때, 현의 손에는 이미 소총이 없었
「」: ③ 시간적 배경과 감각적 표현을 통해 인물의 상황이 암시적으로 드러남.
다. 불그레 동쪽 하늘이 물들기 시작하더니 ⓑ붉은 커다란 덩어리가
솟아오르기 시작했다. 그대로 못박혀진 현은 꼼짝 않고 그 장엄한 광
③ 상승 이미지 – 생명력을 느끼게 함. 앞으로 전개될 사건을 암시함.
경을 황홀히 주시하고 있었다. 아아! 이 커다란 것, 그 앞에 초라한 이
모습. 그는 갑자기 짐승 같은 소리를 질렀다. 아아악, 갸아악, 갸아악.
괴었던 잡것이 터져 나가는 가슴속에 태양은 새로운 생명을 불어넣어
주는 듯했다.

이튿날 멀리 조그마한 마을이 내려다보이는 언덕에 이르자 추위와
① 시간적 배경
주림과 공포와 피로에 지친 그는 그대로 쓰러져 잠이 들고 말았다. 현
이 눈을 떴을 때 태양은 머리 위에서 빛나고 대여섯 가옥의 인가 근처
에는 주민 두서넛이 얼씬거리고 있었다. 좁다란 길이 현이 누운 언덕
① 공간적 배경
밑을 지나 마을 쪽으로 뻗고 있었다.」

황막하다: 거칠고 아득하게 넓다.

도주하다: 피하거나 쫓기어 달아나다.

허위: 실속이 없이 겉으로만 꾸민 위세

범벅: 여러 가지 사물이 뒤섞이어 갈피를 잡을 수 없는 상태를 비유적으로 이르
는 말

명분: 일을 꾀할 때 내세우는 구실이나 이유 따위

보초: 부대의 경계선이나 각종 출입문에서 경계와 감시의 임무를 맡은 병사

허공: 텅 빈 공중

장엄하다: 씩씩하고 웅장하며 위엄 있고 엄숙하다.

주림: 주로 먹을 것을 제대로 먹지 못하여 주리는 일

가옥: 사람이 사는 집

인가: 사람이 사는 집

*② 요약: 탈영할 계획을 세우고 이에 성공한 현

🟥 (나) 독해 공식 ─────

❶ 중심인물: 현

공간적 배경: 나고야 부대, 마구간, 북부 중국, 인가 근처

시간적 배경: 어느 달 밝은 밤, 어느 일요일, 일인 친구를 따라간 다음 날 아침, 분대장에게 맞은 후 이튿날, 다음 해 봄, 으스름 달밤, 탈영 시도 후 아침과 이튿날

❷ 중심 사건: 현은 나고야 부대 입대 후 마구간에서 말에게 분노를 표출함. 현이 관물을 잃어버리고 분대장에게 맞고, 원한이 없는 인간끼리 서로를 폭행했던 고통스러운 기억을 떠올림. 결국 현은 탈영을 감행하고, 해가 떠오르는 모습을 보며 탈출의 성공을 확인함.

갈등: 전쟁의 폭력성으로 인한 현의 내적 갈등

❸ 서술상 특징

• 서술자: 3인칭 서술자, 시점: 전지적 작가 시점

• 의식의 흐름 기법(인물의 머릿속에 떠오르는 생각, 기억, 느낌 등을 그대로 적는 기법)이 사용되고 있음.

• 괄호를 통해 인물 내면의 생각이 직접적으로 드러나고 있음.

• 시간적 배경과 감각적 표현, 상승 이미지를 통해 상황이 암시적으로 드러나고 있음.

■ 갈래: 현대 소설

■ 내용: 이 작품은 3·1 운동부터 6·25 전쟁에 이르는 30여 년간의 역사적 격동기를 배경으로, 실존적 고민을 하며 방황하는 인물을 통해 적극적 삶의 태도와 현실에 대한 의지를 드러낸 현대 소설이다. 주인공 고현은 만세 시위에 앞장섰던 아버지의 유복자로 태어나 현실에 대해 무관심하고 소극적인 할아버지 아래에서 소심하고 방관적인 성격으로 자라났다. 그러나 학병으로 끌려 나갔다가 탈주하여 고향으로 돌아온 뒤 전쟁이 발발한 상황에서 무고한 사람이 인민재판으로 죽는 것을 보고 현실에 대한 저항 의지를 드러낸다.

■ 인물 관계도

| 현 | ← 관물을 잃어버린 '현'을 때림. | 분대장 |

■ 주제: 삶에 있어서의 적극적 자세와 저항 정신

■ 이것이 핵심!: 인물의 상황 암시

	밤	아침
인물의 상황	으스름 달밤. 현은 보초를 서다가 틈을 탔다. → 탈영 시도	동쪽 하늘이 희미하게 밝아올 때, 현의 손에는 이미 소총이 없었다. → 탈영 성공
감각적 표현	밤이 되면 추위가 뼛속에 스며들었다.	붉은 커다란 덩어리가 솟아오르기 시작했다.

■ 전체 줄거리: 현의 아버지는 3·1 운동 때 총을 맞고 동굴에 피신하였다가 사망한다. 현실에 안주하는 삶을 살아가는 현의 할아버지 고 영감은 현에게 관심을 쏟는다. 성인이 된 현은 학병으로 파병되나 탈주하여 고향으로 돌아온다. 그 후 월북했다가 6·25 때 돌아온 친구 연호가 도와 달라고 설득하는 것을 거절하고, 오히려 연호가 주도하는 인민재판에서 분노하여 총을 빼앗아 동굴로 피신한다. 연호는 현의 할아버지 고 영감을 앞세워 투항을 종용한다. 고 영감은 현에게 도망치라고 말하다가 연호의 총에 맞아 쓰러지고, 현은 연호를 총으로 쏘아 죽이고 탈출한다. 현은 흐려져 가는 의식 속에서도 생명의 불꽃을 느끼며 현실에 맞서 살아갈 것을 결심한다.

🟥 작품 간의 공통점 및 차이점 ─────

• 공통점: 전쟁과 군대의 폭력성을 겪는 주인공 현의 태도가 드러남.

• 차이점: (나)는 3·1 운동부터 6·25 전쟁에 이르는 30여 년간의 세월을 배경으로 하는 단편 소설이며, (가)는 (나)를 시나리오 형식으로 각색한 것임.

G 10   정답 ④   *영상 구성 및 연출 이해하기

(가)를 영상으로 제작하고자 할 때, 가장 적절한 것은?

• (가)를 영상으로 제작: 시나리오를 영상으로 제작하고자 할 때에는 인물의 심리, 태도를 효과적으로 묘사하기 위해 적절한 연출과 촬영 기법 등을 고려해야 합니다.

즘 인물의 심리와 태도를 효과적으로 드러내기 위해 고려해야 할 사항에 대한 설명으로 적절한 것을 고르는 문제입니다.

＞왜 정답 ？

④ S#98: '연호'와 '현'의 대화를 작은 목소리로 연출하여 관객들
탈출 계획에 대해 이야기를 나누므로 적절함.
이 장면에 더 몰입할 수 있도록 한다.

＊근거: (가) S#98 ❸, ⓬, ⓮

S#98은 현과 연호가 밤에 내무반에 누워서 이야기를 나누는 장면으로, 연호가 목소리를 낮추면서 다음 날 토벌 작전 때 도망가자고 제안하고 있다. 즉, 현을 '소리 죽여' 부른 연호는 '팔로군 쪽으로 넘어가는 거'라며 탈출을 제안한 뒤 '쉬이' 하고 '한층 목소리 낮춰서' 말하고 있다. 인물들이 남몰래 탈출 계획에 대해 이야기하는 장면이므로 이 대화를 작은 목소리로 연출하는 것이 적절하다.

┌ **연출하다**: 연극이나 방송극 따위에서, 각본을 바탕으로 배우의 연기, 무대 장치, 의상, 조명, 분장 따위의 여러 부분을 종합적으로 지도하여 작품을 완성하다.
└ **몰입하다**: 깊이 파고들거나 빠지다.

＞왜 오답 ？

① S#95: '현'의 공허한 눈동자를 클로즈업하여 현재에서 과거로
장면이 전환되도록 한다.
현재에서 과거로의 장면 전환은 나타나지 않음.

S#95에 현재에서 과거로의 장면 전환은 나타나지 않으므로 적절하지 않다.

┌ **공허하다**: 아무것도 없이 텅 비다.
│ **클로즈업**: 영화나 텔레비전에서, 등장하는 배경이나 인물의 일부를 화면에 크게
└ 나타내는 일 **전환되다**: 다른 방향이나 상태로 바뀌다.

② S#95: '연호'와 '현'의 모습을 번갈아 제시하여 두 인물의 태도
변화를 부각한다.
S#95에서는 현의 모습에 초점을 두고 있음.

S#95에서는 신병을 때리기를 강요하는 상황에서 갈등을 겪는 현의 모습과 현과 대립하는 신병, 상등병의 모습이 나타날 뿐 연호는 등장하지 않는다. 같은 상황에 대한 연호와 현의 서로 다른 태도가 드러나는 장면은 S#97이다.

┌ **부각하다**: 어떤 사물을 특징지어 두드러지게 하다.

③ S#97: '대위'의 차가운 얼굴을 클로즈업하여 중국인들의 공포
대위의 얼굴이 아니라 중국인들의 얼굴을 보여 줘야 함.
에 질린 모습을 직접적으로 드러낸다.

S#97에서 중국인들의 공포를 직접적으로 드러내기 위해서는 대위가 아니라 중국인들의 얼굴을 클로즈업해서 보여 주는 것이 적절하다.

┌ **직접적**: 중간에 제삼자나 매개물이 없이 바로 연결되는 것

⑤ S#99: 달려가는 '현'의 모습을 멀리서 촬영하여 인물의 심리를
인물의 심리를 생생하게 보여 주려면 얼굴 표정을 클로즈업하는 것이 적절함.
생생하게 보여 준다.

S#99에서 달려가는 현의 모습을 멀리서 촬영하면 인물이 도망가는 긴박한 상황을 보여 줄 수 있다. 그러나 이를 통해 인물의 심리를 드러내기는 어려우며, 인물의 심리를 생생하게 보여 주기 위해서는 얼굴 표정이나 몸짓 등을 클로즈업하여 드러내는 것이 더 적절하다.

G 11 정답 ① ＊서술상 특징 파악하기

(나)의 서술상 특징으로 가장 적절한 것은?

＞왜 정답 ？

① 인물의 내면 의식의 흐름을 중심으로 서술하고 있다.
주인공 현의 내면 생각을 중심으로 서술됨.

＊근거: (나) ❶-❾~⓫, ㉑~㉕, ❷-❸~❼, ⓯~⓱

(나)는 현의 내면 의식을 드러내면서 사건을 제시하고 있다. 즉, 나고야 부대에 입대한 현이 마구간 당번을 하며 모욕과 분노를 느낀 일이나 변소에서 누룽지를 먹으며 의지와 자유에 대해 떠올린 것, '모두를 두 줄로 마구 세워 놓고 서로 두드리게 하는 일'에 고통을 느낀 것, 중국 땅에서 도주할 결심을 하며 떠올린 생각과 탈영을 감행하며 떠올린 생각 등이 내면 의식의 흐름에 따라 서술되고 있다.

┌ **의식의 흐름**: 끊임없이 생성·변화하는 의식의 연속성을 강조한 말

＞왜 오답 ？

② 인물 간의 대화를 통해 중심인물의 부정적인 면모를 드러내고
주인공 현의 생각을 중심으로 서술됨. 현의 부정적 면모는 드러나지 않음.
있다.

(나)에서는 인물 간의 대화가 두드러지지 않으며, 중심인물인 현의 부정적인 면모가 드러나고 있지도 않다.

┌ **면모**: 사람이나 사물의 겉모습. 또는 그 됨됨이

③ 동시에 진행되는 두 사건을 교차시켜 갈등 해소의 실마리를
사건을 순차적으로 진행시킴. 갈등이 풀릴 수 있는 계기
제공하고 있다.

(나)에서는 현이 나고야 부대에 입대한 뒤 부대에서 겪은 일들과 '다음 해 봄' 북부 중국에 파견되었을 때 도주할 결심을 하고 그것을 실행하는 사건이 순차적으로 제시되었을 뿐, 동시에 진행되는 두 사건을 교차시킨 부분은 나타나지 않는다.

┌ **교차시키다**: 서로 엇갈리거나 마주치다.
│ **해소**: 어려운 일이나 문제가 되는 상태를 해결하여 없애 버림.
└ **실마리**: 일이나 사건을 풀어 나갈 수 있는 첫머리

④ 이야기가 진행되는 과정에서 서술자를 교체하여 다른 시각에
바라보고 서술자의 교체는 나타나지 않음.
서 사건을 조망하고 있다.

(나)는 전지적 작가 시점으로 작품 밖에 위치하는 서술자가 현의 시각에서 사건을 서술하고 있을 뿐 서술자를 교체하고 있지는 않다.

┌ **조망하다**: 먼 곳을 바라보다.

⑤ 시간적 배경 묘사를 통해 인물의 현재의 처지와 미래의 모습
미래의 모습은 드러나지 않음.
을 구체적으로 제시하고 있다.

＊근거: (나) ❷-❽~⓫, ⓲~㉔

현이 도망치던 밤과 해가 떠오르는 아침의 시간적 배경을 감각적으로 묘사하며 현재의 처지를 드러내고 있는 부분은 있으나, 배경 묘사를 통해 인물의 미래의 모습을 구체적으로 제시하고 있다고 볼 수는 없다.

G 12 정답 ④ ＊〈보기〉를 바탕으로 감상하기

〈보기〉를 참고하여 [A], [B]를 이해한 내용으로 적절하지 <u>않은</u> 것은?

• 〈보기〉: 갈등은 두 개 이상의 욕구가 충돌을 일으키는 상태로, 욕구와 상반되는 외부적 힘 또는 내부적 힘으로 인해 발생합니다. 소설에서 이러한 갈등은 인물의 성격을 부각하고, 해소 과정을 통해 주제를 드러내는 역할을 합니다.

• [A]: 신병을 때리기를 거부하는 현과 마주 선 신병, 상등병 사이의 갈등이 드러나고 있습니다.

• [B]: 현이 원한이 없는 인간끼리 서로 고통을 가하게 했던 기억을 떠올리며 슬퍼하고 있습니다.

즉 [A], [B]에 나타난 갈등에 대한 설명으로 틀린 것을 고르는 문제입니다.

┌─────────────[보기]─────────────

❶'갈등'은 두 개 이상의 욕구가 동시에 존재하고 그것이 지향하
'갈등'의 정의
는 방향이 서로 반대되어 충돌을 일으키는 상태를 가리킨다. ❷소
설에서 등장인물이 갈등을 일으키는 것은 그 인물의 의지나 욕구
와 상반되는 외부적 힘 또는 내부적 힘이 있기 때문이다. ❸대부분
의 소설에서 갈등은 사건 전개의 핵심적인 요인이 된다. ❹또한 이
러한 갈등을 통해 인물들의 성격을 뚜렷이 부각시키며, 그 갈등
소설에서 '갈등'의 역할
의 해소 과정을 통해 주제를 드러내기도 한다.

└────────────────────────────

> **왜 정답?**

④ [B]에 제시된 '서로에 대한 근거 없는 증오심'은 ~~'현'의 외적 갈등을 유발하는 요인~~으로 사건 전개에서 핵심적인 역할을 한다.
현에게 고통스럽게 인식되고 있으나 외적 갈등을 유발하지는 않음.

＊근거 (나) ①-㉓〜㉕

[B]에서 '서로에 대한 근거 없는 증오심'은 서로 '원한이 없는 인간끼리' 이유 없이 '치면 때리고 때리면 치고' 하는 행위를 한참 반복함으로써 생겨나게 된 것이다. 현은 이에 대해 '덧없고 슬픈 일'이라고 인식하며 고통스럽게 느끼고 있으나 이것이 현의 외적 갈등을 유발하고 있다고 볼 수는 없다.

〔유발하다: 어떤 것이 다른 일을 일어나게 하다.

> **왜 오답?**

① [A]에서 '현'이 갈등을 겪는 이유는 '현'의 의지와 상반되는 외부적인 힘이 존재하기 때문이다.
현에게 폭력을 쓰도록 강요하는 외부의 압력

＊근거 (가) S#95 ⑨〜⑰, 〈보기〉 ❷문장

[A]에서 현은 아무런 원한도 없이 앞에 있는 병사와 서로 때려야 하는 상황 때문에 갈등하고 있다. 현은 그러한 행동을 하고 싶지 않지만 폭력을 쓰도록 강요하는, 자신의 의지와 상반되는 외부적인 힘이 존재하기 때문에 갈등하고 있는 것이다.

② [A]에서는 같은 상황에 놓였으나 서로 다른 반응을 보이며 갈등을 겪는 인물의 모습을 통해 인물의 성격을 보여 주고 있다.
현은 상대를 때리지 않으려 하고, '마주 선 신병'은 때리는 척이라도 하라며 갈등함.

＊근거 (가) S#95 ❹〜⑰, 〈보기〉 ❹문장

[A]에는 마주 서서 서로의 뺨을 때릴 것을 강요받는 상황에서 현은 '마주 선 신병'을 때리지 않으려 하고, '마주 선 신병'은 그러한 현으로 인해 혼나게 될까 봐 두려워 때리는 척이라도 하라고 말하고 있다. 이처럼 같은 상황에 대한 서로 다른 반응과 그로 인한 갈등을 통해 현과 '마주 선 신병'의 성격을 짐작할 수 있다.

③ [B]와 달리 [A]에서는 인물 간의 대화를 통해 '현'이 겪는 외적 갈등의 상황에 초점을 두어 묘사하고 있다.
대화 없이 현의 내면 묘사가 드러남. 현과 '마주 선 신병', '상등병'의 대화를 통해 외적 갈등이 드러남.

＊근거 (가) S#95 ❹〜❼, (나) ①-㉒〜㉕

[B]에서는 현이 고통스럽게 느끼는 상황을 현의 내면 묘사를 통해 서술하여 외적 갈등보다는 현이 겪는 내적 갈등이 두드러지게 드러난다. 이와 달리 [A]에서는 현과 '마주 선 신병', '상등병'의 대화를 통해 현이 겪는 외적 갈등이 드러나고 있다.

〔초점: 사람들의 관심이나 주의가 집중되는 사물의 중심 부분
〔묘사하다: 어떤 대상이나 사물, 현상 따위를 언어로 서술하거나 그림을 그려서 표현하다.

⑤ [A]와 [B] 모두 갈등이 해소되는 과정은 나타나 있지 않으나, 갈등을 겪는 '현'의 모습을 통해 작품의 주제를 짐작할 수 있다.
전쟁의 폭력성에 대한 비판

＊근거 (가) S#95 ❹, ⑫〜⑳, (나) ①-㉒〜㉕, 〈보기〉 ❹문장

[A]에서 현은 서로를 이유 없이 때리도록 하는 상황에서 그 명령에 불복하며 갈등하고 있고, [B]에서는 같은 상황에 대해 슬픔을 드러내고 있다. [A]와 [B] 모두 이러한 갈등 상황이 해소되는 과정은 나타나 있지 않으나, 전쟁으로 인해 군대의 극한 상황 속에서 갈등하는 현의 모습을 통해 전쟁의 폭력성을 지적하는 주제 의식을 짐작할 수 있다.

〔해소되다: 어려운 일이나 문제가 되는 상태가 해결되어 없어지다.
〔짐작하다: 사정이나 형편 따위를 어림잡아 헤아리다.

G 13 정답 ⑤ ＊대사와 지시문의 의미 파악하기

㉠〜㉤에 대한 설명으로 적절하지 **않은** 것은?

- ㉠: 현의 긴장한 모습을 나타낸 부분입니다.
- ㉡: 중국인을 총살하라는 명령을 따르지 않는 현의 모습을 나타낸 부분입니다.
- ㉢: 대위가 중국인을 죽인 연호에 대한 만족감을 드러낸 부분입니다.
- ㉣: 탈출 계획을 이야기하며 자신감에 찬 연호의 모습을 드러낸 부분입니다.
- ㉤: 사람들을 살상하는 상황에서 실존적인 고민을 하는 현의 모습을 드러낸 부분입니다.

즉 인물의 심리를 바탕으로 ㉠〜㉤을 이해한 내용으로 틀린 것을 고르는 문제입니다.

> **왜 정답?**

⑤ ㉤: ~~'연호'의 계획을 따를 것인가, '대위'의 명령에 따를 것인가~~ 고민하는 현의 상태를 보여 준다.
현이 누구의 명령을 따를 것인가 고민하는 것은 아님.

＊근거 (가) S#99 ❹〜⑪

㉤은 '중국인 촌'에서 공방전이 벌어지는 와중에 '무차별 학살하는 일군들'과 '아무 집이나 뛰어들어 마구 죽이고, 마구 약탈'하는 현장에서 현이 보이는 반응으로, 실존적인 고민을 하는 모습으로 볼 수 있다. 대위의 명령은 S#97에서 중국인들을 쏘아 죽이도록 한 것으로, 이 상황과는 관련이 없다.

> **왜 오답?**

① ㉠: '대위'의 명령을 예상한 '현'의 긴장된 심리 상태를 보여 준다.
중국인을 총살하라는 명령을 예상하고 긴장함.

＊근거 (가) S#97 ❺〜❾

대위가 신병들에게 '이제부터 너희들에게 군인 정신을 함양한다.'고 하며 공포에 질려 떨고 있던 중국인 다섯 명을 끌어다 파놓은 구덩이 앞에 세운 상황이므로, ㉠에서 현이 마른침을 삼킨 것은 대위가 중국인들을 총살할 것을 명령하리라 예상하고 긴장한 상태임을 보여 준다.

〔예상하다: 어떤 일을 직접 당하기 전에 미리 생각하여 두다.
〔긴장되다: 마음을 조이고 정신을 바짝 차리게 되다.

② ㉡: 중국인들을 총살하라는 명령에 따르지 못하고 회피하는 '현'의 모습을 드러낸다.
눈을 감고 회피해 버리는 모습이 드러남.

＊근거 (가) S#97 ⑩〜⑭

현은 중국인을 총살하라는 명령에 총을 들었다가 가늠자에 중국인 젊은이의 확대된 눈동자가 들어오자 눈을 감아 버리고, 이어 총을 빗나가게 쏘고 만다. 따라서 ㉡에서 눈을 감아 버리는 것은 중국인을 총살하라는 명령에 따르지 못하고 회피하는 모습이라고 볼 수 있다.

〔회피하다: 일하기를 꺼리어 선뜻 나서지 않다.

③ ㉢: '연호'가 '현'을 대신하여 중국인 젊은이를 죽인 것에 대한 '대위'의 만족감을 드러낸다.
연호의 총에 중국인 젊은이가 쓰러진 것을 보고 '좋아'라고 말함.

＊근거 (가) S#97 ⑳〜㉓

대위는 총을 빗나가게 쏜 현을 말채찍으로 후려쳤는데, 순간 연호가 다시 장전하여 현이 죽이지 못한 중국인 젊은이를 죽이자 '좋아'라고 말하며 씩 웃고 있다. 즉, ㉢은 현 대신 연호가 중국인 젊은이를 죽인 것에 대한 대위의 만족감을 드러내는 것이다.

④ ㉣: 탈출 계획에 대한 '연호'의 확신과 자신감을 보여 준다.
탈출 계획을 말하며 자신에 찬 태도를 보이고 있음.

＊근거 (가) S#98 ⑭, ⑮

연호는 현에게 탈출을 제안하며 '그동안 지형도 살피고 삼 일분 식량도 준비해 놨다'고 하면서 '자신에 찬 태도'와 '빛나는 눈초리'를 보인다. 즉, ㉣은 자신의 탈출 계획에 대한 연호의 확신과 자신감을 보여 주는 모습이라 할 수 있다.

〔확신: 굳게 믿음. 또는 그런 마음

G 14 정답 ② *인물의 심리와 태도 파악하기

〈보기〉는 (가)의 원작에서 '연호'와 '현'이 나누는 대화의 일부이다. 이를 고려할 때, ⓐ에 대한 설명으로 가장 적절한 것은?

- 〈보기〉: 현과 연호가 대의를 위한 희생에 대해 서로 다른 의견을 드러내고 있습니다.
- ⓐ: 중국인을 '용감하게' 쏴 죽이지 그랬느냐는 연호의 말을 듣고 현이 돌아눕는 부분입니다.

🔴 〈보기〉에 드러난 현과 연호의 의견 차이를 고려하여 ⓐ를 이해한 내용으로 가장 적절한 것을 고르는 문제입니다.

[보기]

❶ "자네 왜 그러나?"

❷ 뜻밖이라는 연호의 표정.

❸ "왜 그러긴 나야 원래 이런 놈이 아닌가. 부탁이니 나를 이대로 가만히 버려두어 주게."

❹ "버려두다니, 자네야말로 열성적으로 일해야 할 사람이 아닌가?"

❺ "일이야 할 사람이 얼마든지 있는걸. 나까지 뛰어들 필요가 없지. 나는 모든 것이 귀찮게만 생각이 드네. 자네가 들어오기 전 나는 들로 나가던 길가에서 어떤 젊은 군인의 시체를 보았지. 속눈썹이 길고 검은 머리를 늘인 <u>애띤</u> 얼굴을 하고 있더군. 나보다도 10년이나 어려 뵈는 소년이야. 그는 며칠 전만 해도 자기 가족에게 편지를 보냈고, 이웃에 사는 어떤 처녀를 그리고 있었는지도 모른다. 그렇게 생각하니 어째서 그가 이 길가에서 이처럼 생명을 잃어야 했는가 의문이 들더군. <u>살아야 했을 인간이 인위적으로 죽은 것이다. 어째서? 누구의 탓으로?"</u>
  인간의 삶과 죽음에 대한 실존적 의문이 듦.

❻ "물론 사람이 죽는다는 건 유쾌한 일이 못 되지. 그러나 <u>피의 대가가 없이 어떻게 혁명의 성취를 바랄 수 있겠나?"</u>
  대를 위해서는 소를 희생해도 된다는 생각이 깔려 있음.

❼ "누구의 피, 누가 흘려야 하는 핀데?"

❽ "그것은 혁명을 가로막는 원수들의 피. 그리고 혁명에 바쳐지는 인민 전사들의 고귀한 피. 그러나 더 많은 원수들의 피가 요구되지."

❾ "자네는 죽는 사람의 경우를 생각해 본 적이 있나? 다만 살고자 발버둥치는 인간들의 죽음을. 고통과 공포. 죽는 인간에 있어서는 죽는 그 순간에 그 자신의 모든 것, 아니 전 세계가 상실된다는 것을."

열성적: 열렬한 정성을 들이는 것
애띠다: 애티가 있어 어려 보이다.
의문: 의심스럽게 생각함. 또는 그런 문제나 사실
인위적: 자연의 힘이 아닌 사람의 힘으로 이루어지는 것
고귀하다: 훌륭하고 귀중하다.
상실되다: 어떤 것이 아주 없어지거나 사라지다.

>왜 정답?

② '연호'와 생각이 다르다는 것을 우회적으로 표현한 것이다.
  '용감한' 것에 대한 생각의 차이를 돌아눕는 행동으로 드러냄.

*근거: (나) S#98 ❼~❾, 〈보기〉 ❺~❾

〈보기〉에서 연호는 혁명의 성취를 위해 누군가의 희생은 불가피하다는 생각을 보이고 있고, 현은 그것에 대해 부정적으로 생각하고 있다. 또한 (가)에서 연호는 중국인을 쏘지 못한 현에게 '용감하게 쏴 제끼지'라고 하고, 이에 현은 '너처럼 총질한 게 용감한 건지… 나처럼 쏘지도 못한 게 용감한 건지' 모르겠다고 한다. 즉, 현은 연호의 생각에 동의하지 않는다는 입장을 드러내며 돌아눕고 있다.
〈보기〉에 나타난 연호와 현의 입장 차이와 마찬가지로 (가)에서도 연호와 현은 중국인을 쏘아 죽이는 것에 대해 입장 차이를 보이고 있으므로, 현이 연호를 등지고 돌아눕는 행동은 자신은 연호와 생각이 다르다는 것을 우회적으로 표현하는 것으로 볼 수 있다.

[우회적: 곧바로 가지 않고 멀리 돌아서 가는 것

>왜 오답?

① '연호'의 말에 <s>동의를 표하는</s> 것이다.
  동의하지 않음을 드러냄.

(가)에서 연호는 중국인을 쏘지 못한 '현'에게 '용감하게 쏴 제끼지'라고 하고, 이에 현은 '너처럼 총질한 게 용감한 건지… 나처럼 쏘지도 못한 게 용감한 건지' 모르겠다며 그에 동의하지 않는다는 입장을 드러내고 있다.

③ 어떤 판단이 옳은 것인지에 관하여 '연호'의 <s>의견을 묻기 위한 행동이다.</s>
  연호의 의견을 묻고 있지 않음.

현은 '용감한' 것에 대한 자신의 생각이 연호와 다름을 드러내고 있을 뿐, 연호에게 어떤 판단이 옳은지에 대해 묻고 있지는 않다

④ '연호'가 말하고자 하는 것을 <s>예측하여 '연호'가 말하지 못하게 하려는 것이다.</s>
  연호가 말하려는 것을 예측하고 있지 않음.

현은 중국인 '용감하게 쏴 제끼지'라고 말한 연호에게 동의하지 않으며 돌아눕는 것으로 의사를 표시하고 있을 뿐, 연호가 말하고자 하는 것을 예측하여 그것을 말하지 못하게 하려고 한 것으로는 볼 수 없다.

[예측하다: 미리 헤아려 짐작하다.

⑤ 자신의 <s>신념을 지키는 것이 옳은지 갈등하는</s> '현'의 내면을 보여 주기 위한 것이다.
  부정적인 상황에 갈등하고 있을 뿐 신념을 지키는 것이 옳은지에 대해 갈등하고 있지는 않음.

현은 사람이 죄 없는 사람을 죽이는 것에 대하여 부정적으로 생각하고 있고, 그러한 행동을 강요하는 상황 때문에 갈등을 겪고 있다. 따라서 이때 현이 돌아누운 것이 연호의 말을 듣고 자신의 신념을 지키는 것이 옳은지 갈등하는 모습이라고 볼 수는 없다.

[신념: 굳게 믿는 마음

G 15 정답 ③ *소재 및 배경의 의미 파악하기

(나)의 맥락을 고려할 때, ⓑ의 기능을 〈보기〉에서 골라 바르게 묶은 것은?

- (나): 현은 '으스름 달밤'에 탈영을 시도하고, '동쪽 하늘이 희미하게 밝아올 때' 탈영에 성공합니다.
- ⓑ: '붉은 커다란 덩어리'로, 현이 탈영에 성공한 뒤 보게 된 태양의 모습을 감각적으로 표현한 것입니다.

🔴 (나)의 현이 처한 상황을 고려하여 ⓑ의 기능을 이해한 내용으로 옳은 것을 고르는 문제입니다.

왜 정답?

ㄴ. 앞으로 전개될 사건의 분위기를 암시하는 역할을 한다.
새로운 분위기를 감지할 수 있음.

***근거**: (나) 2-⑱~㉔
'으스름 달밤'에 탈영을 감행한 현은 '동쪽 하늘이 희미하게 밝아올 때' 탈영에 성공하고, 동쪽 하늘을 물들이면서 솟아오르는 ⓑ '붉은 커다란 덩어리'를 목격한다. 그리고 그 '장엄한 광경을 황홀히 주시'하다가 '짐승 같은 소리'를 지르면서 태양이 '괴었던 잡것이 터져 나가는 가슴속에' '새로운 생명을 불어넣어 주는 듯'이 느낀다. 따라서 앞으로 이전과 다른 분위기로 사건이 전개될 것임을 암시한다고 볼 수 있다.

암시하다: 넌지시 알리다.

ㄷ. 상승 이미지를 나타내는 소재로 '현'에게 생명력을 느끼게 한다.
솟아오르는 모습에서 상승 이미지가 나타남.

***근거**: (나) 2-⑱~㉔
탈영에 성공한 현은 동쪽 하늘을 물들이면서 솟아오르는 ⓑ '붉은 커다란 덩어리'를 목격하고, 그 '장엄한 광경을 황홀히 주시'하다가 '짐승 같은 소리'를 지르면서 태양이 가슴속에 '새로운 생명을 불어넣어 주는 듯'이 느낀다. 즉, 하늘을 붉게 물들이며 솟아오르는 ⓑ는 상승 이미지를 나타내며, 현에게 새로운 생명력을 느끼게 하는 소재이다.

상승 이미지: 낮은 데서 위로 올라가는 이미지
생명력: 사물이나 현상의 본질적 기능을 유지하여 나가는 힘

왜 오답?

ㄱ. '현'이 부대에서 도망치게 만드는 계기로 작용한다.
부대에서 도망친 후 보게 됨.

ⓑ는 부대에서 도망쳐 나온 뒤에 보게 된 것이므로 현이 부대에서 도망치게 된 계기라는 것은 적절하지 않다.

ㄹ. '현'으로 하여금 과거의 기억들을 떠올리게 만드는 매개체 역할을 한다.
과거의 기억들을 떠올리지는 않음.

현은 ⓑ의 장엄한 광경 앞에서 초라한 자신의 모습을 인식하고 짐승 같은 소리를 지르고 있을 뿐, 과거의 기억을 떠올리고 있지는 않다.

매개체: 둘 사이에서 어떤 일을 맺어 주는 것

G 16~20 [2018 대비/경찰대 25~29]

(가) 월명, 〈제망매가〉

❶ 화자, 중심 대상 ❷ 상황, 정서, 태도 ❸ 표현상 특징 고어 읽기 시 해석
▒: ❸ 비유(어떤 대상을 다른 비슷한 대상에 빗댄 것)와 상징(추상적인 개념을 구체적인 대상으로 나타내는 것) – 시상을 구체화함.

❶ 생사로(生死路)는 (생사로는)
삶과 죽음의 길
➡ 삶과 죽음의 길은

❷ ㉠예 이샤매 저히고 (예 이샤매 저히고)
여기
➡ 이승에 있음에 두려워하고

❸ 나는 가ᄂᆞ다 말ㅅ도 (나는 가느다 말도)
죽은 누이
➡ 나는 간다는 말도

❹ 몯다 닏고 가ᄂᆞ닛고 (몯다 닏고 가느닛고)
❷ 정서: 누이의 죽음에 대한 안타까움, 슬픔
➡ 못 다 이르고 갔는가?

***❶~❹행 요약: 죽은 누이에 대한 추모의 마음**

❺ 「어느 ᄀᆞᅀᆞᆯ 이른 ᄇᆞᄅᆞ매 (어느 가을 이른 바라매)
❸ 계절적 배경을 통해 시적 분위기를 형성함.
누이의 요절 암시
「 」: ❷ 상황 – 누이의 죽음을 이야기함.
➡ 어느 가을 이른 바람에

❻ 이에 저에 ᄠᅥ딜 ㉡닙다이 (이에 저에 떠질 닙다이)
❸ 하강(높은 곳에서 아래로 내려오는) 이미지 – 소멸을 상징함.
❶ 중심 대상 – 죽은 누이를 상징
➡ 여기저기 떨어지는 나뭇잎처럼

❼ ᄒᆞᄃᆞᆫ 가재 나고 (하든 가재 나고)
한 부모(누이와 화자가 형제임을 의미)
➡ 같은 나뭇가지에 나고서도

❽ 가논 곧 모ᄃᆞ온뎌」 (가논 곧 모드온뎌)
❷ 정서: 누이의 죽음으로 인한 무상감
➡ 가는 곳을 모르겠구나.

***❺~❽행 요약: 삶에 대한 무상감**

❾ 「아으 미타찰(彌陀刹)애 맛보올 내 (아으 미타찰애 맛보올 내)
감탄사 극락세계
➡ 아아, 극락세계에서 만나 볼 나는

❿ 도(道) 닷가 기드리고다」 (도 닷가 기드리고다)
「 」: ❷ 태도: 의지적(종교를 통한 슬픔 극복 의지를 드러냄.)
➡ 도를 닦으며 기다리겠노라.

미타찰: 아미타불이 살고 있는 정토(淨土)로, 괴로움이 없으며 지극히 안락하고 자유로운 세상

***❾~❿행 요약: 고뇌의 종교적 승화**

(가) 독해 공식
❶ **화자**: 드러나지 않음.(죽은 누이를 그리워하는 이), **중심 대상**: '닙'
❷ **상황**: 누이의 죽음에 대해 이야기함.
정서: 누이의 죽음에 대한 안타까움과 슬픔, 누이의 죽음으로 인한 무상감
태도: 의지적(종교를 통한 슬픔 극복 의지를 드러냄.)
❸ **표현상 특징**
- 계절적 배경을 통해 시적 분위기를 형성하고 있음.
- 비유(어떤 대상을 다른 비슷한 대상에 빗댄 것)와 상징(추상적인 개념을 구체적인 대상으로 나타내는 것)을 통해 시상을 구체화하고 있음.
- 하강(높은 곳에서 아래로 내려오는) 이미지를 통해 소멸을 표현하고 있음.

- **갈래**: 향가 ▪ **창작 시기**: 신라
- **내용**: 이 작품은 신라 경덕왕 때 승려 월명사가 지은 10구체 향가로, 《삼국유사》에 실려 있으며 기록에 따르면 죽은 누이의 명복을 비는 노래이다. '바람', '잎', '한 가지'와 같은 비유와 상징을 통해 죽음에 대한 인식을 드러낸 서정시로 슬픔을 종교적으로 승화하는 태도를 보여 주고 있다.
- **주제**: 죽은 누이의 극락왕생을 기원함.
- **이것이 핵심!**: 슬픔의 종교적 승화

예	→	미타찰
이승 (누이와의 이별)	슬픔을 종교적으로 승화	극락세계 (누이와의 재회)

(나) 성삼문, 〈이 몸이 죽어 가셔〉

❶ 화자, 중심 대상 ❷ 상황, 정서, 태도 ❸ 표현상 특징 고어 읽기 시 해석
□ ↔ ▒: ❸ 색채 대비(흰색 ↔ 푸른색) – 상징적 의미(구체적인 대상으로 나타낸 추상적 관념) 강화

❶ 이 몸이 죽어 가셔 무어시 될고 ᄒᆞ니 (이 몸이 죽어 가서 무어시 될고 하니)
❶ 화자
❸ 상황을 가정해 화자의 의지를 강조함.
➡ 이 몸이 죽어서 무엇이 될 것인가 하니

***초장(❶) 요약: 자신의 죽음을 가정함.**

봉래산　　　　　제일봉에　　　　　　낙락장송　　　되야　이셔
❷ 봉래산(蓬萊山) 제일봉(第一峰)에 © 낙락장송(落落長松) 되야 이셔
❶ 중심 대상 - 지조와 절개를 상징함.
❷ 상황: 죽어서 '낙락장송'이 될 것이라고 이야기하며 자신의 지조와 절개를 드러냄.
➡ 봉래산 제일 높은 봉우리에 우뚝 솟은 소나무가 되었다가

〔 **제일봉**: 가장 높은 봉우리　**낙락장송**: 가지가 길게 축축 늘어진 키가 큰 소나무

중장(❷) 요약: 지조와 절개를 지키는 존재가 되고자 함.

백설이　　　　만건곤할　　　　　제 독야청청하리라
　　　　　　　　　　　　　　화자의 굳은 지조와 절개
❸ 백설(白雪)이 만건곤(滿乾坤)홀 제 독야청청(獨也靑靑)호리라
❷ 태도: 의지적(절개를 지키겠다는 의지를 드러냄.)　❸ 한자어를 사용해 의미를 압축적으로 전달함.
➡ 흰 눈이 온 세상에 가득 찼을 때 홀로 푸르고 푸르리라.

〔 **만건곤하다**: 하늘과 땅에 가득하다.
　독야청청: 남들이 모두 절개를 꺾는 상황 속에서도 홀로 절개를 굳세게 지키고 있음을 비유적으로 이르는 말

종장(❸) 요약: 굳은 절의를 굽힐 수 없음.

⭐ **(나) 독해 공식**
❶ 화자: '이 몸', 중심 대상: '낙락장송'
❷ 상황: 죽어서 '낙락장송'이 될 것이라고 이야기하며 자신의 지조와 절개를 드러냄.
　태도: 의지적(절개를 지키겠다는 의지를 드러냄.)
❸ 표현상 특징
・상황을 가정해 화자의 의지를 강조하고 있음.
・색채 대비를 통해 상징적 의미(구체적인 대상으로 나타낸 추상적 관념)를 강화하고 있음.
・한자어를 사용하여 의미를 압축적으로 전달하고 있음.

■ **갈래**: 평시조, 단시조　　　　■ **창작 시기**: 조선 전기
■ **내용**: 이 작품은 작가가 단종의 복위를 꾀하다가 실패하고 죽임을 당하게 되었을 때, 자신의 충절을 나타낸 시조이다. 자신이 죽으면 남산 위에 우뚝 솟은 소나무가 되었다가, 온 세상이 세조를 섬기더라도 자신만은 단종을 받들고 절개를 지키겠다는 의지를 절절하게 드러내고 있다. 즉, '백설이 만건곤'한 상황은 조선이 세조의 권력하에 들어가 버린 것을, '독야청청'은 혼자서라도 푸른 절개를 고수하겠다는 작가의 의지를 비유한다.
■ **주제**: 임금에 대한 충절, 굽히지 않는 지조와 절개

■ **이것이 핵심!**: 화자와 현실의 대비

화자		현실
낙락장송, 독야청청	◆━ 화자의 지조와 절개를 강조함. ━▶	백설이 만건곤

(다) 작자 미상, 〈바리공주〉

❶ 중심인물, 배경　❷ 중심 사건, 갈등　❸ 서술상 특징

1 양전(兩殿)마마가 한날한시에 몽사(夢事)를 얻으시니 대명전 들보
　　　　　　　　　　　　　　　　　　　　　　　　❶ 공간적 배경
에서 여섯 청의동자가 날아와서 일시에 읍하거늘,

❷ "네가 사람이냐 귀신이냐? 나는 새도 들어오지 못하는 곳인데 어찌
　하여 들어왔느냐?"

❸ "인간 사람도 아니옵고 귀신도 아니옵고 하늘의 청의동자로서 옥황
　상제의 명령으로 국왕 전하의 명패를 풍도 섬에 가두러 왔나이다."
　　　　　　　　　　　　❸ 불교와 전통 무속의 색채가 드러남.
❹ "그는 어찌하여 그러하냐? 신하 중에 원책이 있다더냐? 만민 중에
　원민이 있다더냐?"
　　　　　　　　　　바리공주
❺ "원책, 원민이 아니오라, 하늘이 아는 아기를 내다 버리신 죄로 ⓐ
　　　　　　　　　　　　　　　　❸ 영웅 서사 구조 – 유년기의 시련
　한날한시에 문안 드시면은 한날한시에 승하하시리다."

❻ "그러면 내 어찌 회춘(回春)하리오?"

❼「"버린 아기를 찾아 들여, 삼신산 불사약 무상신(無上神) 약령수(藥
　靈水) 동해 용왕 비례주(珠) 봉래산 가얌초(草) 안아산 수리취를 구
　해다 잡수시면 회춘하시리다."」「 」: ❷ 중심 사건 - 대왕마마는 꿈에서 바리공주를 통해
　　　　　　　　　　　　　　　　　약수를 얻어야 병이 나을 수 있다는 이야기를 들음.
❽ 깜짝 놀라 깨니 남가일몽(南柯一夢)이라.

양전: 임금과 왕비를 아울러 이르는 말　**몽사**: 꿈에 나타난 일
청의동자: 신선의 시중을 든다는 푸른 옷을 입은 사내아이
읍하다: 두 손을 맞잡아 얼굴 앞으로 들어 올리고 허리를 앞으로 공손히 구부렸다가 몸을 펴면서 손을 내리다.　**원민**: 원한을 품은 백성
승하하다: 임금이나 존귀한 사람이 세상을 떠나다.
회춘: 중한 병에서 회복되어 건강을 되찾음.
남가일몽: 꿈과 같이 헛된 한때의 부귀영화를 이르는 말

1 요약: 신선 세계의 약수를 먹으면 병을 고칠 수 있다는 이야기를 들음.

(중략)

2 대왕마마 병환이 위중하옵시니
❷ 중심인물
❷ "만조백관, 시녀, 백성들아, 무상신 약령수를 얻어다가 국가 보존할
　쏘냐?"

❸ "이승 약이 아니온데 어찌 얻을 수 있사오리까?"
　❷ 중심 사건: 대왕마마의 병환이 위중해지는데 아무도 약수를 구하러 갈 수 없다고 함.

병환: '병'의 높임말
위중하다: 병세가 위험할 정도로 중하다.
만조백관: 조정의 모든 벼슬아치
이승: 지금 살고 있는 세상

2 요약: 대왕마마의 병환이 점점 위중해짐.

(중략)

3 버려졌던 칠 공주 불러내어,
❶ 중심인물 - 일곱 번째 공주, 바리공주
❷ "부모 소양[효양(孝養)] 가려느냐?"
　　　　　　　　　봉양
❸「ⓑ"국가에 은혜와 신세는 안 졌지마는 어마마마 배 안에 열 달 들
　어 있던 공으로 소녀 가오리다."」「 」: 바리공주의 효성
　　　　　　　　　　　오색 구슬로 꾸민 가마
❹ "거둥 시위(侍衛)로 하여 주랴? 구슬 덩, 사(紗) 덩을 주랴?"
　　　　　임금이 거둥할 때 곁에서 모시고 호위하는 것　　비단으로 장식한 가마
❺ "필마단기(匹馬單騎)로 가겠나이다."
　　　　혼자 한 필의 말을 탐.
❻ 사승포(四升布) 고의적삼, 오승포 두루마기 짓고 쌍상투 짜고, 세
　　　무명 삼베의 종류　　　　무명 삼베의 종류
(細)패랭이 닷 죽, 무쇠 주령 짚으시고 은 지게에 금줄 걸어 메이시고
　　　　　　　　　　무쇠 지팡이
ⓒ 양전마마 수결(手決) 받아 바지 끈에 매이시고

❼「"여섯 형님이여, 삼천 궁녀들아, 대왕 양마마님께서 한날한시에 승
　하하실지라도 나 돌아올 때까지 기다려서 인산(因山) 거둥 내지 마
　　　　　　　　　　　　❷ 중심 사건: 바리공주 혼자 약수를 구하러 떠남.
　라."」「 」: ❸ 주인공의 모험에 따라 사건이 전개됨.

효양: 어버이를 효성으로 봉양함.
수결: 예전에, 자기의 성명이나 직함 아래에 도장 대신에 자필로 글자를 직접 쓰던 일
인산: 태상황, 황제, 황태자, 황태손과 그 비(妃)들의 장례
거둥: 임금의 나들이

3 요약: 바리공주가 약수를 구하러 떠남.

(중략)

4 아기[칠 공주]가 한곳을 바라보니「동에는 청 유리 장문이 서 있고
　　바리공주　　　　　　　　　　　　「 」: 공간적 배경 – 삼신산
서에는 백 유리 장문이 서 있고 남에는 홍 유리 장문이 서 있고 북에는
흑 유리 장문이 서 있고 한가운데는 정렬문이 서 있는데 무상 신선(無
　　　　　　　　　　　　　　　　　　　　　　　　　❶ 중심인물
上神仙)이 서 계시다.」

❷ ⓓ키는 하늘에 닿은 듯하고 얼굴은 쟁반만 하고 눈은 등잔만 하고
코는 질병 매달린 것 같고 손은 소댕만 하고 발은 석자 세 치라.
　　　　　　　　　　❸ 인물의 외양 묘사 - 거대하고 기괴한 모습을 통해 무상 신선이 신적인 존재임을 드러냄.
하도 무섭고 끔찍하여 물러나 삼배를 드리니 무상 신선 하는 말이,

❸ "그대가 사람이뇨? 귀신이뇨? 날짐승 길버러지도 못 들어오는 곳에
　　　　　　　　　　　　　　　　　　　　　가는 벌레
어떻게 들어왔으며 어디서 왔느뇨?"

❺ ┌ "나는 국왕마마의 세자로서 부모 봉양 왔나이다."

❻ └ 『 』: **❷** 중심 사건 – 무상 신선은 부모 봉양 위해 약수를 구하러 온 바리공주에게 세 가지 시험을 요구함.

"부모 봉양 왔으면은 물값 가지고 왔소? 나무값 가지고 왔소?"

❼ "총망 길에 잊었나이다."

❽ 바삐 오는 길

ⓔ"물 삼 년 길어 주소. 불 삼 년 때어 주소. 나무 삼 년 베어 주소."

❸ 영웅 서사 구조 – 과제 수행

┌ **삼배**: 세 번 거듭 절함.

└ **봉양**: 부모나 조부모와 같은 웃어른을 받들어 모심.

＊④ 요약: 약수를 구하러 간 바리공주는 무상 신선을 만나 시험을 받게 됨.

★ (다) 독해 공식

❶ 중심인물: 바리공주(아기, 칠 공주), 대왕마마, 무상 신선

공간적 배경: 대명전 들보, 삼신산

❷ 중심 사건: 대왕마마는 꿈에서 병을 고치기 위해 약수가 필요하다는 말을 들음. 대왕마마의 병이 위중해지는 가운데 아무도 약수를 구하러 갈 수 없다고 함. 바리공주가 홀로 약수를 구하러 떠남. 무상 신선은 부모 봉양을 위해 약수를 구하러 온 바리공주에게 세 가지 시험을 요구함.

갈등: 드러나지 않음.

❸ 서술상 특징

· 불교와 전통 무속의 색채가 드러나고 있음.

· 영웅 서사 구조를 따르고 있음.

· 주인공의 모험에 따라 사건이 전개되고 있음.

· 인물의 외양을 묘사하여 신적인 존재임을 드러내고 있음.

■ **갈래**: 서사 무가

■ **내용**: 이 작품은 전국적으로 전승되어 온 서사 무가로 진오기굿, 오구굿, 씻김굿 등에서 구연되며 저승신의 유래를 담고 있다. '바리데기', '오구풀이', '칠공주', '무조전설' 등으로 불려 왔으며, 무당의 조상으로 알려진 주인공 바리데기는 발리공주(鉢里公主) 혹은 사희공주(捨姬公主)라고 하여 바리때를 지니며 베푸는 공주를 뜻한다. 전승 지역에 따라 이야기에 차이를 보이나, 기본적인 줄거리는 일곱 번째 딸이라는 이유로 버림받았던 바리공주가 죽을병에 걸린 부모를 위해 약수를 구하러 저승 여행을 떠나고, 여러 공덕을 쌓은 끝에 약을 구해 와 죽었던 부모를 되살린 뒤 그 공으로 저승을 관장하는 신이 된다는 것이다.

■ **인물 관계도**

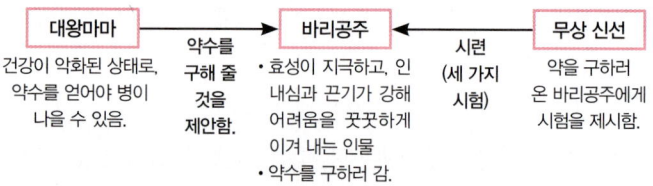

대왕마마 — 건강이 악화된 상태로, 약수를 얻어야 병이 나을 수 있음. → (약수를 구해 줄 것을 제안함.) → 바리공주 — · 효성이 지극하고, 인내심과 끈기가 강해 어려움을 꿋꿋하게 이겨 내는 인물 · 약수를 구하러 감. ← (시련(세 가지 시험)) ← 무상 신선 — 약을 구하러 온 바리공주에게 시험을 제시함.

■ **주제**: 바리공주의 고난 극복과 희생을 통한 구원의 성취

■ **이것이 핵심!**: 영웅 서사 구조

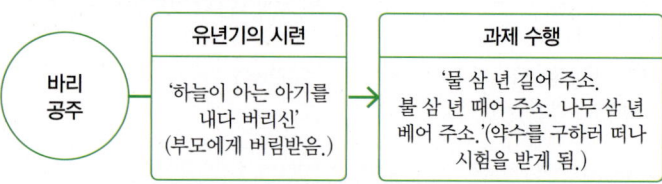

바리공주 → 유년기의 시련 — '하늘이 아는 아기를 내다 버리신' (부모에게 버림받음.) → 과제 수행 — '물 삼 년 길어 주소. 불 삼 년 때어 주소. 나무 삼 년 베어 주소.'(약수를 구하러 떠나 시험을 받게 됨.)

■ **전체 줄거리**: 국왕 부부는 일곱째로 태어난 딸을 버리지만, 버림받은 딸은 바리공주라는 이름을 얻고 하늘의 도움으로 자라난다. 바리공주의 부모인 국왕 부부는 죽을병에 걸리고, 이 병을 고치기 위해서는 저승에서 구할 수 있는 신이한 약물이 필요함을 알게 된다. 그러나 만조백관과 여섯 딸은 모두 약물을 구하는 것을 거절하고, 버림받은 막내딸 바리공주가 약물을 구하러 저승으로 떠난다. 그곳에서 바리공주는 여러 공덕을 쌓고 아이들을 낳은 끝에 약을 구해 와 죽었던 부모를 되살린 뒤 그 공으로 저승을 관장하는 신이 된다.

★ 작품 간의 공통점 및 차이점

· **공통점**: (가), (나), (다) 모두 죽음이라는 소재가 활용됨. (가)와 (다)에는 종교적 차원에서 사후 세계의 이미지가 등장함. (가)와 (나)는 자연물을 상징적 의미로 사용함.

· **차이점**: (가)는 누이의 죽음, (나)는 자신의 죽음, (다)는 부모의 죽음이 작품의 소재로 활용됨.

G 16 정답 ④ ＊표현상 특징 파악하기

(가)~(다)의 공통점으로 가장 적절한 것은?

> **왜 정답?**

④ 이승의 삶 이후 상황을 상정하고 주제를 형상화하고 있다.

(가)는 누이와의 만남, (나)는 낙랑장송이 되는 것, (다)는 저승 세계로 드러남.

＊**근거**: (가) **❾**, **❿**, (나) **❶**, **❷**, (다) **③-❼**

(가)에서는 죽은 이후 누이와 '미타찰'에서 만날 것이라고 하며 누이의 죽음으로 인한 슬픔을 종교를 통해 승화하는 모습을 드러내고 있다. (나)에서는 화자가 죽은 뒤 자신이 봉래산 제일봉의 낙락장송이 되겠다고 말하며 죽음 이후에도 변치 않을 절개를 드러내고 있다. (다)에서는 바리공주가 양전마마의 약을 구하러 저승 세계로 가는 모습이 나타나고 있다. 즉 (가)~(다) 모두 현재의 삶 이후, 저승에 대한 설정을 통해 주제를 형상화하고 있다.

┌ **상정하다**: 어떤 정황을 가정적으로 생각하여 단정하다.

└ **형상화하다**: 형체로는 분명히 나타나 있지 않은 것을 어떤 방법이나 매체를 통하여 구체적이고 명확한 형상으로 나타내다.

> **왜 오답?**

① 극적인 전환을 통해 미적 쾌감을 불러일으킨다.

(나), (다)에서는 나타나지 않음.

＊**근거**: (가) **❾**, **❿**, (나) ×, (다) ×

(가)에서는 9구의 '아으'라는 부분을 기점으로 시상이 전환되면서 미적 쾌감을 일으킨다고 할 수 있다. 하지만 (나)와 (다)에서는 이러한 전환이 나타나지 않는다.

┌ **극적**: 극을 보는 것처럼 큰 긴장이나 감동을 불러일으키는 것

│ **전환**: 다른 방향이나 상태로 바뀌거나 바꿈.

└ **미적 쾌감**: 미적(사물의 아름다움에 관한) 대상에 의하여 일어나는 쾌감

② 인물과 배경이 설정되어 사건 전개가 이루어지고 있다.

(가), (나)에서는 나타나지 않음.

＊**근거**: (가) ×, (나) ×, (다) **①-❶**, **③-❶**, **④-❶**

인물과 배경을 바탕으로 서사가 전개되는 것은 서사 무가인 (다)에만 해당한다. (다)는 '바리공주', '무상 신선'이라는 구체적인 인물과 '대명전', '삼신산'이라는 배경 설정을 통해 사건이 전개되고 있다. (가)에서는 누이의 죽음으로 인한 슬픔을 종교적으로 승화하려는 화자의 모습이 드러나 있으며, (나)에서는 봉래산 제일봉의 낙락장송이 되어 지조와 절개를 지키고자 하는 화자의 모습이 드러날 뿐 둘 다 인물과 배경이 설정되어 사건 전개가 이루어지고 있다고 볼 수 없다.

~~운율이 규칙적으로 형성되어~~

③ 각 행의 율격이 일정하여 편안하고 안정된 느낌을 준다.

(가), (다)는 일정한 율격을 갖고 있지 않음.

각 행의 율격이 일정하다는 것은 운율이 규칙적이라는 것을 의미한다. 시조인 (나)에서는 4음보의 규칙적 율격을 느낄 수 있지만 (가)와 (다)에서는 각 행의 율격이 일정하지 않다.

┌ **율격**: 정형적인 구조를 갖춘 시에서 두드러지게 나타나는 연속적이거나 반복적인 언어의 리듬

└ **안정되다**: 바뀌어 달라지지 아니하고 일정한 상태가 유지되다.

⑤ 밝고 동적인 이미지와 어둡고 정적인 이미지가 대비되어 있다.

(가), (나), (다) 모두 드러나지 않음.

(가), (나), (다) 모두 정적인 이미지와 동적인 이미지가 대립적으로 사용된 부분은 찾을 수 없다.

┌ **동적**: 움직이는 성격의 것

│ **정적**: 정지 상태에 있는 것

└ **대비되다**: 두 가지의 차이를 밝힐 목적으로 서로 맞대어져 비교되다.

(나)와 〈보기〉의 시적 화자의 태도를 비교한 것으로 가장 적절한 것은?

- (나): 화자는 죽어서 '낙락장송'이 되어 지조와 절개를 지킬 것을 다짐하고 있습니다.
- 〈보기〉: 화자는 '임'에게 자신의 결백과 억울함을 호소하고 있습니다.

즉 (나)와 〈보기〉의 화자의 정서와 태도를 파악한 것으로 적절한 것을 고르는 문제입니다.

[보기]

❶ 내 님믈 그리ᄉ와 우니다니
시적 대상
→ 내 임을 그리워하여 울고 지내더니

❷ 산(山)졉동새 난 이슷ᄒ요이다
화자의 감정이 이입된 대상
→ 산 접동새와 난 (처지가) 비슷합니다.

❸ 아니시며 거츠르신ᄃᆯ 아으
→ (나에 대한 참소가) 옳지 않으며 거짓이라는 것을

❹ 잔월효성(殘月曉星)이 아ᄅ 시리이다
자신의 결백함을 알아줄 대상
→ 지는 달 새벽 별만이 알고 있을 것입니다.

❺ 넉시라도 님은 ᄒ듸 녀려라 아으
→ 넋이라도 임과 함께 지내고 싶어라.

❻ 벼기더시니 뉘러시니잇가
자신을 모함한 이들에 대한 원망
→ 내 죄 우기던 이 누구입니까?

❼ 과(過)도 허믈도 천만(千萬) 업소이다
결백을 주장함
→ 잘못도 허물도 전혀 없습니다.

❽ 믈 힛마러신뎌 술읏븐뎌 아으
→ 뭇사람들의 참소하던 말입니다. 슬프구나.

❾ 니미 나ᄅᆯ ᄒ마 니ᄌ시니잇가
벌써, 이미
→ 임께서 나를 벌써 잊으셨나이까?

❿ 아소 님하 도람 드르샤 괴오쇼셔
돌려 들으시어 사랑하소서
→ 마십시오. 임이여, (내 사연) 돌려 들으시어 사랑해 주소서.

– 정서, 〈정과정〉

잔월효성: 새벽녘의 달과 별
허믈: ① 잘못 저지른 실수 ② 남에게 비웃음을 살 만한 거리

③ (나)는 자신의 현실에 의연하게 대처하는 데 비해, 〈보기〉는
어떤 상황에서도 지조와 절개를 지키고자 함.
시적 대상에게 자신의 억울함을 호소하고 있다.
임에게 자신의 억울함을 호소함.

*근거: (나) ❷, ❸, 〈보기〉 ❻~❽, ❿
(나)의 화자는 자신이 죽게 되더라도 '낙락장송'이 되었다가 눈으로 온 세상이 뒤덮이더라도 홀로 푸르겠다고 하며 부정적인 현실에도 의연하게 지조를 지키려는 태도를 드러내고 있다.
이에 비해 〈보기〉의 화자는 시적 대상인 '임'에 자신에 대해 참소하는 말들은 거짓이고 자신은 아무 잘못도 없다며 억울함을 호소하고 있다.

- 의연하다: 의지가 굳세어서 끄떡없다.
- 억울하다: 아무 잘못 없이 꾸중을 듣거나 벌을 받거나 하여 분하고 답답하다.
- 호소하다: 억울하거나 딱한 사정을 남에게 간곡히 알리다.

① (나)는 미래에 대한 희망과 자신감이 넘치는 데 비해, 〈보기〉
드러나지 않음.
는 미래를 우울하게 관망하고 있다.
억울함을 호소할 뿐, 미래를 부정적으로 바라보지는 않음.

(나)는 자신이 죽더라도 지조와 절개를 꺾지 않겠다는 의지를 드러내고 있을 뿐, 미래에 대한 희망과 자신감이 넘친다고 볼 수 없다. 〈보기〉는 자신의 억울함을 호소하며 임에게 다시 사랑해 달라고 호소하고 있는데, 현재의 상황을 부정적으로 보고 있을 뿐 미래를 우울하게 관망하는 태도는 드러나 있지 않다.

- 관망하다: 한발 물러나서 어떤 일이 되어 가는 형편을 바라보다.

② (나)는 자신의 의지를 실제로 구현하고자 하는 데 비해, 〈보기〉
는 자신의 감정을 절제하여 표현하고 있다.
감정을 절제하지 않고 직설적으로 드러냄.

*근거: (나) ❸, 〈보기〉 ❶, ❺, ❽
(나)에서는 자신이 죽더라도 지조와 절개를 지키겠다는 의지를 드러내고 있으므로, 자신의 의지를 실제로 구현하고자 한다고 해석할 수도 있다. 그러나 〈보기〉에서는 '내 님믈 그리ᄉ와 우니다니.', '넉시라도 님은 ᄒ듸 녀려라', '술읏븐뎌' 등에서 감정을 직설적으로 드러내고 있으므로 감정을 절제하여 표현하고 있다는 것은 적절하지 않다.

- 구현하다: 어떤 내용을 구체적인 사실로 나타나게 하다.
- 절제하다: 정도에 넘지 아니하도록 알맞게 조절하여 제한하다.

④ (나)는 자연의 좋은 풍광 속에서 위안을 얻는 데 비해, 〈보기〉
부정적 현실과 화자의 의지를 표현하기 위해 자연물을 사용함.
는 자연 속에서 물아일체의 삶을 동경하고 있다.
물아일체와 관련한 내용은 드러나지 않음.

*근거: (나) ❷, ❸, 〈보기〉 ❷, ❹
(나)에 나타난 '낙락장송'과 '백설이 만건곤'한 상황은 각각 화자의 의지와 부정적 현실을 표현하는 자연물로, (나)에 자연의 좋은 풍광이나 그 속에서 위안을 얻는 모습은 나타나 있지 않다. 또한 〈보기〉에 나타난 '산접동새', '잔월효성'은 각각 화자의 억울한 심정이 이입된 대상과 화자의 결백함을 알아 줄 대상으로, 〈보기〉의 화자가 자연 속에서 물아일체를 동경하는 모습은 나타나 있지 않다.

- 풍광: 산이나 들, 강, 바다 따위의 자연이나 지역의 모습
- 물아일체: 외물(外物)과 자아, 객관과 주관, 또는 물질계와 정신계가 어울려 하나가 됨.
- 동경하다: 어떤 것을 간절히 그리워하여 그것만을 생각하다.

⑤ (나)는 구속에서 벗어나 자유로운 세상을 추구하는 데 비해,
드러나지 않음.
〈보기〉는 문제를 해결한 후 지위의 상승을 추구하고 있다.
임에게 다시 사랑받고 싶어 할 뿐 지위 상승을 추구한다고 볼 수 없음.

(나)의 화자는 부정적인 현실 속에서도 자신의 지조와 절개를 지키겠다고 하고 있을 뿐, 자유로운 세상을 추구하고 있지는 않다. 〈보기〉의 화자는 뭇사람들의 참소로 임과 이별한 상황에서 자신의 억울함을 해소하고 임에게 다시 사랑받고 싶은 마음을 드러내고 있으나, 지위의 상승을 추구하고 있다고 볼 수는 없다.

- 구속: 행동이나 의사의 자유를 제한하거나 속박함.
- 추구하다: 목적을 이룰 때까지 뒤쫓아 구하다.

〈보기〉의 설명을 참조하여 ㉠에 대해 이해한 것으로 적절하지 않은 것은?

- 〈보기〉: ㉠의 향찰 원문을 학자들은 서로 다르게 해석합니다. 이는 한자의 음과 훈을 빌려 와 우리말을 기록한 향찰에 대해 음독과 훈독을 선택한 것에 따른 결과입니다.
- ㉠: ㉠은 '예 이샤매 져히고' 혹은 '이에 이샤매 머믓그리고'로 해독됩니다.

즉 서로 다른 학자들의 해독을 고려하여 ㉠를 이해한 내용으로 틀린 것을 고르는 문제입니다.

[보기]

❶㉠의 향찰 원문은 '此矣有阿米次肹伊遣'이다. ❷이에 대한 해독
에서 학자 사이에 이견이 있다. ❸양주동은 '예 이샤매 저히고'로,

<u>원문에 대한 ㉠의 해독</u>

김완진은 '이에 이샤매 머뭇그리고'로 해독하였다. ❹한자의 음과

<u>㉠의 원문에 대한 다른 해독</u>

훈을 빌려 와 우리말을 기록한 향찰에 대해 음독과 훈독의 선택

<u>향찰에 대한 해독에 해독자의 관점이 반영됨.</u>

에 따라 서로 다른 해독이 나왔다.

향찰: 신라 때에, 한자의 음과 뜻을 빌려 국어 문장 전체를 적은 표기법
원문: 베끼거나 번역하거나 퇴고한 글에 대한 본래의 글
해독: 어려운 문구 따위를 읽어 이해하거나 해석함.
이견: 어떠한 의견에 대한 다른 의견. 또는 서로 다른 의견
음독: 한자를 음으로 읽음.
훈독: 한자의 뜻을 새겨서 읽음.

>왜 정답?

⑤ ㉠의 '저히고'는 '머뭇그리고'로 달리 해독되기도 하지만 **뜻은**

<u>'저히고'는 '두려워하고', '머뭇그리고'는 '망설이고'라는 의미이므로 뜻이 같지 않음.</u>

같다.

*근거: (가) ❷, 〈보기〉 ❸문장

㉠의 원문은 양주동에 따르면 '예 이샤매 저히고'로 해독되고, 김완진에 따르면
'이에 이샤매 머뭇그리고'로 해독된다. '저히다'는 '두려워하다'의 의미를 담고 있
고, '머뭇그리다'는 '주저하고 망설이다'의 의미이다. 즉, '저히고'는 '머뭇그리고'
와 다른 뜻을 가진 표현이다.

>왜 오답?

① ㉠은 향찰에 대한 해독자의 관점이 반영되어 나온 것이다.

<u>해독자에 따라 향찰이 다르게 해석될 수 있는데, ㉠은 양주동의 해석임.</u>

*근거: (가) ❷, 〈보기〉 ❸, ❹문장

〈보기〉에 따르면 향찰 원문의 해독은 음독과 훈독의 선택에 따라 서로 따른 해독
이 나올 수 있는데, ㉠은 향찰 원문에 대한 양주동의 해석이므로 해독자의 관점
이 반영된 결과에 해당한다.

반영되다: 다른 것에 영향을 받아 어떤 현상이 나타나다.

② ㉠은 차자(借字) 표기인 향찰로 기록된 것을 우리말로 해독한

<u>㉠은 신라 시대에 향찰로 표기된 원문을 우리말로 해독한 것임.</u>

것이다.

*근거: (가) ❷, 〈보기〉 ❶, ❹문장

㉠의 향찰 원문은 '此矣有阿米次肹伊遣'으로, 이는 한자의 음과 훈을 빌려 와 우
리말을 기록한 표기이다. 그리고 ㉠은 이 향찰 표기에 대해 음독과 훈독을 선택
하여 우리말로 해독한 것이다.

차자: 자기 나라의 말을 적는 데 남의 나라 글자를 빌려 씀. 또는 그 글자

③ ㉠의 '예'는 '이에'와 같이 두 음절로도 해독할 수 있다.

<u>㉠의 '예'는 양주동의 해독으로, 김완진은 이를 '이에'로 해독함.</u>

*근거: (가) ❷, 〈보기〉 ❸문장

㉠의 향찰 원문에서 '此矣'에 해당하는 부분을 양주동은 '예'라고 해독했고 김완
진은 '이에'라고 해독했다.

음절: 하나의 종합된 음의 느낌을 주는 말소리의 단위

④ ㉠의 '이샤매'는 이론의 여지가 많지 않은 해독이다.

<u>양주동과 김완진 모두 '이샤매'로 해독함.</u>

*근거: (가) ❷, 〈보기〉 ❸문장

㉠의 향찰 원문에서 '有阿米'는 양주동과 김완진 모두 '이샤매'로 해독하고 있으
므로, 이 부분은 이론의 여지가 많지 않은 해독이라고 할 수 있다.

이론: 달리 논함. 또는 다른 이론(異論)이나 의견

G 19 정답 ③ *시어 및 구절의 의미 파악하기

문맥상 ㉡과 ㉢을 비교하여 설명한 것으로 적절하지 <u>않은</u> 것은?

• ㉡: ㉡은 이른 바람에 떨어지는 '닙'으로, 죽은 누이를 상징합니다.
• ㉢: ㉢은 화자가 죽어서 되고자 하는 '낙락장송'으로, 지조와 절개를 상징합니다.

즉 자연물의 의미를 작품의 맥락에 맞게 해석한 것으로 틀린 것을 고르는 문제
입니다.

>왜 정답?

③ ㉡에는 ㉢에 비해 더 능동적인 의지가 반영되어 있다.

<u>㉡보다 ㉢이 능동적인 의지를 가진 존재임.</u>

*근거: (가) ❻, (나) ❷, ❸

㉡ '닙'은 나뭇가지에 달려 있다가 이른 바람에 떨어지는 존재이다. 반면 ㉢ '낙
락장송'은 흰 눈이 온 세상을 뒤덮고 있어도 혼자 푸르며 지조와 절개를 드러내
는 존재이다. 따라서 바람에 의해 떨어지는 ㉡보다 눈 속에서도 홀로 푸르고자
하는 ㉢에 더 능동적인 의지가 반영되어 있다고 보는 것이 적절하다.

능동적: 다른 것에 이끌리지 아니하고 스스로 일으키거나 움직이는 것

>왜 오답?

① ㉡과 ㉢ 모두 식물적인 이미지를 표현한 것이다.

<u>잎과 소나무는 모두 식물임.</u>

*근거: (가) ❻, (나) ❷

'닙'은 나뭇가지의 잎, '낙락장송'은 키가 큰 소나무로 모두 식물이다. 따라서 두
시어 모두 식물적 이미지를 표현한 것이라고 할 수 있다.

② ㉡과 ㉢ 모두 원관념에 대한 보조 관념에 해당한다.

<u>비유적 표현</u>
<u>㉡은 일찍 죽은 화자의 누이를, ㉢은 뜻을 굽히지 않는 화자의 모습을 비유한 것임.</u>

*근거: (가) ❻, (나) ❷

'닙'은 일찍 죽은 누이를, '낙락장송'은 시련 속에서도 자신의 뜻을 굽히지 않는
화자의 의지를 비유적으로 나타낸 소재이다. 즉, 두 시어 모두 원관념을 표현하
는 보조 관념에 해당한다.

원관념: 비유법에서, 표현하고자 하는 실제 내용
보조 관념: 비유에서 원관념의 뜻이나 분위기가 잘 드러나도록 도와주는 관념

④ ㉡에는 ㉢에 비해 사물의 동적인 성격이 두드러지게 나타난다.

<u>㉡은 바람에 떨어지므로 ㉢에 비해 동적인 성격을 지님.</u>

*근거: (가) ❻, (나) ❷

'닙'은 바람에 의해 떨어지는 것이므로 동적인 성격을 지녔다고 볼 수 있다. 이에
비해 '낙락장송'은 홀로 푸른 모습으로 나타날 뿐 동적인 성격을 지니고 있지는
않다.

동적: 움직이는 성격의 것

⑤ ㉢은 ㉡에 비해 사물의 색채 이미지가 시상 전개에 중요한 역

<u>㉢은 푸른색으로 하얀 눈과 색채 이미지가 대비됨.</u>

할을 한다.

*근거: (가) ❻, (나) ❷, ❸

(가)에서 '닙'은 하강 이미지와 연결될 뿐 '닙'의 색채 이미지는 나타나지 않는다.
이와 달리 (나)에서 '낙락장송'은 푸른색의 이미지로, '백설'이 온 세상에 가득 차
도 '독야청청'하겠다고 한 것에서 흰색과 푸른색의 색채 대비를 통해 '낙락장송'
의 지조와 절개가 강조되고 있다.

색채 이미지: 각각의 색이 표현하거나 연상시키는 이미지

1등급 풀이 Tip

선택지에 '~에 비해'라는 표현이 쓰였으므로 선택지의 내용이 두 작품 중 어느 것
에 해당하는 내용인지 더 면밀히 살펴봐야 한다.
(가)를 먼저 읽고 ㉡의 특성을 파악한 뒤에 곧바로 각 선택지의 정오를 ○×로 표
시해 두면 문제를 더 정확하고 빠르게 풀 수 있다.

G 20　정답 ④　✻소재 및 배경의 의미 파악하기

ⓐ~ⓔ에 대한 설명으로 적절하지 <u>않은</u> 것은?

- ⓐ: 청의동자가 양전마마에게 바리공주를 버린 죄로 양전마마가 동시에 죽게 된다고 이야기하는 부분입니다.
- ⓑ: 바리공주가 약수를 구하러 가겠다고 이야기하는 부분으로, 바리공주의 효성이 드러납니다.
- ⓒ: 바리공주가 떠나며 양전마마의 수결을 받은 것이 드러나는 부분입니다.
- ⓓ: 무상 신선의 외양을 묘사한 부분입니다.
- ⓔ: 무상 신선이 바리공주에게 세 가지 시험을 제시하는 부분입니다.

즉 작품의 맥락을 고려하여 ⓐ~ⓔ의 의미를 이해한 내용으로 틀린 것을 고르는 문제입니다.

✢왜 정답？

④ ⓓ: 사람에게 두려우면서도 <u>친근한 느낌</u>을 주는 겉모습을 형용한 말이다.
　　　　두려움과 위압감을 느끼게 할 뿐 친근한 느낌을 주지는 않음.

✻근거: (다) ④-❷, ❸

ⓓ는 무상 신선의 외양을 묘사하고 있는 부분으로, 무상 신선의 키는 하늘에 닿을 만큼 크고, 얼굴은 쟁반만 하며 손은 솥뚜껑만 한 데다 발은 석 자(대략 90센티)에 다다르고 있다. 이를 본 바리공주는 '하도 무섭고 끔찍하여' 물러나고 있으므로 무상 신선의 모습은 두려움과 위압감을 줌을 알 수 있다. 따라서 무상 신선의 모습이 친근감을 준다는 것은 적절하지 않다.

✢왜 오답？

① ⓐ: 하늘이 내리신 아기를 버린 죄로 양전마마가 동시에 죽게 된다는 뜻이다.
　　청의동자는 바리공주를 버린 죄로 양전마마가 한날한시에 죽게 될 것이라고 말하고 있음.

✻근거: (다) ①-❺

ⓐ는 청의동자가 양전마마에게 고하는 말이다. 청의동자는 '하늘이 아는 아기', 즉 바리공주를 버린 죄로 양전마마가 한날한시에 죽게 될 것이라는 하늘의 메시지를 전달하고 있다.

② ⓑ: 부모에게 버림받은 원망을 묻어 둔 채 효행의 길을 나서겠다는 뜻이다.
　　　바리공주는 양전마마를 위해 약령수를 구하러 가겠다고 말하고 있음.

✻근거: (다) ③-❶~❸

ⓑ는 양전마마를 살리기 위해 바리공주가 무상신의 약령수를 구하러 가겠다고 나서는 장면이다. '어마마마 배 안에 열 달 들어 있던 공으로'라고 한 것에서 바리공주가 효를 행하기 위해 약을 구하러 간다는 것을 알 수 있다.

〔 **효행**: 부모를 잘 섬기는 행실

③ ⓒ: 왕과 왕비의 명령과 결정에 의한 행동이라는 점을 증명하는 말이다.
　　수결은 바리공주가 양전마마로부터 약령수를 구하러 가는 것을 명받았음을 증명함.

✻근거: (다) ③-❻

'수결(手決)'은 자기의 이름이나 직함 아래 도장 대신 자필로 쓴 글자를 의미한다. '양전마마의 수결'을 받았다는 것은 바리공주가 약을 구하러 갈 때 양전마마의 명을 받고 그 증표를 받은 것을 나타낸다.

〔 **증명하다**: 어떤 사항이나 판단이 진실인지 아닌지 증거를 들어서 밝히다.

⑤ ⓔ: 부모 봉양을 위해 희생해야 할 시간과 노력이 필요하다는 뜻이다.
　　바리공주가 9년 동안 일을 하게 되는 것은 부모 봉양에 희생과 노력이 필요함을 의미함.

✻근거: (다) ④-❻~❽

무상 신선은 부모를 위해 약을 구하려는 바리공주에게 '물값'과 '나무값'을 요구하고, 이에 공주가 급하게 오느라 가져오지 못했다고 하자 총 9년 동안 일할 것을 요구한다. 이는 부모를 봉양하기 위해서는 물을 긷고 불을 때고 나무를 베는 것과 같은 희생과 노력이 필요하다는 것을 의미한다.

G 21 ~ 23　　　　　　　　　　　　　[예상 문제]

(가) 최승자, 〈주변인의 초상〉

❶ 화자, 중심 대상　❷ 상황, 정서, 태도　❸ 표현상 특징　[시 해석]
　　　　　　　　　　　　　▨ : ❸ 평서형 문장으로 시상을 전개함.

1 ❶「**이 세계의 문법**을 그는 매번 배우지만
　　　사고방식, 행동 양식　　❶ 중심 대상 – 주변인
❷ **매번 잊어버린다.**」
　　　「 」: 상황 – 주변인인 '그'를 관찰하며 그의 사고와 행동을 서술함.
세계가 마춰된 것인가,
　세계의 사고방식과 행동 양식에 적응하지 못함.
❹ **자신의 두개골이 마춰된 것인가,**

❺「**그는 매번 판정을 내리지 못한다.**
　　「 」: 자본주의 사회의 삶의 방식을 낯설어함.
그는 물질이 정신성으로, 정신이 물질성으로
　물질적인 것들이 정신에 영향을 미치고, 정신적인 가치들이 물질적인 것으로 환원됨.
❼ **이동해 가는 통로를 너무나 잘 알고**
　❸ 역설적(겉보기에는 모순된 표현 속에 진실이 함축되어 있는) 표현 – 대상이 느끼는 혼란을 강조함.
❽ **때로는 너무나 까마득히 모른다.**」

➡ 그는 (자본주의적 이데올로기인) 이 세계의 문법을 매번 배우지만 매번 잊어버린다. 세계가 마춰된 것인가, 자신의 두개골이 마춰된 것인가, 그는 매번 판정을 내리지 못한다. (자본주의 사회의 삶의 방식이 낯선 그는) 물질이 정신성으로, 정신이 물질성으로 이동해 가는 통로를 너무나 잘 알고, 때로는 너무나 까마득히 모른다.

〔 **마춰되다**: 사상이나 이념 따위에 의하여 판단력을 잃게 되다.
〔 **판정**: 판별하여 결정함.
〔 **까마득히**: 전혀 알지 못하거나 기억이 안 나 막막하게

✻1연 요약: 사회에 동화되지 못하고 방황하는 주변인인 '그'

2 ❶「**주변인은 신문이 배달되는 시각과**
　　❶ 중심 대상　「 」: ❸ 객관적인 입장에서 화자가 대상을 서술함.
❷ **텔레비전이 시작되는 시각을**

❸ **습관적으로 초조히 기다린다.**
　❷ 정서: 세계에 속하지 못해 주변인으로 사는 데에서 오는 '그'의 긴장감, 초조함
❹ **주변인은 이따금씩 제 집안의**

❺ **하나뿐인 시계가 맞는지 알아보기 위해**

❻ **국번 없이 116에 전화를 걸어 본다.**

❼ **그리고 로봇 음성의 한 문장이 끝날 때까지 듣는다.**」

➡ 주변인은 신문이 배달되는 시각과 텔레비전이 시작되는 시간을 습관적으로 초조히 기다린다. 주변인은 이따금씩 제 집안의 하나뿐인 시계가 맞는지 알아보기 위해 국번 없이 116에 전화를 걸어 본다. 그리고 로봇 음성의 한 문장이 끝날 때까지 듣는다.

〔 **초조히**: 애가 타서 조마조마한 마음으로
〔 **이따금**: 얼마쯤씩 있다가 가끔
〔 **국번**: 전화 교환국의 국명(局名)을 나타내는 번호

✻2연 요약: 세계에 속하지 못한 채 강박적 행동을 보이는 주변인

3 ❶ **주변인은 주로 전철이나**

❷ **시외버스를 타고 다닌다.**

❸ **때로는 목숨 내놓고**

❹ **총알택시를 타기도 한다.**

❺ **행복의 이데올로기를 믿는**

❻ **행복한 사람들을 부러워하며,**

❼ **서울의 탱탱한 표면 장력을 그리워하며,**
　　　　　　　편안한 삶을 염원함.　　　　　'그'는 '행복한 사람들'의
❽ **그 속으로 이입되기를**　　　　　　　　세계에 속하지 못함.

❾ **무수히 갈망하고 무수히 증오하면서,**
　　❸ 역설적 표현 – 대상이 느끼는 혼란을 강조함.

⑩ 「표면에서 표면으로
  「 」: ❸ 동일한 시어의 반복을 통해 '주변인'으로 겉도는 '그'의 모습을 제시함.
⑪ 주변에서 주변으로
⑫ 가장자리에서 가장자리로」
⑬ **주변인**은 정처 없이 지도를 어지럽히며
  세계에 소속되려 하나 실패하는 '그'의 모습을 보여 주는 소재
⑭ 하염없이 시간을 혼선시키며 굴러다닌다.
  ❷ 정서: 혼란스러움, 태도: 비판적(자본주의 이데올로기 속 소외된 개인의 삶 비판)

➡ 주변인은 주로 전철이나 시외버스를 타고 다닌다. 때로는 목숨을 내놓고 총알택시를 타기도 한다. (그는) 행복의 이데올로기를 믿는 행복한 사람들을 부러워하며, (편안하고 안정적인) 서울의 탱탱한 표면 장력을 그리워하며, 그 속으로 이입되기를 무수히 갈망하고 무수히 증오하면서, 표면에서 표면으로 주변에서 주변으로 가장자리에서 가장자리로 (겉돌며) 주변인은 정처 없이 지도를 어지럽히며 하염없이 시간을 혼선시키며 굴러다닌다.

총알택시: 주로 밤늦게 손님을 태우고 과속으로 달리는 택시
이데올로기: 사회 집단에 있어서 사상, 행동, 생활 방법을 근본적으로 제약하고 있는 관념이나 신조의 체계
장력: 당기거나 당겨지는 힘
이입되다: 옮겨져 들어가다.
갈망: 간절히 바람.
증오: 아주 사무치게 미워함. 또는 그런 마음
혼선: 전신·전화·무선 통신 따위에서, 선이 서로 닿거나 전파가 뒤섞여 통신이 엉클어지는 일

✱③연 요약: 행복한 서울의 삶을 갈망하고 증오하며 방황하는 주변인

⭐ **(가) 독해 공식**
❶ **화자**: 드러나지 않음.('그'에 대해 이야기하는 이), **중심 대상**: '그'(주변인)
❷ **상황**: 주변인인 '그'를 관찰하며 그의 사고와 행동을 서술하고 있음.
  정서: '그'는 세계에 속하지 못하고 주변인으로 살며 긴장감, 초조함, 혼란스러움을 느낌.
  태도: 비판적(자본주의 이데올로기 속 소외된 개인의 삶 비판)
❸ **표현상 특징**
· 평서형 문장을 사용해 차분하게 시상을 전개하고 있음.
· 객관적인 입장에서 화자가 대상을 서술하고 있음.
· 역설적(겉보기에는 모순된 표현 속에 진실이 함축되어 있는) 표현을 통해 대상이 느끼는 혼란을 강조하고 있음.
· 동일한 시어의 반복을 통해 대상의 모습을 제시하고 있음.

■ **갈래**: 현대시
■ **내용**: 이 작품은 냉소적이고 자조적인 어조로 자본주의 이데올로기 속에서 살아가는 사람들의 현실을 비판하고 있는 현대시이다. '그'라는 인물을 통해 시인 자신의 내면을 드러내고 있다고 이해할 수도 있다. '그'는 자본주의적 이데올로기를 온전히 받아들이지 못하고 있지만 그것을 대신할 다른 확고한 가치관을 갖고 있지도 않다. 또한 행복해 보이는 다른 사람들과 같은 삶을 살고 싶다는 갈망을 느끼는 동시에 그러한 삶에 가증스러움을 느끼며 방황하는 모습으로 그려지고 있다.
■ **주제**: 자본주의 이데올로기 속 소외된 개인의 삶

■ **이것이 핵심!**: 대상 서술을 통한 주제 의식 표현

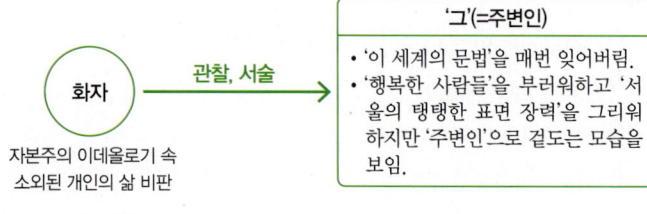

화자 ──관찰, 서술──▶ **'그'(=주변인)**
· '이 세계의 문법'을 매번 잊어버림.
· '행복한 사람들'을 부러워하고 '서울의 탱탱한 표면 장력'을 그리워하지만 '주변인'으로 겉도는 모습을 보임.
자본주의 이데올로기 속 소외된 개인의 삶 비판

(나) 이강백, 〈북어 대가리〉
❶ 중심인물, 배경 ❷ 중심 사건, 갈등 ❸ 서술상 특징

[앞부분의 줄거리] 조그만 창고에 자양과 기임이라는 두 명의 창고지기가 오랜 세월
❸ 상징적 소재를 통해 주제 의식을 표현함. - 폐쇄적이고 분업화, 획일화된 현대 사회
동안 상자를 트럭에 싣고 내리는 일을 하고 있다. 「자양은 상자의 배송이 잘못되지
                                    「 」: ❸ 대조적인 인물을 등장시켜 인물의 특성을 부각함.
않도록 하는 것이 사회와 개인을 위한 일이라고 생각하여 매사에 꼼꼼하게 일을 처

리하지만, 기임은 상자를 아무렇게나 빨리 처리하고 놀기를 바란다.」 반복되는 생활에 염증을 느낀 기임은 어느 날 고의로 상자 하나를 바꾸어 트럭에 실어 보낸 후 자양에게 그 사실을 말한다. 두려움에 휩싸인 자양은 상자 주인에게 그 사실을 알리려고 애쓰지만 아무도 도와주지 않는다. 그리고 기임은 트럭 운수의 딸 다링의 꼬드김에 넘어가 그들과 함께 창고 밖으로 떠나기로 결심한다.

① **다링**: 마침내 결정한 거예요?
  ❶ 중심인물
② **기임**: 그래, 함께 가서 살기로 했어.
③ **다링**: (살림 도구들이 있는 곳에서 접시, 그릇, 찻잔들을 가져와 낡은 트렁크에 담으며) 무조건 다 가져가요.
  ❶ 중심인물 – 즐거움을 추구하는 인물
④ **기임**: (다링이 담은 것들을 다시 꺼내 놓으며) 아냐, 반절만 내 것인걸!
⑤ **다링**: 둘이서 함께 쓰던 물건은 어쩌려고요? 반절로 나눌 수도 없잖아요.
⑥ (자양과 운전수, 핸들 카에 상자를 싣고 창고 안으로 들어온다.)
  ❶ 공간적 배경
⑦ **운전수**: 우린 트럭에 상자들을 다 옮겼어. 그런데 너희는 짐도 안 싸고 뭘 했어? / ⑧ **자양**: 짐이라니……?
  ❶ 중심인물 – 성실하고 책임감이 강한 인물
⑨ **기임**: 으음, 그렇게 됐어. 오늘 나는 이 창고 속을 떠난다구!
  ❷ 중심 사건: 기임은 창고에서 벗어나고자 함.
⑩ **자양**: 정말 가는 거야? 이렇게 갑자기……?
⑪ **기임**: 미안해! 그런데 막상 떠나려니까 조금은 서운하군. (창고 안을 둘러보며) 너하고 여기서 얼마나 살았더라……? 몇 십 년은 훨씬 더 될 거야. 아마…….
⑫ **자양**: 그래…… **우린 철부지 시절부터 이 창고지기였어.**
  기임과 자양은 창고 안에서의 삶을 주체적으로 선택한 것이 아님.
⑬ **기임**: 언제나 너는 나를 고맙게도 보살펴 줬지.
⑭ **자양**: 날 의붓어미라고 미워했으면서 뭘…….
⑮ **기임**: 진짜로 미워한 건 아니잖아?
⑯ **자양**: 나도 알아. (기임을 껴안는다.) 제발 가지 마! 이 창고도, 나도, 전혀 달라진 게 없잖아?
⑰ **기임**: 그건 안 돼. 이 창고는 더 이상 내가 살 곳이 아냐.
  기임은 창고 안에서의 삶을 가치 있게 여기지 않음.
⑱ **운전수**: 남자들끼리 헤어지면서 무슨 말이 그렇게 많아? (창고 밖으로 나가며) 시간 없어! 나 먼저 트럭에 가서 있을 테니까 너희는 어서 짐 싸들고 나와!
⑲ **다링**: (놋쇠 국자로 소리 나게 두드리며) 그만하고, 서로 자기 물건들이나 골라 봐요.
⑳ **기임**: (자양의 포옹을 풀며) 난 내 물건을 잘 모르겠어. 굼벵아, 네가 골라 줘.
㉑ **자양**: 아냐, 쓸 만한 게 있거든 모두 네가 가져.
㉒ **기임**: 너는 이 창고 속에서 혼자 살 텐데…….
㉓ **자양**: 내 걱정은 말고 어서 먼저 골라 봐. 그리고 내가 너한테 줄 게 있어. (침대 밑의 상자들 중에서 화려한 색깔의 스웨터를 찾아낸다.) 너의 생일날 주려고 두었던 건데, 헤어지는 날 선물이 됐군.
㉔ **기임**: (자양에게서 스웨터를 받아 몸에 대본다.) 근사한데!
㉕ **다링**: (자양의 침대 밑을 바라보며) 좋은 건 이 속에 다 있잖아요! 이걸 가져가도 돼요?
㉖ **기임**: 안 돼, 그건 손대지 마.
  혼자 남겨질 자양을 배려함.

^㉗**자앙:** 가져가요.

^㉘**다링:** (자앙의 침대 밑에서 상자 하나를 꺼낸다.) 이건 뭐죠?

^㉙**자앙:** 북어 대가리죠. 그건 가져가세요. 꼭 필요할 겁니다.

^㉚**다링:** 북어 대가리……?

^㉛**기임:** 이게 왜 필요한지는 두고 보면 알게 될 거야. (상자를 열어서 북

어 대가리를 하나 꺼내 자앙에게 준다.) 난 너한테 이것밖에 줄 게 없

군. 내 생각이 날 거야, 항상 곁에 두고 보라구.

^㉜**자앙:** (북어 대가리를 받으며) 그래, 언제나 내 곁에 두고 볼게.

^㉝(창고 밖에서 트럭의 재촉하는 경음기가 울린다. ^㉞미스 다링은 서둘러서

물건들을 담요에 담는다.)

^㉟**다링:** 아버지가 재촉해요. (상자와 담요를 들며) 어서 들고 나가요.

^㊱**기임:** (트렁크를 들고, 자앙에게) 그럼 잘 있어. ^❶중심 사건: 기임이 창고를 떠남.

^㊲**자앙:** (마지못해 대답한다.) 잘 가……. 가서 행복해.

> **염증:** 싫은 생각이나 느낌. 또는 그런 반응 **철부지:** 철없는 어린아이
> **의붓어미:** '의붓어머니(아버지가 재혼함으로써 생긴 어머니)'를 낮잡아 이르는 말
> **재촉하다:** 어떤 일을 빨리하도록 조르다.

*<u>1</u> 요약: 자앙을 남겨 두고 창고 밖으로 떠나려 하는 기임

^❶[2](기임과 미스 다링, 창고 밖으로 나간다. ^❷자앙은 북어 대가리를 식탁

위에 놓고, 떠나는 기임을 바라본다. ^❸창고 문 앞에서 자앙과 기임의 외치

는 소리가 들린다.)

^❹**기임:** (소리) 이 창고 앞의 상자들은 어쩔 거야? 내가 좀 창고 안에 옮

겨 주고 갈까?

^❺**자앙:** 괜찮아! 나 혼자서도 할 수 있어!

<u>창고지기를 벗어나고자 했던 기임의 소망이 성취됨. → 자앙과 대조되는 모습</u>

^❻(창고 밖으로 떠나는 것이 즐겁다는 듯이 기임의 환호성이 들린다. ^❼트럭

운전수와 다링의 웃음소리도 들린다.「^❽잠시 후, 트럭이 경음기를 올리며 『 』: ^❷중심 사건 – 자앙은 창고에 혼자 남게 됨.

떠나는 소리가 들린다. ^❾창고는 조용해진다.」^❿자앙, 식탁 앞에 힘없이 주저

앉는다. ^⓫늙고 허약해진 모습이다. ^⓬그는 식탁 위에 놓여 있는 북어 대가리

<u>성실함과 책임감이라는 사회적 의식으로 살아온</u>   ^❸상징적 소재(추상적인 개념을 나타내는

를 물끄러미 바라본다.) <u>현대인의 모습을 상징함.</u>   구체적인 대상)를 통해 주제 의식을 표현함.
– 소외된 현대인, 가치를 상실한 사회적 윤리

^⓭**자앙:** 「그래, 나도 너처럼 머리만 남았군. 그저 쓸쓸하고…… 허무
         『 』: ^❸독백을 통해 인물의 내면 심리를 전달함. – 의미 있는 삶의 가치를 상실한 비애감

한 생으로 가득 찬…… 머리만…… 덜렁…… 남은 거야. (두 손으

로 북어 대가리를 집어서 얼굴 가까이 마주 바라보며) 말해 보렴, 네
<u>인물이 동질감을 느끼는 대상</u>

눈엔 내가 어떻게 보이는지? 그토록 오랜 나날…… 나는 이 어둡
^❷중심 사건: 자앙은 북어 대가리를 보며 창고 속에서의 자신의 삶에 대해 질문을 던짐.

고 조그만 창고 속에서…… 행복했었다. 상자들을 옮겨 오고……

내보내며…… 내가 맡고 있는 일을 성실하게 잘하고 있다는 뿌듯

한…… 그게 내 삶을 지탱해 왔었는데……. 그러나 만약에……
                                        <u>폐쇄적인 삶의 공간</u>

[B] 세상이 엉뚱하게 잘못되고 있는 것이라면…… <u>이 창고 속에서의</u>

<u>성실함이…… 무슨 소용 있는 거지?</u> (사이) 북어 대가리야, 왜
^❷갈등: 자신의 삶에 대한 자앙의 내적 갈등 → 성실함이 필요 없는 부조리한 사회에 대한 자각

말이 없냐? 멀뚱멀뚱 바라만 볼 뿐 왜 대답이 없어? (북어 대가리

를 식탁 위에 내려놓는다.) 아냐, 내 의심은 틀린 거야. 덜렁 남은

머릿속의 생각만으로 세상을 잘못됐다구 판단해선 안 돼. (핸들

카에 실린 상자를 서류와 대조하며 혼자서 쌓기 시작한다.) 제자리

에 상자들을 옮겨 놓아라! 정확하게 쌓아! 틀리면 안 돼! 단 하나
              ^❷중심 사건: 자앙은 원래 자신의 삶으로 돌아감.

의 착오도 없게, 절대로 틀려서는 안 된다!

^⓮(자앙, 느릿느릿 정성을 다해 상자들을 쌓는다. ^⓯무대 조명, 서서히 자앙

에게 압축되면서 암전한다.)

> **환호성:** 기뻐서 크게 부르짖는 소리
> **허약하다:** 힘이나 기운이 없고 약하다.
> **허무하다:** 무가치하고 무의미하게 느껴져 매우 허전하고 쓸쓸하다.
> **지탱하다:** 오래 버티거나 배겨 내다.
> **대조하다:** 둘 이상인 대상의 내용을 맞대어 같고 다름을 검토하다.
> **착오:** 착각을 하여 잘못함. 또는 그런 잘못
> **암전하다:** 연극에서, 무대를 어둡게 한 상태에서 무대 장치나 장면을 바꾸다.

*<u>2</u> 요약: 창고에 혼자 남게 된 자앙

G

⭐ **(나) 독해 공식**

❶ 중심인물: 자앙, 기임, 다링

공간적 배경: 창고

❷ 중심 사건: 기임은 창고 속에서의 삶을 벗어나기로 결정하고, 다링과 함께 창고를 떠남. 혼자 남게 된 자앙은 북어 대가리를 보며 창고 속에서의 자신의 삶에 대해 질문을 던지다가 원래 자신의 삶으로 돌아감.

갈등: 자신의 삶에 대한 자앙의 내적 갈등

❸ 서술상 특징

• 상징적 소재(추상적인 개념을 나타내는 구체적인 대상)를 통해 주제 의식을 표현하고 있음.
• 대조적인 인물을 등장시켜 인물의 특성을 부각하고 있음.
• 독백을 통해 인물의 내면 심리를 전달하고 있음.

▪ **갈래:** 희곡

▪ **내용:** 이 작품은 산업 사회의 구조 속에서 부속품처럼 존재하는 현대인들의 모습을 그린 희곡이다. '창고'와 같은 삶의 공간에서 늘 같은 일을 반복하며 살아가는 자앙과 기임을 통해 현대 사회의 분업화, 기계화된 삶과 개인의 소외를 드러내고 있다. 기임이 자앙에게 남겨 놓고 떠난 딱딱하게 굳은 '북어 대가리'는 경직된 현대인의 사고와 현대인의 소외, 가치의 상실을 상징적으로 나타내고 있다.

▪ **주제:** 파편화된 일상 속에서 기계적으로 살아가는 현대인의 삶과 인간 소외

▪ **이것이 핵심!:** **공간적 배경과 대조적 인물**

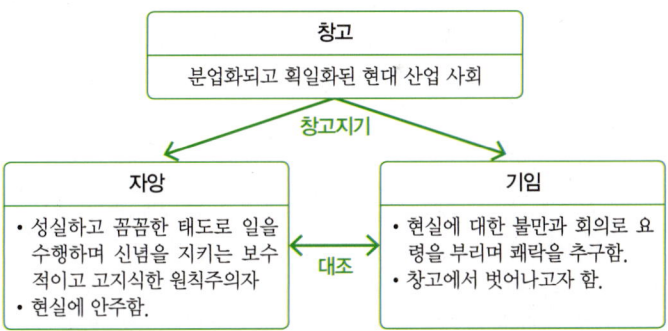

▪ **전체 줄거리:** 자앙과 기임은 같은 창고의 창고지기이지만, 성실하고 꼼꼼한 자앙과 달리 기임은 일을 대충 처리한다. 기임은 창고 밖의 생활에 더 관심을 가지고, 트럭 운전수의 딸 다링을 좋아하게 된다. 다링은 자앙에게 호감을 드러내지만, 자앙은 그런 다링에게 관심을 보이지 않는다. 창고지기의 삶에 싫증을 느낀 기임은 다링의 제안으로 상자 하나를 고의로 잘못 보내고 이를 자앙에게 알려 준다. 자앙은 불안한 마음에 상자 주인에게 편지를 써서 트럭 운전수에게 부탁하지만, 트럭 운전수는 상자 주인이 누구인지 알기 어렵다는 이유로 이를 거절한다. 기임은 트럭 운전수와 다링을 따라 창고를 떠나 자앙에게 북어 대가리 하나를 건네고, 자앙은 혼자 남아 북어 대가리를 바라보며 창고지기의 삶을 이어갈 것을 다짐한다.

⭐ **작품 간의 공통점 및 차이점**

• **공통점:** 현대 사회 속에서 소외된 개인들의 삶을 다루며 비판적 인식을 드러냄.
• **차이점:** (가)에서는 '신문', '텔레비전', '시계', '전철', '시외버스', '총알택시'를 통해, (나)는 '창고'와 '북어 대가리'라는 상징적 소재를 통해 현대 사회의 모습을 드러냄.

〈보기〉를 바탕으로 (가)를 이해한 내용으로 적절하지 않은 것은?

• 〈보기〉: '주변인'은 행복에 대한 자본주의의 이데올로기를 받아들이지도 못하고, 그것을 대신할 확고한 가치관을 갖고 있지도 않습니다. 또한 다른 사람들과 같은 삶을 살고 싶다는 갈망과 가증스러움을 동시에 느끼며 방황합니다.

• (가): '그'는 주변인으로, 자본주의 사회에 동화되지 못하고, 서울의 삶에 대해 갈망과 증오를 동시에 느끼며 방황합니다.

즉 〈보기〉의 '주변인'에 대한 설명을 고려하여 (가)의 '그'를 이해한 내용으로 틀린 것을 고르는 문제입니다.

[보기]

❶「주변인(周邊人, marginal man)은 둘 이상의 서로 다른 집단
「 」: 주변인의 의미, ②, ④의 근거
사이에 끼어 사고방식이나 행동 양식에 있어서 양쪽의 영향을 받
지만 또한 어느 한쪽에 완전히 소속되지 못한 상태에 있는 사람
을 가리키는 말이다.」❷이 시의 '그'는 현재 '이 세계의 문법', 즉 행
복에 대한 자본주의적 이데올로기를 받아들이지도 못하고, 그것
을 대신할 다른 확고한 가치관을 갖고 있지도 않다❸「차라리 다른
①, ③의 근거   「 」: 대비되는 감정을 느끼며 방황함. – ④, ⑤의 근거
사람들과 같은 삶을 살고 싶다는 갈망을 느끼기도 하지만, 그런
삶을 살아갈 자신의 모습을 생각하며 가증스러움을 느끼기도
한다.」

양식: 오랜 시간이 지나면서 자연히 정하여진 방식
소속되다: 일정한 단체나 기관에 딸리게 되다.
자본주의적: 자본주의에 바탕을 둔 것
확고하다: 태도나 상황 따위가 튼튼하고 굳다.
가치관: 가치에 대한 관점. 인간이 자기를 포함한 세계나 그 속의 사상에 대하여 가지는 평가의 근본적 태도 가증스럽다: 몹시 괘씸하고 얄밉다.

왜 정답 ?

① '그'는 '이 세계의 문법'을 대신할 수 있는 자신의 ~~가치관을 정립하고자~~ 신문, 텔레비전 등의 매체에서 ~~정보를 얻으려 도력~~하고 있다.
신문과 텔레비전은 '그'의 초조함을 드러내는 소재로 이를 통해 가치관을 정립하려 한 것은 아님.

*근거: (가) ②-❶~❸, 〈보기〉 ❷문장

〈보기〉에서 (가)의 '그'는 현재 '이 세계의 문법', 즉 행복에 대한 자본주의적 이데올로기를 받아들이지 못하고, 그것을 대신할 다른 확고한 가치관도 갖고 있지 않다고 했다.

(가)의 2연에서 '그'는 '신문이 배달되는 시각'과 '텔레비전이 시작되는 시각'을 '습관적으로 초조히 기다'린다. '그'가 신문과 텔레비전을 초조하게 기다리는 모습은 '이 세계의 문법'을 받아들이지 못한 주변인으로서의 강박적 행동으로 볼 수 있다. 즉, '그'는 세계에 속하지 못하고 주변인으로 사는 데에서 오는 긴장감과 초조함을 '신문'과 '텔레비전'을 기다리는 것으로 드러내고 있는 것이다. 따라서 이를 통해 '그'가 자신의 가치관을 정립하고자 정보를 얻으려 한다는 것은 적절하지 않다.

[정립하다: 정하여 세우다.

왜 오답 ?

② '그'는 이 세계의 사고방식과 행동 양식에 적응하지 못하고 '세계가 마쳐된 것인가'라며 그것의 정당성을 의심하고 있다.
'그'는 사회에 적응하지 못하고 그것의 정당성을 의심하고 있음.

*근거: (가) ①-❶~❺, 〈보기〉 ❶문장

(가)의 1연에서 '그'는 '이 세계의 문법', 즉 사고방식과 행동 양식을 계속 배우지만 잊어버리고는 '세계가 마쳐된 것'인지, '자신의 두개골이 마쳐된 것'인지 판정을 내리지 못한다. 〈보기〉에서 (가)의 '그'는 '주변인'으로, '주변인'은 둘 이상의 서로 다른 집단 사이에 끼어 사고방식이나 행동 양식에 있어 어느 한쪽에 완전히 소속되지 못한 상태에 있다고 한 것을 참고할 때, 이러한 모습은 '그'가 주변인으로서 '이 세계'에 적응하지 못하고 그것의 정당성을 의심하는 모습을 드러낸 것이라고 볼 수 있다.

[정당성: 사리에 맞아 옳고 정의로운 성질

③ '그'는 자본주의 세계 안에서 '물질이 정신성으로, 정신이 물질성으로' 환산되는 모습을 낯설어하고 있다.
'물질'과 '정신'이 환원되는 자본주의 세계의 논리를 '때로는 너무 까마득'하게 여기며 낯설어함.

*근거: (가) ①-❻~❽, 〈보기〉 ❷문장

〈보기〉에서 (가)의 '그'는 현재 '이 세계의 문법', 즉 행복에 대한 자본주의적 이데올로기를 받아들이지 못하고 있다고 했다. 이로 보아 (가)의 1연에서 '그'가 '물질이 정신성으로, 정신이 물질성으로' 이동해 가는 통로를 '때로는 너무나 까마득히 모른다'는 것은, '그'가 자본주의적 논리를 낯설어하는 모습으로 이해할 수 있다.

[환산되다: 어떤 단위나 척도로 된 것이 다른 단위나 척도로 고쳐져서 헤아려지다.

④ '그'는 '행복의 이데올로기'를 믿는 '행복한 사람들'을 부러워하기도 하지만, 그들의 세계에 속하지 못하고 '주변인'으로 살아가고 있다.
'행복한 사람들'을 부러워하지만 모순된 감정을 느끼며 방황함.

*근거: (가) ③-❺~⓮, 〈보기〉 ❶, ❸문장

(가)의 3연에서 '그'는 '행복의 이데올로기를 믿는 / 행복한 사람들을 부러워하며', '그 속으로 이입되기'를 갈망하는 한편 증오하면서 '주변에서 주변으로' 굴러다닌다고 했다. 〈보기〉에서 '주변인'은 둘 이상의 서로 다른 집단 사이에 끼어 사고방식이나 행동 양식에 있어 어느 한쪽에 완전히 소속되지 못한 상태에 있다고 한 것을 참고할 때, '그'는 '주변인'으로서 '행복한 사람들'을 부러워하면서도 그 속에 속하지 못하고 모순된 감정을 느끼며 방황하고 있다고 볼 수 있다.

⑤ '그'는 '서울'의 '장력'이 이끄는 대로 편안히 살고 싶은 마음과, 그 속에서 얻게 될 삶에 대한 증오를 동시에 느끼며 방황하고 있다.
'서울의 탱탱한 표면 장력'을 '그리워'하지만, 그러한 삶에 대한 '갈망'과 동시에 '증오'를 느낌.

*근거: (가) ③-❼~❾, 〈보기〉 ❸문장

(가)의 3연에서 '그'는 '서울의 탱탱한 표면 장력을 그리워하며, / 그 속에 이입되기를' 갈망하는 한편 증오하고 있다고 했다. 〈보기〉에서 '그'는 다른 사람들과 같은 삶을 살고 싶다는 갈망을 느끼는 한편, 그런 삶을 살아갈 자신의 모습에 가증스러움을 느끼기도 한다고 한 것을 참고할 때, '그'는 자본주의의 행복의 이데올로기 속에서 편안히 살고 싶은 마음과 그러한 삶에 대한 증오를 함께 느끼는 것으로 이해할 수 있다.

[방황하다: 분명한 방향이나 목표를 정하지 못하고 갈팡질팡하다.

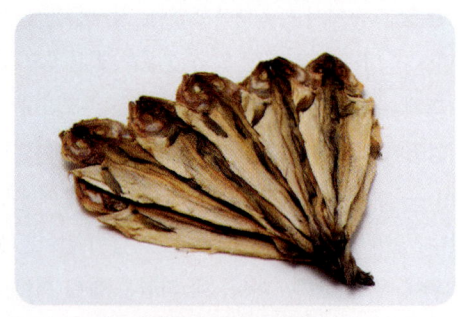

▲ 북어. 명태를 말린 것

G 22 정답 ④ *〈보기〉를 바탕으로 감상하기

〈보기〉를 바탕으로 (나)를 감상한 내용으로 적절하지 <u>않은</u> 것은?

- **〈보기〉**: 〈북어 대가리〉는 창고에서 기계적으로 살아가는 현대인의 비인간적인 삶을 형상화한 작품입니다. 창고에서 일하는 기임과 자앙의 모습을 통해 부분에만 얽매여 사는 현대인의 모습을 그려 냈습니다.
- **(나)**: 기임은 창고를 떠나고, 혼자 남게 된 자앙은 '북어 대가리'를 보며 창고에서 성실하게 일하는 자신의 삶에 대해 질문을 던지게 됩니다.

🔲 〈보기〉에서 제시한 〈북어 대가리〉의 주제 의식을 바탕으로 (나)에 대해 설명한 내용으로 틀린 것을 고르는 문제입니다.

[보기]

❶〈북어 대가리〉는 창고라는 공간을 배경으로 기계적으로 살아
  (폐쇄적인 현대 사회를 상징)
가는 현대인의 비인간적인 삶을 형상화하고 있다.❷창고에는 성실
                    (④의 근거)
하고 책임감이 강한 '자앙'과 즐거움을 추구하는 '기임'이라는 대
               (①, ⑤의 근거)
조적인 성격의 인물이 살고 있다.❸두 사람은 어떤 물건의 부속품
┌   (③의 근거)
인지도 모르는 상자를 보관했다가 다시 배송하는 작업을 하고 있
다.❹이를 통해 창고로 비유되는 현대 사회에서 전체 과정을 모른
채 부분에만 얽매여 사는 현대인이 모습이 나타나고 있다.┘

기계적: 인간적인 감정이나 창의성이 없이 맹목적·수동적으로 하는 것
형상화하다: 형체로는 분명히 나타나 있지 않은 것을 어떤 방법이나 매체를 통하여 구체적이고 명확한 형상으로 나타내다.
추구하다: 목적을 이룰 때까지 뒤쫓아 구하다.
대조적: 서로 달라서 대비가 되는 것
부속품: 어떠한 기구나 기계 따위에 딸려 붙어 있는 물건
비유되다: 어떤 현상이나 사물이 다른 비슷한 현상이나 사물에 빗대어져 설명되다.

>**오I** 정답 ?

④ 다시 상자를 쌓는 '자앙'의 모습은 머리만 남은 '북어 대가리'와 대조되어 '자앙'이 보다 <del>인간적인 삶을 살게 될 것이라는 기대</del>를 하게 하는군.
                                  (다시 이전처럼 일하고 있으므로 인간적인 삶을 기대하기 어려움.)

*근거: (나) ②-⑬, 〈보기〉❶문장

〈보기〉에 따르면 (나)는 창고에서 기계적으로 일하는 인물들의 모습을 통해 현대인들의 비인간적인 삶을 형상화한 작품이다.

(나)에서 자앙은 기임이 떠난 후 남겨 두고 간 '북어 대가리'를 보며 자신의 삶을 돌아보고 혼란스러워하다가 '아냐, 내 의심은 틀린 거야.'라며 다시 이전처럼 성실한 태도로 돌아가 상자를 쌓기 시작한다. 이처럼 성실하게 일하는 자앙의 모습은 자신이 하는 일이 무슨 일인지도 모르고 기계적으로 일만 하는 비인간적인 삶의 모습이라고 볼 수 있다. 따라서 이를 통해 자앙이 보다 인간적인 삶을 살게 될 것이라는 기대를 하는 것은 적절하지 않다.

>**오I** 오답 ?

① '이 창고는 더 이상 내가 살 곳이 아냐.'를 통해 '기임'이 창고 안에서의 삶을 가치 있게 여기지 않는다는 것을 알 수 있군.
                                          (기임은 새로운 삶을 위해 창고를 떠남.)

*근거: (나) ①-⑰, 〈보기〉❷문장

〈보기〉에서 기임은 즐거움을 추구하는 인물로 창고에서 성실하게 일하는 자앙과 대조되는 인물이라고 한 것을 참고할 때, 기임이 '이 창고는 더 이상 내가 살 곳이 아냐.'라고 하며 창고를 떠나려 하는 것은 그가 창고 안에서의 삶을 가치 있게 여기지 않음을 보여 준다.

② '우린 철부지 시절부터 이 창고지기였어.'에서 '자앙'과 '기임'이 창고 안에서의 삶을 주체적으로 선택한 것이 아님을 짐작할 수 있군.
                        (다른 삶을 선택하지 못한 채 주어진 대로 살아 왔음을 알 수 있음.)

*근거: (나) ①-⑫

철부지 어린 시절부터 지금까지 쭉 창고지기로 일해 왔다고 한 것을 통해 자앙과 기임이 창고 안에서 일한 것은 자신의 삶을 주체적으로 선택한 결과가 아니라 주어진 대로 살아온 것임을 짐작할 수 있다.

[**주체적**: 어떤 일을 실천하는 데 자유롭고 자주적인 성질이 있는 것

③ 창고는 두 인물이 기계적으로 상자를 옮기고 쌓는 일을 반복하는 공간으로, 분업화되고 획일화된 현대 사회를 의미하는
      (기계적으로 상자를 보관했다가 배송하는 작업을 하는 공간으로 분업화된 사회를 보여 줌.)
것으로 볼 수 있군.

*근거: (나) [앞부분의 줄거리], 〈보기〉❸, ❹문장

'창고'는 자앙과 기임이 상자를 옮겨 오고 내보내는 일을 기계적으로 반복하는 공간이다. 〈보기〉에서 두 사람은 어떤 물건의 부속품인지도 모르는 상자를 보관했다가 배송하는 작업을 하는데, 이를 통해 부분에만 얽매여 사는 현대인의 모습이 나타난다고 한 것을 참고할 때 '창고'는 분업화되고 획일화된 현대 사회를 의미한다고 볼 수 있다.

[**분업화**: 분업 형태로 됨. 또는 그렇게 되게 함.
[**획일화**: 모두가 한결같아서 다름이 없게 됨. 또는 모두가 한결같아서 다름이 없게 함.

⑤ '기임'이 떠난 후 '자앙'은 모르는 상자를 성실하게 배송하던 자신의 일과 신념이 헛된 것이었을 수도 있다는 생각을 하며 회의감을 느끼고 있군.
      (자앙은 기임이 떠난 후 창고에서의 삶에 대해 회의감을 느끼고 있음.)

*근거: (나) ②-⑬, 〈보기〉❷문장

자앙은 기임이 떠난 후 창고 안에서의 자신의 삶을 돌아보며 '내가 맡고 있는 일을 성실하게 잘하고 있다는 뿌듯'함이 자신의 삶을 지탱해 왔는데, '세상이 엉뚱하게 잘못되고 있는 것이라면…… 이 창고 속에서의 성실함이…… 무슨 소용 있는 거지?'라고 생각하며 혼란스러워하고 있다. 즉, 창고에서의 자신의 성실한 삶과 그러한 삶에 대한 신념이 헛된 것은 아니었는지 회의감을 느끼고 있는 것이다.

[**헛되다**: 아무 보람이나 실속이 없다.
[**회의감**: 의심이 드는 느낌

G 23 정답 ③ *작품 비교하기

[A]와 [B]에 대한 설명으로 적절한 것은?

- **[A]**: '그'가 '주변인'으로 겉도는 모습을 나타낸 부분입니다.
- **[B]**: 기임이 떠나고 혼자 남은 자앙이 '북어 대가리'를 보며 창고 속에서의 자신의 삶에 대해 질문을 던지다가 원래의 삶으로 돌아가는 부분입니다.

🔲 인물의 상황과 심리를 고려하여 [A]와 [B]에 대해 설명한 내용으로 적절한 것을 고르는 문제입니다.

>**오I** 정답 ?

③ [B]는 인물이 동질감을 느끼는 대상을 제시함으로써, 자신의
                        (북어 대가리)
삶을 돌아볼 계기를 마련하고 있다.
  (자앙이 자신의 삶을 돌아보는 계기가 됨.)

*근거: (나) ②-⑬

[B]에서 자앙은 '북어 대가리'를 보고 '나도 너처럼 머리만 남았군.'이라며 동질감을 느끼고 있다. 그리고 '북어 대가리'를 바라보며 지금까지 창고에서 상자를 옮기며 살아온 자신의 삶을 돌아보고 있다.

[**동질감**: 성질이 서로 비슷해서 익숙하거나 잘 맞는 느낌
[**계기**: 어떤 일이 일어나거나 변화하도록 만드는 결정적인 원인이나 기회

① [A]는 동일한 시어를 반복하여 이 세계의 <s>이데올로기가 끊임</s> 계속해서 소외되는 '그'의 모습을 드러냄.
<s>없이 연장되는 상황을 제시하고 있다.</s>

[A]는 '주변에서 주변으로 / 가장자리에서 가장자리로'와 같이 동일한 시어를 반복하고 있는데, 이는 '주변인'으로 지내며 겉도는 화자의 모습을 보여 주는 것이므로 이 세계의 이데올로기가 끊임없이 연장되는 상황을 제시하고 있다는 것은 적절하지 않다.

[연장되다: 시간이나 거리 따위가 본래보다 길게 늘어나다.

② [A]는 '어지럽히며', '혼선시키며'와 같이 능동적인 표현을 사용하여 화자의 <s>주체적인 태도</s>를 보여 주고 있다.
'그'의 모습은 주체적 태도와 거리가 멈.

(가)의 화자는 자본주의 이데올로기에 이입되고 싶은 마음과 그러한 자신에 대한 증오라는 모순되는 감정을 느끼며 '주변인'으로서의 삶을 살고 있다. '어지럽히며', '혼선시키며'는 '주변인'으로서 살아가는 화자의 모습을 보여 주는 표현인데, '주변인'으로서의 삶은 화자가 주체적으로 선택한 것은 아니므로 이를 통해 화자의 주체적인 태도를 보여 주고 있다는 것은 적절하지 않다.

[능동적: 다른 것에 이끌리지 아니하고 스스로 일으키거나 움직이는 것
[주체적: 어떤 일을 실천하는 데 자유롭고 자주적인 성질이 있는 것

④ [A]는 인물이 세계 속에서 느끼는 <s>소속감</s>을 보여 주지만, [B]
'그'는 세계에 소속되지 못함.
는 인물과 세계 간의 <s>단절감</s>을 보여 주고 있다.
자양은 자신이 원래 살던 세계로 다시 돌아감.

[A]에서 화자는 세계에 소속되지 못하고 겉돌고 있으므로 인물이 세계 속에서 느끼는 소속감이 드러난다는 것은 적절하지 않다. [B]에서 자양은 자신의 삶을 돌아보며 혼란스러워하다가 결국 원래 자신의 삶으로 돌아가고 있으므로 이 부분에서 인물과 세계 간의 단절감이 나타난다는 것도 적절하지 않다.

[소속감: 자신이 어떤 집단에 소속되어 있다는 느낌
[단절감: 다른 대상과의 유대나 관계가 끊어져 있는 느낌

⑤ [A]의 '지도'는 <s>폐쇄적인 생활의 공간을 상징</s>하는 소재로, 내
세계에 소속되려 하나 실패하는 '그'를 보여 주는 소재임.
용 전개에서 [B]의 '창고'와 같은 역할을 하는 소재이다.

[A]에서 화자는 '주변에서 주변으로 / 가장자리에서 가장자리로' 겉돌며 '지도'를 어지럽히고 있다. '지도'가 길을 찾을 때 이용하는 물건임을 고려할 때, 이는 자신의 삶의 방식과 세계 사이의 갈등을 해소하기 위해 '지도'를 이용하였지만 실패하는 모습으로 이해할 수 있다. 따라서 '지도'가 폐쇄적인 생활의 공간을 상징한다는 것은 적절하지 않다.
[B]에서 '창고'는 자양이 바깥 세상에 대해 무지하고, 자신이 하고 있는 일을 왜 하는지도 모른 채 상자를 쌓고 내보내는 일을 기계적으로 하는 공간이다. 따라서 '창고'는 현대 산업 사회에서 개인들에게 주어진 폐쇄적인 삶의 공간을 상징한다고 할 수 있다.

[폐쇄적: 외부와 통하거나 교류하지 않는 것
[상징하다: 추상적인 사물이나 관념 또는 사상을 구체적인 사물로 나타내다.

G 24 ~ 28 ——————————— [예상 문제]

(가) 윤선도, 〈몽천요〉

❶ 화자, 중심 대상 ❷ 상황, 정서, 태도 ❸ 표현상 특징 [고어 읽기] [시 해석]

상해런가   꿈이런가   백옥경의   올라가니
옥황상제가 산다는 천상의 서울(임금이 계신 한양)
1 ❶상해런가 ⓐ꿈이런가 백옥경(白玉京)의 올라가니
  ❸우의적(다른 사물에 빗대어 비유적인 뜻을 나타내는) 장치 사용 – 화자의 상황과 심리 상태를 드러냄.
  → 현실인가 꿈인가, 백옥경(임금이 계시는 한양의 궁궐)에 올라가니

옥황은   반기시나   군선이   꺼리나다
❶ 중심 대상 – 임금   ❶ 중심 대상 – 화자를 질시하는 신하들
옥황(玉皇)은 반기시나 군선(群仙)이 꺼리나다.
  ❷상황: 임금이 계신 궁궐에 올라갔으나 여러 신하들의 배척을 직면함.
  → 옥황(임금)은 반기시나 군선(서인 세력과 간신배들)이 나를 꺼리는구나.

두어라   오호연월이   내 분일시   올탓다
           자연   ❶ 화자
3 ❸두어라 오호연월(五湖烟月)이 내 분(分)일시 올탓다.
  ❷ 태도: 안분지족(천상에서의 좌절을 겪고 다시 자연으로 돌아가고자 함.)
  → 그만두어라, 아름다운 자연이 내 분수에 알맞구나.

[백옥경: 하늘 위에 옥황상제가 산다고 하는 가상적인 서울
[옥황: 흔히 도가(道家)에서, '하느님'을 이르는 말

*1 요약: 천상에서의 좌절과 자연에서의 자기 위안

풋잠에   꿈을 꾸어   십이루에   들어가
2 ❶풋잠에 꿈을 꾸어 십이루(十二樓)에 들어가니
  백옥경의 신선들이 사는 누각
  → 풋잠에 꿈을 꾸어 십이루(대궐)에 들어가니

옥황은   우스시되   군선이   꾸짓는다
「옥황(玉皇)은 우스시되 군선(群仙)이 꾸짖는다.
『 』: 상황 – 신하들의 반대 때문에 백성의 고충에 대해 묻지 못함.
  → 옥황(임금)은 웃으시되 군선(여러 신하들)이 꾸짖는구나.

어즈버   백억창생을   어늬   결에 무르리
          ❶ 중심 대상 – 모든 백성   ❸ 설의법(물음의 형식으로 표현하는 방법)
❸어즈버 백억창생(百億蒼生)을 어늬 결에 무르리.」
  ❸영탄법(감정을 강하게 나타내는 방법) ❷ 정서: 올바른 정치를 하고자 하는 소망
  → 아아, 수많은 백성들을 편안하게 하는 방법을 어느 결에 물으리?

[십이루: 중국 곤륜산에서 선인(仙人)이 산다는 열두 채의 높은 누각

*2 요약: 임금께 백성의 고충에 대해 묻지 못함.

하늘이   이저신   제 무슨 술로   기워낸고
                          기술
3 ❶하늘이 이저신 제 무슨 술(術)로 기워낸고
                          ❸ 설의법
  → 하늘이 이지러진(나라가 위태로울) 때 무슨 수로 보완하였는가?

백옥루   중수할   제 엇던 바치 일워낸고
                                    장인, 유능한 신하
❷백옥루(白玉樓) 중수(重修)*할 제 엇던 바치 일워낸고
  → 백옥루(대궐의 위태로운 상황을 바로잡을 때 어떤 장인(충신)이 이뤄 냈는가?

옥황끠   사래보자   하더니   다 못하야 오나다
❸옥황(玉皇)끠 사뢰보자 하더니 다 몯ᄒᆞ야 오나다.
  ❷정서: 다른 신하들의 반대로 경세제민의 뜻을 펼칠 수 없는 것에 대한 안타까움, 좌절감
  → 옥황(임금)께 아뢰어 보려 하였는데 (간신들로 인해) 다 못하고 내려왔구나.

*3 요약: 임금께 나라를 구할 인재에 대해 아뢰지 못함.

* 중수(重修): 건축물 따위의 낡고 헌 것을 다시 손을 대어 고침.

★ (가) 독해 공식

❶ 화자: '나', 중심 대상: '옥황', '군선', '백억창생'
❷ 상황: 임금이 계신 궁궐에 올라갔으나 여러 신하의 배척을 직면하고 위태로운 나라의 상황을 바로잡는 충신의 역할을 하지 못함.
정서: 올바른 정치를 하고자 하는 소망, 다른 신하들의 반대로 경세제민의 뜻을 펼칠 수 없는 것에 대한 안타까움과 좌절감
태도: 안분지족(천상에서의 좌절을 겪고 다시 자연으로 돌아가고자 함.)
❸ 표현상 특징
• 우의적(다른 사물에 빗대어 비유적인 뜻을 나타내는) 장치를 사용하여 화자의 상황과 심리 상태를 효과적으로 드러내고 있음.
• 설의법(물음의 형식으로 표현하는 방법), 영탄법(감정을 강하게 나타내는 방법)을 사용하고 있음.

■ 갈래: 연시조   ■ 창작 시기: 조선 중기
■ 내용: 이 작품은 초야에 묻혀 지내던 윤선도가 이상을 이루지 못한 좌절감과 우국충정을 표현하기 위해 현실을 꿈에 빗대어 형상화한 연시조이다. 화자는 꿈속에서 '옥황'을 만나 백성들의 생활과 나라를 구할 수 있는 인재에 대해서 물어보려 했지만, '군선'이 꺼리고 꾸짖어 물어보지 못하고 돌아오게 된다. 이는 작가가 실제 정치 현실에서 겪었던 시련을 우의적으로 표현한 것이다. 대개 고전 문학 작품에서 꿈과 천상계는 현실에서 이루지 못했던 이상을 실현하여 화자가 느꼈던 좌절과 결핍을 보상받을 수 있는 장소로 제시되는데, 그와 달리 이 작품에서 천상은 화자의 소망이 좌절되는 공간으로 제시되고 있다.
■ 주제: 이상을 이루지 못한 좌절감, 임금과 나라를 위한 우국충정

■ 이것이 핵심! **우의적 장치**

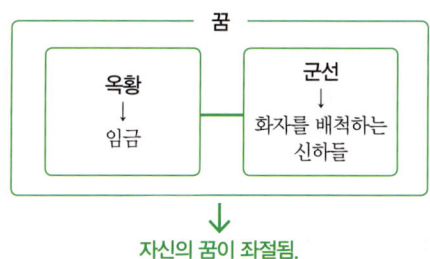

꿈

옥황	군선
↓	↓
임금	화자를 배척하는 신하들

↓

자신의 꿈이 좌절됨.

(나) 작자 미상, 〈남윤전〉

❶ 중심인물, 배경　❷ 중심 사건, 갈등　❸ 서술상 특징

[앞부분의 줄거리] 선조 때 안변 부사 남두성의 아들 남윤은 관비인 옥경선을 좋아하
❶ 시간적 배경　　　　　　　　　　　　　　　　　　　❶ 중심인물
여 혼인하려 하지만, 남두성의 뜻을 따라 단천 부사의 딸 이석랑과 혼인한다. 그러던
중 전란이 발생하고 남윤은 포로가 되어 일본으로 끌려가게 된다. 왜왕이 남윤의 인
❶ 공간적 배경
물됨을 보고 공주와 결혼시키려 하나 남윤은 아내가 있음을 이유로 이를 거부해 위
기에 빠진다. 하지만 공주의 간언으로 이 위기에서 벗어나고, 공주와 친밀한 사이가
된다. 그러던 어느 날 남윤은 ⓑ꿈을 꾸게 된다.
　　　　　　　　　　　천상계로 가게 되는 계기

┌ **관비**: 예전에, 관가에 속하여 있던 계집종
├ **전란**: 전쟁으로 인한 난리
└ **간언**: 웃어른이나 임금에게 옳지 못하거나 잘못된 일을 고치도록 하는 말

① 이때는 정유년 가을 7월 초 7일이었다. ② 남윤이 태자와 더불어 종일
　　　❶ 시간적 배경
담화하였는데 몸이 자연 피곤하여 홀로 난간에 의지하였더니, 월색은
　　　　　　　　　　　　　　　　　　　　　　　　　달빛
마당에 가득하고 가을 바람은 소슬하여 집을 떠난 나그네의 심회를 도
왔다. ③ 「'칠월편(七月篇)'을 외우다가 졸았는데, 문득 붉은 도포를 입은
　　　「J」: ❷ 중심 사건 – 남윤은 꿈속에서 천상계로 향함.
사람이 앞에 나와 아뢰되,

④ "요지(瑤池)에서 그대를 부르시니 급히 가사이다."
⑤ 　　　　　　　　　❶ 공간적 배경 – 천상계
하고 재촉하였다. ⑥ 남윤이 가로되,

⑦ "요지는 천상이라. 인간의 천한 몸이 어찌 가리오?"
　　　　　　　　　천상계로 가는 데 의구심을 품음.
⑧ 붉은 도포를 입은 선관이 가로되,

⑨ "근심하지 말고 나를 따라오면 자연 갈 수 있습니다."
⑩ 하고 길을 인도하였다.」

⑪ 「남윤이 그 사람을 따라 표연한 곳에 이르니, 찬 기운이 사람에게
　　　「J」: ❸ 구체적인 묘사를 통해 천상계의 환상적인 모습이 표현됨.
쏘이고 맑은 향기가 진동하여 정신이 씩씩하였다. ⑫ 아름다운 꽃과 풀이
만발하고 은하수는 한없이 넓으며 난새와 봉황과 공작새는 어지러이
왕래하였다. ⑬ 남윤이 살펴보니 금은보석으로 화려하게 장식한 궁궐이
허공에 솟아 있는데, 봉황 한 쌍이 나와 길을 인도하였다. ⑭ 점점 들어
가니 큰 집이 있는데 현판에 광한전(廣寒殿)이라 새겼고, 그 곁에 한
집이 있는데 영광전이라 하였다. ⑮ 자세히 보니 우무로 만든 병풍을 두
르고 산호로 만든 고리에 수정으로 만든 주렴을 달았거늘 황홀한 기운
이 원근에 쏘이었다.」

　　　　　　　　　　　　　　　　❶ 공간적 배경
⑯ 전각 위에 살펴보니 대인이 노란 도포를 입고 금관을 쓰고 백옥교
(白玉橋) 위에 앉아 있으니 위엄이 엄숙하고 광채가 찬란하였다. ⑰ 좌우
를 살펴보니 무수한 선관이 시위하였으며, 그 앞에는 녹의홍상 입은
선녀가 옹위하여 풍악을 읊으니 짐짓 요지연이었다. ⑱ 푸른 옷을 입은
남윤의 꿈이 천상계를 배경으로 함을 알려 줌, 도교 사상이 드러남.
선녀가 남윤에게 말하기를,

　　　　　　　　　　　　　　　　　　　　　　　□: 초월적 존재
⑲ ⓐ"저 붉은 도포에 금관을 쓰신 분은 옥황상제요, 좌우에 시위하는
이는 여러 부처와 신선이요, 녹의홍상한 이는 모두 선녀입니다. 오
늘이 마침 칠월 칠석이매 견우와 직녀가 서로 만나는 고로 이렇게
모였습니다. 옥황상제계서 명하시어 인간에 적강한 선관과 선녀를
　　　　　　　　　　　　　　　　　죄를 지어 인간세계에 떨어진
불러 배필을 정하려 하심이니 그대를 부르옵거든 대답하옵소서."
⑳ 하고, 즉시 올라가 남윤을 패초*하였다고 아뢰니, 옥황상제가 묻기를,
㉑ "추성(箒星)*은 배필을 거느리고 왔느냐?"
　　남윤
㉒ 하였다.
㉓ 한 선녀가 대답하기를,
㉔ "다 불러왔나이다."
㉕ 옥황상제가 전지하여 각각 차례로 부르라 하시니, 한 노승이 육환
장(六環杖)을 짚고 장삼을 입고 염주를 목에 걸고 앞에 나와 명을 듣잡
　긴 지팡이　　　　　　　승려의 웃옷
고 섬돌에 내려서며 푸른 옷을 입은 선녀에게 명하여 남윤을 부르라
하였다. ㉖ 선녀가 명을 받들어 남윤을 인도하여 섬돌 아래에 세우고 옥
황상제의 명을 전하기를,

㉗ ⓑ"추성으로 말미암아 세 선녀가 투기하여 남방의 재변이 매우 심
　　　　　　　　　　　　　　　　　남쪽 지방에 안 좋은 일들이 일어나므로
하기로 인간 세상에 적강시켰으니, 인간에 거처한 연한이 지나거든
모두 모여 즐기다가 나이 칠십이 차거든 올라오되, 월중선은 그 중
에 죄가 가벼우니 십 년 후에 먼저 불러올리리라. 너희는 자세히 명
령을 들으라."
㉘ 하시니, 남윤의 뒤에서 각각 승명하였다. ㉙ 「남윤이 놀라 돌아보니 하나
　　　　　　　　　　　　　　「J」: ❷ 중심 사건 – 남윤이 꿈속 천상계에서 옥경선, 석랑, 월중선을 만남.
는 일본국 공주요, 하나는 함경도 함흥부 옥경선이요, 하나는 잘 아는
얼굴이로되 옷고름에 혈서를 찼으니 반드시 이씨 석랑이었다.」

┌ **담화하다**: 서로 이야기를 주고받다. **소슬하다**: 으스스하고 쓸쓸하다.
├ **심회**: 마음속에 품고 있는 생각이나 느낌
├ **요지**: 중국 곤륜산에 있다는 못. 신선이 살았다고 하며, 주나라 목왕이 서왕모를
│ 만났다는 이야기로 유명하다.
├ **인도하다**: 길이나 장소를 안내하다.
├ **만발하다**: 꽃이 활짝 다 피다.
├ **난새**: 중국 전설에 나오는 상상의 새
├ **왕래하다**: 가고 오고 하다.
├ **현판**: 글자나 그림을 새겨 문 위나 벽에 다는 널조각
├ **주렴**: 구슬 따위를 꿰어 만든 발
├ **위엄**: 존경할 만한 위세가 있어 점잖고 엄숙함. 또는 그런 태도나 기세
├ **엄숙하다**: 말이나 태도 따위가 위엄이 있고 정중하다.
├ **녹의홍상**: 연두저고리와 다홍치마
├ **옹위하다**: 주위를 둘러싸다.
├ **시위하다**: 임금이나 어떤 모임의 우두머리를 모시어 호위하다.
├ **적강하다**: 신선이 인간 세상에 내려오거나 사람으로 태어나다.
├ **선관**: 선경(仙境)에서 벼슬살이를 하는 신선
├ **배필**: 부부로서의 짝
├ **육환장**: 승려가 짚는, 고리가 여섯 개 달린 지팡이
├ **섬돌**: 집채의 앞뒤에 오르내릴 수 있게 놓은 돌층계
├ **투기하다**: 부부 사이나 사랑하는 이성(異性) 사이에서 상대되는 이성이 다른 이성
│ 을 좋아할 경우에 지나치게 시기하다.
├ **재변**: 재앙으로 인하여 생긴 변고
├ **연한**: 정하여지거나 경과한 햇수
└ **승명하다**: 임금이나 어버이의 명령을 받들다.

＊① 요약: 남윤이 꿈속에서 천상계에 가서 옥경선, 석랑, 월중선을 만남.

2 남윤이 창황 중에 노승에게 묻기를,

2 "네 사람 중에 월중선은 무슨 연고로 구태여 십 년 만에 올라오라 하시나이까?"
- ⓒ 중심 인물 - 일본국 공주

3 노승이 말하기를,

4 「ⓒ석랑은 옥경선과 일심이 되어 월중선을 모해하는 까닭에 세 사람은 조선에 적강하며 고생하며 지내게 하고, 월중선은 그 중에 죄가 적으므로 일본국 공주가 되어 편안히 즐기게 함이라. 네 사람을 각각 적강시킬 때에 월중선은 일본으로 보내고 세 사람은 조선 안변 서화사에 부탁하여, 추성은 남두성의 독자가 되고, 석랑은 이경희의 여식이 되고, 옥경선은 그 중에 죄가 더 무거워서 함흥의 기녀가 되어 고생하게 하였나니, 나는 안변 서화사의 부처라. 그대들이 어찌 나를 모르느냐?」
「 」: ❸ 천상계와 지상계의 사연이 이원 구조를 취함.

5 하고, 이어서 소매에서 ⓔ푸른 구슬 네 개를 내어 각각 하나씩 주며 말하기를,
꿈에서 깬 후에 표식의 기능을 함.

6 "이로써 일후 표식을 삼아 천생배필인 줄 알라. 그리고 인간에 내려가 월중선을 만나 십 년 동안 함께 즐기다 먼저 올려 보내고, 본국에 돌아가 석랑과 옥경선을 찾아 함께 즐기다가 나이 칠십이 차거든 올라오라."

7 하고 봉황으로 하여금 인도하여 나가게 하였다. 8 중문을 나오다가 실족하여 높은 섬돌에서 떨어져 놀라 깨달으니 일장춘몽이었다. 9 한 손에
❸ '현실 → 꿈 → 현실'이라는 환몽 구조를 취함.
구슬이 쥐여 있거늘 남윤이 탄식하기를,

10 "몽사가 기이하도다."
꿈에 나타난 일
11 하고 태자에게 전하여 왜왕께 아뢰었다. 12 왜왕이 기특히 여겨 즉시 공주와 왕비에게 이르니 공주의 몽조 또한 이러하고 구슬이 있었다. 13 즉시 구슬 두 개를 서로 비교하니 터럭만큼도 다름이 없으니, 왜왕이 더
꿈에 나타나는 길흉의 징조
욱 기특히 여기시어 말하기를,

14 "이는 천정배필이니 누가 감히 말리리오?"
혼례
15 즉시 택일하여 화촉지례를 이루매, 교배석에 나가니 신랑의 아름다
❷ 중심 사건: 꿈에서 깨어난 남윤은 일본국 공주(월중선)와 혼인함.
운 풍채와 신부의 선명한 태도는 하늘이 감동할 만하였다. 16 태자궁 서
❸ 서술자의 개입이 드러남.
편에 공주궁을 짓고 많은 보배를 상으로 주며 궁녀 삼백을 주고 궁궐 이름을 청천궁(靑天宮)이라 하였다.

┌ 창황: 놀라거나 다급하여 어찌할 바를 모름.   연고: 일의 까닭
│ 모해하다: 꾀를 써서 남을 해치다.
│ 실족하다: 발을 헛디디다.
│ 일장춘몽: 한바탕의 봄꿈이라는 뜻으로, 헛된 영화나 덧없는 일을 비유적으로 이
│ 르는 말
│ 터럭: 아주 작거나 사소한 것을 비유적으로 이르는 말
└ 교배석: 전통 결혼식에서, 신랑과 신부가 서로 절하는 자리

* 2 요약: 남윤은 꿈에서 예언한 대로 공주(월중선)와 혼인함.

3 ⓜ부부의 금슬이 비할 데 없으나 마침내 수태(受胎)함이 없으니 왕과 왕비 크게 근심하셨다.

2 이러구러 십 년이 지나매 일일은 공주가 가장 비감하여 눈물을 흘
꿈에서 예언했던, 월중선이 하늘로 올라가야 하는 시기가 됨.
리며 말하기를,

3 "우리 인연이 멀지 아니하였으니 연연한 정을 장차 어찌하리오?"
「 」: ❷ 중심 사건 - 남윤과 공주는 노승의 예언을 떠올리며 이별의 순간이 다가오는 것에 슬퍼함.

4 남윤이 놀라 묻기를,

5 "이 말씀이 어떤 말씀이오니까?"

6 공주가 대답하기를,

7 "군자는 십 년 전 꿈속에 요지연에 갔던 일을 잊고 계시나이까? 첩의 사주를 보니 금년 팔월이면 반드시 죽을 것입니다. 첩이 죽으면 군자를 본국에 돌려보내지 아니하리니, 이때를 타서 도망함이 마땅하나 만경창파에 어찌 도달하리오? 첩이 죽더라도 다른 공주가 있으니, 알지 못하겠습니다. 군자는 재취하고저 하나이까?"

8 남윤이 말하기를,

9 "공주와 더불어 하늘이 정한 인연이 있기로 마지못하여 부부가 되었습니다. 공주가 나를 이렇듯이 돌보아 생각하시니 감격하거니와 본국에 있는 배필이야 어찌 일시나 잊으리오? 바라건대 공주는 이제 영결한다고 오열하시니 느꺼운 마음이 측량없습니다. 공주 별세하시면 만리타국에서 외로운 나는 누구를 의지하여 살리오? 차라리 나도 공주와 같이 죽사와 천행으로 주인 없는 외로운 혼이나마 본국에 돌아감과 같지 못하도다."

10 하니, 공주가 또한 비감하여 말하기를,

11 "첩이 이제 죽으면 군자는 넓고 넓은 푸른 바다에 돌아갈 길이 아득할 것이니, 평생의 계교를 발하여 군자가 무사히 돌아가게 하리이다."

12 하고 서로 손을 잡고 종일 통곡하였다. 」
곧 헤어질 것임을 알고 슬퍼함.

┌ 수태: 아이를 뱀.
│ 비감하다: 슬픈 느낌이 있다.
│ 만경창파: 만 이랑의 푸른 물결이라는 뜻으로, 한없이 넓고 넓은 바다를 이르는 말
│ 재취하다: 아내를 여의었거나 아내와 이혼한 사람이 다시 장가가서 아내를 맞이
│ 하다.
│ 영결하다: 죽은 사람과 산 사람이 서로 영원히 헤어지다.
│ 느껍다: 어떤 느낌이 마음에 북받쳐서 벅차다.
└ 별세하다: 윗사람이 세상을 떠나다.   계교: 요리조리 헤아려 보고 생각해 낸 꾀

* 3 요약: 십 년이 지나 예언한 이별의 순간이 다가오자 남윤과 공주가 슬퍼함.

* 패초: 명을 내어 부름.

* 추성: 천상계에 있을 때 남윤의 호칭

🌟 (나) 독해 공식
❶ 중심인물: 남윤, 월중선(일본국 공주) 등
공간적 배경: 지상계 - 일본, 천상계 - 요지, 백옥교
시간적 배경: 선조 때, 정유년 가을 7월 초 7일
❷ 중심 사건: 남윤은 꿈 속 천상계에서 월중선(일본국 공주), 옥경선, 석랑을 만남. 꿈에서 깬 남윤은 지상계에서 월중선과 혼인함. 남윤과 월중선은 노승의 예언을 떠올리며 이별의 순간이 다가오는 것을 슬퍼함.
갈등: 드러나지 않음.
❸ 서술상 특징
• 천상계와 지상계의 사연이 이원 구조를 취하고 있음.
• '현실 – 꿈 – 현실'의 환몽 구조가 나타나고 있음.
• 구체적인 묘사를 통해 천상계의 환상적인 모습이 표현되고 있음.
• 서술자의 개입이 드러나고 있음.

■ 갈래: 고전 소설
■ 내용: 이 작품은 임진왜란을 배경으로 하는 역사 소설로, 효 사상과 신선 사상을 바탕으로 하고 있으며 꿈이 주요 매개로 등장한다. 전반부는 주인공의 가족에 관한 사건, 후반부는 주인공의 포로 생활과 고행담을 그리고 있다. 임진왜란을 다루고 있는 다른 작품들과 달리 일본에 대한 적대감보다는 전쟁을 통해 느끼게 되는 조국애, 해외에 대한 관심 등을 이야기하고 있다는 점이 특징적이다.

■ 인물 관계도

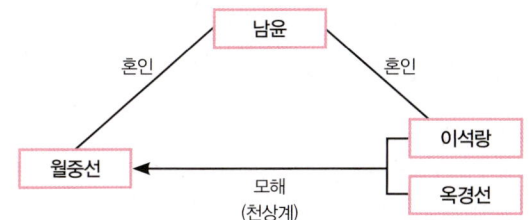

■ 주제: 임진왜란을 배경으로 한 남윤의 고행 및 세 여인과의 애정
■ 이것이 핵심!: 환몽 구조(이원 구조)

```
          ┌─────────────────┐
          │   지상계(현실)    │
          └────────┬────────┘
                   │
┌──────┬──────────────────────────────────┐
│천상계 │ 남윤이 붉은 도포를 입은 사람을 따라감. │
│(꿈)  │              ↓                      │
│      │ • 옥황상제의 명 – 남윤, 일본국 공주, 옥경선, 이석랑의 정체 │
│      │ • 노승 – 적강의 이유, 남윤의 삶에 대한 예언 │
│      │              ↓                      │
│      │ 남윤이 중문을 나오다가 실족하여 꿈에서 깸. │
└──────┴──────────────────────────────────┘
                   │
                   ↓
┌──────┬──────────────────────────────────┐
│지상계 │ 남윤이 예언대로 월중선과 혼인, 10년을 함께 보냄. │
│(현실) │                                    │
└──────┴──────────────────────────────────┘
```

■ 전체 줄거리: 선조 때 안변부사 남두성과 윤부인 사이에서 태어난 남윤은 관비인 옥경선을 좋아하지만, 부모의 뜻에 따라 단천부사의 딸 이석랑과 혼인한다. 그러나 곧 임진왜란이 일어나고, 남윤은 부인과 헤어지고 일본으로 끌려간다. 왜왕의 사위가 될 것을 거절하여 위기에 빠진 남윤은 공주의 도움으로 위기에서 벗어나고, 이를 계기로 공주와 가까워진다. 그러던 어느 날 꿈에서 옥황상제를 만나 그들이 적강한 천상계의 인물이고 하늘이 맺어 준 인연을 알게 된다. 꿈에서 깬 남윤은 같은 꿈을 꾼 공주와 혼인하지만 공주는 먼저 천상계로 떠나게 된다. 조선으로 돌아온 남윤은 자신과 이석랑 사이의 아들인 고행의 소식을 듣고 관찰사를 자원한다. 이석랑은 천상으로 돌아간 월중선(일본국 공주)을 만나 남윤이 살아 돌아온 소식을 듣는다. 남윤과 고행, 이석랑, 옥경선의 만남이 이루어지고, 남윤은 두 부인에게서 두 아들을 얻어 함께 부귀영화를 누린다.

★ 작품 간의 공통점 및 차이점
• 공통점: '꿈'이라는 소재를 통해 내용을 전개하고 있음.
• 차이점: (가)는 꿈에서 방문한 백옥경에서 반대에 부딪히는 상황을 통해 원하는 바를 이루지 못한 화자의 심리를 강조하고 있음. (나)에서 꿈은 현실의 인물들이 천상계의 존재임을 알리는 동시에 현실의 인물들을 이어 주는 역할을 하고 있음.

G 24 정답 ①   *〈보기〉를 바탕으로 감상하기

〈보기〉를 참고하여 (가)를 이해한 내용으로 적절하지 <u>않은</u> 것은?

• 〈보기〉: 윤선도는 자신을 질시하는 세력을 의식하여 임금의 부름에 사양하면서도 올바른 정치를 하고 싶은 마음을 표현하기 위해 〈몽천요〉를 지었습니다. 〈몽천요〉에서의 천계는 현실의 좌절을 보상해 주는 이상 세계가 아닌, 현실의 좌절감을 재확인하는 공간입니다.
• (가): 화자는 꿈속에서 '옥황'에게 백성들의 생활과 나라를 구할 수 있는 인재에 대해 물어보려 했지만, '군선'의 반대로 인해 좌절하며 돌아오게 됩니다.

[즉] 〈보기〉에 설명된 〈몽천요〉에 나타난 천상계의 공간적 의미를 바탕으로 (가)를 이해한 내용으로 틀린 것을 고르는 문제입니다.

[보기]

❶현실 정치를 떠나 초야에 묻혀 지내던 <u>윤선도는 자신을 질시하는 세력들을 의식하여 임금의 지극한 부름을 사양했다.</u>❷그러나 고산에 은거하면서도 임금을 도와 부정적인 현실을 바로잡고, 올바른 정치를 하고 싶었던 그는 그러한 마음을 표현하기 위해 현실을 꿈속 천상계의 일에 빗대어 〈몽천요〉를 창작하였다.
(②의 근거) (④의 근거)

❸대부분의 작품에서 천계는 현실에서의 좌절과 고통을 보상해 주는 이상 세계로 표현된다.❹그러나 〈몽천요〉에서 <u>천계는 현실을 그대로 옮겨 온 것일 뿐이며, 그가 현실에서 느꼈던 좌절감을 재확인하는 공간에 불과하다.</u>❺<u>천계에서도 안식을 찾지 못한 그는 다시 자연으로 돌아가게 된다.</u>
(①, ⑤의 근거) (③의 근거)

─────────────────────

초야: 풀이 난 들이라는 뜻으로, 궁벽한 시골을 이르는 말
질시하다: ① 밉게 보다. ② 시기하여 보다.
지극하다: 더할 수 없이 극진하다.
사양하다: 겸손하여 받지 아니하거나 응하지 아니하다. 또는 남에게 양보하다.
고산: 외따로 떨어져 있는 산
은거하다: 세상을 피하여 숨어서 살다.
천상계: 하늘 위의 세계
이상: 생각할 수 있는 범위 안에서 가장 완전하다고 여겨지는 상태
안식: 편히 쉼.

> 왜 정답?

① '백옥경', '옥황' 등을 통해 작품의 배경이 <u>현실과 단절된 공간</u>인 천계임을 알 수 있다.
(현실을 그대로 옮겨 온 곳을 의미함.)

*근거: (가)❶-❶, ❷, 〈보기〉❹문장
'백옥경', '옥황'과 같은 시어들은 신선 세계, 천상계와 관련이 있는 단어로 작품의 배경이 '천계'임을 드러낸다. 그런데 〈보기〉에 따르면 〈몽천요〉에서 천계는 현실과 단절된 이상 세계가 아니라 현실을 그대로 옮겨 온 곳으로, 화자가 현실에서 느꼈던 좌절감을 재확인하는 공간이다. 따라서 (가)의 배경이 현실과 단절된 공간이라는 것은 적절하지 않다.

[단절되다: 유대나 연관 관계가 끊어지다.

> 왜 오답?

② '군선'은 조정의 신하들을 말하는 것으로, 화자를 질시하는 세력들이 있음을 알 수 있다.
(화자를 꺼리고 꾸짖음.)

*근거: (가)❶-❷, ❷-❷, 〈보기〉❶문장
(가)에서는 화자가 '백옥경'에 올라갔더니 '군선'이 꺼리고, '십이루'에 들어갔더니 '군선'이 꾸짖었다고 했다. 여기서 '백옥경'과 '십이루'는 옥황이 있는 곳으로 임금이 있는 궁궐을 의미하며, '군선'은 조정의 신하들을 의미한다. 〈보기〉에서 작가가 자신을 질시하는 세력들 때문에 임금의 부름에 사양했다고 한 것을 참고할 때, 화자를 꺼리고 꾸짖은 '군선'은 화자를 질시하는 세력을 의미한다고 볼 수 있다.

③ '오호연월'은 자연을 의미하는 것으로, 화자가 다시 자연으로 돌아가고자 함을 알 수 있다.
(여러 사람의 반대에 부딪혀 뜻을 펼칠 수 없어 자연으로 돌아가고자 함.)

*근거: (가)❶-❸, 〈보기〉❺문장
(가)의 ❶에서 '오호연월'은 '오호에 낀 안개와 뜬 달'이라는 뜻으로 아름다운 자연을 의미한다. 화자는 이러한 '오호연월'을 '내 분'이라고 여기는 태도를 드러내는데, 〈보기〉를 참고할 때 이는 천계에서도 안식을 찾지 못한 화자가 자연으로 돌아가고자 하는 모습을 드러낸 것으로 볼 수 있다.

G

④ '백억창생을 어늬 결에 무르리'를 통해 올바른 정치를 하고자 하는 화자의 소망을 알 수 있다.
백성들을 이롭게 하려는 화자의 소망이 나타남.

*근거: (가)❷-❸, 〈보기〉❷문장

〈보기〉에서 (가)는 작가가 은거하며 지내면서도 임금을 도와 부정적인 현실을 바로잡고, 올바른 정치를 하고 싶었던 마음을 표현한 작품이라고 한 것을 참고할 때, '백억창생을 어늬 결에 무르리'는 백성을 이롭게 하는 정치를 하고자 했던 화자의 소망이 담겨 있는 구절임을 알 수 있다.

⑤ '다 몯ㅎ야 오나다'를 통해 화자의 소망이 좌절되었음을 알 수 있다.
임금께 뜻을 아뢰지 못하고 돌아오게 된 좌절감이 드러남.

*근거: (가)❸-❸, 〈보기〉❹문장

(가)의 ❸에서 화자는 나라의 위태로운 상황을 어떻게 바로잡을지 '옥황'께 아뢰어 보려 했으나 '다 몯ㅎ야 오나다'라고 말하고 있다. 〈보기〉를 참고할 때 이는 임금을 도와 부정적인 현실을 바로잡고 싶었던 작가가 현실에서 느꼈던 좌절감을 재확인하는 모습이라고 볼 수 있다.

G 25 정답 ② *서술상 특징 파악하기

(나)의 서술상 특징으로 적절한 것을 〈보기〉에서 골라 바르게 묶은 것은?

>왜 정답?

ㄱ. 서술자가 직접 개입하여 인물에 대해 평가하고 있다.
'신랑의 아름다운 ~ 감동할 만하였다.'

*근거: (나)❷-⓯

❷에서 남윤과 월중선이 결혼하는 장면에서 '신랑의 아름다운 풍채와 신부의 선명한 태도는 하늘이 감동할 만하였다.'는 서술자가 개입하여 인물의 모습을 평가한 부분이다.

ㄹ. 인물들 간의 대화를 통해 앞으로 전개될 상황을 예측할 수 있다.
선녀의 말과, 남윤과 월중선의 대화에서 알 수 있음.

*근거: (나)❶-㉗, ❸-❸~⓫

❶에서 선녀의 말을 통해 인물들이 과거에 천상계에 있었던 것과 인간계로 적강하게 된 이유, 인물들이 몇 년간 인간계에 머무르게 되는지 등을 알 수 있고, ❸에서 남윤과 월중선의 대화를 통해 예언한 10년이 지나 월중선은 천상계로 떠나고 남윤은 조선으로 돌아갈 것임을 예측할 수 있다.

>왜 오답?

ㄴ. 인물의 회상을 통해 인물 간 갈등의 원인을 제시하고 있다.
인물의 회상이나 인물 간 갈등의 원인은 제시되지 않음.

인물의 회상이 제시된 부분은 찾을 수 없으며, 인물들이 서로 갈등하는 모습이나 그 원인 또한 드러나 있지 않다.

ㄷ. 공간적 배경의 변화를 통해 인물의 성격 변화를 암시하고 있다.
공간적 배경의 변화에 따라 인물의 성격 변화를 나타내지는 않음.

공간적 배경이 인간계(현실)에서 꿈속 세계인 천상계로, 그리고 다시 인간계로 변화하고 있으나 이를 통해 인물의 성격 변화를 나타내고 있지는 않다.

G 26 정답 ⑤ *소재 및 배경의 의미 파악하기

(나)의 ㉠~㉤에 대한 이해로 적절하지 않은 것은?

• ㉠: 선녀가 천상계의 초월적 존재들에 대해 이야기하는 부분입니다.
• ㉡: 남윤과 세 여인이 적강한 천상계의 인물임을 알 수 있는 부분입니다.
• ㉢: 네 사람의 죄와 그 경중에 대해 이야기하는 부분입니다.
• ㉣: '푸른 구슬 네 개'로, 꿈에서 깬 후 표식의 기능을 하는 소재입니다.
• ㉤: 부부의 금슬이 좋지만 아이를 가지지 못했음을 설명하는 부분입니다.
☞ 윗글에 나타난 소재와 배경에 대한 설명으로 틀린 것을 고르는 문제입니다.

>왜 정답?

⑤ ㉤: 중심인물들이 천상계에서 지은 죄 때문에 받는 벌이며,
아이를 배지 못하는 것이 벌은 아님.
'남윤'이 조선으로 돌아가게 되는 계기가 된다.
아이를 가지지 못해 본국으로 돌아가는 것은 아님.

*근거: (나)❸-❶

중심인물들은 천상계에서 죄를 지어 인간 세계로 적강하는 벌을 받게 되었다. 그러나 금슬이 좋지만 수태함이 없는 것, 즉 아이를 배지 못하는 것은 천상계에서 지은 죄 때문에 받는 벌이라고 볼 수 없으며 이 때문에 남윤이 본국인 조선으로 돌아가게 된다는 것도 적절하지 않다.

>왜 오답?

① ㉠: 이 작품이 도교 사상을 배경으로 하고 있음을 짐작할 수 있다.
'신선', '선녀' 등에서 도교 사상이 드러남.

*근거: (나)❶-⓳

'옥황상제', '신선', '선녀'와 같은 소재들을 통해 이 작품이 도교 사상을 바탕으로 하고 있음을 알 수 있다.

┌ 도교 사상: 무위자연설을 근간으로 하는 중국의 다신적 종교에 근거한 사상

② ㉡: 중심인물들이 천상에서 죄를 지어 인간계로 적강하였으며, 다시 올라갈 시기가 정해져 있음을 알 수 있다.
옥황상제의 명을 전하는 선녀의 말을 통해 알 수 있음.

*근거: (나)❶-㉗

선녀는 추성, 즉 남윤을 두고 세 선녀가 질투를 심하게 해서 그 죄로 네 사람이 천상계에서 인간계로 적강하게 되었으며, '나이 칠십이 차거든 올라오되' 월중선은 '십 년 후에 먼저' 올라오게 된다는 옥황상제의 명을 전하였다.

┌ 적강하다: 신선이 인간 세상에 내려오거나 사람으로 태어나다.

③ ㉢: 천상에서 '월중선', '석랑', '옥경선'이 저지른 죄목과 죄의 경중에 따라 인간계에서 각각 다른 삶을 살게 되었음을 알 수 있다.
석랑과 옥경선이 월중선을 모해하였으므로 고생하며 지내게 함.

*근거: (나)❷-❹

㉢은 월중선이 십 년 만에서 먼저 올라오게 한 이유를 물은 것에 대한 답으로, 석랑과 옥경선은 함께 월중선을 모해하였으므로 고생하며 지내게 한 반면, 월중선은 죄가 적으므로 공주가 되어 편안히 즐기게 한 것이라고 밝히고 있다.

┌ 경중: 가벼움과 무거움. 또는 가볍고 무거운 정도

④ ㉣: 꿈과 현실 세계를 연결해 주는 매개물 역할을 하여, 인물 사이의 인연을 확인하는 증표로서 기능한다.
꿈을 꾸고 난 후 구슬이 쥐어져 있었음.
월중선과의 인연을 확인하게 해 줌.

*근거: (나)❷-❺~⓬

꿈에서 노승이 '푸른 구슬 네 개'를 내어 네 사람에게 각각 하나씩 주었는데, 꿈에서 깬 남윤의 손에 구슬이 쥐어 있었고 공주(월중선) 또한 같은 꿈을 꾸고 구슬이 있었다. 이로 인해 남윤과 월중선은 부부의 연을 맺게 되므로 ㉣은 꿈과 현실을 연결하여 인물 사이의 인연을 확인하는 증표로 기능함을 알 수 있다.

┌ 매개물: 둘 사이에서 양편의 관계를 맺어 주는 물건
└ 증표: 증명이나 증거가 될 만한 표

G 27 정답 ⑤ *소재 및 배경의 의미 파악하기

ⓐ와 ⓑ에 대한 이해로 가장 적절한 것은?

• ⓐ: 화자는 '꿈'에서 옥황상제에게 백성들의 생활과 나라를 구할 인재에 대해 이야기하고 싶어하지만 '군선'에 의해 좌절을 겪습니다.
• ⓑ: 남윤은 '꿈'에서 자신과 옥경선, 이석랑, 월중선이 적강한 천상계의 인물임을 알게 됩니다.
☞ '꿈'이라는 같은 소재가 (가)와 (나)에서 각각 어떤 역할을 하는지에 대한 설명으로 적절한 것을 고르는 문제입니다.

> **왜 정답?**

⑤ ⓐ는 화자에게 현실에서 겪은 좌절을 재확인하게 하며, ⓑ는
_{(가)의 '꿈'은 현실의 좌절을 재확인하는 공간임.}
현실의 인물들에 대한 정보를 제공한다.
_{(나)의 '꿈'에서 인물들이 천상계의 존재임을 알게 됨.}

★근거: (가) 1, 2-❷, 3-❸, (나) 1-㉗~2-❼

(가)의 화자는 '꿈'에서 옥황(임금)을 만나 나라를 구할 인재에 대해 아뢰고 싶어
하지만 '군선', 즉 왕 옆의 신하들이 이를 꺼리고 화자를 꾸짖어 뜻을 이루지 못
하고 좌절한다. 3의 '다 묻ㅎ야 오나다'에서 뜻을 펼칠 수 없는 것에 대한 안타
까움이 드러나며, 1의 '두어라 오호연월이 내 분일시 올탓다'를 통해 좌절을 재
확인하고 자연으로 돌아가고자 하는 태도가 드러나고 있다. 따라서 ⓐ는 화자에
게 현실에서 겪은 좌절을 재확인하는 공간이라고 볼 수 있다.

(나)에서 잠이 든 남윤은 꿈속에서 천상계로 향하고, 그곳에서 자신과 옥경선, 석
랑, 월중선이 천상계의 선관, 선녀였으나 죄를 지어 인간 세상으로 적강했으며
일정한 기간이 지난 뒤 천상으로 올라오게 될 것임을 알게 된다. 즉, ⓑ는 현실의
인물들인 남윤, 옥경선, 석랑, 월중선에 대한 정보를 제공하는 기능을 한다.

> **왜 오답?**

① ⓐ는 소망이 부정되는 공간이고, ⓑ는 **희망이 실현되는 공간**
_{희망이 실현되는 모습은 나타나지 않음.}
이다.

(가)의 화자는 ⓐ에서 옥황에게 자신의 뜻을 전하고 이상을 펼치려 하나 주변의
방해로 뜻을 이루지 못하고 있으므로 ⓐ는 화자의 소망이 부정되는 공간이라고
볼 수 있다. 그러나 (나)에서 ⓑ는 인물들과 관련된 사실이 드러나는 공간일 뿐,
희망하던 일이 실현되는 모습은 드러나지 않았다.

② ⓐ는 화자의 고독한 처지를, ⓑ는 주인공의 **위태로운 상황**을
_{죄를 지어 인간계로 적강했음이 드러날 뿐 위태로운 상황은 나타나지 않음.}
보여 준다.

(가)의 화자는 ⓐ에서 다른 이들에게 배척을 당하고 이상을 펼치지 못하므로 ⓐ
는 화자의 고독한 처지를 보여 준다고 볼 수 있다. 하지만 (나)에서 주인공 남윤
은 ⓑ에서 천상계에 가서 자신과 주변 인물들이 천상 인물이었으나 죄를 지어
적강했음을 알게 되었을 뿐 위기에 처하고 있는 것은 아니므로 ⓑ가 주인공의
위태로운 상황을 보여 준다는 설명은 적절하지 않다.

③ ⓐ는 **현실과 단절된 공간**을, ⓑ는 **현실의 연속선 위에 있는**
_{현실과 연속된 공간임.}   _{현실과 연결된}
공간을 의미한다.
_{인간계 인물이 자신이 천상계 인물이었음을 알게 됨.}

(가)의 화자는 ⓐ의 천상계에서 현실에서 느꼈던 좌절을 다시 한 번 확인하게 되
고, (나)의 남윤은 ⓑ의 천상계에서 자신이 천상계의 인물이었는데 죄를 지어 인
간계로 적강했음을 알게 된다. 따라서 ⓐ, ⓑ 모두 현실과 관련이 있는, 연결된
공간으로 볼 수 있다.

[**단절되다:** 유대나 연관 관계가 끊어지다. **연속선:** 끊이지 아니하고 죽 이어진 선

④ ⓐ는 화자에게 **만족감**을 느끼게 하는 반면, ⓑ는 주인공에게
_{좌절과 결핍을 느끼고 있음.}
결핍을 느끼게 한다.
_{결핍을 느끼고 있지 않음.}

(가)의 화자는 현실에서의 좌절을 꿈속에서도 느끼고 있으므로 ⓐ를 통해 만족감
을 느낀다는 설명은 적절하지 않다. (나)에서 남윤이 결핍감을 느끼는 모습은 나
타나지 않으므로 ⓑ가 주인공에게 결핍을 느끼게 한다는 설명도 적절하지 않다.

[**결핍:** 있어야 할 것이 없어지거나 모자람.

G 28 정답 ② **★〈보기〉를 바탕으로 감상하기**

(나)의 내용을 고려할 때, 〈보기〉의 Ⓐ에 들어갈 말로 가장 적절한
것은?

• **(나):** 남윤은 포로가 되어 일본으로 끌려가지만, 꿈에서 자신과 일본국 공주가
적강한 천상계의 인물임을 알게 되고, 지상계에서 일본국 공주와 혼인합니다.

• **〈보기〉:** 〈남윤전〉은 주인공이 고행을 겪는다는 점에서 임진왜란을 배경으로 하
는 다른 소설과 유사하지만 Ⓐ라는 점에서 차이를 보입니다.

🔴 〈남윤전〉이 다른 임진왜란을 배경으로 하는 소설과 다른 점을 설명한 내용
으로 적절한 것을 고르는 문제입니다.

┌─────── [보기] ───────┐

❶ 〈남윤전〉은 주인공이 포로가 되어 고행을 겪는다는 점에서 임
_{임진왜란을 배경으로 하는 다른 소설과의 공통점}
진왜란을 배경으로 하는 다른 소설과 유사하다. ❷ 그러나 다른 작
품에서는 전란으로 인한 고통과 슬픔, 고난의 극복에 초점을 두
어 일본에 대한 적대감을 드러내는 것과 달리, 〈남윤전〉에서는

(Ⓐ   ) ❸이는 양란을 겪으며 크게 성장
_{〈남윤전〉에만 나타나는 특징이 들어가야 함.}
한 평민 의식의 다양한 층위를 반영한 것으로 볼 수 있다.

고행: 몸으로 견디기 어려운 일들을 통하여 수행을 쌓는 일
전란: 전쟁으로 인한 난리
적대감: 적으로 여기는 감정

└──────────────────────┘

> **왜 정답?**

② 천상계와 지상계의 **이원 구조**를 바탕으로 한 인물 간의 관계
_{천상에서 적강한 남윤과 세 여인의 관계를 그림.}
에 초점을 맞추고 있다.

★근거: (나) 1-㉗~㉙, 2-❹~❻, 3-❼~❾

(나)에서 남윤을 비롯한 옥경선, 석랑, 월중선은 천상계에서 죄를 지어 지상계로
내려온 인물로, 죄의 경중에 따라 세 명은 조선에서, 한 명은 일본의 공주로 태
어났으며 이러한 인연을 바탕으로 남윤과 각각 관계를 맺게 된다. 이와 같이 (나)
는 전란으로 인한 고통이나 고난의 극복에 초점을 두는 대신 천상계와 지상계의
이원 구조를 바탕으로 인물들의 애정 관계에 초점을 두고 있다.

[**이원:** 두 개의 요소

> **왜 오답?**

① 주인공이 주변 세계와의 **갈등**에서 **결국 패배하는 모습**을 그리
_{주변 세계와의 갈등이나 패배하는 모습은 나타나지 않음.}
고 있다.

(나)에는 주변 세계와의 갈등이 두드러지게 나타나지 않았고, 주인공이 패배하고
있다고 볼 수도 없다.

③ ~~여로형 구조~~를 통해 주인공이 어려움을 극복해 가는 과정을
_{여정을 따라 사건의 발생과 해결이 이루어지는 구조}
실감 나게 보여 주고 있다.
_{여로형 구조나 주인공의 어려움 극복 과정은 나타나지 않음.}

(나)는 공간적 배경의 변화가 나타날 뿐 여로형 구조라고 볼 수는 없으며, 주인공
이 어려움을 극복해 가는 과정 또한 보여 주고 있지 않으므로 적절하지 않다.

[**여로:** 여행하는 길. 또는 나그네가 가는 길

④ 주인공의 **영웅적 활약**에 있어 **신이한 능력**과 더불어 인간적
_{영웅으로서의 면모나 신이한 능력은 나타나지 않음.}
성품도 함께 묘사하고 있다.

주인공 남윤은 천상계의 인물이지만 (나)에서 남윤의 신이한 능력이니 영웅적 활
약은 찾아볼 수 없다.

[**신이하다:** 신기하고 이상하다.

⑤ 주인공이 어려움을 극복하는 과정에 조력자의 도움이 있었다
_{조력자의 도움에 주목하여 내용을 전개하지는 않음.}
~~는 사실에 주목하여 전개하고 있다.~~

주인공에게 닥친 시련과 조력자의 도움은 [앞부분의 줄거리]에서 찾아볼 수 있
지만, 조력자의 도움에 주목하여 내용을 전개하고 있지는 않다.

[**조력자:** 도와주는 사람

1회 01~06 ─────────────── [예상 문제]

(가) 〈한국의 페미니즘 문학〉

○ 글 전체 핵심어 ○ 각 문단 핵심어 ▨ 글 전체 중심 문장 ★ 각 문단 중심 문장

① 『**페미니즘 문학**은 남성 중심 사회에서 여성에 대한 억압에 주목하
『 』: 페미니즘 문학의 의미
여 여성이 법적·제도적·문화적·사회적 측면에서 행복하게 사는 삶

을 지향하는 문학 운동의 방향을 의미한다.』 **②** 페미니스트들은 가정이나

가족의 포기가 아닌 남성과 여성의 의식 개혁과 사회 제도의 전반적

변천 속에 맞물려 여성의 자존과 자주, 남녀의 평등적 삶을 추구했다.

┌ **페미니즘**: 성별로 인해 발생하는 정치·경제·사회 문화적 차별을 없애야 한다는
│ 견해
│ **억압**: 자기의 뜻대로 자유로이 행동하지 못하도록 억지로 억누름.
│ **제도**: 관습이나 도덕, 법률 따위의 규범이나 사회 구조의 체계
│ **지향하다**: 어떤 목표로 뜻이 쏠리어 향하다.
│ **페미니스트**: 페미니즘을 따르거나 주장하는 사람
│ **개혁**: 제도나 기구 따위를 새롭게 뜯어고침.
│ **변천**: 세월의 흐름에 따라 바뀌고 변함.
│ **자존**: 자기의 품위를 스스로 지킴.
└ **자주**: 남의 보호나 간섭을 받지 아니하고 자기 일을 스스로 처리함.

★**①**문단 요약: 페미니즘 문학의 지향성

② ① 문정희의 페미니즘 시각은 사회적으로 고통받는 여성의 삶을 드
문정희의 페미니즘 시각
러내는 데에 있다. **②** 문정희의 시에서 여성은 소외의 존재이자 무엇을
문정희의 시에서 그려지는 여성
박탈당하는 존재로 그려진다. **③** 〈유령〉이라는 작품에 나오는 '시아버지

는 내 손을 잘라가고 / 시어머니는 내 눈을 도려가고 / ~ / 남편은 내

날개를 / 그리고 또 누군가 내 머리를 가지고 / 달아나서'라는 구절에

서 여성 주체들을 둘러싼 사람들은 끊임없이 그녀에게서 무엇인가를

가져간다. **④** 결국 여성은 지워진 존재, 즉 유령이 된다. **⑤** 『사회적으로 지
문정희의 시에서 그려지는 여성
워져 가는 여성에 대한 문정희의 시선은 곧 남성과 화해의 시선으로

바뀌게 된다. **⑥** 『 』: 문정희의 시에서 여성과 남성의 평화적 공존 관계를 구축하는 방식 – 육친성 부여
〈오빠〉라는 작품에서는 세상의 남자들을 '오빠'라고 부

르면서 육친성(肉親性)*을 부여한다. **⑦** 이런 방식으로 남성의 동물적 공

격성과 폭력성을 무디게 만들고 적대성을 희석』시키면서 여성과 남성

의 평화적 공존 관계를 구축해 갔다.

┌ **소외**: 어떤 무리에서 기피하여 따돌리거나 멀리함.
│ **박탈**: 남의 재물이나 권리, 자격 따위를 빼앗음.
│ **부여하다**: 사람에게 권리·명예·임무 따위를 지니도록 해 주거나, 사물이나 일
│ 에 가치·의의 따위를 붙여 주다.
│ **무디다**: 느끼고 깨닫는 힘이나 표현하는 힘이 부족하고 둔하다.
│ **적대성**: 적으로 여겨지는 성질
│ **희석**: 용액에 물이나 다른 용매를 더하여 농도를 묽게 함.
│ **공존**: 두 가지 이상의 사물이나 현상이 함께 존재함.
└ **구축하다**: 체제, 체계 따위의 기초를 닦아 세우다.

★**②**문단 요약: 문정희의 페미니즘 시각

③ 하지만 고정희의 페미니즘 시각은 여성의 삶에 대해 철저하게 부
고정희의 페미니즘 시각
정적이며 비극적 인식에 맞닿아 있다. 초기 고정희의 시에서 여성은

자신의 삶을 억압받으면서도 힘들게 버티며 살아가는 존재로 그려지
초기 고정희의 시에서 그려지는 여성

며, 그런 여성에 대한 연민의 시선이 강했었다. **③** 이후 점점 현실을 인

지하고 각성하는 여성의 모습이 보이기 시작하는데,『여성해방출사표』

라는 시집은 각성한 여성을 잘 보여 준다. **④** 황진이를 혁명을 꿈꾸며 스

스로 기생이 된 선각자로 그리고, 허난설헌, 신사임당 등 역사 속 여

성 문학가들을 내세워 역사와 여성 해방을 연결시킨다. **⑤** 결국 여성은

해방되어야 할 존재로 그려진다. **⑥** 『고정희는 여성이 각성하여 남녀동
초기 이후 고정희의 시에서 그려지는 여성   『 』: 고정희의 시의 지향성
등권 쟁취 투쟁에서 더 나아가 인간 해방 차원으로 여성운동이 펼쳐져

나가야 한다는 생각을 하고 그것을 시에 구현하려고 애를 썼다.』

┌ **연민**: 불쌍하고 가련하게 여김.
│ **각성하다**: 깨어 정신을 차리다.
│ **혁명**: 이전의 관습이나 제도, 방식 따위를 단번에 깨뜨리고 질적으로 새로운 것
│ 을 급격하게 세우는 일
│ **선각자**: 남보다 먼저 사물이나 세상일을 깨달은 사람
│ **해방**: 구속이나 억압, 부담 따위에서 벗어나게 함.
│ **남녀동등권**: 남자와 여자가 사회적·법률적으로 성(性)에 따라 차별을 받지 아니
│ 하고 동등하게 누릴 수 있는 권리
│ **쟁취**: 힘들게 싸워서 바라던 바를 얻음.
│ **투쟁**: 어떤 대상을 이기거나 극복하기 위한 싸움
└ **구현하다**: 어떤 내용을 구체적인 사실로 나타나게 하다.

★**③**문단 요약: 고정희의 페미니즘 시각

④ ① 두 작가는 문학의 주류에서 소외되어 주변 문학으로 존재했던 여

성 문학과 여성 문학론이 한국 문학의 주류에 서는 데 큰 역할을 하였

다. **②** 페미니즘 문학은 『열등한 성으로 고정되었던 여성을 남성과 동등
『 』: 페미니즘 문학의 의미
한 위치로 끌어올리며 성의 관점에서 벗어나 인간의 관점으로 남녀를

바라보게 했다는 데에 큰 의미가 있다.』

┌ **주류**: 사상이나 학술 따위의 주된 경향이나 갈래
│ **열등하다**: 보통의 수준이나 등급보다 낮다.
└ **관점**: 사물이나 현상을 관찰할 때, 그 사람이 보고 생각하는 태도나 방향 또는 처지

★**④**문단 요약: 페미니즘 문학이 가지는 의의

* **육친성(肉親性)**: 조부모, 부모, 형제 등과 같이 혈족 관계가 있는 사람과 같은
위치

■ **내용**: 이 글은 페미니즘 문학의 개념과 의의를 한국 페미니즘 문학의 두 작가를
통해 설명하고 있다. 문정희의 시는 여성 문제를 언급하며 남성과 화해의 모습을
보이는 데 비해, 고정희의 시는 여성의 비참한 삶에 주목하며 투쟁과 여성 해방의
모습을 보인다. 이 두 작가는 작품 방향에는 차이가 있으나 주변 문학으로 존재했
던 여성 문학을 한국 문학의 주류로 끌어 올리는 데 기여했다는 점에서 공통점을
갖는다.
■ **주제**: 두 작가의 작품에 나타난 한국 페미니즘 문학의 양상과 의의

(나) 문정희, 〈그 많던 여학생들은 어디로 갔는가?〉

① 화자, 중심 대상 **②** 상황, 정서, 태도 **③** 표현상 특징 [시 해석]
■ : **③** 의문형 종결 어미의 반복 – 의도 강조, 운율감 형성

① ① 『학창 시절 공부도 잘하고
② 『 』: **②** 상황 – 여성이 사회에 끼지 못하는 현실을 비판적으로 바라봄.
특별 활동에도 뛰어나던 그녀
여학생
③ ⓐ여학교를 졸업하고 대학 입시에도 무난히
④ 합격했는데 지금은 어디로 갔는가』
③ 수미상관(시의 처음과 끝에 같은 구절을 반복하여 배치하는 방법)

→ 학창 시절 공부도 잘하고 특별 활동에도 뛰어나던 그녀는 여학교를 졸업하고
대학 입시에도 무난히 합격했는데 지금은 어디로 갔는가?

★**①**연 요약: 여성들의 설 자리가 사라져 버린 현실

2 **❶**「감자국을 끓이고 **있을까**
　　②「 」: '부엌과 안방에 갇혀 있'는 여성의 모습
②사골을 넣고 세 시간 동안 가스불 앞에서
❸더운 김을 쏘이며 감자국을 끓여
❹퇴근한 남편이 그 감자국을 15분 동안 맛있게
❺먹어치우는 것을 행복하게 바라보고 **있을까**
❻설거지를 끝내고 아이들 숙제를 봐주고 **있을까**」
❼아니면 아직도 입사 원서를 들고
　　사회에서의 자신의 자리를 찾아 헤매는 모습
❽추운 거리를 헤매고 **있을까**
❾「당 후보를 뽑는 체육관에서
　　「 」: 사회에서 보조적 역할에 머무르는 여성의 모습
❿한복을 입고 리본을 달아주고 **있을까**
⓫꽃다발 증정을 하고 **있을까**
⓬다행히 취직해 큰 사무실 한켠에
⓭의자를 두고 친절하게 전화를 받고
⓮가끔 찻잔을 나르겠지」
⓯의사 부인 교수 부인 간호원도 됐을 거야
⓰문화 센터에서 노래를 배우고 있을지도 몰라
⓱그리고는 **남편**이 귀가하기 전
⓲허겁지겁 집으로 돌아갈지도

➡ 감자국을 끓이고 있을까? 사골을 넣고 세 시간 동안 가스불 앞에서 더운 김을 쏘이며 감자국을 끓여 퇴근한 남편이 그 감자국을 15분 동안 맛있게 먹어치우는 것을 행복하게 바라보고 있을까? 설거지를 끝내고 아이들 숙제를 봐주고 있을까? 아니면 아직도 입사 원서를 들고 추운 거리를 헤매고 있을까? 당 후보를 뽑는 체육관에서 한복을 입고 리본을 달아주고 있을까? (아니면) 꽃다발 증정을 하고 있을까? 다행히 취직해 큰 사무실 한켠에 의자를 두고 친절하게 전화를 받고 가끔 찻잔을 나르겠지. 의사 부인 교수 부인 간호원도 됐을 거야. 문화 센터에서 노래를 배우고 있을지도 몰라. 그리고는 남편이 귀가하기 전 허겁지겁 집으로 돌아갈지도 (몰라.)

　　★②연 요약: 넓은 사회에 끼지 못하고 고단한 삶을 사는 여성의 현실

3 **❶**그 많던 **여학생들**은 어디로 갔을까
　　　　❶ 중심 대상
②「저 높은 **ⓑ**빌딩의 숲, 국회의원도 장관도 의사도
　「 」: **❸** 열거법(내용적으로 연결되거나 비슷한 어구를 여러 개 늘어놓는 방법) – 말하고자 하는 바 강조
교수도 사업가도 회사원도 되지 못하고」
❸「개밥의 도토리처럼 이리저리 밀쳐져서
　❸ 속담을 활용하여 비유함.
❺아직도 생것으로 굴러다닐까
❻「크고 넓은 세상에 끼지 못하고
　「 」: **❷** 태도 – 여성이 사회에 끼지 못하는 현실을 비판함.
❼부엌과 안방에 갇혀 있을까」
　　　　❸ 수미상관 – 시적 안정감을 높임.
❽그 많던 여학생들은 어디로 갔는가
　　❷ 정서: 남성 중심 사회 속 여성의 소외된 삶의 현실을 강조함.

➡ 그 많던 여학생들은 어디로 갔을까? 저 높은 빌딩의 숲, 국회의원도 장관도 의사도 교수도 사업가도 회사원도 되지 못하고 개밥의 도토리처럼 이리저리 밀쳐져서 아직도 생것으로 굴러다닐까? 크고 넓은 세상에 끼지 못하고 부엌과 안방에 갇혀 있을까? 그 많던 여학생들은 어디로 갔는가?

개밥에 도토리: 개는 도토리를 먹지 아니하기 때문에 밥 속에 있어도 먹지 아니하고 남긴다는 뜻에서, 따돌림을 받아서 여럿의 축에 끼지 못하는 사람을 비유적으로 이르는 말

　　★③연 요약: 사회에서 소외되어 부엌과 안방에 갇혀 버린 여성의 삶

✿ **(나) 독해 공식**
❶ 화자: 드러나지 않음. **중심 대상**: 여학생들
❷ 상황: 여성이 사회에 끼지 못하는 현실을 비판적으로 바라봄.
정서: 남성 중심 사회 속 여성의 소외된 삶의 현실을 강조함. **태도**: 비판적

❸ 표현상 특징
· 수미상관(시의 처음과 끝에 같은 구절을 반복하여 배치하는 방법)을 통해 시적 안정감을 높이고 있음.
· 의문형 종결 어미를 반복적으로 사용하여 의도를 강조하고 운율감을 형성하고 있음.
· 열거법(내용적으로 연결되거나 비슷한 어구를 여러 개 늘어놓는 방법)을 통해 화자가 말하고자 하는 바를 강조하고 있음.
· 속담을 활용하여 대상이 처한 현실을 비유적으로 표현하고 있음.

■ **갈래**: 현대시
■ **내용**: 이 작품은 남성 중심의 사회에서 소외된 여성의 삶의 현실을 그린 현대시이다. 뛰어난 학창 시절을 보내고 대학에도 무난히 합격했던 여학생들이 사회의 주체가 되지 못하고 부엌과 안방에 갇혀 고단한 삶을 살아가는 현실을 비판적으로 바라보고 있다.
■ **주제**: 남성 중심 사회에 매몰된 여성들의 삶

■ **이것이 핵심!**: 현실에서 소외된 여성의 삶

남성 중심 사회에 끼지 못하고 소외됨.

(다) 고정희, 〈우리 동네 구자명 씨〉
❶ 화자, 중심 대상　**❷** 상황, 정서, 태도　**❸** 표현상 특징　[시 해석]
　　　　　　　　　　　　　　　　　　　　: **❸** 유사한 시구 반복 사용

❶「맞벌이 부부 우리 동네 **구자명 씨**
　　　　　　　　　❶ 중심 대상
②일곱 달 아기 엄마 구자명 씨는
❸출근 버스에 오르기가 무섭게
❹⊙아침 햇살 속에서 졸기 시작한다.」
　　「 」: **❷** 상황 – 출근 버스에서 조는 구자명 씨를 관찰함.
❺경기도 안산에서 서울 여의도까지
　　　❸ 구체적인 지명을 사용하여 사실성을 부여함.
❻경적 소리에도 아랑곳없이
　　구자명 씨의 고단한 삶을 보여 줌.
❼옆으로 앞으로 꾸벅 꾸벅 존다.

➡ 맞벌이 부부 우리 동네 구자명 씨. 일곱 달 아기 엄마 구자명 씨는 출근 버스에 오르기가 무섭게 아침 햇살 속에서 졸기 시작한다. 경기도 안산에서 서울 여의도까지 경적 소리에도 아랑곳없이 옆으로 앞으로 꾸벅꾸벅 존다.

「 **아랑곳없이**: 어떤 일에 참견을 하거나 관심을 둘 필요가 없이

　　★**❶~❼**행 요약: 출근 버스에서 졸고 있는 구자명 씨

❽ⓛ차창 밖으론 사계절이 흐르고
❾진달래 피고 밤꽃 흐드러져도 꼭
　　구자명 씨의 고단한 삶과 대비되는 풍경
❿부처님처럼 졸고 있는 구자명 씨.
⓫「그래 저 십 분은
　「 」: **❷** 상황 – 화자가 구자명 씨의 일과를 상상함. 정서 – 구자명 씨의 고단한 삶에 공감함.
⓬간밤 아기에게 젖 물린 **시간이고**
⓭또 저 십 분은
⓮간밤 시어머니 약 시중 **든** **시간이고**
⓯그래 그래 저 십 분은
⓰새벽녘 만취해서 돌아온 **남편**을 위하여 버린 **시간일 거야**.」

➡ 차창 밖으론 사계절이 흐르고 진달래 피고 밤꽃 흐드러져도 꼭 부처님처럼 졸고 있는 구자명 씨. 그래 (구자명 씨가 조는) 저 십 분은 간밤에 아기에게 젖 물린 시간이고 또 저 십 분은 간밤에 시어머니 약 시중 든 시간이고 그래 그래 저 십 분은 새벽녘 만취해서 돌아온 남편을 위하여 버린 시간일 거야.

「 **흐드러지다**: 매우 탐스럽거나 한창 성하다.
「 **만취하다**: 술에 잔뜩 취하다.

　　★**❽~⓰**행 요약: 가족을 위해 밤잠을 설친 구자명 씨

모의고사
1회

⑰고단한 하루의 시작과 끝에서

⑱「잠 속에 흔들리는 팬지꽃 아픔
　「 」: 가정의 평화에는 여성의 희생이 따름을 형상화함.
■: ❸ 구자명 씨의 희생을 상징함.(구체적인 대상으로 추상적인 개념을 나타냄.)

⑲ⓒ식탁에 놓인 안개꽃 멍에

⑳그러나 부엌문이 여닫기는 지붕마다

㉑ⓔ여자가 받쳐든 한 식구의 안식이
　「 」: ❸ 태도 – 여성들의 희생과 고통으로 가정의 평화가 지탱되는 현실을 비판함.

㉒아무도 모르게

㉓ⓜ죽음의 잠을 향하여

㉔거부의 화살을 당기고 있다.」

→ 고단한 하루의 시작과 끝에서 잠 속에 흔들리는 팬지꽃 아픔, 식탁에 놓인 안개꽃 멍에. 그러나 부엌문이 열고 닫히는 지붕마다 여자가 받쳐 든 한 식구의 안식이 아무도 모르게 죽음의 잠을 향하여 거부의 화살을 당기고 있다.

⎰ 멍에: 쉽게 벗어날 수 없는 구속이나 억압을 비유적으로 이르는 말
⎱ 안식: 편히 쉼.

＊⑰~㉔행 요약: 여성의 희생으로 만들어진 가족의 안식 비판

🌟 (다) 독해 공식 ─────
❶ 화자: 드러나지 않음, 중심 대상: 구자명 씨
❷ 상황: 구자명 씨의 출근 모습을 관찰하며 그녀의 하루 일과를 상상함.
정서: 구자명 씨의 고단한 삶에 공감함. 태도: 비판적
❸ 표현상 특징
• 구체적인 지명을 사용하여 사실성을 부여하고 있음.
• 상징적(구체적인 대상으로 추상적인 개념을 나타내는) 소재를 통해 대상의 상황을 효과적으로 드러내고 있음.
• 유사한 시구를 반복 사용하여 대상에 대한 화자의 인식과 공감을 드러내고 있음.

■ 갈래: 현대시
■ 내용: 이 작품은 남성 중심 사회에서 노동에 시달리는 여성의 고단한 삶을 그린 현대시이다. 출근길 버스에서 졸고 있는 구자명 씨의 모습을 통해 힘든 하루를 보내는 맞벌이 여성의 고단한 삶을 보여 주고, 여성에게 희생을 강요하는 가족 제도에 대한 비판적인 인식을 드러내고 있다.
■ 주제: 여성의 희생을 강요하는 현실 속에서 살아가는 여성의 고단한 삶

■ 이것이 핵심! : **구자명 씨의 모습으로 대변되는 현대 여성의 삶**

출근 버스에서 졸고 있는 구자명 씨		현대 여성의 삶
맞벌이를 하며 가족을 돌보는 고단한 일상을 보냄.	→	여성의 희생으로 가정이 편안하게 유지됨.

🌟 작품 간의 공통점 및 차이점
• 공통점: (나)와 (다) 모두 페미니즘 문학으로 여성의 삶의 현실을 비판적으로 담고 있음.
• 차이점: (나)에서는 여성이 사회에 끼치 못하는 현실을 지적하고 있고, (다)에서는 여성이 가정을 돌보고 일을 하며 고된 삶을 사는 현실을 드러내고 있음.

1회 01 정답 ⑤ ＊설명문의 내용 파악하기

(가)의 '페미니즘 문학'에 대한 이해로 적절하지 않은 것은?

• (가)의 '페미니즘 문학': 남성 중심 사회에서 여성에 대한 억압에 주목하여 여성이 다양한 측면에서 행복하게 사는 삶을 지향하는 문학 운동의 방향을 의미합니다. (가)에서는 문정희와 고정희의 페미니즘 시각을 설명하고, 페미니즘 문학의 의의를 설명하고 있습니다.

즉 (가)에서 페미니즘 문학에 대해 설명한 내용으로 적절하지 않은 것을 고르는 문제입니다.

▷왜 정답?

⑤ 열등한 성으로 고정화되었던 남성과 여성을 모두 동등한 성을
　　　　　　　　　　남성이 열등한 성으로 고정화된 것은 아님.
가진 인간으로 인식하게 했다.

＊근거: (가) ④-❷
④에서 '열등한 성으로 고정되었던 여성을 남성과 동등한 위치로 끌어 올'렸다고 했으므로 남성과 여성이 모두 열등한 성으로 고정화되었다는 설명은 적절하지 않다.

▷왜 오답?

① 남성 중심 사회에서 여성이 억압받는 현실에 주목한 문학의
　　　　　　　　페미니즘 문학은 여성이 억압받는 현실에 초점을 맞췄음.
흐름이다.

＊근거: (가) ①-❶
①에서 '페미니즘 문학은 남성 중심 사회에서 여성에 대한 억압에 주목'했다고 했으므로 적절하다.

② 남성뿐만 아니라 여성의 의식 개혁을 통해 남녀의 평등적 삶
　　　　　　'남성과 여성의 의식 개혁'과 '평등적 삶'을 언급함.
을 추구했다.

＊근거: (가) ①-❷
①에서 페미니스트들은 '남성과 여성의 의식 개혁' 속에서 '남녀의 평등적 삶을 추구'했다고 했으므로 적절하다.

③ 같은 문예사조에서도 문정희와 고정희가 지닌 여성에 대한 시
　　　　　　文정희는 소외된 여성의 화해를, 고정희는 억압받는 여성의 각성과 투쟁을 그림.
각은 서로 달랐다.

＊근거: (가) ②-❷, ❺, ❼, ③-❷, ❺, ❻
문정희는 사회적으로 소외되고 박탈당하는 여성을 그리면서 그 시선을 화해의 시선으로 바꾸어 여성과 남성의 평화적 공존 관계를 구축해 갔다고 했다. 이에 비해 고정희는 초기에는 여성을 자신의 삶을 억압받으면서도 힘들게 버티는 존재로 그리면서 연민의 시선을 드러냈고, 그 이후에는 각성과 투쟁을 통해 해방되어야 하는 존재로 그렸다고 했다. 이를 통해 페미니즘 문학 속에서도 문정희와 고정희의 여성에 대한 시각에는 차이가 있었음을 알 수 있다.

④ 한국 문학에서 주류적인 흐름이 아니었던 여성 문학을 주류적
　　　　　　　　　　　문단에서 소외된 여성 문학을 끌어올렸음.
인 위치로 끌어올렸다.

＊근거: (가) ④-❶
④에서 페미니즘 문학이 '문학의 주류에서 소외되어 주변 문학으로 존재했던 여성 문학'이 '한국 문학의 주류에 서는 데 큰 역할을' 했다고 했으므로 적절하다.

1회 02 정답 ⑤ ＊표현상 특징 파악하기

(나)와 (다)에 대한 설명으로 적절하지 않은 것은?

▷왜 정답?

⑤ (나)와 (다)는 화자가 시적 대상을 객관적으로 관찰하여 시적
　(나): 관찰이 나타나지 않음. (다): 대상에 대한 화자의 주관적인 생각이 나타남.
대상에 대한 평가를 독자에게 맡기고 있다.

(나)의 화자는 학창 시절에는 뛰어났던 '여학생들'을 떠올리며 그들이 '지금' 무엇을 하고 있을지 상상하고 있으나, 시적 대상을 관찰하고 있다고 볼 수 없다. 한편 (다)의 화자는 버스에서 졸고 있는 '구자명 씨'를 관찰하고 있으나 졸고 있는 이유를 상상하며 '구자명 씨'의 상황에 대한 공감을 드러내고 있으므로 대상을 객관적으로 관찰하여 그에 대한 평가를 독자에게 맡기고 있다고 보기는 어렵다.

▷왜 오답?

① (나)는 수미상관 기법을 활용하여 구조의 안정감을 주고 있다.
　　　　　　　'어디로 갔는가'를 1연과 3연에 써서 구조적인 안정감을 줌.

＊근거: (나) ①-❹, ③-❽
(나)는 '어디로 갔는가'라는 시구가 첫 연과 마지막 연에 쓰여 구조적인 안정감을 주고 있다. 수미상관 기법은 첫 번째 연이나 행을 마지막 연이나 행에 다시 반복하는 기법으로, 시의 구조를 안정되게 하고 운율을 형성하며 의미를 강조하는 효과가 있다.

② (다)는 시적 대상과 대비되는 배경을 제시하여 시적 대상을 부
구자명 씨는 피곤에 지쳐 졸고 있지만 차창 밖으로는 꽃이 피어 있음.
각시키고 있다.

*근거: (다) ❽~❿

(다)의 시적 대상인 구자명 씨는 피곤에 지쳐 졸고 있는데, 구자명 씨가 졸고 있는 버스 밖의 풍경은 '진달래 피고 밤꽃 흐드러져' 있다. 이러한 배경은 구자명 씨의 처지와 대비되어 구자명 씨의 고된 삶을 부각시키고 있다.

〔 대비되다: 두 가지의 차이를 밝힐 목적으로 서로 맞대어져 비교되다.

③ (나)는 (다)와 달리 특정한 의문형 종결 어미를 활용하여 운율
'―가', '―까'
감을 형성하고 있다.

*근거: (나) ❷

(나)는 '―가', '―까'와 같은 의문형 종결 어미를 반복적으로 사용하여 운율감을 형성하고 있다. 반면 (다)는 특정한 종결 어미가 규칙적으로 나타나고 있지는 않다.

④ (다)는 (나)와 달리 구체적인 이름과 지명을 활용하여 작품의
구자명 씨, 경기도 안산, 서울 여의도
사실성을 높이고 있다.

*근거: (다) ❶, ❺

(다)는 '구자명', '경기도 안산', '서울 여의도' 등 구체적인 이름과 지명을 사용하여 사실성을 높이고 있다. 하지만 (나)에는 구체적인 이름과 지명이 나타나지 않는다.

〔 지명: 마을이나 지방, 산천, 지역 따위의 이름

1회 03 정답 ④ *설명문을 바탕으로 감상하기

(가)를 참고하여 (나)와 (다)를 이해할 때, 적절한 것은?

• (가): 문정희는 여성을 소외의 존재이자 무엇을 박탈당하는 존재로 그리면서, 그 시선을 남성과 화해의 시선으로 바꾸어 여성과 남성의 평화적 공존 관계를 구축했습니다. 고정희는 여성을 억압받으면서도 힘들게 버티며 살아가는 존재로 그리며 각성과 투쟁이 필요하다는 생각을 드러냈습니다.

• (나): 문정희의 페미니즘 시각이 드러난 시로, 사회에서 지워져 가는 존재인 여성의 현실을 그리고 있습니다.

• (다): 고정희의 페미니즘 시각이 드러난 시로, 여성의 고단한 삶과 여성의 희생을 강요하는 현실을 비판적으로 그리고 있습니다.

(나)와 (다)에 드러난 문정희와 고정희의 페미니즘 시각으로 적절한 것을 고르는 문제입니다.

왜 정답?

④ (다)는 (나)와 달리 억압받는 삶을 힘들게 버티면서 살아가는
고단한 삶을 버티는 여성의 모습이 담겨 있음.
여성의 모습이 구체적으로 드러나 있다.

*근거: (다) ㉑~㉔

(다)는 출근 버스에서 졸고 있는 '구자명 씨'의 모습을 통해 여성의 삶의 현실이 구체화되어 있다. 그리고 '여자가 받쳐 든 한 식구의 안식이', '죽음의 잠을 향하여 / 거부의 화살을 당기고 있다'고 함으로써 여성이 자신에게 주어진 역할을 수행하며 가정을 지탱하고 있는 현실을 표현하여 억압받는 삶을 힘들게 버티며 살아가는 여성의 모습이 드러나고 있다. 한편 (나)에는 여성이 넓은 사회에 끼지 못하는 현실에 대한 문제의식과 비판이 드러나 있으나, 그러한 현실을 버티며 살아가는 여성의 모습이 구체적으로 드러나 있지는 않다.

왜 오답?

① (나)는 ~~역사 속의 여성을 등장시켜~~ 현재 여성의 삶을 드러내고
나타나지 않음.
있다.

(나)에는 역사 속의 여성 인물이 등장하지 않는다. 한편 (가)에 따르면 역사 속의 여성을 등장시킨 것은 고정희 시인의 특징인데, (다)에 등장하는 '구자명 씨' 또한 역사 인물은 아니며 현대 사회의 여성을 대변하는 가공의 인물이다.

② (다)는 여성이 남성과 화해를 통해 평화적으로 공존하는 모습
드러나지 않음.
이 드러나 있다.

(다)에는 구자명 씨로 대변되는 현대 여성의 고단한 삶의 모습이 드러날 뿐, 여성이 남성과 화해하는 모습은 드러나지 않는다. 한편 (가)에 따르면 여성이 남성과 화해를 통해 평화적으로 공존하는 모습을 그리는 것은 문정희 시인의 특징이다.

③ (나)는 (다)와 달리 남성에 육친성을 부여하고, ~~남성의 공격성~~
드러나지 않음.
을 ~~약화시키는~~ 모습이 드러나 있다.
드러나지 않음.

(가)에 따르면 남성에 육친성을 부여하는 것은 문정희 시인의 특징이다. 하지만 (나)에서는 남성에 육친성을 부여하고 있지는 않으며 남성의 공격성을 약화시키는 모습도 나타나지 않는다.

〔 약화: 세력이나 힘이 약해짐. 또는 그렇게 되게 함.

⑤ (나)와 (다)는 가정과 직장 모두 포기하지 않으며 ~~빼앗긴 자신~~
(다)에만 드러남.
의 ~~권리를 위해 투쟁하는~~ 여성의 모습이 드러나 있다.
(나)와 (다) 모두 드러나지 않음.

(나)와 (다) 모두 빼앗긴 권리를 찾기 위해 투쟁하는 여성의 모습은 나타나지 않는다. 또한 가정과 직장을 모두 포기하지 않으려는 모습은 (다)의 '구자명 씨'에게만 해당되는 설명이다.

1회 04 정답 ① *시어 및 구절의 의미 파악하기

(나)의 ⓐ와 ⓑ의 의미를 이해한 것으로 적절한 것은?

• ⓐ: ⓐ는 '여학교'로, '그녀(여학생들)'이 공부도 잘하고 특별 활동에도 뛰어난 모습을 보이는 공간입니다.

• ⓑ: ⓑ는 '빌딩의 숲'으로 여학생들이 사회 속에서 밀쳐져 보이지 않는 공간입니다.

'여학교'와 '빌딩의 숲'의 의미로 적절한 것을 고르는 문제입니다.

왜 정답?

① ⓐ는 여성이 주체적으로 살아가는 공간인 반면 ⓑ는 여성이
여학생들이 공부와 각종 활동을 해냈던 공간임.
노력해도 도달하기 힘든 공간이다.
여성들이 '개밥의 도토리처럼 이리저리 밀쳐'지는 공간임.

*근거: (나) ❶-❶~❸, ❸-❶~❹

ⓐ '여학교'는 여학생들이 '공부도 잘하고', '특별 활동에도 뛰어나던' 공간이므로, 여학생들이 활기차게 주체적으로 살아가는 공간이라고 볼 수 있다. 이에 비해 ⓑ '빌딩의 숲'은 '그 많던 여학생들'이 어디 갔는지 보이지 않는 공간으로, 여학생들이 '개밥의 도토리처럼 이리저리 밀쳐'지는 공간을 의미한다. 따라서 ⓑ는 여성이 노력해도 도달하기 힘든 공간이라고 볼 수 있다.

〔 주체적: 어떤 일을 실천하는 데 자유롭고 자주적인 성질이 있는

왜 오답?

② ⓐ는 여성이 사회적 구조에 ~~갇혀 있는~~ 공간인 반면 ⓑ는 여성
여학생들이 자유롭게 활동할 수 있는 공간임.
이 ~~사회적 구조를 바꾸어 나가는~~ 공간이다.
소속되지 못하고 사회적 구조에 갇혀 있는 공간임.

'여학교'는 여학생들이 활기차게 활동한 공간이므로 '사회적 구조'에 갇혀 있는 공간이라고 보기 어렵고, '빌딩의 숲'은 여성이 이리저리 밀쳐지는 공간이므로 여성이 사회적 구조를 바꾸어 나가는 공간으로 보기 어렵다.

③ ⓐ는 여성이 자신들을 위해 ~~만들어 낸 공간~~인 반면 ⓑ는 여성
살아가는 공간일 뿐, 만들어 낸 공간은 아님.
의 ~~남성들을 위해 만들어 놓은 공간~~이다.
여성이 만든 공간이 아님.

'여학교'는 여성이 자신들을 위해 살아가는 공간이지만, 자신들을 위해 만들어 낸 공간이라고 볼 수는 없다. 또 '빌딩의 숲'은 여성이 밀쳐지고 있는 공간이므로 여성이 남성들을 위해 만든 공간이라고 볼 수 없다.

④ ⓐ는 여성이 지닌 ~~사회적 욕망이 실현되는~~ 공간인 반면 ⓑ는
    개인적 욕망이 실현되는 공간임.
여성이 지닌 ~~개인적 욕망이 실현되는~~ 공간이다.
    사회적 욕망이 좌절되는 공간임.

'여학교'는 여학생들이 사회에 나가기 전 자신의 꿈을 이루어 가는 공간이므로, 여성의 개인적 욕망이 실현되는 공간에 가깝다. 한편 '빌딩의 숲'은 여성들이 밀쳐지는 공간이므로 개인적 욕망이 실현되는 공간이라고 보기 어려우며, 사회적 욕망이 좌절되는 공간이라고 볼 수 있다.

〔 실현되다: 꿈, 기대 따위가 실제로 이루어지다.

⑤ ⓐ는 여성이 사회에 진출하기 위해 준비하는 공간인 반면
    사회 진출을 준비하는 공간으로 볼 수 있음.
ⓑ는 여성이 ~~사회에 진출해 자신의 삶을 살아가는~~ 공간이다.
    여성이 진출하기 힘든 공간임.

'여학교'는 공부하고 활동하며 대학교 진학을 이루는 공간이므로 사회에 진출하기 위해 준비하는 공간이라고 볼 수 있다. 그러나 '빌딩의 숲'은 여성이 밀쳐진 공간이므로 여성이 사회에 진출해 자신의 삶을 살아가는 공간이라고 볼 수 없다.

〔 진출하다: 어떤 방면으로 활동 범위나 세력을 넓혀 나아가다.

1회 05 정답 ② ＊〈보기〉를 바탕으로 감상하기

〈보기〉의 관점에서 (나)와 (다)의 남편의 상징적인 의미를 이해한 것으로 적절한 것은?

• 〈보기〉: 보부아르는 여성은 남성과의 관련하에서만 존재하는 수동적이고 비본질적인 존재로 규정되었기 때문에 남성에 의해 억압받으며 사회적 역할을 수행한다고 보았습니다. 또, 여성이 이러한 논리에 동조하여 여성의 억압이 끝나지 않는다고 보았습니다.
• (나): 넓은 사회에 끼지 못하고 부엌과 안방에 갇혀 버린 여성의 삶을 그리고 있습니다.
• (다): 가족의 안식을 위해 희생하는 여성의 모습을 그리고 있습니다.

즉 보부아르의 관점에서 (나)와 (다)에 드러난 여성의 삶과 '남편'의 상징적 의미를 설명한 것으로 적절한 것을 고르는 문제입니다.

─────────────〔 보기 〕─────────────
❶ 보부아르는 여성은 주체적인 남성과의 관련하에서만 존재하는
               ①, ③의 근거
<u>수동적이고 비본질적인 존재로 규정</u>되었기 때문에 여성은 남성
에 의해 억압받으며 아내, 어머니, 애인, 첩, 매춘부라는 사회적
                       ②의 근거
<u>역할을 수행하도록 만들어졌다</u>고 보았다.❷또한 여성도 이런 남
성의 논리에 동조하기 때문에 여성의 억압이 끝나지 않는다고
보았다.
─────────────────────────────────
수동적: 스스로 움직이지 않고 다른 것의 작용을 받아 움직이는
비본질적: 본래의 바탕에 어긋나는
규정되다: 내용이나 성격, 의미 따위가 밝혀져 정해지다.
동조하다: 남의 주장에 자기의 의견을 일치시키거나 보조를 맞추다.
─────────────────────────────────

＞왜 정답 ?

② (나)의 '여학생들'과 (다)의 '구자명 씨'가 <u>규정된 사회적 역할</u>
을 하며 살아가게 하는 존재이다. (나): '여학생들'이 부엌과 안방에 갇혀 있게 함.
                                 (다): '구자명 씨'가 '한 식구의 안식'을 받치도록 함.
＊근거: (나) ❷-⑰, ⑱, ❸-❼, (다) ⑯, ㉑, 〈보기〉 ❶ 문장
〈보기〉에서 남성은 여성을 억압하며 아내, 어머니 등의 사회적 역할을 수행하도록 만든다고 했다. 이러한 관점에서 볼 때, (나)의 '남편'은 부인이 된 '여학생들'을 '부엌과 안방에 갇혀' 있게 하고, (다)의 '남편'은 '구자명 씨'가 '한 식구의 안식'을 받치도록 하는 존재이므로, 둘 다 여성들에게 규정된 일정한 사회적 역할을 하며 살아가게 만든다고 볼 수 있다.

＞왜 오답 ?

① (나)의 '여학생들'과 (다)의 '구자명 씨'가 여성으로서 ~~주체로~~
                                     주체적으로 살지 못하게 하는 존재임.
~~설 수 있게~~ 하는 존재이다.
＊근거: 〈보기〉 ❶ 문장
〈보기〉에 따르면 여성은 주체적인 남성과의 관련하에서만 존재하는 수동적이고 비본질적인 존재로 규정된다. (나), (다)에서 '남편'이 여성을 주체로 설 수 있게 만드는 모습은 나타나지 않으며, 오히려 '남편'은 여성이 주체적으로 살기 어렵게 만드는 존재라고 볼 수 있다.

③ (나)의 '여학생들'과 (다)의 '구자명 씨'가 ~~자신들을 본질적인~~
~~존재로 규정하기 위해 만들어 낸~~ 존재이다.
    여성이 스스로 자신을 규정하기 위해 '남편'을 만들지는 않았음.
＊근거: 〈보기〉 ❶ 문장
〈보기〉에서 주체적인 남성과의 관련 속에서 여성이 규정된다고 했으므로 여성이 스스로 자신들을 규정하기 위해 '남편'을 만들었다고 설명하는 것은 적절하지 않다.

④ (나)의 '여학생들'에게는 ~~현재의 삶~~을 억압하는 존재이지만
                        미래의 삶
(다)의 '구자명 씨'에게는 ~~미래의 삶~~을 억압하는 존재이다.
                       현재의 삶
'여학생들'에게 '남편'은 미래의 삶을 억압하는 존재이고, '구자명 씨'에게 '남편'은 현재의 삶을 억압하는 존재이므로 적절하지 않다.

⑤ (나)의 '여학생들'이 ~~논리적으로 동조하고 있는~~ 존재이지만
                나타나지 않음.
(다)의 '구자명 씨'는 ~~논리적으로 동조하지 않는~~ 존재이다.
                    알 수 없음.
(나)에서 '여학생들'이 '남편'에게 논리적으로 동조하는 모습은 나타나지 않으며, (다)에서 '구자명 씨'가 '남편'에게 논리적으로 동조하지 않는지에 대해서는 알 수 없다.

1회 06 정답 ③ ＊시어 및 구절의 의미 파악하기

(다)의 ㉠~㉤을 감상한 것으로 적절하지 않은 것은?

• ㉠: ㉠은 '아침 햇살 속에서 졸기 시작한다.'입니다.
• ㉡: ㉡은 '차창 밖으론 사계절이 흐르고'입니다.
• ㉢: ㉢은 '식탁에 놓인 안개꽃 멍에'입니다.
• ㉣: ㉣은 '여자가 받쳐든 한 식구의 안식'입니다.
• ㉤: ㉤은 '죽음의 잠을 향하여 / 거부의 화살을 당기고 있다.'입니다.

즉 ㉠~㉤의 의미로 적절하지 않은 것을 고르는 문제입니다.

＞왜 정답 ?

③ ㉢은 작은 꽃을 통해 구자명 씨가 ~~가족을 걱정하는 소박한 마~~
                      가정의 평화를 위해 희생을 강요당한 구자명 씨를 나타냄.
~~음~~을 드러낸다.
＊근거: (다) ⑰~⑲
'고단한 하루의 시작과 끝'에 '안개꽃 멍에'가 식탁에 놓인다는 표현으로 보아, '안개꽃 멍에'는 식구의 안식을 위한 구자명 씨의 희생을 상징하는 소재로 볼 수 있다. 구자명 씨가 가족을 걱정하는 마음을 드러내고 있지는 않으므로 작은 꽃이 가족을 걱정하는 소박한 마음을 드러낸다는 것은 적절하지 않다.

＞왜 오답 ?

① ㉠은 구자명 씨가 잠이 부족한 고달픈 삶을 살고 있음을 드러낸다.
                      아침부터 졸고 있는 모습을 통해 알 수 있음.
＊근거: (다) ❷~❹
구자명 씨가 출근 버스에서 아침부터 졸고 있다는 것은 잠이 부족하다는 것을 의미하므로 ㉠에는 구자명 씨의 고달픈 삶이 드러나 있다고 볼 수 있다.

② ㉡은 계절의 변화를 통해 구자명 씨의 삶이 어제오늘의 일이
                      구자명 씨는 계절의 변화와 상관없이 늘 고달픈 삶을 살고 있음.
아니었음을 드러낸다.
＊근거: (다) ❽~➓

차창 밖으로 사계절이 흐르는 것은 시간의 흐름에 따른 계절의 변화를 의미한다. 하지만 그것과 상관없이 구자명 씨는 늘 차에서 졸고 있으므로, 구자명 씨의 고달픔이 어제오늘의 일이 아님을 알 수 있다.

④ ㉣은 구자명 씨의 삶의 현실이 한 개인의 문제가 아니라 여성 전체의 문제임을 드러낸다.
'구자명 씨' → '여자'로 지칭이 변함.

＊근거: (다) ❶, ❷, ⑩, ㉑

㉣ 전까지는 '구자명 씨'라는 구체적 인명으로 언급하다가 ㉣에서는 '여자'로 지칭이 바뀐다. 이는 구자명 씨의 고달픈 삶이 개인의 문제가 아니라 '여성' 전체의 문제임을 나타내는 것이다.

⑤ ㉤은 죽음과 같은 잠을 쫓는 모습을 통해 희생하는 여성의 모습이 드러난다.
가사와 경제 활동을 모두 떠안아야 하는 여성들의 삶

＊근거: (다) ㉓, ㉔

'죽음의 잠'이란 너무 피곤하여 죽음처럼 깊이 드는 잠을 의미한다고 볼 수 있다. 그러므로 '죽음의 잠을 향하여 거부의 화살을 당기'는 것에는 가사와 경제 활동을 모두 떠안아야 하는 여성들이 자신의 삶을 희생하는 모습이 드러난다.

1회 07 ~ 08 ──────── [예상 문제]

김득연, 〈산중잡곡(山中雜曲)〉
❶ 화자, 중심 대상 ❷ 상황, 정서, 태도 ❸ 표현상 특징 [고어 읽기] [시 해석]
: ❸ 설의법(물음의 형식으로 표현하는 방법)

[A]
❶ 「지당(池塘)에 활수(活水)*이 드니 노는 고기 다 헬로다*
  연못   「 」: ❸ 대구법(비슷한 문장 구조를 짝을 맞추어 늘어놓는 방법)
→ 연못에 흐르는 물이 드니 노는 고기를 다 헤아리겠다.

❷ 송음(松陰)에 청뢰(淸籟)*이 나니 금슬(琴瑟)*이 여긔 잇다」
  송음에   청뢰이   나니 금슬이   여긔 잇다
  ❷ 중심 대상: 자연 속에서의 삶   바람 소리를 악기 소리에 비유함.
→ 소나무 그늘에 앉아 맑은 바람 소리를 들으니 거문고와 비파가 여기 있구나.

❸ 안자서 보고 듣거든 도라갈 주를 모르로다. 〈제2수〉
  안자서 보고 듣거든 도라갈 주를 모르로다
  ❷ 정서: 자연 속에서 느끼는 즐거움
→ 앉아서 보고 듣거니 돌아갈 줄을 모르겠다.

지당: 넓고 오목하게 팬 땅에 물이 괴어 있는 곳(= 못)
송음: 소나무의 그늘

＊〈제2수〉 요약: 자연을 한가로이 즐김.

[B]
❶ 솔 아래 길을 내고 못 우헤 대를 싸니
  솔 아래 길을 내고 못 우헤 대를 싸니
→ 소나무 아래 길을 내고 연못 위에 축대를 쌓으니   ❸ 선경(경치 묘사)

❷ 풍월연하(風月烟霞)*는 좌우(左右)로 오느괴야
  풍월연하는   좌우로 오느괴야
  자연의 아름다운 경치 ❸ 영탄법(감탄사, 감탄 조사 등을 이용해 감정을 강하게 나타내는 방법)
→ 자연의 아름다운 경치가 좌우에 펼쳐져 있구나.

❸ 이 사예 한가히 안자 늘는 주를 모르리라. ❸ 후정(정서 표현) 〈제3수〉
  이 사예 한가히 안자 늘는 주를 모르리라
  ❷ 상황: 자연 속에서 유유자적하는 삶을 노래함.
→ 이 사이에 한가히 앉아 늙는 줄을 모르겠다.

＊〈제3수〉 요약: 자연 속에서 세월을 잊음.

[C]
❶ 집 두헤 자차리* 뜯고 문 알픠 몱근 샘 기러
  집 두헤 자차리 뜯고 문 알픠 물근 심 기러
→ 집 뒤에 있는 산나물을 뜯고 문 앞에 있는 맑은 샘물을 길어   ❸ 대구법

❷ 기장밥 닉게 짓고 산채갱(山菜羹)* 므로 살마
  기장밥 닉게 짓고 산채갱 므로 살마
  소박한 음식
→ 기장밥을 익혀서 짓고 산나물로 만든 국을 푹 삶아

❸ 조석(朝夕)게 풍미(風味)이 족(足)홈도 내 분인가 ᄒ노라. 〈제5수〉
  조석게 풍미이 족홈도 내 분인가 하노라
  ❷ 태도: 안분지족(편안한 마음으로 제 분수를 지키며 만족할 줄을 앎.) ❶ 화자: '나'
→ 아침저녁으로 즐기는 맛에 만족함도 내 분수인가 하노라.

조석: 아침과 저녁을 아울러 이르는 말
풍미: 음식의 고상한 맛
족하다: 모자람이 없다고 여겨 더 바라는 바가 없다.
분: 자기 신분에 맞는 한도(= 분수)

＊〈제5수〉 요약: 소박한 삶에 만족함.

[D]
❶ 빈 고프거든 버구렛* 밥 먹고 목 모르거든 바갯* 믈 마시니
  배 고프거든 버구렛 밥 먹고 목 마르거든 바갯 믈 마시니   ❸ 대구법
→ 배가 고프거든 바구니의 밥을 먹고 목이 마르거든 바가지의 물을 마시니

❷ 이리ᄒᆞᄂᆞ 가온대 즐거오미 또 인ᄂᆞ다
  이리하는 가온대 즐거오미 또 인다
→ 이리하는 가운데 즐거움이 또 있겠느냐?

❸ ᄂᆞᆷ 의외* 부운(浮雲)* ᄀᆞᆺᄐᆞᆫ 부귀(富貴)이사 브르 주리 이시랴.
  남의외   부운   갓튼 부귀이사 브랄 주리 이시랴
  ❷ 태도: 속세의 부귀공명을 멀리함. ❸ 직유법(두 대상을 연결어로 결합, 직접 빗대어 표현하는 방법) 부러워할 줄이
→ 다른 사람의 뜬구름 같은 부귀야 부러워할 줄이 있으랴? 〈제6수〉

부귀: 재산이 많고 지위가 높음.

＊〈제6수〉 요약: 속세의 부귀를 멀리함.

[E]
❶ 도원(桃源)이 잇다 ᄒᆞ야도 네 듣고 못 봣더니
  도원이   잇다 하야도 네 듣고 못 봤더니
  무릉도원
→ 무릉도원이 있다고 하여도 네 듣고 못 봤더니

❷ 홍하(紅霞)*이 만동(滿洞)ᄒᆞ니* 이 진짓 거긔로다
  홍하이   만동하니   이 진짓 거기로다
                                무릉도원
→ 붉은 노을이 산골짜기에 가득하니 이곳이 과연 거기로다.   자신이 있는 곳을 무릉도원으로 여김.

❸ 이 몸이 또 엇더ᄒᆞ뇨 무릉인(武陵人)인가 ᄒᆞ노라. 〈제14수〉
  이 몸이 또 엇더하뇨 무릉인인가 하노라
  ❷ 정서: 자연 속에서 살아가는 자신에 대한 자긍심 ❸ 문답법(묻고 대답하는 형식으로 표현하는 방법)
→ 이 몸이 또 어떠하뇨? 무릉인인가 하노라.

＊〈제14수〉 요약: 자연의 아름다움을 예찬함.

＊ 활수: 흐르는 물
＊ 헬로다: 헤아리겠다.
＊ 청뢰: 맑은 바람 소리
＊ 금슬: 거문고와 비파를 아울러 이르는 말
＊ 딕: 축대(築臺)
＊ 풍월연하: 바람, 달, 안개, 노을. 여기서는 자연의 아름다운 경치를 뜻함.
＊ ᄌᆞ차리: 산나물의 일종으로 추정됨.
＊ 산채갱: 산나물로 만든 국
＊ 버구렛: 바구니의
＊ 바갯: 바가지의
＊ ᄂᆞᆷ 의외: 다른 사람의
＊ 부운: 뜬구름
＊ 홍하: 해 주위에 보이는 붉은 노을
＊ 만동ᄒᆞ니: 골짜기 안에 가득하니

★ 독해 공식
❶ 화자: '나', 중심 대상: 자연 속에서의 삶
❷ 상황: 자연 속에서 유유자적하는 삶을 노래함.
정서: 자연 속에서의 즐거움과 자연 속에서 살아가는 자신에 대한 자긍심을 느낌.
태도: 속세의 부귀공명을 멀리하며 안분지족함.
❸ 표현상 특징
• 대구법(비슷한 문장 구조를 짝을 맞추어 늘어놓는 방법)을 통해 운율을 형성하고 있음.
• 선경후정(앞에서 자연 경관이나 사물에 대해 묘사한 다음 뒤에서 정서를 드러내는 구성)을 통해 화자의 정서를 강조하고 있음.
• 영탄법(감탄사, 감탄 조사 등을 이용해 감정을 강하게 나타내는 방법), 설의법(물음의 형식으로 표현하는 방법), 직유법(두 대상을 연결어로 결합, 직접 빗대어 표현하는 방법), 문답법(묻고 대답하는 형식으로 표현하는 방법)을 활용하고 있음.

- ■ 갈래: 연시조, 강호 한정가　　　 ■ 창작 시기: 조선 중기
- ■ 내용: 이 작품은 자연 속에서 살아가는 즐거움과 만족감을 표현한 연시조이다. 화자는 소박하지만 안분지족하면서 자연에 묻혀 살아가는 풍류와 멋을 노래하고 있다. 자신이 살아가고 있는 이곳이 '무릉도원'이고 자신은 '무릉인'이라는 표현을 통해 화자가 자신의 삶에 얼마나 만족하며 즐거워하는지 알 수 있다.
- ■ 주제: 자연 속에서 안분지족하는 삶의 흥취와 만족감

■ 이것이 핵심!: 화자의 정서와 태도가 드러나는 시어

1회 07　정답 ②　＊화자의 정서와 태도 파악하기

윗글을 읽고 상상한 장면으로 적절하지 않은 것은?

> 왜 정답 ?

② 화자가 <u>악기를 들고 연못에 홀로 앉아 연주를 하는 장면</u>
　　　　　　　화자가 연주하는 모습은 나타나지 않음.

〈제2수〉의 '송음에 청뢰이 나니 금슬이 여긔 잇다'는 '소나무 그늘에 앉아 맑은 바람 소리를 들으니 거문고와 비파가 여기 있구나.'라는 뜻이다. 이는 바람 소리가 몹시도 맑아 거문고와 비파를 연주하는 것처럼 들린다는 비유적 표현이다. 즉, 윗글에서는 바람 소리를 악기 소리에 비유하고 있을 뿐 화자가 직접 악기를 연주하는 모습을 그리고 있지는 않으므로, 화자가 연주하는 장면을 상상하는 것은 적절하지 않다.

> 왜 오답 ?

① 화자가 앉아서 물고기를 보고 바람 소리를 듣는 장면
　　　　　　　〈제2수〉에 그려진 모습임.

＊근거: 〈제2수〉

〈제2수〉의 '지당에 활수이 드니 노는 고기 다 헬로다'에서 화자가 연못에서 물고기를 바라보고 있음이, '송음에 ～ 여긔 잇다'에서 바람 소리를 듣고 있음이 드러난다. 또한 '안자서 보고 듣거든 도라갈 주롤 모르로다'라고 했으므로 화자가 연못가에 앉아서 물고기를 보고 바람 소리를 듣는 장면을 상상할 수 있다.

③ 맑은 샘 가까이에 작고 소박한 고옥(古屋) 한 채가 자리 잡은 장면
　　　　　　〈제5수〉 '문 알픠 물근 심 기러'

＊근거: 〈제5수〉 ❶, ❷

〈제5수〉의 '집 두헤 조차리 뜯고 문 알픠 물근 심 기러'를 통해 화자가 맑은 샘 가까이에 집을 짓고 살고 있다는 것을, '기장밥'과 '산채갱'을 통해 화자가 소박한 삶을 살고 있음을 추측할 수 있다. 따라서 맑은 샘 가까이에 작고 소박한 집 한 채가 자리하고 있는 장면을 상상할 수 있다.

[고옥: 지은 지 오래된 집

④ 화자가 직접 물을 길어 집으로 돌아오는 장면
　　　　　　〈제5수〉 '문 알픠 물근 심 기러'

＊근거: 〈제5수〉 ❶

〈제5수〉의 '문 알픠 물근 심 기러'를 통해 화자가 집 앞의 샘에서 직접 물을 긷는 상황이 나타나 있으므로 화자가 직접 물을 길어 집으로 돌아오는 장면을 상상할 수 있다.

⑤ 노을로 붉어진 산골짜기를 화자가 바라보는 장면
　　　　　　〈제14수〉 '홍하이 만동ᄒ니'

＊근거: 〈제14수〉 ❷

〈제14수〉의 '홍하이 만동ᄒ니'는 '붉은 노을이 산골짜기에 가득하니'라는 뜻이다. 따라서 화자가 노을로 붉어진 산골짜기를 바라보는 장면을 상상할 수 있다.

1회 08　정답 ⑤　＊표현상 특징 파악하기

윗글의 [A]～[E]에 대한 설명으로 적절하지 않은 것은?

- [A]: [A]는 〈제2수〉로, 자연을 즐기는 화자의 모습이 드러납니다.
- [B]: [B]는 〈제3수〉로, 자연 속에 있는 화자의 모습이 드러납니다.
- [C]: [C]는 〈제5수〉로, 소박하게 살아가는 화자의 모습이 드러납니다.
- [D]: [D]는 〈제6수〉로, 속세를 멀리하는 화자의 태도가 드러납니다.
- [E]: [E]는 〈제14수〉로, 자연 속에서 살아가는 화자의 자긍심이 드러납니다.

즉 [A]～[E]에 드러난 표현상의 특징과, 화자의 태도를 잘못 파악한 것을 고르는 문제입니다.

> 왜 정답 ?

⑤ [E]: 이상을 추구하는 자세를 강조하며 <u>화자의 삶을 반성하고</u> 있다.
　　　　　　　　　　자연 속에서 살아가는 자신에 대한 자긍심이 드러남.

＊근거: 〈제14수〉

[E]의 '도원이 잇다 ～ 이 진짓 거긔로다'와 '무릉인인가 ᄒ노라'에서 화자는 자신이 있는 공간을 '도원'에 빗대고 자신을 '무릉인'이라고 칭하며 자신의 삶에 대한 자긍심을 드러내고 있다. 하지만 자신의 삶을 되돌아보며 반성하고 있지는 않다.

[이상: 생각할 수 있는 범위 안에서 가장 완전하다고 여겨지는 상태

> 왜 오답 ?

① [A]: 대구의 방식으로 리듬감을 부여하고 있다.
　　　'～에 ～이 ～니 ～다'

＊근거: 〈제2수〉 ❶, ❷

[A]의 초장인 '지당에 활수이 드니 노는 고기 다 헬로다'와 중장 '송음에 청뢰이 나니 금슬이 여긔 잇다'는 '～에 ～이 ～니 ～다'라는 문장 구조를 통해 대구의 방식으로 연결되어 리듬감을 부여하고 있다.

[대구: 비슷한 어조나 어세를 가진 어구를 짝 지어 표현의 효과를 나타내는 수사법

② [B]: 먼저 주변의 경치를 묘사하고, 그 안에서 느끼는 화자의 감회를 드러내고 있다.
　　　　　　초장, 중장　　　　　　　　　　　　중장

＊근거: 〈제3수〉

[B]에서는 초장의 '솔 아래 길'과 '못 우희 되', 중장의 '풍월연하'를 통해 공간에 대해 묘사한 후, 종장의 '이 스예 한가히 안자 늘는 주롤 모르리라'에서 자연을 즐기는 화자의 정서를 풀어내고 있다.

[감회: 지난 일을 돌이켜 볼 때 느껴지는 회포

③ [C]: 구체적 삶의 공간 속에서 느끼는 화자의 소박한 삶에 대한 자긍심이 드러나 있다.
　　　　　　　　'집 두헤', '문 알픠'　　　　　　　'내 분인가 ᄒ노라.'

＊근거: 〈제5수〉

[C]의 초장인 '집 두헤 조차리 뜯고 문 알픠 물근 심 기러'에서 화자의 생활 공간인 '집'이 등장하며, 중장과 종장에서 '기장밥'과 '산채갱'을 먹는 소박한 삶에 '족흠'을 느끼며 '내 분'으로 여기는 화자의 자긍심이 드러나고 있다.

[자긍심: 스스로에게 긍지를 가지는 마음

④ [D]: 직유를 활용하여 대상에 대한 화자의 감정을 드러내고 있다.
　　　　　　　　'부운 ᄀᄐ 부귀'

＊근거: 〈제6수〉 ❸

[D]의 종장인 '눔의외 부운 ᄀᄐ 부귀이사 브롤 주리 이시랴.'는 '다른 사람의 뜬구름 같은 부귀야 부러워할 줄이 있으랴?'라는 뜻으로, 화자는 '부귀'를 뜬구름에 비유하여 부귀공명을 추구하는 삶이 헛되다는 생각을 드러내고 있다.

[직유: 비슷한 성질이나 모양을 가진 두 사물을 '같이', '처럼', '듯이'와 같은 연결어로 결합하여 직접 비유하는 수사법

홍세태, 〈김영철전〉

❶ 중심인물, 배경 ❷ 중심 사건, 갈등 ❸ 서술상 특징

[앞부분의 줄거리] 명나라는 건주의 오랑캐를 토벌하기 위해 조선에 원군을 청한다. 김영철은 도원수 강홍립을 따라 종군했다가 포로가 되어 처형될 위기에 처한다. 이때 오랑캐 장수 아라나가 영철을 구해 내 건주의 농사일을 맡기고, 제수와 혼인시킨다. 영철은 두 아들 득북과 득건을 얻는다. 그 후 영철은 명나라 사람인 전유년과 함께 등주로 달아나 그의 누이동생과 혼인하여 또다시 두 아들을 두지만, 결국 조선 사신의 도움을 받아 귀국한다.

❶ 신사년에 유림이 군대를 이끌고 금주(錦州)에 갈 때 영철은 또 종군
<small>❶ 시간적 배경 / ❶ 공간적 배경 / ❶ 중심인물</small>
하게 되었다. 오랑캐 측에서는 아라나를 진중(陣中)에 보내 군사 업무
<small>❶ 중심인물 / ❶ 공간적 배경</small>
를 의논하게 했다. 아라나가 진중에서 영철을 보고는 이렇게 꾸짖었다.
<small>❷ 중심 사건: 아라나가 자신을 배신한 영철을 꾸짖음.</small>
「"나는 네게 세 가지 큰 은혜를 베풀었다. 네가 참수형을 받아야 할
<small>「 」: ❷ 갈등 – 영철을 꾸짖는 아라나와 자신의 사정을 이야기하는 영철의 외적 갈등</small>
처지였을 때 죽음을 모면하게 한 것이 그 하나다. 네가 두 번이나
도망가다 잡혔지만 죽이지 않고 풀어 준 것이 그 둘이다. 내 제수를
<small>아라나가 영철에게 베푼 은혜 ①</small>
너의 아내로 주고 네게 건주(建州)의 집안 살림을 맡긴 것이 그 셋
<small>아라나가 영철에게 베푼 은혜 ②</small>
이다. 하지만 너는 세 가지 용서받기 어려운 죄를 지었다. 목숨을
<small>아라나가 영철에게 베푼 은혜 ③</small>
살려 주고 거두어 기른 은혜를 생각지 않고 재차 도망간 것이 첫 번
<small>영철이 아라나에게 지은 죄 ①</small>
째 죄다. 네게 말을 기르게 했을 때 나는 진심으로 네게 부탁했건만
너는 도리어 명나라 놈과 짜고 나를 배신했으니, 이것이 두 번째 죄
<small>영철이 아라나에게 지은 죄 ②</small>
다. 도망가면서 내 천리마를 훔쳐 갔으니, 이것이 세 번째 죄다. 네
<small>영철이 아라나에게 지은 죄 ③</small>
가 도망간 건 그리 한스럽지 않다만, 내 천리마를 잃은 것은 너무도
한스러워 지금까지 마음이 아프다. 내 반드시 네 목을 베리라!"」
❺ 그러고는 휘하 기병을 시켜 영철을 포박하게 했다. ❻ 사태가 급박하
<small>장군의 지휘 아래</small>
게 돌아가자 영철이 큰소리로 외쳤다.

❼ "말을 훔쳐 달아난 죄는 제게 있지 않습니다. 그건 명나라 놈들이
한 짓입니다. 당시에 그놈들의 계획을 따르지 않았다면 그 아홉 명
이 저를 베는 건 손바닥을 뒤집는 것처럼 쉬운 일이었습니다. 주공
(主公)께서는 사정을 헤아려 주십시오!"
<small>주인을 높여 이르는 말</small>
❽ 아라나는 영철의 말을 듣지 않았다. ❾ 유림이 아라나를 달래며 말했다.
❿ "영철이 죄를 짓긴 했습니다만, 공께서 예전에 살려 주셨으면서 지
금 죽인다면 끝까지 덕을 베풀지 못하시는 게 되고 맙니다. 제가 영
철의 죄에 대한 대가를 후히 치르고자 하니 은덕을 온전히 하시기
<small>❷ 중심 사건: 유림이 영철의 죗값을 치러 줌.</small>
바랍니다."
⓫ 그리고는 잎담배 이백 근을 죗값으로 치렀다.

┌ **토벌하다:** 무력으로 쳐 없애다.
│ **종군하다:** 군대를 따라 전쟁터로 나가다.
│ **진중:** 군대나 부대의 안
│ **참수형:** 목을 베어 죽임. 또는 그런 형벌
│ **천리마:** 하루에 천 리를 달릴 수 있을 정도로 좋은 말
│ **기병:** 조선 시대에, 말을 타고 싸우던 군대
└ **포박하다:** 잡아서 묶다.

<small>*❶ 요약: 다시 만난 아라나로부터 질책을 받는 영철</small>

❷ 이때 득북(得北)이 오랑캐 군중에 있었는데, 아라나가 영철에게 말
<small>영철이 아라나의 제수와 혼인하여 얻은 아들</small>
했다.

❷ "네 아들을 보고 싶지 않은가?"
❸ 즉시 득북을 불러오게 했다. ❹ 부자가 마주 보고 눈물을 흘리니, 진중
<small>❷ 중심 사건: 영철이 헤어졌던 아들과 재회함.</small>
에서 이 광경을 본 모든 이들이 슬퍼하며 한숨을 내쉬었다. ❺ 이로부터
<small>❸ 서술자: 3인칭 서술자, 시점: 전지적 작가 시점</small>
득북은 매일 술과 밥, 반찬과 과일을 차려 와 영철을 대접했다. 영철
은 귀한 과일은 유림에게 먼저 올리고, 물러 나와 여러 사람들과 함께
음식을 먹었다.

<small>*❷ 요약: 아들 득북을 다시 만난 영철</small>

❸ 「이때 오랑캐가 금주를 포위했다. 명나라에서는 십만 군사를 구원
<small>❶ 시간적 배경</small>
병으로 보내 오랑캐와 싸움을 벌였으나 대패하고 말았다. 유림은 영철
을 홍타이지*에게 보내 축하 인사를 하게 했다. ⓐ아라나는 홍타이지
<small>❶ 중심인물</small>
에게 영철의 지난 일을 고하며 벌을 줄 것을 청하였다.」 그러자 홍타
<small>「 」: ❸ 인물이 겪은 사건을 서술자가 요약적으로 제시함.</small>
이지는 손을 들어 남쪽을 가리켜 보이더니 이렇게 말했다.

❻ 「"영철은 본래 조선 사람인데, 팔 년 동안은 우리 백성이었고 육 년
<small>「 」: 홍타이지가 영철을 백성으로 인정함.</small>
동안은 등주(登州) 백성이었다가 이제 다시 조선 백성이 되었다. 조
선 백성 또한 우리 백성이다. 더구나 큰아들이 군중에 있고 작은아
들은 우리 건주에 있으니, 부자가 모두 우리 백성인 셈이다. ⓑ저
등주라고 해서 어찌 우리 백성이 될 수 없겠느냐? 내가 천하를 얻음
이 이로부터 시작되리니, 이 사람이 온 것이 어찌 하늘의 뜻이 아니
겠느냐?"」
❼ 홍타이지는 영철에게 비단 열 필과 몽고말 한 필을 하사하였다. ❽ 영
철은 감사의 절을 하고 이렇게 말했다.
❾ "이 말을 아라나에게 주어, 제 목숨을 살려 준 은혜에 보답하고 말
<small>❷ 중심 사건: 영철이 아라나의 은혜에 보답함.</small>
을 훔쳤던 죗값을 치렀으면 합니다."
❿ 홍타이지가 말했다.
⓫ "영철은 자기 잘못을 알고 은혜를 잊지 않는 사람이라 할 만하구나."
⓬ 이에 그 말을 아라나에게 주고, 영철에게는 다시 노새 한 마리를 주
었다. ⓒ영철은 자기가 타던 말을 득북에게 주며 돌아가 득건에게 주
<small>둘째 아들</small>
라고 했다.

┌ **대패하다:** 싸움이나 경기에서 크게 지다.
│ **고하다:** 어떤 사실을 알리거나 말하다.
└ **하사하다:** 임금이 신하에게, 또는 윗사람이 아랫사람에게 물건을 주다.

<small>*❸ 요약: 영철을 백성으로 인정하는 홍타이지</small>

<small>→ ❸ 평범한 인물인 영철을 통해 당대 민중의 모습을 보여 줌.</small>

❹ 몇 달 뒤 조선에서 교대할 군대가 오자 영철은 봉황성*으로 돌아
<small>❶ 시간적 배경 / ❶ 공간적 배경</small>
갔다. ❷ 유림이 영철에게 말했다.
❸ "금주에서 네 죗값을 치르기 위해 내놓은 잎담배는 호조(戶曹)의 군
<small>유림이 영철에게 빚을 갚으라고 함.</small>
수 물자이니, 네가 갚도록 해라."
❹ 「영철이 집으로 돌아와 몇 달이 지나자, 호조에서 관향사(管餉使)*
<small>❶ 시간적 배경</small>
에게 공문을 보내 영철에게 은 이백 냥을 받아 내라고 독촉했다. 「영
철은 노새를 팔고 가산을 모두 털었지만 겨우 그 절반밖에 낼 수 없었
<small>「 」: ❷ 중심 사건 – 영철이 자신의 죄값 때문에 진 빚을 갚기 위해 애씀.</small>
다. 나머지 일백 냥을 마련할 길이 없어 친척들의 도움을 받았지만 역
시 부족했다. ❼ 이 소식을 들은 이들이 모두 슬퍼 여겼다.」
<small>「 」: ❸ 인물이 겪은 사건을 서술자가 요약적으로 제시함.</small>

┌ **교대하다:** 어떤 일을 여럿이 나누어서 차례에 따라 맡아 하다.
└ **독촉하다:** 일이나 행동을 빨리하도록 재촉하다. **가산:** 한집안의 재산

<small>*❹ 요약: 유림에게 진 빚을 갚기 위해 애쓰는 영철</small>

⑤ 이에 앞서 영철의 아버지가 안주 전투에서 사망했을 때 영철의 어머니는 남편의 옷으로 초혼제(招魂祭)를 올리고자 그 옷가지를 남겨 두었다. 영철은 조선으로 돌아온 뒤 어머니와 함께 아버지의 옷을 가지고 안주로 갔다. ❸ 안주성에 올라 사방을 두루 돌며 호곡하면서 부 ❶ 공간적 배경
친의 혼을 부르자, 어머니가 이렇게 말했다.
ⓔ "내가 죽거든 꼭 이 옷을 함께 묻어다오."
영철의 어머니가 자신을 아버지의 옷과 함께 묻어 달라고 부탁함.
마침내 어머니가 숨을 거두자 영철은 아버지의 옷을 함께 묻어 장 ❷ 중심 사건: 영철이 어머니의 장사를 지냄.
사를 지냈다.

┌ 초혼제: 전사하거나 순직한 사람의 혼령을 위로하는 제사
│ 호곡하다: 소리를 내어 슬피 울다.
└ 장사: 죽은 사람을 땅에 묻거나 화장하는 일

*⑤ 요약: 조선에 돌아와 어머니의 장사를 지내는 영철

⑥ 영철은 의상(宜尙), 득상(得尙), 득발(得發), 기발(起發) 네 아들을 두었는데, 자신이 종군하며 겪은 고통을 늘 생각하며 자식들이 같은 고통을 겪지 않을까 두려워했다. 무술년에 조정에서 자모산성*을 고 ❶ 시간적 배경   ❶ 공간적 배경
쳐 쌓으며 성을 방비할 병사를 모집했는데, 이에 응한 사람은 군역을 면해 주었다. 영철이 즉시 네 아들과 함께 성으로 들어가 살았으니, 이때 이미 영철의 나이 예순이 넘었다.

┌ 방비하다: 적의 침입이나 피해를 막기 위하여 미리 지키고 대비하다.
│ 군역: 군대에서 복역하거나 군대의 진영(陣營)에서 부역하는 일
└ 면하다: 책임이나 의무 따위를 지지 않게 되다.

*⑥ 요약: 자모산성을 방비하며 아들들과 성에서 사는 영철

⑦ 영철은 가난 속에서 하릴없이 늙어 가며 가슴속에 불평하는 마음이 일어날 때마다 ⓜ 성 위에 올라가 북쪽으로 건주를, 남쪽으로 등주두고 온 처자식들이 있는 곳을 바라봄.
를 바라보았다. 그러고 있노라면 서글픈 생각에 눈물이 떨어져 옷깃을 적셨다. 영철은 언젠가 사람들에게 이런 말을 한 적이 있다.

"내가 아무 잘못도 없는 처자식을 저버리고 와 두 곳의 처자식들로
「 」: 중국의 처자식을 생각하며 괴로워하는 영철
하여금 평생을 슬픔과 한탄 속에서 살게 했으니, 지금 내 곤궁함이 이 지경에 이른 게 어찌 하늘이 내린 재앙이 아니겠는가! 」하지만 타국에 떨어져 살다 끝내 부모의 나라로 돌아왔으니 또한 한스러이 여길 게 뭐 있겠나?"
영철은 이십여 년간 성을 지키다가 여든넷에 죽었다.
❷ 중심 사건: 이십여 년간 성을 지키던 영철이 84세에 삶을 마감함.

┌ 하릴없이: 달리 어떻게 할 도리가 없이
│ 한탄: 원통하거나 뉘우치는 일이 있을 때 한숨을 쉬며 탄식함. 또는 그 한숨
└ 곤궁하다: 가난하여 살림이 구차하다.

*⑦ 요약: 중국의 처자식들을 생각하며 괴로워하다 생을 마감한 영철

* 홍타이지: 청나라 태종
* 봉황성: 압록강 서쪽에 있는 성
* 관향사: 국경 방비에 쓰일 군량을 관리하기 위해 평안도에 설치한 관직
* 자모산성: 평안도 자산군에 있는 산성

🔷 독해 공식
❶ 중심인물: 영철, 유림, 아라나, 홍타이지 등
시간적 배경: '신사년', 오랑캐가 금주를 포위했을 때, '몇 달 뒤', 영철이 집으로 돌아와 몇 달이 지난 후, '무술년' 등
공간적 배경: '금주', '진중', '봉황성', '안주성', '자모산성' 등

---

❷ 중심 사건: 아라나가 자신을 배신한 영철을 꾸짖음. 유림이 영철의 죗값을 치러 줌. 영철이 헤어졌던 아들과 재회함. 영철이 아라나의 은혜에 보답함. 영철이 자신의 죗값 때문에 진 빚을 갚기 위해 애씀. 영철이 어머니의 장사를 지냄. 이십여 년간 성을 지키던 영철이 84세에 삶을 마감함.
갈등: 영철을 꾸짖는 아라나와 자신의 사정을 얘기하는 영철의 외적 갈등
❸ 서술상 특징
• 서술자: 3인칭 서술자, 시점: 전지적 작가 시점
• 평범한 인물을 주인공으로 내세워 당대 민중들의 모습을 그려 내고 있음.
• 여러 가지 일화를 시간 순서에 따라 병렬적(나란히 늘어서는 방식)으로 제시하고 있음.
• 인물이 겪은 사건을 서술자가 요약적으로 제시하고 있음.

■ 갈래: 고전 소설
■ 내용: 이 작품은 조선 후기 홍세태가 지은 전으로, 전란으로 인해 고난과 애환을 겪은 김영철이라는 한 인물의 일대기를 그린 고전 소설이다. 17세기 명·청 교체기의 전란이 가져온 조선 민중의 애환을 지극히 사실주의적인 기법으로 그려 냈다. 전쟁의 소용돌이 속에서 민중이 겪은 이산의 아픔과 종군의 괴로움, 군역의 가혹함 등을 빠짐없이 보여 줌으로써 당대 역사를 민중의 입장에서 조망하고 있다.
■ 주제: 시대적 혼란 속에서 고통스러운 영철의 일생

■ 이것이 핵심!: 인물 간의 관계

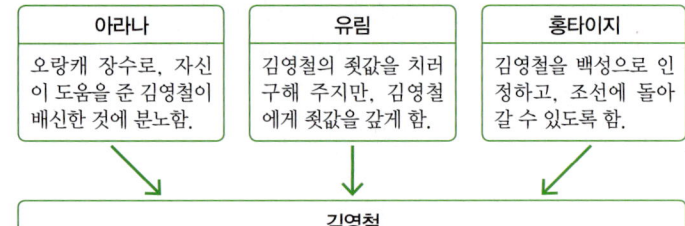

아라나	유림	홍타이지
오랑캐 장수로, 자신이 도움을 준 김영철이 배신한 것에 분노함.	김영철의 죗값을 치러 구해 주지만, 김영철에게 죗값을 갚게 함.	김영철을 백성으로 인정하고, 조선에 돌아갈 수 있도록 함.

김영철

전쟁에 동원되어 포로가 되는 등의 고초를 겪고, 건주(후금)와 등주(명나라)에서 각각 혼인해 아들들을 둔 뒤 처자식과 이별하여 조선에 돌아옴.

■ 전체 줄거리: 김영철은 19살에 후금과의 전쟁에 동원되었다가 포로가 된다. 그러나 고국으로 돌아가겠다는 일념으로 세 번에 걸쳐 탈출을 시도해 중국으로 탈출하고, 다시 거기에서 몇 년을 거주한 뒤 13년 만에 비로소 고국 땅을 밟는다. 그동안 그는 후금과 명나라에서 각각 혼인을 하고 자식들까지 두게 된다. 따라서 고국으로의 귀환은 그리워하던 부모님을 만나게 되었다는 점에서 오랜 소망이 이루어진 것이기도 하였지만, 처자식을 버리고 떠나왔다는 점에서 그에게 평생의 괴로움이 되기도 한다. 고국에 돌아와서도 중국어와 만주어를 두루 안다는 이유로 청이 명나라를 공격할 때 조선군의 일원으로 계속 징병되었고, 59세의 노령이 되어서까지 산성을 지키는 임무를 맡아야 했다. 그 뒤 자모산성을 지킨 지 20여 년 만에 84세를 일기로 세상을 하직하니, 19세부터 진 군역을 죽어서야 비로소 면제받을 수 있었다.

1회 09 정답 ① *서술상 특징 파악하기

윗글에 대한 설명으로 가장 적절한 것은?

〉왜 정답?

① 시간의 흐름에 따라 사건이 전개되고 있다.
영철의 일생이 시간 순서에 따라 제시되고 있음.
*근거: ①-❸, ③-❶, ④-❶·❹, ⑥-❷, ⑦-❺
윗글은 김영철이 명나라 원군으로 종군했다가 포로가 되고 다시 우여곡절 끝에 조국으로 돌아오기까지의 사건이 시간의 흐름에 따라 전개되고 있다.

〉왜 오답?

② 공간적 배경이 시종일관 변하지 않고 있다.
금주 – 봉황성 – 안주성 – 자모산성 등으로 변하고 있음.
*근거: ①-❶, ④-❶, ⑤-❸, ⑥-❷
윗글은 주인공이 중국에서 조선으로 이동함에 따라 공간적 배경이 '금주', '봉황성', '안주성', '자모산성' 등으로 변화하고 있다.
┌ 시종일관: 일 따위를 처음부터 끝까지 한결같이 함.

③ <u>초월적 인물</u>이 등장하여 갈등을 해소하고 있다.
　　드러나지 않음.

윗글의 주인공 김영철은 평범한 조선 민중이며, 아라나, 유림, 홍타이지 등도 초월적 인물에 해당하지 않는다.

┌ **초월적**: 어떠한 한계나 표준, 이해나 자연 따위를 뛰어넘거나 경험과 인식의 범위
└ 를 벗어나는

④ <u>행복한 결말</u>을 통해 작품의 주제를 부각하고 있다.
　　주인공의 불행한 일생이 나타나므로, 행복한 결말로 볼 수 없음.

윗글에서 주인공 김영철은 전쟁에 동원되어 고향을 떠나 힘들게 살았고, 타국에서 혼인하여 처자식을 두었으나 조선에 돌아오며 이별했다. 그리고 조선에 돌아와서는 죽을 때까지 성을 지키는 등 평생 군역에서 벗어나지 못하고 불행한 일생을 마쳤으므로 행복한 결말이 나타난다고 볼 수 없다.

[**부각하다**: 어떤 사물을 특징지어 두드러지게 하다.

⑤ <u>환상적 배경 묘사</u>를 통해 <u>인물의 내면세계를 표현</u>하고 있다.
　　드러나지 않음.　　　　　　　　　　드러나지 않음.

윗글에서는 사실적인 인물과 배경이 나타날 뿐 환상적 배경 묘사는 나타나지 않으며, 배경 묘사를 통해 인물의 내면세계를 표현하고 있는 부분도 찾을 수 없다.

┌ **환상적**: 생각 따위가 현실적인 기초나 가능성이 없고 헛된
└ **내면세계**: 겉으로 드러나지 아니하는 마음속의 감정이나 심리

1회 10 정답 ⑤ ＊인물의 심리와 태도 파악하기

㉠~㉤에 대한 이해로 적절하지 않은 것은?

• ㉠: '아라나는 홍타이지에게 영철의 지난 일을 고하며 벌을 줄 것을 청하였다.'입니다.
• ㉡: '저 등주라고 해서 어찌 우리 백성이 될 수 없겠느냐?'입니다.
• ㉢: '영철은 자기가 타던 말을 득북에게 주며 돌아가 득건에게 주라고 했다.'입니다.
• ㉣: "내가 죽거든 꼭 이 옷을 함께 묻어다오."입니다.
• ㉤: '성 위에 올라라 북쪽으로 건주를, 남쪽으로 등주를 바라보았다.'입니다.

즉 ㉠~㉤에 담긴 인물의 심리와 태도를 잘못 파악한 것을 고르는 문제입니다.

〉왜 정답 ?

⑤ ㉤: 건주와 등주에서의 <u>행복했던 삶을 그리워하는</u> 영철의 마
　　　　　　　건주와 등주에 두고 온 처자식을 생각하며 서글퍼함.
　음이 드러나 있군.

＊근거: 7 - ❶, ❷, ❹

㉤에서 영철은 건주와 등주를 바라보고 있는데, 뒷부분에서 '서글픈 생각에 눈물이 떨어져 옷깃을 적셨다'는 것으로 보아 행복했던 삶을 그리워하고 있다고 볼 수 없다. 사람들에게 '아무 잘못도 없는 처자식을 저버리고 와 두 곳의 처자식들로 하여금 평생을 슬픔과 한탄 속에서 살게 했으니'라고 한 것으로 보아 건주와 등주에 두고 온 처자식들을 생각하며 서글퍼하고 괴로워하고 있음을 알 수 있다.

〉왜 오답 ?

① ㉠: 영철을 용서하지 못하는 아라나의 마음을 보여 주고 있군.
　　　　　영철의 지난 잘못에 대해 벌을 주고 싶어 함.

＊근거: 3 - ❹

㉠은 아라나가 청의 홍타이지에게 영철을 벌 줄 것을 청하는 내용이므로, 유림이 영철의 죗값을 대신 치러 주었으나 아라나는 여전히 영철을 용서 못하고 있다는 것을 알 수 있다.

② ㉡: 홍타이지는 등주마저 차지하겠다는 속내를 내비치고 있군.
　　　　　등주 백성도 자신의 백성이 될 수 있다고 말함.

＊근거: 3 - ❺

㉡에 바로 이어 '내가 천하를 얻음이 이로부터 시작되리니'라고 하였으므로 홍타이지는 등주마저 차지하겠다는 의도를 보인 것이라고 할 수 있다.

[**속내**: 겉으로 드러나지 아니한 속마음이나 일의 내막

---

③ ㉢: 둘째 아들인 득건을 생각하는 영철의 마음이 나타나 있군.
　　　　　만나지 못한 둘째 아들 득건에게 말을 주고자 함.

＊근거: 3 - ⓭

영철이 첫째 아들 득북에게 자신이 타던 말을 득건에게 주라고 말한 것은 아버지로서 만나지 못한 아들 득건을 생각하는 마음이 드러난 것이라고 할 수 있다.

④ ㉣: 저승에서라도 전사한 남편과 함께하고픈 어머니의 소망이
　　　　남편이 죽었을 때 남겨둔 옷가지를 자신과 함께 묻어 달라고 함.
　표출되어 있군.

＊근거: 5 - ❶, ❹

㉣에서 어머니가 아버지의 유품인 옷을 당신이 죽으면 같이 묻어 달라고 한 것은 저승에서라도 전사한 남편과 함께하고픈 어머니의 소망으로 볼 수 있다.

┌ **전사하다**: 전쟁터에서 적과 싸우다 죽다.
└ **표출되다**: 겉으로 나타나다.

1회 11 정답 ④ ＊〈보기〉를 바탕으로 감상하기

〈보기〉를 참고하여 윗글을 감상한 내용으로 적절하지 않은 것은?

• 〈보기〉: 김영철의 일생은 전쟁이 계속되던 시대 현실 속에서 조선의 서민들이 겪어야 했던 삶의 질곡을 보여 줍니다.
• 윗글: 김영철의 삶을 시간의 흐름에 따라 이야기하고 있습니다.

즉 김영철의 일생을 바탕으로 당시 조선 서민들의 현실을 파악한 내용으로 알맞지 않은 것을 고르는 문제입니다.

─────[보기]─────

❶김영철의 일생은 명(明)과 후금(後金)이 격돌하던 시대적 격변기에 조선의 서민들이 겪어야 했던 삶의 질곡을 잘 보여 준다.
　　　　　　　　　　　　　　　　②의 근거
❷전쟁의 소용돌이 속에서 겪어야 했던 종군의 괴로움, 포로 생활
　　　　　　　　　　　　　　　　　　①의 근거
의 고통, 가족과의 이산의 슬픔, 서민에게 부과되었던 군역의 가
　　　　　　　　　　　　　　　　　③의 근거
혹함, 지배층의 무책임함에 대한 비판 의식이 작품 속에 두루 형
　　　　　⑤의 근거
상화되어 있다.❸ 이는 17세기 말에서 18세기 초에 걸쳐 우리나라
소설이 거둔 새로운 성과라고 할 수 있다.

- -

격돌하다: 세차게 부딪치다.
격변기: 상황 따위가 갑자기 심하게 변하는 시기
질곡: 몹시 속박하여 자유를 가질 수 없는 고통의 상태를 비유적으로 이르는 말
종군: 군대를 따라 전쟁터로 나감.
이산: 헤어져 흩어짐.
부과되다: 일정한 책임이나 일이 부담되어 맡게 되다.
군역: 고려·조선 시대에 양인 남자라면 누구나 군대에 가야 했던 의무

〉왜 정답 ?

④ 영철이 처자식을 버리고 부모의 나라로 귀국한 것은, 그가 가
　족 간의 도리보다는 <u>임금에 대한 충성심을 더 중요시하고 있</u>
　　　　　　　　　임금에 대한 충성심이 아니라 부모의 나라로 돌아왔다는 사실을 중요시함.
　음을 드러낸다고 할 수 있어.

＊근거: 7 - ❹

영철이 '타국에 떨어져 살다 끝내 부모의 나라로 돌아왔으니 또한 한스러이 여길 게 뭐 있겠나?'라고 한 것을 통해 그가 처자식을 버리고 돌아온 것은 처자식이 있는 곳이 종군으로 끌려갔던 타국이기에 부모의 나라인 고국으로 돌아온 것이라고 볼 수 있다. 그러나 영철이 임금에 대한 충성심을 드러내는 모습은 나타나 있지 않다. 또한 영철은 두고 온 처자식을 떠올리며 괴로워하고 있으므로 그가 가족 간의 도리보다 임금에 대한 충성심을 더 중요시했다는 것은 적절하지 않다.

① 영철이 유림을 따라 또다시 종군했다는 것을 보면, 그 당시 조선군의 출병이 여러 차례에 걸쳐 있었음을 추측할 수 있어.
영철이 또 종군하게 되었다는 것을 통해 종군이 여러 차례 있었음을 알 수 있음.

＊근거: [앞부분의 줄거리], 1 - ❶, 〈보기〉 ❷ 문장

[앞부분의 줄거리]에 따르면 영철은 명나라가 건주의 오랑캐를 토벌하기 위해 조선에 원군을 청했을 때 도원수 강홍립을 따라 종군했는데, 이후 유림이 신사년에 군대를 이끌고 금주에 갈 때 또다시 종군하게 되었다. 이를 통해 명과 후금이 격돌하던 당시 조선군의 출병이 여러 차례 있었고 이에 따라 조선의 서민들이 종군의 괴로움을 여러 차례 겪었음을 알 수 있다.

② 아라나가 진중에서 영철을 꾸짖는 말 속에서, 명과 후금 사이에 끼어 고통받던 조선 사람들의 삶의 질곡을 엿볼 수 있어.
영철이 명나라 사람과 아라나 사이에 끼어 고통받았음을 알 수 있음.

＊근거: [앞부분의 줄거리], 1 - ❹, 〈보기〉 ❶ 문장

[앞부분의 줄거리]에 따르면 영철은 명나라가 건주의 오랑캐를 토벌할 때 조선 원군으로 종군했다가 포로가 되었는데, 오랑캐 장수 아라나에 의해 목숨을 건졌으나 명나라 사람과 등주로 달아났다. 이에 진중에서 영철을 다시 만난 아라나는 자신의 은혜를 저버리고 명나라 사람과 도망간 영철에게 분노하고 있다. 이러한 아라나의 말을 통해 조선의 서민인 영철이 종군으로 명과 후금 사이에 끼어 고통받았던 현실을 엿볼 수 있다.

③ 영철과 네 아들이 자모산성을 수리하고 방비하는 일에 응하는 장면은, 혹독한 군역에 시달렸던 서민들의 현실을 보여 준다고 할 수 있어.
영철과 아들들이 군역을 면하기 위해 자모산성에 들어간 것을 통해 알 수 있음.

＊근거: 6 - ❷, ❸, 〈보기〉 ❷ 문장

영철이 예순이 넘은 나이에 네 아들들과 함께 자모산성을 방비하는 병사 모집에 응한 것은, 이에 참여하면 군역을 면해 주기 때문이었다. 따라서 이를 통해 서민들에게 부과되었던 군역의 가혹함을 알 수 있다.

⑤ 호조가 관향사를 독촉하여 영철에게서 잎담배 값으로 은 이백 냥을 받아내려 하는 장면은, 서민들의 곤궁한 처지를 외면하는 위정자들의 모습을 보여 준다고 할 수 있어.
영철의 지난 사정과 곤궁한 처지를 고려하지 않은 것을 통해 알 수 있음.

＊근거: 4 - ❸, ❹, 〈보기〉 ❷ 문장

유림은 영철이 종군할 당시 아라나에게 죗값으로 잎담배 이백 근을 치렀는데, 이후 봉황성으로 돌아왔을 때 그것이 호조의 군수 물자라며 영철에게 갚으라고 한다. 그리고 호조에서는 관향사에게 공문을 보내 영철에게 은 이백 냥을 갚으라고 독촉하고, 영철은 가산을 탕진하여 빚을 갚고자 애쓴다. 이를 통해 백성의 사정과 곤궁한 처지는 고려하지 않는 위정자들의 무책임한 모습이 드러나고 있다.

〔 곤궁하다: 가난하여 살림이 구차하다.

1회 12~13 ────────── [예상 문제]

이만희, 〈그것은 목탁 구멍 속의 작은 어둠이었습니다〉
❶ 중심인물, 배경   ❷ 중심 사건, 갈등   ❸ 서술상 특징   ▨ :❸ 불교와 관련된 관념적인 어휘

[앞부분의 줄거리] 주인공인 도법은 전직 미대 교수이자 유명한 조각가이다. 아내가 동네 깡패에게 강간당한 사건에서 헤어나지 못하여 입산하였고, 입산한 뒤로는 예술
❷ 갈등: 도법이 아내에게 일어난 비극적 사건에서 벗어나지 못해 겪는 괴로움(내적 갈등)
을 멀리한 채 오로지 선방과 토굴을 전전하며 수행에만 전념해 오고 있었다. 그러던
중 큰스님한테서 봉국사의 불상을 조각하라는 명을 받게 된다.

(가)
┌ ❷ 갈등: 불상 제작을 둘러싼 도법과 탄성 사이의 외적 갈등 ❸ 대화를 통해 인물들 사이의 갈등을 드러냄.
1 (도법의 작업실. 도법은 중앙 의자에 앉아 있고, 탄성은 사진 한 장
❶ 공간적 배경
을 손에 쥔 채 그 주위를 서성인다. 서로 감정을 자제하고 있다.)

탄성: 자네 주머니에 있던 이 마누라 사진은 무엇을 뜻하는 겐가?
❺ 중심인물
도법: 그게 어쨌다는 것이야?
❻ 중심인물
탄성: 이게 다 미(美)요, 색(色)이요, 욕망의 탐 잔치에서 오는 게 아니겠나?

도법: 넘겨짚지 말어.

탄성: 찔렸으면 아프다고 해.

도법: 왜 자꾸 쓸데없는 걸 들먹거리는 거야! 내가 아닌 말로 암내 맡은 수캐마냥 날뛰기라도 했다는 소린가?

탄성: 그렇다면 나이 오십 다 된 지금에 와서 불상을 만들겠다느니 탱화를 그리겠다느니, 왜 엄한 짓거리 하고 댕겨?
「 」:❷ 중심 사건 – 탄성이 불상을 제작하고 탱화를 그리는 도법을 비난함.
탄성은 불상 제작과 탱화 그리기를 부정적으로 봄.

도법: 그게 이거하고 무슨 상관이 있다고 그래.

탄성: (버럭 소릴 높여) 왜 상관이 없어! 절밥 먹고 있는 중이 자꾸 딴 짓거리에 한눈파니까 그렇지. (헤라를 치켜들며) 이런 놀음하려면 절엔 뭐 하러 왔어. 차라리 속가에 나가 본격적으로 시작해 보지.
조소에 필요한 조각칼

도법: 불사(佛事)를 놀음이라고 생각하나?

탄성: 그럼 이게 신선놀음이 아니고 뭐야?
탄성은 도법이 신선놀음하고 있다고 생각함.
도법: 뭘 모를 땐 가만히 있는 게야.

탄성: 가만히 있게 됐어?

도법: 가만히 안 있음 어떻게 하겠다는 거야.

탄성: 이 짓을 그만두든지 속퇴를 하든지 무슨 구정을 내야지.

┌ 입산하다: 산속에 들어가다.
│ 선방: 참선하는 방
│ 토굴: 땅을 파서 굴과 같이 만든 큰 구덩이
│ 전전하다: 이리저리 굴러다니거나 옮겨 다니다.
│ 수행: 부처의 가르침을 실천하고 불도를 닦는 데 힘씀.
│ 전념하다: 오직 한 가지 일에만 마음을 쓴다.
│ 탐: 육번뇌의 하나. 자기의 뜻에 잘 맞는 사물에 집착하는 번뇌이다.
│ 탱화: 부처, 보살, 성현들을 그려서 벽에 거는 그림
│ 속가: 불교를 믿지 아니하는 사람의 집
└ 불사: 불가에서 행하는 모든 일

＊1 요약: 불상 제작에 대해 갈등하는 도법과 탄성

(나)
┌ ❷ 갈등: 불도를 둘러싼 도법과 망령의 외적 갈등
2 망령: (따르며) 헤헤헤. 아직도 내가 징그러운가? 도법당! 도인이
❶ 중심인물
되려면 하나로 볼 줄을 알아야 돼. 자비와 해탈은 일승(一乘)이거든. 네 속마음이 내 겉모양일 수도 있다 이거야, 안 그래?
❸ 인물의 대사를 통해 교훈을 직접 제시함. – 겉과 속이 따로 없음.
도법: 훈계하려 들지 말어.

망령: 훈계가 아니야. 사실 자네의 속 것이야 내 얼굴에 비하겠어? 벗겨 보면 더 가관일 테지?

도법: 말하고자 하는 게 뭐야?

망령: 자네의 화두지.

도법: 내 화두가 어때서?

망령: 어떻긴? 엉터리지. 어떤 사람이 잠자고 일어나 거울을 보니 얼굴이 없어졌어. 어디로 간 것이냐? 가긴 어디로 갔겠어. 늘 거기에 처박혀 있는 것을. 진짜란 오고 감이 없어. 있고 없고가 없어.
❸ 인물의 대사를 통해 교훈을 직접 제시함. – 오고 감, 있고 없음이 따로 없음.
도법: (외면한다.)

⁹ **망령**: 허허, 이 사람. 아직도 내 말을 못 알아듣는구만. 자넨 이제 고양이가 아니라 진짜 호랑이가 된 거야. 됐다 치고 나를 보라고.

¹⁰ **도법**: …….

¹¹ **망령**: 못 쳐다보는 건 또 뭔가. 죄의식이 다시 발동한 건가?

¹² **도법**: …….

¹³ **망령**: 마누라가 불쌍하겠지.

¹⁴ **도법**: 뭐야?

¹⁵ **망령**: 마누라! / ¹⁶ **도법**: (강한 반응)

¹⁷ **망령**: 마누라가 불쌍하겠다고.

¹⁸ **도법**: (강하게 노려보면서)

¹⁹ **망령**: 아하, 알았네. 술맛 잡친다, 이거지? 다른 얘길 하자구, 도법당. (묘한 웃음을 입가에 흘리면서) 자고로 술이 있으면 계집이 있어야 흥이 난단 말일세. 안 그런가? 내 이럴 줄 알고 미리 준비해 뒀지. 자네도 계집이 필요한가? 필요 없지? 그럼 내 것만 부르겠네. (손뼉을 치며) 어서 들어 와라.

²⁰ (짙은 화장을 한 여인이 들어온다.)

(중략)

²¹ **망령**: (술을 마시면서) 잘 봐. 거기서 떠오르는 것이 있을 거야.

²² **도법**: …….

²³ **여인**: (슈미즈 차림으로)

²⁴ **도법**: 그만해, 그만두란 말이야!

²⁵ **망령**: 「저걸 어려운 말로 묘유(妙有)라고 하지. 묘하게 있다 이거야.
『 」: ❸ 인물의 대사를 통해 교훈을 직접 제시함. – 모든 것이 실체가 없으면서 존재함.
저년을 잘 봐. 저게 영원히 있는 걸까? 아니지. 언젠가는 없어진단 말이야. 그러니까 없는 거지. 그렇담 완전히 없는 거야? 그것도 아니지. 있긴 있지. 묘하게 있는 거지.」

²⁶ **도법**: (망령의 멱살을 잡으면서) 시끄러, 이 새끼야.

²⁷ **망령**: 허허. (도법의 두 손을 쉽게 꺾어 눌러 앉힌다.) 「자넨 어째서 이 순간을 영원하다고 생각하지? 인생이 순간이면 영원한 건 없고 인생이 영원하면 순간이란 없을 텐데 말이야.」 이건 앞뒤가 맞질 않아.
『 」: ❸ 인물의 대사를 통해 교훈을 직접 제시함. – 영원도 순간도 없음.
마누라가 강간당한 건 영원하고 마누라를 사랑했던 건 순간이라니 이런 엉터리 발상이 어디 있나.

도인: 도를 갈고닦는 사람.
자비: 중생에게 즐거움을 주고 괴로움을 없애 함.
해탈: 번뇌의 얽매임에서 풀리고 미혹의 괴로움에서 벗어남.
일승: 모든 중생이 부처와 함께 성불한다는 석가모니의 교법.
가관: 꼴이 볼만하다는 뜻으로, 남의 언행이나 어떤 상태를 비웃는 뜻으로 이르는 말. **화두**: 선원에서, 참선 수행을 위한 실마리를 이르는 말.
묘유: 모든 것이 실체가 없으면서 존재하고 있는 모양.
발상: 어떤 생각을 해 냄. 또는 그 생각.

*② 요약: 불도에 대해 갈등하는 도법과 망령

[뒷부분의 줄거리] 도법은 망령과의 치열한 다툼 속에서 정신 착란 증세를 일으키고
상징적 행위를 통해 주제를 암시함.
끝내 조각칼로 자신의 두 눈을 찌른다. 그 순간 그는 이 세상에는 미와 추가 따로 존
❷ 중심 사건: 망령과 다투던 도법이 정신 착란 증세를 일으키고 자신의 두 눈을 찌름.
재하지 않으며 자기 스스로의 보는 눈에 달려 있었다는 깨달음을 얻게 된다.

정신 착란: 급성 중독이나 전염병 따위로 말미암아 의식 장애를 일으켜 지각, 기억, 주의, 사고 따위의 지적 능력을 일시적으로 잃어버리는 상태

★ 독해 공식

❶ **중심인물**: 도법, 탄성, 망령, **공간적 배경**: 도법의 작업실
❷ **중심 사건**: 탄성이 불상을 제작하고 탱화를 그리는 도법을 비난함. 망령과 다투던 도법이 정신 착란 증세를 일으키고 자신의 두 눈을 찌름.
갈등: 도법이 아내에게 일어난 비극적 사건에서 벗어나지 못해 겪는 괴로움(내적 갈등), 불상 제작을 둘러싼 도법과 탄성의 외적 갈등, 불도를 둘러싼 도법과 망령의 외적 갈등
❸ **서술상 특징**
• 관념적이고 종교적인 주제를 다루고 있음.
• 대화를 통해 인물 사이의 갈등을 드러내고 있음.
• 인물의 대사를 통해 교훈을 직접 제시하고 있음.

■ **갈래**: 희곡
■ **내용**: 이 작품은 주인공 도법스님을 통해 눈에 보이는 색(色)에 집착하며 자신의 어두운 그림자를 숨기고 사는 현대인의 자화상을 그려 낸 희곡이다. 인간이 떨쳐 내지 못하는 '망령'을 통해 색(色)에 집착하는 현대인의 내면을 보여 주며, 불교적 교리와 인간의 번뇌를 극화했다는 점에서 일종의 종교극이라고 할 수 있다.
■ **주제**: 스스로의 마음에 미추가 달려 있는 불교의 가르침
■ **이것이 핵심!: 인물 간의 갈등 관계**

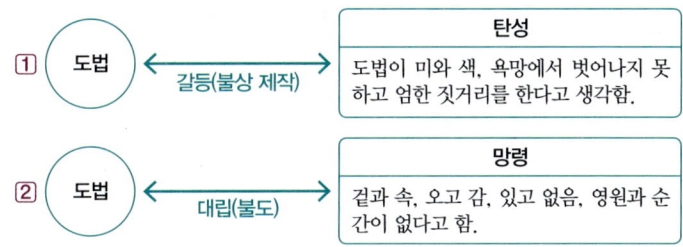

① 도법 ↔ 갈등(불상 제작)	**탄성**	도법이 미와 색, 욕망에서 벗어나지 못하고 엄한 짓거리를 한다고 생각함.
② 도법 ↔ 대립(불도)	**망령**	겉과 속, 오고 감, 있고 없음, 영원과 순간이 없다고 함.

■ **전체 줄거리**: 속세에서 성공한 화가이자 미대 교수였던 김명석은 10년 전쯤 아내가 동네 깡패들에게 강간당하는 장면을 줄에 꽁꽁 묶인 채 목격했다. 그 후 고통을 이기지 못해 결국 출가하여 도법스님이 되고, 불상을 제작하려고 하지만 실패한다. 그는 수행을 통해 자신의 번뇌와 고통을 극복했다고 믿고 있지만, 여전히 그 고통 가운데 살고 있다는 것이 망령에 의해 밝혀진다. 망령은 도법의 내면, 그림자, 혹은 분신을 의미한다. 망령은 도법의 불상 제작을 방해하고, 도법의 죽은 아내를 불러내어 강간 장면을 재연하는 등 도법이 숨기고 싶어 하는 상처를 터트려서 도법이 자신의 눈을 찌르게 만든다. 이후 도법은 이 세상에는 미추가 존재하지 않고, 자신의 보는 눈에 달려 있다는 진정한 깨달음에 이른다.

1회 12 정답 ④ ＊갈래의 특성 파악하기

윗글의 구성 요소에 대해 정리한 것이다. 적절하지 않은 것은?

＞왜 정답？

	구성 요소	내용	의미와 기능
④	대사	~~영제 사투리~~ 드러나지 않음.	사건에 사실성을 부여하고 배경의 현장감을 높임.

인물의 대사에서 사투리를 사용하면 사실성과 현장감을 얻을 수 있으나, 윗글의 도법, 탄성, 망령의 대사에서 사투리가 사용된 부분은 없다.

현장감: 어떤 일이 이루어지고 있는 현장에서 느낄 수 있는 느낌

＞왜 오답？

①	인물	도법, 탄성, 망령	인물의 대사 또는 상징적 행위를 통해 주제가 암시됨. 망령의 대사 도법이 자신의 눈을 찌르는 행위

＊근거: ②–❶, ❼, ㉕, ㉗, [뒷부분의 줄거리]
망령이 불도에 대해 하는 대사를 통해 겉과 속, 오고 감, 있고 없음이 따로 없으며 모든 것이 실체가 없이 존재하고 영원도 순간도 없다는 불교적, 철학적 주제가 드러나고 있다. 또한 망령과 다투다 조각칼로 자신의 두 눈을 찌르는 도법의 행위를 통해 눈이 그저 아름답거나 추하다고 봤던 것이며 미와 추가 따로 존재하지 않는다는 깨달음을 드러내고 있다.

| ② | 사건 | 갈등 | 과거의 사건으로 인한 내적 갈등
도법이 과거 사건으로 인한 괴로움을 해소하기 위
이 현재 사건에 영향을 미침. 수행함. |

＊근거: [앞부분의 줄거리], ①-❹, ②-㉗

[앞부분의 줄거리]에 따르면 도법은 아내가 강간당한 사건에서 헤어나지 못해 입산하여 수행을 하게 되었다. 탄성과의 대화에 나타난 아내의 사진에 대한 반응이나 망령의 대사로 미루어 도법은 과거의 사건으로 인한 내적 갈등에서 벗어나지 못한 채 수행하고 있음을 알 수 있다.

| ③ | 배경 | 절 안의
조각실 | 대화 내용과 소품을 통해 공간적
불상에 대한 대사와 작업실에 대한 해설
배경의 특징이 드러남. |

＊근거: ①-❶, ❿, ⓬

(가)의 공간적 배경은 '도법의 작업실'로 제시되어 있다. 이곳에서 도법과 탄성이 불상 제작과 탱화에 대해 대화하는 내용과, 소품인 헤라(조각칼)를 통해 절 안의 조각실이라는 배경이 드러나고 있다.

| ⑤ | 동작
지시문 | 인물의
행동 지시 | 인물의 의지와 집념 및 갈등하는
'버럭 소릴 높여', '외면한다', '강하게 노려보면서' 등
심리를 섬세하게 드러냄. |

＊근거: ①-⓬, ②-❽, ⓲, ㉖

탄성이 도법의 불상 제작에 대해 지적하는 장면에서 '버럭 소릴 높여'와 같은 동작 지시문을 통해 인물의 태도를 분명하게 드러내고 있다. 또한 도법과 망령이 대립하는 장면에서는 도법의 행동을 '외면한다', '강하게 노려보면서', '망령의 멱살을 잡으면서'와 같이 지시하여 갈등하는 심리를 드러내고 있다.

1회 13 정답 ⑤ ＊사건과 갈등 파악하기

다음은 어느 연극 동호회의 인터넷 홈페이지 게시판에 올라온 소감들이다. 윗글의 중심 내용을 제대로 이해한 것은?

＞왜 정답？

⑤ 전 좀 다른 각도에서 연극을 봤어요. 세속적 번뇌와 깨달음의
도법이 깨달음을 얻는 과정을 통해 인간의 철학적 고민에 대한 보편적인 교훈을 얻을 수 있음.
과정을 극화한 불교극이지만 인간의 철학적 고뇌에 접근해 가
는 극으로 이해했거든요.

윗글에서 도법은 세속에서의 괴로움 때문에 수행을 하게 되었으나 수행을 하면서도 탄성, 망령과 갈등을 겪고, 망령과 치열하게 대립한 끝에 자신의 두 눈을 찌르며 깨달음을 얻고 있다. 이 과정에 불교적 소재와 관념이 나타나 있는데, 이는 인간이 자신의 내면과 대립하면서 깨달음을 얻는 과정으로 해석할 수도 있다.

＞왜 오답？

① ~~자기 목숨 중한 줄만 알고 남의 목숨 중한 줄 모르는 도법은~~
드러나지 않음.
이기주의자의 전형이라는 생각이 들어요.

윗글에서 도법이 자신의 목숨만 중요하게 생각하고 남의 목숨 중요하게 생각하지 않는 모습은 나타나지 않는다.

〔 **전형:** 같은 부류의 특징을 가장 잘 나타내고 있는 본보기

② 도법이 탄성에게 속세에 대한 ~~미련과 욕망을 불상 제작에 반영~~
탄성의 시각이며, 도법은 탄성의 말에 반박함.
하겠다고 한 대사는 소름이 끼칠 정도였다니까요.

＊근거: ①-❻, ❼

불상 제작에 속세에 대한 미련과 욕망이 담겨 있다는 것은 탄성의 시각이며, 도법은 그러한 탄성의 말에 반박하고 있다.

③ 전 ~~나약하지만~~ 부처에 의지해서 ~~강인한 집념과 끈질긴 구도~~
탄성이 나약한 성격이라고 볼 수 없고, 강인한 집념을 보이지도 않음.
의지를 꺾지 않은 탄성 스님께 경의를 표하고 싶습니다.

윗글에서 탄성은 불상 제작을 두고 도법과 갈등하는 인물로, 불교를 통한 구도 의지를 보인다고 볼 수 있다. 그러나 탄성이 나약한 성격이라고 볼 근거는 없으며, 강인한 집념이 드러나는 부분도 찾을 수 없다.

〔 **경의:** 존경하는 뜻

④ ~~망령은 도법을 죽음으로 인도하기 위해 나온 악령인 것 같아요.~~
망령은 도법에게 깨달음을 주고 있음.
나중에 허무하게 눈이 멀게 되는 도법을 보고 너무 안타까웠어요.

＊근거: ②-❶, ❼, ㉕, ㉗

망령은 도법에게 겉과 속, 오고 감, 있음과 없음이 따로 없으며 모든 것은 실체 없이 존재하고 영원도 순간에 불과하다고 말함으로써 도법의 깨달음을 이끌어 내고 있다. 즉, 망령과의 대립을 통해 도법은 미와 추가 따로 존재하지 않는다는 깨달음을 얻고 있다. 따라서 망령이 도법을 죽음으로 인도하는 존재라고 볼 수는 없다.

〔 **인도하다:** 길이나 장소를 안내하다.

1회 14~17 [예상 문제]

양귀자, 〈한계령〉

❶ 중심인물, 배경 ❷ 중심 사건, 갈등 ❸ 서술상 특징

❶ 『 』: ❸ 서술자 - '나', 시점 - 1인칭 주인공 시점

[1] 『은자는 내 추억의 가운데 서 있는 표지판이었다.』 은자를 기둥
❶ 중심인물 ❶ 중심인물: '나' ❸ 비유적(어떤 대상을 다른 비슷한 대상에 빗댐) 표현
으로 하여 이십오 년 전의 한 해를 소설로 묶은 뒤로는 더욱 그러하였
❸ '나'가 소설가임이 드러남.
다. 기록한 것만을 추억하겠다고 작정한 바도 없지만 나의 기억은 언
제나 소설 속 공간에서만 맴을 돌았다. ❹ 일 년에 한 번, 아버지 추도식
에 참석하기 위해 고속버스를 타고 전주에 갈 때마다 표지판이 아니면
'나'의 고향
언뜻 알아볼 수 없을 만큼 달라져 있는 고향의 모습이 내게는 낯설기
만 하였다. 이제는 『사방팔방으로 도로가 확장되어 여관이나 상가 사
『 』: 달라진 고향의 모습
이에 홀로 박혀 있는 친정집도 예전의 모습을 거의 다 잃고 있었다. 옛 ❻
집을 부수고 새로이 양옥으로 개축한 친정집 역시 여관을 지으려는 사 ❼
람이 진작부터 눈독을 들이고 있는 중이었다. 집 앞을 흐르던 하천이
복개되면서 동네는 급격히 시가지로 편입되기 시작하였다. ❽ 그나마 철
길이 뜯기면서는 완벽하게 옛 모습이 스러져 버렸다. ❾ 작은 음악회를
열곤 하던 버드나무도 베어진 지 오래였고 찐빵가게가 있던 자리로는
차들이 씽씽 달려가곤 했다. ❿』 아무래도 주택가 자리는 아니었다. ⓫ 예전
에는 비록 정다운 이웃으로 둘러싸인 채 오순도순 살아왔다 하더라도
지금은 아니었다. ⓬ 은성장여관, 미림여관, 거부장호텔 등이 이웃이 될
수는 없었다. ⓭ 게다가 한창 크는 아이들이 있었다. ⓮ 우리 형제들은 물
론, 조카들까지 제 아버지에게 이사를 하자고 졸랐었다. ⓯ 하지만 큰오 ❶ 중심인물
빠는 좀체 집을 팔 생각을 굳히지 못하였다. ⓰ 집을 팔라는 성화가 거세
면 거셀수록 그는 오히려 집 수리에 돈을 들이곤 하였다. ⓱ 그 동네에서
집에 대한 큰 오빠의 애착
마지막까지 버티고 있는 유일한 사람이 바로 큰오빠였다.

〔 **작정하다:** 일을 어떻게 하기로 결정하다.

추도식: 추도(죽은 사람을 생각하며 슬퍼함.)의 뜻을 표하기 위한 의식

양옥: 서양식으로 지은 집

개축하다: 집이나 축조물 따위가 허물어지거나 낡아서 새로 짓거나 고쳐 쌓다.

복개되다: 덮개 구조물이 씌워져 겉으로 드러나지 않게 되다.

시가지: 도시의 큰 길거리를 이루는 지역 **편입되다:** 얽히거나 짜여 넣어지다.

오순도순: 정답게 이야기하거나 의좋게 지내는 모양

좀체: 여간하여서는 **성화:** 몹시 귀찮게 구는 일

＊[1] 요약: 변해 버린 고향에서 집에 대한 애착을 보이는 큰오빠

❷ 일 년에 한 번씩 타인의 낯선 얼굴을 확인하러 고향 동네에 가는 일은 쓸쓸함뿐이었다. ❷이제는 그 쓸쓸함조차도 내 것으로 남지 않게 (고향이 달라졌으므로❸) 될 것이었다. 누구라 해도 다시는 고향으로 돌아가지 못할 것이었다. ❹고향은 지나간 시간 속에 있을 뿐이니까. 누구는 동구 밖의 느티나무로, 갯마을의 짠 냄새로, 동네를 끼고 흐르는 긴 강으로 고향을 확인하며 산다고 했다. ❺내게 남은 마지막 표지판은 은자인 셈이었다. ❼보이는 것들은, 큰오빠까지도 다 변하였지만 상상 속의 은자는 언제나 같은 모습이었다. ❽은자만 떠올리면 옛 기억들이, 내게 남은 고향의 모든 (나에게 있어 은자의 의미 – 고향의 옛 기억을 간직하게 해 주는 존재) 숨소리가 손에 잡힐 듯이 다가오곤 하였다. ❾허물어지지 않은 큰오빠의 모습도 그 속에 온전히 남아 있었다. ❿내가 새부천클럽에 가서 은자를 만나 버리고 나면 그때부터는 어떤 표지판에 기대어 고향을 찾아갈 수 있을 것인지 정말 알 수 없었다. 「갈등 – 은자를 만나러 갈지 말지 고민하는 '나'의 내적 갈등

⓫은자의 지금 모습이 어떤지 나는 전혀 떠올릴 수가 없다. ⓬설령 클럽으로 찾아간다 하여도 그 애를 알아볼 수 있을지 자신할 수도 없다.」⓭내 기억 속의 은자는 상고머리에, 때 낀 목덜미를 물들인 박씨의 (❸과거 회상) 억센 손자국, 그리고 터진 겨드랑이 사이로 내보이던 낡은 내복의 계집아이로 붙박여 있었다. ⓮서른도 훨씬 넘은 중년 여인의 그 애를 어떻게 그려 낼 수 있는가. ⓯수십 년간 가슴에 품어온 고향의 얼굴을 현실 속에서 만나고 싶지는 않다, 라고 나는 생각하였다. ⓰만나 버린 뒤에는 ('나'가 은자를 만나고 싶지 않은 이유) 내게 위안을 주었던 유년의 소설도, 소설 속의 한 시대도 스러지고야 말리라는 불안감을 떨쳐 버릴 수가 없었다. ⓱그렇다 하더라도 이미 현실로 나타난 은자를 외면할 수 있을는지 그것만큼은 풀 수 없는 숙제로 남겨 둔 채 토요일 밤을 나는 원미동 내 집에서 보내고 말았다. (❶시간적 배경)(❶공간적 배경)(❷중심 사건: '나'가 은자를 만나러 가지 않음.)

동구: 동네 어귀
유년: 어린 나이나 때. 또는 어린 나이의 아이

*❷ 요약: 은자와의 만남을 주저하는 '나'

❸(❶시간적 배경)일요일 낮 동안 나는 전화 곁을 떠나지 못하였다. ❷이제 은자는 가 (❷중심 사건: '나'가 은자에게 전화가 오기를 기다림.) 시 돋친 음성으로 나의 무심함을 탓할 것이었다. ❸그녀의 질책을 나는 고스란히 받아들일 작정이었다. ❹나는 그 애가 던져 올 말들을 하나하나 상상해 보면서 전화를 기다렸다. ❺오전에는 그러나 한 번도 전화벨이 울리지 않았다. ❻일요일은 언제나 그랬다. ❼약속을 못 지킨 원고가 있더라도 일요일에까지 전화를 걸어 독촉해 올 편집자는 없었다. ❽전화벨이 울린다면 그것은 분명 은자라고 나는 생각하였다.

[A] ❾오후가 되어서 이윽고 전화벨이 울렸다. ❿그러나 수화기에선 쉰 (❶시간적 배경) 목소리 대신에 귀에 익은 동생의 목소리가 흘러나왔다. ⓫고향에서 (은자의 목소리) 들려오는 살붙이의 음성은 모든 불길한 예감을 젖히고 우선 반가웠다. ⓬여동생이 전하는 소식은 역시 큰오빠에 관한 우울한 삽화들뿐이었다. ⓭마침내 집을 팔기로 하고 계약서에 도장을 찍었다는 것과, (❷중심 사건: 큰오빠가 집을 팔기로 함.) 한 달 남은 아버지 추도 예배는 마지막으로 그 집에서 올리기로 했다는 이야기였다. ⓮계약서에 도장을 찍은 것은 어제였는데 큰오빠는 종일토록 홀로 술을 마셨다고 했다. ⓯집을 팔기 원했으나 지금은 큰 (큰오빠가 집을 팔고 상실감을 느낌.) 오빠의 마음이 정처 없을 때라서 식구들 모두 조마조마한 심정이라고 동생은 말하였다. (중략)

무심하다: 남의 일에 걱정하거나 관심을 두지 않다.
질책: 남의 일에 걱정하거나 관심을 두지 않다.
독촉하다: 일이나 행동을 빨리하도록 재촉하다.
살붙이: 혈육으로 볼 때 가까운 사람
삽화: 어떤 이야기나 사건의 줄거리에 끼인 짤막한 토막 이야기
정처: 정한 곳. 또는 일정한 장소
조마조마하다: 닥쳐올 일에 대하여 염려가 되어 마음이 불안하다.

*❸ 요약: 큰오빠가 집을 팔기로 했다는 소식

❹❶그 집에서 동생들을 거두었고 또한 자식들을 길러 냈던 큰오빠였 (「」: 큰오빠의 지난 시절을 떠올리며 세월의 흐름에 안타까움을 드러냄.)다. ❷그의 생애 중 가장 중요했던 부분이 거기에 스며 있었다. ❸큰오빠 (큰오빠가 집에 애착을 가진 이유)는, 신화를 창조하며 여섯 동생을 가르쳤던 큰오빠는 이미 한 시대의 의미를 잃은 사람이 되고 말았다. ❹이십오 년 전에는 젊고 잘생긴 청년이었던 그가 벌써 쉰 살의 나이로 늙어가고 있었다.」(중략)

❺열심히 뛰어 도달해 보니 기다리는 것은 허망함뿐이더라는 그의 잦 (가족을 위해 열심히 살아온 큰오빠가 허망함을 느낌.)은 한탄을 전해 들을 때마다 나는 큰오빠가 잃은 것이 무엇인가를 생각해 보지 않을 수 없었다. ❻내가 수없이 유년의 기록을 들추면서 위안을 받듯이 그 또한 끊임없이 과거의 페이지를 넘기며 현실을 잊고 싶어 하는지도 모를 일이었다. ❼그러면서 한 발자국 한 발자국씩 이 시대에서 멀어지는 연습을 하는지도.

생애: 살아 있는 한평생의 기간 창조하다: 전에 없던 것을 처음으로 만들다.
도달하다: 목적한 곳이나 수준에 다다르다.
허망하다: 거짓되고 망령되다. 잦다: 잇따라 자주 있다.
한탄: 원통하거나 뉘우치는 일이 있을 때 한숨을 쉬며 탄식함. 또는 그 한숨
위안: 위로하여 마음을 편하게 함. 또는 그렇게 하여 주는 대상

*❹ 요약: 인생의 허무에 빠진 큰오빠

★독해 공식

❶중심인물: '나', 은자, 큰오빠
공간적 배경: 원미동 내 집, 시간적 배경: 토요일 밤, 일요일 낮, 오후
❷중심 사건: '나'가 은자를 만나러 가지 않음. '나'가 은자에게 전화가 오기를 기다림. 큰오빠가 집을 팔기로 함. 갈등: 은자를 만나러 갈지 말지 고민하는 '나'의 내적 갈등
❸서술상 특징
• 서술자: '나', 시점: 1인칭 주인공 시점
• 회상을 삽입하여 소설의 시간적 흐름을 조절하고 있음.
• 비유적(어떤 대상을 다른 비슷한 대상에 빗댄) 표현을 사용하여 인물의 의미를 효과적으로 표현하고 있음.

■갈래: 현대 소설
■내용: 이 작품은 서울 변두리인 부천시 원미동을 배경으로 1980년대 소시민들의 삶을 사실적으로 그린 연작 소설 《원미동 사람들》 중 한 편이다. 작가인 '나'가 고향 친구 은자의 연락을 받고 유년 시절의 기억과 변해 가는 고향에 대한 쓸쓸함을 떠올리면서 과거 고향의 기억이 주는 위안을 지키고 싶어 하고, 가족을 위해 희생했던 큰오빠의 삶을 연민하는 내용을 담고 있다.
■주제: 고단한 소시민적 삶과 지난 기억에서 얻게 되는 위안

■이것이 핵심!: 인물의 심리와 태도

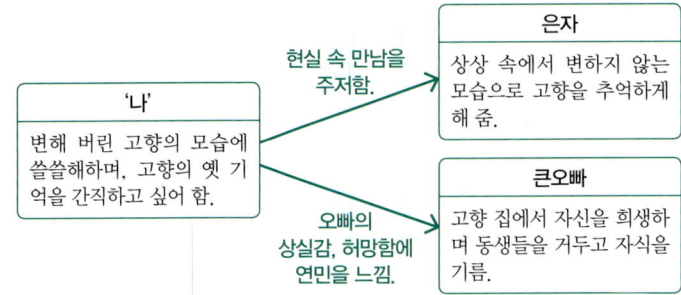

'나': 변해 버린 고향의 모습에 쓸쓸해하며, 고향의 옛 기억을 간직하고 싶어 함.

현실 속 만남을 주저함. → 은자: 상상 속에서 변하지 않는 모습으로 고향을 추억하게 해 줌.

오빠의 상실감, 허망함에 연민을 느낌. → 큰오빠: 고향 집에서 자신을 희생하며 동생들을 거두고 자식을 기름.

■ 전체 줄거리: 지금은 밤무대 가수가 된 고향 친구 은자의 전화를 받은 '나'는 유년 시절을 떠올리며 상념에 젖는다. 은자는 '나'에게 자신이 일하는 가게로 놀러 오라고 하지만 '나'는 은자를 만나고 나면 힘들 때마다 자신에게 위안을 주었던 상상 속의 고향이 사라져 버릴 것 같다는 생각에 만남을 망설인다. 고향은 점점 변해 가고 있고, 고향 집을 팔라고 하는 주변의 압박 속에서도 큰오빠는 집을 지키려 한다.

평생 장남으로서 울타리가 되어 주었던 큰오빠 덕에 '나'의 형제들은 아무 걱정 없이 자랄 수 있었다. 이제 큰오빠는 몇 해 전의 대수술로 건강이 악화된 채 늙어 가며 허망함을 종종 토로하고, 결국 집을 팔기로 결정한 뒤 상실감을 드러낸다. 큰오빠의 변해 버린 모습을 바라보며 유년 시절의 추억에서 더 이상 위로를 받을 수 없다는 불안감을 느끼던 '나'는 결국 은자의 가게를 찾아간다. 그리고 여기수가 부르는 '한계령'이라는 노래를 들으면서 평범하지만 힘겹게 한평생을 살아온 사람들의 삶에 대한 연민을 느낀다.

1회 **14** 정답 ⑤ *서술상 특징 파악하기

윗글에 대한 설명으로 가장 적절한 것은?

>왜 정답?

⑤ 작중 인물의 회상을 삽입하여 소설 내의 시간을 느리게 진행
　　　'은자'와 '큰오빠'에 대한 '나'의 회상이 드러남.
시키고 있다.

*근거: ②-❽, ⓭, ④-❶~❸

'나'는 변해 버린 고향의 모습을 떠올리며 자신에게 있어 은자의 의미를 생각하고, 기억 속 은자의 모습을 회상하고 있다. 또한 큰오빠의 소식을 듣고 큰오빠의 지난 세월을 떠올리고 있다. 따라서 윗글에서는 과거에 대한 회상을 삽입함으로써 사건의 진행을 더디게 만들고 있다고 할 수 있다.

┌ **회상**: 지난 일을 돌이켜 생각함. 또는 그런 생각
└ **삽입하다**: 글 따위에 다른 내용을 끼워 넣다.

>왜 오답?

① ~~인물 간의 갈등을 그리며~~ 인물의 성격을 드러내고 있다.
　　　　드러나지 않음
*근거: ②-❿, ⓫

윗글에서는 '나'가 은자를 만나러 갈지 말지 고민하는 모습이 나타날 뿐, 인물 간의 갈등이 드러나는 부분은 찾을 수 없다.

② 내적 독백보다는 ~~대화나 행동을 통해~~ 사건을 전개하고 있다.
　　　　　　　　　　　드러나지 않음.

윗글에서는 인물 간의 대화나 인물의 행동을 드러내기보다는 서술자 '나'의 내면과 회상을 독백조로 제시하면서 사건을 전개하고 있다.

┌ **내적 독백**: 인물이 속마음을 혼자 이야기하는 듯한 어조로 서술하는 것

③ ~~반어적인 표현을~~ 적절하게 구사하여 작품의 미적 효과를 높이
　　드러나지 않음.
고 있다.

윗글에서 반어적인 표현이 사용된 부분은 찾을 수 없다.

┌ **반어적인 표현**: 표현의 효과를 높이기 위하여 실제와 반대되는 뜻으로 이야기한 표현
│ **구사하다**: 말이나 수사법, 기교, 수단 따위를 능숙하게 마음대로 부려 쓰다.
└ **미적 효과**: 표현상의 아름다움을 높이는 효과

④ ~~작품 밖의 서술자가~~ 주로 작품 안의 한 인물의 시각으로 서술
　　　'나'는 작품 안의 서술자임.
하고 있다.

*근거: ①-❶

윗글의 서술자는 '나'로 작품 밖이 아니라 작품 안에 존재한다.

1회 **15** 정답 ① *인물의 심리와 태도 파악하기

윗글을 감상한 내용으로 적절하지 않은 것은?

>왜 정답?

① 가치관의 차이를 극복하지 못해 갈등하는 인물들의 모습이 안
　　내적 갈등이 드러날 뿐 가치관 차이로 인한 갈등은 드러나지 않음.
타까웠어.

*근거: ②-❿~⓰, ③-⓮

윗글에 작중 인물들이 가치관 차이로 인해 갈등하는 모습은 나타나 있지 않다. '나'는 은자와 만나면 가슴에 품어 온 고향의 얼굴과 유년 시절이 사라져 버릴 것 같아서 은자와 만나는 것을 망설이고 있고, 큰오빠는 집을 팔기로 결정한 뒤 상실감을 느끼고 있다. 즉, 인물들이 고민하거나 괴로워하는 내적 갈등이 드러나 있으나 가치관 차이를 극복하지 못해 갈등하고 있다고 볼 수는 없다.

┌ **가치관**: 가치에 대한 관점
└ **극복하다**: 악조건이나 고생 따위를 이겨 내다.

>왜 오답?

② 고향을 떠나온 이들이 왜 그렇게도 고향에 애정 어린 집착을
　　　　　　　　　　　　　　　고향은 삶에 위안을 주는 존재임.
하는지 알게 되었어.

*근거: ②-❸~❾, ⓯, ⓰

사람들은 지나간 시간 속의 고향에 돌아갈 수 없지만 저마다 고향을 떠올릴 수 있는 것을 간직하며 살아가고 있고, '나'는 은자를 통해 고향을 떠올리고 위안을 얻는다고 한 것을 통해 고향의 의미를 확인할 수 있다.

┌ **집착**: 어떤 것에 늘 마음이 쏠려 잊지 못하고 매달림.

③ 은자의 이야기 속에 큰오빠의 이야기를 매끄럽게 끌어넣고 있
　　　　　　　은자인 줄 알고 받은 전화에서 큰오빠의 이야기로 넘어감.
는 작가의 필치가 돋보여.

*근거: ③-❶~⓯

'나'는 은자가 고향을 떠올리게 하는 마지막 표지판이며, 은자를 떠올리면 이제는 변해 버린 큰오빠의 모습도 예전대로 남아 있다고 했다. 그리고 은자와의 만남을 망설이다 결국 만나러 가지 않은 채 은자의 전화를 기다리던 중, 큰오빠의 소식을 전하는 전화를 받고 큰오빠를 떠올리는 것을 통해 은자의 이야기와 큰오빠의 이야기가 자연스럽게 연결되고 있다.

┌ **필치**: 글에 나타나는 맛이나 개성

④ 작가는 '나'가 옛 친구와의 만남을 주저할 수밖에 없는 이유를
　　　　　　　'나'는 고향의 기억을 떠올리게 하는 은자의 모습을 잃고 싶지 않아 함.
설득력 있게 제시하고 있어.

*근거: ②-❻~❾, ⓯, ⓰

'나'는 기억 속 은자의 모습을 통해 고향의 추억을 그대로 간직하고 있었기에, 은자를 현실 속에서 만나고 싶지 않다고 생각한다. 현실의 은자를 만나 버리면 위안을 주었던 유년과 고향의 기억이 사라져 버릴 것이라고 생각한 것이다. 이를 통해 '나'가 은자와의 만남을 주저하는 이유가 설득력 있게 드러나고 있다.

┌ **주저하다**: 머뭇거리며 망설이다.

⑤ 대가족의 생계를 책임져야만 했던 큰오빠의 모습에서 당대의
　　　　　　큰오빠는 장남으로 여섯 동생을 거두어 가르침.
장남에게 지워졌을 삶의 무게가 느껴졌어.

*근거: ④-❶~❸

큰오빠는 고향 집에서 여섯 동생들을 거두어 가르쳤고, 자식들을 길러 낸 뒤 현재는 과거의 모습을 잃고 허망함을 느끼고 있다. 이를 통해 대가족의 생계를 책임져야 했던 큰오빠가 장남으로서 삶의 무게를 느꼈을 것이라고 짐작할 수 있다.

┌ **생계**: 살림을 살아 나갈 방도. 또는 현재 살림을 살아가고 있는 형편
└ **당대**: 일이 있는 바로 그 시대

1회 16 정답 ① * 사건과 갈등 파악하기

윗글의 사건 전개를 다음과 같이 이해할 때, 적절하지 <u>않은</u> 것은?

[현실 1] ┌과거		[현실 2] ┌현재
나		나
은자	▶ 기억 또는 추억 ▶	은자
큰오빠		큰오빠

◦왜 정답?

① 큰오빠는 [현실 1]에서 [현실 2]로의 ~~변화를 재빠르게 수용한다.~~ 받아들인다
고향의 모습이 변하면서 주변에서 집을 팔라고 하지만 팔지 않고 버팀.

* 근거: ①-⑮~⑰, ③-⑬, ⑭

[현실 1]은 과거이고, [현실 2]는 현재이다. 고향 동네가 시가지로 편입되어 가며 고향의 모습이 달라지고, 동네 사람들이 집을 팔고 떠날 때 큰오빠는 마지막까지 버틴다. 그리고 결국 집을 팔기로 결정한 뒤에는 상실감에 괴로워한다. 이로 보아 큰오빠가 과거에서 현재로의 변화를 재빠르게 수용했다고 볼 수 없다.

◦왜 오답?

② '나'는 [현실 2]에서의 은자의 모습이 [현실 1]과 많이 달라졌으리라 생각한다.
'은자의 지금 모습이 어떤지 ~ 떠올릴 수 없다.'

* 근거: ②-⑦, ⑪

'나'는 과거의 은자를 상상 속에서 언제나 같은 모습으로 기억하면서 '은자의 지금 모습이 어떤지 ~ 떠올릴 수가 없다.'고 했으므로, [현실 2]의 은자의 모습이 [현실 1]과 많이 다를 것이라고 생각함을 알 수 있다.

③ 은자는 [현실 2]의 '나'를 만나고 싶어 한다.
은자가 만나러 오지 않은 '나'를 탓할 것이라고 생각함.

* 근거: ③-②

'나'는 '새부천클럽에 가서 은자를 만나'지 않고 '토요일 밤을 원미동 내 집에서 보'냈다. 그 후 '나'는 은자가 전화를 해서 '가시 돋친 음성으로 나의 무심함을 탓할 것'이라고 생각했다. 이를 통해 [현실 2]에서 은자가 '나'를 만나고 싶어 했음을 알 수 있다.

④ [현실 2]에서 '나'는 [현실 1]의 은자로부터 위안을 얻는다.
'나'는 과거의 은자라는 존재를 통해 위안을 받음.

* 근거: ①-❶, ④-❻

은자는 '나'의 추억의 가운데에 서 있는 표지판이라고 했고, '나'는 '수없이 유년의 기록을 들추면서 위안을 받'는다고 한 것을 통해 '나'는 유년의 추억을 떠올리게 하는 [현실 1]의 은자로부터 위안을 얻는다는 것을 알 수 있다.

⑤ [현실 2]에서 큰오빠는 [현실 1]과는 사뭇 다른 행동 양상을 보이고 있다.
과거 큰오빠는 가장으로서 신화를 창조했으나 지금은 허망함을 느낌.

* 근거: ④-❸~❺

큰오빠는 과거에 가장으로서 '신화를 창조하며 여섯 동생을 가르쳤'는데, 지금은 '한 시대의 의미를 잃은 사람'이 되어 '허망함'에 잦은 한탄을 하고 있다. 따라서 큰오빠는 [현실 2]에서 [현실 1]과는 사뭇 다른 모습이라고 볼 수 있다.

[**사뭇**: 아주 판판으로 **양상**: 사물이나 현상의 모양이나 상태

1회 17 정답 ② * 다른 갈래로 작품 재구성하기

〈보기〉는 [A]의 통화 장면을 시나리오로 재구성한 것이다. 윗글의 내용으로 보아, ㉠~㉢ 중 적절하지 <u>않은</u> 것은?

• **시나리오로 재구성**: 소설의 내용을 시나리오로 재구성할 때는 글의 내용을 바탕으로 합니다.

즉 윗글의 내용을 시나리오로 재구성한 내용 중, 글의 내용과 인물의 심리 등에 비춰 적절하지 않은 것을 고르는 문제입니다.

[보기]

(E.) 전화벨

나: (전화 받자마자 기다렸다는 듯) 은자니? ·········· ㉠
'전화벨이 울린다면 그것은 분명 은자라고 나는 생각하였다.'

(E.) 언니, 나야.

나: ~~(실망한 듯)~~ 응, 너구나. ·········· ㉡
'고향에서 들려오는 살붙이의 음성은 ~ 반가웠다.'

(E.) 은자라는 사람 전화 기다리고 있었어?

나: 아니 아니야……. 무슨 일인데?

(E.) 언니, 저기 큰오빠 말이야.

나: (긴장 침 꼴깍) 큰오빠가 왜?

(E.) 집을 팔기로 하고 계약서에 도장을 찍었대. 어제, 그러고 나서 하루 종일 술만 마셨대. 집을 판 건 잘된 일인데 큰오빠가
'마침내 집을 팔기로 하고 ~ 조마조마한 심정이라고 동생은 말하였다.'
저러니 모두들 참 걱정이야. ·········· ㉢

나: 큰오빠에게 그 집은 집 이상의 의미를 가져서 오빠의 상심이
'그의 생애 중 가장 중요했던 부분이 거기에 스며 있었다.'
더 큰 걸 거야. ·········· ㉣

(E.) 허긴 그래. 아 참, 아버지 추도 예배는 그 집에서 지내기로
'아버지 추도 예배는 마지막으로 그 집에서 올리기로 했다'
했어. 언니도 올 거지? ·········· ㉤

나: 그럼, 가야지. (전화 수화기 내려 놓고 달력에 아버지 추도 예배 날짜를 표시해 둔다.)

상심: 슬픔이나 걱정 따위로 속을 썩임.
추도 예배: 죽은 사람을 생각하여 슬퍼함을 표현하기 위하여 드리는 예배

◦왜 정답?

② ㉡

* 근거: ③-⑪

은자의 전화를 기다리던 '나'는 동생의 전화가 '우선 반가웠'다고 했으므로 '실망한 듯'이라는 ㉡의 지시문은 적절하지 않다.

◦왜 오답?

① ㉠

* 근거: ③-⑧

'나'는 일요일에 전화를 걸 사람은 은자밖에 없다고 생각하고 있었으므로 전화를 받고 '은자니?'라고 반응하는 것은 적절하다.

③ ㉢

* 근거: ③-⑬~⑮

여동생은 집을 팔기로 결정한 큰오빠가 종일 술을 마셨다는 소식을 전한 후 가족들이 걱정한다고 했으므로 적절하다.

④ ㉣

* 근거: ④-❷

'나'는 큰오빠의 과거를 떠올리며 그의 생애 중 가장 중요했던 부분이 집에 스며 있었다고 했으므로 적절하다.

⑤ ㉤

* 근거: ③-⑬

여동생에게 걸려온 전화의 주요 내용은 큰오빠의 소식과 함께 '나'에게 추도 예배에 참석하라고 권유하는 것이었다.

2 회   문학 실전 모의고사

2회 01 ~ 03 ─────────── [2019 대비/경찰대 17~19]

(가) 이성부, 〈누룩〉

❶ 화자, 중심 대상 ❷ 상황, 정서, 태도 ❸ 표현상 특징 [시 해석]
: ❸ 의문형 종결 어미 – 독자의 깨달음을 유도함.

⓵ ❶누룩 한 덩이가
❷뜨는 까닭을 알겠<u>느냐</u>
　　누룩(민중)의 정서 ①
❸지 혼자 무력(無力)함에 부대끼고 부대끼다가
❹어디 한군데로 나자빠져 있다가
　　❸누룩을 의인화(사람이 아닌 것을 사람에 비기어 표현)하여 민중에 비유함.
❺알맞은 바람 만나
❻살며시 더운 가슴
❼그 사랑을 알겠<u>느냐</u>
　　누룩(민중)의 정서 ②
➡ 누룩 한 덩이가 뜨는 까닭을 알겠느냐. 지(누룩) 혼자 무력함에 부대끼고 부대끼다가 어디 한 군데로 나자빠져 있다가 알맞은 바람을 만나 살며시 더운 가슴. 그 사랑을 알겠느냐.

〔누룩: 술을 빚는 데 쓰는 발효제〕

　　*①연 요약: 누룩이 뜨는 까닭과 발효되는 누룩의 모습

⓶ ❶오가는 발길들 여기 멈추어
❷밤새도록 우는 울음을 들었<u>느냐</u>
　　누룩(민중)의 상황: 시련
❸지 혼자서 찾는 길이
❹여럿이서도 찾는 길임을
❺엄동설한 칼별은 알고 있나니
　　누룩(민중)의 상황: 고통
❻무르팍 으깨져도 꽃피는 가슴
❼그 가슴 울림 들었<u>느냐</u>
➡ 오가는 발길들이 여기 멈춰서 밤새도록 우는 울음을 들었느냐. 지 혼자서 찾는 길이 여럿이서도 찾는 길이라는 것을 엄동설한 칼별은 알고 있으니 무릎이 으깨져도 꽃피는 가슴. 그 가슴의 울림을 들었느냐.

〔엄동설한: 눈 내리는 깊은 겨울의 심한 추위〕

　　*②연 요약: 누룩이 겪는 시련과 고통

⓷ ❶속 깊이 쌓이는 기다림━━━━━┓
　　누룩(민중)의 태도: 인내　　　┃ ❷상황: 누룩의 발효를 보고 인내와
❷삭고 삭아 부서지는 일 보았<u>느냐</u>━┛ 희생에 대해 생각함.
　　누룩(민중)의 태도: 희생
❸지가 죽어 썩어 문드러져
❹우리 고향 좋은 물 만나면
　　　　　　　　　　연대
❺덩달아서 함께 끓는 마음을 알겠<u>느냐</u>
　　누룩(민중)의 정서 ③
❻춤도 되고 기쁨도 되고 누룩의 발효를 통해 이룬 새로운 가치
　　　　　　　　　➡ 누룩의 발효에 필요한 자기희생
❼해 솟는 얼굴도 되는 죽음을 알겠<u>느냐</u>
　「 」: 역설적(겉보기에는 모순된 표현 속에 진실이 함축되어 있는) 표현 – 누룩의 가치를 부각함.
➡ 속 깊이 쌓이는 기다림이 삭고 삭아 부서지는 일을 보았느냐. 지가 죽어 썩어 문드러져 우리 고향 좋은 물을 만나면 덩달아서 함께 끓는 마음을 알겠느냐. 춤도 되고 기쁨도 되고 해 솟는 얼굴도 되는 죽음을 알겠느냐.

　　*③연 요약: 연대를 통해 발효되어 새로운 가치를 이루는 누룩

⓸ ❶아 지금 감춰 둔 누룩 뜨나니━━┓ ❷상황: 발효된 누룩이 풍기는 냄새를 맡음.
❷냄새 퍼지나니━━━━━━━━━┛ ❸동일한 종결 어미를 반복함. 정서: 다가올 새로운 미래를 기대함.
➡ 아 지금 감춰 둔 누룩 뜨나니, 냄새 퍼지나니.

　　*④연 요약: 발효된 누룩이 만들 새로운 시대에 대한 기대감

⚡ **(가) 독해 공식** ──────────────────
❶ **화자**: 드러나지 않음.(누룩의 발효에 대해 생각하는 사람), **중심 대상**: 누룩
❷ **상황**: 누룩의 발효를 보고 인내와 희생에 대해 생각함. 발효된 누룩이 풍기는 냄새를 맡음.
정서: 다가올 새로운 미래를 기대함.
❸ **표현상 특징**
• 누룩을 의인화(사람이 아닌 것을 사람에 비기어 표현)하여 민중에 비유하고 있음.
• 의문형 종결 어미를 반복하여 독자에게 깨달음을 유도하고 있음.
• 역설적(겉보기에는 모순된 표현 속에 진실이 함축되어 있는) 표현을 통해 누룩의 가치를 부각하고 있음.

■ **갈래**: 현대시
■ **내용**: 이 작품은 누룩이 물속에서 발효되는 과정에 민중의 자기 각성과 희생을 빗대어 시상을 전개한 현대시이다. 상징적인 시어를 다양하게 사용하여 민중의 삶과 민중이 지닌 강인한 생명력, 시대를 변화시킬 수 있는 잠재력을 형상화하고 있다.
■ **주제**: 누룩의 희생과 인내를 통한 새로운 시대에 대한 기대감

■ **이것이 핵심!**: 누룩의 상황과 발효의 의미

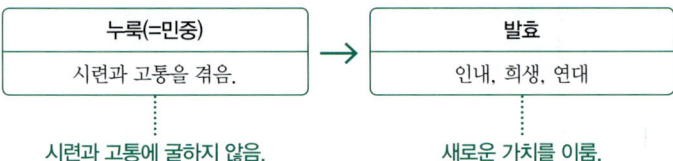

누룩(=민중)	→	발효
시련과 고통을 겪음.		인내, 희생, 연대

　시련과 고통에 굴하지 않음.　　　　새로운 가치를 이룸.

(나) 박성우, 〈애호〉

❶ 화자, 중심 대상 ❷ 상황, 정서, 태도 ❸ 표현상 특징 [시 해석]
❸ 대상의 대비 – □: 인공적으로 자란 자연물 / △: 자연적으로 발생한 자연물
: ❸ 문장이 끝나지 않은 채로 연을 나눔.

⓵ ❶소나무에 호박넝쿨이 올랐다
　　❶중심 대상
❷씨앗 묻은 일도 모종한 일도 없는 호박이다
　　　　　　　　　　　　　　❶중심 대상
➡ 소나무에 호박넝쿨이 올랐다. 씨앗 묻은 일도, 모종한 일도 없는 호박이다.

〔모종하다: 옮겨 심으려고 가꾼, 벼 이외의 온갖 어린 식물을 옮겨 심다.〕

　　*①연 요약: 스스로 자라서 소나무에 오른 호박넝쿨

⓶ ❶장정 셋의 하루 품을 빌려 이른 봄에 옮겨온 소나무,
❷「뜬금없이 올라온 호박넝쿨이 솔가지를 덮쳐갔다
　「 」: ❷ 태도 – 인간 중심의 시점
❸일개 호박넝쿨에게 소나무를 내줄 수는 없는 일」
　자신이 심지 않은 호박넝쿨을 부정적으로 표현함.
❹「줄기를 걷어내려다 보니 애호박 하나가 곧 익겠다
　「 」: ❷ 상황 – 소나무에 올라온 호박넝쿨을 걷어내려다가 익은 애호박을 발견함.
➡ 장정 셋의 하루 품을 빌려 이른 봄에 옮겨온 소나무에 뜬금없이 올라온 호박넝쿨이 솔가지를 덮쳤다. 일개 호박넝쿨에게 소나무를 내줄 수는 없는 일(이라) 줄기를 걷어 내려다 보니 애호박 하나가 곧 익겠다 (싶어)

〔장정: 나이가 젊고 기운이 좋은 남자〕

　　*②연 요약: 호박 줄기를 걷어 내다 발견한 애호박

⓷ ❶싶어, 애호박 하나만 따고 걷어내기로 맘먹었다.
❷마침맞은 애호박 따려다 보니 넝쿨은 또 애호박을 낳고
❸고놈만 따내고 걷으려니 애호박은 또 애호박을 내놓는다」
❹소나무조차 솔잎 대신 호박잎을 내다는가, 싶더니 애호
➡ (익겠다) 싶어, 애호박 하나만 따고 걷어 내기로 마음먹었다. 마침맞은 애호박을 따려다 보니 넝쿨은 또 애호박을 낳고, 그 애호박을 따내고 걷으려니 또 다른 애호박을 내 놓는다. 소나무조차 솔잎 대신 호박잎을 내다는가 싶더니 애호

　　*③연 요약: 하나만 따고 걷으려다 소나무를 덮게 된 애호박

⓸ ❶호박넝쿨은 기어이 소나무를 잡아먹고 호박나무가 되었다
　❷상황: 애호박을 따려고 기다리다 호박넝쿨이 소나무를 덮은 것을 보게 됨. 정서: 자연의 생명력을 실감함.
　　　　　　　　　　　　　　　　　　　　　　　태도: 성찰적
➡ 호박넝쿨은 기어이 소나무를 잡아먹고 호박나무가 되었다.

　　*④연 요약: 소나무를 잡아먹고 호박나무가 된 호박넝쿨

★ **(나) 독해 공식**

❶ 화자: 드러나지 않음.(소나무의 호박을 걷어 내려고 했던 사람), 중심 대상: 호박, 소나무
❷ 상황: 화자는 소나무에 오른 호박넝쿨을 없애려고 했으나, 애호박을 따려고 기다리다 결국 소나무를 덮은 호박넝쿨을 보게 됨.

정서: 자연의 생명력을 실감함.
태도: 인간 중심의 시점과 그에 대한 성찰적 태도
❸ 표현상 특징

• 대상의 대비(차이를 밝히기 위해 서로 맞대어 비교함.)를 통해 주제를 강조하고 있음.
• 문장이 끝나지 않은 채로 연을 나눠 정서를 환기하고 있음.

■ 갈래: 현대시
■ 내용: 이 작품은 인간의 손을 벗어난 존재인 호박넝쿨을 통해 자연의 생명력을 보여 주는 현대시이다. 자신이 키우는 소나무에 자라난 호박넝쿨을 통해 화자는 인간의 의도와는 무관한 자연 본연의 생명력을 깨닫는다.
■ 주제: 호박을 통해 본 자연의 본연적 생명력

■ 이것이 핵심! : 대비적 시어

소나무(인공적)	← 호박넝쿨이 소나무를 타고 올라 잡아먹게 됨.	호박(자연적)
장정 셋을 빌려 이른 봄에 옮겨옴.		씨앗 묻은 일도 모종한 일도 없음.

2회 01 정답 ③ ＊작품 비교하기

(가), (나)에 대한 설명으로 가장 적절한 것은?

>왜 정답?

③ (가)와 (나)는 대상의 외적 모습에서 화자의 내적 변화를 이끌어 내고 있다.
(가): 누룩이 발효하는 모습을 통해 화자의 기대감이 드러남. (나): 호박이 소나무를 덮는 모습을 통해 깨달음을 얻고 있음.

＊근거: (가) ④, (나) ④

(가)의 화자는 누룩의 발효 과정, 즉 누룩이 술이 되는 모습을 통해 나약한 대상이 연대를 통해 새로운 희망을 여는 과정을 표현하며 기대를 드러내고 있다. 또한 (나)의 화자는 호박넝쿨이 소나무를 덮고 있는 모습을 보며 호박넝쿨을 없애려고 하다가 자연 본연의 생명력을 깨닫고 있다.

>왜 오답?

① (가)와 (나)는 ~~계절의 변화에 따른 자연의 의미~~를 담아내고 있다.
대상의 변화는 드러나지만, 계절의 변화나 그에 따른 자연의 의미는 나타나지 않음.

(가)와 (나)에는 모두 계절의 변화가 드러나지 않는다. (가)는 시적 대상인 '누룩'의 발효 과정이 나타나고 있을 뿐이며, (나)의 호박넝쿨 역시 '뜬금없이 올라'와 소나무를 덮쳤다고 했을 뿐 계절의 변화와 관련되어 있지는 않다.

② (가)와 (나)는 두 개의 대상 사이의 ~~대립~~을 통해 시상을 전개하고 있다.
두 대상의 대립은 나타나지 않음.

(가)에는 시적 대상으로 '누룩'이 나타날 뿐 이와 대립되는 대상은 나타나지 않는다. 또한 (나)는 '소나무'와 '호박(넝쿨)'의 속성이 대비되고 있으나 이 둘이 대립된다고 볼 수는 없다.

〔대립: 의견이나 처지, 속성 따위가 서로 반대되거나 모순됨. 또는 그런 관계

④ (가)와 달리 (나)는 ~~반복적인 구조~~를 통해 주제 의식을 심화하고 있다.
(가): 의문형 문장 구조가 반복됨. (나): 나타나지 않음.

＊근거: (가) ①-❷,❼,②-❷,❼,③-❷,❺,❼

(가)는 '-느냐'와 같은 종결 어미가 반복되어 화자의 정서를 강조하며 주제 의식을 드러내고 있다. 반면 (나)에는 반복적인 구조가 나타나지 않으며, '익겠다 // 싶어'와 같이 문장이 끝나지 않은 채로 연을 나누는 방식을 통해 화자의 정서를 심화하고 있다.

〔심화하다: 정도나 경지가 점점 깊어지다. 또는 깊어지게 하다.

---

⑤ (나)와 달리 (가)는 ~~대상의 변화를 비판하는 화자의 태도~~를 드러내고 있다.
(가)와 (나) 모두 나타나지 않음.

(가)의 화자는 누룩의 변화를 보며 기대감을 드러내고 있으므로 대상의 변화를 비판한다는 내용은 적절하지 않다. (나)의 화자 또한 호박넝쿨이 소나무를 덮친 것을 보고 애호박 하나만 따고 걷어 내려고 기다리다가 소나무를 덮은 호박넝쿨의 생명력을 실감하고 있으므로 대상의 변화를 비판하고 있다고 볼 수 없다.

〔비판하다: 현상이나 사물의 옳고 그름을 판단하여 밝히거나 잘못된 점을 지적하다.

2회 02 정답 ② ＊표현상 특징 파악하기

(가)의 표현상 특징으로 적절하지 않은 것은?

>왜 정답?

② 다가올 상황을 가정하여 제재의 ~~부정적 속성~~을 강조하고 있다.
작품의 소재
누룩이 발효되는 상황에 대한 기대감을 드러내며 누룩의 긍정적 속성을 강조함.

＊근거: (가) ③-❸~❼, ④

화자는 누룩이 썩어 문드러진 후 물과 만나 함께 끓으며 '춤도 되고 기쁨도 되고 / 해 솟는 얼굴도' 된다고 말하고, 누룩이 풍기는 냄새를 맡으며 기대감을 드러내고 있다. 즉 화자는 누룩에서 긍정적 속성을 발견하고 기대감을 드러내고 있으므로 누룩의 부정적 속성을 강조한다고 볼 수 없다.

>왜 오답?

① 의문형 진술을 통하여 제재의 특징과 의미를 환기하고 있다.
'-느냐'의 의문형 진술을 반복함.

＊근거: (가) ①-❷,❼,②-❷,❼,③-❷,❺,❼

의문형 종결 어미 '-느냐'를 반복적으로 사용하여 '누룩'의 특징과 의미 등을 강조하고 있다.

〔환기하다: 주의나 여론, 생각 따위를 불러일으키다.

③ 역설적 표현을 사용하여 주제 의식을 상징적으로 부각하고 있다.
'죽음'이 '춤', '기쁨', '해 솟는 얼굴'이 된다는 역설적 표현을 통해 희생의 가치를 부각함.

＊근거: (가) ③-❻,❼

누룩이 썩어 문드러진 후 물과 만나 술이 되는 과정을 '춤도 되고 기쁨도 되고 / 해 솟는 얼굴 되는 죽음을 알겠느냐'고 표현한 것은 희생을 통해 나타나는 희망을 역설적으로 표현한 것으로, 누룩의 희생을 통한 새로운 시대에 대한 기대를 상징적으로 부각하고 있다.

〔역설적: 겉보기에는 모순되는 것 같으나 그 속에 중요한 진리가 함축되어 있는 것
상징적: 추상적인 개념이나 사물을 구체적인 사물로 나타내는 것
부각하다: 어떤 사물을 특징지어 두드러지게 하다.

④ 유사한 통사 구조를 반복적으로 사용하여 운율감을 형성하고 있다.
'~을 -느냐'의 문장 구조를 반복함.

＊근거: (가) ①-❷,❼,②-❷,❼,③-❷,❺,❼,④

1연부터 3연까지 '~을 -느냐'의 유사한 문장 구조를 반복하고, 4연에서도 '-나니'라는 어미를 반복 사용함으로써 운율감을 형성하고 있다.

〔통사 구조: 문장의 구성 요소들이 문장을 이루는 구조

⑤ 대상을 의인화하여 현실에 대한 알레고리적 기능을 드러내고 있다.
누룩을 사람처럼 표현함.   현실에서의 민중의 모습을 비유적으로 표현함.

＊근거: (가) ①-❸,❼,③-❶,❷,❺

누룩이 무력함과 사랑을 느끼고 울음을 운다고 표현한 것은 누룩을 의인화한 것이다. 이처럼 누룩을 의인화함으로써 현실에서 시련을 겪으면서 인내하고 희생하며 연대를 이루는 민중의 모습을 은유적으로 표현하고 있다. 따라서 의인화를 통해 유사성을 암시하면서 주제를 나타내는 알레고리적 기능을 드러내고 있다고 할 수 있다.

〔의인화: 사람이 아닌 것을 사람에 비기어 표현함.
알레고리: 어떤 추상적 관념을 드러내기 위하여 구체적인 사물에 비유하여 표현하는 방법

정답 ② *〈보기〉를 바탕으로 감상하기

〈보기〉를 바탕으로 (나)를 감상한 것으로 적절하지 않은 것은?

• 〈보기〉: 박성우 시인의 시는 자연과 생명의 공동체적 가치에 대한 애착을 가지고, 인간 중심의 문화를 성찰하는 문제의식을 드러냅니다.

• (나): 화자는 스스로 자란 호박넝쿨이 자신이 공들여 심은 소나무를 덮은 것을 보며 호박넝쿨을 걷어 내려 하다가 결국 자연의 생명력을 실감합니다.

즉 자연과 생명의 공동체적 가치를 긍정하고 인간 중심의 문화를 성찰하는 관점에서 화자의 정서와 태도를 이해한 내용으로 틀린 것을 고르는 문제입니다.

[보기]

❶박성우의 시는 자연과 생명의 공동체적 가치에 깊은 애착을 드러낸다. ❷이러한 공동체에 대한 탐구는 자본과 문명에 순응하는 인간 중심의 문화를 근본적으로 성찰하는 문제의식으로 심화된다. ❸즉 「자연과 우주의 섭리 앞에서 모든 인간적 시점을 뒤로한 채 자연 그 자체를 주체로 세움으로써 인간과 자연의 경계를 넘어선 본연의 생명성을 보여 주고자 하는 것이다.」

④의 근거 (❶)
①, ②의 근거 (밑줄)
「 」: ③, ⑤의 근거

공동체: 생활이나 행동 또는 목적 따위를 같이하는 집단
애착: 몹시 사랑하거나 끌리어서 떨어지지 아니함. 또는 그런 마음
자본: 상품을 만드는 데 필요한 생산 수단이나 노동력을 통틀어 이르는 말
문명: 인류가 이룩한 물질적, 기술적, 사회 구조적인 발전
순응하다: 환경이나 변화에 적응하여 익숙하여지거나 체계, 명령 따위에 적응하여 따르다.
섭리: 자연계를 지배하고 있는 원리와 법칙
주체: 사물의 작용이나 어떤 행동의 주가 되는 것
본연: 인공을 가하지 아니한 본디 그대로의 자연

〉왜 정답?

② '일개 호박넝쿨에게 소나무를 내줄 수는 없는 일'이라고 생각하는 데서, 인간 중심의 문화에 대한 화자의 **초월적 태도**를 보여 주는군.
'일개 호박넝쿨'이라는 표현에서 화자가 인간 중심의 문화에 젖어 있음이 나타남.

*근거: (나) ❷-❸, 〈보기〉 ❷ 문장

'일개 호박넝쿨에게 소나무를 내줄 수는 없는 일'은 화자가 공들여 심은 소나무를 호박넝쿨보다 중시하는 태도를 지녔음을 보여 준다. 따라서 인간 중심의 문화를 초월한 것이 아니라 인간 중심적으로 생각하고 있는 화자의 모습이 나타난다고 할 수 있다.

초월적: 어떠한 한계나 표준, 이해나 자연 따위를 뛰어넘거나 경험과 인식의 범위를 벗어나는 것

〉왜 오답?

① '뜬금없이 올라온 호박넝쿨이 솔가지를 덮쳐갔다'는 데서, 자연 그 자체를 주체로 세움으로써 인간적 시점을 성찰하려는 화자의 태도를 보여 주는군.
호박넝쿨을 주체로 세워 인간적 시점을 성찰함.

*근거: (나) ❷-❷, 〈보기〉 ❷ 문장

솔가지를 덮친 호박넝쿨에 주의를 기울이며 시상이 전개되고 있으므로, 호박넝쿨을 주체로 세워 인간 중심의 시점을 성찰하려는 태도가 나타난다고 볼 수 있다.

③ '애호박 하나만 따고 걷어내기로 맘먹'어 보지만, '애호박은 또 애호박을 내놓는다'에서, 인간의 마음으로는 거스르기 힘든 것이 자연의 섭리라는 화자의 생각을 보여 주는군.
애호박이 계속 나타나 호박넝쿨을 걷어 내려는 화자의 시도가 실패함.

*근거: (나) ❸-❶, ❸, 〈보기〉 ❸ 문장

화자는 애호박 하나만 따고 호박넝쿨을 걷어 내려고 하지만, 넝쿨이 계속 애호박을 내놓아 호박넝쿨을 걷어 내지 못한다. 이를 통해 자연의 섭리는 인간의 마음으로는 거스르기 힘든 것이라는 생각이 드러나고 있다.

거스르다: 일이 돌아가는 상황이나 흐름과 반대되거나 어긋나는 태도를 취하다.

④ '소나무조차 솔잎 대신 호박잎을 내다는가, 싶더니'에서, 자연이 공동체의 가치를 지향한다는 화자의 생각을 보여 주는군.
소나무가 솔잎과 함께 호박잎을 내달음.

*근거: (나) ❸-❹, 〈보기〉 ❶ 문장

소나무에서도 솔잎뿐만 아니라 호박넝쿨이 합쳐서 호박잎을 낸다는 것은 자연과 생명이 함께 공존하는 모습으로, 자연이 지향하는 공동체적 가치를 보여 준다고 할 수 있다.

지향하다: 어떤 목표로 뜻이 쏠리어 향하다.

⑤ '호박넝쿨은 기어이 소나무를 잡아먹고 호박나무가 되었다'는 데서, 화자는 자연 본연의 생명성이 경계와 대립을 넘어선다는 사실을 보여 주고 있군.
호박넝쿨이 소나무와의 구분을 허물고 호박나무가 됨.

*근거: (나) ❹, 〈보기〉 ❸ 문장

호박넝쿨이 결국 소나무를 잡아먹었다는 화자의 생각은, 호박넝쿨로 나타난 자연 본연의 생명성이 자신이 심은 소나무를 지키고자 했던 화자와 자연 사이의 경계와 대립을 넘어섰다는 것을 보여 준다.

2회 04~08 ——— [2017 대비/경찰대 17~21]

(가) 정철, 〈관동별곡〉

❶ 화자, 중심 대상 ❷ 상황, 정서, 태도 ❸ 표현상 특징 [고어 읽기] [시 해석]
: ❶ 중심 대상 ❸ 공간의 이동

❶ 「산중(山中)을 미양 보랴 동희(東海)로 가쟈스라」
산중을 / 매양 / 보랴 / 동해로 / 가쟈사라
「 」: ❷ 상황 - 관동 지역을 유람하며 자연 경관의 아름다움을 표현함.
➡ 산중의 경치만 늘 보겠는가? 동해로 가자꾸나.

❷ 남녀완보(籃輿緩步)ᄒ야 산영누(山映樓)의 올나ᄒ니
남녀완보하야 / 산영누의 / 올나하니
➡ 남여를 타고 천천히 산영루에 오르니

❸ 녕농(玲瓏) 벽계(碧溪)와 수셩(數聲) 데됴(啼鳥)는 니별(離別)을 원(怨)ᄒᄂᄂ 듯
영농 / 벽계와 / 수성 / 제조는 / 이별을 / 원하는 듯
❸ 감정 이입(어떤 대상에 화자의 감정을 불어넣어 대상이 그 감정을 느끼는 것처럼 나타내는 표현 방법)
➡ 눈부시게 맑고 아름다운 시냇물과 여러 아름다운 소리로 우짖는 산새는 나와의 이별을 원망하는 듯하고

❹ 정긔(旌旗)를 ᄲᅥᆯ티니 오싁(五色)이 넘노ᄂ 듯
정기를 / 떨치니 / 오색이 / 넘노는 듯
❸ 감각적(시각적, 청각적) 이미지와 대구법(비슷한 문장 구조를 짝을 맞추어 늘어놓는 방법) - 화자의 행차 광경 묘사
➡ 깃발을 휘날리니 오색 기폭이 넘나드는 듯하고

❺ 고각(鼓角)을 셧부니 해운(海雲)이 다 것ᄂ 듯
고각을 / 섯부니 / 해운이 / 다 것는 듯
➡ 북과 나팔을 섞어 부니 바다 구름이 다 걷히는 듯하다.

❻ 「명사(鳴沙)길 니근 물이 취션(醉仙)을 빗기 시러
명사길 / 니근 말이 / 취선을 / 빗기 시러
❸ 비유적(어떤 대상을 다른 비슷한 대상에 빗댐) 표현 - 화자를 취한 신선에 빗댐.
➡ 모랫길에 익숙한 말이 취한 신선을 비스듬히 태우고

[A] ❼ 바다흘 겻ᄐᆡ 두고 히당화(海棠花)로 드러가니」
바다흘 / 겻테 / 두고 / 해당화로 / 드러가니
➡ 해변을 옆에 두고 해당화 핀 길로 들어가니
❷ 태도: 유유자적함.

❽ 빅구(白鷗)야 ᄂ디 마라 네 버딘 줄 엇디 아ᄂ
백구야 / 나지 마라 / 네 버딘 줄 엇디 아난
❷ 태도: 백구와 자신을 동일시함. 자연 친화적
➡ 백구야 날지 마라, 내가 네 벗인 줄 어찌 아느냐?

매양: 매 때마다

남여: 주로 산길에 쓰이는 뚜껑이 없고 의자같이 생긴 가마

벽계: 물이 맑아 푸른빛이 도는 시내

수성: 우는 새. 또는 새의 울음소리

정기: 정(깃대 끝에 새의 깃으로 꾸민 장목을 늘어뜨린 의장기)과 기(旗)를 아울러 이르는 말

해운: 바다 위에 뜬 구름

*❶~❽행 요약: 동해로 향하는 감회와 신선적 풍모

금난굴   도라드러   총석정
❾금난굴(金幱窟) 도라드러 ㉠총셕뎡(叢石亭) 올라ᄒᆞ니
                                                    올라하니

➡ 금란굴 돌아들어 총석정에 올라가니

백옥누   남은 기동 다만 네히 셔 잇고야
❿「빅옥누(白玉樓) 남은 기동 다만 네히 셔 잇고야」
                                 총석정에서 본 사선봉의 모습

➡ 옥황상제가 거처하던 백옥루의 남은 기둥 네 개가 서 있는 듯하구나.

공수의   셩녕인가   귀부로   다듬ᄋᆞᆫ가
⓫공슈(工倕)의 셩녕인가 ㉡귀부(鬼斧)로 다ᄃᆞᆷᄋᆞᆫ가」
                    ❸ 고사(유래가 있는 옛날의 일을 표현한 어구) 사용   「 」: ❷ 정서 - 자연 경관에 감탄함.

➡ 옛 중국의 명장인 공수의 작품인가? 조화를 부리는 귀신의 도끼로 다듬은 것인가?

구태야   육면은   므어슬   샹톳던고
⓬구틔야 뉵면(六面)은 므어슬 샹(象)톳던고

➡ 구태여 육면으로 된 돌기둥은 무엇을 형상화한 것인가?

귀부: 귀신의 도끼라는 뜻으로, 신기한 연장이나 훌륭한 세공(細工)을 이르는 말

구태여: 일부러 애써

*❾~⓬행 요약: 총석정에서 본 사선봉의 장관

고성을란   저만 두고   삼일포를
⓭고셩(高城)을란 뎌만 두고 삼일포(三日浦)를 ᄎᆞ자가니
                                                        차자가니

➡ 고성을 저만큼 두고 삼일포를 찾아가니

단셔는   완연하되   사선은   어듸 가니
⓮㉢단셔(丹書)는 완연(宛然)ᄒᆞ되 ᄉᆞ션(四仙)은 어듸 가니

➡ 그 남쪽 절벽에 붉은 글씨가 뚜렷이 남아 있으되, (글씨를 쓴) 네 신선은 어디 갔는가?

예 사흘 머믄 후의   어듸 가 또 머믈고
⓯예 사흘 머믄 후(後)의 어듸 가 ᄯᅩ 머믈고

➡ 여기서 사흘 동안 머무른 뒤에 어디 가서 또 머물렀던가?

션유담   영낭호   거긔나 가 잇ᄂᆞᆫ가
⓰션유담(仙遊潭) 영낭호(永郎湖) 거긔나 가 잇ᄂᆞᆫ가

➡ 선유담, 영랑호 거기나 가 있는가?

청간정   만경ᄃᆡ   몃 고ᄃᆡ 안돗던고
⓱쳥간뎡(淸澗亭) 만경ᄃᆡ(萬景臺) 몃 고ᄃᆡ 안돗던고

➡ 청간정, 만경대를 비롯하여 몇 군데서 앉아 놀았던가?

단서: 바위나 돌에 새긴 글

완연하다: 눈에 보이는 것처럼 아주 뚜렷하다.

*⓭~⓱행 요약: 삼일포에서 추모하는 사선의 행적

이화는   벌셔 지고 접동새 슬피 울 제
⓲니화(梨花)ᄂᆞᆫ 불셔 디고 졉동새 슬피 울 제
                            계절적 배경: 늦봄

➡ 배꽃은 벌써 지고 소쩍새 슬피 울 때.

낙산   동반으로   의상대에   올라 안자
⓳낙산(洛山) 동반(東畔)으로 의샹ᄃᆡ(義相臺)예 올라 안자

➡ 낙산사 동쪽 언덕으로 의상대에 올라 앉아.

일출을   보리라 밤중만 니러ᄒᆞ니
⓴일출(日出)을 보리라 밤중만 니러ᄒᆞ니
                    ❸ 상징적(추상적인 개념을 구체적인 대상으로 나타내는) 표현 - 임금(세상을 밝게 비추는 존재)

➡ 해돋이를 보려고 한밤중쯤 일어나니,

상운이   집픠ᄂᆞᆫ 동 육농이   바퇴ᄂᆞᆫ 동
㉑「샹운(祥雲)이 집픠ᄂᆞᆫ 동 ㉣뉵농(六龍)이 바퇴ᄂᆞᆫ 동
                                            ❸ 비유적 표현 - 일출의 장관

➡ 상서로운 구름이 뭉게뭉게 피어나는 듯, 여러 마리 용이 떠받치는 듯.

바다해   떠날 제는 만국이   일위더니
㉒바다ᄒᆡ 써날 제ᄂᆞᆫ 만국(萬國)이 일위더니

➡ 바다에서 솟아오를 때는 온 세상이 흔들리는 듯하더니,

천중의   치뜨니   호발을   헤리로다
㉓텬듕(天中)의 티쓰니 호발(毫髮)을 혜리로다」
                「 」: ❷ 상황 - 의상대에서 일출을 보고 있음.

➡ 하늘에 치솟아 뜨니 가는 털도 헤아릴 만큼 밝도다.

아마도   널구름 근처의   머믈세라
                ❸ 상징적 표현 - 간신(해를 가려 세상을 흐리는 존재)
㉔아마도 녈구름 근쳐의 머믈셰라
            ❷ 정서: 임금을 걱정함.

➡ 혹시나 지나가는 구름이 해 근처에 머물까 두렵구나.

시션은   어듸 가고 해타만   나맛ᄂᆞ니
㉕㉤시션(詩仙)은 어듸 가고 히타(咳唾)만 나맛ᄂᆞ니
                    훌륭한 사람의 말이나 글을 이름. 문맥상 이백의 시구를 뜻함.

➡ 이백은 어디 가고 시구만 남았느냐?

천지간   장한 기별 자셔히도   할셔이고
㉖텬디간(天地間) 장(壯)ᄒᆞᆫ 긔별 ᄌᆞ셔히도 홀셔이고

➡ 천지간 굉장한 소식이 자세히도 적혀 있구나.

상운: 복되고 좋은 일이 있을 조짐이 보이는 구름

호발: 가늘고 짧은 털. 곧 아주 작은 물건을 이른다.

시선: 두보를 시성(詩聖)이라 이르는 데 상대하여 '이백'을 이르는 말

*⓲~㉖행 요약: 의상대 일출의 장관과 임금에 대한 걱정

⭐ (가) 독해 공식

❶ 화자: 드러나지 않음.(관동 지방을 유람하는 사람)

중심 대상: '산영누', '금난굴', '총셕뎡', '삼일포' '의샹ᄃᆡ' 등

❷ 상황: 관동 지역을 유람하며 자연 경관의 아름다움을 묘사하고 있음.

정서: 자연 경관의 아름다움에 감탄함. 임금을 걱정함.(연군지정)

태도: 유유자적함. 자연 친화적

❸ 표현상 특징

· 공간의 이동에 따라 시상을 전개하고 있음.

· 감정 이입(어떤 대상에 화자의 감정을 불어넣어 대상이 그 감정을 느끼는 것처럼 나타내는 표현 방법)을 통해 화자의 감정을 효과적으로 드러내고 있음.

· 감각적(시각적, 청각적) 이미지, 대구법(비슷한 문장 구조를 짝을 맞추어 늘어놓는 방법), 비유적(어떤 대상을 다른 비슷한 대상에 빗댄) 표현, 상징적(추상적인 개념을 구체적인 대상으로 나타내는) 표현을 사용하고 있음.

· 고사(유래가 있는 옛날의 일을 표현한 어구)를 사용하고 있음.

■ 갈래: 가사   ■ 창작 시기: 조선 중기

■ 내용: 이 작품은 송강 정철이 강원도 관찰사로 부임하면서 관동 팔경과 해금강 등을 둘러보고 여행의 경로와 풍경을 자신의 감정과 함께 표현한 기행 가사이다. 뛰어난 경치와 그에 따른 감흥을 3·4조의 웅장하고 명쾌한 문장으로 표현했다.

■ 주제: 관동 팔경에 대한 감탄과 연군지정

■ 이것이 핵심!: 공간 이동에 따른 자연 묘사

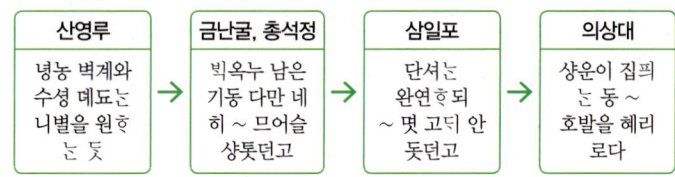

산영루	금난굴, 총석정	삼일포	의상대
녕농 벽계와 수성 녜됴ᄂᆞᆫ 니별을 원ᄒᆞᄂᆞᆫ 듯	빅옥누 남은 기동 다만 네히 ~ 므어슬 샹톳던고	단셔ᄂᆞᆫ 완연ᄒᆞ되 ~ 몃 고ᄃᆡ 안돗던고	샹운이 집픠ᄂᆞᆫ 동 ~ 호발을 혜리로다

(나) 이중환, 〈택리지〉

❶ 중심 대상   ❷ 글쓴이의 생각, 태도   ❸ 서술상 특징

❸: ❸ 구체적인 지명 – 설명의 사실성을 높임.

❷ 태도: 강원도의 지리적 위치, 소속 고을을 객관적으로 설명함.

❸ 다양한 측면에서 대상의 특성을 서술함.

❶ 강원도는 함경도와 경상도 사이에 있다. ❷서북쪽으로 황해도 곡산,
        ❶ 중심 대상

토산 등 고을과 이웃하였고 서남쪽으로는 경기도, 충청도와 서로 맞닿
                            강원도의 지리적 위치

았다. ❸철령(鐵嶺)에서 남쪽으로 태백산까지는 영(嶺) 등성이가 가로 뻗

쳐서 하늘과 구름에 닿은 듯하며 영 동쪽에는 아홉 고을이 있다. ❹「북
                                                        「 」: 강원도의 아홉 고을

쪽으로 함경도 안변과 경계가 닿은 흡곡, 통천, 고성, 간성, 양양, 옛

예맥의 도읍이었던 강릉, 삼척, 울진, 남쪽으로 경상도 영해부와 경계

가 맞닿은 평해이다.」 이 아홉 고을이 모두 동해 가에 있어 남북으로

는 거리가 거의 천 리나 되지만 동서는 함경도와 같이 백 리도 못 된다. **❻** 「서북쪽은 영 등성이에 막혔고 동남쪽은 멀리 바다와 통한다.**❼** 「높고 큰 산 밑이어서 지세는 비록 비좁으나 산야(山野)가 나지막하고 평
「 」: **❷** 태도 – 강원도의 자연 경관을 예찬함.　**❽** 풍부한 어휘를 통해 대상을 묘사함.
평하여 명랑 수려하다.」

> 도읍: 한 나라의 중앙 정부가 있는 곳
> 명랑: 흐린 데 없이 밝고 환함.　수려하다: 빼어나게 아름답다.

　　　　　　　❋❶ 요약: 강원도의 지리적 위치와 소속 고을

┌**❷** 태도: 강원도의 자연에 대해
│ **❶** 객관적으로 설명함.
[2] 「동해는 조수(潮水)가 없는 까닭에 물이 탁하지 않아서 벽해(碧海)
　　　　　　　　　　동해를 벽해라고 부르는 이유
라 부른다. 항구와 섬 따위가 앞을 가리는 것이 없어 큰 못가에 임한
듯 넓고 아득한 기상이 자못 굉장하다.**❸** 또 이 지역에는 이름난 호수와
　　　　　　　　❷ 태도: 동해의 기상을 예찬함.
기이한 바위가 많다.**❹** 「높은 데 오르면 푸른 바다가 망망하고 골짜기에
들어가면 물과 돌이 아늑하여 경치가 나라 안에서 실상 제일이다.」**❺** 누
「 」: **❸** 다양한 측면에서 대상의 특성을 서술함. – 강원도 동해의 경관　**❷** 태도: 동해의 경관을 예찬함.
대(樓臺)와 정자(亭子) 등 훌륭한 경치가 많아, **흡곡 시중대, 통천 총
석정, 고성 삼일포, 간성 청간정, 양양 청초호, 강릉 경포대, 삼척 죽
서루, 울진 망양정**을 사람들이 관동 팔경이라 부른다. 아홉 고을의 서
　　　　　　　　관동 팔경
쪽에는 **금강산, 설악산, 두타산, 태백산** 등 산이 있는데 산과 바다 사
이에 기이하고 훌륭한 경치가 많다.**❼** 골짜기가 그윽하고 깊숙하며 물과
　　　　　　　　　　　　　　　❼ 풍부한 어휘를 통해 대상을 묘사함.
돌이 맑고 조촐하다.**❽** 간혹 ⓐ선인(仙人)의 이상한 유적이 전해 온다.

> 조수: 밀물과 썰물을 통틀어 이르는 말
> 벽해: 짙푸른 바다
> 아득하다: 보이는 것이나 들리는 것이 희미하고 매우 멀다.
> 자못: 생각보다 매우
> 기이하다: 기묘하고 이상하다.　망망하다: 넓고 멀다.
> 아늑하다: 포근하게 감싸 안기듯 편안하고 조용한 느낌이 있다.
> 누대: 누각과 대사와 같이 높은 건물
> 정자: 경치가 좋은 곳에 놀거나 쉬기 위하여 지은 집
> 그윽하다: 깊숙하여 아늑하고 고요하다.　조촐하다: 아담하고 깨끗하다.
> 선인: 도(道)를 닦아서 현실의 인간 세계를 떠나 자연과 벗하며 산다는 상상의 사람
> 유적: 남아 있는 자취

┌**❷** 태도: 강원도의 풍습에 대해　**❋❷ 요약: 동해의 경관과 관동 팔경의 훌륭한 경치**
│ **❶** 객관적으로 설명함.
[3] 이 지방 사람은 놀이하는 것을 좋아한다. 노인들이 기악(妓樂)과
　　　❸ 다양한 측면에서 대상의 특성을 서술함. – 강원도 사람들의 특성
술, 고기를 싣고 호수와 산 사이에서 흥겹게 놀며 이것을 큰일로 여긴
다.**❸** 그러므로 그들의 자제(子弟)도 놀이하는 것이 버릇이 되어 문학에
힘쓰는 자가 적다.

> 기악: 기생과 풍류를 아울러 이르는 말
> 자제: 남을 높여 그의 아들을 이르는 말

　　　　　　　❋❸ 요약: 강원도 지역 사람들의 특성

❋ (나) 독해 공식
❶ 중심 대상: 강원도
❷ 글쓴이의 태도: 강원도의 지리, 자연, 풍습에 대해 객관적으로 설명함. 강원도의 자연 경관과 동해의 기상, 아름다움을 예찬함.
❸ 서술상 특징
・구체적인 지명을 밝혀 설명의 사실성을 높이고 있음.
・다양한 측면에서 대상의 특성을 서술하고 있음.
・풍부한 어휘를 통해 대상을 묘사하고 있음.

■ **갈래**: 고전 수필, 지리서　　■ **창작 시기**: 조선 후기
■ **내용**: 이 작품은 조선 후기 실학자인 이중환이 지은 고전 수필(지리서)이다. 전국 8도의 살기 좋은 곳을 선택, 풍수지리설에 입각하여 설명하고, 그 지방의 지역성을 정치, 경제, 사회, 문화, 인물 등과 관련지어 서술했다.

■ **주제**: 강원도 지역의 지리적, 자연적, 문화적 특성

■ **이것이 핵심!**: **강원도의 특성**

강원도 →	지리적 위치	함경도와 경상도 사이에 위치함.
	자연의 특성	자연 경관이 아름다움.
	문화적 특성	놀이하는 것을 좋아함.

❋ 작품 간의 공통점 및 차이점
・공통점: 강원도 지역을 중심 소재로 다루고 있음. 구체적인 지명이 등장함.
・차이점: (가)는 관동 지방의 자연 경관을 주로 주관적인 입장에서 다루고 있지만, (나)는 자연 경관과 함께 지리, 지역의 풍습에 대해서도 비교적 객관적으로 서술함.

2회 04 정답 ③ ＊표현상 특징 파악하기

(가)와 (나)에 대한 설명으로 가장 적절한 것은?

> **왜 정답?**

③ **(가)는 (나)와 달리 작가의 체험을 생동감 있게 그리고 있다.**
　(가): 강원도 지방을 유람한 체험을 구체적으로 표현, (나): 작가의 체험은 드러나지 않음.
＊근거: (가) **❷**, **❾**, **⑩**
(가)는 작가가 직접 강원도 지방을 유람한 경험을 담은 기행 가사이다. 금강산을 유람한 후 내금강으로 넘어가는 장면을 보여 주고 있다. 가마를 타고 산영루에 오르는 모습, 금난굴을 통해 총석정으로 가는 모습, 의상대에 올라 일출을 바라보는 모습 등에서 작가의 체험이 구체적이고 생동감 있게 그려져 있다. 반면 (나)는 작가가 체험한 내용이라기보다 강원도 지역에 대한 자세한 정보들을 나열하고 있다.

> 생동감: 생기 있게 살아 움직이는 듯한 느낌

> **왜 오답?**

① **(가)와 (나)는 모두 관동 지방의 풍물과 관습에 대해 말하고 있다.**
　(가)는 관동 지방의 자연 경관에 대해서만 서술함.
＊근거: (가) ✕, (나) **❸**
관동 지방의 풍물과 관습에 대해 설명하고 있는 것은 (나)에만 해당하는 설명이다. (가)에서는 특정 지역의 풍물이나 관습에 대해서는 언급하고 있지 않다.

> 풍물: 산이나 들, 강, 바다 따위의 자연이나 지역의 모습
> 관습: 어떤 사회에서 오랫동안 지켜 내려와 그 사회 성원들이 널리 인정하는 질서나 풍습

② **(가)와 (나)는 모두 관동 지방을 여행하는 모습이 나타나 있다.**
　(가)에만 나타남.
＊근거: (가) **❶**, **❾**, **⑩**, (나) ✕
관동 지방을 여행하는 모습이 나타나는 것은 (가)에만 해당하는 설명이다. (나)에서는 여행한 내용을 서술하고 있지 않다.

④ **(나)는 (가)와 달리 열거한 대상의 일부를 부각하여 설명하고**
　　　　　　　　(나)에서 열거한 대상의 일부를 부각하지는 않음.
　있다.
＊근거: (나) [1]-**❹**, **❺**, [2]-**❺**
(나)는 [1]에서 강원도에 속하는 고을들을 나열하는 한편, [2]에서 관동 팔경에 속하는 곳을 나열하고 있는데, 그중 일부를 부각하여 설명하고 있지는 않다.

> 열거하다: 여러 가지 예나 사실을 낱낱이 죽 늘어놓다.
> 부각하다: 어떤 사물을 특징지어 두드러지게 하다.

⑤ **(나)는 (가)에 비해 비유적인 표현을 많이 사용하고 있다.**
　　　　　　비유적인 표현을 다양하게 사용한 것은 (가)임.
＊근거: (가) **❸**~**❺**, **㉑**
(나)에서는 강원도 관동 지방에 속한 지역들에 대해 객관적으로 설명하듯 서술하고 있다. 비유적 표현을 사용한 것은 (나)가 아니라 (가)에 해당한다.

2회 05 정답 ⑤ ＊화자의 정서와 태도 파악하기

(가)의 화자에 대한 설명으로 적절하지 <u>않은</u> 것은?

> **왜 정답 ?**

⑤ 웅장한 자연 속에서 ~~인간의 왜소함~~을 인식하고 있다.
　　　　　　　　　드러나지 않음.

(가)의 화자는 관동 팔경을 유람하며 아름다운 자연 경관을 묘사하고 있다. 자연의 웅장함 속에서 인간의 왜소함을 인식한 부분은 드러나지 않는다.

　웅장하다: 규모 따위가 거대하고 성대하다.
　왜소하다: 몸뚱이가 작고 초라하다.

> **왜 오답 ?**

① 경치를 감상하며 유유자적하게 유람하고 있다.
　　　　가마를 타고 천천히 이동하며 경치를 감상함.

＊근거: (가) ❷～❼

(가)의 화자는 가마를 타고 천천히 산영루에 오르고, 말을 타고 해변을 옆에 두고 해당화 핀 길에 들어서는 등 유유자적한 태도로 경치를 감상하고 있다.

　유유자적: 속세를 떠나 아무 속박 없이 조용하고 편안하게 삶.
　유람하다: 돌아다니며 구경하다.

② 옛 자취를 찾아 과거의 인물을 회상하고 있다.
　　삼일포에서 전설 속의 사선을 회고하고 있음

＊근거: (가) ⓭, ⓮

(가)의 화자는 삼일포로 찾아가 완연하게 남아 있는 단서(붉은 글씨)를 썼던 네 명의 신선을 회상하고 있다.

　자취: 어떤 것이 남긴 표시나 자리
　회상하다: 지난 일을 돌이켜 생각하다.

③ 일출 광경을 보며 옛 시인의 말을 떠올리고 있다.
　　의상대에서 일출을 보며 이백의 시구를 떠올림.

＊근거: (가) ⓳, ⓴, ㉕

(가)의 화자는 의상대에 올라 일출을 바라보며 '시션은 어듸 가고 히타만 나맛ᄂ니'라고 하는데, 이때 '시션'은 중국의 옛 시인 이백, '히타'는 시인이 남긴 말 또는 시구를 의미한다.

④ 신선 사상을 바탕으로 인물과 사물을 그리고 있다.
　　　　'취션', 'ᄾ션'

＊근거: (가) ❻, ⓮

(가)의 화자는 '명사길 니근 물이 취션을 빗기 시러'에서 자신을 '취한 신선'에 빗대는 한편, 삼일포에서 단서(붉은 글씨)를 보며 'ᄾ션', 즉 네 명의 신선을 떠올리고 있다. 이를 통해 (가)는 신선 사상을 바탕으로 하고 있음을 알 수 있다.

　신선 사상: 속세를 떠나서 선계(仙界)에 살며 장생불사(長生不死)한다는 신선의 존재를 믿고 그에 이르기를 바라는 사상

2회 06 정답 ① ＊서술상 특징 파악하기

(나)의 서술 방식에 대한 설명으로 가장 적절한 것은?

> **왜 정답 ?**

① 대상에 대해 지리적 위치, 소속 고을, 자연 경치, 민풍 순으로 서술하였다.
　①강원도의 지리적 위치와 소속 고을, ②강원도의 자연 경치, ③강원도의 민풍

＊근거: (나) ①-❶～❺, ②-❹, ③-❶

(나)에서는 강원도 지역 일대에 대해 설명하고 있다. 먼저 ①에서는 강원도의 지리적 위치를 서술한 후 강원도에 속한 마을들을 순차적으로 나열하고 있다. 그리고 ②에서는 동해와 관동 팔경의 자연 경치, ③에서는 강원도에 속한 마을들의 풍습에 대해 설명하고 있다.

　민풍: 민간 생활과 결부된 신앙, 습관, 풍속, 전설, 기술, 전승 문화 따위를 통틀어 이르는 말

> **왜 오답 ?**

② 대상을 ~~사회 제도, 역사, 문화적 배경~~과의 관련 속에서 서술하였다.
　　　　　드러나지 않음.

강원도 지역과 관련된 사회 제도나 역사, 문화적 배경 등은 언급하지 않았다.

③ 대상에 속한 사물과 인물을 ~~상호 대비적 관점~~에서 서술하였다.
　　　　　　　　　드러나지 않음.

강원도 지역 내에 누대와 정자 등이 많다고 했을 뿐, 이를 사람과 대비하여 서술하지는 않았다.

　상호: 상대가 되는 이쪽과 저쪽 모두
　대비: 두 가지의 차이를 밝히기 위하여 서로 맞대어 비교함. 또는 그런 비교

④ 대상의 과거, 현재, 미래의 ~~변화상을 순차적으로~~ 서술하였다.
　　　　　　　　　드러나지 않음.

강원도 지역의 과거나 미래의 모습 등은 서술하지 않았다.

⑤ 대상의 주요한 속성을 ~~분류와 구분의 방법~~으로 서술하였다.
　　　　　　　드러나지 않음.

강원도의 지역적 속성, 자연의 속성, 문화적 속성을 차례로 설명하고 있을 뿐, 강원도의 주요한 속성을 기준에 따라 분류, 구분하여 설명하고 있지는 않다.

2회 07 정답 ⑤ ＊작품 비교하기

[A]와 〈보기〉를 비교한 내용으로 적절하지 <u>않은</u> 것은?

• [A]: 화자가 자신을 신선에 비유하며 자연과 친화하고자 하는 모습을 그리고 있습니다.

• 〈보기〉: 벼슬을 버리고 강호에 노니는 심정을 읊은 시조입니다.

즉 자연에서 노니는 심정을 노래한 [A]와 〈보기〉를 비교하여 이해한 내용 중 틀린 것을 고르는 문제입니다.

──────── [보기] ────────

❶ 환해(宦海)＊에 놀란 물쎨 임천(林泉)에 밋츨쏜가
　　　　　　　숲과 샘, 세속과 대비되는 곳　　설의법
➔ 환해에 놀란 물결 임천에 미칠손가

❷ 갑 업슨 강산(江山)에 말 업시 누엇시니
　　　　　　자연
➔ 값 없는 강산에 말 없이 누웠으니

❸ 백구(白鷗)도 ᄂᆡ 쯧을 아는지 오락가락 ᄒᆞ드라　➔ 물아일체
　　감정이입의 대상
➔ 백구도 내 뜻을 아는지 오락가락 하더라　　　　　　　　－ 이정보

＊환해: 관리의 사회
- -
임천: ① 숲과 샘. 또는 숲속의 샘 ② 세상을 버리고 은둔하기 알맞은 곳을 비유적으로 이르는 말

강산: 강과 산이라는 뜻으로, 자연의 경치를 이르는 말

> **왜 정답 ?**

⑤ [A]에는 스스로에 대한 자긍심이, 〈보기〉에는 ~~임금에 대한 걱정~~이 나타나 있다.
　　　스스로를 '취션'에 비유하며 자긍심을 드러냄.　　　드러나지 않음.

＊근거: (가) ❻, 〈보기〉 ❶

[A]에서는 화자가 스스로를 '취션(술 취한 신선)'에 비유하며 자기 자신에 대한 자긍심을 나타내고 있다. 한편 〈보기〉의 화자는 험난한 벼슬살이 끝에 강산(자연)으로 돌아와 말없이 누워서 임천(세상과 등진 자연)을 맛보고 있다. 즉 〈보기〉의 화자는 임금에 대한 걱정이나 나랏일에 대한 관심을 모두 뒤로한 채, 자연 속에서 은거하며 사는 즐거움을 누리고 있다. 따라서 〈보기〉에서 임금에 대한 걱정이 나타난다는 진술은 적절하지 않다.

　자긍심: 스스로에게 긍지를 가지는 마음

① [A]와 〈보기〉는 모두 자연 친화적인 관점을 드러내고 있다.
＞＞[A]와 〈보기〉 모두 '백구'와 물아일체를 이루며 자연 친화적인 태도를 보임.

＊근거: (가) ⑧, 〈보기〉 ❸

[A]의 화자는 백구(흰 갈매기)에게 말을 건네며, 〈보기〉의 화자는 백구에게 감정을 이입하여 물아일체를 이루고 있다. 따라서 [A]와 〈보기〉 모두 자연 친화적 태도를 보여 준다고 할 수 있다.

② [A]와 〈보기〉는 모두 눈에 띄는 대상에 감정이입을 하고 있다.
＞＞[A]와 〈보기〉 모두 자신의 앞에 있는 '백구'에 감정을 이입하고 있음.

＊근거: (가) ⑧, 〈보기〉 ❸

[A]에서는 자연과 하나를 이루고자 하는 화자의 마음을 날아가는 '빅구'에 이입하고 있으며, 〈보기〉에서도 역시 자연 속에서 은거하며 즐거움을 누리고자 하는 화자의 마음을 '백구'에 이입하여 드러내고 있다.

③ [A]는 바닷가를, 〈보기〉는 일반적인 자연을 배경으로 하고 있다.
'명사길', '바다'   '임천'

＊근거: (가) ⑥, ⑦, 〈보기〉 ❶, ❷

[A]에서는 '명사길', '바다홀 겻틔 두고'를 통해 바닷가라는 구체적인 배경이 나타나고 있다. 이와 달리 〈보기〉에서는 '임천', '갑 업슨 강산'이라는 일반적인 자연이 배경으로 나타나고 있다.

④ [A]는 돈호법을, 〈보기〉는 설의법을 사용하여 뜻을 강조하고 있다.
'빅구야'   '밋츨쏜가'

＊근거: (가) ⑧, 〈보기〉 ❶

[A]에서는 '빅구야'에서 대상을 부르는 돈호법을 사용하고 있다. 〈보기〉에서는 '임천에 밋츨쏜가'에서 의문의 형식을 취하며 자신의 의사를 강조하는 설의법을 사용하고 있다.

돈호법: 사람이나 사물의 이름을 불러 주의를 불러일으키는 수사법
설의법: 쉽게 판단할 수 있는 사실을 의문의 형식으로 표현하여 독자가 스스로 판단하게 하는 표현법

2회 08 정답 ③ ＊시어 및 구절의 의미 파악하기

(가)의 ㉠~㉤ 중, (나)의 ⓐ로 볼 수 있는 것은?

• ㉠: ㉠은 '총석뎡'입니다.
• ㉡: ㉡은 '귀부'입니다.
• ㉢: ㉢은 '단셔'입니다.
• ㉣: ㉣은 '뉵농'입니다.
• ㉤: ㉤은 '시션'입니다.
• (나)의 ⓐ: ⓐ는 '선인(仙人)의 이상한 유적'입니다.

㉠~㉤ 중 '선인의 유적'으로 알맞은 시어를 고르는 문제입니다.

＞왜 정답 ?

③ ㉢ 네 명의 신선이 남긴 글임.

＊근거: (가) ⑭

(나) ⓐ의 선인의 기이한 유적은 신선이 남긴 자취를 가리킨다. (가)의 ㉢ '단셔(丹書)'는 붉게 새겨진 글이란 뜻으로 네 명의 신선이 남겼던 글을 의미한다. 따라서 ㉢은 신선들이 남긴 유적으로 볼 수 있다.

＞왜 오답 ?

① ㉠ 정자의 이름임.

'총석정'은 정자의 이름으로, 신선이 남긴 유적과는 거리가 멀다.

② ㉡ 뛰어난 기술을 빗댐.

'귀부'는 귀신의 도끼란 뜻으로, 뛰어난 기술을 비유적으로 표현한 말이다.

---

④ ㉣ 일출 광경을 묘사하기 위한 표현임.

'여섯 마리의 용'은 의상대에서 바라본 동해의 일출 광경을 묘사하기 위해 사용된 표현이다.

⑤ ㉤ 시인 이백을 가리킴.

'시선'은 중국의 유명한 시인 이백을 지칭하는 표현이다.

2회 09 ~ 14 ——————————————— [예상 문제]

(가) 최인훈, 〈광장〉

❶ 중심인물, 배경   ❷ 중심 사건, 갈등   ❸ 서술상 특징

1 ❶판문점. ❷쌍방의 설득자들 앞에서처럼 통쾌했던 일이란 그의 과거
❶ 공간적 배경   ❸ 서술자: 3인칭 서술자, 시점: 전지적 작가 시점
사에서 두 번도 없다. 장내 구조는 양쪽 설득자들이 마주보고 책상을
판문점 내부의 구조
놓은 사이로 포로는 왼편에서 들어와 바른편으로 퇴장하게 돼 있다.
❹순서는 공산측이 먼저였다. ❺네 사람의 공산군 장교와 국민복을 입은
중공 대표가 한 사람, 도합 다섯 명. 그는 그들 앞에 가서, 걸음을 멈
춘다. ❻앞에 앉은 장교가 부드럽게 웃으면서 말한다.
명준이 북한을 선택하도록 회유하기 위해
❼"동무, 앉으시오." ❶ 중심인물
「 」: ❷ 중심 사건 – 공산군 장교가 북한을 선택할 것을
❽㉠명준은 움직이지 않았다. ❶ 중심인물   회유하지만 명준은 중립국을 선택함.
인물의 배타적인 태도를 행동을 통해 드러냄.   ❷ 갈등 – 명준을 북으로 송환하려는 공산군 장교와
❾"동무는 어느 쪽으로 가겠소?"   중립국을 선택하는 명준의 외적 갈등
❿"중립국."   ❸ 대화를 통해 사건을 전개함.
⓫이데올로기 갈등이 없는 곳
그들은 서로 쳐다본다. ⓬앉으라고 하던 장교가, 윗몸을 테이블 위로
바싹 내밀면서, 말한다.
⓭"동무, 중립국도, 마찬가지 자본주의 나라요. 굶주림과 범죄가 우글
❸ 이데올로기에 대한 비판이 직접적으로 드러남.
대는 낯선 곳에 가서 어쩌자는 거요?"
⓮"중립국."
⓯"다시 한 번 생각하시오. 돌이킬 수 없는 중대한 결정이란 말요. 자
랑스러운 권리를 왜 포기하는 거요?"
⓰"중립국."
⓱이번에는, 그 옆에 앉은 장교가 나앉는다.
⓲「"동무, 지금 인민공화국에서는, 참전 용사들을 위한 연금 법령을
❶ 중심인물   북한   명준은 참전 용사였음.
냈소. 동무는 누구보다도 먼저 일터를 가지게 될 것이며, 인민의 영
웅으로 존경받을 것이오. 전체 인민은 동무가 돌아오기를 기다리고
있소. 고향의 초목도 동무의 개선을 반길 거요."」
⓳ 「 」: 명준이 북한을 선택하도록 회유함.
"중립국."
⓴㉡그들은 머리를 모으고 소곤소곤 상의를 한다.
예상치 못한 명준의 태도에 당황함.
㉑처음에 말하던 장교가, 다시 입을 연다.
㉒「"동무의 심정도 잘 알겠소. 오랜 포로 생활에서, 제국주의자들의
「 」: 명준이 처벌을 걱정할 것이라고 여겨 보복은 없을 것이라며 재차 회유함.
간사한 꼬임수에 유혹을 받지 않을 수 없었다는 것도 용서할 수 있
소. 그런 염려는 하지 마시오. 공화국은 동무의 하찮은 잘못을 탓하
기보다도, 동무가 조국과 인민에게 바친 충성을 더 높이 평가하오.
일체의 보복 행위는 없을 것을 약속하오. 동무는……"」
㉓"중립국."

㉕중공 대표가, 날카롭게 무어라 외쳤다. ㉖설득하던 장교는, 증오에 찬 눈초리로 명준을 노려보면서, 내뱉었다.
㉗명준의 중립국 선택에 화가 남.
"좋아."

판문점: 경기도 파주시 진서면 군사 분계선에 걸쳐 있는 마을. 1953년 7월 27일에 휴전 협정이 조인(調印)된 곳
포로: 사로잡은 적
공산군: 공산주의자들이 조직한 군대. 또는 공산주의 국가의 군대
참전 용사: 전쟁에 참가한 용감한 군사
연금: 국가나 사회에 특별한 공로가 있거나 일정 기간 동안 국가 기관에 복무한 사람에게 해마다 주는 돈
법령: 법률과 명령을 아울러 이르는 말
인민: 국가나 사회를 구성하고 있는 사람들
초목: 풀과 나무를 아울러 이르는 말 개선: 싸움에서 이기고 돌아옴.
간사하다: 자기의 이익을 위하여 나쁜 꾀를 부리는 등 마음이 바르지 않다.
염려: 앞일에 대하여 여러 가지로 마음을 써서 걱정함. 또는 그런 걱정
보복: 남이 저에게 해를 준 대로 저도 그에게 해를 줌.

*① 요약: 북으로의 송환 선택을 회유받으나, 중립국을 선택하는 명준

★ (가) 독해 공식
❶ 중심인물: 명준, 공산군 장교, 그 옆에 앉은 장교 등
공간적 배경: 판문점
❷ 중심 사건: 공산군 장교가 북한을 선택할 것을 회유하지만 명준은 중립국을 선택함.
갈등: 명준을 북으로 송환하려는 공산군 장교와 중립국을 선택하는 명준의 외적 갈등
❸ 서술상 특징
• 서술자: 3인칭 서술자, 시점: 전지적 작가 시점
• 대화를 통해 특정 공간에서 일어나는 사건을 전개하고 있음.
• 이데올로기에 대한 비판이 직접적으로 드러나고 있음.

■ 갈래: 현대 소설
■ 내용: 이 작품은 광복과 동시에 남북이 분단됨으로써 야기되었던 이념의 분열과 갈등을 그린 현대 소설이다. 전후 소설 중 최초로 분단의 문제를 객관적인 시선으로 다루고 있으며 남과 북의 이데올로기와 정치체제를 모두 비판함으로써 분단에 대한 새로운 시각을 보여 준다.
■ 주제: 분단 이데올로기의 갈등 속에서 바람직한 삶과 사회에 대한 추구

■ 이것이 핵심! 인물 간의 대립

```
              북한을 선택할 것을 회유함.
┌──────┐  ◄───────────────────────  ┌──────┐
│ 명준 │                              │공산군│
└──────┘  ───────────────────────►  │장교들│
              중립국을 선택함.          └──────┘
```

■ 전체 줄거리: 이명준은 어머니가 죽고 아버지가 월북하자 홀로 서울에 남아 대학 철학과를 다닌다. 공산주의자 아버지와 달리 이데올로기에 무관심한 그는 아버지가 대남 비난 방송에 자주 나온다는 이유로 고문을 당한다. 이 사건으로 그는 남한에서 개인의 밀실을 빼앗겼다고 생각하고 이상적인 사회를 기대하며 북으로 간다. 그러나 그는 혁명은 없고 혁명의 화석만 남아 있는 북한에 실망한다.
그는 북한은 개인의 밀실은 없고 사회적 광장만 존재하는 곳이라 생각한다. 6·25 전쟁이 터지자 그는 참전하여 서울로 온다. 이후 자신의 아이를 가진 연인 은혜가 낙동강 전투에서 죽고, 그는 포로가 된다. 전쟁이 끝난 후 그는 제3국을 선택해 중립국으로 가는 배를 타게 된다. 지상에서 볼 수 없었던 푸른 광장을 바다에서 본 명준은 갈매기의 환각 속에서 바다에 투신한다.

(나) 황석영 원작, 오인두·김석만 각색, 〈한씨 연대기〉
❶ 중심인물, 배경 ❷ 중심 사건, 갈등 ❸ 서술상 특징
『 』: ❸ 인물 간의 대비되는 성격이 대사를 통해 나타남.

1 (한씨 의자에 뒷짐 진 상태. 심문관 2, 그의 주위를 오락가락한다. 심문관 1, 맞은편에 앉았다. 심문관, 발전기 돌리는 시늉)
❸ 지시문을 통해 상황을 구체적으로 설명함.

5 심문관 1: 『여태까지 조서에다 모든 피의 사실을 인정해 놓고 진술서에 서명날인을 않겠다는 건 말이 안 되잖아. 어이 한 바퀴 더 돌려.
❶ 중심인물 『 』: ❷ 중심 사건 - 심문관들이 진술서에 서명을 강요하며 한영덕을 고문함.

6 심문관 2: (발전기 돌리는 시늉. 한씨의 꿈틀거리는 동작과 신음. 실신하자 그의 머리카락을 잡아 뒤로 젖힌다.) 좀 쉬었다가 해야 되겠습니다.
❶ 중심인물

7 심문관 1: 괜찮아. 죽지 않으면 된다구. 보통 악질이 아니란 말야. 야, 눈 떠. 나를 똑바루 봐. 이 사람이 누군지 기억나나?

8 한영덕: ㉢(간신히 알아볼 정도로 희미하게 고개를 끄덕인다.)
❶ 중심인물 ❸ 동작 지시문으로 인물의 상황을 드러냄. - 심한 고문을 받아 대답하기 힘들어하는 모습

9 심문관 1: 다시 한 번 묻겠는데 1953년 4월 23일에 제일병원에 모여 뭣들을 했나?
한영덕에게 심문하려는 내용

10 한영덕: 개업 기념……

11 심문관 1: 이 놈이 이제 와서 또 딴소리야. 심문을 처음부터 다시 해야 되겠나?
전에도 심문을 했음.

12 심문관 2: (한씨의 머리카락을 당기며) 너 또 코루 물 먹구 싶나? 매운탕 한 주전자 부어 줄까?
한영덕이 받은 고문을 구체적으로 드러냄.

13 조한경: 제가 대신 말씀 드리지요. 이 사람은 지금 대답할 기력이 없는 것 같습니다. 제가 말씀 드리고 나서 이 사람이 시인만 하면 되지 않습니까? / 14 심문관 1: 좋아. 말해 보시오.
❶ 중심인물

15 조한경: 『개업 기념일은 틀림없었습니다. 술을 몇 잔씩 들고 나서
『 』: 조한경의 자백
갈 사람은 가구 우리 몇몇이 남았습니다. 우리 네 사람 외에두 그 때에 한 대여섯이 더 있었습니다. 한영덕이가 삼팔선은 이차대전에서 이긴 강대국이 서로의 이해관계를 견제하려던 결과였다구 말했지요. 저두 찬성하면서 정부 형태가 없다구 일방적으로 국토 안에 거주하는 한 민족을 강대국의 행정적인 임시 방침에 희생시킨 군사 조처였다구 그랬습니다. 아시다시피 저의들은 고향을 떠나 가족과 생이별을 하게 되었으니까요.』

16 심문관 1: 아아……. 그만, 알았어. 바로 그런 것이 불순한 대화라구. 이 부분의 조서 내용을 읽어 줄까? 너희들이 진술했던 내용 말이야. 자 여기…… 피의자는 1953년 4월 23일 제일병원에서 현 정부를 비판하고 미국을 위시한 우방 연합국들을 비난하는 성질의 불법 집회를 가진 적이 있는가? 네, 시인합니다. 조사에서 조서 내용 밝혀진 바에 의하면 너희들은 거기서 정기적으로 불법 집회를 가졌다 그 말이야. 여기 한영덕 피의자가 주로 의견을 말했고 너희는 절대적으로 찬성하지 않았는가?
[A]

17 조한경: (두 손을 벌려 보이며 애원하는 듯 고개를 저어 보인다.)

18 심문관 1: 당신을 여기 데려 온 이유를 잘 알겠지.

19 조한경: (고개를 끄덕인다.) 약속을 지키는 겁니까?
조한경은 심문관들과 이전에 대화했음.

20 심문관 1: 어서 말해.

21 조한경: 네…… 했습니다.

22 심문관 1: (한씨의 어깨를 잡아 흔든다.) 야, 정신이 드나?
❷ 갈등 - 한영덕의 진술을 받아내려는 심문관과 응하지 않는 한영덕의 외적 갈등

23 한영덕: (그를 멍하니 올려다본다.)

24 심문관 1: 아까 읽어 준 진술서에 서명날인을 하겠나?

25 한영덕: 나는 진술서를 쓰지도 않았소.
❷ 중심 사건: 한영덕이 심문관들의 고문에도 진술서에 서명하지 않음.

26 심문관 1: 이 악질…… 네가 말한 걸 우리가 받아쓰지 않았나?

27 한영덕: 나는 피란민일 따름이오.

^㉘심문관 1: 그래 부산에서 아무도 안 만났다는 데까지는 좋아. 이북 방
송을 청취했구 현 정부를 비난했지, 다 시인했잖아.

^㉙한영덕: 나는 살기 위해 월남했소.

^㉚심문관 1: ㉣어라 인젠 동문서답까지…… 아주 죽여 버릴 테다. 너 귀
신두 모르게 죽어 없어지구 싶어?

^㉛심문관 2: 넌 간첩이야, 간첩! 네 따위 하나쯤 죽여 봤자 전시에 누가
알 성싶으냐.

^㉜한영덕: 나는 피란민이오. (연신 고개를 흔든다.)
　　　　　❸ 동작 지시문을 통해 인물의 태도를 드러냄.

^㉝심문관 1: 내가 교대하기 전에 서명을 하지 않으면 아주 씹어 먹어 버
릴 테다.
　　　　　한영덕을 협박함.

조한경: ㉤한번 휘갈겨 쓰면 편할 텐데 왜 그래.
　　　　　❷ 중심 사건: 조한경이 한영덕을 설득함.

^㉟한영덕: 나는 사람이오. 나는…… 사람이오. (기절한다. 암전)

> 심문관: 범죄 따위를 조사하기 위해서 심문을 맡은 관리
> 조서: 조사한 사실을 적은 문서 피의: 혐의나 의심을 받음.
> 서명날인: 문서에 이름 또는 상호를 직접 쓰고 도장을 찍는 일
> 악질: 못된 성질. 또는 그 성질을 가진 사람
> 심문: 자세히 따져서 물음.
> 기력: 사람의 몸으로 활동할 수 있는 정신과 육체의 힘
> 시인: 어떤 내용이나 사실이 옳거나 그러하다고 인정함.
> 견제하다: 일정한 작용을 가함으로써 상대편이 지나치게 세력을 펴거나 자유롭게
> 행동하지 못하게 억누르다.
> 위시하다: 여럿 중에서 어떤 대상을 첫자리 또는 대표로 삼다.
> 우방: 서로 우호적인 관계를 맺고 있는 나라
> 피란민: 난리를 피하여 가는 백성 청취하다: 의견, 보고, 방송 따위를 듣다.
> 교대하다: 어떤 일을 여럿이 나누어서 차례에 따라 맡아 하다.

★❶ 요약: 심한 고문을 견디며 끝까지 서명을 하지 않는 한영덕

★ (나) 독해 공식
❶ 중심인물: 한영덕, 심문관 1, 심문관 2, 조한경
공간적 배경: 드러나지 않음(심문실).
❷ 중심 사건: 심문관들이 진술서에 서명할 것을 강요하며 한영덕을 고문함. 한영덕이 심문
관들의 고문에도 진술서에 서명하지 않음. 조한경이 한영덕을 설득함.
갈등: 한영덕의 진술을 받아내려는 심문관과 응하지 않는 한영덕의 외적 갈등
❸ 서술상 특징
• 지시문을 통해 각 장면의 상황 및 인물의 상황과 태도를 드러내고 있음.
• 인물 간의 대비되는 성격이 대사를 통해 나타나고 있음.

■ **갈래**: 희곡
■ **내용**: 이 작품은 이데올로기에 의해 희생되는 한 양심적인 의사의 인생 역정을
그린 소설 〈한씨 연대기〉를 각색한 희곡이다. 양심적이고 성실한 의사 한영덕이
남북 간 대립과 체제의 모순 속에서 양심을 지키려다 이데올로기로 인해 인생이
파괴되어 가는 과정을 서사화함으로써 분단 상황이라는 정치 현실 속에서의 개인
의 삶을 보여 주고 있다.
■ **주제**: 남북의 대립과 분단으로 인한 개인의 시련과 민족의 고통

■ **이것이 핵심!**: 인물 간의 관계

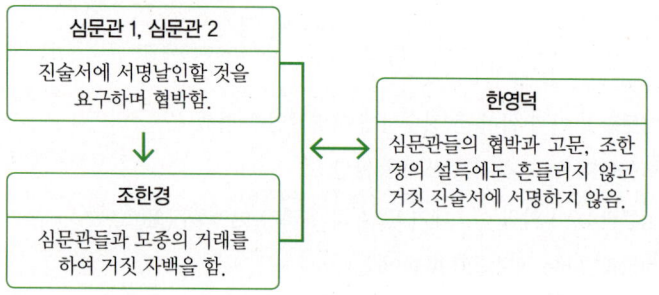

■ **전체 줄거리**: 평양 김일성대학 의학부 산부인과 교수인 한영덕은 전쟁 중 당 고
위 간부 가족보다는 생명이 위급한 일반 환자를 치료했다는 죄목으로 투옥된다.
이후 인민군의 평양 철수 때 총살을 당하려던 순간 기적적으로 살아나 월남한다.
그는 아들을 찾기 위해 포로수용소 부근에서 배회하다가 수사를 받는다. 또 월남
한 여동생의 집에 살며 무면허 의사 박가와 동업으로 낙태 수술을 하며 생계를
이어간다. 박가와 낙태 수술 문제로 갈등을 겪던 한영덕은 재혼과 동시에 시립병
원에서 일하며 안정된 삶을 꾸리려 한다. 하지만 그때 박가의 투서로 간첩 혐의로
체포되어 심한 고문을 받는다. 이후 간첩 혐의는 벗었지만 의료법 위반으로 옥고
를 치른다. 출옥 후 가출하여 세상을 등지고 살던 한영덕은 어느 지방 소도시에서
장의사를 하며 지내다 죽는다.

2회 09 정답 ① ＊서술상 특징 파악하기

(가)의 서술상 특징으로 적절한 것은?

> **왜 정답?**

① **보여 주기 방식을 활용하여 특정 공간에서 일어났던 일을 서**
　대화를 통해 판문점에서 있었던 일을 제시함.
술하고 있다.

＊**근거**: (가) ❶-❽~㉗
(가)는 판문점이라는 특정 공간을 배경으로, 명준과 공산군 장교들의 대화를 통
해 사건을 제시하고 있다. 대화는 보여 주기의 방식이므로 보여 주기 방식을 활
용하여 사건을 서술하고 있다는 것은 적절하다.

〔 보여 주기: 사건이나 대화를 직접적으로 재현하여 독자에게 보여 주는 서술 방식

> **왜 오답?**

② 작중 인물이 ~~과거를 회상하는~~ 방법을 통해 ~~과거와 현재를 연~~
　　　　　　　　　　　　　　　드러나지 않음.
~~결하고 있다.~~

(가)에서는 작중 인물이 겪은 과거 사건이 제시되고 있다고 볼 수 있으나 작중
인물의 과거 회상을 통해 과거와 현재를 연결하는 부분은 나타나 있지 않다.

〔 회상: 지난 일을 돌이켜 생각함. 또는 그런 생각

③ 서술자가 인물과 사건에 대해 ~~논평하며~~ 작품의 의미를 선명하
　　　　　　　　　　드러나지 않음.
게 드러내고 있다.

(가)에서 서술자가 인물과 사건에 대해 논평함으로써 작품의 의미를 드러내는 부
분은 찾을 수 없다. '쌍방의 설득자들 앞에서처럼 통쾌했던 일이란 그의 과거사
에서 두 번도 없다.'는 서술자의 논평이 아니라 등장인물인 명준의 시각에서 사
건의 의미를 제시한 것에 해당한다.

〔 논평하다: 어떤 글이나 말 또는 사건 따위의 내용에 대하여 논하여 비평하다.

④ 인물의 성격과 행위의 괴리를 보여 주어 인물이 처한 심리적
　'명준'과 '공산군 장교들' 모두 성격과 행동이 일치함.
상황을 부각시키고 있다.

(가)에서 명준은 자신을 설득하려는 공산군 장교들에게 배타적인 태도를 보이며
회유에 넘어가지 않고 중립국을 선택하겠다는 자신의 의사를 반복해서 밝힌다.
한편 공산군 장교들은 명준을 북한으로 데려가기 위해 회유하다 설득이 받아들
여지지 않자 화를 내는 모습을 보인다. 이러한 인물의 모습이 인물의 성격과 괴
리된다고 볼 수는 없으므로 적절하지 않다.

〔 괴리: 서로 어그러져 동떨어짐.

⑤ 특정 상황에 대한 ~~다양한 시선을~~ 제시하여 독자가 다양한 관
　　　　　　　　　드러나지 않음.
점에서 생각할 수 있게 하고 있다.

(가)에는 명준을 북한으로 데려가려는 공산군 장교의 입장과 중립국 행을 선택한
명준의 입장이 나타나 있다. 즉, 공산군 장교는 여러 가지 이유를 들어 명준을 설
득하고 있으나 이는 북한을 선택하라는 입장이며 이에 명준은 다른 말 없이 '중
립국'이라는 말만을 하고 있으므로 상황에 대한 다양한 시선을 제시하고 있다고
볼 수는 없다.

2회 10 정답 ④ *인물의 심리와 태도 파악하기

㉠~㉤의 의미를 이해한 것으로 적절하지 않은 것은?

- ㉠: '명준은 움직이지 않았다.'라는 명준의 행동입니다.
- ㉡: '그들은 머리를 모으고 소곤소곤 상의를 한다.'라는 공산측 사람들의 행동입니다.
- ㉢: '(간신히 알아볼 정도로 희미하게 고개를 끄덕인다)'라는 한영덕의 행동을 나타내는 지시문입니다.
- ㉣: '어라 인젠 동문서답까지…… 아주 죽여 버릴 테다. 너 귀신두 모르게 죽어 없어지구 싶어?'라는 심문관 1의 대사입니다.
- ㉤: '한번 휘갈겨 쓰면 편할 텐데 왜 그래.'라는 조한경의 대사입니다.

즉 인물의 말과 행동에 담긴 의미를 파악한 것으로 틀린 것을 고르는 문제입니다.

왜 정답?

④ ㉣: 묻지 않은 질문에 대한 대답으로 인해 몹시 화가 난 모습이 드러나 있다.
자신이 의도한 대로 대답하지 않아 화가 남.

*근거: (나) 1-㉔~㉛
㉣에서 '심문관 1'은 한영덕이 묻지 않은 질문에 대한 대답을 해서 화가 난 것이 아니라 자신이 의도한 대로 대답하지 않기 때문에 화가 난 것이다.

왜 오답?

① ㉠: 상대의 제안을 거절할 것임이 행동을 통해 드러나 있다.
자리에 앉으라는 상대의 제안에 응하지 않음.

*근거: (가) 1-❽, ❾
㉠에서 명준은 자리에 앉으라는 상대의 제안에 응하지 않은 채, 움직이지 않고 있다. 이를 통해 명준의 상대에 대한 태도가 드러나는 한편 앞으로 상대가 제안하는 바에 대해 거절할 것임이 드러난다고 볼 수 있다.

② ㉡: 예상하지 못한 상대의 반응에 당황한 모습이 드러나 있다.
단호하게 중립국만을 말하는 명준의 태도에 당황함.

*근거: (가) 1-⓳~㉑
㉡은 계속되는 설득과 제안에도 단호하게 '중립국'을 선택하겠다고만 말하는 명준의 태도에 대한 공산군 측의 반응으로, 예상하지 못한 반응에 당황하여 자신들끼리 의견을 나누는 모습으로 볼 수 있다.

③ ㉢: 심한 고문을 받아 대답조차 하기 힘들 정도로 지친 모습이 드러나 있다.
'심문관 2'의 말에서 고문이 심했다는 것을 알 수 있음.

*근거: (나) 1-❻~❽
㉢에서 한영덕이 간신히 고개만 끄덕이는 이유는 고문을 많이 받아 지쳤기 때문이다. '심문관 2'의 '좀 쉬었다가 해야 되겠습니다.'라는 대사에서 고문이 심했다는 것을 추측할 수 있다.

⑤ ㉤: 고지식하게 고문을 버티며 진실을 고집하는 상대에 대한 답답함이 드러나 있다.
한영덕에 대한 안타까움과 답답함이 드러남.

*근거: (나) 1-㉞
조한경은 심문관들이 요구하는 대로 자신의 생각을 버리고 안위를 얻었다. 하지만 한영덕은 고지식하게 고문을 버티며 거짓에 동의할 수 없다는 태도를 보이고 있다. 따라서 ㉤에서 조한경이 '한번 휘갈겨 쓰면 편할 텐데 왜 그래.'라고 한 것에는, 한영덕에 대한 안타까움과 답답함으로 상대를 설득하려는 의도가 담겨 있다고 볼 수 있다.

〔**고지식하다**: 성질이 외곬으로 곧아 융통성이 없다.

2회 11 정답 ② *〈보기〉를 바탕으로 감상하기

〈보기〉를 바탕으로 (가)의 '명준'과 (나)의 '한영덕'을 적절하게 설명한 것은?

- **〈보기〉**: 한국 전쟁은 이데올로기 전쟁의 형태를 띠었기 때문에 무장하지도 않고 싸울 의사가 없는 수많은 민간인들이 희생되었습니다.
- **(가)의 '명준'**: 이데올로기가 없는 중립국을 선택하고 있습니다.
- **(나)의 '한영덕'**: 심한 고문을 받는 민간인입니다.

즉 이데올로기 전쟁 속에서 희생된 '명준'과 '한영덕'에 대한 설명으로 적절한 것을 고르는 문제입니다.

[보기]

❶한국 전쟁은 이데올로기 전쟁의 형태를 띠었기에 수많은 민간인들이 전쟁터가 아닌 곳에서 희생되었다.❷이데올로기 전쟁은 이데올로기가 다르면 무조건 죽이므로 민간인의 피해가 극대화된다는 점에서 야만적 만행이다.❸민간인 피해자가 발생한 것은 폭격이나 전투 때문만이 아니었다.❹전향하지 않았다는 이유로 무장하지도 않고 싸울 의사가 없는 민간인들에 대한 폭력과 집단 학살이 자행되었다.
②의 근거

이데올로기: 사회 집단에 있어서 사상, 행동, 생활 방법을 근본적으로 제약하고 있는 관념이나 신조의 체계. 역사적 · 사회적 입장을 반영한 사상과 의식의 체계이다. **민간인**: 관리나 군인이 아닌 일반 사람
야만적: 미개하여 문화 수준이 낮은 **만행**: 야만스러운 행위
전향하다: 종래의 사상이나 이념을 바꾸어서 그와 배치되는 사상이나 이념으로 돌리다.
무장하다: 전투에 필요한 장비를 갖추다.
자행되다: 제멋대로 해 나가게 되다. 또는 삼가는 태도가 없이 건방지게 행동하게 되다.

왜 정답?

② (가)의 '명준'과 (나)의 '한영덕'은 싸울 의사가 없는 민간인으로, 이데올로기에 의해 희생된 사람들로 볼 수 있다.
'명준'과 '한영덕'은 모두 민간인으로, 특정 이데올로기를 따르지 않음.

*근거: (가) 1-⓫, (나) 1-㉒~㉟, 〈보기〉 ❹ 문장
〈보기〉에서 이데올로기 전쟁으로 인해 싸울 의사가 없는 사람들이 이데올로기가 다르다는 이유로 희생되었다고 했다. (가)의 '명준'은 포로로서 오직 중립국을 택한다는 점에서 이데올로기를 포기하고 더 이상 싸울 의사가 없는 상태라고 볼 수 있다. (나)의 '한영덕' 또한 이데올로기에 관심이 없고 싸우려 하지 않는다. 따라서 두 사람 모두 이데올로기에 희생된 사람들로 볼 수 있다.

왜 오답?

① (가)의 '명준'과 (나)의 '한영덕'은 이데올로기를 내세워 민간인들을 죽인 사람들로 볼 수 있다.
'명준'과 '한영덕'은 이데올로기를 거부함.

'명준'과 '한영덕'은 모두 이데올로기를 거부하고 있으므로 적절하지 않다.

③ (가)의 '명준'과 (나)의 '한영덕'은 피란 중 무차별 폭격으로 가족과 헤어져 혼자 살아가는 사람들에 해당한다고 볼 수 있다.
(가)와 (나) 모두 제시하고 있지 않은 내용임.

'명준'의 가족과 관련한 내용은 (가)에 나타나 있지 않다. (나)에서는 '조한경'의 대사를 통해 '한영덕'이 '고향을 떠나 가족과 생이별을 하게' 된 처지임이 드러나고 있다. 하지만 그가 가족과 헤어진 이유가 무차별 폭격 때문인지는 알 수 없다.

〔**무차별**: 차별하거나 가리지 않고 마구잡이임.

④ (가)의 '명준'과 달리 (나)의 '한영덕'은 민간인들을 대상으로 자행된 집단 학살의 유가족으로, 전향하지 않은 사람에 해당한다고 볼 수 있다.
집단 학살과 관련된 내용은 제시되지 않음.

'한영덕'의 가족이 집단 학살당했다는 내용은 (나)에 나타나 있지 않다.

⑤ (나)의 '한영덕'과 달리 (가)의 '명준'은 전쟁에서 포로가 되어 자신의 이데올로기를 포기하고 죽음을 피해 전향한 사람에 해당한다고 볼 수 있다.
'명준'은 중립국을 택하므로 전향한 것이 아님.

'명준'은 중립국을 택하므로 양쪽의 이데올로기를 모두 포기한 것이지, 자신의 이데올로기를 포기하고 다른 이데올로기로 전향했다고 볼 수 없다.

2회 12 정답 ⑤ ＊인물의 심리와 태도 파악하기

(가)의 앞에 앉은 장교와 (나)의 심문관 1의 말하기 방식으로 적절하지 않은 것은?

• (가)의 앞에 앉은 장교: 처음에는 명준을 부드럽게 설득하지만, 중립국을 선택하는 명준이 마음을 바꾸지 않자 적대감을 드러내는 인물입니다.
• (나)의 심문관 1: 한영덕을 고문하고 협박하며 진술을 받아내려는 인물입니다.
즉 상대를 대하는 두 인물의 말하기 방식으로 틀린 것을 고르는 문제입니다.

＞왜 정답？

⑤ (가)의 '장교'와 (나)의 '심문관 1' 모두 상대가 자신의 요구에 응하지 않자 적대적인 감정을 드러내며 상대에게 물리적 폭력을 가하고 있다.
(가)의 '장교'는 물리적 폭력을 가하지 않음.

＊근거: (가) ①-㉖, (나) ②-❺, ❼, ㉚, ㉝

(가)의 '장교'는 명준이 설득에 따르지 않자 '증오에 찬 눈초리로 명준을 노려보'고만 있지 물리적 폭력을 가하고 있지는 않다. 반면 (나)의 '심문관 1'은 한영덕을 협박할 뿐만 아니라 고문을 가하며 물리적 폭력을 행사하고 있다.

┌ 적대적: 적으로 대하거나 적과 같이 대하는
└ 물리적: 신체와 관련되어 있거나 신체를 써서 폭력을 행사하는

＞왜 오답？

① (가)의 '장교'는 상대의 결정에 문제가 있음을 지적하여 상대를 설득하고 있다.
중립국에도 문제가 있음을 지적함.

＊근거: (가) ①-⓮

(가)의 '장교'는 '중립국도, 마찬가지 자본주의 나라요. 굶주림과 범죄가 우글대는 낯선 곳에 가서 어쩌자는 거요?'라며 중립국에도 문제가 있음을 지적해 중립국을 선택한 명준이 결정을 바꾸도록 설득하고 있다.

┌ 지적하다: 허물 따위를 드러내어 폭로하다.

② (나)의 '심문관 1'은 상대에게 고문과 위협을 가하며 상대에게 자백을 강요하고 있다.
고문과 죽을 수도 있다는 위협을 가하며 서명을 강요함.

＊근거: (나) ①-❺, ⓫, ㉚, ㉝

(나)의 '심문관 1'은 한영덕에게 고문을 가하는 한편, 진술서에 서명날인할 것을 강요하며 '너 귀신도 모르게 죽어 없어지구 싶어?', '서명을 하지 않으면 아주 씹어 먹어 버릴 테다.'라며 협박하고 있다.

③ (가)의 '장교'는 (나)의 '심문관 1'과 달리 자신의 의견을 따랐을 때 모든 잘못을 문제 삼지 않겠다며 상대를 설득하고 있다.
(가)의 '장교'는 보복 행위가 없을 것을 약속하고 있지만, (나)의 '심문관 1'은 강요만 하고 있음.

＊근거: (가) ①-㉓

(가)의 '장교'는 '일체의 보복 행위는 없을 것을 약속하오.'라고 하고 있지만 (나)의 '심문관 1'은 강요만 하고 있다.

④ (나)의 '심문관 1'은 (가)의 '장교'와 달리 자신의 의견을 따르지 않았을 때 주어질 어려움을 제시하며 상대에게 자백을 강요하고 있다.
(나)의 '심문관 1'은 진술서에 서명하지 않으면 죽을 수도 있다고 위협함.

＊근거: (나) ①-㉚, ㉝

(가)의 '장교'는 명준이 끝까지 '중립국'을 선택하자 노려보면서도 '좋아.'라고 말한다. 이와 달리 (나)의 '심문관 1'은 한영덕이 자신이 의도한 대로 진술하지 않고, 진술서에 서명하기를 거부하자 '너 귀신도 모르게 죽어 없어지구 싶어?', '내가 교대하기 전에 서명을 하지 않으면 아주 씹어 먹어 버릴 테다.'라고 위협하며 자신의 의도를 따를 것을 강요하고 있다.

2회 13 정답 ② ＊대사와 지시문의 의미 파악하기

(나)의 [A]의 대화에 대한 설명으로 적절한 것은?

• (나)의 [A]: '조한경'과 '심문관 1'의 대화로, 조한경이 심문관과의 거래를 통해 거짓 자백을 하고 있음을 알 수 있는 장면입니다.
즉 인물들의 대화에서 알 수 있는 내용으로 알맞은 것을 고르는 문제입니다.

＞왜 정답？

② 자신들의 입맛에 맞게 사실을 왜곡하고 회유와 협박을 하는 모습을 통해 진실이 통하지 않는 현실을 드러낸다.
조한경이 '심문관 1'에게 약속을 언급한 뒤 그의 의도에 맞는 대답을 하는 것을 통해 드러남.

＊근거: (나) ①-⓱~㉑

[A]에서 조한경은 '심문관 1'이 자신의 조서의 내용을 읽어 주며 진술한 내용이 맞다고 할 것을 강요하자 '애원하는 듯 고개를 저어 보'이다가 '심문관 1'이 '당신을 여기 데려 온 이유를 잘 알겠지.'라고 하자 '약속을 지키는 겁니까?'라고 말한 뒤 '심문관 1'이 원하는 자백을 해 준다. 이를 통해 '심문관 1'은 자신의 입맛에 맞게 사실을 왜곡한 뒤 회유와 협박을 통해 그것을 진실로 만들려고 함을 알 수 있으며, 진실이 통하지 않는 현실이 드러나고 있다.

┌ 왜곡하다: 사실과 다르게 해석하거나 그릇되게 하다.
└ 회유: 어루만지고 잘 달래어 시키는 말을 듣도록 함.

＞왜 오답？

① 당사자를 제외하고 은밀한 약속이 오고 가는 모습을 통해 인간을 상품화하는 현실을 드러낸다.
드러나지 않음.

당사자인 한영덕을 제외하고 조한경과 '심문관 1' 사이에 은밀한 약속이 오고갔음을 짐작할 수 있으나, 이것이 인간을 상품화하는 것이라고 보기는 어렵다.

┌ 상품화하다: 어떤 물건이 상품이 되거나 상품으로 되게 만들다.

③ 이미 역사적으로 밝혀진 사실을 왜곡하는 모습을 통해 민족정신과 역사의식이 사라져 가는 현실을 드러낸다.
민족정신과 역사의식과는 관련 없음.

[A]의 대화에서는 개업 기념일에 있었던 일을 '심문관 1'의 의도대로 왜곡하고 있을 뿐, 역사적으로 밝혀진 사실을 왜곡하고 있는 것은 아니며, 민족정신과 역사의식이 사라져 가는 현실을 드러내고 있다고 볼 수도 없다.

┌ 민족정신: ① 한 민족이 공유하는 고유한 정신 ② 자기 민족을 문화적·정치적으로 수호하려는 정신
└ 역사의식: 어떠한 사회 현상을 역사적 관점이나 시간의 흐름에 따라 파악하고, 그 변화 과정에 주체적으로 관계를 가지려는 의식

④ 하나의 사실에 대해 상대방과 전혀 다른 의견만 일방적으로 주장하는 모습을 통해 소통이 되지 않는 현실을 드러낸다.
'심문관 1'은 소통을 꾀하지 않고 의도적으로 사실을 왜곡함.

[A]의 대화에서는 '심문관 1'은 상대가 말하는 바를 수용하지 않고 자신의 의도대로 사실을 왜곡하려 하고 있다. 이는 소통이 되지 않기 때문이 아니라 이념에 따라 사실을 왜곡하려 했기 때문으로 볼 수 있다.

⑤ 사건의 당사자는 잘 모르지만 활동 결과에 의미가 부여되는 모습을 통해 진정한 노력은 누군가에 의해 인정받는 현실을 드러낸다.
└─ 드러나지 않음.

[A]의 대화는 진술서의 당사자인 한영덕과 관련 없이 '심문관 1'과 조한경의 일종의 거래에 의해 진행되고 있다. 이를 통해 활동 결과에 의미가 부여된다거나 노력이 인정받는 모습은 나타나 있지 않다.

2회 14 정답 ⑤ *무대 구성 및 연출 이해하기

(나)를 공연하기 위해 연출가가 지시한 내용으로 적절하지 <u>않은</u> 것은?

- **연출가가 지시한 내용:** 연출가는 관객에게 연극의 내용을 효과적으로 전달하기 위해 무대의 구성, 소품, 음향, 분장, 조명 등을 지시할 수 있습니다.

즉 연출가의 지시 내용이 (나)의 내용이나 분위기, 인물의 특성과 맞지 않는 것을 고르는 문제입니다.

>왜 정답?
⑤ 조명 담당은 고문실의 분위기와 심문관의 언행에서 공포감을 느낄 수 있도록 <u>밝은 느낌의 조명</u>을 심문관의 얼굴에 집중적으로 비춰 주세요.
└─ 심문실과 심문관의 냉혹한 분위기와 어울리지 않음.

(나)의 배경인 고문실은 한영덕이 의자에 뒷짐 진 상태로 있고 심문관 1, 2가 발전기를 돌려 한영덕에게 전기 고문을 가하는 공포스러운 분위기이다. 또한 심문관 1, 2는 한영덕에게 가혹한 고문을 가하며 협박하는 냉혹한 인물들이다. 따라서 이러한 분위기와 인물들의 언행에는 어둡고 차가운 느낌의 조명이 어울리며 밝은 느낌의 조명은 어울리지 않는다.

[언행: 말과 행동을 아울러 이르는 말

>왜 오답?
① 무대 담당은 폐쇄적인 분위기가 느껴지도록 탁한 색감의 배경을 준비해 주세요.
└─ 고문이 일어나는 공간이므로 폐쇄적 분위기와 탁한 배경이 어울림.

(나)의 배경은 심문관들이 한영덕을 고문, 협박하는 폐쇄적인 공간이므로 이러한 분위기가 느껴지도록 탁한 색감으로 배경을 꾸미는 것은 적절하다.

[폐쇄적: 외부와 통하거나 교류하지 않는 것

② 소품 담당은 고문 도구, 밧줄, 책상과 의자, 조서용 종이 등 고문과 심문 과정에 쓰이는 물품을 준비해 주세요.
└─ 고문실의 상황에 맞는 여러 가지 소품이 필요함.

*근거: (나) 1-❶, ❹, ❺

(나)에서 한영덕은 의자에 뒷짐 진 상태로 묶여 발전기 등 고문 도구에 의해 고문을 당하고 있고, 심문관은 조서를 읽으며 한영덕을 협박하고 있다. 따라서 이러한 상황을 나타내기 위해서는 의자와 밧줄, 고문 도구, 조서용 종이 등의 소품들이 필요하다.

③ 음향 담당은 고문실의 느낌이 나도록 무거운 분위기의 음악과 전기 발전기 소리, 전기 통하는 소리, 비명 소리 등을 준비해 주세요.
└─ 전기 고문과 관련된 음향 효과가 필요함.

(나)에서는 한영덕이 고문실에서 고문을 당하는 사건이 전개되고 있으므로 이러한 상황과 분위기에 어울리는 무거운 분위기의 음악을 배경 음악으로 준비하는 것은 적절하다. 또한 심문관들은 한영덕에게 전기 고문을 하고 있으므로 이를 나타낼 수 있는 발전기 소리, 전기 통하는 소리 등의 음향을 준비해야 한다. 한편 비명 소리를 통해 다른 곳에서도 고문이 일어나고 있다는 점을 드러낼 수 있다.

④ 분장 담당은 심문관의 얼굴은 날카롭게, 한영덕의 얼굴은 초췌하게, 조한경은 한영덕에 비해 비교적 말끔하게 분장해서 인물의 특징을 드러내 주세요.
└─ 분장은 인물의 성격과 상황이 잘 드러나도록 해야 함.

분장은 인물의 상황에 맞는 분위기가 잘 드러나도록 해야 한다. 심문관은 상대를 압박해야 하므로 날카롭게 분장하고, 한영덕은 고문을 심하게 받았으므로 초췌하게 분장해야 한다. 한편 조한경은 한영덕에 비해 상대적으로 고문을 덜 받았으므로 비교적 말끔하게 분장하는 것이 적절하다.

[**초췌하다:** 병, 근심, 고생 따위로 얼굴이나 몸이 여위고 파리하다.
[**말끔하다:** 티 없이 맑고 환하게 깨끗하다.

2회 15~17 ━━━━━━━━━━━━ [예상 문제]

박지원, 〈광문자전〉

❶ 중심인물, 배경 ❷ 중심 사건, 갈등 ❸ 서술상 특징

❶ 중심인물 = 광문
① 광문은 비렁뱅이다. 그는 예전부터 종루 시장 바닥에 돌아다니며
❸ 비천한 주인공 - 근대적 인간형 제시
밥을 빌었다. ② 길거리의 여러 비렁뱅이 아이들이 광문을 두목으로 추대하여, 자기들의 보금자리인 구멍집을 지키게 하였다.
❶ 공간적 배경
④ 하루는 날씨가 춥고 진눈깨비가 흩날렸는데, 여러 아이들이 서로
❶ 시간적 배경: 겨울   ⑤
이끌고 밥을 빌러 나갔다. 한 아이만 병에 걸려 따라가지 못하였다.
⑥ 얼마 뒤에 그 아이가 더욱 추워하더니, 신음 소리마저 아주 구슬퍼졌다. ⑦ 광문이 그를 매우 불쌍히 여겨, 직접 구걸하러 나가서 밥을 얻었다. ⑧ 병든 아이에게 먹이려고 하였지만, 아이는 벌써 죽어 버렸다. ⑨ 여러 아이들이 돌아와서는, 광문이 그 아이를 죽였다고 의심하였다. ⑩ 그
❷ 중심 사건·갈등: 광문이 아이를 죽였다는 오해를 받고 쫓겨남.
래서 서로 의논하여 광문을 두들기고는 내쫓았다. ⑪ 광문이 밤중에 엉금엉금 기어서 동네 안으로 들어가, 그 집 개를 놀래 깨웠다. ⑫ 집주인이
❶ 중심인물 = 주인 영감
광문을 잡아 묶자, 광문이 이렇게 외쳤다.

⑬ "나는 원수를 피해서 온 놈이유. 도둑질할 뜻은 없어유. 영감님이
[」: 광문이 결백을 호소함.
내 말을 믿지 않는다면, 아침나절 종루 시장 바닥에서 밝혀 드리겠
어유."

⑭ 그의 말씨가 순박하였으므로, 주인 영감도 마음속으로 광문이 도둑
❸ 서술자: 3인칭 서술자, 시점: 전지적 작가 시점
이 아닌 것을 알아챘다. ⑮ 그래서 새벽에 풀어 주었다. ⑯ 광문은 고맙다고
❶ 시간적 배경
인사한 뒤에, 거적때기를 얻어 가지고 가 버렸다. ⑰ 주인 영감이 끝내
그를 괴이하게 여겨 그의 뒤를 밟았다. ⑱ 마침 여러 거지 아이들이 한 시체를 끌어다가 수표교에 이르더니 다리 아래에 던지는 것이 보였다.
⑲ 광문이 다리 아래에 숨었다가 그 시체를 거적때기에 싸더니 남몰래
광문의 따뜻한 마음씨를 보여 주는 행동
지고 갔다. ⑳ 서문 밖 무덤 사이에 묻고 나서는, 울면서 무슨 말인지 중얼거렸다. [」: ❷ 중심 사건 – 광문이 죽은 아이의 시체를 묻어 줌.

㉑ 집주인이 광문을 잡고서 그 영문을 물었다. ㉒ 광문이 그제야 앞서 있었던 일과 어제 한 일들을 다 말해 주었다. ㉓ 주인 영감은 마음속으로 광문을 의롭게 여겨서, 그와 함께 집으로 돌아왔다. ㉔ 광문에게 옷을 주고
❶ 공간적 배경: 주인 영감의 집
는 두텁게 대하였다. ㉕ 그리고 광문을 약방 부자에게 추천하여, 고용살
❷ 중심 사건: 광문을 의롭게 여긴 집주인이 약방 부자에게 광문을 고용살이로 추천함.
이를 시켰다.

[**비렁뱅이:** '거지'를 낮잡아 이르는 말
보금자리: 지내기에 매우 포근하고 아늑한 곳을 비유적으로 이르는 말
진눈깨비: 비가 섞여 내리는 눈
순박하다: 거짓이나 꾸밈이 없이 순수하며 인정이 두텁다.
괴이하다: 정상적이지 않고 별나며 괴상하다.

정답 및 해설 305

영문: 일이 돌아가는 형편이나 그 까닭
의롭다: 정의를 위한 의기가 있다.
두텁다: 신의, 믿음, 관계, 인정 따위가 굳고 깊다.
고용살이: 남의 집 일을 돌보아 주면서 그 집에 붙어사는 일

＊1 요약: 죽은 아이를 책임지는 광문을 주인 영감이 약방 부자에게 추천함.

2 ❶오랜 뒤에 『❶부자가 문 밖으로 나섰다가 자꾸만 돌아왔다. ❷다시 방
❶시간적 배경 ❶중심인물: 약방 부자
안에 들어와 자물쇠를 살펴보고는, 문 밖으로 나갔다. ❸그의 얼굴빛은
❶공간적 배경
자못 불쾌한 듯하였다가 돌아와 깜짝 놀라더니, ㉠광문을 물끄러미
바라보았다. ❹무엇인가 말하려다가, 얼굴빛이 바뀌더니 그만두었다.』
                        『 』: 광문을 의심하는 약방 부자의 행동
❺광문은 그 이유를 정말 몰랐다. ❻날마다 잠자코 일했을 뿐이지, 감히
        결백한 광문
하직하고 떠나지도 못했다. ❼며칠이 지나자 부자의 처조카가 돈을 가지
                        ❶시간적 배경
고 와서 부자에게 돌려주며 말했다.
❽"지난번 제가 아저씨께 돈을 꾸러 왔더니, 마침 아저씨가 계시지 않
        부자의 처조카가 말없이 돈을 꾸어 갔음.
았어요. 그래서 제가 스스로 방에 들어가 돈을 가지고 갔었지요. 아
마 아저씨께서는 모르고 계셨겠지요."
㉡❾그제야 부자는 광문에게 매우 부끄러워하며 사과하였다.
        ❷중심 사건: 부자가 광문을 의심했던 것을 사과함.
❿"나는 소인이야. 이 일 때문에 점잖은 사람의 마음을 상하게 하였네
그려. 내 이제 자네를 볼 낯이 없네."
⓫그러고는 자기의 모든 친구와 다른 부자나 큰 장사치들에게까지 '광
문은 의로운 사람'이라고 두루 칭찬하였다. ⓬그는 또 종실(宗室)의 손님
❸등장인물의 말을 통해 광문의 성품을 드러냄.
들과 공경(公卿)의 문하에 다니는 이들에게 이르는 곳마다 광문을 칭
찬하였다. ⓭그래서 공경의 문하에 다니는 이들과 종실의 손님들이 모두
광문을 이야깃거리로 삼아, 밤마다 그들의 배갯머리에서 들려주었다.
㉢⓮그리하여 몇 달 사이에 사대부들이 광문의 이름을 모두 옛날 훌륭
한 사람의 이름처럼 알게 되었다. ⓯그래서 한양 사람들이 모두들
        광문의 이름이 알려짐.
⓰"광문을 우대하던 중인영감이야말로 참으로 어질고도 사람을 잘 알
아보는 분이지."
⓱하고 칭찬하였고, 더욱이
⓲"약방 부자야말로 정말 점잖은 사람이야."
⓳하고 칭찬하였다.

자못: 생각보다 매우
잠자코: 아무 말 없이 가만히
하직하다: 무슨 일이 마지막이거나 무슨 일을 그만두다.
소인: 도량이 좁고 간사한 사람
낯: 남을 대할 만한 체면
종실: 임금의 친족
공경: 삼공(三公: 영의정, 좌의정, 우의정)과 구경(九卿: 삼정승에 다음 가는 아홉 고관직, 의정부의 좌우참찬, 육조 판서, 한성부 판윤)을 아울러 이르는 말
문하: 문객이 드나드는 권세가 있는 집
우대하다: 특별히 잘 대우하다.

＊2 요약: 약방 부자가 광문을 의심한 것에 대해 사과하고 그를 칭송함.

3 ❶이때 돈놀이꾼들은 대체로 머리 장식품이나 구슬 비취옥 따위 또
는 옷, 그릇, 집, 농장, 종 등의 문서를 전당 잡고서 밑천을 계산해서
빌려주었다. ❷그러나 광문은 남의 빚을 보증 서면서도 전당 잡을 물건
                        소탈하고 인정 많은 광문
이 있는지를 묻지 않았다. ❸천 냥도 대번에 승낙하였다.

---

❹광문의 사람됨을 말한다면, 그의 모습은 아주 더러웠고, 그의 말씨
도 남을 움직이지 못했다. ❺입이 넓어서 두 주먹이 한꺼번에 드나들었
        ❸서술자가 광문의 겉모습을 직접 평가함.
다. ❻그는 또 만석 중놀이를 잘하고, 철괴 춤을 잘 추었다. ❼당시에 아이
들이 서로 헐뜯는 말로써
        광문의 외모가 못생겼음을 드러냄.
❽"니네 형이야말로 달문이지."
라는 말이 유행하였다. ❾'달문'이란 광문의 또 다른 이름이었다.
⓫광문이 길에서 싸우는 이들을 만나면, 자기도 역시 옷을 벗어 젖히
고 함께 싸웠다. ⓬그러다가 무슨 말인가 지껄이면서 머리를 숙이고 땅
        광문의 행동을 통해 그의 성품을 드러냄.
바닥에 금을 그었다. ⓭마치 그들의 옳고 그름을 따지는 듯했다. ⓮그러는
꼴을 보고서 시장 사람들이 모두 웃었다. ⓯싸우던 자들도 역시 웃다가
        광문의 긍정적인 모습을 드러냄.
모두 흩어져 버리곤 하였다.
⓰광문은 나이 마흔이 넘도록 그대로 총각 머리를 땋았다. ⓱남들이 장
가들기를 권하면 그는
⓲"대체로 아름다운 얼굴을 모두 좋아하는 법이지. ㉣그런데 사내만
그런 게 아니라 여인네들도 역시 그렇거든. 그러니 나처럼 못생긴
        광문이 자신의 못생긴 외모를 이유로 결혼을 하지 않음.
놈이 어떻게 장가를 들겠어?"
⓳하였다. ⓴남들이 살림을 차리라고 하면 이렇게 사양하였다.
㉑"나는 부모도 없고 형제 처자도 없으니 무엇으로 살림을 차리겠소?
        광문이 자신의 처지를 알고 살림을 차리지 않음.
게다가 아침나절이면 노래 부르며 시장 바닥으로 들어갔다가 날이
저물면 부잣집 문턱 아래서 잠을 잔다오. ㉤한양에 집이 팔만이나
되니, 날마다 잠자는 집을 옮겨 다녀도 내가 죽을 때까지 다 돌아다
        광문이 일정한 거처가 없이 떠돌아다님.
닐 수 없을 정도라오."

전당: 기한 내에 돈을 갚지 못하면 맡긴 물건 따위를 마음대로 처분하여도 좋다는 조건하에 돈을 빌리는 일
밑천: 어떤 일을 하는 데 바탕이 되는 돈이나 물건, 기술, 재주 따위를 이르는 말
보증: 채무자가 채무를 이행하지 아니할 경우에, 채무자를 대신하여 채무를 이행할 것을 부담하는 일
대번: 서슴지 않고 단숨에. 또는 그 자리에서 당장
헐뜯다: 남을 해치려고 헐거나 해쳐서 말하다.

＊3 요약: 못생긴 외모를 가졌으나 착하고 분수를 아는 광문

⭐ 독해 공식 ━━━━━━━━━━━━━━━━━━━
❶ **중심인물:** 광문, 주인 영감, 약방 부자 등
공간적 배경: 구멍집, 주인 영감의 집, 약방 안 등
시간적 배경: 겨울, 새벽, 오랜 뒤 등
❷ **중심 사건:** 광문이 아이를 죽였다는 오해를 받고 쫓겨남. 광문이 죽은 아이의 시체를 묻어 줌. 광문을 의롭게 여긴 집주인이 약방 부자에게 광문을 고용살이로 추천함. 부자가 광문을 의심했던 것을 사과함.
갈등: 광문을 오해하고 내쫓는 거지 아이들과 결백한 광문의 외적 갈등
❸ **서술상 특징**
· 서술자: 3인칭 서술자, 시점: 전지적 작가 시점
· 비천한 인물을 주인공으로 내세워 근대적 인간형을 제시하고 있음.
· 등장인물의 말과 행동을 통해 주인공의 성품을 드러내고 있음.
· 서술자가 직접 주인공에 대한 평가를 제시하고 있음.

■ **갈래:** 고전 소설
■ **내용:** 이 작품은 비천한 거렁뱅이인 광문의 순진성과 거짓 없는 인격을 그려 양반이나 서민이나 인간은 똑같다는 것을 강조하고 권모술수가 판을 치던 당시의 양반 사회를 풍자한 고전 소설이다. 실제로 존재했던 광문 또는 달문이라는 인물에 대한 일화를 연암 박지원이 소설화했다.

■ 인물 관계도

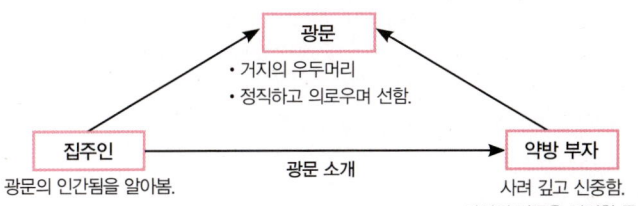

- 광문
  - 거지의 우두머리
  - 정직하고 의로우며 선함.
- 집주인 — 광문 소개 → 약방 부자
  - 광문의 인간됨을 알아봄.
  - 사려 깊고 신중함. 자신의 잘못을 인정할 줄 앎.

■ **주제**: 당시의 세태와 양반에 대한 비판, 신의 있고 허욕을 부리지 않는 삶의 태도

■ **이것이 핵심!**: 광문의 성품을 보여 주는 행동

광문의 행동	다른 거지들이 버린 아이의 시체를 거두어 묻어 줌.	전당 잡을 물건도 묻지 않고 남의 보증을 서 줌.	싸우는 사람들을 보면 함께 싸우고 옳고 그름을 따짐.
광문의 성품	마음씨가 따뜻함.	소탈하고 인정 많음.	정의로움.

■ **전체 줄거리**: 광문은 청계천변에 움막을 짓고 사는 거지의 우두머리로, 어느 날 동료들이 모두 걸식을 나간 사이에 병들어 누워 있는 거지아이를 혼자 간호한다. 그 아이가 죽자 동료들의 오해를 사게 되어 쫓겨난 뒤 거지들이 버린 아이의 시체를 몰래 거두어 산에다 묻어 준다. 이것을 목격한 어떤 영감이 광문을 의롭게 여겨 어느 약방에 소개한다. 점원이 된 그는 그곳에서 정직함과 원만한 인간성으로 많은 사람의 인정을 받는다. 결혼할 때가 되었으나 그는 자신의 추한 몰골을 생각하고 결혼할 생각을 하지 않는다. 그러던 어느 날 그는 장안에서도 가장 이름난 운심이란 기생을 찾아간다. 방에 있던 귀인들이 그의 남루한 복장과 추한 얼굴에 낯을 찡그리고 상대하지 않았으나 그는 끝내 의젓한 기품을 잃지 않았다. 그러자 조금 전까지 그를 거들떠보지도 않던 운심이 그의 높은 인격에 감동하여 흔연히 자리에서 일어나 그를 위해 춤을 춘다.

2회 15 정답 ④ ＊서술상 특징 파악하기

윗글에 대한 설명으로 적절하지 <u>않은</u> 것은?

> **왜** 정답 ?

④ 고전 소설의 전형적인 재자가인(才子佳人)형 인물을 제시하고 있다.
광문은 외모가 추하며 거지 신분임.

＊근거: 1-❶, 3-❹, ❺

'재자가인형 인물'은 재주 있는 남자와 아름다운 여자를 아울러 이르는 말이다. 광문은 의롭고 인정 많은 인물로 사람들의 칭송을 받지만, 거지 신분으로 외모가 추하다고 묘사되어 있으므로 전형적인 재자가인형 인물과는 거리가 멀다.

[전형적: 어떤 부류의 특징을 가장 잘 나타내는
  재자가인: 재주 있는 남자와 아름다운 여자를 아울러 이르는 말

> **왜** 오답 ?

① 행동이나 대화를 통해 서술하면서 사건을 전개해 나가고 있다.
광문과 등장인물들의 행동과 대화를 통해 사건이 진행됨.

＊근거: 1~3

윗글은 광문과 집주인, 약방 부자 등의 행동과 대화를 통해 사건을 전개하고 있다.

② 당시 사회의 한 단면을 엿볼 수 있도록 사실적으로 묘사하고 있다.
비렁뱅이 아이들이 많고, 그들 중 죽은 사람은 내다 버림.

＊근거: 1-❶~❸, ⑱

광문은 종루 시장 바닥을 돌아다니며 밥을 빌어먹는 비렁뱅이로, 여러 비렁뱅이 아이들이 그를 두목으로 추대했다는 것을 통해 당시 길거리에서 밥을 빌어먹는 비렁뱅이 아이들이 많았음을 알 수 있다. 또한 비렁뱅이 아이들이 죽은 아이의 시체를 내다 버리는 모습 등을 통해 당시 길거리 생활을 하던 이들의 삶의 모습이 사실적으로 드러나고 있다.

[단면: 사물이나 사건의 여러 현상 가운데 한 부분적인 측면

③ 남녀 관계나 신분 관계에 대한 작가의 선각자적인 인식이 배어 있다.
거지인 광문을 인정하는 사람들의 모습과 결혼을 하지 않으려는 광문의 모습에서 드러남.

＊근거: 1-㉓, ㉕, 2-❾~⑫, 3-⑱

윗글에서 집주인은 광문의 인물됨을 알아보고 그를 약방 주인에게 추천하고, 약방 주인은 오해로 광문을 의심했다가 자신의 잘못을 알고 광문을 높이 평가하며 칭송한다. 이처럼 거지인 광문의 인물됨을 알아보고 인정하는 인물들의 모습을 통해 신분 관계에 대한 새로운 인식이 드러난다고 볼 수 있다. 또한 광문은 장가 들기를 권하는 사람들에게 여자들도 남자처럼 아름다운 얼굴을 좋아하기에 자신처럼 못생긴 사람은 장가가기 어렵다고 말하는데, 이를 통해 남녀 관계에 대한 작가의 자유롭고 평등한 인식을 엿볼 수 있다.

[선각자: 남보다 먼저 사물이나 세상일을 깨달은 사람

⑤ 인물의 성품과 삶의 태도를 제시하여 독자로 하여금 바람직한
광문의 따뜻한 마음씨나 정의로운 태도 등을 보여 줌.
삶의 모습을 깨닫게 하고 있다.

＊근거: 1-⑲, ⑳, 3-❷, ⑪~⑬

죽은 거지 아이를 남몰래 묻어 주고, 전당 잡을 물건도 없이 보증을 서 주며, 싸우는 사람을 보면 함께 싸우고 옳고 그름을 따지는 광문의 모습 등을 통해 인정 많고 정의로운 삶의 태도를 보여 줌으로써 바람직한 삶의 모습에 대한 깨달음을 주고 있다.

2회 16 정답 ① ＊상황에 맞는 한자 성어 찾기

㉠~㉤에 대한 설명으로 적절하지 <u>않은</u> 것은?

- ㉠: ㉠은 '광문을 물끄러미 바라보았다. 무엇인가 말하려다가, 얼굴빛이 바뀌더니 그만두었다.'입니다.
- ㉡: ㉡은 '그제야 부자는 광문에게 매우 부끄러워하며 사과하였다.'입니다.
- ㉢: ㉢은 '그리하여 몇 달 사이에 사대부들이 광문의 이름을 모두 옛날 훌륭한 사람의 이름처럼 알게 되었다.'입니다.
- ㉣: ㉣은 '그런데 사내만 그런 게 아니라 여인네들도 역시 그렇거든. 그러니 나처럼 못생긴 놈이 어떻게 장가를 들겠어?'입니다.
- ㉤: ㉤은 '한양에 집이 팔만이나 되니, 날마다 잠자는 집을 옮겨 다녀도 내가 죽을 때까지 다 돌아다닐 수 없을 정도라오.'입니다.

즉 앞뒤 내용을 바탕으로 ㉠~㉤에 담긴 의미를 파악해 상황에 맞는 한자 성어로 표현한 내용 중 틀린 것을 고르는 문제입니다.

> **왜** 정답 ?

① ㉠: 반신반의(半信半疑)하는 태도로 광문을 의심했으나, 결국
얼마쯤 믿으면서도 한편으로는 의심함.
약방 주인은 신중하게 판단하여 광문을 믿기로 한다.
㉠에서 광문을 믿기로 했다고 볼 수 없음.

＊근거: 2-❸, ❹, ❼~❾

㉠은 약방 주인이 돈이 없어진 것을 보고 광문을 의심하는 상황이므로, '얼마쯤 믿으면서도 한편으로는 의심함.'을 의미하는 '반신반의'의 태도가 나타난다고 할 수 있다. 그러다 약방 주인은 나중에 처조카가 돈을 꾸어 갔던 사실이 밝혀지고 나서야 광문을 의심했던 것을 사과하고 있으므로, ㉠에서 약방 주인이 광문을 믿기로 했다는 것은 적절하지 않다.

[신중하다: 매우 조심스럽다.

> **왜** 오답 ?

② ㉡: 광문에 대한 오해가 풀린 것으로 모든 일은 반드시 바른
길로 돌아가는 사필귀정(事必歸正)으로 볼 수 있다.
오해가 풀린 상황이므로 적절함.

＊근거: 2-❼~❾

㉡에서는 약방 부자가 돈이 없어졌던 일의 진실을 안 뒤 광문을 오해했던 것에 대해 사과하고 있다. 따라서 '모든 일은 반드시 바른 길로 돌아감.'을 의미하는 '사필귀정'의 상황이라고 볼 수 있다.

③ ⓒ: 낭중지추(囊中之錐)와 같이 뛰어난 사람은 숨어 있어도 저
절로 사람들에게 알려지게 마련이다.

광문의 인물됨이 알려진 상황이므로 적절함.

＊근거: ②-⑬, ⑭

ⓒ에서는 광문의 의로움에 대한 소문이 퍼져 사대부들이 모두 그의 이름을 옛날
훌륭한 사람의 이름처럼 알게 되었다는 내용이다. 이는 광문의 인물됨이 저절로
알려진 상황이므로 '주머니 속의 송곳이라는 뜻으로, 재능이 뛰어난 사람은 숨어
있어도 저절로 사람들에게 알려짐을 이르는 말'인 '낭중지추'로 표현할 수 있다.

④ ⓓ: 광문은 역지사지(易地思之)의 입장에서 자신의 상황을 냉
철하고 객관적으로 판단하고 있다.

상대(여인)의 입장에서 생각하고 있으므로 적절함.

＊근거: ③-⑱

ⓓ에서 광문은 장가들기를 권하는 사람들에게 사람들은 모두 아름다운 얼굴을
좋아하는데, 그것은 여인들도 마찬가지이며 그러니 자신처럼 못생긴 인물은 장
가들기 어렵다고 말하고 있다. 이는 '처지를 바꾸어서 생각하여 봄.'을 의미하는
역지사지의 입장에서 여인들의 마음을 생각해 보고 자신의 상황을 객관적으로
판단한 것으로 볼 수 있다.

⑤ ⓔ: 동가식서가숙(東家食西家宿)의 삶으로 광문의 자유분방하
고 욕심에 얽매이지 않는 마음을 읽을 수 있다.

광문은 일정한 거처가 없이 떠돌아다니며 지내므로 적절할 수 있다.

＊근거: ③-㉑

ⓔ에서 광문은 일정한 거처 없이 떠돌아다니는 자유분방하고 욕심 없는 삶을 살
고 있음이 드러난다. 이는 '동쪽 집에서 밥 먹고 서쪽 집에서 잠잔다는 뜻으로,
일정한 거처가 없이 떠돌아다니며 지냄을 이르는 말'인 '동가식서가숙'으로 나타
낼 수 있다.

2회 17 정답 ④ ＊작품 비교하기

윗글의 '광문'이 〈보기〉의 화자에게 해 줄 수 있는 말로 가장 적절한
것은?

• 윗글의 '광문': 마음씨가 따뜻하고 인정이 많으며, 소탈하고 정의로운 성품을 가
진 인물입니다.
• 〈보기〉의 화자: 가난한 현실의 괴로움을 글로 달래고, 한탄하고 있습니다.

즉 가난하지만 소탈한 광문이 생활고를 겪고 있는 〈보기〉의 화자에게 할 수 있
는 말로 알맞은 것을 고르는 문제입니다.

─────────────[보기]─────────────

❶ 궁벽하게 사노라니 사람 보기 드물고　　　궁 거 한 인 사
　　　　　　　　　　　　　　　　　　　　　窮居罕人事
　「　」: 가난한 처지
❷ 항상 의관도 걸치지 않고 있네.　　　　　　항 일 폐 의 관
　　　　　　　　　　　　　　　　　　　　　恒日廢衣冠
　　　　＊❶, ❷행 요약: 찾아오는 이도 없고 의복도 남루한 모습

❸ 낡은 집엔 향랑각시 떨어져 기어가고,　　　패 옥 향 랑 추
　　　　　　　　　　　　　　　　　　　　　敗屋香娘墜
❹ 황폐한 들판엔 팥꽃이 남아 있네.」　　　　황 휴 부 비 잔
　　　　　　　　　　　　　　　　　　　　　荒畦腐婢殘
　　　　＊❸, ❹행 요약: 집 안에는 노래기가 기어다니고 들판은 황량한 모습

❺ 병 많으니 따라서 잠마저 적어지고　　　　수 인 다 병 감
　　　　　　　　　　　　　　　　　　　　　睡因多病減
❻ 글 짓는 일로써 수심을 달래 보네.　　　　추 뢰 저 서 관
　화자의 정서: 가난으로 인해 근심함.　　　秋賴著書寬
　　　　＊❺, ❻행 요약: 가난하고 힘이 없는 괴로움을 글로 달램.

❼ 비 오래 온다 해서 어찌 괴로워만 할 것인가.　구 우 하 수 고
　장마철　　　　　　　　　　　　　　　　　久雨何須苦
❽ 날 맑아도 또 혼자서 탄식할 것을.　　　　청 시 야 자 탄
　화자의 정서: 가난을 탄식함.　　　　　　晴時也自歎
　　　　＊❼, ❽행 요약: 생활고는 맑은 날에도 계속된다는 한탄

　　　　　　　　　　　　　　　　　　　　– 정약용, 〈구우(久雨)〉

──────────────────────────────

─────────────

궁벽하다: 매우 후미지고 으슥하다.
의관: 남자의 웃옷과 갓이라는 뜻으로, 남자가 정식으로 갖추어 입는 옷차
림을 이르는 말
황폐하다: 집, 토지, 삼림 따위가 거칠어져 못 쓰게 되다.
수심: 매우 근심함. 또는 그런 마음
탄식하다: 한탄하여 한숨을 쉬다.

─────────────

왜 정답?

④ 저도 가난하게 살지만 탄식하며 지내지는 않습니다. 괴로워하
지 말고 마음을 비우고 주어진 것을 받아들이며 힘을 내 보
는 게 어떨까요.

광문은 재물에 욕심이 없어 가난하지만 탄식하지 않음.

＊근거: ③-㉑

〈보기〉는 장마철 농촌의 궁핍한 현실을 그린 작품이다. 화자는 벼슬길에서 멀어
져 찾아오는 이가 없는 처지로 의복은 남루하며 집 안에는 노래기가 기어 다니는
형편이다. 글 짓는 일로 수심을 달래 보지만 비가 오는 날이나 맑은 날이나 생활
고로 인한 탄식은 계속된다고 말하고 있다.

윗글에서 광문은 거지로 밥을 빌어먹고 집 없이 떠돌아다니며 지낸다. 하지만
광문은 가난한 삶을 탄식하지 않고, '한양에 집이 팔만이나 되니, 날마다 잠자는
집을 옮겨 다녀도 내가 죽을 때까지 다 돌아다닐 수 없을 정도'라면서 자신의 삶
을 받아들이며 만족하고 있다. 이러한 인물의 상황과 성격을 고려할 때, 가난을
괴로워하지만 말고 주어진 것을 받아들이며 힘을 내라고 격려하는 것은 광문이
〈보기〉의 화자에게 할 말로 적절하다.

왜 오답?

① 열심히 살다 보면 좋은 날이 올 것입니다. 저도 탄식하며 눈물
로 보낸 때가 많았거든요. 용기를 내세요.

광문이 탄식하며 지낸 모습은 나타나지 않음.

윗글에서 광문은 거지로서의 자신의 삶을 받아들이고 살아갈 뿐 탄식하는 모습
을 보이지는 않았으므로, 탄식하며 눈물로 보낸 때가 많았다는 것은 광문이 할
만한 말로 적절하지 않다.

② 가난한 삶이어도 비굴하지 않은 의연한 자세가 필요합니다.
힘든 만큼 자기를 이기는 종교에 의지해 보세요.

광문이 종교에 의지하는 모습은 드러나지 않음.

윗글에서 광문이 종교를 믿는 모습이나 종교적인 태도로 행동하는 모습은 나타
나지 않으므로, 종교에 의지해 보라고 하는 것은 광문이 할 만한 말로 적절하지
않다.

｜ 비굴하다: 용기나 줏대가 없어 남에게 굽히기 쉽다.
｜ 의연하다: 의지가 굳세어서 끄떡없다.

③ 궁벽하게 사는 모습은 저와 같군요. 그 심정 이해가 가고도 남
습니다. 참고 견디세요. 그러다 보면 부자가 되실 거예요.

광문은 재물에 욕심이 없음.

윗글에서 광문이 참고 견디며 지낸다거나 언젠가 부자가 되리라고 생각하는 모
습은 나타나지 않으므로, 참고 견디다 보면 부자가 될 것이라는 위로는 광문이
할 만한 말로 적절하지 않다.

⑤ 삶이란 허무하기 마련이니 인생살이에서 기댈 것은 책을 읽는
일이에요. 저도 항상 옛 성현의 글에서 힘을 얻곤 했어요.

광문이 옛 성현의 글을 읽는 모습은 나타나지 않음.

윗글에서 광문이 삶을 허무하게 여기고 옛 성현의 글을 읽으며 힘을 얻는 모습은
나타나지 않으므로, 인생에서 기댈 것은 책을 읽는 일이라는 것은 광문이 할 만
한 말로 적절하지 않다.

｜ 허무하다: 무가치하고 무의미하게 느껴져 매우 허전하고 쓸쓸하다.
｜ 성현: 성인(聖人)과 현인(賢人)을 아울러 이르는 말

자이스토리

국어 독해력 시리즈

 고등 · 중등 · 초등

고등 국어	비문학 독해 1, 2	문학 독해 1, 2 (예정)
42지문 **18일 완성**	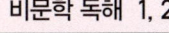• 독해 STEP에 따른 단계별 독해 훈련 STEP ① 핵심어 찾기, 중심 문장 찾기 STEP ② 문단 요약하기, 문단 간의 관계 　　　　 파악하기 STEP ③ 글의 구조 파악하기, 주제 찾기 STEP ④ 실전 테스트 • **지문 특강** : 지문 독해 방법 익히기 • **문제 특강** : 문제 접근 방법 익히기 • 다양한 유형의 어휘 테스트와 배경지식	2022년 발간 예정 문학 독해 1, 2

중등 국어	독해력 완성 1, 2, 3	문학 독해 1, 2, 3
하루 **2지문씩** **24일 완성**	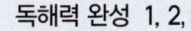• 독해 STEP에 따른 단계별 독해 훈련 STEP ① 핵심어 찾기, 중심 문장 찾기 STEP ② 문단 요약하기, 문단 간의 관계 　　　　 파악하기 STEP ③ 글의 구조 파악하기, 주제 찾기 • 지문과 문제 접근법을 알려 주는 FOLLOW ME! • 다양한 유형의 어휘 테스트와 배경지식	• 갈래별 STEP에 따른 단계별 독해 훈련 **시**　STEP ❶ 화자, 중심 대상 찾기 ❷ 화자의 상황, 정서, 태도 파악하기 ❸ 표현상 특징 파악하기 **소설·극**　STEP ❶ 중심인물, 배경 파악하기 ❷ 중심 사건, 갈등 파악하기 ❸ 서술상 특징 파악하기 **수필**　STEP ❶ 중심 대상 찾기 ❷ 글쓴이의 생각, 태도 파악하기 ❸ 서술상 특징 파악하기

초등 국어	독해력 쑥쑥 1, 2, 3, 4, 5, 6	문학 독해 (예정)
하루 **1지문씩** **36일 완성**	• 6가지 STEP에 따른 단계별 독해 연습 STEP ① 중심 낱말 찾기 STEP ② 중심 문장 찾기 STEP ③ 단락 요약하기 STEP ④ 단락 간의 관계 이해하기 STEP ⑤ 글의 구조 이해하기 STEP ⑥ 주제 알아보기 • 쉽고 빠른 지문 접근법을 알려 주는 **지문 술술 이해** • 문제 풀이의 지름길을 보여 주는 **정답 콕콕 특강** • 직접 따라 쓰는 낱말 공부 + 다양한 유형의 낱말 테스트	추후 발간 예정 문학 독해 쑥쑥 문학 용어

자이스토리
수학 시리즈

★ 고등 수학

• 촘촘한 유형 분류와 난이도순 기출 문제 배열 • 1등급, 2등급 킬러 문제 집중 학습 + 특강 해설 ❶ 출제 경향에 따른 개념정리 ❷ 출제 유형에 따른 기출문제 ❸ 1등급 킬러, 2등급 킬러 문제만을 위한 풀이 단서 체크 ❹ 1등급 풀이 Tip, 1등급 심화 특강 ❺ 다양한 풀이법 + 실수, 함정, 주의까지 분석한 입체 첨삭 해설	고등 수학(상) 고3 수학 I 고등 수학(하) 고3 수학 II 고2 수학 I 고3 미적분 고2 수학 II 고3 확률과 통계 고2 미적분 수학 고난도 고2 확률과 통계 1등급 인문, 자연 기하 (고2, 3) 전국연합학력평가 고1 수학

★ 중등 수학

• 세분화된 유형 문제로 개념 적용 반복 훈련 • 서술형 문제를 단계별로 익히는 서술형 완전 학습 ❶ 개념 다지기 ❹ 유형 다지기 ❷ 잘 틀리는 유형 훈련+1UP ❺ 서술형 다지기 STEP 1, 2 ❸ 최고난도 만점 문제 ❻ 단계적 풀이 오답 피하기	중등 수학1 (상),(하) 중등 수학2 (상),(하) 중등 수학3 (상),(하)

★ 초등 수학

• 세분화된 유형 문제로 새 교과서 개념 완성 • 서술형 문제 단계별 집중훈련 • 문장제 문제 단서 체크, 식세우기 ❶ 개념 확인 문제 ❹ 서술형 완성 문제 ❷ 시험 유형 문제 ❺ 단원 총정리 문제 ❸ 고난도 유형 문제 ❻ 생활 속 수학 스토리	• 새 교과서에 따른 개정 발간 (2022 새 교과서) 3-1, 3-2, 4-1, 4-2 • 새 교과서에 따른 개정 발간 (2023 새 교과서) 1-1, 1-2, 2-1, 2-2 5-1, 5-2, 6-1, 6-2

 memo